KINDLERS
NEUES
LITERATUR
LEXIKON

Hauptwerke der deutschen Literatur

Band 1

Hauptwerke der deutschen Literatur

Einzeldarstellungen
und Interpretationen

Band 1

Von den Anfängen
bis zur Romantik

verlegt bei Kindler

Ausgewählt und zusammengestellt von Rudolf Radler

Satz: Satz-Rechen-Zentrum, Berlin
Druck und Verarbeitung: Franz Spiegel Buch, Ulm
Printed in Germany
ISBN 3-463-40261-0

3 5 4

Inhaltsverzeichnis

Vorwort

Mit dieser zweibändigen Sammlung der Beiträge aus Kindlers Neuem Literatur Lexikon zu den Hauptwerken der deutschen Literatur folgt der Verlag der Anregung zahlreicher Benutzer dieser Enzyklopädie, bestimmte Literaturbereiche aus dem zwanzigbändigen Gesamtwerk herauszulösen und in Form von Auswahlbänden für Lehrer und Schüler, Studenten und Dozenten der entsprechenden philologischen Fachbereiche sowie für Kenner und Liebhaber der betreffenden Nationalliteraturen zur Verfügung zu stellen.

Anders als im Gesamtlexikon, wo die Werkbeiträge durchgehend von A bis Z nach dem Alphabet der Autoren angeordnet sind, wurde in den beiden Bänden dieser Auswahlausgabe ein chronologisches Ordnungssystem angewandt: Die Beitragskomplexe zu den einzelnen Autoren – beispielsweise zu Lessing, Goethe oder Stifter – findet man daher in dem jeweiligen literarhistorischen Epochenzusammenhang, in den sie gehören, dort jeweils wieder in alphabetischer Reihenfolge. Beiträge zu anonymen Werken stehen – ebenfalls alphabetisch sortiert – innerhalb der einzelnen Abschnitte am Ende, also zum Beispiel die Anonyma der alt- und mittelhochdeutschen Literatur am Ende des ersten Abschnitts in Band I, *Von den Anfängen bis zum Ausgang des Mittelalters.* Zusätzlich findet der Leser am Ende beider Bände jeweils ein alphabetisches Register aller Autoren, deren Werke im betreffenden Band besprochen sind. Das in erster Linie chronologische, in zweiter Linie alphabetische Organisationsschema entspricht dem angestrebten Zweck, den Stoff so zu präsentieren, daß es der Methode didaktischer Vermittlung am besten entspricht; und aus dem historischen Entwicklungszusammenhang der Literaturgeschichte ergeben sich die in Unterricht und Studium am häufigsten angewandten Möglichkeiten der Erschließung des Stoffes.

Diese Sammlung verspricht Darstellungen und Interpretationen zu »Hauptwerken der deutschen Literatur«. Die prekäre Frage nach den Gesichtspunkten der Auswahl, die man selbst einem Unternehmen wie Kindlers Neuem Literatur Lexikon mit seinen nahezu 19000 Einzelbeiträgen stellt, wird sich auch an diese Bände richten. Wir haben uns an den Bedürfnissen von Schule und Universität orientiert und die Lektürepläne und Leseempfehlungen als Richtschnur benutzt. Einen besonderen Hinweis verdient die breite Berücksichtigung der Lyrik, die meist unter dem Kollektivtitel *Das lyrische Werk* dargestellt wird; diese Artikel sind jeweils den anderen Beiträgen zu den Werken des betreffenden Autors vorangestellt.

Die Redaktion von Kindlers Neuem Literatur Lexikon hat schon in der Einführung zum ersten Band (1988) darauf hingewiesen, daß es sich bei der Vielzahl der Mitarbeiter als unmöglich erwiesen hat, eine »Vereinheitlichung der Betrachtungsweise« zu erreichen. Die Tatsache, daß dieses Lexikon »das Werk höchst unterschiedlicher Temperamente ist«, daß es »alle Darstellungsmöglichkeiten versammelt, die zwischen dem nüchternen Bericht des strengen Fachgelehrten und der souveränen Interpretation ebenso kenntnisreicher wie gewandter Essayisten vorstellbar sind«, wird bei diesem Band zur deutschen Literatur zweifellos noch deutlicher ins Auge fallen als in den 20 Bänden des Grundwerks. Aber diese redaktionelle Toleranz, die den Autoren gewiß ungewöhnliche Freiheiten beließ, schlug dem Unternehmen letzten Endes doch zum Vorteil aus – wie seine Entwicklung zu einem inzwischen unbestrittenen Standardwerk der Literaturinformation bewiesen hat.

I. Von den Anfängen bis zum Ausgang des Mittelalters. 8. bis 14. Jahrhundert

MEISTER ECKHART

* um 1260 Hochheim bei Gotha
† vor dem 30.4.1328 Avignon/Frankreich

LITERATUR ZUM AUTOR:
H. S. Denifle, *Meister E.s lateinische Schriften u. die Grundanschauung seiner Lehre* (in Archiv f. Literatur u. Kirchengesch. des MAs, 2, 1886, S. 417–615). – K. Oltmans, *Meister E.*, Ffm. 1935; ²1957. – H. Piesch, *Meister E. Eine Einführung*, Wien 1946. – H. Nolz, *Die Erkenntnislehre Meister E.s u. ihre psychologischen u. metaphysischen Grundlagen*, Diss. Wien 1949. – H. S. Denifle, *Die deutschen Mystiker des 14. Jh.s. Beitrag zur Deutung ihrer Lehre*, Hg. O. Spiess, Fribourg 1951 (vgl. dazu K. Ruh, in WW, 7, 1956/57). – Th. Steinbüchel, *Mensch u. Gott in Frömmigkeit u. Ethos der deutschen Mystik*, Düsseldorf 1952. – J. Koch, *Krit. Studien zum Leben Meister E.s* (in Archivum Fratrum Praedicatorum, 29, 1959, S. 5–51; 30, 1960, S. 5–52). – *Meister E. Fs. zum E.-Gedenkjahr*, Hg. U. M. Nix u. R. Öchslin, Freiburg i. B. u. a. 1960. – J. Politella, *Meister E. and Eastern Wisdom* (in Philosophy East and West, 15, 1965, S. 117–133). – Sh. Ueda, *Die Gottesgeburt in der Seele u. der Durchbruch zur Gottheit. Die mystische Anthropologie Meister E.s u. ihre Konfrontation mit der Mystik des Zen-Buddhismus*, Gütersloh 1965. – I. Degenhardt, *Studien zum Wandel des Eckhartbildes*, Leiden 1967. – T. Schaller, *Die Meister-E.-Forschung von der Jh.wende bis zur Gegenwart* (in Freiburger Zs. f. Philosophie u. Theologie, 15, 1968, S. 262–314; 403–426). – D. Mieth, *Christus, das Soziale im Menschen. Texterschließungen zu Meister E.*, Düsseldorf 1972. – *Meister E. u. seine Jünger. Ungedr. Texte zur Geschichte der dt. Mystik*, Hg. F. Jostes, Bln./NY 1972. – E. von Bracken, *Meister E., Legende u. Wirklichkeit. Beitr. zu einem neuen E.bild*, Meisenheim a. Gl. 1972. – J. Quint, *Textverständnis u. Textkritik in der Meister-E.-Forschung* (in *Zeiten und Formen in Sprache und Dichtung, Fs. f. F. Tschirch zum 70. Geb.*, Hg. K.-H. Schirmer u. B. Sowinski, Köln/Wien 1972, S. 170–186). – E. Soudek, *Meister E.*, Stg. 1973 (Slg. Metzler). – H. Fischer, *Meister E.*, Freiburg i. B. 1974. – R. Schürmann, *Meister E., Mystic and Philosopher*, Ldn. 1978. – B. Welte, *Meister E., Gedanken zu seinen Gedanken*, Freiburg i. B. 1979. – A. M. Haas, *Meister E. als normative Gestalt geistlichen Lebens*, Einsiedeln 1979. – *Freiheit u. Gelassenheit. Meister E. heute*, Hg. U. Kern, Mchn./Mainz 1980. – W. M. Fues, *Mystik als Erkenntnis? Krit. Studien zur Meister-E.-Forschung*, Bonn 1981 [m. Bibliogr.]. – *Von Meister Dietrich zu Meister E.*, Hg. K. Flasch, Hbg. 1983. – K. Ruh, *Meister E. Theologe, Prediger, Mystiker*, Mchn. 1985. – L. Seppänen, *Meister E.s Konzeption der Sprachbedeutung*, Tübingen 1985. – F. J. Tobin, *Meister E., Thought and Language*, Philadelphia 1986.

PREDIGTEN

(mhd.) von Meister ECKHART, gehalten in Straßburg und Köln etwa seit 1314. – Schwierig bleibt die Beurteilung der Authentizität der Texte, die nur als Nachschriften der Hörer vorliegen. Doch kommt aufgrund sekundär überlieferter Nachrichten sowie nach äußeren und inhaltlichen Kriterien für eine ganze Reihe dieser Abhandlungen nur Eckhart als Autor in Frage. Im Gegensatz zum *Opus tripartitum*, von dem nur wenige fragmentarische Manuskripte vorliegen, sind die *Predigten* in weit mehr als 200 Handschriften erhalten.
In den deutschsprachigen *Predigten* findet das mystische Denken Eckharts seinen stärksten und in der Folgezeit wirksamsten Ausdruck. Zentrales Thema, das bis zu *»großartiger Eintönigkeit«* (J. Quint) diese Texte beherrscht, ist die Vorstellung von der Gottesgeburt in der menschlichen Seele. Die Geburt des Sohnes aus dem Vater vollzieht sich in der erkennenden Seele, die damit zur himmlischen Wohnung des trinitarischen Gottes wird. *»Daß Gott eben Gott ist, des bin ich eine Ursache; wäre ich nicht, so wäre Gott nicht Gott.«* In dem Augenblick, in dem Gott *»das Wort in die Seele spricht und die Seele wieder spricht in dem lebenden Worte, da wird der Sohn lebendig in der Seele«*. Das geheimnisvolle Wie dieser Verbindung wenigstens annäherungsweise zu fassen, wird Antrieb zu unermüdlichen und kühnen Spekulationen. Den menschlichen Pol der *unio mystica* bildet das *»See-*

lenfünklein«, »oberste Vernunft« und unaussprechbarer Kern der Seele, ebenso ungeschaffen wie das Wesen Gottes und von Eckhart mit den gleichen Namen umschrieben. Das Seelenfünklein, die alle Dinge bewegende *»Unbeweglichkeit«*, vermag Gott unmittelbar, *»unbedeckt«* zu schauen, wenn der Mensch es erreicht, sich in einem mystischen *»Entwerden«* von der Welt zu lösen. Jedes Streben, Hoffen, jedes eigennützige Gebet, alles genießende Schauen des Göttlichen, alles Handeln aus Selbstzweck vereitelt die *unio*. Hier wird die subtile Spekulation zur Ethik: *»Und wäre der Mensch in Verzückung wie St. Paulus und wüßte einen Kranken, der eines Süppleins bedürfe, ich hielte es für viel besser, du ließest aus Liebe die Verzückung fahren und dientest dem Bedürftigen in um so größerer Liebe.«*

In dem Bestreben, dem neuen Gedanken adäquaten Ausdruck zu geben, bediente sich Eckhart neuer Wortschöpfungen, tiefgründiger Gleichnisse, Antithesen und Paradoxien. Schon zu seinen Lebzeiten begann der Streit um das Verständnis seines Werks, der 1326 zum *»ersten und einzigen Inquisitionsprozeß gegen einen angesehenen Theologen und Ordensmann im Mittelalter«* (J. Koch in der *Eckhart-Festschrift*) überhaupt führte. Die erhaltenen Prozeßdokumente sind in der sog. *Rechtfertigungsschrift* gesammelt. Sie besteht aus zwei von insgesamt fünf Anklagelisten, die vermeintlich glaubenswidrige Sätze aus den lateinischen und vor allem aus den deutschen Werken Eckharts zitieren (weshalb diesen Dokumenten bei der Identifizierung umstrittener Predigten besondere Bedeutung zukommt). Die Stellungnahmen Eckharts zu diesen Sätzen bilden den Hauptteil der *Rechtfertigungsschrift*. Eckhart hält hier an seinen früheren Lehren unbeirrt fest und bemüht sich um den Nachweis seiner Rechtgläubigkeit. Obgleich er sich auch noch in Avignon vor einer päpstlichen Kommission verteidigte, verurteilte Papst Johannes XXII. durch die Bulle *In agro dominico* (27. 3. 1329), nachdem Eckhart bereits gestorben war, eine Reihe der beanstandeten Sätze als häretisch oder zumindest mißverständlich. Unabhängig davon, daß dieses Urteil das Eckhart-Bild immer wieder verdunkelte, gaben die Eckhart-Schüler Heinrich Seuse und Johannes Tauler die Lehren des Meisters in einfacherer und populärerer Form weiter. Deshalb waren auch deren Werke lange Zeit bekannter als die des Lehrers, dessen Wirkungsgeschichte sich bis zu Beginn des 19. Jh.s nur sporadisch erfassen läßt.

Die Wiederentdeckung des Mystikers Eckhart fällt in die Romantik, in der vor allem Franz von Baader die Bedeutung des Dominikaners unterstrich. Als Hegel und seine Schüler bei ihrem Versuch, Glaube und Wissen zu überbrücken, sich auch auf Eckhart beriefen, gerieten sie in Streit mit den Theologen, und als Folge davon trat neben die erbaulich-spekulative Beschäftigung allmählich die wissenschaftliche Erforschung des Lebens und der Werke Eckharts: Carl Schmidt veröffentlichte 1838 die erste Eckhart-Monographie, 1857 erschien die von Franz Pfeiffer besorgte Sammlung der *Predigten*. Charakteristisch für das Eckhart-Bild dieser Jahre war, daß man glaubte, in der deutschen Mystik absolute Originalität des Denkens, den Bruch mit der Scholastik, ein Vorspiel der Reformation und – in nationaler Emphase – die Morgenröte der deutschen Philosophie entdeckt zu haben. Dieses Eckhart-Bild zerstörte im Zuge der Neuscholastik der scharfzüngige Dominikaner Heinrich Denifle gründlich. Als glänzender Kenner der Scholastik und Mystik stellte er Eckhart, indem er auch dessen vergessene lateinische Schriften auswertete, in die scholastische Tradition, korrigierte die These vom Begründer der deutschen Philosophie und schrieb das, was die Forscher der ersten Hälfte des 19. Jh.s als Originalität des Denkens Eckharts enthüllt zu haben meinten, dessen unklarem Kopf und dessen schwer verständlicher Ausdrucksweise zu. Hatte dieses Urteil Denifles innerhalb der Eckhart-Forschung zunächst nur betretenes Schweigen zur Folge, so erschienen die deutschen Schriften des Meisters in den ersten Jahrzehnten des 20. Jh.s in auflagenstarken Volksausgaben. In neuromantischen Gefühlen suchte ein breites Lesepublikum in Eckhart den Wegbereiter religiöser Erneuerung außerhalb der institutionalisierten Kirchen. Eckhart erschien als Held einer Reihe von Romanen (P. Gurk, H. Much, L. Fahrenkrog, D. Fabeck) und lyrischer Gedichte (E. Bertram, W. Schwarz) und wurde bald auch eine Domäne der deutschen Jugendbewegung. In seinen Werken entdeckte man plötzlich »arische Metaphysik« und »germanische Innerlichkeit«, Tendenzen, die A. Rosenberg im *Mythus des 20. Jahrhunderts* (1930) *»mit tödlicher Konsequenz zu Ende dachte«* (I. Degenhardt).

Unabhängig von diesen Richtungen, die mit einem angemessenen Eckhart-Verständnis nichts mehr gemein hatten, wurde in den dreißiger Jahren eine kritische, auf weit mehr als zweihundert Handschriften basierende Gesamtausgabe in Angriff genommen. Sie erst bot die Möglichkeit einer zuverlässigen Interpretation der mit besonders schwierigen textkritischen Problemen und Echtheitsfragen verbundenen Predigttexte. Die philologische Aufgabe der modernen Eckhart-Forschung formulierte 1932 J. Quint: *»Die sprachlich-stilistische Untersuchung der deutschen Predigten setzt nicht nur die textkritische Bereitung eines für sie tragfähigen textlichen Bodens, sondern auch bereits die philosophisch-theologisch-geisteswissenschaftliche Interpretation des gedanklichen Gehaltes voraus, auf daß die Stil- und Spracheigentümlichkeiten nicht nur als solche äußerlich feststellt, sondern auch in ihrer funktionellen Bedingtheit im geistigen Gehalt erkannt und gedeutet werden können.«* Auch die theologisch-philosophisch orientierte Forschung der Gegenwart konzentriert sich vorwiegend auf eine differenzierende Bestandsaufnahme dessen, was Eckhart aus der Tradition verwendet, wie er es adaptiert und worin er darüber hinausgegangen ist. J.T.-KLL

Ausgaben: Lpzg. 1857 (in *Meister Eckhart*, Hg. J. Pfeiffer; Deutsche Mystiker des 14. Jh.s, 2; krit.).

– Lpzg./Jena 1909 (in *Schriften u. Predigten*, Hg. u. nhd. Übers. H. Büttner, 2 Bde., 1903–1909, 2; ern. Düsseldorf 1959). – Stg./Bln. 1936–1958 (in *Die deutschen u. lateinischen Werke*, Hg. u. nhd. Übers. J. Quint, 1936 ff., Abt. 2, Bd. 1). – Mchn. 1955 (*Deutsche Predigten u. Traktate*, Hg. u. nhd. Übers. ders.; ²1963).

Übersetzungen: *Ausgewählte Predigten u. Verwandtes*, Hg. u. Übers. W. Schöpff, Lpzg. 1896. – *Meister Eckharts mystische Schriften*, G. Landauer, Bln. 1903; ern. Bln. 1920, Hg. M. Buber. – *Deutsche Predigten u. Traktate*, F. Schulze-Maizier, Lpzg. 1927. – Dass., J. Quint, Mchn. 1955; ⁶1985. – Dass., ders., Zürich 1979 (detebe). – *M. E. Stille und Ewigkeit. Worte aus seinen deutschen Predigten u. Traktaten*, Baden-Baden ²1986.

Literatur: M. Palmcke, *Untersuchungen zu den deutschen Predigten Meister E.s*, Halle 1905. – J. Quint, *Die Überlieferung der deutschen Predigten Meister E.s*, Bonn 1932. – W. Klein, *Meister E. Ein Gang durch die Predigten des deutschen Meisters*, Stg. 1940. – J. Schneider, *Der Stil der deutschen Predigten bei Berthold von Regensburg u. Meister E.*, Diss. Mchn. 1942. – L. Völker, *Die Terminologie der mystischen Bereitschaft in Meister E.s deutschen Predigten u. Traktaten*, Diss. Tübingen 1965. – D. Mieth, *Die Einheit von vita activa u. vita contemplativa in den deutschen Predigten u. Traktaten Meister E.s u. bei Johannes Tauler*, Regensburg 1969. – T. Beckmann, *Studien zur Bestimmung des Lebens in Meister E.s deutschen Predigten*, Ffm. 1982. – F. M. Egerding, *Got bekennen. Strukturen der Gotteserkenntnis bei Meister E. Interpretationen ausgewählter Predigten*, Ffm. 1984. – Th. Noack, *Eckehartkonkordanz. Zum dt. Predigtwerk nach der Volksausgabe von Josef Quint*, Bln. 1986. – Sh. Ueda, *Meister E.s Predigten*. (in *Abendländische Mystik im MA*, Hg. K. Ruh, Stg. 1986).

Eike von Repgow

* um 1180/90
† nach 1233

Literatur zum Autor:
Ehrismann, 2, 2/2, S. 437/438. – K. A. Eckhardt, *Die Entstehungszeit des »Sachsenspiegels« und der »Sächsischen Weltchronik«*, Bln. 1931 (AGG, phil.-hist. Kl., 23, Nr. 2). – De Boor, 3/1, S. 190. – H. Thieme, *E. v. R.* (in *Die großen Deutschen*, Bd. 1, Bln. 1956, S. 187–200). – E. Wolf, *E. v. R.* (in E. W., *Große Rechtsdenker der deutschen Rechtsgeschichte*, Tübingen ⁴1963). – R. Schmidt-Wiegand, *E. v. R.* (in VL², 2, Sp. 400–409). – A. Ignor, *Über das allgemeine Rechtsdenken E.s v. R.*, Paderborn/Mchn. 1984.

SACHSENSPIEGEL

(nd.). Rechtsbuch von Eike von Repgow, entstanden um 1224. – Die erste Zusammenfassung des sächsischen Rechts wurde um 1220 von dem anhaltischen Schöffen Eike von Repgow in lateinischer Sprache konzipiert, dann aber noch vor 1224 auf Wunsch seines Lehnsherrn in die gültige niederdeutsche Sprachform übertragen, noch zu Eikes Lebzeiten von ihm überarbeitet und bald von anderen abgeschrieben und ergänzt, so daß uns das Werk in mehr als 200 Handschriften mit den Varianten vorliegt.

Der *Sachsenspiegel* umfaßt zwei Teile, das *Landrecht* und das *Lehnsrecht*. Das erstere ist eine Zusammenfassung des um 1220 geltenden sächsischen Gewohnheitsrechtes der freien Sachsen aller Stände, das zweite verzeichnet vor allem die besonderen Rechtsfragen des Adels. Eike von Repgow war kein Jurist, doch besaß er umfassende Kenntnisse des territorial und ständisch differenzierten deutschen Rechts, die auf der geltenden Rechtspraxis beruhten. Da es sich beim *Sachsenspiegel* um die erste Niederschrift von Rechtssätzen in deutscher Sprache handelt, fehlt eine systematische Gliederung nach dem Vorbild heutiger Rechtskodices. Das *Landrecht* ist in drei Bücher unterteilt und beginnt mit der in späteren Ausgaben als *Praefatio rhythmica* bezeichneten; in mittelhochdeutscher Dichtersprache verfaßten Vorrede in 280 Versen. Sie gibt eine allgemeine Einleitung und Auskünfte über das Entstehen des Werkes. Ihr folgt ein Prologus mit den üblichen Demuts- und Dankesformeln und mit dem Hinweis, das *»Got selve recht is«*. Eike leitet das Recht von Gott her und läßt alle Menschen vor dem Recht gleich sein. Das starke Rechtsethos und die Frömmigkeit des Verfassers spiegeln sich auch in den ersten drei Absätzen des eigentlichen Textes, denen sich dann in 71 Abschnitten die Grundlagen des Erbrechts, Fragen des Eherechts und solche verschiedener Rechtsverfahren anschließen. Das zweite Buch dieses ersten Teils umfaßt 72 Abschnitte, das dritte 91. In ihnen sind alle Fragen des Strafrechts und des privatrechtlichen Bereichs behandelt. Dabei ist aber immer berücksichtigt, daß das Werk zunächst die sächsischen Rechtszustände spiegeln sollte und nicht die Niederschrift eines Reichsrechts darstellt. – Abgesondert ist der Bereich des Lehnsrechts, das in 80 Abschnitten aufgezeichnet ist. Andere Sonderrechte oder Rechtsnormen anderer Landschaften hat der Verfasser mehr oder weniger bewußt ausgeschieden, doch hat er sie gekannt. Vereinzelt gibt er Hinweise auf gültige Rechtsnormen der Schwaben und der Wenden.

Eike hatte als Gültigkeitsbereich etwa den im *Landrecht*, Buch 3, Art. 62, genannten Raum im Auge, der ganz Norddeutschland von der Oder bis zu den Grenzen Friesischer Rechtsbereiche umfaß-

te und im Süden bis an das fränkische Gebiet reichte. Darauf ist es zurückzuführen, daß einige Abschnitte seines Rechtsbuches durchaus den Charakter eines Reichsstaatsrechtes zeigen. Hierin liegt auch die schnelle und weitgreifende Ausbreitung des *Sachsenspiegels* begründet, der zum Vorbild des um 1275 aufgeschriebenen *Deutschenspiegels* (vgl. dort) und des *Schwabenspiegels* wurde. Auch in zahlreiche Stadtbücher und Rechtsbücher anderer Art haben einzelne Abschnitte Eingang gefunden. Nicht nur weite Teile des deutschen Reichs- und Sprachgebietes richteten sich nach den Rechtssatzungen des *Sachsenspiegels*, sondern auch Teile Polens, Ungarns und Rußlands. In einigen deutschen Landschaften hatte das Recht in dieser Form noch bis 1900 Gültigkeit.
Der *Sachsenspiegel* steht am Anfang einer bedeutenden Reihe juristischer Werke in niederdeutscher und in deutscher Sprache überhaupt. Er ist nicht im reinen, sich erst im Laufe des 14. Jh.s herausbildenden Mittelniederdeutsch abgefaßt, doch vermeidet der Verfasser im Hinblick auf eine weitere Verbreitung seines Buches bewußt eine zu enge Anlehnung an seinen Heimatdialekt. In den mittelhochdeutschen Vorreden dokumentiert er, daß er auch die gültige Dichtersprache seiner Zeit kannte. Doch da sein Werk der allgemeinen Rechtsbelehrung im norddeutschen Raum dienen sollte, bediente er sich allgemein der niederdeutschen Sprache, was der Breitenwirkung dieses ersten deutschen Rechtsbuches keinen Abbruch tat. Es wirkte sogar als Anregung, auch in anderen Landschaften Rechtssätze in volkssprachlicher Form aufzuzeichnen. Der Hang zu einer poetischen Sprachform zeigt das souveräne Sprachvermögen des Verfassers, dessen Werke form- und sprachgeschichtlich für die Entwicklung der deutschen Sprache und Literatur von großer Bedeutung wurden. W.L.

AUSGABEN: Bln. 31861 (*Des Sachsenspiegels erster Teil oder das Sächsische Landrecht nach der Berlinischen Hs. von 1369*, Hg. C.G. Homeyer). – Bln. 1842 (*Des Sachsenspiegels zweiter Theil nebst den verwandten Rechtsbüchern*. Bd. 1: *Das Sächsische Lehnrecht und der Richtsteig Lehnrechts*). – Lpzg. 1902–1906 (*Die Dresdner Bilderhandschrift des Sachsenspiegels*, Hg. K. v. Amira, 2 Bde.). – Göttingen 21955/56 (*Sachsenspiegel. Landrecht. Lehnrecht*, Hg. K. A. Eckhardt, 2 Bde.; MGH, Fontes iuris Germ. antiqui, N. S. 1/1, 2). – Göttingen 1967 (*Landrecht in hochdeutscher Übertragung*, Hg. ders.). – Ffm. 1970 (*Die Heidelberger Bilderhandschrift des Sachsenspiegels*; Faks.-Ausg. von Cod. Pal. Germ. 164 der Universitätsbibl. Heidelberg; Kommentarband: W. Koschorreck). – Aalen 1973 (*Land- und Lehnrechtsbücher*, Hg. K. A. Eckhardt; dt./mhd.). – Stg. 1974 (*Landrecht*, Hg. C. Frhr. v. Schwerin; dt./mhd.).

LITERATUR: C. G. Homeyer, *Die deutschen Rechtsbücher des MAs u. ihre Handschriften*, 2 Bde., Weimar 1931–1934. – W. Mahmens, *Die Handschriften des »Sachsenspiegels«*, Diss. Kiel 1933. – VL, 1, 1933, Sp. 516 ff. u. 5, 1955, Sp. 175 ff. – H. v. Voltelini, *Ein Beitrag zur Quellenkunde des »Sachsenspiegels« Landrecht* (in Zs. f. Rechtsgeschichte, 58, 1938). – G. Kirsch, *»Sachsenspiegel« and Bible* (in Publications in Medieval Studies, 5, 1941). – R. Kötzschke, *Die Heimat der mittelalterlichen Bilderhandschriften des »Sachsenspiegels«*, Lpzg. 1943. – K. Bischoff, *Zur Sprache des »Sachsenspiegels« von E. v. R.* (in Zs. f. Mundartforschung, 19, 1943/44). – S. Gagner, *»Sachsenspiegel« u. »Speculum ecclesiae«* (in Niederdeutsche Mitt., Lund, 3, 1947). – G. Kirsch, *Über Reimvorreden deutscher Rechtsbücher* (ebd., 6, 1950). – K. Bischoff, *Land u. Leute, Haus u. Hof im »Sachsenspiegel«* (in NdJb, 91, 1968). – Th. Schieder, *Beiträge zur Geschichte des ma. dt. Königtums*, Mchn. 1973. – K. Kroeschell, *Rechtsaufzeichnung u. Rechtswirklichkeit. Das Beispiel des »Sachsenspiegel«* (in *Recht u. Schrift im MA*, Hg. P. Classen, Sigmaringen 1977, S. 349–380). – F.-W. Fricke, *Das Eherecht des Sachsenspiegels. Systematische Darstellung*, Ffm. 1978. – R. Lieberwirth, *E. v. R. und der Sachsenspiegel*, Bln. 1982. – *Text-Bild-Interpretation. Unters. zu den Bilderhss. des Sachsenspiegels*, 2 Bde., Mchn. 1986. – M. Rummel, *Die rechtliche Stellung der Frau im Sachsenspiegel Landrecht*, Ffm. 1987.

GOTTFRIED VON STRASSBURG

† 1210(?)

LITERATUR ZUM AUTOR:
H. H. Steinhoff, *Bibliographie zu G. v. S.*, Bln. 1971; ern. 1986 [2. Berichtszeitraum: 1970–1983]. – H. Fromm, *Zum gegenwärtigen Stand der Gottfried-Forschung* (in DVLG, 28, 1954, S. 115–138). – G. Weber u. W. Hoffmann, *G. v. S.*, Stg. 51981 (Slg. Metzler), S. 44–76. – *G. v. S.*, Hg. A. Wolf, Darmstadt 1973 (WdF). – B. M. Langmeier, *Forschungsbericht zu G.s v. S. »Tristan« mit besonderer Berücksichtigung der Stoff- und Motivgeschichte für die Zeit von 1759–1925*, Zürich 1978.

TRISTAN

(mhd.) Versroman von GOTTFRIED VON STRASSBURG. – Der Autor nennt sich in seinem Fragment gebliebenen Werk (19548 Verse) nicht mit Namen, doch bezeugen die poetischen Nachfahren des 13. Jh.s die Verfasserschaft eines *»meister Gotfrit«* von Straßburg. Der Tod des Dichters, der ihn nach der Aussage der nachklassischen Fortsetzer des Torsos, ULRICHS VON TÜRHEIM (um 1230) und Heinrichs von Freiberg (um 1290), an der Vollendung seines Lebenswerkes gehindert hat, fällt in die Jahre um 1210 – eine Datierung, die sich auf die »Literaturstelle« im *Tristan* und polemische Anspielungen bei Wolfram von Eschenbach stützt. Nicht eindeutig fixierbar wie die Lebensdaten ist Gottfrieds sozialer Status. Von ritterlichem Stand war er wohl nicht, da die *Manessische Liederhandschrift* ihm kein Wappen zuweist. Vielleicht war er ein Kleriker, d. i. ein Mann mit der Grundausbildung eines Geistlichen, worauf die unter den deutschsprachigen Zeitgenossen einzigartige Bildung und der Titel *meister* (so nennt Wolfram von Eschenbach den *clerc* Chrétien de Troyes) hindeuten. Als Kleriker mag Gottfried im Dienst des Straßburger bischöflichen Hofes, des städtischen Adels gestanden haben – einen unbekannten (Graf?) Dieterich nennt das Akrostichon des Prologs, wohl den Gönner oder Auftraggeber.

Dieser Prolog, das stilistische Glanzstück des Romans, definiert Dichtung als »Andenken«, welches das Gute – ein ethischer und artistischer Wert – in der Welt unverfälscht zu tradieren hat. Ein solches Gutes ist der Tristan-Stoff, dessen einzig authentische Version Thomas d'Angleterre überliefert. Sie hat Gottfried sich zur Vorlage gewählt, an ihr vermag er den objektiven Sinn der Vita von Tristan und Isolt zu exemplifizieren, da er mit der eigenen Lebenskonzeption sich verschränkt: der dialektischen Identität von Freude und Leid, von Tod und Leben in der Minne. Diese Wahrheit ist vor allem dem esoterischen Publikum der *»edelen herzen«* (vgl. die *»edele sele«* der Mystiker) zugedacht, nicht den vielen, die ohne Leid, in der routinierten Festesfreude der ritterlich-höfischen Gesellschaft leben wollen. In der Innerlichkeit dieser Herzen soll die in der Dichtung aufgehobene Historie der großen Liebenden nachvollzogen werden, wobei gerade ihr Tod – der Liebestod – in mythisch-liturgischer Aktualisierung Auferstehung feiert: *»Ir leben, ir tot sint unser brot. / sus* [= so] *lebet ir leben, sus lebet ir tot. / sus lebent si noch und sint doch tot / und ist ir tot der lebenden brot.«* Die Analogie zur Eucharistie ist unüberhörbar. Gottfried verleiht damit der Minne seiner Protagonisten die Verbindlichkeit eines Absoluten, ihren Paradoxien die Weihe des Mysteriums.

Tristans Minnegeschick wird präfiguriert im Leben und Tod der Eltern, Riwalin und Blancheflur. Diese empfängt vom todwunden Geliebten das Kind. Wieder genesen, fällt er auf einem Kriegszug; auf diese Nachricht hin stirbt Blancheflur während der Geburtswehen. Gezeugt und geboren aus dem Tod, tritt Tristan als ein *tristis* (vom lat. *tristis*: traurig leitet die höfische Fassung den ursprünglich keltischen Namen her) ins Leben. Das Unglück bleibt ihm treu: Von Kaufleuten entführt, wird der vierzehnjährige Knabe an fremdem Strand ausgesetzt. Auf dem Wege ins Landesinnere stößt der *ellende* (Unbehauste) auf eine Jagdgesellschaft. Ihr bringt er bei, wie man einen Hirsch à la mode zerlegt; er wird zum Jägermeister ernannt und im Triumph heimgeführt. Tristan, den die spielmännische Romanversion noch als mythischen Erfinder der Jagd kennt, erscheint hier umstilisiert ins Galant-Artifizielle.

Der König des Landes ist Marke, der Bruder seiner Mutter, im matrilinearen Verwandtschaftssystem, einem Rudiment der ältesten Stoffschicht, der nächste Verwandte. Der Heimatlose ist zum Ursprung zurückgekehrt und begründet seine Identität vollends, indem er – ein späterer Einschub – Herzog Morgan, den Mörder seines Vaters, tötet. Die Schwertleite an Markes Hof hat ihn zu diesem Waffengang legitimiert.

Diese Schwertleite benutzt Gottfried nicht wie andere vor ihm zur ausgebreiteten Darstellung höfischen Dekors und Zeremoniells, sondern zur ersten »Literaturgeschichte« in deutscher Sprache. Aufgerufen werden als »Fürsten des Fests« die bedeutendsten zeitgenössischen Poeten, um dem Würdigsten unter ihnen die Dichterkrone zuzuerkennen. Den epischen Lorbeer erringt Hartmann von Aue, dessen luzide Sprache *(»siniu cristallinen wortelin«)* die erstrebte Einheit von Wort und Sinn am besten erreicht. Verdammt mit verletzender Polemik wird ein Ungenannter, zweifellos Wolfram von Eschenbach. Gottfried, dem lateinischer Schriftkultur verpflichteten *literatus*, der die eigene Dichtkunst vom antikischen Helikon und den neuplatonischen Musen der Himmelssphären herleitete, mußte Wolfram, der von sich provokativ behauptete, nicht lesen zu können, und in seinem *Parzival* an einem religiös-politischen Traumreich, einer wahren Laien-Mythologie, dichtete, als großer Antipode erscheinen.

Nach der Rache an Morgan tritt Tristan mit dem Moroltkampf in den Bannnkreis Isolts. Er besiegt (vgl. Eilhart von Oberg, *Tristrant*) den hünenhaften Eindringling von jenseits des Meers und muß, selbst giftwund, im feindlichen Irland Heilung suchen. Heilerin ist nun aber, im Gegensatz zum frühhöfischen Roman Eilharts, nicht Isolt, die spätere Geliebte, sondern deren gleichnamige Mutter. Damit hat die höfische Version das alte symbolische Bezugsfeld zerrissen zugunsten einer rationalistischen Konstruktion: Tristan steuert bewußt Irland an, wird dort von der Mutter geheilt und der Tochter als Erzieher zugeführt. Der junge Magister unterrichtet sie in *moraliteit*, einer Art Fürstenspiegel, und vor allem in Musik. Sie ist an Stelle materialischer Magie (Vergiftung, Heilung) das eher spirituelle Medium der Begegnung. Die musizierende Isolt wird denn auch mit einer Sirene auf dem Magnetberg verglichen, die das ankerlose Herzensschiff anzieht – metaphorische Anspielung auf Tristans Meerfahrt. Nach seiner Rückkehr feiert der »Neugeborene« die irländische Prinzessin als neue Helena, so daß Marke beschließt, um ihre Hand anzuhalten. Tristan bietet sich als Werber an.

Diese zweite Fahrt folgt im wesentlichen dem Handlungsgang des frühen Romans (Kampf mit dem Drachen, Erkennen im Bad, offizielle Versöhnung), nur daß das szenische Geschehen kausal motiviert und detailrealistisch ausziseliert wurde. Detailgerank in der Form minnepsychologischer

Exkurse und allegorisierender Kommentare umrahmt auch die zentrale Szene, in der Tristan auf der Heimfahrt Isolt den fatalen Minnetrank reicht. Hier ist der Trank nicht mehr wie bei Eilhart äußerlich zwanghafter Zauber, sondern eher Zeichen der elementaren Verbundenheit der Liebenden, welche die offiziellen Normen der Gesellschaft in den Strudel einer dialektischen Umwertung reißt. Am Trank, dem ursprünglich tödlichen Gift und Garanten neuen Lebens, kristallisiert sich die Leben-Tod-Thematik des Prologs. Mit nach innen genommenem Pathos spricht Tristan es aus: *»ez waere tot oder leben : / ez hat mir sanfte vergeben* [es hat mich süß vergiftet] … *solte diu wunnecliche Isot / iemer alsus sin min tot / so wolte ich gerne werben / umb ein eweclichez sterben.«* Nach dieser Konfession, in der der christliche »ewige Tod« bedeutungsschwer mitschwingt, beginnt für Tristan und Isolt das gefährdete Dasein an Markes Hof. Dieses wird bestimmt durch den Gegensatz von Treue zur gemeinsamen Sache und Untreue gegen den Gefolgsherrn und Ehegatten, von Ehre aufgrund exemplarischer Verwirklichung des Ideals und Unehre, da Betrug und Heimlichkeit eine gesellschaftliche Repräsentation nicht zulassen. Nur für einen idyllischen Augenblick scheint diese Antinomie aufgehoben, als das Paar, von Marke ins Exil geschickt, in einer verwunschenen Wildnis Zuflucht findet. Vorausgegangen waren die aus den Vorstufen (vgl. BÉROUL, *Roman de Tristan*) bekannten, zum Teil variierten Betrugsmanöver, durch die der Gatte und seine Aufpasser immer wieder genarrt wurden. Endlich verweist der König, nachdem auch ein Gottesurteil zugunsten der Liebenden ausschlug, enerviert durch den ungreifbaren Skandal, Tristan und Isolt des Hofes. Sie werden entrückt in eine paradiesische, allegorisch erhöhte Natur. Dort wohnen sie in der Höhle eines Venusberges, lagern auf einem der *»Göttin Minne«* geweihten kristallenen Bett, das in der Mitte der kuppelförmigen Grotte steht. Nach der materialen Abschilderung der Minnegrotte folgt die allegorische Exegese: Jedes Bauelement steht für eine bestimmte Tugend, etwa der grüne Marmorboden für die Treue, ein elfenbeinerner Türriegel für die Reinheit. Minne stellt sich demnach dar als Gerüst höfischer Tugenden, ein System von Universalien, das durch den idealen Minnenden jeweils aktualisiert wird. Das bestätigt Gottfrieds Exkurs, in den legendenhaft verkleidete Biographie eingegangen ist: Er habe, so der Dichter, schon mit elf Jahren die Grotte gekannt, habe auf dem grünen Marmor getanzt, das kristallene Lager freilich nicht bestiegen – und sei doch nie in Kornwall gewesen.

Es nimmt nicht wunder, daß die Grottenallegorese, die als strukturelles Zentrum des Werks und Schlüssel zur Minneauffassung begriffen wurde, der Forschung immer neue Rätsel aufgab. Sie wurde, und hier liegt der die Gottfried-Forschung durch die Jahrzehnte bestimmende Ansatz, in Analogie zur allegorischen Ausdeutung der christlichen Kathedrale gesetzt (Ranke), das kristallene Lager vom »Bett Salomos« aus dem *Hohenlied* hergeleitet, die Minnekonzeption an den Einflußbereich der Mystik BERNHARDS VON CLAIRVAUX angeschlossen (J. Schwietering). Die Analogie zum christlichen Kosmos wurde – radikale Umakzentuierung – in der Folge als bewußte Antithese interpretiert, die Tristanminne als antichristliche, dämonisch verstrickte Liebesreligion, die ihre Wurzeln in der neudualistischen, vor allem katharischen Häresie der Zeit hatte (G. Weber). Diese These blieb indessen ohne Echo, da der außerhalb des Werks und seines spezifisch literarischen Umkreises angelegte ideologische Richtpunkt im vieldeutig irisierenden Text selbst philologisch nicht dingfest zu machen war und zudem die Existenz französischer Grottenallegoresen mit frappanten Detailparallelen nachgewiesen werden konnte (H. Kolb). War auch deren Datierung nicht genau zu fixieren, so sprechen doch die Rezeptions- und Kommunikationsbedingungen der Epoche dafür, daß der Straßburger Meister auf einen derartigen Gattungstypus zurückgreifen konnte, so daß die Hypothese einer unmittelbaren Analogie zur christlichen Kathedrale dahinfällt. Eine vermittelte strukturelle Analogie wird ohnehin niemand leugnen, auch nicht Anspielungen auf religiöse Symbole und Rituale im Rahmen eines sich immer mehr verabsolutierenden Minnedienstes, wie sie auch der thematisch ähnlich gelagerte *Lancelot* des Chrétien de Troyes aufweist. Ihr präziser Stellenwert wird erst genau zu bestimmen sein, wenn die Person des Dichters, die Einflüsse (Auftraggeber, Publikum, Lektüre), das geistige Klima, in dem er lebte, uns deutlicher werden. Bei Gottfried lassen uns die Quellen und Zeugnisse im Stich. So ist auch das Diktum noch nicht ergründet, *»daz der vil tugenthafte crist wintschaffen alse ein ermel ist«* [»… seinen Mantel nach dem Wind hängt«], als nach heil überstandenem Gottesgericht mit dem glühenden Eisen Isolt von Ehebruch und Meineid absolviert wurde. Ist es Resignation über den Dualismus von Minne-Ethos und offizieller Moral, der auch Gott ins Zwielicht rückt? Spricht hier der skeptische Hofmann, der sich noch orthodox begreifende »wahre« Christ oder bereits der Häretiker angesichts der Manipulation des göttlichen Willens durch die umstrittenen Gottesurteile und ihre Verwalter, die weltliche und geistliche Obrigkeit?

Mit dem Ende des Grottenlebens setzt eine neue Handlungsphase ein. Die Liebenden waren wieder an Markes Hof zurückgekehrt, nachdem der König, durch eine List getäuscht, sich hatte versöhnen lassen. Bald jedoch geraten sie wieder in Verdacht, und endlich ertappt der Gatte sie auf frischer Tat. Tristan muß fliehen. Eine Abschiedsklage, vorgetragen mit verzehrend intensiver Ausdrucksgebärde, sendet Isolt dem am Horizont des Meeres Entschwindenden nach. Der landet im Herzogtum Arundel und steht dem dortigen Fürsten im Krieg bei; zum Lohn dafür soll er die Hand der Tochter »Isolt Weißhand« erhalten. Im sinnverwirrenden Doppelspiel der Namen droht dem Exilierten die Identität der einzigen Geliebten zu verschwimmen – damit bricht der Roman ab. War es der Tod oder die Unlösbarkeit der Problematik, die einen Abschluß verhinderte? Fürs erstere spricht, daß der Prolog auf das durch die Tradition verbürgte Ende hin konzipiert ist, vor allem aber der Konservativismus des mittelalterlichen Poeten gegenüber seiner als »wahr« deklarierten Vorlage. Ihre rationalisierende und psychologisierende Tendenz hatte Gottfried weiter vorangetrieben und – ganz im Geist klassisch höfischer Minnetheorie – damit die Entmagisierung, Ethisierung und Verbegrifflichung der vorher zwanghaft materialischen Trankminne. Dennoch erscheint die den alten Tristanroman durchwaltende Dialektik von elementarem Trieb und Individuation aufgehoben, und zwar im Stil: Die rhetorisch beherrschte, bisweilen sentenziöse Sprache ist zugleich von betörend gleitender Musikalität. Der »bittersüße« Ton erwächst dieser Musik aus der Konsonanz von *»liep und leit, tot und leben«*. Die entwicklungslose Statik dieser Dialektik, die den psychologischen Tatbestand eines ritualisierten Masochismus erfüllt, mag wie im zeitgenössischen, ebenfalls fragmentarischen Minneroman *Titurel* Wolframs von Eschenbach das Ende einer Epoche signalisieren – in dem Sinn, daß die zwischen Realität und Fiktion changierende Lebensform der Minne gerade dann zur leidenseligen Verabsolutierung drängte, als aufgrund der Krise des Imperiums (Niedergang der kaiserlichen Zentralmacht), des Aufkommens der Territorialfürsten und bürgerlichen Städte (Geldwirtschaft) die Schicht der niederen und mittleren Ritter in eine soziale und ideologisch-kulturelle Krise geriet. WALTHER VON DER VOGELWEIDE *(Elegie)* und Wolfram von Eschenbach *(Parzival, Willehalm)* suchten sie durch eine Sakralisierung des eigenen Standes im Zeichen der – real bereits desavouierten – Kreuzzugsidee zu kompensieren, Gottfried von Straßburg, der Stadtbürger, doch ganz im Bann eines idealisierten aristokratischen Lebensstils, durch eine Leidens- und Todesmetaphysik der Minne. G.Schi.

AUSGABEN: Bln. 1821, Hg. E. v. Groote. – Bln./Stg. 1823 (in *Werke*, 2 Bde.). – Lpzg. 1843, Hg. H. F. Massmann. – Lpzg. 1869, 2 Bde.; 51930. Wiesbaden 1869/1870, Hg. R. Bechstein; 51930; ern. 1978, Hg. P. Ganz. – Bln./Stg. 1889, Hg. W. Golter (DNL, 4). – Lpzg. 1912, Hg. K. Marold; 31969, Hg. W. Schröder. – Bln. 1930, Hg. F. Ranke (nur Bd. 1 ersch., 91965). – Darmstadt 1967, Hg. G. Weber, G. Utzmann u. W. Hoffmann.

ÜBERSETZUNGEN: *Tristan u. Isolde*, H. Kurz, Stg. 1844; 31877; ern. 1925, 2 Bde. – Dass., 2 Tle., K. Simrock, Lpzg. 1855. – *Tristan*, R. Krohn, Stg. 1980, 3 Bde. (RUB).

LITERATUR: J. Schwietering, *Der »Tristan« G.s v. S. und die Bernhardische Mystik* [1943] (in J. S., *Philolog. Schriften*, Hg. F. Ohly u. M. Wehrli, Mchn. 1969, S. 339–361). – B. Mergell, *»Tristan u. Isolde«. Ursprung u. Entwicklung der Tristansage*, Mainz 1949. – G. Weber, *G. v. S.s »Tristan« u. die Krise des hochmittelalterlichen Weltbildes um 1200*, 2 Bde., Stg. 1953. – I. Hahn, *Raum u. Landschaft in G.s »Tristan«*, Mchn. 1963. – R. N. Combridge, *Das Recht im »Tristan« G.s v. S.*, Bln. 21964. – H. Fromm, *Tristans Schwertleite* (in DVLG, 41, 1967, S. 333–350). – U. Schwab, *Lex et gratia. Der literarische Exkurs G.s v. S. u. Hartmanns Gregorius*, Messina 1967. – W. Haug, *Aventiure in G.s v. S. »Tristan«* (in *Fs. f. H. Eggers*, Hg. H. Backes, Tübingen 1972, S. 88–125). – H. Kuhn, *Tristan, Nibelungenlied, Artusstruktur* (in SBAW, phil.-hist. Kl., 1973/75) – B. Wachinger, *Zur Rezeption G.s v. S. im 13. Jh.* (in *Dt. Literatur des späten MAs. Hamburger Colloquium 1973*, 1975, S. 56–82). – D. Mieth, *Dichtung, Glaube u. Moral. Studien zur Begründung einer narrativen Ethik mit einer Interpretation zum Tristanroman G.s v. S.*, Tübingen 1976. – W. Mohr, *Tristan und Isolde* (in GRM, 57, 1976, S. 54–83). – H. Kolb, *Der Hof u. die Höfischen. Bemerkungen zu G. v. S.* (in ZfdA, 106, 1977, S. 236–252). – H. Bayer, *Gralsburg u. Minnegrotte. Die religiös-ethische Heillehre Wolframs von Eschenbach u. G.s v. S.*, Bln. 1978. – R. Krohn, *Erotik u. Tabu in G.s Tristan: König Marke* (in *Stauferzeit. Geschichte, Literatur, Kunst*, Hg. R. Krohn, B. Thum u. P. Wapnewski, Stg. 1978, S. 362–376). – W. Schroeder, *Text u. Interpretation. Das Gottesurteil im »Tristan« G.s v. S.*, Wiesbaden 1979. – Ch. Huber, *Wort-Ding-Entsprechungen. Zur Sprach- u. Stiltheorie G.s v. S.* (in *Befund und Deutung. Zum Verhältnis von Empirie u. Interpretation in Sprach- u. Literaturwissenschaft*, Hg. K. Grubmüller u. a., Tübingen 1979, S. 268–302). – K. Allgaier, *Der Einfluß Bernhards von Clairvaux auf G. v. S.*, Ffm./Bern, 1983. – M. Huby, *Prolegomena zu einer Untersuchung von G.s »Tristan«*, 2 Bde., Göppingen 1984. – F. Wessel, *Probleme der Metaphorik und die Minnemetaphorik in G.s v. S. »Tristan und Isolde«*, Mchn. 1984. – Th. Tomasek, *Die Utopie im »Tristan« G.s v. S.*, Tübingen 1985. – W. Haug, *G.s v. S. »Tristan«. Sexueller Sündenfall oder erotische Utopie* (in *Kontroversen, alte u. neue. Akten des VII. Internat. Germanisten-Kongesses Göttingen 1985*, Hg. A. Schöne, Bd. 1, Tübingen 1986, S. 41–52).

HARTMANN VON AUE

* um 1165
† um 1215

LITERATUR ZUM AUTOR:
F. Jandebeur, *Reimwörterbücher und Reimwortverzeichnisse zum 1. Büchlein, Erec, Gregorius, armen Heinrich, den Liedern von H. v. A. und dem sog.*

2. Büchlein, Mchn. 1926. – A. Witte, *H. v. A. und Kristian von Troyes* (in Beitr., 53, 1929, S. 65–192). – H. Drube, *H. und Chrétien*, Münster 1931. – H. Sparnaay, *H. v. A.*, 2 Bde., Halle/Saale 1933–1938. – W. Ohly, *Die heilsgeschichtliche Struktur der Epen H.s v. A.*, Diss. Bln. 1958. – P. Wapnewski, *H. v. A.*, Stg. 1962; 71979 (Slg. Metzler). – H. Linke, *Epische Strukturen in der Dichtung H.s v. A.*, Mchn. 1968. – M. Koliwer, *Untersuchungen zu den epischen Werken H.s v. A.*, Diss. Rostock 1968. – E.-M. Carne, *Die Frauengestalten bei H. v. A. Ihre Bedeutung im Aufbau u. Gehalt der Epen*, Marburg 1970. – *H. v. A.*, Hg. H. Kuhn u. Ch. Cormeau, Darmstadt 1973 (WdF). – H. Stopp, *Erläuterungen zu H. v. A.s Dichtungen Armer Heinrich, Büchlein, Erek, Minnelyrik, Kreuzzugslyrik, Gregorius, Iwein*, Hollfeld 1974. – E. Neubuhr, *Bibliographie zu H. v. A.*, Bln. 1977. – G. Kaiser, *Textauslegung und gesellschaftliche Selbstdeutung. Die Artusromane H.s v. A.*, Wiesbaden 21978. – Ch. Cormeau, Art. *H. v. A.* (in VL2, 3, Sp. 500–520). – Ders. u. W. Störmer, *H. v. A., Epoche, Werk, Wirkung*, Mchn. 1985. – G. Giesa, *Märchenstrukturen und Archetypen in den Artusepen H.s v. A.*, Göppingen 1987.

DER ARME HEINRICH

(mhd.). Verserzählung (1520 Verse) von Hartmann von Aue. – Daß Hartmann – insbesondere mit *Erec*, dem ersten deutschen Artusroman – normbildend war für die zeitgenössische Literatur des Mittelalters, geht aus Erwähnungen hervor, in denen sich u. a. Wolfram, Gottfried von Strassburg und Heinrich von dem Türlin auf seine Autorität berufen. Seine Sprache läßt darauf schließen, daß er aus dem alemannischen Schwaben – entweder dem Herrschaftsbereich der Staufer oder der Zähringer – stammt. Als *»dienestmann«* gehörte Hartmann zu den Ministerialen, einer Schicht, *»die – ursprünglich unfrei – sich seit dem 12. Jh. dem Adel nähert und allmählich dessen unterste Schicht bildet«* (P. Wapnewski). Die Datierung des *Armen Heinrich* – um 1195 – ist abhängig von der Beantwortung der Frage, an welchem Kreuzzug (1189 oder 1197) Hartmann teilgenommen hat. Als weitgehend gesichert gilt lediglich die innerliterarische Reihenfolge von Hartmanns Werken, in der der *Arme Heinrich* nach der Verslegende des *Gregorius* als zweitletztes Werk vor dem Artusroman *Iwein* entstanden ist.

Der kurze Prolog (1–28) kennzeichnet das Werk als Trostgedicht für *»schwere Stunden«* und als Preis Gottes. – Der junge *»herre Heinrich«*, den Hartmann zu Beginn als Idealtypus eines ritterlich-höfischen Menschen darstellt – edel, schön, reich und angesehen –, wird plötzlich vom Aussatz befallen. Weltfreude und Wonneleben erweisen sich als nichtig und eitel. Aus dem glücklichen Heinrich wird der mit Hiob verglichene (128 ff.) *»arme Heinrich«*, der seinem Unglück fassungslos gegenübersteht. Noch ist Heinrich weit davon entfernt, seinen Sturz als gottgewollt zu verstehen. Er befragt Ärzte und bietet seinen ganzen Reichtum und Einfluß auf, bis er von einem Arzt in Salerno erfährt, daß die einzige rettende Arznei der Welt nicht für Geld zu haben sei: nur das *»herzebluot«* einer freigeborenen reinen Jungfrau, die sich freiwillig für ihn opfere, könne ihn heilen. Verzweifelt erkennt er seine Ohnmacht, kehrt heim und verschenkt Hab und Gut an Freunde, Arme und Klöster, um durch gute Werke wenigstens sein Seelenheil zu sichern. Es fehlt ihm jedoch noch jegliche Schuldeinsicht. Resigniert zieht er sich, ohnehin von allen gemieden, aufs Land zurück. Er wird von seinem Meier (heute etwa »Pächter«) aufgenommen und von dessen kleiner Tochter hingebungsvoll getröstet und gepflegt.

Im Laufe von drei Jahren gelangt Heinrich allmählich zu der Einsicht, den Aussatz als Strafe für seine Weltverfallenheit zu erkennen; er hatte *»êre unde guot«* als Selbstverständlichkeit und eigene Leistung betrachtet und nicht als *»gotes hulde«*. Aber noch überwiegt sein Selbstmitleid, noch ist er nicht fähig, sich ganz dem Willen Gottes anheimzugeben. Als die Pächterstochter von der Heilungsmöglichkeit hört, ist sie bereit, sich aus Liebe zu Heinrich zu opfern. Mit ihrer rückhaltlosen Bereitschaft, die bereits geprägt ist vom *»sacro egoismo der Besessenen, der sich berufen Wähnenden«* (P. Wapnewski), tritt sie gleichsam als Gegenfigur zu Heinrich in Erscheinung und setzt in einer nahezu 200 Verse umfassenden Predigt (v. 663–854) hartnäckig ihren Willen bei den Eltern durch. Heinrich hält der Versuchung nicht stand und verfällt von neuem seiner Hybris. *»Er begreift nur mühsam, daß es ein Heilmittel gibt, das dennoch nicht verfügbar ist, weil es das freiwillige Lebensopfer eines anderen voraussetzt«* (Ch. Cormeau). Erst im letzten Augenblick, als er das opferbereite Mädchen nackt vor dem Arzt liegen sieht, vollzieht sich ein Wandel in ihm. Er verzichtet auf das Opfer und ist bereit, seine Krankheit als gottgewollt zu bejahen und sein weiteres Leben als Buße auf sich zu nehmen. Und erst jetzt, da sich Heinrich vorbehaltlos in Gottes Willen schickt, wird Gottes Gnade wirksam. Dem Wunder der Bekehrung folgt das der Genesung. In die göttliche Erlösung wird die zunächst von *»religiös-mythischem Wahnsinn«* (P. Wapnewski) ergriffene Pächterstochter als zweite Hauptfigur des *Armen Heinrich* ebenso einbezogen wie Heinrich selbst: *»Nicht nur die Hingabe an das Diesseits, auch seine totale Verwerfung kann Vermessenheit, kann Maßlosigkeit sein«* (P. Wapnewski). Heinrich heiratet die in der gesellschaftlichen Rangordnung weit unter ihm stehende freibäuerliche Pächterstochter, und beide leben nun, gottbezogen, zwar wieder *in* der Welt, die aber – aufgrund der standesmindernden Heirat – nicht mehr die höfische der Hartmannschen Artusepen ist.

Die Forschung sieht im *Armen Heinrich* Hartmanns Versuch, die optimistische Weltbejahung im *Erec* einerseits und die rigorose Weltverneinung im *Gregorius* andererseits zur Synthese zu bringen. *»Im Mittelpunkt des Wertproblems steht die Frage,*

wie Gott in der Welt richtig zu achten, sein Rang als Urheber allen Glücks zu wahren ist. Die Antwort darauf ist nicht ein Hinweis auf einen rituell religiösen Vollzug, eine spezifisch religiöse Lebensform von Verzicht oder Askese, sondern auf den richtigen Umgang mit der ›Welt‹, vor allem den nächsten Mitmenschen (das gilt für Heinrich und das Mädchen) und dessen Leben, was auch eine Relativierung des eigenen Selbst einschließt« (Ch. Cormeau).
Als einzigartig in der mittelalterlichen Literatur gilt der *Arme Heinrich* durch die Verknüpfung unterschiedlichster Erzählmodelle, die vom Novellistischen über das Legendenhafte bis hin zum Märchen reichen und die es Hartmann ermöglichten, unterschiedliche Aspekte der subjektiven Realität hervorzuheben. R.E.-KLL

AUSGABEN: Bln. 1815 (a. d. Straßburgischen u. Vatikanischen Hs. Hg. Brüder Grimm). – Lpzg. 1867 (in *GA*, Hg. F. Bech, 3 Bde., 1867–1869, 2; Nachdr. 1934). – Heidelberg ²1925, Hg. E. Gierach [krit.]. – Tübingen ¹²1961, Hg. H. Paul. – Jena 1939 [m. nhd. Übers. v. R. Fink]. – Stg. 1958 (in R. Borchardt, *Übertragungen*; nhd.). – Stg. 1959, Hg. F. Neumann (m. nhd. Übers. d. Brüder Grimm; RUB). – Ffm./Hbg. 1963; ¹⁵1981 [m. Übers. v. H. d. Boor]. – Göppingen 1971, Hg. U. Müller [dt./mhd.; m. Abb. u. Materialien zur gesamten hs. Überlieferung]. – Tübingen 1984, Hg. H. Paul [Neubearb. G. Bonart].

LITERATUR: W. Fechter, *Über den »Armen Heinrich« H.s v. A.* (in Euph, 1955, S. 1–28). – F. Neumann, *»Der arme Heinrich« in H.s Werk* (in ZfdPh, 1956, S. 225–255). – J. Fourquet, *Zum Aufbau des »Armen Heinrich«* (in WW, 3. Sonderh., 1961, S. 12–24). – F. Neumann, *Lebensalter im »Armen Heinrich«* (in *Fs. für L. Wolff*, Neumünster 1962, S. 217–234). – Ch. Cormeau, *H.s v. A. »Armer Heinrich« und »Gregorius«. Studien zur Interpretation mit dem Blick auf die Theologie zur Zeit H.s*, Mchn. 1966. – H. Rosenfeld, *Ein neu aufgefundenes Fragment von H.s »Armem Heinrich« aus Benediktbeuren* (in ZfdA, 98, 1969, S. 40–64). – Th. Verweyen, *»Der Arme Heinrich« H.s v. A. Studien u. Interpretation*, Mchn. 1970. – F. Tobin, *»Gregorius« and »Der Arme Heinrich«. H.'s Dualistic and Gradualistic Views of Reality*, Bern/Ffm. 1973. – G. Datz, *Die Gestalt Hiobs in der kirchlichen Exegese u. »Der arme Heinrich« H.s v. A.*, Göppingen 1973. – W. Schröder, *»Der arme Heinrich« H.s v. A. im Lichte einer neuen Quelle* (in *Fs. für K. Bischoff*, Hg. G. Bellmann u. a., Köln/Wien, 1975, S. 308–327). – H. Moser, *H.s »Armer Heinrich«. Eine Mirakelerzählung* (in H. M., *Gedenkschrift für J. Trier*, Köln/Wien 1975, S. 321–329). – K.-H. Borck, *Nû ist sie vrî als ich dâ bin. Bemerkungen zu H.s »Armem Heinrich« von 1497* (in *Medium Aevum deutsch. Festschrift für K. Ruh*, Hg. D. Huschenbett, Tübingen 1979, S. 37–50). – B. Andersson, *»Der arme Heinrich«. Zum Elan der Spannung einer Dichtung des MA.s* (in Studia neophilologica, 52, 1980, S. 337–351). – B. Nagel, *Zum Armen Heinrich H.s v. A.* (in B. N., *Kleine Schriften zur dt. Literatur*, Göppingen 1981, S. 55–66). – H. Henne, *Herrschaftsstruktur, historischer Prozeß u. epische Handlung. Sozialgeschichtl. Untersuchungen zum »Gregorius« u. »Armen Heinrich« H.s v. A.*, Göppingen 1982.

EREC

(mhd.). Höfisches Epos von HARTMANN VON AUE, bald nach 1180 verfaßt. – Das Werk ist nur in einer Handschrift des 16. Jh.s annähernd vollständig überliefert, der »Ambraser Handschrift« aus Schloß Ambras in Tirol, die in den Jahren 1502–1515 im Auftrage Kaiser Maximilians von Hans RIED geschrieben wurde. Dieses *»späteste Sammelbecken aller ritterlichen Dichtung«* (H. de Boor) ist literarisches Zeugnis für das Bestreben Kaiser Maximilians, des »letzten Ritters«, das höfische Rittertum der mittelalterlichen Blütezeit neu zu beleben. Wie an allen Werken der Handschrift nahm Hans Ried auch am Text des *Erec* zahlreiche »Verbesserungen« vor, so daß der originale Wortlaut der Dichtung kaum wiederherzustellen sein dürfte. Es fehlt zudem der Eingang des Werks; eine Lücke von 57 Versen konnte durch das 1898 aufgefundene sogenannte »Wolfenbütteler Fragment« geschlossen werden. Damit sind 10 135 Verse des Originals erhalten. Die vom Dichter selbst angegebene Quelle des *Erec* ist der Roman *Érec et Énide* des CHRÉTIEN DE TROYES. Die freie Bearbeitung dieser altfranzösischen Dichtung durch Hartmann, die stofflichen und gedanklichen Abweichungen lassen jedoch mit Sicherheit auf weitere Quellen, u. a. das kymrische Mabinogi *Gereint* sowie die nordische *Erexsaga*, schließen. – Hartmanns *Erec* ist der erste deutsche Artusroman. Lokaler und ideeller Bezugspunkt der Handlung ist der Hof des zur Sagengestalt gewordenen bretonischen Königs Artus und seine Tafelrunde auserwählter Ritter. Sie ist für Chrétien, den eigentlichen Begründer der Artus-Epik, die Verkörperung edelsten Rittertums, ihre Mitglieder sind die Helden seiner Versromane.
Das Handlungsschema des *Erec*, der nach dem französischen Vorbild in fast durchgängig vierhebigen Paarreimversen abgefaßt ist, stimmt mit dem der Vorlage überein. Erec, ein junger Königssohn und Ritter der Tafelrunde, wird im Beisein der Gemahlin König Artus' beleidigt und reitet aus, seine *»ēre«* wiederherzustellen. Er rächt die ihm angetane *»schande«* und gewinnt zugleich Enîte, die Tochter eines verarmten Grafen, zur Frau. In sein Königreich zurückgekehrt, ist Erec durch seine Liebe zu Enîte so gefesselt, daß er sich *»verligt«* (in Trägheit versinkt, erschlafft, nämlich durch zu langes Liegen), die Pflichten eines Fürsten und Ritters vernachlässigt und so seine *»êre«* wiederum verliert. Als Enîte ihm durch ein von ihm belauschtes Selbstgespräch den Verlust seiner Ehre bewußt macht, bricht er sogleich zu einer neuen Kampffahrt auf. Enîte begleitet ihn; er zwingt sie voranzu-

reiten und verbietet ihr bei Todesstrafe, mit ihm zu sprechen. In zahlreichen Kämpfen besiegt Erec gewaltige und hinterhältige Gegner mit Hilfe Enîtes, die, als erste die Gefahr erkennend, das Schweigegebot aus Liebe zu ihrem Mann immer wieder bricht. Als Erec die demütig-liebende Treue Enîtes erkennt, findet er versöhnt zu ihr zurück. In seinem letzten Abenteuer, einer gleichsam allegorischen Verdichtung des gesamten Handlungsverlaufs, besiegt Erec Mabonagrin, ein bis dahin unbesiegbarer Kämpfer, der zwar in ritterlicher Ehre und treu ergebener Minne mit seiner Frau im Garten »Joie de la curt« (Freude des Hofes) gelebt hatte, der jedoch, abgeschieden von der Welt und außerhalb jeglicher sozialer Sinnbezüge, den Ehre- und Minne-Begriff – ebenso wie Erec am Anfang – ad absurdum geführt hatte. Im Gegensatz zur französischen Vorlage verbindet Hartmann dieses letzte Abenteuer seines Helden mit der Befreiung von achtzig Witwen und unterstreicht damit noch einmal die soziale Funktion edlen Rittertums.

Hartmann, der *»Lernend-Aufnehmende«* und *»Lehrend-Weitergebende«* (P. Wapnewski), veranschaulicht an der Geschichte Erecs, in die er ständig kommentierend eingreift, die Lebensaufgabe, die einem Ritter gestellt ist: Es gilt, die beiden Pole ritterlichen Lebens, *»minne«* und *»êre«*, miteinander und mit der Welt, der Gesellschaft, in rechte Harmonie, die *»mâze«*, zu bringen. Die Ausschließlichkeit, mit der Erec zunächst der *»minne«* lebt, ist *»unmâze«*, Störung der harmonischen Lebensordnung. Sie schließt ihn ab von der Welt, in der sich die wahre Liebe »sozial« bewähren soll. In erneuter Einseitigkeit wendet er sich darauf einem Leben zu, das nur der Wiedererringung der *»êre«* gilt. Der völligen inneren Abkehr von der selbstgenügsamen, das heißt falsch verstandenen *»minne«* entspricht Erecs äußere Trennung von Enîte, die sich über das Schweigegebot hinaus auch auf Tisch und Bett bezieht. Die Aventiurenfahrt wird zum Weg der Läuterung. Mit jedem Kampf, den Erec zu bestehen hat, werden nicht nur die ritterlichen Eigenschaften Überlegenheit, Wagemut und Tapferkeit erprobt, sondern tritt die Bewährung der höchsten Tugend des Ritters, der Barmherzigkeit *(»erbermde«)* immer stärker in den Vordergrund. Nur mit der Wendung von der Ich-Befangenheit, die den Kampf zum Selbstzweck werden läßt, hin zum Mitmenschen gewinnt die ritterliche Tat ihren sittlichen Wert, bringt sie *»êre«*. Diese *»êre«* zu erringen aber bedarf es der wahren *»minne«*, die in *»nôt«* und *»arebeit«* (Mühsal) errungen sein will. Enîtes Leidensweg ist Prüfung ihrer Liebe, die sich *»über Befehl und Gesetz hinaus«* bewährt (P. Wapnewski), als Enîte, um Erec zu retten, das Schweigegebot mißachtet. Die auf eine äußerste Probe gestellte *hôhe minne* jenseits aller Sinnlichkeit wird – ganz gemäß ihrer erzieherischen Funktion – zum Antrieb für den Helden, sich innerhalb der Welt als Ritter zu bewähren.

In seinem Bauprinzip entspricht *Erec* der Dreisatz-Struktur des Artusromans: Der Exposition, die zugleich die Konfliktauslösung enthält, folgt die Episodenkette der Aventiurenfahrt, die nach dem Schema des *»doppelten Kursus«* (H. Kuhn) strukturiert ist; unhöfisches Verhalten und neu erworbene Lebensformen werden in der Wiederholung, Steigerung und Spiegelung der einzelnen Abenteuer sinnfällig kontrastiert und führen den Helden nach der bewältigten Krise zu einer höheren Daseinsstufe und damit zum verdienten Herrscheramt.

Hartmanns *Erec* zählt über dreitausend Verse mehr als seine französische Vorlage, eine Tatsache, die nicht allein auf der unterschiedlichen Struktur der beiden Sprachen beruht. Hartmann hat vielmehr gezielt Veränderungen vorgenommen, die auf die Lebensformen seines Publikums in Deutschland Rücksicht nehmen. Neben der Angleichung an deutsche Rechtsvorstellungen betont Hartmann die ideelle Programmatik des Werkes, indem er den religiösen Aspekt hervorhebt. Neuere sozialgeschichtliche Ansätze gehen davon aus, daß Hartmann als Ministeriale die Grenzen seines Standes auf einer literarischen Ebene im Bild eines idealisierten Rittertums zu überwinden sucht, das seinen Herrschaftsanspruch nicht durch die Geburt, sondern durch die sozial motivierte Leistung legitimiert. R.E.-KLL

AUSGABEN: Lpzg. 1839, Hg. M. Haupt; [2]1871 [verb.]. – Lpzg. 1867 (in *GA*, Hg. F. Bech, 3 Bde., 1867–1869, 1; Nachdr. 1934). – Lpzg. 1898, Hg. O. v. Heinemann (in ZfdA, 42, 1898; Wolfenbütteler Frgm.). – Halle 1939, Hg. A. Leitzmann; Tübingen [3]1963 [Bearb. L. Wolff; ATB, 39]. – Hildesheim/NY 1979 [Nachdr. d. Ausg. Lpzg. 1871]. – Göppingen 1980, Hg. U. Müller u. a. (in *Göppinger Arbeiten zur Germanistik*; Übers. u. Bearb. W. Mohr).

ÜBERSETZUNGEN: *Erek*, S. O. Fistes, Halle 1851. – Dass., R. Fink (in *Epische Dichtungen*, Jena o. J. [1939]).

LITERATUR: R. S. Loomis, *A Common Source for »Erec« and »Gereint«* (in MAevum, 27, 1958, S. 175–178). – H. B. Willson, *Sin and Redemption in H.'s »Erec«* (in GR, 33, 1958, S. 5–14). – H. Kuhn, *»Erec«* (in H. K., *Dichtung u. Welt im MA*, Stg. 1959, S. 133–150). – P. Tilvis, *Über die unmittelbaren Vorlagen von H.s »Erec« und »Iwein«, Ulrichs »Lanzelet« und Wolframs »Parzival«* (in NphM, 60, 1959, S. 29–65; 130–144). – P. W. Tax, *Studien zum Symbolischen in H.s »Erec«* (in ZfdPh, 82, 1963, S. 29–44). – A. Hruby, *Die Problemstellung in Chrétiens und H.s »Erec«* (in DVLG, 38, 1964, S. 337–360). – E. Oh, *Aufbau und Einzelszenen in H.s v. A. höfischen Epen »Erec« u. »Iwein«*, Diss. Hbg. 1972. – Th. Cramer, *Soziale Motivation in der Schuld-Sühne-Problematik von H.s »Erec«* (in Euph, 66, 1972 , S. 97–112). – P. Wiehl, *Zur Komposition des »Erec« H.s v. A.* (in WW 22, 1972, S. 89–107). – R. Pérennec, *Adaptation et société: L'adaptation par H. d'Aue du roman de Chrétien de Troyes »Erec et Enide«* (in EG, 28, 1973, S. 289–303). – G. Höhler, *Der Kampf im Garten.*

Studien zur Brandigan-Episode in H.s »Erec« (in Euph, 68, 1974, S. 371–419). – U. Peters, *Artusroman u. Fürstenhof. Darstellung u. Kritik neuerer sozialgeschichtlicher Untersuchungen zu H.s »Erec«* (ebd., 69, 1975, S. 175–196). – F. P. Knapp, *Enites Totenklage u. Selbstmordversuch in H.s »Erec«. Eine quellenkritische Analyse* (in GRM, 26, 1976, S. 83–90). – A. Hruby, *Moralphilosophie u. Moraltheologie in H.s »Erec«* (in *The Epic in Medieval Society*, Hg. H. Scholler, Tübingen 1977, S. 193–213). – W. H. Jackson, *Friedensgesetzgebung u. höfischer Roman. Zu H.s »Erec« u. »Iwein«* (in *Poesie u. Gebrauchsliteratur im dt. MA*, Hg. V. Honemann, K. Ruh u. a., Tübingen 1979, S. 251–264). – I. Sallaba, *Frau u. Ehe im MA und in H.s »Erec«*, Odense 1981.

GREGORIUS

(mhd.). Verslegende von HARTMANN VON AUE, entstanden 1187/89 oder zwischen 1190 und 1197. – Insbesondere die Datierung des vorwiegend aus Legendenmotiven bestehenden *Gregorius* wurde stets in engem Zusammenhang mit Hartmanns möglicher Teilnahme an einem der beiden Kreuzzüge von 1189/90 oder von 1197/98 gesehen. Vor allem der Prolog des Werkes, in dem Hartmann sein früheres weltliches Dichten widerruft, hat zu der Annahme geführt, der *Gregorius* sei die Folge einer einschneidenden Zäsur in Hartmanns Biographie, die zur *»antihöfischen Wendung«* (P. Wapnewski) des Dichters der Artusepen geführt habe. Die moderne, autorpsychologische Sichtweise ist jedoch umstritten, da die *revocatio* weltlichen Dichtens als Topos religiöser Texte des Mittelalters anzusehen ist. Auch läßt die einzigartige Verknüpfung von Legendenmotiven mit Motiven aus dem höfischen Roman eher den Schluß zu, daß Hartmann mit diesem Werk *»einen ersten Schritt in die Richtung späterer Versuche geht, die religiöse Orientierung in den säkularen Aventiure-Roman zu integrieren (›Parzival‹, ›Wigalois‹)«* (Ch. Cormeau). – Das in vierhebigen Reimpaarversen abgefaßte Gedicht ist in sechs vollständigen und fünf fragmentarischen Handschriften des 13., 14. und 15. Jh.s überliefert. Als Quelle diente Hartmann die Ende des 12. Jh.s entstandene französische *Vie du pape Grégoire*, von deren überlieferten Handschriften aber keine die unmittelbare Vorlage des Dichters gewesen sein kann.

Der Erzählung von dem *»guoten sündære«* Gregorius stellt Hartmann einen 170 Verse umfassenden Prolog voraus, der, von Konrad ZWIERZINA das *»Schmerzenskind der Gregoriuskritik«* genannt, zu den verschiedensten Interpretationen sowohl seiner selbst wie des ganzen Gedichts, vor allem aber der Schuldfrage des Gregorius Anlaß gegeben hat. Hier spricht der Dichter von der *»süntlichen bürde«* des Menschen, deren dieser sich, sei sie auch noch so groß, entledigen kann, *»ob sie in von herzen riuwet / und sich niht wider niuwet«* (*»wenn er sie von ganzem Herzen bereut und nicht von neuem sündigt«*). Die Reue aber darf den Menschen nicht zum Zweifel an Gottes Gnade und damit in die Verzweiflung führen, sondern muß in ihm die Bereitschaft wecken, Buße zu tun. Mit einer Auslegung des Gleichnisses vom barmherzigen Samariter, das er mit der Parabel vom guten Hirten und der vom verlorenen Sohn vermengt, leitet Hartmann zum Gegenstand seiner Erzählung über.

In dem Lande Aquitanien wachsen zwei Herzogskinder in geschwisterlicher Liebe heran, die sich nach dem Tod der Eltern in Blutschande verkehrt. Der Bruder zieht büßend ins Heilige Land und stirbt an der Sehnsucht nach der Schwester; diese bringt fern von ihrem Land heimlich einen Knaben zur Welt und übergibt das Neugeborene in einem mit kostbarer Seide ausgelegten Tönnchen auf einer Barke dem Meer. Neben das Kind legt sie eine Tafel, auf der seine Herkunft und die Sünde seiner Eltern ohne Namensangabe verzeichnet sind. Dann zieht die Herzogin in ihr Land zurück und übernimmt dort die Regentschaft. Sie weiht ihr Leben Gott und weist alle Bewerber um ihre Hand ab. – Das ausgesetzte Knäblein wird nach drei Tagen von den Fischern eines auf einer Insel gelegenen Klosters gefunden. Der Abt tauft den Findling auf seinen eigenen Namen Gregorius, läßt ihn zunächst von einem der Fischer aufziehen und nimmt den Sechsjährigen dann in die Klosterschule auf, wo er an Klugheit und Kenntnissen bald alle Mitschüler überflügelt. Als Gregorius herangewachsen ist und erfährt, daß er ein Findelkind ist, hält es ihn nicht mehr im Kloster. Er will Ritter werden und seine Eltern suchen, und er läßt sich von diesem Vorhaben selbst dann nicht abbringen, als ihm der Abt das Geheimnis seiner Geburt enthüllt.

Ein neuer Lebensabschnitt beginnt mit Gregors Eintritt in die Welt des Rittertums, in der er sich vorbildlich bewährt. Er gelangt schließlich in die von Feinden belagerte Hauptstadt seiner Mutter und befreit sie. Mutter und Sohn erkennen einander nicht und heiraten; doch die Tafel, die der Abt Gregorius mitgegeben hat und die dieser in dem gemeinsamen Schlafgemach verbirgt, wird entdeckt und mit ihr die erneute Blutschande. In *»grôzem jâmer«* trennen sich die Ehegatten, um Buße zu tun. Gregorius läßt sich auf einem meerumspülten Felsen von einem Fischer in Beinschellen fesseln und verbringt dort, nur von dem Wasser lebend, das sich in einer Steinmulde ansammelt, siebzehn Jahre. Nach Ablauf dieser unsäglich harten Bußzeit wird ihm Gottes Gnade zuteil: Nach dem Tod des regierenden Papstes tut Gott zwei römischen Geistlichen das Schicksal Gregors kund und trägt ihnen auf, ihn zu retten und zum Papst zu berufen. Die Herren tun, wie ihnen geheißen, und drei Tage vor Gregors Einzug in Rom beginnen dort zum Zeichen seiner Heiligkeit alle Glocken von selbst zu läuten. (Mit diesem wunderbaren Ereignis beginnt Thomas MANN seinen Gregorius-Roman *Der Erwählte*.) Als Papst begegnet er seiner Mutter wieder, die büßend nach Rom gekommen ist, und beide verbringen den Rest ihres Lebens im Dienst an Gott.

»Den Gregorius einen ›Mittelalterlichen Ödipus‹ zu nennen, vereinfacht die Sache unzulässig« (P. Wapnewski). Zwar war die Ödipus-Sage Hartmann wie dem ganzen Mittelalter bekannt, doch stimmt das Gedicht in Einzelzügen mehr mit anderen Erzählungen und Legenden desselben Grundtyps überein, vor allem mit der Geschichte von Darab im *Königsbuch* (*Šāh-nāme*, 10. Jh.) des persischen Epikers FERDOUSI. – Das Problem, das die frühere Forschung im Zusammenhang mit Hartmanns *Gregorius* beschäftigte, war die Frage nach der Schuld des Helden: seine Sünde sei, daß er das Mönchsleben um der Ritterschaft willen aufgebe, obgleich er von der Sünde der Eltern wisse; daß er nicht willens sei, stellvertretend die Buße für die Eltern zu übernehmen (so G. EHRISMANN, H. SPARNAAY, Hermann SCHNEIDER, G. SCHIEB, H. NOBEL u. a.). Nach Wolfgang DITTMANN ist diese Auffassung durch keinerlei Textbelege zu stützen. Erstens sei ein bis ins einzelne gehender innerer Zusammenhang zwischen Prolog und Erzählung bei mittelalterlicher Dichtung nicht zu erwarten und für dieses Werk erst zu beweisen; zweitens stelle Hartmann im *Gregorius* geistliches und Ritterleben gleichwertig nebeneinander, in beiden leiste Gregorius Vorbildliches, beiden werde der höchste Wert zugesprochen, nämlich daß sie zur *mâze*, zu innerer Harmonie, führen. Auch die neuere Forschung geht davon aus, daß nicht die Schuldfrage, sondern die Buße als sinntragender Hauptpfeiler (Mertens, Ohly) des *Gregorius* im Vordergrund steht.
Hartmanns *Gregorius* bildete die Grundlage zu Thomas MANNS Roman *Der Erwählte* (1951), ein Werk, das er selbst als die *»Rekapitulation eines abendländischen Mythos«* bezeichnete. KLL

AUSGABEN: Frauenfeld 1838 (in *Spicilegium vaticanum*, Hg. C. Greith; d. i. unkrit. Abdruck d. Hs. A.). – Bln. 1838, Hg. K. Lachmann. – Lpzg. 1867 (in *GA*, Hg. F. Bech, 3 Bde., 1867–1869, 2; Nachdr. 1934). – Halle 1873, Hg. H. Paul. – Jena 1939 (in *Epische Dichtungen*, nhd. Übers. R. Fink). – Wiesbaden 1958, Hg. F. Neumann [m. Anm.]. – Ebenhausen 1959, Hg. B. Kippenberg [Nachw. H. Kuhn: *Der gute sünder – der erwählte?*; m. nhd. Übers.]. – Tübingen [11]1966, Hg. L. Wolff [nach H. Paul]. – Stg. 1974 (nach d. Ausg. v. Fr. Neumann, Übertr. B. Kippenberg; Nachw. H. Kuhn; RUB). – Tübingen 1984, Hg. H. Paul [Neubearb. B. Wachinger].

LITERATUR: K. Zwierzina, *Überlieferung u. Kritik von H.s »Gregorius«* (in ZfdA, 37, 1893, S. 129–217; 256–416). – H. W. J. Kroes, *Die Gregorlegende* (in Neoph, 38, 1954, S. 169–175). – G. Zuntz, *Ödipus und Gregorius. Tragödie u. Legende* (in Antike u. Abendland, 4, 1954, S. 191–203). – H. Nobel, *Schuld u. Sühne in H.s »Gregorius« u. in der frühscholastischen Theologie* (in ZfdPh, 76, 1957, S. 42–79). – A. Wolf, *Gregorius bei H. v. A. u. Th. Mann*, Mchn. 1964. – W. Dittmann, *H.s »Gregorius«. Untersuchungen zur Überlieferung, zum Aufbau u. Gehalt*, Bln. u. a. 1966 (m. Bibliogr.). – Ch. Cormeau, *H. v. A.s »Armer Heinrich« u. »Gregorius«. Studien zur Interpretation mit dem Blick auf die Theologie zur Zeit H.s*, Mchn. 1966. – H. Seigfried, *Der Schuldbegriff im »Gregorius« u. im »Armen Heinrich« H.s v. A.* (in Euph, 65, 1971, S. 162–182). – F. Tobin, *»Gregorius« and »Der arme Heinrich«. H.'s Dualistic and Gradualistic Views of Reality*, Bern/Ffm. 1973. – K. D. Goebel, *Untersuchungen zu Aufbau u. Schuldproblemen in H.s »Gregorius«*, Bln. 1974. – F. Ohly, *Der Verfluchte und der Erwählte. Vom Leben mit der Schuld*, Opladen 1976. – V. Mertens, *Gregorius Eremita. Eine Lebensform des Adels in ihrer Problematik u. in ihrer Wandlung in der Rezeption*, Zürich/Mchn. 1978. – B. Herlem-Prey, *Le Gregorius et la vie de Saint Grégoire. Détermination de la source de H. v. A. à partir de l'étude comparative intégrale des textes*, Göppingen 1979 [Vorw. J. Fourquet]. – U. Ernst, *Ist H.s Gregorius ein Sünder? Zur ungewollten Missetat in der Sicht des MAs* (in Neoph, 64, 1980, S. 405–413). – H. Henne, *Herrschaftsstruktur, historischer Prozeß u. epische Handlung. Sozialgeschichtl. Untersuchungen zum »Gregorius« und »Armen Heinrich« H.s v. A.*, Göppingen 1982. – S. Christoph, *Guilt, Shame, Atonement, and H.'s »Gregorius«* (in Euph, 76, 1982, S. 207–221).

IWEIN

(mhd.). Versroman von HARTMANN VON AUE, vermutlich beendet 1205. – Es wird angenommen, daß *Iwein* das letzte Werk Hartmanns ist. Fraglich bleibt, ob Hartmann die ersten tausend der insgesamt 8165 Verse des Romans schon gleich nach Vollendung des *Erec* verfaßt hat. Die reiche Überlieferung in 28 (zum Teil fragmentarischen) Handschriften aus dem 13. bis 16. Jh. läßt auf eine große Beliebtheit und eine starke Wirkung des Artusromans schließen, den Hartmann – wie bereits den *Erec* – nach der französischen Vorlage von CHRÉTIENS DE TROYES *Yvain ou le Chevalier au Lion* verfaßt hat. Während Hartmanns *Erec* sich jedoch stark von der Vorlage unterscheidet, folgt er beim *Iwein* Chrétien bis auf wenige Änderungen mit großer Genauigkeit.
Während des Pfingstfestes am Artushof erzählt Kâlogrenant die Geschichte von einer mißglückten *aventiure*. Iwein, angeregt durch die Erzählung seines Verwandten, bricht heimlich auf, um selbst das Abenteuer zu bestehen. Er gelangt zu jenem von Kâlogrenant beschriebenen Brunnen, begießt ihn und löst damit ein großes Unwetter aus. Askalon, der Herr des Brunnens und des Landes, erscheint. Im Kampf erschlägt Iwein den Gegner, als dieser sich schwer verwundet in seine Burg flüchten will. Zugleich aber findet sich Iwein selbst zwischen den Falltoren der Burg gefangen. Lunete, die Zofe der Gemahlin Askalons, verleiht ihm einen Ring, der ihn unsichtbar macht und vor dem wütenden Gefolge Askalons bewahrt. Iwein verliebt sich in die Burgherrin Laudine, die heftig um ihren erschlagenen Gatten trauert, und Lunete gelingt es *»mit ei-*

nem Meisterstück diplomatischer Überredungskunst« (P. Wapnewski), ihre Herrin von einer Heirat mit dem Sieger über ihren Gatten zu überzeugen. Als Artus mit seinem Gefolge erscheint und Iwein seinen Segen gibt, erinnert der vorbildliche Artusritter Gawein den jung vermählten und zum Landesherrn aufgestiegenen Freund nicht nur an die früheren Zeiten der Turniere, sondern gemahnt ihn an das Schicksal von Erec: *»kêrt ez niht allez an gemach; / als dem hern Erecke geschach, / der sich ouch alsô manegen tac / durch vrouwen Eniten verlac.«* Iwein geht blindlings auf den Vorschlag Gaweins ein, mit ihm auf Turniere zu ziehen, Laudine setzt ihm jedoch eine Jahresfrist. Iwein aber versäumt den zur Rückkehr bestimmten Termin und wird von der Zofe Lunete vor der versammelten Mannschaft am Artushof des Verrats und der Untreue an Laudine bezichtigt. Iwein läuft daraufhin dem Wahnsinn verfallen – *»nû nacket beider, / der sinne unde der cleider«* – in den Wald, wo ihn drei Frauen finden und mit einer Zaubersalbe heilen.
Am Tiefpunkt seiner Laufbahn angelangt, beginnt Iweins eigentliche Aventiurenfahrt. Er verteidigt die wehrlosen Damen von Narison gegen den Grafen Aliers und rettet einen Löwen im Kampf gegen einen Drachen. Damit gewinnt er ein Tier zum Freund, das künftig anstelle seines Namens sein Erkennungszeichen wird. Durch Zufall gerät er wieder in Laudines Reich und verfällt erneut einem Scheintod. Geweckt durch den Hilferuf Lunetes, die wegen seiner Säumigkeit Laudine gegenüber des Verrats angeklagt ist, verspricht er, ihr am nächsten Tag zum Gerichtskampf rechtzeitig zu Hilfe zu eilen, denn zuvor muß er noch gegen den Riesen Harpin kämpfen. Der Riese läßt jedoch lange auf sich warten und bringt Iwein damit in eine verzweifelte Zeitnot. In letzter Minute erscheint der Riese zum Kampf, so daß Iwein gerade noch rechtzeitig auch die Hilfszusage gegenüber Lunete einlösen kann. Unerkannt von seinen eigenen Leuten – auch Laudine erkennt den Ritter mit dem Löwen nicht – zieht er von dannen und befreit die Burg zum schlimmen Abenteuer von zwei Riesen, die dreihundert weibliche Geiseln gefangenhalten. Im letzten Abenteuer – die Schwestern und Gräfinnen zum schwarzen Dorn streiten um ihr Erbe und haben sich zum Entscheidungskampf zwei Ritter erkoren – kämpfen Iwein und Gawein gegeneinander, ohne es zu wissen. Erst nach langem, unentschiedenem Kampf erkennen sie einander, und König Artus beendet den Rechtsstreit durch ein salomonisches Urteil. Iwein kehrt zum Brunnen zurück und versöhnt sich mit Laudine.
Die Tektonik des *Iwein* entspricht im großen Ganzen der gängigen Struktur des Artusromans: *»Hier geschieht, was in jedem von Hartmanns Epen dem Helden geschieht: Erek und Gregorius und der Herr Heinrich, sie alle trifft auf der Höhe ihres Ruhms, da sie in allem Glanze dieser Welt sich sonnen, der Blitz und stürzt sie herab. Stürzt sie alle drei, weil sie nicht ihrem* ordo, *ihrem Gesetz gemäß leben, nicht gemäß der von Gott in sie gelegten Bestimmung, weil sich innerer und äußerer Status nicht decken, weil sie das Ererbte nicht erworben haben und in selbstgenügsamer Scheinsicherheit dahinleben«* (P. Wapnewski). Auch die Aventiuren-Kette, der eigentliche Weg des Ritters, entspricht im Aufbau dem üblichen Schema der Doppelung, Steigerung und Spiegelung, wobei jede einzelne Episode rückzubeziehen ist auf die Schuld des Helden: Er hat, und das demonstriert die Terminversäumnis, die (lehensrechtlichen) Pflichten seiner erworbenen Stellung als Ehemann und Landesherr, das heißt als Beschützer der Frau und als Wächter des Brunnens und des Landes, nicht erkannt und ausgefüllt; Pflichten, die er nun auf dem läuternden Aventiurenweg doppelt erfüllt, indem er wehrlosen Frauen in Rechtsstreitigkeiten seine Hilfe zusagt. Das Motto seines Weges der Läuterung verdeutlicht auch der ihn begleitende Löwe, der im Mittelalter für *»triuwe, Gerechtigkeit und beständige Wachsamkeit«* (Ch. Cormeau) steht. Gleichwohl ist das Handlungsschema des *Iwein* weniger linear und eindeutig als das des *Erec*. Denn *»hier prallen unvereinbare Welten aufeinander«* (P. Wapnewski), die Hartmann mehr als Chrétien miteinander zu verbinden sucht, indem er die – im *Iwein* zahlreich vorhandenen – Erzählmotive aus der Mythen- und Märchenwelt, die eigentlich keiner näheren Begründung bedürfen, in die ideelle Programmatik des höfischen Romans integriert. Aus diesem Grund weicht er, insbesondere was die dem Märchenbereich entstammenden Frauenfiguren Laudine und Lunete anbelangt, mildernd und glättend von der Chrétienschen Vorlage ab und interpretiert – in Form von Erzählerkommentaren – die Launenhaftigkeit Laudines, die sich relativ schnell nicht nur über den Tod ihres Gatten, sondern auch über die Trennung von Iwein hinwegtrösten läßt, als Zeichen der *güete*.
Im übrigen setzt sich Hartmann im *Iwein* ebenso wie Chrétien kritisch mit der vertrauten Norm des Aventiuren-Prinzips auseinander: Die aventiure als zweckfreies Spiel (*»ich heize ein riter und hân den sinn / daz ich suochende rîte / einen man der mit mir strîte«*, so erklärt Kâlogrenant einem Wilden im Wald die Daseinsbestimmung eines Ritters) wird gleich zu Beginn des Romans u. a. auch durch die Spöttereien von Keiî, dem *»Hofzensor und Störenfried«* (Ch. Cormeau), *ad absurdum* geführt, und Gaweins Erinnerung an Ereks Schicksal des *verligens* verkehrt sich hier ins Gegenteil: Iwein vergißt über den Turnieren seine eigentlichen Pflichten und *»›verrittert‹ sich«* (P. Wapnewski). *»Durch die besondere Form der zweiteiligen Struktur gelingt es aber Chrétien und Hartmann, den Leser in den Erfahrungsprozeß seines Helden zu verwickeln und damit eine kritische Auseinandersetzung mit den Handlungsnormen anzustoßen, die den inneren Sinn und Zusammenhang des äußeren Normkanons aufdecken soll«* (Ch. Cormeau). S. Ri.

AUSGABEN: Wien 1786, Hg. K. J. Michaeler. – Bln. 1827, Hg. G. F. Benecke u. K. Lachmann. – Lpzg. 1869 (in *GA*, Hg. F. Bech, 3 Bde., 1867–1869, 3; Nachdr. 1934). – Köln/Graz 1965 [Faks. der Hs. B in Deutsche Texte in Hss., 2]. – Bln. [7]1968, Hg. G. F. Benecke u. K. Lachmann [Bearb. L. Wolff]. – Göppingen 1974, Hg. L. Okken [m. ausgew. Abb. u. Materialien zur hs. Überlieferung].

LITERATUR: G. F. Benecke, *Wörterbuch zu H.s »Iwein«*, Göttingen 1874; Nachdr. Wiesbaden 1966. – H. Kuhn, *Die Klassik des Rittertums in der Stauferzeit* (in *Annalen der dt. Literatur*, Hg. O. Burger, Stg. 1952). – H. Sparnaay, *H.s »Iwein«* (in H. S., *Zur Sprache u. Literatur des MA.s*, Groningen 1961, S. 216; vgl. dazu S. 115–128). – H. B. Willson, *The Role of the Keii in H.s »Iwein«* (in MAevum, 30, 1961, S. 145–158). – T. Cramer, *saelde und êre in H.s »Iwein«* (in Euph, 60, 1966, S. 30–47). – M. Wehrli, *Iweins Erwachen* (in M. W., *Formen mittelalterlicher Erzählungen. Aufsätze*, Zürich/Freiburg i. B. 1969, S. 177–193). – G. Schweikle, *Zum »Iwein« H.s v. A. Strukturale Korrespondenzen u. Oppositionen* (in *Probleme des Erzählens in der Weltliteratur. Fs. für K. Hamburger*, Hg. F. Martini, Stg. 1971, S. 1–21). – A. Wolf, *Erzählkunst u. verborgener Schriftsinn. Zur Diskussion um Chretiens »Yvain« u. H.s »Iwein«* (in Sprachkunst, 2, 1971, S. 1–42). – K. Ruh, *Zur Interpretation von H.s »Iwein«* (in *H. v. A.*, Hg. H. Kuhn u. Ch. Cormeau, Darmstadt 1973, S. 408–425; WdF). – W. Mohr, *Iweins Wahnsinn. Die Aventüren und ihr »Sinn«* (in ZfdA, 100, 1971, S. 73–94). – P. Kern, *Interpretation der Erzählung durch Erzählen. Zur Bedeutung von Wiederholung, Variation u. Umkehrung in H.s »Iwein«* (in ZfdPh, 92, 1973, S. 338–359). – P. Wiehl, *Die Redeszene als episches Strukturelement in den Erec- und Iwein-Dichtungen H.s v. A. u. Chretiens de Troyes*, Mchn. 1974. – V. Mertens, *Laudine. Soziale Problematik im »Iwein« H.s v. A.* (in ZfdPh, Beih. 3, Bln. 1978). – W. H. Jackson, *Friedensgesetzgebung u. höfischer Roman. Zu H.s »Erec« u. »Iwein«* (in *Poesie u. Gebrauchsliteratur im dt. MA*, Hg. V. Honemann, K. Ruh u. a., Tübingen 1979, S. 251–264). – H. Ragotzky u. B. Weinmayer, *Höfischer Roman u. soziale Identitätsbildung. Zur soziologischen Deutung des Doppelwegs im »Iwein« H.s v. A.* (in *Deutsche Literatur im MA. Kontakte u. Perspektiven*, Hg. Ch. Cormeau, Stg. 1979, S. 211–253). – Ch. Cormeau, *Artusroman u. Märchen. Zur Beschreibung u. Genese der Struktur des höfischen Romans* (in Wolfram-Studien, 5, 1979, S. 63–79). – K. F. Kraft, *Iweins Triuwe Zu Ethos u. Form der Aventiurenfolge in H.s »Iwein«. Eine Interpretation*, Amsterdam 1979. – S. Ranawake, *Zu Form u. Funktion der Ironie bei H. v. A.* (in Wolfram-Studien, 7, 1982, S. 75–116). – H. Fischer, *Ehre, Hof u. Abenteuer in H.s »Iwein«. Vorarbeiten zu einer historischen Poetik des höfischen Epos*, Mchn. 1983. – H. Tervooren, *Ein neues »Iwein«-Fragment* (in ZfdA, 113, 1984, S. 235–239).

DIE LIEDER (mhd.) von HARTMANN VON AUE.

Unter dem Namen Hartmanns von Aue bewahren die bedeutenden Minnesang-Sammlungen des späten 13. und beginnenden 14. Jh.s 60 Strophen in 18 Tönen; vollständig ist allein die Sammlung der *Großen Heidelberger (Manessischen) Liederhandschrift* (C), 28 Strophen sind parallel in der *Weingartner Liederhandschrift* (B), zehn auch in der *Kleinen Heidelberger Liederhandschrift* (A) überliefert; sieben Strophen wurden zusätzlich in andere Codices unter den Namen REINMARS und WALTHERS VON DER VOGELWEIDE eingetragen. Vier Lieder gelten den meisten Forschern als unecht (IX, XII, XVIII) oder wurden mit strittigen Erwägungen Hartmann abgesprochen (XVI). Versuche der Gliederung dieses überschaubaren lyrischen Œuvres, das in auch formal eigenständigen Kanzonenstrophen das Thema der »hohen Minne« reflektiert, bleiben problematisch, weil für eine chronologische (oder gar biographische) Reihung sichere Anhaltspunkte fehlen (oder der Pragmatik des Minnesangs widersprächen) und weil Anordnungen der Lieder zu einem narrativen Zyklus (R. Kienast, E. Blattmann) sich zu ausschließlich auf im Minnesang überhaupt frequente punktuelle Reim- und Motivresponsionen stützten. Daher bietet es sich an, Hartmanns Gedichte nach dem Vorbild Ch. Cormeaus nur *»nach Thematik und Tonlage«* locker zu gruppieren, so daß alternative Zuordnungen möglich und zyklische, gar entwicklungsgeschichtliche Implikationen vermieden bleiben.

Wie im gesamten hohen Minnesang bilden auch in Hartmanns lyrischem Werk Lieder der Klage über die Vergeblichkeit der Werbung des Sängers um eine Dame den Schwerpunkt. Dabei kommt es jedoch zu höchst charakteristischen Ausprägungen konventionalisierter Minnesangelemente, etwa der Transformation der Minnedienst-Minnelohn-Spannung in die ethische Diskrepanz von Schuld des Mannes und *bescheidenlîchem* Verhalten der Frau (Lieder I, VII): *Mîn vrouwe gert mîn niht: diu schulde ist mîn* (205, 14). Auch wo solche Selbstanklage geradezu programmatisch definiert ist, wird aber die Lösung der Paradoxie hoher Minne im vorbildlichen Habitus der *wân*-Minne noch gesucht (III). Zu poetologischer Selbstreflexion führt Lied II, wenn es die Kunstform des Minnesangs von den gesellschaftlichen Reglementierungen der Liebeswerbung her begründet. Im Gegensatz dazu völlig einmalig ist im deutschen Minnesang Hartmanns Klage um den Tod seines Herrn (I, vgl. auch V, XVII). In der früheren Forschung wurde sie als Hinweis auf eine einschneidende Zäsur in Hartmanns Leben gewertet und bestimmte lange Zeit die Diskussion um die chronologische Reihenfolge seiner Werke. Sie konnte jedoch in ihrer historischen Dimension nie zufriedenstellend entschlüsselt werden.

Neben der Liebesklage stehen vier Lieder der Minnehoffnung (VIII, X, XI, XIII); sie artikulieren eine Zuversicht, deren Bedingung die sei es gesellschaftliche, sei es räumliche Distanz zur Dame ist – unter anderem wegen der paradoxen Furcht des Sängers, in der Nähe der Dame eine Absage zu erhalten (X). *»Idealtypisch definiert der Sänger«* in einem vielleicht an romanischen Vorbildern geschulten daktylischen Preislied (XIII), *»wie der Minnesang jede Wertsetzung aus dem überhöhten Zentrum Frau ableitet: Liebesthematik ist deshalb Orientierungsdiskussion«* (Ch. Cormeau). Schwerer zu interpretieren sind die beiden Frauenlieder Hartmanns. Einmal handelt es sich um eine recht direkte erotische Wunschprojektion des Mannes, die einer Frau in den Mund gelegt wird (XIV), zum andern um die sogenannte *Witwenklage* (XVI), die entweder der Trennung von einem zu Tode gekommenen Ehemann oder der von einem Liebhaber, welcher das Kreuz genommen hat, gelten kann und die auch wegen ihrer ungeklärten Beziehung zu Reinmars Totenklage um den österreichischen Herzog Leopold V. Deutungsprobleme aufgibt. – Eine spektakuläre Sonderstellung in Hartmanns Liedschaffen wie im deutschen Minnesang überhaupt kommt dem Lied XV *Maniger grüezet mich alsô* zu. Der Autor signiert hier mit einer Namensnennung sein lyrisches Œuvre und bricht im gleichen Zuge – der Entwicklung des zeitgenössischen Minnediskurses beträchtlich vorgreifend – mit dem Konzept einseitiger, auf den *wân* gestellter Minne. Indem Hartmann nämlich in diesem sogenannten »Unmutslied« die Fiktionen des Minnesangs und die miserablen ›Realitäten‹ zeitgenössischer Liebeskultur (Szenenskizzen der Rahmenstrophen) aufeinanderprallen läßt, stellt er die Konventionen des lyrischen Genres bloß und gewinnt Artikulationsraum für die provozierende Forderung nach Reziprozität der Minne (in der Mittelstrophe).

In drei Liedern reflektiert Hartmann von Aue am Thema der Kreuznahme Fragen der Minne zu Gott, wobei sich das erste Kreuzlied (V) insbesondere gegen ein Kreuzfahrertum nur der äußeren Zeichen richtet und auf die radikale Ethisierung und Verinnerlichung jener Weltabkehr zielt, welche die Kreuznahme bedeutet. Ästhetisches Medium dessen ist des Sängers Darstellung *»seine[r] eigene[n] existentielle[n] Bewegung aufs Kreuz zu«* (W. Haubrichs), und eben dies begründet Rang und Sonderstellung des Gedichts etwa gegenüber den Kreuzliedern FRIEDRICHS VON HAUSEN und ALBRECHTS VON JOHANSDORF. Nach einer spruchähnlichen Einzelstrophe (VI), die das Postulat der Ethisierung der Kreuzzugsentscheidung aufnimmt und eine mögliche Balance von Minnebindung und Kreuzzugspflicht im Rahmen eines Konzepts symmetrischer Rollenverteilung auf Frau (Gebet) und Mann (Kampf) andeutet, knüpft das dritte Kreuzlied (XVII) an Gedankengänge des »Unmutsliedes« in einer die hohe Minne demontierenden Form an: *Ich var mit iuweren hulden*, das als ein Höhepunkt deutschsprachiger mittelalterlicher Lyrik angesehen und von der Forschung entsprechend heftig umworben wird, stellt überaus kunstvoll Frauen- und Gottesminne einander so gegenüber, daß jene *»ihre Unvollkommenheit, ihren wahnhaften Charakter, in der mangelnden Gegenseitigkeit enthüllt«* (V. Mertens). Damit verbindet sich eine radikale Kritik an Minnesang und *minnesingern* sowie jene Spiritualisierung des Kreuzzugsgedankens, die erkennen läßt, daß Minnethematik in diesem Gedicht *»bis zu metaphysischen Fragen des Laientums«* reichen kann, welche *»mangels eines theoretischen Bewußtseins nur als ›Sprachspiele‹ feudaler Gesellschaftskunst durchgespielt werden konnten«* (H. Kuhn).

Hartmanns problembewußte Lieder standen lange im Schatten seiner großen Epik, und erst mit der Überwindung der Implikationen des lyrischen Erlebnisbegriffs und mit der wachsenden Historisierung der Minnesangforschung wurde ihre Faszinationskraft wahrnehmbar: *»Rhetorische Kunst in Aufbau und Schmuck, Wortspiele, die ... eins der Mittel Hartmanns sind, poetische Mehrdeutigkeit zu erzeugen, Dialektik in der Gedankenführung, Antithetik, überhaupt Bewußtheit, Intellektualität verleihen diesen Liedern ihren besonderen Rang in der mittelhochdeutschen Lyrik«* (E. von Reusner). Oft benützen sie vorgegebene Schemata des Minnesangs für ein radikalisierendes Experimentieren, und so kommt Hartmann – zwischen der Generation Friedrichs von Hausen und der Walthers und Reinmars – eine wichtige Rolle bei der Entwicklung zentraler Themen der mittelalterlichen deutschen Lyrik (Gegenseitigkeit der Minne, Antizipation des seit Walther dann explizit thematisierten *wîp-frouwe*-Streits, Kreuzzugsthematik) zu. Auch in der Artikulation persönlicher Auffassungen von charakteristischer Eigenständigkeit, wird diese aus den Elementen des Minnesangs entwickelte Lyrik *»fast von Anfang an zum Anti-Minnesang«* (H. Kuhn), führt sie bis zur Abwendung von aller höfischen Minnekonvention. P.St.

AUSGABEN: Lpzg./Bln. 1838 (in *Minnesinger*, Hg. F. H. v. der Hagen, Bd. 1; Nachdr. Aalen 1963). – Stg. [37]1982 (in *Des Minnesangs Frühling*, Hg. H. Moser u. H. Tervooren, Bd. 1). – Stg. 1985 (in H. v. A., *Lieder. Mittelhochdeutsch/Neuhochdeutsch*, Hg. u. Komm. E. von Reusner; RUB).

LITERATUR: H. Kauffmann, *Über H.s Lyrik*, Diss. Lpzg. 1884. – F. Saran, *H. v. A. als Lyriker*, Diss. Halle/Saale 1889. – F. Saran, *Über H. v. A. [I. Die Lieder]* (in Beitr., 23, 1898, S. 1–108). – R. Kienast, *Das H.-Liederbuch C²*, Bln. 1963. – E. Blattmann, *Die Lieder H.s v. A.*, Bln. 1968. – L. Seiffert, *H. v. A. and His Lyric Poetry* (in Oxford German Studies, 3, 1968, S. 1–29). – H. Brackert, *H. v. A.: Mich hat beswæret mînes herren tôt. Zu MF 205, 1* (in *Interpretationen mittelhochdeutscher Lyrik*, Hg. G. Jungbluth, Bad Homburg u. a. 1969, S. 169–184). – H. Deuser u. K. Rybka, *Kreuzzugs- und Minnelyrik. Interpretationen zu Friedrich von Hausen und H. v. A.* (in WW, 21, 1971, S. 402–411). – P. Salmon, *The Underrated Lyrics of H. v. A.* (in MLR, 66, 1971, S. 810–825). – H.-H. S. Räkel, *Drei Lieder zum dritten Kreuzzug* (in DVLG 47, 1973, S. 508–550). – W. Haubrichs,

›Reiner muot‹ und ›kiusche site‹. Argumentationsmuster u. situative Differenzen in der staufischen Kreuzzugslyrik zwischen 1188/89 u. 1227/28 (in *Stauferzeit. Geschichte, Literatur, Kunst*, Hg. R. Krohn u. a., Stg. 1978, S. 295–324). – V. Mertens, *Kritik am Kreuzzug Kaiser Heinrichs? Zu H.s 3. Kreuzlied* (ebd., S. 325–333). – O. Sayce, *The Medieval German Lyric 1150–1300. The Development of Its Themes and Forms in Their European Context*, Oxford 1982, S. 158 ff. – L. Seiffert, *H. and Walther: Two Styles of Individualism. Reflections on ›armiu wîp‹ and ›riterlichiu vrouwen‹* (in Oxford German Studies, 13, 1982, S. 86–103). – E. v. Reusner, *H.s Lyrik* (in GRM, 34, 1984, S. 8–28). – E. Nellmann, *Saladin u. die Minne. Zu H.s drittem Kreuzlied* (in *Philologie als Kulturwissenschaft. Beiträge zur Literatur u. Geschichte des Mittelalters, Fs. K. Stackmann*, Hg. L. Grenzmann u. a., Göttingen 1987, S. 136–148). – O. Sayce, *Romance Elements in the Lyrics of H. v. A.* (in *H. v. A. Changing Perspectives*, Hg. T. McFarland u. S. Ranawake, Göppingen 1988, S. 53–63).

HEINRICH VON DEM TÜRLIN

Anfang 13. Jh.

DER AVENTIURE CRÔNE

(mhd.). Höfischer Roman von HEINRICH VON DEM TÜRLIN, verfaßt nach dem Tod HARTMANNS VON AUE (um 1215) und vor dem *Alexander* des RUDOLF VON EMS (nach 1230). Heinrichs Sprache ist bairisch-österreichisch. Er war vermutlich in Kärnten (St. Veit an der Glan) als Bürger, Kanzleibeamter oder als Ministeriale am Hof des Herzogs Bernhard von Kärnten ansässig. – Der Titel des 30041 Verse umfassenden Gawan-Romans ist dem Schluß der Dichtung entnommen: Heinrich vergleicht sein Werk mit einer Krone (ohne es jedoch direkt so zu nennen), mit der er die *»werden vrouwen«* krönen will, in deren Dienst er die Dichtung vollendet hat. Schon auf Rudolf von Ems geht die aus dem Werk nicht belegbare Deutung des Titels zurück, Heinrichs Werk sei *»aller âventiure krône»*, also die vollendetste Erscheinungsform aller höfischen Aventiure-Romane.

In vier Sequenzen, umrahmt und unterbrochen von fünf Festen am Artushof, schildert Heinrich Gawans aventiuren. Dabei treten Feen und Unholde, Zwerge und Riesen, Fabeltiere, Zauberer, entführte Jungfrauen in schneller Folge auf; da gibt es Wunder verrichtende Becher, Mauern, Ringe, Gürtel und vieles der gleichen Art; da wirft eine unsichtbare Hand einen Menschen zu Boden, das Schwert fährt von selbst in die Scheide, Wein springt aus dem Becher, das Wasser steht still; da wird der Held von Unholden bedrängt, er erlöst gefesselte Jungfrauen aus der Gewalt von Drachen, wird von einer Riesin ergriffen, kämpft erfolgreich mit gewaltigen Tieren und Gespenstern. Auf ihn *»wird alles gehäuft, was es an Aventiurenhaftem gibt«* (de Boor). Aus der Flut der Abenteuer, die im großen und ganzen den Gaweinbüchern WOLFRAMS VON ESCHENBACH entsprechen, heben sich einige wenige, schärfer konturierte heraus: der Besuch des Helden auf der als Totenschloß gezeigten Gralsburg, wo er im Unterschied zu Parzival die erlösende Frage sofort stellt; die eigenartige Geschichte von Ginover und ihrem Liebhaber Gasozein, von Ginovers Entführung und späterer Rettung vor handgreiflicher Vergewaltigung – beides Abenteuer, die eigentlich nicht in Gawans traditionelles Taten-Repertoire gehören, sondern ihm erst durch Heinrich zugewiesen werden. Die Einkehr Gawans bei Frau Saelde und die Keuschheitsprobe durch den Wunderbecher am Beginn des Romans bilden zwei weitere Höhepunkte.

Als Vorlage nennt Heinrich nur ein französisches *»exemplar«*, doch benutzte er daneben vermutlich noch andere französische Quellen wie CHRÉTIEN (*Perceval, Lancelot*, Gaweinbücher) und PAIEN DE MAISIÈRES *(La Mule sanz Frain)*. Auch die deutsche Tradition hat er sich ausgiebig dienstbar gemacht: Er hat Wolfram, Hartmann, ULRICHS *Lanzelot*, WIRNT VON GRAFENBERG gekannt. Aber sein Werk unterscheidet sich von den Artus-Epen der Zeit um 1200 nicht nur durch seine größere Stofflichkeit und die Phantastik seiner Erfindungen bzw. Übernahmen; Heinrichs Erzählweise ist nicht von der linearen Einheitlichkeit der klassischen Artusepen bestimmt, die ihre Helden stets in einer eindeutig motivierten aventiuren-Kette zu einer höheren Daseinsstufe führen. Seine Vermischung von *»skurrile(n) Phantasmagorien, höfische(r) Stilisierung ... mit realistischen Details und trivialer Kommentierung«* deutet vielmehr auf ein *»raffiniertes Spiel mit der Artustradition für ein informiertes Publikum«* (Ch. Cormeau). H.B.

AUSGABEN: Stg. 1852, Hg. A. H. F. Scholl (BLV, 27; Nachdr. Amsterdam 1966). – Göppingen 1982, Hg. K. Zatloukal.

LITERATUR: G. Graber, *H. v. d. T. u. d. Sprachform seiner »Krône«* (in ZfdPh, 42, 1910, S. 154–188; S. 287–331). – F. J. Worstbrock, *Über den Titel der »Krone« H.s v. d. T.* (in ZfdA, 95, 1966, S. 182–186). – B. Kratz, *Gawein u. Wolfdietrich. Zur Verwandtschaft der »Crone« mit der jüngeren Heldendichtung* (in Euph, 66, 1972, S. 397–404). – H. de Boor, *Fortuna in mhd. Dichtung, insbesondere in der »Crône« des H. v. d. T.* (in *Verbum et Signum. Fs. für F. Ohly*, Hg. H. Fromm u. a., Bd. 2, Mchn. 1975, S. 311–328). – Ch. Cormeau, *»Wigalois« u. »Diu Crone«. Zwei Kapitel zur Gattungsgeschichte des nachklassischen Aventiureromans*, Mchn. 1977. – A. Ebenbauer, *Fortuna am Artushof. Bemerkungen* zum »*Sinn*« der »*Kröne*« *H.s v. d. T.* (in *Österr. Literatur zur Zeit der Babenberger*, Hg. ders. u. a., Wien 1977, S. 25–49). – H. Reinitzer, *Zur Erzählfunktion der »Crône« H.s v. d. T. Über literarische Exempelfiguren* (ebd., S. 177–196). – De Boor, 2, [10]1979, S. 185–188. – L. Jillings, *»Diu Crone« of H. v. d. T. The Attempted Emancipation of Secular Narrative*, Göppingen 1980. – *Die mittelalterliche Literatur in Kärnten*, Hg. P. Krämer, Wien 1981, S. 1–32; 217–229; 251–268; 269–291. – Ch. Cormeau, Art. *H. v. d. T.* (in VL[2], 3, Sp. 894–899). – F. E. Keef, *Landschaft u. Raum in »Diu Crône«*, Diss. Univ. of Kentucky 1982. – E. S. Dick, *The German Gawein* (in Interpretations, 15, 1984, S. 11–17). – F. P. Knapp, *Das Ideal des chevalier im frz. Prosa-Lancelot u. in der »Krone« H.s v. d. T.* (in *Artusrittertum im späten MA*, Hg. F. Wolfzettel, Gießen 1984, S. 138–145).

Heinrich von Meissen

(Meister) Heinrich Frauenlob
* 2. Hälfte 13. Jh.
† 29.11.1318 Mainz

LIEDER UND SPRUCHDICHTUNGEN

(mhd.) von Heinrich von Meissen.

Mit dem programmatisch gewählten Künstler- und Fahrendennamen »Frauenlob« signierte ein auch als Heinrich von Meißen nachgewiesener Spruchdichter und Lyriker jenes Werk, um welches sich sein Ansehen bei den Zeitgenossen und sein Nachruhm kristallisierten, den sog. *Marienleich*. Die meisten der Handschriften, welche Teile seines Œuvres bewahrt haben, folgen der Benennung »Frauenlob«. Diese ist als Umschreibung der ästhetischen und ethischen Perspektive zu begreifen, unter welcher der Verfasser seine Rolle verstanden wissen wollte; als Selbstidentifizierung dessen, der das rühmende Sprechen von der Würde der Dame ins Zentrum seiner künstlerischen Existenz gerückt habe, deuteten sich schon die frühen Historiographen des Meistersangs (Cyriacus Spangenberg, 1598) den Namen. Die Herkunftsbezeichnung »von Meißen« wird durch den sprachgeographischen Befund wahrscheinlich gemacht. Ein hin und wieder dem Namen vorangestellter »Meister«- bzw. »magister«-Titel weist den Verfasser als Bürgerlichen aus, zollt dem Anspruch hoher Gelehrsamkeit Respekt und ließ einen ordentlichen klerikalen Bildungsgang vermuten (auf der Domschule zu Meißen?). Die späteren Meistersänger, die sich und ihre schulmäßige Kunst teils von ihm herleiteten, legten den Titel mit Bezug auf die Zünfteordnung aus.

Aus Anspielungen in eigenen Werken und Erwähnungen läßt sich der ungefähre Rahmen abstecken, in dem Frauenlob tätig war. Blendet man nicht zweifelsfrei deutbare, von der Erzählung über den zwölfjährigen Jesus im *Lukasevangelium* inspirierte (?) Reminiszenzen einer Kindheitslegende aus, nach der Frauenlob sein erstes Gedicht mit 12 Jahren verfaßt haben soll (Hermann Damen weiß davon), so kommen als früheste Daten sein Auftreten bei Rudolf von Habsburg (im Zusammenhang mit der Schlacht auf dem Marchfeld, 1278) und 1292 am Prager Hof vor Wenzel II. in Betracht. Wohl hier schon ist er im Umkreis des Peter von Aspelt, Leibarzt und später Kanzler des Königs, zu finden; Peter von Aspelt wird als Erzbischof von Mainz zum wichtigsten Mäzen Frauenlobs werden. Biographische Rückblenden in einer Eloge auf Markgraf Waldemar von Brandenburg, die für das Rostocker Ritterfest (1311) verfaßt worden ist, sprechen von Beziehungen zu Herzog Heinrich IV. von Breslau, zu Herzog Meinhard V. von Kärnten oder seinem Sohn Heinrich, in dessen Abrechnungen er 1299 als *ystrio* (fahrender Sänger) *dict(us) Vrowenlop* erscheint, und zu Otto III. von Niederbayern. Widmungsadressen seiner Sprüche richten sich u. a. an norddeutsche und dänische Fürsten, Bischöfe und Könige (König Erik von Dänemark; Wizlaw IV. von Rügen; Erzbischof Giselbrecht von Bremen, Heinrich II. von Mecklenburg); Frauenlob wird deren Höfe bereist haben. Totenklagen auf Rudolf von Habsburg († 1291) und Wenzel II. († 1305) bestätigen als wohl offizielle Auftragsdichtungen das Renommée des Literaten. Ab 1312 dürfte er sich in Mainz im Umkreis Peters von Aspelt aufgehalten haben. In Mainz ist er in der Nacht zum Fest des Apostels Andreas 1318 gestorben. Die Chronik des Matthias von Neuenburg berichtet von exzeptionellen letzten Ehren, welche die Mainzer Patrizierdamen ihrem Dichter hatten zuteil werden lassen: In feierlicher Prozession hätten sie ihn zur Grablege getragen, der bei der Funerallibation vergossene Wein habe den Kreuzgang überspült (dargestellt auf einem Grabrelief von 1783, das Stefan George zu seinem Gedicht *Frauenlob* anregte).

Frauenlob ist reich überliefert worden; öfter als jedes andere Stück volkssprachlicher Lieddichtung aus dem hohen und späten Mittelalter ist sein *Marienleich* erhalten (G. Kornrumpf). Nur als die wichtigsten Handschriften sind die *Heidelberger (Manessische) Liederhandschrift (C)*, die *Jenaer Handschrift (J)*, die *Kolmarer Liederhandschrift (t)* und die *Wiener Leichhandschrift (W)* zu nennen. Mit Abstand die umfassendste Sammlung enthält die *Weimarer Liederhandschrift (F)*, die (nach 1450) in Nürnberg angelegt wurde; aus der Sicht kritischer Philologie bietet sie die Texte in äußerst korrumpiertem Zustand, gleichwohl gibt sie wichtige Aufschlüsse über meistersängerisches Repertoire und vor allem über das Interesse am Gesamtœuvre eines Autors jenseits der in den jeweiligen Funktionszusammenhängen überlieferten Einzelgattungen (B. Wachinger; G. Kornrumpf).

Gegenwärtig sieht man in Frauenlob den Verfasser von 316 Spruchstrophen in 10 Tönen (melodisch-metrischen Kompositionsmodellen), mindestens 7 Minneliedern und 3 Leichs (nach H. Thomas / K. Stackmann / K. Bertau); fraglich in der heutigen Form sind 2 Streitgedichte. Kontrovers diskutiert wird die zeitliche Gliederung des Gesamtwerks; nur für wenige Texte liefern historische Kontexte einen Datierungsanhalt (Ritterfest 1311, Totenklagen). Ausgehend von den Leichs hat Bertau wiederholt eine stilistisch-biographische Entwicklung vertreten (vom frühen, um eine unverwechselbare Diktion bemühten *Marienleich* über eine problematisierend-exaltierte Phase, die sich im *Minneleich* erfüllt, zum resignativen, durch Rücknahme der *Artistik* gekennzeichneten Spätstil des *Kreuzleich*); Wachinger hingegen rückt den *Minneleich* unter Hinweis auf den Argumentationsgang im *wip-unde-vrouwe*-Disput in die Nachbarschaft des *Marienleichs*.

Die *»ganze Breite spruchdichterischer Verpflichtungen«* schreitet Frauenlob in seinen *Sprüchen* ab (M. Wehrli); in den Bahnen der Konvention verbleiben hier Wahl und Behandlung der Themen. Für einen höfischen Hörerkreis erklingen Fürstenlob und -schelte (allein die sonst üblichen Heischestrophen fehlen), wird die Geistlichkeit (von der Kurie selbst bis zu den Bettelorden) getadelt, wird die Stellung des einzelnen Standes im Gefüge des mittelalterlichen *ordo* reflektiert: Das ethische Fundament solcher Ermahnungen besteht im Vertrauen auf die Unverbrüchlichkeit jener Werte, welche bereits in der Vergangenheit die gottgewollte Stabilität des gesellschaftlichen Systems garantiert hatten. Innovatorisch wirkt Frauenlob in den *minnedidaktischen Sprüchen*: Energisch wird die Abstraktion der Minnediskussion vorangetrieben, die Dame zum *»letztlich allegorische(n) Wesen des Ewigweiblichen«* überhöht (Wehrli), die traditionelle thematische Konstellation für die Reflexion des *summum bonum* fruchtbar gemacht.

Innig verbunden sind die *religiösen Sprüche* den Leichs; Fragen der Mariologie und der Trinitätslehre werden umkreist, die Spuren des Schöpfers in der Natur spekulativ gedeutet. Die Dimensionen des bis dahin Erprobten und Gewagten sprengt der *Marienleich*, der wegen seiner zitierenden Verflechtung mit dem *Hohenlied Salomos* auch mit *cantica canticorum* überschrieben wurde: Der Visionär der *Johannesapokalypse*, als der sich der Sprecher inszeniert, delegiert das Wort an die Gottesmutter selbst. Aus ihrem Mund vernimmt der Hörer eine gleichzeitig höchst spirituelle und drastisch erotische Bestimmung ihrer Rolle im göttlichen Heilsplan, hymnisch feiert sie die Annäherung ihres *»alte(n) vriedel«*, des Geliebten von Anbeginn der Welt, Gottvaters: *»Der smid von oberlande / warf sinen hamer in mine schoz.«* Als Weisheit Gottes und damit selbst *»got«* wirkt sie mit am ewigen Prozeß der Schöpfung. Seinen Fluchtpunkt hat auch der *Minneleich* in der Gottesmutter, um deretwillen man *»alle frouwen eret«*. Am Modell einer Trinität von *»maget«*, *»wip«* und *»frouwe«* erläutert Frauenlob seine Metaphysik der Weiblichkeit: Gottes Vorsehung, die der menschlichen Eigenart gerecht wird (*»gottes eben vürgedanc«*), hat die Spenderin aller *»selekeit«* dem Mann beigesellt. Das Konzept seiner heilsgeschichtlichen Deutung der Frau entwickelte Frauenlob in Anlehnung an die *»Natura«* im *Planctus Naturae* des ALANUS AB INSULIS (Alain de Lille). Eingebettet in eine feierliche Invocation Christi und ein litaneiähnliches Gebet an das Kreuz entfaltet der *Kreuzleich*, der in vielfacher Verbindung mit der Karfreitagsliturgie steht, die Geheimnisse um Inkarnation und Erlösungswerk mit eschatologischer Perspektive. Wie ein Cantus firmus durchzieht die Thematik vom Menschen *»in seinem Verhältnis zum Schöpfer der Welt«* (K. Stackmann) die filigrane, oftmals wuchernde Gedankenpolyphonie der drei Leichs. Sie wird auch in dem Streitgedicht *Minne und Welt* aufgegriffen: *Werlt*, Chiffre für die Gesamtheit der geschaffenen Welt, der Natur, und *Minne* als geistiges Prinzip, das sowohl die Beziehungen der göttlichen Personen untereinander als auch die sexuelle Anziehung der Geschlechter bewirkt (Ch. Huber; K. Stackmann), debattieren in dem (wohl nicht vollständig erhaltenen) Dialog um ihre Priorität; die naturphilosophische Weltsicht unterliegt der moralisierenden Weltdeutung durch die *Minne*. Der Disput um *wip unde vrouwe* (auch dieser Text sehr unsicher überliefert) belebt die alte Opposition zwischen Walther von der Vogelweide und Reinmar dem Alten; es geht um die Implikationen der Begriffe *wip* (weibliches Wesen) und *vrouwe* (Dame) und darum, welchem der Vorrang gebühre. Frauenlob votiert (gegen Walther) für *vrouwe*. Der Reinmarschen Haltung verpflichtet sind auch die Minnelieder; neu ist an ihnen die Ausschließlichkeit und Radikalität, mit der *»die Konsequenzen der hohen Minne für das Ich«* durchdacht werden (B. Wachinger).

In Frauenlob vollendet sich die hohe Kunst des Dichtens im »geblümten Stil«. Allusionen, weit ausschwingende syntaktische Bögen, Bilderreichtum und erlesene, unerhörte Reime und Klänge sind Signatur seiner Sprechweise. Die thematischen Sachverhalte werden verdunkelt, verrätselt und so dem unmittelbaren Zugriff des Hörers entzogen; dieser hat sich auf die Suche nach dem tieferen Sinn zu begeben und erfährt im bedächtigen Nachvollzug der exaltierten Gedankenverknüpfungen die Komplexität des Gegenstandes. Frauenlob unterzieht die Aussagefähigkeit der Sprache einer Belastungsprobe, die vor und nach ihm nicht riskiert wurde; den sprachphilosophischen Hintergrund seiner ›gotischen‹ Diktion bildet der Nominalismus (Ch. Huber). Dem hohen Reflexionsgrad seiner Dichtung entspricht ein ausgeprägtes Bewußtsein des eigenen Wertes: Er selbst schöpfe seine Kunst *»uz kezzels grunde«*, die Meister der Vergangenheit seien kaum unter die Oberfläche gedrungen.

Vielfältig manifestiert sich die Hochschätzung Frauenlobs durch die Nachwelt. Die Meistersänger reihen ihn den 12 quasikanonischen Meistern ein und machen ihn zum Gründer einer ersten Meistersängerschule in Mainz; schon die *Manessische Liederhandschrift* zeigt ihn im Schülerkreis. In der reichen Überlieferung ragen eine lateinische Übersetzung seines *Marienleichs*, die Frauenlob-Interesse auch in Gelehrtenkreisen dokumentiert, sowie eine vereinfachende Paraphrase desselben Textes, welche die Substanz zu wahren, die verhüllende Esoterik zurückzunehmen versucht, hervor (K. Bertau). Eine Flut von Texten verfaßten Nachahmer unter seinem Namen, seine Töne blieben in den Schulen der Meistersänger bis ins 17. Jh. virulent. A.J.

AUSGABEN: In *Minnesinger*, Hg. F. H. v. d. Hagen, Bd. 2, Lpzg./Bln. 1838. – *H.s von Meißen des Frauenlobes Leiche, Sprüche, Streitgedichte u. Lieder*, Hg. L. Ettmüller, Quedlinburg/Lpzg. 1843. – *Frauenlob (Heinrich von Meißen). Leichs, Sangsprüche, Lieder*, Hg. K. Stackmann u. K. Bertau, 2 Tle., Göttingen 1981 (AGG, phil.-hist. Kl., 3. F., 119/120).

LITERATUR: L. Pfannmüller, *Frauenlobs Begräbnis* (in Beitr., 38, 1913, S. 548–559). – F. Illert, *Beiträge zur Chronologie der historischen Sprüche Frauenlobs*, Diss. Halle/Saale 1923. – H. Kretschmann, *Der Stil Frauenlobs*, Jena 1933. – H. Thomas, *Untersuchungen zur Überlieferung der Spruchdichtung Frauenlobs*, Göttingen 1939 (Palästra). – K. Bertau, *Untersuchungen zur geistlichen Dichtung Frauenlobs*, Diss. Göttingen 1954. – Ders., *Über Themenanordnung u. Bildung inhaltlicher Zusammenhänge in den religiösen Leichdichtungen des 13. Jh.s* (in ZfdPh, 76, 1957, S. 129–149). – B. Peter, *Die theologisch-philosophische Gedankenwelt des H. Frauenlob*, Mainz 1957. – R. Krayer, *Der Smit von Oberlande* (in AION, 2, 1959, S. 51–81). – K. Bertau, *Genialität u. Resignation im Werk H. Frauenlobs* (in DVLG, 40, 1966, S. 312–326). – B. Völker, *Die Gestalt der vrouwe u. die Auffassung der minne in den Dichtungen Frauenlobs*, Tübingen 1966. – I. Glier, *Der Minneleich im späten 13. Jh.* (in *Werk-Typ-Situation. Fs. für H. Kuhn*, Stg. 1969, S. 161–183). – K. Nyholm, *Studien zum sog. geblümten Stil*, Åbo 1971. – K. Stackmann, *Bild u. Bedeutung bei Frauenlob* (in Frühmittelalterliche Studien, 6, 1972, S. 441–446). – B. Wachinger, *Sängerkrieg*, Mchn. 1973. – H. Brunner, *Die alten Meister*, Mchn. 1975. – K. Stackmann, *Probleme der Frauenlob-Überlieferung* (in Beitr., 98, Tübingen 1976, S. 203–230). – Ch. Huber, *Wort sint der dinge zeichen*, Mchn. 1978. – K. Stackmann, *Tarsillas Rat* (in ZdfA, 109, 1980, S. 237–247). – Ders., Art. *Frauenlob* (in VL², 2, Sp. 865–877). – M. Wehrli, *Geschichte der dt. Literatur vom frühen MA bis zum Ende des 16. Jh.s*, Stg. 1980. – Ch. März, *Frauenlobs »Marienleich«. Untersuchungen zur spätmittelalterl. Monodie*, Erlangen 1987. – B. Wachinger, *Von der Jenaer zur Weimarer Liederhs. Zur Corpusüberlieferung von Frauenlobs Spruchdichtung* (in *Philologie als Kulturwissenschaft. Fs. f. K. Stackmann*, Göttingen 1987). – Ch. Huber, *Die Aufnahme des Alanus ab Insulis in mhd. Dichtungen*, Mchn. 1988. – *Cambridger Frauenlob-Colloquium 1986*, Hg. W. Schröder, Bln. 1988 (Wolfram-Studien, 10.; enth. u. a. Beitr. v. G. Kornrumpff, K. Stackmann, B. Wachinger). – Th. Bein, *Sus hup sich ganzer liebe vrevel. Studien zu Frauenlobs Minneleich*, Ffm. 1988.

HEINRICH VON VELDEKE

Henric van Veldeken

* zwischen 1140 und 1150

† vor 1210

LITERATUR ZUM AUTOR: G. Jungbluth, *Untersuchungen zu H. v. V.*, Ffm. 1937. – G. Schieb, *Drei V.-Studien*, Bln. 1949. – Dies., *H. v. V.*, Stg. 1965 (Slg. Metzler). – W. Schröder, *V.-Studien*, Bln. 1969. – *H. v. V. Symposion Gent 23–24 oktober 1970. Verslag en lezingen*, Hg. G. A. R. De Smet, Antwerpen/Utrecht 1971. – J. R. Sinnema, *Hendrik van Veldeke*, NY 1972. – L. Wolff u. W. Schröder, *H. v. V.* (in VL², 3, Sp. 899–918).

ENEIT

(mhd.). Höfisches Epos von HEINRICH VON VELDEKE, entstanden zwischen 1170 und 1190, überliefert in fünf Fragmenten aus dem 12. und 13. Jh. und in sieben vollständigen Hss. aus dem 13. bis 15. Jh. – Veldekes Erzählung der Schicksale des Aeneas (Eneas) geht nicht unmittelbar auf VERGILS Epos zurück, obwohl er es sehr wahrscheinlich gekannt hat. Seine Vorlage war der anonym überlieferte französische *Roman d'Énéas* (entstanden um 1160). Diese Bearbeitung und Umformung des antiken Stoffs aus dem Geist des 12. Jh.s – sie wird im Epilog der *Eneit* als das *»welsche buc«* erwähnt – hat der mittelhochdeutsche Dichter durchaus selbständig übertragen. Ebenfalls im Epilog wird berichtet, daß er das noch nicht abgeschlossene Werk einer Gräfin von Cleve lieh. Bei einer Hochzeit, wahrscheinlich im Jahr 1174, wurde die Handschrift gestohlen und kam nach Thüringen. Erst nach neun Jahren erhielt Veldeke sie zurück und vollendete die Dichtung für den Pfalzgrafen und späteren Landgrafen Hermann von Thüringen und dessen Bruder Friedrich, seine Gönner.

Stofflich bestehen zwischen *Eneit* und *Roman d'Énéas* wenig Unterschiede; Aufbau und Gang der Handlung sind im wesentlichen gleich. Eneas, aus dem zerstörten Troja geflohen, wird nach mancherlei Irrfahrten und Abenteuern nach Karthago verschlagen und dort von der Königin Dido gastfreundlich aufgenommen. Dido verfällt einer maßlos-leidenschaftlichen Liebe zu Eneas, dieser jedoch gehorcht dem Befehl der Götter und verläßt sie. Verzweifelt bleibt sie zurück und nimmt sich das Leben. Es folgen Eneas' Fahrt in die Unterwelt, seine Landung an der Tibermündung, die sehr ausführlich geschilderten Kämpfe um Italien und, zum Teil damit verknüpft, die Geschichte der Liebe zwischen Eneas und Lavinia, der Tochter des Königs Latinus. Innere und äußere Schwierigkeiten stehen dieser Liebe entgegen, erst nach Prüfung und Bewährung kommt es zur Vereinigung der Liebenden. Ihre mit großer Pracht gefeierte Hochzeit ist ein Höhepunkt der Dichtung. Sie endet mit einem Ausblick auf die Gründung Roms und dessen künftige Herrschaft über die Welt.

Vergils *Aeneis* ist das große Epos des Römertums, dichterische Gestaltung und Verklärung des Ursprungs und der Begründung des Imperium Romanum durch den frommen, den Willen der Götter und des Schicksals befolgenden Aeneas. Der politisch-historische Gehalt war dem mittelalterlichen Dichter fremd geworden. Er übernahm den Stoff, deutete ihn aber um: die als exemplarisch empfundenen Gestalten und Begebenheiten dienen ihm zur Darstellung der Welt des Rittertums seiner Zeit. So verfuhr schon der Verfasser des *Roman d'Énéas*, und Veldeke ist auf diesem Weg weitergegangen. Die Themen seiner Dichtung sind der Kampf, der im Unterschied zu späteren höfischen Epen nicht »ritterliches Spiel«, sondern Kriegstat ist, vor allem aber die Minne, deren zwei Erscheinungsformen er deutlich – und auch eindeutig wertend – einander gegenüberstellt. Didos ungebändigte Leidenschaft ist zerstörerisch, ihre von Eneas nicht erwiderte Liebe erschüttert die Stellung der Königin und treibt sie schließlich in den Untergang. Die Liebe zwischen Eneas und Lavinia erfüllt sich trotz Verwirrung und Bedrohung, weil sie mit dem göttlichen Willen übereinstimmt; auch sie zerstört bestehende Ordnungen, aber sie führt zu Bindung und neuer, höherer Ordnung.

Die *Eneit* ist um mehr als dreitausend Verse umfangreicher als ihre französische Vorlage. Veldeke hat nicht nur manches weggelassen und anderes hinzugefügt, Widersprüche beseitigt und Umstellungen vorgenommen, sondern schreibt einen sehr viel breiteren Stil, schildert ausführlicher, geht stärker auf Einzelheiten ein. Im *Roman d'Énéas* wird dramatischer, unmittelbarer, auch farbiger erzählt, Veldekes Erzählweise ist episch-beschreibend, oft fast nüchtern-sachlich. (Seine Kampf- und Schlachtenschilderungen etwa sind ein »Handbuch der Kriegskunst« genannt worden.) Der Sprache fehlt rhetorischer Schmuck, sie ist einfach und noch recht formelreich. Die Reinheit des Reims wird bereits weitgehend erreicht, die Reimpaarverse wurden vermutlich schon vom Dichter selbst (und nicht erst von späteren Abschreibern) zu verschieden langen Abschnitten zusammengefaßt. Die Sprache des Originals war wohl maasländisch-altlimburgisch. Inhaltlich gibt Veldeke vielem einen anderen Charakter; über den *Roman d'Énéas* hinausgehend neigt er zu einer mehr höfisch-idealisierenden Darstellung. Die Selbständigkeit und Freiheit gegenüber seiner Vorlage ist am Schluß größer. Das gilt hauptsächlich für die auch beträchtlich erweiterte Eneas-Lavinia-Handlung. Hier hat er *»durch sein Interesse an der Liebespsychologie und seine Fähigkeit, Gefühle zu zergliedern und in Worte zu fassen und ihre Wirkungen auf den Menschen zu schildern, Besonderes geleistet ... Veldeke schafft nun auch unabhängig von der Vorlage Monologe und Dialoge mit hoher Kunst der Gefühlszergliederung. Er ist Meister der Gedankenrede, der reflektierenden Selbstbetrachtung.«* (G. Schieb) Nicht allein, doch ganz besonders als Dichtung der Minne hat die *Eneit* gewirkt. Sie hat die mittelhochdeutsche Klassik vorbereitet, Gottfried von Strassburg und Wolfram von Eschenbach sahen in Veldeke den *»meister«* und *»wisen man«*. KLL

Ausgaben: Bln. 1783 (*Eneit*, in *Slg. deutscher Gedichte aus dem 12., 13. und 14. Jh.*, Hg. C. H. Müller, Bd. 1). – Lpzg. 1852 (*Eneit*, Hg. L. Ettmüller). – Heilbronn 1882 (*Eneit*, Hg. O. Behaghel; Nachdr. Hildesheim/NY 1970). – Bln. 1964/65, 2 Bde. (*Eneide*, Hg. G. Schieb u. Th. Frings; Bd. 1: Einl. u. Text, Bd. 2: Untersuchungen). – Stg. 1986 (mhd.-nhd. nach dem Text v. L. Ettmüller übers.; Komm. u. Nachw. D. Kartschoke; RUB).

Literatur: C. Minis, *Der »Roman d'Énéas« und H. v. V.*, Diss. Lüttich 1946. – D. Teusink, *Das Verhältnis zwischen V.s »Eneide« u. dem Alexanderlied*, Amsterdam 1946. – E. Comhaire, *Der Aufbau von V.s »Eneit«*, Diss. Hbg. 1947. – Th. Frings u. G. Schieb, *Die Vorlage der »Eneide«* (in Beitr., 71, 1949, S. 483–487). – R. Zitzmann, *Die Didohandlung in der frühhöf. Eneasdichtung* (in Euph, 46, 1952, S. 261–275). – J. Quint, *Der »Roman d'Énéas« und V.s »Eneit« als frühhöf. Umgestaltungen der »Aeneis« in der Renaissance des 12. Jh.s* (in ZfdPh, 73, 1954, S. 241–267). – H. Sacher, *H. v. V.s Conception of the »Aeneid«* (in GLL, N.S., 10, 1956/57, S. 210–218). – W. Schröder, *Dido u. Lavine* (in ZfdA, 88, 1957/58, S. 161–195). – C. Minis, *Textkritische Studien über den »Roman d'Énéas« u. die »Eneide« von H. v. V.*, Groningen 1959. – G. Schieb, *Die hs. Überlieferung der »Eneide« H.s v. V. und des Limburger Originals*, Bln. 1960. – Dies., *Auf den Spuren der maasländ. »Eneide« H.s v. V.* (in Studia Germanica Gandensia, 3, 1961, S. 233–248). – Dies., *Zum Titel der »Eneide« H.s v. V.* (in Beitr., 84, Halle, 1962, S. 373–375). – H. Brinkmann, *Wege der epischen Dichtung im MA* (in ASSL, 200, 1963/64, S. 401–435). – M. L. Dittrich, *Die »Eneide« H.s v. V.*, Wiesbaden 1965. – A. Giese, *H.s v. V. Auffassung der Leidenschaften »Minne« u. »Zorn« in seinem Eneasroman*, Diss. Freiburg i. B. 1967. – W. Brandt, *Die Erzählkonzeption H.s v. V. in der »Eneide«. Ein Vergleich mit Vergils Aeneis*, Diss. Marburg 1969. – G. J. Oonk, *Die Darstellung u. Auffassung der Minne in H.s v. V. »Eneide«. Eine Studie zur Rezeption der Antike im MA*, Diss. Univ. of Washington 1970 (vgl. Diss. Abstracts, 31, 1970/71, S. 1808A). – G. D. Luster, *Untersuchung zum Stabsreimstil in der »Eneide« H.s v. V.*, Bern 1970. – *Henric van Veldeken. »Eneide«*, Hg.

G. Scheib u. a., Bln. 1970 [Wörterbuch]. – Tschang-Un Hur, *Die Darstellung der großen Schlacht in der dt. Literatur des 12. u. 13. Jh.s*, Diss. Mchn. 1971. – S. Stebbius, *Studien zur Tradition u. Rezeption der Bildlichkeit in der »Eneide« H.s v. V.*, Ffm. 1977. – J. Emberson, *Speech in the »Eneide« of H. v. V.*, Göppingen 1981. – W. Brandt, *Die Beschreibung häßlicher Menschen in höfischen Romanen. Zur narrativen Integrierung eines Topos* (in GRM, 35, 1985, S. 257–278).

LIEDER (mhd.) von HEINRICH VON VELDEKE.

Her oder *Meister Heinrich von Veldeg (Veltkilche[en])* nennen im späten 13., beginnenden 14. Jh. die drei großen Sammelhandschriften mittelalterlicher deutscher Lyrik, die *Kleine* (A) und die *Große Heidelberger (Manessische)* (C) sowie die *Weingartner Liederhandschrift* (B), den in den Jahren um 1170 bis 1190 produktiven Dichter. Unter diesen Namensformen überliefern sie insgesamt 61 Strophen (A: 17 Strophen in zwei Sammlungen; B: 48 Strophen; C: 61 Strophen) in einer oberdeutschen Sprachgestalt, hinter der ebenso wie hinter jener von Veldekes berühmten Roman *Eneit* immer wieder – der Herkunft des Autors vielleicht aus der Gegend um Maastricht gemäß – niederdeutsche Wort-, Laut- und Reimformen durchscheinen (sog. »Veldekeproblem«). Das hat früh schon die überlieferten Gedichte als alemannische Umformungen erkennen lassen und wiederholt Versuche der Rückübersetzung in ein mutmaßlich ursprüngliches Niederdeutsch (Maasländisch) angeregt (L. Ettmüller, Th. Frings u. G. Schieb). Diese Rekonstruktionen diskutiert die mediävistische Germanistik und Niederlandistik ebenso kontrovers wie Fragen der Strophenordnung und Strophenkombination sowie der Authentizität einzelner Texte. Handhabbare Ergebnisse gibt es dabei gegenwärtig nicht und die Selbstsicherheit, mit der frühere Forschergenerationen Echtes von Unechtem schieden, Strophen zu Liedern gruppierten und altlimburgische »Originalfassungen« herstellten, ist heute obsolet geworden. So bleibt nur der Rückgriff auf die Überlieferung, die elf Strophen auch unter anderen Namen als demjenigen Heinrichs führt und vielleicht noch *»die Lieder in einer durch die Vortragspraxis bedingten Farbigkeit und Mehrschichtigkeit«* ordnet (G. Schweikle).

Der Lyrik Heinrichs von Veldeke, die thematisch-inhaltlich und formal offenbar unter dem Eindruck der literarischen Konventionen romanischer Lyrik steht, ohne daß sich konkrete Entlehnungen im einzelnen dingfest machen ließen, kommt unter verschiedenen Aspekten eine Ausnahmeposition gegenüber dem gleichzeitigen Minnesang zu. So prägt sie neben anderem eine Tendenz zu generalisierender Reflexion und lehrhafter Zeitkritik, die sich in einer Reihe einstrophiger, spruchähnlicher Mahn- und Scheltgedichte artikuliert. Hier werden die *nîdigen* und die *bœsen* kritisiert, hier kann der Zustand der Welt an jenem der Minnekultur abgelesen und beklagt (*Minnesangs Frühling* 61,1; 61,18), hier kann die *huote* als eine höfischen Normen widersprechende, gesellschaftsfeindliche Instanz angegriffen werden (64,1; 65,21; vgl. auch 67,33). Veldeke findet in diesen kurzen Texten öfters zu ungemein plastischen Bildern und Vergleichen – die verfehlten Anstrengungen der *bœsen* etwa erscheinen als Suchen von *birn ûf den buochen* – und er verknüpft auch Zeitkritik mit der Naturdarstellung (60,29), deren rege Verwendung dieses lyrische Œuvre ebenfalls spezifisch kennzeichnet. Frühlings- und, seltener, Winterbeschreibungen können sich (wie sonst erst seit WALTHER VON DER VOGELWEIDE und NEIDHART) fast über eine ganze Strophe erstrecken (62,25; 66,1) und sie geraten öfters – wenn etwa statt Vögeln und Frühling die Amseln und der Monat April apostrophiert werden – auf eine Weise detailreich und anschaulich, die mit Blick auf die zeitgenössische deutsche Lyrik hervorgehoben zu werden verdient. Thematisches Leitwort zahlreicher Frühlingssituationen, die Veldekes Minnelieder, das Zentrum seines Gedichtswerks, eröffnen und von denen das Leid des Minnesängers kontrastreich abgesetzt werden (56,1; 58,23), mit denen seine Liebeszuversicht glücklich harmonieren kann (64,17; 65,28; 67,9), ist *blîdeschaft* (Freude, Fröhlichkeit). Ihre Betonung trennt diese Minnelyrik von anderen Texten der Gattungsgeschichte, *blîdeschaft* ist Ziel und Ergebnis *rehter minne*, welche den geduldig dienenden Mann und seine belohnende Dame, der in dieser zivilisierten Minnekonzeption eine dem Liebhaber gegenüber erzieherische Funktion zuwächst, in einem Verhältnis der Gegenseitigkeit balanciert. *rehte minne* ist deutlich von unerfüllter Gedankenliebe (*wân*-Minne) unterschieden, sie ist vernunftgeleitet und ethisch begründet, widerstreitet nicht den Ansprüchen der *êre* und projektiert so auch eine Liebeserfüllung, die gleichwohl in gesellschaftliche Ordnung integriert werden kann; darin erweist sich Veldeke mit einiger Wahrscheinlichkeit von jenem Liebesdiskurs an zeitgenössischen nordfranzösischen Höfen geprägt, der in des ANDREAS CAPELLANUS Traktat *De amore* (um 1185/86) seine für uns greifbare Gestalt fand (I. Kasten). Am anspruchsvollsten (und formal ungewöhnlich) hat der Dichter diese Konzeption in zwei perspektivisch aufeinander bezogenen, mehrstrophigen Liedern umgesetzt, die seine wegen *»Al ze hôhe ⟨gernder⟩ minne«* mißglückte Liebeswerbung aus der Sicht beider Beteiligten kommentieren (56,1; 57,10). Distanz gegenüber hypertrophem Minnekult dokumentiert Veldeke in seiner Altersklage (62,11), mit welcher diejenige Walthers von der Vogelweide das Motivinventar teilt, und in den ironischen Schlußwendungen mancher Minnelieder, die etwa selbstgenügsame Liebe aus der Ferne oder die Bereitschaft zum Liebestod der Lächerlichkeit preisgeben (63,28; 64,10; 66,32). Neu ist für die deutsche Minnelyrik der Einsatz von Exempelfiguren wie Tristan und Salomo (57,10; 58,35; 66,16), mit denen sich der Sänger vergleicht.

Veldekes Verse tendieren zur Alternation, seine Strophen sind überwiegend stollig und reimtechnisch sorgfältig (weitgehend reine Vollreime) gebaut, sie lassen ein *»Variationsprinzip«* erkennen, das *»durch kleine Umschichtungen aus einem Grundschema jeweils neue Lieder konstituiert«* (G. Schweikle). Daß unter den Gedichten weitgehend Einstrophigkeit vorherrscht, rückt dieses Œuvre in die Nähe der Anfänge deutscher Liebeslyrik (Kürenberger, Meinloh von Sevelingen), während Strophenstruktur, Reimtechnik und Thematik es auf dem Wege zum rheinischen Minnesang (Friedrich von Hausen) zeigen. Heinrich von Veldeke, den schon im 13. Jh. Gottfried von Strassburg und Rudolf von Ems als Wegbereiter höfischer Poesie im deutschen Sprachraum priesen und der den neuen Typus eines für verschiedene Mäzene arbeitenden, auf die Herstellung von Literatur spezialisierten Hofclericus repräsentiert, erscheint so insgesamt als eigenständig profilierter Liederdichter des Übergangs: zwischen provenzalisch-französischer und deutscher Lyrik, zwischen maasländischem Herkunfts- und oberdeutschem Wirkungsgebiet, zwischen frühem und hohem Minnesang.
P.St.

Ausgaben: Lpzg. 1852 (in *H. v. V.*, Hg. L. Ettmüller). – Stg. 37 1982 (in *Des Minnesangs Frühling*, Hg. H. Moser und H. Tervooren, Bd. 1). – Th. Frings u. G. Schieb, *H. v. V.: Die Servatiusbruchstücke u. die Lieder. Grundlegung einer Veldekekritik*, Halle/Saale 1947. – Darmstadt 1977 (in G. Schweikle, *Die mhd. Minnelyrik I: Die frühe Minnelyrik. Texte u. Übertragungen, Einführung u. Kommentar*).

Literatur: Th. Frings u. G. Schieb, *H. v. V., die Entwicklung eines Lyrikers* (in *Fs. für Paul Kluckhohn u. Hermann Schneider*, Tübingen 1948, S. 101–121). – F. Maurer, *›Rechte‹ Minne bei H. v. V.* (in Herrigs Archiv, 187, 1950, S. 1–9). – P. B. Wessels, *Zur Sonderstellung des niederländischen Minnesangs im germanisch-romanischen Raum* (in Neoph, 37, 1953, S. 208–218). – H. Thomas, *Zu den Liedern und Sprüchen H.s v. V.* (in Beitr., 78, Halle 1956, S. 158–264). – J. M. Smits van Waesberghe, *De melodieën van Hendrik van Veldekes liederen*, Amsterdam 1957. – S. N. Werbow, *Veldeke's »My Fool Heart« (MF 56,1): An Exercise in Ideotextual Analysis* (in *Germanic Studies in Honour of Edward Henry Sehrt*, Coral Gables/Fla. 1968, S. 241–249). – L. Schneider, *H. v. V.: Die ›Strophenpaare‹ MF 60,29 + 65,5 und MF 61,18 + 61.25* (in *Interpretationen mittelhochdeutscher Lyrik*, Hg. G. Jungbluth, Bad Homburg u. a. 1969, S. 83–107). – Th. Klein, *V. und die scholastische Logik. Zu den angeblich unechten Strophen MF 59,11 und 66,1* (in ZfdPh, 90, 1971, Sonderh. S. 90–107). – G. Weindt, *Die Lieder H.s v. V. Studien zu einer Zykluskonzeption des Minnesangs u. zu V.s Auffassung von ›rechter‹ und ›unrechter Minne‹*, Diss. Gießen 1975. – O. Sayce, *The Medieval German Lyric 1150–1300. The Development of its Themes and Forms in their European Context*, Oxford 1982, S. 104–114. – K. Wallmann, *Minnebedingtes Schweigen in Minnesang, Lied und Minnerede des 12. bis 16. Jh.s*, Ffm. u. a. 1985, S. 51–61. – I. Kasten, *Frauendienst bei Trobadors und Minnesängern im 12. Jh.*, Heidelberg 1986, S. 234–255. – M. Eikelmann, *Denkformen im Minnesang*, Tübingen 1988.

Hrotsvit von Gandersheim

Roswitha von Gandersheim

* um 935 Herzogtum Sachsen
† nach 973 Kloster Gandersheim

Literatur zur Autorin
R. Köpcke, *Hr. v. G.* (in R. K., *Ottonische Studien*, Bd. 2, Bln. 1869). – K. Strecker, *Hr. v. G.* (in Neue Jbb. für das klass. Altertum, 6, 1903, S. 569–596; 629–647). – Manitius, 1, S. 623 ff. – M. Rigobon, *Il teatro e la latinità di Hrotsvitha*, Padua 1932. – M. M. Butler, *Hrotsvith, the Theatricality of Her Plays*, NY 1960. – K. Kronenberg, *Roswitha v. G. Leben u. Werk*, Bad Gandersheim 1962. – *Hr. of G. Her Life, Times and Works, and a Comprehensive Bibliography*, Hg. A. L. Haight, NY 1965. – B. Nagel, *Hr. v. G.*, Stg. 1965 (Slg. Metzler). – K. Langosch, *Profile des lateinischen MA.s*, Darmstadt 1965, S. 187–225. – W. Gundlach, *Heldenlieder zur dt. Kaiserzeit*, Aalen 1970 [zuerst 1894–1899]. – M. Schütze-Pflugk, *Herrscher- u. Märtyrerauffassung bei H. v. G.*, Wiesbaden 1972. – D. Schaller, *Hr. v. G. nach tausend Jahren* (in ZfdPh, 96, 1977, S. 105–114). – F. Rädle, Art. *Hr. v. G.* (in VL², 4, Sp. 196–206).

ABRAHAM. Lapsus et conversio Mariae neptis Habrahae heremicolae

(mlat.; *Abraham. Fehltritt und Bekehrung Marias, der Nichte des Eremiten Abraham*). Drama von Hrotsvit von Gandersheim, das vierte ihrer sechs Dramen und das bedeutendste, wie die andern in einer zu dieser Zeit beliebten rhythmischen Reimprosa geschrieben. – *»Zugleich gelehrte Lesedramen und geistliche Dramen«* (Manitius), waren Hrotsvits Stücke nicht zur Aufführung bestimmt; ihre Lektüre sollte vielmehr die Kleriker, die der Heiligen Schrift und den Kirchenvätern die verführerische Sprache heidnischer Autoren vorzögen, erbauen und insbesondere den vielgelesenen Terenz, dessen antike Frivolität über christliche Züchtigkeit zu triumphieren drohte, verdrängen. Allerdings klingt das Latein der ersten deutschen Dichterin nicht weniger drastisch, da sie das Laster, ehe es der Keuschheit unterliegt, ausführlich sich äußern läßt. Und so werden auch im *Abraham* *»Fehltritt und Bekehrung Marias, der Nichte des Eremiten Abraham«* dargestellt. Abraham erzählt seinem Freund Effrem, er werde die neunjährige Maria zur Einsiedlerin erziehen, damit sie gottgefällig lebe. Aber zwanzig Jahre später muß Effrem hören, daß alles fehlgeschlagen ist: Ein angeblicher Mönch habe die Nichte zur Sünde verleitet, aus Verzweiflung sei sie entflohen und vollends lasterhaft geworden; Abraham lasse sie überall suchen, um sie zu sich und Christus zurückzuholen. Nach weiteren zwei Jahren erfährt Abraham, Maria sei in einem schlimmen Haus gesehen worden. Sofort reist er dorthin, tritt als Liebhaber auf und verlangt das schönste Mädchen für sich. Maria erscheint, führt ihn arglos in ihre Kammer und will ihm die Schuhriemen lösen. Als er ihr nun sagt, wer er wirklich ist, wird sie von Schuld und Reue überwältigt. Doch der Onkel zeigt christliches Verständnis: Sündigen sei menschlich, teuflisch nur Sündigbleiben; wenn sie ihm folge, wolle er ihre Vergehen auf sich nehmen. Da gelobt Maria lebenslangen Gottesdienst und kehrt heim, Abraham kann mit Effrem den guten und gesegneten Ausgang feiern. – *»In diesem Stück«*, urteilt Manitius, *»ist alles auf den richtigen Ton gestimmt, und die Reden der einzelnen Personen sind durchaus individuell und der Gemütsstimmung angemessen«*; es wirke auch heute noch. Wieweit es indessen spätere Dramatiker angeregt hat, ist schwer zu sagen; manche Forscher schließen zumindest indirekte Einflüsse Hrotsvits z. B. auf SHAKESPEARE nicht aus. Jedenfalls sind ihre Dramen, so fern sie der Bühne auch waren, ein wichtiges Traditionsglied zwischen antik-römischem Theater und mittelalterlich-kirchlichem Mirakel- und Mysterienspiel. J.Sch.

AUSGABEN: Nürnberg 1501 (in *Opera*, Hg. C. Celtis). – Bln. 1902 (in *Opera*, Hg. P. v. Winterfeld; MGH, Script. rer. Germ., 34, Nachdr. Mchn. 1978). – Lpzg. [2]1930 (in *Opera*, Hg. K. Strecker). – Paderborn u. a. 1970 (in *Opera*, Hg. u. Komm. H. Homeyer).

ÜBERSETZUNGEN: *Abraham*, A. W. v. Themar, o. O. 1503. – Dass., J. Bendixen (in *Die Comoedien der Nonne Hr. v. G.*, Bd. 2, Altona 1853). – Dass., O. Piltz u. F. Preißl (in *Dramen*, Lpzg. 1942). – Dass., K. Langosch (in *Geistl. Spiele*, Darmstadt 1957). – Dass., J. Bendixen (in *Sämtl. Dichtungen*, Mchn. 1966). – Dass., K. Langosch, Stg. 1967; [2]1975 (m. *Dulcitius*; RUB). – Dass., H. Homeyer (in *Werke*, Paderborn u. a. 1973).

LITERATUR: A. Mayer, *Die Heilige u. die Dirne. Eine motivgeschichtliche Studie zu Hr.s »Abraham«* (in Bayer. Blätter f. das Gymnasialschulwesen, 67, 1931). – M. Schmidt, *Orientalischer Einfluß auf die dt. Literatur. Quellengeschichtliche Studie zu »Abraham« der Hr. v. G.* (in Colloquia Germanica, 1968, S. 152–187).

PFAFFE KONRAD

Mitte 12. Jh.

ROLANDSLIED

(mhd.). Versepos in Reimpaarversen von dem Pfaffen KONRAD. – Der Dichter, der sich in Vers 9079 seines Gedichts selbst nennt *(»ich haize der phaffe Chunrat«)*, ist urkundlich nicht bezeugt. Mundart, Ortsnamen und Anspielungen auf die Heldensage sowie die bayerische Stammessage und -geschichte verweisen ihn nach Bayern, und zwar nach Regensburg. Nach Edward SCHROEDER muß Konrad ein Hofbeamter der herzoglichen Kanzlei gewesen sein. Das *Rolandslied* ist sein einziges erhaltenes Werk. Es ist in einer vollständigen Handschrift aus Heidelberg (P) und drei Bruchstücken (S aus Schwerin, T aus Sondershausen und E aus Erfurt) überliefert. Ein weiteres Fragment (W) aus Stuttgart ist verschollen, ein fast die Hälfte des Gedichts enthaltendes anderes Bruchstück einer Straßburger Handschrift (A) verbrannt und nur aus einem Druck des 18. Jh.s bekannt. Während die Handschriften A, P und S wahrscheinlich unabhängig voneinander auf eine gemeinsame Vorlage X zurückgehen, scheinen E und T eher Bearbeitungen darzustellen. In X ist jedoch nicht das Original der Dichtung, sondern lediglich eine diesem nahestehende Abschrift zu sehen.

Weitgehend beigelegt ist die langanhaltende Kontroverse um die Datierungsfrage des Werks. Während die frühere Forschung davon ausging, daß Konrad identisch sei mit dem Verfasser der *Kaiserchronik* (um 1150) und die Entstehungszeit auf 1130 bzw. 1150 datierte, geht man heute davon aus, daß das Werk 1172 entstanden ist und der im Epilog genannte Mäzen Herzog Heinrich identisch ist mit Heinrich dem Löwen.

Das deutsche *Rolandslied* ist eine Übersetzung der altfranzösischen *Chanson de Roland* (um 1100). Es erzählt die Geschichte des Neffen Karls des Großen, der beim friedlichen Abzug des fränkischen Heers aus Spanien die Nachhut befehligt und mit seinen Männern im verräterisch von seinem Stiefvater Genelun angezettelten Kampf gegen die Sarazenen im Tal von Ronceval fällt. Der französischen Vorlage fügte der deutsche Dichter einen Epilog sowie die ersten 360 Verse seines Gedichts hinzu, die eine allgemein gehaltene Vorgeschichte des Krieges zwischen Karl dem Großen und den Sarazenen enthalten. Aus ihr aber wird bereits deutlich, was die deutsche Dichtung grundlegend von der französischen Chanson unterscheidet: Während diese das politische Moment in den Vordergrund rückt und Roland als tollkühnen, tapferen, aber auch halsstarrigen und hoffärtigen Helden darstellt, sieht Konrad in dem Kriegszug Karls des Großen den religiösen Kampf der Christen gegen die Heiden, in Rolands Tod das Sterben des Märtyrers. Nicht aus Trotz und falscher Einschätzung seiner Gegner weigert sich Roland, das Horn Olivant zu blasen, sondern weil er sich und die Seinen dem Märtyrertod anheimgeben will. Daß damit seine schließlich vollzogene Umkehr nur unzureichend motiviert werden kann – in der französischen Vorlage sieht er seine Schuld, seine *superbia*, ein und stirbt in Reue, im deutschen Gedicht ruft er mit Olivant lediglich den Kaiser zur Rache herbei –, bedeutete Konrad wohl nicht viel, solange der umfassende Kreuzzugsgedanke in jedem Augenblick der Dichtung deutlich blieb.

Sprache und Reimtechnik Konrads weisen noch ganz in frühmittelhochdeutsche Zeit. *Riter* heißt bei ihm noch »Soldat«, »Mann«; als »Ritter« erscheint er erst bei Heinrich von Veldeke, vor allem dann in Hartmanns *Erec* (J. Bumke). Die Plastizität, oft Drastik der Darstellung, das rasch fortschreitende, direkte Erzählen erinnern an den Stil der großen Heldenepen *Nibelungenlied* und *Kudrun*, die Konrad mit Sicherheit gekannt hat. Historische Belesenheit verraten seine Kenntnisse der Geschichte der bayerischen Stämme und die selbständige Einfügung lateinischer Namen.

Auf Konrads Quelle, die *Chanson de Roland*, die erste greifbare Bearbeitung des seit dem 8. Jh. sagenbildenden Roland-Stoffs, beruhen außer dem deutschen *Rolandslied* das lateinische *Carmen de proditione Guenonis* in Distichen (12. Jh.), die lateinischen *Gesta Caroli Magni* des Pseudo-Turpin (2. Hälfte des 12. Jh.s) und die altnordische *Karlamagnús saga* (1. Hälfte des 13. Jh.s). Durch Konrads Dichtung kam der Stoff nach Deutschland und wurde vor allem in der Bearbeitung des Strikkers (1. Hälfte des 13. Jh.s) dort weit verbreitet. Auf ihn griff im 19. Jh. Karl Immermann in seinem Trauerspiel *Das Tal von Ronceval* (1819) zurück, wahrscheinlich auch Fouqué mit den *Romanzen vom Thale Ronceval* (1805). KLL

Ausgaben: Göttingen 1838 (*Ruolandes Liet*, Hg. W. Grimm, 2 Bde.; m. Tafeln). – Quedlinburg/Lpzg. 1857, Hg. K. Bartsch (Bibl. der gesammten National-Lit., 35). – Bonn 1928, Hg. C. Wesle. – Lpzg. 1940 (zus. m. *Das Alexanderlied* des Pfaffen Lamprecht). – Tübingen 1967, Hg. C. Wesle (ATB, 69; Bearb. P. Wapnewski; ³1985). – Wiesbaden 1970 [Faks. des Cod. Palatinus Germanicus 112; m. Erläuterungsbd. v. W. Werner u. H. Zirnbauer]. – Mchn. 1971, Hg. u. Übers. D. Kartschoke, 2 Bde. – Darmstadt 1981, Hg. H. Richter.

Literatur: J. J. Amann, *Das Verhältnis von Strikkers »Karl« zum »Rolandslied« des Pfaffen Konrad mit Berücksichtigung des »Chanson de Roland«*, Wien/Lpzg. 1902. – F. Wilhelm, *Die Geschichte der handschriftlichen Überlieferung von Strickers »Karl dem Großen«*, Amberg 1904. – E. Färber, *Höfisches u. ›Spielmännisches‹ im »Rolandslied« des Pfaffen Konrad*, Erlangen 1934. – G. Fliegner, *Geistliches u. weltliches Rittertum im »Rolandslied« des Pfaffen Konrad*, Breslau 1937. – A. Hämel, *Vom Herzog Naimes ›von Bayern‹, dem Pfaffen Konrad von Regensburg u. dem Pseudo-Turpin*, Mchn. 1955. – D. Kartschoke, *Die Datierung des deutschen »Rolandsliedes«*, Stg. 1965. – H. Backes, *Bibel u. ars praedicandi im »Rolandslied« des Pfaffen Konrad*, Bln. 1966. – H. Backes, *Bibel und ars praedicandi im »Rolandslied« des Pfaffen Konrad*, Bln. 1966. – S. Hinterkausen, *Die Auffassung von Zeit und Geschichte in Konrads »Rolandslied«*, Diss. Bonn 1966. – I. Nöther, *Die geistlichen Grundgedanken im »Rolandslied« und in der dt. Kaiserchronik*, Diss. Hbg. 1970. – M. Wendt, *Der Oxforder Roland. Heilsgeschehen u. Teilidentität im 12. Jh.*, Mchn. 1970. – U. Pörsken, *Der Erzähler im mittelhochdeutschen Epos. Formen seines Hervortretens bei Lamprecht, Konrad, Hartmann, in Wolframs Willhalm u. in den Spielmannsepen*, Bln. 1971. – P. Kern, *Anregungen für eine bessere Übers. des »Rolandslieds«. Eine Auseinandersetzung mit der Übertragung Kartschokes* (in ZfdPh, 90, 1971, S. 409–428). – Ders., *Bildprogramm u. Text. Zur Illustration des Rolandsliedes in den Heidelberger Handschriften* (in ZfdA, 101, 1972, S. 244–270). – F. Maurer, *Zur Form von K.s »Rolandslied«* (in *Fs. für S. Gutenbrunner*, Hg. O. Bandle u. a., Heidelberg 1972, S. 165–181). – D. Strauss, *Redegattungen u. Redearten im »Rolandslied« sowie in dem »Chanson de Roland« u. in Strickers »Karl«. Studien zur Arbeitsweise mittelalterl. Dichter*, Göppingen 1972. – B. Schiehle, *Der Gebrauch von »wellen« in der Wiener Genesis, im König Rother und im »Rolandslied«. Zur Darstellung psychischer Vorgänge in frühmittelhochdeutschen Quellen*, Diss. Göttingen 1972. – H. Richter, *Kommentar zum »Rolandslied« des Pfaffen Konrad*, Bd. 1 ff., Bern/Ffm. 1972 ff. – U. von der Burg, *Konrads »Rolandslied« und das Rolandslied des Karlmeinet* (in Rheinische Vierteljahresblätter, 39, 1975, S. 321–341). – B. Köneke, *Untersuchungen zum frühmittelhochdeutschen Versbau: »Erinnerung an den Tod«, »Priesterleben«, »Rolandslied«, »Straßburger Alexander«*, Mchn. 1976. – W. Werner, *Das »Rolandslied« in den Bildern der Heidelberger Handschrift*, Wiesbaden 1977 [m. Erl. u. Abb.]. – F. Urbanek, *Lob- u. Heilsrede im »Rolandslied« des Pfaffen Konrad. Zum Einfluß einer Predigt-Spezies auf einen literarischen Text* (in Euph, 71, 1977, S. 209–299). – C. L. Gottzmann, *Ordo caritatis im »Rolandslied« des Pfaffen Konrad* (in Amsterdamer Beiträge zur älteren Germanistik, 12, 1977, S. 71–100). – I. Nolting-Hauff, *Zur Psychoanalyse der Heldendichtung: das »Rolandslied« und die einfache Form »Sage«* (in Poetica, 10, 1978, S. 429–468). – Ch. J. Gellinek, *Herrschaftsmodelle im »Rolandslied«* (in Ch. J. G., *Herrschaft im Hochmittelalter. Essays zu einem Sonderproblem der älteren dt. Literatur*, Bern u. a. 1980). – M. Ott-Meimberg, *Kreuzzugsepos oder Staatsroman? Strukturen adeliger Heilsversicherung im dt. »Rolandslied«*, Mchn. 1980. – J. Knorr, *Das dt. »Rolandslied«* (in *Die Reichsidee in der dt. Dichtung des Mittelalters*, Hg. R. Schnell, Darmstadt 1983, S. 83–109). – E. Nellmann, *Karl der Große u. König David im Epilog des dt. »Rolandsliedes«* (ebd., S. 222–238). – P. Bertemes, *Bild und Textstruktur. Eine Analyse der Beziehungen von Illu-

strationszyklus u. Text im »Rolandslied« des Pfaffen Konrad in der Handschrift »P«, Ffm. 1984. – R. Endres, *Zum Wortinhalt von »angest« im »Rolandslied« des Pfaffen Konrad* (in *Psychologie in der Mediävistik, gesammelte Beiträge des Steinheimer Symposions*, Hg. J. Kühnel u. a., Göppingen 1985, S. 79–105). – F. Ohly, *Beiträge zum »Rolandslied«* (in *Philologie als Kulturwissenschaft. Studien zur Literatur u. Geschichte des MAs. Fs. für K. Stackmann*, Hg. L. Grenzmann u. a., Göttingen 1987, S. 90–135).

KONRAD VON WÜRZBURG

* zwischen 1220 und 1230 Würzburg
† 31.8.1287 Basel

LITERATUR ZUM AUTOR:

H. Butzmann, *Studien zum Sprachstil K.s v. W.*, Diss. Göttingen 1930. – E. Rast, *Vergleich, Gleichnis, Metapher u. Allegorie bei K. v. W.*, Diss. Heidelberg 1936. – W. Kluxen, *Studien über die Nachwirkungen K.s v. W.*, Diss. Köln 1948. – B. Morgenstern, *Studie zum Menschenbild K.s. v. W.*, Diss. Tübingen 1962. – W. Monecke, *Studien zur epischen Technik K.s v. W.*, Stg. 1968. – I. Leipold, *Die Auftraggeber u. Gönner K.s v. W.*, Göppingen 1976. – H. Brunner, Art. *K. v. W.* (in VL², 5, Sp. 272–304). – R. Brandt, *K. v. W.*, Darmstadt 1987 (EdF). – H. Kokott, *K. v. W. Ein Autor zwischen Auftrag u. Autonomie*, Stg. 1989.

ALEXIUS

Verslegende von KONRAD VON WÜRZBURG. Sie entstand mit *Silvester* vor *Pantaleon* und wird aufgrund von erhaltenen Sterbeurkunden der beiden Auftraggeber des Werks, Johannes Bermeswil und Heinrich Isenlin, zweier Bürger aus Basel, die von Konrad selbst am Ende des Werks genannt werden, vor 1275 datiert. – Die Legende schildert das Leben des hl. Alexius, eines Römers der Spätantike, der 417 n. Chr. starb. – Alexius, der spätgeborene Sohn des vornehmen und reichen Patriziers Eufemian und seiner Gattin Agleis, entbrennt in frühester Jugend in reiner Gottesliebe. Am Tag seiner Hochzeit legt er zusammen mit seiner Frau ein Keuschheitsgelübde ab und begibt sich anschließend nach Edessa in Syrien, um im Münster der Stadt zehn Jahre als Betender und Büßer zu verbringen, in völliger Armut und von Almosen lebend. Das Marienbildnis der Kirche beginnt am Ende dieser zehn Jahre zu sprechen und macht die Gläubigen auf Alexius' Heiligkeit aufmerksam. Um der Bewunderung der Menge zu entgehen, will er sich nach Tarsus in Kilikien zurückziehen, sein Schiff wird aber von einem Wind nach Rom getrieben. Von Eltern und Gattin unerkannt, kehrt er in sein Vaterhaus zurück und verbringt dort weitere siebzehn Jahre als Almosenempfänger und Dulder, nur dem Gebet lebend, von Dienstboten und Kindern verspottet. Am Ende dieser Zeit erschallt in den Kirchen Roms eine Stimme und fordert zur Suche nach dem Heiligen auf, der in Eufemians Haus am Ostertag mit den eigenen Lebensaufzeichnungen in der Hand tot aufgefunden wird. Dem Papst gelingt es, die Blätter aus der Hand des Toten zu lösen, aus denen nun erst Eltern und Frau die Identität des Verlorengeglaubten erfahren. Nach Heilungen an der Bahre des Toten, die von den beiden römischen Kaisern selbst durch die Stadt getragen wird, erhält der Heilige ein würdiges Begräbnis. – Der Stoff geht auf die Legende zurück, die zuerst in Edessa, wo sich eine syrische Vita des Heiligen erhalten hatte, entstanden war. Sie nahm dann auf byzantinischem Boden neue Züge auf, wie etwa die Heimkehr in das Vaterhaus (in Anlehnung an die Lebensgeschichte des Johannes Kalyptia Constantinopolis, der im 5. Jh. lebte). So erscheint die Legende zuerst in dem griechischen Kanon eines Joseph, der in lateinischer Wiedergabe überliefert ist. In der Folgezeit tauchen Varianten auf: die Lebensaufzeichnungen werden dem Papst oder der jungfräulichen Gattin übergeben.

In Rom und im Abendland wurde Alexius erst nach 987 als Heiliger verehrt. Die wichtigsten lateinischen Darstellungen der Legende in den folgenden Jahren sind die von LAURENTIUS SURIUS, JAKOB VON VARAZZE, Boninus MOMBRITTUS und VINZENZ VON BEAUVAIS. Auch in den *Gesta Romanorum* wird über das Leben des Alexius berichtet. Die Legende gehörte bald zu den beliebtesten Stoffen des Mittelalters. Die älteste Bearbeitung in Frankreich ist *La chanson de Saint Alexis* von 1040, der weitere folgten. Auch in England, Italien und Spanien fand die Legende dichterische Gestaltung. In Deutschland haben den Stoff außer Konrad noch sieben Dichter aufgegriffen, u. a. verwandten ihn Jörg BREINING in einem Meisterlied und HERMANN VON FRITZLAR in seinen Heiligenleben in Prosabearbeitung. Sie folgen entweder der »bräutlichen« oder der »päpstlichen« Version. Konrad gibt die päpstliche. Inhaltlich folgt er der in die *Acta sanctorum* der Bollandisten aufgenommenen Vita (auf eine lateinische Vorlage weist er am Ende seiner Dichtung selbst hin) und gestaltet die Legende in der Form der Versnovelle, die in der bürgerlichen Nachblüte der klassischen, hochhöfischen Zeit besondere Verbreitung und in Konrad – neben RUDOLF VON EMS – einen ihrer größten Meister fand. Erst in dieser Zeit tritt die Legende als Kunstform stark hervor. Gegenstand ist nicht mehr der ritterliche, sondern der religiöse Mensch in seiner intensivsten Ausprägung, der weltflüchtige Dulder und Betende, wie ihn Alexius vorbildlich repräsentierte. Nicht *triuwe*, sondern Entsagung, nicht Weltbewältigung, sondern Zurückgezogenheit charakterisieren den eigentlichen, gottgewollten Menschen. Konrads *Alexius* bezeugt beispielhaft den mehr religiösen als ritterlichen Geist der Dichtung des späten 13. Jh.s. – Die Sprache des *Alexius* zeigt die für Konrad typische, an Gottfried von Strassburg geschulte, geglättete Form, gibt aber auch Beispiele des spät- und nachhöfischen »geblümten« Stils mit Häufungen, die zum Beipsiel in der wortreichen Beschreibung der Trauer der Eltern und der Gattin besonders deutlich werden. U.S.

Ausgaben: Quedlinburg/Lpzg. 1843 (in H. Massmann, *S. Alexius Leben in acht gereimten mhd. Behandlungen*; Bibl. d. gesamten deutschen Nationalliteratur, 19). – Halle 1926 (in *Die Legenden*, Hg. P. Gereke, 3 Bde., 1925–1927, 2; ATB, 20).

Literatur: M. Haupt, *Der hl. »Alexius« von K. v. W.* (in ZfdA, 3, 1843, S. 534–576). – R. Hencynski, *Das Leben des hl. »Alexius« von K. v. W.*, Bln. 1898 (Acta Germanica, 6, 1). – M. Rösler, *Die Fassungen der Alexiuslegende m. besonderer Berücksichtigung der mittelengl. Versionen*, Wien 1905. – N. F. Palmer, *Eine Prosabearbeitung der Alexiuslegende K.s v. W.* (in ZfdA, 108, 1979, S. 158–180). – T. Jackson, *The Legends of K. v. W.*, Erlangen 1983.

LIEDER, SPRÜCHE, LEICHE (mhd.) von Konrad von Würzburg.

Konrad von Würzburg ist vor allem als Epiker bekannt, doch trat er auch mit 23 Minneliedern, 51 Sangspruchstrophen, einem religiösen und einem Minneleich an die Öffentlichkeit. Seine Lieder sind hauptsächlich, seine Leiche ausschließlich in der *Großen Heidelberger Liederhandschrift (C)* überliefert. Von den Sangsprüchen werden nur die als echt anerkannt, die in derselben Handschrift enthalten sind. In verschiedenen anderen Handschriften (*Jenaer Liederhandschrift* oder *Colmarer Liederhandschrift*) enthaltene Strophen gelten nur dann als echt, wenn sie auch in *C* überliefert sind.
Die Minnethematik ist mit Konrad an einem Endpunkt angelangt. Die Idee der Minne, aus der sich die höfische Minnedichtung speiste, war zu einem Abstraktum geworden, das man nicht mehr verstand. Bei Konrad sind die verschiedenartigen Inhalte von Minne und Liebe nicht mehr streng getrennt, sondern teilweise schon austauschbar. Bei ihm kann die Minne auch *»fröude«* geben (v. 4,45). Dadurch hat sie ihren eigentlichen Sinn, die Unerfüllbarkeit, verloren. Nun kann die Minne *»trûren swachen«* (v. 9,12) und ist *»jungen liuten für trûren guot«* (v. 9,27). Die Minne lindert nun gerade die Beschwerden, die sie in der höfischen Zeit hervorrief. Wichtig an diesem Bedeutungswandel ist, daß die Minne jetzt nicht mehr eine Tugend ist, die nur vom Manne, sondern auch von der Frau geübt wird. Eine andere Möglichkeit, dem unverständlich gewordenen Minnebegriff einen neuen Sinn zu verleihen, ist, ihn im Sinne von Nächstenliebe zu verwenden oder wie im religiösen Leich als Liebe Gottes zu seinen Kindern: *»dîns vater minne«* (v. 1,173). Konrad versucht auch, diesem Abstraktum neues Leben einzuhauchen, indem er es mit menschlichen Eigenschaften (v. 14,23) und Handlungsweisen (v. 9,31; 14, 24f.; 17,18; 28,1) ausstattet.
Kennzeichnend für Konrads Minnelyrik ist seine starke Verallgemeinerung. Abgesehen von den Liedern 27 und 28, wendet er sich nirgends an eine bestimmte Frau, sondern an alle Frauen. Auch *frouwe*, der zentrale Begriff des höfischen Minnesangs, wird bei Konrad von dem Gattungsbegriff *wîp* abgelöst. Diese völlige Entpersönlichung ist das Neue, das Konrad inhaltlich zum Minnegesang beiträgt. Zugleich überwindet er aber auch die Form des Minneliedes und geht zum Minnespruch über. Da für Konrad die Problematik der Hohen Minne nicht mehr existiert, setzt er sich weder im Sinne Walthers von der Vogelweide noch Neidharts von Reuental damit auseinander. Vielmehr übernimmt er einfach die herkömmlichen Formen von Sommerlied, Winterlied und Tagelied. Dabei sind die beiden ersten Typen meist nach dem gleichen Schema gebaut: 1. Strophe: Naturschilderung, 2. Strophe: Fortsetzung des Natureingangs und Überleitung zu Minne und *wîp*, 3. Strophe: Preis der Frau. Freude und Trauer in der Minne sind in den Winterliedern meist antithetisch (Lieder 8; 10; 12; 17; 21; 26), in den Sommerliedern (Lieder 3; 4; 7; 11; 16; 20; 22; 29) ausschließlich parallel zur Natur gestaltet.
Auch in seiner Spruchdichtung, die seiner didaktischen Neigung entgegenkommt, bleibt Konrad mehr im Allgemeinen als andere Spruchdichter seiner Zeit. Deshalb läßt sich daraus nur sehr wenig über seine eigenen Lebensumstände entnehmen. Hier und in seinem religiösen Leich bevorzugt er den antithetischen Aufbau. In seinen religiösen Sprüchen und im ersten Leich zeigt sich Konrad als mit der Dichtung und Vorstellungswelt seiner Zeit bestens vertraut. Aber auch hier fehlt eine Auseinandersetzung mit den Bedeutungsinhalten. In seinen weltlichen Sprüchen spielt die politische Thematik, die ja sonst in der Spruchdichtung von herausragender Bedeutung ist, kaum eine Rolle.
Auch die Begriffe des ritterlichen Tugendsystems wie *milte, triuwe, staete, mâze, hoher muot, kuische, reinekeit* haben bei Konrad bereits einen Bedeutungswandel erfahren. Wie bei den Minneliedern ist auch hier die Lösung des Menschen vom höfischen Ideal und eine Hinwendung zur pragmatischen Einstellung eines städtischen Publikums zu bemerken. Eine außerordentlich wichtige Rolle spielt bei Konrad wie auch sonst in der Spruchdichtung des 13. Jh.s die *êre*. Sie ist Aufgabe und innerer Zustand zugleich: *»swer gewinnen êre / sêre lobelichen sol, der muoz lân der milte zol / frîliche uz sînen handen«* (v. 25,33 ff.) und *»triuwe und ere glenzent deste vaster, / daz mein unde laster / gebent trüeben schîn«* (v. 31,64 ff.). Von großer Bedeutung ist für ihn als Berufsdichter auch das Verhältnis zwischen Herr und Diener, wobei er unter *herre* nicht mehr vornehmlich den Adligen, sondern einen *»richen man«* versteht, den er vor schlechten Ratgebern,

Schmeichlern und Kriechern warnt: *»diz merke ein herre, der nu sehe in êren spiegel sêre: / ob er drinne erkennen müge, / daz sin râtgeb ihm niht tüge«* (v. 18,37 ff.) und wo er darüber klagt, welches Wohlwollen oft einem *»künstelôsen schalc«* (v. 32, 174) zuteil wird, während man *»gefüegem man durch kunst enkeine gabe reiche«* will (v. 32,178).

Im religiösen Leich entfaltet Konrad wie in der *Goldenen Schmiede* die ganze Pracht der »geblümten Rede«, um Gott, Maria, besonders aber Jesus Christus zu preisen. Dazu verwendet er Bilder und Vergleiche aus dem biblischen-typologischen Bereich, aus der Mariologie und dem *Physiologus*.

Der Minneleich besteht aus zwei jeweils dreigeteilten Großstrophen. Im ersten Teil wird die durch Krieg, Raub und Brand erfüllte Gegenwart beklagt, in der wegen der Herrschaft von Mars und Discordia, die Männer im Krieg stehen und die Minne keuscher Frauen nichts mehr gilt. Im zweiten Teil werden Venus und Amor angerufen, diesen Mißstand zu beheben. Das Ganze klingt aus in einer zukünftigen Wiederherstellung der Freude im Tanz.

Konrad erweist sich als großer Formkünstler. Abweichungen von der vorherrschenden Form beruhen nicht auf Zufall oder Ungeschicklichkeit, sondern erfüllen stets eine wichtige Funktion.

Er bemüht sich, in den Versen den zweisilbigen Takt ebenso streng durchzuhalten, wie er seine Strophen hauptsächlich aus Viertaktern oder aus Versen mit gerader Taktzahl aufbaut. Dadurch erhält der metrische Bau eine fast mathematische Klarheit. Von dieser um Symmetrie bemühten Metrik weichen nur die gemischt-daktylischen Lieder 8, 9, 16, 17 und 27 ab, wobei Lied 27 eine besonders klangvolle, tänzerische Wirkung hat. Alle sonstigen Abweichungen wie einsilbiger Auftakt, Kadenz, einsilbiger Innentakt haben eine tektonisch gliedernde oder hervorhebende Funktion. Bei Konrad findet sich die auch sonst im Minnesang sehr beliebte »da-capo«-Form in fast allen Liedern und Sprüchen. Ausgenommen sind nur Lied 9 und 16 und die nicht-stolligen Lieder 26–30.

Seine virtuose Beherrschung der Form demonstriert Konrad besonders durch die Verwendung aller üblichen Reimarten wie Paar-, Kreuz-, Schweif-, Reihenreim, verschränktem und umschließendem Reim, grammatischem und rührendem Reim, Schlag-, Binnen-, Mittelreim. Besondere Reimkünsteleien weisen Lied 26 (immer zwei aufeinander folgende Worte reimen), Lied 30 (alle Worte einer Zeile reimen mit denen der übernächsten Zeile) und Lied 13 (rührende Reime in 1:4, 3:6, 8:10:11), die ihm den Tadel des inhaltsleeren Wortklinglers eingetragen haben.

Während es Konrad bei der metrischen Form auf die klare Gliederung ankommt, geht es bei den stilistischen und syntaktischen Mitteln um den glatten Fluß der Rede und den inneren Zusammenhalt. – An Stilmitteln hat er in seinen ersten Liedern besonders die Alliteration (*»wîp«:»wunne«* v. 3, 27; 28; *»man«:»minne«:»mê«* v. 5,5). Sehr gerne verbindet er zwei Substantive (*»manger wunne bilde«* v. 4,1; *des meien blüete«* v. 7,6). Die Allegorie ist besonders im religiösen Zusammenhang wichtig (v. 1,17;166;169), während sich die Metapher ganz auf den Minnebereich beschränkt. In den Sprüchen sind metrischer und stilistischer Bau weit mehr als in den Liedern zu einer Einheit verschmolzen. Hier und in seinem religiösen Leich verwendet er wirkungsvoll Vergleich und Gleichnis, Apostrophe, Interjektion, Rede in der Ichform u. a.

In Konrads sangbarer Dichtung zeigt sich wie auch in seinem epischen Werk der Einfluß Walthers von der Vogelweide in zum Teil sogar wörtlich übernommenen Wendungen. Auch der Einfluß GOTTFRIEDS VON NEIFEN geht weit über Einzelheiten hinaus. Ebenso läßt sich eine Verwandtschaft mit ULRICH VON WINTERSTETTEN erkennen. Konrad wiederum wirkte auf WALTHER VON KLINGEN, SCHENK VON LANDECK, HEINRICH TESCHLER und auf KANZLER, wobei letzterer, einer der *»zwölf alten Meister«*, als regelrechter Schüler Konrads von Würzburg bezeichnet werden kann.

Während in der *Manessischen Liederhandschrift* keine Melodien überliefert sind, hat die *Jenaer Liederhandschrift* auf Blatt 101 b eine von Konrads Melodien erhalten und zwar zu den Sprüchen des Tones 32. Sie lehnt sich formal eng an die metrische Form an und dient wie diese der klaren Gliederung und Konstruktion. A.V.

AUSGABEN: Lpzg. 1838–1856 (in *Minnesinger*, Bd. 2, Hg. F. H. v. der Hagen; ern. 1962/63). – Bln. 1926 (in *Kleinere Dichtungen*, Hg. E. Schröder, Bd. 3; Nachdr. Dublin/Zürich 1970; Nachw. L. Wolff). – Mchn. 1978 (in *Epochen der dt. Lyrik*, Bd. 1, Hg. W. Höver u. E. Kiepe; m. nhd. Übers.; dtv).

LITERATUR: A. Wode, *Anordnung und Zeitfolge der Lieder, Sprüche und Leiche K.s v. W.*, Marburg 1902. – E. Essen, *Die Lyrik K.s v. W.*, Diss. Marburg 1938. – K. H. Bertau, *Über Themenanordnung und Bildung inhaltlicher Zusammenhänge in den religiösen Leichdichtungen des 13. Jh.s* (in ZfdPh, 76, 1957, S. 129–149). – M. Brauneck, *Die Lieder K.s v. W.* Diss. Mchn. 1965. – Th. Cramer, *Minnesang in der Stadt. Überlegungen zur Lyrik K.s v. W.* (in *Philologie und Geschichtswiss.*, Hg. H. Rupp, Heidelberg 1977, S. 63–73; auch in: *Literatur, Publikum, hist. Kontext*, Hg. G. Kaiser, Bern u. a. 1977, S. 91–108).

DER WELT LOHN

(mhd.). Versnovelle in vierhebigen Reimpaarversen von KONRAD VON WÜRZBURG, entstanden um 1260. – Das nur 274 Verse umfassende kurze Gedicht, in neun Handschriften teils fragmentarisch, teils vollständig überliefert, beschreibt eine angebliche Begebenheit aus dem Leben des Dichters WIRNT VON GRAFENBERG, der 1202 den Artusroman *Wigalois* schrieb, ein Werk, das große Verbreitung erfuhr.

Der Ritter, ein Abbild guter Erziehung und feiner Lebensart, ein Herr, der sein Leben dem Minnedienst und dem Werben um die Gunst seiner Zeitgenossen geweiht hat, ist in seiner Kemenate mit dem Lesen eines Abenteuer- und Minneromans beschäftigt, als eine über alle Maßen schöne Frau in prachtvollen Kleidern sein Zimmer betritt. Sie ist schöner als Venus und Pallas Athene. Verwirrt fragt er nach ihrem Namen und Begehr, worauf sie sich als seine Herrin, Frau Welt, zu erkennen gibt, deren Dienst er zusammen mit Kaisern und Königen viele Jahre seines Lebens gewidmet habe, wofür ihm nun seine Belohnung zuteil werden solle. Damit dreht sie sich um und läßt ihn ihren Rücken schauen, der sich mit Geschwüren und Gewürm bedeckt, im fortgeschrittenen Zustand der Verwesung befindet. Sie verabschiedet sich von dem Dichter, der erschüttert die Verderbtheit weltlicher Dinge erkennt, Weib und Kind verläßt und sein Leben dem Kreuzritterdienst im Heiligen Land verschreibt. Die Novelle schließt mit der Ermahnung Konrads an seine Leser, *»daz ir die werlt lâzet varn, / welt ir die sêle bewarn«*.

Das Bild der Welt, deren eine Seite glanzvoll, deren andere aber schwarz und verderbt ist, begegnet in der mittelhochdeutschen Literatur zuerst in dem Abschiedslied Walthers von der Vogelweide *»Daz ich nu für min lachen weinen kiesen sol...«*, war aber schon früher in der Predigt geläufig. Walther sieht ebenfalls in der Kreuzfahrt die Erlösung von weltlicher Verworfenheit. Es ist möglich, daß Konrad dieses Lied kannte, doch während bei Walther ein tiefes persönliches Erlebnis hinter seiner Weltabkehr stand, war das bei Konrad wohl nicht der Fall, da er um dieselbe Zeit in seinem *Herzmære* Minne und Minnedienst in gleicher Intensität feiert, wie er hier alles Weltliche verwirft. Askese war Zeitthematik, und obwohl kein Auftraggeber für diese Novelle bekannt ist, kann man doch einen solchen voraussetzen, der zumindest für die Tendenz dieser kurzen Dichtung verantwortlich ist. Einen besonderen Reiz muß für Konrad die Schilderung des Kontrasts zwischen der atemberaubenden Schönheit und dem ekelerregenden Rücken der Frau Welt gehabt haben. In der Beschreibung dieses Gegensatzes scheut er nicht vor einem Realismus der Sprache zurück, der vor ihm in der höfischen Dichtung unvorstellbar gewesen wäre. Damit ist er, der sich als Nachfahr eben dieser höfischen Zeit empfand, doch das Kind einer neuen Epoche mit stark gewandeltem Lebens- und Kunstgefühl. *Der Welt Lohn* zeigt schon Konrads großes Formtalent, die Eleganz und Prägnanz seiner Sprache, die Glätte des Verses und die Kunst des ausgewogenen Aufbaus. U.S.

Ausgaben: Bln. 1819 (in W. v. Gravenberch, *Wigalois*, Hg. G.F. Benecke). – Ffm. 1843, Hg. F. Roth. – Stg./Tübingen 1850 (in *Gesammtabenteuer*, Hg. F.H. v. der Hagen, Bd. 1; ern. Darmstadt 1961). – Stg. 1895 (in P. Piper, *Höfische Epik*, 3; DNL, 4, Abt. 1, 3). – Halle 1925 (in F. Rostock, *Mhd. Dichterheldensage*). – Bln. 1926 (in *Kleinere Dichtungen*, Hg. E. Schröder, Bd. 1; Nachdr. Dublin/Zürich 1970; Nachw. L. Wolff). – Stg. 1981 (in *Heinrich v. Kempten. Der Welt Lohn. Herzmære*; mhd. – dt. nach E. Schröder; Übers. u. Nachw. H. Röllecke; RUB).

Literatur: Ehrismann, 2, 2/2, S. 41–42. – G. Kürmayr, *Reimwörterbuch zu K. v. W.s »Alexius«, »Der Welt Lohn«, »Herzmære« und zum »Peter v. Staufenberg«*, Diss. Wien 1947. – De Boor, 3/1, S. 41–43. – H. J. Gernentz, *K. v. W. Charakter und Bedeutung seiner Dichtung* (in ZDLG, 7, 1961, S. 27–45). – C. Gerhardt, *Überlegungen zu Überlieferungen von K.s v. W. »Der Welt Lohn«* (in Beitr., 94, 1972, S. 379–397).

PFAFFE LAMPRECHT

1. Hälfte 12. Jh.

ALEXANDERLIED

Versroman, verfaßt von dem Pfaffen Lamprecht um 1150, fortgesetzt von einem Unbekannten. – Überliefert sind drei Bearbeitungen: der *Vorauer Alexander* (1533 Verse), der *Straßburger Alexander* (7302 Verse) und die *Basler Handschrift* (4734 Verse). Lamprechts unmittelbare Quelle ist die altfranzösische *Alessandreide* des Alberich (Albéric) de Besançon (auch Briançon oder Pisançon; zwischen 1100 und 1130), der den spätgriechischen *Alexanderroman* hauptsächlich aus den lateinischen Übersetzungen des Iulius Valerius (vgl. Abschn. 2) und des Archipresbyters Leo von Neapel (vgl. Abschn. 11a) kannte.

Der *Vorauer Alexander* steht Lamprechts Original am nächsten: eine künstlerisch unbedeutende, *»handwerksmäßige«* (Ehrismann) Übersetzung der französischen *Alessandreide*, literarhistorisch jedoch ein Zeugnis von größtem Wert. Erstmals, und bahnbrechend für Jahrhunderte, wählt ein Dichter – der zudem noch Geistlicher ist! – einen heidnisch-antiken Stoff für ein deutsches Epos; daß er den Stoff aus Alberichs Hand empfängt, zeigt zugleich den Beginn des französischen Einflusses auf die deutsche Kultur des hohen Mittelalters an. Die Wahl eines weltlichen Stoffs und eines Heiden als Held besagt jedoch noch nicht, daß Lamprecht nicht mehr dem Geist der cluniazensischen Zeit verhaftet war. Im Gegenteil: ehe das Leben Alexanders erzählt, seine Tapferkeit, Kriegskunst und Macht, sein Mut, Reichtum und seine Weisheit gewürdigt werden, ertönt in der Einleitung der Ruf *vanitas vanitatum*, mit dem Lamprecht aus christlich-asketischer Weltsicht bereits das Urteil über alles Streben nach irdischen Werten fällt. Entsprechend verweigert Lamprecht dem Helden Alexander – im Gegensatz zu Alberich – das Attribut »magnus« und heißt ihn statt dessen den *»wunderlichen Alexander«* (V. 45; 932), worin sich die Distanz zu seinem Helden ebenso deutlich ausdrückt wie in der Einstufung Alexanders (des Heiden!) »unter« Salomon.

In der zweiten Bearbeitung, dem *Straßburger Alexander*, fällt auf, daß nicht nur Alexander, sondern auch seine Feinde bereits »Ritter« sind, ausgestattet mit allen höfischen Tugenden (V. 3794 ff.; 4516 ff. u. a.). Alexander ist der ideale Ritter geworden, dessen *»milte«* (Freigebigkeit) und *»erbärmde«* (V. 3575) es zu rühmen gilt. Auch kündigen sich bereits – wenn auch nur vereinzelt – die für die hochhöfische Ritterdichtung wesentlichen Elemente an: Festesfreude und Minne (Prunkhochzeit mit Roxane; das Idyll mit den Blumenmädchen; der minnigliche Aufenthalt bei Candacis). Noch aber fehlt die Minne im Sinn der Veredelung und Vervollkommnung des Ritters; noch sind seine Kämpfe und Abenteuer nicht Minnedienst, sondern Selbstzweck (E. Grammel). Der geistliche Schluß dieser Fassung mit der weltverneinenden, demütigen Selbstbescheidung des Helden vor den Pforten des Paradieses (V. 6987 ff.) enthüllt, wie weit der Weg noch ist bis zu den höfischen Alexanderepen, die RUDOLF VON EMS in seinem *Alexander* erwähnt, gar nicht zu reden von ULRICHS VON ETZENBACH *Alexandreis*.

Die dritte Fassung, die *Basler Handschrift*, stammt aus dem Anfang des 15. Jh.s und erweitert Anfang und Schluß durch sagenhafte Zusätze (Nektanebus-Sage; Taucherglocke; Greifenfahrt u. a.). R.E.

AUSGABEN: Wien 1849 (in *Deutsche Gedichte des 11. u. 12. Jh.s*, Hg. E. Diemer). – Ffm. 1850, Hg. H. Weismann, 2 Bde. [Urtext, Übers., Erl., Quellentexte]. – Stg. 1881 (*Die Basler Bearb. v. L.s »Alexander«*; BLV, 154). – Halle/Saale 1884 (*L.s »Alexander« nach den drei Texten m. dem Fragment des Alberich von Besançon u. den lat. Quellen*; Hg. K. Kinzel, Germanistische Handbibl., 6). – Lpzg. 1940, Hg. F. Maurer (DL, R. Geistl. Dichtung d. MAs, 5; Nachdr. Darmstadt 1964). – Darmstadt 1974, Hg. I. Ruttmann [Text, Nacherz., Worterklärungen].

LITERATUR: Ehrismann, 2/1, S. 235 ff. – H. de Boor, *Frühmhd. Studien. Zwei Untersuchungen*, Halle 1926. – E. Grammel, *Studien über den Wandel des Alexanderbildes in der dt. Dichtung des 12. u. 13. Jh.s*, Diss. Ffm. 1931. – W. Fischer, *Das Alexanderliedkonzept des Pfaffen L.*, Diss. Marburg 1963. – H. de Boor, *Die Stellung des Basler Alexander* (in H. de B., *Kleine Schriften*, Bln. 1964, S. 97–135; zuerst in ZfdPh, 54, 1929). – J. Brummack, *Die Darstellung des Orients in den dt. Alexandergeschichten des MAs*, Bln. 1966. – G. Schieb, *Ein neues Alexanderfragment* (in Beitr., 90, Halle 1968, S. 380–394). – F. Urbanek, *Umfang u. Intention von L.s »Alexanderlied«* (in ZfdA, 99, 1970, S. 96–120). – H. Buntz, *Die dt. Alexanderdichtung des MAs*, Stg. 1973 (Slg. Metzler). – D. H. Green, *The »Alexanderlied« and the Emergence of the Romance* (in GLL, 28, 1974/75, S. 246–262). – C. Minis, *Über die Hildestelle in L.s »Alexander«* (in Amsterdamer Beiträge zur älteren Germanistik, 12, 1977, S. 47–70). – A. Hilgers, *Zu den neuen Ausgaben des »Straßburger Alexander«* (ebd., 13, 1978, S. 91–102). – C. Minis, *Des Pfaffen L. »Tobias« u. »Alexander«* (in C. M., *Zur Vergegenwärtigung vergangener philologischer Nächte*, Amsterdam 1981, S. 263–265; zuerst in Neoph, 38, 1954). – W. Schröder (in VL², 5, Sp. 497–510). – De Boor, 1, S. 220–228 [m. Bibliogr.].

DER MARNER

13. Jh.

SANGSPRÜCHE UND LIEDER (mhd.) von dem MARNER.

Mit dem noch nicht überzeugend gedeuteten Namen Marner belegen Handschriften und Meistersingertradition einen relativ solide gebildeten oberdeutschen Berufsdichter unbekannter Herkunft, den seine Texte mit geistlichen Gönnern in Maria Saal (Kärnten) und Olmütz (Mähren) sowie mit weltlichen Herren wie den Grafen Hermann von Henneberg und Albrecht II. von Hohenberg und Haigerloch (?) in Beziehung bringen. Konkurrenten und Nachfolger (Meister RUMELANT, der MEISSNER, Hermann DAMEN) erwähnen den Marner mehrfach, die Meistersinger zählen ihn seit Lupold HORNBURG (Mitte 14. Jh.) zu den Zwölf Alten Meistern. Den ungefähren zeitlichen Rahmen seines Œuvres stecken zwei auf 1230/1231 und 1266/1267 datierbare Gedichte (X. XV, 5) ab; vor 1287 sei der Autor, so erzählt es ein Nachruf Rumelants, als hinfälliger Greis ermordet worden.

Die heute allgemein als echt geltenden 81 deutschsprachigen Spruch- und Liedstrophen des Marners überliefert als Corpus die *Große Heidelberger (Manessische) Liederhandschaft* (C). Die Streuüberlieferung zum Beispiel in der *Jenaer Liederhandschrift*, im *›Hausbuch‹ des Michael de Leone* und in der *Kolmarer Liederhandschrift* bietet Texte teilweise fraglicher Authentizität. Fünf lateinische Gedichte finden sich in der Münchener Handschrift der *Carmina Burana*, in der sogenannten *Sterzinger Miszellaneenhandschrift* (in Innsbruck) und im Rahmen der *Annales* HEINRICHS VON HEIMBURG. Melodien unterschliedlicher Provenienz zu den Spruchtönen XII und XIII, die nicht vom Marner stammen, sowie I, XIV und XV sind in der *Jenaer* und der *Kol-*

marer Liederhandschrift (und weiteren Meistersingerhandschriften) und in einem schon aus der ersten Hälfte des 14. Jh.s stammenden Münchener Musikcodex (Clm 5539) überliefert.

Das deutschsprachige Werk des Marners teilt sich in meist mehrstrophige Minnelieder einerseits und einstrophige Sangsprüche in insgesamt sieben Tönen andererseits. In den Sprüchen finden sich in einzelnen Fällen deutlichere Signale thematischer Gruppierung (etwa I, 2: Sündenfall und I, 3: Erlösung; XIII, 1 und XIII, 2 mit marianischer Thematik), die Strophen der Töne I, VI, XI sind überhaupt thematisch homogen (B. Wachinger). Diejenigen des ersten Tons, alle mit der Anrede *dû mensche*, führen den Sünder vor Gott, sie mahnen zu Demut und Jenseitsvorsorge, warnen vor dem Jüngsten Gericht. Jeweils in Tiergleichnissen thematisieren VI, 1–3 Aufrichtigkeit, Freundschaft und Torheit. An verschiedenen Beispielen – auch aus dem Bereich des Hoflebens – kritisiert der Ton XI Neid, Geiz und Haß; XI, 3, eine Schmähstrophe gegen Reinmar von Zweter, ist der *»erste konkret polemische Text«* im 13. Jh., *»der voll der Sphäre der meisterlichen Spruchdichter zuzuordnen ist.«* (B. Wachinger).

Ein sehr viel größeres Themenspektrum umgreifen die Spruchtöne XII–XV. In den entlehnten Tönen XII und XIII überwiegen Gottespreis, Marienlob und -anrufung, die sich in den Bahnen marianischer Topik bewegen. Eine Strophe (XII, 3) verarbeitet *Vaterunser* und *Ave Maria*, XII, 2 beklagt Herrsch- und Habsucht des Klerus. In den formal komplizierten, ausladenden Kanzonenstrophen der Töne XIV und XV bietet der Marner fromme Ermahnung, moralische Zeitklage und politische Kritik etwa an feudaler Anarchie und dem Zustand des Reiches im Interregnum (XIV, 4. XIV, 6). Tugend- (XV, 9. XV, 10), Fürsten- (XV, 5) und Minnelehre (XV, 18) finden sich hier ebenso wie literarische Polemik und Apologie sowie Reflexionen über Kunst und die Ansprüche des Publikums (XIV, 12. XIV, 16. XIV, 18. XV, 14. XV, 16). Noch deutlicher auf die Existenzform des vagierenden Berufsdichters bezogen sind Panegyrik, Heische und Armutsklage (XIV, 5. XIV, 7. XIV, 10. XV, 2. XV, 3. XV, 4). Die Struktur seiner Spruchstrophen gestaltet der Marner häufig als Sequenz heterogen wirkender Elemente, die erst ein pointierter, zuweilen überraschender Strophenschluß auf einen gemeinsamen Fluchtpunkt bezieht. Auch die rätselartigen Strophen dieses Œuvres (XI, 1. XV, 9. XV, 16) sind so strukturiert, während der Lügenspruch des Marners (XIV, 12) das Modell umkehrt und eine sinnerschließende sentenzartige Aussage an den Strophenbeginn rückt. In allen diesen Fällen kommt es immer wieder zu Reibungen zwischen der Aussagegliederung und dem metrisch-musikalischen Gefüge der Texte. Solche Reibungen gibt es aber auch dort, wo sich auf der Inhaltsseite der Strophen eine Zwei- (Bildteil / Deutungsteil) oder Dreigliedrigkeit (Bildteil / Deutungsteil / Nutzanwendung) beobachten läßt. Das Material solchen bildhaften Redens bezieht der Marner unter anderem aus der Bibel (Nebukadnezars Traum: XV, 11) und aus antiker Überlieferung (Erzählung der *salvatio Romae*: XIV, 4; Gorgoexemplum: XIV, 13), aus der *Physiologus*-Tradition (XV, 15–16), der Tierepik (Königswahl der Frösche: XIV, 6; Königswahl der Tiere: XIV, 14; Isengrins Verstümmelung: XV, 7) und der Gnomik.

In den Minneliedern des Marners dominiert die Klage über vergeblichen Minnedienst, die in verschiedenen Formen mit der Frühlingsfreude eines Natureingangs kontrastiert (IV. VII) und mit Minnedidaxe kombiniert werden kann (VIII); die Fiktion der Identität von Sänger-Ich und Liebhaber-Ich wird in einem dieser Gedichte (IV) durch die Inszenierung der Vortragssituation in einer Neidhartsche Motive aufnehmenden Strophe aufgebrochen. Die Lieder IX und X entfalten konventionellen Frauenpreis und Unterweisung zu rechter Liebeskultur, wie sie vergleichbar auch im Sangspruch (XIV, 18) begegnet. In Lied V sind wohl Reflexionen über Minne als zivilisierte Kulturleistung und Liebe als unbezähmbare Naturgewalt in eine schwer zu deutende Balance gebracht. Zwei Tagelieder (II. III) vervollständigen des Marners lyrisches Œuvre, dessen Reiz eine *»fast experimentelle Vielfalt und das Spiel mit Gattungs- und Traditionskreuzungen«* (B. Wachinger) ausmachen.

Neben den deutschsprachigen Sangsprüchen und Liedern verfaßte der Marner fünf lateinische Lieder, darunter eine Winterklage, die sich am sogenannten ›Vokalspiel‹ Walthers von der Vogelweide (75, 25) orientiert, eine aggressive Strophenfolge gegen Bettelorden und ein Kataloggedicht über die freien Künste (XV, 19). Daß mit diesen Texten ein nach Bildungsstand und Interessen anderes Publikum angesprochen ist als mit den deutschsprachigen Liedern, zeigen die beiden Preisgedichte auf den Maria Saaler Probst Heinrich von Zwettl (X) und den Bischof Bruno von Olmütz. Diese Repräsentanten geistlicher Gönner- und Hörerkreise einerseits und die Meistersinger andererseits, die schon im späten 13. und bis ins 17. Jh. Marnersche Töne (I, XIV, XV) benützten, markieren die Breite jenes Spektrums von Rezeptionsangeboten, das dieses nicht umfang-, aber facettenreiche Werk in Spätmittelalter und früher Neuzeit bereithielt. P.St.

Ausgaben: *Der Marner*, Hg. Ph. Strauch, Straßburg 1876, S. 81–184 [Neudr. mit Nachw., Reg. u. Literaturverz. v. H. Brackert, Bln. 1965]. – *Politische Lyrik des deutschen Mittelalters*, Texte I: *Von Friedrich II. bis Ludwig dem Bayern*, Hg. U. Müller, Göppingen 1972, S. 60–66 [Ausw.]. – *Gedichte von den Anfängen bis 1300*, Hg. W. Höver u. E. Kiepe, Mchn. 1978, S. 272–286 [Ausw.].

Literatur: B. Wachinger, *Sängerkrieg. Untersuchungen zur Spruchdichtung des 13. Jh.s*, Mchn. 1973. – U. Müller, *Untersuchungen zur politischen Lyrik des deutschen Mittelalters*, Göppingen 1974. –

H. Brunner, *Die alten Meister. Studien zu Überlieferung u. Rezeption der mittelhochdeutschen Sangspruchdichtung im Spätmittelalter u. in der frühen Neuzeit*, Mchn. 1975. – Chr. Gerhardt, *Perseus kristalliner schilt* (in GRM, 26, 1976, S. 91–113). – K. Grubmüller, *Meister Esopus. Untersuchungen zu Geschichte u. Funktion der Fabel im Mittelalter*, Mchn. 1977. – G. Kornrumpf, *Eine Melodie zu M.s Ton XIV in Clm 5539* (in ZfdA, 107, 1978, S. 210–230). – G. Kornrumpf u. B. Wachinger, *Alment. Formentlehnung u. Tönegebrauch in der mittelhochdeutschen Spruchdichtung* (in *Deutsche Literatur im Mittelalter. Kontakte u. Perspektiven*, Hg. Chr. Cormeau, Stg. 1979, S. 356–411). – Chr. Petzsch, *Dem Usuellen nahe Zweiteiligkeit auch beim M. u. Oswald von Wolkenstein* (in ZfdPh, 101, 1982, S. 370–389). – F. Schanze, *Meisterliche Liedkunst zwischen Heinrich von Mügeln u. Hans Sachs*, 2 Bde., Mchn. 1983/84. – B. Wachinger, *Anmerkungen zum M.* (in ZfdA, 114, 1985, S. 70–87). – ders., *Der M.* (in VL2, 6, 1987, Sp. 70–79). – H. U. Schmid, *Verse Freidanks und des M.s in einer lateinischen Predigtsammlung aus Oberalteich (Clm 9690)* (in ZfdA, 118, 1989, S. 176–180).

Neidhart von Reuental

1. Hälfte 13. Jh.

DIE LIEDER (mhd.) von Neidhart von Reuental.

her Nîthart nennen dichtende Zeitgenossen und Sammelhandschriften mittelhochdeutscher Lyrik einen wahrscheinlich bayerischen Dichter ministerialischer oder ritterständischer Herkunft, der etwa seit dem zweiten Jahrzehnt des 13. Jh.s literarisch tätig war und (nach einer Kreuzzugsteilnahme 1217?) nach 1230 nach Österreich zog, wo der Babenberger Herzog Friedrich II. zumindest zeitweise sein Gönner war und wo er vielleicht vor 1246 gestorben ist. Die Namensform *Nîthart (Neithart) von Riuwental*, d. i. ein neidiger Mensch aus dem Jammertal, begegnet erst im 15. Jh. Unsicher ist, wie sich die dem Autor zugeschriebenen Benennungen zu den *»dialektisch einander ausschließenden«* literarischen *»Masken«* verhalten, die der Sänger der Texte trägt: zu der *»Nîthart-Maske in den Bauernstrophen«* und zu der *»Riuwental-Maske in den Dichterstrophen«* (K. Bertau).
Das Textcorpus der Neidhartiana, in 21 (teils fragmentarischen) Handschriften und drei Frühdrukken reich bezeugt, stellt vor ungewöhnlich verwikkelte Probleme der Abgrenzung und Gliederung: es ist im Zuge der Überlieferung durch Nachdichtungen in der Manier Neidharts stetig gewachsen, von 56 im ältesten Manuskript auf 132 Lieder mit 1098 Strophen in einer Nürnberger Papierhandschrift des 15. Jh.s (c), wobei Strophenbestand und -reihenfolge der einzelnen Lieder sehr stark schwanken. Bei solchen Gegebenheiten Strophe für Strophe zwischen Echtem und Nachgeahmtem, zwischen dem einen Neidhart und den vielen Pseudo-Neidharten verläßlich scheiden zu wollen, ist nicht nur fast aussichtslos. Es verfehlt auch jene kommunikative Wirklichkeit des Variierens und Neukonzipierens, welche die beispiellose Wirkungsgeschichte dieser sangbaren Lieder erst ermöglichte. Bis zum Erscheinen einer kritischen, die historische Prozeßhaftigkeit der Texte darstellenden Gesamtausgabe aller Neidhartiana empfiehlt es sich, nach S. Beyschlag zwischen den »Neidharten« dreier Handschriftengruppen zu unterscheiden: 1. »Neidhart C«, wie ihn eine aus dem frühen 14. Jh. stammende südwestdeutsche Pergamenthandschriftengruppe, darunter vor allem die *Große Heidelberger (Manessische) Liederhandschrift* (C) vertritt; 2. »Neidhart R«, die Gestalt einer gleichzeitigen südostdeutschen Pergamenthandschriftengruppe um den wohl wichtigsten Neidhart-Zeugen, die sogenannte *Riedegger-Handschrift* R (Berlin, mgf. 1062); 3. »Neidhart c«, den die Codices und Frühdrucke des 15. und 16. Jh.s, am umfassendsten c (Berlin, mgf. 779), vorstellen. Nur auf den gemeinsamen Kern dieses changierenden Textcorpus (34 Lieder), wie er – erweitert um 22 repräsentative Lieder – von R (und danach von den Editionen) geboten wird, beschränkt sich der folgende Artikel, denn man darf vermuten, daß dieser »Neidhart R« dem Autor aus der ersten Hälfte des 13. Jh.s am nächsten verwandt ist. Ein wichtiger Teil aber der in Spätmittelalter und Frühneuzeit lebendigen Neidharte (einschließlich der Neidhart-Spiele und des *Neidhart Fuchs*-Buches) bleibt damit unberücksichtigt. Ebenso auffallend wie der Expansionsprozeß, dem das Textcorpus im Laufe seiner Überlieferungsgeschichte unterworfen war, ist die dichte Musiküberlieferung: zu den Liedern sind 55 Melodien bezeugt – allerdings, mit einer Ausnahme, erst in Handschriften des 15. Jh.s.
Die Texte Neidharts sind durch ein spezifisches und für die mittelhochdeutsche Lieddichtung des 13. Jh.s einzigartiges Verhältnis von Einzellied und Œuvrezusammenhang bestimmt. Sie prägen nämlich zwei eng umrissene Gedichttypen aus, die nach den Formen des Natureingangs als Sommerlieder (SL) und Winterlieder (WL) unterschieden sind. Diese von K. Ruh am präzisesten beschriebenen Gedichttypen setzen nicht nur entstehungsgeschichtlich den »klassischen« hohen Minnesang voraus, sondern erfordern auch die Kenntnis seiner Schemata und Sprachformeln als Bedingung eines adäquaten Verständnisses. Zugleich verlangt die spezifische Perspektivierung jedes Einzelliedes auf jenen Typ hin, den es voraussetzt und variierend aufnimmt, auch dessen Kenntnis. Den Typus des im allgemeinen formal nicht sehr anspruchsvollen unstolligen Sommerliedes markiert ein öfters über mehrere Strophen reichender Frühlingseingang

aus konventionellen, wenn auch zuweilen anthropomorphisierten oder sexuell konnotierten Naturmotiven. Mit ihm fordert der Sänger, der hier *»als Künder des Frühlings und Lehrer der Jugend«* agiert (J. Goheen), zu Tanz und Liebe als Ausdrucksformen der Freude auf. Unter thematischem Aspekt gliedert sich der wesentlich dialogisch organisierte Liedtyp zunächst in Mutter-Tochter-Gespräche und Dialoge junger Freundinnen: hier der Wunsch- und Gedankenaustausch über Tanz oder den Geliebten, dort der Konflikt zwischen der zu allgemeiner Geselligkeit und zum Liebhaber (dem Riuwentaler) strebenden Tochter und der vergeblich warnenden und drohenden Mutter (ein Muster, das SL 1, 3 und 9 auch mit vertauschter Rollenbesetzung aktualisieren). Dabei wird das Schema der hohen Minne in entscheidenden Punkten verändert: Der soziale Status der liebenden Frau (Bauernstand) niedriger ist als der des Mannes (Ritter); die Minne-Relation richtet sich nicht vom Mann auf die Frau (Dienst-Lohn-Verhältnis), sondern umgekehrt von der Frau auf den Mann; die Funktion der gesellschaftlichen Kontrolle *(huote)* übernimmt die Mutter. Der liebes-, lied- und tanzerfahrene höfisch-aristokratische Sänger aber bleibt ganz passiv, er erscheint nur in der Perspektive der lasziven, ihn begehrenden Frau: in der Projektion seiner eigenen Wünsche.

Von diesem hier in problematischer Verkürzung angedeuteten Liedschema weichen einige Gedichte ab, die gleichwohl wegen ihrer Frühlingsansagen zu den Sommerliedern gehören. Es sind dies neben den Liedern SL 3–5, 13 und 24, in denen der Sänger den Frühling begrüßt und – auch mit Antwort in Mädchenstrophen – zu Tanz und Freude aufruft, zunächst die beiden Kreuzlieder (SL 11, 12). Hier eröffnet Neidhart, wiederum durch Umwertung traditioneller Elemente nun der Kreuzzugslyrik, den desillusionierenden Blick auf die katastrophische Realität des Heidenkrieges: *»wir leben alle küme;/ daz her ist mêr dan halbez mort./ hey, wære ich dort!/ bî der wolgetânen læge ich gerne an mînem rûme«* (SL 11, VIII); SL 27–29 sodann thematisieren im Medium von Minnediskurs, *laudatio temporis acti* oder poetologischer Reflexion die krisenhafte Geschichte Österreichs in den dreißiger Jahren des 13. Jh.s; in SL 27 ist dabei der Versuch eines Sommerliedes als (mißglückender) Akt der Verdrängung der gesellschaftlichen Misere vorgeführt und so die ideologische Leistung des Liedtyps erkennbar gemacht. Die Krise erscheint als Verlust der Freude (*»Vrômuot ist ûz Österrîche entrunnen«* – SL 27, VIII); daß sie sich an dieser Stelle mit dem Raub von Frideruns Spiegel durch den Bauern Engelmar berührt, bringt zudem ein zentrales (und berühmtes) Motiv ins Spiel, das Neidhart wiederholt benützt und im Rückblick des Liedes SL 22 in seiner Funktion benennt. Seit dem Spiegelraub, der nie erzählt, auf den immer nur hingedeutet wird, datiert Neidhart die Erfolglosigkeit von Minnedienst und Minnesang, hier liegt der Beginn der Klage des Sängers und jenes agonalen Konflikts zwischen dem Ritter und den *dörpern*, den die Winterlieder immer neu variieren. Damit dient dieses inhaltlich nicht gefüllte Motiv zugleich der Reflexion auf den Zusammenhang von Kunst und Gesellschaft: *»Swaz ich nû gesinge, daz sint klageliet: / dâ envreut sich lützel leider iemen von. / ê dô sang ich, daz den guoten liuten wol gezam«* (WL 34, IV).

Zeigt der Typ des Sommerliedes den grandiosen, für die Liebhaberinnen in jeder Hinsicht begehrenswerten Sänger, so bringt dies der andere Teil des Neidhartschen Œuvres (R) mit einem komplementären Gedichttyp ins Gleichgewicht. Wesentliche Konstitutionselemente der Winterlieder sind die dreiteilige Kanzonenstrophe (mit Wiederholung der Stollenmelodie), ein meist sehr knapper Wintereingang, der in der Regel als Negation von Frühlingsmotiven gefaßt ist, monologische Klage des Sängers über die Vergeblichkeit seines Dienstes (Minnesang) für die Minnedame, die hier ein Bauernmädchen ist, und (in den späteren Liedern) auch über den Zustand der Welt überhaupt, sowie schließlich die grelle Inszenierung der bedrohlichen Dörper. Sie sind die sexuell erfolgreichen Rivalen des Sängers, sie führen Dutzende von Namen und bleiben doch, von Engelmar und dem Ungenannten abgesehen, gesichtslos und austauschbar. Sie werden zunehmend zum Aggressivität hervorrufenden Angststereotyp: so wie der Winter den Sommer verdrängt, so zwingen sie den ritterlichen Sänger zur Ohnmacht und behalten zuweilen im Rollenspiel der »Trutzstrophen«, die gemeinsam mit einigen Liedern überliefert sind, auch noch das letzte Wort. Der bäuerische Anspruch, der sich in geckenhafter Kleidung, in Haartracht, Bewaffnung, Habitus ostendiert, erscheint in der Perspektive der Texte als ein Übergriff in die Kultur- und Machtsphäre des Höfischen, an dem sich die Welt als aus den Fugen geraten zeigt. Eben deswegen fällt die Integration konkreter politischer Zeitkritik in diesen Liedtyp leicht (WL 29, 36), eben deswegen kann in WL 28, 30 und 34 die Klage über die geliebte Frau zur Anklage an Frau Welt werden, kann hier der Gesellschafts- und Minnekonflikt in die Weltabsage münden.

Ausgespart hat die Skizze des Winterliedtyps eine Gruppe im allgemeinen als werksgeschichtlich früh eingestufter Lieder (WL 1–10). *»Gemeinsam ist ihnen: die Minneklage fehlt, das Genrehafte ist verhältnismäßig betont, der Sänger ist mehrheitlich als Minner nicht engagiert oder dann erfolgreich, die Dörper sind noch nicht zum ›Feindbild‹ typisiert«* (K. Ruh). Zumal in diesen Texten entwirft der Autor jene *»pseudobiographische Kontur«* (Chr. Ortmann u. a.) der Rolle des Riuwentalers als eines verarmten, von Alltagssorgen zermürbten Krautjunkers, auf die in anderen Gedichten (vgl. WL 11, 14, 17, 18, 24, 34) angespielt werden kann: Stationen einer fingierten Lebensgeschichte, die ebenso wie die erwähnten Typkonstanten die Winterlieder zu einem Textcorpus gruppiert.

Eine der hier beschriebenen gegenüber geänderte Physiognomie zeigt der Neidhart der Handschriften C und c sowohl in den mit R gemeinsamen, aber vielfach in ihrem Strophenbestand umgestellten oder erweiterten, als auch in den neu hinzutretenden Liedern. Hier ist das *»Grelle von Keilereien und grobbäurischem Benehmen«*, von derber Sexualität und obszöner Rede (S. Beyschlag) betont und der Weg gebahnt für die epische Ausfaltung der die Lieder konstituierenden Rollen und Konstellationen in den Schwänken und Spielen des späten Mittelalters. Aber auch abseits dieser Entwicklung der anonymen Neidhartiana und der sogenannten »Neidhart-Legende« läßt sich die Rezeption des Œuvres und seines Autors, dessen Name alsbald zum programmatischen Begriff für dörperliche Dichtung überhaupt wird, verfolgen: so schon im *Willehalm* Wolframs von Eschenbach, in Wehrnhers des Gartenæres *Helmbrecht* oder im *Tristan* Heinrichs von Freiberg, im 15. Jh. dann etwa bei Heinrich Wittenwiler, Hermann von Sachsenheim und Hans Heselloher, in der frühen Neuzeit bei Georg Rollenhagen oder Hans Sachs und den Meistersingern.

Neidharts Lieder brechen mit den Konventionen der hohen Minnelyrik und überprüfen – in Formen des Parodistischen und Komischen, auf dem Wege des steten abrupten Rollenwechsels, der Übertragung des Minnesangs in eine bäuerliche Sphäre und der Integration zahlreicher alltäglicher Details einer freilich fingierten Realität – jene Weltentwürfe und Selbstdeutungsstrategien, die von den Konzepten hoher Minne impliziert werden. Damit setzen sie ein literarisch sehr versiertes Publikum voraus, wie es am Wiener Hof wohl bestanden haben mag. Im Kontext der zeitgenössischen Literatur bildete dieses Gedichtwerk *»eine Art poetisches Sondersystem«* (J. Heinzle), das sofort Modellfunktion für andere Autoren (am Wiener Hof etwa für den von Scharpfenberg und Tannhäuser) übernahm und zu einer der faszinierendsten Transformationsstellen zwischen der Literatur des hohen und der des späteren Mittelalters wurde. In der neueren Mediävistik wuchs dem Œuvre der Status eines Modellfalls überlieferungsgeschichtlicher Editorik und eines Prüfsteins sozialhistorischer Fragestellungen und Methoden in der Literaturwissenschaft zu. P.St.

Ausgaben: Lpzg. 1858 (in *N. v. R.*, Hg. M. Haupt; ^{2}1923, neu bearb. v. E. Wiessner; Neudr. beider Auflagen: Stg. 1986; m. Nachw. u. Bibliogr. zur Überlieferung u. Edition der N.-Lieder v. I. Bennewitz-Behr, U. Müller u. F. V. Spechtler). – Tübingen 1955 (in *Die Lieder N.s*, Hg. E. Wiessner; Tübingen ^{4}1984; rev. v. P. Sappler; m. Melodieanhang v. H. Lomnitzer). – Darmstadt 1975 (in S. Beyschlag, *Die Lieder N.s. Der Textbestand der Pergament-Handschriften u. die Melodien. Text u. Übertragung, Einführung u. Worterklärungen, Konkordanz*; Edition der Melodien v. H. Brunner).

Literatur: *Kommentar zu N.s Liedern/Vollständiges Wörterbuch zu N.s Liedern*, Hg. E. Wiessner, 2 Bde., Lpzg. 1954; ern. Stg. 1989 (Nachw. I. Bennewitz-Behr u. U. Müller). – D. Boueke, *Materialien zur N.-Überlieferung*, Mchn. 1967. – U. Gaier, *Studien zu N., Wittenwiler, Brant u. zur satirischen Schreibart*, Tübingen 1967. – E. Simon, *N. v. R. Geschichte der Forschung u. Bibliographie*, Den Haag/Paris 1968. – M. Titzmann, *Die Umstrukturierung des Minnesang-Sprachsystems zum ›offenen‹ System bei N.* (in DVLG, 45, 1971, S. 481–514). – J. Goheen, *Natur- u. Menschenbild in der Lyrik N.s* (in Beitr., 94, Tübingen 1972, S. 348–378). – K. Bertau, *Deutsche Literatur im europäischen MA*, Bd. 2, Mchn. 1973, S. 1026–1055. – E. Wenzel, *Zur Textkritik u. Überlieferungsgeschichte einiger Sommerlieder N.s*, Göppingen 1973. – E. Simon, *N. v. R.*, Boston 1975 (TWAS). – B. Fritsch, *Die erotischen Motive in den Liedern N.s*, Göppingen 1976. – E. Jöst, *Bauernfeindlichkeit. Die Historien des Ritters N. Fuchs*, Göppingen 1976. – Chr. Ortmann, H. Ragotzky u. Chr. Rischer, *Literarisches Handeln als Medium kultureller Selbstdeutung am Beispiel von N.s Liedern* (in Internationales Archiv f. Sozialgeschichte der Dt. Literatur, 1, 1976, S. 1–29). – J. Schneider, *Studien zur Thematik u. Struktur der Lieder N.s. Eine kritische Auseinandersetzung mit der Forschung. Neuansätze einer Interpretation der Liedaussagen unter literatursoziologischen Aspekten*, 2 Bde., Göppingen 1976. – B. Thum, *Literatur als politisches Handeln. Beispiele aus dem Umkreis der letzten Babenberger* (in *Österreichische Literatur zur Zeit der Babenberger*, Hg. A. Ebenbauer u. a., Wien 1977, S. 256–277). – H. Becker, *Die Neidharte. Studien zur Überlieferung, Binnentypisierung u. Geschichte der Neidharte der Berliner Hs. germ. fol. 779 (c)*, Göppingen 1978. – Chr. Rischer, *Zum Verhältnis von literarischer u. sozialer Rolle in den Liedern N.s* (in *Deutsche Literatur im MA. Kontakte u. Perspektiven*, Hg. Chr. Cormeau, Stg. 1979, S. 184–210). – H. Janssen, *Das sogenannte ›genre objectif‹. Zum Problem mittelalterlicher literarischer Gattungen, dargestellt an den Sommerliedern N.s*, Göppingen 1980. – G. Schweikle, *Pseudo-Neidharte?* (in ZfdPh, 100, 1981, S. 86–104). – P. Giloy-Hirtz, *Deformation des Minnesangs. Wandel literarischer Kommunikation u. gesellschaftlicher Funktionsverlust in N.s Liedern*, Heidelberg 1982. – *N. von Reuental. Aspekte einer Neubewertung*, Hg. H. Birkhan, Wien 1983. – J. Heinzle, *Geschichte der dt. Literatur von den Anfängen bis zum Beginn der Neuzeit*, Bd. 2/2, Königstein/Ts. 1984. – P. Herrmann, *Karnevaleske Strukturen in der N.-Tradition*, Göppingen 1984. – S. Chr. Brinkmann, *Die deutschsprachige Pastourelle, 13.–16. Jh.*, Göppingen 1985. – H. Brunner, *Neidhart bei den Meistersingern* (in ZfdA, 114, 1985, S. 241–254). – *N.*, Hg. H. Brunner, Darmstadt 1986. – J.-D. Müller, *Strukturen gegenhöfischer Welt: Höfisches u. nicht-höfisches Sprechen bei N.* (in *Höfische Literatur, Hofgesellschaft, höfische Lebensformen um 1200*, Hg. G. Kaiser u. J.-D. Müller, Düsseldorf 1986, S. 409–451). – K. Ruh, *N.s Lieder. Eine Beschreibung* [1974] (in *N.*, Hg. H. Brunner, Darmstadt 1986, S. 251–273). – I. Bennewitz-Behr, *Original u. Rezeption. Funktions- u. überlieferungsgeschichtliche Studien zur N.-Sammlung R*,

Göppingen 1987. – S. Beyschlag, *N. u. Neidhartianer* (in VL², 16, Sp. 871–893). – C. Händl, *Rollen u. pragmatische Einbindung. Analysen zur Wandlung des Minnesangs nach Walther von der Vogelweide*, Göppingen 1987. – D. Kühn, *N. aus dem Reuental*, Ffm. 1988. – E. Lienert, *Spiegelraub u. rote Stiefel. Selbstzitate in N.s Liedern* (in ZfdA, 118, 1989, S. 1–16).

Otfrid von Weissenburg

* um 800 Elsaß
† um 870 Weißenburg / Elsaß

EVANGELIENBUCH

(ahd.). Reimdichtung von Otfrid von Weissenburg, abgeschlossen zwischen 863 und 871. – Otfrid war Schüler des Frühscholastikers Hrabanus Maurus in Fulda und später Mönch und Priester im elsässischen Kloster Weißenburg. Das *Evangelienbuch* verfaßte er – nach dem Vorbild des lateinischen Hymnenverses – in paarweise gereimten Langzeilen, die aus je zwei vierhebigen, binnengereimten Halbzeilen bestehen. Seine erstmalige Verwendung des Endreimverses in der deutschen Sprache gilt als einzigartige und wegweisende formale Leistung. Otfrid selbst bezeichnete sein Werk als *Liber Evangeliorum*, in der Literaturgeschichte wird es auch *Evangelienharmonie* genannt, weil alle vier Evangelien zu einer einheitlichen Erzählung der Geschichte Jesu zusammengefügt sind.

Das Werk ist in fünf Bücher gegliedert. Das erste reicht von der Geburt Christi bis zu seiner Taufe, im zweiten und dritten werden Jesu Lehren und Wunder und als bedeutendstes Ereignis die Bergpredigt geschildert; Buch vier erzählt die letzten Tage Christi und die Leidensgeschichte, im fünften Buch werden Auferstehung, Himmelfahrt und das Jüngste Gericht dargestellt. Otfrid beschränkt sich jedoch nicht darauf, das Leben Jesu nur zu erzählen. Er führt anhand der biblischen Texte zugleich die Methode der allegorischen Exegese vor, und zwar dergestalt, daß der Leser an der zunehmend abstrakter werdenden Entwicklung der Gedankengänge beteiligt wird. Otfrid verfährt dabei stufenweise: Beginnend bei der Nacherzählung im *sensus historicus* geht er – immer schon die exegetische Methode mitreflektierend – zur Exegese über und endet schließlich mit der Begründung der Auslegung aus der *historia*. Von exemplarischem Charakter für Otfrids dichterische Vorgehensweise ist die Episode von Kana, die er zur Erläuterung des mehrfachen Schriftsinns an den Anfang des zweiten Buches stellt. Am Beispiel der wunderbaren Verwandlung von Wasser in Wein verdeutlicht Otfrid das Prinzip der allegorischen Exegese, die für ihn *»zur Nachfolge der Weinverwandlung Jesu«* wird. Jesus selbst wird damit *»nicht nur Auslöser der Allegorese (durch sein Weinwunder) und deren Bestandteil ..., sondern auch Ziel der Allegorese (als Horizont der Auslegung und Richtpunkt des Auslegers)«* (P. Michel u. A. Schwarz). Kapitelüberschriften wie *spiritualiter, mystice* oder *moraliter* halten den Leser stets über die momentane Reflexionsebene auf dem laufenden.

Möglicherweise hat Otfrid die altsächsische Evangelienharmonie *Heliand* (822/840) gekannt. Das *Evangelienbuch* ist jedoch nachweislich auf der Grundlage eines lateinischen Bibeltextes entstanden. Bei der Auswahl aus den Evangelientexten gab Otfrid dem *Johannes-Evangelium* den Vorzug. Darüber hinaus lagen ihm neben den allgemein weit verbreiteten Johannes-Kommentaren die Kommentarwerke von Beda, Alcuin und Erkanbert von Fulda vor. Doch im Gegensatz zu den zeitgenössischen monastischen und patristischen Kommentatoren will Otfrid *»kein Kompendium schaffen, sondern eine literarisch vertextete Form, er will nur ein ›Beispiel‹ ... für die exegetische Methodik geben, die sich durch sein ganzes Werk zieht und aus diesem selbst begründet werden soll«* (P. Michel u. A. Schwarz).

Otfrids in sich geschlossene, volkssprachliche Dichtung war zum Vorlesen und Anhören bestimmt. An welches Publikum sie sich gewendet hat, ist jedoch unklar. Einerseits spricht seine offensichtliche Auseinandersetzung mit Erkanbert für einen lateinisch gebildeten Kreis innerhalb der monastischen Umgebung, andererseits deuten zwei Bemerkungen Otfrids darauf hin, daß es für des Lateinischen Unkundige (*»qui in illis alienae linguae difficultatem horrescit, hic propria lingua cognoscat sanctissima verba«*) bestimmt war, die es nur *»in frenkisga zungun«*, d. h. in der fränkischen Sprache, verstehen konnten. Die neuere sozialhistorische Forschung sieht Otfrids Dichtung im Zusammenhang mit den Bestrebungen Ludwigs des Deutschen (um 805–876), das Ostfränkische Reich zu sichern. S.Ri.

Ausgaben: Basel 1571 (*Otfridi Evangeliorum liber*; Nach d. Abschrift des Achilles Pirminus Gascar; Vorrede von Matthias Flacius). – Königsberg 1831 (*Krist*, Hg. E. G. Graff). – Regensburg 1856–1881, Hg. J. Kelle, 3 Bde.; Nachdr. Aalen 1963. – Paderborn 1878–1884, Hg. P. Piper, 2 Bde.; Bd. 1: ²1881. – Halle 1882, Hg. O. Erdmann (Germanist. Handbibl., 5; Nachdr. Hildesheim/NY 1979). – Tübingen 1962, Hg. O. Erdmann, E. Schröder u. L. Wolff; ⁶1973 (ATB). – Graz 1972 (*Evangelienharmonie*; Einf. H. Butzmann).

Übersetzungen (nhd.): *Evangelienbuch*, G. Rapp, Stg. 1858. – *Christi Leben und Lehre*, J. Kelle, Prag 1870. – *Evangelienbuch*, R. Fromme, Bln. 1928. – Dass. Stg. 1987, Hg. G. Vollmann-Profe (Ausw.; m. Komm.; RUB).

Literatur: H. Göhler, *Das Christusbild in O.s »Evangelienbuch« und im »Heliand«* (in ZfdPh, 59, 1934, S. 1–52). – C. Soeteman, *Untersuchungen zur Übersetzungstechnik O.s*, Groningen 1939. – P. Hörmann, *Untersuchungen zur Verslehre O.s*, Diss. Freiburg i. B. 1939. – D. A. McKenzie, *O. v. W. Narrator or Commentator*, Stanford 1946. – W. Foerste, *O.s literarisches Verhältnis zum »Heliand«* (in NdJb, 71–73, 1948–1950, S. 40–76). – H. Rupp, *Leid und Sünde im »Heliand« und in O.s »Evangelienbuch«*, Diss. Freiburg i. B. 1949. – D. Wunder, *Der Nebensatz bei O. Untersuchungen zur Syntax des dt. Nebensatzes*, Heidelberg 1965. – K. Schulz, *Art u. Herkunft des variierenden Stils in O.s Evangeliendichtung*, Mchn. 1968. – W. Haubrichs, *Ordo als Form. Strukturstudien zur Zahlenkomposition bei O. v. W. und in karolingischer Literatur*, Tübingen 1969. – W. Kleiber, *O. v. W. Untersuchungen zur handschriftlichen Überlieferung u. Studien zum Aufbau des Evangelienbuches*, Bern./Mchn. 1971. – L. H. Connolly, *A Phonological Investigation of the Obstruent Systems of the OHG Dialects of O. v. W. and the Muspilli*, Diss. Univ. of New York 1973. – U. Ernst, *Der »Liber Evangeliorum« O.s v. W. Literarästhetik u. Verstechnik im Lichte der Tradition*, Köln/Wien 1975. – J. Belkin u. J. Meier, *Bibliographie zu O. v. W. und zur altsächsischen Bibeldichtung (Heliand u. Genesis)*, Bln. 1975. – A. C. Schwarz, *Sprachbegriff in O.s Evangelienbuch*, Diss. Bamberg 1975. – H. A. Kissel, *Untersuchungen zu Möglichkeiten, Umfang u. Typologie verbaler Synonymik bei O.*, Bern/Ffm. 1975. – R. Patzlaff, *O. v. W. und die mittelalterliche versus-Tradition. Untersuchungen zur formgeschichtlichen Stellung der O.-Strophe*, Tübingen 1975. – R. Hartmann, *Allegorisches Wörterbuch zu O.s v. W. Evangeliendichtung*, Mchn. 1975. – G. Vollmann-Profe, *Kommentar zu O.s Evangelienbuch*, Bonn 1976. – P. Michel u. A. Schwarz, *unz in obanentig – Aus der Werkstatt der karolingischen Exegeten Alcuin, Erkanbert und O. v. W.*, Bonn 1978. – *O. v. W.*, Hg. W. Kleiber, Darmstadt 1978 (WdF). – W. Haubrichs, *Nekrologische Notizen zu O. v. W. Prosopographische Studien zum sozialen Umfeld u. zur Rezeption des Evangelienbuches* (in *Adelsherrschaft u. Literatur*, Hg. H. Wenzel, Bern u. a. 1980, S. 7–113). – E. Hellgardt, *Die exegetischen Quellen von O.s Evangelienbuch. Beiträge zu ihrer Ermittlung; mit einem Kapitel über die Weißenburger Bibliothek des MA.s u. der Otfridzeit*, Tübingen 1981. – A. Greule, *Valenz, Satz, Text: syntaktische Untersuchungen zum Evangelienbuch O.s v. W. auf der Grundlage des Codex Vindobonensis*, Mchn. 1982. – R. Schützeichel, *Codex Pal.lat.52. Studien zur Heidelberger O.-Handschrift, zum Kicilia-Vers u. zum Georgslied*, Göttingen 1982. – R. Schrodt, *System u. Norm in der Diachronie des dt. Konjunktivs. Der Modus in ahd. u. mhd. Inhaltssätzen (O. v. W., Konrad v. Würzburg)*, Tübingen 1983. – S. Greiner, *Das Marienbild O.s v. W.*, Köln/Wien 1987.

Ottokar von Steiermark

d.i. Otacher ouz der Geul

* um 1265 Steiermark
† um 1320

ÖSTERREICHISCHE REIMCHRONIK

(mhd.). Historische Dichtung – auch *Steirische Reimchronik* genannt – von Ottokar von Steiermark, vermutlich entstanden in den ersten beiden Jahrzehnten des 14. Jh.s. – Der Chronist ist mit größter Wahrscheinlichkeit identisch mit Otacher ouz der Geul, der der landesfürstlichen Ritterschaft der Stretwicher angehörte. Eine Äußerung Ottokars legt den Schluß nahe, daß er in den Diensten Ottos II. von Liechtenstein gestanden hat. Seine knapp 100 000 Verse umfassende Reimchronik ist in einer Pergamenthandschrift des 14. Jh.s und in sieben Papierhandschriften des 15. Jh.s überliefert, jedoch nie in vollständiger Form. Wie der Verfasser in seiner Einleitung selbst sagt, schrieb er vor der Reimchronik eine Kaisergeschichte, die mit der assyrischen Gewaltherrschaft begann und mit dem Tod Kaiser Friedrichs II. (1246) endete. Die *Österreichische Reimchronik* ist wohl die Fortsetzung dieses nicht mehr erhaltenen Werks. Sie beginnt mit dem Interregnum (1250) und bricht beim Bericht über den mißlungenen Aufstand der österreichischen Adligen (1309/10) mitten im Satz ab. Unklar ist, ob Ottokar die Reimchronik nicht vollendet hat oder ob die Überlieferung fehlt. Das Hauptinteresse des Chronisten gilt Österreich-Steiermark, dessen Lokalgeschichte jedoch durch die Habsburger mit der Reichsgeschichte verbunden ist. Die übrigen europäischen Länder werden – bis auf Frankreich, dem Ottokar einen relativ breiten Raum zugesteht und die ausführlich dargestellte Geschichte der Belagerung Akkons (1291) – nur am Rande gestreift. Ottokar schreibt seine Weltchronik nicht nach universalen Gesichtspunkten, sondern als Fürstengeschichte. Doch sind die Fürsten bei ihm keine unantastbaren Größen mehr. Seine Kritik an den Herrschern – ob an den von ihm bevorzugten Habsburgern, an den steirischen Landesfürsten oder Prälaten – bemißt sich daran, ob sie dem Wohle des ganzen Volkes dienen oder aber nur zu ihrem eigenen Vorteil handeln. Innerhalb der Auseinandersetzung zwischen Reich und Kirche verurteilt er vor allem die Politik der Kurie, deren Amtsträger er mitunter als Werkzeuge des Teufels sieht. Er beklagt ihr durchaus weltliches Machtstreben und ihre Bestechlichkeit. Auch für die grausame Schlacht um das letzte christliche Bollwerk Akkon macht er die Geistlichen verantwortlich.

Ottokars *»wichtigste formale Leistung besteht in der kunstvollen Mischung von Erzählung und dramatisierten Szenen, in denen die handelnden geschichtli-*

chen Figuren selbst zu Wort kommen. Diese Art der Vermittlung erweckt in dem Leser oder Hörer den Eindruck, er sei Augen- und Ohrenzeuge des historischen Geschehens und könne sich selbst ein Urteil bilden, während doch in Wahrheit der Autor seine Figuren so reden und handeln läßt, wie es seinem Bild der historischen Realität entspricht« (U. Liebertz-Grün). Neben den historischen Ereignissen bietet Ottokars Reimchronik aber vor allem auch eine realitätsnahe Schilderung der gesellschaftlichen Verhältnisse um 1300: *»Zwar hat der Reimchronist Fiktionen und Fakten nicht säuberlich voneinander getrennt und einige Begebenheiten im Sinne der politischen Interessen seiner steirischen Landherren dargestellt, aber nur wenige mittelalterliche Geschichtsschreiber unterrichten so kenntnisreich wie er über die Herrschaftsstruktur eines Territoriums, über Krieg und Recht, über soziale Spannungen in den Städten und die Situation der ›einfachen Leute‹«* (U. Liebertz-Grün). KLL

Ausgaben: Mainz 1821 (in Th. Schacht, *Aus und über O.s v. Horneck Reimchronik oder Denkwürdigkeiten seiner Zeit*; Ausw.). – Hannover 1890–1893, Hg. J. Seemüller (MGH, Deutsche Chroniken, Bd. 5, 1 u. 2).

Literatur: A. Huber, *Die steirische Reimchronik u. das österreichische Interregnum* (in MIÖG, 4, 1883, S. 41–74). – W. Heinemeyer, *O. v. S. und die höfische Kultur* (in ZfdA, 73, 1936). – M. Loehr, *Der steirische Reimchronist: her Otacher ouz der Geul* (in MIÖG, 51, 1938, S. 89–130). – E. Kranzmayer, *Die steirische Reimchronik O.s u. ihre Sprache*, Wien 1950 (SWAW, phil.-hist. Kl., 226, Abh. 4). – E. Englisch, *O.s steirische Reimchronik. Versuch einer realienkundlichen Interpretation* (in *Die Funktion der schriftlichen Quelle in der Sachkulturforschung*, Wien 1976, S. 7–54). – U. Liebertz-Grün, *Das andere MA. Erzählte Geschichte u. Geschichtserkenntnis um 1300. Studien zu O. v. S., Jans Enikel, Seifried Helbling*, Mchn. 1984. – M. Fischer, *Criticism of the Church and Crusade in O.s »Österreichischer Reimchronik«* (in FMLS, 22, 1986, S. 157–171).

Reinmar von Zweter

1. Hälfte 13. Jh.

DAS LYRISCHE WERK (mhd.) von Reinmar von Zweter.

Das Œuvre des aus der ersten Hälfte des 13. Jh.s stammenden, nach seinen eigenen Angaben in Österreich aufgewachsenen, weit herumgekommenen Leich- und Sangspruchdichters umfaßt einen religiösen Leich und über 260 Sangsprüche in sechs verschiedenen Tönen. Nicht immer ist Reinmars Verfasserschaft gesichert, überliefert sind unter seinem Namen auch 26 von der Forschung als unecht zurückgewiesene Strophen. Umstritten ist, ob einige der in der *Spiegelweise* des *Ehrenboten* verfaßten Sprüche auf Reinmar zurückgehen.

Reinmars Werk ist in rund 30 Handschriften und Fragmenten aus dem 13. bis 15. Jh. überliefert. Obwohl einige Handschriften andere Namensformen bieten, gilt der Geschlechtsname *von Zweter* inzwischen als sicher, ohne daß damit auch die Frage nach Reinmars Stand und Herkunft endgültig geklärt wäre. Die wichtigsten Überlieferungsträger sind die beiden Heidelberger Sammelhandschriften cpg 848 *(Codex Manesse)* und cpg 360; außer der Melodie des Leichs ist nur die Melodie des »Frau-Ehren-Tons« überliefert.

Reinmars Leich umfaßt 233 ausschließlich vierhebige Verse, die sich nach G. Roethe auf 39 Versikel verteilen. Wie im 13. Jh. für diese Gattung üblich, setzt der Leich mit einem Trinitätsteil (v. 1–10) ein und bringt dann einen Marien- und einen Christusteil, deren Unterabschnitte chronologisch, aber gegenläufig angeordnet sind: Der Marienteil (v. 61–106) beginnt mit der Himmelfahrt und endet mit der Unbefleckten Empfängnis der Gottesmutter, der Christusteil (v. 147–208) orientiert sich am Ablauf der Heilsgeschichte und läßt auf Geburt und Namengebung die Anbetung der Könige, einen Exkurs über die alttestamentlichen Weissagungen und schließlich nach einer gebetsähnlichen Hinwendung zu Christus eine Betrachtung über den Kreuzestod folgen. Mit einem Aufruf an die Christen zur Umkehr angesichts des Jüngsten Gerichts und einem Bittgebet an Maria endet der Leich (v. 224–233), der so in der Anordnung seiner Hauptteile heilsgeschichtlich strukturiert ist. Zwischen den einzelnen Teilen sind mit entsprechenden Überleitungen, die eine rigide Grenzziehung zwischen den thematischen Einheiten erschweren, Ausführungen über das zentrale Thema des Leichs, die Minne und ihr Wirken, eingeflochten, wobei verschiedene Motive, etwa daß die Minne Gott zur Erlösung der Menschheit getrieben habe, wiederholt (v. 11–20, v. 51–60, v. 107–126, v. 139–146), andere nur einmal auftauchen – so die Vorstellung von der gemeinsamen Herrschaft der Minne und der Barmherzigkeit im Himmel bis zum Jüngsten Tag (v. 214–218). Das Prinzip des Wechsels und der Wiederkehr von Motiven ist nicht nur für den Minneteil zusammenhangsbildend, sondern läßt sich auch in der Abfolge der thematischen Hauptabschnitte wiederfinden. Das besondere Gewicht des Minnethemas läßt den Marien- und Christusteil gleichsam nur noch als *»Exempel«* (K. H. Bertau) für das Wirken der Minne erscheinen. In allen Themenkreisen wechseln belehrende Ausführungen mit Apostrophen ab; der Leich wird Lehr- und Andachtstext.

Reinmars Sangsprüche sind größtenteils im zwölfzeiligen »Frau-Ehren-Ton« verfaßt; 235 Strophen gelten als echt, 27 Strophen werden als unecht zurückgewiesen, und für 22 Strophen ist die Echtheit

nicht gesichert. Von den 24 Strophen in der »Neuen Ehrenweise« (G. Roethe: *»Minnen-Ton«*) gilt nur eine als ungesichert, ebenso die beiden Sprüche im zwölfzeiligen »Meister-Ernst-Ton« (Nr. 253/254 in der Ausgabe von G. Roethe). Auch für Reinmars »Lieder«, 12 Sprüche in drei verschiedenen achtzeiligen, liedähnlichen Tönen (Nr. 330–341), ist die Echtheit strittig. Meistens sind Reinmars Sprüche als selbständige Einzelstrophen aufzufassen, wenngleich sie sich gelegentlich zu größeren thematischen Einheiten zusammenschließen, so etwa die »Ehesprüche« (Nr. 101–105); nur in wenigen Fällen sind deutlich aufeinander bezogene Doppelsprüche festzustellen (Nr. 8/9, Nr. 99/100, Nr. 133/134, Nr. 213/214).
Reinmar behandelt in seinen Sangsprüchen zahlreiche Themen. Einen ersten Eindruck von dieser Vielfalt vermitteln die Sprüche Nr. 1–157, deren Anordnung, wie sie der cpg 350 überliefert, noch auf den Autor selbst zurückgehen soll (G. Roethe). Die Sammlung setzt mit religiösen Sprüchen ein (Nr. 1–22), in denen der Dichter sich zunächst an die göttliche Trinität wendet – dieser Teil endet mit einer Bearbeitung des *Vaterunsers* (Nr. 13) – und dann mariologische Sprüche folgen läßt, die er mit einem *Ave Maria* (Nr. 22) beschließt. Religiöse Sprüche finden sich vereinzelt auch außerhalb dieser Strophengruppe, machen insgesamt jedoch, verglichen mit anderen Spruchdichtern des 13. Jh.s, nur einen geringen Teil von Reinmars Dichtung aus und sind von der Forschung (G. Roethe) eher negativ beurteilt worden, obgleich Reinmar sich hier durchaus variationsfreudig zeigt: Belehrung, Lobpreis und Bitte wechseln einander ab, auch vor gewagter Liebesmetaphorik schreckt Reinmar in seinen Mariensprüchen nicht zurück.
Die Sprüche der zweiten Gruppe (Nr. 22–55) behandeln unter verschiedenen Aspekten die Minnethematik, darunter Minnepreis (Nr. 31/32), Frauenpreis (Nr. 34) oder falsche Minne (Nr. 49); neben diesen Strophen zur Minnedidaxe und -reflexion, wie sie für die Spruchdichtung typisch sind, finden sich auch Strophen, die in der Durchführung des Themas eher dem Minnesang entsprechen, da in ihnen der Dichter seine persönliche Minnebetroffenheit artikuliert, von der Minneklage (Nr. 25) über den Preis der Geliebten (Nr. 26) bis hin zur Minneversicherung (Nr. 28), und dabei auch die im klassischen Minnesang üblichen Wendungen und Topoi anbringt. Insgesamt aber überwiegen die lehrhaften Sprüche, in denen Reinmar vor allem den Frauen einen ganzen Katalog an Tugenden abverlangt (Nr. 37), obgleich er vorgibt, die Männer belehren zu wollen (Nr. 51). Das hohe Ideal, das Reinmar von der Frau entwirft, und der überschwengliche Minnepreis führen jedoch nicht zur Verklärung der im hohen Minnesang entwikkelten, realitätsfernen Liebesbeziehung, sondern zum Lob der in der Ehe sich erfüllenden Liebe (Nr. 45, 50, 225), die jedoch, wie Reinmar in seiner Ehelehre (Nr. 101–105) erläutert, keineswegs als konfliktfreie Bindung garantiert ist.
Weniger deutlich ausgeprägt ist der thematische Zusammenhang in Reinmars »Herrenlehre« (Nr. 56–124). Einige Sprüche (darunter Nr. 56–60) sind explizit an die Herren gerichtet, während die Strophen über die Ehre (Nr. 71–78), die *edelkeit* (Nr. 79–82) oder die *milte* (Nr. 116–120) sicherlich über diesen Adressatenkreis hinausgehen. Erst recht sind Reinmars religiöse Belehrung (Nr. 85–89), seine Warnungen vor dem Laster des Spiels und der Trunkenheit (Nr. 107–115), seine Sprüche über die böse und die reine Zunge (Nr. 94/95), aber auch Strophen wie die Weltklage (Nr. 66) von allgemeiner Gültigkeit.
Reinmars politische Sprüche haben in der Forschung bisher die meiste Beachtung gefunden, da sie trotz Unsicherheiten in der präzisen Datierung doch Anhaltspunkte zur Rekonstruktion der Biographie des Dichters bieten, auch wenn man G. Roethes These von der chronologischen Anordnung der politischen Sprüche im cpg 350 nicht als unumstößlich ansieht. Da Reinmar behauptet, am Rhein geboren und in Österreich aufgewachsen zu sein (Nr. 150), hat man ihn meistens mit dem Hof Leopolds VI. († 1230) in Verbindung gebracht; hier könnten seine antipäpstlichen Strophen (Nr. 125–135) entstanden sein, in denen er nicht nur allgemeine Mißstände in der Kirche und im Papsttum angreift, sondern Gregor IX. als Ziel seiner scharfen Attacken auch namentlich nennt (Nr. 135). Unter der Herrschaft Friedrichs des Streitbaren soll Reinmar um 1234 an den Böhmer Hof gewechselt sein und dort oder 1235–1237, während des Deutschlandaufenthalts Friedrichs II., im kaiserlichen Gefolge (V. Schupp) seine Lob- und Propagandasprüche für den Kaiser (Nr. 136–141, vielleicht auch den »Kurfürstenspruch« Nr. 240) gedichtet haben. Daß er sich später (wohl nach dem zweiten Bann 1239) radikal gegen den Kaiser stellt (am schärfsten in der Scheltstrophe Nr. 143), die Kurfürsten zur uneingeschränkten Ausübung ihres Wahlrechts auffordert (Nr. 146/147) und für den als Gegenkönig umworbenen Erich von Dänemark eintritt (Nr. 148), könnte auf den Frontenwechsel des Böhmenkönigs Wenzel I. zurückgeführt oder mit Reinmars erst 1239 erfolgter Hinwendung zum neuen, antikaiserlichen Mäzen begründet werden. Doch scheint es Reinmar nicht lange in Böhmen gehalten zu haben; die letzten Strophen (Nr. 150–157) der vermeintlichen Autorensammlung bekunden deutlichen Unmut über die Verhältnisse am Böhmer Hof; um 1241 soll Reinmar zunächst nach Mitteldeutschland (Nr. 227), dann an den Rhein gezogen sein, wo er verschiedene Gönner findet und sich zeitweise auf die Seite der Erzbischöfe von Mainz und Trier schlägt (Nr. 185); schließlich bleiben auch diese extremen Vertreter der antikaiserlichen Partei nicht von seiner Kritik verschont (Nr. 224), und dem Papst selbst, der Rom für mehrere Jahre verlassen hat, wünscht Reinmar in seinem letzten datierbaren Spruch (Nr. 223; um 1248) einen plötzlichen Tod, ohne jedoch wieder zur Partei des Kaisers zurückzufinden.

In den Strophen aus Reinmars mitteldeutscher Zeit finden sich weitgehend dieselben Themen wie in der ersten Sammlung. Nachdem Reinmar sich in Österreich und Böhmen mehr an der höfischen Spruchdichtung Walthers von der Vogelweide orientiert hat, nimmt er nun auch die für die mitteldeutsche Spruchdichtung typischen volkstümlichen Elemente auf. Dazu gehören Lügenstrophen (Nr. 159, 160) Scherzfragen (Nr. 158) und Rätsel (Nr. 186–188; 205), aber auch parabelähnliche Sprüche (Nr. 178, 179, 193, 204), während die Tierfabel von den mitteldeutschen Spruchdichtern seltener aufgegriffen wird; auch Reinmar bietet neben einigen Fabelanspielungen nur eine breiter ausgeführte Fabel (Nr. 201). Auch Reinmars Tendenz zur kräftiger ausgestalteten Personifikation (Nr. 172, 174, 178, 184) könnte als Anpassung an den literarischen Geschmack des neuen Wirkungskreises verstanden werden; dagegen sind die stärkere Akzentuierung der Jugendlehre (Nr. 165, 180, 199 u. a.) und seine Gedanken zur *memento-mori*-Thematik (Nr. 190, 191, 208) wie vielleicht auch die wiederholten Zeit- und Weltklagen (Nr. 175, 197, 203, 215, 229) eher als Altersindizien plausibel. Bemerkenswert ist, daß Reinmar sich in seiner »höfischen« Zeit wie auch während seines späteren Wanderlebens Attacken auf Zunftkollegen wie auch die sonst üblichen »Bettelstrophen« versagt.

Stilistisch bewegt Reinmar sich weitgehend im Rahmen des für die Spruchdichtung des 13. Jh.s Üblichen. Meistens nimmt er die Rolle des Lehrenden an, ohne jedoch in der Wahl der Themen und sprachlichen Bilder eitle Gelehrsamkeit zu demonstrieren; Wahrheitsbeteuerungen und Berufungen auf Autoritäten sollen die Glaubwürdigkeit seiner Strophen erhöhen, Anreden an das Publikum und Aufmerksamkeitsappelle den Kontakt zu den Hörern sichern. Apostrophen sind auch außerhalb der Hinwendung zum Publikum eine beliebte Figur, ebenso die Alliteration und die asyndetische Häufung, während reimende Formeln, Wortspiele und Hyperbeln seltener sind. Ironische Züge prägen vor allem die politischen Sprüche. Im Satzbau bevorzugt Reinmar die Parataxe, oft in Verbindung mit ausgeprägten anaphorischen Fügungen, und neigt zur Bildung von Parallelismen; auffällig ist dabei der Zusammenfall der syntaktischen mit den metrischen Abschnittsgrenzen.

Von den älteren Spruchdichtern scheint Walther am stärksten auf Reinmar eingewirkt zu haben; Roethes Annahme (S. 21), Reinmar sei am Wiener Hof Walthers persönlicher Schüler gewesen, läßt sich jedoch nicht schlüssig beweisen. Reinmar seinerseits hat deutlich seine Zeitgenossen und die ihm nachfolgende Spruchdichter-Generation beeinflußt. Der Marner polemisiert zwar gegen Reinmar, bekennt sich in seiner Totenklage aber doch zu ihm als Vorbild. Meister Sigeher könnte noch am Böhmer Hof von Reinmar gelernt haben. Als wirklichen Schüler Reinmars will Roethe nur den Meissner gelten lassen, aber Anklänge an Reinmars Dichtung finden sich auch bei Johannes von Rinkenberg, Kelin, Wizlav von Rügen, Herman Damen und Frauenlob. Vielleicht aufgrund einer Verwechslung mit Reinmar dem Alten oder auch aufgrund anhaltender Reputation erscheint Reinmar auch im *Wartburgkrieg*, während er in der Meistersingertradition (oft mit entstellter Namensform) in der Liste der 12 alten Meister auftaucht und sein wichtigster Ton unter dem Namen *Ehrenbote* überliefert wird. Der modernen Literaturgeschichtsschreibung gilt Reinmar als in mancher Hinsicht altertümlicher, aber doch gewichtigster Spruchdichter zwischen Walther von der Vogelweide und Frauenlob. D. P.

Ausgabe: *Die Gedichte*, Hg. G. Roethe, Lpzg. 1887.

Literatur: K. Meyer, *Untersuchungen über das Leben R.s v. Z. u. Bruder Wernhers*, Basel 1866. – W. Wilmanns, *Chronologie der Sprüche R.s v. Z.* (in ZfdA, 13, 1867, S. 434–463). – E. Bonjour, *R. v. Z. als politischer Dichter. Ein Beitrag zur Chronologie seiner politischen Sprüche*, Bern 1922. – F. Vogt, *Reimarus Caecus u. der Kasseler Fund* (in Beitr., 48, 1924, S. 124–128). – A. Wallner, *Eine Hampfel Grübelnüsse* (in ZfdA, 64, 1927, S. 81–96). – K. H. Bertau, *Über Themenanordnung u. Bildung inhaltlicher Zusammenhänge in den religiösen Leichdichtungen des 13. Jh.s* (in ZfdPh, 76, 1957, S. 129–149). – V. Schupp, *R. v. Z., Dichter Kaiser Friedrichs II.* (in WW, 19, 1969, S. 231–244). – G. Objartel, *Zwei wenig beachtete Fragmente R.s v. Z. u. ein lateinisches Gegenstück seines Leichs* (in ZfdPh, 90, 1971, Sonderh. S., S. 217–231). – V. Schupp, *Der Kurfürstenspruch R.s v. Z.* (in ZfdPh, 93, 1974, S. 68–74). – A. Cooke, *The Political Songs of R. v. Z. A Re-examination of their Content and Chronology in Light of Recent Scholarship*, Diss. Ldn. 1974. – R. Schmidt-Wiegand, *Fortuna Caesarea. Friedrich II. u. Heinrich (VII.) im Urteil zeitgenössischer Spruchdichter* (in *Stauferzeit*, Hg. R. Krohn u. a., Stg. 1979, S. 195–205). – U. Schulze, *Zur Vorstellung von Kaiser und Reich in staufischer Spruchdichtung bei Walther von der Vogelweide und R. v. Z.* (ebd., S. 206–219). – H.-J. Behr, *Projektion u. Verklärung. Zum Reichsbegriff R.s v. Z. u. den Schwierigkeiten seiner Adaptation in der dt. Germanistik* (in *Mittelalter-Rezeption II*, Hg. J. Kühnel u. a., Göppingen 1982, S. 31–44). – F. H. Bäuml u. R. Rouse, *Roll and Codex: A New Manuscript Fragment of R. v. Z.* (in Beitr., 105, 1983, S. 192–231; 317–330). – Chr. Gerhardt, *R.s v. Z. »idealer Mann« ›Roethe Nr. 99 u. 100‹* (in Beitr., 109, 1987, S. 51–84, S. 222–251). – H. Tervooren u. Th. Bein, *Ein neues Fragment zum Minnesang u. zur Spruchdichtung. R. v. Z., Neidhart, Kelin, Rumzlant und Unbekanntes* (in ZfdRh, 107, 1988, S. 1–26). – H.-J. Behr, *Literatur als Machtlegitimation*, Mchn. 1989. – H. Brunner, Art. *R. v. Z.* (in VL², 7, Sp. 1198–1207). – J. Bumke u. a., *Geschichte der deutschen Literatur im MA*, Mchn. 1990, Bd. 2, S. 319–320 u. ö.

RUDOLF VON EMS

* um 1200 Hohenems / Vorarlberg
† zwischen 1250 und 1254 (auf einem Italien-Feldzug unter Konrad IV.)

LITERATUR ZUM AUTOR:
G. Ehrismann, *Studien über R. v. E. Beiträge zur Geschichte der Rhetorik u. Ethik im Mittelalter*, Heidelberg 1919 (SAWH, phil.-hist. Klasse, 8). – X. v. Ertzdorff, *R. v. E. Untersuchungen zum höfischen Roman im 13. Jh.*, Mchn. 1967. – H. Brackert, *R. v. E. Dichtung u. Geschichte*, Heidelberg 1968. – R. Schnell, *R. v. E. Studien zur inneren Einheit seines Gesamtwerks*, Diss. Basel 1969. – K. Cieslik, *Tradition u. Innovation im Werk R.s v. E.*, Diss. Greifswald 1983. – B. Gicquel, *Un poète suisse du XIIIe siècle: R. v. E.*, Habil.schr., Rouen 1983. – A. Odenthal, *R. v. E. Eine Bibliographie* Köln 1988.

ALEXANDER

Versepos von RUDOLF VON EMS (um 1200–1254), entstanden von 1230 an, überliefert in zwei Handschriften, die beide nach über 21000 Versen im sechsten Buch abbrechen; daneben existiert ein kurzes Fragment aus dem späten 13. Jh. Vermutlich ist das Original selbst unvollendet geblieben, dessen Bearbeitung in zwei (C. v. Kraus) oder in drei (R. Wisbey) Stufen erfolgte. Der Auftraggeber der Dichtung ist unbekannt, angenommen werden die Könige Heinrich VII. oder Konrad IV; nach E. SCHRÖDER entstand der Anfangsteil des Epos vor 1235, dann wandte sich der Autor seinem *Willehalm von Orlens* zu und widmete sich erst von 1245 an wieder seinem *Alexander*. Aufgrund stilistischer Entsprechungen zwischen dem *Alexander* und der *Weltchronik* ist es wahrscheinlich, daß Rudolf von Ems auch nach 1250 noch an seinem Epos arbeitete (R. Wisbey). – Mit seinem Werk, das neben dem *Alexander* die Epen *Der gute Gerhard* und *Willehalm von Orlens*, zwei Heiligenbiographien *(Barlaam und Josaphat, Eustachius)* sowie eine *Weltchronik* umfaßt, schließt Rudolf von Ems bewußt an das Vorbild des klassischen höfischen Romans eines HARTMANN VON AUE, GOTTFRIED VON STRASSBURG und WOLFRAM VON ESCHENBACH an. Im 13. Jh. und noch im 14. Jh. sicherte dies den Texten eine weite Verbreitung, während im 19. und 20. Jh. das Urteil über Rudolf von Ems lange Zeit durch das Verdikt von GERVINUS, aber auch W. SCHERER oder G. EHRISMANN geprägt war, die den Autor – vor dem Hintergrund der neuzeitlichen Originalitätsvorstellung – als Epigonen abqualifizierten. Der Anfang des auf zehn Bücher projektierten *Alexander* greift vor allem auf die *Navitas et victoria Alexandri Magni* (auch *Historia de preliis*) zurück, eine lateinische Bearbeitung des spätgriechischen *Alexanderromans* durch den Archipresbyter LEO VON NEAPEL (vgl. Abschn. 11a). Hauptquelle ab Vers 5015 sind die *Historiae Alexandri Magni regis Macedonum* des Quintus CURTIUS RUFUS, daneben benutzte Rudolf auch die *Alexandreis* von WALTER VON CHÂTILLON (vgl. Abschn. 11b); er nennt im Prolog zum vierten Buch eine Reihe von Gewährsmännern.

Olimpias, die Gattin König Philipps von Makedonien, wird von dem als Gott Amon verkleideten Zauberer Nektanabus verführt. Aus der Verbindung geht Alexander hervor, dem Philipp durch Aristoteles eine vorbildliche Erziehung angedeihen läßt. Nach dem Tode Philipps wird Alexander zum Herrscher des Landes erhoben und unterwirft zunächst Griechenland, bevor er sich gegen den persischen Herrscher Darius wendet. Nach der Schlacht von Arbela wird der flüchtende Darius von Vertrauten gefangen und tödlich verwundet, noch auf dem Sterbebett ernennt er Alexander zu seinem Erben und gibt ihm seine Tochter Rosane zur Frau. Nach zwei Zwischenhandlungen – dem Marsch nach Israel und der Episode um die Amazonenkönigin Talistria – sucht Alexander die Verräter von Darius zu strafen; aber bevor es zur entscheidenden Schlacht kommt, bricht das Epos ab.

Wie auch im *Alexandreis* des ULRICH VON ETZENBACH (vgl. Abschn. 16c) – die weiteren Alexander-Epen des Mittelalters, von Berthold von Herbolzheim sowie von Biterolf, sind nicht erhalten – ist der Held auch bei Rudolf von Ems als vorbildlicher Herrscher gezeichnet. Schon seine Erziehung nach Aristotelischen Maximen vermittelt ihm alle höfisch-ritterlichen Tugenden: Weisheit und gottesfürchtige Demut, das Wissen um das rechte Maß und ausdauernde Beständigkeit, Mut, Tapferkeit, Freigiebigkeit, Gerechtigkeit und Barmherzigkeit. Alle diese Qualitäten, dazu die vollkommene Beherrschung der adligen Künste – Reiten, Fechten, Falkenjagd, Schachspiel – erheben ihn zum strahlenden Ideal des staufischen Ritters, dessen Heidentum in Vergessenheit gerät, wenn Rudolf ihn zum Streiter Gottes gegen die *»vorworhte heidenschaft«* avancieren läßt oder in ihm die *»Gotes geisel«*, ein Werkzeug der Vorsehung, sieht. Dagegen spielt die Minne – wie in den älteren Alexander-Romanen – eine nur untergeordnete Rolle. Zwar erfährt Alexander ihre Macht und ihre Freuden durch seine Gemahlin Rosane wie durch die Amazonenkönigin Talistria, die sich von ihm eine Tochter wünscht, doch sind die Waffentaten bei Rudolf von Ems, im Unterschied zum *Alexandreis* des Ulrich von Etzenbach – nicht mehr Minnedienst im höfischen Sinne: *»Sin rittertat, sin arbeit/ die er in mangem strite leit,/ geschach niht anders wan durch guot,/ durch werndez lop, durch hohen muot/ und vil selten durch diu wip.«*

Stilistisch bewegt sich Rudolf von Ems völlig in den von den Klassikern, vor allem von Gottfried von Strassburg vorgezeichneten Bahnen, ohne dessen Lebendigkeit und Farbigkeit zu erreichen, so wenig wie jene der lateinischen Vorlage. Sein *Alexander* ist bewußt als Fürstenspiegel angelegt, obgleich er im Prolog zum zweiten Buch die vier *»meister«* der Dichtung preist: HEINRICH VON VELDEKE, *»der wise man/ der rehter rime alrerst began«*, Hartmann von Aue, Wolfram von Eschenbach und Gottfried von Strassburg. M.Pr.

AUSGABE: Stg. 1928/29, Hg. V. Junk, 2 Bde. (BLV 272 u. 274).

LITERATUR: V. Junk, *Die Überlieferung von R.s v. E. »Alexander«* (in Beitr., 29, 1904, S. 369–381). – A. Leitzmann, *Zum »Alexander« R.s v. E.* (ebd., 54, 1930, S. 294–305). – E. Grammel, *Studien über den Wandel des Alexanderbildes in der deutschen Dichtung des 12. u. 13. Jh.s*, Diss. Ffm. 1931. – K. G. Bauer, *Die zeitliche Einreihung des »Alexander« u. des Willehalm in das Schaffen R.s v. E.* (in ZfdPh, 57, 1932, S. 141–157). – K. Nitzlader, *Reimwörterbuch zum »Alexander« des R. v. E.*, Diss. Wien 1932. – A. Elsperger, *Das Weltbild R.s v. E. in seiner Alexanderdichtung*, Diss. Erlangen 1939. – M. Hühne, *Die Alexanderepen R.s v. E. und Ulrichs von Eschenbach*, Würzburg 1939. – C. v. Kraus, *Text u. Entstehung von R.s »Alexander«* (in SBAW, hist.-philos. Kl., Mchn. 1940, H. 8). – F. Pfister, *Studien zum Alexanderroman* (in Würzburger Jbb. für die Altertumswiss., 1, 1946, S. 29–66). – K. Stackmann, *Der Alten Werdekeit. R.s »Alexander« u. der Roman des Q. Curtius Rufus* (in *Fs. für Josef Quint*, Bonn 1964, S. 215–230). – R. Wisbey, *Das Alexanderbild R.s v. E.*, Bln. 1966. – H. Brackert, *Androgyne Idealität. Zum Amazonenbild in R.s v. E. »Alexander«* (in *Philologie als Kulturwissenschaft. Fs. für K. Stackmann*, Hg. L. Grenzmann u. a., Göttingen 1987, S. 164–178).

DER GUOTE GÊRHART

(mhd.) Versepos von RUDOLF VON EMS, entstanden um 1215 (nach X. v. Ertzdorff). – Das fast 7000 Verse zählende Epos, dessen Hauptteil, die Geschichte des *»guoten Gêrhart«*, in eine Rahmenerzählung gefaßt ist, entstand, so die Angabe im Epilog, im Auftrag eines Herrn Rudolf von Steinach, womit mit großer Wahrscheinlichkeit Rudolf I. von Steinach gemeint ist, der zwischen 1209 und 1221 als Ministeriale Konrads von Tegerfelden, des Bischofs von Konstanz, bezeugt ist.
Um seiner Sünden ledig zu sein, stiftet Kaiser Otto I. das Erzbistum Magdeburg. In hoffärtiger Überheblichkeit verlangt er bald darauf in einem Gebet, daß Gott ihm zeige, was ihm für diese Schenkung im Jenseits zuteil werden wird. Als Antwort warnt ihn Gottes Engel vor solcher Vermessenheit und hält ihm als Beispiel wahrer Demut den Kaufherrn Gerhart aus Köln vor. Otto reist nach Köln, um Gerharts Geschichte zu hören. Dieser weigert sich zunächst in gottesfürchtiger Bescheidenheit, dem Wunsche des Kaisers nachzukommen, begreift jedoch schließlich, daß er ein Gott wohlgefälliges Werk damit tun kann, und berichtet nun, wie er auf einer Orientfahrt eine norwegische Königstochter, die Braut des englischen Königs Willehalm, und ihr Gefolge mit seinem gesamten Gut von dem Heiden Stranmûr von Castelgunt losgekauft habe. Auf der Brautfahrt der Prinzessin von Norwegen nach England war ihr Schiff vom Sturm an die marokkanische Küste verschlagen worden, während Willehalm seither vermißt ist und für tot gilt. Gerhart nimmt die Königstochter Irene in sein Haus auf, und als zwei Jahre vergehen, ohne daß über Willehalms Schicksal etwas bekannt wird, hält Gerhart für seinen Sohn um die Hand der Prinzessin an. Sie erbittet sich jedoch, wie in geheimer Ahnung, ein Jahr Bedenkzeit. Bei dem über Jahresfrist stattfindenden Hochzeitsfest zwischen Irene und dem jungen Gerhart lehnt an einer Säule ein fremder Pilger, in dem Irene bald Willehalm erkennt. Gerhart und sein Sohn treten von ihren Ansprüchen zurück, und Willehalm wird mit seiner Braut vermählt. Das junge Paar wird von Gerhart auf seinen Schiffen nach England gebracht, wo Willehalm das Land in Thronwirren vorfindet. Gerhart schlägt die ihm von Willehalm angetragene Königskrone aus und kehrt, nachdem er diesem den Thron gesichert hat, nach Köln zurück, ohne eine der gebotenen Belohnungen angenommen zu haben. Gerhart endet seinen Bericht mit den Worten: *»von disem selben mære/ wart ich der guote genant«*, und der Kaiser erkennt in dem *»vil süezen* [heiligen] *man«* das Beispiel der wahren, auf Gott gerichteten Demut.
Das Ungewöhnliche an dieser Dichtung, dem frühesten von den erhaltenen Werken Rudolfs von Ems, besteht darin, daß sie nicht die Taten eines Ritters, sondern eines Kaufmanns zum Gegenstand hat. Das Werk wurde daher immer wieder als *»Patrizierdichtung«* (F. Sengle) gelesen, in der die sich anbahnende Stärkung des Bürgertums bereits sichtbar wird. Dieser Deutung steht in der neueren Forschung der Hinweis entgegen, daß der Werdegang des Helden sich unter religiöser Thematik als *»Läuterungsweg eines Heiligen«* (X. v. Ertzdorff) darstellt; daneben wird in der exemplarischen Gegenüberstellung von Kaiser und Kaufmann (W. Walliczek, W. Wunderlich) deutlich, wie sehr Gerhart ritterlich-höfische Ideale in seinem Rollenverhalten verkörpert. Damit wird einerseits die Verbindlichkeit dieser Ethik auch für die erstarkende Stadtbevölkerung demonstriert, andererseits der Kaiser ermahnt, wieder, im Sinne des tradierten Verständnisses seines Amtes, als Repräsentant Gottes und als Verwalter weltlicher Güter zu fungieren. Der kaiserlichen Verfehlung, seine eigene *»guottât«* zu rühmen, steht die *»diemüete«* des Kaufmanns gegenüber, womit die ritterlichen Leitbegriffe sowohl verinnerlicht wie auch verallgemeinert werden: *»Es entsteht dadurch jener innere Adel, der alle Menschen auszeichnen soll und besonders den Kaufmann dazu befähigt, auch im Gesellschaftsgefüge sich demütig, d. h. angepaßt und untertänig zu verhalten«* (W. Wunderlich). A.Hd.-KLL

AUSGABEN: Lpzg. 1840 (*Der gute Gerhard*, Hg. M. Haupt; Nachdr. Hildesheim 1988). – Ffm.

1847 (*Der gute Gerhard von Köln*, nhd. Übers. K. Simrock). – Bregenz o. J. [1959] (Hg. E. Thurnher, Übers. K. Tober). – Tübingen ²1971 (*Der guote Gêrhard*, Hg. u. Einl. J. A. Asher; ATB 56).

LITERATUR: K. Simrock, *»Der gute Gerhard« u. die dankbaren Todten*, Bonn 1856. – A. Dobbertin, *»Der gute Gerhard« des R. v. E. in seiner Bedeutung für die Sittengeschichte*, Diss. Rostock 1889. – L. W. Kahn, *R. v. E.'s Der gute Gerhard. Truth and Fiction in Medieval Epos* (in GR, 14, 1939, S. 208–214). – J. A. Asher, *»Der gute Gerhard« des R. v. E. in seinem Verhältnis zu Hartmann von Aue (mit einem Reimwörterbuch zum »Guten Gerhard«)*, Diss. Basel 1948. – F. Sengle, *Die Patrizierdichtung »Der gute Gerhard«. Soziologische u. dichtungsgeschichtliche Studien zur Frühzeit R.s v. E.* (in DVLG, 24, 1950, S. 53–82). – Th. P. Thornton, *Unity and meaning in »Der gute Gerhard«* (in Annuale Medievale, 3, 1962, S. 69–79). – Chr. Cormeau, *R. v. E.: »Der guote Gêrhart«. Die Veränderung eines Bauelements in einer gewandelten Situation* (in *Werk – Typ – Situation. Studien zu poetologischen Bedingungen in der älteren deutschen Literatur*, Hg. I. Glier u. a., Stg. 1969, S. 80–98). – R. Schulmeister, *Aedificatio u. imitatio. Studien zur internationalen Poetik der Legende u. Kunstlegende*, Hbg. 1971, S. 127–142. – W. Walliczek, *R. v. R. »Der guote Gêrhart«*, Mchn. 1973. – J. A. Asher u. K. Smits, *Reimwörterbuch zum »Guoten Gêrhart« des R. v. E.*, Hildesheim 1975. – U. Herzog, *Die Erlösung des Kaufmanns. Der »guote Gêrhart« des R. v. E. Versuch einer lecture sociologique* (in WW, 24, 1974, S. 372–387). – W. Wunderlich, *Der »ritterliche« Kaufmann. Literatursoziologische Studien zu R. v. E. »Der guote Gêrhart«*, Kronberg/Ts. 1975 (mit Bibliogr.). – C. Gray, *R. v. E. »Der guote Gêrhart«. The Interdependence of Religion and Politics*, Diss. Birmingham 1981/82.

WELTCHRONIK

(mhd.) Geschichtsdarstellung von RUDOLF VON EMS, entstanden von 1250 an im Auftrag des Stauferkönigs Konrad IV. (reg. 1250–1254); das Werk mit seinen 33478 Versen blieb unvollendet, der Autor starb, wie der Fortsetzer anmerkt, *»an Salomone«*, d. h. während der Arbeit am Salomon-Kapitel. – Das Werk, nach seinen Anfangsworten auch *Richter Gott herre-Chronik* benannt, im Unterschied zu der von ihr beeinflußten *Christ herre-Chronik*, stellt dem jungen Stauferkönig Beispiele vorbildlicher Herrscher vor Augen und unterrichtet ihn zugleich über seine Stellung in der – vor allem als Heilsgeschichte – verstandenen Weltgeschichte. Rudolfs Hymnus auf den König steht am Beginn des mit David einsetzenden fünften Weltalters, womit Konrad als Träger des David-Königtums erscheint, das nach spätstaufischer Ideologie seine imperiale Vorrangstellung gegenüber Fürsten, Gegenkönig und Papst begründet (dem König *»alle weltliche namin / durch fride sullen gehorsamen«*). So ist die *Weltchronik* letzten Endes politische Dichtung, ein Beitrag zur eschatologisch verstandenen Auseinandersetzung zwischen Papsttum und Kaisertum in der Mitte des 13. Jh.s, und knüpft, erstmals in deutscher Sprache, an die unter staufischen Herrschern im 12. Jh. entstandenen Geschichtswerke von OTTO VON FREISING *(Chronica sive Historia de duabus civitatibus)* und GOTTFRIED VON VITERBO *(Pantheon)* an. Als Quellen dienten Rudolf von Ems vor allem die *Bibel*, daneben die ebenfalls auf die Bibel aufbauende *Historia scholastica* des PETRUS COMESTOR († um 1179) sowie das *Pantheon* Gottfried von Viterbos und, für den geographischen Exkurs über die Weltteile, die *Imago mundi* des HONORIUS AUGUSTODUNENSIS (um 1080– um 1137).
Das Werk ist nach der von AUGUSTINUS begründeten Lehre von den »Aetates mundi« gegliedert; danach entsprechen den sechs Schöpfungstagen sechs Weltzeitalter, die jeweils mit Adam, Noe, Abraham, David, der Babylonischen Gefangenschaft und der Erscheinung Christi beginnen. Rudolf modifiziert dieses Schema; der Einschnitt der Babylonischen Gefangenschaft entfällt und das vierte Weltzeitalter setzt ein mit Moses. Die Weltzeitalter, in deren Zentrum die von Gott berufenen und auserwählten Gestalten des *Alten Testaments* mit ihren beispielhaften, auch für die christliche Fürstenethik maßgeblichen Tugenden stehen, sind für Rudolf von Ems nichts anderes als neue Gedanken Gottes, *»so Gotis kraft gedahte/ ein núwis und das brahte/ der welte das nie was geschehin«*. Gegenüber der biblischen Geschichte ist die Darstellung der Geschichte Asiens, Afrikas und Europas ebenso beschränkt wie die knappen Berichte über Nimrod und Semiramis, über die Pharaonen, über Hercules, Odysseus und Aeneas. Darin manifestiert sich für Rudolf nur ein *»nebinganc«* der Geschichte. In dieser Zweiteilung drückt sich die Augustinische Unterscheidung der *civitas Dei* und der *civitas terrena*, des Gottesstaates und des profanen Weltstaates, aus. Der personale Charakter der mittelalterlichen Historiographie spricht aus Rudolfs Vorliebe für die *primi inventores*, die Erfinder bestimmter Einrichtungen und Sitten. So erfand Jubal die Musik, Lamech die Jagd, Enos den Gottesdienst, Nimrod die Gewaltherrschaft, Zoroaster die Zauberei und Nicostrata das lateinische Alphabet. Diese Vorstellungen werden verknüpft mit dem Gedanken der *translatio artium*. Abraham bringt den Ägyptern die von Jonicus erfundene und von Atlas erneuerte Astronomie, Bacchus Dionisius den Griechen den Weinbau, der aus Griechenland vertriebene Saturnus lehrt die unkultivierten Römer *»hoveliche site«*, woraus diese ableiteten, *»Saturnus were der hohste got«*; hier zeigt sich, daß dem gelehrten Rudolf die auf EUHEMEROS (3. Jh. v. Chr.) zurückgehende Mythenkritik der Patristik, wonach die heidnischen Götter nichts anderes als mächtige irdische Herrscher seien, vertraut war.
Auch wenn Rudolf immer wieder auf die Andersartigkeit vergangener Sitten und Gebräuche hinweist

(es war keine Schande, zur Zeit des Moses Schafe zu hüten, da der größte Reichtum in Viehherden sich verkörperte, und es galt früher das Recht von *»ouge umbe ouge, zan umbe zan ... nu hat únsir herre Got / úns gesenftirt wol das leben / unde úns der genaden zit gegeben«*), so ist die Vorstellung einer historischen Entwicklung dem Autor so fremd wie der gesamten mittelalterlichen Geschichtsschreibung; dementsprechend wird der historische Stoff nach den Erzählmustern des zeitgenössischen Romans umstilisiert. Im Mittelpunkt steht nicht das historisch Einmalige, Individuelle, sondern die zeitlose Verbindlichkeit des Exemplarischen. So ist Abraham wie der Richter Aod *»der degin wol geborn«*, Minos wie Moses ein *»wisir wigant«*, besitzen Pharao und Saul eine *»riterschaft«*. Turniere gibt es bereits im antiken Athen, *»swa mit hovelichin sitin / die jungherren nach prise striten«*. Ebenso kämpft Jason um das Goldene Vlies *»uf ritterlichim prise«*. Theseus, der auf Bitten Ariadnes den Minotaurus tötet, erhält Minnelohn: *»si wertin ze lone da / ir libis und ir minne. / nach dienstlichim gewinne / minte in das schone wip, / das er dem tievil nam den lip.«*

Bei aller Nähe zum höfischen Roman bleibt allerdings Rudolfs Stil, mit Ausnahme der panegyrischen Einlagen, schmucklos, auch gemessen an seinen eigenen, der *Weltchronik* vorangehenden Werken. Die Forschung des 19. und 20. Jh.s hatte in dieser *»Kunstlosigkeit«* ein Nachlassen der dichterischen Kraft des ohnehin lange als Epigone eingeschätzten Autors gesehen, tatsächlich aber gründet Rudolfs Verfahren in der auch sonst belegbaren Überzeugung, daß der Wahrheit der Geschichte die Kunstlosigkeit der Rede angemessen sei. Im Mittelalter gehörte die *Weltchronik* des Rudolf von Ems zu den am meisten verbreiteten mittelhochdeutschen Werken. Bereits G. Ehrismann führt in seiner Ausgabe 76 Handschriften auf, die Gesamtzahl der Textzeugen dürfte aber bei über hundert liegen. Auffallend ist die große Zahl der teilweise prachtvoll illuminierten Handschriften, unter denen die reich geschmückte *Toggenburg Weltchronik* aus dem frühen 15. Jh. besonders hervorragt. Rudolfs *Weltchronik*, die wahrscheinlich schon im 13. Jh. mit der *Christ herre-Chronik* – entstanden in der zweiten Hälfte des 13. Jh.s im Auftrag des Markgrafen Heinrich III. von Meißen – verbunden wurde, ist innerhalb der Überlieferung der *Sächsischen Weltchronik* und in zahlreichen Mischhandschriften der *Weltchronik* Jansen Enikels verarbeitet. Mit mehr als einem Drittel ihres Bestandes bildet sie eine der Hauptquellen der *Weltchronik* des Heinrich von München aus der ersten Hälfte des 14. Jh.s. In Prosa aufgelöst, ist sie Grundlage zahlreicher *Historienbibeln* des Spätmittelalters. In ihren mannigfaltigen Umbildungen, Überarbeitungen, Fortsetzungen, Kürzungen und Erweiterungen, von der Forschung bis heute nicht vollständig erfaßt, war die *Weltchronik* des Rudolf von Ems eine der entscheidenden Quellen für die populäre Bibel- und Geschichtskenntnis des Adels und des vermögenden Bürgertums. H.Her.-KLL

Ausgaben: Bln. 1915 (Hg. G. Ehrismann, DTM 20; Nachdr. Dublin/Zürich 1967). – Stg. 1981 (zus. mit Der Stricker, *Karl der Große*; Faks. des Hs.-Fragments Ms germ. fol. 623 der Staatsbibl. Preuß. Kulturbesitz Bln.; Einf. W. Irtenkauf). – Luzern 1982 (zus. mit Der Stricker, *Karl der Große*; Faks. der HS 302 der Kantonsbibl. St. Gallen, Begleitheft zum Faks.-Bd. u. Nacherzählung der Versdichtung H. Herkommer; Beschr. der Miniaturen E. J. Beer). – Bozen 1986 (zus. mit Der Stricker, *Karl der Große*; Text u. Kommentar E. Theil, Vorw. R. Klemig). – Mchn. 1989 (Farbmikrofiche-Ed. der Hs. Kassel 2° Ms. theol. 4, Einf. K. Gärtner, Beschr. H. Broszinski).

Literatur: O. Doberentz, *Die Erd- u. Völkerkunde in der Weltchronik des R. v. E.* (in ZfdPh, 12, 1881, S. 257–301, 387–454; 13, 1882, S. 29–57, 165–223). – I. v. Tippelskirch, *Die »Weltchronik« des R. v. E. Studien zur Geschichtsauffassung u. politischen Intention*, Göppingen 1979. – *R. v. E., »Weltchronik«. Der Stricker, »Karl der Große«. Komm. zu Ms 302 Vad.*, Luzern 1987 [m. Beitr. von E. J. Beer, J. Duft, H. Herkommer, K. Schneider, St. Sonderegger, P. Wegelin]. – H. Herkommer, *Theologischer Kosmos der Geschichte. Raum- u. Zeiterfahrung des MA im Spiegel der »Weltchronik« des R. v. E.* (in Montfort, 40, 1988, S. 204–212). – D. Jaurant, *Rudolfs »Weltchronik« als offene Form. Überlieferungsstruktur und Wirkungsgeschichte*, Diss. Bern 1990.

der Stricker

* um 1200
† um 1250

Literatur zum Autor:
M. L. Huffines, *S. and Wernher. A View of Chivalry and Peasantry of the Late Middle Ages*, NY 1977. – H. Ragotzky, *Gattungserneuerung u. Laienunterweisung in Texten des S.s*, Tübingen 1981. – T. A. Reilly, *The Problem of »guot« in the Works of the S.*, Diss. Univ. of Calif. 1981. – S. L. Wailes, *Studien zur Kleindichtung des S.s*, Bln. 1981. – D. Vogt, *Ritterbild u. Ritterehre in der lehrhaften Kleindichtung des S. u. im sog. Seifried Helbling*, Ffm. u. a. 1985. – W. L. Thamert, *The Medieval Novelistic »Märe«: Telling and Teaching in the Works of the S.*, Diss. Princeton Univ. 1986. – J. Egyptien, *Höfisierter Text u. Verstädterung der Sprache. Städtische Wahrnehmung als Palimpsest spätmittelalterlicher Versromane*, Würzburg 1987. – M. Schilling, *Der S.* (in *Deutsche Dichter*, Bd. 1: *Mittelalter*, Hg. G. E. Grimm u. F. R. Max, Stg. 1989, S. 297–310; RUB).

DANIEL VOM BLÜHENDEN TAL

(mhd.). Versroman von dem STRICKER, entstanden um 1220. – Der *»Strickaere«* nennt sich der urkundlich nicht faßbare, vermutlich aus Mitteldeutschland stammende Autor aus der ersten Hälfte des 13. Jh.s, der sich, Hinweisen in seinen Werken zufolge, vor allem in Österreich aufhielt. Die Namensform »Stricker« wurde lange als Verweis auf ein bürgerliches Handwerk (Seiler) verstanden, ist aber wohl eine Benennung, die vor allem den Vorgang des Dichtens als Verfassen eines Textes (lat. *textum*, Gewebe) metaphorisch umschreibt; diese Form der Eigencharakterisierung ist durchaus geläufig für die fahrenden Dichter des Mittelalters, zu denen wohl auch der Stricker gehörte. Bekannt sind von ihm neben der *Frauenehre*, dem *Pfaffen Amis* und den sog. »kleineren Dichtungen« auch zwei Versromane, *Karl der Große* sowie *Daniel vom blühenden Tal*, die beide als frühe Werke des Autors gelten.

Daniel, Held des 8484 Verse umfassenden und in fünf Hss. überlieferten Epos, gehört der Tafelrunde des Königs Artus an. Als ein Riese die Aufforderung von König Matur überbringt, sich ihm zu unterwerfen, rüsten die Ritter der Tafelrunde zum Feldzug; Daniel aber bricht heimlich allein auf, um nach zwei Vorbereitungs-Aventiuren schließlich jenen Riesen zu töten, der den Zugang zum Reich von König Matur bewacht, und damit dem Heer der Artusritter den Weg zu ebnen. In der ersten Schlacht, in deren Verlauf Daniel einen weiteren Riesen besiegt, gelingt es Artus, seinen Gegenspieler zu töten, doch jeden Tag müssen die Artusritter gegen ein neues Heer des Reiches von Matur kämpfen, bis die feindlichen Ritter nach der vierten Schlacht durch eine List Daniels – der zwischenzeitlich noch ein Abenteuer mit einer Kreatur zu bestehen hat, die wöchentlich in Menschenblut badet – betäubt werden. König Artus übergibt Daniel das eroberte Reich, und dieser vermählt sich mit König Maturs Witwe. Ein letztes Abenteuer entspinnt sich, als die Hochzeitsfeier durch den Vater der von Daniel getöteten Riesen gestört wird und dieser den König Artus und Parzival auf zwei unzugänglichen Berggipfeln aussetzt; Daniel fängt den Riesen mit einem Zaubernetz und kann ihn von der Rechtmäßigkeit seines Verhaltens überzeugen, so daß dieser die beiden Helden wieder befreit. Das Hochzeitsfest wird um so beschwingter fortgesetzt, als sich auch noch die Gemahlin von König Artus, Königin Ginover, der Feier anschließt.

Der Stricker verweist, um den Rang seiner Dichtung zu erhöhen, auf eine französische Quelle, die als Vorlage gedient habe, tatsächlich aber arrangierte er die Topoi und Handlungsschemata der Artusromane wohl selbständig, *»wobei insbesondere Hartmanns ›Iwein‹ als Bezugspunkt literarischer Anspielungen erscheint«* (M. Schilling). Allerdings spielt der Stricker mit diesen Mustern in *»nachklassischer«* Weise (W. Haug), die nicht ohne ironisch anmutende Züge ist; nicht mehr allein der *»hôhe muot«* verleiht Überlegenheit, sondern vor allem List und Klugheit, wie sie Daniel zu eigen ist, während die übrigen Ritter der Tafelrunde einschließlich ihres Königs – der anders als im herkömmlichen Artusroman an den Kämpfen teilnimmt – gerade dadurch in Gefahr geraten, daß sie zwanghaft den tradierten ritterlichen Normen folgen. Der Erzähler kommentiert mitunter die Vorgänge, wie auch die Handelnden selbst ihre Entscheidungen abwägen und begründen. Der Text gewinnt damit einen didaktischen Zug. H. BRALL hat einen Zusammenhang hergestellt mit den auch in Österreich wirksamen Bestrebungen des Landesherrn, seine Territorialgewalt auf Kosten der alten Grundherren zu fundieren, und vor allem letztere als Publikum des *Daniel* angenommen – eine These, der M. SCHILLING nur bedingt folgt, endet doch auch der Held dieses Romans als Landesherr und König: *»Es scheint daher erwägenswert, den ›Daniel‹ in die Nähe des Wiener Herzoghofs zu rücken, dessen rationale Machtpolitik und Unterstützung des bis 1244 angefochtenen Kaisers Friedrich II. sich ohne Schwierigkeiten in Daniels Landesherrschaft und seinem Verhältnis zum nur bedingt handlungsfähigen Artus wiederfinden ließen«* (M. Schilling). M.Pr.

AUSGABEN: Stg. 1895 (in DNL, Höfische Epik 1,3, Hg. P. Piper). – Breslau 1894 (*Daniel von dem Blühenden Tal*, Hg. G. Rosenhagen; Nachdr. Hildesheim/NY 1976). – Tübingen 1983 (*Daniel von dem Blühenden Tal*, Hg. M. Resler; ATB 92).

LITERATUR: G. Rosenhagen, *Untersuchungen über »Daniel vom Blühenden Tal« vom S.*, Diss. Kiel 1890. – P. Engelkraut, *Der Einfluß des »Daniel vom Blühenden Thal« auf die Dichtungen des Pleiers*, Diss. Erlangen 1896. – K. Waelzel, *Reimwörterbuch u. Verzeichnis der Reimwörter aus »Daniel« u. »Amis«*, Mchn. 1926. – H. de Boor, *Der »Daniel« des S. u. der »Garel« des Pleier* (in Beitr., Tübingen, 79, 1957, S. 67–84). – H. Brall, *S.s »Daniel von dem Blühenden Tal«. Zur politischen Funktion späthöfischer Artusepik im Territoralisierungsprozeß* (in Euph, 70, 1976, S. 222–257). – I. Henderson, *S.s »Daniel von dem Blühenden Tal«. Werkstruktur u. Interpretation unter Berücksichtigung der hs. Überlieferung*, Amsterdam 1976. – W. Haug, *Paradigmatische Poesie. Der spätere deutsche Artusroman auf dem Weg zu einer »nachklassischen« Ästhetik* (in DVLG, 54, 1980, S. 204–231). – W. Schmidt, *Untersuchungen zu Aufbauformen u. Erzählstil im »Daniel von dem blühenden Tal« des S.*, Göppingen 1981. – D. Müller, *»Daniel vom Blühenden Tal« u. »Garel vom Blühenden Tal«. Die Artusromane des S. u. des Pleier unter gattungsgeschichtlichen Aspekten*, Göppingen 1981. – M. Corson, *S.'s »Daniel von dem Blühenden Tal«: a Reevaluation*, Diss. Univ. of Cincinnati 1983. – J. Reisel, *Zeitgeschichte u. theologisch-scholastische Aspekte im »Daniel von dem blühenden Tal« des S.*, Göppingen 1986.

FRAUENEHRE

(mhd.). Minnerede des Stricker, entstanden in der ersten Hälfte des 13. Jh.s. – Unter der Überschrift *»Ditz ist von der vrowen ere/ Die die werlt zieret sere«* bewahren die Strickerhandschriften *H* (Heidelberg, Universitätsbibliothek Cpg. 341) und *K* (Cologny-Genève, Bibliotheca Bodmeriana) ein 1614 Reimpaarzeilen umfassendes Gedicht, in dem sich der Stricker als Autor nennt (V. 138). Der Schluß dieser *Frauenehre* (V. 1615–1902) ist in beiden Codices mit eigenen Titeln (*»Ditz ist ein schone lere/ Von einem ackermanne here«* [H], *»Ditz ist von einem ackermanne/ Ein schonez mere danne* [K]) versehen, die sich auf eine Vorankündigung in Vers 1608 beziehen und daher, was die Einheit des Gedichts betrifft, keine Probleme aufwerfen. Erhebliche textkritische Schwierigkeiten bereiten dagegen zwei selbständige, in sich geschlossene Fragmente, die in den Handschriften *A* (Wien, Österreichische Nationalbibliothek cod. 2705) und *d* (Wien, Österreichische Nationalbibliothek Ser. n. 2663 *[Ambraser Heldenbuch]*, hier mit der Überschrift *Der frawan lob*) überliefert sind. Während *A* eine Kurzfassung von 102 Versen (V. 429–510, 569–588) enthält, bezeugt *d* den Text ab Vers 1321 mit zahlreichen Abweichungen gegenüber *H* und *K*, so daß man verschiedene Bearbeitungen, die vielleicht vom Stricker selbst herrühren, annehmen kann.

In *H/K* geht dem eigentlichen Frauenpreis ein Dialog des Sprecher-Ichs mit seinem Herz voraus, in dem die Situation des Dichters angesichts der sich wandelnden kommunikativen Bedingungen literarischer Produktion reflektiert wird. Die *vröude* (womit die Teilhabe an höfischer Kultur sowie die Voraussetzungen dafür gemeint sind) sei nicht mehr vorhanden, das Publikum stelle immer neue Ansprüche, was bedeute, daß ein *»maere daz wol ze hoeren zimt«* (V. 28 f.) schon nach zwei oder drei Vorträgen veraltet sei. Während der Dichter in Anbetracht dieser Situation resigniert, ermutigt ihn das *herze*, der Forderung nach *niuwer maere* nachzukommen. Zugleich wird der Begriff *niuwe* in der Rede des Herzens inhaltlich neu gefüllt: Erneuerung heißt nicht etwa Originalität im Stofflichen, sondern meint die schöpferische Auseinandersetzung mit älterer Literatur. Das Herz empfiehlt dem Sprecher, ein *»lop den vrouwen«* zu dichten (V. 85), also ein traditionelles Thema des Minnelieds zu behandeln. Erneuerung führt hier zur Aufgabe der Sängerrolle, was die den Prolog abschließende Formulierung *»alsus hebet sich ditz buoch«* (V. 180, vgl. 1486) geradezu programmatisch zum Ausdruck bringt.

Der damit vollzogene Gattungswechsel hat einen Perspektivenwechsel zur Folge. Anders als im Minnelied ist in der *Frauenehre* nicht subjektive, freilich fingierte Liebeserfahrung und -werbung Ausgangspunkt für das Lob der Frau (der Stricker stilisiert sich vielmehr in genauem Kontrast zur Selbstinszenierung des Minnesängers als persönlich nicht beteiligter, objektiver Beobachter), sondern Frauenpreis wird umgekehrt zur Folie, vor der die höfische Minneideologie samt ihren gesellschaftlichen Implikationen demonstriert und auch diskutiert werden kann.

Unter den Leitbegriffen *ere* und *vröude* zieht der Stricker – wie zahlreiche, zum Teil wörtliche Zitate belegen – gleichsam die Summe aus seiner Beschäftigung mit Minnesang, Epik und Spruchdichtung. Im Mittelpunkt steht dabei die Bedeutungserschließung des Wortes *vrouwe*, die in der volkssprachigen Etymologie »Freude« – »Frau« ihren Höhepunkt erreicht: *»daz vrouwen lip und ir leben/ sol vröude haben unde geben,/ des ist ir nam erkenniclich./ daz an in ist daz nennet sich:/ die vröuwent unde sint vro,/ da von heizent si also«* (V. 1075–1080). Mit *vrouwe* sind zentrale höfische Wertvorstellungen wie *vröude, saelde* und *ere* (V. 205) verbunden, Frauenlob ist letztlich Vergegenwärtigung und Sicherung der errungenen Normen und Werte im Medium der Literatur. Nur wer den Lobpreis der Frauen akzeptiert, akzeptiert auch die Mühen einer standesgemäßen, gottgefälligen Lebensführung. *»Mit dem Programmwort der ›vröude‹ ist der Moment bezeichnet, in dem sich die normative Vorgabe des ›namen‹ in der Praxis sozialen Handelns konkretisiert* [...]. *In diesem Sinne ist ›vröude‹ gleichbedeutend mit dem Zustand intakter Wertrealisierung, der das Ergebnis richtig verstandenen Frauendienstes ist«* (H. Ragotzky). Damit aber distanziert sich der Stricker deutlich von der unverbindlichen Gesellschaftskunst des Minnesängers, der er eine erneuerte Tugend-, Verhaltens- und Minnelehre entgegensetzt.

Strickers *Frauenehre* nimmt innerhalb seines Œuvres eine Sonderstellung ein. Nirgends hat er deutlicher als hier sein literarisches Programm der Erneuerung theoretisch entfaltet, nirgends hat er freier mit den Vorgaben älterer Dichtung experimentiert und dabei einen Formtyp geschaffen, der unterschiedliche Gattungselemente (Rede, Allegorie, Bîspel) in sich vereinigt. Entsprechend problematisch ist die literarhistorische Einordnung des Gedichts. Thematik und Struktur der *Frauenehre* scheinen die im Spätmittelalter beliebte Gattung der Minnereden vorzubereiten, die weitere deutsche Literatur der ersten Hälfte des 13. Jh.s jedenfalls hat nichts Vergleichbares hervorgebracht.

H. Vö.

Ausgaben: *Frauenlob*, Hg. F. Pfeiffer (in ZfdA, 7, 1849, S. 106–108 [nach *A*]). – *Frauenehre von dem S.*, Hg. F. Pfeiffer (ebd., S. 478–521 [nach *H/K*]). – *S.s Frauenlob*, Hg. K. F. Kummer (in ZfdA, 25, 1881, S. 290–301 [nach *d*]). – Karlsruhe 1927 (Hg. M. Maurer). – Göppingen 1973 (in *Die Kleindichtung des S.s. GA in 5 Bdn.*, Hg. W. W. Moelleken, 1). – Marburg 1976 (in K. Hofmann, *S.s »Frauenehre«. Überlieferung – Textkritik – Edition – literaturgeschichtliche Einordnung*).

Literatur: H. Lambel, *Zur Überlieferung u. Kritik der Frauenehre des S.s* (in *Symbolae Pragenses. Festgabe der deutschen Gesellschaft für Alterthums-*

kunde in Prag ..., Prag u.a. 1893, S. 82–98). – I. Glier, *Artes amandi. Untersuchung zu Geschichte, Überlieferung u. Typologie der deutschen Minnereden*, Mchn. 1971. – H.-H. Räkel, *Die »Frauenehre« von dem Stricker* (in *Österreichische Literatur zur Zeit der Babenberger*, Hg. A. Ebenbauer u.a., Wien 1977, S. 163–176).

KLEINERE DICHTUNGEN (mhd.) des STRICKER.

Die *Kleineren Dichtungen*, entstanden in der ersten Hälfte des 13. Jh.s, sind in über drei Dutzend Handschriften des 13. bis 16. Jh.s überliefert. Wichtige Textzeugen sind *A* (Wien, Österreichische Nationalbibliothek Cod. 2705) und *H* (Heidelberg, Universitätsbibliothek Cpg. 341), die bis auf die Nummern 9 *(Die drei Waffen)* und 10 *(Das Gebot der Ehre)* der Gesamtausgabe MOELLEKENS (GA) sämtliche dem Stricker zugeschriebenen kürzeren Reimpaargedichte enthalten, sowie *K* und *N* (beide in der Bibliotheca Bodmeriana, Cologny-Genève). Das Korpus der Kleindichtung umfaßt nach MOELLEKENS Numerierung 167, nach SCHWAB (Ausg. 1959) 164 *Bîspel, Gebete, Sprüche* und *Reden* sowie kurze Verserzählungen *(Mären, Schwänke)*. Sie knüpfen teils an vorklassische, teils an mündlich tradierte Texttypen an.
Konstituierendes Merkmal der *Bîspel* Strickerscher Prägung ist deren zweigliedriger Aufbau in einen erzählenden oder beschreibenden (*narratio*, Bildteil) und einen deutenden Teil (*significatio*, Auslegung), wobei die Stoffe und Motive der *narratio* hinsichtlich des Inhalts und der Darstellungsweise nicht festgelegt sind. Sie reichen von der Exposition theologischer Sachverhalte über Alltagsszenen und kleine abgeschlossene Handlungen bis hin zu Fabeln oder Beobachtungen aus dem Bereich der Natur (*Tier-* und *Pflanzenbîspel*) und dienen der Illustration der jeweils spezifischen Lehren. Geradezu programmatisch legt der Stricker das poetische Prinzip des Bîspels in *Der Hahn und die Perle* (Schwab I) offen, indem er den Rezipienten bei der Auslegung der antiken Fabel einbezieht. Der Hahn, der die gefundene Perle verschmäht, ist einem Leser oder Hörer vergleichbar, der die Moral des Beispiels (Perle) nicht akzeptiert: *»swer niht wisheit wil pflegen,/ fünde er si ligen an allen wegen,/ er möhte ir niht me niezen/ denne ouch der hane des mergriezen.«* Weisheit meint demnach die Fähigkeit, die Lehre des Bîspels zu begreifen, sowie die Bereitschaft, ihren Anforderungen gegenüber Gott und der Welt gerecht zu werden. Indem der Dichter durch *bescheiden, gelîchen, diuten* den Sinn der *narratio* jeweils in allgemeine, häufig sentenzhaft formulierte Einsichten überführt, gibt er die Maßstäbe richtigen Verhaltens vor. Die Lehren im einzelnen betreffen die vielfältigen Belange des Lebens. Der Stricker warnt etwa vor Selbstüberschätzung und Leichtgläubigkeit (GA 32; 63), verurteilt die üblichen Laster (GA 96; 167), mahnt zu Gottesfurcht, Demut und rechtzeitiger Bekehrung (GA 1; 141; 104), erklärt Glaubenswahrheiten (GA 11; 12), erinnert an den Tod (GA 78) und die Gefahren der vergänglichen Welt für das Heil der Seele: *»swer an der sele wil genesen,/ der sol daz werltliche leben/ vor sinem tode uf geben«* (GA 136, 156–158). Nur vereinzelt richten sich die Lehren an einen enger begrenzten Adressatenkreis wie in dem Bîspel *Aufgaben des Rittertums* (GA 157). In den allermeisten Fällen dagegen gilt der Satz: *»Swer lernen wil, den lere ich wol«* (GA 105,31).
Lehre bieten auch die *Reden*, erörternde paargereimte Gedichte, in denen der Stricker zu unterschiedlichen Themen Stellung bezieht. Zur regelrechten Anklage gerät dies in der *Klage* (GA 158; vgl. 91), einer über 700 Verse umfassenden, als Gerichtsrede inszenierten Anprangerung der *richen* (wohl der begüterten Adeligen), verbunden mit schonungsloser Kritik am Verfall der Sitten, an Geldgier, Kulturverlust und Ketzerei. Mißstände im Klerus werden in *Die törichten Pfaffen* (GA 107) aufgedeckt, GA 81 und 138 wenden sich gegen Hoffart und Wucher. Singulär in der volkssprachlichen Dichtung der Zeit sind des Strickers Zweifel an der Heilkraft der Edelsteine (GA 127), die aufgrund zahlreicher Autoritäten im Mittelalter als wissenschaftlich verbürgt galt. Die Kritik richtet sich jedoch vor allem gegen die Verkäufer der Steine, die derlei Lügen aufgebracht und die Hilfesuchenden zu Narren gemacht hätten. Von hohem literaturgeschichtlichem und -soziologischem Interesse ist schließlich das keiner bestimmten Gattung zuzurechnende Gedicht *Die Minnesänger* (GA 146), in dem aus der Perspektive des Hausherrn gegen den vagierenden Sänger argumentiert und polemisiert wird. Die *»fortschreitende ›Realisierung‹«* (K.-F. Kraft) verfügbarer Rollen- und Bildelemente des Minnesangs läßt sich verstehen als innovativer Eingriff in die Diskussion um das im Minnesang reflektierte Problem, *»wie Minnedienst im Medium des Singens zu verwirklichen ist, damit Minne als werterzeugendes Zusammenspiel der Rollen gelingt«* (H. Ragotzky), vielleicht auch als Selbstschutz des auf Belohnung angewiesenen fahrenden Dichters vor möglicher Konkurrenz.
Dialogische Reden sind *Die beiden Knappen* (GA 4) und die Allegorie *Frau Ehre und die Schande* (GA 161). Im Gespräch der Knappen über Vorzüge (Ansehen) und Nachteile (finanzielle Belastung) des Ritterstandes kommen drängende Probleme der Ritterschaft zur Sprache, verlieren aber angesichts des göttlichen Auftrags zur *militia christiana* ihre Relevanz. Die Klagen eines Ritters über die hohen Kosten der Hofhaltung sind Anlaß des Streits zwischen Frau Ehre und der Schande. Verhandelt werden der rechte Umgang mit dem *guot* und im Zusammenhang damit die richtige Form ritterlicher Lebensführung. *»Stets zeigt der Stricker das Rittertum als Teil einer gottgewollten Ordnung, die als fest und unverrückbar angesehen werden muß. Die Zugehörigkeit zum Ritterstand wird nicht nur als Vorrecht, sondern immer auch als Verpflichtung dargestellt«* (D. Vogt).

Auch die *Verserzählungen* verfolgen didaktische Ziele. Die einzelnen Geschichten beleuchten menschliche Schwächen und Verfehlungen, mithin Störungen des göttlichen *ordo*, die korrigiert werden müssen. Augenfällig wird dies in *Die drei Wünsche* (Janota I), dem Exempel vom Armen Mann, der mehr verlangt, als ihm zusteht, so daß er am Ende den Schaden davonträgt. Die Moral ist ebenso knapp wie verbindlich: *»ez hât nieman wîsen muot,/ wan der gotes willen tuot«* (V. 227 f.). Häufig expliziert der Stricker den Verstoß gegen normierte Verhaltensmuster im Rahmen der Ehe (sogenannte *Ehestandsmären*). Dabei kann die Ehe als kleinste göttlich sanktionierte Form des Zusammenlebens zum Modell sozialer Beziehungen werden, können die dort gültigen Normen (etwa *triuwe*) punktuell auf die Regeln feudaler Gesellschaftsordnung verweisen. Die Möglichkeiten und Grenzen der Übertragbarkeit sind freilich am Einzelfall jeweils neu zu prüfen. Die auf der Erzählebene vorgeführten Strategien der Konfliktbewältigung verlangen von den beteiligten Figuren die Fähigkeit zur richtigen Einschätzung der Lage, wie das Negativbeispiel *Der begrabene Ehemann* zeigt. Zugleich wird die Überlegenheit situationsgerechten Handelns über ein unreflektiertes Festhalten an eingeübten Denkweisen *(Die Martinsnacht)* demonstriert. Erfolgreiche Lösungen der jeweils spezifischen Problemkonstellationen setzen intellektuelle Flexibilität der Betroffenen voraus, wobei das Ziel, die bedrohte Ordnung zu erhalten, auch List und Betrug (vgl. *Das heiße Eisen*) rechtfertigen kann. Damit aber fordern die *Mären* zumindest in Ansätzen die Ablösung eines strikt wertbezogenen durch ein problembezogenes Denken und Handeln *(gevüegiu kündikeit)* ein.

Wie seine großen Erzählwerke bezeugen auch die *Kleineren Dichtungen* des Strickers die experimentelle Auseinandersetzung des Autors mit Formen und Inhalten höfischer Literatur. *»Gattungserneuerung«* und *»Laienunterweisung«* (H. Ragotzky) sind Stichworte, die gerade die *Kleineren Dichtungen* literaturgeschichtlich treffend charakterisieren. Die neu geschaffenen oder erstmals literaturfähig gewordenen Gattungen scheinen auf veränderte Publikumsansprüche zu reagieren, ohne daß diese genauer beschrieben werden könnten. Zu unspezifisch bleiben die moralisierenden Lehren der Texte, zu undurchsichtig sind die kommunikativen Bedingungen, in denen sie ihren Platz fanden. Die Etablierung dichterischer Kleinformen, äußerst folgenreich für die Geschichte der deutschen Literatur, ist vielleicht die bedeutendste Innovationsleistung des Strickers. H.Vö.

Ausgaben: *Kleinere Gedichte von dem S.*, Hg. K. A. Hahn, Quedlinburg/Lpzg. 1839 (Bibl. d. ges. dt. National-Literatur, 18). – *Kleinere mittelhochdeutsche Erzählungen, Fabeln und Lehrgedichte*, Bd. I: *Die Melker Handschrift*, Hg. A. Leitzmann; Bd. II: *Die Wolfenbüttler Handschrift 2.4. Aug. 2°*, Hg. K. Euling; Bd. III: *Die Heidelberger Handschrift Cod. Pal. Germ. 341*, Hg. G. Rosenhagen, Bln. 1904–1909 (DTM 4; 14; 17). – U. Schwab, *Die bisher unveröffentlichten geistlichen Bispelreden des S. Überlieferung – Arrogate – Exegetischer und literarhistorischer Kommentar*, Göttingen 1959. – *Fabeln u. Mären von dem S.*, Hg. H. Mettke (ATB, 35; Nachdr. Halle 1968). – *Die Kleindichtung des S. s. Gesamtausgabe in 5 Bdn.*, Hg. W. W. Moelleken, Göppingen 1973–1978. – *Verserzählungen*, Hg. H. Fischer, Bearb. J. Janota, Tübingen 3-41979 bis 1984 2 Bde. (rev.; ATB 53; 68). – *Der S., Tierbispel*, Hg. U. Schwab, Tübingen 31983 (ATB 54).

Literatur: G. Schieb, *Das Bloch* (in PBB 73, (Halle) 1951, S. 422–429). – U. Schwab, *Zur Interpretation der geistlichen bîspelrede* (in Annali, Sezione Germanica, 1, 1958, S. 153–181). – Dies., *Beobachtungen bei der Ausgabe der bisher unveröffentlichten Gedichte des S.s* (in PBB, 81 [Tübingen], 1959, S. 61–98). – O. Werner, *Entwicklungstendenzen in der mhd. Verserzählung zur dramatischen Form. Studien zum S.: »Das heiße Eisen«* (in ZfdPh, 85, 1966, S. 369–406). – H. Fischer, *Studien zur deutschen Märendichtung*, Tübingen 1968. – J. Teschner, *Das bispel in der mhd. Spruchdichtung des 12. u. 13. Jh.s*, Bonn 1970. – K.-H. Göttert, *Theologie u. Rhetorik in S.s Weinschlund* (in PBB, 93, [Tübingen] 1971, S. 289–310). – B. Sowinski, *»Die drei Wünsche« des S. Beobachtungen zur Erzählweise u. gedanklichen Struktur* (in *Zeiten u. Formen in Sprache u. Dichtung. Fs. F. Tschirch*, Hg. K.-H. Schirmer u. B. S., Köln/Wien 1972, S. 134–150). – S. L. Wailes, *Immurement and Religious Experience in The S.'s »Eingemauerte Frau«* (in PBB, 96, [Tübingen] 1974, S. 79–102). – J. Bumke, *S.s »Gäuhühner«. Zur gesellschaftsgeschichtlichen Interpretation eines mhd. Textes* (in ZfdA, 105, 1976, S. 210–232). – W. Köppe, *Ideologiekritische Aspekte im Werk des S.* (in Acta Germanica, 10, 1977, S. 139–211). – S. L. Wailes, *S. and the Virtue Prudentia: A Critical Review* (in Seminar, 13, 1977, S. 136–153). – K. Speckenbach, *Die Fabel von der Fabel. Zur Überlieferungsgeschichte der Fabel von Hahn und Perle* (in Frühmittelalterliche Studien, 12, 1978, S. 178–229). – W. Williams-Krapp, *Neues zur Überlieferung der geistlichen Bispelreden des S.* (in ZfdA, 108, 1979, S. 346–368). – H. Ragotzky, *Die »kunst der milte«. Anspruch u. Funktion der »milte«-Diskussion in Texten des S.* (in *Gesellschaftliche Sinnangebote mittelalterlicher Literatur*, Hg. G. Kaiser, Mchn. 1980, S. 77–111). – Dies., *Die Thematisierung der materiellen Bedeutung von »guot« in Texten des S.* (in *Soziale Ordnungen im Selbstverständnis des Mittelalters*, Hg. A. Zimmermann, Bln./NY 1980, S. 498–516). – K. H. Borck, *Zeitbezug u. Tradition in den »Beiden Knechten« des S.* (in *Literaturwissenschaft u. Geistesgeschichte. Fs. R. Brinkmann*, Hg. J. Brummack u. a., Tübingen 1981, S. 45–62). – J. Margetts, *»Der durstige Einsiedler« des S.s. Ein Deutungsversuch* (in Neuphilologische Mitt., 82, 1981, S. 122–136). – O. Ehrismann, *der tîvel brâhte mich ze dir – Vom Eheleben in Erzählungen des S.s* (in *Liebe – Ehe – Ehebruch in der Literatur des MA*, Hg. X. v. Ertzdorff u. M. Wynn, Gießen 1984,

S. 25–40). – K.-F. Kraft, *»Die Minnesänger« des S.s. Minnesang beim Wort genommen* (in *Philologische Untersuchungen gewidmet E. Stutz zum 65. Geburtstag*, Hg. A. Ebenbauer, Wien 1984, S. 229–256). – Ch. Steppich, *Zum Begriff der »wisheit« in der Kleindichtung des S.* (in *Dialectology, Linguistics, Literature. Fs. C. E. Reed*, Hg. W. W. Moelleken, Göppingen 1984, S. 275–316). – D. Vogt, *Ritterbild und Ritterlehre in der lehrhaften Kleindichtung des S. und im sog. Seifried Helbling*, Ffm. u. a. 1985. – O. Ehrismann, *Tradition u. Innovation. Zu einigen Novellen des S.* (in *Deutsche Literatur des Spätmittelalters. Ergebnisse, Probleme u. Perspektiven der Forschung*, Greifswald 1986, S. 179–192).

ULRICH VON LICHTENSTEIN

* um 1200/1210 Lichtenstein / Steiermark
† um 1275

FRAUENDIENST

(mhd.). Fiktive Autobiographie von ULRICH VON LICHTENSTEIN, entstanden um 1255. – Ulrich gehörte einem mächtigen steirischen Ministerialengeschlecht an und bekleidete, wie zahlreiche, teils von ihm selbst ausgestellte Urkunden bezeugen, hohe Ämter als Truchseß (1244), Marschall und Landrichter (1272). Der *Österreichischen Reimchronik* OTTOKARS OUZ DER GEUL (14. Jh.) zufolge spielte er eine führende politische Rolle in der steirischen Landespolitik. In seiner fiktiven Autobiographie *Frauendienst* jedoch präsentiert sich Ulrich ausschließlich als Ritter, der zeitlebens um die Gunst seiner Dame wirbt.
Im Alter von dreizehn Jahren gelangt Ulrich an einen Fürstenhof, wo er als Knappe der Herrin des Hofes dient; nach dem Empfang des Rittergürtels beschließt er, nur mehr dieser Dame zu dienen. Seine Minnelieder läßt er ihr durch Boten überbringen und bittet sie, ihn als ihren Ritter zu akzeptieren. Unter anderem wegen seiner Hasenscharte lehnt die Dame ab. Ulrich läßt sich die Verunstaltung entfernen und zieht von einem Turnier zum nächsten, nur, um seine angebetete Dame zu rühmen. Als größten Beweis seiner Liebe zieht er schließlich als Frau Venus verkleidet durch die Lande und mißt sich in Kämpfen so lange mit anderen Rittern, bis seine Dame ihn schließlich zu sich lädt. Doch das Rendezvous endet damit, daß ihm die Angebetete im entscheidenden Moment den Minnelohn verweigert. Gleichwohl wirbt er weiterhin mit Liedern und Kämpfen um ihre Gunst, ohne erhört zu werden. Das Minneverhältnis zerbricht. Nach mehreren Jahren umwirbt Ulrich eine zweite Dame, der er bis zum Schluß all seine Lieder widmet.
Ulrichs *Frauendienst* besteht aus einem epischen Bericht, in den 58 Lieder, ein Leich, drei Büchlein sowie mehrere – zum Teil in Prosa abgefaßte – Briefe eingebettet sind. In der epischen Rahmenerzählung schildert Ulrich jeweils die Vorgeschichte bzw. den Anlaß für seine Lieder, in den Büchlein setzt er sich mit minnetheoretischen Reflexionen auseinander. Im ersten Teil des Werks steht das *maere* über seine Jugend und seine Ritterkämpfe im Vordergrund; auch schildert er darin seine mitunter überaus komischen Anwandlungen, die er während seines Minnedienstes erlebt: So trinkt er etwa das Handwasser seiner Dame oder schickt ihr als Zeichen seiner Ergebenheit seinen Finger, den er sich bei einem Turnier gebrochen hat. Auch seine Verkleidung als Frau Venus birgt komische Elemente in sich. Im zweiten Teil dagegen dominieren die Lieder und die didaktischen Reflexionen. Mit zunehmendem Ernst geht Ulrich auf politische Spannungen in Böhmen ein, auf den Tod des Herzogs und die haltlose Anarchie im Land.
»Was der Sinn und Zweck dieser fiktiven Autobiographie war, ist schwer zu erkennen« (J. Bumke). Auch die These, Ulrich habe mit den beiden Dienstverhältnissen exemplarisch die »falsche« mit der »richtigen« Interpretation von höfischem Frauendienst konfrontieren wollen (K. Grubmüller), ist kaum nachvollziehbar, da Ulrich weder einen Lernprozeß darstellt, noch bloße Parodie betreibt. So bleibt allenfalls die Betrachtung des *Frauendienstes* als *»Entwurf einer höfischen Gegenwelt«: »Gegenüber der heillosen Anarchie im Land sollen Minnesang und Frauendienst das Versprechen höfischer Harmonie bewahren. Je schärfer der Kontrast ist, desto mehr muß Ulrich die Bedingungen der Verwirklichung höfischer Ideale reflektieren«* (J.-D. Müller).
Ulrichs Verbindung von Liedern mit biographischen Erklärungen und Kommentaren gilt in der deutschen Literatur als einmalig. Unter Umständen wurde er dazu von jenen fiktiven Trobadorbiographien *(vidas)* und den Liederkommentaren *(razos)* angeregt, die damals in Frankreich und Italien weit verbreitet waren. Allerdings unterscheidet sich der *Frauendienst* von den provenzalischen *vidas* und *razos* durch seine Form der Ich-Erzählung. Die meisten Personen im *Frauendienst* tragen historisch bezeugte Namen von Adligen aus Ulrichs Umfeld. Auch verwendete er bekannte Orte und Ereignisse (u. a. den Tod Herzog Friedrichs II.), um seinem Werk den Anschein von Authentizität zu geben. Die Forschung betrachtete das Werk deshalb lange als kulturgeschichtliche Quelle, die Rückschlüsse auf die damalige Realität zulasse. Doch der Versuch, aus dem Werk historische Geschehnisse und zeitgenössische Gepflogenheiten zu rekonstruieren, hat sich zunehmend als zweifelhaft erwiesen. Ulrichs Lieder bezeugen vielmehr seine umfassende Kenntnis des hohen Minnesangs und bilden ein wahres *»Kompendium überkommener Gattungsmuster (Kanzone, Kreuzlied, Tagelied, Leich), typischer Situationen, Argumentationen und Formtypen«*. Dabei erweist sich Ulrich *»als virtuoser Formkünstler im Erfinden eigener Töne, in der Be-*

handlung des Verses und Strophenbaus, in der ›Parodie‹ fremder Lieder, in der Variation vorgegebener Modelle« (J.-D. Müller). S.Ri.

AUSGABEN: Bln. 1841 (zus. m. *Frauenbuch*, Hg. K. Lachmann; Anm. Karajan; Nachdr. Hildesheim 1974). – Lpzg. 1888, Hg. R. Bechstein, 2 Bde. (Dt. Klassiker d. MA, 6). – Göppingen 1987, Hg. V. Spechtler.

BEARBEITUNG: L. Tieck, *Frauendienst oder Geschichte u. Liebe des Ritters u. Sängers U. v. L.*, Stg. 1812 (Prosanacherzählg.).

LITERATUR: R. Becker, *Wahrheit und Dichtung in U. v. L.s »Frauendienst«*, Halle 1888. – W. Rust, *Freud und Leid in U.s »Frauendienst«*, Diss. Greifswald 1918. – O. Höfler, *U. v. L.s Venusfahrt und Artusfahrt* (in *Fs. F. Panzer*, Heidelberg 1950, S. 131–152). – M. Woratschek, *Eine Reimuntersuchung zu U. v. L.s »Frauendienst« und »Frauenbuch«*, Diss. Wien 1957. – K. L. Schneider, *Die Selbstdarstellung des Dichters im »Frauendienst« U.s v. L.* (in *Fs. f. U. Pretzel*, Bln. 1963, S. 216–222). – M.-L. Dittrich, *Die Ideologie des »guoten wîbes« in U.s v. L. »Vrowen Dienst«* (in *Gedenkschrift für W. Foerste*, Hg. D. Hofmann, Mitarb. W. Sanders, Wien 1970, S. 502–530). – U. Peters, *Frauendienst. Untersuchungen zu U. v. L. und zum Wirklichkeitsgehalt der Minnedichtung*, Göppingen 1971. – K. M. Schmidt, *Tendenzen zum Realismus in der ritterlichen Epik der nachklassischen Periode. Untersuchungen zu U.s v. L. »Frauendienst«*, Diss. Univ. of Michigan 1972 (vgl. Diss. Abstracts, 33, 1972/73, S. 3671 A). – U. Herzog, *Minneideal u. Wirklichkeit. Zum »Frauendienst« des U. v. L.* (in DVLG, 49, 1975, S. 502–519). – K. M. Schmidt, *Späthöfische Gesellschaftsstruktur u. die Ideologie des Frauendienstes bei U. v. L.* (in ZfdPh, 94, 1975, S. 37–59). – A. Wolf, *Komik u. Parodie als Möglichkeiten dichterischer Selbstdarstellung im Mittelalter. Zu U.s v. L. »Frauendienst«* (in Amsterdamer Beiträge zur älteren Germanistik, 10, 1976, S. 74–101). – M. Zips, *Frauendienst als ritterliche Weltbewältigung. Zu U. v. L.* (in *Festgabe für O. Höfler*, Hg. H. Birkhan, Wien/Stg. 1976). – I. Glier, *Diener zweier Herrinnen. Zu U.s v. L. »Frauendienst«* (in *The Epic in Medieval Society. Aesthetic and Moral Values*, Hg. H. Scholler, Tübingen 1977, S. 290–306). – H. Dopsch, *Der Dichter U. v. L. und die Herkunft seiner Familie* (in *Fs. Friedrich Hausmann*, Hg. H. Ebner, Graz 1977, S. 93–118). – K. M. Schmidt (Bearb.), *Begriffsglossare u. Indices zu U. v. L.*, 2 Bde., Mchn. 1980 [mit alphabet. Wörterbuch auf Microfiche]. – W. Frey, *»Mir was hin uf von herzen gach«. Zum Funktionswandel der Minnelyrik in U.s v. L. »Frauendienst«* (in Euph, 75, 1981, H. 1, S. 50–70). – M. Pieper, *Die Funktionen der Kommentierung im »Frauendienst« U.s v. L.*, Göppingen 1982. – J.-D. Müller, *Lachen, Spiel, Fiktion. Zum Verhältnis von literarischem Diskurs u. historischer Realität im »Frauendienst« U.s v. L.* (in DVLG, 58, 1984, S. 38–74). – H. Heinen, *U. v. L. »homo (il)literatus« or Poet/Performer?* (in JEGPh, 83, 1984, S. 159–172). – K. Grubmüller, *Minne und Geschichtserfahrung. Zum »Frauendienst« U.s v. L.* (in *Geschichtsbewußtsein in der deutschen Literatur des Mittelalters*, Hg. Ch. Gerhardt u. a., Tübingen 1985, S. 37–51). – *Die mittelalterliche Literatur in der Steiermark. Akten des internationalen Symposions, Schloß Seggau bei Leibnitz 1984*, Hg. A. Ebenauer u. a., Bern/Ffm. 1988. – J.-D. Müller, *U. v. L.* (in *Deutsche Dichter*, Bd. 1, Hg. G. E. Grimm u. F. R. Max, Stg. 1989, S. 329–335; RUB). – J. Bumke (in GLMA, Bd. 2, S. 273–276).

ULRICH VON TÜRHEIM

2. Drittel 13. Jh.

LITERATUR ZUM AUTOR:
E. K. Busse, *U. v. T.*, Diss. Bln. 1913. – F. Wilhelm, *Studien zu U. v. T.* (in Münchner Museum, 4, 1924, S. 1–76). – W. Müller, *Das Weltbild U.s v. T.* (in Beitr. [Halle], 82, 1960).

RENNEWART

(mhd.). Höfischer Versroman von ULRICH VON TÜRHEIM. – Wohl in den vierziger Jahren des 13. Jh.s als Fortsetzung von WOLFRAMS VON ESCHENBACH *Willehalm*-Torso entstanden, gehört der Text mit mehr als 36500 Reimpaarversen zu den umfangreichsten mittelhochdeutschen Versromanen überhaupt. Außerordentlich ist auch die Breite seiner handschriftlichen Überlieferung: 40 Handschriften oder Fragmente, darunter mehrere illuminierte und solche kürzender, aber auch erweiternder Textbearbeitungen, sind bekannt; mindestens 14 dieser Codices enthalten oder enthielten den *Rennewart* als Teil des mittelalterlichen deutschen *Willehalm*-Zyklus zusammen mit Wolframs Epos und der *Arabel* ULRICHS VON DEM TÜRLIN. Auszugsweise wurde der Text in die *Weltchronik*-Kompilation des sogenannten HEINRICH VON MÜNCHEN integriert, ist im 15. Jh. auch zu einem Prosaroman umgearbeitet worden.
Ulrich hat seine Erzählung, in der er Personen aus dem Umkreis der Staufer Heinrich (VII.) und Konrad IV. als seine Gönner nennt, durch ein einleitendes Zitat des letzten Verses von Wolframs *Willehalm*-Fragment unmittelbar an dieses angeschlossen. Erzählt wird zunächst das Ende der Alischanz-Schlacht und die Rückkehr Rennewarts nach Orense, seine Taufe, Schwertleite und Heirat mit der Königstochter Alise. Deren *minne* bindet den Protagonisten derart, daß er Willehalm, der (wiederum) von dem Heidenkönig Terramer be-

droht wird, seine Hilfe versagt. Dann belehnt der römische König Lois Rennewart mit der Herrschaft Portebaliart, wo sich dieser heidnischer Angriffe erwehren muß und wo sein ihn an Größe und Stärke überbietender Sohn Malefer zur Welt kommt.

Die Mutter Alise stirbt bei dieser Geburt, Malefer wird von Kaufleuten entführt und an die heidnischen Könige Terramer und Tibalt verkauft. Deren Heer führt er, erwachsen geworden, Jahre später – nachdem Rennewart aus Trauer in ein Kloster eingetreten war und es wiederholt gegen sarazenische Angriffe verteidigt hatte – zu erneutem Kampf gegen die Christen nach Orense. Angesichts der feindlichen Übermacht holt der Markgraf Willehalm den Mönch Rennewart zu Hilfe und so kommt es zum Zweikampf des Heerführers der Heiden mit seinem Vater. In einer großen Erkennungsszene wechselt Malefer auf die Seite der Christen, woraufhin die Sarazenen fliehen. Malefer übernimmt von seinem Vater Portebaliart, Rennewart kehrt in sein Kloster zurück.

Terramer bietet ein weiteres Heer gegen die Christen auf, provoziert damit einen Reichskrieg und muß nach schwerer Schlacht und Niederlage Frieden schwören. Rennewarts Versuch jedoch, Terramer mit dessen Tochter Kyburg, der von Willehalm aus dem Orient entführten ehemaligen Gattin Tibalts, zu versöhnen, scheitert. Am Schluß dieses Romanteils stirbt Rennewart, ins Kloster zurückgekehrt, einen seligen Tod.

Hierauf setzt sich die Geschichte Malefers fort, der als stärkster Ritter seiner Zeit von Portebaliart aus zunächst Terramers Reiche, dann das ebenfalls heidnische Marroch (Marokko) erobert und in repräsentativen Akten der Lehensvergabe und Ehestiftung seine Herrschaft über alle besiegelt, die bisher die Christenheit bedroht hatten. Anschließend bricht Malefer nach Asien auf, wo er, nach der Eroberung fremder Länder, so wie es ihm ein Cherubim vorhergesagt hatte die Amazonenkönigin Penteselie heiratet und bis zu seinem Tode friedensreich herrscht. Sein nach dem Evangelisten getaufter Sohn Johannes bewährt sich in Heidenkämpfen und beerbt dann Malefer.

Mit dem Schluß seines Romans kehrt Ulrich noch einmal zur Geschichte Willehalms und Kyburgs zurück. Diese stirbt als Klausnerin, jener wird erst Mönch und später Einsiedler, er steht Lois in einem letzten Heidenkrieg gegen einen der Söhne Terramers bei, und baut schließlich ein Kloster auch als Grablege seiner Sippe, wo er im Geruch der Heiligkeit stirbt.

Erst hier ist die Geschichte des Ritterheiligen Willehalm an das von ihrem vitenähnlichen Umriß vorgegebene Ende gelangt. Ulrich erzählt sie, mit episodenreichen Nebenhandlungen verschränkt, in großer Eigenständigkeit gegenüber seinen französischen *chanson de geste*-Quellen *(Bataille d'Aliscans, Bataille Loquifer, Moniage Rainouart, Moniage Guillaume)*. Dabei wird das Erzählmaterial einem Schema, welches aus der Grundstruktur von Wolframs *Willehalm* entwickelt ist, derart geordnet, daß immer wieder sarazenische Bedrohung, Beistandsgewinnung und siegreiche Vertreibung der Heiden aufeinanderfolgen. Erst die das Handlungsmodell der Orientfahrt entfaltende Malefer-Geschichte durchbricht dieses tendenziell unabschließbare Repetitionsschema und ermöglicht so strukturell das Ende des narrativen Prozesses nach dem Muster der Mönchwerdung des epischen Helden. Ein flächiger, hintergrundarmer, Figurenreden deutlich gegenüber Beschreibungen, epischen Bildern oder Erzählerkommentaren bevorzugender Duktus kennzeichnet das Erzählen im *Rennewart* ebenso wie unausgetragene Disparitäten etwa der Heidenkonzeption und Redundanzen nicht nur auf struktureller Ebene. Die Literaturgeschichte begründet damit ihr abfälliges ästhetisches Werturteil und ihr Desinteresse an Ulrichs Text, welches mit dessen (ausweislich der Überlieferungslage) reger Rezeption im 14. und 15. Jh. schwer zu vereinbaren ist. P. St.

AUSGABEN: Bln. 1938, Hg. A. Hübner. – *Das Buch vom heiligen Willehalm* [Prosaauflösung] (in *Deutsche Volksbücher aus einer Zürcher Handschrift des 15. Jh.s*, Hg. A. Bachmann u. S. Singer, Tübingen 1889).

LITERATUR: O. Kohl, *Zu dem »Willehalm« U.s v. T.* (in ZfdPh, 13, 1882, S. 129–163; 277–303; 480–488). – E. Lohmeyer, *Die Handschriften des »Willehalm« U.s v. T.*, Kassel 1883. – H. F. Rosenfeld, *Zur Textkritik von U.s v. T. »Rennewart«* (in ZfdA, 80, 1944, S. 50–70). – Ders., *Zur Überlieferung von U.s v. T. »Rennewart«* (in Beitr., 73, 1951, S. 429–456). – H. Beckers, *Unbeachtete »Rennewart«-Fragmente* (in ZfdA, 107, 1978, S. 103 bis 113). – Chr. Westphal-Schmidt, *Studien zum »Rennewart« U.s v. T.*, Ffm. 1979. – B. C. Bushey, *Nachträge zur »Willehalm«-Überlieferung* (in *Studien zu Wolfram von Eschenbach, Fs. W. Schröder*, Hg. K. Gärtner u. J. Heinzle, Tübingen 1989, S. 359–380).

TRISTAN

(mhd.). Höfischer Versroman mit 3731 Versen von ULRICH VON TÜRHEIM, entstanden um 1230/35. – Im Prolog beklagt der Erzähler den Tod GOTTFRIEDS VON STRASSBURG. Dessen fragmentarischen *Tristanroman* will er im Auftrag des schwäbischen Ministerialen und Reichsschenken KONRAD VON WINTERSTETTEN (dem auch der *Willehalm von Orlens* RUDOLFS VON EMS gewidmet ist) *»biz an sîn zil mit sprüchen vollebringen«*. Die handschriftliche Überlieferung des Textes hat dieses Konzept übernommen: in vier elsässischen oder mittelfränkischen, zum Teil illuminierten Codices aus dem Zeitraum vom 2. Drittel des 13. bis zur Mitte des 14. Jh.s steht Ulrichs *Tristan* (bzw. eine erheblich in den Text eingreifende Kurzredaktion) als Fortsetzung Gottfrieds, in zwei ebenfalls elsässischen Handschriften des 15. Jh.s folgt auf dessen

Text ein handlungslogisch diskontinuierlicher Schluß, den der anonyme Kurzroman *Tristan als Mönch* und das letzte Viertel von Ulrichs Text gemeinsam bilden.

Der *Tristan* Ulrichs von Türheim (er verfaßte auch eine umfangreiche Fortsetzung von Wolframs von Eschenbach *Willehalm* sowie eine nur noch trümmerhaft erhaltene Übertragung des *Cligés* Chrétiens de Troyes) setzt genau dort ein, wo Gottfrieds Tristanhandlung abbricht: Von Markes Hof geflohen, heiratet Tristan Isolde Weißhand. Indes vollzieht er, ein Gelübde vortäuschend, die Ehe nicht. Isoldes Bruder Kaedin gerät darüber in großen Zorn. Da erzählt ihm Tristan von der blonden Isolde: seine Geliebte, König Markes Frau, sei weit schöner als seine eigene Gattin Isolde Weißhand. Schließlich machen sich Tristan und Kaedin auf den Weg, um diese Behauptung durch Augenschein zu überprüfen. Mit reichem Gefolge ziehen die beiden *»gesellen«* nach Cornwall, wo es dank der Mittlerdienste des Seneschalls Tinas zur heimlichen Begegnung mit der blonden Isolde kommt. Kaedin bestätigt dabei Tristans Lob ihrer Schönheit und versöhnt sich mit ihm. Nächtens können sich die Geliebten lieben, während sich Kaedin vergeblich um Isoldes Hofdame Kamele bemüht. Nach der Trennung, Tristan hatte sich zu Tinas begeben, gerät Isolde durch ein Mißverständnis in Zorn über ihren Liebhaber. Dieser beschließt, sie zu besänftigen und kommt, als Aussätziger entstellt, erneut an den Hof. Isolde indes erkennt den Verkleideten und läßt ihn fortprügeln. Anderntags erscheint Tristan, diesmal zusammen mit seinem Gefährten Kurvenal als Bote verkleidet, wiederum bei Isolde. Nun aber versöhnt sich diese mit ihm und verabredet eine weitere heimliche Zusammenkunft: Tristan kommt als Narr an den Hof, rächt sich an den stets argwöhnischen Gefolgsleuten Markes und kann sich in der folgenden Zeit ungehindert mit der blonden Isolde treffen. Als dies schließlich doch entdeckt wird, flieht er.

Kaedin klagt Tristan auf der Heimreise von Cornwall sein Liebesleid mit der von ihrem Gatten Nampotanis streng behüteten Kassie. Mit Tristans Hilfe gelingt es Kaedin jedoch, während Nampotanis' Abwesenheit mit seiner Freundin zusammenzusein. Als der hintergangene Ehemann heimkehrt, durchschaut er den Betrug und verfolgt den Ehebrecher. Im Kampf wird Kaedin getötet, Tristan mit einer vergifteten Waffe schwer verwundet. Er kehrt zur weißhändigen Isolde zurück und schickt nach der blonden Geliebten, die als einzige ihn zu heilen verstünde. Als sie jedoch auf dem Schiff von Tristans Bote naht, berichtet Isolde Weißhand fälschlich, dieses habe schwarze Segel gesetzt. Tristan versteht das als Zeichen einer Weigerung der Geliebten, ihm zu helfen, und stirbt über der erlogenen Nachricht. An seiner Bahre ereilt die blonde Isolde der Liebestod. Später läßt Marke die Toten nach Cornwall überführen und in einem Kloster beisetzen. Auf den beiden Gräbern wachsen, sich unauflöslich verschlingend, ein Rosenstock und eine Weinrebe.

Handlungslogisch als Gottfried-Fortsetzung konzipiert und in stilistischen Details erkennbar an diesem geschult, greift Ulrichs *Tristan* stoffgeschichtlich vor allem auf Eilharts von Oberge *Tristrant* zurück. Die schwer zu interpretierende Widersprüchlichkeit der Erzählerkommentare läßt erkennen, daß auch hinsichtlich der Wertung der unbedingten Liebe von Tristan und Isolde und des Verhältnisses von Minne und Gesellschaft Ulrich nicht geradewegs an Gottfried anknüpft. Eher verurteilt er, das spekulative Problemniveau des fortgesetzten Epos deutlich unterschreitend, das Verhalten der Liebenden als Ehebruch, dessen in einer von der Logik der Tristangeschichte freigesetzten Welt tödliche Folgen Kaedins Liebesaffäre mit Kassie und seine Ermordung durch Nampotanis ins Bild setzt. Näherhin kann diese letzte Episode vor dem Liebestod ob ihrer erzählstrukturellen Korrespondenzen mit Tristans Rückkehr zur blonden Isolde, ob ihrer Dreieckskonstellation und ob der besonderen Inszenierung des Verhältnisses von Tristan und Kaedin, welcher auf Schritt und Tritt dessen Anweisungen folgt, als Erzählung eines Tristan imitierenden Fehlverhaltens und so als in das Epos hereingeholte Warnung vor identifikatorischer Rezeption der ganzen Tristangeschichte verstanden werden. Das Verhältnis des fortsetzenden zum fortgesetzten Text wäre demnach für die verschiedenen Textebenen von Handlungsgang, Stil, Stoff, Erzählstruktur, Deutungsangeboten differenziert zu beschreiben: als Kontinuation und Alternative, Neukonzeption und Gegenentwurf in einem, als eine Erzählung mithin, die im gemeinsamen Überlieferungsverbund Gottfrieds Epos in den Schatten ihrer ganz eigenständigen Deutung der Tristangeschichte stellt. P.St.

Ausgaben: Bln. 1821 (in *Tristan von Meister Gotfrit von Straszburg mit der Fortsetzung des Meisters Ulrich von Türheim*, Hg. E. v. Groote, S. 331–390). – Lpzg. 1843 (in Gottfried von Straßburg, *Tristan und Isolt*, Hg. H. F. Massmann, Sp. 497–590). – Tübingen 1979, Hg. Th. Kerth.

Literatur: K. Stiebeling, *Stilistische Untersuchungen über Gottfried von Straßburg u. seine beiden Fortsetzer U. v. T. u. Heinrich von Freiberg*, Diss. Halle 1905. – G. Meissburger, *Tristan u. Isold mit den weißen Händen. Die Auffassung der Minne, der Liebe u. der Ehe bei Gottfried von Straßburg u. U. v. T.*, Basel 1954. – W. Spiewok, *Zur Tristan-Rezeption in der mittelalterlichen deutschen Literatur* [1963] (in W. S., *Mittelalter-Studien*, Göppingen 1984, S. 367–393). – B. Wachinger, *Zur Rezeption Gottfrieds von Straßburg im 13. Jh.* (in *Deutsche Literatur des späten Mittelalters. Hamburger Colloquium 1973*, Hg. W. Harms u. L. P. Johnson, Bln. 1975, S. 56–82). – Th. Kerth, *U. v. T.s »Tristan«: A Critical Edition*, Diss. Yale University 1977. – A. R. Deighton, *Studies in the Reception of the Works of Gottfried von Strassburg in Germany during the Middle Ages*, Diss. Oxford 1979. – Th. Kerth, *The Conflation of the T.-Mss.: T.'s Continuation, a Case in Point* (in *Codices manuscripti*, 5, 1979, S. 1–8). – Ders., *The Denouement of the Tristan-Minne. T.'s Dilemma* (in Neoph, 65, 1981, S. 79–93). – A. Schwarz, *Sprechaktgeschichte. Studien zu den Liebeserklärungen in mittelalterlichen u. modernen Tristandichtungen*, Göppingen 1984, S. 119ff. – K. Grubmüller, *Probleme einer Fortsetzung. Anmerkungen zu U.s v. T. »Tristan«-Schluß* (in ZfdA, 114, 1985, S. 338–348). – W. C. McDonald, *The Fool-Stick. Concerning Tristan's Cub in the Eilhart-Tradition* (in Euph, 82, 1988, S. 127–149). – P. Strohschneider, *Gotfrit-Fortsetzungen. Tristans Ende im 13. Jahrhundert und die Möglichkeiten nachklassischer Epik* (in DVLG, 65, 1991, S. 70–98).

WALTHER VON DER VOGELWEIDE

* um 1170
† um 1230

LIEDER UND SPRÜCHE (mdh.) von WALTHER VON DER VOGELWEIDE.

Über 500 Strophen sind von Walther von der Vogelweide in mehr als 25 Handschriften überliefert. Nach eigener Aussage hat er vierzig Jahre lang gedichtet (*»wol vierzec jâr hab ich gesungen oder mê«*, 66,27); direkt nachweisbar ist eine Schaffenszeit von mindestens dreißig Jahren (vor 1198 bis nach 1225). Überschaubar wird das lyrische Werk, wenn man es nach Gattungen ordnet; die Handschriften überliefern etwa 90 Lieder, über 140 Sprüche und einen Leich von Walther. Genaue Angaben über den Textbestand sind nicht möglich, weil sicherlich nicht alles, was in den Handschriften unter seinem Namen steht, von ihm stammt. Es kommt vor, daß Lieder, die eine Handschrift Walther zuschreibt, in einer anderen Handschrift einem anderen Dichter zugewiesen werden; solche Doppelzuschreibungen bezeugen, daß es im Überlieferungsprozeß Unsicherheiten über die Autorschaft gab; besonders die Abgrenzung zwischen Walthers Liedern und denen REINMARS DES ALTEN hat offenbar schon früh Schwierigkeiten gemacht.
Ungewöhnlich ist, daß Walther im selben Umfang Lieder und Sprüche gedichtet hat. Lieddichtung und Spruchdichtung waren zwar für dasselbe adlige Hofpublikum bestimmt; aber die Dichter gehörten verschiedenen gesellschaftlichen Gruppen an: Die höfische Liedkunst des Minnesangs wurde hauptsächlich von Mitgliedern der adligen Gesellschaft ausgeübt, während die Spruchdichtung eine Domäne der Spielleute und Fahrenden war, die am untersten Rand der Gesellschaft ihren Platz hatten. Die beiden lyrischen Gattungen waren vor und nach Walther strikt getrennt. Daß die Gattungsgrenzen für Walther nicht bestanden, sucht man aus seinen Lebens- und Standesverhältnissen zu erklären. Früher glaubte man, er habe zu einer kleinen Ritterfamilie gehört und sei durch widrige Umstände gezwungen worden, die adlige Lebensform mit der eines Fahrenden zu vertauschen. Heute neigt man zu der Ansicht, daß Walther ein Nichtadliger war, dem es gelang, als Berufsdichter am Hof Fuß zu fassen. Das Nebeneinander von Liedern und Sprüchen in seinem Werk ist nicht nur für die Biographie wichtig: Walther hat Elemente der Spruchdichtung in seine Lieder übernommen und die Sprüche nach dem formalen Vorbild der Lieder umgestaltet.

Lieder

Die Beurteilung und das Verständnis von Walthers Liedern ist aufs engste mit der Frage nach ihrer Reihenfolge verbunden. Der Nachweis einer künstlerischen Entwicklung und, darauf beruhend, die Abgrenzung von Liedgruppen in chronologischer Ordnung galt lange als sichere Basis der Walther-Interpretation. Man unterschied: 1. Frühe Lieder, 2. die Lieder der Reinmar-Fehde, 3. Mädchenlieder oder Lieder der niederen Minne, 4. Lieder der neuen hohen Minne, 5. Alterslieder. Diese Ordnung glaubte man an der Entwicklung der Liebesauffassung festmachen zu können. Walther habe zunächst, in den frühen Liedern, im Stil des höfischen Minnesangs gedichtet, habe sich dann, in Auseinandersetzung mit Reinmar dem Alten, von den Vorstellungen der hohen Minne gelöst und sei in seinen Mädchenliedern zu einer neuen, eigenen Liebesauffassung gelangt; diese Auffassung habe er dann in den Liedern der neuen hohen Minne mit den traditionellen Vorstellungen zu versöhnen versucht; und zuletzt, in den Altersliedern, habe er sich vorzüglich religiösen Themen zugewandt. Diese Konstruktion einer lyrischen Entwicklung wird heute in allen wichtigen Punkten in Frage gestellt, ohne daß bereits ein neues Gesamtbild des Liederdichters Walther erkennbar ist.
Ganz unklar sind die lyrischen Anfänge Walthers. Vieles deutet darauf hin, daß er in den neunziger Jahren des 12. Jh.s am Wiener Hof Minnelieder gedichtet hat, neben Reinmar dem Alten, der die Form des höfischen Frauendienstliedes zu künstlerischer Meisterschaft entwickelt hatte. Es gibt keinen Grund dafür, die konventionellen und die weniger gelungenen Lieder Walthers als »Frühe Lieder« an den Anfang zu setzen. Gerade seine frühen Lieder müssen einen großen Eindruck gemacht haben; bereits am Ende der neunziger Jahre war Walther so berühmt, daß er Zugang zum Königshof fand. – Ebensowenig läßt sich eine »Fehde« mit Reinmar nachweisen, in deren Verlauf Walther zu künstlerischer Selbständigkeit gelangt wäre. Walther und Reinmar haben wahrscheinlich bis 1198 am Wiener Hof gedichtet; eine Konkurrenz mußte sich dabei fast von selbst ergeben. Die Lieder der beiden nehmen vielfach aufeinander Bezug. Eine polemische Absicht ist nur einmal zu erkennen: Walther hat in seinem Lied *Ein man verbiutet âne*

pflihț (111,22) die Strophenform von Reinmars Lied *Ich wirbe umb allez, daz ein man* benutzt und darüber gespottet, daß Reinmar seine Dame auf Kosten anderer Frauen in den Himmel gehoben habe. Reinmar hat auf diesen Angriff geantwortet; und es mag noch weitere Auseinandersetzungen gegeben haben. Darin spiegeln sich eher die Zwänge, denen die Berufsdichter an einem Fürstenhof ausgesetzt waren, als eine unterschiedliche Auffassung der höfischen Liedkunst.
In vielen Liedern hat Walther sich mit dem höfischen Minnebegriff auseinandergesetzt. Seine Kritik richtete sich in erster Linie gegen die Vorstellung, daß höfische Liebe sich in der Distanz zwischen dem dienenden Ritter und der ihm unerreichbaren Dame verwirkliche. Walthers Forderung, daß die Liebe durch zwei Herzen gehen müsse, ist keine neue Einsicht in das Wesen der Liebe, sondern ein Programm zur Erweiterung des Rollenspiels in der Minnelyrik.
Besonders unglücklich ist der Begriff »Mädchenlieder« und die damit verbundene Vorstellung, daß die schönsten Lieder Walthers nicht an eine höfische Dame, sondern an ein einfaches Mädchen gerichtet seien, mit dem der Dichter in herzlich-natürlicher Liebe verbunden gewesen sei. Heute betont man demgegenüber den experimentellen Charakter dieser Lieder, die in der Figur der Frau, die nicht durch Standesqualitäten, sondern durch innere Vorzüge ausgezeichnet ist, neue Positionen der Minnetheorie durchspielen.
Die Alterslieder können am ehesten als eine chronologische Gruppe begriffen werden, obwohl nicht auszuschließen ist, daß Walther in der Rolle des grauhaarigen Alten am Krückstock auch schon früher aufgetreten ist. Die Altersthematik verbindet sich bei ihm mit einer ätzenden Gesellschaftskritik und vor allem mit religiösen Motiven. In den Frau-Welt-Liedern hat Walther von den höfischen Wertvorstellungen feierlich Abschied genommen, um nur noch in der Sorge um das Seelenheil zu leben. Lebensrückblick, Weltabkehr und Kreuzzugsaufruf sind auch die Themen der sogenannten ›Elegie‹ (*Owê war sint verswunden alliu mîniu jâr!*, 124,1), deren Langzeilen an das Versmaß des *Nibelungenlieds* erinnern.
Walther war kein Revolutionär. Er hat nicht das ganze System des Minnesangs in Frage gestellt. Die Wende im Minnesang ist erst eine Generation nach ihm durch NEIDHART vollzogen worden. Der Gedanke, daß hohe Minne dem Mann Wert und Würde gibt, bleibt bei Walther das Fundament der Minnereflexion. Die reflektierenden Elemente treten in seinen Liedern stark hervor und damit auch ein lehrhafter Zug. Seine literarhistorische Bedeutung als Lieddichter ist vor allem in der Erweiterung der lyrischen Möglichkeiten zu sehen, sowohl thematisch als auch formal. Eine ganze Anzahl von Gattungen und Themen erscheint bei Walther zum erstenmal: pastourellenhafte Lieder, Traumlieder, Frühlingslieder, Rätsellieder, Streitgedichte, Dialoglieder, lyrischer Schönheitspreis, Scherzlieder, Scheltlieder, religiöse Kreuzlieder, Weltabsagelieder und manches andere. Ebenso umfangreich ist die Palette neuer Darstellungsmittel in Walthers Lyrik, die häufig seine Schulung als Spruchdichter verraten, vor allem in der witzigen Pointierung der Aussagen und in der Ausgestaltung der Sprecherrolle.
Wie weit Anregungen von außen seine Liedkunst beeinflußt haben, ist nicht ganz klar. Walther kannte die französische und wahrscheinlich auch die provenzalische Lyrik; doch scheint der Kontakt nicht sehr eng gewesen zu sein. Viel mehr verdankte Walther offenbar der lateinischen Dichtung, sowohl der Vagantenlyrik als auch der lateinischen geistlichen Dichtung und der gelehrten Literatur. Vieles von dem, was bei Walther zuerst in deutscher Sprache begegnet, ist dort vorgeprägt. Es ist denkbar, daß Walther als Fahrender mit lateinischen Dichtern in ähnlicher Stellung in Berührung kam; wahrscheinlicher ist jedoch, daß er von vornherein eine gute lateinische Bildung besaß.

Der Leich

Ein Leich ist ein Gedicht, das nicht aus Strophen besteht, sondern, wie die lateinischen Sequenzen, aus ungleichen Versgruppen (Versikeln), die meistens doppelt gesetzt sind. Während im Lied die Melodie in jeder Strophe wiederholt wird, ist der Leich durchkomponiert. Walthers Leich, ein Gedicht von 192 Versen, das in der *Manessischen Liederhandschrift* die Sammlung seiner Lyrik eröffnet, ist der erste Marienleich in deutscher Sprache; mit dieser Thematik hat Walther der Leichdichtung des 13. Jh.s einen Weg gewiesen. Die literarhistorischen Voraussetzungen lagen in der lateinischen Mariendichtung. Kennzeichnend für Walther ist die Verbindung von Gebet und religiöser Feier mit aktueller Kirchen- und Papstkritik.

Sprüche

Sprüche sind im Mittelalter genauso gesungen worden wie Lieder (deswegen sagt man auch »Sangsprüche«). Während die höfische Liedkunst durch das romanische Vorbild der Trobador- und Trouvèrelyrik geprägt worden ist, setzt die Spruchdichtung eine einheimische Tradition fort, die aus mündlichen Überlieferungen kam. Spruchdichtung war vor Walther vor allem lehrhafte Dichtung, die in der religiösen Unterweisung, in Weisheits- und Tugendlehre, in Anweisungen für die praktische Lebensbewältigung und im Herrscherlob ihre Schwerpunkte hatte. Diese Themen begegnen alle auch in Walthers Spruchdichtung. Er hat jedoch der Gattung durch die Thematisierung aktueller politischer Fragen ein neues Gesicht gegeben. Mit Walthers Sprüchen beginnt die politische Dichtung in deutscher Sprache. Ebenso wichtig ist die formale Neuerung: Walther hat die höfische Form der Spruchdichtung geschaffen, indem er die Strophenform der Sprüche nach dem Vorbild der Minnelieder umgestaltete. Auch wo sich seine Spruchstrophen von den Liedstrophen unterscheiden, sind sie nach denselben Kunstprinzipien gebaut. Im Gegensatz zum Lied blieb aber der Spruch

in den meisten Fällen einstrophig; und während man für jedes Lied eine neue Strophenform verlangte, haben die Spruchdichter ihre Strophen meistens mehrfach benutzt. Für Walthers häufiger benutzte Sprüche haben sich bestimmte Namen eingebürgert (*Erster Philippston, Unmutston* usw.). Wenn mehrere Sprüche thematisch verbunden sind (wie die drei Sprüche im *Reichston*), wird die Grenze zwischen Spruch und Lied fließend.
Obwohl sich nur wenige Sprüche Walthers konkret auf politische Ereignisse und Gestalten der Zeitgeschichte beziehen, ist doch die Chronologie seiner Spruchdichtung viel deutlicher als die seiner Lieder. Die frühesten Geschehnisse, die er erwähnt, sind der Tod Herzog Friedrichs I. von Österreich und die Wahl Philipps von Schwaben zum deutschen König im Jahr 1198; das letzte sichere Datum ist die Ermordung des Erzbischofs Engelbert von Köln im Jahr 1225. Ob sich einige Strophen im *Kaiser Friedrichston* auf den Kreuzzug der Jahre 1227/28 beziehen, ist unsicher. Innerhalb dieses Zeitraums bilden die Sprüche auf Philipp von Schwaben (1198–1208), Otto IV. (1198–1218) und Friedrich II. (1212–1250) das Rückgrat der Chronologie. Die Vorstellung, daß Walther jeweils für längere Zeit im Dienst dieser drei Herrscher gestanden habe und daß sich danach seine Spruchdichtung in Sprüche zur Zeit Philipps, zur Zeit Ottos und zur Zeit Friedrichs einteilen lassen, ist jedoch aufzugeben. Einerseits fehlen für die Mehrzahl der Sprüche konkrete Anhaltspunkte der Datierung; andererseits ist nicht sicher, ob Walther zu den Höfen Ottos IV. und Friedrichs II. mehr als flüchtige Beziehungen hatte.
Die romantische Vorstellung, daß die Sorge um das Wohl des Reiches nach dem Tod Kaiser Heinrichs VI. und nach der Doppelwahl des Jahres 1198 Walther zum politischen Dichter gemacht habe, verkennt die historischen Bedingungen, unter denen politische Dichtung im Mittelalter möglich war. Für die persönlichen Überzeugungen eines fahrenden Sängers dürfte sich kaum ein Publikum gefunden haben. Der Dichter konnte nur Erfolg haben, wenn er die Interessen derjenigen vertrat, die ihm erlaubten zu singen. Daher geht auch der Vorwurf der Charakterlosigkeit ins Leere, der der Waltherforschung so viel zu schaffen gemacht hat, solange man nach Entschuldigungen dafür suchte, daß Walther im Krieg zwischen Staufern und Welfen mehrfach die Seiten gewechselt hat. In Walthers Verhalten spiegelt sich vielmehr der Wechsel der Fürstenkoalitionen, von denen die Bewerber um die Krone damals unterstützt wurden.
Im Mittelpunkt von Walthers politischer Spruchdichtung steht die Reichsthematik, die durch die Frage, wer der richtige Herrscher ist, aktuelle Züge gewinnt. Außerdem betont Walther den Gegensatz zwischen weltlicher und kirchlicher Gewalt, zwischen Kaiser und Papst. Wie Walther die politischen Interessen seiner Auftraggeber wahrgenommen hat, ist daran abzulesen, daß er Motive benutzt, die auch in der politischen Auseinandersetzung der Zeit eine Rolle gespielt haben. Walthers Spruch *Diu krône ist elter danne der künec Philippes sî* (18,29), der den jungen König Philipp im Glanz seiner Krone feiert, enthüllt seine politische Aussage erst vor dem Hintergrund des von der staufischen Partei benutzten Arguments, daß die Legitimität von Philipps Königsherrschaft durch die Echtheit der Kroninsignien gewährleistet sei. So hat Philipp selbst in einem Schreiben an den Papst aus dem Jahr 1206 argumentiert. Man braucht nicht anzunehmen, daß dem Dichter von der Hofkanzlei gezielt politische Ideen zugespielt wurden; doch ist sicher, daß er mit den politischen Vorstellungen am Hof Philipps von Schwaben vertraut war. Vielleicht kannte Walther auch die lateinische Hofdichtung.
Ein »Sänger des Reiches« ist Walther höchstens gewesen, solange er für Philipp von Schwaben gedichtet hat; vielleicht nur ein Jahr. Der Spruch auf das Weihnachtsfest 1199 in Magdeburg, *Ez gienc, eins tages als unser hêrre wart geborn* (19,5), scheint bereits im Interesse der thüringischen und sächsischen Fürsten gedichtet zu sein. Die Sprüche gegen Philipp, die dessen mangelnde Freigebigkeit tadeln, sind gewiß nicht mehr am Königshof gesungen worden, wahrscheinlich auch nicht am Hof seines welfischen Gegners Otto IV., denn Walthers Verbindung zu diesem Herrscher beschränkt sich auf die drei Strophen im *Ottenton*, in denen er den Kaiser – wahrscheinlich bei seiner Rückkehr nach Deutschland im Frühjahr 1212 – feierlich begrüßt. Diese Strophen sind jedoch dem Anschein nach im Dienst des Markgrafen Dietrich von Meißen gedichtet. Offenbar sind Walthers Hoffnungen auf eine festere Verbindung mit dem Kaiserhof nicht in Erfüllung gegangen. Davon zeugen zwei Strophen im *König Friedrichston*, in denen er »Herrn Ottos« Geiz verspottet und ihm das leuchtende Beispiel des freigebigen jungen »Königs Friedrich« entgegenhält. Diese Strophen sind wahrscheinlich 1213 oder 1214 gedichtet worden, als die meisten Fürsten zu Friedrich II. übergingen. Von Friedrich II. ist Walther reich beschenkt worden; aber ein längerer Aufenthalt an dessen Hof läßt sich nicht nachweisen. Der politische Bezugspunkt von Walthers politischer Dichtung war offenbar nicht in erster Linie der Königs- und Kaiserhof, sondern der Fürstenhof. Ein großer Teil der Reichsdichtung Walthers kann von den politischen Interessen der Fürsten her interpretiert werden, die er in seinen Sprüchen namentlich genannt hat: Landgraf Hermann I. von Thüringen, Markgraf Dietrich von Meißen, Herzog Leopold VI. von Österreich, Herzog Bernhard II. von Kärnten, Erzbischof Engelbert von Köln, der Bischof von Passau und der Graf von Katzenelnbogen, wahrscheinlich auch Herzog Ludwig I. von Bayern. Wann und wie lange Walther an den Höfen dieser Fürsten war und wie viele seiner Lieder und Sprüche dort gedichtet wurden, ist unsicher. Von besonderer Bedeutung scheint für ihn der Thüringer Landgrafenhof gewesen zu sein.
Die Bedeutung von Walthers Spruchdichtung liegt nicht in der Originalität der politischen Gedanken,

sondern in der Art, wie Politik in Dichtung umgesetzt ist, wie mit poetischen Mitteln politische Wirkung erzielt wird. Ein besonders wirksames Mittel war die Ausgestaltung der Ich-Rolle. Der Sänger tritt in Walthers Sprüchen als Dichter, als Naturkundiger, als Lehrer der Jugend, als Ankläger, als Ratgeber des Königs, als Erblasser und sogar als Engel auf. Die Rollenstilisierung kann Betroffenheit ausdrücken und der Intensivierung der Aussage dienen. Wo der Weitgereiste, der Wanderer, der Spielmann spricht, wird die Rolle transparent, und dahinter wird der Dichter Walther sichtbar mit seiner sozialen Empfindlichkeit, seinem ausgeprägten künstlerischen Selbstbewußtsein und seinem Wissen um die Macht des Wortes, die es ihm erlaubt, mit Kaisern und Königen auf du und du zu verkehren.

Bezeichnend für Walthers Stil ist die Bildhaftigkeit seiner Sprache: die Umsetzung des Abstrakten und Gedanklichen in Anschauung. Die sakrale Würde des Reiches wird im feierlichen Schreiten des Herrscherpaares sichtbar gemacht; die Mücken mit ihrem König repräsentieren die richtige Ordnung; die Knausrigkeit des Königs ist an dem Braten zu sehen, von dem zu dünne Scheiben abgeschnitten werden. Ein besonders wirksames Mittel der Konkretisierung ist die Personifikation: Frau Welt, Frau Maze, Frau Bohne, Herr Stock, Herr Mai bevölkern Walthers Dichtung. Unfriede und Unrecht treten als Wegelagerer auf; der Teufel ist ein Kneipwirt; das Recht hinkt, der Neid schielt. Überall ist eine Tendenz zum Dramatisch-Mimischen wirksam. Alles ist auf Eindringlichkeit, Lebendigkeit, Witz und Effekt ausgerichtet. Die meisten Strophen sind auf den Schluß hin komponiert, auf eine Pointe, eine überraschende Wende, in der sich häufig die konkrete politische Absicht offenbart.

Walthers politische Dichtung ist auf Wirkung abgestellt; sie will beeinflussen und Stimmung machen; sie soll Emotionen wecken, positive und negative. Wo Walther tadelt und angreift, sind ihm alle Mittel recht: Spott, Invektive, Verunglimpfung. Der Gegner soll herabgesetzt und lächerlich gemacht, in seinem Ansehen vernichtet werden. Wie scharf und ungerecht Walther sein konnte, bezeugen seine maßlosen Angriffe auf den Papst, den er als geldgierigen Unheilstifter und Prasser darstellt. Es ist ein Glücksumstand, daß wir ein zeitgenössisches Zeugnis für die tatsächliche Wirkung dieser antipäpstlichen Propagandastrophen besitzen: *»Er hat damit tausend Menschen verwirrt«*, schreibt Thomasin von Zerklaere aus der Perspektive der papsttreuen Geistlichen. Man darf dabei nicht an politische Breitenwirkung im modernen Sinn denken. Gemeint ist eher, daß Walthers Dichtung in den deutschen Hofkreisen viel Resonanz gefunden hat.

Nachwirkung

Walther hatte einen großen Einfluß auf den Minnesang im 13. Jh.; seine thematischen Erweiterungen des Liedrepertoires haben jedoch wenig Nachfolge gefunden. Um so größer war seine Wirkung auf die spätere Spruchdichtung, die von ihm die entscheidenden Impulse empfing. Zeugnisse seines Dichterruhms sind die zahlreichen Nennungen bei späteren Autoren. Gottfried von Strassburg hat ihn als den größten lyrischen Dichter seiner Zeit gefeiert. Von Hugo von Trimberg stammt das Wort: *»Herr Walther von der Vogelweide, wer den vergäße, der täte mir leid.«* Die späteren Spruchdichter haben ihn als ihren *meister* gerühmt. Im *Wartburgkrieg* ist Walther selber zu einer poetischen Gestalt geworden. Später haben vor allem die Meistersinger, die ihn zu den Gründern ihrer Kunst zählten, sein Andenken bewahrt. Ganz vergessen war Walther nie. Zu Anfang des 17. Jh.s hat Melchior Goldast eine Auswahl aus seinen Sprüchen gedruckt. Durch die Ausgaben von Johann J. Bodmer aus der Mitte des 18. Jh.s wurde sein lyrisches Werk wieder allgemein bekannt. Bereits in der zweiten Hälfte des 18. Jh.s begann, mit Gleims *Gedichten nach Walther von der Vogelweide* (1779), die produktive künstlerische Rezeption.

Seit dem Anfang des 19. Jh.s wurden Walthers Lieder und Sprüche zum Gegenstand wissenschaftlicher Forschung. 1827 hat Karl Lachmann die grundlegende kritische Ausgabe vorgelegt. Bereits 1822 war das Buch von Ludwig Uhland, *Walther von der Vogelweide, ein altdeutscher Dichter*, erschienen, das die romantische Waltherauffassung geprägt hat. Im 19. Jh. galt Walthers Lyrik, nach dem *Nibelungenlied*, als das kostbarste nationale Erbe des Mittelalters. Kein anderer Dichter der älteren Zeit hat sich so viele politische Vereinnahmungen gefallen lassen müssen. In der Metternich-Ära ist Walther als gehorsamer Fürstendiener gesehen worden; in der Bismarckzeit wurde er für den Kulturkampf eingespannt; zur Zeit der Weimarer Republik hat man ihn als Deutschnationalen gefeiert; die Nazis haben völkische Züge an ihm entdeckt. Die Forschung nach 1945 hat sich um Befreiung von diesen ideologischen Vereinnahmungen bemüht und die Position dieses Autors innerhalb des Gefüges der Gesellschaft um 1200, seine Existenzform als fahrender Dichter wie auch den Rollencharakter seiner Dichtung zu erhellen versucht und damit ein angemesseneres historisches Verständnis seiner Lyrik ermöglicht. J.Bum.

Ausgaben: *Proben der alten schwaebischen Poesie des Dreyzehnten Jh.s. Aus der Maneßischen Sammlung*, Hg. J.J. Bodmer u. J.J. Breitinger, Zürich 1748 [Ausw.]. – *Sammlung von Minnesingern aus dem schwaebischen Zeitpuncte CXL Dichter enthaltend; durch Ruedger Manessen, weiland des Rathes der uralten Zyrich*, Hg. dies., Zürich 1758/59, 2 Tle. – *Die Gedichte W.s von der V.*, Hg. K. Lachmann, Bln. 1827 [ern. Bln. 1907, Hg. C.v. Kraus; [12]1959; [13]1965, Hg. H. Kuhn]. – *Die Gedichte W.s von der V.*, Hg. H. Paul, Halle/Saale 1882; [6]1945, Hg. A. Leitzmann, [10]1965, Hg. H. Kuhn. – *Minnesinger. Deutsche Liederdichter des 12., 13. u. 14. Jh.s, aus allen bekannten Hss. und früheren Drucken gesammelt*, Hg. F. H. von der Hagen, Lpzg. 1838–1856, 5 Tle. [Neudr. Aalen 1962/63]. – *W. von der V.*,

Hg. W. Wilmanns, Halle 1869; ^{4}1916–1924, Hg. V. Michels, 2 Bde. – *Gedichte*, Hg. M. Wehrli, Bern 1946. – *Die Lieder W.s von der V. Unter Beifügung erhaltener u. erschlossener Melodien*, Hg. F. Maurer, Tübingen 1955–1956, 2 Bde. – *W. von der V. Die gesamte Überlieferung der Texte u. Melodien. Abbildungen, Materialien, Melodietranskriptionen*, Hg. H. Brunner u. a., Göppingen 1977. – *Frau Welt, ich hab von dir getrunken. Gedichte*, Hg. H. Witt, Bln./DDR 1979 [m. Übers.; ^{3}1984]. – *Des Minnesangs Frühling*, Hg. K. Lachmann u. M. Haupt [1857], F. Vogt u. C. v. Kraus, bearb. v. H. Moser u. H. Tervooren, Stg. ^{37}1982. – *Sprüche u. Lieder*, Hg. u. Einl. H. Protze, Lpzg. 1983.

ÜBERSETZUNGEN: *Gedichte nach W. von der V.*, J. W. L. Gleim, o. O. [Halberstadt] 1779. – *Die Gedichte W.s von der V.*, K. Simrock, 2 Tle., Bln. 1833 u. ö.; ern. Ffm. 1987 (Insel Tb). – *Sprüche, Lieder, der Leich*, P. Stapf, Bln./Darmstadt ^{2}1963. – *Die Gedichte W.s von der V. Urtext mit Prosaübers.*, H. Böhm, Bln. ^{3}1963. – *Gedichte. Mhd. Text u. Übertragung*, P. Wapnewski, Ffm. 1971 (Ausw.; FiTb; zuerst Ffm. 1962; EC). – *W. von der V. Sämtliche Lieder. Mhd. u. in nhd. Prosa*, F. Maurer, Mchn. 1972. – *Tiuschiu zucht gat vor in allen: Gedichte*, E. Thurnher, Salzburg 1982. – *Gesamtwerk. In gleichartiger Reimübersetzung*, H. Schwanig, Bad Mergentheim 1983. – *In dieser Welt geht's wundersam. Die Gedichte (mhd. u. nhd.)*, Mchn. 1984 [nach der Ausg. v. H. Witt; Einf. U. Schulze]. – *W. von der V.: Werke. Text u. Prosaübers., Erl. der Gedichte, Erklärung der wichtigsten Begriffe*, J. Schaefer, Darmstadt ^{2}1987.

LITERATUR: L. Uhland, *W. von der V., ein altdeutscher Dichter*, Stg./Tübingen 1822. – K. Burdach, *W. von der V. Philologische u. historische Forschungen*, Lpzg. 1900. – W. H. Moll, *Über den Einfluß der lateinischen Vagantendichtung auf die Lyrik W.s von der V. u. seiner Epigonen im 13. Jh.*, Paris 1925. – K. Burdach, *Reinmar der Alte u. W. von der V.*, Halle ^{2}1928. – G. Gerstmeyer, *W. von der V. im Wandel der Jahrhunderte*, Breslau 1934. – M. Hechtle, *W. von der V.: Studien zur Geschichte der Forschung*, Jena 1937. – K. K. Klein, *Zur Spruchdichtung u. Heimatfrage W.s von der V.*, Innsbruck 1952. – F. Maurer, *Die politischen Lieder W.s von der V.*, Tübingen 1954. – G. Schweikle, *Minne u. Mâze. Zu »Aller werdekeit ein füegerinne« (W. 46, 32 ff.)* (in DVLG, 37, 1963). – P. Wapnewski, *Der Sänger u. die Dame. Zu W.s Schachlied (111,23)* (in Euph, 60, 1966, S. 1–29). – M. G. Scholz, *Bibliographie zu W. von der V.*, Bln. 1969. – M. Gradinger, *Die Minnesang- u. W.-Forschung von Bodmer bis Uhland*, Mchn. 1970. – H. Heger, *Das Lebenszeugnis W.s von der V. Die Reiserechnungen des Passauer Bischofs Wolfger von Erla*, Wien 1970. – *W. von der V.*, Hg. S. Beyschlag, Darmstadt 1971 (WdF). – A. Kircher, *Dichter u. Konvention. Zum gesellschaftlichen Realitätsproblem der deutschen Lyrik um 1200 bei W. von der V. u. seinen Zeitgenossen*, Düsseldorf 1973. – W. Schröder, *Die Lebenszeugnisse W.s von der V.* (in *Studien zur deutschen Literatur u. Sprache des Mittelalters, FS Hugo Moser*, Hg. W. Besch u. a., Bln. 1974, S. 88–100). – V. Schupp, *Er hat tusent man betoeret, Zur öffentlichen Wirkung W.s von der V.* (in Euph, 69, 1975, S. 38–59). – J. Ashcroft, *Min trutgeselle von der Vogelweide, Parodie u. Maskenspiel bei W.* (ebd., 69, 1975, S. 38–59). – P. Rühmkorf, *W. von der V., Klopstock u. ich*, Reinbek 1975. – W. Haubrichs, *Grund u. Hintergrund in der Kreuzzugsdichtung. Argumentationsstruktur u. politische Intention in W.s »Elegie« u. »Palästinalied«* (in *Philologie u. Geschichtswissenschaft. Demonstrationen literarischer Texte des MA.s*, Hg. H. Rupp, Heidelberg 1977, S. 12–62). – G. Hahn, *Möglichkeiten u. Grenzen der politischen Aussage in der Spruchdichtung W.s von der V.* (in *Deutsche Literatur im Mittelalter, Hugo Kuhn zum Gedenken*, Hg. Ch. Cormeau, Stg. 1979, S. 338–355). – E. Nellmann, *W.s unzeitgemäßer Kreuzzugsappell. Zur Funktion der Her keiser-Strophen des Ottentons* (in ZfdPh, 98, 1979, S. 22–60). – T. Ehlert, *Konvention-Variation-Innovation. Ein struktureller Vergleich von Liedern aus »Des Minnesangs Frühling« u. von W. von der V.*, Bln. 1980. – H. Kuhn, *Minnelieder W.s von der V.: ein Kommentar*, Hg. Ch. Cormeau, Tübingen 1982. – A. Masser, *Ich saz uf eime steine ..., Das Bild W.s von der V.* (in *Tradition u. Entwicklung, FS Eugen Thurnher*, Hg. W. M. Bauer u. a., Innsbruck 1982, S. 87–110). – S. Ranawake, *Gab es eine Reinmar-Fehde?, Zu der These von W.s Wendung gegen die Konvention der hohen Minne* (in Oxford German Studies, 13, 1982, S. 7–35). – K. H. Halbach, *W. von der V.*, Stg. ^{4}1983 (Slg. Metzler). – M. Schiendorfer, *Ulrich von Singenberg, W. u. Wolfram: zur Parodie in der höfischen Literatur*, Bonn 1983. – S. Ranawake, *W.s Lieder der Herzeliebe u. die höfische Minnedoktrin* (in *Minnesang in Österreich*, Hg. H. Birkhan, Wien 1983, S. 109–152). – H. Wenzel, *Typus u. Individualität, Zur literarischen Selbstdeutung W.s von der V.* (in IASL, 8, 1983, S. 1–34). – Th. Cramer, *Ich sach swaz in der welte was. Die Ordnung des Kosmos in W.s zweitem Reichsspruch* (ZfdPh, 104, 1985, S. 70–85). – G. Hahn, *W. von der V. Eine Einführung*, Mchn./Zürich 1986. – G. Schweikle, *Die Fehde zwischen W. von der V. u. Reinmar dem Alten. Ein Beispiel germanistischer Legendenbildung* (in ZfdA, 97, 1986, S. 235–253). – B. Volkmann, *Owê war sint verswunden, Die Elegie W.s von der V., Untersuchungen, Krit. Text, Kommentar*, Göppingen 1987. – R. Richter, *Wie W. von der V. ein »Sänger des Reiches« wurde. Eine sozial- u. wissenschaftsgeschichtliche Untersuchung zur Rezeption seiner »Reichsidee« im 19. u. 20. Jh.*, Göppingen 1988. – A. Masser, *Zu den sog. Mädchenliedern W.s von der V.* (in DU, 39, 1989, H. 1, S. 3–15). – *W. von der V.*, Hamburger Kolloquium 1988, Hg. J.-D. Müller u. F. J. Worstbrock, Stg. 1989. – *W. von der V. Beiträge zu Leben u. Werk*, Hg. H.-D. Mück, Stg. 1990. – H. Sievert, *Studien zur Liebeslyrik W.s von der V.*, Göppingen 1990.

Wernher der Gartenaere

2. Hälfte 13.Jh.

MEIER HELMBRECHT

(mhd.). Verserzählung von Wernher dem Gartenaere, entstanden zwischen 1250 und 1282. – Das Werk, eine der *»großartigsten Dichtungen des gesamten deutschen Mittelalters«* (F. Tschirch), ist nur in zwei Sammelhandschriften überliefert, zum einen in der Berliner Papierhandschrift (B) in abgesetzten Versen, deren Abschrift – wie der Schreiber festhält – 1457 beendet wurde, zum andern in der Pergamenthandschrift des *Ambraser Heldenbuchs* (A) in fortlaufenden Zeilen, geschrieben 1504 bis 1516 vom Bozener Zollschreiber Hans Ried. Über den Autor, der sich am Ende seines 1934 Verse umfassenden Textes selbst nennt, wo er Fürbitte für jeden Erzähler seiner Geschichte wie für ihn als Dichter fordert *(»Swer iu ditze maere lese, / bitet daz im got genaedec wese / und dem tihtaere, / Wernher dem Gartenaere«)*, ist nichts bekannt; vermutlich, dies die geläufige Annahme, war er ein fahrender Sänger, ein Spielmann, dessen Beinamen »Gartenaere« sich demnach nicht auf das Wort »Gärtner«, sondern auf »garten« (bettelnd) bezieht.

Die Handlung ist den Ortsnamen nach im oberen Innviertel, östlich der Salzach, angesiedelt, wo es noch heute den sogenannten »Helmbrechtshof« gibt. In an Wolfram von Eschenbach geschultem Stil, in bairisch-österreichischer, mundartlich stark geprägter Sprache erzählt Wernher die Geschichte des hochfahrenden Bauernsohns Helmbrecht, dessen Geltungssucht und Eitelkeit ihn vom väterlichen Anwesen zu den Raubrittern treiben. Von Mutter und Schwester verhätschelt und mit für einen Bauernburschen viel zu kostbarer Kleidung ausgestattet, insbesondere mit einer reichbestickten *hûbe*, verläßt er eines Tages die Eltern, entgegen den Mahnungen des Vaters, seinen gottgewollten Stand und Platz in der Welt nicht aufzugeben. Der von Helmbrecht erstrebte vornehme Hof, an den er schließlich kommt, ist jedoch nur der eines Raubritters, dessen Beutezügen sich der Bursche anschließt. Nach einem Jahr kehrt er wieder nach Haus zurück, spricht ein mit vornehmen, aber nur halb verstandenen fremdsprachigen Brocken durchmischtes Kauderwelsch, benimmt sich seinen Eltern gegenüber hochmütig und herablassend und prahlt mit seinen Schandtaten, die ihm den Namen »Slintezgeu« (»Verschling das Land«) eingetragen haben und die er für ritterlich hält. Sein Vater aber wirft ihm vor, daß er nur von *liegen* (lügen), *triegen* (betrügen) und *hâhen* (aufhängen) zu berichten wisse, während doch einst die Ritter nach *triuwe* und *êre* strebten. Trotz nochmaliger Ermahnungen des Vaters zieht der Sohn wieder zu seinen raubritterlichen Spießgesellen, nachdem er vorher seine Schwester Gotelint zum Mitkommen verführt hat, die sogleich dem Kumpanen »Lemberslint« (»Lämmerschlund«) angetraut wird. Doch beim Hochzeitsfest kann ein *scherge* (Richter) die ganze Gesellschaft stellen. Neun Räuber werden aufgehängt, Helmbrecht – nach einer alten Sitte – als zehnter begnadigt, doch verstümmelt und geblendet, was ausdrücklich als Strafe für seine Überheblichkeit und seinen Ungehorsam gegen seine Eltern bezeichnet wird: *»von den sünden leit sîn lîp / dise maneger slahte nôt, / daz im tûsent stunt der tôt / lieber möhte sîn gewesen.« (»Dieser Sünden wegen mußte er so vielfache Not erdulden, daß ihm der Tod tausendmal lieber gewesen wäre.«)* Nun wird er vom Vater, obgleich dem dabei das Herz fast bricht, hart von der Tür gewiesen. Bald darauf erwischen ihn Bauern, die er früher geschädigt hat, zerfetzen seine schöne *hûbe* und hängen ihn auf. Erst am Ende spricht der Dichter, der sonst seine Lehre ganz in die Erzählung selbst einbettet, direkt die Warnung aus, dem Vorbild Helmbrechts nicht zu folgen.

Mit diesem Werk, dem einzigen unter seinem Namen überlieferten, steht Wernher der Gartenaere mitten im Leben seiner Zeit: Der Verfall des Rittertums, die Auflösung der Standesgrenzen und die Krise des mittelalterlichen gesellschaftlichen *Ordo*-Denkens spiegeln sich in seiner satirischen, doch bei aller Härte nie einseitig verurteilenden, bei aller belehrenden Intention nie trocken-didaktischen Dichtung wider. Das Werk muß in Zusammenhang mit der nachklassischen, »dörperlichen« Lyrik Neidharts von Reuental gesehen werden, aus dessen Liedern Wernher zwei Stellen wörtlich in seine Dichtung aufgenommen hat und den er als seinen Meister preist. Übrigens ist der Verfasser auch mit der höfischen Epik wohl vertraut, ebenso wie mit den Werken des Strickers und Freidanks. Aufs geschickteste weiß er den ideellen Kern des Geschehens, den Verstoß des Sohnes gegen das vierte Gebot und seine soziale Unbescheidenheit, in eine realistische Handlung einzubetten und ein Detail wie die kostbare *hûbe* zu einem Symbol zu erheben, *»an dem sich die Hybris des Helden wie sein Sturz und Untergang sinnlich eindrucksvoll erfüllen«* (F. Panzer). Ebenso sicher zeichnet er die Gestalt des alten Meiers, der – ideales Gegenstück zu seinem Sohn – seine Grenzen kennt und voller Selbstbewußtsein und Stolz seinen Stand achtet und ehrt. Zugleich bietet das Gedicht, fast beiläufig, ein anschauliches Kulturbild der Zeit. J.Dr.

Ausgaben: Wien 1839, Hg. J. Bergmann. – Bln. 1844, Hg. M. Haupt (in ZfdA, 4, 1844, S. 318–385; krit.). – Halle/Saale 1902, Hg. F. Panzer (ATB, 11; Tübingen [9]1974, Hg. K. Ruh). – Ffm. 1972 u. ö., Hg. H. Brackert u. a. (m. Übers.; FiTb). – Göppingen 1972 (*Abbildungen zur gesamten handschriftlichen Überlieferung*, Hg. F. Hundsnurscher). – Lpzg. 1972, Hg. H. Protze [m. Übers.]. – Stg. 1974, Hg. F. Tschirch (m. Übers. u. Erl.; RUB). – Darmstadt 1974, Hg. K. Speckenbach [m. Übers. u. Erl.].

LITERATUR: R. M. Meyer, *Helmbrecht u. seine Haube* (in ZfdPh, 40, 1908, S. 421–430). – F. Neumann, *Meier Helmbrecht* (in WW, 2, 1952, S. 196–206). – H. Fischer, *Gestaltungsschichten im »Meier Helmbrecht«* (in Beitr., 79, Tübingen 1957, S. 85–109). – F. Tschirch, *W.s »Helmbrecht« in der Nachfolge von Gottfrieds »Tristan«* (ebd., 80, 1958, S. 292–314). – G. Lange, *Das Gerichtsverfahren gegen den jungen Helmbrecht. Versuch einer Deutung nach dem kodifizierten Recht u. den Landfriedensordnungen des 13. Jh.s* (in ZfdA, 99, 1970, S. 222 bis 234). – B. Sowinski, *W. der G.: »Helmbrecht«. Interpretationen*, Mchn. 1971. – I. v. Tippelskirch, *Zum »Helmbrecht«* (in Euph, 67, 1973, S. 60–70). – H. Bausinger, *»Helmbrecht«. Eine Interpretationsskizze* (in *Studien zur deutschen Literatur u. Sprache des MA.s. Fs. H. Moser*, Hg. W. Besch u. a., Bln. 1974, S. 200–215). – H. Brackert, *Helmbrechts Haube* (in ZfdA, 103, 1974, S. 166–184). – P. Göhler, *Konflikt u. Figurengestaltung im »Helmbrecht« von W. dem G.* (in WB, 20, 1974, H. 8, S. 93–116). – B. Haupt, *»durch iuwer liebe sagte ich daz«. Eine literarhistorische Studie zum »Märe von Helmbrecht«* (in Euph, 68, 1974, S. 229–251). – W. Köppe, *Überlegungen zur textadäquaten Interpretation des »Helmbrecht«* (in Acta Germanica, 9, 1974, S. 11–122). – G. Schindele, *»Helmbrecht«. Bäuerlicher Aufstieg u. landesherrliche Gewalt* (in *Literatur im Feudalismus*, Hg. D. Richter, Stg. 1975, S. 131–211). – H. Wenzel, *»Helmbrecht« wider Habsburg. Das Märe von W. dem G. in der Auffassung der Zeitgenossen* (in Euph, 71, 1977, S. 230–249). – E. E. Metzner, *Râte iu wol ein tumbe! Zu Titel, Thema, Textbestand u. Textgestalt der Beispielerzählung von »Helmbrecht«* (in ZfdA, 107, 1978, S. 276–297). – H. Kästner, *Mittelalterliche Lehrgespräche*, Bln. 1978. – P. Krahe, *Slintezgeu Helmbrecht* (in Euph, 73, 1979, S. 106–120). – U. Seelbach, *Bibliographie zu W. dem G.*, Bln. 1981. – *Das Märe. Die mhd. Versnovelle des späten MA.s*, Hg. K.-H. Schirmer, Darmstadt 1983. – U. Seelbach, *Kommentar zum »Helmbrecht« von W. dem G.*, Göppingen 1987. – A. Schwob, *Das mhd. Märe vom »Helmbrecht« vor dem Hintergrund der mittelalterlichen ordo-Lehre* (in *Geistliche u. weltliche Epik des MA.s in Österreich*, Hg. D. McLintock u. a., Göppingen 1987, S. 1–17). – F. P. Knapp, *W. der G.* (in *Deutsche Dichter. Leben u. Werk deutschsprachiger Autoren*, Bd. 1, Hg. G. E. Grimm u. F. R. Max, Stg. 1989, S. 321–328). – J. Bumke, *Geschichte der deutschen Literatur im hohen MA*, Mchn. 1990, S. 283/284.

WOLFRAM VON ESCHENBACH

* um 1170 Wolframs-Eschenbach (?)
† um 1220 Wolframs-Eschenbach (?)

LITERATUR ZUM AUTOR:
A. Schreiber, *Neue Bausteine zu einer Lebensgeschichte W.s v. E.*, Ffm. 1922; Nachdr. Hildesheim 1975. – G. Weber, *W. v. E. Seine dichterische u. geistesgeschichtliche Bedeutung. Bd. 1: Stoff u. Form*, Ffm. 1928. – J. B. Kurz, *W. v. E. Ein Buch vom größten Dichter des dt. MA.s*, Ansbach 1930. – M. Wehrli, *W.s Humor* (in *Überlieferung u. Gestaltung, Fs. f. T. Spoerri*, Zürich 1950, S. 9–31). – F. Maurer, *Leid. Studien zur Bedeutungs- u. Problemgeschichte, besonders in den großen Epen der staufischen Zeit*, Bern/Mchn. 1951; 31964. – *W. v. E.*, Hg. H. Rupp, Darmstadt 1966 (WdF). – L. Wolff, *Vom persönlichen Stil W.s in seiner dichterischen Bedeutung* (in L. W., *Kleinere Schriften*, Bln. 1967, S. 262–293). – U. Pretzel u. W. Bachofer, *Bibliographie zu W. v. E.*, Bln. 21968. – J. Bumke, *Die W. v. E.-Forschung seit 1945*, Mchn. 1970. – W.-Studien, Bln. 1970 ff. [m. Bibliogr.]. – W. Haug, *Die Symbolstruktur des höfischen Epos u. ihre Auflösung bei W. v. E.* (in DVLG, 45, 1971, S. 668–705). – H. Ragotzky, *Studien zur W.-Rezeption. Die Entstehung u. Verwandlung der W.-Rolle in der dt. Literatur des 13. Jh.s*, Stg. u. a. 1971. – J. F. Poag, *W. v. E.*, NY 1972 (TWAS). – E. Nellmann, *W.s Erzähltechnik. Untersuchungen zur Funktion des Erzählers*, Wiesbaden 1973. – S. C. Harroff, *W. and His Audience*, Göppingen 1974. – W. Mohr, *W. v. E. Aufsätze*, Göppingen 1979. – K. Ruh, *Höfische Epik des dt. MA.s*, Bd. 2, Bln. 1980, S. 50–202. – K. Bertau, *W. v. E. Neun Versuche über Subjektivität u. Ursprünglichkeit in der Geschichte*, Mchn. 1983. – *Studien zu W. v. E. Fs. f. W. Schröder*, Hg. K. Gärtner u. J. Heinzle, Tübingen 1989. – W. Schröder, *W. v. E. Spuren, Werke, Wirkungen*, 2 Bde., Stg. 1989. – J. Bumke, *W. v. E.*, Stg. 61991 (Slg. Metzler).

DIE LIEDER (mdh.) von WOLFRAM VON ESCHENBACH.

Im Mittelalter war Wolfram von Eschenbach nicht nur als Dichter des *Parzival* und des *Willehalm* berühmt; er hat auch in der Geschichte der mittelalterlichen Lyrik eine wichtige Rolle gespielt. Vor allem eine lyrische Sonderform, das *Tagelied*, ist von ihm geprägt worden. Nur neun Lieder sind von Wolfram überliefert; wahrscheinlich hat er mehr gedichtet, aber offenbar gab es im 13. Jh. keine zuverlässige Sammlung seiner Lieder.
Tagelieder sind Lieder, die den Trennungsschmerz der Liebenden beim Anbruch des Tages, nach gemeinsam verbrachter Nacht, besingen. Dieses Thema ist zu allen Zeiten lyrisch behandelt worden, im

alten Ägypten, im klassischen Griechenland, im europäischen Mittelalter und in vielen modernen Literaturen. Die Geschichte des mittelalterlichen Tageliedes ist in wichtigen Punkten unklar. Offenbar gab es eine volkstümliche Tradition, die in dem ältesten deutschen Taglied, *Slâfest du, vriedel ziere?*, das unter dem Namen Dietmars von Eist überliefert ist, Spuren hinterlassen hat. Das höfische Tagelied entstand im 12. Jh. in Südfrankreich. Das früheste Zeugnis für die Rezeption der provenzalischen *Alba* in Deutschland ist das Tagelied Heinrichs von Morungen: *Owê, sol aber mir iemer mê geliuhten dur die naht.* Aber erst Wolfram hat die neue Form des höfischen Tagelieds in Deutschland geprägt. Seine Abhängigkeit von den romanischen Vorbildern ist schwer zu beurteilen, weil es nur wenige provenzalische Tagelieder gibt, die sicher ins 12. Jh. datiert werden können.

Kennzeichen des höfischen Tagelieds ist die feudale Kulisse. Die Liebenden sind Mitglieder der adligen Gesellschaft, und die Szene spielt in der Burg, in der Kemenate der Dame. Die wichtigste Neuerung ist die Einführung einer neuen Figur, des Wächters, der das heimliche Beisammensein der Liebenden bewacht und sie durch seinen Morgenruf weckt. Durch Wolfram ist das Wächtertagelied in Deutschland zur Hauptform geworden. Ob es schon vor ihm Wächterlieder gab, ist in der Forschung umstritten; überliefert ist jedenfalls kein älterer Text.

In Wolframs Tageliedern sind die erzählenden Teile breit ausgestaltet. Mit besonderer Intensität ist der Tagesanbruch dargestellt: aus der Perspektive der Liebenden wird das feindliche Morgenlicht zum Tagesdämon, der seine Klauen durch die Wolken schlägt: *Sine klâwen durch die wolken sint geslagen* (Nr. 2). Vor dem dämmernden Tag fliehen die Liebenden noch einmal zueinander, und ihr »Abschied« *(urloup)* wird zur großen Szene. Wir besitzen vier Tagelieder von Wolfram, die alle denselben Handlungsablauf zeigen: Morgenanbruch, Weckruf, Trennungsklage, letzte Vereinigung der Liebenden und Abschied. Es sind kunstvolle Variationen desselben Themas mit wechselndem Anteil der epischen Partien und jeweils neuer Rollenverteilung: einmal spricht nur der Wächter, einmal nur die Frau, einmal besteht das Lied aus einem Dialog zwischen Wächter und Dame, einmal sprechen beide für sich. Auch die Strophenformen variieren einen Grundtyp mit kurzen Stollen und stark anschwellendem Abgesang. Eine formale Eigenheit der provenzalischen *Alba*, den Refrain mit dem Wort *alba*, hat Wolfram nicht übernommen. Seine Tagelieder bestehen aus dreiteiligen Kanzonenstrophen, der Hauptform des deutschen Minnesangs.

Eine Sonderstellung unter Wolframs Tageliedern nimmt *Der helden minne ir klage* (Nr. 4) ein. Hier redet der Dichter den Wächter an und heißt ihn schweigen *(wahtaere, swîc)*. Wenn man die Nacht bei seiner eigenen Ehefrau verbringt, bedarf es keiner Heimlichkeit und keines Aufpassers. Früher hat man gedacht, daß Wolfram in diesem Lied mit den Jugendsünden seiner Tagelieder abrechnet und zur Ehemoral seiner großen Epen vordringt. Heute verbietet man sich eine autobiographische Interpretation und betont den spielerischen Charakter des Liedes, in dem verschiedene Aspekte der Gattung Tagelied zur Diskussion gestellt werden. Im Mittelpunkt steht die Auseinandersetzung mit der Wächterfigur. Offenbar war die Gestaltung der Wächterrolle das zentrale Problem für Wolfram; auch die neuere Forschung sucht den Zugang zum Verständnis seiner Lyrik im wesentlichen über diese Gestalt. Besondere Schwierigkeiten macht die Frage, wie die merkwürdigen Verstöße gegen die epische Wahrscheinlichkeit in der Rolle des Wächters zu erklären sind. Wenn der Wächter seinen Weckruf mit einer Warnung an den Ritter verbindet, der heimlich bei der Dame liegt *(»Gib acht, wach auf, edler Gast!«)*, so fragt man sich, ob nicht auch die übrigen Burgbewohner diesen Warnruf hören und ob der Wächter durch seinen Ruf nicht gerade den verrät, den zu schützen er vorgibt. Ist der Wächter beim Dialog mit der Dame auf der Zinne stehend gedacht und singt er in die Kemenate der Dame hinüber und schallt die Antwort der Frau zurück bis auf die Zinne? Soll man sich den Wächter vielleicht nicht als Diener der Dame, sondern als einen Freund des Ritters denken, der das heimliche Beisammensein bewacht? Oder soll der Wächter nicht als reale Gestalt aufgefaßt werden, sondern als eine Personifikation der höfischen Gesellschaft oder als die Stimme des Gesellschaftsbewußtseins der Liebenden? Eine Verständigung über diese Fragen ist noch nicht erreicht worden. Bereits im 13. Jh. hat man an der Gestalt des Wächters als einem Vertrauten der Liebenden Anstoß genommen: Ulrich von Liechtenstein hat den Wächter durch ein Hoffräulein ersetzt, das als Mitwisserin der heimlichen Liebe ihrer Herrin glaubwürdiger erschien. Trotz dieser Kritik haben Wolframs Wächtertagelieder gattungsbestimmend gewirkt.

Es gibt etwa siebzig deutsche Tagelieder aus dem 13. und 14. Jh., und nur wenige davon sind nicht von Wolfram beeinflußt. Das Tagelied hat auch das Ende des Minnesangs überdauert: in den Liederbüchern des 15. und 16. Jh.s stehen zahlreiche Tagelieder, die nicht ohne die höfische Liedtradition denkbar wären. Selbst in den späteren Volksliedersammlungen findet man noch Stücke, die Wolframs Typ des Tagelieds verpflichtet sind.

Die *Große Heidelberger Liederhandschrift (Manessische Hs.)* überliefert unter dem Namen Wolfram von Eschenbach außerdem vier Minnelieder, die in konventioneller Weise Motive des höfischen Minnesangs aufnehmen, und so wenig von dem zeigen, was für Wolframs Stil charakteristisch ist, daß man seine Autorschaft bezweifelt hat. Größeres Interesse hat nur eins dieser Lieder gefunden, *Ein wîp mac wol erlouben mir* (Nr. 3), weil es über Wolframs Beziehungen zu anderen Dichtern seiner Zeit Auskunft gibt: Wolfram parodiert hier ein Lied Walthers von der Vogelweide und spielt außerdem auf ein Lied Reinmars des Alten an. Auf dieselben Lieder hat Wolfram im *Parzival* Bezug genommen, in einem Einschub zwischen Buch II und III. Man schließt daraus, daß das Lied zur selben Zeit entstanden ist wie die ersten *Parzival*bücher. Auch die Tagelieder Wolframs werden meistens an den Anfang seiner Schaffenszeit gesetzt. J. Bum.

AUSGABEN: Bln. 1833 (in *W. v. E.*, Hg. K. Lachmann; [2]1854, besorgt v. M. Haupt; Bln./Lpzg. [6]1926, Bearb. E. Hartl; Bln. [7]1952, Bearb. ders. [nur Bd. 1 erschienen; Nachdr. der 6. Aufl. zul. 1988]). – Lpzg. 1838 (in *Minnesinger*, Hg. F. H. v. der Hagen, Tl. 1.1, S. 284–287; Tl. 4, S. 192–230; Nachdr. Aalen 1963). – Halle/Saale 1906 (in *W. v. E.*, Hg. A. Leitzmann, 5 Hefte, 1902–1906, 5; ATB, 16; Tübingen [5]1963, S. 185–194, Bearb. W. Deinert). – Tübingen 1952–1958 (in C. v. Kraus, *Deutsche Liederdichter des 13. Jh.s*, [2]1978, Bd. 1, S. 596–604; Bd. 2 [besorgt v. H. Kuhn], S. 646–707). – Mchn. 1980 [Faks. der Hs. Cgm 19 d. Bay. Staatsbibl.; Komm. E. Dreßler u. H. Engels; zus. m. *Parzival* u. *Titurel*]. – Stg. 1988 (in H. Moser u. H. Tervooren, *Des Minnesangs Frühling*, [3]1988, Bd. 1, S. 436–451; Bd. 2, S. 126–119).

ÜBERSETZUNGEN: *Lieder*, San Marte, Magdeburg 1841 [zus. mit *Titurel* u. *Willehalm*]. – *Die Lyrik W.s v. E. Edition, Kommentar, Interpretation*, P. Wapnewski, Mchn. 1972 [mhd. Text u. nhd. Übers.]. – W. v. E., *Titurel, Lieder*, W. Mohr, Göppingen 1978 [mhd. Text u. mhd. Übers.].

LITERATUR: W. de Gruyter, *Das deutsche Tagelied*, Diss. Lpzg. 1887. – K. Plenio, *Beobachtungen zu W.s Liedstrophik* (in Beitr., 41, 1916, S. 47–128). – J. H. Scholte, *W.s Lyrik* (ebd., 69, Tübingen 1947, S. 409–419). – W. Mohr, *W.s Tagelieder* (in *Fs. f. P. Kluckhohn u. H. Schneider*, Tübingen 1948, S. 148–165). – H. Thomas, *W.s Tageliedzyklus* (in ZfdA, 87, 1956/57, S. 45–58). – P. Wapnewski, *W.s Walther-»Parodie« u. die Frage der Reihenfolge seiner Lieder* (in GRM, 39, 1958, S. 321–332). – D. Kartschoke, *Ein sumer bringet. Zu W.s Tagelied »Von der zinnen wil ich gen«* (in Euph, 66, 1972, S. 85–91). – K. H. Borck, *W.s Tagelied »Der morgenblic bî wahtaers sange erkôs«. Zur Lyrik eines Epikers* (in *Studien zur deutschen Literatur des MA.s*, Hg. R. Schützeichel, Bonn 1979, S. 9–17). – A. Wolf, *Variation u. Integration. Beobachtungen zu hochmittelalterlichen Tageliedern*, Darmstadt 1979. – E. v. Reusner, *W. v. E. über individuelle Vermögen (lêre) u. gesellschaftliche Bindung (minne). Eine Untersuchung über seine Tagelieder* (in ZfdA, 109, 1980, S. 278–316). – W. Röll, *W. v. E., »ursprinc bluomen«* (in W.-Studien, 6, 1980, S. 63–82). – H. Kokott, *Zu den Wächter-Tageliedern W.s v. E. »Ein schimpf bî klage« (VII, 3,4)* (in Acta Germanica, 16, 1983, S. 25–41). – V. Mertens, *Dienstminne, Tageliederotik u. Eheliebe in den Liedern W.s v. E.* (in Euph, 77, 1983, S. 233–246). – W. Mohr, *Nachwort zu W.s »Tagesliedern«* (in W. M., *Gesammelte Aufsätze*, Bd. 2, Göppingen 1983, S. 296–333). – B. Wölfel, *»wahtaere« u. »urloup«. Untersuchungen zu binären Motiven in den Tageliedern Ws. v. E.* (in *Spuren. Fs. f. Th. Schumacher*, Hg. H. Colberg u. D. Petersen, Stg. 1986, S. 107–120). – M. Wynn, *W.s Dawnsongs* (in *W. v. E. Fs. f. W. Schröder*, Tübingen 1989, S. 549–558).

PARZIVAL

(mhd.). Versepos von 25 810 Versen aus dem Stoffkreis der keltischen Sagen um König Artus von WOLFRAM VON ESCHENBACH. – Eine Anspielung auf die im Jahr 1203, im Krieg zwischen König Philipp von Schwaben († 1208) und dem Landgrafen Hermann I. von Thüringen († 1217), verwüsteten Weinberge bei Erfurt (379,18 ff.) läßt vermuten, daß die Dichtung zwischen 1200 und 1210 entstanden ist. Für welchen Hof der *Parzival* gedichtet wurde, ist nicht bekannt. Namentlich genannt werden Graf Poppo von Wertheim und der Landgraf von Thüringen. Vielleicht hat Wolfram seine ersten Gönner im weiteren Umkreis seiner fränkischen Heimat (Wolframs-Eschenbach, bei Ansbach) gefunden und ist später mit dem Thüringer Hof, damals ein berühmter Sammelplatz höfischer Dichtung, in Verbindung getreten.

Wolframs *Parzival* hat drei Helden: Parzivals Vater Gahmuret, von dem die ersten beiden Bücher erzählen; Parzival selber, der in den Büchern III–VI, IX und XV–XVI im Mittelpunkt steht; und schließlich sein Freund und Verwandter Gawan, dem die Bücher VII–VIII und X–XIV gewidmet sind. Die Bucheinteilung stammt von Karl LACHMANN (in seiner kritischen *Parzival*-Ausgabe von 1833) und hat sich durchgesetzt, obwohl nicht sicher ist, daß die Einteilung in sechzehn Großabschnitte auf Wolfram zurückgeht.

Die Gahmuret-Vorgeschichte (Buch I–II): Parzivals Vater Gahmuret zieht in den Orient und heiratet dort die schwarze Königin Belakane. Doch es hält ihn nicht in dieser Ehe. Heimlich verläßt er seine Frau, die einen schwarz-weiß gescheckten Sohn, Feirefiz, gebiert. Gahmuret kehrt in den Westen zurück, heiratet Herzeloyde, die Schwester des Gralkönigs Anfortas, und fällt im Kampf, bevor sein Sohn Parzival geboren ist.

Die erste Parzivalpartie (Buch III–VI): Herzeloyde zieht ihren Sohn in der Wildnis auf, um ihn vor den Gefahren des Ritterlebens zu bewahren. Als Parzival jedoch drei Ritter trifft, die ihm von König Artus erzählen, will er auch Ritter werden. Beim Aufbruch bemerkt er nicht, daß seine Mutter tot umfällt. Am Artushof wird seine Torheit belacht. Er tötet Ither, den Roten Ritter, und zieht dessen Rüstung an. Bei Gurnemanz wird er höfisch erzogen. In Belrapeire steht er der Königin Condwiramurs gegen ihre Feinde bei und heiratet sie. Nach wenigen Monaten bricht er wieder auf. Er gelangt nach Munsalvaesche, wo er den wunderbaren Aufzug des Grals miterlebt. Aus Anstand fragt er nicht nach den Leiden des Gralkönigs Anfortas. Am nächsten Morgen ist das Schloß leer. Am Artushof wird Parzival in die Tafelrunde aufgenommen; die

Festfreunde endet, als die Gralsbotin Cundrie erscheint und Parzival verflucht, weil er die Erlösungsfrage nicht gestellt hat. Parzival hadert mit Gott und will nicht ruhen, bis er den Gral wiedergefunden hat. Auch Gawan verläßt den Artuskreis, als ein Bote König Vergulahts ihn zum Gerichtskampf lädt.

Die erste Gawanpartie (Buch VII–VIII): Die Erzählung folgt nun den Abenteuern Gawans. In Bearosche wird er in den Konflikt zwischen dem Fürsten Lippaut und König Meljanz hineingezogen. Als Frauenritter im Dienst von Lippauts kleiner Tochter Obilot greift er in die Kämpfe ein, und es gelingt ihm, den Streit zu schlichten. In Schampfanzun beginnt er ein Liebesverhältnis mit Vergulahts Schwester Antikonie, wird dabei aber überrascht und von einer aufgebrachten Menge angegriffen. Der Gerichtskampf wird verschoben.

Parzival bei Trevrizent (Buch IX): Viereinhalb Jahre lang ist Parzival schon auf der Suche nach dem Gral. Am Karfreitag kommt er in die Klause seines Oheims Trevrizent, des Bruders von Herzeloyde und Anfortas. In langen Gesprächen forscht Trevrizent nach den Ursachen von Parzivals Gotteshaß und öffnet ihm die Augen für seine Sünden: unwissentlich hat er den Tod der Mutter verschuldet und hat in Ither einen Verwandten getötet. Trevrizent belehrt den Neffen über Gottes Barmherzigkeit und berichtet ihm von den Geheimnissen des Grals. Als ein innerlich Gewandelter zieht Parzival weiter.

Die zweite Gawanpartie (Buch X–XIV): Gawan begegnet der Herzogin Orgeluse und trägt ihr seine Liebe an, wird jedoch mit Spott zurückgewiesen. Er besteht das Abenteuer von Schastel marveile und löst den Zauber, der über der Burg lag. Gawan wirbt weiter um Orgeluse, und schließlich wandelt sich ihre Ablehnung in Liebe. Gawan bereitet ein großes Fest vor, zu dem König Artus und sein Hof geladen werden. Als alle versammelt sind, verläßt Gawan alleine das Lager und trifft auf einen fremden Ritter; er kämpft mit ihm, ohne zu wissen, daß es Parzival ist. Als Gawan schon fast besiegt ist, erkennen sie sich. Parzival wird feierlich in den Artuskreis zurückgeführt; er hat jedoch keinen Anteil an der Festfreude und verläßt heimlich das Lager.

Der Abschluß der Parzivalhandlung (Buch XV–XVI): Parzival trifft auf einen unbekannten Ritter, und zum erstenmal bleibt er ohne Sieg. Es ist sein Halbbruder Feirefiz, der den Spuren seines Vaters gefolgt ist. Parzival geleitet ihn an den Artushof. Dort erscheint Cundrie und verkündet, daß Parzival zum Gralkönig berufen worden ist. Mit Feirefiz zusammen zieht er nach Munsalvaesche und erlöst durch seine Frage Anfortas von seinen Leiden. Auch Condwiramurs kommt mit ihrem Sohn Loherangrin nach Munsalvaesche. Feirefiz verliebt sich in die Gralträgerin Repanse de Schoye, Anfortas' Schwester, läßt sich taufen, um Repanse heiraten zu können, und kehrt mit ihr in den Orient zurück. Ihr Sohn ist der Priester Johannes. Mit einem Ausblick auf die Geschichte von Loherangrin endet die Dichtung.

Die Sage von Parzival und dem Gral ist durch den französischen Dichter CHRÉTIEN DE TROYES in die europäische Literaturgeschichte eingeführt worden. Seine unvollendete »Geschichte vom Graal« (*Le conte du Graal*, 9234 Verse, um 1180–1190) bildet die Grundlage aller späteren Parzivaldichtungen und hat auch Wolfram als Hauptquelle gedient. Es gibt noch eine zweite französische Graldichtung aus dieser Zeit, die wahrscheinlich etwas jünger ist: die *Estoire dou Graal* von ROBERT DE BORON (3514 Verse). In ihrer Auffassung des Grals gehen die beiden Texte weit auseinander. Bei Chrétien de Troyes ist der Gral eine goldene Schüssel, die bei der festlichen Mahlzeit im Schloß des »Reichen Fischers« zusammen mit der Blutenden Lanze in feierlicher Prozession herumgetragen wird und die dazu dient, dem alten Gralkönig eine geweihte Hostie zu bringen. Bei Robert de Boron ist der Gral eine Passionsreliquie: der Kelch, den Christus beim letzten Abendmahl benutzt hat und in dem Joseph von Arimathia das Blut Christi am Kreuz aufgefangen hat. Es war lange strittig, ob der Gral aus christlicher oder aus keltischer Tradition stammt. Heute nimmt man meistens an, daß Chrétien de Troyes auf der Grundlage keltischer Motive dem Gral eine neue christliche Bedeutung gegeben hat und daß die Identifizierung des Grals mit dem Abendmahlskelch sekundär ist. Eine dritte, von den beiden französischen Dichtungen unabhängige Gralkonzeption bietet Wolfram von Eschenbach im *Parzival*. Bei Wolfram ist der Gral ein Stein, der auf wunderbare Weise alle gewünschten Speisen und Getränke hervorbringt und der jugenderhaltende und lebensverlängernde Kraft besitzt. Jeden Karfreitag kommt eine Taube vom Himmel und legt eine Oblate auf den Stein nieder; und manchmal erscheint auf dem Gral eine wunderbare Inschrift, die den Willen Gottes offenbart. Die Herkunft dieser Gralvorstellung ist bis heute ungeklärt. Die Tischlein-deck-dich-Funktion stammt sicherlich aus französischer Überlieferung; die Steinform des Grals versucht man aus orientalischen Quellen abzuleiten.

Der *Conte du Graal* von Chrétien de Troyes beginnt mit der Jugendgeschichte Parzivals und endet mitten in der zweiten Gawanpartie. Dem entsprechen bei Wolfram die Bücher III–XIII. Die Gahmuret-Vorgeschichte und der Abschluß der Gawan-Parzival-Handlung sind unabhängig von Chrétien. Ob Wolfram für diese Teile andere Quellen benutzt hat, ist nicht sicher. Vielleicht kannte er die erste Fortsetzung des *Conte du Graal*. Chrétiens unvollendetes Werk ist bereits um 1200 weitergedichtet worden: vier Fortsetzungen und zwei Prologe haben aus dem Werk ein Textkorpus von 60000 bis 70000 Versen gemacht. Die Partien des *Parzival*, die dem *Conte du Graal* entsprechen, sind mit 18000 Versen fast doppelt so umfangreich wie die Dichtung Chrétiens. Der Handlungsgang ist im ganzen derselbe; aber in der Durchführung ist Wolfram sehr selbständig verfahren. Er selber behauptet allerdings, daß er nicht dem *Conte du Graal* gefolgt sei, sondern der französischen Parzivaldich-

tung eines Dichters namens Kyot, der seinerseits einen arabischen Graltraktat und eine lateinische Familienchronik als Quellen benutzt habe. Die Suche nach diesem Kyot hat jedoch zu keinem greifbaren Ergebnis geführt. Vielleicht war Kyot (frz. Guiot) ein mündlicher Gewährsmann, oder Wolfram hat ihn erfunden, um seine stofflichen Freiheiten mit einer Autorität zu decken oder um die Quellenberufungen seiner gelehrten Dichterkollegen zu verspotten.
Während es in den früheren Artusromanen in erster Linie um gesellschaftliche Probleme ging, rückt im Gralsroman die religiöse Thematik in den Mittelpunkt. Daß Parzival auf der Gralsburg die Frage nicht stellt, die den Gralkönig erlösen kann, wird ihm als Sünde angerechnet. Der Sünder Parzival muß den Weg der Buße, den Weg der inneren Umkehr gehen; der Besuch bei dem Einsiedler Trevrizent wird zur entscheidenden Station auf dem Weg zum Gral. Wolfram hat die Sündenthematik von Chrétien übernommen, hat aber das Gewicht der Sünden anders verteilt. Auf Parzival lasten *»zwei große Sünden«* (499,20): Er hat den Tod der Mutter verschuldet und hat außerdem in Ither einen Verwandten getötet. Parzival wußte nicht, daß seine Mutter tot umgefallen ist, als er wegritt; und er wußte nicht, daß Ither sein Verwandter war, als er ihn erschlug. Parzivals Sünden sind ungewollt und unwissentlich begangen worden. Im Vordergrund steht bei Wolfram nicht das Problem der persönlichen Verantwortung, sondern der menschheitliche Aspekt der Sünde. Zugleich geht es um die Frage, wie sich die weltlich-höfischen Wertvorstellungen und die christlichen Glaubensgrundsätze zueinander verhalten. Wolfram hat darauf mit dem Bekenntnis geantwortet, daß es das höchste Ziel des Menschen sei, Gnade vor Gott zu finden und zugleich die Achtung der Welt zu erringen. In Parzivals Gralkönigtum ist dieses Ziel erreicht. Dieser harmonische Gedanke steht im Widerspruch zu der zeitgenössischen Sicht der Kleriker, nach denen der Mensch zwischen dem Glanz der Welt und dem Weg zu Gott wählen muß.
Die Gesellschaftsdarstellung im *Parzival* ist gegenüber der französischen Vorlage tiefgreifend verändert. König Artus und sein Hof sind nicht mehr der Bezgupunkt der ganzen Handlung. Daneben und darüber gibt es einen zweiten Gesellschaftskreis, die Gesellschaft des Grals, die in Munsalvaesche ihren Mittelpunkt hat. Beides sind höfische Gesellschaftsformen; gemeinsam sind ihnen der materielle Prunk, der Kodex der höfischen Umgangsformen und die Normen der ritterlichen Moral. Der wichtigste Unterschied liegt darin, daß die Gralgesellschaft unmittelbar von Gott gelenkt wird. Der Name »Templeisen« für die Gralritter deutet darauf, daß Wolfram sich an der gesellschaftlichen Wirklichkeit der religiösen Ritterorden orientiert hat. Dazu paßt, daß den Gralrittern Frauenliebe verboten ist. Durch Anfortas' Verstoß gegen dieses Verbot ist die Gralgesellschaft tiefgreifend gestört. Parzival und Gawan haben die Aufgabe, die gesellschaftliche Harmonie wiederherzustellen. Was Gawan für die Artusgesellschaft durch höfisch-ritterliche Vorbildlichkeit leistet, kann Parzival für die Gralgesellschaft mit Gottes Hilfe vollbringen. Ob damit alle Probleme gelöst sind, bleibt am Schluß jedoch offen.
Die künstlerische Eigenart des *Parzival* zeigt sich besonders deutlich im Erzählstil. Der Erzähler drängt sich überall hervor; er nennt Personen und Örtlichkeiten aus seinem Erfahrungsbereich, nimmt kommentierend und wertend zu der erzählten Handlung Stellung und schafft auf diese Weise eine zweite Erzählebene, auf der er sich mit seinen Zuhörern unterhält und Fragen an sie stellt oder an ihr Urteil appelliert. Dadurch werden die Zuhörer in die Dichtung hineingezogen und zu Mitspielern gemacht. Der Wechsel der Erzählebenen geschieht an vielen Stellen sprunghaft und scheinbar willkürlich; der Erzählfluß wird immer wieder durch Einschübe und Abschweifungen unterbrochen und zerrissen. Diese unruhig springende, von Gegensätzen lebende und auf Überraschungen zielende Erzählweise hat Wolfram selbst als eine Eigentümlichkeit seines »krummen« Stils bezeichnet. Das wichtigste Darstellungsmittel dieser erzählerischen Subjektivität ist die Komik. Komisch sind nicht nur die eingestreuten witzigen Bemerkungen, die häufig die Tabuzone des Sexuellen berühren; komisch ist die ganze Erzählweise, die darauf zielt, die Zuhörer durch unerwartete Wendungen zu überraschen. – Auch auf der Ebene der Handlungsmotivierung und Motivverknüpfung greift der Erzähler gestaltend ein und arrangiert seinen Stoff so, daß der Leser oder Hörer dauernd beschäftig und beteiligt wird. Scheinbar nebensächliche Einzelheiten erscheinen im nachhinein als bedeutsam; Personen und Ereignisse, die seltsam oder geradezu rätselhaft anmuten, rücken durch später nachgereichte Erklärungen in ein anderes Licht. Zu dieser Erzähltechnik gehört es auch, daß ein und dieselbe Sache im Verlauf der Handlung in verschiedener Beleuchtung erscheint. Der Wechsel der Perspektiven zielt auf einen doppelten Erkenntnisprozeß; auf den mühsamen Weg der Selbsterkenntnis Parzivals, der durch die allmähliche Erhellung seiner Verwandtschaftsverhältnisse und der Einsicht in seine Sündhaftigkeit zur Klarheit über seine Bestimmung geführt wird, und auf den parallel dazu laufenden Reflexionsprozeß der Zuhörer, die im Mitvollzug der Handlung zu der Einsicht in die geheimnisvollen Zusammenhänge von Verwandtschaft, Sünde und gesellschaftlicher Harmonie geführt werden.
Der *Parzival* war im Mittelalter die berühmteste deutsche Dichtung. Kein anderer Autor ist von Zeitgenossen und Nachfolgern so hoch gerühmt und so häufig zum Muster genommen worden wie Wolfram von Eschenbach. Mehrere Autoren haben unter seinem Namen gedichtet. Die ungewöhnlich starke Wirkung wird auch durch die Zahl der erhaltenen Handschriften (mehr als achtzig vollständige Handschriften und Fragmente) dokumentiert. Die handschriftliche Tradition reicht bis ans Ende des 15. Jh.s. 1477 erschien der *Parzival* im Druck (als

einziges höfisches Epos, zusammen mit dem *Jüngeren Titurel*, der damals ebenfalls als ein Werk Wolframs von Eschenbach galt). – Bereits im 13. Jh. wurde Wolfram selbst zu einer literarischen Figur: er tritt im *Wartburgkrieg* auf und disputiert dort mit dem Zauberer Clinschor, seiner eigenen Erfindung aus dem *Parzival*. Parzivals Sohn Loherangrin wurde zum Helden einer eigenen Dichtung *(Lohengrin)*. Im 14. Jh. haben Claus WISSE und Philipp COLIN den *Nüwen Parzifal* gedichtet, eine Erweiterung der zweiten Gawanpartie um fast 37000 Verse, die zwischen Buch XIV und XV des *Parzival* eingeschoben wurde. Im 15. Jh. hat Ulrich FÜETRER den *Parzival* in Titurelstrophen umgeschrieben und in sein *Buch der Abenteuer* aufgenommen. Die Meistersinger haben Wolfram als einen der Zwölf alten Meister verehrt. Jakob PÜTERICH VON REICHERTSHAUSEN hat im 15. Jh. Wolframs Grab in Eschenbach besucht. Dann blieb es zweieinhalb Jahrhunderte still um ihn. In der Mitte des 18. Jh.s verfaßte Johann Jakob BODMER die erste *Parzival*-Übersetzung. Die erste neuere Textausgabe von Christian H. MYLLER erschien 1784. Karl LACHMANNS kritischer Text von 1833 wurde zur Grundlage für die weitere Beschäftigung mit der Dichtung. Die berühmteste moderne Bearbeitung des Stoffs stellt R. WAGNERS Oper *Parsifal* (1877) dar. J. Bum.

AUSGABEN: Straßburg 1477, Hg. J. Mentelin. – Bln. 1783/84 (in *Sammlung dt. Gedichte aus dem XII., XIII. u. XIV. Jh.*, Hg. Chr. H. Myller [Müller], Bd. 1, Abt. 4). – Bln. 1833 (in *W. v. E.*, Hg. K. Lachmann; ²1854, besorgt v. M. Haupt; Bln./Lpzg. ⁶1926, Bearb. E. Hartl; Bln. ⁷1952, Bearb. ders. [nur Bd. 1 ersch.; Nachdr. d. 6. Aufl. zul. 1988]). – Lpzg. 1870/71, Hg. K. Bartsch, 3 Tle. [zus. mit *Titurel*; ⁴1927–1932, besorgt v. M. Marti]. – Stg. 1892 (in *W. v. E.*, Hg. P. Piper, 2 Tle., 1890–1892, 2). – Halle/Saale 1900–1903, Hg. E. Martin, 2 Bde. [zus. mit *Titurel*; ern. Darmstadt 1976]. – Halle 1902/03 (in *W. v. E.*, Hg. A. Leitzmann, 5 Hefte, 1902–1906, 1–3; ATB, 12–14; Tübingen ⁵⁻⁷1961–1965, Bearb. W. Deinert u. B. Horacek). – Mchn. 1980 [Faks. der Hs. Cgm 19 der Bay. Staatsbibl.; Komm. E. Dreßler u. H. Engels; zus. mit *Titurel* u. *Tagelieder*]. – Göppingen 1989 [Faks. d. Hs. St. Gallen 857, Hg. B. Schirok].

ÜBERSETZUNGEN: *Der Parcival. Ein Gedicht in W.s v. Eschilbach Denckart*, J. J. Bodmer, Zürich 1753. – *Parzival*, San Marte, Magdeburg 1836; Halle/Saale ³1887, 2 Bde. – *Parcival*, K. Simrock, Stg. 1842 u. ö. [zus. mit *Titurel*]. – Dass., G. Bötticher, Bln. 1885 u. ö. – Dass., K. Pannier, Lpzg. 1897 u. ö. – Dass., W. Stapel, Mchn./Wien 1937 – Dass., W. Mohr, Göppingen 1977. – Dass., W. Spiewok, 2 Bde., Lpzg. 1977; Stg. 1981 (RUB; nach der Ausg. v. K. Lachmann). – Dass., G. Weber, Darmstadt ⁴1981 [Nacherz.]. – *Der »Parzival« des W. v. E.*, D. Kühn, Ffm. 1986.

LITERATUR: B. Mergell, *W. v. E. und seine französischen Quellen*, Bd. 2: *W.s »Parzival«*, Münster 1943. – J. Schwietering, *Parzivals Schuld* (in ZfdA, 81, 1944/45, S. 44–68). – F. Ranke, *Zur Symbolik des Grals bei W. v. E.* (in Trivium, 4, 1946, S. 20–30). – G. Weber, *Parzival. Ringen u. Vollendung. Eine dichtungs- u. religionsgeschichtliche Untersuchung*, Oberursel 1948. – W. J. Schröder, *Der Ritter zwischen Welt u. Gott. Idee u. Problem des Parzivalromans W.s v. E.*, Weimar 1952. – M. Wehrli, *W. v. E. Erzählstil u. Sinn seines »Parzival«* (in DU, 6, 1954, H. 5, S. 17–40). – W. Mohr, *Parzival u. Gawan* (in Euph, 52, 1958, S. 1–22). – H. Kuhn, *Dichtung u. Welt im MA*, Stg. 1959, S. 151–180. – H. Kolb, *Munsalvaesche. Studien zum Kyotproblem*, Mchn. 1963. – F. Maurer, *Lied. Studien zur Bedeutungs- u. Problemgeschichte*, Bern/Mchn. ³1964. – G. Bonath, *Untersuchungen zur Überlieferung des »Parzival« W.s v. E.*, 2 Bde., Lübeck/Hbg. 1970/71. – M. Curschmann, *Das Abenteuer des Erzählens. Über den Erzähler in W.s »Parzival«* (in DVLG, 45, 1971, S. 627–667). – H. E. Wiegand, *Studien zur Minne und Ehe in W.s »Parzival« und Hartmanns Artusepik*, Bln. u. a. 1972. – W. Haug, *Parzivals »zwîvel« u. »Willehalms »zorn«* (in W.-Studien, 3, 1975, S. 217–231). – C. Lofmark, *Zur Interpretation der Kyotstellen im »Parzival«* (in W.-Studien, 4, 1977, S. 33–70). – R. E. Bradley, *Narrator and Audience in W.'s »Parzival«*, Göppingen 1981. – H. M. Huber, *Licht u. Schönheit in W.s »Parzival«*, Zürich 1981. – W. Schröder, *Die Namen im »Parzival« u. im »Titurel« W.s v. E.*, Bln./NY 1982. – D. H. Green, *The Art of Recognition in W.'s »Parzival«*, Cambridge 1982. – B. Schirok, *»Parzival«-Rezeption im Mittelalter*, Darmstadt 1982. – W. Wapnewski, *W.s »Parzival«. Studien zur Religiosität u. Form*, Heidelberg ²1982. – H. Brall, *Gralssuche u. Adelsheil. Studien zu W.s »Parzival«*, Heidelberg 1983. – D. H. Green, *Über die Kunst des Erkennens in W.s »Parzival«* (in Beitr., 105, Tübingen 1983, S. 48–65). – H. Brunner, *»Artus der wise höfische man«. Zur immanenten Historizität der Ritterwelt im »Parzival« W.s v. E.* (in *Germanistik in Erlangen*, Hg. D. Peschel, Erlangen 1983, S. 61–73). – K. Bertau, *Versuch über Verhaltenssemantik von Verwandten im »Parzival«* (in K. B., *W. v. E.*, Mchn. 1983, S. 190–240). – M. Wynn, *W.'s Parzival. On the Genesis of Its Poetry*, Ffm. 1984. – *Parzival. Die Bilder der illustrierten Handschrift*, Hg. B. Schirok, Göppingen 1985. – M. Dallapiazza, *Häßlichkeit u. Individualität. Ansätze zur Überwindung der Idealität des Schönen in W.s v. E. »Parzival«* (in DVLG, 59, 1985, S. 400–421). – W. Spiewok, *W.s. v. E. »Parzival«. Voraussetzungen, Ansätze u. Probleme einer Interpretation* (in Zs. f. Germanistik, 6, 1985, S. 165–179). – E. Schmid, *Familiengeschichte u. Heilsmythologie. Die Verwandtschaftsstrukturen in den französischen u. deutschen Gralsromanen des 12. u. 13. Jh.s*, Tübingen 1986. – C. D. Hall, *The Complete Concordance to W.'s v. E. »Parzival«*, NY u. a. 1990. – W. Delabar, *»Erkantiu sippe unt hoch gesellschaft«. Studien zur Funktion des Verwandtschaftsverbandes in

W.s.v. E. »Parzival«, Göppingen 1990. – W. Haug, *»Parzival« ohne Illusionen* (in DVLG, 64, 1990, S. 199–217).

TITUREL

(mhd.). Fragmente einer Verserzählung von WOLFRAM VON ESCHENBACH. – Erhalten sind zwei Textstücke, ein längeres (131 Strophen) und ein kürzeres (39 Strophen); warum die Arbeit an der Dichtung abgebrochen wurde, ist nicht bekannt. Wahrscheinlich war der *Titurel* das letzte Werk Wolframs, nach *Parzival* und *Willehalm*. Die einzige zeitgeschichtliche Anspielung ist ein Lob des Landgrafen von Thüringen (gest. 1217), dessen Freigebigkeit die aller anderen Fürsten, *»die vor ihm gestorben sind«*, übertroffen habe (Str. 82a). Danach ist *Titurel* nach dem Tod des Landgrafen, um 1220, entstanden. Vielleicht war die Dichtung für den Thüringer Hof bestimmt.

Der *Titurel* erzählt die Geschichte von Sigune und Schionatulander, deren Ende aus dem *Parzival* bekannt war: Schionatulander findet im Frauendienst den Tod, er wird im ritterlichen Zweikampf getötet. Daraufhin weiht Sigune ihr ganzes Leben der Trauer und Klage um den toten Freund; sie läßt sich in eine Klause einmauern und stirbt schließlich dem Geliebten nach. Der irreführende Titel *»Titurel«* stammt aus dem Mittelalter: damals hat man literarische Werke manchmal nach dem ersten vorkommenden Person benannt. Der erste Vers lautet: *»Als der starke Titurel noch bei Kräften war«* (*»Dô sich der starke Tyturel mohte gerüeren«*, Str. 1).

Das erste Fragment beginnt mit einer Genealogie der Gralkönige, aus deren Geschlecht Sigune stammt. Titurel übergibt im Alter die Herrschaft seinem Sohn Frimutel. Dessen Tochter Schoysiane heiratet den Herzog Kyot von Katelangen und stirbt bei der Geburt ihrer Tochter Sigune. Sigune wächst bei ihrer Tante Herzeloyde auf, die mit Gahmuret verheiratet ist. Dort lernt sie den jungen Fürsten Schionatulander kennen, der bei Gahmuret als Edelknappe dient. Zwischen beiden entsteht eine innige Liebe, die von Trennungsschmerz überschattet wird, als Schionatulander mit Gahmuret in den Orient zieht.

Das zweite Fragment spielt zu einem späteren Zeitpunkt. Sigune und Schionatulander haben ihr Zeltlager auf einer Waldlichtung aufgeschlagen. Schionatulander fängt einen entlaufenen Jagdhund ein, auf dessen Halsband und Führleine eine Inschrift steht; sie berichtet von der Liebe der Königin Clauditte, die den Hund mit dem kostbaren Leitseil dem Herzog Ehkunat als Brief und Liebespfand geschickt hat. Bevor Sigune die Inschrift zu Ende gelesen hat, reißt der Hund sich los und entläuft in den Wald. In feierlicher Form verheißt Sigune dem Freund die volle Hingabe, wenn er ihr das Halsband zurückbringt. Aus dem *Parzival* wissen wir, daß Schionatulander auf der Jagd danach umkommt: *»Ein Brackenseil brachte ihm den Tod«* (*Parzival*; 141,16).

Die beiden Fragmente müssen als Teile eines größer geplanten Ganzen verstanden werden. Die Genealogie der Gralfamilie könnte den Anfang gebildet haben. Zwischen den Fragmenten ist mindestens Schionatulanders Rückkehr aus dem Orient zu ergänzen. Das eigentliche Problem liegt in der Frage, was im Anschluß an das zweite Fragment geplant war. Sollte nun von Schionatulanders Abenteuern erzählt werden? Wollte Wolfram im Anschluß daran auch von Sigunes Trauer erzählen? Der Text gibt keine Antwort. Die ausgearbeiteten Textstücke sind auffallend handlungsarm. Das erste Fragment besteht zu mehr als der Hälfte aus direkten Reden: der Abschiedsrede Titurels, einem großen Liebesdialog zwischen Sigune und Schionatulander und zwei parallel gebauten Gesprächen zwischen Schionatulander und Gahmuret und zwischen Sigune und Herzeloyde. Das zweite Fragment bietet mehr epische Details; aber auch hier passiert nichts weiter, als daß ein Hund zum Zeltplatz kommt und wieder entläuft. An dem Punkt, wo die Abenteuerhandlung beginnen müßte, bricht der Text ab. Das könnte den Gedanken nähren, daß es vielleicht gar nicht in der Absicht des Dichters lag, eine zusammenhängende Geschichte zu erzählen. Die Handlungsarmut und der eigentümlich dunkle, bilderreiche Stil bestimmen den Charakter des Werks. Der *Titurel* ist ein Sonderfall innerhalb der mittelalterlichen Epik.

Der *Titurel* war das erste höfische Epos in Strophen. Strophisches Erzählen war im 12. Jh. ein Kennzeichen der Heldendichtung. Wolfram hat sich offenbar am *Nibelungenlied* orientiert. Mit der Nibelungenstrophe hat die Titurelstrophe die Verszahl und den Verstyp (zäsurierte Langzeilen) gemein; trotzdem ist sie ein metrisches Gebilde eigener Art. Strophische Dichtung wurde im Mittelalter gesungen, auch der *Titurel*. Die drei Handschriften, in denen die Fragmente überliefert sind, enthalten jedoch keine Melodieaufzeichnungen, und es fällt schwer, sich eine konkrete Vorstellung von der Aufführungssituation zu machen.

Die Geschichte von Sigune und Schionatulander ist nur aus Wolframs Dichtung bekannt; es könnte sein, daß er sie erfunden hat. Da bereits im *Parzival* von Sigune erzählt wurde, stellt sich die Quellenfrage in erster Linie für diese Dichtung; sie steht im Zusammenhang mit der Frage nach der Herkunft der Gahmuretgeschichten. Sicherlich hat Wolfram dafür französische Erzählmotive benutzt; aber eine bestimmte Quelle konnte nicht nachgewiesen werden.

Der *Titurel* ist auf den *Parzival* hin erzählt: das Ende der Geschichte stand von vornherein fest. Der Erzähler hat den Eindruck der schicksalhaften Vorbestimmtheit noch dadurch verstärkt, daß er wiederholt auf das traurige Ende vorausweist. Die ganze Dichtung wird vom Ton der Klage geprägt; das Bewußtsein der Vergeblichkeit schwingt von Anfang an mit.

Im Mittelpunkt steht die Liebesthematik. Liebe wird im *Titurel* als eine allgewaltige Kraft geschildert. *»Liebe wohnt auf Erden; im Himmel ist sie ein* *reines Geleit zu Gott. Die Liebe ist überall, nur nicht in der Hölle«* (51, 2–3). Die Liebe Sigunes und Schionatulanders wird als eine rühmenswerte Leistung geschildert. Schon als Kinder sind sie zu reiner Liebe fähig und werden darin nie wankend. An ihnen zeigt sich aber auch, daß Beglückung nicht der dominierende Aspekt dieser allmächtigen Liebe ist. Das Thema Liebe und Tod rückt im *Titurel* ganz ins Zentrum. In auffallender Häufung wird von Liebespaaren erzählt, die der Tod auseinandergerissen hat. Sigunes Eltern haben dieses Schicksal erlitten und die Eltern Schionatulanders auch; an Gahmuret und Herzeloyde wird es sich wiederholen. Die beiden Liebespaare, von denen die Inschrift auf dem Brackenseil berichtet, stehen unter demselben Zwang. Ilinot ist im Dienst Flories gefallen; für Clauditte und Ehkunaht ahnt man ebenfalls ein schlimmes Ende. In diesen beiden Paaren spiegelt sich das Geschick von Sigune und Schionatulander. Von daher wird verständlich, daß die Inschrift auf dem Brackenseil für Sigune mehr bedeutet als alle Reichtümer der Welt: aus der Inschrift erfährt sie ihr eigenes Schicksal.

Der Hund mit seiner Leine hat geradezu allegorischen Charakter. *»Gardevias hieß der Hund; das heißt auf deutsch: ›Achte auf den Weg!‹«* (143,4). Daß der Name des Hundes ein Appell ist, der sich an die Menschen richtet, sagt die Inschrift: *»Wenn dies auch nur ein Hundename ist, so paßt er doch auf edle Menschen. Männer und Frauen sollen auf den rechten Weg achten«* (144,2–3). Ohne Zweifel ist die Symbolik des Hundenamens auch an Sigune und Schionatulander gerichtet. Aber es wird aus den Fragmenten nicht deutlich, wie die Beziehung gemeint ist: Haben die beiden die Botschaft befolgt und scheitern trotzdem? Oder haben sie den rechten Weg verfehlt? Worin liegt dann ihre Schuld?

Der *Titurel* hatte eine ungewöhnliche Wirkungsgeschichte. Die drei erhaltenen Handschriften bezeugen, daß Wolframs Dichtung in ihrer fragmentarischen Form vorgetragen und verbreitet wurde. In der zweiten Hälfte des 13. Jh.s verfaßte ein Dichter, von dem nur der Vorname Albrecht bekannt ist, den sog. *Jüngeren Titurel*, in dem er die alten Fragmente zu einem Schionatulander-Gral-Roman von über 6000 Strophen erweiterte. Dieses Werk wurde zu einem der größten literarischen Erfolge des Spätmittelalters. Albrecht hat sich nicht nur in Diktion und Stil eng an Wolfram angeschlossen, sondern hat auch unter dessen Namen gedichtet; und diese Autorfiktion war so überzeugend, daß niemand im Spätmittelalter an Wolframs Verfasserschaft gezweifelt hat. Erst zu Anfang des 19. Jhs. erkannte August Wilhelm Schlegel, daß Wolfram nur die beiden alten Fragmente gedichtet hat. J.Bum.

Ausgaben: Bln. 1833 (in *W. v. E.*, Hg. K. Lachmann; [2]1854, besorgt v. M. Haupt; Bln./Lpzg. [6]1926, Bearb. E. Hartl; Bln. [7]1952, Bearb. ders. [nur Bd. I erschienen; Nachdr. der 6. Aufl. zul. 1988]). – Lpzg. 1870/71, Hg. K. Bartsch, 3 Tle. [zus. m. *Parzival*; [4]1927–1932, besorgt v. M. Marti]. – Halle/Saale 1900–1903, Hg. E. Martin, 2 Bde. [zus. mit *Parzival*; ern. Darmstadt 1976]. – Halle 1906 (in *W. v. E.*, Hg. A. Leitzmann, 5 Hefte, 1902–1906, 5, ATB, 16; Tübingen [5-7]1961–1965, Hg. W. Deinert u. B. Horacek). – Göppingen 1973, Hg. J. Heinzle [m. Abb. sämtl. Hss.]. – Mchn. 1980 [Faks. der Hs. Cgm 19 der Bayerischen Staatsbibl.; Komm. E. Dreßler u. H. Engels; zus. mit *Parzival* u. *Tagelieder*].

Übersetzungen: *Titurel*, San Marte, Magdeburg 1841 [zus. mit *Lieder* u. *Wilhelm von Orange*]. – *Titurel*, K. Simrock, Stg. 1842 u. ö. [zus. mit *Parcival*]. – Dass., Hg. W. J. Schröder u. G. Hollandt, Darmstadt 1971 [zus. m. *Willehalm*]. – *Titurel*, W. Mohr, Göppingen 1978.

Literatur: A. Leitzmann, *Untersuchungen über W.s »Titurel«* (in Beitr., 26, 1901, S. 93–156). – L. E. Franz, *Beiträge zur Titurelforschung*, Diss. Göttingen 1904. – L. Pohnert, *Kritik u. Metrik von W.s »Titurel«*, Prag 1908. – B. Rahn, *W.s »Sigunendichtung«. Eine Interpretation der »Titurel«-Fragmente*, Zürich 1958. – D. Labusch, *Studien zu W.s »Sigune«*, Diss. Ffm. 1959. – J. Bumke, *Zur Überlieferung von W.s »Titurel«* (in ZfdA, 100, 1971, S. 390–431). – J. Heinzle, *Stellenkommentar zu W.s »Titurel«*, Tübingen 1972. – J. Bumke, *»Titurel«-Überlieferung u. »Titurel«-Forschung. Vorüberlegungen zu einer neuen Ausgabe von W.s »Titurel«-Fragmenten* (in ZfdA, 103, 1974, S. 147–188). – M. Wehrli, *W.s »Titurel«*, Opladen 1974. – U. Wyss, *Selbstkritik des Erzählers. Ein Versuch über W.s »Titurel«-Fragment* (in ZfdA, 103, 1974, S. 249–289). – W. Mohr, *Zur Textgeschichte von W.s »Titurel«* (in W.-Studien, 4, 1977). – W. Haug, *Erzählen vom Tod her. Sprachkrise, gebrochene Handlung u. zerfallende Welt in W.s »Titurel«* (ebd., 6, 1980, S. 8–24). – W. Schröder, *Die Namen im »Parzival« u. im »Titurel« W.s v. E.*, Bln./NY 1982. – E. Schmid, *»Dâ stuont âventiur geschriben an der strangen«. Zum Verhältnis von Erzählung u. Allegorie in der Brackenseilepisode von W.s u. Albrechts »Titurel«* (in ZfdA, 117, 1988, S. 79–97). – A. Claassen, *Utopie u. Logos: vier Studien zu W.s v. E. »Titurel«*, Heidelberg 1990.

WILLEHALM

(mhd.). Unvollendetes Versepos (13 988 Verse) von Wolfram von Eschenbach. – Thema der Dichtung ist der Krieg zwischen Christen und Heiden. Die Handlung spielt im 9. Jh., unter Ludwig dem Frommen, dem Nachfolger Karls des Großen. Schauplatz ist Südfrankreich, die Provence zwischen Orange und dem Mittelmeer.

Willehalm, der Sohn des mächtigen Grafen von Narbonne, hat die heidnische Königin Arabel entführt und geheiratet; sie wurde auf den Namen Gyburg getauft. Gyburgs Vater, der heidnische Großkönig Terramer, ist nun mit einem großen Heer an der provenzalischen Küste gelandet. Auf dem Feld Alischanz kommt es zur Schlacht, in der Willehalm vernichtend geschlagen wird. Ganz alleine entkommt er nach Oransche, wo Gyburg zurückgeblieben ist. Er überläßt seiner Frau die Verteidigung der Stadt und reitet nach Munleun, um von König Loys, seinem Schwager, Hilfe gegen die Heiden zu erbitten. In Munleun trifft er seinen Vater und seine Brüder, die ihm sofort ihre Unterstützung zusagen, während der König sich nur widerstrebend bereit findet, das Reichsheer gegen die Heiden aufzubieten. Der wichtigste Helfer, den Willehalm in Munleun gewinnt, ist der starke Rennewart, ein Sohn Terramers, der unerkannt am französischen Königshof als Küchenjunge Dienst tut. Willehalm führt das Heer nach Oransche und weiter nach Alischanz zur zweiten Schlacht, in der die Christen, dank Rennewarts gewaltiger Kampfkraft, schließlich gegen die heidnische Übermacht den Sieg erringen. Die Freude über den Sieg wird jedoch durch das rätselhafte Verschwinden Rennewarts getrübt. Willehalm läßt die in der Schlacht gefallenen Heidenkönige mit einer versöhnlichen Botschaft an Terramer in ihre Heimat überführen. An dieser Stelle bricht die Dichtung ab. Daß der *Willehalm* unvollendet ist, wurde bereits im Mittelalter gesehen: die offene Rennewarthandlung verlangt eine Fortsetzung. Wolframs Text läßt jedoch nicht sicher erkennen, wie die Handlung weitergeführt werden sollte.

Karl LACHMANN hat den Text in seiner kritischen *Willehalm*-Ausgabe von 1833 in neun Bücher eingeteilt; diese Gliederung wurde beibehalten, obwohl sie in dieser Form sicherlich nicht auf den Dichter zurückgeht. Bestimmend für den Aufbau des ganzen Werks sind die beiden Schlachten (Buch I–II und Buch VII–IX), die zusammen mehr als die Hälfte der Dichtung ausmachen und durch zahlreiche Parallelen, Antithesen und Symmetrien kunstvoll aufeinander bezogen sind. Auch die Handlung zwischen den beiden Schlachten ist symmetrisch geordnet. Der Mittelteil wird beherrscht von den beiden großen Hofszenen in Munleun (Buch III–IV) und in Oransche (Buch V–VI), in denen die Leitgedanken formuliert werden, unter die Wolfram den Krieg zwischen Christen und Heiden gestellt hat: der Reichsgedanke und die Kreuzzugsidee auf der einen Seite, Schonungsgebot und Gotteskindschaftsgedanke auf der anderen.

Im Prolog sagt Wolfram, daß der Landgraf Hermann von Thüringen (gest. 1217) ihn *»mit der Geschichte von Willehalm bekannt gemacht«* habe (3,8 f.). Wahrscheinlich ist der *Willehalm* im Auftrag des Landgrafen für den Thüringer Hof gedichtet worden. Die Arbeit könnte um 1210 begonnen worden sein (in Buch VIII wird die Kaiserkrönung Ottos IV. im Jahr 1209 erwähnt). Im letzten Buch rühmt Wolfram die Freigebigkeit, die Landgraf Hermann *»sein ganzes Leben lang«* gezeigt habe (417,22 ff.): das setzt Hermanns Tod voraus und muß nach 1217 gedichtet sein. Vielleicht hängt der Abbruch der Dichtung mit dem Verlust des Gönners zusammen.

Der *Willehalm* gehört zum Stoffkreis der französischen Heldenepik *(Chansons de geste)*. In Frankreich gab es einen ganzen Epenzyklus, der von GUILLAUME D'ORANGE und seinen Kämpfen gegen die heidnischen Sarazenen erzählte. Zu diesem Zyklus gehört auch Wolframs literarische Vorlage, das Epos *Die Schlacht von Aliscans* (*La bataille d'Aliscans* oder einfach *Aliscans*, 8510 Verse). In welcher Gestalt ihm die französische Dichtung vorlag, ist unsicher: die *Chanson de geste*-Epik ist damals noch hauptsächlich mündlich verbreitet worden. Unsicher ist auch, ob Wolfram noch andere Epen aus dem französischen Wilhelmzyklus gekannt hat.

Inhaltlich hat Wolfram gegenüber *Aliscans* wenig geändert. Er hat jedoch die Handlung gestrafft, indem er den epischen Spielraum der Nebenfiguren eingeengt und Willehalm entschiedener in den Mittelpunkt gerückt hat; außerdem hat er Gyburg mehr Gewicht gegeben. Die wichtigste Änderung gegenüber der Vorlage besteht darin, daß Wolfram die Frage nach dem Sinn des Geschehens neu gestellt hat.

Der Krieg zwischen Christen und Heiden ist zunächst ein Krieg um Gyburg. Es ist ein Krieg unter Verwandten: ihr erster Mann kämpft gegen ihren zweiten Mann; ihre Brüder stehen auf dem Schlachtfeld Willehalms Brüdern gegenüber. Wolfram hat das Verwandtschaftsmotiv bedeutsam ausgebaut: die meisten heidnischen Könige sind mit Gyburg verwandt; und auf christlicher Seite spielen Willehalms Vater und seine Brüder eine wichtige Rolle. Wie sinnlos und unerträglich dieser Verwandtenkrieg ist, wird an Rennewarts Position deutlich gemacht, der für seine Schwester und seinen Schwager gegen seinen Vater und seine Brüder kämpft. – Der Krieg gegen die Heiden ist aber auch ein Glaubenskrieg; er ist als Kreuzzug dargestellt: den im Kampf gefallenen Christen steht der Himmel offen, die Heiden sind zur Hölle bestimmt. Mit dieser Auffassung hat sich Wolfram in die Tradition des *Rolandsliedes* gestellt. Aber anders als im *Rolandslied* hat der Kreuzzug im *Willehalm* keinen aggressiven und missionarischen Charakter: er ist nur noch auf die Verteidigung des christlichen Glaubens und des Römischen Reiches ausgerichtet. Das Kreuzzugsthema besaß auch eine zeitgeschichtliche Bedeutung: 1215 nahm Kaiser Friedrich II. das Kreuz. Der *Willehalm* ist jedoch kein Dokument der Kreuzzugsverherrlichung; und es ist kaum denkbar, daß die Dichtung eine werbende Funktion erfüllen sollte; zu deutlich sind Skepsis und Distanz, mit denen der Erzähler das Geschehen auf dem Schlachtfeld verfolgt.

Den Schrecken des Heidenkriegs wird im *Willehalm* der Gedanke an Liebe und Versöhnung gegenübergestellt, der in der Vorstellung wurzelt, daß alle Menschen durch Gott miteinander verwandt sind. In der großen Rede, die Gyburg im sechsten Buch hält, ist die religiöse Verwandtschaft das zentrale Thema: auch die Heiden sind Ge-

schöpfe Gottes, sind *gotes hantgetât* (306,28); deswegen sollten sie nicht niedergemetzelt werden. Hier spricht eine religiöse Laienfrömmigkeit, die über theologische Grenzen hinaus zu denken wagt. Der Erzähler greift zuletzt Gyburgs Botschaft auf und verleiht ihr dadurch eine allgemeinere Bedeutung: *»Ist es Sünde, daß die, die niemals die Botschaft der Taufe gehört haben, wie Vieh erschlagen werden? Ich erkläre es für eine große Sünde, denn sie sind alle Gottes Geschöpfe«* (450,15–19).
Der *Willehalm* war ein großer literarischer Erfolg. Davon zeugt die ungewöhnlich große Zahl erhaltener Handschriften und Fragmente (mehr als siebzig) sowie der Einfluß, den die Dichtung auf spätere Autoren hatte. Besonders intensiv wurde der *Willehalm*-Prolog mit dem großen Gebet an die Trinität rezipiert: er hat vor allem auf die spätere Legendenepik gewirkt und ist auch ins Lateinische übersetzt worden. Bereits um die Mitte des 13. Jh.s wurde Wolframs Dichtung von Ulrich von Türheim fortgesetzt (*Rennewart*, 36518 Verse, 42 Handschriften und Fragmente). Einige Jahrzehnte später hat Ulrich von dem Türlin eine Vorgeschichte dazugedichtet, die von der Gefangenschaft Willehalms bei den Heiden, der Entführung Arabels und ihrer Taufe auf den Namen Gyburg erzählt (*Arabel-Willehalm*, 9641 Verse plus Fortsetzung, 27 Handschriften und Fragmente). So entstand ein Textcorpus von über 60000 Versen; in dieser zyklischen Gestalt ist Wolframs Dichtung im Spätmittelalter gelesen und verbreitet worden. Im 15. Jh. wurde der ganze *Willehalm*-Zyklus in Prosa umgeschrieben. J.Bum.

Ausgaben: Bln. 1833 (in *W. v. E.*, Hg. K. Lachmann; ²1854, besorgt v. M. Haupt; Bln./Lpzg. ⁶1926, Bearb. E. Hartl; ⁷1952, Bearb. ders. [nur Bd. 1 erschienen; Nachdr. der 6. Aufl. zul. 1988]). – Halle/Saale 1905/06 (in *W. v. E.*, Hg. A. Leitzmann, 5 Hefte, 1902–1906, 4/5; ATB 15/16; Tübingen ⁵⁻⁷1961–1965, Hg. W. Deinert u. B. Horacek). – Graz 1974 [Faks. im Originalformat des Codex Vindobonensis 2760d; Komm. H. Heger]. – Bln./NY 1978, Hg. W. Schröder. – Stg. 1985 (*Willehalm. Die Bruchstücke der »Großen Bilderhs.«, Bayerische Staatsbibl. Mchn., Cgm 193, III; Germanisches Nationalmuseum Nürnberg, Graph. Slg. Hz 1104–1105, Kapsel 1607*, Hg. U. Montag; Faks.). – Ffm. 1991 (in *Werke*, Hg. J. Heinzle u. E. Nellmann, 3 Bde., 1991 ff., 3, Hg. J. Heinzle; m. nhd. Übers. u. Komm.).

Übersetzungen: *Wilhelm von Orange*, San Marte, Magdeburg 1841 [zus. mit *Lieder* u. *Titurel*]. – *Willehalm*, Hg. W. J. Schröder u. G. Hollandt, Darmstadt 1971 [zus. m. *Titurel*]. – Dass. O. Unger, Göppingen 1973. – Dass., D. Kartschoke, Bln./NY ²1989.

Literatur: S. Singer, *W.s »Willehalm«*, Bern 1918. – L. Wolff, *Der »Willehalm« Ws. v. E.* (in DVLG, 12, 1934, S. 504–539). – B. Mergell, *W. v. E. und seine französischen Quellen*, Bd. 1: *W.s »Willehalm«*, Münster 1936. – J. Bumke, *W.s »Willehalm«. Studien zur Epenstruktur u. zum Heiligkeitsbegriff der ausgehenden Blütezeit*, Heidelberg 1959. – F. Ohly, *W.s Gebet an den Heiligen Geist im Eingang des »Willehalm«* (in ZfdA, 91, 1961/62, S. 1–37). – H. Schanze, *Die Überlieferung von W.s »Willehalm«*, Mchn. 1966. – F. P. Knapp, *Rennewart. Studien zu Gehalt u. Gestalt des »Willehalm« W.s v. E.*, Wien 1970. – C. Lofmark, *Rennewart in W.'s »Willehalm«. A Study of W. v. E. and His Sources*, Ldn. 1972. – E. Kleinschmidt, *Literarische Rezeption u. Geschichte. Zur Wirkungsgeschichte von W.s »Willehalm« im Spätmittelalter* (in DVLG, 48, 1974, S. 585–649). – G. Weber, *W.s v. E. Antwort auf Gottfrieds von Straßburg »Tristan«. Zur Grundstruktur des »Willehalm«*, Wiesbaden 1975. – U. Pörksen u. B. Schirok, *Der Bauplan von W.s »Willehalm«*, Bln. 1976. – M. E. Gibbs, *Narrative Art in W.s »Willehalm«*, Göppingen 1976. – E. Schmid, *Enterbung, Ritterethos, Unrecht: Zu W.s »Willehalm«* (in ZfdA, 107, 1978, S. 259–275). – W. Schröder, *Der tragische Roman von Willehalm u. Gyburg. Zur Gattungsbestimmung des Spätwerks W.s v. E.*, Mainz 1979. – R. M. Schmidt, *Die Hss.-Illustrationen des »Willehalm« W.s v. E.*, Wiesbaden 1985. – *Guillaume et Willehalm. Les épopées françaises et l'œuvre de W. v. E.*, Hg. D. Buschinger, Göppingen 1985. – W. Haug, *W.s Wende zur Geschichte: Das Wagnis des »Willehalm«* (in W. H., *Literaturtheorie im deutschen MA*, Darmstadt 1985, S. 174–190). – W. Schröder, *Text u. Bild der »Großen Bilderhs.« von W.s »Willehalm«* (in ZfdA, 116, 1987, S. 239–268). – C. Kiening, *Reflexion – Narration, Wege zum »Willehalm« W.s v. E.*, Diss. Mchn. 1989.

Anonyme Werke Sammelhandschriften Stoffe

ANNOLIED

(mhd.). Anonyme geistliche Geschichtsdichtung unter Einbeziehung der Legende vom Erzbischof Anno von Köln († 1075), vermutlich entstanden zwischen 1077 und 1081. – Wahrscheinlicher Entstehungsort ist das von Anno gegründete Kloster Siegburg, als Verfasser kommt einer der Siegburger Mönche in Frage. Das Werk – ursprünglich wohl in rheinfränkischer Mundart verfaßt – ist nur in zwei Abdrucken aus dem 16. Jh. und 17. Jh. überliefert: als Teildruck bei Bonaventura VULCANIUS (1597), in vollständiger Form durch einen Abdruck, den Martin OPITZ 1639 veranlaßte. – Obgleich der Kölner Erzbischof Hauptthema der Dichtung ist, befaßt sich der Autor erst in den letzten dreihundert Versen ausschließlich mit ihm. Der Vita Annos stellt er in 576 Versen eine ausführliche Übersicht sowohl über die Heils- als auch die Weltgeschichte voran; beide finden ihren krönenden Abschluß in der Lobpreisung Annos.

Das Gedicht besteht aus 49 strophenartigen Abschnitten von unterschiedlicher Länge und gliedert sich in drei Teile. Nach einem Prolog, der, wie in der Legendendichtung üblich, die weltliche mit der christlichen Dichtung konfrontiert, beginnt der erste Teil des Gedichts bei der Schöpfung, deutet – als bekannt vorausgesetzt – den Sündenfall, die Erlösung, die Verkündigung der Lehre Christi, erzählt von den Kölner Heiligen und schließt mit Annos Ernennung zum Bischof. Im zweiten Teil, der die Profangeschichte enthält, berichtet der Verfasser von den Anfängen Kölns, vom Krieg, den Caesar mit Hilfe der Germanen gegen Pompeius führte, und von den vier Weltreichen, deren letztes – nach mittelalterlicher Geschichtsauffassung – das Heilige Römische Reich ist. Bemerkenswert ist, daß nach der Darstellung im *Annolied* Caesar sein Weltkaisertum der Hilfe der germanischen Stämme verdankt. Über die Geschichte der Erzbischöfe von Köln kommt der Verfasser endgültig auf Anno zurück. Im dritten Teil werden Annos Vertreibung aus Köln, seine Nachsicht mit der undankbaren Stadt, sein Tod und die Wunder, die er bewirkt hat, gleichsam als *imitatio Christi* geschildert.

Als Grundlagen und Quellen dienten dem Verfasser des Annoliedes neben der *Bibel* und dem traditionellen Gemeingut zahlreiche – klerikale und weltliche – lateinische Schriften, u. a. der Danielkommentar des HIERONYMUS (5. Jh.), der Alexanderroman *Historia de preliis* (11./12. Jh.), die *Hystoria Treverorum* (vor 1060), BOETHIUS' *Consolatio philosophiae* (6. Jh.) sowie VERGILS *Aeneis* und LUKANS *Pharsalia*-Epos. Zur Darstellung von Annos Vita hat der Verfasser mit großer Wahrscheinlichkeit den Anno-Nachruf in den *Annalen* LAMPERTS VON HERSFELD (um 1078/79) benutzt, eventuell auch die *Vita Annonis* des Siegburger Abtes REGINHARD.

Entgegen der Heiligenverehrung im *Annolied* war der Ruf des mächtigen Reichsbischofs (1056 Ernennung zum Erzbischof durch Kaiser Heinrich III.; 1062 Anführer des Staatsstreichs von Kaiserswerth, bei dem der noch unmündige Heinrich IV. nach Köln entführt wurde; bis 1064 Reichsregent unter Kaiserin Agnes; Erzieher Heinrichs IV. und bis 1073 maßgeblich an dessen Regierung beteiligt; 1183 Heiligsprechung) in der deutschen Geschichte des Mittelalters umstritten, vor allem wegen der Niederschlagung eines Aufstandes der Kölner Bürger. Möglicherweise hatten *»die Siegburger Mönche (...) Grund, Annos Verdienste um Köln herauszustreichen und so sein in manchen Kreisen beschädigtes Ansehen wiederherzustellen«* (E. Nellmann). Als Publikum kommt jedoch wahrscheinlich nur eine literarisch gebildete Adelsschicht in Frage. Besonderes Interesse findet das *Annolied* in der neueren Forschung durch das Aufscheinen einer römisch-deutschen Herrschaftsidee, die entgegen der Politik von Gregor VII. (Papst seit 1073) dem *regnum teutonicum* eine größere Bedeutung beimißt. Nicht von ungefähr gingen jene Abschnitte des *Annolieds* von Caesars Unterwerfung und Einigung der germanischen Stämme in die *Kaiserchronik* (um 1150) ein und fanden auf diese Weise eine größere Verbreitung und eine lange Nachwirkung. S.Ri.

AUSGABEN: Danzig 1639, Hg. M. Opitz. – Hannover 1895 (in MGH; *Deutsche Chroniken*, 1/2, Hg. M. Roediger). – Offenbach 1924, Hg. R. Benz (Drucke der Pforte, 1; nhd.). – Heidelberg 1961; [3]1974, Hg. W. Bulst (Editiones Heidelbergenses, 2; nach d. Ausg. v. Opitz). – Siegburg 1975, Hg. G. Busch (Textübertr., Interpretation u. krit. Ber. z. Forschungsstand v. S. Solf). – Stg. [3]1986, Hg. E. Nellmann [mit Übers. u. Kommentar].

LITERATUR: D. Knab, *Das »Annolied«. Probleme seiner literarischen Einordnung*, Tübingen 1962. – P. Knoch, *Untersuchungen zum Ideengehalt u. zur Datierung des »Annoliedes«* (in ZfdPh, 83, 1964, S. 275–301). – S. Gerhaber, *Der Prolog des »Annoliedes« als Typus in der frühmhd. Literatur*, Diss. Mchn. 1968. – H. Kuhn, *Dichtung u. Welt im MA*, Stg. [2]1969, S. 112–132. – E. v. Reusner, *Das »Annolied«* (in DVLG, 45, 1971, S. 216–236). – H.-F. Reske, *Das »Annolied«. Aufbau, Überlieferung, Gestaltung* (in *›Getempert und gemischet‹, Fs. f. W. Mohr*, 1972, S. 27–69). – E. Nellmann, *Die Reichsidee in den deutschen Dichtungen der Salier- u. frühen Stauferzeit*, Stg. 1975. – H. Thomas, *Ein Quellenfund zum »Annolied«. Die Fragmente von Reginhards »Vita Annonis«* (in ZfdPh, 97, 1978, S. 403–414). – C. J. Gellinek, *Die erste Geschichts-*

dichtung der deutschen Sprache (in Colloquia Germanica, 11, 1978, S. 193–210). – A. Haverkamp, *Typik u. Politik im »Annolied«. Zum Konflikt der Interpretationen im MA*, Stg. 1979. – U. Liebertz-Grün, *Zum »Annolied«. Atypische Struktur u. singuläre politische Konzeption* (in Euph, 74, 1980, S. 223–256). – H. Thomas, *Bemerkungen zu Datierung, Gestalt u. Gehalt d. »Annoliedes«* (in *Die Reichsidee in der deutschen Dichtung des MAs*, Hg. R. Schnell, Darmstadt 1983, S. 384–402). – E. Nellmann (in VL², 1, Sp. 366–371). – E. Hellgardt, *Die Rezeption des »Annoliedes« bei M. Opitz* (in *Mittelalter-Rezeption. Ein Symposion*, Hg. P. Wapnewski, Göppingen 1986, S. 60–79). – D. Kartschoke (in GLMA, Bd. 1, S. 336–340 u. ö.).

Dietrich-epik

Dietrich von Bern, darin ist sich die neuere Forschung einig, *»war im Mittelalter der berühmteste deutsche Sagenheld«* (J. Bumke). *»Ihn, der heute aus dem allgemeinen Bewußtsein verschwunden ist, haben die Deutschen im Mittelalter von allen Helden ihrer Vorzeit am meisten geliebt, und von ihm wußten sie auch das meiste zu berichten«* (J. Heinzle). Trotz der zahlreichen mittelalterlichen Dichtungen ist die Rekonstruktion der Sagenentwicklung um Dietrich von Bern problematisch, da schriftliche Zeugnisse in größerer Zahl erst vom 13. Jh. an erhalten sind. Der dann einsetzende Strom hält jedoch bis ins 17. Jh. an. Neben dem → *Nibelungenlied* oder der → *Kudrun*, die den Höhepunkt ihrer Ausgestaltung und ihre endgültige Fixierung noch zur Zeit der mittelhochdeutschen Klassik erfuhren, nimmt der Sagenkreis um Dietrich von Bern eine eigentümliche Stellung ein: Obgleich sich die Sagenkreise zum Teil überschneiden, erhielt der Dietrichstoff vom künstlerischen Standpunkt aus keine Ausformung, die etwa an diejenigen des *Nibelungenliedes* herangereicht hätte.
Ihren Ursprung hat die Sagengestalt Dietrich von Bern (d. i. Verona) in der historischen Gestalt des Ostgotenkönigs Theoderich der Große (reg. 493–526): Theoderich marschierte auf Veranlassung des oströmischen Kaisers Zeno in Italien ein, überfiel dort den Skirenfürsten Odoaker, besiegte ihn in drei Schlachten, schloß ihn in Ravenna ein und brachte ihn im Jahre 493 mit eigenen Händen um. Damit sicherte sich Theoderich bis zu seinem Tod im Jahre 526 die Alleinherrschaft über Italien. Die Sage um Dietrich von Bern hat jedoch mit den historischen Ereignissen nur noch ganz entfernt zu tun und mannigfaltige Umgestaltungen erfahren; entsprechend anders sieht ihre Grundfabel aus: Dietrich wird von seinem Onkel und Erzfeind Ermenrich aus seinem Reich in Oberitalien vertrieben. Er flieht daraufhin an den Hof des Hunnenkönigs Etzel und unternimmt von seinem Exil aus mehrere – allerdings erfolglose – Versuche, sein Reich zurückzuerobern. Es ist anzunehmen, daß am Anfang der sagenhaften Umgestaltung Odoaker der Bösewicht und Dietrichs Widersacher war. Hinweise darauf finden sich im ersten deutschen Denkmal, dem → *Hildebrandslied* (Stabreimfragment, 1. Drittel 9. Jh.). Hier muß Dietrich noch vor *»Otraches nid«* (Odoakers Zorn) fliehen. In der weiteren Sagenentwicklung wurde Odoaker dann durch Ermenrich ersetzt. Historisches Vorbild dieser Figur ist der Ostgotenkönig Hermanarich, ein Vorfahre Theoderichs, der im Jahre 375 bei einem Einfall der Hunnen getötet wurde. *»Merkwürdigerweise hat die Sage die historischen Vorgänge umgekehrt: Dietrich verliert seine Herrschaft über Italien und muß zu den Hunnen fliehen; dabei ist er zu einem Zeitgenossen seines Vorfahren Ermanarich (†375) und des Hunnenkönigs Attila-Etzel (†453) gemacht worden«* (J. Bumke). Doch in der *»geschichtswidrigen Verbindung«* der Sagengestalten sieht die neuere Forschung *»nichts Befremdliches: von dem Bestreben geleitet, ursprünglich eigenständige Stoffkreise zu einer geschlossenen Heldenwelt zu integrieren, ist sie charakteristisch für die Umformung von Historie in heroische Überlieferung. Rätselhaft ist hingegen, wie es zur Verwandlung der historischen Eroberung Italiens durch Theoderich in die Vertreibung Dietrichs aus Italien kommen konnte«* (J. Heinzle). Auch in anderen Sagenkreisen, etwa im *Nibelungenlied* oder in der *Nibelungenklage*, erscheint Dietrich stets als der aus dem Exil Agierende, der gute und siegreiche Taten vollbringt, aber doch letztendlich, von Schicksalsschlägen ereilt, der Glücklose bleibt. Die neuere Forschung kommt mehr und mehr dazu, die Werke der Dietrich-Epik *»als poetische Kommentare zum Verfall überkommener Normvorstellungen in einer als drückend empfundenen Gegenwart«* (J. Heinzle) zu sehen.
Schon im *Hildebrandslied* ist die entscheidendste Umgestaltung samt ihren Konsequenzen voll ausgebildet: Der Einfall der Ostgoten in Italien und Theoderichs Usurpation sind als Heimkehr in ein angestammtes Reich gedeutet. Bereits an diesem Punkt stellt sich die Frage, ob solche Umformungen politischen Intentionen gotischer Sänger zuzuschreiben sind, die die Gotenherrschaft in Italien als ursprünglich, d. h. als legitim darstellen wollten, oder ob es sich um das Bild handelt, das Nachbarstämme vom tragischen Untergang der Goten entwickelt haben. Der Zeitpunkt dieser grundsätzlichen Abweichung von den geschichtlichen Tatsachen ist – entsprechend der möglichen Datierung der Vorlagen zum *Hildebrandslied* – vielleicht schon ins 6. Jh. zu setzen. Aus der Zwischenzeit sind nur zwei altenglische Zeugnisse erhalten: die stabreimende Consolatio *Deor (Sängers Trost;* → *Deor's Lament)* aus dem *Exeter-Book* (wohl um 700), die den einzigen englischen Beleg für die Sage von Dietrichs Flucht bietet, und das Thula-Gedicht (ein in Stabreimen verfaßtes Vokabularium) → *Widsith (Weltfahrt)*, dessen Heldenkatalog

(schon im 6. Jh. abgeschlossen) Dietrich mit dem Sagenkreis um Ermanarich verbindet.
Die Fülle der deutschen Überlieferung setzt in der zweiten Hälfte des 13. Jh.s ein und läßt sich im wesentlichen in drei Komplexe untergliedern, *»die relativ selbständig nebeneinander stehen (...): die Überlieferung von Dietrich und Ermenrich, die Überlieferung von Dietrichs Abenteuern, die Überlieferung von Dietrichs Ende«* (J. Heinzle). Darüber hinaus unterscheidet die Forschung zwischen den sogenannten »historischen« und den »aventiurehaften« (märchenhaften) Dietrichepen: Die historischen kreisen um die Schlacht von Ravenna und die Gegnerschaft zwischen Dietrich und Ermenrich, während die aventiurehaften Dietrich im tapferen und siegreichen Kampf gegen Drachen, Riesen und Zwerge zeigen. Letztere stehen schon unter dem prägenden Einfluß der Artusepik, die als führende Großgattung in der zweiten Hälfte des 12. Jh.s ihre Blütezeit erlebt.
Noch deutlicher als die alten Denkmäler zeigen die Epen aus dem 13. Jh., wie unterschiedlich die Ausgestaltung einzelner historischer und sagenhafter Motive verlaufen ist. Die Eroberung Ravennas ist Kern zweier bairisch-tirolischer Dichtungen, die in den vollständigen Handschriften stets gemeinsam überliefert werden: die strophische → *Rabenschlacht (Ravennaschlacht)*, um 1270 abgefaßt, und das Reimpaarepos *Buch von Bern* (auch → *Dietrichs Flucht* genannt, → Heinrich der Vogler), um 1280. Die Darstellung des Geschehens, das Dietrich eigentlich nur Siege bringt, steht unter dem Zwang, seine Rückkehr ins Exil zu König Etzel zu motivieren. In beiden Dichtungen wird die »Flucht« dadurch begründet, daß Personen, die unter der besonderen Obhut Dietrichs stehen, den Tod finden. Dietrichs unmäßige Trauer darüber ist auch in anderen Dichtungen geradezu Motiv.
Einen Ausschnitt der Kämpfe zwischen Dietrich und Ermenrich, in dessen Mittelpunkt das heldische Ende eines Mannes aus Dietrichs Gefolgschaft gestellt ist, bietet das strophische Epos → *Alpharts Tod* (um 1250). Nach dem Inhalt und aufgrund der möglichen Ableitung des Namens Alphart von Hadubrand (über Alebrant) erweist sich diese Dichtung als Sproß der Darstellung von Dietrichs Flucht oder *»ellende«*. *Alpharts Tod* ist zudem ein früher Beleg für den noch öfter unternommenen Versuch mittelhochdeutscher Dichter, auch den Dietrich-Stoff ritterlich-höfisch umzuformen. Zugleich bezeugt der versöhnliche Ausgang des Kampfes zwischen Alphart und seinem Onkel Hildebrand die inzwischen erfolgte Umgestaltung des mit großer Wahrscheinlichkeit tragischen Endes im *Hildebrandslied*. Die glücklich ausgehende Version des Vater-Sohn-Kampfes wird über sieben Jahrhunderte nach der althochdeutschen Fassung als → *Jüngeres Hildebrandslied* in schriftlichen Zeugnissen des 15. Jh.s greifbar und lebt bis ins 17. Jh. weiter. Indirekt bestätigt das *Jüngere Hildebrandslied* die Kunde von Dietrichs endgültiger Heimkehr aus dem hunnischen Exil, die sich in der altnorwegischen → *Thiðreks-Saga* ausführlich belegt findet. Dieses Prosaepos bietet, aus verschiedenen deutschen Sagenquellen schöpfend, gleichsam einen gesamten Lebensroman Dietrichs von Bern. Es ist damit zwar eine wertvolle Fundgrube für die Ermittlung verlorengegangener Vorstufen der deutschen Sage, die Verknüpfung der Vita Dietrichs mit abgelegenen Sagenmomenten verbietet jedoch, aus ihr unmittelbar die Entfaltung der Sage herauszulesen. Sie ist eine Kompilation nach eigenem Plan. Ähnliches ist zum Anhang des gedruckten *Straßburger Heldenbuches* (1477) zu sagen, dessen Sagenzusammenstellung in einzelnen Zügen ebenfalls auf verlorene deutsche Formungen des Dietrich-Stoffes weist.
Alle großen Dietrich-Epen setzen eine kampflose Heimkehr Dietrichs in sein Reich und damit Ermenrichs Tod während Dietrichs Exil voraus. Die Rücksicht der *Dietrich-Epik* auf dieses Moment läßt auf allgemeine Kenntnis einer selbständigen Sage von Ermenrichs Leben und Tod schließen, deren Verschmelzung mit dem Dietrich-Stoff sich nur in einem wiederum sehr späten Produkt, dem niederdeutschen Lied von → *Koninc Ermenrikes Dôt* (um 1560), zu erkennen gibt. Bei dieser Sagenkombination scheint auf einer Vorstufe die Rache der Svanhild-Brüder an Ermenrich, wie sie das altnordische *Hamdirlied (→ Hamðismál in forno)* darstellt, Pate gestanden zu haben. Im niederdeutschen Lied freilich ist Dietrich selbst der Rächer, der Ermenrich nicht nur verwundet, sondern auch tötet.
Neben der Umgestaltung von Theoderichs Schicksal, die die genannten Denkmäler belegen, steht dessen sagenhafte Ausgestaltung. Dietrichs Leben am Hunnenhof wird in starker Anlehnung an das *Nibelungenlied* in die Handlung des steiermärkischen Reimpaarepos → *Biterolf und Dietleib* einbezogen (erst Anfang des 16. Jh.s überliefert, wohl um 1250 entstanden); es ist ebenfalls ein Beleg für die höfische Stilisierung einer alten Heldensage. Eine Episode aus Dietrichs Exilzeit, seinen höfisierten Zweikampf mit einem König von Polen, behandelt auch das bairisch-österreichische Reimpaarfragment *Dietrich und Wenezlan*.
Breit ist die Überlieferung der »aventiurehaften« Dietrich-Epen. Sie betreffen vor allem Dietrichs Jugend. Das strophische Epos → *Virginal* (älteste Fassung nach 1260) führt seine erste Ausfahrt, seine Gesellen und seine Drachenkämpfe vor. Ein Abenteuer mit dem Riesen Sigenot besteht der junge Dietrich im gleichnamigen strophischen Epos → *Sigenot* (zwei Bearbeitungen um 1250 und 1350; abgefaßt im sog. Bernerton; evtl. entstanden im schwäbisch-alemannischen Raum). Die Schlußstrophe erweist den *Sigenot* als eine wohl später gedichtete Einleitung zum → *Eckenlied*, einer ebenfalls in verschiedenen Fassungen überlieferten strophischen Dichtung, die – in der Münchner Handschrift der → *Carmina Burana* aus der 1. Hälfte des 13. Jh.s – als älteste Textbezeugung der Dietrichepik gilt. Ihren mythologischen Elementen nach stammt sie aus Tirol, wurde aber noch im 13. Jh. unter dem Einfluß des altfranzösischen Papageien-

romans *(Le chevalier au papegau)* von einem rheinischen Dichter höfisch überformt. Riesen und Zwerge sind Dietrichs Gegner in dem nur noch als Bruchstück (9 Strophen) erhaltenen *Goldemar* eines ALBRECHTS VON KEMENATEN (evtl. identisch mit dem gleichnamigen Dichter, den RUDOLF VON EMS um 1230/40 als Zeitgenossen nennt). Seine frühe Datierung (vor 1240) sowie die Andeutung von Trollenkämpfen Dietrichs in den altenglischen *Waldere*-Fragmenten (10./11. Jh.) lassen darauf schließen, daß die aventiurehaften Dietrichepen keineswegs hinter den historischen zurückstehen; im Gegenteil: Sie sind meist reicher überliefert und trafen *»mit ihrer bunten Handlungsfülle, ihrem grotesken Humor und ihrer naiven Frömmigkeit (...) einen breiten Publikumsgeschmack, der über Jahrhunderte gleichblieb«* (J. Bumke). Auch spätere deutsche Bearbeitungen aventiurehafter Episoden – wie die des Zweikampfs zwischen Dietrich und dem menschenfressenden Wunderer, nach dem ein aus dem 14./15. Jh. überliefertes Gedicht benannt ist – weisen immer wieder auf die Verflechtung alter Sagenmotive hin.

Ähnliches gilt für zwei größere deutsche Zeugnisse, die beide ebenfalls in sehr unterschiedlichen Fassungen vorliegen, dem → *Rosengarten zu Worms* und dem → *Laurin* (auch *Kleiner Rosengarten* genannt). Steht im Mittelpunkt des um 1250 in Reimpaaren abgefaßten Epos *Laurin* ein Zwerg der Tiroler Fabelwelt und Dietrichs Konfrontation mit ihm, so wird beim in Strophen abgefaßten *Rosengarten* die Verknüpfung von Dietrichs Schicksal mit dem Wormser Hof des Nibelungenkreises deutlich; doch ist dieser wieder in mehrfacher Brechung gesehen, wobei u. a. die französischen *chansons de geste* und die Waltharius-Tradition (vgl. *Waldere*-Fragmente) das Ihre beigetragen haben. Der *Laurin* – er wurde von sämtlichen Dietrich-Epen am weitesten verbreitet – erhält in einer Fassung mit dem *Walberan* noch eine Fortsetzung.

Ein wesentlicher Zug, der die Zeichnung des Helden Dietrich – insbesondere sein Ende – bestimmt und unbedingt zur Frage der Sagenquelle und -tradition gehört, ist die Dämonisierung Dietrichs. Sie ist wohl auf die Haltung der Kirche gegenüber dem Ostgotenkönig Theoderich zurückzuführen: Diese sah in dem Arianer einen Ketzer und machte ihn außerdem für den Tod von Papst Johannes I. verantwortlich. GREGOR DER GROSSE († 604) berichtet in seinen Dialogen *(Dialogi de vita et miraculis patrum italicorum)*, Theoderich habe sein (wohlverdientes) Ende im Schlund eines Vulkans gefunden, in der *Thiðreks-Saga* wird er gar vom Teufel selbst in der Gestalt eines schwarzen Rosses auf Nimmerwiedersehen entführt. Doch zu guter Letzt überwiegt die dietrichfreundliche Haltung der Autoren und Bearbeiter, die dem beliebtesten Sagenhelden des Mittelalters am Ende stets einen Platz in überzeitlichen Sphären einräumen. S.Ri.

LITERATUR: K. Meyer, *Die Dietrichsage in ihrer geschichtlichen Entwicklung*, Basel 1868. – L. Uhland, *Schriften zur Geschichte der Dichtung u. Sage*, Bd. 8, Stg. 1873, S. 334–383. – H. Schneider, *Germanische Heldensage*, Bd. 1, Bln. 1928, S. 211–331; [2]1962. – W. Mohr, *Dietrich von Bern* (in ZfdA, 80, 1944, S. 117–155). – E. Benedikt, *Die Überlieferung vom Ende Dietrichs von Bern* (in *Fs. f. D. Kralik*, Horn 1954, S. 99–111). – G. Plötzeneder, *Die Gestalt Dietrichs von Bern in der deutschen Dichtung u. Sage des frühen u. hohen MAs*, Diss. Innsbruck 1957. – J. de Vries, *Theoderich der Große* (in J. de V., *Kleine Schriften*, Bln. 1965, S. 77–88). – W. Haug, *Die historische Dietrichsage. Zum Problem der Literarisierung geschichtlicher Fakten* (in ZfdA, 100, 1971, S. 43–62). – K. v. See, *Germanische Heldensage. Stoffe, Probleme, Methoden. Eine Einführung*, Ffm. 1971. – H. Uecker, *Germanische Heldensage*, Stg. 1972 (Slg. Metzler). – H. J. Zimmermann, *Theoderich der Große – Dietrich von Bern*, Diss. Bonn 1972. – W. Hoffmann, *Mittelhochdeutsche Heldendichtung*, Bln. 1974. – J. Heinzle, *Mittelhochdeutsche Dietrichepik. Untersuchungen zur Tradierungsweise, Überlieferungskritik u. Gattungsgeschichte später Heldendichtung*, Mchn. 1978. – *Deutsche Heldenepik in Tirol*, Hg. E. Kühebacher, Bozen 1979. – N. Wagner, *»Ich armer Dietrich«. Die Wandlung von Theoderichs Eroberung zu Dietrichs Flucht* (in ZfdA, 109, 1980, S. 209–228). – Ders., *Dietrich von Bern* (in *Enzyklopädie des Märchens III*, Hg. K. Ranke, Bln./NY 1981, Sp. 657–666). – Ders., *Dietrich von Bern* (in *Epische Stoffe des MA.s*, Hg. V. Mertens u. U. Müller, Stg. 1984, S. 141–155). – R. Wisniewski, *Mittelalterliche Dietrichdichtung*, Stg. 1986 (Slg. Metzler). – O. Gschwantler, *Zeugnisse zur Dietrichsage in der Historiographie von 1100 bis gegen 1350* (in *Heldensage u. Heldendichtung im Germanischen*, Hg. H. Beck, Bln. 1988, S. 35–80). – E. Marold, *Wandel u. Konstanz in der Darstellung der Figur des »Dietrich von Bern«* (ebd., S. 149–182). – J. Bumke, *Heldenepik* (in GLMA, Bd. 2, S. 260–269).

GEORGSLIED

(ahd.). Ältester erhaltener Heiligenhymnus in deutscher Sprache, von unbekanntem Verfasser. – Allgemein gilt das Ende des 9. Jh.s als Entstehungszeit. Das Gedicht steht vermutlich im Zusammenhang mit dem seit den Merowingern weit verbreiteten Georgskult. Konkreter Anlaß zur Abfassung des Hymnus könnte die Translation der Georgsreliquie auf die Insel Reichenau (896) und die Errichtung einer Georgsbasilika in Oberzell gewesen sein. Umstritten ist der Entstehungsort; neben St. Gallen, der Reichenau und Weißenburg (Elsaß) zieht die neuere Forschung aufgrund von sprachgeographischen und kultgeschichtlichen Merkmalen auch die fränkische Reichsabtei Prüm in Betracht (W. Haubrichs). Die eigentümliche

Orthographie der Abschrift verbindet alemannische und fränkische Dialektmerkmale miteinander und weist in der Graphematik gewisse Parallelen zum *Althochdeutschen Isidor* (um 800) auf. Die Überlieferung des Gedichts ist unvollständig. Der Abschreiber des Originals – es wurde erst Ende des 10. oder Anfang des 11. Jh.s auf die leeren Schlußseiten der Heidelberger *Otfrid-Handschrift* eingetragen – scheiterte an der offensichtlich äußerst kunstvollen Orthographie des Gedichts und brach seine Arbeit mit einem resignierten *»nequeo Vuisolf« (»ich kann nicht mehr, Wisolf«)* vorzeitig ab.

Das Gedicht ist eine Vita des hl. Georg, der hier allerdings noch nicht der ritterliche Drachenkämpfer, sondern vor allem Wundertäter und Märtyrer ist. Quelle des Lieds war wahrscheinlich eine lateinische, in zwei Handschriften überlieferte *Passio sancti Georgii*, doch lassen verschiedene Abweichungen darauf schließen, daß sie nicht direkte Vorlagen waren. Auf einer Reichsversammlung bekennt sich Graf Georg öffentlich zum Christentum: *»Ferliez er uuereltrike, keuuan er himilrike« (»er ließ hinter sich das Weltreich, er gewann das Himmelreich«)*. Alle Versuche der anwesenden Könige, ihn davon abzubringen, scheitern, und so wird er in den Kerker geworfen. Dort verleiht Gott ihm die Kraft, Wunder zu tun; er heilt kranke Frauen, Stumme, Taube, Blinde und Lahme. Im Zorn über den vermeintlichen Zauberer läßt ihn der heidnische König Tacian mit dem Schwert erschlagen. Georg aber ersteht wieder vom Tode und predigt gegen die Heiden. Tacian läßt ihn binden, auf ein Rad flechten und in zehn Stücke zerschlagen. Abermals ersteht Georg und fährt fort zu predigen. Noch einmal wird er gebunden, gefoltert, zermahlen und schließlich zu Asche verbrannt. Mit Gottes Hilfe überwindet Georg zum dritten Mal den Tod. Wieder tut er Wunder, erweckt einen Toten und bekehrt ihn zum Christentum, predigt der Gemahlin Tacians und bekehrt auch sie. Mit dem Sturz des Götzen Abollin bricht der Text ab.

Das in vierhebigen Reimversen geschriebene Gedicht ist in einzelne Strophen von ungleicher Verslänge gegliedert, von denen je zwei durch Refrain verbunden sind. Stilistisch steht es ganz in der lateinischen Hymnentradition. Die Figur des Königs Tacian sowie das dreifache Sterben Georgs weisen darauf hin, daß sich der Verfasser an die älteste Legendenfassung hält, die im 6. Jh. als apokryph verworfen worden war, die sich aber in der volkssprachlichen Tradition als beliebteste Variante der Legende durchgesetzt hat. Sprachliche und metrische Anklänge an OTFRID VON WEISSENBURG sind unverkennbar. Gleichzeitig deutet der einfach gehaltene Stil auch auf die mündliche Tradierung der Legendenüberlieferung hin. Das *Georgslied* hat liturgischen Charakter, ist hymnisches Gemeinschaftslied und Lobpreis Gottes.

Der Stoff der Legende geht auf Georgios von Kappadokien zurück, der um die Mitte des 4. Jh.s arianischer Bischof in Alexandrien war und 361 als Konkurrent von Athanasius ermordet wurde. Die älteste Georgslegende entstand in Ägypten, die erste literarische Fassung ist in griechischer Sprache geschrieben und stammt aus dem 5. Jh. In Rußland und Osteuropa wurde Georg zum Volksheiligen, wie auch in Frankreich Stiftungen des 6. Jh.s von seiner frühen Verehrung zeugen. In Deutschland behandelt nach dem *Georgslied* eine mittelhochdeutsche Ritterlegende REINBOTS VON DURNE im 13. Jh. das Leben des Heiligen. Mit den Kreuzzügen war der ursprünglich nicht zu dieser Gestalt gehörende Typus des ritterlichen Drachenkämpfers aus der byzantinischen Legende ins Abendland eingedrungen. Seit dem 13. Jh. gilt Georg als Patron des Rittertums. I.F.W.-KLL

AUSGABEN: Kopenhagen 1783 (in B. C. Sandvig, *Lectionum Theotiscarum Specimen. Carminis Antiqui de Sancto Georgio Fragmentum*). – Bln. 1892 (in *Denkmäler deutscher Poesie und Prosa aus dem VIII.–XII. Jh.*, Hg. K. Müllenhoff, W. Scherer u. E. Steinmeyer, Bd. 1, Nr. 17). – Bln. 1916 (in *Die kleineren ahd. Sprachdenkmäler*, Hg. E. v. Steinmeyer, Nr. 19). – Tübingen [15]1969 (in *Ahd. Lesebuch*, Hg. W. Braune u. E. A. Ebbinghaus, Nr. 35). – Königstein 1979 (in W. Haubrichs, *Georgslied u. Georgslegende im frühen MA, Text u. Rekonstruktion*). – Mchn./Wien 1980 (in *Dt. Dichtung des MAs*, Bd. 1, Hg. M. Curschmann u. I. Glier [m. Übers.]).

LITERATUR: F. Zarncke, *Über den ahd. Gesang vom hl. Georg* (in Berichte der Sächsischen Ges. d. Wiss., phil.-hist. Kl., 26, 1874, S. 1–40). – J. E. Matzke, *Contributions to the History of the Legend of Saint George with Special Reference to the Sources of the French, German and Anglosaxon Metrical Versions* (in PMLA, 17, 1902, S. 464–535; 18, 1903, S. 99–171; 19, 1904, S. 449–478). – G. Baesecke, *Das ahd. Schrifttum von Reichenau* (in Beitr., 51, 1927, S. 206–222). – H. Günter, *Psychologie der Legende*, Heidelberg 1949. – F. Tschirch, *Wisolf – eine mittelalterliche Schreiberpersönlichkeit. Zur Schreibung des ahd. Georgsliedes* (in Beitr., 73, 1951, S. 387–422). – F. Maurer, *Zur Geistlichendichtung des MAs* (in F. M., *Fragen u. Forschungen, Fs. Th. Frings*, Bln. 1956, S. 338–341). – H. de Boor, *Eine unerklärte Stelle des ahd. Georgsliedes nebst Bemerkungen zu seiner Orthographie u. Heimat* (in *Fs. J. Quint*, Bonn 1964, S. 69–81). – F. Tschirch, *Der heilige Georg als ›figura Christi‹. Über den typologischen Sinn der ahd. Georgsdichtungen* (in *Fs. H. de Boor*, Tübingen 1966, S. 1–19). – W. Haubrichs, *Die Kultur der Abtei Prüm zur Karolingerzeit. Studien zur Heimat des ahd. »Georgsliedes«*, Bonn 1979. – R. Schützeichel, *Codex Pal. lat. 52. Studien zur Heidelberger Otfridhs, zum Kicila-Vers u. zum »Georgslied«*, Göttingen 1982.

HERZOG ERNST

(mhd.). Fragmentarisches Epos eines unbekannten Verfassers, entstanden um 1170. – Das in drei bruchstückhaften Handschriften aus dem 12. und 13. Jh. überlieferte Epos (A) ist in vierhebigen Reimpaaren geschrieben, die, seiner frühen Entstehungszeit entsprechend, neben überwiegend reinen Reimen noch zahlreiche Assonanzen zeigen. Seine Mundart ist mittelfränkisch. Es wird angenommen, daß ihm eine *»weltliche Geschichtsdichtung«* in der Form eines Kleinepos vorausgeht (H. Neumann). Eine gleichnamige Bearbeitung des Gedichts (B) vom Anfang des 13. Jh.s bezeugt das anhaltende Interesse an dem Stoff auch in der hochhöfischen Zeit. Ob der Verfasser, der die Erzählung dem höfischen Geschmack seines Publikums anpaßte, stilistisch von WOLFRAM VON ESCHENBACH beeinflußt war, ist ungewiß. Eine weitere Fassung (D) aus der zweiten Hälfte des 13. Jh.s gilt aufgrund ihrer *»Vorliebe für die Darstellung ritterlicher Feste, besonderer aventiure-Taten und geographischer Merkwürdigkeiten als die ›höfischste‹ Bearbeitung der alten Empörergeschichte«* (H. Szklenar). Unter den lateinischen Fassungen des Gedichts, die vermutlich auf deutschsprachigen Vorlagen beruhen, sind zwei besonders hervorzuheben: die Bearbeitung ODOS VON MAGDEBURG in Hexametern von 1206 (E) und die Prosafassung aus der 2. Hälfte des 15. Jh.s (C). Eine Übertragung dieser Bearbeitung ins Deutsche stellt der Prosaroman von Herzog Ernst aus dem 15. Jh. dar, der, um 1480 zum erstenmal gedruckt, bis zum Beginn des 19. Jh.s in immer neuen Volksbüchern fortlebte. Am Ende der ausgedehnten Stoffgeschichte steht der schwäbische Dichter Ludwig UHLAND mit dem Drama *Herzog Ernst von Schwaben* (1819), Peter HACKS diente der Stoff zu einer Parodie unter dem Titel *Das Volksbuch vom Herzog Ernst* (1955).

Der Stoff der Dichtung, deren Thema Empörung des Sohnes gegen den Vater und zugleich des Vasallen gegen den Herrscher ist, beruht auf zwei historischen Ereignissen: dem Aufstand Liudolfs gegen seinen Vater Otto den Großen (953) und der Erhebung Herzog Ernsts II. gegen seinen Stiefvater, den Schwabenkaiser Konrad II. (1027). Beide Begebenheiten verknüpft der Verfasser zu einer Geschichte, wobei der Aufstand Liudolfs die wesentlichen Elemente der Handlung liefert. Die Einfügung einer Intrigantenfigur sowie die Vertauschung der Herzogtümer Schwaben und Bayern sind vermutlich eigene Zutaten des Verfassers. – Die Mutter Ernsts, die verwitwete Herzogin Adelheit, wird die Frau Kaiser Ottos, der Ernst an Sohnes Statt annimmt und zu seinem Ratgeber bestimmt. Pfalzgraf Heinrich, Oheim des Kaisers, neidet ihm diese Stellung und weiß durch Verleumdungen den Kaiser so gegen den Stiefsohn einzunehmen, daß er Heinrich befiehlt, in Ernsts Land einzufallen. Ernst besiegt Heinrichs Truppen, dringt gewaltsam zum Kaiser vor, erschlägt Heinrich vor dessen Augen und bedroht schließlich den Stiefvater selbst. Er wird zur Flucht gezwungen und geächtet. Nach fünfjährigem blutigem Kampf gegen den Kaiser beschließt Ernst, das Kreuz zu nehmen und ins Heilige Land zu ziehen. Der zweite Teil des Gedichts berichtet von den wundersamen Geschehnissen dieser Reise. Gemeinsam mit seinem Freund Wetzel besteht Ernst viele Abenteuer, er scheitert am Magnetberg, begegnet seltsam gestalteten Menschen mit Vogelköpfen, riesengroßen Füßen oder überlangen Ohren, er kommt ins Land der Riesen und der Zwerge, haust bei den Zyklopen und überlistet den Vogel Greif. Er erreicht Jerusalem, kämpft dort über ein Jahr gegen die Ungläubigen und kehrt schließlich, von Adelheit gerufen, in seine Heimat zurück, wo er sich im Bamberger Dom während der Christmette dem Kaiser zu Füßen wirft. Dank der Fürsprache der Fürsten wird er begnadigt und wieder in alle Ehren eingesetzt.

Dem Epos liegen im wesentlichen zwei Quellenbereiche zugrunde: die deutsche Reichsgeschichte und die im Mittelalter bekannten Erzählungen aus der Antike und dem Orient. In den beiden Stoffbereichen ist wohl auch die Ursache für die große Beliebtheit der Dichtung zu suchen: Die Empörergeschichte thematisiert das *»Dauerthema des politischen Lebens nicht nur in Deutschland: die Äquilibrierung zwischen Krone und Fürsten, zwischen heroischem Einzelgängertum und gemeinsamer Verpflichtung, zwischen den komplizierten Bindungen der Treue, der Feudalität – wie sie in sublimierter Form dann auch im Artusroman als Problem des Ausgleichs zwischen dem einzelnen Ritter und der Gesellschaft erscheint«* (M. Wehrli). Obwohl die Kernfabel noch ganz im Sinne des heroischen Gedichts dargestellt wird, lassen sowohl die dreiteilige Struktur des Romans mit Scheinglück, Krise und wiederhergestellter Harmonie als auch die Idealisierung des Rittertums bereits den höfischen Roman erahnen. KLL

AUSGABEN: Paris 1717 (in *Thesaurus anecdotorum*, Hg. E. Martène u. U. Durand, Bd. 3; Fassg. E). – Bln. 1808 (in *Deutsche Gedichte des MAs*, Hg. F. H. v. d. Hagen, Bd. 1; Fassg. D). – Lpzg. 1849, Hg. M. Haupt (in ZfdA, 7; Fassg. C). – Lpzg. 1854, Hg. ders. (ebd., Fassg. G). – Wien 1869, Hg. K. Bartsch (Fassg. A, B, F, G). – Lpzg. 1913 (*Historie eines edlen Fürsten, Herzog Ernst von Bayern und von Österreich*, Hg. S. Rüttgers; Volksbuch). – Bln. 1959, Hg. K. C. King (Fassg. G; krit.; nach den Drucken des 15. u. 16. Jh.s). – Stg. 1970, Hg. B. Sowinski (Fassg. B u. Bruchstücke von A; m. Anm. u. Nachw.; ern. Stg. 1979; RUB). – Darmstadt 1984 (in *Spielmannsepen*, Hg. H. u. I. Pörnbacher; m. Nacherzählung, Anm. u. Worterklärungen).

LITERATUR: A. Fuckel, *Der Ernestus des Odo von Magdeburg u. sein Verhältnis zu den übrigen älteren*

Bearbeitungen der Sage vom Herzog Ernst, Diss. Marburg 1895. – L. Jordan, *Quellen und Komposition von »Herzog Ernst«* (in ASSL, 112, 1904, S. 328–343; 457–460). – C. Heselhaus, *Die Herzog-Ernst-Dichtung. Zur Begriffsbestimmung von Märe u. History* (in DVLG, 20, 1942, S. 170–199). – H. Neumann, *Die deutsche Kernfabel des »Herzog Ernst«-Epos* (in Euph, 45, 1950, S. 140–164). – M. Wehrli, *Herzog Ernst* (in DU, 20, 1968, S. 31–42). – M. W. Hellmann, *Fürst, Herrscher und Fürstengemeinschaft. Untersuchungen zu ihrer Bedeutung als politische Elemente in mhd. Epen*, Diss. Bonn 1969. – R. Bräuer, *Literatursoziologie u. epische Struktur der dt. »Spielmanns«- u. Heldendichtung*, Bln. 1970. – *Spielmannsepik*, Hg. W. J. Schröder, Darmstadt 1977 (WdF). – A. Missfeldt, *Die Abschnittsgliederung u. ihre Funktion in mhd. Epik*, Göppingen 1978, S. 166–217. – J. Kühnel, *Zur Struktur des »Herzog Ernst«* (in Euph, 73, 1979, S. 248–271). – H.-J. Behr, *Herzog Ernst. Eine Übersicht über die verschiedenen Textfassungen u. deren Überlieferung*, Göppingen 1979. – H. Simon-Pelanda, *Schein, Realität u. Utopie – Untersuchungen zur Einheit eines Staatsromans (Herzog Ernst B)*, Ffm. u. a. 1984. – J. L. Flood, *Geschichte, Geschichtsbewußtsein und Textgestalt. Das Beispiel »Herzog Ernst«* (in *Geschichtsbewußtsein in der deutschen Literatur des MAs. Tübinger Colloquium 1983*, Hg. Ch. Gebhardt u. a., Tübingen 1985, S. 136–146). – H. Szklenar u. H.-J. Behr (in VL², 3, Sp. 1170–1191). – B. Sowinski, *Spielmannsepik* (in *Deutsche Dichter*, Bd. 1, Stg. 1989, S. 402–407; RUB). – J. Bumke (in GMLA, Bd. 2, S. 76–79).

HILDEBRANDSLIED

(ahd.). Anonymes fragmentarisches Heldenlied, in stabreimenden Langzeilen geschrieben. – Das Lied ist aller Wahrscheinlichkeit nach zur Zeit der Völkerwanderung bei den Langobarden in Oberitalien entstanden und gelangte später nach Bayern; die erhaltene Aufzeichnung (um 840) stammt aus dem Kloster Fulda; sie ist in einem nicht lokalisierbaren Mischdialekt geschrieben, der langobardische, hoch- und niederdeutsche Elemente enthält.

Das Gedicht, das *»als Sproßfabel zur historischen Dietrichsage gehört«* (K. DÜWEL), ist das einzige erhaltene Heldenlied in deutscher Sprache. Sein Gegenstand ist die Begegnung zwischen Hildebrand, einem Gefolgsmann Dietrichs von Bern, und seinem Sohn Hadubrand nach dreißigjähriger Trennung. Beide treffen sich *»untar heriun tuem« (»zwischen zwei Heeren«)*, wobei nicht eindeutig ist, ob sie sich, wie es als Motiv aus der späteren Dietrich-Epik bekannt ist, auf einem Kundschaftsritt befinden oder sich als Protagonisten aufeinanderstoßender Heere gegenüberstehen. Hildebrand erkennt in Hadubrand seinen Sohn, als dieser seinen eigenen und seines Vaters Namen nennt. Hadubrand berichtet zugleich das Schicksal Hildebrands, von dem er annehmen muß, daß er tot sei. Darum will und kann er den immer deutlicheren Hinweisen Hildebrands, daß er in ihm seinen Vater vor sich habe, nicht glauben. Mit seinem Mißtrauen gegen Hildebrand und mit der Verhöhnung des um den Sohn werbenden Vaters treibt er diesen in einen Konflikt zwischen Ehrgebot und Vaterliebe, den Hildebrand zugunsten der Ehre entscheidet: Es kommt zum Zweikampf. Auf dem Höhepunkt der Kampfschilderung bricht der Text der Aufzeichnung ab.

Man hat immer wieder angenommen, daß das vollständige Lied vom Tod des Sohnes berichtet habe. Diesen Schluß stützen Zeugnisse aus der nordischen Überlieferung der Sage, *Hildebrands Sterbelied* in der *Ásmundarsaga kappabana* (14. Jh.), das SAXO GRAMMATICUS (um 1200) bereits nach einer älteren Quelle in lateinische Hexameter umgedichtet hat, und die spätmittelalterliche färöische Ballade *Snolvs kvæði*. Erst eine späte deutsche Formung des Stoffes, das *Jüngere Hildebrandslied* (15. Jh.), gibt dem Geschehen eine glückliche Wendung. Eine Rücknahme des tragischen Schlusses deutet sich aber schon im 13. Jh. an: in *Alpharts Tod*, einem weiteren Beleg der Dietrich-Epik.

Das Motiv des Vater-Sohn-Kampfes kommt auch in der norwegischen, irischen, russischen und persischen Literatur vor; das führte zu der Annahme, daß die Fabel entweder spontan *»bei den betreffenden Völkern unter ähnlichen kulturellen Bedingungen«* (B. BUSSE) entstanden sei oder aber, daß ihr ein indogermanischer Sagentypus zugrunde liege, der bei den einzelnen Völkern erhalten geblieben sei. Dagegen spricht allerdings die Sonderstellung des *Hildebrandsliedes*, dem das Motiv der Vatersuche fehlt (D. HOFFMANN). Eine weitere Theorie geht davon aus, daß es auf eine Wanderfabel zurückgeht (A. HEUSLER). – Den geschichtlichen Hintergrund bildet ein im Nachhinein umgedeutetes, mythisch überhöhtes und verklärtes Ereignis um den Ostgotenkönig Theoderich den Großen (455–526): Theoderich fällt 489 mit der Zustimmung des oströmischen Kaisers Zeno in Italien ein, besiegt Odoaker, den letzten Nachfolger des weströmischen Kaisers. Die vereinbarte gemeinsame Herrschaft über Italien beendet Theoderich, indem er Odoaker ermordet; in der Historiographie jedoch, deren Auffassung dann auch von der Heldendichtung übernommen wird, ist Odoaker der Tyrann, vor dessen Herrschaft Theoderich bzw. Dietrich ins Reich der Hunnen flieht und dort die Wiedereroberung seines Reiches vorbereitet. Unklar bleibt allerdings, auf welchem historischen Vorbild die Figur des Hildebrand beruht. Ebenfalls strittig ist die Frage, ob das *Hildebrandslied* noch heidnisch oder schon christlich geprägt ist. Die Tragik des Konflikts zwischen Sippenbindung und Kriegerehre wird ganz im Sinne der germanisch-heroischen Dichtung ohne Urteil und Anteilnahme als unausweichliches Schicksal *(»wewurt*

skihit« – *»Wehgeschick vollzieht sich«)* dargestellt; gleichwohl aber ruft Hildebrand mehrmals Gott an. Die neuere Forschung bezweifelt allerdings, daß mit *»waltant got«* und *»irmingot«* der Gott der Christen gemeint ist (K. Schneider).
Stilistisch weist das Hildebrandslied charakteristische Merkmale der germanischen Heldendichtung auf: vorherrschend ist der Dialog; er wird durch einen erzählenden Teil eingeleitet und beschlossen: *»Bemerkenswert die chiastische Struktur der Redeteile: Hadubrands Anteil nimmt im Fortgang des Dialogs ab, Hildebrands dagegen wächst«* (K. Düwel). Weitere Stilmittel sind die Wiederholung und die Variation, beschauliche Rede kommt nicht vor. Als Anlaß für die Aufzeichnung des Liedes kommen mehrere Gründe in Betracht: das politisch-dynastische Interesse Karls des Großen an Theoderich; die Konflikte zwischen Ludwig dem Frommen und seinen Söhnen, oder aber die Bekehrung der Sachsen, deren heidnischen Liedern man mit einem ebenfalls heroischen, aber doch christlich gefärbten Lied begegnen will. H.D.S.-S.Ri.

Ausgaben: Würzburg 1729 (in *Commentarii de rebus Franciae orientalis*, Hg. J. G. v. Eckhart, Bd. 1). – Kassel 1812, Hg. J. u. W. Grimm. – Halle/Saale 1945 (*Das Hildebrandslied. Eine geschichtliche Einleitung für Laien, mit Lichtbildern der Hs., alt- u. nhd. Texten*, Hg. G. Baesecke). – Tübingen [15]1969 (in *Althochdt. Lesebuch*, Hg. W. Braune u. a.). – Ffm. 1970 (in *Althochdt. Literatur. Mit Proben aus dem Altniederdt.*, Hg. H. D. Schlosser; Ausw. m. Übertragungen u. Anm.; ern. 1989). – Kassel 1984 [Faks. der Kasseler Hs.; Einf. H. Broszinski; [2]1985].

Literatur: K. Lachmann, *Über das »Hildebrandslied«* (in K. L., *Kleinere Schriften*, Bd. 1, Bln. 1876, S. 407–448). – B. Busse, *Sagengeschichtliches zum »Hildebrandslied«* (in Beitr., 26, 1901, S. 1–92). – A. Heusler, *Der Dialog in der altgermanischen erzählenden Dichtung* (in ZfdA, 46, 1902, S. 189–284). – G. Baesecke, *Das »Hildebrandlied«*, Halle 1945. – H. Rosenfeld, *Das »Hildebrandlied«: die indogermanischen Vater-Sohn-Kampf-Dichtungen u. das Problem ihrer Verwandtschaft* (in DVLG, 26, 1952, S. 413–432). – F. R. Schröder, *Mythos u. Heldensage* (in GRM, 36, 1955). – J. de Vries, *Das Motiv des Vater-Sohn-Kampfes im »Hildebrandslied«* (in *Zur germanisch-dt. Heldensage*, Hg. K. Hauck, Darmstadt 1961, S. 248–284; WdF). – W. P. Lehmann, *Das »Hildebrandslied«. Ein Spätzeitwerk* (in ZfdPh, 81, 1962, S. 24–29). – W. Schröder, *Hadubrands tragische Blindheit u. der Schluß des »Hildebrandsliedes«* (in DVLG, 37, 1963, S. 481–497). – J. Hennig, *Ik gihorta ðat seggen. Das Problem der Geschichtlichkeit im Lichte des »Hildebrandsliedes«* (ebd., 39, 1965, S. 489–505). – H. van der Kolk, *Das »Hildebrandslied«. Eine forschungsgeschichtliche Darstellung*, Amsterdam 1967. – W. Hoffmann, *Das »Hildebrandslied« und die indogerman. Vater-Sohn-Kampf-Dichtungen* (in Beitr. [Tübingen], 92, 1970, S. 26–42). – U. Schwab, *Arbeo laosa. Philologische Studien zum »Hildebrandslied«*, Bern 1972. – F. Norman, *Three Essays on the »Hildebrandslied«*, Ldn. 1973. – S. Gutenbrunner, *Von Hildebrand und Hadubrand. Lied, Sage, Mythos*, Heidelberg 1976. – K. Düwel (in VL[2], 3, Sp. 1240–1256). – R. Lühr, *Studien zur Sprache des »Hildebrandsliedes«. Tl. 1: Herkunft u. Sprache. Tl. 2: Kommentar*, Ffm./Bern 1982 [m. Bibliogr.]. – A. Greule, *Syntaktische Strukturen im »Hildebrandslied«* (in *Althochdeutsch*, Bd. 1, Hg. R. Bergmann, H. Tiefenbach u. L. Voetz, Heidelberg 1987, S. 427–445). – K. Schneider, *Zum »Hildebrandslied« 37/38 und 49* (ebd., S. 655–669). – U. Ebel, *Historizität u. Kodifizierung. Überlegungen zu einem zentralen Aspekt des germanischen Heldenliedes* (ebd., S. 685–715). – R. Kemper, *Die Schlacht ums »Hildebrandslied« oder: Vom hohen Mut der blinden Deuter, über den Zusammenhang von Selbstverständnis u. Mißverständnis beim Umgang mit alten Texten* (in *MA-Rezeption III. Ges. Vorträge des 3. Salzburger Symposions: MA, Massenmedien, Neue Mythen*, Hg. J. Kühnel u. a., Göppingen 1988). – K. Düwel, *»Hildebrandslied«* (in *Dt. Dichter*, Bd. 1, Hg. G. E. Grimm u. F. R. Max, Stg. 1989, S. 11–19; RUB). – D. Kartschoke (in GMLA, Bd. 1, S. 125–130; dtv).

König Rother

(mhd.). Verserzählung von unbekanntem Verfasser, entstanden in der zweiten Hälfte des 12. Jh.s, überliefert in einer fast vollständigen Handschrift des 12. und vier Fragmenten des 12. – 14. Jh.s. – Die Mundart der ältesten Überlieferung besteht aus einem uneinheitlichen Mischdialekt; er deutet auf die Heimat des Verfassers im Mittel- bis Niederrheinischen hin. Die Nennung bayrischer Geschlechter sowie oberdeutsche Elemente lassen allerdings darauf schließen, daß Auftraggeber und Publikum des Autors in Bayern angesiedelt waren. Der Verfasser des traditionellerweise zu den sog. Spielmannsepen gerechneten *König Rother* war Kleriker, wie überhaupt für alle Spielmannsepen nicht mehr Spielleute, sondern geistliche Dichter angenommen werden müssen. Sog. »spielmännische« Züge (phantastische Motive und burleske Komik, Formenreichtum, lose aneinanderreihende Komposition, Freiheit des Versmaßes und des Reims) finden sich auch in der geistlichen Dichtung des 12. Jh.s.
Dem *König Rother* liegt das für die gesamte vorhöfische Spielmannsepik konstitutive Motiv der Brautwerbung zugrunde. König Rother wird von seinen Vasallen dazu aufgefordert, sich zur Sicherung der Erbfolge eine Frau zu nehmen. Daraufhin läßt König Rother durch Boten bei König Konstantin von Konstantinopel um dessen Tochter werben. Die Werber werden jedoch von Konstan-

tin in den Kerker geworfen. Darauf zieht Rother selbst mit einem Heer nach Konstantinopel, gibt sich als ein von König Rother geächteter Ritter namens Dietrich aus und verrät nur der Königstochter seine wahre Identität. Die Jungfrau und ihre Mutter sind der Werbung günstig gesinnt und dem Helden gelingt es schließlich mit Klugheit und List, die Prinzessin zu entführen. – Dieser Brautwerbungs- und Entführungserzählung, wie sie nach ihrer äußeren Form auch in den vorhöfischen Dichtungen *Salman und Morolf*, im *Orendel* und, in hochmittelalterlicher Zeit in der *Kudrun* wiederkehrt, fügt der Dichter einen zweiten, das Motiv wiederholenden Teil an: Konstantin läßt die Tochter wieder nach Konstantinopel entführen, wo Rother sie nach manchen Gefahren und Kämpfen zum zweitenmal gewinnt, nachdem er Konstantin gegen den Einfall der Babylonier beigestanden hat. Mit dem Einverständnis Konstantins führt er sie heim in seine süditalienische Residenz Bari. Zweiundzwanzig Jahre später läßt Rother seinen Sohn Pippin in Aachen zum Ritter schlagen. Er selbst zieht sich mit seiner Frau ins Kloster zurück. Nach Pippins Tod regiert Karl das Reich.

Für die historischen Vorgänge, die *König Rother* eventuell zugrunde liegen, kommen mehrere Möglichkeiten in Betracht: zum einen die Werbung des langobardischen Königs Authari (584–590) um Theudelinda, die Tochter des Königs Garibald von Bayern, wie sie Paulus Diaconus in seiner *Historia Langobardorum* (nach 788) beschreibt, zum anderen die Sagenbildung um den bekannten Gesetzgeber der Langobarden, König Rothari (reg. 636–652). Von der neueren Forschung abgelehnt wird Panzers (1925) Annahme einer gezielten Epenschöpfung um den normannischen König Roger II., der für seinen Sohn (erfolglos) um die byzanthinische Kaisertochter warb (1143/44) und zwei Kriegszüge gegen Konstantinopel unternahm. Naheliegender erscheint als Ursprung die – auch in der altnordischen *Thidrekssaga* überlieferte – Geschichte der Werbung des Wilzenkönigs Osantrix um die Tochter des Hunenkönigs Milias. Zahlreiche motivische Parallelen und gleiche Figuren deuten auf eine gemeinsame, in Norddeutschland lokalisierte und mündlich tradierte Quelle von *Osantrixsaga* und *König Rother* hin.

Über das beliebte Motiv der Brautwerbung hinausgehend, das der Verfasser durch zahlreiche Anleihen u. a. aus den Dietrich- und Wolfdietrichsagen zur großepischen Form ausgebaut hat, manifestiert sich in dem Werk noch eine weiterreichende, politisch-historische Dimension, die vor allem an den Königsgestalten deutlich wird: In der Figur König Rothers zeichnet der Verfasser das Bild des idealen Herrschers, der in gutem Einvernehmen mit seinen Vasallen die Erbfolge und damit die Interessen seines Reiches sichert; zugleich erweist sich der in Rom gekrönte König Rother gegenüber dem Herrscher von Byzanz als der geistig und moralisch Überlegene und somit als der rechtmäßige Verteidiger der Christenheit. *»Reichsgeschichte und Reichsgedanke: das waren Themen, die ein adliges Publikum im 12. Jahrhundert nicht nur als Elemente ›erzählter‹, sondern eigener Wirklichkeit interessieren konnten«* (H. Szklenar).

Sowohl inhaltlich als auch formal gilt das spannend und meisterhaft geschriebene Epos als Werk der Übergangszeit. Während der sorglose Umgang bezüglich der Reim- und Verstechnik noch ganz der Entwicklungsstufe frühmittelhochdeutscher Dichtung entspricht, kündigt sich im Gesamtaufbau des Werks bereits die hohe Kunst der klassischen Blütezeit an: in der Wiederholung und Steigerung des Brautwerbungsschemas, im Dreischritt von Scheinharmonie, Katastrophe und erneuter, wirklich verdienter und gesicherter Harmonie zeichnet sich jener sog. »doppelte Kursus« ab, der fernerhin eine konstitutive Funktion im klassisch-höfischen Roman einnehmen wird. KLL

Ausgaben: Bln. 1808 (in *Dt. Gedichte des MAs*, Hg. F. v. der Hagen, Bd. 1). – Heidelberg 1922, Hg. J. de Vries; Nachdr. 1974. – Bonn/Lpzg. 1922, Hg. Th. Frings u. J. Kuhnt (Rheinische Beiträge, 3; ern. 1968, Hg. I. Köppe-Benath). – Bln. 1961, Hg. u. nhd. Übers. G. Kramer [m. Einl. u. Nachw.]. – Darmstadt 1984 (in *Spielmannsepen I*, Hg. H. u. J. Pörnbacher; m. Nacherz., Anm. u. Worterkl.).

Literatur: K. v. Bahder, *Zum »König Rother«* (in Germania, 29, 1884, S. 229–243; 257–300). – F. Panzer, *Italische Normannen in dt. Heldensage*, Ffm. 1925 (Dt. Forschungen, 1; Nachdr. 1974). – W. J. Schröder, *»König Rother«, Gehalt u. Struktur* (in DVLG, 29, 1955, S. 304–322). – G. Kramer, *Zum »König Rother«* (in Beitr., 79, Tübingen 1957, S. 186–203). – H. Fromm, *Die Erzählkunst des Rotherepikers* (in Euph, 54, 1960, S. 347–379). – J. de Vries, *Die Schuhepisode im »König Rother«* (in ZfdPh, 80, 1961, S. 129–141). – Ch. Gellinek, *König Rother. Studie zur literarischen Deutung*, Bern/Mchn. 1968. – F. Urbanek, *Kaiser, Grafen u. Mäzene im »König Rother«*, Bln. 1976. – *Spielmannsepik*, Hg. W. J. Schröder, Darmstadt 1977 (WdF). – J. Bahr u. M. Curschmann, *Spielmannsdichtung* (in RL, 4, S. 105–122). – Ch. Gellinek, *»König Rother« – kein Kaiser Rotherr* (in ZfdPh, 100, 1981, S. 338–345). – R. Schnell, *Zur Karls-Rezeption im »König Rother« u. in Ottes »Eraclius«* (in Beitr., 104, Tübingen 1982, S. 345–358). – H. Szklenar (in VL2, 5, Sp. 82–94). – T. Klein, *Zur Thidrekssaga* (in *Arbeiten zur Skandinavistik*, Hg. H. Beck, Ffm. u. a. 1985, S. 487–565). – B. Sowinski (in *Dt. Dichter*, Bd. 1, Stg. 1989, S. 399–402; RUB). – J. Bumke (in GMLA, Bd. 2, S. 74–76; dtv).

Kudrun

Heldenepos von unbekanntem Verfasser, vermutlich entstanden zwischen 1230 und 1250 im bairisch-österreichischen Donauraum, überliefert nur in der großen Ambraser Sammelhandschrift (Tirol) aus dem 16. Jh. – Das Werk ist in Langzeilenstrophen abgefaßt; dabei folgen die ersten beiden Langverse dem metrischen Schema der Nibelungenstrophe, während der dritte und vierte Langvers der Titurelstrophe gleicht. Neben dieser sog. »Kudrun-Strophe« enthält das Werk über hundert reine Nibelungenstrophen.

König Sigebant von Irland wirbt um Ute, die Tochter des Königs von Norwegen. Sie wird ihm vermählt. Aus der Ehe geht Kudruns Großvater Hagen hervor: Dieser wird als Junge von einem Greifen auf eine Insel entführt, wo drei Prinzessinnen gefangengehalten werden. Als Hagen alt genug ist, tötet er die Greifen, befreit die Prinzessinnen und heiratet eine von ihnen. Aus dieser Ehe geht Hilde, die Heldin des folgenden Teils, hervor. Hagen läßt jeden, der um seine Tochter wirbt, erschlagen. König Hetel von Hegelingen sendet drei seiner Helden als Brautwerber zu Hagen. Ihnen gelingt es mit einer List, die junge Königstochter zu entführen. Nach hartem Kampf zwischen den Entführern und Hagen, der sie mit seinen Mannen verfolgt hat, versöhnen sich die Feinde, und die Hochzeit Hildes und Hetels kann festlich begangen werden. Der Tochter dieses Paares, Kudrun, gilt der dritte und umfangreichste Teil des Werks. Die drei Bewerber um Kudruns Hand, Siegfried von Môrlant, Hartmut von Ormanie (Normandie) und Herwig von Seeland, werden von ihrem Vater abgewiesen. Einige Jahre später fällt Herwig in Hetels Land ein. Durch Kudruns Einwilligung in eine Ehe mit Herwig wird schließlich ein Waffenstillstand herbeigeführt. Da überzieht Siegfried von Môrlant Herwigs Land mit Krieg. Während Hetel dem zukünftigen Schwiegersohn Herwig zu Hilfe eilt, überfällt Hartmut von Ormanie das Hegelingenland und entführt Kudrun. Hetel und Herwig versöhnen sich mit Siegfried und setzen gemeinsam den normannischen Entführern nach. Auf dem *Wülpensant* (Scheldemündung) kommt es zum Kampf, bei dem Hetel fällt. Den Normannen gelingt es, mit Kudrun in ihre Heimat zu entkommen. Dort muß die Königstochter, die sich hartnäckig Hartmuts Werbungen widersetzt, auf Befehl der Königin Gerlind Magddienste tun. Nach Jahren bitterer Erniedrigung nahen die Befreier: angeführt von Herwig und Kudruns Bruder Ortwin erstürmen die Hegelinge die Normannenburg. Gerlind, die zuvor einen Mordanschlag auf Kudrun verübt hat, wird von Hetels Gefolgsmann Wate erschlagen. Hartmut wird als Gefangener an Hetels Hof gebracht; in der Freude über den errungenen Sieg versöhnen sich die Hegelinge mit ihren Feinden und die Dichtung endet mit einer mehrfachen Hochzeit: Kudrun wird mit Herwig vermählt, Hartmut mit ihrer Gefährtin Hildburg, Ortwin mit Hartmuts Schwester Ortrun und Siegfried von Môrlant mit Herwigs Schwester.

Skandinavische Quellen bezeugen die Existenz einer ostgermanischen Hildesage. Ob daneben jedoch eine ursprünglich selbständige Kudrunsage existierte oder ob diese erst vom Verfasser aus der Hildesage entwickelt wurde, bleibt ungewiß. Aufgrund literarischer Zeugnisse aus dem 12. Jh. (Lamprechts *Alexander, Rolandslied, Salman und Morolf*) nimmt man als Vorstufe der *Kudrun* ein vorhöfisches Hildeepos an. Die *Kudrun* ist nicht mehr eindeutig heroisch und nur in lockerem Zusammenhang mit der germanischen Heldendichtung zu sehen; ihre epische Form weist die vorhöfischen Züge des Spielmannsepos auf.

Der Dichter hat seinen Stoff vornehmlich von der Einzelszene her gemeistert, die plastisch ausgestaltet ist. Auch die Gestalten, im ganzen stark stilisiert und typisiert, gewinnen erst in der Einzelsituation Lebendigkeit: so zum Beispiel Kudrun, wenn sie zornig die Wäsche ins Meer schleudert oder ihrer Widersacherin mit trotzigem Lächeln entgegentritt. Die einzelnen Teile der Dichtung sind formal nur locker miteinander verknüpft. Die einzigen Verbindungsglieder, die gleichwohl die gesamte Komposition des Werkes bestimmen, sind die aufeinanderfolgenden Generationen, die – zunehmend versöhnlicher gesinnt – eine gleichsam *»aufsteigende, ethisch motivierte Entwicklung«* (E. Bender) durchlaufen, sowie das mehrfach variierte Motiv der Brautwerbung: *»Das Epos spielt alle im Mittelalter vorstellbaren Formen der Eheschließung durch, von den mythischen und archaischen bis zu den hochmittelalterlichen aktuellen«* (T. Nolte).

Während die ältere Forschung den Verfasser der *Kudrun* als Epigonen des *Nibelungen*-Dichters ansah, hebt die neuere Forschung das geradezu antitypische Verhältnis der *Kudrun* zum *Nibelungenlied* hervor (H. Kuhn) und interpretiert das jüngere Werk als »Antwort« auf die ältere Dichtung (W. Hoffmann). Dem ausschließlichen, nicht hinterfragten Prinzip der Rache und Vergeltung im *Nibelungenlied* hält der Verfasser in der *Kudrun* das christliche Prinzip der Schuldeinsicht und Versöhnung entgegen, ein Prinzip, das zugleich ein neues, positives Geschichtsverständnis sichtbar werden läßt: In der Abfolge der Generationen *»wird eine fortschreitende Entwicklung gesehen, ein Aufstieg zu einer sittlich höheren Lebensform ... Ziel der geschichtlichen Entwicklung ist in der Kudrun die Verwirklichung des sittlichen Gebotes der ›suone‹ in einer Gemeinschaft der Liebe und des Friedens ...«* (E. Bender). Getragen wird das ethische Programm des Dichters von der Frau, der als Vermittlerin und Friedensstifterin eine bedeutende Rolle in der Gesellschaft zugewiesen wird; neuere Interpretationen betrachten die *Kudrun* daher auch zunehmend als expliziten »Frauenroman« (H. Kuhn, Th. Nolte, I. Wild). A.Roe.-S.Ri.

AUSGABEN: Bln. 1820 (in *Altdt. Gedichte des MAs*, Bd. 2, Hg. F. H. v. Hagen u. J. G. Büsching). – Lpzg. 1865, Hg. K. Bartsch; Wiesbaden [5]1965, Nachdr. 1980 [überarb. u. eingel. v. K. Stackmann]. – Halle/Saale 1883, Hg. B. Symons; ern. Tübingen [4]1964, Hg. B. Boesch. – Darmstadt 1972 (*Das Nibelungenlied, Kudrun*, Hg. W. Hoffmann; m. Nacherz., Wort- u. Begriffserkl.).

ÜBERSETZUNG: *Gudrun*, K. Simrock (in *Das Heldenbuch*, Bd. 1, Stg./Tübingen 1843). – Dass., F. Neumann, Stg. 1958 (RUB).

LITERATUR: F. Panzer, *Hilde-Gudrun. Eine sagen- u. literaturgeschichtliche Untersuchung*, Halle 1901. – K. Droege, *Zur Geschichte der »Kudrun«* (in ZfdA, 54, 1913, S. 121–167). – R. Menéndez-Pidal, *Das Fortleben des Kudrungedichtes* (in Jb. f. Volksliedforschung, 5, 1936, S. 85–122). – L. Wolff, *Das Kudrunlied* (in WW, 4, 1953/54, S. 193–203; ern. in *Nibelungenlied u. »Kudrun«*, Hg. H. Rupp, Darmstadt 1976; WdF). – A. Beck, *Die Rache als Motiv u. Problem in der »Kudrun«* (in GRM, 37, 1956, S. 305–338; ern. in WdF; s. o.). – R. Janzen, *Zum Aufbau des Kudrun-Epos* (in WW, 12, 1962, S. 257–273; ern. in WdF; s.o.). – H. Rosenfeld, *Die »Kudrun«: Nordseedichtung oder Donaudichtung?* (in ZfdPh, 81, 1962, S. 289–314). – B. Siefken, *Überindividuelle Formen u. der Aufbau des Kudrunepos*, Mchn. 1967. – H. Kuhn, *»Kudrun«* (in H. K., *Kleine Schriften II, Text u. Theorie*, Stg. [2]1969, S. 206–215; ern. in WdF; s. o.). – R. Wisnewski, *»Kudrun«*, Stg. [2]1969 (Slg. Metzler). – W. Regeniter, *Sagenschichtung u. Sagenmischung. Untersuchung zur Hagengestalt u. zur Geschichte der Hilde- u. Walthersage*, Diss. Mchn. 1971. – E. Loerzer, *Eheschließung u. Werbung in der »Kudrun«*, Mchn. 1971. – *Nibelungenlied u. »Kudrun«*, Darmstadt 1976, Hg. H. Rupp (WdF). – W. Hoffmann, *Die »Kudrun«: Eine Antwort auf das Nibelungenlied* (ebd., S. 599–620). – I. Wild, *Zur Überlieferung u. Rezeption des »Kudrun«-Epos*, 2 Bde., Göppingen 1979. – H. Schottmann, *Beobachtungen zur Erzählweise der »Kûdrûn«* (in *Studien zur dt. Literatur des MAs*, Hg. R. Schützeichel, Bonn 1979, S. 501–521). – E. Huber, *Die »Kudrun« um 1300* (in ZfdPh, 100, 1981, S. 357–381). – K. Stackmann (in VL[2], 5, Sp. 410–426). – Th. Nolte, *Das Kudrunepos – ein Frauenroman?*, Tübingen 1985. – E. Bender, *Nibelungenlied u. »Kudrun«. Eine vergleichende Studie zur Zeitdarstellung u. Geschichtsdeutung*, Ffm. u. a. 1987. – B. Siebert, *Rezeption u. Produktion. Bezugssysteme in der »Kudrun«*, Göppingen 1988. – R. Wisnewski, *»Kudrun«* (in *Dt. Dichter*, Bd. 1, Stg. 1989, Hg. G. E. Grimm u. F. R. Max, S. 282–296; RUB). – J. Bumke (in GMLA, Bd. 2, S. 271–273; dtv).

LOHENGRIN

(mhd.). Strophisches Versepos von unbekanntem Verfasser, entstanden im letzten Viertel des 13. (Th. Cramer) oder im ersten Viertel des 14. Jh.s (H. Thomas). – Der seiner Sprache nach aus Baiern stammende Verfasser gibt sich im Stollenakrostichon der letzten Strophen als *»Nouhusius«* (Der von Neuhaus o. ä.) zu erkennen, urkundlich ist er jedoch nicht festzulegen. Das Gedicht ist in drei Handschriften, einem Fragment und einer späteren Bearbeitung überliefert, die Ulrich FÜETRER († zwischen 1492 und 1502) in sein *Buch der Abenteuer* aufnahm.

Das Werk beginnt mit der Schilderung einer Rahmenhandlung; dazu übernimmt der Verfasser das sogenannte »Rätselspiel« aus dem → *Wartburgkrieg*, einer Sammlung mehrerer, teils selbständiger Gedichte. Meister Klingsor aus Ungarn gibt Wolfram von Eschenbach mehrere Rätsel zu lösen auf und fragt ihn schließlich auch nach dem Schicksal eines Artushelden, dessen Namen er jedoch verschweigt. Daraufhin erzählt Wolfram, um dem anwesenden Hermann von Thüringen, dessen Gemahlin und dem versammelten Hofstaat seine Kunst zu beweisen, die Geschichte vom Schwanenritter Lohengrin und löst so auch dieses Rätsel. – Elsam von Brabant wird von Friedrich von Telramunt, einem Dienstmann ihres verstorbenen Vaters, zur Frau begehrt. Er behauptet, sie habe ihm die Ehe versprochen, und verklagt sie vor dem Kaiser. Über sein Recht soll ein Zweikampf entscheiden, zu dem Elsam einen Kämpfer stellen muß. Niemand wagt jedoch, gegen den gewaltigen Telramunt anzutreten. Als Elsam in tiefer Verzweiflung im Gebet liegt, beginnt ein goldenes Glöckchen zu klingen, das sie einst einem Falken vom Fuß löste und seitdem immer bei sich trägt. Der Klang der Glocke wird in der Gralsburg gehört, und Lohengrin, der Sohn Parzivals, wird als Kämpfer für Elsam entsandt. Ein Schwan zieht seinen Nachen über die See, und nach fünf Tagen landet er in Antwerpen, wo er festlich empfangen wird. Auf dem Gerichtstag, den Kaiser Heinrich nach Mainz einberufen hat, überwindet Lohengrin seinen Gegner Telramunt, der nach dem Eingeständnis seiner Lüge hingerichtet wird. Elsam heiratet den geliebten Helden, muß aber versprechen, ihn nie nach seiner Herkunft zu fragen, da er sie sonst verlassen müsse. Nachdem der Gralsritter sich auch auf dem Schlachtfeld als Held gezeigt, im Gefolge Kaiser Heinrichs gegen die Ungarn gekämpft hat und dem Papst gegen die Sarazenen zu Hilfe geeilt ist, bricht nach seiner Rückkehr das Verhängnis herein. Die neidische und rachsüchtige Gräfin von Kleve, deren Gatte von Lohengrin im Turnier besiegt worden war, verleitet Elsam dazu, die verhängnisvolle Frage nach seiner Herkunft zu stellen. Lohengrin enthüllt ihr das Geheimnis und verläßt sie und die beiden Söhne mit großer Trauer.

Der wiedererscheinende Schwan bringt ihn zum Gral zurück. Den Abschluß des Gedichts bildet ein chronikartiger Bericht über die ottonischen Herrscher bis zu deren letztem Kaiser, Heinrich II.

Das Gedicht ist eine merkwürdige Verknüpfung des poetisch-märchenhaften Schwanritterstoffs mit historischen Begebenheiten aus dem Leben Heinrichs. Dabei nehmen Kaiser und Reichsgeschichte eine bedeutende Rolle ein. Die neuere Forschung sieht darin das Bestreben des Verfassers, das Bild eines idealen Herrschers zu zeichnen, der sich sowohl durch die kirchliche Weihe als auch durch eigene Verdienste legitimiert. *»Die Schwanritter scheint für die Funktion des Verfechters und Retters dieser imperialen Ordnung ausersehen zu sein, weil sich in dieser Figur stoffgeschichtlich seit jeher übernatürlich Legendarisches mit Historie, Gottesgesandtschaft mit weltlicher Machtfunktion verbindet. Zur charismatischen Figur qualifizieren Lohengrin nicht allein seine Gralsherkunft und seine übernatürliche Sendung, sondern auch die deutlichen Christusanalogien, mit denen er in entscheidenden Momenten der Handlung vom Verfasser ausgestattet wird«* (Th. Cramer).

Die unmittelbaren Vorlagen des *Lohengrin* sind nicht bekannt. Zwar orientiert sich der Verfasser deutlich an Wolfram von Eschenbach, dem er die einleitende Erzählung aus dem »Rätselspiel« in den Mund legt, doch bleibt er stilistisch weit hinter seinem Vorbild zurück. Auch das komplizierte metrische Schema des sogenannten »schwarzen Tones« (zehnzeilige Strophenform), das der Verfasser vom *Wartburgkrieg* übernommen hat, wird immer wieder durchbrochen. Die Schwanrittergeschichte beruht weder auf Wolframs *Parzival* noch auf dem *Schwanritter* Konrads von Würzburg (um 1225–1287). Auch der Einfluß des *Jüngeren Titurel* Albrechts von Scharfenberg (ca. 1272) auf die Schlachtenschilderungen ist nicht gesichert. Für die Darstellung historischer Ereignisse griff der Verfasser – sie mit eigenen Ausschmückungen ergänzend – auf die *Sächsische Weltchronik* Eike von Repgow (Anfang des 13. Jh.s) und den *Schwabenspiegel* (zwischen 1275–1280) zurück.

In enger thematischer Beziehung zum *Lohengrin* steht ein zweites die Lohengrin-Sage behandelndes Gedicht, *Lorengel*, das nur in einer Fassung im Meistersingerstil aus dem 15. Jh. überliefert ist. Trotz der großen Beliebtheit des Schwanritterstoffs hat der *Lohengrin* im Spätmittelalter, abgesehen von Ulrich Füetrers Bearbeitung, keine weiteren Nachahmungen erfahren. Richard Wagner lernte den *Lohengrin* 1841 kennen und benutzte ihn als Hauptquelle für seine gleichnamige *»romantische Oper«* (1845–48). I.F.W.-KLL

Ausgaben: Heidelberg 1813, Hg. J. Görres. – Quedlinburg/Lpzg. 1858, Hg. u. Einl. R. Rückert (Bibl. d. gesamten dt. National Lit., 1. Abt., Bd. 36). – Lpzg. 1872 (*Lorengel*, Hg. E. Steinmeyer; in ZfdA, 15). – Mchn. 1971, Hg. Th. Cramer [Ed. u. Untersuchungen].

Übersetzung: *Lohengrin, der Ritter mit dem Schwan*, H. A. Junghans, Lpzg. 1879 (RUB).

Vertonung: R. Wagner, *Lohengrin* (Libretto: R. W.; Oper; Urauff.: Weimar, 28. 8. 1850).

Literatur: E. Elster, *Beiträge zur Kritik des »Lohengrin«*, Halle 1884 (in Beitr., 10, 1885, S. 81–194). – W. Golther, *»Lohengrin«* (in RF, 5, 1890, S. 103–136). – F. Panzer, *Lohengrinstudien*, Halle/Saale 1894. – O. Ranke, *Die Lohengrinsage. Ein Beitrag zu ihrer Motivgestaltung u. Deutung*, Lpzg./Wien 1911. – J. F. D. Bloete, *Das Aufkommen der Sage von Brabon Silvius dem Brabantischen Schwanritter*, Amsterdam 1904; ern. 1969. – R. Heinrichs, *Die Lohengrindichtung u. ihre Deutung* (in Frankfurter Zeitgemäße Broschüren, 24, 5. 6. 1905). – F. Lampp, *Die Schwanrittersage in der Literatur*, Ratibor 1914. – D. Busch, *Reimuntersuchungen zum »Lohengrin«*, Diss. Heidelberg 1922. – Ders., *Studien zum 2. Teil des »Lohengrin«* (in ZfdA, 69, 1932, S. 305–320). – A. G. Krüger, *Die Quellen der Schwanritterdichtungen*, Gifhorn 1936. – R. Wagner, *The Swan Badge and the Swan Knight* (in Archeologia, 92, 1959, S. 127–138). – V. Mertens, *Zu Text u. Melodie der Titurel-Strophe: »Iamer ist mir entsprungen«* (in Wolfram-Studien, 1, 1970, S. 237–239 u. ö.). – H. Ragotzky, *Studien zur Wolfram-Rezeption*, Stg. 1971. – H. Thomas, *Der »Lohengrin«, eine politische Dichtung der Zeit Ludwigs des Bayern* (in Rhein. Vierteljahresblätter, 37, 1973, S. 152–190). – H. Wenzel, *Die Datierung des »Lohengrin«, Beitrag zu einer Forschungskontroverse* (ebd., 41, 1977, S. 138–159). – C. Lecouteux, *Zur Entstehung der Schwanrittersage* (in ZfdA, 107, 1978, S. 18–33). – H. Thomas, *Weitere Überlegungen zur Datierung des »Lohengrin«* (in Rhein. Vierteljahresblätter, 41, 1978, S. 455–467). – C. Lecouteux, *Mélusine et le chevalier au Cygne*, Paris 1982. – A. Kerdelhué, *»Lohengrin«: Analyse interne et étude critique des sources du poème moyen-haut-allemand de la fin de 13ème siècle*, Göppingen 1986. – Th. Cramer (in VL², 5, Sp. 899–904).

Ludwigslied

(ahd.). Preislied von unbekanntem Verfasser, entstanden 881/882. – Das Lied wurde noch Ende des 9. Jh.s in einer Handschrift zu Valenciennes zusammen mit einem altfranzösischen Gedicht, der sogenannten *Eulalia-Sequenz*, aufgezeichnet. Die Sprache des Gedichts zeigt zum einen rheinfränkische, zum anderen auch mittel- und niederfränkische Merkmale. Unklar ist, ob es sich dabei um eine westfränkische *lingua theodisca* (R. Schützeichel) oder sogar um eine westfränkische Hofsprache (K. Müllenhoff) handelt. *»Zumindest aber zeigt der*

Entstehungsraum, der Ort der Aufzeichnung und die Symbiose mit dem altfranzösischen Gedicht, wie wenig fest die Sprachgrenzen noch waren« (D. Kartschoke). Die genaue Entstehungszeit läßt sich aus dem Lied selbst ablesen, das aus einem ganz konkreten historischen Anlaß entstanden ist: Unter der Führung von König Ludwig III., einem Sohn von Ludwig dem Stammler, siegen die Westfranken im August 881 bei Saucourt über die Normannen. Ludwig III., der im Jahre 882 stirbt, wird in dem Lied noch als Lebender beschrieben.

Das Preislied beginnt mit der Kindheit und Jugend des früh verwaisten Herrschers, der sich nach dem Tode des Vaters mit seinem Bruder Karlmann das westfränkische Reich teilt. Gott verleiht dem vaterlosen Jüngling *(kind)* Herrschertugenden, Thron und Gefolgschaft. Um Ludwig zu prüfen, sendet Gott die heidnischen Normannen. Doch, übereinstimmend mit den historischen Tatsachen, fallen die Normannen in das Frankenreich ein, als Ludwig gerade außer Landes weilt; er unterstützt zu dieser Zeit seinen Bruder Karlmann im Kampf gegen den späteren König von Niederburgund, Graf Boso von Vienne. Gott aber ruft Ludwig zurück und befiehlt ihm, den Franken im Kampf gegen die Feinde zu helfen. Ludwig bekundet gegenüber Gott seine Bereitschaft zum Kampf, kehrt zu den Franken zurück, übermittelt ihnen den göttlichen Auftrag und ruft zum Kampf gegen die Normannen auf. In der folgenden Schlacht bewährt sich der junge König aufs glänzendste und schlägt die Eindringlinge blutig zurück. *»Uuolar abur Hluduig, Kuning unsér sálig!« (»Heil dir, Ludwig, unserm gesegneten König!«)*.

Ganz im Stil der zeitgenössischen Historiographie verzichtet das Lied auf historische Details und rückt vielmehr das Bild des Helden in den Vordergrund: *»Ludwigs Ansehen zu stärken, das eine relative Stabilität des Wohlergehens auch der weniger Mächtigen zu garantieren scheint, ist das unverkennbare Ziel des Gedichts; in ähnlicher Absicht war schon ein gutes Jahrzehnt zuvor Otfrid von Weißenburg in seinem ›Liber evangeliorum‹ mit Ludwig dem Deutschen verfahren!«* (H.-D. Schlosser). H. Homann vermutet, daß der Verfasser für Ludwig Partei ergreift gegen eine »innenpolitische Opposition« um Hincmar von Reims (um 806–882, ab 845 Erzbischof und mächtigster fränkischer Metropolit), der Ludwigs Sieg bei Saucourt relativ kritisch kommentierte.

Zu den beiden formenden Prinzipien der Historie und des Fürstenpreises tritt, gemäß der zeitgenössischen Theologie und Geschichtsschreibung, die heilsgeschichtliche Deutung der Ereignisse hinzu: Aus den Normannen werden *»heidine man«*, aus den Franken *»godes holdon«*. Der kriegerische Einfall wird als göttliche Prüfung und die Schlacht als Kampf zwischen Heiden und Christen gedeutet. Dabei versteht es Ludwig, Kriegsdienst und Gottesdienst vorbildlich zu vereinen. Im Gegensatz zur älteren Forschung, die in dem Lied noch die christliche Kontrafaktur eines germanischen Preisliedes sah, wird das Lied von der neueren Forschung als das älteste überlieferte christliche Heldenlied angesehen.

Die Sprache des Liedes ist durch ein sowohl kriegerisches als auch christliches Vokabular geprägt. Ludwig ist der Kriegsherr, der den *gundfanon* (die Kriegsfahne) aufnimmt und dem seine *nôtstallon* (Kriegsgefährten) zur Seite stehen. Er ist aber auch *sâlig* (gesegnet), ein Diener des Herrn, der seinerseits zum *magaczogo* (Erzieher) des Verwaisten wird. Für Gott schlägt er seine Schlacht, in die sein Heer mit dem »Kyrieeleison« zieht, in der Ludwig aber, von *»godes kraft«* beseelt, hart und ohne Erbarmen kämpft: *»Suman thuruhskluog her, Suman thuruhstah her« (»Einige schlug er mitten entzwei, einige durchstach er«)*. In seiner Metrik (59 zu unterschiedlich langen Strophen gruppierte Kurzpaarverse) hat sich der Verfasser an OTFRID VON WEISSENBURG orientiert. A.Roe.-KLL

AUSGABEN: Straßburg 1696, Hg. J. Schilter. – Bln. 1863 (in *Denkmäler deutscher Poesie u. Prosa aus dem 8.–12. Jh.*, Hg. K. Müllenhoff u. W. Scherer; ^{3}1893, Hg. E. v. Steinmeyer). – Bln. 1916 (in *Die kleineren ahd. Sprachdenkmäler*, Hg. E. v. Steinmeyer; Nachdr. Bln./Zürich 1971; m. Komm. u. Bibliogr.). – Köln 1964 (E. Berg, *Das Ludwigslied u. die Schlacht bei Saucourt*, in Rhein. Vierteljahrsblätter, 79, S. 197–199; m. nhd. Übers. v. R. Schützeichel; m. Studie, S. 175–197). – Tübingen ^{16}1979 (in *Althochdeutsches Lesebuch*, Hg. u. Glossar W. Braune; fortgeführt v. K. Helm; Bearb. E. A. Ebbinghaus). – Ffm. ^{3}1989 (in *Ahd. Literatur. Mit Proben aus dem Altniederdeutschen. Ausgewählte Texte m. Übertr. u. Anm.*, Hg. H.-D. Schlosser).

LITERATUR: H. Sperl, *Naturalismus u. Idealismus in der ahd. Literatur. Dargestellt am »Hildebrand-«, »Ludwigs-« und »Georgslied«*, Halle/Saale 1928, S. 133–153; Nachdr. 1973. – H. Naumann, *Das »Ludwigslied« u. die verwandten lat. Gedichte*, Diss. Halle 1932. – R. Harvey, *The Provenance of the Old High German »Ludwigslied«* (in MAevum, 14, 1945, S. 1–20). – F. Willems, *Der parataktische Satzstil im »Ludwigslied«* (in ZfdA, 85, 1954/55, S. 18–35). – Th. Melicher, *Die Rechtsaltertümer im »Ludwigslied«*, Wien 1955 (Anzeiger der Österr. Akad. d. Wiss., phil.-hist. Kl., 18). – F. Maurer, *»Hildebrandlied« u. »Ludwigslied«. Die altdeutschen Zeugen der hohen Gattungen der Wanderzeit* (in DU, 9, 1957, H. 2, S. 5–15). – Th. Schumacher, *›Uuurdun sum erkorane, Sume sâr verlorane‹. Zum Ludwigslied V. 11–18* (in Beitr., 85, Tübingen 1963, S. 57–64). – M. Wehrli, *Gattungsgeschichtliche Betrachtungen zum »Ludwigslied«* (in *Philologia deutsch. Fs. W. Henzen*, Hg. W. Kohlschmidt u. P. Zinsli, Bern 1965, S. 9–20). – R. Schützeichel, *Das »Ludwigslied« u. die Erforschung des Westfränkischen* (in Rhein. Vierteljahresblätter, 31, 1966/67, S. 291–306). – H. Homann, *Das »Ludwigslied« – Dichtung im Dienste der Politik?* (in *Traditions and Transitions. Fs. f. H. Jantz*, Hg. L. E. Kurth u. a., München 1972, S. 17–28). – E. Urmoneit, *Der Wortschatz des »Ludwigslieds« im Umkreis der ahd. Literatur*, Münster 1973. – H. Beck, *Zur literaturgeschichtlichen Stellung des ahd. »Ludwigslieds« u. einiger verwandter Zeitgedichte* (in ZfdA, 103, 1974, S. 37–51). – J. Fought, *The ›Medieval Sibilants‹ of the Eulalia-Ludwigslied Manuscript and Their Development in Early Old French* (in Language, 55, 1979, S. 842–858). – T. Ehlert, *Literatur und Wirklichkeit – Exegese und Politik. Zur Deutung des »Ludwigslieds«* (in Saeculum, 32, 1981, S. 31–42). – R. Kemper, *Das »Ludwigslied« im Kontext zeitgenössischer Rechtsvorgänge* (in DVLG, 56, 1982, S. 161–173). – W. Freytag (in VL², 5, Sp. 1036–1039). – K. Ostberg, *The »Ludwigslied« in the Context of Communication between the Continent and Anglo-Saxon England* (in GLL, 38, 1985, S. 395–416). – R. Müller, *Der historische Hintergrund des ahd. »Ludwigsliedes«* (in DVLG, 62, 1988, S. 221–226). – H.-D. Schlosser (in *Deutsche Dichter*, Bd. 1: *MA*, Hg. G. E. Grimm u. F. R. Max, Stg. 1989, S. 40–46; RUB). – D. Kartschoke (in GLMA, Bd. 1, S. 168–172).

Manessische Handschrift

(mhd.). Umfangreiche Sammlung und wichtige Quelle der höfischen und nachhöfischen Lyrik, entstanden um 1300–1340 in der Schweiz (Zürich?). – Die Handschrift, auch *Große Heidelberger Liederhandschrift* genannt, wird nach wechselvollem Schicksal seit 1888 in Heidelberg aufbewahrt (Universitätsbibliothek, Codex pal. germ. 848) und enthält auf 425 Pergamentblättern (Format 35,5 × 25 cm) die Dichtungen von 140 Autoren mit insgesamt fast 6000 Versen aus der Zeit von 1160/70 bis gegen 1330. Sie umfaßt somit die gesamte Epoche der literarischen Erscheinung, die wir nach Inhalt und Vortragsform mit dem Begriff »Minnesang« bezeichnen. Sie ist keine Anthologie der mittelhochdeutschen Lyrik, sondern eine Art »Gesamtausgabe« aller bekannten und greifbaren Lieder, Leiche und Sprüche, das Ergebnis nachhaltigster Bemühungen, die Lyrik vergangener Zeiten bis zur Entstehung der Handschrift selbst in einem fortdauernden Prozeß zu kodifizieren. So ist sie auf Ergänzungen und Nachträge hin angelegt und damit sowohl der Tradition dieser Kunstform wie ihrer zeitgenössischen, noch lebendigen Aufführung verpflichtet.

Die Manessische Handschrift ist nicht die einzige Sammelhandschrift mittelhochdeutscher Lyrik, doch ist sie nach Umfang und künstlerischer Ausstattung die bei weitem wertvollste und darüber hinaus eine der kostbarsten mittelalterlichen Handschriften überhaupt. Neben den Texten enthält sie zu fast allen Dichtern (137) ganzseitige, farbenprächtige Illustrationen, die sie zu einem einzigartigen Dokument gotischer Buchmalerei machen. Den Liedern der einzelnen Autoren ist jeweils eine Art »Porträt« vorangestellt, welches das Typische einer Gestalt im Bild festhält. Aber nicht nur der Dichter selbst – seinem Schreiber diktierend oder in nachdenklicher Haltung versunken – wird gezeigt, sondern auch die vielfältige Welt des staufischen Adels, wie sie zu Beginn des 14. Jh.s in der Vorstellung des Künstlers lebt. Der Dichter ist dargestellt als gewappneter Ritter im Kampf und Turnier, bei Jagd und Spiel, im Gespräch und liebevoller Umarmung mit seiner Dame. Immer ist er mit den Attributen seines Standes oder Amtes ausgezeichnet, Wappen und Helm kennzeichnen seine Familienzugehörigkeit. Mindestens vier Künstler sind an den Bildern beteiligt, der größte Teil (110) stammt von einem einzigen, dem sogenannten Grundstockmaler. Die späteren Nachtragsmaler kennzeichnet eine Vorliebe für erzählende, genrehafte Ausweitung der Bildthemen.

Von Johann Jakob Bodmer, der 1748 Teile der Handschrift unter dem Titel *Proben der alten schwäbischen Poesie des dreyzehnten Jahrhunderts* herausgab, erhielt sie den Namen *Manessische Handschrift*, den sie bis heute, trotz vielfachen Widerspruchs, immer noch trägt. Bodmer bezog sich dabei auf ein Lied des bürgerlichen Zürcher Dichters Johannes Hadlaub (um 1300), das uns nur in dieser Handschrift überliefert ist. Darin schildert er einen Kreis von Literaturfreunden, der sich um die beiden Zürcher Patrizier Rüdiger Manesse († 1304) und seinen Sohn Johannes († 1297) sammelte. Hier heißt es (in neuhochdeutscher Übersetzung): *»Wo fände man so viele Lieder beisammen? Man fände sie nirgends im Königreiche, wie sie jetzt in Zürich in Büchern stehen. Daher übt man dort häufig meisterlichen Gesang. Der Manesse mühte sich eifrig darum, infolgedessen er jetzt die Liederbücher besitzt… Sein Sohn, der Kustos, bemühte sich im gleichen Sinn, daher sie nun viel edlen Sanges, die werten Herren, zusammengebracht haben.«* Nach Hadlaubs Zeugnis gehörten dem Kreis noch weitere überragende Persönlichkeiten der Zeit an: Heinrich von Klingenberg († 1306), Bischof von Konstanz, Elisabeth von Wetzikon († 1298), Äbtissin des Zürcher Frauenmünsters, die Äbte von Einsiedeln und Petershausen, der Graf Friedrich von Toggenburg († 1315) und neben edlen Frauen andere Angehörige des hohen Adels und der Geistlichkeit. Mit Sicherheit ist anzunehmen, daß die Handschrift dem »antiquarisch-gelehrten« Interesse und der Sangesfreude dieses Kreises ihre Anregung verdankte. Aber unter den genannten »Liederbüchern« haben wir eher die vielfältigen Quellen der Handschrift, vielleicht Sammlungen der Lieder einzelner Dichter zu verstehen als sie selbst.

Neben der *Manessischen Handschrift* sind es vor allem zwei weitere Sammlungen, denen wir unsere Kenntnisse des Minnesangs fast ausschließlich verdanken: die *Kleine Heidelberger Liederhandschrift* vom Ende des 13. Jh.s, wohl im Elsaß entstanden, und die *Weingartner Liederhandschrift* vom Anfang des 14. Jh.s, deren Illustrationen denen der *Manesse-Handschrift* eng verwandt sind. Alle drei Sammelhandschriften gehören dem oberdeutschen Sprachgebiet an. Hier fand der Minnesang seine größte Verbreitung, hier waren die meisten Sänger beheimatet. Über die Art der Überlieferung ihrer Lieder herrscht jedoch noch weitgehend Unklarheit. Die drei großen Handschriften sind nicht direkt voneinander abhängig, gehen aber z. T. auf gemeinsam benutzte Quellen zurück, vielleicht auch auf sogenannte »Repertoirehefte« fahrender Sänger. Für die *Manessische Handschrift* speziell müssen wir aber auch mit einer sehr starken mündlichen Überlieferung bis zur Zeit der Entstehung rechnen, worauf die Art der Zusammenstellung hinweist.

Mit dem Minnesang, der ersten »weltlichen« Lyrik auf deutschem Boden, beginnt eine völlig neue Kunstform in der christlich-abendländischen Kultur: eine ritterliche Liebesdichtung, ein ästhetisch-artistisches Spiel, das von dem Begriff der Minne und der Idealisierung der Frau im Gesang beherrscht wird. Minnesang ist eine Einheit von *»wise unde wort«*; die Melodien der Lieder sind uns allerdings fast unbekannt geblieben. Unbekannt ist uns auch weitgehend der Ursprung und die Entstehung dieser Dichtung. Sicher ist, daß der deutsche Minnesang die Variante einer vor allem in der französischen Provence verbreiteten Kunstübung ist, deren Vorbild häufig in der höfischen Kultur und im Gesang der spanischen Araber gesehen wird und deren Vertreter die »Troubadours«, ritterliche Herren, Ministerialen, auch Bürgerliche, Geistliche und fahrende Sänger sind. Formen und Inhalte dieser Lyrik prägten sich unter dem Einfluß der starken Tradition klassisch-antiker Dichtung und wohl auch der gesamten mittellateinischen Literatur, deren Kultübung und Rhetorik vor allem auf den Begriff von Minne und Minnedienst einwirkten. Daneben gilt der aufblühende Marienkult des 12. Jh.s als Vorbedingung des Minnesangs. Die provenzalischen Troubadours formten das traditionelle Schema des Minnesangs, seine Motivik, Regeln und Theorien, seine Didaktik und feine Psychologie. Er ist eine exklusive Kunst mit feststehenden Wendungen und Formeln, die in nur geringem Maße Variationen erlauben.

Auf dreifache Weise wurde die Kunst der Troubadours nach Deutschland gebracht: über Burgund an den Oberrhein und in die Schweiz; über Nordfrankreich an den mittleren und unteren Rhein und in die Niederlande sowie nach Mitteldeutschland; von Oberitalien nach Österreich, wo die ältesten Minnesänger beheimatet sind. Der deutsche Minnesang prägte das Aufgenommene nur begrenzt mit eigenen, z. T. neuen Formen und Gehalten. Trotzdem gibt die nationale Kultur und Volkssprache ihm neuen Impuls. Die Idealisierung der Frau tritt noch mehr in den Vordergrund, das Preislied der Frau wird mit einer ethischen Wertordnung des Rittertums verknüpft, in der sich die ritterlichen Tugenden *(staete, triuwe, zuht, êre)* bewähren konnten. Die Spannung zwischen Verlangen und Verzichten, Leidenschaft und Abweisung, Hoffnung und Enttäuschung ist stärker als beim französischen Vorbild; der Erlebnisgehalt schwindet noch radikaler auf Kosten einer fiktiven, abstrakten Poesie. Reflexionen über das Minneproblem und feine Psychologie der Minne nehmen einen breiteren Raum ein. Neu ist der Einfluß des volkssprachlichen, unterliterarischen Gesellschaftsliedes, das die Entwicklung des frühen Minnesangs beeinflußt. Von den 140 Dichtern der *Manessischen Handschrift* entfallen fast 100 zu etwa gleichen Teilen auf die Gebiete Österreich/Bayern, Schweiz und Schwaben. Mitteldeutschland stellt etwa 20 Dichter, die vor allem in Franken und Thüringen beheimatet sind. Der Anteil der übrigen Landschaften ist gering, einige Dichter sind ihrer Herkunft nach unbekannt.

Der Minnesang ist als feudale Standesdichtung zunächst ausschließlich Kunst des hohen Adels und Rittertums. Aber schon bald überwiegt der Anteil des niederen Adels, der Dienstmannen und Ministerialen und später der bürgerlichen Sänger. Die Disposition der Handschrift folgt dem mittelalterlichen Prinzip der ständischen Ordnung. Die Dichter werden nach ihrer soziologischen Gebundenheit in die Gesellschaft eingeordnet. Ein Kaiser (HEINRICH VI.) eröffnet die Reihe der Sänger. Dann folgen Könige, Herzöge, Markgrafen, Grafen, Freiherren, Ministerialen, Bürgerliche, fahrende Sänger (Spielleute) und gelehrte »Meister«. Dabei sind den Sammlern in der Anordnung bisweilen aus Unkenntnis Fehler unterlaufen, im allgemeinen aber ist das Ordnungsprinzip eingehalten worden.

Nach Form und Inhalt unterscheidet man drei Gattungen mittelhochdeutscher Lyrik: das Lied, den Leich und den Spruch. Das Lied hat seinen formalen Ursprung in der lateinischen Hymne, der Marienlyrik und romanischen Versformen. Es ist ursprünglich einstrophig, enthält aber später meist mehrere Strophen, deren jede fast immer dreigeteilt gegliedert ist: Zwei gleiche Versgruppen, sogenannte Stollen, bilden den Aufgesang, der darauf folgende Abgesang hat oft einen größeren Umfang. – Der Leich wurde, wie das Lied, ebenfalls gesungen, aber mit durchkomponierter Musikbegleitung. Sein Strophenbau ist unregelmäßig, Reim- und Versform variieren. – Die Spruchdichtung wird unterteilt in »Sprech«- und »Sangspruch«. Der Sprechspruch, in vierhebigen Reimpaaren ohne Stropheneinteilung und ohne Musik, ist zum mündlichen Vortrag bestimmt. Er nimmt seine Themen aus der Politik, dem Alltag, der Religion, ist sentenziös-didaktisch. Der strophische Sangspruch, dem Lied verwandt, enthält Biographisches, Literaturpolemik, politische Parteinahme und allgemeine Lebensweisheit.

Der Minnesang, dessen Form das Lied ist, kennt verschiedene Liedgattungen. Das »Tagelied«, das sich zum erstenmal bei DIETMAR VON AIST findet, schildert die fiktive Situation von Abschied und Trennung zweier Liebender im Morgengrauen nach unerlaubter Liebesnacht. Das Schema des

Liedes ist immer gleich, es variiert lediglich in einzelnen Motiven und Wendungen: Der Wind, eine Vogelstimme oder der Ruf des Wächters auf der Zinne verkündet den Anbruch des Tages und warnt vor Entdeckung. In wechselnder Rede, mit Klage und Liebesbeteuerungen nehmen die Liebenden schmerzvoll-zärtlichen Abschied. Die Klage der zurückgelassenen Frau bildet den Abschluß. – Das »Klagelied« beweint den Tod verstorbener Fürsten oder angesehener Männer, das »Kreuzlied« kann als fast »propagandistischer« Aufruf zur Teilnahme am Kreuzzug gelten. Es schildert häufig den Konflikt zwischen Minne- und Kreuzzugspflicht. – Im »Tanzlied«, einer Gattung des Spätmittelalters, folgen einem erzählenden Teil die getanzten Strophen, meist in der Form des Kehrreims. Die Pastourelle, eine dem Französischen entlehnte Liedform, ist der »niederen Minne« gewidmet, in der das sinnliche Element der Liebe stärker zum Ausdruck kommt. Der Sänger trifft auf der Heide oder einer Wiese mit einem Mädchen niederen Standes zusammen und versucht, sie zu verführen. Der Pastourelle verwandt sind die »Mädchenlieder«, die seit Walther von der Vogelweide Eingang in den Minnesang fanden. Auch hier wird ein Mädchen niederen Standes besungen.
Das Wort »Minne« ist nicht übersetzbar; es bezeichnet eine Art vergeistigter Liebe, meint *amor* und *caritas* zugleich, Sinnlichkeit und deren Abstraktion, immer bezogen auf das Verhältnis des Sängers zu seiner im Gesang verehrten und gepriesenen Dame. Der Minnedienst bezeichnet ein Dienstverhältnis, das nur aus der Kenntnis der soziologischen Konstellation der feudalen höfischen Gesellschaft verständlich wird. Das reale Lehensverhältnis des Ritters zu seinem adligen Herrn wird auf die Dame übertragen. Wie der Dienstmann dem Lehensherrn, so fühlt sich der Sänger der Dame untertan. Er begibt sich als Vasall in ihren Dienst, wirbt in Verehrung um ihr Wohlwollen und erwartet Lohn in Form von *gruoz* und *hulde*. Der Minnedienst ist ein ästhetisch-artistisches Spiel mit festgelegten Formen und Regeln, ist konventionelle Kunstübung im Rahmen höfischer Geselligkeit. Daraus versteht sich die immer gleiche, immer typische Situation des Minneliedes. Der Sänger, meist Angehöriger des Ritterstandes, bekennt öffentlich vor der höfischen Gesellschaft seine Liebe zu einer Dame, die anonym bleibt, verheiratet ist und sozial höher steht. Oft ist es die Frau des Herrn, in dessen Diensten der Sänger ist. Sie verkörpert das Idealbild der Frau, Inbegriff aller weiblichen Tugenden, und so muß die Minne des Sängers unerhört bleiben. Dazu stellen sich Aufpasser und Neider in den Weg und erschweren den Zugang zu der Dame; nur selten fängt er einen versteckten Gruß auf. Sein Singen und Dichten erreicht die Angebetete kaum und dient nur der Unterhaltung der Gesellschaft, die das Leid des Ungehörten belächelt und als ästhetischen Leckerbissen aufnimmt. Schließlich verliert er sich ganz in seiner Liebessehnsucht, die zum Wahn wird. Innerhalb dieses Rahmens bewegt sich das Minnelied in festgefügten Formen und Schemata. Motive, Bilder, Vorstellungen, Reflexionen sind immer gleichbleibend, es gibt nur wenig Raum für individuelle Variationen. Als konventionelle Gesellschaftslyrik lebt der Minnesang ganz im Raum überpersönlicher Fiktion, als eine abstrakte Kunstübung, die sich einer biographisch ausgerichteten Deutung weitgehend entzieht.
Die Periode des deutschen Minnesangs umfaßt einen Zeitraum von mehr als 150 Jahren. Aber nicht eine kontinuierliche literarhistorische Entwicklung wird transparent, sondern ein ständiger Wechsel von Tradition und Neuerung, von Typischem und Individuellem zeichnet sich ab. Nach dem Grad der Beeinflussung und Abhängigkeit vom Gesang der provenzalischen Troubadours hat man den Minnesang chronologisch in verschiedene Epochen gegliedert, deren Grenzen zwar fließend sind, die aber dennoch eine allmähliche Entwicklung widerspiegeln. So unterscheidet man eine »Frühstufe« (1160–1170), noch weitgehend frei von fremden Einflüssen, eine »frühromanisierende« Stufe (1170–1180) und eine »romanisierende« Stufe (1180–1230), die mit der sog. »Blütezeit« des Minnesangs identisch ist und in Walther von der Vogelweide ihren absoluten Höhepunkt hat. Die nachfolgende Dichtung bis zum Beginn des 14. Jh.s heißt »Wende«, »Herbst« oder »Nachklang« des Minnesangs.
Die »Frühstufe« knüpft an die ältere deutsche Liedkunst an. Ihr gehört der Kürenberger an, von dem einstrophige, volkstümliche Lieder überliefert sind, in denen das Liebeswerben des Sängers noch auf Erfüllung drängt. Zur »frühromanisierenden« Stufe zählen Meinloh von Sevelingen, Dietmar von Aist und Kaiser Heinrich. Ihre Lieder zeigen noch altertümliche Züge, die Minneauffassung schwankt zwischen natürlich-sinnlichem Begehren und ethisch-erzieherischer Idee. Die besungene Frau ist noch nicht die unnahbare, abstrakte »hohe« Dame der späteren Zeit, aber der Motiv- und Gedankenkreis der »hohen Minne« ist schon vorhanden. Die »Blütezeit« zeigt starken provenzalischen Einfluß. Friedrich von Hausen ist der erste große Vertreter des klassischen Minnesangs. Er entwickelt das mehrstrophige Lied mit reicher rhetorischer Wortwahl und vielseitiger Reimbildung. Im Mittelpunkt seiner Dichtung steht die Idee der sittlichen Vervollkommnung durch die Minne. Heinrich von Veldeke pflegt das Tanzlied und den Spruch. Minne bedeutet ihm Festigung und Veredlung der Freude, er preist die Schönheit der Natur und der Frau. Heinrich von Morungen bezeichnet mit seinen vielfältigen Vers- und Strophenformen einen Höhepunkt formaler Gestaltungskraft. Obwohl im Themenkreis eng begrenzt, zeichnen sich seine Lieder durch eine Fülle von eigenen, erlebnishaften Tönen aus, die in der inneren Spannung zwischen dem höfischen Typus und persönlicher Empfindung ihre eigene Sprache finden. Reinmar der Alte ist mit seinen Variationen und Reflexionen ein Meister der Minne-Dialektik. Seine elegisch trauernden, schmerzlich-sehnsüchtigen

Klagen, die nie auf Erfüllung drängen, zeigen den leidenden Sänger, der zart und vergeistigt in seinen Empfindungen ist. Walther von der Vogelweide ist der einzige Minnesänger, der es sowohl im Lied wie im Spruch zu nie erreichter Meisterschaft brachte. Er erneuerte den überzüchteten Gesang der Franzosen durch die Verbindung mit der heimischen, volkstümlichen Dichtung. Zu Beginn noch stark der schulmäßigen Tradition verhaftet, findet er bald seinen eigenen Ton. Der »hohen Minne«, dem eigentlichen Frauendienst, stellt er in seinen »Mädchenliedern« die »niedere Minne« gegenüber, der ästherischen Geziertheit der höfischen Dame das natürliche, einfache, lebensvolle Mädchen. Damit sprengt er das ästhetische Spiel höfischer Konvention und erschließt dem Minnesang neue Möglichkeiten. In seiner Spruchdichtung greift er ratend, mahnend und scheltend in die politischen Ereignisse der Zeit ein. Vom staufischen Reichsgedanken ergriffen, wissend um seine politische Pflicht und Verantwortung, ergreift er Partei für den Kaiser im Kampf mit dem Papst.
Nach Walther zerfällt die höfische Kultur allmählich und mit ihr auch das standesmäßige Minnelied. Das schließt nicht aus, daß noch weiter Lieder im traditionellen Sinn gedichtet werden, aber als Reaktion auf die im Konventionellen erstarrte höfische Dichtung tritt immer mehr die Parodie und das Spottlied in den Vordergrund. In NEIDHART VON REUENTALS Sommer-, Winter- und Tanzliedern verwandelt sich die ritterliche Dame in ein Bauernmädchen, um das die tölpelhaften Bauernburschen werben und sich prügeln. Seine Lieder verspotten den groben, ungelenken Bauern, gleichzeitig parodieren sie die überzüchtete ritterliche Kultur. Zu seinen Nachahmern gehören BURCHARD VON HOHENFELS, GOTTFRIED VON NEIFEN und ULRICH VON WINTERSTETTEN, die wie er von der Pastourelle angeregt wurden. BERTHOLD STEINMAR, der mit seinen derb-realistischen Herbst- und Trinkliedern eine neue Variante ins Spiel bringt, parodiert das Tagelied und die Minneklage. Von den Spruchdichtern sind vor allem REINMAR VON ZWETER mit seinen politischen, didaktischen und religiösen Sprüchen, BRUDER WERNER, der Prediger von irdischer Vergänglichkeit, Tod und Gericht, und HEINRICH VON MEISSEN (FRAUENLOB) zu nennen. Frauenlob verwendet in seinen erstmals mehrstrophigen Sprüchen weltliche und geistliche Themen und stellt sich mit seiner Vermischung von Lied und Spruch an die Spitze der Entwicklung zu den späteren Meistersingern, die in ihm den Begründer ihrer Kunst sahen. I.F.W.

AUSGABEN: Zürich 1748 (in *Proben der alten schwäbischen Poesie des dreyzehnten Jh.s*, Hg. J. J. Bodmer). – Zürich 1758/59 (*Sammlung von Minnesängern aus dem schwäbischen Zeitpuncte*, Hg. J. J. Bodmer u. J. J. Breitinger, 2 Tle.). – Heidelberg 1909 (*Die große Heidelberger Liederhandschrift*, Hg. F. Pfaff; Tl. 1; ern. u. erg. Heidelberg 1984, Hg. H. Salowsky). – Lpzg. 1925–1929, 2 Bde. [Faks.; Einl. R. Sillib, F. Panzer u. A. Haseloff]. – Tübingen 1952–1958 (in *Deutsche Liederdichter des 13. Jh.s*, Hg. C. v. Kraus u. H. Kuhn, 2 Bde.; m. Komm.). – Tübingen 1962 (in *Minnesang des 13. Jh.s*, Hg. H. Kuhn). – Göppingen 1971 (*Die große Heidelberger Liederhandschrift in Abbildungen*, Hg. U. Müller; verkleinerte s/w-Reprod.) – Ffm. 1974/1980 (*Codex Manesse. Die große Heidelberger Liederhandschrift*, Tl. 1, Hg. I. F. Walther; Vollfaks. m. Interimstexten; Tl. 2: Kommentar, Hg. W. Koschorreck u. W. Werner). – Ffm. 1988 (*Codex Manesse: die Miniaturen der Großen Heidelberger Liederhandschrift*, Hg. I. F. Walther).

LITERATUR: F. Apfelstedt, *Zur Pariser Liederhs.* (in Germania, 26, 1881, S. 213–229). – K. Zangemeister, *Zur Geschichte der »Großen Heidelberger«, sog. »Mannessischen Liederhs.«* (in Westdt. Zs. f. Geschichte u. Kunst, 7, 1888). – W. Wisser, *Das Verhältnis der Minneliederhss. B. u. C. zu ihren gemeinschaftlichen Quellen*, Eutin 1889. – K. Zangemeister, *Die Wappen, Helmzierden u. Standarten der »Großen Heidelberger Liederhs.«*, Görlitz/Heidelberg 1892. – A. v. Oechelhäuser, *Zur Entstehung der »Manesse-Hs.«* (in NHJb, 3, 1893). – A. Wallner, *Herren u. Spielleute im Heidelberger Liedercodex* (in Beitr., 33, 1908, S. 483–540). – H. Kuhn, *Minnesangs Wende*, Tübingen 1952; [2]1967. – W. Schmidt, *Die »Manessische Hs.«*, Bln. 1960. – H. Kuhn, *Die Klassik des Rittertums in der Stauferzeit* (in *Annalen der deutschen Literatur*, Hg. H. O. Burger, Bd. 1, Stg. 1962, S. 99–177; [2]1963). – E. Jammers, *Ausgewählte Melodien des Minnesangs*, Tübingen 1963. – G. Siebert-Hotz, *Das Bild des Minnesängers*, Marburg 1964. – E. Jammers, *Das königliche Liederbuch des deutschen Minnesangs. Eine Einführung in die sog. »Manessische Hs.«*, Heidelberg 1965. – *Der deutsche Minnesang. Aufsätze zu seiner Erforschung*, Hg. H. Fromm, Darmstadt 1961 (WdF; [4]1969). – H. Frühmorgen-Voss, *Bildtypen in der »Manessischen Liederhs.«* (in *Werk-Typ-Situation. Studien zu poetologischen Bedingungen in den älteren Literaturen. Fs. f. H. Kuhn*, Hg. I. Glier u. a., Stg. 1969, S. 184–216). – K. Martin, *Minnesänger, 24 farbige Wiedergaben aus der Manessischen Liederhs.*, 3 Bde., Aachen 1971–1974. – H.-E. Renk, *Der Manessekreis, seine Dichter u. die »Manessische Hs.«*, Stg. 1974. – H. Brunner, *Die alten Meister*, Mchn. 1975 [1. Kap.]. – J. Bumke, *Ministerialität u. Ritterdichtung*, Mchn. 1976. – I. Glier u. I. F. Walther (in K. Martin u. a., *Minnesänger*, Bd. 4, Baden-Baden 1977). – G. Schweikle, *Die mhd. Minnelyrik I*, Darmstadt 1977. – K. Clausberg, *Die »Manessische Liederhs.«*, Köln 1978. – E. M. Vetter, *Probleme der großen Heidelberger (»Manessischen«) Liederhs.* (in Pantheon, 36, 1978, S. 207–218). – W. Werner, *Die Große Heidelberger (»Manessischen«) Liederhs.* (in Heidelberger Jbb., 22, 1978, S. 35–48). – E. Jammers u. H. Salowsky, *Die sangbaren Melodien zu Dichtungen der »Manessischen Liederhs.«*, Wiesbaden 1979. – G. Hess, *Bildersaal des MAs* (in *Deutsche Literatur im MA. Kontakte u. Perspektiven. Gedenkschrift H. Kuhn*,

Hg. Ch. Cormeau, Stg. 1979, S. 501–546). – G. Kornrumpf u. B. Wachinger, *Alment* (ebd., S. 356–411). – H. Kuhn, *Die Voraussetzungen für die Entstehung der »Manessischen Hs.« u. ihre überlieferungsgeschichtliche Bedeutung* (in H. K., *Liebe u. Gesellschaft*, Hg. W. Walliczek, Stg. 1980, S. 80–105; 188–192). – G. Kornrumpf, *Heidelberger Liederhs. C* (in VL², 3, Sp. 584–597). – M. Schiendorfer, *Beobachtungen zum Aufbau der Minnesanghss. sowie ein editorisches Konzept. Das Beispiel Ulrich von Singenberg* (in ZfdPh, 104, 1985, Sonderh., S. 18–51). – W. Werner, *Wege u. Schicksale der Großen Heidelberger Liederhs.* (in Ruperto Carola. Heidelberger Universitätshefte, 40, 1988, H. 78, S. 79–95). – *Codex Manesse, Katalog zur Ausstellung vom 12. Juni bis 4. Sept. 1988, Universitätsbibliothek Heidelberg*, Hg. E. Mittler u. W. Werner, Heidelberg 1988. – J. Bumke (in GLMA, Bd. 2, S. 112–116 u. ö.).

Merseburger Zaubersprüche

(ahd.). Zwei nach ihrem Fundort benannte Spruchdenkmäler, vermutlich aus dem 9. Jh., aufgezeichnet im 10. Jh. auf dem leeren Vorsatzblatt eines lateinischen Sakramentars. – Die beiden Sprüche, ein »Lösesegen« zur Befreiung eines Gefangenen und ein »Pferdesegen« zur Heilung eines verletzten Beins, gehören – ebenso wie der altsächsische Wurmzauber *Contra vermes* oder der sogenannte *Bamberger Blutsegen* – zu jener Reihe von mittelalterlichen Beschwörungsformeln, die nur lückenhaft und mehr oder weniger zufällig, meist als Einsprengsel in lateinischen Rezeptaren, überliefert sind. Ihre Sonderstellung unter den althochdeutschen Sprüchen verdanken die *Merseburger Zaubersprüche* ihrer relativ deutlichen Überlieferung und ihrem klaren Aufbau. Gleichwohl zählen sie innerhalb der althochdeutschen Literatur zu den umstrittensten Denkmälern.

Die Zaubersprüche sind zweiteilig aufgebaut: Der erste Teil besteht aus einer erzählenden Einleitung *(historiola)*, der zweite Teil enthält die Beschwörungsformel *(incantatio)*. Die formale Zweiteilung der Sprüche wird außerdem auf der Geschehensebene jeweils von einem magischen Dreischritt überlagert. – Die ersten drei Stabreimverse des vierzeiligen Lösesegens schildern die Befreiung eines Gefangenen durch zauberkundige Frauen *(idisi)*, die sich in drei Gruppen aufteilen: Die einen *»hapt heptidun« (»hefteten Fesseln«)*, die anderen *»heri lezidun« (»hemmten [das Heer]«)*, und die dritten *»clûbôdun umbi cuoniouuidi«* (*»klaubten an den Fesseln«*, d. h. banden sie auf). Die letzte Zeile enthält die Zauberformel *»insprinc haptbandun, invar vîgandun« (»entspringe den Fesseln, entflieh den Feinden«)*.

Der zweite Spruch, ein achtzeiliger Pferdesegen, erzählt zunächst, daß Wodan und Phol (ein zweiter Gott, sein Pferd?) einst ausritten und ein Pferd sich das Bein verrenkte. Zwei Götterpaare, Sinthgunt und Sunna, Freya und Volla, besprachen den Fuß, doch erst der dritte Heilversuch durch Wodan gelang. Dem Bericht folgt eine zweigliedrige Beschwörungsformel, deren beide Teile in sich wiederum dreiteilig aufgebaut sind. Durch die dreifache Benennung der Krankheit wird der magische Bezug hergestellt: *»sôse bênrenki, sôse bluotrenki, sôse lidirenki« (»sei es Knochenverrenkung, sei es Blutverrenkung [Bluterguß?], sei es Gliederverrenkung«)*. Darauf folgt der Heilbefehl: *»bên zi bêna, bluot zi bluoda / lid zi geliden, sôse gelîmida sîn« (»Knochen zu Knochen, Blut zu Blut, Glied zu Glied, als wenn sie geleimt wären«)*.

Als gesichert gilt, daß die *Merseburger Zaubersprüche* älter sind als ihre Aufzeichnung. Ihr zweiteiliger Aufbau deutet in die heidnisch-germanische Zeit. Wie alt sie jedoch tatsächlich sind (die Theorien schwanken vom 2. bis zum frühen 9. Jh.), läßt sich kaum ermitteln, da der zweiteilige Typus des Zauberspruchs auch in anderen Kulturkreisen außerhalb des indoeuropäischen Raumes nachgewiesen werden kann. – Zahlreiche skandinavische Varianten des zweiten Spruchs, die fast immer christliche Namen enthalten, haben zu der Annahme geführt, daß er christlichen Ursprungs sei und eine germanische Umprägung erfahren habe. (Erhärtet wurde die These durch den Fund des *Trierer Pferdesegens*, der Christus und den heiligen Stephanus als Reiter und Helfer kennt.) *»Die Götternamen müßten substituiert worden sein, um den Gebrauch heiliger Namen in magischem Kontext zu vermeiden. Das Umgekehrte liegt der christlichen Missionspraxis allerdings näher«* (H.-H. Steinhoff). – Nach wie vor rätselhaft bleibt auch der mythologische Anteil in den Zaubersprüchen; so wurden beispielsweise in den Idisen aus dem ersten Spruch teils Walküren, teils Hexen, teils Matronen eines Mutterkults gesehen. – Vorbild für die Aufzeichnung der Heilungsformeln im frühen Mittelalter waren vermutlich lateinische Rezeptare aus der spätantiken Medizin. Einen Hinweis darauf bieten die Rezeptsammlungen von Marcellus Empiricus Burdigalensis (5. Jh.), in denen neben einer Variante des *Straßburger Blutsegens* auch das Motiv der fesselnden und Fesseln lösenden Frauen vorkommt. KLL

Ausgaben: Bln. 1842 (*Über zwei entdeckte gedichte aus der zeit des deutschen Heidenthums*, Hg. J. Grimm; APAW; auch in J. G., *Kleinere Schriften*, Bd. 2, Bln. 1865). – Bln. 1916 (in *Die kleineren althochdeutschen Sprachdenkmäler*, Hg. E. Steinmeyer). – Tübingen ¹⁶1979 (in *Althochdeutsches Lesebuch*, Hg. u. Glossar W. Braune; fortgef. v. K. Helm; Bearb. E. A. Ebbinghaus). – Ffm. 1970 (in *Althochdeutsche Literatur*, Hg. H.-D. Schlosser; m. nhd. Übers.). – Mchn./Wien 1980 (in *Deutsche Dichtung des MAs*, Hg. M. Curschmann u. I. Glier; m. nhd. Übers.).

LITERATUR: O. Ebermann, *Blut- u. Wundsegen* (in Palaestra, 24, 1903, S. 1–24). – J. Schwietering, *Der erste »Merseburger Zauberspruch«* (in ZfdA, 55, 1914, S. 148-156). – K. Helm, *Balder in Deutschland?* (in Beitr., 67, 1945, S. 216–222). – F. Genzmer, *Die Götter im zweiten »Merseburger Zauberspruch«* (in AFNF, 63, 1948, S. 55–72). – Ders., *Germanische Zaubersprüche* (in GRM, 32, 1950/51, S. 21–35). – F. R. Schröder, *Balder u. der zweite »Merseburger Zauberspruch«* (in GRM, 34, 1953, S. 161–183). – H. Tiefenbach, *Gilimida* (in Frühmittelalterliche Studien, 4, 1970, S. 395–397). – A. Masser, *Zum zweiten »Merseburger Zauberspruch«* (in Beitr., 94, Tübingen 1972, S. 19–25). – H. Rosenfeld, *Phol ende Wuodan vuorun zi holza. Baldermythe oder Fohlenzauber?* (ebd., S. 1–12). – S. Groseclose u. B. O. Murdoch, *Zaubersprüche u. Segensformeln* (in S. G. u. B. O. M., *Die ahd. poetischen Denkmäler*, Stg. 1976, S. 48–52; Slg. Metzler). – D. Krywalski, *Zur Interpretation des Ersten »Merseburger Zauberspruchs«* (in Blätter für den Deutschlehrer, 22, 1978, S. 93–103). – J. Kühnel, *Untersuchungen zum germanischen Stabreimvers*, Göppingen 1978. – P. Rühmkorf, *agar agar – zaurzaurim. Zur Naturgeschichte des Reims*, Reinbek 1981, S. 21–25. – M. Geier, *Die magische Kraft der Poesie. Zur Geschichte, Struktur u. Funktion des Zauberspruchs* (in DVLG, 56, 1982, S. 359–385). – E. G. Stanley, *Alliterative Ornament and Alliterative Rhythmical Discourse in Old High German and Old Frisian Compared with Similar Manifestations in Old English* (in Beitr., 106, Tübingen 1984, S. 184–217). – H.-H. Steinhoff (in VL², 6, Sp. 410–418). – B. Murdoch, *But did they work? Interpreting the Old High German »Merseburg charms« in their Medieval Context* (in NphM, 89, 1988, S. 358–369). – D. Kartschoke (in GLMA, Bd. 1, S. 118–124).

MUSPILLI

(ahd.). Fragmentarisches Stabreimgedicht von unbekanntem Verfasser, entstanden zwischen 821 und 827. – Der Titel des Gedichts besteht aus dem in Vers 57 stehenden, nicht eindeutig zu übersetzenden Wort *muspille* (Dativ), das sowohl »Weltbrand« wie »letztes Gericht« bedeuten kann. Möglich ist auch, daß damit eine Person, etwa ein Feuerdämon oder Christus als Weltenrichter bezeichnet wird. In der altsächsischen Bibeldichtung → *Heliand* (9. Jh.) ist das Wort zweimal ebenfalls in eschatologischem Zusammenhang belegt, auch im Altnordischen kommt es einige Male vor, in der altnordischen *Vǫlospá (Weissagung der Seherin)* erscheinen »Muspells Leute« im Endkampfmythos als Untergang bringende Schar. Ob *muspelli* germanisch-heidnischen oder christlichen Ursprungs ist, bleibt ebenfalls im Dunkeln. Mit relativer Sicherheit kann man lediglich davon ausgehen, daß das Wort für den zeitgenössischen Hörer mit höchsten Schrecknissen und Untergangsvorstellungen verbunden war. – 103 Langzeilen des Gedichts sind in einer St. Emmeramer Handschrift (9. Jh.) aus dem Besitz Ludwigs des Deutschen überliefert, Anfang und Schluß gingen verloren. Die Sprache des Gedichts ist vorwiegend bairisch, enthält aber auch Merkmale des Südrheinfränkischen.

Das Werk beschreibt das Schicksal des Menschen nach dem Tod, Weltuntergang und Letztes Gericht. Eindringlich wird geschildert, wie die Seele nach dem Tod von himmlischen Heerscharen oder vom Gefolge des Teufels an ihren Bestimmungsort, Himmel oder Hölle, gebracht wird. Die Ankündigung des Jüngsten Gerichts schließt sich an. In dem dann folgenden Kampf des Propheten Elias mit dem Satan siegt Elias zwar, wird aber verwundet. Sein auf die Erde tropfendes Blut setzt diese in Flammen und verursacht so den Weltuntergang: *»so inprinnant die perga,/ poum ni kistentit// enihc in erdu,/ aha artrucknent//... mano vallit,/ prinnit mittilagart« (»die Berge brennen, die Bäume verschwinden von der Erde, die Flüsse vertrocknen, der Mond fällt, und schließlich brennt der ganze Erdkreis«)*. Dann ist der Zeitpunkt des letzten Gerichts gekommen, bei dem Gott in der Glorie des Herrschers erscheint, um die Lebenden und die Toten zu richten. Niemand entgeht seinem gerechten Los, und dem Sünder hilft nur die schon auf Erden getane Buße. Das Kreuz Christi erscheint, und die Wundmale werden sichtbar, die der Gottessohn aus Liebe zur Menschheit erlitt. Hier bricht das Gedicht ab.

Die Quellenfrage ist bis heute ungeklärt. Da der Mittelteil des Gedichts, der Kampf des Elias mit dem Satan sowie der Weltbrand, sich deutlich aus dem Gefüge des übrigen heraushebt, wurde er vielfach als ursprünglich selbständiges Gedicht angesehen, für das W. Krogmann eine verlorene altsächsische Stabreimdichtung, den sogenannten *Elias und Antichrist*, als Vorlage annahm. G. Baesecke dagegen vermutete eine ältere angelsächsische Quelle, das sogenannte Muspilli II. Für den Weltbrand wurden nordisch-heidnische Einflüsse in Anspruch genommen, da neben dem Wort *muspilli* auch weitere Einzelheiten in der *Vǫlospá* wiederkehren. Allerdings läßt sich die Darstellung des Weltuntergangs auch in christlichen Quellen nachweisen. Dasselbe gilt für den Kampf des Elias mit dem Antichrist, der nicht nur in russischen und koptischen Elias-Legenden, sondern auch in der westlichen Theologie vorkommt.

Neben den *Merseburger Zaubersprüchen*, dem *Wessobrunner Gebet* und dem *Hildebrandslied* ist das vorliegende Gedicht einer der wenigen Textzeugen für die althochdeutsche Stabreimdichtung. Allerdings zeigt diese Verstechnik im *Muspilli* bereits erste Auflösungserscheinungen. Die Verteilung des Stabes entspricht häufig nicht der Regel, es gibt Verse ohne Alliteration und sogar schon einige Verse mit Endreim. Im Ganzen von nüchterner

Schlichtheit, zeigt das Gedicht nur in der Beschreibung vom Weltbrand und Weltgericht Satzfügungen von großer Eindringlichkeit.
Lange Zeit wurde versucht, die sprachliche, formale und inhaltliche Uneinheitlichkeit des Gedichts mit Quellen unterschiedlicher Herkunft zu erklären. *»Erst in jüngster Zeit ist die klitternde Disparität des ›Muspilli‹ als Element seiner literarhistorischen Situation akzeptiert und als Signatur eines Textes gedeutet worden, der in seiner Gebrochenheit auf die Diskontinuitätserfahrung seiner Epoche (der Zeit nach dem Tod Ludwigs des Deutschen?) reagiert«* (H.-H. Steinhoff). U.S.-KLL

Ausgaben: Mchn. 1832 (*Bruchstück einer alliterierenden Dichtung vom Ende der Welt*, Hg. J.A. Schmeller; in Neue Beiträge zur vaterländischen Geschichte, Geographie u. Statistik, Bd. 1). – Bln. 1916 (in *Die kleineren ahd. Sprachdenkmäler*, Hg. E.v. Steinmeyer). – Tübingen [16]1979 (in *Ahd. Lesebuch*, Hg. u. Gloss. W. Braune; fortgeführt v. K. Helm; Bearb. E.A. Ebbinghaus; m. textkrit. Komm. u. Übers.).

Literatur: F. Vetter, *Zum »Muspilli«*, Wien 1872. – G. Baesecke, *»Muspilli«* (in SPAW, phil.-hist. Kl., 21, 1918, S. 414–429). – G. Neckel, *Studien zu den germanischen Dichtungen vom Weltuntergang*, Heidelberg 1918 (SAWH). – W. Krogmann, *»Mūđspelli«* (in GRM, 17, 1929, S. 231–238). – H. Schneider, *»Muspilli«* (in ZfdA, 73, 1936, ern. in Ders., *Kleinere Schriften zur germanischen Heldensage und Literatur des MAs*, Bln. 1962, S. 165–194). – W. Krogmann, *Der christliche Ursprung des altsächsischen »Muspelli«* (in JbNd, 71–73, 1948–1950, S. 17–31). – G. Baesecke, *»Muspilli II«* (in ZfdA, 82, 1950, S. 199–239). – W. Krogmann, *»Muspilli« u. Muspellsheim* (in ZRG, 5, 1953, S. 97–118). – Ders., *Eine neue Vermutung über altsächsisch ›mūđspelli‹* (in NdJb, 84, 1961, S. 43–54). – H. Kolb, *›Vora demo Muspille‹. Versuch einer Interpretation* (in ZfdPh, 83, 194, S. 2–33). – C. Minis, *Handschrift, Form u. Sprache des »Muspilli«*, Bln. 1966 (Philolog. Studien u. Quellen, 35). – S. Sonderegger, *Frühe Erscheinungsformen dichterischer Sprache im Ahd.* (in *Typologia litterarum, Fs. f. M. Wehrli*, Hg. S. Sonderegger u. a., Zürich/Freiburg i. B. 1969, S. 53–81). – R. Bergmann, *Zum Problem der Sprache des »Muspilli«* (in Frühmittelalterliche Studien, 5, 1971, S. 304–316). – D. Kartschoke, *Altdt. Bibeldichtung*, Stg. 1975 (Slg. Metzler), S. 24–32. – H. P. Kursawa, *Antichristsage, Weltende u. Jüngstes Gericht in mittelalterlicher deutscher Dichtung*, Diss. Köln 1976. – W. Mohr u. W. Haug, *Zweimal »Muspilli«*, Tübingen 1977. – H. Finger, *Untersuchungen zum »Muspilli«*, Göppingen 1977. – F. V. Spechtler, *Altes u. neues Recht. Bemerkungen über neue Forschungen zum ahd. »Muspilli«* (in Amsterdamer Beitr. z. älteren Germanistik, 15, 1980, S. 39–52). – H.-H. Steinhoff (in VL[2], 6, Sp. 821–828). – W. Brandt, *Zukunftserzählen im »Muspilli«* (in *Althochdeutsch*, Bd. 1, Hg. R. Bergmann u. a., Heidelberg 1987, S. 720–736). – W. Laur, *Muspilli, ein Wort christlicher oder vorchristlicher Eschatologie* (ebd., Bd. 2, S. 1180 bis 1194). – R. Schützeichel, *Zum »Muspilli«* (in *Fs. f. J. Reiffenstein*, Hg. P. K. Stein u. a., Göppingen 1988, S. 13–29). – D. Kartschoke (in GLMA, Bd. 1, S. 134–138).

Nibelungenlied

(mhd.). Strophisches Heldenepos von unbekanntem Verfasser, entstanden um 1200 vermutlich im Donauraum zwischen Passau und Wien. – Die Überlieferung des Liedes ist so kompliziert wie umstritten. Das *Nibelungenlied* liegt heute in elf mehr oder weniger vollständigen Hss. und 23 Fragmenten aus dem 13. bis 16. Jh. vor. Im Mittelpunkt stehen die drei ältesten Handschriften: die Hohenems-Münchener Hs. A vom Ende des 13. Jh.s, die St. Gallener Hs. B aus der Mitte des 13. Jh.s und die Donaueschinger Hs. C aus der ersten Hälfte des 13. Jh.s. Lange Zeit ging die Forschung von der Existenz eines Archetypus, einer geschlossenen Textüberlieferung sowie einer kontaminationslosen Handschriftenentwicklung aus und schloß sich bis in die fünfziger Jahre überwiegend der Auffassung von W. Braune an, die Hs. B komme dem Original am nächsten. 1963 machte H. Brackert – im Zuge eines generellen Zweifels an der Verbindlichkeit von Stemmata – deutlich, daß dem *Nibelungenlied* nicht unbedingt ein Archetypus bzw. ein Original im herkömmlichen Sinne zugrunde liegen muß. Brackert zieht in Erwägung, daß schon vor dem Beginn der Überlieferung durch die erhaltenen Handschriften verschiedene Versionen existierten, die erst allmählich *»in ein Ganzes zusammengesungen«* wurden.
Zu dieser bis heute noch nicht abgeschlossenen Debatte kommt noch die Frage nach der *»unterschwellig-mündlichen Tradition des Heldenliedes oder Heldenepos«* (O. Ehrismann) hinzu, die sich vor allem angesichts der Metrik und der Formelsprache des Liedes stellt: Das *Nibelungenlied* verwendet als metrische Form die dem – früher gesungenen – Heldenlied noch nahestehende Strophe. Bemerkenswert ist dabei, daß der Nibelungenstrophe eine lyrische Strophenform aus der Zeit um 1160, die sogenannte Kyrenbergstrophe (benannt nach dem Minnesänger der Kyrenberger), zugrunde liegt. Die Nibelungenstrophe besteht aus vier Langzeilen, deren jede in zwei durch eine Zäsur getrennte Halbzeilen zerfällt. Beide Halbzeilen sind viertaktig, die erste Halbzeile schließt mit jeweils klingender, die zweite Halbzeile mit stumpfer Kadenz, bis auf die letzte Halbzeile, deren Kadenz voll ist. Das Reimschema ist *aabb*. Dieses metrische Schema wird jedoch nicht immer streng eingehalten.

Die neuere Forschung geht davon aus, daß die Formelsprache des Liedes ungebrochen an die mündliche Tradition anschließt, gleichzeitig aber durch den Verfasser eine bewußte literarische Stilisierung erfährt (M. Curschmann). Ob *»die Literarisierung mündlich-epischen Stils zum uns sichtbaren ›Nibelungischen‹ hin in einem mehrstufigen Prozeß erfolgt ist«* (B. Wachinger) oder erst dem letzten Dichter zuzuschreiben ist: Als nahezu gesichert gilt, daß das *Nibelungenlied* in seiner schriftliterarischen Großform von einem einzigen, literarisch äußerst gebildeten Dichter in seine feste Textgestalt gebracht wurde, die fernerhin bestimmend auf die gesamte Überlieferung des Heldenepos eingewirkt hat. Der gattungstypisch anonym bleibende Verfasser war vermutlich *»clericus im weitesten Sinne«* (F. Neumann). Das mehr als 2000 Strophen umfassende *Nibelungenlied* besteht aus 39 *aventiuren* und gliedert sich in zwei Teile von ungefähr gleicher Länge; der erste Teil berichtet von Siefrits Werbung um Kriemhilt, von seiner Vermählung mit ihr und seiner Ermordung durch Hagen; der zweite Teil handelt von Kriemhilts furchtbarer Rache, die schließlich zum Untergang der Nibelungen führt. Verbunden sind beide Teile durch die 19. *aventiure*, in der die Versenkung des Nibelungenhorts im Rhein und Kriemhilts ewige Treue zu Siefrit beschrieben wird. – Dem eigentlichen Beginn der Handlung vorangestellt ist die zugleich formelhafte und programmatische Strophe *»Uns ist in alten maeren/ wunders viel geseit...«* Formelhaft, weil zahlreiche zeitgenössische Werke mit ähnlichen Worten beginnen, programmatisch, weil die *»alten maeren«* für Tradition und Geschichte stehen und damit für die Wahrheit der Erzählung bürgen, die in ihrer Fiktion als wahre Geschichte zelebriert wird. Die Handlung setzt ein mit dem Falkentraum Kriemhilts, der schönen Schwester der Burgundenkönige Gunther, Gernot und Giselher. Sie träumt, daß zwei Adler einen von ihr gezogenen Falken (das althergebrachte Symbol für den Geliebten) töten – ein Traum, der sich auf tragische Weise bewahrheiten wird. Der junge Königssohn Siefrit aus den *»Niderlanden«* wirbt bald darauf um Kriemhilt. Ihm eilt die durch Hagen, den Gefolgsmann Gunthers verbreitete Kunde voraus, daß er den Hort Nibelungs mit seinem Schwert Balmung erworben und dem Zwerg Alberich die Tarnkappe abgewonnen habe. Hagen berichtet auch von dem Drachenkampf, nach dem Siefrit im Blut des erschlagenen Drachen gebadet und damit seine Haut gehörnt habe. Siefrit wird mit Ehren am Burgunderhof aufgenommen, kann aber Kriemhilt, die beim ersten Anblick für ihn erglüht, erst heimführen, nachdem er Gunther geholfen hat, die über alle Maßen schöne und starke Prünhilt zur Frau zu gewinnen. Prünhilt, die nur dem gehören will, der sie im Dreikampf übertrifft, wird von Siefrit, der unsichtbar durch die Tarnkappe Gunther die Hand bei Schaft- und Steinwurf führt und ihn beim Weitsprung trägt, besiegt. Sie folgt den Burgunden nach Worms – widerstrebend und im innersten wohl ahnend, daß der Kampf nicht mit rechten Dingen zugegangen ist. In Worms wird die Doppelhochzeit festlich begangen, doch in der Hochzeitsnacht erwehrt sich Prünhilt Gunthers auf drastische Weise, indem sie ihn fesselt und an einen Nagel hängt. Gunther bittet Siefrit, ihm noch einmal beizustehen; dieser erscheint in der folgenden Nacht unsichtbar im Schlafgemach, überwindet Prünhilt im Ringkampf und überläßt sie Gunther, von dem sie sich besiegt glaubt. Doch vorher entwendet er Prünhilt – und dies wird ihm und schließlich den Burgunden zum Verhängnis – Ring und Gürtel, die er später, als er mit seiner Frau zurück an den Niederrhein gezogen ist, Kriemhilt schenkt, nicht ohne ihr über die Herkunft der Kleinodien zu berichten.

Zehn Jahre später erreicht Prünhilt, die immer noch spürt, daß in der Beziehung Gunthers zu Siefrit etwas mitspielt, was sie betrifft, daß Siefrit und Kriemhilt zu einem Fest nach Worms geladen werden. Dort spielt sich nun, auf der Treppe des Münsters, der berühmte Streit der Königinnen ab: Da sich Siefrit bei Gunthers Werbung um Prünhilt als dessen Gefolgsmann ausgab, nimmt Prünhilt an, ihr gebühre der Vortritt. Da beschimpft Kriemhilt sie als »Kebse« und offenbart das Geheimnis der zweiten Hochzeitsnacht, indem sie Ring und Gürtel vorweist. Diese tödliche Beleidigung seiner Herrin ist Hagen willkommener Anlaß, Siefrit, dem er von Anfang an feindlich gesinnt war, aus dem Wege zu schaffen. Er gewinnt Gunther für seinen Plan, entlockt Kriemhilt das Geheimnis der verwundbaren Stelle – während seines Bades im Drachenblut fiel Siefrit ein Lindenblatt zwischen die Schulterblätter – und ermordet den nichtsahnenden Siefrit auf der Jagd. In *»grozer übermüete«* und *»eislicher râche«* legt Hagen den Leichnam vor Kriemhilts Schlafgemach, eine verachtensvolle Geste, die diese sofort versteht und auch verstehen soll: *»ez hât gerâten Prünhilt,/ daz es hât Hagene getân!«*. Das Leid Kriemhilts, ihre wilden Anklagen kennen keine Grenzen, ebensowenig wie ihre Freigebigkeit mit dem Gold ihrer Morgengabe, des Nibelungenhorts, das sie für Siefrits Seele ausstreut. Nach dreieinhalb Jahren versöhnt sich Gunther auf Anraten Hagens mit Kriemhilt. Hagen gelingt es, die Hortschüssel zu gewinnen und Kriemhilt aller Mittel und damit ihrer Macht zu berauben, indem er den Hort im Rhein versenkt.

Dies geschieht zu einer Zeit, als der Hunnenkönig Etzel nach dem Tod seiner Frau um eine neue Königin werben will. Seine Wahl fällt auf Kriemhilt, die nach einigem Widerstreben dem Werber Etzels, Graf Rüediger, ihre Zusage gibt, nachdem dieser ihr nichtsahnend geschworen hat, ihr Rächer zu sein an jedem, der ihr Leid antut. In Kriemhilt aber reifen bereits Rachegedanken heran, die sich hauptsächlich gegen Hagen richten, den Mörder ihres Mannes und den Entführer ihres Horts, und die sie nach dreizehn Jahren in die Tat umsetzt. Sie lädt die Burgunden an Etzels Hof und empfängt sie mit offener Feindschaft. Haß und Mißtrauen schaffen eine Atmosphäre, in der jeder Funke zu furchtbarer Entladung führen kann. Während des

Mahls, zu dem die Burgundenfürsten in krassem Gegensatz zu höfischen Gepflogenheiten bewaffnet erscheinen und an dem Kriemhilt auch ihren und Etzels kleinen Sohn teilnehmen läßt, werden auf Befehl Kriemhilts die neuntausend unbewaffneten Ritter der Burgunden, die unter der Aufsicht von Hagens Bruder Dankwart stehen, hingemetzelt. Blutüberströmt bringt Dankwart die Nachricht an die Festtafel, Hagen läßt die Türen des Festsaals sperren, tötet Etzels Sohn und entfesselt einen Kampf, bei dem es kein Zurück mehr gibt. Die Burgunden halten tapfer allen Angriffen stand, bis Kriemhilt den Saal an vier Enden anzünden und Schilde voller Gold herantragen läßt, um die Hunnen anzuspornen. Auch Rüediger muß nun seinen so bedenkenlos gegebenen Schwur einlösen: Er fällt im Kampf mit Hagen. Schließlich sind Gunther und Hagen die einzigen Überlebenden, die von Dietrich von Bern übermannt und an Kriemhilt ausgeliefert werden. Als Kriemhilt von Hagen wissen will, wo sich der Hort befinde, erwidert er ihr, er habe geschworen, nichts über dessen Verbleib zu sagen, solange einer seiner Herren noch lebe. Da läßt Kriemhilt ihrem Bruder Gunther den Kopf abschlagen und bringt ihn Hagen, der ihr antwortet: *»den schaz den weiz nû niemen/ wan got unde mîn:// der soll dich vâlandinne/ immer wol verholn sîn« (»Von dem Schatz weiß nun niemand etwas außer Gott und mir, er soll dir Teufelin immer verborgen bleiben.«)* Da ergreift Kriemhilt in ihrer Wut Hagens Waffe, in der sie Siefrits Schwert Balmung erkennt und schlägt ihrem Todfeind das Haupt ab. Die Klage Etzels, daß ein Held durch die Hand eines Weibes hat fallen müssen, entfacht den Zorn von Dietrichs Waffenmeister Hildebrandt: Mit einem Schwertstreich tötet er die laut schreiende Königin. *»Ine kan iu niht bescheiden/ waz sider dâ geschach:// wan ritter unde vrouwen/ weinen man dâ sach,// dar zuo die edeln knehte,/ ir lieben friunde tôt.// Die hât das maere ein ende:/ daz ist der Nibelunge nôt.« (»Ich kann euch nicht sagen, was danach geschah, nur, daß man Herren und Damen, dazu edle Ritter den Tod ihrer lieben Freunde beweinen sah. Das ist das Ende des Liedes: das ist die Not der Nibelungen.«)*

In den Grundhandschriften schließt sich an das Nibelungenlied, das nach den Schlußworten der letzten Strophe auch *Der Nibelunge Not* oder einfach die *Not* genannt wird, die sogenannte *Klage* an, eine Dichtung in Reimpaaren von etwa 4350 Versen. Sie bildet zusammen mit dem Lied eine feste Textgemeinschaft, obwohl sie inhaltlich, formal und auch vom Umfang her deutliche Unterschiede zu diesem aufweist. Die *Klage* knüpft an die letzten Strophen des Liedes an und stellt eine Art Betrachtung über den Untergang der Burgunden dar. Insofern gilt sie zugleich als erstes und ältestes Dokument der Rezeptions- und Wirkungsgeschichte des *Nibelungenliedes*. Die *Klage*, im Gegensatz zum Lied eindeutig von christlichem Denken geprägt, geht vor allem auch der Schuldfrage nach: *»Als räsonierender Erzählerkommentar läuft sie insgesamt auf eine (bedingte) Rechtfertigung Kriemhilds aufgrund ihrer ›triuwe‹ zu Siegfried, der Schuld der anderen und der unwissenden Machtlosigkeit Etzels hinaus«* (M. Curschmann). M. Wehrli sieht in der Klage den Versuch einer *»Liquidation des Nibelungenuntergangs«*, O. Ehrismann interpretiert sie als Möglichkeit, *»die Trauer des Nibelungenschlusses zu verdrängen und Perspektiven auf Freude zu öffnen«*. Ohne die Handlung wesentlich fortzuführen, gibt sie die Klagen der Überlebenden um jeden einzelnen Toten wieder. Mit den Waffen der Toten zieht Swemmel, der *videlaere*, an den Rhein zu Uote, der Mutter Kriemhilts und der Burgundenkönige, zu Prünhilt und zur Burg Rüedigers. Dietrich von Bern verläßt Etzels Hof. Schließlich heißt es, daß der Bischof Pilgrim von Passau den Auftrag gab, das ganze Geschehen in lateinischer Sprache aufzuzeichnen. Die Nennung dieses Bischofs Pilgrim, der auch im *Nibelungenlied* vorkommt (er ist Kriemhilts Oheim), war vermutlich als Huldigung an den kunstfördernden Bischof Wolfger von Passau (1194–1204) gedacht und wurde als Hinweis auf die Entstehung des *Liedes* und der *Klage* im Passauer Donauraum gewertet. Der Dichter der *Klage* ist unbekannt; ob er identisch ist mit dem Bearbeiter der Hs. C, läßt sich nicht beweisen.

Die Literatur zum *Nibelungenlied* ist nahezu unüberschaubar geworden und auch zuverlässige und komprimierte Zusammenfassungen wie etwa von W. Hoffmann (1982) oder O. Ehrismann (1987) können nur grobe Züge der Forschung herausarbeiten. Nachdem das Nibelungenlied über zweihundert Jahre lang als nationales Kulturdenkmal betrachtet wurde, sind heutige Interpretationen darum bemüht, das Lied wieder in seinen eigenen historischen Kontext einzubetten. Im Vordergrund stehen dabei die zahlreichen Widersprüche und Ungereimtheiten des Werks, die bei näherer Betrachtung *»ein bedrückend negatives Gesellschaftsbild«* zutage fördern: *»Mord, Betrug, Haß, Rache, Machtgier und Hinterlist bestimmen die Handlung vom Anfang bis zum Schluß. Selbst die positiv gezeichneten Gestalten geraten in ein merkwürdiges Licht. Der strahlende Siegfried beteiligt sich an dem Betrug an Brünhild und bleibt bis zu seinem Tod eigentümlich blind für die Konsequenzen seines Handelns. Kriemhild zeigt nicht erst als gnadenlose Rächerin, sondern schon zu Siegfrieds Lebzeiten in ihren Machtansprüchen und in ihren Vorgehen gegen Brünhild wenig schöne Züge. Zweimal läuft die Handlung auf eine Katastrophe zu: auf den Mord an Siegfried und auf den Untergang der Burgunden. Die Frage nach dem Sinn dieses Geschehens steht im Mittelpunkt der Interpretationsbemühungen«* (J. Bumke). Höfische Umgangsformen und fragwürdige heroische Motive (u. a. *übermuot* als *»normensprengendes, impulsiv-archaisches Verhalten«*, so Curschmann) prallen im Nibelungenlied aufeinander und erschweren die Suche nach einer einheitlichen Sinnstruktur. Auch mit heidnischen oder christlichen Kategorien ist das Werk nicht eindeutig zu fassen. *»Es muß offenbleiben, ob die Darstellung darauf abzielt, vor den unheilvollen Folgen des Auseinanderfallens von Sein und Schein zu warnen, oder ob der Dichter darin einen* *grundlegenden Widerspruch der höfischen Gesellschaftsordnung enthüllen wollte. Positive Gegenkräfte sind nicht zu erkennen. Gerade die Gnadenlosigkeit und Konsequenz, mit der alles in den Untergang gerissen wird, verleiht der Dichtung Größe«* (J. Bumke). Der Nibelungenstoff läßt sich nach seiner nordischen und deutschen Überlieferung inhaltlich in vier Teile zerlegen: die Abenteuer des jungen Siefrit, Siefrits Tod, den Untergang der Burgunden und Etzels (Attilas) Tod. Während das deutsche *Nibelungenlied* Siefrits Tod und das Ende der Burgunden zu einer Einheit zusammenfaßt, gehören in der nordischen Überlieferung der Untergang der Burgunden und der Tod Etzels eng zusammen. – Zeugnisse für alle vier Gruppen sind eine Anzahl von Liedern der altnordischen sogenannten *Lieder-Edda* (vgl. *Edda*). Die *Reginsmál* und *Fáfnismál* sowie, in Andeutungen, die *Sigrdrífomál* geben den Drachenkampf und Hortgewinn des jungen Sigurd (Siefrit) wieder. Das fragmentarische Sigurðarkviðu erzählt von dem Betrug an Brynhild (Prünhilt) und Sigurds Ermordung, die Atlakviða vom Ende der Gibichungen (Burgunden), deren Fürsten Gunnar (Gunther) und Högni (Hagen) nicht von Grimhild (Kriemhilt) ermordet werden, sondern von Atli (Etzel). Grimhild rächt ihre Brüder (sic!), indem sie Atli die Herzen seiner beiden Söhne zum Mahl reicht und die Halle anzündet, in der sie und Atli den Tod finden. Diese Version des Burgundenuntergangs, *»die ohne Beziehung auf das Ende Sigfrids verständlich ist, stellt die älteste Fassung dieses germanischen Liedgehalts dar«* (F. Neumann). Den Nibelungenstoff in seiner Gesamtheit nimmt die altnordische *Þiðreks saga* (um 1250), eine Prosaerzählung vom Leben Dietrichs von Bern, auf. Man nimmt an, daß die *Þiðreks saga* dabei aus Quellen des 12. Jh.s schöpfte, die auch das deutsche Nibelungenlied verwertete. Zwei weitere altnordische Prosawerke des 13. Jhs. verarbeiten ebenfalls den Nibelungenstoff: die *Vǫlsunga saga* (unter Benutzung der *Lieder-Edda*) und, in knappem Auszug, die *Edda* des SNORRI Sturluson (1179–1241). Der Weg der ursprünglichen Einzelsagen zu ihrer Verschmelzung und dichterischen Formung im *Nibelungenlied* ist verschlungen und nicht leicht nachzuzeichnen. Allein die Frage, seit wann man den Untergang der Burgunden aus der Rache Kriemhilts an Gunther und Hagen herleitet, hat mehrfache, sich widersprechende Antworten gefunden. *»Das Dunkel, das hier über der Geschichte liegt, will als Tatsache hingenommen sein«* (F. Neumann).

Historisch fixierbar sind nur wenige Ereignisse der Handlung. Im 5. Jh. ist das burgundische Reich in der Wormser Gegend bezeugt, ebenso der Name des Königs Gundicarius oder Gundeharius. Eine burgundische Urkunde erwähnt einen Gibica (Gibiche), der in allen Überlieferungen außer im *Nibelungenlied* der Vater der Burgundenkönige ist (vgl. Gibichungen in der *Atlakviða*), außerdem einen Gislaharius (Giselher). Im Jahre 437 fiel Gundeharius und seine Sippe in einer Schlacht gegen die Hunnen, deren König allerdings nicht Attila war. – Ebenfalls historisch bezeugt ist der Tod Attilas (453), der in der Hochzeitsnacht mit einem germanischen Mädchen an einem Blutsturz starb. Früh schon berichtet die Überlieferung, das Mädchen habe Attila ermordet.

Das *Nibelungenlied* hat vor allem auf die spätere Heldenepik gewirkt. Am deutlichsten zeigt sich sein Einfluß in der *Kudrun*-Dichtung (Mitte des 13. Jh.s): Kudrun gilt als das positive Gegenbild zur rachsüchtigen Kriemhild und die Dichtung gleichsam als *»Antwort«* (W. Hoffmann) auf das *Nibelungenlied*. Auch in der → *Dietrichepik*, insbesondere im → *Rosengarten zu Worms* wird auf das alte Lied Bezug genommen. Der Einfluß des *Nibelungenliedes*, aber auch eine parallel existierende mündliche Stofftradition, setzt sich bis in die Neuzeit fort: Unter den zahlreichen Dramatisierungen des Stoffes ist Hans SACHS' *Tragedia* (1557, vgl. *Der hörnen Sewfriedt*), die auf das Lied *vom hürnen Seyfrid* aus dem frühen 16. Jh. zurückgeht, die erste. Ihr folgten erst im 19. Jh. weitere Versuche, so FOUQUÉS *Der Held des Nordens* (1808–1810), dem sich in einzelnen Zügen Richard WAGNER mit seinem vierteiligen Musikdrama *Der Ring des Nibelungen* (1853) anschloß, Emanuel GEIBELS Trauerspiel *Brunhild* (1857) und Friedrich HEBBELS Trilogie *Die Nibelungen* (1861).

Von weitaus größerer Bedeutung als die Nachwirkungen auf die deutsche Literatur war die ideologische Befrachtung des *Nibelungenliedes*: Vor allem J. J. BODMER (1698–1783) und J. J. BREITINGER bestimmten mit ihrem Versuch einer »Homerisierung« des *Nibelungenliedes* die Rezeption für die nachfolgenden Jahrhunderte. *»In den homerischen Gedichten hatten die Griechen ihre Identifikation als Volk gefunden – so lag es nahe, dem deutschen Epos einen entsprechende Aufgabe zu übertragen«* (O. Ehrismann). Das Epos wird zur *»Teutschen Ilias«* (J. v. Müller, 1752–1809) erklärt, die Romantik wittert in den Sagen die Chance zur Wiederbelebung einer *»Nationalmythologie«*, die von F. W. SCHELLING geprägte Identitätsphilosophie des 19. Jh.s sucht vor allem nach einer Bestimmung des »Nibelungischen«, das bald zum Synonym für einen *»deutschen Nationalcharakter«* (A. W. Schlegel, 1767–1845) wurde, den man in den Nibelungen wiedergespiegelt glaubte. Während des Nationalsozialismus wurde schließlich jene bedingungslose »Nibelungentreue« zur Volkstugend erhoben, die Heiner MÜLLER in seinem Stück *Germania Tod in Berlin* (1978) als gesamtdeutschen Verblendungsakt entlarvt. KLL

AUSGABEN: Zürich 1757 (*Chriemhilden Rache, und die Klage; zwey Heldengedichte Aus dem schwäbischen Zeitpuncte*, Hg. J. J. Bodmer; Teildr. nach Hs. C). – Bln. 1826 (*Der Nibelunge Not mit der Klage. In der ältesten Gestalt mit den Abweichungen der gemeinen Lesart*, Hg. K. Lachmann; Nachdr. Bln. 1960; Hs. A). – Lpzg. 1866, Hg. K. Bartsch (Hs. B; Wiesbaden [19]1967, Bearb. H. de Boor; Wiesbaden [21]1979, Hg. R. Wisnewski). – Ffm. 1970/71 u. ö., Hg. H. Brackert [m. Übertr. u.

Anh.]. – Tübingen 1971 (*Das Nibelungenlied. Paralleldruck der Hss. A, B u. C nebst Lesarten der übrigen Hss.*, Hg. M. S. Batts). – Darmstadt 1972 (*Das Nibelungenlied. Kudrun. Text, Nacherz., Wort- u. Begriffserkl.*, Hg. W. Hoffmann). – Stg. 1973 (nach der Hs. A; krit.; m. Übertr., Hg. U. Pretzel). – Tübingen 1977 (*Das Nibelungenlied nach der Hs. C*, Hg. U. Hennig; ATB).

VERFILMUNG: *Die Nibelungen*, Deutschland 1922–1924 (Regie: F. Lang; Tl. 1: *Siegfried*; Tl. 2: *Krimhilds Rache*).

LITERATUR: W. Braune, *Die Handschriftenverhältnisse des Nibelungenliedes* (in Beitr., 25, 1900, S. 1–222). – A. Heusler, *Nibelungensage u. Nibelungenlied*, Dortmund 1921; [6]1965. – H. Hempel, *Nibelungenstudien I. Nibelungenlied, Thidrekssaga u. Balladen*, Heidelberg 1926 (Germanische Bibl., 2. Abt. Untersuchungen u. Texte, 22). – F. Neumann, *Das Nibelungenlied in der gegenwärtigen Forschung* (in DVJS, 5, 1927, S. 130–171). – F. Panzer, *Das Nibelungenlied. Entstehung u. Gestalt*, Stg. 1955. – H. Kuhn, *Über die nordische u. dt. Szenenregie in der Nibelungendichtung* (in H. K., *Dichtung u. Welt im MA*, Stg. 1959, S. 196–219). – B. Wachinger, *Studien zum Nibelungenlied. Vorausdeutung. Aufbau. Motivierung*, Tübingen 1960. – *Zur germanisch-deutschen Heldensage*, Hg. K. Hauck, Darmstadt 1965 (WdF). – B. Nagel, *Das Nibelungenlied. Stoff-Form-Ethos*, Ffm. 1965, [2]1970. – F. Neumann, *Das Nibelungenlied in seiner Zeit*, Göttingen 1967. – W. Schröder, *Nibelungenlied-Studien*, Stg. 1968. – H. Kuhn, *Tristan, Nibelungenlied, Artusstruktur* (BAW, phil.-hist. Kl., 1973, H. 5). – H. Birkhan, *Zur Entstehung u. Absicht des Nibelungenliedes* (in Wiener Arbeiten zur germanischen Altertumskunde u. Philologie, 10, 1977). – H. Rosenfeld, *Nibelungische Lieder zwischen Geschichte u. Politik. Parallellied, Annexionslied, Sagenmischung, Sagenschichtung* (in Beitr., 99, 1977, S. 66–77). – W. Wunderlich, *Der Schatz des Drachentödters. Materialien zur Wirkungsgeschichte des Nibelungenliedes, zus.gestellt u. kommentiert*, Stg. 1977. – W. J. Schröder, *Das Nibelungenlied. Versuch einer Deutung* (in W. J. S., *›rede‹ und ›meine‹. Aufsätze u. Vorträge zur dt. Literatur des MAs*, Köln/Wien 1978, S. 58–145). – M. Curschmann, *Nibelungenlied u. Nibelungenklage. Über Mündlichkeit u. Schriftlichkeit im Prozeß der Episierung* (in *Deutsche Literatur im MA – Kontakte u. Perspektiven. Hugo Kuhn zum Gedenken*, Hg. Ch. Cormeau, Stg. 1979, S. 75–115). – A. Wolf, *Mythos u. Geschichte in der Nibelungensage u. im Nibelungenlied* (in *Nibelungenlied. Ausstellungskatalog des Vorarlberger Landesmuseums*, Nr. 86, Bregenz 1979). – *Hohenemser Studien zum Nibelungenlied*, Hg. A. Masser, Dornbirn 1981. – B. Wachinger, *Die Klage u. das Nibelungenlied* (ebd., S. 90–101. – H. Ritter-Schaumburg, *Die Nibelungen zogen nordwärts*, Mchn./Bln. 1981. – G. Schweikle, *Das Nibelungenlied – ein heroisch-tragischer Liebesroman?* (in *De poeticis medii aevi questiones. Käte Hamburger zum 85. Geb.*, Göppingen 1981). – W. Hoffmann, *Das Nibelungenlied*, Stg. 1982 (Slg. Metzler). – L. Mackensen, *Die Nibelungen. Sage, Geschichte, ihr Lied u. sein Dichter*, Stg. 1984. – U. Schulze, *Nibelungen und Kudrun* (in *Epische Stoffe des MAs*, Hg. V. Mertens u. U. Müller, Stg. 1984, S. 11–140). – B. Burger, *Die Grundlagen des Untergangsgeschehens im Nibelungenlied*, Freiburg 1985. – H. Rupp, *Das Nibelungenlied – eine politische Dichtung* (in WW, 35, 1985, S. 166–176). – M. Curschmann (in VL[2], 6, Sp. 926–969). – O. Ehrismann, *Nibelungenlied. Epoche, Werk, Wirkung*, Mchn. 1987. – J. Heinzle, *Das Nibelungenlied*, Mchn. 1987. – J. Bumke (in GLMA, Bd. 2, S. 195–206).

DIE RABENSCHLACHT

(mhd.). Heldenepos von unbekanntem Verfasser, entstanden um 1270 in Tirol. – Die zum Sagenkreis um Dietrich von Bern gehörende Dichtung ist in allen vier Handschriften aus dem 13. – 15. Jh. gemeinsam mit dem Epos *Dietrichs Flucht* (um 1275) überliefert. Gleichwohl gilt als gesichert, daß die Verfasser beider Epen nicht identisch sind. *»Der stoffliche Zusammenhang und die konstante Zusammenüberlieferung der beiden nach Form, Stil und Verfasser unterschiedlichen Texte bleibt ein Rätsel«* (H. Kuhn). Einzige Gemeinsamkeit der beiden Werke, die zusammen mit *Alpharts Tod* zur sogenannten historischen → *Dietrich-Epik* zählen, ist *»das Motiv des glücklosen Sieges«* (J. Heinzle).

Mit einem Heer von Etzel (Attila) und dessen Gemahlin Helche ausgerüstet, reitet der am Hunnenhof im Exil lebende Dietrich nach Bern (Verona). In seiner Begleitung sind die beiden Söhne Etzels, Scharphe und Otte. Als Dietrich erfährt, daß sein Onkel und tödlicher Feind Ermenrich Truppen vor Raben (Ravenna) sammelt, läßt er die beiden Jünglinge und seinen jungen Bruder Diether in Bern zurück und bricht nach Raben auf. Gegen Dietrichs Gebot reiten Scharphe, Otte und Diether jedoch aus, verirren sich im Nebel auf das Schlachtfeld von Raben und werden von Dietrichs Feind, dem Verräter Witege, erschlagen. Als Dietrich während der Schlacht vom Tod der drei jungen Männer erfährt, verfolgt er nach schweren Selbstvorwürfen Witege mit so großen Zorn, daß sein Panzer zu glühen beginnt. Der Verräter rettet sich durch einen Sturz ins Meer, wo er von der mythischen Gestalt Wâchilt aufgenommen wird. Nachdem Dietrich Ermenrich bei Raben in die Flucht geschlagen hat, zieht er wieder nach Bern und schickt, Etzels und Helches Zorn über den Tod ihrer Kinder fürchtend, Rüedeger als Vermittler an den Hunnenhof. Rüedeger erlangt Verzeihung für Dietrich, der erneut zu Etzel zurückkehrt.

Historischer Hintergrund des Gedichts ist die Eroberung Ravennas durch den Ostgotenkönig Theoderich im Jahr 493. Die sagengeschichtlichen Zusammenhänge sind nicht geklärt. In der Forschung gehen die Meinungen darüber auseinander, ob das Epos auf ein einziges Lied zurückgeht oder ob ihm zwei Lieder zugrunde liegen, deren eines (auf der historischen Grundlage der Schlacht am Nedao im Jahr 454, in der Attilas Sohn Ellac den Tod findet) unabhängig von der Dietrich-Sage von der Ermordung der Etzelsöhne berichtet, während das zweite nur die Schlacht vor Ravenna zum Gegenstand hat. Sie bildet zumindest im 13. Jh. den Rahmen für den Tod der Söhne Etzels. Epische Vorformen der *Rabenschlacht* lassen sich anhand anderer Dichtungen allenfalls erahnen, etwa durch die skandinavische → *Thiðreksaga* (um 1250), die Dietrich-Epen → *Alpharts Tod* und → *Biterolf und Dietleib* (beide ebenfalls aus dem 13. Jh.), den Anhang des *Straßburger Heldenbuchs* (1477) oder aufgrund der Anspielungen in der *Klage*, dem *Ekkenlied* und im *Parzival* des Wolfram von Eschenbach (um 1170 – um 1220).

Das 13. Jh. hat die Stoffe der alten Heldendichtungen dem Zeitgeschmack angepaßt. Dabei wird die Ethik des Heldenliedes, die in der Bewährung des Helden gegenüber einem ebenbürtigen Feind besteht, zum Teil vom christlichen Gegensatz zwischen Gut (Dietrich) und Böse (Ermenrich) verdrängt. Auch Gebete und Beichten entsprechen der Frömmigkeitshaltung der Zeit. Der heldische Gestus wird nicht mehr verstanden und ins Maßlose gesteigert, die Schlachtenschilderungen verlaufen schematisch nach dem Muster des *Rolandsliedes*. Die dem Heldenepos eigentümliche Technik der Vorausdeutung ist hier auf die klagende Beschwörung des traurigen Endes beschränkt. – Die Form der Erzählung ist breit, additiv und wiederholend, die Erzählhaltung, entsprechend der späten Helden-Strophenepik, pathetisch und elegisch-sentimental. In seiner metrischen Form (drei Langzeilen mit einer Zäsur in der Mitte; »Rabenschlachtstrophe«) orientiert sich das Gedicht allerdings noch am klassischen Vorbild des *Nibelungenlieds*.

A.Roe.-KLL

Ausgaben: Bln. 1866 (in *Deutsches Heldenbuch*, Bd. 2, Hg. E. Martin; Nachdr. 1967). – K. Zwierzina, *Seckauer Bruchstücke der »Rabenschlacht«* (in Beitr., 50, 1927).

Literatur: A. Heusler, *Dietrich von Bern* (in RGA, 1, S. 464–468). – H. Friese, *Thiðreksaga u. Dietrichepos. Untersuchungen zur inneren u. äußeren Form*, Bln. 1914 (Palaestra, 128). – H. Schneider, *Germanische Heldensage*, Bd. 1, Bln. 1928; [2]1962. – A. Leitzmann, *»Dietrichs Flucht« u. »Rabenschlacht«* (in ZfdPh, 51, 1926, S. 46–91). – Ders., *Zur Reimtechnik von »Dietrichs Flucht« u. »Rabenschlacht«* (in Beitr., 50, 1927, S. 401–407). – Th. Steche, *Das »Rabenschlachtgedicht«, das »Buch von Bern« u. die Entwicklung der Dietrichsage*, Greifswald 1939. – H. de Boor, *Die Heldennamen in der historischen Dietrichdichtung* (in ZfdA, 78, 1942, S. 234–267). – W. Mohr, *Dietrich von Bern* (in ZfdA, 80, 1944, S. 117–155). – R. v. Premerstein, *»Dietrichs Flucht« u. die »Rabenschlacht«. Eine Untersuchung über die äußere u. innere Entwicklung der Sagenstoffe*, Gießen 1957. – H. Kuhn, *Zugang zur deutschen Heldensage* (in H. K., *Dichtung u. Welt im MA*, Stg. 1959, S. 181–195). – H. Rupp, *»Heldendichtung« als Gattung der deutschen Literatur des 13. Jh.s* (in *Volk, Sprache, Dichtung. Fs. f. K. Wagner*, Hg. K. Bischoff u. L. Röhrich, Gießen 1960, S. 9–25). – H. Fromm, *Das Heldenzeitlied des deutschen Hochmittelalters* (in NphM, 62, 1961, S. 94–118). – J. de Vries, *Heldenlied u. Heldensage*, Mchn. 1961. – W. Haug, *Hyperbolik u. Zeremonialität. Zu Struktur u. Welt von »Dietrichs Flucht« u. »Rabenschlacht«* (in *Deutsche Heldenepik in Tirol*, Hg. E. Kühebacher, Bozen 1979, S. 116–134). – H. Kuhn, *»Dietrichs Flucht« und »Rabenschlacht«* (in VL[2], 2, Sp. 116–127). – J. Heinzle, *Dietrich von Bern* (in *Epische Stoffe des MAs*, Hg. V. Mertens u. U. Müller, Stg. 1984, S. 141–155). – R. H. Firestone, *Generic Fluidity in »Alpharts Tod«, »Dietrichs Flucht« and the »Rabenschlacht«* (in *Genres in Medieval German Literature*, Hg. H. Heinen u. I. Henderson, Göppingen 1986, S. 114–128).

DER ROSENGARTEN ZU WORMS

(mhd.). Heldenepos von unbekanntem Verfasser, entstanden in der zweiten Hälfte des 13. Jh.s. Das in den Sagenkreis um Dietrich von Bern gehörende Werk, auch unter dem Titel *Der große Rosengarten* bekannt, liegt in fünf Versionen vor, die in 12 Handschriften, 8 Fragmenten und sechs Drucken aus dem 14.–16. Jh. überliefert sind. Seine metrische Form ist der sogenannte Hildebrandston, die Nibelungenstrophe mit stumpfer (statt voller) Kadenz der letzten Halbzeile.

Die einfachste Version der Geschichte bietet die in bairisch-österreichischer Mundart verfaßte Redaktion A, die jedoch nicht, wie lange angenommen, dem Original am nächsten oder gar mit diesem identisch sein muß: Kriemhild, die Tochter des Burgundenkönigs Gibich, besitzt in Worms einen wunderschönen Rosengarten, der von zwölf Helden bewacht wird; unter ihnen ist auch Kriemhilds Verlobter Siegfried. Kriemhild will, daß sich Siegfried mit dem ruhmreichen Dietrich im Kampf mißt und schickt eine Botendelegation nach Bern. Dort erfahren die Berner aus einem Brief Kriemhilds, daß Dietrich und seine elf Mannen im Rosengarten gegen dessen Hüter zum Kampf antreten sollen. Als Siegerpreis wird ihnen jeweils ein Rosenkranz und ein Kuß von Kriemhild angeboten. Dietrich gerät über die Botschaft derart in Zorn, daß er die Boten dafür auf der Stelle töten lassen will, nimmt aber, nachdem ihn Wolfhart und Hildebrand besänftigt haben, die Herausforderung schließlich an. Nach zehn Tagen erreichen die Berner Worms, wo sie von Gibich und Kriemhild empfangen werden. Bis auf eine Ausnahme enden die anschließenden Kämpfe zwischen den Burgunden und den Bernern alle mit dem Sieg von Dietrichs Leuten. Zuletzt wird auch Siegfried von Dietrich besiegt. Als Zeichen der Unterwerfung muß Kriemhilds Vater Dietrichs Lehnsmann werden. Unter den Gefolgsleuten Dietrichs erweist sich Hildebrands Bruder, der Mönch Ilsan, als besonders wütender Kämpe, der schließlich noch weitere 52 Ritter besiegt. Kriemhild muß ihm, wie versprochen, 52 Rosenkränze schenken und sich zweiundfünfzigmal von ihm küssen lassen, wobei er ihr mit seinem Bart das Gesicht blutig kratzt. Das Ende des Gedichts beschreibt die Rückkehr Ilsans in sein Kloster, wo er, immer noch in unmönchischer Kampfeslust, seinen Ordensbrüdern die gewonnenen Rosenkränze so fest auf die Köpfe drückt, daß auch hier reichlich Blut fließt.

Die Redaktion D weicht inhaltlich dergestalt von der Redaktion A ab, daß hier Kriemhilds Vater zum Kampf um den Rosengarten lädt und verspricht, Vasall desjenigen zu werden, der den Garten zerstören kann. Nicht Dietrich selbst, sondern der Hunnenkönig Etzel (Attila) greift diese Herausforderung auf und bittet Dietrich, ihn nach Worms zu begleiten. Unabhängig von Gibichs Einladung hat Dietrich selbst, wie in der Redaktion A, von Kriemhild einen Herausforderungsbrief erhalten. Den Sieg im Rosengarten erringen auch in dieser Version die Gäste. Kriemhild ist hier ganz höfische Minnedame; die in der Redaktion A durch wortreiche Streitreden eingeleiteten Zweikämpfe erscheinen als ritterliche Kampfspiele. – Die übrigen Redaktionen (C, F und P) stehen jeweils entweder der Redaktion A oder D näher oder stellen eine Mischform beider dar.

Bezugnahmen auf das *Nibelungenlied* sind in der Dietrichepik keine Seltenheit. Im *Rosengarten zu Worms* sind sie jedoch geradezu handlungsbestimmend. Wie schon in dem alten Epos steht Kriemhild im Mittelpunkt, allerdings erfährt sie – im Gegensatz zur C-Bearbeitung des *Nibelungenliedes* und der *Klage* – eine deutliche Abwertung: Obwohl sie *aventiure*-stiftend und lohngewährend Züge der typisch höfischen Minnedame besitzt, werden vor allem ihre negativen Eigenschaften herausgearbeitet, und sie erscheint als *vâlandinne (Teufelin)*, deren Freude um so größer ist, je mehr Blut ihretwegen vergossen wird.

H. de Boor sah in der Redaktion A mit ihrer Negativzeichnung der Aventiuredame Kriemhild sowie den Ereignissen im Rosengarten – geprägt vor allem auch durch die komische Figur des Mönches Ilsan und dessen respektlosen Umgang mit dem Minnelohn – eine Persiflierung des *aventiure*-Romans und eine grundsätzliche Kritik am Höfischen. Die Version D betrachtete er als eine Umdichtung von A mit dem Ziel, *»den alten Rosengarten im Sinne der späthöfischen Auffassung höfisch zu machen«*. Die neuere Forschung dagegen interpretiert die Fassung A des *Rosengartens* nicht als globale Ideologiekritik, sondern als Darstellung eines *»Einzelfall(s) von Fehlverhalten«* (J. Heinzle): In ihrer gekränkten Ehre unternehmen die Berner gleichsam eine Strafexpedition nach Worms, um sich an Kriemhild für die hochmütige Herausforderung zu rächen. Grundlage des Textes, so Heinzle, seien *»die beiden zentralen Handlungsmodelle: Aventiure (= allgemeine Herausforderung) und Männervergleich (= besondere Herausforderung)«*, die in den unterschiedlichen Versionen verschiedene Ausprägungen erfahren. Ausgehend von dem *»krasse(n) Mißverhältnis zwischen Einsatz und Lohn, zwischen dem zu erwartenden Blutvergießen und den Rosenkränzen einer mordlustigen Dame«*, interpretiert K. H. Ihlenburg den *Rosengarten zu Worms* als eine Dichtung mit grundsätzlich antihöfischer Tendenz: der *»Kontrast von höfischem Anspruch und unhöfischem Verhalten«* präge *»das gesamte Geschehen um den Rosengarten«* und komme insbesondere durch Kriemhild als Aventiuredame zum Ausdruck: *»Durch eine so negative Zeichnung einer aventiurestiftenden Dame wird die Aventiure ihrem Wesen völlig entfremdet und ihres Sinnes beraubt, sie wird zur Farce: ›ir muget tôren sîn, daz ir durch rôsen willen rîtent an den Rîn und daz ir welt volgen einer unsinnigen meit, die durch ir grôze affenheit daz mort zesamene treit‹.«*

Die Redaktion A wurde im 15. Jh. von zwei Dichtern erneut bearbeitet, und zwar im *Dresdener Heldenbuch* von 1472 und im *Straßburger Heldenbuch* von 1450, das 1477 gedruckt wurde. Auf diesem Druck beruhen die in Posen gefundene dramatische Bearbeitung des *Rosengartens* von 1533, das dieser verwandte *Sterzinger Fastnachtsspiel* (16. Jh.) und Hans Sachs' Tragödie *Der hörnen Sewfriedt*. Von der großen Beliebtheit des *Rosengartens* zeugen außerdem Bearbeitungen in niederdeutscher, dänischer und tschechischer Sprache. U.S.-KLL

Ausgaben: Bln. 1820 (in *Der Helden Buch in der Ursprache*, Bd. 1, Hg. F. H. v. d. Hagen u. A. Primisser). – Göttingen 1836, Hg. W. Grimm [Fassg. C]. – Stg./Tübingen 1844 (in K. Simrock, *Das Heldenbuch*, Bd. 3: *Das Kleine Heldenbuch*; nhd.). – Lpzg. [1886], Hg. u. nhd. Übers. H. A. Junghans (RUB). – Halle 1893 (*Die Gedichte vom Rosengarten zu Worms*, Hg. G. Holz; krit.; Fassg. A, D u. F). – Lund 1947, *Das moselfränkische Rosengartenfragment der Landesbibl. Dessau*, Hg. T. Dahlberg.

Literatur: L. Uhland, *»Der Rosengarten von Worms«* (in L. U., *Schriften zur Geschichte der Dichtung u. Sage*, Bd. 8, Stg. 1873, S. 504–552). – P. Phillip, *Zum »Rosengarten«*, Halle 1879. – E. Fehrle, *Garten, Rose u. Rosengarten im dt. MA*, Diss. Heidelberg 1924. – J. v. Lunzer, *Rosengartenmotive* (in Beitr., 50, 1927, S. 161–213). – H. Schneider, *Germanische Heldensage*, Bd. 1, Bln. 1928, S. 286–315. – C. Brestowsky, *»Der Rosengarten zu Worms«*, Stg. 1929. – E. Benedikt, *Untersuchungen zu den Epen vom Wormser Rosengarten*,

Diss. Wien 1951. – K. Ranke, *Rosengarten, Recht u. Totenkult*, Hbg. 1951. – E. Lachmann, *Rosengarten und Gartenaere* (in Der Schlern, 26, 1952, S. 123–130). – J. Nadler, *Goldhort, Rosengarten, Gral* (in *Fs. f. D. Kralik*, Horn 1954, S. 111–129). – H. de Boor, *Die literarische Stellung des Gedichtes vom »Rosengarten in Worms«* (in Beitr., 81, 1959, S. 371–391; vgl. auch Ders., *Kleine Schriften*, Bd. 2, Bln. 1966, S. 209–225). – M. Curschmann, *Dichtung über Heldendichtung: Bemerkungen zur Dietrichepik des 13. Jh.s* (in *Akten des V. Internationalen Germanisten-Kongresses, Cambridge 1975*, Hg. L. Forster u. H.-G. Roloff, Bern/Ffm./Mchn. 1976, S. 17–21). – J. Heinzle, *Mhd. Dietrichepik: Untersuchungen zur Tradierungsweise, Überlieferungskritik u. Gattungsgeschichte später Heldendichtung*, Mchn. 1978. – B. Schnell, *Eine neue Fassung des »Rosengarten«?* (in ZfdA, 108, 1979, S. 33–50). – K. Klein, *Eine wiedergefundene Hs. mit »Laurin« u. »Rosengarten«* (ebd., 113, 1984, S. 214–218; 115, 1986, S. 49–78). – K. H. Ihlenburg, *Zum Antihöfischen im »Rosengarten« A* (in Wissenschaftliche Beiträge der Ernst-Moritz-Arndt-Univ. Greifswald, 1988, S. 41–52).

DER WARTBURGKRIEG

(mhd.). Spruchdichtung von unbekannten Verfassern, entstanden um die Mitte des 13. Jh.s in Thüringen. – Das Corpus aus mehreren unabhängigen Spruchstrophen im sogenannten »Thüringer Fürstenton« und in »Klingsors Schwarzem Ton« ist in zwei Fragmenten aus dem 13. Jh. und in über zehn Handschriften aus dem 14. und 15. Jh. überliefert. Das umfangreichste Textcorpus enthält die Kolmarer Meistersinger-Handschrift mit annähernd 300 Strophen. In den einzelnen Handschriften trägt die Spruchdichtung die unterschiedlichen Titel *Klingesor von Ungerlant* (C), *Der von Ofterdingen* (J) und *Herr Wolueram* (J). – Man nimmt an, daß der *Wartburgkrieg* aus einer Sammlung hervorgegangen ist, die einige Gleichgesinnte aus ihren Gedichten zusammengestellt haben. *»Die Tradition der ›Wartburgkrieg‹-Gedichte und die Weiterbildung dieses Motivkreises war damals sicher von einem relativ beschränkten Kreis von literarisch gebildeten und literarisch produktiven Thüringern getragen«* (B. Wachinger).

Insgesamt besteht das Werk aus zwei Hauptteilen und fünf kleineren Gedichten. Der Titel *Wartburgkrieg* bezieht sich vor allem auf den ersten Teil, das aus 24 Spruchstrophen bestehende *Fürstenlob*; hier stehen sich am Thüringer Landgrafenhof, der Wartburg, in einem Sängerwettkampf mehrere *meister* gegenüber, deren Aufgabe es ist, den besten Fürsten zu preisen. Herausforderer ist Heinrich von Ofterdingen, der dem Herzog von Österreich das höchste Lob einräumt; für den Landgrafen von Thüringen machen sich Walther von der Vogelweide und Der tugendhafte Schreiber stark; Biterolf besingt den Grafen von Henneberg, während Wolfram von Eschenbach und Reinmar von Zweter ebenfalls in das Lob des Landgrafen einstimmen. Heinrich von Ofterdingen (im übrigen eine historisch völlig ungeklärte Figur; auch Der tugendhafte Schreiber und Biterolf lassen sich kaum identifizieren) wird von Walther besiegt und soll daraufhin dem Henker von Eisenach übergeben werden. Durch die Fürsprache der Landgräfin aber wird er begnadigt. An seiner Stelle – und hier beginnt der zweite Teil, das *Rätselspiel* im Schwarzen Ton – soll der Zauberer Klingsor aus Ungarn den Wettkampf fortführen.

Im *Rätselspiel*, das relativ uneinheitlich überliefert ist und dessen Verfasser vermutlich nicht identisch ist mit dem Dichter des *Fürstenlobs*, stehen sich der gelehrte Klingsor (aus dem *Parzival*: Clinschôr) und der Laie Wolfram gegenüber: Wolfram muß unterschiedliche Rätsel religiös-moralischer Natur lösen, die ihm Klingsor aufgibt, so zum Beispiel die Frage nach einem Kind, schlafend auf dem Damm eines Sees; die Antwort lautet: Das ist der Mensch im Sündenfall. Wolfram löst die Rätsel alle, und als Klingsor einen Teufel zu Hilfe holt, der ihn besiegen soll, überwindet er ihn durch das Kreuzeszeichen. Hier steht Wissen gegen Glauben, und der Glaube Wolframs siegt. – Die weiteren Stücke des *Wartburgkriegs* (*Aurons Pfennig, An Zeitgenossen, Totenfeier, Zabulons Buch* und *Sprechen ohne Meinen*) sind kürzer und enthalten im wesentlichen Zeitkritik, Moralunterweisung und Fürstenlob.

Man hat lange Zeit angenommen, dem Sängerkrieg auf der Wartburg habe eine reale Dichterfehde aus der mittelhochdeutschen Blütezeit zugrunde gelegen. Verstärkt wurde diese Annahme vor allem auch durch Chroniken, die von dem Sängerkrieg als einem wirklichen historischen Ereignis berichteten, so etwa DIETRICH VON APOLDA in seiner *Vita S. Elisabeth* (um 1290) und die *Vita Ludovici* (nach 1308). Spätere Annalen wie etwa die *Cronica Reinhardsbrunnensis* aus dem 15. Jh. haben den Bericht über den vermeintlichen Wartburgkrieg dann übernommen. Heute jedoch steht fest, daß es sich bei allen Gedichten um erdichtete Sängerkriege handelt, Sängerkriege, die unter der Berufung auf eine große literarische Vergangenheit selbst den Anspruch erheben, Meisterdichtung zu sein. Stets betonen die Verfasser durch literarische und gelehrte Anspielungen ihre Belesenheit. Auch weisen die aus der Spruchdichtung kommenden Gedichte schwere Strophenformen auf. B. Wachinger (1973) nimmt sogar an, daß der im *Wartburgkrieg* zitierte Thüringer Fürstenton *(»des edeln vürsten don von Düringenlant«)* eine eigene Erfindung des anonymen Verfassers ist. Der Stil der Spruchstrophen ist manieriert, schwer verständlich und dunkel; besonders das *Rätselspiel*, das im Zusammenhang mit der Wolfram-Rezeption des 13. Jh.s gesehen werden muß, ist an dessen Diktion geschult. Daß ausgerechnet Walther von der Vogelweide, auch in der nichtfiktiven Wirklichkeit der größte unter den mittelalterlichen Spruchdichtern, den Sängerkrieg gewinnt, ist sicherlich kein Zufall. Darüber hinaus wird im *Fürstenlob* ein Thema angesprochen, das *»die Spruchdichter vor allem der zweiten Hälfte des 13. Jh.s immer wieder beschäftigt«*: das Verhältnis zwischen den Dichtersängern und ihren Herren. *»Der beste ›meister‹ ist der, der den größten Fürsten auf die beste Weise lobt, der größte Fürst aber ist derjenige, der im Wettstreit der Sänger am höchsten gelobt wird, gelobt vor allem wegen seiner ›milte‹. Für die ›gernden‹ [meister] aber ist es eine todernste Frage, ob sie den Richtigen loben«* (B. Wachinger).

Der *Wartburgkrieg*, teils wohl schon von den Verfassern im 13. Jh. gewissermaßen als »hommage« an Wolfram von Eschenbach in rätselhafter Form geschrieben und angelegt, gibt der Forschung bis heute noch zahlreiche Rätsel auf: Nach wie vor umstritten ist die Frage, welche Gedichte im Thüringischen Fürstenton oder im Schwarzen Ton ihm überhaupt zuzurechnen sind, zumal *»von diesem Thema mehr als zwei Jahrhunderte lang eine Faszination ausging, die Erweiterungen, Umformungen und Neudichtungen veranlaßte«* (B. Wachinger). Auch die Frage nach dem »Kern« des *Rätselspiels* und dem »Archetypus« des *Fürstenlobs* ist nach wie vor umstritten.

Einen nachhaltigen Einfluß übte das in vielerlei Hinsicht bis heute noch dunkel gebliebene Werk vor allem auf die Romantik aus: Novalis machte den Stoff zur Grundlage seines fragmentarischen Romans *Heinrich von Ofterdingen* (1802); Richard Wagners romantische Oper *Tannhäuser und der Sängerkrieg auf Wartburg* (1845) basiert auf einer Theorie, die in der Sagengestalt des Tannhäusers und dem geschichtlich nicht nachweisbaren Helden des Sängerkriegs, Heinrich von Ofterdingen, ein und dieselbe Person vermutete.

E.Schl.-KLL

Ausgaben: Stg./Augsburg 1858, Hg. u. Erl. K. Simrock [m. Übers.]. – Amsterdam 1939, Hg. T.A. Rompelman [krit.]. – Eisenach 1953, Hg. W. Fischer.

Literatur: H. Baumgarten, *Der sog. »Wartburgkrieg«*, Diss. Göttingen 1934. – W. Fischer, *Textkritik zu einer Ausgabe des »Wartburgkriegs«* (in Beitr., 64, 1940, S. 49–82). – W. Krogmann, *»Wartburgkrieg«* (in VL, 4, Sp. 843–864). – H. Naumann, *Der Prosabericht vom »Wartburgkrieg«, Gedicht u. Gedanke*, Halle 1942, S. 43–54. – J. Siebert, *Wolframs u. Klingsors Stubenkrieg auf der Wartburg* (in Beitr., 75, 1953, S. 365–390). – W. Krogmann, *Studien zum »Wartburgkrieg«* (in ZfdPh, 80, 1961, S. 62–83). – B. Wachinger, *Sängerkrieg. Untersuchungen zur Spruchdichtung des 13. Jh.s*, Mchn. 1973, S. 1–89. – H. Wolf, *Zum »Wartburgkrieg«. Überlieferungsverhältnisse, Inhalts- u. Gestaltungswandel der Dichtersage* (in *Fs. f. W. Schlesinger*, Bd. 1, Hg. H. Beumann, Köln/Wien 1973, S. 513–530). – H. Bayer, *Meister Klingsor u. Heinrich von Ofterdingen. Die Zeitkritik der »Wartburgkrieg«-Dichtung u. ihre literarischen bzw. geistesgeschichtlichen Quellen* (in Mittellat. Jb., 17, 1982, S. 157–191). – H. Thurn, *Überlieferungsgeschichtliches zu den Würzburg/Münchener Neidhart- und »Wartburgkrieg«-Fragmenten* (in ZfdA, 117, 1988, S. 233–235). – J. Bumke (in GLMA, Bd. 2, S. 325–326).

Die Weingartner Liederhandschrift

(mhd.). Sammlung von Gedichten, hauptsächlich Minneliedern, die um 1310 oder bald danach höchstwahrscheinlich in Konstanz geschrieben und mit Miniaturen ausgeschmückt wurde. Neben der wohl aus Straßburg stammenden sogenannten *Kleinen Heidelberger* (Sigle A) und der *Großen Heidelberger* oder *Manessischen Liederhandschrift* (Sigle C), die man nach Zürich lokalisiert, ist die *Weingartner Liederhandschrift* eine der reichsten und wichtigsten Überlieferungsquellen des höfischen Minnesangs. Sie selbst ist von der Minnesangforschung mit der Sigle B bedacht. Heutiger Aufbewahrungsort ist die Württembergische Landesbibliothek in Stuttgart (HB XIII 1), in die sie bei der Säkularisation 1803 mit den übrigen Beständen der Klosterbibliothek Weingarten gelangte. Die Handschrift besteht aus 156 Pergamentblättern, gezählt als 312 Seiten, im Format 15 × 11,5 cm. Neben einem Hauptschreiber (S. 1–197 und S. 206–216) sind vier weitere Schreiber zu unterscheiden sowie verschiedene Nachtragshände. Die Schrift ist eine zierliche gotische Bücherminuskel. Die Verse sind unabgesetzt, nur durch Punkte am Ende bezeichnet; kleine rote und blaue Initialen im Wechsel ohne nennenswerte Verzierungen markieren jeweils am Zeilenanfang den Strophenbeginn.

Die Handschrift bietet insgesamt 857 Lied- und Spruchstrophen, nach 31 verschiedenen Verfassern geordnet, und als Anhang (ab S. 253) ein eher episches Gedicht: die allegorisch-didaktische *Minnelehre* des Johann von Konstanz. Es handelt sich vor allem um Dichter aus *Des Minnesangs Frühling* (so der Titel der inzwischen klassischen Sammeledition von K. Lachmann und M. Haupt aus dem 19. Jh.) und der höfischen Klassik um 1200. Nur wenige nachklassische Namen finden sich, und zeitgenössische Dichtung ist im Gegensatz zur Sammlung C noch weniger berücksichtigt, schon gar nicht systematisch gesammelt worden. Am stärksten ist Reinmar von Hagenau vertreten, erst danach Walther von der Vogelweide.

Die Gedichte der ersten 25 Sänger sind mit Namen und Autorenbild überschrieben (Kaiser Hein-

RICH, RUDOLF VON FENTS, FRIEDRICH VON HAUSEN, BURGGRAF VON RIETENBURG, MEINLOH VON SEVELINGEN, OTTO VON BOTENLAUBEN, BLIGGER VON STEINACH, DIETMAR VON EIST, HARTMANN VON AUE, ALBRECHT VON JOHANSDORF, HEINRICH VON RUGGE, HEINRICH VON VELDEKE, Reinmar von Hagenau, ULRICH VON GUTENBURG, BERNGER VON HORHEIM, HEINRICH VON MORUNGEN, ULRICH VON MUNEGUR, HARTWIG VON RAUTE, TRUCHSESS VON SINGENBERG, WACHSMUT VON KÜNZINGEN, HILTBOLT VON SCHWANGAU, WILHELM VON HEINZENBURG, LEUTHOLD VON SAVEN, RUBIN und Walther von der Vogelweide). Es folgen noch ohne Namensüberschrift und Verfasserbild folgende geschlossene Werkkomplexe: Lieder WOLFRAMS VON ESCHENBACH und NEIDHARTS VON REUENTAL, das sonst unter dem Namen *Winsbecke* überlieferte strophische Lehrgespräch zwischen Vater und Sohn und dessen weibliches Pendantstück, die *Winsbeckin*. Ein Marienpreis, der früher fälschlich GOTTFRIED VON STRASSBURG zugeschrieben wurde, jedoch erst dem späten 13. Jh. angehört und von einem unbekannten Verfasser stammt, sowie Spruchstrophen FRAUENLOBS schließen sich an. Bei etlichen Zuordnungen der Handschrift handelt es sich allerdings um Vertauschungen der Namen oder Pseudoattribuierung. So ist unter das Werk Morungens nochmals ein größerer Komplex von Reinmargedichten geraten, zwar abgesetzt, doch ohne neue Überschrift. Und von den 82 Strophen des Neithart-Komplexes gehören beispielsweise fünf am Schluß dem KONRAD VON KILCHBERG, 46 weitere sind Pseudozuschreibungen (12 davon in C unter Goeli) und nur 31 echt. Wieweit hier die Sammler von B selbst ordneten, wieweit sie getreu ihren Vorlagen folgten, läßt sich kaum absehen. Die auf Walther von der Vogelweide noch folgenden, in etwa zeitgenössischen Stücke gehörten wohl nicht zum ursprünglichen Konzept der Sammlung.

Im Verhältnis zur unvergleichlich größeren, aufwendigeren und ambitionierteren Handschrift C sind hier nicht nur weit weniger Namen genannt, der Strophenbestand ist auch innerhalb der einzelnen Dichterœuvres bedeutend unvollständiger. So fehlen zumal für die Liederdichter, außer für Walther, die Spruchstrophen und die großen Leiche. Aber auch Reihenfolge der Dichter und der Strophen und deren Zuschreibung an den einen oder den anderen Verfasser differieren. Übereinstimmend in beiden Handschriften steht Kaiser Heinrich an der Spitze der Sammlungen. Doch die Absicht ständisch-hierarchischer Abfolge der Namen ist für B nicht entfernt so durchsichtig wie für C – fehlen doch schon in ihrem Repertoire fast alle die bürgerlichen und die fahrenden Meister, die C so reichlich aufzuweisen hat. Die Forschung kann nicht ohne die Annahme älterer, heute verlorener handschriftlicher Sammlungen operieren, aus denen beide Handschriften schöpften, deren Liedergut aber beide zum Teil eigenwillig manipulierten. Zusätzlich müssen zahlreiche Sonderquellen für C angesetzt werden, die für B unbekannt blieben. Sicher scheint, daß unmittelbar vor der Anlage der beiden großen Sammelhandschriften eine ihnen gemeinsame Mutterhandschrift existierte, die den Grund- oder »Kern«bestand an frühen und klassischen Sängern enthielt, sozusagen die Muster aller späteren Minnelyrik. Ob auch diese nur zu erschließende Mutterhandschrift sich bereits durch Miniaturen auszeichnete, ist fraglich. Die starke motivliche und stilistische Übereinstimmung des Bildschmucks in den beiden Schwesterhandschriften würde die Vermutung nahelegen. Indes sprechen auch gewisse Momente für »Quellenkreuzung« zwischen B und C, das heißt direkte Berührung miteinander. Und für die Herkunft der Bilder aus derselben Vorlage, aus der auch die Texte stammen, gibt es schlechthin keine Anhaltspunkte.

Die Idealporträts der ersten 25 Dichter in B sind von meist ganz-, einige Male halbseitigem Format. Dargestellt ist mit Vorliebe der Vertreter ritterlichen Standes zugleich in seiner Eigenschaft als Sänger. Elfmal begegnet der Dichter sitzend und meditierend, in der Regel ausgezeichnet durch Spruchband oder Schreibtafeln und Kranz sowie gewisse ständische Insignien wie Krone, Szepter, Schwert, Wappen und Helmzier. Es ist der Typ des klassischen Autorenbildes, mit individuellen Ausschmückungen. Mehrfach wird der Dichter noch spezifischer nach seinem Stande vorgestellt: als Kreuzfahrer (Hausen) oder gerüstet zu Pferd. Einmal tritt er als verkleideter (?) Kaufmann auf (Dietmar). Dann gibt es eine der Gattung Minnesang noch stärker Rechnung tragende Variante: der Dichter im Gespräch mit seiner Dame. Einmal hält sie ihn (Rubin) dabei am Gürtel, wie man einen (Minne-)Gefangenen an der Kette führt. Diese wenigen, immer nur leicht variierten Bildtypen enthalten über ihre für die Sammlung allgemeine Geltung hinaus gelegentlich besondere biographische, Namens- oder Inhaltsbezüge zu einem Dichter. Wie wenig individuell diese Bezüge dennoch bleiben, zeigt schon die leichte Austauschbarkeit, wie sie sich im Verhältnis zur Schwesterhandschrift C zeigt, wenn dort zum Beispiel »Der von Gliers« das hier Morungen zugehörige Bild bekommen hat. Bemerkenswert ist in diesem Zusammenhang vielleicht, daß der bekannte enge Textbezug, den das Bild Walthers von der Vogelweide knüpft, in der Handschrift C durch die Anordnung der Texte ausgespielt wird, in B hingegen eher unreflektiert auseinandergerissen ist. Das Bildkonzept ist jedesmal von zarter Anmut diktiert, das Linienspiel in Gewandfalten, Umrissen, Haartrachten und Gesichtern fließend weich, die Farbskala wird von wenigen lichten, meist gebrochenen Tönen beherrscht. Die Bildhintergründe lassen das unbemalte Pergament stehen. Zwiefach gepinselte Linien oder graphisch vereinfachte vegetabilische Bordüren bilden den Rahmen. Teilweise ist das obere Bilddrittel durch eine schmale Leiste abgetrennt, wobei diese Zone dann ganz dem Wappen und der Helmzier vorbehalten bleibt.

Was die Auswahl der Texte anbelangt, so eignet B gegenüber C schon wegen der starken Beschränkung auf frühere Dichter die größere Altertümlichkeit. Dies Charakteristikum ist vielfach auf die Beurteilung der Miniaturen übertragen worden. Zweifelsohne aber sind nach Linienschrift, Farbigkeit, Plastizität der Figuren und Kleidertracht die Miniaturen in B die fortgeschritteneren – weshalb sie nicht unbedingt auch später entstanden sein müssen. Die Beschränkung in der Anzahl der miteinander abwechselnden Bildtypen und mancher einzelnen Bildmotive darf sicher nicht allzu eindeutig im Sinne einer historischen Entwicklungsideologie als Frühstufe bewertet werden, ebenso wie umgekehrt nicht ohne weiteres nur ein Reduktionsprodukt aus C konstatiert werden darf. Fest steht nur, daß nach künstlerischer Erfindung und Qualität, nach Sorgfalt der Ausführung und Prachtanspruch die Bilder in B dem Vergleich mit denen in C nicht standhalten können.

Der Lautstand der Texte (spezifisch vor allem die ai-Schreibung für den ei-Diphthong, wie sie durch Urkunden für Konstanz belegt ist) und der Stil der Miniaturen (der sich an den für Konstanz gesicherten Wand- und Glasmalereien anschließen läßt) weisen auf Konstanz als Entstehungsort. Daß der Konstanzer Bischof Heinrich von Klingenberg (1294–1306), der dem Zürcher Kreis der nachweislich als Liedersammler tätigen Herren von Manesse persönlich nahestand und auch sonst mitten im literarischen Leben gestanden zu haben scheint, der Anreger und Auftraggeber der *Weingartner Handschrift* gewesen sein könnte, ist eine auf das 19. Jh. (Freiherr von LASSBERG) zurückgehende, beliebte Hypothese, für die viel dichterisches Einfühlungsvermögen spricht und gegen die kaum wissenschaftliches Faktenmaterial aufzubringen ist – beweisbar ist sie nicht. Als Besitzer der Handschrift ist erst ein Konstanzer Bürgermeister um das Jahr 1600 feststellbar: ein Marx Schulthais, der sich auf dem ersten Blatt selbst eintrug. Im Kloster Weingarten soll sie sich bereits 1613 befunden haben. Sie blieb dort, bis sie in die Stuttgarter Cimeliensammlung einging. H. Frü.

AUSGABEN: Bln. 1783 (in *Gedichte des 12., 13. und 14. Jh.s*, 3 Bde., Hg. C. H. Müller). – Bln. 1827 (in *Die Gedichte Walthers von der Vogelweide*, Hg. K. Lachmann; 131965, n. d. 10. von C. v. Kraus bearb. Ausg. neu hg. v. H. Kuhn). – Lpzg. 1838 (in *Minnesinger. Deutsche Liederdichter des 12., 13. und 14. Jh.s*, Hg. F. H. v. d. Hagen, 4 Bde.; Nachdr. Aalen 1963). – Stg. 1843, Hg. F. Pfeiffer u. F. Fellner (BLV, 5; Nachdr. Hildesheim 1966). – Quedlinburg/Lpzg. 1843 (in *Heinrichs von Meißen, des Frauenlobes Leiche, Sprüche, Streitgedichte und Lieder*, Hg. L. Ettmüller; Nachdr. Amsterdam 1966). – Lpzg. 1857 (in *Des Minnesangs Frühling*, Hg. K. Lachmann u. M. Haupt; 211954, Bearb. C. v. Kraus). – Lpzg. 1858 (in *Neitharts Lieder*, Hg. M. Haupt; 21923, Bearb. E. Wiessner). – Bln. 1864 (in *Deutsche Liederdichter des 12.–14. Jh.s*, Hg. K. Bartsch; Nachdr. Darmstadt 1966). – Frauenfeld 1886 (in *Die Schweizer Minnesänger*, Hg. K. Bartsch; Nachdr. Darmstadt 1964). – Halle 1888 (in *König Tirol, Winsbeke und Winsbekin*, Hg. A. Leitzmann; ATB 9; Tübingen 31962; Bearb. I. Reiffenstein). – Jena 1924 (*Der Gottfried von Straßburg zugeschriebene Marienpreis und Lobgesang auf Christus. Untersuchungen und Text*, Hg. L. Wolff). – Stg. 1927 (*Die Weingartner Liederhandschrift in Nachbildung*; Geleitw. K. Löffler). – Paris 1934 (*Johann von Konstanz. Die Minnelehre*, Hg. F. E. Sweet). – Tübingen 1952–1958 (in *Deutsche Liederdichter des 13. Jh.s*, Hg. C. v. Kraus, 2 Bde., Bd. 1: Text; Bd. 2: Komm. H. Kuhn). – Tübingen 1955 (in *Die Lieder Neidharts*, Hg. E. Wiessner, ATB 44; 21963, rev. H. Fischer). – Stg. 1969 (*Die Weingartner Liederhandschrift*, 2 Bde.; Faks.; Einl. W. Irtenkauf, K. H. Halbach u. R. Kroos; m. Transkription). – Stg. 1989 (*Die Weingartner Liederhandschrift*; Transkription v. O. Ehrismann).

LITERATUR: P. Ganz, *Geschichte der heraldischen Kunst in der Schweiz im 12. u. 13. Jh.*, Frauenfeld 1899, S. 116 ff. – F. Vogt, *Die Heimat der großen Heidelberger Liederhandschrift* (in Beitr., 33, 1908, S. 373–381). – K. Löffler, *Die Handschriften des Klosters Weingarten*, Lpzg. 1912. – H. Wienecke, *Konstanzer Malereien des 14. Jh.s*, Diss. Halle 1912. – H. Schneider, *Eine mittelhochdeutsche Liedersammlung als Kunstwerk* (in Beitr., 47, 1923, S. 225–260). – K. Löffler, *Konstanz, die Heimat der Weingartner Liederhandschrift* (in Zeitschrift für die Geschichte des Oberrheins, N. F. 43, 1930, S. 564–580). – W. Merz u. F. Hegi, *Die Wappenrolle von Zürich*, Zürich/Lpzg. 1930. – Ehrismann 2/2.2, S. 180 ff. – L. Weiss, *Verfassung u. Stände im alten Zürich*, Zürich 1938, S. 132 f. – H. Kuhn (in *Annalen der deutschen Literatur von den Anfängen bis zur Gegenwart*, Hg. H. O. Burger, Stg. 1952, S. 99 ff.; 21971). – De Boor, 2, S. 215 ff. – K. Martin, *Minnesänger. 24 farbige Wiedergaben aus der Manessischen Liederhandschrift*, 2 Bde., Baden-Baden 21960–1964; 31966. – A. Knoepfli, *Kunstgeschichte des Bodenseeraums*, Bd. 1, Konstanz/Lindau 1961, S. 124 ff. – G. Siebert-Hotz, *Das Bild des Minnesängers*, Diss. Marburg 1964. – E. Jammers, *Das Königliche Liederbuch des deutschen Minnesangs. Eine Einführung in die sogenannte Manessische Handschrift*, Heidelberg 1965. – *Der deutsche Minnesang. Aufsätze zu seiner Erforschung*, Hg. H. Fromm, Darmstadt 31966 (Wege der Forschung, 15). – G. Spahr, *Weingartner Liederhandschrift. Ihre Geschichte und ihre Miniaturen*, Weißenhorn 1968. – H. Renk, *Der Manessekreis, seine Dichter u. die Manessische Handschrift*, Stg. 1972. – Verskonkordanz zur Weingartner-Stuttgarter Liederhs., Hg. G. F. Jones, H.-D. Mück u. a., 3 Bde., Göppingen 1978. – I. F. Walther, *Gotische Buchmalerei, Minnesänger. Alle 25 Miniaturen der »Weingartner Liederhs.« in Original-Größe*, Mchn./Zürich 1978 [m. Einf.]. – W. Irtenkauf, *Einige Beobachtungen zur »Weingartner Liederhs.«* (in *Litterae medii aevi. Fs. f. J. Autenrieth*, Hg. M. Borgolte u. H. Spilling, Sigmaringen 1988, S. 203–208). – Vgl. Literatur zu *Manessische Handschrift*.

WESSOBRUNNER GEBET

(ahd.). Religiöse Dichtung von unbekanntem Verfasser, entstanden um 800, eingetragen in eine um 814 fertiggestellte Handschrift des oberbayrischen Klosters Wessobrunn. – Der erste Teil des Gedichts, der nach neun Stabreimversen abbricht, schildert die Schöpfung der Welt aus dem Nichts durch Gott. Mit wenigen kraftvollen Worten versucht der Dichter, das menschlicher Vorstellung nicht zugängliche Nichts durch Negation dessen, was ist, zu vergegenwärtigen: »*... Dat ero ni uuas/ noh ufhimil, // noh paum, / noh pereg ni uuas, // ni sterro nohheinig / noh sunna ni scein, // noh mano niu liuhta, / noh der mareo seo. // Do dar niuuiht ni uuas / enteo ni uuenteo, // enti do uuas der eino / almahtico cot...*« (»*daß es die Erde nicht gab und nicht den Himmel, es gab nicht den Baum und auch nicht den Berg, es schien nicht ein einziger Stern, nicht die Sonne, es leuchtete weder der Mond noch die glänzende See. Als es da also nichts gab, was man als Anfang oder als Ende hätte verstehen können, gab es schon lange den einen allmächtigen Gott*; Text u. Übertr.: H. D. Schlosser). Erst der zweite in Prosa verfaßte Teil des Gedichts, der aus zwei Sätzen besteht, enthält das eigentliche Gebet: Beginnend mit einem Lob Gottes, der Himmel und Erde erschuf, bittet der Gläubige am Schluß um seinen Beistand, um dem Bösen widerstehen zu können: »*forgip mir in dina ganada rehta galaupa enti cotan uuilleon, uuistóm enti spahida enti craft, tiuflan za uuidarstantanne...*« (»*verleihe mir rechten Glauben an deine Gnade und guten Willen, Weisheit, Klugheit und Kraft, den Teufeln zu widerstehen...*«).

Überschrieben ist das Gedicht mit den Worten *de poeta*, deren Bedeutung bis heute rätselhaft geblieben ist. Die Übersetzungen reichen von »*etwas Dichterisches*« (H. de Boor) oder »*Von einem Dichter*« (H. D. Schlosser) bis hin zu »*Verse aus einem Gedicht*«, abgeleitet von »*Versus de poeta*« (D. Kartschoke), wobei letzterem die Auffassung zugrunde liegt, es handle sich tatsächlich nur um den Ausschnitt aus einem längeren Lied. W. Perrett und A. Schirokauer dagegen bemerkten, daß auch Gott selbst über ein griechisch geprägtes Latein im Sinne von *Schöpfer* als *poeta* bezeichnet wurde.

Die Mundart des *Wessobrunner Gebets* ist bairisch, doch lassen Eigentümlichkeiten der Schrift wie die Verwendung der Sternrune und die Eingangsformel »*Dat gefregin ih*« (»*das erfuhr ich*«) auf angelsächsischen Einfluß schließen. Auch zeigt das Gedicht Parallelen zur altnordischen *Volospa*-Dichtung, die ebenfalls Negativformeln kennt. Ob ihm jedoch ein unbekanntes angelsächsisches Original zugrunde liegt, ist kaum zu beweisen. Die Formulierungen beruhen möglicherweise auch auf der Bibel selbst *(Gen. 1, Ps. 89, 90,2)*. Das abschließende Gebet entspricht, ebenso wie etwa das *Fränkische Gebet*, ganz konventionellen liturgischen Vorbildern.

Keine Zweifel bestehen am christlichen Gehalt und an der christlichen Funktion des Gedichts, das als wichtiges Dokument der Missionszeit angesehen wird. Unterdessen richtet sich das Forschungsinteresse nach wie vor auf den germanischen Hintergrund der Dichtung, der sich insbesondere im stabreimenden Eingang widerzuspiegeln scheint. Mit seiner Aufzählung innerhalb der negativen Kosmogonie ging der Verfasser des *Wessobrunner Gebets* unter Umständen gezielt auf »*ganz zentrale Glaubensbereiche der Germanen*« ein: »*Der Dichter hat offenbar die germanische Denkweise so gut gekannt, daß sein Katalog sogar eine gewisse Systematik erkennen läßt, die nicht nur für die sukzessiv-horizontale Lesung zutrifft, sondern auch für die vertikale. Mit der Erde, dem Baum und dem Mond sind Bereiche angesprochen, die das Heil und das Schicksal des Menschen betreffen, während durch den Himmel, den Berg, die Sonne, den Stein und den See tiefgreifende kosmologische und ontologische Vorstellungen indiziert werden*« (C. L. Gotzmann). Darüber hinaus spricht der Verfasser damit jene Bestandteile des Kosmos an, die in der germanischen Naturreligion eine besondere kultische Verehrung erfuhren und daher aus christlicher Sicht auch besonders anstößig waren. »*Indem der Dichter des Wessobrunner Gebets den germanischen Vorstellungsbereich negiert, ... legt er den Akzent zunächst auf die Verneinung des sich auf die Materie gründenden Kults. Gleichzeitig verfolgt der Verfasser aber auch das Hauptanliegen der Zeit, den Germanen die Transzendenz verständlich zu machen, daß es etwas außerhalb von Raum und Zeit gibt. Nicht die Macht Gottes soll durch diesen Akt der Schöpfung herausgestrichen werden, sondern die Allmacht, die im transzendenten Wesen begründet ist. Diese Lehre zu vermitteln, war ein Hauptproblem der Missionstätigkeit*« (C. L. Gotzmann). S.Ri.

Ausgaben: Augsburg 1721 (in *Thesaurus anecdotorum novissimus*, Hg. B. Pez). – Bln. 1861, Hg. K. Müllenhoff [m. nhd. Übertr.]. – Halle 1875; Tübingen [15]1969 (in *Althochdeutsches Lesebuch*, Hg. W. Braune, K. Helm u. A. Ebbinghaus). – Lpzg. 1909; [3]1949 (in *Älteste deutsche Dichtungen*, Hg. u. nhd. Übers. K. Wolfskehl u. F. v. d. Leyden). – Ffm. 1970 u. ö. (in *Althochdeutsche Literatur*, Hg. H. D. Schlosser; m. Übertr. u. Anm.). – Mchn./Wien 1980 (in *Deutsche Dichtung des MAs*, Bd. 1, Hg. M. Curschmann u. I. Glier; m. Übertr.)

Literatur: A. Leitzmann, *Die Quellen des »Wessobrunner Gebets«* (in Beitr., 39, 1914, S. 548–558). – Th. v. Grienberger, *Ahd. Texterklärungen: »Wessobrunner Gebet«* (in Beitr., 45, 1921, S. 404–429). – M. H. Jellinek, *Das »Wessobrunner Gebet«* (ebd., 47, 1923, S. 127–129). – W. Krogmann, *Die Mundart der Wessobrunner Schöpfung* (in Zs. für dt. Mundartforschung, 13, 1937, S. 129–149). – W. Perrett, *On the »Wessobrunner Gebet«* (in London Mediaeval Studies, 1, 1937–1939, S. 134–149). – A. Schirokauer, *Der mareo seo* (in PLMA, 65, 1950, S. 313–318). – R. A. Fowkes,

Eastern Echoes in the »Wessobrunner Gebet« (in GR, 37, 1962, S. 83–90). – U. Schwab, *Die Sternrune im »Wessobrunner Gebet«*, Amsterdam 1973. – P. F. Ganz, *Die Zeilenaufteilung im »Wessobrunner Gebet«* (in *Fs. f. I. Schöbler*, Hg. D. Schmidtke u. H. Schüppert, Tübingen 1973, S. 39–51). – D. Kartschoke (in D. K., *Ahd. Bibeldichtung*, Stg. 1975, S. 21–24). – J. S. Groeseclose u. B. O. Murdoch, *Die ahd. poetischen Denkmäler*, Stg. 1976, S. 45–48. – G. A. Waldman, *The German Geographical Glosses of the Wessobrunn Prayer Manuscript* (in Beiträge zur Namensforschung, 13, 1978, S. 261–305). – C. Edwards, *»Tôhuwabohû«. The »Wessobrunner Gebet« and its Analogues* (in Medium Aevum, 53, 1984, S. 263–281). – C. L. Gotzmann, *Das »Wessobrunner Gebet«. Ein Zeugnis des Kulturumbruchs vom heidnischen Germanentum zum Christentum* (in *Althochdeutsch*, Hg. R. Bergmann u. H. Tiefenbach, Bd. 1, Heidelberg 1987, S. 637–654). – J. A. Huisman, *Das »Wessobrunner Gebet« in seinem handschriftlichen Kontext* (ebd., S. 625–636). – C. Edward u. J. Kiff-Hooper, *Ego bonefacius scripsi? More Oblique Approaches to the »Wessobrunn Prayer«* (in *»mit regulu bithuungan«. Neue Arbeiten zur ahd. Poesie und Sprache*, Hg. J. L. Flood u. D. N. Yeandle, Göppingen 1989, S. 94–122). – D. Kartschoke (in GLMA, Bd. 1, S. 133–134).

II. Humanismus und Reformation. 15. und 16. Jahrhundert

SEBASTIAN BRANT

* 1457 Straßburg
† 10.5.1521 Straßburg

LITERATUR ZUM AUTOR:
E. H. Zeydel, *S. B.*, NY 1967. – A. Gendre, *Humanisme et folie chez Sébastien B., Érasme et Rabelais*, Basel/Stg. 1978. – M. Lemmer, Art. *S. B.* (in VL², Sp. 992–1005).

DAS NARREN SCHYFF

Moralsatire in Reimpaaren von Sebastian BRANT, erschienen 1494. – Das spätmittelalterliche Traditionselemente aus Zeitklage, Ständesatire, moralisierender Lehrdichtung, Totentanz, Schwankdichtung und Fastnachtsbrauchtum integrierende Hauptwerk des humanistisch gebildeten Juristen und Stadtbürgers Brant umfaßt 112 Kapitel, die in der Ausgabe von 1495 um zwei Kapitel, in den darauffolgenden Editionen um eine gegen Raubdrukke gerichtete »Verwahrung« erweitert wurden. Jedem Kapitel ist als Motto ein gnomischer Dreizeiler vorangestellt, der das im folgenden Holzschnitt Dargestellte und den Inhalt des mit einer knappen Überschrift versehenen Textes zusammenfaßt. In der *»vorred in das narren schyff«* deutet der Verfasser sein didaktisches Anliegen an: *»Zů nutz vnd heylsamer ler / vermanung vnd ervolgung der wyßheit / vernunfft vnd gůter sytten: Ouch zů verachtung und straff der narheyt / blintheyt yrrsal und dorheit / aller ståt / vnd geschlecht der menschen«* habe er sein Narrenpanoptikum *»mit besunderem flyß ernst und arbeyt / gesamlet«*. Um seiner Zeitsatire eine große Publikumswirkung zu sichern, nutzt er bewußt *»die Stunde des illustrierten Volksbuches«* (H. Rosenfeld) und gibt für die des Lesens Unkundigen oder Unwilligen Holzschnitte bei, die indes weniger der Illustration als der Interpretation seiner Narrensammlung dienen. Zeigt das einprägsame, die Allegorie des Narrenschiffs verdeutlichende Titelbild in seiner unteren Hälfte noch sämtliche Narren zur Einschiffung »Ad Narragoniam« vereint, so werden sie in der Folge zu einer revuehaften Konfrontation mit dem Leser und Beschauer einzeln vorgeführt und in ihrer spezifischen Narrheit angeprangert. Alle von Brant gesammelten Schwächen, Vergehen und Laster sind personifiziert, was seine lehrhafte Tendenz – die unmittelbare Identifikation des Lesers mit dem im Narrenspiegel gezeigten Typus – unterstreicht: *»Den narren spiegel ich diß nenn / In dem ein yeder narr sich kenn / Wer yeder sy wurt er bericht / Wer recht in narren spiegel sicht / Wer sich recht spiegelt / der lert wol / Das er nit wis sich achten sol.«*
Vorbild für die anthropomorphe Verbildlichung abstrakter Narrheit dürfte der Katalog der sieben Todsünden gewesen sein, die man sich bereits im Mittelalter personifiziert vorgestellt hatte: Hoffart, Wollust, Völlerei, Neid, Trägheit, Geiz und Zorn. Sie finden sich denn auch im *Narrenschiff* als Substrat menschlicher Torheiten, wie schon ein Blick auf einzelne Kapitelüberschriften lehrt: *Vberhebung der hochfart; Von wollust; Von füllen und prassen; Von nid vnd hasß; Von trakeit vnd fulheit*. Daneben stehen, wiederum als Narrheit gedeutet, Verstöße gegen die Zehn Gebote (*Von gottes lestern; Ere vatter und můter; Vom eebruch*; usw.), denen aber der universelle Moralist Brant keineswegs stärkeres Gewicht beimißt als schlichten Alltagstorheiten, wie sie etwa in den Kapiteln *Von nachts hofieren, Zů borg vff nēmen* oder *Von kranckē die nit volgē* erscheinen. Sie alle werden mit der gleichen Ausführlichkeit behandelt, damit aber zugleich auch relativiert: Sünde ist Narrheit, und Narrheit ist Sünde. Kardinalfehler des Narren ist nicht seine (ohnedies unvermeidliche) Sündhaftigkeit, sondern seine verstockte Weigerung, sich als Sünder-Narr zu erkennen: *»Eyn narr ist wer gesprechen dar / Das er reyn sig von sünden gar / Doch yedem narren das gebrist / Das er nit syn will / das er ist.«* Nur ein einziges Heilmittel hat Brant für eingefleischte Narren parat: Selbsterkenntnis. *»Dann wer sich für ein narren acht / Der ist bald zů eym wisen gmacht.«* Diese Einsicht und damit die Weisheit bei seinem Publikum zu befördern, bedient sich Brant bewußt einer negativen Sittenlehre. Den uneinsichtigen Sünder-Narren führt er fast ausnahmslos ihresgleichen vor: *»Schlym schlem / ein yeder findt sin glich.«* Ganz am Rande wird das Gegenbild der wiederum personifizierten Weisheit entworfen. *»Die ler der wisheit«* lautet: *» Wer mich lieb hat / den lieb ouch ich / Wer mich frü sucht / der fyndt mich / By mir ist richtům / gůt / vnd ere ... Wer mich findt / der fyndt heil*

und glück / Der mich hasßt / der verdyrbt gar dick.« Frau Weisheit vertritt hier ganz im Sinne des *Alten Testaments* Lebensklugheit und gesunden Menschenverstand, sie verkörpert eine im rationalweltlichen Bereich sich bewährende Vernunft, die jedoch in einer Art religiösem Utilitarismus über das irdische Wohl hinaus auch immer auf das jenseitige *»glück und heyl«* bedacht ist. Denn hinter dem Narrenreigen tauchen als ständige Bedrohung der Tod und die nah erwartete Apokalypse auf: *»Die zyt die kumt / es kumt die zyt / Ich vörcht der endkrist sy nit wyt.«* Äußere Indizien für das unmittelbar bevorstehende Weltende sieht Brant im allgemeinen Sittenverfall, im Versinken der Welt in Sünde und Narrheit und im damit verbundenen *»abgang des gloubē«: »Wer oren hab / der merck vnd hör / Das schifflin schwancket vff dem mer / Wann Christus yetz nit selber wacht / Es ist bald worden vmb vns nacht.«* Als moralisierender Endzeitprediger im großen Narrenhaus dieser Welt ruft Brant zur allgemeinen Buße auf: zur Rückkehr zu der weltklugen, jenseitsgewissen Weisheit der alttestamentarischen Sapientia.

Brant, der sich selbst einen Kompilator nennt, verrät im *Narrenschiff* eine hohe Kunst gelehrten »Ausschreibens«. Als Quellen dienten ihm die Bücher des *Alten Testaments*, vor allem die *Sprüche Salomos, der Prediger Salomo* und die (apokryphe) *Weisheit Salomos.* Das *Neue Testament* zog er nur in Teilen heran, die klassische römische Literatur (Ovid, Vergil und Juvenal), die mittelalterliche Gnomik sowie die Dekretalien des römischen Rechts. Sie liefern ihm das virtuos gehandhabte Material zu seinem Narrenkatalog, der sich in ziemlich willkürlicher Anordnung präsentiert und in der Tat zunächst nicht als Buch, sondern als Folge von losen Flugblättern geplant gewesen sein mag. Die mit Motto, Holzschnitt und überwiegend 34- bzw. 94zeiligem Text flugblattgerechte Gliederung der Einzelstücke deutet darauf hin. Die einzelnen Kapitel der enzyklopädisch ausgeweiteten Loseblattfolge sind fast durchgehend nach einem einheitlichen Schema gebaut: Der ausführlichen Darstellung des Narren folgt eine sentenziös gehaltene *»moralische Argumentation«*, der sich eine Kette exemplarischer *»historischer Beweisstücke«* (H.-J. Mähl) anschließt. Die kunstvoll-realistischen Holzschnitte – sie stammen zu mehr als zwei Dritteln höchstwahrscheinlich vom jungen Albrecht Dürer – vervollständigen und interpretieren einen Text, der sich mit seiner stark dialektgefärbten, oft derben, volkstümlich-witzigen Sprache dem Sujet als angemessen erweist.

Die innige Verknüpfung von Illustration und Text trug entscheidend dazu bei, daß das Werk zum größten deutschen Bucherfolg vor Goethes *Werther* wurde. Allein zu Brants Lebzeiten erschienen noch sechs Originalausgaben und sechs Nachdrukke, bis zum Ende des 16. Jh.s vierzehn weitere Editionen. Die 1497 erschienene lateinische Version *Stultifera navis* des Brant-Schülers Jakob Locher, die unter Mitarbeit des Lehrers entstand, machte das *Narrenschiff* zum europäischen Erfolg; sie rafft den Stoff und läßt die Grundlinien klarer hervortreten. 1505 lieferte Jodocus Badius Ascensius eine zweite Übersetzung ins Lateinische. Der ersten Übertragung ins Niederdeutsche *Dat Narrenschypp* durch Hans von Ghetelen (1497) folgten Übersetzungen ins Englisch, Französische, Niederländische und Flämische; 1519 erschien eine weitere niederdeutsche Bearbeitung. Der wortgewaltige Prediger Johann Geiler von Kaysersberg legte das Werk einem Zyklus von 146 im Straßburger Münster gehaltenen Predigten zugrunde (1498/1499), die auch deutsch und lateinisch im Druck erschienen. In Kapitel 72 stellt Brant St. Grobian, den neuen Zeitheiligen, vor, dem später Friedrich Dedekind in seinem lateinischen *Grobianus* (1549) ein Denkmal setzt (verdeutscht von Kaspar Scheidt, 1551). Thomas Murners *Narrenbschwerung* und *Schelmenzunft* (1512), die ohne das *Narrenschiff* nicht denkbar sind, leiten die von Brant inspirierte Narrenliteratur des 16. und 17. Jh.s ein, zu deren Hauptvertretern außer den bereits Genannten Pamphilius Gengenbach, Johann Fischart, Hans Sachs, Abraham a Sancta Clara, Johann Michael Moscherosch und Grimmelshausen gehören. C.St.

Ausgaben: Basel 1494 u.ö. – Straßburg 1512. – Lpzg. 1854, Hg. F. Zarncke [m. Komm.]; ern. Darmstadt 1973. – Lpzg. 1872, Hg. K. Goedeke (Deutsche Dichter des 16. Jh.s, 7). – Lpzg. 1872, Hg. K. Simrock [nhd. Übers.]; ern. Nendeln 1974. – Lpzg. 1877, Hg. H. A. Junghans; Nachdr. Stg. 1964 (Rev., Anm. u. Nachw. H.-J. Mähl; nhd. Übers.; RUB). – Stg. 1889, Hg. F. Bobertag (DNL). – Straßburg 1913 (Jahresgaben der Gesellsch. f. Elsässische Lit., 1; Nachw. F. Schultz; Faks. d. Erstausg.). – Basel 1913, Hg. H. Koegler [Faks.]. – Tübingen 1962, Hg. M. Lemmer (NdL). – Ffm. 1980 [Einl. C. Träger; Textfassung u. Erl. E. Pradel].

Literatur: Th. Maus, *B., Geiler und Murner. Studien zum »Narrenschiff«, zur »Navicula« und zur »Narrenbeschwörung«*, Diss. Marburg 1914. – M. Wolters, *Beziehungen zwischen Holzschnitt und Text bei S. B. und Thomas Murner*, Diss. Straßburg 1917. – J. Kärnter, *Des Jakob Locher Philomusus »Stultifera Navis« und ihr Verhältnis zum »Narrenschiff« des S. B.*, Diss. Ffm. 1924. – H. H. Eberth, *Die Sprichwörter in S. B.s »Narrenschiff«*, Diss. Bamberg 1933. – F. Genschmer, *The Treatment of the Social Classes in the Satires of B., Murner, and Fischart*, Diss. Univ. of Illinois 1934. – M. Held, *Das Narrenthema in der Satire am Vorabend und in der Frühzeit der Reformation*, Diss. Marburg 1945. – P. Böckmann, *Die Narrensatire als Weg der menschlichen Selbsterkenntnis bei S. B.* (in P. B., *Formgeschichte der deutschen Dichtung*, Bd. 1, Hbg. 1949). – F. Winkler, *Dürer und die Illustrationen zum »Narrenschiff«*, Bln. 1951 (Forschungen zur deutschen Kunstgesch., 36). – B. Könneker, *S. B.: Das »Narrenschiff«. Interpretation*, Mchn. 1966. – U. Gaier, *Studien zu S. B.s »Narrenschiff«*, Tübingen 1966. – Ders., *Satire. Studien zu Neidhart, Wittenwiler, B. und zur satirischen Schreibart*, Tübingen 1967. – K. Singer, *Vanitas u. Memento mori im Narrenschiff des S. B. Motive und Metaphern*, Diss. Würzburg 1967. – G. Baschnagel, *»Narrenschiff« u. »Lob der Torheit«. Zusammenhänge u. Beziehungen*, Ffm. u. a. 1979. – B. Mischler, *Gliederung u. Produktion des »Narrenschiff« (1494) von S. B.*, Bonn 1981. – M. Lemmer, *Studien zur Wirkung von S. B.s »Narrenschiff«*, Diss. Halle 1981. – K. Manger, *Das »Narrenschiff«. Entstehung, Wirkung u. Deutung*, Darmstadt 1983.

CONRADUS CELTIS

eig. Konrad Pickel oder Bickel
* 1.2.1459 Wipfeld / Franken
† 4.2.1508 Wien

LITERATUR ZUM AUTOR:
E. Klüpfel, *De vita et scriptis C. C. Protucii*, Hg. J. C. Ruef, 2 Bde., Freiburg i. B. 1820–1827. – C. F. Moth, *C. C. Protucius*, Diss. Kopenhagen 1898. – F. Pindter, *Die Lyrik des C. C.*, Diss. Wien 1930. – K. L. Preiß, *K. C. u. der italienische Humanismus*, Diss. Wien 1952. – L. W. Spitz, *C. C. The German Arch-Humanist*, Cambridge 1957. – F. v. Bezold, *K. C. der deutsche Erzhumanist*, Darmstadt 1959. – G. Strauss, *Sixteenth-Century Germany. Its Topography and Topographers*, Madison 1959. – J. A. v. Bradish, *Der »Erzhumanist« C. u. das Wiener »Dichter-Kollegium«* (in J. A. v. B., *Von Walther von der Vogelweide bis A. Wildgans*, Wien 1965, S. 21–32). – E. Schäfer, *Dt. Horaz*, Wiesbaden 1976. – K. Adel, *Die Arbeitsmethoden des C. C.* (in Codices manuscripti, 3, 1977, S. 1–13). – R. Kemper, *Zur Syphilis-Erkrankung des C. C., zum »Vaticinium« Ulsens u. zum sog. »Pestbild« Dürers* (in AfKg, 59, 1977, S. 99–112). – G. Hess, *Dt. Literaturgeschichte u. neulat. Literatur* (in Acta conventus neo-latini Amstelodamensis, 1979, S. 493–538). – D. Wuttke, *Dürer u. C. Von der Bedeutung des Jahres 1500 für den dt. Humanismus* (in Journal of Medieval and Renaissance Studies, 10, 1980, S. 73–129). – U. Hess, *Erfundene Wahrheit. Autobiographische u. literarische Rolle bei C. C.* (in *Kontroversen, alte u. neue*, Hg. A. Schöne, Tübingen 1986, S. 136–147).

QUATUOR LIBRI AMORUM

(nlat.; *Vier Bücher Liebeselegien*). Gedichtsammlung von Conradus CELTIS, erschienen 1502. – Die Liebeselegien sind Bestandteil des Kaiser Maximilian I. gewidmeten Bandes, der nach dem Plan von Celtis am Anfang der nicht realisierten dreibändigen Ausgabe seiner Werke stehen sollte. Neben den Elegien und dem höfisch-mythologischen Festspiel *Ludus Dianae* enthält der Druck auch das kurze, in Hexametern geschriebene Gedicht *Germania generalis* sowie die sozialgeschichtlich ausgerichtete Beschreibung Nürnbergs *(Libellus de origine, situ, moribus et institutis Norimbergae)*. Dabei handelt es sich um die Vorarbeiten zu dem Projekt, eine umfassende kulturelle und geographische Beschreibung Deutschlands in einer *Germania illustrata* zu leisten, nach dem Vorbild der *Italia illustrata* (1453) des Flavio BIONDO (1392–1463). Auch wenn Celtis dieses Vorhaben nicht verwirklichen konnte, gliederte er doch seine *Libri odarum quatuor* wie auch seine Elegien nach dem geographischen Schema, das seiner Beschreibung Deutschlands zugrunde liegen sollte.

Die Ausgabe der *Amores*, wie die Elegien seit dem Druck bezeichnet werden, erhielt eine bedeutende Ausstattung: von Albrecht DÜRER stammen zwei der Holzschnitte, das Buchwidmungsbild und das Bild der Philosophia als Patronin der *Artes liberales*. Die Philosophia thront dort in der Mitte eines in vier Abschnitte eingeteilten Kreises, deren Medaillons Ptolemäus, Plato, Vergil-Cicero (in einer Person) und Albertus Magnus zeigen, jeweils stellvertretend für die ägyptischen Astrologen, die griechischen Philosophen, die lateinischen *poetae et rhetores* und die deutschen Gelehrten; diese Darstellung spiegelt das weitgespannte Programm des Philosophen-Dichters Celtis. Dessen Einlösung in einer neu auferstehenden Kultur in Deutschland erhoffte der Autor von den nachfolgenden Generationen, die in ihm den Initiator erblicken würden. In den *Amores* tritt er in der ersten Elegie, die sein Geburtshoroskop stellt, als ein von Phoebus Apollo, dem Gott der Dichtung, Begünstigter auf. Dem noch Ungeborenen schenkt Phoebus vorweg seine besondere Gnade, gleichgültig, ob er nun in Deutschland oder einem anderen Land der Bildung geboren werde, Italien etwa: *»Seu te Germano contingat cardine nasci,/ Sive Italo, Gallo, Sarmaticove polo«*. Bildung ist überall gleichwertig, wenn sie nur von Phoebus ausgeht; zur Absicherung aber behauptet Celtis in einer Elegie seine griechische Abstammung aufgrund früher griechischer Kolonisation des Gebietes um Würzburg. Phoebus, der einräumt, daß er möglicherweise in den nördlichen Regionen der Kälte wegen etwas matter sei, gibt Celtis in einer anderen Elegie den Auftrag, Deutschland zu durchreisen und in vier, nach den Himmelsrichtungen eingeteilten Regionen zu beschreiben.

Die Vierzahl – angeregt durch REUCHLINS *De verbo mirifico* (1494) – wird zum insgesamt bestimmenden Ordnungsprinzip der *Amores*. Jedes der vier Bücher ist – auch auf korrespondierenden Holzschnitten – je einem Element von neun verschiedenen Vierheiten zugewiesen: Jahreszeiten, Lebensalter, Tageszeiten, Windrichtungen, Temperamente, Sternbilder, Alterscharaktere, Elemente und Farben. Im engeren Sinne bedeutsam für die

Amores werden wiederum nur vier Vierheiten, die als Titel den einzelnen Büchern vorangestellt sind: die vier Geliebten in den vier Regionen Deutschlands, die deutschen Hauptflüsse Weichsel, Donau, Rhein und Elbe, die vier Lebensalter. Durch diesen biographisch-zeitlichen und zugleich geographischen, zirkelhaft sich schließenden Ablauf verbindet Celtis eine fiktive Darstellung seines Lebensganges mit einer kursorischen Darstellung des abzuschreitenden Deutschland. Die *Amores* fingieren den Lebenskreis des Dichters, der als Jüngling in Polen dem Mädchen Hasilina begegnet, als junger Mann der bayerischen Else, als reifer Mann bei Ursula am Rhein weilt und zuletzt als Greis von Barbara im kalten Norden aufgenommen wird; dort erzählt eine Elegie sogar von der Fahrt auf die *ultima Thule*. Die Liebeselegien gehören so zum großen Plan der *Germania illustrata*, und zugleich zum Plan der Selbstdarstellung des Autors als Dichter-Philosoph und der *imitatio* seiner antiken Vorbilder, hier insbesondere der *amores* des Ovid, aber auch der italienischen Humanisten.
Celtis stellte sich die Aufgabe, dem antiken Vorbild einer Elegiensammlung zu entsprechen und dieses zugleich zu übertreffen, weil die von ihm verfaßten Elegien nun den poetischen Anforderungen der *Ars versificandi* genügen müßten. Er kombiniert daher Elemente der Liebeselegie – Werben um die Geliebte, Preis ihrer Schönheit, Beschreibung der Liebesfreuden, Schmähen ihrer Untreue und der (bei Celtis insbesondere geistlichen) Nebenbuhler – mit jenem Wissen, das für ihn zur Philosophia zählt. Den Zusammenhang dieser Themata, die innerhalb der einzelnen Elegien oft genug in bloßer Reihung erscheinen, stellt das Moment des Reisens her, das auch Celtis' Leben bestimmt hat. So lassen sich die *Amores* auch als ein großes Reisegedicht verstehen, als Hodoeporikon, wie manche der Elegien auch überschrieben sind. Oft begnügt sich Celtis mit der bloßen und kaum weiter ausgestalteten Nennung der Städte, Flüsse und Gebirge, aber er flicht Beschreibungen deutscher Landschaften auch ein, wo er nach einer antiken Figur auf Geographie rekurrieren kann, etwa in einer Diärese des Begriffs »nirgends«. Auch nimmt er einzelne Erlebnisse in die Elegien auf, etwa einen räuberischen Überfall oder die Besichtigung eines Salzbergwerks. Celtis' wirkliche Reisen wirken auf diese Weise in das gedichtete Wissen der *Amores* hinein, ohne daß diese ihnen jedoch streng nachgezeichnet wären. Widerstand von kirchlicher Seite hat sich gegen die – nach humanistischem Brauch übliche – Verwendung der antiken Götternamen erhoben; bei Celtis sind sie vor allem in Benennung der Planeten präsent, als allegorische und kosmische Kräfte, denen sein wissenschaftliches Interesse galt, den Grund der Dinge zu erkennen *(»rerum cognoscere causas«)*.
Dem Latein des Celtis sind eine Reihe von Verstößen gegen Grammatik und Prosodie vorzuwerfen, aber es erlangte zuweilen doch eigene Geschmeidigkeit und Farbigkeit. Obwohl die sprachliche Nähe zu den antiken Autoren nicht zu verkennen ist, übernahm Celtis nur wenige Formulierungen wörtlich, vielmehr fand er eine Reihe von Formeln und syntaktischen Versverläufen, die er wie im Selbstzitat häufig wiederkehren ließ, wodurch er sich seine eigene Verssprache schuf. E.Bo.

Ausgaben: Nürnberg 1502. – Lpzg. 1934, Hg. F. Pindter [m. *Germania generalis*]. – Cambridge 1948 *(Selections from C. C. 1459–1508*, Hg., Übers. u. Einl. L. Forster).

Literatur: M. Wehrli, *Der Nationalgedanke im dt. u. schweizerischen Humanismus* (in *Nationalismus in Germanistik u. Dichtung*, Hg. B. v. Wiese u. R. Henns, Bln. 1967, S. 126–144). – D. Wuttke, *Dürer u. C. Von der Bedeutung des Jahres 1500 für den dt. Humanismus* (in Journal of Medieval and Renaissance Studies, 10, 1980, S. 73–129). – Ders., *Humanismus in Nürnberg um 1500* (in *Katalog Caritas Pirckheimer*, Nürnberg 1982, S. 128–139; m. Bibliogr.). – D. Wuttke, *Humanismus als integrative Kraft: die Philosophia des dt. »Erzhumanisten« C. C.*, Nürnberg 1985.

Friedrich Dedekind

* 1524 Neustadt a. Rübenberge
† 21.2.1598 Lüneburg

GROBIANUS. De morum simplicitate libri duo

(nlat.; *Grobianus. Zwei Bücher über die Einfalt der Sitten*). Erzählendes Gedicht in elegischen Distichen von Friedrich Dedekind, erschienen 1549. – Die erste Ausgabe umfaßt zwei Bücher: im ersten tritt Grobianus, die Titel- und Hauptfigur, als Diener, im zweiten einmal als Gast bei anderen Leuten, ein andermal als Hausherr auf.
Als Diener verbringt Grobianus sein Leben folgendermaßen: Er erhebt sich um die Zeit des Mittagessens, wenn der Tisch längst gedeckt ist. Er grüßt keinen Menschen. Er ist weder gewaschen noch gekämmt, seine Schuhe sind völlig verschmutzt. Tischmanieren fehlen ihm ganz. Personen von Stand gegenüber benimmt er sich frech, zu den Mädchen ist er schamlos. Er niest, spuckt, hustet und läßt allen Winden und Geräuschen seines Bauches freien Lauf. Am wohlsten fühlt sich Grobianus in der Gesellschaft der Schlemmer: Er sorgt für Gegröle und zettelt Schlägereien an. Die sich raufenden Gäste läßt er aus dem Hause jagen. Der Hausherr darf hernach aufräumen und die Lichter löschen, während er selbst sich in voller Kleidung ins Bett wirft. – Im zweiten Buch ist Grobianus zunächst Gast bei anderen. Vor dem Mahl noch holt

er sich vom Diener eine Liste der Speisen. Bei Tisch nimmt er sich die größten Portionen. Die ganze Zeit führt er sich so laut und unflätig auf, wie es ihm gerade in den Sinn kommt. Als er sich endlich dazu entschließt, nach Hause zu gehen, ist es tiefe Nacht. – Am Ende tritt Grobianus als Hausherr auf: Gäste, die ihm nicht gefallen, macht er betrunken, anderen, die als anständige Leute bekannt sind, läßt er den guten Wein mit schlechtem mischen, so daß sie bald das Weite suchen.
Für die zweite Ausgabe (1552) fügte Dedekind noch ein drittes Buch an. Darin bitten einige junge Mädchen Grobianus um Lebensregeln. Er empfiehlt ihnen, sich schamlos zu geben, viel zu schwatzen, naschhaft und gefräßig zu sein, oft ins Wirtshaus zu gehen und ihre Liebhaber betrunken zu machen, um ihnen ein Heiratsversprechen entlokken zu können. Das Buch schließt mit Anweisungen, wie der Flohplage zu begegnen sei.
Schon 1554 erschien eine dritte – die endgültige – Ausgabe des gesamten Werks, das sich größter Beliebtheit erfreute und bis 1704 immer wieder nachgedruckt wurde. Bereits 1551 brachte Caspar SCHEIDT (1520–1565) unter dem Titel *Grobianus. Von groben sitten und unhöfflichen geberden* die erste deutsche Übersetzung heraus. Diese Version in paarweise gereimten Versen ist doppelt so lang wie das Original. Grobianus erscheint hier als Lehrmeister der Rüpelhaftigkeit, der sogar eine Schule für Grobiane eröffnet. Auf dem Titelblatt dieser Bearbeitung findet sich das Motto: *»Liß wol diß büchlin offt und vil / Und thu allzeit das widerspil.«* Auch Scheidts *Grobianus* war sehr beliebt und erschien bis 1615 in vielen Auflagen. 1567 wurde Wendelin HELLBACHS Übersetzung, ebenfalls in paarweise gereimten Versen, gedruckt. 1640 entstand die Übersetzung des Wenzel SCHERFFER in Alexandrinern. Auf ihr beruhen die Übersetzungen ins Englische und ins Ungarische.
Dedekinds *Grobianus* ist, als deftige Satire, charakteristisch für die frühen Manierenvorschriften des deutschen Bürgertums und diente Norbert ELIAS als eine der Quellen für seine Abhandlung *Über den Prozeß der Zivilisation* (1936). Das getreue Bild, das sie von den studentischen Bräuchen, die damals an den deutschen Universitäten gang und gäbe waren, zu zeichnen versucht, soll den Abscheu des Lesers erregen und ihn so zum Besseren ermahnen. Die Sprache mit ihren häufigen Anklängen an antike Autoren verrät die gediegene literarische Bildung Dedekinds. KLL

AUSGABEN: Ffm. 1549. – Lpzg. 1552 *(Grobianus. De morum simplicitate libri tres)*. – Ffm. 1554 *(Grobianus et Grobiana, de morum simplicitate libri tres)*. – Bln. 1903, Hg. A. Bömer (LLD, 16); Nachdr. Darmstadt 1979 [Vorw. B. Könneker; m. d. dt. Übers. von 1551].

ÜBERSETZUNGEN: *Grobianus. Von groben sitten und unhöfflichen geberden*, C. Scheidt, Worms o. J. [1551]; Nachdr. Halle 1882, Hg. G. Milchsack (m. Einl. u. Bibliogr.; NdL, 34/35); Nachdr. Lpzg. 1979. – *Grobianus und Grobiana. Von unfletigen groben, unhöflichen sitten und Bäuerischen gebärden*, W. Hellbach, Ffm. 1567. – *Der Grobianer und die Grobianerin, das ist, drey Bücher von Einfalt der Sitten*, W. Scherffer, Briegk 1640. – *Grobianus von groben Sitten und unhöflichen Geberden*, C. Scheidt, Hg. H. E. Müller, Ulm 1920; ern. Darmstadt 1979 (Vorw. B. Könneker). – *Grobianus von groben Sitten und unhöflichen Gebärden*, Hg. W. Matthiessen, Mchn. 1921 [nach den Übers. v. C. Scheidt u. W. Hellbach]. – *Grobianus: von groben sitten und unhoeflichen geberden*, C. Scheidt, Hg. R. D. Fay, Stg. 1985.

LITERATUR: E. Rühl, *»Grobianus« in England. Nebst Neudruck der ersten Übersetzung »The Schoole of Slovenrie« (1605) u. erster Herausgabe des Schwankes »Grobiana's Nuptials« (ca. 1640)*, Bln. 1904. – E. F. Clark, *The »Grobianus« of H. Sachs and Its Predecessors* (in JEGPh, 16, 1917). – S. A. Gallacher, *The Proverb in Scheidt's »Grobianus«* (ebd., 40, 1941, S. 489–508). – E. H. Zeydel, *Goethe, Grobianus [of Dedekind] and Wolfram v. Eschenbach* (in GQ, 22, 1949, S. 223–229). – B. A. Correll, *»Grobianus« and Civilization: Literary and Social Genesis of Ironic Modes* ..., Diss. Univ. of Wisconsin 1982.

JOHANN FISCHART

* 1546 Straßburg
† 1590 Forbach bei Saarbrücken

LITERATUR ZUM AUTOR:
A. Hauffen, *J. F. Ein Literaturbild aus der Zeit der Gegenreformation*, 2 Bde., Bln./Lpzg. 1921/22. – H. Gerke, *Sprichwörter u. Redensarten bei J. F.*, Diss. Mchn. 1953. – H. Sommerhalder, *Der komische Sturz in F.s Schwankdichtung* (in Pädagogische Provinz, 13, 1959, S. 337–339). – Ders., *J. F.s Werk*, Bln. 1960 (QFgV, N. F. 4; m. Bibliogr.). – R. Wolfgang, *Sprachliche Kampfmittel in der Publizistik F.s*, Diss. Bln. 1960. – I. Mittenzwei, *Dionysischer Wortrausch u. sprachmusikalischer Triumph in den Dichtungen J. F.s* (in I. M., *Das Musikalische in der Literatur* 1962, S. 34–41). – G. Kocks, *Das Bürgertum in J. F.s Werk*, Diss. Köln 1965. – W. E. Spengler, *J. F. genannt Mentzer. Studie zur Sprache u. Literatur des ausgehenden 16. Jh.s*, Göppingen 1969. – E. Kleinschmidt, *Gelehrtentum/Volkssprache; F.s literarisch-soziologische Funktion in Straßburg* (in LiLi, 10, 1980, H. 37, S. 128–151). – J. F. Weinberg, *Gargantua in a Convex Mirror: F.s View of Rabelais*, NY u. a. 1986.

AFFENTEURLICHE UND UNGEHEURLICHE GESCHICHTSCHRIFT VOM LEBEN, RHATEN UND THATEN DER FOR LANGEN WEILEN VOLLENWOLBESCHRAITEN HELDEN UND HERRN GRANDGUSIER, GARGANTOA, UND PANTAGRUEL KÖNIGEN INN UTOPIEN UND NINENREICH. Etwan von M. Francisco Rabelais Französisch entworfen: Nun aber uberschrecklich lustig auf den Teutschen Meridian visirt, und ungefärlich obenhin, wie man den Grindigen laußt, vertirt, durch Huldrich Elloposcleron Reznem

Roman von Johann Fischart, erschienen 1575 als deutsche Bearbeitung von François Rabelais' *Les horibles et espoventables faictz et prouesses du très renommé Pantagruel* (1533). – Der Riese Grandgusier, König im Reich Utopien, heiratet die Riesin Gargamella. Bald gebiert Gargamella den kleinen Riesen Gargantoa, zu dessen Ernährung die Milch von Tausenden von Kühen nötig ist. Bei der Ausbildung Gargantoas steht die körperliche und kriegerische Erziehung an erster Stelle. So vermag er auch schon bald, in früher Jugend, am *»Fladenkrieg«* gegen die *»Krapffen- und Käßfladenbecken«* teilzunehmen, in dem er große Heldentaten vollbringt und für seinen Vater den Sieg erringt. Fischart bearbeitete in seiner *Geschichtklitterung* (Titel der zweiten Auflage von 1582) nur das erste Buch von Rabelais' Werk, das in seiner Fassung ungefähr auf das Dreifache seines ursprünglichen Umfangs angewachsen ist. *»Bei diesem Erweiterungsprozeß reizte jede stilistische Eigentümlichkeit des Urtextes Fischart zu einer Intensivierung ihrer Funktion indem er sie erweiterte und forcierte«* (H. Sommerhalder). Die feine Ironie, mit der Rabelais gegen geistige und religiöse Intoleranz zu Felde zieht, und der Spott des Franzosen über die abenteuerlichen Rittergeschichten der spätmittelalterlichen Romane haben sich bei Fischart zu einer derben Moralsatire gegen die Laster seiner Zeit vergröbert: gegen Freß- und Trunksucht (vgl. das Kapitel 3: *Von des Grandgoschieres Diät* und Kapitel 8: *Von der trunckenen Litanei*) und gegen Modetorheiten. Fischarts Prinzip ist es, die Leser über der *»Welt Thorheit«* lachen zu lassen, ihnen *»Kurtzweil und Freud«* als *»Gemütsartzney«* zu bieten. So spiegelt sich das Welttreiben im Schicksal der Riesenfamilie als *»verwirrtes ungestaltes Muster der heute verwirrten ungestalten Welt«*. Im Gegensatz zu anderen Werken Fischarts wirkt die belehrende Tendenz hier nie aufdringlich; der Autor will als Volksschriftsteller vor allem sein Publikum unterhalten, wenn diesem Bestreben auch der nahezu experimentelle Sprachstil entgegensteht, der in diesem Werk seinen Höhepunkt erreicht. Fischart reiht Worte – meist synonyme Substantive und Adjektive – und Vergleiche in langer Folge zu riesigen sprachlichen Feldern aneinander, bildet, oft durch Zusammensetzungen, zahlreiche neue Vokabeln und verwendet lautmalerisch Binnenreime und Assonanzen. Die ständige Reihung von Einzelbildern, die forcierten sprachlichen Neubildungen und die langen, unübersichtlichen Satzperioden verdunkeln oft den Sinn des Ausgesagten und rauben dem Leser häufig den Überblick über den Gang der Handlung.

Fischarts *Geschichtklitterung* ist in literaturhistorischer Hinsicht von großer Bedeutung vor allem als Sprachkunstwerk, das schon gegen Ende des 16. Jh.s die spätere lautmalende Dichtung des Barock – etwa der Nürnberger Pegnitz-Schäfer – vorbereitet. Zahlreiche Auflagen bis 1631 bezeugen die Beliebtheit dieses Werks. A.Sch.

Ausgaben: o. O. 1575. – Bln. 1582 (*Affentheurlich Naupengeheurliche Geschichtklitterung Von Thaten und Rahten der vor kurtzen langenweilen Vollenwolbeschreiten Helden und Herren Grandgusier, Gargantoa und Pantagruel, Königen inn Utopien, Jedewelt und Nienenreich, Soldan der Neuen Kannarien und Oudyssen Inseln: Auch Großfürsten in Nubel Nibel Nebelland, Erbvögt auff Nihilburg, und Niderherren zu Nullibingen, Nullenstein und Niergendheym. Etwan von M. Frantz Rabelais Frantzösisch entworffen: Nun aber uberschrecklich lustig inn einen Teutschen Model vergossen, und ungefärlich obenhin, wie man den Grindigen laußt, inn unser Mutter Lallen uber oder drunder gesetzt. Auch zu disem Truck wider auff den Ampoß gebracht, und dermassen Pantagruelsch verposselt, verschmidt und verdängelt, daß nichts ohn ein Eisen Nisi dran mangelt: Durch Huldrich Elloposcleron*). – o. O. 1590 (dass.). – Halle 1891 (Synopt. Abdruck d. Bearbeitungen v. 1575, 1582, u. 1590, Hg. A. Alsleben; NdL, 65–67). – Düsseldorf 1963 (*Geschichtklitterung*, 2 Bde., Hg. U. Nyssen, Nachw. H. Sommerhalder). – Halle 1969 (*Geschichtsklitterung. »Gargantua«*. Synopt. Abdruck der Fassungen von 1575, 1582 u. 1590, Hg. H. Schnabel, 2 Bde.).

Literatur: R. Zitzmann, *F.s »Geschichtklitterung« in ihrem Verhältnis zu Rabelais*, Diss. Ffm. 1935. – E. M. Kelly, *F.s Use of the Proverb as a Stylising Device in His Geschichtsklitterung*, Diss. Michigan State Univ. 1968. – M. Bambeck, *Zur Geburt des Gargantua* (in Zs. f. franz. Sprache u. Lit., 79, 1969, S. 49–59). – C. Mühlemann, *F.s »Geschichtsklitterung« als manieristisches Kunstwerk. Verwirrtes Muster einer verwirrten Welt*, Bern/Ffm. 1972. – D. Seitz, *J. F.s »Geschichtsklitterung«. Untersuchungen zur Prosastruktur u. zum grobianischen Motivkomplex*, Ffm. 1974. – G. Schank, *Etymologie u. Wortspiel in J. F.s »Geschichtsklitterung«*, Kirchzarten ²1978 [erg.].

PHILIPP NICODEMUS FRISCHLIN

* 22.9.1547 Erzingen bei Balingen
† 29.9.1590 Festung Hohenurach

LITERATUR ZUM AUTOR:
D. F. Strauß, *Leben u. Schriften des Dichters u. Philologen N. F.*, Ffm. 1856. – G. Roethe, *F. als Dramatiker*, Bln. 1912. – R. Fink, *Studien zu den Dramen des N. F.*, Diss. Lpzg. 1922. – E. Neumeyer, *N. F. als Dramatiker*, Diss. Rostock 1924. – G. Bebermeyer, *Tübinger Dichterhumanisten*, Tübingen 1927. – J. A. Kohl, *N. F. Die Ständesatire in seinem Werk*, Diss. Mainz 1967. – S. M. Wheelis, *Publish and Perish. On the Martyrdom of P. N. F.* (in Neoph, 58, 1974, S. 41–51).

IULIUS REDIVIVUS

(nlat.; *Der auferstandene Julius*). Possenhafte Zeitkomödie von Nicodemus FRISCHLIN, begonnen 1572, Uraufführung: 1582 oder 1583 in Tübingen; umgearbeitet erschienen 1585, in demselben Jahr in einer Bearbeitung von MEISSNER am Hofe in Stuttgart aufgeführt. – Diese Komödie hatte den weitaus größten Erfolg unter allen Stücken des Dichters. Voll Stolz weist Frischlin hier auf die glanzvollen Leistungen und die ruhmvolle Vergangenheit seines deutschen Vaterlandes hin und stellt sie dem kulturellen Verfall in den romanischen Ländern gegenüber.

Die Einkleidung, die der humanistische Professor der Poesie diesem Vorwurf gab, mutet ganz aristophanisch an. Der Seelenführer Merkur holt Caesar und Cicero aus der Unterwelt, um sie bei einer Reise die deutschen Lande kennlernen zu lassen. Nach dem Prolog Merkurs treten die beiden altrömischen Staatsmänner auf und singen das Lob der schönen und fleißigen Städte, die sie bisher gesehen haben. In dem in glänzender Rüstung erscheinenden germanischen Heerführer Hermann, der die militärische Tüchtigkeit Deutschlands repräsentiert, glauben sie den Himmelsgott Iuppiter zu erkennen. Voll Staunen lassen sie sich von ihm über die Erfindung des Schießpulvers erzählen. Während Caesar sich mit Hermann zur Besichtigung eines Zeughauses aufmacht, trifft Cicero mit Eobanus Hessus zusammen, dem lateinisch dichtenden Repräsentanten deutscher Geisteskultur (er lebte von 1488 bis 1550). Die eleganten lateinischen Verse des Deutschen versetzen Cicero in helles Entzücken; sein besonderes Interesse aber erregte das Verfahren der Papierherstellung und die Erfindung des Buchdrucks. Während sie gemeinsam eine Druckerei besuchen, kehren Caesar und Hermann zurück; ihr Gespräch über das deutsche Kaisertum wird von einem Händler aus Savoyen unterbrochen, einem traurigen Exempel der Schwächen des Nachbarvolks. Nicht anders ergeht es Cicero und Eobanus: In ihre angeregte Unterhaltung über die deutsche Gelehrsamkeit platzt ein italienischer Kaminfeger hinein. Mit großem Schmerz müssen die Römer vernehmen, in welch schauerliches Kauderwelsch sich ihre klassisch schöne Sprache verwandelt hat. Am Ende des dritten Akts brechen Caesar und Cicero auf, um der deutschen Akademie einen Besuch abzustatten. Der Schluß – den beiden komischen Figuren ist noch je ein kurzer Akt gewidmet – ist reine Posse.

Das Stück verdankt seinen Reiz vor allem der lebendigen Darstellung der Personen und einer Fülle komischer Einfälle. Andererseits zeigt es einmal mehr, daß dramatische Komposition Frischlins Stärke nicht war; störend wirkt insbesondere, daß die beiden Hauptfiguren mit dem dritten Akt verschwinden. Auch die breit ausgeführten heiteren Nebenepisoden tragen nicht gerade zur Einheit des Aufbaus bei; doch sie entschädigen dafür durch ihre Frische und ihren Witz. Diese Elemente dürften dem Stück auch seinen großen Erfolg gesichert haben. Schon 1585 wurde es von Jacob FRISCHLIN ins Deutsche übersetzt. BISMARCK bekannte, die patriotische Gesinnung des *Iulius redivivus* habe in ihm die Vaterlandsliebe geweckt. M. Ze.

AUSGABEN: Speyer 1585. – o. O. 1587 (in *Operum poeticorum pars scienica*, Hg. B. Jobin). – Bln. 1912, Hg. W. Janell [m. Einl. u. Bibliogr.].

ÜBERSETZUNGEN: *J. et M. T. Cicero redivivus, das ist Wie Julius Caesar der erst Römisch Kayser un aller streybarist Kriegsheldt ... wider auff Erden Kompt mit Marco Tullio Cicerone ...*, J. Frischlin, Speyer 1585. – *Commedia Julius Redivivus aus N. F. von Deutschlands Auffnemben und lob, der wider lebendig gemacht Kaiser Julius*, J. Ayrer, Nürnberg 1618 [Bearb.]. – *Julius Redivivus*, J. Frischlin u. R. E. Schade, Stg. 1983 (RUB).

LITERATUR: F. Gundelfinger, *Caesar in der deutschen Litteratur*, Diss. Bln. 1903, S. 38–42. – B. A. Müller, *Straßburger Lokalkolorit in F.s »Julius redivivus« von 1585* (in ASSL, 135, 1916, S. 1–10). – G. Haupt, *Friedrich Hermann Flayders »Moria redivivus« und die bedeutendsten Vertreter des lateinischen Schuldramas im 16. und 17. Jh.*, Diss. Tübingen 1929. – S. M. Wheelis, *N. F.s »Julius Redivivus« and its Reflections on the Past* (in Studies in the Renaissance, 20, 1973, S. 106–117). – J. Ridé, *Der Nationalgedanke im »Julius redivivus« von N. F.* (in Daphnis, 9, 1980, S. 719–741). – R. E. Schade, *N. F. u. d. Stuttgarter Hof. Zur Aufführung von »Julius redivivus« (1585)* (in *Europ. Hofkultur im 16. u. 17. Jh.*, Hg. A. Buck u. a., Hbg. 1981, Bd. 2, S. 335–344).

PAMPHILUS GENGENBACH

* um 1480 Basel
† 1525 Basel

DISZ IST DIE GOUCHMAT, so gespilt ist worden durch etlich geschickt Burger einer loblichen stat Basel. Wider den Eebruch vnd die sünd der unküscheit

Fastnachtspiel von Pamphilus GENGENBACH, erschienen und aufgeführt 1516 oder 1521. – Die Bezeichnung *gouchmat*, d. h. Matte oder Wiese, auf der sich liebestolle Narren (die Gäuche) zu einem großen Fest einfinden, hängt wahrscheinlich mit einem alten germanischen Brauch, der Feier des Frühlings- oder Maifestes, zusammen. Zu einem volkstümlichen Begriff wurde sie erst durch das Werk Gengenbachs und durch Thomas MURNERS satirisches Versepos *De geuchmat* (gedruckt 1519). Beide Autoren verlegen, möglicherweise unter dem Einfluß älterer Sagenreste, die »Narrenwiese« in die Umgebung Basels.
Gengenbachs Fastnachtspiel, mit 1318 paarweise gereimten Versen umfangreicher als die meisten Stücke dieser Gattung, beginnt mit einer Vorrede, die sich gegen ein *»kürtzlich«* gedrucktes (nicht identifizierbares) Gedicht wendet, dessen anonymer Verfasser versichere, *»das vnkeüscheit sy kein sündt«*. Dieser Behauptung stellt Gengenbach einen bunten Reigen geprellter Gäuche entgegen. Am Anfang ermahnt Frau Venus ihren Hofmeister, ihr die umherstehenden Leute zuzuführen – *»Fürsten herren, arm vnd rich / Münch pfaffen nunnen auch deßglich, / Vnd auch die alten grawen thoren«*. Seine lauten Ankündigungen ziehen bald Neugierige an, die teilweise von weit her angereist sind. Trotz der Warnungen eines Narren, dem der Dichter das ganze Stück hindurch moralisierende Ansprachen an die Opfer mit zahlreichen Hinweisen auf biblische und historische Beispiele liebestoller Unvernunft in den Mund legt, kommt als erster ein Jüngling; von Venus an eines ihrer Mädchen verwiesen, büßt er bald *»Rock hosen mantel und auch dägen«* ein und wird zur Mutter zurückgeschickt. Wenig anders ergeht es einem Ehemann und einem ergrauten Kriegsmann, der nach vielen glücklich bestandenen Schlachten *»gern der bulschafft pfläge«*, einem gelehrten Doktor und einem *»alten gouch«* – sie alle werden übertölpelt, geschröpft und davongejagt. Schließlich erscheint ein Bauer, der Butter und einen Korb Eier als Geschenk mitbringt. Er wird von Venus, ihren Mädchen Circe und Palestra und von Cupido als nicht ernstzunehmender Tropf behandelt und durch seine plötzlich auftauchende Frau schnell auf den rechten Weg zurückgebracht und vor größerem Unheil bewahrt. Zum Schluß läßt Frau Venus durch ihren Hofmeister für den zahlreichen Besuch danken und verkünden, daß sie *»zuo Basel in der Malentz gassen«* ihren ständigen Wohnsitz nehmen werde – *»do findt man töchterlin ußerlesen, / Klein groß wie mans wil haben, / Die auch eim könen den seckel schaben ...«*
Verschiedenen Hinweisen im Text ist zu entnehmen, daß bei der Aufführung des Stückes ein großes Tor, an dem der Narr warnend Wache hält, die Bühne in zwei Räume teilte: links die Narrenwiese, auf der Frau Venus und ihr Gesinde die Gäuche empfangen, rechts ein Vorraum, den die Eintretenden auf der Suche nach dem »Lustort« durchqueren müssen. Wahrscheinlich hat das Stück auch musikalische Einlagen gehabt, da die *»pfyffer«* wiederholt aufgefordert werden, einen *»reyen«* zu spielen. – Gengenbachs dramatische Technik unterscheidet sich nur wenig von der anderer Werke des 16. Jh.s. Alle Gestalten sind kräftig, oft grobschlächtig typisiert. Die langen, didaktisch-moralisierenden Monologe des »weisen Narren« sind der Handlung gleichsam übergeordnet. H.H.H.

AUSGABEN: Basel 1516 [1521?]. – Straßburg 1582 *(Die Gouchmatt)*. – Hannover 1856 (in *SW*, Hg. K. Goedeke).

LITERATUR: K. Lendi, *Der Dichter P. G.*, Diss. Bern 1926. – W. Schein, *Stilistische Untersuchungen zu den Werken des P. G.*, Diss. Jena 1927. – R. Raillard, *P. G. und die Reformation*, Diss. Zürich 1936. – D. M. Abbé, *Development of Dramatic Form in P. G.* (in MLR, 45, 1950, S. 46–62). – D. Brett-Evans, *Von Hrotsvit bis Folz u. G.*, 2 Bde., Bln. 1975.

ULRICH VON HUTTEN

* 21.4.1488 Burg Steckelberg bei Schlüchtern
† 29.8.1523 Insel Ufenau im Zürichsee

LITERATUR ZUM AUTOR:
E. Böcking, *Index bibliographicus Huttenianus; Verzeichnis der Schriften U. v. H.s*, Lpzg. 1858. – D. F. Strauß, *U. v. H.*, Lpzg. 1858; [3]1938, Hg. O. Clemen. – P. Kalkoff, *U. v. H. und die Reformation*, Lpzg. 1920. – O. Flake, *U. v. H.*, Bln. 1929; ern. Ffm. 1985. – H. Holborn, *U. v. H.*, Lpzg. 1929; Nachdr. Göttingen 1968. – G. Ritter, *U. v. H. und die Reformation* (in G. R., *Die Weltwirkung der Reformation*, Mchn. [2]1959). – H. Grimm, *U. v. H., Wille u. Schicksal*, Hg. G. Franz, Göttingen 1971. – P. Ukena u. K. Uliarczyk, *Deutschsprachige populäre H.-Literatur im 19. u. 20. Jh. Eine bibliographische Übersicht* (in Daphnis, 2, 1973, S. 166–184). – F. Rueb, *U. v. H.*, Bln. 1981. – W. Kreutz, *Die Deutschen und U. v. H.*, Mchn.

1984 [m. Bibliogr.]. – E. Bernstein, *U. v. H. mit Selbstzeugnissen u. Bilddokumenten*, Reinbek 1988 (rm). – C. Gräter, *U. v. H. Ein Lebensbild*, Stg. 1988. – Pirkheimer Jb., 4, 1988 [Sonderbd. *U. v. H.*]. – F. Rueb, *U. v. H. Zum 500. Geburtstag*, Zürich 1988. – *U. v. H. Ritter – Humanist – Publizist, 1488–1523*, Kassel 1988 [Ausst.Kat.]. – H. Walz, *Dt. Literatur der Reformationszeit*, Darmstadt 1988. – M. Peschke, *U. v. H. (1488–1523) als Kranker u. als medizinischer Schriftsteller*, Köln u. a. 1989. – *U. v. H. 1488–1988.* Akten des Internationalen U. v. H.-Symposium 1988, Hg. S. Füssel, Mchn. 1989.

DAS LYRISCHE WERK von Ulrich von HUTTEN.

Die ersten gedruckten Gedichte Ulrich von Huttens sind Beigaben zu Werken anderer Autoren. Genannt sei das früheste, eine 18 Distichen umfassende Elegie auf Eoban HESSE (verfaßt 1506), dem Hutten zeit seines Lebens freundschaftlich verbunden blieb und der 1538 eine Auswahl aus dessen *Opera poetica* herausgab. Wohl noch im Jahr 1507 entstand der *Vir bonvs*, eine allgemein gehaltene Tugendlehre traditionellen Inhalts. In 73 lateinischen Distichen spricht der *vir bonvs* zum Leser, warnt ihn vor zügelloser *libido*, Habsucht und anderen Lastern und mahnt ihn zu Weisheit und Skepsis gegenüber den vergänglichen Dingen der Welt. Religiöses bleibt ausgespart. Der Holzschnitt des ältesten bekannten Drucks (Erfurt 1513) zeigt auf der Titelrückseite eine allegorische Figur, deren Attribute im Text ausgelegt und als Kennzeichen des »rechtschaffenen Mannes« vorgestellt werden. Dabei erhält der Gebrauch der Sprache einen besonderen Akzent.

Als erste größere Schrift erschienen 1510 in Frankfurt/Oder die *Qverelae*, eine Sammlung von zwanzig Elegien in zwei Büchern. Die »Klagen« richten sich gegen den Greifswalder Juristen Henning Lötz und seinen Vater Wedig, die Hutten, nachdem sie ihm zunächst Gastfreundschaft gewährt hatten, im Winter 1509 überfallen und ausrauben ließen. In zum Teil scharfer Polemik zeichnet Hutten seine Gegner als halbgebildete, verbrecherische Typen, denen er das Bild des gelehrten, wortgewaltigen Poeten kontrastierend gegenüberstellt. Die meisten Gedichte sind als Briefe zu lesen, die die Gefährlichkeit der Lötz offenlegen und um Unterstützung werben. Am Ende des zweiten Buches wendet sich Hutten namentlich an die deutschen Dichter, darunter Sebastian BRANT, dessen *Narrenschiff* er lobend erwähnt. Die Konzeption der *Qverelae* zeigt Berührungspunkte mit den Exilelegien OVIDS, insbesondere der Dichterkatalog erinnert an den Schluß der *Epistulae ex Ponto*.

1511 legte Hutten, wie andere Humanisten vor ihm, eine Verslehre *(De arte versificandi)* vor, die er der Jugend widmet. In 422 Hexametern beschreibt Hutten ausführlich die Laute *(litterae)* und Silben, zählt die wichtigsten Versfüße (Iambus, Daktylus, Spondeus u. a.) auf und gibt eine knappe Einführung in den Gebrauch dichterischer Ausdrucksformen. Von den Versmaßen bespricht er nur Hexa- und Pentameter. Vom Poeten verlangt Hutten eine umfassende Bildung, insbesondere empfiehlt er das Studium VERGILS, aus dessen Werken er häufig zitiert. Zahlreiche Auflagen belegen den großen Erfolg der »Verskunst«.

Ebenfalls aus dem Jahr 1511 stammt die *Aufforderung an Kaiser Maximilian zum Krieg gegen Venedig* (*Ad Maximilanvm Avgustvm bello in Venetos evntem exhortatio*; Wien 1512), die Hutten 1518 überarbeitete und beträchtlich erweiterte (erschienen mit leicht verändertem Titel in der »Augsburger Sammlung der Epigramme« 1519). Zum Ausbruch des Krieges kam es, als die Venezianer 1508 Maximilian auf dem Weg zur Krönung in Rom den Durchzug durch ihr Territorium verwehrten. Nachdem Venedig dem Kaiser ein Friedensangebot gemacht hatte, versucht Hutten, Maximilian zum entscheidenden Schlag gegen die Lagunenstadt zu bewegen. In gekonnter politischer Agitation stellt er die Venezianer als ein Volk von Kriminellen dar (verschärft in der zweiten Fassung) und versucht, den Frieden als politisches Kalkül zu entlarven. Gleichzeitig ist er in geschickter Rhetorik bemüht, dem Kaiser, dessen universellen Herrschaftsanspruch er mehrfach betont, den Handlungsspielraum zu nehmen. Der Druck von 1512 enthält zudem die germanophile, historisch ausgerichtete Würdigung der Deutschen, *»Inwiefern Deutschland weder in seinen Tugenden noch in seinen Fürsten entartet ist«* (*Qvod Germania nec virtvtibvs nec dvcibvs ab primoribvs degeneraverit*; geringfügig erweiterte und überarbeitete Fassung in der »Augsburger Sammlung der Epigramme« 1519) sowie ein kurzes Grußgedicht an Wien *(Hvtteni Viennam ingredientis carmen)*, in dem Hutten die Stadt als Ziel seiner schicksalhaften Wanderschaft feiert. Doch schon 1512 hielt sich Hutten in Italien auf, wo er in Pavia und Bologna Jura studierte und zeitweise im Heer Maximilians diente.

Nach seiner Rückkehr nach Deutschland (1514) schrieb er als Auftragswerk ein 1300 Verse umfassendes »Preisgedicht« auf Albrecht von Brandenburg anläßlich seines feierlichen Einzugs als Erzbischof in Mainz 1514 (*In lavdem reverendissimi Alberthi Archepiscopi ... Panegyricus*; Tübingen 1515). Mit großem rhetorischem Aufwand schildert Hutten die Festesfreude und das Auftreten Albrechts. Kernstück des Gedichts bilden jedoch die allegorischen Szenen. So empfängt und bewirtet der Rhein, auf dessen Umhang Ereignisse der deutschen Geschichte abgebildet sind, die Gäste. Und wie Aeneas in der Unterwelt die Taten der Römer bis auf Augustus erfährt, prophezeit der Kriegsgott Mars in einer Rückblende die Zukunft der Hohenzollern mit Albrecht als Zielpunkt. *»Über zwei Drittel des Panegyricus lassen sich auf diese Weise als Um- und Weiterdichtung berühmter Passagen der römischen Literatur interpretieren, die der gebildete Leser wiedererkennen sollte, um die Eigenleistung des modernen Poeten einschätzen zu können«* (E. Schäfer).

Noch im gleichen Jahr begann Hutten mit der Überarbeitung seines *Niemand* (*Nemo*; erste Fassung Erfurt 1510), die 1518 in Augsburg gedruckt wurde (zur Entstehungsgeschichte vgl. die Vorrede an CROTUS RUBIANUS; Böcking Bd. I, S. 175–184). *»Niemand spricht, und was er sagt ist Nichts«* (*»Qui loquitur, Nemo est; loquitur Nihil«*, v. 13), dies ist der Ausgangspunkt für eine Reihe scherzhafter, meist doppeldeutiger Sentenzen, die sich zu einer bissigen Satire auf die menschliche Ignoranz zusammenfügen. Eine deutsche Bearbeitung von Huttens Text erschien 1615 zusammen mit dem Holzschnitt der Augsburger Ausgabe als Flugblatt.

In den Jahren 1515 bis 1517 war Hutten erneut in Italien. Die Eindrücke seiner Italienreisen schlugen sich in zahlreichen kleineren Gedichten nieder, die 1519 in der sogenannten »Augsburger Sammlung der Epigramme« zusammen im Druck erschienen. Im *Brief der Italia (Epistola ad Maximilianvm Caesarem Italiae ficticia)* bittet die »Dame« den Kaiser, den sie – in Anspielung auf die Vorstellung vom Heiligen Römischen Reich und wohl auch mit einem Seitenhieb auf den Papst – als »Oberhaupt Roms« *(caput Romae)* bezeichnet, um Schutz und rasche Hilfe. Das *Buch Epigramme an Kaiser Maximilian (Ad Caesarem Maximilianvm Epigrammatvm liber vnvs)* vereint 150 betitelte Gedichte, die Hutten bei Gelegenheit und meist aufgrund eigener Erfahrungen verfaßte. Dabei entstand eine politisch-appellative Programmschrift gegen Venedig, Frankreich und, erstmals in dieser Deutlichkeit, gegen Papst Julius II. Venedig ist auch das Angriffsziel zweier weiterer Titel der »Augsburger Sammlung«. Das 138 Hexameter umfassende Heroicum *Vom Fischfang der Venezianer (De piscatvra Venetorum)* stilisiert Maximilian zum Befreier von der Knechtschaft der durch Kriege und Raubzüge (Fischfang) reich gewordenen Stadt. Das Heroicum *Marcvs* erzählt die Geschichte von einem Frosch im Löwenfell, der sich zum mächtigen König aufspielt, am Ende jedoch vom Adler besiegt wird. Der Froschkönig Markus (benannt nach Venedigs Patron) steht für den Aufstieg Venedigs, der Adler ist ein allegorisches Bild für den deutschen Kaiser.

Huttens kritische Haltung gegenüber Rom und dem Papst (vgl. *Ad Crotvm Rvbianvm De statv Romano epigrammata 1–7*; *In tempora Ivlii satyra*; beide Texte gedruckt in der »Augsburger Sammlung«) findet sich wieder in der *Clag vnd vormanung gegen … dem gewalt des Bapsts* von 1520. Mit dieser Flugschrift in Versform wendet sich Hutten erstmals in deutscher Sprache an eine breitere Leserschaft. Schonungslos deckt er die Laster der Papstkirche auf, allen voran die vielfältigen Geldgeschäfte, mit denen er die Ausbeutung und Unfreiheit Deutschlands verbindet. Während er noch Gott um Hilfe anfleht, ergeht an die *»werden Teütschen«* konkret die Aufforderung: *»Jetzt ist die zeit, zůheben an/ vmb freyheit kryegen, gott wils han«*. Allerdings sucht Hutten noch nicht den offenen Aufruhr, sondern erhofft sich von Karl V. die Verwirklichung seiner Pläne. Doch dieser entschied sich auf dem Wormser Reichstag 1521 für Rom. Jetzt schreibt Hutten das berühmte *Ain new lied*, in dem er verdeckt zum bewaffneten Widerstand gegen die römische Kirche und das mit ihr verbundene Herrschaftssystem (»Pfaffenkrieg«) aufruft. Um Mitstreiter zu gewinnen, stellt er in einer Reihe von Argumenten (Einsatz für die Allgemeinheit, Unschuld) seinen Kampf als gerechtfertigt dar. *»Gesteigert wird diese Selbstdarstellung durch die Bildlichkeit des um alles oder nichts setzenden Spielers … Hutten ist jetzt disponiert, alles auf eine Karte zu setzen, und seine Hoffnung bezieht sich weniger auf die moralische und rechtliche Überlegenheit seiner Position als vielmehr auf die ›richtige Karte‹ zum eigentlichen Gegner wird das Schicksal«* (P. Ukena). 1522 erschien Huttens zweite gereimte Flugschrift, die *Vormanung an die freien vnd reich Stette teutscher nation* (Nachdruck desselben Jahres unter dem Titel *Beklagunge der Freistette deutscher nation*), in der er versucht, ein Bündnis zwischen dem niederen Adel und den Städten zustande zu bringen (vgl. *Clag vnd vormanung*, 933 ff.). Auch hier bedient sich Hutten der Technik polemischer Überzeichnung. So wirft er den Fürsten vor, sie hätten das Reich verkauft (60 f.) und trachteten stets danach, *»das ye bei freiheit bleib keyn stadt«* (v. 20). Auf eine lateinische Fassung *(In incendivm Lutherianvm exclamatio)* geht das Gedicht *Eyn Klag über den Luterischen Brandt zu Mentz* (gedruckt Anfang 1521), zurück, ein Gebet mit einem Zuspruch am Ende an Luther.

Obwohl Hutten in den letzten Jahren seiner politischen Publizistik auch deutsche Werke verfaßte oder lateinische Texte übersetzte bzw. übersetzen ließ, ist er vor allem ein lateinisch schreibender Autor. In dieser Sprache hat er mit unterschiedlichen Formen experimentiert und sein schriftstellerisches Profil gefunden. Eine literarhistorische Würdigung des Gesamtwerks steht noch aus. H. Vö.

AUSGABEN: *Vlrichi Hvtteni Equitis Germani opera poetica …*, Hg. Eoban Hesse, o. O. [Straßburg] 1538. – *Ulrichi ab Hutten Equitis Germani opera quae extant omnia (Des teutschen Ritters Ulrich von Hutten sämmtliche Werke)*, Hg. E. J. H. Münch, Bln. 1821–1823 [Bde. 1–3], Lpzg. 1824–1827 [Bde. 4–6]. – *Vlrichi Hvtteni Eqvitis Germani opera qvae reperiri potvervnt omnia (Ulrich von Huttens Schriften)*, Hg. E. Böcking, Lpzg. 1859–1861, 5 Bde. [Nachdr. Aalen 1963]. – *Deutsche Schriften*, Hg. P. Ukena, Nachw. D. Kurze; Übers. des Pirckheimer-Briefes von A. Holborn, Mchn. 1970 [Ausw.]. – *Deutsche Schriften*, Hg. H. Mettke, Lpzg. 1972–1974, 2 Bde.

ÜBERSETZUNGEN: *U. v. H.s Klagen gegen Wedeg Loetz u. dessen Sohn Henning zwei Bücher*, Übers. u. Hg. G. Chr. F. Mohnike, Greifswald 1816. – *U. v. H.s Jugend-Dichtungen*, Übers. u. Hg. E. Münch, Stg. 1838; Schwäbisch Hall ²1850. – H. Grimm, *U. v. H. Lehrjahre an der Universität Frankfurt (Oder) u. seine Jugenddichtungen. Ein quellenkritischer Beitrag zur Jugendgeschichte des Verfechters deutscher Freiheit*, Frft. (Oder)/Bln. 1938 *(In laudem Marchiae Carmen)*. – *Lateinische Gedichte deutscher Humanisten*, H. C. Schnur, Stg. ²1978 [knappe Ausw.].

LITERATUR: G. Ellinger, *Geschichte der neulateinischen Literatur Deutschlands im 16. Jh.*, Bd. 1, Bln./Lpzg. 1929, S. 465–478. – R. Newald, *Probleme u. Gestalten des deutschen Humanismus*, Hg. H.-G. Roloff, Bln. 1963, S. 280–325. – J. Ridé, *U. v. H. contre Rome. Motivations et arrière-plans d'une polémique* (in Recherches Germaniques, 9, 1979, S. 3–17). – P. Ukena, *Legitimation der Tat. U. v. H.s Neu Lied* (in *Gedichte und Interpretationen*, Bd. 1: *Renaissance und Barock*, Hg. V. Meid, Stg. 1982, S. 44–52). – J.-C. Margolin, *Le Nemo d'U. v. H. Crise du langage, crise de conscience, crise de société?* (in *Virtus et Fortuna. Zur dt. Literatur zwischen 1400 u. 1720. Fs. f. H.-G. Roloff zu seinem 50. Geburtstag*, Hg. J. P. Strelka u. J. Jungmayr, Ffm. u. a. 1983, S. 118–163). – W. Hardtwig, *U. v. H. Überlegungen zum Verhältnis von Individuum, Stand u. Nation in der Reformationszeit* (in GWU, 35, 1984, S. 191–206). – *Deutsche illustrierte Flugblätter des 16. u. 17. Jh.s*, Hg. W. Harms, Bd. I: *Die Sammlung der Herzog August Bibliothek in Wolfenbüttel*, Tl. 1: *Ethica. Physica*. Hg. W. Harms u. M. Schilling, Tübingen 1985, S. 112 f. – C. A. Melin, *»Ich sprich, sie habents nimmer Fug«: Propaganda and Poetry in U. v. H.s Klag u. Vormahnung* (in MLS, 15/1, 1985, S. 50–59). – M.-N. Faure, *La relativisation du mythe de l'empereur dans les œuvres de U. v. H.* (in BdHumR, 49, 1987, S. 55–68). – Chr. Burger, *H.s Erfahrungen mit Kirche u. Frömmigkeit u. seine Kritik* (in *U. v. H. in seiner Zeit. Schlüchterner Vorträge zu seinem 500. Geburtstag*, Hg. J. Schilling u. E. Giese, Kassel 1988, S. 35–59). – E. Schäfer, *U. v. H. als lateinischer Poet* (in *U. v. H. 1488–1988, Akten des Internationalen Ulrich-von-Hutten-Symposions 15.–17. Juli 1988 in Schlüchtern*, Hg. S. Füssel, Mchn. 1989, S. 57–78).

GESPRAECH BUECHLIN HERR ULRICHS VON HUTTEN. Feber das Erst. Feber das Ander. Wadiscus. oder die Roemische dreyfaltigkeit. Die Anschawenden.

Vier Dialoge von Ulrich von HUTTEN, erschienen 1521. – Das ursprünglich lateinisch verfaßte und vom Autor selbst ins Deutsche übersetzte Werk umfaßt vier fiktive Gespräche über zeitpolitische Themen der Reformationszeit, vor allem über die Mißstände innerhalb der Geistlichkeit und die Unterdrückung der deutschen Nation durch die römische Kirche. In paarweise gereimten Versen stellt der Autor zu Beginn der Dialoge – mit Ausnahme des ersten – das jeweilige Gesprächsthema vor und wendet sich überdies am Ende des zweiten und dritten Gesprächs mit einer belehrenden Schlußfolgerung an den Leser. – Die Gesprächspartner in den beiden ersten Dialogen *Das erste Feber* und *Das ander Feber* sind das »Fieber«, eine Personifikation der Zeitkrankheit, und der Autor. Auf der Suche nach einem neuen »Wirt« wendet sich das Fieber an Hutten, der den unerwünschten Gast jedoch abweist und versucht, ihm eine andere *»herberg«* zu verschaffen. Da das Fieber nur mit einem wohlhabenden Mann abzufinden ist, empfiehlt Hutten den Kardinal Kajetan, der anläßlich des Augsburger Reichstags (1518) gerade in Deutschland weilt. Das Fieber lehnt jedoch ab, weil ihm der päpstliche Legat, der deutsche Speisen und Getränke verschmäht, zu mager ist. Auch Huttens Vorschlag, die reichen Fugger heimzusuchen, sagt dem Fieber nicht zu, da diese zu viele gute Ärzte haben. Die in Saus und Braus lebenden Mönche vermögen gleichfalls nicht, es von seinem Vorsatz, bei Hutten zu bleiben, abzubringen. Am Ende gelingt es diesem jedoch, das Fieber zu einem genußsüchtigen Domherrn weiterzuschicken. Der Dialog schließt mit einer gereimten Begrüßungsrede des Fiebers an den Domherrn.

Im zweiten *»buechlin«* bittet das Fieber erneut bei Hutten um Unterkunft. Da dieser es jedoch barsch abweist, gelingt es dem listigen Gast, Hutten in ein Gespräch über die wüsten Ausschweifungen und den üppigen Lebenswandel des Domherrn und allgemein über das *»verkerte leben der geystlichen«* zu ziehen. Hutten bleibt zwar unnachgiebig, ist aber von den Ausführungen des Fiebers so sehr beeindruckt und erschüttert, daß er aus Sorge um die deutsche Nation beschließt, sich an *»kienig Carolus«* zu wenden, damit dieser die Pfaffen von ihrem *»boesen lebenn«* abbringe und sie *»allein geystlicher ding pflegen, und sich der weltlichen gar entschlagen«*.

Im Dialog *Wadiscus oder die Roemische dreyfaltigkeit* wird ebenfalls über die Unsittlichkeit des Klerus, besonders der römischen Geistlichkeit, berichtet. Hutten erzählt seinem Freund Ernholt, was ihm der eben aus Rom zurückgekehrte Wadiscus mitgeteilt hat. Die in Rom beobachteten Mißstände werden durch travestierende Anspielung auf die Dreifaltigkeit angeprangert: *»Drey ding helt man zu Rom in großem werde, huepsche frawen, schoene pferd, und Baepstliche bullen.«* Huttens Kritik richtet sich vornehmlich gegen die schamlosen Finanzmanipulationen der Kurie. Er ruft daher Deutschland zum Widerstand gegen Rom auf.

Derselbe militante Ton herrscht auch im letzten Dialog. Die *»Anschawenden«* sind der Sonnengott Sol und der himmlische Wagenlenker Phaeton, die aus der Vogelperspektive die Vorgänge auf dem Augsburger Reichstag betrachten. Sie geißeln die Abhängigkeit Deutschlands von Rom und beschuldigen Kajetan, der die Bewilligung einer Steuer für den Krieg Roms gegen die Türken zur Ausbreitung des Christentums durchsetzen möchte, daß er in Wirklichkeit nur der Geldgier des Papstes das Wort rede. Gegen Ende des Gesprächs greift der Kardinal selbst ein; er verflucht die beiden Heidengötter und fordert sie auf, Buße zu tun und um Absolution zu bitten. Über die Anmaßung

des Legaten empört, beschimpfen sie ihn, worauf dieser seinem Abscheu gegenüber den Ketzern Luft macht: *»Du vermaledeyeter, du uebeltaetter, du verdampter, ein sun Sathanas, wie darfstu mir widerbellen?«*
Huttens literarisches Vorbild für diese Gespräche waren die zeitkritischen Dialoge des LUKIAN aus Samosata (um 120–185). Die derbe, volkstümliche Sprache an Stelle der lateinischen ist bezeichnend für die Bestrebungen der Reformation, sich dem Volk in seiner eigenen Sprache verständlich zu machen. Der Autor übernahm die Rolle des nationalen Erweckers und wurde durch seine heftigen politischen und religiösen Polemiken in diesem Werk einer der bedeutendsten Mitstreiter LUTHERS. A.Ge.-KLL

AUSGABEN: Straßburg 1521. – Lpzg. 1860 (in *Opera*, Hg. E. Böcking, 7 Bde., 1859–1870, 4; Nachdr. Osnabrück 1963–1966). – Dresden 1905, Hg. R. Zoozmann. – Lpzg. o. J. [ca. 1915], Hg. K. Müller (RUB).

LITERATUR: G. Niemann, *Die Dialogliteratur der Reformationszeit nach ihrer Entstehung und Entwicklung. Eine literarhistorische Studie*, Lpzg. 1905. – F. Jr. Walker, *Rhetorical and Satirical Elements in U. v. H.s »Gespräch = Büchlein«*, Diss. Harvard Univ. 1970. – B. Könneker, *Die deutsche Literatur der Reformationszeit. Kommentar zu einer Epoche*, Mchn. 1975. – Ders., *Vom »Poeta laureatus« zum Propagandisten. Die Entwicklung Huttens als Schriftsteller in seinen Dialogen von 1518 bis 1521* (in *L'Humanisme allemand (1480–1540). XVIIIe colloque international de Tours* (Humanistische Bibliothek I, 38 / De Pétrarque a Descartes 37, Mchn./Paris 1979, S. 303–319). – Chr. Robinson, *Lucian and His Influence in Europe*, Ldn. 1979. – V. Honemann, *Der deutsche Lukian. Die volkssprachigen Dialoge U.s v. H.* (in *Ulrich von Hutten 1488–1988*, Hg. S. Füssel, Mchn. 1989, S. 37–55).

JOHANNES VON TEPL

auch Johannes von Saaz

* um 1350 Tepl
† um 1414 Prag

DER ACKERMANN AUS BÖHMEN

Prosastreitgespräch zwischen Mensch und Tod über den Sinn des Lebens von JOHANNES VON TEPL, geschrieben um 1400, überliefert in 16 Handschriften und 17 Drucken aus der 2. Hälfte des 15. und der 1. Hälfte des 16. Jh.s. – Einen Akkermann, dessen Pflug die Feder sei, nennt sich der Verfasser in dem Streitgespräch mit dem Tod, der ihm eben seine junge, geliebte Frau Margareta entrissen hat. Das Streitgespräch wird in der Form eines mittelalterlichen Prozesses ausgetragen, wobei der Witwer als Kläger, der Tod als Angeklagter auftritt. In 32 Kapiteln kommt jeweils einer der beiden Prozeßgegner zu Wort, im 33. Kapitel ergeht Gottes Urteil, dem das Schlußgebet des Akkermanns folgt (die Anfangsbuchstaben des gereimten Gebets ergeben zusammen den Namen »Johannes«).
Schon die ersten drei Kapitel zeigen in ihrer engen Anlehnung an die Eröffnungsformeln eines mittelalterlichen »Strafverfahrens« den Prozeßcharakter des Streitgesprächs, in dem der Dichter sein persönliches Schicksal und Leid zum allgemeinmenschlichen Los erhebt. In schwerem, zeremoniellem Dreischritt eröffnet der Ackermann seine Anklage mit der Nennung und Verfluchung des Angeklagten *(»Grimmiger tilger aller lant, schedlicher echter aller werlt, freissamer morder aller leut, her Tot, euch sei verflucht!«)* und schließt – nach einer weitausholenden Bekräftigung des Fluchs – mit dem »Zetergeschrei« *(»von mir und menniglich sei uber euch ernstlich zeter geschriren mit gewunden henden«)*, das sowohl Hilfeschrei als auch feststehende mittelalterliche Prozeßformel war und die Anklage erst rechtsgültig bekräftigte. Daraufhin ruft der Tod zur Mäßigung auf und fordert, den Gegenstand der Anklage und den Prozeßgegner kennenzulernen. Dem entspricht der Ackermann in dem wieder dreigegliederten dritten Kapitel: 1. Vorstellung. 2. Begründung der Anklage *(»ir habt meiner wunnen lichte sumerblumen mir aus meins herzen anger jemerlich ausgereutet«)*, 3. die Wiederholung des Fluchs.
Im Verlauf des Prozesses, der immer mehr den privaten Charakter verliert und zu einer grundsätzlichen Auseinandersetzung zwischen Leben und Tod, zwischen lebensbejahendem und -verneinendem Prinzip wird, sucht sich der Tod mit dem nüchtern vorgebrachten Argument zu rechtfertigen, Gott habe ihn selbst zum Herrn der Erde eingesetzt, weil nach Gottes Willen alles Leben auch wieder sterben müsse. Mit überlegenem, eiskaltem Spott weist der Tod die im jammernden oder leidenschaftlich verfluchenden Ton vorgetragenen Anklagen des Ackermanns zurück, der schließlich ruhiger wird, einlenkt und Rat, Hilfe und Ersatz begehrt. Jetzt nimmt der Tod ganz die Haltung eines weisen, begütigenden Lehrers stoischer und augustinischer Weltverachtung an: *»Alle irdische lieb muss zu leide werden: leit ist liebes ende, der freuden ende trauren ist, nach lust unlust kumet, willens ende ist unwille. Zu solichem ende laufen alle lebendige ding.«* Er zeigt dem Ackermann die Nichtigkeit des Lebens und den eitlen Lauf der Welt, weist ihn auf das vergebliche Streben der Wissenschaften und Künste hin und entgegnet ihm – der die Ehre und Würde des Menschen als Ebenbild und erhabenste Schöpfung Gottes verteidigt und das Glück der Ehe, die Veredelung des Mannes durch die geliebte Frau preist –, daß der Mensch durchaus entbehrlich

im großen Plan der Schöpfung sei und daß das Idealbild der Ehe durchaus nicht der Wirklichkeit entspreche, denn *»ein bewibter man hat doner, schaur, fuchse, slangen alletag in seinem haus ... zeuchet er auf, so zeuchet sie nider; wil er so, so wil si sust; wil er dahin, so wil si dorthin«*. Endlich rufen die Gegner Gott als ihren höchsten Richter an, der das Urteil fällt: *»Ir habet beide wol gevochten: den twinget leit zu klagen, disen die anvechtigung des klagers die wahrheit zu sagen. Darumb: Klager habe ere! Tot habe sig! Seit jeder mensch dem Tote das leben, den leib der erden, die sele Uns pflichtig ist zu geben.«* Diesem Urteilsspruch beugt sich der Kläger; er erkennt in Gottes Wort die unanfechtbare Gerechtigkeit und befiehlt die Seele der Verstorbenen in des *»Allmechtigen«* Schutz.

Der Dichter des *Ackermanns aus Böhmen* steht zwischen zwei Welten – der alten des glaubensstarken Mittelalters und der neuen des beginnenden Renaissancezeitalters. Die Lösung dieses aus dem Aufbegehren des Individuums erwachsenen Konflikts dagegen ist die mittelalterliche: Aussöhnung und Vergebung.

In der lateinischen Vorrede kennzeichnet der an dem deutschen Prosastil eines JOHANN VON NEUMARKT und den bilderreichen, kunstvoll verzierten Sangsprüchen eines HEINRICH VON MÜGELN geschulte Autor sein Werk als eine virtuose Komposition, in der *»alles Wesentliche der Wohlredenheit zur Darstellung gelangt«*. Doch ist die Dichtung nicht als bloßes Formkunstwerk zu fassen. Durch alles spätgotische Filigran hindurch bleibt immer das echte Gefühl eines Menschen spürbar, der angesichts der zerstörerischen Gewalt des Todes um die Bewältigung des inneren Widerstreits kämpft.

R.E.

AUSGABEN: Bamberg um 1460 [Pfister-Druck]. – Bln. 1917–1932 (in *Vom MA zur Reformation*. Hg. A. Berndt u. K. Burdach; 3 Bde.; krit.). – Lpzg. 1919 [Faks. d. Erstdrucks]. – Lpzg. 1937, Hg. A. Hübner. – Wiesbaden 1954; 41978, Hg. W. Krogmann [m. d. tschech. Fassung; krit.]. – Stg. 1963; ern. 1984 (Text u. Übertragung; RUB). – Heidelberg 1969–1983, Hg. G. Jungbluth u. R. Zäck, 2 Bde. [m. Stellenkommentar u. Bibliogr.]. – Hull 1982, Hg. M. O'C. Walshe.

LITERATUR: J. Weber, *Kapitelaufbau u. tektonischer Stil des »Ackermann aus Böhmen«*, Diss. Göttingen 1949. – E. Buchtmann, *Die »Ackermann«-Dichtung. Ein Beitrag zu ihrer Interpretation*, Diss. Marburg 1960. – *»Der Ackermann aus Böhmen« des J. v. T. und seine Zeit*, Hg. E. Schwarz, Darmstadt 1968 (WdF). – F. H. Bäuml, *›Tradition‹, ›Ursprünglichkeit‹ und der Dichtungsbegriff in der »Ackermann«-Forschung* (in *Orbis Mediaevalis. Festgabe f. A. Blaschka*, Hg. H. Gericke, M. Lemmer u. W. Zöllner, Weimar 1970, S. 9–30). – A. Hrubý, *Der »Ackermann« u. seine Vorlage*, Mchn. 1971. – R. K. Hennig, *Die Rechtfertigung des Todes unter dem Status Qualitatis: Zur Interpretation der Todesfunktion im »Ackermann aus Böhmen«* (in ZfdPh, 91, 1972, S. 374–383). – W. Lenk, *»Der Ackermann« und das Menschenleben* (in I. Spriewald u. a., *Grundpositionen der dt. Literatur im 16. Jh.*, Bln. 1972, S. 114–148). – S. Jaffe, *Des Witwers Verlangen nach Rat: Ironie und Struktureinheit im »Ackermann aus Böhmen«* (in Daphnis, 7, 1978, S. 1–53). – G. Hahn, *J. v. T.* (in VL2, Bd. 4, Sp. 763–774). – M. Wehrli, *J. v. T.: »Ackermann aus Böhmen«* (in M. W., *Geschichte der dt. Literatur vom frühen MA bis zum Ende des 16. Jh.s*, Stg. 1980, S. 839–849). – J. S. Roth, *The »Ackermann aus Böhmen« and the Medieval ›Streitgespräch‹*, Diss. Univ. of Chicago 1981.

MARTIN LUTHER

* 10.11.1483 Eisleben
† 18.2.1546 Eisleben

LITERATUR ZUM AUTOR:

Bibliographien und Lexikon:
J. Benzing, *L.-Bibliographie*, Baden-Baden 1965. – K. Aland, *Hilfsbuch zum Lutherstudium*, Witten 31970 [neu bearb. u. erw.]. – H. Claus, *Ergänzungen zur Bibliographie der zeitgenössischen L.drucke*, Gotha 1982. – K. Hagen, *Annotated Bibliography of L. Studies 1977–1983*, St. Louis 1985. – H. Wolf, *Germanistische L.-Bibliographie. M. L.s deutsches Sprachschaffen im Spiegel des internationalen Schrifttums der Jahre 1880–1980*, Heidelberg 1985. – *Lutherlexikon*, Hg. K. Aland, Göttingen 41989 [rev.].

Zeitschriften:
Luther-Jahrbuch, Hg. Th. Knolle, Mchn. u. a. [heute Göttingen] 1919–1941; 1957 ff. – L. Mitteilungen der L.-Gesellschaft, Lpzg. u. a. [heute Göttingen] 1919–1941; 1953 ff. – M. L. Zs. des Österreichischen Freundeskreises der L.-Gesellschaft, Wien 1972 ff.

Forschungsberichte:
H. Wolf, *M. L. Eine Einführung in germanistische Lutherstudien*, Stg. 1980. – *Zur Lage der L.-Forschung heute*, Hg. P. Manns, Wiesbaden 1982. – W. v. Loewenich, *Probleme der L.-Forschung und der L.-Interpretation*, Mchn. 1984.

Biographien:
G. Ritter, *L. Gestalt und Tat*, Mchn. 1949. – O. Thulin, *M. L. Sein Leben in Bildern u. Zeitdokumenten*, Mchn./Bln. 1958. – F. Lau, *L.*, Bln. 1959. – E. H. Erikson, *Der junge Mann L. Eine psychoanalytische u. historische Studie*, Mchn. 1964. – H. Lilje, *M. L. in Selbstzeugnissen u. Bilddokumenten*, Reinbek 1965 u. ö. (rm). – H. Fausel, *M. L. Leben und Werk*, Mchn./Hbg. 1966. – R. Friedenthal, *L. Sein Leben u. seine Zeit*, Mchn. 1967. – A. Greiner, *L.*,

Genf 1970. – F. W. Kantzenbach, *M. L. Der bürgerliche Reformator*, Göttingen 1972. – R. Bainton, *M. L.*, Göttingen 71980. – H. G. Haile, *L. An Experiment in Biography*, NY 1980. – M. Brecht, *M. L.*, 3 Bde., Stg. 1981–1987. – M. Meisner, *M. L.*, Lübeck 1981. – H. A. Oberman, *L. Mensch zwischen Gott u. Teufel*, Bln. 1981. – A. Läpple, *M. L. Leben, Bilder, Dokumente*, Mchn. 1982. – W. v. Loewenich, *M. L. Der Mann u. das Werk*, Mchn. 1982. – H. Mayer, *L. Leben und Glaube*, Gütersloh 1982. – J. Rogge, *M. L. Sein Leben. Seine Zeit. Seine Wirkungen*, Gütersloh 1982. – J. M. Todd, *L. A Life*, NY 1982. – H. Diwald, *L. Eine Biographie*, Stg./Mchn. 1983. – A. v. Dülmen, *L.-Chronik. Daten zu Leben u. Werk*, Mchn. 1983. – M. Lienhard, *M. L. Un temps, une vie, un message*, Paris 1983. – J. Rogge, *Anfänge der Reformation. Der junge Luther 1483–1521*, Bln./DDR 1983. – G. Wendelborn, *M. L. Leben u. reformatorisches Werk*, Bln. 1983. – R. Schwarz, *L.*, Göttingen 1986. – R. Thiel, *M. L.*, Wien 1986 [zuerst in 2 Bdn. 1933–1935]. – H. Zahrnt, *M. L. Reformator wider Willen*, Mchn. 1986.

Gesamtdarstellungen und Studien:
H. Bornkamm, *L. und das alte Testament*, Tübingen 1948. – E. W. Zeeden, *M. L. und die Reformation im Urteil des dt. Luthertums*, 2 Bde., Freiburg i. B. 1950–1952. – J. Heckel, *Lex charitatis. Eine juristische Untersuchung über das Recht in der Theologie M. L.s*, Köln/Wien 1953. – H. Bornkamm, *L.s geistige Welt*, Gütersloh 41960. – I. Asheim, *Glaube u. Erziehung bei L.*, Heidelberg 1961. – G. Ebeling, *Evangelische Evangelienauslegung. Eine Untersuchung zu L.s Hermeneutik*, Darmstadt 1962. – M. Schoenbach, *Glaube als Geschenk Gottes. Das Glaubensverständnis L.s nach der Unterscheidung von Gnade u. Gabe*, Stg. 1962. – G. Ebeling, *L. Einführung in sein Denken*, Tübingen 1964. – P. Althaus, *Die Ethik M. L.s*, Gütersloh 1965. – G. Rost, *Der Prädestinationsgedanke in der Theologie M. L.s*, Bln. 1966. – U. Asendorf, *Eschatologie bei L.*, Göttingen 1967. – H.-M. Barth, *Der Teufel u. Jesus Christus in der Theologie M. L.s*, Göttingen 1967. – F. Gogarten, *L.s Theologie*, Tübingen 1967. – R. D. Jones, *Erasmus and L.*, Ldn. 1968. – *Der Durchbruch der reformatorischen Erkenntnis bei L.*, Hg. B. Lohse, Darmstadt 1968. – R. Mau, *Der Gedanke der Heilsnotwendigkeit bei L.*, Bln. 1969. – R. Bäumer, *M. L. und der Papst*, Münster 1970; 21987. – H. Kasten, *Taufe u. Rechtfertigung bei Thomas v. Aquin und M. L.*, Mchn. 1970. – J. D. K. Siggins, *M. L.'s Doctrine of Christ*, New Haven/Ldn. 1970. – O. Bayer, *Promissio. Geschichte der reformatorischen Wende in L.s Theologie*, Göttingen 1971. – G. Ebeling, *L.studien*, 3 Bde., Tübingen 1971–1987. – H. Olsson, *Schöpfung, Vernunft u. Gesetz in L.s Theologie*, Uppsala 1971. – K. Suppan, *Die Ehelehre M. L.s*, Salzburg/Mchn. 1971. – K.-H. zur Mühlen, *Nos extra nos. L.s Theologie zwischen Mystik u. Scholastik*, Tübingen 1972. – G. Rupp, *M. L. and the Jews*, Ldn. 1972. – C. Boyer, *Calvin et L. Accords et différences*, Rom 1973. – T. Brandt, *L. als Seelsorger*, Wuppertal 1973. – H. J. Iwand, *L.s Theologie*, Mchn. 1974. – F. Lötzsch, *Kritik der Autorität. Das Sittengesetz als pädagogisches Problem bei L., Kant u. Schleiermacher*, Köln/Wien 1974. – G. P. Wolf, *Das neuere französische L.bild*, Wiesbaden 1974. – H. Bornkamm, *L. Gestalt u. Wirkungen. Gesammelte Aufsätze*, Gütersloh 1975. – W. Günter, *M. L.s Vorstellung von der Reichsverfassung*, Münster 1976. – B. R. Hoffman, *L. and the Mystics*, Minneapolis 1976. – R. Jansen, *Studien zu L.s Trinitätslehre*, Bern/Ffm. 1976. – B. Klappert, *Promissio u. Bund. Gesetz u. Evangelium bei L. und Barth*, Göttingen 1976. – R. Weier, *Das Theologieverständnis M. L.s*, Paderborn 1976. – C. B. Sucher, *L.s Stellung zu den Juden*, Nieuwkoop 1977. – F. Brosché, *L. on Predestination*, Uppsala 1978. – H. Bornkamm, *M. L. in der Mitte seines Lebens*, Göttingen 1979. – T. Beer, *Der fröhliche Wechsel u. Streit. Grundzüge der Theologie M. L.s*, Einsiedeln 1980. – *L. und die Theologie der Gegenwart*, Hg. L. Grane u. B. Lohse, Göttingen 1980. – M. Lienhard, *M. L.s christologisches Zeugnis. Entwicklung u. Grundzüge seiner Christologie*, Göttingen 1980. – R. Malter, *Das reformatorische Denken u. die Philosophie. L.s Entwurf einer transzendental-praktischen Metaphysik*, Bonn 1980. – P. Bühler, *Kreuz u. Eschatologie. Eine Auseinandersetzung mit der politischen Theologie im Anschluß an L.s theologia crucis*, Tübingen 1981. – B. Lohse, *M. L. Eine Einführung in sein Leben u. Werk*, Mchn. 1981 [m. Forschungsber. u. Bibliogr.]. – K. Aland, *Die Reformation M. L.s*, Gütersloh 1982. – U. Asendorf, *L. und Hegel. Untersuchung zur Grundlegung einer systematischen Theologie*, Wiesbaden 1982. – S. W. Becker, *The Foolishness of God. The Place of Reason in the Theology of M. L.*, Milwaukee 1982. – F. Heidler, *L.s Lehre von der Unsterblichkeit der Seele*, Erlangen 1983. – *Leben u. Werk M. L.s von 1526–1546. Festgabe zu seinem 500. Geburtstag*, Hg. H. Junghans, 2 Bde., Bln. (DDR)/ Göttingen 1983 [m. Bibliogr.]. – *L. in der Neuzeit*, Hg. B. Moeller, Gütersloh 1983. – W. Führer, *Das Wort Gottes in L.s Theologie*, Göttingen 1984. – H. Junghans, *Der junge L. und die Humanisten*, Weimar 1984. – *M. L. 1483–1983. Werk und Wirkung*, Göttingen 1985. – *L. in der Schule. Beiträge zur Erziehungs- u. Schulgeschichte, Pädagogik u. Theologie*, Hg. K. Goebel, Bochum 1985. – *Die Juden und M. L. – M. L. und die Juden*, Hg. H. Kremers, Neukirchen 1985.

AN DEN CHRISTLICHEN ADEL DEUTSCHER NATION VON DES CHRISTLICHEN STANDES BESSERUNG

Schrift von Martin LUTHER, erschienen 1520. – Luther eröffnet seine Schrift mit dem Anruf an Kaiser, Fürsten und niederen Adel, der Kirche wirksam zu helfen, denn das Papsttum selbst mache jede Reform unmöglich, indem es sich mit »drei Mauern« umgeben habe. Als »erste Mauer« bezeichnet er die Lehre, daß die geistliche Gewalt über der weltlichen stehe. In Wahrheit sind alle Christen durch ihre Taufe geistlichen Standes, nicht nur *»Papst, Bischof, Priester und Klostervolk«*. Freilich gibt es verschiedene Ämter oder Werke. So ist es das Amt des Priesters, das Evangelium zu verkündigen und die Sakramente zu verwalten, während es der weltlichen Obrigkeit obliegt, das Schwert zu gebrauchen und für Ruhe und Ordnung zu sorgen. Von diesem *»allgemeinen Priestertum«* ausgehend, verwirft Luther die Priesterweihe, insbesondere die Lehre, daß dem Priester dadurch ein *character indelebilis* zuteil werde. Somit besteht auch kein Grund zu der Behauptung, daß die geistliche Gewalt über der weltlichen stehe. Sodann wendet sich Luther gegen die *»zweite Mauer«* der »Romanisten«, d.h. gegen deren Lehre, daß allein der Papst die Heilige Schrift unfehlbar auslegen könne. Er betont dagegen, daß jeder Christ die Macht hat zu beurteilen, was im Glauben recht ist oder unrecht, da wir ja alle Priester sind. Die *»dritte Mauer«* aber fällt von selber ein, wenn die beiden anderen gefallen sind: Es steht in der Schrift nirgendwo geschrieben, daß allein der Papst ein rechtmäßiges Konzil berufen kann. Vielmehr soll, wo es die Not erfordert und der Papst den Christen ein Ärgernis gibt, jeder Christ, der es vermag, mithelfen, daß ein rechtes, freies Konzil zustande kommt, was freilich niemand so gut vermag wie das »weltliche Schwert«, dessen Vertreter ja Mitchristen und Mitpriester sind.

Luther führt nun aus, was auf einem Konzil verhandelt werden müßte. Erstens sollte der ärgerniserregende Aufwand des Papstes abgestellt und der Papst dazu angehalten werden, in Demut und wirklicher Nachfolge Christi zu leben. Auch die finanzielle Auspressung der Deutschen (Annaten und andere Abgaben) müßte ein Ende haben. Ferner sollte auf einem Konzil das Abziehen von Pfründen nach Rom zur Sprache kommen. Auch über die schrecklichen Eide, welche die Bischöfe dem Papst zu leisten haben, über kultische Mißstände (Seelenmessen u.a.) und über den Mißbrauch der Wallfahrten müßte gesprochen werden, ebenso über die in der Schrift nicht gebotene Ehelosigkeit der Priester. Notwendig wäre die Abschaffung der nur dem Müßiggang dienenden Feste sowie mancher Strafen geistlichen Rechts, namentlich des Interdikts und des Bannmißbrauchs. Ein Konzil müßte sich auch der »Sache Böhmens« annehmen (d.h. der von Hus ausgelösten Bewegung). Als dringend notwendig erachtet Luther eine Reform der Universitäten, wo an Stelle der Heiligen Schriften der »Heide« ARISTOTELES hochgehalten werde, und der Schulen. Die Bettelei sollte allerorts abgestellt und die Armenpflege neu geregelt werden. Nicht zuletzt fordert Luther die Unabhängigkeit des deutschen Kaisertums und die Errichtung einer von Rom unabhängigen Kirche. Außer den »geistlichen Gebrechen« prangert er auch einige »weltliche« an, so den Luxus, die Unzucht und besonders das Zinsgeschäft, das für ihn das größte Unglück der deutschen Nation ist. Er schließt mit dem Wunsch: *»Gott gebe uns allen einen christlichen Verstand und besonders dem christlichen Adel deutscher Nation einen rechten geistlichen Mut, der armen Kirche das Beste zu tun.«* Durch diese sprachmächtige Schrift wurde ein neuer Stil der Reformschriften begründet. Der Einruck, den ihre aus einer einheitlichen religiösen Anschauung überzeugend entwickelten Forderungen auf die Zeitgenossen machten, war gewaltig. Luther wurde über Nacht der Held des Volkes, fortan wurden seine kleinen Schriften mit größter Spannung erwartet. L.R.

AUSGABEN: Wittenberg 1520. – Halle 1877 (NdL, 4). – Halle 1884, Hg. K. Benrath (Schriften des Vereins für Reformationsgesch., Abt. I/4). – Weimar 1888 (in *Werke*, Abt. I, Bd. 6; *Weimarer Ausg.*; krit.). – Lpzg. o. J. [ca. 1890]; auch Stg. 1954; zul. 1988; Hg. E. Kähler (RUB). – Mchn. 1914 (in *AW*, Hg. H. H. Borcherdt u. H. Barge, 8 Bde., 1914–1925, 2; [3]1948; ern. 1983). – Mchn. 1928 (Rupprecht-Presse, 43. Buch). – Bln. 1933 (in *Werke in Ausw.*, Hg. O. Clemen u. A. Leitzmann, 8 Bde., 1930–1935, 1; [6]1966). – Mchn. 1933, Hg. H. H. Borcherdt. – Mchn. 1961, Nachw. E. Wölfel [Faks. d. Ausg. 1520]. – Bln. (DDR)/Bielefeld 1982 (in *Studienausg.*, Hg. H. U. Delius u. a., 1979 ff., Bd. 2). – Mchn. 1983 (in *Die reformatorischen Grundschriften*, Hg. H. Beintker, 4 Bde., 2; dtv). – Bln. (DDR)/Bielefeld 1984 (in *Taschenausg.*, Hg. ders. u. a., 5 Bde., 1981–1984, 2).

LITERATUR: W. Köhler, *L.s Schrift »An den christlichen Adel dt. Nation«*, Halle 1895. – Ders., *L. u. die Kirchengeschichte nach seinen Schriften*, Erlangen 1900. – J. Köstlin, *L.s Theologie in ihrer geschichtlichen Entwicklung u. ihrem inneren Zusammenhang dargestellt*, 2 Bde., Stg. [2]1901. – E. Kohlmeyer, *Die Entstehung der Schrift L.s »An den christlichen Adel dt. Nation«*, Gütersloh 1922. – W. Köhler, *Zu L.s Schrift »An den christlichen Adel dt. Nation«* (in Zs. der Savigny-Stiftung für Rechtsgeschichte, Kanonistische Abt., 14, 1925). – R. Wellmer, *Sprache u. Stil in L.s reformatorischen Schriften »Von den guten Werken« u. »An den christlichen Adel dt. Nation«*, Diss. Bln. 1954. – *L. u. die Obrigkeit*, Hg. G. Wolf, Darmstadt 1972. – *Stadtbürger u. Adel in der Reformation*, Hg. W. J. Mommsen, Stg. 1979. – H.-J. Köhler, *Flugschriften als Massenmedium der Reformationszeit*, Stg. 1981. – G. Ebeling, *M. L.s Weg u. Wort*, Freiburg i. B. 1983.

DIE GEISTLICHEN LIEDER

von Martin LUTHER. – Geistliche Lieder Luthers sind zuerst durch das aus Einblattdrucken zusammengestellte sogen. *Achtliederbuch* (Nürnberg 1524), das vier Lieder Luthers enthielt, und die beiden im gleichen Jahre erschienenen und wiederholt nachgedruckten *Erfurter Enchiridien* (mit 18 Lutherliedern) bekannt geworden. Bereits 24 Lieder enthielt das der Gattung der Chorgesangbücher zugehörige, 1524 in Wittenberg erschienene und durch eine Vorrede Luthers autorisierte *Geist-*

liche gesangk Buchleyn des Kantors Johann Walter, dessen vierstimmige Choralsätze dem künstlerisch anspruchsvollen Chorgesang dienten.

Das für den gottesdienstlichen Gebrauch, den Gemeindegesang und die Privaterbauung bestimmte, von Luther als das offizielle Wittenbergische Gesangbuch bestätigte *Klugsche Gesangbuch (Geistliche Lieder auffs new gebessert zu Wittemberg D. Mar. Luther.)*, von dem vier – jeweils um neue Lieder Luthers vermehrte – Auflagen (1529, 1533, 1535 und 1543) erschienen sind, ordnet die Lieder nach Sachgruppen: den de-tempore-Liedern des Festzyklus des Kirchenjahres von Advent bis Trinitatis folgen die theologisch-lehrhaften Katechismus-Lieder, an die sich die Psalmlieder und die an den Liedschatz der mittelalterlichen Kirche anknüpfenden liturgischen Stücke des Ordinariums der Messe anschließen.

Für die Textgestaltung der Luther-Lieder kommt dem 1545 in Leipzig durch Valentin Babst gedruckten Gesangbuch, für das Luther eine eigene Vorrede verfaßte, als der letzten zu seinen Lebzeiten erschienenen Ausgabe eine besondere Bedeutung zu.

Das früheste der insgesamt 37 geistlichen Lieder und Kirchengesänge, das zunächst als Einzeldruck verbreitete und in die frühen Gesangbücher übernommene Glaubenslied *»Eyn newes lied wir heben an«*, gehört zur Gattung der »Zeitlieder«. Dieses zunächst zehn, in späteren Ausgaben zwölf neunzeilige balladeske Strophen umfassende, im kirchenpolitischen Kampf entstandene Lied schildert im Ton des historischen Volksliedes das Martyrium der jungen Augustiner-Mönche Henricus Vos und Johannes van den Esschen, die 1523 in Brüssel öffentlich verbrannt worden waren.

Die übrigen Lieder sind für den gottesdienstlichen Gebrauch bestimmte Zweckschöpfungen. Luthers Bemühungen um *»volkssprachliche Lieder..., die das Volk während der Messe sänge«*, stehen im Zusammenhang mit der Neuordnung des Gemeindegottesdienstes: Da es an befähigten Dichtern fehle, *»die uns fromme und geistliche Lieder... anstimmten, die würdig wären in der Kirche gebraucht zu werden«* (*Formula missae et communionis*, 1523), suchte Luther Georg Spalatin und andere ihm verbundene Geistliche für eine Übertragung von Psalmen zu gewinnen und nahm sich schließlich trotz des Zweifels an seiner dichterischen Begabung selbst der Aufgabe an, indem er in einer höchst produktiven Phase binnen weniger Monate 24 Lieder verfaßte. Sein in den späteren Jahren um 13 weitere geistliche Lieder vermehrtes Schaffen weist ihn als den bedeutendsten Kirchenlieddichter der Reformationszeit aus.

Das früheste seiner Gemeindelieder, das 10 Strophen zu je 7 Zeilen umfassende *Danklied für die höchsten Wohltaten Gottes »Nun freudt euch, lieben Christengmayn«*, bezeugt in einer wohl ebenfalls von Luther stammenden *»kraftvollen, eigengeprägten Singweise«* (H. J. Moser) die christozentrische Rechtfertigungslehre als persönliches Bekenntnis. Auch mit den folgenden frühen Übertragungen der Psalmen für den gottesdienstlichen Gebrauch *»Es wolt unß Gott genedig sein«* (Psalm 67) und *»Aus tiefer not schrey ich zu dir«* (*De profundis*, Psalm 130) konnte er dem künstlerischen Anspruch und der im Wort der Bibel begründeten geistlichen Aussage gleichermaßen gerecht werden.

In seinem Liedschaffen wahrt Luther – analog zu seiner Neugestaltung des Gottesdienstes – zugleich mit der reformatorischen Neuformung die Kontinuität der Tradition. Nur wenige seiner Lieder sind als völlig freie Dichtungen anzusprechen, während für einen großen Teil vor allem auch der Lieder zu den Festen des Kirchenjahres lateinische oder deutsche Dichtungen als Quellen oder Vorbilder gedient haben. Für den Rezeptionsprozeß sind Freiheit und Bindung gleichermaßen kennzeichnend: Da Luther sein Liedschaffen in den Dienst der Propagierung des evangelisch-reformatorischen Glaubens und der Förderung der aktiven Teilnahme der Gemeindeglieder am Gottesdienst stellte, konnte er sich unbefangen der bekannten Hymnen und Sequenzen bedienen, die Gesetze der Metrik und Strophik variieren oder Ton und Melodie des Volksliedes aufnehmen, so im *Kinderlied auf die Weihnacht: »Vom himmel hoch, da kom ich her«*. Es trifft die Intention Luthers, wenn E. Sommer konstatiert: *»Wenn Luther die Massen ansprechen wollte,* mußte *er die Formen aufgreifen, die dem Volk bekannt, vertraut und geläufig waren.«*

Da die in der Weimarer Ausgabe von Luthers Werken befolgte chronologische Anordnung durch neuere Forschungen wesentlich modifiziert worden ist, ist die in den obengenannten Gesangbüchern gebotene Sachordnung naheliegend und den Intentionen Luthers adäquat:

An erster Stelle stehen die *Lieder zum Festzyklus des Kirchenjahres*: (1) Das frühe, bereits in den Erfurter Enchiridien gedruckte *Advents*lied *»Nu kom der heiden Heiland«*, eine Bearbeitung des klassischen lateinischen Adventshymnus *»Veni redemptor gentium«*. Die Lieder zum *Weihnachts-* und *Epiphaniaskreis*: (2) *»Christum wir sollen loben schon«*, ebenfalls Übertragung eines lateinischen Hymnus; (3) *»Gelobet seistu Jhesu Christ«*, mit dem Luther eine spätmittelalterliche Vorlage *(»Leise«)* aufgenommen und durch die Strophen 2 bis 7 erweitert hat; (4) *»Vom Himel hoch da kom ich her«*, eine Kontrafaktur eines weltlichen Spielliedes in den geistlichen Bereich; (5) *»Vom himel kam der engel schar«*, eine weitere dichterische Gestaltung der Engelsbotschaft *Lukas-Ev.*, Kap. 2, 9–13; (6) *»Was fürchstu feind Herodes seer«*, dem Strophen eines lateinischen Hymnus zugrunde liegen; (7) die Liedparaphrase zum *Canticum Simeonis* (*Lukas-Ev.* 2, 30–32): *»Mit fried und freud ich far dahin«*.

Die Lieder zum *Osterkreis*: (8) *»Christ lag in todes banden«*, eine Bearbeitung und Erweiterung der von der Ostersequenz *»Victimae paschali laudes«* abhängigen Oster-Leise: *»Christ ist erstanden«* (die Luther nicht ersetzen wollte, sondern ebenfalls in sein Gesangbuch aufgenommen hat); (9) *»Jhesus Christus unser Heiland / der den Tod uberwand«*, der Strophenform nach eine Leise. Die Lieder zum

Pfingstfest: (10) »*Kom Gott schöpffer heiliger Geist*«, dessen Text und Melodie der Hymnus des HRABANUS MAURUS »*Veni creator spiritus*« zugrunde liegt; (11) »*Kom heiliger Geist HErre Gott*«, eine schöpferische Übertragung und Erweiterung der bereits im Spätmittelalter als deutsche Strophe bekannten Pfingst-Antiphon »*Veni sancte Spiritus*«; (12) »*Nu bitten wir den heiligen Geist*«, eine Aufnahme und Ausgestaltung der im Mittelalter weitverbreiteten Pfingst-Leise. Den Abschluß der Lieder zu den Festen des Kirchenjahres bildet das trinitarische Bittlied (13) »*Gott der Vater won uns bey*«, dem eine ursprüngliche Allerheiligen-Litanei zugrunde gelegen haben könnte.

An zweiter Stelle folgen die *Katechismus-Lieder*, die der Vermittlung der Glaubenslehre dienen. Die 10 Gebote hat Luther zweimal in Liedform gebracht: (14) einmal »*auffs lengste*« »*Dis sind die heiligen zehen Gebot*«, eine katechetische Einprägung des Dekalogs nach der Melodie eines Wallfahrtsliedes (Jerusalem-Pilger-Leise: »*In Gottes Namen fahren wir*«), dann (15) »*kurtz gefasset*« im gleichen Metrum in den 5 Strophen des Liedes »*Mensch wiltu leben seliglich*«. (16) Als »*Deutelied*« zum ersten Hauptstück des Katechismus gilt die »*sowohl in der Tiefe und schlichten Klarheit der Textaussage als auch hinsichtlich des vollkommen identischen Aufbaus der drei Strophen und bezüglich des Wort-Ton-Verhältnisses ... wohl großartigste Liedschöpfung Luthers*« (M. Jenny), das Bittlied »*Mitten wir im leben sind*«, eine Fortdichtung und Neubearbeitung der mittelalterlichen Antiphon. (17) Dem zweiten Hauptstück des Katechismus zugeordnet ist das von Luther in seiner *Deutschen Messe* (1526) der Gemeinde zum liturgischen Gebrauch empfohlene »*deutsche Credo*« »*Wir gleuben all an einen Gott*«, eine Paraphrase des sogenannten *Nicaeno-Konstantinopolitanums*, die sich an eine spätmittelalterliche volkssprachliche Überlieferung des ursprünglichen lateinischen *Credo* anlehnt, und (18) das früheste seiner Glaubenslieder »*Nu freud euch lieben Christen gmein*«, die »*originellste aller Liedschöpfungen Luthers*« (M. Jenny). Es folgen (19) die Vater-unser-Paraphrase in Liedform »*Vater unser im himelreich*«; (20) das formal dem Meistersang nahestehende Tauflied »*Christ unser HERR zum Jordan kam*«; und zwei auf das Lehrstück vom Abendmahl hindeutende Lieder: (21) das eine mittelalterliche lateinische Cantio frei variierende »*Jhesus Christus unser Heiland*« und (22) »*Gott sey gelobet und gebenedeiet*«, eine Erweiterung einer spätmittelalterlichen Leise. Die Gruppe der Katechismus-Lieder wird abgeschlossen durch das die Bewährung des Glaubens exemplifizierende Märtyrerlied (23) »*Ein newes lied wir heben an*«.

Zur Gattung der *Psalmlieder* gehören: die bereits im *Achtliederbuch* vorliegenden, jeweils 6 Strophen umfassenden Psalmparaphrasen (24) »*Ah Gott vom himel sich darein*« (Psalm 12) und (25) »*Es spricht der unweisen mund wol*« (Psalm 14). Auch das klassische Bekenntnislied der lutherischen Reformation (26) »*Ein feste burg ist unser Gott*«, das R. A. Schroeder »*zu den allergroßartigsten Offenbarungen lutherischer Sprach- und Geistesgewalt*« zählt, ist seinem Ursprung nach – als freie Bearbeitung des 46. Psalms *(Deus noster refugium et virtus)* – ein »Trostlied« in schwerer Anfechtung. (27) Erstmals im Anhang zur deutschen Übersetzung von Luthers *Formula missae et communionis* (dt. 1524) erschien Luthers dreistrophige, für den liturgischen Gebrauch bestimmte Umdichtung des 67. Psalms »*Es wolt uns Gott genedig sein*«. (28) In der Bearbeitung des 124. Psalms »*Wer Gott nicht mit uns diese zeit*« erhellt der biblische Bezug zugleich die reformatorische Kampfsituation, wobei der Binnenreim im Abgesang der letzten Strophe »*Strick ist entzwey / und wir sind frey, des HErren namen steht uns bey, des Gottes himels und erden*« einen besonderen affirmativen Akzent setzt. (29) Als »Ehepsalm« angesprochen wurde die Bereimung des 128. Psalms »*Wol dem der in Gottes furchte steht*«. (30) Luthers in einer knapperen vierstrophigen frühen und einer erweiterten fünfstrophigen Fassung vorliegende Übertragung des 130. Psalms »*Aus tieffer not schrey ich zu dir*«, im Metrum der sogenannten »Lutherstrophe«, gilt – neben »*Ein feste Burg*« – als berühmteste Psalmenbereimung Luthers.

Zu den *liturgischen Stücken* gehören: (31) Das deutsche *Sanctus*, Luthers wegen ihrer Sprachgewalt gerühmte Paraphrase von Jesaja 6, 1–4 »*Jesaia dem Propheten das geschach*«; (32) das »*Da pacem Domine, deutsch*« – »*Verleih uns friedenn gnediglich*« – eine eng an die Vorlage angelehnte Übertragung der lateinischen Antiphon; (33) die deutsche Bearbeitung des altkirchlichen »*Te deum laudamus*« – »*Herr Gott, dich loben wir*«; (34) schließlich zum Abschluß die zunächst als Einzeldruck veröffentlichte deutsche Litanei »*Kyrie Eleison*«.

Weitere Lieder Luthers aus den dreißiger und vierziger Jahren schließen sich an: (35) »*Sie ist mir lieb die werde Magt*«, eine im Unterschied zur Tradition nicht mariologische, sondern ekklesiologische Deutung des 12. Kapitels des Buches der *Offenbarung Johannis*, formal dem sogenannten Hoflied (Gesellschaftslied) angenähert und möglicherweise eine geistliche Kontrafaktur zu einem Marienlied; (36) das den Glaubensmut angesichts der zeitgenössischen Bedrohung stärkende kraftvolle »*Erhalt uns HERR bey deinem wort*«, das zur Gattung der geistlichen Kinderlieder gehört und dessen Melodie ebenfalls von Luther stammt; (37) die Übersetzung des Vesper-Hymnus »*O lux beata Trinitas*« – »*Der du bist drey in einigkeit*«.

In die im Umkreis Luthers entstandenen evangelischen Gesangbücher aufgenommen wurden auch Gesänge, die Luther textlich oder musikalisch bearbeitet hat, u. a. die mittelalterliche Oster-Leise »*Christ ist erstanden*«.

Zu seinen weltlichen Dichtungen zählen deutsche und lateinische Reimsprüche und – neben dem Spottlied auf Herzog Heinrich den Jüngeren von Braunschweig Wolfenbüttel »*Ah du arger Heintze / was hastu gethan*« (am Schluß von Luthers Kampfschrift *Wider Hans Worst*) – seine bekannte Vorrede zu Johann WALTERS *Lob und Preis der löblichen Kunst Musica* (1538): »*Fraw Musica. Fur allen*

freuden auff erden / Kan niemand keine feiner werden, / Denn die ich geb mit meim singen / Und mit manchem süssen klingen …«
Luther hat dem volkssprachlichen gottesdienstlichen Liedgesang einen hohen Stellenwert beigemessen, gemäß dem für seine Kirchen- und Liturgiereform maßgebenden, dem reformatorischen *sola scriptura* entsprechenden Grundsatz, *»das es ia alles geschehe, das das wort ym schwang gehe«* (*Von Ordnung Gottesdiensts*, 1523). Bei der Eindeutschung der Liturgie der lateinischen Messe und in seinem Liedschaffen achtete er auf die von ihm nachdrücklich geforderte Übereinstimmung von Text und Musik, Wort und Ton: *»Es muß beyde, text und notten, accent, weyse und geperde aus rechter mutter sprach und stymme kommen.«* (*Wider die himmlischen Propheten*, 1525). Seine musikalische Ausbildung befähigte ihn in besonderer Weise, diesem Anspruch gerecht zu werden. *»Luthers überragende Bedeutung für das Kirchenlied besteht darin, daß er nicht nur Theologe und Dichter, sondern auch in hohem Maße musikalisch gebildet war, seine Kirchenlieder sind selbst dann wie aus einem Guß, wenn er ältere Texte übernimmt und weiterdichtet oder ältere Weisen, teils unverändert, teils umgeformt verwendet.«* (K. Ameln).
In der Geschichte der Liturgik und Hymnologie gehört Luther zu den bedeutendsten Liedschöpfern. Die Überzeugungskraft reformatorischer Glaubensgewißheit prägte Inhalt und Form. Als Dichter geistlicher Lieder verbindet Luther sprachkünstlerische Meisterschaft und musikästhetische Bildung mit hermeneutisch-exegetisch fundierter Texttreue und katechetisch-pädagogischer Erfahrung. Die Stilmittel des epischen Erzählliedes sind ihm ebenso vertraut wie der innige Ton des Volksliedes. Die bildhafte Pointierung der Aussage (*»der alt böse feind«*) steht neben der apodiktisch-bekenntnishaften Sentenz (*»ein wörtlin kan yhn fellen«; »das wort sie sollen lassen stan«*). Luthers poetische Originalität erweist sich jedoch auch im Prozeß der Anknüpfung, Aufnahme, Übertragung, Bearbeitung und Erweiterung. Das von Luther bevorzugte siebenzeilige, als »Lutherstrophe« bezeichnete Strophenschema mit zwei doppelzeiligen, in Metrum und Melodie gleichgebauten Teilen (»Stollen«) und dreizeiligem Abgesang (mit neuer Melodie) ist zwar nicht originär, jedoch souverän der Tradition nachgestaltet. Es kann als Konsensus der germanistischen Lutherforschung gelten, daß *»das besondere Verdienst Luthers … auf seiner geschickten Verbindung der Strenge alter lateinischer Kirchengesänge mit den Regeln des Meistergesanges, der Gefälligkeit zeitgenössischer Gesellschaftslieder und der Schlichtheit volkstümlichen Singgutes«* beruht (H. Wolf). Darin begründet sich der Formenreichtum seiner Kirchenlieder.
Das Singen geistlicher Lieder ist Ausdruck des Gotteslobes und der Freude des Glaubens, zugleich Bezeugung und Verkündigung des Evangeliums: *»Denn Gott hat unser hertz und mut frölich gemacht / durch seinen lieben Son / welchen er für uns gegeben hat zur erlösung von sunden / tod und Teuffel. Wer solchs mit ernst gleubet / der kans nicht lassen / er mus frölich und mit lust davon singen und sagen / das es andere auch hören und herzu komen.«* (*Vorrede zum Babstschen Gesangbuch*, 1545). Seine Gesangbuchvorreden lassen den Stellenwert erkennen, den Luther dem Gesangbuch für Gottesdienstgestaltung, Unterweisung und Erbauung beimißt. Auch die Musikerziehung der Jugend will er – seiner Vorrede zu J. Walters Chorgesangbuch von 1524 zufolge – durch den Gesang gefördert wissen; im Gegensatz zur Bildungsverachtung der Radikalen will er *»alle künste, sonderlich die Musica, gern sehen im dienst des, der sie (ge)geben und geschaffen hat«*.
Neben Bibelübersetzung und Katechismus wirkten Luthers Lieder für Jahrhunderte sprach- und stilbildend. Die epochemachende poetische und sprachkünstlerische Bedeutung seines Liedschaffens haben u. a. M. Claudius, J. G. Herder, E. M. Arndt und R. A. Schroeder erkannt und gewürdigt. Für die Rezeptionsgeschichte ist bezeichnend, daß die Luther-Lieder nicht nur im unmittelbaren Verbreitungsgebiet der Reformation im gottesdienstlichen Gebrauch waren und bis heute in den Gemeinden lebendig sind, sondern auch in die Gesangbücher anderer Konfessionen aufgenommen worden sind. E.H.P.

Ausgaben: A. J. Rambach, *Ueber D. M. L.s Verdienst um den Kirchengesang … Nebst einem aus den Originalen genommenen Abdruck sämtlicher Lieder und Melodien*…, Hbg. 1813. – C. v. Winterfeld, *M. L.s geistliche Lieder nebst den während seines Lebens dazu gebräuchlichen Singweisen*…, Lpzg. 1840. – Ph. Wackernagel, *M. L.s geistliche Lieder mit den zu seinen Lebzeiten gebräuchlichen Singweisen*, Stg. 1848. – *D. M. L.s Werke (WA)* Bd. 35, hg. u. eingeleitet v. W. Lucke, mit Beiträgen v. H. J. Moser zu den Singweisen und Notentexten, Weimar 1923; Neuedition: *L.s Geistliche Lieder und Kirchengesänge. Vollständige Neuedition in Ergänzung zu Bd. 35 der Weimarer Ausgabe*, bearb. v. M. Jenny, Köln/Wien 1985 (Archiv z. WA, Bd. 4; m. Bibliogr.). – *Das Klugsche Gesangbuch*, Hg. K. Ameln, Kassel/Basel 1954. – M. Luther, *Die deutschen geistlichen Lieder*, Hg. G. Hahn, Tübingen 1967. – *Das deutsche Kirchenlied. Krit. Gesamtausgabe der Melodien bis 1800*, Hg. K. Ameln, M. Jenny u. W. Lipphardt. Bd. I/1: *Verzeichnis der Drucke*. I/2: *Register*, Kassel 1975 u. 1980. – D. M. Luther, *Ein feste Burg. Luthers Kirchenlieder nach der Ausgabe letzter Hand von 1545*, Hg. J. Heimrath u. M. Kurth, Mchn./Zürich 1983. – M. Jenny, *L., Zwingli, Calvin in ihren Liedern*, Zürich 1983.

Literatur: H. Preuß, *M. L. Der Künstler*, Gütersloh 1931. – H. J. Moser, *Die Melodien der Lutherlieder*, Lpzg./Hbg. 1935. – Chr. Müller, *L.s Lieder. Theologische Auslegung*, Göttingen 1936. – R. A. Schroeder, *Dichtung und Dichter der Kirche*, Bln. 1936; erw. Ausg. Witten/Bln. [2]1964. – F. Messerschmidt, *Das Kirchenlied L.s. Metrische u. stilistische Studien*, Würzburg 1937. – Ch. Schneider, *L. poète et musicien et les Enchiridien*, Genf 1942. – O. Schlißke, *Handbuch der Lutherlieder*, Göttingen 1948. – *Handbuch zum Evangelischen Kirchengesangbuch*, Hg. Chr. Mahrenholz u. O. Söhngen, Göttingen/Bln. 1953 ff. – K. Burba, *Die Christologie in L.s Liedern*, Gütersloh 1956. – M. Gabriel, *Das deutsche evangelische Kirchenlied von M. L. bis zur Gegenwart*, Bln. [3]1956. – K. Ameln, Art. *Lied: C. Das Kirchenlied* (in MGG, Bd. 8, 1960, Sp. 797–810). – W. Blankenburg, Art. *M. L.* (ebd., Sp. 1334–1346). – K. Ameln, *L.s Liedauswahl* (in Jb. f. Liturgik und Hymnologie, 5, 1960, S. 122–125). – E. Sommer, *Die Metrik in L.s Liedern* (ebd., 9, 1964, S. 29–81). – W. Braun, *Die evangelische Kontrafaktur. Bemerkungen zum Stand ihrer Erforschung* (ebd., 11, 1966, S. 89–113). – G. Baesecke, *L.s deutscher Versbau* (in G. B., *Kleine metrische Schriften*, hg. v. W. Schröder, Mchn. 1968, S. 142–187). – G. Hahn, *»Christ ist erstanden, gebessert«. Zu L.s Stellung in der Geschichte des deutschen Gemeindeliedes* (in *Werk – Typ – Situation. Fs. f. H. Kuhn*, Stg. 1969, S. 326–345). – H. J. Laubach, *L.s Tauflied* (in Jb. f. Liturgik u. Hymnologie, 16, 1971, S. 134–153). – M. Brecht, *Zum Verständnis von L.s Lied »Eine feste Burg ist unser Gott«* (in ARG, 70, 1979, S. 106–121). – H. Wolf, *M. L. Eine Einführung in germanistische L.-Studien*, Stg. 1980 (Slg. Metzler). – G. Hahn, *Evangelium als literarische Anweisung. Zu L.s Stellung in der Geschichte des deutschen kirchlichen Liedes*, Mchn. 1981. – E. Arndt u. G. Brandt, *L. u. die deutsche Sprache*, Lpzg. 1983. – M. Jenny, *Kirchenlied, Gesangbuch und Kirchenmusik* (in *M. Luther u. die Reformation in Deutschland, Ausstellung z. 500. Geburtstag M. L.s*, Ffm. 1983, S. 293–322). – Dies., *M. L.s Gesangbuch* (in *Leben u. Werk M. L.s von 1526–1546*, Hg. H. Junghans, Bln./Göttingen 1983, S. 303–321; 825–832). – N. Müller, *L.s Psalmlieder und die Mitte seiner Theologie* (in ThLz, 108, 1983, S. 481–492). – A. Völker, Art. *Gesangbuch* (in *Theolog. Realenzyklopädie*, Bd. 12, 1983, S. 547–565). – W. I. Sauer-Geppert, *Sprache und Frömmigkeit im deutschen Kirchenlied*, Kassel 1984 [m. Bibliogr.]. – P. Veit, *Das Kirchenlied in der Reformation M. L.s – eine thematische und semantische Untersuchung*, Stg. 1986. – K. Hauschild, *Gebet und Lied bei L.* (in Luther. Zs. d. Luther-Gesellschaft, 58, 1987, S. 62–74). – M. Jenny, Art. *Kirchenlied I Historisch (bis 1900)* (in *Theolog. Realenzyklopädie*, Bd. 18, 1989).

EIN SENDBRIEFF D. M. LUTHERS. VON DOLMETZSCHEN UND FÜRBIT DER HEILIGENN

Theologisch-hermeneutisches Werk von Martin LUTHER, erschienen 1530. – Luther verfaßte den *Sendbrief* während seines Aufenthaltes auf der Veste Coburg als Antwort auf die Fragen eines Ungenannten (L. SPENGLER ?, G. ROTTMAIER ?, wahrscheinlich handelt es sich lediglich um eine Stilisierung) und übermittelte ihn am 12. 9. 1530 an den Nürnberger Prediger Wenzeslaus LINCK, der ihn mit einem Vorwort veröffentlichte. Im ersten Teil des *Sendbriefs* gibt Luther Rechenschaft über die für seine Bibelübersetzung bestimmenden Grundsätze, im zweiten Teil nimmt er Stellung zur Heiligenverehrung.

Luthers Übersetzung des *Neuen Testaments* (*Das Neue Testament Deutzsch*, 1522), der – vor Vollendung der Gesamtbibel (*Biblia, das ist, die gantze Heilige Schrifft Deudsch*, 1534) zunächst in Einzelteilen – die Übersetzung des *Alten Testaments* folgte, wurde u. a. von Hieronymus EMSER (1523) mit dem Vorwurf bedacht, Luther habe den Text verkehrt und willkürlich behandelt. In seinem *Sendbrief* entwickelt Luther an verschiedenen Beispielen (u. a. *Römerbrief* 3, 28; *Matthäus* 12, 34; *Lukas* 1, 28) die für sein Dolmetschen maßgebenden hermeneutischen Grundsätze. Seine Übersetzung bemüht sich um allergenaueste Wiedergabe des Sinnes, ohne sich sklavisch an das einzelne Wort zu binden; ein Prinzip, das Luther bereits in den *Operationes in Psalmos* (1519–1521) formuliert hatte. Um im Deutschen den Sinn, die »Meinung«, des hebräischen und griechischen Textes sachgemäß wiederzugeben, kann der Dolmetscher – um des rechten Dolmetschens willen – bisweilen gezwungen sein, *»die Buchstaben fahren [zu] lassen«*. Während der »Buchstabilist« Wort für Wort überträgt und dabei (latinisierend) die dem Sprachgefüge des Deutschen entsprechenden Gesetze verfehlt, weiß Luther – im Gegensatz zur Tradition der mittelalterlichen *Vulgata*-Übertragungen und zum zeitgenössischen humanistischen Verbalismus –, daß (den *Summarien uber die Psalmen und ursachen des Dolmetschens*, 1533, zufolge) *»nicht der Sinn den Worten, sondern die Worte dem Sinn dienen und folgen sollen«*. Indem Luther im *Sendbrief* die für seine Bibelverdeutschung bestimmenden Prinzipien erläutert, weist er zugleich die Schriftgemäßheit seines neuen evangelischen Gesamtverständnisses (*Römerbrief* 3, 28: *»allein durch den Glauben«*) nach.

Während die älteren deutschen Bibelübersetzungen – im Anschluß an die *Vulgata* – eher den Charakter einer Interlinearversion als einer Verdeutschung tragen, ist Luthers von den zeitgenössischen Gegnern verkannte Übertragung das Werk eines Künstlers, *»dessen Kraft der Sprache«* und *»große und starke Art des deutschen Ausdrucks«* (F. von SCHLEGEL) in der prophetischen Ergriffenheit durch die zur Sprache kommende Sache begründet ist. Allerdings bedurfte es – Niederschriften und Revisionsprotokolle bestätigen die Feststellung des *Sendbriefs* – eines gewaltigen Ringens sowohl um das Verständnis des Urtextes wie um die sprachliche Ausformung des deutschen Ausdrucks; an vielen Stellen ist es erst nach mehrmaligen (in den Bibelrevisionen bis 1546 fortgesetzten) Versuchen gelungen, die mit dem Text gemeinte Sache deutsch wiederzugeben. Luthers sprachkünstlerische Meisterschaft zeigt sich besonders in dem Reichtum der Ausdrucksmöglichkeiten und in dem Feingefühl bei der Wahl des sachgerechten

Wortes. (Rhythmus und Syntax weisen die Lutherbibel als für die mündliche Verlesung bestimmtes »Predigt«-Buch aus. Die neueren Bibelrevisionen haben davon schon Erhebliches abgetragen.)
Von der Tendenz zur Vergeistigung und Verflüchtigung der Wort-Wörtlichkeit (wie sie den deutschen Mystikern nahelag, die auf der Suche nach dem sprachschöpferischen Ausdruck des Glaubens in der Muttersprache vorangingen) unterscheidet sich Luther durch sein Festhalten am konkreten Wortsinn; so war er bei seinem Übersetzungswerk darauf bedacht, dort, wo an einem Wort – um des Sinnes willen – gelegen sei, es nach dem Buchstaben zu behalten. Wenn die Sache es erfordert, nimmt der Übersetzer eher in Kauf, der deutschen Sprache Abbruch zu tun, als von dem Wort abzulassen. Nachdrücklich betont Luther, daß der Übersetzer, um den Sinn und die Meinung des Textes zu erheben, der »Sprachen« bedürfe.
Als Sprachkunstwerk, das aus dem gesprochenen Wort lebt, wirkte die Lutherbibel für Jahrhunderte nicht nur stilbildend, sondern auch (im Hinblick auf die Vorformung einer deutschen Hochsprache) sprachbildend. Goethe urteilte, die Deutschen seien erst ein Volk durch Luther geworden. Erneuerer der deutschen Sprache wie Lessing, Herder, Hamann, Klopstock, E.M. Arndt schöpften unmittelbar aus der Ursprünglichkeit der Luther-Sprache. Hegel sah in der Übersetzung der *Bibel* in die Muttersprache *»eine der größten Revolutionen, die geschehen konnten«*, und bemerkte: *»Erst in der Muttersprache ausgesprochen ist etwas mein Eigentum ... Luther hätte nicht seine Reformation vollendet, ohne die Bibel ins Deutsche zu übersetzen.«* Dem reinen und klaren Deutsch, das Luther im Dolmetschen zu geben sich beflissen hat, zollte auch Nietzsche seine Hochachtung, wenn er äußerte, gegen Luthers *Bibel* gehalten, die ihm als *»das Meisterstück der deutschen Prosa«* galt, sei fast alles übrige nur »Literatur«. E.H.P.

Ausgaben: Nürnberg 1530; Faks. 1979. – Wittenberg 1530. – Weimar 1909 (in *Werke*, Abt. I, Bd. 30/2; *Weimarer Ausg.*; krit.; dazu: Revisionsnachtrag, Weimar 1967). – Bln. 1935 (in *Werke in Ausw.*, Hg. O. Clemen u. A. Leitzmann, 8 Bde., 1930–1935, 4; 61967). – Halle 1951, Hg. K. Bischoff. – Halle 1968, Hg. u. Einl. E. Arndt. – Bln. (DDR)/Bielefeld 1983 (in *Studienausg.*, Hg. H. U. Delius u. a., 1979 ff., Bd. 3). – Bln. (DDR)/Bielefeld 1984 (in *Taschenausg.*, Hg. H. Beintker u. a., 5 Bde., 1981–1984, 2).

Literatur: H. Preuß, *L. Der Künstler*, Gütersloh 1931. – W. Schanze, *L. auf der Veste Coburg* (in *L. in Thüringen*, Hg. R. Jauernig, Bln. o. J. [1952], S. 108–121). – J. Erben, *Grundzüge einer Syntax der Sprache L.s*, Bln. 1954. – H. Bornkamm, *L. im Spiegel der dt. Geistesgeschichte*, Heidelberg 1955. – H.-O. Burger, *L. als Ereignis der Literaturgeschichte* (in Luther-Jb., 24, 1957, S. 86–101). – H. Volz, Art. *Bibelübersetzungen IV: Deutsche* (in RGG, 1, Sp. 1201 ff.; m. Bibliogr.). – P. Meinhold, *L.s Sprachphilosophie*, Bln. 1958. – J. Erben, *L. u. die neuhochdeutsche Schriftsprache* (in *Deutsche Wortgeschichte*, Hg. F. Maurer u. F. Stroh, Bd. 1, Bln. 21959, S. 439–492). – E. Arndt, *L.s deutsches Sprachschaffen*, Bln. 1962. – O. Mann, *L.s Anteil an der Gestaltung der neuhochdeutschen Schriftsprache u. Literatur* (in Luther. Zs. der Luther-Gesellsch., 34, 1963, S. 8–19). – K. Ihlenfeld, *Zur Entlutherisierung der Bibel* (ebd., 35, 1964, S. 15–24). – H. Bornkamm, *L. als Schriftsteller*, Heidelberg 1965. – H. Bluhm, *M. L. Creative Translator*, St. Louis 1965. – F. Tschirch, *Spiegelungen. Untersuchungen vom Grenzrain zwischen Germanistik u. Theologie*, Bln. 1966. – G. Kettmann, *Die kursächsische Kanzleisprache zwischen 1486 u. 1546*, Bln. 1967. – F. Tschirch, *Geschichte der dt. Sprache*, 2. Teil: *Entwicklung und Wandlungen der dt. Sprachgestalt vom Hochmittelalter bis zur dt. Gegenwart*, Bln. 1969. – H. Volz, *D. Martin Luther. Die gantze Heilige Schrift Deudsch. Wittenberg 1545*, Mchn. 1972. – H. Bornkamm, *L. Gestalt u. Wirkungen*, Gütersloh 1975, S. 30–64. – W. J. Sauer-Geppert, Art. *Bibelübersetzungen III: Mittelalterliche u. reformationszeitliche Bibelübersetzungen* (in *Theologische Realenzyklopädie*, Bd. 6, Bln./NY 1980, S. 228–246; m. Bibliogr.). – E. Arndt u. G. Brandt, *L. und die dt. Sprache*, Lpzg. 1983. – H. Reinitzer, *Biblia deutsch. L.s Bibelübersetzung u. ihre Tradition*, Wolfenbüttel/Hbg. 1983. – J. Schildt, *M. L. und die dt. Bibel*, Eisenach 1983. – *Ursprung der Biblia Deutsch von M. L.*, Stg. 1983 [Ausst.Kat.]. – H. Bluhm, *L. Translator of Paul. Studies in Roman and Galatians*, NY 1984. – H. Günther, *Die Kraft des Worts ins Deutsche bringen. Zum Verständnis der Bibelübersetzungen M. L.s*, Oberursel 1985.

VON DER FREYHEYT EYNISZ CHRISTEN MENSCHEN

Reformatorische Schrift von Martin Luther, erschienen im November 1520. – Der prägnanteren und strafferen lateinischen Fassung des Werks, die – ebenfalls 1520 – kurz nach der deutschen erschien, steht ein Sendbrief Luthers an Papst Leo X. (reg. 1513–1521) voran: *Epistola Lutheriana ad Leonem Decimum Summum Pontificem. Tractatus de libertate Christiana.* (Der auf den 6. September zurückdatierte Sendbrief steht im Zusammenhang mit den Ausgleichsbemühungen des Augustiner-Eremiten-Ordens, des kursächsischen Hofes und des in kurialen Diensten tätigen Karl von Miltitz.) – Der Traktat *Von der Freiheit eines Christenmenschen*, thematisch eng mit dem Sermon *Von den guten Werken* (1520) verbunden und in Luthers gleichzeitiger theologisch-exegetischer Arbeit (*Operationes in Psalmos*, 1519–1521) verwurzelt, gehört mit den großen Reformationsschriften des Jahres 1520 zu den wirkungskräftigsten Veröffentlichungen des Reformators. Wie in dem Sendbrief an Papst Leo X. ausgesprochen, enthält die Schrift *»die ganze Summe eines christlichen Lebens«*.

Ausgehend von den beiden dialektisch aufeinander bezogenen Sätzen: *»Ein Christenmensch ist ein freier Herr über alle Dinge und niemand untertan«* und: *»Ein Christenmensch ist ein dienstbarer Knecht aller Dinge und jedermann untertan«*, deutet Luther die christliche Existenz als Freiheit im Glauben und Dienst der Liebe. Dem »Zugleich« von Freiheit und Bindung entspricht das Miteinander von *»inwendigem geistlichem«* (im Glauben an Gottes Verheißungswort freiem) und *»äußerlichem«* (in zeitlich-geschichtlichen Bindungen existierendem) Menschen, der in Erwartung der zukünftigen Heilsvollendung den Glauben zu bewähren hat. Luthers *»simul peccator – simul iustus« (»Sünder und gerecht zugleich«)* entsprechend, wird das in Christus begründete Rechtbeschaffensein dem Menschen mittels der Zurechnung *(imputatio)* von Christi Gerechtigkeit zuteil und bleibt als Christi Werk am Menschen einer zuständlich-dinglichen Verfügbarkeit entnommen.

Von Luthers Inkarnationstheologie gewinnt der auch der mittelalterlichen Mystik vertraute Gedanke vom *»fröhlichen Wechsel und Streit«* seine besondere Prägung: Der Bräutigam Christus gibt der mit ihm im Glauben vereinigten Seele seine Gerechtigkeit zu eigen und nimmt deren Sünde auf sich. Die Christusgemeinschaft (als Grund der Rechtfertigungserfahrung) bedeutet Teilhabe an den Gütern Christi: Gnade, Gerechtigkeit, Frieden und Freiheit. Obwohl der im Glauben Gerechtfertigte keines Werkes bedarf, um die Seligkeit zu erlangen (vielmehr werde er durch den Glauben aller Dinge Herr, ja König und Priester mit Christus), soll er, *»ob er nun ganz frei ist, sich wiederum williglich (zu) einem Diener machen, seinem Nächsten zu helfen, mit ihm (ver)fahren und handeln, wie Gott mit ihm durch Christus (ge)handelt hat.«* Luthers jedes meritorische Denken ausschließende christologische Begründung der Ethik motiviert die Bindung an den Nächsten mit der Hingabe Christi: dem *»Nächsten auch werden ein Christ* [lat. Fassung: *Christus*], *wie Christus mir worden ist«.* – Auch in seinem Freiheitstraktat, einem noch heute gültigen Ausdruck reformatorischer Glaubensgewißheit, begegnet Luther dem Leser als *»ein Ausleger der christlichen Botschaft von solcher Ursprünglichkeit und Kraft . . ., wie er in den zweitausend Jahren dieser Botschaft selten erstanden ist«* (H. Gollwitzer). E.H.P.

AUSGABEN: Wittenberg 1520. – Lpzg. 1520; Faks. Nürnberg 1979. – Weimar 1897 (in *Werke*, Abt. I, Bd. 7; *Weimarer Ausg.*; krit.). – Mchn. 1914 (in *AW*, Hg. H. H. Borcherdt u. H. Barge, 8 Bde., 1914–1925, 2; ³1948; ern. 1983). – Bln. 1934 (in *Werke in Auswahl*, Hg. O. Clemen u. A. Leitzmann, 8 Bde., 1930–1935, 2; ⁶1967). – Mchn. 1961 [Nachw. E. Wölfel]. – Bln. (DDR)/Bielefeld 1982 (in *Studienausg.*, Hg. H. U. Delius u. a., 1979 ff., Bd. 2; krit.). – Mchn. 1983 (in *Die reformatorischen Grundschriften*, Hg. H. Beintker, 4 Bde., 4; dtv). – Bln. (DDR)/Bielefeld 1984 (in *Taschenausg.*, Hg. ders. u. a., 5 Bde., 1981–1984, 2). – Zürich 1990 (*Die Freiheit eines Christen*, in *Von christlicher Freiheit*; Übers. d. lat. Fassg. u. Komm. v. H. Beintker; Essay E. Stammler).

LITERATUR: H. Preuß, *M. L. Der Christenmensch*, Gütersloh 1942, S. 30 ff. – W. Maurer, *»Von der Freiheit eines Christenmenschen«. Zwei Untersuchungen zu L.s Reformationsschriften 1520/21*, Göttingen 1949. – F. W. Kantzenbach, *Christusgemeinschaft u. Rechtfertigung. L.s Gedanke vom fröhlichen Wechsel als Frage an unsere Rechtfertigungsbotschaft* (in Luther. Zs. der L.-Ges., 35, 1964, S. 34–45). – G. Wünsch, *L. u. die Gegenwart*, Stg. 1961, S. 93 ff. – P. Althaus, *Die Theologie M. L.s*, Gütersloh ²1963. – G. Ebeling, *L. Einführung in sein Denken*, Tübingen 1965, S. 178 ff.; 293 ff. – *Kirche, Mystik, Heiligung u. das Natürliche bei L.*, Hg. I. Asheim, Göttingen 1967, S. 71 ff. – W. Joest, *Ontologie der Person bei L.*, Göttingen 1967. – A. Adam, *Lehrbuch der Dogmengeschichte*, Bd. 2, Gütersloh 1968, S. 233 ff. – B. Stolt, *Studien zu L.s Freiheitstraktat*, Stockholm 1969. – E. Jüngel, *Zur Freiheit eines Christenmenschen. Eine Erinnerung an L.s Schrift*, Mchn. 1978. – R. Mehl, Art. *Freiheit V: Ethisch* (in *Theologische Realenzyklopädie*, Bd. 11, Bln./NY 1983, S. 511–533). – G. Wehr, *M. L. Mystische Erfahrung und christliche Freiheit im Widerspruch*, Schaffhausen 1983. – J.-L. Gasse, *Le traité de la liberté du chrétien de M. L.*, Paris 1984.

GEORGIUS MACROPEDIUS

Joris van Lan(c)kveld oder Langhveld(t)
* 1475 Gemert
† Juli 1558 Herzogenbusch

HECASTUS

(nlat.; *Jedermann*). Drama in fünf Akten von dem Niederländer Georgius MACROPEDIUS, erschienen 1539. – Das Werk behandelt die in der Moderne durch HOFMANNSTHALS *Jedermann* wiederbelebte Fabel vom Menschen, der vor Gottes Thron gerufen wird. Hecastus, ein reicher Bürger, führt zusammen mit seinen Freunden ein üppiges Leben. Als in seinem Haus eben ein neues Fest vorbereitet wird, erscheint ein Bote Gottes, der den Reichen vor den Richterstuhl *»seines Herrn«* lädt. Hecastus' Freunde und Söhne weigern sich, ihn zu begleiten. Virtus (Personifizierung der Fähigkeit zum Guten) und Fides (der Glaube) sind jedoch bereit, ihn vor Gott zu verteidigen. So stirbt er getröstet.

Die Jedermann-Geschichte war im späten Mittelalter durch Moralitätenspiele weit verbreitet. Ein englischer *Everyman* war gegen 1500 von Pieter van DIEST unter dem Titel *Elckerlijc* (vgl. *Den Spieghel der Salicheit van Elckerlijc*) ins Niederländische übertragen worden (einer anderen Forschungsrichtung zufolge ist der *Everyman* eine Übersetzung des *Elckerlijc*). Diests Werk wiederum diente Christian Ischyrius als Vorlage für seinen lateinischen *Homulus*, der Macropedius zu seinem Drama anregte. Verglichen mit den mittelalterlichen Moralitäten und dem Stück seines unmittelbaren Vorgängers wirkt Macropedius' Drama weitaus realistischer: die allegorischen Figuren seiner Vorlagen sind, mit ganz wenigen Ausnahmen wie Virtus und Fides, gestrichen, ebenso die überirdischen Gestalten (Gott); nur Tod und Satan treten noch *in persona* auf. Mit echt niederländischem liebevollem Realismus zeichnet der Dichter dagegen die häusliche Sphäre des Hecastus: Dienerszenen werden in die Handlung eingebaut, und alle Personen sind individuell charakterisiert. Bemerkenswert ist das dramaturgische Geschick des Autors: Die Szenen und Monologe sind kurz und prägnant, der Dialog läuft gelegentlich in stichomythische Abschnitte aus; besonders wirkungsvoll sind die Aktschlüsse. Auch auf die metrische Gestaltung legt der Dichter Wert. Vor jeder Szene nennt er das im folgenden verwendete Metrum, meist jambische Trimeter und Tetrameter, bei den Chören, die den ersten bis vierten Akt abschließen, auch Kurzverse in jambischen Dimetern.

Im Gegensatz zum zeitgenössischen deutschsprachigen Drama trägt der *Hecastus* seine Moral nicht in lehrhaften Exkursen vor: sie soll sich vielmehr aus den Chören und der Handlung selbst ergeben. – Macropedius' *Hecastus* gehört zu den beliebtesten neulateinischen Dramen des 16. Jh.s und gilt als bedeutendstes Werk des Dichters. Er wurde mehrmals nachgeahmt (vgl. *De düdesche Schlömer* von Johannes Stricker), ins Deutsche, Dänische und Schwedische übersetzt und erlebte bis zum Ende des Jahrhunderts zahlreiche Aufführungen an vielen Orten. A.Sch.

Ausgaben: Antwerpen 1539. – Köln 1539. – Lpzg. 1927 (in *Drei Schauspiele vom sterbenden Menschen*, Hg. J. Bolte; BLV, 269/270).

Übersetzungen: *Hecastus*, L. Rappolt, Nürnberg 1552. – *Hecastus*, C. Spangenberg, Wolfenbüttel 1564. – *Hecastus ein geistlich Spil vom Ampt u. Beruf eines jeden Menschen*, H. P. Rebenstock, Ffm. 1568. – *Georgii Macropedii Hecastus*, J. Schreckenberger, Straßburg 1589. – *Comedia germanica Hecastos seu Homulus*, M. A. Sauer, Marburg 1591.

Bearbeitungen: Th. Naogeorgus, *Tragoedia nova Mercator seu Judicium, in quam in conspectum ponuntur apostolica et papistica doctrina, quantum utraque in conscientiae certamine valeat, et quis utriusque futurus sit exitus*, o. O. [Basel] 1540. – H. Sachs, *Comedi Von dem reichen sterbenden menschen, Der Hecastus genant* (in *Nürnberger Folioausgabe*, Bd. 2, Nürnberg 1560).

Literatur: K. Goedeke, *»Every-Man«, »Homulus« u. »Hekastus«*, Hannover 1865. – D. Jacoby, *G. M. Ein Beitrag zur Literaturgeschichte des 16. Jh.s*, Bln. 1886 (Progr. Königstadt). – J. Hartelust, *De dictione G. M.*, Diss. Utrecht 1902. – A. Roersch, *»Elckerlijc« – »Everyman« – »Homulus« – »Hekastus«* (in ASSL, 13, 1904, S. 13–16). – H. Lindner, *Hofmannsthals »Jedermann« u. seine Vorgänger*, Diss. Lpzg. 1928. – H. de Vocht, *»Everyman«. A Comparative Study of Texts and Sources*, Löwen 1947. – U. Schulz, *Die Beziehungen von Hofmannsthals »Jedermann« zu »Everyman« u. »Hecastus«*, Diss. Marburg 1949. – RL, 2, Sp. 656–658 [m. Bibliogr.]. – H. Wiemken, Einl. zu *Vom Sterben des reichen Mannes. Die Dramen von Everyman, Homulus, Hecastus u. dem Kauffmann*, Hg. H. W., Bremen 1965. – T. W. Best, *Heralds of Death in Dutch and German »Everyman« Plays* (in Neoph, 65, 1981, S. 397–403). – B. Verschelde, *M.' »Hecastus« (1539), Ischyrius' »Homulus« (1536) en »Elckerlijc«* (in Handelingen van de Koninklijke Zuidnederlandse maatschappij voor taal- en letterkunde en geschiedenis, 37, 1983, S. 235–254).

Thomas Murner

* 24.12.1475 Oberehnheim / Straßburg
† vor dem 23.8.1537 Oberehnheim

Literatur zum Autor:
W. Riess, *Quellenstudien zu M.s satirisch-didaktischer Dichtung*, Diss. Bln. 1891. – J. Popp, *Die Metrik u. Rhythmik Th. M.s*, Diss. Heidelberg 1899. – T. v. Liebenau, *Der Franziskaner Dr. Th. M.*, Freiburg i. B. 1913. – J. Lefftz, *Die volkstümlichen Stilelemente in M.s Satiren*, Straßburg 1915. – E. Fuchs, *Th. M.s Belesenheit, Bildungsgang u. Wissen*, Diss. Breslau 1924. – P. Scherrer, *M.s Verhältnis zum Humanismus*, Diss. Mchn. 1930. – R. Newald, *Probleme u. Gestalten des dt. Humanismus*, Bln. 1963. – B. Könneker, *Wesen u. Wandlung der Narrenidee im Zeitalter des Humanismus. Brant, M., Erasmus*, Wiesbaden 1966. – F. Eckel, *Der Fremdwortschatz Th. M.s. Ein Beitrag zur Wortgeschichte des frühen 16. Jh.s. Mit einer vollständigen Bibliographie*, Göppingen 1978. – H. Heger, *Th. M.: Mönch, Dichter, Gelehrter*, Karlsruhe 1983 [Vortrag].

DOCTOR MURNERS NARREN BSCHWERUNG

Zeitsatire in Reimpaaren von Thomas Murner, entstanden 1509–1512, erschienen 1512. Das Werk wurde wiederholt aufgelegt und 1556 in einer Bearbeitung von Jörg WICKRAM unter dem Titel *Die Narren beschwerung* herausgegeben. – *»Der narren orden ist so groß, / Das er füllt all weg und stroß, / Dörffer / stett / flecken, landt. / Die hat uns all sebastian brant / Mit bracht im narren schiff«*: Um der Unzahl der mit dem Narrenschiff (1494) nach Deutschland gekommenen Narren ledig zu werden, hat Murner, Franziskanermönch und später neben Johann ECK einer der wichtigsten literarischen Gegner Martin LUTHERS, in der Maske eines franziskanischen Exorzisten *»ein nüwe kunst und leren / Erdicht, diesselben zuo beschweren / Uß unsern landen tryben dannen / Und in die welschen lender bannen«*. Doch das in der *Vorrede* in witziger Anknüpfung an BRANT umrissene Programm einer Narrenbeschwörung und -bannung wird im Verlauf des Buches zugunsten einer breiten, immer von neuem ansetzenden Aufzählung aller Narren und Narrheiten weitgehend vernachlässigt. Die Beschwörung endet schließlich in einer Beschreibung, die von den überwiegend dem *Narrenschiff* entlehnten, zum Teil derb vergröberten und mit gängigen Sprichwörtern und Redensarten erläuterten Holzschnitten ausgeht, zum Beispiel *Das graß hören wachsen, By der nasen fieren, Ein esel latyn leren* oder *Mit dreck versigelen*. Ein resümierender Vierzeiler, bald dem jeweils dargestellten Narren, bald dem Beschwörer in den Mund gelegt, leitet jedes der nahezu 100 Kapitel ein, in denen, mehr von der Willkür des Einfalls als von einer festen Konzeption bestimmt, die Narrheit in immer neuen Varianten gegeißelt wird. Der entscheidende Aspekt für Murner ist dabei das Maß ihrer Sündhaftigkeit: *»Das ich üch narren hab genannt, / Das hab ich thon in dem verstandt, / Das ich üch all für sünder schetz, / Die wider gott und syn gesetz / Handtlent offt uß blödigkeit«* (Kap. 97).

Ähnlich wie in Brants *Narrenschiff* bilden auch in der *Narren bschwerung* neben den Kardinalsünden des Mittelalters – Wollust, Völlerei, Hoffart, Geiz, Neid, Zorn und Faulheit – Laster und Schwächen in allen ihren Erscheinungsformen den Grundbestand menschlicher Torheit. Angeprangert werden vor allem die sittliche und geistige Verwahrlosung des Klerus, aber auch die Verkommenheit des Adels und die Anmaßung der Bürger und Bauern. Indem er diese Mißstände aufzeigt, verbindet Murner traditionelle Zeitklage und Ständesatire mit beißender Gesellschaftskritik, die sich am korrumpierten Pfründewesen ebenso entzündet wie an der sich anbahnenden Vermischung der Stände. Das sich hierin manifestierende, durchaus noch am Mittelalter orientierte Denken hindert den Autor nicht daran, zum einen mit aller Entschiedenheit für die Interessen der Armen, vor allem der Bauern, einzutreten und gegen die räuberischen *»herren«* Partei zu ergreifen, und zum anderen Papst und Kaiser als *»adams kinder«* und damit als Sünder und Narren zu beschwören. Angesichts der Drohung des Jüngsten Gerichts sind sie alle gleich, und Murner nennt folgerichtig jeden *»einen narren, / Der in sünden thůt verharren / Und nympt all hie ein zytlichs an, / Das er mieß ewig mangel han«*.

Die trotz vieler motivischer und kompositorischer Anleihen aus dem *Narrenschiff* durchaus selbständige *Narren bschwerung* (auch in der Schärfe ihrer Kritik, die kein Tabu zu kennen scheint, geht sie weit über Brant hinaus) erweist sich gegenüber der kunstvollen Kompilation Brants als das Werk eines viel originäreren Autors. In Murners an Wiederholungen, Variationen und assoziativen Abschweifungen reichen, streckenweise predigthaften und häufig durch Dialoge aufgelockerten Text fügen sich Zitate, die allgemein verständliche, der Bibel und populären Schwanksammlungen entlehnte »Exempla« und Sprichwörter reproduzieren, bruchlos ein. Der drastisch-derben Sprache korrespondiert das noch nicht geglättete, mit Dreireimen alternierende volkstümliche Reimpaar. C.St.

AUSGABEN: Straßburg 1512. – Straßburg 1518. – Straßburg 1556, Hg. u. Bearb. J. Wickram. – Lpzg. 1879, Hg. K. Goedeke; Nachdr. Nendeln 1974. – Halle 1894, Hg. M. Spanier (NdL, 119–126; [2]1912). – Bln./Lpzg. 1926 (in *Th. M.s Deutsche Schriften*, Hg. F. Schultz u. a., 9 Bde., 1918–1931, 2, Hg. M. Spanier; krit.).

LITERATUR: M. Spanier, *Über M.s »Narrenbeschwörung« u. »Schelmenzunft«* (in Beitr., 38, 1913, S. 567–570). – Th. Maus, *Brant, Geiler u. M. Studien zum »Narrenschiff«, zur »Navicula« u. zur »Narrenbeschwörung«*, Diss. Marburg 1914. – M. Wolters, *Beziehungen zwischen Holzschnitt u. Text bei Brant u. M.*, Diss. Straßburg 1917. – M. Spanier, *Die Chronologie von M.s »Narrenbeschwörung« u. »Schelmenzunft«* (in *Aufsätze zur Sprach- u. Literaturgeschichte, W. Braune zum 20. Februar 1910 dargebracht*, Dortmund 1920). – F. Genschmer, *The Treatment of the Social Classes in the Satires of Brant, M. and Fischart*, Diss. Univ. of Illinois 1934. – H. Willde, *Die Zeitfolge in Murners »Narrenbeschwörung« u. »Schelmenzunft«*, Diss. Ffm. 1935. – M. Held, *Das Narrenthema in der Satire am Vorabend u. in der Frühzeit der Reformation*, Diss. Marburg 1945. – J. Pelzer, *»Alle Ding sindt koeuflich worden«. Geldklage u. satirische Gesellschaftskritik in Th. M.s »Narrenbeschwörung«* (in GRM, 29, 1979, S. 146–158).

DER SCHELMEN ZUNFFT. Anzeigůng alles Weltleuffigen můtwils, Schalckheiten vnd bieberyen diser zeyt. Durch den hochgeleerten herren doctor Thomas můrner von Straßburg schimpfflichen erdichtet und zů Franckfurt an dem meyn mit ernstlichem fůrnemen geprediget

Moralsatire von Thomas MURNER, erschienen 1512. – Der Autor hat seine in Versen abgefaßte satirische Predigt bald nach ihrem Erscheinen stilistisch und rhythmisch geglättet, umgearbeitet und erweitert. Er führt sich selbst in der Vorrede als Zunftschreiber ein, um die Schelme sammeln zu können und sie in den folgenden Kapiteln Revue passieren zu lassen. Menschliche Schwächen, Fehler und Laster werden gebrandmarkt und ihre Vertreter an den Pranger gestellt. Schelme sind die betrügerischen Kaufleute, der das Recht beugende Jurist, die fluchenden und bramarbasierenden Soldaten ebenso wie das fahrende Volk, die faulen Schmarotzer und der unfähige Ratsherr. Zur Zunft der Schelmen zählen auch sämtliche Zungensünder, über die der Dichter besonders erbittert ist, die Heuchler, Verräter, Ehrabschneider und alle, die doppelzüngige, schmeichlerische, falsche, böse, eitle und leere Reden führen. Schelmentum hat sich überall ausgebreitet, in den Familien müssen Sitte und Ehrbarkeit der Habgier und Zügellosigkeit weichen. Von der Kritik bleibt auch die streitsüchtige und verweltlichte Geistlichkeit nicht verschont. Gegen Ende seiner Schrift wendet sich Murner der Religion zu. Der »verlorene Sohn« bekennt sich vor Gott als sündiger Schelm, gesteht seine und seiner Rotte Vergehen ein und überantwortet sich mit der ganzen Zunft dem Erbarmen des Herrn.

Murners *Schelmenzunft* und seine *Narrenbeschwörung* (1512) entstanden gleichzeitig, haben gemeinsame Bilder, Motive und Anschauungen, knüpfen beide an Sebastian Brants *Narrenschiff* und die Predigtkunst des wortgewaltigen Johann Geiler von Kaysersberg an. Beiden liegen kurze lateinische Predigtentwürfe und deutsche Kanzelreden zugrunde, die Murner vermutlich 1511/12 in Frankfurt gehalten hat. Doch im Gegensatz zur *Narrenbeschwörung* fand der Dichter in der Satire über die Schelmen zu seinem eigenen, von keinem Vorbild beeinflußten Stil. Um das Ohr des gemeinen Mannes mit seinen Dichtungen zu erreichen, verzichtet der gelehrte Franziskaner auf allen rhetorischen Prunk, er, der ja weit nachhaltiger als Volksprediger und -schriftsteller gewirkt hat denn als Gelehrter und akademischer Lehrer. In einer sehr sinnlichen und bildhaften Sprache, die durch Dialoge dramatische Wirkung erreicht und volkstümlicher, realistischer wirkt als diejenige Brants, zieht er über die Schelmen her, spart nicht mit sarkastisch derben und zotigen Worten, um vor ihnen und ihrem üblen Treiben zu warnen. Den meisten Kapiteln sind gelungene Holzschnitte beigegeben, die mit dem gedrängten Text eine enge Einheit bilden, wie sie Murner nie mehr erreicht hat. Die *Schelmenzunft* erlangte von allen Satiren des Elsässers den größten Erfolg und Einfluß. R.Bü.

Ausgaben: Ffm. 1512 [erw. Straßburg 1512/13; Nachdr. Bln. 1881, Hg. W. Scherer; Dt. Drucke älterer Zeit in photolithograph. Nachbildung, 1]. – Stg. 1890 (in *Werke*, Hg. G. Balke, 2 Bde., 1; DNL 17/1). – Halle 1890, Hg. E. Matthias (NdL, 85; ern. 1912, Hg. M. Spanier). – Bln./Lpzg. 1925 (in *Th. M.s Deutsche Schriften*, Hg. F. Schultz u. a., 9 Bde., 1918–1931, 3, Hg. M. Spanier; krit.).

Literatur: D. B. Shumway, *Notes on M.'s »Schelmenzunft«* (in MLN, 18, 1903, S. 8–13). – F. Genschmer, *The Treatment of the Social Classes in the Satires of Brant, M. and Fischart*, Diss. Univ. of Illinois 1934. – H. Willde, *Die Zeitfolge in Th. M.s »Narrenbeschwörung« u. »Schelmenzunft«*, Diss. Ffm. 1935. – M. Held, *Das Narrenthema in der Satire am Vorabend und in der Frühzeit der Reformation*, Diss. Marburg 1945. – R. Gruenter, *Th. M.s satirischer Wortschatz* (in Euph, 53, 1959, S. 24–40).

Johannes Pauli

* nach 1450 Pfeddersheim (heute zu Worms)
† zwischen 1530 und 1533 Thann / Oberelsaß

SCHIMPF VN ERNST heiset das buoch mit name durchlaufft es d[er] welt handlung mit ernstlichen vnd kurtzweiligen exemplen parabolen vnd hystorien nützlich vnd gut zuo bessrung der Menschen

Schwanksammlung in alemannischer Mundart von Johannes Pauli, erschienen 1522. – Der Franziskanermönch und Prediger Pauli wurde zu seiner Sammlung wohl durch Johann Geilers von Kaysersberg *Brösamlin* (1517) und *Navicula sive speculum fatuorum* (1510) angeregt; zu diesen Vorlagen gesellt er Erzählungen aus der lateinischen Exempla-Literatur und ordnet die Texte nach ständischen *(Von Nunnen, Von den Ärzten, Von den Spilern)* wie nach moralisch-religiösen Begriffen (*Von der Warheit, Von der Ler Vatter und Muoter, Von der Hoffart* u. a.), nicht ohne die damit entstehenden Reihen der Abwechslung halber bunt zu mischen. Die einzelnen Fabeln, Beispiele, Eulenspiegeleien, Anekdoten und Gleichnisse, die er teilweise durch Übergangsformeln verbindet, weist Pauli dem *»Schimpf«* (d. h. Scherz) oder *»Ernst«*, manchmal auch *»Schimpf vn Ernst«* zu; im Grunde ist Schimpf von Ernst nicht zu trennen. Für mehr als hundert Beispiele diente ihm die alphabetisch gegliederte *Summa predicantium* (1485) des englischen Dominikaners Johannes de Bromyard als Vorbild. Daneben lassen sich mehr als vierzig antike und zeitgenössische Quellen geistlicher und weltlicher Art ausmachen, die *Scala celi* (1476) des südfranzösischen Dominikaners Johannes Gobius Junior, das *Speculum exemplorum* (1507) des Aegidius Aurifaber, das unter dem Namen des Vinzenz von Beauvais gehende *Speculum morale* aus dem 14. Jh., die Legendensammlungen des Jakob von Varazze und Caesarius von Heisterbach, das *Bonum universale de apibus* (1627) des Thomas von Cantimpré, die *Facetiae*-Sammlungen von Il Poggio (G. F. Bracciolini), Heinrich Bebel und Johann Adelphus Muling, der *Ulenspiegel* (1515) und Marquart von Steins *Ritter vom Turn*

(1493). Daneben zitiert Pauli eine Anzahl antiker und mittelalterlicher Gewährsleute, durch andere Schriften vermittelt, sowie, nach den Originaltexten, VALERIUS MAXIMUS, FRONTINUS, CATO, Felix HEMMERLI(N) und Francesco PETRARCA.
Mit seiner Mahnung *»bleib bei dem alten rechten Glauben und laß dich kein nüwen Propheten irren«* verdeutlicht Pauli, was er von LUTHER denkt; das heißt aber keineswegs, daß er sich neueren Anschauungen gänzlich verschließt; vielmehr deckt er die negativen Seiten der traditionellen Kirche auf und macht damit wenigstens indirekt die Notwendigkeit von Reformen sichtbar. Paulis Verspottung menschlicher Fehler und Schwächen, seine Kritik etwa an Geiz und Lüge als den schlimmsten Lastern verraten die didaktische Intention dieses »Predigtbuchs ohne Predigt«. Am intensivsten kommt der lehrhafte Zug in den kurzgefaßten moralischen Lehren zum Ausdruck, die Pauli seinen formelhaft eingeleiteten 693 Geschichten oft anhängt. Vor pessimistischer Weltsicht bewahrt ihn sein behaglicher Humor, der seiner Zeitkritik auch die satirische Schärfe eines Sebastian BRANT und eines Thomas MURNER nimmt. – Paulis Stil ist leicht und anmutig; seine anschauliche Darstellungsweise scheint dem Grundsatz; je kürzer, desto treffender, zu folgen. Der ganz auf den pointierten Schluß hin komponierte, prägnant gefaßte Erzählvorgang erzeugt Spannung, der volkstümliche Sprechstil, die zahlreichen Reden und Gegenreden verleihen den Geschichten Beweglichkeit und Frische. Sprichwörter, Bibel- und lateinische Denksprüche lockern das Werk auf, das der Prediger, der stets spürbar bleibt und so das Verhältnis Priester – Gemeinde auf die Literatur überträgt, zur Erbauung und Unterhaltung für Klosterangehörige und höhere Stände schreibt. – Das Werk erfreute sich im 16. und 17. Jh. größter Popularität, wie etwa 60 Drucke in diesem Zeitraum bezeugen. Umarbeitungen, Nachahmungen und Übersetzungen folgten. Paulis Sammlung wirkte nachhaltig auf SACHS, FREY, MONTANUS, KRÜGER und WICKRAM. A.Hd.

AUSGABEN: Straßburg 1522. – Augsburg 1526 (*Das Buch Schimpff unnd Ernst genant*; ern. 1534, 1536, 1537). – Straßburg 1535. – Stg. 1866, Hg. H. Österley (BLV, 85; Nachdr. Amsterdam 1967). – Lpzg. 1877, Hg. A. Junghans. – Bln. 1924, Hg. J. Bolte, 2 Bde.

LITERATUR: C. Biehler, *Die Laut- und Formenlehre der Sprache des Barfüßermönchs J. P.*, Diss. Straßburg 1911. – C. Schröder, *J. P., der Begründer der deutschen Schwankliteratur* (in Franziskanische Studien, 13, 1926, S. 393–397). – D. v. Künßberg, *Das Recht in J. P.s Schwanksammlung*, Diss. Heidelberg 1939. – R. G. Warnock, *The Sermons of J. P. An Investigation and Critical Edition*, Diss. Stanford Univ. 1965. – S. Schmitz, *Weltentwurf als Realitätsbewältigung in J. P.s »Schimpf und Ernst«. Vorgeführt am Beispiel der lasterhaften Frau*, Göppingen 1982. – M. Bambeck, *»Weder Kuh noch Kalb«. Zu einem Exempel bei J. P.* (in ASSL, 222, 1984, S. 130–132). – Ders., *Peire Cardenal, Guichem de Montanhagol u. J. P. Zur Wanderung des Motivs vom Narrenregen* (in GRM, 34, 1984, S. 351–355). – Ders., *J. P. u. Konrad v. Eberbach* (ebd., 35, 1985, S. 437 f.). – Y. Takahashi, *»Eulenspiegel«-Schwänke in »Schimpf und Ernst«. Wie Eulenspiegel von J. P. interpretiert wird* (in Eulenspiegel-Jb., 27, 1987, S. 39–50).

JOHANNES REUCHLIN

* 22.2.1455 Pforzheim
† 6.6.1522 Bad Liebenzell bei Stuttgart

LITERATUR ZUM AUTOR:
L. Geiger, *J. R., sein Leben u. seine Werke*, Lpzg. 1871. – J. Benzing, *Bibliographie der Schriften J. R.s im 15. u. 16. Jh.*, Wien 1955. – M. Brod, *J. R. u. sein Kampf. Eine historische Monographie*, Stg. 1965. – C. Meyer, *Erasmus and R.* (in Moreana, 1969, H. 24, S. 65–80). – E. H. Zeydel, *J. R. and Sebastian Brant: A Study in Early German Humanism* (in StPh, 67, 1970, H. 2, S. 117–138). – J. H. Overfield, *A New Look at the R. Affair* (in Studies in Medieval and Renaissance History, 8, 1971, S. 165–207). – Schwäbische Heimat, 23, 1972, H. 3, S. 152–177 [Artikelserie zu R.]. – Th. Willi, *Der Beitrag des Hebräischen zum Werden der Reformation in Basel* (in Theologische Zs., 35, 1979, S. 139–154). – S. Rowan u. G. S. Williams, *Jacob Spiegel on Gianfrancesco Pico and R.: Poetry, Scholarship and Politics in Germany in 1512* (in BdHumR, 44, 1982, H. 2, S. 291–305). – P. G. Bietenholz, *Erasmus u. die letzten Lebensjahre R.s* (in HZ, 240, 1985, S. 45–67).

SCENICA PROGYMNASMATA

auch *Henno* (nlat.; *Schulung durch das Theater*, auch: *Henno*). Komödie in fünf Akten von Johannes REUCHLIN, erste Aufführung: 13. 1. 1497 in Heidelberg durch Studenten im Haus des Bischofs Dalberg. – Während der Jahre im Heidelberger Humanistenkreis schuf der große Kenner der antiken Literatur in Nachahmung der Komödien des TERENZ und PLAUTUS zwei Stücke in jambischen Senaren: *Sergius* (1496) und *Henno*. Das weitaus reifere der beiden ist *Henno*, was sich vor allem im dramatischen Aufbau zeigt: Das Stück ist in Akte und Szenen aufgeteilt und hat, nach griechischem Vorbild, Choreinlagen in lyrischen Maßen.
Der Bauer Henno stiehlt seiner Frau Elsa die mühsam ersparten acht Goldstücke und schickt damit seinen Knecht Dromo zum Tuchhändler Danista,

um Stoff für einen neuen Rock holen zu lassen. Dromo jedoch läßt sich das Tuch auf Kredit geben, verkauft es sogleich wieder und steckt den Erlös samt den Goldstücken in die eigene Tasche. Inzwischen hat Elsa den Diebstahl entdeckt. Auf Anraten ihrer Nachbarin begibt sie sich zu dem Astrologen Albacicius, der zwar auch ein Betrüger ist, ihr aber eine genau auf ihren Mann passende Beschreibung des Diebes gibt. Der geprellte Tuchhändler strengt einen Prozeß an. Doch bei der Gerichtsverhandlung spielt Dromo, von dem Rechtsanwalt Petrucius beraten, den Schwachsinnigen, antwortet auf alle Fragen nur mit *»ble«* – und wird freigesprochen. Als pfiffig-gelehriger Schüler bringt er alsbald mit derselben Methode auch noch den Advokaten um den vereinbarten Lohn. Am Ende bekommt der Knecht die Tochter des Bauern zur Frau; das gestohlene Geld darf er als Mitgift behalten.

Mit dieser Komödie hat Reuchlin die wenigen Versuche zur Wiederbelebung des Dramas, die vor seiner Zeit in Deutschland unternommen worden waren, bei weitem übertroffen. Seinen großen Erfolg verdankte das Stück weniger dem Stoff und den Typen (die nicht, wie man früher meinte, aus dem französischen Theater – vom *Maître Pathelin* –, sondern aus Italien stammen), sondern vor allem dem geschickten, spannenden Aufbau der Handlung und der klaren, knappen Sprache. Aus diesem Grund konnte der *Henno* auch ausdrücklich der studierenden Jugend als Lektüre empfohlen werden. Das Stück, dessen Autor von Conrad Celtis hymnisch gefeiert wurde, fand rasch Verbreitung und wurde häufig nachgebildet, so daß man Reuchlin nicht zu Unrecht den Begründer des neueren Dramas in Deutschland genannt hat.

M.Ze.

Ausgaben: Basel 1498. – Magdeburg 1614. – Ffm. 1989, Hg. U. Frings.

Übersetzungen: *Henno. Bauernkomödie*, H. Sachs, Hg. K. Preisendanz, Konstanz 1922 [m. Text; Nachw. K. Holl]. – *Henno*, B. Geratewohl (in *400-Jahrfeier des Melanchthon-Gymnasiums in Nürnberg. Festbericht*, Nürnberg 1926). – Dass., H.C. Schnur, Stg. 1970 (lat.-dt.; RUB).

Literatur: J. Parmentier, *Le »Henno« de R. et la farce de »Maistre Pierre Pathelin«* (in Bull. Mensuel de la Faculté des Lettres de Poitiers, 1884). – H. Holstein, *J. R.s Komödien. Ein Beitrag zur Geschichte des lateinischen Schuldramas*, Halle 1888 [m. Text; Nachdr. Lpzg. 1973]. – E. Beutler, *Forschungen und Texte zur frühhumanistischen Komödie*, Hbg. 1927, S. 105–148. – R. Kraft, *R.s »Henno«. Geschichte eines Komödienstoffes* (in Beiträge zur hessischen Kirchengeschichte, 12, 1941, S. 299–324). – D. van Abbé, *Drama in Renaissance Germany and Switzerland*, Ldn. u. a. 1962.

Georg Rollenhagen

* 22.4.1542 Bernau
† 20.5.1609 Magdeburg

FROSCHMEUSELER. Der Frösch und Meuse wunderbare Hoffhaltunge. Der Frölichen auch zur Weyßheit und Regimenten erzogenen Jugend zur anmutigen aber sehr nützlichen Leer aus den alten Poeten und Reymdichtern und insonderheit aus der Naturkündiger von vieler zahmer und wilder Thiere Natur und eigenschafft bericht. In Dreyen Büchern auffs newe mit vleiß beschrieben und zuvor im Druck nie außgangen.

Didaktisches Tierepos von Georg Rollenhagen, begonnen 1569, erschienen 1595. – Der niederdeutschen Tradition von *Reinke de Vos* folgend, vermenschlicht der Autor – wie die vorangegangenen Fabeldichter Erasmus Alberus (um 1500–1553) und Burkard Waldis (1490 – um 1556) – die in seinem Epos auftretenden Tiere: Sie fühlen, denken und handeln wie Menschen, prunken mit humanistischer Gelehrsamkeit, demonstrieren ihre griechischen und hebräischen Sprachkenntnisse und glänzen mit Bibel- und Aristoteles-Zitaten. Aber auch wissenschaftliche Beobachtungen aus dem Leben der Mäuse, Frösche, Vögel und Bienen werden zur Belehrung mitgeteilt. Eine Rahmenhandlung gibt dem Epos das äußere Gerüst: Eine Unterhaltung über die Vorzüge und Nachteile ihrer Königreiche zwischen dem Mäuseprinz Bröseldieb, der die Anschauungen des Kleinbürgers äußert, und dem Froschkönig Bausback, der die politischen Ziele des 16. Jh.s verficht, endet mit einer Einladung Bausbacks an Bröseldieb zu einem »Staatsbesuch«. Als der Froschkönig jedoch bei der Überquerung eines Flusses einer plötzlich auftauchenden Schlange ausweichen muß, fällt der Mäuseprinz von seinem Rücken und ertrinkt. Die rachsüchtigen Mäuse beginnen einen Krieg, in dem aber die Frösche siegreich bleiben.

Rollenhagens Bestreben ist, Geschichten so zu erzählen, daß man *»Weisheit, Tugend und gute Sitten«* daraus lernen könne. So rät er im ersten Buch zu einer Bescheidung mit dem Notwendigen in Haushaltsführung und Privatleben. Das zweite Buch erklärt die *Bibel* als maßgebliche Schrift in Religionsfragen, den König jedoch als höchste Instanz für politische Entscheidungen. Im dritten Buch wird das Kriegswesen abgehandelt und scharf kritisiert, um den Leser von der Sinnlosigkeit jeglichen Krieges zu überzeugen. Auch aktuelle politische und religiöse Erscheinungen der Reformationszeit unterzieht Rollenhagen seiner satirischen Kritik, denn er will *»eine förmliche deutsche Lektion, gleichsam ein Abbild der Zeit«* geben; so kämpft etwa der Frosch

Elbmarx (Luther) gegen die Mißstände im geistlichen Regiment des Tierreiches, gegen die Ehelosigkeit der Priester und die sittliche Verwahrlosung in den Ordensgemeinschaften.

Rollenhagen, Rektor in Walberstadt und Magdeburg, entnahm den Stoff dem antiken Epos *Batrachomyomachia* (wahrscheinlich um 500 v. Chr.), das 1549, zusammen mit der *Odyssee*, von LEMNIUS ins Lateinische übersetzt und irrtümlich HOMER zugeschrieben wurde. Im Gegensatz zu diesem pseudohomerischen Werk, das die klassischen Epen und ihre Helden verspottet, indem es die großen Kämpfe der griechischen Sage ins Tierreich verlegt, ist der *Froschmeuseler* nicht allein satirisch, sondern vor allem lehrhaft gemeint. Obwohl Rollenhagen das überlieferte Formschema verwendet, gelingt ihm durch seine volkstümliche, fast märchenhafte Erzählweise und durch deutliche Zeitbezogenheit eine der besten Moralsatiren des 16. Jh.s. Zahlreiche Auflagen bezeugen die große Beliebtheit, deren sich das Epos bis in die Goethezeit hinein erfreute; noch 1796 konnte J. H. CAMPE, der Braunschweiger Schulmann und *Robinson-Crusoe*-Bearbeiter, hoffen, mit einem *Neuen Froschmeuseler* Anklang zu finden. KLL

AUSGABEN: Magdeburg 1595. – Magdeburg 1608. – Magdeburg 1621. – Wesel 1841 (*Der Froschmäusler*, Hg. R. Benedix; neuhd.). – Lpzg. 1876, Hg. K. Goedeke, 2 Bde. (Dt. Dichter des 16. Jh.s, 8/9; Nachdr. Nendeln 1974). – Stg. 1893, Hg. E. Wolff (Ausw.; DNL, 19).

LITERATUR: A. Herdt, *Quellen u. Vorbilder zu R.s »Froschmeuseler«*, Diss. Straßburg 1909. – J. Bolte, *Quellenstudien zu G. R.* (in SPAW, 1929, S. 29–33). – E. Bernleithner, *Humanismus u. Reformation im Werke G. R.s*, Diss. Wien 1954. – E. Sobel, *G. R., Sixteenth-Century Playwright. Pedagogue and Publicist* (in PMLA, 70, 1955, S. 762–780). – R. Richter, *G. R.s »Froschmeuseler«. Ein rhetorisches Meisterstück*, Bern u. a. 1975. – A. M. Haas, *G. R.s »Froschmeuseler«* (in *Das Tier in der Dichtung*, Hg. u. Einl. U. Schwab, Heidelberg 1970, S. 175–199). – H. H. Krausse, *Die Circe-Episode in R.s »Froschmeuseler«* (in Arcadia, 15, 1980, S. 242–257). – O. Brunken, *G. R.s »Froschmeuseler«, ein späthumanistisch-didaktisches Tierepos für die Jugend des gebildeten ›Mittelstands‹* (in Die Schiefertafel, 5, 1982, S. 46–73). – L. Auteri, *La lepre dotta. Il »Froschmeuseler« di G. R.* (in L'immagine riflessa, 8, 1985, S. 287–308).

HANS SACHS

* 5.11.1494 Nürnberg
† 19.1.1576 Nürnberg

LITERATUR ZUM AUTOR:
W. Kawerau, *H. S. u. die Reformation*, Halle 1889. – R. Genée, *H. S. u. seine Zeit*, Lpzg. 1894 [Nachdr. Niederwalluf b. Wiesbaden 1971]. – A. L. Stiefel, *Über die Quellen der Fabeln, Märchen u. Schwänke des H. S.* (in *H. S. Forschungen. Fs. zur 400. Geburtsfeier des Dichters*, Hg. A. L. Stiefel, Nürnberg 1894, S. 33–192). – W. Abele, *Die antiken Quellen zu H. S.*, 2 Bde., Cannstadt 1897–1899. – E. Geiger, *H. S. als Dichter in seinen Fastnachtspielen im Verhältnis zu seinen Quellen betrachtet*, Halle 1904. – H. Henze, *Die Allegorie bei H. S.*, Halle 1912. – S. Wernicke, *Die Prosadialoge des H. S.*, Bln. 1913. – E. Caspary, *Prolog u. Epilog in den Dramen des H. S.*, Diss. Greifswald 1921. – H. Cattanès, *Les Fastnachtspiele de H. S.*, Straßburg 1923. – M. Herrmann, *Die Bühne des H. S.*, Bln. 1923. – W. Theiss, *Exemplarische Allegorik. Untersuchungen zu einem literarhistorischen Phänomen bei H. S.*, Mchn. 1968. – B. Könneker, *H. S.*, Stg. 1971 (Slg. Metzler). – B. Balzer, *Bürgerliche Reformpropaganda. Die Flugschriften des H. S. in den Jahren 1523–1525*, Stg. 1973. – N. Holzberg, *H. S.-Bibliographie*, Nürnberg 1976. – *H. S. und Nürnberg. Bedingungen und Probleme reichsstädtischer Literatur*, Hg. H. Brunner u. a., Nürnberg 1976. – K. Wedler, *H. S.*, Lpzg. 1976. – *H. S. Studien zur frühbürgerlichen Literatur im 16. Jh.*, Hg. Th. Cramer u. D. Kartschoke, Bern u. a. 1978. – *H. S.*, Ausst.-Kat., Red. S. Füssel, Göttingen ²1979. – A.-K. Brandt, *Die »tugentreich fraw Armut«. Besitz u. Armut in der Tugendlehre des H. S.*, Göttingen 1979. – H. Krause, *Die Dramen des H. S. Untersuchungen zu Lehre u. Technik*, Bln. 1979. – *H. S. u. die Meistersinger in ihrer Zeit*, Hg. Germanisches Nationalmuseum Nürnberg, Neustadt a. d. A. 1981 [Ausst.-Kat.]. – W. Tauber, *Der Wortschatz des H. S.*, 2 Bde., Bln. u. a. 1983. – M. E. Müller-Breuer, *Der Poet der Moralität. Untersuchungen zu H. S.*, Bern u. a. 1985. – D. Klein, *Bildung u. Belehrung: Untersuchungen zum Dramenwerk von H. S.*, Stg. 1988. – W. F. Michael, *Ein Forschungsbericht: das dt. Drama der Reformationszeit*, Ffm. u. a. 1989.

DAS KELBERBRÜTEN. Fassnacht Spiel mit 3 Personen

Fastnachtspiel von Hans SACHS, erste bezeugte Aufführung: Nürnberg, 7. 10. 1551. – Nach einem Monolog voller Klagen über ihren Mann Hans geht die Bäuerin Gredt, ein scharfzüngiger Haustyrann, in aller Frühe auf den Markt. Der Bauer, der unterdessen das Haus bestellen soll, bewährt sich als verschlafener Nichtsnutz: Auf dem Herd verbrennt das Essen, und ein Kalb, das in den Garten gesperrt war, ertrinkt im Brunnen. Einer alten Weisheit sich entsinnend, will der Bauer den Verlust dadurch wettmachen, daß er aus einem Korb voll madigem Käse Kälber brütet. Zischend wie eine brütende Gans präsentiert er sich, auf dem Käse hockend, seiner heimkehrenden Frau. Sie hält ihn für besessen und holt den Pfaffen zu Hilfe. Gemeinsam gelingt es ihnen nach einer Beschwörung, den Bauern vom Käse zu zerren. Der Pfaff, der Hans nun gegen die Grobheiten seiner wütenden Frau in Schutz nehmen will, muß sich schließlich selbst vor ihrem Zorn retten. Am Ende kommt die Bäuerin zu dem Entschluß, gemeinsam mit ihrem Mann das Marktgeld zu vertrinken.

Diesen Streit mit dem Pfaffen und die versöhnliche Schlußwendung hat Sachs seiner Quelle anscheinend eigens hinzugefügt; sie fehlen in seiner Schwankfassung des gleichen Stoffs (1557), den er auch schon als Meistergesang verarbeitet hatte (1547). Die Gestalt der unmittelbaren Vorlage ist nicht bekannt, aber das Titelmotiv vom Kälberbrüten taucht schon zu Beginn des 16. Jh.s in Bebels *Facetarium de fatuo rustico* auf und ist wohl noch älter. Die Umwandlung des Bäuerinnensohnes in den Ehemann und die Einführung der Figur des Pfaffen sowie der Beschwörungsszene – also gerade die Elemente, die einer Geschlossenheit der Form entgegenwirken – sind offenbar Erfindungen von Hans Sachs. Dank seinem Einfallsreichtum und seiner individuellen Gestaltungskraft kann er die verschiedenen Traditionen – wie hier das konventionelle Spielelement der Männerschelte oder des groben Streits und die bekannten Rollenfiguren des Bauern und Narren, des Pfaffen und der zänkisch-rabiaten Frau – zu einem eigenen Werk verbinden. Aber indem er das Fastnachtspiel zu seinem Höhepunkt führt, bereitet er zugleich sein Ende als literarische Gattung vor. Die auch bei ihm auftretende, zunehmend moralisierend-lehrhafte Haltung führte schließlich zu weit von der ursprünglichen Funktion der Fastnachtsunterhaltung weg. Im *Kelberbrüten* ist ihr noch einmal breiter Raum gewährt: Wegen seiner drastisch pointierten Dialoge und seiner derben Situationskomik wird das Stück bis heute immer wieder, vor allem an Schulen, aufgeführt. C.Cob.

Ausgaben: Nürnberg 1561 (in *Das dritt vnd letzt buch. Sehr herrliche schöne tragedi, commedi vnd schimpf-spiel [...]* [Nürnberger Folioausg.], 5 Bde., 1558–1579, 3). – Tübingen 1882 (in *Werke* [KG], Hg. A. v. Keller u. E. Goetze, 26 Bde., 1870–1908, 14; BLV 159; Nachdr. Hildesheim 1964). – Halle 1883 (in *Sämtliche Fastnachtsspiele von H. S. In chronologischer Ordnung nach den Originalen*, Hg. E. Goetze, 7 Bde., 1880–1887, 3; Nachdr. Halle 1920–1957, 2 Bde., 2). – Mchn. 1957 (*Das Kälberbrüten*, Hg. E. Schmitt-Sackersdorff). – Bln./Weimar ³1972 (in *Werke*, Hg. K.-M. Schiller, 2 Bde., 2). – Stg. 1987 [1951] (in *Meistergesänge, Fastnachtsspiele, Schwänke*, Hg. E. Geiger; RUB).

MEISTERLIEDER UND SPRUCHDICHTUNGEN von Hans Sachs.

Als Hans Sachs während seiner Lehrzeit als Schuhmacher (1509–1511) durch den Nürnberger Leinweber Lienhard Nunnenbeck in den Meistergesang eingeführt wurde, konnte die Gattung bereits auf eine säkulare, nicht mehr ausschließlich religiöser Thematik verpflichtete Tradition zurückblicken. Die Pflege des Meistersangs – um 1315 gründete Frauenlob in Mainz die erste Meistersingerschule – oblag seit der zweiten Hälfte des 14. Jh.s zunehmend stadtbürgerlichen Dilettanten, die sich zu Meistersingergesellschaften zusammenschlossen, während sich die höfische Kunst der fahrenden Sänger im 15. Jh. dem Ende zuneigte. Durch den Einfluß von Hans Sachs wurde der Meistergesang stark »lutherisiert« und diente der Verbreitung einer popularisierten protestantischen Ethik; seine Meisterlieder behandeln erstmals in großem Umfang auch weltliche Themen. Den Zeitgenossen galt der Rang von Hans Sachs mit seinen mehr als 4000 Liedern als unstrittig; er war am »Schulzettel« von 1540 beteiligt, einer Regelsammlung für den Meistergesang, er wurde offenbar bei internen Schulstreitigkeiten als Schlichter angerufen und am Ende des 16. Jh.s in den poetischen Adelsstand eines »alten Meisters« erhoben.

Bis zu der durch die Reformation gesetzten Zäsur arbeiten die Meisterlieder des Hans Sachs das überlieferte Stoffrepertoire auf. Nach eigenem Zeugnis begann er mit dem Verfassen von Meisterliedern während seiner Wanderjahre (1511–1516). Die insgesamt 40 frühen Lieder, entstanden bis 1518, wurden vom Autor selbst gesammelt (Berliner Manuskript mgq 414, ediert durch F. H. Ellis) und widmen sich zu gleichen Teilen geistlichen und weltlichen Stoffen. Die geistlichen Lieder – darunter Marienlieder und Bearbeitungen von Heiligenlegenden – bringen einfache Frömmigkeit zum Ausdruck. *Vermahnung zur buß* verbindet geschickt die Form des Tagelieds mit der Forderung, der Sünde beizeiten abzuschwören. Mißverständnissen vorbeugend, wird die in der ersten Strophe entwickelte Allegorie in der zweiten lückenlos aufgelöst; deren Abgesang gibt mit der Ermahnung zu rechtzeitiger Umkehr die moralische Ausdeutung, um nach rhetorischer Steigerung des religiösen Appells im Abgesang der dritten Strophe diesen in der Anrufung der Gottesmutter wieder kunstvoll ans Eingangsmotiv des Weckrufs zu binden. Formal weist die dreistrophige *Vermahnung* die üblichen Merkmale des Meisterlieds auf: Erster und zweiter Stollen jeder Strophe sind metrisch und musikalisch identisch, während der Abgesang von diesem Modell abweicht, so daß sich für jede Strophe das Schema *»a a b«* ergibt. Der Melodie, Metrik und Reimschema festlegende »Ton« der *»hohen dag weis«* wurde in diesem Fall von Sachs selbst komponiert, was nicht für die Mehrzahl seiner Lieder gilt. Die Lieder des Berliner Manuskripts dokumentieren auch das durchaus gespannte Verhältnis von Hans Sachs zur Nürnberger Meistersingergesellschaft. Die 1516 noch in Frankfurt entstandenen und in der Werkausgabe von A. v. KELLER u. E. GOETZE (KG) mit den Ziffern 36 und 45 angeführten *Schulkünste* machen detaillierte Angaben zu strafbaren Regelverstößen, wobei die fundamentalen Ausführungen von KG 36 mit insgesamt 30 zu ahndenden Unregelmäßigkeiten im späteren Lied dahingehend präzisiert werden, *»was in der scherpff zu straffen wer«*. Ihre ins einzelne gehenden Vorschriften legen die Vermutung nahe, daß lange vor dem überlieferten »Schulzettel« von 1540 Tabulaturen im Umlauf waren, denen Sachs in den genannten Meisterliedern folgte. Vor allem beleuchten sie die der Gattung zugrunde liegende handwerkliche Literaturauffassung, nach der die Befolgung erlernbarer Regeln allein Kunstfertigkeit garantierte.

Ebenso wie diese beiden *Schulkünste* reiht sich auch KG 69, entstanden 1518 in Nürnberg, in einen internen Streit der Nürnberger Meistergesellschaft zwischen epigonalen und schöpferischen Sängern ein, der sich besonders an den Liedern von Hans FOLZ entzündete. Während KG 36 von Folz übergangene oder als nichtig erklärte Bagatellverstöße wie Klebsilben oder Milben auflistet und damit eher einen epigonalen Standpunkt vertritt, schlägt sich Sachs mit KG 69 eindeutig auf die Seite des 1513 verstorbenen Folz: Nachdem die ersten beiden Strophen dieses Straflieds die Beschränktheit dreier Fischer ausmalen, in deren Netzen nur kleine Fische zappeln, während alle großen ihnen entwischen, läßt die Auflösung der Allegorie in der dritten Strophe durch die direkte Anrede der *»dumen mercker«* keinen Zweifel daran, auf wen das Bild der untüchtigen Fischer gemünzt ist. Ihnen wird im Sinne von Folz vorgehalten, kleine Unregelmäßigkeiten pedantisch zu ahnden, kapitale Melodiefehler aber zu überhören. Vorausgegangen waren dem offensichtlich empfindliche Mißerfolge, die der junge Sachs bei den Nürnberger Meistersingern erlitten hatte und worauf er mit einer Reihe sarkastischer Straflieder reagierte. KG 69 zieht die Konsequenz aus diesen Auseinandersetzungen, der Abgesang ist zugleich einer auf die Meistersingergesellschaft: *»Also kert jch von dissem se / vnd lies die fischer faren / irs fischen lustet mich nit mehr / wan sie los fischer waren / dar vm rat ich wer fischen welt / das er pestelt / ein vnzurissen garen.«*

Wie für die Gattung überhaupt, so war die Reformation auch für den Meistergesang Sachs' von entscheidender Bedeutung. An die Stelle der konventionellen Marienlieder oder versifizierten scholastischen Spekulationen trat nun die Lehre LUTHERS als neues thematisches Zentrum, vorbereitet durch mehrjährige Reflexion und ermöglicht durch die offiziell neutrale, im Kern aber reformationsfreundliche Haltung des Nürnberger Rats. Für den Meistersinger Sachs bot insbesondere Luthers Lehre vom allgemeinen Priestertum einen Ansatzpunkt für die Überwindung einer Krise, deren Virulenz aus der Polemik der frühen meistersangthematischen Lieder sich erhellt, da sie gestattete, die Rolle des Meistersängers als Verkünder göttlicher Heilswahrheit neu zu legitimieren und auf diesem Wege wieder eine organische Verbindung mit dem Publikum zu stiften. Die Lehre Luthers wird durch den Handwerksmeister Sachs als eine neue Ethik aufgenommen, wobei das Gebot der Nächstenliebe sowie ein protestantisches Arbeitsethos im Mittelpunkt stehen. Im ausdrücklich zum Preis der Arbeit verfaßten Meisterlied *Der wolff mit dem ochsen* von 1555 etwa rühmt sich der Ochse der kathartischen Qualitäten der Arbeit, der er sich zum Wohle seines Herrn gern unterwirft, um Hunger, Armut und Schande, den lasterhaften Folgen des wölfischen Müßiggangs, zu entgehen; dies im Einklang mit dem Pauluswort, nach dem nicht essen solle, wer nicht arbeite, und der Politik des Rats, die im Zuge der Reformation das Bettelverbot durchsetzte. Durchgängig zeigt sich Sachs so auch in seinen reformatorischen Dichtungen als *Poet der Moralität* (M. E. Müller-Breuer).

Nach einer Publikationspause in den Jahren 1521/22 trat Sachs mit dem Meisterlied *Das Walt got* und dem Spruchgedicht *Die Wittenbergisch Nachtigall* als Propagandist der Reformation an die Öffentlichkeit. Das wie üblich dreistrophige, jeweils aab gegliederte Meisterlied in Sachs' eigener *»morgenweis«* nutzt die Form des religiösen Tagelieds, um das Erwachen aus der Nacht der Sünde zum Licht des neuen Glaubens zu verkünden. Die das Lied tragende Allegorie wird in der ersten Strophe nach den konventionellen Tageliedmotiven entworfen und in den folgenden, versetzt mit Kernthesen Luthers, konsequent ausgedeutet: der als *»Löwe«* erscheinende Papst und seine lichtscheuen Heerscharen, darunter ein *»wildes Schwein«* (J. ECK), ein *»poch«* [»Bock«] (H. EMSER) oder eine *»kacz«* (Th. MURNER) samt den summarisch als *»schlangen geczichte«* aufgelisteten Bischöfen *(»wolff«)*, den Pfaffen und Mönchen sowie *»etlich hochschuel vnd stift«* versuchen vergeblich, den süßen Gesang der *»nachtigal«* (Luther) zu übertönen und sie zu verjagen; diese aber ist nicht zum Schweigen zu bringen, und die Zeit eines neues Gesetzes ist kraft der ihr zukommenden Wahrheit schon angebrochen, beschienen von der *»Sonne«*, hinter der sich Christus verbirgt. Luthers Lehre wird dabei auf Rechtfertigung durch den Glauben und *Imitatio Christi* verkürzt, was für Sachs' selektive Luther-Rezeption kennzeichnend ist. Um so energischer wird daraus die Entlegitimierung des Papsttums und der katholischen Kirche abgeleitet, wie das drastische, aus Anspielungen auf Spitznamen bekannter Luther-Gegner, Schriften Luthers und der zeitgenössischen reformatorischen Literatur gewonnene Bildprogramm bereits hinreichend klarstellt.

Wie in zahlreichen anderen Fällen wurden Thema und allegorisches Programm dieses Meisterlieds in einem Spruchgedicht erneut verarbeitet; die rudimentären, auf wenige Formalien beschränkten Gattungsbestimmungen des Spruchgedichts – selbst der Autor zeigte sich bei der Klassifizierung der eigenen Dichtungen des öfteren unschlüssig – setzten solchen Transpositionen keine nennenswerten Schwierigkeiten entgegen. *Die Wittenbergisch Nachtigall / Die man yetz hoeret vberall* wurde 1523 veröffentlicht und erlebte im selben Jahr sechs Neudrucke. Der Erfolg dieses Spruchgedichts verschaffte Sachs Bekanntheit über Nürnbergs Grenzen hinaus und Luther einen in der zeitgenössischen Literatur weitverbreiteten Beinamen. Der Titelholzschnitt veranschaulicht die schon aus *Das Walt got* bekannte Allegorie: Ein zentral gesetzter Baum unterteilt die Bildfläche in zwei etwa gleich große Hälften; zur linken, der Tagseite, schart sich unter hoch am Himmel stehender Sonne eine Schafherde um das erhöht postierte Lamm Christi, während von der rechten, der Nachtseite das bereits aus dem Meisterlied vertraute sündige Getier die Schafherde bedrängt und den Baum umringt, in dessen Krone unmittelbar unter dem oberen Bildrand die Nachtigall unerschrocken ihr Lied singt; zwei Schlangen saugen an Schafen aus der Herde. Eine programmatische Vorrede benennt den Kreis der Adressaten und den Zweck des Textes: die von Luther verkündete evangelische Wahrheit *»dem gemainen man (solcher handlung vnwissend) zuo vnderweysen vnd leeren / darauß er müg erkennen die goetlich warhait / vnd dargegen die menschlichen lugen / darin wir gewandert haben.«* Das durchgängig in Knittelversen gefaßte Spruchgedicht entfaltet die Allegorie kirchlicher Habgier, ihrer Feindseligkeiten gegen Luther und seiner die Nacht vertreibenden Lehre; nach der Ausdeutung der Allegorese schließt Sachs mit einer biographischen Skizze der Vita Luthers bis zum Wormser Edikt. Unter Verwendung der fundamentalen Elemente des vorgängigen Meisterlieds erlaubt ihm der wesentlich größere Rahmen des Spruchgedichts eine entschieden eingehendere Ausführung. Breiten Raum nimmt neben der Darstellung der Lehre Luthers die Polemik gegen Papst und Kirche ein, wobei Sachs erneut stark reduktiv verfährt: Das gesamte Handeln der Kirche findet ihr einziges Motiv in der Habgier nach Pfründen und Abgaben. Als Kampfschrift für die Reformation nähert sich die *Wittenbergisch Nachtigall* auch in ihrer Publikationsform der zeitgenössischen Flugschriftenliteratur an. Daß Sachs den bereits zu einem Meisterlied geformten Stoff ein zweites Mal verarbeitete, dürfte sich aus dem viel größeren Wirkungsradius des Spruchgedichts erklären, denn Meisterlieder wurden den Statuten gemäß nicht gedruckt. Zudem bot sich hier auf neuem Terrain Gelegenheit, mit der Verkündung christlicher Wahrheit dem hehrsten Zweck des Meistergesangs zu dienen.

Das Spruchgedicht *Von dem ampt des gesetz unnd krafft deß evangelii* und das Flugblattgedicht *Der arm gemain esel* reagieren darauf, daß sich angesichts der Bauernunruhen die von Sachs in die Metapher vom *»schafstal Christi«* gefaßte Utopie einer harmonischen, alle Ständeunterschiede überwindenden Gemeinde als Fiktion erwies. Während das Spruchgedicht diese Utopie in das Jenseits verlagert, da erst der Tod die Bindung an die sündige Natur endgültig durchtrennt, verhallen im *arm gemain esel* die Klagen der geschundenen Bauern über geistliche Gleisnerei, tyrannische Gewalt und Zinswucher ebenso wie ihre Sehnsucht nach revolutionären Veränderungen und ihre Hoffnung auf das Wort Gottes; ihnen wird das Leid als Strafe für ihre Sünden befohlen, erst Gottes direkter Eingriff in die Geschichte vermag Abhilfe zu schaffen. Trotz dieser Haltung mußte sich Sachs 1526 gegen eine Anzeige des mißtrauischen Rats der Stadt wegen *»Schwärmerei«* verteidigen. In der Folgezeit wandte er sich wieder verstärkt dem Meistergesang zu, dessen Nürnberger Tradition er in der Schulkunst *Ich kam vür einen garten wolgezirrt* (1527) rekapituliert. Bedroht sei der Garten des Meistergesangs durch den *»neit«*, seine Überwindung durch Demut und Nächstenliebe werden ihn wieder erblühen lassen. An der religiös-ethischen Fundierung seiner Dichtung und seiner Bildungsaufgabe hielt Sachs in seinem gesamten Werk fest.

Obschon der Meistergesang vereinzelt noch bis ins 19. Jh. gepflegt wurde, begann die Gattung noch zu Sachs' Lebzeiten anachronistisch zu werden. Insbesondere die durch starres Silbenzählen bedingte Diskrepanz zwischen metrischem System und Sprachmelodie konnte seit dem Barock nicht mehr auf Verständnis zählen; später geriet Sachs in den frühbürgerlichen Literaturdebatten zum Prototyp des stümperhaften Dilettanten. Nach Johann Christoph Wagenseils *Von der Meister-Singer Holdseligen Kunst* (1697), woraus Richard Wagner das Lokalkolorit für seine *Meistersinger* schöpfte, sowie Gottscheds freundlicher Erwähnung der Sachsschen Verskunst, leiteten vor allem Goethe und Wieland eine Neubewertung von Sachs' Œuvre ein. Dabei gründete Goethes Würdigung des meistersängerlichen Knittelverses im achtzehnten Buch von *Dichtung und Wahrheit* auf dem Mißverständnis, für die Senkungen Füllungsfreiheit voraussetzen zu können, was dem streng silbenzählenden Meistergesang fernlag. Ihren Höhepunkt erlebte die Sachs-Renaissance im 19. Jh., das an die zwanzig Sachs-Dramen hervorbrachte. Goethe gab das Grundmotiv vor, indem seine *Erklärung eines alten Holzschnittes, vorstellend Hans Sachsens poetische Sendung* (1776) diese aus der schlichten Ehrbarkeit des Handwerkers entwickelte. Danach fiel die Sachs-Rezeption mit der romantischen und biedermeierlichen Selbstreflexion im Motiv des sozial integrierten Handwerker-Künstlers zusammen. Während L. Tiecks Betrachtungen über *Minnelieder aus dem Schwäbischen Zeitalter* (1803), Jean Pauls *Palingenesien* (1798) oder A. W. Schlegels Vorlesungen *Über dramatische Kunst und Litteratur* (1809–1811) zwischen der normierten *»Regelklapparatur«* (Jean Paul) des Meistersängers und der Autonomie des modernen, mit der Renaissance auftretenden Künstlergenies unterscheiden, begann das Biedermeier (F. H. von der Hagen) mit der Vereinnahmung der Meistersänger, die nun in das Bild einer als harmonisch empfundenen Stadtgesellschaft integriert wurden. Richard Wagners Oper *Die Meistersinger von Nürnberg* (1862) übernimmt diese Form der Rezeption, verbindet zugleich aber das Bild des in die ideale Gesellschaft Altnürnbergs integrierten Handwerkers Hans Sachs mit dem Klischee des die Gesellschaft fliehenden Ästheten. Die nationale Sachs-Begeisterung entlud sich zum 400. Geburtstag des Dichters (1894) in einer Welle von Hans-Sachs-Feiern; symbolisch bemächtigte sich das wilhelminische Deutschland der kulturellen Blüte des »Alten Reichs« und der vermeintlichen Einheit von Gemeinwesen, Handwerk und Kunst, die unter den Bedingungen der modernen Arbeitsteilung obsolet geworden war. H.G.O.

Ausgaben: *Sehr herrliche schöne und wahrhaffte gedicht [...]* [Nürnberger Folioausg.], 5 Bde., Nürnberg 1558–1579. – *Werke* [KG], Hg. A.v. Keller u. E. Goetze, 26 Bde., Tübingen 1870–1908; Nachdr. Hildesheim 1964 [Reg.-Bd. Hildesheim 1982, Bearb. R.A. Crockett]. – *Dichtungen von H. S.*, Hg. K. Goedeke u. J. Tittmann, 3 Bde., Lpzg. 1870/71. – *AW*, Hg. P. Merker u. R. Buchwald, 2 Bde., Lpzg. 1923–1924; ern. Ffm. 1961, Nachw. W. Stammler. – *H. S. Studies I. »Das Walt Got«: A Meisterlied with Introduction, Commentary and Bibliography*, Hg. F. H. Ellis, Berkeley 1963. – *Meistersang. Meisterlieder und Singschulzeugnisse*, Hg. B. Nagel, Stg. 1965 (RUB). – *Werke*, Hg. K.M. Schiller, 2 Bde., Weimar 31972. – F. H. Ellis, *The Early Meisterlieder of H. S.*, Bloomington/Ind. 1974. – *Die Wittenbergisch Nachtigall. Spruchgedicht, vier Reformationsdialoge u. das Meisterlied »Das walt Got«*, Hg. G.H. Seufert, Stg. 1984 (RUB).

Literatur: C. Mey, *Der Meistergesang in Geschichte u. Kunst*, Lpzg. 1901. – G. Münzer, *Das Singebuch des Adam Puschmann nebst den Originalmelodien des M. Beheim u. H. S.*, Lpzg. 1906. – E. Geiger, *Der Meistergesang des H. S.*, Bern 1956. – B. Nagel, *Meistersang*, Stg. 21972 (Slg. Metzler). – H. Brunner, *Die alten Meister. Studien zur Überlieferung u. Rezeption der mhd. Sangspruchdichter im Spätmittelalter u. in der frühen Neuzeit*, Mchn. 1975. – H. Kugler, *Handwerk u. Meistergesang*, Göttingen 1977. – F. Schanze, *Meisterliche Liedkunst zwischen Heinrich v. Mügeln u. H. S.*, 2 Bde., Mchn. 1983/84. – H. Brunner, *Meistergesang u. Reformation. Die Meistergesangbücher I. u. II des H. S.* (in *Literatur und Laienbildung im Spätmittelalter*, Hg. L. Grenzmann u.a., Stg. 1984, S. 732–742). – R. Hahn, *Meistergesang*, Lpzg. 1985. – M. Dutschke, *»... was ein singer soll singen«. Untersuchungen zur Reformationsdichtung des Meistersängers H. S.*, Ffm. u.a. 1985. – *Repertorium der Sangspiele u. Meisterlieder des 12. bis 18. Jh.s*, Hg. H. Brunner u.a., Bd. 9–12, Tübingen 1986–1989.

DAS NARREN SCHNEYDEN

Fastnachtspiel in Knittelversen von Hans Sachs, erste bezeugte Aufführung: Nürnberg, 8.10. 1536. – Die derbe Praxis der Bader und Chirurgen seiner Zeit dient Sachs als Rahmen für sein kurzes moralisierendes Lehrstück. Zu einem marktschreierisch seine Kunst anpreisenden Arzt kommt als Patient *»der großpauchet kranck an zweyen krukken«* und bittet um eine Diagnose. Die Harnbeschau ergibt, daß hier ein Fall von *»der Narren sucht«* vorliegt, die dem Kranken durch eine gleichsam homöopathische Kur erst bewußt gemacht werden muß: *»Seh hin vnd trick dein aygen Harm. / Dieweil er noch ist also warm! / So wern die Narrn in dir zabeln, / Wie Ameiß durch einander krabeln«* (V. 99–102). Nach anfänglicher Weigerung ist der Narrensüchtige schließlich zu einem brutalen chirurgischen Eingriff mit *»Zangen, schermesser vnd blutschwammen«* bereit. Nacheinander zieht der Arzt nun aus dem aufgeblähten Bauch des Kranken die personifizierten Narrheiten, die unschwer als die sieben mittelalterlichen Todsünden zu erkennen sind: die Narren der »hoffart«, der »Geitzigkeyt«, den »neydig« Narren, die Narren der »Unkeusch«, der »Füllerey«, des Zornes und der Faulheit. Es folgt ein ganzes Nest voll wurmartiger Jungnarren, *»Summa summarum, wie sie nant / Doctor Sebastianus Brandt, / Inn seinem Narren schiff zu faren«*. Die geglückte Operation endet mit der Aufklärung über die Herkunft der Narren: *»Von dem kamen die Narren dein, / Das dir gefiel dein sinn allein / Vnd lißt deym aygen willen raum«*, und der ans Publikum gerichteten Mahnung: *»Ein yegklicher, dieweil er lebt, / Las er sein vernunfft Mayster sein / Vnd reytt sich selb im zaum gar fein«*. Der dramaturgische Kunstgriff, das banale Zeremoniell der zeitgenössischen Ärzteschaft als Spektakel auf die Bühne zu bringen, verleiht dem grotesk-allegorischen Schwank eine Unmittelbarkeit, die seiner Absicht, moralisch zu bessern, sehr zustatten kommt. Desgleichen die bewußte Anknüpfung an Sebastian Brants *Narrenschiff* (1494) und seine populären Narrentypen, in denen sich das Publikum wiedererkennen sollte. Dagegen bewirkt die achtmalige Wiederholung des Narrenschneidens in dem ohne szenischen Wechsel ablaufenden Stück auf die Dauer Langeweile, die auch durch die grobsinnliche Komik und die derbe, in relativ glatte Knittelverse gefaßte Sprache kaum aufgewogen wird. – Goethe ließ das Fastnachtspiel im Jahr 1777 von der Weimarer Hofgesellschaft aufführen. C.St.

Ausgaben: Nürnberg 1558 (in *Sehr herrliche schöne vnd warhaffte gedicht [...]* [Nürnberger Folioausg.], 5 Bde., 1558–1579; 1). – Tübingen 1870 (in *Werke* [KG], Hg. A.v. Keller u. E. Goetze, 26 Bde., 1870–1908, 5; BLV 106; Nachdr. Hildesheim 1964). – Halle 1880 (in *Sämtliche Fastnachtsspiele von H. S. In chronologischer Ordnung nach den Originalen*, Hg. E. Goetze, 7 Bde., 1880–1887, 1; Ndl 26/27; Nachdr. Halle 1920–1957, 2 Bde., 1). – Lpzg. 1924 (in *AW*, Hg. P. Merker u. R. Buchwald, 2 Bde., 1923–1924, 2; ern. Ffm. 1961). – Bln./Weimar 31972 (in *Werke*, Hg. K.M. Schiller, 2 Bde.; 2).

DER SCHWANGER PAWER

Fastnachtspiel in Knittelversen von Hans SACHS, erste bezeugte Aufführung: Nürnberg, 25. 11. 1544. – Der Stoff zu diesem *»Faßnacht Spil mit Fünff Personen«* entstammt BOCCACCIOS *Decamerone*. Den in der dritten Novelle des neunten Tages erzählten Schwank von dem wunderlichen und einfältigen Maler Calandrio, dem von seinen Freunden Bruno, Buffamalco und Nello eine Schwangerschaft suggeriert wird, versetzt Sachs aus dem Milieu urbaner Boheme in bäuerliche Umgebung. Kargas, *»ein lauter Filtz, ein gantz geytziger Nagenranfft«*, weigert sich, seine Nachbarn Merten, Hans und Urban an einer ihm eben zugefallenen Erbschaft auch nur in bescheidener Weise teilnehmen zu lassen. Um dennoch *»sein zehes Gelt jm ab zu schrecken«*, greifen die drei zu einer List: Nacheinander reden sie dem Hypochonder Kargas eine Krankheit ein, die der ins Komplott gezogene Arzt Simon als eine Schwangerschaft diagnostiziert. Der eingebildete Kranke, der sich sogleich als *» ein großbauchet Weib«* fühlt, ist bereit, für einen wunderlichen Heiltrunk aus *»Reinfal«*, köstlicher Spezerei und drei Kapaunen einen Teil seines Geldes zu opfern, den der Arzt und die Nachbarn bei einer *»guten Gasterey«* verprassen. Kargas wird von seiner Scheinschwangerschaft und mit ihr von seinem Geiz befreit: Er lädt die Nachbarn zum nächsten Schlachtfest. Am Ende des Stückes verkündet der Arzt *»Drey kurtzer lehr: Die erst: welch Mann zu karg ist sehr, / Das seins Guts niemants niessen kan, / Demselben wirdt Feind yederman. / ... Zum andern: wer das sein verschwendt, / Schlemmen und prassen ist gewent, / Derselb mit Armut wirdt beladen / Und hat das gspött denn zu dem schaden. / ... Zum dritten sieht man das zu letst: / Der mittel weg noch ist der best.«* Wie in den meisten seiner Schwänke und Fastnachtspiele dient Sachs auch hier ein beliebter Stoff (den er nochmals in dem Schwank *Der schwanger karg man Kalandrin* behandelte) als Ausgangspunkt moralisierender Belehrung, die den kleinbürgerlichen Leser und Zuschauer zu maßvollem Leben anhalten möchte. Die Typen dieser Satire auf Hypochondrie und Geiz, der einfältige und der gewitzte Bauer, sind gut getroffen. Ihr Verhalten und ihre Sprache sind jedoch nicht so derb, wie es von der Vorlage her zu erwarten gewesen wäre.

C.St.

AUSGABEN: Nürnberg 1560 (in *Das ander buch. Sehr herrliche, schöne, artliche vnd gebundene gedicht mancherley art [...]* [Nürnberger Folioausg.], 5 Bde., 1558–1579; 2). – Tübingen 1875 (in *Werke* [KG], Hg. A. v. Keller u. E. Goetze, 26 Bde., 1870–1908, 9; BLV 125; Nachdr. Hildesheim 1964). – Halle 1881 (in *Sämtliche Fastnachtsspiele von H. S. In chronologischer Ordnung nach den Originalen*, Hg. E. Goetze, 7 Bde., 1880–1887, 2; Nachdr. Halle 1920–1957, 2 Bde., 2). – Lpzg. 1924 (in *AW*, Hg. P. Merker u. R. Buchwald, 2 Bde., 1923–1924, 2; ern. Ffm. 1961, Nachw. W. Stammler).

BURKARD WALDIS

* um 1490 Allendorf / Hessen
† 1556 Abterode / Hessen

DE PARABELL VAM VORLORN SZOHN

(nd.). Fastnachtspiel in zwei Akten von Burkard WALDIS, Uraufführung: Riga, 17. 2. 1527. – Mit seiner dramatisierten Exegese des neutestamentlichen Gleichnisses vom verlorenen Sohn stellt sich Waldis, der als Franziskanermönch zum Protestantismus übertrat und zu einem der frühen Reformationsdramatiker in Deutschland wurde, aber auch Fabeln (*Esopus*, 1548) sowie Kirchenlieder (*»Wenn ich in Angst und Nöten bin«*) verfaßte, bewußt in den Dienst der Konfession. Der Stoff gilt ihm als ideales Demonstrationsmaterial für die lutherische Lehre von der Rechtfertigung *»Vth rechter gnad vnd ydel gunst / On all unße todont, werck vnd kunst«*, wie es leitmotivisch immer wieder heißt. Als Vertreter eines so umschriebenen rechten Gnadenglaubens führt er in sein Parabelstück den verlorenen Sohn ein, während der ältere Bruder konträr dazu pharisäische Werkgerechtigkeit repräsentiert. Diese antithetische Spannung drückt sich formal im Aufbau des Stücks aus, das als erstes deutschsprachiges eine Akteinteilung aufweist.

Der erste der beiden, von moralisierend-allegorisierenden Kommentaren eines Spielleiters eingerahmten Akte zeigt in engem Anschluß an die biblische Vorlage Auszug und totale Verelendung des jüngeren Sohnes: Von dem besorgt warnenden Vater zögernd mit seinem Erbteil entlassen, gerät er alsbald im Hause eines Hurenwirts in liederliche Gesellschaft, wird während eines üppigen Zechgelages von geldgierigen Dirnen und skrupellosen Falschspielern im Handumdrehen um seinen gesamten Besitz gebracht und findet sich schließlich nackt und hungernd als Schweinehirt wieder. Der Entschluß des verlorenen Sohnes zur reumütigen Rückkehr in seines Vaters Haus leitet den zweiten Akt ein, in dessen Verlauf die dogmatischen Gegensätze ausgetragen werden. Der Vater – jetzt unversehens in der Rolle des »himmlischen Vaters« – nimmt den Heimgekehrten in Ehren wieder auf, was den auf Werkgerechtigkeit pochenden älteren Sohn verbittert. Gestützt auf die vermeintliche Beweiskraft einer Fülle einschlägiger Bibelstellen, entschließt er sich, ganz der Werkheiligkeit zu leben und Einsiedler zu werden: *»Ick hebbe geholden van anbeginn / Myn geloffte, regell vnd wat dar ynn / Voruatet ys, armoidt, küeßheit, / Gehorßan, vnderdanicheit, / Myn dage nü keyn geldt beroert, / Alleweg eyn hart strenge leuen gefoert, / Dat ambt der myssze alle dage volbracht, / Gebedet, gesüchtet ynn groter andacht, / Myn lyff kasteyet mit disciplinenn, / Dat fleysch gedwungen mit schertz vnd pynen. / Ick dancke dy, GODT, dat ick nicht bin / Eynn sünder, als alle*

mynschen synn.« Dieser Haltung des Pharisäers kontrastiert die Wandlung des zum demütigen Zöllner aus dem *Lukas-Evangelium* stilisierten Hurenwirts, der sich am Ende, ergriffen von der reformatorischen Gnadenlehre, bekehrt.
Die Einführung gottesdienstlich-liturgischer Elemente – Evangelienlesung, Kirchenlied- und Psalmengesänge, Doxologie –, vor allem aber die langatmigen predigthaften Kommentare des »Actors« gefährden den zügigen Ablauf des sprachmächtigen niederdeutschen Stücks, nicht aber seine dramatische Spannung, die es der betont parteilichen Auslegung der Vorlage verdankt. Waldis' wenig bekannt gewordenes ernstes Fastnachtspiel eröffnet eine lange Reihe von meist substanzschwächeren Bearbeitungen des pädagogischen Bedürfnissen entgegenkommenden Prodigus-Stoffes, die – im Gegensatz zu der *Parabell* – in der römischen Komödie ihr Vorbild sehen, wie etwa der 1529 erschienene, äußerst erfolgreiche *Acolastus* des Niederländers GNAPHAEUS. C.St.

AUSGABEN: Wolfenbüttel 1527. – Greifswald 1851, Hg. C. A. Koch (Denkmäler niederdt. Sprache u. Lit., 2). – Halle 1881, Hg. G. Milchsack (NdL, 30). – Bln./Stg. 1894, Hg. R. Froning (DNL, 22). – Lpzg. 1935, Hg. A. E. Berger (DL, R. Reformation, 5). – Mchn. 1950, Hg. A. Müller.

LITERATUR: H. Holstein, *Das Drama vom verlorenen Sohn. Ein Beitr. zur Geschichte des Dramas*, Halle 1880. – F. Spengler, *Der verlorene Sohn im Drama des 16. Jh.s*, Innsbruck 1888. – A. Schweckendiek, *Bühnengeschichte des Verlorenen Sohnes in Deutschland I. Tl. (1527–1627)*, Lpzg. 1930. – K. Michel, *Das Wesen des Reformationsdramas, entwickelt am Stoff des verlorenen Sohns*, Diss. Gießen 1934. – G. E. Th. Bezzenberger, *B. W.: Mönch, Zinngießer, Pfarrer u. Dichter. Sein Leben und Werk*, Kassel 1984. – P. Macardh, *Levels of Reality and Their Manipulation in W.'s »Parabell vam vorlorn szohn«* (in MLR, 82, 1987, S. 648–661).

JÖRG WICKRAM

* um 1505 Colmar
† um 1562 Burgheim / Rhein

LITERATUR ZUM AUTOR:
W. Scherer, *Die Anfänge des deutschen Prosaromans und J. W. von Colmar*, Straßburg 1877. – G. Fauth, *J. W.s Romane*, Straßburg 1916. – E. Schulz, *Die Theaterstücke J. W.s*, Diss. Wien 1931. – W. Metz, *J. W. und die Anfänge des deutschen Romans im 16. Jh.*, Diss. Heidelberg 1945. – G. Jaeke, *J. W. Analyse seiner Prosaromane*, Diss. Tübingen 1953. – K. Stocker, *Die Lebenslehre im Prosawerk J. W.s und in der volkstümlichen Erzählung des 16. Jh.s*, Diss. Mchn. 1956. – R. Jacobi, *J. W.s Romane. Interpretation unter besonderer Berücksichtigung der zeitgenössischen Erzählprosa*, Bonn 1970. – H. Stroszeck, *Pointe u. poetische Dominante. Deutsche Kurzprosa im 16. Jh.*, Ffm. 1970, S. 104–139. – I. Spriewald, *J. W. und die Anfänge der realistischen Prosaerzählungen in Deutschland*, Diss. Potsdam 1971. – J. Knopf, *Frühzeit des Bürgers. Erfahrene u. verleugnete Realität in den Romanen W.s, Grimmelshausens, Schnabels*, Stg. 1978. – W. F. Michael, *Das deutsche Drama der Reformationszeit*, Bern u. a. 1984. – W. Beutin, *J. W.* (in *Deutsche Dichter*, Bd. 2, Hg. G. E. Grimm u. F. R. Max, Stg. 1988, S. 78–88; RUB).

DAS ROLLWAGENBUECHLIN. Ein neüws, vor unerhœrts Buechlein, darinn vil gůter schwenck und Historien begriffen werden, so man in schiffen und auff den wegen, deßgleichen in scherheuseren unnd badstuben, zů langweiligen zeiten erzellen mag, die schweren Melancolischen gemueter damit zů ermünderen, vor aller menigklich Jungen und Alten sunder allen anstoß zů lesen und zů hœren, Allen Kauffleüten so die Messen hin und wider brauchen, zů einer kurtzweil an tag bracht und zůsamen gelesen

Schwanksammlung von Jörg WICKRAM, erschienen 1555. – Unter den zahlreichen Schwanksammlungen des 16. Jhs, denen Gian Francesco POGGIOS *Liber facetiarum* (um 1470) und Johannes PAULIS *Schimpf un Ernst* (1522) als Vorbilder dienten, zählt das bis heute immer wieder neu aufgelegte *Rollwagenbuechlin* zu den beliebtesten. Bis zu Wickrams Tod erschienen während weniger Jahre allein vier, jeweils um neue Stücke erweiterte Auflagen. Der Leserkreis, für den die insgesamt 111 Prosaschwänke der letzten, noch von Wickram vorbereiteten Ausgabe von 1565 zusammengetragen worden sind, wird im Untertitel genannt: Für alle, die sich auf Reisen zu Wasser und zu Lande (im »Rollwagen«) oder etwa in Wirts-, Barbier- und Badestuben langweilen, sei *»das buechlein allein von gůter kurtzweil an tag geben, niemants zů underweysung noch leer, auch gar niemandts zů schmach, hon oder spott«*. Ungeachtet dieses in der Widmung an den Wirt der »Blume« zu Kolmar angekündigten Programms finden sich neben ausschließlich der Unterhaltung dienenden und meist witzig pointierten Geschichten auch erbauliche mit moralischer Nutzanwendung und solche, die von Wickram sehr wohl *»zů schmach, hon oder spott«* vornehmlich eines entarteten Klerus der Sammlung einverleibt wurden.
Die kurzen Geschichten und Anekdoten sind meist im elsässischen Kleinbürgermilieu angesiedelt. Pfaffen, Handwerker, Kauf- und Wirtsleute, Bauern und Landsknechte, selten nur Adlige und Stu-

denten demonstrieren mit ihren bald harmlosen, bald derben Streichen den Kontrast zwischen Durchtriebenheit und Witz auf der einen, zwischen Narrheit und Einfalt auf der anderen Seite. Die gerissenen *»speyvoegel«* haben es auf die unverbesserlichen Tölpel abgesehen, mit denen sie *»ir spey- und fatzwerk«* treiben. Sie übervorteilen einander, wie etwa jener Klient seinen neunmalklugen Advokaten (36), nützen die Gutgläubigkeit und Dummheit anderer schamlos und geschickt aus (45: *»Ein maeder fand zwen koepff an seinem bett, als er morgens von der matten kam, seinen wetzstein zů holen«*; 79: *»Von einem pfaffen, der koepff kundt machen«*; 107: *»Von einem armen studenten, so aus dem paradyß kam, und einer reychen beürin«*), überführen sie ihrer Torheit (66: *»Von einem scherer, der seiner můmen senff under das blůt schutt«*) oder lassen sie erst in eine solche stolpern (81: *»Einer fras fur vierzehen batzen krametvoegel«*). Schlauheit und Witz werden honoriert (15: *»Von einem lantzknecht, der nur drey wort begert mit seinem hauptmann zů reden«*) und Narrheit gutmütig verlacht. Grund zum Lachen geben nicht nur komische Begebenheiten und witzige Einfälle. Die Komik ist nicht selten ausschließlich Resultat eines meisterhaften Spiels mit der Sprache, die entweder beim Wort genommen oder – sei es aus Pfiffigkeit, sei es aus Dummheit – gründlich mißverstanden wird (vgl. u.a. 21: *»Von einem außgelauffnen münch der mit der gschrifft überwunden ward«*). Die naive Freude am Obszönen und Derben tritt, da ja auch *»züchtige, erbare weiber, ja auch jungfrauwen auff wagen oder zů schiff faren«*, merklich zurück, wenn auch typisch grobianische Geschichten nicht fehlen (vgl. u.a. 52: *»Einer satzt seinem gefattern ein hůt mit bruntz auff den kopff in einer abenzech«*). Einen Fremdkörper bilden die drei ernsten Geschichten der Sammlung (55, 72 und 74); doch gerade die letzte, *»Von einem kind, das kindtlicher weis ein ander kind umbbringt«*, bringt deutlicher als das Gros der Schwänke Wickrams meisterhafte Kunst des pointierten Erzählens zum Ausdruck. C.St.

Ausgaben: o.O. 1555. – Lpzg. 1865, Hg. H. Kurz. – Tübingen 1903 (in *Werke*, Hg. J. Bolte u. W. Scheel, 8 Bde., 1901–1906, 3; krit.; Nachdr. Hildesheim/NY 1974, 4 Bde.). – Mchn. 1913. – Bln. 1957, Hg. G. Steiner [Ill. W. Klemke]. – Ffm. 1962, Hg. G. Ebner-Eschenhaym (Ill. G. Thieme; IB). – Stg. 1968 (Nachw. E. Endres; RUB). – Bln. 1973 (in *SW*, Hg. H.-G. Roloff, 1967ff., Bd. 7; krit.). – Bln./DDR 1975 [Erl. G. Steiner].

Literatur: H. Kindermann, *Die deutschen Schwankbücher des 16. Jh.s. Ihre literarische Entwicklung u. kulturkundliche Bedeutung*, Danzig 1929. – G. S. Johnson, *A Descriptive Analysis of the Humour in J. W.'s »Rollwagenbuechlin«*, Diss. Univ. of Michigan 1967. – H. Stroszeck, *Pointe u. poetische Dominante. Deutsche Kurzprosa im 16. Jh.*, Ffm. 1970, S. 104–139. – M. Stede, *»Ein grawsame unnd erschrockenliche history ...« Bemerkungen zum Ursprung und zur Erzählweise von G. W.s »Rollwagenbuechlin«-Geschichte über einen Mord im Elsaß* (in Daphnis, 15, 1986, S. 125–134).

JAKOB WIMPHELING

auch Wimpfeling oder Wympfeling

* 25.7.1450 Schlettstadt

† 17.11.1528 Schlettstadt

Literatur zum Autor: J. Knepper, *J. W. Sein Leben u. seine Werke*, Freiburg i.B. 1902; Nachdr. Nieuwkoop 1965. – R. Newald, *Elsässische Charakterköpfe aus dem Zeitalter des Humanismus*, Kolmar o.J. [1944]. – R. Newald, *Probleme u. Gestalten des deutschen Humanismus*, Bln. 1963, S. 346–386. – C. Bene, *L'humanisme de J. Wimpfeling* (in *Acta Conventus Neo-Latini Lovaniensis*, Hg. J. Ijsewijn u. E. Kessler, Löwen/Mchn. 1973, S. 77–84). – G. Braener, *W. ou l'éloge de la passion (1450–1528)* (in *Grandes figures de l'humanisme alsacien: courants, milieux, destins*, Straßburg 1978, S. 3–12). – B. Singer, *Die Fürstenspiegel in Deutschland im Zeitalter des Humanismus u. der Reformation. ... ausgewählte Interpretationen: J. W., W. Seidel, J. Sturm, U. Rieger*, Mchn. 1981.

STYLPHO

(nlat.; *Stylpho*). Dramatisches Spiel von Jakob Wimpheling, aufgeführt 1480 in Heidelberg. – Als Wimpheling, Professor an der Artistenfakultät in Heidelberg, Vizekanzler der Universität war (1479/80), hielt er am 8. März 1480 bei einer Promotion die offizielle Rede und fügte darin, abweichend von der üblichen Art, dieses dramatische Spiel ein, um die neuen Magister eindringlich vor Überheblichkeit und Trägheit zu warnen.

In dem Stück werden zwei angehende Geistliche einander gegenübergestellt: Stylpho, der aus Rom kommt und glaubt, durch die dort angeknüpften Beziehungen ohne Mühen rasch zu hohen Würden zu kommen, und sein Jugendfreund Vincentius, der mit Eifer studiert und sich gründlich auf sein Amt als Seelsorger vorbereitet hat. Der stolze Stylpho versagt jedoch bald und muß sich schließlich mit dem Amt eines Schweinehirten zufriedengeben; der von ihm verspottete Vincentius avanciert und wird schließlich Bischof.

Mit der offenkundigen erzieherischen Absicht verband der Dichter eine satirische Tendenz: Er prangert zahlreiche Zeiterscheinungen an, vor allem die Pfründenjagd und die mangelnde Bildung der Geistlichkeit. Das Stück ist das erste in Deutschland nach dem Vorbild der neulateinischen Komödie in Italien geschaffene dramatische Spiel. Die

Handlung beschränkt sich auf das Wichtigste, die Dialoge sind in einfache Prosa gekleidet. Der literarische Rang des Dramas ist oft überschätzt worden. Wimpheling hat mit dem *Stylpho* zwar den ersten Schritt zur Wiederbelebung des lateinischen Dramas in Deutschland getan; der Ruhm, die ersten literarisch ernst zu nehmenden Komödien in der Art der alten römischen Komödiendichter geschaffen zu haben, gebührt jedoch Johannes REUCHLIN mit seinen Stücken *Henno* und *Sergius*, die – ebenfalls in Heidelberg – 1496 und 1497 aufgeführt wurden. 1494 wurde der *Stylpho* leicht überarbeitet gedruckt, fand aber keine große Verbreitung; bekannt ist eine Wiederaufführung aus dem Jahr 1505. M.Ze.

AUSGABEN: Basel 1494. – o. O. [Straßburg] 1495. – Straßburg 1888, Hg. R. Preuß (in Straßburger Studien, 3; Nachw. E. Martin; Nachdr. d. Erstausg.). – Bln. 1892, Hg. H. Holstein [m. Einl. u. krit. App.; LLD, 6].

ÜBERSETZUNG: *Stylpho*, H. Schnur, Stg. 1971 (lat.-dt.; RUB).

LITERATUR: P. Bahlmann, *Die lateinischen Dramen von W.s »Stylpho« bis zur Mitte des 16. Jh.s, 1480–1550*, Münster 1893.

III. Das Zeitalter des Barock. 17. Jahrhundert

Angelus silesius

d.i. Johannes Scheffler

* 25.12.1624 Breslau
† 9.7.1677 Breslau

LITERATUR ZUM AUTOR:
E. Susini, *A. S., le pèlerin chérubique*, 2 Bde., Paris 1964. – J. L. Sammons, *A. S.*, NY 1967. – G. Wehr, *A. S. – Der Cherubinische Wandersmann*, Schaffhausen 1977. – L. Gnädinger, *A. S.* (in *Deutsche Dichter des 17. Jh.s*, Hg. H. Steinhagen u. B. v. Wiese, Bln. 1984, S. 553–575). – H. J. Pagel, *A. S. Dichter der christlichen Gemeinde*, Stg. 1984.

CHERUBINISCHER WANDERSMANN. Geistreiche Sinn- und Schlußreime zur Göttlichen beschauligkeit anleitende

Sinnsprüche von ANGELUS SILESIUS, erschienen 1674. Die endgültige Ausgabe enthält sechs Bücher. Buch 1–5 wurden schon 1657 unter dem Titel *Geistreiche Sinn- und Schlußreime* veröffentlicht. – Die Sammlung umfaßt 1665 brillant formulierte Aphorismen, die nach dem Vorbild von Daniel CZEPKOS *Sexcenta monodisticha sapientium* in meist zweizeiligen, aber auch vierzeiligen, antithetisch gebauten Alexandrinern abgefaßt sind. Silesius verarbeitet mystisches Gedankengut der Überlieferung von PSEUDO-DIONYSIOS AREOPAGITES über ECKHART bis zu Valentin WEIGEL und Jakob BÖHME, das bei ihm zum Teil eine pantheistische Prägung erhält. Er entwickelt kein geschlossenes philosophisches System, sondern formuliert seine Gedanken über das Verhältnis des Menschen zu Gott und zur Ewigkeit als *»Erkenntnissplitter«* (W. Fleming). Dabei stehen einzelne Sinnsprüche mitunter in paradoxem Widerspruch zueinander. Manchmal erlebt Silesius seine Abhängigkeit von Gott fast wie ein Mensch des Mittelalters: *»Mein Gott, wie kalt ich bin! Ach laß mich doch erwarmen / In deiner Menschheit Schoß und deiner Gottheit Armen.«* Dann taucht plötzlich die kühne Vorstellung einer Abhängigkeit Gottes vom Menschen auf: *»Ich weiß, daß ohne mich Gott nicht ein Nu kann leben; / Werd' ich zunicht, er muß vor Not den Geist aufgeben.«* Zumindest aber sind Gott und Mensch eng aufeinander angewiesen: *»Gott ist in mir das Feuer und ich in ihm der Schein: / Sind wir einander nicht ganz inniglich gemein?«*
H. L. HELD (der Herausgeber der Gesammelten Werke) bezeichnete als Silesius' wichtigste Gedanken die folgenden: Raum und Zeit sind nur Anschauungsformen des Verstandes, die Welt ist nur ein Produkt unserer Vorstellung; Gott ist frei von Raum und Zeit, er ist die Ewigkeit. Die Welt, die keinen uns erkennbaren Zweck hat, wird von ihm immer neu geschaffen; sie ist ewig, die vergänglichen Erscheinungen sind Zufall. Gott lebt in allen Kreaturen, er ist überall, und in ihm sind alle Unterschiede aufgehoben. Dem Menschen ist die Möglichkeit der Erkenntnis sowohl des Zeitlichen wie des Ewigen gegeben. Das zeitliche Auge sieht nur die irdischen Dinge, das ewige leistet ein *»Kennen ohn' Erkennen«*. Der Mensch vermag das Gute und Böse aus eigener Kraft, und Gott braucht ihn, um zu existieren. Des Menschen Ziel ist die Rückkehr zu Gott, in dem er Ruhe erlangt. Um dahin zu kommen, muß er das Wollen aufgeben, denn die Verneinung des Willens ist die Voraussetzung der Ruhe und damit der Gottwerdung des Menschen. – Der *Cherubinische Wandersmann* wirkte im Pietismus in den Dichtungen Gottfried ARNOLDS und Gerhard TERSTIEGENS weiter; von den Romantikern wurde er hoch geschätzt. P.W.W.

AUSGABEN: Wien 1657 (*Geistreiche Sinn- u. Schlußreime*, 5 Bücher u. 10 Sonette). – Glatz 1674 (*Cherubinischer Wandersmann. Geistreiche Sinn- u. Schlußreime zur Göttlichen beschauligkeit anleitende*; 6 Bücher). – Mchn. ³1952 (in *Sämtl. poetische Werke*, Hg. u. Einl. H. L. Held, 3 Bde., 3). – Bremen 1956, Hg. W. E. Peuckert (Slg. Dieterich, 64). – St. Ottilien ³1975 [Überarb., Ausw. u. Einl. W. Dürig]. – Zürich 1979, Hg. u. Ausw. E. Brock (detebe). – Einsiedeln ²1980 [Ausw. u. Nachw. H. U. v. Balthasar]. – Stg. 1984, Hg. L. Gnädinger (RUB; krit.). – Zürich 1986, Hg. dies.

LITERATUR: J. Kern, *J. Sch.s »Cherubinischer Wandersmann«*, Lpzg. 1866. – R. Neuwinger, *Die dt. Mystik unter bes. Berücksichtigung des »Cherubinischer Wandersmann« Sch.s*, Diss. Lpzg. 1937. – E. Spoerri, *Der »Cherubinische Wandersmann« als Kunstwerk*, Diss. Zürich 1947. – F. Fuchs, *Die*

Ideenwelt des »Cherubinischen Wandersmann«, Diss. Wien 1955. – H. Althaus, *Sch.s »Cherubinischer Wandersmann«. Mystik und Dichtung*, Diss. Gießen 1956. – J. Tarracó, *A. S. u. d. span. Mystik. Die Wirkung der span. Mystik auf d. »Cherubinischen Wandersmann«* (in *Ges. Aufsätze z. Kulturgesch. Spaniens*, Bd. 15, Münster 1960, S. 1–150). – J. Bruckner, *A. S. und Nikolaus v. Kues. Kusanisches im »Cherubinischen Wandersmann«* (in Euph, 64, 1970, S. 143–166). – E. T. Schwartz, *The Mystical Tradition of the »Cherubinischer Wandersmann«*, Diss. Univ. of Maryland 1972. – A. M. Haas, *Christus ist alles. Die Christenmystik des A. S.* (in Zeitwende, 54, 1983, S. 65–87).

HERZOG ANTON ULRICH VON BRAUNSCHWEIG-WOLFENBÜTTEL

* 4.10.1633 Hitzacker
† 27.3.1714 Salzdahlum

LITERATUR ZUM AUTOR:

F. Mahlerwein, *Die Romane des Herzogs U. v. B.-W.*, Diss. Ffm. 1925. – A. Haslinger, *Epische Formen im höfischen Barockroman. A. U.s Romane als Modell*, Mchn. 1970. – E. Mazingue, *A. U., Duc de B.-W. Un prince romancier au 17e siècle*, Bern/Ffm. 1978 [Hab.Schr. Lille 1974, 2 Bde.]. – B. L. Spahr, *Herzog A. U. v. B.-W.* (in *Deutsche Dichter des 17. Jh.s*, Hg. H. Steinhagen u. B. v. Wiese, Bln. 1984, S. 597–614). – H. Pleschinski, *Der Holzvulkan. Bericht einer Biographie*, Zürich 1986.

DIE DURCHLEUCHTIGE SYRERINN ARAMENA

Roman von Herzog ANTON ULRICH VON BRAUNSCHWEIG-WOLFENBÜTTEL, erschienen in fünf Bänden 1669–1673. – Nach der Absicht des Verfassers, die er mit anderen Autoren heroisch-galanter Romane wie BUCHHOLTZ, LOHENSTEIN, ZIEGLER und ZESEN teilte, sollten seine Werke wirken wie *»rechte Hof- und Adelsschulen, die das Gemüt, den Verstand und die Sitten recht adlich ausformen und schöne Hofreden in den Mund legen«*. Der Staatsroman war nicht für das gemeine Lesepublikum bestimmt – wie der nur wenig früher erschienene *Abentheurliche Simplicissimus Teutsch* (1669) von GRIMMELSHAUSEN, das extreme Gegenmodell innerhalb der beiden Gattungen, über die die epische Formenwelt des Barock verfügte –, er sollte sich vielmehr allein an den höfischen Adel richten und zur Verfeinerung seiner Sitten beitragen. Die Handlung des in stilisierter Kunstprosa geschriebenen Romans ist bis zur Unentwirrbarkeit verschlungen. Kaum eine der vierunddreißig Hauptpersonen tritt unter ihrem richtigen Namen auf oder als das, was sie in Wirklichkeit ist. Überall gibt es Verstellung und Verwechslung von Namen und Geschlecht. Die Titelheldin Aramena z. B. wächst als untergeschobenes Kind bei fremden Eltern auf, gilt später als *»Ritter Dison«* und als ihr eigener, verschollener Bruder. Viele Anachronismen und die Zusammenziehung mehrerer Jahrhunderte im Handlungsverlauf machen eine klare Inhaltsangabe unmöglich.

Hauptort der Handlung ist Syrien zur Zeit der Patriarchen des *Alten Testaments*. Die Tochter des assyrisch-babylonischen Tyrannen Beloch, Aramena, entpuppt sich nach in den ersten drei Büchern ausgiebig dargebotenen Verwechslungen aller Art als Nichte ihres vermeintlichen Vaters, der sie daraufhin zur Frau begehrt. Aramena sucht ihr Heil in der Flucht und schließt sich daraufhin einer neuen Religion an, dem Glauben an den einzigen Gott Jehova. Wieder eingefangen, entweiht sie das heidnische Isisbild und wird zum Tode auf dem Scheiterhaufen verurteilt. Der in Aramena verliebte Keltenfürst Marsius befreit sie jedoch und zerstört zugleich das Großreich Belochs. Nach dieser Staatsaktion setzt die Entwirrung der Liebesschicksale ein, die von einer exemplarischen moralischen Entscheidung Aramenas eingeleitet wird: Sie nimmt die Werbung des Keltenfürsten Marsius, den sie noch nicht liebt, an, jedoch nur, um damit den gefangenen und vom Tode bedrohten Abimelech zu retten, dem sie sich vorher hatte vermählen wollen. Die bösen Schicksalsschläge finden jetzt ihr Ende; zugleich aber erkennen handelnde Personen und Leser, daß eine gütige Vorsehung die bisher undurchsichtigen Geschicke leitete – so wird z. B. in Abimelech der leibliche Bruder Aramenas entdeckt. Heldentum und Edelmut haben die Bewährungsprobe bestanden und werden belohnt: Die vierunddreißig männlichen und weiblichen Hauptpersonen finden in siebzehn Ehen ein märchenhaftes Liebesglück (die sechsbändige *Römische Octavia* desselben Autors bringt es sogar auf vierundzwanzig Paare, während der zeitgenössische Schelmenroman seinen Helden mit Vorliebe als Einsiedler enden läßt). Aramena und Marsius, geprüft und für würdig befunden, ziehen in das keltische Stammland und übernehmen dort die Herrschaft.

Dieses großangelegte Werk Herzog Anton Ulrichs ist kein bloßer Liebesroman, wie etwa John BARCLAYS *Argenis*, die 1626–1631 in einer Übersetzung von Martin OPITZ erschienen war. Die psychologische Entwicklung aller im Roman auftretenden Personen wird allein vom moralischen Wunschdenken des Verfassers diktiert. Überhaupt ist Liebe im barocken Staatsroman weniger ein erotisches als – abgesehen vom Moment gesellschaftlicher Repräsentation – vor allen Dingen ein ethisches Problem. Der adelige Leser sollte am Beispiel vieler Einzelschicksale erkennen, daß erst nach vielfacher Prüfung sich moralische Qualitäten, wie Würde, Standhaftigkeit, Gottesglauben, offenbaren, daß erst das heroische Erdulden aller von der unberechenbaren Fortuna auferlegten Leiden zur letzten edlen Reife und Vollkommenheit führt. Nur der so Geprüfte ist, nach dem Bilde, wie es die gewaltigen epischen Enzyklopädien des Barock errichteten, würdig, auf Erden Fürst und Herrscher zu sein. B.B.

AUSGABEN: Nürnberg 1669–1673 *(Die Durchleuchtige Syrerinn Aramena. Der Erste (bis Fünfte Theil). Der Erwehlten Freundschaft gewidmet)*. – Nürnberg 1678/79. – Bern/Ffm. 1975–1983, Hg. u. Nachw. B. L. Spahr, 5 Bde. [Faks. der Ausg. v. 1673].

LITERATUR: C. Heselhaus, *A. U.s »Aramena«. Studien zur dichterischen Struktur des deutschbarocken ›Geschichtsgedicht‹*, Würzburg 1939 (zugl. Diss. Münster). – A. M. Schnelle, *Die Staatsauffassung in A. U.s »Aramena« im Hinblick auf La Calprenèdes »Cléopâtre«*, Diss. Bln. 1939. – C. Paulsen, *Die »Durchleuchtigste Syrerin Aramena« des Herzogs A. U. v. B. und »La Cléopàtre« des Gautier Coste de La Calprenède. Ein Vergleich*, Diss. Bonn 1956. – J. Wagner, *Barockraum und Barockroman. Studien zu Herzog A. U.s v. B. »Aramena«*, Diss. Zürich 1971.

JOHANN BEER

* 28.2.1655 St. Georgen / Attergau
† 6.8.1700 Weißenfels

LITERATUR ZUM AUTOR:
R. Alewyn, *J. B. Studien zum Roman des 17. Jh.s*, Lpzg. 1932. – M. Kremer, *Die Satire bei J. B.*, Diss. Köln 1964. – M. Bircher, *Neue Quellen zu J. B.s Biographie* (in ZfdA, 100, 1971, S. 230–242). – J. Seitz, *Die Frau und ihre Stellung im Werk J. B.s*, Diss. Minnesota 1971. – M. Roger, *»Hiermit erhebte sich ein abscheulich Gelächter«. Untersuchungen zur Komik in den Romanen von J. B.*, Bern/Ffm. 1973. – R. Alewyn, *J. B.* (in R. A., *Probleme und Gestalten*, Ffm. 1974; ern. 1982, S. 59–74; st). – J. Hardin, *J. B. Eine beschreibende Bibliographie*, Bern/Mchn. 1983.

DER BERÜHMTE NARREN-SPITAL. Darinnen umschweiffig erzehlet wird/was der faule Lorentz hinter der Wiesen vor ein liederliches Leben geführet/und was vor ehrliche Pursche man im Spital angetroffen habe

Roman von Johann BEER, erschienen 1681 unter dem Pseudonym »Hanß guck in die Welt«. – Gleich zu Beginn versichert der Erzähler, er wolle niemand traurig machen, sondern den Lesern nur *»die langweiligen Stunden und die wunderlichen Grillen«* vertreiben. Die Lebensbeschreibung seiner Jugendjahre beginnt er mit der Schilderung seines Lehrers, eines *»Arschguckers«*, der den Schülern nichts beibrachte, sondern ihnen nur dauernd *»den Arsch auskehrte«*, d. h. sie verprügelte. Deshalb läuft der Erzähler mit einem Schulkameraden von zu Hause weg und tritt, nachdem sein Freund Arbeit bei einem Pfarrer nahm, in den Dienst des Lorentz hinter der Wiesen, eines stinkfaulen Landedelmannes von gargantueskem Schlage, der ihm als Handgeld gleich *»einen großen Furz«* schenkt und dem er nun Tag und Nacht den Rücken kraulen und die Läuse aus den dreckigen Kleidern lesen muß. Zunächst gefällt es ihm gut bei Lorentz, der sich mit Unflätereien die Zeit vertreibt, mit seinem Diener wettet, wer wohl *»während der Nacht mehr Luftstreicher aus dem hintern Feuermörser werfen könnte«*, nie zur Kirche geht und statt dessen den Tag im Bett oder hinter dem Ofen verbringt, einen Kapuziner, der ihn *»aus dem Catechismo examiniert«*, an der Nase herumführt und sich in höchst souveräner Weise keinen Deut um Religion, adliges Benehmen und Ehre schert: *»Ich weiß, was die rechte Gemütsruhe ist, warum sollte ich mir meinen Kopf mit vielen Sorgen zerreißen?«* Herr und Diener veranstalten rüpelhafte Streiche, führen närrische Disputationen und besuchen schließlich die Hochzeit von Lorentzens Bruder, wo Lorentz zunächst die Anwesenden wegen ihrer französelnden Sprachmode verspottet; sodann zieht die ganze Gesellschaft zu einem Narrenspital, wo *»allerlei schnackische und von der menschlichen Vernunft entfernte Gemüter anzutreffen sind«*, die nun vorgeführt werden und die teilweise wirklich geistesgestört sind, zum Teil aber auch eine satirische Galerie von Toren und Spintisierern darstellen. Da gibt es verliebte Narren, theologische Narren, Narren scholastischer Gelehrsamkeit, die mit Latein durchsetzten Irrsinn reden, schließlich auch Musiker, die sich *»über Komposition und Auszählung des Tons zu Narren studiert und meditiert haben«*. Sowohl diese musikalischen Narren als auch die zwei Weiber, die sich beklagen, sie seien von einem Autor (nämlich von Beer in seiner satirischen Schrift *Die wolausgepolierte Weiber-Hächel* von 1680) wegen ihres Lebenswandels angeprangert worden, sich aber gleich danach hinter einem Busch *»wacker abstöbern lassen«*, deuten auf literarisch-satirische Privatfehden des Autors hin. Doch am Ende bemerkt der Erzähler, daß er als junger Mann bei Lorentz, der auch bei und nach seiner Hochzeit sein unflätiges Verhalten fortsetzt, nichts lernen wird als *»Rülpsen und Farzen«*; er nimmt daher Abschied von seinem Lasterleben und zieht fort, nun auf sein ewiges Heil und das Ablegen der Narrenkappe bedacht, um *»bey dem damaligen Organisten zu Weyden auf dem Clavier spielen zu lernen«* und sich *»in Musicis zu exerzieren«*.
Das schmale Werk beginnt als pikaresker Abenteuer-Roman, geht dann aber zur Gattung des satirisch-pädagogischen, moralisch belehrenden Ro-

mans über. Diese Unentschiedenheit des Erzähllungstypus deutet schon auf die geringe Bemühung des Autors um die künstlerische Organisation seines Werks; doch wird diese Schwäche durch die Frische und Unmittelbarkeit des Fabulierens wettgemacht, durch die große *»Freyheit des Gemüts«*, mit der der Autor ein realistisches Bild der unteren Schichten der Bevölkerung und des Adels entwirft. Trotz der geistlichen Schlußwendung und der moralischen Verurteilung des Lorentz durch den zurückblickenden Erzähler ist doch diese Gestalt des *»Unflats im Großfolio«* die kraftvollste und überzeugendste Figur des Buches und gemahnt an Falstaff und Gargantua; selbst die derb skatologischen Partien unterstreichen nur die Souveränität, mit der Lorentz dem À-la-mode-Wesen seiner Zeit und der ganzen gesitteten Welt eine Absage erteilt. J.Dr

AUSGABEN: o.O. 1681; Nachdr. Hbg. 1957, Hg. R. Alewyn (RKl). – Nördlingen 1987.

LITERATUR: P. Rusterholz, *Die Weisheit in J. B.s »Narrenspital«* (in *From Wolfram and Petrarch to Goethe and Grass*, Hg. D. H. Green, Baden-Baden 1982, S. 511–528).

ZENDORII À ZENDORIIS TEUTSCHE WINTERNÄCHTE. Oder Die ausführliche und denckwürdige Beschreibung seiner Lebens-Geschicht. Darinnen begriffen werden allerley Fugnissen und seltsame Begebenheiten Curiöse Liebes- Historien und Merckwürdige Zufälle etlicher von Adel und anderer Privat-Personen. Nicht allein mit allerley Umständen und Discursen ausführlich entworffen sondern auch mit tauglichen Sitten-Lehren hin und wieder ausgespicket

Roman von Johann BEER, erschienen 1683. – Durch die Forschungen R. ALEWYNS (1932) und H. MENCKS wurde der gebürtige Oberösterreicher und spätere weißenfelssche Konzertmeister Johann Beer als Verfasser zahlreicher, unter wechselnden Pseudonymen erschienener Romane bekannt. Die bedeutendsten sind zweifellos *Die Teutschen Winternächte* und *Die kurtzweiligen Sommer-Täge* (1683), die trotz verschiedener Verfasserfiktion durch ihren analogen Personenkreis und die Kontinuität der Handlung eine Art Doppelroman bilden, der nach dem Verfasser-Pseudonym der *Sommer-Täge* als *Willenhag-Dilogie* bezeichnet wird. Die *Teutschen Winternächte* weisen sich mit ihrem Haupttitel und der Übersetzerfiktion als ein Konkurrenzunternehmen zu der bei den Zeitgenossen beliebten und mehrmals aufgelegten Übersetzung der *Noches de invierno* (1610, übersetzt 1649) des Antonio ESLAVA aus. Beer wollte mit seinen Romanen, zu deren Autorschaft er sich namentlich nie bekennt, ein breites Publikum, *»wes Standes oder Condition«* es auch sein mag, vornehmlich zu dessen Belustigung ansprechen, wenn auch der obligatorische Hinweis auf den moralischen Nutzen in den Titelankündigungen nicht fehlt.

Zendorii à Zendoriis Teutsche Winternächte sind als Lebensgeschichte des Ich-Erzählers Zendorius à Zendoriis konzipiert, wobei aber Schilderungen über das Vorleben, die Streiche, Abenteuer und kuriosen Liebes-Historien seiner Freunde die Eigenberichte vielfach unterbrechen und überlagern. Entsprechend der pikarischen Erzähltradition führt Zendorius, der seine wahre Herkunft nicht kennt, ein Vagabundenleben; rasch macht er die Bekanntschaft des jungen Edelmanns Isidoro, der ihn in seinen Freundeskreis aufnimmt und ihn so seinem Vagantenleben entreißt. Nach anfänglichen lustigen Streichen, die mit Saufen, Jagen, Spielen und Lesen abwechseln, gerät Zendorius infolge seiner Liebe zu Caspia und seiner ungeklärten sozialen Abkunft in eine Krise und wendet sich erneut dem Vagantenleben zu. Isidoro gewinnt ihn nach der Klärung seiner adligen Herkunft zurück, schließlich kann Zendorius auch seine Caspia dem Nebenbuhler Faustus ausspannen, der seinerseits seine eigentliche Geliebte, eine angebliche Bauernmagd, heiratet. Es bleiben dies nicht die einzigen Hochzeiten, die als laute Feste, auf denen mit Vorliebe die verschiedenen Lebensgeschichten vorgetragen werden, die kurzen Krisen abschließen. Letztere sind durch Ausfahrten, Rückzug in die Einsamkeit und vor allem durch Einsiedlerromantik gekennzeichnet. So redet am Schluß der *Winternächte* der irische Eremit der Schlemmer- und Säuferrunde bei einem der Hochzeitsfeste ins Gewissen, und kurzerhand beschließt die ganze Gesellschaft, die am Anfang der *Sommer-Täge* unter vertauschten Namen vorgestellt und charakterisiert wird, nicht zuletzt auch des heißen Sommers wegen, in den schattigen Wäldern Einsiedler zu spielen. Doch keinem behagt die Ruhe lang, und bald trifft sich die Runde wieder zu den alten Streichen, dem Austausch von Erzählungen und lauten Festen, bis schließlich der Erzähler Wolffgang von Willenhag sich von dem pikaresken Treiben als Einsiedler ins Gebirge zurückzieht, ohne daß er dabei aber sagen könnte, ob er so sein Leben beschließen möchte.

Im Unterschied zu GRIMMELSHAUSENS »Simplizianischen Schriften«, in denen das pikarische Erzählschema zu einer streng konzipierten Abfolge von typologisch bedeutsamen Einzelsituationen des Ich-Erzählers vertieft ist, wird dieses Schema bei Beer schon bald nach Romanbeginn von kurzatmigen, aspektgebundenen Sekundärerzählungen überlagert, die der »Kurtzweil« der Adelsgesellschaft dienen, die den pikarischen Helden rasch integriert und damit die von ihm ausgehende Beunruhigung und Störung ausschaltet. Die mit dem Pikaro verbundene Gefahr der Selbstvergessenheit und Selbstverlorenheit wird nicht in ernsthafter Selbstbesinnung und Selbsteinkehr aufgehoben, sondern in geselliger Lustigkeit überspielt, für die das Eremitendasein allenfalls eine kurzweilige Abwechslung darstellen kann. Dominierend ist die Flucht vor der Langeweile und der Melancholie des

Schloßlebens, dafür – und nicht aufgrund tieferer Beziehungen – bildet sich der Freundeskreis mit seiner bunten Abfolge von Streichen, Abenteuern, Festgelagen und unermüdlich aneinandergereihten Einzelgeschichten. Mit der virtuosen Beherrschung der erzählerischen Kleinform, zu der eine Fülle von stark zeitbedingten Einlagen kommt, wird Beer seinem Konzept der fehlenden »großen Dimension« künstlerisch gerecht. Um den Effekt ungebrochener Erzählgegenwart zu erreichen, hat Beer das gattungsgeschichtlich interessante Experiment unternommen, die höfische »Historia« mit ihrem Tugendpathos, ihrer streng geordneten Personenfülle und ihrem Festglanz so mit dem pikarischen satirischen Roman zu verbinden, daß er *»allen Liebhabern der Zeit-verkürtzenden Schrifften ... zu sonderlicher Belustigung«* dient. V.Ho.

AUSGABEN: o.O. 1683. – Halle 1958, Hg. W. Schmitt (NdL). – Ffm. 1963 (*Die teutschen Winter-Nächte und Die kurzweiligen Sommer-Täge*, Hg. R. Alewyn; Nachw. S. Streller; ern. 1985, Insel Tb). – Göttingen 1965, Hg. A. Schmiedecke (*J. B. Sein Leben von ihm selbst erzählt*; Nachw. u. Vorw. R. Alewyn).

LITERATUR: H. Fr. Menck, *Der Musiker im Roman*, Heidelberg 1931. – A. Hirsch, *Bürgertum u. Barock im dt. Roman*, Ffm. 1934; Köln [2]1957. – J. Müller, *Studien zu den Willehag-Romanen J. B.s*, Marburg 1965.

JAKOB BIDERMANN

* 1578 Ehingen bei Ulm
† 20.8.1639 Rom

CENODOXUS

(nlat.; *Cenodoxus*). Jesuitendrama in fünf Akten von Jakob BIDERMANN, Uraufführung: Augsburg 1602. – Angeregt worden war der schwäbische Theologe und Philosoph durch die Legende vom hl. Bruno von Köln, der sich – als er miterleben muß, wie sich während der Seelenmesse für einen verstorbenen akademischen Lehrmeister plötzlich die Leiche aus dem Sarg emporrichtet und in schreckliche Selbstanklagen ausbricht – zu Weltabkehr und Buße entschließt und den Kartäuserorden stiftet (1086). Bidermann verarbeitet diesen Stoff ganz selbständig, und die Figur des lasterhaften Doktors von Paris ist, wie er selbst betont, seine ureigene Schöpfung.

Dargestellt wird Leben und Sterben eines gelehrten und berühmten Professors der Medizin, den Eigensucht, Überheblichkeit und Stolz der ewigen Verdammnis preisgeben, nachdem sein Schutzengel und sein Gewissen vergeblich versucht haben, ihn zu einer Gesinnungsänderung zu bewegen. Sein Leben lang haben die auf der Bühne personifiziert auftretenden Mächte des Guten, Cenodoxophylax und Conscientia, mit den Mächten des Bösen, der Gleisnerei (Hypocrisis) und der Eigenliebe (Philautia), um seine Seele gerungen. Im letzten Akt, einer apokalyptischen Gerichtsszene, stehen sie sich noch einmal gegenüber, dazu ihre Auftraggeber – auf der einen Seite die Richter: Christus, Petrus, Paulus und der Erzengel Michael, auf der anderen die Ankläger: der Hauptteufel Panurgus und seine Gehilfen. Hinzu kommen die Zeugen: Eigenliebe und Schutzengel, der Angeklagte und der Vollstrecker – der Tod, der mit teilnahmsloser Selbstverständlichkeit seines Amtes waltet: *»Bei diesem hier hat es kein Bleiben,/ Ich gehe, noch mehr aufzutreiben,/ Es gilt mir eben alles gleich,/ Hoch oder Nieder, arm und reich.«* Von den spärlichen Tugenden und guten Werken weiß der Schutzengel nicht viel Positives zu berichten: *»Davon ich zwar was wenig's find',/ Das aber auch dahin verschwind't,/ Denn ob er schon was Gutes tät',/ Mit Almosen und mit Gebet,/ Seh ich, das wieder austilgt sei,/ Durch Hoffahrt und durch Gleißnerei.«* Daß Zuschauer und Leser bis zum Schluß noch daran glauben, daß das peinliche Verhör nur der Zerknirschung des Sünders diene und einer um so gnadenvolleren Erbarmung weichen werde, erhöht die Wirkung des unerbittlichen, die Gerechtigkeit Gottes dokumentierenden Strafgerichts: des Höllensturzes. Den »Chorus mortualis«, mit dem der himmlische Urteilsspruch eingeleitet wird, führt zum Schluß der Teufel selbst an: *»Sic transit mundi gloria!»* Die letzte Szene zeigt den Entschluß Brunos (hier diente der historische Name als Vorbild) und anderer Freunde des Doktors, Abschied von den Geschäften dieser Welt zu nehmen. Es ist überliefert, daß nach der Aufführung in München 1609 vierzehn adelige Hofbeamte, wie jene von Reue und Bußgedanken ergriffen, sich in die Einsamkeit des Klosterlebens zurückzogen.

Die Zielstrebigkeit, mit der der dramatische Vollzug auf das effektgeladene, wegen seiner folgerichtigen Geradlinigkeit ganz und gar untragisch zu nennende Ende hin angelegt ist, wirft ein Licht auf die Tendenz, die Bidermann im Auge hatte: die der religiösen und moralischen Erweckung im Sinne der Gegenreformation. – Formal steht das Werk noch stark in den Traditionen des spätmittelalterlichen Humanistendramas, obgleich seine Gliederung in fünf Akte im geistlichen Spiel des 16. Jh.s bereits eine Neuerung darstellt, und auch sein Gehalt weist bereits in die Zukunft und eröffnet das »Barocke Welttheater« gleichsam mit einem *»Fanfarenstoß für den neuen Barockgeist«* (J. Müller). Die *»Eigensucht des stoisch sich selbst behauptenden und genießenden Humanisten«* (M. Wehrli) wird hier einer scharfen Kritik unterzogen. Cenodoxus, äußerlich ein Vorbild der Tugend und Frömmigkeit, hochgelehrt und weltberühmt, in Wirklichkeit jedoch heuchlerisch, eitel und von Hochmut zerfres-

sen, täuscht mit überheblicher Pose über die Nichtigkeit seines Charakters hinweg. Treibende Kraft auch seiner wenigen guten Taten sind Eigenliebe und Hochmut, und so ergeht denn die Anklage: *»Siehst du wohl die Überheblichkeit,/ Lies tausendmal, du liesest Überheblichkeit./ Du liesest zehnmal, hundertmal und tausendmal./ Gibst du es zu?«* Aber Cenodoxus *will* nicht erkennen, obgleich ihm die guten Mächte ständig ins Gewissen reden und er die Fähigkeit dazu hätte, denn sein Wille ist frei. Selbstverblendung, genährt von den Einflüsterungen des Teufels, versperrt ihm den Weg zu selbstverantwortlicher Entscheidung für sein Seelenheil. Der Schutzengel fleht: *»Wenn er doch sähe! – Der Mensch sieht nichts .../ Fallstricke überall auf diesem Weg,/ Die, wer nicht tausend Augen hat, nicht meiden kann.«* Cenodoxus geht blind in die Irre. Er bleibt seiner Eigensucht verhaftet, obwohl ihm alle Mächte der Hölle auf Befehl des Schutzengels im Traum eine Vorahnung zukünftiger Qualen geben. Wenn das Stück schließlich mit der Mahnung zu Weltflucht endet, so ist das zugleich eine radikale Verurteilung jeglicher Selbstverherrlichung, die Gottes Autorität leugnet.
Humoristische Einlagen lockern das Drama auf, dienen jedoch auch dazu, die äußere und innere Handlung zu fördern. Die Sprache ist noch nicht voll ausgestaltet, alles wird direkt gesagt und nicht etwa ins Bild umgesetzt, d. h., das Ganze bleibt reflektorisch und abstrakt, die tiefere Bedeutung des Geschehens wird in der dramatischen Handlung nicht unmittelbar sinnfällig. W.v.S.-KLL

Ausgaben: Mchn. 1666 (in *Ludi theatrales sacri*, 2 Bde., 1). – Tübingen 1963, Hg. R.C. Tarot (krit.; m. Bibliogr.; NdL, N. F. 6).

Übersetzungen: *Cenodoxus, der Doctor von Parifs*, J. Meichel, Mchn. 1635. – Dass., ders. (in DL, R. Barock, 2, Hg. W. Flemming, Lpzg. 1933). – Dass., ders. (in *Dt. Dichtung d. Barock*, Hg. E. Hederer, Mchn. 1957). – Dass., ders., Mchn. 1958 [Nachw. E. Hederer]. – *Cenodoxus*, J. Meichel, Hg. R. Tarot, Stg. 1965; ern. 1974 (RUB).

Literatur: K.v. Reinhardstœttner, *Jesuitendrama in Mchn.* (in Jb. f. Münchener Geschichte, 3, 1889, S. 88–97). – J. Sadil, *J. B.s »Cenodoxus«*, Progr. Wien 1899/1900. – J. Müller, *Das Jesuitendrama i. d. Ländern dt. Zunge vom Anfang (1555) bis zum Hochbarock (1665)*, 2 Bde., Augsburg 1930. – D. G. Dyer, *J. B. A Seventeenth Century German Jesuit Dramatist*, Diss. Cambridge 1950. – S. Juhnke, *B.s »Cenodoxus« in Ingolstadt. E. Studie z. Publizistik d. früh. Jesuitenbühne*, Diss. Bln. 1957. – M. Wehrli, *B.s »Cenodoxus«* (in *Das dt. Drama*, Bd. 1, Hg. B.v. Wiese, Düsseldorf 1958, S. 13–34). – R. G. Tarot, *J. B.s »Cenodoxus«*, Diss. Köln 1960. – T.W. Best, *J. B.*, Boston 1975 (TWAS). – P.-P. Lenhard, *Religiöse Weltanschauung u. Dialektik im Jesuitendrama. Interpretationen zu den Schauspielen J. B.s*, Ffm./Bern 1976. – G. Hers, *Spectator-Lector-Actor. Zum Publikum von J. B.s »Cenodoxus«. Mit Materialien zum lit. u. sozialgeschichtlichen Kontext der Handschriften* (in Internat. Archiv für Sozialgeschichte der dt. Literatur, 1, 1976, S. 30–106).

Jakob Böhme

* 1575 Altseidenberg / Lausitz
† 17.11.1624 Görlitz

Literatur zum Autor:
J. Hamberger, *D. Lehre d. dt. Philosophen J. B.*, Mchn. 1844. – Bastian, *D. Gottesbegriff bei J. B.*, Diss. Kiel 1904. – H. Tesch, *Vom dreifachen Leben. Ein geistiges Porträt des Mystikers J. B.*, Remagen 1971. – G. Wehr, *J. B. in Selbstzeugnissen und Bilddokumenten*, Reinbek 1971; zul. 1985 (rm). – W. Buddecke, *Die J.-B.-Autographen* (in Wolfenbütteler Beiträge, I, 1972, S. 61–87). – K. E. Kocher, *Glauben, Erkennen, Wissen. J. B., sein Werk u. seine Aussage*, Darmstadt / Schauernheim 1975. – *Colloque pour le quatrième centenaire de la naissance de J. B. Ou: Présence de J. B. 1575–1975*, Chantilly 1975. – G. Wehr, *J. B., der Geisteslehrer u. Seelenführer*, Freiburg i. B. 1979. – D. Walsh, *The Mysticism of Innerwordly Fulfillment. A Study of J. B.*, Gainesville 1983.

AURORA, DAS IST: MORGENRÖTHE IM AUFGANG UND MUTTER DER PHILOSOPHIAE

Schrift von Jakob Böhme, verfaßt 1612, erschienen 1634. – Böhme gibt in diesem Werk einen unabgeschlossenen und nach seinem eigenen Urteil unvollkommenen Entwurf seines »Systems«. Das Urteil der Nachwelt war im allgemeinen positiver: Es ist dieses Buch vor allem, das die Romantiker so tief beeindruckte, und Hegel hielt es für Böhmes bestes. Seine Vorzüge sind in der Tat beträchtlich: Die Unmittelbarkeit eines ersten, der Bewußtseinskontrolle fast entrückten Niederschreibens von Visionen und Einsichten gibt dem Text, der noch nicht von verschrobenen alchemistischen Begriffen und anderem pseudogelehrtem Beiwerk überwuchert wird, große Kraft und poetische Intensität. Der Untertitel des Buches lautet in der zweiten, vollständigen Ausgabe: *Die Wurzel der Philosophie, Astrologie und Theologie*. Diese drei Kategorien werden derart verstanden, daß Philosophie *»von der göttlichen Kraft«* handelt, darin, *»was Gott sei, und wie im Wesen Gottes die Natur, Sterne und Elemente beschaffen sind«*, die Astrologie *»von den Kräften in der Natur, der Sterne und Elemente ... wie Böses und Gutes durch sie gewirkt wird in Menschen und Tie-*

ren« und die Theologie *»von dem Reiche Gottes ... wie es in der Natur kämpft und streitet ...«*. Hier wird nichts weniger unternommen, als die Geschichte Gottes und des Kosmos zu beschreiben, wobei sich Böhme, in seinem Vertrauen darauf, vom Heiligen Geist inspiriert zu sein, ganz seinen Eingebungen überläßt und auf jegliche rationale Abfolge und Ordnung der Gedanken verzichtet. Was man von anderen mystischen Denkern (selbst von PLOTIN) gesagt hat, gilt für ihn in besonderem Maße: Jede Seite, jede Gruppe von Sätzen enthält in immer wechselnden Worten die ganze Konzeption. Durch das mehr verwirrende als erklärende Gewand von Bildern – wie dem der (hier sieben) *»Quellgeister«* oder *»Qualitäten«*, in deren Auseinandersetzung sich das theo- und kosmogonische Drama vollzieht – schimmert schon die so wichtige und zukünftig wirksame Idee durch, daß der (drei-)einige Gott einerseits als ein Prinzip des grimmigen *»herben«* Feuers, andererseits als das des Lichtes und der Liebe auftritt und so bis in seinen tiefsten Seins-*»Urgrund«* hinein Urgegensätze dialektisch vereinigt. Der Urkampf zwischen dem *»grimmigen«* und dem *»liebenden«* Prinzip spiegelt sich in der geschaffenen Welt als Widerstreit von Gut und Böse. Die Schlüsselrolle Christi in diesem Kampf ist bei einem christlichen Theosophen oder Mystiker selbstverständlich. H. L.

AUSGABEN: o. O. [Dresden?] 1634 [unvollst.]. – Amsterdam 1656 *(Morgenröte im Aufgang, das ist Die Wurzel oder Mutter der Philosophiae, Astrologiae u. Theologiae, aus rechtem Grunde)*. – Amsterdam 1682 (in *Alle theosophischen Wercken*, Hg. J. G. Gichtel, Bd. 2). – Stg. 1955 (in *SS: Theosophia revelata oder Alle Göttliche Schriften*; Hg. A. Faust u. W. E. Peuckert, 11 Bde., Stg. 1942–1961, 1; Faks. d. Ausg. v. 1730). – Lpzg. 1974, Hg. G. Bartsch (RUB). – Freiburg i. B. 1977, Hg. u. Komm. G. Wehr.

PAUL FLEMING

* 5.10.1609 Hartenstein
† 2.4.1640 Hamburg

LITERATUR ZUM AUTOR:
A. M. Carpi, *P. F. De se ipso ad se ipsum*, Mailand 1973. – G. Dünnhaupt, *Bibliogr. Handbuch der Barockliteratur*, Bd. 1, Stg. 1980, S. 611–627. – J.-U. Fechner, *P. F.* (in *Dt. Dichter des 17. Jh.s*, Hg. H. Steinhagen u. B. v. Wiese, Bln. 1984, S. 365–384). – D. Schubert, *»Man wird mich nennen hören ...« Zum poetischen Vermächtnis P. F.s* (in WB, 30, 1984, S. 1687–1706). – M. R. Sperberg-McQueen, *Neues zu P. F. Biobibliogr. Miszellen* (in Simpliciana, 6/7, 1984/85, S. 173–183). – *P. F. Werke u. Wirkung*, Zwickau 1986.

DAS LYRISCHE WERK von Paul FLEMING. Paul Flemings literarisches Werk umfaßt ausschließlich Lyrik, in der Frühzeit zunächst nur in neulateinischer Sprache verfaßt. Schon als Schüler und dann als Student der Philosophie und Medizin schrieb er eine Reihe von Gedichten, die sich stark und bewußt an lateinische Vorbilder anlehnten (OVID, CATULL, JOHANNES SECUNDUS, SCHEDE, GROTIUS, HEINSIUS). Es handelte sich vorwiegend um Gelegenheitstexte, von denen mehrere während Flemings Leipziger Studienzeit als Einzeldrucke oder in kleinen Sammlungen erschienen. Die bedeutendste Leistung dieser Schaffensperiode ist die Sammlung der Liebesgedichte, *Rubella seu Suaviorum liber*, 1631 *(Rubella oder das Buch der Küsse)*. In dieser Sammlung verbindet der Leipziger Student die antike Tradition des Kußgedichts *(Suavium)* mit petrarkistischen Elementen und Motiven. Daß Fleming seine virtuose Beherrschung der literarischen Konventionen erotischer Lyrik zunächst in lateinischer Sprache vorführte, bevor er in späteren Jahren sie auch in seiner deutschen Dichtung offenbarte, macht die enge Beziehung der deutschsprachigen Barocklyrik zu der humanistischen Tradition deutlich. Über die Frage, ob sich hinter dem Pseudonym »Rubella« eine reale Geliebte Flemings verbirgt oder ob es sich um eine literarische Fiktion handelt, konnte sich die Forschung bislang nicht einigen.
Ebenfalls 1631 publizierte der 22jährige eine Sammlung vorwiegend lateinischer Epigramme und Oden *(Promus miscellaneorum Epigrammatum et Odarum)*, in der er engagiert die aktuellen politischen Ereignisse des Dreißigjährigen Krieges kommentierte (Zerstörung Magdeburgs, schwedischer Kriegseintritt, Schlacht von Breitenfeld u. a.). In diesem politischen Engagement traf er sich mit seinem gleichfalls dichtenden Freund und Kommilitonen Georg GLOGER, dem er zu seinem Tod (1631) mit den *Manes Glogeriani* ein umfangreiches literarisches Denkmal stiftete. Die lateinischen Epigramme, die Adam OLEARIUS 1649 aus dem Nachlaß herausgab, versammeln in ihren 12 Büchern noch einmal das gesamte Schaffensspektrum Flemings. Sie enthalten geistliche, panegyrische, casuale, erotische, politische und satirische Texte sowie zahlreiche Epigramme von seinen Reisen und zeigen ihren Autor als aktives Mitglied der *nobilitas litteraria*. Besonderes Interesse verdienen aus diesem Textcorpus jene Gedichte, die Werke anderer zeitgenössischer Verfasser zitieren, kommentieren, übersetzen oder auch kritisieren (z. B. *Augusto Buchnero, Musarum Phoebo; Julio Guilielmo Zincgrefio, linguae patriae vindici; M. Opitii Vesuvius; Poesis Joannis Heermanni, nobilis ingenii*). Insgesamt machen die lateinischen Gedichte fast die Hälfte des Gesamtwerks Flemings aus. Sie waren von seinen Zeitgenossen hoch geschätzt, lassen

ihren Verfasser heute als einen der Hauptvertreter der neulateinischen Poesie im Deutschland des frühen 17. Jh.s erscheinen und stehen gleichwertig neben seinen deutschen Dichtungen.

In den Jahren zwischen 1633 und 1639 unternahm Fleming in Begleitung seines Freundes Adam Olearius zwei große Gesandtschaftsreisen nach Rußland und Persien mit längeren Aufenthalten in Reval. Die Reisezeit brachte für den Dichter die volle Entfaltung seines Sprachstils, eine Erweiterung der Thematik und die endgültige Gestaltung seiner poetischen Ausdrucksweise.

Die erste große Ausgabe seiner deutschen Gedichte *(Teütsche Poemata)*, der die 1641 gedruckte Sammlung *Prodromus* (56 Gedichte) vorausgegangen war, wurde postum von Adam Olearius besorgt, erschien 1642 und wurde seither mehrfach nachgedruckt. Der Dichter hatte sie noch selbst zusammengestellt und nach Gattungen und unter Berücksichtigung der inhaltlichen Kategorien (geistliche, Glückwunsch-, Leichen-, Hochzeits- und Liebesgedichte) in *Poetische Wälder, Überschrifften, Oden* und *Sonette* eingeteilt. In der ersten Gruppe finden sich überwiegend Alexandrinergedichte, von denen viele einen deutlich epischen Charakter aufweisen. Das knappe *Buch der Überschrifften* enthält Epigramme, eine Gattung, die Fleming gern und vor allem in seinem lateinischen Werk verwendete. Die größte formale Freiheit erlaubte die Ode, die auch mit ihrem liedhaften Charakter dem musikalischen Sinn des Dichters entsprach. Gerade unter den Oden befinden sich Gedichte, die große Popularität erlangten *(Neujahrsode 1633; In allen meinen Taten; Elsgens treues Herz; Laß dich nur nichts nicht tauren; Auff die Jtaliänische Weise: O fronte serena)*. Einige von ihnen fanden Eingang in protestantische Gesangbücher. Ihr schlichter Ton erinnert oft an das Volks- und Gesellschaftslied, worin der Einfluß Johann Hermann Scheins, Lehrer von Fleming an der Thomasschule, erkennbar wird. In Flemings Sonetten fand die deutsche Sonettkunst, neben Andreas Gryphius, ihren Höhepunkt. Wie andere Barockdichter füllte er diese Form mit petrarkistischer, geistlicher, patriotischer und kausaler Thematik. Was seine Sonette auszeichnet, ist neben aller formalen Vollendung eine Art Erkenntnis individueller Kraft, der Selbständigkeit des menschlichen Wesens als Einzelschicksal. Das angebotene Tugendprogramm präsentiert sich bei Fleming häufig als Formulierung sittlicher Forderungen des Neustoizismus, der an den *Vanitas*-Gedanken und zugleich an das horazische *Carpe diem* anknüpfenden Lebensphilosophie, wobei das Exemplarische in den Gedichten nicht selten einen persönlichen Ausdruck gewinnt.

Als Gipfelleistung seines Schaffens gelten Flemings erotische Dichtungen, in denen der deutschsprachige Petrarkismus seine Kulminationspunkt erreichte. Der Autor hat sich in ihnen die Regeln und die Topik dieses Systems zu eigen gemacht und blieb in Stil und Motivik dessen Dualismus von Lust und Leid verpflichtet. Allerdings setzte er dem petrarkistischen Motiv der Selbstaufgabe das poetische Bekenntnis zur Selbstbehauptung entgegen (D. Schubert) und thematisierte immer wieder das Leitmotiv seiner gesamten Dichtung: die Beständigkeit *(constantia)* und Treue zu der Geliebten, zu sich selbst, zum Vaterland und zum Glauben. Das Gesamtwerk Flemings umfaßt eine Vielzahl von Gedichten, die das Thema Krieg und Frieden behandeln. Kennzeichnend für sie ist eine ausgeprägte Friedenssehnsucht, verbunden mit der Suche nach Wegen der Realisierung. Das starke gesellschaftliche Verantwortungsgefühl des Dichters äußert sich in lehrhaften Zügen dieser Dichtung, im Pflichtbewußtsein, die eigene Poesie in den Dienst des Vaterlandes stellen zu müssen.

In seiner Reiselyrik, die größtenteils Kasuallyrik ist, hielt Fleming Eindrücke und neuerworbenes Wissen von Landschaften, Städten, Völkern und Geschichte dieser fernen Länder in realistischen Bildern fest, die historische und naturwissenschaftliche Kenntnisse voraussetzten. Bezeichnend ist dabei, daß das Fremde in ihm immer wieder Gedanken an seine Heimat und an die Geliebte weckte.

Die allgemeine Situation der Reise – neue Erfahrungen, veränderte Umstände, fremde Orte – schufen den Raum für eine neue Selbsterfahrung, Voraussetzungen für eine Auseinandersetzung mit den vertrauten Normen und neue Möglichkeiten der poetischen Aussage; das erleichterte die allmähliche Lösung von den literarischen Konventionen und ermöglichte, unterstützt durch die große dichterische Begabung Flemings, die Entwicklung eines eigenen Stils. Zeitlebens verstand sich Fleming als Anhänger von Opitz: Viele seiner Gedichte orientieren sich an Opitzens Vorschriften hinsichtlich der Gattungsnorm, der Metrik und des gesellschaftlichen Charakters der Lyrik. Von Anfang an übertraf Fleming seinen Lehrer an sprachlicher Meisterschaft, wobei er in der Nachfolge antiker Poetik und der Anerkennung antiker und neulateinischer Dichtungen als Vorbilder weitgehend im Umkreis der rhetorisch-normativen Ausdrucksmöglichkeiten des 17. Jh.s blieb. Was ihn über die literarische Tradition und seinen Lehrmeister hinausführt, ist ein Durchbruch zum Individualismus. Diese dichterische Unabhängigkeit und Sprachbeherrschung wurde schon im 17. Jh. erkannt, so bei Zesen, der Fleming über Opitz stellt, oder bei Morhof, der schrieb: *»es steckt ein vortrefflicher Geist in ihm, der mehr auf sich selbst als auf fremder Nachahmung beruht«*; Leibniz verglich Fleming mit Horaz. Sein Rang wurde auch in der späteren, dem Barock abgeneigten Zeit nie in Zweifel gezogen, so fand sein Werk weiterhin Anerkennung u. a. bei Gottsched, Bodmer oder Herder, und seine literaturhistorische Nachwirkung hielt bis in die Romantik (August Wilhelm und Friedrich Schlegel) hinein an. E.Pi.

Ausgaben: *Lateinische Gedichte*, Hg. J. M. Lappenberg, Stg. 1863 (BLV 73); Nachdr. Amsterdam 1969. – *Deutsche Gedichte*, Hg. J. M. Lappenberg, 2 Bde., Stg. 1865 (BLV 82/83); Nachdr.

Darmstadt 1965. – *Deutsche Gedichte* (Auswahl), Hg. V. Meid, Stg. 1986 (RUB).

LITERATUR: H. Pyritz, *P. F.s Liebeslyrik. Zur Geschichte des Petrarkismus*, Lpzg. 1932, Göttingen [2]1963. – E. Honsberg, *Studien über den barocken Stil in P. F.s deutscher Lyrik*, Würzburg 1938; Nachdr. Ann Arbor/Ldn. 1980. – R. A. Schröder, *P. F.* (in R. A. Sch., *GW*, Bd. 3, Ffm. 1952, S. 598–651). – L. Supersaxo, *Die Sonette P. F.s Chronologie u. Entwicklung*, Diss. Zürich 1956. – E. Dürrenfeld, *P. F. und J. Ch. Günther. Motive, Themen, Formen*, Diss. Tübingen 1964. – W. Kühlmann, *Selbstbehauptung und Selbstdisziplin/Sterben als heroischer Akt/Ausgeklammerte Askese* (in *Gedichte u. Interpretationen*, Bd. 1: *Renaissance und Barock*, Hg. V. Meid, Stg. 1982, S. 159–186). – D. Lohmeier, *P. F.s poetische Bekenntnisse zu Moskau u. Rußland* (in *Russen u. Rußland aus deutscher Sicht*, Hg. M. Keller, Mchn. 1983, S. 341– 370). – D. Schubert, *P. F. Monographische Studie unter besonderer Berücksichtigung der Wirkungsgeschichte nach 1945*, Diss. Potsdam 1984. – P. Krahé, *Persönlicher Ausdruck in der literarischen Konvention: P. F. als Wegbereiter der Erlebnislyrik?* (in ZfdPh, 106, 1987, S. 481–513). – K. Garber, *P. F. in Riga. Die wiederentdeckten Gedichte aus der Sammlung Gadebusch* (in *Daß eine Nation die ander verstehen möge. Fs. M. Szyrocki*, Amsterdam 1988, S. 255–308).

PAUL GERHARDT

* 12.3.1607 Gräfenhainichen / Sachsen
† 27.5.1676 Lübben / Spree

LITERATUR ZUM AUTOR:
P. G. Werk u. Wirkung, Hg. J. u. E. Nievergelt, Zürich 1976. – *P. G. Dichter – Theologe – Seelsorger. 1607–1676*, Hg. H. Hoffmann, Bln. 1976. – G. Rödding, *P. G.*, Gütersloh 1981. – H.-H. Krummacher, *P. G.* (in *Deutsche Dichter des 17. Jh.s*, Hg. H. Steinhagen u. B. v. Wiese, Bln. 1984, S. 270–288).

PAULI GERHARDI GEISTLICHE ANDACHTEN BESTEHEND IN HUNDERT UND ZWANTZIG LIEDERN / AUFF HOHER UND VORNEHMER HERREN ANFORDERUNG IN EIN BUCH GEBRACHT / DER GÖTTLICHEN MAJESTÄT ZU FORDERST ZU EHREN / DENN AUCH DER WERTHEN UND BEDRÄNGTEN CHRISTENHEIT ZU TROST / UND EINER JEDWEDEN GLÄUBIGEN SEELEN ZU VERMEHRUNG IHRES CHRISTENTHUMS ALSO DUTZENDWEISE MIT NEUEN SECHSSTMMIGEN MELODEYEN GEZIERET

Liedsammlung von Paul GERHARDT, erschienen 1666/67. – Der Sammelband wurde von Gerhardts Freund, dem Berliner Kantor J. G. EBELING, zusammengestellt; obwohl Gerhardt der Edition sicher zugestimmt hat, ist die Autorisation der zahlreichen Abweichungen von früheren Drucken nicht gesichert. Jedenfalls wurde damit in zehn Lieferungen zu je zwölf Liedern – deren Ordnung, von christlicher Zahlenmystik bestimmt, die Zahl der Jünger mit der Zahl der göttlichen Gebote verbindet – fast sein gesamtes Liedschaffen dokumentiert; ausgenommen blieben nur etliche deutsche und lateinische Gelegenheitsgedichte. Eine chronologische Gliederung zeichnet sich dagegen in diesem Werk nicht ab, Datierungen müssen sich vor allem auf den Zeitpunkt des Erstdrucks stützen.

Siebzehn Lieder Gerhardts waren bereits in das beliebte Gesangbuch des ebenfalls mit ihm befreundeten J. Crüger, die *Praxis pietatis melica* (1648) aufgenommen worden; in der letzten von Crüger redigierten Auflage sind es 95. Von Crüger und Ebeling stammt der Großteil der Melodien zu Gerhardts Liedern; zu den bekanntesten aber zählt *O Haupt voll Blut und Wunden*, das J. S. Bach in seine *Matthäuspassion* (1729) aufnahm. Daneben gehören Lieder Gerhardts, wie *Wach auf, mein Herz, und singe; Nun ruhen alle Wälder; Befiehl du deine Wege; Nun danket all' und bringet Ehr* oder *Geh aus mein Herz und suche Freud*, bis heute zum Kanon evangelischer Gesangbücher und fanden auch Eingang in das katholische Liedgut. Nach einer Phase geringerer Wertschätzung während des 18. Jh.s schuf M. CLAUDIUS nach Gerhardts Vorbild sein berühmtes *Abendlied* (1779); J. v. EICHENDORFF pries in seiner katholisch orientierten *Geschichte der poetischen Literatur Deutschlands* (1857) den volkstümlichen protestantischen Lieddichter.

In der geistlichen Lieddichtung seit M. LUTHER markiert Gerhardts Schaffen eine neue Phase. Während der liturgische Liedbestand noch über die Mitte des 17. Jh.s hinaus traditionell festgelegt blieb, war für die Haus- und Familienandacht ein neuer Bedarf an Liedern entstanden; die Einfachheit und Schlichtheit der Lieder Gerhardts entspricht den Empfehlungen barocker Rhetorik für diesen Anlaß. Gerhardt gilt der Gesang als eine Form des Meßopfers: *»Mein Weihrauch und mein Widder / Sind mein Gebet und Lieder«*, heißt es in *Wach auf, mein Hertz, und singe* ..., der eigentliche Zweck der Lieder ist, neben Belehrung und Erbauung der Gläubigen, die Lobpreisung Gottes (*»Ich will sein Werk so gut ichs weiß / Mit Freuden zeigen an«*) mit Hilfe der Stilmittel der barocken Rhetorik. Die *Geistlichen Andachten* weisen fünfzig verschiedene Strophenformen auf, teils von Gerhardt selbst gebildet, teils an bekannte Melodien angelehnt; der Binnenreim, das Akrostichon (so in der Variation zu Psalm 37, *Befehl dem Herren deine Wege...*), gelegentlich aber auch, etwa in dem Bußlied *Selbsterniedrigung*, eine ungewöhnliche Hundeallegorie, bezeugen eine an der zeitgenössischen Poetik geschulte Virtuosität im dichterischen Handwerk, deren Stellenwert Gerhardts *Ode: Welt-Scribenten und Poeten*, 1650 als Vorspruch zu M. Schirmers *Biblischen Liedern* erschienen, genau festlegt: *»Welt-Scribenten und Poeten / Haben ihren Glantz und Schein: / Mögen auch zu lesen seyn, / Wenn wir leben auser Nötzen; / In dem Unglück, Creutz und Vbel / Ist nichts besseres als die Bibel.«* So hat, getreu dem lutherischen *»sola scriptura«*, nahezu die Hälfte aller Lieder Gerhardts einen biblischen Text (in jedem zweiten Gedicht dieser Gruppe sind es Psalmen) zur Vorlage: *»Psalmen oder Prophetenstellen mit solchen aus dem neuen Testament zu kombinieren, das Ganze in den Ablauf des Kirchenjahres einzugliedern, ist hier wesentliche Form wie ›geistreiches‹ Strukturprinzip«* – im Sinne barocker Rhetorik (J.-U. Fechner). Diese darf vom Inhalt nirgends ablenken und gibt auch den vertrauten Bilder- und Formenschatz aus der geistlichen Dichtungstradition nirgends preis.

Die Praxis des Glaubenslebens tritt in dem von Gerhardt geprägten Liedtypus neben die Vermittlung der Glaubenslehre, seit Luther eine der Aufgaben des Kirchenliedes. Die heilsgeschichtlichen Tatsachen, die das Kirchenjahr vor Augen stellt, werden anbetend betrachtet, und auch der Alltag bietet eine Fülle von Gelegenheiten für die geistliche Dichtung: Morgen- und Abend-, Haus- und Ehestands-, Reise- und Ungewitterlieder. Auf zeitgeschichtliche Ereignisse reagieren die Kometenlieder, vor allem aber das *Dancklied vor die Verkündigung des Friedens* bei der Beendigung des Dreißigjährigen Krieges 1648.

Dezidierte theologische Aussagen fehlen dabei keineswegs. Aktuell und provozierend ist im damaligen Preußen die Ablehnung der reformierten Prädestinationslehre in *Sey wolgemut o Christenseel....* Zentrale Aussagen lutherischer Dogmatik behandeln Lieder wie *Du Volck / das du getauffet bis...* oder *Ich weiß, daß mein Erlöser lebt...*, angelehnt an Luthes Katechismus oder die *Formula Concordiae* (1577), dem 1580 veröffentlichten Bekenntnisbuch *(Konkordienbuch)* des Luthertums. Doch hebt die *»Familiarisierung des Glaubens«* (S. Arndal) Gerhardts Dichtungen vom altprotestantischen Kirchenlied ab. Während Luther den Zorn Gottes nicht mit Gottes Vaternamen verbindet, erscheint Gott bei Gerhardt als ein gleichzeitig strenger und liebevoller Vater, ein Erzieher, der die Kinder züchtigt, die er liebt. Das Ich, von dem Gerhardts Dichtung spricht, steht freilich noch immer repräsentativ für jedes Glied der lutherischen Gemeinde, und der persönlich geprägte Ton ist kein Symptom für eine Subjektivierung des Glaubens. Zu den Quellen Gerhardts zählen allerdings M. Mollers Textsammlung *Meditationes Sanctorum Patrum* (1584–1591), die ihm die Tradition der Mystik des Bernhard von Clairvaux vermittelte; im lateinischen *Großen Passions-Salve* des Arnulf von Löwen findet sich dort die Vorlage zu Gerhardts *O Haupt voll Blut und Wunden*. Zu sechs Gedichten diente als Vorlage J. Arnd(t)s weit verbreitetes, von der Orthodoxie verworfenes *Paradiesgärtlein* (1612). So adaptieren Gerhardts Lieder die mysthische Tradition subjektiver Gotterfahrung für das Frömmigkeitserlebnis in der Kirchengemeinde; theologisch ordnet sich Gerhardt damit der Reformorthodoxie zu, wie sie etwa sein Wittenberger Lehrer Paul Röber vertrat. Neben dem Vertrauen zu Gott, dem Schöpfer und Erhalter der Welt, häufig als das »Licht« oder die »Sonne« des Gläubigen apostrophiert, ist es vor allem die Gewißheit der Erlösung durch Christus und die darauf beruhende Verheißung der ewigen Herrlichkeit für den Gläubigen, die vielen Liedern Gerhardts ihren zuversichtlichen und freudigen Ton verleiht. Das lutherische *»sola fide«* erweist sich auch darin als eine Bedingung für Gerhardts Lieder, *»ihre getroste Glaubenszuversicht ist eine Frucht der lutherischen Reformation und ihrer Rechtfertigungslehre«* (H.-H. Krummacher).

Aus dieser Treue zum traditionellen Luthertum speiste sich auch Gerhardts Widerstand gegen die Religionspolitik des Großen Kurfürsten Friedrich Wilhelm I. (1640–1688), der zur Begünstigung der reformierten (calvinistischen) Kirche neigte. Einige Lieder kommentieren die Weigerung, der weltlichen Obrigkeit zu willfahren, die schließlich 1666 zu Gerhardts Suspendierung als Diakon in Berlin geführt hatte und die vielleicht auch die Veröffentlichung der *Geistlichen Andachten* mitveranlaßt hatte: *»Kein Zorn der grossen Fürsten / Soll mir ein Hindrung seyn«*, beteuert das Lied *Ist Gott für mich, so trete gleich alles wider mich* mit dem Titelzitat aus dem Neuen Testament, Römer 8. Auf *»Fürstenmacht und -gunst«* dürfe sich, so heißt es in *Du meine Seele singe...*, der Mensch nie verlassen, *»Weil sie wie unser einer / Nichts sind als nur ein Dunst«*. Einzig *»Gott sitzt im Regimente«* *(Befiehl dem Herren deine Wege...)* und vor seiner Vater-Weisheit muß sich die menschliche Vernunft bescheiden *(Ich dancke dir demütiglich...)*.

Indem sie daran erinnern, daß Gott nicht mit den Maßstäben dieser Welt mißt, vermögen Gerhardts Lieder ihre trostspendende Funktion auch angesichts der Ungnade des Landes-Vaters zu erfüllen: *»Wer hier zeitlich wol geweint«*, heißt es in *Schwing dich auf zu deinem Gott*, *»darff nicht ewig klagen«*. Gerhardts Dichtungen wie sein geschichtliches Handeln orientieren sich an dieser Dialektik der Heilszeit: in der Ewigkeit wird die Umkehr der scheinhaften irdischen Wertordnung und die Vollendung der göttlichen Schöpfungsordnung offenbar werden. So sind auch Lieder wie *Nun ruhen alle Wälder...* oder der *Sommer-Gesang (»Geh aus mein Hertz und suche Freud...«)* keine bloßen Naturdichtungen; inspiriert von Arnd(t)s Betrachtungen des ›Buches der Natur‹ beschreiben sie vielmehr nach Art barocker Embleme die Schöpfung als Zeichen ihres Schöpfers, das Zeitliche als schwachen Abglanz des Ewigen, den irdischen ›Garten‹ als Verweis auf Gottes Paradies; der Appell zur Teilhabe an der geistlichen Feier, die gläubige Lenkung des Herzens, ist auch hier die rhetorische Wirkungsabsicht. W.Schm.

AUSGABEN: o.O. 1666/67. – Bln. 1866, Hg. J.F.Bachmann [hist.-krit.]. – Mchn. 1957 (in *P. G. Dichtungen u. Schriften*, Hg. E.v. Cranach-Sichart). – Bern 1975 (*Samt den übrigen Liedern u. den lateinischen Gedichten*, Hg. F. Kemp).

LITERATUR: E.Aellen, *Quellen u. Stil der Lieder P. G.s*, Bern 1912. – R.A. Schröder, *P. G.* (in R.A.S., *GW*, Bd. 3, Ffm. 1952, S. 561–597). – J. Zimmermann, *Lutherischer Vorsehungsglaube in P. G.s geistlicher Dichtung*, Diss. Halle 1955. – I. Röbbelen, *Theologie u. Frömmigkeit im deutschen evangelisch-lutherischen Gesangbuch des 17. u. frühen 18. Jh.s*, Göttingen 1957, S. 404–425. – Th. Hewitt, *P. G. as a Hymnwriter*, St. Louis 1976. – W. Zeller, *P. G., der Dichter und seine Frömmigkeit* (in W. Z., *Theologie und Frömmigkeit*, Marburg 1978, S. 122–149). – J.-U. Fechner, *P. G.s Lied. Tradition und Innovation* (in LJb, NF 17, 1976, S. 1–21). – L. Schmidt, *Hertz und Garten-Zier. P. G.s »Sommer-Gesang«* (in *Gedichte u. Interpretationen 1*, Hg. V. Meid, Stg. 1984, S. 285–302; RUB). – S. Arndal, *Familiarisierung des Glaubens. Zur Verwendung patriarchalischer Motivik in den Liedern M. Luthers und P. G.s* (in OL, 42, 1987).

HANS JAKOB CHRISTOPH »CHRISTOFFEL« VON GRIMMELSHAUSEN

* 1621 oder 1622 Gelnhausen / Hessen
† 17.8.1676 Renchen / Baden

LITERATUR ZUM AUTOR:
Bibliographien:
Wolfenbütteler Barock-Nachrichten, 1974 ff. – I.M. Battafaranto [unter Mitarb. v. H. Eilert], *G.-Bibliographie 1666–1972. Werk – Forschung – Wirkungsgeschichte*, Neapel 1975. – G. Dünnhaupt, *Bibliographisches Handbuch der Barockliteratur*, Bd. 2/1, Stg. 1980, S. 689–711.
Zeitschrift:
Simpliciana. Schriften der G.-Ges., Hg. G. Weydt u.a., Bern 1979 ff.
Gesamtdarstellungen und Studien:
G. Weydt, *Nachahmung u. Schöpfung im Barock. Studien um G.*, Bern/Mchn. 1968. – *Der Simplicissimusdichter u. sein Werk*, Hg. G. Weydt, Darmstadt 1969. – R. Behrle, *H. J. Chr. v. G. Leben u. Werk*, Bühl/Baden 1971. – K. Haberkamm, *»Sensus astrologicus«. Zum Verhältnis von Literatur u. Astrologie in Renaissance u. Barock*, Bonn 1972. – K. Negus, *G.*, NY 1974. – Ch. Stoll, *H. J. Chr. v. G. 1676/1976*, Mchn. 1976. – *Simplicius Simplicissimus. G. u. seine Zeit*, Münster 1976 [Ausst.-Kat.]. – *G. u. seine Zeit. Die Vorträge des Münsteraner Symposions zum 300. Todestag des Dichters*, Hg. G. Weydt u. R. Wimmer (in Daphnis, 5, 1976, S. 181–737). – H. D. Gebauer, *G.s Bauerndarstellung. Literarische Sozialkritik u. ihr Publikum*, Marburg 1977. – M. Koschlig, *Das Ingenium G.s u. das »Kollektiv« Studien zur Entstehungs- u. Wirkungsgeschichte des Werkes*, Mchn. 1977. – C. Hohoff, *J. J. Chr. v. G. in Selbstzeugnissen u. Bilddokumenten*, Reinbek 1978 (rm). – G. Weydt, *H. J. Chr. v. G.*, Stg. ²1979 (Slg. Metzler). – E. Mannack, *H. J. Chr. v. G.* (in *Deutsche Dichter des 17. Jh.s. Ihr Leben u. Werk*, Hg. B. v. Wiese u. H. Steinhagen, Bln. 1984, S. 517–552). – V. Meid, *G. Epoche – Werk – Wirkung*, Mchn. 1984. – P. Heßelmann, *Gaukelpredigt: simplicianische Poetologie u. Didaxe. Zu allegorischen u. emblematischen Strukturen in G.s Zehn-Bücher-Zyklus*, Ffm. 1988.

DER ABENTHEURLICHE SIMPLICISSIMUS TEUTSCH / Das ist: Die Beschreibung deß Lebens eines seltzamen Vaganten / genant Melchior Sternfels von Fuchshaim / wo und welcher gestalt Er nemlich in diese Welt kommen / was er darinn gesehen / gelernet / erfahren und außgestanden / auch warumb er solche wieder freywillig quittirt. Überauß lustig / und männiglich nutzlich zu lesen. An Tag geben von German Schleifheim von Sulsfort

Roman von Hans Jakob Christoph von GRIMMELSHAUSEN, erschienen in fünf Büchern in einer stark mundartlich gefärbten Ausgabe 1668 (auf dem Titelblatt vordatiert auf 1669). – Der für die damaligen Verhältnisse unerwartete Erfolg des Romans, entgegen den Angaben auf dem Titelblatt (Mömpelgart) tatsächlich verlegt bei J. Felßecker in Nürnberg, machte bereits im Frühjahr 1669 einen – allerdings sehr fehlerhaften – Nachdruck des Textes notwendig, dem eine *Continuatio des abentheurlichen Simplicissimi oder Der Schluß desselben* angefügt wurde. Bereits im selben Jahr erschien bei Georg Müller in Frankfurt ein Raubdruck in normalisiertem, leichter lesbarem Deutsch, auf den Felßecker noch im Herbst 1669 eine weitere Auflage mit einem *Ewigwährenden Kalender* und dann im Herbst 1671 den sog. »Barock-Simplicissimus« folgen ließ, angekündigt als *Gantz neu eingerichteter allenthalben viel verbesserter Abentheurlicher Simplicius Simplicissimus* und ausgestattet mit zwanzig Kupferstichen, drei weiteren Nebenhandlungen samt einer *Zugabe*, die aber in keinem inneren Zusammenhang zum Roman stehen. Umstritten ist bis heute, ob diese beiden Fassungen, die sich sprachlich an dem Frankfurter Nachdruck orientierten und vor allem dem Geschäftsinteresse des

Verlegers verpflichtet waren, tatsächlich auf Grimmelshausen selbst zurückgehen. In der Folgezeit verfaßte der Autor noch eine Reihe kleinerer Werke (*Landstörtzerin Courasche, Springinsfeld* und *Vogel-Nest*), später unter dem Titel *Simplicianische Schriften* zusammengefaßt, die er als Fortsetzung des *Simplicissimus* bezeichnete und die an der schnell populär gewordenen Titelfigur partizipieren.

Der abenteuerliche Simplicissimus ist zwei durchaus heterogenen Traditionen des sog. »niederen« Romans verpflichtet, die Grimmelshausen in Form von Übersetzungen kannte: einerseits dem aus Frankreich stammenden realistisch-satirischen roman comique, worauf der Autor in seinem Lobpreis des *Francion* von Charles Sorel (um 1602–1674) verweist, andererseits dem eher christlich ausgerichteten spanischen Schelmen- oder Pikaroroman (*La vida de Lazarillo de Tormes*, anon. 1554; Mateo Alemán, *Guzmán de Alfarache*, 1599–1604, übersetzt von Aegidius Albertinus u. d. T. *Der Landstörtzer Gusman*, 1615). In seiner Vorrede zur *Continuatio* – dem Roman steht ein Titelkupfer voran, das sich auf ein von Horaz in seiner *Ars Poetica* geschildertes, die Verletzung klassischer Regeln parodierendes Fabelwesen bezieht – hält Grimmelshausen dem Vorwurf, *»zuviel Satyricè«* zuzulassen, seinen Anspruch entgegen, aller Satire und Unterhaltung zum Trotz letztlich *»unser Seelen Hail«* im Sinne des Christentums befördern zu wollen, *»die unbehutsame Menschen / auch mit Exempeln unter dem Schein kurtzweiliger Geschichte / vor dem jenigen treulich zu warnen / was sie ... gar leicht vom höchsten Gut absondern«* könne.

Simplicius, der »Einfältige«, erlebt als zehnjähriger Knabe in der Zeit des Dreißigjährigen Krieges den Überfall von Soldaten auf den väterlichen Bauernhof im Spessart und flieht in den Wald, wo er Aufnahme bei einem alten Eremiten findet, bei dem er zwei Jahre lebt und gemäß der christlichen Lehre erzogen wird. Nach dessen Tod gelangt Simplicius nach Hanau; der schwedische Stadtkommandant nimmt ihn als Pagen zu sich, da der Junge jedoch in seiner Unschuld *»jedem die Wahrheit so ungescheut sagt«* und die Verhältnisse unmittelbar an den christlichen Geboten mißt, wird er in einer vorgegaukelten Höllenzeremonie zum Narren erkoren und in ein Kalbsfell gekleidet. Umherstreifende Kroaten entführen schließlich den Simplicius, der auch ihnen als Narr dienen muß, sich schließlich aber kaiserlichen Truppen anschließen kann. Der kommandierende Obrist gibt Simplicius, der weiterhin sein Narrenkleid tragen muß, zu einem Hofmeister, der sich um ihn kümmert und mit dessen Sohn, Ulrich Herzbruder, Simplicius Freundschaft schließt. Um seiner Narrenrolle zu entgehen, sucht Simplicius – mittlerweile ist der Hofmeister ermordet und die Truppen befinden sich vor Magdeburg – in Frauenkleidern zu entfliehen; er wird jedoch entdeckt, Herzbruder rettet ihn und Simplicius verbringt den Winter als Reiterjunge eines Dragoners in einem Nonnenkloster, wo er nicht nur die Werke der Klosterbibliothek studieren kann, sondern auch das Fechten erlernt. Als *»Jäger von Soest«* wird Simplicius ein ebenso berühmter wie auch reicher Dragoner (in diese Zeit fällt auch seine Begegnung mit einem Phantasten, der sich *»Gott Jupiter«* nennt), bis er in schwedische Gefangenschaft gerät, ein halbes Jahr in Lippstadt verbringen muß und schließlich zur Heirat gezwungen wird. Als er in Köln seine dort hinterlegten Schätze abholen will, erweist sich der Bankier als bankrott; Simplicius schließt sich zwei Edelleuten an, die auf dem Weg nach Paris sind. Er macht sich dort einen Namen durch sein Lautenspiel, tritt im Louvre als Komödiant auf und erlebt als *»Beau Alman«* amouröse acht Tage im *»Venusberg«*, worauf er sich entschließt, wieder nach Deutschland zurückzukehren. Auf der Reise erkrankt er an den Pocken, schlägt sich als betrügerischer Quacksalber durch und wird in Philippsburg zu den Soldaten gepreßt. Wiederum befreit ihn sein Freund Herzbruder, mit dem Simplicius, nachdem er in dem Straßenräuber Olivier einen Bekannten aus seiner Zeit in Magdeburg und Soest getroffen hat, eine Pilgerfahrt nach Maria Einsiedeln unternimmt, die ihr Ende aber erst in Wien findet, wo er Hauptmann wird. Aber Herzbruder erkrankt und Simplicius reitet mit ihm zur Behandlung in den Schwarzwald, ohne dessen Leben retten zu können. Simplicius trifft erneut auf Jupiter, er erfährt vom Tod seiner Frau und begegnet der *»Landstörtzerin«* Courasche.

Über seinen weiteren Lebensweg unschlüssig, geht Simplicius eine unglücklich verlaufende Ehe mit einer Bauerndirne ein und begegnet seinem vermeintlichen Vater, der den Simplicius als Sohn einer Edelfrau aufzog, wie er ihm enthüllt, die durch die Kriegswirren zu den Bauern verschlagen wurde und nach der Geburt dort verstarb. Simplicius erfährt nun seinen Namen, Melchior Sternfels von Fuchshaim, der Einsiedler im Wald war sein Vater, der schwedische Stadtkommandant in Hanau der Bruder seiner Mutter. Während seine Frau zunehmend dem Wein zuspricht, setzt er seine Pflegeeltern als Verwalter seines Bauernhofes ein, und erkundet das Geheimnis des Mummelsees, unter dem sich das unterirdische Wasserreich der Sylphen verbirgt. Als sich ein schwedischer Obrist auf dem Bauernhof des Simplicius einquartiert, läßt dieser sich zu einer Reise nach Moskau überreden, wo er erneut ins Elend gerät und bis nach Korea verschlagen wird, bevor er sich über Japan und Macao nach Konstantinopel rettet, dort als Galeerensklave dienen muß, durch venezianische Schiffe befreit wird und – nach einer Pilgerfahrt nach Rom – sich schließlich nach dreijähriger Absenz wieder im Schwarzwald niederlassen kann. Mittlerweile ist der Dreißigjährige Krieg zu Ende gegangen, Simplicius widmet sich auf seinem Bauernhof seinen Büchern, bis er, im Bewußtsein der Unbeständigkeit und Nichtigkeit des Irdischen, sein Leben als Eremit endet.

Die im fünften Buch nur kurz angeführte Weltreise des Simplicius nimmt die *Continuatio* noch einmal auf, der Einsiedler wird von Visionen über Luzifer und sein *»höllisches Hofgesindel«* heimgesucht, er träumt von den Reisen des Edelmannes Julus, die dieser mit seinem Diener Avarus unternimmt, von vielen Lastern stets in Versuchung geführt, und er verläßt schließlich selbst seine Einsiedelei, um als Pilger bis nach Ägypten zu gelangen. Europäische Kaufleute nehmen ihn auf ihr Schiff nach Portugal, das aber unterwegs sinkt. Simplicius kommt auf der einsamen Kreuz-Insel nahe St. Helena als Eremit erneut zur Ruhe; letzte Nachrichten von ihm überliefert ein holländischer Kapitän, der als *»allergrößte Rarität«* seinem Freund German Schleifheim von Sulsfort ein Buch mitbringt, *»welches ein hochteutscher Mann in einer Insul gleichsamb mitten im Meer allein wohnhafftig / wegen Mangel Papiers auß Palmblättern gemacht und seinen gantzen Lebens-Lauff darin beschrieben«*. Im *»Beschluß«* des Werkes, unterzeichnet mit H. I. C. V. G., heißt es, hinter diesem Namen verberge sich ein Samuel Greifnson vom Hirschfeld, der die fünf Bücher des Romans noch zu Lebzeiten in Druck gegeben habe, während die Continuatio vom Unterzeichnenden herausgegeben worden sei.

Bereits dieses ironische Verwirrspiel weist darauf hin, daß der Roman nicht als Autobiographie oder als organischer Entwicklungsroman im modernen Sinne gesehen werden kann, wie dies die Grimmelshausen-Interpreten des 19. Jh.s vor allem unternahmen. Simplicius Simplicissimus ist als Zentralfigur sowohl Individuum wie auch allegorische Gestalt, seine Bewegung – einerseits in der Ich-Form geschildert, um die Geschehnisse als tatsächlich erlebte auszuweisen, andererseits immer wieder durch kommentierende Einschübe des Erzähler-Ichs gebrochen – vollzieht sich als Abweichung und Rückkehr zu einem christlichen Leben, ohne daß dies psychologisch im modernen Sinne motiviert oder als Entwicklung eines Charakters gezeichnet wird. Aus der Tatsache, daß Simplicius sein Leben als Eremit beginnt und endet, wobei dieses Eremitendasein als utopisches Gegenbild zur verderbten, von Leiden gezeichneten Gegenwart entworfen wird, schloß man auf ein übergreifendes Kompositionsprinzip des Romans. Bereits für F. Gundolf gliedert sich der Roman, sieht man von den eingeschobenen Episoden ab, in die Stufenfolge von *»Tumbheit, Narrheit, Sünde, Strafe, Buße«*; J. H. Scholte sah die Entsprechung von weltlichem Engagement und moralischer Integrität, die für ihn, entsprechend den fünf Büchern des Romans, dem klassischen Tragödienschema entspricht. Im Stadium des größten Erfolgs, als *»Jäger von Soest«* im Mittelpunkt des Textes stehend, verhält Simplicius sich am wenigsten im Sinne der christlichen Lehre, als Eremit, im Zustand der Weltentfernung, nähert er sich dieser wieder an. In neuerer Zeit wurde versucht, eine astrologische Struktur als geheimes Kompositionsprinzip des Textes zu entschlüsseln (Weydt, Rehder, Haberkamm), aber dies gelingt ebenfalls nur unter Vernachlässigung der Nebenhandlungen und Erzähleinschübe, wie umgekehrt die Deutung des Romans als novellistische Aneinanderfügung von Einzelepisoden die Frage nach der Einheit des Werkes auf die in verschiedenen Rollen – als Narr, Soldat, Bauer, Pilger und Eremit – auftretende Figur des Simplicius reduziert. Schwierig damit zu vermitteln ist, daß es sich bei den literarisch vorgeformten Einzelepisoden in der Regel nicht um Kopien, sondern um schöpferische Neudichtungen handelt, in denen ein beispielloser, realistisch-volkstümlicher Tonfall zum Tragen kommt. Vor allen in jenen Passagen, in denen utopische Gegenentwürfe zum Bestehenden vorgestellt werden, so in der Jupiterepisode, in der Schilderung des Reiches der Sylphen unter dem Mummelsee oder in der Lebensform der ungarischen Wiedertäufer (V. Buch) steht als Ideal ein friedliches Zusammenleben der Menschen, das sich weniger durch die Frage nach der Realisierung als durch den Kontrast zu den bestehenden Verhältnissen in Deutschland während des Dreißigjährigen Krieges motiviert. Die Frage, wie *»der Einzelne in dieser schlechten Welt, in diesem Jammertal, bestehen«* (Winter) kann angesichts der Diskrepanz zwischen den Normen des Christentums und seiner ideologischen Funktion wie den realen Verhaltensweisen und Zwängen, durchzieht den Roman und steuert indirekt auch das Verhalten des Simplicius, das sich zwischen Weltflucht und Engagement bewegt.

Der Text gewinnt hier eine gesellschaftskritische Dimension, in der – von apokalyptischen wie zeitgenössisch-chiliastischen Motiven durchzogenen – Jupiter-Episode wird die Abschaffung der Feudalherrschaft gefordert (man werde *»die Leibeigenschafften sampt allen Zöllen / Accisen / Zinsen / Gülten und Umbgelten ... auffheben«*), die als Ketzer verfolgten Wiedertäufer verwirklichen im Kleinen ein vorbildhaftes Modell menschlicher Gemeinschaft, das Simplicius seiner von Konfessionsstreitigkeiten zerrissenen Zeit gegenüberstellt. Immer wieder aber rekurriert der Text – angesichts des Beharrungsvermögens der bestehenden Verhältnisse – auf die Frage nach dem Seelenheil des einzelnen, erscheint die Welt als allegorisches Spiel, und vor allem in der *Continuatio* verstärken sich diese Züge in einem Maße, daß man sie geradezu als Kommentar des Autors zu seinem Roman gedeutet hat (H. Gersch). Das das fünfte Buch abschließende Fazit von der Unbeständigkeit der Welt *(»bist bald hoch bald nider / bald groß bald klein«)* wiederholt sich in der *Continuatio* und erfährt eine Personifikation in der komplexen Gestalt des Baldanders, der den Mond, das Symbol der Wandelbarkeit, in seinem Wappen führt. Demgegenüber erscheint die Kreuz-Insel, auf der Simplicius schließlich endet, dem Helden als Paradies, wie auch in den Erinnerungen an die Kindheit wiederholt dieser Begriff verwendet wird; der Roman mündet damit in einer Kreisbewegung, das Eremitenleben erscheint als utopischer Gegenentwurf zur Welt, aber auch hier spart der Autor nicht mit einer Brechung, wenn er Simplicius sich fragen läßt: *»Simplici was thust du? du ligst halt hier auf der faulen Berrenhaut und dienest weder Gott noch den Menschen!«*

Bis heute ist der Roman mit seiner komplexen Erzählstruktur, seinem nicht völlig entschlüsselten Kompositionsprinzip und seiner inhaltlichen Vieldeutigkeit Gegenstand kontroverser Interpretationen geblieben, seit in der Romantik, angeregt vor allem durch L. Tieck, der Text wieder entdeckt wurde, nachdem der moralisierende, wohl von J. Chr. Beer (1638–1712) stammende Kommentar zur späten dreibändigen Grimmelshausen-Ausgabe von Felßecker 1683/84 *»die erste und für mehr als 150 Jahre ausführlichste Stellungnahme zu Grimmelshausen Werk«* (R. Alewyn) darstellt. Unbestritten ist heute der Rang dieses Textes als wohl bedeutendster Prosatext der Barockzeit. M.Pr.

Ausgaben: Nürnberg 1669 [recte 1668]. – Bln. 1921 (in *Werke*, Hg. H. H. Borcherdt, 4 Bde., 1 u. 2). – Tübingen [3]1954, Hg. J. H. Scholte [Nachdr. d. Ausg. 1669; NdL, 302–309]. – Bln./Weimar 1960 (in *Werke*, Hg. u. Einl. S. Streller, 4 Bde., 1 u. 2). – Ffm./Hbg. 1962, Hg. A. Kelletat (EC, 58). – Tübingen 1967 (in *GW in Einzelausgaben*, Hg. R. Tarot u. a., Bd. 1). – Ffm. 1983 (Insel Tb). – Stg. 1985 (Einl. V. Meid; RUB). – Mchn. 1986, Hg. u. Nachw. A. Kelletat (dtv).– Weinheim 1989, Hg. M. Bircher *(Der Abentheuerliche Simplicissimus Teutsch und Continuatis des abentheuerlichen Simplicissimus)*.

Literatur: J. Alt, *G. u. der Simplicissimus*, Mchn. 1936. – J. H. Scholte, *Der religiöse Hintergrund des »Simplicissimus Teutsch«* (in ZfdA, 82, 1950, S. 267–290). – G. Rohrbach, *Figur u. Charakter. Strukturuntersuchungen an G.s »Simplicissimus«*, Bonn 1959. – W. Müller-Seidel, *Die Allegorie des Paradieses in G.s »Simplicissimus«* (in *Medium aevum vivum, Fs. f. W. Bulst*, Hg. H. R. Jauss u. D. Schaller, Heidelberg 1960, S. 253–278). – W. Welzig, *Beispielhafte Figuren: Tor, Abenteurer, Einsiedler bei G.*, Köln/Graz 1963. – C. Heselhaus, *G.: Der abenteuerliche Simplicissimus* (in *Der deutsche Roman. Vom Barock bis zur Gegenwart*, Hg. B v. Wiese, Düsseldorf 1963, S. 15–63). – G. Weydt, *Planetensymbolik im barocken Roman* (in Doitsu Bungaku, 36, 1966, S. 1–14; ern. in *Der Simplicissimusdichter und sein Werk*, Hg. G. Weydt, Darmstadt 1969, S. 266–281). – H. Rehder, *Planetenkinder. Some Problems of Character Portrayal in Literatur* (in The Graduate Journal, 8, Austin/Tex. 1968, Nr. 1, S. 69–97). – H. Gersch, *Geheimpoetik. Die Continuatio des »abentheurlichen Simplicissimus«* ..., Tübingen 1973. – F. Gaede, *G. u. die Tradition des Skeptizismus* (in Daphnis, 5, 1976, S. 465–482). – I. M. Battafrano, *Hexenwahn und Teufelsglaube im »Simplicissimus«* (in Argenis, 1, 1977, S. 301–372). – H. Geulen, *Wirklichkeitsbegriff u. Realismus in G. »Simplicissimus Teutsch«* (ebd., S. 31–40). – G. Lemke, *Die Astrologie in den Werken G.s u. seiner Interpreten* (ebd., S. 63–105). – R. Tarot, *G. als Satiriker* (ebd., 2, 1978, S. 115–142). – P. Triefenbach, *Der Lebenslauf des Simplicius Simplicissimus: Figur – Initiation – Satire*, Stg. 1979. – C. Bauer, *Das Phönix-Kupfer von G.s »Abentheurlichem Simplicissimus«. Zur Forschungslage* (in Text u. Kontext, 8, 1980, S. 43–62). – D. Breuer, *Krieg u. Frieden in G.s »Simplicissimus Teutsch«* (in DU, 37, 1985, S. 79–101). – J. B. Dallert, *Geheimpoetik. Kritische Betrachtungen zu Hubert Gerschs Untersuchung und zur neueren G.-Forschung* (in Daphnis, 10, 1981, S. 349–395). – B. Hinrichs, *Zum »Simplicissimus Teutsch«* (in Simpliciana, 6/7, 1984/85, S. 47–80). – W. Busche, *H. J. Chr. v. G.: »Der abentheurliche Simplicissimus Teutsch«*, Ffm. 1988.

TRUTZ SIMPLEX. Oder Ausführliche und wunderseltzame Lebensbeschreibung Der Ertzbetrügerin und Landstörtzerin Courasche / Wie sie anfangs eine Rittmeisterin / hernach eine Hauptmännin / ferner eine Leutenantin / bald eine Marketenderin / Mußquetirerin / und letztlich eine Ziegeunerin abgegeben / Meisterlich agiret / und ausbündig vorgestellet: Eben so lustig / annemlich uñ nutzlich zu betrachten / als Simplicissimus selbst. Alles miteinander Von der Courasche eigner Person dem weit und breit bekanten Simplicissimo zum Verdruß und Widerwillen / dem Autori in die Feder dictirt, der sich vor dißmal nennet Philarchus Grossus von Trommenheim / auf Griffsberg etc.

Simplicianischer Kleinroman von Hans Jakob Christoph von Grimmelshausen, erschienen 1670. – Grimmelshausens *Trutz Simplex*, für den sich der metaphorische, ihr Genital meinende »Kriegsname« der Hauptfigur, Courasche, eingebürgert hat, tritt trotz der indirekten Popularisierung durch Brecht im Bewußtsein des breiten Lesepublikums hinter dem vorausliegenden *Abentheurlichen Simplicissimus* zurück. Der Autor jedoch stellte die simplicianische *»Lebensbeschreibung«* wenigstens der intendierten Wirkung nach ausdrücklich auf eine Stufe mit dem großen Roman: Sie sei, heißt es in Anspielung auf das seit Horaz überlieferte *»delectare et prodesse«* auf dem Titelblatt, *»Eben so lustig / annemlich und nutzlich zu betrachten / als Simplicissimus selbst«*. Die Parallelität besteht bis in den Gesamtplan des Werkes hinein. Auch der *Trutz Simplex* ist eine fiktive Autobiographie satirisch-simplicianischen Charakters, die sich im wesentlichen ebenfalls vor der Kulisse des nach Geschichtsquellen skizzierten Dreißigjährigen Krieges abspielt. Erzählt, beidesmal in Modifikation des pikarischen Grundmodells, dort ein *»Vagant«* sein Leben, so hier eine Landfahrerin, nämlich *»Wie sie anfangs eine Rittmeisterin / hernach eine Hauptmännin / ferner eine Leutenantin / bald eine Marcketenterin / Mußquetirerin / und letztlich eine Ziegeunerin abgegeben«*. Allerdings tritt eben, von sonstigen Unterschieden abgesehen, an die Stelle des herkömmlichen männlichen Helden mit Libuschka-Courasche ein weiblicher, und zwar erstmals in der modernen deutschen Literatur, läßt man die Übersetzung der *Pícara Iustina*, einer wahrscheinlichen Quelle Grimmelshausens, außer acht.

Diesen Wechsel bedingt die übergreifende Konzeption des Dichters, deren Verwirklichung wiederum die grundsätzliche strukturelle, qualitative und wirkungsästhetische Gleichrangigkeit beider Simpliciaden voraussetzt. Simplicissimus und Courasche sind als Widersacher aufeinander bezogen, was der prägnante Haupttitel der Schrift, der zugleich ihre Motivation und ihre Zielsetzung andeutet, auszudrücken sucht. Simplex hatte, wie er in seiner Lebensgeschichte (V,6) berichtet, in einem Kurort die Gunst einer adligen Dame erlangt, die indessen *»mehr mobilis als nobilis war«*. Aus *»Abscheuen ob ihrer Leichtfertigkeit«* trennte er sich von ihr – freilich auf rüde Weise. Aus Rache legte ihm die verschmähte Liebhaberin den Säugling ihrer Magd als angeblich gemeinsam gezeugtes Kind vor die Tür, obwohl sie, was die stark erotisch-sexuell orientierte *Courasche*-Handlung erst ermöglicht und einen fundamentalen Unterschied zu Brechts Drama *Mutter Courage und ihre Kinder* darstellt, unfruchtbar war. Simplex nun revanchierte sich durch die Veröffentlichung dieser amourösen Erlebnisse im *Simplicissimus*, worauf die Kompromittierte ihrerseits *»dem weit und breitbekanten Simplicissimo zum Verdruß und Widerwillen«* ihre pikanten, ihn bloßstellenden Memoiren, den *Trutz Simplex*, diktierte und die von ihm gewahrte Anonymität selbst erst durchbrach. (Im *Springinsfeld* dann übertrumpft Simplex seine frühere Mätresse noch, indem er das untergeschobene Kind als tatsächlich eigenes identifiziert.)

Dieser pragmatische Zusammenhang zwischen den drei Werken, der sich, wenngleich lockerer, auf das zweiteilige *Wunderbarliche Vogel-Nest* ausdehnt, scheint Grimmelshausens bedeutsame poetologische Aussage zu bestätigen, die simplicianischen Bücher bildeten einen Zyklus und seien einzeln nicht ausreichend zu verstehen. Doch ist zum einen beispielsweise gerade die *Courasche* für sich lesbar und rechtfertigen zum anderen die stofflich-motivischen Verzahnungen aller zehn Bücher den Begriff des literarischen Zyklus kaum. Ihn sieht man in neuerer Forschung vielmehr durch die *»Variationen des pneumatischen Schriftsinnes«* konstituiert (M. Feldges), der gemäß patristisch-mittelalterlicher Bibelexegese auch in profaner Literatur als zweite und in sich differenzierte Bedeutungsdimension des Textes gleichsam über dem physischen oder Buchstabensinn zu denken ist. Dieser These zufolge ist auch der *Trutz Simplex*, der laut Grimmelshausen die siebte Stelle im simplicianischen Zehn-Bücher-Zyklus einnimmt, nach diesem Sinnschichten-Schema aufgebaut: Der *sensus historicus*, der die Courasche als in die Kriegsläufte verwickeltes Erzweib präsentiert, dient dem pneumatischen Sinn als Substrat, der sich entsprechend dem überlieferten scholastischen System in eine allegorische, tropologische, anagogische und, wie FELDGES' Auffassung zu ergänzen ist, in eine, modernere, astrologische Sinnstufe (K. Haberkamm) auffächert. Danach bedeutet die Heldin, in der genannten Reihenfolge, 1) die Frau Welt, 2) die Verkörperung der moralischen Lehre, Weib und Welt zu meiden, und schließlich *»die den ewigen Tod bringende, antichristliche Frau Welt«* (M. Feldges). Die astrologische Signifikanz der epischen Begebenheiten strukturiert den *Trutz Simplex* so, daß Venus, zu der die Protagonistin bezeichnenderweise mehrmals in Beziehung gesetzt wird, als ihr Planeten-Herrscher gemäß dem vorwissenschaftlich-geozentrischen Weltbild ins Zentrum des Werkes rückt. Damit korrespondiert die Dominanz der Liebesmotivik im *Trutz Simplex*, die in der Schilderung des ehelosen Verhältnisses zwischen Courasche und dem anfangs naiv-unschuldigen Springinsfeld kulminiert und die didaktisch-moralisierende *»Zugab des Autors«* am Ende als Tarnung etwa gegenüber der Zensur, und allenfalls dialektisch vom tropologischen Sinn her berechtigt erscheinen läßt.

Für die allgemeine allegorisch-siderische Auslegung des Romans spricht – neben Anklängen an die Todsünde der *»Trägheit«* – unter anderem die Häufigkeit der besonders astrologisch relevanten Zahl Sieben, die die Anzahl der Ehemänner der Courasche signalisiert, vervierfacht die Kapitelsumme ergibt und in zahlenkompositorischen Erwägungen der Forschung eine Schlüsselrolle spielt (S. Streller). Diese vertikale Tektonik der Simpliciade steht ihrer uneingeschränkten Klassifizierung als Pikaro-Roman im konventionellen Sinne des Begriffs entgegen, ohne daß sie dadurch – schon aufgrund ihrer drastisch-realistischen Sprache – zur trockenen Allegorie degradiert würde. Auch wird man den *Trutz Simplex* nicht mehr als, und sei es negativen, Entwicklungsroman einordnen dürfen, verbietet das doch schon die ihrer Natur nach statische allegorische Bedeutung. Zudem deckt sich der wellenförmig angelegte Handlungsverlauf – die Heldin heiratet dreimal in Abständen einen Hauptmann – nicht mit der zitierten Stilisierung des Titels, die einen linearen Abstieg der Zentralgestalt suggeriert. Am Schluß der Ich-Erzählung ist die Courasche, illegitime Tochter eines Grafen, sogar »Fürstin« der Zigeuner – eine als ironisches Pendant zum Einsiedler Simplicissimus entworfene hohe Position, die das Motiv für das vielschichtig-emblemartige, auf hexenhafte Dämonie und Sündhaftigkeit der Heldin einerseits und ihre Selbstsicherheit und Entschlossenheit andererseits verweisende Titelkupfer abgibt. K.Hab.

AUSGABEN: Nürnberg 1670. – Nürnberg 1671. – Stg. 1862, Hg. A. v. Keller (BLV, 65). – Bln. 1921 (in *Werke*, Hg. H. H. Borcherdt, 4 Bde., 3). – Halle 1923, Hg. J.H. Scholte (NdL, S. 246–248). – Mchn. 1958 (in *Simplicianische Schriften*, Hg. u. Nachw. A. Kelletat). – Bln./Weimar 1964 (in *Werke*, Hg. u. Einl. S. Streller, 4 Bde., 3). – Tübingen 1967 (in *GW in Einzelausgaben*, Hg. R. Tarot u. a., Bd. 1). – Ffm. u. a. 1970, Hg. E. Hegaur [Nachw. H.M. Enzensberger]. – Stg. 1971, Hg. K. Haberkamm u. G. Weydt (RUB). – Mchn. 1974, Hg. B. Gehrts (dtv). – Ffm. 1977 (Nachw. W. Koeppen; Insel Tb).

BEARBEITUNG: B. Brecht, *Mutter Courage und ihre Kinder*, Ffm. 1949.

LITERATUR: J. H. Scholte, *Einige sprachl. Erscheinungen in verschied. Ausgaben G.s »Simplicissimus« u. »Courasche«* (in Beitr., 40, 1915, S. 268–303). – J. Schrumpf, *Der Erzähler in den »Simplicianischen Schriften«*, Diss. Göttingen 1956. – S. Streller, *G.s Simplicianische Schriften. Allegorie, Zahl u. Wirklichkeitsdarstellung*, Bln. 1957. – W. J. Hachgenei, *Der Zusammenhang der Simplicianischen Schriften des H. J. Chr. v. G.*, Diss. Heidelberg 1959. – M. Feldges, *G.s »Landstörtzerin Courasche«. Eine Interpretation nach der Methode des vierfachen Schriftsinnes*, Bern 1969. – H. A. Arnold, *Moral.-didakt. Elemente u. ihre Darst. in G.s Roman »Courasche«* (in ZfdPh, 88, 1969, S. 521–560). – H. Büchler, *Studien zu G.s »Landstörtzerin Courasche«. (Vorlagen/Struktur u. Sprache/Moral)*, Bern/Ffm. 1971. – K. Haberkamm, *»Sensus astrologicus« auch in G.s »Courasche«? Vorläufiges zu einer offenen Frage des simplicianischen Zyklus* (in Daphnis, 5, 1976, S. 343–368). – H. A. Arnold, *Die Rollen der Courasche: Bemerkungen zur wirtschaftlichen u. sozialen Stellung der Frau im siebzehnten Jh.* (in *Die Frau von der Reformation zur Romantik*, Hg. B. Becker-Cantarino, Bonn 1980, S. 86–111). – J. Lefebvre, *Didaktik u. Spiel in G.s »Courage«* (in Simpliciana, 2, 1980, S. 31–36). – R. E. Schade, *The »Courasche«-Frontispiece: Gypsy, Mule, and Acedia* (ebd., 3, 1981, S. 73–93). – J. Vemmelund, *Frauenverachtung, Frauenfaszination. G.s Haß-Liebe zur Frau, zur diesseitigen Welt – anhand seines Verhältnisses zur allegorischen Gestalt Courage aufgezeigt*, Diss. Odense 1986. – A. Solbach, *Macht u. Sexualität der Hexenfigur in G.s »Courasche«* (in Simpliciana, 8, 1986, S. 71–87).

DAS WUNDERBARLICHE VOGEL-NEST / Der Springinsfeldischen Leyrerin / Voller Abentheurlichen / doch Lehrreichen Geschichten / auff Simplicianische Art sehr nutzlich und kurtzweilig zu lesen außgefertigt Durch Michael Rechulin Sehmsdorff. – Dess Wunderbarlichen Vogelnessts zweiter Theil

Doppelter Erzählzyklus in Prosa von Hans Jakob Christoph von GRIMMELSHAUSEN, erschienen 1672 (I) und 1675 (II). – In der *Vorred* zum *Satyrischen Pilgram* (1666/67), seiner Erstlingsschrift, läßt Grimmelshausen ankündigen, er habe *»ein Werck vor, daß sich ad infinitum hinein erstreckt«*. Mit dem Abschluß seines Schaffens durch den zweiten Teil des *Wunderbarlichen Vogel-Nests* hat dieses Programm zwar naturgemäß unerfüllt bleiben müssen, doch öffnet gerade das letzte Werk das Gesamtœuvre ins Unendliche: Wie bereits der erste Teil verlagert es innerhalb des immensen Simplicianischen Großzyklus den erzählerischen Akzent von der Thematik des Personal-Ephemeren, also von den Titelhelden Simplicissimus, Courasche, Springinsfeld, zu der des Dinglich-Permanenten, nämlich zum Zaubermittel des unsichtbar machenden Vogelnests (W. J. Hachgenei). Es dürfte lediglich durch die Biographie des Autors bedingt sein, daß das Nest schließlich vernichtet wird – bezeichnenderweise das zweite Mal – und die *»an den geneigten Leser«* gerichtete *Vorrede* des zweiten Teils das Fazit ziehen kann: *»Sonsten wäre dieses [Teil II] billich das zehende Theil oder Buch deß Abentheuerlichen Simplicissimi Lebens-Beschreibung, wann nemlich die Courage vor das siebende, der Spring ins Feld vor das achte und das erste part deß wunderbarlichen Vogel-Nests vor das neundte Buch genommen würde.«* An das achte Buch des Großzyklus schließt das *Vogel-Nest* (I) dadurch an, daß der magische Gegenstand – als Variante des archetypischen Mediums wohl eine Erfindung Grimmelshausens – beim gewaltsamen Tod der *»Leyrerin«*, der Ehefrau Springinsfelds, zufällig an den neuen Ich-Erzähler übergeht. Dessen Name, Michael Rechulin von Sehmsdorff, ist eines der Anagramme für den Namen des Dichters, der hinter dieser Maske *»nichts anderst gesucht, als die Menschen zu erinnern, daß sie jederzeit in allem ihrem Thun und Lassen, Handel und Wandel die Göttliche Gegenwart vor Augen haben und solche kein Augenblick ohnbetrachtet oder ausser Acht lassen sollen«*. Zu diesem moralisch-religiösen Zweck durchläuft Sehmsdorff im Schutze der Unsichtbarkeit eine Reihe von Episoden, die Grimmelshausens Grunderkenntnis, *»wie grob der unwissenden wahn betrüge«*, exemplifizieren. Der Vagant durchschaut die Befangenheit der Welt im Schein. Über Anschauung und Kontemplation hinaus greift er indes auch aktiv ein, hintertreibt betrügerische Machenschaften und Blasphemien, verhindert Verbrechen und hilft den sozial Schwachen, die – Ansatz zur Allegorisierung – seine Geschenke als eine *»Wunderbarlich bescherte Gabe Gottes«* deuten. Aber der Vogelnestträger erliegt auch der Versuchung der Unsichtbarkeit, wird schuldig und *»für einen bösen Geist«* gehalten, so daß das Nest die Ambivalenz alles Seienden repräsentiert, aber auch, zusammen mit dem Y-Signum des zentralen Wegewahl-Abenteuers, ständige Möglichkeit und Notwendigkeit der Entscheidung zwischen Gut und Böse im Bewußtsein hält. Die Umkehr ermöglicht Sehmsdorff vor allem die Betrachtung der Natur vom Standpunkt mittelalterlich-barocker Welt-Exegese. So wird dem Erzähler etwa eine Kröte zum Sinnbild der sieben Todsünden, die – theologischer Sinn als ästhetisches Prinzip – eines der Schemata der Szenengruppierung bilden mögen (S. Streller). Wenn sich Sehmsdorff schließlich, von Bienenstacheln geradezu bespickt, in fließendem Wasser nackt vom Kot einer Kloake reinigt, dominiert die allegorisch-didaktische Tendenz der Schrift vollends über ihre nur satirisch-belehrende Weltsicht. – En passant benutzt Grimmelshausen die lockere Tektonik für die Wahrung privater Interessen: Er sucht einmal unter geschickter Verwendung des Unsichtbarkeitsmotivs einen seiner schuldlos angeklagten Söhne zu rehabilitieren, wobei für die Interpretation des Simplicianischen Gesamtwerks relevante astrologische Vorstellungen

einfließen; zum anderen nimmt er den Fehdehandschuh auf, den ihm ZESEN mit der Kritik am *Josephs*-Roman in der *Assenat* hingeworfen hat. Grimmelshausen verteidigt sich in der Rolle des Simplicissimus entschieden, wenn auch nicht ohne humorige Einkleidung, und beschuldigt seinerseits den Rivalen des Plagiats an seinem Werk.
Der alte Besitzer des Vogelnestes muß erleben, daß es trotz allem mit Hilfe eines Zauberers weitergereicht wird. Bei dem Nachfolger, dem Erzähler des zweiten Teils, handelt es sich um den von der *»Springinsfeldischen Leyrerin«* bestohlenen Kaufmann – eine weitere personale Verknüpfung der Doppelschrift mit den übrigen acht Büchern –, der den Verlust seines Vermögens mit allen Mitteln zu ersetzen sucht. Bereits seine Motivation läßt ihn zum Gegenbild Sehmsdorffs werden, wie auch der Zaubergegenstand selbst jetzt seine allegorische Funktion zugunsten einer rein technisch-magischen einbüßt. Demgemäß warnt die Vorrede *»vor der Kund- und Gemeinschafft mit dem bösen Geist«*. – Die stärker romanhafte epische Handlung, wie ihr Pendant lose, wenngleich in größeren Erzählkomplexen gefügt und eine ungefähr gleichkurze Zeitspanne umfassend, ist – gemessen am ersten Teil – weniger in der Totalität der Welt als in ihrem sexuellen Bereich angesiedelt: Von seiner Frau betrogen, erschleicht sich der Held unter Ausnutzung von Zauberkraft und Messiasglauben als angeblicher Elias die Gunst einer reichen Amsterdamer Jüdin und schwängert sie. Die Strafe für seine Freveltat ereilt ihn im folgenden niederländisch-französischen Krieg, in dem er trotz vermeintlicher *»Festigkeit«* und seiner Unsichtbarkeit schwer verwundet wird. Einsichtig schwört er daraufhin den teuflischen Künsten ab und wirft das Nest auf dem Rückweg in die Heimat in den Rhein.
Die zuallerletzt entstandene *Vorrede* zum zweiten Teil des *Wunderbarlichen Vogel-Nests*, die unter Bemühung des Pillen-Topos den *»gewöhnlichen lustigen Stylum«* der *»straffenden Schrifften«* Grimmelshausens besonders gegenüber WEISES Angriff rechtfertigt, hat man zutreffend als das literarische Testament des Autors bezeichnet. Eine ihrer poetologischen Aussagen behauptet, daß *»alles von diesen Simplicianischen Schrifften aneinander hängt und weder der gantze Simplicissimus noch eines auß den obengemeldten letzten Tractätlein allein ohne solche Zusammenfügung genugsam verstanden werden mag«*. Ist auch ein Konnex des simplicianischen Großzyklus durch den einheitlichen Stilwillen des Autors gewährleistet, der seine teilweise von HARSDÖRFFER übernommenen Vorlagen aus der deutschsprachigen und romanischen Literatur des 16. Jh.s (ALBERTINUS, GARZONI, PAULI, PRAETORIUS, SANDRUB, SCHUPP u. a.) barockisiert, so gilt jenes Postulat kaum für den pragmatischen Nexus vor allem der beiden *Vogel-Nester*. Demnach wird man – worauf eben besonders Buch 9 und 10, aber auch schon der *Simplicissimus* schließen lassen (C. Heselhaus) – den eigentlichen Zusammenhang auf allegorisch-spiritueller Ebene zu suchen haben; zumal zahlen-kompositorisch orientierte Überlegungen (S. Streller) hinfällig sind, weil der erste Teil des *Wunderbarlichen Vogel-Nests* im Unterschied zum Rest des Zyklus keine Kapitelgliederung besitzt. Die einheitstiftende Verbindung der zehn Teile dürfte *»in den Variationen des pneumatischen Schriftsinnes«* der mittelalterlichen Hermeneutik bestehen (M. Feldges), in den die modernere Dimension des *sensus astrologicus* einzubeziehen ist. K.Hab.

AUSGABEN: Straßburg [?] 1672 (Tl. I; 1673 rechtmäßig, 1673 [?] u. 1674/75 [?] unrechtmäßig). – Straßburg 1675 (Tl. II). – Nürnberg 1683 (Tl. I u. II). – Stg. 1862 (Bibl. des Stuttgarter Litterarischen Vereins, Bd. 5/6, Hg. A. v. Keller). – Lpzg. 1863/64, Hg. H. Kurz (Tl. I u. II, Deutsche Bibl., Bde. 3–6). – Bln./Stg. 1882 ff., Hg. F. Bobertag (Tl. I u. II; NdL, Bde. 33–35). – Halle 1931, Hg. J. H. Scholte (Tl. I; NdL, Bde. 288–291). – Mchn. 1958 (in *Simplicianische Schriften*, Hg. u. Nachw. A. Kelletat). – Bln./Weimar 1960 (in *Werke*, Einl. S. Streller, 4 Bde., 3/4). – Tübingen 1970 (*GW in Einzelausgaben*, Hg. R. Tarot). – Bln. 1972, Hg. G. Steiner u. a.; ern. 1975.

LITERATUR: J. Kienast, *J. J. Ch. v. G. »Das Vogelnest«*, Diss. Wien 1937. – E. Kappes, *Novellistische Struktur bei Harsdörffer u. G. ...*, Diss. Bonn 1954. – S. Streller, *G.s Simplicianische Schriften. Allegorie, Zahl u. Wirklichkeitsdarstellung*, Bln. 1957. – W. J. Hachgenei, *Der Zusammenhang der Simplicianischen Schriften des H. J. Chr. v. G.*, Diss. Heidelberg 1959. – K. Haberkamm, *»Sensus astrologicus«. Zum Verhältnis von Literatur u. Astrologie in Renaissance u. Barock*, Bonn 1972. – Ders., *»Fußpfad« oder »Fahrweg«. Zur Allegorese der Wegewahl bei G.* (in *Rezeption u. Produktion zwischen 1570 und 1730. Fs. f. G. Weydt*, Bern/Mchn. 1972, S. 285–317). – H. Wagener, *Perspektiven u. Perspektivismus in G.s »Wunderbarlichem Vogelnest* (in GQ, 49, 1976, S. 1–12). – M. Koschlig, *Faust u. »Das wunderbarliche Vogel-Nest«. Zur »Abbildung deß Zauberers« bei G.* (in Jb. d. dt. Schillerges., 23, 1979).

ANDREAS GRYPHIUS

eig. Andreas Greiff oder Greif

* 2.10.1616 Glogau
† 16.7.1664 Glogau

LITERATUR ZUM AUTOR:
Bibliographien:
Wolfenbütteler Barock-Nachrichten, 1974 ff. – G. Dünnhaupt, *Bibliographisches Handbuch der Barockliteratur*, Bd. 1, Stg. 1980, S. 712–732. – K. H.

Habersetzer, *Auswahlbibliographie zu A. G.* (in *A. G.*, Hg. H. L. Arnold, Mchn. 1980, S. 112–128; Text + Kritik).
Gesamtdarstellungen und Studien:
W. Harring, *A. G. u. das Drama der Jesuiten*, Diss. Halle 1907; Nachdr. Walluf bei Wiesbaden 1972. – W. Flemming, *A. G. u. die Bühne*, Halle 1921. – E. Ermatinger, *A. G. Ein protestantischer Dichter der Barockzeit* (in Zeitwende, 1, 1925, S. 264–274; 662–734; ern. in E. E., *Krisen u. Probleme der neueren dt. Literatur. Aufsätze u. Reden*, Wien 1928, S. 75–104). – A. Strutz, *A. G. Die Weltanschauung eines dt. Barockdichters*, Lpzg./Zürich 1931. – G. Fricke, *Die Bildlichkeit in der Dichtung des A. G. Materialien u. Studien zum Formproblem des dt. Literaturbarock*, Bln. 1933; Nachdr. Darmstadt 1967. – M. Szyrocki, *Der junge G.*, Bln. 1959. – A. Schöne, *Emblematik u. Drama im Zeitalter des Barock*, Mchn. 1964. – M. Szyrocki, *A. G. Sein Leben u. Werk*, Tübingen 1964. – W. Flemming, *A. G. Eine Monographie*, Stg. 1965. – G. Grossklaus, *Zeitentwurf u. Zeitgestaltung in den Trauerspielen des A. G.*, Diss. Freiburg i. B. 1966. – H.-J. Schings, *Die patristische u. stoische Tradition des A. G. Untersuchungen zu den Dissertationes funebres u. Trauerspielen*, Köln u. a. 1966. – *Die Dramen des A. G. Eine Sammlung von Einzelinterpretationen*, Hg. G. Kaiser, Stg. 1968. – A. Schlienger, *Das Komische in den Komödien des A. G. Ein Beitrag zu Ernst u. Scherz im Barocktheater*, Bern 1970. – H. Steinhaben, *Wirklichkeit u. Handeln im barocken Dramen. Historisch-ästhetische Studien zum Trauerspiel des A. G.*, Tübingen 1977. – *A. G.*, Hg. H. L. Arnold, Mchn. 21980 (Text + Kritik). – M. Kramer, *Disputatorisches Argumentationsverfahren im barocken Trauerspiel – Die politischen Beratungsszenen in den Trauerspielen von A. G.*, Tübingen 1982. – F. W. u. E. Wetzlaff-Eggebert, *A. G. 1616–1664*, Darmstadt 1983. – C. Wiedemann, *A. G.* (in *Deutsche Dichter des 17. Jh.s*, Hg. H. Steinhagen u. B. v. Wiese, Bln. 1984, S. 435–472). – G. Ott, *Die »letzten vier Dinge« in der Lyrik des A. G.: Untersuchungen zur Todesauffassung des Dichters u. zur Tradition des eschatologischen Zyklus*, Ffm. u. a. 1985. – E. Mannack, *A. G.*, Stg. 21986 (Slg. Metzler). – J. A. Parente, *Religious Drama and the Humanist Tradition: Christian Theatre in Germany and in the Netherlands 1500–1680*, Leiden u. a. 1987.

CATHARINA VON GEORGIEN. Oder bewehrete Beständigkeit. Trauer-Spiel

Tragödie von Andreas GRYPHIUS, entstanden zwischen 1647 und 1650, erschienen 1657. – Im Jahre 1624 starb Catharina, Königin von Georgien, als Gefangene des persischen Schahs Abas den Martertod. Dieses Ereignis aus der zeitgenössischen Geschichte liegt dem Stück zugrunde, als Quelle dient die 16. Erzählung der Geschichtensammlung *Histoires tragiques de nostre temps* (1635/1641) von Claude MALINGRE, Sieur de Saint-Lazare, doch will Gryphius nicht die historische Begebenheit als solche darstellen. In einer Vorrede an den Leser spricht er unmißverständlich aus, was das Trauerspiel zeigt und wie er Leiden und Sterben Catharinas gestaltet hat: als ein *»Beyspiel unaußsprechlicher Bestaendigkeit«*. Das Werk ist kein Geschichtsdrama, eher fast ein »Lehrstück«, und in dem einleitenden Prolog der Ewigkeit wendet sich der Dichter denn auch direkt an den Zuschauer mit der Aufforderung, dem Vorbild der georgischen Königin nachzuleben: *»Verlacht mit ihr / was hir vergeht. // Last so wie Sie das werthe Blut zu Pfand: // Vnd lebt vnd sterbt getrost fuer Gott vnd Ehr vnd Land.«*
Die eigentliche Handlung des Dramas beschränkt sich auf Catharinas letzten Lebenstag. Die politische, an Mord und Grausamkeiten überreiche Vorgeschichte wird nur erzählt, am ausführlichsten in einem rhetorisch glänzenden Bericht Catharinas im dritten Akt. Seit Jahren wird sie von dem mohammedanischen Schah Abas gefangengehalten. Er liebt sie – die christliche Königin eines unterworfenen Landes – leidenschaftlich, wird aber von ihr zurückgewiesen. Als ein Gesandter des Zaren, der soeben einen Friedensvertrag zwischen Persien und Rußland ausgehandelt hat, Abas um ihre Freilassung bittet, sagt dieser zu, daß sie *»vor Abends noch sich möge freye sehn«*. Er bereut dieses Versprechen jedoch sofort und bricht es schließlich – die Aussicht, Catharina endgültig zu verlieren, ist ihm unerträglich. Er bietet ihr die Ehe und Persiens Krone an. Sie aber bleibt standhaft und wählt lieber den Märtyrertod, als ihrem ermordeten Mann untreu zu werden, ihr Volk und vor allem ihren christlichen Glauben zu verraten: *»Wir ehren Persens Haupt, doch höher vnsern Gott.«* Sie wird daraufhin grausam gefoltert und schließlich bei lebendigem Leib verbrannt. Als Abas wiederum bereut und seinen Befehl widerruft, ist es zu spät; Catharina ist tot, er versinkt in Verzweiflung. Das Trauerspiel endet mit einer Erscheinung der verklärten Catharina, die Abas die Strafe Gottes prophezeit.
Eine innere, seelische Entwicklung gibt es in dem Stück kaum. Die Leidenschaft und Unbeherrschtheit des schwankenden und seinen Affekten ausgelieferten Abas sind ebenso von Anfang an vorgegeben wie Catharinas *»hohe Geduld«* und *»hertzhafte Beständigkeit«*. Die dramatische Spannung erwächst aus der Steigerung des Gegensatzes zwischen ihr und dem Tyrannen, aus jähen Umschwüngen und plötzlichem Wechsel der Situationen. Einer dieser Höhepunkte ist die Szene, in der Catharina im Unterschied zum Zuschauer noch nicht weiß, daß Abas sie gar nicht freigeben wird, sie sich auf die Heimkehr nach Georgien vorbereitet und dann unvermittelt vor die Wahl gestellt wird, entweder Abas doch zu heiraten und ihren Glauben aufzugeben oder am selben Tag zu sterben. Sie zögert nicht einen Augenblick und wirkt durch diese unbeirrte Festigkeit ohne Zweifel starrer als der zwiespältige und eben deshalb interessantere Abas.
Ihre Beständigkeit, die sich in der Bereitschaft zum Martyrium aufs äußerste bewährt, ist indessen nicht eine Frage des Charakters. Sie wurzelt in einer

recht radikalen christlichen Freiheit gegenüber einer Welt, die für Catharina – und ebenso für Gryphius selbst – von vornherein nicht nur ein *»Thränenthal«* und *»Folter-Hauß«* ist, sondern überdies die Stätte der Vergänglichkeit und Hinfälligkeit: *»Was dieser baut bricht jener Morgen ein // Wo jtzt Palaeste stehn // Wird kuenfftig nichts als Gras vnd Wiese seyn // Auff der ein Schaefers Kind wird nach der Herde gehn.«* Catharinas Beständigkeit ist Standhaftigkeit inmitten der »Eitelkeit« der Welt, ist Treue zu Volk und Religion, vor allem aber Entschlossenheit, *»das Ewige dem Vergänglichen vorzuziben«*. Das Martyrium nimmt sie darum mit einer freudigen, fast ekstatischen Bereitwilligkeit auf sich, es ist Befreiung aus der Vergänglichkeit, und als der Blutrichter auftritt, verabschiedet sie sich mit den Worten von ihrer Dienerin: *»Wir Salome sind frey! / der Hoechste reist die Bande // Deß langen Kerckers auff! vnd fuehrt vns auß dem Lande // Da Tod vnd Marter herscht / in das gewuendschte Reich // Der ewig steten Lust.«* Bis zum Schluß ist sie keine nur passive, stille und leidergebene Dulderin, sondern entschieden, überlegen und unerschrocken: eine Königin, während Abas stets ein Gefangener seiner Leidenschaft bleibt, der nur die Wahl hat, *»Knecht oder Hencker«* zu sein. Catharinas Tod ist in Wahrheit ein *»Sig der heiligen Libe über den Tod«*, die irdische Liebe des Abas dagegen treibt ihn zuletzt in eine Raserei der Verzweiflung.

Die Form des Werkes ist von klassizistischer Strenge. Die Schauplätze der Handlung wechseln verhältnismäßig oft; trotzdem bleibt die Einheit des Ortes (*»die Königliche Hoffhaltung zu Schiras in Persen«*) ebenso gewahrt wie die der Zeit und der Handlung. Die Akte 1–4 werden jeweils von einem Chor abgeschlossen, der die Handlung auf verschiedene Weise kommentiert. Die Sprache ist bilderreich, aber kaum einmal überladen; ihre rhythmische Vielfalt ist groß. Der Alexandriner wird nicht selten aufgegeben. Stilistisch vorherrschend ist feierliches oder erregtes Pathos, doch finden sich auch Stellen von fast lyrischer Zartheit. Neben dem dramatischen Dialog steht der epische Bericht, neben dem reflektierenden Monolog die knappe Wechselrede.

Ob das Stück 1655 auf Schloß Ohlau, Sitz des Herzogs Christian von Wohlau, aufgeführt wurde, ist nicht geklärt, jedoch ist aus diesem Jahr eine acht Blätter umfassende Serie von Radierungen zum Stück überliefert, hergestellt von Gregor BIEBER und Johann USING; ansonsten lassen sich Aufführungen in Breslau und Halle (1665) sowie durch Wandertruppen nachweisen. W.Hn.-KLL

AUSGABEN: Breslau 1657 (in *Deutscher Gedichte Erster Teil*). – Breslau/Lpzg. 1663 (in *Freuden und Trauer-Spiele auch Oden und Sonnette*). – Breslau/Lpzg. 1698 (*Andreae Gryphii um ein merckliches vermehrte Teutsche Gedichte*, Hg. Ch. Gryphius). – Tübingen 1882 (in *Trauerspiele*, Hg. H. Palm; BLV, 162; Nachdr. Darmstadt 1961). – Tübingen 1966 (in *GA der deutschsprachigen Werke*, Hg. M. Szyrocki u. H. Powell, Bd. 6). – Tübingen [4]1968, Hg. W. Flemming (NdL, 261/262). – Bern/Ffm. 1978, Hg. J. E. Oyler u. A.-H. Schulze [sprachl. modernisierter Text der Erstfassung von 1657]. – Stg. [2]1981, Hg. A. M. Haas (RUB).

LITERATUR: L. Pariser, *Quellenstudien zu A. G.' Trauerspiel »Catharina von Georgien«* (in ZvLg, 5, 1892, S. 207–213). – Z. Zygulski, *A. G.' »Catharina von Georgien« nach ihrer frz. Quelle untersucht*, Lemberg 1932. – C. Heselhaus, *G.' »Catharina von Georgien«* (in *Das dt. Drama*, Hg. B. v. Wiese, Bd. 1, Düsseldorf 1958, S. 35–60). – P. B. Wessels, *Das Geschichtsbild im Trauerspiel »Catharina von Georgien« des A. G.*, Herzogenbusch 1960. – E. M. Szarota, *G.' »Catharina von Georgien«* (in E. M. S., *Künstler, Grübler u. Rebellen. Studien zum europäischen Märtyrerdrama des 17. Jh.s*, Bern 1967, S. 190–215). – H.-J. Schings, *»Catharina von Georgien«. Oder Bewehrete Beständigkeit* (in *Die Dramen des A. G.*, Hg. G. Kaiser, Stg. 1968, S. 35–72). – H. Zielske, *A. G.' »Catharina von Georgien« auf der Bühne. Zur Aufführungspraxis des schlesischen Kunstdramas* (in Maske und Kothurn, 17, 1971, S. 1–17). – G. U. u. G. R. Gabel, *A. G. »Catharina von Georgien«. Ein Wortindex*, Bln. 1973. – G. Gillespie, *A. G.' »Catharina von Georgien« als Geschichtsdrama* (in *Geschichtsdrama*, Hg. E. Neubuhr, Darmstadt 1980, S. 85–107). – H. Zielske, *A. G.' Trauerspiel »Catharina von Georgien« als politische »Festa teatrale« des Barock-Absolutismus* (in *Funde und Befunde zur schlesischen Theatergeschichte*, Bd. 1, Dortmund 1983, S. 1–32).

GROSSMÜTIGER RECHTS-GELEHRTER / ODER STERBENDER AEMILIUS PAULUS PAPINIANUS. Trauer-Spil

Trauerspiel in fünf *»Abhandelungen«* von Andreas GRYPHIUS, entstanden zwischen 1657 und 1659, erschienen 1659. – Gryphius' Hauptquelle war HERODIANS Geschichte des Kaisertums nach Marcus Aurelius (entstanden um 240); für die Gestalt des Papinian sind die *Rhōmaïkē historia (Römische Geschichte)* des CASSIUS DIO (um 155–235) und ein in der *Historia Augusta (Kaisergeschichte)* überliefertes Werk des AELIUS SPARTIANUS wichtig. Historischer Hintergrund des Trauerspiels ist der kaiserliche Hof des Brüderpaars Caracalla Bassianus und Geta in Rom, deren Schwager und *»Oberster Reichs-Hofemeister oder Praetorii Praefectus«* Papinian war. Im Alter von sechsunddreißig Jahren wurde er am 25. 2. 212 auf Befehl Caracallas hingerichtet.

Um Papinians Ansehen bei den Kaisern zu mindern, greift man bei Hofe zu Verleumdungen und Intrigen und bezichtigt ihn schließlich der Parteinahme für einen der beiden gleichberechtigten Kaiser. Bassianus und Geta, die nach dem letzten Willen ihres Vaters Antoninus Severus gemeinsam regieren, streiten offen und geheim um die Alleinherrschaft. Der Vorschlag Papinians, das Reich unter beide zu teilen, findet bei keinem der Brüder Zustimmung. Von seinem »geheimen Rat« Laetus gegen Geta aufgehetzt, ersticht Bassianus schließlich nach einem heftigen Streitgespräch seinen Bruder vor den Augen ihrer Mutter Julia und gibt Papinian den Befehl, vor Volk und Heer den Brudermord zu rechtfertigen. Diesem Ansinnen, demzufolge der für seine Rechtlichkeit berühmte Jurist Kaiser Geta als blutdürstigen Tyrannen und Bassians Tat als gerecht, also Unrecht als Recht darzustellen hätte, widersetzt sich Papinian jedoch. Bassianus versucht, sich ihn willfährig zu machen, nimmt ihm Amt und Besitz und bezichtigt ihn des Hochverrats. Doch Papinian begegnet Drohungen ebenso standhaft wie dem Angebot des ihm ergebenen Heeres, Bassianus abzusetzen und ihn, Papinian, an dessen Stelle zum Kaiser zu krönen, oder dem lockenden Versprechen der Kaiserinmutter, ihm durch die Vermählung mit ihr die Krone zu übertragen. Da es Papinian weder um persönliche Macht noch um Rache, sondern allein um die Wiederherstellung des durch den Mord verletzten Rechts zu tun ist, kann er auch den Rat seines Vaters, zunächst zum Schein nachzugeben und das Unrecht später aufzudecken, nicht befolgen. – Bassianus läßt im äußersten Zorn den Sohn Papinians ermorden, doch vermag er auch mit diesem Mittel nicht, die Unbeugsamkeit des Rechtsgelehrten zu brechen. Aus Angst, diesem Anlaß zu Haß und Rache gegeben zu haben, läßt der Kaiser ihn hinrichten. Er selbst aber wird das Opfer seines Gewissens und verfällt dem Wahnsinn. So hat der Tod Papinians, der sich selbst als ein *»rein Sün-opffer«* empfindet, das Recht wieder in seiner Unverletzlichkeit hergestellt.

Wie *Catharina von Georgien* und *Carolus Stuardus* ist auch der *Papinian* ein Märtyrerdrama, allerdings handelt es sich beim Helden nicht um einen christlichen Märtyrer, sondern um einen Heiden, der sein Leben einer höheren Idee, dem *»heiligen Recht«*, opfert, ohne daß darin Ansätze zu einem aufgeklärt-säkularisierten Denken zu sehen sind (H. Heckmann), das die Grenzen des barocken Ordnungsgedankens übersteigt. Die Trauerspiele des Gryphius geben vielmehr politische Verhaltensanleitungen; auch gegen den tyrannischen Herrscher ist offener Widerstand nicht erlaubt (*»Ich suche keinen Thron durch Meuchelmord zu erben«*, betont Papinian), wobei das Bild des idealen Herrschers, und Papinian erfüllt diese Norm, vor allem geprägt ist durch die Orientierung seines Handelns am geltenden Recht, durch den Verzicht auf egozentrisches, machiavellistisches Machtdenken. Daß bei Gryphius in dieser Haltung *»von seiner ersten dramatischen Arbeit bis zum ›Papinian‹ keine Entwicklung im Sinne einer Anpassung an die veränderte politische Realität zu bemerken ist, spricht für seine eigene constantia«* (K. Reichelt). Zwar tritt Papinian, worauf H. Powell hingewiesen hat, *»zunächst als freie, hochangesehene Persönlichkeit«* auf und trifft aus freiem Willen Entscheidungen, die ihn in den Tod führen, während etwa Carolus Stuardus *»von vornherein ein Gefangener«* ist, *»der mit keinem Problem ringen will«*. Vordergründig erhält so Papinians unwandelbare integre Haltung einen noch stärkeren Akzent, aber der Zustand der persönlichen Freiheit berührt doch nicht den Kern der Entscheidung, vor die er sich – letzten Endes nicht anders als Catharina und Carolus – gestellt sieht, nämlich entweder um einer höheren Ordnung willen äußere und innere Qualen und schließlich den Tod auf sich zu nehmen oder diese höhere Ordnung zu verraten. Auch für Papinian gelten nur diese beiden Alternativen, seine Freiheit bietet ihm lediglich theoretisch mehrere Möglichkeiten des Verrats am ewigen Recht, aber keine, dies und zugleich sich selbst zu retten: *»Ists tödlich / daß Ich nichts thu wider mein Gewissen // Daß der von Jugend auff der Rechte sich beflissen // Auff den die grosse Welt mit vollen Augen siht // Der für deß Fürsten Ehr vnendlich sich bemüht // Ein Stück das Antonin in heissem Zorn begangen // Nicht außzustreichen weiß: so wüntsch Ich mit verlangen // den höchst-gelibten Tod. Ich bin deß Lebens satt! Das so vil krummer Gäng vnd wenig rechter hat.«*

Das in Alexandrinern geschriebene Trauerspiel hält sich streng an die drei Einheiten: Es beginnt *»mit dem Anbruch deß Tages«* und *»endet sich mit Anfang der Nacht«*, die Schauplätze der fünf *»Abhandelungen«* wechseln zwischen der kaiserlichen Burg und Papinians Wohnung und werden jeweils von chorischen *»Reyen«* abgeschlossen, die die innere Handlung noch einmal zusammenfassen und so das äußere Geschehen moralisieren und lehrhaft kommentieren, zugleich aber durch wechselndes Metrum die vom schwerfälligen Gleichmaß der Alexandriner bestimmte Form lebendig auflockern. – Aufführungen des *Papinian* sind in Breslau (1660), Halle (1661), Altenburg (1674) und St. Gallen (1680) nachgewiesen, das Stück gehörte zum Repertoire der Wanderbühnen des 17. Jh.s.

U.A.-KLL

Ausgaben: Breslau 1659. – Breslau/Lpzg. 1663 (in *Freuden und Trauer-Spiele auch Oden und Sonnette*). – Breslau/Lpzg. 1698 (in *Andreae Gryphii um ein merckliches vermehrte Teutsche Gedichte*, Hg. Ch. Gryphius). – Tübingen 1882 (in *Trauerspiele*, Hg. H. Palm; BLV, 162; Nachdr. Darmstadt 1961). – Tübingen 1964 (in *GA der deutschsprachigen Werke*, Hg. M. Szyrocki u. H. Powell, Bd. 4). – Tübingen ²1965, Hg. W. Flemming (DL, R. Barockdrama, 1). – Bern 1977 [verb. Text der Erstausg.; Erl. G. U. Sanford]. – Stg. ²1983, Hg. I.-M. Barth (Text der Erstausg.; Nachw. W. Keller; RUB). – Bern u. a. 1984, Hg. u. Einl. G. Hillen [Faks. der Erstausg.].

Literatur: H. Heckmann, *Elemente des barocken Trauerspiels. Am Beispiel des »Papinian« von A. G.*, Darmstadt 1959. – H.-J. Schings, *Großmüttiger Rechts = Gelehrter / Oder Sterbender Aemilius Paulus Papinianus* (in *Die Dramen des A. G.*, Hg. G. Kaiser, Stg. 1968, S. 170–203). – A. Maraka, *Tragoedia genandt Der großmütige Rechtsgelehrte Aemilius Paulus Papinianus oder der kluge Phantast und wahrhaffte Calender-Macher*, Diss. Bln. 1970. – K. Kiesant, *Konfliktgestaltung u. Menschenbild in A. G.' Trauerspiel »Grossmütiger Rechts-Gelehrter, oder Sterbender Aemilius Paulus Papinianus«*, Diss. Potsdam 1974. – K.-H. Habersetzer, *A. G.' u. Franz Neumayrs, S. J. »Papinianus« (1659/1733). Versuch einer rezeptionsgeschichtlichen Analyse* (in *Dt. Barockliteratur und europäische Kultur*, Hg. M. Bircher u. E. Mannack, Hbg. 1977, S. 261 bis 265). – K. Reichelt, *Politica dramatica. Die Trauerspiele des A. G.* (in *A. G.*, Hg. H. L. Arnold, Mchn. [2]1980, S. 34–45; Text + Kritik). – W. Kühlmann, *Der Fall Papinian. Ein Konfliktmodell absolutistischer Politik im akademischen Schrifttum des 16. u. 17. Jh.s* (in Daphnis, 11, 1982, S. 223–243). – K.-H. Habersetzer, *Politische Typologie u. dramatisches Exemplum: Studien zum historisch-ästhetischen Horizont des barocken Trauerspiels am Beispiel von A. G.' »Carolus Stuardus« und »Papinianus«*, Stg. 1985. – G. Spellerberg, *Recht u. Politik. A. G. »Papinian«* (in DU, 37, 1985, H. 5, S. 57–68).

HORRIBILICRIBRIFAX. TEUTSCH.
Wehlende Liebhaber

»Scherzspiel« von Andreas GRYPHIUS, entstanden zwischen 1647 und 1650, erschienen 1663. – Dieses zweite Lustspiel des Autors gehört in die Gattung der Bramarbasspiele, deren Hauptheld, ein aufschneiderischer Soldat, in den Komödien des PLAUTUS vorgebildet ist. Ihnen, wie auch der Figur des Capitano Spavento aus der *commedia dell'arte*, verdankt das Scherzspiel des Gryphius seine bedeutendsten Anregungen. Der Typ des *miles gloriosus* der Plautinischen Komödie erscheint allerdings bei Gryphius verdoppelt in den Figuren der *»weiland reformirten hauptleute«* Don Daradiridatumtarides Windbrecher von Tausend Mord und Don Horribilicribrifax von Donnerkeil auf Wüsthausen, die aber – im Gegensatz zu den naiven Großsprechern bei Plautus und in der *commedia* – als betrügerische Aufschneider und Feiglinge dargestellt werden und bei deren Begegnung, dem *»Zusammenprall zweier Vacua«*, die *»absolute Leere ihrer selbst ansichtig wird«* (W. Hinck). Die beiden, insbesondere Don Daradiridatumtarides, sind die Hauptakteure unter den vielen *»wehlenden Liebhabern«*, von denen der Untertitel des Stücks spricht und die in einer äußerst verwickelten Handlung schließlich zum rechten Mann bzw. zur rechten Jungfrau finden. Dabei nimmt Horribilicribrifax an den Liebeshändeln und -verwechslungen nicht direkt teil, sondern taucht nur dort auf, wo Großsprecherei und Feigheit entlarvt werden sollen.

Selenissa, eine verarmte, aber hochmütige junge Adlige, weist die Anträge des Palladius ab, weil er zu arm ist; lieber will sie sich dem Don Daradiridatumtarides ergeben, den sie für einen reichen Junker hält. Coelestina wiederum liebt den Palladius leidenschaftlich, der sie jedoch Selenissas wegen verschmäht. Don Diego, der Diener des Daradiridatumtarides, stellt Sophia nach, einer ebenfalls verarmten jungen Adligen mit Stolz und Bescheidenheit. Sempronius, ein *»alter verdorbener Dorff-Schulmeister von großer Einbildung«*, wirbt durch die Kupplerin Cyrilla bei Coelestina, die aber seine Briefe ins Feuer werfen läßt. Die betrügerische Cyrilla spielt ihre »Kunden« gegeneinander aus. Schließlich spiegelt sie dem Sempronius ein Stelldichein mit Coelestina vor und schiebt sich ihm in der Dunkelheit bei dieser Gelegenheit selbst unter; sie bringt dadurch den Schulmeister wirklich dazu, sie zu heiraten. Selenissa verlobt sich mit Daradiridatumtarides, aber als sie von seinen Schulden erfährt und eine ihr von ihm geschenkte Kette nicht aus Gold, sondern aus Messing ist, will sie sich Palladius zuwenden, der jedoch inzwischen die treu liebende Coelestina erhört hat. Der ebenso wie Palladius in den Hofdienst aufgestiegene Cleander stellt Sophia auf eine scharfe Tugendprobe, die sie aber besteht und für die sie durch seine Liebe belohnt wird. Damit überdies die beiden Bramarbasse nicht leer ausgehen, bekommen sowohl Don Daradiridatumtarides – der auch seine Selenissa zu halten versteht – als auch Don Horribilicribrifax kleine Militärkommandos. Am Ende, als Coda des Stücks, wird noch der schnurrige *»Heyraths-Contract«* wiedergegeben, den Sempronius und Cyrilla schließen und in dem Cyrilla praktisch als Dienstmagd des Gelehrten verpflichtet wird. So sind nun die Tugendhaften, Sophia und Coelestina, belohnt, die Hochfahrenden und Leichtsinnigen, Selenissa und Cyrilla, bestraft; das Resultat der Verwicklungen sind insgesamt sieben Paare, was der kleine Diener Florian mit den Worten kommentiert: *»Hochzeiten über Hochzeiten! was werde ich Marcepan bekommen!«*

Das am Ende des Dreißigjährigen Kriegs entstandene und spielende Stück bezieht seine komische Wirkung weniger aus den Situationen als aus der Sprache. Das schlesisch gefärbte, oft grobe und unflätige Deutsch der Figuren ist untermischt mit fremdsprachigen Brocken, deren Gebrauch bzw. deren Nichtverstehen in fast naturalistischer, allerdings zu Komödienzwecken übersteigerter und spielerischer Art den Stand, den Beruf oder die Herkunft der Figuren bezeichnet: Die beiden aufschneiderischen Soldaten geben mit italienischen oder französischen Flüchen und bombastischen Beteuerungen an, der Jude Isaschar mengt hebräische Ausdrücke in seine Sätze, der Schulmeister zitiert fortwährend klassische Autoren, und die primitive Cyrilla versteht nichts bzw. deutet seine Reden nach ihrer Assonanz an deutsche Wörter. Der Hauptreiz des *Horribilicribrifax* liegt in dieser Satire auf die nach dem Krieg fortwirkende Sprachmengerei der Soldaten und – unabhängig vom Krieg – die hochmütigen und weltfremden Gelehrten. Aufführungen des Stücks lassen sich am Gymnasium von Altenburg (8. 10. 1674) sowie in Görlitz (1686) nachweisen. U.A.-KLL

AUSGABEN: Breslau/Lpzg. 1663 (in *Freuden und Trauer-Spiele auch Oden und Sonnette*). – Breslau/Lpzg. 1698 (in *Andreae Gryphii um ein merckliches vermehrte Teutsche Gedichte*, Hg. Ch. Gryphius). – Tübingen 1878 (in *Lustspiele*, Hg. H. Palm; BLV, 138; Nachdr. Darmstadt 1961). – Tübingen ²1965, Hg. W. Flemming (NdL). – Tübingen 1969 (in *GA der deutschsprachigen Werke*, Hg. M. Szyrocki u. H. Powell, Bd. 7). – Mchn. 1975 (in *Die Lustspiele*, Hg. H. L. Arnold; dtv). – Stg. ²1981, Hg. G. Dünnhaupt (RUB).

Literatur: E. Krispyn, *Vondels »Leeuwendalers« as a source of G.' »Horribilicribrifax« and »Gelibte Dornrose«* (in Neoph, 46, 1962, S. 134–144). – W. Hinck, *G. u. die italienische Komödie. Untersuchung zum »Horribilicribrifax«* (in GRM, N. F. 13, 1963, S. 120–146). – G. Kaiser, *Horribilicribrifax Teutsch. Wehlende liebhaber* (in *Die Dramen des A. G.*, Hg. G. Kaiser, Stg. 1968, S. 226–255). – H. Kiesel, *Höfische Gewalt im Lustspiel des A. G. Bemerkungen zum »Horribilicribrifax« im Vergleich zu deutschen Lucretia- u. Virginia-Dramen* (in *A. G.*, Hg. H. L. Arnold, Mchn. ²1980, S. 68–79; Text + Kritik). – I. Schiewek, *Ein altes Scherzspiel im Kontext des 17. Jh.s. Überlegungen zum »Horribilicribrifax« des A. G.* (in WB, 26, 1980, H. 5, S. 77–105).

SONNETE

Gedichtsammlung von Andreas Gryphius, erschienen 1637. – Als 1637 im polnischen Lissa ein schmaler Gedichtband mit dem Titel *Sonnete* aus der Feder des Glogauer Pastorensohnes Andreas Gryphius erschien, war der Autor gerade 21 Jahre alt. Dennoch handelte es sich nicht um das literarische Debüt des jungen Schlesiers, der zuvor bereits zwei lateinische Herodesepen und den *Parnassus renovatus (Der erneuerte Parnass)*, ein 420 Hexameter langes lateinisches Lobgedicht auf seinen späteren Mäzen Georg Schönborner, veröffentlicht hatte. Die entscheidenden Anregungen, sich der deutschsprachigen Literatur in der Nachfolge von Martin Opitz zuzuwenden, hatte Gryphius am Danziger Gymnasium durch den Rhetorikprofessor Johann Mochinger und den Mathematiker, Astronomen und Poetikprofessor Peter Crüger empfangen. Die »Lissaer Sonette« enthalten einige der berühmtesten Gedichte des Glogauers, ja des ganzen Barockzeitalters. Die Sammlung ist der Rangfolge der behandelten Themen nach aufgebaut, so daß die geistlichen den weltlichen Texten voranstehen. Innerhalb der religiösen und säkularen Abteilung wird wiederum hierarchisch geordnet, wenn die heilsgeschichtlich bedeutsamen Ereignisse der Vergänglichkeitsthematik und die Lobgedichte den Satiren vorangehen. Die reizvolle, aber methodisch nicht ganz unproblematische Vermutung eines Sammlungsaufbaus nach zahlensymbolischen Gesichtspunkten mag so lang Geltung beanspruchen, als keine Widerlegung oder einleuchtendere Gliederungsvorschläge unterbreitet worden sind.

Das Sonett *An GOTT den Heiligen Geist* eröffnet die Sammlung. Es steht dem Pfingsthymnus *Veni Sancte Spiritus* nahe, so daß Gryphius es auch in seine *Son- undt Feyrtags Sonnete* (1639; vgl. dort) aufnehmen und dem Pfingstfest zuordnen konnte. Im Lissaer Sonettbuch erfüllt das Gedicht die exordialen Aufgaben eines *Prologus praeter rem*, in dem Gryphius in typologischer Spannung zum antiken Musenanruf an den Heiligen Geist ein Gebet richtet, das um Erleuchtung und das Gelingen des poetischen Vorhabens bittet. Bereits in dem Eröffnungsgedicht zieht der Autor alle Register seines rhetorischen Könnens: In der Anfangszeile *»O wahrer Liebe Fewr! Brunn aller gutten Gaben!«* baut Gryphius die beiden Apostrophen chiastisch um die Verszäsur herum und läßt so die Gegensätze von ›Feuer‹ und ›Wasser‹ aufeinanderprallen, um im antithetischen Hiatus die Ganzheit und Größe der angerufenen Gottheit einzukreisen. Zugleich öffnet der Eingangsvers eine strukturelle Klammer, die sich erst im Schlußterzett durch eine analoge Metaphorik *(»ein Tröpfflin nur / von deinem Lebenstaw ... Ein Füncklin deiner Flam«)* in chiastischer Verschränkung wieder schließt. Die zweifache asyndetische Reihe von Invokationen, die u. a. von Parallelismen, Antithesen, Alliterationen und wachsenden Gliedern geprägt ist, kulminiert jeweils in einer Erinnerung an die Erlöserrolle Gottes und legt so ein theologisches Fundament, über dem die abschließende Bitte um Inspiration ausgesprochen wird und auf Erfüllung hoffen darf.

Es schließen sich vier heilsgeschichtliche, das Erlösungswerk Christi vergegenwärtigende Sonette an, von denen drei auf lateinische Epigramme der Jesuiten Matthias Casimir Sarbiewski, Jakob Bidermann und Bernhard Bauhuis zurückzuführen sind. Der Vergleich mit den Vorlagen macht deutlich, daß der Lutheraner Gryphius in der Wahl seiner Stilmittel, in den affektgeladenen, die Reaktionen des Lesers vorwegnehmenden Beschreibungen und in der meditativen Ausrichtung wichtige Gemeinsamkeiten mit der neulateinischen Lyrik der Jesuiten aufweist. In der Gegenüberstellung tritt zugleich aber auch neben konfessionell bedingten inhaltlichen Akzentverschiebungen der theologisch-bekenntnishafte Ernst hervor, der Gryphius von der luziden Eleganz der Neulateiner trennt. Am markantesten zeichnet sich diese Differenz bei dem Sonett *Gedencket an des Loths Weib. Lucae 17. v. 32* ab. Das lateinische Epigramm ist vornehmlich auf eine spielerische Pointe ausgerichtet, die Bauhuis aus der Doppelbedeutung des Wortes *sal* (Salz, Verstand) gewinnt und die der späthumanistischen und barocken Forderung nach Witz und Scharfsinn entspricht. Gryphius hingegen macht Loth und seine Frau durch das Titelzitat aus dem Lukasevangelium zu typologischen Exempelfiguren für richtiges und falsches Verhalten bei der Wiederkunft Christi am Jüngsten Tag.

Mit der Mahnung, nicht auf die der Vergänglichkeit anheimfallenden weltlichen Güter zurückzusehen, sondern sich an Gott und dem ewigen Seelenheil zu orientieren, leitet das Gedicht *Gedencket an des Loths Weib* über zu einer Gruppe von vier *Vanitas*-Sonetten, von denen zumindest die beiden Texte *VANITAS, VANITATUM, ET OMNIA VANITAS Es ist alles gantz eytel. Eccl. 1. v. 2* und *Menschliches Elende* paradigmatische Bedeutung für die deutsche Literatur des Barockzeitalters gewonnen haben. In ihnen setzt Gryphius virtuos seine sprachlichen und rhetorischen Möglichkeiten ein und nutzt meisterhaft die metrischen und strophischen Vorgaben des Alexandriners und der Sonettform, um die Nichtigkeit der Welt und die Sterblichkeit des Menschen darzustellen und so indirekt zu einem gottgefälligen, das Seelenheil sichernden Leben aufzufordern.

Die drei anschließenden Sonette über den Geburtstag des Autors und auf die Gräber seiner Eltern lassen den Dichter und seine Angehörigen zu Exempelfiguren für den Vanitas-Gedanken werden. Zugleich bilden diese drei Sonette den Auftakt zur folgenden Reihe von Widmungs- und Casualcarmina, die Gryphius an Personen aus dem Kreis seiner Verwandten, Bekannten und Gönner gerichtet hat. Die Gedichte suchen vielfach Anschluß an die späthumanistische Gelehrtenkultur, greifen aber auch (in den hier namenlosen *Eugenien*-Sonetten) petrarkistische Motive auf.

Dieser Gruppe von Texten, die in der rhetorischen Tradition der Lobrede stehen, schließen sich in komplementärer Ergänzung einige Sonette an, die man dem Sujet der Tadelrede zuweisen muß. In ihnen erweist sich Gryphius als satirischer Autor, als der er sonst nur noch in seinen *Epigrammata* (Leiden 1643) hervorgetreten ist. Der Vergleich mit den Satiren und Epigrammen etwa Jakob BALDES, Friedrich von LOGAUS oder Christian WERNICKES zeigt, daß Gryphius weniger auf Pointierung, auf Schärfe und Esprit abzielt, sondern eher zu Zeitklage und Belehrung neigt. Nicht zufällig wird die Reihe der satirischen Sonette von der *Trawrklage des verwüsteten Deutschlandes* (in späteren Ausgaben unter dem Titel *Threnen des Vatterlandes / Anno 1636)* eingeleitet, in der Gryphius in eindrucksvollen Bildern das Elend und die Verheerungen beschreibt, die der Dreißigjährige Krieg im Leben der Menschen angerichtet hat.

Als Gryphius in seiner Leidener Zeit die *SONNETE Das erste Buch* (Leiden 1643) herausbrachte, übernahm er 29 (von 31) Lissaer Sonetten in die neue Sammlung, arbeitete sie jedoch z. T. gründlich nach den Regeln der Opitzschen Versreform, aber auch unter inhaltlichen Gesichtspunkten um. Von den 21 neu hinzugekommenen Sonetten schließen 19 an den in nahezu unveränderter Reihenfolge belassenen Bestand der Lissaer Sammlung an. Die beiden anderen wurden den Eröffnungsgedichten eingefügt. Das nunmehr zweite Sonett *An Gott den Heiligen Geist* ergänzt die Inspirationsbitte des ersten im Sinne eines *Prologus ante rem*, indem es mit Nacht, Gefangenschaft und Eitelkeit der Welt auf Motive der unmittelbar anschließenden Texte vorausweist. Das Gedicht *Vber die Geburt Jesu*, das mit virtuosem Einsatz rhetorischer Figuren wie Oxymoron, Klimax, Chiasmus, Parallelismus, Asyndeton, Polysyndeton u. a. die Paradoxien von Tod und Leben, von Sünde und Heil, von Zeit und Ewigkeit im christlichen Erlösungswerk umschreibt, leitet jetzt die Gruppe der christologischen Sonette ein.

Indem die 19 neuen Sonette am Ende der Sammlung Lob-, Liebes-, philosophische und satirische Gedichte in bunter Folge bieten, gibt Gryphius das vormals hierarchische Ordnungsprinzip vom Hohen zum Niedrigen auf. Statt dessen setzt der Autor einen starken Schlußakzent, wenn er in den letzten sechs Gedichten seinen körperlichen Verfall *(Threnen in schwerer Kranckheitt; An sich Selbst)*, seine letzten Worte auf dem Sterbebett *(An die Freunde; An die vmbstehenden Freunde; An die Welt)* und schließlich das Grab seines 1640 verstorbenen Bruders als seines alter ego behandelt. Damit folgt Gryphius einmal der barocken Konvention, poetische Sammelwerke mit einem *memento mori* zu beenden. Zum andern bilden die sechs Schlußgedichte zusammen mit den sechs Vanitas-Sonetten vom Anfang der Sammlung (einschließlich der beiden Grabgedichte auf die Eltern) einen gedanklichen Rahmen, der die von ihm umschlossenen säkularen Texte in die religiöse Perspektive von Tod und Vergänglichkeit rückt.

Nachdem bereits die *Son- undt Feyrtags Sonnete* einen Zyklus von 100 Gedichten umfaßten, war Gryphius daran gelegen, auch seine anderen Sonette auf diese Zahl zu bringen, die auf die vollkommene göttliche Weltordnung hindeuten konnte. Bereits 1646 hatte der schlesische Dichter daher einen zweiten Band von 50 Sonetten für den Druck vorbereitet, der dann 1650 in Frankfurt a. M. zusammen mit dem ersten Sonettbuch und anderen Werken des Glogauers erschien.

Die Sammlung der *SONNETE. Das Ander Buch* beginnt mit einem Tageszeitenzyklus. Das *Morgen Sonnet* hebt mit einer kunstvollen, von Personifizierungen und Periphrasen geprägten Beschreibung des Sonnenaufgangs an. Fast genau in der Mitte des Gedichtes wechselt der Text von der deskriptiven Ebene zu einer geistlichen Auslegung des Tagesanbruchs auf das menschliche Leben. Sprachlich ist der Umschlag durch die gebetshaften Bittformeln und durch den Auftritt des lyrischen Ichs markiert. In der ersten Anrufung (*»Erleuchte den / der sich jtzt beugt vor deinen Füssen«)* klingt noch einmal die Bitte um Inspiration an, auch wenn hier der grundsätzlichere Wunsch nach Glaubensstärke und Sündenbefreiung dominiert. Die beiden abschließenden Alexandriner erweitern die Deutungsperspektive auf den Jüngsten Tag. Die bis zum letzten Vers verzögerte explizite Nennung der *»Sonn«* verweist darauf, daß die irdische Sonne wie auch das Licht der Seele nur vorläufige und unvollkommene Abbilder Gottes seien, dessen Anblick durch die ewige Seligkeit gewonnen werde. Die Zweiteilung des Gedichtes in eine darstellende und eine deutende Ebene entspricht der allegorischen Weltsicht des christlichen Mittelalters, wie sie etwa in der Vorstellung vom Buch der Natur enthalten war und beispielsweise in der barocken Emblematik fortlebte. Indem die Auslegung des *Morgen Sonnets* in zwei Schritten erfolgt, mithin insgesamt ein dreistufiger Aufbau vorliegt, lehnt Gryphius sich an die Praxis der christlichen Meditation an, die sich in den Schritten des äußerlichen Sehens (hier das Naturbild), der inneren Aneignung (hier die Applikation auf das menschliche Leben) und der geistigen Durchdringung (hier die Perspektive auf das Jüngste Gericht) vollzog. In dem fast unmittelbar auf den Tageszeitenzyklus folgenden Sonett *Einsambkeit* hat Gryphius denn auch die entsprechende Meditationsterminologie des *Videre* (sehen: *»Beschaw' ich«*), *Meditari* (bedenken: *»Betracht ich«*) und *Intelligere* (erkennen: *»mir / der ich eigentlich erkannt«*) verwandt. Die Sonette *Mittag, Abend* und *Mitternacht* weisen eine dem *Morgen Sonnet* analoge Struktur auf, so daß auch in ihnen am Schluß ein Deutungszusammenhang zwischen der jeweiligen Tageszeit und dem Jüngsten Tag hergestellt wird.

Die eschatologische Perspektivierung der Eingangssonette weist auf den Schlußzyklus über die Vier letzten Dinge voraus, stellt aber auch den nicht weiter gegliederten Haupt- und Mittelteil der Sammlung unter das Zeichen von Tod, Gericht, Himmel und Hölle. Diese religiöse Sichtweise äußert sich nicht nur in Sonetten einschlägiger Thematik, sondern prägt auch zahlreiche Gelegenheitsgedichte, deren Anlässe zunächst nicht an Tod und Vergänglichkeit denken lassen (z. B. *Auff den Einzug der Durchleuchtigsten Königin MARIAE HENRIETTAE Jn Angiers …; An H. Guilhelm Schlegel … Auff seinen Namens Tag; An H. Johan Christoph von Schönborn Antwort / auff übersendete Sonnete*). Sogar die Hochzeitsgedichte stehen im Zeichen der *vanitas*, sei es, daß sich entsprechende Formulierungen in den Texten selbst finden, oder sei es, daß durch die Nachbarschaft von Epithalamien und Epicedien ein Schatten auf den Glückwunsch an das Brautpaar fällt (besonders prägnant in der Zusammenstellung von Hochzeits- und Sterbegedicht auf seine Schwester Anna Maria). Hervorzuheben sind die römischen Sonette, in denen Gryphius seiner Bewunderung der von ihm besuchten Stadt Rom Ausdruck verleiht. Zumal in dem Gedicht *Vber die vnter jrrdischen Gruffte der Heiligen Martyrer zu Rom* weitet der schlesische Autor seinen Besuch der Katakomben zu einer religiösen Betrachtung der christlichen Paradoxien von Leben und Tod, von Hoch und Niedrig, von Licht und Dunkelheit aus.

Der Zyklus auf die Vier letzten Dinge und ein Gedicht über den alttestamentlichen Propheten Elias beschließen die Sammlung. Das Jüngste Gericht und die Alternativen von Verdammnis und Erlösung bilden den Zielpunkt der Lektüre und entlassen den Leser mit der unausgesprochenen Aufforderung, sein Leben fortan auf den Jüngsten Tag hin auszurichten. In kaum einer Anthologie barocker Lyrik fehlt aus diesem Zyklus das Sonett *Die Hölle*. In ihm vermag Gryphius die ausgreifenden Schrekkensgemälde, die in den zeitgenössischen Erbauungsbüchern etwa eines Jeremias Drexel oder Johann Matthäus Meyfart begegnen, durch das Staccato der Schmerzensschreie und durch extreme Wechsel des Versrhythmus in geradezu expressiver Manier zu intensivieren. Die eschatologische Sonettgruppe am Ende der Sammlung schließt eine zweifache Klammer: Zum einen korrespondiert sie mit dem Tageszeitenzyklus, der mit seinen endzeitlichen Akzenten das zweite Sonettbuch eröffnet hatte. Zum andern greift sie die heilsgeschichtliche Thematik der Anfangsgedichte aus dem ersten Sonettbuch auf und ist somit auch als struktureller Schlußpunkt aller 100 Sonette anzusehen. Den Rückbezug auf eben den Beginn der gesamten Gedichtsammlung leistet insbesondere das *ELIAS*-Sonett. Es greift einmal die Feuer-Motivik des Eingangsgedichtes *An Gott den Heiligen Geist* auf, und es füllt vor allem eine Leerstelle, die in den christologischen Anfangssonetten offen geblieben war: In ihnen hatte Gryphius die Geburt, Gefangennahme, Kreuzigung und Grablegung Christi behandelt, nicht aber die Auferstehung. Diese Lücke schließt erst das Sonett auf Elias, dessen Himmelfahrt von jeher in typologischem Bezug zu Christi Auferstehung gesehen wurde.

Neben den Sonetten hat das übrige lyrische Werk des Glogauers nur wenig Beachtung gefunden. Zusammen mit dem ersten Buch der *Sonnete* und den bereits erwähnten *Epigrammata* erschien 1643 zu Leiden *Das erste Buch* der *Oden*. In der Frankfurter Werkausgabe von 1650 trat ein zweites Buch mit Oden hinzu; die Ausgabe Breslau 1657 schließlich erhöhte die Zahl der Odenbücher auf vier, wobei das vierte Buch übereinstimmt mit den *Thränen über das Leiden JEsu Christi*, einer schon 1652 als Einzeldruck erschienenen Sammlung von Passionsliedern, die Gryphius bereits in jungen Jahren gedichtet hatte. Auch in den ersten drei Büchern der Oden überwiegt die strophische Liedform. Allerdings wurden nur wenige dieser Texte in die Kirchengesangbücher übernommen, da die inhaltliche, teils auch formale Komplexität sich einer breiteren Aufnahme durch den gottesdienstlichen Gemeindegesang widersetzte. Zwölf Gedichte weisen mit Strophe, Antistrophe und Epode den triadischen Aufbau der pindarischen Ode auf, wobei Gryphius deutlicher als seine deutschen Vorgänger Weckherlin und Opitz die formalen Freiheiten dieser Gattung für metrische Experimente nutzt. Der größere Teil der Oden besteht aus Bibelparaphrasen mit einem Schwerpunkt auf dem Psalter.

Auch die 1660 gedruckten *Übersetzete Lob-gesänge / Oder Kirchen-lider* haben keinen Eingang in die Gesangbücher gefunden, obwohl Gryphius sich hier im allgemeinen recht eng an seine altkirchlichen lateinischen Hymnenvorlagen gehalten und auf formale Artifizialität verzichtet hat. Man hat vermutet, daß diese Texte für eine solistische Gesangsdarbietung in der Kirche bestimmt waren. Die *Kirchhoffs-Gedancken* (Breslau 1657) führen in 50 gleich gebauten Strophen noch einmal das Vergänglichkeitsthema aus. In einer nächtlichen Vision sich öffnender Gräber und auferstehender Leichname malt der Autor etliche grauenvolle Verwesungsbilder aus, die das *Mors omnia aequat* der mittelalterlichen Totentänze drastisch vor Augen führen. Die Erkenntnis irdischer Nichtigkeit leitet gemäß der eindringlichen Didaxe des Textes zur Betrachtung der Vier letzten Dinge an, so daß der Sprecher und der implizite Leser eine ähnliche Wendung vollziehen wie der Protagonist in Gryphs Drama *Cardenio und Celinde*, der durch eine nächtliche Friedhofsszene zu einem christlichen Lebenswandel bekehrt wird. Im Anhang zu den *Kirchhoffs-Gedancken* erweist Gryphius mit Übersetzungen zweier lateinischer Oden dem Jesuiten Jakob Balde seine Reverenz, dessen *Enthusiasmen* er die Anregung zu seinem Werk verdankte. Aus dem Nachlaß seines Vaters veröffentlichte 1698 Christian GRYPHIUS eine größere Zahl bis dahin ungedruckter oder nur in Einzeldrucken verbreiteter Gedichte. Es handelt sich dabei um 71 *Sonnette*, 20 *Geistliche Lieder*, 6 *Begräbnis-*, 12 *Hochzeit-* und 8 *Vermischte Gedichte*. Die letztgenannte Gruppe leitet eine längere Elegie in Alexandrinern *An seinen Hrn. Bruder P. Gryphius* ein, in der sich der Glogauer Dichter zusammenfassend und programmatisch zum thematischen Schwerpunkt seines lyrischen Œuvres bekennt: *»Ich wil den Klage-Thon / Mit Seufftzern stimmen an: Ich wil die Seiten rühren // Und Augen-klar die Angst der herben Welt ausführen. / Mehr schlägt mir Phoebus ab.«*. M. Schi.

AUSGABEN: *Lyrische Gedichte*, Hg. H. Palm, Tübingen 1884 (Nachdr. Darmstadt 1961). – *Sonette, Oden und Epigramme, Vermischte Gedichte*, Hg. M. Szyrocki, Tübingen 1963/64 (*Gesamtausgabe der deutschsprachigen Werke*, Bd. 1–3). – *Dichtungen*, Hg. K. O. Conrady, Reinbek 1968. – *Gedichte. Eine Auswahl*, Hg. A. Elschenbroich, Stg. 1968.

LITERATUR: V. Manheimer, *Die Lyrik des A. G.. Studien und Materialien*, Bln. 1904. – G. Fricke, *Die Bildlichkeit in der Dichtung des A. G.*, Bln. 1933. – F.-W. Wentzlaff-Eggebert, *Dichtung und Sprache des jungen G. Die Überwindung der lateinischen Tradition und die Entwicklung zum deutschen Stil*, Bln. 1966 (zuerst 1936). – E. Trunz, *Fünf Sonette des A. G. Versuch einer Auslegung* (in *Vom Geist der Dichtung. Gedächtnisschrift R. Petsch*, Hbg. 1949, S. 180–205). – M. Szyrocki, *Der junge Gryphius*, Bln. 1959. – D. W. Jöns, *Das ›Sinnen-Bild‹. Studien zur allegorischen Bildlichkeit bei A. G.*, Stg. 1966. – H. Bekker, *G.' Lissa-Sonnets* (in MLR 63, 1968, S. 618–627). – P. Rusterholz, *Theatrum vitae humanae. Funktion und Bedeutungswandel eines poetischen Bildes*, Bln. 1970. – M. S. Schindler, *The Sonnets of A. G. Use of the Poetic Word in the 17th Century*, Gainesville 1971. – K. Richter, *Vanitas und Spiel. Von der Deutung des Lebens zur Sprache der Kunst im Werk von G.* (in Jb. d. dt. Schillergesellsch. 16, 1972, S. 126–144). – B. L. Spahr, *G. and the Holy Ghost. ›An Gott den Heiligen Geist‹* (in *Deutsche Barocklyrik. Gedichtinterpretationen von Spee bis Haller*, Hg. M. Bircher u. A. M. Haas, Bern/Mchn. 1973, S. 175–184). – H. Steinhagen, *Didaktische Lyrik. Über einige Gedichte des A. G.* (in *Fs. F. Beißner*, Bebenhausen 1974, S. 406–435). – W. Mauser, *Dichtung, Religion und Gesellschaft im 17. Jh. Die ›Sonnete‹ des A. G.*, Mchn. 1976. – F. G. Cohen, *The ›Tageszeiten‹-Quartet of A. G. Convergence of Poetry and Meditation* (in Argenis 2, 1978, S. 95–113). – W. Kühlmann, *Neuzeitliche Wissenschaft in der Lyrik des 17. Jh.s* (in Jb. d. dt. Schillergesellsch. 23, 1979, S. 124–153). – G. Ott, *Die ›Vier letzten Dinge‹ in der Lyrik des A. G. Untersuchungen zur Todesauffassung des Dichters und zur Tradition des eschatologischen Zyklus*, Ffm. u. a. 1985. – R. M. Browning, *Towards a Determination of the Cyclic Structure of the Secular Sonnets of A. G.* (in Daphnis 14, 1985, S. 303–324). – H.-G. Kemper, *Dt. Lyrik der frühen Neuzeit*, Bd. 2: *Konfessionalismus*, Tübingen 1987. – H.-H. Krummacher, *›De quatuor novissimis‹. Über ein traditionelles theologisches Thema bei A. G.* (in *Respublica Guelpherbytana. Fs. P. Raabe*, Amsterdam 1987, S. 499–577).

JOHANN CHRISTIAN GÜNTHER

* 8.4.1695 Striegau
† 15.3.1723 Jena

LITERATUR ZUM AUTOR:
Bibliographie:
R. Bölhoff, *J. C. G. 1695–1975. Kommentierte Bibliographie, Schriftenverzeichnis, Rezeptions- u. Forschungsgeschichte*, 3 Bde., Köln/Wien 1980–1983.
Forschungsberichte:
E. Osterkamp, *Perspektiven der G.-Forschung* (in Intern. Archiv für Sozialgesch. der dt. Lit., Sonderh. 1: *Forschungsreferate*, Tübingen 1985, S. 129–159). – R. Bölhoff, *Zur neueren G.-Forschung* (in *J. C. G.*, Hg. H.-G. Pott, Paderborn u. a. 1988, S. 83–105).
Biographie:
W. Krämer, *Das Leben des schlesischen Dichters J. C. G. 1695–1723. Mit Quellen u. Anm. zum Leben und Schaffen des Dichters und seiner Zeitgenossen*, Stg. 1980 [m. Bibliogr., Personen- u. Ortsverz. v. R. Bölhoff].
Gesamtdarstellungen:
F. Delbono, *Umanitá e poesia di C. G.*, Turin/Genua 1959. – H. Dahlke, *J. C. G. Seine dichterische Entwicklung*, Bln./DDR 1960. – L. K. Hoff-Purviance, *J. C. G.: The »German Ovid«?*, phil. Diss. Northwestern Univ./Ill. 1980. – H. Bütler-Schön, *Dichtungsverständnis und Selbstdarstellung bei J. C. G. Studien zu seinen Auftragsgedichten, Satiren und Klageliedern*, Bonn 1981. – *J. C. G.*, Mchn. 1982 (Text + Kritik). – B. v. Wiese, *J. C. G.* (in *Deutsche Dichter des 17. Jh.s*, Hg. H. Steinhagen u. B. v. Wiese, Bln. 1984, S. 887–921). – *J. C. G.*, Hg. H.-G. Pott, Paderborn u. a. 1988.

DAS LYRISCHE WERK von Johann Christian Günther.

Der Zugang zum Werk Günthers wird bis heute durch eine biographistische Auffassungsweise verstellt. Nicht nur die populäre Aneignung, auch die wissenschaftliche Auseinandersetzung ist über weite Strecken geprägt vom Klischee des hochtalentierten, aber lebensuntüchtigen und letztlich scheiternden Poeten, wie es das vielzitierte Diktum Goethes zum Ausdruck brachte: *»Er wußte sich nicht zu zähmen, und so zerrann ihm sein Leben wie sein Dichten«* (*Dichtung und Wahrheit*, 7. Buch). So ist Günthers Dichtung zunächst ein Phänomen der Rezeptionsgeschichte: Schon im 18. Jh. genoß der frühverstorbene Dichter einen beachtlichen Nachruhm, danach flammte das Interesse an ihm periodisch immer wieder auf und brachte auch zahlreiche romanhafte Gestaltungen hervor. Diese inzwischen von R. Bölhoff in einer dreibändigen kommentierten Bibliographie präzise dokumentierte Wirkungshistorie erscheint aus heutiger Sicht als *»Modellfall einer verfehlten Rezeption«*: Stets schob sich das über weite Strecken ohnedies nur in spekulativer Weise erschließbare Leben vor das dichterische Werk, es lieferte dem Leser Angebote zu identifikatorischer Lektüre, und ganzen Dichtergenerationen diente Günthers unbehauste Existenz als Muster für die Interpretation ihrer gesellschaftlichen Rolle. Unterstützt wurde diese Tendenz durch eine selektive Wahrnehmung von Günthers rund 500 Gedichte umfassender Produktion (zu welcher als einziges nichtlyrisches Werk nur ein Schuldrama *Theodosius* hinzutritt); Beachtung fand lange Zeit allein der Verfasser der Liebesgedichte, daneben auch der (im 18. Jh. vielfach vertonten) Studenten- und Trinklieder, erst in jüngerer Zeit wandte sich das Interesse verstärkt den Klagegedichten und auch der Gelegenheitsdichtung zu. Eine grundsätzliche Wende in der Günther-Philologie bedeutet die Abkehr von einer auf den Originalitätsaspekt fixierten Auffassungsweise, die das Werk als Vorwegnahme der Erlebnislyrik Goethescher Prägung betrachtete, zu seiner Einordnung in eine barocke Tradition rhetorischer Dichtung, in deren Rahmen G. als *»Virtuose des vorgegebenen Formsystems«* (E. Osterkamp) auftritt. Diese gegen die Ausdeutung der Texte als reine Ich-Aussprache gerichtete Rückbindung an die literarischen Normen der Epoche hat aber erneut die Frage nach der unabweisbaren Individualität der Lyrik Günthers, das Problem einer historischen Einordnung seiner besonderen dichterischen Leistung innerhalb der Tradition offengelassen.

In der erotischen Lyrik, etwa in den *Leonorenliedern*, wird der Doppelcharakter von Traditionalität und Innovation durchaus deutlich: die verliebten und galanten »Arien« (seinerzeit gleichbedeutend mit Oden bzw. Liedern) wiesen damals moderne, auch von Erdmann Neumeister oder Benjamin Neukirch propagierte variable Strophenformen und flexibel gehandhabtes Versmaß auf; sie bedienten sich in typisch spätbarocker Manier rhetorisch strukturierter Argumentationsmuster (Loci-Methode, Affektsteuerung, Überzeugungsmodelle und Verführungsrhetorik), rhetorischer Figuren (der Antithetik, Metaphorik und Allegorie, des hyperbolischen Vergleichs oder der emblematischen Rede), und überall finden sich auch die Spuren des ›Concettismus«, der Methode des witzigen poetischen Einfalls. Der galanten Lyrik der Zeit entspricht auch die Umwandlung des petrarkistischen Motivs der unerfüllbaren Liebe in das des erhörten Liebeswerbens, der – auch in ihrer sexuellen Dimension – erfüllten Liebe. Daß die Liebesgedichte Günthers, der traditionalistischen Verwendung von Kunstmitteln verschiedener Art und der ausgefeilten Formgebung zum Trotz, als Erlebnislyrik gelesen werden konnten und können, erklärt sich daraus, daß jedenfalls für die von Günther vertretene Dichtungsauffassung stilistische Durcharbeitung und Authentizität des Gefühls nur scheinbar einen Gegensatz bilden, aber auch daraus, daß der rhetorische *ornatus* immer wieder von einer schmucklosen, emotional schlichten, »natürlichen« Redeweise durchbrochen wird, die den Texten den Anschein von Unmittelbarkeit und Echtheit gibt. Darüber hinaus werden die barocken Züge inhaltlich überlagert von Elementen bürgerlicher Aufklärung und ihrer Tugendideale; auch begegnet Günther, im Gegensatz zu seinen galanten Dichterkollegen, der Geliebten nicht als einem stummen Anredeobjekt ohne eigene Personalität, wie dies am eindrucksvollsten die Gestaltung des Abschiedsmotives erkennen läßt (*Abschieds-Aria; An Leonoren bey dem anderen Abschiede*).

Eine besondere Stellung im Werk Günthers nehmen seine Klagegedichte ein; hier werden auch die Mißverständnisse in der Rezeption des Lyrikers besonders deutlich. Was so gern als aus eigenem Erleben und eigener Not – aus dem Konflikt mit seinem Vater – geschöpft verstanden worden ist, erweist sich bei näherem Zusehen als durch und durch rollenhaftes Sprechen, entweder in der Nachfolge Ovids und dessen *Tristia* oder den *Epistulae ex Ponto*, oder aber auch, bis in sprachliche Details, als Selbststilisierung durch die anverwandelnde Adaption des biblischen Hiob. Die Vehemenz der Anklage der religiös-moralischen Weltordnung und die Entschiedenheit der Absage an christlich-stoische Ideale (besonders in *Als er durch innerlichen Trost bey der Ungedult gestärcket wurde*) durchbrechen aber die literarische *imitatio* zu einer sprachmächtigen Darstellung einer existentiellen Verzweiflung, die wiederum, nicht nur im zeitgenössischen Maßstab, etwas Singuläres hat. Die Aufnahme der Theodizeefrage und gelegentlich auch physikotheologischer Elemente in der Auseinandersetzung mit der Sinnhaftigkeit der Schöpfung verweist wieder auf den Einfluß frühaufklärerischer Denkmuster. An Günthers Klage- und Fluchgedichten und an seinen geistlichen und moralischen Liedern wird der Prozeß deutlich, der ehemals auf christliche Heilsgeschichte bezogene Bilder und Motive frei werden läßt für eine säkulare Verständnisweise, wie dies etwa an dem Übergang der Kreuzesmetaphorik zu einem persönlichen

Deutungsmuster des in ungesichertem Dasein lebenden Dichters gezeigt worden ist.
Auch der Kasualpoesie kommt für eine poesiegeschichtliche Einordnung der Lyrik Günthers eine wichtige Funktion zu. In rein quantitativer Hinsicht überwiegend, ist sie auch qualitativ gegenüber der »authentischen« Dichtung keineswegs als nebenrangig aufzufassen – zumal die Grenzen fließend sind. Der 1716 zum *poeta laureatus* gekrönte Günther selbst hat sich in erster Linie als Gelegenheitsdichter verstanden (vgl. H. BÜTLER-SCHÖN), und hier läßt sich auch am eindringlichsten seine handwerklich-artistische Dichtungsauffassung studieren. Die auffällig häufige kritische Thematisierung des casualpoetischen Verfahrens und seiner Legitimationsprobleme ist nicht etwa als Beleg für die Überwindung dieser Dichtungsauffassung zu werten; vielmehr machte sich Günther hier – in einer wieder durchaus modisch-zeittypischen Weise – ein zusätzliches Argument im rhetorischen Arsenal zu eigen. Zu berücksichtigen ist ferner, daß die Spannweite des Dichtens zu bestimmten »Gelegenheiten« von der heroischen Ode im Bereich der Habsburger-Panegyrik (die 50strophige Ode *Auf den zwischen Ihro Kayserl. Majestät und der Pforte An. 1718 geschloßnen Frieden*, die Günther weithin berühmt machte) über lob- und glückwünschende Gedichte bis zum konventionellen Hochzeitsgedicht und Leichencarmen reicht und letztlich noch die Textmuster der Liebes- und Klagedichtung mitbestimmt.
Die editorische Situation ist unbefriedigend: die von W. KRÄMER in den dreißiger Jahren veranstaltete sechsbändige Ausgabe führt die Bezeichnung »historisch-kritisch« zu Unrecht, allein schon, weil der geplante textkritische Apparat dazu nie erschienen ist. Inzwischen ist auch eine ganze Anzahl bislang verschollener handschriftlicher Textzeugen zutage gefördert worden, dennoch bleibt die Chronologie der Texte ein unlösbares Problem. Überlegungen für eine neue historisch-kritische Ausgabe sind angestellt worden, doch wird man diesem Ziel vorerst nur langsam näherkommen. Die 1981 von H. Heckmann herausgebrachte Leseausgabe genügt wissenschaftlichen Ansprüchen nicht, weil sie jenes Günther-Bild tradiert, das schon bisher einer biographisch unvoreingenommenen Auseinandersetzung mit diesem Werk an der Grenze zweier Epochen hinderlich gewesen ist. E.Fi.

AUSGABEN: *Sammlung von J. C. G.s aus Schlesien, Theils noch nie gedruckten theils schon heraus gegebenen, Deutschen und Lateinischen Gedichten*, Hg. G. Fessel, 4 Tle., Frankfurt (Breslau)/Lpzg. 1724–1735; Neuausg. Breslau/Lpzg. 1735. – *Die Gegner der zweiten schlesischen Schule*, 1 Tl.: *J. C. G.*, Hg. L. Fulda, Bln./Stg. o. J. (DNL). – *SW. Histor.-krit. GA*, Hg. W. Krämer, 6 Bde., Lpzg. 1930–1937 (BLV). – *Gedichte*, Ausw. u. Nachw. M. Windfuhr, Stg. 1961 (RUB). – *Ges. Gedichte*, Hg. H. Heckmann, Mchn./Wien 1981. – *Gedichte*, Hg. R. Bölhoff, Ffm. 1990/1991 (Dt. Klassiker Vlg.; geplant).

LITERATUR: W. Preisendanz, *Präsente Bedrängnis. Über ein Gedicht von J. C. G. [»An Leonoren bey dem anderen Abschiede«]* (in Jb. d. dt. Schillerges., 18, 1974, S. 221–234). – R. M. Browning, *Deutsche Lyrik des Barock 1618–1723*, Stg. 1980, S. 174–244. – C. Zimmermann, *»Es mag die Heucheley die neue Welt verstellen«. Überlegungen zum Wahrheitsbegriff bei J. C. G.* (in ZfdPh, 100, 1981, S. 481–503). – U. Konrad u. M. Pape, *J. C. G. in der Tradition der evangel. Kirchenlit.* (ebd., S. 504–527). – E. Osterkamp, *Das Kreuz des Poeten. Zur Leidensmetaphorik bei J. C. G.* (in DVLG, 55, 1981, S. 278–292). – *Gedichte und Interpretationen*, Bd. 1: *Renaissance und Barock*, Hg. V. Meid, Stg. 1982 [darin drei Gedichtinterpretationen von J. Stenzel]. – R. Drux, *»Wie reimt sich Lieb und Tod zusammen?« Gestalten und Wandlungen einer Motivkombination in der barocken Lyrik* (in Der Deutschunterricht, 37, 1985, H. 5, S. 25–37). – F. M. Eybl, *J. C. G. »Aria. An seine Leonore. Die immer grünende Hoffnung«* (ebd., S. 44–56). – W. Trautwein, *»Von innen zwar ein Paradies, von außen Unruh, Zanck und Plagen« – Zur Komposition von J. C. G.s Liebesgedichten* (in Daphnis, 16, 1987, H. 1/2, S. 167–218).

GEORG PHILIPP HARSDÖRFFER

* 1.11.1607 Nürnberg
† 22.9.1658 Nürnberg

LITERATUR ZUM AUTOR:
J. Tittmann, *Die Nürnberger Dichterschule*, Göttingen 1847. – T. Bischoff, *G. Ph. H.* (in *Fs. zur 250jährigen Jubelfeier des Pegnesischen Blumenordens*, Nürnberg 1894). – A. Krapp, *Die ästhetischen Tendenzen H.s*, Bln. 1903. – K. A. Kroth, *Die mystischen Tendenzen G. Ph. H.s*, Diss. Mchn. 1921. – W. Risse, *G. Ph. H. und die humanistische Tradition* (in *Worte u. Werte. Fs. f. B. Markwardt*, Bln. 1961, S. 334–337). – H. Zirnbauer, *Bibliographie der Werke G. Ph. H.s* (in Philobiblon, 5, 1961, S. 12–49). – S. Ferschmann, *Die Poetik G. Ph. H.s. Ein Beitrag zur Dichtungstheorie des Barock*, Diss. Wien 1964. – B. Markwardt, *Geschichte der deutschen Poetik*, Bd. 1, Bln. [3]1964, S. 71–92 (PaulG, 13/1). – K. Helmer, *Weltordnung u. Bildung. Versuch einer kosmologischen Grundlegung barocken Erziehungsdenkens bei G. Ph. H.*, Ffm. 1982. – D. Krebs, *G. Ph. H., 1607–1658. Poétique et poésie*, Bern/Ffm. 1983.

FRAWEN-ZIMMER GESPRÄCH-SPIEL. So bey Ehrliebenden Gesellschaften zu nützlicher Ergetzlichkeit beliebet werden mögen

Sammlung von Dichtungen und Unterhaltungsspielen von Georg Philipp HARSDÖRFFER, in acht Teilen, erschienen 1641–1649, vom dritten Teil an unter dem verkürzten Titel *Gesprechspiele.* – Das umfangreiche, mit prächtigen Kupferstichen illustrierte Werk soll in gefälliger Form belehren und unterhalten. Im *Vorbericht an den Lesenden* betont der *»Spielende«* (d.i. Harsdörffer), er habe *»allein Anleitung geben wollen / und den Weg weisen / wie bey Ehr- und Tugendliebenden Gesellschaften freund- und fruchtbarliche Gesprече aufzubringen und nach Beschaffenheit aus eines jeden Sinnreichen Vermögen fortzusetzen. Eingedenk / daß gute Gesprech gute Sitten erhalten und handhaben / gleichwie böse selbe verderben.«* Unter »Gesprechspielen« versteht Harsdörffer die gesellige Unterhaltung, *»alles Gespräch / das einen ergetzlichen Inhalt hat / und vielmehr einem Schertzspiel / als wichtiger Behandlung gleicht«*, aber auch die Spiele, *»welche in Gesellschaften des Frauenzimmers mit Pfandgeben und wieder an sich lösen geübet werden«.*
Gesprächspartner sind sechs Personen: Angelica von Keuschewitz, *»eine Adliche Jungfrau«*, Reymund Discretin, *»ein gereist- und belesener Student«*, Vespasian von Lustgau, *»ein alter Hofmann«*, Julia von Freudenstein, *»eine kluge Matron«*, Cassandra Schönlebin, *»eine Adliche Jungfrau«*, und Degenwert von Ruhmeck, *»ein verständiger und gelehrter Soldat«*. In den Gesprächen, die formal den italienischen Renaissance-Dialogen der Sperone SPERONI, Ludovico DOLCE, Francesco GUICCIARDINI und Pietro ARETINO nachgebildet sind, werden die verschiedensten Themen erörtert, die eine humanistisch gebildete Gesellschaft wie das Nürnberger Patriziat interessierten, an das Harsdörffer sich mit diesem Werk wandte. Man unterhält sich u.a. über *»Sinnbildkunst«*, Turniere, *»Müntzpregen«*, Kräuter, Träume, die Sterbestunde, Sprichwörter, Rätsel, Höflichkeit, das Schachspiel, Fremdwörter, *»Poeterey«*, Malerei, Musik usw. Im Anhang zu den einzelnen Bänden werden Gedichte, Dramen und Schäferspiele gedruckt, zum Beispiel die Übersetzung einer französischen *Comédie des proverbes* von Adrien de MONTLUC (1568–1646) mit dem Titel *Das Schauspiel Teutscher Sprichwörter* oder das Hirtenspiel *Melisa*, eine Bearbeitung von Lope de VEGAS *La escolastica velosa*. Die ausführlichen Inhaltsverzeichnisse und Stichwortregister, die jeder Band enthält, verraten, daß die *Gesprechspiele* vom gebildeten weiblichen Publikum wohl auch als Enzyklopädie des zeitgenössischen Wissens, als Konversationslexikon, benutzt worden sind. Der Vermittlung von Kenntnissen für das gesellige Gespräch dient auch ein deutsches Synonymenverzeichnis. Die Themen werden jedoch nicht wie in einem modernen Konversationslexikon behandelt, und die »Lehre« wird – dem Prinzip *»nützen und behagen«* entsprechend – oft als Anekdote oder unterhaltsame Erzählung dargeboten. Harsdörffer selbst gibt an, daß er sich auf italienische, französische und spanische *»scribenten«* stützt, und zitiert insgesamt 444 Werke. Diese Quellen werden bei den einzelnen Gesprächen jeweils sehr genau angemerkt, sie reichen von der klassischen Literatur der Antike (PLATON, CICERO, PLINIUS, LUKIAN) bis zur zeitgenössischen Dichtung (Paul FLEMING). A.Sch.

AUSGABEN: Nürnberg 1641 [Bd. 1 u. 2]. – Nürnberg ²1644 (*Frauenzimmer Gesprechspiele, so bey Ehr- und Tugendliebenden Gesellschaften mit nützlicher Ergetzlichkeit, beliebet und geübet werden mögen*, Bd. 1 u. 2). – Nürnberg 1644–1649 (*Gesprechspiele*, Bd. 3–8). – Tübingen 1968.

LITERATUR: E. Schmitz, *Zur musikgeschichtlichen Bedeutung der H.schen »Frauenzimmergesprächspiele«* (in *Fs. zum 90. Geb. R. v. Liliencrons*, Lpzg. 1910, S. 254 ff.). – G. A. Narciß, *Studien zu den »Frauenzimmergesprächspielen«*, Lpzg. 1928. – E. Kühne, *Emblematik u. Allegorie in G. Ph. H.s »Frauenzimmergesprächspiele«*, Diss. Wien 1933. – R. Hasselbrink, *Gestalt u. Entwicklung des Gesprächspiels in der dt. Literatur des 17. Jh.s*, Diss. Kiel 1956. – K. G. Knight, *G. Ph. H.s »Frauenzimmergesprächspiele«* (in GLL, 13, 1961, S. 116–125). – R. Zeller, *Spiel u. Konversation im Barock. Untersuchung zu H.s »Gesprächspielen«*, Bln./NY 1974.

POETISCHER TRICHTER / die teutsche Dicht- und Reimkunst / ohne Behuf der lateinischen Sprache / in VI Stunden einzugiessen

Dichtungstheoretische Schrift in drei Teilen von Georg Philipp HARSDÖRFFER, erschienen 1647 bis 1653. – Entscheidende Anregungen für seine dichtungstheoretischen Ansichten, vor allem aber für eigene literarische Arbeiten, wie etwa das *Frawen-Zimmer Gespräch-Spiel* (1641–1649), empfing der vornehme Nürnberger Patrizier Harsdörffer auf einer Italienreise, die seine juristischen, philosophischen und philologischen Studien in Altdorf und Straßburg (1623–1626) und die darauf folgende »Cavalierstour« durch Europa beschloß und ihn mit den Bestrebungen der »Accademia de la Crusca« vertraut machte. Seit 1642 Mitglied der 1617 in Weimar gegründeten »Fruchtbringenden Gesellschaft«, wurde er Ende 1644 zusammen mit Johann KLAJ (1616–1656) Initiator und Vorsitzender des »Löblichen Hirten- und Blumenordens an der Pegnitz«, dessen literarisch-gesellschaftliche Ausrichtung er in Theorie und Praxis weitgehend bestimmte.
Mit seiner Poetik schuf er – nach dem Vorbild zeitüblicher, »Trichter« genannter schulischer Leitfäden – ein Lehrbuch für Gymnasiasten, das in sechs kurzen Lektionen mit den überlieferten Regeln der Dichtkunst vertraut machen sollte. Dem ersten Band (1647) folgten 1648 *Poetischen Trichters zweyter Theil* – wiederum in sechs Lektionen geglie-

dert – und 1653 abschließend *Prob und Lob der Teutschen Wolredenheit*. Jedem der drei an Beispielen *»aus eigner Erfindung«* reichen Bücher ist ein Anhang beigegeben: *»Von der Rechtschreibung / und Schriftscheidung / oder Distinction«*, *»Von der Teutschen Sprache«* und ein fast vierhundert Seiten umfassendes, alphabetisch geordnetes Metaphernverzeichnis: *»Kunstzierliche Beschreibungen fast aller Sachen / welche in ungebundner Schrifft-stellung fürzukommen pflegen«*. Neben den Vorreden sind vor allem die erste, zehnte, elfte und zwölfte Lektion der ersten beiden Teile wichtig.

Zweck und Ziel der Dichtkunst, der *»Nachahmung dessen / was ist oder seyn könnt«*, ist das traditionelle Horazische *»prodesse et delectare«*: Der Inhalt einer Dichtung hat lehrhaft, d.h. nützlich zu sein, seine *»Ausführung aber mit schönen Worten / und Gedancken«* der Belustigung des Lesers zu dienen, wobei freilich ein »löblicher Poet« sich immer von den Regeln der Religion und der Moral leiten läßt. Am reinsten erfüllt diesen Zweck die von Harsdörffer gründlich behandelte Gattung des Dramas, dessen *»dreyerlei Arten«* nach dem Sozialgefüge gegliedert sind: Das Königen und Fürsten vorbehaltene Trauerspiel *»sol gleichsam ein gerechter Richter seyn / welches in dem Inhalt die Tugend belohnet / und die Laster bestraffet«*. Gemäß der Forderung des Aristoteles *»ist der Poet bemühet Erstaunen / oder Hermen und Mitleiden zu erregen / jedoch dieses mehr als jenes«*. Wie für das Schauspiel, das als *»lebendiges Gemähl«* die enge Verwandtschaft von Malerei und Poesie besonders eindringlich manifestiert, gilt auch für alle Dichtung der Grundsatz der *»überhöhenden Steigerung«* (B. Markwardt). Wesentlich für die künstlerische Gestaltung ist die Bildhaftigkeit der Sprache, vor allem die geschickte Einführung von Gleichnissen, die laut Augustin oft *»angenehmer als die Sache selbsten«* seien. Wichtigster Faktor der *inventio*, *»ist die Gleichniß die allertiefste Quelle etwas schönes / unnd zur Sache dienliches zu erfinden«*. Neben der Bedeutung von Gleichnissen, Sinnbildern und Umschreibungen ist die Behandlung der für die Dichtung Harsdörffers kennzeichnenden klanglichen Phänomene, wie Wortspiele, Assonanzen, Wiederholungen etc., unerheblich.

Weit stärker als OPITZ (*»Vnd muß ich nur ... dieses erinnern / das ich es für eine verlorene arbeit halte / im fall sich jemand an unsere deutsche Poeterey machen wolte / der / nebenst dem das er ein Poete von Natur sein muss / in den griechischen und Lateinischen büchern nicht wol durchtrieben ist / und von jhnen den rechten grieff erlernet hat«*) weist Harsdörffer auf den Eigenwert der deutschen Sprache hin: *»Diejenigen, so vermeinen, man müsse die teutsche Poeterey nach dem Lateinischen richten, sind auf einer ganz irrigen Meinung. Unsere Sprache ist eine Hauptsprache und wird nach ihrer Eigenschaft und keiner anderen Lehrsatz gerichtet werden können.«* Lange Zeit wurde das Werk an dem vom Autor nicht intendierten Anspruch gemessen, aus Schülern im Handumdrehen Dichter zu machen. Erst die neuere Forschung würdigte in Harsdörffer einen frühen und beispielhaften Repräsentanten jener Barockpoetik, deren oberstes Ziel *»der Nachweis einer ästhetischen Werthaftigkeit der deutschen Dichtersprache und der deutschen Dichtkunst«* ist (B. Markwardt). C.St.

AUSGABEN: Nürnberg 1647–1653, 3 Bde.; Nachdr. Darmstadt 1975. – Bln. 1939, Hg. R. Marquier (Die Kunst des Wortes, 17/18). – Ann Arbor/Mich. 1966, Hg. M. E. Schubert [Tl. 1; hist.-krit.].

LITERATUR: F. G. Sieveke, *Topik im Dienst poetischer Erfindung zum Verhältnis rhetorischer Konstanten u. ihrer funktionsbedingten Auswahl oder Erweiterung* (in Jb. f. Internationale Germanistik, 8, 1976, S. 17–48). – P. Hess, *Poetik ohne Trichter. H.s »Dicht- und Reimkunst«*, Stg. 1986.

CHRISTIAN HOFFMANN VON HOFFMANNSWALDAU

* 25.12.1616 Breslau
† 18.4.1679 Breslau

LITERATUR ZUM AUTOR:
E. Rotermund, *Ch. H. v. H.*, Stg. 1963 (Slg. Metzler). – Ders., *Affekt u. Artistik. Studien zur Leidenschaftsdarstellung u. zum Argumentationsverfahren bei H. v. H.*, Mchn. 1972. – W. L. Myers, *Cato and the stoic tradition in German Baroque lit., with special reference to the lyrics of Ch. H. v. H.*, Diss. Rutgers Univ. 1974. – F. Heiduk, *H. u. die Überlieferung seiner Werke* (in FDH, 1975, S. 1–72). – Ders., *Ch. H. v. H.* (in *Dt. Dichter des 17. Jh.s*, Hg. H. Steinhagen u. B. v. Wiese, Bln. 1984, S. 473–496). – F. G. Cohen, *The Poetry of Ch. H. v. H. A New Reading*, Columbia/S.C. 1985.

DAS LYRISCHE WERK von Christian HOFFMANN VON HOFFMANNSWALDAU.
Hoffmannswaldau, einziges Kind des schlesischen Kammersekretärs und kaiserlichen Rats Johannes Hoffmann, der 1612 in den erblichen Adelsstand erhoben worden war, wuchs in der geistig anregenden, weltoffenen und geselligen Atmosphäre seines Elternhauses auf. Er besuchte das Breslauer Elisabeth-Gymnasium und das akademische Gymnasium zu Danzig, wo er in engen persönlichen Kontakt zu Martin OPITZ trat. 1638 begab er sich auf die übliche *peregrinatio academica*, die ihn u. a. nach Leiden, London, Paris, Rom, Venedig und Wien führte. Die Begegnung mit den bedeutendsten Gelehrten des damaligen Europa, seine Bekanntschaft mit der Konversationskultur der gesellschaftlichen Elite und die Vervollkommnung seiner umfassenden Fremdsprachenkenntnisse, die ihn in die Lage

versetzten, die moderne Literatur des Auslands im Original zu lesen, prägten fortan die Wesensart, den Lebensstil und die literarische Produktion des Schlesiers. In seiner Heimatstadt stieg Hoffmannswaldau dank des Ansehens seines Vaters, dank seiner 1643 geschlossenen, lebenslang glücklichen Ehe mit der Breslauer Patrizierin Maria Webersky und wohl auch wegen seiner gewinnenden Umgangsformen vom Schöffen zum Scholarchen, kaiserlichen Rat und Senator auf, bis er zwei Jahre vor seinem Tod sogar zum Präses des Breslauer Rates gewählt wurde. Es kennzeichnet seine diplomatischen und gesellschaftlichen Qualitäten, daß man ihm mehrere Legationen nach Wien mit heiklen politischen Aufgaben übertrug.

Die Gedichte Hoffmannswaldaus sind in erster Linie Gesellschaftskunst und Rollenlyrik. Ihre Bestimmung zur Erbauung und Unterhaltung eines geschlossenen Kreises kultivierter und gebildeter Freunde und Bekannter zeigt sich nicht zuletzt in der Überlieferung der Texte, die lange Zeit nur handschriftlich kursierten. Erst als einige nicht autorisierte Drucke der *Poetischen Grab-Schriften* und der Übersetzung des *Pastor Fido* Giovanni Battista GUARINIS erschienen waren, bereitete der Dichter eine Ausgabe seiner poetischen Schriften vor, die 1679/80 unter dem Titel *Deutsche Übersetzungen und Getichte* postum in Breslau veröffentlicht und bis ins 18. Jh. vielfach nachgedruckt wurde. Sie enthält den *Getreuen Schäfer* nach Guarini und den *Sterbenden Socrates* (eine Übersetzung des *Mort de Socrate* von Théophile de Viau), die *Helden-Briefe* und *Poetischen Geschicht-Reden* sowie größere Teile des nach Gattungen gegliederten lyrischen Œuvres *(Hochzeit-Gedichte, Begräbnüß-Gedichte, Geistliche Oden, Vermischte Gedichte, Poetische Grab-Schriften)*. Die berühmten erotischen Gedichte des Breslauer Ratsherrn publizierte dagegen erst Benjamin NEUKIRCH in seiner siebenbändigen Anthologie *Herrn von Hoffmannswaldau und andrer Deutschen auserlesener und bißher ungedruckter Gedichte* (1695–1727) aus umlaufenden Abschriften der Texte.

In seinen Gelegenheitsgedichten, die er zu Hochzeiten und Todesfällen in seinem näheren Bekanntenkreis verfaßte, bevorzugt Hoffmannswaldau längere syntaktische Strukturen, den ausladenden Alexandriner und eine fiktive Rahmenhandlung. Die Casuallyrik nähert sich somit der Gattung der Lob- und Trauerrede und greift zugleich narrative Elemente auf. Aufbau, Motivschatz und Aussagen weisen wegen der gleichgerichteten Zweckbestimmung einheitliche Tendenzen auf: In den Hochzeitsgedichten sind es zumeist unterhaltsame Unternehmungen des kleinen Erotomanen Amor und scherzhafte Auseinandersetzungen mit seiner Mutter Venus, in die der Schönheitspreis der Braut, das Tugendlob des Bräutigams und die zum Epithalamion gehörenden anzüglichen Wünsche für die Hochzeitsnacht und eine reiche Nachkommenschaft eingebettet sind. Die *Begräbnüß-Gedichte* heben überwiegend mit einer allgemeinen Reflexion über Tod und Vergänglichkeit an, wenden sich dann dem Verstorbenen und seinen Verdiensten zu und schließen mit dem Trost, daß die Erinnerung an den Toten fortdauern werde und er selbst das zeitliche mit dem ewigen Leben eingetauscht habe.

Die *Geistlichen Oden* Hoffmannswaldaus kennzeichnet ein reflexiv-rhetorischer Grundzug. Lediglich in den Liedern, die zur erbaulichen Hausväterliteratur zu rechnen sind (*Morgenlied, Sabbatsfeyer* und die *Abendlieder*), nähert sich der Schlesier der schlichten Frömmigkeit etwa eines P. GERHARDT. Auch die *Vermischten Gedichte* enthalten geistliche Texte *(Bußgedancken, Gedancken über das Leiden Christi)*. Unter ihnen befindet sich in einer Reihe von Vanitasgedichten *(Unbestand des menschlichen Lebens; Die Weltlust; Entwurff der Eitelkeit)* das bekannte Gedicht *Die Welt*, das immer wieder als einschlägiges Beispiel barocken Vergänglichkeitsdenkens zitiert wird. Auf die Frage *»Was ist die Welt / und ihr berühmtes gläntzen?«* erhält der Leser eine asyndetische Reihe metaphorischer Antworten, die auf die Nichtigkeit und Scheinhaftigkeit der Welt abheben. Die Folgerung, die Hoffmannswaldau hier zieht, lautet: *»Komm Seele/ komm/ und lerne weiter schauen.«* Das eigentliche Ziel des menschlichen Lebens müsse das himmlische Jenseits sein, *»Da Ewigkeit und Schönheit sich umbfast«*. Das Bewußtsein von Tod und Vergänglichkeit als conditio humana konnte bei Hoffmannswaldau aber auch zu Folgerungen führen, die auf eine religiöse Jenseitsperspektive verzichteten, ja ihr widersprachen. So fordern die Lieder *Unbestand des menschlichen Lebens* und *Klagelied über das unbeständige Gelück* zur innerweltlichen Bewältigung der Vanitas das stoische Ideal der Ataraxie. In einigen Gedichten, die sich gegen die Melancholie wenden, kündigen sich bereits die eudämonistischen Säkularisierungstendenzen der Frühaufklärung an *(Lob der Vergnügung; Ermahnung zur Vergnügung)*. Die *Schertz Gedancken* und *Die Wollust* sprechen sich sogar für ein hedonistisches Lebensprinzip aus, wenn in ausdrücklicher Wendung gegen die antike Stoa und mit indirekter Kritik an den asketischen Forderungen des Christentums gesagt wird: *»Die Lust/ als Lust/ wird niemahls Sünde heissen«* oder mit expliziter Berufung auf EPIKUR *Die Wollust* als *»der Menschen höchstes Guth«* gepriesen wird. Wie wenig diese Texte als Selbstaussagen ihres Autors anzusehen sind, erweist gerade das letztgenannte Gedicht, dem Hoffmannswaldau in genauer formaler und inhaltlicher Entsprechung ein Gedicht über *Die Tugend* beigegeben hat, das konträr zu seinem Pendant sich für eine christliche Ethik als Vorbereitung auf die Ewigkeit ausspricht. Das spielerische Aufgreifen unterschiedlicher, ja gegensätzlicher Standpunkte erinnert an die Praxis barocker Disputationsübungen und belegt deutlich die Rollenhaftigkeit der Lyrik Hoffmannswaldaus.

Die Gattung der Grabepigramme kam mit ihren Forderungen nach geistreicher Pointierung den intellektuellen Fähigkeiten und dem Witz des Breslauer Ratsherrn entgegen und entsprach, wie die handschriftliche Überlieferung und die mehrfache unbefugte Drucklegung bezeugen, den Bedürfnissen der Zeit nach geselliger Unterhaltung. Es ist bezeichnend für die exponierte politische Stellung des Ratspräses, daß er aus Rücksicht auf den katholischen Kaiser in der Zusammenstellung der *Poetischen Grabschriften* für den Druck mehrere konfessionspolemische Epigramme weggelassen hat.

Den sicherlich bedeutendsten Teil seines lyrischen Œuvres stellen die *Lust-Getichte* dar, die Hoffmannswaldau aus seiner Werkausgabe ausgeschieden hatte, um nicht *zu ungleichem Urtheil* der moralischen Kritik herauszufordern. Wie allzu berechtigt derartige Befürchtungen waren, bezeugen die zahllosen Verdikte, mit denen das 18. und 19. Jh. die galante Lyrik des Schlesiers belegt hat *(»bar jeder Scham«, »verlottert durch und durch«)*. Noch die jüngste Forschung sieht sich bemüßigt, die moralische Integrität des Breslauer Ratsherrn apologetisch herauszustellen. Die geistreiche Frivolität der petrarkistischen Liebesgedichte verdankt den romanischen Literaturen, insbesondere der Lyrik Giambattista MARINOS und seiner Nachahmer, wichtige Anregungen. Auch das wohl berühmteste Sonett Hoffmannswaldaus, *Vergänglichkeit der schönheit*, geht auf eine italienische Vorlage von Giuseppe SALOMONI *(Verrà la morte e con la man possente)* zurück. Hier wendet der Schlesier das Repertoire des petrarkistischen Schönheitspreises um in eine Beschreibung der Hinfälligkeit des menschlichen Körpers. Besonders eindrucksvoll ist dabei die Besetzung der Liebhaberrolle durch die Figur des Todes *(»Es wird der bleiche Tod mit seiner kalten hand Dir endlich mit der zeit umb deine brüste streichen«)*, womit Hoffmannswaldau an das verbreitete bildnerische Motiv »Der Tod und das Mädchen«, wie es auch bei A. Dürer, L. Cranach oder S. Beham erscheint, anschließt. Die besondere Raffinesse des Gedichts liegt in seiner doppelsinnigen Schlußpointe: Die Feststellung *»Dein hertze kann allein zu aller zeit bestehen/ Dieweil es die natur aus diamant gemacht«* ist einerseits als Vorwurf an die Hartherzigkeit der Geliebten zu lesen und ist der Zielpunkt des Carpe diem, zu dem die Argumentation der vorangehenden Verse die Angesprochene bewegen will. Anderseits können die Schlußzeilen durchaus auch als Kompliment an die Tugendhaftigkeit und Beständigkeit aufgefaßt werden, deren zeitüberdauernder Wert im Bild des Diamanten und in Kontrast zum körperlichen Verfall hervorgehoben wird. In vielen galanten Gedichten greift Hoffmannswaldau zu Motiven, die ihren Ursprung in der geistlichen Liebeslyrik haben. Die Geliebte wird zum Objekt der Anbetung *(O Göttin/ der ich voller pflicht)*, die Erfüllung der Liebe bringt das Paradies zurück *(Albanie)*, und die im Schoß der Geliebten ausströmende Seele feiert nach neun Monaten Auferstehung *(An Lauretten)*. Man hat diese Sakralisierung der Liebe sowohl in Zusammenhang mit allgemeinen Säkularisierungstendenzen gestellt wie auch insbesondere als indirekte Replik auf ANGELUS SILESIUS und seine *Heilige Seelenlust oder Geistliche Hirtenlieder der in ihren Jesum verliebten Psyche* (Breslau 1657) aufgefaßt. Die geistreiche Frivolität der galanten Lyrik Hoffmannswaldaus zielt nicht, wie gelegentlich geäußert wurde, auf eine Befreiung des Individuums aus den moralischen Zwängen der Gesellschaft. Sie zielt lediglich auf Entlastung *(An Flavien: »Und was man vor der welt aus wohlstand muß verhölen/ Das kann im sinn gespielt/ im brieff geschrieben seyn«)*. Die Zuordnung dieser Entlastung zum Bereich von Literatur, Spiel und Fiktion läßt die geltenden Standards moralischer Restriktionen unangetastet. M.Schi.

AUSGABEN: *Deutsche Übersetzungen und Getichte*, Breslau 1679 [recte 1680]; Nachdr. Hildesheim u. a. 1984 (in *GW*, Hg. F. Heiduk, Bd. 1/1 u. 1/2). – *Herrn von Hoffmannswaldau und andrer Deutschen auserlesene und bißher ungedruckte Gedichte*, Tl. 1–7, Breslau 1695–1727; ern. Tübingen 1961–1981, Tl. 1–5. – *Auserlesene Gedichte*, Hg. K. Förster, Lpzg. 1838. – *Gedichte*, Hg. J. Hübner, Bln. 1962 [Ausw.]. – Dass., Hg. M. Windfuhr, Stg. 1964 (Ausw.; RUB; ern. 1983).

LITERATUR: C. Niekus Moore, *The Secularization of Religious Language in the Love Poetry of Ch. H. v. H.*, Indiana Univ. 1971. – F. Heiduk, *Die Dichter der galanten Lyrik. Studien zur Neukirchschen Sammlung*, Bern/Mchn. 1971. – J. Schöberl, *»liljen-milch und rosen-purpur«. Die Metaphorik in der galanten Lyrik des Spätbarock. Untersuchung zur Neukirchschen Sammlung*, Ffm. 1972. – W. Rasch, *Lust und Tugend. Zur erotischen Lyrik H.s* (in *Rezeption und Produktion zwischen 1570 und 1730. Fs. G. Weydt*, Bern/Mchn. 1972, S. 447–471). – P. Rusterholz, *Der Liebe und des Staates Schiff* (in *Deutsche Barocklyrik*, Hg. M. Bircher u. A. M. Haas, Bern/Mchn. 1973, S. 265–289). – W. Holzinger, *Irony and Convention. Notes on the Original Poetry of Ch. H. v. H. and a Newly Identified Adaption from Gioseppe Salomoni* (in MDU, 68, 1976, S. 13–30). – Ch. Wagenknecht, *Memento mori und Carpe diem. Zu H.s Sonett Vergänglichkeit der schönheit* (in *Gedichte und Interpretationen*. Bd. 1: *Renaissance und Barock*, Hg. V. Meid, Stg. 1982, S. 332–344). – U.-K. Ketelsen, *»Die Liebe bindet Gold an Stahl und Garn zu weisser Seyde«. Zu H.s erotischem Lied So soll der purpur deiner lippen* (ebd., S. 346–355). – U. Herzog, *»Weiter schauen«. Zu H.s Die Welt* (ebd., S. 357–365). – A. Menhennet, *The Interplay of Wit and Sensuousness in H.'s Metaphor* (in Daphnis, 13, 1984, S. 385–408). – L. Noack, *Die Handschrift Hs IV, F. 88 – eine handschriftliche Überlieferung der Werke C. H.s v. H.* (in Germanica Wratislaviensia, 70, 1987, S. 160–179).

DANIEL CASPER VON LOHENSTEIN

eig. Daniel Casper; geadelt 1670
* 25.1.1635 Nimptsch / Schlesien
† 28.4.1683 Breslau

LITERATUR ZUM AUTOR:
C. Müller, *Beiträge zum Leben u. Dichten D. C. v. L.*, Breslau 1882 [Nachdr. Hildesheim/NY 1977]. – W. Martin, *Der Stil in den Dramen L.s*, Königsbrück 1927. – F. Schaufelberger, *Das Tragische in L.s Trauerspielen*, Frauenfeld 1945. – K. G. Just, *Die Trauerspiele L.s*, Bln. 1961. – E. Verhofstadt, *D. C. v. L.: Untergehende Wertwelt und ästhetischer Illusionismus*, Brügge 1964. – G. E. P. Gillespie, *D. C. v. L.s Historical Tragedies*, Columbus/Oh. 1965. – W. Voßkamp, *Zeit- und Geschichtsauffassung im 17. Jh. bei Gryphius und L.*, Bonn 1967. – U. Fülleborn, *Die barocke Grundspannung Zeit-Ewigkeit in den Trauerspielen L.s*, Stg. 1969. – P. Rusterholz, *Theatrum vitae humanae. Funktion und Bedeutungswandel eines poetischen Bildes. Studien zu den Dichtungen von A. Gryphius, Chr. Hofmann von Hofmannswaldau und D. C. v. L.*, Bln. 1970. – G. Pasternack, *Spiel und Bedeutung. Untersuchungen zu den Trauerspielen D. C. v. L.s*, Lübeck/Hbg. 1971. – B. Asmuth, *L. und Tacitus. Eine quellenkritische Interpretation der Nero-Tragödien und des Arminius-Romans*, Stg. 1971 [zugl. Diss. Bochum]. – Ders., *D. C. v. L.*, Stg. 1971 (Slg. Metzler). – G. Spellerberg, *Verhängnis und Geschichte. Untersuchungen zu den Trauerspielen und dem »Arminius«-Roman D. C. v. L.s*, Bad Homburg u. a. 1970. – K. H. Mulagk, *Phänomene des politischen Menschen im 17. Jh. Propädeutische Studien zum Werk L.s unter besonderer Berücksichtigung Diego Saavedra Fajardos u. Baltasar Gracians*, Bln. 1973. – R. W. Nolle, *Das Motiv der Verführung. Verführer und ›Verführte‹ als dramatische Entwürfe moralischer Wertordnung in Trauerspielen von Gryphius, L. und Lessing*, Stg. 1976. – *Die Welt des D. C. v. L.*, Hg. P. Kleinschmidt u. a., Köln 1978. – A. Martino, *D. C. v. L. Geschichte seiner Rezeption*, Bd. 1: 1661–1800, Tübingen 1978. – *Studien zum Werk D. C. v. L. Anläßlich der 300. Wiederkehr des Todesjahres*, Hg. G. E. P. Gillespie u. G. Spellerberg, Amsterdam 1983 (= Daphnis, 12, 1983, H. 2/3). – G. Spellerberg, *D. C. v. L.* (in *Dt. Dichter des 17. Jh. Ihr Leben und Werk*, Hg. B. v. Wiese, Bln. 1984, S. 640–689). – H. Fichte, *Wer war D. C. v. L.?* (in H. F., *Die Geschichte der Empfindlichkeit. Paralipomena*, Bd. 1: *Homosexualität und Literatur. Polemiken*, Hg. T. Teichert, Ffm. 1987, S. 469–477).

GROSZMÜTHIGER FELDHERR ARMINIUS ODER HERRMANN, Als Ein tapfferer Beschirmer der deutschen Freyheit, Nebst seiner Durchlauchtigen Thusznelda In einer sinnreichen Staats- Liebes- und Helden-Geschichte Dem Vaterlande zu Liebe Dem deutschen Adel aber zu Ehren und rühmlichen Nachfolge In Zwey Theilen vorgestellet

Romanfragment von Daniel Casper von LOHENSTEIN, erschienen 1689/90 in einer Bearbeitung von Christian WAGNER, Lohensteins jüngerem Bruder Hans Caspar und seinem Sohn Daniel Caspar. – Lohensteins *Arminius*, der noch von LESSING in einer frühen Rezension in der ›Berlinischen Privilegierten Zeitung‹ (1753) neben ZIGLERS *Asiatischer Banise* (1689) als eines der *»besten Originale in dieser Art witziger Schriften«* bezeichnet wurde, übertrifft nahezu alle barocken Romane an Umfang und Materialfülle, so daß ihn schon Christian GEBAUER, der Bearbeiter der zweiten Ausgabe, durch ein *»Geschlecht-Register«*, ein geographisches Register, ein allgemeines Inhaltsregister in Schlagworten und ein ausführliches Namenregister überschaubarer zu machen suchte.
Der Inhalt des in zwei Teile mit je neun Büchern gegliederten Romans, dessen Autor, der Barocktradition folgend, eine enzyklopädische Aufarbeitung des gesamten zeitgenössischen Wissens anstrebte, kann hier nur skizziert werden: Die im Deutschburger Hain versammelten deutschen Fürsten betrauern den Tod der Sicambrerfürstin Walpurgis, die sich, um den Nachstellungen des Römers Varus zu entgehen, in die Sieg gestürzt hat. Der Cheruskerfürst Hermann – seit Ulrich von HUTTENS *Arminius* (1529) die Symbolgestalt deutscher Tugend und nationaler Größe – ruft zum Krieg gegen die Römer auf, von dem nur sein Onkel Segesthes abrät, und wird zum obersten Feldherrn gewählt. Um den Ausgang der Schlacht voraussagen zu können, läßt man einen unbekannten deutschen Adeligen einen Zweikampf mit einem gefangenen Römer austragen; dieser unterliegt und gibt sich überraschend als die Armenierfürstin Erato zu erkennen. Die nun einsetzende Deutschburger Schlacht endet mit einer entscheidenden Niederlage der Römer; der unbekannte Ritter, der während des Gefechts auf den zu den Römern übergelaufenen Segesthes trifft und ihn besiegt, ist niemand anders als Thusnelda, dessen Tochter. Nach dem Selbstmord des Varus und der vollständigen Vertreibung der Römer zieht Hermann im Triumphzug als Sieger in Deutschburg ein, straft den Verräter Segesthes und erzwingt dessen Einwilligung zu seiner Ehe mit Thusnelda. Im Gefolge Hermanns befindet sich der pontische Fürst Zeno, der in Erato freudig die ihm vor langer Zeit entrissene Geliebte erkennt. Während die deutschen Fürsten noch ihre Wunden kühlen, werden Erato und Thusnelda von Segesthes und Marbod entführt, von Hermann und seinen Verbündeten aber nach heftigem Kampf bald wieder befreit. Aus Rom

trifft nach langen Irrfahrten Hermanns Bruder Flavius ein, und im Verlauf der Vorbereitungen zu Hermanns Hochzeit kommt überraschend auch dessen Mutter Asblaste an, die von Drusus nach Rom entführt worden war und nun ihre Geschichte und die ihrer Kinder Hermann, Flavius und Ismene vorbringt. Das neunte und letzte Buch des ersten Teils schließt mit der Hochzeit Hermanns, die mit pomphaftem Zeremoniell – bei feierlichen Bardengesängen (in Alexandrinern) und altdeutschen Kampfspielen – begangen wird.

Mit der Entwirrung dieser verwickelten Lebensläufe könnte der Roman enden; statt dessen erfindet Lohenstein zahllose weitere Verwicklungen, die den ebenso umfangreichen zweiten Teil füllen. Zunächst gibt ein Orakel zu verstehen, daß die armenische Fürstin Erato nicht dem geliebten Zeno, sondern Flavius bestimmt sei und Ismene, Hermanns Schwester, Zeno heiraten solle. Dann bricht erneut ein Krieg mit Rom aus: Hermann kämpft mit wechselndem Erfolg gegen Tiberius und Germanicus, kann aber schließlich die Römer aus dem Norden zurückdrängen und Bacharach erobern, wo ihm Thusnelda seinen ersten Sohn, Thumelich, schenkt. Die durch das Orakel hervorgerufenen Spannungen führen zu einem Streit zwischen Zeno und Flavius, der sich sogar mit Hermann überwirft und ins römische Lager übergeht. Nach längerem Frieden folgen auf den Tod des römischen Kaisers Augustus neue kriegerische Auseinandersetzungen, in deren Verlauf mehrere deutsche Fürstinnen, unter ihnen auch Thusnelda, überfallen und nach Rom verschleppt werden. Segesthes, Thusneldas Vater, und ihre Mutter Sentia, die in Rom gegen Hermann wirken, können nicht verhindern, daß die Fürstinnen entfliehen und über Armenien nach Deutschland zurückkehren. Um alle Unholde beginnen sich endlich – ein Zeichen des nahen Romanschlusses – die Fäden zusammenzuziehen: Segesthes wird im Kampf mit einem Buhler seiner Gattin erschlagen, Marbod verbannt. Es stellt sich heraus, daß Zeno Eratos verschollener Bruder Artaxias ist (womit sich der Orakelspruch enträtselt), und so steht einer prunkvollen Hochzeit Flavius' mit Erato, Zenos mit Ismene und der Heirat verschiedener Nebenfiguren nichts mehr im Wege.

Diese wichtigsten Handlungsstränge werden im Verlauf des Romans von einer Unzahl von Exkursen, Einschüben und Parallelerzählungen überwuchert, die sich selbst wiederum zu umfangreichen Romanen auswachsen, so daß sich kein eigentlich epischer Fortgang der Geschehnisse ergibt. Das für den heroisch-galanten Roman bezeichnende Verfahren, die Haupthandlung von der Mitte oder einem kurz vor dem Schluß gelegenen Punkt aus aufzurollen und die Vorgeschichte aller handelnden Personen in Form von erzählten »Lebensberichten« von Buch zu Buch nachzuholen, wendet Lohenstein – wie etwa auch Zigler und BUCHHOLTZ – vor allem an, um die Romanhandlung lange zu retardieren und eine verschachtelte Architektur von Exkursen aufzubauen, denen meist aus lateinischen Quellen geschöpftes Material zugrunde liegt, das von den Romangestalten in »geselligen« Gesprächen diskutiert wird. Besonders die Lebensläufe von Personen exotischer Herkunft verführen den Autor dazu, als Polyhistor geographische, ethnographische, historische und kunstgeschichtliche Materialien in solchem Maße einzuarbeiten, daß sich der Roman ohne weiteres als Lexikon verwenden läßt und auch so benutzt wurde. Eine besondere Eigenart hat Lohenstein wie kein zweiter Autor verfeinert: die der verschlüsselten Verarbeitung von zeitgenössischem historischem Stoff. So hängen etwa in einem Jagdhaus zwölf Bilder der Vorfahren Hermanns, deren Lebensläufe die Geschichte des Habsburgischen Kaiserhauses ergeben. Hermann selbst soll Kaiser Leopold I. darstellen, dem der Roman huldigt. Im siebten Buch des ersten Teils wird, in der Schilderung der Geschichte der »alten Deutschen« zur Zeit Caesars, die Epoche von der Reformation bis zum Dreißigjährigen Krieg verschlüsselt beschrieben. Diese Maskerade wird mit erstaunlicher Akribie ins Werk gesetzt, in Fußnoten jedoch zugleich offen eingestanden.

Der Autor bemüht sich um die mythische Erhöhung der germanischen Vorzeit; was immer an historischen Erkenntnissen seit der späten Entdekkung der *Germania* des TACITUS im 15. Jh. gewonnen wurde, findet sich im *Arminius* wieder. Die Idee der unvergleichlichen Herrlichkeit des alten Germanentums als Grundlage von Lohensteins »patriotischer Historiographie« – und zugleich als politisches Vorbild der eigenen Zeit vor Augen gestellt – veranlaßte den Autor jedoch zu solchen grotesken Geschichtskonstruktionen, wie sie besonders das sechste Buch des ersten Teils bietet; so wird etwa Hannibals Mutter als deutsche Fürstin ausgegeben, und Hannibal selbst soll seine Erfolge in Italien vorwiegend der Unterstützung durch germanische Hilfstruppen verdanken; Medea darf in zweiter Ehe einen deutschen Fürsten heiraten, und selbst Odysseus verbringt längere Zeit in Deutschland, ja gründet dort sogar Städte.

Lohensteins *Arminius* gilt als der Höhepunkt hochbarocker Romankunst. Es wird darin keine in sich geschlossene Erzählwelt aufgebaut; nicht die Figuren, die typenhaft und ohne individuellen Charakter erscheinen, bestimmen die Handlung, sondern der Eingriff des überpersönlichen Schicksals, dem die Helden in stoischer Haltung begegnen. Lohenstein wendet sich zwar an den Hofadel als Leserschaft, schreibt jedoch aus bürgerlich-humanistischer Gelehrsamkeit, der im Grunde politische Einsichten fremd bleiben. Die für heutige ästhetische Maßstäbe verworrene Komposition des *Arminius* wurde von den Zeitgenossen als Zeichen souveräner Beherrschung des gesamten Bildungsbesitzes und der artistischen Mittel gewertet. Noch WIELAND benutzte den bis weit in das 18. Jh. vielgelesenen Roman als Quelle für sein Epos *Hermann* (1751). H.H.H.

AUSGABEN: Lpzg. 1689/90, 2 Bde. [Ill. J. Sandrart]. – Lpzg. [2]1731, 4 Bde. [Ill. J. Sandrart]. – Hildesheim/NY 1973 (Einf. E.M. Szarota, 2 Bde., Faks. d. Ausg. Lpzg. 1689/1690; auch Bern/Ffm. 1973).

Literatur: F. Gundolf, *Caesar in der deutschen Literatur*, Bln. 1904, S. 68–73. – L. Laporte, *L.s »Arminius«, ein Dokument des deutschen Literaturbarock*, Bln. 1927. – M. Wehrli, *Das barocke Geschichtsbild in L.s »Arminius«*, Frauenfeld/Lpzg. 1938. – De Boor, 5, S. 329 ff. – D. Kafitz, *L.s »Arminius«. Disputatorisches Verfahren und Lehrgehalt in einem Roman zwischen Barock und Aufklärung*, Stg. 1970. – E. M. Szarota, *L.s »Arminius« als Zeitroman. Sichtweisen des Spätbarock*, Bern/Mchn. 1970. – W. Bender, *L.s »Arminius«. Bemerkungen zum »Höfisch-Historischen« Roman* (in *Rezeption und Produktion zwischen 1570 und 1730. Fs. für Günther Weydt*, Hg. W. Rasch u. a., Bern/Mchn. 1972, S. 381–410). – W. Wucherpfennig, *Klugheit und Weltordnung. Das Problem politischen Handelns in L.s »Arminius«*, Diss. Freiburg i. B. 1973. – E. Mazingue, *Die Gallier im Arminiusroman oder Asterich und die Deutschen* (in Daphnis, 7, 1978, S. 617–627).

SOPHONISBE

Trauerspiel in fünf »Abhandlungen« von Daniel Casper von Lohenstein, Uraufführung: Breslau 1669, Magdalenäum; erschienen in überarbeiteter Fassung 1680. – Lohensteins Alexandrinertragödie, anläßlich der Vermählung Kaiser Leopolds I. entstanden und dem gleichnamigen Trauerspiel P. Corneilles (1663) weitgehend verpflichtet, greift eine Episode des Zweiten Punischen Kriegs aus dem Geschichtswerk des Livius auf.
Syphax, König von Numidien, und Sophonisbe, seine Gattin, verteidigen ihre Residenz Cyrtha gegen den Ansturm der mit Rom verbündeten Afrikaner, die unter der Führung Massinissas stehen. Als Syphax in Gefangenschaft gerät, ist die ehrgeizige und zum Äußersten entschlossene Königin bereit, für die Erhaltung des Reiches das Leben des Gatten zu opfern. Eine *»Penthasilea Afrikens«*, greift sie selbst zu den Waffen und bietet den heidnischen Göttern sogar die eigenen Söhne zum Blutopfer dar, dessen Vollzug nur durch die Flucht und Rückkehr des Syphax verhindert wird. Massinissa aber bringt die Stadt durch einen Handstreich zu Fall und setzt das Königspaar in den Kerker. Syphax kann durch eine selbstlose List seiner Gattin ein zweites Mal entfliehen, während Sophonisbe in eine Heirat mit Massinissa einwilligen soll, der von einer heftigen Leidenschaft zu ihr ergriffen ist. Sie erklärt sich dazu bereit, unter der Bedingung, daß Massinissa sie niemals in die Hände der Römer fallen lasse. Unmittelbar nach der Hochzeit, die unter ungünstigen Auspizien stattfindet, verlangt der römische Oberbefehlshaber Scipio, der den unversöhnlichen Römerhaß Sophonisbes kennt, die Annullierung der Verbindung. Zu Beginn des fünften Aktes erscheint Didos Geist und verkündet der Königin den nahen Untergang Karthagos, die späteren Völkerwanderungen und den schließlichen Sieg der habsburgischen Kaiser über die Sarazenen und Araber. Als Sophonisbe vernimmt, daß Massinissa sich doch von ihr getrennt hat, schluckt sie mit ihren Söhnen das bereitgehaltene Gift. Massinissa, dessen Liebe erneut aufflammt, will sich beim Anblick der Leichen ins Schwert stürzen; Scipio aber entwindet dem Verzweifelten die Waffe und beschenkt ihn mit Numidiens Krone. – In den sogenannten »Reyen« – zwischen die Akte eingeschobene Kommentare allegorischer Gestalten zu den Begebenheiten der Haupthandlung – wird der Kampf der Triebe und Affekte im Hinblick auf das Walten einer höheren Gerechtigkeit relativiert. So stellt der Schlußreyen den politischen Bezug zu Kaiser Leopold I. her, der das letzte der vier großen Reiche der Weltgeschichte, das römische, dem Glanz seiner Bestimmung entgegenführt und aus den Händen Europas, Asiens, Afrikas und Amerikas den Lorbeerkranz empfängt.
Mit *Cleopatra* (1661) gehört *Sophonisbe* zu den *»Afrikanischen«* Trauerspielen Lohensteins, in denen er sich endgültig von der barocken Tyrannen-Märtyrer-Konstruktion befreit und eine eigene Form, die säkularisierte Tragödie des politischen Menschen, entwickelt hat. Sophonisbe, das *»Machtweib«* des Vorbilds Seneca, wird nicht mehr, wie bei Gryphius, ein Opfer der Tugend, sondern im Strudel der geschichtlichen Dynamik zwischen Macht- und Liebesgier zerrieben. Die Relativierung der barocken Wertwelt zeigt sich bei Lohenstein darin, daß auch Herrschaft und Liebe vornehmlich materiell betrachtet werden. Solch psychologischer Naturalismus weitet sich zum pessimistischen, allegorisch überhöhten Realismus in der Darstellung der politischen Wirklichkeit. Positiv erscheint allein der von keinen Affekten und Lastern verblendete Scipio, der als die stoische Idealfigur eines *rex iustus* über die ununterbrochene imperiale Tradition des Römischen Reiches unmittelbar auf den regierenden Habsburger verweisen soll.
Es gehört zum sogenannten Schwulststil Lohensteins, als dessen Hauptrepräsentant er seit Gottsched gilt, daß seine Gestalten durch Seen von Blut und Tränen waten und gleichsam lustvoll im Pathos heroischen Leidens schwelgen *(»Mein Blutt und Hertze wallt für Schmerz-vermählter Lust!«)*, daß die exotisch aufgeputzten Begebenheiten von Greueln strotzen (so findet die Opferung von zwei Römern auf offener Szene statt) und die Dialoge durch *»Zentnerworte«* und grelle, manierierte Metaphern bis zum Bersten aufgeladen und in gnomisch-epigrammatische Schlagzeilen zerhackt werden. Von seinem gewaltigen gelehrten Anmerkungsapparat her eher ein Lesedrama, ist Lohensteins Tragödie dennoch ein prall sinnliches Schauspiel, das ganz vom entfesselten Kulissenzauber der barocken Bühnenmaschinerie lebt. KLL

Ausgaben: Breslau 1680 (in *GS*). – Lpzg. 1931, Hg. W. Flemming (DL, R, Barock; Barockdrama,

1). – Stg. 1957 (in *Dramen*, Hg. K. G. Just, 3 Bde., 1953–1957, 3: *Afrikanische Trauerspiele*; hist.-krit.; BLV). – Reinbek 1968 (RKl). – Stg. 1970 (RUB).

LITERATUR: W. Kayser, *L.s »Sophonisbe« als geschichtliche Tragödie* (in GRM, 29, 1941, S. 20–39; auch in *Geschichtsdrama*, Hg. E. Neubuhr, Darmstadt 1980, S. 108–130). – E. Verhofstadt, *Stilistische Betrachtungen über einen Monolog in L.s »Sophonisbe«* (in Revue des Langues Vivantes, 25, 1959, S. 307–314). – R. Tarot, *Zu L.s »Sophonisbe«* (in Euph, 59, 1965, S. 72–96). – D. M. Schultz, *D. C. v. L.s »Sophonisbe«. Eine Gesamtdeutung*, Diss. Rutgers Univ., N.J. 1972 (vgl. Diss. Abstracts, 33, 1972/73, S. 2393A). – G. U. Gabel u. G. R. Gabel, *D. C. v. L.: »Sophonisbe«. Trauerspiel. Ein Wortindex*, Hbg. 1972. – G. Spellerberg, *Zur »Sophonisbe« D. C.s v. L.* (in *Literaturwissenschaft u. Geschichtsphilosophie. Fs. f. W. Emrich*, Hg. H. Arntzen u. a., Bln./NY 1975, S. 239–263).

MARTIN OPITZ

* 23.12.1597 Bunzlau
† 20.8.1639 Danzig

LITERATUR ZUM AUTOR:
F. Gundolf, *M. O.*, Mchn. 1923. – U. Bach, *Die Sprachbehandlung O.s in seiner Theorie und Praxis*, Diss. Halle 1949. – M. Szyrocki, *M. O.*, Bln. 1956; ern. Mchn. 1974. – J. L. Gellinek, *M. O. Seine dichterische Entwicklung*, Diss. Yale Univ. 1965. – Dies., *Die weltliche Lyrik des M. O.*, Bern/Mchn. 1973. – R. Drux, *M. O.s poetisches Regelsystem*, Bonn 1976. – K. Garber, *M. O. – »der Vater der dt. Dichtung«. Eine kritische Studie zur Wissenschaftsgeschichte der Germanistik*, Stg. 1976. – R. D. Hakken, *The Religious Thought of M. O. as the Determinant of His Poetic Theory and Practice*, Stg. 1976. – *M. O. Studien zu Werk u. Person*, Hg. B. Becker-Cantarino, Amsterdam 1982. – K. Garber, *M. O.* (in *Dt. Dichter des 17. Jh.s*, Hg. H. Steinhagen u. B. v. Wiese, Bln. 1984, S. 116–184).

BUCH VON DER DEUTSCHEN POETEREY. In welchem alle ihre eigenschafft vnd zuegehoer gruendtlich erzehlet vnd mit exempeln außgeführet wird

Poetik von Martin OPITZ, erschienen 1624. – Diesem entscheidenden Werk der deutschen Literaturkritik haften alle Merkmale einer Gelegenheitsschrift an. Mit der in wenigen Tagen entstandenen Schrift reagiert Opitz auf die Veröffentlichung seiner Jugendgedichte *(Teutsche Pöemata vnd Aristarchus. Wieder die verachtung Teutscher Sprach)* durch seinen Freund Julius Wilhelm ZINCGREF; weder fand die Anordnung der vor 1620 entstandenen Gedichte noch einzelne Gedichte selbst nach dem Abstand der Jahre die Zustimmung des Verfassers, und er sah sich genötigt, seine ästhetischen Ansichten in Form eines kurzgefaßten Abrisses festzuhalten. Das *Buch von der deutschen Poeterey* war Programm und Werbeschrift zugleich. Es ist mit sehr persönlichen Hinweisen auf die Befähigung »der Dichter« zu öffentlichen Ämtern durchsetzt, enthält noch persönlichere Anspielungen auf die Armut seines Verfassers und schließt mit der Drohung, alle Verächter der Dichtkunst den Klagechören künftig zu schreibender Tragödien beizugesellen. Daneben sollte es die übereilte Herausgabe seiner Jugendgedichte rechtfertigen und die *»vielfältigen Mängel und Irrungen so darinnen sich befinden«* an Hand eines gewandelten und gefestigten Formprogramms vor den Augen der Kunstkritiker richtigstellen. Was dabei geschaffen wurde, war indes nichts Geringeres als die Organisation einer *»deutschen Nationalliteratur«* (M. Szyrocki) und ein konzentriertes Literaturprogramm, an dem sich – bewußt oder unbewußt – alle repräsentative deutsche Dichtung der »humanistischen Großepoche« orientiert hat. Es lassen sich mittelbare und unmittelbare Einflüsse von ARISTOTELES, HORAZ, VIDA, TRISSINUS, HEINSIUS, SCALIGER und RONSARD nachweisen, und man kann an Hand historischer Quer- und Vertikalverbindungen die Originalität der Schrift in Zweifel ziehen. Aber nicht als enzyklopädischer Polyhistor, sondern in der strategischen Entschiedenheit, mit der der junge Literat zwischen stümperhaften und »guten« Autoren unterschied und auszuwählen verstand, erwies er sich *»als Literaturorganisator, als Impresario allergrößten Stils«* (R. Alewyn).

Opitz brachte in vier grundsätzlichen Kapiteln einen urbanen, intellektuell gebildeten Dichtertypus zur Geltung, der die maßvolle Mitte zwischen gelehrter Pedanterie und mystischer Chaotik, zwischen formaler *»Ergetzung«* und praktischem »Belehren« einzuhalten suchte: Kennzeichen jenes *»vorbarocken Klassizismus«* (R. Alewyn), der bereits auf den Aufklärungsklassizismus hinweist und auch von den Dichtern der barocken Innerlichkeit nie vollständig aus den Augen verloren werden konnte. Er übertrug das System der französischen Gattungspoetik mit apodiktischem Lakonismus ins Deutsche und bestimmte durch seine Andeutungen die Schubladeneinteilung der Ästhetiken noch bis ins 19. Jh. Epochemachend aber wirkten vor allem seine Ausführungen, in denen er in zwei berühmt gewordenen Kapiteln eine deutsche Verslehre skizzierte und an Hand zumeist eigener Beispiele verdeutlichte. Die Merkpunkte – so seine Forderung nach reinem Hochdeutsch und nach dem keineswegs selbstverständlichen (noch 1638 innerhalb der »Fruchtbringenden Gesellschaft« umstrittenen) Prinzip einer »natürlichen«, alternierend-akzentuierenden Metrik, seine Empfehlungen über die Wortstellung, über Klangmalerei und die Vermeidung modischer Fremdwörter – waren in so hohem Maß zeitgemäß, daß sie von den jungen deutschen Dichtern als eine Art Manifest mit Enthusiasmus begrüßt wurden. Die Sprachgesellschaften machten das Werk zum Gegenstand umfassender Diskussionen. In zahllosen Umarbeitungen, Kommentaren und Neuauflagen wies es *»den deutschen Dichtern den Weg zur Literatur in der Muttersprache und trug zur allmählichen Verdrängung der neulateinischen Poesie bei«* (M. Szyrocki). Seine Leitbegriffe einer kühlen und weltmännisch eleganten Dichtkunst blieben bis hin zu Gottscheds Bemühungen wirksam und wurden erst durch die Literaturkritik des Sturm und Drang und der Romantiker relativiert. Innerhalb der deutschen Barockdichtung aber kommt ihnen die Funktion eines notwendigen Korrektivs gegen den enthusiastisch-spiritualistischen Überschwang zu. Wie wenig sie als »akademisch« empfunden wurden, beweisen unzählige zeitgenössische Lobeserhebungen. Paul Fleming sprach für seine ganze Epoche, wenn er von den literaturorganisatorischen Leistungen seines Meisters zu rühmen wußte, daß die Musen *»nun durch Opitz' Gunst auch hochteutsch reden können«.* R.Sch.

Ausgaben: Brieg 1624. – Halle 1876, Hg. W. Braune (NdL, 1). – Tübingen 1963, Hg. R. Alewyn (NdL, N. F. 8). – Reinbek 1967 (in *Poetik des Barock*, Hg. M. Szyrocki). – Stg. 1974, Hg. C. Sommer (RUB). – Stg. 1978 (in *GW*, Hg. G. Schulz-Behrend, 5 Bde., 1968 ff., 2/1; krit.).

Literatur: K. Boronski, *Die Poetik der Renaissance u. die Anfänge der literarischen Kritik in Deutschland*, Bln. 1886; Nachdr. Hildesheim 1967. – C. W. Berghoeffer, *M. Opitzens »Buch von der deutschen Poeterei«*, Diss. Göttingen 1888. – G. Wenderoth, *Die poetischen Theorien der französischen Pléjade in M. O.s »Deutsche Poeterey«* (in Euph, 13, 1906, S. 445–468). – J. Dyck, *Ticht-Kunst. Barockpoetik u. rhetorische Tradition*, Bad Homburg 1969. – W. Barner, *Barockrhetorik. Untersuchungen zu ihren geschichtlichen Grundlagen*, Tübingen 1970. – Chr. Wagenknecht, *Weckherlin u. O. Zur Metrik der dt. Renaissancepoetik*, Mchn. 1971. – J. U. Fechner, *O.' Reform and Literary Tasts. A Study of Adversaria* (in Oxford German Studies, 6, 1972, S. 18–32). – G. Koziełek, *»Buch von der deutschen Poeterey«* (in G. K., *Frühe deutsche Dichtungen*, Breslau [4]1983, S. 249–257). – H. Entner, *Der Weg zum »Buch von der deutschen Poeterey«. Humanistische Tradition u. poetologische Voraussetzungen dt. Dichtung im 17. Jh.* (in *Studien zur dt. Literatur im 17. Jh.*, Hg. W. Lenk, Bln./Weimar 1984, S. 11–144).

TEUTSCHE PÖEMATA UND ARISTARCHUS. Wieder die Verachtung Teutscher Sprach, Item Verteutschung Danielis Heinsij Lobgesangs Iesu Christi, und Hymni in Bachum Sampt einem anhang Mehr auserleßener geticht anderer Teutscher Pöeten

Gedichtsammlung von Martin Opitz, erschienen 1624. – Als eine der berühmtesten und bedeutendsten Gedichtsammlungen des 17. Jh.s stehen die *Teutschen Pöemata* neben den weniger verbreiteten *Oden und Gesängen* (1618/19) von Georg Rudolph Weckherlin am Anfang der neuen barokken Kunstdichtung in Deutschland, die vor allem durch die Übertragung der humanistisch-neulateinischen Eloquentiatradition des »zierlichen Sprechens« auf die Muttersprache Anschluß an ähnliche, vorausgegangene Literaturentwicklungen in Italien, Spanien, Frankreich (Pléiade), England und Holland (Heinsius) zu gewinnen sucht. Die bereits 1620 abgeschlossene Sammlung wurde von Julius Wilhelm Zincgref, einem Heidelberger Freund von Opitz, zusammen mit einem Anhang von Gedichten des frühbarocken Heidelberger Dichterkreises herausgegeben; die Edition fand jedoch nicht die Zustimmung von Opitz, der 1625 in einer zweiten Auflage die Texte gemäß den in seinem *Buch von der deutschen Poeterey* (1624) ausgesprochenen Grundsätzen nach Gattungen ordnete, metrisch verbesserte sowie durch neue Gedichte und Übersetzungen erweiterte. Ebenfalls im Erstdruck enthalten sind die längeren Alexandrinergedichte *Zlatna* und die beiden aus dem Niederländischen übersetzten Lobgesänge auf Bacchus und Jesus Christus von Daniel Heinsius. Wie bereits aus der Vorrede des ersten Drucks hervorgeht, geht es Opitz darum, die Würde und Eignung der deutschen Muttersprache zu dichterischem Ausdruck auf einem von der volkstümlichen Dichtung wegführenden Weg zu erweisen: *»So kann man auch keineswegs zugeben, es sey unser Teutsches dermassen grob und harte, dass es in diese gebundene Art zu schreiben nit könne füglich gebracht werden.«* Im Auge muß man dabei die Tatsache behalten, daß der überwiegende Teil der zu dieser Zeit in Deutschland erscheinenden Literatur in lateinischer Sprache abgefaßt war.

Der Mustercharakter dieser Sammlung erklärt die große Vielfalt an lyrischen Gattungen, wobei das Epigramm zahlenmäßig überwiegt. Es folgen die für Deutschland noch relativ neuartigen petrarkistischen Sonette, ferner Oden, Kunstlieder, Hirtengesänge, längere Alexandrinergedichte in der Tradition der antiken Lobrede sowie Elegien. Die 146 Titel umfassende Sammlung enthält unterschiedliche und heute fremdartig unlyrisch anmutende Themen, wie das Lob des gelehrten Freundes, einer hochgestellten Persönlichkeit, eines Gönners, einer Stadt, die nach antikem bzw. neulateinischem Muster in Übereinstimmung mit den Regeln der Rhetorik stehen und voll von mythologischen Anspielungen sind, wie sie auch in die der Petrarkischen Ausdruckshaltung und der Schäferdichtung verpflichtete Liebeslyrik eindringen. Diesem Themenkreis entspricht der überpersönliche Sprachgestus, der in erster Linie die vorgegebenen Ausdrucksmöglichkeiten ausschöpft und weit entfernt ist von jener Identität von Gefühlserlebnis und gestalteter Aussage, die seit GOETHE den Bereich der sogenannten »Erlebnislyrik« bestimmt. Es ist eine Haltung, die kennzeichnend ist für eine dichterische Verfahrensweise, die bei aller Musenanrufung und Berufung auf göttliche Inspiration von der Lehrbarkeit dichterischer Kunstgriffe überzeugt bleibt und der Originalität des Dichters weniger Bedeutung zumißt als der *imitatio* vorbildlicher Dichtung. Zahlreiche Übersetzungen, Nachahmungen, Paraphrasen antiker, holländischer (Daniel Heinsius), italienischer (PETRARCA, Veronica GAMBARA) u. französischer (Pierre RONSARD) Dichter bestimmen daher die dichterische Landschaft der Zeit und haben Opitz später in Verkennung seiner historischen Position den Vorwurf der Unselbständigkeit eingetragen.

Opitz' Wirkung auf die Dichter des 17. Jh.s ist nicht zu überschätzen und basiert vor allem auf seinem *Buch von der deutschen Poeterey*, der ersten deutschen Poetik des auf diesem Gebiet so fruchtbaren Jahrhunderts: Es gibt keine Poetik, die sich nicht auf Opitz beruft und Belege aus seiner Dichtung anführt, kaum eine Gedichtsammlung, die nicht wenigstens in der Vorrede Opitz, den *»Boberschwan«*, als den *»Vater der deutschen Poesie«* preist. Die so beliebten »Poetischen Schatzkammern«, Nachfahren der antiken »Florilegien«, exzerpieren einen beträchtlichen Teil ihrer »zierlichen« Wendungen aus seinem Werk. Unter anderen hat sich besonders Paul FLEMING als sein Schüler bezeichnet. C.P.S.

AUSGABEN: Straßburg 1624; Nachdr. Hildesheim/NY 1975. – Breslau 1625 *(Acht* [recte Fünf] *Bücher Deutscher Poematum durch Ihn selber herausgegeben ...)*. – Tübingen 1902 (NdL, 189–192). – Stg. 1978 (in *GW*, Hg. G. Schulz-Behrend, 5 Bde., 1968 ff., 2/1; krit.).

LITERATUR: G. Baesecke, *Die Sprache der Opitzschen Gedichtsammlungen von 1624 und 1625*, Diss. Göttingen 1899. – E. Tonnelat, *Deux imitateurs allemands de Ronsard. G. R. Weckherlin et M. O.* (in RLC, 4, 1924, S. 557–589). – J.-U. Fechner, *Von Petrarka zum Antipetrarkismus. Bemerkungen zu O.' »An eine Jungfraw«* (in Euph, 42, 1947, S. 54–71). – H. Cysarz, *M. O. Drei Sonette* (in *Die deutsche Lyrik*, Hg. B. v. Wiese, Bd. 1, Düsseldorf 1956, S. 109–130). – G. Weydt, *Nachahmung u. Schöpfung bei M. O. Die frühen Sonette u. das Werk der Veronika Gambara* (in Euph, 50, 1956, S. 1–26). – H. Stelzig, *Sprechwissenschaftliche Analyse zu Klanggestalten u. Klangrhythmus deutscher Lyrik im Zeitraum von 1620–1720 bei M. O., Andreas Gryphius, J. C. Günther*, Diss. Greifswald 1957. – P. Böckmann, *Der Lobgesang auf die Geburt Jesu Christi von M. O. und das Stilproblem der dt. Barocklyrik* (in ARG, 57, 1966, S. 182–207). – B. Ravicovitch, *Les conceptions religieuses de M. O.* (in EG, 21, 1966, S. 329–347). – J. L. Gellinek, *Liebesgedichte u. Lebensgeschichte bei M. O.* (in DVLG, 42, 1968, S. 161–181). – G. Schönle, *Deutsch-niederländische Beziehungen in der Literatur des 17. Jh.s.* Leiden 1968. – J. L. Gellinek, *Further Dutch Sources Used by M. O.* (in Neoph, 52, 1969, S. 157–175). – R. D. Hacken, *The Religious Thought of M. O. as the Determinant of His Poetic Theory and Practice*, Stg. 1976. – H. Entner, *Zum Kontext von M. O., »Aristarchus«* (in Germanica Wratislaviensia, 1982, H. 47, S. 3–58). – L. Forster, *Notes Towards a Commentary on O.'s »Vber des hochgelehrten und weltberümbten Danielis Heinsij Niderländische Poemata«* (in Daphnis, 11, 1982, S. 477–490).

TROST GEDICHTE JN WIDERWERTIGKEIT DESS KRIEGES;

Jn vier Bücher abgetheilt / vnd vor etzlichen Jahren von einem bekandten Poeten anderwerts geschrieben

Lehr- und Erbauungsdichtung von Martin OPITZ, anonym erschienen 1633. – Das umfangreichste eigenständige Werk des Autors thematisiert, ausgehend vom *»vnglückseligen Böhmischen Krieg«* als dem Paradigma und Inbegriff menschlichen Elends, die vielfältigen Möglichkeiten der Tröstung im Leid. Vom Dichter selbst im *Buch von der Deutschen Poeterey* (1624) klassifiziert als *»Heroisch getichte«*, das *»von hohem wesen redet«*, ist der Text zwar eines der frühesten Beispiele deutschsprachiger Dichtungen zum Krieg mit zahlreichen aktuellen Bezügen, jedoch vor allem von seinem didaktisch-moralischen Inhalt und Konsolationscharakter geprägt.

Das *Trost Gedichte*, entstanden im Frühjahr 1621 in Jütland, wahrscheinlich aber noch in Heidelberg (Herbst 1620) als Kampfschrift gegen die heranrückende Armee Spinolas geplant, emanzipiert sich von seinem autobiographisch-zeitgeschichtlichen Anlaß zugunsten extensiver philosophisch-religiöser Erörterungen, die auf den Tenor stoischer Lebenshaltung und christlicher Dogmatik gestimmt sind und von einem (kultur-)patriotischen Ethos beherrscht werden. Ein möglicherweise auch vom Geiste des Arianismus inspiriertes, besonders das schwere Schicksal der untersten sozialen Schichten im Krieg beklagendes humanitäres Engagement tritt hinzu: In einer Art Fürstenspiegel für den christlichen Herrscher warnt der Autor den – katholischen – Adel vor der leichtfertigen Entfesselung unkontrollierbarer militärischer Konflikte und verweist ihn auf das verpflichtende Gesetz Christi: *»Einander lieben / ... Fried' vnd Einigkeit«* Immer wieder *»gibt die humanistische Irenik ihren calvinistisch-militanten Aspekt frei: Beistand den Unterdrückten«* (K. Garber). Die Widmung des Werkes an den Prinzen Ulrich von Holstein, der für Opitz den idealen Herrscher verkörperte, ist zugleich Indiz für die zumindest latente Legitimationsfunktion der neostoizistisch geprägten Ausführungen im Zeitalter des erstarkenden Absolutismus. Sittlich besonders gerechtfertigt erscheint Opitz der Verteidigungskrieg zur Abwehr der drohenden Türkengefahr; diesen gelte es entschlossen zu führen, statt in christlichen Konfessionskriegen, die häufig nur machtpolitische Interessen kaschierten, die *»Heyden«* an Brutalität noch zu übertreffen. Der Appell zur Einheit zielt besonders auf seine Landsleute, die Opitz ermahnt, sich auf den Ruhm der Vorfahren zu besinnen und *»von Deutscher Art und Alle-Männer«* zu sein. Hinter dieser politischen Empfehlung steht hier auch die entschieden artikulierte Gesinnung der Toleranz in konfessionellen Fragen: *»Es ist ja nichts so frey/ nichts also ungedrungen Als wol der Gottesdienst: so bald er wird erzwungen / So ist er nur ein Schein / ein holer falscher Thon. Gut von sich selber thun das heist Religion.«* Im Grauen des Krieges, wie ihn vornehmlich das erste Buch bewußt ohne jede Beschönigung, wenngleich rhetorisch-hyperbolisch stilisiert, beschreibt, repräsentiert nach Opitz der stoische Weise mit seiner in Glück und Unglück gleichmäßigen Gelassenheit und seiner christlich-eschatologischen Orientierung den Idealtypus des Menschen. Er, dessen mythische Präfiguration der Autor im Gesamtrahmen seiner ausgedehnten polyhistorischen Vergleiche in Odysseus erkennt, tröste sich zuallererst mit der Erkenntnis, daß der Krieg von Gott, dem Lenker und Ordner aller Dinge, als Strafe für Sittenverfall und Schuld auf Erden verhängt sei. Der Kampf diene überdies der Verwirklichung eines der göttlichen Grundgesetze, des ständigen Wechsels, der sich – unter die Allegorie der Fortuna gestellt – besonders im Ablauf der antiken Geschichte manifestiere. In der irdischen Unbeständigkeit führe Gott dem *»edlen Thier«* die allgemeine *vanitas* und speziell die Hinfälligkeit des Menschen mit seinen materiellen und ideellen Gütern drastisch vor Augen, um es zur Einsicht in den unvergänglichen Wert der vernunftbestimmten Tugend – des im zweiten Buch zentral behandelten Trostmittels – zu bewegen. Sie befähige den *»hohen Muth«* zur Unerschütterlichkeit in den Anfechtungen dieser Welt und verheiße ihm im Jüngsten Gericht das ewige Leben, zu dessen visionärer Schilderung das vierte Buch aufgipfelt. Die Anführung zahlreicher anderer Trostquellen in den Büchern III und IV – u. a. das gute Gewissen und die Märtyrerhaltung des auf Gott vertrauenden Christen sowie die Hoffnung auf Nachruhm und die *consolatio philosophiae* des wissensdurstigen Humanisten – findet ihre Klimax in der Aussicht auf den sicheren Tod, der gerade im Krieg am leichtesten zu finden und am schönsten zu erleiden ist. Der Tod, und das macht ihn in Opitz' Argumentation zum *»letzten an der Zahl / vnd ersten an dem Werth«*, sei *»Ein Thor durch das der Geist kömpt aus des Leibes Bande«*: Als der *»Ewigkeit Beginn / der schnöden Welt Beschluß«* erfüllt er dem auf Erden Gequälten die höchste Hoffnung, die zuammen mit Glaube und Liebe die strukturierende Paulinische Begriffstrias des letzten Buches bildet.

Obwohl sich die Sprachgestaltung des Werks in der veröffentlichten Version von ihrem ursprünglichen Zustand durch vielfache Überarbeitung entfernt hat, nimmt sie der Entstehungschronologie nach in nahezu allen Einzelheiten die Forderungen der Opitzschen Poetik praktisch vorweg: Die 2308 Alexandriner, denen numerisch-formal die Zahl Vier als Summe der Bücher und Sinnbild der Welt zugrunde liegt – Buch I: 568 Verse; Buch II: 612; Buch III: 560; Buch IV: wieder 568 –, sind »jambisch« gebaut, halten in der Regel die Diärese ein und reimen sich, fast ohne Unreinheiten, in abwechselnd weiblichen und männlichen Paaren. Das inhaltlich auf Steigerung als Formprinzip angelegte, Wiederholungen nicht immer vermeidende Bücherquartett wird gleichsam umrahmt von einer die Musen-*invocatio* ersetzenden Anrufung des Heiligen Geistes zu Beginn der prologartigen Einleitung (V. 1–48) und einem an Gott Vater und Sohn gerichteten, um Frieden, Beständigkeit und die Gnade des Heiligen Geistes flehenden Schlußgebet, so daß es, der Trinität unterstellt, den *Geistlichen Poemata* zugerechnet werden konnte. Opitz versteht das vorwiegend rationalistisch wirkende, episch gehaltene *Trost Gedichte*, wie aus seinen vom Bewußtsein literarischer Pionierleistung erfüllten Eingangsversen hervorgeht, als Verwirklichung eines neuartigen ästhetischen Programms, das die Abfassung von Liebesgedichten, erheucheltem Herrscherlob und mythologischen Darstellungen zugunsten der vom Aktuellen ausgehenden Reflexion und Analyse des Krieges mit dem Ziel allgemeiner moralischer Besserung verwirft. Der *»auff dieser newen Bahn«* befindliche Autor, der sich seiner Begabung voll bewußt ist, die Bedeutung und Würde des Dichterberufs als eines Lehramts betont und den Niedergang der Kunst im Kriege bedauert, vermeidet jedoch die Mythologisierung seines Stoffes nicht konsequent, da er der Gelehrsamkeitsdemonstration breitesten Raum zugesteht. Dennoch wird man das *Trost Gedichte*, das von den Zeitgenossen uneingeschränkt aufgenommen wurde, als *»größte selbständige Dichtung von Opitz«* (M. Szyrocki) bewerten können. K.Hab.

AUSGABEN: Breslau/Lpzg. 1633 [anon.]. – Breslau 1690 (in *Opera Geist- und Weltlicher Gedichte*). – Bln./Stg. 1889 (in *Weltliche u. geistliche Dichtung*, Hg. H. Oesterley; DNL). – Tübingen 1966, Hg. E. Trunz.

LITERATUR: A. Stössel, *Die Weltanschauung des M. O. besonders in seinen Trostgedichten in Widerwärtigkeit des Krieges*, Diss. Erlangen 1922. – H. Stelzig, *Sprechwissenschaftliche Analyse zu Klanggestalten u. Klangrhythmus deutscher Lyrik im Zeitraum von 1620–1720 bei M. O., A. Gryphius, J. C. Günther*, Diss. Greifswald 1957. – H. Nahler, *Das Lehrgedicht bei M. O.*, Diss. Jena 1961. – W. L. Cunningham, *M. O. »Trostgedichte in Widerwertigkeit des Krieges«*, Diss. Univ. of Texas, Austin 1969. – Ders., *M. O. Poems of Consolation in Adversities of War*, Bonn 1974.

CHRISTIAN REUTER

getauft 9.10.1665 Kütten bei Halle
† um 1712 vermutlich Berlin

LITERATUR ZUM AUTOR:
F. Zarncke, *Ch. R., der Verfasser des »Schelmuffsky«. Sein Leben u. seine Werke*, Lpzg. 1884. – E. Dehmel, *Sprache u. Stil bei Ch. R.*, Diss. Jena 1930. – F.J. Schneider, *Ch. R.*, Halle 1936. – G. Tonelli, *Ch. R. e la società tedesca del seicento*, Turin 1960. – W. Hecht, *Ch. R.*, Stg. 1966 (Slg. Metzler). – J.-K. Fechner, *Schelmuffskys Masken u. Metamorphosen. Neue Forschungsaspekte zu Ch. R.* (in Euph, 76, 1982, S. 1–26). – E. Oehlenschläger, *Ch. R.* (in *Dt. Dichter des 17. Jh.s*, Hg. H. Steinhagen u. B. v. Wiese, Bln. 1984, S. 819–838).

SCHELMUFFSKY CURIOSE UND SEHR GEFÄHRLICHE REISSE-BESCHREIBUNG ZU WASSER UND LAND

Satirischer Reise- und Abenteuerroman von Christian REUTER, erschienen 1696 (Fassung A); eine zweite Fassung (B) mit dem Titel *Schelmuffskys Warhafftige Curiöse und sehr gefährliche Reisebeschreibung Zu Wasser und Lande* erschien in zwei Teilen 1696/97. – Während Reuter im Karzer der Leipziger Universität für die in seinem Lustspiel *L'Honnéte Femme oder Die ehrliche Frau zu Plissine* (1695) enthaltenen Verunglimpfungen seiner Wirtsleute Müller büßte, schrieb er neben einer Fortsetzung dieser Komödie seinen grobianischen Schelmen- und Abenteuerroman. Der Held – sein Urbild ist wieder Eustachius Müller – ist als nichtsnutziger Lügenbeutel bereits aus Reuters »Schlampampe«-Komödien bekannt, aber mit seiner verblendeten Umwelt der festen Überzeugung, *»daß ich ein brav Kerl war und daß was grosses hinter mir stecken mußte«*. In sieben (Fassung A) bzw. dreizehn (Fassung B) Kapiteln erzählt er seine phantastische Lebensgeschichte, in der *»doch beym Sapperment alles wahr ist, und der Tebel hohlmer nicht ein einziges Wort erlogen«*.

Infolge der frivolen Intervention einer Ratte vier Monate zu früh mit der erstaunlichen Fähigkeit, sogleich gewandt parlieren zu können, auf die Welt gekommen und bis zu seinem zwölften Lebensjahr mit Ziegenmolke aufgezogen, versagt Schelmuffsky als Schüler wie als Kaufmannslehrling und wird schließlich von seiner Mutter, mit den für eine Kavalierstour nötigen Mitteln versehen, in die weite Welt geschickt. In Gesellschaft eines Grafen, der, beeindruckt von der immer wieder imponierenden Rattenepisode, Brüderschaft mit ihm trinkt, reist er von Schelmenrode nach Hamburg. Dort verwikkelt ihn die sogleich für ihn entflammte Dame Charmante in ein Duell, das er großartig besteht. Eine Rauferei mit Hamburger *»Nacht-Wetzern«*, von denen er mit seinem *»Rückenstreicher«* auf Anhieb ein gutes Dutzend niedersticht, zwingt ihn, nach Schweden zu fliehen. Kaum in Stockholm, ist er der erklärte Liebling der Hautevolee, vornehmlich der heiratslüsternen Damen, von denen eine gar aus Kummer über die Zurückhaltung des Angebeteten stirbt. Nach zweijährigem Aufenthalt segelt er mit dem Grafen und der Dame Charmante, die ihm inzwischen nachgekommen sind, nach Holland. Ein Sturm freilich setzt dem Schiff auf der Höhe von Bornholm derart zu, *»daß es der Tebel hohlmer flugs in hundert tausend Stücken sprang«*. Als einzige Überlebende paddeln Schelmuffsky und der Graf auf einer Schiffsplanke nahezu hundert Meilen nach Amsterdam, wo sie im Hause des Bürgermeisters von der besseren Gesellschaft ehrerbietig aufgenommen werden. Als Mittelpunkt einer »Compagnie«, von *»vornehmen Dames und Cavalliren«* verbringt die Standesperson »von« Schelmuffsky zwei Jahre in den Spielhäusern der Stadt, ehe er sich mit seinem *»Herrn Bruder Grafen«* nach Indien einschifft, um dort den *»grossen Mogol«* aufzusuchen. Im Palast zu Agra wird er – der Graf ist unterwegs gestorben – glänzend empfangen, darf der Leibsängerin lauschen *(»Sie konnte der Tebel hol mer biß in das neunzehende gestrichene C hinauff singen«)* und mit dem Monarchen über deutsches Klebebier plaudern. Ein gelehriger Schüler Adam Rieses, bringt er nebenbei die Buchhaltung des Großmoguls in Ordnung, schlägt dessen Angebot, geheimer *»Reichs-Cantzlar«* zu werden, kurzerhand aus und verläßt, mit Geschenken überhäuft, nach vierzehntägiger Anwesenheit das indische Reich. Das nächste Reiseziel ist London, wo der wohlhabende Schelmuffsky von den *»vornehmsten Lords-Töchtern«* so lebhaft umworben wird *(»sie frassen mir bald das Maul ab, so zu hertzten sie mich«)*, daß er schleunigst wieder abreist. Auf dem Weg nach Spanien wird sein Schiff von Seeräubern überfallen. Einer gegen hundert, schlägt er sich tollkühn, verkürzt die Nase des berüchtigten Räubers Hanß Barth um ein erhebliches Stück, wird endlich aber doch überwältigt, beraubt und für ein halbes Jahr in Sanct Malo gefangengesetzt. Seine Mutter löst ihn aus, über London kommt er, bettelarm und zerlumpt, als Fuhrknecht nach Hamburg und von da nach Schelmenrode.

Der boshaften Bemerkung seines kleinen Vetters, daß er *»nicht weiter als eine halbe Meile von seiner Geburts-Stadt kommen wäre, und alles mit einander mit lüderlicher Compagnie im Toback und Brantewein versoffen«*, antwortet Schelmuffsky damit, daß er sich erneut auf abenteuerliche Reisen begibt. Teils zu Fuß, teils per Postkutsche gelangt er nach Venedig, gewinnt in einer Glücksbude sogleich ein Pferd und 1000 Taler und dadurch ein ungeheures Ansehen. Das Angebot, in Venedig »Raths-Inspector« zu werden, lehnt er leichthin ab, läuft statt dessen seinem durchgegangenen Pferd bis in das eine halbe Stunde von Rom entfernte Padua nach und mietet sich dort im Wirtshaus »Zum rothen Stier«

ein, einer Karikatur von Reuters Leipziger Quartier, dem »Roten Löwen« der Familie Müller. Hier begegnet Schelmuffsky in der Person des renommiersüchtigen Sohnes gleichsam sich selbst. *»Ey sapperment! Was schnitte der Kerl Dinges auff, wo er überall gewesen wäre, und waren der Tebel hohl mer lauter Lügen.«* In einem Ehrenhandel säbelt er seinem Doppelgänger beide Ohren ab, verläßt daraufhin Padua und zieht nach Rom zu einem Sterngukker, der ihn das Kalendermachen lehrt. Ehe er über Polen und Nürnberg die Heimreise zu seiner todkranken Mutter antritt, überwältigt er in Rom noch seinen Gegner von einst, den Seeräuber Hanß Barth, der den Heringsfischern der Stadt übel mitgespielt hat. Bei einem Raubüberfall im Schwarzwald bis aufs Hemd ausgeplündert, kehrt Schelmuffsky schließlich abermals glanzlos nach Schelmenrode zurück.

Reuters Roman, dessen Textvarianten *»bis in kleinste Einzelheiten, in Stil, Charakterisierung, Aufbau und Tendenz«* das Ergebnis einer *»ganz bewußten Kunstübung«* (K. Tober) sind, ist mehr als nur ein privates Pasquill. In der Tradition des Reise- und Abenteuerromans wie des pikarischen oder Schelmenromans stehend und sie zugleich parodierend, ist er eine vehemente Satire auf die eigene Zeit, die die Flut jener trivialen Literaturprodukte vorbehaltlos konsumierte. Denn im komischen Kontrast zwischen Schelmuffskys aufgesetzter weltmännischer Galanterie und seiner grenzenlosen Rüpelhaftigkeit spiegelt sich die Überlebtheit der barokken höfischen Kultur wie die Hohlheit ihrer bürgerlichen Imitationen. Sprachlich vollzieht sich diese satirische Entlarvung im unvermittelten Nebeneinander von formelhaft-erstarrten Phrasen, aufgeschnappten Fremdwörtern und »galanten« Wendungen auf der einen Seite, von derben Flüchen und landläufigen Redensarten in obersächsischer Dialektfärbung auf der andern.

Während *Schelmuffsky* im 18. Jh. weitgehend in Vergessenheit geriet, feierten ihn die Romantiker als Entdeckung: Arnim nannte ihn einen *»deutschen Donquichote«*, und Brentano sah in ihm den romantischen Typus des Antiphilisters verkörpert (in *Über den Philister vor, in und nach der Geschichte*, 1811). Am ehesten freilich wird dem Satiriker Reuter eine Deutung gerecht, die ihn zu den *»Wegbereitern der Aufklärung«* rechnet, die noch weit entfernt sind *»von jener Intellektualisierung und Moralisierung, wie sie der Literatur der Gottschedzeit eigentümlich sein wird«* (W. Hecht). C.St.-KLL

Ausgaben: St. Malo 1696 (*Schelmuffsky Curiose und Sehr gefährliche Reiße-Beschreibung zu Wasser und Land*; Fassg. A). – Schelmenrode 1696 (*Schelmuffskys Warhafftige Curiöse und sehr gefährliche Reisebeschreibung Zu Wasser und Lande I. Theil / Und zwar die allervollkommenste und accurateste EDITION, in Hochteutscher Frau Mutter Sprache eigenhändig und sehr artig an den Tag gegeben von E. S.*; Fassg. B, Tl. 1). – Padua 1697 (*Schelmuffskys curiöser und sehr gefährlicher Reise-Beschreibung Zu Wasser und Lande Anderer Theil*; Fassg. B, Tl. 2). – Kassel 1823, Hg. L. Hassenpflug [Fassg. B, Tl. 1/2]; ern. Lpzg. 1848, Hg. G. Wigand, 2 Tle. – Halle 1885, Hg. A. Schullerus (NdL, 57–59; vollst. Ausg.). – Lpzg. 1916 (in *Werke*, Hg. u. Nachw. G. Witkowski, 2 Bde., 1/2; vollst. Ausg.). – Halle ²1956, Hg. W. Hecht (NdL, 57–59). – Tübingen ²1956, Hg. P. v. Polenz (NdL, 57–59). – Stg. 1964, Hg. I.-M. Barth (RUB). – Bln./Weimar ²1965 [Ausw.; Einl. G. Jäckel]. – Lpzg. 1972, Hg. E. Haufe [Nachdr. der Ausg. 1696; ²1977; ern. Bremen 1986].

Literatur: J. Risse, *Ch. R.s »Schelmuffsky« u. sein Einfluß auf die deutsche Dichtung*, Diss. Münster 1911. – O. Deneke, *»Schelmuffsky«*, Göttingen 1927 (Göttingische Nebenstunden, Beih. 3). – H. König, *Ch. R.s »Schelmuffsky« als Typ der barokken Bramarbas-Dichtung*, Diss. Hbg. 1945. – F. J. Schneider, *Ch. R.s Jugend* (in Beitr., 70, 1948, S. 459–466). – W. Hecht, *Die Idee in Ch. R.s »Schelmuffsky«* (in Forschungen u. Fortschritte, 29, 1955, S. 381 f.). – K. Tober, *Ch. R.s »Schelmuffsky«* (in ZfdPh, 74, 1955, S. 127–150). – A. Villon-Lechner, *Der spielerische Erzähler. Zur Selbstreflexion der Gattung in Ch. R.s Roman »Schelmuffsky«* (in NZZ, 4. 3. 1983, S. 35 f.). – Dies., *Der entschwindende Erzähler. Zur Selbstreflexion des Mediums in Ch. R.s Roman »Schelmuffsky«* (in Simpliciana, 8, 1986, S. 89–96).

Johann Rist

* 8.3.1607 Ottensen
† 31.8.1667 Wedel bei Hamburg

Literatur zum Autor:
T. Hansen, *J. R. u. seine Zeit*, Halle 1872; Nachdr. Lpzg. 1973. – R. A. Schröder, *J. R.* (in R. A. S., *GW*, Bd. 3, Ffm. 1952, S. 651–685). – H. Friese, *Brich an, du schönes Morgenlicht. Werden u. Wirken des Dichters J. R.*, Bln. 1961. – G. Dünnhaupt, *Bibliographisches Handbuch der Barockliteratur*, Bd. 3, Stg. 1980, S. 1555–1602. – D. Lohmeier u. K. Reichelt, *J. R.* (in *Deutsche Dichter des 17. Jh.s*, Hg. H. Steinhagen u. B. v. Wiese, Bln. 1984, S. 347–364). – E. Mannack, *J. R., Gelehrter, Organisator u. Poet des Barock*, Mchn. 1988.

DAS LYRISCHE WERK von Johann Rist.
Das literarische Œuvre Johann Rists ist sowohl dem Umfang nach als auch in den Ausdrucksformen breit angelegt: Es umfaßt neben Übersetzungen dramatische, epische und zahlreiche lyrische Dichtungen. Als Dichter war Rist Anhänger der Lehren des Martin Opitz; neulateinische Texte bil-

den in seinem Gesamtwerk nur eine Randerscheinung. Seine frühesten Gedichte schrieb Rist während seines Studiums, das der Theologie, aber auch der Medizin und den Naturwissenschaften galt, und publizierte sie in der Sammlung *Musa Teutonica* (1634). Dieser erste Gedichtband Rists enthält in bunter Reihenfolge Texte jener lyrischen Gattungen, die im Anschluß an Opitz zum Kanon der deutschsprachigen Barockdichtung gehörten: Oden, Sonette, Epigramme, Elegien, Zeit- und Gelegenheitsgedichte. Bei den Epigrammen, die zusammen mit den Oden den Hauptteil der Sammlung ausmachen, dominieren Texte satirischen Inhalts, die sich insbesondere mit den *»Weibern«* auseinandersetzen; daneben finden sich Grabschriften, Aufschriften und Sinnsprüche reflektierenden Charakters. In ihrer Mehrheit greifen sie auf Owen und Martial zurück. Die Oden und Sonette sind zumeist Liebeslieder in der Form der Schäferlyrik und entbehren individueller Züge: Das Personal trägt poetisch-konventionelle Namen und befindet sich wie seine antiken und neulateinischen Vorbilder in typischen Situationen. Der Form nach stellen die Gedichte Hirtenlieder, Schäfer-Gespräche und Nachtklagen dar; ihr Hauptthema ist das Liebesleid, an dem auch die beseelte Natur als Zeugin, Mitfühlende und Helferin teilhat. Auch diese Gedichte sind größtenteils Übersetzungen und damit Teil einer damals verbreiteten literarischen Praxis, der es darauf ankam, die Beweglichkeit und Eleganz der deutschen Sprache und damit deren Gleichrangigkeit mit den anderen europäischen Kultursprachen nachzuweisen. Schon die erste Sammlung enthält eine Reihe unterschiedlicher Gelegenheitsverse: Trauer-, Lob-, Dank- und Hochzeitsgedichte; allerdings treten sie noch hinter anderen Gattungen zurück. Eine besondere Kategorie der Kasuallyrik bilden die sog. Zeitgedichte, in denen das Tagesgeschehen festgehalten und kommentiert wurde; dort, wo Rist Ereignisse aus dem Dreißigjährigen Krieg aufgreift, sind sie meist mit einem Panegyrikus auf berühmte historische Persönlichkeiten der Zeit verbunden, haben die Form einer Klage wie das Gedicht auf Gustav II. Adolfs von Schweden Tod (1632) oder die einer Lobpreisung wie das Gedicht auf die Einnahme Regensburgs durch den Herzog Bernhard von Sachsen-Weimar (1633). In diesen Gedichten erscheint der Verfasser eher als Berichterstatter denn als Lyriker, indem er historische Sachlichkeit zum Leitprinzip dieses Gedichttypus machte. Dort, wo sie einen satirischen Charakter annehmen, verspotten sie den *miles gloriosus* und weisen somit auf das zweite Jugendwerk Rists voraus: den *Capitan Spavento* (1635), eine Übersetzung der *Rodomontades Espagnoles* (1610?) von Jacques Gautier.

Die frühen Dichtungen Rists entstanden aus seiner Begeisterung für die deutsche Sprache und im engen Anschluß an Vorbilder. In seinem *Poetischen Lust-Garte* (1638) ist er als Schöpfer bereits viel selbständiger und dort, wo er noch Vorlagen gebraucht, freier und unbefangener. Diese Sammlung publizierte Rist schon als Pastor in Wedel, und diese Veränderung seiner Lebensverhältnisse schlug sich in seinem Schaffen nieder, das nun einen stark moralisierenden Zug annimmt: Epigramm und auch Sonett werden zu erbaulichen Zwecken verwendet, Oden – jetzt ausschließlich allgemeinen Inhalts – sollen belehren. Die erklärte Absicht des Dichters ist, mit seinem Werk *»zur Übung allerhand Christlicher Tugenden, Zucht und Ehrbarkeit fromme Gemühter«* anzureizen. Einige Epigramme weitet Rist zu kleineren versifizierten Erzählungen aus, in denen eine breiter ausgeführte Geschichte in ein moralisches Epimythion mündet. Diese Form ist in der Literatur der Zeit selten anzutreffen und wurde als innovatorische Leistung Rists anerkannt (Gervinus). In den Zeitgedichten der Sammlung ist Rist – wie früher – vor allem Erzähler, der insbesondere seine Friedenssehnsucht und Ablehnung des Krieges zum Ausdruck bringt. Im Gedicht auf den Fall Magdeburgs (1631), in dem die Zerstörung der Stadt als Strafe Gottes ausgelegt wird, erscheint er zum erstenmal als Theologe, dem man dann häufiger in immer länger werdenden historischen Gedichten moralisch-didaktischen Charakters begegnet.

In seinem des Umfangs wegen separat veröffentlichten *Kriegs und Friedensspiegel* (1640), einem 1440 Alexandriner umfassenden *»Heroischen gedichte«*, veranschaulicht Rist die Greuel des Krieges und die brutale Gewalt der Soldaten in realistischen Bildern und stellt ihnen eine Schilderung des Glücks gegenüber, das der Frieden dem schönen blühenden Land (Holstein) bringt. Der Hauptzweck des Werks ist Mahnung und Warnung des Lesers, Ermunterung zur Dankbarkeit gegen Gott und Anregung zum christlichen Leben – der Autor bezieht hier deutlich den Standpunkt des Predigers.

In den Bereich der weltlichen Lyrik Rists gehören ferner zwei Sammlungen Liebeslieder, die seine Freunde angeblich ohne sein Wissen herausgegeben haben: *Des Daphnis aus Cimbrien Galathee* (1642) und *Des Edlen Dafnis aus Cimbrien besungene Florabella* (1651). Wie die Liebesgedichte seiner Studentenlyrik sind auch diese Lieder von Situationstypik, kunstfertig variiertem Einsatz einschlägiger Topoi und sprachlich-metrischem Anspruch bestimmt. Höchst tugendhaft und ehrbar, aller Sinnlichkeit beraubt, enthalten sie meist Klagen eines einsamen Hirten über die *»steinharte Schäfferin«*; nur wenige besingen das durch gewährte Gunst gewonnene Glück. Die beiden erfolgreichen Liederbände erschienen mit eigenen Melodien und sind viel gelesen und gesungen worden, wie die hohe Zahl der Auflagen und die Verbreitung der Melodien bezeugen. 18 der Lieder wurden in die für breite Kreise zusammengestellte populäre Liedersammlung *Venus-Gärtlein* (Hamburg 1656) aufgenommen und gelangten damit über den bürgerlich-gelehrten Leserkreis hinaus. Mit der Übersetzung der *Galathee*-Sammlung durch Søren Terkelsen (*Astree Siunge-Choer*, 1648) wurde Rists Werk und zugleich die literarische Gattung der Schäferlyrik in Dänemark eingeführt.

Mehrere Lieder aus der *Florabella* hat Rist später als Bestandteile der Hochzeitslieder in seinen *Neuen Teutschen Parnass* (1652) aufgenommen, eine 920 Seiten starke Sammlung von *»Ehr- und Lehr-, Schertz- und Schmertz-, Leid- und Freuden-Gewächsen«*, also Gelegenheitsversen in unterschiedlichen metrischen und strophischen Formen, Texten, die vor allem für sozialgeschichtliche Fragen aufschlußreich sind und das gesellschaftliche Umfeld des Dichters aufdecken. Auch die Gedichte einer früheren Anthologie von Kasuallyrik, des *Poetischen Schauplatzes* (1646), spiegeln die gesellschaftliche Position und das große Ansehen Rists wider – er wurde in den Adelsstand erhoben, zum Dichter gekrönt, zum Dekan und kaiserlichen Hofpfalzgrafen ernannt – und weisen auf den großen Bekanntenkreis des Autors unter den Gelehrten und Dichtern seiner Zeit hin. Diese waren zumeist – wie er selbst – Mitglieder des »Pegnesischen Blumenordens«, der »Fruchtbringenden Gesellschaft« und des von ihm gegründeten »Elbschwanenordens«. Mehrere seiner Kasualgedichte wurden auch in Einzeldrucken veröffentlicht, darunter das *Lob-, Trawr- und Klag-Gedicht* (1640) auf den Tod von Martin Opitz, das den Höhepunkt seiner Lobpreisungen des Meisters bildet, dessen Leistung für die neue deutsche Dichtung Rist begeistert anerkannte und dessen Nachfolge er in seinen eigenen poetologischen Äußerungen und seinem lyrischen Werk anzutreten versuchte.

Im Laufe des dichterischen Schaffens wandte sich Rist allmählich von der weltlichen zur geistlichen Lyrik hin. Die geistlichen Lieder erschienen in den Jahren 1641–1664 in zehn Sammlungen, von denen manche mehrere Neuausgaben erlebten. Damit ist Rist einer der produktivsten geistlichen Liederdichter des Jahrhunderts. Fast alle Lieder wurden vertont, was ihnen eine größere Verbreitung und Anwendbarkeit verschaffte. Als Pfarrer richtete er seine Verse meist an das einfache Publikum und bevorzugte dementsprechend unkomplizierte, leicht sangbare Strophenformen, eine klare Gedankenführung und deutliche Ausdrucksweise. Die geistlichen Lieder hatten einen ausgesprochen geselligen Charakter und gehörten in den privaten Bereich der Hausmusik: Daher waren sie Gebrauchsliteratur für breitere Leserschichten. Über 100 von etwa 650 geistlichen Liedern Rists, von denen *O Ewigkeit, du Donnerwort* das bekannteste ist, wurden in zeitgenössische Gesangbücher aufgenommen. Die meisten Komponisten, die Rist für die Mitarbeit zu gewinnen wußte, stammten aus Norddeutschland, vornehmlich aus Hamburg wie J. Schop, T. Selle und H. Scheidemann. Mit einem Liedtypus, der sich der elementarsten Gestaltungsmittel in Sprache und Musik bediente, schuf Rist die sog. »Hamburger Liederschule« und hat sich damit einen festen Platz in der Musikgeschichte gesichert.

Die große Popularität seiner Lieder war verbunden mit der Anerkennung durch seine Dichter-Kollegen, wobei nicht ohne Einfluß auf die Bewunderung bei den Zeitgenossen wohl der imponierende Umfang seines Werks blieb. Gerade dieser wurde jedoch in späteren Jahrhunderten zum Grund für den Vorwurf der inhaltslosen Vielschreiberei. Und während Rist noch von Herder als ein *»zu sehr vergessener Dichter«* bezeichnet wurde, schrieb Gervinus in seiner Literaturgeschichte von der *»breiten und schalen Schreiberei des Mannes«*, der *»ungeheure Massen ... so hingesudelt«* habe. In der modernen Literaturgeschichte hat Rist seinen Platz als Hauptvertreter des nordwestdeutschen Frühbarock, als Dichter, der die Themen der neuen weltlichen Kunstlyrik in die norddeutsche Dichtung einführte und in regelgetreuen Kunstgedichten in der Nachfolge von Opitz dessen Reformgedanken verbreitete. E.Pi.

Ausgaben: *Himlischer Lieder. Das erste ... Zehen*, Lüneburg 1641/42; Nachdr. Hildesheim 1976. – *Neuer Himlischer Lieder Sonderbahres Buch*, Lüneburg 1651. – *Sabbathische Seelenlust* ..., Lüneburg 1651. – ... *Alltägliche Haußmusik* ..., Lüneburg 1654. – *Neue Musikalische Festandachten* ..., Lüneburg 1655. – *Neue Musikalische Katechismus Andachten* ..., Lüneburg 1656. – *Die verschmähete Eitelkeit* ... (in *Seelengespräche* ..., Lüneburg 1658; 2. Tl., Ffm. 1668). – *Neue Musikalische ... Danck-Schule*, Lüneburg 1659. – *Neues Musikalisches Seelenparadies* ..., Lüneburg 1662. – *Neue ... Paßions-Andachten* ..., Hbg. 1664. – *Neuer Teutscher Parnass*, Lüneburg 1652; Nachdr. Hildesheim 1978. – *Poetischer Lustgarte*, Hg. W. v. Crayen u. F. Homeyer, Hbg. 1825 [Ausw.]. – *Auserlesene Gedichte von J. R. und D. G. Morhof*, Hg. W. Müller, Lpzg. 1826. – *Dichtungen*, Hg. K. Goedeke u. E. Goetze, Lpzg. 1885.

Literatur: O. Kern, *J. R. als weltlicher Lyriker*, Marburg 1919; Nachdr. NY 1968. – R. Kipphan, *J. R. als geistlicher Lyriker*, Diss. Heidelberg 1924. – R. Mews, *J. R.s Gesellschaftslyrik u. ihre Beziehungen zur zeitgenössischen Poetik*, Diss. Hbg. 1969. – U. Moerke, *Die Anfänge der weltlichen Barocklyrik in Schleswig-Holstein. Hudemann, R., Lund*, Neumünster 1972. – K. Garber, *Pétrarquisme pastoral et bourgeoisie protestante: La poésie pastorale de J. R. et Jakob Schwieger* (in *Le genre pastoral en Europe du XVe au XVIIe siècle*, Saint-Etienne 1980, S. 269–297). – D. L. Madill, *J. R. as Hymnwriter: A Study of His Life and Works With Particular Emphasis on His »Himlische Lieder« and »Sonderbahres Buch«*, Diss. Univ. of Kansas 1984.

DAS FRIEDEWÜNSCHENDE TEUTSCHLAND. In einem Schauspiele öffentlich vorgestellet und beschrieben durch einen Mitgenossen der Hochlöblichen Fruchtbringenden Geselschafft

Drama in drei Akten und einem Zwischenspiel von Johann Rist, Erstaufführung 1649 in Memmingen auf der Meistersingerbühne. – Das ein Jahr vor Beendigung des Dreißigjährigen Krieges geschriebene Stück fand mit seiner leidenschaftlichen Werbung für den Frieden starken Widerhall; es wurde das volkstümlichste und meistgespielte unter den dreißig Bühnenwerken des Autors. Die Hauptträger der Handlung sind allegorische Figuren, die verschiedene Nationen verkörpern; »Teutschland« fühlt sich überheblich als *»aller grössseste Dame von ganz Europa«* und führt ein gottloses Leben. Als Merkurius ihr die Helden »Ehrenvest« (Ariovist), »Heerzog Herman« (den Cherusker) und »Wedekind« (Widukind), die aus dem Lande Utopia kommen, vorstellt, werden sie von der *»à la mode bekleideten Dame«* für *»Bierfechter«* gehalten, *»die von höfischen Complimenten so wenig als der gröbste Bauer verstehen«*, und schließlich davongejagt. »Teutschland« gerät immer mehr unter den Einfluß der Wollust und behandelt fremde Herrscher wie *»Fastnachtsbutzen«*. Um die hochmütige Dame zu strafen, raubt ihr der Kriegsgott Mars die Kette »Concordia«, der sie ihre Stärke verdankt, und mißhandelt sie schwer. »Hunger« und »Pest«, die Schwestern des Mars, suchen sie ebenfalls heim. Als elendes, zerlumptes Bettelweib erwartet nun »Teutschland« ihr Ende. Auf Fürsprache Merkurs und des »Friedens« wird die Dame vor Gottes Thron gerufen. Endlich bußwillig, gesteht sie alle ihre Sünden. Gott erweist der reumütigen Sünderin Gnade: Er will ihr *»die Hoffnung des werthen Friedens zukommen lassen«*.

Der Protestant Rist deutet die zeitbezogenen Vorgänge seines Stücks vom religiösen Standpunkt aus, darin dem Drama der Jesuiten folgend: die Personen und allegorischen Figuren der Handlung sind *»Werkzeuge des feurigen Zornes Gottes«*, der über das frevelnde Deutschland kommt. Durch Ansätze zu einer individualisierenden Sprachgebung und durch die realistische Zeichnung vieler Szenen gelingt es dem Dichter, auch die allegorischen Gestalten zu beleben: »Teutschland« spricht im geziertesten, mit Fremdwörtern überladenen Barockstil. Einfach und volkstümlich klingt dagegen die Sprache der *»alten Teutschen«* »Ehrenvest« und »Herman«. Rist will nicht nur die Friedenssehnsucht der Menschen zum Ausdruck bringen und zu religiöser Besinnung aufrufen, er greift auch die in der Moralsatire häufig kritisierten Untugenden seiner Zeitgenossen an, so die Nachahmung fremder Kleidung und Sitten, die Vernachlässigung der deutschen »Hauptsprache« und ihre Durchsetzung mit Fremdwörtern. Alle szenischen Mittel der Barockbühne werden eingesetzt: häufige Verwandlungen, Massenauftritte, Pantomimen und Intermezzi in Form von Arien, Chören und Instrumentalmusik. Das durch Nicodemus FRISCHLINS *Julius redivivus* (1584) beeinflußte Stück ist von vielen Barockdramatikern nachgeahmt worden. Der Autor selber schrieb 1653 als Fortsetzung ein Singspiel mit dem Titel *Das Friedejauchzende Teutschland*. A.Sch.

AUSGABEN: o.O. 1647. – Amsterdam 1647. – Hbg. 1649 [Vorw. J.R.]. – Augsburg 1864 (zus. m. *Das Friedejauchzende Teutschland*, Hg. H.M. Schletterer; m. Einl.). – Gotha 1915, Hg. H. Stümcke. – Bln./NY 1972 (in *SW*, Hg. E. Mannack, 7 Bde., 1967 ff., 2).

LITERATUR: K.T. Gaedertz, *J.R. als niederdeutscher Dramatiker* (in JbNd, 7, 1881, S. 101–172). – A.M. Floerke, *J.R. als Dramatiker*, Diss. Rostock 1918. – O. Heins, *J.R. und das nd. Drama des 17. Jh.s*, Marburg 1930 (BdtLw, 38). – I.C. Mechlenburg Taylor, *Untersuchungen zum Stil der Dramen J.R.s*, Diss. Syracuse Univ. 1971 (vgl. Diss. Abstracts, 32, 1971/72, S. 5752/53A). – D. Lang, *J.R. und sein Bild der Gesellschaft*, Diss. Potsdam 1971. – I. Schiewek, *Theater zwischen Traditionen u. Neubeginn. Die Zwischenspiele des J.R.* (in *Studien zur Literatur des 17. Jh.s*, Bln./Weimar 1984, S. 145–251).

FRIEDRICH SPEE VON LANGENFELD

* 25.2.1591 Kaiserswerth bei Düsseldorf
† 7.8.1635 Trier

LITERATUR ZUM AUTOR:
W. Kosch, *F.S.*, Mönchen-Gladbach 1914. – E. Rosenfeld, *Neue Studien zur Lyrik von F.v.S.*, Mailand 1963. – K. Keller, *F.S. v. L., Seelsorger, Dichter, Humanist*, Kevelaer 1968. – A. Arens, *F.S. v. L. Zur Wiederauffindung seines Grabes im Jahre 1980*, Trier 1981. – G.R. Dimler, *F.S. v. L. Eine beschreibende Bibliographie* (in Daphnis, 13, 1984, S. 637–722). – H.-G. Kemper, *F.v.S.* (in *Deutsche Dichter des 17. Jh.s. Ihr Leben u. Werk*, Hg. H. Steinhagen u. B.v. Wiese, Bln. 1984, S. 90–115). – *F.S., Dichter, Seelsorger, Bekämpfer des Hexenwahns. Zum 350. Todestag*, Hg. G. Franz, Trier 1985 [Ausst.Kat.]. – W. Rupp, *F.v.S. Dichter u. Kämpfer gegen den Hexenwahn*, Mainz 1986. – K.-J. Miesen, *F.S. Pater, Dichter, Hexen-Anwalt*, Düsseldorf 1987; ²1991. – W. Nigg, *F.v.S. Ein Jesuit kämpft gegen den Hexenwahn*, Paderborn 1991. – M. Sievernich, *F.v.S. Priester, Poet, Prophet*, Ffm. 1991.

TRVTZ NACHTIGAL
oder Geistlichs-Poetisch Lvst-Waldlein, Deßgleichen noch nie zuvor in Teutscher sprach gesehen

Zyklus geistlicher Lieder von Friedrich SPEE VON LANGENFELD, erschienen 1649. – Spees Odensammlung ist in verschiedenen Versionen überliefert: Außer dem Kölner Erstdruck existieren im (älteren) Straßburger und im (jüngeren) Trierer

Manuskript, beide 1634, zwei Autographen neben einer Abschrift und einem Fragment (Paris 1640). Die Textgenealogie, die sich durch erschließbare Ur- und Zwischenstufen und mehrschichtige Korrekturen kompliziert, ist noch umstritten. Vierundzwanzig Lieder sind aus dem *Güldenen Tugend-Buch* übernommen.

Den über einen längeren Zeitraum hinweg entstandenen, teilweise schon um 1632 abgeschlossenen Gedichten steht in der Buchfassung mit der *Vorred deß Authoris* eine bedeutende Miniaturpoetik voran, die sich aus dem *»Merckpüncttlein für den Leser«* in den Handschriften entwickelt hat. Sie erläutert zunächst den aus Conrad Vetters Hymnen-Sammlung *Paradeißvogel* entlehnten Titel – das Werk singe in Herausforderung der besten lateinischen und ausländischen Dichter *»trutz allen Nachtigalen süß / vnnd lieblich ... / vnnd zwar auffrichtig Poetisch«* – und verkündet dann die kulturpatriotische und religiöse Intention des Verfassers: *»einer recht lieblichen Teutschen Poetica die baan zu zeigen / vnd zur grösseren ehren Gottes einen newen geistlichen Parnassum ... algemach anzutretten«.* Außer dem Anspruch auf Gebrauch eines gehobenen und geläufigen Wortschatzes, der indes durch Spees Sprachschöpfungen und sein *»Privilegium«* des auf Breitenwirkung berechneten Dialektgebrauchs praktisch modifiziert wird, ist das reformerische Postulat der Kongruenz von Wort- bzw. Satz- und Versakzent hervorzuheben. Diese durch Beispiele bekräftigte und in der *Trvtz Nachtigal* durch ständige Verbesserungen realisierte ästhetische Forderung – ganz unabhängig von Opitz erhoben – gelte für Trochäen- und Jambenzeilen, die dem Deutschen am meisten affin seien.

Die für die Verwendung in kirchlichem Gesang und Vortrag konzipierte Erbauungsschrift verfolgt neben der Absicht, *»daß Gott auch in Teutscher sprach seine Poeten hette«*, einen seelsorgerischen Zweck. Mit ihr suchte der gegenreformatorisch engagierte und zugleich lutherischer Dogmatik partiell nahestehende Jesuit Spee das lateinische Liedgut einzudeutschen und den diesbezüglichen Vorsprung protestantischer Gemeinden einzuholen. Thematik und Formen, in einer Gesamtheit eine Kontrafaktur der säkularen Lyrik im jesuitischen Sinn der Weltüberwindung deutet programmatisch das Widmungsgedicht eines Spee-Schülers an: In der pastoralen Dichtungstradition seit Theokrit und Vergil stehend, wage sich der *»Reymen-Dichter«*, in Liebe zu Gott und allen seinen Kreaturen entbrannt, auf mystische Weise *»Zum Himmel weit hinein«*, um die höchsten spirituellen Geheimnisse *»Den Seelen (...) zum heil«* zu ergründen. Gottessuche und Schöpferlob, Jesusminne und Wundenkult, Passionsschmerz und Auferstehungsfreude, Weltabsage und Jenseitssehnsucht sind die immer wieder variierten Zentralmotive. Sie faßt das allegorische Titelkupfer von 1649, das wohl auf Spees auch autobiographisch zu interpretierenden Entwurf zurückgeht, im Bild der den *»schönen Gott«*, den gekreuzigten Christus-Cupido, trauernd anbetenden, vom Liebespfeil verwundeten *anima-sponsa* des *Hohenliedes* (E. Rosenfeld). Auch Philomela, ein Leitmotiv der Sammlung, bezeichnet hier nach Ausweis des eigentlichen Eingangsliedes den Autor selbst. Die auf Gethsemane verweisende Szenerie des *hortus tristis*, ihrerseits mehrfach im Zyklus aufgenommen, kontrastiert mit dem arkadischen Motiv des *locus amoenus* in den bezeichnenderweise von Eichendorff gerühmten Naturgedichten. Wie im *Güldenen Tugend-Buch »gelangt die Natur als entdämonisiertes, weil ebenfalls an der Erlösung partizipierendes Werk des Schöpfers und Erhalters in den Blick«* (H.-G. Kemper). Die Ambivalenz der Naturauffassung korrespondiert mit der klassisch-christlichen, schäferlich-geistlichen Mischform des Werks. Aus ihr leiten sich die beiden Haupttypen der aus einfachen Strophen gebauten Stücke ab, diejenigen im Kirchenliedstil und die Eklogen, die sich alle unter Orientierung am Volkslied und an den Psalmen durch hohe Sprachmusikalität auszeichnen.

Inhaltlich sind auf dem Hintergrund der biblisch-patristischen Literatur und des petrarkistischen Zeitgeschmacks gesonderte, nicht immer homogene Gruppen zu unterscheiden, die stoffliche Einförmigkeit einerseits und der Grundton der Innigkeit, Inbrunst, raffinierten Naivität und Melancholie andererseits zusammenhalten: der *Sponsa*-Teil, ein kleiner *»Canzoniere für sich«* (E. Rosenfeld), mit den Bußliedern; die Laudes; die Eklogen mit den Hirtengesprächen. Das nur im Druck überlieferte Schlußgedicht vom Altarsakrament (Nr. 52), dessen Autor nicht feststeht, dürfte mit dem Prologgedicht als Rahmen fungieren und als mystisch-gemeindestiftende Apotheose gedacht sein (E. Rosenfeld). Für die ursprüngliche Anzahl sprechen neben der Parallelität zur Summe der *»Dubia«* in Spees *Cautio Criminalis* vor allem strukturelle Erwägungen. R.M. Browning vertritt, ausgehend von 51 Gedichten, die Auffassung, die *Trvtz Nachtigal* sei nach dem Formprinzip theologisch fundierter Zahlensymbolik komponiert, wobei sich die Lieder vornehmlich nach Siebener- und Dreier-Gruppen symmetrisch, aber in vielfacher Untergliederung, ordneten. Die Sieben als *numerus perfectionis* zusammengesetzt aus der Drei als göttlicher und der vier als irdisch-menschlicher Ziffer und gegen Ende des Zyklus öfter erwähnt, bedeute somit die Inkarnation. R. G. Dimler dagegen sieht das Werk wie das *Güldene Tugend-Buch* nach den Kardinaltugenden Glaube, Hoffnung, Liebe gegliedert, während F. R. Rener für einen Aufbau nach den Stationen des Kirchenjahres plädiert.

Der Zyklus zeigt eine deutliche Akzentverlagerung vom Dogmatisch-Didaktischen zum Kunstbewußten und spiegelt so das Bestreben des Autors, *»Den Lorber-Crantz (zu) ersingen Jn deutschem Gottes lob«*. Tatsächlich gilt Spee als der erste deutschsprachige Dichter, der Mikro- und Makrokosmos aus subjektivem Erleben und religiösem Empfinden als Media des Gotteslobes und, besonders in den berühmten Natureingängen, als Träger persönlicher, von tiefer Zerknirschung bis zur Ekstase reichender

Stimmungen darstellen konnte. Daß er das selbstgesteckte progressive Ziel trotz seiner teilweise voropitzschen künstlerischen Haltung, der Verwendung einer zugleich archaisierenden und barockrhetorisierten Sprache und einer zunächst vom Lateinischen abhängigen Versbildung erreichte, beweisen neben dem Werk selbst zwei Übersetzungen und sechs Auflagen des *»Geistlich-poetischen Lustwäldleins«* bis zu Beginn des 18. Jh.s sowie seine starke Nachwirkung in der Romantik. So veranstalteten Friedrich von SCHLEGEL und Clemens BRENTANO Neuausgaben, und fünf Lieder gingen in die Sammlung *Des Knaben Wunderhorn* ein.

K.Hab.

AUSGABEN: Köln 1649; Faks. Mchn. 1929. – Bln. 1817, Hg. C. Brentano. – Heilbronn 1876, Hg. K. Simrock [modernisierte Fassg.]. – Freiburg i. B. 1908, Hg. A. Weinrich. – Halle 1936, Hg. G. A. Arlt (Nachdr. 1967; NdL). – Washington D.C. 1981 (Hg. G. R. Dimler; Faks. Druck d. Ausg. Köln 1649). – Bern 1985 (in *SS*, Hg. E. Rosenfeld, 3 Bde., Mchn. 1968 u. Bern 1985 ff., 1, Hg. Th. G. M. van Oorschot; hist.-krit.). – Stg. 1985, Hg. u. Nachw. Th. G. M. van Oorschot (Ausg. nach d. Trierer Hs.; RUB).

LITERATUR: E. Jacobsen, *Studien zum Fortleben der Antike I. Die Metamorphosen der Liebe in F. S.s »Trutznachtigall«*, Kopenhagen 1954. – R. L. Hiller, *A Protestant Answer to S.'s »Trutznachtigall«* (in JEGPh, 61, 1962, S. 217–231). – M. Gentner, *Das Verhältnis von Theologie u. Ästhetik in S.s »Trutznachtigall«*, Diss. Tübingen 1965. – E. Rosenfeld, *Auffindung einer neuen Hs., Abschrift der »Trutznachtigall« von F. S. v. L. in Münster aus dem Jahre 1638* (in *Miscellanea di studi in onore di B. Tecci*, Rom 1969, S. 116–124). – R. M. Browning, *On the Numerical Composition of F. S.'s »Trutznachtigall«* (in *Fs. f. D. W. Schumann zum 70. Geb.*, Hg. A. R. Schmitt, Mchn. 1970, S. 28–39). – G. R. Dimler, *F. S.s »Trutznachtigall«*, Bern/Ffm. 1973. – Ders., *Death and Sacrament in F. S.'s »Trutznachtigall«: Genesis and Function* (in Daphnis, 4, 1975, S. 42–50). – M. Birchner, *Zur Edition von S.s »Trutznachtigall«* (in Wolfenbütteler Barock-Nachrichten, 12, 1985, S. 73 f.).

CHRISTIAN WEISE

* 30.4.1642 Zittau
† 21.10.1708 Zittau

LITERATUR ZUM AUTOR:
E. W. H. Kornemann, *Chr. W. als Dramatiker*, Diss. Marburg 1853. – A. Hess, *Chr. W.s historische Dramen u. ihre Quellen*, Diss. Rostock 1893. – H. Schauer, *Chr. W.s biblische Dramen*, Görlitz 1921. – H. Haxel, *Studien zu den Lustspielen Chr. W.s*, Diss. Greifswald 1932. – W. Eggert, *Chr. W. und seine Bühne*, Bln./Lpzg. 1935. – J. Wich, *Studien zu den Dramen Chr. W.s*, Diss. Erlangen 1962. – H. A. Horn, *Chr. W. als Erneuerer des deutschen Gymnasiums im Zeitalter des Barock. Der ›Politicus‹ als Bildungsideal*, Weinheim 1966. – W. Barner, *Barockrhetorik. Untersuchungen zu ihren geschichtlichen Grundlagen*, Tübingen 1970. – M. Kaiser, *Mitternacht – Zeidler – W. Das protestantische Schultheater nach 1648 im Kampf gegen höfische Kultur u. absolutistisches Regiment*, Diss. Göttingen 1972. – G. Frühsorge, *Der politische Körper. Zum Begriff des Politischen im 17. Jh. u. in den Romanen Chr. W.s*, Stg. 1974. – K. Zeller, *Pädagogik u. Drama. Untersuchungen zur Schulcomödie Chr. W.s*, Tübingen 1980. – W. Barner, *Chr. W.* (in *Deutsche Dichter des 17. Jh.s. Ihr Leben u. Werk*, Hg. H. Steinhagen u. B. v. Wiese, Bln. 1984, S. 690–725). – M. Beetz, *Chr. W.* (in *Deutsche Dichter. Leben u. Werk deutschsprachiger Autoren*, Bd. 2, Hg. G. E. Grimm u. F. R. Max, Stg. 1988; RUB).

DIE DREY ÄRGSTEN ERTZ-NARREN IN DER GANTZEN WELT, AUSS VIELEN NÄRRISCHEN BEGEBENHEITEN HERVORGESUCHT UND ALLEN INTERESSENTEN ZU BESSEREM NACHSINNEN ÜBERGEBEN, DURCH CATHARINUM CIVILEM

Roman von Christian WEISE, erschienen 1673. – *»Es scheint als müste man die Tugend auch per piam fraudem, der kützlichten und neubegierigen Welt auf eine solche Manier beybringen, drum wünsche ich nichts mehr, als die Welt wolle sich zu ihrem Besten allhier betriegen lassen. Sie bilde sich lauter lustige und zeitvertreibende Sachen bey dissen Narren ein: wenn sie nur unvermerckt die klugen Lebens-Regeln mit lesen und erwegen will.«* Diese im Vorwort offen ausgesprochene lehrhafte Absicht prägt das gesamte Werk, das – von GRIMMELSHAUSENS *Der abentheurliche Simplicissimus teutsch* beeinflußt – von sehr viel größerer Lebensnähe ist als die meisten Romane der Zeit.

Eine einfache Rahmenhandlung hält das vielfältige Romangeschehen zusammen: Im Nachlaß eines adeligen Gutsherrn findet sich eine Testamentsbestimmung, die verlangt, im fast vollendeten Neubau des Schlosses *»solten in den drey grossen Feldern der Thüre gegen über die drey ärgsten Narren auf der Welt abgemahlet werden«*. Da sich die Erben nicht einigen können, welche Gestalten dargestellt werden sollen, unternehmen Florindo, der künftige Schloßherr, sein Hofmeister Gelanor und sein Verwalter Eurylas eine Reise, um alle Arten menschlicher Narrheit zu beobachten und die drei auffallendsten Beispiele herauszufinden. Auf ihrer Fahrt durch Deutschland begegnet der kleinen Reisegesellschaft nun in Postkutschen und Gasthäusern, auf Abendgesellschaften und in Badeorten eine Fülle von »Narren«: Pantoffelhelden, Streitsüchtige, Büchernarren, Spieler, Verliebte, Quacksalber, törichte Erzieher, Prahler, Hochmütige, brotlose Gelehrte, Hochstapler, geschwätzige Studenten, gefräßige, abergläubische, stutzerhafte, trunksüchtige, heuchelnde, philosophische, melancholische und liebestolle Narren – ein Narrenpanorama also, wie es schon die satirische Literatur des 16. Jh.s (Sebastian Brant, Thomas Murner, Johann Fischart) auszubreiten liebte. Außerdem bietet ein von Florindo zufällig gekauftes Buch mit dem Titel »Die närrische Welt« die Möglichkeit, Anekdoten, Schwänke und närrische Begebenheiten aller Art zu erzählen. Aber selbst als die Reise nach Holland, England, Frankreich, Spanien, Portugal, Venedig und Wien ausgedehnt wird, kommt man zu keiner Einigung, wem die Krone der Narrheit gebühre. Ein Mitglied der Gesellschaft wird deshalb mit einer Bittschrift an ein »Collegium Prudentium« abgesandt, dessen *»Erörterung Der Frage Welcher der gröste Narr sey?«* bald eintrifft – ein Traktat in zwanzig wohldurchdachten Lehrsätzen, deren abschließender lautet: *»Nun ist leicht die Rechnung zu machen, wer der gröste Narr sey; Nemlich derselbe, der umb zeitliches Kothes willen den Himmel verschertzt. Nechst diesem, der umb lüderlicher Ursachen willen entweder die Gesundheit und das Leben, oder Ehre und guten Namen in Gefahr setzet.«* Die Freunde eilen daraufhin nach Hause und lassen die leeren Felder mit entsprechenden allegorischen Figuren bemalen.

Weise leitet die Vorrede des Romans mit einer Ablehnung Grimmelshausens und des *Simplicissimus* ein, tatsächlich ist er jedoch von ihm beeinflußt. Seine nüchterne pädagogische Absicht unterdrückt allerdings jede freiere poetische Entfaltung, und die Buntheit und Zufälligkeit, mit der einzelne Episoden beliebig fortsetzbar aneinandergereiht werden, übertrifft selbst die Sorglosigkeit der Komposition des Schelmenromans. Abgesehen von der enttäuschenden, weil allzu abstrakten Auflösung der Frage nach den drei größten Narren (nämlich durch ein Richterkollegium), enthält das Werk viele lebendige Episoden und präzise Einzelcharakterisierungen, besonders von zeitgenössischen Sprach- und Modetorheiten. Die oft übersteigert prunkhafte Sprache des heroisch-galanten Romans vermeidet Weise. Der überraschend große Erfolg – zwischen 1672 und 1710 erschienen zehn Auflagen – veranlaßte ihn, 1682 eine Fortsetzung unter dem Titel *Die Drey Klügsten Leute in der gantzen Welt Aus vielen Schein-klugen Begebenheiten hervor gesucht* zu veröffentlichen. H.H.H.

Ausgaben: o. O. 1673. – Lpzg. 1673 [rev. u. korr.]. – Halle/Saale 1878, Hg. W. Braune (NDL, 12–14).

Literatur: A. Dau, *Die kulturgeschichtlich wichtigsten Romane des 17. Jh.s. I. Der »Simplicissimus« und Chr. W.s »Drei ärgste Erznarren«*, Progr. Schwerin 1894. – J. Beinert, *Chr. W.s Romane in ihrem Verhältnis zu Moscherosch u. Grimmelshausen* (in Studien zur vergleichenden Literaturgeschichte, 1907, H. 2, S. 308–328). – R. Becker, *Chr. W.s Romane u. ihre Nachwirkung*, Diss. Bln. 1910.

PHILIPP VON ZESEN

* 8.10.1619 Priorau
† 13.11.1689 Hamburg

Literatur zum Autor:
H. Körnchen, *Z.s Romane. Ein Beitrag zur Geschichte des Romans im 17. Jh.*, Bln. 1912; ern. Ldn. 1967. – H. Obermann, *Studien über Ph. v. Z.s Romane*, Diss. Göttingen 1934. – P. Baumgartner, *Die Gestaltung des Seelischen in Z.s Romanen*, Frauenfeld/Lpzg. 1942. – E. Lindthorst, *Ph. v. Z. und der Roman der Spätantike*, Diss. Göttingen 1955. – V. Meid, *Z.s Romankunst*, Diss. Ffm. 1966. – H. Blume, *Die Morphologie von Z.s Wortbildungen*, Diss. Gießen 1967. – F. van Ingen, *Ph. v. Z.*, Stg. 1970 (Slg. Metzler). – *Ph. v. Z., 1619–1969. Beiträge zu seinem Leben u. Werk*, Hg. ders., Wiesbaden 1972. – K. F. Otto, *Ph. v. Z. A Bibliographical Catalogue*, Bern/Mchn. 1972. – F. van Ingen, *Ph. v. Z.* (in *Deutsche Dichter des 17. Jh.s*, Hg. H. Steinhagen u. B. v. Wiese, Bln. 1984, S. 497–516).

DAS LYRISCHE WERK von Philipp von Zesen.

Nur wenige Gedichte Philipp von Zesens sind noch heute bekannt. Vergessen ist, daß Zesen zu seinen Lebzeiten ein vielgelesener – und auch vielgescholtener – Dichter gewesen ist, der sich in seinen annähernd neunzig Büchern in allen poetischen Gattungen versucht hat. Neben einem umfangreichen Jugendwerk hat Zesen bereits als Schüler eine Reimtafel zu seinem dichtungstheoretischen *Deutschen Helicon* (1640) verfaßt, einer Poetik, die zu den erfolgreichsten Dichtungslehren seiner Zeit gehört hat. Dennoch blieb Zesen zu Lebzeiten ein umstrittener Dichter, da seine Lyrik den Vorwurf einer artifiziellen Innovation der deutschen Sprache provozierte. Der Ausbau der dichterischen Sprachmöglichkeiten war dann auch eines der Hauptanliegen dieses frühen *homme de lettre*, der sich zeit seines Lebens allein seiner Dichtung verpflichtet gefühlt hat. Geboren als Sohn eines lutherischen Pfarrers, besuchte Zesen das von Christian Gueintz (selbst Verfasser einer deutschen Sprachlehre) geleitete Gymnasium in Halle. Ab 1639 hörte Zesen an der Universität zu Wittenberg, an der der einflußreiche Augustus Buchner lehrte. Von Buchner übernahm Zesen die häufigere Verwendung des daktylischen Versmaßes, was ihn bereits über die Poetik des Martin OPITZ hinausführte. 1642 hielt sich Zesen in Hamburg auf, in diese Zeit fällt auch die Bekanntschaft mit seinem späteren Kritiker Johann RIST; die Jahre bis 1648 verbrachte er in den Niederlanden. Zesen suchte früh die Anerkennung durch die gelehrte Welt. Dazu diente ihm auch die Gründung einer eigenen Sprachgesellschaft, der »Deutschgesinneten Genossenschaft«, sein eigentliches Ziel war jedoch die Aufnahme in die »Fruchtbringende Gesellschaft«, was ihm aber erst nach mehrmaligen Anläufen gelingen sollte – als »Der Wohlsetzende« wurde er 1648 in die Gesellschaft des Fürsten Ludwig von Anhalt-Köthen aufgenommen. Nicht bereit, sich den dichtungstheoretischen Auflagen der einflußreichen Gesellschaft auf Dauer zu beugen, überwarf er sich jedoch schnell mit deren Mitgliedern – was seinem Ruf als *poeta doctus* nachhaltig schaden sollte. Sein weiteres Leben blieb unstet, immer wieder begab er sich auf Reisen, lebte zwischenzeitlich erneut in den Niederlanden, dichtete auch in niederländischer Sprache; 1662 erhielt er das Bürgerrecht der Stadt Amsterdam, verbrachte aber seine letzten Lebensjahre in Hamburg. Eine stärkere, auch wissenschaftliche Anerkennung hat sein Werk erst seit den siebziger Jahren des 20. Jh.s gefunden, wozu auch die Herausgabe seiner *Sämtlichen Werke* (1980 ff.) durch Ferdinand van INGEN beigetragen haben dürfte.

Noch als Schüler hat Zesen seine erste Dichtung veröffentlicht, die unter dem Einfluß Paul FLEMINGS stehenden Trauergedichte *Melpomene Oder Trauer- und Klaggedichte / über das unschuldige und bitterste Leiden und Sterben Jesu Christi* (1638). Diese Klagegedichte wenden sich an Jesus Christus aus der individuellen Not heraus, und diese resultiert aus dem Dreißigjährigen Krieg, wie die letzten Verse deutlich machen: *»O Jesu nim vorlieb / gieb daß wir dich erkennen // Daß wir von deiner Lieb entzündet mögen brennen! // Ach were doch der Noth / die uns jetzund betrifft // Der Grimmigkeit des Mars / der Schwefelblauen Gifft.«* Als Gegenstück dazu, und formal bereits eigenständiger, erschienen drei Jahre später die *»Freuden-Gedichte« Himmlische Kleio Oder Freuden-Gedichte Auff die hocherfreuliche und verwunderliche Geburths-Nacht unsers neu-Gebohrnen Jesuleins* (1641). Mit seinen folgenden Dichtungen entfernte sich Zesen immer weiter von den zeitgenössischen Mustern, seine Gedichte und Lieder werden zugleich verspielter und heiterer. Dies zeigt besonders seine erste größere Gedichtsammlung *FrühlingsLust oder Lob- Lust- und Liebes-lieder* (1642), sechs Zyklen von je zwölf Liedern und Gedichte über Frühling, Liebe und Weisheit. Wenn auch mit *»flüchtiger Feder«* geschrieben, wie es an die Leser gerichtet heißt, wollte Zesen auch mit diesen Gedichten die *»Edle Sprache«* weiter *»fortpflantzen«*. Die Angabe des Metrums bei seinen Gedichten hatte so auch didaktische Gründe und sollte die mögliche Verwendung der verschiedensten Versmaße demonstrieren. Daktylische Verse finden auch hier häufigste Verwendung. Das Gedicht *Ermunterung zur Fröhlichkeit* beginnt: *»Laßet uns Meyen und Kräntze bereiten // Sehet! Ach sehet die fröhlichen Zeiten! / Sehet ihr Brüder und mercket hierbey // Welche Veränderung solches nur sey.«*

Im Jahre 1645 erschien *Lustinne / Das ist / Gebundene Lust-Rede von Kraft und Würkung der Liebe*, ein Hymnus auf die Venus und die reine Liebe, 1651 folgte die zweite größere Sammlung *Dichterische Jugend-Flammen*, der mehrere Sammlungen geistlicher Lieder und Gebrauchslyrik folgten, darunter *Gekreuzigster Liebsflammen oder geistlicher Gedichte Vorschmak* (1653). Eine Auslese seiner Gedichte und Lieder, darunter auch vierundzwanzig niederländische, veröffentlichte Zesen 1670 unter dem Titel *Dichterisches Rosen- und Liljen-tahl / mit mancherlei Lob-lust- schertz- schmertz- leid- und freuden-liedern gezieret.* Diese Sammlung enthält eine Auswahl von Zesens Gedichten aus den Jahren zwischen 1650 und 1670. Man kann diese Auswahl, die Zesen selbst getroffen hat, als eine gültige »Ausgabe letzter Hand« ansehen. Die Sammlung beginnt mit Lobgesängen auf die Weisheit, Gedichten, in denen sich Zesen dem Idealbild des gelehrten Dichters mit großem Selbstbewußtsein anzunähern versucht: *»Kom / Weismuht /kom / und tränke mich: // so lieb' ich Dich. // Laß deiner Weisheit ströhme fliessen / und mich durchsüssen; // damit ich von Dir reden mag // zu nacht und tag. // Ach! laß mein heupt nun auch bekräntzen / in diesemm lentzen: // und schleus mich ein in deine gunst / du Bild der Kunst. // Dein klahres Angesicht / sei in der fünsternüs mein licht.«*

In seiner theoretischen Schrift *Rosen-månd* (1651) hatte Zesen vermerkt: *»Ich schreibe aus liebe zur sprache / aus liebe zu dier / aus liebe zu meinem Vaterlande.«* Dies erklärt vielleicht, warum Zesen die Extreme in seiner Lyrik zu meiden versuchte: *»In Zesens Lyrik gibt es keine unüberbrückbaren Antinomien, keine übersteigerten Spannungen oder schreienden Dissonanzen. Es ist eine harmonisierende Dichtung, die die Extreme verbindet und die Unebenheiten glättet«* (F. van Ingen). Zesens Utopie war eine friedliche Gesellschaft, in der die Kunst und die Weisheit über die Macht und den Krieg gestellt werden sollten. *»Die Feder sollte mir an statt der Schwerter dienen«*, heißt es in seinem *Gesang* gegen den Krieg, dessen erste Strophe mit folgenden Zeilen beginnt: *»Sollt' ich ein Feldherr sein und Kriegsheere führen / So wollt ich stracks auszieren / Das ganze Kriegsheer / mit einem solchen Volk, das hold den Büchern wär.«* H.S.B.

AUSGABEN: *Melpomene Oder Trauer- und Klaggedichte / über das unschuldige und bitterste Leiden und Sterben Jesu Christi*, Halle 1638. – *Deütscher Helicon / oder Kurtze verfassung aller Arten der Deütschen jetzt üblichen Verse / wie dieselben ohne Fehler recht zierlich zu schreiben / Bey welchen zu bessern fortgang unserer Poesie Ein Richtiger Anzeiger der Deütschen gleichlautenden und einstimmigen / so wohl Männlichen / als Weiblichen Wörter (nach dem abc Reimweise gesetzt) zu finden*, Wittenberg 1640.

– *Himmlische Kleio Oder Freuden-Gedichte Auff die hocherfreuliche und verwunderliche Geburts-Nacht unsers neu-Gebohrnen Jesuleins*, Hbg. 1641. – *FrühlingsLust oder Lob- Lust- und Liebeslieder*, Hbg. 1642. – *Lustinne / Das ist / Gebundene Lust-Rede von Kraft und Würkung der Liebe*, Hbg. 1645. – *Dichterische Jugend-Flammen*, Hbg. 1651. – *Gekreuzigster Liebsflammen oder geistlicher Gedichte Vorschmak*, Hbg. 1653. – *Dichterisches Rosen- und- Liljen-tahl / mit mancherlei Lob-lust- schertz- schmertz- leid- und freuden-liedern gezieret*, Hbg. 1670. – *SW*, Hg. F. van Ingen, Bln./NY 1970 ff.; Bd. 1 und 2, 1980–1984.

LITERATUR: A. Gramsch, *Z.s Lyrik. Literarhistorische Studie*, Kassel 1922. – U. Maché, *Z. als Poetiker* (in DVLG, 41, 1967, S. 391–423). – F. van Ingen, *Ph. v. Z.s Gedichte an die Weisheit* (in *Rezeption u. Produktion zwischen 1570 u. 1730. Fs. f. G. Weydt*, Hg. W. Rasch u. a., Bern/Mchn. 1972, S. 171 bis 236). – K. F. J. Otto, *Bemerkungen zu Z.s »Frühlingslust«* (in Daphnis, 1, 1972, S. 78–87). – J. Keller, *Die Lyrik Ph. v. Z.s. Praxis u. Theorie*, Bern. u. a. 1983.

RITTERHOLDS VON BLAUEN ADRIATISCHE ROSEMUND.
Last hägt Lust

Roman von Philipp von ZESEN, erschienen 1645 unter dem Pseudonym »Ritterhold von Blauen«. – Das Vorwort zu diesem ersten großen deutschen Roman des Barock verspricht eine *»keusche libesbeschreibung«*, die es bis dahin in Deutschland nur in Übersetzungen aus dem Spanischen, Französischen und Italienischen gegeben hatte. Der Roman setzt ein mit der vorübergehenden Trennung zweier unglücklich Liebender, Markholds, eines adligen schlesischen Dichters, und Rosemunds, einer jungen venezianischen *(»adriatischen«)* Dame, die mit ihrem Vater Sünnebald und ihrer älteren Schwester Stilmuht aus Deutschland vor den Wirren des Dreißigjährigen Krieges nach Amsterdam geflüchtet ist und dort mit der Braut eines Markhold befreundeten Schlesiers, Adelmund, zusammenlebt. Die Liebenden sehen sich an einer Ehe durch ihre Religionszugehörigkeit gehindert: Markhold ist protestantisch, Rosemund katholisch, und Rosemunds Vater will in eine Heirat nur einwilligen, wenn Markhold sie ihrem Bekenntnis treu bleiben und alle Töchter, die von ihr geboren werden sollten, ebenfalls katholisch erziehen läßt. Beide Bedingungen sind für ihn unannehmbar. Der auffallend handlungsarme Roman setzt dieses zum Scheitern verurteilte Verhältnis nun einer anhaltenden Probe aus: Markhold ist gezwungen, sich auf eine monatelange Reise zu begeben, die ihn zur Zeit der Krönung Ludwigs XIV. nach Paris führt. Die alleingelassene Rosemund zieht sich während dieser Zeit als Schäferin in die Umgebung Amsterdams zurück. Markholds glückliche Wiederkehr erlöst sie für wenige Tage aus ihrer Qual. Aber dringende Geschäfte rufen ihn bald wieder ab, und die Unglückliche wird *»ihres jungen läbens weder sat, noch fro, und verschlos ihre zeit in lauter betrühbnis«*.
Die Personen tragen deutliche autobiographische Züge, zu deren Entschlüsselung Zesen selbst Anlaß gegeben hat: *»Dan es ist zu wissen, daß unter meiner ahrt zu schreiben, sonderlich unter den verblühmten nahmen allezeit was anders, als es sich äußerlich ansähen lässet, verborgen sei«* (Brief an B. Knipping, 1644). Verweisen alle Züge Markholds auf Zesen selbst (so das Pseudonym des Verfassers, Ritterhold von Blauen, und das Detail, daß Rosemunds Schäfersitz völlig in *»stärbe-blauen«* Farben ausgemalt ist), so hat die Forschung Rosemunds Vorbild noch nicht restlos klären können. Der psychologischen Tendenz des Werkes, die beinah bürgerlich-empfindsam im Sinne des 18. Jh.s zu nennen wäre, entspricht das kompositorische Bemühen, alles »innerliche« Geschehen nicht direkt darzustellen, sondern es vermittelnd zu objektivieren, in Briefen, eingelegten Gedichten, Epigrammen, Schäferliedern und Berichten über Geschehnisse von Augenzeugen. Hinzu kommen großangelegte didaktisch-unterhaltende Partien wie *Uhrsprung und Beschreibung der Stat Venedig, aus vihlen bewährten uhr- und geschichtsschreibern kürzlich zusammen gezogen* und *Kurzer entwurf Der Beschaffenheit däs Venedischen Stat-Wäsens* im vierten oder *Kurzer entwurf der alten und izigen Deutschen* im fünften Buch. Die ersten beiden sind Rosemund und ihrem Vater in den Mund gelegt, die dritte wird von Markhold vorgetragen. Daneben findet sich noch eine Vielzahl von eingearbeiteten *»kurzweiligen erzählungen«*, die in keinem weiteren Verhältnis zur Haupthandlung stehen, als daß sie eine versammelte Gesellschaft erheitern sollen, so der *Lustwandel des Guthsmuths* oder die *Begäbnüs Der Böhmischen Gräfin und des Wild-fangs*. Nur eine dieser Einlagen hat eine deutliche epische Funktion – die kurz vor Schluß des Romans in Buch 6 eingefügte *Niderländische geschicht von einer ahdlichen Jungfrauen und einem Rit-meister*, die als Integration des Hauptmotivs *»eine träue Libe zweier lihbsten, dahrnahch auch di verfluhchte kargheit und ehzwang der älteren«* schildert und so die krause Komposition des Werkes aufbessert. KLL

AUSGABEN: Amsterdam 1645. – Amsterdam 1664. – Amsterdam 1666. – Halle 1899, Hg. M. H. Jellinek (NdL, 160–163). – Bremen 1970, Hg. K. Kaczerowsky (Slg. Dieterich).

LITERATUR: J. Gander, *Die Auffassung der Liebe in Z.s »Adriatischer Rosemund«*, Diss. Freiburg i. B. 1930. – J. H. Scholte, *Z.s »Adriatische Rosemund« als symbolischer Roman* (in Neoph, 30, 1946, S. 20–30). – Ders., *Z.s «Adriatische Rosemund«* (in DVLG, 23, 1949, S. 288–305). – H. Standescu, *Wirklichkeitsgestaltung u. Tendenz in Z.s »Adriatischer Rosemund«* (in ZDLG, 7, 1961, S. 778–794). – K. F. Otto, *The Use of History in Z.'s »Adriatische Rosemund«*, Diss. Northwestern Univ. 1967. – K. Kaczerowsky, *Bürgerliche Romankunst im Zeit-*

alter des Barock. P. v. Z.s »Adriatische Rosemund« Mchn. 1969. – D. Laforge, *Theorien über Hof, Staat u. Gesellschaft in P. v. Z.s »Adriatische Rosemund«* (in *Europäische Hofkultur im 16. u. 17. Jh.*, Hg. A. Buch u. a., Hbg. 1981, Bd. 2; ern. ungek. in Daphnis, 11, 1982, S. 253–276). – T. J. Minnes, *Z.s »Rosemund« u. kleinere poetologische Schriften: ein Kommentar*, Diss. State Univ. of NY 1981.

HEINRICH ANSELM VON ZIGLERUND KLIPHAUSEN

* 6.1.1663 Radmeritz
† 8.9.1696 bei Leipzig

DIE ASIATISCHE BANISE ODER DAS BLUTIG- DOCH MUTIGE PEGU

Roman von Heinrich Anselm von ZIGLER UND KLIPHAUSEN, erschienen 1689. – Neben LOHENSTEINS *Großmütigem Feldherrn Arminius* (1689/90) als beispielhaftes Muster des heroisch-historischen Großromans eines der berühmtesten Bücher seiner Art, erlebte das Werk (dem Kurprinzen Johann Georg von Sachsen, 1668–1694, gewidmet) zwischen 1689 und 1766 allein zehn Neuauflagen und trieb neben zahlreichen Fortsetzungen (u. a. von Johann Georg HAMANN, 1697–1733), Umarbeitungen und Dramatisierungen eine ganze Literatur ähnlicher *Banisen* (*Deutsche Banise*, 1752; *Engellandische Banise, Prinzessin von Sussex*, 1754; *Ägyptische Banise*, 1759), den späteren »Robinsonaden« vergleichbar, hervor.
Die ungeheure Stoff- und Personenmasse des Werkes, das unter seinen barocken Artgenossen noch vergleichsweise kleine Dimensionen zeigt, verteilt sich auf drei Bücher, in denen der Verfasser *»mehrenteils wahrhafftige Begebenheiten«* zu geben verspricht, *»welche sich zu ende des funfzehenhunderten seculi bey der grausamen veränderung des Königreiches Pegu* [in Hinterindien] *und dessen angrentzenden Reichen zugetragen haben«*. Das auf weitausgreifenden, in Fußnoten vermerkten Quellenstudien beruhende, historische und geographische Materialien in kaum einsehbarem Maß arrangierende inhaltliche Gerüst läßt nur eine verkürzte Skizzierung zu: Balacin, der Sohn König Dacosems von Ava, liebt Banise, die Tochter Xemindos, des Königs von Pegu, der, wenn auch mit Dacosem verwandt, doch ständig mit ihm im Krieg liegt. Die Feindschaft wird geschürt durch Chaumigrem von Brama, einen Überläufer aus Pegu, der in Ava zu Einfluß gelangt und mit Hilfe seines Bruders Xenimbrum den in Ava einfallenden Xemindo tötet. Er macht sich zum Herrn von Brama, besiegt in grausamen Schlachten eine Reihe hinterindische Duodezkönigtümer, erobert endlich Pegu und hält die schöne Banise dort gefangen. Prinz Balacin eilt nach Pegu, um sie zu retten, erfährt, daß sein Vater, der ihn um Chaumigrems willen verbannt hatte, gestorben ist und ihm zwei Königreiche hinterlassen hat, und wirbt eine Reihe Verbündeter gegen Chamigrem, der weiterhin Reiche plündert, nachdem er sich in Banise verliebt und ihr eine sechsmonatige Frist zugestanden hat, seine Liebe zu erwidern. In einer gewaltigen Schlacht unterliegt er jedoch gegen Balacin und zieht sich nach Pegu zurück, das lange ergebnislos belagert wird. Banise, die sich allerlei Angriffen auf ihre Tugend von seiten Chaumigrems und eines verliebten Priesters ausgesetzt sah, soll nach Ablauf der Frist gerade dem Kriegsgott geopfert werden, als Balacin sich durch eine List in die belagerte Stadt einzuschleichen und mit Hilfe seiner Verbündeten den grausamen Tyrannen im letzten Augenblick zu töten und Banise zu retten vermag. Der bald folgenden Vermählung mit der endlich befreiten Geliebten schließen sich noch weitere Prinzen aus Balacins Gefolge an, die in den Wirren der Schlachten und Intrigen sich fanden, so daß das Ende des Buchs Gelegenheit zu einem großen Fest gibt, bei dem im Heere kämpfende Portugiesen die asiatische Welt mit der Aufführung eines *»anmuthigen sieges-streites der liebes-Göttin mit dem Mavors«* und einem »europäischen« Schauspiel, der *Handlung der listigen Rache oder dem tapfern Heraclius* (vom Verfasser aus dem Italienischen übersetzt) bekannt machen dürfen.
Die breite Stoffülle des Werks und die dem heroisch-galanten Roman eigentümliche Technik des *rapere medias in res*, die sich an nahezu allen Büchern der Gattung beobachten läßt, nötigen dem Verfasser eine breiterzählte Vorgeschichte auf, die als Exposition bis fast in die Mitte des Romans reicht. Dem am Beginn stehenden stürmisch-pathetischen Eröffnungsmonolog Balacins gegen Chaumigrem, der in Pegu Banise gefangenhält, folgt ein erklügeltes System rückgreifender Erzählungen. Das nachträgliche Aufrollen umfangreicher Handlungsschichten hat zugleich die Funktion, die ununterbrochen fortdauernde Lebensgefahr der Heldin als Spannungsmittel zu verlängern und für den Eintritt der Katastrophe Verzögerungen zu bieten, in deren ständig neuer Erfindung der Verfasser nicht müde wird. Die von der Mitte des Buchs an geradlinig verlaufende Sukzession der Handlung wird zudem ständig aufgehalten durch ohne Unterlaß eingestreute Schilderungen des exotischen »Milieus«, das unter Benutzung entlegener Quellen darzustellen für den barocken Autor geradezu Pflicht war, wollte er der Forderung nach »Gelehrsamkeit« genügen (als Quelle diente hier hauptsächlich Erasmus FRANCISCIS *Ost- und West-indischer, wie auch Sinesischer Lust- und Staats-Garten*, 1668). Dennoch hat die *Asiatische Banise* – von GOTTSCHED und LESSING gelobt – bis weit ins 18. Jh. eine breite Wirkung gehabt, der noch der junge GOETHE verfallen ist, der in Wilhelm Meisters Puppentheater den bösen Tyrannen Chaumigrem auf die Bühne bringt. H. H. H.

Ausgaben: Lpzg. 1689; ern. 1690; 1707. – Bln. 1883, Hg. F. Bobertag (DNL, 37). – Mchn. 1965.

Literatur: M. Pistorius, *H. A. von Z.s Leben u. Werk*, Diss. Lpzg. 1928. – E. Schön, *Der Stil von Z.s »Asiatischer Banise«*, Diss. Greifswald 1933. – W. Pfeiffer-Belli, *Die Asiatische Banise, Studien zur Gesch. d. höf.-hist. Romans in Deutschland*, Bln. 1940; ern. Nendeln 1969. – E. Schwarz, *Der schauspielerische Stil des dt. Hochbarock. Beleuchtet durch H. A. von Z.s »Asiatische Banise«*, Diss. Mainz 1956. – L. E. Schutte, *Stilebenen in Z.s »Asiatischer Banise«*, Diss. Univ. of Oregon 1973. – G. Hoffmeister, *Transformationen von Z.s »Asiatischer Banise«: Zur Trivialisierung des höfisch-historischen Romans* (in GQ, 49, 1976, S. 181–190). – H.-G. Roloff, *H. A. v. Z. u. K.* (in *Dt. Dichter des 17. Jh.s*, Hg. H. Steinhagen u. B. v. Wiese, Bln. 1984, S. 798–818).

IV. Aufklärung, Empfindsamkeit, Sturm und Drang. 18. Jahrhundert

CHRISTIAN FRIEDRICH VON BLANKENBURG

* 24.1.1744 Moitzlin bei Kolberg
† 4.5.1796 Leipzig

VERSUCH ÜBER DEN ROMAN

Romantheorie von Christian Friedrich von BLANKENBURG, anonym erschienen 1774. – Das im Erscheinungsjahr von GOETHES *Werther* veröffentlichte Werk stellt den umfassendsten Beitrag zur Theorie und Technik des Aufklärungsromans in Deutschland dar. In seiner eher dialogisierenden als systematisierenden Abhandlung möchte Blankenburg, Argumente der zeitgenössischen roman- und dramentheoretischen Diskussion (DIDEROT, LESSING) aufnehmend, den Roman angesichts einer Fülle neu entstehender Werke *»zur Wahrheit und Natur zurücke führen«*. Als praktische Beispiele gelten dabei WIELANDS *Agathon* (1766/67) und FIELDINGS *Tom Jones* (1749). GOETHES *Werther* (1774) konnte Blankenburg erst ein Jahr später zur Untermauerung seiner Theorie heranziehen, *»in einer umfangreichen Rezension, die man als – teilweise korrigierenden – Nachtrag zum Text des* VERSUCHS *ansehen kann«* (K. Wölfel).
Ausgangspunkt und Grundlage von Blankenburgs Romantheorie bilden die Gegenüberstellung und wechselseitige definitorische Abgrenzung von antikem Epos und modernem Roman. Hierbei wird, parallel zur theoretischen Abhebung eines »heroischen« vom »bürgerlichen« Trauerspiel im 18. Jahrhundert, dem Epos der Bereich des Öffentlich-Repräsentativen, dem Roman dagegen der des Privaten zugewiesen. Die Gegenüberstellung *»öffentlicher Thaten und Begebenheiten des Bürgers«* (als politisches Wesen) im Epos mit den privaten *»Handlungen und Empfindungen des Menschen«* im Roman erfolgt nicht aus normativer Deduktion, vielmehr leitet Blankenburg die unterschiedlichen Bestimmungen von Epos und Roman aus den Verschiedenheiten der *»damaligen«* und *»jetzigen«* Welt ab. Diese Einsicht in die Zeitbedingtheit literarischer Gattungen erlaubt ihm eine unbefangene historische Betrachtungsweise, die dem Geschichtsdenken HERDERS verwandt ist. Nicht mehr gilt der Roman als die vom Epos abgeleitete Form. Ranggleich mit dem Epos hat der Roman aufgrund unterschiedlicher Entstehungs- und Wirkungsbedingungen andere Gegenstände der Darstellung, ein anderes Moralsystem und andere Schreibtechniken und Kunstmittel.
Die postulierte Hinwendung zur *»inneren Geschichte«* eines Menschen mit seinen *»Denkungs- und Empfindungskräften«* schafft Bedingungen für einen Typus des psychologischen Romans, bei dem *»die Begebenheiten dem Charakter untergeordnet seyn müssen«*. Das setzt nicht nur genaue psychologische Kenntnisse über die jeweilige Hauptfigur voraus, sondern die Fähigkeit, Veränderungen ihres inneren Zustands Schritt für Schritt nachzuzeichnen. Der Modus des Romans ist deshalb eine individuelle Geschichte, *»das Werden«* eines Menschen. Aufklärung und Darstellung des Innern und seiner Veränderungen, zentrale Motive der zeitgenössischen Empfindungslehre (Moses MENDELSSOHN), sind kein Selbstzweck. Die Absicht, Empfindungen im Roman darzustellen und beim Leser zu erregen, rechtfertigt sich nur im Hinblick auf einen moralischen Endzweck. Moralität jedoch bedeutet für Blankenburg kein Festhalten am überkommenen Heldenideal wie noch bei RICHARDSON. Aufgabe des Romanciers ist es vielmehr, *»mögliche Menschen der wirklichen Welt«* mit dem Ziel darzustellen, *»uns auf solche Art … zu unterhalten, die die Vervollkommnung des menschlichen Geschlechts«* befördert: Die sich im Bildungsgang vervollkommnende Hauptfigur des Romans soll der Vervollkommnung des Lesers dienen. Das kausalpsychologische Prinzip der folgerichtigen Verbindung von Ursache und Wirkung im Prozeß der inneren Entwicklung der Romancharaktere wird deshalb auch nicht als offene, sondern als teleologische Sukzession verstanden. Kausalnexus (möglichst lückenloser Motivationszusammenhang) und Finalnexus (Zielgerichtetheit des aufklärerischen Perfektibilitätsgebots) versucht Blankenburg miteinander zu verbinden. Er befindet sich damit im Umkreis jener Tradition, die den Dichter aufgrund der *»Schöpfung seiner kleinen [poetischen] Welt«* als *»Nachahmer des Schöpfers«* betrachtet; der kausalanalytische Pragmatismus vermag den teleologischen Harmoniegedanken nicht zu sprengen. – Als erzählerische Mittel empfiehlt der *Versuch* dem Romandichter insbesondere literarische Techniken

der anschaulichen Vergegenwärtigung. Dazu gehören hauptsächlich Möglichkeiten dramatischen Erzählens, die das Gespräch, der Monolog oder szenische Darstellungen im Roman bieten. Vom Romanautor wird eine Umwandlung von Erzählung in Handlung gefordert. Wie im Drama sollen Techniken der unmittelbaren Veranschaulichung der Illusionierung des Lesers dienen.
Blankenburgs historisch begründete Gleichstellung des Romans mit dem Epos und seine Hinwendung zum (modernen) psychologischen Entwicklungsroman mit den Mitteln dramatischen Erzählens bilden die wichtigsten Faktoren seiner Theorie. Das Postulat einer Geschichte des sich vervollkommnenden Individuums nimmt theoretisch vorweg, was der deutsche Bildungsroman des 18. und 19. Jh.s praktisch einlöst und fortführt. Die poetologische Verengung auf einen Charakterroman des inneren Werdens hat jedoch gleichzeitig vor allem eine Ausklammerung des historischen und satirischen Romans zur Folge, worauf bereits zeitgenössische Kritiker hinwiesen. W.Vo.

Ausgaben: Lpzg./Liegnitz 1774 [anon.]; Faks. Stg. 1965, Hg. u. Nachw. E. Lämmert.

Literatur: Ch. F. v. Blankenburg, Rez. (in Neue Bibl. d. schönen Wiss. u. d. freien Künste, 18, 1775, S. 46–95). – A.-L. Floersheim, *Der »Versuch über den Roman« des Freiherrn Ch. F. v. B.*, Diss. Mchn. 1926. – P. Michelsen, *L. Sterne u. der deutsche Roman des 18. Jh.s*, Göttingen 1962, S. 141–176. – W. Lockemann, *Die Entstehung des Erzählproblems. Untersuchungen zur deutschen Dichtungstheorie im 17. u. 18. Jh.*, Meisenheim 1963, S. 166–184. – J. Sang, *Ch. F. v. B. u. seine Theorie des Romans*, Diss. Mchn. 1966. – K. Wölfel, *F. v. B.s »Versuch über den Roman«* (in *Deutsche Romantheorien. Beiträge zu einer historischen Poetik des Romans in Deutschland*, Hg. R. Grimm, Ffm. 1968, S. 29–60; ern. 1974). – W. Hahl, *Reflexion u. Erzählung. Ein Problem der Romantheorie von der Spätaufklärung bis zum programmatischen Realismus*, Stg. 1971, S. 12–43. – W. Voßkamp, *Romantheorie in Deutschland von Martin Opitz bis F. v. B.*, Stg. 1973. – Ders., *B. u. B.rezeption. Probleme der Romanpoetik im 18. u. frühen 19. Jh.* (in Akten d. V. Intern. Germanisten-Kongr., 1976, 3, S. 193–200). – M. Vos, *The Concept of Dramatic Narration and Its Application to Novel Theory and Criticism in Germany up to F. v. B.*, Diss. Indiana Univ. 1975 [Kurzfassg. in: *Germanist. Diss. in Kurzfassg.*, Bern u. a. 1979, S. 128–133]. – M. Wächter, *Der wirkungspoetische Aspekt in der dt. Literaturtheorie von J. J. Bodmer, J. J. Breitinger bis C. F. v. B. (1740–1774)*, Diss. Potsdam 1978. – J. Jacobs, *Die Theorie u. ihr Exempel. Zur Deutung von Wielands »Agathon« in B.s »Versuch über den Roman«* (in GRM, 31, 1981, S. 32–42).

Johann Jakob Bodmer

* 19.7.1698 Greifensee bei Zürich
† 2.1.1783 Gut Schöneberg bei Zürich

Literatur zum Autor:
E. Flueler, *Die Beurteilung J. J. B.s. in der dt. Literaturgeschichte u. Lit.*, Salzburg 1951 [zugl. Diss. Fribourg]. – A. Nivelle, *Kunst- und Dichtungstheorien zwischen Aufklärung u. Klassik*, Bln. 1960. – W. Bender, *J. J. B. u. J. J. Breitinger*, Stg. 1973. – E. R. Szilágyi, *Un Parcival au XVIIIe siècle. Hommage à J. J. B.* (in Neohelicon, 11, 1984, Nr. 2, S. 65–80).

CRITISCHE ABHANDLUNG VON DEM WUNDERBAREN IN DER POESIE UND DESSEN VERBINDUNG MIT DEM WAHRSCHEINLICHEN. In einer Vertheidigung des Gedichtes Joh. Miltons von dem verlohrnen Paradiese; Der beygefüget ist Joseph Addisons Abhandlung von den Schönheiten in demselben Gedichte

Dichtungstheoretische Schrift von Johann Jakob Bodmer, erschienen 1740. – Die Kunstauffassung Bodmers, zunächst der französischen Vorstellung von Naturnachahmung nahestehend, veränderte sich grundlegend durch seine Begegnung mit dem großen biblischen Epos *Paradise Lost* (1667) von John Milton und durch sein Studium der italienischen Ästhetik. Miltons »Natürlichkeit« liegt nach der Auffassung Bodmers nicht eine Nachahmung des Wirklichen, sondern des Möglichen zugrunde. Der Künstler müsse hinter dem Bild des Sichtbaren das nur seiner Phantasie zugängliche und ihm allein bekannte Unsichtbare anschaulich machen. Jedes künstlerische Erzeugnis entstehe aus der vollkommenen Verbindung von äußerem Zeichen und innerer Erscheinung. Die Fähigkeit des Künstlers, eine solche Verbindung zu schaffen, nannte Bodmer *»malen«*. Auch der Dichter soll malen, nicht erzählen, und wie groß der Anteil der Wirklichkeit an seinem Werk auch sein möge, so solle er sie doch mittels der Phantasie umgestalten, freilich ohne die Grenzen des Wahrscheinlichen zu überschreiten. Da die Alltagssprache für diese Verwandlung der Wirklichkeit nicht genügt, sie auch das Phantastische nicht ausdrücken kann, wird die Ausbildung einer poetischen Sprache zur wichtigsten Forderung. Hierbei kommt Bodmer zu einem mystischen Begriff der Sprache, die zwischen der Form des Gegenstands und seiner Bestimmung eine magische Beziehung herstellt. Da der Dichter die Wirklichkeit in das Reich der Phantasie erheben und den Traum im Reich der Wirklichkeit ansiedeln kann, sind ihm beide Reiche untertan.

Die Schrift brachte Bodmer, dessen Arbeit im Zusammenhang mit der des Zürcher Literaturtheoretikers J. J. BREITINGER zu sehen ist, in Widerspruch zu den Verfechtern der rationalistischen, auf Formalismus und feste Regeln gegründeten Ästhetik, besonders zu GOTTSCHED. Obwohl er wie dieser, wenn auch aus anderen Gründen, SHAKESPEARE ablehnte, so trug seine Auffassung von der Dichtung doch dazu bei, die für die deutsche Literatur so entscheidende Entdeckung des englischen Dichters durch LESSING und HERDER vorzubereiten. Gemeinhin hat man in den Poetiken Bodmers wie Breitingers erste Ansätze zu einem modernen, individualistischen Kunstbegriff gesehen, die neuere Forschung hat jedoch hier kritische Anmerkungen zur politischen wie religiösen Gebundenheit des Natur- und Phantasiebegriffs der beiden Schweizer gemacht, deren Schriften anscheinend nicht ohne weiteres – losgelöst von den konkreten Verhältnissen der Stadt Zürich – auf jene zumeist norddeutschen Territorien übertragen werden dürfen, in denen die Säkularisierung bereits weiter fortgeschritten war. Aus diesem Grund wird mittlerweile auch die Einflußnahme Bodmers wie Breitingers auf aufgeklärte Autoren wie Lessing oder WIELAND relativiert: *»In ihnen finden die säkularen Tendenzen der ersten Jahrhunderthälfte zwar unterschiedliche, aber machtvolle Vertreter, während die Züricher Poetik und Poesie grundsätzlich an der religiösen Bindung der Dichtung festhielt und sich deshalb der weiteren literarischen Entwicklung in Norddeutschland entfremdete«* (R. Meyer). G.N.-KLL

AUSGABEN: Zürich 1740. – Stg. 1980 (in J. J. B., J. J. Breitinger, *Schriften zur Literatur*, Hg. V. Meid; RUB).

LITERATUR: F. Servaes, *Die Poetik Gottscheds u. d. Schweizer*, Straßburg 1887. – F. Braitmaier, *Geschichte der poetischen Theorie u. Kritik von den Diskursen der Maler bis auf Lessing*, 2 Bde., Frauenfeld 1888/89. – A. Pellegrini, *Gottsched, B., Breitinger e la poetica dell'Aufklärung*, Catania 1952. – M. Wehrli, *J. J. B. entdeckt Dante* (in Dt. Dante-Jb., 48, 1973, S. 24–41). – R. Meyer, *Restaurative Innovation. Theologische Tradition und poetische Freiheit in der Poetik B.s. und Breitingers* (in *Aufklärung u. lit. Öffentlichkeit*, Hg. C. Bürger u. a., Ffm. 1980, S. 39–82; es).

ULRICH BRÄKER

* 22.12.1735 Näbis im Toggenburg / Schweiz
† 11.9.1798 Wattwil / St. Gallen

LEBENSGESCHICHTE UND NATÜRLICHE EBENTHEUER DES ARMEN MANNES IM TOCKENBURG

Autobiographie von Ulrich BRÄKER, erschienen 1789. – Der Verfasser, ein armer Kleinbauer und Garnhausierer, der nur wenige Wochen eine kümmerliche Dorfschule besuchte, schrieb zwischen 1781 und 1785 die Geschichte seiner Jugend- und Mannesjahre nieder, *»bei schwacher Lampe an Sonntagen oder sonst in freien Augenblicken«*, seinen Nachkommen *»zur Vermahnung«*. Seine Kindheit verbringt er in primitiven Verhältnissen als Hirtenjunge und Tagelöhner. Mit neunzehn Jahren fällt er betrügerischen Werbern in die Hände und muß, nach hartem preußischem Drill, in der Armee Friedrichs des Großen am Siebenjährigen Krieg teilnehmen. Bereits in der ersten Schlacht (1756 bei Lobowitz) desertiert Bräker und gelangt nach abenteuerlichen Irrwegen wieder in seine Schweizer Heimat. Redlich schlägt er sich in den folgenden Jahren des Hungers und Elends als Bauer durch. Versuche, sich im Garnhandel emporzuarbeiten, scheitern. Dem Unwillen einiger standesbewußter Bürger zum Trotz wird der einfache Bauer 1776 in die »Moralische Gesellschaft zu Lichtensteig« aufgenommen, die in wirtschaftlichen und kulturellen Fragen »aufklärend« auf das »Volk« zu wirken versucht. Dort findet Bräker Gelegenheit, sich durch ausgedehnte Lektüre fortzubilden; auch legt er hier das »Samenkorn« für seine spätere »Autorschaft« mit der Preisschrift *Über den Baumwollengewerb und den Kredit*.

Seine Autobiographie hat Bräker *»zusammengeflickt«* aus den *»kuderwelschen Papieren«* eines mehr als 4000 Seiten umfassenden Tagebuchs. Die Schriftstellerei wird darin als eine von widrigen Lebensumständen erzwungene Ersatzbeschäftigung definiert: *»Die Welt ist mir zu eng. Da schaff ich mir denn eine neue in meinem Kopf«* (30. 1. 1791). Schreibend überwindet er seine persönlichen, aus der zeitgenössischen Gesellschaftsstruktur resultierenden Leiderfahrungen und erhebt sich so über die Trostlosigkeit des Alltags, gerät aber zugleich durch seinen unstandesgemäßen Bildungsdrang von neuem mit den Anforderungen des praktischen Lebens in Konflikt. Bräkers Neigung zu rechtfertigender Selbstanalyse ist Erbe der pietistischen Tradition, der die breite Entfaltung des autobiographischen Schrifttums im 18. Jh. zu verdanken ist. Werke wie die Selbstbiographie JUNG-STILLINGS und der autobiographische Roman *Anton Reiser* von K. Ph. MORITZ waren Bräker bekannt. Doch bleibt er sich eines Abstandes zwischen dieser »hohen« Literatur und seinem eigenen schriftstellerischen Dilettantismus stets bewußt: *»Wenn ich zumal in irgend einem guten Schriftsteller las, mocht ich mein Geschmier vollends nicht mehr ansehen.«*

Die *Lebensgeschichte des armen Tockenburgers* wurde nicht nur in der Schweiz gelesen; auch der Berliner Friedrich NICOLAI lobte diese *»Szenen aus der schlichten Natur«*. Die Nachwelt jedoch vergaß Bräker; im 20. Jh. wurde er nur zögernd wiederentdeckt – nicht zuletzt dank Hans MAYER, der auf die *»einzigartige Stellung dieses wohl ersten ... plebejischen Schriftstellers in der Literatur des ausgehenden 18. Jahrhunderts in Deutschland«* hinwies. Durch Bräkers *»Kritzeleien und Hirngeburten«* wird die Lebenswirklichkeit der unteren Volksklassen, die in der übrigen zeitgenössischen Literatur entweder ausgespart blieb oder idealisiert wurde, erstmals detailliert beschrieben. Gerade der unbeholfene, aber bemühte Umgang Bräkers mit der Sprache verleiht seinen »Bekenntnissen« ein hohes Maß an Spontaneität und darstellender Präzision. KLL

AUSGABEN: Zürich 1789. – Bln. 1910 [Einl. A. Wilbrandt]. – Basel 1945 (in *Leben u. Schriften*, Hg. u. Einl. S. Voellmy, 3 Bde., 1). – Bln./Weimar 1964 (in *Werke*, Hg. u. Einl. H.-G. Thalheim; ²1966). – Stg. 1965, Hg. u. Nachw. W. Günther (RUB; ern. 1979). – Mchn. 1965 [Nachw. W. Pfeiffer-Belli]. – Zürich 1978, Hg. S. Voellmy u. H. Weder [Vorw. H. Mayer].

LITERATUR: S. Voellmy, *U. B., der arme Mann im Tockenburg*, Zürich 1923. – Ders., *Daniel Girtanner von St. Gallen, U. B. aus dem Toggenburg u. ihr Freundeskreis*, Diss. Basel 1928. – H. Mayer, *Aufklärer u. Plebejer. U. B., der arme Mann im Tockenburg* (in H. M., *Von Lessing bis Thomas Mann*, Pfullingen 1959, S. 110–133). – S. Voellmy, *Lieblingslektüre U. B.s, des armen Mannes im Tockenburg*, Basel/Stg. 1975. – K. Geiger u. a., *Die Tagebücher des Armen Mannes im Toggenburg als Geschichtsquelle*, Flawil 1978. – H. Böning, *U. B. Der Arme Mann aus dem Toggenburg. Leben, Werk und Zeitgeschichte*, Königstein/Ts. 1985.

JOHANN JAKOB BREITINGER

* 1.3.1701 Zürich
† 13.12.1776 Zürich

LITERATUR ZUM AUTOR:
A. Nivelle, *Kunst- u. Dichtungstheorien zwischen Aufklärung u. Klassik*, Bln. 1960. – W. Bender, *J. J. Bodmer u. J. J. B.*, Stg. 1973.

CRITISCHE DICHTKUNST. Worinnen die Poetische Mahlerey in Absicht auf die Erfindung Im Grunde untersuchet und mit Beyspielen aus den berühmtesten Alten und Neuern erläutert wird

Dichtungstheoretisches Werk von Johann Jakob BREITINGER, zwei Bände, erschienen 1740; der zweite Band, mit einer Vorrede von Johann Jakob BODMER (1698–1783), trägt den Titel *Fortsetzung der Critischen Dichtkunst Worinnen die Poetische Mahlerey in Absicht auf den Ausdruck und die Farben abgehandelt wird*. – Breitinger veröffentlichte sein Werk zehn Jahre nach GOTTSCHEDS *Versuch einer Critischen Dichtkunst vor die Deutschen*. Die Meinungsverschiedenheiten zwischen Gottsched und den Schweizern Bodmer und Breitinger, die später in einen regelrechten »Literaturkrieg« ausarteten, beschränken sich hier jedoch auf verhältnismäßig wenige, allerdings entscheidende Punkte. Der erste Band enthält vor allem kunstphilosophische und dichtungstheoretische Betrachtungen mit zahlreichen nachahmenswerten Beispielen. Erst im zweiten Band geht Breitinger dann konkreter auf Einzelfragen, wie die poetischen Gattungen, Wortwahl und Stil, ein.

In den ersten Kapiteln wird die Theorie von der »malenden Dichtkunst« gerechtfertigt *(»Die Maler und Poeten sind nur in der Ausführung ihres Vorhabens verschieden«)*. Ebenso wie Gottsched fordert Breitinger die Nachahmung der Natur und *»der Alten«*, d. h. der antiken Dichter, und vertritt den Standpunkt des HORAZ, daß Dichtung gleichzeitig belehren und unterhalten solle *(prodesse* und *delectare)*. Um das Interesse seines Publikums zu erregen, müsse es einem Dichter gelingen, *»gemeinen Dingen das Ansehen der Neuheit beizulegen«*. Während Gottsched der Ansicht ist, daß Dichtung sich vor allem an den menschlichen Verstand wende, will Breitinger, daß sie auch das Gemüt anspricht. Kunst solle *»die Kraft der Gemüter einnehmen und entzücken«*. Dementsprechend tritt er auch ausdrücklich für »das Wunderbare« in der Poesie ein, das Gottsched nach Möglichkeit daraus verbannen will. Nach Auffassung Breitingers ist es am besten, wenn der Dichter geschickt »das Wunderbare« mit »dem Wahrscheinlichen« verbindet: *»Dieses erwirbt seiner Erzählung Glauben, und jenes verleiht ihr eine Kraft, die Aufmerksamkeit des Lesers zu erhalten und eine angenehme Verwunderung zu gebären«*. Entschieden weist er Gottscheds Kritik an der Unwahrscheinlichkeit mancher Vorgänge in den Epen HOMERS zurück und empfiehlt die Verwendung der *»alten Sagen«*. Obwohl sie in *»unseren erleuchteten Zeiten«* nicht mehr glaubhaft seien, könne der Dichter sie immer noch gebrauchen. Denn die *»alte Mythologie ist eine der reichsten und fruchtbarsten Quellen des poetischen Schönen, die dem Poeten eine Menge wunderbarer Bilder in die Hand gibt«*.

Im Gegensatz zu Gottsched, dessen Vorbild der französische Klassizismus war, orientiert sich Breitinger hauptsächlich an der englischen Literatur. Er verteidigt MILTONS *Paradise Lost*, empfiehlt es z. B.

bei der Wahl poetischer Bilder als Muster, und ist auch von den Tendenzen der ›Moralischen Wochenschriften‹ ADDISONS (›Tatler‹, ›Spectator‹, ›Guardian‹) beeinflußt. Er und Bodmer gehörten zu den ersten, die für den Irrationalismus der Dichtung KLOPSTOCKS Verständnis zeigten, ihre Anschauungen haben die Entwicklung der deutschen Literatur im 18. Jh. bis hin zum »Sturm und Drang« mitbestimmt, obgleich die neuere Forschung hier Vorbehalte anmeldet, da der Natur- und Phantasiebegriff Breitingers wie Bodmers in starker Abhängigkeit von den spezifischen sozialen und politischen Verhältnissen der Stadt Zürich in der Mitte des 18. Jh.s zu stehen scheint und, wie v. a. R. MEYER in seiner Studie schlüssig nachwies, eine nachhaltige religiöse Bindung aufweist, während sich die norddeutschen Aufklärer, darunter auch Klopstock und LESSING, davon zu befreien suchten. A.Sch.

AUSGABEN: Zürich/Lpzg. 1740, 2 Bde. – Lpzg. 1935 (in DL, R. Aufklärung, 3; Ausw.). – Stg. 1966, Nachw. W. Bender, 2 Bde. [Faks. d. Ausg. 1740]. – Stg. 1980 (in Bodmer/Breitinger, *Schriften zur Literatur*; Ausw., Hg. V. Meid; RUB).

LITERATUR: J. Braeker, *Der erzieherische Gehalt in J. J. B.s »Critischer Dichtkunst«*, St. Gallen 1950 [zugl. Diss. Zürich]. – J. A. Kowalik, *The »Critische Dichtkunst« reconsidered: production, reception, and B.'s neoclassical concept of historical perspective*, Diss. Stanford Univ. 1985. – Vgl. auch *Critische Abhandlung ...*

BARTHOLD HEINRICH BROCKES

* 22.9.1680 Hamburg
† 16.1.1747 Hamburg

LITERATUR ZUM AUTOR:
O. Janssen, *Naturempfindung und Naturgefühl bei B. H. B.*, Diss. Bonn 1907. – A. Schmidt, *»Nichts ist mir zu klein«* (in A. S., *Die Ritter vom Geist*, Stg. 1965, S. 57–89; ern. in A. S., *Nachrichten von Büchern und Menschen*, Ffm. 1971, S. 7–27; FiTb). – *B. H. B. Dichter und Ratsherr in Hamburg. Neue Forschungen zu Persönlichkeit und Wirkung*, Hg. H.-D. Loose, Hbg. 1980 [m. Bibliogr.]. – I. Knodt, *B. H. B. Ein Dichter der Frühaufklärung*, Koblenz 1981 [Ausst.-Kat.]. – U.-K. Ketelsen, *B. H. B.* (in *Dt. Dichter des 17. Jh.s*, Hg. H. Steinhagen u. B. v. Wiese, Bln. 1984, S. 839–851).

IRDISCHES VERGNÜGEN IN GOTT
bestehend in verschiedenen aus der Natur und Sitten-Lehre hergenommenen Gedichten

Gedichtsammlung von Barthold Heinrich BROKKES, erschienen in neun Bänden 1721–1748. – Das Werk des Hamburger Dichters umfaßt neun Teile, von denen einige neben den eigenen Gedichten auch Übersetzungen bringen: der erste Teil elf Fabeln von Antoine de LA MOTTE-HOUDART (1672–1731); der zweite moralisierende Prosastücke aus dem Englischen und Französischen; der dritte die umfangreiche *Übersetzung von Grund-Sätzen der Weltweisheit des Herrn Abts Genest*, im siebten Teil stehen Übersetzungen der *Night Thoughts* von YOUNG, der achte enthält im Anhang eine kleine Prosaerzählung von einem Schiffbrüchigen, der, auf eine paradiesische Insel verschlagen, die Weisheit Gottes in der Schöpfungsordnung erfährt. Der neunte Teil bringt im Anhang Aphorismen.

Durchgehender Grundzug der Sammlung, deren spätere Bände den Einfluß des *Essay on Man* von Alexander POPE und der *Seasons* von James THOMSON erkennen lassen (beides Werke, die Brockes übersetzt hatte), ist die Veranschaulichung und Verherrlichung der vollkommenen Schönheit und Zweckmäßigkeit der Natur und damit zugleich auch ihres Schöpfers; sinnenhaftes Aufnehmen der Dinge und ihre beschauliche Betrachtung ergeben einen *»vernünftigen und begreiflichen Gottesdienst«*: *»Wer also jederzeit mit fröhlichem Gemüt / In allen Dingen Gott als gegenwärtig sieht, / Wird sich, wenn Seel und Leib sich durch die Sinne freuen, / Dem großen Geber ja zu widerstreben scheuen.«* Gottes Existenz ist durch die Schöpfungsordnung bestätigt; Brockes erstrebt einen teleologischen Gottesbeweis mittels einer endlosen Reihe sich thematisch ständig wiederholender Gedichte: Ein naives Gottes- und Weltbild steht dahinter, geprägt von dem pietistisch-gläubigen Gefühl der Geborgenheit in der »besten aller Welten« und dem charakteristischen Optimismus der Aufklärungszeit, der die Akzente bei der Betrachtung der Natur vor allem auf deren Nutzen für den Menschen legte. Folgerichtig erscheinen Tugend und Glück als ethische Leitwerte, die durch rechte Lebensführung erwerbbar sind. Für den Menschen ist Selbstbescheidung die angemessene Haltung, und es ist nur »vernünftig«, sie angesichts der übewältigenden Größe des umgebenden Kosmos einzunehmen. Theodizee und Idylle umgrenzen demnach Absicht und Form des Werks.

Die einzelnen Gedichte nehmen einfache Naturbeobachtungen zum Ausgang für weitschweifige (oft über hundert Strophen lange) Reflexionen: *Frühe Knospen an einem Birnbaum, Gras, Dreyerley Violen, Die kleine Fliege, Wasser*; es finden sich Gedichte über den Tagesablauf, die Jahreszeiten und viele Neujahrsgedichte. Oft entzünden sich die Gedanken des Verfassers auch an den banalsten Dingen; Betrachtungen über den Schnupftabak etwa führen zu der Erkenntnis, daß auch der Mensch nur Staub

sei. Besonders in den späteren Gedichten verliert sich der Autor in heute kaum mehr nachvollziehbaren teleologischen Spitzfindigkeiten. Von Bedeutung für die Zeit jedoch war der neue Ansatz: die Hinwendung des Dichters zum unmittelbar Geschauten, zur sinnlich erfahrbaren Realität, die eine übersinnliche Offenbarung überflüssig erscheinen ließ. Trotz aller stilistischer Kuriositäten und Schnörkel gelingen Brockes in den ersten Teilen des Zyklus Schilderungen von bis dahin selten gekannter Anschaulichkeit: *»Es schien, als wär ein Schnee gefallen; / Ein jeder, auch der kleinste Ast / Trug gleichsam eine rechte Last / Von zierlich weißen runden Ballen. / Es ist kein Schwan so weiß, da nämlich jedes Blatt, / Indem daselbst des Mondes sanftes Licht / Selbst durch die zarten Blätter bricht, / Sogar den Schatten weiß und sonder Schwärze hat. / Unmöglich, dacht ich, kann auf Erden / Was weißers aufgefunden werden« (Kirschblüte bei Nacht).*
In dem Zyklus finden sich die verschiedensten Verstypen: monotone Reihungen achthebiger Langzeilen, meist paarweise gereimt; vierhebige Verse in zum Teil strophischer Gliederung; Alexandriner; *Sing-Gedichte* und dialogisch angelegte Strophen; einige Gedichte sind *Aria* oder *Arioso* überschrieben. – Das *Irdische Vergnügen in Gott* wurde in der ersten Hälfte des 18. Jh.s vielfach neu aufgelegt, vor allem die ersten Bände; 1738 erschien, von Wilckens und Hagedorn besorgt, eine Auswahl aus dem schier unübersehbaren Zyklus. M.Br.

Ausgaben: Hbg. 1721–1748, 9 Tle. – Hbg. 1738 (*Auszug der vornehmsten Gedichte, aus dem von Herrn B. H. B. in fünf Teilen herausgegebenen Irdischen Vergnügen in Gott*, Hg. F. v. Hagedorn u. M. A. Wilckens; Lpzg. 21763). – Zwickau 1824 [Ausw.]. – Braunschweig 1917 (*Der Schöpfungsgarten*, Hg. R. v. Delius; Ausw.). – Hannover 1920, Hg. W. Fraenger [Ausw.]. – Hbg. 1947 (*Spuren der Gottheit*, Hg. W. Krogmann; Ausw.). – Stg. 1965 [Faks. der Ausg. 1738; Nachw. D. Bode]. – Weimar 1975 [Ausw.; m. e. Essay v. E. Haufe]. – Hbg. 1982 Hg. u. Einl. G. Guntermann [Ausw.].

Literatur: F. v. Manikowski, *Die Welt- u. Lebensanschauung in dem »Irdischen Vergnügen in Gott« von B. H. B.*, Diss. Greifswald 1914. – H. W. Pfund, *Studien zu Wort u. Stil bei B.*, NY/Lancaster 1935. – F. Diamant, *Die Naturdichtung von Pope, B. u. Haller*, Diss. Wien 1937. – H. M. Wolff, *B.'s Religion* (in PMLA, 62, 1947, S. 1124–1152). – F. Löffelholz, *Wirklichkeitserlebnis u. Gottesvorstellung in B. H. B.s »Irdisches Vergnügen in Gott«*, Diss. Ffm. 1955. – I. Kupffer, *Das »Irdische Vergnügen in Gott« von B. H. B. Eine Untersuchung zu Wesen u. Entwicklung der Naturlyrik*, Diss. Göttingen 1956. – E. M. Friese Apitz, *The Poetic Development of B. H. B. in His »Irdisches Vergnügen in Gott«*, Diss. Johns Hopkins Univ. 1971. – H. P. Fry, *Aspects of Tradition in B. H. B. »Irdisches Vergnügen in Gott«, 1721*, Diss. Univ. of North Carolina at Chapel Hill 1975. – G. Guntermann, *B. H. B. »Irdisches Vergnügen in Gott« und die Geschichte seiner Rezeption in der deutschen Germanistik*, Bonn 1980.

Gottfried August Bürger

* 31.12.1747 Molmersweide / Harz
† 8.6.1794 Göttingen

Literatur zum Autor:
W. v. Wurzbach, *G. A. B. Sein Leben und seine Werke*, Lpzg. 1900. – W. A. Little, *G. A. B.*, NY 1974. – G. Kluge, *G. A. B.* (in *Deutsche Dichter des 18. Jh.s*, Hg. B. v. Wiese, Bln. 1977, S. 594–618). – H. Kinder, *B.s Liebe*, Ffm. 1981. – H. J.-Ketzer, *Untersuchungen zur Herausbildung der ästhetischen Auffassungen G. A. B.s*, Diss. Lpzg. 1983.

DAS LYRISCHE WERK von Gottfried August Bürger.
Gemeinsamer Charakterzug aller lyrischen Dichtungen Bürgers ist die Volkstümlichkeit. Sie ist auch dominierendes Thema in Bürgers poetologischen Überlegungen, und sie kennzeichnet die Wirkung seiner Gedichte. In der Schrift *Aus Daniel Wunderlichs Buch* (1776) – darin besonders der Abschnitt *Herzensausguß über Volkspoesie* – und im Fragment *Von der Popularität der Poesie* (1784) hat er das Postulat der Volkstümlichkeit der Poesie begründet: *»Alle Poesie soll volkstümlich sein, denn das ist das Siegel ihrer Vollkommenheit.«* Der Dichter als Sprecher der Nation hat die Empfindungen und Vorstellungen, die Wünsche und Phantasien des Volkes auszudrücken. Unter der Bezeichnung *»Volk«* verstand Bürger nicht nur die unteren Schichten, vielmehr alle Stände innerhalb einer Nation. Diese Auffassung, die sich eng an J. G. Herders National- und Volkslied-Konzeption anlehnt, wendet sich gegen jede artifizielle, elitäre oder gelehrte Dichtkunst. Die Poesie ist *»Lehrerin der Menschen«*, ihre Stoffe entstammen der kollektiven Phantasie, ihre Darstellung muß sich an der Unmittelbarkeit, dem prägnanten Ausdruck, der Kürze und Verständlichkeit, der leichten Faßlichkeit orientieren, wobei das Natürliche der Maßstab ist. Für die zumeist im ›Göttinger Musenalmanach‹ erschienenen Lieder und Balladen ist überdies wichtig, daß sie durch ihre kollektive Rezeption gemeinschaftsbildend wirken. In der Vorrede zur zweiten Ausgabe seiner Gedichte von 1789 (Erstausgabe 1778) hat Bürger die Grundsätze, die ihn geleitet haben, zusammengefaßt. Es sind dies sein Streben nach *»Klarheit, Bestimmtheit, Abrundung, Ordnung und Zusammenklang der Gedanken und Bilder; nach Wahrheit, Natur und Einfalt der Emp-*

findungen; nach dem eigentümlichsten und treffendsten, nicht eben aus der toten Schrift –, sonder mitten aus der lebendigsten Mundsprache aufgegriffenen Ausdrucke derselben; nach der pünktlichsten grammatischen Richtigkeit, nach einem leichten ungezwungenen, wohlklingenden Reim- und Versbau.« SCHILLER hat in seiner Rezension *Über Bürgers Gedichte* (1791), die vor allem eine Abrechnung mit dem Sturm und Drang, mit seiner eigenen literarischen Vergangenheit und eine Vorbereitung der Konzeption der »Ästhetischen Erziehung« war, Bürger scharf kritisiert. Er tadelt den subjektiven und privaten Charakter einer solchen volkstümlichen Lyrik, die sich nur an die *»Fassungskraft des großen Haufens«* halte und nicht die Idealisierung und Allgemeinheit von Verhältnissen zum poetischen Zweck habe. Insbesondere lehnt er die Sinnlichkeit, die Ausschweifungen der Begierde bei Bürger ab *(»sinnlicher, oft gemeinsinnlicher Charakter«)*. Da Bürger oft der unmittelbaren Eingebung folge, verhindere er in seinem Gedicht die *»Harmonie des Ganzen«*; er verliere sich ans Beliebige, anstatt das Individuelle ins Menschheitliche *»hinaufzuläutern«*, um so das Idealschöne zu verwirklichen. Schiller intendierte eine Revolutionierung der Denkart mittels ästhetischer Erziehung, für die Lyrik ein Ausdrucksmittel des Erhabenen und Idealischen war. Bürger ging es dagegen um die Emanzipation der Sinnlichkeit und um eine Rechtfertigung des Authentischen; jedes Verallgemeinern und Idealisieren lehnte er als Schematismus ab. Er wollte Spontaneität und Unmittelbarkeit für die Dichtung retten und blieb damit der Sturm-und-Drang-Periode, allerdings unter Einbezug rationalistischer und anakreontischer Elemente, verhaftet. Bürger verfaßte eine Anti-Kritik, in der er einige Vorwürfe Schillers akzeptierte, jedoch vom Grundsatz der »Popularität« nicht abwich.

Zwei Themenkreise dominieren in Bürgers Lyrik: Politik und Erotik. In den politischen und sozialrevolutionären Dichtungen greift er den Absolutismus und vor allem die Aristokratie an, die durch Anmaßung und Willkür die Rechte anderer, insbesondere der Bauern, verletzte. Als Amtmann im Bezirk Altengleichen bei Göttingen hatte der Jurist Bürger in den Jahren 1772 bis 1784 einschlägige Erfahrungen sammeln können. Im Gedicht *Der Bauer. An seinen durchlauchtigen Tyrannen* (1773) läßt er einen Bauern den Fürsten anklagen *(»Wer bist du, Fürst«)*, der – ähnlich wie der Wild- und Rheingraf in der Ballade *Der wilde Jäger* – ohne Rücksicht auf die bestellten Felder und die Arbeit des Landmannes seinem Jagdvergnügen nachgeht und die Ernte verdirbt *(»Das Brot, du Fürst, ist mein«)*. Er bestreitet ihm schließlich seine Legitimation: *»Ha! du wärst Obrigkeit von Gott? / Gott spendet Segen aus; du raubst! / Du nicht von Gott, Tyrann!«*

In *Die Tode* (1792/1793) geht es Bürger um die Opfer seiner Landsleute im Namen des Vaterlandes im Zusammenhang mit den Interventionskriegen gegen das revolutionäre Frankreich. Dem ehrenvollen Opfertod für *»Tugend, Menschenrecht und Menschenfreiheit«* stellt er die sinnlosen Qualen für eine bornierte Majestät und elende Tyrannen gegenüber: *»Für blanke Majestät und weiter nichts verbluten, / Wer das für groß, für schön und rührend hält, der irrt. [...] Sich für Tyrannen gar hinab zur Hölle balgen, / Das ist der Tod, der nur der Hölle wohlgefällt.«* Ähnlich ist die Thematik in *Für wen, du gutes deutsches Volk* (1793).

In der Ballade *Des Pfarrers Tochter von Taubenhain* (1781) steht eine typische Sturm-und-Drang-Figur im Zentrum: die Kindsmörderin. Als Tochter eines puritanisch strengen Vaters ist sie den Versprechungen und Verführungskünsten eines wollüstigen Junkers erlegen und tötet in Geistesverwirrung ihr Kind. Dabei wird das einfältige Vertrauen eines liebenden Mädchens gegen Standesunterschiede, aristokratischen Libertinismus und zynisches Begehren sarkastisch ausgespielt. Neben der Natur, die gegen die erstarrten Konventionen von Gesellschaft und Moral aufgerufen wird, fungiert die Liebe als Urkraft, Schöpferenergie *(Elemente, Das neue Leben)*, als elementares Ausgeliefertsein an Genuß und Verlust *(Gegenliebe, Der Liebeskranke)*; sie wird pantheistisch *(Seufzer eines Ungeliebten)* oder verklärend *(Die Umarmung)* als Glückserfahrung und Objekt der Trauer thematisiert *(Mollys Abschied, Trauerstille)*.

In der frühen Lyrik Bürgers herrschen das Liebesthema als Fest der Sinne in der Manier hedonistischer Studentenpoesie in häufig mythologischer Einkleidung und der Ton heiterer Frivolität vor *(Nachtfeier der Venus)*. Daneben entstehen anakreontische Tändeleien *(Lust am Liebchen, Hummellied, Das Herz)*, bis schließlich der empfindsame Liebeston angeschlagen wird. Leidenschaft, Affekt, die zerstörerische Wirkung einer verbotenen Liebe und die Trauer über den Verlust des geliebten Wesens bestimmen die *Molly*-Gedichte. Sie sind Zeugnisse der Liebe zu Auguste, genannt Molly, der Schwester seiner ersten Frau Dorette Leonhart, die Bürger nach Dorettes Tod (1784) heiratete, aber bereits nach zwei Jahren verlor. Bürger berief sich auf ein Naturrecht der Liebe in dem Sonett *Naturrecht: »Was wehrt es denn mir Menschensatzung, bloß / Aus blödem Wahn, in Mollys Wonneschoß, / Von Lieb' und Lust bezwungen, hinzufallen?«* Das Liebesverhältnis zu beiden Frauen und ihr als skandalös empfundenes Zusammenleben glich der Figuration des *Grafen Gleichen* und seiner Frauen sowie der *Stella*-Konstellation bei SWIFT und GOETHE. Aus der delikaten Beziehung und Ehe (1790–1792) mit Elise Hahn, die Bürger per Gedicht zur Heirat aufgefordert hatte (*An den Dichter Bürger*, 1789), sind ebenfalls einige lyrische Zeilen *(An das Schwabenmädchen ..Y..)*, vor allem jedoch eine Anzahl bemerkenswerter Briefe hervorgegangen.

Vor allen anderen Dichtungen blieb der Name Bürgers mit der Kunstballade *Lenore*, im Balladenjahr 1773 entstanden, verbunden. Durch die Verschmelzung von sozialem Thema (Elend des Krieges, Verzweiflung und Schicksal der Frauen) und Naturmagie, durch die Mischung von Dramatik,

Schauerlichem, Lautmalerischem und Religionsskepsis wurde *Lenore* zum Prototyp deutschsprachiger Balladenkunst und damit gattungsnormierend. Außerdem hat Bürger politische *(Des Pfarrers Tochter von Taubenhain)*, satirische (*Der Raubgraf*, 1773), komische (*Frau Schnips, Der Kaiser und der Abt*, 1785) und didaktische Balladen (*Das Lied vom braven Mann*, 1777) geschrieben.

Persönliche Erfahrungen und Erlebnisse, Bilder aus den historischen Welttäuften hatten neben dem Bänkelsang, der Sammlung Thomas PERCYS (*Reliques of Ancient English Poetry*, 1765) und dem Göttinger Hain (dessen empfindsamer Ton, weniger das Pathos der Tugend) auf Bürgers Phantasie gewirkt. Er ist in vieler Hinsicht ein Nachfahre des Barockdichters Johann Christian GÜNTHER (1695–1723). H.Ba.

AUSGABEN: Göttingen 1778; ²1789. – Lpzg./Wien 1891 (*Gedichte*, Hg. A. E. Berger). – Lpzg. 1902; ²1924 (in *SW*, Hg. W. v. Wurzbach, 4 Bde., 1/2). – Bln. u. a. 1909; ²1914 (*Gedichte*, Hg. E. Consentius, 2 Tle.). – Stg. 1961 (*Gedichte*, Hg. J. Hermand; RUB).

LITERATUR: L. Kaim-Kloock, *G. A. B. Zum Problem der Volkstümlichkeit in der Lyrik*, Bln. 1963. – W. Hink, *Die dt. Ballade von Bürger bis Brecht*, Göttingen 1978. – G. Köpf, *F. Schillers »Über Bürgers Gedichte«. Historizität als Norm einer Theorie des Lesers* (in Jb. d. Wiener Goethevereins, 81–83, 1977–1979, S. 263–273). – A. Höger, *»Und etwas anders noch ...« Galanterie u. Sinnlichkeit in den Gedichten G. A. B.s* (in Text und Kontext, 9, 1981, S. 250–270). – H. Laufhütte, *Vom Gebrauch des Schaurigen als Provokation zur Erkenntnis. G. A. B.s »Des Pfarrers Tochter von Taubenhain«* (in *Gedichte und Interpretationen*, Bd. 2, Stg. 1983, S. 386–410). – M. Woodmansee, *Die poetologische Debatte um B.s »Lenore«* (in *Verlorene Klassik?*, Hg. W. Wittkowski, Tübingen 1986, S. 237–254).

WUNDERBARE REISEN ZU WASSER UND LANDE, FELDZÜGE UND LUSTIGE ABENTHEUER DES FREYHERRN VON MÜNCHHAUSEN, wie er dieselben bey der Flasche im Cirkel seiner Freunde selbst zu erzählen pflegt

Sammlung phantastischer Lügengeschichten, herausgegeben von Gottfried August BÜRGER, erschienen 1786. – Der *Münchhausen* gehört zur Reihe jener Werke, bei denen die Erzähltradition gegenüber der selbständigen Leistung eines einzelnen Autors an Bedeutung überwiegt. Entsprechend offen für Bearbeitungen und Erweiterungen ist die einzelne Überlieferungsstufe, die keinen vom Autor »signierten« geschlossenen Werkcharakter hat: Die Überlieferungs- und Wirkungsgeschichte ist hier noch mehr als beim »autonomen Kunstwerk« das Wesen des Werks selbst. Die Tradition der Lügengeschichten reicht bis in das klassische Altertum (PLUTARCH, LUKIAN), das talmudische Judentum und das frühe orientalische Erzählgut *(Sindbad)* zurück. Die humanistischen Fazetiensammlungen wie die Schwanksammlungen des 15. und 16. Jh.s pflegen erneut die Gattungstradition, die in der Spätzeit der deutschen Aufklärung wiederum als publikumswirksame Unterströmung zutage tritt. Kristallisationspunkt für das Überlieferungsgut ist hier die historische Figur des Barons Karl Friedrich Hieronymus von Münchhausen (1720–1797), in dessen Fabuliertalent sich die gesellige Erzählkultur vor der Französischen Revolution mit den literarischen und volkstümlichen Überlieferungen verbindet.

Auf beinahe zwanzig Jahre Hof- und Militärdienst (Braunschweig, Rußland, zwei Türkenkriege 1740 und 1741) zurückblickend, gibt der »Lügenbaron« im kleinen Kreis seiner Freunde seine abenteuerlichen und phantastischen Geschichten zum besten. Er tut dies nicht nur aus Spaß an der Sache, sondern bezeichnenderweise auch mit der Absicht, durch bewußte Übertreibungen, Aufschneidereien und Prahlereien, die Anspruch auf Wahrheit erheben, zu entlarven. Münchhausen scheute die literarische Öffentlichkeit und war erbost, als sein Name als Gattungsetikett im Teil einer Sammlung von 16 Lügengeschichten auftauchte *(M-h-s-nsche Geschichten)*, die ein anonym gebliebener Autor 1781 im achten Teil des bei Mylius in Berlin erscheinenden *Vade Mecum für lustige Leute* veröffentlichte. 1783 folgten im neunten Teil zwei weitere Geschichten. Rudolf Erich RASPE (1739–1794), eine abenteuerliche Vermittlergestalt zwischen England und Deutschland, der die Hauptlast der deutschen Übersetzung von Georg FORSTERS *A Voyage Round the World* getragen hatte, übersetzt die *M-hs-nschen Geschichten* ins Englische, erweitert sie und gibt sie zum ersten Mal nunmehr in Buchform 1785 anonym unter dem Titel *Baron Munchhausens Narrative of His Marvellous Travels and Campaigns in Russia* heraus. In kürzester Zeit folgen vier weitere Auflagen, wobei Raspe im Hinblick auf das wachsende Interesse des englischen Publikums die Sammlung durch eine Reihe von Schiffs- und Seeabenteuern erweitert. In dieser Gestalt lernte Bürger – wohl durch Vermittlung des jungen Lord Lisburne, den er in sein Haus aufgenommen hatte – die englische Ausgabe kennen. Er übersetzte sie ins Deutsche, bearbeitete seine Vorlage frei, wobei ihm wahrscheinlich LICHTENBERG zur Seite stand, und erweiterte sie in der ersten Auflage um acht, in der zweiten Auflage (1788) um weitere fünf Geschichten. Wie in den beiden vorangehenden Fällen bleibt der Herausgeber und Bearbeiter ungenannt; Bürgers Ausgabe ist auch keineswegs die letzte in der Reihe der »Münchhauseniaden«: Schon 1789 folgen drei Bändchen von H. Th. L. SCHNORR, das erste unter dem Titel *Nachtrag zu den wunderbaren Reisen*. Bemerkenswert für die veränderte Zeitlage ist *Der Lügenkaiser* (1833) von L. v. ALVENSLEBEN, wo Münchhausen II (jun.) im Mittelpunkt steht. – Von diesen Bearbeitungen ist die selbständige literarische Gestaltung des

Münchhausen-Stoffes zu trennen: die Romane von IMMERMANN (1839), SCHEERBART (1906) und Carl HAENSEL (1933) sowie die Schauspiele von F. KEIM (1899), Friedrich LIENHARD (1900), Herbert EULENBERG (1900) und Hanns von GUMPPENBERG (1901).
Die um Münchhausen gruppierten Geschichten, die ihm mit wenigen Ausnahmen auch selbst in den Mund gelegt werden, teilen sich seit Raspe in Land- und Seeabenteuer. Während letztere die ganze Welt und Überwelt umfassen und ihre Abkunft von der meist satirisch ausgerichteten Reiseliteratur der Zeit und ihre Beziehung zu den zeitgenössischen wissenschaftlichen Reisebeschreibungen trotz des sich überschlagenden phantastischen Charakters nicht leugnen, geben sich die Landabenteuer konservativer: In ihnen bleibt der räumliche Hintergrund auf die Heimat, Rußland und die Türkei beschränkt, vom Standpunkt des Landjunkers wird gegen die barocke wie die moderne Gelehrsamkeit (KANT), ebenso aber auch gegen die französischen Schöngeister polemisiert. Die feudalen Ideale sind Jagd, Lustpartien und Türkenkrieg, entsprechend obenan steht die Wertschätzung von Essen und Trinken, Pferden und Hunden; auffallend selten kommt Erotisches zur Sprache. Münchhausen, der *»Übermensch im Kleinen«* (W. Rehm), meistert, nie verlegen, die schwierigsten Situationen, indem er *»das Ohngefähr«*, den Zufall, *»durch Tapferkeit und Gegenwart des Geistes zu seinem Vorteil lenkt«*. Natürlich ist es die frappierende Phantasie des Erzählers, die eine Art Negativbild der späteren technischen Projektionen (Mondfahrten) ist, die mittels prahlender Übertreibung alle bestehenden Schwierigkeiten überspringt und den Hörer stets neu in erstaunte Verlegenheit versetzt. Dabei fehlen gerade im ersten Teil weder die Anreden an die gesellige Runde noch die sentenziösen *»practischen Betrachtungen«*, die sich des Einverständnisses der Zuhörer versichern wollen. Freilich wird dieses gesellige Spiel mit Fiktionen – nicht allein in den Vorreden, sondern auch durch die pädagogischen Absichten des historischen Münchhausen selbst – durchbrochen, wenn mit dem *»langen Messer«*, das eine solche Geschichte darstellt, die *»verschrobenen Köpfe«* und der *»dreiste Haberecht«* mit beinahe sokratischer Ironie *»aus ihrem ruhigen Schlupfwinkel hervorgekitzelt und blank gestellt«* werden. Das Verdienst von Bürgers Bearbeitung liegt in der Einreihung einiger der bekanntesten Münchhausen-Geschichten (*Fang der Enten mit einer Leine mit Speckstücken und anschließende Luftfahrt; Münchhausen reißt sich nebst seinem Pferde selbst an seinem Haarzopfe aus einem Moraste; Der Ritt auf der Kanonenkugel*, u. a.), in der sprachlichen Nuancierung der Lügensprache und der Schaffung eines literarisch verwertbaren Orts- und Zeitkolorits. V. Ho.

AUSGABEN: Ldn. [recte Göttingen] 1786. – Bln. 1958 u. Darmstadt 1959 (*Wunderbare Reisen zu Wasser und zu Lande des Freyherrn von Münchhausen*; Faks. der 1. Ausg.). – Hbg. 1966 (*Münchhausens wunderbare Reisen. Die phantastischen Geschichten des Lügenbarons u. seiner Nachfolger*, Hg. u. Nachw. E. Wackermann; Faks. der 2. Ausg.; m. den Weiterführungen von T. L. Schnorr u. L. v. Alvensleben). – Stg. 1969, Hg. J. Ruttmann. – Wiesbaden 1975 [Nachw. W. Stubbe]. – Ffm. 1976 (Insel Tb). – Zürich 1978 [Nachw. M. Lüthi].

VERFILMUNGEN: *Les hallucinations du Baron de Münchhausen*, Frankreich 1911 (Regie: G. Méliès). – *Le avventure del Barone di Münchhausen*, Italien 1914. – *Münchhausen*, Deutschland 1942/1943 (Regie: J. v. Baky). – *Baron Prásil*, Tschechoslowakei 1961 (Regie: K. Zeman). – BRD 1988 (Regie: T. Gilliam).

LITERATUR: C. Müller-Fraureuth, *Die deutschen Lügendichtungen bis auf Münchhausen dargestellt*, Halle 1881. – F. v. Zobeltitz (in Zs. für Bücherfreunde, 1, 1898, S. 247–254). – W. Schweizer, *Die Wandlungen Münchhausens in der deutschen Literatur bis zu Immermann*, Lpzg. 1921. – W. Rehm, *Münchhauseniade* (in RL, Bd. 2, Bln. 1928, S. 423 f.). – J. Carswell, *The Romantic Rogue: Being the Singular Life and Adventure of R. E. Raspe – Creator of Baron Munchhausen*, NY 1950. – H. Weinrich, *Linguistik der Lüge. Kann Sprache die Gedanken verbergen?* Heidelberg 1966. – Ders., *Das Zeichen des Jonas. Über das sehr Große und das sehr Kleine in der Literatur* (in Merkur, 20, 1966, S. 737–747). – E. Wackermann; *Münchhausiana. Bibliogr. der Münchhausen-Ausgaben*, Stg. 1969. – W. R. Schweizer, *Münchhausen und Münchhausiaden. Werden und Schicksale einer deutsch-englischen Burleske*, Bern/Mchn. 1969. – P. Jung, *Strukturtypen der Komik* (in Der Deutschunterricht, 25, 1973, H. 1, S. 44–66). – E. Wackermann, *Frühe illegale Münchhausen-Ausgaben* (in Philobiblon, 23, 1979, S. 266–278). – R. P. Dawson, *R. E. Raspe and the Munchhausen Tales* (in Lessing Yearbook, 16, 1984, S. 205–220).

MATTHIAS CLAUDIUS

* 15.8.1740 Reinfeld / Holstein
† 21.1.1815 Hamburg

ASMUS OMNIA SUA SECUM PORTANS ODER SÄMMTLICHE WERKE DES WANDSBECKER BOTHEN

Sammelwerk in Form einer Zeitschrift (acht Teile in sieben Bänden) von Matthias CLAUDIUS, erschienen 1775–1812. – Im Titel liegt ein gewisses Sich-verstecken-Wollen vor dem Leser, wie Claudius überhaupt Anonymität oder Verschwinden hinter fingierten Namen liebte. Es ist ebenso schwierig, ihn als Person zu fassen, wie die geistige Gestalt seines Werks zu erkennen. Mit Mühe nur läßt sich Entstehung und Herkunft der im Laufe von 37 Jahren entstandenen Texte (Lyrik und Prosa) des *Wandsbecker Bothen* aus den verschiedenen Lebensphasen ihres Autors ableiten. Vierfach sind ihre Wurzeln: zunächst eine Jugendarbeit von 1763, die eine Dichtung des Freundes GERSTENBERG nachahmenden *Tändeleien und Erzählungen*, die Claudius später jedoch verwarf und von denen er kaum etwas in sein Werk übernahm. Dann die Beiträge, die er 1768–1770 als Mitarbeiter für den *»belustigenden«* Teil der ›Hamburgischen Addreß-Comtoir-Nachrichten‹ zu schreiben hatte; sie hatten Bestand. In der ersten Nummer des Jahres 1770 findet sich neben politischen und Börsennachrichten eines der wunderbarsten deutschen Gedichte *Ein Wiegenlied, beim Mondschein zu singen*, das in schlichtem Sprachtonfall das magische Zugeordnetsein von Gestirn, Mutter und Kind ausspricht. Dritte Quelle war die viermal wöchentlich erscheinende Zeitung ›Der Wandsbecker Bothe‹, dessen Herausgeber Claudius vier Jahr lang war; seine anonym erschienenen Beiträge wurden nahezu alle übernommen. Hinzu kamen alle die Arbeiten, die er nach seiner Redaktionstätigkeit, also von 1775–1812, eigens für die verschiedenen Bände des Sammelwerks schrieb. So hat also der Name *Wandsbecker Bothe* eine dreifache Bedeutung. Ursprünglich meint er nur die vom Hamburger Verleger Bode gegründete Zeitung; ihr entlehnte er den Titel für die sieben Bände seines Hauptwerks, die aber vom dritten Teil an nichts mehr mit der Zeitung zu tun hatten; und schließlich identifizierte sich Claudius gern selbst mit dem Bothen aus Wandsbeck, derart still und schlicht hinter seinem Lebenswerk sich verbergend.

Schon in der Zeit seiner Arbeit am ›Wandsbecker Bothen‹ kam ihm die Idee zu diesem Sammelwerk. Dem »Freund Hain« wird das Buch dediziert, und die Widmung an ihn ist ein kostbares Stück deutscher Sprache: *»Ich hab da'n Büchel geschrieben, und bring's Ihnen her. Sind Gedichte und Prosa. Weiß nicht, ob Sie'n Liebhaber von Gedichten sind; sollt's aber kaum denken, da Sie überhaupt keinen Spaß verstehen, und die Zeiten vorbei sein sollen, wo Gedichte mehr waren.«* Die ersten drei Teile lesen sich wie spannende Berichte aus den literarisch ereignisreichen Jahren um 1775. Es finden sich hinter Einfältigkeit sich verbergende und darum um so klügere Rezensionen über Aufführungen der *Minna von Barnhelm (»Das Fräulein war so witzig, so ungekünstelt, so sanft, kurz gesagt, ein schlankes, junges Fräulein, für die ich ungekannt und ohne Belohnung alles in der Welt hätte tun können ... mir war den ganzen Abend das Herz so groß und warm – ich hatte einen so heißen Durst nach edlen Taten«)*, der *Emilia Galotti (»Ein Ding hab ich nicht recht in Kopf bringen können, wie nämlich die Emilia so zu sagen bei der Leiche ihres Applani an ihre Verführung durch einen andern Mann und an ihr warmes Blut denken konnte«*, 1772), des *Götz von Berlichingen* und anderer zeitgenössischer Theaterereignisse. Es kommen weiterhin einige erstaunlich einsichtige Buchbesprechungen vor, wie die der Oden KLOPSTOCKS (*»Nein, Verse sind das nicht; Verse müssen sich reimen, das hat uns Herr Ahrens in der Schule gesagt ...'s sind aber doch Verse, sagt mein Vetter, und fast 'n jeder Vers ist ein kühnes Roß mit freiem Nacken«*, 1771), der HERDERschen ›Blätter von Deutscher Art und Kunst‹ und des GOETHEschen *Werther* (*»Weiß nicht, obs 'n Geschicht oder 'n Gedicht ist. Aber ganz natürlich geht's her, und weiß einem die Tränen recht aus 'm Kopf herauszuholen«*, 1774).

Zwischen den größeren Abhandlungen wie den herrlichen Briefen an seinen Vetter finden sich kleine Juwelen: die freundlichen *Briefe an den Mond*, das *Kriegslied*, das mit der beschwörenden Bitte beginnt: *»'s ist Krieg! 's ist Krieg! O Gottes Engel wehre, / Und rede Du darein! / 's ist leider Krieg – und ich begehre / Nicht schuld daran zu sein!«* (1779) und einige weitere Stücke wie das *Schreiben eines parforcegejagten Hirschen an den Fürsten, der ihn parforcegejagt hatte, d. d. jenseit des Flusses (»Ich habe heute die Gnade gehabt, von Ew. Hochfürstlichen Durchlaucht parforcegejagt zu werden; bitte aber untertänigst, daß sie gnädigst geruhen, mich künftig damit zu verschonen«)*.

Drei Jahre sind von besonderer Bedeutung: 1779, in dem das *Abendlied (»Der Mond ist aufgegangen«)* entstand; 1783 mit dem Gedicht *Der Mensch (»Empfangen und genähret / Vom Weibe wunderbar / Kömmt er und sieht und höret / Und nimmt des Trugs nicht wahr«)* und das Jahr darauf, da Claudius die unbekannt gebliebene, großer Musik würdige *Weihnacht-Kantilene* schrieb, die zuerst als Einzeldruck in Kopenhagen erschien; daneben noch die vollendeten Gedichte *Der Tod und das Mädchen* (1775), *An – als Ihm die – starb* (1771) und *Der Tod (»Ach, es ist so dunkel in des Todes Kammer«)*. Die kritische und dichterische Lebendigkeit fehlt in den späteren Bänden. Der Dichter wurde müde, das Interesse des Alternden wandte sich theologischen Untersuchungen zu. Es entstanden aber noch so bedeutende Beiträge wie die *Briefe an Andres*, die Worte *An meinen Sohn Johannes* (1799) und der Aufsatz über das *Heilige Abendmahl* (1809). F.S.

AUSGABEN: Hbg. 1775 (Tl. 1 u. 2). – Hbg. 1778 (Tl. 3). – Hbg. 1783 (Tl. 4). – Hbg. 1790 (Tl. 5). – Hbg. 1798 (Tl. 6). – Hbg. 1803 (Tl. 7). – Altona 1812 *(Zugabe zu den sämmtl. Werken d. Wandsb. Bothen; oder 8. Teil)*. – Lpzg. 1907 (in *Werke*, Hg. G. Behrmann). – Stg. 1954, Hg. U. Roedl. – Mchn. 1968 (in *SW*; nach d. Text d. Erstausgaben, Nachw. W. Pfeiffer-Belli); ^{5}1984.

LITERATUR: E. Mirow, *Wandsbeck u. d. lit. Leben Dtschlds. i. 18. Jh.*, Wandsbeck 1897. – J. C. E. Sommer, *Studien z. d. Gedichten d. Wandsbecker Boten*, Ffm. 1935; ern. Hildesheim 1973. – J. Pfeiffer, *Zwischen Dichtg. u. Philosophie*, Bremen 1947. – L. Spitzer, *M. C. »Abendlied«* (in Euph, 54, 1960, S. 70–82). – P. Suhrkamp, *D. Wandsbecker Bote v. M. C.* (in P. S., *Der Leser*, Ffm. 1960, S. 42–58). –

U. Roedl, *M. C. Sein Weg u. seine Welt*, Hbg. ³1969. – H. Burgert, *Der Kalenderonkel M. C. Verbrennung eines Pastorenfetischs* (in Almanach für Lit. u. Theologie, 4, 1970). – A. Kranefuss, *Die Gedichte des Wandsbecker Boten*, Göttingen 1973. – E. König, *M. C. Die literarischen Beziehungen in Leben u. Werk*, Bonn 1976. – K. Krolow, *Von literarischer Unschuld. M. C. Ein Porträt*, Darmstadt 1977. – R. Görisch, *M. C. u. der Sturm u. Drang. Ein Abgrenzungsversuch*, Ffm. u. a. 1981; ern. 1984. – H. Rowland, *M. C.*, Boston 1983. – R. Görisch, *M. C. oder Leben als Hauptberuf*, Hbg./Freiburg i. B. 1985. – F. Seebaß, *M. C.*, Gießen/Basel ³1986 [bearb].

CHRISTIAN FÜRCHTEGOTT GELLERT

* 4.7.1715 Hainichen
† 13.12.1769 Leipzig

LITERATUR ZUM AUTOR:
K. May, *Das Weltbild in G.s Dichtung*, Ffm. 1928. – *Gedenkschrift aus Anlaß des 250. Geburtstages von C. F. G.*, Hainichen 1965. – C. Schlingmann, *G. Eine literarhistorische Revision*, Bad Homburg u. a. 1967 [zugl. Diss. Ffm.]. – G. Honnefelder, *C. F. G.* (in *Deutsche Dichter des 18. Jh.s*, Hg. B. v. Wiese, Bln. 1977, S. 115–134). – N. Müller, *Die Bewährungen des C. F. G. Ein Beitrag zur Frömmigkeitsgeschichte des 18. Jh.s* (in Pietismus u. Neuzeit, 1977, S. 111–125). – C. Schlingmann, *Tränen über G.s Grab. Ein Beitrag zur »Empfindsamkeit«* (in *Sprache, Literatur, Deutschunterricht*, Hg. K. Abels u. P. C. Kern, Freiburg i. B. 1982, S. 263–281; ern. in *Das weinende Saeculum*, Heidelberg 1983, S. 73–82).

DAS LYRISCHE WERK von Christian Fürchtegott GELLERT.
Gellerts lyrisches Werk ist schmal. Es umfaßt nur eine Reihe von Gelegenheits- und Lehrgedichten und vor allem eine Sammlung von 54 Texten, die unter dem Titel *Geistliche Oden und Lieder* 1757 erschien. Damit gelang Gellert noch einmal ein bedeutender Publikumserfolg. In einer *Vorrede* legt er seine Absichten dar: Die Gedichte sollen als *»Lehroden«* oder als *»Oden für das Herz«* erbaulich auf die Leser wirken, um den *»Geschmack an der Religion zu vermehren und Herzen in fromme Empfindungen zu setzen«*. Mit diesem religiösen Interesse verbindet sich die moralische Absicht, *»Weisheit und Tugend unter den Menschen auszubreiten«*.
Die Gedichte der Sammlung lassen sich weder formal noch inhaltlich auf einen Nenner bringen; charakteristisch ist das fast beliebige Aufgreifen verschiedener Traditionen und Konventionen. Im Rahmen christlicher Lieddichtung verharren jene Texte, die den kirchlich offenbarten Glaubensinhalten verpflichtet bleiben. Dazu gehören die religiösen Lehrgedichte, die das Lob Gottes aus seinen Werken ableiten *(Preis des Schöpfers; Gottes Macht und Vorsehung; Die Ehre Gottes aus der Natur)*. Nur in dieser frühaufklärerischen Form, als Schöpfung Gottes und Beweis seiner Allmacht, tritt bei Gellert die Natur auf; und damit ist er weit entfernt von den damals »modernen« Tendenzen der zeitgenössischen Lyrik, die der Natur ein emotionales Eigengewicht zuschrieb. Kirchlichen Konventionen und dem neutestamentlichen Motiv- und Metaphernfundus bleibt er auch in jenen Gedichten verhaftet, die das Kirchenjahr oder die Passionsgeschichte (drei *Osterlieder*; zwei *Weihnachtslieder*; zwei *Passionslieder; Auf die Himmelfahrt des Erlösers* u. a.) thematisieren oder in denen *Der Schutz der Kirche* erfleht wird. Neben diesem Rückgriff auf überkommene Glaubensgehalte und -formen lassen sich vage auch die Spuren der neueren literarhistorischen Entwicklung erkennen. Gellert zeigt sich beeinflußt von den zur literarischen Empfindsamkeit umgeformten pietistischen Strömungen, die den tradierten Lehrgehalt der protestantischen Kirche in eine Frömmigkeit des Gefühls umformulierten. Hier ersetzt er die religiöse Lehre oder das didaktische Argument durch das direkte Ansprechen der Emotion, die ausdrücklich die Grenzen der Vernunft überschreitet *(Morgengesang; Trost der Erlösung)*.
In mehr als einem Drittel der Gedichte aber tritt der Aufklärer Gellert neben oder vor den Kirchenlieddichter. Beides schließt sich nicht aus; auch Gellerts Dichtung ist ein Beleg für die enge Bindung der deutschen Aufklärung an den orthodoxen oder pietistischen Protestantismus. Eine Trennung beider Tendenzen in den *Geistlichen Oden und Liedern* läßt sich nicht präzise vornehmen; ständig durchdringen sich die stärker religiös und die stärker weltlich orientierten Tendenzen und treten häufig in Mischformen ein.
Deutlich erkennbar aber ist die andere Akzentuierung dieser eher säkular ausgerichteten Gedichte. Sie vermitteln und popularisieren die Wertvorstellungen, die sich im protestantisch-aufgeklärten Deutschland der Jahrhundertmitte folgeträchtig zu etablieren begannen. Gellert ist weit entfernt von der Idee menschlicher Selbstbehauptung, die in der deutschen Frühaufklärung ohnehin wenig verbreitet war; er fordert vielmehr Demut, Geduld und Unterwerfung unter den Willen Gottes. Zu diesen religiös inspirierten Verhaltensformen treten solche aus dem Umkreis der bürgerlichen Wertvorstellungen und verbinden sich mit ihnen unter der Leitidee der *»Tugend«* zu jenem Komplex, der den Moralvorstellungen der deutschen Aufklärung ihre eigenartige Gestalt gibt. Die *Geistlichen Oden und Lieder* bieten Gellert den Rahmen, zu Pflichterfüllung und Sparsamkeit, zu Fleiß und Arbeit, zu Redlichkeit und Genügsamkeit anzuhalten oder

gar direkt *Wider den Geiz* zu predigen. Als ideale Lebensform des Bürgers kristallisiert sich eine mittlere Gemütslage heraus, die ihr Ziel nicht im *»Glück«*, sondern in der *»Zufriedenheit«* sucht *(Zufriedenheit mit seinem Zustande)*. Zum Kernbegriff wird ihm die *Gelassenheit*, die in allen Lebenslagen zu bewahren sei und die ihre Impulse gleichermaßen aus dem Gottvertrauen wie aus dem durch das Bewußtsein bürgerlicher Pflichterfüllung genährten guten Gewissen bezieht. In Gedichten dieser Art spricht sich die didaktische Absicht Gellerts am deutlichsten aus; sie sind gedacht als Handlungsanweisungen für das bürgerliche Leben.

Die gleichen Themen greift Gellert auch in jenen sechs Gedichten auf, die in der Gesamtausgabe von 1769–1774 – an deren Konzeption er mitgewirkt hat – als *Moralische Gedichte* erscheinen. Diese Texte handeln, überwiegend in der klassizistischen Form des Alexandriners, vom wahrhaft christlichen Leben ebenso wie von der verführerischen Kraft von *Reichtum und Ehre* oder den Segnungen der Menschenfreundlichkeit und der *Freundschaft*. Damit bleibt Gellert gebunden an den geläufigen mittelständischen Wertkanon seiner Zeit. Ihn griffig formuliert – und auch persönlich vorgelebt – zu haben lobten seine Zeitgenossen als sein größtes Verdienst; und das ist auch ein wesentlicher Grund für den großen Erfolg seiner Lyrik.

Freilich steht Gellert mit ihr an der Schwelle zu einer Epoche, die einen Wandel dieser Wertvorstellungen vornehmen wird. Die *Geistlichen Oden und Lieder* sind einerseits zwar ganz überwiegend als letzte Bestandsaufnahme eines weitgehend ungebrochenen Glaubens an die Einheit von Gott-, Welt- und Vernunftvertrauen in der deutschen Ideengeschichte zu verstehen. Andererseits aber ist auch Gellert von dem sich ankündigenden Wandel nicht mehr ganz unberührt, das zeigen die schwachen Risse in seinem lyrischen Werk. Sosehr er, ganz in der Tradition Wolffs und Gottscheds, auf der Zuständigkeit der Vernunft sowohl in der allgemeinen Lebensführung wie auch besonders in Glaubensdingen beharrt, so deutlich scheint an anderen Stellen seine skeptische Haltung gegenüber dieser Prämisse frühaufklärerischen Denkens auf. Die Vernunft, als das Fundament der Tugend, wird nicht ersetzt, aber ergänzt durch das Herz; Empfindung und Gefühl treten gleichrangig neben den Verstand und manchmal auch vor ihn.

Gellert bietet in seiner Sammlung ein breites Spektrum lyrischer Formen an, das sich freilich kaum als Gestaltungsreichtum, sondern eher als Nebeneinander des Heterogenen charakterisieren läßt – auch dies bezeichnet den Abschluß- und Übergangscharakter seiner Lyrik. Er benutzt die konventionelle, in Alexandrinern abgefaßte Odenform ebenso, wie er oft versucht, den gedanklichen oder emotionalen Gehalt seiner Lehrgedichte in kurzen Zeilen prägnant zu verdichten. Der Schlichtheit der Gedanken entspricht meist das Unprätentiöse der Form und des Ausdrucks. Die Sprache lehnt sich gerne an Luthers Psalmenübersetzungen an; und sie ist stets bemüht, in ihrer Metaphernwahl wie in Rhythmus, Metrum und Strophenform die Grenzen des Gewohnten nicht zu überschreiten. Einen einheitlichen und eigenständigen Ton sucht er nicht, er verzichtet geradezu auf jedes Bemühen um Originalität und bleibt damit weit entfernt von dem, was sich schließlich als Geniekult in der zweiten Hälfte des 18. Jh.s manifestiert.

Die eigentliche Weiterentwicklung von Gellerts Lyrik beschränkte sich auf den kirchlichen Bereich. Ein beträchtlicher Teil seiner Lieder gehörte – wenn auch oft modifiziert – bis zum Beginn des 20. Jh.s zum kanonisierten Bestand des protestantischen, vereinzelt auch des katholischen Gesangbuchs.

Neben diesem kirchengeschichtlichen steht ein musikgeschichtlicher Rezeptionsstrang. Gellert selbst hatte den meisten seiner Gedichte Kirchenliedmelodien zugewiesen; und bereits unmittelbar nach dem Erscheinen wurden die Texte von einer Fülle bekannter und weniger bekannter, teilweise auch anonymer Komponisten vertont, so daß sie zur erfolgreichsten Liedsammlung des 18. Jh.s werden konnten.

Literarhistorisch freilich waren sie weniger wirkungsvoll. Schon bei ihrem Erscheinen war die Entwicklung über Gellert hinweggeschritten. Daß seine religiöse Lyrik sowohl vom breiten Publikum wie auch von der gelehrten Welt so enthusiastisch aufgenommen werden konnte, ist weniger ihrer literarischen Qualität als ihrem gedanklichen Gehalt zu verdanken, in dem noch einmal der nicht bruchlos gelungene Versuch einer Versöhnung von christlicher Religion und Aufklärung unternommen wurde. P.J.B.

Ausgaben: *Geistliche Oden und Lieder*, Lpzg. 1757. – *Sämmtliche Schriften*, Bd. 2, Lpzg. 1769; Nachdr. Hildesheim 1968. – *Vermischte Gedichte*, Lpzg. 1770. – *Sämtliche Fabeln und Erzählungen. Geistliche Oden und Lieder*, Mchn. 1965 [Vollständige Ausg. nach dem Text der AlH; Nachw. H. Klinkhardt].

Vertonungen: J. F. Doles, *Melodien zu des Herrn Prof. G.s Geistlichen Oden und Liedern, die noch nicht mit Kirchenmelodien versehen sind*, Lpzg. 1758. – C. Ph. E. Bach, *Herrn Prof. G.s Geistliche Oden und Lieder mit Melodien*, Bln. 1758. – J. Haydn, *Drei Gesänge von G. für vier Stimmen mit Clavierbegleitung*, Offenbach 1799. – L. v. Beethoven, *Sechs Lieder G.s am Klavier zu singen, op. 48*, 1803.

Literatur: M. Friedländer, *Das deutsche Lied im 18. Jh.*, Bd. 2, Stg./Bln. 1902, Nachdr. Hildesheim/NY 1970. – K. Schneiderwirth, *Das katholische deutsche Kirchenlied unter dem Einflusse G.s und Klopstocks*, Phil. Diss. Münster 1907. – K. May, *Das Weltbild in G.s Dichtung*, Ffm. 1928. – E. Werth, *Untersuchungen zu C. F. G.s Geistlichen Oden und Liedern*, Diss. Breslau 1936. – W. Matthias, *Kunst u. Offenbarung. Ein Beitrag zur Geschichte des Kirchenliedes der Aufklärung. Dargestellt an den ›Geistlichen Liedern und Oden‹* [sic!] *C. F. G.s*, Diss. Göttingen 1950. – P. Gabriel, *Das deutsche evangelische Kirchenlied. Von Martin Luther bis zur Gegenwart*. Lpzg. ²1951. – F. W. Wodtke (in *MGG*⁴, Sp. 1633–1636). – W. Nelle, *Geschichte des dt. evangelischen Kirchenliedes*. Hildesheim ⁴1962. – A. Pellegrini, *Die Krise der Aufklärung. Das dichterische Werk von C. F. G. und die Gesellschaft seiner Zeit* (in LJb, N. F. 7, 1966, S. 37–96).

FABELN UND ERZÄHLUNGEN

Fabelsammlung in drei Büchern von Christian Fürchtegott GELLERT, deren erster und zweiter Teil 1746 und 1748 erschienen. – Diesen Sammelpublikationen ging die Veröffentlichung einer großen Zahl einzelner Fabeln, vor allem in der von J. J. SCHWABE herausgegebenen Zeitschrift ›Belustigungen des Verstandes und Witzes‹, voraus. Nach einer gründlichen Überarbeitung gab Gellert diese als dritten Teil der Fabeln in den *Lehrgedichten und Erzählungen* von 1754 heraus. Eine endgültige Ausgabe der Fabelsammlung bot der Autor in der 1769 erschienenen, noch von ihm selbst überwachten Auswahl aus seinem Gesamtwerk.

Die Fabeln Gellerts sind vor allem dem von LA FONTAINE und LA MOTTE-HOUDAR im 17. Jh. entwickelten Typus der kurzen Verserzählung verpflichtet. Die schon 1713 bzw. 1721 übersetzten Fabelsammlungen der beiden Franzosen fanden in Deutschland nachhaltiges Interesse, das sich als erster Friedrich von HAGEDORN zunutze machte, dessen *Versuch in poetischen Fabeln und Erzählungen* (1738) die ungeheure Flut deutscher Fabelproduktion auslöste. Schon Hagedorn hatte den Alexandriner der Franzosen zugunsten einfacher Strophenformen aufgegeben. Gellert folgt ihm darin und benutzt meist vier-, fünf- und sechsfüßige, paarweise gereimte Jamben, die zu freien, unregelmäßigen Strophen zusammengefaßt werden. (Nur die beiden längeren Erzählungen *Inkle und Yariko* und *Die beiden Schwarzen* behalten den Alexandriner bei.) Seinem Vorbild La Fontaine folgt Gellert auch, wenn er die Grenzen zwischen der antiken Prosafabel und der graziösen, meist satirischen Verserzählung vollends verwischt und seinen Fabeln eine eher epische Glätte und plaudernde Leichtigkeit gibt. Diese einhundertdreiundvierzig Fabeln, denen statt einer Lebensbeschreibung des AISOPOS oder PHAEDRUS, wie sie in zahlreichen Sammlungen der Zeit (auch bei La Fontaine) üblich war, eine kurze historische Einführung – *Nachricht und Exempel von alten deutschen Fabeln* – vorangestellt ist, gehören seit ihrem Erscheinen zur kanonisierten didaktischen Literatur der bürgerlichen Gesellschaft des 18. Jh.s. In einer der Fabeln des ersten Teils – *Die Biene und die Henne* –, in der die herausfordernde Henne die »stille« Biene nach ihrer Nützlichkeit fragt, findet Gellert eine bezeichnende Formel sowohl für das Dichtungsideal der Aufklärung, zumal des Kreises um GOTTSCHED, dem er lange angehörte, als auch für das Wesen der Fabel als didaktischer Literaturgattung: *»O Spötter, der mit stolzer Miene, / In sich verliebt, die Dichtkunst schilt, / Dich unterrichtet dieses Bild. / Du fragst, was nützt die Poesie? / Sie lehrt und unterrichtet nie. / Allein wie kannst du doch so fragen? / Du siehst an dir, wozu sie nützt: / Dem, der nicht viel Verstand besitzt, / die Wahrheit durch ein Bild zu sagen.«*

Die Zweiteilung in Fabeleinkleidung und Moral wird von Gellert nicht schematisch gehandhabt, zumal auch die Moral weniger in straffer, lakonischer Kürze als eher verschleiert mitgeteilt wird, manchmal auch ganz wegfällt, wobei als Nebenwirkung dem Leser die Aufgabe zufällt, sich selbst eine Moral aus dem Zusammenhang der Erzählung abzuleiten. Die eigentlichen Tierfabeln, wie sie seit der Antike überliefert sind, machen nur einen geringen Teil der Sammlung aus. Gellert legt, im Gegensatz etwa zu Hagedorn und auch zu La Fontaine, großen Wert auf seine Unabhängigkeit von Vorbildern: *»Es gehört, wenn man in der Sphäre dichtet, in die ich mich gewagt habe, vor allem andern ein gewisses Glück dazu, um auf gute Erfindungen zu kommen«* (Vorrede zum zweiten Teil). Dennoch finden sich nahezu dreißig Fabeln, für die er Quellen nennt (u. a. CICERO, ABSTEMIUS, Burkard WALDIS, La Fontaine, SWIFT). Gellerts Fabeln, die in nahezu allen sozialen Schichten, besonders aber im aufstrebenden Bürgertum ungewöhnlich verbreitet waren, sind vor allem Satiren auf allgemeine menschliche, besonders weibliche Schwächen, auf religiöse Heuchelei und literarische und wissenschaftliche Unsinnigkeiten. Ablehnung von gesellschaftlichen Privilegien, von Standesbewußtsein und Adelsstolz (*Elpin, Der Informator* – eine frühe Aufnahme des in der deutschen Literatur später häufig polemisch verwendeten »Hofmeister«-Motivs), Verspottung von »unvernünftigen« Einstellungen zu Religion und Philosophie, von Buchstabengläubigkeit und Bigotterie (sowohl die »Betschwester« als auch der »Freigeist« werden als Extreme verworfen): das sind einige der wesentlichen Themen Gellerts. Auffallend ist die deutliche Mißbilligung des Journalismus: Ein Greis, der von einem jungen Mann in der Fabel *Der junge Gelehrte* um Rat gefragt wird, welches die *»sinnreichsten«* Schriften seien, nachdem er Homer, Platon, Cicero usw. bereits gelesen habe, gibt zur Antwort: *»Sind sie nach Seinem Sinn gewesen, / So muß Er sie noch zweimal lesen: / Doch sind sie Ihm nicht gut genug gewesen, / So sag Er's ja den Klugen nicht: / Denn sonst erraten sie, / woran es Ihm gebricht, / und heißen Ihn die Zeitung lesen.«*

Der geheime Antrieb zu zahlreichen Fabeln ist jedoch eine ausgesprochene, allerdings wohl eher jahrhundertealter satirischer Tradition, also einem literarischen Topos folgende Misogynie: Weibliche Putzsucht, Klatschsucht, Anfälligkeit für Krankheiten, Neigung zum Widerspruch, zur Ruhestörung usw. sind Eigenschaften, die er unaufhörlich geißelt. Zum rationalistischen Tugendideal bekennt sich der Autor, wenn er immer wieder in das Lob jener auf Ausgeglichenheit, Zufriedenheit, Bescheidenheit, Genügsamkeit und Anspruchslosigkeit gerichteten Mäßigung des Temperaments

einstimmt, die die aufklärerische Ethik als »höchste Sittlichkeit« pries. An den drei Büchern der Fabeln läßt sich eine Entwicklung ablesen, die man als Tendenz zu larmoyanter Sentimentalisierung bezeichnen könnte: die Fabeln, in denen Armut, Tod und rührende Begebenheiten (z. B. der *Hochzeitstag*) eine Rolle spielen, nehmen immer mehr zu. Andererseits steht diese Sentimentalisierung im Dienste eines wenn auch noch sehr äußerlichen bürgerlichen Realismus, der den Schäfer-Szenerien der Fabeln des ersten Teiles ein Ende macht.
Für die Beliebtheit der Gellertschen Fabeln sprechen Übersetzungen in nahezu alle europäischen Sprachen und die Tatsache, daß eine Erzählung, *Rhynsolt und Saphira*, von Chr. L. Martin dramatisiert, eine andere, *Inkle und Yariko*, als Ballett eingerichtet wurde (aufgeführt am 31. 7. 1791 in Hermannstadt). H.H.H.

Ausgaben: Lpzg. 1746 [Tl. 1]. – Lpzg. 1748 [Tl. 2]. – Lpzg. 1754 (*Lehrgedichte und Erzählungen*). – Lpzg. 1769 (in *SS*, 10 Bde., 1769–1774, 1; ³1783/84). – Lpzg. 1839 (in *SS*, Hg. J. L. Klee, 10 Bde., 1; ern. 1867). – Weimar 1915, Hg. H. T. Kroeber (Jubiläumsausg.; Ill. D. Chodowiecki; Liebhaberdrucke, 3). – Mchn. 1965. – Tübingen 1966, Bearb. S. Scheibe [krit.]. – Ffm. 1979 (in *Werke in zwei Bdn.*, Hg. G. Honnefelder). – Lpzg. 1984, Hg., Anm. u. Nachw. K. W. Becker. – Stg. 1986, Hg. K.-H. Fallbacher (RUB).

Literatur: H. Handwerk, *Studien über G.s Fabelstil*, Diss. Marburg 1891. – G. Ellinger, *Über G.s »Fabeln und Erzählungen«*, Bln. 1895. – R. Nedden, *Quellenstudien zu G.s »Fabeln und Erzählungen«*, o. O. u. J. [Lpzg. 1899]. – J. Gassner, *Über den Einfluß v. Burkard Waldis auf G.s Fabeln*, Progr. Klagenfurt 1909. – M. Dorn, *Der Tugendbegriff G.s*, Diss. Greifswald 1919. – F. Helber, *Der Stil G.s in den Fabeln und Gedichten*, Würzburg 1937. – W. Martens, *Hochmut kommt vor dem Fall. Zu G.s Fabel »Das Pferd u. die Bremse«* (in *Gedichte u. Interpretationen*, Bd. 2, Stg. 1983, S. 162–178). – Ders., *Der alte böse General. G.s Verserzählung »Das Unglück der Weiber«* (ebd., S. 179–191).

HEINRICH WILHELM VON GERSTENBERG

* 3.1.1737 Tondern / Schleswig
† 1.11.1823 Altona

DAS LYRISCHE WERK von Heinrich Wilhelm von Gerstenberg.
Die außergewöhnliche Wertschätzung, die die Zeitgenossen dem Lyriker Gerstenberg entgegenbrachten, gründete sich auf die 1759 veröffentlichten *Tändeleyen* und seine 1766 in Kopenhagen, Odense und Leipzig publizierten Gesänge mit dem Titel *Gedicht eines Skalden*. Weniger Beachtung fanden seine in Altona erschienenen *Kriegslieder eines Königlich Dänischen Grenadiers bey Eröffnung des Feldzugs 1762*. Bereits Gerstenbergs Erstlingswerk, die durch Chr. F. Weisses Vermittlung bei J. G. Dyck in Leipzig publizierten *Tändeleyen*, stießen bei Publikum und Kritik auf so große Resonanz, daß das vier Bogen schmale Bändchen in wenigen Jahren drei Auflagen erlebte und verschiedene Male unrechtmäßig nachgedruckt wurde. G. E. Lessings ausführliche, betont positive Besprechung der Erstausgabe in den *Briefen, die neueste Litteratur betreffend* dürfte ebenso zum Erfolg des Werks beigetragen haben wie die sich an diese Rezension anschließende, zustimmende Kritik der überarbeiteten zweiten Auflage durch F. Nicolai im gleichen Organ. Auch heute herrscht in der Literaturgeschichtsschreibung Einmütigkeit darüber, daß Gerstenbergs *Tändeleyen* zu den bedeutendsten literarischen Zeugnissen des deutschen Rokoko gezählt werden können. Neben Verserzählungen, epigrammatischen Scherzen und Liedern enthält das Bändchen vor allem mythologische Versprosadichtungen im zeittypischen *genre mêlé*, in denen *»die stillen Entzückungen der Liebe«* (Widmungsvorrede) gepriesen werden. Ebenso wie die artifiziellen Gesellschaftspoeme von C. E. Lhuillier, genannt Chapelle, G. A. Abbé de Chaulieu oder J. B. L. Gresset werden auch die empfindsamen Rokokodichtungen des Schweizer Idyllikers S. Gessner als Vorbilder für die *Tändeleyen* angesehen, die wiederum auf das lyrische Werk von M. Claudius, F. W. Gotter, J. G. Jacobi, Chr. M. Wieland und des jungen J. W. Goethe (Leipziger Gedichtsammlung *Annette*) gewirkt haben. Auf andere Vorbilder verweist der Autor in der ersten Druckfassung der *Tändeleyen* selbst: Anakreon, Tibull, J. W. L. Gleim und J. P. Uz. Auch die rhythmisierten Prosaerzählungen (*Cypern, Der Abend* oder *Hochzeit der Venus und des Bacchus*), die dem Publikum in der ebenfalls 1759 publizierten Sammlung *Prosaische Gedichte* vorgestellt wurden, lassen den Einfluß S. Gessners erkennen. Dennoch wäre es verfehlt, dem Tenor der älteren Forschungsliteratur (A. M. Wagner) zu folgen und Gerstenbergs Prosadichtungen als schlichte Nachahmungen von dessen Idyllen einzustufen. Die in diesen Texten sichtbare Tendenz zu emphatischer Rhetorik, ausdrucksstarker Bildlichkeit und forcierter Affektbetontheit entspricht kaum mehr den für die empfindsam geprägte Rokokoidyllik verbindlichen Geschmacksnormen.
Nachdem Gerstenberg 1760 zur Sicherung seines Lebensunterhaltes in das dänische Heer eintrat und 1762 als Adjutant beim General-Quartiermeisterstab am kurzen und unblutigen Feldzug der Dänen gegen die Russen teilnahm, veröffentlichte er im gleichen Jahr seine *Kriegslieder eines Königlich Dänischen Grenadiers bey Eröffnung des Feldzugs 1762*, die er J. W. L. Gleim, dem Autor der 1758 publi-

zierten *Preussischen Kriegslieder*, widmete. Die Literaturhistorik spricht diesen epigonalen Poemen in volkstümelnden *Chevy-Chase*-Strophen zu Recht jede Originalität ab. Anders als das erst 1777 im von J.H. Voss herausgegebenen ›Musen Almanach‹ publizierte *Schlachtlied* blieben die *Kriegslieder* den zeitüblichen Stereotypen patriotisch-militanter Rhetorik (J.W.L. GLEIM, J.N.C.M. DENIS, K.W. RAMLER, Chr. F. WEISSE) verhaftet.

Weitaus größere Bedeutung kommt den Gesängen *Der Skalde* (so der Titel ab der zweiten Auflage) zu, die zahlreiche Autoren (F.G. KLOPSTOCK, J.N.C.M. DENIS, K.F. KRETSCHMANN, J.M. MILLER, J.F. HAHN) zu teutonisch-nordischen Bardenpoesien inspirierten und zeitweilig modische Beliebtheit erlangten. Obwohl Gerstenberg den *Skalden* als *»bloßes Gelegenheitsgedicht«* (Brief an Gleim vom 28.12. 1768) abwertete und der Rekurs auf eine indifferente nordische Mythologie deutlich an J. MACPHERSONS Ossiangesänge erinnerte, war der Einfluß der pathetischen Jambendichtungen auf das dramatische Schaffen F.G. Klopstocks (Trilogie *Hermann*) beträchtlich.

Gerstenbergs in wenigen Jahren, zwischen 1759 und 1766, veröffentlichtes poetisches Werk und seine bahnbrechenden theoretischen Überlegungen über die Eigenarten der Poesie (vor allem in den 1766/67 erschienenen *Briefen über Merkwürdigkeiten der Litteratur*) weisen den primär als Dramatiker geltenden Autor auch als herausragenden Poeten in der Zeit des Rokoko, der Empfindsamkeit und des Sturm und Drang aus. Y.G.M.

AUSGABEN: *Tändeleyen*, Lpzg. 1759. – *Prosaische Gedichte*, Altona 1759. – *Kriegslieder eines Königlich Dänischen Grenadiers bey Eröffnung des Feldzugs 1762*, o.O. o.J. [Altona 1762]. – *Gedicht eines Skalden*, Kopenhagen u.a. 1766. – *Tändeleien* (in *Vermischte Schriften*, 3 Bde., Altona 1815/16, 2; Faks. Ffm. 1971). – *Gedichte* (in *Klopstocks Werke, Tl. IV / Hermanns Schlacht u. das Bardenwesen des 18. Jh.s*, Hg. R. Hamel, Bln./Stg. 1884; DNL, 48). – *Tändeleyen*, Stg. 1966 (Nachw. A. Anger; Dt. Neudrucke, R. 18. Jh.).

LITERATUR: A.M. Wagner, *H. W. v. G. und der Sturm und Drang, II. G. als Typus der Übergangszeit*, Heidelberg 1924. – K. Gerth, *Studien zu G.s Poetik*, Göttingen 1960 (Palaestra).

BRIEFE ÜBER MERKWÜRDIGKEITEN DER LITTERATUR

Sammlung ästhetischer Schriften, herausgegeben von Heinrich Wilhelm von GERSTENBERG, nach ihrem Erscheinungsort auch als *Schleswigsche Literaturbriefe* bezeichnet; ursprünglich war eine periodische Erscheinungsweise geplant, es erschien jedoch nur eine *Erste und Zweyte Sammlung* 1766, eine dritte Sammlung 1767 sowie der *Fortsetzung 1. Stück* 1770 u.d.T. *Über Merkwürdigkeiten der Litteratur*. – Der Titel von Gerstenbergs *»kritischem Hauptwerk«* (K. Gerth) bezieht sich auf die *Briefe, die neueste Litteratur betreffend*, die LESSING, Moses MENDELSSOHN und Friedrich NICOLAI 1759–1765 *(Berliner Literaturbriefe)* herausgegeben hatten, und reiht sich mit ihnen in die poetologische und ästhetische Diskussion des Jahrzehnts ein, an der sich neben HAMANN (*Sokratische Denkwürdigkeiten*, 1759; *Kreuzzüge eines Philologen*, 1762) Lessing (*Laokoon*, 1766) und HERDER (*Fragmente über die neuere deutsche Literatur*, 1766/67) beteiligten. Gerstenberg war bis dahin als Lyriker und durch Beiträge für die »Bibliothek der schönen Wissenschaften und der freyen Künste«, die F. Nicolai und M. Mendelssohn seit 1759 herausgaben, sowie für die Wochenschrift ›Der Hypochondrist‹ (1762) hervorgetreten. Die ersten drei Sammlungen der *Merkwürdigkeiten* (der Titel meint nicht »seltsame«, sondern der Beachtung würdige literarische Werke) enthalten 25 Briefe, gar nicht oder fingiert unterzeichnet; in der Vorrede zur Fortsetzung von 1770 weist Gerstenberg darauf hin, daß neben ihm nur Christian FLEISCHER (1713–1768) – von ihm stammt nach A.v. Weilen der 10. Brief –, Gottfried Benedikt FUNK (1734–1814) – 1., 7. und 26. Brief – sowie Johann Peter KLEEN (1732–1766) – 6. Brief – als Mitarbeiter beteiligt waren, während von den fünf Stücken der Fortsetzung das erste von Klopstock, das zweite – nach K. Gerth – von einem unbekannten Verfasser und das fünfte von SCHÖNBORN (1737–1813) stammt: *»Die Zuordnung macht besondere Schwierigkeiten, da die Briefe Rollencharakter haben. Absender, Ort und Stil sind ... variiert. Gerstenberg wollte den Eindruck einer größeren Zahl von Mitarbeitern erwecken, er wollte aber auch teilweise den Stil und Ort der Materie anpassen oder den besprochenen Autor parodieren«* (K. Gerth).

Ebenso wie die *Briefe, die neueste Litteratur betreffend* fingieren Gerstenbergs *Merkwürdigkeiten* eine Korrespondenz ästhetisch Interessierter; gegenüber Nicolai hält Gerstenberg 1766 in einem Brief fest, daß die Publikation weniger der Vorstellung von literarischen Neuigkeiten dienen werde, vielmehr *»Betrachtungen über alte und bereits bekannte Werke enthalten sollte, wo ich ohngefähr wünschte, daß sie dem Geschmack des deutschen Publici eine andre Wendung geben möchten.«* Es ist dies, neben HOMER, ARIOST und CERVANTES sowie der altnordischen und dänischen Literatur, vor allem SHAKESPEARE, in dem Gerstenberg das poetische Vorbild für seine Zeit sieht, das *»Genie«*, das, von jedem Regelzwang befreit, das Ganze seiner Persönlichkeit, seiner Natur in seinen Werken zur Entfaltung bringen kann: *»Er hat Alles – den bilderreichen Geist der Natur in Ruhe und der Natur in Bewegung, den lyrischen Geist der Oper, den Geist der komischen Situation, sogar den Geist der Groteske – und das Sonderbarste ist, daß Niemand sagen kann, diesen hat er mehr, und jenen hat er weniger ...«* Neben den Briefen über Shakespeare (14.–18. Brief), die ihren

Ausgangspunkt in der Besprechung der Übersetzung seiner Werke durch WIELAND nehmen, ist vor allem der 20. Brief von zentraler Bedeutung, in dem er auch für die Lyrik die Loslösung von der Regelpoetik fordert und jeden Eingriff in das literarische Werk als Verletzung der Originalität der Autoren kritisiert. Gerstenberg steht mit seinen *Briefen* an der Schwelle zum Sturm und Drang – *»sie schlagen die Brücke zwischen der ätzenden Kritik Lessings und der warm empfindsamen Exegese Herders. Ein großer einheitlicher Zug durchströmt sie: die Verkündigung der Rechte der Natur und des Genies«* (A. v. Weilen) – und nimmt wesentliche Züge der kommenden Bewegung bereits vorweg. Herder wurde dadurch zu seinem *Shakespeare*-Aufsatz angeregt, den er auch an Gerstenberg sandte; die *Briefe* aber fanden nach 1770 keine Fortsetzung, und Herders Aufsatz erschien 1773 in den Blättern ›Von deutscher Art und Kunst‹. M.Pr.

AUSGABEN: Schleswig/Lpzg. 1766/67, 3 Tle. – Hbg./Bremen 1770 *(Über Merkwürdigkeiten der Litteratur. Der Fortsetzung 1. Stück)*. – Heilbronn 1888–1890, Hg. A. v. Weilen, 2 Bde. (m. Einl.; DLD).

LITERATUR: *G.s Briefe an Nicolai nebst einer Antwort Nicolais* (in ZfdPh, 23, 1891, S. 43–67). – A. M. Wagner, *H. W. v. G. u. der Sturm und Drang*, 2 Bde., Heidelberg 1920–1924. – K. Gerth, *Studien zu G.s Poetik. Ein Beitrag zur Umschichtung der ästhetischen u. poetischen Grundbegriffe im 18. Jh.*, Göttingen 1960. – J. Wilke, *Literarische Zeitschriften des 18. Jh.s (1688–1789)*, Tl. 2, Stg. 1978, S. 102–106 (Slg. Metzler).

UGOLINO

Tragödie in fünf Akten von Heinrich Wilhelm von GERSTENBERG, Uraufführung: Berlin 1769. – Die Vielseitigkeit des literarischen Schaffens um und nach 1760 wird durch Gerstenberg beispielhaft verkörpert: 1759 veröffentlicht er unter dem Titel *Tändeleyen* eine Gedichtsammlung im Geist und Stil des Rokoko, die er 1760 und 1765 überarbeitet, 1766/67 ist er mit den *Briefen über Merkwürdigkeiten der Litteratur* einer der Hauptvermittler von SHAKESPEARES Dramatik und der neuen Genieästhetik, 1768 nimmt er mit seinem Experiment *Ugolino* weite Teile des Theaters des Sturm und Drang vorweg.
Gerstenbergs Tragödie knüpft an den 33. Gesang des Inferno in DANTES *Divina Commedia* an. Graf Ugolino wird, als er nach der Alleinherrschaft in Pisa strebt, von seinem Gegenspieler, dem Erzbischof Ruggieri, gestürzt, mit seinen Söhnen in den Turm geworfen und dort dem qualvollen Hungertod ausgesetzt. Gerstenberg verzichtet bei der dramatischen Umsetzung seiner epischen Vorlage auf jede Ausgestaltung der Fabel und schreibt ein Stück, das auf vier Personen (Ugolino mit seinen drei Söhnen Francesco, Anselmo und Gaddo), den Turm als Schauplatz und eine stürmische Nacht als Zeitraum beschränkt bleibt. Die an Shakespeare orientierte Darstellung der wechselnden Leidenschaften der vier Personen und die Gewalt ihres kreatürlichen Leidens tritt an die Stelle des traditionellen Handlungsdramas. So steht für die übliche Exposition ein Stimmungsbild, erst später kommt bei wiederholten Racheausbrüchen die Vorgeschichte zur Sprache. Die zeitgenössische Kritik rügte, daß die physische und seelische Not der Bestraften – insbesondere der Kinder – in keinem verständlichen Verhältnis zu ihrer »Schuld« stehe. Eine derartige »notwendige Handlungsfolge« hervorzubringen liegt keineswegs in der Absicht Gerstenbergs, der vielmehr unverhülltes, kreatürliches Leiden möglichst wahrheitsgetreu darstellen will, um damit die Erschütterung – nicht mehr nur das Mitleid – der Zuschauer zu erreichen. Eine gewisse dramatische Spannung wird allerdings zusätzlich bis zum dritten Akt damit geschaffen, daß durch einen heimlichen Brief Ugolinos wie durch den Ausbruchsversuch des ältesten Sohnes Francesco noch Verbindung zur Außenwelt und damit Hoffnung auf Befreiung besteht. Endgültig besiegelt ist das Schicksal der Eingesperrten erst, als man Francesco noch lebend in einem Sarg zurückbringt und daneben den Sarg mit der Leiche der vergifteten Gemahlin Ugolinos stellt. Doch auch an dieser hochdramatischen Stelle, die der Peripetie entspricht, findet keine Auseinandersetzung mit der Gegenpartei statt. Vielmehr wird das Thema vom leidenden »großen Mann« intensiviert und in der ganzen Skala der Affekte von zärtlicher Vaterliebe bis zu den unmenschlichen Ausbrüchen des Hungers und der nackten Verzweiflung durchgespielt. Gerstenberg hat dieses Ende allerdings vor der Drucklegung des Schauspiels gemäß der Tradition der Edelmutstragödien der Aufklärungszeit noch verändert: Ugolino endet nun in gottergebener Standhaftigkeit.
Neu an dem Stück ist die Radikalität der Wirklichkeitserfahrung im Leiden. Dieser neuen Wirklichkeitssicht entspricht eine pathetische, metaphernreiche Sprache, die Ausrufesätze, Satzfetzen, kurze rhetorische Fragen und Anaphern bevorzugt. In abgerissenen Phantasiebruchstücken vollzieht sich bei Ugolino abschließend die Überwindung des Kreatürlichen in einer hiobhaften Ergebenheitswendung zur stoisch-christlichen Tugend der Standhaftigkeit. Dieser Übergang, den Gerstenberg auch durch die Einblendung von Musik herstellt, bezeugt erneut den kühnen Experimentcharakter seines Werks.
Das Stück rief mit seiner »monotonen« Konzentration und seiner »handlungsfremden« Gestaltung die Kritik LESSINGS und eine Parodie BODMERS hervor, während sich HERDER positiver äußerte. Auf der Bühne hatte es nur kurzen Erfolg. V.Ho.

AUSGABEN: Hbg./Bremen 1768 [anon.]. – Bln./Stg. 1884, Hg. R. Hamel (DNL, 48). – Stg. 1966, Hg. Ch. Siegrist (RUB). – Ffm. 1971 (in *Vermisch-*

te Schriften, 3 Bde., 1; Faks. d. Ausg. Altona 1815/16).

LITERATUR: R. Hamel, *Grundzüge u. Grundsätze moderner Dramatik bei G.* (in R. H., *Hannoversche Dramaturgie. Kritische Studien u. Essays*, Hannover 1900). – F. Gundolf, *Shakespeare u. der deutsche Geist*, Bln. 1911. – A. M. Wagner, *H. W. v. G. u. der Sturm und Drang*, 2 Bde., Heidelberg 1920–1924. – K. Schneider, *H. W. v. G. als Verkünder Shakespeares* (in Jb. der dt. Shakespeare-Gesellschaft, 58, 1922, S. 39–45). – H. Dollinger, *Die dramatische Handlung in Klopstocks »Der Tod Adams« u. G.s »Ugolino«*, Diss. Erlangen 1930. – R. Pascal, *Shakespeare in Germany 1740–1815*, Cambridge 1937. – K. S. Guthke, *G. u. die Shakespearedeutung der deutschen Klassik u. Romantik* (in JEGPh, 58, 1959). – W. Kließ, *Sturm und Drang. G., Lenz, Klinger ...*, Velber 1966. – G. Stein, *Genialität als Resignation bei G.* (in *Literatur der bürgerlichen Emanzipation im 18. Jh.*, Hg. G. Mattenklott u. K. R. Scherpe, Kronberg/Ts. 1973, S. 105–110). – K. Gerth, *H. W. v. G.* (in *Deutsche Dichter des 18. Jh.s*, Hg. B. v. Wiese, Bln. 1977, S. 393–411). – B. Duncan, *»Ich platze!« G.s »Ugolino« and the Midlife-Crisis* (in GR, 53, 1978, S. 13–19). – K. Bohnen, *H. W. v. G. u. das Problem der Sinnlichkeit im 18. Jh.* (in *Deutsch-dänische Literaturbeziehungen im 18. Jh.*, Mchn. 1979, S. 150–169). – H. J. Schmidt, *The Language of Confinement. G.'s »Ugolino« and Klinger's »Sturm und Drang«* (in Lessing Yearbook, 11, 1979).

SALOMON GESSNER

* 1.4.1730 Zürich
† 2.3.1788 Zürich

LITERATUR ZUM AUTOR:
H. Wölfflin, *S. G.*, Frauenfeld 1889. – F. Bergemann, *S. G.*, Mchn. 1913. – P. Leemann van Elck, *S. G. Dichter, Maler u. Radierer, 1730–1788*, Zürich/Lpzg. 1930 [m. Bibliogr.]. – R. Zürcher (in *Geist u. Schönheit im Zürich des 18. Jh.s*, Beitr. M. Bircher, F. Hafner, R. Z., Zürich 1968, S. 105–166). – J. Hibberd, *S. G. His Creative Achievement and Influence*, NY/Ldn. 1977. – E. T. Voss, *S. G.* (in *Deutsche Dichter des 18. Jh.s*, Hg. B. v. Wiese, Bln. 1977, S. 249–275). – *Maler u. Dichter der Idylle: S. G. 1730–1788*, Hg. M. Bircher, Wolfenbüttel 1980 [Kat.]. – R. Lüchinger, *S. G. in Italien. Sein literarischer Erfolg im 18. Jh.*, Bern u. a. 1981. – M. Bircher u. B. Weber, *S. G.*, Zürich 1982. – K. S. Guthke, *Hypochonder oder Gartenzwerg? Zu S. G.s Physiognomie* (in K. S. G., *Erkundungen*, NY u. a. 1983, S. 157–164; 394 f.). – J.-U. Fechner, *Mythographische Variationen bei S. G.* (in *Mythographie der frühen Neuzeit*, Hg. W. Killy, Wiesbaden 1984, S. 181–207).

IDYLLEN

Sammlung von kleinen Prosastücken bukolischen Charakters von Salomon GESSNER, anonym erschienen 1756; unter dem Eindruck des großen Erfolgs ließ der Autor der Sammlung 1772 eine zweite – *Neue Idyllen* – folgen, die der ersten jedoch an Bedeutung nachsteht. – Die Tradition der Idylle (eig. das Idyll, von griech. *eidyllion*: Bildchen, zierliches Gedicht) als poetischer Kleinform, die vor allem im 16. und 17. Jh. – und zwar namentlich in Frankreich, Spanien und Italien – in Blüte stand, geht auf den griechischen Lyriker THEOKRIT zurück, dessen Hirtengedichte *(Eidyllia)* im Verein mit VERGILS *Bucolica* ihr Formgesetz begründeten und den Kanon von inhaltlichen Elementen festsetzten, an dem bis zum Ende des 18. Jh. festgehalten wurde. Geßners großes Vorbild ist ebenfalls Theokrit, wenn auch nicht dessen von dem Franzosen FONTENELLE in seinem *Discours sur la nature de l'églogue* (1688) schon gerügte *»bäurische Grobheit«*. Daneben lassen sich in Geßners Idyllen (die der Autor auch als begabter Maler gestaltete, wie 1980 eine entsprechende Ausstellung in Zürich und Wolfenbüttel dokumentierte) die verschiedenartigsten Einflüsse beobachten, vor allem der des späthellenistischen Epikers LONGOS und seines Schäferromans *Daphnis und Chloē*, außerdem die Anregungen, die etwa von Barthold Heinrich BROCKES' *Irdischem Vergnügen in Gott* (1721 ff.), von den anakreontischen Gedichten der Uz, GLEIM, HAGEDORN, RAMLER oder von Ewald von KLEISTS Idylle *Der Frühling* (1749) ausgegangen sind – Werken, in denen im Gegensatz zur schäferlichen Rokoko-Allegorik sich zum Teil schon ein unmittelbareres, verinnerlichtes Naturempfinden des bürgerlichen Betrachters ausspricht.
Geßners Idyllen sind kleine Prosastücke mit einem Minimum von Rahmenhandlung und häufigen längeren dialogischen Abschnitten. Die in ihnen auftretenden und sprechenden Personen – die Schäfer und Schäferinnen Damon, Daphne, Phyllis, Chloe, Amyntas, Lycas, Menalcas, Tityrus, dazu Sänger, Flötenspieler, Faune und Jäger –, wenig individualisierte, friedfertig-empfindsame, eher sentimental denn preziös stilisierte Figuren, bewegen sich in einer konfliktlosen Welt; sie sind *»frey von allen sclavischen Verhältnissen, und von allen den Bedürfnissen, die nur die unglückliche Entfernung von der Natur nothwendig machet«* (Vorrede von 1756). Alle diese bukolischen Genrebilder verbinden bestimmte menschliche Situationen (die Liebesklage, den Dialog von Sänger und Flötenspieler, den Wettstreit von Sänger und Flötenspieler, die Flucht der Liebenden vor dem Gewitter) mit den ihnen entsprechenden landschaftlich-szenischen Elementen (Fluß, Insel, Brunnen, Felsen, Schilfhütte, Quelle usw.), und diese bruchlose Zuord-

nung, die vollkommene Homogenität von Mensch und Natur, macht zugleich den eigentlichen Reiz der Geßnerschen Idyllen aus, an dem darüber hinaus ein schwebender, zwischen Prosa und Lyrik beheimateter Sprachrhythmus entscheidenden Anteil hat: *»Nicht den blutbespritzten kühnen Helden, nicht das öde Schlacht-Feld singt die frohe Muse; sanft und schüchtern flieht sie das Gewühl, die leichte Flöt' in ihrer Hand.«* – *»Sie* [die Idylle] *schildert uns ein goldnes Welt-Alter, das gewiß einmal dagewesen ist«*, bemerkt der Autor, ohne sich jedoch zu verhehlen, daß die konkrete gesellschaftliche Wirklichkeit des 18. Jh.s, *»wo der Landmann mit saurer Arbeit unterthänig seinem Fürsten und Städten den Überfluß liefern muß«*, der idyllischen Wirklichkeit in seinen Dichtungen wenig entspricht.
Dennoch hatte Geßner mit seinen *Idyllen*, deren Ton er bereits in seinem Schäferroman *Daphnis* (1754) vorweggenommen hatte, nicht nur in Deutschland ungewöhnlichen Erfolg – Maler Müller, Voss und Hebel sahen ihr unmittelbares Vorbild in ihnen –, sondern vor allem in Frankreich, wo Diderot und Rousseau sie bewunderten und wo sich nahezu die gesamte Schäferdichtung an ihnen orientierte. Die erschöpfendste und in die Paradoxie der »modernen« Idylle am tiefsten eindringende Beurteilung gab jedoch – neben Herder (*Theokrit und Geßner*, 1767) – Schiller in seinem großen Essay *Über naive und sentimentalische Dichtung* (1795/1796) ab, in dem er – auch mit Blick auf Geßners Dichtungen – die Idylle den sentimentalischen Dichtungsarten zuordnete: *»... sie stellen unglücklicherweise das Ziel hinter uns, dem sie uns doch entgegenführen sollten, und können uns daher bloß das traurige Gefühl eines Verlustes, nicht das fröhliche der Hoffnung einflößen.«* H.H.H

Ausgaben: Zürich 1756 [anon.]. – Zürich 1772 (*Neue Idyllen*). – Zürich 1777 (in *Schriften*, 2 Bde., 1777/1778, 1). – Zürich 1841 (in *Schriften*, Hg. J.L. Klee, 2 Bde., 2). – Bln./Stg. 1884 (in *Werke*, Hg. A. Frey; DNL, 41). – Stg. 1973, Hg. E.T. Voss (krit.; RUB; ern. 1981). – Bern u.a. 1980 [Ausw. H. Weder; Einl. H. Hesse].

Literatur: H. Broglé, *Die französische Hirtendichtung in der 2. Hälfte des 18. Jh.s, dargestellt in ihrem besonderen Verhältnis zu S. G.*, Diss. Lpzg. 1903. – N. Müller, *Die deutschen Theorien der Idylle von Gottsched bis G.*, Diss. Straßburg 1911. – P. F. Schmidt, *G. Der Meister der Idylle*, Mchn. 1921. – A. Müller, *Arkadische Landschaft. E. v. Kleist u. S. G.* (in A. M., *Landschaftserlebnis u. Landschaftsbild. Studien zur deutschen Dichtung des 18. Jh.s u. der Romantik*, Stg. 1955, S. 34–41). – H. Kesselmann, *Die Idyllen S. G.s im Beziehungsfeld von Ästhetik u. Geschichte im 18. Jh. Ein Beitrag zur Gattungsgeschichte der Idylle*, Kronberg/Ts. 1976. – G. Kaiser, *Die Phänomenologie des Idyllischen in der deutschen Lit.* (in G. K., *Wandrer und Idylle*, Göttingen 1977, S. 11–106). – G. Hämmerling, *Die Idylle von G. bis Voß. Theorie, Kritik u. allgemeine geschichtliche Bedeutung*, Ffm./Bern 1981. – B. Burk, *Elemente idyllischen Lebens. Studien zu S. G. u. J.-J. Rousseau*, Ffm./Bern 1981. – T. Namowitz, *G. u. Karpiński. Gattungspoetik u. literarische Praxis in der Idyllendichtung des 18. Jh.s* (in *Parallelen u. Kontraste*, Hg. H.-D. Dahnke, Bln. 1983, S. 73–107).

JOHANN CHRISTOPH GOTTSCHED

* 2.2.1700 Judittenkirchen bei Königsberg
† 12.12.1766 Leipzig

Literatur zum Autor:
E. Reichel, *G.*, 2 Bde., Bln. 1908–1912. – S. Bing, *Die Naturnachahmungstheorie bei G. u. den Schweizern u. ihre Beziehung zu der Dichtungstheorie der Zeit*, Diss. Köln 1934. – *G.s Lebens- u. Kunstreform in den zwanziger u. dreißiger Jahren. G., Breitinger, die Gottschedin, die Neuberin*, Hg. F. Brüggemann, Lpzg. 1935. – J. Birke, *Christian Wolffs Metaphysik u. die zeitgenössische Literatur- und Musiktheorie: G., Scheibe, Mizler*, Bln. 1966. – W. Martens, *Die Botschaft der Tugend. Die Aufklärung im Spiegel der deutschen Moralischen Wochenschriften*, Stg. 1968. – K. R. Scherpe, *Gattungspoetik im 18. Jh. Historische Entwicklung von G. bis Herder*, Stg. 1968. – H. P. Hermann, *Naturnachahmung u. Einbildungskraft. Zur Entwicklung der dt. Poetik von 1670 bis 1740*, Bad Homburg 1970. – W. Rieck, *J. Ch. G. Eine kritische Würdigung seines Werkes*, Bln. 1972. – H. Freier, *Kritische Poetik, Legitimation und Kritik der Poesie in G.s Dichtkunst*, Stg. 1973. – P. Borjans-Heuser, *Bürgerliche Produktivität u. Dichtungstheorie. Strukturmerkmale der poetischen Rationalität im Werk von J. Ch. G.*, Ffm. 1981. – U. Möller, *Rhetorische Überlieferung u. Dichtungstheorie im frühen 18. Jh.: Studien zu G., Breitinger u. G. Fr. Meier*, Ffm. 1983. – G. Schäfer, *»Wohlklingende Schrift« u. »rührende Bilder«: soziologische Studien zur Ästhetik G.s u. der Schweizer*, Ffm. u. a. 1987. – *G.-Bibliographie* (in J. Ch. G., *AW*, Hg. P. M. Mitchell, Bd. 12, Bln. 1987).

DEUTSCHE SCHAUBÜHNE NACH DEN REGELN UND EXEMPELN DER ALTEN

Sammlung von Theaterstücken, herausgegeben von Johann Christoph Gottsched, sechs Bände, erschienen 1740–1745. – Gottsched hatte es sich zur Aufgabe gemacht, das in der ersten Hälfte des 18. Jh.s zum Teil recht verwahrloste deutsche Theater zu reformieren. Er setzte sich für eine Hebung der Schauspielkunst ein und kämpfte mit großer Energie gegen die schwülstigen und blutrünstigen »Tragödien« und primitiv zotigen »Komödien«, die damals von fast allen Schauspieltruppen aufgeführt wurden. Diese literarisch völlig wertlosen Stücke zurückzudrängen war zunächst – solange deutsche Originale fehlten, die Gottscheds Vorstellungen entsprachen – nur mit Hilfe von Übersetzungen, vor allem aus dem Französischen, möglich. Die Dramen des französischen Klassizismus waren das Muster, an dem Gottsched sich theoretisch und praktisch orientierte, auch weil er überzeugt war, daß die *»Regeln und Exempel der Alten«*, also der Griechen und Römer, darin vorbildlich befolgt seien. 1731 wurde dann als *»erstes regelrechtes deutsches Trauerspiel«* sein Drama *Sterbender Cato* aufgeführt, an das sich in den folgenden Jahren zahlreiche Werke seiner Anhänger und Schüler anschlossen. Eine Zusammenfassung der Übersetzungen und der deutschen Originalwerke, die Gottscheds ästhetische Forderungen erfüllten, ist die *Deutsche Schaubühne* – eine Sammlung von beispielhaften Stücken für die reformbereiten Schauspieltruppen. Überdies hoffte Gottsched, wie er im Vorwort zum sechsten Band erklärt, damit *»geschickte Dichter«* anzuregen, *»unserem Vaterland künftig noch etwas besseres zu liefern«*.

Von den im ganzen 38 Theaterstücken der *Deutschen Schaubühne* sind 16 Übersetzungen (freilich nicht immer »Übersetzungen« im heutigen strengen Sinn des Wortes). Von Gottsched selbst stammen die Übertragungen der *Iphigenia* RACINES, des Lustspiels *Die Opern (»aus dem Französischen des Herrn von St. Evremond ... und für die deutsche Schaubühne eingerichtet«)* und des Trauerspiels *Alzire oder Die Amerikaner* von VOLTAIRE. Gottscheds Frau übertrug: *Der Menschenfeind* von MOLIÈRE, *Der Widerwillige* von DU FRONY, das Trauerspiel *Cornelia, die Mutter der Gracchen* von Marie-Anne BARBIER und die drei Lustspiele *Das Gespenst mit der Trommel oder Der wahrsagende Ehemann, Der Verschwender oder Die ehrliche Betrügerin* und *Der poetische Dorfjunker* von DESTOUCHES. Die anderen Übersetzungen aus dem Französischen sind: *Die Horazier, »ein Trauerspiel nach dem älteren Corneille«*, sowie dessen *Cid*, Voltaires *Zaïre* und das Lustspiel *Die Spielerin* von DUFRESNY. Schließlich nahm Gottsched in jeden der ersten drei Bände noch ein Lustspiel des dänischen Dramatikers HOLBERG auf (übersetzt von Georg August DETHARDING): *Der politische Kanngießer, Jean de France oder Der deutsche Franzose, Bramarbas oder Der großsprecherische Officier.*

Während in den ersten drei Bänden außer Gottscheds *Sterbendem Cato* und seinem Schäferspiel *Atalanta* nur noch ein weiteres deutsches Stück zu finden ist, das Trauerspiel *Darius* von Friedrich Lebegott PITSCHEL, fehlen in den Bänden 4–6 Übersetzungen völlig. Sie enthalten u. a. die beiden Trauerspiele *Hermann* und *Dido* sowie das Lustspiel *Der geschäfftige Müßiggänger* von Johann Elias SCHLEGEL, ein Trauerspiel *(Aurelius oder Denkmal der Zärtlichkeit)* und zwei Lustspiele *(Der Bock im Processe, Der Hypochondrist)* von Theodor Johann QUISTORP und von Ephraim Benjamin KRÜGER das Trauerspiel *Mohamed IV.* Eigene Werke von Gottsched sind *Die Parisische Bluthochzeit König Heinrichs von Navarra* und *Agis*, von seiner Frau stammen das Trauerspiel *Panthea* und die beiden Lustspiele *Das Testament* und *Der Unempfindliche.*

Überdauert auf den heutigen Tag hat keines der in der *Schaubühne* veröffentlichten Dramen, für die Literatur- und Theatergeschichte der bürgerlichen Aufklärung aber ist diese Sammlung eine wichtige Quelle. C.P.-KLL

AUSGABEN: Lpzg. 1741 (*Die Deutsche Schaubühne nach den Regeln der alten Griechen und Römer eingerichtet, und mit einer Vorrede herausgegeben*; Tl. 2). – Lpzg. 1741 [Tl. 3]. – Lpzg. 1742 *(Die Deutsche Schaubühne nach den Regeln und Exempeln der Alten. Erster Theil nebst einer Vorrede, und des Erzbischofs von Fenelon Gedanken von der Tragödie und Comödie ans Licht gestellet)*. – Lpzg. 1743 [Tl. 4]. – Lpzg. 1744 [Tl. 5]. – Lpzg. 1745 [Tl. 6]. – Stg. 1972 [Nachdr. Tl. 1–6; Nachw. H. Steinmetz].

LITERATUR: E. Krießbach, *Die Trauerspiele in G.s »Deutscher Schaubühne« u. ihr Verhältnis zur Dramaturgie u. zum Theater ihrer Zeit*, Halle 1928 (Hermea, 19). – R. Krebs, *L'idée de »Théâtre National« dans l'Allemagne des lumières. Théorie et réalisations*, Wiesbaden 1985.

VERSUCH EINER CRITISCHEN DICHTKUNST VOR DIE DEUTSCHEN.

Darinnen erstlich die allgemeinen Regeln der Poesie, hernach alle besondere Gattungen der Gedichte, abgehandelt und mit Exempeln erläutert werden: Überall aber gezeiget wird Daß das innere Wesen der Poesie in einer Nachahmung der Natur bestehe. Anstatt einer Einleitung ist Horatii Dichtkunst in deutsche Verße übersetzt, und mit Anmerkungen erläutert.

Poetik von Johann Christoph GOTTSCHED, erschienen 1730, in der vierten und *»sehr vermehrten«* Auflage 1751. – Das Werk, das ursprünglich der Leipziger »Deutschübenden Gesellschaft« als poetologische Grundlage dienen sollte, muß im Zusammenhang mit Gottscheds umfassenderen Bestrebungen um eine Hebung des Niveaus der deutschen Sprache und Literatur und um eine Rückführung des deutschen Theaters zur Formenreinheit der Antike gesehen werden. Er wendet sich nicht nur gegen die als schwülstig empfundene Barockdichtung der sog. Zweiten Schlesischen Schule, sondern bricht grundsätzlich mit der Regel- und Anweisungspoetik des 17. Jh.s, in der er einen *»recht vernünftigen deutlichen Begriff, von dem wahren Wesen der Dichtkunst; aus welchem alle besonderen Regeln derselben hergeleitet werden können«*, vermißt. Das Prädikat »kritisch«, das hier erstmals im Titel einer Poetik erscheint, verweist auf Gottscheds Anspruch, seine Dichtungslehre auch philosophisch zu fundieren; er entwickelt die poetologischen Regeln in Anlehnung an Christian WOLFFS

Methode der philosophischen Deduktion. Im Zentrum der *Critischen Dichtkunst* steht der *»wahre aristotelische Grundsatz von der Nachahmung der Natur«* und der Gedanke des *»aut prodesse volunt aut delectare poetae«* aus der *Ars poetica* des Horaz. Diesem Rückgriff auf die *»Grundsätze der Alten«* liegt die erst von HERDER überwundene Vorstellung der Unwandelbarkeit und Kontinuität von Natur und Bewußtsein des Menschen zugrunde, derzufolge *»der Weg, poetisch zu gefallen, noch eben derselbe seyn«* müsse, *»den die Alten dazu so glücklich erwählet haben«*. Diesen Klassizismus attackierten dann in den vierziger Jahren die Züricher Johann Jakob BODMER (*Critische Abhandlung von dem Wunderbaren in der Poesie*, 1740) und Johann Jakob BREITINGER (*Critische Dichtkunst*, 1740), die sich aus ihrer christlich orientierten Kunstauffassung gegen Gottscheds Einengung der Poesie auf den Bereich des »Vernünftigen« wandten und von Autoren wie KLOPSTOCK unterstützt wurden, der das Ideal einer von Enthusiasmus, nicht mehr nur von Rationalität geprägten Dichtung proklamierte.

Gottscheds Werk ist in zwei Teile gegliedert; auf zwölf Kapitel theoretischer Grundlegung folgen zwölf weitere »Hauptstücke« über die einzelnen literarischen Gattungen und Zweckformen, die wie in BOILEAUS *L'art poétique* scharf gegeneinander abgegrenzt werden. In einem einleitenden Überblick über *Ursprung und Wachsthum der Poesie überhaupt* sieht Gottsched die *»Gemüthsneigungen des Menschen«* als die erste Quelle der Dichtung. Lyrische Selbstaussage sei jedoch eine niedere Vorstufe der Poesie; zu ihr müsse Bändigung der Gemütskräfte durch die Form, durch den Verstand, den *»Witz«* kommen. Entsprechend fordert er vom Dichter nicht nur Einbildungskraft und Phantasie, sondern auch Scharfsinn, Gelehrsamkeit und Geschmack. Auch der »Geschmack« ist kein Element der Subjektivität, sondern *»derjenige Geschmack ist gut, der mit den Regeln übereinkommt, die von der Vernunft ... fest gesetzet worden«*. In frühaufklärerisch ungebrochenem Vertrauen auf die Kraft der Vernunft kann er diese Regeln mit den Gesetzen der Natur gleichstellen und ihre Beachtung beim Kunstwerk als einem Werk vernünftiger Nachahmung der Natur fordern. Im zentralen Kapitel *Von den drey Gattungen der poetischen Nachahmung und insonderheit von der Fabel* unterscheidet er zwischen Nachahmung von Dingen, Personen und Handlungen (»Fabel«). Diese Dreiteilung muß durchaus wertend verstanden werden: Einer Geringschätzung der nur *»schmückenden«* Schilderung und der »fabel«losen lyrischen Gattungen entsprechend gewinnt die »Fabel« als *»Seele der ganzen Dichtkunst«* eine beherrschende Stellung. Dabei geht es Gottsched vor allem um die an ihr exemplifizierte *»nützliche moralische Wahrheit«* im Sinne der »Weltweisheit«. So lautet sein berühmt-berüchtigtes Rezept zur Verfertigung einer Tragödie: *»Der Poet wählet sich einen moralischen Lehrsatz, den er seinen Zuschauern auf eine sinnliche Art einprägen will. Dazu ersinnt er sich eine allgemeine Fabel, daraus die Wahrheit eines Satzes erhellet. Hiernächst suchet er in der Historie solche berühmte Leute, denen etwas ähnliches begegnet ist; und von diesen entlehnet er die Namen, für die Personen seiner Fabel; um derselben also ein Ansehen zu geben. Er erdenket sodann alle Umstände dazu, um die Hauptfabel recht wahrscheinlich zu machen; und das werden die Zwischenfabeln, oder Episodia nach neuer Art, genannt. Dieses theilt er dann in fünf Stücke ein, die ohngefähr gleich groß sind, und ordnet sie so, daß natürlicher Weise das letztere aus dem vorhergehenden fließt ...«*

Es wird deutlich, daß Gottsched mit dem Begriff »Naturnachahmung« nicht realistische Wirklichkeitsnähe meint, sondern daß ihm ein an Wolff orientierter Naturbegriff zugrunde liegt, dem Kriterien des guten Geschmacks, moralische Absichten und rationalistische Abwertung des Wunderbaren und Außerordentlichen enge Grenzen setzen. Das Moment des Fiktiven, das dennoch aller Dichtung innewohnt, rechtfertigt er durch die von LEIBNIZ und Wolff entwickelte Lehre von den nicht realisierten, jedoch hypothetisch möglichen anderen Welten. Seine Definition von Naturnachahmung im Sinne von Wahrscheinlichkeit wird ihm zum wichtigsten Argument für eine strikte Auslegung des Prinzips der drei Einheiten (von Ort, Zeit und Handlung) im Drama; sie erlaubt ihm außerdem, das Eingreifen von Göttern (vor allem in der Komödie) zu verurteilen und das Zauberwesen des italienischen Theaters und der Oper einer scharfen Kritik zu unterziehen.

Nach der Dichtungstheorie leitet – noch im ersten Teil – die mehr praktisch orientierte Kunstlehre zum gattungspoetischen Teil über. Gottsched bekämpft den allzu überhöhten Stil und wertet die Prosa als künstlerisches Ausdrucksmedium auf; dennoch hält er an der traditionellen Trennung von hohem, mittlerem und niederem Stil fest, ebenso wie er weiterhin das Epos als den Gipfel der Dichtkunst betrachtet. Seine vor allem an französischen Vorbildern entwickelten Vorstellungen von Tragödie und Komödie und die Verbannung des Harlekin von der Bühne (1737) brachten ihm LESSINGS erbitterte Kritik ein. – Die Diskussion der einzelnen Gattungen und Zweckformen wird im Zuge der Auseinandersetzung mit der zeitgenössischen literarischen Produktion von Auflage zu Auflage erweitert. So findet sich erst in der vierten Auflage ein gesondertes Kapitel über den Roman *(Von milesischen Fabeln, Ritterbüchern und Romanen)*, dem er unter den Gattungen der Poesie *»nur eine von den untersten Stellen«* einräumt. Er sieht in ihm eine verwilderte Abart des Heldenepos und findet in der ihm vorliegenden Romanliteratur weder seine poetischen Grundbegriffe (Nachahmung der Natur, Bedeutsamkeit der Fabel) noch die Qualitäten guter Prosa (Regelmäßigkeit, Angemessenheit) verwirklicht.

Gottscheds Literaturkonzeption hatte sich bald überlebt, auch wenn er in den verschiedenen Auflagen der *Dichtkunst* durchaus auf die literarischen Tendenzen der Zeit reagierte und beispielsweise in der vierten Auflage 1751 den neuen Formen des

rührenden Lustspiels und des bürgerlichen Trauerspiels eine gewisse Existenzberechtigung zugestand.
Gottscheds Tragik lag darin, daß er in dieser Entwicklung, die er mit seiner Poetik selbst initiiert hatte, eine Erneuerung des von ihm zeitlebens bekämpften *»Regellosen«* des vorbürgerlichen Theaters sah. Der Blick auf Gottscheds eigentliche Leistung wurde lange durch die kritisch-spöttischen Urteile versperrt, wie sie Lessing und GOETHE (in *Dichtung und Wahrheit*) über seine Person und sein Werk fällten; immerhin gestand man ihm zu, daß er durch seinen Kampf gegen spätbarocke Verwilderungsformen den Weg zur Weimarer Klassik ebnen half, wobei er freilich, wie W. SCHERER bereits in seiner *Geschichte der Deutschen Literatur* (1878) bemängelte, die volkstümlichen Kräfte der deutschen Dichtung in den subliterarischen Bereich verbannt hat. F. BRÜGGEMANN überwand als einer der ersten diese ahistorische Perspektive, er begriff Gottscheds *Critische Dichtkunst* zusammen mit seiner *Weltweisheit* (1734), seiner *Redekunst* (1736) und seiner *Sprachkunst* (1748) als Teil einer *»Lebens- und Kunstreform«* für das deutsche Bürgertum des frühen 18. Jh.s, das allein als Adressat der intendierten »hohen« Literatur in Frage kam. Es zeugt, und neuere literatursoziologische Untersuchungen bestätigen dies nachdrücklich, weniger von Gottscheds Inferiorität als von der relativen Schwäche wie von der höfischen Abhängigkeit des deutschen Bürgertums, daß diese »Kunstreform« noch auf höfisch-klassizistische Vorbilder zurückgreifen mußte. M.Pf.-KLL

AUSGABEN: Lpzg. 1730; [2]1737; 1742; 1751. – Darmstadt 1962 [Neudr. d. 4. Aufl.]. – Darmstadt 1968 [Neudr. d. 3. Aufl.]. – Stg. 1972 (Auszüge, in *J. Ch. G., Schriften zur Literatur*, Hg. H. Steinmetz, S. 12–196; RUB). – Bln. 1973 (in *AW*, Hg. J. Birke, Bd. 6/1–3).

LITERATUR: K. Blanck, *Der französische Einfluß im zweiten Teil von G.s »Critischer Dichtkunst«*, Diss. Göttingen 1910. – A. Pelz, *Die vier Auflagen von G.s »Critischer Dichtkunst« in vergleichender Betrachtung*, Diss. Breslau 1929. – *G.s Lebens- und Kunstreform*, Hg. F. Brüggemann, Lpzg. 1935. – W. Kuhlmann, *Die theologischen Voraussetzungen von G.s »Critischer Dichtkunst«*, Diss. Münster 1935. – J. Birke, *G.s Neuorientierung der deutschen Poetik an der Philosophie Wolffs* (in ZfdPh, 85, 1966, S. 560–575). – K. Wölfel, *Moralische Anstalt. Zur Dramaturgie von G. bis Lessing* (in *Deutsche Dramentheorien I.*, Hg. R. Grimm, Wiesbaden [2]1978, S. 45–122). – H. O. Horch, *Register zu G.s »Versuch einer Critischen Dichtkunst«*, Darmstadt 1978.

FRIEDRICH VON HAGEDORN

* 23.4.1708 Hamburg
† 28.10.1754 Hamburg

LITERATUR ZUM AUTOR:
St. List, *F. v. H. und die antike Literatur*, Diss. Mchn. 1909. – R. R. Nicolai, *Lebensgefühl und Leitbegriffe in dem Werk F. v. H.s*, Diss. Univ. of Kansas 1969 (vgl. Diss. Abstracts, 31, 1970/71, S. 363/364A). – B. Keith-Smith (in German Men of Letters, 6, 1972, S. 147–167). – H. Zeman, *F. v. H., J. W. L. Gleim, J. P. Uz, J. N. Götz* (in *Deutsche Dichter des 18. Jahrhunderts*, Hg. B. v. Wiese, Bln. 1977, S. 135–161). – W. J. Pietsch, *F. v. H. und Horaz. Untersuchungen zur Horaz-Rezeption in der deutschen Literatur des 18. Jahrhunderts*, Hildesheim u. a. 1988 [zugl. Diss. Graz 1985].

ODEN UND LIEDER IN FÜNF BÜCHERN

Gedichtsammlung von Friedrich von HAGEDORN, erschienen 1747. – Von LESSING 1749 als *»größter Dichter unserer Zeit«* gefeiert, galt Hagedorn auch der nachfolgenden Generation als Wegbereiter einer *»Epoche des besseren Geschmacks in Deutschland«*. Tatsächlich hat der Hamburger Dichter vor allem mit seinem lyrischen Werk, als *»der erste Sänger eines neuen Lebensgefühls und zugleich der wichtigste Begründer des deutschen Rokokostiles«* (A. Anger), auf den Gang der literarischen Entwicklung bis an das Ende des 18. Jh.s in einem heute kaum vorstellbaren Maß eingewirkt.
Der einundzwanzigjährige, als Student der Rechte in Jena gescheiterte Hagedorn debütierte 1729 mit seinem *Versuch einiger Gedichte*, einer schmalen Sammlung von Gedichten und Verssatiren, überwiegend unreifen Arbeiten, deren vorschnelle Publikation er später bedauerte. Einen entscheidenden Sprung in seiner dichterischen Entwicklung bewirkte Hagedorns zweijähriger Aufenthalt als Sekretär in London, wo er sich – wie dann auch in seiner späteren Lebensstellung als Sekretär der britischen Handelsniederlassung, des English Court, in Hamburg – intensiv mit englischer Dichtung und Philosophie auseinandersetzte, vor allem mit A. POPE, M. PRIOR, J. ADDISON und A. SHAFTESBURY. Der Einfluß des englischen Klassizismus, deutlich vor allem in Hagedorns Lehrgedichten, die 1750 gemeinsam mit seinen Epigrammen gesammelt als *Moralische Gedichte* erschienen, verband sich mit dem des französischen Rokoko; seine lyrisch-poetische Neuorientierung erhielt – wie im Bereich der Fabel und Verserzählung durch das Vorbild LA FONTAINES – von der Beschäftigung mit den französischen Kleinmeistern der *poésie fugitive*, der scherzhaft-erotischen, bisweilen auch ironisch-satirischen Dichtung der G. CHAULIEU,

J.-B. Grécourt, Gresset, wesentliche Impulse. So war es oft genug Übersetzung und direkte Nachahmung, die zur Erneuerung der lyrischen Formensprache in Deutschland führte. In Hagedorns 1742 erschienener, 1744 und 1752 fortgesetzter, mit Noten nach Vertonungen des Musikdirektors an der hamburgischen Domkirche, V. Görner, ausgestatteter *Sammlung neuer Oden und Lieder* trat diese Erneuerung erstmals zutage; 1747 erschien dann mit den *Oden und Liedern in fünf Büchern* die maßgebliche Zusammenstellung von Hagedorns lyrischem Œuvre, wie sie in dieser Form auch in die Werkausgabe von 1757 und weiter in die von J. J. Eschenburg 1800 veranstaltete Gesamtausgabe übernommen worden ist.

Der mit einer gelehrten Vorrede über die neuere Geschichte der europäischen Lieddichtung eingeleitete und mit einer von J. A. Ebert übersetzten Abhandlung des De la Nauze über die Lieder der alten Griechen beschlossene Band vereinigt 80 Texte; er ist in fünf Abschnitte gegliedert, denen jeweils ein Gedicht mit programmatischem Charakter – *An die Dichtkunst; An die Freude; Aufmunterung zum Vergnügen; Die Schönheit; An die heutigen Encratiten* – vorangestellt ist. Es handelt sich fast durchgehend um Geselligkeitslyrik, in Gestalt des tändelnd-erotischen (aber nicht frivolen) Liedes etwa, des Rollenliedes, des Trinkliedes; gelegentlich begegnen auch auf die Hamburger lokalen Verhältnisse bezogene Gedichte, Kasualpoesie bleibt dagegen ausgeschlossen. Gleich am Beginn der Vorrede betont Hagedorn, daß seine Gedichte *»nicht so sehr den erhabenen, als den gefälligen, Character der Ode zu besitzen wünschen, durch welchen dieselbe ihre Vorzüge reizender und gesellschaftlich machet«.* Weder Götter noch Helden seien die Gegenstände seiner Odendichtung (der Begriff der Ode fließt bei Hagedorn mit dem des Liedes zusammen), vielmehr solle sie, mit einer Wendung von Horaz, jugendlichen Liebeskummer und die befreiende Wirkung des Weines besingen *(»juvenum curas et libera vina referre«)*. Horaz erweist sich auch sonst als der wichtigste Gewährsmann Hagedorns: Als Lehrer der Lebensweisheit eine moralische Instanz, liefert seine heiter-urbane Schreibweise auch das stilistische Ideal (wobei die Odenform selbst nicht nachgeahmt wird; auch bleiben die gelegentlich düsteren Töne des Vorbilds ausgespart). Hagedorn leitete mit seiner bis in den persönlichen Briefwechsel hinein zu verfolgenden Begeisterung für den römischen Dichter (vgl. auch das 1751 einzeln gedruckte Lehrgedicht *Horaz*) die über den Hallischen Dichterkreis zu Chr. M. Wieland und darüber hinaus reichende Welle der dichterischen Horaz-Rezeption im 18. Jh. ein. Dagegen kann Hagedorn nicht eigentlich als Vertreter der deutschen anakreontischen Dichtung gelten: Er hat nicht mehr als drei reimlose, den Duktus der späthellenistischen Anakreonten nachahmende Oden verfaßt. Mit der Anakreontik konvergieren dagegen die Motive, die in der Lyrik Hagedorns in ständig neuen Variationen und Kombinationen begegnen: Vergnügen, Wein, Jugend, Freundschaft, Natur, schäferlich-naive Liebeslust, Warnung vor dem Alter oder Verlachen menschlicher Torheit. Nicht aber im Spiel mit den Versatzstükken der *musa iocosa* gewinnen die *Oden und Lieder* ihre epochale Bedeutung, sondern als Manifestation einer neuen Stilhaltung. Wie Hagedorn in der Vorrede unter Berufung auf eine Forderung der englischen moralischen Wochenschrift ›The Guardian‹ darlegt, solle in diesen Gedichten *»eben keine Hoheit der Gedanken«* angestrebt werden, hingegen wolle er *»eine genaue Kunstrichtigkeit, die größte Zärtlichkeit des Geschmacks, eine vollkommene Reinigkeit in der Schreibart, ein Sylbenmaaß, das vor allen andern leicht, angenehm und fließend ist, einen ungezwungenen zierlichen Schwung des Witzes und der Einfälle, und zugleich einen einförmigen Entwurf voll natürlicher Einfalt«.* In der Tat war es der kunstvoll-ausgefeilte Umgang mit Sprache und Vers, mit Klang und Rhythmus, mit Strophen- und Gedichtformen, eine bis dahin im Deutschen unbekannte Flüssigkeit und Geschmeidigkeit des poetischen Sprechens, Reinheit und Grazie des Ausdrucks, die den endgültigen Bruch mit der pathetischen Rhetorik des Barock und besonders mit dem Schwulststil der D. C. v. Lohenstein und Chr. Hoffmann von Hoffmannswaldau markierten.

Mit den von ihm selbst als »Kleinigkeiten« bezeichneten *Oden und Liedern* begründete Hagedorn eine bürgerliche Kultur des Scherzes. Das *»Formprinzip des Witzes«* (P. Böckmann) fand in ihm einen ersten hervorragenden Vertreter. In Abhebung von älteren philologischen Auffassungsweisen wird allerdings Lyrik dieser Art heute nicht mehr als bloß stilgeschichtliches Phänomen verstanden; auch einer Dichtweise, die sich – wie schon die Anmerkungen Hagedorns zu den Gedichten erkennen lassen – immer noch als gelehrtes Tun begreift, die in bestimmten Gattungstraditionen steht und keineswegs als unmittelbarer Ausdruck individueller Lebenspraxis auftritt, lassen sich konkrete gesellschaftliche Funktionen zuweisen: Einer aufklärerisch-eudämonistischen Welt- und Lebensauffassung mußte damals gegen den Widerstand der religiösen Orthodoxie der Weg erst freigekämpft werden. Die Bevorzugung der kleineren poetischen Arten und die vielfach provokant gefaßte Bagatellisierung der menschlichen Existenzproblematik stellen sich vor diesem Hintergrund als verdeckte, symbolisch gefaßte Absage an alle große Transzendenz dar; es ist gerade die ostentative Fröhlichkeit der *Oden und Lieder*, die das kämpferisch-utopische Moment dieser Dichtung durchscheinen läßt.

E.Fi.

Ausgaben: *Versuch einiger Gedichte oder erlesene Proben poetischer Nebenstunden*, Hbg. 1729. – Dass., Hg. A. Sauer, Heilbronn 1883 (DLD, 10). – *Sammlung neuer Oden und Lieder*, Hbg., 1742–1752, 3 Tle. – *Oden und Lieder in fünf Büchern*, Hbg. 1747. – *Sämmtliche Poetische Werke*, Hbg. 1757, 3 Bde.; Neudr. Bern 1968. – *Poetische Werke*, Hg. J. J. Eschenburg, Hbg. 1800, 5 Bde., [m. Biographie u. Ausz. aus dem Briefwechsel]. – *Gedichte*, Hg. A. Anger, Stg. 1968.

LITERATUR: K. Epting, *Der Stil in den lyrischen u. didaktischen Gedichten F. v. H.s*, Stg. 1929. – G. Stix, *F. v. H. Menschenbild und Dichtungsauffassung*, Rom 1961. – K. S. Guthke, *F. v. H. und das literarische Leben seiner Zeit...* (in FDH, 1966, S. 1–108). – A. Anger, *Rokokodichtung u. Anakreontik* (in *Europäische Aufklärung*, Tl. 1, Hg. W. Hinck. Ffm. 1974, S. 91–118). – Chr. Perels, *Zur Aufnahme u. Kritik der Rokokolyrik zwischen 1740 und 1760*, Göttingen 1974. – K. Bohnen, *Die Kultivierung des geselligen Sinnenspiels in F. v. H.s »Der Tag der Freude«* (in *Gedichte u. Interpretationen*, Bd. 2: *Aufklärung und Sturm und Drang*, Hg. K. Richter, Stg., 1983, S. 87–100). – U.-K. Ketelsen, *Alte Ausdrucksformen und neue Wunschträume. Zu F. v. H.s »Die Alster«* (ebd., S. 101–112). – A. Menhennet, *H. and the Development of German Poetic Style* (in Lessing-Yearbook, 16, 1984, S. 179–192).

VERSUCH IN POETISCHEN FABELN UND ERZEHLUNGEN

Fabelsammlung von Friedrich von HAGEDORN, erschienen 1738; fortgesetzt in *Moralische Gedichte*, 1750. – In eigentümlichem Kontrast zu den Traditionsbrüchen, reformerischen Bestrebungen und Neuerungen der Aufklärung auf anderen Gebieten steht die Bindung ihrer Ästhetik an die seit der Antike tradierten Normen. So ist für die Dichtung der Epoche die Verknüpfung von *»prodesse«* und *»delectare«* oder, in der Sprache der Zeit, von *»moralischem Nutzen«* und *»Ergetzen«* vorbildlich und verbindlich. Diesen Anspruch erfüllt in hohem Maße die Gattung der Fabel, weil sie eine lehrhafte Grundtendenz mit den Formreizen der Poesie verbindet. Hagedorn ist der erste Dichter in der Geschichte der neueren deutschen Literatur, der mit seinem *Versuch in poetischen Fabeln und Erzehlungen* einen eigenen Fabelstil entwickelt und in einem umfangreichen Teil seiner moralischen Gedichte vervollkommnet hat. Selten handelt es sich dabei freilich um neu oder frei erfundene Fabeln, was angesichts der langen Gattungstradition (neben antiken Autoren sind für Hagedorn LA FONTAINES *Contes et nouvelles en vers*, 1664–1674, von besonderer Bedeutung) und im Hinblick auf die Nachahmungspoetik der Aufklärung nicht verwunderlich ist. Der selbstbewußte Hanseate will jedoch seine Nachdichtungen nicht als *»blinde Folge und kümmerliche Knechtschaft«* verstanden wissen. Er versieht deshalb seine Titelverzeichnisse mit genauen Quellenangaben, so daß sich der gebildete Leser überzeugen kann, daß Hagedorns Bearbeitungen nicht auf der Gleichheit der Worte, sondern auf der Gleichgestimmtheit des Geistes beruhen.

Neben der reinen Tierfabel pflegt Hagedorn vor allem die Tierfabel als didaktische Allegorie der Geschichte und des Alltagslebens wie als Medium aktueller Zeitkritik. Daneben finden sich mythologische Stoffe, die wie die Tierfabel der Einkleidung von literarischen Grußadressen an befreundete Dichter dienen können. Schäferdichtungen, zum Teil dialogisiert, reihen sich an Anekdoten und Erzählungen, die sich zu eigentlichen Versnovellen ausweiten. Vielfach folgt gemäß der Gattungstradition auf die bildhafte Einkleidung eine ausdrückliche Nutz- und Lehranwendung, oft aber haben die Stücke von Anfang an den Charakter einer nach allen Regeln der rhetorischen Kunst durchgeführten Begriffserörterung. Bedeutend sind Hagedorns formale Neuerungen: Die gereimten Alexandriner werden bald abgelöst von vielfach gereimten und in der Hebungszahl variierenden Jambenversen, die zu Strophen oder prägnanten Zweizeilern zusammengefaßt sind. Dazu gesellt sich eine Fabulierlust, deren formale Ausweitungen von LESSING kritisiert wurden.

Die traditionelle stoisch-epikureische Weltsicht der klassischen Fabel ist bei Hagedorn durch ein intensiviertes Natur- und Trieberleben modifiziert. Der »Witz« als das Ideal einer sich am Ernsten heiter bildenden Geselligkeit ist das durchgehende Stilprinzip, das auch die oft ausführlichen Anmerkungen bestimmt. – Zu den zahlreichen, um die Mitte des 18. Jh.s erschienenen Fabelsammlungen, die von Hagedorns Nachdichtungen angeregt wurden, gehören auch die *Fabeln und Erzählungen* (1746–1748) von GELLERT und Lessings *Fabeln* (1759). V.Ho.

AUSGABEN: Hbg. 1738 [anon.]; Faks. Stg. 1974, Hg. H. Steinmetz. – Hbg. 1750 (in *Moralische Gedichte*). – Hbg. 1800 (in *Poetische Werke*, Hg. J. J. Eschenburg, 5 Bde., 2).

LITERATUR: J. Gassner, *Der Einfluß des Burkhardt Waldis auf die Fabeldichtung H.s*, Klagenfurt 1905. – E. Briner, *Die Verskunst der Fabeln u. Erzählungen H.s*, Diss. Zürich 1920. – R. Petsch, *H. u. die deutsche Fabel* (in *Fs.... W. v. Melle zum 80. Geburtstag dargebracht*, Glückstadt/Hbg. 1933, S. 160–168).

ALBRECHT VON HALLER

* 16.10.1708 Bern
† 12.12.1777 Bern

DIE ALPEN

Philosophisches Lehrgedicht in Alexandrinern von Albrecht von HALLER, entstanden 1729 nach einer naturwissenschaftlichen Exkursion durch die

Schweizer Berge, erschienen 1732 in der Sammlung *Versuch Schweizerischer Gedichte*, die bis zum Tode Hallers elf Auflagen erlebte und ständig umgearbeitet und verbessert wurde. – Bis zu seiner Berufung an die Universität Göttingen 1736, wo er bis 1753 als Professor für Anatomie, Chirurgie und Botanik lehrte, betätigte sich der Berner Mediziner als Poet und schuf mit seinem schmalen Bändchen *Versuch Schweizerischer Gedichte* eines der bedeutendsten Dokumente – neben B. H. Brockes' *Irdisches Vergnügen in Gott* (1721–1748) – der Lyrik der Frühaufklärung, die sich unter dem Einfluß der Aufklärungsphilosophie eines Leibniz oder Wolff und der Lyrik eines A. Pope zunehmend von der Tradition des Spätbarocks löst. Neben Lehrgedichten *(Gedanken über Vernunft, Aberglauben und Unglauben, Über den Ursprung des Übels)*, enthält das Bändchen Satiren auf die Verhältnisse in Bern *(Die verdorbenen Sitten, Der Mann nach der Welt)* und das Liebesgedicht *Doris*; der berühmteste Text aber ist das Lehrgedicht *Die Alpen*, dem eine Beschreibung der Alpenlandschaft den Rahmen gibt, dessen zentrales Motiv jedoch die Gegenüberstellung der sittenlosen, städtischen Zivilisation, besonders bei Hofe, und des sittenreinen Lebens in der Weltabgeschlossenheit des Gebirges ist.

Rousseau vorwegnehmend, preist Haller das Glück derer, die begnadet sind, ein einfaches, ursprüngliches Leben genießen zu dürfen, das nicht dadurch schön ist, daß es mühelos und sorgenfrei dahinfließt, sondern dadurch, daß es erarbeitet und erkämpft sein will, ohne Überfluß zu kennen. Denn der Überfluß hat Elend über die Menschheit gebracht: Er zieht Mißgunst und Haß nach sich. In Armut und Bescheidenheit sind alle Menschen gleich; sie sind tugendhaft, von ihrer Arbeit ausgefüllt, sie sind zufrieden, begehren nichts Höheres und nehmen alle Erfahrung aus der Natur; ihr Tun und Handeln ist daher ursprünglich. Wie die Arbeit den Menschen ganz erfüllt, so sind auch Spiel und Liebe eine Ganzheit. Ausführlich wird diese Liebe besungen, ihre Reinheit, Genügsamkeit und – in der zivilisierten Welt unbekannte – Gefühlstiefe. Mit der gleichen warmen Anteilnahme, mit der die Menschen und ihre Lebensbedingungen geschildert werden, wird auch die Schönheit der Alpenlandschaft vom weiten Panorama der Gebirgsketten und Gletscher bis zu den kleinsten Einzelheiten der Alpenpflanzen und Kristalle beschrieben.

Hallers Gedicht ist eine Mischung aus Erlebnis- und Exkursionsbericht und kulturkritischen Gedankengängen. Es mußte in der ersten Hälfte des 18. Jh.s Aufsehen und Entrüstung hervorrufen, nicht nur wegen der deutlichen Verdammung der zivilisierten Welt und der Parteinahme für ein Ideal unverbildeter Natürlichkeit, sondern schon allein dadurch, daß Haller für seine Gegenüberstellung die Alpen wählte, die bis dahin gefürchtet, für scheußlich und barbarisch gehalten wurden und auf deren Bewohner man mit Hochmut herabsehen zu können glaubte. In Hallers Werk aber ist nun diese Welt geradezu Symbol geworden für die *aurea aetas*, in der die nichtentstellte Landschaft und die nichtzivilisierten und unverformten Menschen eine Einheit bilden, der glückliche Urzustand am nächsten gerückt zu sein scheint. Der Text, formal streng gefügt mit je zehnzeiligen Alexandrinerstrophen, nimmt die gängigen poetischen Topoi auf und gibt weniger ein individuelles Erlebnis denn einen allgemeinen, auf die Vernünftigkeit und Sinnhaftigkeit des Gesehenen hin geprüften Eindruck wieder, der noch nicht mit dem Erlebnisüberschwang des Subjekts der Sturm-und-Drang-Zeit zu vergleichen ist: *»Wenn nun von Titans Glanz die Wiesen sich entzünden / Und in dem falben Gras des Volkes Hoffnung reift, / So eilt der muntre Wirt nach den betauten Gründen, / Eh noch Aurorens Gold der Bergen Höh' durchstreift ...«* Dennoch gehören *Die Alpen* zu den ersten deutschsprachigen Texten eines bürgerlichen Zeitalters, in denen die Natur zum Gegenstand ästhetischen Genusses wie zum Medium menschlicher Emotionalität wird, wenn auch noch innerhalb der Grenzen frühaufklärerischer Gedankenlyrik. 1753 kehrte Haller von Göttingen nach Bern zurück, wo seine späten, auf die Tradition des barocken Staatsromans zurückgreifenden, konservativ gestimmten Romane *Usong* (1771), *Alfred* (1773) sowie *Fabius und Cato* (1774) entstehen. S.v.G.-KLL

Ausgaben: Bern 1732 (in *Versuch Schweizerischer Gedichte*). – Lpzg. 1923 (in *Gedichte*, Hg. H. Maync; D. Schweiz im dt. Geistesleben, 23/24; krit.). – Bln. 1959, Hg. H. Betteridge (Studien-Ausg. z. neueren dt. Lit., 3; Neudr. d. Erstausg., m. Bibliogr.). – Stg. 1965 (in *Die Alpen und andere Gedichte*). – Erlenbach/Zürich 1968 (in *Die Alpen*; m. Orig. Holzschnitten v. J. Heuggeler). – Bern 1969 (in *Versuch Schweizerischer Gedichte*; erw. u. veränd.; Nachdr. d. Ausg. Göttingen 1762; Anh.: unveröff. Gedichte; Nachw. J. Helbing).

Literatur: F. Vetter, *Der junge H.*, Bern 1909. – R. Weiss, *Das Alpenerlebnis in der dt. Literatur*, o. O. 1933. – E. Landsberg, *Das Nachtmotiv in den philosophischen Lehrgedichten von H. bis Herder*, Diss. Köln 1935. – G. Pax, *Der Wortkreis Schöpfung-Natur-Seele bei A. v. H. und die Parallelen bei J. G. Hamann*, Diss. Wien 1947. – J. S. Stamm, *Some Aspects of the Religious Problem in H.'s »Die Alpen«* (in GR, 25, 1950). – G. Tonelli, *Poetica delle Alpi in A. H.* (in Filosofia, 12, 1961, S. 239–278). – K. S. Guthke, *H. und die Literatur*, Göttingen 1962. – Ch. Siegrist, *A. v. H.*, Stg. 1967 (Slg. Metzler). – J. van Cleve, *Social Commentary in H.'s »Die Alpen«* (in MDU, 72, 1980, S. 379–388). – D. R. Wiswall, *A Comparison of Selected Poetic and Scientific Works of A. v. H.*, Bern u. a. 1981. – K. S. Guthke, *Der Glaube des Zweiflers: Glanz u. Krise der Aufklärung in H.s Lyrik* (in K. S. G., *Das Abenteuer der Literatur*, Bern 1981, S. 9–28).

JOHANN GEORG HAMANN

* 27.8.1730 Königsberg
† 21.6.1788 Münster

LITERATUR ZUM AUTOR:
R. Unger, *H. u. die Aufklärung. Studien zur Vorgeschichte des romantischen Geistes im 18. Jh.*, Halle 1911; Darmstadt ³1963. – E. Metze, *J. G. H.s Stellung in der Philosophie des 18. Jh.s*, Halle 1934. – J. C. O'Flaherty, *Unity and Language. A Study in the Philosophy of J. G. H.*, Chapel Hill 1952. – F. Blanke, *H.-Studien*, Zürich 1956. – W. Koepp, *Der Magier unter den Masken. Versuch eines neuen H.-Bildes*, Göttingen 1965. – W. M. Alexander, *J. G. H. Philosophy and Faith*, Den Haag 1966. – V. Hoffmann, *J. G. H.s Philologie. H.s Philologie zwischen enzyklopädischer Mikrologie u. Hermeneutik*, Stg. 1972. – T. Kracht, *Erkenntnisfragen beim jungen H.*, Ffm. 1981.

KREUZZÜGE DES PHILOLOGEN

Sammlung ästhetisch-literarischer Aufsätze von Johann Georg HAMANN, erschienen 1762. Dieser Zusammenfassung von zwölf kleineren Schriften gingen Einzelveröffentlichungen nahezu aller Stücke des Bandes, z. T. ohne Angabe des Verfassers, voraus. Lediglich das umfangreiche Hauptstück – *Aesthetica in nuce. Eine Rhapsodie in Kabbalistischer Prose* – und das *Kleeblatt Hellenistischer Briefe* wurden der Sammlung neu hinzugefügt.
Die meisten der kleinen Abhandlungen – Marginalien eher als diskursiv argumentierende Schriften – greifen aktuelle wissenschaftliche und literarische Probleme auf, die in den Zusammenhang der Auseinandersetzung mit den Prinzipien der Aufklärung gehören. So ist die erste *(Versuch über eine akademische Frage)* der 1759 von der Berliner Akademie der Wissenschaften gestellten Preisfrage *Sur l'influence réciproque du langage sur les opinions & des opinions sur le langage* gewidmet; die sechste – *Chimärische Einfälle* – wendet sich gegen eine herablassende Rezension der Rousseauschen *Nouvelle Héloïse* von Moses MENDELSSOHN und bricht eine Lanze für den Originalitätswert schöpferischer Leistungen; die siebte – das *Kleeblatt* – setzt sich mit mehreren Schriften des Göttinger Theologen und Orientalisten J. D. MICHAELIS auseinander, unter Betonung der hebräischen Tradition und der Kultur des Orients; und die achte – *Näschereyen; in die Dreßkammer eines Geistlichen in Oberland* – bietet die ironisch-vernichtende Rezension einer philosophisch-theologischen Untersuchung – *De la nature* (1761) – von J. B. R. ROBINET.
Hamanns Denk- und Sprachstil – von ihm selbst als *»Schreibart der Leidenschaft«* oder *»Emphasiologie«* bezeichnet – ist der traditionellen Wissenschaftsprosa der Mitte des 18. Jh.s radikal entgegengesetzt; überreich an Metaphern, kryptischen Anspielungen und fremdsprachlichen Zitaten, bei aller Krausheit dennoch zumeist kernig und anschaulich, richtet sich dieser unverwechselbare Individualstil gegen das vorherrschende kartesianisch-rationalistische Wissenschaftsideal der Klarheit und Widerspruchslosigkeit und verkörpert aufs treffendste, unter Inkaufnahme einer orakelhaften und phantastisch anmutenden Dunkelheit, das aus neuplatonisch-mystischer Naturphilosophie erwachsene Bestreben des Autors nach einer divinatorischen Weltdurchdringung mit Hilfe der *»Sinne und Empfindungen«*. Der sich selbst mit Vorliebe als Magus bezeichnende, eigenwillige und regellose Denker beruft sich auf die Intuition und verlangt nach einer Magie im Sinne der Orientalen als der Erkenntnis der zugrunde liegenden bewegenden Kräfte der Natur und der Poesie, der göttlichen und der menschlichen Schöpfungskraft. Ursprünglichster Ausdruck eines noch einheitlichen menschlichen Erkenntnisvermögens ist für Hamann die *Bibel*, die *»älteste Urkunde des Menschengeschlechts«*, die, wie er meinte, der nur partiellen Versinnlichung der wahren Symbolwelt in der antiken Mythologie weit überlegen sei.
Zweifellos am wichtigsten für die Darlegung seiner Gedanken in dieser Sammlung und wohl das erste theoretische »Manifest« des sich ankündigenden Sturm und Drang ist die *Aesthetica in nuce*, Hamanns einzige grundsätzliche und explizite, wenn auch keineswegs systematische Äußerung zu ästhetischen Fragen. Die Schrift setzt mit einer leidenschaftlichen, hymnischen Polemik gegen die orthodox-rationalistische Methodik der verhärteten, »vernünftigen« Bibelexegese des 18. Jh.s ein. Schon im dritten der *Hellenistischen Briefe* hatte Hamann (gegen Michaelis und den englischen Theologen G. BENSON) die vom Pietismus geprägte verinnerlichte, spiritualistische Bibelauslegung über die dürre Kasuistik der Zeit erhoben, die ängstlich den *»Leichnam des Buchstabens«* hüte. Mit prophetisch-visionärem Pathos beginnt die *Aesthetica: »Nicht Leyer! – noch Pinsel! – eine Wurfschaufel für meine Muse, die Tenne heiliger Litteratur zu fegen! … Poesie ist die Muttersprache des menschlichen Geschlechts.«* In kühner Zuspitzung seiner eigenen Metapher von der schöpferischen Kunst erklärt er Gott zum *»Poeten am Anfange der Tage«*. Alle menschliche Schöpferkraft ist lediglich ein Abglanz dieser ursprünglichen Schöpfung und ihr immer nur analog.
In Hamanns Gedankenwelt zeigt sich bereits dieselbe affektive Hochschätzung von anti-intellektualistischer, elementarer, aus der unmittelbaren Einheit von Mythologie und Religion hervorgegangener Dichtung, wie sie wenig später sein großer »Schüler« HERDER mit seiner Idee der »Naturpoesie« bekundete. Schroff setzt Hamann seinen Naturbegriff den harmonisierenden, regelhaften Nachahmungsprinzipien der klassizistischen französischen Ästhetik von BATTEUX und DU BOS entgegen. *»Die Natur würkt durch Sinne und Leiden-*

schaften«; das aufgeschlagene Buch der geistdurchfluteten Schöpfung Gottes – ihr *»Text«*, den die *»große und kleine Masore der Weltweisheit«* verderbt und unleserlich gemacht hat – muß vom Dichter aus einer *»Engelsprache«* in eine *»Menschensprache«* zurückübersetzt werden, *»alles Vereinzelte ist verwerflich«*. GOETHE bemerkte dazu in *Dichtung und Wahrheit*: *»Eine herrliche Maxime! aber schwer zu befolgen. Von Leben und Kunst mag sie freilich gelten; bei jeder Überlieferung durchs Wort hingegen, die nicht gerade poetisch ist, findet sich eine große Schwierigkeit: ... es gibt keine Mitteilung, keine Lehre ohne Sonderung.«*
Für Hamann muß der *»Geist der Weissagung«*, den eine *»mordlügnerische«* Philosophie der Abstraktionen und Hypothesen verschüttet hat, erneut lebendig werden. Wenn der Autor in diesem Sinne die alttestamentarische, erst von LUTHER wieder zum Leben erweckte, sinnlich-konkrete Bildsprache der Psalmen und Propheten zur Quelle für die zeitgenössische Poesie erklärt (aus der unter den deutschen Dichtern nur KLOPSTOCK, *»dieser große Wiederhersteller des lyrischen Gesangs«*, geschöpft habe), wird der geistesgeschichtliche Zusammenhang deutlich, der Hamann und sein Vertrauen in die *»poesieerzeugende Kraft des religiösen Mythos«* (R. Unger) durch die Vermittlung Herders mit der Frühromantik verbindet. H.H.H.

AUSGABEN: o. O. [Königsberg] 1762. – Bln. 1822 (in *Schriften u. Briefe*, Hg. F. Roth, 7 Bde., 1821–1825, 2). – Gotha 1858 (in *Leben u. Schriften*, Hg. C. H. Gildemeister, 6 Bde., 1857–1873, 1–3). – Wien 1950 (in *SW*, Hg. J. Nadler, 6 Bde., 1949–1957, 2; hist.-krit.).

LITERATUR: M. Th. Küsters, *Inhaltsanalyse von J. G. H.s »Aesthetica in nuce«*, Diss. Münster 1936. – E. A. Blackall, *Irony and Imagery in H.* (in Publications of the English Goethe Society, N. S. 26, 1957, S. 1–25). – H. U. v. Balthasar, *H.s theologische Ästhetik* (in PhJb, 68, 1960, S. 36–65). – P. Kraft, *Zur Deutung von J. G. H.s kabbalistischer Prosa* (in Jb. des Wiener Goethe-Vereins, 67, 1963, S. 5–30). – B. Gajek, *Sprache beim jungen H.*, Bern 1967. – G. Baudler, *»Im Worte sehen«. Das Sprachdenken J. G. H.s*, Bonn 1970. – H. Herde, *J. G.H. zur Theologie der Sprache*, Bonn 1971. – P. Meinhold, *H.s Theologie der Sprache* (in *J. G. H.* Acta des Internationalen H.-Colloquiums in Lüneburg 1976, Hg. B. Gajek, Ffm. 1979, S. 53–65). – E. Ruprecht, *Die Frage nach dem Ursprung der Sprache. Eine Untersuchung zu J. G. H.s Wirkung auf die deutsche Romantik* (ebd., S. 309–324). – W. H. Schmitt, *Die logische Spannweite von H.s Satz »Vernunft ist Sprache«* (in *Dimensionen der Sprache in der Philosophie des Deutschen Idealismus*, Hg. B. Scheer u. G. Wohlfart, Würzburg 1982, S. 155–189). – C. Stetter, *Natur u. Sprache im Denken des 18. Jh.s* (in Dt. Sprache, 1983, S. 219–234). – A. Menhennet, *H. and the Development of German Poetic Style* (in Lessing Yearbook 16, 1984, S. 179–192).

SOKRATISCHE DENKWÜRDIGKEITEN
für die lange Weile des Publicums zusammengetragen von einem Liebhaber der langen Weile ...

Essay von Johann Georg HAMANN, erschienen 1759. – Mit dem Jahre 1759 sieht sich die Aufklärung von verschiedenen Seiten her mit neuen Ideen konfrontiert: Im Frühjahr des Jahres erscheinen die *Conjectures on Original Composition* des 75jährigen E. YOUNG, in Berlin beginnen die *Briefe die neueste Literatur betreffend* bei NICOLAI herauszukommen mit dem berühmten 17. Brief von LESSING, und Ende desselben Jahres erscheint anonym die erste Druckschrift des Königsbergers J. G. Hamann, die *Sokratischen Denkwürdigkeiten*. In allen drei Publikationen wird das Wechselverhältnis von Nachahmung und original schaffender Spontaneität diskutiert; dabei zeichnet sich ein neues, weniger vom Verstand eingeschränktes Natur- und Selbstverständnis ab. PINDAR und SHAKESPEARE werden als Vorbilder für das literarische Schaffen proklamiert, die klassizistische französische Tradition trifft das Verdikt. Der Erkenntnisoptimismus der Aufklärung wird durch eine skeptischere bzw. geheimnisoffenere Wirklichkeitssicht abgelöst, der der Glaube eher entspricht als das rationale Wissen.
Hamann hat in seinem Lebenslauf diese Loslösung von der aufklärerischen Lebens- und Geisteshaltung durchgemacht. In London waren mit seiner politisch-merkantilen Mission seine Pläne, ein gewandter, dem praktischen und wirtschaftlichen Leben zugetaner Weltmann zu werden, gescheitert. Statt dessen wird er aufgrund einer bestürzenden Bibellektüre seiner eigenen religiösen Lebensgrundlage gewiß. Nach seiner Rückkehr aus England muß er diese gegen seine Freunde, den Kaufmann BERENS und den Philosophen KANT, verteidigen, die ihm lebensfremde Schwärmerei vorwerfen und ihn für das Gedankengut und die Lebenshaltung der Aufklärung zurückgewinnen wollen. Hamann rechtfertigt seine Position nicht direkt, sondern er arbeitet im Sommer 1759 eine *»mimische«* Schlüsselgeschichte aus, in der er unter der Maske des von der Aufklärung als ihr Ahnherr beanspruchten Sokrates sich mit den beiden Freunden und dem Zeitgeist auseinandersetzt. Weniger in seiner historischen Erscheinung wird dabei Sokrates für Hamann wichtig – Hamann stützt sich in seiner Darstellung fast ausschließlich auf Sekundärquellen – als in seiner vorbildlichen Bedeutung für Hamanns eigene Konfliktsituation.
Wie alle zum Druck gegebenen Schriften Hamanns sind auch die *Sokratischen Denkwürdigkeiten* peinlich genau aufgebaut und durchkomponiert. Zuerst wendet sich der Autor nach dem *»orphischen Ey«* seines Titels in zwei »Zuschriften« seinen Leserkreisen zu: *»An das Publicum, oder Niemand, den Kundbaren«* und *»An die Zween«* (gemeint sind Berens und Kant). Neben der Charakterisierung der Adressaten werden hier die Verfahrensweisen des Autors und die entsprechenden Grundbedingungen zum Verständnis der Schrift dargelegt. Geglie-

dert in eine Einleitung und drei Abschnitte, stellt sich diese als ein Mosaik von anekdotenhaften Einzelstücken dar, die teils vom Autor selbst mit Hilfe von Kontrastbeziehungen in ihrer *»ironischen«* Anzüglichkeit aufgehellt werden, vielfach aber vom aktiven Leser in einem *»Analogie«*-Verfahren auf die konkrete Situation (die Konstellation: Hamann gegen Berens und Kant) und seine eigene Existenz bezogen werden müssen. Der Autor verteidigt seine an der *Bibel* gewonnene Position gegenüber der Autonomieauffassung der Aufklärung dadurch, daß er die *»Unwissenheit«* des Sokrates, die dieser in radikaler *»Selbsterkenntnis«* erfährt, als *»Empfindung«*, als *»Glaube«* analysiert, der *»kein Werk der Vernunft«* ist und *»so wenig durch Gründe geschieht als Schmecken und Sehen«*. Die so verstandene sokratische Unwissenheit bringt Hamann in Verbindung mit dem Paulus-Satz (1. *Kor.* 8,2 f.): *»So jemand sich dünken läßt, er wisse etwas, der weiß noch nichts, wie er wissen soll. So aber jemand Gott liebt, der wird von ihm erkannt.«* Die Ablegung des eigenen Wissensdünkels gewinnt demnach durch das neue Leben aus Gottes Liebe eine eminent positive Seite, die Hamann schon im »Daimonion« des Sokrates, der produktiven Entsprechung seiner Unwissenheit, typologisch vorgebildet findet. Dem sokratischen Schutzgeist entspricht auf ästhetischem Gebiet das »Genie« eines HOMER oder Shakespeare, das hier durch die *»Übertretung«* der *»Kunstregeln«* und der *»kritischen Gesetze«* die nur über die Negation zu gewinnende neue Freiheit demonstriert. Hamann ist weit von der säkularisierten Genieauffassung des späteren Sturm und Drang als prometheischer Schöpferautonomie entfernt; er lehnt sie ebenso ab wie die aufklärerische Vernunftautonomie, die durch ihre gelebte Negation, d. i. den Glauben, vernichtet werden muß, damit sich in der gnädigen Hinwendung Gottes ein neuer schöpferischer Freiheitsraum für den Menschen wie für die gesamte Natur eröffnet. So *»lockt«* Hamann wie ein Prophet unter der Maske des Sokrates *»seine Mitbürger ... aus dem Labyrinth«* ihrer selbstgebauten Welt *»zu einer Wahrheit, die im verborgenen liegt ... Zu einer heimlichen Weisheit ..., zum Dienst eines unbekannten Gottes«*.

Die *Sokratischen Denkwürdigkeiten* haben wie die drei Jahre später erschienene *Aesthetica in nuce* in den Kreisen, die die bilderreiche, mit Anspielungen und Zitaten gesättigte Sprache Hamanns als adäquates Stilmittel seiner Zeitkritik verstanden, eine befreiende Wirkung hinsichtlich ihres eigenen literarischen Schaffens gezeitigt, wobei allerdings die religiöse Bindung wie überhaupt der prophetische Charakter von Hamanns Aussagen nicht übernommen wurden. V.Ho.

AUSGABEN: Amsterdam [recte Königsberg] 1759. – Wien 1950 (in *SW*, Hg. J. Nadler, 6 Bde., 1949–1957, 2; hist.-krit.). – Gütersloh 1959 (in *J. G. H.s. Hauptschriften erklärt*, Hg. F. Blanke u. L. Schreiner, Bd. 2).

LITERATUR: J. Nadler, *Die H.-Ausgabe. Vermächtnis, Bemühungen u. Vollzug*, Halle 1930. – Ders., *J. G. H. 1730–1788. Der Zeuge des Corpus mysticum*, Salzburg 1949, S. 93 ff. – W. Koepp, *Der Magier unter Masken. Versuch eines neuen Hamannbildes*, Göttingen 1965, S. 59 ff. – J. C. O'Flaherty, *H.'s »Socratic Memorabilia«. A Translation and Commentary*, Baltimore 1967. – G. Baudler, *»Im Worte sehen«. Das Sprachdenken J. G. H.s*, Bonn 1970, S. 80–92. – J. C. O'Flaherty, *The Concept of Knowledge in H.'s »Sokratische Denkwürdigkeiten« and Nietzsche's »Die Geburt der Tragödie«* (in MDU, 64, 1972, S. 334–348).

WILHELM HEINSE

eig. Johann Jakob Wilhelm Heinse

* 15.2.1746 Langewiesen bei Ilmenau / Thüringen
† 22.6.1803 Aschaffenburg

LITERATUR ZUM AUTOR:
J. Schober, *J. J. W. Heinse. Sein Leben u. seine Werke. Ein Cultur- u. Litteraturbild*, Lpzg. 1882. – R. Rödel, *J. J. W. H. Sein Leben u. seine Werke. Nach den Quellen betrachtet*, Diss. Lpzg. 1892. – A. Schurig, *Der junge H.*, Mchn. 1912. – A. Leitzmann, *W. H. in Zeugnissen seiner Zeitgenossen*, Jena 1938. – M. L. Baeumer, *H.-Studien*, Stg. 1966. – H. Zeller, *W. H.s Italienreise* (in DVJs, 42, 1968, S. 23–54). – E. M. Moore, *Die Tagebücher W. H.s*, Mchn. 1968. – C. Magris, *W. H.*, Udine 1968. – O. Keller, *W. H.s Entwicklung zur Humanität. Zum Stilwandel des deutschen Romans im 18. Jh.*, Bern/Mchn. 1972. – R. Terras, *H.s Ästhetik*, Mchn. 1972. – W. Singer, *Mensch u. Raum in W. H.s Romanen. Struktur u. Entwicklung*, Diss. Wien 1975. – M. Dick, *Der junge H. in seiner Zeit. Zum Verhältnis von Aufklärung u. Religion im 18. Jh.*, Mchn. 1980. – J. Schramke, *W. H. u. die Französische Revolution*, Tübingen 1986.

ARDINGHELLO UND DIE GLÜCKSEELIGEN INSELN. Eine Italiänische Geschichte aus dem sechszehnten Jahrhundert

Roman von Wilhelm HEINSE, nach einem Italienaufenthalt 1785 entstanden, erschienen 1787. – Der Veröffentlichung gingen 1785/86 drei Vorabdrucke *(Fragmente einer Italiänischen Handschrift aus dem sechszehnten Jahrhundert)* in Chr. BOIES Zeitschrift ›Deutsches Museum‹ voraus, in denen bereits anstößige Stellen durch den Autor oder durch Boie getilgt worden waren. Der Erstdruck fand aufgrund einer *»abscheuligen Menge«* von

Druckfehlern Heinses Mißfallen, 1794 erschien die modifizierte zweite Ausgabe. Erst M. L. Baeumers historisch-kritische Textausgabe machte die Erstfassung des Romans wieder zugänglich.

Als bedeutendstes Werk Heinses, das ihm zu plötzlicher Berühmtheit verhalf, ist *Ardinghello* zugleich das letzte Zeugnis des Geniekults der Sturm-und-Drang-Zeit und wurde zum großen Vorbild zahlloser Künstlerromane. Die Hauptfiguren verkörpern eine Lebensauffassung, die man treffend *»ästhetischen Immoralismus«* (W. Brecht) genannt hat. Daneben sind es vor allem die ästhetischen Theorien und Urteile, die auf den Kunstenthusiasmus der Romantiker – darunter Tieck, Brentano (*Godwi*, 1801) oder F. Schlegel (*Lucinde*, 1799) – entscheidend einwirkten. Das Bild eines von dionysischem Lebensgefühl beherrschten Griechenland beeinflußte vor allem Hölderlin und Nietzsche. Die Gestalt des genußfrohen Tatmenschen, deren literarische Wurzeln in der verfeinerten Empfindsamkeit eines Wieland und der Verherrlichung unentstellter menschlicher Natur eines Rousseau zu suchen sind, entspricht der Vorstellung menschlicher Vollkommenheit, die der Sturm und Drang als idealtypisches Bild aufgerichtet hatte. Inhalt des Ich- und Brief-Romans ist eine Kette abenteuerlicher, oft sprunghaft gereihter Vorgänge, deren innere Notwendigkeit von der Konzeption her nicht immer einzusehen ist.

Ziel der Episoden ist es, den Helden Ardinghello als außergewöhnlich, meist übermenschlich, bisweilen sogar dämonisch erscheinen zu lassen. Zu Beginn rettet er dem Erzähler, einem jungen Venezianer, das Leben; dieser, sein späterer Freund und Briefpartner, erliegt sofort der faszinierenden Ausstrahlung des Universalgenies: *»Mich dünkte, einen Gott reden zu hören ...«* Ardinghello ist Maler und Gelehrter, Dichter und Musiker, später sogar Pirat und Gründer eines utopischen Idealstaates. Einer Familienfehde wegen wird er zum Mörder und muß nach Genua fliehen, von wo aus er dem Freund seine weiteren Erlebnisse in Briefen mitteilt. Neben der Schilderung von Raubüberfällen, Entführungen und Liebeshändeln enthalten diese Briefe theoretische Spekulationen über den Staat, über Macht, Machtanwendung und Despotentum, die auf Eindrücke am Hof der Medici zurückgehen, und ausgiebige Beschreibungen römischer Altertümer. Ardinghello übt Kritik an Vasari und diskutiert über die Kunst Michelangelos und Raffaels. Kunst, für ihn in erster Linie ein sinnliches Phänomen, erscheint nicht als Ersatz, sondern als *»Verewigung des Lebensgenusses«* (Borcherdt). *»Alle Kunst ist Darstellung eines Ganzen für die Einbildungskraft.« »Die Bildhauerei und Malerei stellt Oberflächen von Körpern dar; die letztere, insoweit sie sich durch Farben zeigen.« »Ohne Wahrheit der Farbe kann keine Malerei bestehen; eher aber ohne Zeichnung.«* Diese und ähnliche Kunsturteile stellen gewissermaßen den Beginn moderner Kunstbetrachtung dar.

Der jähe, durch ein unglückliches Duell erzwungene Aufbruch Ardinghellos von Rom beendet diese theoretischen Aussagen. Sein abenteuerliches Leben geht weiter und gipfelt in der Gründung der *»glückseligen Inseln«*, eines utopischen Idealstaates, in dem Frauengemeinschaft und freie Liebe herrschen und dessen Grundgesetz lautet: *»Kraft zu genießen, oder welches einerlei ist, Bedürfnis, gibt jedem Dinge sein Recht.«* – Die Möglichkeit eines irdischen Paradieses ist *»das unerhört Neue nach all den pessimistischen Lebensbildern des Sturm und Drang und der Frühklassik«* (Borcherdt). Daß der Held verschiedene Stationen durchläuft, verführt dazu, den *Ardinghello* als Bildungsroman zu bezeichnen, der er nicht ist, denn sein Held macht keine Entwicklung durch. Der Roman bleibt vielmehr Ereignisroman, auch wenn der Handlungsreichtum des Anfangs immer mehr didaktischen Erörterungen weichen muß: *»Der ›Ardinghello‹ ist kein Entwicklungs- oder Bildungsroman seelischer Reifung und Entfaltung, sondern ein Roman gelehrten Wissens, gelehrsamer Diskussion und ästhetischer Bildung, vermischt mit sensualistischen Erlebnisschilderungen.«* (M. L. Baeumer) Goethe lehnte das Buch seiner unverhüllt hedonistischen Schilderungen wegen ab; für Schiller war er *»ohne ästhetische Würde«*, ein Beispiel des nur *»beinah poetischen Schwungs, den die bloße Begier zu nehmen fähig ist«*. Die Romantiker und in ihrem Gefolge auch jungdeutsche Autoren, darunter Heine, priesen den Roman, nach W. Brecht wurde K. F. Gutzkows *Wally, die Zweiflerin* (1835) davon direkt beeinflußt, und auch H. Laube zitiert im ersten Teil seines dreibändigen Romans *Das junge Europa* (1833–1837) fast wörtlich aus dem *Ardinghello*. Wenn der Roman auch nicht mehr direkt auf die literarische Moderne wirkte, so verlor sich nie das Interesse der Fachwissenschaft an ihm. Vor allem Nietzsches Kategorie des *»Dionysischen«* fand Anwendung auf den Text (W. Brecht, B. v. Wiese, W. Rehm), daneben bleibt, wie M. L. Baeumer in seinem Nachwort zur ersten kritischen Ausgabe des Werks skizziert, die zumeist – mit Ausnahme G. Kellers – negative Einschätzung des Romans vor dem Hintergrund des klassischen Bildungsideals Goethes weiterhin bestehen, während vor allem in der DDR-Germanistik (K. Hammer) oder bei P. Grappin der Held als individualistischer Rebell vor dem Hintergrund der heraufziehenden Französischen Revolution gesehen wird. Für Baeumer dagegen liegt die eigentliche Bedeutung dieses Werks darin, nicht nur den ästhetischen Diskurs des 18. Jh.s mit dem der Antike zu verbinden, sondern zugleich *»mit Hilfe des sorgfältig studierten Milieus und Menschenbildes der Renaissance und ihrer Kunst ein neues, sensualistisches Bild der Antike«* herzustellen, das, *»neben und im Gegensatz zur klassischen Auffassung Winckelmanns, Goethes und Schillers, für die Zukunft eine naturromantische, ›dionysische‹ Anschauung von der Antike begründete«*. Kunst und Sinnlichkeit verschmelzen bei Heinse zu einer Erlebniseinheit; für ihn, dem die Renaissance der Medici und Borgia als das Zeitalter einer Herrenmoral erschien, steht die Kunst am höchsten, *»wo Menschen am meisten lebten und genossen«*. C.G.-KLL

AUSGABEN: Lemgo 1787, 2 Bde. – Ffm./Lpzg. 1792 (Raubdruck). – Lemgo 21794 *(Zweyte, rechtmäßige, verbesserte Auflage)*. – Lpzg. 1902 (in *SW*, Bd. 4, Hg. C. Schüddekopf; ern. Mchn. 1977). – Ffm. 1962 (Bibl. d. Romane; Nachw. E. Hock). – Lpzg. 1973 (Hg. K. Hammer; RUB). – Stg. 1975 (hist.-krit.; Hg. u. Nachw. M. L. Baeumer; RUB). – Nördlingen 1986, Hg. D. Hartmann-Wülker.

LITERATUR: W. Brecht, *H. u. der ästhetische Immoralismus. Zur Geschichte der italienischen Renaissance in Deutschland*, Bln. 1911. – W. Rehm, *Das Werden des Renaissancebildes in der deutschen Dichtung*, Mchn. 1924. – B. v. Wiese, *H.s Lebensanschauung im »Ardinghello«* (in ZfdU, 45, 1931, S. 42–52). – E. E. Reed, *The Transitional Significance of H.s »Ardinghello«* (in MLQ, 16, 1955, S. 268–273). – P. Grappin, *Ardinghello et Hyperion* (in EG, 10, 1955, S. 200–213; dt. in WB, 2, 1956, S. 165–181). – M. L. Baeumer, *Das Dionysische in den Werken W. H.s.*, Bonn 1964. – W. R. Brandon, *W. H. and Italian Literature* (in CL, 5, 1968, S. 249–258). – H. Mohr, *W. H. Das erotisch-religiöse Weltbild u. seine naturphilosophischen Grundlagen*, Mchn. 1971. – M. Kaarsberg-Wallalch, *The female dilemma in H.s »Ardinghello«* (in Lessing Yearbook, 16, 1984, S. 193–203).

JOHANN GOTTFRIED HERDER

* 25.8.1744 Mohrungen / Ostpreußen
† 18.12.1803 Weimar

LITERATUR ZUM AUTOR:

Bibliographien:
G. Günther, A. A. Albina u. S. Seifert, *H.-Bibliographie*, Bln./Weimar 1978. – H. D. Irmscher u. E. Adler, *Der handschriftliche Nachlaß J. G. H.s*, Wiesbaden 1979 (Kat. der Hss.abt. der Staatsbibl. Preußischer Kulturbesitz, 2. R., Bd. 1).

Forschungsberichte:
R. Unger, *Zur neueren H.-Forschung* (in GRM, 1, 1909, S. 145–168). – H. D. Irmscher, *Probleme der H.-Forschung. Erster Teil. Zur Quellenlage* (in DVLG, 37, 1963, S. 266–317). – G. Arnold, *Neue H.-Literatur in der DDR* (in Impulse, 4, 1981, S. 413–458).

Biographien:
E. Kühnemann, *H.*, Mchn. 31927. – R. Haym, *H. nach seinem Leben u. seinen Werken*, 2 Bde., Bln. 1877–1885; ern. Osnabrück 1978. – A. Gillies, *H. Der Mensch u. sein Werk*, Hbg. 1949. – W. Dobbek, *J. G. H.*, Weimar 1950. – R. T. Clark, *H. His Life and Thought*, Berkeley/Los Angeles 1955. – E. Bauer, *J. G. H. Leben u. Werk*, Stg. 1960. – W. Dobbek, *J. G. H.s Jugendzeit in Mohrungen u. Königsberg 1744–1764*, Würzburg 1961. – F. W. Kantzenbach, *J. G. H. mit Selbstzeugnissen u. Bilddokumenten*, Reinbek 1970; 31982. – *J. G. H. im Spiegel seiner Zeitgenossen. Briefe u. Selbstzeugnisse*, Hg. L. Richter, Göttingen 1978.

Gesamtdarstellungen und Studien:
A. Werner, *H. als Theologe. Ein Beitrag zur Geschichte der protestantischen Theologie*, Bln. 1871. – F. J. Schmidt, *H.s pantheistische Weltanschauung*, Diss. Bln. 1888. – G. Jacoby, *Herder als Faust*, Lpzg. 1911. – A. Baeumler, *Das Irrationalitätsproblem in der Ästhetik u. Logik des 18. Jh.s bis zur »Kritik der Urteilskraft«*, Halle/Saale 1923; Nachdr. Darmstadt 1981. – R. Stadelmann, *Der historische Sinn bei H.*, Halle/Saale 1928. – W. Kohlschmidt, *H.-Studien. Untersuchungen zu H.s kritischem Stil u. zu seinen literaturkritischen Grundeinsichten*, Diss. Göttingen 1929. – E. Blumenthal, *H.s Auseinandersetzung mit der Philosophie Leibnizens*, Diss. Hbg. 1934. – E. Saffenreuther, *Der Prosastil J. G. H.s in seinen Wandlungen bis zur Weimarer Zeit*, Diss. Köln 1942. – W. Dobbek, *H.s Humanitätsidee als Ausdruck seines Weltbildes u. seiner Persönlichkeit*, Braunschweig 1949. – *H.-Studien*, Hg. W. Wiora unter Mitwirkung v. H. D. Irmscher, Würzburg 1960. – V. M. Schirmunski, *J. G. H.*, Weimar 1963. – F. M. Barnard, *Zwischen Aufklärung u. politischer Romantik. Eine Studie über Herders soziologisch-politisches Denken*, Bln. 1964. – E. Adler, *H. i. Oświecenie niemiecki*, Warschau 1965 [dt. *H. u. die deutsche Aufklärung*, Wien u. a. 1968]. – Ch. Grawe, *H.s Kulturanthropologie. Die Philosophie der Geschichte der Menschheit im Lichte der modernen Kulturanthropologie*, Bonn 1967. – W. Dobbeck, *J. G. H.s Weltbild. Versuch einer Deutung*, Köln/Wien 1969. – *Bückeburger Gespräche über J. G. H.*, 4 Bde., Hg. J. G. Maltusch u. B. Poschmann, Bückeburg/Rinteln 1973–1984. – B. M. Dreike, *H.s Naturauffassung in ihrer Beeinflussung durch Leibniz' Philosophie*, Wiesbaden 1973. – A. Gulyga, *J. G. H. Eine Einführung in seine Philosophie*, Ffm. 1978. – J. Rathenau, *Zur Geschichtsphilosophie J. G. H.s*, Budapest 1978. – E. Hassinger, *Zur Genesis von H.s Historismus* (in DVLG, 53, 1979, S. 251–274). – A. Reckermann, *Sprache u. Metaphysik. Zur Kritik der sprachlichen Vernunft bei H. u. Humboldt*, Mchn. 1979. – C. Träger, *Die H.-Legende des deutschen Historismus*, Ffm. 1979. – *H.-Kolloquium 1978. Referate u. Diskussionsbeiträge*, Hg. W. Dietze, Weimar 1980. – W. Dietze, *H.*, Bln./Weimar 1980. – B. Heizmann, *Ursprünglichkeit u. Reflexion. Die poetische Ästhetik des jungen H. im Zusammenhang der Geschichtsphilosophie u. Anthropologie des 18. Jh.s*, Ffm. u. a. 1981. – H. D. Irmscher, *Beobachtungen zur Funktion der Analogie im Denken H.s* (in DVLG, 55, 1981, S. 64–97). – *J. G. H. Innovator Through the Ages*, Hg. W. Koepke u. S. B. Knoll, Bonn 1982. – L. Byusa, *Die Kontinuitätsidee in der Geschichte bei J. G. H.*, Diss. Erlangen 1982. – P. Frenz, *Studien zu traditionellen Elementen des Geschichtsdenkens u. der Bildlichkeit im Werk J. G. H.s*, Ffm. u. a. 1983. – G. Arnold, *Beiträge zur Ge-*

schichtsphilosophie J. G. H.s im Zeitalter der Französischen Revolution, Diss. Lpzg. 1983. – J. Schütze, *Die Objektivität der Sprache. Einige systematische Perspektiven auf das Werk des jungen H.*, Köln 1983. – H. Owren, *H.s Bildungsprogramm u. seine Auswirkungen im 18. u. 19. Jh.*, Heidelberg 1985. – B. Becker, *H.-Rezeption in Deutschland. Eine ideologiekritische Untersuchung*, St. Ingbert 1987.

ABHANDLUNG ÜBER DEN URSPRUNG DER SPRACHE

Sprachphilosophische Abhandlung von Johann Gottfried Herder, erschienen 1772. – Die von der Berliner Akademie für das Jahr 1770 ausgeschriebene Preisfrage bot Herder Gelegenheit, seine bis in das Jahr 1764 *(Über den Fleiß in mehreren gelehrten Sprachen)* zurückreichenden Überlegungen zu sprachphilosophischen Problemen zusammenzufassen. Eigentlicher Anlaß war eine 1766 erschienene Schrift des Berliner Theologen J. P. Süssmilch, Begründer der Bevölkerungsstatistik, der den göttlichen Ursprung der Sprache nachweisen wollte und damit auf die, u. a. von J. J. Rousseau und P. L. M. de Maupertuis, vertretene These von der Herkunft der Sprache aus natürlichen Empfindungslauten reagiert. Die im Dezember 1770 angefertigte Reinschrift der Abhandlung, die den Preis der Akademie erhielt, lag 1772 im Druck vor; Herder korrigierte sie aufgrund ihrer zahlreichen Druckfehler auf seiner italienischen Reise 1788 und gab sie 1789 als *zweite, berichtigte Ausgabe* heraus.

Im ersten Teil der Abhandlung will Herder die Frage beantworten: *»Haben die Menschen, ihren Naturfähigkeiten überlassen, sich selbst Sprache erfinden können?«* Die bereits in den *Fragmenten* ausgesprochene Überzeugung, daß Sprache nicht von Gott oder einem Philosophen erfunden worden sei, wird nun ausführlich bewiesen. Die Sprachtheorien der französischen Aufklärung, etwa Condillacs, der Sprache aus Nachahmung tierischer Laute entstanden wissen wollte, lehnt Herder ebenso ab wie die verschiedenen Theorien orthodox-theologischer und aufklärerisch-rationalistischer Herkunft, die die Sprache zumeist in einer abstrakten *»Verständigkeit«* aufgehen sehen. Ihnen gegenüber erklärt er die Entstehung der Sprache aus der geistigen Natur des Menschen: *»Die Mutter Natur ... gab uns die Sprache als ein Werkzeug, die Seele des andern unmittelbar zu berühren, unmittelbar ihr Kenntnisse einzupflanzen, die sie nicht, die andere für sie erfunden haben. Damit erleichtert sie nicht bloß jedem Menschen seine beschwerlich lange Bahn zur Wissenschaft und Weisheit, sondern sie knüpfte auch ein ewiges Band, das das ganze Menschengeschlecht zu einem großen Ganzen macht.«* Die Sprache gehört wesensmäßig zur Natur des Menschen, sie ist ihm nicht ein äußerlich Gegebenes, durch sie wird der Mensch der Leistung der menschlichen Gattung teilhaftig, sie ist Ausdruck seines gesellschaftlichen Wesens; durch die Sprache unterscheidet der Mensch sich vom Tier, das nur instinktive, nicht von der Vernunft geleitete Empfindungslaute von sich gibt, und zwar nicht im Sinne eines zusätzlichen Vermögens, sondern qualitativ; der Mensch ist *»ohne Vergleichung«*, und er *»hat die weitere Aussicht«*, in *»Verstand, Vernunft und Besinnung«* erfährt er die Welt als ein Ganzes und vermag darum die Bilder der Welt sich zu merken, sie zur *»Anerkenntnis«* zu bringen. Erst im Gedächtnis des Menschen erhalten die Dinge der Welt ihre Bezeichnung. *»Dies erste Merkmal der Besinnung war Wort der Seele! Mit ihm ist die menschliche Sprache erfunden!«* Gegen Süßmilch repliziert Herder: *»Wie kann der Mensch durch göttlichen Unterricht Sprache lernen, wenn er keine Vernunft hat? und er hat ja nicht den mindesten Gebrauch der Vernunft ohne Sprache ...; um das erste Wort ... als Merkzeichen der Vernunft auch aus dem Munde Gottes empfangen zu können«*, mußte der Mensch *»dieselbe Besinnung anwenden, dies Wort als Wort zu verstehen, als hätte er's ursprünglich ersonnen«*. Im dritten Teil der Abhandlung behandelt er die *»ersten Merkmale zu Elementen der Sprache«*. Er beschreibt die *»tönenden Verba«* als *»die ersten Machtelemente«* und verfolgt schließlich eine seiner Lieblingsideen, nämlich die, daß die *»erste Sprache ... eine Sammlung von Elementen der Poesie«* gewesen sei.

Die Zusatzfrage der Akademie lautete: *»Auf welchem Wege der Mensch sich am füglichsten hat Sprache erfinden können und müssen?«* Im eigentlichen Sinn konnte Herder diese Frage nicht behandeln, denn da ihm die Sprache notwendiges Kennzeichen der menschlichen, geistigen Natur ist, kann es auch keine Spracherfindung geben. Es geht ihm vielmehr um die Fortentwicklung der Sprache. Zunächst bildet der Mensch seine Sprache als Kind im Umgang mit der Mutter, der Familie, dem Stamm. *»Der Mensch ist in seiner Bestimmung ein Geschöpf ... der Gesellschaft: die Fortbildung einer Sprache wird ihm also natürlich, wesentlich, notwendig.«* Dies ist das zweite Hauptgesetz der *»Natur«* des Menschen. Immer wieder betont Herder, daß kein Mensch für sich allein sei, vielmehr sei er *»in das Ganze des Geschlechts eingeschoben«*. Und so kann er von einer *»Familienfortbildung der Sprache«* reden. Wie der Einzelmensch Teil der Familie ist, so sind es die Völker im Ganzen der Menschheit. Und so lautet das dritte Naturgesetz: *»So wie das ganze menschliche Geschlecht unmöglich eine Herde bleiben konnte: so konnte es auch nicht eine Sprache behalten.«* Die Verschiedenheiten der Sprachen beruhen auf den Unterschieden des Klimas und der Lebensgewohnheiten. Die Differenzierung in Nationalsprachen hebt indes nicht die einheitliche Entwicklung des ganzen Menschengeschlechts auf, wie auch, und darin folgt Herder dem für ihn anfänglich so maßgebenden J. J. Rousseau nicht mehr, diese Entwicklung nicht als Abfall von einem Idealzustand, sondern Teil des Weges zu diesem hin ist, womit er zugleich einen Gedanken aus seinem *Journal meiner Reise im Jahre 1769* wiederholt: *»Das menschliche Geschlecht hat in allen seinen Zeitaltern, nur in jedem auf andere Art, Glückseligkeit zur Summe; wir* *in dem unserigen schweifen aus, wenn wir wie Rousseau Zeiten preisen, die nicht mehr sind ...«* In einem vierten Naturgesetz sieht Herder diese Tendenz ausgesprochen: *»So wie nach aller Wahrscheinlichkeit das menschliche Geschlecht ein progressives Ganzes von einem Ursprunge in einer großen Haushaltung ausmacht: so auch alle Sprachen und mit ihnen die ganze Kette der Bildung.«* Damit ist der Schritt von der Sprachphilosophie zu weitergehenden geschichtsphilosophischen Überlegungen getan. Alles Einzelne erhält seinen Stellenwert durch die Tendenz auf das Ganze. Die Entwicklung des einzelnen Menschen tendiert auf das »Unendliche«. Daher bildet sich auch die Sprache mit der Entwicklung des menschlichen Geschlechts korrespondierend weiter.

Herders *»organische«* Verfahrensweise, sich seines Gegenstandes zu versichern, wie sie in ihrer ganzen universellen Breite in den *Ideen zur Philosophie der Geschichte der Menschheit* (1784–1791) sich entfalten wird, ist hier bereits vorgebildet. Die Produktivität des Einzelmenschen und seine gesellschaftliche Eingebundenheit, die Einzigartigkeit der menschlichen Vermögen wie ihre – bezogen auf die Gattung – Allgemeinheit – diese Denkmuster, die über die Werke Herders hinaus mehr oder weniger unterschwellig die Vorstellungswelt der Literatur des späten 18. und 19. Jh.s prägen, scheinen in dieser Abhandlung bereits auf. Sprache ist Ausdruck der Totalität menschlicher Natur, zugleich aber Voraussetzung ihrer Differenzierung. Während in früheren Reflexionen zur Sprache diese, etwa bei J. G. SCHOTTEL oder G. W. LEIBNIZ, vor allem als Werkzeug für menschliche Zwecke und Ziele betrachtet wurde, wird sie bei Herder, und daraus folgt wiederum die Bedeutung der Literatur, zum konstitutiven Medium, innerhalb dessen Welterfahrung für den Menschen nur möglich ist. Während J. G. HAMANN, für den jedes menschliche Vermögen Reflex auf das unmittelbare Verhältnis des Menschen zu Gott ist, Herders Darlegung einer vehementen Kritik unterzog und ihm vorwarf, letztlich doch Sprache auf einen tierischen Ursprung zurückbezogen zu haben (*Des Ritters vom Rosenkreuz letzte Willensmeinung über den göttlichen und menschlichen Ursprung der Sprache*, 1772), blieb diese über W. v. HUMBOLDTS Sprachphilosophie hinaus wirksam; J. GRIMM griff 1851 das Thema mit ausdrücklicher Bezugnahme auf Herder erneut auf (*Über den Ursprung der Sprache*), und A. GEHLENS anthropologische Entwürfe (*Der Mensch. Seine Natur und seine Stellung in der Welt*, 1940) rekurrieren wiederholt auf dessen Spachreflexionen: *»Die philosophische Anthropologie hat seit Herder keinen Schritt vorwärtsgetan, und es ist im Schema dieselbe Auffassung, die sie mit den Mitteln moderner Wissenschaften entwickeln will.«* W.Fl.-KLL

AUSGABEN: Bln. 1772. – Bln. 1891 (in *SW*, Hg. B. Suphan, 33 Bde., 1877–1913, 5; Nachdr. Hildesheim [2]1978). – Bln. 1959, Hg. C. Träger. – Bln./Weimar 1957 (in *Werke*, Hg. W. Dobbek, 5 Bde., 2; [5]1978, Hg. R. Otto). – Hbg. 1960 (in *Sprachphilosophische Schriften*, Hg. u. Anm. E. Heintel, Mchn. 1978 [m. Materialien u. Komm. v. W. Pross]). – Ffm. 1985 (in *Werke*, 1985 ff., Bd. 1, Hg. U. Gaier). – Mchn. 1987 (in *Werke*, Hg. W. Pross, 3 Bde., 1984 ff., 2).

LITERATUR: W. Sturm, *H.s Sprachphilosophie in ihrem Entwicklungsgang u. ihrer historischen Stellung*, Diss. Breslau 1917. – K. Konrad, *H.s Sprachproblem im Zusammenhang der Geistesgeschichte. Eine Studie zur Entwicklung des sprachlichen Denkens der Goethezeit*, Diss. Marburg 1973. – H. Weber, *H.s Sprachphilosophie. Eine Integration im Hinblick auf die moderne Sprachphilosophie*, Bonn 1939. – G. Meggle, *Analoge und progressive Erkenntnis. J. G. H.s Erkenntnis als Sprachtheorie* (in *Vergleichen u. Verändern. Fs. für H. Motekat*, Hg. A. Goetze u. G. Pflaum, Mchn. 1970, S. 52–73). – A. Reckermann, *Sprache u. Metaphysik. Zur Kritik der sprachlichen Vernunft bei H. u. Humboldt*, Mchn. 1978. – J. W. Marchand, *H.: Procursor of Humboldt, Whorf and Modern Language Philosophy* (in *J. G. H.*, Hg. W. Koepke u. S. B. Knoll, Bonn 1982, S. 102 bis 124). – J. Schütze, *Die Objektivität der Sprache: einige systematische Perspektiven auf das Werk des jungen H.*, Köln 1983. – E. Sapir, *H.s »Ursprung der Sprache«* (in Historiographica linguistica, 11, 1984, S. 355–388).

AUCH EINE PHILOSOPHIE DER GESCHICHTE ZUR BILDUNG DER MENSCHHEIT. Beytrag zu vielen Beyträgen des Jahrhunderts

Geschichtsphilosophische Streitschrift von Johann Gottfried HERDER, entstanden 1773, anonym erschienen 1774. – Während seiner Bückeburger Zeit (1771–1776) verfaßte Herder seine erste geschichtsphilosophische Schrift, der vier Vorstufen vorausgehen, von denen sich Teile erhalten haben. Das Werk, mit dem Herder die bereits in seinem *Journal meiner Reise im Jahre 1769* projektierte *»Universalgeschichte der Bildung der Welt«* zu verwirklichen sucht und das als Vorstufe zu seinen *Ideen zur Philosophie der Geschichte der Menschheit* (1784–1791) fungiert, entwickelt die Grundzüge der Herderschen Geschichtsdeutung in einer polemischen Abrechnung mit dem aufgeklärten Geschichtsoptimismus der Zeit, wie er – beeinflußt von D. HUME oder VOLTAIRE – etwa in I. ISELINS *Philosophische Mußmaßungen über die Geschichte der Menschheit* (1764) oder L. SCHLÖZERS *Vorstellung einer Universalhistorie* (1772) zum Ausdruck kam; Autoren, die nach Ansicht Herders von der Idee einer *»allgemein fortgehenden Verbesserung der Welt Romane gemacht«* haben und den Endzweck der menschlichen Entwicklung, die *»Glückseligkeit«*, im abstrakten Begriff, nicht aber in den konkreten Lebensumständen bestimmt haben. Es gebe Länder, konstatiert Herder mit Blick vor allem auf Preußen, in denen die *»›Grundsätze der Freiheit, Ehre, Tugend‹ so weit ›verbreitet‹«* sind, *»daß sie jeder* *aufs hellste ›anerkennet‹, daß ... sie jedermann bis zum Geringsten ›auf Zung und Lippen‹ hat – und jeder von ihnen zugleich mit den ›ärgsten Ketten der Feigheit, Schande, Üppigkeit, Kriecherei‹ und ›elender Planlosigkeit‹ gebunden«* ist.

Für Herder ist die Geschichte kein einfacher, von seinem Ende her immer schon bestimmter Prozeß eines stetigen Fortschritts der Menschheit, sondern eine organische Entwicklung; der *»Geist der Veränderung«* ist *»der Kern der Geschichte«*. Diese Veränderung faßt Herder im Bild der natürlichen Lebensabfolge; die Völker entwickeln sich ähnlich dem Lebensgang des einzelnen Menschen, sie haben eine Zeit der Kindheit und des Wachstums, der Blüte und des Vergehens. Vor allem durch das Vermögen der Menschen, sich zu bilden und miteinander zu kommunizieren, gewinnt dieses Modell seine evolutionäre Ausrichtung; dies jedoch nicht als Automatismus der Geschichte: vielmehr ist *»die Menschliche Natur keine im Guten ›selbständige Gottheit‹; sie muß alles ›lernen‹, durch ›Fortgänge gebildet‹ werden, im ›allmählichen Kampf‹ immer weiter ›schreiten‹; natürlich wird sie also von den ›Seiten am meisten‹, oder ›allein‹ gebildet, wo sie dergleichen ›Anlässe‹ zur Tugend, zum Kampf, zum Fortgange hat...«*.

In der Zeit der Patriarchen sieht Herder die Kindheit des Menschengeschlechts. Hier verwirklicht sich in wunderbarer Harmonie *»das Goldene Zeitalter«*. Neben der selbstverständlichen Autorität des Vaters steht der kindlich fromme Gehorsam, Religion ist gleichsam die poetische Luft, in der die Menschen jener Frühzeit atmen. An die Kindheit schließt sich das Knabenalter: die Ägypter werden als ein Volk disziplinierter Ackerbauern gesehen, das sich eine Verfassung gegeben und sich in Kunst und Wissenschaft ausgezeichnet hat. Daneben errichten die Phönikier den ersten Handelsstaat. Aus diesen Anfängen entwickelt sich die Blüte menschlicher Kultur, die Welt griechischen Geistes. Sie ist das Jünglingsalter der Menschheit, *»Wiege der Menschlichkeit, der Völkerliebe, der schönen Gesetzgebung, des Angenehmsten in Religion, Sitten, Schreibart, Dichtung, Gebräuchen und Künsten – Alles Jugendfreude, Grazie, Spiel und Liebe«*. Und darauf folgt *»das Mannesalter menschlicher Kräfte und Bestrebungen – die Römer«*. Doch im Strom der Veränderung wird dieses Römerreich von den Germanen zerstört. Mit Beginn der Zeitenwende läßt Herder den Vergleich zwischen Völkern und Lebensaltern fallen. War die bisherige Entwicklung des Menschengeschlechts *»vom Orient bis Rom«* einem Stamm zu vergleichen und nach verschiedenen Lebensaltern zu beschreiben, so werden die nun folgenden Zeiträume als Äste und Zweige eines Baumes betrachtet: *»Wie schoß der eine alte simple Stamm des Menschengeschlechtes in Äste und Zweige!«* Mit dem Christentum wird eine neue Dimension der Geschichte offenbar: eine Epoche, in der die verschiedensten Eigenschaften sich verbanden, *»Tapferkeit und Möncherei, Abenteuer und Galanterie, Tyrannei und Edelmut«*. Die verschiedenen Perioden der mittleren Zeit werden allerdings nicht gesondert betrachtet, wenn auch deutlich wird, wie Herder im Vergleich zur Aufklärung das Mittelalter als Epoche des *»gotischen Geistes«* gerechter zu beurteilen sich bemüht.

Die Idealität vergangener Stufen der menschlichen Geschichte sieht Herder, ähnlich wie J. J. Rousseau, verloren – ohne daß allerdings ein Weg dahin zurück möglich sei und ohne daß Geschichte sich allein als Verfallsprozeß darstelle; zum einen entwickelte jedes Volk und jede Gesellschaft sich allein nach den ihr zukommenden Regeln (*»jede Nation hat ihren ›Mittelpunkt‹ der Glückseligkeit ›in sich‹, wie jede Kugel ihren Schwerpunkt«*), zum andern konstatiert Herder durchaus den Fortschritt der menschlichen Gattung, nur komme er, so das Fazit, in seiner Gegenwart nicht der gesamten Menschheit zugute, sondern allein den Herrschenden: *»Da stehen nun jene glänzende ›Marktplätze‹ zur Bildung der Menschheit, ›Kanzel‹ und ›Schauplatz‹, Säle der Gerechtigkeit, Bibliotheken, Schulen und ja insonderheit die Kronen aller: illustre Akdemien! In welchem Glanz! zum ewigen Nachruhm der Fürsten! zu wie großen Zwecken der ›Bildung‹ und ›Aufklärung‹ der ›Welt, der Glückseligkeit der Menschen!‹ herrlich eingeweihet – was tun sie denn? was können sie tun? – sie spielen!«* Im letzten Teil seiner Abhandlung entwirft Herder eine scharfe Kritik an den politischen Verhältnissen seiner Zeit, in der *»›Furcht‹ und Geld«* die *»ganze einige Triebfeder unsrer Staaten«* geworden sind, in der die technischen Neuerungen lediglich zum Machtzuwachs weniger geführt haben – *»›Gewisse Tugenden der Wissenschaft‹, des ›Krieges‹, des ›bürgerlichen Lebens‹, der ›Schiffahrt‹, der ›Regierung‹ – man brauchte sie nicht mehr: es ward ›Maschine‹ und die Maschine regiert nur ›einer‹.«* Herders Streitschrift wurde gern als Dokument seiner Abkehr von der Aufklärung gelesen; tatsächlich führt der Autor ihr kritisches Potential fort, wendet es aber gegen die Aufklärung selbst, indem er Möglichkeiten und Grenzen, die der Wissenschaft und dem Fortschritt gegeben sind, realistisch betrachtet, indem er die eigentlichen Motive in den staatlichen Maßnahmen zur Beförderung der Humanität in Europa ohne Illusionen benennt: *»In Europa ist die Sklaverei abgeschafft, weil berechnet ist, wie viel diese Sklaven mehr kosteten und weniger brächten, als freie Leute: nur eines haben wir uns noch erlaubt, drei Weltteile als Sklaven zu brauchen.«*

Daß der Mensch nicht als *»Endzweck«* behandelt wird, um einen späteren Begriff I. Kants zu gebrauchen, ist Maßstab der Herderschen Kritik; *»›Ehre‹ und ›Seelenfreiheit‹ und ›Menschenglückseligkeit‹«* des einzelnen gelten nichts, er ist lediglich Mittel für die Zwecke anderer. Umgekehrt allerdings – und Herders primäres Anliegen ist nicht die kritische Analyse der politischen Verhältnisse, sondern die Aufdeckung des Gangs der menschlichen Geschichte – relativiert sich die Kritik der Epoche durch den Blick auf das Ganze der Geschichte, in der Herder stets auch eine leitende, letztlich göttliche Idee walten sieht, die – ein Gedanke, der sich in I. Kants *Kritik der Urteilskraft* ebenfalls findet –

vom beschränkt-endlichen Standpunkt des einzelnen aus aber nicht zu überblicken ist: *»Was für ein Werk, zu dem so viel Schattengruppen von ›Nationen‹ und ›Zeiten‹, ›Kolossenfiguren‹ fast ohne ›Gesichtspunkt‹ und ›Ansicht‹, so viele ›blinde Werkzeuge‹ gehören, die alle im ›Wahne des Freien‹ handeln und doch nicht wissen, ›was‹? oder ›wozu‹?, die nichts ›übersehen‹, und doch so eifrig ›mithandeln‹, als wäre ihr ›Ameisenhaufen‹ das ›Weltall‹ – was für ›ein Werk dies Ganze‹!«* Zugleich aber bedarf *»dies Ganze«* der Aktivität der Individuen, die darin nicht als Teil eines mechanischen Uhrwerks fungieren; der Mensch ist für den pantheistischen Theologen Herder *»ein Mittelding zwischen Engel und Teufel«*, aber dessen egozentrische Betätigung *(»›Freiheit, Geselligkeit‹ und ›Gleichheit‹, wie sie jetzt überall ›aufkeimen‹ – sie haben in tausend ›Mißbräuchen‹ Übels gestiftet und werdens stiften«)* ist ebenso dem erstrebten Harmonieideal *(»›Herr‹ und ›Knecht‹, ›Vater‹ und ›Kind‹, ›Jüngling‹ und die fremdeste ›Jungfrau‹, wir alle werden ›Brüder‹.«)* abträglich wie seine Unterdrückung.
Die Argumentationsketten Herders, der einerseits die *»Glückseligkeit der Menschheit«* postuliert, andererseits vor dem Blick auf die Geschichte konzediert, daß *»ich Nichts, das Ganze aber ›Alles‹ sei«*, der zu einer vehementen Kritik der Ständegesellschaft ansetzt, die konkreten Mißstände aber vor allem darauf zurückführt, daß es allgemein an *»Herz! Wärme! Blut! Menschheit! Leben!«* mangele, somit ursächlich an einem Defizit der Empfindungsvermögen, stehen durchaus widersprüchlich zueinander, die Bedeutung der Fragment gebliebenen Streitschrift aber liegt darin, daß hier der leitende Gedanke der folgenden klassischen und romantischen Utopieentwürfe und Geschichtsdeutungen, wie nämlich die Freiheit des einzelnen mit der Harmonie des Ganzen zu vermitteln sei, bereits vorgedacht wird. Zugleich gilt das Werk, zusammen mit G. VICOS *Die neue Wissenschaft* (1725), als die erste theoretische Begründung des Historismus im 18. Jh. W.Fl.-M.Pr.

AUSGABEN: o.O. 1774 [anon.]. – Bln. 1891 (in *SW*, Hg. B. Suphan, 33 Bde., 1877–1913, 5; 1899, 32: Vorstufe; Nachdr. Hildesheim ²1978). – Mchn. 1953 (in *Werke*, Hg. K.-G. Gerold, 2 Bde., 2). – Bln./Weimar 1957 (in *Werke*, Hg. W. Dobbek, 5 Bde., 2; ⁵1978, Hg. R. Otto). – Ffm. 1967 [Nachw. H.-J. Gadamer]. – Mchn. 1984 (in *Werke*, Hg. W. Pross, 3 Bde., 1984 ff., 1).

LITERATUR: A. Gillies, *»Auch eine Philosophie der Geschichte zur Bildung der Menschheit«* (in *The Era of Goethe*, 1959, S. 61–80). – P. Pfaff, *Hieroglyphische Historie. Zu H.s »Auch eine Philosophie der Geschichte zur Bildung der Menschheit«* (in Euph, 77, 1983, S. 407–418).

BRIEFE ZUR BEFÖRDERUNG DER HUMANITÄT

124 fiktive Briefe in zehn Sammlungen von Johann Gottfried HERDER, erschienen 1793–1797. – 1791 hatte Herder die *Ideen zur Philosophie der Geschichte der Menschheit* mit dem vierten Teil abbrechen lassen, und an die Stelle einer Fortsetzung bis in die Gegenwart trat, nicht zuletzt unter dem Eindruck der Französischen Revolution, der Plan, in locker gehaltenen Briefen seinen Glauben an die *»Fortschritte der Humanität«* zu verkünden. *»Die Briefe sollen meine silvae* [Wälder] *sein, worin ich nach Gefallen umherwandle«*, äußerte sich Herder gegenüber seinem Freund Heyne. »Wälder« meint im Sprachgebrauch der Zeit »gesammelte Materialien«, die ohne Ordnung aneinandergefügt wurden, und stilistisch kehrt Herder mit den *Humanitätsbriefen* zu seinen ersten Arbeiten, insbesondere den *Kritischen Wäldern*, zurück.
In einer ersten Fassung von 24 Briefen unter dem Titel *Briefe, den Fortschritt der Humanität betreffend*, hatte er die Revolution mit der Reformation verglichen und sich für die demokratisch-republikanischen, die fortschrittlichen Ideen vorbehaltlos engagiert. Die zunehmende Radikalisierung der Revolution und der Bericht GOETHES über die *Campagne in Frankreich* dämpften seine Begeisterung und veranlaßten ihn, der Sammlung eine neue Form und einen neuen Titel zu geben. – In der Form des Briefwechsels, in dem zwei fiktive Partner ihre Meinungen vertreten, so daß verschiedenen, auch einander widersprechenden Argumenten Rechnung getragen werden kann und dem Leser somit sein Urteil selbst überlassen bleibt, trägt Herder sein politisches Bekenntnis vor, das im Begriff der *»Humanität«* die Grundzüge seines, in den vorangehenden Werken bereits entwickelten Geschichts- wie Menschenbildes vereint: *»Humanität ist der ›Charakter unsres Geschlechts‹, er ist uns aber nur in Anlagen angeboren und muß uns eigentlich angebildet werden ... Das ›Göttliche‹ in unserm Geschlecht ist also ›Bildung zur Humanität‹«*, eine Bildung, die zugleich die natürliche Perspektive der menschlichen Gattung darstellt, ein *»Werk, das unablässig fortgesetzt werden muß; oder wir sinken, höhere und niedere Stände, zur rohen Thierheit, zur ›Brutalität‹ zurück.«*
In der ersten Sammlung deutet er eingangs Benjamin FRANKLINS, des *»Erziehers und edelsten Volksschriftstellers«* Leben als die Entfaltung der *»gesunden Vernunft«* und vergleicht dessen Lebensbeschreibung mit der J. J. ROUSSEAUS. Wo diesen *»die Phantasie fast immer irreführte«*, habe jenen sein *»unermüdlicher Fleiß, seine Gefälligkeit und ruhige Beherztheit«* sicher geleitet. Franklins Plan der Errichtung einer *»Gesellschaft der Humanität«* wird als Vorbild für ähnliche Einrichtungen in Deutschland geprüft. Im Anschluß daran empfiehlt Herder eine Sammlung von Selbstbiographien *»erlesener merkwürdiger Männer«* und eine deutsche Akademie. Diese Gedankengänge bringen ihn auf FRIEDRICH II., den König von Preußen, in dem er nun,

im Gegensatz zu seiner früheren Abneigung, vor allem aufgrund des Briefwechsels mit VOLTAIRE und der nachgelassenen Schriften des Königs, einen Verkünder der Humanität sieht. Eine *»Blumenlese«* aus den Werken Friedrichs schließt die Würdigung. KLOPSTOCKS Ode *An den Kaiser* leitet zur zweiten Herrschergestalt über: in einem *Gespräch nach dem Tode des Kaisers* werden die Josephinischen Reformen kritisch betrachtet.

Mit der Frage *»Was ist der Geist der Zeit?«* beginnt die zweite Sammlung, in deren Mittelpunkt LUTHER steht. Luthers Gedanken von der *»Regimentsänderung«* und *»Vom Pöbel und von den Tyrannen«* werden eifrig zitiert. Der *»große patriotische Mann«* soll wieder als Lehrer Deutschlands, als Führer zur Humanität gehört werden. Im 25. Brief erläutert Herder in der Form von Merksätzen den Begriff Humanität. *Über den Charakter der Menschheit* sind diese 36 Paragraphen überschrieben.

Die dritte Sammlung erläutert den Humanitätsgedanken an Beispielen aus den Schriften der Dichter und Philosophen alter und neuer Zeit. Von einem Werk des REALIS VON VIENNA ausgehend, einem Philosophen aus Quedlinburg mit dem bürgerlichen Namen Wagner, werden in der vierten Sammlung deutsche Nationalgesinnung und Humanität einander gegenübergestellt. Kurze Aufsätze, etwa *Über Wahn und Wahnsinn der Menschen und Völker*, Fabeln und eine Ode vervollständigen die bunte Fülle dieser Sammlung.

Im Mittelpunkt der fünften Sammlung steht der Aufsatz *Haben wir noch das Publikum und Vaterland der Alten?* Hinzu kommen Betrachtungen über PETRARCA, COMENIUS, MACHIAVELL, GROTIUS und LEIBNIZ. Ästhetisch-humanistische Ideen, die Herder während seiner Italienreise bei der Betrachtung antiker Kunstwerke beschäftigt hatten, bilden den Inhalt der sechsten Sammlung. Die griechische Kunst ist Herder die *»stumme Schule der Humanität«*, sie hat *»nicht nur Gedanken, sondern Gedankenformen, ewige Charaktere sichtbar gemacht*, sie *»liebte die Menschheit im Menschen«*.

Literarische Fragen behandelt die folgende Sammlung, ausgehend *»vom Unterschiede der alten und neuen Völker in der Poesie, als Werkzeug der Kultur und Humanität«*. Herder charakterisiert den Verfall der antiken Dichtung, schreibt über christliche Hymnen, er behandelt die Poesie der Provenzalen und das Drama der Italiener, den Reim und die Alliteration, alles Themen, die er bereits in ähnlicher Weise in früheren Schriften angeschlagen hatte. Die achte Sammlung führt diese Themen weiter. Nach einem Aufsatz über die Dichtung der *»mittleren Zeit«* wird u. a. der *»Unterschied der Poesie aus Reflexion und der reinen Fabelpoesie an englischen Dichtern«* gezeigt. Das besondere Augenmerk aber gilt *»deutschen Werken des Geschmacks«*. Herder fragt, warum die Deutschen erst so spät eine Stimme im Konzert der Völker übernahmen, warum sie fremde Vorbilder nachahmten. Aber, so wird gleich betont, alle Kunst beruhte auf Nachahmung: die der Römer, die auf die Griechen blickten, die der Mönche des Mittelalters, die von den Römern lernten. Die deutsche Sprache aber gewährleistet, daß wir uns besonnen das Beste anderer Völker aneignen. Sie sei eine Stiefschwester der griechischen und unglaublich gelenkig, *»sich dem Ausdrucke, den Wendungen, dem Geist ... fremder Nationen ... anzuschließen und zu fügen«*. In dem abschließenden *»Fragment«* der Sammlung wird das *»Resultat der Vergleichung der Poesie verschiedener Völker«* mitgeteilt. Die Poesie verwandle ihre Gestalt nach Sprache, Sitten, Gewohnheiten, nach dem Temperament und Klima. Aber *»zu allen Zeiten war der Mensch derselbe«*, und insofern in den Werken der Dichter *»eine vernünftige und humane Absicht«* walte, gehe der Weg aller Völker *»nach dem Lande der Einfalt, der Wahrheit und Sitten«*. Die höchste Aufgabe der Dichtung ist also wiederum die Verbreitung der Humanität.

Die neunte Sammlung greift das alte Thema von der *»Gallikomanie«* der Deutschen auf und ist als Einwand des Briefpartners auf die oben vorgetragenen Ansichten gedacht. Die *»Französische Erziehung«* habe besonders die Sprache als das *»Organ unserer Seelenkräfte«* mißgebildet, bemerkt der Briefschreiber. Dieser Überfremdung habe Lessing gewehrt, und so schließt ein Auszug aus seinen Schriften diesen Teil der *Humanitätsbriefe*.

Den letzten Teil der Briefe hat Herder nur mit großer Anstrengung geschrieben. In einem Brief vom Januar 1797 heißt es: *»Ich arbeite am zehnten Teil der Briefe über die Humanität, aber matt. Die Materie übermannt mich, und mich dünkt, ich schreibe zu viel: ich singe, selbst ohne Echo. Doch man muß durch und hinüber.«* Nachdem er »Negeridyllen« zitiert hat, teilt er einen Entwurf *»Zum ewigen Frieden«* mit. *»Meine Friedensfrau«*, sagt er, *»hat nur einen Namen: sie heißt allgemeine Billigkeit, Menschlichkeit, tätige Vernunft.«* Er glaubt an ein erwachendes *»allgemeines Gefühl«*, aus dem *»eine Allianz aller Nationen gegen jede einzelne anmaßende Macht«* entstehen müßte. Insbesondere könnte es die Aufgabe Europas und des Christentums sein, an dieser Allianz zu arbeiten. Sollte in Europa *»die Vernunft einmal soviel Wert gewinnen, daß sie sich mit Menschengüte vereinigte: welch eine schöne Jahreszeit für die Glieder der Gesellschaft unsres ganzen Geschlechts«* würde damit anbrechen. Die *»Norm der Ausbreitung des moralischen Gesetzes der Menschheit«* aber liegt uns nahe, denn *»das Christentum gebietet die reinste Humanität«*.

Herders Humanitätsidee, den verschiedensten Anregungen verpflichtet – in der Frühzeit lehnt er sich an das Humanitätsdenken der Aufklärung an, später findet er zu einem persönlicheren Ausdruck, SHAFTESBURY, Leibniz und der Pietismus haben ihn beeinflußt –, gewinnt in der Verbindung mit dem christlichen Gedankengut ihre eigentliche Tiefe. Humanität ist für ihn der Versuch, den Menschen zu vervollkommnen. Kunst und Wissenschaft ordnen sich diesem Zweck unter. *»Humanität ist der Zweck der Menschennatur«*, hatte er schon in den *Ideen* gesagt, und ihm ist die – nicht dogmatisch oder institutionell gefaßte – *»Religion die höchste Humanität des Menschen«*. W.Fl.-KLL

AUSGABEN: Riga 1793–1797 [1.–10. Slg.]. – Bln. 1881–1883 (in *SW*, Hg. B. Suphan, 33 Bde., 1877–1913, 17/18). – Mchn. 1953 (in *Werke*, Hg. K.-G. Gerold, 2 Bde., 2; Ausw.). – Bln./Weimar 1957 (in *Werke*, Hg. W. Dobbek, 5 Bde., 5; Ausz.; [5]1978, Hg. R. Otto). – Bln./Weimar 1971, 2 Bde.

LITERATUR: H. Stolpe, *Nationale u. internationale Aspekte der Klassenauseinandersetzung in H.s »Briefe zur Beförderung der Humanität«* (in G. Ziegengrist u. a., *J. G. H.*, Bln. 1979, S. 66–78; 236–240). – W. Heise, *H.s Humanitätskonzept* (in W. H., *Realistik u. Utopie*, Bln. 1982, S. 71–108).

IDEEN ZUR PHILOSOPHIE DER GESCHICHTE DER MENSCHHEIT

Geschichtsphilosophisches Werk von Johann Gottfried HERDER, entstanden 1782–1788, erschienen in vier Teilen 1784, 1785, 1787 und 1791. – Der Autor führt in diesem unvollendet gebliebenen Hauptwerk, dessen Entstehung anfänglich von einem regen Austausch mit J. W. v. GOETHE begleitet war, seine Geschichtsphilosophie fort, deren Ansätze er in der früheren Schrift *Auch eine Philosophie der Geschichte zur Bildung der Menschheit* (1774) entwickelt hatte. Doch ist hier die Konzeption dadurch wesentlich erweitert, daß Herder für seine Lehre vom Menschen auch Psychologie, Astronomie, Völker- und Länderkunde, Geschichte, Ethik, Metaphysik, Religionswissenschaft und die naturwissenschaftliche Entwicklungslehre heranzieht. Diese Vielfalt ist um zwei Hauptgedanken zentriert: den der »Organisation« und den der »Humanität«. Herders kosmische Schau bringt die Erde des Menschen, das menschliche Dasein, mit dem Universum in Zusammenhang. *»Vom Himmel muß unsere Philosophie der Geschichte des menschlichen Geschlechts anfangen«*, beginnt der erste Satz der *Ideen*. Der einzelne Mensch ist Glied des Ganzen: *»Der Bau des Weltgebäudes sichert also den Kern meines Daseins, mein inneres Leben auf Ewigkeiten hin.«*

Der Mensch ist ein Mittelwesen, so wie die Erde ein *»Mittelgeschöpf«* unter den Sternen ist; er ist offen nach oben, aber auch nach unten zu den Tieren und Pflanzen, er steht zu allen Geschöpfen in innigster Beziehung, auch wenn er sich dieses Zusammenhangs nicht immer bewußt ist. Herder betrachtet den *»Erdball als eine große Werkstätte zur Organisation sehr verschiedenartiger Wesen«*, er deutet das Pflanzenreich und schließlich das Tierreich *»in Beziehung auf die Menschengeschichte«*. Die Tiere sind des Menschen »ältere Brüder«; aber wenn er auch organisch ein *»Mittelgeschöpf unter den Tieren«* blieb, unterscheidet er sich doch durch den aufrechten Gang vom Tier. Durch die Fähigkeit, mit seinen Händen gestalten zu können, durch seine »geistigen Empfindungen« und durch die Sprache, in der die Vernunft erst *»Gestalt gewinnt und sich fortpflanzet«*, wurde der Mensch zum *»Kunstgeschöpf«*. Die aufrechte Gestalt ist letztlich auch die Voraussetzung für seine *»Vernunftfähigkeit«*, die er der vollkommenen Organisation seiner Gehirnbildung verdankt. Im Gegensatz zu KANT sieht der Verfasser in der Vernunft nichts anderes *»als etwas Vernommenes, eine gelernte Proportion und Richtung der Ideen und Kräfte, zu welcher der Mensch nach seiner Organisation und Lebensweise gebildet worden«* ist. Erst aus der Not und den Widrigkeiten des menschlichen Lebens wird also der Verstand geboren. Die spezifische, leibseelische Eigenart des Menschen kennzeichnet Herder mit dem Begriff der Humanität: *»Ich wünschte, daß ich in das Wort Humanität alles fassen könnte, was ich bisher über des Menschen edele Bildung zur Vernunft und Freiheit, zu feineren Sinnen und Trieben, zur zartesten und stärksten Gesundheit, zur Erfüllung und Beherrschung der Erde gesagt habe.«* Krönung der Humanität ist die Religiosität, die freiwillige Bindung an das göttliche Gebot. Das Leben des Menschen, dessen *»jetziger Zustand … wahrscheinlich das verbindende Mittelglied zweier Welten«* ist, wird durch den Glauben an die Unsterblichkeit der Seele zur Aufgabe, die höheren menschlichen Anlagen zu entwickeln und die inhumanen Triebe zu überwinden. Wie schon in den *Drei Gesprächen über die Seelenwanderung* (1781) lehnt Herder auch hier eine einfache Seelenwanderung ab und sieht die *»wahre Palingenesie«* in der *»Veredlung der Seele mit all ihren Trieben und Begierden«*.

Nach dieser prinzipiellen Erörterung im ersten Teil wendet sich der Verfasser in den folgenden Teilen der Frage zu, wie sich Sinnlichkeit, Einbildungskraft und Verstand des Menschen unter dem Einfluß der verschiedenen Klimata und der einzelnen geschichtlichen Traditionen modifiziert haben. In einer genialen Zusammenschau gibt er, obgleich ihm nur ein geringes wissenschaftliches Material zur Verfügung stand, einen Überblick über die *»ältesten Reiche und Staaten der Welt«* (von China über Japan, Tibet und »Indostan« bis zu den persischen Reichen und dem Land der »Hebräer«) und vertritt die Überzeugung, daß die geschichtlichen Erscheinungen durch geographische Lage, Zeitumstände und den jeweiligen Volkscharakter bestimmt würden. Er wendet sich gegen Kants Lehre, daß die Verwirklichung des nach moralischen Gesetzen regierten Rechtsstaats das Ziel der Geschichte sei: für Herder ist Menschengeschichte eine Naturgeschichte *»lebendiger Menschenkräfte«*.

Einen Höhepunkt erreichen die *Ideen* mit der Charakteristik der Griechen. Die Summe seiner *Betrachtungen über die Geschichte Griechenlands* ist zugleich beispielhaft für Herders ganzes Denken: *»1. Was im Reich der Menschheit nach dem Umfang gegebener National-, Zeit- und Ortumstände geschehen kann, geschieht in ihm wirklich. 2. Was von einem Volk gilt, gilt auch von der Verbindung mehrerer Völker untereinander; sie stehen zusammen wie Zeit und Ort sie band: sie wirken aufeinander wie der Zusammenhang lebendiger Kräfte es bewirkte. 3. Die Kultur eines Volkes ist die Blüte seines Daseins, mit welcher es sich zwar angenehm, aber hinfällig offenbart. 4. Die*

Gesundheit und Dauer eines Staats beruht nicht auf dem Punkt seiner höchsten Kultur, sondern auf einem weisen oder glücklichen Gleichgewicht seiner lebendig-wirkenden Kräfte.«
Im Aufstieg und Zerfall des Römerreichs, dessen *»bürgerlich-kriegerischer Größe«* Herder im ganzen fremd gegenübersteht, sieht er das *»Gesetz der Wiedervergeltung«* am Werk, das *»eine ewige Naturordnung«* ist. Die Ausbreitung des Christentums bewirkte in einer *»geistlichen Eroberung«*, daß die Humanität zu einem Ideal werden konnte; das Wort Christi, für Herder *»echteste Humanität«*, habe sich in der geschichtlichen Entwicklung in Religion verwandelt, mit allen Zeichen der Erstarrung und Institutionalisierung. Nach einer Darstellung der Epoche des christlichen Mittelalters und der Zeitspanne bis zum 16. Jh. bricht das Werk ab; der vorgesehene letzte Teil über die Geschichte Europas seit der Reformation blieb ungeschrieben, die *Briefe zur Beförderung der Humanität* (1783–1897) nehmen diese Thematik schließlich auf. Für das Ende der Arbeit an dem Text ist neben dem historischen Einschnitt, den die Französische Revolution für die Zeitgenossen darstellte, auch die Kontroverse mit Kant verantwortlich. Herders historischer Entwurf kommt, trotz aller natur- und kulturkundlichen Orientierung, nicht ohne eine pantheistische, vor allem Spinoza verpflichtete Fundierung aus; er nimmt eine *»Reihe unsichtbarer Kräfte«* an, die letztlich den Entwicklungsgang der Lebensformen bedingen und sich in allem Seienden manifestieren: in der Welt *»ist alles voll organisch wirkender Allmacht. Wir wissen nicht, wo diese anfängt, noch wo sie aufhöret«*. Dieser Versuch, den Zusammenhang der Universalgeschichte letztlich pantheistisch *(»Die Natur ist kein selbständiges Wesen; sondern ›Gott ist Alles in seinen Werken‹«)* erklären zu wollen, forderte Kants Kritik heraus: *»Allein was soll man überhaupt von der Hypothese unsichtbarer, die Organisation bewirkender Kräfte, mithin von dem Anschlage, das, ›was man nicht begreift‹, aus demjenigen erklären zu wollen, was ›man noch weniger begreift‹, denken? Von jenem können wir doch wenigstens die Gesetze durch Erfahrung kennen lernen, ... von diesem ist uns sogar alle Erfahrung benommen.«* Zu Recht qualifiziert Kant dieses Verfahren als *»Metaphysik, ja sogar sehr dogmatische, so sehr sie auch unser Schriftsteller, weil es Mode so will, von sich ablehnt«*. Dennoch, und auch trotz J. G. Hamanns Abkehr vom Herderschen *»Naturalismus«* oder F. Schillers Überzeugung, daß der Autor *»äußerst zum Materialismus«* (an G. Körner, 15. 5. 1788) neige, steht dieses Werk am Anfang der deutschen Geschichtsphilosophie: *»Ohne genannt zu werden, waren Herders ›Ideen‹ in zahlreichen späteren Werken zur Geschichtsphilosophie präsent. Diese ›Anonymität‹ der Wirkungsgeschichte verbindet die ›Ideen‹ mit wichtigen anderen Teilen des Herderschen Denkens und Schaffens. Schon aus Italien hatte Goethe an die Weimarer Freunde geschrieben, das große Werk würde wohl ›erst mit der Zeit, und vielleicht unter fremdem Namen den Menschen wohltun‹ (27. 10. 1887)«* (R. Otto). W.Fl.-KLL

Ausgaben: Riga 1784–1791 [4 Tle.]. – Bln. 1887–1909 (in *SW*, Hg. B. Suphan, 33 Bde., 1877–1913, 13/14; Nachdr. Hildesheim ²1978). – Bln./Weimar 1957 (in *Werke*, Hg. W. Dobbek, 5 Bde., 4; ⁵1978, Hg. R. Otto). – Darmstadt 1966 [Einl. G. Schmidt, Nachw. J. Dohm] – Ffm. 1988 (in *Werke*, 1985 ff., Bd. 6, Hg. M. Bottacher). – Mchn. 1984 (in *Werke*, Hg. W. Pross, 3 Bde., 1984 ff. [in Vorb.]).

Literatur: J. Grundmann, *Die geographischen u. völkerkundlichen Quellen in H.s »Ideen zur Philosophie der Geschichte der Menschheit«*, Bln. 1900. – H. Kuhfus, *Gott u. Welt in H.s »Ideen zur Philosophie der Geschichte der Menschheit«*, Diss. Münster 1938. – I. Kant, Rez. (1784) (in I. K., *GS*, Hg. Kgl. Preuß. Akademie der Wiss., I. Abt., Bd. 8, Bln. 1969, S. 45–55). – E. E. Reed, *»Savages« in the »Ideen«? The H.-Kant Quarrel* (in Revue des langues vivantes, 44, 1978, S. 498–507). – W. Moser, *H.'s System of Metaphors in the »Ideen zur Philosophie der Geschichte der Menschheit«* (in *J. G. H.*, Hg. W. Koepke u. S. B. Knoll, Bonn 1982, S. 102–124).

KRITISCHE WÄLDER. Oder Betrachtungen, die Wissenschaft und Kunst des Schönen betreffend, nach Maasgabe neuerer Schriften

Literarästhetische Schrift von Johann Gottfried Herder, entstanden 1768; die ersten drei *Wäldchen* erschienen anonym 1769, das vierte erst 1846 aus dem Nachlaß (in *Herders Lebensbild*). – Herder hatte seine frühen kritischen Schriften (*Ueber die neuere Deutsche Litteratur. Erste Sammlung von Fragmenten* (1767); *Ueber Thomas Abbts Schriften. Der Torso von einem Denkmaal, an seinem Grabe errichtet*, 1768) ebenso wie die *Kritischen Wälder* anonym veröffentlicht, bis er, wie er um 1768 an Kant schrieb, *»die Welt mit einem Buche überraschen könnte, das seines Namens nicht unwürdig wäre«*. Allerdings war zumindest der Freundeskreis durch Herder selbst über seine Autorschaft nicht im unklaren gelassen worden.
Herder knüpft mit diesen Texten bewußt an Lessings *Briefe, die Neueste Litteratur betreffend* (1759–1765) an, in denen dieser sich vor allem gegen einen formal-ästhetisierenden, den französischen, Klassizismus im Umgang mit Literatur und Kunst gewandt hatte. Herder führt in seinen *Kritischen Wäldern* diese Ansätze fort und verbindet sie mit seiner historisierend-intuitiven Betrachtungsweise zu einem fragmentarisch gehaltenen *»Stückwerk von Materialien«*. 1766 hatte er Lessings *Laokoon*-Aufsatz *»heißhungrig dreimal hintereinander«* gelesen, die bekannte Kontroverse um die Interpretation der hellenistischen Laokoon-Gruppe steht im Mittelpunkt des *Ersten Wäldchens*. Lessing hatte in diesem Text die Poesie von der Malerei dahingehend abgegrenzt, daß erstere das Nebeneinander

der Dinge, der Figuren und Formen, in ein zeitliches Nacheinander verwandle, womit der menschlichen Phantasie ein breiterer Erfahrungsraum zur Verfügung stehe: *»Bei dem Dichter ist ein Gewand kein Gewand; es verdeckt nichts, unsere Einbildungskraft sieht überall hindurch.«* Für Herder ist diese Unterscheidung nicht grundsätzlich genug; anders als die Malerei hat die Dichtung in der Sprache ein Medium, das nicht durch seine physische Präsenz, sondern nur als Bedeutungsträger wirksam sei. Es ist letztlich die menschliche Einbildungskraft, die, durch die *»Kraft«* der Sprache erregt, das Kunstwerk nachschafft: *»Die Malerei wirkt im Raum und durch eine künstliche Vorstellung des Raums ... die Poesie wirkt durch Kraft. Durch Kraft, die einmal den Worten beiwohnt, durch Kraft, die zwar durch das Ohr geht, aber unmittelbar auf die Seele wirket. Diese Kraft ist das Wesen der Poesie, nicht aber das Koexistente oder die Succession.«* Ist in dieser Weise die Rezeption von Kunst bestimmt, kann Dichtung wie jedes andere Kunstwerk nicht dahingehend beurteilt werden, wieweit es einem abstrakten Regelkanon entspricht, sondern allein danach, wieweit es die *»Seele«* des Rezipienten ergreift. Gerade die Verfahrensweise der traditionellen Regelpoetik, die das einzelne Kunstwerk an eine allgemeine Form oder einen allgemeinen Moralsatz zurückbindet, ist damit außer Kraft gesetzt; die individuelle Eigenart des Dichters und seines im Kunstwerk festgehaltenen Ausdrucks ist gerade Voraussetzung für den ebenso individuellen, schöpferischen Nachvollzug durch den Rezipienten, für seine Einfühlung und Hingabe an das Werk. Auch wenn Herder nicht streng systematisch argumentiert, so sind doch in seinem Ansatz bereits die wesentlichen Kerngedanken der neuen Sturm-und-Drang-Epoche bereits beschlossen.

Das *Zweite* und *Dritte Wäldchen* richten sich polemisch gegen einige Schriften des Hallensischen Professors Chr. A. KLOTZ, eines erbitterten Gegners von Lessing und Herder, der bereits gegen Herders *Fragmente* zu Felde gezogen war. Der Streit hatte sich vor allem an Herders Kritik entzündet, Autoren der Vergangenheit, insbesondere der Antike, mit Hilfe der ästhetischen Normen des 18. Jh.s zu beurteilen; es sei nicht legitim, über Homer etwa *»nach den Begriffen unsrer Zeit zu urtheilen«*, wie Herder gegen die *Epistolae Homericae* (1764) von Klotz einwendet. Die Auseinandersetzung mit Klotz, der schließlich Herders Autorschaft an dessen anonym erschienenen, frühen kritischen Schriften enthüllte, trug mit zur Abreise Herders aus Riga 1769 bei.

Grundsätzliche Fragen greift wieder das *Vierte Wäldchen«* auf, das sich gegen F. J. RIEDELS *Theorie der schönen Künste* wendet, eine Philosophie des Geschmacks, die das *»Grundgefühl des Schönen«* zur Grundlage einer Ästhetik machen wollte. Für Herder dagegen muß Ästhetik *»eine Theorie des Gefühls der Sinne, eine Logik der Einbildungskraft und Dichtung, ... eine Zergliederung des Schönen«* sein. Unter Berufung auf LEIBNIZ und dessen Begriff der Entwicklung versucht Herder nun die Grundzüge dieser Wissenschaft des Schönen auf historisch-psychologischer Basis aufzuzeigen. Er verfolgt die stufenweise Vervollkommnung der menschlichen Empfindungskraft: Wo zunächst nur dunkle Eindrücke herrschen, da greifen schließlich die *»Begriffe von Ordnung, Übereinstimmung, Vollkommenheit«* in der Seele Platz, und Phantasie und Gedächtnis erweitern den geistigen Horizont. *»Witz und Scharfsinn sind die Vorläufer ... des Urteils ... und wenn unsere Seele sich lange geübt hat, über Vollkommenheit und Unvollkommenheit der Dinge zu urteilen ... so ist der Geschmack da.«* Der Geschmack aber ist spezifisch und je nach *»Zeit, Sitten und Völkern«* verschieden. – Neben einer Vertiefung der im *Ersten Wäldchen* getroffenen Unterscheidung zwischen bildnerischer und poetischer Kunst gibt Herder dann – als Entgegnung auf einzelne Abhandlungen des Riedelschen Lehrbuchs – Marginalien zu den Themen *»Vom Großen und Erhabenen«*, *»Einförmigkeit und Mannigfaltigkeit«*, *»Natur, Simplizität, Naivität«*, verliert sich dabei allerdings immer mehr in polemische Einzelheiten.

W. Fl.-KLL

AUSGABEN: Riga 1769, 3 Bde. [1.–3. *Wäldchen*]. – Erlangen 1846 (in E. G. v. Herder, *J. G. v. H.s Lebensbild*, I, 3/2; 4. *Wäldchen*). – Bln. 1871, Hg. u. Anm. H. Düntzer. – Bln. 1878 (in *SW*, Hg. B. Suphan, 33 Bde., 1877–1913, Bd. 3 u. 4; Nachdr. Hildesheim ²1978). – Mchn. 1987 (in *Werke*, Hg. W. Pross, 3 Bde., 1984 ff., 2; 4. *Wäldchen*).

LITERATUR: K. Widmaier, *Die ästhetischen Ansichten H.s in seinem vierten »Kritischen Wäldchen« u. ihre Herkunft*, Diss. Tübingen 1924. – B. Markwardt, *J. G. H.s »Kritische Wälder«. Ein Beitrag zur Kunst- u. Weltanschauung des jungen H.*, Lpzg. 1925. – W. Kurrelmeyer, *Zur Textgeschichte von H.s »Kritischen Wäldern«* (in MLN, 45, 1930, S. 388–392). – F. Nocon, *H.s Entwurf einer Aesthetik. Das vierte »Kritische Wäldchen«*, Diss. Bonn 1941. – B. Herzmann, *Ursprünglichkeit u. Reflexion. Die »poetische Ästhetik« des jungen H. in Zusammenhang mit der Geschichtsphilosophie u. Anthropologie des 18. Jh.s*, Ffm. u. a. 1981.

VOM GEIST DER EBRÄISCHEN POESIE. Eine Anleitung für die Liebhaber derselben, und der ältesten Geschichte des menschlichen Geistes

Literaturhistorische Abhandlung von Johann Gottfried HERDER, in zwei Teilen erschienen 1782/83. – Als das Buch, *»das mit (ihm) erwachsen u. von Kindheit auf in der Brust genährt war ...«*, charakterisierte der Autor HAMANN gegenüber dieses Werk. Die erste Anregung zu der Darstellung der hebräischen Poesie scheint einem Entwurf zufolge, der wohl in die Jahre 1766/67 zu datieren ist, von dem epochemachenden Werk des Oxforder Rhetorikprofessors und nachmaligen Bischofs von

London Robert LOWTH *De sacra Poesi Hebraeorum praelectiones academicae Oxonii habitae*... (Oxford 1753) ausgegangen zu sein. Der Göttinger Orientalist J. D. MICHAELIS, den Herder unter seine eigentlichen theologischen Lehrer einreiht, hatte das Buch mit Anmerkungen und Zusätzen versehen und in Deutschland bekannt gemacht. Die bahnbrechende Leistung von Lowth gründet darin, daß er die von der Oxforder Frühromantik bereitgestellten ästhetischen Kriterien auf die Bücher des *Alten Testaments*, ihre Metrik, ihren parabolischen Stil und ihre Gattungen anwendet. Allerdings überträgt er dabei weithin unhistorisch auch antike Gattungseinteilungen und Stilgesetze auf die hebräische Literatur, womit er die Kritik Herders herausfordert, der historisch-genetisch den Geist der hebräischen Poesie – der Titel ist in Analogie zu MONTESQUIEUS *De l'esprit des lois* (1748) gebildet – darstellen will. In *»ehrgeizigem Wetteifer«* mit seinen Vorbildern, zu denen neben Lowth und Montesquieu auch J. J. WINCKELMANN mit seiner *Geschichte der Kunst der Antike* (1764) zu zählen ist, hatte Herder in der Bückeburger und frühen Weimarer Zeit den Plan verfolgt, eine umfassende Geschichte des poetischen Zeitalters zu schreiben. Die vier Teile der *Aeltesten Urkunde des Menschengeschlechts* (1774–1776) behandeln mit den poetischen Sagen der ersten Kapitel der *Genesis* nur die Vorgeschichte der hebräischen Poesie. Die geplante Fortsetzung wird wohl wegen der scharfen Berliner Kritik nicht ausgeführt, der Gegenstand selbst aber in *Lieder der Liebe. Die ältesten und schönsten aus dem Morgenlande. Nebst 44 alten Minneliedern* (1778) und in der Apokalypse-Auslegung MAPAN AΘA (1779) weiterverfolgt. Die ersten zwölf der *24 Briefe, das Studium der Theologie betreffend* (1780/81) geben eine Einleitung ins *Alte Testament*. Daran anknüpfend, will Herder mit seinem neuen Werk *Vom Geist der ebräischen Poesie* eine umfassende Geschichte der hebräischen Literatur schreiben. Er plant einleitend den hebräischen Geist genetisch verständlich zu machen aus dem Bau und Reichtum der hebräischen Sprache, den kosmologischen Urvorstellungen der Hebräer und der Patriarchengeschichte. Die eigentliche Geschichte der hebräischen Poesie soll in drei Perioden gegliedert werden: die Entwicklung von Moses bis David, die davidisch-salomonische Ära und die Zeit der Propheten. Schließlich soll das Weiterleben des *Alten Testaments* in der apokryphen Literatur, im *Neuen Testament* und in der Folgezeit bei den Juden wie den modernen orientalisierenden Dichtern dargestellt werden.

Herder hat sich weder strikt an seinen Plan gehalten noch ihn ganz ausgeführt: Er bricht nach zwei Arbeitswintern, die zwei Teile des Werks zeitigten, mit der Aussicht auf die Propheten-Dichtung ab. Die Übergänge von theologischer Auslegung, nachdichtender Übersetzung und eigener poetischer Gestaltung sind fließend; dazu kommt noch im ersten Teil die auflockernde Form des Dialogs (die Partner sind Alkiphron und Eutyphron), mit deren Hilfe Herder dem trockenen wie dem polemischen Ton wissenschaftlicher Abhandlungen entgehen wollte. In dem jeweils ersten Kapitel der beiden Teile geht er dem *Ursprung und Wesen der Ebräischen Poesie* anhand der hebräischen Sprache und ihrer Eigenart nach. Die Betonung von Handlung und Darstellung (im Verb), Bildlichkeit und Parallelismus sind für sie charakteristisch. Von dem Bilderspruch, den einer prägt und aus dem Herder nach dem Vorbild Lowths eine große Reihe literarischer Gattungen im *Alten Testament* ableitet, ist der Gesang der vielen zu unterscheiden. Zwei Bedingungen, die den Übergang von Bilderspruch zu literarischer Gattung ermöglichen, werden aufgedeckt: die Kosmologie, zu welcher Herder insbesondere das Buch *Hiob* heranzieht, und die früheste geschichtliche Tradition vom Paradies bis zum Ende der Patriarchenzeit. In ständigen Vergleichen mit der antiken und germanischen Literatur wird die biblische Anthropologie und die Idee der Vorsehung dargestellt; den besonderen Charakter der hebräischen Poesie umreißt er durch Wendungen wie *»Freundschaftspoesie mit dem höchsten Wesen«* und *»Poesie eines Landes Gottes und der Väter«*. Im zweiten Teil verzichtet Herder auf die Dialogform; er stellt die grundlegende Bedeutung von Moses für Israel und seine Poesie heraus: Sie liegt in dessen Taten und Einrichtungen, in der eigenen poetischen Leistung und in der durch ihn erfolgten Festigung des Prophetentums. Seine Wirkung wird an seinem Weiterleben in der nachmosaischen Literatur abgelesen. Für die Folgezeit geben das Deboralied und die Jothamfabel Gelegenheit zu Exkursen über die Verbindung von Tanz, Musik und Poesie wie über Gattungsfragen. Die Davidszeit gilt Herder als die Periode der *»klassischen Poesie der Ebräer«*. In den Psalmen sieht er die *»ungekünstelte Darstellung individueller Situationen«*, und er bemüht sich auch, die *»Charactere der Psalmendichter«* zu unterscheiden. Mit einem Ausblick auf die spätere Prophetenliteratur und auf die Erfüllung in Christus schließt der zweite Teil.

Wie andere Philologen vor ihm stellt Herder die Forderung auf: *»... menschlich muß man die Bibel lesen; denn sie ist ein Buch durch Menschen für Menschen geschrieben.«* Neu jedoch ist bei Herder, *»Poetisches«* im *Alten Testament »poetisch verständlich zu machen«* (R. Haym). Durch die Verbindung von ästhetischer, philologischer und historisch-genetischer Betrachtungsweise unterscheidet sich Herder sowohl von der orthodoxen Dogmatik wie auch von modernen Rationalisierungsversuchen apologetischer Tendenz und von der Selbstgenügsamkeit der historisch-kritischen Methode. Mag eine solche Methodenmischung den Charakter des Unzeitgemäßen haben, wenn man die gleichzeitig erscheinende *Einleitung ins Alte Testament* von J. G. EICHHORN in Betracht zieht, so ist sie doch von grundsätzlicher Bedeutung auch für den Fortgang der Spezialwissenschaft, wie aus den lebhaften Diskussionen zwischen Eichhorn und Herder zu entnehmen ist. Unmittelbar hat die Annäherung von Wissenschaft, ästhetisch-historischer Betrachtungsweise und literarischer Produktion auf die

Weimarer Frühklassik und auf die spätere orientalisierende Dichtung – etwa GOETHES *Westöstlichen Divan* – gewirkt. V.Ho.

AUSGABEN: Dessau 1782/83, 2 Tle. – Lpzg. 1787, 2 Tle. – Stg./Tübingen 1805 (in *SW. Zur Religion und Theologie*, Bd. 1 u. 3). – Bln. 1879 (in *SW*, Hg. B. Suphan, 33 Bde., 1877–1913, 11/12; Nachdr. Hildesheim 21978). – Gotha 1890, 2 Tle. (Bibl. der theol. Klassiker, 30/31).

LITERATUR: A. v. Harlem, *H.s Lehre vom Volksgeist. Ausgangspunkte, begrifflicher Inhalt u. Anwendung auf Geschichte, Sprache u. Literatur*, Diss. Rostock 1922. – B. Deliiwanowa, *Die Ansichten H.s über die Volkspoesie*, Diss. Lpzg. 1967. – C. Shoham, *J. G. H. und die Anfänge der neuhebräischen Literatur* (in *Akten des 6. Internationalen Germanistenkongresses*, Bd. 3, 1980, S. 130–137).

VON DEUTSCHER ART UND KUNST. Einige fliegende Blätter

Von Johann Gottfried HERDER herausgegebene Sammlung programmatischer Texte der Sturm-und-Drang-Bewegung, erschienen 1773. – 1770 hatte Herder in Hamburg dem Verleger J. J. Chr. BODE zugesagt, Beiträge für die von ihm übernommenen *Briefe über Merkwürdigkeiten der Litteratur*, seit 1766 von H. W. v. GERSTENBERG herausgegeben, zu verfassen. Die geplante Fortsetzung der Zeitschrift kam jedoch nicht zustande und Bode veröffentlichte Herders dafür entstandenen *Auszug aus einem Briefwechsel über Oßian und die Lieder alter Völker* 1772 separat; *»damit das nackte Ding nicht so jämmerlich erscheine«*, so Herder, verband der Autor den Text mit dem bis dahin noch nicht veröffentlichten, bereits 1771 entstandenen Aufsatz *Shakespear* und ergänzte die Sammlung mit J. W. v. GOETHES ebenfalls 1772 schon publiziertem Aufsatz *Von deutscher Baukunst*, einem mit *Deutsche Geschichte* betitelten Auszug von J. MÖSERS aus der Vorrede zu seiner *Osnabrückischen Geschichte* von 1768 sowie einem *Versuch über die gothische Baukunst* nach Paolo FRISI, vermutlich eine – anonym verfaßte – Teilübersetzung aus dessen Buch *Saggio supra l'architettura gotica* (1766).

Die Sammlung markiert, trotz ihrer improvisierten Zusammenstellung, nicht nur den Beginn einer literarischen Epoche, sondern bindet zugleich Herders frühe Bestrebungen, wie er sie in seinen *Kritischen Wäldern*, in seinen *Fragmenten Ueber die neuere deutsche Literatur* oder im *Journal meiner Reise im Jahre 1769* entwickelt hatte, in eine allgemeine Bewegung ein, in der erstmals eine Generation von Jugendlichen sich anschickt, mit den herrschenden Konventionen der Kunst zu brechen, mit den noch wirksamen Normen des französischen Theaters ebenso wie mit einer Aufklärung, die in ihrer kritischen Ausrichtung stets auf das Allgemein-Vernünftige bezogen war und die spontane Gebärde des Individuums nicht gelten ließ. Für die starke und anhaltende Wirkung des Bandes ist zunächst die Titelgebung Herders verantwortlich, die den Anspruch auf einen umfassenden kulturellen Neuansatz bereits signalisiert. Allerdings ist der Terminus *»deutsch«* nicht in nationalistischer oder rassistischer Verengung zu verstehen, wie dies in der Germanistik der NS-Zeit so beliebt war, vielmehr meint er sowohl die nichtelitäre Bezogenheit auf das Volk wie eine geschichtliche, auf das »Nordische« oder »Germanische« zielende Zuordnung, die Abgrenzung vom romanischen Raum. Das sachlich Verbindende zwischen den verschiedenen Beiträgen der Sammlung einerseits und den durchaus divergierenden Tendenzen des Sturm und Drang andererseits läßt sich aus dieser Ambivalenz des Signalwortes ableiten: Denn die These, daß das Originäre, Unmittelbare in Kunst, Poesie und Lebenswirklichkeit, das man über die Empfindung, über das »Herz« spontan-intuitiv zu erfassen suchte, sich als Element einer vaterländischen Geschichte nachweisen lasse, konnte den Anspruch rechtfertigen, gegen die herkömmlichen Wertungen ästhetischer und moralischer Kritik zu opponieren. Der appellativ-emotionale, nicht auf den rationalen Nachvollzug gerichtete Stil, der in dieser Epoche neu war, wenn er sich auch aus bestimmten Lizenzen des rhetorischen Systems ableiten ließ und insofern Teil einer allgemeineren Säkularisierungstendenz ist, sucht in der so verstandenen Interpretation der Geschichte unmittelbare Wirkung für die Gegenwart zu gewinnen, nicht im Sinne einer Erneuerung historischer Zustände, sondern in ihrer produktiven Aneignung.

Schon das erste Stück, in der Form des Briefwechsels noch der kritischen Tradition Lessings und Gerstenbergs verpflichtet, macht die Tendenz der erstrebten Umwertung eindringlich klar: Nicht *»Fleiß und Geschmack«* eines poetischen Textes (hier der Ossian-Übersetzung von M. DENIS) zählen, sondern die *»wunderthätige Kraft, die diese Lieder haben, die Entzückung, die Triebfeder, der ewige Erb- und Lustgesang des Volks zu seyn!«*; fern von *»wissenschaftlicher Denkart«* geht es um *»unmittelbare Begeisterung der Sinne«*, an die Stelle logischer Kontinuität rücken *»Sprünge und kühne Würfe«* als auszeichnende Qualitäten der Poesie – hier zunächst für das Volkslied, im zweiten Aufsatz *(Shakespear)* auch für das Drama formuliert. Der unmittelbaren Produktivität des Genies, die zugleich notwendiger Ausdruck einer konkreten Volksindividualität ist, entspricht die Spontaneität der Rezeption, des *»einen ganzen großen Eindrucks«*, welchen Goethe vor dem Straßburger Münster bezeugt. (Seinem Hymnus auf den Meister Erwin Steinbach hat Herder kontrastierend die schulmäßige Analyse Frisis zugeordnet.) Und der ästhetischen Totalität, die aus der unfehlbaren Intuition des Genies hervorgeht, entspricht schließlich der Organismus-Gedanke als Leitidee geschichtlichen Verstehens, wie ihn Möser exemplarisch durchzuführen versucht. – Als Gewinn der in dieser Sammlung vereinigten Schriften heben sich heraus: die beispielhafte Ausbildung eines komplexen Geschichtsbewußtseins, der produktive Ansatz einer umfassenden Kulturanthropologie und vor allem eine neue Qualität des ästhetischen Empfindens und der poetologischen Grundsätze – der regelfreien individuellen Ausdrucksdichtung der Goethezeit und noch der Moderne wird hier die Bahn freigemacht. Diktion und Inhalt des Buches markieren eine entscheidende Phase der bürgerlichen Bewußtseinsbildung, sie bezeichnen zugleich aber auch den Beginn einer spezifisch deutschen Sonderentwicklung, deren verhängnisvolle Ideologisierung an der Rezeptionsgeschichte des Werkes ablesbar ist. E.Ri.-KLL

Ausgaben: Hbg. 1773. – Bln. 1891 (in *SW*, Hg. B. Suphan, 33 Bde., 1877–1913, 5; Nachdr. Hildesheim [2]1978). – Stg. 1892, Hg. H. Lambel (DLD, Bd. 40/41). – Lpzg. 1935, Hg. H. Kindermann (DL, R. Irrationalismus, Bd. 6). – Lpzg. 1942 (Nachw. ders.; RUB; ern. Stg. 1968, Hg. H. D. Irmscher). – Mchn. 1953 (in *Werke*, Hg. K.-G. Gerold, 2 Bde., 1). – Mchn. 1984 (in *Werke*, Hg. W. Pross, 3 Bde., 1984 ff., 1; Ausz.).

Literatur: A. Gillies, *H. u. Ossian*, Bln. 1933. – E. Beutler, *»Von deutscher Baukunst«. Goethes Hymnus auf Erwin von Steinbach. Seine Entstehung u. Wirkung*, Mchn. 1943. – W. Stellmacher, *Der junge H. und Shakespeare* (in Shakespeare-Jb., 103, 1967, S. 54–67). – A. Kathan, *H.s Literaturkritik. Untersuchungen zu Methodik u. Struktur am Beispiel der frühen Werke*, Göppingen 1969. – R. Otto, *»Von deutscher Art u. Kunst«. Aspekte, Wirkungen u. Probleme eines ästhetischen Programms* (in Impulse, 1, 1978, S. 67–88).

Friedrich Heinrich Jacobi

* 25.1.1743 Düsseldorf
† 10.3.1819 München

EDUARD ALLWILLS BRIEFSAMMLUNG

Briefroman von Friedrich Heinrich Jacobi, endgültige Fassung erschienen 1792. – Der jüngere Bruder des anakreontischen Lyrikers Johann Georg Jacobi (1740–1814) machte in den siebziger Jahren die Bekanntschaft der Stürmer und Dränger um Goethe, gab seinen Kaufmannsberuf auf und veröffentlichte zwei empfindsam gestimmte, mit philosophischen Reflexionen durchsetzte Romane, *Woldemar* (1779) sowie *Eduard Allwills Briefsammlung*, mit denen er großen Erfolg beim zeitgenössischen Publikum fand. Einzelne Teile von *Eduard Allwills Briefsammlung* veröffentlichte Jacobi unter wechselnden Titeln zunächst in der von seinem Bruder 1774–1777 herausgegebenen Zeitschrift ›Iris‹, dann in Wielands ›Teutschem Merkur‹, schließlich erschien eine weitergeführte Fassung in seinen *Vermischten Schriften*. Den fragmentarischen Charakter verliert das Werk auch in der abschließenden Fassung von 1792 nicht ganz.

Der Roman besteht aus einer Reihe von Briefen, zum größten Teil von empfindsamen, moralisch reflektierenden Frauen geschrieben, in denen allmählich der Charakter, die Gesinnung und die innere Entwicklung des Titelhelden sichtbar werden. Er ist zunächst eine Verkörperung des freien »Genies« der Sturm-und-Drang-Welt, das seine eigene Persönlichkeit als moralisches Gesetz statuiert. In dem Briefwechsel (u. a. zwischen der jungen Witwe Silly, ihrem Schwager Clerdon und dessen Gattin Amalie) geht es vor allem darum, ein junges Mädchen, Clara, vor dem gefährlichen Allwill zu warnen; dieser jedoch macht – nach vertrautem Muster unter dem Einfluß des »reinen« Mädchens – eine Entwicklung durch, die ihn von der Selbstherrlichkeit des »Genies« zur Verwirklichung einer sittlichen, verantwortlichen Persönlichkeit führt – nicht im Sinne der Aufklärung oder der Moral I. Kants, sondern im Sinne Jacobis, für den ein persönlich erlebter Glaube an bestimmte höhere Werte entscheidend ist.

Ebenso wie Johann Martin Millers *Briefwechsel dreier akademischer Freunde* (1776/77) oder *Geschichte Karl von Burheim und Emiliens von Rosenau* (1778/79) gehört auch Jacobis Roman zu jenen zahlreichen Briefromanen, die sich im Gefolge von Goethes *Werther* (1774) im späten 18. Jh. großer Beliebtheit erfreuten. H.L.-KLL

Ausgaben: Düsseldorf 1775 (*Aus Eduard Allwills Papieren*, in Iris, Bd. 4, S. 193–236; unvollst.). – Weimar 1776 (*Aus Eduard Allwills Papieren*, in Der Teutsche Merkur, April 1776, 2. Stück, S. 14–75; Juli 1776, 3. Stück, S. 57–71; Dez. 1776, 4. Stück, S. 229–262; erw.). – Breslau 1781 (*Eduard Allwills Papiere*, in *Vermischte Schriften*; neubearb.). – Königsberg 1792 [neubearb.]. – Lpzg. 1812 (*Allwills Briefsammlung*, in *Werke*, 6 Bde., 1812–1825, 1; Nachdr. Darmstadt 1976). – Lpzg. 1826 [AlH]. – Groningen 1957 (*Allwill*; Hg. u. Komm. J. U. Terpstra). – Stg. 1962 (*Eduard Allwills Papiere*; Faks. a. d. Teutschen Merkur; Nachw. H. Nicolai; Slg. Metzler).

Literatur: A. Holtzmann, *Über »Eduard Allwills Briefsammlung«*, Jena 1878. – H. Schwartz, *F. H. J.s »Allwill«*, Halle/Saale 1911. – S. Sudhof, *Die Edition d. Werke F. H. J.s, Gedanken zur Neuausgabe des »Allwill«* (in GRM, 12, 1962, S. 243–253). – V. Verra, *F. H. J. Dall'illuminismo all'idealismo*, Turin 1963.

JOHANN HEINRICH JUNG-STILLING

eig. Johann Heinrich Jung
* 12.9.1740 Grund bei Hilchenbach / Westfalen
† 2.4.1817 Karlsruhe

LITERATUR ZUM AUTOR:
G. Stecher, *J.-S. als Schriftsteller*, Bln. 1913 (Palaestra 120; Nachdr. NY 1967). – H. R. G. Günther, *J.-S. Ein Beitrag zur Psychologie des deutschen Pietismus*, Mchn. 1928; ²1948. – J. Herder u. E. Mertens, *J.-S. Studien*, Siegen 1984. – R. Vinke, *J.-S. u. die Aufklärung. Die polemischen Schriften J. H. J. S.s gegen Friedrich Nicolai (1775/76)*, Stg. 1987.

JOHANN HEINRICH JUNG'S, GENANNT STILLING LEBENSGESCHICHTE, ODER DESSEN JUGEND, JÜNGLINGSJAHRE, WANDERSCHAFT, LEHRJAHRE, HÄUSLICHES LEBEN UND ALTER

Autobiographisches Werk von Johann Heinrich JUNG-STILLING, als Ganzes erschienen 1835; vorher schon in Teilen: *Heinrich Stillings Jugend. Eine wahrhafte Geschichte* (1777, herausgegeben von GOETHE), *H. Stillings Jünglings-Jahre* (1778), *H. Stillings Wanderschaft* (1778), *H. Stillings häusliches Leben* (1789), *H. Stillings Lehr-Jahre* (1804), *H. Stillings Alter* (1817, herausgegeben von seinem Enkel W. SCHWARZ).

Mit der aus pietistischer Frömmigkeit geborenen Absicht, seine Lebensgeschichte als Dokument göttlicher Vorsehung dem an Selbstdarstellungen interessierten literarischen Publikum der Geniezeit darzubieten, erzählt Jung-Stilling in der dritten Person von sich selbst. Vor allem das erste, nach seiner Straßburger Zeit (1770–1772) begonnene Buch, das eigentlich nicht zur Veröffentlichung bestimmt war und das Goethe ohne Wissen des Verfassers in redigierter Form zum Druck gebracht hat, zeigt sowohl die besondere Gemütstiefe des Autors wie seine scharfe, aus begrenzten und überschaubaren Verhältnissen gewonnene Beobachtungsgabe. Seine Kindheit verbringt Heinrich Stilling unter Bauern, Kohlenbrennern und Handwerkern in stetem Kontakt mit der Natur, wohlbehütet von einer Familie, aus der sein patriarchalischer Großvater Eberhard Stilling und die zu ihrer bäuerlich-vitalen Umgebung seltsam kontrastierende Gestalt der feinsinnigen, den Idealen der Empfindsamkeit zugewandten, früh verstorbenen Mutter des Autors (Dortchen) herausragen. Ihr Sohn zeichnet sich durch naive Gläubigkeit, aber auch durch unbändigen Wissensdurst aus, der seine beharrliche Neigung zum Lehrerberuf begründet und ihn zu autodidaktischer Fortbildung anhält. Neben einer Fülle realistischer Details aus dem dörflichen Leben des Siegerlandes mit seinen genau und lebendig skizzierten Menschentypen enthält dieses erste Buch noch Spuren eines späten empfindsamen Rokokogeists (z. B. in der Vignette der schnäbelnden Tauben auf dem Grab des Großvaters) und deutliche Zugeständnisse an das frisch erwachte Interesse der Zeit für Volksdichtung (in den eingestreuten Liedern, Sagen, Märchen und Fabeln).

Von den Fortsetzungen der Lebensgeschichte erreichen nur die *Jünglings-Jahre* bisweilen die Lebendigkeit des ersten Buchs; auch sie zeigen jedoch schon die später zunehmende Tendenz des Werks zur bloßen Familienchronik und zur hartnäckigen Beteuerung des Gottgewollten, dem der Autor alle selbstsüchtigen Triebe oder Versuche zur Selbstbestimmung in betont frommer Demut (oder Passivität) unterordnet. Dennoch bleibt sein Rückblick auf die von ihm durchlaufene wechselhafte und letztlich vom Erfolg gekrönte Lebensbahn nicht frei von Selbstgefälligkeit, und die Sprache, in der Jung dem Bewußtsein seiner religiösen Inspiriertheit Ausdruck gibt, wirkt zunehmend formelhaft und gesucht. Nach abgeschlossener Schneiderlehre versucht sich der Jüngling, dem das Handwerk nicht genügt, als Haus- und Dorfschullehrer; er bemüht sich vergeblich, Bergwerksverwalter zu werden, gerät dann zufällig mit dem naturwissenschaftlichen Denken in Berührung und eignet sich Kenntnisse in Augenkrankheiten und Arzneikunde an. Schließlich gelangt er als Medizinstudent nach Straßburg (wo er dem jungen Goethe und seinem Freundeskreis so ursprünglich-ungebrochen wie ein Stück Natur erschien). Mehr und mehr empfindet er sich selbst als Ausnahmeexistenz, die einem noch unbekannten, aber instinktiv geahnten Ziel unbeirrbar zustrebt. 1771 heiratet Stilling, wird nach der Promotion (1772) Augenarzt in Elberfeld, wo er sich durch seine bei armen Leuten unentgeltlich durchgeführten Staroperationen einen Namen macht, 1778 schließlich Professor für Kameralwissenschaften in Kaiserslautern und Heidelberg. 1787 erhält er ein Ordinariat für Staatswissenschaft in Marburg, wo er durch seine Deutung der Französischen Revolution als primär antichristliche Bewegung zunehmend in Isolation gerät. Seine gottgewollte Bestimmung glaubt er erst gefunden zu haben, als der Kurfürst von Baden ihn 1803 nach Karlsruhe beruft, wo er, letztlich auf einer Sinecure, *»durch Briefwechsel und Schriftstellerei Religion und praktisches Christentum«* befördern soll. Hier entstehen, nachdem Stilling bereits Ende des 18. Jh.s fünf – heute vergessene – Romane verfaßt hatte, von denen das vierbändige Opus *Heimweh* (1794–1796) am erfolgreichsten war, die *Theorie der Geisterkunde* sowie zahlreiche Erbauungsschriften, die Stilling in Form von Zeitschriften verlegte (*Der christliche Menschenfreund:* in *Erzählungen für Bürger und Bauern*, 1803–1807; *Des christlichen Menschenfreundes biblische Erzählungen*, 1803–1816).

Auch wenn sich Stilling stets dagegen verwahrte, mit dem orthodoxen Pietismus, wie er ihn während seiner Jahre in Elberfeld (1772–1778) erlebte, in einem Atemzug genannt zu werden, so stand er mit seinen Bekenntnissen und seiner durch und durch religiösen Weltsicht in der Tradition des Pietismus. Auch sein Bemühen, die persönliche Freiheit im Rahmen göttlicher Ordnung und Vorsehung denken zu können, war nur lösbar über die spezifisch pietistische Vorstellung eines unmittelbaren Verhältnisses des einzelnen zu Gott: *»Doch ich schreibe ja nicht Stillings ganzes Leben und Wandel«*, so notiert er selbst im vierten Buch, *»sondern die Geschichte der Vorsehung in seiner Führung«* – eine Vorsehungsgläubigkeit, über die sich Goethe mehrmals in seinen Briefen mokierte. Stillings Biographie ist daher auch nur mit Einschränkung als Vorläufer des klassischen deutschen Erziehungs- oder Bildungsromans, den ein weit offenerer Horizont und eine dynamische Auseinandersetzung mit Leben und Welt kennzeichnen, anzusehen. *»Der pietistische Glaube ... gab der Gefühlswelt dieses vielleicht naivsten und unproblematischsten Geistes der Geniezeit den ruhenden Pol«* (F. J. Schneider).

M.Be.-KLL

AUSGABEN: Bln./Lpzg. 1777 *(Henrich Stillings Jugend. Eine wahrhafte Geschichte)*. – Bln./Lpzg. 1778 *(Henrich Stillings Jünglings-Jahre)*. – Bln./Lpzg. 1778 *(Henrich Stillings Wanderschaft)*. – Bln./Lpzg. 1789 *(Heinrich Stillings häusliches Leben)*. – Bln./Lpzg. 1804 *(Heinrich Stillings Lehr-Jahre)*. – Basel/Lpzg. 1806 (*Heinrich Stillings Leben. Erster Theil*; Zusammenfassg. d. obigen Bde.). – Heidelberg 1817 (*Heinrich Stillings Alter. Eine wahre Geschichte. Oder Heinrich Stillings Lebensgeschichte sechster Band ... nebst einer Erzählung von Stillings Lebensende*, Hg. W. Schwarz; Nachw. F. H. C. Schwarz). – Stg. 1835 (*Johann Heinrich Jungs, gen. Stilling Lebensgeschichte, oder dessen Jugend, Jünglingsjahre, Wanderschaft, Lehrjahre, häusliches Leben u. Alter*, in *SS*, Hg. J. N. Grollmann, 13 Bde. u. 1 Erg.bd., 1835–1838, 1). – Stg. 1968 (Nachw. D. Cunz; RUB). – Mchn. 1982 (*Heinrich Stillings Jugend, Jünglingsjahre und Wanderschaft*, Hg. u. Nachw. G. Drews; m. Ill. d. Erstausgaben; auch Lpzg./Weimar 1982). – Ffm. 1983 (Insel Tb).

LITERATUR: H. Grollmann, *Die Technik der empfindsamen Erziehungsromane J.-S.s. Ein Beitrag zur Empfindsamkeit u. Aufklärung*, Diss. Greifswald 1924. – A. Willert, *Religiöse Existenz u. literarische Produktion. J.-S.s Autobiographie u. seine frühen Romane*, Ffm. u. a. 1982.

FRIEDRICH MAXIMILIAN KLINGER

* 17.2.1752 Frankfurt/Main
† 9.3.1831 Dorpat

LITERATUR ZUM AUTOR:
M. Rieger, *F. M. K. Sein Leben und Werk*, 3 Bde., Darmstadt 1880–1896. – F. Hedicke, *Die Technik der dramatischen Handlung in F. M. K.s Jugenddramen*, Halle 1911. – F. Bieger, *Der Wortschatz in K.s Jugenddramen*, Diss. Greifswald 1924. – H. Worbs, *F. M. K.s Weltanschauung u. künstlerische Gestaltungsweise zur Zeit des »Orpheus«*, Halle 1929; Nachdr. Walluf 1973. – H. Zempel, *Erlebnisgehalt u. ideelle Zeitverbundenheit in F. M. K.s Medeadramen*, Halle 1929; Nachdr. Walluf 1973. – E. Volhard, *F. M. K.s philosophische Romane. Der Einzelne u. die Gesellschaft*, Halle 1930; Nachdr. Walluf 1973. – F. Beißner, *Studien zur Sprache des Sturm und Drang. Eine stilistische Untersuchung der K.schen Jugenddramen* (in GRM, 22, 1933, S. 398–407). – M. Jelenski, *Kritik am Feudalismus in den Werken F. M. K.s bis zur Französischen Revolution, speziell in seinen Dramen*, Diss. Bln. 1953. – O. Smoljan, *F. M. K. Leben und Werk*, Weimar 1962. – G. Zilk, *Faust und Antifaust. Eine Studie zum Denken u. Dichten F. M. K.s*, Diss. Mchn. 1965. – Ch. Hering, *F. M. K., der Weltmann u. Dichter*, Bln. 1966. – J. P. Snapper, *Titanism in the Early Dramas of F. M. K.*, Diss. Univ. of California 1967 (vgl. Diss. Abstracts, 28, 1967/68, S. 1449A). – Ch. Schwinger, *Transindividueller Lebensbezug in Dramen F. M. K.s*, Diss. Bochum 1969. – F. Martini, *Die feindlichen Brüder. Zum Problem des gesellschaftskritischen Dramas von J. A. Leisewitz, F. M. K. u. F. Schiller* (in Jb. der Dt. Schiller-Ges., 16, 1972, S. 208–265). – C. Reschke, *F. M. K.s Use of Language. A Linguistic and Stylistic Analysis of Four of His Early Plays*, Diss. Cornell Univ. 1973, (vgl. Diss. Abstracts, 34, 1973/74, S. 6655A). – F. Osterwalder, *Die Überwindung des Sturm und Drang im Werk F. M. K.s*, Bln. 1979. – D. Hill, *K.s Novels. The Structure of the Cycle*, Stg. 1982. – U. Motschmann, *Literatur- und Gesellschaftskritik in F. M. K.s Feendichtung*, Diss. Lpzg. 1983. – M. W. Jennings, *»Vergessen von aller Welt«. Literatur, Politik u. Identität in K.s Dramen des Sturm und Drang* (in ZfdPh, 104, 1985, S. 494–506). – Th. J. Salmmets, *F. M. K.: Zur Interpretation u. Edition seiner Werke*, Diss. Princeton Univ. 1985 (vgl. Diss. Abstracts, 46, 1985/86, S. 2307A). – G. Ueding, *Ein verbrannter Göttersohn. F. M. K.* (in G. U., *Die anderen Klassiker*, Mchn. 1986, S. 59–77; 244–246).

STURM UND DRANG

Schauspiel in fünf Akten von Friedrich Maximilian KLINGER, Uraufführung: Leipzig, 1. 4. 1777, Seylersche Truppe. – Auf Anraten des Rousseau-Verehrers und reisenden Genieapostels Christoph KAUFMANN (1753–1795) verzichtete der Hausautor der Seylerschen Truppe und spätere russische Generalleutnant Klinger auf den ursprünglich geplanten Titel *Wirr-Warr*, nannte sein Schauspiel *Sturm und Drang* und fand damit die programmatische Bezeichnung für die literarische Epoche im Spannungsfeld von Aufklärung, Empfindsamkeit und Klassik.

Stürmer und Dränger im »Wirrwarr« der Gefühle und Stimmungen sind drei europäische Reisende, die sich im Zimmer eines Gasthofs, *»mitten im Krieg in Amerika«*, einfinden und über sich und die Welt räsonieren: der ungestüme und tollkühne Wild, der anakreontische Schäfer und stets verliebte Phantast La Feu und der melancholische und mürrisch-langweilige Blasius. Gemeinsam leiden die ungleichen Freunde an der *»gräßlichen Unbehaglichkeit und Unbestimmtheit«* ihrer Umwelt, mehr noch aber an ihrer eigenen Zerrissenheit: *»Unser Unglück kommt aus unserer eigenen Stimmung des Herzens, die Welt hat dabei getan, aber weniger als wir.«* Unversehens gerät das unzufriedene Abenteurertrio in ein schauerliches Familiendrama. Während La Feu vom welken Charme Lady Katharines bezaubert ist und der alternden Kokotte graziös den Hof macht, Blasius aber deren ausgelassene und schnippische Nichte Luise mit seiner Griesgrämigkeit zu Tode langweilt, sieht sich Wild bei einer Zimmerverwechslung plötzlich seiner Jugendliebe Jenny Karoline Berkley gegenüber, die er seit Jahren verzweifelt sucht.

Die von beiden empfundene Wiedersehensfreude wird freilich durch neues Leid schon bald wieder getrübt: Wild, oder mit seinem wahren Namen Karl Bushy, ist der Sohn des Todfeindes von Karolines Vater, der zwar den stolzen und mutigen Unbekannten sympathisch findet, von dessen physiognomischer Ähnlichkeit mit Lord Bushy aber zugleich abgestoßen wird. Die verwickelten Vorgänge scheinen sich zur tragischen Katastrophe zuzuspitzen, als der unerwartet auftauchende Kapitän Boyet, der Wild schon in Europa mit Mordgelüsten verfolgt hat, sich als Lord Berkleys Sohn Harry entpuppt und seinen Widersacher zum Duell fordert. Doch als auch noch Lord Bushy von den Toten aufersteht und seinem einstigen Feind die Hand zur Versöhnung reicht, löst sich der melodramatische »Wirrwarr« in allseitiges, wenn auch zögerndes Wohlgefallen auf.

Trotz seines programmatischen Titels ist Klingers Schauspiel kein exemplarisches Sturm-und-Drang-Drama und weitaus schwächer als die Stücke des genialen Zeitgenossen LENZ. Das Vorbild SHAKESPEARE nur unbeholfen kopierend (die Liebesszenen und das Motiv der verfeindeten Familien verweisen auf *Romeo und Julia*), befolgt Klinger sein dramaturgisches Postulat – *»das tiefste Gefühl wechselt immer mit Lachen und Wiehern«* – bis zur grotesken Übertreibung. Gegenüber den gelungeneren Dramen *(Das leidende Weib, Die Zwillinge)* fällt *Sturm und Drang* vor allem infolge seiner psychologischen und dramatischen Unglaubwürdigkeit deutlich ab: Zufällig und darum überflüssigerweise auf den Schauplatz des amerikanischen Befreiungskrieges verlegt, erweist sich der rührselige Familienzwist als Folge eines harmlosen Mißverständnisses. M.Schm.

AUSGABEN: Bln. 1776. – Stg. 1878 (in *AW*, 8 Bde., 1878–1880, 1). – Lpzg. 1913 (in *Dramatische Jugendwerke*, Hg. H. Berendt u. K. Wolff, 3 Bde., 1912/13, 2). – Heidelberg ²1963 (in *Sturm und Drang. Dramatische Schriften*, Hg. E. Loewenthal u. L. Schneider, 2 Bde., 2). – Bln./Weimar ²1964 (in *Werke*, Hg. u. Einl. H. J. Geerdts, 2 Bde., 1). – Stg. zul. 1987 (m. Anh. zur Entstehungs- u. Wirkungsgeschichte v. J. U. Fechner; RUB).

LITERATUR: K. May, *F. M. K.s »Sturm und Drang«* (in DVLG, 1, 1933, S. 398–407). – A. Hillach, *K.s »Sturm und Drang« im Lichte eines frühen unveröffentlichten Briefes* (in FDH, 1968, S. 22–35). – G. Kaiser, *F. M. K.s Schauspiel »Sturm und Drang«. Zur Typologie des Sturm und Drang Dramas* (in *Untersuchungen zur Literatur als Geschichte. Fs. für B. v. Wiese*, Hg. V. J. Günther u. a., Bln. 1973; auch in G. K., *Sturm und Drang*, Hg. M. Wacker, Darmstadt 1985, S. 315–340).

FRIEDRICH GOTTLIEB KLOPSTOCK

* 2.7.1724 Quedlinburg
† 14.3.1803 Hamburg

LITERATUR ZUM AUTOR:

Bibliographien:
F. G. K. Bibliographie (in *Werke u. Briefe. Hamburger Ausg.*, Hg. H. Gronemeyer, Abt. 3, Bd. 1, Bln./NY 1975). – C. u. M. Boghardt u. R. Schmidt, *Die zeitgenössischen Drucke von K.s Werken. Eine deskriptive Bibliographie*, Bd. 1, Bln./NY 1981.

Biographien:
H. Doering, *F. G. K.s Biographie*, Jena 1853. – F. Muncker, *F. G. K. Geschichte seines Lebens u. seiner Schriften*, Stg. 1888; ern. Bln. 1900. – E. Schönebeck, *K. reist nach Zürich. Ein biographischer Roman*, Bln. 1969.

Gesamtdarstellungen und Studien:
R. E. Prutz, *Der Göttinger Dichterbund. Zur Geschichte der deutschen Literatur*, Lpzg. 1841; Nachdr. Bern 1970. – F. Muncker, *Lessings persönliches u. literarisches Verhältnis zu K.*, Ffm. 1880. – *Der Göttinger Dichterbund*, Hg. A. Sauer, 2 Bde.,

Bln. 1885–1895; Nachdr. Darmstadt 1966. – P. Herzog, *K.s Verhältnis zum dt. Sturm u. Drang*, Diss. Basel 1925. – W. Dilthey, *K.* (in W. D., *Von dt. Dichtung u. Musik. Aus den Studien zur Geschichte des dt. Geistes*, Hg. H. Nohl u. G. Misch, Lpzg. 1933). – W. Lich, *K.s Dichterbegriff*, Diss. Ffm. 1933. – P. Großer, *Der junge K. im Urteil seiner Zeit*, Diss. Breslau 1937. – F. Pöggeler, *Hölderlin u. K.*, Diss. Marburg 1949. – A. E. Hohler, *Das Heilige in der Dichtung. K. Der junge Goethe*, Zürich 1954. – K. A. Schleiden, *K.s Dichtungstheorie als Beitrag zur Geschichte der dt. Poetik*, Saarbrücken 1954. – W. Küster, *Das Problem der ›Dunkelheit‹ in K.s Dichtung*, Diss. Köln 1955. – *Meta Klopstock geborene Moller. Briefwechsel mit F. G. K., ihren Verwandten u. Freunden*, 3 Bde., Hbg. 1956. – R. Baudisch-Walker, *K. als Sprachwissenschaftler u. Orthographiereformer*, Bln. 1958. – K. Kroll, *K.s Bedeutung für Hölderlins Lyrik*, Diss. Kiel 1960. – K. L. Schneider, *K. und die Erneuerung der dt. Dichtersprache im 18. Jh.*, Heidelberg 1960. – H. Pape, *Die gesellschaftlich-wirtschaftliche Stellung F. G. K.s*, Diss. Bonn 1961. – F. Mehring, *Aufsätze zur dt. Literatur von K. bis Weerth* (in F. M., *GS*, Bd. 10, Bln. 1961). – G. Kaiser, *K., Religion u. Dichtung*, Gütersloh 1963. – D. Lohmeier, *Herder u. K.*, Bad Homburg 1968. – G. Stoltz, *Von den nachbarocken Schulmeisterpoetiken zur Dichtungstheorie K.s: Sechs Kernbegriffe der Dichtungstheorie einer Übergangszeit*, Diss. Washington Univ. 1971 (vgl. Diss. Abstracts, 32, 1971, S. 2070A). – H. H. Hellmuth, *Metrische Erfindung u. metrische Theorie bei K.*, Mchn. 1973. – P. Rühmkorf, *F. G. K. Ein empfindsamer Revolutionär* (in P. R., *Walther von der Vogelweide, K. und ich*, Reinbek 1975). – W. Große, *Studien zu K.s Poetik*, Mchn. 1977. – *F. G. K. Werk u. Wirkung*, Hg. H.-G. Werner, Bln./DDR 1978. – *F. G. K.*, Hg. H. L. Arnold, Mchn. 1981 (Text + Kritik). – H. Zimmermann, *Freiheit u. Geschichte. F. G. K. als historischer Dichter u. Denker*, Heidelberg 1987.

DIE DEUTSCHE GELEHRTENREPUBLIK. IHRE EINRICHTUNG, IHRE GESEZE, GESCHICHTE DES LEZTEN LANDTAGS. Auf Befehl der Aldermänner durch Salogast und Wlemar

Prosaschrift von Friedrich Gottlieb Klopstock, erschienen 1774 mit dem Vermerk: *Erster Theil.* Eine Fortsetzung fand das Werk jedoch nicht. – Im Jahre 1768 schlägt Klopstock dem österreichischen Regenten und späteren Kaiser Joseph II. die Gründung einer Akademie der Wissenschaften vor, zur Beförderung der deutschen Kultur. Dieser sog. *»Wiener Plan«*, der auch die Einrichtung einer Reichsdruckerei zur Verhinderung von Raubdrukken vorsah sowie um einen Fonds bat, um eine deutsche Nationalgeschichte verfassen zu lassen, zerschlug sich jedoch, und Klopstock kleidete seine Vorstellung von einer Organisation der deutschen Intelligenz in die utopische Idee eines Gelehrtenstaates, der über eigene Gesetze, Beamte, Rangklassen und ein eigenes Parlament, die *»Landgemeine«*, verfügt. Damit sollte nicht nur das Fehlen eines intellektuellen Zentrums im deutschen Reich kompensiert werden, das in zahllose Einzelterritorien zersplittert war, sondern auch die zumeist in Abhängigkeit von den Höfen lebenden Intellektuellen in einen Arbeitszusammenhang miteinander gebracht und in ihrem sozialen Status gesichert werden; vor allem aber sollte den in der Regel bürgerlichen Gelehrten damit ein Wirkungsfeld geschaffen werden, das sich im entstehenden literarischen Markt wie den aufscheinenden bürgerlichen Bildungsinstitutionen zwar bereits abzeichnete, aber – als bürgerliche Öffentlichkeit – noch nicht Wirklichkeit geworden war: *»Je mehr sich die bürgerliche Intelligenz aus dem Bereich politischer Macht ausgegrenzt sah, andererseits aber an ihren eigenen gesellschaftlich-ideologischen Anspruchsgrundlagen nicht mehr zu zweifeln war, desto deutlicher trat der Gedanke der Publizität hervor .... Wie indessen die hierzu notwendige Vereinigung der bürgerlichen Gelehrten beschaffen sein sollte, und wie sie gegenüber dem Druck der Landesfürsten, der Verleger und schließlich gegenüber den Problemen der ideologischen Fraktionierung der Intelligenz selber realisiert werden konnte, war ein das 18. Jh. durchziehendes Problem«* (H. Zimmermann). Klopstock steht mit seiner *Gelehrtenrepublik* auf typische Weise in diesem Kontext; sein Modell löst den Intellektuellen aus der Abhängigkeit von den Feudalgewalten und fordert für ihn Einfluß und Anerkennung aufgrund der ihm zugewiesenen Sachkompetenz, die sich im kritischen Einspruch ihr öffentliches Forum sucht, getragen vom Optimismus des aufgeklärten Zeitalters, *»daß auch politische Herrschaft letztlich dem besseren Argument, der ›Wahrheit‹ keinen Widerstand bieten kann«* (H. Zimmermann).

Klopstocks *Gelehrtenrepublik* gliedert die Mitglieder – je nach dem Grad ihrer Qualifikation – in *»Volk«*, *»Zünfte«* und *»Aldermänner«*. Das Volk spielt eine nur untergeordnete Rolle. Die vier *»Unterzünfte«* oder *»Ruhenden«* sind die *»Kenner«*, die *»Kundigen«*, *»Drittler«* und *»Wisser«*, die ihr Wissen nicht in die Praxis umsetzen, im Gegensatz zu den produktiven Geistern, den elf *»Wirksamen«* oder *»Oberzünften«*, die sich in drei *»Darstellende«* (Historiker, Redner und Dichter) und acht *»Abhandelnde«* (Theologen, Naturforscher, Juristen, Astronomen, Mathematiker, Philosophen, Scholastiker und die gemischte Zunft der Geographen, Heraldiker und Übersetzer) aufteilen. Die Aldermänner bilden die geistige Elite der Zünfte. *»Gesetze«* allerdings dürfen nur auf der Versammlung der *»Landgemeine«* gefaßt werden, und auch wenn Klopstock ausdrücklich das *»aristokratische«* Prinzip dieser Organisation hervorhebt, so ist die Stellung des einzelnen doch nicht durch Geburt oder Besitz geregelt, sondern allein durch seine Fachkompetenz, wie auch die Entscheidungsfindung gerade nicht im Stil der Kabinettspolitik der Zeit erfolgen, sondern als eine *»freie, offene, gerechte«* dem Ideal eines öffentlichen Diskurses verpflichtet sein soll. Wer als Mitglied der Republik einen Adelsnamen annimmt, wird ebenso ausgeschlossen wie derjenige, der *»Fürsten oder ihre Diener lobt, die es nicht verdienen«*; diejenigen Deutschen, die nicht der Republik angehören, bezeichnet Klopstock als *»Altfranken«*.

Unter den Wissenschaften wird der Geschichtsschreibung der höchste Rang zugewiesen, weil sie Abhandlung und Darstellung in sich vereinige; LEIBNIZ wird als Vorkämpfer einer nationalen Geschichtsschreibung und der Naturwissenschaften sowie als Förderer der deutschen Sprache gefeiert, LUTHER als deren eigentlicher Begründer gerühmt. Die aus praktischer Arbeit gewonnene Erfahrung steht über bloß spekulativer Theorie, und als pragmatische Wissenschaft findet die Naturwissenschaft besonderes Ansehen. Die Dichtkunst ist den Wissenschaften zugeordnet, nicht den darunter angesiedelten, in ihrem Status geringer eingeschätzten schönen Künsten. Geprägt wird Klopstocks Entwurf von einer Ablehnung und Kritik alles Ausländischen; neben dem Anspruch, *»durch Streit und Strauß«* die *»Wahrheit«* zu gewinnen, steht das Bemühen, im nationalen Sinne einen Wissenschaftsbetrieb zu etablieren. Vehement wendet Klopstock sich gegen die Verehrung der Antike, die generelle *»Geringschätzung des Eignen, und die Bewunderung des Fremden«* an den Universitäten, die zudem, wie etwa die Mannheimer und die Berliner Akademien, nicht in deutscher Sprache publizieren, wodurch sie Klopstocks besonderen Zorn auf sich ziehen. Auch gegen die herrschende routinemäßige Verwaltung der Lehrstühle, gegen philologische Kleinkrämerei, starre philosophische Systeme und Dichterschulen zieht Klopstock zu Felde. An die Dichter ergeht die Mahnung, das Herz zu rühren und das Gefühl zu erheben; statt der Befolgung abstrakter poetischer Regeln sind Einbildungskraft und Empfindungsvermögen gefordert. Der unvollendete und bisher nicht edierte zweite Teil der *Gelehrtenrepublik* enthält eine Art Poetik in Prosa *(Guter Rat der Aldermänner)* und in Versen *(Epigramme)*, daneben einige grammatische Erläuterungen und Bruchstücke einer deutschen Geschichte *(Denkmal der Deutschen)*.

Bei ihrem Erscheinen hatte die *Gelehrtenrepublik*, wie GOETHE im zwölften Buch von *Dichtung und Wahrheit* vermerkt, *»den seltsamsten Erfolg von der Welt«*. Goethe selbst hatte sich zwar 1774 begeistert über das Werk geäußert (an Schönborn, Brief vom 10. 6. 1774), aber letztlich hatte Klopstock keine massenwirksame Streitschrift verfaßt, sondern, wie Goethe rückblickend einräumte, nur für den begrenzten Kreis von *»Schriftsteller und Literatoren«* geschrieben: *»Was Klopstock über Poesie und Literatur dachte, war in Form einer alten deutschen Druidenrepublik dargestellt, seine Maximen über das Echte und Falsche in lakonischen Kernsprüchen angedeutet«*, dazu gesellen sich historische Episoden, fiktionale Einsprengsel und Bekenntnisse, so daß die Zeitgenossen das Werk auch als bloße Allegorie oder als Satire lasen. Eine unmittelbare Wirkung besaß Klopstocks Schrift nicht, die Diskussion blieb auf einen kleinen Gelehrtenkreis beschränkt, und da der zweite Teil der *Gelehrtenrepublik* nie erschien, geriet der Text bald in Vergessenheit, woran auch Arno SCHMIDTS Roman *Die Gelehrtenrepublik* (1957), der an Klopstocks Werk anknüpft, nichts zu ändern vermochte. W.v.S.-KLL

AUSGABEN: Hbg. 1774 *[Erster Theil]*. – Lpzg. 1817 [verm. u. verb.]. – Hbg. ²1819 [erw.]. – Lpzg. 1844 (in *SW*, 10 Bde., 8). – Mchn. 1962 (in *AW*, Hg. K.A. Schleiden; Nachw. F.G. Jünger; Text nach d. Ausg. 1774; ⁴1981, 2 Bde.). – Bln./DDR 1971 (in *Werke*, Hg. K.-H. Hahn; ⁴1983). – Bln./NY 1975 (in *Werke u. Briefe. Hamburger Ausg.*, Hg. H. Gronemeyer, 1974 ff., Abt. 1, Bd. 7/1, Hg. R.-M. Hurlebusch; hist.-krit.).

LITERATUR: T. W. Danzel, *Daniel Wilhelm Trillers Anmerkungen zu K.s Gelehrtenrepublik* (in *Gottsched u. seine Zeit. Auszüge aus seinem Briefwechsel*, Zusammenstellung u. Erl. ders., Lpzg. 1848; Nachdr. Hildesheim 1970). – O.T. Scheibner, *Über K.s »Gelehrtenrepublik«*, Jena 1874. – A. Birlinger, *K.s »Gelehrtenrepublik«* (in Alemannia, 12, 1884, S. 99 ff.). – A. Pieper, *K.s »Deutsche Gelehrtenrepublik«*, Diss. Marburg 1915. – M. Kirschstein, *»Deutsche Gelehrtenrepublik«* (in Germanisch und deutsch, 1, 1928, H. 3). – D. Eberle, *Die publizistische Situation im Sturm u. Drang nach K.s »Deutscher Gelehrtenrepublik«*, Diss. Lpzg. 1951. – U. Dzwonek u. a., *Bürgerliche Oppositionsliteratur zwischen Revolution u. Reformismus. F. G. K.s »Deutsche Gelehrtenrepublik« u. Bardendichtung als Dokumente der bürgerlichen Emanzipationsbewegung in der zweiten Hälfte des 18. Jh.s* (in *Deutsches Bürgertum u. literarische Intelligenz 1750–1800*, Hg. B. Lutz, Stg. 1974, S. 277–328). – G. Kozielek, *Klopstocks »Gelehrtenrepublik« in der zeitgenössischen Kritik* (in *F. G. K. Werk u. Wirkung*, Hg. H.-G. Werner, Bln./DDR 1978, S. 49–62). – H. Zimmermann, *Gelehrsamkeit u. Emanzipation. Marginalien zu F. G. K.s: »Deutsche Gelehrtenrepublik«* (in *F. G. K.*, Hg. H. L. Arnold, Mchn. 1981, S. 70–81).

DER MESSIAS. Ein Heldengedicht

Epos in zwanzig Gesängen von Friedrich Gottlieb KLOPSTOCK. In den ›Bremer Beyträgen‹ wurden 1748 die ersten drei Gesänge abgedruckt; ein vierter und fünfter Gesang folgten 1751. Die zweibändige Kopenhagener Ausgabe von 1755 enthielt zehn Gesänge; ein dritter Band, mit fünf weiteren Gesängen, erschien 1768, der abschließende vierte Band 1773. – Den Plan zu einem biblischen Epos faßte Klopstock, angeregt durch wiederholte, intensive Lektüre des *Paradise Lost* von John MILTON, noch während seiner Gymnasialzeit in Schulpforta. Bis ins hohe Alter, zumal anläßlich der Gesamtausgaben von 1781 und 1798, änderte und feilte der Dichter am Text seiner Messiade. Klopstock feiert, in einem monumentalen epischen Fresko, Christi Leidensweg als *»der sündigen*

Menschheit Erlösung«, durch die *»Adams Geschlechte die Liebe der Gottheit / Mit dem Blute des heiligen Bundes von neuem geschenkt«* wird. Bei diesem Vorgang einer universalen Versöhnung spielt der Messias die Rolle eines notwendigen »Mittlers« zwischen dem zürnenden Gottvater und der gefallenen Menschheit.
Die Welt des Satans, so schildert Klopstock eingangs, verschwört sich gegen den Messias und erwirkt seine Verurteilung durch ihre irdischen Statthalter. Vom fünften Gesang an hält Klopstock sich genauer an den biblischen Bericht: Kreuzigung, Totenklage, Grablegung, Auferstehung, Himmelfahrt und visionäre Vorwegnahme des Jüngsten Tages bilden das Handlungsgerüst des Epos.
Klopstocks theologische Position vereint, eigenwillig und stets im Widerspruch zur herrschenden Orthodoxie, Elemente einer an Leibniz orientierten rationalistischen Aufklärungstheologie (der sogenannten Neologie) mit solchen des Pietismus (G. Kaiser). Radikal Böses gibt es in der aufsteigenden, prästabiliert harmonischen Stufenordnung der Welt nicht. So entdämonisiert Klopstock die Teufel zu ohnmächtigen, erlösungsbedürftigen Wesen. (Um die Erlösung des reuigen Teufels Abbadona in Gesang 19, die vom Lesepublikum stürmisch gefordert und enthusiastisch begrüßt wurde, entbrannten scharfe fachtheologische Kontroversen.) Der Kosmos, bester aller möglichen, erscheint als nachempfindbarer Vernunftzusammenhang, in dem Gottes Unendlichkeit sich spiegelt.
Die Entschiedenheit, mit der Klopstock diese Konzeption in dichterische Form umzusetzen versucht, nötigt ihn zu einem fundamentalen Bruch mit der Tradition sowohl des antiken (Homer, Vergil) als auch des christlichen (Dante, Tasso, Milton) Epos. Denn konsequenterweise kann es nicht mehr, wie dort, um Wirklichkeitsdarstellung gehen, sondern allein um die Vergegenwärtigung von Wahrheit selber: Dem Numinosen des göttlichen Waltens ist, als Darbietungsform, nur verfremdende Abstraktion, dimensionslose Unanschaulichkeit angemessen. Die »olympische Ruhe« des traditionellen Epos-Erzählers, des Rhapsoden, ersetzt Klopstock durch einen Gestus äußerster Ergetheit; gegen das Gesetz der Gattung verstößt ferner seine Vorliebe, sich in die Perspektive seiner Geschöpfe zu begeben und, distanzlos, aus ihrem subjektiven Erleben heraus zu sprechen. Vorgänge, die Milton »vermenschlichte« – im *Paradise Lost* handeln und sprechen Gott, Engel und Teufel nicht anders als Menschen –, rückt Klopstock, als allem Menschlichen inkommensurabel, in eine erhabene, der Vorstellungskraft sich schlechthin entziehende Wirklichkeitsferne. Schiller apostrophierte deshalb zu Recht Klopstock als den typisch »sentimentalischen«, dem »Ideenreich« zugewandten Dichter, der *»allem, was er behandelt, den Körper [auszieht], um es zu Geist zu machen«*. So werden die Schauplätze der Messiade nur vage angedeutet; die Zeitperspektiven zerrinnen ineinander. Gemeinsamer Fluchtpunkt von Raum und Zeit ist stets das ewige Jetzt eines den Kosmos durchwaltenden Heilsgeschehens. Dessen Wahrheit in subjektive Erfahrung zu überführen ist, nach Klopstocks Programm, Aufgabe der »Heiligen Poesie«: Sie *»muß uns über unsere kurzsichtige Art zu denken erheben, um uns dem Strome zu entreißen, mit dem wir fortgezogen werden«*.
Dichterische Einbildungskraft und poetische Verfahrensweise Klopstocks lassen sich am exaktesten fassen unter dem Begriff des »Denkens«, wie er im *Meßias* verwendet wird. Der Leibnizianer Christian Wolff (1679–1754), der die Terminologie des deutschen Rationalismus verbindlich festlegte, bezeichnet das gesamte menschliche Erkenntnis- und Empfindungsvermögen als – jeweils zu spezifizierendes – »Denken«. Klopstock, diesem Sprachgebrauch nachweislich verpflichtet, zentralisiert die emotionale Komponente des Begriffs. Bei ihm fallen Denken und Fühlen zusammen: Hingerissen, trunken, emphatisch stammelnd empfindet der »denkende« Seher-Dichter den »Gedanken« Gottes, die Schöpfung, noch einmal. Klopstocks Empfindsamkeit versteht sich als intuitives Erfassen der Wahrheit, deren sich abstrakt-rationales Denken nicht bemächtigen kann. Sosehr dies an pietistische Formen der Gottes- und Wahrheitserfahrung erinnert, wie sie in der Folgezeit des Sturm und Drang in der Literatur sich manifestieren, so sehr schreckt Klopstock doch vor einer Verherrlichung des Individuums und seiner Autonomie zurück; seine Vorstellungswelt besitzt im Glauben an eine überindividuelle, im Gegenständlichen der Schöpfung verbürgte Wahrheit oder Vernunftidee ein regulatives Prinzip: *»Deshalb spricht der Erzähler des ›Messias‹ und das lyrische Ich der Oden als der repräsentative Mensch, der sein Erleben der Natur, der Liebe, des Vaterlandes, der Freundschaft und Gottes exemplarisch vorlebt ... Die Subjektsphäre ist aufgerührt, aber Subjekt- und Objektssphäre sind noch nicht auseinandergetreten. Der Dichter ist nicht der individuell, sondern der vorbildlich Fühlende«* (G. Kaiser).
Mit seinem *Meßias* hat Klopstock die Ausdrucksskala der deutschen Sprache entscheidend erweitert. *»Unvermutetes«*, so formuliert Klopstock programmatisch, *»scheinbare Unordnung, schnelles Abbrechen des Gedankens, alles dies setzt die Seele in eine Bewegung, die sie für die Eindrücke empfänglicher macht.«* Alle im Epos eingesetzten stilistischen Mittel stehen im Dienst dieser Intention: die extrem verschachtelte Syntax, alogische Satzverbindungen, absolut gesetzte Einschübe, Nachstellung von Subjekt oder Objekt, um die *»Lebhaftigkeit des Erwartens«* zu steigern, suggestive Wortwiederholungen, Vorliebe für die Stilfigur des Paradoxons, sich häufende Vergleiche, Partizipialkonstruktionen, Genetivmetaphern, absolute Komparative und eine ins Bombastische gesteigerte alttestamentarische Bildlichkeit. Weil er vom silbenzählenden Versmaß und vom Reim des modischen Alexandriners nichts hielt, wählte Klopstock, auch aus Homer-Verehrung, den Hexameter; dabei handelt es sich in Wirklichkeit allerdings fast durchweg um freie Rhythmen. Eine Nuancierung und Differenzierung des Tons nach Personen und Situationen

kennt Klopstock noch nicht. Schon Carl Friedrich CRAMER, sein Freund und erster Kommentator, vermochte das monotone Einerlei ekstatischen Feierns nur als formalen Reflex der besungenen Unendlichkeit zu rechtfertigen. – *Der Meßias*, den HERDER *»nächst Luthers Bibelübersetzung das erste klassische Buch unserer Sprache«* nannte, steht als Dokument eines neuen Stilwillens an der Schwelle zur Goethezeit. Ein spöttischer Vers LESSINGS allerdings läßt durchblicken, daß schon Klopstocks Zeitgenossen an der Lektüre des Riesenepos verzweifelten: *»Wer wird nicht einen Klopstock loben? / Doch wird ihn jeder lesen? – Nein. / Wir wollen weniger erhoben / Und fleißiger gelesen sein.«* Am vernichtendsten formuliert der »Teufel« in GRABBES Komödie *Scherz, Satire, Ironie und tiefere Bedeutung*, der den *Meßias* als *»unfehlbares Schlafmittel«* benutzt, weshalb eine Wirkungsgeschichte dieses Werks nicht zu verzeichnen sei: *»Ich brauche nur drei Verse darin zu lesen, dann bin ich müde wie der Daus.«* D.Bar.

AUSGABEN: Bremen 1748 (in Neue Beyträge zum Vergnügen des Verstandes und des Witzes, 4; 1.–3. Gesang; Nachdr. Stg. 1986, Hg. E. Höpker-Herberg; RUB). – Halle 1749 [1.–3. Gesang]. – Halle 1751 [1.–5. Gesang; Nachdr. Bln. 1975]. – Kopenhagen 1755, Bd. 1/2 [1.–10. Gesang]. – Kopenhagen 1768, Bd. 3 [11.–15. Gesang]. – Halle 1773, Bd. 4 [16.–20. Gesang]. – Altona 1780 [1.–20. Gesang]. – Lpzg. 1798–1817 (in *Werke*, 12 Bde., 3–6). – Lpzg. 1844 (in *SW*, 10 Bde., 1–3). – Lpzg. 1876 (RUB). – Bln. 1884 (in *Werke*, Hg. R. Hamel, 4 Bde., 1 u. 2; Text nach d. Ausg. v. 1798–1817; hist.-krit.; Nachdr. Tübingen 1974). – Mchn. 1962 (in *AW*, Hg. K. A. Schleiden; Nachw. F. G. Jünger; Text nach d. Ausg. v. 1780; 41981, 2 Bde.). – Reinbek 1968 (in *Der Messias. Oden u. Elegien. Epigramme. Abhandlungen*, Hg. U.-K. Ketelsen; RKl). – Bln./DDR 1971 (in *Werke*, Hg. K.-H. Hahn; Text nach d. Ausg. v. 1748; 41983). – Bln./NY 1974–1986 (in *Werke u. Briefe. Hamburger Ausg.*, Hg. H. Gronemeyer, 1974 ff., Abt. 1, Bd. 4/1 u. 2; Apparat: Bd. 4/4 u. Bd. 5/1 u. 2; hist.-krit.).

LITERATUR: W. N. Freudenthal, *Ueber den Einfluß des Alten Testaments auf K.s »Messias«* (in W. N. F., *SIONA Darstellungen, das Alte Testament betreffend*, Hbg. 1809). – M. Strach, *Die Abweichungen des ersten Druckes der drei ersten Gesänge des »Messias« von den heute in der Wort- und Flexionslehre geltenden Gesetzen*, Prag 1890. – H. Wöhlert, *Das Weltbild in K.s »Messias«* (in Bausteine, 14, Halle 1915). – W. Popp, *Wortwiederholung in K.s »Messias«*, Greifswald 1923. – H. Spiero, *K.s »Messias«* (in H. S., *Die Heilandsgestalt in der neueren dt. Dichtung*, Bln. 1926, S. 26–36). – J. Müller, *Die Religiosität in K.s »Messias«*, Diss. Münster 1937. – U. Müller, *K.s »Messias«* (in U. M., *Die Gestalt Lucifers in der Dichtung vom Barock bis zur Romantik*, Bln. 1940, S. 51–54). – E. Busch, *K.s »Messias« u. die poetische Theorie von Bodmer u. Breitinger* (in GRM, 29, 1941, S. 92–106). – A. Dresen, *Die dichterische Sprachgestaltung in K.s »Messias«*, Diss. Bonn 1944. – H. Maiworm, *Die Wiederbelebung des Epos im 18. Jh. mit besonderer Berücksichtigung von K.s »Messias«*, Diss. Tübingen 1949. – R. Schneider, *Der Dichter des »Messias«* (in R. S., *Über Dichter u. Dichtung*, Köln/Olten 1953, S. 249–252). – B. Blume, *Orpheus und Messias: Zur Mythologie der Unsterblichkeit in K.s Dichtung* (in Jb. der Dt. Schiller-Ges., 6, 1962, S. 21–34). – A. Carlsson, *K.s »Messias« und die dt. Kritik* (in A. C., *Die dt. Buchkritik*, Bd. 1, Stg. 1963). – R. Grimm, *Christliches Epos – ?* (in R. G., *Strukturen. Essays zur dt. Literatur*, Göttingen 1963, S. 95–122). – J. Dräger, *Typologie u. Emblematik in K.s »Messias«*, Diss. Göttingen 1971.

ODEN

von Friedrich Gottlieb KLOPSTOCK, erschienen 1771. – Vor dieser ersten, von Klopstock selbst veranstalteten und anonym veröffentlichten Sammlung der Oden aus den Jahren 1747–1770 waren – ebenfalls im Jahr 1771 – zwei andere Sammlungen erschienen, beide unter Klopstocks Namen, aber ohne sein Wissen. Die eine wurde von C. F. D. SCHUBART für die Öffentlichkeit herausgegeben *(Klopstocks kleine poetische und prosaische Schriften)*, die andere, im Auftrag der Landgräfin Karoline von Hessen-Darmstadt, für einen Freundeskreis *(Klopstocks Oden und Elegien. Vier und dreyssigmal gedruckt)*. Diese beiden Ausgaben geben die Oden so wieder, wie sie einzeln im Laufe von zwanzig Jahren gedruckt worden waren oder in Abschriften kursierten, mit allen Textverderbnissen, die sich eingeschlichen hatten. Für seine eigene Sammlung unterzog Klopstock die Oden einer Revision; einige schied er aus, die anderen überarbeitete er, und zwar nach Maßgabe der dichtungstheoretischen Überlegungen, mit denen er zwanzig Jahre lang seine dichterischen Arbeiten, nicht zuletzt im Hinblick auf die zeitgenössischen poetologischen Auffassungen und in der Auseinandersetzung mit diesen, reflektiert und die er in Aufsätzen dargelegt hatte. Mit dem Oden-Buch entsprach Klopstock dem Wunsch des Publikums, endlich die Gedichte des *Messias*-Dichters gesammelt zu besitzen, die Oden, die, wie die ersten Gesänge des *Messias*, der Empfindsamkeit gegen den Rationalismus in der Dichtung zum Durchbruch verholfen und den Streit der Schweizer BODMER und BREITINGER gegen die Gottsched-Schule in Deutschland mit entschieden hatten, Gedichte von einer unerhörten, allein durch die strenge Form gebändigten Gefühlsgeladenheit: – *»Wilst du zu Strophen werden, o Lied? oder / Ununterwürfig, Pindars Gesängen gleich, / ... Frey aus der schaffenden Sel enttaumeln?«* (*Wingolf*, frühe Fassung).

Die Ausgabe zeichnet sich durch schöne typographische Gestaltung und sorgfältigen Druck aus. Die Widmung an den dänischen Staatsminister Hartwig Ernst Graf Bernstorff, Klopstocks Gönner, ist ohne jede Devotionsfloskel abgefaßt – *»An Bernstorff«* – und macht geltend, daß die Würde des Dichters jeden Amts- und Adelstitel aufwiegt. Im Inhaltsverzeichnis sind die Gedichte mit ihrem jeweiligen Entstehungsjahr aufgeführt und erhalten dadurch einen Bezug zur Zeit wie auch zur Biographie Klopstocks. Bis auf drei *Elegien* hat Klopstock die Gedichte nach Themengruppen zusammengefaßt und in drei *Bücher* gegliedert. Die Anordnung entspricht der Chronologie. Nur hat Klopstock das *Erste Buch*, das chronologisch an die zweite Stelle gehört, aus thematischen Gründen an den Anfang gesetzt.

Das *Erste Buch* enthält siebzehn Hymnen religiösen Inhalts, Preis- und Dankgesänge, in denen sich oft religiöses Empfinden und Naturanschauung verbinden: *»Das Gestad' hallet, es donnert das Meer dumpfbrausend / Des Unendlichen Lob, siehe des Herrlichen, / Unerreichten von dem Danklied der Natur!« (Die Gestirne)*, alle Zeugnisse einer tiefempfundenen Frömmigkeit: *»Da du mit dem Tode gerungen, mit dem Tode / Heftiger du gebetet hattest, / Da dein Schweiß und dein Blut / Auf die Erde geronnen war; // In dieser ernsten Stunde / Thatest du jene grosse Wahrheit kund / Die Wahrheit seyn wird / So lange die Hülle der ewigen Seele Staub ist« (Dem Allgegenwärtigen)*. Formal schließen diese freirhythmischen Gesänge an keine Tradition in der deutschen Dichtung an, sind vielmehr angeregt von den *Psalmen* der *Bibel*, die bereits Klopstocks Freund Johann Andreas Cramer in seinen religiösen Gedichten nachzuahmen versucht hatte.

Das *Zweite Buch* vereint Oden der Freundschaft, der Liebe und Verehrung. Scheinbar geben sie dem Freundschafts- und Gefühlskult Ausdruck, der für die Epoche kennzeichnend ist, in der Klopstock diese frühen Oden schrieb; in Wahrheit aber reichen sie über jede Konvention hinaus und sind Ausdruck persönlicher Erfahrung. Nicht selten wird die Zukunft beschworen und mit ihr, im Kontrast zur Feier des Gegenwärtigen, das Unausweichliche, Trennung und Tod: *»Ebert, mich scheucht ein trüber Gedanke vom blinkenden Weine / Tief in die Melancholey! / ... Ebert! ... sind sie nun ... alle dahin! deckt unsere Freunde / Alle die heilige Gruft; / ... Ach in schweigender Nacht erblickt' ich die offenen Gräber, / Und der Unsterblichen Schaar!« (An Ebert)*. Solche Oden lassen in Motivik und Sprache den Einfluß der zeitgenössischen englischen Dichter erkennen, vor allem der *Nachtgedanken (The Complaint, or Night Thoughts)* von Edward Young, an den eine Ode ausdrücklich gerichtet ist. Der Gestus dieser Gedichte ist die Rede an den Freund, die Geliebte, den Gönner, die mit der Darstellung gewürdigt werden, ohne selbst deren Gegenstand zu sein. Hierin, ebenso wie in der Odenform, wird das antike Vorbild, Horaz, offenkundig.

Das *Dritte Buch* enthält zahlreiche Gedichte, die die Mission des Dichters für seine Sprache und damit auch für sein Vaterland hervorheben: *»Schrekket noch andrer Gesang dich, o Sohn Teutons, / Als Griechengesang; so gehören dir Hermann, / Luther nicht an, Leibniz, jene nicht an, / Welche des Hains Weihe verbarg« (Der Nachahmer)*. Die Form dieser Oden ist metrisch und strophisch streng gefügt. Mit dem Aufbau seiner Sammlung, in der die zu thematischen Komplexen gruppierten Gedichte Ausdruck jeweils einer bestimmten, an eine Lebensphase gebundenen Erfahrung sind, widersprach Klopstock der überkommenen Auffassung, daß es einem Dichter möglich sei, jederzeit und bei jeder Gelegenheit ein Gedicht zu machen: Ein Gegenstand ist nur der Darstellung würdig, wenn der Dichter wirklich von ihm ergriffen ist.

Diese begeisterten und begeisternden Gedichte, mit denen Klopstock um 1770 bereits Nachfolge gefunden hatte (besonders unter den jungen Dichtern des Göttinger Hains mit den Grafen Stolberg, Hölty, J. H. Voss u. a.), sind in einer der Poesie vorbehaltenen, von der Prosa streng geschiedenen Sprache gestaltet, die den noch kurz zuvor für unerreichbar geltenden Dichtungssprachen der Antike sowie der französischen und englischen ebenbürtig ist. Neben dieser Ebenbürtigkeit ist die Eigenständigkeit des deutschen Gedichts programmatisch. In diesem Sinne hat Klopstock seine frühen Oden beispielgebend überarbeitet; er tilgte alle Anklänge an die antike Mythologie und setzte an ihre Stelle eine Mythologie, die er nach dem Stand der damaligen Kenntnisse für die germanische halten durfte. Um sie den Zeitgenossen verständlich zu machen, erläuterte er die Namen und Begriffe in Fußnoten. Auch die metrische Gestalt der Oden sollte erkennbar sein; den Texten ist jeweils das metrische Schema vorangestellt. Im *Zweiten Buch* finden sich die von Horaz verwendeten Strophen- und Versmaße. Klopstock ahmte jedoch nicht nur, wie es Pyra und Lange vor ihm versucht hatten, die antiken Maße prosodisch exakt nach, sondern spürte auch ihre ursprünglichen Ausdrucksqualitäten auf und bildete sie im Deutschen angemessen nach. Die metrisch-rhythmischen Linien der Strophen akzentuieren die Darstellung, und nicht selten steht die metrische Struktur der Sprachbewegung wie ein steigernder Widerstand entgegen. Das *Erste Buch* lehrt, daß die dem Gang der Gedanken und dem Schwung der ausgedrückten Empfindungen angemessene Sprachbewegung Strophe und Metrum sprengen kann, dann nämlich, wenn die dem sprachlichen Ausdruck mitgeteilte Erregung nach freien Rhythmen verlangt. Im *Dritten Buch* überwiegen Silbenmaße, die Klopstock selbst erfand, um – den antiken adäquate – deutsche Odenformen bilden zu können.

Die selbstbewußte Gebärde, mit der Klopstock 1771 sein Oden-Buch vorlegte, war, historisch gesehen, berechtigt. Die Stürmer und Dränger, allen voran der junge Goethe, übertrafen ihn zwar wenig später an Wirkung; sie alle haben jedoch von Klopstock gelernt, dessen Odendichtung auch weiterhin vorbildlich für sie war. Klopstock hat daran bis zu seinem Lebensende gearbeitet. Unbeeinflußt von der modernen Erlebnisdichtung bleiben seine Oden zeit- und objektbezogen. Dies gilt für die Erinnerungsoden, die er im Alter, rückblickend, schrieb, besonders aber für die Zeitgedichte, mit denen er die Ereignisse in Europa begleitete, zunächst begeistert von der Französischen Revolution, dann erschüttert von ihren Folgen. Seine Odendichtung umfaßte schließlich 235 Gedichte und übte einen nachhaltigen Einfluß auf HÖLDERLIN, RILKE sowie besonders GEORGE und seinen Kreis aus. E.H.H.

AUSGABEN: Hbg. 1771, Hg. F.G. Klopstock; Nachdr. Bern 1971. – Darmstadt 1771 (*Oden und Elegien. Vier und dreyssigmal gedruckt*; nicht autorisierte Ausg.; Nachdr. Heidelberg 1948). – Ffm./Lpzg. 1771 (*Kleine poetische und prosaische Schriften*, Hg. C.F.D. Schubart; nicht autorisierte Ausg.). – Lpzg. 1798–1817 (in *Werke*, 12 Bde., 1 u. 2). – Lpzg. 1844 (in *SW*, 10 Bde., 4 u. 5). – Bln. 1884 (in *Werke*, Hg. R. Hamel, 4 Bde., 3; hist.-krit.; Nachdr. Tübingen 1974). – Mchn. 1962 (in *AW*, Hg. K.A. Schleiden; Nachw. F.G. Jünger; 41981, 2 Bde.). – Stg. 1966; zul. 1986 (Ausw. L. Schneider; RUB). – Reinbek 1968 (in *Der Messias. Oden u. Elegien. Epigramme. Abhandlungen*, Hg. U.-K. Ketelsen; RKl). – Bln./DDR 1971 (in *Werke*, Hg. K.-H. Hahn; 41983). – Stg. 1974 (*Oden und Elegien*, Hg. J.-U. Fechner; Faks. d. Ausg. Darmstadt 1771; Slg. Metzler).

VERTONUNGEN: Chr. W. Gluck, *K.s Oden und Lieder beym Clavier zu Singen in Musik gesetzt*, Wien 1785/86. – C. u. W. Michel, *F. G. K.: »Cidli« (1752). Franz Schubert: »Das Rosenband« (1815). Ein Gedicht u. seine Vertonung* (in FDH, 1975). – R. Kunad, *K.-Ode (»Losreißung«): für Bariton u. Orchester, conatum 69 (1979); Klavierauszug v. K.-D. Stephan*, Lpzg. 1983.

LITERATUR: E. Niemeyer, *K.s Revolutionsoden* (in ASSL, 22, 1857). – G. Liebusch, *Das Vaterländische in den Oden K.s*, Quedlinburg 1874. – G. Miehe, *Die Natur in K.s Odendichtung*, Halberstadt 1906. – A. Halm, *K.s Oden u. die Bibel*, Greifswald 1923. – L. Prinz, *K.s weltliche Oden in der Liedkomposition bis Schubert*, Diss. Kiel 1925. – E. Kaussmann, *Der Stil der Oden K.s*, Diss. Lpzg. 1931. – G. Goldbach, *Das Stilproblem der Odendichtung K.s*, Diss. Mchn. 1938. – I. Böger, *Bewegung als formendes Gesetz in K.s Oden*, Bln. 1939; Nachdr. Nendeln 1967. – A.-L. Kracht, *K.s Kunstauffassung im Spiegel seiner Oden*, Diss. Münster 1944. – O. Fäh, *K. und Hölderlin. Grenzen der Odenstrophe*, Diss. Zürich 1952. – J. Müller, *Revolution u. Nation in K.s Oden* (in WZJena, 2, 1952/53). – J. Wiegand, *Zur lyrischen Kunst Walthers, K.s und Goethes*, Tübingen 1956, S. 49–78. – R. Hossfeld, *Die dt. horazische Ode von Opitz bis K. Eine metrische Untersuchung*, Diss. Köln 1961. – H. G. Müller, *Odisches u. Dithyrambisches in K.s lyrischem Werk*, Diss. Tübingen 1961. – J. G. Fichte, *Anmerkungen zu den Oden K.s* (in J. G. F., *Nachgelassene Schriften 1780–1791*, Hg. R. Lauth u. H. Jacob, Stg. 1962, S. 238–247). – A. Molzan, *Der Funktionswandel des Naturbildes in der Odendichtung K.s*, Potsdam 1968. – H. H. Krummacher, *Bibelwort u. hymnisches Sprechen bei K.* (in Jb. der Dt. Schiller-Ges., 13, 1969, S. 155–179). – E. Hock, *K.s Ode »Verhängnisse« u. ihre Umdichtung durch J. H. Füssli* (in Euph, 73, 1979, S. 219–226). – W. Rieck, *Bezüge zu K.s Revolutionsoden in Gedichten über den Kosciuszko-Aufstand 1794* (in Wiss. Zs. der Pädagogischen Hochschule Karl Liebknecht Potsdam, 23, 1979).

SOPHIE VON LA ROCHE

* 6.12.1731 Kaufbeuren
† 18.2.1807 Offenbach/Main

GESCHICHTE DES FRÄULEINS VON STERNHEIM. Von einer Freundin derselben aus Original-Papieren und anderen zuverlässigen Quellen gezogen

Roman von Sophie von LA ROCHE, erschienen 1771. – Wohl schon seit dem Jahre 1766 schrieb die Autorin an diesem Werk, das Ch. M. WIELAND, ihr ehemaliger Verlobter, herausgab und mit einem Vorwort sowie siebzehn Fußnoten versah. Sophie von La Roche wurde mit diesem empfindsamen Briefroman, der an die Werke von S. RICHARDSON anschließt und Parallelen vor allem zu *Clarissa Harlowe* (1747/48) zeigt, in Deutschland über Nacht zu einer literarischen Berühmtheit. Der Titel – die darin angesprochene Freundin enthüllt sich bald schon als Pfarrerstochter und Zofe des Fräuleins, das die Aufzeichnungen gesammelt hat, um *»Sophies Geschichte für die Besten unseres Geschlechts lehrreich zu machen«* – versprach eine Authentizität, die das bürgerliche Publikum so liebte, verbunden mit jenem pädagogisch-aufklärerischen Ton, der der unterhaltsamen Lektüre eine höhere Legitimation verschaffte. Wieland in seinem werbewirksamen Vorwort bündelt diese Argumente; er lobt die *»ungeschminkte Aufrichtigkeit der Seele«*, die hier sich mitteilt, rühmt die *»Wahrheit und Schönheit«* der *»moralischen Schilderungen«*, die Eindringlichkeit der Kritik am höfischen Leben, wobei er allerdings über das Ziel hinausschießt. Er nimmt eine mögliche Kritik an diesem Roman in seinem Vorwort vorweg und gesteht vorsorglich Schwächen des Werkes in *»Form«* und *»Schreibart«* durchaus ein, was ihm, als der Roman ein überragender Erfolg wird, vor allem von den Stürmern und Drängern, allen voran J. M. R. LENZ, zu Unrecht als Versuch ausgelegt wird, die Leistung der Autorin zu schmälern. Störend wurden von den Lesern auch seine eingestreuten Kommentare in Form von Fußnoten empfunden, die teils moralisierend den Gang der Handlung begleiten, teils aber auch durchaus frivol wirken; als das Fräulein von Sternheim von einer Vergewaltigung bedroht wird, vermerkt Wieland: *»Warum wurde sie ... so ungehalten? Warum sagte sie, er zerreiße ihr Herz, da er doch nur ihr Deshabillé zerriß?«*

In zwei Teilen erzählt der Roman die Geschichte der Sophie von Sternheim, Tochter eines geadelten Obersten und einer aus altem Adel stammenden Lady. Bereits im Alter von neun Jahren verliert Sophie ihre Mutter, zehn Jahre später stirbt der Vater. Die sorgfältig erzogene Waise wird von einer entfernten Verwandten, der Gräfin Löbau, in die Landeshauptstadt D. geholt, in der schändlichen Absicht, das anmutige und schöne Mädchen dem Landesherrn als Mätresse zuzuführen. Der Plan scheitert am Widerstand Sophies, die sich jedoch, in Intrigen verwickelt, durch ihre naive Ahnungslosigkeit die Zuneigung des am Hofe lebenden Lord Seymour verscherzt. Lord Derby, ein undurchsichtiger Casanova, der aber vorzüglich die Rolle des tugendhaften Verehrers zu spielen weiß, vermag die unerfahrene junge Dame an sich zu ketten, indem er sich mit ihr von einem falschen Geistlichen, dem Gesandtschaftssekretär John, insgeheim »trauen« läßt. Nur wenige Wochen verbringt das ungleiche Paar zusammen, dann verläßt Derby sie, seiner *»Metaphysikerin«* und *»Moralistin«* überdrüssig, und begibt sich nach England. Sophie unterrichtet nun unter dem Pseudonym »Madame Leidens« an einer Gesindeschule, bis sie zufällig die Bekanntschaft der Engländerin Lady Summers macht. Auf deren Einladung hin reist Sophie nach Summerhall, dem Gut der Freundin, wo sie in einem benachbarten Schloßherrn, Lord Rich, einen aufrichtigen Verehrer findet. Doch bald trüben die Schatten der Vergangenheit das harmonische Leben: Lord Derby, der inzwischen eine Nichte Lady Summers' geheiratet hat, fürchtet, durch Sophies Anwesenheit könnte sein schändliches Verhalten der ehemaligen Geliebten gegenüber ans Licht kommen, und läßt sie in die schottischen ›Bleigebirge‹ entführen, schließlich sogar einkerkern, weil sie seine erneuten Annäherungsversuche zurückweist. Den später schwer erkrankten Lord Derby quält schließlich aber sein Gewissen derart, daß er Rich und Seymour, dem früheren Verehrer Sophies, seine Grausamkeit gesteht. Die beiden Lords machen sich auf, die, wie sie fürchten, längst Verstorbene zu suchen. Doch treue Diener haben Sophie gerettet. Aus Freundschaft zueinander wollen Rich und Seymour auf die Erfüllung ihrer Liebe zu der wiedergefundenen Sophie verzichten, doch zu guter Letzt wird diese Lord Seymours Gattin und eine vorbildliche Ehefrau und Mutter.

Die Bedeutung des Romans liegt darin, daß hier – erstmals erfolgreich – das Muster des aus England stammenden empfindsamen Tugend- und Familienromans in deutscher Sprache realisiert wurde, der untrennbar mit dem Aufstieg des bürgerlichen Standes im 18. Jh. verbunden war. Um Sophie entfaltet sich – im Zuge einer auf dramatische Effekte nicht verzichtenden, konventionellen Handlungsführung – eine ideale bürgerliche Welt, in der Tugendhaftigkeit, Familiensinn, Bildung, Naturgefühl und Empfindsamkeit zu Hause sind, während am absolutistischen Hof eine Scheinwelt von Korruption und Opportunismus existiert: *»Wie oft der Hofton, der Modegeist, die edelsten Bewegungen eines von Natur vortrefflichen Herzens unterdrückt und, um das Auszischen der Modeherren und Modedamen zu vermeiden, mit ihnen lachen und beistimmen heißt: dies erfüllt mich mit Verachtung und Mitleiden ... kein Laster darf ohne Maske erscheinen; ja selbst die Tugend der Nächstenliebe erhält eine Art von Verkehrung in den ausgesuchten und feinen Schmeicheleien, die immer eines der Eigenliebe des andern macht.«* Wie fast stets in der Literatur des 18. Jh.s bleibt auch hier die Sozialkritik fixiert auf die Auswüchse, wie sie in Gestalt verworfener Adliger oder intriganter Helfershelfer existieren, während die ständische Ordnung der Gesellschaft selbst kaum problematisiert wird, zumal das Landleben in diesem Gefüge als ein Bereich gesehen wird, in dem ein von Gefühl und Aufrichtigkeit bestimmter Umgang miteinander möglich ist (P.-U. Hohendahl).

Neben der Gegenüberstellung von bürgerlicher und höfischer Welt erscheint das Werk strukturiert durch die Gegensätze von Stadt und Land, von Gesellschaft und Natur, aber auch von Mann und Frau. Das Bildungsideal, das der Roman entwirft, schreibt der Frau einen eng umgrenzten Tätigkeitsrahmen vor, wie ihn Sophie von Sternheim sowohl durch ihre caritative Tätigkeit wie auch schließlich als Gattin und Mutter vorbildlich ausfüllt: *»Die Natur selbst habe«*, so heißt es im Roman, *»in der Leidenschaft der Liebe, den Mann heftig, die Frau zärtlich gemacht; in Beleidigungen jenen mit Zorn, diese mit rührenden Tränen bewaffnet ... im häuslichen Leben jenem die Sorge für die Mittel der Familie zu erhalten, und dieser die schickliche Austeilung derselben aufgetragen.«* Daneben hat schon C. Touaillon darauf aufmerksam gemacht, daß dem Lebensweg der Sophie von Sternheim ein pietistisches Entwicklungsschema – Verführung am Hofe, Erniedrigung im *»Bleigebirge«*, Durchbruch zu einem neuen Leben im Hause von Lord Seymour – zugrunde liegt: *»Die Seele der Heldin muß durch einen bestimmten Durchgangspunkt der Verzweiflung gehen, einen Bußkampf erleben, dem dann der Gnadendurchbruch folgt.«* So verfolgt der Roman, darin ganz der Tradition der Aufklärung folgend, eine erzieherische Absicht, will er doch beweisen, daß *»Tugend- und Geschicklichkeiten«* das *»einzige wahre Glück«* darstellen und letztlich in dieser Welt auch ihre Erfüllung finden, während die Modernität des Werks in seiner Sprache liegt, in seinen empfindsam-rührenden Landschafts- und Seelenschilderungen, die erst von Goethe in seinem *Werther* übertroffen werden.

Gerühmt wurden Werk und Autorin daher sowohl von der älteren Generation der Aufklärer (J. G. Sulzer, F. Nicolai) wie von den jungen Autoren des Sturm und Drang, von Herder über Goethe bis hin zu Lenz: *»Der Roman der La Roche bot somit jedem das Seine: den Aufklärern Didaktik und moralisierende Darstellung, den Stürmern und Drängern*

›Menschenseele‹ und ›Sentiments‹.« (B. Heidenreich). Die Erwartungen jedoch, welche die literarische Welt nunmehr an die Autorin richtete, konnte diese mit ihren zahlreichen weiteren Werken (*Rosaliens Briefe an ihre Freundin Marianna von St***, 3 Bde., 1781/82; *Pomona für Teutschlands Töchter* 1783/84 [Zs.]; *Moralische Erzählungen der Frau Verfasserin der Pomona*, 1784–1787; *Erscheinungen am See Oneida*, 3 Bde., 1798; *Liebe-Hütten*, 2 Bde., 1801; *Melusinens Sommer-Abende von Sophie von La Roche*, Hg. Ch. M. Wieland, 1806) nicht mehr erfüllen. KLL

AUSGABEN: Lpzg. 1771, Hg. Ch. M. Wieland [anon.]. – Bln. 1907, Hg. K. Ridderhoff (DLD, 18). – Lpzg. 1938, Hg. F. Brüggemann (DL, R. Aufklärung, 14; Nachdr. Darmstadt 1964). – Mchn. 1976, Hg. G. Häntzschel. – Stg. 1983, Hg. B. Becker-Cantarino (RUB).

LITERATUR: W. Spickernagel, *»Die Gesch. des Frl. v. Sternheim« von S. v. La R. und Goethes »Werther«*, Diss. Greifswald 1911. – C. Touaillon, *Der deutsche Frauenroman des 18. Jh.s*, Wien/Lpzg. 1919, S. 69–206. – W. Milch, *S. La R., die Großmutter der Brentanos*, Ffm. 1935. – C. Riemann, *Die Sprache in S. v. La R.s Roman »Gesch. des Frl. v. Sternheim«* (in Zs. d. F.-Schiller-Univ. Jena, ges.- und sprachwiss. R., 8, 1958/59, S. 179–193). – P.-U. Hohendahl, *Empfindsamkeit u. gesellschaftliches Bewußtsein. Zur Soziologie des empfindsamen Romans am Beispiel von »La vie de Marianne«, »Clarissa«, »Fräulein von Sternheim« u. »Werther«* (in Jb. der deutschen Schiller-Ges., 16, 1972, S. 176–207). – *»Ich bin mehr Herz als Kopf«. Ein Lebensbild in Briefen*, Hg. M. Maurer, Mchn. 1983; [2]1985. – B. Becker-Cantarino, *»Muse« u. »Kunstrichter«, S. v. La R. und Wieland* (in MLN; 99, 1984, S. 571–588). – M. Maurer, *Das Gute u. das Schöne. S. v. La R. wiederentdecken?* (in Euph, 79, 2, 1985, S. 111–138). – J. Sachs, *S. v. La R. Jugendliebe Wielands u. erste Frau, die einen Roman schrieb*, Heilbronn 1985. – A. Schweitzer u. S. Sitte, *Tugend, Opfer, Rebellion. Zum Bild der Frau im weiblichen Erziehungs- u. Bildungsroman* (in *Frauen, Literatur, Geschichte*, Hg. H. Gnüg u. R. Möhrmann, Stg. 1985). – B. Heidenreich, *S. v. La R. Eine Werkbiographie*, Ffm./Bern 1986. – H. M. Kastinger Riley, *Tugend im Umbruch. S. v. La R.s »Geschichte des Fräuleins von Sternheim« einmal anders* (in H. M. K. R., *Die weibliche Muse. Sechs Essays über künstlerisch schaffende Frauen der Goethezeit*, Columbia/S.C. 1986, S. 27–52). – I. Wiede-Behrendt, *Lehrerin des Schönen, Wahren, Guten. Literatur u. Frauenbildung im ausgehenden 18. Jh. am Beispiel S. v. La R.*, Ffm./Bern 1987. – M. Nenon, *Autorschaft u. Frauenbildung. Das Beispiel S. v. La R.*, Würzburg 1988.

JOHANN ANTON LEISEWITZ

* 9.5.1752 Hannover
† 10.9.1806 Braunschweig

JULIUS VON TARENT. Ein Trauerspiel

Drama in fünf Akten von Johann Anton LEISEWITZ, Uraufführung: Berlin, 19. 6. 1776, durch Schauspieler der Döbbelinschen Gesellschaft. – Das schon 1774 verfaßte Stück wurde vom Autor, der Mitglied des Göttinger Hains war und mit den literarischen Größen seiner Zeit, von LESSING bis GOETHE, in Kontakt stand, anläßlich eines von F. L. Schröder am 28. 2. 1775 für das Hamburger Theater ausgeschriebenen Dramenwettbewerbs, der eine beliebige Bearbeitung des Themas »Ein Brudermord« forderte, umgeschrieben, unterlag jedoch F. M. KLINGERS Tragödie *Die Zwillinge*. Dieser Ablehnung zum Trotz wurde das anonym erschienene Schauspiel, das Lessing so bewunderte, daß er zunächst sogar GOETHE für den Autor hielt, eines der beliebtesten Repertoirestücke der siebziger und achtziger Jahre.
Constantin, Fürst von Tarent, begeht seinen Geburtstag im Bewußtsein drohenden Unheils: Seine Söhne Julius und Guido lieben dasselbe Mädchen, die schöne Blanca; der schwärmerische, philosophisch gebildete Thronfolger, ein Jüngling von *»romanhaft langsamen Entschlüssen«* und unstillbarem *»Hunger nach Empfindungen«*, ist seinem hitzigen, ehrgeizigen jüngeren Bruder verhaßt, weil Blanca Julius liebt, obwohl Guido seine Werbung nach den Regeln des höfischen Zeremoniells bereits vorgebracht hat und nun auf seinen Rechten dem Bruder gegenüber zu bestehen gedenkt. Der greise Fürst hat in Vorausahnung eines offenen Bruderzwists und aus Gründen der Staatsräson Blanca in ein Kloster geschickt. Ein erstes Zusammentreffen der Brüder macht die Verschiedenartigkeit ihrer Leidenschaft deutlich: Guido, als Heerführer erprobt, liebt Blanca mit herrischem Stolz und rebelliert gegen die Bevorzugung seines Bruders – Schönheit ist ihm lediglich der *»natürliche Preis der Tapferkeit«*; Julius dagegen vernachlässigt seine Pflichten als Thronfolger und gibt bedingungslos den Forderungen seines Herzens nach, mit einer Leidenschaft, die in ihm *»jeden Trieb erstickte zu dem, was groß und wichtig ist«* (Constantin). Julius' Freund und früherer Lehrer, Graf Aspermonte, dringt in ihn, die Tiefe seines Gefühls noch einmal zu prüfen. Julius verschafft sich Zutritt zum Kloster und vermag Blancas erzwungene Resignation zu brechen; binnen eines Monats will er seinem Vater eine Entscheidung abzwingen. Ein Bankett zu Ehren des Fürsten, bei dem eine Abordnung von Bauern das humane Regiment Constantins feiert, läßt Julius erneut daran zweifeln, ob er das Wohl seiner künftigen Untertanen einer priva-

ten Leidenschaft aufopfern dürfe. Als ihm der starrsinnig auf seiner Ehre bestehende Guido jedoch jeden Kompromiß verstellt und Julius darüber hinaus erfährt, daß sein Vater ihm Cäcilia, eine Freundin Blancas, zur Gattin ausersehen hat, faßt er mit Aspermontes Zustimmung den Plan, mit Blanca in einen *»fernen Winkel«* der Erde zu fliehen. Guido erfährt davon, und als Julius und sein Gefolge nachts vermummt vor dem Kloster erscheinen, streckt er den Bruder, ohne ihn zu erkennen, mit dem Schwert nieder. Blanca verfällt in Wahnsinn. Entsetzt bittet Guido seinen Vater, den Brudermord mit seinem Tod sühnen zu dürfen. Der Fürst verpflichtet ihn zur Beichte und tötet ihn dann an der aufgebahrten Leiche des Bruders eigenhändig mit einem Dolch, bevor er sich selbst in ein Kloster zurückzieht.

Leisewitz behandelte den historischen Stoff – die Geschichte des Florentiner Großherzogs Cosimo I. de' Medici und seiner Söhne Johann und Garsias –, den er dem zweiten Band der *Historiae sui temporis* (1604–1608) von J.-A. de Thou entnommen hatte, ganz frei. Zeitgenössische philosophische Strömungen haben das Stück in beträchtlichem Maße geprägt, vor allem J. J. Rousseau und seine *Nouvelle Héloïse* (1761). Wenn Rousseau hier gegen den Vernunftkanon der Aufklärung zum erstenmal eine andere Hierarchie der menschlichen »Seelenvermögen« aufrichtet und Gefühl und Leidenschaft als natürlichen Anlagen das Recht zuspricht, traditionelle »Wert«-Formen in Sittlichkeit und Moral außer Kraft zu setzen, so folgt ihm Leisewitz darin, nicht ohne jedoch die entfesselte subjektivistische Leidenschaft – Julius' *»Vernunft der Liebe«* – als zerstörende, mit allen gesellschaftlichen Normen in Widerspruch tretende Macht darzustellen. – Dramaturgisch knüpft Leisewitz vor allem an Lessings *Emilia Galotti* (1772) an, wenn auch die Problematik des Dramas ihn mit dem Sturm und Drang verbindet. Dieses einzige bedeutendere Werk aus Leisewitz' uferloser Produktion wirkte nachhaltig noch auf Schillers *Die Braut von Messina oder Die feindlichen Brüder* (1803). KLL

Ausgaben: Lpzg. 1776. – Augsburg 1791 (in Deutsche Schaubühne, Jg. 3, Bd. 8). – Braunschweig 1838 (in *SS*, Hg. H. Schweiger). – Bln./Stg. o. J. [ca. 1883], Hg. A. Sauer (DNL). – Heilbronn 1889, Hg. R. M. Werner (DLD). – Heidelberg 21963 (in *Sturm u. Drang. Dramatische Schriften*, Hg. E. Loewenthal u. L. Schneider, Bd. 1). – Stg. 1965 (RUB).

Literatur: A. Leitzmann, *Zur Entstehungsgeschichte des »Julius von Tarent«* (in Vierteljahresschrift f. Literatur-Geschichte, 3, 1890, S. 195–199). – G. Kraft, *Klingers »Zwillinge«, L.' »Julius von Tarent« und Schillers »Braut von Messina«. Eine vergleichende Betrachtung*, Progr. Altenburg 1894. – F. Fricke, *Die Quellen des »Julius von Tarent«* (in Euph, 4, 1897, S. 49–55). – E. Diekhöfer, *Der Einfluß des »Julius von Tarent« auf Schillers Jugenddramen*, Diss. Bonn 1902. – W. Kühlhorn, *J. A. L.' »Julius von Tarent«. Erläuterung u. literatur-historische Würdigung*, Halle 1912. – P. Spycher, *Die Entstehungs- und Textgeschichte von L.' »Julius von Tarent«*, Diss. Bern 1950. – R. Pascal, *The German Sturm u. Drang*, Manchester 1953 (dt.: *Der Sturm u. Drang*, Stg. 1963). – J. Sidler, *J. A. L. »Julius von Tarent«*. Zürich 1966. – F. Martini, *Die feindlichen Brüder. Zum Problem des gesellschaftskrit. Dramas von J. A. L., F. M. Klinger u. F. Schiller* (in Jb. der Dt. Schiller-Ges., 16, 1972, S. 208–265; ern. in F. M., *Geschichte im Drama, Drama in der Geschichte. Spätbarock, Sturm u. Drang, Klassik, Frührealismus*, Stg. 1979, S. 129–186). – P. W. Noble, *The Life and Works of J. A. L.*, Diss. Univ. of Wisconsin 1976. – H. J. Schmidt, *The Language of Rationality: L.s »Julius von Tarent«* (in Theatrum Mundi, 1980, S. 31–39). – I. Kolb, *Herrscheramt u. Affektkontrolle: J. A. L.' »Julius von Tarent« im Kontext von Staats- u. Moralphilosophie der Aufklärung*, Ffm./Bern 1983. – M. Kirby, *»Julius von Tarent« and the Theme of Fraternal Strife in the »Sturm und Drang«* (in FMLS, 19, 1983, S. 348–363).

Jakob Michael Reinhold Lenz

* 12.1.1751 Seßwegen / Livland
† 23./24.5.1792 Moskau

Literatur zum Autor:
Biographien:
M. N. Rosanow, *J. M. R. L., der Dichter der Sturm-und-Drang-Periode. Sein Leben u. seine Werke*, Lpzg. 1909. – C. Hohoff, *J. M. R. L. in Selbstzeugnissen u. Bilddokumenten*, Reinbek 1977 (rm). – S. Damm, *Vögel, die verkünden Land. Das Leben des J. M. R. L.*, Bln. Weimar 1986.
Gesamtdarstellungen und Studien:
O. Gluth, *L. als Dramatiker*, Diss. Mchn. 1912. – E. Hausdorff, *Die Einheitlichkeit des dramatischen Problems bei J. M. R. L.*, Diss. Würzburg 1913. – H. Kindermann, *J. M. R. L. und die deutsche Romantik. Ein Kapitel aus der Entwicklungsgeschichte romantischen Wesens u. Schaffens*, Wien/Lpzg. 1925. – W. Wien, *L.ens Sturm und Drang – Dramen innerhalb seiner religiösen Entwicklung*, Diss. Göttingen 1935. – E. Genton, *L.-Klinger-Wagner. Studien über die rationalistischen Elemente des Sturmes und Dranges*, Diss. Bln. 1955. – E. Nahke, *Über den Realismus in J. M. R. L.' sozialen Dramen u. Fragmenten*, Diss. Bln./DDR 1955. – A. Schöne, *Wiederholung der exemplarischen Begebenheit: J. M. R. L.* (in A. S., *Säkularisation als sprachbildende Kraft: Studien zur Dichtung dt. Pfarrersöhne*, Göttingen 1958, S. 92–138). – K. S. Guthke, *Geschichte u. Poetik der dt. Tragikomödie*, Göttingen

1961, S. 51–72. – W. Hinck, *Das dt. Lustspiel des 17. u. 18. Jh.s u. die italienische Komödie*, Stg. 1965, S. 326–348. – E. Genton, *J. M. R. L. et la scène allemande*, Paris 1966. – R. Girard, *L. 1751–1792. Genèse d'une dramaturgie du tragicomique*, Paris 1968. – R. Ottomar, *J. M. R. L.: Moralist u. Aufklärer*, Bad Homburg 1969. – E. Oehlenschläger, *J. M. R. L.* (in *Deutsche Dichter des 18. Jh.s*, Hg. B. v. Wiese, Bln. 1977, S. 747–781). – K. R. Scherpe, *Dichterische Erkenntnis u. »Projektmacherei«. Widersprüche im Werk von J. M. R. L.* (in GJb, 94, 1977, S. 206–235). – N. R. Diffay, *J. M. R. L. and Jean-Jacques Rousseau*, Bonn 1981. – J.-C. Chantre, *Les considérations religieuses et esthétiques d'un »Stürmer u. Dränger«. Etude des écrits théoriques de J. M. R. L.*, Bern/Ffm. 1982. – E. M. Inbar, *Shakespeare in Deutschland. Der Fall L.*, Tübingen 1982. – W. H. Preuß, *Selbstkastration oder Zeugung neuer Kreatur. Zum Problem der moralischen Freiheit im Leben u. Werk von J. M. R. L.*, Bonn 1983. – E. Unglaub, *»Das mit Fingern deutende Publicum.« Das Bild des Dichters J. M. R. L. in der literarischen Öffentlichkeit 1770–1814*, Ffm./Bern 1983. – J. D. Guthrie, *L. and Büchner. Studies in Dramatic Form*, Ffm./Bern 1984. – I. Stephan u. H.-G. Winter, *»Ein vorübergehender Meteor?« J. M. R. L. und seine Rezeption in Deutschland*, Stg. 1984. – H. Boëtius, *Der verlorene L. Auf der Suche nach dem inneren Kontinent*, Ffm. 1985. – H.-G. Schwarz, *Dasein u. Realität. Theorie u. Praxis des Realismus bei J. M. R. L.*, Bonn 1985. – R. Köser, *Die Schwierigkeit, ich zu sagen: Rhetorik der Selbstdarstellung in Texten des »Sturm u. Drang«; Herder, Goethe, L.*, Bern/Ffm. 1987. – H.-G. Winter, *J. M. R. L.*, Stg. 1987 (Slg. Metzler).

DER HOFMEISTER ODER VORTHEILE DER PRIVATERZIEHUNG. Eine Komödie

Schauspiel in fünf Akten von Jakob Michael Reinhold LENZ, anonym erschienen 1774; Uraufführung: Hamburg, 22. 4. 1778, durch die Schauspielergesellschaft Schröders. – Die Anregung zu seinem ersten dramatischen »Originalwerk«, dessen Handlung ein Vorkommnis auf einem livländischen Rittergut zugrunde liegt, empfing Lenz während einer kurzen Tätigkeit als Privatlehrer (»Hofmeister«) in Königsberg. Der Autor definiert, entgegen der traditionellen Dramaturgie, in seinen *Anmerkungen übers Theater* und dezidierter noch in seiner Selbstrezension von *Der neue Menoza* die Komödie als *»eine Vorstellung, die für jedermann ist«* und als *»Gemälde der menschlichen Gesellschaft«*. Und er fordert folgerichtig: *»Daher müssen unsere deutschen Komödiendichter komisch und tragisch zugleich schreiben, weil das Volk, für das sie schreiben ... ein solcher Mischmasch von Kultur und Rohigkeit, Sittigkeit und Wildheit ist. So erschafft der komische Dichter dem tragischen sein Publikum.«* In Briefen bezeichnet er das Stück, das auf Vermittlung GOETHES gedruckt wurde, mehrmals als »Trauerspiel«, und das Manuskript der Berliner Aufführung führt den Untertitel »Lust- und Trauerspiel«.

Der Theologiestudent Läuffer ist als Hauslehrer in die Familie des Majors von Berg gekommen, um dessen Kinder Leopold und Gustchen *»in allen Wissenschaften und Artigkeiten und Weltmanieren«* zu unterrichten. Der blasierten Majorin, die gern preziös parliert, ist Läuffer freilich noch längst nicht weltläufig genug. Der Geheime Rat von Berg, ein Bruder des Majors, vertritt liberale, zukunftweisende Ideen, wenn er dem Pastor Läuffer vorwirft, seinen Sohn als Hofmeister verdingt zu haben: *»Ihr beklagt euch so viel übern Adel und seinen Stolz, die Leute säh'n Hofmeister wie Domestiken an, Narren! ... Aber wer heißt euch Domestiken werden, wenn ihr was gelernt habt ...?«* Für die untertänige Denkweise des Pastors sind das freilich aufrührerische Reden: *»Aber was ist zu machen in der Welt? Was sollte mein Sohn anfangen, wenn Dero Herr Bruder ihm die Kondition aufsagten?«* Fritz von Berg, der Sohn des Geheimen Rats, und Gustchen geloben sich in Romeo-und-Julia-Pose ewige Treue, bevor Fritz für mehrere Jahre die Universität bezieht. Doch bald fühlt Gustchen sich von Fritz verlassen, und so ist es für Läuffer nicht schwierig, sie zu erobern. Als es zum Skandal kommt, fliehen beide. Läuffer findet Unterschlupf bei dem schrulligen Dorfschulmeister Wenzeslaus, und Gustchen bringt bei der alten, blinden Marthe in einer armseligen Waldhütte ihr Kind zur Welt. Voll Verzweiflung stürzt sie sich in einen Teich, wird aber von ihrem Vater in letzter Minute gerettet. Als Marthe mit Gustchens Kind ins Schulhaus kommt und Läuffer es als das seine erkennt, entmannt er sich in selbstanklägerischer Reue und Verzweiflung. In geschickt geführter Parallelhandlung, die das Schicksal des jungen Berg berichtet, hat Lenz das turbulente Hallenser Studentenmilieu lebendig eingefangen. Alle Verwicklungen entwirren sich schließlich aufs beste; Fritz verzieht seinem Gustchen, und Läuffer führt seine »göttliche Lise«, eine Dorfschöne, in die er sich verliebt hat, heim.

»Das Stück ist so voll von neuen Karaktern, trefflichen Scenen, hervorstehenden Zügen, daß jeder auch ohne Merkstab genießen kann.« Mit derartiger Zustimmung begrüßte die zeitgenössische Kritik (›Frankfurter gelehrte Anzeigen‹, 26. 6. 1774) das Erscheinen der Buchausgabe, und manche hielten das Stück sogar für ein Werk GOETHES, an dessen *Götz von Berlichingen* (1773) sie das formal ebenfalls von dem Einfluß der Shakespeare-Begeisterung geprägte Drama erinnerte. Lenz übernahm von dem Engländer besonders die Technik der Kurzszenen und verzichtete auf die traditionelle klassische Lehre von den drei Einheiten. Um so fundierter wirkt die einzig aus der Wahrhaftigkeit der Charaktere und Situationen erwachsende Einheit der Handlung. Lenz' scharfes soziales Unterscheidungsvermögen bewahrte ihn vor Schwarzweißmalerei: Seine sarkastische Kritik an den *»Vorteilen der Privaterziehung«* und der Moral einer oberflächlichen und selbstgefälligen Gesellschaft hinderte ihn nicht daran, in dem Geheimen Rat einen

Vertreter des heftig angegriffenen Adels zum Fürsprecher seiner Ideen zu machen. Den Hauptgrund für die Domestikenposition des Hofmeisterstandes sah er in der verächtlichen Unterwürfigkeit des Bürgertums.

Der *Hofmeister* ist *»eine der frühsten Tragikomödien der deutschen Literaturgeschichte«*, und Lenz hat *»mit erstaunlichem Geschick diese schwankende Balance zwischen Tragischem und Komischem«* einzuhalten verstanden (Guthke). Hier beginnt die Entwicklung des sozialkritischen Milieudramas in Deutschland, die über Büchner, Grabbe, Wedekind und Sternheim hinführt zu Brecht, der das Stück durch seine entscheidende Bearbeitung (1950) zu neuem Leben erweckte. Er verschärfte die Tendenz und schuf ein sozialrevolutionäres Lehrstück. H.H.H.

Ausgaben: Lpzg. 1774. – Lpzg. 1828 (in *GS*, Hg. L. Tieck, 3 Bde., 1). – Lpzg. o. J. [ca. 1880] (Vorw. E. J. Groth; RUB). – Mchn./Lpzg. 1910 (in *GS*, Hg. F. Blei, 5 Bde., 1909–1913, 3). – Heidelberg ²1963 (in *Sturm u. Drang. Dramatische Schriften*, Hg. E. Loewenthal u. L. Schneider, 2 Bde., 1). – Stg. 1963 u. ö. (Nachw. K. S. Guthke; RUB). – Stg. 1966/67 (in *Werke u. Schriften*, Hg. B. Titel u. H. Haug, 2 Bde., 2). – Reinbek 1970 (in *Werke u. Schriften*, Hg. R. Daunicht; RKl). – Basel u. a. 1986 [synopt. Ausg. v. Hs. u. Erstdr.]. – Lpzg./Mchn. 1987 (in *Werke u. Briefe*, Hg. S. Damm, 3 Bde., 1). – Mchn. 1988 (in *Dramen*, Hg. E. Unglaub).

Bearbeitung: B. Brecht, *Der Hofmeister* (Urauff.: Berlin, 5. 4. 1950, Deutsches Theater).

Vertonung: M. Reverdey, *Le précepteur*, Oper (Libretto: H. U. Treichel, Urauff.: Mchn. 15. 5. 1990).

Literatur: W. Stammler, *Der »Hofmeister« von J. M. R. L.*, Diss. Halle 1908. – G. Unger, *L.' »Hofmeister«*, Diss. Göttingen 1949. – P. Rilla u. a., *Der »Hofmeister«* (in *Theaterarbeit. Sechs Aufführungen des Berliner Ensembles*, Hg. Berliner Ensemble – H. Weigel, Dresden 1952, S. 68–120). – K. S. Guthke, *L.' »Hofmeister« u. »Soldaten«. Ein neuer Formtypus in der Geschichte des dt. Dramas* (in WW, 9, 1959, S. 274–286). – H.-O. Burger, *L.: »Der Hofmeister«* (in *Das deutsche Lustspiel*, Hg. H. Steffen, Bd. 1, Göttingen 1968, S. 48–67). – F. B. Parkes, *Epische Elemente in J. R. M. L.' Drama »Der Hofmeister«*, Göppingen 1973. – M. Butler, *Character and Paradox in L.'s »Hofmeister«* (in GLL, 32, 1978/79, S. 95–103). – A. Huyssen, *Gesellschaftsgeschichte u. literarische Form: J. M. R. L. Komödie »Der Hofmeister«* (in MDU, 71, 1979, S. 131–144). – C. L. Lappe, *Wer hat Gustchens Kind gezeugt? Zeitstruktur u. Rollenspiel in L.' »Hofmeister«* (in DVLG, 54, 1980, S. 14–46). – W. Hinderer, *Gesellschaftskritik u. Existenzerhellung: »Der Hofmeister« von J. M. R. L.* (in W. H., *Über deutsche Literatur u. Rede. Historische Interpretationen*, Mchn. 1981, S. 66–94). – F. Werner, *Soziale Unfreiheit u. »bürgerliche Intelligenz« im 18. Jh. Der organisierende Gesichtspunkt in J. M. R. Lens Drama »Der Hofmeister«*, Ffm. 1981. – D. Grathoff, *Literarhistorische Ungleichzeitigkeiten. Der »Hofmeister« von L. zu Brecht* (in *Studien zur Ästhetik u. Literaturgeschichte der Kunstperiode*, Hg. ders., Ffm./Bern 1985, S. 163–207). – *Erläuterungen u. Dokumente. J. M. R. L. »Der Hofmeister«*, Hg. F. Voit, Stg. 1986 (RUB). – B. Becker-Cantarino, *J. M. R. L.' »Hofmeister«* (in *Dramen des Sturm und Drang. Interpretationen*, Stg. 1987, S. 33–56; RUB). – K. Bohnen, *Irrtum als dramatische Sprachfigur. Sozialzerfall und Erziehungsdebatte in J. M. R. L.' »Hofmeister«* (in OL, 42, 1987, S. 317–331).

DIE SOLDATEN. Eine Komödie

Komödie in fünf Akten von Jakob Michael Reinhold Lenz, erschienen anonym 1776. – Die Arbeit an dem Drama fällt in die Jahre 1774/75; Lenz weilte damals als Reisebegleiter der Offiziere von Kleist in Straßburg. Erlebnisse aus jener Zeit werden in dem Stück verarbeitet, so das gebrochene Heiratsversprechen des älteren Baron v. Kleist an eine Straßburger Goldschmiedstochter und Lenz' unerwiderte Liebe zu ihr.

Schauplätze der Handlung sind Lille, Armentières und Philippeville, Garnisonsstädtchen im damaligen Französisch-Flandern. Die Handlung setzt ein inmitten einer Briefschreibeszene zwischen Marie und Charlotte, den beiden Töchtern des Galanteriewarenhändlers Wesener. Baron Desportes, ein Offizier aus Armentières, erreicht sehr schnell – nach einigen gekünstelt-übertriebenen Schmeicheleien – Maries Zustimmung zu einem heimlichen Treffen. Der Vater willigt nachträglich aus Großmannssucht ein; den Tuchhändler Stolzius, fast schon Verlobter Maries, will man hinhalten. Es folgen Szenen aus dem Garnisonsleben in Armentières, das vom Hochmut und Intrigenspiel des adligen Offizierskorps gekennzeichnet ist. Maries Fehltritt mit dem Baron wird sprachgestisch angedeutet: Nach anfänglichem Sträuben stimmt sie in dessen zynische Schimpftiraden auf Stolzius, den »Hundejungen«, mit ein (II, 3). – Der dritte Akt besteht aus einer Sequenz knapper Augenblicksszenen: ein burleskes Liebesabenteuer des Offiziers Rammler; der über Maries Untreue verzweifelte Stolzius; die Nachricht von Desportes' Flucht unter Zurücklassung von Marie und ansehnlichen Geldschulden. Stolzius wird Ordonnanz bei Mary, dem Intimus von Desportes; Marie läßt sich auch mit Mary ein; die Gräfin La Roche versucht, Marie zu retten, und macht sie zu ihrer Gesellschafterin. Marie beschließt, Desportes zu suchen, und flieht aus dem Haus der Gräfin. Auch Wesener bricht auf, um den Baron zur Rechenschaft zu ziehen, für dessen Schulden er, Wesener, eingetreten ist. Desportes beauftragt einen seiner Jäger, Marie abzufangen und zu vergewaltigen. – Stolzius vergiftet Desportes und sich selbst in einem Akt diesseitiger Gerechtigkeit (*»Du bist gerochen, meine Marie! Gott kann mich nicht verdammen«*, V, 3). Wesener trifft auf seine halbverhungerte Tochter, die beiden sinken sich in die Arme. Das Drama schließt mit einigen Nachbetrachtungen, die man im Haus der Gräfin anstellt: Der *»furchtbaren Ehlosigkeit«* des Soldatenstandes soll durch *»Konkubinen, die allenthalben in den Krieg mitzögen«* abgeholfen werden.

Zentrales Thema des Stücks ist – neben der soldatischen Ehelosigkeit und der Sittenverderbtheit des adligen Offizierskorps – die Eitelkeit und Großmannssucht des Bürgertums. Marie zerbricht nicht allein an den Verführungskünsten Desportes', sondern auch an ihren eigenen Ambitionen, in denen sie von ihren Eltern komplizenhaft unterstützt wird. Die Kritik an Adel und Bürgertum ist also ineinander verschränkt – erst beiderseitiges Fehlverhalten führt zum dramatischen Konflikt. Das soziale Engagement des Sturm und Drang entsprang aus einem tiefen, antiaufklärerischen Zweifel an einem automatischen Kulturfortschritt. Bei Lenz führte dieser Zweifel zu einer Suche nach praktischen Lösungsvorschlägen für konkrete soziale Mißstände. Bald unzufrieden geworden mit seiner Idee der »Offizierskurtisanen«, verfaßte er nach dem Drama eine Schrift *(Über die Soldatenehen)*, worin er den Soldaten als verheirateten Staatsbürger zeichnet. Es wäre jedoch falsch, in Lenz einen frühen Sozialrevolutionär zu sehen. Er kritisiert weniger die Ständegesellschaft, sondern die durch einen einzelnen behebbaren Mißstand ausgelöste »unstatthafte« Beziehung über die Klassenschranken hinweg. Die Gräfin ist durchaus Sprachrohr Lenzens, wenn sie Marie vorwirft, sie habe sich *»über ihren Stand heraus ... nach einem Mann«* umgesehen. Soziales Ethos und Sozialreform sind für Lenz nur innerhalb einer festgefügten, gottgewollten Klassenhierarchie denkbar.

Aus dem Streben nach wahrheitsgetreuer kritischer Darstellung der Realität entwickelte Lenz jene ambivalente Dramenform, der er selbst die (vieldiskutierte) Gattungsbezeichnung »Komödie« verliehen hat. Dem literarhistorischen Stilgefühl entsprächen wohl eher Bezeichnungen wie *»Komitragödie«* (W. Höllerer) oder »Tragikomödie«. Symbolisch ist die Ambivalenz des Stils im Schlußbild verdichtet: Vater und Tochter *»wälzen sich halbtot* [vor Freude und Verzweiflung] *auf der Erde«* (Regieanweisung). Die Mischung von Komischem und Tragischem in den *Soldaten* entspricht aber Lenzens Theorie der Komödie als einem *»Gemälde der menschlichen Gesellschaft, und wenn die ernsthaft wird, kann das Gemälde nicht lachend werden«* (*Rezension des neuen Menoza, von dem Verfasser selbst aufgesetzt*, 1775). Dieser literarische Anspruch enthält zugleich eine Kritik an der gängigen Komödie, deren Fragwürdigkeit selber zum Thema des Stücks wird, wenn etwa Desportes den Besuch einer frivolen Komödie in seine Verführungsstrategie einplant oder wenn die Offiziere Rammler in eine raffiniert ausgeklügelte, laszive Komödie hineinmanövrieren.

Die neue Theorie der Komödie drang auch in den Aufbau des Stücks ein, der gewollt antiaristotelisch ist. Die drei Einheiten der Zeit, des Ortes und der Handlung werden bewußt zerschlagen. Zwischen dem ersten und dem letzten Akt liegen zwei Jahre; die Verschiedenheit der Schauplätze wäre vom Geschehen her nicht erforderlich; und die Episoden um Rammler sowie die Gespräche des Feldgeistlichen Eisenhardt sind nur thematisch, nicht handlungsmäßig integriert. Die neue Komödie soll die Welt spiegeln, wie sie ist: daher die Vielzahl der Szenen (35), die Hektik der Szenenfolge, ihre fragmentarische Ausschnitthaftigkeit. Das Drama ist zur Vergangenheit wie zur Zukunft hin »offen« – im Gegensatz zum aristotelisch-klassischen »geschlossenen« Dramentypus (V. Klotz). Die letzte Szene mit ihren theoretischen Erörterungen kann keineswegs als Abschluß der Handlung gelten, die mit dem Zusammentreffen von Vater und Tochter abrupt aufhört. Im Dienst der wirklichkeitsnahen Perspektive steht auch die für ihre Zeit einzigartige Sprachrealistik, die subtile Abhebung verschiedener, klassen- oder gefühlsmäßig bedingter Sprechstile (W. Höllerer).

Dramatischer Aufbau, Sprachstil und Realitätsschau der *Soldaten* weisen auf Georg BÜCHNER voraus, der sowohl in der Desillusionierung ethischer Werte wie auch in der Sozialkritik mit dem *Woyzeck* einen entscheidenden Schritt weitergegangen ist. Nach ihm lassen sich die jungen Dichter des Naturrealismus vom Dramenwerk Lenzens und seinen sozialkritischen Ideen inspirieren, und abermals fünfzig Jahre später analysiert BRECHT das geniale Seitenstück zu den *Soldaten*, den *Hofmeister*, und führt es mit großem Erfolg auf. M.Fru.

AUSGABEN: Lpzg. 1776 [anon.]. – Mchn./Lpzg. 1910 (in *GS*, Hg. F. Blei, 5 Bde., 1909–1913, 3). – Stg. 1957 u. ö. (Nachw. M. Windfuhr; RUB). – Heidelberg [2]1963 (in *Sturm u. Drang. Dramatische Schriften*, Hg. E. Loewenthal u. L. Schneider, 2 Bde., 1). – Stg. 1966/67 (in *Werke u. Schriften*, Hg. B. Titel u. H. Haug, 2 Bde., 2). – Reinbek 1970 (in *Werke u. Schriften*, Hg. R. Daunicht; RKl). – Lpzg./Mchn. 1987 (in *Werke u. Briefe*, Hg. S. Damm, 3 Bde., 1). – Mchn. 1988 (in *Dramen*, Hg. E. Unglaub).

BEARBEITUNG: H. Kipphardt, *Die Soldaten*, Ffm. 1968 (es).

VERTONUNG: B. A. Zimmermann, *Die Soldaten* (Oper; Urauff.: Köln 1965).

LITERATUR: A. Kutscher, *E. v. Bauernfelds »Soldatenliebchen« u. J. M. R. L.' »Soldaten«* (in Janus, 1911, Dez.). – *J. M. R. L., Über die Soldatenehen*, Hg. K. Freye, Bln. 1914. – H. M. Wolff, *The Controversy over the Theatre in L.' »Die Soldaten«* (in GR, 14, 1939, S. 159–164). – W. Höllerer, *L. »Die Soldaten«* (in *Das deutsche Drama*, Hg. B. v. Wiese, Bd. 1, Düsseldorf 1958, S. 127–146). – K. S. Guthke, *L.ens »Hofmeister« u. »Soldaten«. Ein neuer*

Formtypus in der Geschichte des deutschen Dramas (in WW, 9, 1959, S. 274–286). – *Erläuterungen u. Dokumente. J. M. R. L. »Die Soldaten«*, Hg. H. Krämer, Stg. 1974 (RUB). – E. MacInnes, *J. M. R. L.: »Die Soldaten«. Text, Materialien, Kommentare*, Mchn. 1977. – D. Mayer, *Vater u. Tochter. Anmerkungen zu einem Motiv im deutschen Drama der Vorklassik* (in Literatur für Leser, 1980, H. 3, S. 135–147). – P. M. Lützeler, *J. M. R. L.'»Die Soldaten«* (in *Dramen des Sturm und Drang. Interpretationen*, Stg. 1987, S. 129–159; RUB).

Gotthold Ephraim Lessing

* 22.1.1729 Kamenz
† 15.2.1781 Braunschweig

Literatur zum Autor:
Bibliographien und Forschungsberichte:
K. S. Guthke, *Der Stand der L.-Forschung. Ein Bericht über die Lit. 1932–1962*, Stg. 1965. – *G. E. L.*, Hg. G. u. S. Bauer, Darmstadt 1968; [2]1986 (WdF). – *L.-Bibliographie*, Bearb. S. Seifert, Bln./Weimar 1973. – *Bausteine zu einer Wirkungsgeschichte. G. E. L.*, Hg. H.-G. Werner, Bln./Weimar 1984. – W. Albrecht, *L.-Forschung 1979–1983* (in WB, 31, 1985, S. 670–679). – *L.-Bibliographie 1971–1985*, Bearb. D. Kuhles u. a., Bln./DDR 1988.
Zeitschrift:
L. Yearbook, Hg. G. Stern, G. Merkel u. J. Glenn, Mchn. 1969 ff. [ab 12, 1980 Mchn./Detroit].
Biographien:
Th. W. Danzel, *G. E. L. Sein Leben u. seine Werke*, 2 Bde., Bln. 1880/81 [Bd. 2, B. E. Guhrauer]. – E. Schmidt, *L. Geschichte seines Lebens u. seiner Schriften*, 2 Bde., Bln. 1884–1892; ern. 1923 [Nachdr. Hildesheim u. a. 1983]. – K. G. Lessing, *G. E. L.s Leben*, Hg. u. Einl. F. Lachmann, Lpzg. 1888 (RUB; zuerst Bln. 1793). – F. v. Biedermann, *G. E. L.s Gespräche nebst sonstigen Zeugnissen aus seinem Umgang*, Bln. 1924. – H. Schneider, *L. Zwölf biographische Studien*, Bln. 1951. – W. Drews, *G. E. L. in Selbstzeugnissen u. Bilddokumenten*, Reinbek 1962; zul. 1987 (rm). – F. A. Brown, *G. E. L.*, NY 1971. – R. Daunicht, *L. im Gespräch. Berichte u. Urteile von Freunden u. Zeitgenossen*, Mchn. 1971. – D. Hildebrandt, *L. Biographie einer Emanzipation*, Mchn./Wien 1979 (ern. Ffm./Bln. 1982; Ullst. Tb). – G. Hillen, *L. Chronik. Daten zu Leben u. Werk*, Mchn. 1979. – G. Rudloff-Hille, *G. E. L.s Lebensweg. Kurzgefaßte Chronik aus Zitaten u. Kommentaren*, Kamenz 1982.
Gesamtdarstellungen und Studien:
Ch. G. Schütz, *Ueber G. E. L.s Genie u. Schriften. In drei akad. Vorlesungen*, Halle 1782. – F. Lassalle, *G. E. L. vom culturhistorischen Standpunkt*, Lpzg. [3]1880. – *L. im Urtheile seiner Zeitgenossen. Zeitungskritiken, Berichte u. Notizen. L. u. seine Werke betreffend, aus den Jahren 1747–1781*, Hg. J. Braun, 3 Bde., Bln. 1884–1897; Nachdr. Hildesheim 1969. – F. Mehring, *Die L.-Legende. Eine Rettung*, Stg. 1893 (ern. Ffm./Bln. 1974; Ullst. Tb). – W. Dilthey, *L.* (in W. D., *Das Erlebnis u. die Dichtung*, Bln. 1905; Göttingen [15]1970, S. 18–123). – W. Oehlke, *L. u. seine Zeit*, 2 Bde., Mchn. 1919. – J. Clivio, *L. u. das Problem der Tragödie*, Zürich 1928. – H. Rempel, *Tragödie u. Komödie im dramatischen Schaffen L.s*, Bln. 1935; Nachdr. Darmstadt 1967. – H. Thielicke, *Offenbarung, Vernunft und Existenz. Studien zur Religionsphilosophie L.s*, Gütersloh 1936; [3]1957 [erw. u. überarb.]. – W. Rehm, *Winckelmann u. L.*, Bln. 1941 (auch in W. R., *Götterstille u. Göttertrauer*, Bern 1951, S. 183–201). – O. Mann, *L. Sein u. Leistung*, Hbg. 1949. – P. Rilla, *L. u. sein Zeitalter*, Bln./DDR 1958; ern. Bln./Weimar 1981. – H. J. Schrimpf, *L. u. Brecht. Von der Aufklärung auf dem Theater*, Pfullingen 1965. – W. Ritzel, *G. E. L.*, Stg./Bln. 1966; ern. Mchn. 1978. – K. S. Guthke u. H. Schneider, *G. E. L.*, Stg. 1967 (Slg. Metzler; erw. u. überarb. [3]1979). – *L. – ein unpoetischer Dichter*, Hg. u. Komm. H. Steinmetz, Mchn. 1969. – I. Strohschneider-Kohrs, *Vom Prinzip des Maßes in L.s Kritik*, Stg. 1969. – *L. contra Goeze*, Hg. H. L. Arnold, Mchn. 1970 (Text + Kritik). – H. Göbel, *Bild u. Sprache bei L.*, Mchn. 1971. – O. Mann u. R. Straube-Mann, *L.-Kommentar*, 2 Bde., Mchn. 1971. – J. Schröder, *G. E. L. Sprache u. Drama*, Mchn. 1972. – W. Barner, *Produktive Rezeption. L. u. die Tragödien Senecas*, Mchn. 1973. – H. C. Seeba, *Die Liebe zur Sache. Öffentliches u. privates Interesse in L.s Dramen*, Tübingen 1973. – K. Bohnen, *Geist u. Buchstabe. Zum Prinzip des krit. Verfahrens in L.s literarästhetischen u. theologischen Schriften*, Köln/Wien 1974. – A. Schilson, *Geschichte im Horizont der Vorsehung. G. E. L.s Beitrag zu einer Theologie der Geschichte*, Mainz 1974. – M. Gräfin Hoensbroech, *Die List der Kritik. L.s kritische Schriften u. Dramen*, Mchn. 1976. – U. Otto, *L.s Verhältnis zur frz. Darstellungstheorie*, Ffm./Bern 1976. – V. Riedel, *L. u. die römische Literatur*, Weimar 1976. – *L. in heutiger Sicht. Beiträge zur internat. L.-Konferenz, Cincinnati, Ohio 1976*, Bremen 1977. – A. Neuhaus-Koch, *G. E. L. Die Sozialstrukturen in seinen Dramen*, Bonn 1977. – P. H. Neumann, *Der Preis der Mündigkeit. Über L.s Dramen*, Stg. 1977. – V. Nölle, *Subjektivität u. Wirklichkeit in L.s dramatischem u. theologischem Werk*, Bln. 1977. – U. Schulz, *L. auf der Bühne. Chronik der Theateraufführungen 1748–1789*, Wiesbaden 1977. – L. Wessell, *G. E. L.'s Theology. A Reinterpretation: A Study in the Problematic Nature of Enlightenment*, Paris 1977. – M. Bollacher, *L. Vernunft u. Geschichte. Untersuchungen zum Problem religiöser Aufklärung in den Spätschriften*, Tübingen 1978. – E. Heftrich, *L.s Aufklärung. Zu den theologisch-philosophischen Spätschriften*, Ffm. 1978. – K. Hüskens-Hasselbeck, *Stil u. Kritik. Dialogische*

Argumentation in L.s philosophischen Schriften, Mchn. 1978. – W. Ritzel, *L. Dichter – Kritiker – Philosoph*, Mchn. 1978. – O. Hasselbeck, *Illusion u. Fiktion. L.s Beitrag zur poetologischen Diskussion über das Verhältnis von Kunst u. Wirklichkeit*, Mchn. 1979. – *L. im Spiegel der Theaterkritik 1945–1979*, Hg. D. Diederichsen u. B. Rudin, Bln. 1980. – S. Maurer-Schmoock, *L. u. die Bühne seiner Zeit*, Diss. Tübingen 1980. – F. W. O. Röhrs, *Narrative Strukturen in L.s Dramen*, Hbg. 1980. – *Das Bild L.s in der Geschichte*, Hg. H. G. Göpfert, Heidelberg 1981. – *L. heute. Beiträge zur Wirkungsgeschichte*, Hg. E. Dvoretzky, Stg. 1981. – F. J. Lamport, *L. and the Drama*, Oxford 1981. – A. M. Reh, *Die Rettung der Menschlichkeit. L.s Dramen in literaturpsychologischer Sicht*, Bern/Mchn. 1981. – H. Schnierle, *G. E. L.*, Salzburg 1981. – H. Thielikke, *Vernunft u. Existenz bei L. Das Unbedingte in der Geschichte*, Göttingen 1981. – *Humanität u. Dialog. L. u. Moses Mendelssohn in neuer Sicht*, Hg. E. Bahr u. a. Mchn./Detroit 1982 (L. Yearbook, Sonderbd.). – *L. Nachruf auf einen Aufklärer. Sein Bild in der Presse der Jahre 1781, 1881 u. 1981*, Hg. K. Bohnen, Mchn. 1982. – *L. u. Spinoza*, Hg. Th. Höhle, Halle/Saale 1982. – H.-M. Schmidt, *Sinnlichkeit u. Verstand. Zur philosophischen u. poetologischen Begründung von Erfahrung u. Urteil in der dt. Aufklärung*, Mchn. 1982. – C. Albert, *Der melancholische Bürger. Ausbildung bürgerlicher Deutungsmuster im Trauerspiel Diderots u. L.s*, Ffm. 1983. – W. Jens, *In Sachen L. Vorträge u. Essays*, Stg. 1983 (RUB). – B. Wehrli, *Kommunikative Wahrheitsfindung. Zur Funktion der Sprache in L.s Dramen*, Tübingen 1983. – *Nation u. Gelehrtenrepublik. L. im europ. Zusammenhang*, Hg. W. Barner u. A. M. Reh, Mchn./Detroit 1984 (L. Yearbook, Sonderbd.). – M. Durzak, *Zu G. E. L. Poesie im bürgerlichen Zeitalter*, Stg. 1984. – M. Kommerell, *L. u. Aristoteles. Untersuchungen über die Theorie der Tragödie*, Ffm. 51984 [m. Berichtigungen u. Nachweisen; zuerst 1940]. – W. Rülskamp, *Dramaturgie ohne Publikum. L.s Dramentheorie u. die zeitgenöss. Rezeption von »Minna von Barnhelm« u. »Emilia Galotti«*, Köln/Wien 1984. – J. Bark, *G. E. L. Leben u. Werk*, Stg. 1986. – J. Jacobs, *L. Eine Einführung*, Mchn./Zürich 1986 [m. Bibliogr.]. – P. Pütz, *Die Leistung der Form. L.s Dramen*, Ffm. 1986. – G. Ter-Nedden, *L.s Trauerspiele. Der Ursprung des mod. Dramas aus dem Geist der Kritik*, Stg. 1986. – W. Barner u. a., *L. Epoche – Werk – Wirkung*, Mchn. 51987 [neu bearb.]. – E. M. Knodt, *»Negative Philosophie« u. dialog. Kritik. Zur Struktur poet. Theorie bei L. u. Herder*, Tübingen 1988. – K. A. Wurst, *Familiale Liebe ist die »wahre Gewalt«. Die Repräsentation der Familie in L.s dramat. Werk*, Amsterdam 1988 [zugl. Diss. Univ. of Ohio 1985; vgl. Diss. Abstracts, 46, 1985/86, S. 2705A].

DAS LYRISCHE WERK von Gotthold Ephraim LESSING.

Während der Dramatiker Lessing, etwa durch *Minna von Barnhelm*, bis heute auf der Bühne präsent ist und auch der Aufklärer Lessing in Festreden weiterhin gerne als Vorbild angeführt wird, geriet der Lyriker Lessing bald schon in Vergessenheit. Nicht nur, weil er Gedichte fast nur in seinen Jugendjahren schrieb, sondern auch, weil sein lyrisches Werk – wie auch sein frühes dramatisches Werk – noch weitgehend den poetischen Konventionen verhaftet blieb, wie sie vor der Zeit GOETHES gültig waren. Für die Nachwelt änderte sich das Verständnis von Lyrik entscheidend durch Goethe und sein Bemühen, sich als individuelles Ich in lyrischer Unmittelbarkeit zu manifestieren und ein authentisches Zeugnis seiner Befindlichkeit zu geben. Davon ist Lessings Lyrik weit entfernt; ganz im Sinne des rationalistischen Zeitalters sind seiner Lyrik statt *»Stimmung Kalkül, statt Empfindung Vernunftschluß und statt Wortzauber Wortspiele und Pointen«* zu eigen: *»Für die Lyrik selbst bedeutete dies eine Dominanz der spielerischen, der witzigen und der lehrhaften Typen: der leichten Lieder, der Epigramme, der Fabeln und der schwergewichtigen Lehrdichtung. Just diese Gattung hat Lessing gepflegt und anders als über die Tradition dieser Gattungen wird man Lessings Lyrikproduktion nicht gerecht«* (G. E. Grimm).

Während Lessing zeit seines Lebens Epigramme verfaßte, wenn auch der größte Teil seinem Frühwerk zuzurechnen ist, entsteht seine übrige Lyrik ausschließlich in seiner Jugendzeit bis hinein in die fünfziger Jahre des 18. Jh.s. Dies gilt vor allem für seine Lieder, deren erste selbständige Sammlung, *Kleinigkeiten*, 1751 erschien und 65 Gedichte enthielt, die in der Ausgabe der *Schriften* (1753) und in den *Vermischten Schriften* von 1771 noch Ergänzungen fanden. Lessing steht hier völlig in der Tradition der Anakreontik, jenem Genre leichter Liebes- und Trinklieder, die man seit dem 16. Jh. auf den Griechen ANAKREON (6. Jh. v. Chr.) zurückführte. In Lessings Lied *Nach der 15. Ode Anakreons* heißt es programmatisch: *»Was soll ich hier, so lang ich bin, / Mich um die Zukunft kränken? / Ich will mit kummerlosem Sinn / Auf Wein und Liebe denken. // Denn plötzlich steht er da, und spricht, / Der grimme Tod: ›Von dannen!‹ / Du trinkst, du küssest länger nicht! / Trink aus! küß aus! Von dannen!«* Der Lobpreis der Geselligkeit und des Lebensgenusses verbindet sich mit der Feier des Leipziger Freundeskreises um Lessing und seinen Vetter MYLIUS, für dessen Zeitschrift ›Der Naturforscher‹ ebenfalls zahlreiche Lieder entstehen. Weder für die Kritiker noch für das Vaterland verfasse er seine Lieder, so betont Lessing in seinem Gedicht *Für wen ich singe*; seine Adressaten seien die Leipziger Freunde: *»Ich singe nur für euch, ihr Brüder / Die ihr den Wein erhebt, wie ich. / Für euch, für euch sind meine Lieder. / Singt ihr sie nach: o Glück für mich!«* Diese Form der Lyrik zählte im 18. Jh. zu den gängigen literarischen Mustern und diente auch als Plattform für poetologische Diskussionen, während die Nachwelt rasch über ihren Stereotypen ermüdete. Allerdings finden sich auch bei Lessing bereits ironische Wendungen gegenüber der Anakreontik *(Der Geschmack der Alten)*, weshalb

K. Briegleb seine Lieder auch mit dem Begriff *»kritisches Rokoko«* zu charakterisieren suchte und H. Zeman einen *»ersten, weitgehend unreflektierten Neuansatz in der deutschen Lyrik«* sich entfalten sah, vor der Bekenntnislyrik eines Herder oder Goethe. Lessing selbst äußert sich 1753 in der Ausgabe seiner *Schrifften: »Diese Lieder enthalten nichts, als Wein und Liebe, nichts als Freude und Genuß ... Man nenne sie jugendliche Aufwallungen einer leichtsinnigen Moral, oder man nenne sie poetische Nachbildung niemals gefühlter Regungen; ... man gebe ihnen entweder einen allzuwahren Grund, oder man gebe ihnen gar keinen: alles wird mir einerley seyn. Genug sie sind da, und ich glaube, daß man sich dieser Art von Gedichten so wenig als einer andern, zu schämen hat.«*

Neben seinen Liedern sowie rund 15 Oden, die Lessing selbst sehr zurückhaltend beurteilte und von denen ein Großteil während seiner Herausgeberschaft des ›Gelehrten Artikels‹ in der ›Berlinischen privilegierten Zeitung‹ zu Ereignissen wie Neujahr oder den königlichen Geburtstagen entstanden, sind es vor allem die Epigramme, die den Großteil seiner lyrischen Produktion ausmachen. Insgesamt hinterließ er mehr als 200 Epigramme, von denen eine erste Sammlung wiederum in den *Schrifften* von 1753 erschien. Neben der *Anthologia Graeca*, einer umfangreichen Sammlung griechischer Epigramme, fungiert vor allem der Epigrammatiker Martial als Vorbild, der – so Lessing in seinen *Zerstreuten Anmerkungen über das Epigramm* – als erster diese Gattung, die zunächst nichts anderes als Inschriften oder Merkverse meinte, ins Satirisch-Pointenreiche wandelte, wie es schließlich auch in der deutschen Barockliteratur populär wurde, bei M. Opitz, der das Epigramm als *»kurze Satyra«* charakterisierte, oder bei Logau, dessen Werk Lessing zusammen mit K. W. Ramler 1759 edierte. Die knappe, satirisch zugespitzte Form ist das Kennzeichen der Lessingschen Epigramme, die den Leser wie *»ein Brandmahl«* schmerzen sollen durch die ihnen implizite Kritik, ohne daß diese sich in Gestalt von Lehr- oder Moralsätzen präsentiert. Neben der Verhöhnung gesellschaftlich verwerflicher Verhaltensweisen oder von einzelnen Zeitgenossen gehört auch die politische Kritik *(Hinz und Kunz; Auf ein Karussell)* zu Lessings Themen, wobei er sich jedoch ebenfalls in den Konventionen des 18. Jh.s bewegt. Zu seinen bekanntesten Epigrammen gehören vielleicht *Die Sinngedichte an den Leser: »Wer wird nicht einen 'Klopstock' loben? / Doch wird ihn jeder lesen? – Nein. / Wir wollen weniger erhoben, / Und fleißiger gelesen sein.«* Bei den Zeitgenossen fanden Lessings Epigramme durchaus Anklang, nach Herders Zeugnis waren *»viele seiner Sinngedichte ... als Proben des glücklichsten Witzes in Lehrbüchern und sogar in der Gesellschaft gang und gäbe«*, wobei Lessing in der Form seiner Epigramme von den antiken, meist als Distichon gebildeten, zweizeiligen Vorlagen abweicht und auch längere, mehrstrophige Gedichte der Gattung zurechnet.

Ebenfalls noch völlig der Tradition verhaftet sind Lessings frühe gereimte Fabeln, die im Gegensatz zu den späteren Prosastücken eine individuelle Originalität noch vermissen lassen und dies so wenig anstreben wie die ebenfalls früh entstandenen zehn, allerdings weitgehend Fragment gebliebenen Lehrgedichte, ebenfalls eine bevorzugte Gattung der frühen Aufklärungszeit. Zu seinen Lehrgedichten äußerte sich Lessing selbst in seinen *Schriften*, in die er sie aufnahm, negativ, seine gereimten Fabeln schied er aus seiner Fabelsammlung von 1759 weitgehend aus. Tatsächlich ist Lessings lyrisches Werk nachvollziehbar nur vor dem historischen Hintergrund, vor dem es entstand und der seine Brechung spätestens in der Goethezeit erlebte, vor allem hinsichtlich der Betonung der Originalität. Lessing selbst, in der Vorrede zu seinen *Schriften* hebt er dies ausdrücklich hervor, ist in seinen frühen Jahren den etablierten Vorbildern verpflichtet, und was etwa Paul Albrecht in seinem sechsbändigen Werk *Lessings Plagiate* (1888–1891) zum Vorwurf stilisiert, war den zeitgenössischen Rezensenten offensichtlich; der nicht namentlich genannte Rezensent des ›Magazins der deutschen Critik‹ (Halle 1772) bemerkt zur Neuausgabe von Lessings *Vermischten Schriften* (1771) am Beispiel der Epigramme lobend: *»Die meisten der Leßingschen Sinngedichte, sind Copien älterer Dichter, und der besten Epigrammatisten. Er weiß sich die Schätze der andern aber ganz eigen zu machen, und ahmt so nach, daß man kaum an das Original denkt, welches oft durch die Nachahmung verschönert wird.«* M.Pr.

Ausgaben: *Kleinigkeiten*, Ffm./Lpzg. 1751. – In *Schrifften*, Tl. 1 u. 2, Bln. 1753. – In *Vermischte Schriften*, Tl. 1, Bln. 1771. – In *Vermischte Schriften*, Tl. 2, Bln. 1784. – In *SS*, Hg. K. Lachmann u. F. Muncker, Bd. 1, Stg. 1886; Nachdr. Bln. ³1968 [rev.]. – In *Werke*, Hg. J. Petersen u. W. v. Olshausen, Bd. 1, Bln. 1925; Nachdr. Hildesheim 1970. – In *Werke*, Hg. K. Wölfel, Bd. 1, Ffm. 1967. – In *GW*, Hg. P. Rilla, Bd. 1, Bln./Weimar ²1968. – In *Werke*, Hg. H. G. Göpfert, Bd. 1, Mchn./Darmstadt 1970. – In *Werke*, Hg. ders., Bd. 1, Mchn. 1982. – *Sämtliche Gedichte*, Hg. u. Nachw. G. E. Grimm, Stg. 1987 (RUB). – In *Werke u. Briefe*, Hg. W. Barner u. a., Bd. 1, Hg. J. Stenzel, Ffm. 1989.

Literatur: P. Albrecht, *L.s Plagiate*, 6 Bde., Hbg./Lpzg. 1888–1891. – W. Heuschkel, *Untersuchungen über Ramlers u. L.s Bearbeitung von Sinngedichten Logaus*, Diss. Jena 1901. – M. Friedländer, *Das deutsche Lied im 18. Jh.*, 2 Bde., Stg./Bln. 1902. – K. Briegleb, *L.s Anfänge 1742–1746. Zur Grundlegung kritischer Sprachdemokratie*, Ffm. 1971. – W. Pelters, *Zu L.s Liedern* (in *Wahrheit u. Sprache. Fs. für Bert Nagel*, Göppingen 1972, S. 105–112). – H. Zeman, *Die deutsche anakreontische Dichtung*, Stg. 1972. – H. D. Becker, *Untersuchungen zum Epigramm L.s*, Düsseldorf 1977. – H. P. Woessner, *L. u. das Epigramm*, Neuhausen a. Rhf. 1978. – Th. Höhle, *Der Gesang vom König u. das Märchen vom blutigen Tiger. Zum Thema ›L. u. Preußen‹* (in GJb, 98, 1981, S. 49–61). – G. Busch, *L.s Bedeutung für die Entwicklung des dt. Kunstliedes im 18. Jh.* (in *Humanität u. Dialog. L. u. Mendelssohn in neuer Sicht*, Hg. E. Bahr u. a., Mchn./Detroit 1982, S. 353–371). – E. Leibfried, *Fabel*, Stg. ⁴1982 (Slg. Metzler). – W. Jens, *Ein Mann von Witz. Zwei Interpretationen* (in W. J., *In Sachen L.*, Stg. 1983, S. 157–163).

EMILIA GALOTTI

Trauerspiel in fünf Aufzügen von Gotthold Ephraim Lessing, begonnen 1757, vollendet 1771/72, Uraufführung: Braunschweig, 13. 3. 1772. – Das in Prosa geschriebene Stück nimmt ein häufig gestaltetes Dramenmotiv auf, das auf den antiken Historiker Livius zurückgeht: Die junge, unschuldige Römerin Virginia wird von ihrem Vater Virginius getötet, weil er sie nur so vor den Nachstellungen des Decemvirn Appius Claudius bewahren kann. Ihr Tod ist der Anlaß zu einem Volksaufstand. Hiervon abweichend skizziert Lessing in einer frühen brieflichen Äußerung (an Nicolai vom 21. 1. 1758) den Plan seines Stückes zunächst so: *»Er – der junge Tragikus* [d. h. Lessing selbst] *– hat nämlich die Geschichte der römischen Virginia von allem dem abgesondert, was sie für den ganzen Staat interessant machte; er hat geglaubt, daß das Schicksal einer Tochter, die von ihrem Vater umgebracht wird, dem ihre Tugend werter ist, als ihr Leben, für sich schon tragisch genug, und fähig genug sei, die ganze Seele zu erschüttern, wenn auch gleich kein Umsturz der ganzen Staatsverfassung darauf folgte.«* Diese »unpolitische« Konzeption hat Lessing später jedoch teilweise aufgegeben: *Emilia Galotti* wurde eines der ersten politischen Dramen der neueren deutschen Literatur, das die folgende Generation der Stürmer und Dränger beeinflußte, vor allem den jungen Schiller und, wenn auch distanzierter, den jungen Goethe; in dessen *Werther* liest der Held vor seinem Selbstmord dieses Schauspiel.

Der liebenswürdig-gewissenlose Hettore Gonzaga, Prinz von Guastalla – einem zeitgenössischen italienischen Duodezfürstentum –, ist seiner Geliebten, der Gräfin Orsina, in dem Augenblick überdrüssig geworden, als er Emilia Galotti kennengelernt hat. Er muß jedoch erfahren, daß ihre Hochzeit mit dem Grafen Appiani unmittelbar bevorsteht. Ein Versuch, die Heirat aufzuschieben, mißlingt: Graf Appiani lehnt den Auftrag, sogleich als Gesandter ins Ausland zu gehen, ab. Mit unausgesprochener Billigung des Prinzen hat dessen Kammerherr Marinelli inzwischen jedoch schon einen heimtückischen Anschlag vorbereitet: Seine maskierten Bediensteten überfallen das Paar auf dem Wege zur Trauung; Appiani wird im Kampf tödlich verwundet, Emilia und ihre Mutter Claudia werden in das nahe prinzliche Lustschloß Dosalo gebracht. Der Prinz, der sie dort bereits ungeduldig erwartet, hofft, den Überfall als die Tat von Wegelagerern hinstellen zu können. Emilia erschrickt, als sie den Prinzen wiedersieht, der sie bereits am Morgen in der Kirche angesprochen und ihr seine leidenschaftliche Liebe bekannt hat, aber abgewiesen worden ist; ihre Mutter durchschaut bald den wahren Zusammenhang. Kurz darauf treffen die Gräfin Orsina und Emilias rechtschaffen-strenger Vater Odoardo im Schloß ein. Die empörte Orsina verständigt Odoardo von Appianis Tod und der Gefahr, die seiner Tochter droht, und händigt dem Waffenlosen ihren eigenen Dolch aus, mit dem er Appiani und sie rächen und den Prinzen niederstechen soll. Er verzichtet darauf, aber an seinem unbeugsamen bürgerlichen Ehrgefühl scheitern auch alle Überredungskünste Marinellis und des Prinzen. Seinem Wunsch, Emilia in ein Kloster zu schicken, begegnet der Prinz mit der selbstherrlichen Anordnung, sie zunächst dem Gewahrsam seines Kanzlers Grimaldi anzuvertrauen, bis der Überfall völlig aufgeklärt sei. Emilia, die den Prinzen zwar verabscheut, aber dennoch seiner Verführung zu erliegen fürchtet, beschwört Odoardo, ihr den Dolch zu überlassen, um sich zu töten. *»Gewalt! Gewalt! wer kann der Gewalt nicht trotzen? Was Gewalt heißt, ist nichts. Verführung ist die wahre Gewalt. – Ich habe Blut, mein Vater; so jugendliches, so warmes Blut, als eine. Auch meine Sinne sind Sinne. Ich stehe für nichts. Ich bin für nichts gut. Ich kenne das Haus der Grimaldi. Es ist das Haus der Freude. Eine Stunde da, unter den Augen meiner Mutter – und es erhob sich so mancher Tumult in meiner Seele, den die strengsten Übungen der Religion kaum in Wochen besänftigen konnten … Geben Sie mir, mein Vater, geben Sie mir diesen Dolch.«* Der zunächst zögernde Vater entschließt sich erst, als sie ihm das Beispiel des römischen Virginius vorhält, und ersticht sie. Der entsetzte Prinz erkennt seine Schuld, schiebt aber alle Verantwortung auf Marinelli: *»Geh, dich auf ewig zu verbergen! – Ist es, zum Unglücke so mancher, nicht genug, daß Fürsten Menschen sind: müssen sich auch noch Teufel in ihren Freund verstellen?«*

Die Handlung spielt zwischen dem frühen Morgen und dem Abend eines einzigen Tages, zunächst in der Residenz, dann in Emilias Elternhaus, schließlich im Lustschloß des Prinzen. Lessing versuchte, seine in der *Hamburgischen Dramaturgie* vorgetragenen Forderungen zur Erneuerung der deutschen Bühne mit einem Stück zu verwirklichen, das dem deutschen Theater die Intensität und den Ernst der Kunst Shakespeares gewinnen sollte. Wenn auch, dem frühen Plan des Stückes entsprechend, auf die Machenschaften des Prinzen und seines Höflings kein *»Umsturz der ganzen Staatsverfassung«* folgt, so ist die Wendung gegen feudalistische Machtanmaßung und Willkür dennoch eindeutig. Die Liebesbeziehungen des Prinzen zu Orsina und Emilia werden von der tief eingewurzelten Vorstellung der Käuflichkeit und der Beherrschbarkeit durch Macht bestimmt; als die nahe Hochzeit Emilias keinen anderen Ausweg offenläßt, vertraut der Prinz sich der willfährigen, eiskalten »Vernichtungsstrategie« Marinellis ebenso unbedenklich an, wie er sich später seiner wieder entledigt – er ist der absolute Herrscher, dessen vorgegebene »Rolle« von seinen Handlungen nicht berührt wird. Diesem feudalistischen Prinzip steht das erwachende, in Emilia und ihrem Vater verkörperte Bürgertum gegenüber, das sich nicht länger beherrschen lassen will, den Gegensatz aber nicht revolutionär, sondern durch ein Selbstopfer aufhebt, ein Opfer, für das die sterbende Emilia das Bild der Rose findet, die gebrochen wird, *»bevor der Sturm sie entblättert«*.

Die Familie fällt, und dies ist der im Mittelpunkt stehende Vorwurf des Stückes, den Ränken des despotischen Herrschers zum Opfer, obgleich diese Familie, in Gestalt von Emilias Vater wie des Grafen Appiani, sich der Welt des Hofes schon weitgehend entzogen hat und ihre Utopie in einem unberührten Landleben sucht, jenseits aller höfischen Anerkennung, wie es in *Minna von Barnhelm* schließlich auch Major Tellheim erstrebte. Dennoch bleibt die Familie Galotti nicht ohne eigene Widersprüche. Odoardo repräsentiert ganz den herkömmlichen Patriarchen, der seinerseits seine Tochter in jenem Zustand der unmündigen Weltferne hält und ihr keine Möglichkeit läßt, die Versuchungen zu bestehen, in die sie gerät *(»Ich habe Blut, mein Vater; so jugendliches, so warmes Blut, als eine. Auch meine Sinne, sind Sinne. Ich stehe für nichts«)*. Die Forschung hat darin teils ein unbewußtes Einverständnis mit den Verführungskünsten des Prinzen, teils eine Reaktion auf die anerzogene *»biblische Ideologie der tödlichen Gefahren der sozialen Welt«* (A. Wierlacher) gesehen. Umstritten von jeher war auch der Schluß des Dramas, der, anders als die antike Vorlage, jeder politischen Konsequenz zu entbehren scheint und daher teils als Vertröstung auf eine jenseitige Erlösung, aber auch als Kritik Lessings an der unpolitischen Haltung des deutschen Bürgertums gedeutet wurde. Auf das bürgerliche Publikum des 18. Jh.s schien diese Familientragödie zudem nur in begrenztem Maße mitleiderweckend gewirkt zu haben; übereinstimmend berichten Augenzeugen von durchaus erheiterten Theaterbesuchern, und auch F. Schlegels eher kühleres Wort, wonach dieses Stück ein *»großes Exempel dramatischer Algebra«* darstelle, zeugt davon, daß Lessing seine in der *Hamburgischen Dramaturgie* selbst erhobenen Forderungen an das Trauerspiel mit seiner *Emilia Galotti* nicht einlösen konnte. Ein Umstand, der dem Autor sehr wohl bewußt war: *»Daß er die Kritik nicht für ein neues, besseres Stück genutzt hat, mag mit seinem erschütterten Glauben an die Möglichkeit des Mediums Theater, mit seiner Enttäuschung über die Entwicklung des Theaterwesens und mit seinen persönlichen Schwierigkeiten als Bibliothekar in Wolfenbüttel zusammenhängen«* (W. Barner). H.H.H.-KLL

Ausgaben: Bln. 1772 [Nachdr. in *»Emilia Galotti« in der zeitgenössischen Rezeption* Lpzg. 1981]. – Stg. 1886 (in *SS*, Hg. K. Lachmann u. F. Muncker, 23 Bde., 1886–1924, 2; Nachdr. Bln. ³1968; rev.). – Bln. 1925 (in *Werke*, Hg. J. Petersen u. W. v. Olshausen, 30 Bde., 1925 1935, 2; Nachdr. Hildesheim 1970). – Oxford 1946, Hg., Einl. u. anm. E. L. Stahl. – Reinbek 1962 u. ö. (zus. m. *Minna von Barnhelm* u. *Nathan der Weise*; Essay u. Bibliogr. A. Elschenbroich; RKl). – Ffm. 1967 (in *Werke*, Hg. K. Wölfel, 3 Bde., 1). – Bln./Weimar ²1968 (in *GW*, Hg. P. Rilla, 10 Bde., 2). – Stg. 1971 u. ö. (RUB). – Mchn. 1971 (in *Werke*, Hg. H. G. Göpfert ders., 8 Bde., 1970–1978, 2). – Mchn. 1982 (in *Werke*, Hg. ders., 3 Bde., 1).

Literatur: M. Claudius, *»Emilia Galotti«, ein Trauerspiel*, Bln. 1772 (in *Meisterwerke dt. Literaturkritik*, Bd. 1, Hg. H. Mayer, Bln. 1954, S. 341 f.; ern. Ffm. 1978, S. 359 f.; FiTb). – H. Steinhauer, *The Guilt of Emilia Galotti* (in JEGPh, 48, 1949, S. 173–185; dt. in *Interpretationen. Bd. 2. Deutsche Dramen von Gryphius bis Brecht*, Hg. J. Schillemeit, Ffm. 1971, S. 49–60). – E. L. Stahl, *L.s »Emilia Galotti«* (in *Das deutsche Drama*, Hg. B. v. Wiese, Bd. 1, Düsseldorf 1958, S. 101–112). – E. Dvoretzky, *The Reception of L.'s »Emilia Galotti«, 1772–1900*, Diss. Cambridge/Mass. 1959. – W. Kraft, *»Emilia Galotti«* (in NRs, 72, 1961, S. 198–232). – E. Dvoretzky, *The Enigma of »Emilia Galotti«*, Den Haag 1963. – M. Durzak, *Das Gesellschaftsbild in L.s »Emilia Galotti«* (in M. D., *Poesie u. Ratio. Vier L.-Studien*, Bad Homburg 1970, S. 69–104). – *G. E. L.: »Emilia Galotti«. Erläuterungen u. Dokumente*, Hg. J.-D. Müller, Stg. 1971 (RUB). – W. Fischer, *G. E. L.: »Emilia Galotti«*, Ffm. u. a. ³1972. – K.-D. Müller, *Das Erbe der Komödie im bürgerlichen Trauerspiel; L.s »Emilia Galotti« u. die comedia dell'arte* (in DVLG, 46, 1972, S. 28–60). – F. G. Ryder, *»Emilia Galotti«* (in GQ, 45, 1972, S. 329–347). – L. P. Wessel, *The Function of Odoardo in L.'s »Emilia Galotti«* (in GR, 47, 1973, S. 243–258). – A. Wierlacher, *Das Haus der Freude oder Warum stirbt Emilia Galotti?* (in Lessing Yearbook, 5, 1973, S. 147–162). – J. Schulte-Sasse, *Literarische Struktur u. historisch-sozialer Kontext. Zum Beispiel L.s »Emilia Galotti«*, Paderborn 1975. – I. Nixdorf, *G. E. L.: »Emilia Galotti«. Ein Beitrag zur Geschichte u. Theorie der Wirkungsästhetik. Text- u. Arbeitsbuch*, Ffm. 1980. – H.-G. Werner u. G. Lerchner, *L.s »Emilia Galotti«. Prolegomena zu einer Interpretation* (in Zs. für Germanistik, 3, 1982, S. 39–67). – J. Schmitt-Sasse, *Das Opfer der Tugend. Zu L.s »Emilia Galotti« u. einer Literatur-Geschichte der »Vorstellungskomplexe« im 18. Jh.*, Bonn 1983. – U. Wertheim, *L.s Trauerspiel »Emilia Galotti« u. das »Henzi«-Fragment. Zum Problem des bürgerlichen Helden* (in *L. u. Probleme der deutschen u. polnischen Aufklärung*, Hg. O. Dobijanka-Witczakowa u. T. Nomowicz, Breslau 1983, S. 11–34). – G. A. Wells, *What is Wrong with »Emilia Galotti«* (in GLL, 37, 1983/84, S. 163–173). – K.-D. Hähnel, *Diskussion, Interpretation u. Interpretationsmethoden. L.s »Emilia Galotti«* (in Zs. für Germanistik, 5, 1984, S. 193–209). – K. Göbel, *G. E. L.: »Emilia Galotti«. Offene Dramaturgie. Zur Didaktik des klassischen Dramas*, Mchn. 1984. – G. Kaiser, *Krise der Familie: eine Perspektive* *auf L.s »Emilia Galotti« u. Schillers »Kabale u. Liebe«* (in Recherches germaniques, 14, 1984, S. 7–22). – E. O. McInnes, *»Eine bürgerliche Virginia«? L.'s »Emilia Galotti« and the Development of the Bürgerliches Trauerspiel* (in OL, 39, 1984, S. 308–323). – H.-G. Werner, *Wirklichkeitsmodellierung in L.s »Emilia Galotti«* (in H.-G. W., *Text u. Dichtung*, Bln./Weimar 1984, S. 63–94, 368–370). – J. Whiton, *Why does Emilia Galotti want to die?* (in Seminar, 21, 1985, S. 243–252). – I. Haag, *Les silences d'Emilia. A propos d'»Emilia Galotti«, Tragédie bourgeoise de G. E. L.* (in Cahiers d'études germaniques, 10, 1986, S. 185–210). – M. Schenkel, *»Wer über gewisse Dinge den Verstand nicht verlieret, der hat keinen zu verlieren.« Zur Dialektik der bürgerlichen Aufklärung in L.s »Emilia Galotti«* (in ZfdPh, 105, 1986, S. 161–185). – W. Wittkowski, *Wie historisch ist die »aktualisierte Historizität«? Kindesopfer u. Tyrannenmord in »Emilia Galotti« u. »Wilhelm Tell«* (in *Verlorene Klassik? Ein Symposium*, Hg. ders., Tübingen 1986, S. 309–327). – G. Bauer, *G. E. L., »Emilia Galotti«*, Mchn. 1987. – S. Sanna, *L.s »Emilia Galotti«. Die Figuren des Dramas im Spannungsfeld von Moral u. Politik*, Tübingen 1988.

DIE ERZIEHUNG DES MENSCHENGESCHLECHTS

Theologisch-philosophisches Werk von Gotthold Ephraim LESSING. – Die in hundert Paragraphen gegliederte Schrift entstand im Zusammenhang mit der Edition der *Fragmente aus den Papieren eines Ungenannten* nach einem Manuskript von Hermann Samuel REIMARUS, die Lessing, mit *»Gegensätzen des Herausgebers«*, in den Beiträgen »Zur Geschichte und Litteratur. Aus den Schätzen der Herzoglichen Bibliothek zu Wolfenbüttel« 1777 veröffentlichte. Neben seinen *»Einwürfen«* zum vierten Fragment des Reimarus erschienen dort die ersten 53 Paragraphen der *Erziehung des Menschengeschlechts*, für die Lessing jedoch nicht als Autor, sondern lediglich als *»Herausgeber«* verantwortlich zeichnete, auch dann noch, als er 1780 das vollständige Werk veröffentlichte. Diese Fiktion begünstigte eine längere, inzwischen zugunsten Lessings entschiedene wissenschaftliche Kontroverse darüber, ob ihm oder Albrecht Daniel THAER (1752–1828) die Autorschaft zuzuschreiben sei.

Das vierte Reimarus-Fragment hatte nachzuweisen versucht, daß die Lehren, die eine *»übernatürliche seligmachende Religion«* auszeichnen – die *»Erkenntnis von der Unsterblichkeit der Seelen, von der Belohnung und Bestrafung unserer Handlungen in einem zukünftigen ewigen Leben, von der Vereinigung frommer Seelen mit Gott zu einer immer größeren Verherrlichung und Seligkeit«* –, im *Alten Testament* fehlten und diesem deshalb jeder Offenbarungscharakter abgesprochen werden müsse. Lessing entkräftet diese These mit dem Hinweis, daß, selbst wenn diese Lehren dem *Alten Testament* fremd seien, sich daraus kein Beweis *»wider den göttlichen Ursprung dieser Bücher«* gewinnen lasse. Seine Definition des *Alten Testaments* als einer Reihe von *»Elementarbüchern für das rohe und im Denken ungeübte israelitische Volk«* läßt den Grundgedanken seiner Schrift deutlich werden: *»Offenbarung«* und *»Vernunft«* – zwei Begriffe, die im Laufe des 18. Jh.s zusehends mehr in Widerspruch zueinander geraten waren und deren vollständige Unvereinbarkeit Reimarus zu zeigen versucht hatte – sollen als aufeinander bezogene Momente des Entwicklungsganges der christlichen Religion dargestellt werden, den Lessing als *»Erziehungsplan«* des Menschengeschlechts deutet: ein für die Aufklärung, ein Zeitalter der »Erziehung« im weitesten Sinne, charakteristischer Gedanke. *»Was die Erziehung bei dem einzelnen Menschen ist, ist die Offenbarung bei dem ganzen Menschengeschlechte.«* *»Offenbarung«* wird jedoch von Anfang an nicht als einmalige Verkündigung eines alle menschliche Erfahrung Transzendierenden begriffen, sondern als *»Richtungsstoß«* für die menschliche Vernunft. *»Also gibt auch die Offenbarung dem Menschengeschlechte nichts, worauf die menschliche Vernunft, sich selbst überlassen, nicht auch kommen würde: sondern sie gab und gibt ihm die wichtigsten dieser Dinge nur früher.«* Der historische Fortschritt des menschlichen Erkenntnisvermögens ist nichts anderes als die *»Ausbildung* [d. h. Umwandlung] *geoffenbarter Wahrheiten in Vernunftswahrheiten«*. *»Als sie geoffenbaret wurden, waren sie freilich noch keine Vernunftswahrheiten; aber sie wurden geoffenbaret, um es zu werden.«* Die abstrakten Wahrheiten, die in den *»Elementarbüchern«* für die im Kindesalter stehende Menschheit in die Form von *»Allegorien und lehrreichen einzelnen Fällen«* gekleidet wurden, werden im Laufe der Jahrhunderte von der menschlichen Vernunft als philosophische Spekulation wieder *»herausentwickelt«*. Dem jeweiligen Stand des Bewußtseins und seiner Reife entsprechend, werden zu einem bestimmten Zeitpunkt alle vorhergehenden Stufen des göttlichen Erziehungsprozesses entbehrlich: *»So wie wir zur Lehre von der Einheit Gottes nunmehr des Alten Testaments entbehren können; so wie wir allmählich, zur Lehre von der Unsterblichkeit der Seele, auch des Neuen Testaments entbehren zu können anfangen: könnten in diesem nicht noch mehr dergleichen Wahrheiten vorgespiegelt werden, die wir als Offenbarungen so lange anstaunen sollen, bis sie die Vernunft aus ihren andern ausgemachten Wahrheiten herleiten und mit ihnen verbinden lerne?«* Die Schrift schließt mit dem Ausblick auf die *»Zeit eines neuen ewigen Evangeliums«*, in der die zu höchster Reinheit entwickelte Vernunft dem Menschen erlauben wird, *»das Gute zu tun, weil es das Gute ist«*, und die Tugend um ihrer selbst willen ohne *»zeitliche Belohnung und Strafen«* und ohne jenen *»heroischen Gehorsam«* zu lieben, den das jüdische Volk des *Alten Testaments* – zwar mit Vernunft begabt, aber noch unfähig, von ihr bewußten Gebrauch zu machen – seinem Gott schuldig war.

Die geschichtsphilosophische Tendenz seines Werkes, in *»allen positiven Religionen ... weiter nichts, als den Gang zu erblicken, nach welchem sich der mensch-*

liche Verstand jedes Ortes einzig und allein entwickeln können, und noch ferner entwickeln soll«, erlaubt Lessing, traditionelle theologische Begriffe so umzuformulieren, daß sie *»näheren und besseren Begriffen vom göttlichen Wesen«* weichen müssen – nämlich »spekulativ«-vernünftigen, die dem fortgeschritteneren Stand des menschlichen Bewußtseins genügen. *»Und die Lehre von der Erbsünde. – Wie, wenn uns endlich alles überführte, daß der Mensch auf der ersten und niedrigsten Stufe seiner Menschheit schlechterdings so Herr seiner Handlungen nicht sei, daß er moralischen Gesetzen folgen könne?«* Lessings aufklärerische Wendung gegen die protestantische Orthodoxie des späten 18. Jh.s nimmt so Argumente der Religionskritik und der Geschichtsphilosophie des späteren Idealismus voraus, vor allem die KANTS und HEGELS. Allerdings geht es Lessing nicht darum, selbst ein theologisches System zu fixieren; gerade den Absolutheitsanspruch zu problematisieren, den solche geschlossenen Weltanschauungen mit sich führen, ist sein Anliegen. Darauf weisen auch die häufigen Fragesätze am Schluß seiner *Erziehung des Menschengeschlechts* hin, die, nicht immer eindeutig rhetorisch, die Antwort offenlassen. H.H.H.

AUSGABEN: Braunschweig 1777 (in Zur Geschichte und Litteratur, 4, 1777, S. 522–539; enth. § 1–53). – Bln. 1780. – Lpzg. 1897 (in *SS*, Hg. K. Lachmann u. F. Muncker, 23 Bde., 1886–1924, 13; Nachdr. Bln. ³1968; rev.). – Bln. 1925 (in *Werke*, Hg. J. Petersen u. W. v. Olshausen, 25 Bde., 1925–1935, 6; Nachdr. Hildesheim 1970). – Stg. 1965 u. ö., Hg. H. Thielicke (RUB). – Ffm. 1967 (in *Werke*, Hg. K. Wölfel, 3 Bde., 3). – Bln./Weimar ²1968 (in *GW*, Hg. P. Rilla, 10 Bde., 8). – Mchn. 1978 (in *Werke*, Hg. H. G. Göpfert, 8 Bde., 1970–1978, 8; Komm. H. Göbel). – Bern/Ffm. 1980, Hg. L. F. Helbig [hist.-krit.]. – Mchn. 1982 (in *Werke*, Hg. H. G. Göpfert, 3 Bde., 3).

LITERATUR: E. Kretzschmar, *L. u. die Aufklärung. Darstellung der religions- und geschichtsphilosophischen Anschauungen des Dichters mit besonderer Berücksichtigung seiner philosophischen Hauptschrift »Die Erziehung des Menschengeschlechts«*, Lpzg. 1905. – G. Fittbogen, *Der Streit um L.s »Erziehung des Menschengeschlechts«* (in PJb, 154, 1913, S. 218–253). – E. Krieck, *L. u. »Die Erziehung des Menschengeschlechts«. Zugleich eine Auseinandersetzung mit der Thaerlegende*, Heidelberg 1913. – M. Heilmann, *Die Verfasserfrage von L.s »Erziehung des Menschengeschlechts«*, Diss. Hbg. 1922. – C. Stange, *L.s »Erziehung des Menschengeschlechts«* (in ZsTh, 1, 1923, S. 153–167). – M. Waller, *L.s »Erziehung des Menschengeschlechts«. Interpretation ihres rationalen u. irrationalen Gehalts*, Bln. 1935. – A. M. Wagner, *Who Is the Author of L.'s »Education of Mankind«* (in MLR, 38, 1943, S. 318–327). – H. Schneider, *L.s letzte Prosaschrift* (in H. S., *L.*, Mchn. 1951, S. 222–230). – W. Pelters, *L.s Standort. Sinndeutung der Geschichte als Kern seines Denkens*, Heidelberg 1972. – W. Michel, *Die Aktualität des Interpretierens: hermeneutische Zugänge zu L., »Die Erziehung des Menschengeschlechts« ... u. ein Gespräch mit Peter Härtling*, Heidelberg 1978. – N. Altenhofer, *Geschichtsphilosophie, Zeichentheorie u. Dramaturgie in der »Erziehung des Menschengeschlechts«. Anmerkungen zur patristischen Tradition bei L.* (in *Nation u. Gelehrtenrepublik. L. im europäischen Zusammenhang*, Hg. W. Barner u. A. M. Reh, Mchn./Detroit 1984, S. 25–36).

HAMBURGISCHE DRAMATURGIE

Sammlung dramaturgisch-theaterkritischer Beiträge von Gotthold Ephraim LESSING, veröffentlicht vom 22. 4. 1767 (*Ankündigung*; das erste *Stück* erschien am 8. 5. 1767) bis 26. 3. (Ostern) 1769 in bogenweise gedruckten Lieferungen (104 *»Stükke«*) anläßlich der Gründung des »Hamburgischen Nationaltheaters« (22. 4. 1767), als dessen Dramaturg der Autor berufen wurde; eine Sammelausgabe in zwei Bänden erschien 1768/69. – *»Diese Dramaturgie soll ein kritisches Register von allen aufzuführenden Stücken halten, und jeden Schritt begleiten, den die Kunst, sowohl des Dichters, als des Schauspielers, hier tun wird«*, bemerkt Lessing in seiner gleichzeitig erschienenen *Ankündigung* eines Unternehmens, dem die Entwicklung des deutschen Theaters entscheidende Impulse verdankt, wenn es sich auch nur bis zum 3. 3. 1769 zu halten vermochte. Obwohl anfangs durchaus gewillt, die Kunst des Schauspielers, die er im *Laokoon* bereits als *»transitorische Malerei«* definiert hatte, in *»spezielle, von jedermann erkannte, mit Deutlichkeit und Präzision abgefaßte Regeln«* zu übersetzen, verärgerten Lessing die Eitelkeit und Arroganz, mit der manche Schauspieler auf sachlichen Tadel reagierten, so sehr, daß er vom *25. Stück* der *Dramaturgie* an jede Kritik schauspielerischer Leistungen aufgab.

Wenn sich Lessing zunächst auch eng an den Spielplan anschloß, so verloren doch die einzelnen Lieferungen der *Dramaturgie* zunehmend den Charakter aktueller Theaterberichte. Die eigentliche Berichtszeit umfaßt wenig mehr als drei Monate. Die 52 Theaterstücke, die der Autor kritisch sichtet, lassen ziemlich genau Niveau und Zusammensetzung des Repertoires im »Nationaltheater« erkennen: 34 französischen stehen nur 18 deutsche »Originale« gegenüber – darunter lediglich drei Trauerspiele (Johann Friedrich von CRONEGKS *Olint und Sophronia*, Christian Felix WEISSES *Richard III.* und Lessings *Miß Sara Sampson*) neben mehreren Stücken der älteren Lustspieltradition, wie sie etwa Lessings eigene Jugendkomödien, die Johann Elias SCHLEGELS, GELLERTS und selbst noch zwei Stücke der GOTTSCHEDIN verkörpern. Breiten Raum – wenn auch weniger als noch zu Zeiten GOTTSCHEDS – nimmt also das französische Repertoire im Spielplan ein: die ältere klassizistische Verstragödie CORNEILLES und VOLTAIRES, das rührende Lustspiel mit den Werken von Nivelle de LA CHAUSSÉE, der von Lessing bewunderte und als Vorläufer des bürgerlichen Trauerspiels begrüßte *Père de famille* (1753) von Denis DIDEROT und das unerschöpfliche Komödienreservoir, das mit den älteren Werken von MOLIÈRE, QUINAULT, REGNARD, Marc-Antoine LEGRAND, DESTOUCHES und MARIVAUX ebenso wie mit den neueren Stükken von SAINT-FOIX, LAFFICHARD, GRAFFIGNY, GRESSET, FAVART und DE BELLOY vertreten ist. Der einzige große Erfolg eines deutschen Stücks blieb Lessing selbst mit seiner *Minna von Barnhelm* vorbehalten.

»Über den gutherzigen Einfall, den Deutschen ein Nationaltheater zu verschaffen, da wir Deutsche noch keine Nation sind ...« Die resignierte Einsicht, daß das deutsche Theater noch am Beginn seiner Entwicklung stehe, verbindet sich bei Lessing mit einer schneidenden Polemik gegen die klassische französische Tragödie und ihre Hauptvertreter RACINE, Corneille und Voltaire, die ihm insgesamt das *»kahlste, wäßrigste, untragischste Zeug«* produziert zu haben scheinen. Zwei Stücke der genannten Autoren unterzieht er deshalb einer vernichtenden Kritik – Corneilles *Rodogune* (29.–32. St.) und Voltaires *Mérope* (36.–50. St.) –, einer Kritik, die die »regelmäßige« französische Tragödie am Kanon der *Poetik* des ARISTOTELES mißt, aus der gerade im Frankreich des 17. Jh.s – und zwar zuerst von F. H. D'AUBIGNAC in seiner *Pratique du théâtre* (1657) – jene orthodoxe, schematische Gesetzmäßigkeit der drei »Einheiten« (der Zeit, des Ortes, der Handlung) abstrahiert worden war, die der französischen Tragödie ihre Überlegenheit etwa über die SHAKESPEARES verschafft haben sollte. Lessing deckt anhand der Dramen und der theoretischen Abhandlungen (vgl. *Discours de l'utilité* ...) von Corneille dessen Verfälschungen des Aristoteles – und d. h. letztlich die Unmaßgeblichkeit der Drei-Einheiten-Regel – auf. *»Die Tragödie ist die Nachahmung einer edlen und abgeschlossenen Handlung von bestimmter Größe in gewählter Rede, derart, daß jede Form der Rede in gesonderten Teilen erscheint und daß gehandelt und nicht berichtet wird und daß mit Hilfe von Mitleid und Furcht eine Reinigung von eben diesen Affekten bewerkstelligt wird«* (c. 6, 1449 b 24–28, Ü.: O. Gigon) – diese Aristotelische Formulierung definiert die Tragödie als ästhetischen Prozeß, der eine bestimmte Art von Erschütterung einleitet: Sie ist die *»Anlage zum Akt der Katharsis und in diesem Sinne, metaphysisch, ein Vermögen, kein Wesen und keine Form«* (M. Kommerell), d. h., Werk und Wirkung werden nicht als voneinander unabhängige, sondern vollkommen aufeinander bezogene Momente begriffen. Die Tragödie wirkt durch *eleos* (Mitleid) und *phobos* (Furcht; Lessing gebraucht nach dem Vorbild Corneilles und des französischen Kommentators André DACIER den Begriff »Schrecken« *[terreur]*, ersetzt ihn aber vom *74. Stück* an durch den richtigeren »Furcht«). Corneille hat jedoch die Einheit des erregten Affektes, zu dem sich Furcht und Mitleid zusammenfinden, wieder entzweit; er macht Furcht und Mitleid zu bloßen Komponenten, deren man sich wechselweise bedienen dürfe. So könne die Tragödie auch durch »Schrecken« allein wirken – eine Verfälschung, die Lessing mitsamt ihren praktischen Folgen entschieden zurückweist. Er selbst definiert Mitleid anhand von Moses MENDELSSOHNS *Briefen über die Empfindungen* (1755) als *»vermischte Empfindung ..., die aus Liebe zu einem Gegenstande, und aus Unlust über dessen Unglück«* zusammengesetzt ist. Furcht entspringt aus der Ahnung der *»Ähnlichkeit der leidenden Person* [im Drama] *mit uns selbst«* und ist nichts weiter als das *»auf uns selbst bezogene Mitleid«*. Beide hängen untrennbar miteinander zusammen, *»weil nichts unser Mitleid erregt, als was zugleich unsere Furcht erwecken kann«*. Die durch Furcht und Mitleid erzeugte affektive Erschütterung müsse aber, um im Sinne der Katharsis wirksam zu werden, dem Zuschauer eine gewisse Identifikation mit dem tragischen Helden ermöglichen, eine *»Wahrscheinlichkeit der Umstände«*, gegen die Corneilles pathetisch-stilisierte Barocktragödie immer wieder verstoßen habe. *»Mitleid entsteht, wenn der, der es nicht verdient, ins Unglück gerät, Furcht, wenn es jemand ist, der dem Zuschauer ähnlich ist«* (Aristoteles, c. 13, 1453 a 5–7). Die Tragödie erfordere demnach einen Helden, der weder ganz tugendhaft noch ein *»völliger Bösewicht«* sein dürfe. Folgerichtig verwirft Lessing als Tragödienhelden ebensowohl den christlichen, passiven Märtyrer wie auch den Typus des rasenden Ungeheuers und hält ein christliches Trauerspiel für schlechthin unmöglich. Erst wenn der Tragödienautor seinen Helden *»mit uns von gleichem Schrot und Korne«* schildert, schafft er die korrespondierenden Bedingungen für Furcht und Mitleid. Diese Forderung der gleichen Ranghöhe, verknüpft mit der der Wahrscheinlichkeit, bildet die geheime Mitte der *Hamburgischen Dramaturgie*. In der Tat begünstigt Lessing, indem er dem Aristotelischen *homoion* (»ähnlich«) seinen wirklichen Sinn zurückgewinnt, alle progressiven Strömungen der Dramatik der Jahrhundertmitte: das bürgerliche Drama Englands, die Prosatragödie von LAMOTTE-HOUDAR und SEDAINE, die *comédie larmoyante* des Nivelle de La Chaussée und vor allem Diderots realistisch-bürgerliches Trauerspiel, dem er mit *Miß Sara Sampson* und *Emilia Galotti* die ersten *»deutschen Originale«* gegenüberstellte. In diesem Sinne läßt sich die *Hamburgische Dramaturgie* auch als kritische »Selbstverständigung« des fortschrittlichen deutschen Bürgertums auffassen, das sich von dem auf einen höfisch-zeremoniellen Wirkungsbereich zugeschnittenen ästhetischen Kanon der *haute tragédie* emanzipierte.

Weiter bemüht sich der Autor zu erweisen, daß jene Drei-Einheiten-Regel in der Antike keineswegs als bindende Vorschrift aufgefaßt worden sei. So hat Aristoteles zwar in der Einheit der Handlung (Fabel) das entscheidende Moment der Tragödie gesehen, die Begrenzung der zeitlichen Erstreckung von Dramenhandlungen auf einen Sonnenumlauf aber lediglich für wünschenswert gehalten; gerade Corneille jedoch muß, um dieser zum Gesetz erhobenen mittleren Norm zu genügen, zu häufig absurden szenischen Hilfskonstruktionen greifen. Die Unwahrscheinlichkeiten, die Lessing an Voltaires *Mérope* geißelt, sind ebenso größtenteils Resultate jener pseudoaristotelischen Regeln. »Buchstaben« und »Geist« der Aristotelischen *Poetik*: jenen haben die Franzosen erfüllt, diesen nur die antiken Tragiker – und Shakespeare, dessen Werke erst Lessings entschiedene Bewunderung dem deutschen Theater zugänglich gemacht hat. Lessings Polemik gegen Corneille und dessen regelmäßige Tragödie gipfelt in der Neuformulierung des Katharsis-Problems. *»Die Tragödie ist die Nachahmung einer Handlung, die ... vermittelst des Mitleids und der Furcht, die Reinigung dieser und dergleichen Leidenschaften bewirket«*, übersetzt Lessing und widerspricht damit zu Recht Corneille, der annahm, daß alle im Drama zur Sprache kommenden Leidenschaften im Zuschauer *»berichtigt«* würden. Es sollen jedoch nicht alle Leidenschaften, sondern lediglich Furcht und Mitleid gereinigt werden, und Furcht und Mitleid sind Empfindungen des Zuschauers für den tragischen Helden, nicht dessen eigene. Wenn aber Aristoteles eine Reinigung mit Hilfe von Furcht und Mitleid *»von eben diesen Affekten«* (vgl. oben) fordert, so drückt er damit die Möglichkeit einer Reinigung des Gleichen durch das Gleiche aus, d. h., die Tragödie mäßigt durch den Prozeß der tragischen Erschütterung *»eine grundsätzliche Mitleids- und Furchtbereitschaft im Menschen«*, die die *»wünschenswerte Gefaßtheit als Bedingung der höheren geistigen Geschäfte gefährdet«* (M. Kommerell). Mitleid wird bei Aristoteles also nicht als Empfindung, sondern durchaus als störender Affekt begriffen, während Lessing, in einen – Aristoteles unbekannten – Dualismus von ästhetisch begründeter Form und moralisch zu nutzender Wirkung verfallend, diese Katharsis in nichts anderem beruhen läßt als in der *»Verwandlung der Leidenschaften* [Furcht und Mitleid] *in tugendhafte Fertigkeiten«*.

Die *Hamburgische Dramaturgie* weitet sich so zu einer entschiedenen und umfassenden Kampfschrift gegen den seit mehr als hundert Jahren unbestrittenen Führungsanspruch der französischen Bühnenautoren aus. Andererseits schien aber gerade Lessings Bewunderung für Shakespeare die Shakespearomanie jener jungen Generation der Stürmer und Dränger – Gerstenberg, Klinger, Lenz u. a. – zu autorisieren, die, kaum von den Konventionen des französischen Theaters befreit, dem anderen Extrem, der forcierten, lediglich durch die Originalität des »Kraftgenies« legitimierten Regellosigkeit anheimzufallen drohte. So war eine erneute kritische Grenzscheidung erforderlich: Lessing hält durchaus am Begriff des *»Gesetzes der Gattung«* fest, das gemäß den immanenten Möglichkeiten des Dramas verwirklicht werden muß, will man sich nicht aller *»Erfahrungen der vergangenen Zeit«* begeben. Seine Ablehnung des französischen Klassizismus steht am Anfang einer geistesgeschichtlichen Entwicklung, die sich in den theoretischen Schriften Hamanns, Gerstenbergs und vor allem Herders fortsetzt, in dessen *Shakespear*-Aufsatz aus dem von ihm herausgegebenen Sammelband *Von deutscher Art und Kunst* (1773) sich dieselbe polemische Tendenz gegen das *»gleißende, klassische Ding«* verkörpert, *»was die Corneille, Racine und Voltaire gegeben haben: ... Gemälde der Empfindung von dritter, fremder Hand ... eine völlige Akademie der Nationalweisheit und Decence im Leben und Sterben ..., schön! bildend! lehrreich! vortrefflich! durchaus aber weder Hand noch Fuß vom Zweck des Griechischen Theaters.«*

Das »Hamburgische Nationaltheater«, von einem Konsortium von zwölf Hamburger Kaufleuten – der sogenannten »Hamburgischen Entreprise« – finanziert, scheiterte, obwohl ihm in mehreren Mitgliedern des aus der Truppe von Konrad Ackermann hervorgegangenen Ensembles hervorragende Schauspieler zur Verfügung standen: vor allem der schon zu seinen Lebzeiten als »Vater der deutschen Schauspielkunst« bezeichnete Konrad Ekhof, Sophie Friederike Hensel und der junge Friedrich Ludwig Schröder. Aber gerade dieses – noch – mißlungene Projekt eines »Nationaltheaters« ermutigte die in den siebziger Jahren des 18. Jh.s verstärkt einsetzenden Bemühungen um ein von den wirtschaftlichen Risiken der reisenden Schauspielergesellschaft befreites stehendes Theater, wie es zunächst in Wien (1776), später in Mannheim (1779), Berlin (1786) und München Erfolg hatte. Für die von Heribert Freiherr von Dalberg begründete »Nationalschaubühne« in Mannheim versuchte Schiller einen dem Lessingschen Unternehmen bis in Einzelheiten entsprechenden, wenn auch erfolglosen Plan einer Mannheimer Dramaturgie zu verwirklichen, die in Gestalt einer dramaturgischen Monatsschrift das *»ganze System dieser Kunst«* kritisch entwickeln sollte. Ebenso wirkte Goethe, von 1791–1817 Leiter des Weimarer Hoftheaters, im Sinne der von Lessing eröffneten Theaterreform. H.H.H.

Ausgaben: o. O. [Hbg.] 22. 4. 1767 *(Ankündigung)*. – 26. 3. 1769 (104 Stücke in Einzellieferungen). – Hbg./Bremen 1768/69, 2 Bde.; ern. Lpzg. 1787 [Nachdr. Hildesheim/NY 1979]. – Stg. 1894 (in *SS*, Hg. K. Lachmann u. F. Muncker, 23 Bde., 1886–1924, 9/10; Nachdr. Bln. ³1968; rev.). – Bln. 1925 (in *Werke*, Hg. J. Petersen u. W. v. Olshausen, 25 Bde., 1925–1935, 5; Nachdr. Hildesheim 1970). – Stg. 1958, Hg. u. Komm. O. Mann (KTA; ³1978). – Ffm. 1967 (in *Werke*, Hg. K. Wölfel, 3 Bde., 2). – Bln./Weimar ²1968 (in *GW*, Hg. P. Rilla, 10 Bde., 6). – Mchn. 1973 (in *Werke*, Hg. H. G. Göpfert, 8 Bde., 1970–1978, 4; Komm. K. Eibl). – Stg. 1981, Hg. u. Komm. K. L. Berghahn (RUB). – Mchn. 1982 (in *Werke*, Hg. H. G. Göpfert, 3 Bde., 2). – Ffm. 1985 (in *Werke u. Briefe*, Hg. W. Barner u. a., 1985 ff., Bd. 6, Hg. K. Bohnen). – Ffm. 1986 [Erl. B. Lecke]. – Vgl. auch *G. E. L.s Briefwechsel mit Mendelssohn u. Nicolai über das Trauerspiel*, Hg. R. Petsch, Lpzg. 1910.

Literatur: E. Bischof, *L.s »Hamburgische Dramaturgie«*, Lpzg. 1902. – H. Friedrich, *L.s Kritik u. Mißverständnis der französischen Klassik* (in Zs. für dt. Bildung, 1931, S. 601–611). – J. Robertson,

L.'s Dramatic Theory, Being Introduction to and Commentary on His »Hamburgische Dramaturgie«, Cambridge 1939; ern. NY 1965. – M. Kommerell, *L. u. Aristoteles, Untersuchung über die Theorie der Tragödie*, Ffm. 1940; [5]1984 [m. Berichtigungen u. Nachweisen]. – E. Braemer, *Zu einigen Grundfragen in L.s »Hamburgischer Dramaturgie«* (in WB, 1, 1955, S. 261–295). – J. Müller, *Prinzipien einer realistischen Ästhetik in L.s »Hamburgischer Dramaturgie«* (in J. M., *Wirklichkeit u. Klassik*, Bln. 1955, S. 42–52). – W. Schadewaldt, *Furcht u. Mitleid? Zu L.s Deutung des aristotelischen Tragödiensatzes* (in DVLG, 30, 1956, S. 137–140). – N. Almási, *L.s »Hamburgische Dramaturgie«* (in WB, 3, 1957, S. 529–570; 4, 1958, S. 1–42). – P. Chiarini, *Letteratura e spettacolo nella »Drammaturgia d'Amburgo«* (in P. C., *Letteratura e società*, Bari 1959, S. 75–146). – A. Nivelle, *L.* (in *Kunst- u. Dichtungstheorie zwischen Aufklärung u. Klassik*, Bln. 1960, S. 85–136). – U. Jarvis, *Distance and Illusion in German Dramatic Theory from L. to Brecht*, Diss. Columbia Univ. 1961. – E. O. McInnes, *L.'s »Hamburgische Dramaturgie« and the Theory of Drama in the Nineteenth Century* (in OL, 28, 1973, S. 293–318). – E. Wessel, *G. E. L.: »Hamburgische Dramaturgie«* (in *Gedenkschrift für T. Sagen: 1924–1977*, Hg. S. Dahl u. a., Oslo 1979, S. 213–232). – Ch. Brown, *L. and Racine. »Die gesetzmäßigen Geburten eurer korrekten Racinen« Reassessed* (in GLL, 37, 1983/84, S. 263–279).

LAOKOON: ODER ÜBER DIE GRENZEN DER MAHLEREY UND POESIE. Mit beyläufigen Erläuterungen verschiedener Punkte der alten Kunstgeschichte

Kunsttheoretische Schrift von Gotthold Ephraim LESSING, erschienen 1766. – Lessing arbeitete den Text weitgehend noch in Breslau aus (1762–1765), vollendete die 29 Kapitel des ersten Teils des Textes, der 1766 publiziert wurde, in Berlin. Eine geplante Fortsetzung, von Lessing selbst mit *»zweiter Theil«* überschrieben, blieb Fragment und wurde in der zweiten Auflage des *Laokoon* 1788 herausgegeben. Zentraler Gegenstand der Darlegung ist die Frage nach der Eigenart des Poetischen in Abgrenzung zu den übrigen schönen Künsten, womit Lessing in die ästhetische Diskussion seiner Zeit eingreift, nachdem er bereits in seiner *Seneca-Abhandlung* von 1754 zwischen einer malenden und einer schildernden Darstellung unterscheidet und darauf auch in seinen *Literaturbriefen* von 1759 an wie in seinen *Abhandlungen über die Fabel* (1759) eingeht. M. MENDELSSOHN macht ihn bereits 1756 auf J. J. WINCKELMANNS *Gedanken über die Nachahmung der Griechischen Wercke in der Mahlerey und Bildhauer-Kunst* (1755) aufmerksam, in der die antiken Meisterwerke mit der berühmten Formel der *»edlen Einfalt«* und *»stillen Größe«* charakterisiert und zum Maßstab erhoben werden, der jeden Ausdruck als Fehler bezeichnet, der *»zu feurig und zu wild«* erscheint. Nach dem Grundsatz des Horazischen *ut pictura poesis* gilt ein Gegenstand poetischer Beschreibung nur dann als schön, wenn man ihn auch als Statue oder als Gemälde darstellen könne. Lessing wendet sich gegen diese vor allem von Joseph SPENCE in seinem *Polymetis* (1747) und von dem Comte de CAYLUS in seinen *Tableaux tirés de l'Iliade* (1757) vertretene Auffassung. Gemäß seinem von PLUTARCH stammenden Motto *»Sie sind sowohl im Stoff wie in den Arten der Nachahmung verschieden«* unternimmt er es, Poesie und Malerei von ihren Gesetzmäßigkeiten der Darstellung her zu unterscheiden, wobei er unter Malerei die bildenden Künste überhaupt versteht.

Als Ausgangspunkt wählt er einen Vergleich zwischen der spätantiken Laokoon-Gruppe und VERGILS Erzählung der Laokoon-Begebenheit in der *Aeneis* (2. Buch). Das Antlitz der Statue drückt verhaltenen Schmerz aus, Vergil aber beschreibt einen schreienden Laokoon. Das Schreien als Ausdruck körperlichen Schmerzes war in der Dichtung der Alten auch einer großen Seele gestattet, wie Stellen aus antiken Tragödien beweisen. In der bildenden Kunst aber wäre durch das verzerrte Gesicht eines Schreienden das oberste Gesetz der Schönheit verletzt. Bei längerer Betrachtung erschiene außerdem der dauernde Ausdruck einer vorübergehenden Erregung als unwahr: Als dauernder Ausdruck darf füglich nur das dargestellt werden, was auch in der Natur andauert. Solcherart von konkreten Beispielen ausgehend, findet Lessing Regeln, die jeweils die Eigenart der bildenden Kunst und der Dichtung hervortreten lassen: Die Zeichen der bildenden Künste sind Farben und Formen im Raum, ihr Bereich daher das Nebeneinander von Körpern; die Poesie dagegen benutzt artikulierte Töne in der Zeit, die ein Nacheinander von Handlungen fordern. Grenzüberschreitungen gibt es wohl, doch sind sie jeder der beiden Gattungen durch ihre Mittel nur andeutungsweise möglich. Deshalb soll die Poesie *»kein körperliches Ganze nach seinen Theilen schildern, weil das Koexistierende des Körpers mit dem Konsekutiven der Rede dabei in Kollision kömmt«* (Kap. 17). So beschreibt HOMER, um die Schönheit Helenas zu veranschaulichen, nicht einzelne körperliche Vorzüge, sonderen deren Wirkung auf die trojanischen Greise. Aber die Poesie, die sich an die Einbildungskraft wendet, darf auch das Häßliche darstellen, um die Empfindungen des Lächerlichen und Schrecklichen hervorzurufen. Die Malerei als Kunst der Anschauung vermeidet das Häßliche, da es, für immer fixiert, bei längerer Betrachtung nur Ekel erregen würde. – In den letzten Abschnitten nimmt Lessing Stellung zu Einzelheiten aus Winckelmanns eben erschienener *Geschichte der Kunst des Alterthums* (1763).

Lessings Schrift verknüpft und gliedert als erste in logischer Folge Gedanken, die andere Schriftsteller und Kunsttheoretiker seiner Zeit, Mendelssohn beispielsweise oder SHAFTESBURY und DIDEROT, schon skizziert hatten. Klarheit und Geschmeidigkeit seiner Sprache dienen einer temperamentvollen Argumentation, die durch eine Fülle von Zitaten antiker Schriftsteller an Überzeugungskraft gewinnt und durch weitläufige Anmerkungen zu Streitfragen der Kunstkritik theoretische Verbindlichkeit anstrebt. Zugleich erhält die Theorie einen neuen praktischen Aspekt, von dem sich die nachfolgende Generation der Dichter und Kritiker leiten ließ: Lessings souveräne Ableitung von Kunstprinzipien aus dem Gegenstand selbst, seinen spezifischen Materialien und Zeichen, vernichtete die Herrschaft abstrakt hergeleiteter Regeln, orientierte sich vor allem an der Frage nach der Wirkung der Kunstwerke auf Betrachter wie Leser und bereitete damit auch der Genie-Ästhetik des Sturm und Drang den Weg. Der Text stieß auf lebhafte Resonanz und trug Lessing auch eine Fehde mit dem Hallischen Geheimrat Christian Adolf Klotz ein, die zu den *Briefen antiquarischen Inhalts* (1768/69) wie zur Schrift *Wie den Alten den Tod gebildet* (1769) führten. Die befreiende Wirkung des *Laokoon* auf sich und seine Zeitgenossen beschreibt Goethe in *Dichtung und Wahrheit*, wenn er bekennt, daß *»dieses Werk uns aus der Region eines kümmerlichen Anschauns in die freien Gefilde des Gedankens hinriß«*. K.P.-KLL

Ausgaben: Bln. 1766. – Bln. 1880, Hg. H. Blümner [m. Einl. u. Erl.]. – Stg. 1893 (in *SS*, Hg. K. Lachmann u. F. Muncker, 23 Bde., 1886–1924, 9; Nachdr. Bln. ³1968; rev.). – Bln. 1925 (in *Werke*, Hg. J. Petersen u. W. v. Olshausen, 25, 1925–1935, 4; Nachdr. Hildesheim 1970). – Stg. 1964 u. ö. (Nachw. I. Kreutzer; RUB). – Ffm. 1967 (in *Werke*, Hg. K. Wölfel, 3 Bde., 3). – Bln./Weimar ²1968 (in *GW*, Hg. P. Rilla, 10 Bde., 5). – Mchn. 1974 (in *Werke*, Hg. H. G. Göpfert, 8 Bde., 1970–1978, 4; Komm. A. v. Schirnding). – Mchn. 1982 (in *Werke*, Hg. ders., 3 Bde., 3). – Ffm. 1989 (in *Werke u. Briefe*, Hg. W. Barner u. a., 1985 ff., Bd. 5/2, Hg. W. Barner). – Vgl. auch *G. E. L.s Briefwechsel mit Mendelssohn und Nicolai über das Trauerspiel*, Hg. R. Petsch, Lpzg. 1910.

Literatur: H. Fischer, *L.s »Laokoon« u. die Gesetze der bildenden Kunst*, Bln. 1887. – J. R. Asmus, *Zur Entstehungsgeschichte von L.s »Laokoon«* (in Euph, 4, 1897, S. 38–48). – E. Elster, *Das 16. und 17. Kapitel in L.s »Laokoon«* (in ZvLg, N.F. 13, 1899, S. 135–145). – A. Frey, *Die Kunstform des L.schen »Laokoon«, mit Beiträgen zu einem »Laokoon«-Kommentar*, Stg./Bln. 1905. – F. O. Nolte, *L.'s »Laokoon«*, Lancaster 1940. – M. Bieber, *Laokoon. The Influence of the Group since Its Discovery*, NY 1942. – H. A. Korff, *»Laokoon« – kurz und bündig* (in WZ Lpzg., 4, 1954/55, S. 125–127). – E. H. Gombrich, *L.* (in Proceedings of the British Academy, 43, 1957, S. 133–156). – E. M. Szarota, *L.s »Laokoon«. Eine Kampfschrift für eine realistische Kunst u. Poesie*, Weimar 1959 [vgl. dazu R. R. Heitner in JEGPh, 60, 1961, S. 138–145; H. H. Reuter in DLz, 83, 1962, S. 646–649]. – F. Gowa, *L.s »Laokoon« u. der moderne Zeit- u. Raumbegriff* (in CLA, 4, 1960, S. 32–39). – A. Blunden, *A Question of Time: Notes on Hölderlin's »Sonnenuntergang« and L.'s »Laokoon«* (in MLR, 69, 1974, S. 821–828). – U. Bayer, *L.s Zeichenbegriffe u. Zeichenprozesse im »Laokoon« u. ihre Analyse nach der modernen Semiotik*, Diss. Stg. 1975. – H. Hamm, *Die Argumentation des »Laokoon« gegen die »stückweise Schilderung« sichtbarer Gegenstände* (in *Beiträge zur L.-Konferenz 1979, Martin-Luther-Univ. Halle/Wittenberg*, Hg. G. Hartung, Halle/Saale 1979, S. 5–31). – J. Vuillemin, *Note sur »Laocoon« de L.* (in AGPh, 64, 1982, S. 39–55). – H. Hamm, *Das Poesie-Programm des L.schen »Laokoon«* (in *L. u. Probleme der deutschen u. polnischen Aufklärung*, Hg. O. Dobijanka-Witczakowa u. T. Nomowicz, Breslau 1983, S. 53–70). – *Das Laokoon-Projekt. Pläne einer semiotischen Ästhetik*, Hg. G. Gebauer, Stg. 1984. – E. W. B. Hess-Lüttich, *Medium, Prozeß, Illusion. Zur rationalen Rekonstruktion der Zeichenlehre L.s am »Laokoon«* (in E. W. B. H.-L., *Kommunikation als ästhetisches Problem*, Tübingen 1984, S. 203–240). – D. E. Wellbery, *L.'s »Laocoon«. Semiotics and Aesthetics in the Age of Reason*, Cambridge 1984. – J. McClain, *Time in Visual Arts. L. and Modern Criticism* (in Journal of Aesthetics and Art Criticism, 44, 1985/86, S. 41–58).

MINNA VON BARNHELM oder Das Soldatenglück

Lustspiel in fünf Akten von Gotthold Ephraim Lessing, erste Entwürfe datieren aus dem Jahre 1763, erschienen 1767; Uraufführung: Hamburg, 30. 9. 1767, Nationaltheater. – Als *»wahrste Ausgeburt des Siebenjährigen Krieges, von vollkommenen norddeutschen Nationalgehalt«* bezeichnete Goethe im siebten Buch von *Dichtung und Wahrheit* dieses Schauspiel und rühmte es als erstes deutschsprachiges Stück, das einen zeitgeschichtlichen Stoff auf die Bühne brachte. Gerade die Zeitgebundenheit der Komödie ließ immer wieder die Frage nach der politischen Haltung des Autors, nach seinem »Patriotismus« aufkommen, obgleich bereits der Einakter *Philotas* (1759) keinen Zweifel an Lessings Bemühen um eine Entheroisierung der Herrschergestalten ließ, von dem auch *Minna von Barnhelm* bestimmt ist. Der Kriegsbegeisterung von Schriftstellerkollegen folgte er ohnehin nicht, und den aufkommenden Nationalgedanken kommentierte er gegenüber J. W. L. Gleim mit den Worten: *»Ich habe überhaupt von der Liebe des Vaterlandes ... keinen Begriff, und sie scheinet mir aufs höchste eine heroische Schwachheit, die ich gern entbehre«* (Brief vom 14. 2. 1759). Nicht zufällig kennzeichnet Lessing in seiner *Hamburgischen Dramaturgie* die Komödie auch als Verhütungsmittel, als *»Preservatif«* gegenüber *»Schwachheiten«* dieser Art.

Major Tellheim, ein abgedankter preußischer Offizier, logiert mit seinem Diener Just in einem Berliner Gasthof. Er besitzt, nach Ende des Siebenjährigen Krieges (1756–1763), *»keinen Heller bares Geld mehr«* und fühlt sich zudem verletzt durch die ehrenrührigen Umstände seiner Entlassung; man warf ihm zu große Milde gegen die Bevölkerung des Kriegsfeindes Sachsen vor und verdächtigte ihn der Bestechlichkeit. Dennoch bewahrt er sich eine großzügige und hilfsbereite Haltung und erläßt etwa der Witwe eines gefallenen Freundes eine beträchtliche Schuldsumme. Als ihn der geschäftstüchtige Wirt, ohne sein Wissen und Einverständnis, kurzerhand in ein miserables Zimmer umquartiert, nur weil wohlhabendere Gäste – das sächsische Edelfräulein Minna von Barnhelm mit ihrer Zofe Franziska – eintreffen, beschließt Tellheim, unverzüglich abzureisen. Durch Just läßt er, um sich Geld zu verschaffen, seinen Verlobungsring beim Wirt versetzen. Doch da erkennt Minna in dem Pfandstück, das der Wirt ihr beim Aufnehmen der Personalien zeigt, sogleich den Ring ihres Verlobten. Ganz *»wirblicht«* vor Glück darüber, den lange Vermißten so unverhofft in ihrer Nähe zu wissen, löst sie den Ring ein und beginnt jenes sublime Spiel, das ihr den schon verloren geglaubten Bräutigam wieder in die Arme führen soll. Dramatisch vollzieht dieses Spiel sich auf zwei Ebenen: *»als Spiel der Sprache und Spiel mit dem Ring«* (F. Martini). Der Wirt vermittelt auf Minnas Drängen hin eine Zusammenkunft mit Tellheim, und das sächsische Edelfräulein ist als *»große Verehrerin von Vernunft«* gewandt und emanzipiert genug, um den Verlobten durch sehr präzise Fragen – *»Lieben Sie mich noch, Tellheim?«* – in die Enge zu treiben. Der schlüssigen Argumentation Minnas entzieht sich Tellheim durch den Einwand, er sei, als *»der verabschiedete, der an seiner Ehre gekränkte, der Krüppel, der Bettler«*, ihrer nicht mehr wert. Hypochondrisch reißt er sich zuletzt von der Redegewandten, die seine Einwürfe mit behutsamer Ironie bagatellisiert, los und stürzt davon. In einem Brief versucht er sein Verhalten zu rechtfertigen. Klugerweise läßt Minna den Brief – zwar erbrochen, doch angeblich ungelesen – an Tellheim zurückexpedieren und bittet um eine weitere Unterredung. *»Indem sie Tellheim nötigt zu wiederholen, was er ihr schrieb, holt sie das Wort in seine dramatisch-dialektische Beweglichkeit zurück und sucht Tellheims Erstarrung und innere Verkrampfung zu lösen«* (F. Martini). Minna versucht, das übersteigerte Ehrgefühl Tellheims in den Dienst ihrer eigenen Sache zu stellen: *»Der Mann, der mich jetzt mit allen Reichtümern verweigert«*, so kalkuliert sie, *»wird mich der ganzen Welt streitig machen, sobald er hört, daß ich unglücklich und verlassen bin.«*

Unmittelbar vor die entscheidende Unterredung – Schulbeispiel eines »retardierenden Moments« – rückt Lessing die berühmte Szene mit dem französischen Leutnant Riccaut de la Marlinière, in der zentrale Motive des Dramas, verfremdet, sich spiegeln. Die Riccaut-Episode prästabiliert zugleich den lustspielhaften Ausgang, denn zeitweise sah *»es fast so aus, als ob aus dem Lustspiel ein Trauerspiel würde«* (E. Staiger). Riccaut betritt versehentlich das Zimmer der Damen und verkündet geschwätzig, daß er eigentlich Tellheim suche, dem er wolle *»bringen eine Nouvelle, davon er sehr frölik sein wird«*. Gespreizt stellt er sich vor als *»Honnête-homme«* und als – einer *»Affaire d'honneur«* wegen – *»abgedankte Capitaine«*, der finanziell vor dem Ruin – *»vis-à-vis du rien«* – stehe. Die Parallele zu Tellheim ist offenkundig; ebensosehr jedoch auch der Kontrast. Ohne zu zögern, nimmt Riccaut Geld an von Minna, um es zu verspielen; denn er liebt wie sie das Spiel. Beim Spielen allerdings kommt es ihm, wie er unverfroren andeutet, auf ein bißchen *»Corriger la fortune«* nicht an. Minnas entsetzte Frage *»Falsch spielen? Betrügen?«* quittiert er mit Invektiven gegen ihre Sprache – *»Betrügen! O, was ist die deutsch Sprak für ein arm Sprak! für ein plump Sprak!«* Minnas »Sprache des Herzens« entlarvt aber den scheinbar weltläufigen Konversationston von Riccauts »Sprache des Witzes« als hohl und verlogen. Lessing gibt mit dieser Szene zugleich seiner in der *Hamburgischen Dramaturgie* theoretisch geübten Kritik am »französisierenden« Theater der Gottsched-Ära einen sinnfälligen Ausdruck.

Bevor Tellheim erscheint, vertauscht Minna, absichtslos einer plötzlichen Eingebung folgend, ihren Ring mit dem vom Wirt erhaltenen. Im Gespräch zeigt sich der Major, aller weiblichen Überredungskunst zum Trotz, weiterhin verstockt. Weil die preußische Kriegskasse Zweifel an der Echtheit eines von ihm vorgelegten Wechsels äußerte, hält er ein für alle Mal seine *»Ehre für gekränkt«*. Als der endgültige Bruch schon unvermeidlich scheint, greift Minna zu einer letzten List: Sie gibt Tellheim den Ring, den sie am Finger trägt – seinen eigenen also – zurück, deutet mit Verbitterung an, daß sie seinetwegen von ihrem Oheim enterbt worden sei, nennt ihn einen »Verräter« und geht mit – gespielten – Tränen ab. Prompt schlägt Tellheims Reserviertheit in stürmisches Werben um: *»Ihr Unglück hebt mich empor, ich sehe wieder frei um mich, und fühle mich willig und stark, alles für sie zu unternehmen.«* Die scheinbar unglückliche Minna zu ehelichen ist ebenso Ehrensache für ihn, wie es zuvor Ehrensache war, als Unglücklicher sich der scheinbar Glücklichen zu entziehen. Bedenkenlos überspringt er nun alle selbstgesetzten Schranken, entleiht bei Wachtmeister Paul Werner Riesensummen, versucht vom Wirt den versetzten Verlobungsring zurückzuerhalten und dringt auf eine klärende Aussprache mit Minna. Dazu erreicht ihn auch noch jene »Nouvelle«, von der Riccaut sprach, ein königlicher Handbrief, der Tellheim glänzend rehabilitiert. Minna jedoch spielt *»mit einer affektierten Kälte«* ihr Spiel zu Ende. Der Major durchschaut ihr kokettes Spiel erst, als überraschend die Ankunft ihres Oheims gemeldet wird: Minna fällt aus der »Rolle«, klärt alle Mißverständnisse auf und steckt sich den eigenen Verlobungsring wieder an den Finger. Der Oheim segnet sogleich das wiedervereinte Paar. Überglücklich stürzt Tellheim ihm, dem »Vater«, in die Arme.

Lessing verwendet ein Äußerstes an Sorgfalt auf Form und Sprache dieses Dramas, um, im Zusammenhang mit der Gründung eines deutschen Nationaltheaters, ein nachahmbares Muster jenes neuen, zeitgemäßen Komödientyps zu schaffen, der ihm vorschwebte. Menschliche Fehler und Laster werden nicht mehr – wie in der aufklärerischen Typenkomödie – durch Verlachen kritisiert und bloßgestellt, auch soll nicht nur der Affekt blinden Mitleidens – wie in der *comédie larmoyante* – am Unglück einer tugendhaften Person tränenreich sich entladen; Lessing geht es vielmehr um eine Synthese dieser beiden Formen von Komödie: *»Das Possenspiel will nur zum Lachen bewegen; das weinerliche Lustspiel will nur rühren; die wahre Komödie will beides.«* Der Zuschauer, der nicht allein mit dem *»Bauch«*, sondern *»zugleich mit dem Verstande«* lacht, wird durch erkennendes Mit-Leiden, durch unwillkürliche Verwechslung der eigenen Person mit den handelnden Figuren des Lustspiels, zu sich selbst und zur Einsicht in Bedingung und Möglichkeit menschlicher Existenz überhaupt befreit. So wenig wie das Theater der »alten«, der feudalen Gesellschaft sind dafür deren Werte tauglich, wie am Beispiel des Begriffs der Ehre demonstriert wird: *»Die Ehre«*, so darf Minna von Barnhelm die Inhaltslosigkeit dieses Begriffs demonstrieren, *»ist – die Ehre.«* Dagegen, auch gegen die erneute Gewährung der königlichen Gunst, stehen die Werte einer neuen bürgerlichen Existenz, von Tellheim vor allem als private begriffen, wenn er sich mit Minna in den *»stillsten, heitersten, lachendsten Winkel«* zurückziehen will: Liebe, Freundschaft, Mitgefühl, vor allem aber Integrität der individuellen Existenz. Am Ende darf Minnas Oheim, der Graf von Bruchsal, konstatieren: *»... Sie sind ein ehrlicher Mann, Tellheim; und ein ehrlicher Mann mag stekken, in welchem Kleide er will, man muß ihn lieben.«* Daß Lessings Stück, dessen Nebenfiguren (der neugierige Wirt, die zungenfertige Kammerzofe, der treue Diener, der großsprecherische Wachtmeister) ansonsten der *commedia dell'arte* entstammen, dennoch nur durch das königliche Schreiben sich von einer drohenden Tragödie zur Komödie wandelt, hat vor allem die Nachwelt mitunter als diskretes Lob auf Friedrich II. gelesen (E. Schmidt, E. Staiger), während W. Mehring das Schauspiel als *»schneidende Satire auf das friderizianische Regiment«* deutete und G. Lukács es als *»Aufklärungsmärchen«* vom Sieg der Vernunft las. Bis heute konnte sich *Minna von Barnhelm*, Lessings bühnenwirksamstes Stück, auf dem Theater behaupten. D.Bar.-KLL

Ausgaben: Bln. 1767; Faks. Mchn. 1984. – Stg. 1886 (in *SS*, Hg. K. Lachmann u. F. Muncker, 23 Bde., 1886–1924, 2; Nachdr. Bln. ³1968; rev.). – Bln. 1925 (in *Werke*, Hg. J. Petersen u. W. v. Olshausen, 30 Bde., 1925–1935, 2; Einl. W. Oehlke; Nachdr. Hildesheim 1970). – Bln./Weimar ²1968 (in *GW*, Hg. P. Rilla, 10 Bde., 2). – Stg. 1962 u. ö. (RUB). – Reinbek 1962 u. ö. (zus. m. *Emilia Galotti* u. *Nathan der Weise*; Essay u. Bibliogr. A. Elschenbroich; RKl). – Ffm. 1967 (in *Werke*, Hg. K. Wölfel, 3 Bde., 1). – Mchn. 1970 (in *Werke*, Hg. H. G. Göpfert, 8 Bde., 1970–1978; 1; Komm. K. S. Guthke). – Mchn. 1982 (in *Werke*, Hg. ders., 3 Bde., 1). – Ffm. 1985 (in *Werke u. Briefe*, Hg. W. Barner u. a., 1985 ff., Bd. 6, Hg. K. Bohnen).

Verfilmungen: *Das Fräulein von Barnhelm*, Deutschland 1940 (Regie: H. Schweikart). – *Heldinnen*, BRD 1962 (Regie: D. Haugk). – BRD 1962 (Regie: M. Hellberg).

Literatur: H. Müller-Benfey, *»Minna von Barnhelm«*, Göttingen 1915. – O. Walzel, *Von »Minna« zur »Emilia«* (in GRM, 15, 1927, S. 18–35). – E. Staiger, *L.s »Minna von Barnhelm«* (in *Überlieferung u. Gestaltung. Festgabe f. Th. Spoerri*, Zürich 1950, S. 89–111; auch in E. S., *Die Kunst der Interpretationen*, Zürich 1955, S. 75–96; ern. Mchn. 1971; dtv). – H. D. Cohn, *Die beiden Schwierigkeiten im deutschen Lustspiel. L. »Minna von Barnhelm« u. Hofmannsthal »Der Schwierige«* (in MDZ, 44, 1952, S. 257–269). – H. Stoffel, *Die Wirkung Molières auf die Entfaltung des deutschen Lustspiels der Aufklärung bis zu L.s »Minna von Barnhelm«*, Diss. Heidelberg 1955. – G. Fricke, *L.s »Minna von Barnhelm«* (in G. F., *Studien u. Interpretationen*, Ffm. 1956, S. 25–46). – O. Mann, *L. »Minna von Barnhelm«* (in *Das deutsche Drama*, Hg. B. v. Wiese, Bd. 1, Düsseldorf 1958, S. 79–100). – G. Lukács, *»Minna von Barnhelm«* (in Akzente, 11, 1964, S. 176–191). – F. Martini, *Riccaut, die Sprache u. das Spiel in L.s Lustspiel »Minna von Barnhelm«* (in *Formenwandel. Fs. zum 65. Geburtstag von P. Böckmann*, Hg. W. Müller-Seidel u. W. Preisendanz, Hbg. 1964, S. 193–235; ern. in F. M., *Lustspiele – u. das Lustspiel*, Stg. 1974, S. 64–104). – W. F. Michael, *Tellheim, eine Lustspielfigur* (in DVLG, 39, 1965, S. 207–212). – M. E. Smith, *Tellheims Wandlung – eine dichterische Gestaltung von L.s Mitleidsprinzip* (in Acta Germanica, 7, 1972, S. 39–57). – *G. E. L.: »Minna von Barnhelm«. Erläuterungen u. Dokumente*, Hg. J. Hein, Stg. 1973 (RUB). – P. Michelsen, *Die Verbergung der Kunst: über die Exposition in L.s »Minna von Barnhelm«* (in Jb. der Dt. Schiller-Ges., 17, 1973, S. 192–252). – H. Schlaffer, *Tragödie u. Komödie. Ehre u. Geld: L.s »Minna von Barnhelm«* (in H. S., *Der Bürger als Held: sozialgeschichtliche Auflösungen literarischer Widersprüche*, Ffm. 1973, S. 86–125). – A. Orlando, *L.s »Minna von Barnhelm«: eine Interpretation*, Diss. Zürich 1977. – R. E. Griebel, *Historische Studien zu G. E. L.s »Minna von Barnhelm oder Das Soldatenglück«: das Lustspiel – ein kritisches Zeitbild des friderizianischen Preußen*, Diss. Würzburg 1978. – W. Hinck, *L.s Minna: Anmut u. Geist; kleine Komödien-Chronik zur Emanzipation der Frau* (in *Fs. für Rainer Gruenter*, Hg. B. Fabian, Heidelberg 1978, S. 9–25; ern. in R. Grimm u. W. H., *Zwischen Satire u. Utopie: zur Komiktheorie u. zur Geschichte der europäischen Komödie*, Ffm. 1982, S. 184–213; st). – *G. E. L.s »Minna von Barnhelm«: Dokumente zur Rezeptions- und Interpretationsgeschichte*, Hg. H. Steinmetz, Königstein/Ts. 1979. – J. Dyck, *Minna von Barnhelm oder: die Kosten des Glücks: Komödie von G. E. L.; über Wirte u. Spitzel, preußische Disziplin, L. im Kriege, frisches Geld u. das begeisterte*

Publikum, Bln. 1981. – W. Fischer, *G. E. L.: »Minna von Barnhelm«*, Ffm./Bln. [2]1981. – H. Ritter, *Zur zeitgenössischen Wirkung von L.s »Minna von Barnhelm« auf dem dt. Theater des 18. Jh.s* (in Arbeiten zur dt. Philologie, 15, 1981, S. 19–34). – G. Binroth, *Untersuchungen zu G. E. L.s Lustspiel »Minna von Barnhelm oder Das Soldatenglück«*, Diss. Halle/Saale 1982. – S. Sanna, *»Minna von Barnhelm« di G. E. L. Analisi del testo teatrale*, Pisa 1983. – E. Boa, *Der gute Mensch von Barnhelm. The Female Essence and the Ensemble of Human Relations in L.'s »Minna von Barnhelm«* (in Publications of the English Goethe-Society, 54, 1983/84, S. 1–36). – P. Ch. Giese, *Riccaut u. das Spiel mit Fortuna in L.s »Minna von Barnhelm«* (in Jb. der Dt. Schiller-Ges., 28, 1984, S. 104–116). – H.-G. Werner, *Komödie der Rationalität. Zu L.s »Minna von Barnhelm«* (in H.-G. W., *Text u. Dichtung*, Bln./Weimar 1984, S. 39–62; 356–368). – A. Gleber, *Das Fräulein von Tellheim. Die ideolog. Funktion der Frau in der nationalsozial. L.-Adaption* (in GQ, 59, 1986, S. 547–568). – G. H. Hertling, *Zur Genese des psycholog. Realismus. »Mitleid«, »Furcht« u. »Originalität« in L.s Denken u. in »Minna von Barnhelm«* (in Text & Kontext, 13, 1986, S. 244–278).

MISS SARA SAMPSON

Ein bürgerliches Trauerspiel in fünf Akten von Gotthold Ephraim Lessing, erschienen 1755; Uraufführung: Frankfurt/Oder, 10. 7. 1755, Ackermannsche Truppe. – Das bürgerliche Trauerspiel ist im 18. Jh. neben dem Roman und der Komödie die literarische Großform, in der sich das Erstarken des bürgerlichen Selbstbewußtseins und der Wille, kulturell sich zu äußern, am deutlichsten manifestieren. Empfindsame Einfühlung tritt an die Stelle von klassischer Verhaltenheit der Affekte, die kanonische Trennung der literarischen Gattungen und analog dazu die Scheidung des hohen Stils vom niederen Stil wird zugunsten von Mischformen *(sentimental comedy, comédie larmoyante)* aufgegeben, die Prosa rehabilitiert. In dieser Gegenbewegung zur französischen Klassik gibt England den Ton an. Neben den Familienromanen von S. Richardson, die auch Lessings Trauerspiele beeinflußten, wurden die spezifischen Inhalte und Formelemente der neuen Gattung zuerst in G. Lillos *The London Merchant* (1731; dt. 1752) sichtbar sowie in den meist in Übersetzungen in Deutschland gespielten rührenden Komödien, die mit ihrer Betonung einer gleichsam natürlichen Moralität, ihrer Gefühlskultur und ihrer Stilisierung einer individuellen oder familiären Privatsphäre Mitte des 18. Jh.s in Mode gekommen waren. Bürgerliches Trauerspiel wie rührende Komödie bezeugen nicht nur das Auftreten einer – den feudalen Lebensformen durchaus noch sehr nahestehenden – bürgerlichen Schicht, sondern verbinden mit der Darstellung der familiären und ständischen Konfliktwelt des Bürgertums eine Entheroisierung und Enttypisierung des Theaters; die Welt der bürgerlichen Familie, charakterisiert durch die dominierende Vaterfigur und die Gestalt der stets gefährdeten Tochter, erweist sich, vor allem in den von Liebe und Gefühl beherrschten Umgangsformen wie der Betonung individueller Werte, als Gegenbild zur höfischen Welt des Kalküls und der Intrige. Lessings *Miss Sara Sampson* gilt als erstes deutsches Trauerspiel, wobei ein direkter Einfluß der Werke Lillos oder auch des *Gambester* (1753; dt. 1754) von E. Moore nicht nachweisbar ist; Hauptquellen sind, wie P. T. Kies 1926 nachwies, vor allem die Trauerspiele *The Perjur'd Husband* (1700) von S. Centlivre und *Caelia* (1733) von Ch. Johnson sowie T. Shadwells Komödie *The Squire of Alsatia* (1688).

Schauplatz von Lessings Trauerspiel ist England. Mellefont, der höfischen Welt der Ränke und des genußsüchtigen Zeitvertreibs entstammend *(»In der nichtswürdigsten Gesellschaft von Spielern und Landstreichern – ich nenne sie, was sie waren, und kehre mich an ihre Titel, Ritter und dergleichen, nicht – in solcher Gesellschaft brachten Sie ein Vermögen durch ...«)*, hat Miss Sara Sampson, die tugendsame Tochter von Sir William Sampson, aus dem väterlichen Hause entführt, um mit ihr nach Frankreich zu fliehen und sie dort zu heiraten. Das Vorhaben kann nicht sofort ausgeführt werden, da, so will es die dramatische Verwicklung, Mellefont das Erbe eines Vetters zufallen soll, sofern er eine Verwandte heiratet, die ihn aber *»ebensosehr haßt als ich sie«*. Beide haben sich auf einen Vergleich, eine Teilung, geeinigt, und Mellefont hat in einem Gasthof Station gemacht, um die *»letzten Nachrichten in dieser Sache«* abzuwarten. Allerdings ist dem flüchtigen Paar nicht nur Saras Vater, mit dessen Auftritt das Stück beginnt, auf der Spur, sondern auch Marwood, die ehemalige Geliebte Mellefonts, die diesen zurückerobern will und ihn durch die Anwesenheit der gemeinsamen Tochter Arabella erweichen will. In einer Aussprache, die charakteristisch ist für Lessings kunstvolle, auf Steigerungen zielende Dialogführung, erklärt Mellefont der Marwood, daß er nie zu ihr zurückkehren werde. Sie erreicht aber, daß er sie unter falschem Namen der Rivalin vorstellt. Im Verlauf eines hochdramatischen Gesprächs mit Sara gibt die Marwood ihre Identität preis und mischt schließlich Gift unter die Arznei ihrer ohnmächtigen Rivalin. Zu der sterbenden Sara tritt Sir William, der seiner Tochter verziehen hat. Noch vor ihrem Tod vergibt auch Sara der Marwood. Den Edelmut Saras und ihres Vaters vor Augen, bleibt es Mellefont verwehrt, sich an der Marwood zu rächen; er findet weder die Kraft, sich selbst zu verzeihen, noch vermag er die ihm von William Sampson angebotene Sohnesstelle anzunehmen: So bleibt ihm nur das Gericht an sich selbst, erst danach – sterbend – bringt er die Bitte um Gnade über seine Lippen und nimmt die väterliche Liebe William Sampsons an. Der alte Sampson trifft, nachdem er sich von dem »tötenden Anblick« abgewandt hat, Anstalten, um für die ihm von den beiden Sterbenden anempfohlene Arabella zu sorgen.

»Ach, er war mehr unglücklich als lasterhaft«, charakterisiert Sir William Sampson den sterbenden Mellefont. Wie Mellefont oder Sir William selbst, der die Strenge seiner Erziehungsmaximen als mitverantwortlich für die Flucht der Tochter erkennt, darf man auch Sara als *»gemischten«* Charakter sehen; durch ihre Flucht vor dem Vater, ihre Scheu, dessen Vergebungsangebote, die ihr als peinliche *»Schwäche«* erscheinen, anzunehmen, bis hin zu ihrem Hochmut gegenüber der Marwood. Erst am Schluß gibt sie das abstrakte Tugendpostulat, das sie für sich selbst in Anspruch nimmt, auf, erkennt sich als *»eine schuldige, eine reuende, eine gestrafte Tochter«* und stellt sich auf eine Stufe mit der Marwood: *»Wie schlau weiß sich der Mensch zu trennen, und aus seinen Leidenschaften ein von sich unterschiedenes Wesen zu machen, dem er alles zur Last legen könnte, was er bei kaltem Blute selbst nicht billiget.«* Anders als in den heroischen Trauerspielen der Frühaufklärung zeigt Lessing den Menschen als eine komplexe Fügung aus guten und bösen Seiten: *»der Dichter muß keinen von allem Guten entblößten Bösewicht aufführen. Der Held oder die beste Person muß nicht, gleich einem Gotte, seine Tugenden ruhig und ungekränkt übersehen«* (Brief an Nicolai, November 1756). Gerade indem die *»beste Person«*, wenn auch ungewollt, schuldig wird, sich darin aber bewährt und auch Vergebung findet, kann sie als Identifikationsangebot an den Zuschauer dienen und dessen Empfindungsfähigkeit steigern, womit bei Lessing immer das *»Mitleid«* als primärer, alle gesellschaftlichen Grenzen transzendierender Affekt gemeint ist: *»›Der mitleidigste Mensch ist der beste Mensch‹, zu allen gesellschaftlichen Tugenden, zu allen Arten der Großmut der aufgelegteste. Wer uns mitleidig macht, macht uns besser und tugendhafter, und das Trauerspiel, das jenes tut, tut auch dieses ...«* Neben der moralischen Zielsetzung ist es vor allem der rührende Gestus, durch den das Stück heute für die Bühne nicht mehr spielbar ist; bereits im ersten Aufzug ist fast jeder der Auftretenden zum Weinen gerührt, Begriffe wie *»Herz«*, *»Zärtlichkeit«*, *»Gewissen«* und *»Liebe«* oder *»Tugend«* erscheinen stereotyp, markieren aber, wie auch die empfindsamen Schauspiele der Zeit (Gellert), die ersten Versuche, individuell-private Gefühlsäußerungen zu thematisieren und auf die Bühne zu bringen. Entsprechenden Anklang fand das Stück daher bei den Zeitgenossen; über die Uraufführung berichtet Lessing an Gleim, daß *»die Zuschauer vier Stunden wie Statüen saßen und in Thränen zerflossen«*. V.Ho.-KLL

Ausgaben: Bln. 1755 (in *Schrifften*, 6 Tle., 1753–1755, 6). – o. O. [Bln.] 1757. – Stg. 1886 (in *SS*, Hg. K. Lachmann u. F. Muncker, 23 Bde., 1886–1924, 2; Nachdr. Bln. ³1968; rev.). – Bln. 1925 (in *Werke*, Hg. J. Petersen u. W. v. Olshausen, 25 Bde., 1925–1935, 1; Nachdr. Hildesheim 1970). – Lpzg. 1934, Hg. F. Brüggemann [Erstfassg.]. – Stg. 1958 u. ö. (RUB). – Ffm. 1967 (in *Werke*, Hg. K. Wölfel, 3 Bde., 1). – Bln./Weimar ²1968 (in *GW*, Hg. P. Rilla, 10 Bde., 2). – Mchn. 1971 (in *Werke*, Hg. H. G. Göpfert, 8 Bde., 1970–1978, 2; Komm. G. Hillen). – Ffm. 1972, Hg. K. Eibl. – Mchn. 1982 (in *Werke*, Hg. H. G. Göpfert, 3 Bde., 1).

Literatur: P. T. Kies, *The sources and Basic Models of »Miss Sara Sampson«* (in MPh, 24, 1926, S. 65–90). – G. Fricke, *Bemerkungen zu L.s »Freigeist« u. »Miss Sara Sampson«* (in Studien zur dt. Sprache u. Literatur, 3, 1956, S. 30–66; auch in *Fs. f. J. Quint*, Hg. H. Moser u. a., Bonn 1964). – H. Bornkamm, *Die innere Handlung in L.s »Miss Sara Sampson«* (in Euph, 51, 1957, S. 385–396). – R. Daunicht, *Die Entstehung des bürgerlichen Trauerspiels in Deutschland*, Bln. 1963, S. 276–299. – B. v. Wiese, *Die deutsche Tragödie von L. bis Hebbel*, Hbg. ⁶1964, S. 31–35. – Th. Ziolkowski, *Language and Mimetic Action in L.'s »Miss Sara Sampson«* (in GR, 40, 1965, S. 261–276). – M. Durzak, *Äußere u. innere Handlung in »Miß Sara Sampson«: zur ästhetischen Geschlossenheit von L.s Trauerspiel* (in M. D., *Poesie u. Ratio. Vier L.-Studien*, Bad Homburg 1970, S. 44–68). – P. Weber, *Das Menschenbild des bürgerlichen Trauerspiels. Entstehung u. Funktion von L.s »Miß Sara Sampson«*, Bln./DDR 1970; ²1976. – F. van Ingen, *Tugend bei L.: Bemerkungen zu »Miß Sara Sampson«* (in Amsterdamer Beiträge zur neueren Germanistik, 1, 1972, S. 43–73). – G. Labroiss, *Zum Gestaltungsprinzip von L.s »Miß Sara Sampson«* (ebd., S. 75–102). – A. Scott, *The Role of Mellefont in L.'s »Miß Sara Sampson«* (in GQ, 47, 1974, S. 394–408). – P. Michelsen, *Zur Entstehung des bürgerlichen Trauerspiels: einige geistes- u. literaturgeschichtliche Vorüberlegungen zu einer Interpretation der »Miß Sara Sampson«* (in *Literaturwiss. u. Geistesgeschichte: Fs. für Richard Brinkmann*, Hg. J. Brummack u. a., Tübingen 1981, S. 83–98). – M. Schenkel, *Poetik des Mitleids im bürgerlichen Trauerspiel »Miß Sara Sampson«: poetisch-poetologische Reflexionen*, Bonn 1984. – B. Spies, *Der empfindsame L. – kein bürgerlicher Revolutionär. Denkanstöße zu einer Neuinterpretation von L.s »Miss Sara Sampson«* (in DVLG, 58, 1984, S. 369–390). – *G. E. L., »Miß Sara Sampson«. Erläuterungen u. Dokumente*, Hg. V. Richel, Stg. 1985 (RUB). – R. Ch. Zimmermann, *Über eine bildungsgeschichtlich bedingte Sichtbehinderung bei der Interpretation von L.s »Miß Sara Sampson«* (in *Verlorene Klassik? Ein Symposium*, Hg. W. Wittkowski, Tübingen 1986, S. 255–285).

NATHAN DER WEISE

Ein dramatisches Gedicht in fünf Aufzügen von Gotthold Ephraim Lessing, erschienen 1779; Uraufführung: Berlin, 14. 4. 1783, Theater in der Behrensstraße. – Die aufklärerische Intention des Dramas ist eng mit Lessings Tätigkeit als Bibliothekar verknüpft. Die von ihm herausgegebenen *Wolfenbütteler Fragmente* – umfangreiche Partien aus einem sehr undogmatischen, religionskritischen Werk von Samuel Reimarus (1694–1768) –

verwickelten ihn in eine scharfe Auseinandersetzung mit der zeitgenössischen Orthodoxie, besonders mit dem Hamburger Pastor Melchior GOEZE (vgl. *Anti-Goeze*, 1778/79). Ein Kabinettsbefehl untersagte Lessing schließlich die Publikation weiterer Teile des Reimarus-Nachlasses. Statt sich entmutigen zu lassen, wechselt Lessing daraufhin den Kampfplatz: *»Ich muß versuchen, ob man mich auf meiner alten Kanzel, auf dem Theater, wenigstens noch ungestört wird predigen lassen.«* Gewillt, *»den Theologen einen ärgern Possen zu spielen als noch mit zehn Fragmenten«*, machte er sich unverzüglich an die Niederschrift des *Nathan*. Gleichwohl ist das Stück nicht nur eine *»Frucht der Polemik«*, sondern zugleich der Lektüre: Fasziniert von BOCCACCIOS *Decamerone*, genauer von der dritten Novelle des ersten Buchs um die Geschichte des Juden Melchisedech und die alte Wanderfabel von den drei Ringen, hatte Lessing bereits früher einmal in einem ersten Entwurf den *Nathan* konzipiert.

Lessing verwendet in seinem Stück den fünffüßigen Jambus, womit sich *»der Blankvers über den ›Don Carlos‹ und die ›Iphigenie‹ bis zum ›Wallenstein‹ als Vers des deutschen Dramas durchgesetzt«* hat (G. Rohrmoser). Seiner Struktur nach ist das Werk ein »analytisches Drama« im Stil der Tragödien z. B. des SOPHOKLES (vgl. *König Ödipus*); anfangs unbekannte bzw. verschwiegene, dem Drama vorausliegende Tatbestände werden im Lauf der Handlung aufgedeckt. Ort des Geschehens ist die Stadt der Weltreligionen, Jerusalem, zur Zeit der Kreuzzüge: Christentum, Judentum und Islam treffen hier unmittelbar aufeinander. Nathan, ein reicher Jude, ist gerade von einer weiten Geschäftsreise zurückgekehrt und erfährt, daß Recha, seine Tochter, eben erst durch einen jungen Tempelherrn vor dem Feuertod gerettet worden ist. Recha und ihre Gesellschafterin, die Christin Daja, sehen darin füglich ein Wunder. Denn der Tempelherr, der einem christlichen Ritterorden angehört, war nach einem Gefecht wohl in Gefangenschaft geraten und sollte auf Befehl des Sultans Saladin, eines Muselmanns, auch in der üblichen Weise umgebracht werden: Da fühlte sich der Sultan beim Anblick des jungen Mannes plötzlich an seinen toten Bruder Assam erinnert und hob in einem unerwarteten Gnadenakt das Todesurteil auf. Dem erfahrenen, klug argumentierenden Nathan gelingt, was Recha und Daja bisher mißlungen ist: den widerspenstigen Tempelherrn in ein vorurteilsfreies Gespräch zu ziehen und ihn, als Dank für die mutige Tat, zu einem Besuch bei Recha zu bewegen. Inzwischen nimmt Nathan die Gelegenheit wahr, die Kraft aufklärerischer Weisheit zu demonstrieren. Der Sultan, der sich gerade in einer finanziell mißlichen Lage befindet, will auf Rat seiner Schwester Sittah die vielgepriesene Freigebigkeit, vor allem aber die Vernunft des Juden testen und stellt die heikle Frage nach der wahren Religion. Die Szene, genau in der Mitte des Dramas gelegen, enthält gleichsam modellhaft die Idee aufgeklärter Humanität, um die sich das ganze Drama bewegt. Nathan verfällt auf den rettenden Einfall, den Sultan *»mit einem Märchen ... abzuspeisen«*, eben der berühmten Ringparabel: Ein Königshaus im Osten besaß einen Ring, der die Eigenschaft hatte, seinen Träger *»vor Gott und Menschen angenehm zu machen«*. Diesen Ring übertrug viele Generationen hindurch der jeweils regierende König bei seinem Tod dem Lieblingssohn, bis er auf einen Herrscher kam, der seinen drei Söhnen mit gleicher Liebe zugetan war. Unfähig, sich für einen von ihnen zu entscheiden, läßt er nach dem Muster des echten Rings zwei weitere, vollkommen ähnliche anfertigen und übergibt sie allesamt vor dem Tod seinen Söhnen. Deren Streit um den echten Ring schlichtet ein kluger Richter, indem er einzig praktisches Handeln zum Maßstab für die Echtheit des Rings erhebt: *»Es eifre jeder seiner unbestochnen / Von Vorurteilen freien Liebe nach! / Es strebe von euch jeder um die Wette, / Die Kraft des Steins in seinem Ring an Tag / Zu legen! komme dieser Kraft mit Sanftmut, / Mit herzlicher Verträglichkeit, mit Wohltun, / Mit innigster Ergebenheit in Gott / Zu Hilf!«* Der Sultan, der mit wachsendem Erstaunen in dieser Geschichte ein Gleichnis für die drei Religionen und ihren Wahrheitsgehalt erkennt, ist auf eine existentielle Weise betroffen. Sein Gebot, den Absolutheitsanspruch irgendeiner der Religionen in theoretischer Argumentation zu begründen, ist müßig: Religion, in welcher Gestalt sie auch immer auftritt, muß sich durch praktische Humanität ausweisen. Enthusiastisch trägt der Sultan dem weisen Juden seine Freundschaft an. Inzwischen ist der Tempelherr in leidenschaftlicher Liebe zu Recha entbrannt und begehrt sie zur Frau. Nathan, der in dem stürmischen Werber einen nahen Verwandten Rechas vermutet, provoziert durch seine reservierte Haltung dessen Zorn. Angestachelt durch Daja, die ihm verrät, daß Recha keineswegs die leibliche Tochter Nathans, vielmehr ein christlich getauftes Waisenkind ist, sucht der Tempelherr Rat beim Patriarchen in Jerusalem, einem korrumpierten Vertreter der Christenheit. Der will den Juden in eine Intrige verstricken, schickt aber als Spion zufällig einen frommen einfältigen Klosterbruder aus, just den, der vor achtzehn Jahren Nathan ein elternloses Kind, eben Recha, anvertraut hat. Dank einiger Hinweise des Klosterbruders erkennt Nathan jetzt im Tempelherrn Rechas Bruder; für Saladin und Sittah ist es nun ein leichtes, im Tempelherrn zugleich ihren Neffen, den Sohn ihres Bruders Assam, zu entdecken. Nathan aber, der an dieser leiblichen Verwandtschaft nicht teilhat, wird von Recha und dem Tempelherrn als Vater im Sinne höherer Geistes- und Seelenverwandtschaft anerkannt. In vielfältigen Umarmungen löst sich die lang aufgestaute Spannung.

Im Umarmungsfest des letzten Auftritts nimmt der utopische Charakter des Dramas sinnfällige Gestalt an. Indem Lessing Menschen verschiedenen Glaubens als Mitglieder einer einzigen Familie enthüllt, zeichnet er der Menschheit den Weg in eine paradiesische Vollendung vor, die aus der Erfahrung schrankenloser Solidarität hervorginge. Das Erreichen dieses Ziels macht er freilich von unpolitischer

Individualethik abhängig: *»Wie aus einer guten Tat ... doch so viel andre gute Taten fließen!«* Auf diesem idealistischen Glauben ist der innere Vorgang des Dramas erbaut: Eine einzige gute Tat Nathans, die zeitlich noch vor Beginn des Dramas liegt, wird im Drama zur Bedingung des guten Endes. Nathan war einst Zeuge eines Verbrechens, das Christen an Juden verübt hatten. Dieses Verbrechen, dem auch seine Frau und sieben Söhne zum Opfer fielen, ist Ausdruck der auf einem Absolutheitsanspruch basierenden Machtpolitik aller bestehenden Weltreligionen; ihre Inhumanität darf im Drama als Metapher für die entfremdete Geschichte insgesamt gelten. Auf die Exzesse dieser Entfremdung antwortet Nathan nun nicht mit einem Vergeltungsschlag, wie es zunächst, im Affekt leidenschaftlicher Empörung, seine Absicht war. Vielmehr erfolgt, mitten im Unheil, der dialektische Umschlag, der für Lessings progressives Geschichtsdenken typisch ist: Nathan meistert seine Leidenschaft durch die Vernunft und nimmt an seiner Kinder Statt die elternlose, christlich getaufte Recha auf, die er vorbildlich erzieht. Damit hat er zum einen die Vernunft in ihr Herrschaftsrecht eingesetzt, den Absolutheitsanspruch aller Religionen relativiert und zum andern ihren Wahrheitsgehalt als weltumfassende, tatkräftige Solidarität bestimmt.

Sowohl von der Vernunft wie von praktischer Ethik läßt sich denn auch Nathan, seiner ersten schweren Erfahrung gemäß, während des ganzen Dramas leiten. So setzt er Daja und Recha gleich im ersten Akt mit der Logik unbestechlicher Argumentation auseinander, *»wieviel andächtig schwärmen leichter als gut handeln ist«* – und befreit die beiden von der selbstgenügsamen Exaltation, in die sie sich nach der Rettungstat des Tempelherrn verirrt haben. So durchbricht er im zweiten Akt durch die Energie vorurteilsfreien Denkens die kühle Reserve des Tempelherrn, verwandelt im dritten Akt durch die erfinderische Verkleidung seiner vernünftigen Einsichten (Ringparabel) die nonchalante, distanziert unverbindliche Haltung des Sultans, erzieht im vierten und fünften Akt den Tempelherrn von der Blindheit des Affekts zur Selbstkritik und zur Helle der Vernunft. Nathans vielberufene Toleranz hat demnach einen aktiven, kämpferischen Einschlag. Sie bewährt sich darin, daß er die verschiedenen Religionen, ihre geschichtlich bedingten Individualitäten gelten läßt und sie zugleich an ein ethisches, allgemeinverbindliches Engagement knüpft. Nicht nur in der erzieherischen Überzeugungskraft seiner vernünftigen Argumentation manifestiert sich dieses Engagement, sondern auch im praktischen Umgang mit Geld. Ein dem antisemitischen Vorurteil widersprechender Zug Nathans zeigt sich in seiner prinzipiellen Abneigung zu borgen, auf Zins zu leihen und dadurch Ärmere in Abhängigkeit von sich zu halten. Statt dessen schenkt er sein Geld her, um die Beschenkten in Freiheit zu setzen. Die utopische Idealität solchen Handelns akzentuiert Lessing dadurch, daß er als Gegenbild dazu die Praxis in der entfremdeten Geschichtswelt zeigt: die auf Festigung des Besitzes und auf Potenzierung der Macht zielende christliche Kirche, die statt Freiheit Herrschaft zu errichten versucht und zu diesem Zweck eine autoritäre Scheinlogik bemüht (der Patriarch), die, entgegen dem Willen der Aufklärer, den Menschen gerade an die Unmündigkeit versklavt. Aber im Drama vereinigen sich schließlich die von Nathan entbundenen idealen Kräfte weniger einzelner zu einem guten Ende jenseits der Faktizität der Historie: Zwischen fundierter Utopie und illusionärer Märchenwelt, zwischen dem vorbildlichen Gebrauch der Vernunft und des Reichtums einerseits und dem naiven Glauben an die weltbewegende Macht der guten unpolitischen Tat des einzelnen andererseits bewegt sich Lessings Drama.

Sowohl von der Entstehungszeit wie vom Gehalt her weist der Nathan auf Lessings Schrift über *Die Erziehung des Menschengeschlechts* (1777). Nathans Handeln auf ein gutes Ende hin ist eine poetische Umsetzung des Lessingschen Theodizee-Begriffs: Erziehung des Menschengeschlechts ereignet sich als *»Ausbildung geoffenbarter Wahrheiten in Vernunftwahrheiten«*; diese allein können jene *»Zeit der Vollendung«* herbeiführen, wo der Mensch *»das Gute tun wird, weil es das Gute ist«*. Indem das Drama seine Vernunftwahrheiten vorzugsweise in Gestalt subtiler Definitionen, logischer Argumentation, aufklärerischer Reflexion und scharfsinniger Folgerungen entfaltet, bildet es einen abstrakten, theoretischen Grundzug aus, der das kritische Bewußtsein des Lesers aktiviert, dafür aber sich der bühnenwirksamen Darstellung entzieht. Damit hat Lessing selbst gerechnet. Eine Aufführung zu seinen Lebzeiten kam nicht zustande, und erst 1801, in der gekürzten Bearbeitung F. Schillers, fand das Drama auf der Bühne gedämpften Beifall. Im 19. Jh. stieg es zum Teil zur Schullektüre des liberalen Bildungsbürgertums auf, galt jedoch auch, wie der Lessingsche Toleranzgedanke insgesamt, als Anschlag auf das Christentum und zog bereits früh antisemitische Ausfälle auf sich (E. Dühring, J. Nadler, A. Bartels). Während des Dritten Reiches wurde der *Nathan* totgeschwiegen, um nach 1945 als *»zeitgemäß supranationales Wiedergutmachungsstück«* (H. Göbel) vor allem in den fünfziger Jahren eine Renaissance auf den deutschsprachigen Bühnen zu erleben. Lessing selbst schien an der Theaterwirksamkeit seines Stücks von jeher Zweifel gehabt zu haben; an seinen Bruder Karl schreibt er am 18. 4. 1779: *»Es kann wohl sein, daß mein ›Nathan‹ im Ganzen wenig Wirkung tun würde, wenn er auf das Theater käme ... Genug, wenn er sich mit Interesse nur lieset, und unter tausend Lesern nur einer daraus an der Evidenz und Allgemeinheit seiner Religion zweifeln lernt.«* G.Sa.-KLL

Ausgaben: Bln. 1779. – Stg. 1887 (in *SS*, Hg. K. Lachmann u. F. Muncker, 23 Bde., 1886–1924, 3; Nachdr. Bln. [3]1968; rev.). – Bln. 1925 (in *Werke*, Hg. J. Petersen u. W. v. Olshausen, 30 Bde., 1925–1935, 2; Einl. W. Oehlke; Nachdr. Hildesheim 1970). – Stg. 1947 u. ö. (RUB). – Reinbek 1962 u. ö. (zus. m. *Emilia Galotti* u. *Minna von*

Barnhelm; Essay u. Bibliogr. A. Elschenbroich; RKl). – Ffm./Bln. 1966, Hg. P. Demetz [m. Materialien u. Bibliogr.]. – Ffm. 1967 (in *Werke*, Hg. K. Wölfel, 3 Bde., 1). – Bln./Weimar ²1968 (in *GW*, Hg. P. Rilla, 10 Bde., 2). – Mchn. 1971 (in *Werke*, Hg. H. G. Göpfert, 8 Bde., 1970–1978, 2; Komm. G. Hillen). – Mchn. 1982 (in *Werke*, Hg. ders., 3 Bde., 1).

BEARBEITUNG: F. Schiller (Urauff.: Weimar, 28. 11. 1801, Hoftheater).

LITERATUR: F. L. Fehling, *Epilogue to »Nathan«* (in GQ, 18, 1945, S. 149–153). – H. Meyer-Benfey, *»Nathan der Weise«* (in H. M.-B., *L. und Hamburg*, Hbg. 1946, S. 42–51). – S. Atkins, *The Parable of the Rings in L.'s »Nathan«* (in GR, 26, 1951, S. 259–267). – J. A. Bizet, *La sagesse de Nathan* (in EG, 10, 1955, S. 269–275). – H. Politzer, *L.s Parabel von den drei Ringen* (in GQ, 31, 1958, S. 161–177). – G. Rohrmoser, *L., »Nathan der Weise«* (in *Das deutsche Drama*, Hg. B. v. Wiese, Bd. 1, Düsseldorf 1958, S. 113–126). – Ch. E. Schweitzer, *Die Erziehung Nathans* (in MDU, 53, 1961, S. 277–284). – W. R. Maurer, *The Integration of the Ring Parable in L.'s »Nathan der Weise«* (ebd., 54, 1962, S. 49–58). – H. Flügel, *»Nathan der Weise«. Tragik und Toleranz* (in Jb. d. Evang. Akad. Tutzing, 13, 1963/64, S. 50–60). – L. Heinzelmann, *L.s »Nathan der Weise« und seine bedeutendsten Darsteller*, Diss. Wien 1964. – G. Pons, *G. E. L. et le christianisme*, Paris 1964. – G. Rohrmoser, *Aufklärung und Offenbarungsglaube* (in *Collegium Philosophicum. Studien J. Ritter zum 60. Geburtstag*, Basel/Stg. 1965, S. 303–325). – E. M. Batley, *L.'s »Nathan der Weise«: The Transcending of Reason in Dramatic Motivation* (in Publications of the English Goethe-Society, 42, 1972, S. 1–36). – *G. E. L.: »Nathan der Weise«. Erläuterungen u. Dokumente*, Hg. P. v. Düffel, Stg. 1972 (RUB). – D. von König, *Natürlichkeit u. Wirklichkeit: Studien zu L.s »Nathan der Weise«*, Bonn 1976. – H. Birus, *Poetische Namengebung. Zur Bedeutung der Namen in L.s »Nathan der Weise«*, Göttingen 1978. – *»Nathan der Weise«. Der Autor, der Text, seine Umwelt, seine Folgen*, Hg. H. Göbel, Bln. 1978. – K. Bohnen, *»Nathan der Weise«: über das »Gegenbild einer Gesellschaft« bei L.* (in DVLG, 53, 1979, S. 394–416). – H.-F. Wessels, *L.s »Nathan der Weise«. Seine Wirkungsgeschichte bis zum Ende der Goethezeit*, Königstein/Ts. 1979. – H. Ritscher, *G. E. L., »Nathan der Weise«*, Ffm./Bln. ¹¹1983. – *L.s »Nathan der Weise«*, Hg. K. Bohnen, Darmstadt 1984 (WdF). – D. Arendt, *L.s »Nathan der Weise« u. das opus supererogatum, oder: Der Mensch als Rolle u. die Rolle des Menschen in der Aufklärung* (in Diskussion Deutsch, 16, 1985, S. 243–263). – W. Jens, *»Nathans Gesinnung ist von jeher die meinige gewesen«* (in W. J. u. H. Küng, *Dichtung u. Religion*, Mchn. 1985, S. 102–119). – H. Küng, *Religion im Prozeß der Aufklärung* (ebd., S. 82–101). – B. Dessau, *Nathans Rückkehr. Studien zur Rezeptionsgeschichte seit 1945*, Ffm./Bern 1986. – E. Welliver, *Eros in the Service of Ennoblement. L.'s Recha and G.'s Iphigenie* (in *Verlorene Klassik? Ein Symposium*, Hg. W. Wittkowski, Tübingen 1986, S. 40–51).

GEORG CHRISTOPH LICHTENBERG

* 1.7.1742 Oberramstadt bei Darmstadt
† 24.2.1799 Göttingen

LITERATUR ZUM AUTOR:
Bibliographien:
R. Jung, *L.-Bibliographie*, Heidelberg 1972. – W. Hönes u. W. Promies, *L.-Bibliographie* (in Photorin. Mitt. der L.-Ges., 1983, H. 6, S. 51–56).
Biographien:
W. Promies, *G. Chr. L. in Selbstzeugnissen und Bilddokumenten*, Reinbek 1964 u. ö. (rm). – F. H. Mautner, *L. Geschichte seines Geistes*, Bln. 1968. – C. Brinitzer, *G. Chr. L.*, Tübingen 1956 (ern. Mchn. 1979 u. d. T. *G. Chr. L. Genialität und Witz*; Heyne Tb). – D. Goetz, *G. Chr. L.*, Lpzg. ²1984 [m. Abb.; durchges. Aufl.]. – A. Verrecchia, *G. Chr. L. Der Ketzer des dt. Geistes*, Wien 1988.
Gesamtdarstellungen und Studien:
W. Grenzmann, *G. Chr. L.*, Salzburg/Lpzg. 1938. – P. Rippmann, *Werk und Fragment. G. Chr. L. als Schriftsteller*, Bern 1953. – A. Schneider, *G. Chr. L., précurseur du romantisme*, Paris 1955. – H. Schöffler, *L. Studien zu seinem Wesen und Geist*, Hg. G. v. Selle, Göttingen 1956. – P. Requadt, *L.*, Stg. 1964. – R. Jung, *Studien zur Sprachauffassung G. Chr. L.s*, Diss. Ffm. 1967. – K. Riha, *Cross-Reading und Cross-Talking. Zitat-Collagen als poetische und satirische Technik*, Stg. 1971 [u. a. zu G. Chr. L.]. – H. Gockel, *Individualisiertes Sprechen. L.s Bemerkungen im Zusammenhang von Erkenntnistheorie und Sprachkritik*, Bln./NY 1973 [zugl. Diss. Münster]. – *Aufklärung über L. Mit Beiträgen von Helmut Heißenbüttel u. a.*, Göttingen 1974. – F. H. Mautner, *G. Chr. L.* (in *Dt. Dichter des 18. Jh.s. Ihr Leben und Werk*, Hg. B. v. Wiese, Bln. 1977, S. 482–506). – A. Schöne, *Aufklärung aus dem Geist der Experimentalphysik. Lichtenbergsche Konjunktive*, Mchn. 1982. – G. Fischer, *Lichtenbergsche Denkfiguren. Aspekte des Experimentellen*, Heidelberg 1982.

BEMERKUNGEN VERMISCHTEN INHALTS

Aphorismen von Georg Christoph LICHTENBERG, entstanden 1765–1799, erschienen erstmals, allerdings unvollständig, unter dem Titel *Bemerkungen vermischten Inhalts* in den *Vermischten Schriften*

(1800–1806). – Bis kurz vor seinem Tod führte Lichtenberg seine *»Sudel-«*, *»Schmier-«* oder *»Gedankenbücher«*, wie er sie selbst bezeichnete und deren Eigenart er mit den Worten umriß: *»Vermischte Einfälle, verdaute und unverdaute, Begebenheiten, die mich besonders angehen, auch hier und da Exzerpte und Bemerkungen, die an einem andern Ort genauer eingetragen oder sonst von mir genutzt sind«*. Eine erweiterte, ebenfalls nicht vollständige Edition der mit A bis L bezeichneten elf Hefte gaben Lichtenbergs Söhne wiederum unter dem Titel *Bemerkungen vermischten Inhalts* in der erweiterten Ausgabe der *Vermischten Schriften* (1844–1853) heraus; im Rückgriff auf die noch vorhandenen, 1896 erst wieder aufgefundenen Teile der Originalhandschrift publizierte A. Leitzmann 1902–1908 eine kritische Ausgabe der *Sudelbücher*, von ihm als *Aphorismen* bezeichnet, in der allerdings die früher bereits erschienenen Eintragungen zu den Heften G, H und dem Großteil von K fehlen, da hier das Originalmanuskript nicht vorhanden war. Eine vollständige Edition leistete erst W. Promies in seiner vierbändigen Ausgabe (mit drei Kommentarbänden) der *Schriften und Briefe* Lichtenbergs, in die er auch die von Leitzmann nicht berücksichtigten Exzerpte und weiteren Notizen Lichtenbergs aufnahm: das *Füllhornbuch* (1765–1772; KA), das *Goldpapierheft* (1789; GH) sowie die beiden *Materialhefte*, das *Miszellen-Heft* von 1798 sowie *Undatierbare und verstreute Bemerkungen*.

Galt Lichtenberg, der Göttinger Professor für Naturlehre, Astronomie und Mathematik und Lehrer u.a. von G. Forster und A. v. Humboldt, den Zeitgenossen zwar als *»einer unserer witzigsten Schriftsteller und geschmackvollsten Gelehrten, als einer der glücklichsten Kämpfer gegen jede Torheit«*, wie F. Schlichtegroll in seinem *Nekrolog auf das Jahr 1799* schreibt, so war er doch am Ende seines Lebens eher ein *»Außenseiter«* (F. H. Mautner) – als Naturwissenschaftler aufgrund seiner Skepsis gegenüber Lavoisiers Entdeckung der Sauerstoffverbrennung, als Literat durch seinen Abstand zu Klassik und Frühromantik. Es sind auch weniger seine zu Lebzeiten publizierten satirischen Texte als vielmehr seine erst postum veröffentlichten *Sudelbücher*, die Lichtenberg für die Nachwelt zu einem der größten deutschen Aphoristiker, neben F. Nietzsche oder K. Kraus, werden ließen.

Aphorismen als pointierte Formulierung eines Gedankens oder einer Lebensweisheit finden sich bereits in der Antike, bei Hippokrates und Marc Aurel, später bei Erasmus von Rotterdam oder bei Francis Bacon. In der Neuzeit sind es vor allem französische Philosophen und Literaten, wie Montaigne, La Rochefoucauld oder Vauvenargues, die diesen Stil pflegen, dabei aber im Grunde nur ein Thema haben, den Menschen in seinem Verhältnis zu den anderen, zur Gesellschaft. Und selbst wo der Mensch mit sich allein ist, bleibt er, insbesondere bei den französischen »Moralisten«, ein gleichsam nur zufällig isoliertes Gesellschaftswesen, dessen »Psychologie« kaum je von der Seele im Umgang mit sich selbst handelt. Von hier aus wird die eigentliche Tiefe und Weite der Gedanken Lichtenbergs sichtbar. Wenn er »philosophiert« (ein Wort, das – richtig verstanden – auch noch auf seine geringsten, fragmentarischsten Aphorismen zutrifft), so ist ein volles, sozusagen präsoziales Ich tätig, das sich versteht sowohl in ständiger bohrender Selbstanalyse wie in der Auseinandersetzung mit einer denkbar umfassend konzipierten Welt.

Man hat darauf hingewiesen, daß die Wurzel von Lichtenbergs zwanghafter Neigung zur Selbstbeobachtung und -prüfung mehr in der christlich-pietistischen Lebenshaltung, in der er aufwuchs und die seine Jugend beherrschte, zu suchen sei als in einem rationalistisch-aufklärerischen Willen zu intellektueller Analyse; seine geistige Gestalt sprenge den üblichen Begriff von »Aufklärung«. Diese Auffassung sollte aber nicht dazu führen, die leidenschaftliche, nie abgeschwächte oder gar zurückgenommene Bejahung der Vernunft zu verschleiern, die für alle Zeiten hinreichend klar aus einigen seiner berühmten Sätze spricht: *»Gott schuf den Menschen nach seinem Bilde, das heißt vermutlich, der Mensch schuf Gott nach dem seinigen«*; *»Der oft unüberlegten Hochachtung gegen alte Gesetze, alte Gebräuche und alte Religionen hat man alles Übel in der Welt zu danken«*; *»Unsere Welt wird noch so fein werden, daß es so lächerlich sein wird, einen Gott zu glauben, als heutzutage Gespenster«* (hier mag eine subtile Ironie gegen den simplen Atheismus zu spüren sein, dem er – mißtrauisch gegen allzu leichte »Lösungen« – wohl nie rückhaltlos anhing). Die im engeren Sinn philosophischen Aphorismen sind voll erstaunlicher Vorwegnahmen von Haltungen und Einsichten, die teilweise erst heute eine Rolle in der Philosophie spielen. *»Philosophie ist immer Scheidekunst, man mag die Sache wenden, wie man will. Der Bauer gebraucht alle Sätze der abstrakten Philosophie, nur eingewickelt versteckt, gebunden, wie der Physiker und Chemiker sagt; der Philosoph gibt uns die reinen Sätze.«* Und auf das Interesse für die Sprachabhängigkeit alles Philosophierens weist die folgende Stelle hin: *»Ich und mich. Ich fühle mich – sind zwei Gegenstände. Unsere falsche Philosophie ist der ganzen Sprache einverleibt; wir können sozusagen nicht räsonieren, ohne falsch zu räsonieren. Man bedenkt nicht, daß Sprechen, ohne Rücksicht von was, eine Philosophie ist.«* Sentenzen wie diese führten dazu, daß Lichtenberg nicht nur als *»erster deutscher Tiefenpsychologe«* apostrophiert wurde, sondern auch *»für fast alle philosophischen Systeme nach Hegel als ›Vorläufer‹ oder Stütze in Anspruch genommen«* wurde, *»für den Neu-Kantianismus und die Als-Ob-Philosophie, den älteren, pragmatischen Positivismus Ernst Machs, den Neo-Positivismus des Wiener Kreises und die linguistisch-analytische Philosophie Wittgensteins und seiner Nachfolger«* (F. H. Mautner). Mit tatsächlich modern anmutender Hartnäckigkeit formuliert Lichtenberg seine Skepsis gegenüber dem tradierten Wissen (*»Dinge zu bezweifeln, die ganz ohne weitere Untersuchung jetzt geglaubt werden, das ist die Hauptsache überall«*), richtet er seine fragende Aufmerksamkeit auf Verfahrensweisen des menschlichen Geistes, nicht ohne andererseits fast ironisierend seinen eigenen Irrationalismus zu vermerken: *»Einer der merkwürdigsten Züge in meinem Charakter ist gewiß der seltsame Aberglaube ... Jedes Kriechen eines Insekts dient mir zu Antworten über Fragen über mein Schicksal. Ist das nicht sonderbar von einem Professor der Physik?«* Zeugnisse einer intensiven Lichtenberg-Rezeption finden sich daneben bei SCHOPENHAUER, NIETZSCHE, GRILLPARZER, S. FREUD, K. KRAUS oder R. MUSIL.

So interessant und wichtig diese unmittelbar philosophischen Einsichten sind – sie stellen nur einen vergleichsweise winzigen Aspekt des Ganzen dar. Es gibt kaum irgendein Thema oder Problem des in der Welt seinen Weg suchenden Menschen, das nicht in Lichtenbergs Gesichtskreis getreten wäre. Es ist daher sinnlos, »Gebiete« wie Psychologie, Literatur, Pädagogik, Moral auszusondern. Lichtenberg selbst hat seine *Sudelbücher* auch nie so eingeteilt; erst seine Söhne, die 1844 die zweite Ausgabe redigierten, begannen damit. Es mag genügen, auf einen Zug hinzuweisen, der den Lichtenbergschen Aphorismen – gleichviel, was gerade ihr Thema ist – gemeinsam ist, ein Zug, der »Inhalt« und »Form« zugleich betrifft: seine Gabe, das Unerwartete zu sehen und zu sagen, Sphären, die einander fremd scheinen, in Berührung zu bringen und durch ihren Kontakt einen Blitz von Einsicht zu erzeugen – nie bezweifelte Annahmen zu suspendieren oder durch gegenteilige zu ersetzen. Dies alles ist nicht Kunstmittel, sondern Werkzeug im Dienst der Sache. Das schließt freilich nicht aus, ja bringt gerade mit sich, daß »Kunst« entsteht, zumal jene Gabe (man kann sie vereinfacht Phantasie nennen) sich bei Lichtenberg gleichermaßen aufs Begriffliche wie auf das Sinnlich-Anschauliche erstreckt und so der Möglichkeit, Philosophie oder Poesie zu werden, ständig gleich nahesteht. H.L.-KLL

AUSGABEN: Göttingen 1800–1806 (in *Vermischte Schriften*, Hg. L. Chr. Lichtenberg u. F. Kries, 9 Bde.). – Göttingen 1844 (in *Vermischte Schriften. Neue vermehrte, von dessen [L.s] Söhnen veranstaltete Original-Ausgabe*, 14 Bde., 1844–1853, 1 u. 2). – Bln. 1902–1908 (*Aphorismen*, nach den Hss., Hg. v. A. Leitzmann: 1. Heft: 1764–1771, Bln. 1902; 2. Heft: 1772–1775, Bln. 1904; 3. Heft: 1775–1779, Bln. 1906; 4. Heft: 1789–1793, Bln. 1908; 5. Heft: 1793–1799, Bln. 1908, krit.; Nachdr. Nendeln 1978). – Zürich 1947 (*Aphorismen*, Hg. M. Rychner; 7 1986). – Ffm. 1949 (in *GW*, Hg. u. Einl. W. Grenzmann, 2 Bde.). – Stg. 1953 u. ö. (*Aphorismen*, Einl. u. Ausw. F. Sengle; RUB). – Lpzg. 1963 u. ö. (in *Aphorismen, Essays, Briefe*, Hg. K. Batt). – Wiesbaden 1979 (*Aphorismen, Briefe, Satiren*, Ausw. u. Nachw. H. Nette). – Mchn. 1968–1971 (*Sudelbücher*, in *Schriften u. Briefe*, Hg. W. Promies, 4 Bde., 1967–1972, 1 u. 2; 3 1980 bzw. 1988; überarb.; *Kommentarband*, 1988). – Ffm. 1983 (*Sudelbuecher, Fragmente, Fabeln, Verse*, in *Schriften u. Briefe*, Hg. F. H. Mautner, 4 Bde., 1). – Ffm. 1985 (*Sudelbücher*, Hg., Nachw. u. Anm. ders.; Insel Tb).

LITERATUR: F. H. Mautner, *Der Aphorismus als literarische Gattung* (in ZfÄsth, 27, 1933, S. 132–175). – K. Besser, *Die Problematik der aphoristischen Form bei L., F. Schlegel, Novalis und Nietzsche. Ein Beitrag zur Psychologie des geistigen Schaffens*, Bln. 1935. – G. Seidler, *Versuch über die »Bemerkungen« L.s*, Stg./Bln. 1937. – P. Requadt, *L. Zum Problem der deutschen Aphoristik*, Hameln 1948. – R. Trachsler, *L.s Aphorismen. Ursprünge u. Größe wirklicher Freiheit*, Zürich 1956. – L. Kronenberger, *L.* (in L. K., *The Last World. Portraits of 14 Master Aphorists*, NY 1972, S. 78–92). – G. Neumann, *Ideenparadiese. Untersuchung zur Aphoristik von L., Novalis, F. Schlegel u. Goethe*, Mchn. 1976. – M. Knauff, *L.s Sudelbücher. Versuch einer Typologie der Aphorismen*, Dreieich 1977. – R.-R. Wuthenow, *Experimentalpolitik? Die Französische Revolution in L.s »Sudelbüchern«* (in *Französische Revolution u. dt. Literatur*, Hg. K. Eibl, Hbg. 1986, S. 43–56).

KARL PHILIPP MORITZ

* 15.11.1756 Hameln / Weser
† 26.6.1793 Berlin

LITERATUR ZUM AUTOR:
M. Dessoir, *K. Ph. M. als Aesthetiker*, Diss. Bln. 1889. – E. That, *Goethe u. M.*, Diss. Kiel 1920. – K. Kindt, *Die Poetik von K. Ph. M. Ein historischer Beitrag zur systematischen Literaturwissenschaft*, Diss. Rostock 1924. – E. Naef, *K. Ph. M. Seine Ästhetik u. ihre menschlichen u. weltanschaulichen Grundlagen*, Diss. Zürich 1930. – R. Minder, *Die religiöse Entwicklung von K. Ph. M. aufgrund seiner autobiographischen Schriften*, Bln. 1936 (ern. Ffm. 1974 u. d. T. *Glaube, Skepsis u. Rationalismus. Dargestellt aufgrund der autobiographischen Schriften von K. Ph. M.*). – R. Unger, *Zur seelengeschichtlichen Genesis der Romantik. K. Ph. M. als Vorläufer von Jean Paul u. Novalis* (in R. U., *Zur Dichtungs- u. Geistesgeschichte der Goethezeit*, Bln. 1944, S. 144–180). – F. Stemme, *K. Ph. M. u. die Entwicklung von der pietistischen Autobiographie zur Romanliteratur der Erfahrungsseelenkunde*, Diss. Marburg 1950. – A. Schmidt, *Die Schreckensmänner. K. Ph. M. zum 200. Geburtstag* (in A. S., *Dya Na Sore. Gespräche in einer Bibliothek*, Karlsruhe 1958, S. 356–390). – J. Grolimund, *Das Menschenbild in den autobiographischen Schriften K. Ph. M.'*, Zürich 1967. – E. Catholy, *K. Ph. M. und die Ursprünge der deutschen Theaterleidenschaft*, Tübingen 1962. – A. J. Bisanz, *Die Ursprünge der »Seelenkrankheit« bei K. Ph. M.*, Heidelberg 1970. – K. Reimers, *Die Resignation in der Kunst. Studien zur Ästhetik von K. Ph. M.*, Diss. Bln. 1970. – Th. P. Saine, *Die*

ästhetische Theodizee. K. Ph. M. und die Philosophie des 18. Jh.s, Mchn. 1971. – D. Sölle, *Realisation. Studien zum Verhältnis von Theologie u. Dichtung nach der Aufklärung*, Darmstadt/Neuwied 1973. – K.-D. Müller, *Autobiographie u. Roman. Studien zur literarischen Autobiographie der Goethezeit*, Tübingen 1976. – J. Schings, *Melancholie u. Aufklärung. Melancholiker u. ihre Kritiker in Erfahrungsseelenkunde u. Literatur des 18. Jh.s*, Stg. 1977. – H. J. Schrimpf, *K. Ph. M.* (in *Deutsche Dichter des 18. Jh.s*, Hg. B. v. Wiese, Bln. 1977, S. 881–910). – M. Boulby, *K. Ph. Moritz. At the Fringe of Genius*, Toronto 1979. – H. J. Schrimpf, *K. Ph. M.*, Stg. 1980 (Slg. Metzler). – P. Rau, *Identitätserinnerung u. ästhetische Rekonstruktion. Studien zum Werk von K. Ph. M.*, Ffm. 1983. – R. Bezold, *Popularphilosophie im Werk von K. Ph. M.*, Würzburg 1984. – B. Preisendörfer, *Psychologische Ordnung – groteske Passion: Opfer der Selbstbehauptung in den Romanen von K. Ph. M.*, St. Ingbert 1987.

ANTON REISER. Ein psychologischer Roman

Unvollendeter Roman von Karl Philipp Moritz, in vier Teilen erschienen 1785–1790. – Der erste Roman des Autors – *»Autobiographie und Roman, kulturgeschichtliches Zeugnis und psychologische Studie, persönlichstes Bekenntnis und lehrhafter Traktat zugleich, in seiner geistes- und sozialgeschichtlichen Bedeutung vergleichbar nur den Rousseauschen ›Confessions‹«* (W. Martens) – entstand im Zusammenhang mit der Arbeit an dem zwischen 1783 und 1793 in zehn Bänden von Moritz herausgegebenen ›Magazin zur Erfahrungsseelenkunde‹, einem ersten Ansatz zur Etablierung der Disziplin der empirischen Psychologie, und war *»von Anbeginn konzipiert als Beispielfall«* (H. J. Schrimpf) für diese Zeitschrift. Heute gilt der Text als ein für das 18. Jh. einzigartiges autobiographisches Dokument, schon H. Heine rühmte es – in *Zur Geschichte der Religion und Philosophie in Deutschland* – als *»eins der wichtigsten Denkmäler jener Zeit«* und für A. Schmidt handelt es sich um die *»grandioseste, nicht nur der deutschen, sondern aller Selbstbiographien«*.

Der Roman schildert zum einen *»die ›innere‹ Geschichte«* seines Helden Anton Reiser, dessen Lebensstationen weitgehend, wie H. Eybisch bereits zeigen konnte, mit denen des Autors identisch sind; zum anderen aber ist es die nüchterne Studie einer zu Depression *(»das schwarze Melancholische«)* und Minderwertigkeitsgefühlen führenden psychischen Leidensgeschichte, deren Ursachen der Erzähler zu analysieren sucht: *»Alle die Schmach, und die Verachtung, wodurch«* Anton Reiser *»schon von seiner Kindheit aus der wirklichen, in eine idealische Welt verdrängt worden war – darauf zurückzugehen hatte seine Denkkraft damals noch nicht Stärke genug, darum machte er sich unbilligere Vorwürfe«*. Anton Reiser wächst in kleinbürgerlichen Verhältnissen auf, in Armut, vor allem aber in einer Atmosphäre neurotischer Frömmigkeit, da der Vater der – auf die Schriften der Madame Guyon (1648–1717) zurückgehenden – Sekte der Quietisten anhängt: *»Unter diesen Umständen wurde Anton geboren, und von ihm kann man mit Wahrheit sagen, daß er von der Wiege an unterdrückt ward ... In seiner frühesten Jugend hat er nie die Liebkosungen zärtlicher Eltern geschmeckt, nie nach einer kleinen Mühe ihr belohnendes Lächeln.«* Zugleich aber führen diese religiösen Lebensformen, denen im 18. Jh. in Deutschland vor allem die pietistischen Gemeinden folgten, zu einer neuen Sprache der Empfindsamkeit und zu einem Bemühen um Selbstbeobachtung, auch zu einem durchaus modischen Trend zu religiöser Bekenntnisliteratur, indem das Individuum unmittelbar zu Gott in Beziehung gebracht wird und keine Vermittlung durch eine kirchliche Instanz mehr erfolgt. Früh schon flüchtet sich Anton Reiser in die Ersatzwelt der Bücher. Trotz seiner Begabung darf er die Lateinschule nur kurz besuchen, dann wird er einem ebenfalls quietistischen, vor allem an der Ausbeutung seiner Schutzbefohlenen interessierten Lehrherrn übergeben, dem Hutmacher Lobenstein in Braunschweig.

Inmitten einer Welt von Erniedrigung und Heuchelei werden ihm die Predigten des Pastors Marquardt zum tiefen geistigen Erlebnis. Auf der Armenschule in Hannover fällt der Junge durch seine Predigtnachschriften auf, gewinnt die Förderung der Lehrer und eine Unterstützung durch den Prinzen von Mecklenburg-Strelitz. Freitische und Almosen jedoch, von denen er lebt, lassen ihn seine quälende Situation nur um so mehr empfinden. Mit seinem Selbstbewußtsein sinken auch die Leistungen und sein Ansehen in der Klasse. Er flüchtet mit fanatischem Lesehunger in die Phantasiewelt der Romane. Youngs *Nachtgedanken* fördern seinen Hang zur Träumerei, an den Stücken Shakespeares entzündet sich seine entscheidende Leidenschaft: der Drang zum Theater, und unter dem Einfluß von Goethes *Werther* und Bürgers *Lenore* gelingt der Durchbruch zu eigener Poesie. Während einer seiner sich ständig verschärfenden, bis zu Selbstmordgedanken führenden Depressionen nimmt sich wiederum Pastor Marquardt des Vereinsamten an; eigene poetische Versuche und die hohe Auszeichnung, vor der Königin von England eine Rede in deutschen Versen halten zu dürfen, steigern sein Lebensgefühl. Die Freundschaft zu seinem Mitschüler, dem später berühmt gewordenen Schauspieler Iffland, schürt die Theaterleidenschaft, die in dem sehnlichsten Wunsch gipfelt, einmal den Clavigo, den Lear oder den Hamlet zu spielen, um *»Szenen des Lebens in sich als außer sich darzustellen«*. Denn *»er fand sich hier gleichsam mit allen seinen Empfindungen und Gesinnungen wieder, welche in die wirkliche Welt nicht paßten«*.

Mit *»einem einzigen Dukaten«* nur entflieht Reiser nach Erfurt, wo er auf die Theatertruppe von Ekhof stößt, der er dann nach Gotha folgt. Gespräche mit Ekhof bestärken den Glauben an das eigene Genie, doch die Hoffnung auf ein Engagement erfüllt sich nicht. Mittellos muß er nach Erfurt zurückkehren, wo ihm durch private Gunst Studium und Lebensunterhalt gewährt wird. Wie schon zuvor, empfindet er dies bald als ein *»Versinken in die niederträchtigste Abhängigkeit«*, und obwohl sein Theatertalent und seine Gedichte ihm unter den Studenten zu Ansehen verholfen haben, schließt er sich der Speichschen Schauspielergesellschaft an und geht mit ihr nach Leipzig, denn *»das Theater als die eigentliche Phantasienwelt sollte ihm also ein Zufluchtsort gegen alle diese Widerwärtigkeiten und Bedrükkungen sein«*. In Leipzig jedoch steht die Truppe infolge der Veruntreuung des gesamten Fundus durch den Prinzipal vor dem Nichts. Hier bricht das Werk ab.

Moritz führt, und darin liegt die Bedeutung und Modernität seines Textes, ein ganzes Bündel von Ursachen für die psychische Deformierung seines Helden an. Neben den religiösen Zwängen der Zeit sind es vor allem die sozialen Verhältnisse, die das Minderwertigkeitsgefühl des jungen Anton Reiser verstärken: *»Im Grunde war es das Gefühl der durch die bürgerlichen Verhältnisse unterdrückten Menschheit, das sich seiner hiebei bemächtigte, und ihm das Leben verhaßt machte ... was hatte er vor seiner Geburt verbrochen ... warum erhielt er gerade die Rolle des Arbeitenden und ein andrer des Bezahlenden?«* Kompensation und Rettung sucht Reiser vor allem in der Kunst, die ihm nicht zur Möglichkeit kreativer Tätigkeit, sondern zu einer Ersatz- und Scheinwelt wird, zum Mittel, der Wirklichkeit zu entfliehen: *»ein Resultat seines Lebens ..., wodurch er von Kindheit auf, aus der wirklichen Welt verdrängt wurde, und da ihm diese einmal auf das bitterste verleidet war, mehr in Phantasien, als in der Wirklichkeit lebte«*. Der Topos des dilettierenden Künstlers entwickelt sich hier, und Moritz veröffentlichte denn auch den vierten Teil seines Romans 1792 in WIELANDS ›Neuem Teutschen Merkur‹ unter dem Titel: *Warnung an junge Dichter*.

Eine Lösung des Grundkonflikts seines Heldens, der *»im Grunde immer ein doppeltes, ganz voneinander verschiedenes inneres und äußeres Leben«* führte, gibt das Werk, darin dem Bildungsroman der Zeit völlig entgegengesetzt, nicht: *»Anton Reisers entwicklungsunfähiger Entwicklungsgang verliert sich im Ungewissen. Aber was man dem Roman oft zum Vorwurf gemacht hat, diese als unkünstlerisch beanstandete monotone Wiederkehr des Gleichen, eben das macht seine Stärke aus. Sein Wert als experimentalpsychologisch strukturiertes und soziologisches Dokument beruht nicht zuletzt darauf, daß er es verschmäht, zu harmonisieren. In dieser Hinsicht ist er sogar Goethes »Wilhelm Meister« überlegen«* (H. J. Schrimpf). KLL

AUSGABEN: Bln. 1785–1790, 4 Bde. – Heilbronn 1886, Hg. L. Geiger. – Mchn. 1971, Hg. u. Nachw. K.-D. Müller [vollst. Text nach d. Erstausg.]. – Ffm. 1981 (in *Werke*, Hg. H. Günther, 3 Bde., 1). – Stg. 1984, Hg. W. Martens (m. Textvarianten, Erl. u. Nachw.; RUB). – Ffm. 1985 (Nachw. M. v. Brück; Insel Tb). – Mchn. 1987, Hg., Erl. u. Nachw. E.-P. Wieckenberg. – Nördlingen 1988, Hg. P. u. U. Nettelbeck.

LITERATUR: H. Eybisch, *Anton Reiser. Untersuchungen zur Lebensgeschichte von K. Ph. M. und zur Kritik seiner Autobiographie*, Lpzg. 1909. – K. Hoffmann, *K. Ph. M.' »Anton Reiser« u. seine Bedeutung in der Geschichte des dt. Bildungsromans*, Diss. Breslau 1923. – M. Werthmann, *Die Bedeutung des Romans »Anton Reiser« von C. Ph. M. für die Erziehungsgeschichte u. Theorie der Pädagogik*, Diss. Wien 1932. – J. Neumann, *K. Ph. M.: »Anton Reiser«, ein psychologischer Roman* (in Psyche, 1, 1947/48, S. 222–257; 358–381). – R. Ghisler, *Gesellschaft u. Gottesstaat. Studien zum »Anton Reiser«*, Winterthur 1955. – H. J. Schrimpf, *K. Ph. M., »Anton Reiser«* (in *Der dt. Roman vom Barock bis zur Gegenwart*, Hg. B. v. Wiese, Bd. 1, Düsseldorf 1963, S. 95–131). – H. R. Vaget, *Das Bild des Dilettanten bei M., Schiller u. Goethe* (in FDH, 1970, S. 1–31). – G. v. Graevenitz, *Innerlichkeit u. Öffentlichkeit. Aspekte deutscher ›bürgerlicher‹ Literatur im frühen 18. Jh.* (in DVLG, 49, 1975, Sonderh., S. 1–82). – J. Fürnkäs, *Der Ursprung des psychologischen Romans. K. Ph. M.' »Anton Reiser«*, Stg. 1977. – R. van den Bergh, *Der Weg in die »Republik der Geister«: Studien zu K. Ph. M.' »Anton Reiser«*, Diss. Mainz 1986. – L. Müller, *Die kranke Seele u. das Licht der Erkenntnis: K. Ph. M.' »Anton Reiser«*, Ffm. 1987. – M. Born-Wagendorf, *Identitätsprobleme des bürgerlichen Subjekts in der Frühphase der bürgerlichen Gesellschaft: Untersuchungen zu »Anton Reiser« u. »Wilhelm Meister«*, Pfaffenweiler 1989.

JOHANN KARL AUGUST MUSÄUS

* 29.3.1735 Jena
† 28.10.1787 Weimar

VOLKSMÄHRCHEN DER DEUTSCHEN

Märchensammlung, herausgegeben von Johann Carl August MUSÄUS, erschienen in fünf Bänden 1782–1786. – Der Autor, ein Weimarer Gymnasiallehrer, hat sich mit seinen Parodien auf zeitgenössische Erfolgsbücher (in *Grandison der Zweite*, 1760–1762 parodierte er nach dem Vorbild FIELDINGS die beliebten Tugendromane RICHARDSONS, in den *Physiognomischen Reisen* von 1778 LAVATERS *Physiognomische Fragmente*) wie mit seiner Edition deutscher Volksmärchen in der Literaturgeschichte verewigt. Märchen, so resümiert Musäus, sind eine beim Publikum beliebte Abwechslung zur modischen *»Sentimentalsucht«* in der zeitgenössischen Literatur, zum *»empfindsame(n) Gewinsel«* der *»Tollhäusler«*. Auch war der Markt dafür

vorbereitet; in Italien hatte GOZZI mit Erfolg Volksmärchen dramatisiert, von VOSS war eine Neubearbeitung der Erzählungen aus *Tausendundeine Nacht* erschienen, und auch WIELANDS *Oberon* (1780) war bereits publiziert.
In seinem *Vorbericht* – ironisch adressiert an *»Herrn David Runkel«, »Denker und Küster an der St. Sebaldskirche in –«*, einer Figur aus einem Kupfer von Daniel Chodowiecki – fehlt der Name HERDERS, ohne dessen Veröffentlichungen der Anspruch von Musäus, als erster in Deutschland einheimische Volksmärchen zu veröffentlichen, nicht zu denken ist. Musäus gibt an, daß er seine Vorlagen aus der mündlichen Tradition nicht modisch verändert habe, lediglich für eine Lokalisierung habe er gesorgt, denn ganz in ihrer eigentümlichen Gestalt ließen sie sich doch nicht veröffentlichen. Volksmärchen, so führt er ferner aus, sind keine Volksromane, die reale Ereignisse schilderten, wohl aber läßt sich an Märchen gut der jeweilige Nationalchrakter studieren. Volksmärchen sind auch nicht einfach Kindermärchen: Musäus bemüht sich, einen Ton zu treffen, der für jung und alt geeignet ist. Bezeichnend für den Herausgeber als einen typischen Vertreter der Spätaufklärung ist die im Vorbericht gegebene Rechtfertigung des Märchens mit dem Hinweis auf die Bedeutung der »Phantasie«, des »Wunderbaren« und »Außerordentlichen« neben dem »Verstand«.
Umfang und bisweilen auch Untertitel wie *Chronika, Legende* und *Anekdote* zeigen sofort, daß Musäus' Märchen nicht als »Volksmärchen« im Sinn der Brüder GRIMM angesprochen werden können. Am ehesten entsprechen dieser Gattungsvorstellung die ersten beiden Teile der Sammlung mit Ausnahme der fünf *Legenden von Rübezahl*, also *Die Bücher der Chronika der drey Schwestern, Richilde* (Schneewittchen), *Rolands Knappen* und *Nymphe des Brunnens*, ferner aus dem vierten Teile *Ulrich mit dem Bühel*. Eine normative Vorstellung vom Volksmärchen wird weder diesen Stücken und noch weniger den übrigen Beiträgen gerecht, weil sie den weiten Gattungsspielraum des Märchens im 18. Jh. verkennt, das Übergänge zu Sage, Fabel, Legende, Schwank, Anekdote, Novelle und Roman aufweist. Musäus, dessen Erzählleistung in *Melechsala* (weiterverbreitetes Motiv der Bigamie des Grafen von Gleichen, von ARNIM mehrfach wiederaufgenommen) einen Höhepunkt erreicht, beschränkt sich nämlich keineswegs auf die Lokalisierung und historische Kolorierung seiner Quellen, sondern er hat *»die ländliche Melodie«* seiner Vorlagen mit dem *»Generalbaß«* und der *»schicklichen Instrumentalbegleitung«* seiner Fabulierkunst versehen. Diese evoziert bürgerliche Idylle in Motivik und Personengestaltung, wird kontrapunktisch unterstützt durch witzige Satire gegen alle beunruhigenden Modeerscheinungen der Zeit: Robinson-, Richardson-, Kraftgenie- und Werther-Mode (A. Richli). Der Stil, von dem Wieland sagt, daß *»die ganz eigentümliche und unnachahmliche, naivwitzige und gutmütig-schalkhafte Laune des Verfassers ... gerade den vorzüglichsten Reiz dieser Erzählungen ausmache«*, die witzige Anspielungs- und Anmerkungstechnik, Spracharchaismen und Fremdworteffekte wie der häufige Wechsel des Stils konstituieren eine humoristische Erzählweise, in der sich Idylle und Satire verbinden und der scheinbar naive Volksmärchenton Grimmscher Auffassung überhaupt nicht angestrebt wird.
Die Befürchtung eines zeitgenössischen Rezensenten, es werde nach der Veröffentlichung der *Volksmährchen »sechs Mesen lang ... Volksmärchen schneien«* bestätigte sich in einer Flut von Nachahmungen. Für Wieland, der 1803 offensichtlich wider besseres Wissen Spracheigentümlichkeiten von Musäus dem modernen *»geläuterten Geschmack«* anpaßte, war dessen Volksmärchensammlung eines der Erfolgsbücher des lezten Viertels des 18. Jh.s, das sich als *»Unterhaltungsschrift«* insbesondere für die Jugend empfiehlt. JEAN PAUL äußert sich in seiner *Vorschule der Ästhetik* anerkennend zu Musäus und ordnet ihn dem *»allegorischen Witz«* zu. Sowohl das romantische Kunstmärchen wie die Volksmärchensammlungen von Grimm bis ANDERSEN verdanken Musäus bei aller Distanzierung mannigfache Anregungen. V.Ho.

AUSGABEN: Gotha 1782–1786, 5 Tle.; ern. 1787/88. – Gotha 1804, Hg. Ch. M. Wieland. – Lpzg. 1842, Hg. J. L. Klee [Ill. L. Richter u. a.]. – Jena 1912, Hg. P. Zaunert, 2 Bde. – Mchn. 1961 [Ill. L. Richter u. a.]. – Mchn. 1977 (Nachw. N. Miller; dtv). – Wiesbaden 1978, Hg. M. Lemmel [Ill. L. Richter; Ausw.]. – Bln. 1978 (*Märchen u. Sagen*, Hg. H. Marquardt; Ill. J. Hegenbarth).

VERTONUNGEN: C. M. v. Weber, *Rübezahl* (Libretto: J. G. Rohde; Oper; unvollst.; Augsburg 1804). – A. Lortzing, *Rolands Knappen oder Das ersehnte Glück* (Libretto: G. Meisinger u. C. Haffner; Oper; Urauff.: Lpzg., 25. 5. 1849).

LITERATUR: R. Andrae, *Studien zu den »Volksmärchen der Deutschen« von J. K. A. M.*, Diss. Marburg 1897. – E. Jahn, *Die »Volksmärchen der Deutschen« von J. K. A. M.*, Lpzg. 1914. – D. Berger, *»Die Volksmärchen der Deutschen« von M., ein Meisterwerk der deutschen Rokokodichtung* (in PMLA, 69, 1954, S. 1200–1212). – A. Richli, *J. K. A. M. »Die Volksmärchen der Deutschen«*, Zürich/Freiburg i. B. 1957. – V. Klotz, *Das europäische Kunstmärchen*, Stg. 1985, S. 107–114.

FRIEDRICH NICOLAI

* 18.3.1733 Berlin
† 8.1.1811 Berlin

DAS LEBEN UND DIE MEINUNGEN DES HERRN MAGISTER SEBALDUS NOTHANKER

Roman von Friedrich NICOLAI, erschienen 1773–1776. – Der Verfasser gibt seinen Roman als die Fortsetzung des 1764 erschienenen komischen Heldengedichts in Prosa *Wilhelmine, oder der vermählte Pedant* von Moritz August von THÜMMEL aus, in dem die Geschichte der Werbung eines gelehrten Dorfpfarrers um die Hand einer fürstlichen Kammerjungfer bis zu ihrer Heirat geschildert wird.

Nicolais Roman setzt mit einem bewußt prosaischen Akzent nach der Heirat des Paares ein: Wilhelmine, die fürstliche Kammerjungfer, hat sich nach anfänglichen Schwierigkeiten an die Umgebung und Lebensweise des Dorfpastors Sebaldus Nothanker gewöhnt, der *»in seinem Herzen nichts weniger als orthodox ist«*, obwohl er bei seinem Amtsantritt auf die *»symbolishen Bücher«* geschworen hatte. Das zeigt sich neben einer etwas anachronistischen Vorliebe für die Philosophie von Crusius und für chiliastische Ideen, vor allem in seiner Ablehnung der Ewigkeit der Höllenstrafen, wozu er durch ein eifriges Studium der prophetischen Bücher, besonders der Apokalypse, angeregt wurde. Seine Haltung, die sich *»dogmatischen Wahrheiten«* gegenüber uninteressiert gibt und sich allein der Ausübung der *»moralischen Gesetzte Gottes«* widmet, bringt ihn bald in Konflikt mit dem orthodoxen Lehramt in Gestalt des Generalsuperintendenten D. Stauzius. Der Verlust seines Amtes ist der Anfang eines langen Leidensweges, der in seiner literarischen Ausformung durch die Mischung von einer Katastrophenkette und Reise- bzw. Abenteuermotiven an Erzähltraditionen erinnert, wie sie von dem *Hiob-Buch* und der *Odyssee* geprägt sind. Sebaldus verliert nicht nur sein Amt, sondern auch sein Haus, seine Frau und Charlottchen, eine seiner beiden Töchter. Mit Mariane, der ihm gebliebenen Tochter, wird er von Hieronymus, einem reichen Händler, aufgenommen, der Sebaldus' Tochter eine Stelle als Hofmeisterin verschafft. Den Expastor bringt er in Leipzig als Korrektor unter. Trotz besten Willens kann sich Sebaldus aber nicht lange dort halten, denn seine undogmatischen Ansichten und sein tätiges Wohltun bringen ihm nur Schaden; er wendet sich nach Berlin, wird auf der Reise überfallen, macht nach der Enttäuschung an der Orthodoxie ebenso schlechte Erfahrungen mit einem Pietisten, findet auf erneute Vermittlung von Hieronymus eine Stelle im Holsteinischen, von wo ihn schließlich wieder die Unduldsamkeit des Pastors Wulkenkragius vertreibt. In seiner Verzweiflung nimmt er ein Schiff nach Ostindien, das aber schon an der holländischen Küste strandet. Auf seiner Odyssee durch Holland macht Sebaldus erneut die Erfahrung, daß die etablierte Kirche, sei sie orthodoxer oder pietistischer Richtung, sich seiner konkreten Notlage verschließt, die sozial und religiös weniger festgelegten Menschen aber ihm helfen. Zuletzt nimmt seine Duldergeschichte durch einen Lotteriegewinn eine glückliche Wendung, so daß er sich ganz seinem Apokalpysekommentar widmen kann.

Der Lotteriegewinn bringt auch den zweiten Handlungsstrang zu einem guten Ende, indem er die Heirat der Tochter Mariane mit dem empfindsamen Schöngeist Säugling ermöglicht. Diese in die Haupthandlung verflochtene, eher noch abenteuerlichere Geschichte Marianes zeigt, daß Nicolai für die poetische Schilderung *»vor der Heirat«* nicht auf Thümmel allein zurückgreifen wollte, obgleich die Tendenz auch hier auf eine realistische Bewältigung des Alltags abzielt: Mariane hat längst alle *»kleinen empfindsamen Schwärmeleien«* samt ihrem *»romantischen Wesen«* abgelegt, und aus dem empfindsamen Poeten Säugling wurde ein *»völliger Landwirt«*.

Man würde den Roman verkennen, wollte man ihn nur nach diesem, aus zahlreichen zeitgenössischen Topoi konstruierten Handlungsablauf beurteilen und nicht den großen Anteil der Reflexionen berücksichtigen. Diese von STERNE vorgebildete Verbindung von »Leben« und »Meinungen« wird Nicolai selbst zum Problem, wenn er das Überwiegen der »Meinungen« bei seinem vorwiegend passiv-duldenden Helden am Ende des zweiten Buches gegenüber dem sensationshungrigen Publikum in Schutz nimmt. Doch der Verfasser identifiziert sich keineswegs ständig mit den Meinungen von Sebaldus; seine gelegentlich ironische Distanz zu dieser originellen, ebenso integren wie lebensunklugen Gestalt erlaubt es nicht, den Roman als bloßes Pamphlet des Antiklerikalismus der Berliner Aufklärung abzustempeln. Zweifellos aber steht der Roman gerade mit seinem satirischen Grundton, den vielen Reflexionen – aber auch von der Entstehungsgeschichte her – in Verbindung mit Nicolais Haupttätigkeit, der Redaktion seiner aktuellen Rezensions-Zeitschriften. In vielen Romanfiguren wurden Zeitgenossen erkannt: so soll Stauzius dem Lessing-Kontrahenten GOEZE und Säugling dem empfindsamen Dichter J. G. JACOBI entsprechen. Die Satire beschränkt sich also nicht nur auf erstarrte, pervertierte religiöse Erscheinungsformen, sondern bezieht, was bei Nicolais gesellschaftlichen und geschäftlichen Verbindungen nicht wunder nimmt, alle Richtungen des damaligen geistigen Lebens, besonders die Empfindsamkeit und den Geniekult, mit ein. Manche Beurteiler sehen in dieser faktenreichen Schilderung der Zeitverhältnisse das einzig Erwähnenswerte an diesem Roman, sie übersehen dabei aber das aufrichtige Engagement Nicolais für die Sache der Gewissensfreiheit, ferner die bemerkenswerte, für die Literatursituation der siebziger Jahre des 18. Jh.s kennzeichnende Spannung von schwärmerischer Einbildungsgkraft und bürgerlicher Alltagswirklichkeit und schließlich die ironische Distanzierung des Verfassers von Sebaldus, welche gerade eine ästhetische Integration von dessen »Meinungen« in das Romangeschehen ermöglicht. Das Werk forderte einzelne heftige Kritiken, etwa die des Pietisten JUNG-STILLING heraus, wurde aber bald, vor allem dank seines aktuellen Gehalts, zu einem der beliebtesten Bücher der Zeit und u. a. von LESSING, HERDER und GOETHE mit lebhaftem Beifall bedacht. V.Ho.

AUSGABEN: Bln./Stettin 1773–1776, 3 Bde. [Ill. D. Chodowiecki]. – Weimar 1916, Hg. P. Menge. – Lpzg. 1938, Hg. F. Brüggemann (DL, R. Aufklärung, 15; ern. Darmstadt 1967). – Bln. 1960 [Nachw. H. Stolpe]. – Ffm./Bln. 1986 (Nachw. H. Timmermann u. N. Miller; Ill. D. Chodowiecki; Ullst. Tb).

LITERATUR: R. Schwinger, *F. N.s »Sebaldus Nothanker«. Ein Beitrag zur Geschichte der Aufklärung*, Weimar 1897. – M. Sommerfeld, *F. N. und der Sturm u. Drang. Ein Beitrag zur Geschichte der dt. Aufklärung*, Halle 1921. – F. C. A. Philips, *N.s literarische Bestrebungen*, Diss. Amsterdam 1925. – G. Sichelschmidt, *F. N. Geschichte seines Lebens*, Herford 1971. – H. Möller, *Aufklärung in Preußen. Der Verleger, Publizist u. Geschichtsschreiber F. N.*, Bln. 1974. – M. Boghardt, *Zur Bibliographie des Sebaldus Nothanker* (in Wolfenbütteler Notizen zur Buchgeschichte, 2, 1977, S. 158–162). – P. Mollenhauer, *F. N.s Satiren. Ein Beitrag zur Kulturgeschichte des 18. Jh.s*, Amsterdam 1977. – *F. N. 1733–1811. Essays zum 250. Geburtstag*, Hg. B. Fabian, Bln. 1983. – *F. N. Leben u. Werke. Ausstellung zum 250. Geburtstag*, Bln. 1983 [Ausst.Kat.].

GOTTLIEB WILHELM RABENER

* 17.9.1714 Wachau b. Leipzig
† 22.3.1771 Dresden

SAMMLUNG SATYRISCHER SCHRIFTEN

Prosasatiren von Gottlieb Wilhelm RABENER in vier Bänden, erschienen 1751–1755. – Die Satire, neben der Komödie die gesellschaftskritische Gattungsform schlechthin, hat sich besonders in den Jahrzehnten vor der Französischen Revolution entfaltet. Jonathan SWIFT, einer der aggressivsten Vertreter dieser besonders in England aufblühenden Gattung, übte nachhaltigen Einfluß auf die bedeutendsten deutschen Satiriker um die Mitte des 18. Jh.s, nämlich auf Christian Ludwig LISCOW und Rabener, der sich später allerdings, aufgrund entmutigender Erfahrungen mit der sächsischen Zensurbehörde, zusehends am reservierteren und eher moralisierenden Stil der englischen Wochenschriften orientierte. Rabener hat zwischen 1740 und 1750 in rascher Folge seine in Prosa geschriebenen Satiren veröffentlicht – und zwar vornehmlich in zwei publizistischen Organen: in den ›Neuen Beyträgen zum Vergnügen des Verstandes und Witzes‹, herausgegeben von den sog. »Bremer Beiträgern«, und in den ›Belustigungen des Verstandes und Witzes‹ des Gottschedianers J. SCHWABE.

In Übereinstimmung mit den moralischen Wochenschriften, aber auch mit den programmatischen Äußerungen GOTTSCHEDS und des frühen BREITINGER vertritt Rabener die These, daß die Satire im Unterschied zu den *»Lästerschriften«*, den *»gottlosen Pasquillen«*, sich aller persönlichen Angriffe zu enthalten habe und als *»Schwester der Moral«* das Böse und das Laster als solches verurteilen solle. Neben der moralischen »Erbauung« soll sie aber auch der »Belustigung« dienen, indem sie als *»gefallende Satire«* dem Leser das *»unschuldige Vergnügen«* bereitet, über das Törichte zu lachen. Gemäß dieser »zahmen«, unter dem Druck der Zensur entstandenen Theorie der Satire verschont Rabener denn auch einige besonders exponierte Stände (Fürsten, Geistliche), was den Widerspruch des jungen LESSING erregt. Abgesehen davon geht er aber mit allen Ständen (vorzugsweise dem wenig mächtigen Landadel) und Berufszweigen (Gelehrte, Juristen etc.) ins Gericht und richtet seine Spottlust auf allgemeinste Verhaltensformen (Geldgier) und Lebensprinzipien (Kindererziehung). Situationskomik und bizarres Lokalkolorit sorgen für die Belustigung des Lesers und für eine reizvolle Verfremdung der sächsischen Realität. Das von der Gattungstradition vorgegebene Formenarsenal (satirischer Brief, Lobschrift, Trauerrede mit jeweiliger Verfasser- und Adressatenfiktion) reicht kaum zur Gliederung und Bändigung der überwältigenden Stoffülle aus und muß durch reihende Stilelemente (Liste, Register, Zyklus) ergänzt werden. Der *»angeblich friedfertige Autor«*, der in der Theorie die scherzhaft-erbauliche der strafenden Satire vorzieht, verliert sich dort, wo er ungestraft reden kann, in oft geschwätzige und bösartige Strafpredigten. Der laute Beifall, den Rabeners Satiren fanden (11 Auflagen der *Sammlung* in 25 Jahren), kam aus einem Publikum, das seine politische und soziale Unterdrückung mit der Lektüre von moralisierenden Glossen, milden Pasquillen und wohlfeilen Karikaturen zu kompensieren liebte. V.Ho.

AUSGABEN: Lpzg. 1751–1755 [4 Tle.]. – Lpzg. [10]1771. – Lpzg. [11]1777 (in *SS*, 6 Tle.). – Stg. 1839 (in *SW*, Hg. E. Ortlepp, 4 Bde.). – Hildburghausen/NY 1868 (Meyers Groschenbibl.; Ausw.).

LITERATUR: K. Aigener, *G. W. R.s Verhältnis zu Swift*, Progr. Pola 1905. – J. Mühlhaus, *G. W. R. Ein Beitrag zur Literatur- und Kulturgeschichte des 18. Jh.s*, Diss. Marburg 1908. – W. Hartung, *Die deutschen moralischen Wochenschriften als Vorbilder G. W. R.s*, Diss. Halle 1911; ern. Walluf bei Wiesbaden 1973. – K. Kühne, *Studien über den Moralsatiriker G. W. R. 1740–1755*, Diss. Bln. 1914. – M. Hoffmann, *Gesellschaftsideale u. Gesellschaftskritik in den Satiren R.s u. in den deutschen rationalistischen Romanen von Gellert bis Nicolai*, Diss. Halle 1924. – H. Wyder, *G. W. R. Poetische Welt u. Realität*, Diss. Zürich 1953. – A. Biergann, *G. W. R.s Satiren*, Diss. Köln 1961. – K. Lazarowicz, *Verkehrte Welt. Vorstudien zu einer Geschichte der deutschen Satire*, Tübingen 1963. – W. Mackensen, *Die Botschaft der Tugend. Die Aufklärung im Spiegel der deutschen moralischen Wochenschriften*, Stg. 1968. – J. Jacobs, *Zur Satire der frühen Aufklärung. R. und Liscow* (in GRM, 18, 1968, S. 1–13). – H. Blinn, *Bibliographie G. W. R.* (in Antiquariat, 21, 1971, S. 5–10; 17–20).

JOHANN ELIAS SCHLEGEL

* 17.1.1719 Meißen
† 13.8.1749 Sorø / Dänemark

LITERATUR ZUM AUTOR:
E. Wolff, *J. E. S.*, Kiel/Lpzg. 1892. – H. Ellenberger, *Der Dramatiker J. E. S.*, Diss. Wien 1930. – E. M. Wilkinson, *J. E. S.*, Oxford 1945. – W. Schubert, *Die Beziehungen J. E. S.s zur deutschen Aufklärung*, Diss. Lpzg. 1959. – P. Wolf, *Die Dramen J. E. S.s. Ein Beitrag zur Geschichte des Dramas im 18. Jh.*, Zürich 1964. – L. Quattrocchi, *Il teatro di J. E. S.*, Rom 1965. – W. Geißler, *Der Beitrag J. E. S.s zu Theorie u. Praxis des Dramas in der deutschen Aufklärung*, Jena 1968. – S. Eichner, *J. E. S.* (in *Dt. Dichter des 18. Jh.s*, Hg. B. v. Wiese, Bln. 1977, S. 162–175). – W. Paulsen, *J. E. S. u. die Komödie*, Bern, Mchn. 1977. – G. M. Schulz, *Die Überwindung der Barbarei. J. E. S.s Trauerspiele*, Tübingen 1980. – G. Bretzigheimer, *J. E. S.s poetische Theorie im Rahmen der Tradition*, Mchn. 1986.

CANUT. Ein Trauerspiel

Drama von Johann Elias SCHLEGEL, erschienen 1746. – Der Autor war zunächst Mitarbeiter an GOTTSCHEDS ›Deutscher Schaubühne‹, bevor er als Sekretär des sächsischen Gesandten nach Dänemark ging, sich dort als Theaterpraktiker mit seinen Lust- und Trauerspielen zunehmend vom Regelwerk der Gottsched-Bühne löste. Sein *Canut* markiert als eines der ersten Dramen den Übergang hin zu den Trauerspielen LESSINGS; obwohl das Stück äußerlich noch den Forderungen der Aufklärungspoetik – Alexandriner, fünf Akte, Wahrung der Einheit von Ort und Zeit – entspricht, weist es über den Typus der heroischen Tragödie der Gottsched-Zeit hinaus. Auch der Stoff entstammt nicht, wie üblich, der Antike, sondern der nordischen Geschichte.

Mit dem Titelhelden Canut ist der dänische König Knud der Große gemeint, der im Stück bereits das Ideal des aufgeklärten Herrschers des 18. Jh.s verkörpert. Als sein Gegenspieler und eigentliche Hauptfigur des Dramas erscheint sein Schwager und ehemaliger Gefolgsmann, der leidenschaftlich nach Ruhm strebende Ulfo. Da er diesen Ruhm unter dem großen Canut nicht erringen zu können glaubt, hat er sich von ihm losgesagt und hofft nun, im Kampf gegen den Herrscher zu Ansehen zu kommen. Zum Schein auf eine durch seine Gemahlin vermittelte Versöhnung eingehend, erhält Ulfo von Canut den Oberbefehl über ein für einen Slavenfeldzug aufgestelltes Heer, mit dessen Hilfe er jedoch Canut stürzen will. Der Anschlag wird entdeckt, Ulfo gefangengenommen und bei einem Befreiungsversuch getötet.

Mit Ulfo gelang Schlegel die künstlerische Gestaltung einer Figur, die in ihrer eigenwilligen Kraft bereits vorausweist auf die Charakterkonzeption in LESSINGS Dramen und auf den Sturm und Drang. Ulfo, der nur aus einem eigenen, individuellen Wesensgesetz lebende Held, ist schon durch seine Sprache deutlich von den übrigen Personen des Dramas abgehoben – ein fast einmaliges Phänomen in der deutschen Literatur der Zeit zwischen 1700 und 1750. Zum erstenmal werden im deutschen Drama Einflüsse SHAKESPEARES wirksam, für den Schlegel – als einziger seiner deutschen Zeitgenossen – auch theoretisch eintrat, indem er gerade dessen Gestaltung der Charaktere hervorhob (in *Vergleichung Shakespeares und Andreas Gryphius*). Obwohl Ulfo gemäß der Weltanschauung der Aufklärung durchaus als negativer Held geschildert ist, kommt in der Darstellung seines Schicksals eine neue, tiefere Auffassung vom Tragischen zum Ausdruck: sein Untergang wird nicht durch äußere Umstände herbeigeführt, erscheint vielmehr als Folge seiner speziellen charakterlichen Disposition.

Auf dem Theater war das Stück sehr erfolgreich, zumal Friedrich NICOLAI es positiv besprach. 1780 erschien eine auf drei Akte zusammengezogene anonyme Prosafassung, die, ohne wesentliche Veränderungen des Gehalts, die – ganz im Sinne des Sturms und Drangs – in Ulfos Charakter bereits angelegten Züge eines »genialen Kerls« nachdrücklich hervorhob. H.St.

AUSGABEN: Kopenhagen 1746. – Kopenhagen 1747 (in *Theatralische Werke*). – Kopenhagen/Lpzg. 1761 (in *Werke*, Hg. J. H. Schlegel, 5 Tle., 1761–1770, 1). – Lpzg. 1933 (DL, R. Aufklärung, 6). – Weimar 1963 (in *AW*, Hg. W. Schubert). –

Stg. 1967, Hg. u. Nachw. H. Steinmetz (RUB; zul. 1989).

LITERATUR: G. Paul, *Die Veranlassung u. d. Quellen v. J. E. S.s »Canut«*, Diss. Gießen 1915. – K. May, *J. E. S.s »Canut« im Wettstreit d. geisteswissenschaftl. u. formgeschichtl. Forschung* (in Trivium, 7, 1949; erneut in K. M., *Form u. Bedeutung*, Stg. 1957, S. 13–41). – E. H. Leser, *»Canut« in the focus of J. E. S.'s theory of imitation*, Diss. Univ. of Oregon 1973. – G. L. Jones, *J. E. S.'s »Canut«. The tragedy of human evil* (in Lessing Yearbook, 6, 1974, S. 150–161). – S. Schütz, *Der übertrieben positive Nationalheld. Zum Problem des fehlenden tragischen Konflikts in J. E. S.s Trauerspiel »Canut«* (in Lessing Yearbook, 12, 1980, S. 107–122). – W. D. Wilson, *J. E. S.'s »Canut«: estrithe and a fixation of literary history* (in Lessing Yearbook, 14, 1982, S. 209–224). – D. Borchmeyer, *Staatsräson u. Empfindsamkeit. J. E. S.s »Canut« u. die Krise des heroischen Trauerspiels* (in Jb. d. Dt. Schillerges., 27, 1983, S. 154–171).

JOHANN GOTTFRIED SCHNABEL

* 7.11.1692 Sandersdorf bei Bitterfeld
† vor 1760

LITERATUR ZUM AUTOR:
F. K. Becker, *Die Romane J. G. S.s*, Diss. Bonn 1911. – K. Schröder, *Die Romane J. G. S.s*, Diss. Marburg 1912. – A. Schmidt, *Herrn Schnabels Spur. Vom Gesetz der Tristaniten* (in A. S., *Dya Na Sore. Gespräche in einer Bibliothek*, Karlsruhe 1958, S. 54–98; ern. in A. S., *Das essayistische Werk zur deutschen Lit. in 4 Bdn.*, Zürich 1988; Bd. 1, S. 51–78). – H. Mayer, *Die alte u. die neue epische Form. J. G. S.s Romane* (in H. M., *Von Lessing bis T. Mann*, Pfullingen 1959, S. 35–78). – R. Haas, *Lesend wird sich der Bürger seiner Welt bewußt. Der Schriftsteller J. G. S. u. die dt. Entwicklung des Bürgertums in der 1. Hälfte des 18. Jh.s*, Ffm. u. a. 1977. – K.-D. Müller, *J. G. S.* (in *Dt. Dichter des 17. Jh.s*, Hg. H. Steinhagen u. B. v. Wiese, Bln. 1984, S. 871–886).

WUNDERLICHE FATA EINIGER SEE-FAHRER, absonderlich ALBERTI JULII, eines gebohrnen Sachsens, Welcher in seinem 18den Jahre zu Schiffe gegangen, durch Schiff-Bruch selbte an eine grausame Klippe geworffen worden, nach deren Übersteigung das schönste Land entdeckt, sich daselbst mit seiner Gefährtin verheyrathet, aus solcher Ehe eine Familie von mehr als 300. Seelen erzeuget, das Land vortrefflich angebauet, durch besondere Zufälle erstaunens-würdige Schätze gesammlet, seine in Teutschland ausgekundschafften Freunde glücklich gemacht, am Ende des 1728sten Jahres, als in seinem Hunderten Jahre, annoch frisch und gesund gelebt, und vermuthlich noch zu dato lebt, entworffen Von dessen Bruders-Sohnes-Sohnes-Sohne, Mons. Eberhard Julio Curieusen Lesern aber zum vermuthlichen Gemüths-Vergnügen ausgefertiget, auch par Commission dem Drucke übergeben von GISANDERN

Roman von Johann Gottfried SCHNABEL, erschienen in vier Teilen 1731, 1732, 1736 und 1743, von Ludwig TIECK bearbeitet und neu herausgegeben 1828 unter dem Titel *Die Insel Felsenburg*.

In der originellsten der zahlreichen deutschen Nachahmungen von DEFOES *Robinson Crusoe* (1719) verbindet sich das Motiv des Schiffbruchs auf einsamer Insel mit dem Thema der Staatsutopie. Der Gegensatz zwischen der von Kabalen und Intrigen beherrschten spätfeudalistischen Gesellschaft des damaligen Europa, die in etwa zwanzig Lebensläufen dargestellt wird, und der idyllisch-patriarchalischen Gesellschaftsordnung auf der Insel Felsenburg bestimmt die Struktur des Romans und läßt ihn als einen *»Vorboten der bürgerlichen Kultur«* (F. Brüggemann) erscheinen. Die Insel ist für die Angehörigen des niederen und mittleren Bürgertums, die aus Europa dorthin kommen, kein Exil, wie noch für Robinson Crusoe, sondern ein *»Asyl der Redlichen«*, aus dem sie nie wieder in ihr Geburtsland zurückkehren wollen.

Die Vorrede macht den Leser mit der Herausgeberfiktion bekannt, die bis zum Ende des zweiten Bandes aufrechterhalten wird: Der Autor habe die mitgeteilten Berichte von einem auf der Reise verunglückten Fremden erhalten, geordnet und veröffentlicht. Dennoch besteht Schnabel, im Gegensatz zu den Wahrheitsbeteuerungen zeitgenössischer Romanautoren, auf dem Recht des Autors zur freien Erfindung. Der dritte Band beruht auf der Fiktion eines regelmäßigen Tauschhandels und Verkehrs der Felsenburger mit Europa, durch den der Herausgeber neues Material zur Veröffentlichung erhält. Der letzte Band ist schließlich, wie Schnabel selbst zugibt, nur wegen des *»Honorarium«* geschrieben und mit seitenlangen Predigten, Traktaten und Festprogrammen angefüllt; auch die erzählenden Teile haben mit der Sinnstruktur der ersten Bände nichts mehr gemeinsam.

Die Hauptfabel wird von Eberhard Julius, dem Urgroßneffen des eigentlichen Helden Albertus Julius, in der Ichform erzählt. Dieser erfährt 1725, nach dem Tod seiner Mutter und dem Bankrott seines Vaters, durch einen Kapitän Wolffgang von der Existenz der Gemeinschaft auf Felsenburg und vom Wunsch des 97jährigen »Altvaters« dieser Gemeinde, Albert Julius, vor seinem Tod noch einen Blutsverwandten aus Deutschland bei sich zu sehen. Zusammen mit seinem ehemaligen Informator, dem Magister Schmeltzer, dem Chirurgus Kramer (dessen Lebenslauf Ähnlichkeiten mit dem des Autors aufweist), dem Mathematikus Litzberg, dem Tischler Lademann u. a. entschließt sich Eberhard zur Fahrt nach Felsenburg.

Dort erzählt ihnen Albert Julius seinen Lebenslauf und holt damit den Anfang der Hauptfabel nach: Als Halbwaise wird er von einem hilfsbereiten Priester erzogen und tritt schließlich in den Dienst des holländischen Adligen van Leuben, dem er bei der Entführung seiner Geliebten, Concordia Plürs, behilflich ist. Auf der Flucht nach Ostindien überleben nur diese drei und der französische Schiffskapitän Lemelie einen Schiffbruch und retten sich ans paradiesische Gestade der Insel Felsenburg. Dort stößt der tückische und begehrliche Franzose van Leuben von einer Klippe in den Abgrund, um Concordia in seine Gewalt zu bringen; doch Albert schützt sie vor seinen Nachstellungen, bis der wütende Lemelie bei einer dramatischen Auseinandersetzung in Alberts Stilett läuft und, nachdem er seine schrecklichen Sünden gebeichtet hat, stirbt. Albert, Repräsentant der bürgerlich-empfindsamen Tugend der Redlichkeit, schwört Concordia die selbstlose Achtung ihrer Tugend und steht ihr bei der Geburt ihrer Tochter bei. Sie belauscht ihn jedoch eines Tages bei der Klage über seine Einsamkeit und trägt sich ihm daraufhin brieflich als Gattin an. Für ihre gemeinsamen Kinder finden sich immer rechtzeitig Schiffbrüchige oder Ausgesetzte als passende Ehepartner ein, andere Ehegefährten werden von St. Helena oder später aus Europa geholt. So vergrößert sich das patriarchalische Gemeinwesen von Generation zu Generation, gründet eine eigene Kolonie Klein-Felsenburg und nutzt die vergrabenen Schätze eines früheren Inselbewohners zu klugem und maßvollem Handel mit Europa.

Die eingestreuten Lebensläufe und Beichten der europamüden Inselbewohner sind oft novellistisch zugespitzt und zeichnen ein düsteres, realistisch gestaltetes Bild der europäischen Gesellschaftsverhältnisse im 18. Jh.; dagegen steht das Bild einer idealen, bürgerlich-pietistisch geprägten Gesellschaft, für deren Realisierung das alte Europa mit seiner überkommenen Feudalstruktur und seiner dem Staat sich unterordnenden Kirche keine Möglichkeit bot. Die *Insel Felsenburg* war einer der populärsten Romane ihrer Zeit, vor allem die zunehmend ins Phantastische abgleitenden Schilderungen der Lebensläufe einzelner Inselbewohner trugen dazu ihren Teil bei. Noch Karl Philipp MORITZ läßt seinen Helden in *Anton Reiser* dessen Faszination rühmen, auch wenn die Zeitgenossen das Werk, das man heute als Auftakt zum aufgeklärten Roman in Deutschland wertet, zur Trivialliteratur zählten; Christian Carl ANDRÉ publizierte 1788/89 mit seiner *Felsenburg* ein erbauliches Pendant zu Schnabels Werk, in dem – zum Schutz der Jugend – die Versuchungen der Phantasie durch die Vermittlung naturkundlichen und bildungsbürgerlichen Wissens ersetzt werden; L. Tieck schließlich kürzte die Urfassung um ein Viertel, wobei vor allem die religiös-empfindsamen Passagen getilgt wurden. M.Pf.-K.Re.

AUSGABEN: Nordhausen 1731–1743, 4 Bde. – Breslau 1828, Hg. L. Tieck, 6 Bde. *(Die Insel Felsenburg oder wunderliche Fata einiger Seefahrer. Eine Geschichte aus dem Anfange des achtzehnten Jahrhunderts)*. – Lpzg. 1931, Hg. F. Brüggemann (*Die Insel Felsenburg*; DL, R. Aufklärung, 4; Nachdr. Darmstadt 1964). – Reinbek 1969, Hg. W. Voßkamp *(Insel Felsenburg)*. – Mchn. 1979 (Einl. L. Tieck; 2 Bde.). – Stg. 1979, Hg. u. Nachw. V. Meid u. I. Springer-Strand (*Insel Felsenburg*; RUB).

LITERATUR: F. Brüggemann, *Utopie u. Robinsonade. Untersuchungen zu S.s Insel Felsenburg (1731–1743)*, Weimar 1914 [Nachdr. Hildesheim 1978]. – H. Steffen, *J. G. S.s »Insel Felsenburg« u. ihre formgeschichtliche Einordnung* (in GRM, 42, 1961, S. 51–61). – R. Haas, *Die Landschaft auf der Insel Felsenburg* (in ZfdA, 91, 1961/62, S. 63–84). – M. Stern, *Die wunderliche Fata der »Insel Felsenburg«. Tiecks Anteil an der Neuausgabe von J. G. S.s Roman (1828)* (in DVLG, 40, 1966, S. 109–115). – S.-A. Jørgensen, *A. Oehlenschlägers »Die Inseln im Südmeer« u. J. G. S.s »Wunderliche Fata«. Aufklärung, Romantik oder Biedermeier?* (in Nerthus, 2, 1969, S. 131–151). – R. Allerdissen, *Die Reise als Flucht. Zu S.s »Insel Felsenburg« u. Thümmels »Reise in die mittäglichen Provinzen von Frankreich«*, Bern, Ffm. 1975. – J. Knopf, *Frühzeit des Bürgers. Erfahrene u. verleugnete Realität in den Romanen Wickrams, Grimmelshausens, S.s*, Stg. 1978. – P. Brosche, *Die Insel Felsenburg. Zur geographischen Lage einer literarischen Utopie* (in Photorin, 1980, H. 2, S. 23–27). – W. Voßkamp, *»Ein irdisch Paradies«: J. G. S.s »Insel Felsenburg«* (in *Lit. Utopien von Morus bis zur Gegenwart*, Hg. K. L. Berghahn, H. U. Seeber, Königstein/Ts. 1983, S. 95–104). – B. Fischer, *Der moralische Naturzustand u. die Vernunft der Familie. Eine Studie zu S.s »Wunderliche FATA«* (in DVLG, 61, 1987, S. 68–88).

JOHANN GOTTFRIED SEUME

* 29.1.1763 Poserna bei Weißenfels
† 13.6.1810 Teplitz / Böhmen

LITERATUR ZUM AUTOR:
O. Planer u. C. Reissmann, *J. G. S. Geschichte seines Lebens u. seiner Schriften*, Lpzg. ²1904. – W. Kraft, *J. G. S.* (W. K., *Rebellen des Geistes*, Stg. 1968, S. 135–163). – I. Stephan, *J. G. S. Ein politischer Schriftsteller der deutschen Spätaufklärung*, Stg.

1973. – K. W. Klemm, *J. G. S.s Schriften. Politisch-historisches Denken zwischen Revolution u. Resignation*, Diss. Bonn 1970. – G. E. Grisham, *J. G. S. Eine Monographie*, Diss. Northwestern Univ. 1976 (vgl. Diss. Abstracts, 37, 1976/77, S. 4384A). – G. Kostenecki, *J. G. S. Absicht, Selbstdarstellung, Gedankenwelt: Versuch einer Revision*, Ffm. u. a. 1979. – U. Sonnemann, *Unangepaßtheit als kritische Prophetie. Zur deutschen Vergessenheit u. Aktualität J. G. S.s* (in *Eingebildete Texte. Affairen zwischen Psychoanalyse u. Literaturwiss.*, Hg. J. Hörisch u. G. Ch. Tholan, Mchn. 1985, S. 91–102). – *J. G. S. 1763–1810. Ein politischer Schriftsteller der Spätaufklärung*, Hg. J. Drews, Bielefeld 1989 [Ausst.-Kat.]. – J. Drews, *J. G. S.* (in *Deutsche Dichter*, Hg. G. E. Grimm u. F. R. Max, Bd. 4, Stg. 1989, S. 343–353). – B. Budde, *Von der Schreibart des Moralisten. S.*, Ffm. u. a. 1990.

APOKRYPHEN

Aufzeichnungen von Johann Gottfried SEUME, niedergeschrieben in den Jahren 1806 und 1807; erstmals in verstümmelter Form erschienen 1811, vollständig erst 1869. – Nach dem Bericht von Freunden soll Seume zu Anfang des Jahres 1806 auf das erste Blatt eines Konvoluts von Manuskriptblättern das Wort *»Schmieralien«* geschrieben und mit der Eintragung von unsystematischen Notizen zum Zeitgeschehen, von philosophischen Reflexionen und ethisch-politischen Maximen begonnen haben. Das erhaltene Manuskript trägt allerdings kein solches, nachdrücklich auf das Unabgeschlossene seiner Aufzeichnungen hindeutendes Titelblatt mehr, und die erste Ausgabe trug dann – wahrscheinlich von Seumes Freund C. A. H. CLODIUS veranlaßt und eventuell damit auch Seumes Willen Rechnung tragend – den Titel *Apokryphen*, der auf das »Verborgene« bzw. »zu Verbergende« der Notizen weist und zugleich eine Anspielung auf die apokryphen, d. h. nichtkanonischen, tendenziell häretischen Schriften der *Bibel* hinweist.

Seume war zum Zeitpunkt des Beginns seiner Aufzeichnungen in der paradoxen Lage, daß er sich spätestens seit seiner Reise nach Italien im Jahre 1802 zu einem politischen Autor gewandelt hatte, dessen Kritik – sowohl am deutschen Feudalabsolutismus wie auch an Napoleon – aber nicht erwünscht und in gewissem Sinn anachronistisch war, denn die deutsche politisch-literarische Intelligenz hatte sich längst nicht nur von der Französischen Revolution, sondern auch von den damit verknüpften politischen Prinzipien und Hoffnungen abgewandt. In der Vorrede zu seinem zweiten großen Reisebericht *Mein Sommer 1805*, erschienen 1806, also drei Jahre nach seinem Durchbruch als Schriftsteller mit *Spaziergang nach Syrakus im Jahre 1802*, hatte Seume schon kein Blatt vor den Mund genommen bei seiner Kritik an den politisch rückständigen deutschen Verhältnissen; prompt war *Mein Sommer 1805* in Süddeutschland und Rußland verboten worden. Seume war also ohne Publikationsmöglichkeiten gerade zu dem Zeitpunkt, wo ihn das Schicksal Deutschlands – die Eroberung und Unterwerfung durch Napoleon, das Ende des Heiligen Römischen Reiches Deutscher Nation, die preußische Niederlage von Jena und Auerstedt u. a. – besonders bewegte und zu scharfen politischen Kommentaren anregte. Seumes bei aller Bitterkeit und Empörung meist in einem stoischen, lakonischen Ton gehaltene Notizen, unter denen auch einige in französischer, lateinischer und griechischer Sprache geschrieben sind, kreisen vor allem um staatsrechtliche Probleme – die Legitimation von Herrschaft überhaupt und von adeligen Privilegien im besonderen sowie die Pflicht der Herrschenden, öffentlich Rechenschaft über ihre Handlungen zu geben –, um religiöse und um individuell-moralische Fragen, welche Seume aber eng verknüpft sieht mit Fragen der Verpflichtung des moralisch denkenden Individuums für das Gemeinwohl und das Vaterland.

In Abschnitten, deren Umfänge von einer Zeile bis zu zwei Seiten reichen können und die, wie man bei Aufschlüsselung der darin enthaltenen Anspielungen sieht, jeweils von den politischen Tagesereignissen in Europa, in dem unter Napoleons Ansturm zusammenbrechenden deutschen Reich und vor allem auch in seinem Heimatland Sachsen an- und aufgeregt sind, erörtert Seume die Rückständigkeit und naturrechtliche Haltlosigkeit des deutschen Feudalsystems und der ausgedehnten Privilegienwirtschaft; er analysiert die Gründe für die Schwäche der preußischen Armee, deren *»Stocksystem«* (d. h. Erlaubnis für die Offiziere, ihre Soldaten körperlich zu züchtigen) natürlich keine tiefere Verpflichtung, geschweige denn Vaterlandsliebe bei den Soldaten aufkommen lasse, was zu einer der französischen Armee gegenüber unterlegenen Kampfesmoral führe (die Niederlage von Jena und Auerstedt im Oktober 1806 sowie das weitere Vorrücken Napoleons 1807 gaben Seume recht); er prangert die Gesinnungslosigkeit der deutschen Fürsten – insbesondere derer des Rheinbundes – an, die sich, um nur ihre fürstlichen Privilegien zu bewahren und keine Reformen einleiten zu müssen, Napoleon an den Hals würfen und das Vaterland verrieten, und er gibt immer wieder seiner Enttäuschung über Napoleon Ausdruck, in den – als einen Vollender der Französischen Revolution, der zumindest deren entscheidende Prinzipien nicht aufgeben werde – er einst, um 1800/1801, seine Hoffnungen gesetzt hatte: *»Bonaparte konnte ein Fixstern werden und ist eine Sternschnuppe geworden.«*

Seume nimmt in seinen Aufzeichnungen immer wieder theoretisch und begrifflich Bezug auf ROUSSEAUS *Du contrat social* (1762), auf SIEYÈS' Schrift *Essai sur les privilèges* (1788) und auf die klassischen Staatsrechtslehren und Gesellschaftstheorien von Hugo GROTIUS bis Thomas HOBBES; dabei insistiert er auf der Unüberholtheit der Deklaration der Menschenrechte durch die Französische Revolution im August 1789 und auf der Triftigkeit der Rousseauschen Argumente bezüglich der Gewalt des Herrschers, die sich aus der Übertragung dieser Gewalt durch die Beherrschten herleite, woraus nicht zuletzt Pressefreiheit zur Kontrolle der staatlichen Angelegenheiten als Forderung bzw. als Recht der Staatsbürger folgen müsse: *»Wo Geheimnisse sind, fürchte ich Gaunerei. Die Wahrheit kann und darf vor Männern das Licht nicht scheuen.«* Was die Natur der Menschen bzw. des Menschengeschlechts angeht, ist Seume spätaufklärerisch pessimistisch, betont aber zugleich, daß die Verhältnisse ihrerseits so seien, daß sie nur das Gemeine im Menschen förderten. Während in Seumes Gedichten oft ein ebenso markiger wie vager und dröhnender Idealismus SCHILLERscher Observanz herrscht, ist Seume als politischer Kommentator seiner Zeit in Prosa zwar prinzipienfest, aber unbestechlich nüchtern und formuliert diagnostisch und nicht appellierend. *»Vernunft und Menschenwerth«*, also den gesunden Menschenverstand und den Begriff der Würde des Menschen, führt er ins Feld gegen *»Glaube und Gnade«*, gegen religiöse und politische Dunkelmännerei und das adelige, gegen die Prinzipien der Rechtsgleichheit verstoßende Privileg, Gnadenakte – und das heißt für Seume: Willkürakte – ausüben zu dürfen. Immer wieder durchbricht die Klarheit seiner Gedankengänge eine tiefe Enttäuschung über die Prinzipienlosigkeit und das wetterwendische Verhalten der – nicht nur adeligen – Zeitgenossen, die nur um den Erhalt von Macht, Besitz und Privilegien besorgt sind und – seien sie Rittergutsbesitzer, Offiziere oder Bürger – an das Vaterland keinen Moment denken, was den rechtlich gesinnten Seume, den man nach heutigen Begriffen als einen Linksnationalen oder einen Linkspatrioten bezeichnen müßte, geradezu depressiv stimmt und in eine halb starr, halb stolz zur Schau getragene Außenseiterposition treibt: *»Alles, was man in dieser Zeit für seinen Charakter tun kann, ist, zu documentieren, daß man nicht zur Zeit gehört.«* Für seine Zeit und für Deutschlands staatliche wie bürgerrechtliche Zukunft sieht er im ganzen wenig Hoffnung (die Entwicklung nach 1815 und in gewissem Sinn bis 1918 gab ihm wiederum leider recht), doch macht er an seiner Einschätzung der Größe und Wahrheit der Prinzipien der Französischen Revolution keinerlei Abstriche: *»Und wenn Freiheit und Gerechtigkeit in Ewigkeit nichts als eine schöne Morgenröte wäre, so will ich lieber mit der Morgenröte sterben, als den glühenden ehernen Himmel der blinden Despotie über meinem Schädel brennen lassen.«*

Seumes Aufzeichnungen sind der Gattung nach zum Teil Glossen, bisweilen politische Kurzkommentare und streben häufig zur aphoristisch zugespitzten, schlagenden Formulierung. Formal leiten sie sich her aus seiner Vorliebe für sententiös-moralische Spruchliteratur der Antike, vor allem die *Apophthegmata* des PLUTARCH, aus der Lektüre der französischen Moralisten und evtl. auch schon der Aphorismen Georg Christoph LICHTENBERGS. Von Einfluß auf den Prosaisten Seume waren zudem sicher auch die *Betrachtungen und Gedanken über verschiedene Gegenstände der Welt und der Literatur* (1803–1805) seines Bekannten und Briefpartners Friedrich Maximilian KLINGER (1752–1831); im Sprach- und Denkstil sind sie am engsten verwandt den *Stylübungen* (1828) des Essayisten und Sprachkritikers Carl Gustav JOCHMANN (1789–1830). Seumes *Apokryphen* wurden trotz seiner Versuche zu seinen Lebzeiten nicht gedruckt, auch im Laufe des 19. Jh.s kaum zur Kenntnis genommen; niemand scheint bemerkt zu haben, daß sie zum Zeitpunkt ihrer ersten (fast) vollständigen Publikation (1869) wegen des Fortbestehens zumindest von Resten der Feudalhierarchie unter dem Wilhelminismus noch immer brisant und aktuell waren. Erst im 20. Jh. haben Wilhelm HAUSENSTEIN, Karl KRAUS, Werner KRAFT, Walter BENJAMIN und Hermann SCHWEPPENHÄUSER den hervorragenden Platz erkannt, den die *Apokryphen* in der Tradition deutscher politischer und aphoristischer Prosa einnehmen. J.Dr.

AUSGABEN: Lpzg. 1811 (in *Spaziergang nach Syrakus im Jahre 1802*, Bd. 3 der 3. Aufl.). – Lpzg. 1819 (in *Spaziergang nach Syrakus im Jahre 1802*, Bd. 3 der 4. Aufl.; Vorw. C. A. H. Clodius). – Lpzg. 1826/27 (in *SW*, 12 Bde., 4). – Bln. 1869 (in *Werke in 10 Theilen*, Tl. 4). – Bln. 1879 (in *Prosaische u. poetische Werke in 10 Theilen*, Tl. 7). – Köln 1962 (in *Prosaschriften*). – Bln./Weimar 1962 (in *Werke in 2 Bdn.*, Hg. A. u. K.-H. Klingenberg, Bd. 2; ²1983). – Ffm. 1966 (Nachw. H. Schweppenhäuser; slg. insel).

LITERATUR: I. Stephan, *Reisebericht u. Aphorismus als Formen der politischen Dichtung bei S.* (in I. S., *J. G. S.*, Stg. 1973, S. 156–170). – M. Ingenmey, *Gli apocrifi* (in M. I., *L'illuminismo pessimistico di J. G. S.*, Venedig 1979, S. 229–259).

SPAZIERGANG NACH SYRAKUS IM JAHRE 1802

Reisebericht von Johann Gottfried SEUME, zum Teil schon während der Reise in WIELANDS ›Der Neue Teutsche Merkur‹ veröffentlicht; erschienen 1803. – Seumes aus Briefen und Tagebuchaufzeichnungen bestehende Schilderung seiner Fußreise von Leipzig nach Syrakus und zurück (6. 10. 1801–24. 8. 1802) wurde in der dritten Auflage (1811) um einen *Dritten Teil* vermehrt, der 1806/07 entstandene aphoristische Tagebuchnotizen und politische Reflexionen unter dem Titel *Apokryphen* enthält, die freilich inhaltlich mit der Reisebeschreibung in keinem unmittelbaren Zusammenhang stehen.

Das bewegte und krisenreiche Leben des Autors findet nicht nur im *Spaziergang nach Syrakus* seinen biographischen Niederschlag, sondern auch in dem Bericht über seine Ost- und Nordeuropareise, *Mein Sommer 1805* (1806), und in der unvollendeten Autobiographie *Mein Leben* (1813). Im Gegensatz zu den autobiographischen Schriften GOETHES geht es ihm jedoch nicht um eine poetische

Durchdringung seiner Lebensgeschichte, um seine »innere« Biographie, sondern um eine *»soviel als möglich aktenmäßige«* Darstellung, deren *»ästhetischer Wert«* der *»Charakteristik und Wahrheit«* untergeordnet sei *(Einleitung)*. Gestaltet Goethe in der *Italiänischen Reise* (1829) das Bildungserlebnis eines Künstlers, der in der Begegnung mit der Kunst, den Landschaften und den Menschen des Südens zu sich selbst findet, so sieht Seume die klassischen Stätten mit den Augen eines politischen Menschen, der das soziale Elend der Gegenwart an der einstigen Größe Italiens mißt.

In ironischem Kontrast steht der behaglich-erbauliche Titel »Spaziergang« über dem Bericht einer alles andere als behaglichen Fußreise von Leipzig über Wien, Venedig, Rom und Neapel nach Syrakus und zurück über Mailand, Zürich, Paris und Frankfurt am Main, auf der Seume wiederholt in recht bedrohliche Situationen gerät. Als Einzelwanderer (sein Freund Veit H. F. Schnorr von Carolsfeld, der den postumen Ausgaben des Werks eigene *Anmerkungen zum Spaziergang nach Syrakus* beifügte, konnte ihn nur bis Wien begleiten) widmet er seine ganze Aufmerksamkeit den chaotischen ökonomischen, politischen und sozialen Verhältnissen Italiens nach den Feldzügen Napoleons und der Mißwirtschaft der kirchlichen und weltlichen Fürsten. *»Wer geht, sieht im Durchschnitt anthropologisch und kosmisch mehr, als wer fährt«*, schreibt Seume in der Einleitung zu *Mein Sommer 1805*, und so zeichnet sich auch der *Spaziergang nach Syrakus* durch eine Genauigkeit und Detailliertheit der Beobachtung aus, die gelegentlich an Lichtenberg erinnert. Seume, der in Rom seinen von Rousseau inspirierten *»Katholizismus der Vernunft, der allgemeinen Gerechtigkeit, der Freiheit und der Humanität«* dem unaufgeklärten Wunder- und Aberglauben der katholischen Kirche, ihrer – wie er meint – moralisch verhängnisvollen Lehre von der Vergebung der Sünden und der Untätigkeit und Arroganz ihres Klerus entgegensetzt, stellt immer wieder an konkreten Beispielen den Zusammenhang zwischen solchen irrationalen Haltungen und dem ökonomisch-politischen Verfall her. Obwohl er *»durchaus kein Revolutionär«* und kein grundsätzlicher Gegner der Monarchie ist, wendet er sich doch mit leidenschaftlich engagiertem Zorn gegen die Inkompetenz einer feudalen Verwaltung, die weder für gute Straßen und eine wirksame Bekämpfung des Verbrecherunwesens noch für eine ausreichende Nutzung des natürlichen Reichtums sorgt. Eine der entscheidendsten Ursachen des allgemeinen Verfalls ist für Seume der Pakt Napoleons (den er früher bewunderte und der nun *»die Freiheit entschieden wieder zu Grabe zu tragen droht«*) mit der katholischen Kirche, der zu Korruption, klerikaler Anmaßung und feudaler Verschwendungssucht geführt habe. – Im Gegensatz zu den meisten Italienreisenden seiner Epoche interessiert sich Seume nur wenig für die antiken Kunstschätze Italiens und Siziliens: *»ein Ölbaum und ein Weizenfeld«* sind ihm ein *»Heiligtum«*, das er begeisterter rühmen kann als alle Kirchen der Heiligen Stadt, und den Klang von Dreschflegeln empfindet er als *»herrliche ökonomische Musik«*. Den pragmatisch denkenden Aufklärer beeindruckt zum Beispiel das Aquädukt bei Rimini (auch wenn es ein Papst erbauen ließ) mehr als die *»ausschweifende Pracht«* des Augustinerklosters von Neapel, das *»für das Gelübde der Armut eine Blasphemie«* darstelle. Beim Anblick der im 3. Jh. v. Chr. künstlich angelegten *Cascata delle Marmore* bei Terni, die vom Wasser des Velino gespeist wird und als Talsperre wirkt, *»vergaß«* Seume, wie er schreibt, *»einige Minuten alles, was die Welt sonst großes und schönes haben mag«*.

Seume wählt für seinen Reisebericht die Form von Briefen, deren Empfänger gleichsam der Leser ist. Dies begünstigt einen lockeren, gelegentlich kolloquialen Erzählstil, in dem sich Beobachtungen und Reflexionen zwanglos assoziativ verknüpfen. Es ist die *»Form eines eigentlich mündlichen Berichtens und Erzählens, das nur schriftlich wiederholt wird ... die Form der Improvisation«* (H. Kasack). M.Pf.

Ausgaben: Weimar 1802 (in Der Neue Teutsche Merkur, 4; Teilabdr.). – Braunschweig 1803, 3 Bde. – o. O. 1811 [verm.]. – Wiesbaden 1823 (in *GS*, Hg. J. P. Zimmermann, 5 Bde., 1823–1826, 2). – Lpzg. 1868, Hg., Einl. u. Anm. H. Oesterley. – Bln. 1879 (in *Prosaische u. poetische Werke*, 10 Bde., 2/3). – Bln. 1942, Hg. u. Einl. H. Kasack (Pantheon-Ausg.). – Lpzg. 1960, Hg. u. Nachw. G. Schneider. – Mchn. 1962 (Einl. J. v. Hollander; m. Abb.; gekürzt; [5]1979). – Nördlingen 1985. – Mchn. 1985, Hg. u. Komm. A. Meier (dtv; ern. 1991). – Bln./DDR 1989, Hg. G. Erler. – Ffm. 1990 (in *Werke*, Hg. J. Drews, Bd. 1).

Bearbeitung: H. Heine, *Der Mann, der nach Syrakus spazierenging. Das abenteuerliche Leben des J. G. S.*, Bln. 1940 (Ill. H. H. Hagedorn; ern. Weimar 1961).

Literatur: H. Kasack, *S., der Wanderer* (in H. K., *Mosaiksteine*, Ffm. 1956, S. 70–82). – H. Müller-Burbach, *Der Landstraße verschworen. J. G. S.*, Bln. 1957. – R. L. Kahn, *S. and the English* (in *Studies in German. In Memory of Andrew Louis*, Hg. R. L. K., Houston/Texas 1969, S. 47–68). – G. Wimmer, *J.-G. S.s »Spaziergang nach Syrakus im Jahre 1802«. Untersuchungen zu Erzähltechnik, Sprachkunst u. literarischer Form*, Diss. Wien 1970. – H. v. Schade, *Bibliotheken u. Bibliothekare: J.-G. S. spaziert nach Sizilien* (in Auskunft, 1983, S. 35–44). – C. Träger, *J.-G. S. Der Wanderer nach Syrakus* (in *Berühmte Leipziger Studenten*, Hg. H. Piazza u. a., Lpzg. u. a. 1984, S. 90–96). – C. Friedrich, *»Ich wollte so gern einmal einen großen Mann rein verehren, das kann ich hier nun wieder nicht.« Republikverständnis u. Napoleonkritik in S.'s Reisebeschreibung »Spaziergang nach Syrakus im Jahr 1802«* (in *Reiseliteratur im Umfeld der Französischen Revolution*, Hg. Th. Höhle, Halle 1987, S. 15–26). – R. Bernhardt, *Spaziergänge nach Syrakus. Zur Rezeption der Reisebeschreibungen S.s in der DDR-Literatur* (ebd.,

S. 27–39). – A. Behrmann, *J.-G. S.s »Spaziergang nach Syrakus im Jahre 1802«* (in Jb. der Berliner Wiss. Ges. e. V., 1987, S. 107–132).

HEINRICH LEOPOLD WAGNER

* 19.2.1747 Straßburg
† 4.3.1779 Frankfurt / Main

DIE KINDERMÖRDERINN

Trauerspiel in sechs Akten von Heinrich Leopold WAGNER, anonym erschienen 1776; aufgeführt im selben Jahr durch Schauspieler der Wahrischen Gesellschaft in Preßburg. Einer ohne Wissen des Autors von Karl LESSING (dem jüngeren Bruder von G. E. LESSING) unternommenen Bearbeitung des Stücks, der nahezu alle Grobianismen und der ganze erste Akt zum Opfer fielen, ließ Wagner eine eigene, am 4. 9. 1778 in Frankfurt aufgeführte Umarbeitung (erschienen 1779) mit dem larmoyanten Titel *Evchen Humbrecht oder Ihr Mütter merkts Euch!* folgen, mit der er versuchte, *»den in der Kindermörderinn behandelten Stoff so zu modificiren, daß er auch in unseren delikaten tugendlallenden Zeiten auf unsrer sogenannten gereinigten Bühne mit Ehren erscheinen dörfte«*.

Frau Humbrecht, Gattin eines standesbewußten Straßburger Metzgers, folgt ohne Wissen ihres Gatten mit ihrer Tochter Evchen der Einladung des bei ihnen logierenden Leutnants von Gröningseck zu einer Redoute. Zu später Stunde führt Gröningseck die Nichtsahnenden in ein Bordell, betäubt die Mutter mit einem Schlaftrunk und verführt Evchen, deren Verzweiflung er nur durch ein Eheversprechen beschwichtigen kann. Dem dringenden Abraten seines Freundes und Regimentskameraden von Hasenpoth zum Trotz beschließt Gröningseck, sein einmal gegebenes Versprechen zu halten und seiner Offizierskarriere zu entsagen. Evchen, inzwischen in quälende Melancholie versunken, bewahrt das Geheimnis ihrer Schwangerschaft auch angesichts der Drohungen ihrer Eltern. Hasenpoth, der die Standesehre seines Freundes unter allen Umständen retten zu müssen glaubt, täuscht Evchen mit einer in Gröningsecks Namen abgefaßten brieflichen Lossagung, die das entsetzte Evchen zur heimlichen Flucht aus dem Elternhaus treibt. Sie bringt, von ihrem verzweifelten Vater vergeblich gesucht, bei einer mittellosen Lohnwäscherin, Frau Marthan, ihr Kind zur Welt, tötet es jedoch in einem Anfall von Wahnsinn, als sie erfährt, daß ihre Mutter aus Kummer gestorben sei und ihr Vater ein hohes Lösegeld für ihre Auffindung ausgesetzt habe, und verhilft Frau Marthan zu dem Finderlohn, in dem sie sich ihr zu erkennen gibt (ein in SCHILLERS *Die Räuber* wiederkehrendes Motiv). Der zurückgekehrte ahnungslose Gröningseck kann Evchen, die nur noch den Tod sucht, nicht mehr vor der ihr drohenden Verurteilung als Kindesmörderin bewahren.

Wagners Umarbeitung ließ das Drama mit einer seichten Glückswendung enden. Der Kindesmord wird verhindert, Evchen findet bei den Eltern Verzeihung und wird von Gröningseck als Braut heimgeführt. Mit einer moralischen Floskel darüber, daß es nur selten so gut ausginge, und einem zusätzlichen *»Merke dirs!«* führt der Autor selbst sein Werk in die völlige Plattheit.

Das Thema des Kindesmords – als Resultat eines Konflikts, der sich am unüberbrückbaren Standesunterschied der Liebenden entzündet – taucht in der dramatischen Literatur des Sturm und Drang häufig auf und ist ein deutliches Indiz für dessen sozialkritische Tendenz. Der Autor hat denn auch bedenkenlos Anleihen bei J. M. R. LENZ' nahezu gleichzeitig entstandenem Schauspiel *Die Soldaten* (1776) und bei GOETHES fragmentarischen *Faust*-Szenen (entworfen 1773–1775) – die er aus einer Lesung des Dichters kannte – gemacht, was Goethe zu einem – angesichts Wagners völlig andersgeartetem Drama kaum berechtigten – öffentlichen Plagiatsvorwurf veranlaßte. Das Stück als Ganzes leidet an einer eklatanten Schwäche der Motivierung: Einen Liebhaber einzuführen, der sein Opfer im Bordell verführt, um es dann mit um so edlerer Treue wieder aufzurichten, mag dem Autor selbst als entschiedener Widerspruch erschienen sein, weshalb er in seiner eigenen Bearbeitung (wie vor ihm bereits K. Lessing) den ersten Akt strich und die Vorgeschichte in zahlreichen Rückgriffen dem Stück einfügte. Seine Hauptstärke dagegen liegt in der ungeschminkten Wirklichkeitsschilderung, dem derben Realismus (Wagner nannte sich selbst einen *»konsequenten Naturalisten«*), der gerade in dem später gestrichenen ersten Akt eine beträchtliche wenn auch keineswegs differenzierende anklägerische Wucht in sozialen Fragen entfaltet, einigen Figuren die Solidität drastischer Volkstypen mitteilt und in Dialogführung und mundartlicher Färbung der Alltagssprache näherkommt als vielleicht irgendein anderes dramatisches Produkt der Geniezeit. Diese beständigen Eigenschaften des Stücks haben den DDR-Dramatiker Peter HACKS zu einer Bearbeitung veranlaßt (1963). Er sieht die Ursache der motivischen Ungereimtheiten des Dramas in der fehlenden Bereitschaft des Autors und seiner Zeit, sich die *»Existenz von Klassenschranken«* als das *»entscheidende Hindernis«* für das Paar einzugestehen. Dadurch, daß er den Leutnant absichtlich zu spät kommen läßt, will Hacks das *»moralische«* in ein *»politisches Elend«* verwandeln und *»damit abschaffbar«* machen. In diesem Sinn ersetzt er auch *»Evchens dumpfe Passionsbereitschaft«* – eine *»peinliche«* persönliche Schwäche – *»durch eine befriedigende Haltung der Produktivität« (Brief an einen Dramaturgen)*. Hacks läßt sie, auf Wagners zweite Fassung zurückgreifend, samt ihrem Kind am Leben, wendet den Schluß mit klassenkämpferischer Spitze ins Burlesk-Komische und entläßt die plötzlich ungemein beredte Heldin mit einem programmatischen Bekenntnis zu einem neuen Leben. H.H.H.

AUSGABEN: Lpzg. 1776. – Bln. 1777 [Bearb. K. Lessing]. – Ffm. 1779 (*Evchen Humbrecht oder Ihr Mütter merkts Euch!*, in *Theaterstücke*). – Heilbronn 1883, Hg. E. Schmidt [Neudr. der Erstausg. mit den Hauptvarianten von K. Lessing u. H. L. W.]. – Heidelberg ²1963 (in *Sturm u. Drang. Dramatische Schriften*, Hg. E. Loewenthal u. L. Schneider, 2 Bde., 2). – Ffm. 1963, Bearb. P. Hacks [Anh.: ders., *Brief an einen Dramaturgen*]. – Stg. 1983, Hg. J.-U. Fechner (im Anh.: Ausz. aus d. Bearb. von K. G. Lessing 1777 u. d. Umarbeitung von H. L. W. 1799 sowie Dokumente zur Wirkungsgeschichte; RUB).

VERFILMUNG: *Mädchen, hütet euch!*, Deutschland 1927 (Regie: V. Arnheim).

LITERATUR: E. Schmidt, *H. L. W., Goethes Jugendgenosse*, Jena ²1879. – E. Genton, *Lenz-Klinger-W. Studien über die rationalistischen Elemente im Denken u. Dichten des Sturm u. Drang*, Diss. Bln. 1955. – E. McInnes, *Social Insight and Tragic Feeling in W.'s »Die Kindsmörderin«* (in New German Studies, 4, 1976, S. 27–38). – H.-D. Weber, *Kindesmord als tragische Handlung* (in DU, 28, 1976, H. 2, S. 75–97). – J. Weraner, *Gesellschaft in literarischer Form. H. L. W.s »Kindermörderin« als Epochen- und Methodenparadigma*, Stg. 1977. – K. Binneberg, *Über die Dramensprache des »Sturm u. Drang«. Am Beispiel des Aposiopesen in H. L. W.s »Kindermörderin«* (in FDH, 1977, S. 27–54). – M. H. Heally, *A Language Analysis of H. L. W.'s »Die Kindermörderin« and J. M. R. Lenz' »Die Soldaten«: A Contribution to the Understanding of »Sturm und Drang« Language*, Diss. Hull Univ. 1979. – E. Genton, *La vie et les opinions de H. L. W.*, Ffm. u. a. 1981. – D. Mayer, *H. L. W.s Trauerspiel »Die Kindermörderin« u. die Dramentheorie des L. S. Mercier* (in Literatur f. Leser, 1981, H. 5, S. 79–92). – H. Haffner, *H. L. W. / Peter Hacks »Die Kindermörderin«. Original u. Bearb. in Vergleich*, Paderborn u. a. 1982.

CHRISTOPH MARTIN WIELAND

* 5.9.1733 Oberholzheim / Biberach
† 20.1.1813 Weimar

LITERATUR ZUM AUTOR:
Bibliographien und Forschungsberichte:
B. Seuffert, *Prolegomena zu einer W.-Ausgabe I–IX*, Bln. 1904–1941 (APAW); Nachdr. Hildesheim 1989. – W. R. Deusch, *W. in der zeitgenössischen Buchillustration. Eine Bibliographie*, Stg. 1964. – I. Jaspert, *W. en habit à la française. Essai de bibliographie commentée des traductions françaises parues en 1756 et 1825*, Diss. Paris 1977. – H. Thomé, *Probleme u. Tendenzen der W.-Forschung 1974–1978* (in Jb. der Dt. Schiller-Ges., 23, 1979, S. 492–513). – G. Günther u. H. Zeilinger, *W.-Bibliographie*, Bln./Weimar 1983. – H. Schelle, *Nachträge u. Ergänzungen zur W.-Bibliographie* (in Lessing Yearbook, 16, 1984, S. 253–261; 17, 1985, S. 209–215). – V. Ottenbacher, *W.-Bibliographie 1983–1988* (in *W.-Studien*, Bd. 1, Sigmaringen 1990).
Biographien:
J. G. Gruber, *W.s Leben, mit Einschluß vieler noch ungedruckter Briefe*, Lpzg. 1827/28; Nachdr. Nördlingen 1984. – D. M. van Abbé, *C. M. W. A Library Biography*, Ldn. 1961. – J. Hecker, *W.*, Weimar 1966; ³1984. – *C. M. W. 1733–1813. Leben u. Wirken in Oberschwaben*, Hg. H. Radspieler, Weißenhorn 1983 [Kat.]. – *Gärten in W.s Welt*, Bearb. H. Bock u. H. Radspieler, Marbach 1986 (Marbacher Magazin). – T. C. Starnes, *C. M. W. Leben u. Werk. Aus zeitgenössischen Quellen chronologisch zusammengestellt*, 3 Bde., Sigmaringen 1987. – *C. M. W., 1733–1813. Schriftsteller, Übersetzer, Hg., Denker, Erzieher, Beamter, Professor, Dichter*, Gießen 1988 [Kat.]. – I. Brender, *C. M. W. mit Selbstzeugnissen u. Bilddokumenten*, Reinbek 1990 (rm).
Gesamtdarstellungen und Studien:
F. Bobertag, *W.s Romane*, Breslau 1871. – C. A. Behmer, *L. Sterne u. C. M. W.*, Mchn. 1899; Nachdr. Hildesheim 1976. – L. Hirzel, *W.s Beziehungen zu den dt. Romantikern*, Bern 1904; Nachdr. Hildesheim 1974. – V. Michel, *C. M. W.*, Paris 1938. – V. Meyer, *C. M. W. und die geschichtliche Welt*, Winterthur 1944. – F. Sengle, *W.*, Stg. 1949. – H. Vormweg, *Die Romane C. M. W.s. Zeitmorphologische Reihenuntersuchung*, Diss. Bonn 1956. – J. Jacobs, *W.s Romane*, Bern/Mchn. 1969. – C. Sommer, *C. M. W.*, Stg. 1971 (Slg. Metzler). – B. Weyergraf, *Der skeptische Bürger. W.s Schriften zur Französischen Revolution*, Stg. 1972. – K. Bäppler, *Der philosophische W. Stufen u. Prägungen seines Denkens*, Bern/Mchn. 1974. – A. E. Ratz, *Freiheit des Individuums u. Gesellschaftsordnung bei C. M. W.*, Bern/Ffm. 1974. – J. McCarthy, *Fantasy and Reality. An Epistemological Approach to W.*, Bern/Ffm. 1974. – W. Paulsen, *C. M. W. Der Mensch u. sein Werk in psychologischen Perspektiven*, Bern/Mchn. 1975. – K. Stoll, *C. M. W. Journalistik u. Kritik. Bedingungen u. Maßstab politischer u. ästhetischer Räsonnements im »Teutschen Merkur« vor der Französischen Revolution*, Bonn 1978. – J. A. McCarthy, *C. M. W.*, Boston 1979 (TWAS). – *W. – Schubart*, Hg. D. Sulzer u. a., Marbach/Mchn. 1980 [Kat.]. – H. Ruppel, *W. in der Kritik. Die Rezeptionsgeschichte eines klassischen Autors in Deutschland*, Diss. Ffm. 1980. – *C. M. W.*, Hg. H. Schelle, Darmstadt 1981 (WdF). – R. G. Rogan, *The Reader in the Novels of C. M. W.*, Ffm. u. a. 1981. –

W.-Kolloquium, Hg. T. Höhle, Halberstadt 1983. – H.-J. Gaycken, *C. M. W.: Kritik seiner Werke in Aufklärung, Romantik u. Moderne*, Bern/Ffm. 1982. – *C. M. W. Nordamerikanische Forschungsbeiträge zur 250. Wiederkehr seines Geburtstages 1983*, Hg. H. Schelle, Tübingen 1984. – *C. M. W. und die Antike. Eine Aufsatzsammlung*, Stendal 1986. – *Das Spätwerk C. M. W.s und seine Bedeutung für die deutsche Aufklärung*, Hg. T. Höhle, Halle/Saale 1988. – H. Bock, *W. in Biberach u. Weimar*, Stg. 1990. – J. Sahmland, *C. M. W. u. die deutsche Nation. Zwischen Patriotismus, Kosmopolitismus u. Griechentum*, Tübingen 1990. – L. Fertig, *Poeten als Pädagogen. C. M. W. – der Weisheitslehrer*, Darmstadt 1991.

DIE ABDERITEN. Eine sehr wahrscheinliche Geschichte von Herrn Hofrath Wieland

Roman von Christoph Martin WIELAND, erschienen in Fortsetzungen 1774–1780 in der vom Autor selbst herausgegebenen Zeitschrift ›Der Teutsche Merkur‹, als eigenständige Publikation unter dem Titel *Geschichte der Abderiten* mit dem *Schlüssel zur Abderitengeschichte* veröffentlicht 1781. – Der Roman gehört zu den noch heute bekanntesten Werken des Autors – eines eher »vergessenen Klassikers«, dessen Bedeutung für die deutsche Literatur gleichwohl unbestritten ist; als erster übersetzte er SHAKESPEARE ins Deutsche, mit der *Geschichte des Agathon* verfaßte er den ersten modernen Roman in deutscher Sprache und mit *Alceste* das erste deutsche Opernlibretto, von seinem Erfolg als Herausgeber des ›Teutschen Merkur‹ (1773–1789, als ›Neuer Teutscher Merkur‹ 1790–1810) gar nicht zu reden, womit er eine neue Epoche im deutschen Zeitschriftenwesen markierte. Dennoch wurde Wieland als Epigone und bloßer Unterhaltungsschriftsteller schon von der jungen Generation der Stürmer und Dränger gebrandmarkt, aber auch von LESSING und KLOPSTOCK immer wieder heftig kritisiert; dieses Bild des Dichters wurde *»seit der Romantik herrschend, gewissermaßen kanonisch«* (F. Sengle), woran auch die Bemühungen der Fachwissenschaft oder einzelner moderner Autoren, allen voran Arno SCHMIDT, wenig zu ändern vermochten. All dies ändert nichts an Wielands Rang als einer der Wegbereiter der deutschen Klassik; 1772 wurde er als Erzieher des Erbprinzen Carl August und seines Bruders nach Weimar berufen, wo er sich aber bald dem Einflußbereichs des Hofs entzog und – neben der Herausgabe des ›Teutschen Merkur‹ – mit *Oberon* und *Die Abderiten* zwei seiner wichtigsten Werke verfaßte. Nach eigenem Bekenntnis entstanden die *Abderiten* in *»einer Stunde des Unmuths, wie ich von meinem Mansardenfenster herab die ganze Welt voll Koth und Unrath erblickte und mich an ihr zu rächen entschloß«* (an C. A. Böttiger, 3. 2. 1796). Als *»eine idealisierte Komposition der Albernheiten und Narrheiten des ganzen Menschengeschlechts«* charakterisierte der Autor seine Satire im antiken Gewande, die auf die zeitgenössische Gesellschaft zielt und diese als *»Narrentheater«* (F. Sengle) entlarvt; die resignierende Haltung nimmt der Satire ihre Schärfe und ermöglicht die heitere Freiheit besonders der letzten beiden Bücher des Werks.

Der Erzähler gibt vor, eine urkundlich belegte Geschichte der Abderiten zu schreiben. Diese Stellung als Geschichtsschreiber erlaubt es ihm, immer wieder die Erzählillusion zu durchbrechen und die abderitischen Torheiten subjektiv zu kommentieren, die das Werk thematisch zusammenhalten müssen, da es getreu seiner Fiktion einer historischen Darstellung auf eine durchgehende Fabel verzichtet. Die Gliederung des Romans in fünf Bücher deckt sich mit ebenso vielen Themenkreisen, deren innere Geschlossenheit von Buch zu Buch wächst. – In den ersten drei Büchern werden drei große Männer der Antike den Abderiten kontrastierend gegenübergestellt. Der weitgereiste Demokritus versucht vergeblich, seine Mitbürger zu veranlassen, über ihren Kirchturm hinauszublicken. Die bornierten Abderiten, besonders ihre Gelehrten, finden Genüge an ihrem engeren Horizont und an abenteuerlichen und darum amüsanteren Spekulationen. Man hält also Demokritus für geistesgestört und will sich das von dem Arzt Hippokrates (2. Buch) bestätigen lassen. Wird hier die Beschränktheit der Abderiten ironisiert, so entlarvt Euripides (im 3. Buch) ihren bei allem Eifer für die Kunst miserablen Geschmack. Doch als er ihnen dann eine Probe hoher Kunst bietet, raubt ihnen die Begeisterung vollends den Verstand, von dem sie zwar eine ausreichende Portion besitzen, den sie aber aus Mangel an Selbstkritik immer falsch anwenden. Bei aller Selbstüberzeugtheit und Dummheit sind sie nicht boshaft, sie werden sogar liebenswert töricht, je länger Wieland ihre Geschichte verfolgt. So läßt er dem sie beschämenden Gegenbild der drei großen Männer mit ihrem gesunden Menschenverstand und Geschmack, mit ihrer Skepsis und Toleranz in den beiden letzten Büchern zwei herrlich komische abderitische Geschichten folgen: Das abderitische Staatswesen gerät über einem Prozeß um den Schatten eines Esels in Gefahr (4. Buch) und scheitert schließlich an einer selbstverschuldeten Plage durch die heiliggesprochenen Frösche der Latona. Diese haben sich so vermehrt, daß die Abderiten, um sie nicht töten zu müssen, beschließen auszuwandern.

Die treffsicheren Satiren auf juristische und religiöse Spitzfindigkeit werden überstrahlt von einem liebevollen Humor. Wieland gibt sich nach einem etwas verkrampften Beginn völlig gelöst dem geistreichen Spiel mit seinem Gegenstand hin und schreibt mit den *Abderiten* ein Werk von einer im deutschen Sprachgebiet bis dahin unbekannten Geschmeidigkeit und Eleganz. Bei aller Lebendigkeit zeugt es in der präzisen Klarheit der Konturen und dem völligen Verzicht auf abstraktes Räsonnieren für die Herkunft des Autors aus dem kritischen Geist der Aufklärung; die Versuche seiner Zeitgenossen, die Schilderungen auf aktuelle Ereignisse zu beziehen, relativierte Wieland allerdings auf seine Weise: *»Man kann nicht sagen, hier ist Abdera, oder da ist Abdera! Abdera ist allenthalben, und – wir sind gewissermaßen alle da zu Hause.«*

W.F.S.-KLL

AUSGABEN: Weimar 1774 (in Teutscher Merkur, H. 1–3). – Weimar 1774 [1. Tl.]. – Weimar 1778 (in Teutscher Merkur, H. 3–4). – Weimar 1779 (in Teutscher Merkur, 1. u. 2. Viertelj.). – Weimar 1790 (in Der Teutsche Merkur, 3. Viertelj.). – Lpzg. 1791 (*Geschichte der Abderiten*, zus. mit *Der Schlüssel zur Abderitengeschichte*). – Lpzg. 1796 (in *SW*, 45 Bde., 1794–1811, 19/20; AlH; Nachdr. Nördlingen 1984, in *SW. 45 Bde. in 14*, Hg. J. P. Reemtsma u. H. Radspieler, 6). – Bln. 1913 (in *GS*, Abt. 1, Bd. 10, Hg. L. Pfannmüller; *Akad.-Ausg.*; Nachdr. Hildesheim 1987). – Stg. 1958 (*Geschichte der Abderiten*; Nachw. K. H. Büchner). – Ffm./Hbg. 1961 (EC). – Mchn. 1964 (in *Romane*, Hg. F. Beißner). – Lpzg. 1974 [Nachw. u. Anm. H. Böhm]. – Stg. 1980. – Bln./Weimar 1984 (in *Werke*, 4 Bde., 1; Ausw. u. Einl. H. Böhm). – Reinbek 1987 (rororo). – Ffm. 1992 (in *Werke*, 12 Bde., 1986 ff., 6, Hg. K. Manger; krit.).

LITERATUR: B. Seuffert, *W.s »Abderiten«*, Bln. 1878 [Vortrag]. – E. Hermann, *W.s »Abderiten« u. die Mannheimer Theaterverhältnisse*, Mannheim 1885. – W. Buddecke, *C. M. W.s Entwicklungsbegriff u. die »Geschichte der Abderiten«*, Göttingen 1966. – V. Klotz, *Verkehrte Polis. C. M. W.s »Geschichte der Abderiten«* (in V. K., *Die erzählte Stadt*, Mchn. 1969, S. 66–91). – J.-H. Dreger, *W.s »Geschichte der Abderiten«. Eine hist.-krit. Untersuchung*, Göppingen 1973. – E. Rotermund, *Massenwahn u. ästhetische Therapeutik bei C. M. W. Zu einer Neuinterpretation der »Geschichte der Abderiten«* (in GRM, 28, 1978, S. 417–451). – F. Martini, *W.: »Geschichte der Abderiten«* (in *C. M. W.*, Hg. H. Schelle, Darmstadt 1981, S. 152–188). – K. Manger, *Universitas Abderitica. Zu W.s Romankomposition* (in Euph, 77, 1983, S. 395–406). – W. Rudolph, *Abderitismus u. Aufklärung in W.s Roman »Geschichte der Abderiten«* (in *W.-Kolloquium*, Hg. T. Höhle, Halberstadt 1983, S. 222–227). – H. Glockhamer, *Hometown Maniacs. Madness and the German Home Town in W.'s »Die Geschichte der Abderiten«*, Diss. Univ. of California, Irvine 1986.

AGATHODÄMON

Roman von Christoph Martin WIELAND, erschienen in Teilen 1796 und 1797 im ›Attischen Museum‹ *(Agathodämon. Aus einer alten Handschrift)*, in Buchform 1799. – Neben dem *Aristipp* ist dies die letzte große Dichtung Wielands, ebenso wie die *Geheime Geschichte des Philosophen Peregrinus Proteus* (1791) ein Abgesang auf die abstrakten, institutionell gestützten Ideensysteme von Philosophie und Religion; der *»Hang zum Glauben«* erscheint als *»eine Schwachheit der menschlichen Natur«*, die Erfüllung liegt in der Beschränkung und in der natürlichen Frömmigkeit: *»mit süßem Schauern umfaßt mich die Gegenwart des allgemeinen Genius der Natur, des liebenden, versorgenden Allvaters, oder wie der beschränkte Sinn der Sterblichen den Unnennbaren immer nennen mag, und ich bin – mit Einem Worte, wieder was ich seyn soll, ein Mensch, gut und glücklich, und verlange nicht mehr zu seyn als ich seyn kann und soll«*. Der zu Ende des ersten nachchristlichen Jahrhunderts spielende Roman hat die Form eines aus sieben Büchern bestehenden großen Briefes des Hegesias von Cydonia an seinen Freund Timagenes. In diesem brieflichen Bericht erzählt Hegesias von einem Besuch bei Apollonius von Tyana, dem »Agathodämon« (d. h. guter Geist), der sich nach langem Wirken als neupythagoreischer Philosoph in eine elysische Landschaft im Gebirge Kretas zurückgezogen hat, wo er nun, von den abergläubischen Kretern als wohltätiger Dämon verehrt, seinen Lebensabend verbringt. Seinem Besucher Hegesias, zu dem er Vertrauen gefaßt hat, erzählt er sein Leben, und in langen Unterhaltungen legt er ihm seine philosophischen Anschauungen dar. Sein Bericht wird ergänzt durch Erzählungen seines Dieners Kymon und hin und wieder unterbrochen von den Schilderungen des Lebens, an dem Hegesias für drei Tage teilnehmen darf. – Der aus Kleinasien stammende, begabte und reiche Apollonius besuchte als Jüngling die Philosophenschule von Ägä; er übte sich in karger Lebensweise und Enthaltsamkeit, wählte sich Diogenes und Pythagoras zu Vorbildern und gründete schließlich einen neupythagoreischen Orden, der sich nach und nach über das ganze Römische Reich ausbreitete und dessen Zweck es war, den Glauben an die alten Götter wiederherzustellen und so den sittlichen Verfall des Römischen Reiches aufzuhalten. Im Lauf der Zeit tendierte dieser Orden mehr und mehr zu politischer Aktivität; diese Aktivität gipfelte in der Ermordung des Tyrannen Domitian und der Thronerhebung Nervas und Trajans, Ereignissen, die sich als günstig auf Moral und Stärke des Reiches auswirkten. Nach dem Thronwechsel zog Agathodämon sich aus seinem Orden zurück und lebte seitdem unerkannt auf Kreta.

Hier endet die die Bücher 2–5 umfassende Autobiographie des Apollonius. Kritisch auf sein Leben zurückblickend, berichtet er im 6. und 7. Buch von der Sekte der Christianer, in deren Stifter Christus er den Größeren verehrt: *»Er war, was ich schien.«* Er prophezeit dem Christentum den Aufstieg zur beherrschenden Religion, distanziert sich aber von deren Absolutheitsanspruch, den er als Angriff auf seine persönliche Freiheit empfindet.

Im Schluß des mit viel historischer Gelehrsamkeit angefüllten Romans äußert sich eine skeptische Unentschiedenheit, die – wie aus Briefen zu entnehmen ist – Wielands eigene war. Christus war für ihn wie für Agathodämon die Verkörperung der reinen Humanität. Die Geschichte des Christentums aber erschien ihm als Weg von einer reinen Idee zu immer neuem Aberglauben. Insbesondere wandte er sich mit diesem Roman gegen die geheimnisumwitterten Orden seiner eigenen Zeit, gegen Illuminaten und Rosenkreuzer und gegen Erscheinungen wie Cagliostro, Mesmer, Saint-Germain und Wöllner. – Nach dem *Agathodämon* und dem *Aristipp* veröffentlichte Wieland nur noch wenige kurze literarische Texte; sein Hauptinteresse galt nun vor allem der Übersetzung antiker Autoren (ARISTOPHANES, EURIPIDES, XENOPHON und CICERO). J.Dr.

AUSGABEN: Lpzg. 1796–1797 (in Attisches Museum). – Lpzg. 1799 (in *SW*, 45 Bde., 1794–1811, 32; AlH; Nachdr. Nördlingen 1984, in *SW. 45 Bde. in 14*, Hg. J. P. Reemtsma u. H. Radspieler, 10). – Bln. 1935 (in *GS*, 1. Abt., Bd. 13, Hg. W. Kurrelmeyer; *Akad.-Ausg.*; Nachdr. Hildesheim 1986). – Mchn. 1965 (in *Erzählende Prosa und andere Schriften*, Hg. F. Beißner). – Ffm. 1992 (in *Werke*, 12 Bde., 1986 ff., 6, Hg. K. Manger; krit.).

LITERATUR: J. Mellinger, *W.s Auffassung vom Urchristentum mit hauptsächl. Berücksichtigung seines Romans »Agathodämon«*, Marbach 1911. – H. P. Teesing, *W.s Verhältnis zur Aufklärung in »Agathodämon«* (in Neoph, 21, 1935/36, S. 105–116). – F. Sengle, *W.*, Stg. 1949, S. 485–493. – K. H. Ihlenburg, *W.s »Agathodämon«*, Diss. Greifswald 1957. – W. Albrecht, *W.s »Agathodämon«* (in WB, 33, 1987, S. 599–615).

GESCHICHTE DES AGATHON

Roman von Christoph Martin WIELAND, in der ersten Fassung erschienen in zwei Bänden 1766/67, in der um eine Einführung *(Über das Historische im Agathon)* und die *Geheime Geschichte der Danae* erweiterten zweiten Fassung mit dem Titel *Agathon* in vier Bänden 1773, in der endgültigen dritten Fassung, erweitert um das *System des Archytas* und um den Dialog zwischen Agathon und Archytas, in der Ausgabe letzter Hand 1794. – Bereits 1761 in Biberach entstand die erste Fassung dieses Romans, dessen *»Ungleichheiten des Tones, ästhetische Lücken ... und die Lücken im psychologischen Gange der Geschichte«* er auch in der dritten Fassung noch nicht eliminiert habe, wie der Autor im *Vorbericht zu der Ausgabe der sämtlichen Werke vom Jahre 1794* bemerkt; sein Bestreben mit dieser letzten Fassung war es, nachdem der Roman ursprünglich durchaus auch als Erlebnisdichtung unter dem Druck der Lebensumstände in Biberach und der verhinderten Verbindung mit Christine Hogel (»Bibi«) entstand, *»dem moralischen Plane des Werkes durch den neu hinzugekommenen Dialog zwischen Agathon und Archytas ... die Krone aufzusetzen«*.
Die griechische Antike, die Wieland nicht, wie sonst üblich, als rokokohafte Szenerie, sondern als der eigenen Epoche entsprechende Blütezeit einer Kultur auffaßt, bildet die Welt des Romans. Der aus seiner Vaterstadt Athen verbannte Agathon gerät auf der Suche nach einem Ort, *»wo die Tugend ... ihrer eigentümlichen Glückseligkeit genießen könnte«*, in eine Schar zügellos tanzender Bacchantinnen, vor deren liebeswütigem Zugriff ihn ein Überfall cilicischer Piraten rettet. Auf dem Schiff begegnet er seiner Jugendliebe Psyche, die vor ihm in die Hände der Seeräuber gefallen war. Die Liebenden werden bald darauf erneut getrennt: In Smyrna verkaufen die Cilicier Agathon als Sklaven an den berühmten und reichen Sophisten Hippias. Der Philosoph möchte den begabten Jüngling zu seinem Nachfolger heranbilden, weshalb er ihn von seiner idealistischen »Schwärmerei« zu heilen versucht. Doch Agathon, angewidert von dessen hedonistischer Erfolgsethik, verteidigt in zahlreichen Gesprächen seinen platonischen Glauben an höhere und idealere Wahrheiten göttlichen Ursprungs. Nun schlägt Hippias einen anderen Weg ein. Mit der Behauptung, sein neuer Sklave könne nur seelisch lieben, erregt er die skeptische Neugier Danaes, der schönsten und gebildetsten Hetäre Griechenlands, die nicht an Agathons Einseitigkeit glauben will. Auf einem Fest bei ihr erliegt Agathon denn auch auf der Stelle der »schönen Seele« der Gastgeberin. Danae setzt ihn als Verwalter ihres Gutes ein, und Agathon lebt nun ständig in ihrer Nähe, ein Umstand, der ihm Gelegenheit gibt, sich auch der körperlichen Vollkommenheit seiner Herrin zu versichern, so daß er nicht umhin kann, eines Nachts mit ihrer Hilfe seine platonische Haltung aufzugeben. Eine Zeitlang leben beide in überschwenglicher Seligkeit miteinander, doch schließlich wird Agathon von schwermütigen Gedanken und Erinnerungen an die ihm verlorene Psyche heimgesucht. Sein Zustand bleibt Danae nicht verborgen; auf ihr Drängen hin erzählt er von seinem bisherigen Leben, von seiner Jugend in Delphi, wo er in der orphischen Religion erzogen wurde, einem *»System, worin die Schöpfung so unermeßlich ist als ihr Urheber«*. Dem Achtzehnjährigen stellte die reife Oberpriesterin Pythia nach, was zur Verbannung der arglosen Nebenbuhlerin Psyche führte und Agathon zur Flucht aus Delphi bewog. Er machte darauf die Bekanntschaft eines reichen Aristokraten aus Athen, der sich als sein Vater zu erkennen gab und mit dessen Hilfe der Jüngling zu höchsten Ehren in seiner Heimat aufstieg. Nach anfänglicher allgemeiner Zuneigung verfolgte ihn jedoch bald der Neid der Athener, die ihn schließlich sogar verbannten: *»Ich wußte noch nicht, daß Tugend, Verdienst und Wohltaten gerade dasjenige sind, wodurch man gewisse Leute zu dem tödlichsten Haß erbittern kann.«*
Hippias muß seinen Bekehrungsversuch insofern als mißglückt betrachten, als Agathon aus der Hetäre eine innig liebende Frau gemacht hat. Er rächt sich für seine Niederlage, indem er ihm Danaes Vergangenheit entdeckt, worauf der maßlos enttäuschte Agathon unverzüglich Smyrna verläßt und sich an den Hof des jüngeren Dionysius von Syrakus begibt. Zwar gewinnt er schnell die Sympathie des allein seinen Vergnügungen lebenden Tyrannen, doch seine Pläne, aus dem verrotteten

Staatswesen einen Idealstaat zu formen, scheitern hier ebenso wie zuvor in Athen. In einen Aufstand verwickelt, entgeht er mit knapper Not dem Tode. Hippias, der ihm erneut seine Gastfreundschaft anbietet, erhält eine Absage: *»Nie hab ich inniger empfunden als in diesem Augenblick, daß unverwandte und unabsichtliche Anhänglichkeit an das, was ewig wahr und recht und gut ist, das einzige Bedürfnis und Interesse meines edleren unsichtbaren Ichs ist.«* Agathon wendet sich vielmehr an einen Freund seines Vaters, Archytas, den weisen Herrscher von Tarent, dessen reiner Charakter *»sich in seinen Augen und in seiner ganzen Gesichtsbildung mit einer Wahrheit, mit einem Ausdruck von stiller Größe und Würde abmalte«.* Im Hause des Archytas trifft Agathon Psyche wieder, doch als Gemahlin seines Freundes Kritolaus, des Herrschers Sohn. Aber bald schon wird Agathon getröstet: Er erfährt, daß sie seine eigene totgeglaubte Schwester ist. Aus der Muße vielseitiger Studien, bei denen Gespräche mit Archytas seinen *»Geist in dem tiefsinnigen Erforschen der übersinnlichen Gegenstände vor Abwegen ... bewahren«*, wird Agathon aufgestört, als er unvermutet Danae wieder begegnet, die aus Kummer über den Verlust des Geliebten ein zurückgezogenes und der Tugend geweihtes Leben führt. Er, der längst seinen heftigen Bruch mit Danae bereut, möchte sie nun als Gemahlin heimführen, aber sie weist ihn schweren Herzens ab. In einem rückhaltlosen Bekenntnis erzählt sie ihm ihre Lebensgeschichte und gewinnt dadurch seine Freundschaft und sein Verständnis für ihre Absicht, künftig unter dem Namen Chariklea allein der Tugend zu leben. Angespornt durch ihr Beispiel, will auch Agathon sein Leben ordnen, wozu ihm eine schriftliche Beichte dem väterlichen Freund Archytas gegenüber der geeignete Weg zu sein scheint. *»Auf diese Weise entstand nun die von Agathon selbst aufgesetzte geheime Geschichte seines Geistes und Herzens, welche aller Wahrscheinlichkeit nach die erste und reinste Quelle ist, woraus die in diesem Werk enthaltenen Nachrichten geschöpft sind.«* Nach der Lektüre erkennt Archytas, daß es nur zweier Maßnahmen bedürfe, um den Freund auf *»das höchste Ziel menschlicher Vollkommenheit«* zu führen: ein Wiederaufflammen der Leidenschaft zu Chariklea-Danae zu verhindern und Kopf und Herz in Einklang mit der *»wesentlichsten Angelegenheit des moralischen Menschen«* zu bringen. Zu diesem Ziel beschreibt der Weise ihm das eigene Leben, das stets vom Glauben an das Wahre und Göttliche erfüllt war und in dem er zu vermeiden suchte, egoistisch und maßlos zu handeln. Agathon sieht sich durch die Lehren des Archytas in seiner Grundhaltung bestärkt und tritt eine Weltreise an, um seiner Leidenschaft zu Danae Herr zu werden. Bei der Beobachtung anderer Völker erkennt er, *»daß wahre Aufklärung zu moralischer Besserung das einzige ist, worauf sich die Hoffnung besserer Zeiten, das ist, besserer Menschen, gründet«.* Er kehrt, endlich in Harmonie mit sich selbst, zu seinen Freunden nach Tarent zurück und widmet sich *»mit Vergnügen und Eifer den öffentlichen Angelegenheiten dieser Republik«.*

Wieland wählte, in Anlehnung an Henry Fieldings Roman *The History of Tom Jones a Foundling* (1749), den Titel *Geschichte des Agathon*, um dadurch sein Werk von der Unterhaltungsliteratur abzusetzen. Hatte die ältere Forschung (F. Sengle, F. Beißner) den Roman gerne als Vorstufe zu dem als klassischer Bildungsroman verstandenen *Wilhelm Meister* von Goethe gelesen, so betonen neuere Studien die deutliche Wendung ins Autobiographische, in der Parallelisierung von Agathons Flucht nach Athen und Wielands Rückkehr aus der Schweiz nach Biberach wie in der Entsprechung von Danae und Wielands Geliebter Christine Hogel; der Roman wird damit zu einem bedeutsamen Vorläufer von Goethes *Leiden des jungen Werthers* (1774); ein subjektiv reagierendes und reflektierendes Ich scheitert in seinem Bemühen, sich in der Welt moralisch zu bewähren. Den Eindruck des Bekenntnishaften verstärkt der Wechsel von der berichtenden dritten Person der erzählenden Abschnitte zur Ichform in den langen, klar gegliederten Gesprächen zwischen den Hauptpersonen. Raffinesse und Feinheit der erotischen Szenen hat Wieland von französischen Autoren gelernt, vor allem aus Crébillons Roman *Les égarements du cœur et de l'esprit ou Mémoires de M. de Meilcour* (1736–1738); doch Wieland erhebt die Hetäre zur Symbolgestalt des schönen und gebildeten antiken Menschen. Der bei ihm zentrale Begriff der »Kalokagathia«, der Harmonie des Schönen und Guten im Menschen, den auch Winckelmanns kunsttheoretische Schriften in den Mittelpunkt rücken, nimmt eine grundlegende Anschauung der deutschen Klassik vorweg. Ironie offenbart sich in der Haltung des allwissenden Erzählers, der besonders in den räsonierenden Abschnitten nicht mit Seitenhieben auf eine allzu prüde Moral spart und für seine Gestalten Partei ergreift.

Die *Geschichte des Agathon* fand, vor allem wegen des zunächst illusionslosen Endes, keine günstige Aufnahme und wurde sogar in Wien und Zürich verboten. Lessing jedoch erkannte sofort die überragende Bedeutung des Werks: *»Es ist der erste und einzige Roman für den denkenden Kopf von klassischem Geschmack. Roman? Wir wollen ihm diesen Titel nur geben, vielleicht daß er einige Leser mehr dadurch bekommt« (Hamburgische Dramaturgie*, 69. Stück). E.N.

Ausgaben: Ffm./Lpzg. [d.i. Zürich] 1766/67, 2 Bde. [1. Fassg.; anon.]. – Lpzg. 1773 (*Agathon. Quid virtus et quid sapientia possit*, 4 Tle.; 2. Fassg.; anon.). – Lpzg. 1794 (in *SW*, 45 Bde., 1794–1811, 1–3; AlH; Nachdr. Nördlingen 1984 in *SW. 45 Bde. in 14*, Hg. J. P. Reemtsma u. H. Radspieler, 1). – Bln. 1937 (in *GS*, Abt. 1, Bd. 6, Hg. W. Kurrelmeyer; *Akad.-Ausg.*; Nachdr. Hildesheim 1986). – Bln. 1961, Hg. K. Schaefer [Text der Ausg. 1766/67]. – Mchn. 1964 (in *Romane*, Hg. F. Beißner). – Mchn. 1964 (in *Werke*, Hg. F. Martini u. H.W. Seiffert, 5 Bde., 1964–1968, 1; 1. Fassg.). – Stg. 1979, Hg. F. Martini u. R. Döhl (1. Fassg.; RUB). – Mchn. 1983, Hg. F. Beißner (dtv). – Bln./Weimar 1984 (in *Werke*, 4 Bde., 2; Ausw. u. Einl. H. Böhm). – Ffm. 1986 (in *Werke*, 12 Bde., 1986 ff., 3, Hg. K. Manger; krit.).

LITERATUR: L. Stettner, *Das philosophische System Shaftesburys u. W.s »Agathon«*, Halle/Saale 1929; Nachdr. Walluf 1975. – E. Gross, *W.s »Geschichte des Agathon«. Entstehungsgeschichte*, Bln. 1930; Nachdr. Nendeln 1967. – G. Raederscheidt, *Entstehungsgeschichte, Analyse u. Nachwirkungen von W.s »Agathon«*, Diss. Ffm. 1931. – K. Wildstake, *W.s »Agathon« u. der französische Reise- u. Bildungsroman von Fénelons »Telemach« bis Barthélemys »Anacharsis«*, Diss. Mchn. 1933. – B. Schlagenhaft, *W.s »Agathon« als Spiegelung aufklärerischer Vernunft- und Gefühlsproblematik*, Erlangen 1935. – H. W. Reichert, *The Philosophy of Archytas in W.'s »Agathon«* (in GR, 24, 1949, S. 8–17). – R. Schindler-Hürlimann, *W.s Menschenbild. Eine Interpretation des »Agathon«*, Zürich 1964. – K. Wölfel, *Daphnes Verwandlungen. Zu einem Kapitel in W.s »Agathon«* (in Jb. der dt. Schiller-Ges., 8, 1964, S. 41–56). – W. Buddecke, *C. M. W.s Entwicklungsbegriff u. die »Geschichte des Agathon«*, Karlsruhe 1969. – M. Swales, *An Unreadable Novel? Some Observations on W.'s »Agathon« and the »Bildungsroman« Tradition* (in Publications of the English Goethe Society, 45, 1974/75, S. 101–130). – H. Lange, *Vermittlungsformen des Ideals. Rezeptionsästhetische Studien zu den Bildungsromanen Fieldings u. W.s*, Diss. Konstanz 1977. – G. Hemmerich, *C. M. W.s »Geschichte des Agathon«. Eine krit. Werkinterpretation*, Nürnberg 1979. – L. E. Kurth-Voigt, *Die Tabula Cebetis u. Agathon. W.s Beziehungen zur Emblematik* (in Jb. der Dt. Schiller-Ges., 23, 1979, S. 222–249). – R. E. Schrader, *A Method of Stylistic Analysis Exemplified on C. M. W.'s »Geschichte des Agathon«*, Bern u. a. 1980. – L. Saariluowa, *Die Erzählstruktur des frühen dt. Bildungsromans: W.s »Geschichte des Agathon«, Goethes »Wilhelm Meisters Lehrjahre«*, Helsinki 1985.

MUSARION, oder die Philosophie der Grazien

Versdichtung in drei Büchern von Christoph Martin WIELAND, erschienen 1768. – Man hat dieses kleine Epos eine *»kühle Perle innerhalb des dürftigen Schrifttums jener Jahre«* (E. Staiger) genannt; zweifellos ist es – auch innerhalb von Wielands Werk – eines der anmutigsten und reizvollsten Beispiele für Rokokopoesie: eine glückliche Synthese aus der mehr frivolen Leichtigkeit der *Komischen Erzählungen* (1765) und der philosophischen Schwere des Lehrgedichts *Die Natur der Dinge* (1751).
Schauplatz der heiter-verspielten Geschichte ist ein utopisch-arkadisches Griechenland, eine antikische Kunstlandschaft. Nach einem Zerwürfnis mit seiner Freundin Musarion hat sich Phanias, ein zur Schwärmerei neigender Jüngling, auf sein Landgut in der Nähe Athens zurückgezogen, um dort ein sinnenfeindliches, ernstem Studium und strenger Meditation gewidmetes Leben zu führen. Als Musarion, nach vorübergehenden Tändeleien mit dem »Gecken« Bathyll, versucht, eine Versöhnung mit dem alten Freund herbeizuführen, findet sie einen kalten, der *»freundescheuen Zunft geschwollner Stoiker«* beigetretenen Rationalisten. Um der Versuchung zu widerstehen, verschanzt sich Phanias – und desto störrischer, je unsicherer er sich dabei fühlt – hinter philosophischen Phrasen. Musarion aber, die auf dem Landgut übernachtet und ein großes Festgelage arrangiert, gelingt es durch raffiniert-klugen Einsatz ihrer Reize, Breschen in die weiberfeindliche philosophische Front zu schlagen. Phanias' Freunde, der Stoiker Kleanth und der Pythagoreer Theophron, sind auch zu Gast und diskutieren unablässig, jeder aus seiner beschränkten Perspektive, die großen Weltprobleme. Kleanth predigt Indifferenz gegenüber allem, was »nur« sinnlich und also der Materie hörig sei; Theophron dagegen behauptet, allein über die Sinnlichkeit sei das Urbild des Schönen erfahrbar. Als bei keinem der beiden weltanschaulichen Kontrahenten mehr Argumente verfangen, geht die Diskussion – unter erheiternder Mißachtung aller so gravitätisch vorgetragenen Theorie – in eine Prügelei über. Musarions Spott bringt die beiden sich am Boden wälzenden Philosophen wieder zu sich; bei Tisch setzen sie ihren Disput, zunächst akademisch-diszipliniert, fort. Doch bald, angeregt durch die betörende Konversation ihrer Tischgenossin, ergeben sie sich übermäßigem Weingenuß, bis endlich der Weltverächter Kleanth betrunken im Stall schnarcht und der sinnlich-übersinnliche Theophron mit Musarions Dienerin Chloë ein nächtliches Schäferstündchen hält. Phanias aber, wenig angetan von der ins Rüpelhafte entartenden Schwärmerei seiner beiden Mentoren, die, wie sich nun zeigt, doch *»nicht ganz so weise als ihr System sind«*, schleicht sich zu Musarion, schwört seinem Asketentum, vor allem aber der Weiberfeindlichkeit, reuevoll ab und versöhnt sich mit ihr. Nach dieser *»überstandnen Noth«* ist das Paar nun *»geschickter / Zum weiseren Gebrauch, zum reizendern Genuß / Des Glückes«*. Man bleibt auf dem Landgut und führt fortan ein Leben, in dem *»ernstes Denken oft mit leichtem Scherz sich gattet«* und nicht mehr fanatisch, sondern graziös philosophiert wird.
Dem Alexandrinervers Wielands ist seine Herkunft aus den schwerfälligen Lehrgedichten der Aufklärung kaum mehr anzumerken, so locker wird er gehandhabt: Eingestreute Blankverse und Kurzzeilen geben der Sprache eine virtuose Leichtigkeit. *Musarion* stellt nach Wielands eigenen Worten eine *»neue Art von Gedichten«* dar, welche *»zwischen dem Lehrgedichte, der Komödie und der Erzählung das Mittel hält oder von allen dreyen etwas hat«* (Brief Wielands vom 29. 8. 1766). Die Verserzählung hatte gleich bei ihrem Erscheinen großen Erfolg; schon 1769 wurde eine zweite Auflage notwendig. Unter den ersten Bewunderern des Gedichts war GOETHE, der noch 1812, bei der Niederschrift des siebten Buchs von *Dichtung und Wahrheit*, sich

»des Ortes und der Stelle« in Leipzig entsann, *»wo ich den ersten Aushängebogen zu Gesicht bekam, welchen mir Oeser mitteilte. Hier war es, wo ich das Antike lebendig und neu wieder zu sehen glaubte. Alles, was in Wielands Genie plastisch ist, zeigte sich hier aufs vollkommenste.«* J.Dr.-KLL

Ausgaben: Lpzg. 1768. – Lpzg. 1769 [erw.; Nachdr. Hildesheim/Zürich 1987]. – Lpzg. 1795 (in *SW*, 45 Bde., 1794–1811, 9; AlH; Nachdr. Nördlingen 1984, in *SW. 45 Bde. in 14*, Hg. J. P. Reemtsma u. H. Radspieler, 3). – Bln. 1911 (in *GS*, Abt. 1, Bd. 7, Hg. S. Mauermann; *Akad.-Ausg.*; Nachdr. Hildesheim 1986). – Mchn. 1964 (in *Epen u. Verserzählungen*, Hg. F. Beißner). – Stg. 1964 u. ö., Hg. u. Einl. A. Anger (RUB). – Mchn. 1965 (in *Werke*, Hg. F. Martini u. H. W. Seiffert, 5 Bde., 1964–1968, 4).

Literatur: J. R. Asmus, *Die Quellen von W.s »Musarion«* (in Euph, 5, 1898, S. 267–310). – E. Staiger, *W. »Musarion«* (in E. S., *Die Kunst der Interpretation*, Zürich 1955, S. 97–114; ern. in *C. M. W.*, Hg. H. Schelle, Darmstadt 1981, S. 93–108). – K. H. Kausch, *Die Kunst der Grazie. Ein Beitrag zum Verständnis W.s* (in Jb. der dt. Schiller-Ges., 2, 1958, S. 12–42). – W. Preisendanz, *W. u. die Verserzählung des 18. Jh.s* (in GRM, 43, 1962, S. 17–31). – J. Müller, *W.s Versepen* (in Jb. des Wiener Goethevereins, 69, 1965, S. 5–47). – J. H. Rowland, *»Musarion« and W.'s Concept of Genre*, Göppingen 1975. – C. Köppe, *C. M. W.s Beziehungen zur Antike in der Verserzählung »Musarion« (1768)* (in *W.-Kolloquium*, Hg. T. Höhle, Halberstadt 1983, S. 143–153). – V. Ehrlich-Haefeli, *Körper u. Sprache bei W. u. Maler Müller* (in *Autorität u. Sinnlichkeit*, Hg. K. Sauerland, Bern/Ffm. 1986, S. 237–280).

OBERON. Ein Gedicht

Verserzählung in achtzeiligen freien Stanzen von Christoph Martin Wieland, erschienen 1780 in vierzehn Gesängen, 1784 in einer auf zwölf Gesänge gekürzten Fassung. – Der junge, ungestüme Ritter Hüon hat sich den Zorn Kaiser Karls des Großen zugezogen; um ihn zu versöhnen, soll er vier Backenzähne und ein Büschel Barthaare des Kalifen von Bagdad erbeuten, einen von dessen Emiren erschlagen und die Kalifentochter Rezia dreimal öffentlich küssen. Dem wackeren, von solchen Aufgaben aber überforderten Ritter will der Elfenkönig Oberon helfen. Er hat sich mit Titania entzweit, weil sie eine ehebrecherische Frau beschützte (Erzählung von Gangolf und Rosette), und kann sich mit ihr erst dann wieder versöhnen, wenn ein Menschenpaar die Idee der reinen und beständigen Liebe erfüllt. Hüon und Rezia sollen sich dieser Probe unterziehen. Der Ritter erhält ein Horn, auf dessen Ruf Oberon jederzeit zu Hilfe eilt. So besteht er zahlreiche »heroische« Abenteuer auf dem Weg nach Bagdad und setzt sich selbst im Kalifenpalast durch. Nachdem Hüon und Rezia einander schon im Traum erschienen waren, verlieben sie sich in Bagdad auf den ersten Blick und fliehen gemeinsam, um sich in Rom trauen zu lassen. Oberon verspricht ihnen Schutz, solange sie die Ehe nicht vorzeitig vollziehen. Doch erliegen sie – nur allzu menschlich – bei der gemeinsamen Schiffsreise den Versuchungen der Gelegenheit. Zur Strafe werden sie auf eine einsame Insel verschlagen. Dort verhilft ihnen der Einsiedler Alfonso zur sittlichen Läuterung. Nachdem sie Not und Mühsal lange gemeinsam ertragen haben, wird Amanda (so heißt Rezia nach ihrer Taufe) von Piraten geraubt und nach Tunis gebracht. Doch nun greift Oberon wieder helfend ein: Er läßt Hüon in Tunis den alten Freund und Begleiter Scherasmin wie auch Fatme, die Amme und Vertraute Amandas, finden; die beiden führen Hüon zu Amandas Aufenthaltsort. Die größte Bewährungsprobe für die Treue der Liebenden steht aber noch bevor: Der Sultan Almansor verliebt sich in Amanda; Almansaris, die Königin, in Hüon. Doch beide wollen lieber den Flammentod sterben als ihre Liebe verraten. Damit haben sie Oberons Gebot dem tieferen Sinne nach erfüllt, werden errettet und glücklich mit ihrem kleinen Sohn vereint. Zu guter Letzt gewinnt Hüon bei einem Turnier in Paris sein eigenes Lehen zurück, und Kaiser Karl wird mit den gewünschten Barthaaren und Backenzähnen versöhnt.

Wieland sieht die *»eigentümlichste Schönheit des Plans und der Komposition des Gedichts«* in der unlösbaren und sinngebenden Verknüpfung der verschiedenen Stofftraditionen und Erzählbereiche. Die Oberon-Titania-Handlung sowie die Ehebruchs-Novelle von Gangolf und Rosette stammen aus englischen Quellen (Shakespeares *Sommernachtstraum*, sowie Chaucer und Pope). Die Vorlage zu den Ritterabenteuern gab die Geschichte des *Huon de Bordeaux* in der *Bibliothèque universelle des romans* (1778) des Grafen Tressan. Die den Schwerpunkt des Versepos bestimmende Erzählung von der Prüfung und Bewährung des Liebespaares ist Wielands freie Erfindung; in ihr wird die Idee einer höheren Menschlichkeit entfaltet: die Annäherung an eine natürliche Sittlichkeit, wie sie der Naturgott Oberon verkörpert. Solche »Humanität« muß sich gegen die niedere Sinnlichkeit (Gangolf-Rosette-Geschichte) durchsetzen, ohne Natur und Möglichkeiten des Menschen zu überfordern. Ideale Forderung und skeptische Einsicht in die Unzulänglichkeiten der menschlichen Natur werden von Wieland mit souveräner Heiterkeit verschränkt. Scherz, Frivolität und Ernst spielen im gleichnishaft-zeitlosen Märchentraum des *Oberon* kunstvoll ineinander. Das unzeitgemäße Ritterepos wird ironisiert, das erotische Moment in den Verführungsszenen im Sinne des Rokoko ausgespielt, die zur Tragik tendierenden Prüfungssituationen werden in Komik aufgelöst. Die Thematik der Verserzählung steht im Zusammenhang mit den großen Humanitätsdichtungen des 18. Jh.s: 1779 wird *Nathan der Weise* gedruckt, im gleichen

Jahr entsteht die erste Fassung der *Iphigenie*; die *Zauberflöte* (1791) zeigt deutlich den Einfluß des *Oberon*.

Wieland hat sein letztes großes Versepos siebenmal überarbeitet und ständig verbessert; technische Virtuosität und hoher Kunstverstand bestimmen die Musikalität der frei gehandhabten jambischen Verse und die geschickten Übergänge zwischen szenischer Darstellung, Dialog, Beschreibung und Bericht. Der *Oberon* wurde vielfach nachgeahmt und vertont (Oper von Carl Maria von Weber, 1826) und in fast alle europäischen Kultursprachen übersetzt. Er galt im 19. Jh. als das repräsentative Werk Wielands; GOETHES Urteil, die Dichtung sei ein bleibendes *»Meisterwerk poetischer Kunst«*, gibt den Tenor der zeitgenössischen Kritik wieder.

J.Schö.

AUSGABEN: Weimar 1780 (in Teutscher Merkur, 1. Viertelj.). – Weimar 1780. – Lpzg. 1784 (*Oberon. Ein Gedicht in zwölf Gesängen*, in *W.s auserlesene Gedichte*, 7 Bde., 1784–1787, 3/4). – Lpzg. 1796 (in *SW*, 45 Bde., 1794–1811, 22/23; AlH; Nachdr. Nördlingen 1984, in *SW. 45 Bde. in 14*, Hg. J. P. Reemtsma u. H. Radspieler, 7). – Weimar 1963. – Mchn. 1964 (in *Epen u. Verserzählungen*, Hg. F. Beißner). – Mchn. 1965 (in *Werke*, Hg. F. Martini u. H.W. Seiffert, 5 Bde., 1964–1968, 4). – Bln./Weimar 1984 (in *Werke*, 4 Bde., 3; Ausw. u. Einl. H. Böhm). – Stg. 1990, Hg. S.-A. Jørgensen (RUB).

VERTONUNG: C.M. v. Weber, *Oberon, König der Elfen. Romantische Feenoper* (Libretto: J. R. Planché; Urauff.: Ldn. 12. 4. 1826).

LITERATUR: G. Bobrik, *W.s »Don Sylvio« u. »Oberon« auf der deutschen Singspielbühne*, Diss. Königsberg 1909, S. 36–84. – H. P. H. Teesing, *Die Motivverschlingung in W.s »Oberon«* (in Neoph, 31, 1947, S. 193–201). – F. Sengle, *Von W.s Epenfragmenten zum »Oberon«* (in *Fs. P. Kluckhohn u. H. Schneider*, Tübingen 1948, S. 266–285; ern. in F. S., *Arbeiten zur deutschen Literatur*, Stg. 1965, S. 46–70). – F. Martini, *W.s »Oberon«* (in *Vom Geist der Dichtung. Gedächtnisschr. f. R. Petsch*, Hg. F. Martini, Hbg. 1949, S. 206–233). – J. Fitzell, *The Island Episode in W.'s »Oberon«* (in GQ, 30, 1957, S. 6–14). – W. Preisendanz, *W. u. die Verserzählung des 18. Jh.s* (in GRM, 43, 1962, S. 17–31). – Ders., *Die Kunst der Darstellung in W.s »Oberon«* (in *Formenwandel, Fs. P. Böckmann*, Hbg. 1964, S. 236–260). – J. Müller, *W.s Versepen* (in Jb. d. Wiener Goethevereins, 69, 1965, S. 5–47). – H. Mayer, *W.s »Oberon«* (in *C. M. W.*, Hg. H. Schelle, Darmstadt 1981, S. 189–204). – C. Friedrich, *Zur Idee von Liebe u. Ehe in W.s »Oberon«* (in *W.-Kolloquium*, Hg. T. Höhle, Halberstadt 1983, S. 85–100). – W. D. Wilson, *Humanität u. Kreuzzugsideologie um 1780. Die »Türkenoper« im 18. Jh. u. das Rettungsmotiv in W.s »Oberon«, Lessings »Nathan« u. Goethes »Iphigenie«*, Ffm. u. a. 1984. – W. E. Yuill, *»A poem far too little known.« W.'s »Oberon« Revisited* (in Publications of the English Goethe Society, 54, 1983/84, S. 123–147). – F. Forster-Hahn, *Ramberg, W. u. Göschen. J. H. Rambergs Illustrationen zu »Oberon«* (in *C. M. W.*, Hg. H. Schelle, Tübingen 1984, S. 473–491).

JOHANN JOACHIM WINCKELMANN

* 9.12.1717 Stendal
† 18.6.1768 Triest

LITERATUR ZUM AUTOR:
C. Justi, *W. Sein Leben, seine Werke u. seine Zeitgenossen*, 2 Bde., Lpzg. 1872; Köln [5]1956 – E. Aron, *Die deutsche Erweckung des Griechentums durch W. und Herder*, Heidelberg 1929. – G. Baumecker, *W. in seinen Dresdner Schriften. Die Entstehung von W.s Kunstanschauung und ihr Verhältnis zur vorhergehenden Kunsttheoretik*, Bln. 1933. – F. Kupferschmied, *W. als Historiker*, Diss. Wien 1938. – W. Waetzoldt, *J. J. W., der Begründer der dt. Kunstwissenschaft*, Lpzg. 1940; [3]1946. – L. Curtius, *W. u. seine Nachfolge*, Wien 1941. – W. Schadewaldt, *W. u. Homer*, Lpzg. 1941. – H. C. Hatfield, *W. and His German Critics, 1755–1781. A Prelude to the Classical Age*, NY 1943. – F. Blättner, *Das Griechenbild J. J. W.s*, Hbg. 1948. – W. Rehm, *W. u. Lessing* (in W. R., *Götterstille und Göttertrauer. Aufsätze zur dt.-antiken Begegnung*, Mchn. 1951). – Ders., *Griechentum u. Goethezeit. Geschichte eines Glaubens*, Bern [3]1952. – W. Kohlschmidt, *W. u. der Barock* (in W. K., *Form u. Innerlichkeit*, Mchn. 1955). – H. Koch, *J. J. W. Sprache u. Kunstwerk*, Bln. 1957. – E. Heidrich, *W.* (in *Beiträge zur Gestalt W.s*, Bln. 1958, S. 42–57). – I. Kreuzer, *Studien zu W.s Aesthetik. Normativität u. historisches Bewußtsein*, Bln. 1959. – W. Bosshard, *W. Aesthetik der Mitte*, Zürich/Stg. 1960. – A. Schulz, *W. u. seine Welt*, Bln. 1962, S. 130 ff. – M. Fontius, *W. u. die französische Aufklärung* (in Sitzungsberichte der dt. Akad. d. Wissenschaften, Klasse für Sprachen, Literatur und Kunst, Jg. 1968, Nr. 1). – H. R. Jauss, *Geschichte der Kunst und Historie* (in H. R. J., *Literaturgeschichte als Provokation*, Ffm. 1970, S. 208–251). – N. Himmelmann, *W.s Hermeneutik*, Mainz 1971. – H. Dilly, *Kunstgeschichte als Institution*, Ffm. 1979.

GEDANCKEN ÜBER DIE NACHAHMUNG DER GRIECHISCHEN WERCKE IN DER MAHLEREY UND BILDHAUER-KUNST

Kunsttheoretische Schrift von Johann Joachim Winckelmann, erschienen 1755. – Das noch während Winckelmanns Aufenthalt in Dresden, kurz vor der Abreise nach Rom entstandene und gedruckte Werk enthält programmatisch bereits alle jene Ideen, die die Kunstanschauung und Lebensführung seines Zeitalters, des ausgehenden Barock und des Rokoko, überwinden und den Weg für die Klassik bereiten sollten.

Die Grundthese dieses schmalen Buchs – *»Der einzige Weg für uns, groß, ja, wenn es möglich ist, unnachahmlich zu werden, ist die Nachahmung der Alten«* – ist revolutionär nur insofern, als mit den »Alten« einzig und allein die Repräsentanten der hellenischen Kultur gemeint sind, während man bisher gewohnt war, die Vorbilder in der römischen Antike zu suchen. Ganz und gar neu aber ist die Art und Weise, wie Kunst hier mit allen Sinnen erlebt und dieses Erlebnis in Sprache umgesetzt wird. Hingerissen von der Schönheit der griechischen Plastiken, von denen ihm verhältnismäßig wenige – und diese überdies nur in römischen Kopien – bekannt waren, unternimmt es Winckelmann als erster, diese Kunstwerke zu messen, zu untersuchen und seine Eindrücke zu beschreiben. »Sehen« bedeutet ihm, im Gegensatz zu aller früheren spekulativen Ästhetik, »Erkennen«, ein Erkennen, das fast den Charakter von Offenbarung hat und das infolgedessen den Erkennenden zum Überwältigten macht, und zwar von sinnlichen, nicht, wie der Mystiker, von übersinnlichen Erlebnissen Überwältigten. Ehe Winckelmann die Schönheit der griechischen Kunstwerke entdeckte, war er ihr in der »Natur«, das heißt, angesichts der Schönheit des menschlichen (männlichen) Körpers vielfach begegnet. Aus dieser persönlichen Grunderfahrung und aus der Anschauung der Werke gewinnt er seine Einsichten in das Wesen der griechischen Kunst und ihrer Schöpfer. Hier sieht Winckelmann in einzigartiger Weise »Natur« und »Ideal« in der Kunst miteinander verschmolzen; für ihn bedeutet Nachahmung der Griechen nur insofern etwas anderes als Nachahmung der Natur, als die Griechen die Natur gewissermaßen vollendet haben, sie bildeten sie *»wie sie es verlangt«*, und zwar so, daß das Ideal die Zusammenschmelzung in der Natur gefundener schöner Einzelheiten und deren Beseelung darstellt.

Dieses Ideal entstammt also nicht allein der Idee, es stellt kein Urbild dar, das dem Geiste, sondern die Summe der schönen Teile, die den Sinnen erschienen sind und in denen der Künstler kraft der ruhigen Harmonie der Bewegung die Schönheit der Seele sichtbar werden läßt. Infolgedessen erklärt Winckelmann die Schönheit der Plastiken nicht aus »Ideen«, sondern aus dem Charakter und Lebensstil des griechischen Menschen, der das Kraftvolle, Gesunde und Gute bevorzugt und zu höchster Vollkommenheit entwickelt habe, wie es sich in seiner Kunst ausdrücke. Konsequenterweise stützt Winckelmann seine Forderung, »die Alten« nachzuahmen, auf die Erkenntnis, daß den Griechen gelungen sei, was die Natur zwar zu erlangen strebe, doch nie völlig erreiche: die Verkörperung des Idealen in allgemeingültiger, typischer Weise. *»Das allgemeine vorzügliche Kennzeichen der griechischen Meisterwerke ist eine edle Einfalt und eine stille Größe, sowohl in der Stellung als im Ausdruck ... Je ruhiger der Stand des Körpers ist, desto geschickter ist er, den wahren Charakter der Seele zu schildern: Kenntlicher und bezeichnender wird die Seele in heftigen Leidenschaften, groß aber und edel ist sie in dem Stande der Einheit, in dem Stande der Ruhe.«* Diese Sätze enthalten sowohl Winckelmanns Auffassung der griechischen Kunst wie des griechischen Menschentums. In klarer Frontstellung gegen Manierismus und Barock begründet er hier den für die Klassik so folgenreichen Mythos der vorbildlichen griechischen Humanität.

Bereits in diesem seinem ersten kunsttheoretischen Werk versucht Winckelmann, für die aus Anschauung und Empfindung gewachsene Beschreibung griechischer Kunst den angemessenen Stil zu finden; knappe, bestimmte Sätze und rhythmisch gegliederte Satzperioden geben das Wesen der Plastiken und den Eindruck wieder, den sie im Betrachter hervorrufen. Im ganzen wirkt die Schrift wie eine geniale Improvisation, eine Vorstufe von Winckelmanns Hauptwerk *Geschichte der Kunst des Altertums* (1764). Die *Gedancken über die Nachahmung der griechischen Wercke in der Mahlerey und Bildhauer-Kunst*, deren Veröffentlichung in die Zeit der Ausgrabungen Pompejis und Herculaneums fiel, waren von unerhörter Wirkung. Sie wurden maßgebend für die Architektur, Plastik, Malerei, die wissenschaftliche und poetische Literatur sowie die allgemeine Kunstanschauung einer ganzen Epoche; sie bestimmten weitgehend die Entwicklung eines eigenen Stils, des Klassizismus, und beeinflußten Vorstellungen wie Sprache der deutschen Klassiker. Lessings *Laokoon: oder Über die Grenzen der Mahlerey und Poesie* (1766) war von Winckelmanns berühmter Laokoon-Interpretation angeregt; Goethe, der in Adam Friedrich Oeser einen Freund des Kunstwissenschaftlers als Zeichenlehrer hatte, stand zeitlebens unter dem tiefen Eindruck der neuen Kunstanschauung. Über ein Jahrhundert sollte es dauern, bis Nietzsche den dionysischen Zug des Griechentums entdeckte. Erst zu Beginn des 20. Jh.s erkannte Heinrich Wölfflin die von Winckelmann bekämpfte Kunst des Barock wieder in ihrer Bedeutung.

Winckelmann ließ den *Gedancken über die Nachahmung* 1756 ein anonymes *Sendschreiben über die Gedanken von der Nachahmung der griechischen Wercke in der Malerey und Bildhauerkunst* folgen; er wollte, es solle für das Werk eines kritischen Ästhetikers gehalten werden, um diesen dann in seiner gleichfalls 1756 veröffentlichten *Erläuterung der Gedanken von der Nachahmung der griechischen Wercke in der Malerey und Bildhauerkunst und Be-*

antwortung des Sendschreibens (1756) widerlegen zu können. KLL

AUSGABEN: Friedrichsstadt [d.i. Dresden] 1755 [30 Exempl.]. – Dresden [2]1756 [enth. *Sendschreiben…* und *Erläuterung…*]; Faks. Baden-Baden/Straßburg 1962. – Donaueschingen 1825 (in *SW*, Hg. J. Eiselein, 12 Bde., 1825–1829, 1; Nachdr. Osnabrück 1965, 12 Bde. u. Tafelbd.). – Stg. 1885, Hg. B. Seuffert (DLD, 20; Neudr. d. Ausg. 1755). – Dresden 1927 [Faks. d. Ausg. 1755]. – Lpzg. 1935, Hg. E. Ermatinger (DL, R. Klassik, 1). – Wiesbaden 1948 (in *AS und Briefe*, Hg. W. Rehm; Slg. Dieterich). – Paderborn 1965, Hg. H. Thiele [gek.; m. Einf. u. Anm.]. – Stg. 1982, Hg. L. Uhlig (RUB; ern. 1990).

GESCHICHTE DER KUNST DES ALTERTHUMS

Kunstwissenschaftliches Werk von Johann Joachim WINCKELMANN, erschienen 1764. – Angeregt durch seinen Aufenthalt in Rom, wo *»er erkannte, daß man erst vor den Altertümern selbst ein Sehender wird, daß Kunstgeschichte sich in erster Linie auf Kunstwerke, in zweiter erst auf literarische Nachrichten gründet«* (W. Waetzoldt), verfaßte Winckelmann, der bereits in seiner Schrift *Gedancken über die Nachahmung der griechischen Wercke* (1755) die griechische Kunst zur alleinigen Norm für jedes spätere Kunstschaffen erhoben hatte, sein Hauptwerk, die *Geschichte der Kunst des Alterthums*. In der *Vorrede* weist er darauf hin, daß er in seinem Buch nicht nur *»die Erzählung der Zeitfolge und der Veränderung in derselben«* geben wolle, sondern ein *»Lehrbuch, welches bestimmt und gesetzmäßig lehre«*, ein *»Systema der alten Kunst«*. – *»In dieser Geschichte der Kunst habe ich mich bemüht, die Wahrheit zu entdecken.«*

Im ersten Teil des Werks untersucht Winckelmann die Kunst und ihre Ursprünge. Er beschreibt den kulturellen Nährboden und kennzeichnet den Stil der Malerei, Plastik und Architektur bei den Ägyptern, Phöniziern, Persern, Etruriern und den benachbarten Völkern sowie bei den Römern und Griechen. Hier wird erstmals der Versuch unternommen, den umfassenden Begriff »Antike« ethnologisch und geschichtlich zu gliedern und zu bewerten. Das wichtigste Kapitel des ersten Teils, das vierte, unterteilt der Verfasser in drei »Stücke«, deren erstes die Gründe für den Vorrang der griechischen Kunst vor jeder anderen darzulegen sucht. Im zweiten Stück, das *Vom Wesentlichen der Kunst* handelt, betrachtet er die Begriffe »Schönheit« und »Ausdruck« und gelangt zu der Einsicht, daß zuviel und zu leidenschaftlicher Ausdruck nachteilig für die Schönheit sei, ja die Harmonie zerstöre – eine Erkenntnis, die für die Kunst des Klassizismus maßgebend werden sollte. Das dritte Stück schließlich versucht *Wachstum und Fall* der griechischen Kunst darzustellen und zu erklären. Damit beschreitet Winckelmann völlig neue Wege der Kunstbetrachtung. Er beschränkt sich weder darauf, eine Künstlergeschichte zu schreiben, die es seit Giorgio VASARI (1511–1574) gab, noch fügt er den vielen ästhetischen Theorien seiner Zeit eine neue hinzu; er versteht vielmehr die Entwicklung der Kunst als einen nach organischen Gesetzmäßigkeiten ablaufenden Vorgang, auf dessen Geschichtlichkeit er hinweist – Gedankengänge, die sich mit denen HERDERS und GOETHES berühren und diese aufs tiefste beeinflussen. Bei der begrifflichen Abgrenzung des *»älteren«* vom *»hohen«* und *»schönen Stil«* gelangt Winckelmann durch die Unterscheidung des *»schönen«*, der Natur näheren Stils vom *»strengen«*, einer ideellen *»Großheit«* zugeordneten Stil zu dem Begriff der »Grazie«: diese erscheint ihm in zwei Formen, einer höheren, unveränderlichen und einer *»mehr der Materie unterworfenen, gefälligen«*.

Im zweiten Teil betrachtet Winckelmann die Kunst *»nach den äußeren Umständen der Zeit unter den Griechen«*. Hier unterzieht er sich der Aufgabe, die griechische Kunst im Zusammenhang mit der griechischen Kultur- und Geistesgeschichte zu periodisieren. Methodisch wesentlich ist dabei, daß er, dem Prinzip seiner Schrift folgend, streng von der Beschreibung einzelner typischer Kunstwerke, vor allem Plastiken, ausgeht. Winckelmann hat als erster in seiner Zeit erkannt, daß allem Beschreiben von Kunstwerken das Sehen vorausgehen muß: *»Ich habe alles, was ich zum Beweis angeführt habe, selbst und vielmal gesehen und betrachten können.«* Die reiche Literatur des 17. und 18. Jh.s über klassische Kunst und Ästhetik war ihm bekannt. Aber: *»In das Wesen und zu dem Innern führt fast kein Skribent.«* Daß und wie man dennoch über Kunst schreiben kann, bezeugt sein Werk. Er erzählt, was er sieht, und der gelassene Adel, der beherrschte Schwung der griechischen Werke teilt sich seiner Prosa mit. *»Durch den Stil seiner Werke erhob er… deutsche wissenschaftliche Prosa zum Rang europäischen Schrifttums. Die Geschichte der Kunst des Altertums hat für die deutsche Prosa kaum mindere Bedeutung wie Klopstocks Messias für die deutsche Poesie«* (W. Waetzoldt). Dieser Prosa gelingt es, gesellschaftlichen Umgangston und den gehobenen Rhythmus schöngegliederter, oft im Parallelismus aufeinander bezogener Perioden zur Einheit zu verbinden. Die Sprache meidet alles Dunkle, verliert sich nicht in Deutung, sondern bleibt um Vergegenwärtigung des Eindrucks bemüht, den der ergriffene Betrachter beim Anblick der vollkommenen Harmonie von Natur und Idee im Kunstwerk empfindet.

Die in der *Geschichte der Kunst des Alterthums* entwickelte Auffassung griechischer Kultur prägte in ihrer einzigartigen Verbindung von sinnlicher Anschauung und sittlichen Maßstäben eine ganze Epoche der deutschen Geistesgeschichte. Besonders die Schriften Herders und Goethes (vgl. *Winckelmann und sein Jahrhundert*, 1805) über Winckelmann bezeugen dessen überragenden Einfluß auf die Klassik. Indem von ihm entworfenen Bild der griechischen Antike haben allerdings weder das Archaische, Dionysische noch das Tragische seinen Platz; diese Dimension wurde erst von der jüngeren Romantik und vor allem von Friedrich NIETZSCHE gesehen (vgl. *Die Geburt der Tragödie aus dem Geiste der Musik*, 1872). Auch erlaubte das im Laufe des 19. Jh.s zugänglich gewordene, viel reichere originale Anschauungsmaterial, ein erweitertes Bild von der Kunst des Altertums zu entfalten. Viel von der historischen Einordnung und ästhetischen Wertung der Winckelmannschen Lehre mußte deshalb revidiert werden. Doch ändern die Irrtümer nichts daran, daß er die Wahrheit, die zu suchen er ausgezogen war, gefunden hatte; nicht nur diejenige, die Jacob BURCKHARDT meinte, als er in Winckelmann den Mann rühmte, *»welchem die Kunstgeschichte vor allen andern den Schlüssel zur vergleichenden Betrachtung, ja ihr Dasein zu verdanken hat«*. Goethes Einsicht kommt Winckelmanns Wahrheit – als der Wahrheit einer Person, nicht nur einer Erkenntnis – noch näher, wenn er (zu Eckermann) sagt: *»Er ist dem Kolumbus ähnlich, als er die neue Welt zwar noch nicht entdeckt hatte, aber sie doch schon ahnungsvoll im Sinne trug. Man lernt nicht, wenn man ihn liest, aber man wird etwas.«*

KLL

AUSGABEN: Dresden 1764, 2 Bde. – Donaueschingen 1825 (in *SW*, Hg. J. Eiselein, 12 Bde., 1825–1829, 3–6; Nachdr. Osnabrück 1965, 12 Bde. u. Tafelbd.). – Bln. 1870 [Einl. J. Lessing]. – Bln./Wien 1913, Hg. V. Fleischer. – Wien 1934, Hg. L. Goldscheider [mit den Würdigungen W.s von Herder (1777), Goethe (1805) und Waetzoldt (1921)]. – Weimar 1964.

LITERATUR: R. Palucchini, *La »Storia delle arti del disegno presso gli antichi« di W.* (in Convivium, 3, 1931, S. 656–673). – K. Breysig, *W.s »Geschichte der Kunst des Altertums«* (in K. B., *Die Meister der entwickelnden Geschichtsforschung*, Breslau 1936, S. 138–166). – H. Jersch, *Untersuchungen zum Stile W.s mit besonderer Berücksichtigung der »Geschichte der Kunst des Altertums«*, Calw 1939 [zugl. Diss. Königsberg]. – H. Zeller, *W.s Beschreibung des Apollo im Belvedere*, Zürich/Freiburg i. B. 1955 (ZBLG, 8). – Vgl. auch Literatur zum Autor.

V. Klassik und Romantik

LUDWIG ACHIM VON ARNIM

* 26.1.1781 Berlin
† 21.1.1831 Wiepersdorf

LITERATUR ZUM AUTOR:
W. Vordtriede, *A. v. A.* (in *Deutsche Dichter der Romantik*, Hg. B. v. Wiese, Bln. 1971, S. 253–279). – G. Möllers, *Wirklichkeit und Phantastik in der Erzählweise A. v. A.s*, Diss. Münster 1972. – V. Hoffmann, *Die A.-Forschung 1945–1972* (in DVLG, 47, 1973; Sonderheft). – B. Haustein, *Romantischer Mythos und Romankritik in Prosadichtungen A. v. A.s*, Göppingen 1974 [zugl. Diss. Mchn.]. – H. M. Kastinger-Riley, *L. A. v. A.s Jugend- und Reisejahre. Ein Beitrag zur Biographie mit unbekannten Briefzeugnissen*, Bonn 1978. – Dies., *A. v. A. in Selbstzeugnissen und Bilddokumenten*, Reinbek 1979 (rm). – *A. v. A. 1781–1831*, Bearb. R. Moering u. H. Schultz, Ffm. 1981 [Ausst.-Kat.]. – R. Hoermann, *L. A. v. A.*, Boston 1984 (TWAS). – Aurora. Jb. der Eichendorff-Gesellschaft, 46, 1986 [Beiträge zum Werk A. v. A.s].

ISABELLA VON ÄGYPTEN. Kaiser Karl des Fünften erste Jugendliebe

Erzählung von Ludwig Achim von ARNIM, erschienen 1812. – Die Erzählung ist die erste und bedeutendste in einer Sammlung von Geschichten und Novellen, die durch eine lockere Rahmenhandlung (eine Kahnfahrt des Dichters auf dem Rhein) miteinander verbunden sind. Angeregt durch die Lektüre von CERVANTES, GRIMMELSHAUSEN, Heinrich GRELLMANNS *Die Zigeuner* (1787) und Antoine VARILLAS Werk über die Erziehung des jungen Karl (1686), hat der Dichter Gestalten der Zigeunerromantik, Sagen- und Märchenfiguren und historische Personen in eine Geschichte von hohem poetischem Reiz verwoben.

Isabella, die schöne, kindlich-reine Tochter des unschuldig gehenkten Zigeunerherzogs Michael, lebt einsam in einem Gartenhaus an der Schelde, nur besucht von ihrer zwielichtigen Beschützerin, der alten Zigeunerin Braka. Der junge Erzherzog Karl (der spätere Kaiser Karl V.), der ihr dort zum ersten Mal begegnet, verliebt sich in das Mädchen, das er für eine Erscheinung hält. Nachdem Isabella den Alraun Cornelius Nepos aus der Erde unter dem Galgen ihres Vaters gehoben hat, rät Braka, den unter seinem magischen Einfluß im Hause gefundenen Schatz für die Anschaffung einer neuen und reichen Ausstattung zu verwenden und sich nach Gent, dem Sitz des Erzherzogs, aufzumachen. Dort werde man ein vornehmes Leben führen und den Thronfolger für sich gewinnen. Zu dem neuen Hausstand gehört neben dem koboldhaften, eitlen Alraun auch der Bärenhäuter, der aus dem Grab auferstandene ursprüngliche Besitzer des Schatzes, der nun den Diener spielt, um sich einen Teil seines Geldes zurückzuverdienen. In Gent ist die Schönheit und Tugend Isabellas bald in aller Munde. Karl hofft auf ein Zusammentreffen, und Braka, die sich mancherlei Vorteile von der Verbindung der beiden Liebenden verspricht, führt ein Wiedersehen auf der Kirmes in Buik herbei. Doch die bald offenbar werdende Absicht Karls, Isabella zu heiraten, sucht der Alraun, der die Prinzessin eifersüchtig liebt, zu durchkreuzen. Da läßt der Erzherzog, um den Kobold von sich abzulenken, durch einen alten Juden eine zweite Isabella erschaffen, einen weiblichen Golem voll Hochmut, Wollust und Geiz. Der Alraun begnügt sich verliebt mit der seelenlosen Nachbildung. Karl jedoch erliegt schließlich auch selbst dieser verführerischen Truggestalt voll kalter Schönheit. Indessen irrt Isabella allein und verstoßen durch die Straßen der Stadt. Ihr toter Vater erscheint ihr, und seine Worte erfüllen sie mit neuer Hoffnung: sie werde einem von Karl empfangenen Sohn das Leben schenken und werde das zerstreute Volk der Zigeuner, das, seit es der Mutter Gottes auf ihrer Flucht gastliche Aufnahme verweigerte, heimatlos sei, nach Ägypten zurückführen. Die Prophezeiung erfüllt sich: Der von dem Golem befreite Karl, der inzwischen zum Kaiser gekrönt worden ist, gibt den Zigeunern ihre Freiheit zurück. Sie ziehen mit Isabella, ihrer geliebten Königin, und deren Sohn nach Ägypten. Dort stirbt sie hochgeehrt am gleichen Tag wie Karl, dem eine Vision der Geliebten in der Todesstunde die Gewißheit gibt, daß ihm sein ehrgeiziges Leben voller Verfehlungen verziehen ist.

Arnim ist in dieser Erzählung nicht nur romantischer Fabulierer, sondern zugleich Moralist. Wie das Volk der Zigeuner hat auch Karl mit seiner Wendung gegen die Reformation nach Arnims Meinung in der Stunde des Heils versagt. Daß er dem Golem verfällt und schließlich sogar den Alraun zu Staatsgeschäften (er macht ihn zu seinem

Finanzminister) heranzieht, soll seine Schwäche als Herrscher verdeutlichen: er ist gierig und habsüchtig. Doch Isabella, die ihr Volk von dem Fluch der Heimatlosigkeit befreit hat, erlöst am Ende auch den Kaiser von seiner Schuld.

Heinrich Heine pries das Werk in seiner *Romantischen Schule* als Inbegriff romantischer Poesie. Auch die Brüder Grimm, denen die Novellensammlung gewidmet ist, äußerten Beifall und tadelten lediglich, daß Arnim gesellschaftliche Tatsachen und frei Erdichtetes miteinander verbunden habe. Doch schafft gerade das Ineinander von Historie und Märchen, von Traum und Wirklichkeit die beziehungsreiche Vieldeutigkeit dieser Erzählung, die noch heute weithin als die schönste Arnims angesehen wird. D.Ba.

Ausgaben: Bln. 1812. – Bln. 1839 (in *SW*, Hg. W. Grimm, 22 Bde., 1839–1856, 1). – Mchn. 1963 (in *Sämtl. Romane u. Erzählungen*, Hg. W. Migge, 3 Bde., 1962–1965, 2). – Frechen 1964 (*Isabella von Egypten*; ill.). – Stg. 1964 (Nachw. W. Vordtriede; RUB; ern. 1979). – Lpzg. 1981 (in *Die Erzählungen und Romane*, 3 Bde.). – Ffm. 1987 (in *Erzählungen*; Insel Tb)

Literatur: A. Schwarz, *A. v. A.s Menschentum u. seine Stellung zur Geschichte*, Diss. Bonn 1923. – G. v. Selle, *Bemerkungen zu A. v. A.s künstlerischer Persönlichkeit, aus einer Analyse seiner Novelle »Isabella von Ägypten«* (in Eichendorff-Kalender, 17, 1926, S. 39–48). – A. Hirsch, *Der Gattungsbegriff ›Novelle‹*, Bln. 1928, S. 129–135. – P. Noack, *Phantastik u. Realismus in den Novellen A. v. A.s*, Diss. Freiburg i. B. 1952. – J. Göres, *Das Verhältnis von Historie u. Poesie in der Erzählkunst L. A. v. A.s*, Diss. Heidelberg 1957. – G. Rudolph, *Studien zur dichterischen Welt A. v. A.s.*, Bln. 1958. – C. David, *A. v. A. »Isabella von Ägypten«. Essai sur le sens de la littérature fantastique* (in *Fs. für R. Alewyn*, Hg. H. Singer u. B. v. Wiese, Köln/Graz 1967). – P. H. Neumann, *Legende, Sage und Geschichte in A. v. A.s »Isabella von Ägypten«* (in Jb. der dt. Schillergesellschaft, 12, 1968, S. 296–317). – E. Schürer, *Quellen und Fluß der Geschichte. Zur Interpretation von A.s »Isabella von Ägypten«* (in *Lebendige Form, Fs. für H. Henel*, Hg. J. L. Sammons u. E. Schürer, Mchn. 1970, S. 189–210). – A. Faure, *»Isabella von Ägypten« d'A. v. A. L'allégorie fantastique et le mythe historique au service de la profession de foi politique* (in Recherches Germaniques, 9, 1979, S. 160–173). – L. Völker, *Naturpoesie, Phantasie und Phantastik* (in *Romantik*, Hg. E. Ribbat, Königstein/Ts. 1979, S. 114–137).

DES KNABEN WUNDERHORN. Alte deutsche Lieder

Gesammelt von Ludwig Achim von Arnim und Clemens Brentano (1778–1842). – Der erste Band des Werks, mit einer *Zueignung* an Goethe und einem Anhang, der Arnims Abhandlung *Von Volksliedern* und eine *Nachschrift an den Leser* enthält, erschien 1805 (vordatiert auf 1806); die Bände 2 und 3 erschienen mit einem von Brentano allein bearbeiteten Anhang von *Kinderliedern*, einem *Dank an Goethe* und einer *Übersicht des Inhalts einiger Lieder* (1808). Die von Arnim besorgte zweite Auflage des ersten Bandes wurde, vermehrt um eine *Zweite Nachschrift an den Leser*, 1819 ausgegeben; eine vierbändige *Neue Ausgabe* des ganzen Werks, überarbeitet nach dem in Arnims Nachlaß enthaltenen Material, wurde 1845 (Bd. 1), 1846 (Bd. 2 und 3) und 1854 (Bd. 4) im Rahmen von Arnims *Sämmtlichen Werken* von Rudolf Baier und Ludwig Erk ediert. Ein bibliophil komplettes Exemplar des *Wunderhorns* müßte darüber hinaus noch Wilhelm Grimms *Altdänische Heldenlieder* (1811) berücksichtigen, die von Grimm gesammelt und übersetzt, von Brentano überarbeitet und zeitweilig als vierter Band des *Wunderhorns* erwogen wurden. Erst Heinz Rölleke ist es im Rahmen der Frankfurter Brentano-Ausgabe (Bde. 6–9, 1975–1978) gelungen, eine historisch-kritische Ausgabe des *Wunderhorns* vorzulegen, da er davon abgesehen hat, die »Urgestalt« der zugrunde liegenden Lieder zu rekonstruieren und das Werk als jenes Kunstwerk behandelte, das Arnim und Brentano geplant und gestaltet haben.

Der erste formulierte Vorschlag eines *»wohlfeilen Volksliederbuches ... welches das platte, oft unendlich gemeine Mildheimische Liederbuch«* (1799) ablösen sollte, stammt von Brentano (Brief an Arnim v. 15. 2. 1805). Der gemeinsame Plan einer Sammlung altdeutscher Lieder freilich reicht zurück in das Jahr 1802, als die »Liederbrüder« Arnim und Brentano, *»von tausend neuen Anklängen der Poesie berauscht, ohne Tag und Nacht zu sondern, frei von Sturm und Ungewitter, denn unser Gesang führte sie uns wie Bilder unsres Gemüths«*, den Rhein hinabzogen und Lieder, Romanzen, Sagen und Märchen sammelten. Zu den schriftlichen Quellen, durch die sie angeregt wurden, gehörten Herders *Volkslieder* (1778/1779), Friedrich Gräters Zeitschrift ›Bragur‹ und Anselm Elwerts *Ungedruckte Reste alten Gesangs* (1784). In Heidelberg arbeiteten die beiden Freunde im Sommer 1805 gemeinsam den ersten Band aus, dessen Titel Elwerts einleitendes Gedicht (nach Johann Just Winkelmanns *Oldenburgischer Friedens- und benachbarter Oerter Kriegs-Handlungen*, 1671) erklärt. Goethes *»herzliche, herrliche, junge Rezension«* (1806) ermutigte sie, gegen alle Schicksalsschläge, gegen die Ungunst der Zeit und allen gehässigen Anfeindungen des rationalistischen Lagers zum Trotz die Fortsetzung des Werks zu betreiben. Hatte schon der Anhang des ersten Bandes zur Mitarbeit aufgefordert, so begründete Arnim nun die neue Aufforderung zur Sammeltätigkeit in ›Beckers Reichsanzeiger‹ (Dezember 1805) mit patriotischen Motiven. Die Besinnung auf das gemeinsame Erbe der Vorzeit sollte den deutschen Stämmen ihre kulturelle Einheit bewußtmachen und in einer Zeit, da *»der Rhein einen schönen Theil unsres alten Landes los löst vom alten Stamme, andre Gegenden in kurzsichtiger Klug-*

heit sich vereinzeln«, die nationale Opposition gegen Napoleon stärken. Arnims Aufrufe und Brentanos gedruckte Zirkulare hatten einen gewaltigen Erfolg, die Herausgeber sammelten *»Lieder in die Tausende«*, von denen nur ein Bruchteil in die Bände aufgenommen werden konnte; nach Rölleke würde eine Publikation des gesamten erhaltenen, handschriftlichen Materials zum *Wunderhorn* einen Folioband von mehr als 6000 Druckseiten füllen. Bettine BRENTANO und die Brüder Jacob und Wilhelm GRIMM gehörten zu den Sammlern. Insgesamt hatten – nach Röllekes Feststellung – Arnim und Brentano etwa 50 zeitgenössische Mitarbeiter und verwendeten Vorlagen von etwa 140 älteren (bekannten und anonymen) Dichtern. In enger Zusammenarbeit mit den Brüdern Grimm wurde das Werk in Kassel und Heidelberg vollendet. Für den gestochenen Haupttitel des zweiten Bandes hat Brentano ein altdeutsches Trinkhorn mit einer Heidelberger Landschaft im Hintergrund entworfen. Das unzerstörte Schloß Heidelberg auf diesem Stich verweist – auch wenn es so schon in Brentanos Vorlage enthalten war – eindringlich auf die von Arnim und Brentano verfolgte Methode der *»Restauration und Ipsefacten«* bei der Bearbeitung der Vorlagen. Während die Brüder Grimm von einer Wiederherstellung des verlorenen Paradieses der Vorzeit auf dem Wege strenger historischer Forschung träumten, waren Arnim und Brentano im Vertrauen auf die *»Wahrheit der Phantasie«* zur Rekonstruktion der verlorenen Seinseinheit durch die Kunst entschlossen. Für die Brüder Grimm bedeutete die Arbeitsweise der beiden Dichter Lüge und Befleckung, da sie die naturpoetischen Reste der Vorzeit verfälschten, den Freunden Arnim und Brentano aber war *»alte und neue Poesie … dieselbe, das Wunderbare darin durch die Phantasie der täuschenden und zugleich getäuschten Dichter entsprungen«*. Von hier aus wird es verständlich, daß sie in ihre Sammlung nicht nur die Lieder bekannter Autoren des 16. und 17.Jh.s und Lieder zeitgenössischer Dichter aufnahmen, sondern auch, daß sie einen Großteil der Vorlagen für eigene Dichtung adaptierten und eine kleine Anzahl von *»Ipsefacten«*, d.h. eigenen, nur dem Ton der Vorlagen folgenden Liedern, mit einfügten. Goethes Rezension, wonach *»das hie und da seltsam Restaurierte, aus fremdartigen Teilen Verbundene, ja das Untergeschobene … mit Dank anzunehmen«* sei, aber auch GÖRRES' Besprechung (1809), die das Werk mit dem Weiterbau des aus dem Mittelalter unvollendeten Kölner Doms vergleicht, haben die Bearbeiter in ihrer Methode bestätigt.

Vergeblich hat man früher nach einem Ordnungsprinzip des als romantisches Kunstwerk und nicht als Volksliedersammlung zu verstehenden Werkes gesucht. Man hat Themenreihen und Motivketten herausgehoben, ohne zu bemerken, daß sich gerade in dem bunten Gewimmel alter und neuer, restaurierter und unveränderter, überlieferter und neu geschaffener Lieder die gedankliche Einheit des Werkes manifestiert; die Überzeugung vom Primat der variierenden einzelmenschlichen Phantasie, die Teil einer über die Dichter aller Jahrhunderte gleichermaßen verfügenden Grundkraft der Poesie ist.

Die Wirkungsgeschichte der Sammlung ist – trotz der zahlreichen Hinweise in Röllekes Kommentar – noch wenig erforscht. Zahlreiche Komponisten, wie Schumann, Brahms und Mahler, ließen sich von ihr zu neuen Melodien anregen; zahllose Texte der etwa 700 Liebes-, Wander-, Soldatenlieder, Abschiedsklagen, Balladen, geistlichen Lieder, Trinklieder, Gassenhauer, Abzählreime und Kinderverse drangen ins Volk, wurden von der Jugendbewegung in ihre Liederbücher aufgenommen und sind – durch die Lesebücher der Schulen – noch heute lebendig (z.B. *Guten Abend, gute Nacht; Schlaf, Kindlein, schlaf; Wenn ich ein Vöglein wär; Es ist ein Schnitter, der heißt Tod*). Im Schaffen Arnims, Brentanos, EICHENDORFFS, HEINES, BÜCHNERS, der schwäbischen Romantik und der gesamten Lyrik des 19.Jh.s spiegelt sich tausendfältig der Klang- und Motivschatz des *Wunderhorns*. Heinrich Heine erkannte 1833 in den Liedern des Werks ein anderes Deutschland als jenes, das ihn ins Pariser Exil gezwungen hatte und rühmte die darin enthaltenen Lieder als *die holdseligsten Blüten des deutschen Geistes*.

Brentano aber hat sich 1839, als er seine Schwester Bettine bei einer Neubearbeitung des *Wunderhorns* beriet, vorsichtig von der patriotischen Sammlungstendenz der Erstausgabe distanziert: *»Vor allzuvielen historisch politischen Liedern ist sich zu hüten, sie sind auch damals wie heute zu Tage außer wenigen, kaum gelesen und nicht gesungen worden, nur was so kurz dauert wie die Liebe, wird gesungen, weil es ewig wiederkömmt.«* W.Fr.

AUSGABEN: Heidelberg 1806 [recte 1805; Bd. 1]; Heidelberg 1808 [Bd. 2 u. 3]. – Bln. 1845–1854 (in L. A. v. Arnim, *SW*, Hg. W. Grimm, 22 Bde., 1839–1856; Bd. 13, 14, 17, 21, Hg. R. Baier u. L. Erk). – Bln. 1883, Hg. R. Boxberger, 2 Bde. – Bln. u. a. 1916, Hg. K. Bode, 2 Bde. – Mchn. 1957, Hg. W. A. Koch; ern. 1964. – Bln 1958, Hg. E. Stockmann; [Ausw. mit Noten]. – Stg. u. a. 1979, Hg. H. Rölleke, 9 Bde. [Studienausg.; hist.-krit.; folgt der Frankfurter Brentano-Ausg., Bd. 6–9, Ffm. 1975–1978]. – Mchn. 1980; ²1984 [Nachw. W. A. Koch]. – Mchn. 1984; ²1986, 3 Bde. (Nachw. A. Henkel; dtv-Gesamtausg.).

LITERATUR: F. Rieser, *»Des Knaben Wunderhorn« und seine Quellen*, Dortmund 1908. – K. Bode, *Die Bearbeitung der Vorlagen in »Des Knaben Wunderhorn«*, Bln. 1909 (Palaestra, 76). – O. Mallon, *B.-Bibliographie*, Bln. 1926; Nachdr. Hildesheim 1965 [enth. die gesamte ältere Lit.]. – H. Schewe, *Neue Wege zu den Quellen des »Wunderhorns«* (in Jb. für Volksliedforschung, 3, 1932, S. 120–147). – O. Mallon, *Goethe und »Des Knaben Wunderhorn«* (in Philobiblon, 7, 1934, S. 315–323). – I. M. Boberg, *»Des Knaben Wunderhorn« – Oldenburgerhornet* (in *Festskrift til L. L. Hammerich*, Kopenhagen 1952, S. 53–61). – A. Schmidt, *Stand und*

Bearbeitung des Wunderhornmaterials im Nachlaß von R. Baier, Stralsund (in ZfdPh, 73, 1954, S. 237–239). – H. Schewe, *Vorauswort zu einer hist.-krit. und an Hand der Originalquellen kommentierten Wunderhorn-Ausgabe* (in Deutsches Jb. f. Volkskunde, 2, 1956, S. 51–72). – H. v. Müller, *»Des Knaben Wunderhorn. Zur Entstehungsgeschichte des Werkes«* (in Philobiblon, 2, 1958, S. 82–104). – W. Naumann, *Das Rautensträuchelein aus »Des Knaben Wunderhorn«* (in WW, 12, 1962, S. 288–292; ern. in W. N., *Traum und Tradition in der deutschen Lyrik*, Stg. u. a. 1966, S. 37–44). – H. Schewe, *Jacob Grimms Wunderhornbriefe nebst drei Briefen Erich Schmidts* (in Deutsches Jb. f. Volkskunde, 9, 1963, S. 124–130). – H. Rölleke, *Die Titelkupfer zu »Des Knaben Wunderhorn«* (in FDH, 1971, S. 123–131). – S. E. Brown, *»Des Knaben Wunderhorn« 1806–1808. Its Reception and Assessment of Its Impact*, Diss. Durham 1980.

DIE KRONENWÄCHTER. Bertholds erstes und zweites Leben

Unvollendeter Roman von Ludwig Achim von Arnim, erster – und einzig vollendeter – Teil, erschienen 1817. – In seinem großen, zu Unrecht vergessenen Roman unternahm Arnim es, den Kosmos der Geschichte darzustellen, die *»Heimlichkeit der Welt«* aus *»ahndungsreichen Bildern«* abzulesen und so durch *»innere Anschauung«* die Lücken der Geschichte auszufüllen, wie er in der *Einleitung* schreibt. Im Anschluß an die Erkenntnisse der Frühromantik erscheint die Geschichte als Hieroglyphe, deren sichtbar gebliebene Hinweise der Dichter aus dem Unbewußten ins Bewußtsein hebt und entziffert, indem er Dichtung und Geschichte für uns *»Abkömmlinge großer Begebenheiten«* ineinanderspielen läßt, Märchen, Mythos, Schnurre und Historie in einem phantastischen Realismus verknüpft und auf diese Weise die für die Gegenwart notwendigen Kräfte freisetzt. Arnim, noch nicht im Historismus des 19. Jh.s befangen, schreibt unmuseal und frisch, gewissermaßen unversehrt von traditionellen romantischen Erzählfloskeln, erfinderisch in kecken Märchen- und Mythenverbindungen und in jedem Fall frei von den Erzählkonventionen, die in der Nachfolge Scotts für historische Romane verbindlich waren.

Das überreich quellende Buch – schon Arnims besonderer Lust am Grotesken wegen ist es weit von der *Liechtenstein*- und *Ekkehard*-Gemütlichkeit eines Hauff und Scheffel entfernt – spielt an der Stil- und Zeitenwende um 1500, und immer wieder meint man, mit den Menschen und in den Landschaften zu wandeln, die aus den Bildern der Donauschule dem Beschauer entgegenblicken. Der Roman war, mit geheimen Winken für die eigene Zeitenwende (der Verfall der Baukunst, die süßlich werdende Malerei der »Nazarener« u. a.), zugleich ein Zeitroman. Sein Hauptthema betraf die politische Situation der Spätromantiker unmittelbar: Die große Gefahr, die ein hochstrebender Mensch heraufbeschwört, der, in restaurativen Träumen befangen, die Zeit zurückschrauben will, deren eigentliche politische Kräfte er nicht mehr erkennt. Im nachnapoleonischen Europa schickte sich ja Metternich eben an, die alten Verhältnisse mit Gewalt zu restaurieren und den Grund zu allen folgenden Tragödien des 19. Jh.s zu legen. Mit dieser Thematik entfernte sich Arnim auch vom eigentlich romantischen Roman und dessen unverbindlich gewordenen Formeln. Sein Held, Berthold, ist nicht mehr der obligate Künstler, der, wie noch bei Tieck, Novalis, Brentano, Eichendorff, kunsttrunken die Welt und durch Kunstübung sich selber sucht.

Ein schwächliches Bürgerkind, angeblich von den Hohenstaufen abstammend, wächst Berthold bei etwas wunderlichen Pflegeeltern in Waiblingen auf. Er scheint die Auserwähltheit des romantischen Kindes zu besitzen, denn, halb märchenhaft von einem hilfreichen Tier geleitet, entdeckt er die Ruinen des alten Barbarossa-Palastes. Immer verhängnisvoller, grotesker und schuldhafter aber wird sein Leben, da die unsichtbar agierenden »Kronenwächter«, die durch ihn wieder zur Herrschaft gelangen wollen, dank geheimnisvoller Vorspiegelungen anachronistische Träume von Rittertum und Herrschergewalt in ihm wecken. Zwar entwürdigt Berthold den ehrwürdigen Barbarossa-Palast utilitaristisch zur Tuchfabrik und wird, ein erfolgreicher Tuchfabrikant, schließlich Bürgermeister, aber er kränkelt zugleich und siecht dreißig Jahre lang dahin, symbolisch die Selbstentfremdung des Bürgers damit bekundend. Durch eigene Anstrengung und innere Klarheit müßte er zu einem verantwortungsbewußten Bürger genesen; statt dessen läßt er sich, zur Selbsterkenntnis und einer zeitbewußten Haltung nicht fähig, von Faust eine Bluttransfusion geben, wodurch er zwar Kraft für sein »zweites Leben« gewinnt, aber auch in eine ihm ungemäße heroische Richtung gerät. Auf einem hölzernen Theaterpferd will er reiten lernen, aber das ausgedörrte Requisit bricht unter ihm zusammen.

In dieser grotesken Episode nimmt Arnim schon manches von der Figur des ähnlich verblendeten Nikolaus Marggraf in Jean Pauls Spätroman *Der Komet* vorweg. Aber die *Kronenwächter* sind trotz der vielen spaßhaften Erfindungen kein komischer Roman, und Berthold ist kein Don Quijote. Er ist viel eher der erste Antiheld der deutschen Literatur. Arnims ganze innere Freiheit den Zeitthemen und dem literarischen Erbe gegenüber zeigt sich besonders deutlich an seiner herrlichen Faustgestalt, die weder dem Volksbuch noch der Goethenachfolge entnommen ist. Dieser Faust ist ein vorzüglicher Arzt, dabei aber ein großer Säufer und Tausendsassa, Kind einer abenteuerlichen Zeit. Er ist es auch, der Berthold rät, sich mit Hilfe von Amtsanmaßung einen Brunnen zu bauen, um sein Ansehen zu erhöhen. Berthold aber gelangt nicht in die Tiefe; ein von Luther gesandter frommer Bergmann muß den Schacht für ihn graben, kommt aber dabei um,

und Berthold hat Schweigegelder zu bezahlen, um sein Ansehen als Bürgermeister zu wahren. Der tiefe Brunnen, Symbol des Zugangs zu den verborgenen Schichten der Seele, wird durch Frevel erkauft. So entfremdet sich Berthold stetig den Bürgern seiner Stadt. Schließlich glaubt er, in ihrem Sinn zu handeln, wenn er sich mit der Stadt dem Schwäbischen Bund anschließt. Herrliche ritterliche Abenteuer will er an der Seite Georgs von Frundsberg bestehen. Da muß er erkennen, daß er seine Stadt verkannt hat. Die Bürger sehen ihn als eidbrüchigen Verräter an. Die von Faust einst geöffnete Vene bricht wieder auf, und Berthold stirbt neben seinem Brunnen in Unehre.
Die romantischen Bilder, die Arnim übernimmt (das wissende Kind, der tiefe Brunnen, der Bergmann, die ganze reiche Welt des eingefügten *Hausmärchens*), gestaltet er auf souveräne Weise um. Der Höhepunkt von Arnims ungewöhnlicher Auseinandersetzung mit der Romantik, deren große Entdeckungen eben zu veralten drohten, zugleich der genialste Einfall des ganzen Romans, der die eigentliche innere Ordnung in dem reichen Phantasiewerk schafft, ist die Gegenüberstellung von Kronenburg und Burg Hohenstock. Von der Kronenburg läßt Arnim, wie von allem Wunderbaren, nur die handelnden Personen berichten. Nie sieht sie der Leser selbst. Die hoch über der Welt, irgendwo am Bodensee erbaute gläserne Burg mit den engen schwindelerregenden Treppen, dem wachsamen Löwen und der unendlichen Aussicht aus einem gezeitenlosen Garten ist das Behältnis für die alte deutsche Kaiserkrone, ein schimmerndes, ungemein großartiges, wirklichkeitsentrücktes Ideal. Wie ein Märchen dringt die Erzählung zu uns. Die wirkliche Hohenstaufenburg ist nicht der siebentürmige Wunderbau aus Kristall, sondern Burg Hohenstock, wohin Berthold von den Kronenwächtern beordert wird und die man folglich zu Gesicht bekommt: ein regelloser Bau, in dessen verwahrlosten, stickigen Zimmern ein schwachsinniger Graf, letzter Hohenstaufenerbe, in wilder Ehe mit seiner gemeinen Haushälterin lebt. Jaulende Hunde verunreinigen die Gänge, die einzige Aussicht geht auf einen Sumpf, auf dem die Burg gebaut ist. Nie hatte ein Romantiker eine mittelalterliche Burg so beschrieben. Gerade so aber sieht die Wirklichkeit aus, wenn überalterte Vorstellungen von einer politisch nicht mehr aufrechtzuerhaltenden Idealwelt weiterwirken wollen. Die wunderbare, glitzernde Kronenburg ist eine der größten Erfindungen der deutschen Romantik. Ein schwächlicher Epigone, ein Fouqué etwa, hätte eben sie zum Schauplatz gewählt. Arnim aber zeigt in ihr ein Seelenbild, das nicht durch Machthunger (Kronenwächter) oder schöne Träume (Berthold) in eine äußere Wirklichkeit umgesetzt werden kann. Man muß diese Burg in sich selbst aufbauen können, immer wieder. Wer glaubt, sie einfach erben zu können, findet sich in Burg Hohenstock. Statt dynastische Zwietracht auszulösen, müßte die Krone wieder verbindend wirken und alles Getrennte und in sich Zerfallene wieder zusammenführen. Das hätte wohl im zweiten Teil des unvollendeten Romans beschrieben werden sollen.
Erst lange nach Arnims Tod gab seine Gattin Bettine einen sogenannten zweiten Teil aus dem Nachlaß heraus, den sie aber mühsam und z.T. wohl auch willkürlich aus noch nicht überarbeiteten früheren Fragmenten zusammenstellen mußte. Der Roman beginnt mit der Neujahrsnacht 1474/1475. Das erste Buch schließt mit dem Sommer 1488. Bertholds zweites Leben setzt im Jahr 1518 ein. In vier Bänden wollte Arnim das gesamte Leben, alle historischen Ereignisse, alle Gebräuche jener Zeit darstellen; Bilderstürmer, Bauernkriege, Wiedertäufer, Dürer und Cranach und vieles andere sollte mit dem heimlichen Treiben der Kronenwächter verwoben werden. Diese Intention, nicht auszuschöpfende Bezüge, den Kosmos der Geschichte, darzustellen, verlangte, ähnlich wie der Versuch des Novalis, im *Heinrich von Ofterdingen* den Kosmos der Dichtung auszumessen, als Form das unvollendbare Fragment. W.V.

Ausgaben: Bln. 1817. – Bln./Weimar 1840–1854 (in *SW*, Hg. W. Grimm, 22 Bde., 1839–1856, Bd. 3 u. 4 [Nachlaßbd.]). – Stg. o.J. [1881] Einl. J. Scherr; Collection Spemann, 9. – Lpzg. o.J. [1925] (in *Werke*, Hg. A. Schier, 3 Bde., 1). – Mchn. 1962 (in *Sämtliche Romane und Erzählungen*, Hg. W. Migge, 3 Bde., 1962–1965, 1). – Lpzg. 1980 [Nachw. H. Härtl]. – Stg. 1983 (Nachw. P.M. Lützeler; RUB).

Literatur: W. Grimm, Rez. (in W.G., *Kleinere Schriften*, Bd. 1, Bln. 1881, S. 266–314). – A.v. Hatzfeld, *A. v. A.s »Kronenwächter« u. der romantische Roman*, Diss. Freiburg i. B. 1920. – A. Best, *A.s »Kronenwächter«* (in Jb. der Kleist-Ges., 13, 1932, S. 122–197). – P. Esser, *Über die Sprache in A. v. A.s Roman »Die Kronenwächter«*, Diss. Köln 1937. – R. Guignard, *L'histoire dans »Les gardiens de la couronne« d'A.* (in EG, 3, 1948, S. 251–259). – E. Schmidt, *A. v. A.s. Hinwendung zum Mittelalter u. dessen Bild in seinem Roman »Die Kronenwächter«*, Diss. Bln. 1951. – H. Riebe, *Erzählte Welt. Interpretation zur dichterischen Prosa A. v. A.s*, Diss. Göttingen 1952, S. 80–181. – A. Wilhelm, *Studien zur den Quellen u. Motiven von A. v. A.s »Kronenwächter«* Winterthur 1955 [zugl. Diss. Zürich]. – R. Zimmermann, *L. A. v. A. u. sein Roman »Die Kronenwächter«*, Diss. Wien 1955. – W. Vordtriede, *A. v. A.s »Kronenwächter«* (in NRs, 73, 1962, S. 136–145; auch in *Interpretationen*, Bd. 3: *Deutsche Romane von Grimmelshausen bis Musil*, Hg. J. Schillemeit, Ffm. 1966, S. 155–163; FiBü). – K. Sauerland, *»Die Kronenwächter«. Auflösung eines Mythos* (in WB, 14, 1968, S. 868–883). – H.V. Geppert, *A. v. A.s Romanfragment »Die Kronenwächter«* Tübingen 1979. – L. Zagari, *Revolution und Restauration in A.s erzählerischem Werk* (in Aurora, 39, 1979, S. 28–50). – R. Burwick, *Kunst und Geschichte in A. v. A.s »Die Kronenwächter«* (ebd., 46, 1986, S. 129–146). – P.M. Lützeler, *Die Geburt der Kunstsage aus dem Geist der Mittelalter-*

Romantik: Zur Gattungsbestimmung von A. v. A.s »Kronenwächter« (ebd., S. 147–157). – E. L. Offermanns, *A. v. A.s Beitrag zum romantischen Roman* (ebd., S. 120–128).

DER TOLLE INVALIDE AUF DEM FORT RATONNEAU

Erzählung von Ludwig Achim von ARNIM, erschienen 1818. – Diese heute bekannteste Erzählung Arnims ist in der kunstvollen Fügung ihrer Motive und in der Überschaubarkeit der novellistischen Handlungsentwicklung eher untypisch innerhalb des Arnimschen Gesamtwerks, dessen Reichtum an phantastischer Motivik und ideeller Komplexität noch kaum gesichtet ist. Einer bestimmten Epoche oder einer normativen Erzähltradition läßt sich *Der tolle Invalide* weder stilistisch noch gehaltlich mit Eindeutigkeit zuordnen. Zugrunde liegt dem Geschehen ein anekdotischer Fall, den Arnim aus der Stadtgeschichte Marseilles kannte: Ein wahnsinniger Kriegsinvalide hatte sich auf dem Fort Ratonneau gegenüber dem Hafen eingeschlossen und drohte, von dort aus die Stadt zu beschießen; Soldaten hatten ihn überwältigt und ins Irrenhaus gebracht. Die sensationell-schauerliche Situation ist von Arnim entscheidend verändert worden; indem er sie in einen weitausgreifenden, einerseits groteske und komische Elemente hinzufügenden, andererseits den Konflikt religiös überhöhenden Zusammenhang hineinstellte, hat er ihr einen phantastisch-legendären Charakter verliehen, sie der historischen Faktizität weitgehend entfremdet. Die unter den Schluß der Erzählung gesetzten Zeilen *»Gnade löst den Fluch der Sünde / Liebe treibt den Teufel aus«* akzentuieren einen allegorischen Deutungsaspekt: Francoeur, der Held der Geschichte, ist vom Teufel besessen, und zwar seit jenem Tage, als sich ihm seine deutsche Frau wie ein rettender Engel am Krankenlager zeigte, ihn mit *»einer seltenen Liebe«* pflegte und dafür von ihrer Mutter, einer diabolischen Figur, verflucht wurde. Francoeur verfiel in eine Tollheit, die seine militärische Laufbahn ruinierte, und aus dem Versuch der Frau, ihm durch einen Gönner, den *»guten alten Kommandant von Marseille«*, helfen zu lassen, folgt dann die eigentliche Geschichte. Das Auftreten eines dreisttörichten Teufelsaustreibers drängt Francoeur in eine Identifikation mit »Satanas«, und nur der fromme Opfergang der liebenden Frau kann die Stadt retten und bei dem Mann eine erlösende Krise bewirken. Francoeur wird zu einem *»unendlichen Gefühl seines Daseins«* befreit, während Friedenstauben das unschuldige Kind des Paares trösten. Später wird bekannt, daß auch die Mutter in diesem Moment *»durch einen Strahl aus ihrem Innern beruhigt«* worden sei, so daß sie habe *»selig entschlafen«* können.

Eine solche erbauliche Polarisierung zwischen teuflischen und himmlischen Mächten prägt aber keineswegs die Erzählung im ganzen. Dies zeigt sich schon an den witzig-auflockernden Sprachspielen mit dem Wort »Teufel«, das wird auch deutlich an dem behaglich-komischen Erzähleingang, vor allem an der Bedeutung, die die Kunst des Feuerwerks als Leitmotiv der Erzählung hat: Wovon der alte Kommandant am Kamin träumt, das erfüllt ihm Francoeur, indem er Raketen und Leuchtkugeln aus Haubitzen und Mörsern über die Stadt schießt. Das Elementare zugleich zu entfesseln und mit ihm zu spielen bleibt eine triumphale Leistung, und schon darum wird dem Invaliden Gnade zugesichert. Schließlich wird für das gute Ende noch ein sehr realer, physiologischer Grund angeführt: *»... Die gewaltige Natur Francoeurs«* hat durch Eiterung einen Knochensplitter aus dem Gehirn getrieben, sich derart zu einem ruhigen Glück befreit. – Der Erzähler Arnim vermeidet es, die heterogenen Weltsichten miteinander auszugleichen, nutzt vielmehr zwanglos alle Möglichkeiten, den detailfreudig entworfenen Situationen sinnliche Evidenz zu verleihen. Die komische Drastik eines brennenden Holzbeins oder eines bei Feuersnot schnarchenden Dieners oder der aus der unterschiedlichen Größe von Eierkuchen abgeleiteten Eifersucht verträgt sich mit dem volkstümlichen Ernst religiöser Symbolsprache, weil der erzählerischen Phantasie prinzipiell alle Phänomene als Facetten eines vielfarbigen Geheimnisses gelten können, als Zeichen des sich in Natur und Geschichte verborgen offenbarenden kosmischen Gesetzes. E.Ri.

AUSGABEN: Bln. 1818 (in *Gaben der Milde und Aprillaunen*, Hg. F. W. Gubitz, Bd. 4). – Bln. 1839 (in *SW*, Hg. W. Grimm, 22 Bde., 1839–1856, 2). – Lpzg. o. J. [1911] (in *Werke*, Hg. R. Steig, 3 Bde., 1). – Lpzg. o. J. [1925] (in *Werke*, Hg. A. Schier, 3 Bde., 2). – Lpzg. 1939 (Ill. F. Kredel; IB). – Stg. 1955 (zus. m. *Owen Tudor*; Nachw. K. Weigand; RUB; zuletzt 1986). – Zürich 1959 (in *Isabella von Aegypten und andere Erzählungen*, Hg. W. Migge; Ill. F. Fischer). – Mchn. 1963 (in *Sämtliche Romane und Erzählungen*, Hg. ders., 3 Bde., 1962–1965, 2). – Lpzg. 1981 (in *Die Erzählungen und Romane*, 3 Bde.). – Ffm. 1987 (in *Erzählungen*; Insel Tb).

VERFILMUNG: *Lebenszeichen*, BRD 1967 (Regie: W. Herzog).

LITERATUR: J. Lesowsky, *»Der tolle Invalide«* (in ASSL, 65, 1911, S. 302–307). – H. R. Liedke, *Literary Criticism and Romantic Theory in the Work of A. v. A.*, NY 1937; ern. 1966. – E. Feise, *»Der tolle Invalide« v. V. v. A.* (in JEGPh, 3, 1954, S. 403 bis 409). – G. Rudolph, *Studien zur dichterischen Welt A. v. A.s*, Bln. 1958 (QFgV, N. F. 1). – B. v. Wiese, *A. v. A.: »Der tolle Invalide auf dem Fort Ratonneau«* (in B. v. W., *Die deutsche Novelle von Goethe bis Kafka*, Bd. 2, Düsseldorf 1962, S. 71–86; Nachdr. 1986). – M. Lawrence u. I. H. Washington, *The Several Aspects of Fire in A. v. A.s »Der tolle Invalide«* (in GQ, 37, 1964, S. 498–505). – H. Himmel, *A. v. A.s »Toller Invalide« u. die Gestalt der dt. Novelle. Versuch einer literaturwiss. Grundlegung*, Linz 1967. – F. Lösch, *Psychology, Religion and Myth in*

A.s »Der tolle Invalide auf dem Fort Ratonneau« (in New German Studies, 5, 1977, S. 75–90).

CLEMENS BRENTANO

* 9.9.1778 Ehrenbreitstein / Koblenz
† 28.7.1842 Aschaffenburg

LITERATUR ZUM AUTOR:
J. B. Diel u. W. Kreiten, *C. B. Ein Lebensbild nach gedruckten u. ungedruckten Quellen*, 2 Bde., Freiburg i. B. 1877/78. – O. Mallon, *B. Bibliographie (C. B., 1778–1842)*, Bln. 1926; Nachdr. Hildesheim 1965. – W. Pfeiffer-Belli, *C. B. Ein romantisches Dichterleben*, Freiburg i. B. 1947. – W. Migge, *C. B. Leitmotive seiner Existenz*, Pfullingen 1968. – E. Tunner, *C. B. (1778–1842). Imagination et sentiment religieux*, 2 Bde., Paris 1977. – K. Feilchenfeldt, *B. Chronik. Daten zu Leben u. Werk*, Mchn. 1978. – *C. B. 1778–1942*, Hg. D. Lüders, Ffm. 1978 (Ausst.-Kat.). – *C. B. Beiträge des Kolloquiums im Freien Dt. Hochstift 1978*, Hg. D. Lüders, Tübingen 1980. – J. F. Fetzer, *C. B.*, Boston 1981 (TWAS). – H. Kastinger Riley, *C. B.*, Stg. 1985 (Slg. Metzler).

DAS LYRISCHE WERK von Clemens BRENTANO.
Mehr als tausend Gedichte hat Clemens Brentano hinterlassen, knapp ein Drittel nur wurde davon zu seinen Lebzeiten gedruckt. Die in eigenhändigen Manuskripten und Abschriften unter den Freunden kursierenden Texte waren vermutlich zahlreicher als die Drucke, zumal Brentano in den städtischen Salons und den Freundschaftsbünden des frühen 19. Jh.s als ein durch Erfindungsreichtum und satirisch-witziges Talent brillierender Rezitator bekannt und sogar berüchtigt gewesen ist. Einer Sammelausgabe seiner Lyrik hat er sich zeitlebens verweigert, da ihm das Gedicht nur im lyrischen Gespräch (mit der Geliebten, mit den Freunden, mit der Zeit) lebendig und mitteilenswert erschien. Es sollte, den von ihm und Achim von ARNIM gesammelten und »restaurierten« alten deutschen Liedern ähnlich, zersungen und situationsgerecht abgewandelt, in den Herzen und den Ohren jener Menschen klingen, denen es zugedacht war. Das in Brentanos Lyrik somit absolut dominierende Liebesgedicht ist häufig als die individuelle Abwandlung der Handwerker-, Soldaten-, Studenten- und Bauernlieder zu verstehen, die von ihm und Arnim in *Des Knaben Wunderhorn* gesammelt wurden, weil sie von der Kultur der Wanderschaft, von einer mündlich noch lebendigen Tradition zeugten, welche seit dem Ende des 18. Jh.s von der sich ausbreitenden Lesekultur verdrängt wurde. Die Romantik hat – wie es Theodor W. ADORNO nach KIERKEGAARD formulierte – *»an jedem Erlebnis die Taufe der Vergessenheit vollzogen und es der Ewigkeit der Erinnerung geweiht«*; Untergänge also wurden von Brentano in Poesie verwandelt, Vergessenes wurde in der als ein kollektives Menschheitsgedächtnis verstandenen Poesie über die Jahrhunderte hinweg gerettet. Mit der großen melancholischen Geste, die aus dem 18. Jh. tief in das 19. hineinreicht, hat Brentano versucht, den Abgrund zwischen dem Ich-Ideal und der Wirklichkeit durch vielstrophige, sich fieberhaft, wie von selbst weiterdichtende und oft genug in satirischer Dissonanz abgebrochene Gedichte zu schließen.

Funktion

Als integrativer Teil einer in Poesie und durch Poesie lebenden Existenz sind die meisten Gedichte Brentanos so in Kontexte (das heißt in Briefe, Romane, Erzählungen, Märchen, Deklamations-Dramen, Nachrufe etc.) verflochten, daß sie nicht ohne Funktionsänderung daraus gelöst und gleichsam autonomisiert werden können. Und doch haben schon Brentanos Freunde, seine Schwester Bettine von ARNIM und in großem Ausmaß die Erben seines Nachlasses mit dem Prozeß dieser Autonomisierung begonnen, der zum Bild des Lyrikers Brentano als eines Vorläufers von Surrealismus und Symbolismus ebenso beigetragen hat, wie zu dem verfälschenden Bild des genialen Improvisators, des Autors von Solfeggien und bloßen Wort- und Klangspielen. Seine Gedichte hat Brentano zwar als die erloschenen Denksteine der Liebe gekennzeichnet (*An des Hauses kleiner Türe*, 1817), doch begründet der Glaube, daß aus der erinnernden Beschwörung vergangener Liebe die neue beständige Liebe entstehen könne, die in stets gleicher Grundfigur sich wiederholende *»eigentümliche Periodizität«* (F. W. Wollenberg) dieses lyrischen Werkes. Und abermals ergeben sich dabei Parallelen zur Sammeltätigkeit der »Herzbrüder« Arnim und Brentano; denn im gleichen Maße, in dem die Romantiker Motive, Themen, Requisiten und Formen der Volksüberlieferung in ihre Texte aufgenommen haben, versuchten sie, durch die kunstvolle Konstruktion eines Volksliedtones Gedichte und Lieder der literarischen Moderne ihrer Zeit (der Klassik und der Romantik) im Volke heimisch zu machen. GOETHES Gedichte sollten, nach Arnims Wunsch, dem Volk so vertraut werden, wie es einst das Volksbuch vom Kaiser Oktavianus gewesen sei. Brentano sang daher auf seiner Gitarre (angeblich der ersten in Deutschland hergestellten), oft zu selbstkomponierten Melodien, eigene Lieder, Lieder der Freunde und immer wieder Goethes *König von Thule* mit der charakteristisch abgewandelten Eingangszeile: *»Ich bin ein König in Thule«*.

Jugendlyrik

Die Jugendlyrik Brentanos, die, nach tastenden und vorlagen-gebundenen Versuchen im Stile

SCHILLERS und des Göttinger Hains, mit vollem Klang um 1798/99 einsetzt, endet nach übereinstimmender Forschungsmeinung mit deutlicher Zäsur im Jahre 1803, dem Jahr der Eheschließung mit Sophie Mereau. Ihr Herzstück sind die Gedichte des Werbens um die Liebe Sophies, deren eigener Dichtung ihr Mentor Schiller *»eine gewisse Innigkeit und zuweilen selbst eine Würde des Empfindens«* nicht absprechen konnte. In dieser Begegnung kommt es erstmals in Brentanos Werk zu jenem dialogisch-lyrischen Spiel, das er von nun an immer wieder gesucht und nur selten (bei Bettine, bei Achim von Arnim und Luise Hensel) gefunden hat. Im übersteigerten Enthusiasmus der Entdekkung überständischer Individualität und ihrem Ausdruck, der Liebessprache, als Mittel zur Entdeckung der Tiefenperson, bleibt (auch und gerade im Rollenspiel von Brentanos Lyrik) die spezifisch romantische Geschlechtsrolle erhalten: *»Der Mann liebt die Liebe, die Frau liebt den Mann«* (N. Luhmann). So kristallisieren sich an die Sophien-Gedichte (*Süßer Mai; O Mutter halte dein Kindlein warm*, 1803) jene Lieder an, die erst Bettine in *Clemens Brentano's Frühlingskranz* (1844) in eigenen Bearbeitungen veröffentlichte (u. a. *Es stehet im Abendglanze*, 1803), die Sonette an Minna Reichenbach (1800) und das Echospiel mit der Lyrik Achim von Arnims, in dessen Umkreis die berühmten Gedichte *Der Spinnerin Nachtlied* (1802) und *Der Jäger an den Hirten* (1803) entstanden sind. In der Mehrzahl dieser Gedichte erscheinen *»die unnatürlichen Geschwister Schönheit und Leiden«* (Brentano), weil sich in ihnen die schon von Friedrich SCHLEGEL beschriebene Paradoxie romantischer Erotik durchsetzt: *»die Erfahrung der Steigerung des Sehens, Erlebens, Genießens durch Distanz«* (N. Luhmann). Die Erfahrung erfüllter Liebe und die des Todes, das dem Leben innig Vertraute und das ihm absolut Fremde, sind in dem Experiment vereint, die Extreme der großen Passion auszuloten (*Wie war dein Leben*, 1800; *Verzweiflung an der Liebe in der Liebe*, 1802). So wird die Liebe Objekt einer distanzierenden Sehnsucht, die Geliebte wird fremd und dämonisch. Brentano hat in der Gestalt der Loreley, der von einem Manne verführten und dann verlassenen Frau, die in ihrer trauernden Schönheit von nun an den Männern zum Verhängnis wird, jenen Mythos der Erotik geschaffen, der bis in die Dämonisierung der Femme fatale (in Literatur und bildender Kunst der Wende vom 19. zum 20. Jh.) hinein nachgewirkt hat (*Zu Bacharach am Rheine*, 1800).

Dirnenpoesie

Brentanos Briefe an Sophie Mereau sind als Prosagedichte zu lesen, da er in Sophie ein *»Traumbild«* liebte und ihren Namen *»wie eine Bannformel... gegen das schwere prosaische Leben«* aussprach. Nach Sophies Tod (1806) aber setzte seine zweite Frau, Auguste Bußmann, Entführung, Hochzeit und die immerwährende Öffentlichkeit des Geschlechterkampfes in dieser Ehe wie einen albernen Roman in Szene, so daß sich der drohende Verlust von Individualität und Identität in Brentanos Lyrik seit 1806 auch im Fluch über die Liebessprache manifestiert, in der Liebesglück und Trauer imaginiert sind. Aus der Banalität seiner Ehe-Hölle floh Brentano zu HÖLDERLIN (*In dir ringelt die Träne*, 1813), zu Philipp Otto RUNGE (*Du Herrlicher*, 1810) und zu BEETHOVEN (*Nachklänge Beethovenscher Musik*, 1814), die ihm das Gefühl gaben, *»daß er das Paradies, das er im entheiligten Irdischen verloren hatte, in der Dichtung wiedererlangen könne«* (W. Rehm). Die Erfahrung dieser Ehe aber vestärkte die Gewißheit von Distanz und Fremdheit der Geschlechter und wandelte das Vertrauen auf die Festigkeit der durch Sprache gegründeten Paradiese in die Entfremdung gegenüber allem Ausdruck und zumal gegenüber der Fülle von Reim und Wohlklang der Poesie. So sind Brentanos Gedichte im Jahrzehnt zwischen 1806 und 1815 von Bildern der Entfremdung erfüllt, in denen die Liebe unter den Gestalten der Sklavin, der Zigeunerin, der Einsiedlerin, der Undine und der Hure erscheint. Die Dirnengedichte dieser Jahre (*Ich träumte hinab*, 1812; *Ich kenn' ein Haus*, 1816), in der Schwebe zwischen der Faszination durch die Sexualität und dem Fluch über den Exzeß der Körperlichkeit und ihre Reizmittel (*Wohlan! so bin ich deiner los*, 1812), beschreiben nicht so sehr die persönliche und die soziale Sexualnot, als vielmehr die verführerische Kraft poetischen Sprechens.

Neupietismus

In steilem Anstieg wiederholt sich die Lebenskurve von Liebeswerben, lyrisch vorweggenommener Erfüllung und Umlenkung der enttäuschten Liebe auf Kunst und Religion in Brentanos Begegnung mit der protestantischen Pfarrerstochter Luise Hensel (im Herbst 1816 in Berlin). Diese Begegnung traf zusammen mit der zeittypischen Krise der Autonomieästhetik und der Entdeckung der Religion als einer Lebensmacht im Umkreis des Berliner Neupietismus und der von Brentano an diesen Kreis vermittelten psychischen Erfahrungen der oberdeutschen Erweckungsbewegung. Die bis zu Theodor FONTANE und Ernst WIECHERT (im Spannungsfeld »innerer Emigration«) nachwirkenden Erweckungsgedichte (des Glaubenswunders in *Die Gottesmauer*, 1816, oder der zinzendorfischen Blutmystik im *Frühlingsschrei eines Knechtes aus der Tiefe*, 1816) entstanden in der Not der Inspirationskrise vor der Begegnung mit Luise Hensel; ihre zart-pietistischen Gebetsgedichte hat Brentano, mit dem entschiedenen Willen zu religiöser und erotischer Überwältigung so überformt, daß Luise Hensel später eine Entmischung der Arbeitsanteile nicht mehr gelungen ist. In der Art eines poetischen Tagebuches entstand zwischen Herbst 1816 und Sommer 1818 ein Strauß erotisch-religiöser Gedichte, in denen die von Brentano erstrebte Konversion Luise Hensels zum Katholizismus schon bald als Zeichen des Liebes-Einverständnisses fungiert (u. a. *Warum er mich verlassen*, 1818). Den Ton der Erweckungslyrik hat Brentano meisterhaft aus barocken Vorlagen (u. a.

aus HEERMANN, SPEE, ANGELUS SILESIUS) adaptiert und in der Mischung von erotischer und religiöser Inbrunst fortentwickelt. In diesen Gedichten ist die Bildlichkeit der Elementarmythik (Feuer- und Wassermetaphorik) mit der des *Alten Testaments* verschwistert (u. a. *Ich bin durch die Wüste gezogen*, 1816), mischt sich die Sprache des *Hohen Liedes* mit Zitaten aus der geistlichen Lyrik des NOVALIS, wird der tränenreiche Ton »heiliger Wehmut« vom Überdruß an pietistischer Glaubensergebung gebrochen, so daß Brentano den stärkenden Refrain *»Sang das fromme Mütterlein«* (in *Die Gottesmauer*) bei einem Vortrag satirisch in *»Sang das dumme alte Weib«* verkehrte. Casualgedichte hat Brentano als Gebete maskiert (z. B. *Vor dem ersten Aderlaß, am Tage vor dem Abendmahl*, 1817/18) und Liebeslieder in geistlicher Kontrafaktur der neuen Werkphase anverwandelt (u. a. *Die Erde war gestorben*, 1817). Die Luisen-Lyrik endet mit einem Büchlein, in das Brentano seit Mai 1819, auf Wunsch Luise Hensels, seine Liebeslieder einzutragen (und zu kommentieren) begann; die Abschrift bricht ab, als er in den Stigmata Anna Katharina Emmericks im westfälischen Dülmen jene Liebeswunden, die er zeitlebens imaginiert hatte (und von denen er sich selbst stigmatisiert glaubte), leibhaftig vor sich sah. Für die Zeitgenossen aber war der Dichter Brentano für nahezu zwanzig Jahre verschollen.

Münchener Romantik

Die »Lebensaufgabe«, der sich Clemens Brentano im westfälischen Dülmen gegenübersah, aus den Visionen Anna Katharina Emmericks ein großes religiöses Weltepos zu gestalten (in das die romanartige Trilogie eines *Lebens Jesu* eingebettet sein sollte), hat all seine poetischen Kräfte auf die rund 16 000 Manuskriptseiten dieses Prosawerkes gelenkt. Erst als er 1833 in München der Malerin und Kunstsammlerin Emilie Linder begegnete, wiederholte sich letztmals die seit der Sophien-Zeit bekannte Werksituation, entstand (zwischen 1834 und 1837, beginnend mit *Wo schlägt ein Herz* und *Danke, danke, süße Feder*, Januar 1834) nochmals ein poetisches Tagebuch großer erotischer Gedichte. Das Ereignis der Emilien-Lyrik, mit welcher der knapp sechzigjährige Brentano um die Liebe der vierzigjährigen Malerin warb, blieb selbst dem engeren Freundeskreis des Dichters lange Zeit verborgen, so daß es nach Brentanos Tod zu einem makabren Streit zwischen Luise Hensel und Emilie Linder um die Adresse vieler dieser Gedichte kam. Brentano nämlich gestaltete die neuen Liebesgedichte aus Versatzstücken der Frühlyrik (z. B. *In Lieb? – In Lust?* in der für Emilie Linder begonnenen Fortsetzung von Hölderlins *Die Nacht*; eventuell auch *Alhambra. Am Vorabend des Advents*, 1839), besonders häufig aus Vorlagen der Luisen-Lyrik (u. a. *Pilger! all der Blumenschein*, 1817/1834; *Einsam will ich untergehn*, 1817/1834; *O du lieber wilder Regen*, 1817/1834; *Es scheint ein Stern vom Himmel*, 1818/1834) und warb nochmals wie um die Liebe, so auch um das Liebeszeichen der religiösen Konversion. Der nazarenische, das Diminutiv bevorzugende Ton dieser Gedichte verdeutlicht das von Emilie Linder beeinflußte Interesse Brentanos an nazarenischer Malerei im München König Ludwigs I., doch ist der Kern der Emilien-Lyrik – wie die Luisen-Lyrik um die Entdeckung des geistlichen Barockgedichtes – um die Entdeckung der galanten Barockpoesie zentriert, um ihre Themen, Formen und Bilder, so daß als Kennvers dieser emblematisch verschlüsselten Alterslyrik der von ungezählten Interpreten umrätselte Spruch gilt:

»O Stern und Blume, Geist und Kleid,
Lieb, Leid und Zeit und Ewigkeit.«

Gerade die Altersgedichte Brentanos aber haben (seit WOLFSKEHL) in ihrer litaneiartigen Unabschließbarkeit (z. B. *O Traum der Wüste* aus den unveröffentlichten Teilen der *Marina*-Legende, 1838) und dem prävalenten Entstellungsverfahren (u. a. in *Wenn der lahme Weber träumt*, 1837) die literarische Moderne so fasziniert, daß Hans Magnus ENZENSBERGER das *»erotische Genie«* Brentano zum Ahnherrn der modernen Dichtersprache deklariert hat.

Modernität

Modern aber ist Brentanos Lyrik nicht nur wegen der darin angewandten poetischen Verfahren, mit denen der Dichter experimentierte, sondern auch deshalb, weil er bewußt ein Dichter der Stadt gewesen ist, der sich poetisch jene von KANT und SCHILLER beschriebene Freiheit des Vernunftsubjekts zugeeignet hat, welche durch die Entfremdung von der Natur, auch des eigenen Leibes, erkauft werden mußte. Daß es bei Brentano Naturgedichte, im Sinne GOETHES und EICHENDORFFS etwa, nicht gibt, daß nahezu alle seine Gedichte aus kulturellem Stoff gebildet wurden, ist nur ein Charakteristikum dieser Modernität. In Brentanos Gedichten sind Mond und Sonne, Wald und Fluß Zitate aus einem literarischen Kosmos, der sich von der Volkstradition über mittelalterliche und frühneuzeitliche Vorlagen bis zur Kunst seiner Gegenwart (zu SCHILLER, GOETHE, HÖLDERLIN, JEAN PAUL, NOVALIS, TIECK, die Brüder SCHLEGEL, ARNIM, GÖRRES etc.) erstreckt und sich in seinen Gedichten tausendfältig spiegelt. Nicht zufällig komponiert Adrian Leverkühn in Thomas MANNS *Doktor Faustus* Brentano-Gesänge; Thomas Mann erschien die Obsession des Künstlers durch Liebe, Kunst und Tod zutiefst der Romantik zugehörig, in welcher sich *»das vollendetste Kunstwerk als synthetisches Produkt von ›äußerster Kalkulation, zugleich rein expressiv‹«* (J. Fetzer) herstellte. So gehört Brentano nicht zu den großen Landschaftsdichtern des 19. Jh.s, die – mit EICHENDORFF beginnend – die verlorene Nähe zur Natur ästhetisch einzuholen versuchten; er gehört zu jenen die literarische Moderne (seit der letzten Jahrhundertwende) prägenden Dichtern, welche die entfremdete Natur nur noch in der Leiblichkeit des Menschen erfahren konnten, diese Leiblichkeit aber poetisch als fremd betonten, weil sie dem Übermaß ästhetischer Kompensation mißtrauten. W.Fr.

Ausgaben: *Geistliche Lieder / Weltliche Gedichte* (in *GS*, Hg. Chr. Brentano, Ffm. 1852, 9 Bde., 1/2; Nachdr. Bern 1970). – *Gedichte*, Hg. W. Frühwald, Reinbek 1968 (nach den Hss. u. Erstdr. ausgewählt; m. Anh. u. Bibliogr.; RKl). – *Werke*, Bd. 1, Hg. W. Frühwald, B. Gajek u. F. Kemp, Mchn. ²1978 [m. Bibliogr.]. – *Gedichte*, Hg. H. Schultz, Aschaffenburg 1979. – *Der andere B.*, Ffm. 1985 [Ausw., Einl. u. Komm. H. Boetius].

Literatur: H. Jaeger, *C. B.s Frühlyrik. Chronologie u. Entwicklung*, Ffm. 1926. – R. Guignard, *Chronologie des poésies de C. B. Avec un choix de variantes*, Paris 1933. – E. Staiger, *Die Zeit als Einbildungskraft des Dichters. Untersuchungen zu Gedichten von B., Goethe u. Keller*, Zürich ²1953. – W. Rehm, *B. u. Hölderlin* (in W. R., *Begegnungen u. Probleme. Studien zur dt. Literaturgeschichte*, Bern 1957, S. 40–88). – H. M. Enzensberger, *B.s Poetik*, Mchn. 1961. – W. Fraenger, *C. B.s Alhambra. Eine Nachprüfung*, Amsterdam ²1964. – W. Killy, *Wandlungen des lyrischen Bildes*, Göttingen ⁴1964. – F. W. Wollenberg, *B.s Jugendlyrik. Studien zur Struktur seiner dichterischen Persönlichkeit*, Diss. Hbg. 1964. – B. Gajek, *Homo Poeta. Zur Kontinuität der Problematik bei C. B.*, Ffm. 1971. – L. Zagari, *›Paradiso‹ artificiale e ›sguardo elegiaco sui flutti‹. La lirica religiosa di B. e la periodizzazione del romanticismo*, Rom 1971. – G. Schaub, *Le Génie Enfant. Die Kategorie des Kindlichen bei C. B.*, Bln./NY 1973. – J. F. Fetzer, *Romantic Orpheus. Profiles of C. B.*, Berkeley u. a. 1974. – K. Feilchenfeldt u. W. Frühwald, *C. B.: Briefe u. Gedichte an Emilie Linder. Ungedruckte Hss. aus dem Nachlaß v. Johannes Baptista Diel SJ* (in FDH, 1976, S. 216–315). – W. Frühwald, *Das Spätwerk C. B.s (1815–1842). Romantik im Zeitalter der Metternich'schen Restauration*, Tübingen 1977. – O. Seidlin, *Von erwachendem Bewußtsein u. vom Sündenfall. B. – Schiller, Kleist, Goethe*, Stg. 1979. – U. Matthias, *Kontextprobleme der Lyrik C. B.s. Eine Studie über die Verseinlagen in »Godwi«*, Ffm./Bern 1982. – N. Luhmann, *Liebe als Passion. Zur Codierung von Intimität*, Ffm. ²1983. – G. Brandstetter, *Erotik u. Religiosität. Eine Studie zur Lyrik von C. B.*, Mchn. 1986. – M. Janz, *Marmorbilder. Weiblichkeit u. Tod bei C. B. u. H. v. Hofmannsthal*, Königstein/Ts. 1986.

DIE CHRONIKA DES FAHRENDEN SCHÜLERS

Fragment einer erzählenden Dichtung von Clemens Brentano, in einer gekürzten und überarbeiteten Fassung unter dem Titel *Aus der Chronika eines fahrenden Schülers* erschienen 1818. – Das erst im 20. Jh. im elsässischen Trappistenkloster Ölenberg entdeckte Originalmanuskript wurde 1923 erstmals veröffentlicht. Es enthält einen handschriftlichen Vermerk Brentanos: *»Altes erstes Manuskriptfragment von der Chronika des fahrenden Schülers, dessen begonnene Umarbeitung in Sängerfahrt ... steht.«*

»In dem Jahr, da man zählte nach Christi unsers lieben Herrn Geburt 1358 im lieblichen Monat Mai« erwacht, am Morgen seines zwanzigsten Geburtstages, Johannes, der bis dahin als bettelnder Schüler durch die Lande gezogen war, in einer völlig neuen Umgebung: am Abend zuvor hatte ihn der Ritter Veltlin von Türlingen als Schreiber in sein Straßburger Haus aufgenommen. Im Lauf dieses Tages nun erzählt Johannes seinem neuen Herrn seine Kindheitsgeschichte, den Anfang der traurigen Liebesgeschichte seiner Mutter, die als einfaches Mädchen einen Ritter liebte, Episoden aus seiner Wanderzeit und die Parabel von dem Wunderspiegel, der seinen Erfinder zur Hoffart verführte und ihn mitsamt der ganzen Stadt ins Verderben riß. Die Erzählungen werden immer wieder unterbrochen: Johannes lernt die drei Töchter des Ritters kennen, und Gespräche über die Kunst sowie erbauliche Betrachtungen sind eingeschoben, in denen leitmotivisch die Reflexion über die Vergänglichkeit des Lebens wiederkehrt. Am Abend liest der Schüler aus einem alten Buch das Märchen *Vom traurigen Untergang zeitlicher Liebe* vor, an dessen Ende der Text abbricht. Im Vorwort seiner Ausgabe von 1818 notiert Brentano, daß die Erzählung mit der Abreise des Schülers und der *»Versorgung«* der Töchter des Ritters enden sollte. Allerdings unterscheidet sich die 1818 veröffentlichte Erzählung von der Urfassung wesentlich: sie besteht lediglich aus dem Anfang der Rahmenerzählung und der ersten, erweiterten Einlagengeschichte.

1803, kurz nach Vollendung seines *»verwilderten Romans« Godwi* begann Brentano mit der Arbeit an der *Chronika*, die sich – oft unterbrochen – bis 1810 hinzog. Bedeutsamer als manche anderen autobiographischen Bezüge des Werkes ist die »Selbstspiegelung« des Dichters in der Gestalt des *»schönen Bettlers«* im Märchen *Vom traurigen Untergang zeitlicher Liebe*. Dieser unheilvoll schöne Jüngling, unfähig zu *»alle dem, was man so unter den Leuten arbeiten nennt«*, lebt auf einer Klippe, wo der *»Perlengeist«* haust, der alle *»zeitlich«* Liebenden in tödliche Meerestiefe lockt. Selber ein Sohn der Sirene und eines biederen Fischers, *»zersang«* der *»schöne Bettler«* die Lockgesänge des Geistes *»mit unaussprechlicher Kunst«*, so daß er die *»Verirrten zum Guten verführte«*. Freilich zeichnet er auch die Lieder des Perlengeistes auf, verfällt so selbst der Hoffart und stirbt *»in Sünde«*. Hier haben geheime Wunschvorstellungen und eine bittere Abrechnung Brentanos mit sich selbst Ausdruck gefunden, und so gibt dieses kostbare, mit Märchenmotiven und Anklängen an die *Offenbarung des Johannes* durchsetzte Prosastück wichtige Hinweise auf sein Selbstverständnis als Dichter: *»Lehrend soll sein ... alle wahre Kunst«* und ruhelos *»schweben«* zwischen *»Himmel und Erde«*.

Der Text schließt damit an Schlegels Konzept der romantischen Universalpoesie an, die das Gan-

ze der Wirklichkeit in der Poesie zu erfassen strebt; neuere Arbeiten zu Brentanos Erzählung konnten zeigen, daß ihre thematische Verschränkung durch eine formale Einheit des Textgefüges von *»streng spiegelbildlicher Symmetrie«* (M. Huber) getragen wird.
Die mittelalterliche Kulisse des Textes hat verfremdende Funktion, Bezüge zu HARTMANN VON AUES *Der arme Heinrich* sowie zur älteren *Limburger* sowie zur *Straßburger Chronik* lassen sie ebenso nachweisen wie Parallelen zum *Godwi* und zu den *Romanzen* Brentanos. Unter den wenigen Verseinlagen findet sich das berühmte, schon 1802 für Sophie Mereau gedichtete Nachtigallenlied: *»Es sang vor langen Jahren / Wohl auch die Nachtigall ...«.*
V.H.

AUSGABEN: Bln. 1818 (*Aus der Chronika eines fahrenden Schülers* in *Die Sängerfahrt. Eine Neujahrsausgabe für Freunde der Dichtkunst und Mahlerey*, ges. v. F. Förster, S. 234–258; Faks. Heidelberg o. J. [1970; Nachw. S. Sudhoff]). – Ffm. 1852 (in *GS*, Hg. Chr. Brentano, 9 Bde., 1852–1855, 4; Nachdr. Bern 1970). – Lpzg. 1923 (Urfassung; *Die Chronika des fahrenden Schülers*, Hg. u. Nachw. J. Lefftz). – Mchn. 1963 (in *Werke*, Hg. F. Kemp, 4 Bde., 1963–1968, 2; ³1980). – Stg. 1971 (RUB; Nachw. E. Stopp).

LITERATUR: R. Sprenger, *Zu B.s »Aus der Chronika eines fahrenden Schülers«* (in ZfdU, 17, 1903, S. 315 ff.). – A. Walheim, *B.s »Chronika eines fahrenden Schülers«* (in ZfÖG, 63, 1912, S. 289 ff.). – H. Cardauns, *Wann entstand B.s »Chronica eines fahrenden Schülers«?* (in Hist.-polit. Blätter, 157, 1916). – E. Stopp, *B.'s »Chronika« and Its Revision* (in *Sprache u. Bekenntnis. H. Kunisch zum 70. Geburtstag*, Hg. W. Frühwald u. G. Niggl, Bln. 1971, S. 161–184). – A. Kathan, *Die »Chronika des fahrenden Schülers«. Zum Erzählproblem bei B.* (in LJb, 13, 1972, S. 181–215). – M. Huber, *C. B.: »Die Chronika des fahrenden Schülers«. Eine Analyse der Figurenkonstellation u. der kompositorischen Prinzipien der Urfassung*, Bern 1976. – G. Kluge, *C. B.s Erzählungen aus den Jahren 1810–1818. Beobachtungen zu ihrer Struktur u. Thematik* (in *C. B. Beiträge des Kolloquiums im Freien Dt. Hochstift 1978*, Hg. D. Lüders, Tübingen 1980, S. 102–134).

GESCHICHTE VOM BRAVEN KASPERL UND DEM SCHÖNEN ANNERL

Novelle von Clemens BRENTANO, erschienen 1817. – Dem Dichter soll die Mutter seiner Freundin Louise Hensel zwei wahre Begebenheiten erzählt haben, die einer Kindestötung und die vom Selbstmord eines Unteroffiziers. Beide Geschichten, die vielleicht aber auch auf Volkslieder zurückgehen (H. Rölleke), sowie Motive aus dem Gedicht *Weltlich Recht (Des Knaben Wunderhorn)* verschmolz Brentano unter dem Leitmotiv der Ehre in seiner Novelle, die er innerhalb von vier Tagen niederschrieb.
Die Ehrsucht nämlich hat das Leben der beiden jungen Menschen zerstört, von denen die steinalte Bäuerin erzählt, als ihr der Dichter in *»einer kühlen Nacht, welche von fernen Gewittern zu uns herwehte«* tröstend Gesellschaft leistet. Die ganz auf das Jenseits gerichtete Frömmigkeit und die Würde der Alten ergreifen den jungen Erzähler derart, daß er es scheut, sich ihr als Schriftsteller vorzustellen – hier äußert sich Brentanos eigene zwiespältige Auffassung vom »Beruf« des Dichters –, sondern behauptet, er sei *»Schreiber«*, worauf ihn die Frau bittet, ihr eine Petition an den Herzog aufzusetzen, da *»zwei Liebende beieinander ruhen sollen«*. Zunächst in dunklen Andeutungen, dann immer klarer und gedrängter, erzählt sie von ihrem Enkel, dem Ulanen Kasper, der ihr Patenkind Annerl liebte und dessen Ehrgefühl so übertrieben war, daß ihn die Großmutter häufig mahnen mußte: *»Gib Gott allein die Ehre!«* Vor wenigen Tagen nun waren ihm, als er auf Urlaub kam, vom eigenen Vater und Stiefbruder Pferd und Felleisen geraubt worden. Aus Pflichtgefühl überlieferte er beide dem Gericht und erschoß sich dann am Grab der Mutter, weil er es nicht ertrug, eines Diebes Sohn zu sein. In seinem Abschiedsbrief bat er um ein ehrliches Begräbnis. – Wie ihm, so wurde auch Annerl die Ehrsucht zum Verhängnis. Sie war, während Kasper im Felde stand, in der Hauptstadt als Magd tätig. Da sie lang nichts von ihm gehört hatte, gab sie schließlich einem adeligen Verführer nach und erstickte, um der Schande zu entgehen, ihr Kind nach der Geburt. Doch den Namen des treulosen Vaters gab sie vor Gericht nicht preis. An diesem Morgen nun soll sie hingerichtet werden. Nachdem die Bäuerin geendet hat, verspricht ihr der erschütterte Dichter, beim Herzog für Annerl »Pardon« zu erflehen, aber die gläubige Alte, die lediglich ein christliches Begräbnis für die beiden Unglücklichen erwirken möchte, hält ihm entgegen: *»Hör' Er, lieber Freund, Gerechtigkeit ist besser als Pardon.«* Trotz der nächtlichen Stunde dringt der Erzähler zum Herzog vor, der unverzüglich einen Offizier, den Grafen Grossinger, mit der Begnadigung zum Richtplatz befiehlt. Doch der Graf kommt zu spät. An Annerls Leichnam bekennt er, selbst der Verführer zu sein, und vergiftet sich wenig später. Tief bewegt entschließt sich der Herzog, seine Geliebte, Grossingers Schwester, zu heiraten. Beim kirchlichen Begräbnis Annerls und Kaspers sinkt die Großmutter, deren letzter Wunsch erfüllt ist, dem Erzähler tot in die Arme. Das Grab wird mit den Allegorien der wahren und der falschen Ehre, der Gerechtigkeit und der Gnade geschmückt, die sich vor dem Kreuz beugen.
Die Ehre, die in individuellem, sozialem und religiösem Bezug gespiegelt erscheint, verbindet als Leitmotiv die drei Erzählungsstränge, deren geheimer Mittelpunkt die Gestalt der frommen Bäuerin ist, da sie allein weiß, daß die wahre Ehre Gott gebührt. Die rahmenartige Einführung, die zuletzt zeitlich mit dem berichteten Geschehen ver-

schmilzt, als der Erzähler, zunächst ebenso uneingeweihter Zuhörer wie der Leser, aus Mitleid in die Handlung eingreift, verstärkt die kunstvolle Dichte der Komposition. Dingsymbole, wie Kränze, Rosen, Schleier, das in Gegenwart der dreijährigen Annerl pendelnde Richtschwert, durchweben die Novelle und deuten, teils versöhnlich, teils magisch-bedrohlich, die Ereignisse. Kennzeichnend für die Spätromantik sind die ausgewogene Mischung realistischer und märchenhafter Elemente und die Einbeziehung der Poesie in das Leben. Kierkegaard trifft das Wesen der Erzählung mit den Worten: *»Es geht ... eine ernste Melancholie hindurch, eine Ahnung von der Macht des Bösen ... die jedes Zeitliche seinen Tribut an diese unbeugsame Macht zahlen läßt«* (*Tagebuch*, 1837). KLL

Ausgaben: Bln. 1817 (in *Gaben der Milde*, Hg. F.W. Gubitz, Bd. 2). – Bln. 1838. – Ffm. 1852 (in *GS*, Hg. Chr. Brentano, 9 Bde., 1852–1855, 4; Nachdr. Bern 1970). – Mchn. 1963 (in *Werke*, Hg. F. Kemp, 4 Bde., 1963–1968, 2; ³1980).

Literatur: B. v. Wiese, *C. B., »Geschichte vom braven Kasperl und dem schönen Annerl«* (in B. v. W., *Die dt. Novelle von Goethe bis Kafka*, Düsseldorf 1956, S. 64–78). – R. Alewyn, *B.s »Geschichte vom braven Kasperl und dem schönen Annerl«* (in *Gestaltprobleme der Dichtung. Fs. f. G. Müller*, Bonn 1957, S. 143–180; ern. in *Interpretationen. Dt. Erzählungen von Wieland bis Kafka*, Ffm. 1966, S. 101–150; überarb.; FiBü, 721). – H. Rehder, *Von Ehre, Gnade u. Gerechtigkeit. Gedanken zu B.s »Geschichte vom braven Kasperl und dem schönen Annerl«* (in *Stoffe, Formen, Strukturen, Studien zur dt. Literatur. Fs. f. H. H. Borcherdt*, Hg. A. Fuchs u. H. Motekat, Mchn. 1962, S. 315–330). – K. J. Heinisch, *C. B.: »Die Geschichte vom braven Kasperl u. dem schönen Annerl«* (in K. J. H., *Deutsche Romantik. Interpretationen*, Paderborn 1966, S. 64–75). – H. Rölleke, *Quellen zu B.s »Geschichte vom braven Kasperl u. dem schönen Annerl«* (in FDH, 1970, S. 244–257). – G. Kluge, *Vom Perspektivismus des Erzählens. Eine Studie über C. B.s »Geschichte vom braven Kasperl u. dem schönen Annerl«* (ebd., 1971, S. 143–197). – P. Horwath, *Über den Fatalismus in C. B.s »Geschichte vom braven Kasperl u. dem schönen Annerl«. Zur Psychologie der Novelle* (in GQ, 44, 1971, S. 24–34). – P. P. Schwarz, *B.s »Geschichte vom braven Kasperl u. dem schönen Annerl« im Zusammenhang seiner religiösen Wendung* (in Aurora, 32, 1972, S. 69–83). – M. Kauffmann, *»Die Geschichte vom braven Kasperl u. vom schönen Annerl« de C. B.* (in Romantisme, 1978, Nr. 20, S. 69–78). – R.-D. Koll, *Des Dichters Ehre. Bemerkungen zu B.s »Geschichte vom braven Kasperl u. dem schönen Annerl«* (in FDH, 1978, S. 256–290). – G. Kluge, *C. B.s Erzählungen aus den Jahren 1810–1818. Beobachtungen zu ihrer Struktur u. Thematik* (in *C. B. Beiträge des Kolloquiums im Freien Deutschen Hochstift 1978*, Hg. D. Lüders, Tübingen 1980, S. 102–134). 34). – Ders., *C. B. »Geschichte vom braven Kasperl ...«*, Mchn. 1979.

GOCKEL HINKEL GAKELEJA. Mährchen, wieder erzählt

Märchen von Clemens Brentano, erschienen 1838. – Die Urfassung, deren Handschrift erst in den zwanziger Jahren dieses Jahrhunderts aufgefunden und 1923 von Karl Viëtor publiziert wurde, trug den Titel *Gockel und Hinkel*; entstanden um 1815/16, fand es Eingang in den Zyklus *Italienische Märchen*, die Guido Görres 1846/47 unter dem Titel *Die Märchen des Clemens Brentano* herausgab. Brentano überarbeitete den Text ab 1835 und erweiterte ihn durch die einleitende *Herzliche Zueignung* sowie durch das abschließende *Tagebuch der Ahnfrau*. Das Hauptmotiv des *Gockel* entnahm Brentano der neapolitanischen Märchensammlung *Pentamerone* (1634–1636) von Giambattista Basile, daneben finden sich Bezüge zu Schiller, Hölderlin, zur *Alektryomantia* (1680) von Johann Praetorius sowie zu eigenen Werken wie der *Chronika des fahrenden Schülers*, der *Gründung Prags* und vor allem zahlreiche Motivparallelen zu *Das Märchen vom Komanditchen*. Die Verseinlagen stammen teilweise aus *Des Knaben Wunderhorn*.

Gockel, einst Hühnerminister des Königs von Gelnhausen, fällt in Ungnade und muß mit seiner Frau Hinkel von Hennegau und seiner Tochter Gackeleia im Hühnerstall des verfallenen Familienschloßes wohnen. Biblische Motive, wie die Vertreibung aus dem Paradies, und zeitgeschichtliche Anspielungen, wie die Entlassung des preußischen Reformministers Freiherr vom Stein, werden in dieser Ausgangskonstellation der Handlung deutlich. Gockels einziger Besitz ist, neben dem Huhn Gallina, der Hahn Alektryo, ein Nachkomme jenes Hahnes, der bei der Verleugnung Christi durch Petrus dreimal krähte; er trägt in seinem Kropf den Ring Salomos, wovon Gockel erfährt, als drei Juden ihm aus diesem Grund den Hahn ablisten wollen. Alektryo bittet daraufhin um den Opfertod; er läßt sich enthaupten, und sein Herr zaubert mit dem Ring ein Schloß herbei. Aber durch eine Sünde geht der Ring erneut verloren: Gockel hatte einst seiner Tochter Gackeleia verboten, mit Puppen zu spielen. Da schenkt einer der Juden ihr eines Tages eine lebendige Puppe, eine *»kleine Kunstfigur«*, und schmeichelt ihr dafür den Ring ab. Gokkel fällt mit seiner Familie wieder in Armut, und Gackeleia läuft fort; sie folgt ihrer Puppe durch den Wald. In der Puppe aber ist die Mäuseprinzessin Sissi gefangen, der Gackeleia zur Heimkehr in ihr Reich verhilft. Nun erobern die dankbaren Mäuse für Gackeleia den Ring zurück. Das Mädchen zaubert das Schloß wieder herbei, verwandelt sich selber in eine junge Dame und den kleinen Prinzen Kronovus – einen Königssohn, der ihr einst als Gemahl versprochen war – in einen jungen Mann. Mit ihrer Hochzeit endet das Märchen.

Dem Märchen vorangestellt ist eine *»Herzliche Zueignung«* an Marianne v. Willemer, eine Jugendliebe Brentanos (und Goethes Suleika), in der er den Motiven und Personen des Märchens autobiographischen Gehalt gibt, abgeschlossen wird es durch *Blätter aus dem Tagebuch der Ahnfrau*. Dessen Entstehung verlegt Brentano in das Jahr 1317, aber diese Zeitebene verschmilzt schließlich mit der des Märchens. Der Dichter selbst, das *»Büblein«*, hat mit Hilfe des salomonischen Rings das Tagebuch beendet, in dem die biblischen und zeitgeschichtlichen Bezüge des Märchens aufgehoben werden in einer christlichen Geschichtsphilosophie, die den Weg der Menschheit als Verlust und Wiedergewinnung eines paradiesischen Zustandes zeichnet. Brentano hat damit einen Rahmen geschaffen, *»in dem weltliche (das Märchen) und geistliche (das Tagebuch) Poesie sich als Elemente einer leidvollen ›poetischen Existenz‹ durchdringen«*, woraus eine *»neue Kunstform«*, der *»autobiographisch akzentuierte, märchenhafte Arabesken-Roman«* (Frühwald/Kemp) entstand. Das *Tagebuch* war lange als Indiz für eine Krise Brentanos nach seiner Konversion zum Katholizismus gesehen worden, die neuere Forschung konnte jedoch die strenge symmetrische Komposition dieses Textes und die strukturelle Verwandtschaft mit der *Chronika des fahrenden Schülers* nachweisen. V.H.-KLL

AUSGABEN: Ffm. 1838. – Stg./Tübingen 1847 (in *Die Märchen*, Bd. 2; Urfassg.). – Ffm. 1852 (in *GS*, Hg. Chr. Brentano, 9 Bde., 1852–1855, 5; Nachdr. Bern 1970). – Mchn./Lpzg. 1917 (in *SW*, Hg. C. Schüddekopf, 1909–1917, Bd. 12/1: Urfassg. u. Bd. 12/2, Hg. R. Benz; hist.-krit.). – Mchn. 1965 (in *Werke*, Hg. F. Kemp, 4 Bde., 1963–1968, 3; [2]1978).

LITERATUR: W. Schellberg, *Untersuchung des Märchens »Gockel, Hinkel und Gackeleia« und des »Tagebuchs der Ahnfrau« von C. B.*, Diss. Münster 1903. – W. Frühwald, *Das verlorene Paradies. Zur Deutung von C. B.s ›Herzlicher Zueignung‹ des Märchens »Gockel, Hinkel und Gackeleia«* (in LJb, 3, 1962, S. 113–192). – Ch. Holst u. S. Sudhof, *Die Lithographien zur ersten Ausgabe von B.s Märchen »Gokkel, Hinkel und Gackeleia«* (ebd., 6, 1965, S. 140–154). – O. Seidlin, *Wirklich nur eine schöne Kunstfigur? Zu B.s »Gockel«-Märchen* (in Texte u. Kontexte, 1973, S. 235–248). – L. O. Frye, *The Art of Narrating a Rooster Hero in B.'s »Das Märchen von Gockel und Hinkel«* (in Euph, 72, 1978, S. 400–420).

GODWI ODER DAS STEINERNE BILD DER MUTTER. Ein verwilderter Roman von Maria

Roman von Clemens BRENTANO, erschienen in zwei Bänden 1801. – Der Autor bedient sich in diesem 1798 bis 1801 entstandenen Roman einer erzählerischen Technik, die dem von Friedrich SCHLEGEL geforderten romantischen Prinzip der autonomen Subjektivität, der schweifenden Willkür und der Ironie als des *»klaren Bewußtseins der ewigen Agilität, des unendlich vollen Chaos«* (*Ideen*, Nr. 69, in ›Athenäum‹, 3, 1800) auf bezeichnende Weise entspricht: Der erste Teil des *Godwi* ist als Briefroman angelegt, der zweite gibt diese Briefsammlung als weitgehend freie Redaktion eines jungen Autors namens Maria aus, der zudem die Bekanntschaft des wichtigsten Briefpartners im ersten Teil, Godwi, macht und mit dessen Hilfe den zweiten fertigzustellen sucht. Die von Maria gewählte lineare, geschlossene Romanform wird erneut durchbrochen, als ihn eine tödliche Krankheit ereilt und Godwi an seiner Stelle das Werk fortsetzt.

Die insgesamt 28, undatierten Briefe des ersten Teils schaffen ein dichtes Netz von oft geheimnisvollen Beziehungen zwischen zahlreichen Personen: Der Roman setzt ein mit einem Brief des jungen Godwi, eines adeligen Kaufmannssohnes, an seinen Jugendfreund Karl Römer, den nüchternbürgerlichen, aber ironisch veranlagten Verwalter der Güter von Godwis Vater. Godwi, dem sein Vater eine größere Reise gestattet hat, berichtet zunächst über seinen Aufenthalt in B., wo er eine reife leidenschaftliche Frau, Molly, kennenlernte, die *»auf die geschmackvollste Art die äußersten letzten Fäden der Sinnlichkeit durch affektierte Menschlichkeit in die Grenzen einer edlen, empfindungsvollen Sittlichkeit«* hinüberzuweben versteht. Nach der Trennung von ihr führt ihn der Zufall in das abgelegene Schloß eines Landjunkers, dessen Tochter, Joduno von Eichenwehen, ein *»gutes natürliches Mädchen«*, ihn vorübergehend als Kontrast zu Molly seelisch anzieht. Sie steht im Briefwechsel mit einem in der Nähe hausenden, Harfe spielenden Einsiedler, Werdo Senne, und dessen Tochter Otilie, ihrer einzigen Vertrauten. Als Godwi, auf Drängen Jodunos, Werdo Senne einen Besuch abstattet und die Bekanntschaft Otiliens macht, entschließt er sich, längere Zeit zu bleiben, zumal ihm Otilie, ein *»reines kunstloses Weib«*, jenen *»einfachen stillen Frieden«* schenkt, *»in dem sich alle Sehnsucht beantwortet«*. Karl Römer unternimmt währenddessen eine Geschäftsreise, die ihn ebenfalls nach B. führt, wo er auf rätselhafte Weise jene Molly – in Wahrheit eine seit geraumer Zeit in Deutschland ansässige Lady Hodefield – kennenlernt, die ihn aber bestürzt abweist, als sie seine Herkunft erfährt. Einer ihrer Briefe an Werdo Senne offenbart nämlich, daß Karl Römer ihr Sohn ist, der einem kurzen Verhältnis Mollys mit Godwis Vater entstammt. Die den ersten Teil beschließenden Briefe Römers an Godwi kündigen einen Besuch Jodunos in B. an, den Römer ungeduldig erwartet.

»Die Begebenheit steht zuletzt wie ein schwankendes Gerüst da, das die Behandlung nicht mehr ertragen kann, und jagt den Lesern Todesangst für sich und sein Interesse ein« (*Vorrede* zum zweiten Teil). Diese Befürchtung Marias soll durch seinen Entschluß zerstreut werden, sich alle weiteren Daten der Handlung von Godwi selbst zu beschaffen. Maria trifft also auf dessen Landgut ein und sieht sich dank der Bereitwilligkeit des gealterten, nun abgeklärt-ruhigen Godwi imstande, den im ersten Teil

geschürzten Knoten von Personenkonstellationen zu lösen. Die bizarre Tatsache, daß eine Romangestalt ihren Autor über seine schriftstellerischen Mängel belehrt, macht ähnliche Illusionsbrechungen möglich wie etwa in Tiecks Märchendramen. So führt Godwi etwa Maria zu einigen Örtlichkeiten des ersten Teils (*»Dies ist der Teich, in den ich Seite ... im ersten Band falle«*), tadelt verschiedene Entstellungen seines Biographen (*»Sie* [Otilie] *ist freilich etwas sublime schlecht geraten«*) und steuert endlich aus seinen Papieren die Lebensgeschichten verschiedener Nebenfiguren bei, die als fortlaufende Kommentare in die Handlung eingefügt werden. Der Fortsetzung des Romans überdrüssig, drängt Maria auf ein schnelles Ende: Godwis Bericht stiftet zwischen nahezu allen Figuren enge verwandtschaftliche Beziehungen und klärt so entschlossen die Verwirrungen, eine Art der Auflösung, wie sie im Brockroman und dessen Ausläufern in der Trivialliteratur des späten 18. Jh.s durchaus üblich war. Maria und Godwi schicken – eine doppelte ironische Brechung – erleichtert ihre gesamte Entourage nach Italien: *»An der Spitze flog Eusebio, hinter ihm Franzesko und Otilie, und hinter diesen mein Vater nebst dem alten Joseph, in der Mitte aber Molly von Hodefield, so piramidalisch, wie die Störche fliegen – adieu –! ›Glückliche Reise‹, sagte ich* [Maria], *›kommt um Gottes willen nicht wieder –!‹«*. Nach dieser energischen Bereinigung der Szene erkrankt Maria, und Godwi selbst bemüht sich im Schlußabschnitt um die *»fragmentarische Fortsetzung«*: Seine (zu Beginn des ersten Bandes unternommene) Reise führte ihn zu einem am Rhein gelegenen Schloß, dessen Herrin, die Gräfin von G., *»ein leichtsinniges und fröhliches Weib«*, ihn mit ihrer geradezu heidnischen, ungezügelten, dennoch nicht ins *»Gemeine«* fallenden Sinnlichkeit an sich band. Als sie jedoch ihre junge, zwischen kindlichfrommer Naivität und Verdorbenheit schwankende Tochter Violette, die ihn liebte, durch Godwi in die Mysterien ihrer erotischen Religion einzuführen gedachte, weigerte er sich und floh. Violette glaubte sich verschmäht und wurde zur Dirne, die Godwi nach einem mehrjährigen Italienaufenthalt wiedertraf und erschüttert auf seinem Landgut aufnahm, wo sie bald darauf starb. Ihr Tod wirkte endlich auf die Läuterung Godwis hin, der Violette in einem *»steinernen Bild«* neben dem Grabmal seiner Mutter ein bleibendes Andenken bewahrt. – Ein kurzer Epilog bietet *Einige Nachrichten von den Lebensumständen des verstorbenen Maria* und eine kleine Auswahl seiner Gedichte (darunter ein *An Clemens Brentano* gerichtetes).

Dieser formal vielschichtigste, »verworrenste« aller romantischen Romane verrät zahlreiche Einflüsse, vor allem den des von den Romantikern allgemein bewunderten *Wilhelm Meister*, daneben den von Friedrich Schlegels *Lucinde* und den der Werke Jean Pauls und Tiecks. Wenn Schlegel in seinem für die romantische Literaturtheorie programmatischen *Brief über den Roman* (in *Gespräch über die Poesie*; ›Athenäum‹, 3, 1800) gemäß seinem Ideal einer progressiven Universalpoesie einen Roman fordert, *»gemischt aus Erzählung, Gesang und anderen Formen«*, so entspricht Brentanos Werk, der einzige Roman, den er vollendete, diesem Postulat: Sonette, Kanzone, kleine Singspiele verbinden sich mit volksliedhaften Liedern (darunter so berühmten wie *Ein Fischer saß im Kahne, Zu Bacherach am Rheine, Die Seufzer des Abendwinds wehen*), novellenhafte Erzählungen werden neben Autobiographischem eingeschoben und immer wieder erfolgen Illusionszerstörung und Perspektivenwechsel. Ebenso ironisch gebrochen erscheinen die Personen des Romans, zumeist mit Zügen aus Brentanos Familie und Bekanntenkreis versehen, samt ihren Weltanschauungen, die sie in langen Gesprächen austauschen und die doch den Charakter spielerischer Improvisationen nicht verlieren, die vom Akt des Sich-Austauschens leben, nicht von der Behauptung eines Standpunkts. Leben bedeutet für Godwi *»fühlen und fühlen machen, daß man da sei durch Genuß, den man nimmt und mit sich wiedergibt«*. Die Ausweitung des Ichs, das vage, rastlose Umhertasten im Labyrinth des eigenen Gefühlslebens, das Godwi endlich zu *»jener Art der Ruhe«* führt, *»von der die Erfahrung begleitet wird«*, weist auf jene Einstimmung in das einigende, stets philosophisch zu deutende Prinzip der »Liebe«, die den Zusammenhang alles Seienden herstellt und deren Vergegenwärtigung Schlegel ebenfalls bereits in seinem *Brief über den Roman* gefordert hatte: *»Der Geist der Liebe muß in der romantischen Poesie überall unsichtbar sichtbar schweben.«* Dessen ungeachtet tadelte Schlegel den Roman, da er in seinen Augen *»in das Gebiet der Unsauberkeit«* geraten sei aufgrund der in ihm angedeuteten sexuellen Freizügigkeit, während Wieland, der das Werk dem Verleger Wilmans empfohlen hatte, *»Gefühl, Wizz, Geist und Raisonnements«* lobte. Der Roman stieß allerdings beim zeitgenössischen Publikum auf wenig Gegenliebe und auch Brentano selbst distanzierte sich später davon, vor allem vom zweiten Teil, den er später ein *»krankes, verkrüppeltes Kind«* nannte. Für die germanistische Forschung ist der Roman ein zentraler Text der Frühromantik, bis heute ist die ihm immanente *»Vielfalt der Beziehungen zu und Beeinflussung durch ältere und zeitgenössische Literatur ... nicht völlig geklärt* (H. M. Kastinger-Riley). H.H.H.-KLL

Ausgaben: Bremen 1800–1802 [recte 1801], 2 Bde. – Ffm. 1852 (in *GS*, Hg. Chr. Brentano, 9 Bde., 1852–1855, 5; Nachdr. Bern 1970). – Mchn./Lpzg. 1909 (in *SW*, Hg. C. Schüddekopf, 1909–1917, Bd. 5, Hg. H. Amelung; hist.-krit.). – Mchn. 1963 (in *Werke*, Hg. F. Kemp, 4 Bde., 1963–1968, 2; [3]1980). – Ffm. 1978 (in *SW und Briefe*, Bd. 16, Hg. W. Bellmann; Frankfurter B.-Ausg.).

Literatur: A. Kerr, *»Godwi«, ein Kapitel deutsche Romantik*, Bln. 1898. – M. Thalmann, *Der Trivialroman des 18. Jahrhunderts und der romantische Roman*, Bln. 1923, S. 173–323. – I. Becker, *Morphologische Interpretation von B.s »Godwi«*, Diss. Bonn

1949. – W. Grenzmann, *C. B.s »Godwi«* (in EG, 6, 1951, S. 252–261). – E. E. Reed, *The Union of the Arts in B.'s »Godwi«* (in GR, 29, 1954, S. 102–118). – H. Encke, *Bildsymbolik in »Godwi« von C. B. Eine Strukturanalyse*, Diss. Köln 1958. – R. Nägele, *Die Muttersymbolik bei C. B.*, Winterthur 1959. – Ch. Hunscha, *Stilzwang und Wirklichkeit. Über B.s Briefroman »Godwi«* (in *Romananfänge. Versuch zu einer Poetik des Romans*, Hg. N. Miller, Olten/Freiburg i. B. 1965, S. 135–148). – H. Meixner, *Denkstein u. Bildersaal in C. B.s »Godwi«. Ein Beitrag zur romantischen Allegorie* (in Jb. d. Dt. Schillerges., 11, 1967, S. 435–468). – B. v. Wiese, *B.s »Godwi«. Analyse eines »romantischen« Romans* (in B. v. W., *Von Lessing bis Grabbe. Studien zur dt. Klassik u. Romantik*, Düsseldorf 1968, S. 191–247). – H. D. Hayer, *B.s »Godwi«. Ein Beispiel des frühromantischen Subjektivismus*, Ffm. 1977. – E. C. Grob, *Die verwilderte Rede in B.s »Godwi« u. L. Sternes »Tristram Shandy«*, Bern 1980. – H. C. Eilert, *C. B.: »Godwi«* (in *Romane u. Erzählungen der dt. Romantik*, Hg. P. M. Lützeler, Stg. 1981, S. 125–140). – M. Brown, *»Godwi« u. die Krise der dt. Romantik* (in *Goethezeit. Studien zur Erkenntnis u. Rezeption Goethes u. seiner Zeitgenossen. Fs. für St. Atkins*, Hg. G. Hoffmeister, Bern 1981, S. 301–312). – U. Matthias, *Kontextprobleme der Lyrik C. B.s. Eine Studie über die Verseinlagen im »Godwi«*, Ffm. 1982. – B. Schad, *Quellenanverwandlung beim frühen B. Dargelegt an Liedeinlagen im »Dichterzimmer« des Savignyschen Hofgutes Trages*, Ffm. 1983.

DIE MEHREREN WEHMÜLLER UND UNGARISCHEN NATIONAL-GESICHTER

Erzählung von Clemens BRENTANO, erschienen 1817. Nach älterer Forschungsmeinung entstand die Erzählung 1811/12 auf den Familiengütern der Brentanos im böhmischen Bukowan, doch schloß G. SCHAUB aus der Erwähnung österreichischer Truppen in Neapel auf eine wahrscheinlichere Entstehungszeit im Sommer oder Herbst 1815. 1814 erschien die in die Erzählung eingelegte Geschichte vom *Kater Mores* in abweichender Fassung als »Anmerkung 83« zu Brentanos Schauspiel *Die Gründung Prags*, erst 1817 wurde die ganze Erzählung in Fortsetzungen in der von Friedrich Wilhelm GUBITZ herausgegebenen Berliner Zeitschrift ›Der Gesellschafter oder Blätter für Geist und Herz‹ gedruckt. Zusammen mit EICHENDORFFS Novelle *Viel Lärmen um Nichts* erschien sie in Buchform erstmals 1833.

Nach HELTMANN diente Brentano als Quelle des geschilderten Zigeunermilieus das nachweislich in seiner Bibliothek befindliche Buch H. M. G. GRELLMANNS, *Die Zigeuner. Ein historischer Versuch über die Lebensart und Verfassung, Sitten und Schicksahle dieses Volks in Europa* (1783). Das »Wehmüller« im Titel spielt vermutlich satirisch auf den von Brentano eifersüchtig beobachteten »W. Müller« (also Wilhelm MÜLLER) an, dessen Liederzyklen später in SCHUBERTS Vertonung berühmt wurden (G. Schaub).

Doch wird der seltsame und viel umrätselte Titel auch in der Rahmenerzählung erklärt. Wehmüller, ein reisender Maler, hat die Kunst des Schnellporträtierens erfunden und die Leute gemalt, *»ehe er sie gesehen«*. Den vorgefertigten Gesichtern fügt er dann jeweils nur noch *»einige persönliche Züge und Ehrennarben oder die Individualität des Schnurrbartes des Käufers unentgeltlich bei«*. Diese Tätigkeit des Malers überträgt Brentano auf die Struktur der Erzählung, indem er in den Binnengeschichten, die überschrieben sind *Das Pickenick des Katers Mores*, *Deviliers Erzählung von den Hexen auf dem Austerfelsen* und *Baciochis Erzählung vom wilden Jäger*, in motivähnlichen Darstellungen durch die Gestalt des jeweiligen Erzählers den Nationalcharakter des von ihm repräsentierten Volkes porträtiert: im *Kater Mores* den *»einsamen, schauerlichen Charakter«* Kroatiens, in der Erzählung Devilliers den vernunftgläubigen, aufklärerischen Geist des zeitgenössischen Frankreich, in der Geschichte des Feuerwerkers Baciochi den *»eigentümlichen, theatralischen Charakter«* Italiens. In den Binnenerzählungen wird über den artistischen Effekt einer Inhalt-Form-Identität hinaus in dieser Identität die *»höhere poetische Wahrheit«* des Erzählten bewiesen, da die Darstellung jeweils für den Ort, an dem sie spielt, *»scharf, bezeichnend und mythisch«*, deshalb im Sinne romantischer Poetologie »wahr« ist.

Der Titel deutet noch auf eine weitere, für den poetischen Gehalt der Erzählung entscheidende und nur vom Feuerwerk des Witzes überdeckte Kompositionslinie der Handlung. Dem Maler Wehmüller nämlich ergeht es in der Rahmenhandlung der Erzählung ebenso wie den Objekten seiner Kunst. Er muß auf der Suche nach seiner Frau, die im Pestgebiet durch einen Polizeikordon von ihm getrennt ist, erfahren, daß er zwei Doppelgänger hat, die zunächst niemand von ihm selbst unterscheiden kann, die sich aber später als seine verkleidete Frau Tonerl und als sein Rivale in der Kunst des Schnellporträtierens, Froschauer, enthüllen. Während Wehmüller im Wirtshaus an der Grenze darauf wartet, heimlich in das Pestgebiet geführt zu werden, hört er den Erzählungen der Gäste zu. Die ersten beiden Geschichten der Gäste, die sich wechselseitig interpretieren, scheinen völlig in sich abgeschlossen und ohne Bezug zur Rahmenhandlung. Erst in der Erzählung Baciochis von der Liebe des Schmugglerhauptmanns zu der schönen Zigeunerin Mitidika werden Wehmüllers Leiden kontrastiert, wird die Berechtigung seiner Kunst bewiesen, da im Schicksal der getrennten Liebenden das Schicksal Wehmüllers wiederholt ist und die schließliche Vereinigung Mitidikas mit dem Schmugglerhauptmann, als den sich Devillier zu erkennen gibt, auch die Vereinigung Wehmüllers mit seiner Tonerl ermöglicht.

Erst die dritte Geschichte also sprengt die hermetische Abgeschlossenheit der Binnenhandlung und führt in die Rahmenhandlung hinein. Weder dem Schauerlichen, dem Irrationalen, noch dem Aufklärerischen, dem Rationalen, gelingt es, den Pestkordon, der vom Paradies der Harmonie, von der Einheit des Seins trennt, zu überwinden, erst im »Theatralischen«, in der Kunst, in der Irrationales und Rationales sich vereinen, kann die verlorene Einheit des Seins wiedergefunden werden. So wird in der symbolischen Zueinanderordnung von Rahmen- und Binnenerzählung Brentanos Maxime belegt, daß in der »poetischen Konstruktion« der Pestkordon zwischen Wirklichem und Wahrem zu überwinden ist, wird mit dem Beweis der inneren Einheit der Erzählung auch der rätselhafte Titel gedeutet. W.Fr.

Ausgaben: Bln. 1817 (in Der Gesellschafter oder Blätter für Geist und Herz, 1, 1817, Blatt 157–168). – Bln. 1833 [zus. m. J. v. Eichendorff, *Viel Lärmen um Nichts*]. – Ffm. 1852 (in *GS*, Hg. Chr. Brentano, 9 Bde., 1852–1855, 4; Nachdr. Bern 1970). – Mchn. 1963 (in *Werke*, Hg. F. Kemp, 4 Bde., 1963–1968, 2; ³1980). – Stg. 1966 (Nachw. D. Lüders; RUB). – Mchn. 1984 (in *Sämtliche Erzählungen*, Hg. G. Schaub). – Ffm. 1987 (in *SW u. Briefe*, Bd. 19, Hg. G. Kluge; Frankfurter B.-Ausg.).

Literatur: E. Schmidt, *B.s ungarische Novelle* (in *Philologiai dolgozatok a magyarnémet érintkezésekről* [Fs. f. G. Heinrich], Hg. R. Gragger, Budapest 1912, S. 107–114). – A. Heltmann, *Rumänische Verse in C. B.s Novelle »Die mehreren Wehmüller und ungarischen Nationalgesichter«* (in Korrespondenzblatt des Vereins für Siebenbürgische Landeskunde, 49, 1926, S. 81–104). – E. Tunner, *C. B. (1778–1842). Imagination et sentiment religieux*, Bd. 1, Paris 1977, S. 524–538. – G. Kluge, *C. B.s Erzählungen aus den Jahren 1810–1818. Beobachtungen zu ihrer Struktur u. Thematik* (in *C. B. Beiträge des Kolloquiums im Freien Dt. Hochstift 1978*, Hg. D. Lüders, Tübingen 1980, S. 102–134). – D. B. Dickens, *B.s Erzählung »Die mehreren Wehmüller und ungarischen Nationalgesichter«: Ein Deutungsversuch* (in GR, 58, 1983, S. 12–20).

PONCE DE LEON

Lustspiel in fünf Akten von Clemens Brentano, entstanden 1801, erschienen 1804. – Anläßlich eines von Goethe und Schiller in den ›Propyläen‹ veranstalteten Preisausschreibens, nach dem das beste »Intrigenstück« prämiert werden sollte, schrieb Brentano 1801 ein Lustspiel *Laßt es euch gefallen*, das von Goethe als unaufführbar abgelehnt wurde, drei Jahre später als *Ponce de Leon* im Druck erschien und am 18. 2. 1814 in Wien als Theaterfassung unter dem Titel *Valeria oder Vaterlist* im Burgtheater eine mißlungene Uraufführung erlebte.

Die Intrigenkomödie, welche die Rahmenerzählung des *Cabinet des fées* der Madame d'Aulnoy zur Vorlage hat, spielt in und bei Sevilla. Don Sarmiento kehrt nach langer Abwesenheit inkognito in seine spanische Heimat zurück, um das Glück seiner Kinder zu fördern. Nur den Schneider Valerio weiht er in seine Pläne ein. Sein Sohn Felix ist in ein Mädchen namens Lucilla verliebt; seine Töchter Isidora und Melanie leben streng bewacht von seiner Schwester Juanna auf einem benachbarten Gut. Felix' Freund Ponce de Leon hat Valeria, der Tochter Valerios, den Kopf verdreht, ohne daß sie ihn wirklich zu fesseln vermag. Auf einem Maskenball fallen die wesentlichen Entscheidungen: Sarmiento rät seinem Sohn, Lucilla zu entführen und auf das Gut seiner Schwestern zu bringen. Ponce sieht am Hals einer Dame das Brustbild eines Mädchens, in das er sich sofort verliebt: Es ist Isidora, die bereits durch die Erzählungen ihres Bruders seine tiefe Neigung erregt hat. Von Sarmiento aufgemuntert, beschließt er, mit seinem Freund Aquilar heimlich die Schwestern zu besuchen. Sarmiento schickt unterdessen zur Vorbereitung der kommenden Ereignisse Valerio und dessen Findelsohn Porporino, der Valeria vergeblich liebt, auf das Gut voraus und ersetzt Juanna durch eine andere Aufseherin: Isabella. – Auf dem Gut finden sich nacheinander alle Verliebten ein: die als Mohrin verkleidete Valeria, Ponce und Aquilar, die sich als von Räubern überfallene Pilger beherbergen lassen, Felix mit der entführten Lucilla. Nach turbulenten Szenen, die von urkomödiantischer Verwirrung bis zu beinah tragischem Mißverständnis alle theatralischen Register zum Klingen bringen und in einem vorgetäuschten Überfall der Familie der Entführten gipfeln, entwirrt sich schließlich das Handlungsknäuel. Sarmiento, der wie ein allwissender Gott über dem Ganzen steht, der Figuren und Geschehnisse genau nach seinem Plan gelenkt hat, klärt vor den versammelten Personen der Handlung alle Verhältnisse auf und führt die Liebenden einander zu: Isidora und Ponce, Melanie und Aquilar, Lucilla und Felix, Valeria, die auf Ponce verzichtet, und Porporino, der sich als Bruder Lucillas und Sohn Sarmientos von Isabella entpuppt.

Trotz seiner eminent theatralischen Situationen, die den Leser förmlich dazu zwingen, die Aktionen auf einer imaginären Bühne an seinem inneren Auge vorbeiziehen zu lassen, scheint sich das Lustspiel wegen seines üppig wuchernden Sprachwitzes von der Bühne zu entfernen. Brentano sagt selbst, er habe die Meinung widerlegen wollen, daß im Deutschen die Möglichkeiten des Wortspiels beschränkt seien, und die Sprache deshalb *»mit sich selbst in jeder Hinsicht spielend«* gehalten. Mit ihr steht es wirklich im Sinne des »Monologs« von Novalis *»wie mit den mathematischen Formeln«: »Sie machen eine Welt für sich aus. Sie spielen nur mit sich selbst, drücken nichts als ihre wunderbare Natur aus.«* Die Sprache entfaltet ein so intensives Eigenleben gegenüber den dramatischen Vorgängen, daß sich eine in theatralischer Hinsicht problematische Diskrepanz zwischen Sprachtempo und Spieltempo ergibt. Der Wortwitz schlägt immer wieder, namentlich in der Partie des Ponce, in einen hochpoetischen, musikalisch-lyrischen Ton um, der Szenen von überwältigender sprachlicher Schönheit entstehen läßt. Wortspiel und Sprachmusikalität sind die beiden Modi der für Brentano typischen, gleichsam horizontalen Bewegung der Sprache, welche, fast unbekümmert um die vertikale, gegenständliche Ausrichtung der Worte, selig in sich selbst versponnen scheint.

Ponce ist schon sprachlich abgerückt von dem Getümmel der Intrigenhandlung. In seinem Ungenügen an der endlichen Wirklichkeit, das sich in Schwermut, Langeweile und Sehnsucht niederschlägt, ist er eine Verkörperung der romantischen Seelenlage und Lebenshaltung. Er könnte das Wort Raffaels auf sich beziehen, das dieser an Castiglione schrieb: Da es in dieser Welt an schönen Frauen mangle, so bediene er sich dafür einer gewissen »Idee«, die er in seinem Geiste trage. Auch Ponce ist ein solcher Platoniker, der, wie er selbst sagt, das »Ideal« einer Frau im Herzen trägt, das ihn allein zu fesseln vermag. *»Du liebst nur, was du nicht siehst«*, sagt Felix einmal zu ihm (1, 22); und in der Tat reizen ihn die Frauen nur darum, weil sie ihn – in einer Art platonischer Anamnese – an das Urbild vor seinem geistigen Auge erinnern. So kommt es, daß er nach Valerios Worten *»alle Weiber der Reihe nach in sich vernarrt und sie mit Kälte quält«* (1, 10). Am leidvollsten erfährt das Valeria, die in ihrem Liebesverzicht zu den rührendsten Gestalten des deutschen Lustspiels zählt. Was aber wäre eine Komödie ohne Lösung? Ponce bliebe ein Don Quijote, seine Traumgeliebte eine Dulcinea: eine *femme introuvable*, ließe die Gnade der Poesie nicht sein Ideal aus dem Reich der Träume in die Wirklichkeit hinübertreten. Was in der Realität unheilbar ist: Schwermut und Langeweile, vermag die Komödie zu heilen, und die Sehnsucht gelangt an ihr Ziel, wenn Ponce sein »Ideal« Isidora im Arm hält.

Brentanos Lustspiel ist trotz seines bedeutenden Einflusses auf BÜCHNERS *Leonce und Lena* völlig zu Unrecht vergessen; lediglich einige seiner Lieder *(Ich wollt ein Sträußlein binden, Nach Sevilla)* wurden in der Vertonung durch Luise Reichardt (1779–1826) sehr populär. D.Bo.

AUSGABEN: Göttingen 1804. – Stg. 1901 (*Valeria oder Vaterlist*, Hg. R. Steig, DLD, 105–107). – Ffm. 1852 (in *GS*, Hg. Chr. Brentano, 9 Bde., 1852–1855, 7; Nachdr. Bern 1970). – Mchn. 1966 (in *Werke*, Hg. F. Kemp, 4 Bde., 1963–1968, 4; ²1978). – Stg. 1968 (RUB). – Ffm. 1982 (in *SW u. Briefe*, Bd. 12, Hg. H. Schultz; Frankfurter B.-Ausg.).

LITERATUR: G. Roethe, *B.s »Ponce de Leon«, eine Säkularstudie*, Bln. 1901 (AGG, N. F., 5, 1). – F. Heininger, *B. als Dramatiker*, Breslau 1915. – H. Arntzen, *Das Spiel der Maskierten. B.s »Ponce de Leon«* (in H. A., *Die ernste Komödie. Das dt. Lustspiel von Lessing bis Kleist*, Mchn. 1968, S. 156–168). – W. Hinck, *Triumph der Improvisation. Zu B.s »Ponce de Leon«* (in *Ein Theatermann – Theorie und Praxis, Fs. zum 70. Geburtstag von R. Badenhausen*, Hg. I. Nohl, Mchn. 1977, S. 121–126). – R. Maurer-Adam, *Deklamatorisches Theater. Dramaturgie u. Inszenierung von C. B.s Lustspiel »Ponce de Leon«* (in Aurora, 40, 1980, S. 71–99).

DIE RHEINMÄRCHEN

Märchensammlung von Clemens BRENTANO. Teile davon erschienen in ›Iris. Unterhaltungsblatt für Freunde des Schönen und Nützlichen‹ (1826 f.); erste Gesamtausgabe 1846. – Schon 1803 entzückt Brentano seine Freunde als Märchenerzähler. 1805 befaßt er sich eingehend mit Märchenplänen, die alsbald konkrete Gestalt annehmen. Nach dem italienischen Märchenzyklus (entstanden etwa 1805–1811) wendet er sich 1811 dem Zyklus der *Rheinmärchen* zu, der vier thematisch zusammenhängende und motivisch eng miteinander verbundene Einzelmärchen umfaßt: *Das Märchen von dem Rhein und dem Müller Radlauf; Das Märchen von dem Hause Starenberg und den Ahnen des Müllers Radlauf; Das Märchen vom Murmeltier*, das auf die Brüder GRIMM zurückgeht, und *Das Märchen vom Schneider Siebentot auf einen Schlag*. Den *Rheinmärchen* lag ein umfassender Plan zugrunde, hinter dem das Vollendete dann weit zurückblieb.

Aus vielen Quellen fließen dem Dichter Stoffe, Töne, Materialien und Motive zu, die sich seine Phantasie so ingeniös anverwandelt, daß der Eindruck entsteht, als sei alles eigene Erfahrung. Im Rahmenmärchen vom *Müller Radlauf* verwendet Brentano den Sagenkomplex um den Rattenfänger von Hameln, den Bischof Hatto von Mainz und den Binger Mäuseturm, ferner die willkürlich umgeformte Loreley-Sage. Im zweiten großen Märchen vom *Hause Starenberg* wandelt er gleich fünfmal das Hauptmotiv der Melusinen-Sage ab (vgl. den Sammelbeitrag Melusine), die Verbindung eines Sterblichen mit einem Elementargeist und dem dazugehörigen Treuebruch des Mannes, der die Gemahlin, entgegen seinem heiligen Schwur, an einem bestimmten Wochentag in ihrer elementaren Gestalt überrascht und damit die Liebe verrät. Das *Märchen vom Murmeltier* beruht auf dem Volksmärchen von Frau Holle; eine weitere Vorlage ist die Erzählung *Les Nayades* aus dem französischen Feenroman *La jeune Amériquaine et les contes marins* der Madame de VILLENEUVE. Das *Märchen vom Schneider Siebentot* schließlich verbindet in kruder Kombination die verschiedensten Märchen- und Volksbuchmotive: Der Inhalt deckt sich im wesentlichen mit den Märchen vom Däumling und vom Tapferen Schneiderlein; die Geschichte vom Langen Tag und der Langen Nacht ist einem holländischen Volksbuch entnommen, während die zweite Hälfte im wesentlichen der Geschichte *»von einem könig, schneider, risen, einhorn und wilden schwein«* aus dem *Wegkürtzer* (1557) des Martinus MONTANUS folgt.

Die Liebe zum Rhein ist der Grundakkord dieser Märchen, der Strom selbst die Lebensader einer phantastischen Wunderwelt. Sie alle handeln vom »Vater Rhein«, der die Mainzer Kinder in gläsernem Gewahrsam hält, von der Liebe des Müllers Radlauf zu der Prinzessin Ameleya und von den Märchen, die den Flußgott bewegen sollen, die Kinder freizugeben. Im ersten Rahmenmärchen rettet der Müller Radlauf die schöne Prinzessin Ameleya aus den Fluten des Rheins und erwirbt sich damit, einem Versprechen des Königs von Mainz zufolge, die Krone des Landes und die Hand seiner Tochter; der treulose König aber betrügt den Müller um Glück und Herrschaft. Die Strafe folgt auf dem Fuß: Ein Krieg zwischen Mäusen und Menschen bricht los, der König wird mit seinem Hofstaat vertrieben. Aus Rache für die Beleidigung der Königin von Trier und des Prinzen Rattenkahl lockt der Prinz Mauseohr die Kinder von Mainz mit Hilfe einer Zauberpfeife in den Rhein, wo sie ihrer Erlösung harren. Derweil begeht des Müllers Star, ein verzauberter Freier der Prinzessin, Selbstmord, ein Vermächtnis hinterlassend, das seinen Herrn flugs ins zweite große Märchen transponiert, wo der Müller – von Märchenepisode zu Märchenepisode fortschreitend – der Geschichte seiner Ahnen nachspürt, die zugleich die Geschichte des Hauses Starenberg ist. Im Schwarzwald begegnet er nacheinander den seltsamen Käuzen Grubenhansel, Kauzenveitel und Kohlenjockel, seinen Vorfahren, von denen jeder seine eigene märchenhafte Geschichte hat, von der Geschichte des Schäfers Damon bis zur Erzählung der Frau Loreley, allesamt phantastische Variationen des Melusinen-Motivs. Am Ende wird Müller Radlauf, der letzte Fürst von Starenberg, König von Mainz. Damit ist das Prinzip der Verschachtelung aber nicht aufgehoben: Vater Rhein erklärt sich bereit, für jedes wohlerzählte Märchen ein Kind freizulassen – für Brentano Anlaß genug, eine Reihe weiterer Märchen in den weitgespannten Rahmen einzuplanen. Aber nur zwei folgen: Das erste, *Das Märchen vom Murmeltier*, verbindet das Frau-Holle-Thema mit der Loreley-Sage; es erzählt, wie Frau Loreley ein mißhandeltes Mädchen und einen verzauberten Jüngling erlöst und die beiden Liebenden auf den Königsthron setzt, dem sie aber nach einem Jahr der Herrschaft entsagen, um sich als arme Fischer in Mainz niederzulassen. Ihr Kind entsteigt als erstes den Fluten. Das letzte Märchen vom *Schneider Siebentot* ist nur noch insofern dem Ganzen verbunden, als sich nach mancherlei Abenteuern des Schneiders Geschlecht in Mainz ansiedelt; es erzählt von den grotesken Kämpfen der Amsterdamer Schneidergilde um den »Langen Tag«, von einem ungeheuerlichen Riesen, der eigentlich eine zarte Jungfrau ist, von wilden Schweinen, Einhörnern und Königen. Brentanos ausschweifende Erfindungsgabe durchbricht hier alle kompositorischen Schranken.

In den *Rheinmärchen* besteht ein komplexes Bezugssystem zwischen den einzelnen Handlungsbereichen, Figuren und Motiven. Ein Thema entwikkelt sich aus dem andern, ein Motiv evoziert das nächste – eine scheinbar endlose Spirale. Schalenförmig wird die weitverzweigte Handlungsvielfalt von einem Rahmen umschlossen, aus dem sich ein neuer Rahmen herausschält, der wiederum den Ansatz für ein weiteres Rahmengeschehen birgt. Brentano durchbricht nur allzuoft die unkomplizierten, linearen Erzählformen des traditionellen Kindermärchens, obwohl er sich andererseits gerade von diesen Formen anregen läßt. Bei ihm schlägt die intendierte Naivität des Kindermärchens leicht in Schein-Naivität um: Ironische Kommentare, Wortspiele, Parodie, Satire und intellektuelle Spiegelfechterei zerstören die kindliche Sphäre des Märchens oder heben sie in der Groteske und der Posse auf, Ausdrucksformen, denen nichtsdestoweniger bei Brentano noch der Schein des Wunderbaren anhaftet. Der Dichter setzt in verschwenderischer Fülle den ganzen Märchenapparat ein: Zauber, Fluch, Verwünschung, Feen, Riesen, Elementargeister und Kobolde. Ahnungen bewahrheiten sich, Träume werden erfüllt. Die Natur verwandelt sich in menschliches Leben und das menschliche Leben wird wieder Natur in einem unaufhörlichen Prozeß der Verwandlung und Rückverwandlung. Es besteht kaum ein Unterschied zwischen Natur- und Menschenreich, sprechende Tiere und verzauberte Menschen führen ein wundersames, aber jederzeit veständliches Zwiegespräch. Da gibt es Stare fürstlichen Geblüts, Rattenkönige und Mäuseprinzen, Menschen nehmen tierische Gestalt an und heißen Weißmäuschen und Goldfischchen; auch die Natur gibt sich ganz menschlich, was um so mehr erstaunt, als der Mensch sich mitunter höchst unnatürlich benimmt. Die Unschuld wird belohnt, die Sünde bestraft – das märchenhafte Schwarzweiß-Prinzip von Gut und Böse funktioniert reibungslos.

Brentanos Märchengestalten agieren gleichsam auf einer romantisch illuminierten Marionettenbühne; es sind typische Gestalten mit typischen Eigenschaften, wie der Barbier Schräberling, der Schuster Kneiperling oder der Schneider Meckerling. Es wimmelt geradezu von sprechenden Namen und Wortspielen, die Lust an der Pointe reißt den Dichter immer wieder mit sich fort. Die Sprache der *Rheinmärchen* ist von hoher Musikalität. Das Erzählte löst sich in der Wortmelodie auf, im lyrischen Klang. Überall finden sich Klangfiguren und Lautornamente. Daneben setzt der Dichter mit ironischer Verzerrung die Militär-, Kaufmanns-, Hof- und Bürosprache ein, ein Sprachgestus, der mit der Sprache selbst sein Spiel treibt. Bei Brentano liegt das Geheimnisvolle und Wunderbare im Erzählten selbst, nicht in einer magisch-mythischen Dimension dahinter. Das unterscheidet seine Märchen grundsätzlich von den Märchen anderer Romantiker. Sie nehmen im Kanon des romantischen Kunstmärchens eine Sonderstellung ein. Schon Achim von Arnim und die Brüder Grimm bestritten aus unterschiedlichen Gründen ihren ursprünglichen Märchencharakter. Das verspielt Heitere und arabeskenhaft Verschnörkelte paßte weder zum Typus des Volksmärchens noch zu dem des tiefsinnigen Kunstmärchens. Brentano dichtet keine Weltanschauungsmärchen, seinem unphilosophischen Geist ist die mythische Schau von Nova-

LIS genauso fremd wie das Abgründig-Hintergründige von TIECK und HOFFMANN. Auch geht es Brentano im Gegensatz zu den Brüdern Grimm nicht um das Sammeln und Bewahren volkstümlichen Erzählguts, sondern einzig um die freie Entfaltung seiner schöpferischen Phantasie.
Seine Märchen können nicht symbolisch verstanden werden. Sogar die Metaphern nimmt er wörtlich und zerstört sie dadurch. In den *Rheinmärchen* lösen sich die mythischen Vorgänge in alltäglichen Erklärungen auf, Mythos und Gegenwart verschmelzen in der Komik der Sprache. Um diese Dimension erweitert der Dichter das Instrumentarium des Märchenhaft-Wunderbaren. M.Ke.

AUSGABEN: Ffm. 1826 (in Iris; Teilvorabdr.; *Wie der Müller Radlauf dem Rhein ein Lied sang und einen Traum hatte*). – Stg./Tübingen 1846 (in *Die Märchen des C. B. Zum Besten der Armen nach dem letzten Willen des Verfassers*, Hg. G. Görres, 2 Bde., 1846/47, 1). – Mchn./Lpzg. 1914 (in *SW*, Hg. C. Schüddekopf, 1909–1917, Bd. 11, Hg. R. Benz; hist.-krit.). – Mchn. 1965 (in *Werke*, Hg. F. Kemp, 4 Bde., 1963–1968, 3; ²1978). – Ffm. 1983 (in *SW u. Briefe*, Bd. 17, Hg. B. Schillbach; Frankfurter B.-Ausg.). – Ffm. 1985 (Insel Tb).

LITERATUR: H. Cardauns, *Die Märchen C. B.s*, Köln 1895 (Vereinsschr. d. Görres-Ges., 3). – O. Bleich, *Entstehung und Quellen der Märchen B.s* (in ASSL, 96, 1896, S. 43–96). – R. Benz, *Märchendichtung der Romantiker*, Gotha 1908. – L. Streit, *Untersuchungen zum Stil der Märchen C. B.s*, Diss. Erlangen 1910. – H. Stephan, *Die Entstehung der Rheinromantik*, Köln 1922. – K. Glöckner, *B. als Märchendichter*, Diss. Köln 1937. – H. Russel, *Die Gestalt des Dichters B., erschlossen aus seinen Märchen*, Diss. Münster 1949. – R. Unkrodt, *C. B. als Märchendichter*, Diss. Marburg 1951. – G. Maas, *Das Leid bei C. B. Eine Studie zum Problem des Dämonischen*, Diss. Freiburg i. B. 1954. – R. Bekker, *C. B. und die Welt seiner Märchen*, Diss. Ffm. 1960. – R. Ewald, *Das Bild des Kindes bei C. B.*, Diss. Graz 1966. – K. Hvidtfelt Nielsen, *Vermittlung u. Rahmentechnik. Eine kritische Untersuchung der »Rheinmärchen« B.s* (in Orbis litterarum, 27, 1972, S. 77–101). – M. Braun, *B. u. die Welt der volkstümlichen Überlieferung*, Diss. Würzburg 1972.

ADELBERT VON CHAMISSO

eig. Louis Charles Adélaïde de Chamisso de Boncourt

* 30.1.1781 Boncourt / Champagne
† 21.8.1838 Berlin

LITERATUR ZUM AUTOR:
R. Riegel, *A. de C., sa vie et son œuvre*, 2 Bde., Paris 1934. – A. P. Kroner, *A. v. C. Sein Verhältnis zu Romantik, Biedermeier u. romantischem Erbe*, Diss. Erlangen 1941. – Th. Mann, *C.* (in Th. M., *Adel des Geistes*, Stockholm 1948, S. 29–55). – W. Feudel, *A. v. C. Leben und Werk*, Lpzg. 1971; ern. 1980 (überarb.). – D. Brockhagen, *A. v. C. Forschungsbericht* (in *Literatur in der sozialen Bewegung*, Hg. A. Martino, Tübingen 1977, S. 373–423). – P. Lahnstein, *A. v. C. Der Preuße aus Frankreich*, Mchn. 1984.

DAS LYRISCHE WERK von Adelbert von CHAMISSO.
In den dreißiger Jahren des 19. Jh.s war Chamisso, heute in erster Linie als Autor der phantastischen Novelle *Peter Schlemihl's wundersame Geschichte* (1814) bekannt, einer der populärsten deutschen Lyriker. Viele seiner Balladen und volksliedhaften Gedichte wurden vertont, darunter der Zyklus *Frauen-Liebe und -Leben*, den Robert SCHUMANN musikalisch bearbeitete. Der Variationsbreite seiner stofflichen Vorlagen entspricht die kunstfertige Handhabung auch seltener Formen (Triolett, Assonanzengedicht), wobei formengeschichtlich vor allem Chamissos Bevorzugung der Terzine erwähnenswert ist, einer sonst im Deutschen wenig gebräuchlichen Strophenform, die den epischen Charakter seiner Versgeschichten und ihren Anspruch auf repräsentative Gültigkeit der Handlung unterstützt. Durch Nachdichtungen und Übertragungen machte Chamisso unter anderem Hans Christian ANDERSENS Lyrik in Deutschland bekannt und trug zur Verbreitung von BÉRANGERS politischen Chansontexten bei.
Die ersten lyrischen Versuche, die Chamisso in dem gemeinsam mit August VARNHAGEN VON ENSE und Wilhelm NEUMANN herausgegebenen ›Musenalmanach‹ zwischen 1804 und 1806 an die Öffentlichkeit brachte, sind noch von Sprachschwierigkeiten des mit seiner Familie 1790 aus Frankreich geflüchteten adligen Emigrantensohnes gekennzeichnet. Sie orientieren sich epigonal an den Weimarer Klassikern, an BÜRGER und KLOPSTOCK und fanden nur geringe Beachtung. In dieser Zeit geriet Chamisso unter den Einfluß der Romantik. Mit A. W. SCHLEGEL, FICHTE, FOUQUÉ, später mit E. T. A. HOFFMANN hatte er in den Berliner Literatenkreisen persönlichen Umgang. Durch die Freiheitskriege und die Unentschiedenheit seiner per-

sönlichen Lebensumstände in eine schwere Identitätskrise gestürzt, trat er in den beiden folgenden Jahrzehnten nicht mit lyrischen Produktionen hervor. Das änderte sich, als nach dem Abschluß der Weltumsegelung, an der er 1815–1818 mit wissenschaftlichem Auftrag teilnahm, eine Anstellung als Adjunkt am Berliner Botanischen Garten und die dadurch ermöglichte Familiengründung seine bürgerliche Position festigten. Um 1830 wurde er als Lyriker allgemein bekannt und genoß zu Lebzeiten ein außerordentliches Ansehen. Der ersten eigenständigen Veröffentlichung seiner *Gedichte* (1831) folgten bis 1840 vier weitere Auflagen.

In erklärter Abkehr von der romantischen Stimmungslyrik und durch eine klare Schilderung von Milieus und Begebenheiten, die unprätentiös wirken soll und schwebende Zwischentöne oder Vieldeutigkeiten vermeidet, findet Chamisso zu einer eigenen Sprache, die ihn stilistisch zu einem Vorläufer des Realismus werden läßt. Seine Zyklen *Tränen* und *Lebens-Lieder und Bilder* bieten zusammen mit anderen Beispielen seiner Braut- und Familienpoesie *(Küssen will ich, ich will küssen, Der Klapperstorch, Die drei Schwestern)*, eine Art Chronik des biedermeierlichen Gefühlslebens dar. Eine ähnliche Rolle erfüllen die in das Repertoire der deutschen Männerchöre übergegangenen Lieder, die nach Uhlands Vorbild das Sängertum preisen, darunter das häufig vertonte *Frisch gesungen*, sowie manche der humoristischen Lieder *(Pech, Mäßigung und Mäßigkeit)*. In der Wahl alltäglicher Stoffe und Situationen, verbunden mit einer stets gegenständlichen Diktion und sprachlichen Schlichtheit, ist Chamissos Lyrik auf die Lesebedürfnisse des liberalen mittleren Bürgertums seiner Zeit *»bis in die Einzelheiten abgestimmt«* (Werner Feudel).

Neben dieser zum Sentimentalen und Konventionellen tendierenden Seite seines Werkes aber machen sich unübersehbare Anzeichen einer Erosion des bürgerlichen Wohlbefindens geltend, die zur Korrektur des Bildes vom biedermeierlichen Hauspoeten zwingen. Das gilt in erster Linie für die Drastik und Schärfe, mit der Chamisso, beeinflußt durch Bérangers sozialkritische Lieder, soziale Themen aufgreift und behandelt, die bis dahin kein Gegenstand der deutschen Dichtung waren. *Die alte Waschfrau, Der Invalid im Irrenhaus, Der Bettler und sein Hund* oder *Die Giftmischerin* stimmen schon die Tonart der revolutionären Vormärzdichtung an und liefern Sujets, die in der sozialen Mitleidspoesie des gesamten 19. Jh.s gebräuchlich blieben. Chamisso zog sich dadurch eine erbitterte Polemik des damals einflußreichen Literaturkritikers Wolfgang Menzel zu, der die Ballade *Der Bettler und sein Hund* eine *»widrig peinigende Mordgeschichte«* nannte. Neuartig war die Aggressivität, mit der Chamisso derbe Ausdrücke, Schauer- und Verbrechensmotive einsetzte, um die Wirkung seiner Verse und der in ihnen enthaltenen sozialen Anklage zu steigern. Die Versgeschichte *Don Juanito Marques Verdugo* bietet ein markantes Beispiel für seine Poetisierung grauenerregender Vorlagen. Mit drastischen Mitteln griff Chamisso auch die Inhumanität von Kolonialisierung und gewaltsamer Mission an, von der er sich bei seiner Weltreise einen Eindruck verschaffte *(Der Stein der Mutter, Das Mordtal)*. Das Motiv des *Nachtwächterlieds* wirkte auf Heines politische Satire nach.

Die Behandlung aktueller politischer Themen läßt Chamissos weltanschaulichen Grundlagen erkennen: Abkehr von der Welt des Feudaladels, der er selbst entspringt, ostentative Zuversicht in bezug auf einen gesellschaftlichen Fortschritt, der nach seiner Überzeugung in einer geradezu deterministischen Weise durch beständigen Wandel freiheitliche und gerechte Lebensverhältnisse hervorbringen wird. *Das Dampfroß*, das erste Eisenbahn-Gedicht in deutscher Sprache, lobt mit allerdings anachronistischen Darstellungsmitteln und einem eher ausweichenden Unernst den zukunftsweisenden Charakter technischer Innovationen. *Das Schloß Boncourt*, ein Gedicht, in dem Chamisso sich an die Stätte seiner Kindheit zurückversetzt und an dessen Ende er die Zerstörung des Familiensitzes durch die Französische Revolution im Sinn seines Fortschrittsglaubens *»segnet«*, zeigt im direkten Vergleich mit Eichendorffs wehmütigem Rückblick in *Die Heimat* diese politische Vorwärtsgewandtheit am deutlichsten. Häufig löst Chamisso romantische Motive aus ihrem ursprünglichen Kontext und formuliert sie politisch um. In dem Gedicht *Der alte Sänger* erhebt er mit einer gewissen Selbststilisierung den Dichter in den Rang eines Propheten, der in klarer Frontstellung gegen die Restauration die Unumkehrbarkeit des Geschichtslaufs verkündet.

Aber wenn Chamisso sich auch in solchen entscheidenden Aussagen Sentimentalität und biedermeierlichen Quietismus verbietet, so fällt doch auf, daß seiner Fortschrittsprogrammatik entgegen jener eigenmächtige Gang der Dinge fast niemals in Stimmungsbildern der Aufbruchsfreude und Hoffnung, sondern als etwas Unerbittliches geschildert wird, das der einzelne zu ertragen und zu dulden hat. In den lyrischen Situationen, die er auswählt, spielt Zeit als Faktor einer produktiven Veränderung zum Guten keine Rolle. Er bevorzugt Motive der Totenklage und des Verlassenseins, die oft in Sinnbilder einer gleichsam auf ewig herbstlichen und winterlichen Natur eingekleidet sind *(Heimweh; Nacht und Winter; Der Tochter Verzweiflung; Des Gesellen Heimkehr; Der neue Ahasverus)*. Er schildert Sterbeminuten, Vermächtnisse, in irgendeiner Weise letztgültige und unabänderliche Situationen *(Der Kranke;* ΘΑΝΑΤΟΣ; *Traum und Erwachen)*. Er zeigt Menschen in Bildern von Starre und Initiativlosigkeit, die auf ein Ende warten, ohne daß dieses Ende noch mit einem Begriff von Erlösung verbunden wäre. Das wird durch pointiert weltschmerzliche Schlußwendungen, die an Lenau erinnern, poetisch besiegelt: *»Du läßt den schon Erstorbenen noch harren!«* (ΘΑΝΑΤΟΣ). Damit hängt Chamissos biographisches Generalthema zusammen, die vorzeitige Vergreisung, die er sich anstilisiert. Diesen Ton stimmt er 1811 – dreißigjährig – in einem seiner beiden melancholischen *Winter*-Gedichte an und hält ihn von da an leitmotivisch durch; das Gedicht *Nachhall* von 1833 und die 1834 verfaßten Sonette sind, vier Jahre vor seinem Tod, schon so etwas wie Nachrufe in eigener Sache. Es hat nicht nur einen biographischen Hintergrund, daß Chamisso, der lange an seiner widersprüchlichen Lage als ein in Preußen lebender Franzose und republikanisch gesinnter Adliger litt, spätestens seit dem Erreichen der begehrten soliden Existenz von sich selbst das Bild eines Mannes entwirft, der seine Erfahrungen, ja sein Leben hinter sich hat.

Im Übergang von den zumeist jünglinghaften Sprechergestalten in der romantischen Literatur zu der eher großväterlichen Rückschau, in der Realisten wie RAABE und STIFTER von Jugend auf gern ihre Erzählungen halten, ist Chamissos Selbststilisierung zum vorzeitig gealterten Mann, seine Bevorzugung zukunftsloser Situationen auch Indikator für einen kollektiven Bewußtseinswandel. Es schlägt sich darin ein wachsender Schwund utopischer Energien in der bürgerlichen Weltdeutung des 19. Jh.s allgemein nieder. In dem Terzinengedicht *Salas y Gomez*, einem seiner bedeutendsten Werke, setzt Chamisso der Tradition der bürgerlichen Robinsonade ein desillusionierendes Ende. Ein Schiffbrüchiger überlebt auf einem kahlen Felsen, sich von Vogeleiern ernährend, unfähig, ein modellhaftes Inselleben im Stil von DEFOES *Robinson Crusoe* zu gestalten, und zeichnet zuletzt nur noch die Geschichte seiner leer verbrachten Zeit auf Steintafeln auf. Chamisso benutzt diese Situation, um seine ganze Moral eines gottergebenen Ausharrens in der Fatalität aufzubieten. Er baut sie zugleich zu einer poetologischen Chiffre aus: Entwurf eines monologischen Schreibens, das keinen Adressaten und letztlich keinen Inhalt mehr hat, durch das sich der schiffbrüchige Schreiber sogar auf die Leere der Welt einzuschwören versucht, um seinen Erinnerungen und der Drohung des Wahnsinns nicht zu erliegen. Von den vielen Bildern der Handlungslähmung, die Chamisso erfand, ist dies das konsequenteste, und man hat deshalb sein Gedicht *Salas y Gomez*, das zur romantischen Ausfahrt in die Ferne und zum Traum von der Unendlichkeit ein resigniertes Gegenbild bietet, ein *»Dokument des endgültigen Abschieds von der Romantik«* genannt (Metzner) – eine Charakteristik, die sein lyrisches Werk im ganzen trifft. A. Kos.

AUSGABEN: Lpzg. 1831 *(Gedichte)*. – Lpzg. 1836 (in *Werke*, 4 Bde., 3). – Lpzg. 1907/08 (in *Werke*, Hg. H. Tardel, 3 Bde.; hist.-krit.). – Stg. 1971 (in *Gedichte und Versgeschichten*, Ausw. u. Nachw. P. v. Matt; RUB). – Mchn. 1975 (in *SW*, Hg. J. Perfahl u. V. Hoffmann, 2 Bde.). – Lpzg. 1980/Mchn. 1982 (in *SW*, Hg. W. Feudel u. Ch. Laufer).

LITERATUR: H. G. Werner, *Geschichte des politischen Gedichts in Deutschland von 1815–1840*, Bln./DDR 1969. – V. Hoffmann, *»Drücken, Unterdrücken – Drucken«* (in Jb. d. dt. Schiller-Ges., 1976). – J. Metzner, *Persönlichkeitszerstörung u. Weltuntergang*, Tübingen 1976 [zu *Salas y Gomez*]. – V. Hoffmann, *»Künstlerselbstzeugung durch Metamorphosen«* (in *Gedichte u. Interpretationen*, 4, Stg. 1983, S. 58–68). – W. Psaar, *C.s »Deutsche Volkssagen«. Zur Aktualisierung von Sagenstoffen* (in Literatur, Sprache, Unterricht, 1984, S. 47–52).

PETER SCHLEMIHL'S WUNDERSAME GESCHICHTE

Erzählung von Adelbert von CHAMISSO, erschienen 1814. – Schlemihl, der seine Geschichte dem fiktiven Herausgeber Chamisso in elf Briefen erzählt, begegnet auf einer Gartengesellschaft des unermeßlich reichen Herrn John einem Mann, der alle Dinge, die von den Gästen gewünscht werden, angefangen von einer Brieftasche bis hin zu drei Reitpferden, aus der Tasche seines grauen Rockes zieht. Beim Fortgehen wird Schlemihl von dem sonderbaren Mann im grauen Rock höflich angesprochen und zu einem Tauschgeschäft verführt: Für ein Glückssäckel, das stets mit Dukaten gefüllt ist, verkauft Schlemihl ihm seinen Schatten. Die Schattenlosigkeit offenbart sich nun aber als schreckliches Unheil, denn sie schließt Schlemihl gänzlich aus der menschlichen Gesellschaft aus; überall, wo sie bemerkt wird, verfällt er trotz seines ungeheuren Reichtums der Ächtung durch die Mitmenschen, ja, er verliert auf dem Höhepunkt der Erzählung sogar das Mädchen, das er liebt, die Försterstochter Mina. Nur sein Diener Bendel bleibt ihm aufrichtig ergeben. Als der Mann mit dem grauen Rock nach einem Jahr wieder auftaucht, ist er bereit, Schlemihl den Schatten zurückzugeben – doch nur, wenn dieser ihm dafür mit Blut seine Seele verschreibt. Bei einer späteren Begegnung zieht der graue Mann gar die Gestalt eines Verdammten aus seiner Rocktasche; entschlossen wirft Schlemihl jetzt das Glückssäckel in einen Abgrund und beschwört den Unheimlichen, sich hinwegzuheben. Durch einen Zufall wird ihm nun die Schattenlosigkeit zum Segen: Ein Paar alter Schuhe, die er auf einer Kirmes kauft, entpuppen sich als Siebenmeilenstiefel (vgl. TIECKS *Phantasus*). Mit ihnen zieht er kreuz und quer durch die Welt und widmet sich ganz der Erforschung der Natur, die ihm für immer die menschliche Gesellschaft entbehrlich macht. Zum Nutzen der gesamten Menschheit legt er seine einzigartigen Erfahrungen und Beobachtungen schriftlich nieder.

Chamisso verwendet in seiner im 19. Jh. weltberühmt gewordenen Erzählung eine Fülle alter Sagen- und Märchenmotive. Der Name der Hauptperson ist hebräischen Ursprungs und bedeutet nach der eigenen Erklärung des Dichters: Gottlieb, Theophil. *»Dies ist in der gewöhnlichen Sprache der Juden die Benennung von ungeschickten oder unglücklichen Leuten.«* An den Namen Theophilus knüpft sich aber auch die alte Sage vom Pakt mit dem Teufel, die Chamisso in seiner Erzählung abwandelt. Das Motiv des Mannes, der alles aus seiner Rocktasche zieht, ist von La Fontaine übernommen; die Idee, ein Märchen über einen verlorenen Schatten zu schreiben, kam Chamisso anläßlich einer scherzhaften Frage Fouqués, ob er, dem auf einer Reise zahlreiche Kleidungsstücke abhanden gekommen waren, nicht auch seinen Schatten verloren habe. Schon die Zeitgenossen haben immer wieder versucht, hinter das Geheimnis der Schattenlosigkeit zu kommen, und eine Reihe spitzfindiger allegorischer Deutungen versucht; die bekannteste beruft sich auf das biographische Faktum, daß Chamisso, der gebürtige Franzose, sein Leben lang zwischen deutscher und französischer Nationalität geschwankt hat. Der Mann ohne Schatten, so deutete man also, sei der Mensch ohne Vaterland. Der Dichter selber hat sich über derartige *»kuriose Hypothesen«* und über die *»besonderen Leute«*, die nur *»zu ihrer Belehrung«* lesen und sich darum auch über die Bedeutung des Schattens den Kopf zerbrechen, verschiedentlich lustig gemacht; er wollte, so scheint es, seine »wundersame Geschichte« nur als ein Märchen (das in der Tat ursprünglich für Kinder bestimmt war) verstanden wissen. Gleichwohl verbirgt sich hinter der scheinbaren Naivität der aus einer Laune geborenen und durch zufällige Lebensumstände veranlaßten Erzählung eine »tiefe Bedeutung«, die freilich nur zu ahnen, nicht in allegorischer Eindeutigkeit zu fassen ist.

Etwas von dieser Bedeutung ist in Hofmannsthals Erzählung *Die Frau ohne Schatten* und sein Libretto für die gleichnamige Oper (Richard Strauss) eingegangen. Das Tiefgründigste darüber hat Thomas Mann in seinem Chamisso-Essay (1911) gesagt: Die Erzählung enthalte *»die Schilderung einer scheinbar bevorzugten und beneidenswerten, aber romantisch elenden, innerlich mit einem düstern Geheimnis einsamen Existenz – und schlichter, wahrer, erlebnishafter, persönlicher hat nie ein Poet ein solches Dasein darzustellen und der Empfindung nahezubringen gewußt«*. Es gibt einige wenige Stellen in der Erzählung, die selbst den Sinn der Schattenlosigkeit andeuten, so eine Bemerkung Schlemihls hinsichtlich seiner Nachforschungen: *»Durch frühe Schuld von der menschlichen Gesellschaft ausgeschlossen, ward ich zum Ersatz an die Natur, die ich stets geliebt, gewiesen, die Erde mir zu einem reichen Garten gegeben«* (Kap. 10). Eine gnädige Fügung läßt ihn also den Verlust des Schattens, der Gesellschaft und des bürgerlichen Glücks, verschmerzen. Solidität, menschliche Standfestigkeit, bürgerliches Schwergewicht drücke der Schatten aus, so meint Thomas Mann, also »Tugenden«, die für Schlemihl unerreichbar geworden sind – darin ist er Sinnbild des romantischen, der gesellschaftlichen Realität entfremdeten Künstlers; zugleich demonstriert er Chamissos eigene Erfahrung eines Lebens in schwebender Unwirklichkeit: Als Künstler und als französischer Emigrant obendrein fühlte sich auch Chamisso in die Rolle des gesellschaftlichen Außenseiters gedrängt; er, der nach den Befreiungskriegen als Naturforscher auf Weltreise ging, wollte selbst die Erkundung der Natur als eine Alternative zu der ihm problematisch gewordenen künstlerischen Existenz ergreifen. So verbinden sich literarische Motive, Zeiterfahrungen und autobiographische Grundzüge zum Bild einer Existenz, die *»sich nicht auszuweisen vermag und mit wundem Ichgefühl überall Hohn und Verachtung spürt«* (Th. Mann). Die Schilderung der Leiden des Gezeichneten und Ausgestoßenen erreicht ihren poetischen Höhepunkt in der Liebesepisode (Kap. 4–6), in der ein Grundmotiv romantischer Poesie anklingt: die Liebe des wie durch einen Fluch aus der Gesellschaft Ausgeschlossenen, dem alle »normalen« menschlichen Bindungen versagt sind, zu einem ahnungslosen, in selbstverständlicher Einheit mit seiner Umwelt lebenden Mädchen – eine Liebe, die mit der Entdeckung des Kainszeichens der Schattenlosigkeit scheitern muß und Schlemihl in sein Paria-Dasein zurückstößt. – *»Willst du unter den Menschen leben«*, so heißt es am Schluß der Erzählung, *»so lerne verehren zuvörderst den Schatten, sodann das Geld. Willst du nur dir und deinem besseren Selbst leben, o so brauchst du keinen Rat.«* Der »Schatten« bürgerlicher Reputation und die Macht des Geldes sind voneinander unablösbar, wie die sarkastische Sentenz des Herrn John demonstriert: *»Wer nicht Herr ist wenigsten einer Million, der ist, man verzeihe mir das Wort, ein Schuft.«* Als echtes Märchen ist die Erzählung schwerlich anzusehen; schon das »wundersam« im Titel ist eher im Sinne der »unerhörten Begebenheit« zu verstehen, die nach Goethe zum Wesen der Novelle gehört. Was sie aber vor allen Dingen auszeichnet und zu einem Unikum in der Weltliteratur macht, ist die Darstellung des Phantastischen, als ob es das Natürlichste von der Welt wäre, jener bürgerlich-realistische Erzählstil, der sich z. B. in dem Einfall kundgibt, den Teufel nicht im Pferdefuß, sondern als höflich-verlegenen Herrn darzustellen. So wäre denn Chamissos Erzählung füglich mit dem Begriff der »phantastischen Novelle« zu charakterisieren, den Th. Mann ihr zugedacht hat.

D.Bo.

Ausgaben: Nürnberg 1814, Hg. F. de la Motte-Fouqué. – Nürnberg 1827 [verm. Ausg.]. – Lpzg. 1836 (in *Werke*, Hg. J.E. Hitzig, 6 Bde., 1836–1839, 4). – Lpzg. 1908 (in *Werke*, Hg. H. Tardel, 3 Bde., 2; hist.-krit.). – Lpzg. 1922, Hg. H. Rogge (*Peter Schlemihls Schicksale*; Faks. d. Urfassg.). – Stg. 1967 (RUB). – Mchn. 1975 (in *SW*, Hg. J. Perfahl u. V. Hoffmann, 2 Bde., 1). – Lpzg. 1980/Mchn. 1982 (in *SW*, Hg. W. Feudel u. Ch. Laufer).

Vertonung: P. Ronnefeld, *Peter Schlemihl* (Ballett; Urauff.: Hildesheim, 10.4. 1956, Stadttheater).

Literatur: P. Rath, *Bibliotheca Schlemihliana. Ein Verz. der Ausgaben u. Übersetzungen des »Peter Schlemihl«*, Bln. 1919 [Bibliographien u. Studien]. – F. Alpi, *C.s »Peter Schlemihl«*, Diss. Wien 1939. – U. Baumgartner, *C.s »Peter Schlemihl«*, Frauenfeld/

Lpzg. 1944. – S. Atkins, *»Peter Schlemihl« in Relation to the Popular Novel of the Romantic Period* (in GR, 21, 1946, S. 191–208). – D. de Rougemont, *C. et le mythe de l'ombre perdue* (in *Le romantisme allemand*, Hg. A. Béguin, Marseille 1949, S. 276–284). – B. v. Wiese, *A. v. C. »Peter Schlemihls wundersame Geschichte«* (in B. v. W., *Die deutsche Novelle von Goethe bis Kafka*, Bd. 1, Düsseldorf 1956, S. 97–116). – K. J. Heinisch, *A. v. C.: »Peter Schlemihls wundersame Geschichte* (in K. J. H., *Dt. Romantik*, Paderborn 1966, S. 36–49). – J. Nettesheim, *A. v. C.s botanisch-exotische Studien. Peter Schlemihl u. die Lieder von »armen Leuten« und Verbrechern* (in *Marginalien zur poetischen Welt. Fs. für R. Mülher zum 60. Geburtstag*, Bln. 1971, S. 197–217). – F. Schulz, *Die erzählerische Funktion des Motivs vom verlorenen Schatten in C.s »Peter Schlemihl«* (in GQ, 45, 1972, S. 429–442). – W. R. Berger, *Drei phantastische Erzählungen: C.s »Peter Schlemihl«, E. T. A. Hoffmanns »Die Abenteuer der Silvester-Nacht« u. Gogols »Die Nase«* (in Arcadia, Sonderh., 1978, S. 106–138). – W. Freund, *A. v. C. »Peter Schlemihl«. Geld u. Geist, ein bürgerlicher Bewußtseinsspiegel. Entstehung, Struktur, Rezeption, Didaktik*, Paderborn 1980. – W. Koeppen, *C. u. »Peter Schlemihl«* (in W. K., *Die elenden Skribenten*, Ffm. 1981, S. 25–35). – D. Walach, *A. v. C. »Peter Schlemihls wundersame Geschichte«* (in *Romane u. Erzählungen der dt. Romantik*, Hg. P. M. Lützeler, Stg. 1981, S. 285–301). – G.-L. Fink, *»Peter Schlemihl« et la tradition du conte romantique* (in Recherches Germaniques, 12, 1982, S. 24–54). – M. Pavlyshyn, *Gold, Guilt and Scholarship. A. v. C.'s »Peter Schlemihl«* (in GQ, 55, 1982, S. 49–63). – J. Schwann, *Vom »Faust« zum »Peter Schlemihl«. Kohärenz u. Kontinuität im Werk A. v. C.s*, Tübingen 1984. – A. A. Kuzniar, *»Spurlos ... verschwunden«. »Peter Schlemihl« u. sein Schatten als der verschobene Signifikant* (in Aurora, 45, 1985, S. 189–204). – W. Neubauer, *Zum Schatten-Problem bei A. v. C. oder zur Nicht-Interpretierbarkeit von »Peter Schlemihls wundersamer Geschichte«* (in Literatur für Leser, 1986, S. 24–34).

JOSEPH FREIHERR VON EICHENDORFF

* 10.3.1788 Schloß Lubowitz / Oberschlesien
† 26.11.1857 Neiße

LITERATUR ZUM AUTOR:

Bibliographien und Forschungsberichte:
K. Frh. v. Eichendorff, *Ein Jahrhundert E.-Literatur*, Regensburg 1924 [*SW*, Hg. W. Kosch u. A. Sauer, Bd. 22]. – *E. heute. Stimmen der Forschung mit einer Bibliographie*, Hg. P. Stöcklein, Mchn. 1960; Darmstadt [2]1966 [erg.]. – K.-D. Krabiel, *J. v. E. Kommentierte Studienbibliographie*, Ffm. 1971. – *Ansichten zu E. Beiträge zur Forschung 1958–1988*, Hg. A. Riemen, Sigmaringen 1988 [m. Bibliogr. 1958–1986].

Jahrbuch:
Aurora, Jahrbuch der Eichendorff-Gesellschaft, 1929 ff. [m. jährl. Bibliogr. zur E.-Forschg.].

Biographien:
H. Brandenburg, *J. v. E. Sein Leben u. Werk*, Mchn. 1922. – H. Pörnbacher, *J. v. E. als Beamter*, Dortmund 1963. – P. Stöcklein, *J. v. E. in Selbstzeugnissen u. Bilddokumenten*, Reinbek 1963; [3]1987 (rm). – H. Koopmann, *J. v. E.* (in *Deutsche Dichter der Romantik. Ihr Leben u. Werk*, Hg. B. v. Wiese, Bln. 1971, S. 416–441; [2]1983, S. 505–531). – E. Schwarz, *J. v. E.*, NY 1972. – W. Frühwald, *E.-Chronik. Daten zu Leben u. Werk*, Mchn. 1977. – H. Ohff, *J. Frh. v. E.*, Bln. 1983. – M. L. Kaschnitz, *Florens. E.s Jugend*, Düsseldorf 1984. – W. Frühwald u. F. Heiduk, *J. v. E. Leben u. Werk in Texten u. Bildern*, Ffm. 1988.

Gesamtdarstellungen und Studien:
J. Kunz, *E. Höhepunkt u. Krise der Spätromantik*, Darmstadt 1951; Nachdr. 1980. – Th. W. Adorno, *Zum Gedächtnis E.s* (in Th. W. A., *Noten zur Literatur I*, Ffm. 1958, S. 105–143). – O. Seidlin, *Versuche über E.*, Göttingen 1965; [3]1985. – A. v. Bormann, *Natura loquitur. Naturpoesie und emblematische Formel bei J. v. E.*, Tübingen 1968. – P. P. Schwarz, *Aurora. Zur romantischen Zeitstruktur bei E.*, Bad Homburg u. a. 1970. – *J. v. E. im Urteil seiner Zeit*, Hg. G. u. I. Niggl, 3 Bde., Stg. 1979–1986. – A. Hillach u. K.-D. Krabiel, *E.-Kommentar*, 2 Bde., Mchn. 1971. – C. Wetzel, *J. v. E.*, Salzburg 1982. – *J. Frh. v. E. 1788–1857; Leben, Werk, Wirkung*, Köln u. a. 1983 [Ausst.-Kat.]. – *E. und die Spätromantik*, Hg. H. G. Pott, Paderborn 1985. – K. Köhncke, *Hieroglyphenschrift: Untersuchungen zu E.s Erzählungen*, Sigmaringen 1986. – H. Korte, *Das Ende der Morgenröte. E.s bürgerliche Welt*, Ffm. u. a. 1987. – C. Nolte, *Symbol u. historische Wahrheit. E.s satirische u. dramatische Schriften im Zusammenhang mit dem sozialen u. kulturellen Leben seiner Zeit*, Paderborn 1987. – *Ich bin mit der Revolution geboren ... J. v. E. 1788–1857*, Hg. S. v. Steinsdorff u. E. Grunewald, Ratingen 1988 [Ausst.-Kat.]. – *E.s Modernität*, Hg. M. Kessler u. H. Koopmann, Tübingen 1989.

DAS LYRISCHE WERK von Joseph Freiherrn von EICHENDORFF.

Einen schmalen Vorrat an Bildern und Motiven nur enthält das lyrische Werk Eichendorffs. *»Immer wieder rauschen die Wälder, schlagen die Nachtigallen, plätschern die Brunnen, blitzen die Ströme. Immer wieder kommen Lichter oder Klänge aus der Ferne, von den Bergen, aus der Tiefe, zwischen den Wipfeln herüber oder durch das Fenster herein. Das geht bis zur scheinbaren formelhaften Erstarrung.«* (R. Alewyn) Denn aus lyrischen Formeln, aus Versatzstücken von magischer Kraft und symbolistischer Bedeutung hat Eichendorff ein poetisches Werk komponiert, in dem sich Stereotypen und Requisiten der Volksliteratur mit dem Idiom der Halleschen Studenten, mit Bibelanklängen, Archaismen und Literaturzitaten zu jenem Eichendorff-Ton verbinden, der über das Konzertlied, über das Chorlied der Männergesangvereine, das Kommersbuch und die Liederbücher der Jugendbewegung als ein spezifisch deutscher Ton in die Geschichte der Lyrik und des Liedes eingegangen ist.

Lyrische Formeln

Aus »Heimweh« und »Erinnerung« ist der Grundakkord von Eichendorffs Formelsprache gemischt, der die Melodie von »Trennung« und »Wiederfinden« begleitet. Die Wurzeln von Eichendorffs poetischer Leistung nämlich sind in der übermächtigen, individuell verstärkten Trennungs-Erfahrung des Menschen von der Natur zu suchen und in dem Versuch, ästhetisch wiederzugewinnen, was in der Realität verloren schien; Formeln des Abschieds, der Reise, der Wanderung und des Gedenkens also beherrschen Eichendorffs lyrische Sprache schon früh; in ihr erklingt das Zauberlied »von der alten schönen Zeit« mit der oft wiederholten Frage: »Gedenkst Du noch?« Eichendorffs Lyrik, chronologisch bereits diesseits der Schwelle revolutionärer Umbrüche angesiedelt, beschwört das in der Zeitflucht verlorene Gefühl der Geborgenheit in Heimat, Liebe und vertrauter Natur. Die Schlösser und die Gärten der Kindheit, Lubowitz und Tost (*O schöner Grund, o Höhen*, 1810), die Klage um den fernen Bruder (*Denkst du des Schlosses noch*, 1830; *Du weißt's dort in den Bäumen*, 1830) und die toten Kinder (*Von fern die Uhren schlagen*, 1834), die Beschreibung der vom industriellen Raubbau längst gelichteten schlesischen Wälder (*Wer hat dich du schöner Wald*, 1810) werden so zu Chiffren einer inneren Landschaft, in der alles Getrennte sich wiederfindet, in der auch Mensch und Natur sich im mythischen Brautfest vereinen (*Es war als hätt' der Himmel*, 1835). In Eichendorffs inneren Landschaften, gefügt aus optischen und akustischen Signalen, aus Versen, die klingen *»wie Zitate beim ersten Mal, memoriert nach dem Lesebuch Gottes«* (Th. W. Adorno), antwortet (im Lied der zahllosen diese Gedichte durchziehenden Wanderer) die Sehnsuchtsbewegung des erweckten Herzens dem Ruf, der das lyrische Ich aus der erlösungsbedürftigen Natur erreicht, und der hundertfach geschilderte Fensterblick von Eichendorffs lyrischen Gestalten (z. B. *Es schienen so golden die Sterne*, 1834) eröffnet eine an NOVALIS und Friedrich SCHLEGEL erinnernde Perspektive in das bergende und zugleich ängstigende Innere von Raum und Zeit. Daß all diese Formeln und Chiffren, auch wenn sie nur literarische Erfahrungen (barocker geistlicher Poesie und der Werke GOETHES, JEAN PAULS, HARDENBERGS, TIECKS, SCHLEGELS, GÖRRES', ARNIMS und BRENTANOS) übersetzen, fern der Bildungs-Attitude stehen, wird dadurch belegt, daß keine dieser Formeln als Bildungszitat dauerhaft in den »Zitatenschatz des deutschen Volkes« eingegangen ist. Frage, Bitte, Dank und Anruf Gottes sind bevorzugte Gesten dieser Gedichte, weil Eichendorff die das 18. Jh. kennzeichnende Konkurrenz von Poesie und Gebet evoziert, den Verlust an religiöser und meditativer Substanz, den seine Zeit wie keine andere vor ihr erlitten hat, durch Lyrik zu kompensieren suchte. Von der realen Erfahrung des Verlustes in einer Schwellenzeit ausgehend, dringt der lyrische Kosmos Eichendorffs ein in die mythischen Ursprünge der Einheit von Welt und Bewußtsein und erkennt Trennung als eine die Neuzeit konstituierende Grunderfahrung der Menschheit.

Entwicklung der Lyrik

An der anakreontischen Eleganz der Gedichte Ludwig HÖLTYS und Friedrich von HAGEDORNS, am gefühlvollen Balladenton Gottfried August BÜRGERS orientiert sich die Jugendlyrik Eichendorffs, in der naturgemäß die Casual-Gedichte, das Trinklied, der Feiergesang, das Totengedicht und der Stammbuchvers dominieren; auch in späteren Jahren aber war Eichendorff ein gesuchter Gelegenheitsdichter, der für Liedertafeln (z. B. *Damen-Liedertafel in Danzig*, 1823), für literarisch-gesellige Vereine (z. B. *Der alte Held*, 1831 für die Berliner Mittwochsgesellschaft) schrieb und das panegyrische Genre so meisterlich beherrschte, daß der preußische Oberpräsident Heinrich Theodor von Schön nicht müde wurde, den Ruhm seines Oberpräsidialrates durch die Verbreitung von dessen Lied *Viel Essen macht viel breiter* (1825) zu fördern. Als der neunzehnjährige Eichendorff beim Studium in Heidelberg 1807 dem novalisierenden Romantiker Otto Heinrich Grafen von Loeben begegnete und von diesem in eine »mystische liebereiche Loge« aufgenommen wurde, entwickelte sich seine Lyrik, zunächst im Sonetten-Dialog mit den Freunden, reicher und vielfältiger. In dem von Loeben (als Isidorus Orientalis) präsidierten »eleusischen Bund« trug Eichendorff (seit dem 19. 3. 1808) den Dichternamen Florens, nach dem verkannten Kaisersohn aus Tiecks Bearbeitung des Volksbuches vom *Kaiser Octavianus*, so daß sich nicht nur die enge Bindung der von Eichendorff unter diesem Pseudonym veröffentlichten Gedichte an die Bildsprache des Novalis, sondern auch an die von Ludwig Tieck erneuerte Minnelyrik des Mittelalters erklärt. In den schwärmerisch-naturmystischen Ton des Loeben-Kreises, gebändigt durch strenge Vers- und Strophenformen (Sonett, Kanzone, Glosse, Madrigal, Stanzen, Terzinen etc.), mischt sich mit der Thematisierung »schwarzer Bangigkeit« (d. h. der in ihren Ursachen unbestimmten Schwermut) ein persönliches Element, welches belegt, daß der von Loeben nur scheinbar gestillte Kampf Eichendorffs *»zwischen Poesie und Jurisprudenz«* andauerte. Er endete um 1809 mit der Entscheidung gegen das Dichtertum als Beruf, also mit der Lösung von Loebens Einfluß und der entschiedenen Zuwendung zum Ton der Lieder

aus *Des Knaben Wunderhorn*, welche durch die persönliche Begegnung mit Arnim und Brentano (in Berlin 1810) gefestigt wurde.
Seit der Entstehung seines bekanntesten Liedes, der 1813 erstmals gedruckten Romanze *Das zerbrochene Ringlein (»In einem kühlen Grunde«)*, dominiert in Eichendorffs Lyrik die drei- oder vierhebige, jambische Volksliedstrophe, wobei häufig je zwei vierzeilige Strophen zu einer achtzeiligen zusammengezogen werden. Die Aneignung des von Arnim und Brentano geschaffenen artistischen Volkstones und seiner trochäischen Komplemente ist um 1815 abgeschlossen; seither wurden die Bild- und die Verssprache Eichendorffs nur noch entfaltet und differenziert, nicht mehr entwickelt. Mit dem Zyklus *Auf den Tod meines Kindes* (1834) aber haben – nach Hartwig SCHULTZ – schon die Zeitgenossen eine ernstere Stimmung in Eichendorffs Lyrik wahrgenommen, wie auch die Vorliebe *»für Spruchartiges, pointiert Didaktisches«* zunahm. Seit dem erneuten Revolutions-Schock nämlich, der Europa 1830 getroffen hat (im Werk Eichendorffs kenntlich an den Satiren und den politischen Schriften um 1832), griff die historisch-politische Dimension auch in den symbolistisch-zeitenthobenen Texten Eichendorffs Raum, so daß die letzte thematisch-stilistische Wende seiner Gedichte die zu den politischen Gedichten der Revolutionsjahre 1848/1849 darstellt. Zu diesen Texten gehört die *Familienähnlichkeit* überschriebene Scheltrede auf die Deutschen *(»Zwei Arten von Getieren«)*, die an satirischer Schärfe auch von PLATEN, NIETZSCHE und anderen Kritikern des Deutschtums nicht mehr übertroffen werden konnte.
Heinrich Theodor von Schön hatte Eichendorff mit der Gedankenwelt des Reform-Beamtentums vertraut gemacht, wonach eine künstlerisch-literarische Tätigkeit dem Beruf nicht widerstrebt, sondern den Beamten, als Ideenträger des Staates, für diesen Beruf erst befähigt. So begleitet Eichendorffs Lyrik – seit etwa 1819 – auch den Aufstieg und den Verfall dieser aus der Provinz Preußen gegen den Berliner Zentralismus gerichteten, reformkonservativen Gedankenwelt, mit einem deutlichen Höhepunkt in den Jahren vor dem Regierungswechsel in Preußen, zwischen 1837 und 1840 (*Kaiserkron' und Päonien rot*, 1837; *Möcht' wissen, was sie schlagen*, 1838; *Mein Gott, dir sag' ich Dank*, 1839). Nach der Pensionierung (1844), die von der vorrevolutionären Verhärtung in der preußischen Ministerialbürokratie erzwungen wurde, ist Eichendorff als Lyriker folgerichtig verstummt. Nur wenige, in der Mehrzahl postum bekannt gewordene Gedichte (*Prinz Roccocco, hast dir Gassen*, Erstdruck 1854; *Noch singt der Wind*, 1854) zeugen noch von der Kraft der Erinnerung, die vom erreichten Lebensgipfel aus über die Grenzen der eigenen Lebenszeit hinauszublicken wagt (*Wo werd' ich sein im künft'gen Lenze?*, 1854).

Lyriksammlungen

Eine große Zahl von Gedichten Eichendorffs ist in Romane, Erzählungen, Schauspiele und Versepen verflochten, doch anders als im Werke Clemens Brentanos entwickeln sich diese Lieder nicht aus dem umgebenden Prosatext; Eichendorffs Lieder werden den handelnden Personen als Lieder in den Mund gelegt, von ihnen zum Spiel der Geige oder der Guitarre fröhlich gesungen (*Wem Gott will rechte Gunst erweisen*, 1817), aus der Ferne oder einem geschlossenen Raum vernommen (*Ich kann wohl manchmal singen*, 1810), rezitiert und erinnert; sie sind häufig unabhängig von ihrem späteren Kontext entstanden und gedruckt worden. In einer sich programmatisch der Prosa zuwendenden Zeit, in der Schönheit und Wahrheit in Gegensatz zueinander traten, hat Eichendorff an der Wahrheit des Schönen festgehalten und die Selbständigkeit seines lyrischen Werkes manifestiert. Die erste Sammelausgabe seiner poetischen Texte (*Aus dem Leben eines Taugenichts und das Marmorbild. Zwei Novellen nebst einem Anhange von Liedern und Romanzen*, Bln. 1826) sollte seiner Vorstellung nach so angeordnet werden, daß die Gedichte einen Rahmen um die Prosatexte bilden. In der von den Berliner Freunden des Dichters getroffenen Textanordnung aber wird durch die Spitzenstellung der Erzählung *Aus dem Leben eines Taugenichts* deren weltweite Rezeption eingeleitet, Lieder und Romanzen erscheinen, dem Zeitgeschmack entsprechend, nur noch als »Anhang«. 1837 hat Eichendorff dann, vermutlich mit Hilfe von Adolf SCHÖLL, seine Gedichte gesammelt, zu Zyklen und Serien geordnet und in thematische Gruppen gegliedert (*Gedichte*, Bln. 1837). Vom 1841 publizierten ersten Band der *Werke* unterscheidet diesen Band, in dem Adolf Schöll für eine Reihe von Gedichten auch Überschriften erfunden hat, vor allem die in den *Werken* angefügte Abteilung der 1839 entstandenen Übersetzungen *Aus dem Spanischen*.

Wirkung

Die Gedichte Eichendorffs wurden hauptsächlich durch ihre Melodien verbreitet. E. BUSSE zählt, unter Einbeziehung aller Vokalgattungen, allein aus den beiden letzten Dritteln des 19. Jh.s *»weit über 5000 E.-Vertonungen«*, unter denen Robert Schumanns *Liederkreis* (op. 39), Felix Mendelssohn-Bartholdys fünf Lieder Eichendorffs für Männerchor – *»im Freien zu singen«* – und Hugo Wolfs Sätze für gemischten Chor (*Sechs geistliche Lieder nach Gedichten von J. v. E.*, 1881) sowie seine Sololieder hervorragen. Die bürgerliche Vereinsbewegung des 19. Jh.s, für die Eichendorff selbst gearbeitet hat und von der er 1847 im vorrevolutionären Wien mit Chor- und Solovortrag seiner Lieder begeistert gefeiert wurde, hat das Interesse an Eichendorff so stark auf die Kompositionen umgelenkt, daß der Name des Textdichters den Sängern oftmals verlorengegangen ist. Die Wiederentdeckung Eichendorffs als eines Dichters, dessen *»Bilder und ihre Bedeutungen sich ordnen ließen zu einem sinnvol-*

len System, in dem nichts Geringeres dargestellt wäre als die elementaren Kategorien unserer Welterfahrung« (R. Alewyn), die Entdeckung von Eichendorffs Bildwelt als einer *»sichtbaren Theologie«* (O. Seidlin), seine Entdeckung als ein Dichter, dessen *»entfesselte Romantik ... bewußtlos zur Schwelle der Moderne«* führt (Th. W. Adorno), datiert daher erst vom Gedächtnis seines 100. Todestages (1957) und ist bis heute nicht abgeschlossen.

W.Fr.

AUSGABEN: *Gedichte des Freiherrn J. v. E.* (in *SW*, Bd. 1/1 u. 1/2 Hg. H. Schulhof u. A. Sauer, Regensburg 1921; hist.-krit.). – *Gedichte* (in *Neue GA d. Werke u. Schriften*, Hg. G. Baumann u. S. Grosse, Stg. 1957, Bd. 1; [3]1978). – *Gedichte* (in *Werke*, Bd. 1, Mchn. 1970; [2]1981). – *Gedichte, Versepen* (in *Werke*, 5 Bde., 1, Hg. H. Schultz, Ffm. 1987).

LITERATUR: J. Nadler, *E.s Lyrik. Ihre Technik u. ihre Geschichte*, Prag 1908. – R. Haller, *E.s Balladenwerk*, Bern/Mchn. 1962. – P. G. Klussmann, *Über E.s lyrische Hieroglyphen* (in *Literatur u. Gesellschaft vom 19. ins 20. Jh. Fs. für Benno v. Wiese*, Bonn 1963, S. 113–141). – H.-H. Krummacher, *Das »als-ob« in der Lyrik. Erscheinungen u. Wandlungen einer Sprachfigur der Metaphorik von der Romantik bis zu Rilke*, Köln/Graz 1965. – A. v. Bormann, *Natura loquitur. Naturpoesie u. emblematische Formel bei J. v. E.*, Tübingen 1968. – R. Alewyn, *E.s Symbolismus* (in R. A., *Probleme u. Gestalten*, Ffm. 1974, S. 232–244). – E. Busse, *Die E.-Rezeption im Kunstlied. Versuch einer Typologie anhand von Kompositionen Schumanns, Wolfs u. Pfitzners*, Würzburg 1975. – W. Frühwald, *Der Regierungsrat J. v. E. Zum Verhältnis von Beruf u. Schriftstellerexistenz im Preußen der Restaurationszeit, mit Thesen zur sozialhistorischen u. wissenssoziologischen Perspektive einer Untersuchung von Leben u. Werk J. v. E.s* (in Internationales Archiv für Sozialgeschichte der deutschen Literatur, 4, 1979, S. 37–67). – H. Schultz, *Form als Inhalt. Vers- u. Sinnstrukturen bei J. v. E. und Annette v. Droste-Hülshoff*, Bonn 1981. – I. Scheitler, *» ... aber den lieben Eichendorff hatten wir gesungen.« Beobachtungen zur musikalischen Rezeption von E.s Lyrik* (in Aurora, 44, 1984, S. 100–123).

AHNUNG UND GEGENWART

Roman von Joseph Freiherrn von EICHENDORFF, entstanden 1810–1812 in Wien, erschienen in Nürnberg, mit einem von Eichendorff verfaßten, von Friedrich de LA MOTTE FOUQUÉ als Herausgeber unterschriebenen Vorwort 1815. Die Anregung zu dem Titel gab Dorothea SCHLEGEL. – Der junge Graf Friedrich, der eben seine Studienzeit abgeschlossen hat, beginnt eine große Wanderung, die ihm nach und nach die verschiedensten Aspekte des Lebens enthüllt. Bei einer Schiffsreise auf der Donau begegnet ihm Rosa, in die er sich verliebt. In ihrem Bruder, dem phantasievollen, poetischen Grafen Leontin, findet er einen echten Freund. Ein Mädchen, das ihm zu Hilfe eilt, als er in einer Waldmühle von Räubern überfallen wird, verkleidet sich als Knabe – Erwin –, um ihm folgen zu können, und beweist ihm aufopferungsvolle Treue. In der klugen, phantasiereichen, aber unbeständigen Gräfin Romana, die er in einem literarischen Zirkel in der Stadt kennenlernt, tritt ihm die Verkörperung der Leidenschaft entgegen. Immer wieder aber wird er enttäuscht: Rosa verliert sich im oberflächlichen Treiben der Gesellschaft und wird schließlich die Geliebte des Erbprinzen; Romana dagegen stößt ihn durch ihre offen zur Schau getragene Sinnlichkeit ab. Erwin verschwindet eines Tages, und Friedrich findet ihn erst nach Monaten in jener Waldmühle des Romananfangs wieder, aber nur, um ihn bald darauf für immer zu verlieren: er stirbt, und erst jetzt erfährt Friedrich, daß Erwin in Wirklichkeit ein Mädchen war. Seine vaterländische Gesinnung treibt ihn nun, am Krieg teilzunehmen, der jedoch zur Niederlage führt. Friedrich wird enteignet; bevor er sich zum Verzicht durchringt und ins Kloster eintritt, enthüllen sich ihm die verborgenen Fäden, die schicksalhaft in sein Leben verwoben sind: Erwin nannte ihm, sterbend, ein altes Schloß im Gebirge, wo er jetzt seinen seit Jahren verschollenen Bruder Rudolf wiederfindet, der als Jüngling der Italienerin Angelina gefolgt war. Sie hatte ihm eine Tochter geschenkt, die angeblich schon im Kindesalter gestorben war. Diese Tochter Rudolfs ist aber niemand anders als Erwin. So kehrt nun Friedrich am Ende seiner Reise zum Ausgangspunkt, zu seiner Familie, zurück. Während Leontin, um seinem Leben einen neuen Sinn zu verleihen, heiratet und nach Amerika auswandert, und Rudolf zu den Magiern nach Ägypten reist, um hier zum Wesen der Dinge vorzudringen, zieht sich Friedrich aus der Welt zurück. Er hat eine neue Bewußtseinsstufe erreicht, Ahnung und Gegenwart haben sich ihm zusammengeschlossen zu einem nahtlosen Ring. Und so schließt auch der Roman mit demselben Bild, mit dem er begonnen hatte: *»Die Sonne ging eben prächtig auf.«*

Die Handlung fügt sich aus locker aneinandergereihten Episoden zusammen, die zumeist in eine stimmungsvolle Wald- und Gebirgslandschaft ohne scharfe Konturen verlegt sind; ihr Urbild ist wohl an der österreichischen Donau zu suchen. Eichendorff wollte einen Entwicklungsroman nach dem Vorbild von GOETHES *Wilhelm Meister* schreiben. Die Grundstimmung seines Werkes ist jedoch schmerzlich-resignierende Melancholie. Der poetische Plan des Buches erinnert an ARNIMS »Zeitroman« *Armut, Reichtum, Schuld und Buße der Gräfin Dolores* und verrät eine ebenso reiche Phantasie der Erfindung, ist darüber hinaus aber übersichtlicher gebaut und klarer formuliert. Der Roman, der beim Publikum und bei der Kritik wenig Anerkennung fand (für Ricarda HUCH war der Text *»ein ungarer Brei und schwer genießbar«*), versammelt bereits die wesentlichen Topoi Eichendorffscher Weltschau, die um Bilder von Kindheit und Natur, Mittelalter und Erinnerung sich zentriert, konservative Kritik an der Aufklärung und Unbehagen am feudal-ständischen Lebensstil der Zeit zugleich ist. Der Roman ist eine *»Allegorie des Lebens in der Napoleonischen Epoche«*, die Figuren, allen voran Friedrich und Leontin, erscheinen als Typen, weniger psychologisch denn wiederum allegorisch motiviert: *»Friedrich verkörpert das Ideal der Vita contemplativa, Leontin dasjenige der Vita activa. Insofern sind sie Gegensätze. Da aber beide Ideale dem einen Ziel der christlichen Erlösung zustreben, stellen sie dennoch eine übergreifende Identität dar«* (E. Schwarz). C.Gu.-P.W.W.

AUSGABEN: Nürnberg 1815 [Vorw. de la Motte-Fouqué]. – Regensburg 1913 (in *SW*, Bd. 3, Hg. W. Kosch u. M. Speyer; hist.-krit.; ern. 1984, Hg. Chr. Briegleb u. C. Rauschenberg). – Stg. 1957 (in *Neue GA d. Werke u. Schriften*, Hg. G. Baumann u. S. Grosse, Bd. 2; ³1978). – Mchn. 1970 (in *Werke*, 5 Bde., 2; ²1978). – Mchn. 1982 (Nachw. C. Rauschenberg; dtv). – Stg. 1984, Hg. G. Hoffmeister (RUB). – Ffm. 1985 (in *Werke*, 5 Bde., 2, Hg. W. Frühwald u. B. Schillbach).

LITERATUR: I. M. Porsch, *Die Macht des vergangenen Lebens in E.s Roman »Ahnung und Gegenwart«*, Diss. Ffm. 1951. – Th. Riley, *An Allegorical Interpretation of E.s »Ahnung und Gegenwart«* (in MLR, 54, 1959, S. 204–213). – Th. Riley, *Joseph Görres und die Allegorie in »Ahnung und Gegenwart«* (in Aurora, 21, 1961, S. 57–63). – W. Killy, *Der Roman als romantisches Buch. Über E.s »Ahnung und Gegenwart«* (in NRs, 73, 1962, S. 533–552; ern. in *Dt. Romane von Grimmelshausen bis Musil*, Hg. J. Schillemeit, Ffm./Hbg. 1966, S. 136–154). – D. Kafitz, *Wirklichkeit u. Dichtertum in E.s »Ahnung und Gegenwart«. Zur Gestalt Fabers* (in DVLG, 45, 1971, S. 350–374). – H.-L. Schaefer, *J. v. E.: »Ahnung und Gegenwart«. Untersuchungen zum christlich-romantischen Gesinnungsroman*, Diss. Freiburg i. B. 1972. – Th. Riley, *Der Erbprinz in E.s »Ahnung und Gegenwart«* (in Aurora, 33, 1973, S. 34–42). – H. J. Meyer-Wendt, *E.s »Ahnung und Gegenwart«* (in *Der deutsche Roman und seine historischen und politischen Bedingungen*, Hg. W. Paulsen, Bern/Mchn. 1977, S. 158–174). – D. W. Schumann, *Rätsel um E.s »Ahnung und Gegenwart«. Spekulationen* (in LJb, N. F. 18, 1977, S. 173–202). – E. Schwarz, *J. v. E.: »Ahnung und Gegenwart«* (1815) (in *Romane u. Erzählungen der deutschen Romantik. Neue Interpretationen*, Hg. P.M. Lützeler, Stg. 1981, S. 302–324). – M. Schwering, *Künstlerische Form u. Epochenwandel. Ein Versuch über E.s Roman »Ahnung und Gegenwart«* (in Aurora, 43, 1983, S. 7–31). – Th. Riley, *Die Allegorie in »Ahnung und Gegenwart«* (ebd., 44, 1984, S. 23–31). – R. S. Zons, *»Schweifen«. E.s »Ahnung und Gegenwart«* (in *E. und die Spätromantik*, Hg. H.-G. Pott, Paderborn u. a. 1985, S. 39–68). – M. Schwering, *Epochenwandel im spätromantischen Roman: Untersuchungen zu E., Tieck u. Immermann*, Köln u. a. 1985.

AUS DEM LEBEN EINES TAUGENICHTS. Novelle

Erzählung von Joseph Freiherrn von EICHENDORFF, erschienen 1826. – Die Arbeit an den ersten beiden Kapiteln, in der Handschrift noch mit *Der neue Troubadour. Ein Kapitel aus dem Leben eines armen Taugenichts* überschrieben, geht vermutlich auf das Jahr 1817 zurück, abgeschlossen wurde die Novelle, zu Lebzeiten des Autors sein bekanntestes Werk, wohl erst 1822/23. Der Text gilt als beispielhaftes literarisches Dokument für das Lebensgefühl der Spätromantik, früh bereits erschien er auch als *»Verkörperung des deutschen Gemüts«* (Theodor Fontane) und erfuhr eine entsprechende Stilisierung in nationalistischen Kreisen.

Sehnsucht nach der Ferne, aber auch väterlicher Unmut *(»Du Taugenichts! da sonnst du dich schon wieder und dehnst und reckst dir die Knochen müde und läßt mich alle Arbeit allein tun. Ich kann dich nicht länger füttern.«)* führt den jungen Sohn eines Müllers in die Welt hinaus, in der er sein Glück machen will. Mit seiner Geige streift er ziellos umher und läßt sich von Zufällen und Abenteuern bestimmen, deren erstes ihn auf ein Schloß in der Nähe Wiens führt. Hier wird er Gärtnerbursche und Zolleinnehmer und verliebt sich – *»ewiger Sommer des Gemüts«* – in Aurelie, eine der *»schönen Damen«* des Schlosses. Ihre Unerreichbarkeit treibt ihn jedoch, seine Wanderung fortsetzen. Sein Weg führt nach Italien, wo er sich in eine bunte und geheimnisvolle Kette Liebeleien unter verkleideten Gräfinnen, Bauern, Malern und Musikanten verwikkelt, bis ihn endlich die Sehnsucht nach der Heimat und nach Aurelie aus Rom fortlocken. Mit einer Schar musizierender Studenten aus Prag kehrt er auf einem Donauschiff zum Schloß zurück und erfährt, daß die unnahbare Dame keine Gräfin, sondern eine Nichte des Schloßportiers ist und ihn liebt. Die undurchsichtige *»Konfusion mit dem Herzen«* entwirrt sich, man heiratet – *»und es war alles, alles gut!«*

Der bewußt naive Ton der Novelle, in die Eichendorff einige seiner schönsten Gedichte eingestreut hat *(»Wem Gott will rechte Gunst erweisen«, »Wer in die Fremde will wandern«, »Wenn ich ein Vöglein wär«* oder *»Schweigt des Menschen laute Lust«)*, sucht sich dem des Märchens anzunähern. Vom Geburtsort, auch vom Namen des Taugenichts erfährt der Leser nichts, märchenhaft sind die glücklichen Fügungen, die das Schicksal des Taugenichts bestimmen, der schließlich nicht nur seine *»schöne gnädige Frau«*, sondern auch ein *»weißes Schlößchen«* mit Garten erhält, und märchenhaft sind auch die Landschaften mit ihren Schlössern, Gärten und Wäldern; die Stadt Rom erscheint im *»hellen Mondenschein, als ständen wirklich die Engel in goldenen Gewändern auf den Zinnen und sängen durch die stille Nacht herüber«*, wiewohl, wie Oskar Seidlin und Margret Walter-Schneider zeigen konnten, Rom nicht nur als Ziel der romantischen Sehnsüchte und ein Bild des himmlischen Jerusalem gezeichnet wird, sondern auch als Stadt, in der ein vorchristlich-heidnisches Erbe noch lebendig ist. Der Taugenichts aber widersteht der Gefahr, die wie häufig bei Eichendorff in der Figur der sexuellen Verführung erscheint, durch seinen kindlichen Glauben, und die vorherrschend naive, heitere Metaphorik und Grundstimmung der Novelle war wohl für ihren Erfolg beim bürgerlichen Publikum verantwortlich, obgleich der Taugenichts gerade der bürgerlichen Lebensweise völlig abhold ist; nichts ist ihm so verhaßt wie ein Leben, das sich ausschließlich an Sicherheit und am eigenen Vorteil orientiert. Als er von der *»edlen Jägerei«* schwärmt und die Entgegnung erhält, man könne damit *»kaum die Sohlen«* verdienen, ergreift ihn ein solcher *»närrischer Zorn«*, daß er *»am ganzen Leibe zitterte«*. Georg Lukács begriff daher die Novelle als *»Revolte«* gegen die *»zwecklose und inhumane Geschäftigkeit des modernen Lebens, gegen die ›Tüchtigkeit‹, gegen den ›Fleiß‹ des alten und neuen Philisters«*.

Der Gefahr, selbst zum Philister zu werden oder einem antriebslos-faulen Leben zu erliegen, entgeht der Taugenichts letztlich durch die Liebe, die in romantisch-überhöhter Form gezeichnet wird. Aurelia, mit der sich der Taugenichts schließlich verheiratet, erscheint ihm als *»Gegenwart Gottes in der Welt«*, als Offenbarung: *»Die schöne Frau, welche eine Lilie in der Hand hielt... sah still lächelnd in die klaren Wellen hinunter, die sie mit der Lilie berührte, so daß ihr ganzes Bild zwischen den widerscheinenden Wolken und Bäumen im Wasser noch einmal zu sehen war, wie ein Engel, der leise durch den tiefen blauen Himmelsgrund zieht.«* Vor diesem Hintergrund erscheint der namenlos bleibende Taugenichts als romantische Allegorie auf ein menschliches Leben, das sich *»Gottes Führung«* empfiehlt, als die Personifikation jenes poetischen Lebens, das Eichendorff, der Schüler von Görres und Brentano, noch über die produzierende Dichtkunst gestellt hat; vor diesem Hintergrund auch relativiert sich die von Georg Lukács begründete, in der Forschung der siebziger Jahre immer wieder aufgeworfene Frage nach dem sozialkritischen Gehalt dieses Textes. M.Pr.-KLL

Ausgaben: Bln. 1826. – Stg. 1957 (in *Neue GA d. Werke u. Schriften*, Hg. G. Baumann u. S. Grosse, Bd. 2; ³1978). – Mchn. 1970 (in *Werke*, 5 Bde., 2; ²1978). – Ffm. 1976 (Nachw. A. Hillach; Insel Tb). – Stg. 1981 (RUB). – Ffm. 1985 (in *Werke*, 5 Bde., 2, Hg. W. Frühwald u. B. Schillbach).

Literatur: E. E. Pope, *The Taugenichts-Motive in Modern German Literature*, Diss. Ithaca 1933. – G. Lukács, *E.* (in G. L., *Deutsche Realisten des 19. Jh.s*, Bln./DDR 1951, S. 49–65). – B. v. Wiese, *J. v. E.: »Aus dem Leben eines Taugenichts«* (in B. v. W., *Die dt. Novelle von Goethe bis Kafka I*, Düsseldorf 1956, S. 79–96). – Th. Mann, *Der Taugenichts; ein Essay*, Mchn. 1957. – G. T. Hughes, *E.: »Aus dem Leben eines Taugenichts«*, Ldn. 1961. – M. Gump, *Zum Problem des Taugenichts* (in DVLG, 37, 1963, S. 529–557). – A. v. Bormann, *Philister u. Taugenichts. Zur Tragweite des romant. Antikapitalismus* (in Aurora, 30, 1970, S. 94–112). – W. Paulsen, *E. u. sein Taugenichts. Die innere Problematik des Dichters in seinem Werk*, Bern/Mchn. 1976. – C. ter Haar, *J. v. E.: »Aus dem Leben eines Taugenichts«. Text, Materialien, Komm.*, Mchn. 1977. – K. Holz, *J. v. E.: »Aus dem Leben eines Taugenichts«* (in *Klassiker heute. Zwischen Klassik u. Romantik*, Hg. H.-C. Kirsch, Ffm. 1980, S. 217–263; FiTb). – H. Poser, *J. v. E.: »Aus dem Leben eines Taugenichts«* (in *Dt. Novellen von Goethe bis Walser. Interpretationen für den Deutschunterricht 1*, Hg. J. Lehmann, Königstein/Ts. 1980, S. 105–124). – G. v. Wilpert, *Der ornithologische Taugenichts. Zum Vogelmotiv in E.s Novelle* (in *Elemente der Literatur. Beiträge zur Stoff-, Motiv- u. Themenforschung. Fs. für E. Frenzel*, Hg. A. Bysanz u. R. Trousson, Stg. 1980, S. 114–128). W. Herzig, *J. v. E., »Aus dem Leben eines Taugenichts«* (in W. H., *Weltentwurf u. Sprachverwandlung. Untersuchungen zu Dominanzverschiebungen in der Erzählkunst zwischen 1825 u. 1950*, Bern/Ffm. 1982, S. 49–116). – K. Köhnke, *Homo Viator. Zu E.s Erzählung »Aus dem Leben eines Taugenichts«* (in Aurora, 42, 1982, S. 24–56). – A. v. Bormann, *J. v. E.: »Aus dem Leben eines Taugenichts«* (in *Romane u. Erzählungen zwischen Romantik u. Realismus. Neue Interpretationen*, Hg. P. M. Lützeler, Stg. 1983, S. 94–116). – K. K. Polheim, *Neues vom »Taugenichts«* (in Aurora, 43, 1983, S. 32–54). – M. Walter-Schneider unter Mitarbeit von M. Hasler, *Die Kunst in Rom. Zum 7. u. 8. Kapitel von E.s Erzählung »Aus dem Leben eines Taugenichts«* (in Aurora, 45, S. 49–62). – M. Thunich, *J. v. E., »Aus dem Leben eines Taugenichts«*, Hollfeld/Oberfr. 1986.

DIE FREIER

Lustspiel in drei Aufzügen von Joseph Freiherrn von Eichendorff, erschienen 1833. – Das Stück ging aus zwei in den Jahren zwischen 1816 und 1820 entstandenen Vorstufen hervor: einem Entwurf *Liebe versteht keinen Spaß* von insgesamt fünf Auftritten und dem sich daran anschließenden Fragment *Wider willen*, das in Stoff und Motiv auf Marivaux' Lustspiel *Le jeu de l'amour et du hasard*, 1730 *(Das Spiel von Liebe und Zufall)*, zurückgreift. Im fertigen Stück von 1833, dem einzigen Lustspiel, das der Autor vollendete, wird diese Anlage beibehalten, aber erst hier sind die verschiedenen Konzepte sinnvoll verknüpft, der Welt Eichendorffs *»akkomodiert«*.

Graf Leonard ist – als reisender Schauspieler verkleidet – auf dem Weg zum Schloß der schönen, aber männerhassenden Gräfin Adele, die von seinem Onkel für ihn bestimmt ist; währenddessen erhält der pedantische Hofrat Fleder vom Präsidenten, dem Onkel Leonards, den Auftrag, als Flötenspieler verkleidet und unter dem Namen Arthur, dem Neffen nachzureisen, *»daß ein dritter auf dem Schlosse ein wenig zum Rechten sähe«*. Unterwegs trifft Fleder zwei vagabundierende Künstler, den Musikanten Schlender und den Schauspieler

Flitt, die ebenfalls zum Schloß wollen, um dort ihre Künste zum besten zu geben. In der Verwirrung um Fleders scheuendes Pferd verlieren sich die beiden aus den Augen, Flitt hält sich an den verkleideten Fleder, Schlender begegnet Leonard, der sich sofort, da die Rolle des reisenden Schauspielers offensichtlich schon besetzt ist, als »Sänger Florestin« ausgibt. Inzwischen hat jedoch Gräfin Adele von der geplanten Verkleidungskomödie erfahren und beschlossen, ihren Teil zum Verwechslungsspiel beizutragen, indem sie und ihre Kammerzofe Flora die Rollen tauschen. Der zweite Akt zeigt nun die Folgen dieser Verwechslungen: *»Verliebte Kammerjungfern und Musikanten, kuriose Gräfinnen, heimliche Winke; Flüstern und Geheimnisse überall«*, dazu den Jäger Victor, der *»alle diese mausigen Stoßvögel von Freiern an Einem Narrenspieß«* sehen will. Er gaukelt Flitt vor, die Gräfin sei in ihn verliebt, worauf dieser mit dem Gastwirt Knoll Entführungspläne schmiedet. Gleichzeitig überredet Victor auch Schlender zu einem Rendevous mit der Gräfin – allerdings, *»um alles Aufsehen zu vermeiden«*, werde die Gräfin in den Kleidern des Flötenspielers Arthur, also in Fleders Maske, erscheinen, und er, Schlender, müsse die Rolle der Gräfin spielen. Zu allem Überfluß erscheint noch Flora in Offiziersuniform als weiterer Nebenbuhler unter den Freiern. Nun erreicht die Verwirrung ihren Höhepunkt. Als erster sieht sich Schlender genarrt, der schließlich die Maskerade durchschaut und den Hofrat Fleder erkennt. Er *»salviert sich«* und läuft – immer noch als »Gräfin« – geradewegs Flitt und Knoll, ihren Entführern, in die Hände; in Knolls Wagen verlassen so die beiden Abenteurer als erste den Schauplatz. Inzwischen entbrennt zwischen Flora, dem »Offizier«, und Leonard ein Zweikampf um die Gunst der Gräfin, die – durch Victor von dem zu erwartenden »Duell« in Kenntnis gesetzt und vom Waffenklang angelockt – herbeieilt; sie stürzt sich zwischen die beiden, an Leonards Brust, und der »Offizier« gibt sich als Flora zu erkennen. Doch erst der hinzukommende Fleder klärt das letzte Mißverständnis: Leonard und die Gräfin erkennen einander, Leonard führt sie unter dem Jubel der Umstehenden als seine Braut fort. Unter dem Eindruck dieses Erlebnisses gibt auch Victor sein Junggesellendasein auf und erhält Floras Hand.

Die Auseinandersetzung des Dichters mit den Lustspieltheorien Friedrich von SCHLEGELS und französischen und englischen Vorbildern, vor allem dem SHAKESPEARES, dehnte die Entstehung des Werkes auf fast zwei Jahrzehnte aus. Hierin dürfte der Grund dafür liegen, daß die Komödie bei ihrem Erscheinen kaum mehr Beifall bei dem die Schicksalstragödie goutierenden Publikum fand und in ihrer ursprünglichen Fassung ohne Resonanz blieb; das Stück wurde nämlich zu Lebzeiten des Dichters nur ein einziges Mal aufgeführt, und zwar am 2. Dezember 1849 im Liebhabertheater der »Ressource zur Einigkeit« in Graudenz. Der Erfolg stellte sich erst ein, als 1923 eine Bearbeitung des Stückes von Otto ZOFF, mit einer Begleitmusik von Christian Lahusen, erschien; im Frankfurter Schauspielhaus wurde es begeistert aufgenommen und von da an oft gespielt, wenngleich diese Bearbeitung wie auch die späteren von Alfons HAYDUK (1936) und von Leopold STAHL (1939) die Stimmung des romantischen Lustspiels nicht vollkommen treffen konnten. E.Ke.

AUSGABEN: Stg. 1833. – Mchn. 1922. – Lpzg. o.J. [1923] (Bühnenbarb. O. Zoff; RUB). – Lpzg. 1938 (DL). – Lpzg. o.J. [1939] (*Die Freier oder Wer ist wer?*; Bühnenbearb. E. L. Stahl; ern. Stg. 1955; RUB). – Mchn. o.J. [1950; Bearb. G. Rittner]. – Regensburg 1950 (in *SW*, Bd. 6, Hg. E. Reinhard; hist.-krit.). – Stg. 1957 (in *Neue GA d. Werke u. Schriften*, Hg. G. Baumann u. S. Grosse, Bd. 1; ³1979). – Mchn. 1970 (in *Werke*, 5 Bde., 1; ²1981). – Ffm. 1988 (in *Werke*, 5 Bde., 4, Hg. H. Schultz).

LITERATUR: O. Demuth, *Das romantische Lustspiel in seinen Beziehungen zur dichterischen Entwicklung E.s*, Prag 1912; ern. Hildesheim 1973. – Ders., *E.s »Freier«. Ein Rückblick auf Bedeutung u. Entstehen nach hundert Jahren* (in Aurora, 4, 1934, S. 47–56). – Ders., *Der Angleichungsvorgang in E.s Lustspiel* (ebd., 6, 1936, S. 76–85). – W. Hildebrandt, *Das Eichendorffsche Lustspiel* (ebd., 8, 1938, S. 43–57). – W. Mauser, *»Die Freier« von J. v. E.* (in Der Deutschunterricht, 15, 1963, H. 6, S. 45–58). – G. Kluge, *Das Lustspiel der deuschen Romantik* (in *Das deutsche Lustspiel I*, Hg. H. Steffen, Göttingen 1968). – E. Catholy, *Das deutsche Lustspiel. Von der Aufklärung bis zur Romantik*, Stg. u. a. 1982, S. 269–285; 302–304. – C. Nolte, *Symbol u. historische Wahrheit. E.s satirische u. dramatische Schriften im Zusammenhang mit dem sozialen u. kulturellen Leben seiner Zeit*, Paderborn 1987.

DAS MARMORBILD. Eine Novelle

Erzählung von Joseph Freiherrn von EICHENDORFF, erschienen 1818. – Am 15. März 1817 meldet Eichendorff seinem Gönner Friedrich de LA MOTTE FOUQUÉ den Abschluß einer Novelle, die er ihm am 2. Dezember 1817 zusendet. *Das Marmorbild* ist nach Eichendorffs Brief an Fouqué *»eine Novelle oder Märchen, zu dem irgendeine Anekdote aus einem alten Buche, ich glaube, es waren Happelii ›Curiositates‹, die entfernte Veranlassung, aber weiter auch nichts, gegeben hat.«*. Die vom Dichter hier erwähnte Quelle ist *Die seltzahme Lucenser-Gespenst* aus Eberhard Werner HAPPELS Anekdotensammlung *Größeste Denkwürdigkeiten oder so genandte Relationes curiosae* (Hamburg 1687), doch haben TIECKS Erzählung *Der getreue Eckart und der Tannenhäuser* (1799) und NOVALIS' Roman *Heinrich von Ofterdingen* (1802) stärker auf Motivik und Szenerie des *Marmorbildes* gewirkt als die barocke Vorlage. Die Erzählung, in der Eichendorff eine Skizze aus den Jahren 1808/1809 mit dem Titel *Die Zauberei im Herbste* wieder aufgreift, wurde von

Fouqué und seiner Gattin an *»zwei Stellen, wo die Farben allzu dreist erglühten, um ... vor Jungfrauenaugen treten zu können«*, überarbeitet und erschien erstmals im *Frauentaschenbuch für das Jahr 1819*; in Buchform erschien sie, zusammen mit dem *Taugenichts* und einem Anhang ausgewählter Gedichte, zuerst 1826. Trotz zahlreicher erhaltener Vorarbeiten sind durch den Verlust des Neißer Eichendorff-Nachlasses Fouqués Texteingriffe nicht mehr festzustellen.

Im *Marmorbild* wandelt Eichendorff das romantische Grundthema vom verlorenen und wiederzufindenden Paradies charakteristisch ab. Florio, ein junger Dichter, begegnet auf der Reise nach Lucca dem Sänger Fortunato, dem auf einem Fest der mephistophelische Ritter Donati gegenübertritt. Schwankend zwischen den beiden Freunden, welche die erlösende und die dämonische Kraft der Poesie symbolisieren, verläßt Florio nachts die Herberge; sein Diener, der als Allegorie des Gewissens gedeutet wurde (Schwarz), liegt eingeschlafen auf der Schwelle des Hauses. So verfällt Florio dem Zauber des marmornen Venusbildes, dessen Anblick im nächtlichen Garten eine unbestimmte Sehnsucht in ihm zurückläßt. Auf der Suche nach der Erfüllung dieser Sehnsucht gerät der junge Poet in den Zauberkreis dämonischer Liebe, in den Garten der Venus – das *»Emblem der sinnlichen Gefährdung des Menschen«* (Rehm). Auf einem Maskenfest erreicht Florios verwirrend-schwankende Sehnsucht den Höhepunkt, als ihm Venus in der Maske der ihm von Fortunato zugeführten Bianka gegenübertritt. Von Donati verführt, kommt er in den Palast der Göttin, und nur das in der Ferne erklingende Lied Fortunatos bewirkt, daß er sich durch ein Gebet vor dem Schicksal Tannhäusers bewahrt, daß der dämonische Zauber versinkt. Auf einer Reise in den hellen Morgen deutet ihm Fortunato im Lied das Geschehen der Nacht und löst seine Verblendung. In dem Knaben, der ihn auf der Reise begleitet, erkennt Florio Bianka, in ihrer reinen Schönheit die Bestimmung seines Lebens.

Die im Menschen angelegte Sehnsucht nach dem verlorenen Paradies, das Eichendorff unter der Formel der »schönen alten Zeit« faßt, hat im Werk des Dichters eine heidnische und eine christliche Komponente; das Bild der Venus *»dämmert und blüht wohl in allen Jugendträumen mit herauf«*, doch auch das erlösende Lied Fortunatos ist wie Erinnerung und Nachklang *»aus einer andern heimatlichen Welt«*; Florios Gebet: *»Herrgott, laß mich nicht verlorengehen in der Welt!«*, die dadurch ausgelöste Befreiung, d. h. der Rückzug des heidnischen Zaubers in die Tiefen der Seele, ist *»nicht ein Gnadengeschenk, sondern eine Leistung«* des Menschen (Seidlin). Erst im Bestehen der Versuchung ist Erlösung möglich. – Die Szenerie der Erzählung, die Landschaft, in der sich das symbolische Geschehen vollzieht, wird eine *»wunderbar verschränkte Hieroglyphe«* genannt, die emblematischen Landschaften des *Marmorbildes* geben als »sichtbare Theologie« (Seidlin) den Schlüssel zur Enträtselung der Symbole. Doch sollte bei der Entdeckung allgemein menschlicher Strukturen in der Novelle nicht übersehen werden, daß die Erzählung – nach Ausweis der Entwürfe – autobiographische Elemente enthält. Eichendorff geht es nicht so sehr um die Darstellung menschlicher Grundverhaltensweisen, sondern mehr um die Gestaltung der Gefährdung des Künstlers, dem es, trotz der erschreckenden Erfahrung eines zeit- und geschichtslosen Lebens im Venusberg des inneren Lebens, nicht gelingt, sich dem Zauber des *paradis noir*, das Ingredienz des Dichterischen ist, völlig zu entziehen. W.Fr.

Ausgaben: Nürnberg 1819 (in Frauentaschenbuch für das Jahr 1819). – Bln. 1826 (zus. m. *Aus dem Leben eines Taugenichts*). – Lpzg. o. J. [1941] (zus. m. *Das Schloß Dürande*; RUB). – Stg. 1957 (in *Neue GA d. Werke u. Schriften*, Hg. G. Baumann u. S. Grosse, Bd. 2; ³1978). – Mchn. 1970 (in *Werke*, 5 Bde., 2; ²1978). – Stg. 1984, Hg. H. M. Marks (RUB). – Ffm. 1985 (in *Werke*, 5 Bde., 2, Hg. W. Frühwald u. B. Schillbach).

Literatur: F. Weschta, *E.s Novellenmärchen »Das Marmorbild«*, Prag 1916; ern. Hildesheim 1973. – P. F. Baum, *The Young Man Betrothed to a Statue* (in PMLA, 34, 1919, S. 523–579; 35, 1920, S. 60–62). – T. Sauter-Bailliet, *Die dichterischen Gestaltungen der heidnischen u. christlichen Frau im Werk E.s*, Diss. Washington 1969; ern. Bonn 1972. – K.-D. Krabiel, *Tradition u. Bewegung. Zum sprachlichen Verfahren E.s*, Stg. u. a. 1973. – L. Pikulik, *Die Mythisierung des Geschlechtstriebes in E.s »Das Marmorbild«* (in Euph, 71, 1977, S. 128–140). – E. Greaves Crawford, *Dualism in the Shorter Prose Works of E.*, Diss. NY 1975. – *J. v. E., »Das Marmorbild«. Erläuterungen u. Dokumente*, Hg. H. H. Marks, Stg. 1984 (RUB). – S. v. Steinsdorff, *J. v. E., »Das Marmorbild«* (in *Meistererzählungen der deutschen Romantik*, Hg. A. Meier u. a., Mchn. 1985, S. 420–435). – K. K. Polheim, *»Marmorbild«-Trümmer. Entstehungsprozeß und Überlieferung der Erzählung E.s* (in Aurora, 45, 1985, S. 5–32). – Ders., *Das »Marmorbild«-Fragment E.s im Freien Deutschen Hochstift* (in FDH, 1986, S. 257–292). – *J. v. E. Das Marmorbild. Eine Novelle 1819. Die Zauberei im Herbste. Ein Märchen (1808/1809). Mit einem Kommentar u. Materialien*, Hg. G. Behütuns, Mchn. u. a. 1988.

DAS SCHLOSS DÜRANDE. Eine Novelle

Erzählung von Joseph Freiherrn von Eichendorff, erschienen 1837. – Nichts in Eichendorffs epischem Werk darf als zeitlose Romantik bezeichnet werden: Das Romantische wird sowohl in den Romanen wie in den Novellen mit sozialen Kategorien und Politischem verschränkt. So gerät im *Schloß Dürande* eine freie unbedingte Liebe in Widerspruch zu den Normen eines feudalen Gesellschaftssystems, und im Wirbel der Französischen Revolution wird diesem Widerspruch ein tödliches Ende bereitet. Den sozialen und politischen Gehalt

seiner Geschichte benennt Eichendorff nie ausdrücklich und begrifflich; er läßt sich aber aus dem Verhalten der Figuren, ihrem Maskenspiel und ihren Irrtümern entziffern.
Renald, ein Jäger, lauert an einem Sommerabend einem Unbekannten auf, der dem Gerede der Leute zufolge seit geraumer Zeit seine Schwester aufsucht – seine junge verwaiste Schwester Gabriele, die seinem besonderen Schutz anheimgegeben ist. In dem Unbekannten entdeckt Renald seinen Dienstherrn, den jungen Grafen Hippolyt von Dürande. Renald hütet sich nicht nur, der Schwester den Namen des Geliebten preiszugeben, er veranlaßt sie auch, unverzüglich für einige Zeit in ein nahegelegenes Kloster zu gehen. Denn in der feudalen Gesellschaftsordnung hat das Mädchen von niederem Stande nur einen Besitz: ihre unverführte Reinheit, und die Herrschenden haben gewöhnlich nur eine Absicht: auch diesen Besitz anzutasten. Sind sie darin erfolgreich, so gereicht das, dem herrschenden Moralkodex zufolge, sowohl der Verführten wie ihrer Familie zur unauslöschlichen Schande. Vor dieser Schande möchte Renald sich und Gabriele bewahren. Nur allzu fixiert auf die Gefahr, die einem Mädchen aus dem Volk jederzeit droht, vermag er die Möglichkeit einer gewaltfreien und auf Treue gegründeten Liebe zwischen Menschen verschiedenen Standes nicht zu denken. Gerade so aber ist die Liebe zwischen Gabriele und dem jungen Grafen beschaffen, und das trennende Kloster setzt der unerfüllten Sehnsucht kein Ende, sondern facht sie an. Gabriele entfaltet jene romantische Selbstentäußerung, die das Gegenbild zu bürgerlicher Verfestigung und zu taktischem Selbstschutz ist: »*... ich möcht mich gern einmal bei Nacht verirren recht im tiefsten Wald, die Nacht ist wie im Traum so weit und still, als könnt man über die Berge reden mit allen, die man liebt in der Ferne*«. Wie den »Taugenichts« beseelt Gabriele ein freier Mut, der Verirrungen und die Gefahr der Ferne als die Bedingung eines schöneren Lebens in Kauf nimmt: Unerkannt folgt das Mädchen dem Grafen nach Paris, nur um als Gärtnerbursche verkleidet in seiner Nähe weilen zu können.
Doch muß unter den herrschenden sozialen und politischen Verhältnissen dieses Unterfangen unheilvoll ausschlagen. Denn einmal scheut sich Gabriele, vor dem Grafen die Maske des Gärtnerburschen fallen zu lassen und ihm, der doch zugleich ein Herr ist, ihre Liebe »aufzudrängen«: Der Sehnsucht ist eine freie Selbstdarstellung versagt. Zum anderen hat der alte Graf Dürande auf die erotische Libertinage seines Sohnes mokant angespielt und in Renald den Verdacht geschürt, der junge Graf halte sich Gabriele als feile Dirne, wie der feudale Brauch es will. Weil der ahnungslose Graf, den Renald in Paris zur Rede stellt, in Gabrieles Schicksal nicht eingeweiht ist, nicht eingeweiht sein darf, kann er Renalds peinigenden Verdacht nicht entkräften. Er wirft den Jäger ungesäumt hinaus, als der ihm obendrein mit einem Brief droht, der von einem Feind des Adels und einem Freund der Revolution stammt. Renalds sozial motivierter Verdacht hinsichtlich des Schicksals seiner Schwester empfängt durch die politischen Zustände destruktive Kraft. Eichendorff läßt es sich angelegen sein, das Motiv von der unzeitgemäßen Ordnung kritisch zu variieren. Das Ancien régime, sei es in Gestalt des eingeschlafenen Schlosses Dürande mit dem alten zeitvergessenen Grafen oder in Gestalt einer korrupten Rechtspflege und eines kranken Königs, spricht dem ratsuchenden Individuum nur Hohn. Nicht aufgeklärt wird Renald über seinen Irrtum, sondern darin bekräftigt – und es »*spielten feurige Figuren auf dem dunklen Grund seiner Seele: schlängelnde Zornesblicke und halbgeborene Gedanken blutiger Rache*«. Die Revolution aber speist nur den Zerstörungstrieb, den das untergehende Herrschaftssystem wachgerufen hat. In seiner verblendeten Rechtssuche ist Renald dem Michael Kohlhaas nicht unähnlich. An der Spitze eines verwahrlosten Haufens stellt er dem auf Schloß Dürande zurückgekehrten Grafen eine ultimative Forderung: Falls er nicht binnen kurzem Gabriele zur Frau nehme, habe er die Zerstörung seines Schlosses zu gewärtigen. Der Graf, der von Gabriele nichts weiß, antwortet auf die blinde Gewalttat mit »*niegefühlter Mordlust*«. In diesem Teufelskreis einer sozial und politisch bedingten Verblendung geht auch Gabriele unter. Als Doppelgänger des Grafen mitten im Kampf auftauchend, will sie die tödlichen Kugeln auf sich lenken, um dem Grafen das Leben zu retten. Ihr todesverachtender Mut spiegelt die Ambivalenz einer unbedingten und zugleich der historischen Realität verhafteten Liebe: unbedingt, weil die historische Standesgrenze dieser Liebe kein Ende zu setzen vermochte; realitätsverhaftet, weil sie sich unter dem Zwang der noch geltenden Standesgrenze zu spät, erst in der Stunde der tödlichen Gefahr hervorwagt. Der Graf, der erst jetzt Gabrieles hingebungsvolles Maskenspiel durchschaut, bekennt seine tiefe unzerstörte Neigung. Verwundet, selig vor Liebe, suchen beide in der Einsamkeit den Tod. Renald, Eroberer des Schlosses, sprengt das Schloß in die Luft und wählt den Freitod, nachdem er von der Reinheit jener Liebe und von der Unermeßlichkeit seines Irrtums Kenntnis erlangt hat.
Von der allgemeinen Zerstörung ausgenommen ist die Natur. Die Revolution streift sie in Gestalt von Feuerzeichen, das »*Gewitter*« wird zum leitmotivischen Bild der Novelle, ansonsten hebt sie sich von den geschichtlichen Prozessen und menschlichen Schicksalen in schöner Indifferenz ab. Die frühromantische Identität zwischen Subjekt und Natur ist längst hinfällig, und selbst für Gabriele ist die Sprache der Natur nicht mehr zu entziffern: »*Hör nur, wie der Fluß unten rauscht und die Wälder, als wollten sie auch mit uns sprechen und könnten nur nicht recht!*« Wie in kaum einer anderen Dichtung formuliert Eichendorff hier ein politisches »*Bekenntnis*« (H. Koopmann). Mit der dämonologischen Revolutionstheorie von J. Görres sah Eichendorff in der Französischen Revolution einen einzigartigen Zerstörungsakt, der jedoch, und hier kommt der Autor überein mit der Geschichtsphilosophie

der späten Klassik und der Romantik, bereits im ausgehenden Mittelalter seinen Anfang nimmt, als die rationalen Kräfte des Menschen zunehmend über Phantasie und Gefühl zu dominieren beginnen: *»Nicht darin liegt das Übel, daß der Verstand, im Mittelalter von gewaltigern Kräften der menschlichen Natur überboten, sein natürliches Recht wieder eingenommen, sondern darin, daß er nun als Alleinherrscher sich keck auf den Thron der Welt gesetzt, von dort herab alles, was er nicht begreift und was dennoch zu existieren sich herausnimmt, vornehm ignorierend.«* (*Preußen und die Konstitutionen*, entst. 1831/1832). Die Geschichte der Neuzeit besitzt für Eichendorff aus diesem Grund eine geradezu *»abnorme Richtung«*, die Restauration des frühen 19. Jh.s wird als notwendiger Versuch einer Korrektur hin zu jener *»alten schönen Zeit«* gesehen. Sie ist den Helden seiner Novellen und Erzählungen meist in der Erinnerung an die eigene Kindheit zu eigen, vergegenwärtigt jedoch zugleich jenen historischen, vorrevolutionären Zustand *»einer Harmonie der Kräfte, deren Verlust erst jetzt, in der Revolution, eigentlich recht bewußt wird«* (H. Koopmann).

G.Sa.-KLL

Ausgaben: Lpzg. 1837 (in Urania. Taschenbuch auf das Jahr 1837). – Lpzg. 1916 (zus. m. *Die Glücksritter*; IB). – Stg. 1957 (in *Neue GA d. Werke u. Schriften*, Hg. G. Baumann u. S. Grosse, Bd. 2; 31979). – Mchn. 1970 (in *Werke*, 5 Bde., 2; 21978). – Mchn. 1982 (in *Sämtl. Erzählungen*; Nachw. L. Grenzmann). – Stg. 1984, Hg. H.M. Marks (RUB). – Ffm. 1985, Hg. R. u. U. Schreyer.

Vertonung: O. Schoeck, *Das Schloß Dürande* (Oper; Text: H. Burte; Urauff.: Bln. 1943).

Literatur: G. Seeker, *J. v. E.s »Schloß Dürande«* Charlottenburg 1927 (Diss. Marburg 1928). – R. Treml, *Zu E.s Novellentechnik*, Diss. Wien 1948. – J. Kunz, *E. Höhepunkt u. Krise der Spätromantik. Ein Beitrag zum Verständnis seiner Novellendichtung*, Oberursel 1951 [zugl. Hab.-Schr. Ffm.]. – H. J. Lüthi, *Dichtung u. Dichter bei J. v. E.*, Bern/Mchn. 1966 (Hab.-Schr. Bern 1963). – G. Jahn, *Studien zu E.s Prosastil*, NY/Ldn. 1967. – H. Koopmann, *E., das Schloß Dürande und die Revolution* (in ZfdPh, 89, 1970, S. 180–207). – K. Lindemann, *E.s »Schloß Dürande«. Konservative Rezeption der Französischen Revolution. Entstehung – Struktur – Rezeption – Didaktik*, Paderborn u. a. 1980. – S. v. Steinsdorff, *J. v. E. »Das Schloß Dürande«* (in *Deutsche Erzählungen des 19. Jh.s. Von Kleist bis Hauptmann*, Hg. J. Horn u. a., Mchn. 1986, S. 542–552; dtv). – K.-D. Post, *Hermetik der Häuser und der Herzen. Zum Raumbild in E.s Novelle »Das Schloß Dürande«* (in Aurora, 44, 1984, S. 32–50). – R. Hartmann, *E.s Novelle »Das Schloß Dürande«. Eine gescheiterte Kommunikation* (in WB, 32, 1986, S. 1850–1867). – K. Köhncke, *Liebesgeschichte oder politisches Bekenntnis? »Das Schloß Dürande«* (in K. K., *»Hieroglyphenschrift«. Untersuchungen zu E.s Erzählungen*, Sigmaringen 1986).

FRIEDRICH DE LA MOTTE FOUQUÉ

* 12.2.1777 Brandenburg/Havel
† 23.1.1843 Berlin

Literatur zum Autor:
O. E. Schmidt, *F., Apel, Miltitz. Beiträge zur Geschichte der deutschen Romantik*, Lpzg. 1908. – A. Schmidt, *F. u. einige seiner Zeitgenossen*, Karlsruhe 1958; ern. Darmstadt 1960 (verb. u. beträchtlich verm.); zuletzt Zürich 1988 (Haffmans Tb). – H. Sembdner, *F.s unbekanntes Wirken für H. v. Kleist* (in H. S., *In Sachen Kleist*, Mchn. 1974, S. 206–226; ern. 1986). – F. R. Max, *Der »Wald der Welt«, das Werk F.s*, Bonn 1980 [zugl. Diss. Wuppertal]. – V. Klotz, *F. de la M.-F.* (in V. K., *Das europäische Kunstmärchen*, Stg. 1985, S. 162–173, 381 f.). – E. C. Seibicke, *F. Baron de La M.-F. Krise u. Verfall der Spätromantik im Spiegel seiner historisierenden Ritterromane*, Mchn. 1985 [zugl. Diss.]. – G. de Bruyn, *F. oder Warnendes Beispiel* (in G. d. B., *Frauendienst*, Halle/Lpzg. 1986, S. 263–271).

UNDINE

Erzählung von Friedrich de La Motte Fouqué, erschienen 1811. – Die *Undine* des heute fast vergessenen Fouqué, in zahllosen Auflagen erschienen und in alle Weltsprachen übersetzt, gehört zu den volkstümlichsten Kunstmärchen der Romantik. Im Nachwort zu seinen *Ausgewählten Werken* weist der Dichter auf die unmittelbare Quelle hin: Paracelsus. Auf dem Umweg über seinen Lehrer A. W. v. Schlegel war Fouqué auf Novalis gestoßen, der für die Romantiker die Wunderwelt Jakob Böhmes entdeckt hatte. In den Schriften des schlesischen Mystikers fand Fouqué mancherlei Hinweise auf Paracelsus, bis ihm der Zufall dessen Werk über die Elementargeister in die Hände spielte: *Liber de nymphis, sylphis, Pygmaeis et Salamandris et de caeteris spiritibus*. Paracelsus' Elementargeister, unterschieden nach »Wasserleutten« (Nymphen, Undinen), »Bergleutten« (Pygmäen, Gnome), »Feuerleutten« (Vulkane, Salamander) und »Windleutten« (Sylphen, Silvestres), sind übernatürliche Wesen, weder ganz Natur noch ganz Geist. Sie sind mit allen menschlichen Eigenschaften ausgestattet, aber es fehlt ihnen die menschliche Seele. Nur die Elementargeister des Wassers können menschliche Gestalt annehmen. Undine ist ein solches Wesen. Heiratet ein Wassergeist einen Menschen, gelangt er in den Besitz einer Seele; er verliert sie indessen wieder, wenn sein Gemahl ihn über Wasser beleidigt. Als Beweis führt Paracelsus die *Historie von der Nymphe im Stauffenberg* an.
In neunzehn kurzen Kapiteln erzählt Fouqué von der schicksalhaften Liebe des schönen Meerfräu-

leins Undine zu dem jungen Ritter Huldbrand von Ringstetten, den das Wüten der entfesselten Elemente zwingt, längere Zeit in der einsam gelegenen Fischerhütte am Ufer des Sees zu verweilen, wo die ungebärdige Undine bei alten Fischersleuten lebt. Der Ritter verliebt sich in die schöne Waise, die seltsame Beziehungen zu den Elementen unterhält. Die Elemente selbst, allen voran das Wasser, greifen in die Handlung aktiv ein, personifiziert in Geistern und Kobolden. Durch ihre Heirat weiß sich Undine endlich im Besitz einer menschlichen Seele, eine tiefe Wandlung geht in ihr vor: Aus dem launenhaften, ungebrochenen Naturgeschöpf wird eine liebende und leidende Frau. Die seelenlose, naiv-unschuldige Natur verwandelt sich in schuldhaft-leidendes Menschsein. In dieser Metamorphose vollzieht sich – entsprechend der romantischen Naturphilosophie – der Bruch zwischen Geist und Natur, der Sündenfall der unbewußten Natur in die bewußte menschliche Existenz. Der Preis für die Seele ist das irdische Leid, ihr Lohn die Unsterblichkeit. Undines Geschichte unter den Menschen wird zu einer Leidensgeschichte.

Nach der Hochzeitsnacht offenbart Undine ihrem Ritter die geheimnisvolle Welt der Elementargeister, der sie durch ihre Herkunft angehört. Das Walten der elementaren Mächte, verkörpert in dem polternden Wassergeist Kühleborn, Undines proteischem Oheim, greift immer wieder in die Geschicke des Paares ein. Die Natur wehrt sich dagegen, um den Preis menschlichen Leides auf eine höhere Daseinsstufe gehoben zu werden. Undines Glück scheint dauerhaft und tief, bis Bertalda in ihr Leben tritt, die böse Gegenspielerin, deren Reizen Huldbrand verfällt. Kühleborn kann das Schicksal der zerbrechlichen und reinen Undine nicht aufhalten, sie muß zugrunde gehen in einer unvollkommenen Welt des Leides, die zu lieben verlernt hat. Bei einer Donaufahrt zu dritt geschieht, was als Kernmotiv schon bei Paracelsus angelegt ist: Huldbrand beleidigt seine Gemahlin auf dem Wasser; Undine verschwindet in den seufzenden Fluten. Aber auch Huldbrand ereilt nach den Gesetzen der Elementargeister das Geschick, als er Bertalda heiraten will. Undine tritt ein letztes Mal auf, um den untreuen Geliebten in ihrer Umarmung zu ersticken.

Fouqué verlegt das Geschehen in ein historisch nicht fixierbares, phantastisches Mittelalter. Er erzählt im Ton von Märchen und Volksbüchern, betont schlicht und naiv. Bisweilen schleichen sich schon jene Manierismen in seine Prosa ein, die Fouqués spätere Werke so ungenießbar machen, klischeehafte Schwarzweißmalerei, stereotype Charakteristiken, allzu stimmungshafte Impressionen, Sentimentalität und handlungsfremde Reflexionen, die er bieder dem Leser mitteilt. Auch fehlt dem Märchen die tiefe mythische Weltschau anderer Märchen aus dem Kreis der Romantiker, von Novalis über TIECK bis zu E. T. A. HOFFMANN. – Dennoch fand GOETHE die *Undine »allerliebst«*, und seine Zeitgenossen nahmen sie begeistert auf. Willibald ALEXIS' Prophezeiung, daß die Erzählung an die klassischen Märchenbücher der Deutschen eingehen werde, hat sich erfüllt. Bald nach dem Erscheinen des Werks komponierte E. T. A. Hoffmann eine Undinen-Oper (1815) nach einem Szenarium von Fouqué. Ein weiteres Opernlibretto schrieb Fouqué für den Komponisten Christian Friedrich Johann Girschner. Ein Undinen-Ballett wurde 1836 in Berlin aufgeführt. Die bühnenwirksamste Bearbeitung aber blieb bis auf den heutigen Tag Albert Lortzings Oper *Undine*. Jean GIRAUDOUX schrieb 1939 ein dreiaktiges Schauspiel (vgl. *Ondine*) nach der berühmten Erzählung Fouqués.

M.Ke.

AUSGABEN: Bln. 1811 (in Die Jahreszeiten, Frühlingsh.). – Bln. 1811. – Halle 1841 (in *AW*, 12 Bde., 8; AlH). – Mchn. 1919 (Ill. H. Arndt; Phoebus-Bücher, 16). – Mchn. 1924. – Lpzg. 1930, Hg. A. Müller (DL, R. Romantik, Bd. 14/1). – Stg. 1975 (RUB). – Mchn. 1977 (in *Romantische Erzählungen*, Hg., Anm., Zeittafel, Bibliogr. u. Nachw. G. Schulz; ern. 1985). – Ffm. 1978, Hg. R.-R. Wuthenow (Insel Tb).

VERTONUNGEN: E. T. A. Hoffmann, *Undine* (Oper; Urauff.: Bln., 3. 8. 1816, Kgl. Schauspielhaus). – Ch. F. J. Girschner, *Undine* (Oper; Urauff.: Bln., 19. 5. 1830 [z. T.]; vollst. Auff.: Danzig, 21. 3. 1837). – H. Schmidt, *Undine* (Ballett; Urauff.: Bln. 1836, Kgl. Theater). – G. A. Lortzing, *Undine* (Oper; Urauff.: Magdeburg, 21. 4. 1845). – F. Ashton u. H. W. Henze, *Ondine* (Ballett; Urauff.: Ldn., 27. 10. 1958; Sadler's Wells).

LITERATUR: M. Koch, *F. u. J. Frh. v. Eichendorff*, Stg. 1894, S. 65 ff. – W. Pfeiffer, *Über F.s »Undine«. Nebst einem Anhang, enthaltend F.s Operndichtung »Undine«*, Heidelberg 1903. – O. Floeck, *Die Elementargeister bei F. u. anderen Dichtern der romantischen u. nachromantischen Zeit*, Bielitz/Heidelberg 1909. – H. v. Wolzogen, *E. Th. A. Hoffmanns u. F.s »Undine«* (in Der Wächter, 5, 1922, S. 263–265). – J. Haupt, *Elementargeister bei F.*, Lpzg. 1923. – L. Le Sage, *Die Einheit von F.s »Undine«. An Unpublished Essay in German by J. Giraudaux* (in RomR, 42, 1951). – D. B. Green, *Keats u. L. M. F.'s »Undine«* (in Delaware Notes, 27, 1954). – G. Dischner, *F. de la M.-F.: »Undine«* (in *Romane u. Erzählungen der dt. Romantik*, Hg. P. M. Lützeler, Stg. 1981, S. 264–284).

JOHANN WOLFGANG VON GOETHE

* 28.8.1749 Frankfurt/Main
† 22.3.1832 Weimar

LITERATUR ZUM AUTOR:

Werkausgaben:

In den Bibliographien zu den einzelnen Beiträgen werden die wichtigsten Ausgaben von Goethes Werken mit den im folgenden genannten Abkürzungen zitiert:

AlH – *Werke.* Vollständige Ausgabe letzter Hand, 40 Bde., Stg./Tübingen 1827–1830 [»Ausgabe letzter Hand«]

WA – *Werke*, Hg. im Auftrage der Großherzogin Sophie von Sachsen, Abt. 1: *Werke*, Bd. 1–55; Abt. 2: *Naturwissenschaftliche Schriften*, Bd. 1–13; Abt. 3: *Tagebücher*, Bd. 1–15; Abt. 4: *Briefe*, Bd. 1–50 (insg. 133 Bde. in 143), Weimar 1887–1919 [»Weimarer Ausgabe« oder »Sophien-Ausgabe«, umfangreichste, auch heute noch grundlegende, mit umfangreichem Lesarten-Apparat ausgestattete Ausgabe. Ohne Sacherläuterungen.]

Schriften zur Naturwissenschaft. Vollständige mit Erläuterungen versehene Ausgabe, Hg. im Auftrage der Deutschen Akademie der Naturforscher (Leopoldina) zu Halle, Abt. 1: *Texte*, Bd. 1–11; Abt. 2: *Ergänzungen u. Erläuterungen*, Bd. 1–11, Weimar 1947 ff. [»Leopoldina-Ausgabe«, maßgebliche Ausgabe der Schriften zur Naturwissenschaft, heute die Funktion einer hist.-krit. Ausgabe erfüllend.]

HA – *Werke.* Hamburger Ausgabe in 14 Bdn. (Gesamtredaktion d. Ausg. E. Trunz), Hbg. 1948–1964. – *Briefe.* Hamburger Ausgabe in 4 Bdn., Hg. K. R. Mandelkow u. B. Morawe, Hbg. 1962–1967. – *Briefe an G.* Hamburger Ausgabe in 2 Bdn., Hg. K. R. Mandelkow, Hbg. 1965–1969. [»Hamburger Ausgabe«, Werkausgabe mit vorbildlicher Kommentierung, als Studienausgabe unübertroffen, mehrfach überarbeitet u. ergänzt.]

AA – *Gedenkausgabe der Werke, Briefe u. Gespräche. 28. August 1949*, Hg. E. Beutler, Bd. 1–24 u. Erg.-Bd. 1–3, Zürich 1948–1971 [»Artemis-Ausgabe« oder »Gedenkausgabe«, umfangreichste bisher komplett erschienene Ausgabe der Nachkriegszeit, mit Nachworten u. Registern, Bd. 1, 13, 15 u. 18 mit Kommentar.]

AkA – *Werke G.s*, Hg. Deutsche Akademie der Wissenschaften zu Berlin, Bln./DDR 1952 ff. [»Akademie-Ausgabe«, noch nicht abgeschlossene hist.-krit. Werkausgabe ohne Bandzählung, mit dem Ziel, wichtige Werkkomplexe nach neuen philologischen Erkenntnissen zu erschließen.]

MA – *Sämtliche Werke nach Epochen seines Schaffens.* Münchner Ausgabe, Hg. K. Richter in Zusammenarbeit mit H. G. Göpfert, N. Miller u. G. Sauder, Mchn. 1985 ff. [»Münchner Ausgabe«, chronologisch nach Schaffensperioden gegliederte u. auf Vollständigkeit ausgerichtete Ausgabe sämtlicher Werke unter Einschluß auch der amtlichen Schriften. Umfangreicher Kommentar. Geplant sind 21 Bde. in 26.]

GSW – *Sämtliche Werke. Briefe, Tagebücher u. Gespräche*, Abt. 1: *Sämtliche Werke*, Bd. 1–25; Abt. 2: *Briefe*, Bd. 26–30; Abt. 3: *Tagebücher*, Bd. 31–34; Abt. 4: *Gespräche*, Bd. 35–37; Abt. 5: *Supplementbände*, Bd. 38–40, Ffm. 1985 ff. [Auf Vollständigkeit ausgerichtete Ausgabe sämtlicher Werke unter Einschluß auch der amtlichen Schriften u. erstmals der Zeichnungen. Umfangreicher Kommentar.]

Bibliographien:

C. Th. Musculus, *Inhalts- u. Namen-Verzeichnisse über sämmtliche G.'schen Werke nach der Ausgabe letzter Hand u. dem Nachlasse*, Stg./Tübingen 1835. – H. Pyritz, *G.-Bibliographie* Bd. 1 [bis 1955], Heidelberg 1965, Bd. 2 [1955–1964], Heidelberg 1968. – H. Nicolai, *G.-Bibliographie 1951 ff.* [Beil. z. G. N. F. des JbGG 14/15 ff., 1952/53 ff.]. – E. Bahr u. W. K. Stewart, *Internationales Verzeichnis der G.-Dissertationen, 1952–1976*, Ann Arbor/Mich. 1978. – W. Hagen, *Die Drucke von G.s Werken*, 2 Bde., Bln./DDR 1966–1982.

Lexika und Handbücher:

G. Gräf, *G. über seine Dichtungen*, 9 Bde., Ffm. 1901–1914. – H. Schmidt, *G.-Lexikon*, Lpzg. 1912 [neu bearb. K. J. Obenauer, *G.-Taschenlexikon*, Stg. 1955]. – *G.-Handbuch*, Hg. J. Zeitler, 3 Bde., Stg. 1916–1918. – P. Fischer, *G.-Wortschatz*, Lpzg. 1929. – E. v. Keudell, *G. als Benutzer der Weimarer Bibliothek. Ein Verzeichnis der von ihm ausgeliehenen Werke*, Weimar 1931. – *Die Entstehung von G.s Werken in Dokumenten*, Hg. M. Mommsen, 2 Bde., Bln./DDR 1958. – H. Ruppert, *G.s Bibliothek. Katalog*, Weimar 1958. – H. J. Schreckenbach, *G.s Autographensammlung. Katalog*, Weimar 1961. – *G.-Handbuch*, Hg. A. Zastrau, Bd. 1, »Aachen – Farbenlehre«, Stg. 1961. – *Lexikon der G.-Zitate*, Hg. R. Dobel, Zürich 1968; ern. Mchn. 1972 (dtv). – *Konkordanz von G.s Werken*, Bearb. A. Märkisch [Akad. der Wiss. der DDR], Bln./DDR 1973. – *G.-Wörterbuch*, Hg. Akad. der Wiss. der DDR, Akad. der Wiss. Göttingen u. Akad. der Wiss. Heidelberg, Stg. 1978 ff. – H. Prescher, *G.s Sammlungen zur Mineralogie, Geologie u. Paläontologie. Katalog*, Bln./DDR 1978.

Zeitschriften:

GJb, 34 Bde., Ffm. 1880–1913. – JbGG, 21 Bde., Weimar 1914–1935. – G. Vierteljahresschrift der G.-Ges., Weimar 1936–1971. – GJb, Weimar 1972 ff. – Schriften der G.-Ges., Weimar 1885–1965. – Chronik des Wiener G.-Vereins, Wien 1887–1959. – Jb. des Wiener G.-Vereins. N. F. der Chronik, Wien 1960 ff. – FDH, Tübingen 1902–1940; 1962 ff.

Biographien:

H. Viehoff, *G.s Leben*, 4 Bde., Stg. 1847–1854. – K. Goedeke, *G.s Leben u. Schriften*, Stg. 1874. – H. Düntzer, *G.s Leben*, Lpzg. 1880. – K. Heinemann, *G.*, 2 Bde., Lpzg. 1895. – R. M. Meyer, *G.*, 3 Bde., Bln. 1895. – A. Bielschowsky, *G. Sein Leben u. seine Werke*, 2 Bde., Mchn. 1896–1904. – G. Witkowski, *G.*, Lpzg. 1899. – H. S. Chamberlain, *G.*, Mchn. 1912. – G. Simmel, *G.*, Lpzg. 1913. – F. Gundolf, *G.*, Bln. 1916. – J. Haarhaus, *Auf G.s Spuren in Italien*, 3 Bde., Lpzg. 1918. – W. Bode, *G.s Leben (1749–1798)*, 9 Bde., Bln. 1920–1927 [Bde. 8 und 9 Verf. V. Tornius]. – W. Bode, *G. in vertraulichen Briefen seiner Zeitgenossen. Auch eine Lebensgeschichte*, 3 Bde., Bln. 1921–1923. – E. Redslob, *G.s Leben*, Bln. 1932. – H. Böhm, *G. Grundzüge seines Lebens u. Werkes*, Bln. 1938. – G. Müller, *Kleine G.-Biographie*, Bonn 1947. – R. Buchwald, *G. u. das deutsche Schicksal. Grundlinien einer Lebensgeschichte*, Mchn. 1948. – K. Viëtor, *G. Dichtung, Wissenschaft, Weltbild*, Bern 1949. – H. Meyer, *G. Das Leben im Werk*, Hbg./Bergedorf 1951. – *Der junge G.*, Hg. H. Fischer-Lamberg, 5 Bde., Bln./NY 1963–1974. – R. Friedenthal, *G. – Sein Leben u. seine Zeit*, Mchn. 1963; [11]1982. – *G. Begegnungen u. Gespräche*, Hg. E. u. R. Grumach, 15 Bde., Bln./NY 1963 ff. – K. R. Eissler, *G. A Psychoanalytic Study. 1775–1786*, 2 Bde., Detroit 1963 [dt. *G. Eine psychoanalytische Studie 1775–1786*, 2 Bde., Basel/Ffm. 1983–1985]. – H.-J. Geerdts, *J. W. G.*, Lpzg. 1972. – H. Mayer, *G.*, Ffm. 1973. – P. Boerner, *J. W. v. G. in Selbstzeugnissen u. Bilddokumenten*, Reinbek 1980 (rm; Bibliogr. H. Riege). – *G.s Leben in Bilddokumenten*, Hg. J. Göres, Mchn. 1981. – *G. Sein Leben in Bildern u. Texten*, Hg. Ch. Michel, Ffm. 1982 [Vorw. A. Muschg]. – K. O. Conrady, *G. Leben u. Werk*, 2 Bde., Königstein/Ts. 1982–1985; ern. Ffm. 1988 (FiTb). – R. Steiger, *G.s Leben von Tag zu Tag. Eine dokumentarische Chronik*, Zürich/Mchn. 1982 ff.

Gesamtdarstellungen und Studien:
H. Düntzer, *Aus G.s Freundeskreise*, Braunschweig 1868. – H. Grimm, *G. Vorlesungen gehalten an der königlichen Universität zu Berlin*, 2 Bde., Bln. 1877; Stg. [12]1923; ern. Detmold-Hiddessen 1948. – *G. im Urtheile seiner Zeitgenossen*, Hg. J. W. Braun, 3 Bde., Bln. 1883–1885. – W. Scherer, *Aufsätze über G.*, Bln. 1886. – R. M. Meyer, *G.*, 3 Bde., Bln. 1895. – R. Steiner, *G.s Weltanschauung*, Weimar 1897. – P. J. Möbius, *Über das Pathologische bei G.*, Lpzg. 1898. – E. Maass, *G. und die Antike*, Bln. u. a. 1912. – G. Simmel, *G.*, Lpzg. 1913. – W. Dilthey, *Das Erlebnis u. die Dichtung. Lessing. G. Novalis. Hölderlin*, Lpzg. [6]1919. – F. Neubert, *G. und sein Kreis*, Lpzg. 1919. – P. Fischer, *G.s Altersweisheit*, Tübingen 1921. – H. A. Korff, *Geist der Goethezeit*, 5 Bde., Lpzg. 1923–1957. – K. Burdach, *G. und sein Zeitalter*, Halle 1926. – E. Barthel, *G., das Sinnbild deutscher Kultur*, Darmstadt 1930. – E. Kühnemann, *G.*, 2 Bde., Lpzg. 1930. – K. Viëtor, *Der junge G.*, Lpzg. 1930. – C. G. Carus, *G. Zu dessen näherem Verständnis*, Lpzg. 1931. – E. Cassirer, *G. und die geschichtliche Welt*, Bln. 1932. – J. Hoffmeister, *G. und der deutsche Idealismus*, Lpzg. 1932. – Th. Mann, *G. als Repräsentant des bürgerlichen Zeitalters*, Bln. 1932. – F. Maurer, *Die Sprache G.s*, Erlangen 1932. – W. Muschg, *G. und die griechische Philosophie*, Wien 1932. – A. Steffen, *G.s Geistgestalt*, Dornach 1932. – B. Fairley, *G. as Revealed in His Poetry*, Ldn. 1932. – *G. und seine Welt*, Hg. H. Wahl u. A. Koppenberg, Lpzg. 1932. – H. Sudheimer, *Der Geniebegriff des jungen G.*, Bln. 1935. – H. Lichtenberger, *G.*, 2 Bde., Paris 1937–1939. – K. Schlechta, *G. in seinem Verhältnis zu Aristoteles. Ein Versuch*, Ffm. 1938. – I. Dzialas, *Auffassung u. Darstellung der Elemente bei G.*, Bln. 1939. – H. Loiseau, *G. L'homme, l'écrivain, le penseur*, Paris 1943. – Ch. R. Buxton, *Prophets of Heaven and Hell, Virgil, Dante, Milton, G. An Introduction. Essay*, Cambridge 1945. – B. Croce, *G.*, 2 Bde., Bari 1946 [dt. Düsseldorf 1949]. – H. v. Einem, *G. und Dürer. G.s Kunstphilosophie*, Hbg. 1947. – W. Flitner, *G. im Spätwerk. Glaube, Weltsicht, Ethos*, Hbg. 1947. – G. Lukács, *G. und seine Zeit*, Bern 1947. – K. Rosenkranz, *G. und seine Werke*, Königsberg 1947. – P. Valéry, *Fragment sur G.*, Paris 1947. – K. Jaspers, *Unsere Zukunft und G.*, Zürich 1948. – W. Mommsen, *Die politischen Anschauungen G.s*, Stg. 1948. – F. Seidel, *G. gegen Kant. G.s wissenschaftliche Leistung als Naturforscher und Philosoph*, Bln. 1948. – R. Steiner, *G. als Vater einer neuen Ästhetik*, Düsseldorf 1948. – A. Bergstraesser, *G.'s Image of Man and Society*, Chicago 1949. – M. Brion, *Génie et destinée. G.*, Paris 1949. – R. Buchwald, *G.zeit u. Gegenwart. Die Wirkungen G.s in der deutschen Geistesgeschichte*, Stg. 1949. – H. G. Gadamer, *Vom geistigen Lauf des Menschen. Studien zu unvollendeten Dichtungen G.s*, Godesberg 1949. – B. Martin, *Schiller und G. Ihre geistige Begegnung*, Kassel 1949. – B. v. Wiese, *Das Dämonische in G.s Weltbild und Dichtung*, Münster 1949. – R. H. Grützmacher, *Die Religionen in der Anschauung G.s*, Baden-Baden 1950. – W. Danckert, *G. Der mythische Urgrund seiner Weltschau*, Bln. 1951. – Th. Mann, *G. und die Demokratie*, Uppsala 1951. – J. Piper, *Über das Schweigen G.s*, Mchn. 1951. – H. M. Wolff, *G.s Weg zur Humanität*, Mchn. 1951. – E. Staiger, *G.*, 3 Bde., Zürich 1952–1959; [4]1979. – O. Fambach, *G. u. seine Kritiker. Die wesentlichen Rezensionen aus der periodischen Literatur seiner Zeit, begleitet von G.s eigenen u. seiner Freunde Äußerungen zu deren Gehalt*, Düsseldorf 1953. – O. Badelt, *Das Rechts- und Staatsdenken G.s*, Diss. Köln 1956. – H. v. Einem, *Beiträge zu G.s Kunstauffassung*, Hbg. 1956. – A. Fuchs, *G. und Europa*, Wiesbaden 1956. – E. Beutler, *Wiederholte Spiegelungen. Drei Essays über G.*, Göttingen 1957. – H. Emmel, *Weltklage u. Bild der Welt in der Dichtung G.s*, Weimar 1957; ern. Zürich u. a. 1979. – M. Jolles, *G.s Kunstanschauung*, Bern 1957. – Ch. Lepinte, *G. et l'occultisme*, Paris 1957. – P. Menzer, *G.s Ästhetik*, Köln 1957. – E. Wolf, *Über die Selbstbewahrung. Zur Frage der Distanz in G.s Dasein*, Stg. 1957. – R. Eppelsheimer, *Tragik u. Metamorphose. Die tragische Grundstruktur in G.s Dichtung*, Diss. Mchn. 1958. – W. Muschg, *G.s Glaube an das Dämonische*, Olten 1958. – K. Schmidt, *Betrachtungen über G.s Weltschau*, Zü-

rich 1958. – H. Schmitz, *G.s Altersdenken im problemgeschichtlichen Zusammenhang*, Bonn 1959. – H. R. Schweizer, *G. und das Problem der Sprache*, Bern 1959. – M. Marache, *Le symbole dans la pensée et l'œuvre de G.*, Paris 1960. – K. Mommsen, *G. und 1001 Nacht*, Bln. 1960. – P. Stöcklein, *Wege zum späten G. Dichtung, Gedanke, Zeichnung, Interpretationen um ein Thema*, Hbg. 1960. – K. Viëtor, *G.s Anschauung vom Menschen*, Bern/Mchn. 1960. – W. Kayser, *Kunst u. Spiel. Fünf G.-Studien*, Göttingen 1961. – J. Boyd, *G. und Shakespeare*, Köln 1962. – H. Enders, *Stil u. Rhythmus. Studien zum freien Rhythmus bei G.*, Marburg 1962. – E. M. Wilkinson u. L. A. Willoughby, *G. Poet and Thinker. Essays*, Ldn. 1962 [dt. *G., Dichter u. Denker. Essays*, Ffm. 1974]. – H. Pyritz, *G.-Studien*, Köln 1962. – B. Gerichten, *Die Deutung der Französischen Revolution in G.s Werken von 1790 bis 1800*, Diss. Tübingen 1963. – W. Schadewaldt, *G.-Studien. Natur u. Altertum*, Zürich 1963. – W. Grenzmann, *Der junge G. Interpretationen*, Paderborn 1964. – C. Günzler, *Das Teleologieproblem bei Kant und G.*, Diss. Freiburg 1964. – H. Hatfield, *G. A Critical Introduction*, Cambridge/Mass. 1964. – H. Tümmler, *G. in Staat u. Politik. Gesammelte Aufsätze*, Köln 1964. – P. Pfaff, *Das Glücksmotiv im Jugendwerk G.s*, Heidelberg 1965. – P. Schmidt, *G.s Farbensymbolik. Untersuchungen zu Verwendung u. Bedeutung der Farben in den Dichtungen u. Schriften G.s*, Bln. 1965. – O. Badelt, *Das Rechts- u. Staatsdenken G.s*, Bonn 1966. – H. J. Schrimpf, *G. Spätzeit, Altersstil, Zeitkritik*, Pfullingen 1966. – R. Gray, *G. A Critical Introduction*, Cambridge 1967. – F. Koch, *G.s Gedankenform*, Bln. 1967. – H. Mayer, *G. im zwanzigsten Jh. Spiegelungen u. Deutungen*, Hbg. 1967. – E. Spranger, *G. und seine geistige Welt*, Tübingen 1967. – M. Stearns, *G. Pattern of Genius*, NY 1967. – B. v. Wiese, *G. und Schiller im wechselseitigen Vor-Urteil*, Köln 1967. – M. Jurgensen, *Symbol als Idee. Studien zu G.s Ästhetik*, Bern/Mchn. 1968. – P. Berglar, *G. und Napoleon. Die Faszination des Geistes durch die Macht*, Darmstadt 1968. – W. Flemming, *G. und das Theater seiner Zeit*, Stg. 1968. – A. Fuchs, *G.-Studien*, Bln. 1968. – M. Jurgensen, *Symbol als Idee. Studien zu G.s Ästhetik*, Bern 1968. – U. Wertheim, *G.-Studien*, Bln. 1968. – L. Köhn, *Entwicklungs- und Bildungsroman. Ein Forschungsbericht*, Stg. 1969. – J. Müller, *Der Augenblick ist Ewigkeit. G. Studien*, Lpzg. 1969. – E. Heller, *Essays über G.*, Ffm. 1970. – P. Eichhorn, *Idee u. Erfahrung im Spätwerk G.s*, Freiburg i. B./Mchn. 1971 [m. Bibliogr.]. – *Studien zu G.s Alterswerken*, Hg. E. Trunz, Ffm. 1971. – H. R. Vaget, *Dilettantismus u. Meisterschaft. Zum Problem des Dilettantismus bei G.: Praxis, Theorie, Zeitkritik*, Mchn. 1971. – D. v. Abbé, *G.: New Perspectives on a Writer and His Time*, Ldn. 1972. – H. v. Einem, *G.-Studien*, Mchn. 1972. – *G. und die Tradition*, Hg. H. Reiss, Ffm. 1972. – C. Hammer, *G. and Rousseau. Resonances of the Mind*, Lexington/Ky. 1973. – A. Jaszi, *Entzweiung u. Vereinigung. G.s symbolische Weltanschauung*, Heidelberg 1973. – H. Mayer, *G. Ein Versuch über den Erfolg*, Ffm. 1973. – R. Schuler, *Das Exemplarische bei G. Die biographische Skizze zwischen 1803 und 1809*, Mchn. 1973. – H. Hamm, *Der Theoretiker G.: Grundpositionen seiner Weltanschauung, Philosophie u. Kunsttheorie*, Bln./DDR 1975. – *G. im Urteil seiner Kritiker*, Hg. K. R. Mandelkow, 4 Bde., Mchn. 1975–1984. – E. C. Mason, *Hölderlin and G.*, Bern/Ffm. 1975. – B. Wulf, *Maximen des Christentums: G.s religiöse Welterfahrung*, Stg. 1975. – E. Mittelberg, *Methoden- und Rezeptionswandel in der Literaturwissenschaft am Beispiel der Sesenheimer Lyrik G.s*, Stg. 1976. – G. Baumann, *G. Dauer im Wechsel*, Mchn. 1977. – W. Benjamin, *G.s Politik u. Naturanschauung. (Entwürfe zum Artikel. »G.« der Großen Sowjet-Enzyklopädie)* (in W. B., *GS*, Bd. 2/2, Hg. R. Tiedemann u. H. Schweppenhäuser, Ffm. 1977, S. 705–739). – D. Borchmeyer, *Höfische Gesellschaft u. französische Revolution bei G. Adliges u. bürgerliches Wertsystem im Urteil der Weimarer Klassik*, Kronberg/Ts. 1977 [m. Bibliogr.]. – Ch. Bürger, *Der Ursprung der bürgerlichen Institution Kunst im höfischen Weimar. Literatursoziologische Untersuchungen zum klassischen G.*, Ffm. 1977. – G. Schubart-Fikentscher, *G.s amtliche Schriften: eine rechtsgeschichtliche Untersuchung*, Bln./DDR 1977. – R. Bubner, *Hegel und G.*, Heidelberg 1978 (Euph, Beih. 12). – *G. unter den Deutschen. Materialien zur literarischen Wirkung in 3 Jahrhunderten*, Ffm. u. a. 1978. – R. Ch. Zimmermann, *Das Weltbild des jungen G.: Studien zur hermetischen Tradition des deutschen 18. Jh.s*, Bd. 2, Mchn. 1979. – O. Heuschele, *Ein Leben mit G.*, Stg. 1980. – L. Kreutzer, *Mein Gott G.: Essays*, Reinbek 1980. – K. R. Mandelkow, *G. in Deutschland. Rezeptionsgeschichte eines Klassikers*, Bd. 1, Mchn. 1980. – J. Müller, *G.-Wirkung u. Humanitätstradition*, Jena 1980. – J. Strelka, *Esoterik bei G.*, Tübingen 1980. – E. Trunz, *Weimarer G.-Studien*, Weimar 1980. – E. Rose, *Blick nach Osten, Studien zum Spätwerk G.s und zum Chinabild in der deutschen Literatur des 19. Jh.s*, Hg. I. Schuster, Bern/Ffm. 1981. – J. Wohlleben, *G. als Journalist und Essayist*, Ffm./Bern 1981. – A. Henkel, *G. Erfahrungen*, Stg. 1982. – *Zum jungen G. Modellinterpretationen zur Lyrik u. zum Drama*, Stg. 1982. – *G. in Deutschland 1945–1982. Eine Ausstellung der deutschen Bibliothek Frankfurt am Main*, Ffm. 1982. – T. J. Reed, *Die klassische Mitte. G. und Weimar 1775–1832*, Stg. u. a. 1982. – *J. W. v. G.*, Hg. H. L. Arnold, Mchn. 1982 (Text + Kritik). – W. Dietze, *J. W. G.: Weltbild, Menschenbild, Poesie*, Weimar 1982. – V. J. Günther, *J. W. v. G.: ein Repräsentant der Aufklärung*, Bln. 1982. – W. Leppmann, *G. und die Deutschen: der Nachruhm eines Dichters im Wandel der Zeit u. der Weltanschauungen*, Bern/Mchn. 1982. – A. Schöne, *Götterzeichen. Liebeszauber, Satanskult: Neue Einblicke in alte G.-Texte*, Mchn. 1982. – H. R. Vaget, *G.: der Mann von 60 Jahren*, Königstein/Ts. 1982. – *Klassiker in finsteren Zeiten 1933–1945*, 2 Bde., Marbach 1983 [Ausst.Kat.]. – W. Dietze, *G.s Tod, G.s Leben: übergreifende Gesichtspunkte für die wissenschaftliche Erforschung seines Werkes*, Bln./DDR 1983. – K. Ermann, *G.s Shakespeare-Bild*, Tübingen 1983. – K. Schröter u. H. Riege, *J. W. G. Leben – Werk – Wirkung*, Düsseldorf 1983 (Hermes Handlexikon). – M. Walser, *G.s Anziehungskraft*, Konstanz 1983. – G. Hoffmeister, *G. und die europäische Romantik*, Mchn. 1984. – S. Koranyi, *Autobiographik u. Wissenschaft im Denken G.s*, Bonn 1984. – A. Schmidt, *G.s herrlich leuchtende Natur: philosophische Studie zur deutschen Spätaufklärung*, Mchn. 1984. – *G. im Kontext. Kunst u. Humanität, Naturwissenschaft u. Politik von der Aufklärung bis zur Restauration*, Hg. W. Wittkowski, Tübingen 1984. – E. Beutler, *Essays um G.*, Zürich/Mchn. 1985 [Sonderausg.]. – H. Börnsen, *Leibniz' Substanzbegriff u. G.s Gedanke der Metamorphose*, Stg. 1985. – E. Redslob, *Schicksal u. Dichtung, G.-Aufsätze*, Bln. u. a. 1985. – W. Secker, *»Wiederholte Spiegelungen«: die klassische Kunstauffassung G.s und Wilhelm von Humboldts*, Ffm. u. a. 1985. – H. Sommerhäuser, *Wie urteilt G.? Die ästhetischen Maßstäbe G.s auf Grund seiner literarischen Rezensionen*, Ffm. 1985. – H.-D. Bänsch, *Semiologische Paradoxien in G.s Sprach- und Dichtungsverständnis*, Essen 1986. – M. Henn, *G.s Verhältnis zum Überlieferten in seinem Alterswerk*, Heidelberg 1986. – A. Muschg, *G. als Emigrant: Auf der Suche nach dem Grünen bei einem alten Dichter*, Ffm. 1986 (st). – H. Anton, *Heilungskraft: Motiv u. Struktur der Dichtungen G.s*, Mchn. 1987. – J. Hennig, *G.s Europakunde. Ausgewählte Aufsätze*, Amsterdam 1987. – B. C. Sax, *Images of Identity: G. and the Problem of Self-Conception in the 19th Century*, NY u. a. 1987. – D. Kuhn, *Typus u. Metamorphose: G.-Studien*, Hg. R. Grumach, Marbach 1988.

Zum erzählerischen Werk:
R. Riemann, *G.s Romantechnik*, Lpzg. 1902. – R. Beitl, *G.s Bild der Landschaft. Untersuchungen zur Landschaftsdarstellung in G.s Kunstprosa*, Bln./Lpzg. 1929. – L. Simon, *Verantwortung u. Schuld in G.s Roman*, Erlangen 1934. – H. H. Borcherdt, *Der Roman der G.-Zeit*, Urach 1949. – H. Reiss, *G.s Romane*, Bern/Mchn. 1963. – J. Mattausch, *Untersuchungen zur Wortstellung in der Prosa des jungen G.*, Bln. 1965. – K.-P. Hinze, *G.s Erzählungen. Eine analytische Betrachtung*, Diss. St. Louis, Washington Univ. 1969 (vgl. Diss. Abstracts, 30, 1969/70, S. 2969A). – E. Mannack, *Raumdarstellung u. Realitätsbezug in G.s epischer Dichtung*, Ffm. 1972. – J. Müller, *G.s Romantheorie* (in *Deutsche Romantheorien*, Hg. R. Grimm, Bd. 1, Ffm. 1974, S. 61–104). – K.-P. Hinze, *Kommunikative Strukturen in G.s Erzählungen*, Köln/Wien 1975. – E. A. Blackall, *G. and the Novel*, Ithaca/Ldn. 1976. – S. Blessin, *Die Romane G.s*, Königstein/Ts. 1979 [m. Bibliogr.]. – B. M. Henke, *Sie ließen einen Hasen nach dem andern laufen ...: Beobachtungen zum Sprachverhalten der Figuren in G.s Romanen*, Ffm. u. a. 1983. – *G.'s Narrative Fiction. The Irvine G. Symposium*, Hg. W. J. Lillyman, Bln./NY 1983. – M. Casalis-Thurneysen, *Le problème de la sociabilité dans les romans de vieillesse de G.: médiation et communication*, Bern u. a. 1984. – Ch. Träger, *Novellistisches Erzählen bei G.*, Bln./DDR 1984. – *G.s Erzählwerk. Interpretationen*, Hg. P. M. Lützeler u. J. E. McLeod, Stg. 1985 (RUB). – J. John, *Aphoristik u. Romankunst: eine Studie zu G.s Romanwerk*, Rheinfelden 1987.

Zum dramatischen Werk:
H. Düntzer, *G. als Dramatiker*, Lpzg. 1837. – H.-J. Schifferdecker, *Das mimische Element in G.s Dramen*, Bln. 1928. – E. Kästner, *Wahn u. Wirklichkeit im Drama der G.-Zeit. Eine dichtungsgeschichtliche Studie über die Formen der Wirklichkeitserfassung*, Lpzg. 1929. – F. Sengle, *G.s Verhältnis zum Drama. Die theoretischen Bemerkungen im Zusammenhang mit seinem dramatischen Schaffen*, Bln. 1937. – W. Flemming, *G.s Gestaltung des klassischen Theaters*, Köln 1949. – H. U. Voser, *Individualität u. Tragik in G.s Dramen*, Zürich 1949. – J. Paris, *J. W. G. Dramaturge*, Paris 1956. – R. Peacock, *G.'s Major Plays*, Manchester 1959. – R. D. Miller, *The Drama of G.*, Harrogate 1966. – S. Burckhardt, *The Drama of Language. Essays on G. and Kleist*, Baltimore/Ldn. 1970. – J. Prudhoe, *The Theatre of G. and Schiller*, Oxford 1973. – J. Müller, *Verwirrung des Gefühls. Der Begriff des »Pathologischen« im Drama G.s und Kleists*, Bln./DDR 1974. – W. Henze, *J. W. v. G. Nachklassische Stücke u. »Faust«*, Mchn. 1977 (dtv). – W. K. Stewart, *Time Structure in Drama: G.'s Sturm und Drang Plays*, Amsterdam 1978. – *G.s Dramen. Neue Interpretationen*, Hg. W. Hinderer, Stg. 1980. – W. Hinck, *G., Mann des Theaters*, Göttingen 1982. – J. D. Prandi, *Sprites Woman Heroes. Major Female Characters in the Dramas of G., Schiller and Kleist*, NY 1983. – R. Brandmeyer, *Heroik u. Gegenwart. G.s klassische Dramen*, Ffm. 1987.

DAS LYRISCHE WERK von Johann Wolfgang von GOETHE.

»In dem ganzen Umkreis lyrischer Gedichte stellt sich«, so G. W. F. Hegel in seinen *Vorlesungen zur Ästhetik* (1835–1838), *»die Totalität eines Individuums seiner poetischen inneren Bewegung nach dar. Denn der lyrische Dichter ist gedrungen, alles, was sich in seinem Gemüt und Bewußtsein poetisch gestaltet, im Liede auszusprechen.«* Da Hegel im Anschluß ausdrücklich auf Goethe zu sprechen kommt – *»In dieser Rücksicht ist besonders Goethe zu erwähnen, der in der Mannigfaltigkeit seines reichen Lebens sich immer dichtend verhielt. Auch hierin gehört er zu den ausgezeichnetesten Menschen.«* –, ist die Annahme berechtigt, daß er hier jener vielzitierten Stelle aus *Dichtung und Wahrheit* (1811–1833) hinterherschreibt, in der Goethe alles von ihm Bekanntgewordene *»nur als Bruchstücke einer großen Konfession«* erklärt. Darin sei alles, was ihn *»erfreute oder quälte, oder sonst beschäftigte, in ein Bild, ein Gedicht«* verwandelt. Goethe scheint mit solcher Auffassung von biographischer Unmittelbarkeit vor allem in der Lyrik die Leitlinie aller künftigen Goethe-Forschung vorzugeben. Im Gegensatz zu epischen oder dramatischen Werken, die auf eine ge-

wisse Distanz zu ihrem Urheber gehen, offenbart das lyrische Werk den Dichter in höherem Grade, da es – selbst wo sie solches zu sein behauptet – als Konfession nicht eigentlich distanzierte Rollenlyrik sein kann. Zum Kriterium der biographischen Unmittelbarkeit gesellt sich ein gewisser Primatanspruch der lyrischen Gattung. Goethe scheint ihn dadurch, daß er seine Gabe, alles aus dem persönlichen Hintergrund in überpersönliche künstlerische Formung *(»ein Allgemeins, Inneres, Höheres«)* verwandeln zu können, *»ganz als Natur«*, als *»nachtwandlerische«* Dichtergabe empfindet, indirekt ebenfalls zu bestätigen und im nachhinein Novalis' Diktum zu bekräftigen, das Goethe 1798 zum *»wahre(n) Statthalter des poetischen Geistes auf Erden«* ausruft *(Blüthenstaub)*.
Für den Zeitgenossen stellte sich die Situation jenseits solcher Quersummen jedoch etwas anders dar. Sein Goethe-Bild war bestimmt vom *Götz von Berlichingen* (1773), von den *Leiden des jungen Werthers* (1774), von *Wilhelm Meisters Lehrjahren* (1795) und nicht zuletzt dem *Faust* (1808/1833). Aufgrund mangelnder oder nur sehr unvollständiger Ausgaben des lyrischen Werks konnte dem zeitgenössischen Leser – im Gegensatz zum heutigen, der *»Goethe in mancher Hinsicht genauer und intimer als Goethes nächste Bekannte«* kennt, *»denn ihm sind die Gedichte, Tagebücher, Briefe zugänglich«* (E. Trunz), und zwar in relativer Vollständigkeit – ein Bewußtsein vom Rang und dem Reichtum dieser lebenslangen, manchmal in Eruptionen erfolgenden lyrischen Produktion kaum erwachsen. Nicht zuletzt verhinderte Goethes lange Lebenszeit und seine proteische Neigung auch und gerade in seiner Lyrik, die – außer der Ode – fast den gesamten lyrischen Formen- und Themenschatz seiner Zeit produktiv aufgreift und sich anverwandelt, daß sie je als ein Abgeschlossenes, wie etwa Drama und Roman, Wirkung zu erzielen vermochte. Auch gab es keinen, H. Heines späterem *Buch der Lieder* (1827) vergleichbaren Auftakt für Goethes lyrisches Werk.
Erst der vierzigjährige, aus Italien zurückgekehrte und sich selber allmählich schon historisch werdende Goethe konnte 1789 als achten Band seiner bei Göschen 1787–1790 erscheinenden Schriften zum erstenmal so etwas wie eine repräsentative Sammlung seiner Gedichte in Händen halten. Mit dieser Ausgabe treten, zum erstenmal gedruckt, Goethes berühmte Sturm-und-Drang-Hymnen wie *Ganymed* (1774) und *An Schwager Kronos* (1774) aus den begrenzten und intimen Freundes- und Vorlesekreisen ans Licht einer literarisch interessierten Öffentlichkeit. *Wanderers Sturmlied* (1772) erschien, ohne Wissen des Autors gedruckt, überhaupt erst 1810, wie auch *Prometheus* (1774), ebenfalls ohne Goethes Einverständnis, erst 1785 durch F. H. Jacobi veröffentlicht wurde. Wohl hatte der Dichter schon früher handschriftliche Sammlungen seiner Gedichte veranstalten lassen (sein Leipziger Freund E. W. Behrisch erstellte unter dem Titel *Annette* 1767 eine erste Sammlung) oder selber veranstaltet (vermutlich 1777/1778 ein Schreibheft mit 28 Gedichten für Charlotte von Stein); im Druck aber waren seine Gedichte mit Ausnahme der von B. Th. Breitkopf vertonten sogenannten *Neuen Lieder* (1770) – die 20 Gedichte sind zugleich Goethes erste, allerdings anonyme Buchveröffentlichung – nur als Einzeldrucke verstreut in Zeitschriften und Almanachen erschienen, so daß sich dem Lesepublikum nur schwer ein zusammenhängendes Bild des Lyrikers Goethe erschloß.
Das sollte lebenslang so bleiben. Das Bewußtsein der zeitgenössischen Öffentlichkeit vom *»baren Wunder«* (E. Staiger) der Goetheschen Lyrik war damit eher blaß und hinkte stets weit hinter der produktiven Aneignung dieser Lyrik hinterher; Wirkung entfaltete sie gerade im intimen Freundeskreis – Goethe las gerne vor –, und vieles mag gleichsam als handgeschriebene oder auswendig gelernte Contrebande kursiert sein. Dadurch kommt es teilweise zu der paradoxen Situation, daß das zeitgenössische Publikum in der Beurteilung von Goethes Lyrik gelegentlich mit ihren produktiven Auswirkungen im Werk anderer Autoren eher konfrontiert war als mit der Anregung selbst, daß es also auch ihre Neuartigkeit nicht wirklich erkannte. Nur die wenigsten konnten sehen, daß Goethes Lyrik thematisch und formal bis ins hohe Alter stets auch den Versuch der Neuerung darstellte – Goethe *»war bis zum Schluß ein Schaffender und Sich-Wandelnder«* (E. Trunz) – und daß dies kaum je durch mühsames Ausprobieren und Feilen bezahlt werden mußte, sondern daß Goethe seine Gedichte fast immer als lyrische Improvisation zufielen. Noch die *Ausgabe letzter Hand* bei Cotta 1827–1830 kennzeichnet diese Diskrepanz, leidet unter der Tatsache, daß sie nicht annähernd den Schlußstand Goethescher Lyrik offerieren konnte. Diesen zu präsentieren gelang erst, als mit der Eröffnung des Goetheschen Hausarchivs 1885 die Möglichkeit zur großen *Weimarer Ausgabe*, der sogenannten *Sophienausgabe*, gegeben war. In deren ersten Bänden, die in den Jahren zwischen 1887 und 1891 erschienen, war erstmals – bis auf wenige problematische Fälle – eine wirkliche Gesamtschau des lyrischen Werks möglich.
Da die *Weimarer Ausgabe* in der Anordnung der Gedichte von der *Ausgabe letzter Hand* ausging, stellte sich für die folgenden Editionen dieses Problem weiterhin: ob zyklisch oder chronologisch und damit natürlich verbunden die Frage der Textgestalt, ob Handschrift, Erstdruck oder Ausgabe letzter Hand, wurde von da an für alle Herausgeber zum Grundsatzproblem. Setzt die zyklische Anordnung mehr auf ästhetisch-gattungsmäßige Zusammenhänge, so sind chronologische Anordnungen bemüht, Zusammenhänge in der Entwicklung und Entstehung deutlich werden zu lassen. Hält sich etwa die *Artemis-Gedenkausgabe* an die *Sophienausgabe*, so präsentiert die *Hamburger Ausgabe* die Gedichte – allerdings nur als eine Auswahl – im großen zeitlich, im einzelnen zyklisch. Die noch nicht vollendete *Münchner Ausgabe* radikalisiert das Prinzip der zeitlichen Anordnung, indem sie

die systematische Ordnung aufgibt und Goethes Werke in der zeitlichen Abfolge quer durch die Gattungen druckt, um auch übergreifende Zusammenhänge deutlicher werden zu lassen. So radikal geben sich die beiden Gedichtbände der auf vierzig Bände angelegten Ausgabe von *Goethes Sämtlichen Werken* des Deutschen Klassiker Verlags nicht, obwohl sie ebenfalls chronologisch vorgehen; auf gattungsübergreifende Zusammenhänge ist jedoch verzichtet, wenn auch innerhalb der lyrischen Gattung eine Verschränkung von zyklischer und chronologischer Ordnung erstrebt wurde. Der Versuch charakterisiert sich selbst als *»sammlungs- und gelegenheitschronologisch«*, er berücksichtigt nicht nur Goethes zyklische Ordnung der *Ausgabe letzter Hand* von 1827, sondern er bezieht auch, um sich *»in hohem Maße an den geschichtlichen Prozeß«* anschmiegen zu können, Goethes frühere Sammlungen und die Ausgaben von 1789, 1800, 1806, 1815 mit ins Kalkül. Durch dieses differenzierte chronologische Vorgehen werden ästhetische und entstehungsgeschichtliche Fragen in eine Art produktionsästhetische Kombination gezwungen. Ganz wie Goethe in den von ihm selbst erstellten und überwachten Sammlungen und Ausgaben die Ordnungsprinzipien nicht mit strenger Konsequenz durchhielt, sondern unter Zuhilfenahme des Zufalls sich die Ordnungsprinzipien durchkreuzen ließ, so durchkreuzen sich die Prinzipien der einzelnen Ausgaben untereinander, und der Benutzer wird gut tun, ihre Widersprüchlichkeiten, die wohl kaum je gelöst werden können, als Nutzen zu begreifen.

Das den Editoren durch Goethes »läßliche« Gruppierung seiner Gedichte überantwortete Problem läßt deutlich werden, daß er seinerseits seine Lyrik nie als etwas Abgeschlossenes betrachtet hat, auch nie als etwas, das ein selbstentworfenes ideologisches System ausfüllen müßte. Bis zu seinem Tod war er produktiv, vor allem in einer ihn von allen anderen Dichtern unterscheidenden Ursprünglichkeit und Spontaneität der Produktion aus der Gelegenheit. Der den Künstlerkollegen in den *Zahmen Xenien III* erteilte Rat – *»WILLST du dich als Dichter beweisen, / So mußt du nicht Helden noch Hirten preisen; / Hier ist Rhodus! Tanze, du Wicht, / Und der Gelegenheit schaff ein Gedicht!«* – dürfte im Spiegel der eigenen Erfahrung gereift sein. Gelegenheitsdichtung im besten Sinn des Wortes ist Goethes lyrisches Werk, und diese Charakterisierung schließt die vielstrapazierte »Erlebnishaftigkeit« seiner Dichtung keineswegs aus, wie sie davor bewahrt, den ebensooft bemühten biographischen Zusammenhang und den subjektiven Anlaß nicht überzubewerten. Goethe charakterisiert denn auch sein lyrisches Schaffen im 16. Buch von *Dichtung und Wahrheit* selber am besten, wenn er schreibt: *»Ich war dazu gelangt, das mir inwohnende dichterische Talent ganz als Natur zu betrachten, um so mehr als ich darauf gewiesen war, die äußere Natur als den Gegenstand desselben anzusehen. Die Ausübung dieser Dichtergabe konnte zwar durch Veranlassung erregt und bestimmt werden; aber am freudigsten und reichlichsten trat sie unwillkürlich, ja wider Willen hervor.«* Sein so strukturiertes lyrisches Talent erscheint als eine Konstante von den Anfängen bis zu den *Dornburger Gedichten* (1828). Über diesem Grundton entfalten sich die Themen und Formen seiner Lyrik, die Muster und Vorbilder, die – wenn auch beim jungen Goethe zurückhaltender – selbst die dichterische Ursprünglichkeit seiner Anfänge in reichem Maße kennt, die jedoch mit zunehmendem Alter verändert und erweitert werden und am Ende die gesamte Weltliteratur als eine Verpflichtung zur Auseinandersetzung und Aneignung abzudecken bemüht sind.

Der junge Goethe

Der 1765 endlich von der häuslichen Aufklärungsbürgerlichkeit zum Studium ins Leipziger Rokoko-Stutzertum befreite Dichter findet in der selbstgewählten Geselligkeit des Oeserschen Hauses, der Familie Breitkopf, der Schönkopfschen Tischgesellschaft, in der Umgebung der Kochschen Theatertruppe wohl Anregungen, aber noch kaum eigene lyrische Töne, die die hinter ihrer eigenen philosophischen Radikalität hinterherhinkenden poetologischen Vorgaben der Aufklärung in poetischlyrischer Praxis überwunden hätten. Natur und Liebe werden als poetisch-thematisches Spielmaterial noch in ganz konventionellen lyrischen Formen ausprobiert; die ersten Berührungen mit ROUSSEAU und SHAKESPEARE, mit WINCKELMANNS Welt und der aus Kindheitstagen rührenden Bekanntschaft mit KLOPSTOCK bedurften eines Auslösers, um produktiv im Sinne eines Originalgenies zu werden, dessen Prototyp dann Goethe wiederum selbst darstellte. Dieser Auslöser war J.G. HERDER, und als vorbereitender und beschleunigender Katalysator, der die Begegnung mit ihm in Straßburg 1770 zum Erlebnis werden ließ, das dann die literarisch-poetische Konsequenz aus der Radikalität aufklärerischer Befreiung ermöglichte, darf Goethes fast eineinhalbjährige Krankheit und Rekonvaleszenz vom August 1768 bis zum April 1770 gelten. Unter dem Einfluß von Susanna Katharina v. Klettenberg, dem Urbild der *»Schönen Seele«* im *Wilhelm Meister*, erfuhr der junge Goethe in Beschäftigung mit Chemie und Alchemie und durch eine pietistisch gesteigerte Innerlichkeit eine hermetisch-alchemistisch illuminierte Sensibilisierung, die nur noch der Begegnung mit Herder bedurfte, um in einer lyrischen Produktion sondergleichen in den Jahren bis 1775 zu gipfeln.

Aus diesen biographischen Zusammenhängen rührt die lebenslange Kraft der Belebung natürlicher Dinge durch Sprache, wobei diese Sprache sich mit einem von naturphilosophisch, mystischspekulativen Einschlägen gezeichneten Unterton mischt, der sie, ganz gleich worüber sie spricht, als grundsätzlich erotisch gestimmte Lyrik klingen läßt. Diese Lyrik – und das scheint ihre spezifische Leistung zu sein – steht jenseits aller bis dahin traditionellen Klassifizierungen nach poetisch-lyrischen Themen, denn ihr Ton macht jedes Gedicht zu geistlicher wie weltlicher Dichtung gleichermaßen. Liebeslyrik ist ab jetzt Naturlyrik und *vice versa*, Lehrgedicht ist Liebeslyrik, Natur- und Herzenslaut ist geistliches Lied, erotische Poesie Poetik und religiöse, nicht aber christliche Dichtung, Volkslied wird Artefakt und umgekehrt. In diesem Umstand dürfte der Grund zu suchen sein für Goethes eigene Schwierigkeiten bei der Gruppierung seiner Gedichte nach Themen, denn vom *Mailied* (1771) der Straßburger Zeit über die großen Hymnen der zweiten Frankfurter Jahre (etwa 1774) bis zur *Harzreise im Winter* (1777), deren Themenvermischung (Natur, Liebe, Religion, Mythos, Kunst) exemplarisch ist, bleibt jeder Versuch einer Einkreisung der Lyrik nach Themen erfolglos. Und da Thema und Form doch wechselseitig aufeinander bezogen sind, erscheinen die Formen dieser Lyrik nicht minder problematisch. Goethe wird von der Möglichkeit, die Themen eins ins andere zu verschlingen, eins als oder für ein anderes erscheinen zu lassen, lebenslang nicht mehr lassen, und so wird man bei ihm – gerade in der Alterslyrik eher wieder verstärkt – kaum je spezifisch religiöse oder christliche Themen, geschichtsmythische oder vaterländische wie bei Klopstock und später wieder bei Novalis oder Hölderlin finden. Jedes Gedicht im emphatischen Sinne ist deshalb, da es stets Totalität als jenes Besondere, das Besondere als ein Allgemeines spiegelt, durchaus repräsentativ für ihn, so wie Goethe zu Recht der Repräsentant der nach ihm benannten Zeit von 1770 bis 1830, der »Goethezeit«, genannt werden darf.

Die Repräsentanz bezieht sich natürlich nicht nur auf die biographische Person, sondern es ergibt – wie der Sinn eines Textes immer seinen Autor übertrifft, jenseits seiner Biographie angesiedelt ist – das Gedicht als Spiegel des Dichters ein Porträt seines Lebens einer ästhetischen Qualität nach. Dies ist eine komplizierte Verschränkung, die für frühere Epochen nicht in Anschlag gebracht werden kann und die niemand so gut zu leben vermochte als Goethe in allen Epochen seiner Existenz. Die dialektische Grundstruktur dieser völlig neuartigen Lyrik- und Künstlerauffassung und der poetischen Produktion beschreibt G. Ueding so: *»Dichtung wird Ausdruck von Erlebnis, doch dieses selber, als poetische Gelegenheit, ist bereits das Produkt ästhetischer Modellierung.«* Das hat die Goethe-Philologie und -Biographik zuzeiten völlig vergessen und vor allem die Lyrik als eine simple Kette biographischer Anlässe dargestellt, die ihre wesentlichsten Stationen in den Begegnungen Goethes mit den Frauen seines Lebens sah (Käthchen Schönkopf, Friederike Brion, Charlotte Buff, Anna Elisabeth Schönemann/Lili, Charlotte von Stein/Lida, Christiane Vulpius, Sylvie von Ziegesar, Wilhelmine Herzlieb, Marianne von Willemer, Ulrike von Levetzow, und nicht zuletzt gehörten auch seine Schwester Cornelia, die Herzogin Anna Amalia oder die Kaiserin von Österreich in diese Reihe). Noch die psychoanalytische Orientierung (K. R. Eissler) stellt nur einen eher ins Extrem getriebenen Positivismus dar, einen ins Unbewußte verlängerten Biographismus, der stets nur nach den Motiven, nach dem Geheimnis der Entstehung fragt, der das Werk und seine repräsentative Summe jenseits des Autors als ein ästhetische Ereignis nicht zu würdigen und begreifbar zu machen vermag. Dieses ästhetische Ereignis, das in den Jahren des Sturm und Drang eine neue Mythologie aus toten und nicht mehr geglaubten Namen (Jupiter, Prometheus, Ganymed, Venus etc.) offenbarte, wird auch durch die Einkreisungsversuche der literatur- und geistesgeschichtlichen Richtungen nur jeweils bis zu dem Punkt freigegeben, wo eine eigentliche Auseinandersetzung erst zu beginnen hätte. Denn das lyrische Produkt aus dieser komplexen Verschränkung ist eben mehr als nur Steigerung der Tendenzen Klopstocks, mehr als Jugendrevolte *»im Geiste Rousseaus gegen den Geist Voltaires, im Namen der Natur gegen die Kultur, im Namen der Leidenschaft gegen den Verstand, im Namen der Geschichte gegen das konstruierte Ideal, im Namen des Glaubens gegen den Zweifel, im Namen des Genies gegen die ästhetische Regel«*, wie es W. Scherer und O. Walzel in ihrer *Geschichte der deutschen Literatur* (³1921) formulierten.

Weimarer Anfänge und präklassische, voritalienische Phase

So sehr es zu Beginn der Weimarer Jahre den Anschein hatte, als ob der Vorsatz zur ästhetischen Modellierung des Lebens und des Erlebnisses weiterhin nur eine Fortsetzung jenes alles in allem noch sehr jugendlich-grobschlächtigen Genietreibens darstellte – im Gedicht *Ilmenau* (1783) liest sich dieser Anfang bereits als elegischer Nachklang –, spätestens mit Goethes Harzreise im Dezember 1777 und seiner Brocken-Besteigung hat diese ästhetische Modellierungsarbeit eine Intensivierung und Qualifizierung erfahren, die ihrerseits als eine Qualität auf jenes Gedicht *Harzreise im Winter* (1777) zurückwirkt und von der einen Eindruck zu vermitteln A. Schönes die Goethe-Forschung in diesem Punkt korrigierender Interpretationskunst gelang. Daß Goethe sein Leben unter das Auspizium stellt, daß er ab jetzt ganz bewußt aus dem Kunstwerk seines Lebens – Goethe nennt seine Harzreise *»allerbesonderste Umstände«* – seine Lieder gewinnt, zeigen in diesen ersten Weimarer Jahren die sogenannten *Lida-Lieder (Warum gabst du uns die tiefen Blicke*, 1776; *Rastlose Liebe*, 1776; *An den Mond*, 1777; *Sag' ich's euch, geliebte Bäume*, 1780; *An Lida*, 1781; *Woher sind wir geboren*, 1786). Auch für sie gilt, wie für die Hymnik der Sturm-und-Drang-Zeit, daß an eine Öffentlichkeit, wenn überhaupt, erst in zweiter Linie gedacht war. Ihr *»offenbar Geheimnis«* schloß ein breites Lesepublikum aus, wiewohl das Private als ein Lebenskunstwerk doch im Gedicht, als Poesie, öffentliche Form wurde. Und so steht nicht erst das Werk, sondern vielmehr schon das Leben im Zeichen des Begriffspaars von der dunklen »Spontaneität des Genies« und der »erhellenden Gesetzmäßigkeit der Vernunft«. Ihr sich kontrollierendes Wechselspiel ermöglichte, daß Goethes Leben nie in sklavische gesellschaftliche Fesseln geriet, sondern diesem Leben eine Freiheit erhielt – die ideologisch-moralische Befangenheit seiner Zeitgenossen provozierte diese Freiheit, die, selbst schon ein ästhetisches Ereignis, den traditionell-bürgerlichen Wertvorstellungen zuwiderlief –, die Aufklärungs- und idealistische Philosophie als gelebte Lebenspraxis beispielhaft vorführte.

Die ästhetische Modellierung und Stilisierung von Erlebnis und Spontaneität mußte sich nun jedoch einer stärkeren Kontrolle durch die Vernunft unterwerfen, die Komplexität der lyrischen Themen sich durch profiliertere Formen ausweisen. Aber auch hier geriet die Form nicht zur Fessel, und es gehört mit zum *»baren Wunder«* der Goetheschen Lyrik, daß sie die ästhetische Balance, Spiegel jener Lebensfreiheit zu sein, lebenslang durchhielt, daß sie von jener Gelassenheit, mit der der Denker Goethe Welt und Natur betrachtet (mit Ausnahme vielleicht von J. NEWTONS Lehre), ästhetisches Zeugnis gibt und nie wirklich in *»Prophetie«* umschlägt (E. Trunz), nicht zuletzt, weil sie ebensoweit entfernt ist von einer *»starren metrischen Gliederung«* wie von einer *»unwillkürlichen, den Takt verschleiernden Rhythmik«* (E. Staiger). Goethe, der immer vom Augenfälligen, vom Einfachen ausgeht, ohne doch zuletzt nur darauf zu verweilen, überträgt dieses Verfahren auch auf sein sprachliches Ergreifen und Begreifen, das in der *»Entspanntheit der Sprache in Vers und Klang«* (E. Trunz) eine Entsprechung besitzt. Verse und Prosaperioden kommen einander sehr nahe (was am Beispiel der Prosa- und der Versfassung der *Iphigenie auf Tauris* besonders deutlich wird), und die frühen Weimarer Jahre sind die Zeit, in der sich diese manchmal sogar an den Hymnen schon zu beobachtende Angleichung vollzieht. Schon die Titel der neuen Hymnik, die das intensivierte Modell im Gedicht erscheinen lassen, lesen sich wie ein neues Programm, das nicht Kontrastprogramm, wohl aber Ausdruck eines differenzierteren Lebensprogramms ist: Es hebt an mit *Wanderers Nachtlied* (1776), beschreibt in der *Harzreise im Winter* (1777) seine eigenen Voraussetzungen und summiert das neue Programm als Gesetz in *Gesang der Geister über den Wassern* (1779), in *Grenzen der Menschheit* (1781) und in *Das Göttliche* (1783).

Auch die sogenannte *»Natur- und Weltanschauungslyrik«* oder *»Gedankenlyrik«*, die ab jetzt bis zum Lebensende zunehmend in den Vordergrund drängt, hat wohl ihren Grund in der mit und in der Harzreise getroffenen Entscheidung, und die *Zueignung* von 1784 formuliert in feierlicher Stanzenform die poetologischen Prämissen für den poetischen Rahmen, in dem das Leben gefaßt wird. *»Der Dichtung Schleier aus der Hand der Wahrheit«* beschreibt die *Zueignung* als aus *»Wolkenduft«* und *»Sonnenklarheit«* gewebt, also als ein sehr feines Gespinst, als sehr *»künstlich«*. Den Ausgleich für die Normierung und Selbstbegrenzung des »Natürlichen« in den komplizierteren metrischen Formen und Strophen schafft sich das Programm durch ständige Erweiterung des Formenkanons und des Materials. Damit behauptet es seine Freiheit, hält es jedenfalls in erträglicher Balance; es erstrebt jene Leichtigkeit, die Goethe etwa im *Faust II* erreicht, indem er eine Bewältigung der thematischen Fülle nicht durch starre metrische Normierung versucht, sondern im Gegenteil durch die große Zahl verschiedener metrischer Formen ausgleicht. Hier, in den Weimarer Jahren, gehört die Stanzenform der *Zueignung* natürlich selbst schon in jene Erweiterung des metrischen Kanons, und ihre reiche Reim- und Klangordnung beweist das Bedürfnis nach einer ästhetischen Anreicherung sowohl des Lebens wie seines farbigen Abglanzes. Daneben tritt die Balladenform, die lyrische, epische und dramatische Wünsche zugleich möglich macht, endgültig ins poetisch-praktische Bewußtsein (*Der Fischer*, 1778; *Erlkönig*, 1782; *Der Sänger*, 1783), und gegen die freien Rhythmen setzt die beginnende Epigrammatik lapidare Akzente, die bereits in jene Richtung weisen, die mit Goethes Worten am besten bezeichnet ist: *»Antiker Form sich nähernd«*. Auch wenn das Motto zu diesem Kapitel der Goetheschen Gedichtanordnung von 1814 stammt, wie auch die unter diesem Rubrum versammelten Gedichte nur teilweise in die präklassischen Jahre fallen (*Einsamkeit*, 1782; *Philomele*, 1782; *Anakreons Grab*, um 1785), so charakterisiert dieses späte Motto die präklassische, sich auf Italien einstimmende und vorbereitende Phase doch nachträglich vor allem in seiner Frageform sehr gut: *»Stehn uns diese weiten Falten / Zu Gesichte, wie den Alten?«*

Erlebte Antike und klassische Periode

Das Leben bot gegen seine ästhetische Modellierung seinen ganzen Widerstand auf, die Notwendigkeit ließ sich in den Pflichten des Amtes, aber vor allem auch im Verhältnis zu Frau von Stein doch nicht gänzlich besiegen und als schöne Freiheit stilisieren; es forderte aus der Bedrückung der Weimarer Erfahrungen heraus eine Wiedergeburt. Auch wenn das berühmte Lied aus dem *Ur-Meister* von 1784, *Kennst du das Land, wo die Zitronen blühn*, wie O. SEIDLIN klargemacht hat, gar nicht die Sehnsucht auf die angestrebte Wiedergeburt im Lande der klassischen Tradition darstellt, so wird seine Rezeption wohl für immer auf diese Sehnsucht festgelegt bleiben. Das Sinnpotential des Textes, das vergeblich gegen das von der Rezeptionsgeschichte entfaltete tiefe und fortdauernde Mißverständnis ankämpft, offenbart sich nämlich gerade nicht als die Sehnsucht nach dem Lande der toten Tempel und Marmorbilder (2. Strophe), die im Gedicht für die Kunst stehen, sondern als eine Sehnsucht nach einer Heimat, die im wörtlichen Sinne »jenseits« dieses Landes an einem Ort einer metaphysischen Qualität nach angesiedelt ist. Auf eine solche Wiedergeburt zielte Goethes Sehnsucht seinerseits zwar nicht, aber doch auf eine, die zunächst nicht minder »jenseits« der Tempel und Marmorbilder war, obgleich das glatte Gegenstück zu Mignons Sehnsucht. Die Tempel sollten allenfalls das Vehikel seiner Wünsche sein, die mit den Stichworten *»Erfahrung«*, *»Sinnlichkeit«* und *»Lebensgenuß«* angetönt werden können. Unter Vorbehalten jedenfalls, die vielleicht durch das Fragezeichen des Mottos ironisch angedeutet sind, schien sich Goethe einer *»ästhetischen Erziehung«* in Italien unterwerfen zu wollen. Das ganze Maß seiner Existenz, wie er es am Ende der Reise dem Herzog Karl August andienen konnte (Brief vom 17. 3. 1788), wollte Goethe wohl ausloten, doch war der Wunsch nach einer Wiedergeburt, wie auch bei späteren Wünschen dieser Art, nicht von der Idee her bestimmt, sondern durch das, was Goethe *»Erfahrung«* nennt. In dem viel späteren Gespräch mit F. Schiller über die Urpflanze (1794) wird dies nochmals deutlich. Dieses Gespräch behauptet die Urpflanze gegen Schiller, der sie als Idee begreift, als wirklich geschaut, als wirklich in Palermo vor Augen gehabt. Goethe fordert bei aller eigentümlichen, gar nicht Schillerschen Vorstellung einer *»ästhetischen Erziehung«* in Italien – sich bei aller Wiedergeburt im Kern doch treubleibend – gegen die Idee die Rechte des Auges, das ja als Goethes vorrangiges Organ erachtet werden darf; er erhebt einen Prioritätsanspruch der Sinne und klagt seine Lebensfreiheit, die ihm in Weimar nach und nach eingeschränkter erschien, wieder ein. Das Primärstichwort dieser Wiedergeburt gegen Lebenszwang und Notwendigkeit lautet bei Goethe deshalb *»Lebensgenuß«*, mag die Abfolge dann auch – und zahlreiche Stellen belegen sie – lauten: Lebensgenuß, Genuß der Geschichte, der Dichtkunst, der Altertümer. Am Ende der Reise wird Goethe der Weimarer Welt durch seinen Schritt nach Italien ja nicht so sehr den Genuß der Altertümer voraushaben, sondern – und der wird zum Skandalon – den aus der Schule der Sinne geschöpften künstlerischen Ertrag.

Der ist zunächst gering, und vor allem die lyrische Ausbeute seiner *»Erfahrungen«* ließ auf sich warten. Diese führten vorderhand zu Aus- und Umarbeitungen im Bereich der Dramatik. Goethe zeichnete viel, und erst nach der Rückkehr löst sich der Stau, paradoxerweise gerade nach der Verbindung mit Christiane Vulpius (1788). Die scheinbare Widersprüchlichkeit von künstlerischem Italienertrag, klassischer Stilisierung, erotischer Freizügigkeit und Häuslichkeit wird auch als Diskrepanz mit seiner Weimarer Umgebung virulent. Goethes ästhetischer Lebensentwurf, der die Widersprüchlichkeiten problemlos aufhob, wollte sich in die moralischen Dimensionen und Wertvorstellungen nun gänzlich nicht mehr fügen. Der farbige ästhetische Abglanz, wie er sich in den 1790 entstandenen *Erotica Romana* (1795) als Ertrag dieses Lebensentwurfs spiegelt, und die Aufregung, die diese Erotica verursachten, führten auch eine Verdrängung im Gefolge, die die klassische Periode stets mit betulichen Akzenten versehen erscheinen lassen. Die *pura naturalia*, den erotischen Realismus einzugrenzen, jenes *»post coitum, omne animal triste«* als elegisches Potential zu erspüren, fiel den »Aufgeregten« von Weimar so schwer wie noch verschiedentlich heutigen Lesern, und selbst die Verschiebung des Titels von *Erotica Romana* zu *Römische Elegien* veränderte an dieser Aufgeregtheit nichts. Diese erfolglose Strategie der Leserlenkung, die natürlich auch auf den Text neue inhaltliche und formale Akzente setzte, modifizierte Goethe in der Folgezeit und stellte solche erotisch-elegische Erfahrung, die ja präzise den Verlust des Paradieses beschreibt, als Idylle dar. Das Rätsel *Alexis und Dora* (1796), wie es A. Schöne entziffert hat, gibt sich dann als die Umkehrung der Strategie der Leserführung zu erkennen. Doch die Enttäuschung war groß, weil er sich einmal falsch verstanden und einmal nicht erraten sehen mußte, und so verwahrte Goethe künftige elegisch-erotische Verlustformulierungen wie etwa *Das Tagebuch* (1810) mit den ausgesonderten Resten der *Römischen Elegien* gänzlich, um sie auf jene unaufgeregten Leser warten zu lassen, denen die Abenteuer seiner erotischen Weisheit sich nicht primär als Abenteuer im Fleische, sondern im Geiste aufdrängen würden. Th. Manns *Zauberberg* (1924) wie auch *Lotte in Weimar* (1939) sind Wirkungszeugnisse derart geduldiger Lektüre.

Mit den Jahren zunehmend zurückhaltender, wandte Goethe sich, angeregt durch die Begegnung und beginnende Freundschaft mit Schiller, dennoch mit einem weiteren Erotikon an sein Publikum, dem aber diesmal das botanisch-biologische Gesetz, das die elegisch formulierten Verluste regiert, weniger provozierend und eher in Form einer moderaten Aufklärungs-Schulstunde beigebracht wurde. Es wird die *»Erfahrung«* nicht auf den Rücken *»leise mit fingernder Hand ... gezählt« (V. Römische Elegie)*, sondern sie wird der Geliebten vom lyrischen Ich diesmal – wie auch dem Leser – eher dezent aufklärerisch ins Ohr geflüstert. Jene mit dem recht spröde klingenden Titel *Metamorphose der Pflanzen* (1798) an die Schultafel des Lesepublikums geschriebene Elegie darf wohl als letzter abschließender Versuch gewertet werden, die sinnlich-klassische Italien-Erfahrung als Botschaft aus Weimar auf eine nicht unsinnliche, aber dem Publikum doch goutierbare Weise zu unterbreiten: *»... Die heilige Liebe / Strebt zu der höchsten Frucht gleicher Gesinnung auf, / Gleicher Ansicht der Dinge, damit in harmonischem Anschaun / Sich verbinde das Paar, finde die höhere Welt.«*

Die Unlust des Weimarer Publikums ist die Lust der heutigen Goethegemeinde und umgekehrt. Das *»Unbehagen«*, die *»Ermüdung«*, die E. Staiger schon lange vor jeglicher ideologiekritischen Zerpflückung der Jahre nach 1968 glaubte feststellen zu müssen, trifft besonders die Balladen, und es ist vor allem das Jahr 1797/98, das den Versuch einer Volksklassik in diesem, dem Publikum der Zeit vertrauteren Genre markiert. Der pädagogisch-erzieherische Impuls kam wohl von Schiller, aber erstaunlich, daß gerade der Versuch, das Stück Fremde, das Goethe aus Italien mitbrachte, im poetischen Genre des Nordens vom Elitären in ein breites Bildungsgut umzumünzen, dem ideologiekritischen Standpunkt am wenigstens standzuhalten vermochte. Dennoch behaupten sich Goethes Balladen, vor allem *Die Braut von Korinth* (1797) oder *Der Gott und die Bajadere* (1797), die nie in dem Ausmaß wie die Schillerschen Balladen reüssierten, heute wiederum besser, vermutlich weil sie, wie E. Staiger formuliert, *»unheimlich fremde Gäste in der sonst so lichten, lebenswilligen Welt«* der Balladenzeit darstellen. Das Klassisch-Pädagogische ist bei Goethe zurückgedrängter, die Belehrung, das Sittliche, das im schillerisch-kantischen Sinne öfters wie Rückfall in Aufklärungsmoral erscheint, taucht bei ihm, der durchaus sittlich-feste Weltgesetze anerkennt, ins verzeihend *»Menschliche«*, das noch Th. Manns *Zauberberg* als *»mähmschlich«* ironisiert. Es gelten, um den Abstand der Weltauffassungen zu vermessen, der sich zwischen den Balladen Schillers und Goethes abzeichnet, des Dichters Schlußverse aus dem Gedicht *Das Tagebuch* (1810) auch hier: *»Und doch vermögen in der Welt, der tollen, / Zwei Hebel viel aufs irdische Getriebe: / Sehr viel die Pflicht, unendlich mehr die Liebe!«*

Umbruch, Neuorientierung und Alterslyrik

»Bilde Künstler! Rede nicht! Nur ein Hauch sei dein Gedicht.« – Dieses Motto von 1814 steht am Beginn des Rubrums, das unter dem Titel *Kunst* eine Reihe von Künstlergedichten zumeist der siebziger und achtziger Jahre enthält. Ein Gedicht wie jene, die klassische Periode resümierenden Verse *Dauer im Wechsel* (1803) fehlt dort. Es wird später in die Gruppe *Gott und Welt* eingereiht, in einen Zusammenhang mit dem, was man stets als Zusammenfassung von Goethes Gedankenwelt empfunden hat: *Weltseele* (1801), *Eins und Alles* (1821), *Vermächtnis* (1829) und auch die *Urworte-Orphisch* (1817) stehen in dieser Klasse. Gedankenlyrik stellt das Gedicht *Dauer im Wechsel* zweifellos dar, aber es ist auch Gedankenlyrik, die Reflexion aufs Medium selbst pflegt, es ist Künstlergedicht, das sich am Ende auf sich selbst bezieht, bestimmt von den vom Gedicht selbst gesetzten Prämissen, dem *»Gehalt im Busen«* und der *»Form im Geist«* analog der ästhetischen Modellierung des Lebenskunstwerks unter dem Begriffspaar *»Spontaneität«* und *»erhellende Vernunft«*.

Kunstreflexion, Poetologisches als Poesie nimmt in der der Hochklassik folgenden Umbruchsphase zu, gleichsam ironisch gegen das Motto *»Bilde Künstler! Rede nicht!«* gerichtet. Poetologische Reflexion als Poesie ist nicht zuletzt ein Zeichen der Krise, ein Zeichen dafür, daß eine Möglichkeit poetischen Diskurses verbraucht ist. Auch wenn die Verse *Dauer im Wechsel* noch aus den Jahren der Freundschaft mit Schiller, aus hochklassischer Zeit stammen, so zeigen sie doch schon das Ende und den Umbruch an, der spätestens mit Schillers Tod 1805 markiert ist. Das Gedicht dokumentiert bereits wieder die Verabschiedung des Hexameters, des metrischen Grundmaßes der klassischen Phase, es erinnert sich als Thema ausdrücklich der Gefahr, die Zeit und Vergänglichkeit für die gegenwartsorientierten klassischen Sinne darstellen, und es erklärt sich selber ganz unklassisch als ein Exempel, das in Gehalt und Form verfestigte, dabei doch vergängliche Reflexion darstellt. Als solches unterläuft es jene durch das Motto zu den Künstlergedichten ausgesprochene Aufgabe, nämlich statt zu dichten zu reflektieren. In diesem Sinne liegt »Gedanken-Lyrik« eigentlich stets außerhalb des klassischen Spektrums, und Goethe erliegt in dieser Produktion des Umbruchs jener an Schiller oft getadelten theoretischen Quälerei selbst. Dennoch unterscheidet sich die Goethesche Gedankenlyrik von Schillers Künstlergedichten. Vor allem als poetologische Poesie bringen sie, in Schillers Terminologie, ihr *»sentimentalisches«* Problem immer noch ganz *»naiv«* zur Vorstellung, auch wenn im Spiegel dieser poetologischen Reflexion jenes die klassische Lebens-, Bildungs- und Kunstwelt bedrohende Dämonische sichtbar wird, wie es etwa schon die Französische Revolution für Goethe darstellte; es erschien, weil in Form gebändigt, in klassisch-emphatischer Lyrik bei Goethe nicht eigentlich und schafft sich im poetologischen Problem jetzt erst verspätet wiederum nur indirekt Bahn.

Am Ende der klassischen Periode greift das Gedicht *Dauer im Wechsel* auch jene zweite Strophe des diese Phase angeblich einleitenden Gesangs vom Lande der Zitronen, die *Mignon*-Ballade, auf, in deren Motivwörtern *»Haus«*, *»Säule«*, *»Saal«*, *»Gemach«* O. Seidlin ein Totenhaus jenseits des Mediums allen vegetativ Lebendigen, der Zeit also, sieht. Dieses Totenhaus ist die Kunst, wobei Goethe wohl bewußt wird, dahin in klassizistischer Erstarrung zu gelangen. Der Erlösung dieser Kunst, aber jenseits der Mignon-Lösung, die eine Werther-Lösung des Zeitproblems ist – noch die *Trilogie der Leidenschaft* (1823/24) verwirft diese Lösungen und findet ihre eigene *»Aussöhnung«* –, gilt ab jetzt die Aufmerksamkeit. Die klassische Lösung, Ignorierung der Zeit und Konzentration auf eine lebendige Gegenwart, trug nicht mehr. Erlösung vom *»wiederkäuenden Ungeheuer der Zeit«* (O. Seidlin), die ohne es zu ignorieren, eine Diesseitslösung ergibt, gelang, indem die Kunst als ein Symbol für die Natur gerettet, als eine zweite Natur deklariert wird. Ein triadisches Schema beginnt hier als eine durchaus willkürliche Interpretation von Natur zu greifen, wobei Goethe in seiner Lyrik größte Anstrengungen unternimmt, in jener paradoxen Formel von der Ewigkeitsdauer des Augenblicks den Durchgang durch die Reflexion zu bewältigen. Erst wo das Gedicht diesen Durchgang wieder hinter sich hat, ist jenes zweite goldene Zeitalter der Poesie erreicht, das sich gelegentlich im *West-Östlichen Divan* (1819) dem im Spiegel des östlichen Paradieses sich verjüngenden westlichen Dichter eröffnet, besonders aber in den *Dornburger Gedichten* (1828) festgeschrieben wird.

Der Weg in jene neue Freiheit, in der Lebenskunstwerk und Dichterwerk eins werden konnten, war sowohl in der ästhetischen Modellierung wie im Gedicht schwierig. Goethe greift in den nachklassischen Jahren zunehmend zu fremden Stoffen, zu Formen und Masken; er fängt – sich selbst historisch, auch zum Zitat werdend – exzessiv an, aus dem Fundus der Weltliteratur zu schöpfen. Dieses alexandrinische Moment ist als manieristische Alterseigentümlichkeit an Goethe oft getadelt worden, an der Lyrik mehr noch als an der *Novelle*

(1828) etwa mit ihrem eigentümlichen Gattungstitel oder am *Faust II* mit all seinen Bildungsreminiszenzen, poetologischen Reimspielen und impliziten Dramenreflexionen. Aufmerksamkeit fand Goethes Alterslyrik erst spät, ein Umstand, den er im Falle des *Divan* selbst vorauszusehen schien, denn er richtet in der Einleitung zu den *Noten und Abhandlungen* sein Augenmerk auf die Zukunft: *»... und ein zweites, drittes nachwachsendes Geschlecht entschädigt mich doppelt und dreifach für die Unbilden, die ich von meinen früheren Zeitgenossen zu erdulden hatte.«* Eine Rezeption, die aufs unmittelbare *»Erlebnis«* setzte, eine Philologie, die in einem positiven Biographismus ihr methodisches Ziel fand, auch eine hypertrophe Wissenschaft von der Geschichte des Geistes tat sich schwer mit Gedichten, die programmatisch mit *Das Sonett* (1800/1807) oder *Ballade* (1813) überschrieben waren, ja selbst mit dem *Divan*, der vom Dichter auch als ein poetologisches Kalkül zusammengesetzt wurde. Die *Noten und Abhandlungen*, die Goethe als notwendigen Kommentar erachtete, zeigen das Problem dieser Lyrik ebenso wie die Ausführungen zur – eine Art zweiten Balladenschub poetologisch konstituierenden – *Ballade*. Deren verschränkter Gang ist Reflexion des Genres auf sich selbst und verhinderte, daß, wie Goethe schreibt, *»selbst geistreich-gewandte Personen nicht gleich zum ersten Mal ganz zur Anschauung der dargestellten Handlung gelangten«*. Eine Handlung im eigentlichen Sinne gibt es nicht mehr, das Ziel hatte sich geändert: Handlung dient als Vehikel der Reflexion. Die Ballade als scheinbar »naives«, spannungserzeugendes Genre der klassischen Phase war problematisch geworden. Die Zeit ist durch poetisch-poetologische Verschränkung der Handlung selber zum Thema der *Ballade* geworden, und die Balladen dieser Phase müssen anders gelesen werden als diejenigen der Jahre 1797/98. Ebenso ist *Das Sonett* Reflexionsauftakt zum Zyklus *Sonette* (1807/1815); ihr Thema *Sehnsucht und Gedanke über Trennendes* (E. Trunz) jenseits einer klassisch glücklichen Gegenwart ist auch Spiegel des Verlustes, der poetologischen Suche nach möglicher neuer Form. Daß Goethe jetzt auch zum Mittel der zyklischen Ordnung greift, ist bemerkenswert, und noch der Streit am Beispiel des *Divan* und dessen zyklischer Ordnung, ob strenge Komposition oder lockere Reihung, ist unter solchen Aspekten zu verstehen.

Thematisch ziehen sich aus der Gegenwartshuldigung der *Erotica Romana* einige Fäden in den *Divan*: Wiedergeburt hier wie dort, aber die *»fremde Fühlung«* in der *»Liebesnächte Kühlung«* (*Selige Sehnsucht*, 1814) setzt nun doch andere Akzente. Gegenwart, die keine römische ist (die ja ihrerseits schon elegisch war), wird postuliert als eine, die aus Sehnsucht und Zukunft gewonnen werden muß: *»Stirb und werde!«*, ein Paradoxon, wobei Goethe das Paradoxon ansonsten gar nicht liebte (es ist die zynische, sophistische Denkweise des Teufels, der für die Zerrissenheit der Welt durch die Reflexion steht); aber es schleicht sich für die Lösung seines Problems, Dauer im Augenblick zu gewinnen, zunehmend ein und begegnet häufiger. *»Denn alles muß in Nichts zerfallen, / Wenn es im Sein beharren will«*, heißt es in *Eins und Alles* (1821); dagegen opponiert der Auftakt von *Vermächtnis* (1829): *»Kein Wesen kann zu nichts zerfallen!«*. Im *Divan* löst sich dennoch der Widerspruch von Dauer und Augenblick; keine tote Ewigkeit, auch nicht »Entsagung« ist angesagt. Entfremdung, die erst die ganz späte Lyrik völlig aufhebt, löst sich hier zirkulär, indem die Form des *Divan* in der Reflexion sich stets selbst für den Augenblick gewinnt und von einer in der Tat ja beglückenden Liebeserfahrung getragen wird. Diese Erfahrung schafft im poetischen Spiegel der orientalischen Literatur einen Reichtum neuer west-östlicher Formen, verbunden in dem Ereignis einer *»erotischen Poetik«*, auf die W. Hinck das Augenmerk gerichtet hat. Immer aber wird der thematische Unterschied der *Sonette* oder des *Divan* von den früheren *Erotica Romana* als jener formale Unterschied manifest, den schon W. Kohlschmidt als starken Einschlag *»von reflexivem Spiel«* erkannte: *»Nicht selten reflektiert der Dichter auf sein Dichten selber«*, und noch auf die *Trilogie der Leidenschaft* trifft zu, was Kohlschmidt für die Wechselbeziehung von Liebesraserei und Sonettenwut (*Sonette*, XI) anmerkt: *»Die im Hintergrund dauernd anwesende Bewußtheit des Liebesopfers als Gedicht drückt sich auch als Reflexion auf die gewählte Gattung, das Sonett, selber aus.«* Die Gattungsbezeichnung »Sonett« ist durch die übergeordnete Bezeichnung »Elegie« im Falle der *Trilogie* zu ersetzen; das Liebesopfer bietet sich nun jenseits des Hexameters wieder in Stanzen an. Wie bewußt aber das Liebesopfer als Gedicht auch hier in der Trilogie verstanden wird, zeigt das leicht variierte *Tasso*-Motto: *»Und wenn der Mensch in seiner Qual verstummt, / Gab mir ein Gott zu sagen, was ich leide.«*.

Erst mit dem *Bräutigam* (1824), den *Chinesisch-Deutschen Jahres- und Tageszeiten* (1827) und den *Dornburger Gedichten* (1828) ist die Stufe nach dem Durchgang durch die Reflexion erreicht. Kein Kommentar des Dichters ist mehr angebracht, die Esoterik und Hermetik der Gedichte weist auf Geheimnisse jenseits des Verstehens; Mailieder im Spätstil sind diese Gedichte, voller Ursprünglichkeit der Anfänge und doch in aller Klarheit des Geistes. Sie sind Naturlyrik, voller Religiosität, ohne vom Göttlichen zu reden, reflexionsfreie Liebeslyrik ganz im Sinne der *Aussöhnung* (1823): reine Töne, Musik. *»Die Sonne sank, und Hand in Hand verpflichtet / Begrüßten wir den letzten Segensblick, / Und Auge sprach, ins Auge klar gerichtet: / Von Osten, hoffe nur, sie kommt zurück. // Um Mitternacht! der Sterne Glanz geleitet / In holdem Traum zur Schwelle, so sie ruht. / O sei auch mir dort auszuruhn bereitet, / Wie es auch sei das Leben es ist gut.« (Der Bräutigam)*

Wirkung und Goethe-Forschung

Goethes Verhältnis zur Musik war problematisch. Der Dichter hat wohl erst in der Begegnung mit der

Petersburger Hofpianistin Maria Szymanowska und der Sängerin Anna Milder-Hauptmann (1823) unter dem Schmerz über den Verlust von Ulrike von Levetzow Musik als das erfahren, was sie für seinen großen Antipoden JEAN PAUL stets war: eine Gewalt wie die Liebe, Ausdruck der elegischen Grundstimmung der Welt und zugleich Erlösung aus dieser ihrer reflexiven modernen Befindlichkeit. Musik wurde das Schicksal des romantischen Künstlers, und der hatte *per se* ein Musiker zu sein. Dieser Widerspruch ist bei Jean Paul nicht gelöst, konnte nicht gelöst werden, und so liefert höchst widersprüchlich der Augenmensch Goethe mit seinem lyrischen Werk die Voraussetzung auch für die musikgeschichtliche Tatsache, daß wesentlich durch seine Lyrik die Voraussetzungen für eine Tradition des Kunstliedes in der Musik geschaffen werden konnten. Goethes lyrisches Werk erzielte durch seine große Affinität zur Musik, die die Komponisten von allem Anfang besonders in seinen Liedern anzuregen schien, eine Breitenwirkung, die die eigentliche literarische Wirkung und die kritische und wissenschaftliche Rezeption mindestens gleichwertig begleitet hat, die jedoch einer zu allen Zeiten gleich tiefsitzenden Vergeßlichkeit der Forschung ausgesetzt blieb. Seit B. Th. Breitkopf 1769 die ersten Lieder Goethes in seinen Vertonungen veröffentlichte, ist der Strom bis heute nicht abgerissen. Wohl *»an die zweitausend Komponisten«* sind mit Goethe-Vertonungen unter der Devise *»Nur nicht lesen, immer singen«* (W. Schuh) hervorgetreten, und gerade diese musikalische Rezeption stellt eine ganz eigene Erfahrung im Umgang mit Goethes Gedichten dar, die nicht schon das Entfremdete und Befremdliche anderer Rezeptionsweisen als Stigma trägt. Die *Artemis-Ausgabe* dokumentiert wenigstens diese eminente Wirkung und ist damit für das Thema »Dichtung und Musik«, für das Problem »Wort und Ton« und das »Verstehen von Kunst durch Kunst« im Falle der Lyrik Goethes sehr hilfreich. Wie die literarische Wirkung seiner Lyrik – alles, was um ihn her dichtete, war aus Goethes Schule –, deren Geschichte noch nicht zusammenfassend beschrieben ist, weil sie – prinzipiell unabschließbar – kaum zu leisten sein wird, stellt die musikgeschichtliche Wirkung im Gegensatz zu einer Besitzergreifung Goethes durch die Rezeption in einem engeren Sinne, eine *»dynamisch-lebenspraktische Rezeption«* dar, wie sie diese engere kritische und wissenschaftliche Besitzergreifung *»vielfach verhindert«* hat. So urteilt K. R. MANDELKOW in seiner Dokumentation dieser engeren Wirkungsgeschichte, die schließlich die Goethe-Forschung in ihrem Auf und Ab, in ihren Triumphen etwa nach 1871 und in ihren tiefsten ideologischen Depravationen durch eine völkisch-nationalistische Indienstnahme als die Geschichte des Faches *in nuce* erweist.

Die Wege der Forschung, das lyrische Werk betreffend, bewegen sich nicht minder in jenen Bahnen der Disziplin selbst, wobei das lyrische Werk Goethes besser gefeit war gegen totale ideologische Indienstnahme als etwa der *Faust*, als die Lyrik Schillers oder Hölderlins. Dieser Goethes lyrischem Werk implizite Widerstand gegen Ideologisierung könnte auch eine Chance bieten, der Unlust an Goethe abzuhelfen. Die glaubte schon Emil STAIGER festzustellen, und sie ist auch eine Ermüdung des Faches, das sich der Qualität nach stets als eine im wesentlichen historisch-philologische Disziplin verstand und versteht, wie ein gewisser Neopositivismus und eine neue computergestützte Editionsphilologie zeigt. Die Germanistik hat sich in Ideologiekritik ihre Unlust bestätigt und in der Geschichte der Rezeption bereits wieder eine Ersatzfunktion für eine philologisch-literaturwissenschaftlich lustvolle Erfahrung mit Goethes Texten geschaffen, wie sie beispielsweise A. SCHÖNES auch Polemik (D. BORCHMEYER) herausfordernde Arbeiten demonstrieren. Dabei wäre sogar die Eröffnung neuer Perspektiven im Lichte unserer Erkenntnisinteressen, gegen die sich Staiger und seine Schule vehement wehrten, sehr wohl möglich. Zum einen müßte die zunächst noch rückwärtsgewandt und scheinbar ideologiekritisch klingende Frage nach dem Skandalon der Goetheschen Lyrik in unserer Welt – *pars pro toto* der Schlußvers des Gedichts *Der Bräutigam: »Wie es auch sei das Leben es ist gut«* – gestellt und beantwortet werden. Die Antwort als ein Versuch könnte eine neue Aktualität der Lyrik Goethes erweisen, vor allem, wenn er sich vor erneuter Ideologisierung hütet. Sie könnte zeigen, daß Goethes Naturwissenschaft, die gegen Newton oder Linné im Unrecht blieb, im Lichte unserer Erfahrung über sein lyrisches Werk recht behielt, weil dieses eine Auffassung von Natur und einen Umgang mit der Schöpfung lehrt, dessen Stichworte nicht »Kampf« und »Bezähmung«, sondern »Aussöhnung« lauten. Bei diesem Thema standen die alten Arbeiten von ihrem eigenen methodischen Ansatz, positivistisch oder geistesgeschichtlich orientiert, dem Ziel ihrer Darstellung schon selbst im Wege, da ihre Methode nicht zuletzt auch den Weg des Triumphes über eben diese Natur gewiesen hat. Ebenso standen und stehen sich die Protagonisten der Goethe-Forschung selbst im Wege, wenn sie hinter das Geheimnis kommen wollten, das Schiller wohl meinte, als er Goethe einen weiblichen Sinn zusprach. Da die Geschichte der Goethe-Wirkung eine von Männern gemachte und wiederum beschriebene ist, haben sie auch zumeist das *»Männliche«* als *»ethischen Kernbegriff Goethescher Klassik«* (W. Kohlschmidt) entdeckt. Ein weiblicher Blick auf Goethes *»männlichen Willen, der sich ein festes Ziel setzt und den Kampf mit dem Schicksal bewußt aufnimmt«* (E. Trunz), oder auf die *Erotica* müßte, wie der männliche Blick auf Goethe die Geschichte der Germanistik *in nuce* darstellt, doch zumindest »neue Ansichten einer künftigen weiblichen Germanistik« formulieren können. – Vgl. auch die Beiträge zu *Alexis und Dora; Die Metamorphose der Pflanzen; Römische Elegien; Sonette; Trilogie der Leidenschaft; Venezianische Epigramme; West-östlicher Divan; Xenien*. J.K.D.

AUSGABEN: *Vermischte Gedichte* (in *Schriften*, 8 Bde., Lpzg. 1787–1790, 8). – *Gedichte* (in *Neue Schriften*, 7 Bde., Bln 1792–1800, 7). – Dass. (in *Werke*, 13 Bde., Tübingen 1806–1810, 1). – Dass. (in *Werke*, 20 Bde., Tübingen 1815–1819, 1/2). – Dass. (in AlH, 1–4). – Dass. (in *Nachgelassene Werke*, 20 Bde., Stg. 1832–1842; AlH, Bd. 47 u. 56). – Dass. (in WA, I, 1–5; 16; 37; 53). – Moderne Ausgaben: AA, 1/2 [Einf. E. Staiger]. – HA, 1 [Komm. E. Trunz]. – MA passim [m. Komm.]. – GSW, 1/2 [Komm. K. Eibl].

VERTONUNGEN: Vgl. W. Schuh, *G.-Vertonungen* (in AA, 2, S. 663–758; Verz. der Vertonungen und der Komponisten; m. Bibliogr.).

LITERATUR: H. Düntzer, *G.s lyrische Gedichte. Für gebildete Leser erläutert*, 5 Bde., Lpzg. 1896–1898. – V. Hehn, *Über G.s Gedichte*, Stg./Bln. 1911. – A. Leitzmann, *Die Quellen von Schillers und G.s Balladen*, Bonn 1911. – A. Koch, *Von G.s Verskunst*, Essen 1917. – H. Baumgart, *G.s lyrische Dichtung in ihrer Entwicklung und Bedeutung*, 3 Bde., Heidelberg 1931–1939. – E. Staiger, *Die Zeit als Einbildungskraft des Dichters. Untersuchung zu Gedichten von Brentano, G. und Keller*, Zürich 1939; ern. 1953. – W. Preisendanz, *Die Spruchform in der Lyrik des alten G. und ihre Vorgeschichte seit Opitz*, Heidelberg 1952. – K. Viëtor, *Geist u. Form*, Bern 1952, S. 144–233. – W. Killy, *Wandlungen des lyrischen Bildes*, Göttingen 1956. – J. Wiegand, *Zur lyrischen Kunst Walthers, Klopstocks und G.s*, Tübingen 1956. – W. Pehnt, *Zeiterlebnis u. Zeitdeutung in G.s Lyrik*, Tübingen 1957 [zugl. Diss. Ffm.]. – E. M. Wilkinson, *G.s Trilogie der Leidenschaft als Beitrag zur Frage der Katharsis*, Ffm. 1957. – H. A. Korff, *G. im Bildwandel seiner Lyrik*, 2 Bde., Lpzg. 1958. – A. Henkel, *»Wanderers Sturmlied«. Versuch, das dunkle Gedicht des jungen G. zu verstehen*, Ffm. 1962. – K.-H. Hahn, *G.s lyrische Kunst und das Problem der Intuition* (in K.-H. H., *Aus der Werkstatt deutscher Dichter*, Halle/Saale 1963, S. 71–109). – H. A. Korff, *Geistesgeschichte der G.schen Lyrik*, Bln. 1963. – O. Seidlin, *Zur Mignon-Ballade* (in O. S., *Von G. zu Thomas Mann*, Göttingen 1963, S. 23–37). – G. Kaiser, *Das Genie u. seine Götter. Ein Beitrag zu »Wanderers Sturmlied« von G.* (in Euph, 58, 1964, S. 41–58). – W. Dietze, *Episode oder Prolog? G.s Leipziger Lyrik*, Lpzg. 1966 [Gedenkrede]. – J. Müller, *G.s Sonette, lyrische Epoche u. motivische Kontinuität*, Bln./DDR 1966. – H. J. Schlütter, *Anregung, Entstehung, Intention*, Bad Homburg 1969. – F. Burkhardt, *G.s »Chinesisch-deutsche Jahreszeiten«* (in Schiller-Jb., 13, 1969, S. 180–196). – E. Heller, *Die Marienbader Elegie. Über das Verstummen u. das Sagen, die Erfahrung u. das Gedicht* (in E. H., *Essays über G.*, Ffm. 1970, S. 111–162. – A. Werin, *G. – der Lyriker*, Heidelberg 1971. – M. Wünsch, *Der Strukturwandel in der Lyrik G.s. Die systemimmanente Relation der Kategorien »Literatur« u. »Realität«: Probleme u. Lösungen*. Stg. u. a. 1975. – V. Lange, *»Wie Du bist, wie Du warst, und wie der Mensch sein soll«. G.s »Um Mitternacht«* (in *Herkommen u. Erneuerung*, Hg. G. Giellespie u. E. Lohner, Tübingen 1976, S. 127–142). – M. Lee, *Studies in G.'s Lyric Cycles*, Chapel Hill 1978 [m. Bibliogr.]. – P. H. Neumann, *Zur musikgeschichtlichen Bedeutung G.scher Gedichte* (in *Dichtung u. Musik*, Hg. G. Schnitzler, Stg. 1979, S. 122–133). – K. Weimar, *G.s Gedichte 1769–1775: Interpretationen zu einem Anfang*, Paderborn u. a. 1982. – A. Schöne, *Götterzeichen. Liebeszauber. Satanskult: Neue Einblicke in alte G.-Texte*, Mchn. 1982. – W. Hinck, *Durchs Augenglas der Liebe: G.s erotische Poetik* (in MDU, 76, 1984, S. 10–20). – F. van Ingen, *G.s Hymnen u. die zeitgenössische Poetik* (in *G. im Kontext*, Hg. W. Wittkowski, Tübingen 1984, S. 1–19). – H. Tümmler, *»Und der Gelegenheit schaff' ein Gedicht! »G.s Gedichte an u. über Persönlichkeiten seiner Zeit u. seines politischen Lebenskreises*, Bad Neustadt/Saale 1984. – M. v. Albrecht, *G. und das Volkslied*, Ffm. [2]1985 [m. Bibliogr.]. – W. Dietze, *Poesie der Humanität: Anspruch u. Leistung im lyrischen Werk J. W. G.s*, Bln./DDR 1985. – M. Kommerell, *Gedanken über Gedichte*, Ffm. [4]1985. – D. Borchmeyer, *Die geheimgehaltenen Dichtungen des Geheimrats G. Kritische Anmerkungen zu ihrer Wiederentdeckung* (in *Verlorene Klassik*, Hg. W. Wittkowski, Tübingen 1986, S. 99–133). – G. Weding, *Klassik u. Romantik. Dt. Literatur im Zeitalter der Frz. Revolution 1789–1815*, Mchn. 1987, S. 613–689. – D. Borchmeyer, *Des Rätsels Lösung in G.s »Alexis und Dora«* (in *Bausteine zu einem neuen G.*, Hg. P. Chiarini, Ffm. 1987, S. 66–92). – V. Villa, *La lirica di G.*, Mailand 1987.

AUS MEINEM LEBEN. Dichtung und Wahrheit

Autobiographie von Johann Wolfgang von GOETHE in vier »Teilen« zu je fünf Büchern; die Teile 1 bis 3 erschienen 1811, 1812 sowie 1814, Teil 4 wurde 1816 entworfen, 1831 ausgeführt und nach Goethes Tod 1833 von J. P. ECKERMANN herausgegeben. Der ursprüngliche Untertitel lautete *Wahrheit und Dichtung*, die Umbenennung erfolgte allein aus Gründen des Wohlklangs. – Goethes Autobiographie umfaßt die Jahre von 1749 bis 1775, der Beginn der Beschäftigung damit ist wohl auf den 11. 10. 1809 anzusetzen, als der Dichter im Tagebuch notiert: *»Schema einer Biographie«*. Zeitgenössische Vorbilder, zumal in deutscher Sprache, gab es für Goethe nicht. Die Künstlerbiographien der italienischen Renaissance von G. VASARI (*Le vite de' più eccellenti architetti*..., 1550) entstammten einer anderen Epoche, und um Konfessionen in Form einer Beichte oder Selbstanklage, wie sie etwa in der Spätantike von AUGUSTINUS, im 18. Jh. von K. Ph. MORITZ (*Anton Reiser*, 1785–1790) oder J.-J. ROUSSEAU (*Les Confessions*, 1782/89) verfaßt wurden, war es ihm bei seinem Vorhaben gerade nicht zu tun, wie er auch das gängige Verfahren der Biographen seiner Zeit (*»Wie übel nehmen sich ... jene Necrologen aus«)*, sich anekdotisch

einer Person zu nähern und *»seine sogenannten Tugenden und Fehler mit heuchlerischer Gerechtigkeit«* gegeneinander aufzulisten, mit Ingrimm verfolgte; dadurch, so klagte er 1801 gegenüber C. F. ZELTER, werde die *»Personalität«* zerstört, *»die nur in der beständigen Vereinigung solcher entgegengesetzten Eigenschaften gedacht werden kann«*. Eine Darstellungsform zu schaffen, die eben dies erlaubte, war das Anliegen Goethes, der bereits 1777/78 in Straßburg den ersten Teil von J. H. JUNG-STILLINGS Lebensgeschichte herausgegeben hatte, 1803 *Cellinis Selbstbiographie* übersetzte und mit seiner *Schrift über Winckelmann* (1805) sowie der *Biographie Hackerts* (1811) erste Schritte in diese Richtung erprobt hatte, bevor er daranging, seine Autobiographie zu schreiben, die bis heute einzigartig in der biographischen Literatur der Moderne ist.
Goethes Auffassung von *»Biographica und Aesthetica«* zeigt bereits die bewußte und dichterisch planende Form der Darstellung, die sinngebende Deutung der Fakten, denn *»ein Factum unseres Lebens gilt nicht, insofern es wahr ist, sondern insofern es etwas zu bedeuten hat«*. Der Altersstandpunkt der *»ironischen* [d. h. überlegenen] *Ansicht des Lebens«* verhilft dazu, daß der *»Leser aus der Region der niederen Realität erhoben«* und zu den *»höheren Tendenzen«* geführt wird. Durch die bewußte Verknüpfung von Dichtung mit der faktischen Wahrheit wird auf diese Weise der Weg zu einer höheren Wahrheit erreicht und im ganzen Werk *»dem Verstand und der Vernunft wie der Sinnlichkeit und Phantasie in gleicher Weise geschmeichelt«*. Goethe sah die Hauptaufgabe einer Biographie darin, den Menschen in seinen Zeitverhältnissen darzustellen, denn *»ein jeder nur zehn Jahre später geboren, dürfte ... ein ganz anderer geworden sein«*: Inwiefern ist er unter allen Umständen derselbe geblieben *(daimon)*, inwiefern wurde er durch die Welt und die Umstände bestimmt und verändert *(tychē)*? Es ging ihm um *»das einzig Grundwahre in den Fakten«* (Brief an ZELTER von 1830) im Hinblick auf eine allgemeine Bedeutung. »Wahrheit« heißt hier für Goethe: die stufenweise Ausbildung seiner Persönlichkeit, und »Dichtung« meint: nicht nur das Wirkliche, sondern auch das Mögliche, das nicht wirklich wurde, das aber etwas zu bedeuten hatte und erst im schöpferischen Prozeß des Dichtens Gestalt gewinnt. Daten und Fakten erscheinen daher zum Teil zeitlich etwas verschoben oder anders festgelegt – sei es aus künstlerischen Gründen oder aus getrübter Erinnerung.
Goethe, dem die Arbeit an sich selbst von so zentraler Bedeutung war, stellt also die *»Folgen der Dinge«* vor die eigentliche Erzählung der Ereignisse; gilt es ihm doch *»die Basis, die ihm vorgegeben ist, so hoch als möglich in die Luft zu spitzen«*. So vollendet er auf dem Weg von der Selbstbetrachtung zur Selbsterkenntnis das Bild der »Pyramide« seiner Entwicklung, und insofern dem Leser ermöglicht wird, aus der *»Selbsterkenntnis großer Männer für ihr eigenes Dasein Nutzen zu ziehen«*, wirkt Goethe erzieherisch auf sein Publikum.
Im ersten Teil von *Dichtung und Wahrheit* schildert Goethe seine Kindheit in Frankfurt, die ersten Begegnungen mit Theater und Literatur, vor allem die Darstellung des Puppentheaters ist bekannt, wobei die Bildung seiner inneren Welt immer wieder gestört und angeregt wird von Zeitereignissen – etwa die Besetzung der Stadt durch französische Truppen, in deren Gefolge sich Graf Thoranc im Elternhaus des Dichters einquartiert, oder die für das Kind beeindruckende Kaiserkrönung Josephs II. (1764). Bereits im zweiten Buch des ersten Teils wird das Märchen *Der neue Paris* eingeschoben, das Goethe erst im Juli 1811 niederschreibt, und auch die Gestalt des Gretchens, in die sich der Erzähler im fünften und letzten Buch des ersten Teils so heftig verliebt *(»Die Gestalt dieses Mädchens verfolgte mich von dem Augenblick an auf allen Wegen und Stegen: es war der erste bleibende Eindruck, den ein weibliches Wesen auf mich gemacht hatte ...«)*, ist sonst nirgendwo belegt.
Der zweite Teil (Buch 6 bis 10) handelt von Goethes Zeit in Leipzig, wo er 1765 sein Studium beginnt, und in Straßburg (1770/71). Die Zeit in Leipzig, von Goethe mit großen Hoffnungen verbunden, mündet in eine *»Zerstreuung, ja Zerstückelung meines Wesens und meiner Studien«*; er verbrennt seine literarischen Versuche, wendet sich der Literatur der Zeit – LESSINGS *Minna von Barnhelm* erscheint 1767 – sowie der Religion zu und wird schließlich durch eine schwere Erkrankung (1768) zurück nach Frankfurt gezwungen, wo er in Kontakt mit der Pietistin Susanne von Klettenberg (1723–1774), einer Freundin seiner Mutter, *»aus deren Unterhaltungen und Briefen die ›Bekenntnisse der schönen Seele‹ entstanden sind, die man in ›Wilhelm Meister‹ eingeschaltet findet«*. Im April 1770 setzt Goethe sein Studium in Straßburg fort, die Bekanntschaft mit HERDER und die Liebe zu Friederike Brion prägen das letzte Buch dieses Teils, in dem die Ereignisse kunstvoll und nicht ganz den Tatsachen entsprechend arrangiert sind.
Der dritte Teil (Buch 11 bis 15) umfaßt die Periode zwischen Herbst 1771 und 1774, in der Goethe mit den führenden Köpfen der Sturm-und-Drang-Bewegung, darunter J. H. JUNG-STILLING und J. M. R. LENZ, zusammentrifft, sich für die *»deutsche Baukunst«* begeistert und neben *Prometheus* und *Mahomet* vor allem *Götz von Berlichingen* und *Die Leiden des jungen Werthers* entstehen oder sich ankündigen, wobei der Dichter auch hier die zeitlichen Daten nach Bedarf verändert.
Der letzte Teil von *Dichtung und Wahrheit*, mit großem zeitlichen Abstand nach den vorangehenden Teilen entstanden, konzentriert sich auf Goethes letzten Aufenthalt in Frankfurt, auf seine Verlobung mit Lili Schönemann, die er im Herbst 1775 wieder löst, sowie auf seine erste Reise in die Schweiz, zusammen mit den Brüdern Stolberg. Die Perspektive seines Lebens jedoch ist eine andere; im Herbst 1775 hatte Herzog Carl August von Sachsen-Weimar den mittlerweile berühmten Schriftsteller eingeladen, ihm nach Weimar zu folgen. Goethe nimmt an; als jedoch der angekündig-

te Geleitmann, der den Autor holen soll, ausbleibt, beschließt er nach längerem Warten, nach Italien aufzubrechen. In Heidelberg erreicht ihn die erklärende Botschaft des Geleitmannes, nach kurzem Zögern revidiert er seine Pläne und reist nach Weimar; der Text des Werkes schließt mit den Worten aus Goethes *Egmont: »Kind, Kind! nicht weiter! Wie von unsichtbaren Geistern gepeitscht, gehen die Sonnenpferde der Zeit mit unsers Schicksals leichtem Wagen durch, und uns bleibt nichts, als mutig gefaßt die Zügel festzuhalten und bald rechts, bald links, vom Steine hier, vom Sturze da, die Räder wegzulenken. Wohin es geht, wer weiß es? Erinnert es sich doch kaum, woher es kam.«*

Bis in das späte 19. Jh. galt *Dichtung und Wahrheit* als *»Kausalerklärung der Genialität«* (W. Scherer), als faktentreues Dokument einer Entwicklung; erst F. GUNDOLF konnte nachweisen, daß Goethe damit, um den von K. L. von KNEBEL 1811 überlieferten Ausspruch des Dichters anzuführen, *»seinen eigenen Roman«* geschrieben hatte: *»Denn ›Dichtung und Wahrheit‹ ist nicht als Quelle für Goethes Leben, nicht als Kommentar zu Goethes Dichten gemeint, und wenn man sich angewöhnt hat es so aufzufassen und zu benutzen, so können Enttäuschungen und sogar törichte Stoßseufzer oder stupider Entdekkerjubel über Goethische ›Irrtümer‹ und ›Fälschungen‹ nicht ausbleiben. ›Dichtung und Wahrheit‹ gibt Goethes Leben nicht als Stoff seines Werkes, sondern als selbstgenügsame Form«* (F. Gundolf). Goethes Text ist streng komponiert, wobei nicht die Selbststilisierung als Künstler im Mittelpunkt des Interesses steht – zu seinen Werken nimmt er relativ selten und mit einem durchaus ironischen Unterton Stellung, die *Faust*-Dichtung etwa bleibt unerwähnt – als vielmehr der Rückblick auf den *»verborgenen Knoten‹*, in dem sich individuelle Anlagen und Wünsche in Wechselwirkung mit den Anregungen und Anforderungen von außen zu einer erfüllten Existenz, zur ›Bildung‹ des Subjekts verbinden und jenseits aller Zufälligkeiten und Widersprüchlichkeiten des Lebens ein tieferer Sinn, ein Schicksal sich manifestiert. Das Erzähler-Ich *»scheint«* dabei hinter der *»Fülle der Zeit zu verschwinden«*, und doch beabsichtigt Goethe im Zusammenwirken der inneren und äußeren Kräfte nichts anderes als den Aufweis, *»wie das Kind, der Knabe, Jüngling sich auf verschiedenen Wegen dem Übersinnlichen zu nähern gesucht«*. Daraus resultiert auch der pädagogische Ansatz des Werks, das nicht nur prototypisch die Entwicklung eines partikularen Ichs hin zur Selbstbestimmung anvisiert, sondern auch die Emanzipation seiner Leser (G. Brude-Firnau) auf subtile Weise intendiert.

Ursprünglich beabsichtigte Goethe, seine Autobiographie über das Jahr 1775 hinaus fortzusetzen, was jedoch nicht mehr gelang; die spät niedergeschriebene *Italiänische Reise*, die den Zeitraum von 1786 bis 1788 behandelt, sowie die *Campagne in Frankreich* und die *Belagerung von Maynz* über die Jahre 1792 und 1793 bilden weder formal noch inhaltlich eine Einheit, und auch die *Tag- oder Jahreshefte* oder *Annalen* schaffen nur notdürftig die Verbindung des Zeitraums von 1775 bis 1822. Vor allem war es wohl die Rücksichtnahme auf die Personen und Verhältnisse am Weimarer Hof, die den Fortgang der Arbeit hinderte; auch die *Dichtung und Wahrheit* folgenden autobiographischen Schriften vermeiden es, darauf explizit einzugehen, wie Goethe auch jeder Selbstkommentierung der eigenen, persönlichen Situation entsagt.

S.A.-M.Pr.

AUSGABEN: Tübingen 1811–1813 [1.–3. Tl.]. AlH, 24–26. – Stg. 1833 (in *Werke*, AlH, Bd. 48, 4. Tl.). – WA, I, 26–28. – AA, 10 [Einf. E. Beutler]. – HA, 9–10 [Anm. E. Trunz]. – MA, 9 [*Aus meinem Leben. Fragmentarisches*; Komm. Ch. Siegrist] u. 16 [Komm. P. Sprengel]. – GSW, 14 [Komm. K.-D. Müller].

LITERATUR: K. Alt, *Studien zur Entstehungsgeschichte von G.s »Dichtung und Wahrheit«*, Mchn. 1898. – K. Jahn, *G.s »Dichtung und Wahrheit«*, Halle 1908. – E. Spranger, *G. über sich selbst* (in DVLG, 23, 1949, S. 358–379). – E. Beutler, *Essays um G.*, Bremen [5]1957, S. 696–779. – D. Bowman, *Life into Autobiography. A Study of G.s »Dichtung und Wahrheit«*, Bern 1971. – K.-R. Pohle, *»Aus meinem Leben. Dichtung und Wahrheit« oder Die Wiederholung des Lebens. Studien zur Altersperspektive der Geschichte der Jugend omnis vivam*, Diss. Freiburg i. B. 1972. – I. Aichinger, *Künstlerische Selbstdarstellung. G.s »Dichtung u. Wahrheit« u. die Autobiographie der Folgezeit*, Bern 1977. – G. Baumann, *G.: »Dichtung u. Wahrheit« »Wiederholte Spiegelungen«* (in G. B., *Sprache u. Selbstbegegnung*, Mchn. 1981, S. 42–56). – F. Welfelmeyer, *Die Praxis der Lebensgeschichte. Eine Untersuchung der Autobiographie »Dichtung u. Wahrheit«*, Diss. Ffm. 1981. – D. Satonski, *Die Entwicklungsidee in G.s »Dichtung und Wahrheit«* (in GJb Weimar, 99, 1982, S. 105–116). – M. Stern, *Wie kann man sich selbst kennen lernen? Gedanken zu G.s Autobiographie* (in GJb Weimar, 101, 1984, S. 269–281). – G. Brude-Firnau, *»Aus meinem Leben. Dichtung u. Wahrheit«* (in *G.s Erzählwerk. Interpretationen*, Hg. P. M. Lützeler u. J. E. McLeod, Stg. 1985, S. 319–343). – D. Gwosc, *Die Historisierung des Ich. G.s »Aus meinem Leben ...*, Diss. Bln./DDR 1985.

CLAVIGO

Trauerspiel in fünf Aufzügen von Johann Wolfgang von GOETHE, Uraufführung: Hamburg, 23. 8. 1774. – Innerhalb einer Woche, kurz vor Erscheinen des Romans *Die Leiden des jungen Werthers*, verfaßte Goethe nach eigenen Angaben im Mai 1774 das Stück, eine Dramatisierung von *Fragment de mon voyage en Espagne* (1774), des vierten und letzten Bandes der Memoiren von BEAUMARCHAIS *(Quatrième mémoire)*.

Clavigo, ein begabter, aber ungemein ehrgeiziger junger Schriftsteller, hat unter dem Einfluß des um seine Karriere besorgten Freundes Carlos gegen sein Gefühl das Verlöbnis mit der einfluß- und mittellosen Marie Beaumarchais gelöst. Als Maries Bruder Rechenschaft von ihm fordert, siegen die noch nicht erloschene Neigung, sein schlechtes Gewissen und die Angst vor Beaumarchais' Drohungen zunächst über das rationale Kalkül von Carlos, über den Goethe später in *Dichtung und Wahrheit* schreibt: *»Der Bösewichter müde, die aus Rache, Haß oder kleinlichen Absichten sich einer edlen Natur entgegensetzen und sie zugrunde richten, wollt' ich in Carlos den reinen Weltverstand mit wahrer Freundschaft gegen Leidenschaft, Neigung und äußere Bedrängnis wirken lassen, um auch einmal auf diese Weise eine Tragödie zu motivieren.«* Clavigo bekennt sich zunächst zu der alten Bindung; aber als ein Wiedersehen mit Marie ihn erkennen läßt, daß er nur noch Mitleid und Erbarmen mit ihr fühlt, folgt er Carlos' These, daß *»außerordentliche Menschen eben auch darin außerordentliche Menschen sind, weil ihre Pflichten von den Pflichten des gemeinen Menschen abgehen«*. Wieder läßt sich Clavigo zu einem Treuebruch überreden, an dem Marie jedoch stirbt; nun entscheidet er sich endgültig gegen Carlos' berechnende Klugheit für jenes Handeln, das sein Gefühl ihm diktiert. Er begibt sich an den Sarg von Marie, wo er von Beaumarchais tödlich verwundet wird; sterbend dankt er ihm dafür, daß er ihn im Tod mit der Geliebten vermählt, und bittet Carlos, seinen Mörder *(»den unglücklichen Bruder«)* an die rettende Landesgrenze zu bringen.

Biographische Deutungen haben in Clavigo immer wieder das Spiegelbild des sich gegenüber Friederike Brion schuldig fühlenden Goethe gesehen, zumal der Autor selbst in *Dichtung und Wahrheit* erklärt, daß *»die beiden Marien in ›Götz von Berlichingen‹ und ›Clavigo‹ und die beiden schlechten Figuren, die ihre Liebhaber spielen ... wohl Resultate solcher Betrachtungen gewesen sein«* mögen. Dieser Selbstdeutung oder -stilisierung widerspricht jedoch die Figurenkonstellation des Stücks; eine eindeutige Parteinahme für oder gegen Clavigo findet sich ebensowenig wie gegenüber Carlos, beide Charaktere werden eher gerechtfertigt als angeklagt. Carlos ist keineswegs der gewissenlose Versucher, sondern der Repräsentant vernünftiger Grundsätze, der den Freund, in dem er den *»Hang nach Größe«* verspürt, davor bewahren will, in bürgerlicher Beschränktheit zu versinken. Er verkörpert in mancher Hinsicht auf ähnliche Weise eine Wesensseite Goethes wie Antonio im *Torquato Tasso*. Und Clavigo ist ein schwankender Charakter gerade darum, weil ihm der Mut und die Entschlossenheit fehlt, seine Ziele mit aller Skrupellosigkeit zu verfolgen. Goethe selbst schreibt 1774 in einem Brief an Jacobi von dem *»Glück«* und der *»Freude«*, die er darüber empfunden hätte, daß sich *»Clavigos Charakter, seine Tat mit Charakteren und Taten in mir amalgamierten«*. Vermutlich weil das Stück in diesem Sinne nur moderate Figuren kennt und der Zwiespalt zwischen gesellschaftlichem Ehrgeiz und individueller Gefühlsgebundenheit sich auf der Ebene bürgerlicher *»Mittelmäßigkeit«* bewegt, ist das Trauerspiel bis heute auf den Bühnen zu finden.

Die Distanz, die das Drama durch die Gegenüberstellung der beiden Charaktere erreicht, drückt sich darüber hinaus im überaus straffen Aufbau der Handlung und die fast kühle Sprache aus, was nicht zuletzt auch dadurch erreicht wird, daß Goethe ganze Passagen aus der Vorlage des Beaumarchais übernimmt. Die Literaturwissenschaft war dagegen von jeher schwankend in der Beurteilung des *»bühnengerechtesten«* Dramas des Dichters: *»Irgendwie nicht gewichtig genug, um mit den großen Dramen in einem Atem genannt, als Theaterstück andererseits zu überzeugend, um etwa mit den Singspielen als Nebenwerk abgetan zu werden, fristet ›Clavigo‹, immerhin das erste Werk, das Goethe unter eigenem Namen veröffentlichte, in der Forschung wie in vielen Werkausgaben ein kümmerliches Dasein«* (W. Leppmann). G.Ue.-KLL

AUSGABEN: Lpzg. 1774. – AlH, 10. – WA, I, 11. – AA, 4 [Einf. E. Beutler]. – HA, 4 [Anm. W. Kayser]. – Stg. 1983 [Komm. H. Bachmaier; RUB]. – MA, 1, 1 [Komm. G. Sauder]. – GSW, 4 [Komm. D. Borchmeyer].

LITERATUR: G. Schmidt, *»Clavigo«, eine Studie zur Sprache des jungen G.*, Gotha 1893. – G. Grempler, *»Clavigo«*, Halle 1911. – O. Spieß, *Die dramatische Handlung in G.s »Clavigo«, »Egmont« u. »Iphigenie«*, Diss. Erlangen 1918. – E. Feise, *Zum Problem von G.s »Clavigo«* (in *Studies in German Literature in Honor of A. R. Hohlfeldt*, Madison, Wis. 1925; auch in E. F., *Xenion. Themes, Formes and Ideas in German Literature*, Baltimore 1950, S. 66–76). – H. J. Meessen, *»Clavigo« and »Stella« in G.'s Personal and Dramatic Development* (in *Goethe, Bicentennial Studies*, Hg. H. J. M., Bloomington 1950, S. 153–206). – R. Otto, *Clavigo* (in GJb, 90, 1973, S. 22–36). – W. Leppmann, *»Clavigo«* (in *G.s Dramen. Neue Interpretationen*, Hg. W. Hinderer, Stg. 1980, S. 78–88). – I. Strohschneider-Kohrs, *G.s »Clavigo«* (in *Zum jungen G.*, Hg. W. Große, Stg. 1982, S. 139–156). – P. J. Burgard, *»Emilia Galotti« u. »Clavigo«. Werthers Pflichtlektüre u. unsere* (in ZfdPh, 104, 1985, S. 481–494).

EGMONT

Trauerspiel in fünf Aufzügen von Johann Wolfgang von Goethe, erschienen 1788; Uraufführung: Weimar, 31. 3. 1791, Deutsche Schauspielgesellschaft (Bellomosche Truppe). – Das Werk entstand in vier zeitlich (1775, 1778/79, 1782, 1787) und entwicklungsgeschichtlich (Sturm und Drang – Klassik) weit auseinanderliegenden Anläufen. Das legt den von Literarhistorikern (F. Gundolf, G. Müller, E. Staiger) häufig geäußerten Vorwurf der Uneinheitlichkeit nahe. Demgegenüber verweist W. Kayser überzeugend auf die in allen Arbeitsphasen festgehaltene Vorstellung von der Gesamtgestalt. Diese ist von Anfang an bestimmt durch das Egmont-Bild, das Goethe in freier Abwandlung der Historie und der Quellen (*De bello Belgico decades duae* des Jesuiten Famianus STRADA, in der Ausgabe von 1651, und die *Eygentliche vollkommende Beschreibung des Niederländischen Kriegs* von Emanuel van METEREN, 1627) konzipiert, wobei er sich im übrigen an deren Schilderung der Vorgänge eng anlehnt. In Goethes Gestaltung der Figur erscheint das auch von Strada bezeugte Selbstbewußt-Freie, Sorglose und Tolerante einer überaus gewinnenden *»großen Natur«* uneingeschränkt durch die realen Lebensumstände des historischen Grafen Egmont, dessen todbringender Verzicht auf ein Ausweichen vor der Gewalt mehr von der Sorge des Familienvaters, der seine Güter nicht verlassen wollte, als von dieser *»Natur«* diktiert worden war. In Goethes Drama wird sie, so zumindest der Autor selbst (und in der Forschung nicht unwidersprochen) rückblickend in *Dichtung und Wahrheit*, zum *daimon*, der in einer von düsterem Fanatismus und tiefem Mißtrauen gegenüber jeglicher Freiheit des Menschen beherrschten Umwelt den Untergang des Helden herbeiführen muß.

Diese scheinbar geringfügige Abweichung von der Historie bestimmt den Charakter des Stücks: Goethe schrieb kein Geschichts-, sondern ein Charakterdrama. Die Handlung dient in allen Phasen dazu, den Helden ins Bild zu bringen, obwohl er selbst erst im Verlauf des zweiten Aufzugs in Erscheinung tritt. Die ersten Szenen des ersten Akts schildern die Strahlkraft seiner Persönlichkeit gewissermaßen von den Rändern her: aus der Sicht einfacher Brüsseler Handwerker und eines Soldaten, der unter Egmont siegreich gegen die Franzosen gekämpft hat. Während sie mit einem Umtrunk den Schützenkönig feiern, entsteht aus Rede und Gegenrede in knappstem Umriß die Situation unter der Herrschaft der *»spanischen Majestät«*, auf deren Gesundheit *»nicht leicht ein Niederländer von Herzen«* trinkt, und der trefflichen Regentin Margareta von Parma, die man gern loben möchte, *»hielte sie's nur nicht so steif und fest mit den Pfaffen«*, und das heißt: gegen die neuen lutherischen Prediger, die aus Deutschland kommen. *»Von ganzer Seele«* aber läßt man den *»großen Egmont«* leben, dem *»die Fröhlichkeit, das freie Leben, die gute Meinung aus den Augen sieht«*. Gerade diese Charakterzüge aber sind der Regentin, aus deren Blickwinkel Egmont in der folgenden Szene gesehen wird, verdächtig. Sie schätzt ihn und empfindet, wie es Egmont scheint, vielleicht sogar noch mehr für ihn – und muß ihn doch tadeln ob des Leichtsinns und der Gleichgültigkeit, mit der er, einzig um die freiheitliche Verfassung des Landes besorgt, über die in seiner Provinz sich verbreitenden neuen Lehren und ketzerischen Unruhen hinweggeht und also bei Hofe gefährlicher scheinen könnte *»als ein entschiedenes Haupt einer Verschwörung«*. Ein drittes Mal ändert sich die Sicht: Diesmal wird der Held aus größter Nähe gesehen, mit den Augen seiner Geliebten, des Bürgermädchens Klärchen, bei dem er *»nur Mensch, nur Freund, nur Liebster«* ist.

Nach dieser Exposition tritt Egmont im zweiten Akt selbst in Erscheinung. Die dreifache Spiegelung des ersten Akts wiederholt sich in der dreifachen Konfrontation des Helden mit seiner Umwelt: Er tritt auf als der geborene Volksführer, der den rebellierenden Bürgern, die um ihre Privilegien kämpfen wollen, *»wie ein Engel des Himmels«* erscheint, dessen Mahnung zur Ruhe sie willig folgen; als Statthalter seiner Provinz, der sich im Gespräch mit seinem Sekretär weigert, die bereits abklingenden Tumulte noch allzu ernst zu nehmen, und der Ausschreitungen milde bestraft; und schließlich – in der Auseinandersetzung mit Wilhelm von Oranien – als der Untertan des Königs von Spanien, der nicht sehen will, welche Gefahr ihm droht. Vertrauensvolle Sorglosigkeit ist in allen drei Begegnungen Egmonts hervorstechendster Charakterzug.

Den Mittel- und Höhepunkt des zweiten Akts bildet Egmonts berühmte Selbstrechtfertigung, zu der ihn die Warnungen des Sekretärs herausfordern: *»Kind! Kind! nicht weiter...«* Unmittelbar auf dieses fast berauschte Bekenntnis zur eigenen Kraft und Freiheit folgen die Warnungen seines Freundes Oranien, der im Gegensatz zu Egmont die Drohung der Statthalterin, das Land zu verlassen, ernst nimmt und für sicher hält, daß der König beabsichtigt, durch den heranrückenden Alba die führenden Niederländer verhaften und unschädlich machen zu lassen. Vergeblich versucht er, den Freund zu überreden, der bevorstehenden Einladung Albas nicht zu folgen. Egmont fürchtet, daß eine Weigerung Albas Zorn reizen und vielleicht sogar Krieg bedeuten würde. *»Wer sich schont, muß sich selbst verdächtig werden«*, ist seine Antwort. Irritiert gesteht Egmont sich, daß der Freund seine *»Sorglichkeit«* in ihn herübergetragen habe, doch sofort besinnt er sich auf das *»freundlich Mittel«*, den Besuch bei der Geliebten.

Die Voraussetzungen für die Katastrophe sind bereits am Ende des zweiten Akts gegeben, doch abweichend von der klassischen dramaturgischen Regel führt der dritte Akt nicht die Peripetie herbei; vielmehr stellt der Dichter die beiden Mächte, die Egmonts Leben bestimmen, die Politik und die Liebe, noch einmal in zwei undramatischen Szenen einander gegenüber. In der ersten zieht die Regentin das Fazit der historischen Stunde: Sie erklärt ihrem Sekretär Machiavell, daß sie dem Verdrängtwerden zuvorkommen wolle, indem sie freiwillig abdanke. Diese Stunde der höchsten Gefahr verbringt Egmont (*»der große Egmont, der so viel Aufsehen macht, von dem in den Zeitungen steht, an dem die Provinzen hängen«*, der selbst aber darüber schweigen will, *»wie es dem ergeht, wie es dem zumute ist«*) bei seiner Geliebten – und er *»ist ruhig, offen, glücklich, geliebt und gekannt von dem besten Herzen«*.

Erst der nächste Akt läßt erkennen, daß in diesen beiden Szenen die gefährliche politische Entscheidung der Regentin und Egmonts Sorglosigkeit in einer Spannung zueinander stehen, die sich im nächsten Augenblick in der Katastrophe entladen wird: Alba, dessen Erscheinen Furcht und Schrekken verbreitet, läßt Egmont gefangennehmen, als dieser seiner Einladung zu einer Beratung folgt, während der vorausschauende Oranien sich brieflich entschuldigt. Das Gespräch, das Alba vor Egmonts Ankunft mit den Seinen führt, macht deutlich, daß des Grafen Untergang beschlossene Sache ist, unabhängig davon, ob er seine politische Haltung rechtfertigen kann oder nicht. Alba – Exponent einer absolutistischen Macht, die es für richtig hält, die Bürger eines Volkes *»zu ihrem eigenen Besten einzuschränken, ihr eigenes Heil, wenn's sein muß, ihnen aufzudrängen, die schädlichen Bürger aufzuopfern, damit die übrigen Ruhe finden, des Glücks einer weisen Regierung genießen können«* – weiß bereits, was das Gespräch mit Egmont ihm nur noch bestätigen kann: daß die niederländischen Fürsten sich zu keiner Politik der Unterdrükkung bereit erklären und beharrlich an den überkommenen Privilegien festhalten werden. Daß Egmont, der freimütig seine Auffassung von Freiheit vor Alba vertritt, die Konsequenzen seines Handelns nicht begreift, wird deutlich, als man ihm seinen Degen abverlangt. Noch im Kerker, wo ihn der fünfte Akt zeigt, hat er nicht begriffen, daß seine idealisch-humanen Absichten vor der Staatsräson Albas notwendig zum Scheitern verurteilt sind. Nur Klärchen eilt, halb wahnsinnig vor Angst, durch die Straßen, um die Bürger – vergeblich – zum Aufstand zu bewegen; sie hat in ihrer Verzweiflung, *»was euch allen eben fehlt, Mut und Verachtung der Gefahr«*. Als sie erkennt, daß eine Rettung Egmonts nicht möglich ist, vergiftet sie sich. Egmont selbst glaubt an seine Hinrichtung erst, als ihm Ferdinand, der Sohn Albas, dies verkündet; Ferdinand bekennt sich gegen seinen Vater zu Egmont, was dieser als *»Wohltat«* empfindet und was ihm das Gefühl der Angst nimmt. Getröstet fällt er in den Schlaf, im Traum erscheint ihm die Freiheit, die Klärchens Züge trägt, und reicht ihm den Lorbeerkranz.

Es ist anzunehmen, daß dieser Schlußapotheose, die bei SCHILLER, aber auch bei den meisten anderen Interpreten mehr oder weniger tiefes Unbehagen auslöste, in Goethes eigener Vorstellung eine unerläßliche Funktion zukam, nämlich die, nochmals zu unterstreichen, daß Egmont aus der gleichen Quelle lebt, aus der die Träume kommen, aus den Tiefen des Unbewußten, aus dem ruhevollen Vertrauen in sein Geschick, das, wie dieses Schlußbild zeigt, bis zur Katastrophe zu Ende gelebt, der Freiheit des Volkes schließlich den Weg bahnen wird. Schillers *»grausamer Redaktion«*, in der das Stück – allerdings erst nach Schillers Tod und nach einigen Rückänderungen – so lange gespielt wurde, bis Beethovens Musik den Rückgriff auf das Original nahelegte, war außer der Rolle der Regentin und einigen Teilen der Klärchen-Szenen auch dieser Ausgang zum Opfer gefallen.

Goethe leistete gegen Schillers Eingriffe keine Widerstände, gegenüber J. P. ECKERMANN führte er dies auf seine Gleichgültigkeit zurück. Stets aber hielt er an seinem Stück fest, in dem die Sphären des Politischen und des Persönlich-Subjektiven in einem schwer faßbaren Zusammenhang zueinander stehen. Der zwiespältige Begriff des *»Dämonischen«*, mit dem der späte Goethe seinen Helden belegt, scheint sein couragiertes Eintreten für Freiheit und Liberalität zu entwerten; dafür würden auch die Traumszenen am Schluß des Stücks sprechen sowie die von Goethe in seiner *Italiänischen Reise* zustimmend angeführte Charakterisierung Egmonts durch die Malerin Angelika Kauffmann, wonach dieser in seinem Vertrauen auf die Fügung des Schicksals *»sein ganzes Leben gleichsam wachend geträumt«* habe. Zugleich aber lassen sich zahlreiche Widersprüche im Verhalten Egmonts, in dem zwischen dem Politiker und dem Privatmann nicht zu trennen ist, als implizite Kritik an der Regierungspraxis am Weimarer Hof deuten. Herzog Carl August zumindest äußerte sich kritisch zum Stück, insgesamt aber ist die Frage, wieweit das Trauerspiel als politisches Stück zu interpretieren ist, in der Forschung strittig.

Goethe selbst hatte gegenüber Eckermann lakonisch bemerkt, daß er bei der Abfassung des Stücks *»alles, wie Sie denken können, sehr wohl abgewogen«* habe; noch die sprachliche Form zeugt davon, wenn man im Nebeneinander von urwüchsig-derbem Umgangston des Volkes, Albas steif-kühler Redeweise und dem sich manchmal jambisch steigernden Sprachrhythmus Egmonts und Klärchens nicht das wirre Durcheinander verschiedener *»geologischer Schichten«* (E. Staiger) sieht, sondern Darstellung der Gegensätzlichkeit der Akteure. So manifestiert sich etwa in Egmonts fließenden, ganz gelösten und zugleich gebändigten Sätzen der Vitalismus seines Charakters, den er auch im argumentierenden Gespräch mit Alba nicht verleugnen kann, während dessen Rededuktus sich bei seinem ersten Auftritt in knappen Befehlen erschöpft. Nur in jenem Moment, als Alba von seinem Fenster aus Egmont seinem Untergang entgegeneilen sieht, fällt er selbst monologisierend in den Sprechrhythmus des Gehaßten und übernimmt unbewußt dessen Sprache. Egmonts Wirkung – *»Was tut er eigentlich Großes?«* hatte bereits Schiller gefragt – besteht weniger in dem, was er tut, sondern in dem, was er ist, und so nähert sich die Sprache des Dramas gegen Ende immer stärker einer lyrisch-unmittelbaren Form an. G.Ue.-KLL

AUSGABEN: Lpzg. 1788. – AlH, 8. – WA, I, 8. – AA, 6 [Einf. K. May]. – HA, 4 [Anm. W. Kayser]. – Stg. 1970 [RUB]. – AkA. – GSW, 5 [Komm. D. Borchmeyer].

LITERATUR: P. Böckmann, *G.s »Egmont«* (in *Das deutsche Drama*, Hg. B. v. Wiese, Bd. 1, Düsseldorf 1958, S. 147–168). – H. A. Walter, *Kritische Deutung der Stellungnahme Schillers zu G.s »Egmont«*, Düsseldorf 1959. – E. Braehmer, *G.s »Egmont« u. die Konzeption des Dämonischen* (in ZDLG, 1960, Sonderh., S. 1011–1028). – K. Schaum, *Dämonie u. Schicksal in G.s »Egmont«* (in GRM, N. F., 10, 1960, S. 139–157). – F. Mehring, *G.s »Egmont«* (in

F. M., *Aufsätze zur deutschen Literatur von Klopstock bis Weerth*, Bln. 1961, S. 62–69). – W. Hof, *Über G.s »Egmont«* (in WW, Sammelbd. 4, 1962, S. 332–339). – R. T. Ittner, *Klärchen in G.'s »Egmont«* (in JEGPh, 52, 1963, S. 252–261). – J. L. Sammons, *On the Structure of G.'s »Egmont«* (ebd., S. 241–251). – E. Völker, *Untersuchungen zur Textgeschichte des »Egmont«*, Diss. Bln. 1964. – E. M. Wilkinson, *The Relation of Form and Meaning in G.'s »Egmont«* (in E. M. W. u. L. A. Willoughby, *G., Poet and Thinker*, NY 1963, S. 55–74). – H. Henel, *G.'s »Egmont« Original and Revised* (in GR, 38, 1963, S. 7–26). – H. Rehder, *»Egmont« and »Faust«* (in MDU, 55, 1963, S. 203–215). – W. Grenzmann, *»Egmont«* (in W. G., *Der junge G.*, Paderborn 1964, S. 70–83). – H. Hartmann, *G.'s »Egmont«. Eine Analyse* (in WB, 13, 1967, S. 48–75). – P. Michelsen, *Egmonts Freiheit* (in Euph, 65, 1971, S. 274–297). – H. Hartmann, *»Egmont«. Geschichte u. Dichtung*, Bln. 1972. – H. Reinhardt, *»Egmont«* (in *G.s Dramen. Neue Interpretationen*, Hg. W. Hinderer, Stg. 1980, S. 122–143). – V. Braunbehrens, *G.s »Egmont«. Text, Geschichte, Interpretation*, Osnabrück 1982. – Ders., *»Egmont«, das lang vertrödelte Stück* (in *J. W. v. G.*, Hg. H. L. Arnold, Mchn. 1982, S. 84–100; Text + Kritik). – *J. W. G. »Egmont«. Erläuterungen und Dokumente*, Hg. H. Wagener, Stg. 1982 [RUB]. – H. Clairmont, *Die Figur des Machiavell in G.s »Egmont«. Prolegomena zu einer Interpretation* (in Poetica, 15, 1983, S. 289–313). – P. L. Lehmann, *»Egmont«* (in P. L. L., *Von G. zu George. Heidelberger Essays*, Heidelberg 1986, S. 22–27). – W. Schwan, *Egmonts Glücksphantasien u. Verblendung. Eine Studie zu G.s Drama »Egmont«* (in FDH, 1986, S. 61–90).

FAUST

Tragödie in zwei Teilen von Johann Wolfgang von GOETHE, Teil I erschienen 1808, Teil II 1832; erste Aufführung von Teil I (einzelne Szenen): Schloß Monbijou, 24. 5. 1819; erste vollstände Aufführung: Braunschweig, 19. 1. 1829, Nationaltheater; Uraufführung von Teil II: Hamburg, 4. 4. 1854, Schauspielhaus; erste Gesamtaufführung beider Teile: Weimar, 6. und 7. 5. 1876, Großherzogl. Hoftheater. – Der Faust-Stoff begegnete dem Dichter in zweierlei Gestalt: als Volksbuch, wahrscheinlich in der 1674 veröffentlichten Fassung des Nürnberger Arztes Johann Nikolaus PFITZER oder im *Faustbuch des Christlich Meynenden* (1725), dessen Verfasser unbekannt ist; und, schon in den Kindheitsjahren in Frankfurt, als Puppenspiel, d. h. als einer der vielen Abkömmlinge von MARLOWES *Doctor Faustus*, der seinerseits eine erste, geniale Dramatisierung des 1587 erschienenen Volksbuches *Historia von D. Johann Fausten, dem weitbeschreyten Zauberer und Schwartzkünstler* darstellt. Der Text verschmolz die in schwankhafter Form überlieferten und um Sagenelemente bereicherten Zeugnisse über das Leben des Doktor Faustus (Anfang des 16. Jh.s) mit dem im Mittelalter verbreiteten Motiv des Teufelsbundes. Indem es den wissensdurstigen Helden zum gottlosen Adepten schwarzer Magie stempelte, wandte es sich von protestantisch-dogmatischem Standpunkt aus polemisch gegen das panreligiös gestimmte Erkenntnisstreben der Zeit, wie es in den Schriften des PARACELSUS zu Worte kam. Mit dem Beginn der Aufklärung wandelte sich das Faustbild: aus dem verruchten Apostaten und Gotteslästerer wurde ein lächerlicher Zauberkünstler und Obskurant. LESSING stellte, in herausforderndem Gegensatz zu GOTTSCHED und dessen Kreis, die Figur zum erstenmal in positivem Licht dar; in seinem *Faust*-Fragment (1759), das Goethe wohl schon in seiner Jugend las, wird der Held am Schluß von Engeln gerettet. Die junge Generation des Sturm und Drang machte Faust zum Sprecher ihres titanischen Ich- und Freiheitsgefühls, das der Bevormundung durch religiöse Tradition und antimystische Ratio gleichermaßen spottete. Erst Goethe rückte die Gestalt auf eine Ebene jenseits tendenziös einseitiger Wertungen; damit wurde sie universaler, zugleich aber auch vieldeutiger.

Entstehungsphasen

Goethes *Faust* entstand in einem sechs Jahrzehnte währenden, zeitweise auf Jahre unterbrochenen, nicht überall eindeutig zu erhellenden Schaffensvorgang; Partien des zweiten Teils, wie etwa der Helena-Akt, waren schon angelegt, als der Dichter noch am ersten Teil arbeitete. Ein erster dramatischer Entwurf, in dem die Gelehrten-Tragödie mit der Gretchen-Tragödie lediglich durch die Schüler-Szene verbunden war, entstand zwischen 1772 und 1775; in dieser Zeit wird Goethe auch die Prozeßakten der am 14. 1. 1772 in Frankfurt hingerichteten Kindsmörderin Susanne Brandt studiert haben. Dieser *Urfaust* blieb nur in einer 1887 von Erich SCHMIDT wieder aufgefundenen und im gleichen Jahr von ihm herausgegebenen Abschrift des Weimarer Hoffräuleins Luise v. Göchhausen erhalten. 1790 veröffentlichte Goethe unter dem Titel *Faust, ein Fragment* eine Bearbeitung jenes ersten Entwurfs, deren Komposition deutlich den klärenden Einfluß der italienischen Reise erkennen läßt. Doch erst in den Jahren seiner Freundschaft mit SCHILLER, als sich in ihm ein intensives Interesse an kunsttheoretischen Problemen und ideellen Ordnungsprinzipien entzündete, fügte er den *Prolog im Himmel* und die Paktszenen hinzu, in denen sich nun das übergreifende Leitmotiv der Wette klar abzeichnete. So enststand zwischen 1797 und 1806 *Faust, I. Teil.* Nach langer Pause griff Goethe die schon um 1800 entstandenen Bruchstücke des II. Teils wieder auf und beendete das Ganze zwischen 1825 und 1831 planmäßig, *»durch Vorsatz und Charakter«* (an W. v. Humboldt, 17. 3. 1832), aus der Sicht seiner nachklassischen Schaffensphase, in der die Gegensätze von Klassik und Romantik sich versöhnten und in der auch seine Erfahrung als Staatsmann poetischen Ausdruck suchte. 1827 veröffentlichte Goethe in der Ausgabe letzter Hand den Helena-Akt mit dem Untertitel *Klassisch-romantische Phantasmagorie*, 1828 ebenda die Szenen am Kaiserhof. Noch vor seinem letzten Geburtstag versiegelte er das abgeschlossene Drama. Was die Vollendung des Werks, das in den letzten Jahren immer wieder in seinem Tagebuch das *»Hauptgeschäft«* genannt wurde, für Goethe bedeutete, bezeugen Briefe aus dieser Zeit und die Gespräche mit Eckermann; hier heißt es (6.6. 1831): *»Mein ferneres Leben kann ich nunmehr als ein reines Geschenk ansehen, und es ist jetzt im Grunde ganz einerlei, ob und was ich noch etwa tue.«*

Handlung des ersten Teils

Dem Beginn der eigentlichen Handlung sind die lyrische *Zueignung* und zwei Vorspiele vorangestellt. In der *Zueignung* reflektiert der Dichter sein ambivalentes Verhältnis zum Stoff und zum Schaffensprozeß selbst: Die *»schwankenen Gestalten«* der Tragödie, die nach langen Jahren wieder vor seinem Auge erscheinen, vermitteln Sehnsucht und Schmerz zugleich, zwei Grunderfahrungen, die den Gegenstand und die Bedingungen des Schreibens gleichermaßen bestimmen.

Das *Vorspiel auf dem Theater* führt, ohne direkten Bezug auf das Stück, in einem Gespräch zwischen Schauspieldirektor, Dichter und Lustiger Person auf die Ebene gesellschaftlich-merkantiler Realitäten als dem Bereich, in dem der Bühnendichtung zu wirken bestimmt ist. Der *Prolog im Himmel* mit dem Wechselgesang der Erzengel und dem Dialog zwischen Gott und Mephisto greift einerseits zwar auf die – für das frühe 19. Jh. schon unzeitgemäße – religiöse Bilderwelt des 16. Jh.s zurück, verändert deren Inhalte aber in einer für die gesamte Tragödie charakteristischen Weise: *»Die Ferne des ›Prologs‹ zur christlichen Ethik ist in der Umwertung der Grundwerte greifbar: Das Böse (...) wird durch die Sünde der ›unbedingten Ruh‹ ersetzt, und das Gute (...) erfüllt sich im inhaltlich unbestimmten ›Streben‹, in der Potentialität des Willens. Den Prämissen des ›Prologs‹ gemäß ist der Mensch nicht erlösungsbedürftig als Teil der gefallenen Schöpfung – erlösungswürdig aber wird er durch sein unstillbares ›Streben‹.«* (W. Keller). Der *Prolog* ist zugleich Exposition: Mephisto wettet mit Gott, daß es ihm gelingen werde, Faust auf seine Wege herabzuziehen.

Die Ausgangssituation des Stücks ist die gleiche wie im Puppenspiel: der berühmte Anfangsmonolog zeigt Faust im nächtlichen Studierzimmer, unbefriedigt vom Studium der Wissenschaften, deren trockener, traditionsgläubiger Rationalismus seinem unbedingten Erkenntnisanspruch nicht genügen kann. Er wendet sich der Magie zu. Doch hier schon entfernt sich die Tragödie entscheidend von dem vorangegeben Stoff: Faust beschwört nicht satanische Mächte, die ihm Wissen, Macht und Genuß verschaffen sollen, sondern er ruft den Erdgeist, die wirkende Kraft der Natur, um durch ihn zu einer ganzheitlichen, grenzüberschreitenden Wahrheitserfahrung zu gelangen. Vom Erdgeist höhnisch in die Schranken gewiesen, überdies von der trockenen Pedanterie des herzueilenden Famulus angewidert, sieht der verzweifelte Faust im Freitod den letzten Ausweg. Aber der Klang der Osterglocken und Auferstehungschöre, der in seine Studierstube dringt, hält ihn mit dem Zauber der Kindheitserinnerung zurück. Die Umkehr in ein Leben naiver Unbefangenheit ist ihm jedoch versagt. Sein Osterspaziergang mit Wagner führt ihn unter feiernde Bürger und Bauern, deren selbstzufriedenes Behagen ihm sein Ungenügen an der Beschränktheit der menschlichen Existenz und an der Widersprüchlichkeit seines eigenen Wesens nur noch schmerzlicher bewußt macht: *»Zwei Seelen wohnen, ach! in meiner Brust, / Die eine will sich von der andern trennen; / Die eine hält, in derber Liebeslust, / Sich an die Welt mit klammernden Organen; / Die andre hebt gewaltsam sich vom Dust / Zu den Gefilden hoher Ahnen.«*

Erst jetzt, nachdem die Gespaltenheit Fausts sichtbar gemacht ist, tritt Mephisto auf. Das Stichwort, das ihn auf den Plan ruft, ist Fausts Wunsch: *»Ja, wäre nur ein Zaubermantel mein, / Und trüg' er mich in fremde Länder / Mir sollt' er um die köstlichen Gewänder. / Nicht feil um einen Königsmantel sein.«*

Den Fähigkeiten Mephistos skeptisch gegenüberstehend, fügt Faust in den Pakt mit ihm eine bedeutsame Klausel ein, die das Bündnis in eine Wette verwandelt: *»Werd' ich zum Augenblicke sagen: / Verweile doch! du bist so schön! / Dann magst du mich in Fesseln schlagen, / Dann will ich gern zu Grunde gehn!«* Damit bleibt der Ausgang offen, wird das bloße Schauerspektakel zum Drama. Im Teufelspakt gipfelt die Einsicht Fausts in sein Unvermögen, aus eigener Kraft zur Welterkenntnis zu gelangen. In den folgenden beiden Szenen werden die Unzulänglichkeiten des Lehrens und Lernens ironisch beleuchtet: der Dialog zwischen dem als Faust verkleideten Mephisto und einem ratsuchenden Studenten ist eine witzsprühende Satire auf die Hochschulfakultäten, die im übrigen auch schon den Übergang vom Wissen zur Liebeslust vorbereitet. Das daran anschließende studentische Saufgelage in Auerbachs Keller in Leipzig, wohin Mephisto Faust auf seinem Zaubermantel führt, illustriert Mephistos Ansicht von der Intelligenz des Menschen: *»Er nennt's Vernunft und braucht's allein, / Nur tierischer als jedes Tier zu sein.«*

Die folgende Szene, Fausts Verjüngung in der Hexenküche, ein Vorgang, der mit augenscheinlichem Behagen am absurden, aus Tiefsinn, Satire und Obszönität gemischten Spiel dargestellt ist, bildet das Präludium zur Liebestragödie. Faust erblickt in einem Zauberspiegel das Bild einer Frau, das ihn zu glühendem Begehren entzündet. In Gretchen wird diese Vision (in der sich zugleich die künftige Erscheinung Helenas andeutet) Wirklichkeit. Faust begegnet diesem kindlich unschuldigen und selbstsicheren Geschöpf in einer mittelalterlichen Kleinstadt. Er bedrängt Mephisto, ihn mit Gretchen zusammenzuführen. Die Unbedingtheit, mit der Faust das Mädchen ohne Rücksicht auf dessen Bindungen an Familie und Tradition für sich fordert, ist von vornherein unheilträchtig. Daß er Mephistos Beihilfe in Anspruch nimmt, führt zur Katastrophe: das Schlafmittel für Gretchens Mutter, vor der Fausts nächtliche Besuche verheimlicht werden müssen, wirkt tödlich: Valentin, Gretchens Bruder, der die Entehrung der Schwester rächen will, fällt durch Mephistos Eingreifen im Kampf mit Faust; Gretchen tötet in Verzweiflung das Kind, das sie geboren hat, und endet im Kerker. Und doch zeigen sich in der Tragödie die Grenzen der Macht des Bösen, deutet sich durch das von Gretchen verkörperte Prinzip der Liebe ein – am Schluß rettendes – Gegenmodell an. Gretchen, von Faust verführt, Mörderin der Mutter und ihres Kindes, mitschuldig am Tode des Bruders, ist dennoch unantastbar in der ihrem Wesen eigenen Unschuld, und Mephistos Worte *»Über die hab' ich keine Gewalt«* lassen erkennen, daß sie seine eigentliche Gegenspielerin ist. Fausts sinnliche Begierde in Liebe wandelnd und sein besseres Selbst weckend, droht sie, Mephisto auch die Gewalt über ihn zu rauben. Im tiefsten Abfall von ihrer Lebensordnung verliert Gretchen doch nie wirklich die Verbindung mit ihr, und dem letzten Zugriff des Bösen entzieht sie sich mit der Flucht in diese Ordnung: *»Gericht Gottes! dir hab' ich mich übergeben! ... Dein bin ich, Vater! rette mich!«* In die Liebestragödie ist – Bild der Dämonie des Geschlechtlichen – die surrealistisch anmutende Szenenfolge, die »romantische« Walpurgisnacht auf dem Blocksberg eingefügt. Hier wird dargestellt, was das Scheitern der Liebesbeziehung hintergründig herbeiführt: der Gegensatz von Liebe und Lust, die Unvereinbarkeit von Erotik und Ehe, wobei wie A. Schöne in seiner überzeugenden Studie zur *Walpurgisnacht* zeigen konnte, Goethe die sexuell anzüglichen Textteile des ursprünglichen Entwurfs schließlich aus Rücksicht auf die Konventionen der Zeit tilgte.

Handlung des zweiten Teils

Die Handlung des zweiten Teils setzt in einer Hochgebirgsszenerie völlig neu ein. Faust erwacht als ein von schwerer seelischer Zerrüttung Genesener aus dem Schlaf des Vergessens, in den ihn Ariel und seine ätherische Geisterschar versenkten. Die Szene weist auf den Prolog im Himmel zurück; auch sie spielt im Bereich kosmischer Mächte, die hier jedoch in ihrer Wirkung auf den Menschen gezeigt werden: Faust erlebt im Traumschlaf ihre Heilkraft, er erfährt ihre vernichtende Gewalt am »Flammenübermaß« der aufgehenden Sonne; er wendet sich geblendet ab und erkennt am Bild des Regenbogens, der sich im Gischt des Wasserfalls bildet, *»bald reingezeichnet, bald in Luft zerfließend«*, daß dem Menschen das Absolute nur im Schleier des Vergänglichen erträglich und daß der Raum seiner Existenz das »Farbige« ist, der Zwischenbereich von Licht und Dunkel: *»Am farbigen Abglanz haben wir das Leben.«*
Nach diesem Vorspiel tritt Faust, nun wieder in Begleitung Mephistos, am kaiserlichen Hof auf, in der Welt politisch-sozialen Handelns. In einem allegorischen Maskenzug, an dem Faust als Pluto, Gott des Reichtums, teilnimmt, weitet sich die Szene zum bunten Bild des menschlichen Lebens. Am Beispiel des plutonischen Goldes, des legitimen Reichtums, dem die Poesie zugesellt ist, und dem Gegenbeispiel des inflationistischen Papiergeldes, mit dem Mephisto die Finanzmisere des Staates beheben zu können vorgibt, wird das Verhältnis des Menschen zu Besitz und Macht als den beiden Angelpunkten politisch-ökonomischen Lebens erhellt. – Auf Wunsch des Kaisers beschwört Faust die Urbilder menschlicher Schönheit, Paris und Helena. Mit diesem Vorgang, im Volksbuch ein bloßes Zauberkunststück, setzt hier ein Geschehen von vielschichtiger Symbolik ein, in dem die Wechselbeziehungen von Kunst und Leben, Idee und Realität, Schaffendem und Geschaffenem von Chaos und Form, Geschichte und Gegenwart Gestalt werden. Faust beschwört das antike Paar mit Hilfe eines Dreifußes, den er, von Mephisto mit einem Zauberschlüssel versehen, aus dem *»Reich der Mütter«*, der gestaltenträchtigen Tiefe der Urbilder, heraufholt. Hingerissen von der Schönheit Helenas, will er die Truggestalt an sich ziehen, doch ein betäubender Schlag streckt ihn zu Boden. Der Versuch, die Schönheit der hellenischen Klassik gewaltsam in die Gegenwart zu zwingen, kann nicht gelingen: die vollendete Form der Antike bleibt lebloses Phantom, wenn nicht der schöpferische Eros sich den Geist des Griechentums anverwandelt und den Schatten des Vergangenen aus den Bildekräften der Natur zu neuer Wirklichkeit belebt. – Der folgende Akt bereitet das Erscheinen der wiedergeborenen wahren Gestalt Helenas vor, in deren Begegnung mit Faust sich das Drama zu einem seiner Gipfel erhebt. Das Thema der Verwirklichung Helenas weitet sich, mit anderen Motiven verknüpft, zu dem des Werdens überhaupt.
Der Beginn des zweiten Akts zeigt das alte Studierzimmer Fausts. Ein ironischer Dialog zwischen dem als Gelehrter verkleideten Mephisto und dem zum Baccalaureus aufgerückten Studenten knüpft an die Schülerszene des ersten Teils an. Wagner, der zu hohen akademischen Ehren gelangte Famulus Fausts, erzeugt im Laboratorium ein *»artig Männlein«* in einer Phiole, Homunculus, Bild der Entelechie des Menschen. Das Experiment wird durch Mephistos Hinzutreten auf nicht näher bezeichnete Weise vollendet. Faust wohnt dem Vorgang bei, auf einem Lager bewußtlos *»hingestreckt«*, d.h. im Zustand imaginativer Schau. Homunculus, die reine Geistigkeit, die es drängt, Gestalt zu werden, erkennt Fausts Sehnsucht nach dem Urbild griechischer Schönheit und wird nun, ihm und Mephisto in seiner Phiole voranschwebend, Wegweiser zur »klassischen« Walpurgisnacht. In dieser Nacht, die auf der thessalischen Ebene und in den Buchten der Ägäis vorhomerische Fabelwesen, Götter und gespenstisch-bizarre Zwittergestalten, antike Philosophen und Naturgottheiten zusammenführt und im mitternächtigen Meeresfest zu einem Preisgesang an die vier Elemente und den allbeherrschenden Eros gipfelt, geht jeder der drei Partner seinen eigenen Weg. Mephisto, der sich auf klassischem Boden nicht zu Hause fühlt, verwandelt sich in

Phorkyas, die urhäßliche Ungestalt, als die er Helenas Gegenpart sein wird. Faust macht sich, von Chiron geleitet, auf, um Helena im Hades von Persephone zu erbitten. Homunculus stürzt sich, seine Verleiblichung suchend, ins Meer als dem Element proteischer Verwandlungen, wo die gläserne Hülle seiner schwebenden Geistigkeit am Triumphwagen der Liebesgöttin Galatea zerschellt. – *»Die Klassische Walpurgisnacht ist mit dem Wogen ihrer Gestaltenfülle zu Ende gegangen. Der Vorhang senkt sich und hebt sich wieder ... Das Fest des Eros am Ende der Walpurgisnacht war wie ein Zeugen des Schönen. Und jetzt ist es gleichsam geboren. Helena ist erschienen.«* (E. Trunz) – *»Trunken von des Gewoges regsamem / Geschaukel!«* betritt sie, vom Strande kommend, griechischen Boden – sie, deren Gestaltwerdung dreifach bewirkt wurde: durch den zur Verkörperung bereiten Geist, die umgestaltenden Kräfte der Natur, wie sie sich im Geschehen der klassischen Walpurgisnacht verkörpern, und das in den Tiefen des Erinnerns bewahrte Bild der klassischen Schönheit.

Eines der Hauptthemen des zweiten Teils, die Synthese polarer Lebens- und Kunsttendenzen, beginnt sich im dritten, dem sogenannten Helena-Akt, mit ihrem Erscheinen in großen Zügen zu entfalten. Raum und Zeit werden in die kontrapunktische Figuration dessen, was Goethe in einem sehr weiten Sinn das »Klassische« und das »Romantische« nannte, einbezogen. Helena, die mit einem Gefolge gefangener trojanischer Mädchen nach Mykene zurückkehrt und dort der Phorkyas, Verwalterin des verlassenen Palastes begegnet, repräsentiert die Welt des antiken Griechenland; Faust, der als germanischer Heerführer das herrenlose Sparta besetzt hat, die des nordischen Mittelalters. In der Begegnung zwischen ihm und Helena, die aus Furcht vor Menelaos' Rache mit ihrem Gefolge unter Phorkyas' Führung in Fausts Burg flüchtete, vollzieht sich metaphorisch die wechselweise Durchdringung beider Bereiche. Die Synthese zwischen der seelischen Erlebniskraft und des *»romantischen«* Nordens und dem Formsinn der griechischen Klassik wird in einem Dialog, in dem Helena von Faust die Kunst des Reimens – Symbol des inneren Einklangs – erlernt, zartestes Bild. Der Vereinigung entspringt ein Sohn, Euphorion. Sein feuriger Erlebnisdrang, sein todestrunkener Höhenflug lassen ihn als den Genius der Poesie erscheinen, wie Goethe ihn in der faszinierenden Gestalt BYRONS am reinsten verkörpert sah; und die Totenklage für den im Augenblick zum Jüngling gereiften Knaben, der dem Untergang in der Schlacht entgegenfliegt, gilt auch dem Dichter, der 1824 auf griechischem Boden starb. Mit der Anspielung auf Byron, den Zeitgenossen Goethes, wird eine neue Zeitdimension, die Gegenwart des Dichters, einbezogen, so daß, wie Goethe selbst sagte, der Helena-Akt drei Jahrtausende in sich faßt. Helena folgt ihrem Sohn in den Tod. Faust bleibt nur ihr Gewand, das sich zur Wolke wandelt und ihn hinwegträgt. Auf einem Hochgebirge kehrt er zur Erde zurück (vierter Akt). Wieder setzt das Drama ganz neu ein. Nur die Wolke, die Faust getragen hat und die, sich auflösend, flüchtig die Umrisse Helenas und Gretchens annimmt, vergegenwärtigt ihm noch einmal den unvergänglichen Gewinn seiner Vergangenheit: *»Wie Seelenschönheit steigert sich die holde Form, / Löst sich nicht auf, erhebt sich in den Äther hin / Und zieht das Beste meines Innern mit sich fort.«* – Es drängt Faust zu *»großen Taten«*: er will dem Meer durch Dammbauten fruchtbares Land abzwingen. Mit Hilfe der drei Gewaltigen – Raufebold, Habebald und Haltefest –, von Mephisto bestellter dämonischer Kreaturen, führt er in einer Schlacht zwischen dem kaiserlichen Heer und dem des Gegenkaisers den Sieg des angestammten Herrschers herbei und wird zum Dank mit einem Küstenstreifen belehnt, an dem er seinen Plan zu verwirklichen beginnt (fünfter Akt). Die Hütte des friedlichen alten Paares Philemon und Baucis, die seinem Anspruch auf uneingeschränktes Verfügungsrecht im Wege ist, wird von Mephistos Helfershelfern, mittelbar jedoch durch Fausts Schuld, niedergebrannt, wobei die beiden unschuldigen Alten den Tod finden. Noch einmal wird, wie in den Gretchen-Szenen, die Zwiespältigkeit der faustischen Natur sichtbar. Im Sinne einer moralischen Vervollkommnung ist Faust keinen Schritt weiter als am Anfang. Aber in den Worten, die wie der späte Widerruf seines Wunsches nach einem Zaubermantel klingen, kündigt sich das Ende seiner Bindung an Mephisto an: *»Könnt' ich Magie von meinem Pfad entfernen, / Die Zaubersprüche ganz und gar verlernen, /Stünd' ich, Natur, vor dir ein Mann allein, / Da wär's der Mühe wert, ein Mensch zu sein.«* Hundertjährig, von der Sorge, die ihn mit Blindheit schlägt, heimgesucht, treibt Faust dennoch ungebrochen sein Werk voran, während schon die Lemuren unter Mephistos makaber-ironischer Anleitung sein Grab schaufeln. Im Wahn, das große Unternehmen gehe seiner Vollendung entgegen, *»das Geklirr der Spaten«* gelte dem *»unternommenen Graben«*, bekennt er, den Augenblick höchsten Glücks zu genießen: *»Solch ein Gewimmel möcht' ich sehn, / Auf freiem Grund mit freiem Volke stehn. / Zum Augenblicke dürft' ich sagen: / Verweile doch, du bist so schön! / Es kann die Spur von meinen Erdetagen / Nicht in Äonen untergehn. – / Im Vorgefühl von solchem hohen Glück / Genieß' ich jetzt den höchsten Augenblick.«* Damit ist nach dem Wortlaut des Vertrages sein Leben verwirkt und seine Seele in Mephistos Gewalt gegeben. Faust sinkt tot nieder, und Mephisto wacht mit seinen satanischen Gehilfen an seiner Leiche, um der den Körper verlassenden Seele habhaft zu werden. Er glaubt, die Wette gewonnen zu haben, doch eine himmlische Heerschar schwebt rosenstreuend hernieder und entführt Fausts *»Unsterbliches«*.

In einer Schlußszene, die sich christlich-mittelalterlicher Bildsprache bedient, steigt Fausts Entelechie in hierarchisch gestufte geistige Regionen auf; von den von Anachoreten bewohnten Bergschluchten bis zum *»blauen, ausgespannten Himmelszelt«*, dem Mantel der Gottesmutter, reichend, sind sie weltimmanent, nicht transzendentes Jenseits. Hier spricht der Chor der Engel in Verse, in denen, nach Goethes eigenen – von anderen Äußerungen allerdings widerlegten – Worten *»der Schlüssel zu Fausts Rettung enthalten«* ist (Goethe zu Eckermann, 6. 6. 1831): *»Wer immer strebend sich bemüht, / Den können wir erlösen. / Und hat an ihm die Liebe gar / Von oben teilgenommen, / Begegnet ihm die selige Schar / Mit herzlichem Willkommen.«* Dem Streben nach *»immer höherer und reinerer Tätigkeit«* kommt (*»von oben«*) die *»Liebe«* helfend entgegen. Fausts Weiterleben nach dem Tode ist jedoch nicht »ewige Seligkeit« im traditionell christlichen Sinn; es ist neues, gesteigertes Wirken, eine sich in ewiger Bewegung vollziehende Wandlung, ein aufsteigendes *»Umarten«* der Entelechie.

Die Konstellation Faust – Mephisto

Die Ausweitung des Stoffes steht mit der grundlegend gewandelten Konzeption der beiden Protagonisten und ihres Verhältnisses zueinander in innerem Zusammenhang. In der Gestalt Fausts weitet sich das Teilphänomen des sogenannten »faustischen« Menschen zum Phänomen des Menschen überhaupt. Als »Knecht« des Herrn – das Wort im alttestamentlichen Sinne verstanden – ist Faust zur Verwirklichung der göttlichen Weltgedanken mit aufgerufen. Zwar trägt er auch Züge des »faustischen« Empörers, darüber hinaus aber ist er ein in allen Bereichen seines Daseins nach Ganzheit Strebender, der die Polarität von Ich und Welt zur Einheit zu verbinden sucht. Im Helena-Akt wird dies zu einem ästhetischen Anliegen; die Überführung des faustischen Erkenntnisdranges in den Bereich der Kunst greift Thomas MANN in seinem *Doktor Faustus* (1947) wieder auf.

Auch Wesen und Funktion Mephistos sind, gegenüber dem Volksbuch, neu gestaltet. Er ist nicht ebenbürtiger Widersacher Gottes, er ist einer *»unter dem Gesinde«* und damit notwendiger Teil des Kosmos, der Geist der Verneinung, der gegen seinen Willen durch Widerspruch und Widerstand dem Ganzen dient, notwendiger Widerpart auch des Menschen, dessen Erkenntniswillen er durch Illusionen irrezuleiten, dessen Selbsterniedrigung im animalischen Genuß er zu erzwingen hofft. Die Grenzen seiner Macht zeigen sich immer wieder: in der Kerkerszene der Gretchen-Tragödie, bei der Beschwörung Helenas, bei Fausts Tod. Die Sphäre der übersinnlichen Liebe ist ihm ebenso unzugänglich wie der Bereich freier ethischer Entscheidung oder der Raum schöpferischer Tat. Fausts – dem Eros verwandtes – Streben nach dem hohen Augenblick zeitloser Gegenwart, in dem der Mensch im Zeitlichen des Übersubjektiven, Ewigen gewahr und der ungeteilten Ganzheit des Daseins teilhaftig wird, kann von Mephisto, der als *»des Chaos vielgeliebter Sohn«* nur destruktive Tendenzen, als Zyniker nur Teilaspekte zu erfassen vermag, nie begriffen werden.

Aspekte der Faust-Gestalt

Das »faustische« Streben nimmt dämonische Züge an, wenn – wie bei der Beschwörung des Erdgeists – die Natur mit den unlauteren Mitteln der Magie zur Preisgabe ihrer Geheimnisse genötigt werden soll; es stürzt Faust in Schuld, wenn es, in der Gretchen-Tragödie, die inneren und äußeren Bindungen des andern mißachtet. Einmal nur, im Helena-Akt, in dem sich Räume und Zeiten durchdringen, wird die Vereinigung mit dem ersehnten Bild des Vollkommenen Wirklichkeit, wird der Augenblick zur Ewigkeit. Doch diese Vereinigung vollzieht sich nur im Bereich poetischer Innerlichkeit, im *»inneren Burghof«*, in *»Felsenhöhlen«* und *»geschlossenen Lauben«*. Das Glück zerbricht, sobald Euphorions Tatendrang die Grenze zur äußeren Realität überschreitet und ihn in den Tod stürzt. Im sozialen Handeln scheint sich endlich eine dauerhafte Synthese von Geist und Natur zu verwirklichen; doch der Tod macht die Hoffnung auf Vollendung des Werkes zunichte. So wird jeder aufklärerische und humanistische Fortschrittsglaube ad absurdum geführt, denn auch im Moralischen bleibt die Unvollkommenheit bestehen: Fausts Plan des Dammbaus entspringt nicht einem humanitären Antrieb, sondern der Lust, im Sieg über die Natur die eigene Macht zu genießen. Dieses Ziel zu erreichen, scheut er nicht vor Gewaltanwendung zurück: *»Arbeiter schaffe Meng' auf Menge, / Ermuntere durch Genuß und Strenge, / Bezahle, locke, presse bei!«*, heißt sein letzter Befehl an Mephisto, und noch am Ende seines Lebens lädt er Blutschuld auf sich. Fausts schwere Verfehlungen werden nicht etwa als Lebensäußerungen einer »titanischen« Natur jenseits von Gut und Böse glorifiziert; Faust leidet an ihnen, wie er an seiner Verkettung mit der Magie leidet. Das Problem von Schuld und Sühne wird nicht ignoriert, es wird – im Doppelsinn des Wortes – aufgehoben im Spannungsverhältnis von *»Verdienst und Glück«*. Dieses Verdienst ist nicht moralischer Art. Es besteht im immer neuen Überschreiten der eigenen Bewußtseinsgrenzen hin zu der Vereinigung mit dem Ganzen des Daseins, gegen den Widerstand nihilistischer Kräfte innerhalb und außerhalb der Person. Das aber, was sich als Glück dem Verdienst zugesellt, ist seiner Natur nach eins mit der *»ewigen Liebe«*, die von den Anachoreten und Engeln gefeiert wird.

Zur Dramaturgie und Sprachform

Der Konzeption der Hauptgestalt entsprechend ist die Tragödie nicht, wie das klassische Drama, einstimmig auf die Peripetie und den tragischen Schluß hin ausgerichtet. Nur die Gretchen-Tragödie entwickelt sich in balladenhafter Gedrängtheit mit unerbittlicher Konsequenz. Dagegen zerfällt der zweite Teil in panoramisch breit entfaltete Einzelszenen, die der symbolischen Veranschaulichung verschiedenster Themen dienen. Die Fülle der Bilder findet in einer Sprache Ausdruck, die einzigartig in ihrer Leuchtkraft und Plastizität, jeder Szene die allein gültige Gestalt gibt. Die Weltliteratur kennt kaum eine andere Dichtung, die eine solche Vielzahl allein an metrischen Formen in sich vereint. Durch Laut- und Akzentvariation der jeweiligen Situation, Person, Stimmung mit genialer

Souveränität angepaßt, erlauben sie dem Ohr keine ermüdende Gewöhnung an ein Versschema. Die entrückte Feierlichkeit der *Zueignung* findet im fünfhebigen jambischen Stanzenvers mit Kreuzreim, dessen sich der Dichter auch im *Vorspiel auf dem Theater* bedient, Ausdruck: *»Ihr naht euch wieder, schwankende Gestalten, / Die früh sich einst dem trüben Blick gezeigt. / Versuch' ich wohl, euch diesmal festzuhalten? / Fühl' ich mein Herz noch jenem Wahn geneigt?«* Auch Gott spricht in Stanzenversen und in den regelmäßigen Vierhebern, in denen die Engel des *Prologs* die ewigen Rhythmen der kosmischen Ordnung preisen. Niemals jedoch wird ein Metrum schematisch verwendet. Nur im Bereich der Konvention, des nach Kunstvorschriften geordneten Spiels – etwa am Kaiserhof – hält sich der Vers an strenge Regeln. Neben tänzerisch-zierlichen Formen *(»Kommt, von allerreifsten Früchten / Mit Geschmack und Lust zu speisen! / Über Rosen läßt sich dichten, / In die Äpfel muß man beißen.«)* herrscht hier der majestätische Alexandriner, der bevorzugte Vers des Barock. Die Übergänge von einer Ausdrucksform zur anderen sind oft fließend. Faust macht am Anfang seinem Unmut in herben, stoßenden Knittelversen Luft: *»Habe nun, ach! Philosophie, / Juristerei und Medizin, / Und leider auch Theologie / Durchaus studiert, mit heißem Bemühn.«* In raschem Stimmungsumschlag wechselt er zu sehnsüchtig strömenden Vierhebern über: *»O sähst du, voller Mondenschein. / Zum letztenmal auf meine Pein, / Den ich so manche Mitternacht / An diesem Pult herangewacht.«* Er begrüßt den Morgen eines neuen Daseins in festlich-anmutigen Terzinen: *»Des Lebens Pulse schlagen frisch lebendig, / Ätherische Dämmerung milde zu begrüßen; / Du, Erde, warst auch diese Nacht beständig ...«* Nach Helenas Tod spricht er, noch erfüllt von ihrem Geist, in ihrer Sprache, dem reim- und zäsurlosen, rhythmisch atmenden klassischen Trimeter: *»Der Einsamkeiten tiefste schauend unter meinem Fuß, / Bettet' ich wohlbedächtig dieser Gipfel Saum ...«*
Mephistos weltmännische Gewandtheit, seine Gefühlskälte, sein sarkastischer Nihilismus finden vorzugsweise im Madrigalvers ihr Medium; denn dieser in der Aufklärung beliebte jambische Vers von wechselnder Länge und Reimstellung zeichnet sich durch Biegsamkeit, lässig-eleganten Plauderton und die Fähigkeit zu witziger Pointierung aus: *»Ich bin der Geist, der stets verneint! / Und das mit Recht; denn alles, was entsteht, / Ist wert, daß es zugrunde geht; / Drum besser wär's daß nichts entstünde.«* Daß Mephisto gelegentlich überraschend edle Töne findet – als Phorkyas im Helena-Akt –, gehört zu den Inkongruenzen des Werkes, die allein durch ihre ästhetische »Richtigkeit« innerhalb der Gesamtstimmung seiner Episode gerechtfertigt sind. Euphorions feuriger Impulsivität entspricht der leidenschaftlich akzentuierende, melodische Kurzvers, der den Reim stark zur Geltung bringt: *»Nur durch die Haine!! / Zu Stock und Steine! / Das leicht Errungene, / Das widert mir, / Nur das Erzwungene / Ergetzt mich schier.«* Er wird von Faust, Helena und dem Chor antiphonisch aufgegriffen. Die Grenze zwischen Sprache und Musik verwischt sich; die Tragödie wird zur »Oper«, wie auch Goethes Regieanweisung *»Von hier an ... durchaus mit vollstimmiger Musik«* andeutet. – Auch im ersten Teil hat die Musik eine feste Funktion. Überall unterbrechen Liedformen den Sprechvers. Die Ballade spiegelt am reinsten Gretchens Wesen und Schicksal; nicht nur die schwermütige Weise vom König in Thule und das Märchen vom Machandelboom, das sie im Kerker singt, auch der Monolog *»Meine Ruh ist hin, / Mein Herz ist schwer«* ist Lied (und wurde, wie der *König in Thule*, mehrfach vertont). – Die Hymnenverse der Osterchöre – *»Christ ist erstanden! / Freude dem Sterblichen, / Den die verderblichen, / Schleichenden, erblichen / Mängel umwanden«* – stehen mit ihrer überpersönlichen Verklärtheit in Kontrast zu der drängenden, von persönlichem Gefühl bestimmten Diktion des ersten Faust-Monologs; die kehren im erbarmungslosen *Dies irae* der Domszene wieder, und sie feiern in der Schlußszene des zweiten Teils in mystischer Entrückung die Offenbarung des *»Unzulänglichen«* (in Goethes Sprachgebrauch das Unerreichbare).

Wirkungsgeschichte

Von den Wirkungen der Tragödie und den Schwierigkeiten ihrer Deutung gibt die Tausende von Titeln umfassende Bibliographie der Interpretationen, Teilanalysen, Übersetzungen, der durch das Werk angeregten dramatischen oder epischen Neugestaltungen des Stoffes, der Travestien, musikalischen und filmischen Bearbeitungen einen Eindruck. Heute steht der *Faust* als Dichtung unangefochten neben den bedeutendsten Zeugnissen der Weltliteratur. Aber der Weg bis zu diesem allgemeinen Consensus war lang und verschlungen.
In der politisch unruhigen Zeit um 1790 fand das *Faust*-Fragment, außer in Universitätskreisen Jenas und Göttingens, keine große Beachtung. Das änderte sich mit dem Erscheinen des ersten Teils, den F. W. J. v. SCHELLING begeistert als obligatorische Schullektüre einzuführen empfahl. In die allgemeine enthusiastische Zustimmung mischte sich jedoch auch Kritik, vor allem von seiten der Kirche, aber auch von seiten derer, die das Werk als geniale Dichtung hochschätzten, aber Einwände gegen den Charakter des Helden oder, wie z. B. Madame de STAËL, gegen die »Form« machten. Die Ablehnung wurde allgemein nach der Veröffentlichung des zweiten Teils. Selbst die junge Dichtergeneration, wie F. GRILLPARZER, F. HEBBEL, E. MÖRIKE, G. KELLER, die sich begeistert zu Goethe bekannt hatte, wandte sich, zum Teil unter dem Einfluß F. Th. VISCHERS, von ihm ab. Ironische, boshafte und haßvolle Angriffe kamen von den verschiedensten Fronten. Die Argumentation bediente sich ausschließlich ethischer und weltanschaulicher Maßstäbe; die künstlerischen Kriterien der Dichtung entschwanden dabei völlig aus dem Blickfeld. Das Adjektiv »faustisch« verselbständigte sich und nahm, je nach der Bewertung der Faustgestalt, die verschiedensten Bedeutungen – vorerst noch negativer Art – an. Die Aufklärung bezichtigte Goethe

des Mystizismus, die Romantik der Glorifizierung wissenschaftlichen Hochmuts; die katholische Kirche legte ihm hybride Unmoral und Blasphemie zur Last, die protestantische ungeistigen Materialismus. Die Jungdeutschen (z. B. H. HEINE und L. BÖRNE) priesen das »revolutionäre« Faustfragment auf Kosten des »reaktionären« zweiten Teils, ein kritisches Schema, das lange gültig blieb. Ihr Hauptvorwurf galt der mangelnden politischen und sozialen Aktivität Fausts und (Goethes). Neue Lösungen für den Schluß der Tragödie wurden entworfen (Heine, Vischer u. a.), die Faust zum sozialreformerischen Freiheitshelden machten. Noch 1882 warf E. DU BOIS-REYMOND vom Standpunkt des materialistischen Naturwissenschaftlers aus Faust vor, daß er nicht als gutbürgerlicher Ehemann Gretchens und als technischer Erfinder endet. Diese absurde Kritik fiel allerdings in eine Zeit, in der sich die Stimmung der Öffentlichkeit gegenüber der Faustgestalt durchaus schon gewandelt hatte. Mit der Reichsgründung von 1871 entstand aus dem neuen nationalen Hochgefühl heraus das Bedürfnis, die Nation in einem dichterischen Symbol repräsentiert – und glorifiziert – zu sehen. Diese Rolle wurde, in grotesker und verhängnisvoller Mißdeutung der Dichtung Goethes, der Faustgestalt übertragen.

Die Umwertung der Figur zum Idealbild des »deutschen Geistes« hatte sich schon in den Jahrzehnten zwischen 1840 und 1870 vorbereitet. Der erste Versuch, Faust heidnisch-romantisierend zum »vaterländischen Mythos« aufzuhöhen, stammt bereits aus den ersten Jahren nach Goethes Tod (F. HORN). Die Tendenz wurde gefördert von der jungen germanistischen Wissenschaft (E. SOMMER), die sich auf die *Deutsche Mythologie* der Brüder GRIMM stützte. Hier wurde bereits das deutsche Sendungsbewußtsein vorgebildet, das später mit dem imperialistischen Reichsdenken verschmolz und Faust zum Symbol des angeblich ewig-deutschen Wesens und sein Wirken zum politischen Programm machte. 1918 erklärte O. SPENGLER diesen »deutschen« Faust zum Repräsentanten der gesamten abendländischen Kultur und schuf damit einen neuen Faustbegriff, den sich zwei Jahrzehnte später das nationalsozialistische Weltmachtstreben dienstbar machen konnte. Freilich erhob sich schon um 1870 aus den verschiedensten Lagern scharfer, wenn auch offiziell nicht beachteter Protest gegen den ideologischen Mißbrauch der Faustgestalt, ohne daß dies immer einer Hochschätzung der Dichtung entsprang.

Erst die Philologie (K. BURDACH, W. BÖHM u. a.) stellte das Werk als Kunstgebilde, als das es im Kampf der Ideologien völlig übersehen worden war, wieder in den Mittelpunkt und deckte die Inkongruenz der gängigen Vorstellungen vom »Faustischen« mit dem Geist der Tragödie auf. Die Abwertung des »Faustischen« als eines *»nationalen Hochworts«* (H. Schwerte) vollendete sich auf literarischem Gebiet in Th. MANNS Roman *Doktor Faustus* (1947). Das Ende der klärenden und deutenden Bemühungen um Goethes Faust-Dichtung ist aber noch nicht abzusehen, und jeder dieser Versuche bestätigt Goethes Worte, daß das Ganze *»ein offenbares Rätsel bleibe, die Menschen fort und fort ergötze und ihnen zu schaffen mache«* (Brief an C. F. Zelter, 1. 6. 1831). G.He.

AUSGABEN: Lpzg. 1790 (*Faust. Ein Fragment*, in *Schriften*, 8 Bde., 1787–1790, 7). – Lpzg. 1790 (*Faust. Ein Fragment*). – Tübingen 1808 (*Faust. Eine Tragödie*; Faks. Zwickau 1924). – Stg./Tübingen 1827 (*Helena, klassisch-romantische Phantasmagorie. Zwischenspiel zu Faust* [d. i. 3. Akt v. Faust II], in *Werke*, AlH, 60 Bde., 1827–1842, 4). – AlH, 12 (enth. *Faust I* u. Tle. des 1. Aktes von *Faust II*). – Stg./Tübingen 1832 (*Faust, der Tragödie zweiter Teil* in *Werke*, AlH, Bd. 41; *Nachgelassene Werke, I*). – Stg./Tübingen 1834 (*Faust. Eine Tragödie. Beide Teile in einem Bande*). – Heilbronn 1882 (*Faust. Ein Fragment*, DLD, 5). – Weimar 1887 (*G.s Faust in ursprünglicher Gestalt* [d. i. *Urfaust*], Hg. E. Schmidt). – WA, I, 14 u. 15. – AA, 5 [Einf. E. Beutler]. – HA, 3 [Anm. E. Trunz]. – Stg. 1987 (*Urfaust*) [Komm. R. Petsch; RUB]. – Stg. 1986 (*Faust I*) [RUB]. – Stg. 1986 (*Faust II*) [RUB]. – AkA [Erg.-Bd. 3: Paralleldruck]. – MA, 6, 1 [Komm. V. Lange].

VERFILMUNGEN: Deutschland 1926 (Regie: F. Murnau). – BRD 1960 (Regie: P. Gorski). – BRD 1988 (Regie: D. Dorn; nach der Aufführg. der Münchner Kammerspiele).

WÖRTERBÜCHER UND BIBLIOGRAPHIE: F. Strehlke, *Wörterbuch zu G.s »Faust«*, Stg. 1892. – *Wortindex zu G.s »Faust«*, Hg. A. R. Hohlfeld u. a., Univ. of Wisconsin 1940. – H. Henning, *Faust-Bibliographie*, 4 Bde., Bln./DDR 1966–1976.

LITERATUR:

Zu *Urfaust*: G. Roethe, *Die Entstehung d. »Urfaust«* (SPAW, phil.-hist. Kl., 1920, S. 642–679; auch in G. R., *G.*, Bln. 1932, S. 49–92). – G. Schuchardt, *Die ältesten Teile des »Urfaust«* (in ZfdPh, 51, 1926, S. 465–475; 52, 1927, S. 346–378). – W. Krogmann, *G.s »Urfaust«*, Bln. 1933 (Germ. Studien, 143). – H. Spieß, *Neue Beobachtungen u. Gedanken über die Entstehungsgeschichte des »Urfaust« und des »Fragments«* (JbGG, 21, 1935, S. 63–107). – E. Beutler, *Der Frankfurter »Faust«* (in FDH, 1936–1940, S. 594–686). – Ders., *Die Kindsmörderin* (in E. B., *Essays um G.*, Bd. 1, ³1946, S. 100–116). – F. J. Schneider, *G.s »Satyros« u. der »Urfaust«*, Halle 1949. – H. Schneider, *»Urfaust«? Eine Studie*, Stg. 1949. – R. M. Browning, *On the Structure of the »Urfaust«* (in PMLA, 68, 1953, S. 458–495). – E. Grumach, *Zum »Urfaust«* (in GJb, N. F. 16, 1954, S. 135–142). – H. Fischer-Lamberg, *Zur Datierung d. ältesten Szenen des »Urfaust«* (in ZfdPh, 76, 1957, S. 379–406). – E. V. Nollendorfs, *Der Streit um den »Urfaust«*, Diss. Ann Arbor 1962.

Zu *Faust* (Fragment von 1790): E. Schulte-Strathaus, *G.s »Faustfragment« 1790*, Mchn. 1940. – C. Faber du Faur, *Der Erstdruck des »Faustfragments«* (in MDU, 41, 1949, S. 1–18). – W. Hagen-Howeg, *Die Drucke von G.s »Faustfragment« 1790* (in *Gedenkschrift f. F. J. Schneider*, Weimar 1956). – E. C. Mason, *G.s »Faust«. It's Genesis and Purport*, Diss. Los Angeles 1967. – W. Binder, *Die Einheit der Faustgestalt im »Urfaust«* (in WW, 33, H. 1, 1983). – U. Gaier, *G. Faustdichtungen. Ein Kommentar, Bd. 1, »Urfaust«*, Stg. 1989.

Zu *Faust*, Erster und Zweiter Teil: H. A. Korff, *Die Entwicklung der »Faust«-Idee* (in H. A. K., *Die Lebensidee G.s*, Lpzg. 1925, S. 109–140). – J. Petersen, *G.s »Faust« auf der deutschen Bühne*, Lpzg. 1929. – R. Steiner, *Geisteswissenschaftliche Erläuterungen zu G.s »Faust«*, 2 Bde., Dornach 1931. – G. W. Hertz, *Natur u. Geist in G.s »Faust«*, Ffm. 1931. – Ders., *Zur Entstehungsgeschichte von »Faust« II, Akt V* (in Euph, 33, 1932, S. 244–277). – T. Friedrich, *Kommentar zu G.s »Faust«*, Lpzg. 1932; zul. Stg. 1962, Hg. L. J. Scheithauer [m. Wörterbuch u. Bibliogr.]. – K. May, *»Faust«, II. Teil. In der Sprachform gedeutet*, Bln. 1936; Mchn. ^{2}1962. – H. O. Burger, *Motiv, Konzeption, Idee – das Kräftespiel in der Entwicklung von G.s »Faust«* (in DVLG, 20, 1942, S. 17–64; ern. in H. O. B., *Dasein heißt eine Rolle spielen. Studien zur deutschen Literaturgeschichte*, Mchn. 1963). – R. Buchwald, *Führer durch G.s »Faust«-Dichtung*, Stg. 1942; ^{7}1964. – W. Emrich, *Die Symbolik v. »Faust« II. Sinn u. Vorformen*, Bln. 1943; ^{3}1964. – G. Lukács, *Faust-Studien* (in G. L., *G. und seine Zeit*, Bln. 1947, S. 127–207). – B. v. Wiese, *»Faust« als Tragödie*, Stg. 1946 (auch in B. v. W., *Die dt. Tragödie von Lessing bis Hebbel*, Bd. 1, Hbg. 1948, S. 143–201; rev.). – W. Böhm, *G.s »Faust« in neuer Deutung*, Köln 1949. – C. W. Hendel, *G.'s »Faust« and Philosophy* (in Philosophy and Phenomenological Research, 10, 1949, S. 157–171). – E. Heller, *Ambiguity of G.'s »Faust«* (in Cambridge Journal, 2, 1949, 10; dt. *Die Zweideutigkeit von G.s »Faust«*, in Hamburger Akademische Rundschau, 3, 1948–1950, S. 617–632). – R. Petsch, *Einführung in G.s »Faust«*, Hbg. ^{3}1949. – A. Daur, *Faust u. der Teufel*, Heidelberg 1950. – L. A. Willoughby, *»Faust« als Lebensorganisation* (in *G. und die Wissenschaft*, Ffm. 1951, S. 35–51). – J. D. Bödeker, *Chaos und Elemente in G.s Naturwissenschaft u. Dichtung. Studien über die kosmologischen Grundlagen des »Faust« II*, Diss. Göttingen 1951. – S. Atkins, *The Evaluation of Romanticism in G.'s »Faust«* (in JEGP, 54, 1955, S. 9–38). – W. Schadewaldt, *Faust u. Helena. Zu G.s Auffassung vom Schönen und der Realität des Realen im 2. Teil des »Faust«* (in DVLG, 30, 1956, S. 1–40; ern. in W. S., *Goethestudien. Natur und Altertum*, Zürich/Stg. 1963). – S. Atkins, *Irony and Ambiguity in the Final Scene of G.'s »Faust«* (in *On Romanticism and the Art of Translation. F.s. E. H. Zeydel*, Princeton 1956, S. 7–27). – M. Kommerell *»Faust« II. Teil. Zum Verständnis der Form* (in M. K., *Geist und Buchstabe der Dichtung*, Ffm. ^{4}1956, S. 9–74). – A. Gillies, *G.'s »Faust«. An Interpretation*, Oxford 1957. – E. Beutler, *»Faust« u. »Urfaust«*, Bremen ^{4}1958. – *Goethe über den »Faust«*, Hg. A. Dieck, Göttingen 1958. – S. Atkins, *G.'s »Faust«. A Literary Analysis*, Cambridge/Mass. 1958. – Th. W. Adorno, *Zur Schlußszene des »Faust«* (in Akzente, 6, 1959; auch in Th. W. A., *Noten zur Literatur*, Bd. 2, Ffm. 1961, S. 7–18). – S. Atkins, *Faustforschung u. Faustdeutung seit 1945* (in Euph, 53, 1953, S. 422 bis 440). – S. Scheite, *Die Chronologie von G.s »Faust« im Lichte der Forschung seit W. Scherer*, Diss. Lpzg. 1959. – H. J. Weigand, *Wetten u. Pakt in G.s »Faust«* (in MDU, 53, 1961, S. 325–327). – G. Diener, *Fausts Weg zu Helena. Urphänomen u. Archetypus. Darstellung und Deutung einer symbolischen Szenenfolge aus G.s »Faust«*, Stg. 1961. – H. Schwerte, *Faust u. das Faustische. Ein Kapitel deutscher Ideologie*, Stg. 1962. – P. Stöcklein, *Wie beginnt u. wie endet G.s »Faust«* (in LJb, 3, 1962, S. 29–51). – J. Müller, *Prolog u. Epilog zu G.s Faustdichtung*, Bln. 1964 (Sitzungsber. d. Sächs. Akad. d. Wiss. zu Leipzig, phil.-hist. Klasse, 110/3). – D. Lohmeyer, *Faust u. die Welt. Zum Problem der Wirklichkeit im »Faust« II*, Göttingen 1965 (Kl. Vandenhoeck-R., 223–225). – H. Holtzhauer, *»Faust«. Signatur des Jahrhunderts. Eine Analyse der Welt- u. Menschenansicht G.s in seinem Hauptwerk* (in Goethe, 32, 1970, S. 1–28). – H. Meyer, *Diese sehr ernsten Scherze. Eine Studie zu »Faust II«*, Heidelberg 1970. – H. Reske, *»Faust«. Eine Einführung*, Stg. 1971. – E. Schümann-Heinke, *Die Lichtsymbolik in »Faust II«* (in Studien zu G.s Alterswerken, Hg. E. Trunz, Ffm. 1971, S. 251–324). – E. Bahr, *Die Ironie im Spätwerk G.s »... diese sehr ernsten Scherze ...« Studien zum »West-östlichen Divan«, zu den »Wanderjahren« u. zu »Faust II«*, Bln. 1972. – J. Müller, *Zur Motivstruktur von G.s »Faust«*, Bln. 1972. – P. Requadt, *G.s »Faust I«. Leitmotivik u. Architektur*, Mchn. 1972. – W. Resenhöfft, *G.s Rätseldichtung im »Faust« (mit Hexenküche u. Hexen-Einmal-Eins) in soziologischer Deutung*, Bern 1972. – A. Fuchs, *Le »Faust« de G. Mystère, document humain, confession personnelle*, Paris 1973. – T. Höhle, *»Faust. Der Tragödie zweiter Teil«* (in WB, 20, H. 6, 1974, S. 49–89). – D. Lohmeyer, *Faust u. die Welt. Der zweite Teil der Dichtung. Eine Anleitung zum Lesen des Textes*, Mchn. 1975. – W. Resenhöfft, *G.s »Faust«. Gleichnis schöpferischer Sinnerfassung*, Bern 1975. – T. Metscher, *Faust u. Ökonomie. Ein literarhistorischer Essay* (in *Vom Faustus bis Karl Valentin. Der Bürger in Geschichte u. Literatur*, Bln. 1976, S. 28–155). – H. Hamm, *G.s »Faust«: Werkgeschichte u. Textanalyse*, Bln. 1978. – V. Tietze, *Grundlagen der »Faust II«-Interpretation u. -Rezeption*, Diss. Potsdam 1978. – W. Emrich, *Genesis des Bösen in G.s »Faust I«* (in *Literatur als Dialog. Fs. zum 50. Geburtstag von K. Tober*, Johannesburg 1979, S. 207–224). – B. Bennett, *The Classical, the Romantic and the Tragic in Part II of G.'s »Faust«* (in Studies in Romanticism, 19, 1980, S. 529–550). – W. Keller, *Faust. Eine Tragödie*

(1808) (in *G.s Dramen. Neue Interpretationen*, Hg. W. Hinderer, Stg. 1980, S. 244–280). – V. Lange, *»Faust. Der Tragödie zweiter Teil«* (in *G.s Dramen. Neue Interpretationen*, Hg. W. Hinderer, Stg. 1980, S. 281–312). – A. White, *Names and Nomenclature in G.s »Faust«*, Diss. Ldn. 1980. – H. Brandt, *Der widersprüchliche Held. G.s Faustgestalt im Lichte der Gretchentragödie* (in *Ansichten der deutschen Klassik*, Hg. H. Brandt u. M. Beyer, Bln. 1981, S. 119–147). – W. Brenn, *Hermetik, geschichtliche Erfahrung. Allegorie. Die konstitutive Funktion von G.s hermetisch beeinflußter Naturphilosophie für die allegorische Struktur des »Faust II«*, Ffm. 1981. – B. Neuland, *Faust, die drei Gewaltigen u. die Lemuren. Zur Beziehung von Mythos u. Geschichte in »Faust II«* (in *Ansichten der deutschen Klassik*, Hg. H. Brandt u. M. Beyer, Bln. 1981, S. 276–297). – H. Schlaffer, *Faust Zweiter Teil. Die Allegorie des 19. Jh.s*, Stg. 1981. – H. J. Schrimpf, *J. W. G.: »Faust«* (in *Deutsche Dramen*, Hg. H. Müller-Michaels, Bd. 1, Königstein/Ts. 1981, S. 87–127). – R. Wieland, *Zur Dialektik des ästhetischen Scheins. Vergleichende Studien zu Hegels »Phänomenologie des Geistes« und G.s »Faust II«*, Königstein/Ts. 1981. – H. Arens, *Kommentar zu G.s »Faust I«*, Heidelberg 1982. – R. Eppelsheimer, *G.s »Faust«. Das Drama im Doppelreich. Versuch einer Deutung im Geiste des Dichters*, Stg. 1982. – H. Greiner-Vogel, *G.s »Faust«. Das Menschheitsdrama der Gegenwart*, Dornach 1982. – I. Kluge, *Wissenschaftskritik in G.s »Faust«*, Ffm. 1982. – J. Kruse, *Poetische Struktur u. Geschichte in G.s »Faust II«*, Diss. Los Angeles 1982. – F. Oberkogler, *G.s »Faust«. Werkbetrachtung u. geisteswissenschaftliche Erläuterungen*, 2 Bde., Schaffhausen 1982. – A. Schöne, *Walpurgisnacht* (in A. S., *Götterzeichen, Liebeszauber, Satanskult. Neue Einblicke in alte G.-Texte*, Mchn. 1982, S. 107–216). – R. Scholz, *Die beschädigte Seele des großen Mannes: G.s »Faust« u. die bürgerliche Gesellschaft*, Rheinfelden 1982. – K. R. Eissler, *Wette, Vertrag u. Prophetie zu G.s »Faust«* (in Jb. d. Psychoanalyse, 16, 1984, S. 29–72). – J. Kruse, *Der Tanz der Zeichen. Struktur u. Geschichte in G.s »Faust II«*, Königstein/Ts. 1985. – M. Neumann, *Das Ewig-Weibliche in G.s »Faust«*, Heidelberg 1985. – Ch. Lubkoll, *»Und wär's ein Augenblick«: Der Sündenfall des Wissens u. der Liebhaber in Faustdichtungen. Von der »Historia« bis zu Thomas Manns »Doktor Faustus«*, Rheinfelden 1986.

GÖTZ VON BERLICHINGEN MIT DER EISERNEN HAND

Schauspiel in fünf Akten von Johann Wolfgang von GOETHE, erschienen 1773 im Selbstverlag von Goethe und Johann Heinrich Merck ohne den Namen des Verfassers; Uraufführung: Berlin, 14. 4. 1774, Kochsche Gesellschaft. – Den Plan, die 1731 gedruckte autobiographische *Lebensbeschreibung Herrn Goezens von Berlichingen, zugenannt mit der eisernen Hand* zu einem Drama zu verarbeiten, faßte Goethe schon im Sommer 1770 in Straßburg; der Stoff sagte seiner von der Verehrung SHAKESPEARES entflammten Begeisterung für große Charaktere und seinem von J. G. HERDER geförderten Interesse an der älteren deutschen Geschichte zu. Über die politisch-rechtliche Struktur der Epoche zwischen Mittelalter und Neuzeit informierten ihn vor allem J. St. PÜTTERS *Grundriß der Staatsveränderungen des teutschen Reichs* (1764) und J. MÖSERS Schrift *Von dem Faustrechte* (1770).

Der früheste Text, der sogenannte ›Urgötz‹, der den Titel *Geschichte Gottfriedens von Berlichingen mit der eisernen Hand, dramatisirt* trägt, erschien erst postum 1832. Goethe schrieb ihn in Frankfurt, auf Drängen seiner Schwester Cornelia, im Herbst 1771 in sechs Wochen ohne Konzept und fast ohne Korrektur nieder. Doch Herders – nur noch aus einem Antwortbrief Goethes zu erschließende – Kritik veranlaßte ihn, das Werk neu zu fassen, da er auch selbst mit dem Erreichten unzufrieden war. Er erkannte, daß er *»bei dem Versuch, auf die Einheit der Zeit und des Orts Verzicht zu tun, auch der höheren Einheit ... Eintrag getan hatte«*, und unternahm es nun, in einer Neufassung dem Werk *»immer mehr historischen und nationalen Gehalt zu geben und das, was daran fabelhaft oder bloß leidenschaftlich war, auszulöschen; wobei ich freilich manches aufopferte, indem die menschliche Meinung der künstlerischen Überzeugung weichen mußte«* (*Dichtung und Wahrheit*, III. Teil, 13. Buch). Zwar kam auch in der Neufassung von 1773 kein einheitlicher Handlungsablauf zustande, doch sind die Gewichte, vor allem gegen das Ende hin, zugunsten der Hauptperson verschoben, die Charaktere noch klarer konturiert, vor allem aber in den Dialogen Analytisches und Metaphorisches, nur *»Gedachtes«*, was Herder bemängelt hatte, weitgehend getilgt; diese Fassung liegt den heutigen Aufführungen in der Regel zugrunde, in Weimar entstanden noch mehrere Bühnenfassungen (1804, 1809, 1819) des Textes.

Das Werk macht mit der Absage (*Zum Schäkespears Tag*, 1771) an die Gesetze des klassischen französischen Dramas radikal Ernst. G. E. LESSING hatte bereits die Regeln der Einheit von Ort und Zeit außer Kraft gesetzt; Goethe dehnte diese Freiheit auch auf die Handlung aus, die er, in mehr als fünfzig Szenen gegliedert, in den fränkisch-schwäbischen Raum zwischen Goetz' Stammburg Jaxthausen und dem Bischofssitz Bamberg verlegte. Die Zeitdauer ist unbestimmt, die innere schwer mit der (mutmaßlich viel kürzeren) äußeren in Deckung zu bringen. Die Handlung entwickelt sich aus dem Gegensatz von freiem Ritterstand, für den allein das gewachsene Naturrecht Geltung hat, und der neuen, auf die allgemeinen und abstrakten Normen des römischen Rechts verpflichteten höfischen Gesellschaftsform. Götz, der mit dem Bamberger Bischof in Fehde liegt, rächt sich mit Waffengewalt für die Gefangennahme eines seiner Reiterbuben durch die bambergischen Söldner; die Reichsacht wird über ihn verhängt, ein Exekutionsheer gegen ihn in Marsch gesetzt, seine Burg belagert. Durch Verrat fällt er in die Hand des Feindes, wird aber von Sickingen befreit. Obwohl er durch den Urfehdeschwur auf Rache verzichtet hat, läßt Götz sich von den aufständischen Bauern zum Führer wählen; sie sagen ihm jedoch den Gehorsam auf, als er ihren wüsten Ausschreitungen ein Ende zu machen versucht. Im Kampf gegen das Reichsheer, das den Aufstand niederwerfen soll, wird Götz gefangengenommen; er stirbt im Gefängnis (während der historische Götz (1480–1562) wieder frei kommt, an kaiserlichen Feldzügen teilnimmt und ein – für die damalige Zeit – biblisches Alter erreicht).

Diese zwar stürmisch bewegte, aber im Grunde epische Schilderung der Ereignisse erhält dadurch dramatische Akzente, daß Götz' verbissenster Gegner auf seiten der Bamberger sein ehemaliger Jugendfreund Adelbert von Weislingen ist. Die breitangelegte Exposition, die den ganzen ersten Akt umfaßt, zeigt Weislingen als Gefangenen auf Burg Jaxthausen, seine Aussöhnung mit Götz und seine Verlobung mit dessen Schwester Maria. Das eigentliche Drama setzt mit Weislingens Rückkehr an den Bamberger Hof ein, wo er, wie schon sein Diener und Vertrauter Franz, der Faszination der schönen Intrigantin Adelheid von Walldorf erliegt: Er kehrt nicht, wie versprochen, zu Götz und Maria zurück. Sein doppelter Treubruch zwingt ihn – ein genialer psychologischer Griff des jungen Goethe –, Götz von nun an mit tödlicher Feindschaft zu verfolgen.

In dem Drama überlagern sich verschiedene Spannungsfelder: die Auseinandersetzung der Vertreter der mittelalterlichen Ordnung mit jenen der neuen Zeit, die Entgegensetzung des sich autonom empfindenden Selbsthelfers, des Reichsritters, mit den in Abhängigkeiten stehenden Angehörigen des Hofadels, der Kontrast von scheinbar natürlichen Ordnungen und Empfindungen, wie Familie, Liebe, Rechtschaffenheit, Frömmigkeit, mit den vom egoistischen Kalkül, von Heuchelei und Vorteilnahme bestimmten Verhältnissen am Bamberger Hof. Vielfach (K. Viëtor, W. Kayser, B. v. Wiese) wurde der Titelheld zum naturhaft-schöpferischen Menschen stilisiert (*»wie er unmittelbar aus dem Schoß der Allnatur hervorgeht«*, so E. Staiger im ersten Band seiner Darstellung von Goethes Werk), der bei seinem ersten Auftritt (*»Es wird einem sauer gemacht, das bißchen Leben und Freiheit«*) wie bei seinem Tod sich unter freiem Himmel befindet und mit dem Wort *»Freiheit«* auf den Lippen stirbt. Weislingen dagegen betritt die Szene als Gefangener; am Ende ist er ein Opfer von Adelheids Giftanschlag. Er ist durch Frauen, Reichtum und Macht zu beeinflussen und wäre für sich genommen kein adäquater Gegenspieler zu Götz; aktiv wird er aufgrund seiner Verbindung zu Adelheid, die ihn als Mittel für ihre ehrgeizigen Pläne benötigt, die bis zu einer Verbindung mit dem zukünftigen Kaiser reichen. Sie, die vor dem Femegericht endet, benutzt ihre Schönheit, um Weislingen zu beherrschen. Goethes Anteilnahme an dieser Gestalt war so stark, daß sie im ›Urgötz‹ den zweiten Teil des Dramas dominiert: *»Ich hatte mich, indem ich Adelheid liebenswürdig zu schildern trachtete, selbst in sie verliebt...«* (*Dichtung und Wahrheit*, III. Teil, 13. Buch).

Allerdings läßt sich das Stück, wie neuere Interpretationen (F. Martini, R. Nägele, E. McInnes) hervorheben, nicht ausschließlich als Charakterdrama lesen; es ist ebenso ein Gesellschaftsdrama, und die aufeinanderprallenden Fraktionen sind nicht ohne innere Widersprüche gezeichnet. Denn Götz ist als Reichsritter der Vertreter eines historisch überlebten Standes, der mit seinem Ende zwar die Vision des Bösen heraufbeschwören darf (*»Es kommen die Zeiten des Betrugs ... Die Nichtswürdigen werden regieren mit List und der Edle wird in ihre Netze fallen«*), dessen eigene, auf der Basis persönlicher Treueverhältnisse beruhende Utopie (*»Sollten wir nicht hoffen, daß mehr solcher Fürsten auf einmal herrschen können? daß Verehrung des Kaisers, Fried und Freundschaft der Nachbarn und Lieb der Untertanen der kostbarste Familienschatz sein wird, der auf Enkel und Urenkel erbt?«*) mit ihrer kleinräumigen, dem subjektiven Rechtsempfinden Raum gebenden Perspektive aber keine Zukunft mehr hat. Daher billigt auch der Kaiser, dem Götz sich gerade verpflichtet fühlt, die Maßnahmen gegen ihn, denn mit seiner Absage an die politischen Veränderungen der Zeit negiert Götz auch die Möglichkeiten, die damit verbunden sind: *»... die Gesellschaft, die gerade entsteht, ist, wie der Kaiser klar erkennt, umfangreicher und komplexer in ihrer Organisation und muß in immer größerem Maße von entwickelten konstitutionellen, politischen und gesetzlichen Institutionen kontrolliert werden«* (E. McInnes). Der auf seine persönliche Unabhängigkeit pochende Selbsthelfer Götz – und nicht zufällig wächst ihm in seinem Sohn Karl kein Nachfolger in seinem Sinne heran – gerät damit in Konflikt mit dem sich herausbildenden Organisationsgeflecht der bürgerlichen Gesellschaft; nichts anderes als jener *›geheime Punkt‹*, den Goethe in den Dramen Shakespeares walten sieht, findet sich hier gestaltet: daß nämlich *»das Eigentümlich unsres Ichs, die prätendierte Freiheit unsres Wollens, mit dem notwendigen Gang des Ganzen zusammenstößt« (Zum Schäkespears Tag)*.

Um die drei Hauptfiguren des Stücks gruppieren sich eine Reihe eigenständiger Nebenfiguren: Elisabeth, Götz' lebenskluge, besonnene Frau, die Helfer Lerse, Selbitz und Sickingen sowie Götzens *»Bube«* Georg und der abtrünnige Klosterbruder Martin auf der einen Seite, auf der anderen der Bischof von Bamberg, der Rechtsgelehrte Olearius, der trinkfreudige Abt von Fulda und Liebetraut, der mit Ironie der Hofgesellschaft beisitzt. In Maria, der Verlobten Weislingens, später Sickingens Frau, und in Kaiser Maximilian, der Götz durchaus wohlgesonnen ist, aber ihn schließlich aus Gründen der Staatsräson bannt, überdecken sich die Kreise, die sich um die Hauptfiguren ordnen.

Die Mannigfaltigkeit der rasch wechselnden, je eigenständigen Szenen fördert den epischen Eindruck, den das Stück vermittelt, weshalb man es bei seinem Erscheinen auch als Lesestück ansah, das sich jeder Bühnenaufführung verweigert. Goethe selbst bemerkte später J. P. ECKERMANN gegenüber, daß das Schauspiel *»als Theaterstück nicht recht gehen«* wolle (26. 7. 1826), und auch die späteren Rezensenten bemängelten mitunter, daß dem Stück ein echt tragischer Konflikt fehle; Götz kämpft von vornherein auf verlorenem Posten, als letzter Vertreter eines untergehenden Standes ist er notwendig zum Untergang bestimmt. Weislingens Verrat beschleunigt nur diesen Prozeß. Das Ende des Helden ist – wie auch in späteren Dramenschlüssen Goethes, etwa in *Egmont* oder im *Faust* – vom Licht heiter-feierlicher Verklärtheit beglänzt, in dem sich die irdischen Konflikte relativieren; Freiheit gibt es nur in Gott, darf Elisabeth konstatieren: *»Die Welt ist ein Gefängnis.«*

Die unmittelbare Wirkung des Dramas war sensationell; es machte den jungen Autor mit einem Schlag berühmt. Kritik und Zustimmung waren gleich heftig. FRIEDRICH II. war empört über diese *»abscheuliche Nachahmung jener* [Shakespeares] *schlechten englischen Stücke«*; Lessing, der zwar selbst den Regelzwang des französischen Theaters bekämpfte, entsetzte sich über die Formlosigkeit des Stücks; der ›Neue gelehrte Merkur‹ hielt es für unaufführbar; F. NICOLAI bespöttelte seinen Bühnenerfolg, den es allein den prächtigen historischen Kostümen verdanke. Die junge Generation aber – G. A. BÜRGER, Ch. F. D. SCHUBART, J. MÖSER, H. W. v. GERSTENBERG – überbot sich an begeistertem Lob, in das nun selbst Herder vorbehaltlos einstimmte; auch F. G. KLOPSTOCK und Ch. M. WIELAND spendeten Beifall. Das Werk wurde zum *»Panier« (Dichtung und Wahrheit)* des Sturm und Drang. Hier fand die Jugend, was dichterisch darzustellen ihr selbst noch nicht geglückt war: *»Helden – deutsche, nicht aus der Luft gegriffene Helden«* (›Frankfurter gelehrte Anzeigen‹). Seit Shakespeare hatte niemand mehr Gestalten von so unbezweifelbarer Echtheit auf die Bühne gestellt. Nicht mehr eine edel stilisierte Vergangenheit wurde beschworen, sondern das Bild einer konkreten, vielschichtigen, vom Kaiser bis zu den Bauern und Zigeunern alle Stände umfassenden sozialen Wirklichkeit. Das Medium, in dem solchermaßen Historie greifbare Gegenwart wurde, war eine unerhört neue Sprache, die die herrschenden Konventionen des klassischen französischen Dramas vollends sprengte. Es ist eine im ganzen auf unstilisierten Sprechton gestimmte, im einzelnen auf den jeweiligen Stand und Charakter der Personen zugeschnittene Prosa. Götz' Redeweise und – entsprechend modifiziert – die des Personenkreises um ihn ist volkstümlich direkt und unkompliziert, bildkräftig, mundartlich gefärbt, mit biblischen Wendungen durchsetzt; M. LUTHERS und Hans SACHS' sprachlicher Einfluß auf den jungen Goethe ist unverkennbar. Der leicht altertümliche Klang, der dem ganzen Stück eignet, ist hier am deutlichsten. Weislingen jedoch spricht ein reines, häufig affekthaft exklamatorisches Hochdeutsch. Zu der gepflegten Sprache, deren sich der Bamberger Hof bedient, bilden der steife Nominalstil des gelehrten Olearius und Liebetrauts gewandte, anspielungs- und fremdwortreiche, frech pointierende Redeweise einen erheiternden Kontrast. Im naiven Volkslied des Reiterbuben Georg und im instrumental begleiteten höfisch-erotischen Kunstlied Liebetrauts verdichtet sich der Geist der beiden gegensätzlichen Lebensbereiche zum klingenden Symbol.

Die Auswirkungen der Sprach- und Formrevolution, die das Stück begründete, zeigen sich unmittelbar in der Dichtung des Sturm und Drang. Deutschland wurde von einer Flut historischer Dramen überschwemmt, die sich jedoch mit ihren z. T. überdeutlichen Tendenzen oder mit ins Titanische gesteigerten Helden von Goethes auch in der Darstellung von Größe noch maßvollem Stück weit entfernten. Goethes Dramaturgie steht am Anfang jener Entwicklung, die über die Stücke von J. M. R. LENZ und F. SCHILLERS *Räuber* bis hin zu den Dramen G. BÜCHNERS reicht, ohne allerdings auch nur annähernd deren Präsenz auf den Bühnen der Gegenwart zu erreichen; zu leicht hatte sich für den deutschen Bildungsbürger im 19. und 20. Jh. der »Ritter mit der eisernen Faust« als Idol einer Vergangenheit angeboten, *»das in treuherziger Einfalt die deutsche Kraft«* beschwor (F. Mehring).

G.He.-KLL

AUSGABEN: o. O. 1773 [2. Fassg.]. – Ffm. 1774. – AlH, 8. – Stg./Tübingen 1832 (*Geschichte Gottfriedens von Berlichingen mit der eisernen Hand, dramatisiert*, in *Werke*, Bd. 42, AlH, 1. Fassg.). – WA, I, 8. – AA, 4 [Einf. E. Beutler]. – HA, 4 [Anm. W. Kayser]. – AkA [Paralleldruck]. – Stg. 1987 [RUB]. – MA, 1, 1 [Komm. G. Sauder] u. 6, 1 [Komm. V. Lange]. – GSW, 4 [Komm. D. Borchmeyer].

LITERATUR: P. Hagenbring, *G.s »Götz von Berlichingen«. Erläuterung u. literaturhistorische Würdigung*, Tl. 1: *Herder u. die romantischen u. nationalen Strömungen in der deutschen Literatur des 18. Jh.s bis 1771*, Halle 1911. – C. Wandrey, *Die Bedeutung der dichterischen Form u. G.s »Götz von Berlichingen«* (in DRs, 186, 1921, S. 84–92). – H. Schregle, *G.s »Gottfried von Berlichingen«*, Halle 1923. – H. Meyer-Benfey, *G.s Götz von Berlichingen*, Weimar 1929. – *Zeitgenössische Rezensionen u. Urteile über G.s »Götz« u. »Werther«*, Hg. H. Blumenthal, Bln. 1935 (Literarhist. Bibl., 14). – W. F. Schirmer, *Shakespeare u. der junge G.* (in Publ. of the English Goethe-Society, N. S., 17, 1948, S. 26–42). – E. Braemer, *Geniezüge an G.s Erwin von Steinbach u. Gottfried von Berlichingen*, Diss. Jena 1952. – J. Neuendorff-Fürstenau, *Wörterbuch zu G.s »Götz von Berlichingen«*, Bln. 1958 ff. – P. Langfelder, *G.s »Götz von Berlichingen«* (in P. L., *Studien u. Aufsätze zur Geschichte der deutschen Literatur*, Bukarest 1961, S. 226–269). – K. Schumm, *Götz von Berlichingen in der Überlieferung u. in der Geschichte seiner Heimat* (in Württemberg. Franken, N. F., 36, 1962, S. 31–51). – I. Appelbaum Graham, *Goetz von Berlichingen's Right Hand* (in GLL, 16, 1962/63, S. 212–228). – G. Hübner, *G.s »Götz von*

Berlichingen« in seinem Verhältnis zum »Urgötz«. Eine Beschreibung u. Deutung der stilistischen Tendenzen der Umarbeitung, Diss. Tübingen 1963. – F. G. Ryder, *Towards a Revaluation of Goethe's »Götz«: Features of Recurrence* (in PLMA, 79, 1964, S. 58–66). – I. A. Graham, *Vom Urgötz zum Götz. Neufassung oder Neuschöpfung? Ein Versuch morphologischer Kritik* (in Jb. der Dt. Schillergesellschaft, 9, 1965, S. 245–282). – F. Martini, *G.s »Götz von Berlichingen«. Charakterdrama u. Gesellschaftsdrama* (in *Dichter u. Leser. Studien zur Literatur*, Hg. F. v. Ingen, Groningen 1972, S. 28–46; ern. in F. M., *Geschichte im Drama, Drama in der Geschichte*, Stg. 1979, S. 104–128). – *Erläuterungen u. Dokumente. J. W. G. »Götz von Berlichingen«*, Hg. V. Neuhaus, Stg. 1973 [RUB]. – R. Nägele, *Götz von Berlichingen* (in *G.s Dramen. Neue Interpretationen*, Hg. W. Hinderer, Stg. 1980, S. 65–77). – V. Neuhaus, *J. W. G.: »Götz von Berlichingen«* (in *Geschichte als Schauspiel*, Hg. W. Hinck, Ffm. 1981, S. 82–100). – S. Lange, *Held oder Hausvater. Die Dialektik von Entfaltung der Persönlichkeit u. Möglichkeiten ihres Handelns am Beispiel des »Götz von Berlichingen«* (in *G.-Studien. Zum 150. Todestag des Dichters*, Hg. A. Mádl u. L. Tarnói, Budapest 1982, S. 115–129). – E. McInnes, *Moral, Politik u. Geschichte in G.s »Götz von Berlichingen«* (in ZfdPh, 103, 1984 [Sonderh. *G. Neue Studien zu seinem Werk*], S. 2–20). – A. A. Teraoka, *Submerged and Surface Chaos. The Structure of G.'s »Götz von Berlichingen«* (in G. Yearbook, 2, 1984, S. 13–41). – F. van Ingen, *Aporien der Freiheit. G.s »Götz von Berlichingen«* (in *Verlorene Klassik? Ein Symposium*, Hg. W. Wittkowski, Tübingen 1986, S. 1–26). – K. D. Weisinger, *»Götz von Berlichingen«. History Writing itself* (in German Studies Review, 9, 1986, S. 211–232).

HERRMANN UND DOROTHEA

Epos in neun Gesängen von Johann Wolfgang von Goethe, erschienen 1797. – Als Quelle diente dem Dichter eine erbauliche Anekdote aus der *Vollkommenen Emigrationsgeschichte von denen aus dem Erzbistum Salzburg vertriebenen Lutheranern* von Göcking (1734), die Goethe in seine Gegenwart und ins Rheinland verlegte. Das aktuelle Zeitgeschehen, die Flucht der linksrheinischen Deutschen vor den französischen Revolutionstruppen im Jahre 1796, liefert den Hintergrund für ein ins Klassische, Typische erhöhtes Epos des bürgerlichen Zeitalters. Geschrieben zur Zeit des intensivsten Gedankenaustauschs mit Schiller, zeigt der Text in Sprache und Form – Hexameter, epische Breite des Erzählens, stehende, die Personen charakterisierende Redensarten – den Versuch, an die antike Tradition des von beiden Dichtern als höchste Gattung gewerteten Epos anzuknüpfen.

Herrmann, der tüchtige, aber schüchterne Sohn des Wirts zum Löwen in einer kleinen rechtsrheinischen Stadt, lernt, als er mit Geschenken für die Flüchtlinge unterwegs ist, die tatkräftige junge Dorothea kennen, die für Flüchtlingskinder und eine mitziehende Wöchnerin sorgt. Er übergibt dem Mädchen seine Gaben zu gerechter Verteilung unter die Fliehenden. Wieder zu Hause angekommen, wo seine Eltern sich mit den Nachbarn, dem Pfarrer und dem Apotheker, über die unruhigen Zeitläufe und deren Auswirkungen auf persönliche Schicksale unterhalten, berichtet Herrmann vom Gesehenen und gerät mit dem Vater in Streit, der sich bald eine reiche Schwiegertochter ins Haus wünscht und den Sohn wegen seiner Ungeschicklichkeit im Umgang mit Mädchen tadelt.

Der Mutter gelingt es, dem tief Verletzten den Grund für seine Trauer zu entlocken; er hat sich in Dorothea verliebt und möchte sie, obwohl sie arm ist, als Braut heimführen. Man kommt überein, daß der Pfarrer und der Apotheker sich bei dem Ältesten der im nächsten Dorf rastenden Flüchtlinge nach dem Leumund des Mädchens erkundigen sollen. Die beiden erfahren von einem bedächtigen alten Richter, daß Dorothea sich bei einem Überfall französischer Truppen vorbildlich verhalten und sogar mit der Waffe andere Mädchen verteidigt hat; fröhlich melden die beiden Kundschafter dies Herrmann und den Eltern. Nun geht Herrmann selbst, von Zweifeln geplagt, ob er überhaupt erhört werden wird, zu dem Mädchen und wählt in seiner Schüchternheit seine Worte so ungeschickt, daß Dorothea (nach einem rührenden Abschied von ihren Schützlingen, den Kindern des geflohenen Dorfes) noch beim Eintritt in sein Elternhaus glaubt, sie sei nur als Magd gedungen worden. Nach für sie kränkenden Mißverständnissen aber klärt der gewandte Pfarrer die Lage; der Vater stimmt der Verbindung zu, und der in wenigen Stunden durch *»wahre Neigung«* zum Manne gereifte Herrmann spricht die Schlußworte: *»Desto fester sei, bei der allgemeinen Erschütt'rung, / Dorothea, der Bund! Wir wollen halten und dauern, / Fest uns halten und fest der schönen Güter Besitztum…«*

Goethe bezeichnete es in einem Brief an J. Meyer (28. 4. 1797) als seine Intention, *»unter dem modernen Kostüm die wahre, echte Menschenproportion und Gliederformen«* darzustellen; als »wahr« und »echt« aber, als rein menschlich und vorbildlich gilt ihm zu dieser Zeit allein das Antike. So sind nicht nur die neun Gesänge mit den Namen der neun griechischen Musen überschrieben, wird nicht nur der neunte Gesang mit einem Musenanruf begonnen; vielmehr sind bis zum Bild der einzelnen Personen und bis in die Sprache hinein homerisch-epische Züge erkennbar, die aber ironische Distanz wahren: Der Vater gleicht entfernt dem leicht erzürnbaren Zeus, der Pfarrer ist ein Seher fast wie Teiresias, der weiß, was ist, war und sein wird; Herrmann selbst erhebt sich am Ende zur Größe des Heros, der *»mit Mannesgefühl die Heldengröße des Weibes trägt«*, und das Bild Dorotheas schließlich, die mit langem Stabe die Ochsen treibt, ist von archaischer epischer Schlichtheit. Auch die sprachlichen Wendungen, mit denen die Situationen, Personen und Tiere gekennzeichnet werden, verweisen zum Teil wörtlich auf den epischen Stil Homers, wobei Goethe die Form des deutschen Hexameters eher J. H. Voss entlehnte, von dessen Idylle *Luise* (1795) er Anregungen zu seinem Werk erhielt. Damit korrespondiert die Tatsache, daß er das Genre des Textes nicht in einem Untertitel kennzeichnete und in der Folgezeit Etikettierungen wie *»idyllisches Epos«* (G.W.F. Hegel) oder *»bürgerliches Epos«* (W.v. Humboldt) vorgeschlagen wurden. Tatsächlich vermischen sich in *Herrmann und Dorothea* diese Elemente und gewinnen in ihrer Diskrepanz zueinander ironisch-komische Züge; der Text vermittelt sowohl Assoziationen an die Antike als auch an das Leben einer ebenso harmonischen und tüchtigen wie beschränkten Bürgerwelt: der *»verständige Pfarrherr«*, der *»treffliche Herrmann«*, der *»menschliche Hausherr«*, sie sind Typen und Individuen, Urbilder und bürgerliche Einzelpersonen, wie auch die Handlung trotz aller aktuellen Bezüge eine Aneinanderreihung bildhafter, symbolhaltiger Einzelszenen ist.

Schelling, der die *Odyssee* den *»Mutterboden und Kommentar für Goethe«* nennt, und A.W. Schlegel gestanden Goethe zu, in seiner Darstellung von *»Naturformen«* (V.Hehn) des menschlichen Lebens das antike Vorbild erreicht zu haben. Zunehmend jedoch wurde der Text im 19. Jh., ähnlich Schillers *Glocke*, von Pädagogen und vom Besitzbürgertum als Zeugnis patriotischer Ertüchtigung beansprucht, aber auch Hegel rühmte ihn in seiner *Ästhetik* als *»Meisterwerk«*, wie allgemein bis in das frühe 20. Jh. hinein *Herrmann und Dorothea* neben dem *Faust* als das wichtigste Werk Goethes galt; zahlreiche Dramatisierungen entstanden, darunter auch von F. von Saar (1902), Goethe selbst sah im Oktober 1824 eine Adaption seines Werkes von K.Töpfer, und R.Schumann hatte sich an der Vertonung des Textes versucht, von dem auch zwei, heute vergessene Vertonungen (von F. Le Rey und E. Schönfeld) existieren. Nur wenige Stimmen wandten sich gegen diese Wertschätzung; den Jungdeutschen etwa, allen voran W.Menzel, galt das Werk als *»Huldigung ans Spießertum«*, und Th. Fontane empfand die Hexameterverse als *»schaudervoll«*. Nach 1918 schwand das Interesse an *Herrmann und Dorothea*, die neuere Forschung hat sich vor allem der Rolle der Französischen Revolution zugewandt, die in ihrer Eigenschaft als bedrohliches Ereignis zunehmend als säkularisierter Ersatz für Mythos und Religion (W.Martens) beurteilt wird, sowie die Eigentümlichkeiten der Rezeption dieses Werks in Deutschland untersucht, dessen ironische Züge man im Wilhelminischen Deutschland nicht erkannte, *»und so basiert der Legitimationsmißbrauch von ›Hermann und Dorothea‹ zum großen Teil auf Mißverständnissen und Vereinfachungen«* (P.M. Lützeler). J.Dr.-KLL

Ausgaben: Bln. 1797 (in *Taschenbuch für 1798*). – Bln. 1798. – Stg./Tübingen 1814. – AlH, 40. – WA, I, 50. – HA, 2 [Anm. E.Trunz]. – Stg. 1987 [Komm. P.M. Lützeler; RUB]. – AA, 3 [Einf. H.v. Maltzahn]. – AkA.

Literatur: V. Hehn, *Über G.s »Hermann u. Dorothea«*, Stg. 1893 (ern. in *Interpretationen. Deutsche Erzählungen von Wieland bis Kafka*, Ffm. 1966; FiTb). – H. Helmerking, *»Hermann und Dorothea«. Entstehung, Ruhm u. Wesen*, Zürich 1948. – R. Leroux, *La Révolution française dans »Hermann et Dorothea«* (in EG, 4, 1949, S. 174–186). – R.A. Schröder, *Zu »Hermann u. Dorothea«* (in R.A.S., *GW*, Bd. 2, Bln. 1952, S. 561–582). – S. Scheibe, *Zu »Hermann u. Dorothea«* (in Beiträge zur Goetheforschung, 1959, S. 226–267). – W. Weber, *Auf der Höhe des Menschen* (in W.W., *Zeit ohne Zeit*, Zürich 1959, S. 229–237). – R. Samuel, *G.'s »Hermann u. Dorothea«* (in Publications of the English G.-Society, 31, 1961, S. 82–104). – S. Scheibe, *Neue Zeugnisse zur Druckgeschichte von G.s »Hermann u. Dorothea«* (in Goethe, 23, 1961, S. 265–298). – M. Gerhard, *Chaos u. Kosmos in G.s »Hermann u. Dorothea«* (in M.G., *Leben im Gesetz*, Bern/Mchn, 1966). – M. Lypp, *Ästhetische Reflexion u. ihre Gestaltung in G.s »Hermann u. Dorothea«*, Diss. Bln. 1969. – *J. W. G. »Hermann u. Dorothea«. Erläuterungen u. Dokumente*, Hg. J. Schmidt, Stg. 1970 [RUB]. – O. Seidlin, *Über »Hermann u. Dorothea«* (in O. S., *Klassische u. moderne Klassiker*, Göttingen 1972, S. 20–37). – G. Baioni, *»Märchen« – »Wilhelm Meisters Lehrjahre« – »Hermann u. Dorothea«. Zur Gesellschaftsidee der deutschen Klassik* (in GJb, 92, 1975, S. 73–127). – H. Geulen, *G.s »Hermann u. Dorothea«. Zur Problematik u. inneren Genese des epischen Gedichts* (in FDH, 1983, S. 1–20). – Ch. Bürger, *»Hermann u. Dorothea« oder Die Wirklichkeit als Ideal* (in *Unser Commercium. G.s u. Schillers Literaturpolitik*, Hg. W. Barner, Stg. 1984, S. 485–505). – K. Eibl, *Anamnesis des »Augenblicks«. G.s poetischer Gesellschaftsentwurf in »Hermann und Dorothea«* (in DVLG, 58, 1984). – P. M. Lützeler, *»Hermann u. Dorothea« (1797)* (in *G.s Erzählwerk. Interpretationen*, Hg. P. M. L. u. J. E. McLeod, Stg. 1985). – W. Martens, *Halten u. Dauern. Gedanken zu G.s »Hermann u. Dorothea«* (in *Verlorene Klassik? Ein Symposium*, Hg. W. Wittkowski, Tübingen 1986).

IPHIGENIE AUF TAURIS

Schauspiel von Johann Wolfgang von Goethe. Die Erstfassung, in rhythmischer Prosa, entstand im Auftrag des Weimarer Hofs zum Kirchgang der Herzogin Luise nach Geburt der Tochter Luise Auguste Amalie. Der Kirchgang fand am 14. 3. 1779 statt, das Stück wurde mit Verspätung am 28. 3. 1779 fertig und am 6. 4. 1779 in Ettersburg von einer Liebhabergruppe aufgeführt; Goethe spielte dabei den Orest (*»Noch nie erblickte man«*, so Ch.W. Hufeland in seinen Erinnerungen, *»eine solche Vereinigung physischer und geistiger Vollkommenheit und Schönheit in einem Mann«)*. Die vierte und endgültige Fassung, der zwei von J. C. Lavater überlieferte Versionen in freien Jamben (zweite Fassung von 1780) sowie in Prosa (dritte Fassung von 1781) vorausgegangen waren, vollendete Goethe – laut Tagebuch – am 29. 12. 1786 auf seiner Italienreise; Uraufführung: 7. 1. 1800, Wien, die erste Aufführung in Weimar, in einer nicht erhaltenen Bearbeitung F. SCHILLERS, erfolgte am 15. 5. 1802.

Vorlage für das Stück ist das Drama *Iphigenie bei den Taurern* des EURIPIDES, das im 18. Jh. zahlreiche Bearbeiter fand, darunter J. E. SCHLEGEL (1737) sowie, für die Oper, D. SCARLATTI (1713) und Ch. W. GLUCK (1779). Der Stoff eignete sich durch seinen untragischen Ausgang für den Weimarer Anlaß, darüber hinaus aber gilt das Werk als einer der Schlüsseltexte der deutschen Klassik, als Reflexion über den *»Prozeß der Befreiung des Menschen aus Erbschuld oder naturhafter Unmündigkeit«* (H. R. Jauß) sowie – neben dem *Tasso* – als Resümee der persönlichen und politisch-öffentlichen Erfahrungen Goethes in Weimar, deren Schattenseiten *»weder zu einer enragierten subjektivistischen Opposition gegen die Verhältnisse noch zu einer leidend resignativen Unterwerfung unter die Gegebenheiten führte* ... [Das Stück] *praktiziert insofern schon die aus den Weimarer Erfahrungen gewonnene Anschauung des Dichters, als Iphigenie eine neue, bewußt-reflektierende und aktiv-handelnde Art des Menschen repräsentiert, die der objektiven Wirklichkeit gegenüber die Bewußtseinsqualität des Menschen und seine Entscheidungsfähigkeit behauptet«* (H.-D. Dahnke).

Der Gang der äußeren Handlung weicht bei Goethe nur in wenigen, für die innere Umorientierung der Vorgänge jedoch bezeichnenden Zügen von der antiken Vorlage ab; *»erstaunlich modern und ungriechisch«* nannte Schiller das Werk (Brief an Ch. G. KÖRNER), und Goethe selbst bemerkte gegenüber J. P. ECKERMANN: *»Es ist reich an innerem Leben, aber arm an äußerem.«* Schon der Verzicht auf den Chor macht deutlich, daß sich die Ereignisse hier nicht, wie bei Euripides, vor den Augen einer kommentierenden Öffentlichkeit abspielen, sondern sich in den Seelen der Akteure und allenfalls noch in den Gesprächen zwischen ihnen vollziehen; als *»Seelendrama«* charakterisierte schon W. SCHERER das Schauspiel. Auch erscheint die taurische Umwelt, verglichen mit der barbarischen der antiken Tragödie, durch die bloße Anwesenheit Iphigenies bereits humanisiert.

Iphigenie, Tochter des Agamemnon und der Klytaemnestra, und somit aus dem Geschlecht der Tantaliden, soll während Agamemnons Zug gegen Troja geopfert werden, um die Göttin Artemis (Diana) zu besänftigen. Diana rettet Iphigenie und entrückt sie zu den Taurern, wo sie in ihrem Tempel und vor ihrem Standbild als Priesterin dient. Thoas, König der Taurer, schenkt der Unbekannten das Leben und bricht dadurch mit dem Gesetz, jeden Fremden auf dem Altar der Diana zu opfern. Diese Vorgeschichte wird im ersten Akt des Dramas als bekannt vorausgesetzt; in Iphigenies Einleitungsmonolog dominiert bereits ihr Konflikt zwischen Pflicht und Neigung, zwischen dem Auftrag der Göttin und ihrem Heimweh nach Griechenland. Verschärft wird dies durch den Wunsch des Thoas, sich mit ihr zu verheiraten. Iphigenie lehnt ab; weder will sie für immer bei den Taurern bleiben, noch wagt sie es, Thoas ihre Identität und Abstammung aus dem gegen die Götter stets rebellischen Geschlecht der Tantaliden *(»Wohl dem, der seiner Väter gern gedenkt«)* zu enthüllen. Durch ihre Weigerung verletzt, befiehlt Thoas, den alten Brauch seines Landes wiederaufzunehmen und zwei junge Männer, die an der Küste gelandet sind, zu opfern. Bei den beiden Unbekannten handelt es sich um Orest und seinen Freund Pylades; Orest, der Bruder Iphigenies, hatte auf Ratschlag des Apoll seine Mutter Klytaemnestra (die zusammen mit ihrem Liebhaber Aigisth den König Agamemnon erschlug) getötet; er wird deshalb von den Erinnyen verfolgt, und Erlösung ist ihm nur verheißen, wenn er das hölzerne Standbild der Artemis-Diana, der Schwester des Apoll, nach Griechenland bringt. Bei Goethe erhält diese Weisung *(»Bringst du die Schwester zu Apollen hin, / und wohnen beide dann vereint zu Delphi / (...) So wird für diese Tat das hohe Paar / Dir gnädig sein ...«)* einen Doppelsinn, da sie sich – von Orest unerkannt – auch auf seine eigene Schwester Iphigenie bezieht. Die Befreiung Orests von den Erinnyen vollzieht sich im dritten Akt, in dem er sich Iphigenie zu erkennen gibt und die Opferung durch die eigene Schwester *(»Der Brudermord ist hergebrachte Sitte / Des alten Stammes; und ich danke, Götter, / Daß ihr mich ohne Kinder auszurotten / Beschlossen habt«)* als Höhepunkt und zugleich Ende des göttlichen Fluches annimmt, der auf seinem Geschlecht lastet; er verfällt in einen Heilschlaf, den eine Vision der Unterwelt begleitet, und wird nach Anrufung der Götter durch Iphigenie von den Erinnyen befreit: *»Es löset sich der Fluch, mir sagt's das Herz.«* Iphigenie ist zunächst bereit, mit Orest und Pylades unter Mitnahme des Bildnisses der Diana von Tauris heimlich zu fliehen; sie erkennt in diesem Handeln jedoch eine Fortsetzung der alten Kette von Betrug und Täuschung und offenbart sich schließlich Thoas: *»Wenn / Ihr wahrhaft seid, wie ihr gepriesen werdet: / So zeigt's durch euern Beistand und verherrlicht / durch mich die Wahrheit!«*. Der König gewährt ihnen die Heimfahrt auf Bitten Iphigenies, deren Verhalten Orest mit den Worten kommentiert: *»Gewalt und List, der Männer höchster Ruhm, / Wird durch die Wahrheit dieser hohen Seele / Beschämt, und reines kindliches Vertrauen / Zu einem edeln Manne wird belohnt.«*

Der Aufbau des Dramas ist streng symmetrisch. Um Iphigenie als Mittelpunkt gruppieren sich die vier anderen Akteure in zwei Paaren – Thoas mit seinem Vertrauten Arkas auf der einen, Orest und Pylades auf der andern Seite. Die innere Dramatik entwickelt sich in zwei Konfliktsphären, deren eine – die Spannung zwischen Thoas und Iphigenie – die andere – die Orest-Handlung – umgreift, von dieser jedoch erst den Impuls zu ihrer vollen Entfaltung empfängt. Das hier wirkende Formprinzip ist also nicht architektonischer Art, sondern einer in Steigerungen sich vollziehenden Metamorphose verwandt. Die klassische Einheit der Handlung vollendet sich in der Einheit von Zeit und Ort: der heilige Hain der Diana. Natur, die das Geheimnis des Göttlichen einschließt, ist der einzige Schauplatz der Begegnungen. Die beiden durch die Gestalt Iphigenies miteinander verbundenen Spannungsfelder bewegen sich um das Problem der Humanität, um die Frage, wie *»reine Menschlichkeit«* in einer Welt zu verwirklichen sei, in der der einzelne zwischen Determiniertheit und prometheischer Freiheit, zwischen verfügtem Schicksal und persönlicher Schuld heillos verfangen scheint. Die Frage stellt sich für Goethe als eine in der ursprünglichen Bedeutung des Worts religiöse: Die Überzeugung einer Entsprechung und Wechselwirkung zwischen dem Menschen und den numinosen Kräften des Universums hält auch den extremen Momenten des Zweifels und der Angst stand.

Eine Teilantwort, mit der gleichsam die Voraussetzungen für eine Lösung des Problems beleuchtet werden, gibt die Orest-Handlung. Orests innerer Konflikt, der ihn bis zum Wahnsinn verstört, entspringt seiner Determinationsgläubigkeit: *»Mich haben sie zum Schlächter auserkoren, / zum Mörder meiner doch verehrten Mutter, / und eine Schandtat schändlich rächend mich / durch ihren Wink zu Grund gerichtet.«* Fasziniert von diesem Schicksal, das ihn zu töten bestimmt, wo er liebt, den rückwärtsgewandten Blick auf die Blutschuld geheftet, die ihm von den Göttern aufgedrängt und die doch seine eigene ist, erscheint ihm das Verlöschen seiner fluchbeladenen Individualität im Tod als einziger Ausweg aus dem Circulus vitiosus von Missetat und Leiden. Weder Pylades' tatkräftiger Optimismus noch das Wiedersehensglück der Schwester finden Widerhall in seinem gegenwarts- und zukunftsblinden Bewußtsein. Die Begegnung mit Iphigenie, die ausersehen scheint, den eigenen Bruder zu töten und so den tantalidischen Fluch weiterzutragen, treibt seine Schicksalsbesessenheit zum Äußersten, gibt aber auch den Anstoß zu seiner Rettung: Das Übermaß des Leidens zerbricht die Schranken des Ichbewußtseins; in schlafähnlicher »Ermattung«, die den Heilkräften der Natur ungehindert Raum gibt, erlebt Orest in einer Vision die Versöhnung mit seinen im Tod entsühnten Ahnen. Zwar ist der Fluch, der auf dem ganzen Geschlecht lastet, nicht aufgehoben – denn noch sind dem Ahnherrn Tantalus *»grausame Qualen / mit ehernen Ketten fest aufgeschmiedet«* –, aber es wird die Möglichkeit sichtbar, ihn zu überwinden.

Als *»verteufelt human«* bezeichnete Goethe das Stück, als Schiller es 1802 zur Aufführung bringen wollte, und bereits während der Arbeit an der ersten Fassung schreibt der Autor am 6. 3. 1779 an Charlotte von Stein aus Apolda: *»Hier will das Drama gar nicht fort, es ist verflucht, der König von Tauris soll reden, als wenn kein Strumpfwürker in Apolde hungerte.«* Die Idealität der Handelnden, deren Leitbegriffe Aufrichtigkeit voreinander, Freiheit, Selbstdisziplin und immer wieder die *»Wahrheit«* sind, wird in der Sprachform des Schauspiels sinnfällig. Der fünfhebige jambische Blankvers fließt, durch Enjambements oft zu größeren rhythmischen Einheiten verknüpft, in einem gemessenen Parlando dahin, das nur in Augenblicken gesteigerten Erlebens, vor allem in Monologen und Gebeten, zu beschleunigteren, vier- oder fünfhebigen daktylisch-trochäischen Tempi hinüberwechselt. Auf der Scheitelhöhe der dramatischen Entwicklung erscheint in einem antiken, amphibrachischen Versmaß das *Lied der Parzen (»Es fürchte die Götter / Das Menschengeschlecht!«)*, in dem Iphigenie die Teilnahmslosigkeit der Götter gegenüber dem menschlichen Schicksal, die archaische Unterwerfung der Menschen unter die göttliche Willkür sich vor Augen führt. Mit dieser Tradition bricht sie, aber nicht in der Form gewalttätiger Rebellion wie ihre Vorväter, sondern durch die Verpflichtung ihres Handelns auf das Ideal der Humanität, durch das Eingedenken ihrer Entscheidungsfreiheit. Der Mensch löst sich aus dem unmündigen Status der Vergangenheit, der auch die Entfremdung gegenüber sich selbst bedeutete, um der eigenen *»Stimme / Der Wahrheit und der Menschlichkeit«*, wie Thoas es formuliert, zu folgen, die jedem Individuum zugeeignet ist, wie Iphigenie ausführt: *»Es hört sie jeder,/ Geboren unter jedem Himmel, dem / Des Lebens Quelle durch den Busen rein / Und ungehindert fließt.«* Anstelle der Unterwerfung unter die Götter soll diese *»Stimme«* den friedlichen Umgang der Menschen miteinander stiften und kann dies leisten, da darin das verbindende Moment zwischen den ansonsten autonomen und sich als autonom erkennenden Individuen besteht.

Damit hat Goethe in diesem Schauspiel die zentralen Gedanken des ästhetischen Bildungsprogramms der deutschen Klassik formuliert, die für sein weiteres Werk wie für das Schillers verbindlich sind. Die Emanzipation des Menschen ist vor allem – in Fortführung der Säkularisierungsbestrebungen der Aufklärung – eine Befreiung von religiöser Bevormundung, politisch-soziale Veränderungen – und dies wirkt in Goethes Beurteilung der Französischen Revolution nach – setzen die Fähigkeit des Individuums zu Selbstbestimmung und gegenseitiger Anerkennung dieser Qualität voraus, wie es in dem sich wandelnden Abschiedsgruß des Thoas *(»So geht!« – »Lebt wohl!«)* manifest wird. Die mittlerweile kaum mehr überschaubare Forschungsliteratur zu diesem Werk hat immer wieder auf diese weitreichenden Bezüge aufmerksam gemacht, in neuerer Zeit vor allem durch W. Rasch; dem stehen neuerdings literatursoziologische Ansätze (Ch. Bürger, F. Hackerer) gegenüber, die den Text in engerem Zusammenhang mit Goethes Situation in Weimar und seinem Verhältnis zum aufgeklärt-absolutistischen Gebaren des Herzogs Carl August sehen, ohne daß damit die Bedeutung der *Iphigenie* in Abrede gestellt wird, für die Th. W. Adorno den schönen Satz fand: *»Inkommensurabel ragt das Schauspiel Iphigenie über die Bildungssphäre, in der das Wort Klassizismus seine Nische hat.«*

G.He.-M.Pr.

AUSGABEN: Lpzg. 1787 [endgültige Fassg.]. – AlH, 9. – Stg./Tübingen 1854 (*Die drei ältesten Bearb. von G.s »Iphigenie«*, Hg. H. Düntzer). – WA, 10 u. 39 [Vers- u. Prosaabschrift von Lavater]. – HA, 5 [Anm. D. Lohmeier]. – AA, 6 [Einf. K. May]. – MA, 2,1 [Komm. H. Reinhardt]. – GSW, 5 [Prosa- u. Versfassg.; Komm. D. Borchmeyer]. – Stg. 1988 [RUB].

LITERATUR: J. Baechtold, *»Iphigenie auf Tauris« in vierfacher Gestalt*, Freiburg i. B./Tübingen 1883. – E. Philipp, *Die Iphigeniensage von Euripides bis Hauptmann*, Diss. Wien 1948. – O. Seidlin, *G.s »Iphigenie«; verteufelt human?* (in WW, 5, 1954/55, S. 272–280). – S. Burckhardt, *Die Stimme der Wahrheit u. der Menschlichkeit. G.s »Iphigenie«* (in MDU, 48, 1956, S. 49–71). – H. Lindenau, *Die geistesgeschichtlichen Voraussetzungen von G.s »Iphigenie«* (in ZfdPh, 75, 1956, S. 113–153). – K. May, *G.s »Iphigenie«* (in K. M., *Form und Bedeutung*, Stg. 1957, S. 73–88). – A. Henkel, *G. »Iphigenie auf Tauris«* (in *Das deutsche Drama*, Hg. B. v. Wiese, Bd. 1, Düsseldorf ²1960, S. 169–192; m. Bibliogr.). – E. L. Stahl, *G. »Iphigenie auf Tauris«*, Ldn. 1962 (Studies in German Literature, 7). – Th. W. Adorno, *Zum Klassizismus von G.s »Iphigenie«* (in NRs, 78, 1967, S. 586–599; ern. in Ders., *Noten zur Literatur IV*, Ffm. 1974, S. 7–33; BS). – Ch. Bürger, *Der Ursprung der bürgerlichen Institution Kunst im höfischen Weimar. Literatursoziologische Untersuchungen zum klassischen G.*, Ffm. 1977, S. 177–207. – E. Fischer-Lichte, *Probleme der Rezeption klassischer Werke – am Beispiel von G.s »Iphigenie«* (in *Deutsche Literatur zur Zeit der Klassik*, Hg. K. O. Conrady, Stg. 1977, S. 114–140). – W. Rasch, *G.s »Iphigenie auf Tauris« als Drama der Autonomie*, Mchn. 1979. – F. Hackert, *»Iphigenie auf Tauris«* (in *G.s Dramen. Neue Interpretationen*, Hg. W. Hinderer, Stg. 1980, S. 144–168). – D. Borchmeyer, *J. W. v. G.: »Iphigenie auf Tauris«* (in *Deutsche Dramen*, Hg. H. Müller-Michaels, Bd. 1, Königstein 1981, S. 52–86). – O. J. Brendel, *»Iphigenie auf Tauris« – Euripides und G.* (in Antike u. Abendland, 27, 1981, S. 52–97). – F. W. Fowler, *The Problem of G.s Orest: New Light on »Iphigenie auf Tauris«* (in Publications of the English G. Society, 51, 1981, S. 1–26). – K. Pestalozzi, *G.s »Iphigenie« als Antwort an Lavater betrachtet* (in GJb, 98, 1981, S. 113–130). – K. Schaefer, *»Iphigenie auf Tauris« heute. Entstehungsgeschichte u. Wirkungsmöglichkeiten* (in *G.-Studien. Zum 150. Todestag des Dichters*, Hg. A. Mádl u. L. Tarnói, Budapest 1982, S. 207–222). – H.-D. Dahnke, *Im Schnittpunkt von Menschheitsutopie u. Realitätserfahrung. »Iphigenie auf Tauris«* (in Impulse, 6, 1983, S. 9–36). – U. Segebrecht, *Götter, Helden u. G. Zur Geschichtsdeutung in G.s »Iphigenie auf Tauris«* (in *Klassik u. Moderne*, Hg. K. Richter u. J. Schönert, Stg. 1983, S. 175–193). – P. Pütz, *Nähe u. Ferne zur Antike. »Iphigenie« u. »Maria Stuart«* (in *Unser Commercium. G.s u. Schillers Literaturpolitik*, Hg. W. Barner, Stg. 1984, S. 289–302). – H.-G. Werner, *G.s »Iphigenie« u. die Antinomien eines idealen Humanitätskonzepts* (in H.-G. W., *Text u. Dichtung. Analyse u. Interpretation*, Bln./Weimar 1984, S. 128–164; 373–375). – W. Wittkowski, *G. u. Kleist. Autonome Humanität u. religiöse Autorität zwischen Unbewußtsein u. Bewußtsein in »Iphigenie«, »Amphitryon«, »Penthesilea«* (in *G. im Kontext. Kunst u. Humanität, Naturwissenschaft u. Politik von der Aufklärung bis zur Restauration. Ein Symposium*, Hg. W. W., Tübingen 1984, S. 205–222). – Ders., *»Bei Ehren bleiben die Orakel u. gerettet sind die Götter?« G.s »Iphigenie«. Autonome Humanität und Autorität der Religion im aufgeklärten Absolutismus* (in GJb Weimar, 101, 1984, S. 250–268). – R. C. Ockenden, *On Bringing Statues to Life. Reading G.s »Iphigenie auf Tauris« and »Torquato Tasso«* (in Publications of the English G. Society, 55, 1984/85, S. 69–106). – J.-M. Gliksohn, *Iphigénie: de la Grèce antique à l'Europe des Lumières*, Paris 1985. – T. J. Reed, *Iphigenies Unmündigkeit. Zur weiblichen Aufklärung* (in *Germanistik. Forschungsstand u. Perspektiven. Vorträge des Deutschen Germanistentages 1984*, Hg. G. Stötzel, Bln./NY 1985, Bd. 2, S. 505–524). – P. L. Lehmann, *Iphigenie u. Pylades* (in P. L. L., *Von G. zu George. Heidelberger Essays*, Heidelberg 1986, S. 28–36). – J. Neubauer, *Sprache u. Distanz in G.s »Iphigenie«* (in *Verlorene Klassik? Ein Symposium*, Hg. W. Wittkowski, Tübingen 1986, S. 27–39). – I. Winter, *Wiederholte Spiegelungen: Funktion u. Bedeutung der Verseinlage in G.s »Iphigenie auf Tauris« u. »Wilhelm Meisters Lehrjahre«*, NY u. a. 1988.

ITALIÄNISCHE REISE

Autobiographisches Werk von Johann Wolfgang von GOETHE, nach Briefen und Tagebuchaufzeichnungen aus der Zeit der Reise (Anfang September 1786 bis Ende April 1788) zusammengestellt und unter Hinzufügung von späteren »Berichten« über den zweiten römischen Aufenthalt erstmals vollständig veröffentlicht 1829 in den Bänden 27 bis 29 der Ausgabe letzter Hand. Teil 1 und 2 (Reise von Karlsbad nach Rom, erster römischer Aufenthalt, Neapel und Sizilien) waren schon 1816 und 1817 u. d. T. *Aus meinem Leben. Zweiter Abteilung Erster und Zweiter Teil* erschienen (die *Erste Abteilung* war *Dichtung und Wahrheit*), mit dem später weggelassenen Motto: *Auch ich in Arkadien!*

Goethe, dem nach den Worten seiner Mutter *»von früher Jugend an ... der Gedanke, Rom zu sehen, in seine Seele geprägt«* war, hatte der immer wieder auftauchenden Versuchung, nach Italien zu reisen, in der Meinung, es sei noch zu früh, lange Jahre widerstanden. *»Nur die höchste Notwendigkeit konnte mich zwingen, den Entschluß zu fassen.«* Dieser Entschluß wurde heimlich und wie auf der Flucht ausgeführt, als die Problematik seiner privaten und öffentlichen Weimarer Existenz zur lebensbedrohenden Krise geworden war. In der redigierten Fassung der Originalbriefe werden diese Hintergründe, die Unmöglichkeit, gleichzeitig einem Beruf im Dienst eines Gemeinwesens und seiner dichteri-

schen Berufung zu leben, die Aussichtslosigkeit, seiner Liebe zu Charlotte von Stein eine angemessene und erträgliche Form zu geben, nur angedeutet. Die Flucht wird in der von allzu Persönlichem gereinigten Buchfassung damit begründet, daß er *»rein zugrunde gegangen«* wäre, wenn er *»die Begierde, diese Gegenstände mit Augen zu sehen«*, nicht endlich hätte befriedigen können.
Wie reif die Zeit, wie sehr er auf alles, was ihm begegnete, vorbereitet war und wie sehr es zutrifft, daß er *»keinen ganz neuen Gedanken gehabt, nichts ganz fremd gefunden«* habe, zeigt die Tatsache, daß auf der fast überstürzten Reise zu diesem Ziel – auf der er sich jeweils nur kurze Aufenthalte (in Verona vor allem, für die Arena, in Vicenza für die Bauten, in Venedig, Ferrara und Bologna für Theateraufführungen, Stadt-, Kirchen- und Gemäldebesichtigungen) gönnt und sich von Florenz etwa nicht ablenken läßt, wie er auch italienische Gotik und Barock kaum beachtet – alle Fragen, um die es ihm geht, vollkommen klargestellt und im Prinzip auch beantwortet werden. »Die Gegenstände« – das ist das eine der immer wiederkehrenden Schlüsselworte, die Ziel und Sinn dieser Unternehmung erschließen. *»Ich mache diese wunderbare Reise nicht, um mich selbst zu betriegen, sondern um mich an den Gegenständen kennen zu lernen.«* Diese Reise sollte also in viel persönlichere Bereiche führen, als sie von Bildungsreisen des 18. Jh.s sonst erreicht oder auch nur angestrebt wurden; Goethes Ziel war Selbstbildung und Selbsterfahrung: *»Ich habe mich«*, so schreibt Goethe kurz vor seiner Rückkehr nach Weimar an den Herzog, *»in dieser anderthalbjährigen Einsamkeit selbst wiedergefunden; aber als was? – Als Künstler!«* So wichtig es ist, die Gegenstände kennenzulernen, wichtiger für Goethe ist es, zugleich das eigene Ich an ihnen zu prüfen, sich über ihre Struktur, ihre Größe und Bedeutung klarzuwerden, um aus dem intensiven Umgang mit ihren Formen die eigene Form zu gewinnen. Gegenstand kann alles »Gebildete« sein – ein Bauwerk so gut wie eine Felsformation, ein Gemälde so gut wie eine Pflanze, eine Skulptur so gut wie ein am Weg gefundener Stein.
In allen Gegenständen sucht Goethe nach dem »Gedanken« – auch dies ein immer wiederkehrendes Wort. Dieser Augenmensch, dem so leicht keine Einzelheit entgeht, schreibt den erstaunlichen Satz: *»Was ist Beschauen ohne Denken?«* An den Gegenständen sich bilden heißt nicht Wissen sammeln, sondern ihre »Existenz« – ein weiterer Zentralbegriff – auf sich wirken lassen, *»um den höchsten Begriff dessen, was die Menschen geleistet haben, zu bekommen«*. Alles, was lebendig, wahr, seiend ist, hat Existenz: Dieser Begriff läßt sich deshalb ebensogut auf Natur- wie auf Kunstgegenstände anwenden, und das Höchste, was Goethe über einen Künstler (Michelangelo) auszusagen weiß, ist, daß ihm *»nicht einmal die Natur auf ihn schmeckt«*. Daß ihre Kunstwerke nach dem gleichen Gesetz gebaut erscheinen wie Naturwerke, ist die unüberbietbare Leistung der klassischen Künstler: *»Eine zweite Natur, die zu bürgerlichen Zwecken handelt, das ist ihre Baukunst.«* Nie beurteilt Goethe ein Kunstwerk rein nach ästhetischen Qualitäten. Er ist z. B. außerstande, Gemälden gerecht zu werden, deren Gegenstände, wie die christlichen Märtyrerlegenden, in seinen Augen *»keinen menschlichen Begriff«* geben: *»Unter zehn Sujets nicht eins, das man hätte malen sollen.«* Nicht dem Aberglauben der Menschen zu dienen, sondern *»ihnen eine große Idee von ihnen selbst zu geben, ihnen das Herrliche eines wahren, edlen Daseins zum Gefühl bringen«* ist Aufgabe des Künstlers.
Rom, die Hauptstadt der Welt, wird ihm zum Ort des *»Aufraffens«* und Lernens, der *»völligen Entäußerung von aller Prätention«*, deren man bedarf, um jener Aufgabe gerecht werden zu können. Zu solcher Entäußerung gehört auch der Verzicht darauf, als der schon weltberühmte Dichter des *Werther* in die römische Gesellschaft Eingang zu finden. Goethe wahrt streng sein Inkognito. Nur wenige Auserwählte, wie der Hofrat Reiffenstein, die Maler W. Tischbein und Angelica Kauffmann, der Schriftsteller K. Ph. Moritz, wissen, wer sich hinter Jean Philippe Möller, Kaufmann aus Leipzig, von Reiffenstein flugs baronisiert, verbirgt; sie dürfen dem Gast als Führer durch die fremde Stadt dienen und sich seiner Freundschaft erfreuen: *»Ich bin nicht hier, um nach meiner Art zu genießen: befleißigen will ich mich der großen Gegenstände, lernen und mich ausbilden, ehe ich vierzig Jahre alt werde.«* Was er sich von dem neuen Leben erhofft hat, wird ihm in Rom aufs reichlichste zuteil: *»Ob ich gleich noch immer derselbe bin, so mein ich, bis aufs innerste Knochenmark verändert zu sein.«* Von dem Tag, an dem er Rom betrat, zählt er *»einen zweiten Geburtstag, eine wahre Wiedergeburt«*. Er fühlt, daß er umlernen, neue Fundamente legen muß, nicht nur in seiner Kunst: Zugleich mit dem Kunstsinn ist es der sittliche, der *»große Erneuerung leidet«*. Von der Wandlung beider zeugt die neue Fassung der *Iphigenie*, die in Rom entsteht. Je länger er in dieser Stadt ist, um so mehr gewinnt seine Existenz an »Schwere«: *»Ich fürchte mich nun nicht mehr vor den Gespenstern, die so oft mit mir spielten.«* Unablässig ist er auf der Suche nach den Gesetzen, nach denen die Natur verfährt und nach denen seiner festen Überzeugung nach auch die alten Künstler verfuhren: *»Nur ist noch etwas anderes dabei, das ich nicht auszusprechen wüßte…«*
Von Kunsteindrücken fast übersättigt, begibt er sich im Februar 1787 von Rom nach Neapel, und angesichts des Meeres, an dem diese wunderbare Stadt liegt, bekennt er wie aufatmend: *»Die Natur ist doch das einzige Buch, das auf allen Blättern großen Gehalt hat.«* Diese Natur, zu der für ihn das unbeschwerte Existieren des südlichen Volks ebenso gehört wie die *»Ufer, Buchten und Busen des Meeres, der Vesuv, die Stadt, die Vorstädte, die Kastelle, die Lusträume«* –, ist nun der Gegenstand weniger des Studiums, das mit Hilfe Tischbeins eher pflichtgemäß absolviert wird, als des beseligten Genusses: *»Wenn man in Rom gern studieren mag, so will man hier nur leben…«* Beglückt begibt er sich in die Schule des *»leichten und lustigen Lebens«*, geht in

Gesellschaft und häufig ins Theater und fragt sich, ob er eigentlich jetzt *»toll«* oder ob er es nicht vielmehr früher gewesen sei. Doch unter der heiter bewegten Oberfläche dieser rund fünf neapolitanischen Wochen wachsen die sich bildenden Ideen in aller Stille weiter. Auf einem der letzten Spaziergänge am Meer kommt ihm *»eine gute Erleuchtung über botanische Gegenstände«* – der Gedanke an die Urpflanze begleitet ihn offenbar ständig, und im öffentlichen Garten von Palermo, in dem er, inzwischen zu Schiff nach Sizilien gereist, viele Stunden verbringt, gewinnt diese Idee immer deutlicheren Umriß: *»Woran würde ich sonst erkennen, daß dieses oder jenes Gebilde eine Pflanze sei, wenn sie nicht alle nach einem Muster gebildet wären?«* Sizilien erscheint ihm als ein Paradies, ohne das Italien *»gar kein Bild in der Seele macht ... hier ist erst der Schlüssel zu allem«* – wobei charakteristischerweise unter diesem »allem« nicht die klassische Kunst, sondern die klassische Natur verstanden wird. Die gewaltigen Reste griechischer Kunst befremden ihn eher, als daß sie ihn überwältigen. Erst wenn sich ein Bauwerk wie der Concordia-Tempel in Girgenti, der sich zu denen von Paestum *»wie Göttergestalt zum Riesengebilde«* verhält, *»unserem Maßstab des Schönen und Gefälligen nähert«*, fühlt er sich vertraut berührt. Als eigentlich griechisch erlebt er vor allem die Landschaft, die ihn zur *Odyssee* greifen läßt und die er mit deren Gestalten bevölkert. Der Nausikaa-Stoff taucht auf, doch die *»dichterischen Träume«* werden von dem *»anderen Gespenst«*, das ihm nachschleicht, der Urpflanze, immer wieder verdrängt. Aus Neapel, wohin er Mitte Mai noch einmal kurz zurückkehrt, schreibt er an J. G. Herder, daß er *»dem Geheimnis der Pflanzenzeugung und Organisation ganz nahe«* sei und damit einem Gesetz, das sich *»auf alles Lebendige anwenden lassen«* werde.

Der Abschied von Neapel macht ihm *»einige Pein«*. Doch bald sieht er sich in Rom durch die *»Anschauung«* der nach Raffaels Kartonen gefertigten Teppiche *»wieder in den Kreis höherer Betrachtungen zurückgeführt«*. Aber das reine Betrachten genügt ihm nicht mehr, er schämt sich des *»Kunstgeschwätzes«*, denn *»es kommt nicht aufs Denken, es kommt aufs Machen an«*. Eine Zeit intensivsten Zeichenstudiums beginnt, nichts soll ihm mehr bloßer Begriff oder Name bleiben, und *»ohne Nachahmung ist dies nicht möglich«*. Die Künstler, mit denen er verkehrt, außer Angelica Kauffmann vor allem der Schweizer H. Meyer, der ihn *»in das eigentliche Machen initiiert«*, deuten ihm *»die rechte Methode«* an. Er gewinnt die Überzeugung, daß *»weit mehr Positives, das heißt Lehrbares und Überlieferbares, in der Kunst* [ist], *als man gewöhnlich glaubt«*. Er arbeitet beharrlich und intensiv, vor allem *»das Studium der Menschengestalt«* hat es ihm angetan, und er ist so überzeugt, daß mit ihm wieder *»eine neue Epoche«* angehe und daß er den Prozeß des Erzogenwerdens, der auf den des Neugeborenwerdens folgte, nicht, ohne schweren Schaden zu nehmen, abbrechen dürfe, daß er am 11. August 1787 den Seinen kurz und entschieden mitteilt: *»Ich bleibe noch bis künftige Ostern in Italien. Ich kann jetzt nicht aus der Lehre laufen«* – ein Entschluß, der, wie die nun immer wieder auftauchenden Rechtfertigungen und fast demütigen Bitten um Verständnis beweisen, zu Hause nicht ohne Befremden aufgenommen wurde. Er tröstet die Weimarer Freunde mit Ankündigungen auch des reichen literarischen Ertrags, den er in Rom sammelt, und tatsächlich werden Neubearbeitungen von *Erwin und Elmire*, *Claudine von Villa Bella* und schließlich der *Egmont* auf die Reise über die Alpen geschickt. Doch es wirkt wie eine Verteidigung seiner Ab- und Umwege, wenn er schreibt, *»daß ich zeichne und die Kunst studiere, hilft dem Dichtungsvermögen auf, statt es zu hindern: denn schreiben muß man nur wenig, zeichnen viel«*. Wie ernsthaft er sich in der römischen Zeit den Bildkünsten verschrieben hat, machen gerade diejenigen Briefstellen aus den letzten Monaten des römischen Aufenthalts deutlich, in denen er resigniert zu der Erkenntnis kommt, daß er *»zur bildenden Kunst zu alt«* sei. Positiver ausgedrückt, heißt das: *»Täglich wird mir's deutlicher, daß ich eigentlich zur Dichtkunst geboren bin ... Von meinem längeren Aufenthalt in Rom werde ich den Vorteil haben, daß ich auf das Ausüben der bildenden Kunst Verzicht tue.«*

Der Ring ist geschlossen; als einer, der sich auf der anderthalbjährigen Reise weniger gewandelt als gefunden hat, wird er in die Heimat zurückkehren – ob mit so fröhlichem Herzen, wie er es in den Briefen oft angekündigt hat, darf füglich bezweifelt werden bei einem, dem der Abschied von Rom das Wort eingibt: *»In jeder großen Trennung liegt ein Keim von Wahnsinn, man muß sich hüten, ihn nachdenklich auszubrüten und zu pflegen.«*

Der Drang, nach seiner Rückkehr das Erlebte festzuhalten und zu publizieren, wird gebremst durch den reservierten Empfang, den man Goethe in Weimar bereitet *(»... ich vermißte jede Teilnahme, niemand verstand meine Sprache«)*, aber er bietet 1788 Ch. M. Wieland für dessen ›Teutschen Merkur‹ eine Reihe von Aufsätzen über Italien an, die ab Oktober 1788 anonym als *Fragmente eines Reisejournals* erscheinen, mit Titeln wie *Stundenmaß der Italiener*, *Venedig*, *Lebensgenuß des Volkes in und um Neapel*, und später in die *Italienische Reise* wieder übernommen werden. Anfang 1789 kommt es zum Bruch mit Charlotte von Stein. Für sie hatte Goethe sein *Tagebuch der italiänischen Reise 1786* verfaßt (1886 von E. Schmidt erstmals publiziert), das er schließlich von ihr wieder zurückfordert und das ebenso wie die Briefe und Notizen aus Italien als Grundlage der späten Veröffentlichung der Aufzeichnungen dient. Erst 20 Jahre später begann Goethe, seine Aufzeichnungen für die Veröffentlichung zu bearbeiten. Vom Zauber der unmittelbaren Berichte eines Hingerissenen haben die ersten beiden Teile trotz der Reinigung vom Allerpersönlichsten weit mehr bewahrt als der dritte, erst 1829 abgeschlossene Teil, der außer der Korrespondenz des noch nicht Vierzigjährigen auch zahlreiche – was die zeitgenössische Rezeption des Textes nicht sehr positiv vermerkte – gemessen und gravitätisch sich gebende *Berichte* über den *Zweiten römischen Aufenthalt* und einige teilweise schon selbständig veröffentlichte Kapitel enthält, wie die liebevolle Schilderung des »humoristischen Heiligen« Philipp Neri und die detaillierte und nachdenkliche Beschreibung des römischen Karnevals als eines Festes, *»das dem Volk nicht eigentlich gegeben wird, sondern das sich das Volk selbst gibt«*. Der Freundschaft und der zahlreichen Gespräche mit K. Ph. Moritz – *»ein seltsames Gefäß, das, immer leer und inhaltsbedürftig, nach Gegenständen lechzte, die er sich aneignen könnte«* – wird in einer kurzen Betrachtung über *Moritz als Etymolog* und durch Einfügung von Abschnitten aus dessen Abhandlung *Über die bildende Nachahmung des Schönen* gedacht. Ein *»zartes Verhältnis«* mit einer *»schönen Mailänderin«*, das die beiden *»nur halbbewußt Liebenden«* einander erst in einem *»lakonischen Schlußbekenntnis«* eingestehen, wird wahrscheinlich eben deshalb – von weniger unverfänglichen Liebeserlebnissen ist in der *Italiänischen Reise* nie die Rede – gewürdigt, fast zur Novelle stilisiert den *Zweiten römischen Aufenthalt* zu beschließen. Den eigentlichen Abschied vom nächtlichen, mondbeschienenen Rom faßt der Dichter statt in eine *»eigene Produktion«* in die herrlichen Verse Ovids, die er in deutscher und lateinischer Sprache ans Ende des Werks setzt: *»Wandelt von jener Nacht mir das traurige Bild vor die Seele ...«* In einer früheren Bearbeitung des Schlusses (von 1817) folgt diesem Zitat noch eine Erläuterung: *»Der schmerzliche Zug einer leidenschaftlichen Seele, die unwiderstehlich zu einer unwiderruflichen Verbannung hingezogen wird, geht durch das ganze Stück. Diese Stimmung verließ mich nicht auf der Reise trotz aller Zerstreuung und Ablenkung ...«*

G.Ue.

Ausgaben: Stg./Tübingen 1816 *(Aus meinem Leben. Zweyter Abtheilung Erster Theil)*. – Stg./Tübingen 1817 *(Aus meinem Leben. Zweyter Abtheilung Zweyter Theil)*. – AlH 27–29. – WA, I, 30/31. – AA, 11 [Einf. E. Beutler]. – HA, 11 [Anm. H. v. Einem].

Literatur: J. R. Haarhaus, *Auf G.s Spuren in Italien*, 3 Bde., Lpzg. 1896/97. – H. Wölfflin, *G.s »Italienische Reise«. Festvortrag* (in JbGG, 12, 1926, S. 325–337; ern. in *Spiegelungen G.s in unserer Zeit*, Hg. H. Mayer, Wiesbaden 1949, S. 325–336). – M. Gerhard, *Die Redaktion der »Italienischen Reise« im Lichte von G.s autobiographischem Gesamtwerk* (in FDH, 1930, S. 131–150; ern. in M. G., *Leben im Gesetz*, Bern/Mchn. 1966, S. 34–51). – L. Curtius, *G. und Italien* (in Die Antike, 8, 1932, S. 183–200). – K. Viëtor, *G. in Italien* (in GR, 7, 1932, S. 123–129). – R. Michéa, *Le »Voyage en Italie« de G.*, Paris 1945 [m. Bibliogr.]. – F. Usinger, *Gedanken zu G.s »Italienischer Reise«* (in F. U., *Geist u. Gestalt*, Darmstadt 1948, S. 32–51). – F. Blättner, *G.s »Italienische Reise« als Dokument seiner Bildung* (in DVLG, 23, 1949, S. 449–471). – A. R. Schultz, *G. and the Literature of Travel* (in JEGPh, 48, 1949, S. 445–468). – H. Mayer, *G.'s »Italienische Reise«* (in SuF, 12, 1960, S. 235–261). – K. K. Kiefer, *Wiedergeburt u. Neues Leben. Aspekte des Strukturwandels in G.s »Italienischer Reise«*, Bonn 1978. – H. Niederer, *G.s unzeitgemäße Reise nach Italien* (in FDH, 1980, S. 55–107). – U. Donat, *G.s »Italienische Reise« als Kunstwerk*, Diss. Freiburg 1981. – M. Fancelli, *G.s »Italienische Reise«* (in Impulse, 5, 1982, S. 192–207). – M. Marianelli, *Die Idee der Entwicklung im Spiegel von G.s »Italienischer Reise«* (in GJb Weimar, 99, 1982, S. 117–132). – P. Boerner, *»Italienische Reise« (1816–1829)* (in *G.s Erzählwerk. Interpretationen*, Hg. P. M. Lützeler u. J. E. McLeod, Stg. 1985, S. 344–362).

DIE LEIDEN DES JUNGEN WERTHERS

Roman von Johann Wolfgang von Goethe, erschienen 1774; eine zweite, überarbeitete Fassung, in der stilistische Modeerscheinungen der Sturm-und-Drang-Epoche (etwa die starke Flexion des Eigennamens im Titel) getilgt sind sowie die subjektivistische Perspektive des Romans relativiert erscheint, veröffentlichte Goethe 1787. – Noch im dreizehnten Buch von *Dichtung und Wahrheit* erinnert sich Goethe ärgerlich jener neugierigen Frager, die, zur *»unleidlichen Qual«* des Autors, am *Werther »sämtlich ein für allemal«* nichts anderes interessierte, als *»was denn eigentlich an der Sache wahr sei«*. In der Tat lassen sich die zum Roman verwobenen autobiographischen Fakten nachträglich nur noch gewaltsam, und ohne nennenswerten Gewinn für das Verständnis des Werkes selber, entflechten. Im Sommer 1772 praktizierte Goethe am Reichskammergericht in Wetzlar. Bei einem Ball im nahegelegenen Volpertshausen lernte er Charlotte Buff und deren Verlobten, den hannoverschen Gesandtschaftssekretär Johann Christian Kestner, kennen. Goethe warb stürmisch um Lotte, doch wußte diese, einer Tagebuchnotiz Kestners zufolge, den verliebten Dichter *»kurz zu halten«*. Im September reiste Goethe ohne Abschied zurück nach Frankfurt. Unterwegs machte er Station bei Sophie von La Roche, zu deren sechzehnjähriger Tochter Maximiliane er eine spontane Neigung faßte. Am 30. Oktober desselben Jahres erschießt sich in Wetzlar, mit von Kestner *»zu einer vorhabenden Reise«* entliehenen Pistolen, der braunschweigische Legationssekretär Carl Wilhelm Jerusalem, den Goethe auf jenem Ball in Volpertshausen persönlich kennengelernt hatte. Motiv dieses Selbstmords, der großes Aufsehen erregte, war die unglückliche Liebe zu einer verheirateten Frau. Bei Goethe *»schoß«* auf diese Nachricht hin – Kestner berichtete in einem Brief den Vorgang äußerst detailliert – das autobiographische Material *»von allen Seiten zusammen und ward eine solide Masse«*. Den letzten Anstoß zur Niederschrift des Romans gaben wohl Erlebnisse (Januar/Februar 1774) im Hause des Frankfurter Kaufmanns Peter Brentano (Albert, Werthers Gegenspieler, trägt dessen Züge), der inzwischen die zwanzig Jahre jüngere Maximiliane von La Roche geheiratet hatte (Lotte im *Werther* hat ihre *»schwarzen Augen«*). Nach heftigen Zusammenstößen mit Brentano begab Goethe sich in strengste Isolation und schrieb *»in vier Wochen«* (Februar/März 1774) seinen Roman nieder, *»ohne daß ein Schema des Ganzen, oder die Behandlung eines Teils irgend vorher wäre zu Papier gebracht gewesen«*.

Werther, über dessen Herkunft und Beruf der Text keine näheren Angaben macht, der gleichwohl den Typus des bürgerlich-empfindsamen Intellektuellen repräsentiert, versucht in seinen Briefen, datiert vom 4.5. 1771 bis zum 23.12. 1772, seinem Freund Wilhelm die Erfahrung einer überwältigenden inneren Bewegung mitzuteilen, die in einem gleichsam religiösen Naturgefühl und einer schwärmerisch unbedingten Liebe sich manifestiert, durch die bürgerlichen Verhältnisse aber, in denen er zu leben gezwungen ist, umschlägt in Unfreiheit und zur Fessel wird, die einzig der Tod zu lösen vermag. Werther erfährt die *»unaussprechliche Schönheit«* der *»paradiesischen Natur«*, von der die kleine, *»unangenehme«* Stadt, in der er sich aufhält, umgeben ist, als Ausdruck eines Unendlichen, an dem sein eigenes empfindendes Ich partizipiert. Die Briefform des Romans erlaubt es, den Leser durch suggestive Anreden zum Vertrauten Werthers zu machen. Das mystische Einswerden von Ich und Natur soll, wie in Goethes gleichzeitiger Erlebnislyrik, atmosphärisch vermittelt werden, so daß das Lebendige der gelebten Erfahrung im schriftlich Fixierten gleichsam noch nachzittert. Dank dieser äußersten Anstrengung, sprachlich die Ausdrucksskala seelischer Vorgänge zu erweitern, wird Goethes *Werther* *»für Deutschland der Beginn der modernen Prosa«* (E. Trunz). Goethe übertrifft seine englischen Vorbilder (S. Richardson, O. Goldsmith) insofern, als er das *»Problem der Verständigung«* auch von der Form her zum *»zentralen Gegenstand«* (V. Lange) seines Romans macht. Wo immer auch Werther emphatisch, in rhythmisierter Prosa die Identität von Ich und Natur feiert, seine Sprache bleibt im Bann eines Unversöhnten, eines Nicht-Identischen. Der weitgeschwungene, die Bewegung des Sichnäherns rhythmisch nachbildende Wenn-dann-Satz des Briefes vom 10. Mai stellt diesen Bruch exemplarisch dar: *»Wenn«* Werther die *»Gegenwart des Allmächtigen«* lebendig fühlt und die *»Wonne eines einzigen großen herrlichen Gefühls«* ihn trunken macht, *»dann«* stellt sogleich das quälende Bewußtsein sich ein, dieses Glück nicht mitteilen und also nicht verallgemeinern zu können. Was – *»so voll, so warm«* – Besitz der Erfahrung ist, bleibt rein private, exaltierte Empfindsamkeit, die, anstatt gesellschaftliche Energie zu werden, den einzelnen von der Gesellschaft isoliert. Nur scheinbar harmonisiert ist dieser Widerspruch in den genrehaft-idyllischen Szenen an der Brunnengrotte vor der Stadt, wo die Mädchen Wasser holen, oder in jenem Wirtsgarten, wo Werther die freie Aussicht genießt, »seinen« Kaffee trinkt und »seinen« Homer dazu liest. Sobald er unmittelbar mit den Verhältnissen einer Welt in Berührung kommt, wo, der *»Befriedigung des Bedürfnisses«* wegen, *»Einschränkung«* herrscht, akzentuiert sich der latente Konflikt: *»Wenn ich die Einschränkung so ansehe, in welche die tätigen und forschenden Kräfte des Menschen eingesperrt sind ... [so] kehre [ich] in mich selbst zurück und finde eine Welt! Wieder mehr in Ahndung und dunkler Begier als in Darstellung und lebendiger Kraft!«* Die Kräfte der emanzipierten Phantasie, in der das Potential des Menschlichen sich reich zu entfalten vermöchte, bleiben von praktischer Tätigkeit abgeschnitten. Resignation befällt Werther, wenn er sieht, *»wie artig jeder Bürger, dems wohl ist, sein Gärtchen zum Paradies zurechtzustutzen weiß«* und, nur um seine Ruhe zu haben, gerne auf das verzichtet, was möglich wäre. Als Trost blitzt bisweilen schon der Gedanke auf, *»daß er diesen Kerker verlassen kann, wann er will«*. Auffällig ist, daß Werthers Empfinden nachhaltig von seinen Lektüreerlebnissen geprägt ist, die im Roman immer wieder zur Sprache kommen (F. G. Klopstock, Homer, Ossian, G. E. Lessing), und die neuere Forschung hat mehrfach hervorgehoben, daß der Romanheld – der sich auch als Maler versucht – damit auffällig dem Typus des Dilettanten entspricht und damit zu jenen Menschen zählt, *»deren fein differenzierte Fähigkeit zum Empfinden an ihrer Unfähigkeit zum Tun zuschanden wird und die die subjektiven Bedingungen ihres Handelns mit objektiven verwechseln – kurz Menschen, die in permanenter Selbsttäuschung leben. In Goethes Romanwerk im ganzen stellt sich der Dilettant gerade als das Paradigma des problematischen ›modernen‹ Helden dar«* (H. P. Vaget).

Werthers Konflikt nimmt konkrete Gestalt an, als er bei einem *»Ball auf dem Lande«* Lotte kennenlernt. Zwar warnt man ihn, Lotte sei *»schon vergeben«*; doch auf solche *»Vernunft«* zu hören, wo *»das Herz spricht«*, schiene ihm ein Sakrileg. Lottes Gegenwart versetzt ihn, wie zuvor die Natur, in einen besinnungslosen Glückstaumel, der wiederum mit einem Realitätsverlust erkauft wird: *»... die ganze Welt verliert sich um mich her.«* Werther lebt *»wie im Traume«*. Als nach einem Gewitter der Regen erlösend auf die umliegenden Felder niederströmt, tritt Werther mit Lotte ans Fenster des Gasthauses. Das Unaussprechliche ihrer gemeinsamen Erfahrung artikuliert sich spontan in der Namensnennung jenes Lyrikers, der in Deutschland die Sprache der Empfindsamkeit inaugurierte: *»... sie sah gen Himmel und auf mich, ich sah ihr Auge tränenvoll, sie legte ihre Hand auf die meinige und sagte: ›Klopstock!‹ Ich versank in dem Strome der Empfindungen, den sie in dieser Losung über mich ausgoß. Ich ertrugs nicht, neigte mich auf ihre Hand und küßte sie unter den wonnevollsten Tränen.«* Virtuos setzt Goethe die – im pietistischen Schrifttum beliebte, im 18. Jh. dann säkularisierte – Metaphorik des Wassers (z. B. »versinken«, »Strom«, »ausgießen«) ein, um subtile seelische Regungen einzufangen. Überhaupt ist eine kompilatorische Tendenz, *»das Einschmelzen von verfügbaren dichterischen Formen in einen neuen Erzählzweck«* (V. Lange), für den Stil dieses Romans bezeichnend.

Ein Schatten fällt auf Werthers Glück, als Albert, Lottes Verlobter, zurückkehrt. Was zuvor *»Glückseligkeit«* bedeutete, wird nun zur *»Quelle seines Unglücks«*. Zwar ist Albert, dessen *»Ordnung und Emsigkeit in Geschäften«* stadtbekannt ist, *»ein braver, lieber Kerl... dem man gut sein muß«*; aber Werthers Leidenschaft für Lotte ist zu fordernd, und Albert verkörpert zu sehr das Prinzip bürgerlicher Lebensrationalität, als daß eine herzliche Beziehung zwischen beiden sich bilden könnte. Der Gegensatz tritt offen zutage, als Werther in einem Gespräch leidenschaftlich für die Legitimität des Selbstmords plädiert, was Albert als unmoralisch verwirft. Jedem, so meint Werther, sei das *»Maß seines Leidens«* von der Natur zugemessen; werde dies Maß überschritten, so verwandle sich das Leiden in eine *»Krankheit zum Tode«*. Der Selbstmord wird als eine durch äußeren Druck hervorgebrachte Abart des »natürlichen« Todes begriffen und somit unter die Naturrechte des Menschen eingereiht. Um seiner unerträglichen Lage ein Ende zu machen, beschließt Werther, Lotte und Albert ohne Abschied für immer zu verlassen. Er wird – als Bürgerlicher – Mitglied der Delegation eines adligen Gesandten, aber fern von Lotte und inmitten des höfischen Zeremoniells (*»Und das glänzende Elend, die Langeweile unter dem garstigen Volke, das sich hier nebeneinander sieht! die Rangsucht unter ihnen...«*) wie der Eitelkeiten der sich darunter mischenden bürgerlichen Aufsteiger fühlt Werther sich bald wie in einem *»Käfig«*. Die Pedanterie seiner Vorgesetzten verbittert ihn zutiefst, vor allem aber stößt er sich an der Ständehierarchie; was ihn am *»meisten neckt, sind die fatalen bürgerlichen Verhältnisse. Zwar weiß ich so gut wie einer, wie nötig der Unterschied der Stände ist, wie viel Vorteile er mir selbst verschafft: nur soll er mir nicht eben gerade im Wege stehen, wo ich noch ein wenig Freude, einen Schimmer von Glück auf dieser Erde genießen könnte.«* Der skandalöse Vorfall, als Bürgerlicher aus einer adligen Tischgesellschaft verwiesen zu werden, ist ihm willkommener Anlaß zu demissionieren. Nach einer *»Wallfahrt«* an die Stätten seiner Kindheit treibt es ihn zurück in die Nähe Lottes. Sprunghaft steigert sich nun seine Eifersucht, als er Albert in immergleicher *»Sattheit«* und *»Gleichgültigkeit«* wiederfindet: *»Zieht ihn nicht jedes elende Geschäft mehr an als die teure, köstliche Frau?«* Nicht mehr der heitere Homer, Ossians düstere Gesänge von schuldloser Schuld und heroischem Sterben sind von nun an seine bevorzugte Lektüre; immer wieder sind es fremde Erfahrungsmuster, die sein Erleben beeinflussen. Eingefügte Episoden, die im Aufbau des Romans retardierend wirken und zugleich auf die bevorstehende Katastrophe vorausweisen, spiegeln und prägen seine Wahrnehmung in äußerster Konsequenz, indem sie den Grundkonflikt in die Bereiche des Wahnsinns und der Kriminalität überführen; neben seiner Erregung über die Abholzung der Nußbäume in einem Pfarrhof ist es seine Begegnung mit einem Wahnsinnigen sowie mit einem Knecht, der sich in seine Herrin verliebt hatte und verjagt worden war. Die Episode vom Bauernburschen, der aus verschmähter Liebe seinen Rivalen ermordet, wird von Goethe erst nachträglich, in der Fassung von 1787, eingefügt.

Als Werthers Verzweiflung diesen extremen Grad erreicht hat, schaltet sich der fiktive Herausgeber ein, um fortan die *»Briefe durch Erzählungen«* zu ergänzen. Der stakkatoartige Wechsel von dramatischen Verzweiflungsmonologen und distanziertem epischem Bericht gibt dem Romanfinale ein mitreißendes Stringendo. Die »Gemüter« der Beteiligten *»verhetzen sich immer mehr gegeneinander«*. Ein letztes Mal besucht Werther, schon entschlossen, *»sein Maß auszuleiden«* und *»diese Welt zu verlassen«*, Lotte – in Abwesenheit Alberts. Wieder stellt sich, als Werther eine längere Passage aus seiner Ossian-Übertragung vorliest, – im Medium der Dichtung – ein Gleichklang des Empfindens her, aber dieses Mal mit tragischem Akzent: *»... die Bewegung beider war fürchterlich. Sie fühlten ihr eigenes Elend in dem Schicksal der Edlen, fühlten es zusammen und ihre Tränen vereinigten sie.«* Werther umarmt Lotte leidenschaftlich, küßt sie und *»wirft sich vor ihr nieder«*; sie jedoch reißt sich los, flüchtet ins Nebengemach und schließt sich ein. Noch in derselben Nacht beendet Werther den seit langem begonnenen Abschiedsbrief an Lotte, entleiht bei Albert – *»zu einer vorhabenden Reise«* – ein Paar Pistolen, legt jene Kleider an, die er in der ersten Ballnacht mit Lotte getragen hatte, und erschießt sich, am Schreibtisch sitzend: *»Emilia Galotti lag auf dem Pulte aufgeschlagen.«*

»Die Wirkung des Büchleins«, notiert Goethe rückblickend in *Dichtung und Wahrheit*, *»war groß, ja ungeheuer ... weil es genau in die rechte Zeit traf.«* Das Werther-Schicksal wurde von einer ganzen Generation, die sich in dieser Romanfigur wiedererkannte, begierig aufgegriffen als Gebärde des Protests und der Selbstdarstellung. Goethe führt die *»Grille des Selbstmords«*, die sich *»in jenen herrlichen Friedenszeiten«* bei einer *»müßigen Jugend«* – auch bei ihm selbst – *»eingeschlichen«* hatte, zurück auf einen *»Mangel an Taten«*. Er selbst rettete sich durch die *»Komposition«* des Romans aus dem *»stürmischen Elemente«*. *An Werther*, das erste Gedicht der *Marienbader Elegie* (1827), beschwört noch einmal, aus distanzierter Rückschau, den *»vielbeweinten Schatten«* als Gleichnis für eine mit dem Leben selbst gesetzte Tragik. – Der Roman brachte eine Flut von Bühnenbearbeitungen, Parodien (*Die Freuden des jungen Werther* von F. Nicolai ist eine der bekanntesten) und Imitationen hervor; auch an literarischer Nachkommenschaft (vgl. *Ultime lettere di Jacopo Ortis* von U. Foscolo; *Obermann* von E. P. de Senancour; *Manfred* von Lord Byron) fehlt es nicht. Man parfümierte sich mit »Eau de Werther«, fand Werther-Nippes dekorativ, eine Epidemie »stilechter« Werther-Selbstmorde ist zu verzeichnen, und die Werther-Mode schrieb vor: blauer Frack mit Messingknöpfen, gelbe Weste, braune Stulpenstiefel, runder Filzhut und ungepudertes Haar. – Der Konflikt mit der Gesellschaft, den Goethes Roman registriert, wird,

nach dem Scheitern der Französischen Revolution, ins 19. Jh. weitergeschleppt und beherrscht, unter der qualitativ verschärften Form des »Weltschmerzes«, die europäische Literatur noch fast bis zur Jahrhundertmitte. Noch in jüngster Zeit, in U. PLENZDORFS *Die neuen Leiden des jungen W.* (1972), diente der Text als Vorlage für die Gestaltung des Widerspruchs zwischen dem schwärmerischen Glücks- und Freiheitsanspruch des einzelnen und den Restriktionen einer – in diesem Falle sozialistischen – Gesellschaft. D.Bar.-KLL

AUSGABEN: Lpzg. 1774, 2 Tle. [1. Fassg.]. – Lpzg. 1787 (in *Schriften*, 8 Bde., 1787–1790, 1; 2. Fassg.). – AlH, 16 (2. Fassg.). – WA, I, 19. – HA, 6 [Anm. E. Trunz]. – Stg. 1986 [Komm. E. Beutler; RUB]. – AA, 4 [Eing. E. Beutler]. – AkA. – MA, 2,2 [2. Fassg.; Komm. H. Schlaffer].

VERTONUNG: J. E. F. Massenet, *Werther* (Text: E. Blau; Oper; Urauff.: Weimar 1891).

VERFILMUNGEN: *Werther*, Frankreich 1910 (Regie: A. Calmettes). – *Werther*, Frankreich 1938 (Regie: M. Ophüls). – *Begegnung mit Werther*, Deutschland 1949 (Regie: K. H. Stroux). – DDR 1975/76 (Regie: E. Günther).

LITERATUR: G. Rieß, *Die beiden Fassungen von G.s »Die Leiden des jungen Werther«. Eine stilpsychologische Untersuchung*, Breslau 1924. – E. Feise, *G.s Werther als nervöser Charakter* (in GR, 1, 1926, S. 185–253; auch in E. F., *Xenion. Themes, Forms, and Ideas in German Literature*, Baltimore 1950, S. 1–65). – H. Schöffler, *»Die Leiden des jungen Werther«. Ihr geistesgeschichtlicher Hintergrund*, Ffm. 1938 (auch in H. S., *Dt. Geist im 18. Jh. Essays zur Geistes- u. Religionsgeschichte*, Hg. G. v. Selle, Göttingen 1956, S. 155–181). – E. Beutler, *Wertherfragen* (in Goethe, 5, 1940, S. 138–160). – W. Kayser, *Die Entstehung von G.s »Werther«* (in DVLG, 19, 1941, S. 430–457; auch in W. K., *Kunst u. Spiel. Fünf G.-Studien*, Göttingen 1961, S. 5–29). – G. Lukács, *»Die Leiden des jungen Werther«* (in G. L., *G. u. seine Zeit*, Bern 1947, S. 17–30). – S. P. Atkins, *The Testament of »Werther« in Poetry and Drama*, Cambridge/Mass. 1949. – G. Fricke, *G. and »Werther«* (in *G. on Human Creativeness and Other G. Essays*, Hg. R. King, Athens/Georgia 1951, S. 29–75; auch in G. F., *Studien u. Interpretationen*, Ffm. 1956, S. 141–167). – Th. Mann, *G.s »Werther«* (in Th. M., *Altes u. Neues. Kleine Prosa aus fünf Jahrzehnten*, Ffm. 1953, S. 198–214). – G. Storz, *Der Roman »Die Leiden des jungen Werther«* (in G. S., *G.-Vigilien oder Versuche in der Kunst, Dichtung zu verstehen*, Stg. 1953, S. 19–41). – F. E. Prinz, *»Werther« u. »Wahlverwandtschaften«. Eine morphologische Studie*, Diss. Bonn 1954. – H.-E. Haß, *»Werther«-Studien* (in *Gestaltprobleme der Dichtung. Fs. G. Müller*, Hg. R. Alewyn, H.-E. Haß u. C. Heselhaus, Bonn 1957, S. 83–125). – A. Hirsch, *»Die Leiden des jungen Werther«. Ein bürgerliches Schicksal im absolutistischen Staat* (in EG, 13, 1958, S. 229–250). – E. Merker u. a., *Wörterbuch zu G.s »Werther«*, Bln. 1958–1966 [7 Lfgn.]. – W. Grenzmann, *»Die Leiden des jungen Werther«. Interpretation* (in W. G., *Der junge G. Interpretationen*, Paderborn 1964, S. 52–61). – V. Lange, *Die Sprache als Erzählform in G.s »Werther«* (in *Formenwandel. Fs. P. Böckmann*, Hg. W. Müller-Seidel u. W. Preisendanz, Hbg. 1964, S. 261–272). – P. Müller, *Zeitkritik u. Utopie in G.s Roman »Die Leiden des jungen Werther«*, Diss. Bln. 1965. – K. Scherpe, *Werther u. Wertherwirkung. Zum Syndrom bürgerlicher Gesellschaftsordnung im 18. Jh.*, Wiesbaden 1970. – D. Welz, *Der Weimarer Werther. Studien zur Sinnstruktur der zweiten Fassung des Werther-Romans*, Bonn 1973. – I. Graham, *G.s eigener Werther. Eines Künstlers Wahrheit über seine Dichtung* (in Jb. der Dt. Schiller-Ges., 18, 1974, S. 268–303). – G. Jäger, *Die Wertherwirkung. Ein rezeptionsästhetischer Modellfall* (in *Historizität in Literatur- u. Sprachwissenschaft*, Hg. W. Müller-Seidel, Mchn. 1974, S. 389–409). – R. Meyer-Kalkus, *Werthers Krankheit zum Tode. Pathologie u. Familie in der Empfindsamkeit* (in *Urszenen. Literaturwissenschaft als Diskursanalyse u. Diskurskritik*, Hg. F. A. Kittler u. H. Turk, Ffm. 1977, S. 76–138). – M. Gsteiger, *Wandlungen Werthers (G., Foscolo, Chateaubriand)* (in M. G., *Wandlungen Werthers u. andere Essays zur vergleichenden Literaturgeschichte*, Bern 1980, S. 76–115, 152–157). – R. Assling, *Werthers Leiden. Die ästhetische Rebellion der Innerlichkeit*, Ffm. 1981. – K. Hübner, *Alltag im literarischen Werk. Eine literatursoziologische Studie zu G.s »Werther«*, Heidelberg 1982. – J. Stückrath, *J. W. G.: »Die Leiden des jungen Werther«* (in *Deutsche Romane von Grimmelshausen bis Walser*, Hg. J. Lehmann, Bd. 1, Königstein/Ts. 1982, S. 27–47). – E. Waniek, *»Werther« lesen u. Werther als Leser* (in G. Yearbook, 1, 1982, S. 51–92). – U. Fülleborn *»Die Leiden des jungen Werthers« zwischen aufklärerischer Sozialethik u. Büchners Mitleidspoesie* (in *G. im Kontext. Kunst u. Humanität, Naturwissenschaft u. Politik von der Aufklärung bis zur Restauration. Ein Symposium*, Hg. W. Wittkowski, Tübingen 1984, S. 34–41). – P. Forget, *Aus der Seele geschrie(b)en? Zur Problematik des Schreibens (écriture) in G.s »Werther«* (in *Text u. Interpretation*, Hg. P. F., Mchn. 1984, S. 130–180). – E. Nolan, *G.s »Die Leiden des jungen Werther«, Absicht u. Methode* (in Jb. der Dt. Schiller-Ges., 28, 1984, S. 191–222). – S. Blessin, *»Die Leiden des jungen Werthers«*, Ffm. u. a. 1985. – M. Hausmann, *Die Entscheidung. Die Rolle des »Werther« in G.s Leben u. Werk* (in M. H., *Zwiesprache. Begegnungen mit dem Wort u. mit großen Leuten*, Ffm. 1985, S. 162–185). – G. E. Kapaun, *The Role of Fictive Readers in the Epistolary Novel of the 18th Century*, Diss. Los Angeles, Univ. of California 1985 (vgl. Diss. Abstracts, A, 46, 1985/1986, S. 1955). – H. R. Vaget, *»Die Leiden des jungen Werthers« (1774)* (in *G.s Erzählwerk. Interpretationen*, Hg. P. M. Lützeler u. J. E. McLeod, Stg. 1985, S. 37–72). – I. Engel, *Werther u. die Wertheriaden. Ein Beitrag zur Wirkungsgeschichte*,

St. Ingbert 1986 [Diss. Saarbrücken]. – C. Wellbery, *From Mirrors to Images. The Transformation of Sentimental Paradigmas in G.s »The Sorrows of Young Werther«* (in Studies in Romanticism, 25, 1986, S. 231–249). – *J. W. G. »Die Leiden des jungen Werther«. Erläuterungen u. Dokumente*, Hg. K. Rothmann, Stg. 1987 [RUB]. – *Die Krankheit zum Tode. G.s Roman »Die Leiden des jungen Werthers« in literaturpsychologischer Sicht*, Hg. H. Schmied, Würzburg 1989.

MÄHRCHEN, zur Fortsetzung der Unterhaltungen deutscher Ausgewanderten

Erzählung von Johann Wolfgang von Goethe, erschienen 1795 in F. Schillers Zeitschrift ›Die Horen‹. – Von allen in die Rahmenhandlung der *Unterhaltungen* eingestreuten Erzählungen trägt nur diese letzte einen eigenen Titel. Die reine Gattungsbezeichnung weist – darin Goethes *Novelle* vergleichbar – darauf hin, daß hier der Gattungstypus »Märchen« exemplarisch gestaltet werden sollte, und läßt somit schon etwas von der poetologischen Bedeutung ahnen, die dem *Märchen* im Zusammenhang der *Unterhaltungen* zukommt. Die vorausgehenden Erzählteile steigern sich von anekdotenhaften Gespenstergeschichten und Liebesabenteuern über moralische Erzählungen, deren sittlicher Gehalt auf das Publikum bildend wirken soll, bis hin zum Märchen, dem »Produkt der Einbildungskraft«, mit dem die *Unterhaltungen »gleichsam ins Unendliche auslaufen«* (Goethe an Schiller am 17. 8. 1795). Das Geschehen in der naiven und zugleich höchst bedeutsamen Welt des Märchens ist der Kulminationspunkt dieser Entwicklung, und nur in diesem Bildungsprozeß offenbart sich das Geheimnis des *Märchens*.

Bilder und Szenen verbinden sich zu einem Geschehen, dessen Realität die des Traumes ist: Landschaft und Personen erscheinen mit der Selbstverständlichkeit von Altbekanntem (*»der große Fluß«, »der alte Fährmann«, zwei große Irrlichter«*). Die Gesetze der Natur haben keine Gültigkeit, aber es herrscht eine für alle gleichermaßen verbindliche Gesetzmäßigkeit, es gelten bestimmte Regeln und die Bedingtheit eines irreversiblen Ablaufs der Zeit. Diese Gesetzmäßigkeit, die nicht der Natur folgt, rührt von einer bösen Verzauberung, die auf allen lastet: Die schöne Lilie ist unglücklich, durch ihre Berührung wird alles Lebendige getötet; der junge Königssohn ist durch ihren Blick aller Kraft und Herrschaft beraubt und irrt ziellos umher. Lilies Reich diesseits des Flusses ist in reiner Schönheit erblüht, aber ihm fehlt das Leben; seine Pflanzen können keine Früchte tragen. Die Verbindung zum jenseitigen Ufer ist nur unter gewissen Vorausetzungen gewährleistet: allein in der Mittagszeit auf dem Rücken der Schlange oder nur am Abend auf dem Schatten des Riesen oder im Kahn des Fährmanns, der nur in einer Richtung – nämlich fort von Lilies Reich – übersetzen darf.

Ein Tempel auf der anderen Seite des Flusses ist unter der Erde mitten in natürlichen Felsen erbaut und somit dem Zugang der Welt entzogen. Seine Mauern beherbergen die Statuen von vier Königen: der erste aus reinem Gold, der zweite aus Silber, der dritte aus Erz und ein vierter aus diesen drei Materialien kunstlos zusammengesetzt. In diesem Tempel fällt die erste Andeutung über das nahe Ende des Bannes; aus dem Mund des Alten mit der Lampe, dem die leuchtende Schlange das *»offenbare Geheimnis«* mitgeteilt hat, kommt zum erstenmal das verheißungsvolle *»Es ist an der Zeit«*. Die Zeit der Erlösung naht, doch diese Erlösung, auf die alle Hoffnungen gerichtet sind, weil sie das neue Leben und die Auflösung aller Paradoxa bewirken wird, kann nicht das Werk eines einzelnen und nicht das Ergebnis eines Augenblicks sein, sondern erst das Zusammenwirken aller Kräfte, die sinnvolle Organisation jedes einzelnen im Ganzen, begünstigt von der »rechten Stunde«, schaffen die Voraussetzung für die Opfertat der Schlange, die dann endlich die ersehnte Erlösung bringen wird.

Doch noch ist nicht alles Unglück ausgestanden. Die Frau des Alten mit der Lampe muß immer mehr um ihre rechte Hand fürchten, denn seit sie sich mit dieser Hand dem Fluß gegenüber verbürgt hat, eine alte Fährschuld der Irrlichter in Form von Früchten der Erde abzutragen, ist sie durch die Berührung mit dem Wasser schwarz geworden und schwindet nun mehr und mehr. Auf dem Weg zu Lilie trifft die Frau den unglücklichen Königssohn, die grüne Schlange und die Irrlichter haben sich ebenfalls bei der schönen Lilie verabredet: Alles konzentriert sich auf Lilies Reich, wo sich zunächst das Unglück zu seinem Höhepunkt steigert. Die Frau trifft Lilie in großer Trauer um ihren Kanarienvogel an; eine Berührung mit ihr hatte ihm das Leben geraubt. Die verheißungsvollen Zeichen mehren sich, und Lilie überhört nicht die Andeutungen der Frau und der Schlange, aber noch sind nicht alle Weissagungen erfüllt.

Erst die Verzweiflungstat des traurigen Jünglings, der sich an Lilies Brust stürzt und entseelt zu Boden fällt, ruft den Alten mit der Lampe herbei. Alle sind nun *»zur rechten Stunde vereint«*, und in feierlichem Zug begeben sie sich auf dem Rücken der Schlange auf die andere Seite des Flusses. Dort opfert die Schlange sich selbst auf und schenkt damit dem Jüngling wieder kreatürliches Leben; ihre Überreste aus schönstem Edelstein werden in den Fluß geworfen, und aus ihnen wird sich eine der Weissagungen erfüllen: Eine Brücke wird entstehen, auf der *»Pferde und Wagen und Reisende aller Art zu gleicher Zeit … herüber- und hinüberwandern sollen«*. Nachdem im Tempel aus dem Munde des Alten zum drittenmal das bedeutungsvolle *»Es ist an der Zeit«* gefallen ist, bewegt sich der Tempel unter dem Fluß hindurch ans andere Ufer und tritt – an der Stelle der Fährmannshütte, die nach kunstvoller Verwandlung als Altar erscheint – ans Tageslicht; die drei Königsstatuen erheben sich, und damit treten *»die Weisheit, der Schein und die Gewalt«* ihre Herrschaft an; während der vierte König zu einem unförmigen Koloß in sich zusammensinkt, überreichen die drei anderen dem Jüngling die Herrschaftsinsignien; doch erst in der Umarmung mit Lilie, in der Begegnung mit der vierten Macht, mit der »Kraft der Liebe«, erwacht er ganz zum neuen Leben. Der Bann ist gebrochen, die Weissagungen sind erfüllt: Der Tempel steht am Ufer des Flusses, über den vor aller Augen sich eine prächtige Brücke spannt.

Um das *Märchen* und seinen Reichtum an Symbolen und Beziehungen ist seit seinem Erscheinen viel gerätselt worden. Schon Goethes Freunde und Zeitgenossen versuchten sich in Deutungen und baten den Dichter um seine eigene Interpretation, welche dieser jedoch schalkhaft verweigerte: *»Es fühlt ein jeder, daß noch etwas drin steckt, er weiß nur nicht was«* (Gespräch mit Riemer). Vom humanitären Bildungsprozeß bis zum politischen Bekenntnis reicht die Skala der Aspekte, unter denen das *Märchen* in der Art eines allegorischen Schlüsselwerks auszudeuten versucht wurde. Dabei geht jedoch eine Festlegung auf einen bestimmten Sachverhalt oder gar auf eine dezidierte »Aussage« an dem Kunstwerk vorbei. Es soll *»an nichts und an alles«* erinnern, sagt der Alte in seinen einleitenden Worten seinen Zuhörern; »an nichts« in dem Sinne, daß es sich jeder spekulativen Ausdeutung widersetzt; »an alles«, insofern in seinen Bildern und Symbolen die Gesamtheit alles Lebens sinnlich wahrnehmbar wird. Goethes *Märchen* stellt den Prozeß organischen Werdens dar, und die *»mehr als zwanzig Personen«*, die *»in dem Märchen geschäftig«* sind (*Xenien*, 1796), symbolisieren das Werden der poetischen Form selbst. E.Ke.

AUSGABEN: Tübingen 1795 (in Die Horen, 10, S. 108–152). – Tübingen 1808 (in *Werke*, 13 Bde., 1806–1810, 12). – WA, I, 18. – AA, 9 [Einf. P. Stöcklein]. – HA, 6 [Anm. B. v. Wiese]. – Stg. 1962 (in *Novelle/Das Märchen* [Komm. E. Reusner; RUB]). – AkA. – MA, 4,1 [Komm. R. Wild].

LITERATUR: C. Lucerna, *»Das Märchen«. G.s Naturphilosophie als Kunstwerk*, Lpzg. 1910. – H. Schneider, *»Das Märchen«, eine neu aufgeschlossene Urkunde zu G.s Weltanschauung*, Lpzg. 1911. – K. Albrich, *G.s »Märchen«. Quellen und Parallelen* (in Euph, 22, 1915, S. 482–524). – C. Lucerna, *Studien zu G.s Rätseldichtung »Das Märchen«* (in C. L., *Proteus – G.*, Zagreb 1932, S. 8–26). – M. Diez, *Metapher und Märchengestalt* (in PMLA, 48, 1933, S. 74–99; 488–507; 877–894; 1203–1222). – E. Metman, *Green Snake and Fair Lily*, Ldn. 1946. – F. Hiebel, *G.'s »Märchen« in the Light of Novalis* (in PMLA, 63, 1948, S. 918–934). – Ders., *The Beautiful Lily in G.'s »Märchen«* (in MDU, 41, 1949, S. 171–185). – H. Mayer, *»Das Märchen«. G. u. G. Hauptmann* (in Aufbau, 13, 1957, S. 374–392; auch in H. M., *Von G. bis Thomas Mann*, Pfullingen 1959, S. 356–382). – C. Lucerna, *G.s Rätselmärchen* (in Euph, 53, 1959, S. 41–60). – F. Ohly, *Römisches u. Biblisches in G.s »Märchen«* (in ZfdA, 91, 1961/62, S. 147–166). – F. Hiebel, *Zur Sinnbildwelt in G.s »Märchen«* (in Antaios, 3, 1961/62, S. 18–28). – C. Lucerna, *Wozu dichtete G. »Das Märchen«?* (in Goethe, 25, 1963, S. 206–219). – G. L. Fink, *Das »Märchen«. G.s Auseinandersetzung mit seiner Zeit* (in Goethe, 33, 1971, S. 96–122). – I. M. Hildebrandt Schneider, *G.s »Märchen«. Forschungsbericht u. typologische Untersuchung*, Diss. Univ. of Michigan 1973. – G. Baioni, *»Märchen« – »Wilhelm Meisters Lehrjahre« – »Hermann und Dorothea«. Zur Gesellschaftsidee der deutschen Klassik* (in GJb, 92, 1975, S. 73–127). – I. Kreuzer, *Strukturprinzipien in G.s »Märchen«* (in Jb. d. Deutschen Schillerges., 21, 1977, S. 216–246). – K. Mommsen, *»Märchen der Utopien«. G.s »Märchen« u. Schillers ästhetische Briefe.* (in *Literaturwissenschaft u. Geistesgeschichte Fs. für R. Brinkmann*, Hg. I. Brummack u. a., Tübingen 1981, S. 244–257). – J. Osinski, *G.s »Mährchen«. Noch eine Interpretation* (in ZfdPh, 103, 1984, Sonderh. S. 38–64). – P. Morgan, *The Fairy-Tale as Radical Perspective. Enlightenment as Barries and Bridge to Civic Values in G.'s »Märchen«* (in Orbis Litterarum, 40, 1985, S. 222–243). – Ch. Lubkoll, *J. W. G. »Das Märchen«* (in *Deutsche Erzählungen des 18. Jh.s von Gottsched bis G.*, Hg. u. Komm. H. Hollmer u. a., Mchn. 1988, S. 296–305).

DIE METAMORPHOSE DER PFLANZEN. Elegie

Gedicht von Johann Wolfgang von GOETHE, erschienen in F. SCHILLERS ›Musen-Almanach für das Jahr 1799‹, zweite, leicht veränderte Fassung in *Neue Schriften*, Bd. 7, 1800. – Mit der italienischen Reise begann, wie Goethe am 3. 9. 1787 festhielt, für ihn ein *»neues Leben«*, und dieser *»Epoche«* machende Neuanfang hing nicht zuletzt damit zusammen, daß Goethe in Italien die Bildungsgesetze der Natur als geschlossene Folge von Metamorphosen einer jeweiligen Urgestalt erfaßt zu haben glaubte. Die Arbeit als Naturforscher war für Goethes Kunst von entscheidender Bedeutung: *»Wie ich die Natur betrachtet, betrachte ich nun die Kunst«*, berichtete er an Frau von Stein (20. 12. 1786), und seine Bewunderung für griechische Kunst erklärte er damit, daß *»diese hohen Kunstwerke ... zugleich als die höchsten Naturwerke ... nach wahren und natürlichen Gesetzen hervorgebracht«* seien (Rom, 6. Sept. 1787). Kunst und Naturwissenschaft beginnen sich zu durchdringen, und eine neue Gegenständlichkeit, die auf *»den Grundfesten der Erkenntnis«* aufbaut *(Einfache Nachahmung der Natur, Manier, Stil)*, ist eine künstlerische Folge davon. In der nachitalienischen Zeit verfaßte Goethe denn auch seine naturwissenschaftlichen Hauptwerke, so die *Farbenlehre* oder den *Versuch die Metamorphose der Pflanzen zu erklären*. In engem Zusammenhang damit entstand 1799 die Elegie. Goethe plante damals ein großes Gedicht über die Natur im Stile des Lukrezschen *De rerum natura*, an dessen Übersetzung Goethes Freund K. L. v. KNEBEL gerade arbeitete. Wie das Hexametergedicht *Metamorphose* *der Tiere* sollte auch die Elegie darin integriert werden. Obwohl Goethe das Gedicht dann unter der Gruppe *Elegien II* veröffentlichte und es auch noch 1817 ausdrücklich als *Elegie* bezeichnete *(Schicksal der Druckschrift)*, führten solche naturwissenschaftlichen Zusammenhänge dazu, daß man *»das Pflanzengedicht einfachhin als Lehrgedicht«* auffaßte, *»und dabei unter Lehrgedicht nichts anderes«* verstand, *»als den Vortrag belehrender Gedanken in Versform«* (vgl. G. Müller). Diese Auffassung schien Goethe selbst zu fördern, sofern er die Elegie auch im naturwissenschaftlichen Bereich veröffentlichte und hinzufügte, hier würde sie eher Verständnis finden als im Umkreis *»zärtlicher und leidenschaftlicher Poesien« (Schicksal der Druckschrift)*.

In der Tat vermittelt die Elegie Grundzüge aus Goethes naturwissenschaftlicher Abhandlung. Das Gedicht beginnt zwar undidaktisch mit einem Anruf der Geliebten, schon hier aber wird in naturwissenschaftliche Zusammenhänge eingeführt: Verwirrt bemerkt die Geliebte ein *»Blumengewühl«* und wird aufgefordert, sich das *»lösende Wort«*, das *»geheime Gesetz«* vermitteln zu lassen, das die wirre Vielfalt der Natur in schöner Gesetzmäßigkeit ordnet. Dies geschieht dann in einem zweiten Teil dadurch, daß der Dichter die Hauptaspekte seiner morphologischen Abhandlung zusammenfaßt, wobei er allerdings naturwissenschaftliche Begriffe durch konkrete Anschauung ersetzt. Durch stetige Veränderung der Blattgestalt, durch Ausdehnung oder Zusammenziehung, bildet die Pflanze ihre verschiedenen Organe aus. Der Same ist ein zusammengefaltetes Blatt, und durch allmähliche Veränderung dieser Grundgestalt reifen *»ausgedehnter, gekerbter«* die übrigen Blattformen, bis hin zur Blüte. Diese höchste und schönste Erscheinung ist indes nicht die letzte. Der Bildungsverlauf schließt einen »Ring«, sofern die Entwicklung bis zum Ausgangspunkt des Samens wieder zurückführt. Soweit dieser zweite Teil den Bildungsverlauf gemäß der naturwissenschaftlichen Vorlage vermittelt, rückt das Gedicht in den Umkreis *»didaktischer oder schulmeisterlicher Poesie«*, die Goethe als *»Mittelgeschöpf zwischen Poesie und Rhetorik«* auffaßte, die er jedoch hochschätzte, sofern darin *»Wissen und Einbildungskraft«* verbunden werden *(Über das Lehrgedicht)*. Solche Kunst des Verbindens von *»zwei einander entgegensetzten Elementen«* führt Goethes Gedicht über bloße Vermittlung naturwissenschaftlicher Inhalte hinaus. Ein dritter Teil zeigt, daß jenes Bildungsgesetz nicht auf die Pflanzenwelt beschränkt bleibt. *»Aber entzifferst du hier die Göttin heilige Lettern, / Überall siehst du sie dann, auch im veränderten Zug.«* Ordnend und sinnbringend durchzieht der gesetzhafte Prozeß des Werdens alles Lebendige, bis hin zu zwischenmenschlichen Beziehungen: *»O gedenke denn auch, wie aus dem Keim der Bekanntschaft / Nach und nach in uns holde Gewohnheit entsproß, / Freundschaft sich mit Macht in unserem Innern enthüllte / Und wie Amor zuletzt Blüten und Früchte gezeugt.«* Hier wird die Parallele nur bis zum Kulminationspunkt ausgeführt. Daß diese Blütezeit kaum über *»den heutigen Tag«* hinaus andauern, sondern von weiterer Gestaltenfolge abgelöst wird, so daß *»die Kette sich fort durch alle Zeiten verlängere«* – dies bleibt zu ergänzen. So kommt ein elegischer Grundton gerade dann in das Gedicht, wenn der didaktische Inhalt interpretierend auf die menschlichen Bereiche angewandt wird. Damit ist die Bezeichnung als *Elegie* nicht nur vom elegischen Versmaß her gerechtfertigt. Der ständige harmonisch gesetzhafte Bildungsverlauf des Kosmos impliziert die Vergänglichkeit alles Individuellen. G. Müller hat zu zeigen gesucht, daß das Gedicht formal nach eben jenen morphologischen Bildungsgesetzen gestaltet ist, die inhaltlich vermittelt wurden.

Durch die Verbindung von Kunst und Naturwissenschaft wird *Die Metamorphose der Pflanzen* zu einem klassischen Zwischenglied zwischen *»zärtlichen Poesien«* wie etwa den *Römischen Elegien* und jener neuen »gegenständlichen« Dichtung, wie sie sich in der Symbolik des *Faust*, den Bildungsgesetzen des *Wilhelm Meister* oder den chemischen Symbolen der *Wahlverwandtschaften* niederschlägt und verweist so bereits auf Goethes Alterslyrik. H. Ka.

Ausgaben: Tübingen 1799 (in Musen-Almanach für das Jahr 1799). – Mannheim ²1800 (in *Neue Schriften*, 10 Bde., 1792–1800, 7). – WA, I,1 u. I,3 u. I,5,2. – HA,1 [Anm. E. Trunz] u. 13 [Anm. D. Kuhn]. – AA, 1 [Einf. E. Staiger] u. 17 [Einf. H. Fischer]. – Stg. 1977 (in *Schriften zur Naturwissenschaft*) [Komm. M. Böhler; RUB].

Literatur: K. Bapp, *G. u. Lukrez* (in JbGG, 12, 1926, S. 47–67). – G. Müller, *G.s Elegie »Die Metamorphose der Pflanzen«. Versuch einer morphologischen Interpretation* (in DVLG, 21, 1945, S. 67–98; auch in B. v. Wiese, *Die deutsche Lyrik*, Bd. 1, S. 251–271). – G. Overbeck, *G.s Lehre von der Metamorphose der Pflanzen u. ihre Widerspiegelung in seiner Dichtung* (in Publications of the English G. Society, N. S. 31, 1961). – K. Prange, *Das anthropologisch-pädagogische Motiv der Naturauffassung G.s in dem Lehrgedicht »Metamorphose der Pflanzen«* (in Literatur in Wissenschaft u. Unterricht, 8, 1975, S. 123–133). – E. Hudgins, *Das Geheimnis der Lucinde-Struktur: G.s »Die Metamorphose der Pflanzen«* (in GQ, 49, 1976, S. 295–311). – K. Richter, *Wissenschaft u. Poesie »auf höherer Stelle« vereint. G.s Elegie »Die Metamorphose der Pflanzen* (in *Gedichte u. Interpretationen*, Bd. 3: »Klassik u. Romantik«, Hg. W. Segebrecht, Stg. 1984). – K. Oettinger, *Unschuldige Hochzeit. Zu G.s Elegie »Die Metamorphose der Pflanzen«* (in Der Deutschunterricht, 38, H. 1, 1986).

DIE NATÜRLICHE TOCHTER

Trauerspiel in fünf Akten von Johann Wolfgang von Goethe, Uraufführung: Weimar, 2. 4. 1803, Hoftheater. – Mit diesem Stück, entstanden

1799–1803, setzte Goethe seine Auseinandersetzung mit der Französischen Revolution fort, die bereits in eher spöttischer Weise in *Die Aufgeregten, Der Bürgergeneral* sowie *Der Groß-Cophta* ihren Niederschlag gefunden hatte; der Versuch einer dramatischen Gestaltung dieses Stoffes wurde 1796 abgebrochen (*Das Mädchen von Oberkirch*). Personen und Handlung sind den *Mémoires historiques* (1798) von Stéphanie-Louise de BOURBON-CONTI entnommen, einer Hochstaplerin, die als angebliche Tochter des Prinzen Louis François des Bourbon-Conti zu Vermögen und Ansehen zu gelangen suchte. Goethe bereitete sich, wie er in den *Tag- und Jahresheften zu 1823* (rückblickend bezogen auf das Jahr 1799) festhielt, in dem Plan zu diesem Stück ein *»Gefäß, worin ich alles, was ich so manches Jahr über die Französische Revolution und deren Folgen geschrieben und gedacht, mit geziemendem Ernste niederzulegen hoffte«*.

Eugenie, die *»natürliche«* (also uneheliche) Tochter eines Herzogs und einer Dame aus der hohen französischen Aristokratie, soll nach dem Tod ihrer Mutter vom Vater legitimiert und mit Zustimmung des Königs in den ihr gemäßen hohen Rang bei Hofe eingeführt werden, wozu sie nach Erscheinung und Gesinnung auch prädestiniert ist. Im Adel hat sich jedoch eine Fronde gegen den König gebildet, der auch der Sohn des Herzogs angehört. Für ihn würde eine plötzlich auftauchende Schwester eine Minderung seines zukünftigen Erbes bedeuten. Eugenie wird vom König und von ihrem Vater auferlegt, ihr Geheimnis bis zur feierlichen Verkündigung zu hüten. Sie kann jedoch der Versuchung nicht widerstehen, sich schon vor der Zeit mit den Attributen ihres zukünftigen fürstlichen Ranges, kostbaren Juwelen, zu schmücken, und ist auch taub für die Warnungen ihrer Hofmeisterin, die ihr zum Verzicht ihrer Würde rät. Damit zieht sie ihr Unglück auf sich. Der Sohn des Herzogs läßt sie entführen und bei Hofe für tot erklären. Eugenie, die sich an einem *»Hafenplatz«* an der Grenze des Reiches wiederfindet, sucht vergeblich um Aufnahme in ein Kloster nach; ein königliches Schriftstück, das die Hofmeisterin mit sich führt, dekretiert ihre Verbannung auf eine einsame Insel – in vollkommenem, vom Autor nicht aufgeklärtem Widerspruch zur anfänglichen Sympathie des Königs für die Herzogstochter. Vor die Entscheidung gestellt, sich in die Verbannung zu begeben und dabei das Bewußtsein ihres Standes *»im Glanz der Hoffnung«* zu bewahren, oder aber sich mit einem bürgerlichen Mann zu verheiraten, wählt sie endlich den Verzicht auf alle hochfliegenden Wünsche. Sie will sich ihrer hohen Ahnen würdig erweisen, indem sie unerkannt auf die Gelegenheit wartet, ihrem geliebten Vaterland, dem *»ein jäher Umsturz«* droht, eines Tages mit der Kraft der Versöhnung dienen zu können: *»Denn wenn ein Wunder auf der Welt geschieht, geschieht's durch liebevolle, treue Herzen.«*

Der *»geziemende Ernst«*, mit dem Goethe den Stoff behandeln wollte, äußert sich in der strengen Gegenüberstellung der weltabgewandten Idylle und der Welt des höfischen Gepränges wie im feierlichen Gleichmaß der hochstilisierten Verssprache. Ihr hat Goethe ein ganzes Rankenwerk von Sentenzen, Leitbegriffen, sinnbildlichen Vergleichen eingeformt, das den faktischen Gang der kargen Handlung ständig übergreift und dämpft, ihm jede Eigendynamik, jede unmittelbar dramatische Wirkung nimmt und sich mit dem kontrapunktischen Bezugssystem der Bilder zu einem lückenlosen Motivgeflecht, zu einem streng durchkomponierten Gewebe aufeinanderweisender Symbole zusammenschließt: Die kunstvolle Ordnung der Dichtung erscheint als der äußerst angestrengte, gleichsam statuarische Gegenentwurf zum »Chaos« der Revolution. Diese Kunstform, die des Künstlichen nicht entrāt, hat zum Inhalt die – für Goethes klassische und späte Werke zentrale – Idee entsagender Humanität (vgl. u. a. *Iphigenie; Novelle; Wilhelm Meisters Wanderjahre*).

Goethe entwickelt sie insbesondere am Motiv des Schmucks (ein Schmuckkästchen spielt eine entscheidende Rolle auch in den *Wanderjahren*, den *Wahlverwandtschaften* und der *Pandora*), das die Vieldeutigkeit seiner beziehungsreichen, symbolisch-allegorischen Gestaltungsweise beispielhaft demonstriert. Er verknüpft das Schmuckmotiv mit dem des Sturzes: Gleich zu Beginn des Dramas stürzt Eugenie mit ihrem Pferd einen steilen Abhang hinunter. Dieser Fall, der Eugenie aus ihrem abgeschirmten idyllischen Dasein in den Glanz und in die Gefahr der politischen Welt hineinreißt, ist zugleich Sinnbild für den »Sündenfall« des Menschen aus dem Paradies in die Geschichte. Der Schmuck, den Eugenie mit ihrem Eintritt in die geschichtlich-politische Welt anlegt, symbolisiert, wie H.-E. HASS dargelegt hat, ihren Aufstieg aus der Verborgenheit zu gesellschaftlichem Rang, die Verführbarkeit durch den Schein, auch das Gefährliche des Daseins in der Öffentlichkeit, eine Gefahr, die sie aller Warnung zum Trotz um des Glückes willen, *»so prächtig ausgerüstet«* zu sein, bewußt auf sich nimmt, um damit doch nur ihr Schicksal, Verbannung und Verborgenheit, zu besiegeln: Es zwingt sie zu jener Entsagung, die freiwillig zu wählen sie nicht bereit war. Eugeniens »Sündenfall« (auf den Apfel der biblischen Geschichte wird ausdrücklich angespielt) besteht darin, die Insignien des Aristokratischen zu einer Zeit für sich in Anspruch zu nehmen, in der dessen Kraft und Würde zerfallen und das Symbol des Schmucks bloßer Schein geworden ist. Die Annahme des äußeren Rangs hätte also gerade das Aristokratische, das Eugenie als Charakter verkörpert, zerstört – in der Verborgenheit nimmt es die ihm einzig noch mögliche Gestalt an.

Diese Idee einer zeitabgeschirmten Entsagung – W. BENJAMIN hatte sie in seiner Abhandlung über den *Ursprung des deutschen Trauerspiels* (1928) als Ausdruck des *»Privatmanns, der sein Dasein ängstlich gegen die politischen Erschütterungen rings um sich abzudichten sucht«*, gedeutet – mag speziell in diesem Fall herzuleiten sein aus einer anderen zentralen Idee Goethes: seiner Auffassung der Geschichte als Naturgeschichte, seiner Stilisierung des unwiederholbaren historischen Entwicklungsprozesses in die naturgesetzliche Wiederkehr organischer *»allgemeiner Formeln ... ewig unter tausend bunten Veränderungen dieselben«*. Es lag in der Konsequenz seines naturgeschichtlichen Denkens, auch die Schrecken und die scheinbaren Willkürlichkeiten der Revolution als notwendig zu erkennen und die Wechselfälle der Geschichte wie die Phasen zwischen Zerfall und Erneuerung im Reich des Organischen anzusehen. Aber der Zerfall soll das humane »Urbild« nicht zerstören, und die Aufgabe, es zu bewahren, wird vor allem den Frauen anvertraut, weil sie *»der Sphäre des Organischen in besonderer Weise nahestehen«* (J. Kunz). So ist Eugenie dazu ausersehen, in der Institution der bürgerlichen Ehe den im Zerfall der aristokratischen Solidarität sich ankündenden Untergang der alten Ordnung zu überdauern und deren Bestes in die neue Gesellschaftsform hinüberzuretten, in der Absicht, *»im Bündnis mit dem fortschrittlichen Adel die bürgerlichen Privattugenden in der politischen Öffentlichkeit zu institutionalisieren«* (E. Bahr).

Insgesamt ist der politische Gehalt des Trauerspiels in der Forschung jedoch stark umstritten. Während etwa W. Emrich – Beispiel für einen neueren Interpretationsansatz – gerade im idyllisch-entsagenden Rückzug, den das Stück anbietet (*»Im Hause, wo der Gatte sicher waltet, / Da wohnt allein der Friede, den vergebens / Im Weiten du, da draußen, suchen magst«)*, eine bis heute aktuelle Warnung vor einer *»totale(n) Politisierung des Lebens«* sieht und in dieser Sicht mit eher konservativ orientierten Interpreten des Stücks übereinstimmt, wurde die *Natürliche Tochter* andererseits auch immer als Beleg dafür herangezogen, daß Goethe in seiner Auseinandersetzung mit dem Ereignis der Revolution gescheitert sei und sie, wie vor allem H. Mayer betonte, nicht als Bestandteil des bürgerlichen Emanzipationsprozesses erkennt; auch für J. Kunz reduziert sich das Politische in der *Natürlichen Tochter* auf die *»Dimensionen eines bürgerlichen Rührstücks«*, nach H. R. Vaget stellt sich das Stück *»als Elegie auf den vom Adel verschuldeten Zusammenbruch des alten Ständestaates«* dar.

Goethe hatte ursprünglich geplant, den Stoff zu einer Trilogie auszuweiten, in deren Verlauf Eugenie in die Hauptstadt zurückkehrt und in den Revolutionswirren ein tragisches Ende erfährt; dazu kam es jedoch nicht mehr. Als C. F. Zelter den Freund 1831 zur Vollendung mahnt, antwortet der Dichter: *»Ich habe gar zu vielerlei Bauwerke angelegt, welches zu vollführen doch am Ende Vermögen und Kraft ermangeln. An die Natürliche Tochter darf ich gar nicht denken; wie wollt' ich mir das Ungeheure, das da gerade bevorsteht, wieder ins Gedächtnis rufen?«*. M.Pr.-KLL

Ausgaben: Tübingen 1804 (in Taschenbuch auf das Jahr 1804). – Bln. 1804. – AlH, 9. – WA, I, 10. – AA, 6 [Einf. K. May]. – HA, 5 [An. D. Lohmeier]. – Stg. 1963 [Komm. Th. Stammer; RUB]. – MA, 6,1 [Komm. V. Lange].

Literatur: G. Kettner, *G.s Drama »Die natürliche Tochter«*, Bln. 1912. – M. Gerhard, *G.s Erleben der frz. Revolution im Spiegel der »Natürlichen Tochter«* (in DVLG, 1, 1923, S. 281–308). – K. May, *G.s »Natürliche Tochter«* (in JbGG, 4, 1939, S. 147–163). – A. Grabowsky, *G.s »Natürliche Tochter« als Bekenntnis* (in JbGG, 13, 1951, S. 1–27). – H. Moenkemeyer, *Das Politische als Bereich der Sorge in G.s Drama »Die natürliche Tochter«* (in MDU, 48, 1956, S. 137–148). – V. Bänninger, *G.s »Natürliche Tochter«. Bühnenstil u. Gehalt*, Zürich/Freiburg i. B. 1957. – H.-E. Hass, *G. »Die natürliche Tochter«* (in *Das dt. Drama. Vom Barock bis zur Gegenwart. Interpretationen*, Hg. B. v. Wiese, Bd. 1, Düsseldorf 1958, S. 215–247). – R. Peacock, *Incompleteness and Discrepancy in »Die natürliche Tochter«* (in *The Era of G. Essays Presented to J. Boyd*, Oxford 1959, S. 118–132). – S. Burckhardt, *»Die natürliche Tochter«: G.s Iphigenie in Aulis?* (in GRM, N. F. 10, 1960, S. 12–34). – P. Böckmann, *Die Symbolik in der »Natürlichen Tochter« G.s* (in *Worte u. Werte*. Fs. B. Marckwardt, Hg. G. Erdmann u. A. Eichstaedt, Bln. 1961, S. 11–23). – R. Peacock, *G.s »Die natürliche Tochter« als Erlebnisdichtung* (in DVLG, 36, 1962, S. 1–25). – W. Staroste, *Symbolische Raumgestaltung in G.s »Natürlicher Tochter«* (in Jb. d. Dt. Schiller-Ges., 7, 1963, S. 235–252). – Th. Stammen, *G. u. die Französische Revolution. Eine Interpretation der »Natürlichen Tochter«*, Mchn. 1966. – E. Bahr, *G.s »Natürliche Tochter«: Weimarer Hofklassik u. Französische Revolution* (in *Dt. Literatur zur Zeit der Klassik*, Hg. K. O. Conrady, Stg. 1977, S. 226–242). – W. Emrich, *G.s Trauerspiel »Die natürliche Tochter«. Zur Usprungsgeschichte der modernen Welt* (in *Aspekte der G.zeit*, Hg. S. A. Corngold, Göttingen 1977, S. 163–182). – U. Wolff, *G.s Paradies in Rätseln. »Natürliche Tochter« im Spiegel der Wassermetaphorik*, Stg. 1979. – M. Mehra, *Die Geheimnisthematik in G.s Trauerspiel »Die natürliche Tochter«* (in Theatrum Mundi, 1980, S. 59–71). – H.-G. Pott, *Zivilisationskritik in G.s Trauerspiel »Die natürliche Tochter«* (in Literatur für Leser, 1980, S. 221–230). – H. R. Vaget, *»Die natürliche Tochter«* (in *G.s Dramen. Neue Interpretationen*, Hg. W. Hinderer, Stg. 1980, S. 210–225). – D. Sternberger, *Wahrheit in der Dichtung. Das Exempel der »Natürlichen Tochter« von G.* (in Jb. der Deutschen Akademie für Sprache u. Dichtung, 1982, H. 2, S. 9–22). – B. Böschenstein, *Antike u. moderne Tragödie um 1800 in dreifacher Kontroverse: G.s »Natürliche Tochter«, Kleists »Penthesilea«, Hölderlins »Antigone«* (in *Kontroversen, alte u. neue. Akten des VII. Internat. Germanisten-Kongresses*, Hg. A. Schöne, Göttingen 1985, Bd. 8, S. 204–215). – H. Böschenstein, *G.s »Natürliche Tochter«* in (H. B., *Selected Essays on German Literature*, Hg. R. Symington, NY u. a. 1986, S. 34–50). – W. Schultheis, *G.: »Die natürliche Tochter«. Gotisch u. modern* (in Euph, 80, 1986, S. 326–339). – S. B. Würffel, *»... ein Werk das einen nicht los läßt ...«. G.s Soulavie-Lektüre u. »Die natürliche Tochter«* (in FDH, 1986, S. 91–117).

NOVELLE

Prosadichtung von Johann Wolfgang von GOETHE, erschienen 1828. – Schon 1797 hatte Goethe den Plan eines Epos im Stil von *Hermann und Dorothea* konzipiert mit dem Titel *Die Jagd*. Er wurde auf Anraten F. SCHILLERS und W. v. HUMBOLDTS fallengelassen, erst 1826 wiederaufgenommen und nun ohne Zögern zur Prosanovelle ausgestaltet. In Form und Thematik den *Wahlverwandtschaften* und *Wilhelm Meisters Wanderjahren* verwandt, faßt dieses kleine und letzte Prosawerk die Anschauungen des alten Goethe über Kunst, Natur, Gesellschaft, Sitte und Frömmigkeit in einer hochstilisierten Form zusammen.

Eine den Errungenschaften der Französischen Revolution zugeneigte Adelsgesellschaft – der Fürst, seine Gemahlin, der Fürst-Oheim und der Junker Honorio – bildet das Zentrum der *Novelle*. Während der Fürst sich an einer Jagd beteiligt, werden die Fürstin, der Oheim und Honorio bei einem Spazierritt von einem Feuer überrascht, das unten in der Stadt in Jahrmarktsbuden ausgebrochen ist. Ein Tiger, der dabei entkommen ist, erreicht die Reitenden und bringt die Fürstin scheinbar in Gefahr, aus der sie Honorio jedoch durch zwei tödliche Schüsse auf das Tier rettet. Jammernd erscheint die Schaustellerfamilie – Mann, Frau und Kind –, untröstlich über den Tod des zahmen und harmlosen Tieres. Da kommt die Nachricht, daß auch der Löwe ausgebrochen sei und sich oben im Schloßhof der alten Stammburg niedergelegt habe. Aber nicht der Jagdzug, nicht Schüsse fangen ihn wieder ein, sondern im legendarisch-lyrischen Ausgang der *Novelle* überwindet allein das Wärterkind wie Daniel in der Löwengrube mit der gesetzlos gleitenden, süßen Melodie seiner Flöte und den kindlich frommen Strophen eines kaum ausdeutbaren Liedes die Gewalt des Löwen und gibt damit den Beteiligten ein Beispiel gewaltloser Beherrschung des Elementaren in der Natur wie im Menschen selbst.

Wie andere Altersdichtungen Goethes entwirft die *Novelle* ein Gegenbild zur Ungestalt des Wilden, Elementaren, Chaotischen, das sich Goethe zeitlebens aufdrängte im Erlebnis selbstzerstörerischer Leidenschaften oder politischer Umwälzungen. Ein Modell für die ungebändigte und zu bändigende Gewalt fand er zumal in der Französischen Revolution vor. Die Erfahrung dieses Ereignisses, die sich bereits in *Hermann und Dorothea* und in der *Natürlichen Tochter* niedergeschlagen hatte, und der Wille, Erfahrungen dieser Art zu *»gewältigen«* wirken, wie indirekt und vermittelt auch immer, noch in der *Novelle* fort. Schon deren Schauplatz ist geprägt von diesem Willen zur Formung des »Ungesetzlichen«: Die Natur ist kultiviert, sie ist *»wohlversorgt«* und *»wohlgebaut«*; wo sie es nicht ist, etwa in dem wüsten Gestein und Gestrüpp der verfallenen Stammburg, wird sie doch begehbar gemacht und in sorgfältig ausgeführten Ansichten als ein *»zufällig einziges Lokal«* festgehalten. In der Bändigung des Löwen durch das Kind wird die gewaltlose Beherrschung des Zerstörerischen zum Paradigma einer menschlichen Haltung. Honorio überwindet sich und die verhaltene Leidenschaft für seine Fürstin, wie das Kind den Löwen überwindet. Damit steht die *Novelle* am Ende einer Reihe Goethescher Dichtungen, in denen das Motiv der Entsagung, erst verhalten und dann immer dominanter, menschliches Dasein bestimmt, bis sie hier einen Grad sittlicher Reife und Tiefe erhält, der ihr alles Willentliche und Leidvolle nimmt. Gegenüber J. P. Eckermann führt Goethe aus: *»Zu zeigen, wie das Unbändige, Unüberwindliche oft besser durch Liebe und Frömmigkeit als durch Gewalt bezwungen werde, war die Aufgabe dieser Novelle«*. Frömmigkeit in einer undogmatischen und naturnahen Form verkörpert in der *Novelle* die Wärterfamilie. Archaisch anmutend, in biblischen Tönen sprechend, steht sie ebenbürtig neben der hochzivilisierten Adelsfamilie. Ihr Bild gab Anlaß, die *Novelle* christlich zu interpretieren (E. BEUTLER, B. v. WIESE). Schließlich spiegelt sich hier wie in der *Trilogie der Leidenschaft* das neue Erlebnis der Musik für den alten Goethe, die er in einem Brief aus Marienbad am 24. 8. 1832 an K. F. ZELTER als eine überwältigende Macht beschreibt, die ihn auseinanderfalte, *»wie man eine geballte Faust freundlich flach läßt«*.

Die planvolle Ausschaltung alles möglicherweise Überraschenden bestimmt auch den Erzählverlauf der ersten Hälfte: Bevor die Gesellschaft auf die alte Stammburg reitet, macht der Oheim die Fürstin anhand von Skizzen und Ansichten mit dem *»Lokal«* vertraut; der Fürst hat die Gemahlin über das Treiben des Marktes unterichtet, ehe sie ihn selbst in Augenschein nimmt, und der Oheim bereitet mit seiner wiederholten Erzählung von einem Jahrmarktsbrand das Ereignis vor und nimmt ihm seinen Schrecken. Doch wandelt sich mit dem Einbruch elementarer Mächte zu Beginn des zweiten Teils diese Erzählweise, sie wird beschleunigt, unruhig, erst jetzt eigentlich sinnlich und steigert sich bis zu dem höchsten Punkt, wo die Erzählung ins Lied übergeht. Das Gegenüber von *»Ungebändigtem«* und *»Gesetzlichem«* ist wirksam bis in Syntax und Satzrhythmus hinein. So wird etwa der Ritt von der Ebene durch die Gärten hinauf zu den unwirtlichen Felsen syntaktisch nachvollzogen: Den Weg durch die mäßig ansteigenden *»wohlversorgten Frucht- und Lustgärten«* beschreiben gleichmäßig lange, rhythmisch und syntaktisch wohlgegliederte Sätze; die Quelle wird nicht durch beschreibende Epitheta, sondern durch fünf vorangestellte Attribute rhythmisch lebendig *(»von einer oberwärts lebhaft auf einmal reich entspringenden Quelle gewässert«)*; in einfach konstruierten, parataktisch geschalteten Hauptsätzen wird während einer Pause die Landschaft geschildert, die sich dem umwendenden Blick in der Ebene auftut; wo der Weg im undurchdringlichen Gewirr der urzeitlichen Felsen endet, da blockiert auch der Ryhthmus in Satzverkürzungen und syntaktischen Umstellungen die ruhige Bewegung.

Die berühmte Gattungsbestimmung, die Goethe in einem Gespräch mit ECKERMANN am 29. 1. 1827 zur Rechtfertigung des Titels der *Novelle* gegeben hat, ist mit maßgebend gewesen für die deutsche Novellendichtung im 19. Jh.: *»Wissen Sie was, wir wollen es die ›Novelle‹ nennen; denn was ist eine Novelle anders als eine sich ereignete unerhörte Begebenheit.«* Wie vieles von Goethes Altersdichtung ist auch die *Novelle* vielfach verkannt worden. Festgelegt auf den Erlebnisbegriff des jungen und mittleren Goethe und befremdet von dem unsinnlichen, *»bedeutenden«* Altersstil hat noch F. GUNDOLF 1918 geurteilt: *»Sie gehört zu den absoluten Bildungspoesien, die aus der ästhetischen Freude an der gattungsmäßigen Ausfaltung eines Motivs, nicht aus einer seelischen Erschütterung oder einem Zweck stammen.«* Erst mit der energischen Hinwendung der Goethe-Philologie zum Spätwerk in den dreißiger Jahren wurden auch der Reiz und die Symbolkraft dieser Dichtung entdeckt. M.May.

AUSGABEN: AlH, 15. – WA, I, 18. – AA, 9 [Einf. P. Stöcklein]. – HA, 6. – Stg. 1962 (in *Novelle/Das Märchen*; Komm. E. Reusner [RUB]).

LITERATUR: A. v. Grolmann, *G.s »Novelle«* (in GRM, 9, 1921, S. 181–187). – K. May, *G.s »Novelle«* (in Euph, 33, 1932, S. 277–299; auch in H. Enders, *Werkinterpretation*, Darmstadt 1967, S. 63–90). – E. Beutler, *Ursprung u. Gehalt von G.s »Novelle«* (in DVLG, 16, 1938, S. 324–352). – E. Staiger, *G.s »Novelle«* (in Trivium, 1, 1942, S. 4–30; auch in E. S., *Meisterwerke deutscher Sprache aus dem 19. Jh.*, Zürich [3]1957, S. 135–162; ern. in *Interpretationen*, Hg. J. Schillemeit, Bd. 4: *Deutsche Erzählungen von Wieland bis Kafka*, Ffm. 1966, S. 53–74; FiTb). – E. Wäsche, *Honorio u. der Löwe*, Säckingen 1947. – H. Himmel, *Metamorphose der Sprache. Das Bild der Poesie in G.s »Novelle«* (in Jb. des Wiener Goethe-Vereins, N. F. 65, 1961, S. 86–100). – H. Praschek, *Zur Entstehungsgeschichte der »Novelle« von G. Eine Analyse dreier unveröffentlichter Hss.* (in Forschungen und Fortschritte, 35, 1961, S. 302–306). – D. W. Schumann, *Mensch u. Natur in G.s »Novelle«* (in Dichtung u. Deutung, 1961, S. 131–142). – E. Edel, *J. W. G.s »Novelle«* (in WW, 16, 1966, S. 256–266). – H. Meyer, *Natürlicher Enthusiasmus. Das Morgenländische in G.s »Novelle«*, Heidelberg 1973. – R. Clouser, *Ideas of Utopia in G.s »Novelle«* (in Publications of the English G. Society, 49, 1979, S. 1–44). – P. Klotz, *»Novelle«* (in *Deutsche Novellen von G. bis Walser*, Hg. J. Lehmann, Bd. 1, Königstein 1980, S. 11–29). – J. Jacobs, *»Löwen sollen Lämmer werden«. Zu G.s »Novelle«* (in *Literarische Utopie-Entwürfe*, Hg. H. Gnüg, Ffm. 1982 [st], S. 187–195). – R. Thieberger, *Die Fürstin als Heldin von G.s »Novelle«* (in R. T., *Gedanken über Dichter u. Dichtungen. Essays aus fünf Jahrzehnten*, Hg. A. Faure, Y. Flesch, A. Nivells, Bern u. a. 1982, S. 35–53). – *J. W. G. »Novelle«. Erläuterungen u. Dokumente*, Hg. Ch. Wagenknecht, Stg. 1982 [RUB]. – H. Lehnert, *Tensions in G.s »Novelle«* (in *G.s Narrative Fiction. The Irvine G. Symposium*, Hg. W. J. Lillyman, Bln./NY 1983, S. 176–192). – F. Strack, *G.s »Novelle« u. Schillers »Idylle«. Zwei Wege ästhetischer Versöhnung* (in Euph, 77, 1983, S. 438–452). – G. Kaiser, *Zur Aktualität G.s. Kunst u. Gesellschaft in seiner »Novelle«* (in Jb. der Deutschen Schillerges., 29, 1985, S. 248–265). – E. Klüsener, *»Novelle« (1828)* (in *G.s Erzählwerk. Interpretationen*, Hg. P. M. Lützeler u. J. E. McLeod, Stg. 1985, S. 429–453).

PROMETHEUS

Dramatisches Fragment in zwei Akten von Johann Wolfgang von GOETHE, entstanden im Sommer 1773, erschienen 1830. – Als Quellen benutzte der Autor vor allem Ch. M. WIELANDS *Beiträge zur geheimen Geschichte des menschlichen Herzens und Verstandes«* (1770) sowie das *Lexicon mythologicum* ([2]1770) von B. HEDERICH. Der Plan des Ganzen ist aus den vorliegenden beiden Akten nicht zu erschließen, da sie kaum Handlung enthalten, sondern die Individualität des Prometheus entwickeln: Er ist der in stolzer Isolation lebende Sohn Jupiters und einer nicht genannten Mutter, der von sich erklärt: *»Ich bin kein Gott und bilde mir so viel ein als einer.«* Auch den Titanen hat er sich widersetzt; Prometheus ist der einsame Schöpfer, der Statuen nach seinem Bild formt und sie als Kinder um sich versammelt. Jupiter wäre bereit, ihnen Leben zu schenken, wenn Prometheus sich seiner Macht unterwirft und eben dazu ist dieser nicht bereit. Da führt Minerva ihn zum Quell des Lebens, den auch Jupiter nicht verschließen kann, weil das Leben keinem Gott, sondern dem Schicksal untersteht. Gelassen nimmt der höchste Gott die Nachricht von diesem *»Hochverrat«* auf: *»Das Wurmgeschlecht vermehret / Die Anzahl meiner Knechte. Wohl ihnen, wenn sie meiner Vatersleitung folgen; / Weh ihnen, wenn sie meinem Fürstenarm / Sich widersetzen.«*
Der zweite Akt zeigt Prometheus unter seinen Geschöpfen. Er leitet sie an, sich Hütten zu bauen, heilt ihre Krankheiten und schlichtet ihren Streit. Er ist mit ihnen zufrieden, so wie sie sind, mit ihren Vorzügen und mit ihren Unvollkommenheiten: *»Seid arbeitsam und faul, / Und grausam mild, / Freigiebig geizig, / Gleichet all Euren Schicksalsbrüdern, / Gleichet den Tieren und den Göttern.«* Im Gespräch mit Pandora, seinem liebsten und schönsten Geschöpf, versucht er die Spannung, die sich aus dieser doppelten Ähnlichkeit für die Natur der Menschen ergibt, zu lösen, indem er gerade die möglichen Extreme von Erfahrungen (*»Zu leiden, weinen, zu genießen und zu freuen sich«*) zur Bedingung eines erfüllten Lebens macht. Die Bewältigung einer solchen Zerreißprobe erfolgt in der Spontaneität des Augenblicks, in dem Werden und Vergehen, Liebe und Tod gleichgesetzt werden; nach jeder Erfahrung von Glück und Schmerz folgt der Schlaf, und aus dem Schlaf erwacht der Mensch, *»aufs neue zu fürchten, zu hoffen und zu begehren«.* Mit diesen Worten endet das Fragment, dessen vorbehaltlose Bejahung der Widersprüche des Lebens keinen dramatischen Konflikt zuläßt. Erst

1819 stieß Goethe erneut auf das von ihm bereits vergessene Manuskript, *»wunderlich genug«*, so schreibt er am 11. 5. 1820, *»daß jener von mir selbst aufgegebene und vergessene ›Prometheus‹ grade jetzt wieder auftaucht«*. Eine Publikation des Textes aber lehnt er ab, aus Furcht, er *»käme unserer revolutionären Jugend als Evangelium recht willkommen ... Merkwürdig ist jedoch, daß dieses widerspenstige Feuer schon fünfzig Jahre unter poetischer Asche fortglimmt, bis es zuletzt, real entzündliche Materialien ergreifend, in verderbliche Flammen auszubrechen droht.«* Offenbar kommt diese Befürchtung aus der Erinnerung an die Wirkung der sogenannten *Prometheus*-Ode, eines emphatischen Monologs, der laut *Dichtung und Wahrheit* zum Fragment gehört, aber wohl – die Datierung auf Herbst 1774 ist nicht ganz sicher – in einem einzigen stürmischen Anlauf dessen Kernthema, Prometheus' rebellische Absage an einen Herrschergott und die Betonung des Eigenwerts seiner Individualität, in freien Rhythmen gestaltet, die Strophen von wechselnder Zeilenzahl bilden. Über diese Deutungen hinausgehend, die die Prometheus-Figur als exemplarisch für den Genie- und Künstlerbegriff des Sturm und Drang sehen und ihn in den Kontext der Säkularisierungsbewegung des 18. Jh.s stellen, gilt Prometheus für eher marxistisch ausgerichtete Interpreten als Repräsentant des sich emanzipierenden Bürgertums gegenüber den Feudalständen.

Im Jahre 1795 beschäftigte sich Goethe nochmals mit dem Prometheus-Stoff. Er plante, im Anschluß an den *Gefesselten* von AISCHYLOS, einen *Befreiten Prometheus*, von dem jedoch nur wenige kurze Bruchstücke erhalten sind. Im *Pandora*-Fragment von 1808 griff er das Thema noch einmal, nun aber in ganz veränderter Gestalt, auf, führte es aber wiederum nicht zu Ende. KLL

AUSGABEN: AlH, 33. – WA, I, 39. – AA, 4 [Einf. E. Beutler]. – HA, 4 [Anm. W. Kayser]. – AkA. – MA, 1,1 [Komm. G. Sauder]. – GSW, 4 [Komm. D. Borchmeyer].

LITERATUR: F. Saran, *G.s »Mahomet« u. »Prometheus«*, Halle 1914 (Bausteine zur Geschichte der neueren deutschen Literatur, 13). – C. Cierjacks *Gehalt u. Gestalt von G.s »Prometheus«-Fragment*, Diss. Hbg. 1927. – J. Richter, *Zur Deutung der G.schen Prometheusdichtung* (in FDH, 1928, S. 65–104). – O. Walzel, *Das Prometheussymbol von Shaftesbury zu G.*, Mchn. ²1932. – H.-G. Gadamer, *Die Grenze des Titanischen. »Prometheus« u. »Pandora«* (in H.-G. G., *Vom geistigen Lauf des Menschen*, Godesberg 1949, S. 9–27). – A. Fuchs, *Le »Prometheus«-Fragment. Apogée et dépassement du ›Sturm und Drang‹ goethéen (1773)* (in Bull. de la Faculté des Lettres de Strasbourg, 30, 1951, S. 203–211). – H. Fischer-Lamberg, *Die »Prometheus«-Handschriften* (in JbGG, N. F. 14/15, 1952/53, S. 136–142). – C. Heselhaus, *»Prometheus« u. »Pandora«. Zu G.s Metamorphose-Dichtungen* (in *Fs. J. Trier*, Hg. B. v. Wiese u. K.-H. Borck, Meisenheim a. Gl. 1954, S. 219–253). – S. Burckhardt, *Sprache als Gestalt in G.s »Prometheus« u. »Pandora«* (in Euph, 50, 1956, S. 162–176). – E. Bramer, *G.s »Prometheus« u. die Grundpositionen des Sturm u. Drang*, Weimar 1959. – R. Trousson, *Le thème de Promethée dans la littérature européenne*, 2 Bde., Genf 1964. – P. Grappin, *G. et le mythe de Promethée* (in EG, 20, 1965, S. 243–258). – T. Metscher, *»Prometheus«. Zum Verhältnis von bürgerlicher Literatur u. materieller Produktion* (in *Deutsches Bürgertum u. literarische Intelligenz 1750–1800*, Hg. B. Lutz, Stg. 1974, S. 385–453). – P. Müller, *G.s »Prometheus«. Sinn- u. Urbild bürgerlichen Emanzipationsanspruchs* (in WB, 22, 1976, S. 52–82). – H. Weill Holesovsky, *G.s »Prometheus«-Fragment: eine Strukturanalyse*, Diss. Univ. of Mass. 1976.

REINEKE FUCHS. In zwölf Gesängen

Epos von Johann Wolfgang von GOETHE, erschienen 1794. – Der Stoff des bekannten Tierepos, mit dem Goethe schon in seiner Jugend vertraut war (vgl. den Brief an die Schwester Cornelia vom 13. 10. 1765), fand seit dem frühen Mittelalter zahlreiche Bearbeiter, Mittellateinische (*Ecbasis captivi*, um 1040, und *Ysengrimus*, um 1150), französische (*Roman de Renart*, 13. Jh.), mittelhochdeutsche (*Reinhart Fuchs* von HEINRICH DEM GLÎCHEZAERE, Ende 12. Jh.) und niederländische (bes. die Delfter Fassung, 1485) Darstellungen sind Vorstufen der berühmten niederdeutschen Volksdichtung *Reynke de vos* (1498). GOTTSCHEDS 1752 veröffentlichte Ausgabe und Prosaübersetzung dieser anonymen Lübecker Fassung benützte Goethe, als er auf dem Rückzug der Koalitionstruppen 1792 nach der Kanonade von Valmy und während der Belagerung von Mainz 1793 daran ging, die Geschichte von Reineke Fuchs und seinen Streichen in die klassische Form des Hexameterepos zu kleiden. Goethes rückblickende Äußerung, sein Epos sei eine *»zwischen Übersetzung und Umarbeitung schwebende Behandlung«* (*Annalen*, 1793) des überlieferten Stoffes, deutet die beiden Aspekte des Werks an. Der Vorlage folgen der Gang der Handlung, Einzelheiten des Geschehens und die direkten Reden mit ihren altertümlichen Ausdrücken und Redewendungen. Die virtuose Handhabung des Hexameters hingegen gestaltet die tradierte Volksdichtung zu einem durchaus eigenständigen Kunstwerk um, das Goethes zwiespältiges Verhältnis zur zeitgenössischen historischen Wirklichkeit vermittelt.

Reineke, der Fuchs, ist als einziger nicht zum Hoftag von Nobel, dem Löwen und König der Tiere, erschienen: Er fürchtet die Klagen seiner geschädigten Gegner, deren Wortführer Isegrim, der Wolf, Braun, der Bär, und Hinze, der Kater, sind. Seine Furcht hält den Fuchs aber nicht davon ab, Braun und Hinze, die der König nacheinander mit der Vorladung zum Gerichtstag in Reinekes Festung Malepartus schickt, in Hinterhalte zu locken, aus denen sie nur mit knapper Not entkommen.

Erst Grimbart, der Dachs, ein naher Verwandter Reinekes, kann ihn zur Reise an den Hof bewegen. Dort wird er angeklagt und zum Tod am Galgen verurteilt; schon auf der Leiter stehend, gelingt es ihm, den macht- und geldgierigen Löwen mit dem Bericht von einer angeblichen Verschwörung und von einem verborgenen Schatz umzustimmen. Er wird rehabilitiert, die Notabeln und Erzfeinde Reinekes jedoch, Isegrim und Braun, wandern ins Gefängnis. Statt nach Rom zu gehen und sich dort vom Bann zu lösen, zieht sich Reineke auf seine Festung zurück, ermordet seinen Begleiter, den Hasen, und schickt den Widder Bellyn mit dessen Haupt zurück. Diese Freveltat, die Enttäuschung des betrogenen Königs und erneute Klagen der Tiere führen abermals zur Verfolgung des Übeltäters. Die Gegner rüsten sich zum Feldzug gegen Reineke, der jedoch ihre Absicht durchschaut und sich wieder vor Hof zu rechtfertigen versteht, unterstützt von seinen Freunden und der Königin selbst. Isegrim, der sich damit nicht zufrieden gibt, fordert Reineke zum Zweikampf, wird aber auf schimpfliche Weise besiegt, Reineke, zum ehrenwerten Reichskanzler ernannt, lebt fortan *»heiter und sorglos«* auf seiner Festung.

Nicht nur im Hinblick auf den äußeren Handlungsablauf, sondern auch seiner dichterischen Intention nach ist Goethes Epos zugleich *»Übersetzung und Umarbeitung«* der Vorlage. Wurde der Stoff einst als anthropomorphistische Tierallegorie der spätmittelalterlichen Feudalordnung verstanden, so will Goethe seinen Zeitgenossen einen *»Hof- und Regentenspiegel«* vorhalten, in dem *»das Menschengeschlecht sich in seiner ungeheuchelten Tierheit ganz natürlich vorträgt« (Campagne in Frankreich)*. Damit aber hat sich die satirische Tendenz des Epos von der Parodie konkret historischer Gesellschaftsstrukturen auf die zeitlos gültige Karikatur allzu menschlicher Schwächen und Untugenden verlagert; die für den Leser des Originals durchschaubaren Anspielungen auf das mittelalterliche Minne- und Lehensrecht oder auf das Zeremoniell ritterlicher Turniere haben in Goethes *Reineke Fuchs* nur noch einen mittelbaren, symbolischen Bezug zur historischen Wirklichkeit. Von dieser Wirklichkeit aber wollte sich Goethe gerade distanzieren, indem er sich mit der Arbeit an dem heiteren Tierepos *»von der Betrachtung der Welthändel abzuziehen«* (Brief an F.H. Jacobi vom 2.5. 1793) suchte. Die Kluft zwischen diesen *»Welthändeln«* und ihrer literarischen *»Gewältigung«* ist hier tiefer als in den *Unterhaltungen deutscher Ausgewanderten* (1795), *Herrmann und Dorothea* (1797) oder der *Natürlichen Tochter* (1803); der Auseinandersetzung mit den *»ungeheuren, blutigen und blutdürstigen«* Ereignissen der Französischen Revolution setzt Goethe das ironisch-skeptische Credo seiner *»unheiligen Weltbibel« (Annalen)* entgegen: *»Zur Weisheit bekehre / Bald sich jeder und meide das Böse, verehre die Tugend! / ... Denn so ist es beschaffen, so wird es bleiben ... / Uns verhelfe der Herr zur ewigen Herrlichkeit! Amen.«* V.Ho.

Ausgaben: Gotha 1793 (in Zerstreute Bll. von J.G. Herder, Slg. 5, Teildr.). – Bln. 1794 (in *Neue Schriften*, Bd. 2). – AlH, 40. – WA, I, 50. – AA, 3 [H. v. Maltzahn]. – HA, 2 [E. Trunz]. – Stg. 1987 [Komm. H.-W. Jäger; RUB]. – MA, 4,1 [Komm. R. Wild].

Literatur: M. Lange, *G.s Quellen u. Hilfsmittel bei der Bearbeitung des »Reineke Fuchs«*, Dresden 1888. – K. Scheel, *G.s »Reineke Fuchs« u. seine Quellen* (in Mitt. aus dem Qickborn, 40, 1949, S. 43–45). – L. Schwab, *Vom Sünder zum Schelmen. G.s Bearbeitung des »Reineke Fuchs«*, Ffm. 1971. – D. Arendt, *Till de Vos und Reineke Ulenspegel oder Kleine Diebe hängt man, die großen läßt man laufen* (in Kürbiskern, 1985, H. 4, S. 126–134). – H.-W. Jäger, *»Reineke Fuchs« (1794)* (in *G.s Erzählwerk. Interpretationen*, Hg. P.M. Lützeler u. J.E. McLeod, Stg. 1985, S. 103–133).

RÖMISCHE ELEGIEN

Gedichtzyklus von Johann Wolfgang von Goethe, entstanden 1788/90 im Anschluß an die Italienische Reise; erschienen 1795 (in der von F. Schiller herausgegebenen Zeitschrift ›Die Horen‹, wobei die vier umstrittenen erotischen Elegien weggelassen wurden). – Vor dem Hintergrund der frühen Erlebnislyrik Goethes, die alle verbindlichen Gedichttraditionen durchbricht, um dem Gefühl des lyrischen Ich Raum zu geben, erscheinen die *Elegien*, ihre antiken Distichen und die mythologischen Anleihen als eine erneute Hinwendung zu einer Dichtungstradition: die der Augusteischen und neulateinischen Elegiker, und zugleich als Annäherung an die literarische Tendenz seiner Zeit: den Enthusiasmus für die Antike. Zwar bieten sich die *Elegien* als Spiegelung des Italienerlebnisses dar – der ursprüngliche Titel *Elegien, Rom 1788* hätte den biographischen Bezug verstärkt zum Ausdruck gebracht –, doch weicht die Welt der Gedichte ganz entschieden davon ab: Die Hauptgestalt des Zyklus, die junge Witwe Faustine, ist ebenso Fiktion wie das Bild des auf ihrem Rücken Verse skandierenden Dichters und wie die den Ereignissen vorauseilende Anspielung auf die Französische Revolution, die erst nach der italienischen Reise, 1789, ausbrach. Der autonome Status der dichterischen Realität wird in den *Elegien* selbst betont, wenn dessen Verwechslung mit der faktischen Realität ausdrücklich kritisiert wird (II).

Zwei thematische Komplexe beherrschen den Zyklus: die Liebesidylle, deren Integration in die römische Umwelt versucht wird, und die Problematik der Erneuerung und Aneignung der römischen Antike durch den neuzeitlichen Dichter. Die verschiedenen Bereiche – die römische Welt, die antik und modern zugleich ist, und die Liebe, ihre vitale Erotik und formvollendete Stilisierung – lassen bereits durch die sprachliche Umkehrbarkeit des Namens »Rom« (Roma-Amor), ihren engen, jedoch kunstvoll verborgenen Bezug zueinander erkennen; vor allem aber sind sie in der Rolle des lyrischen Sprechers integriert, der als Wanderer und nordischer Fremdling, als Dichter und Liebender solche geheimen Bezüge erschließt, die in der ersten Elegie programmatisch formuliert werden. Doch ist die antithetische Struktur dieser Abhängigkeiten nicht zu übersehen: Die Liebe ermöglicht zwar den Zugang zur römischen Welt, bedarf zu ihrer eigenen Realisierung jedoch der Isolierung von dieser (XV), ebenso wie der Dienst an Amor, Hingabe und Erfüllung in der Liebe, Bedingung für den Dichter und seine Kunst ist (XIII), gleichzeitig aber die stilisierte Darstellung dieser Liebe, die Distanz voraussetzt, verhindert. Diese Gegensätze – Einheit mit der Geliebten im Gefühl der Liebe, *»die ohne prosodisches Maß verhallt«*, und der Verzicht auf sie, um den *»stillen Genuß reiner Betrachtung«* dichterisch zu formen – werden erst auf der Ebene des Zyklus als dessen *»geheime«* Mitte und Einheit erkannt. Aber die Liebe in den Elegien ist selbst auch widersprüchlich: Gerade die erfüllte Liebe, die als Ziel angestrebt und erreicht wird, ist mit der gesellschaftlichen Realität nicht in Einklang zu bringen. Die Furcht vor einer Entdeckung ihrer Liebe bedingt die Verkleidung des Geliebten, die Hintergehung der Verwandten, die heimlichen Treffpunkte der Liebenden und ihre in der Öffentlichkeit geheime Verständigung (XV), was schließlich zur Isolierung von der Umwelt, zur privaten Idylle, die allein ungefährdet ist, führt: *»Sind zwei Liebende doch sich ein versammeltes Volk«* (XII).

Die von ihren psychologischen Voraussetzungen abstrahierte und auf ihre konstante Bedingung – den Liebesakt – reduzierbare Komponente der Liebesidylle manifestiert sich als eine überzeitliche anthropologische Grundsituation, deren jeweilige kulturelle Ausprägung als historisch sich wandelnde Komponente aufgefaßt wird. Eben diese Struktur – paradigmatische Konstanz und historische Variabilität – gilt nun aber auch für den zweiten thematischen Komplex, der die griechisch-römische Antike und das Verhältnis des modernen Dichters zu ihr betrifft: Nicht als Lebensform, als welche sie einst historisch bedingt war, kann die Antike erneuert werden (das Scheitern der Vision des Dichters, VII), sondern nur als eine auf ihren paradigmatischen Charakter reduzierte Form der Kultur, die ihre anthropologische Bedeutung erst durch die Beziehung auf die jeweilige historische Situation erhält. Die griechisch-römische Antike des Augusteischen Zeitalters, auf die sich Goethe in den *Elegien* bezieht, spiegelt selbst schon diese spezifische kulturelle Situation, da sich auch in ihr die Eingliederung einer ursprünglich antiken Kultur – der griechischen – vollzog. Das gleiche strukturelle Schema, das die Liebe als dem kleinsten personalen Bereich in ihrem Bezug zur Umwelt konstituiert und die Antike als Schema einer Kultur überhaupt in ihrer Relation zum jeweiligen Kulturraum bestimmt, wiederholt sich schließlich nochmals im Verhältnis des Zyklus als einem ästhetisch-autonomen Bereich zur historischen Zeitsituation Deutschlands – so erklärt sich die Eliminierung alles Zeitbezogenen im Zyklus und die Metaphorisierung sozialer Termini (Triumvirn, Asyl, Staat, u. ä.). Daß diese Konzeption einer ästhetischen Gegenwelt zur Zeitsituation gleichfalls nur als eine historisch bedingte dichterische Lösung möglich war, beweisen die *Venetianischen Epigramme*, die ein Jahr später die kritische Auseinandersetzung Goethes mit seiner Zeit darstellen. M.Wün.

AUSGABEN: Tübingen 1795 (in Die Horen, 2). – Bln. 1800 (in *Neue Schriften*, Bd. 7). – WA, I, 1. – AA, 1 [Einf. E. Staiger]. – HA, 1 [Anm. E. Trunz]. – GSW, 1 [Paralleldruck; Komm. K. Eibl].

LITERATUR: M. Blanc, *Étude littéraire sur »Élégies romaines« de G.*, Paris 1911. – E. Eggerking, *G.s »Römische Elegien«*, Diss. Bonn 1913. – H. v. Arnim, *Entstehung u. Anordnung der »Römischen Elegien« G.s* (in Deutsche Revue, 47, 1922, S. 121–136). – R. Petsch, *G.s »Römische Elegien«* (in FDH, 1931, S. 167–207). – M. Kommerell, *G.s große Gedichtkreise* (in M. K., *Gedanken über Gedichte*, Ffm. 1943, S. 216–309, 224–249). – D. J. Enright, *G.'s »Roman Elegies«* (in Scrutiny, 15, 1947/48, S. 174–182). – E. F. Schuhmacher, *Die Seinsordnung in G.s u. R. A. Schroeders »Römische Elegien«. Eine wortstatistische Untersuchung...*, Diss. Bonn 1952. – F. Klingner, *Liebeselegien, G.s römische Vorbilder* (in F. K., *Römische Geisteswelt*, Mchn. 1956, S. 401–411). – W. Wimmel, *Rom in G.s »Römischen Elegien« und im letzten Buch des Properz* (in Antike u. Abendland, 7, 1958, S. 121–138). – G. Kaiser, *Wandrer u. Idylle. Ein Zugang zur zyklischen Ordnung der »Römischen Elegien«* (in ASSL, 202, 1965, S. 1–27). – D. Jost, *Deutsche Klassik. G.s »Römische Elegien«*, Pullach 1974. – L. L. Albertsen, *Die Anerkennung des Sexuellen vor u. bei G. Was war an den »Römischen Elegien« so aufregend?* (in Text + Kontext, 9, 1981, S. 331–342). – Ders., *Rom 1789. Auch eine Revolution. Unmoralisches oder vielmehr Moralisches in den »Römischen Elegien«* (in GJb Weimar, 99, 1982, S. 183–194). – K. Eibl, *Die andere Klassik. »Römische Elegien«* (in Trierer Beiträge, 1982, Sonderh. 6, S. 23–29). – O. Lorenz, *Verschwiegenheit. Zum Geheimnis-Motiv der »Römischen Elegien«* (in *J. W. v. G.*, Hg. H. L. Arnold, Mchn. 1982, S. 130–152 [Text + Kritik]). – K. Oettinger, *Verrucht aber schön... Zum Skandal um G.s »Römische Elegien«* (in Der Deutschunterricht, 35, 1983, H. 1, S. 18–30). – W. Segebrecht, *Sinnliche Wahrnehmung Roms. Zu G.s »Römische Elegien«, unter besonderer Berücksichtigung der »Fünften Elegie«* (in *Gedichte u. Interpretationen, Bd. 3 »Klassik u. Romantik«*, Hg. W. S., Stg. 1984, S. 48–59 [RUB]). – E. Dessau-Bernhardt, *G.s »Römische Elegien«. The Lover and the Poet*, Diss. Indiana Univ. 1985 [Diss. Abstract, A 46, 1985/86, S. 3045]. – H. Glockhamer, *Fama and Amor. The Function of Eroticism in G.'s »Römische Elegien«* (in Eighteenth-Century Studies, 19, 1985/86, S. 235–253). – Ch. Neumeister, *G. u. die römische Liebeselegie* (in *Allerhand G. Seine wissenschaftliche Sendung aus Anlaß des 150.*

Todestages u. des 50. Namenstages der Johann Wolfgang Goethe-Universität in Frankfurt am Main, Hg. D. Kimpel u. J. Pompetzki, Ffm. u. a. 1985, S. 273–301).

SONETTE

Zyklus von 18 Gedichten von Johann Wolfgang von GOETHE, entstanden 1807/08, erschienen 1815. – Außer den beiden letzten Sonetten, die erst in der *Ausgabe letzter Hand* (1827) abgedruckt wurden, erschienen Goethes meist unterschätzte Sonette erstmals in der Ausgabe der *Werke* von 1815. Die Entstehung der Gedichte fällt zwar in die Zeit einer allgemeinen Sonettmode, die, durch die Brüder SCHLEGEL propagiert, vor allem im Jenaer Freundeskreis Goethes (Z. WERNER, F. W. RIEMER) gepflegt wurde, muß aber primär im Zusammenhang mit den fundamentalen poetologischen Umorientierungen gesehen werden, die schließlich zu der sehr artistischen Lyrik des späten Goethe führen. Allein die Wahl der in der deutschen Klassik verpönten Form des Sonetts ist Indiz für die seit F. SCHILLERS Tod (1805) einsetzende gegenklassische Wendung Goethes, die sich auch im Zyklus selbst, in der Ironisierung der in den *Römischen Elegien* gefeierten Antike (Sonett XI) sowie der programmatischen Hinwendung zur italienischen Renaissance (PETRARCAS sonettistische Liebeslyrik, DANTES Idee der *vita nuova*), bezeugt. Auch die Mischung verschiedener Stil- und Sprachebenen, deren Spielraum von existentiellem Ernst über Formen der Ironie bis zur Ebene des Sprichwörtlichen und Alltäglichen reicht, ist, wie das Eindringen dramatischer Elemente in den dialogischen Sonetten, eine bemerkenswert unklassische und schon auf den *Divan* sowie die Lyrik H. HEINES verweisende Besonderheit dieses Zyklus. Das zentrale Motiv des »neuen Lebens« im ersten Sonett bedeutet demnach auch Erneuerung und Wandel eines lyrischen Stils.

Was die dargestellte Liebesbeziehung angeht, so wird zwar in der Auflösung der »Charade« (Herzliebe) eine erlebnishafte Grundlage dieser Liebe, Goethes Bekanntschaft mit Minchen Herzlieb, suggeriert, doch stehen derlei biographische Anspielungen, ähnlich wie die Zitate literarischer Personen und Daten *(»Epoche«)*, zeichenhaft für bestimmte gegensätzliche Konzeptionen von Liebe bzw. von Liebeslyrik, die auch auf andere Weise, so in den kontrastierenden Rollen von *»Mädchen«* und *»Dichter«* (als Repräsentanten einer eher unmittelbaren bzw. intellektuellen Form der Liebe), wiederkehren. Im ganzen gesehen überwiegt freilich die Haltung der Distanz: Sie äußert sich in der Eliminierung aller individualisierenden Details, in der Tendenz zu Abstraktion und Verallgemeinerung, auch in den vielfältigen Formen der Ironie, die nicht zuletzt den stark metaphorischen, zwischen Ernst und Scherz schwankenden Charakter der Sprache (vor allem in den letzten sechs Sonetten) bedingen.

Zentrales Thema des Zyklus, der im übrigen keinem kohärenten und auch kaum einem motivierten Handlungsweg folgt, ist die gegen jeden Willen aufbrechende Liebesleidenschaft (II), die in ihrem Absolutheitsanspruch jeden natürlichen Entwicklungsweg *(»Wachstum«)* sprengt und damit zum Paradigma jenes Phänomens des *»Dämonischen«* – einer zentralen Kategorie im Goetheschen Denken – wird, dessen Wirkungsweise modellhaft im ersten Sonett am Beispiel des Stroms demonstriert wird. Dieses für den Zyklus programmatische Sonett zeigt, daß der Einbruch des Dämonischen zwar in die Nähe des Tragischen führt, aber schließlich in einen Zustand mündet, der innerhalb bestimmter Grenzen (Bild des Sees) *»neues Leben«* verheißt und als Synthese der widerstreitenden Kräfte erscheint. Analog dazu konstituiert sich eine neue Form der Liebesbeziehung, die aus dem Konflikt zweier Extreme, der Leidenschaft und dem Verzicht auf sie, hervorgeht und auf eine innere Liebesbindung der Partner abzielt (z. B. XII), die wiederum beides verbindet, Leidenschaft und Bewußtheit, Unmittelbarkeit und Distanz. Mit dieser Konzeption transzendiert Goethe bewußt die von ihm selbst zitierte Petrarca-Tradition, deren Kennzeichen gerade das Bewußtsein der tragischen, weil unerfüllten Liebe ist, wobei solche Unterschiede im Zyklus selbst beredet werden (XVI).

Zur Liebesthematik tritt die Dichtungsthematik, die in der Frage nach der Übereinstimmung von Form und Inhalt laut wird, der Frage also, wie die strenge Form des Sonetts die Leidenschaftlichkeit des Inhalts bändigen, aber auch, wie das individuelle Gefühl sich gegenüber der vorgegebenen Form behaupten kann. Letztlich sind Liebe und Dichtungsthematik komplementäre Phänomene des Zyklus, insofern erstere durch Formen der Distanz bewältigt werden muß und der strengen Formung bedarf, während letztere gerade das Aufbrechen der Form, ihre Belebung, Erneuerung und Existentialisierung anstrebt. Solche Bemühungen werden dann auch in den formalen Experimenten des Zyklus greifbar, so in der Überschreitung der Sonettform durch einen sich über drei Sonette hinziehenden Zusammenhang (der Brief der Geliebten), in den dialogisch zusammengehörenden Sonetten, aber auch in der Aufteilung des Einzelsonetts in verschiedene Sprecher.

Zu den Merkmalen dieser Gedichte gehört ferner eine ausgeprägte Diskussion zum Phänomen der Sprache: So wird die Leistung des Wortes besprochen, seine unzureichende Wirksamkeit und Nutzlosigkeit (XIII) sowie die Fähigkeit der Sprache zu ambivalenten Aussagen. Diese bedeuten einerseits immer mehr, als der Sprecher realisieren kann (XVII), andererseits vermögen sie nur unzureichend die Bedeutung des Gemeinten wiederzugeben, so unzureichend, daß die Geliebte einmal schweigt (IX) und dem Geliebten schließlich einen Brief über *»Nichts«* schicken will.

Indem verschiedene Formen der Kommunikation, eine mündliche, eine schriftliche und eine »poetische«, im Gedicht selber beredet und diskutiert werden, nähert sich der Sonettzyklus fundamentalen Problemen der Goetheschen Lyrik und bezeichnet damit den weiten Abstand zu einer ehemals problemlosen Erlebnislyrik. M.Wün.

AUSGABEN: Stg./Tübingen 1815 (in *Werke*, 20 Bde., 1815–1819, 2). – Stg./Tübingen 1827 (in *Werke*, AlH, 60 Bde., 1827–1842, 2; erw.). – WA, I, 1. – AA, 1 [Einf. E. Staiger]. – HA, 1 [Anm. E. Trunz]. – MA, 9 [Komm. D. Hölscher-Lohmeyer]. – GSW, 2 [Komm. K. Eibl].

LITERATUR: K. Fischer, *G.s Sonettenkranz* (in K. F., *G.-Schriften 1*, Heidelberg 1896). – J. Schipper, *Über G.s »Sonette«* (in GJB, 17, 1896, S. 157–175). – J. Müller, *G.s »Sonette«. Lyrische Epoche u. motivische Kontinuität*, Bln. 1966. – H. J. Schlütter, *Über G.s »Sonette«*, Bad Homburg v. d. H. 1969. – R. Ayrault, *Les sonnets de G. (1800–1802, 1807–1808)* (in Revue d'Allemagne, 13, 1981, S. 281–298). – G. Kaiser, *Literatur u. Leben. G.s Sonettenzyklus von 1807/08* (in FDH, 1982).

STELLA. Ein Schauspiel für Liebende

Drama in fünf Akten von Johann Wolfgang von GOETHE, entstanden 1775, erschienen 1776 (Uraufführung: Hamburg, 8. 2. 1776, Nationaltheater); die zweite Fassung erschien 1816 (Uraufführung: Weimar, 2. 2. 1805, Hoftheater). – Wie kaum ein anderes Schauspiel Goethes fiel dieses Stück dem Verdikt seiner Zeitgenossen und auch seiner literaturhistorischen Nachlaßverwalter anheim. Es kollidierte, vor allem in seiner ersten Fassung, mit den Moralvorstellungen des 18. Jh.s, in Hamburg etwa kam es zu Aufführungsverboten, und über die ästhetischen Qualitäten des Werks fällte etwa der Literaturwissenschaftler E. STAIGER 1952 im ersten Band seiner Goethe-Monographie ein vernichtendes Urteil: *»Es ist primitiv in seiner Struktur, unzulänglich in allem, was der klaren Motivierung bedurfte, schwach in der Führung der Dialoge, unscharf und gedankenarm.«* Dabei entwirft das Werk – in seiner ersten Fassung – vor dem Hintergrund der bürgerlichen Verhaltensnormen und -konventionen seiner Zeit das Modell einer utopisch-flüchtigen Lebensform, in der sich männliche Wunschphantasien – Fernando, auf seine Weise der Held des Schauspiels, darf am Schluß zwei Frauen mit den Worten umarmen: *»Mein! Mein!«* – und ein sakraler Liebesbegriff verbinden.

In *Dichtung und Wahrheit* erwähnt Goethe dieses Werk nicht, dessen Entstehung aber gleichwohl im Zusammenhang mit seiner unentschlossenen Liebe zu Lili Schönemann zu sehen ist, der auch der Erstdruck des Textes mit einem persönlichen Vers (*»Im holden Thal, auf schneebedeckten Höhen ..«*) gewidmet ist; E. BEUTLER konnte diesen Bezug durch den Aufweis der Parallelen zwischen dem Gespräch Stella–Fernando im vierten Akt und entsprechenden Partien über Lili in *Dichtung und Wahrheit* vertiefen. Über den engeren biographischen Umkreis hinaus weist das Motiv der Doppelliebe, des zwischen zwei Frauen stehenden Mannes. Zwar konnte Goethe ähnliche Konstellationen im Freundeskreis vorfinden (G. A. BÜRGER, F. H. JACOBI); bekannt war auch das Verhältnis J. SWIFTS zu zwei Frauen, Vanessa und Stella, worauf Goethe anspielt, und hier erfuhr dieses Motiv jene poetische Stilisierung (*Tagebuch in Briefen an Stella*, 1710–1713), die das erste »bürgerliche Trauerspiel« G. E. LESSINGS, *Miß Sara Sampson* (1755), und das sentimentale Rührstück *Amalia* (1655) von Ch. F. WEISE bestimmte.

Schauplatz und Zeitpunkt des Geschehens werden in *Stella* nicht näher konkretisiert. Der erste Akt spielt *»im Posthause«*, wo die resolute Postmeisterin ihre Gäste empfängt, eine Madame Sommer, die ihre Tochter Lucie der Baronesse Stella als Gesellschafterin anvertrauen möchte. Schon der Anblick des Posthauses versetzt Madame Sommer in schmerzliche Wehmut, läßt sie an die *»schönste Zeit unsers Leben in freier Welt«*, aber zugleich auch an die Verzweiflung denken, die sie erfüllte, als ihr Mann sie vor Jahren verließ: *»Ich mangelte mir selbst, ein Gott mangelte mir.«* Diese Klage kontrastiert mit der nüchternen Einstellung der Postmeisterin (*»O Madame, unser eins hat so wenig Zeit zu weinen, als leider zu beten«*), die ihrerseits Stellas Lebensgeschichte erzählt. Diese hatte sich vor acht Jahren zusammen mit einem Herrn, der für ihren Ehemann gehalten wurde, ein Rittergut gekauft, wurde von ihm aber schließlich verlassen: *»Man sagte, der Herr hätte kuriose Principia gehabt; wenigstens kam er nicht in die Kirche; und die Leute, die keine Religion haben, haben keinen Gott und halten sich an keine Ordnung. Auf einmal hieß es: der gnädige Herr ist fort.«* Der *»Herr«* jedoch war, wie sich im Lauf des Stücks enthüllt, Fernando, der untreue Ehemann der Madame Sommer, der unerwartet und unerkannt zur gleichen Zeit im Posthaus absteigt – auch er der verklärenden Erinnerung und der zaghaften Hoffnung auf eine Erneuerung seiner einstigen *»Glückseligkeit«* hingegeben. Doch schnell spitzen sich die noch nicht überschaubaren Zusammenhänge zu. Stella, *»ganz Herz, ganz Gefühl«*, erkennt in Madame Sommer die verständnisvolle Schicksalsgefährtin und schwelgt mit ihr in der *»Erinnerung abgeschiedener Freuden«*, im *»Wiederschein der goldenen Zeiten der Jugend und Liebe«*. Im Überschwang ihrer Empfindungen führt sie die neue Freundin vor das Bild des verlorenen Geliebten, die darin ihren eigenen Ehemann wiedererkennt. Fernando erscheint; er will zu Stella zurück (*»Du Engel!»*), die ihn mit offenen Armen empfängt, nicht ohne über die Schwäche des weiblichen Geschlechts gegenüber den Männern kurz zu staunen: *»Daß man euch so lieb haben kann! – Daß man euch den Kummer nicht anrechnet, den ihr uns verursachet!«* Unvermutet aber trifft Fernando in Madame Sommer auf seine ehemalige Frau Cäcilie, die vergeblich versucht hatte, Stellas Haus zu verlassen, und ebenso unvermutet entschließt sich Fernando nun, mit ihr und Lucie zu fliehen. Dies mißlingt, Fernando sieht sich zu einem Geständnis gezwungen, bei dem Stella einen Zusammenbruch erleidet. Verzweifelt will sich Fernando erschießen, da löst Cäcilie die Situation durch einen Vorschlag, der allen Beteiligten entgegenkommt: Nach dem Vorbild des sagenhaften Grafen von Gleichen, den *»ein Gefühl frommer Pflicht von seiner Gemahlin«* ins Gelobte Land trieb, der dort in die Sklaverei kam, mit der Tochter seines Herrn jedoch fliehen konnte und in der Heimat mit beiden Frauen eine Doppelehe führte – gemäß dieser Lösung also soll auch die Liebe Stellas, Cäcilies und Fernandos *»selig Ein Wohnung, Ein Bett und Ein Grab«* fassen. Stella stimmt zu, Fernando *(»springt auf in der Bewegung zu fliehen«)* fügt sich und nimmt die Frauen in seine Arme, das letzte Wort hat Cäcilie: *»Wir sind dein!«* Goethe milderte den Schluß, von den Zeitgenossen als frivolen Skandal empfunden, 1803 in einer zweiten Fassung und ließ das Stück als *Trauerspiel* enden: Cäcilies harmonisierender Vorschlag kommt zu spät, Fernando erschießt sich, und Stella, die Gift genommen hat, stirbt, von allen verlassen, allein.

Die Kritik, die das Stück zumeist als Charakterdrama las, störte sich von jeher an der widersprüchlichen Konzeption der Figuren. Der Versuch, die beiden Frauengestalten als *»volle Individuen«* (W. Kayser) dem Persönlichkeitsideal der Klassik anzugleichen, blieb angesichts ihrer Abhängigkeit von Fernando ebenso unbefriedigend wie ihre Abqualifizierung als *»wurzellose Charaktere«*, die *»keinen geschichtlichen oder sozialen Lebensraum mehr* [kennen], *der sie klar umgrenzte und ihnen bestimmte tätige Aufgaben vorschriebe«* (B. v. Wiese). Erst die neuere Forschung hat herausgearbeitet, wie sehr Goethe jenseits der geltenden Konventionen *»mit seinem Stück gewissermaßen experimentell zu erkunden sucht…, inwiefern die Frau für den Mann nicht beides sein kann, Geliebte sowohl als Gattin, oder inwiefern, wenn die Rollen auf zwei verschiedene Frauen verteilt sind, sich nicht mit beiden zugleich ein Arrangement treffen ließe«* (L. Pikulik). Daher bleibt der Schauplatz des Stücks merkwürdig unbestimmt – ein Posthaus, das Kabinett in Stellas Haus, der Garten –, und auch der soziale Status der Akteure, die dem niederen Adel wohl zuzurechnen sind, aber eine bürgerliche Gefühlskultur zeigen, ist leicht verwischt. Fernando ist einerseits zwar – und dies bis zum Klischee – der exemplarische Sturm-und-Drang-Held, den es aus den Bindungen von Liebe und Ehe in die *»freie Welt«* drängt; zugleich aber folgt er, zumindest aus dem Blickwinkel der Frauen, einem gleichsam naturgegebenen männlichen Rollenverhalten *(»Gott verzeih dir's, daß du so ein Bösewicht und so gut bist – Gott verzeih dir's, der dich so gemacht hat – so flatterhaft und so treu!«)*, aus dem er sich notwendig nicht befreien kann, es sei denn um den Preis bürgerlicher Abstumpfung. Ihm steht Stella gegenüber, die er als Sechzehnjährige entführte, wie die Postmeisterin berichtet, die gänzlich in ihrer Liebe lebt *(»Ach! der Geliebte ist überall, und alles ist für den Geliebten«)* und daher von Cäcilie als in einem seligen Zustand befindlich charakterisiert wird: *»Sie tragen den Himmel im Herzen.«* Und ihm steht Cäcilie gegenüber, die *»redliche Hausfrau«*, die sich schmerzlich bewegt an glückliche Tage mit Fernando und zugleich prosaisch an gemeinsam genossene *»Eierkuchen und abgesottene Kartoffeln«* zu erinnern vermag, die sich aber, wie Goethe in *Über das Theater* festhält, während des Schauspiels zur *»freie*[n] *Gemüts- und Verstandesheldin«* wandelt. Die *»goldne Zeit«* allerdings, die beide Frauen in ihrer ursprünglichen Liebe zu Fernando erfuhren und die sie nun in einem entschlossenen Akt gemeinsam zu erneuern suchen, gelingt nur über den festen Glauben an eben den Mann, der in einem fort Hoffnungen und Illusionen aufbaut und wieder zerstört: *»Erteilt die Liebe Fernando die Absolution, gar noch in Momenten, wo er sich und andere über seine Liebesfähigkeit täuscht, und befreit sie ihn von den Ansprüchen des Gestern und Morgen zugunsten der reinen Gegenwart, so sanktioniert sie unfreiwillig seine ›Flatterhaftigkeit‹ – einer der Widersprüche des an Widersprüchen reichen Dramas«* (L. Pikulik) – das vermutlich gerade deshalb und aufgrund seiner erkennbaren ironischen Tendenz heute noch im Repertoire der Bühnen zu finden ist. M.Schm.-M.Pr.

Ausgaben: Bln. 1776. – Tübingen 1816 (in *Werke*, 20 Bde., 1815–1819, 6; 2. Fassg.). – AlH, 10. – AA, 4 [Einf. E. Beutler]. – HA, 4 [Anm. W. Kayser]. – AkA. – MA, 6, 1 [Komm. V. Lange]. – GSW, 4 [1. Fassg.; Komm. D. Borchmeyer].

Literatur: A. Metz, *G.s »Stella«. Eine zusammenfassende Studie* (in PJb, 126, 1906, S. 52–71). – B. Luther, *Das Problem in G.s »Stella«* (in Euph, 14, 1907, S. 47–66). – W. Kluge, *G.s »Stella«*, Diss. Erlangen 1922. – H. Loiseau, *»Stella« et l'opinion de son temps* (in Revue de l'Enseignement des Langues Vivantes, 44, 1927, S. 341–347). – K. Leisering, *Das »Stella«-Erlebnis G.s* (in Goethe, 5, 1940, S. 160–177). – E. Beutler, *Zu G.s »Stella«* (in Das neue Forum, 1951/52, S. 97–100). – B. v. Wiese, *Die deutsche Tragödie von Lessing bis Hebbel*, Hbg. [4]1958, S. 69–72. – R. Bach, *Glanz der Hoffnung – Schwermut der Einsicht. Die beiden Fassungen der »Stella«* (in R. B., *Leben mit G.*, Mchn. 1960, S. 20–33). – A. Amwald, *Symbol u. Metamorphose in G.s »Stella«*, Stg. 1971. – H.-D. Weber, *»Stella« oder die Negativität des Happy End* (in *Rezeptionsgeschichte oder Wirkungsästhetik*, Hg. H.-D. W., Stg. 1978). – G.-M. Schulz, *G.s »Stella«. Wirrnisse der Liebe u. Gottes Gerechtigkeit* (in GRM, 29, 1979, S. 416–442). – L. Pikulik, *»Stella«. Ein Schauspiel für Liebende* (in *G.s Dramen. Neue Interpretationen*, Hg. W. Hinderer, Stg. 1980, S. 89–103). – M. Nutz, *»Nur ein vernünftig Wort«. Lernprozesse des Herzens in G.s »Stella«* (in Literatur für Leser, 1985, S. 197–212). – E. Redslob, *»Stella«* (in E. R., *Schicksal u. Dichtung. G.-Aufsätze*, Bln. 1985, S. 45–58).

TORQUATO TASSO

Schauspiel von Johann Wolfgang von GOETHE, erschienen 1790; Uraufführung: Weimar, 16.2. 1807. – Die fragmentarische Weimarer Prosafassung des *Tasso* (entstanden 1780/81) ist nicht erhalten; Goethe hat sie während seiner Italienreise (1786–1788), ähnlich wie den ursprünglichen Text der *Iphigenie*, durch eine neue Fassung in Blankversen (fünffüßige Jamben) ersetzt. Dem Werk, 1789 in Weimar schließlich vollendet, wurde die 1785 in Rom erschienene Tasso-Biographie des Abbate Pierantonio SERASSI zugrunde gelegt, was insofern von Bedeutung ist, als auf diesem Weg die Figur des Staatssekretärs Antonio ins Drama gelangte: Anders als im »Ur-Tasso«, der wohl ausschließlich die legendäre Liebesbeziehung des historischen TASSO, eines italienischen Dichters der Spätrenaissance (1544–1595), zu einer Prinzessin gestaltete, rückt jetzt das problematische Verhältnis des Dichters zur Gesellschaft ins Zentrum der Handlung, womit das Drama, von den Zeitgenossen eher negativ aufgenommen, auch auf Goethes persönliche Stellung am Weimarer Hof anspielt, wie Goethe gegenüber J. P. ECKERMANN konzedierte: *»Ich hatte das ›Leben‹ Tassos, ich hatte mein eigenes Leben, und indem ich zwei so wunderliche Figuren mit ihren Eigenheiten zusammenwarf, entstand in mir das Bild des Tasso, dem ich, als prosaischen Kontrast, den Antonio entgegenstellte, wozu es mir auch nicht an Vorbildern fehlte. Die weiten Hof-, Lebens- und Liebesverhältnisse waren übrigens in Weimar wie in Ferrara...«*

Schauplatz des Dramas, das die Einheit von Ort, Zeit und Handlung mit klassischer Strenge wahrt, ist Belriguardo, ein Lustschloß in der Nähe Ferraras. Hier überreicht Tasso seinem Gönner, dem Herzog Alfons, sein Epos *Gerusalemme liberata*. Die Schwester des Fürsten, die Prinzessin Leonore von Este, die in Gesellschaft ihrer Freundin Leonore Sanvitale in Belriguardo weilt, bekränzt Tasso aus diesem Anlaß mit einem Lorbeerkranz, den sie zuvor der Büste des Vergil zuerkannt hatte. Tasso mißt dieser wohl eher konventionell-höfischen Geste eine fast existentielle Bedeutung bei, wenn er in ihr die antike Einheit von *»Held und Dichter«*, von sozialer und poetischer Realität, erneuert sieht. Aber die tatsächliche Kluft zwischen der Sphäre des realen, gesellschaftlichen Lebens und dem ästhetischen Bereich wird gleich mit der Ankunft Antonios, des vielerfahrenen, weltgewandten Staatssekretärs, aufgedeckt. Die Prinzessin, Muse der Tassoschen Kunst, hat in einem intimen Dialog dem Dichter Zeichen ihrer Zuneigung gegeben; begeistert faßt Tasso den Entschluß, nicht nur ihrem Anspruch auf entsagungsvolle, verzichtbereite Liebe zu genügen, sondern gleichzeitig den Wünschen seiner fürstlichen Beschützer zu willfahren, und das heißt: Antonios Freundschaft zu erwerben, um seine Lebensferne, die sich in Mißtrauen, Argwohn, Verdächtigungen niederschlägt, zu überwinden. Offen vertraut er sich Antonio an, der ihn kalt in die Schranken seiner ästhetischen Existenz zurückweist. Tasso, der wider alle gesellschaftliche Regeln seinen Degen zieht, wird vorläufig auf sein Zimmer verbannt. Sein von neuem erwachtes Mißtrauen nimmt Züge eines Verfolgungswahns an, der in Selbstzerstörung und Selbstverlust zu münden droht. Allenfalls durch die künstlerische Bewältigung des Leids kann Tasso dieser Gefahr noch Herr werden.

Erträumt sich Tasso ein Gleichgewicht zwischen Kunst und Realität, so verknüpft die Gesellschaft längst nicht mehr aktiv die Kunst mit dem Leben. Kunst stellt sich ihr nur noch als Lebensersatz oder als dekoratives Spiel dar: Für Leonore Sanvitale ist sie das Medium eitler Selbstbespiegelung, für Antonio das Reich der schönen, aber unverbindlichen Illusionen, für die Prinzessin schließlich ein den sittlichen Normen untergeordnetes Refugium, das sie vor jeder Gefährdung ihrer Existenz durch die Außenwelt absichern soll. Die latenten Dissonanzen zwischen den verschiedenen Haltungen werden, so scheint es, harmonisiert durch die streng kodifizierten gesellschaftlichen Formen und durch eine hochstilisierte Sprache, deren preziöse Sentenzen und formelhafte Wendungen einen Bereich entpersönlichter Homogenität schaffen: Sprache und Verhaltensweise dieser Gesellschaft hätten demnach eine verschleiernde Funktion – worauf moderne Inszenierungen immer wieder anspielen, angeregt vor allem durch die beeindruckende Aufführung des *Tasso* unter Peter Stein 1969 in Bremen.

Goethes Werk übt jedoch selbst schon implicite Kritik an dieser Verschleierungsfunktion. Antonio, eifersüchtig auf die Aura, die sich Tasso durch Poesie und Frauengunst erworben hat, bedient sich, um den Dichter willentlich mißzuverstehen, eben jener hochkultivierten und fein ziselierten höfischen Sprache. Tasso stürmt mit dem Flügelschlag emphatischen Vertrauens auf den Staatsmann los, und Antonio reagiert gemessen kühl; der Dichter, keinesfalls entmutigt, wirbt mit rückhaltloser Offenheit um die Einweihung in praktisch-politisches Handeln, und der Staatsmann, des Dichters Kunst bezweifelnd, entzieht sich ihm nicht bloß mit gezielter Ironie, er reizt Tasso aufs heftigste durch raffinierten, geschmeidigen Hochmut. Hier nutzt Goethe die Möglichkeit, das Mißverhältnis zwischen dem schönen Schein der Sprachgebärde und den verborgenen Regungen der Psyche, zwischen dem kostbaren Faltenwurf des Stils und der Hinterlist der Gedanken spürbar zu machen. Natürlich vermag Antonio seine Abwehr auch sachlich zu legitimieren: Tasso, zu lange und zu intensiv in sich selber versunken, kann nicht im Sturm sich einer überpersönlichen praktischen Aufgabe verfügbar machen. Naiv will er die Extreme, differenziertes Innenleben und politisch-heroische Selbsterweiterung, aneinander binden. Goethe läßt ein poetisches Genie, dem die politische Dimension ermangelt, und ein staatspolitisches Genie, das sich in versachlichender Diplomatie erschöpft, einander verfehlen. Diese Unvermitteltheit von Ästhetik und Politik, von Emotionalität und gesellschaftlicher Norm darzustellen, darf als eine der zeitkritischen Intentionen des Stücks gelten, ohne daß Tasso als der tragische Held schlechthin erscheint. Ein Schauspiel wird gegeben, keine Tragödie, und Goethe selbst bezeichnete Tasso als *»einen gesteigerten Werther«*, wie insgesamt zwischen Drama und Roman zahlreiche Parallelen bestehen: *»Wie im ›Tasso‹ stehen auch im ›Werther‹ emotionale Werte (Herz, Seelenadel, Gefühl) gegen gesellschaftlich sanktionierte Verhaltensnormen (im ›Werther‹ sind es solche des Bürgertums, im ›Tasso‹ solche des Adels)«* (W. Hinderer).

Für Tasso hat der Dialog mit Antonio die verhängnisvollsten Konsequenzen. Zeichen dafür sind die Veränderungen des Orts der Handlung: Der ohnehin schmale und abgeschlossene Raum der Anfangsszenen (Lustschloß und Umgebung), der auch innerhalb der fürstlichen Existenz durch seinen Spielcharakter eine Ausnahmesituation beschreibt, reduziert sich für Tasso vom Garten über das Schloßinnere bis zum erzwungenen Aufenthalt in seinem Zimmer. Die von höfischer Etikette diktierte Zimmerhaft, mit der es der Fürst so ernst nicht meint, kann nur erneut den Argwohn des Dichters nähren; sein Verdacht, man wolle ihn loswerden, läßt ihn auch Leonores Angebot, mit ihr nach Florenz zu ziehen, damit er dort sein aufgeregtes Gemüt besänftige, gründlich mißverstehen. Zwar ist Leonore, wie Antonio, nicht ohne Falsch; indem sie Tasso zu sich einlädt, folgt sie dem Drang, in dessen Poesie sich selbst bespiegelt zu sehen. Aber in ihrem Antrag schlichtweg die Aufkündigung aller Sympathien des Hofes zu erblicken, ist sachlich ebenso unbegründet wie psychologisch aufschlußreich: Tassos Argwohn, der aus verschiedensten Quellen fließt – aus der tief empfundenen Abhängigkeit des Dichters vom politischen Mäzen, aus seiner Lebensferne, aus seinem empfindlichen Gespür für die scheinhaften Sprachgesten eines Antonio oder einer Leonore –, zeigt pathologische Züge. Um sich jedoch nichts anmerken zu lassen, bedient er sich nun selber jener künstlichen, höflich-liebenswürdigen Redeweise, hinter der auch Leonore ihre wahren Absichten verbirgt. Auf die ernsthaften Versöhnungsversuche Antonios, die er als doppelzüngiges Spiel mißdeutet, antwortet er seinerseits doppelzüngig. Seine Isolation von der Gesellschaft ist aufs äußerste gesteigert. So wird, und das ist die hohe sprachkritische Leistung des Dramas, die subtile Künstlichkeit des klassischen Stils von innen her, vom scheinhaften Verhalten der Figuren, in Frage gestellt. Der tragische Vorgang entlarvt die höfisch-klassische Sprache als adäquates Medium der Verschleierung, der Distanzierung und der doppelsinnigen Diplomatie, ein Medium, das den Personen die Unmittelbarkeit versagt und sie erst recht einander verfehlen läßt. *»Denn er weiß / So glatt und so bedingt zu sprechen, daß / Sein Lob erst recht zu Tadel wird und daß / Nichts mehr, nichts tiefer dich verletzt, als Lob / Aus seinem Munde.«*

Zwar scheint Tasso aus dem Schein herauszufinden, als die Prinzessin ihn endlich anredet und er ihrer unverstellten Zuneigung inne wird. Aber er möchte auch ein sinnliches Pfand dieser Zuneigung erhalten. Entsagung, die die Prinzessin ihm auferlegt hat, kann Tasso nach den schweren Heimsuchungen des Argwohns nicht länger üben. Aus seiner Umarmung muß sich jedoch die Prinzessin empört flüchten: Die Muse der Tassoschen Dichtkunst, aus Gründen des Selbstschutzes auf *»Mäßigung«* und *»Entbehren«* bedacht, entzieht sich Tasso auf dem Höhepunkt seiner Not – wiederum ein Zeichen dafür, wie künstlich beschnitten der Lebensbereich der Kunst ist. Tasso kann nur noch hoffen, seine tragische Situation durch die Sprache der Kunst zu bemeistern: *»Und wenn der Mensch in seiner Qual verstummt, / Gab mir ein Gott, zu sagen, wie ich leide.«* Ob damit ein Erkenntnisprozeß beginnt, der Tasso zu einem neuen Selbstverständnis hinführt, bleibt offen. KLL

Ausgaben: Lpzg. 1790. – WA, I, 10. – AA, 6 [Einf. K. May]. – AlH, 9. – HA, 5 [Anm. S. Atkins]. – AkA. – Stg. 1986 [RUB]. – MA, 6, 1 [Komm. V. Lange]. – GSW, 5 [Komm. D. Borchmeyer].

Verfilmungen: Italien 1909 (Regie: A. Ambrosio). – Italien 1913.

Literatur: J. Petersen, *Heinrich von Kleist u. »Torquato Tasso«. Eine Studie über literarischen Einfluß*, Lpzg./Bln. 1917. – K. Beik, *Zur Entstehungsgeschichte von G.s »Torquato Tasso«*, Lpzg. 1918. – W. Gaede, *G.s »Torquato Tasso« im Urteil von Mit- u. Nachwelt*, Diss. Mchn. 1931. – E. M. Wilkinson, *G.'s »Tasso«, the Tragedy of Creative Artist* (in Publications of the English G. Society, 15, 1946, S. 96–127; in *Das deutsche Drama*, Hg. B. v. Wiese, Bd. 1, Düsseldorf 1958, S. 193–214). – W. Rasch, *G.s »Torquato Tasso«. Die Tragödie eines Dichters*, Stg. 1954. – W. Silz, *Ambivalence in G.'s »Torquato Tasso«* (in GR, 31, 1956, S. 243–268). – J. Manthey, *Der Sprachstil in G.s »Torquato Tasso«*, Diss. Bln. 1957. – G. Neumann, *Konfiguration. Studien zu G.s »Torquato Tasso«*, Mchn. 1965. – L. Ryan, *Die Tragödie des Dichters in G.s »Torquato Tasso«* (in Jb. der Deutschen Schiller-Ges., 9, 1965, S. 283–322). – H. Nahler, *Dichtertum u. Moralität in G.s »Torquato Tasso«* (in *Studien zur Goethezeit. Fs. f. L. Blumenthal*, Hg. H. Holtzhauer, B. Zeller u. H. Henning, Weimar 1968, S. 285–301). – Ch. Bürger, *Der bürgerliche Schriftsteller im höfischen Mäzenat. Literatursoziologische Bemerkungen zu G.s »Tasso«* (in *Deutsche Literatur zur Zeit der Klassik*, Hg. K. O. Conrady, Stg. 1977, S. 141–153). – G. Kaiser, *Der Dichter u. die Gesellschaft in G.s »Torquato Tasso«* (in G. K., *Wandrer u. Idylle*, Göttingen 1977, S. 175–208). – W. Hinderer, *»Torquato Tasso«* (in *G.s Dramen. Neue Interpretationen*, Hg. W. H., Stg. 1980, S. 169–196). – H. R. Vaget, *Um einen Tasso von außen bittend: Kunst u. Dilettantismus am Musenhof von Ferrara* (in DVLG 54, 1980, S. 232–258). – G. Girschner, *G.s »Tasso«. Klassizismus als ästhetische Regression*,

Königstein/Ts. 1981 [ern. Ffm. 1986]. – *J. W. G. »Torquato Tasso«. Erläuterungen u. Dokumente*, Hg. Ch. Grawe, Stg. 1981 [RUB]. – R. Heukenkamp, *Zum Verhältnis von Kunst u. Gesellschaft in G.s Schauspiel »Torquato Tasso«*, Diss. Bln. 1981. – J. Schmidt-Neubauer, *Der verhinderte Bürger »Torquato Tasso«. Ein Beitrag zur eudämonistischen Ökonomie des G.schen Schauspiels* (in J. Sch.-N., *Tyrannei und der Mythos vom Glück*, Ffm. 1981, S. 100–150). – G. Girschner, *Zum Verhältnis zwischen Dichter u. Gesellschaft in G.s »Torquato Tasso«* (in GJb 101, 1984, S. 162–186). – G. Martin, *Tasso oder der Augenblick – G. u. die Zeit* (ebd., S. 187–204). – D. Borchmeyer, *Tasso oder das Unglück, Dichter zu sein* (in *Allerhand G. Seine wissenschaftliche Sendung aus Anlaß des 150. Todestages u. des Namenstages der J. W. G.-Universität in Frankfurt am Main*, Hg. D. Kimpel u. J. Pompetzki, Ffm. u. a. 1985, S. 67–88). – K. F. Gille, *»Erlaubt ist, was sich ziehmt...« Hermeneutische Überlegungen zum Umgang mit Klassischem* (in Neoph, 70, 1986, S. 256–269). – G. K. Hart, *G.s »Tasso«. Reading the Directions* (in G. Yearbook, 3, 1986, S. 125–138).

TRILOGIE DER LEIDENSCHAFT

Gedichttrilogie von Johann Wolfgang von GOETHE, entstanden August 1823 *(Aussöhnung)*, 5. bis 12. 9. 1823 *(Elegie)* und 24./25. 3. 1824 *(An Werther)*; erschienen 1827. – Der biographische Anlaß der Trilogie ist der Goethe-Forschung bestens vertraut: Während eines Kuraufenthaltes nach schwerer Krankheit begegnete der 74jährige Dichter in Marienbad der neunzehnjährigen Ulrike von Levetzow wieder, die er dort schon 1821 kennengelernt hatte; leidenschaftliche Liebe erwacht in ihm, die sich nur mühsam hinter der Rücksichtnahme auf die gesellschaftlichen Konventionen verbirgt. Der Weimarer Großherzog übermittelt einen Heiratsantrag, der – zunächst nur als Scherz betrachtet – zurückgewiesen wird. Dieser Erlebnishintergrund wird jedoch in der Dichtung einem subtilen künstlerischen Distanzierungsprozeß unterworfen. Goethe umrahmt die berühmte [Marienbader] *Elegie* mit zwei Gedichten, die – eigentlich »Gelegenheitsgedichte« – mit dem biographischen Anlaß der *Elegie* nur wenig zu tun haben, dafür aber um so direkter auf ihre dichterische Konzeption bezogen sind. Persönliches Erleben ist so im besten Sinne aufgehoben, da überdies die entstehungsgeschichtliche Reihenfolge der Gedichte in der Anordnung der Trilogie umgekehrt ist.

An Werther, das erste, aber zuletzt (anläßlich einer geplanten Jubiläumsausgabe der *Leiden des jungen Werther*) entstandene Gedicht, präludiert das große Thema der *Elegie*: die poetische Beschwörung der Vergangenheit. Es ist Werthers *»vielbeweinter Schatten«*, der aus gegebenem Anlaß den Dichter Bilanz zu ziehen nötigt: *»Zum Bleiben ich, zum Scheiden du erkoren, / Gingst du voran – und hast nicht viel verloren.«* In den drei folgenden Strophen wird in sentenzhaftem Präsens eine doppelte Antithetik aufgebaut: Das scheinbar *»herrliche Los«* des menschlichen Lebens wird durch vielfache Gegenwirkungen geschmälert, die Goethe mit dem Vokabular seiner naturwissenschaftlichen Studien bezeichnet; der Werther-*»Jüngling«* wird in der Konkretisierung seiner Liebe gehemmt, dem Glück des erfüllten *»Augenblicks«* steht zuletzt doch das endgültige Lebewohl entgegen. In der letzten Strophe, die in der unmittelbaren Anrede des berühmten *»Schattens«* und der Gegenwart und Vergangenheit verbindenden Beschwörungsgeste auf die erste Strophe zurückgreift, wird nicht ohne Ironie an das Wertherfieber der siebziger Jahre erinnert und dies mit der ausweglos scheinenden Not der Leidenschaften und des tödlichen Scheidens konfrontiert. Lediglich in der dichterischen Aussage öffnet sich die Möglichkeit einer befreienden Kompensation: *»Verstrickt in solche Qualen, halbverschuldet, / Geb ihm ein Gott zu sagen, was er duldet.«*

Diese Schlußzeilen leiten über zum leicht veränderten *Tasso*-Motto der *Elegie: »Und wenn der Mensch in seiner Qual verstummt, / Gab mir ein Gott zu sagen, was ich leide.«* Die in Goethes Reinschrift abgesetzte Eingangsstrophe der Elegie verinnerlicht die Fremdanrede *»An Werther«* zur Selbstanrede, zur Selbstbefragung eines Gemüts, das in der wehmütigen Erinnerung an die verlorene Geliebte zwischen dem Paradies einer für den Augenblick erreichbaren Vergegenwärtigung und der *»Hölle«* des Bewußtseins von der Dauer der Trennung hin und her gerissen wird. Die Erscheinung der Geliebten wird in den beiden nächsten Strophen sofort in die Vergangenheit zurückgenommen als ein verlorenes Paradies, dessen Zeitlosigkeit sich als scheinhaftes »Als ob« im Hinblick auf die Realität des endgültigen Scheidens erweist: Die Vertreibung aus diesem Paradies ist schmerzliche Gegenwart. *»Nun«* ist das *»Herz«* in sich selbst verschlossen; ein erster, in einer Kette von Fragen vorgetragener Versuch, sich mit der Anschauung der in ständigem Wechsel und immerwährender Metamorphose befindlichen Welt zu trösten, schlägt fehl, denn die dort aufleuchtenden Analogien zur Geliebten (Wolkengebilde) bringen die Vergänglichkeit der Erscheinung nur noch deutlicher in Erinnerung.

Nur das Herz könnte vielleicht im *»klar beweglichen«* Erinnerungsbild die paradoxe Möglichkeit einer Dauer im Wechsel verwirklichen. In intensiver Vergegenwärtigung wird die vorher gemiedene *»Schwelle«* hoffnungsvoll überschritten: Die Geliebte, deren ermutigende, *»begeisternde«* Ausstrahlungskraft zuvor beschrieben wurde, erscheint. Doch der Leser wird nicht aus dem Bewußtsein entlassen, daß es sich um einen distanzierten poetischen Vorgang handelt, wenn mittels zweier aus dem religiösen Bereich stammender Vergleiche (*»Friede«*, s. *Phil.* 4, 7 und *»fromm«*) das Gefühl der Liebe, die schließlich zur Auslöschung allen *»Selbstsinns«* führt, beschrieben wird. So wird denn auch die in höchster Steigerung der Einbildungskraft der Geliebten unterschobene Belehrung von der rechten Nutzung der Zeit im »Augenblick« als nutzloser Trost entlarvt: *»Du hast gut reden ...«* Goethe desillusioniert im Rollenspiel versteckt die ihm teure Idee vom *»höchsten«*, *»prägnanten Augenblick«*. Die Gegenwart des Schmerzes über die tatsächliche Entfernung von der Geliebten nimmt erneut überhand; eine rationale oder willentliche Bewältigung ist nicht möglich, was bleibt, ist das Bild, das jetzt allerdings nicht mehr *»klar beweglich«* vor Augen steht, sondern in widersprüchlicher Trübung und Verworrenheit die Intensität der Leiden Werthers erneuert. – In den beiden wiederum deutlich abgesetzten Schlußstrophen der *Elegie* werden die Weggenossen, die Reisebekanntschaften Goethes, entlassen und zur forschenden Welterschließung aufgefordert, die Goethe auch in diesen Tagen der leidenschaftlichen Erregung nicht aufgegeben hatte (meteorologisches Tagebuch), die er sich in der *Elegie* aber als endgültigen Trost versagt hat. Früher der »Liebling« der Götter, fühlt er jetzt deren zerstörende Macht: *»Sie drängten mich zum gabeseligen Munde, / Sie trennen mich, und richten mich zugrunde.«*

In dieser *»verworrenen«*, *»trüben«* Welt, in der das Gesetz gilt: *»Die Leidenschaft bringt Leiden«*, gewährt die Musik die kaum mehr erwartete *Aussöhnung*; das zuerst entstandene Schlußgedicht war zunächst als Huldigung an die Pianistin Maria Szymanowska gedacht, deren Spiel Goethe über den Abschied von Ulrike hinwegtröstete. Indem sie durch den Zauber ihrer Töne die dem Leben und der Liebe feindlichen Gegenwirkungen rückgängig macht, läßt die Musik das geschlagene Herz sich wieder voll Lebenshoffnung und Bereitschaft zur Selbsthingabe finden, auch wenn die Liebe wie die Töne kaum ewiges Glück, wohl aber Glück im erfüllten Augenblick zu geben vermögen.

Im Buch der Sprüche des *West-östlichen Divan* hat Goethe in einer Wechselrede die Wirkung der Leidenschaften auf die Dichtung angedeutet: *»Die Flut der Leidenschaft sie stürmt vergebens / Ans unbezwungne feste Land. / Sie wirft poetische Perlen an den Strand, / Und das ist schon Gewinn des Lebens.«* In der *Trilogie der Leidenschaft* scheint es nahezu umgekehrt zu sein: Goethe, überwältigt vom Schmerz, vermag erst in großem zeitlichem Abstand die ausweglose tragische Erfahrung zur *»Katharsis«* (E. M. Wilkinson), zur *»Aussöhnung«* zu führen. Näher besehen weist jedoch gerade die *Elegie* mit ihrer strengen Stanzenform – nur *An Werther* wechselt in der Strophenlänge –, ihrer hohen Stilisierung, den verhaltenen Anspielungen auf die naturwissenschaftlichen Studien, vor allem aber mit der Ich-Doppelung und der damit gegebenen konstitutiven Zeitstruktur, im Vergangenen die Gegenwart, im Wechsel die Dauer aufscheinen zu lassen, Ansatzpunkte für die bewußte Distanzierung des nur im Glück des Augenblicks vereinbaren Gegensatzes auf. V.Ho.-KLL

AUSGABEN: Lpzg. 1825 (*An Werther*, in *Die Leiden des jungen Werther*). – Stg./Tübingen 1827 (in *Werke*, AlH, 60 Bde., 1827–1842, 3). – WA, I, 3. – HA, 1 [Anm. E. Staiger]. – AA, 2 [Einf. E. Trunz].

LITERATUR: G. v. Graevenitz, *Die »Trilogie der Leidenschaft«* (in GJb, 29, 1908, S. 71–87). – E. Castle, *Trilogie der Leidenschaft* (in ASSL, 48, 1925, S. 1–11; auch in E. C., *G.s Geist. Vorträge u. Aufsätze*, Wien 1926, S. 369–381). – K. Viëtor, *G.s Altersgedichte* (in Euph, 33, 1932, S. 105–152). – G. Bianquis, *L'élégie de Marienbad* (in G. B., *Études sur G.*, Paris 1951, S. 121–142). – M. Kommerell, *Gedanken über Gedichte*, Ffm. 1956. – H. Leisegang, *»Marienbader Elegie«* (in *Beiträge zur Einheit von Bildung u. Sprache im geistigen Sein. Fs. zum 80. Geburtstag von E. Otto*, Hg. G. Haselbach u. G. Hartmann, Bln. 1957, S. 385–404). – E. M. Wilkinson, *G.s »Trilogie der Leidenschaft« als Beitrag zur Frage des Katharsis*, Ffm. 1957. – F. Bruns, *»Den ewig Ungenannten« zu G.s Marienbader Elegie* (in MLN, 73, 1958, S. 522–527). – J. Müller, *G.s »Trilogie der Leidenschaft« – lyrische Tragödie u. »aussöhnende Abrundung«. Versuch einer genetischen Interpretation* (in FDH, 1978, S. 85–159). – R. T. Llewellyn, *»Trilogie der Leidenschaft«: The Exemplary G.?* (in GLL, 36, 1982/83, S. 99–115). – E. Heller, *G., der Poet gegen den Strom* (in E. H., *Im Zeitalter der Prosa. Literarische u. philosophische Essays*, Ffm. 1984, S. 87–142).

UNTERHALTUNGEN DEUTSCHER AUSGEWANDERTEN

Novellendichtung von Johann Wolfgang von GOETHE, entstanden November 1794 bis September 1795, erschienen 1795 in F. SCHILLERS Zeitschrift ›Die Horen‹. – Kurz nach Beginn ihrer Freundschaft bat Schiller Goethe um Beiträge für seine neugegründete Zeitschrift. So entstanden die *Unterhaltungen* als dichterisches Nebenprodukt zu einer Zeit, als Goethe *Wilhelm Meisters Lehrjahre* ausarbeitete und mit Studien zur Farben- und Knochenlehre befaßt war. Ein weiterer entstehungsgeschichtlicher Anlaß sind die Auswirkungen der Französischen Revolution. Zwar versuchte Goethe eine weitergehende Verarbeitung dieses Ereignisses in der *Natürlichen Tochter* und in den *Wanderjahren*, doch steht auch dieses Werk mit den Zeitproblemen in Verbindung.

Die Rahmenhandlung spielt um 1793, als die Revolutionsarmee linksrheinische Gebiete besetzte und bis Frankfurt vordrang. Wie so viele verläßt *»eine edle Familie«*, die Baronesse von C. mit Kindern, Freunden und Hausangestellten, *»ihre Besitzungen in jenen Gegenden ..., um den Bedrängnissen zu entgehen, womit alle ausgezeichneten Personen bedroht waren...«*. Die Beziehung zur Revolution besteht also zunächst in einer Flucht, doch dringt unversehens das neue Gedankengut auch bei den Flüchtenden ein. Vor allem die Äußerungen des Vetters Karl, der als Anhänger der revolutionären Ideen auftritt, werden zum Anlaß heftiger Kontroversen und persönlicher Entzweiung. Auswirkungen der Revolution zerstören auch hier die bestehende Ordnung: *»Überhaupt ... weiß ich nicht, wie wir geworden sind ... Wie sehr hütete man sich sonst,* *in der Gesellschaft ... etwas zu berühren, was einem oder dem andern unangenehm sein konnte ... und tun wir jetzt nicht ... das Gegenteil ...? Haben wir jetzt nicht ... nötiger, eben jene gesellige Schonung auszuüben?«* Aus diesen Erwägungen heraus verbietet die Baronin beim Zusammensein *»alle Unterhaltung über das Interesse des Tages«*. Sie wünscht, daß Geschichten erzählt werden, von denen sie fordert: *»Lassen Sie uns wenigstens an der Form sehen, daß wir in guter Gesellschaft sind.«* Damit erfüllen die *Unterhaltungen* den Anspruch, den Schiller in den ›Horen‹ verfolgt: Auch dort geht es um *»leidenschaftsfreie Unterhaltung«* jenseits der tagespolitischen Geschehnisse mit dem Ziel, *»an dem stillen Bau besserer Begriffe, reinerer Grundsätze und edlerer Sitten, von dem zuletzt alle wahre Verbesserung des gesellschaftlichen Zustandes abhängt, nach Vermögen geschäftig (zu) sein.«*

Die Geschichten selbst, die mit Ausnahme des *Märchens* ohne besondere Überschrift eingefügt sind, gliedern sich, je nachdem, ob die Baronin anwesend ist oder nicht, in zwei Teile, die zugleich einen Niveauunterschied bedeuten. In ihrer Abwesenheit werden Gespenster- und Liebesgeschichten erzählt, deren Darstellungsart sich in dem dann folgenden Gespräch der Zuhörer so ausnimmt: *»Überhaupt ... scheint mir, daß ... jedes Faktum an sich ... das Interessante sei ... eine einzelne ... Begebenheit ist interessant ... weil sie wahr ist.«* Der nächste Vormittag bringt »moralische« Geschichten: auch sie sollen *»wahr, natürlich und nicht gemein«* sein, doch wird das Wahre und Natürliche nicht mehr als besonderer Einzelfall geschildert, sondern als musterhafte Begebenheit. Der Erzähler betont später, alle Geschichten dieser Art lehrten dasselbe und so sei diese *»nicht die einzige moralische Geschichte, die ich erzählen kann«*, doch *»alle gleichen sich dergestalt, daß man immer nur dieselbe zu erzählen scheint«*. Die *»natürliche«* und *»wahre«* Erzählung ist hier zu einer musterhaften geworden, in der es letztlich immer wieder um die Eingliederung des Individuums in die bürgerliche Ordnung geht. Nachdem vom selben Erzähler mehrere *»Parallelgeschichten«* gebracht wurden, gelingt am Abend mit dem *Märchen* (vgl. *Mährchen*) eine neue Form: die eines vollendeten symbolischen Erzählens.

Die Novellenfolge, ursprünglich umfassender angelegt, endet schon hier, nach dem ersten Erzähltag. Insgesamt präsentieren die *Unterhaltungen* mit dem *Märchen* ein komplexes Gefüge von Problemzusammenhängen: Liebe und Kunst, Politik und Natur, Geschichte und Ökonomie – die Verschränkung dieser Bereiche wird in einer Abfolge von Varianten wiederholt neu beleuchtet und problematisiert.

Die Bedeutung der *Unterhaltungen* ist indes nicht darauf beschränkt, der durch die Revolution veränderten Gesellschaftsordnung Rechnung zu tragen. Goethe, der Boccaccio schon seit seiner Leipziger Zeit, Bassompierre und die *Cent nouvelles nouvelles* kannte (und teilweise übersetzte), greift hier die Tradition der romanischen Novellistik auf, die bislang in Deutschland fremd war. Nicht nur die Rahmenhandlung, auch die einzelnen Geschichten sind in dieser Form gestaltet. Fast durchweg handelt es sich um knappe Erzählungen, in denen eine »Wendung« eintritt, die erklärt wird; auch inhaltlich (Prokurator- und Bassompierre-Geschichte) greifen sie auf die Vorlage zurück. Damit begründete Goethe in Deutschland eine Tradition, die vor allem in der Romantik und später bei A. Stifter und Th. Storm fortgeführt wurde. Zugleich übte sich Goethe hier in eine novellistische Technik ein, die er in den *Lehrjahren (Bekenntnisse einer schönen Seele)* und in den *Wahlverwandtschaften (Die wunderlichen Nachbarskinder)*, dann aber vor allem in den *Wanderjahren* in die Form des großen Romans integrierte. H.Ka.-KLL

Ausgaben: Tübingen 1795 (in Die Horen, Nr. 1/2, 4, 7, 9). – AlH, 15. – WA, I, 18. – AA, 9 [Einf. P. Stöcklein]. – HA, 6 [Anm. E. Trunz]. – AkA. – MA, 4,1 [Komm. R. Wild].

Literatur: W. Kraft, *Von Bassompierre zu Hofmannsthal* (in RLC, 15, 1935, S. 481–490; 694–725). – M. R. Jessen, *Spannungsgefüge u. Stilisierung in den G.schen Novellen* (in PMLA, 55, 1940, S. 445–471). – J. Jürgens, *Die Stufen der sittlichen Entwicklung in G.s »Unterhaltungen deutscher Ausgewanderten«* (in WW, 6, 1955/56). – Th. Ziolkowski, *G.s »Unterhaltungen deutscher Ausgewanderten«. A Reappraisal* (in MDZ, 50, 1958). – G. Fricke, *Zu Sinn u. Form von G.s »Unterhaltungen deutscher Ausgewanderten«* (in *Formenwandel*, Hg. W. Müller-Seidel u. W. Preisendanz, Hbg. 1964, S. 273–293). – J. Müller, *Zur Entstehung der deutschen Novelle. Die Rahmenhandlung in G.s »Unterhaltungen deutscher Ausgewanderten« u. die Thematik der Französischen Revolution* (in *Gestaltungsgeschichte u. Gesellschaftsgeschichte*, Hg. H. Kreutzer, Stg. 1969, S. 152–175). – B. Bräutigam, *Die ästhetische Erziehung der deutschen Ausgewanderten* (in ZfdPh, 96, 1977, S. 508–539). – J. Söring, *Die Verwirrung u. das Wunderbare in G.s »Unterhaltungen deutscher Ausgewanderten«* (in ZfdPh, 100, 1981, S. 544–559). – H. H. H. Remak, *Novellistische Struktur: Der Marschall von Bassompierre u. die schöne Krämerin. Essay u. kritischer Forschungsbericht*, Bern 1983. – B. Gajek, *Sittlichkeit statt Revolution. Die Versöhnung von Pflicht u. Neigung als »Unerhörte Begebenheit«. Zu G.s »Unterhaltungen deutscher Ausgewanderten« (1794/95)* (in *Vielfalt der Perspektiven. Wissenschaft und Kunst in der Auseinandersetzung mit G.s Werk*, Hg. H.-W. Eroms, H. Laufhütte, Passau 1984, S. 149–163). – G. Neumann, *Die Anfänge deutscher Novellistik. Schillers »Verbrecher aus verlorener Ehre«, G.s »Unterhaltungen deutscher Ausgewanderten«* (in *Unser Commecium. G.s u. Schillers Literaturpolitik*, Hg. W. Barner u. a., Stg. 1984, S. 433–460). – B. Witte, *Das Opfer der Schlange. Zur Auseinandersetzung G.s mit Schiller in den »Unterhaltungen deutscher Ausgewanderten« u. im »Märchen«* (ebd. S. 461–484). – S. Bauschinger, *»Unterhaltungen deutscher Ausge-*

wanderten« (1795) (in *G.s Erzählwerk. Interpretationen*, Hg. P.M. Lützeler u. J.E. McLeod, Stg. 1985, S. 134–167).

VENETIANISCHE EPIGRAMME

Sammlung von 103 Epigrammen von Johann Wolfgang von GOETHE, unter dem Titel *Epigramme. Venedig 1790* erschienen 1795 in F. SCHILLERS ›Musenalmanach‹, zweite veränderte, um Epigramm 34a (WA) vermehrte Fassung in den *Neuen Schriften*, Bd. 7, 1800. – Das Frühjahr 1790 verbrachte Goethe in Venedig, wo er die Herzogin Anna Amalia erwartete. Große dichterische oder naturwissenschaftliche Arbeiten konnte er dort nicht weiterführen, zudem hatte er Christiane und seinen neugeborenen Sohn in Weimar zurückgelassen; ungeduldig und *»intoleranter gegen das Sauleben dieser Nation«* (3.4. 1790 an HERDER) erwartete er die Heimkehr. In dieser Stimmung des Unmuts und der Langeweile, die hier zur *»Mutter der Musen«* (26) wurde, entstanden über hundert zum Teil *»freche«* Epigramme. Nachdem die Sammlung bis zum Oktober 1790 auf nahezu 160 angewachsen war, wählte Goethe 103 Epigramme aus, die 1796 anonym erschienen. Die Auswahl, um ein Epigramm vermehrt, wurde in der Fassung von 1800 beibehalten, doch hatte Goethe einzelne Gedichte nach Anregungen von A.W.v. SCHLEGEL vor allem metrisch umgearbeitet.

Die Thematik ist vielfältig: *»Traurig, Midas, war dein Geschick ... Mir im ähnlichen Fall geht's lust'ger; denn was ich berühre, Wird mir unter der Hand ... ein ... Gedicht«* (101). Goethes Hand berührt vielerlei: Er kritisiert Italien (etwa 4, 17) und die Kirche (9, 11), er schreibt Grimmiges über die Obrigen (55–59), ironisiert die *»gute Gesellschaft«* (75), die sich gegen Christiane stellte, er handelt von *»Frankreichs traurig Geschick«* (53), das er jedoch positiv abhebt von der übrigen Welt, wo die Sklaven stumm bleiben (57), er schimpft auf deutsche Sprache und Literatur (29, 33, 76), streift seine Naturwissenschaften (77, 78), von der niemand wissen will, und reflektiert selbstironisch seine gegenwärtige Kleinkunst (5, 27). Dennoch ist der Ton nicht verdrossen, sondern ein Horazsches *»ridende dicere verum«*, verbunden mit einer freien Erotik wie in den *Römischen Elegien*. Manche Epigramme werden auch zu Kurzelegien (34), doch unterscheiden sie sich von den *Römischen* durch die Beschränkung auf eine einzelne Gelegenheit, durch eine *»von außen kommende Determination durch die Gegenstände«* (W. Preisendanz).

Trotz eines deutlichen Kompositionswillens sind die Epigramme nicht nach Themen geordnet. Bunt verstreut sollen sie nach dem Muster der antiken Grabinschriften den *»Tod«* durch *»Fülle« »überwältigen«* (1). Nachdem das erste Gedicht die Buntheit des Lebens als Motto gesetzt hat, verdichtet das zweite die Situation des wandernden Dichters und zeigt zugleich, wie diese Dichtung aufzufassen sei: *»Da gesellten die Musen sich gleich zum Freunde; wir pflogen / Abgeriss'nes Gespräch, wie es den Wanderer freut.«* Die Buntheit »abgerissener« Einzelbilder wird durch das Motiv der Reise zusammengefaßt, das bis zuletzt relevant bleibt, wo der Dichter, der Heimkehr nahe, die Situation eines noch ungeborenen Kindes auf die seine verweisen läßt: *»Harre noch wenige Tage«* (102). Die Situation einer unerwünschten Reise wird zum Kompositionsprinzip, das in die Symbolik hineinführt: Das Rom Faustinens (4) und das Weimar Christianens (96, 98, 101) stilisiert der Dichter zur erotisch glücklichen Gegenwelt Venedigs, das ihm diesmal als Peststadt »Sardinien« erscheint, von der aus er sich nach dem »Tibur« erfüllter Liebe sehnt: *»Breit ist das Bette, doch leer. Ist überall Sardinien, wo man allein schläft, und Tibur ... wo dich die Liebliche weckt«* (26). Erinnerung und Hoffnung, Vergangenheit und Zukunft geben den Gelegenheitsgedichten weitere symbolische Dimensionen. Darauf macht das letzte Epigramm aufmerksam, das sowohl die Komposition der gelegentlichen Reise wie das dichterische Verfahren zusammenfaßt: *»Und so tändelt ich mir, von allen Freuden geschieden / In der Neptunischen Stadt Tage wie Stunden hinweg. Alles, was ich erfuhr, ich würzt es mit süßer Erinnrung, / Würzt es mit Hoffnng ...«* (103). Aber nicht nur die abrundenden Epigramme, auch die Gruppe der Erotica werden zur Gliederung benutzt: *»... die erotischen Epigramme umschließen und gliedern die anderen«* (Jarislowsky). Nicht zuletzt damit greift das Werk auf antike Vorbilder zurück:

Nachdem J.G. Herder seit 1780 griechische Epigramme übersetzt und sich mit ihrer Form beschäftigt hatte, war auch Goethe *»in den Geschmack der Inschriften«* gekommen (17.4. 1782, an Knebel). Herder hatte sich mit G.E. LESSING auseinandergesetzt, der an MARTIAL und dessen witziger Epigrammatik orientiert war. Er forderte nun Empfindungen und Durchdrungensein von Leben und statt der Prägnanz des Witzes numerische *»Einheit«*, Beschränkung auf *einen* Gedanken. Goethe hatte dieser Forderung schon in seiner ersten Epigrammsammlung *Antiker Form sich nähernd* Rechnung getragen, und in der programmatischen Lebensbuntheit und dem impressionistischen Ausdruck geschieht das auch hier. Dennoch war Goethe nun weniger an den griechischen Autoren orientiert als an CATULL (sekr. 16 WA), PROPERZ (80, 81), HORAZ (63, 97), VERGIL (34b) und vor allem an Martial, der als witzig, gallig und zu erotisch verurteilt wurde und den ein sekretiertes Gedicht (18) ausdrücklich verteidigt. Der Rückgriff auf römische Autoren bleibt nicht auf die Gattung und Formung beschränkt. Frei verfügend greift Goethe vielmehr deren einzelne Motive auf: So geht etwa die Gegenüberstellung von »Tibur« und »Sardinien« zurück auf ein Gedicht Martials, wonach *»in medio Tibure Sardinia est«*. Die überlieferten Motive werden zu *»Zeichen«* (W. Preisendanz) oder Symbolen, die die gegenwärtige Situation anspielungsreich aus dem Vorgegebenen deuten.

Die dichtungsgeschichtliche Bedeutung dieser vergleichsweise frühen Sammlung liegt in ihrer Komplexität, die Früheres aufgreift und mit Späterem verbindet: Hier wird Antike verarbeitet und das Gelegenheitsgedicht der Frühzeit damit verbunden und erhöht; hier werden literarische Vorbilder aufgegriffen und verändert, hier wird die späte Spruchlyrik vorbereitet und dem Gelegenheitsgedicht verbunden (eine Trennung von Spruchlyrik und »eigentlicher« Lyrik war Goethe fremd), hier werden Großelegien und Xenien vorbereitet, und so verwirklicht bereits dieses Werk jene späte Aussage Goethes, wonach die Gegenwart es erfordere, daß man *»Eigenes und Fremdes ... tüchtig zu bearbeiten und einer bedeutenden Individualität anzueignen weiß ... Und wie dies nun ... geschieht, so muß eine Übereinstimmung daraus entspringen, das, was man in der Kunst Stil zu nennen pflegt«* (Geschichte der Farbenlehre). Die Mischung aus Schärfe, Witz, Persönlichem, Parodie und Erotik hat vor allem auf H. HEINE nachgewirkt. H.Ka.

AUSGABEN: Tübingen 1795 (in Musenalmanach für das Jahr 1796). – Bln. 1796. – Bln. 1800 (in *Neue Schriften*, Bd. 7; verm.). – WA, I,1. – AA, 1 [Einf. E. Staiger]. – HA, 1 [Anm. E. Trunz]. – GSW, 1 [Komm. K. Eibl].

LITERATUR: A. Bossert, *Les »Epigrammes vénitiennes« de G.* (in A. B., *Essais de littérature française et allemande*, Paris 1913, S. 65–80). – E. Maaß, *Die »Venetianischen Epigramme«* (in JbGG, 12, 1926, S. 68–92). – J. Jarislowsky, *Der Aufbau in G.s »Venetianischen Epigrammen«* (ebd., 13, 1927, S. 87–95). – M. Nußberger, *G.s »Venetianische Epigramme« u. ihr Erlabnis* (in ZfdPh, 55, 1930, S. 379–389). – E. Jahn, *Ein Buch des Unmuts (Gs. »Venetianische Epigramme«)* (in JbGG Japan, 6, 1937, S. 11–47). – W. Rasch, *Die Gauklerin Bettine. Zu G.s »Venetianischen Epigrammen«* (in *Aspekte der G.-Zeit*, Hg. S. A. Corngold, Göttingen 1977, S. 115–136). – R. Hexter, *Poetic Reclamation and G.s »Venetian Epigrams«* (in MLN, 96, 1981, S. 526–555). – M. Kay Flavell, *The Limits of Truth-Telling. An Examination of the »Venetianische Epigramme«* (in Oxford German Studies, 12, 1981, S. 39–68). – W. Dietze, *Das besondere Allgemeine u. das allgemeine Besondere. G.s »Libellus Epigrammatum«* (in W. D., *Kleine Welt, große Welt, Aufsätze über G.*, Bln./DDR 1982, S. 73–98, S. 173–182).

VERSUCH DIE METAMORPHOSE DER PFLANZEN ZU ERKLÄREN

Aufsatz von Johann Wolfgang von GOETHE, erschienen 1790. – Gegen das Vorurteil, das in ihm einen naturwissenschaftlich nur dilettierenden Künstler sehen wollte, betonte Goethe häufig, daß er *»Gelegenheit gefunden, einen großen Teil ... [seines] Lebens ... auf Naturstudien zu verwenden« (Der Verfasser teilt die Geschichte seiner botanischen Studien mit*, 1817*)*. Der Verlauf seiner naturwissenschaftlichen Studien spiegelt dabei die Geschichte dieser Wissenschaft, die in der Goethezeit einen großen Aufschwung erlebte. Ein naturkundlicher Unterricht war in Goethes Jugend nicht üblich. Nach ersten Begegnungen mit Medizinern während der Studienzeit wuchs Goethes Interesse an der Natur aus der Beschäftigung mit alchimistischen und naturphilosophischen Schriften im pietistischen Kreis von 1769. Er las PARACELSUS und G. ARNOLD, bald darauf SPINOZA. Zu einem intensiveren Naturstudium führte ihn dann die praktische biologische und geologische Arbeit in Weimar. Dort erarbeitete er sich anhand von J. J. ROUSSEAU, C. v. LINNÉ, J. GESSNER, H. B. RUPPE und anderen die Grundlagen der Wissenschaft seiner Zeit, und dies nicht nur zu privater Nutzung, sondern auch zur geselligen Diskussion im Weimarer Kreis. Während der italienischen Reise verstärkte sich Goethes Beschäftigung mit den Naturwissenschaften erheblich. Er hatte schon bald angefangen, die statischen Klassifikationsversuche in der Botanik zu kritisieren und betonte gegen Linné, die Pflanzenformen seien nicht ursprünglich determiniert, es sei ihnen vielmehr *»bei einer spezifischen Hartnäckigkeit eine glückliche Mobilität ... verliehen, um in so viele Bedingungen ... sich zu fügen und darnach bilden und umbilden zu können (Der Verfasser ...)*. Diese morphologische Naturbetrachtung versuchte Goethe auf möglichst viele Bereiche anzuwenden, wobei eine *»Universalwissenschaft des Organischen«* geplant war (R. Steiner). Dabei faßt er jede lebendige Gestalt als *»ein bewegliches, ein werdendes, ein vergehendes. Gestaltenlehre ist Verwandlungslehre. Die Lehre von der Metamorphose ist der Schlüssel zu allen Zeichen der Natur«* (Definition der *»Morphologie«* von 1807).

Durch genaue Beobachtung der Formübergänge der Pflanzen und eine bewußt genetische Betrachtungsweise hatte Goethe in Italien die *»ursprüngliche Identität aller Pflanzenteile«* erkannt. In der *Pflanzenmetamorphose* zeigt er nun, wie sich die komplizierteren Formen der Pflanze stufenweise aus der einfachsten, den ersten Samenblättern, entwickeln. *»Alles ist Blatt und durch diese Einfachheit wird die größte Mannigfaltigkeit möglich« (Paralipomena I)*. Durch den Wechsel von Ausdehnung und Zusammenziehen in verschiedenen Sproßabschnitten entstehen der Reihe nach Keimblätter, Stengelblätter, Kelch, Krone, Staubgefäße, Griffel, schließlich Blüte und Frucht mit der neuen Ausbildung des Samens. Dabei bezeichnet Goethe die *»successive gegliederte Steigerung« (Aphoristisches)* als *»fortschreitende«*, die Weiterbildung in Form eines Rückgangs auf bereits früher ausgebildete Formen als *»rückschreitende Metamorphose«*. Nachdem er in dieser Weise durch die »Polarität« von Ausdehnung und Zusammenziehung die Bildungsstufen einer einjährigen Pflanze *»von ihrer Entwicklung aus dem Samen bis zur neuen Bildung desselben«* dargelegt hat, zeigt er die Bildungsstufen ausgebildeter, nämlich mehrjähriger Pflanzen. Dabei bemerkt er, daß auf einer »Mutterpflanze« gleichsam weitere einjährige Pflanzen hervorgebracht werden. Der Unterschied zwischen dem Wachstum der einfachen und der Fortpflanzung

der komplizierteren Pflanze bestehe im Gegensatz zur Ansicht Linnés nur darin, daß das einfache Wachstum eine sukzessive Fortpflanzung sei, während die Fortpflanzung durch zweierlei Geschlechter »auf einmal« geschehe. Die ausgebildetere Pflanze ist wiederum nur eine gesteigerte Metamorphose der einfachen. So bleiben es *»nur immer dieselbigen Organe, welche ... unter oft veränderten Gestalten«* nach den immer gleichen Bildungsgesetzen von Metamorphose, Polarität und Steigerung *»die Vorschrift der Natur erfüllen«*.
Die naturwissenschaftliche Bedeutung dieses Aufsatzes sah Goethe selbst darin, daß er über Linnés Präformations- oder »Einschachtelungslehre« hinausgekommen sei. Zudem legte er großen Wert auf die Überwindung der statischen Klassifikation und deren fertiger Terminologie. *»Aus dem Begriff der Metamorphose«* nämlich gehe hervor, daß die zum Teil kaum merklichen *»Abänderungen der Gestalt«* nicht *»mit einem Namen gestempelt werden können« (Aphoristisches)*. Gegen die Klassifikationen Linnés hatte Goethe daher eine *»unmittelbare Bildung des Ausdrucks an den jedesmaligen Gegenständen«* proklamiert und gerechtfertigt, die ihn zu einer *»gegenständlichen«* Symbolik führte. Entsprechend schrieb Goethe im Vorwort zur *Farbenlehre* über die Bildungskomponente der Polarität, die im Wechsel von Ausdehnung und Zusammenziehen auch in der Pflanzenmetamorphose wichtig war: *»Man hat ein Mehr, ein Weniger, ein Wirken, ein Widerstreben ... ein Männliches, ein Weibliches überall bemerkt und genannt, und so entsteht eine Sprache, eine Symbolik, die man auf ähnliche Fälle als Gleichnis ... als unmittelbar passendes Wort anwenden ... mag.«*
Nicht nur wegen dieser neuen gegenständlichen Symbolik (vgl. P. Böckmann) ist die Bedeutung der Goetheschen Naturwissenschaft für seine Dichtung kaum zu überschätzen *(Zur Farbenlehre)*. Die Bildungsgesetze der Natur mit ihren Komponenten der Metamorphose, der Polarität und der Steigerung werden Goethe seit Italien zum *»Muster alles künstlichen«* Schaffens. Ein Beispiel dafür ist die Elegie *Metamorphose der Pflanzen*. In ähnlicher Weise schlägt sich Goethes Naturwissenschaft in der Formung des »Bildungsromans« *Wilhelm Meister* nieder; naturwissenschaftliche Analogien bestimmen die *Wahlverwandtschaften* und reichen weit hinein in die symbolische Formung des *Faust*. Weitergewirkt hat die Verbindung ähnlich gelagerter Naturwissenschaft vor allem im Werk A. Stifters und – in veränderter Ausprägung – im Werk Th. Manns. H.Ka.

Ausgaben: Gotha 1790. – Stg. 1831 [m. frz. Übers.]. – WA, II, 6. – Weimar 1947 (in *Schriften zur Naturwissenschaft*, I,9). – AA, 17 [Einf. H. Fischer]. – HA, 13 [Anm. D. Kuhn] – Stg. 1977 (in *Schriften zur Naturwissenschaft*) [Komm. M. Böhler; RUB].

Literatur: *Die Gestaltfrage in G.s Naturwissenschaft u. G.s Morphologie*, Halle 1947. – H. Fischer, *G.s Naturwissenschaft*, Zürich 1950. – A. B. Wachsmuth, *G.s Naturforschung u. Weltanschauung in ihrer Wechselbeziehung* (in JbGG, 14/15, 1952/53, S. 46–62; auch in A. B. W., *Geeinte Zwienatur. Aufsätze zu G.s naturwisschenschaftlichem Denken*, Bln./Weimar 1966; S. 140–156). – A. Portmann, *G.s Naturforschung* (in NSRs, 21, 1953/54, S. 406–422; auch in A. P., *Biologie u. Geist*, Zürich 1956, S. 273–292). – P. Böckmann, *G.s naturwissenschaftliches Denken als Bedingung der Symbolik seiner Altersdichtung* (in Literature and Science, 1954, S. 228–236). – G. Overbeck, *G.s Lehre von der Metamorphose der Pflanze u. ihre Widerspiegelung in seiner Dichtung* (in Publications of the English G. Society, 31, 1961, S. 38–59). – *Der Naturforscher G. in Selbstzeugnissen. Ein Beitrag zur Erkenntnis seiner Naturanschauung*, Hg. u. Anm. K. Rittersbacher, Freiburg i. B. 1968. – R. Michéa, *»La métamorphose des plantes« devant la critique* (in EG, 24, 1969, S. 194–209). – D. Kuhn, *Über den Grund von G.s Beschäftigung mit der Natur u. ihrer wissenschaftlichen Erkenntnis* (in Jb. der Dt. Schiller-Ges., 15, 1971, S. 157–173). – J. Flügge, *G.s morphologische Naturanschauung u. die Macht der exakten Naturwissenschaften* (in Scheidewege, 12, 1982, S. 429–447). – W. Lötschert, *G. und die Pflanze* (in FDH, 1982, S. 216–230).

VON DEUTSCHER BAUKUNST

Aufsatz von Johann Wolfgang von Goethe, als Flugschrift 1772 in Frankfurt anonym erschienen und dann in J. G. Herders Sammlung *Von Deutscher Art und Kunst* (1773), ferner in G. Huths *Allgemeines Magazin für die bürgerliche Baukunst* von 1789 aufgenommen. 1824 wurde der Aufsatz von Goethe in ›Ueber Kunst und Alterthum‹ (Band 4, Heft 3) wieder veröffentlicht und im vorhergehenden Heft derselben Zeitschrift mit einer gleichnamigen Studie *Von deutscher Baukunst* (Band 4, Heft 2, 1823) eingeleitet, die *»gleichsam das Vorwort«* zu dem Wiederabdruck genannt wurde. – In ihrem dithyrambischen Stil, ihrem Preis des Baumeisters Erwin von Steinbach und in der enthusiastischen Hochschätzung der bislang verachteten gotischen Architektur des Straßburger Münsters als *»Babelgedanken der Seele ... ganz, groß, und bis in den kleinsten Teil notwendig schön, wie Bäume Gottes«* kennzeichnet sich diese Studie als charakteristisches Dokument des Sturm und Drang. Sie stellt darüber hinaus einen Wendepunkt in der Bewertung der gotischen Baukunst dar, über die Goethe in diesem Aufsatz selbst sagt: *»Unter die Rubrik Gotisch, gleich dem Artikel des Wörterbuchs, häufte ich alle synonymische Mißverständnisse, die mir von Unbestimmtem, Ungeordnetem, Unnatürlichem, Zusammengestoppeltem, Aufgeflicktem, Überladnem jemals durch den Kopf gezogen war.«* Demgegenüber löste der Anblick des Straßburger Münsters eine *»unerwartete Empfindung«* aus, die in den emphatischen Worten Ausdruck fand: *»... schauen die großen harmonischen Massen, zu unzählig kleinen Teilen* *belebt, wie in Werken der ewigen Natur, bis aufs geringste Zäserchen, alles Gestalt, und alles zweckend zum Ganzen.«* Im neunten und zwölften Buch von *Dichtung und Wahrheit* hat Goethe diesen Wandel in seiner frühen Kunstanschauung aus der Distanz des Alters geschildert.

Die besondere Note des Jugendaufsatzes besteht in dem Versuch, die am Straßburger Münster erfahrenen ästhetischen Qualitäten nicht als *»gotisch«*, sondern als *»deutsch«* zu benennen, womit gleichzeitig der Titel des Essays seine Erklärung findet und außerdem eine Kontroverse in der kunsthistorischen Stilbezeichnung einsetzt: *»Und nun soll ich nicht ergrimmen, heiliger Erwin, wenn der deutsche Kunstgelehrte, auf Hörensagen neidischer Nachbarn, seinen Vorzug verkennt, dein Werk mit dem unverstandenen Worte Gotisch verkleinert. Da er Gott danken sollte, laut verkündigen zu können: Das ist deutsche Baukunst, unsre Baukunst, da der Italiener sich keiner eignen rühmen darf, viel weniger der Franzose.«* Die hier erfahrene Kunstform wird als *»charakteristische Kunst«* gewürdigt, *»wirkend aus starker, rauher, deutscher Seele«*, vom *»Genius des großen Werkmeisters«* hervorgebracht. Indem so, wie vor allem noch im zwölften Buch von *Dichtung und Wahrheit* hervorgehoben wird, die Eigenständigkeit und Originalität dieser Kunst gegenüber der Baukunst der Griechen und Römer in Erscheinung tritt, zeigt sich eine deutliche Parallele zu der von J. G. Herder betonten Inkommensurabilität des nordischen Dramas W. Shakespeares gegenüber der Attischen Tragödie, die vor allem in dem ebenfalls in *Von Deutscher Art und Kunst* veröffentlichten Aufsatz über *Shakespeare* zum Ausdruck kommt.

Die Umbenennung der Gotik in »deutsche Baukunst« bildet auch den Ausgangspunkt für die Studie *Von deutscher Baukunst* von 1823, die aber als Ganzes durch die inzwischen von F. v. Schlegel, C. F. v. Rumohr, G. Moller, vor allem aber durch S. Boisserée betriebene Erforschung der Gotik, auch durch das im Gefolge der Romantik breit erwachte Interesse an dieser Kunstform veranlaßt wurde. Sie läßt sich als abschließende Stellungnahme Goethes zum Stil der Gotik verstehen. Seit dem Straßburger Erlebnis war Goethe von seinem Enthusiasmus für die Gotik abgerückt: *»Der Eindruck erlosch, und ich erinnerte mich kaum jenes Zustandes, wo mich ein solcher Anblick zum lebhaftesten Enthusiasmus angeregt hatte. Der Aufenthalt in Italien konnte solche Gesinnungen nicht wieder beleben, um so weniger, als die modernen Veränderungen am Dome zu Mailand den alten Charakter nicht mehr erkennen ließen: und so lebte ich viele Jahre solchem Kunstzweige entfernt, wo nicht gar entfremdet.«* Nun steht nicht mehr das Straßburger Münster, sondern der Kölner Dom im Zentrum der Betrachtung, den Goethe zunächst im Jahre 1810 in Zeichnungen und Grundrissen durch die Brüder Boisserée, dann im Verlauf von zwei Besuchen in Köln aus eigener Anschauung kennenlernte, aber doch nur mit Reserven würdigte: *»Ich will nicht leugnen, daß der Anblick des Kölner Doms von außen eine gewisse Apprehension in mir erregte, der ich keinen Namen zu geben wüßte. Hat eine bedeutende Ruine etwas Ehrwürdiges, ahnen, sehen wir in ihr den Konflikt eines ehrwürdigen Menschenwerks mit der stillmächtigen, aber auch alles nicht achtenden Zeit, so tritt uns hier ein Unvollendetes, Ungeheures entgegen, wo eben dieses Unfertige uns an die Unzulänglichkeit des Menschen erinnert, sobald er sich unterfängt, etwas Übergroßes leisten zu wollen.«* Den Bemühungen Boisserées gab Goethe in diesem Aufsatz freilich eine wertvolle Unterstützung. In seinen grundsätzlichen Stellungnahmen zur Gotik betonte Goethe nun mit Bezugnahme auf das Werk von F. Blondel, *Cours d'architecture* (1675–1683), den Gedanken der Proportion, der in seiner rückblickenden Beurteilung auch das zentrale Motiv des Jugendaufsatzes gebildet hatte: *»Daß ich bei diesen erneuten Studien deutscher Baukunst des zwölften Jahrhunderts öfters meiner frühern Anhänglichkeit an den Straßburger Münster gedachte und des damals, 1773, im ersten Enthusiasmus verfaßten Druckbogens mich erfreute, da ich mich desselben beim späteren Lesen nicht zu schämen brauchte, ist wohl natürlich: denn ich hatte doch die innern Proportionen des Ganzen gefühlt, ich hatte die Entwicklung der einzelnen Zierraten eben aus diesem Ganzen eingesehen und nach langem und wiederholtem Anschauen gefunden, daß der eine hoch genug auferbaute Turm doch seiner eigentlichen Vollendung ermangle. Das alles traf mit den neuren Überzeugungen der Freunde und meiner eigenen ganz wohl überein, und wenn jener Aufsatz etwas Amphigurisches in seinem Stil bemerken läßt, so möchte es wohl zu verzeihen sein, da wo etwas Unaussprechliches auszusprechen ist.«* D.Be.

Ausgaben: o. O. [Ffm.] 1773 [recte Nov. 1772; anon.]. – Hbg. 1773 (in *Deutscher Art u. Kunst. Einige fliegende Blätter*, Hg. J. G. Herder). – Weimar 1789 (in G. Huth, *Allgemeines Magazin für die bürgerliche Baukunst*, 2 Bde.). – Stg. 1824 (in Ueber Kunst u. Alterthum, 4, H. 3). – WA, I, 37. – AA, 13 [Einf. Ch. Beutler]. – HA, 12 [Anm. H. v. Einem]. – AkA.

Literatur: W. Pinder, *G. und die bildende Kunst* (in W. P., *Gesammelte Aufsätze*, Lpzg. 1938, S. 161–179). – A. Griesebach, *G. in Heidelberg u. der Kölner Dom* (in A. G., *G. u. Heidelberg*, Heidelberg 1949, S. 196 ff.). – W. D. Robson-Scott, *G. and the Gothic Revival* (in Publications of English G. Society, N. S. 25, 1956, S. 86–113). – Ders., *On the Composition of G.'s »Von deutscher Baukunst«* (in MLR, 54, 1959, S. 547–553). – K. Eibl, *»... Mehr als Prometheus ...«. Anmerkungen zu G.s »Baukunst«-Aufsatz* (in Jb. der Deutschen Schillerges., 25, 1981, S. 238–248). – G. F. Koch, *G. und die Baukunst* (in *J. W. G. Versuch einer Annäherung*, Hg. H. Böhme u. H.-J. Gamm, Darmstadt 1984, S. 231–288).

DIE WAHLVERWANDTSCHAFTEN

Roman von Johann Wolfgang von GOETHE, erschienen 1809. – Noch 1807 als Novelleneinlage für *Wilhelm Meisters Wanderjahre* geplant, wuchs die kompliziert angelegte Dichtung schnell zu einem eigenen Roman an. Mit dem Romantitel und der *»chemischen Gleichnisrede«*, die er der Figurenkonstellation zugrunde legte, nahm Goethe Bezug auf einen aus dem Bereich der Naturwissenschaften stammenden Begriff, wie er seit der Abhandlung des schwedischen Chemikers Torbern BERGMAN *De attractionibus electivis* (1775) gebräuchlich war und womit die Eigenschaft bestimmter chemischer Elemente bezeichnet wurde, bei der Annäherung anderer Stoffe ihre bestehenden Verbindungen zu lösen und sich mit den neu hinzugetretenen Elementen gleichsam »wahlverwandtschaftlich« zu vereinigen. Dieser Vorgang wird im vierten Kapitel des ersten Romanteils zwischen den Romanfiguren angesprochen: *»In diesem Fahrenlassen und Ergreifen, in diesem Fliehen und Suchen glaubt man wirklich eine höhere Bestimmung zu sehen; man traut solchen Wesen eine Art von Wollen und Wählen zu und hält das Kunstwort ›Wahlverwandtschaften‹ für vollkommen gerechtfertigt.«* Goethe übertrug dieses an chemischen Elementen beobachtete Kräftespiel von Anziehung und Abstoßung auf den Bereich der Geschlechterbeziehung: In der konfliktgeladenen Gegenüberstellung verschiedener Liebeskonzepte – der leidenschaftlich-ungebundenen und der ehelich-institutionalisierten Liebe – problematisiert der Roman das Verhältnis von Freiheit und Notwendigkeit, von Naturtrieben und kulturellen Normen. Das chemische Modell, das die Romanfiguren als eine Art Experimentanordnung für ihre eigene spannungsreiche Beziehungskonstellation übernehmen, dient jedoch nicht nur dazu, den Modellfall einer zerbrechenden Ehe zu inszenieren und damit einer freieren Form des Verhältnisses von Mann und Frau das Wort zu reden (die am Ende ohnehin in eine Aporie mündet). Vielmehr zeigt das Werk – selbst ein Experiment – das bis zum Scheitern reichende Bemühen um kulturelle Ordnungsmuster schlechthin, wie sie in Form der Gartenkunst, Architektur, Medizin, Pädagogik und Kunst vorgestellt werden. Ihnen gemeinsam ist das Bemühen um Ausgrenzung und Zügelung chaotischer Bedrohungen, und entsprechend der »Dialektik der Aufklärung« werden die vernunftorientierten Anstrengungen immer wieder von zerstörerischen Triebkräften durchkreuzt.

Eduard – *»so nennen wir einen reichen Baron im besten Mannesalter«* – konnte endlich seine Jugendgeliebte Charlotte heiraten, nachdem beide zunächst aus Gründen des Besitzes von ihren Eltern mit ungeliebten Partnern liiert worden waren. Sie ziehen sich auf Eduards Landgut zurück, um dort ganz füreinander zu leben und das *»früh so sehnlich gewünschte, endlich spät erlangte Glück ungestört genießen«* zu können. Hier widmen sie sich gemeinsam der Neugestaltung der Parkanlagen, der Umwandlung der wilden Natur in eine kunstvoll geordnete Kulturlandschaft. Eduards Wunsch, seinen alten Freund Otto, einen in Not geratenen Hauptmann, zu sich auf das Schloß kommen zu lassen, wird von Charlotte in ahnungsvoller Besorgnis zunächst abgelehnt. Als jedoch Eduard, der nicht gewohnt ist, *»sich etwas zu versagen«*, auf seinem Vorhaben besteht, stellt auch Charlotte die Notwendigkeit dar, ihre Nichte und Pflegetochter Ottilie als häusliche Gehilfin zu sich zu nehmen. So kann das Kräftespiel der Wahlverwandtschaften beginnen, das sich den verschiedenartigen Charakteren entsprechend unterschiedlich auswirkt. Während der Hauptmann und Charlotte ihrer wachsenden Neigung entschlossen entgegenzutreten suchen, gibt sich Eduard seiner unbedingten und maßlosen Liebe zu Ottilie völlig hin. Das unschuldige *»himmlische Kind«* Ottilie lebt in ahnungsloser Unbewußtheit bald nur noch für Eduard, ja durch den geheimen Zwang der Wahlverwandtschaft paßt sie sich sogar seinen Fehlern an.

Der Besuch eines in illegitimer Verbindung lebenden Paares begünstigt die wechselseitigen Neigungen, und der Vorschlag des Besuchers, dem verdienstvollen Hauptmann eine angemessenere Stellung zu verschaffen, sowie das Drängen seiner Geliebten, Ottilie aus dem Haus zu entfernen, läßt in beiden Paaren mit dem Gedanken an plötzliche Trennung die Leidenschaft vollends ausbrechen. Während einer nächtlichen Liebesumarmung begehen Eduard und Charlotte in der Phantasie Ehebruch: *»Eduard hielt nur Ottilien in seinen Armen; Charlotten schwebte der Hauptmann näher oder ferner vor der Seele, und so verwebten, wundersam genug, sich Abwesendes und Gegenwärtiges reizend und wonnevoll durcheinander.«* Am nächsten Morgen treten die Ehegatten dem Hauptmann und Ottilie *»gleichsam beschämt und reuig«* entgegen. Zwischen den beiden einander wahlverwandtschaftlich zugeordneten Paaren kommt es zum Liebesgeständnis. Doch Charlotte, von der heiligen Verpflichtung des Ehegelöbnisses überzeugt, entschließt sich zur Entsagung und glaubt dasselbe auch von Eduard verlangen zu können. Damit aber fordert sie dessen Trotz heraus. Zwar entfernt er sich nach der Abreise des Hauptmanns ebenfalls aus dem Schloß, zum Verzicht auf Ottilie aber ist er nach wie vor nicht bereit. Als er erfahren muß, daß in jener Nacht des *»doppelten Ehebruchs«* ein Kind gezeugt wurde, zieht er verzweifelt in den Krieg: *»Er sehnte sich nach dem Untergang, weil ihm das Dasein unerträglich zu werden drohte.«* Mit einem Blick auf den hoffnungslosen Zustand von Ottilie schließt der erste Teil des Romans.

Der zweite Teil, der zunächst die Tätigkeiten der beiden zurückgebliebenen Frauen schildert, ihre Teilnahme an der Neugestaltung des Friedhofs und der Restaurierung einer alten Kapelle, steht von Anfang an im Zeichen des Todes. Die Gespräche mit dem Architekten, später mit Ottiliens ehemaligem Lehrer, bringen ebenso wie die Auszüge aus dem Tagebuch von Ottilie eine deutliche Verlangsamung des Handlungsablaufs. Auch die Schilderung des ungestümen geselligen Treibens, das mit dem Besuch von Charlottes Tochter Luciane auf dem Schloß anhebt, dient nur dazu, den Kontrast zwischen dem dekadenten Spiel einer überkommenen, funktionslosen Adelsgesellschaft und dem Rückzug in die Innerlichkeit hervorzuheben, wie vor allem Ottilie ihn kultiviert, die in ihrer rätselhaften Erscheinung einem *»verschwundenen goldenen Zeitalter«* zu entstammen scheint. Bei der Geburt des gemeinsamen Sohnes von Eduard und Charlotte weist das Kind von Anfang an eine erstaunliche Ähnlichkeit mit dem Hauptmann wie mit Ottilie auf. Von dieser Ähnlichkeit betroffen, offenbart der aus dem Krieg unversehrt zurückgekehrte Eduard Ottilie, die er mit dem Kind am Ufer des Sees überrascht hat, das Geheimnis des geistigen Ehebruchs. Nachdem er bereits mit dem Hauptmann seine Scheidung von Charlotte und eine neue Verbindung der beiden Paare besprochen hatte, erhält er nun auch von Ottilie die Zustimmung zur Ehe für den Fall, daß Charlotte Eduard entsage. *»Die Hoffnung fuhr wie ein Stern, der vom Himmel fällt, über ihre Häupter weg. Sie wähnten, sie glaubten einander anzugehören; sie wechselten zum erstenmal entschiedene, freie Küsse und trennten sich gewaltsam und schmerzlich.«*

Ottiliens innere Erregung führt bei der Rückfahrt über den See die Katastrophe herbei: Der Kahn gerät ins Schwanken, und das Kind ertrinkt. Sein Tod, von Eduard als eine *»Fügung«* begrüßt, die nun auch das letzte Hindernis für seine Verbindung mit Ottilie beseitigt habe, bewegt auch Charlotte zum Verzicht: »*... durch mein Zaudern, mein Widerstreben habe ich das Kind getötet. Es sind gewisse Dinge, die sich das Schicksal hartnäckig vornimmt. Vergebens, daß Vernunft und Tugend, Pflicht und alles Heilige sich ihm in den Weg stellen;* ... (es) *greift zuletzt durch, wir mögen uns gebärden, wie wir wollen.«* Da aber führt Ottiliens Entschluß zur völligen Entsagung die Wendung herbei. Durch das unerhörte Ereignis begreift sie sich als einen vom Schicksal *»auf eine fürchterliche Weise«* gezeichneten Menschen, der überall Unheil um sich verbreitet, und will in tätiger Nächstenliebe für ihr Vergehen büßen. Die ungestüme Zudringlichkeit von Eduard jedoch, der sie auf der Rückreise ins Pensionat abfängt, versperrt ihr auch diesen letzten Weg zurück ins Leben. Von nun an verstummt sie, verweigert jede Nahrung und tötet sich durch Askese allmählich ab. So glaubt sie sich dem *»Heiligen«* zu nähern, das allein *»gegen die ungeheuren zudringenden Mächte beschirmen kann«*. Nach ihrem Tod wird sie wie eine Heilige und Märtyrerin verehrt. Eduard stirbt kurz nach ihr, und beide werden in jener Kapelle bestattet, die Ottilie bereits nach der Fertigstellung wie eine *»gemeinsame Grabstätte«* erschienen war. *»So ruhen die Liebenden nebeneinander. Friede schwebt über ihrer Stätte, heitere, verwandte Engelsbilder schauen vom Gewölbe auf sie herab, und welch ein freundlicher Augenblick wird es sein, wenn sie dereinst wieder zusammen erwachen.«*

Der legendenhafte Schluß des Romans, dem durchaus ein leicht ironisierender Unterton zu eigen ist, verdeutlicht die Unlösbarkeit des Konflikts zwischen kultureller Ordnung und elementarer Leidenschaft. Am Schicksal Ottiliens wird die Unvereinbarkeit zweier einander gleichgeordneter Forderungen dargestellt. Ottilie kann die ihr persönlich auferlegte *»Bahn«* sittlichen Verhaltens mit der unaufhaltsam sich durchsetzenden Liebe zu Eduard nicht in Einklang bringen. Die Naturgesetzlichkeit, der die chemischen Elemente unterworfen sind, gilt auch für menschliche Verhältnisse; in beiden Bereichen existiere *»nur Eine Natur«*, so Goethe in der Vorankündigung seines Romans, da *»auch durch das Reich der heiteren Vernunftfreiheit die Spuren trüber leidenschaftlicher Notwendigkeit sich unaufhaltsam hindurchziehen, die nur durch eine höhere Hand, und vielleicht auch nicht in diesem Leben völlig auszulöschen sind«* (›Morgenblatt für gebildete Stände‹, 4. 9. 1809). Im Unterschied zur Determiniertheit der Elemente durch das Naturgesetz hat der Mensch jedoch die Möglichkeit, durch *»Entsagung«* seine geistige Freiheit zu behaupten. Das Prinzip der Entsagung, das in Goethes Spätwerk von der *Natürlichen Tochter* bis zu *Wilhelm Meisters Wanderjahren* zum beherrschenden Motiv wird, stellt ein schmerzvolles und zugleich gesellschaftlich produktives Gegenmodell zur Macht der Leidenschaften und Wünsche dar. Daß in den *Wahlverwandtschaften* die Entsagung letztlich zu keiner Lösung, sondern in den Tod führt und Goethe sich jeder moralischen Wertung enthält, markiert die extreme Gegenposition zu den *Wanderjahren*. Das Naturgesetz der Leidenschaft tritt gleichberechtigt neben die Gebote der Sittlichkeit. Deshalb kann sich Charlottes Verzicht auf die Liebesbeziehung zugunsten der sittlichen Ordnung der Ehe ebenso verhängnisvoll auswirken wie die Macht der Leidenschaften selbst; und deshalb wird der naturgesetzliche Zwang der Wahlverwandtschaft auch durch Ottiliens Entschluß zur Entsagung nicht aufgehoben: Die *»magische Anziehungskraft«* zwischen ihr und Eduard bleibt auch nach ihrem Verzicht bestehen. Ottilie entsagt nicht ihrer Liebe, sondern nur der Erfüllung dieser Liebe.

Die Aporien, die der Roman entfaltet, werden im Text mit dem aus der griechischen Tragödie übernommenen, mit der Schicksalsvorstellung verbundenen Begriff des *»Dämonischen«* begründet. Ottilie selbst ist es, die sich als einen dem Dämonischen ausgelieferten Menschen begreift, nachdem sie durch den Tod des Kindes aus dem vorbewußten Zustand paradiesischer Unschuld gerissen worden ist: *»Ich bin aus meiner Bahn geschritten, und ich soll nicht wieder hinein. Ein feindseliger Dämon, der Macht über mich gewonnen, scheint mich von außen zu hindern, hätte ich mich auch mit mir selbst wieder zur Einigkeit gefunden.«*

Goethe sah die schicksalhafte Macht des Dämonischen, die er in seinem Roman als Naturkraft die bürgerliche Ordnung der Ehe zerstören läßt, auch in zeitgeschichtlichen Ereignissen wie der Französischen Revolution oder den Napoleonischen Kriegen am Werk. Die Ehethematik und die politischgesellschaftlichen Bezüge erscheinen in den *Wahlverwandtschaften* unmittelbar verschränkt. Intellektuelle wie SOLGER, SAVIGNY und ARNIM erkannten in diesem Roman daher ein Bild ihrer *»verwirrten Zeit«*; er habe, so Goethe 1808 gegenüber F.W. RIEMER, *»soziale Verhältnisse und die Konflikte derselben symbolisch gefaßt«* darstellen wollen.

So geht auch die Gesellschaftskritik des Romans aus symbolischen Bezügen hervor. Für die negativ geschilderten Vertreter einer überkommenen Gesellschaftsordnung etwa ist es bezeichnend, daß sich ihr Leben im folgenlosen Genuß erschöpft, wie bei Luciane, die *»den Lebensrausch im geselligen Strudel«* vor sich *»herpeitscht«*, oder wie Eduard, für den die Arbeit eine andere Form des Müßiggangs darstellt, ein Mittel gegen die Langeweile. Dem steht die zielgerichtete Tätigkeit des Hauptmanns oder die dienstfertige, selbstlose Arbeit von Ottilie gegenüber, wie Goethe sie später in den *Wanderjahren* als Grundlage einer neuen Gemeinschaft fordert. Vor allem aber die Gestalt von Mittler läßt erkennen, wie sehr die religiös-rituelle Grundlage der alten Gesellschaft sich bereits aufgelöst hat; er ist ein ehemaliger Geistlicher, der sein Amt aufgegeben hat, sich juristische Kenntnisse aneignete und nun, durch einen *»ansehnlichen Lotteriegewinst«* auch finanziell unabhängig, zum Schlichter von Streitfällen wird; er ist es auch, der bei der Taufe von Charlottens Kind die dem Geistlichen, einem alten Mann, eigentlich vorbehaltene Rede übernimmt und indirekt den Tod des Greises verursacht. Der im Roman eröffnete Blick in die Zukunft ist von Skepsis und Resignation geprägt.

Bei den meisten Zeitgenossen stießen die *Wahlverwandtschaften* allerdings auf wenig Beifall. Immer wieder wurde der Vorwurf der Immoralität gegen den Roman erhoben, und seine Nachwirkung im 19. Jh. war, im Unterschied zu *Wilhelm Meister*, gering, obgleich die *Wahlverwandtschaften* mit ihrer Verknüpfung von Eheproblematik und Gesellschaftskritik am Anfang der Reihe großer Eheromane des 19. Jh.s, wie *Madame Bovary, Anna Karenina* oder *Effi Briest*, stehen. Erst seit der Wende zum 20. Jh. wurde, eingeleitet durch die Äußerungen von Th. FONTANE, H. von HOFMANNSTHAL, den Brüdern MANN, A. DÖBLIN oder W. BENJAMIN, die Modernität dieses Romans erkannt, dessen treffende Darstellung einer sich im Übergang befindlichen Zeit bereits Achim von Arnim registriert hatte: *»Diese Langeweile des unbeschäftigten ... Glückes, die Goethe in der ersten Hälfte ... so trefflich dargestellt hat, hat er mit vieler Beobachtung in das Haus eines gebildeten Landedelmannes unserer Zeit einquartiert. Ich habe Manchen der Art kennen gelernt, und Alle leiden an einer ganz eigentümlichen Hypochondrie. Durch ihre Bildung von dem Kreise eigentlicher Landleute geschieden, ... ohne eine mögliche Richtung ihrer Tätigkeit zur eigentlichen Verwaltung, kochen sie ihre häusliche Suppe meist so lange über, bis Nichts mehr im Topfe. (...) Übrigens wollen wir unserm Herrgott und seinem Diener Goethe danken, daß wieder ein Teil untergehender Zeit für die Zukunft in treuer, ausführlicher Darstellung aufgespeichert ist«* (An Bettine Brentano, 5. 11. 1809).

H.Ei.-KLL

AUSGABEN: Tübingen 1809, 2 Tle. – AlH, 17. – WA, I, 20. – AA, 9 [Einf. P. Stöcklein]. – HA, 6 [Anm. B. v. Wiese]. – Stg. 1956 [Komm. E. Beutler; RUB]. – AkA. – MA, 9 [Komm. Ch. Siegrist].

LITERATUR: O. Walzel, *G.s »Wahlverwandtschaften« im Rahmen ihrer Zeit* (in Goethe-Jb., 27, 1906, S. 166–206). – A. François-Poncet, *»Les affinités électives« de G.*, Paris 1910 (dt.; *G.s »Wahlverwandtschaften«*, Mainz 1951). – W. Benjamin, *G.s »Wahlverwandtschaften«* (in Neue Deutsche Beiträge, 2, 1925, H. 1, S. 38–138; H. 2, S. 134–168). – Th. Mann, *Zu G.s »Wahlverwandtschaften«* (in NRs, 36, 1925, S. 391–401, auch in Th. M., *Reden u. Aufsätze*, Bd. 1, Ffm. 1960, S. 174–186). – Th. Lockemann, *Der Tod in G.s »Wahlverwandtschaften«* (in Jb. der Goethe-Ges., 19, 1933, S. 37–61). – G. Schaeder, *Die Idee der »Wahlverwandtschaften«* (in Goethe, 6, 1941, S. 182–215). – H. G. Barnes, *Bildhafte Darstellung in den »Wahlverwandtschaften«* (in DVLG, 30, 1956, S. 41–70). – H. J. Geerdts, *G.s Roman »Die Wahlverwandtschaften«. Eine Analyse seiner künstlerischen Struktur, seiner historischen Bezogenheiten u. seines Ideengehalts*, Weimar 1958. – K. Dickson, *The Temporal Structure of »Die Wahlverwandtschaften«* (in GR, 41, 1961, S. 170–185). – W. Killy, *Wirklichkeit u. Kunstcharakter. Über »Die Wahlverwandtschaften« G.s* (in NRs, 72, 1961, S. 636–650). – W. Staroste, *Raumgestaltung u. Raumsymbolik in G.s »Wahlverwandtschaften«* (in EG, 16, 1961, S. 209–222). – G. Mahrahrens, *Narrator and Narrative in G.'s »Die Wahlverwandtschaften«* (in *Tribute, Presented to G. J. Hallamore*, Hg. R. Picozzi, Vancouver 1968, S. 94–127). – P. Böckmann, *Naturgesetze u. Symbolik in G.s »Wahlverwandtschaften«* (in FDH, 1968, S. 166–190). – J. Kolbe, *G.s »Wahlverwandtschaften« u. der Roman des 19. Jh.s*, Stg. 1968. – E. Schelling-Schaer, *Die Gestalt der Ottilie in G.s »Wahlverwandschaften«*, Zürich 1969. – R. D. Gould, *Elective Affinities. An Investigation of the Influence of G.s Scientific Thinking on »Die Wahlverwandtschaften«*, Diss. Princeton 1970. – W. C. Meads, *The Question of Form in G.s »Wahlverwandtschaften«*, Diss. Stanford 1970. – H. Reiss, *Mehrdeutigkeit in G.s »Wahlverwandtschaften«* (in Jb. der Dt. Schiller-Ges., 14, 1970, S. 366–396). – G.-L. Fink, *Les »Wahlverwandtschaften« de G. Structure du roman et aspects du temps* (in Recherches germaniques, 1, 1971, S. 58–100). – L. F. Helbig, *Der Einzelne u. die Gesellschaft in G.s »Wahlverwandtschaften«*, Bonn 1972. – F. Nemec, *Die Ökonomie der »Wahlverwandtschaften«*, Mchn. 1973. – S. Blessin, *Erzählstruktur u. Leserhandlung. Zur Theorie der literarischen Kommunikation am Beispiel von G.s »Wahlverwandtschaften«*, Heidelberg 1974. – J. Müller, *G.s Roman »Die Wahlverwandtschaften«. Ehekonflikt u. Liebestragik – Naturgesetz u. Gesellschaftsmoral* (in Jb. des Wiener G.-Vereins, 80, 1976, S. 19–41). – H. Raffeiner, *G.s »Wahlver-*

wandtschaften«. Geschichte ihrer geistigen Wirkung, Diss. Innsbruck 1979. – C. Träger, *G.s »Wahlverwandtschaften« in genretheoretischer Sicht* (in Arbeiten zur deutschen Philologie, 14, 1980, S. 17–31). – H. R. Vaget, *Ein reicher Baron. Zum sozialgeschichtlichen Gehalt der »Wahlverwandtschaften«* (in Jb. der Dt. Schiller-Ges., 24, 1980, S. 123–161). – B. Allemann, *G.s »Wahlverwandtschaften« als Transzendentalroman* (in *Studien zur G.-Zeit. E. Trunz zum 75. Geburtstag*, Hg. H.-J. Mähl u. E. Mannack, Heidelberg 1981, S. 9–32). – *G.s »Wahlverwandtschaften«. Kritische Modelle u. Diskursanalysen zum Mythos Literatur*, Hg. N. W. Bolz, Hildesheim 1981. – H. Ehrke-Rotermund, *Gesellschaft ohne Wirklichkeit. Eine Untersuchung von G.s Roman »Die Wahlverwandtschaften«* (in FDH, 1981, S. 131–188). – B. L. Knapp, *G.s »Die Wahlverwandtschaften«. An Alchemical Process from »fixatio« to »dissolutio«* (in Symposium, 35, 1981, S. 235–250). – U. Pörksen, *G.s Kritik naturwissenschaftlicher Metaphorik u. der Roman »Die Wahlverwandtschaften«* (in Jb. der Dt. Schiller-Ges., 25, 1981, S. 285–315). – M. Swales, *Consciousness and Sexuality. Reflections on »Die Wahlverwandtschaften«* (in Publications of the English G. Society, 50, 1981, S. 79–117). – I. Graham, *Wintermärchen. G.s Roman »Die Wahlverwandtschaften«* (in GJb, 99, 1982, S. 41–75). – *J. W. G. »Die Wahlverwandtschaften«. Erläuterungen u. Dokumente*, Hg. U. Ritzenhoff, Stg. 1982 [RUB]. – W. Seifert, *J. W. G.: »Die Wahlverwandtschaften«. Eheproblematik u. elementare Selbstverwirklichung* (in *Deutsche Romane von Grimmelshausen bis Walser*, Hg. J. Lehmann, Bd. 1, Königstein/Ts. 1982, S. 49–66). – W. Wiethölter, *Legenden. Zur Mythologie von G.s »Wahlverwandtschaften«* (in DVLG, 56, 1982, S. 1–64). – H. Härtl, *»Die Wahlverwandtschaften« u. ihre zeitgenössischen Leser* (in WB, 29, 1983, S. 1574–1603). – *»Die Wahlverwandtschaften«. Eine Dokumentation der Wirkung von G.s Roman 1808–1832*, Hg. H. Härtl, Weinheim 1983. – S. D. Leonhard, *Verfehlte Vermittlung: eine Interpretation von G.s Roman »Die Wahlverwandtschaften«*, Diss. Stanford 1983. – M. Niedermeier, *Das Ende der Idylle: zum Charakter der Weltbeziehung in G.s Roman »Die Wahlverwandtschaften«*, Diss. Bln. 1983. – W. Schwan, *G.s »Wahlverwandtschaften«. Das nicht erreichte Soziale*, Mchn. 1983. – J. Steinbiß, *Der »freundliche Augenblick«. Versuch über G.s »Wahlverwandtschaften«*, Zürich 1983. – W. Promies, *G.s »Wahlverwandtschaften« im Verständnis der Gegenwart* (in *J. W. G. Versuch einer Annäherung*, Hg. H. Böhme u. H.-J. Gamm, Darmstadt 1984, S. 155–180). – M. Hielscher, *Natur u. Freiheit in G.s »Die Wahlverwandtschaften«*, Ffm. 1985. – N. Puszkar, *Symbolik, Bildlichkeit u. Mimesis sozialer Verhältnisse in G.s »Wahlverwandtschaften«*, Diss. Univ. of Southern California 1985. – D. E. Wellbery, *»Die Wahlverwandtschaften« (1809)* (in *G.s Erzählwerk. Interpretationen*, Hg. P. M. Lützeler, Stg. 1985). – B. Buschendorf, *G.s mythische Denkform. Zur Ikonographie der »Wahlverwandtschaften«*, Ffm. 1986.

WEST-ÖSTLICHER DIVAN

Gedichtzyklus von Johann Wolfgang von GOETHE, erschienen 1819, erweitert 1827. – Wie die Hinwendung zur klassischen Antike Goethes ersten großen Gedichtzyklus, die *Römischen Elegien*, bestimmt hatte, so gab ihm die Begegnung mit der orientalischen Poesie, vor allem die Lektüre des *Divan* des persischen Dichters HĀFEẒ (1317/25 bis 1389/90, vgl. *Diwān Hāfeẓ*), den er im Juni 1814 in der deutschen Übersetzung von J. v. HAMMER-PURGSTALL kennenlernte, den geistigen Anstoß zu seinem *West-östlichen Divan*. Goethe behielt die persische Bezeichnung *»Divan«* für die Gedichtsammlung bei, während er mit *»west-östlich«* die Begegnung zweier Kulturen und zweier Literaturen, das Bekenntnis des westlichen zu einem östlichen Dichter, charakterisieren wollte. Wenn er auch in den Jahren bis zum Erscheinen des *Divan* durch intensives Studium orientalistischer Werke, so vor allem der Darstellung von A. OLEARIUS, W. JONES, H. F. DIEZ und J. v. Hammer, noch weitere orientalische Dichtungen, hauptsächlich Werke von FERDOUSI, ENVERĪ, SA'DI oder ǦĀMI, kennenlernte und ihnen zahlreiche Motive entlehnte, so blieb doch Hafis derjenige Dichter, dem er sich am tiefsten geistesverwandt fühlte, sein *»Zwilling«*, mit dem er in eigenen Nachdichtungen *»wetteifern«* wollte *(Unbegrenzt)*. Während Goethe den strengen Form- und Reimzwang von Hafis' persischen Ghaselen nur in wenigen Gedichten nachzuahmen suchte, empfand er vor allem die für die orientalische Dichtung charakteristische Verbindung von Leidenschaft und Geist, den Wechsel von mystischem Ergriffensein und Ironie, die hohe Bewußtheit eines geistreichen Spiels, das auch das Entlegenste in Beziehung setzen konnte, als seinem eigenen Altersstil verwandt: *»Der höchste Charakter orientalischer Dichtkunst ist, was wir Deutsche Geist nennen, das Vorwaltende des oberen Leitenden ... Der Geist gehört vorzüglich dem Alter oder einer alternden Weltepoche. Übersicht des Weltwesens, Ironie, freien Gebrauch der Talente finden wir in allen Dichtern des Orients« (Noten und Abhandlungen zu besserem Verständnis des West-östlichen Divans)*.

Zu der geistigen Anregung durch die Hafis-Lektüre kam das Gefühl körperlicher und geistiger Verjüngung, einer *»wiederholten Pubertät«*, die er später als ein Charakteristikum *»genialer Naturen«* definierte. Seit der Erstarrung nach F. SCHILLERS Tod im Jahre 1805, da er sein dichterisches Werk als abgeschlossen ansah, empfand er zum erstenmal ein Wiederaufleben seiner schöpferischen Kräfte. Er entschloß sich im Juli 1814 zu einer Reise in die Gegend um Rhein, Main und Neckar, wie sie nach dem Pariser Frieden wieder möglich geworden war. So ging dem geistigen Aufbruch des Dichters in den Osten, in die *»Urheimat der Menschheit«*, seine Reise in den Westen, in die Landschaften seiner Jugend, parallel. Schon während der Fahrt entstanden die ersten *Divan*-Gedichte. Dabei nahm Goethe in der Phantasie bereits das Liebeserlebnis vorweg, das später im *Buch Suleika* zur beherrschenden Mitte des Zyklus wurde: *»So sollst du, muntrer Greis, / Dich nicht betrüben, / Sind gleich die Haare weiß, / Doch wirst du lieben« (Phänomen)*. Im August begegnete er zum erstenmal der »Suleika« seiner *Divan*-Gedichte, Marianne Jung, der künftigen Gattin eines alten Freundes, des Frankfurter Bankiers J. J. v. Willemer. Dieser hatte die vielseitig begabte Frau im Jahre 1800 als junge Tänzerin von der Frankfurter Bühne zu sich in sein Haus genommen. Aus der Leidenschaft zwischen Goethe und Marianne von Willemer, die vor allem im Herbst 1815, während eines zweiten Aufenthalts des Dichters auf der »Gerbermühle«, dem Landsitz Willemers bei Frankfurt, und während der letzten gemeinsamen Tage in Heidelberg Ende September voll zur Entfaltung kam, erwuchs ein großer Teil der *Divan*-Gedichte. In östlicher Verhüllung, in den Masken von *»Hatem«*, dem *»sich Verschenkenden«* und dem *»Gegenliebe geschenkt wird«*, und *»Suleika«*, der schönsten und zugleich geistreichsten Liebenden der islamischen Dichtung, wurde ein Liebesdialog in Gedichten geführt, die sich streng auf Motive aus dem *Divan* des Hafis bezogen und an dem Marianne von Willemer sich mit eigenen Gedichten beteiligte. So stammen einige der schönsten Gedichte aus dem *Buch Suleika*, wie die Lieder an den Ostwind und an den Westwind, von ihr. Goethe nahm sie mit nur geringfügigen Änderungen in seinen Zyklus auf, und die Autorschaft der Dichterin wurde erst 1869 durch eine Veröffentlichung von H. Grimm bekannt. Nach dem endgültigen Abschied von Marianne entstanden noch einige der düstersten Gedichte des *Divan* wie *Hochbild* und *Nachklang*, dann wandte sich Goethe vor allem der umfangreichen Spruch- und Lehrdichtung des Zyklus zu. Doch schrieb er 1820, ein Jahr nach der ersten Veröffentlichung des *Divan*, noch fünf Gedichte für das *Buch des Paradieses*, die er 1827 in die Ausgabe letzter Hand aufnahm.

Goethe teilte seinen *West-östlichen Divan* in zwölf Bücher ein. Das *Buch des Sängers* stellt die Begegnung des westlichen Dichters mit der östlichen Kultur als einen geistigen Aufbruch und zugleich als *»Flucht« (»Hegire«*, bzw. *»Hedschra«)* vor den politischen Wirren der eigenen Zeit dar: *»Nord und West und Süd zersplittern, / Throne bersten, Reiche zittern / Flüchte du, im reinen Osten / Patriarchenluft zu kosten, / Unter Lieben, Trinken, Singen / Soll dich Chisers Quell verjüngen« (Hegire)*. Unter ständigem Bezug auf orientalische Bilder und Motive werden Osten und Westen in ein schwebendes Verhältnis zueinander gebracht, so daß die westliche Landschaft, die der Dichter durchreist, unvermittelt neben die orientalische treten kann. Wie die ganze Gedichtsammlung in der religiösen Thematik der letzten Bücher gipfelt, so steht auch am Ende des Einleitungsbuchs ein Gedicht mystisch-religiösen Gehalts, *Selige Sehnsucht*, das die Verwandlung zu einer neuen Existenz durch Selbstaufgabe in der Liebe preist.

Im *Buch Hafis* werden sodann die Besonderheit der östlichen Dichtung, ihr Verhältnis zur Religion, ihre Gegenstände und Formen dargestellt. Dabei erscheint die Originalität der schöpferischen Aneignung durch den westlichen Dichter gerade als Ergebnis seiner Nachahmung vorgegebener Muster: *»Nun töne Lied mit eignem Feuer! / Denn du bist älter, du bist neuer« (Unbegrenzt)*. Das *Buch der Liebe* handelt im Unterschied zum späteren *Buch Suleika* nicht von einem einzigen Liebespaar, sondern von *»Musterbildern«* aus der orientalischen Dichtung und Mythologie, deren Schicksal jeweils das Typische, das Allgemein-Menschliche, in den verschiedensten Formen der Liebe repräsentieren soll. Trotz aller Nähe zu den östlichen Vorbildern – so entspricht etwa das Gedicht *Lesebuch* fast wörtlich einem Werk des persischen Dichters Nezāmi – dringt gerade in diesem Buch auch die persönliche Leiderfahrung des vereinsamten Dichters durch: *»Eine Stelle suchte der Liebe Schmerz, / Wo es recht wüst und einsam wäre; / Da fand er denn mein ödes Herz / Und nistete sich in das leere.«* Die Bücher IV–VI *(Buch der Betrachtungen, Buch des Unmuts, Buch der Sprüche)* enthalten die Spruch- und Lehrdichtung aus der späteren Phase der *Divan*-Entstehung. Goethe griff hierbei nicht nur auf orientalische, sondern auch auf altdeutsche Sprüche zurück. Die drei Bücher handeln vom Verhältnis des Dichters zu seiner Umwelt, sie enthalten allgemeine Weisheitslehren und Alterseinsichten, aber auch praktische Lebensregeln und Ermahnungen, die in der sittlichen Forderung gipfeln: *»Gutes tun um des Guten willen.«* Im *Buch des Unmuts* rechnet der Dichter sarkastisch mit seinen Neidern und Spöttern, mit dem Haß und Unverstand der urteilslosen Menge ab. Ihnen allen hält er die geistige Überlegenheit der großen dichterischen Persönlichkeit und ihr Eigenrecht entgegen. Das *Buch Timur* stellt wiederum die Analogie zwischen den geschichtlichen Ereignissen, die die Lebenszeit von Hafis überschatteten, und den politischen Umwälzungen der eigenen Epoche her: Das große Gedicht *Der Winter und Timur*, das den Winterfeldzug des Timur Lenk gegen China zum Gegenstand hat, spielt auf den Feldzug Napoleons gegen Moskau an. Das *Buch Suleika*, das umfangreichste des Zyklus, enthält vor allem die Gedichte aus der Frankfurter und Heidelberger Zeit vom Herbst 1815. Ein einziges Paar, Hatem und Suleika, steht im Mittelpunkt eines Liebesgesprächs, das persönliche Erlebnisse in östliche Bilder und Formeln überträgt und von Turban, Sichelmond und Zypressen, von Wimpernpfeilen, Lockenschlangen und Mondgesicht, von *»Bulbul«*, der Nachtigall, und dem Wiedehopf *»Hudhud«*, dem Liebesboten zwischen Salomon und der Königin von Saba, handelt. Neben der oft scherzhaften Mischung von östlichen und westlichen Motiven, die für den gesamten Zyklus charakteristisch ist, sind Polarität und Wechselseitigkeit die beherrschenden Strukturelemente dieses Buchs. Es geht um das Spannungsverhältnis zwischen Alter und Jugend, Privatem und Öffentlichem, Chiffrierung *(Geheimschrift)* und offenem Bekenntnis im Gedicht. Selbstgewinn und Selbstverlust, Einheit und Doppelheit, Trennung und Wiedervereinigung in der Liebe sind die hauptsächlichen Themen des Buchs. Diese Antithetik vertritt bereits der Dialog, das geistreiche Frage-und-Antwort-Spiel zwischen den Liebenden. Die Wechselseitigkeit der Liebe wird auch in der Symbolik des Reims thematisch *(»Denn was ich froh, aus vollem Herzen sprach, / Das klang zurück aus deinem holden Leben, / Wie Blick dem Blick, so Reim dem Reime nach«)* oder im Ballspiel-Motiv, wenn die Geliebte dem Dichter ihre Leidenschaft zuwirft *»als wär's ein Ball / Daß ich ihn fange, / Dir zurückwerfe / Mein gewidmetes Ich«*. Die Einheit in der Doppelheit symbolisieren Sonne und Mond des türkischen Wappens, vor allem jedoch das Blatt des *»Gingo Biloba«*, das, scheinbar in zwei gespalten, doch nur ein einziges ist und dem Dichter so zum Bild für seinen Dialog mit Suleika werden kann. In solchen Stilisierungen repräsentieren Hatem und Suleika das Typische und Gesetzmäßige der Liebe *»musterhaft in Freud und Qual«*.

Die Liebe steht auch im Zentrum des *Schenkenbuchs*. Goethe nahm hier ein zentrales Thema von Hafis auf, die Liebe des reifen Dichters zu einem schönen Knaben, den er zu seinem Schenken macht, doch stellte er dabei das pädagogische Verhältnis stärker in den Vordergrund. Beim Weingenuß lehrt der Dichter den anmutigen Knaben, *»in allen Elementen Gottes Gegenwart«* zu erkennen. Unter östlichem Himmel scherzt er mit dem *»kleinen Schelm«* über Gestalten der westlichen Mythologie wie Aurora und Hesperus, und er nimmt auch das andere Lieblingsthema des Hafis auf: den Rausch des Weins, der zugleich Ekstase und mystischen Aufschwung bedeutet. Die letzten drei Bücher wenden sich religiösen Themen zu. Das *Buch der Parabeln* umkreist in kurzen, gleichnishaften Gedichten, *»bildlichen Darstellungen mit Anwendung auf menschliche Zustände« (Noten und Abhandlungen)*, die alle ethischen oder religiösen Charakter tragen, das Motiv des Selbstopfers, der Selbstbeschränkung und des Verzichts zugunsten eines höheren Ganzen. In dem langen und feierlichen Gedicht *Vermächtnis altpersischen Glaubens*, das fast das ganze *Buch des Parsen* ausfüllt, erteilt ein sterbender Parse, ein Anhänger der Lehre Zarathustras, der ihn umstehenden Gemeinde letzte Ermahnungen im Sinne seines Sonnen- und Feuerkults. Das *Buch des Paradieses* schlägt, wie schon das Gedicht *Wiederfinden* im *Buch Suleika*, die Brücke zwischen irdischer und himmlischer Liebe. Es nennt zunächst, von islamischen Paradiesesvorstellungen ausgehend, die zum Eintritt ins Paradies Berechtigten. Neben den Glaubenshelden sind es vier *»auserwählte Frauen«* und vier *»begünstigte Tiere«*. Doch begehrt auch der westliche Dichter Einlaß ins Paradies und beruft sich gegenüber der Paradieseswächterin, der *»Huri«*, auf seine Liebeswunden sowie auf seine Gedichte. Mit diesen Argumenten verknüpft er das letzte Buch mit den vorangegangenen, denn bereits das erste *Divan*-Gedicht hatte in der Gewißheit geschlossen: *»Wisset nur, daß Dichterworte / Um des Paradieses Pforte / Immer leise klopfend schweben / Sich erbittend ewges Leben.«* Die Huri trägt Züge Suleikas, und so sichern dem Dichter seine Liebesgedichte an Suleika schließlich auch den Einlaß ins Paradies. Im *»Anschaun ewger Liebe«* bringt das *Buch des Paradieses »Höheres und Höchstes«*, also Steigerung, zugleich aber schließt sich hier der Kreis der Gedichtsammlung durch die Wiederaufnahme früherer Themen. Der Vielfalt der Themen und Motive, die schon durch die Spannweite zwischen Westlichem und Östlichem bestimmt wird, entspricht im *West-östlichen Divan* ein auffallender Wechsel der Töne, der von alltagssprachlichen, scherzhaften Wendungen bis zu Versen von höchstem Pathos und religiöser Ergriffenheit reicht. Diese Vereinigung des Heterogenen, oft Antithetischen, war nur in der Kunstform der Zyklus zu bewältigen, die in den Bildern von Kreis und Spirale selbst thematisch wird: *»Dein Lied ist drehend wie das Sterngewölbe, / Anfang und Ende immer fort dasselbe, / Und was die Mitte bringt ist offenbar / Das was zu Ende bleibt und anfangs war« (Unbegrenzt)*. Einheit und Geschlossenheit des Zyklus werden vor allem durch die Gestalt des Dichters selbst hergestellt, dessen Geist sich in den verschiedenen Büchern des *Divan* souverän nach allen Bereichen hin entfaltet. Sein Selbstgefühl, das sich im Übermacht- oder Kaiser-Motiv ausspricht, ist zunächst in seinem Dichtertum begründet, sodann aber in der Liebe, die ihn auch noch über den Kaiser stellt, denn dieser *»weiß nicht wie man liebt«*. Doch ist auch diese Überlegenheit des Dichters jener Dialektik unterworfen, die ein strukturbestimmendes Prinzip des ganzen Zyklus ist, der Dialektik von Selbstpreisgabe und Selbstgewinn: *»Wie sie sich an mich verschwendet, / Bin ich mir ein wertes Ich; / Hätte sie sich weggewendet, / Augenblicks verlör ich mich.«*

Zum anderen wird die Einheit des Zyklus durch die Wiederkehr der gleichen Motive in fast allen Büchern gewahrt. Sie stehen im Zeichen der Begegnung von Osten und Westen, doch das Medium dieser Begegnung ist wiederum der Geist des Dichters, der in weltweitem Überblick und zugleich mit spielerischer Leichtigkeit Westliches und Östliches überlegen zu vermischen, Scherz und Ernst virtuos miteinander abwechseln zu lassen versteht. Goethe entnahm dem vorgegebenen Bilder- und Formelschatz nur, was ihm besonders gemäß war, und er veränderte die jeweilige Vorlage in eigenständiger Weise. Die tiefere Verwandtschaft zwischen den der orientalischen Poesie entlehnten Bildern und Gedanken und seiner eigenen Alterssicht sprach der Dichter selbst in einem Brief an C. F. Zelter vom 2. Mai 1820 aus: *»Diese mohammedanische Religion, Mythologie, Sitte geben Raum einer Poesie, wie sie meinen Jahren ziemt. Unbedingtes Ergeben in den unergründlichen Willen Gottes, heiterer Überblick des beweglichen, immer kreis- und spiralartig wiederkehrenden Erdetreibens, Liebe, Neigung, zwischen zwei Welten schwebend, alles Reale geläutert, sich symbolisch auflösend.«* H.Ei.

AUSGABEN: Stg. 1819. – Stg./Tübingen 1827 (in *Werke*, 60 Bde., 1827–1842; 5; AlH; erw.). – AlH,

5 u. 6. – WA, I, 6/7. – AA, 3 [Einf. H. v. Maltzahn]. – HA, 2 [Anm. E. Trunz]. – AkA.

LITERATUR: H. A. Korff, *Der Geist des »West-östlichen Divans«. G. u. der Sinn seines Lebens*, Hannover 1922. – H. H. Schaeder, *G.s Erlebnis des Ostens*, Lpzg. 1938. – E. Beutler, *Die Boisserée-Gespräche von 1815 u. die Entstehung des Gingo-Biloba-Gedichts* (in GK auf das Jahr 1940, Lpzg. 1939, S. 114–162; auch in E. B., *Essays um G.*, Bd. 1, Lpzg. 1941, S. 248–285). – W. Schultz, *G.s Deutung des Unendlichen im »West-östlichen Divan«* (in Goethe, 10, 1947, S. 268–288). – H.-E. Haß, *Über die strukturelle Einheit des »West-östlichen Divan«* (in *Stil- u. Formprobleme in der Lit. Vorträge des 7. Kongresses der Internationalen Vereinigung für moderne Sprachen u. Lit.*, Heidelberg 1959, S. 309–318). – W. Müller-Seidel, *G. u. das Problem seiner Alterslyrik* (in *Unterscheidung u. Bewahrung. Fs. H. Kunisch*, Hg. K. Lazarowicz u. W. Kron, Bln. 1961, S. 159–176). – M. Rychner, *G.s »West-östlicher Divan«* (in M. R., *Antworten*, Zürich 1961, S. 64–101). – M. Mommsen, *Studien zum »West-östlichen Divan*, Bln. 1962. – A. Fuchs, *Der »West-östliche Divan« als Buch der Liebe* (in A. F., *G.-Studien*, Bln. 1968, S. 82–96). – E. Ihekweazu, *G.s »West-östlicher Divan«. Untersuchungen zur Struktur des lyrischen Zyklus*, Diss. Hbg. 1971. – E. Bahr, *Die Ironie im Spätwerk G.s ».. . diese sehr ernsten Scherze...« Studien zum »West-östlichen Divan«, zu den »Wanderjahren« u. zu »Faust II«*, Bln. 1972. – H. Ohlendorf, *Prophet, Despot u. Dichter. Eine Untersuchung zur Motivik u. Struktur des »West-östlichen Divans«*, Diss. Stanford 1973. – W. Solms, *G.s »Deutscher Divan« von 1814* (in LJb, 15, 1974, S. 39–80). – Ders., *Interpretation als Textkritik. Zur Edition des »West-östlichen Divans«*, Heidelberg 1974. – G. Henckmann, *Gespräch u. Geselligkeit in G.s »West-östlichem Divan«*, Stg. 1975. – W. Solms, *G.s Vorarbeiten zum Divan*, Mchn. 1977. – F. Sengle, *Die didaktischen u. kulturkritischen Elemente im »West-östlichen Divan«* (in Oxford German Studies, 12, 1981, S. 69–84). – E. Ileri, *G.s »West-östlicher Divan« als imaginäre Orient-Reise*, Ffm. 1982. – W. Frühwald, *»Deklinierend Mohn u. Rosen...« Esoterik u. Mystik im »West-östlichen Divan«* (in *»Im Anschaun ewger Liebe«. Von G. lernen*, Hg. W. Böhme, Karlsruhe 1982, S. 29–43). – W. Solms, *Des Reimes »holder Lustgebrauch«. Zur Reimlehre des »West-östlichen Divans«* (in GJb, 99, 1982, S. 195–229). – H.-H. Reuter, *Dichters Lande im Reich der Geschichte. G.s historische Studien zum »West-östlichen Divan«* (in H.-H. R., *Dichters Lande im Reich der Geschichte. Aufsätze zur Deutschen Literatur des 18. u. 19. Jh.s*, Bln. 1983, S. 161–200). – K. Richter, *Lyrik u. Naturwissenschaft in G.s »West-östlichem Divan«* (in EG, 38, 1983, S. 84–101). – U. Wertheim, *Von Tasso zu Hafis. Probleme von Lyrik u. Prosa des »West-östlichen Divans«*, Bln. 1983. – M. Eickhölter, *Die Lehre vom Dichter in G.s »Divan«*, Diss. Hbg. 1984. – S. Heine, *Zur Gestalt des Dichters in G.s »West-östlichem Divan«* (in GJb Weimar, 101, 1984, S. 205–217). – J. Müller, *Lyrische Naturspiele in G.s »West-östlichem Divan«* (in *G. u. die Wissenschaften*, Hg. B. Wilhelmi, Jena 1984, S. 209–216). – W. Kraft, *»Selige Sehnsucht«* (in W. K., *G. Wiederholte Spiegelungen aus fünf Jahrzehnten*, Mchn. 1986, S. 244–252 [Text + Kritik]). – K. Mommsen, *G.s Auseinandersetzung mit dem Frauenbild des Islam im »Buch des Paradieses«* (in Jb. für Internationale Germanistik, 18, 1986, H. 1, S. 8–23). – A. Muschg, *G. als Emigrant. Zum »Westöstlichen Divan«* (in A. M., *G. als Emigrant. Auf der Suche nach dem Grünen bei einem alten Dichter*, Ffm. 1986, S. 73–104 [st]). – Ch. Dill, *Wörterbuch zu G.s West-östlichem Divan«*, Tübingen 1987. – M. Lemmel, *Poetologie in G.s »West-östlichem Divan«*, Heidelberg 1987.

WILHELM MEISTERS LEHRJAHRE

»Ein Roman. Herausgegeben von Goethe« lautete der Untertitel der Erstausgabe, die 1795/96 in vier Bänden erschien. – Goethes ›klassischer‹ Roman war erst in den Jahren 1794–1796, dank dem besonderen Drängen SCHILLERS, fertiggestellt worden, während die Anfänge des Werks bis in die frühe Weimarer Zeit zurückreichen. Zwischen 1777 und 1786 arbeitete Goethe an der Fragment gebliebenen ersten Fassung, die erst 1911 entdeckt und nach der Abschrift von Goethes Schweizer Freundin Barbara Schultheß unter dem Titel *Wilhelm Meisters theatralische Sendung* veröffentlicht wurde. Nach eher sporadischen Arbeitsphasen in der Zwischenzeit ging Goethe 1794 an die Bearbeitung der früheren Fassung und integrierte sie – mit entscheidenden Veränderungen – bis zum Kapitel V. 3 in die ersten vier Bücher der *Lehrjahre*. Von einzelnen Zeitgenossen wie F. Schiller, F. SCHLEGEL, C. G. KÖRNER und NOVALIS wurde die überragende Bedeutung des Werks sofort erkannt, das nicht nur Kristallisationspunkt der romantischen Roman- und Poesietheorie wurde, sondern bis ins 20. Jh. gültige Maßstäbe setzte und als klassische Ausprägung des Bildungsromans galt. – Unmittelbar nach Abschluß des Werks sprach Goethe bereits von einer möglichen Fortsetzung (12. Juli 1796 an Schiller), aus der schließlich 1821 die erste, 1829 die zweite Fassung der *Wanderjahre* hervorging.

Die Handlung der *Lehrjahre* schildert den Entwicklungsgang Wilhelm Meisters, der sich zu Anfang aus der bürgerlichen Enge seines Elternhauses löst, indem er glaubt, im Theater den Anschluß an eine größere Welt und den Weg zu sich selbst finden zu können. Nach einer Reihe zunächst vielversprechender, dann aber zunehmend enttäuschender Begegnungen mit der Schauspielerwelt sowie einigen Liebesverhältnissen, die auf seine Entwicklung von zentralem Einfluß sind, tritt Wilhelm in Verbindung mit der aufgeklärten, nicht ganz durchschaubaren »Turmgesellschaft«, in deren Kreis er dann auch die Frau findet, mit der er sich fürs Leben verbindet. – In dieses schlichte Handlungsmuster webt Goethe eine Vielzahl komplexer

Zusammenhänge, die der sozial- und kulturgeschichtlichen Situation seiner Zeit Rechnung tragen und vor diesem Hintergrund Fragen der Kunst, der Ökonomie, der Ständegesellschaft, der Pädagogik und Medizin, des Geschlechterverhältnisses, der Religion und der Politik zu einer Problematisierung der Selbstwerdung, der »Bildung« des Individuums verdichten.

Wilhelm, der sich schon als Kind durch eine Puppenspielaufführung der biblischen Szene um David und Saul für das Theater begeistert hat, findet in seiner Liebe zu der Schauspielerin Mariane die erste Gelegenheit, sich aus dem auf wirtschaftlichen Nutzen fixierten Vaterhaus zu lösen. Bestärkt durch seine gelegentlichen dichterischen Versuche, träumt er sich in die Rolle, *»Schöpfer eines künftigen National-Theaters«* zu werden, und übersieht dabei die durch den Glanz des Theaters verdeckte Kehrseite aus ökonomischen und persönlichen Verflechtungen ebenso wie Marianes Doppelrolle als ausgehaltene Geliebte eines reichen Kaufmanns. Seine Enttäuschung über Mariane (erst später erfährt er, daß dieser Verbindung sein Sohn Felix entstammt) führt ihn auf die Reise und in den Kreis einer versprengten Schauspieltruppe. Nicht nur die ausgelassene, kokette Philine – *»die wahre Eva«* –, sondern auch *»das wunderbare Kind«* Mignon, das er einem Seiltänzer abkauft, und schließlich der alte Harfner, der sich ihm ganz anschließt, fesseln ihn zunehmend, so daß er mit der Truppe zu einem Gastspiel auf ein Grafenschloß aufbricht. Diesem Aufenthalt verdankt Wilhelm nicht nur die Liebe zur schönen Gräfin und damit den ersten Kontakt zur – vermeintlich – großen Welt des Adels, sondern auch die Bekanntschaft mit dem Werk SHAKESPEARES, das ihm durch einen gewissen Jarno nahegebracht wird. Wilhelms enthusiastischer Plan, den *Hamlet* aufzuführen (und schließlich die Titelrolle selbst zu spielen), bringt ihn mit seiner Truppe zum Theaterdirektor Serlo und seiner schauspielerisch begabten Schwester Aurelie. Auf dem Weg dorthin wird Wilhelm Opfer eines Raubüberfalls; wenig später begegnet ihm die *»schöne Amazone«*, der er vergeblich nachspürt. In Serlos Theater wird *Hamlet* gründlich vorbereitet, die Aufführung selbst zum Höhepunkt in Wilhelms Theaterlaufbahn, aber auch zum Scheitelpunkt: Der verheerende Brand des Theaters und die anschließende Auflösung der Truppe, vor allem aber Aurelies Tod weisen Wilhelm in einen neuen Bereich. Die Vorwürfe der Sterbenden soll er ihrem untreuen Liebhaber Lothario überbringen.

Bevor Wilhelm ihm aber im 7. Buch begegnet, schaltet Goethe überraschend mit dem 6. Buch *Die Bekenntnisse einer schönen Seele* (auf Aufzeichnungen Susanne von Klettenbergs beruhend) ein, die auch von Wilhelm selbst gelesen werden und auf zunächst undurchschaubare Weise die den Romanschluß beherrschende Figurenkonstellation (Lothario mit seinen Geschwistern sowie den Turm) exponieren. In Lothario trifft Wilhelm auf einen tatkräftigen, aufgeschlossenen Edelmann, der ihn mehr und mehr für seine Vorstellungen, in der Gemeinschaft *»auf eine würdige Weise tätig zu sein«*, gewinnen kann; Jarno und der im Hintergrund bleibende Abbé, die Wilhelm bereits kennt und die mit zur Gesellschaft des Turmes zählen, sowie die praktische Häuslichkeit Thereses, der er sich nicht ganz entziehen kann, bestärken ihn in seinem Entschluß, dem Theater zu entsagen. Er erhalt im Turm den schwer deutbaren Lehrbrief und die Gewißheit, daß das Kind Felix sein Sohn sei. In Natalie, der Schwester Lotharios, findet er seine schöne Amazone wieder. Mignon aber, die Wilhelm treu folgt, kann in der aufgeklärten Welt des Turms nicht mehr leben, und der Harfner nimmt sich, nach der Aufdeckung seiner Vorgeschichte, das Leben: Mignon ist das Kind aus seinem Inzest mit der Schwester. Enttäuscht von den undurchsichtigen Machenschaften des Turms, die ihm eine Verbindung mit Therese nahelegen, obschon er Natalie liebt, will Wilhelm sich mit Felix zurückziehen, bis Friedrich, der schalkische Bruder Lotharios und Natalies, die Verwirrung löst und Wilhelm mit Natalie verbindet: *»du kommst mir vor«*, sagt er zu Wilhelm, *»wie Saul, der Sohn Kis, der ausging seines Vaters Eselinnen zu suchen, und ein Königreich fand.«*

In dieser Wendung, die die Inkommensurabilität von Wilhelms Entwicklung unterstreicht, fand Goethe selbst noch am ehesten den Schlüssel zu diesem Werk, das er als eine seiner *»inkalkulabelsten Produktionen«* ansah (so J. P. ECKERMANN, 18. 1. 1825). Die traditionelle Festlegung der *Lehrjahre* auf ihren Status als klassischen Bildungsroman darf daher die Offenheit und Komplexität dieses Romans nicht verstellen.

So vollzieht sich Wilhelms Entwicklung durchaus nicht organisch oder teleologisch, sondern wird durch die Darstellungsweise und den Romanschluß relativiert. – In der formalen Gestaltung setzt Goethe die Ironie der auktorialen Erzählhaltung zu einer Entlarvung von Wilhelms schwärmerischen, idealistischen Neigungen ein, was vor allem der zeitgenössischen, frühromantischen Rezeption (F. SCHLEGEL, F. W. J. v. SCHELLING) als eine Parallele zu CERVANTES' *Don Quijote* und Ch. M. WIELANDS *Don Sylvio* galt – mit denen Goethes Roman überdies eine gewisse episodische Anlage teilt. Erscheint auf diesem Weg Wilhelm zunächst als die zentrale Figur, so verändert sich die Perspektive mit dem Einschub des 6. Buches. Wilhelm rückt zunehmend als Beobachter an den Rand und bleibt zwar die notwendigste, aber nicht mehr die wichtigste Figur (Schiller). Gleichzeitig tritt der Erzähler immer mehr zurück und überläßt den Romanfiguren selbst das Wort. Die daraus sich ergebende Forderung an den Leser zu aktiver Teilnahme radikalisiert Goethe dann in den *Wanderjahren*.

Aber auch der Romaninhalt läßt die Vorstellung einer schrittweisen Höherentwicklung problematisch erscheinen. Der für den Bildungsgedanken des Romans immer wieder herangezogene Satz Wilhelms – aus seinem Brief an Werner (V. 3), geschrieben nach dem Tod des Vaters –: *»mich* *selbst, ganz wie ich da bin, auszubilden, das war dunkel von Jugend auf mein Wunsch«*, wird durch seinen Kontext relativiert. Wenn Wilhelm glaubt, sein Ziel, *»eine öffentliche Person zu sein«* (wie der Edelmann), auf dem Theater erreichen zu können, unterliegt er einer Verwechslung des repräsentativen Scheins (beim Adel) mit dem schönen Schein der Kunst und folgt überdies einem überholten Adelsideal.

Schließlich erscheint auch die letzte Station auf Wilhelms Weg, die Gesellschaft des Turms – Goethe greift hier auf die Tradition des Geheimbundwesens im Roman des 18. Jh.s zurück –, durchaus nicht unproblematisch. Einerseits erscheint der Turm als bloße *»Reliquien von einem jugendlichen Unternehmen«*, als Versicherungsorganisation gegen Staatsrevolutionen, andererseits projiziert Goethe in die Angehörigen der Turmgesellschaft die Utopie eines reformfreudigen Adels, der die in der Französischen Revolution gewaltsam ausbrechende Spannung von Adel und Bürgertum auf evolutionärem Weg zu lösen sucht: Lothario tritt von seinem Besitz *»dem Staate seinen schuldigen Teil«* ab, verzichtet auf das *»Lehns-Hokus-pokus«* und läßt den Roman glücklich, aber mit drei ›Mesalliancen‹ schließen.

So bleibt die Turmgesellschaft nicht unwidersprochen: Natalie geht auf Distanz zur pädagogischen Praxis des Abbé, und der vorlaute Friedrich macht diesen am Ende fast lächerlich. Gravierender ist aber der Untergang der eigentlichen *Kunst*-Figuren, Mignons und des Harfners. Ihre subjektive Kunst lyrischer Innerlichkeit hatte sich schon dem Theater gegenüber verschlossen; vollends aber in dem nach außen tätigen Gemeinschaftsideal des Turms, das in den Bereichen der Ökonomie, der Medizin und der Pädagogik wirksam wird und in dem sich Spuren SPINOZAS und HERDERS begegnen, können sich Mignon und der Harfner nicht mehr behaupten. Ihren Tod legt schon NOVALIS dem Autor als *»künstlerischen Atheismus«* zur Last, da das Romantische zugrunde gehe und die ökonomische Natur die *»wahre – übrig bleibende«* sei. – Eine Mignon diametral entgegengesetzte Kunstmöglichkeit hat Goethe in dem die erste Romanhälfte bestimmenden Theatermotiv gezeichnet, das nicht nur der soziale Ort für Wilhelms öffentliche Wirksamkeit ist, sondern auch poetologisch relevant wird: Die *»perspektivische Magie«* und Illusion der Bühne verlangt Abstand von der eigenen Person und hat ihr Vorbild in Shakespeares nur natürlich scheinenden, jedoch streng durchkonstruierten Werken. Insofern repräsentiert Shakespeare als Vertreter des Nordens und der Reflexion den Gegenpol zu Mignons südlicher Unmittelbarkeit und wird Leitfigur für die Reflexionskunst des Romans selbst. – Dagegen gestaltet Goethe Mignon als den *»Wahnsinn des Mißverhältnisses«* und verbindet ihr gesellschaftsfremdes, verschlossenes Wesen, das sich allenfalls im rätselhaften Eiertanz oder ihren Liedern aussprechen kann, mit einer letztlich auch genealogisch (im Inzest der Geschwisterehe) verankerten Lebensunfähigkeit: Dies kommt zum Ausdruck in Mignons androgyner Erscheinung, ihrem Insistieren auf Männerkleidern und ihrem Wunsch: *»ich will kein Mädchen sein!«*

Präfiguriert wird dieses Thema der Mannweiblichkeit durch Wilhelms Vorliebe für die Tankred-und-Clorinda-Episode aus TASSOS Epos von der Befreiung Jerusalems, der E. BAHR den Charakter eines *»typologischen Mythologems«* im Hinblick auf die Sehnsucht einer androgynen Vollkommenheit zugesprochen hat; allerdings erweist sich gerade Mignons Androgynie als tödlich, da ihr eine weibliche Identität versagt bleibt, wie sie anderen *»Hermaphroditen«* bzw. *»Amazonen«* des Romans – Mariane, Therese, Natalie – schließlich gelingt.

Wilhelms Entwicklung vollzieht sich im Konfliktfeld zwischen Mann und Frau – von Mariane über Philine, Mignon und die Gräfin, Aurelie und Therese bis hin zu Natalie; zugleich bewegt er sich in Auseinandersetzung mit der Vaterschaft. Sie spiegelt sich in der biblischen Szene von Saul und Kis (am Anfang und Ende) ebenso wie in dem leitmotivisch herangezogenen Bild vom kranken Königssohn (der die Braut seines Vaters liebt) und in der Hamletkonfiguration, aber auch in dem Patenschaftsverhältnis zwischen William Shakespeare und Wilhelm, schließlich in der ambivalenten Vaterrolle, die Wilhelm gegenüber Mignon spielt. Ihren Angelpunkt hat diese Romanschicht in Wilhelms leiblicher, erst spät erkannter Vaterschaft, die ihn *»mit dem Gefühl des Vaters ... auch alle Tugenden des Bürgers«* erwerben läßt, aber auch den Eindruck erweckt, *»daß wirklich der Knabe mehr ihn als er den Knaben erziehe«*. – Somit verhandelt der Roman auch das Thema der Erziehung, das sich im Fall Felix' ironisch, bei Mignon tragisch gestaltet; handlungsrelevant führt es Goethe durch die über das ganze Werk verteilten Auftritte der Turmgesellschaft ein: Unmerklich, aber doch bestimmend greifen der sogenannte Unbekannte, der Landgeistliche, der von einem Unbekannten gespielte Geist von Hamlets Vater (hinter denen der Abbé steckt) in den Weg Wilhelms ein und fordern ihn zur Entscheidung in der Verflechtung von Zufall und Notwendigkeit, von Schicksal und Eigenverantwortlichkeit heraus.

Neben der Geschichte einer Erziehung und ›Bildung‹ sind die *Lehrjahre* auch die Geschichte einer Serie von Heilungen und vorangehenden Verwundungen, die sich aus erotischen oder sozialen Konflikten ergeben. So wird Wilhelm nach dem Überfall durch Natalies Erscheinen geheilt, kurz darauf aber von Aurelie, die ihm ein Erinnerungsmal einzeichnen will, erneut verwundet. Ein anderes sind die seelischen Beschädigungen, die, wie im Fall Mignons und des Harfners, nicht zu heilen sind und vor denen die medizinischen Bemühungen des Turms nicht nur versagen – sie tragen selbst zum Untergang dieser Figuren bei.

Im Hintergrund von Wilhelms Selbstfindungsprozeß steht schließlich das Verhältnis einer auf die eigene Innerlichkeit bezogenen, pietistischen Religiosität, wie sie das 6. Buch mit der Stiftsdame und ihrer *»zartesten Verwechslung des Subjektiven und*

Objektiven« (Goethe an Schiller, 18. 3. 1795) porträtiert, zu der im alten Oheim skizzierten Möglichkeit eines aktivischen Lebensideals, wie es dann auch für Natalie gilt. Ihrer *»weiblich ästhetisch sittliche[n] Wirklichkeit«* wird am Ende des Romans der säkularisierte Name einer *»schönen Seele«* übertragen, den sie noch mehr als ihre Tante verdient. Dadurch erhält die Überzeugung des alten Oheims ein für das gesamte Werk verbindliches Gewicht: *»Des Menschen größtes Verdienst bleibt wohl, wenn er die Umstände so viel als möglich bestimmt und sich so wenig als möglich von ihnen bestimmen läßt.«*

M.May.

AUSGABEN: Bln. 1795/96, 4 Bde. – AlH, 18–20. – WA, I, 21–23. – AA, 7 [Einf. W. Baumgart]. – HA, 7 [Anm. E. Trunz]. – Stg. 1982 [Komm. E. Bahr; RUB]. – MA, 5 [Komm. H.-J. Schings].

LITERATUR: J. Minor, *Die Anfänge des »Wilhelm Meister«* (in GJb, 9, 1888, S. 163–187). – M. Gerhard, *Der deutsche Entwicklungsroman bis zu G.s »Wilhelm Meister«*, Halle 1926. – E. Ermatinger, *G.s Frömmigkeit in »Wilhelm Meisters Lehrjahre«* (in E. E., *Krisen u. Probleme der neueren deutschen Dichtung*, Zürich 1928, S. 167–192). – Th. Mann, *G. als Repräsentant des bürgerlichen Zeitalters* (in NRs, 43, 1932; auch in Th. M., *Adel des Geistes*, Stockholm 1955, S. 90–126). – M. Wundt, *G.s »Wilhelm Meister« u. die Entwicklung des modernen Lebensideals*, Bln./Lpzg. 1932. – J. Rausch, *Lebensstufen in G.s »Wilhelm Meister«* (in DVLG, 20, 1942, S. 65–114). – G. Lukács, *»Wilhelm Meisters Lehrjahre«*, Halle 1948. – H. v. Hofmannsthal, *»Wilhelm Meister« in der Urform* (in H. v. H., *Prosa III*, Hg. H. Steiner, Ffm. 1952, S. 15–39). – K. Schlechta, *G.s »Wilhelm Meister«*, Ffm. 1953; ern. Ffm. 1985. – H. Beriger, *G. u. der Roman. Studien zu »Wilhelm Meisters Lehrjahren«*, Zürich 1955. – J. Steiner, *G.s »Wilhelm Meister«. Sprache u. Stilwandel*, Zürich 1959. – H.-E. Hass, *»Wilhelm Meisters Lehrjahre«* (in *Der deutsche Roman*, Hg. B. v. Wiese, Bd. 1, Düsseldorf 1963, S. 132–210). – W. Rasch, *Die klassische Erzählung G.s* (in *Formkräfte der deutschen Dichtung*, Göttingen 1963, S. 81–99). – C. Heselhaus, *Die Wilhelm-Meister-Kritik der Romantiker u. die romantische Romantheorie* (in *Nachahmung u. Illusion*, Hg. H. R. Jauß, Mchn. 1964, S. 113–127; 210–218). – G. Röder, *Glück u. glückliches Ende im deutschen Bildungsroman. Eine Studie zu G.s »Wilhelm Meister«*, Mchn. 1968. – M. Kommerell, *»Wilhelm Meister«* (in M. K., *Essays, Notizen, poetische Fragmente*, Hg. I. Jens, Olten/Freiburg i. B. 1969, S. 81–186). – E. Braemer, *Zu einigen Problemen in G.s Roman »Wilhelm Meisters Lehrjahre«* (in *Studien zur Literaturgeschichte u. Literaturkritik. Fs. f. G. Scholz*, Bln. 1970, S. 143–200). – H. Emmel, *Was G. vom Roman der Zeitgenossen nahm. Zu »Wilhelm Meisters Lehrjahre«*, Bern 1972. – G. L. Fink, *Die Bildung des Bürgers zum »Bürger«. Individuum u. Gesellschaft in »Wilhelm Meisters Lehrjahren«* (in Recherches germaniques, 2, 1972, S. 3–37). – H. Himmel, *Die Urmeister-Frage* (in Jb. des Wiener G.-Vereins, 77, 1973, S. 64–88). – G. Baioni, *»Märchen« – »Wilhelm Meisters Lehrjahre« – »Hermann und Dorothea«. Zur Gesellschaftsidee der deutschen Klassik* (in GJb, 92, 1975, S. 73–127). – W. H. Bruford, *G.: »Wilhelm Meisters Lehrjahre« (1795–1796)* (in W. H. B., *The German Tradition of Selfcultivation*, Ldn. 1975, S. 29–57). – R. Haas, *Die Turmgesellschaft in »Wilhelm Meisters Lehrjahren«. Zur Geschichte des Geheimbundromans u. der Romantheorie im 18. Jh.*, Bern 1975. – R. P. Janz, *Zum sozialen Gehalt der »Lehrjahre«* (in *Literaturwissenschaft u. Geschichtsphilosophie, Fs. W. Emrich*, Hg. H. Arntzen, Bln./NY 1975, S. 320–340). – G. Mayer, *»Wilhelm Meisters Lehrjahre«. Gestaltungsbegriff u. Werkstruktur* (in GJb, 92, 1975, S. 140–164). – A. Berger, *Ästhetik u. Bildungsroman. G.s »Wilhelm Meisters Lehrjahre«*, Wien 1977. – O. Reincke, *G.s Roman »Wilhelm Meisters Lehrjahre« – ein zentrales Kunstwerk der klassischen Literaturperiode in Deutschland* (in GJb, 94, 1977, S. 137–187). – F. A. Kittler, *Über die Sozialisation Wilhelm Meisters* (in G. Kaiser und F. A. K., *Dichtung als Sozialisationsspiel*, Göttingen 1978, S. 13–124). – *G.s »Wilhelm Meister«. Zur Rezeptionsgeschichte der Lehr- und Wanderjahre*, Hg. K. F. Gille, Königstein/Ts. 1979. – S. Blessin, *Die radikal-liberale Konzeption von »Wilhelm Meisters Lehrjahre«* (in S. B., *Die Romane G.s.*, Königstein/Ts. 1979, S. 11–58). – H. R. Vaget, *Liebe und Grundeigentum in »Wilhelm Meisters Lehrjahre«. Zur Physiognomie des Adels bei G.* (in *Legitimationskrisen des deutschen Adels 1200–1900*, Hg. P. U. Hohendahl u. P. M. Lützeler, Stg. 1979, S. 137–158). – D. Roberts, *The Indirections of Desire. Hamlet in G.'s »Wilhelm Meister«*, Heidelberg 1980. – H. Schlaffer, *Wilhelm Meister. Das Ende der Kunst u. die Wiederkehr des Mythos*, Stg. 1980. – *J. W. G. »Wilhelm Meisters Lehrjahre«. Erläuterungen u. Dokumente*, Hg. E. Bahr, Stg. 1982. – A. Gittinger, *Krankheit u. heilender Eingriff in G.s »Wilhelm Meister«*, Diss. Heidelberg 1982. – I. Sagmo, *Bildungsroman u. Geschichtsphilosophie. Eine Studie zu G.s Roman »Wilhelm Meisters Lehrjahre«*, Bonn 1982. – W. Voßkamp, *Utopie u. Utopiekritik in G.s Romanen »Wilhelm Meisters Lehrjahre« u. »Wilhelm Meisters Wanderjahre«* (in *Utopieforschung*, Hg. W. V., Stg. 1982, S. 227–249). – W. Barner, *Geheime Lenkung. Zur Turmgesellschaft in G.s »Wilhelm Meister«* (in *G.'s Narrative Fiction. The Irvine G. Symposium*, Bln. 1983, S. 85–109). – U. Schödlbauer, *Kunsterfahrung als Weltverstehen. Die ästhetische Form von »Wilhelm Meisters Lehrjahre«*, Heidelberg 1984. – K. H. Gradl, *Säkularisierung u. Bildung. Eine Studie zu G.s Roman »Wilhelm Meisters Lehrjahre«*, Ffm. 1985. – H. Koopmann, *»Wilhelm Meisters Lehrjahre« (1795/96)* (in *G.s Erzählwerk. Interpretationen*, Hg. P. M. Lützeler u. J. E. McLeod, Stg. 1985, S. 168–191). – H. J. Schings, *Wilhelm Meisters schöne Amazone* (in Jb. der Deutschen Schiller-Ges., 29, 1985, S. 141–206). – M. Fick, *Das Scheitern des Genius. Mignon u. die Symbolik der Liebesgeschichten in »Wilhelm Meisters Lehrjahre«*,

Würzburg 1987. – G. Neumann, *»Ich bin gebildet genug, um zu lieben und zu trauern«. Die Erziehung zur Liebe in G.s »Wilhelm Meister«* (in *Liebesroman – Liebe im Roman*, Erlanger Forschungen, Reihe A, Bd. 41, 1987, S. 41–82). – I. Winter, *Wiederholte Spiegelungen: Funktion u. Bedeutung der Verseinlage in G.s »Iphigenie auf Tauris« und »Wilhelm Meisters Lehrjahre«*, NY u. a. 1988. – M. Mayer, *Selbstbewußte Illusion. Selbstreflexion und Legitimation der Dichtung im ›Wilhelm Meister‹*, Heidelberg 1989.

WILHELM MEISTERS WANDERJAHRE oder die Entsagenden

Roman von Johann Wolfgang von Goethe, erschienen 1821, in erweiterter Form 1829. – Bereits während der Drucklegung des letzten Buches von *Wilhelm Meisters Lehrjahren* ist im Briefwechsel zwischen Goethe und Schiller (8. und 12. Juli 1796) von einer *»Fortsetzung«* des Romans, einem »Correlatum«, das die *»Meisterschaft«* zum Ziel haben müsse, die Rede. Aber erst seit 1807 – die Eintragung im Tagebuch vom 17. Mai lautet: *»Morgens um halb sieben Uhr angefangen, (...) das erste Kapitel zu diktieren«* – erfolgte in immer neuen Schaffensperioden die Ausarbeitung des Plans. Zwischen 1809 und 1819 erschienen mehrere der eingefügten Erzählungen vorab. Auch die *Wahlverwandtschaften* waren ursprünglich als eine derartige Einlage gedacht. 1821 dann lag die erste Buchfassung vor. Die völlig umgeschriebene und wesentlich erweiterte zweite Fassung, im September 1828 begonnen und im März 1829 abgeschlossen, kam noch 1829 in den Bänden 21 bis 23 der Ausgabe letzter Hand heraus.

Die von den *Lehrjahren* ebenso strukturell wie thematisch grundverschiedenen *Wanderjahre* – in ihrer Geschichte der Aufnahme und Deutung lange Zeit bestenfalls als *»Weisheitsbuch«* (F. Gundolf) gebilligt und beispielsweise noch von Th. Mann als *»ein hoch-müdes, würdevoll sklerotisches Sammelsurium«* abgetan (Brief an H. Hesse vom 8. 4. 1945) – enttäuschten offensichtlich nicht nur bei ihrem ersten Erscheinen mindestens zwei, wechselseitig sich bedingende Erwartungen. Die eine Erwartung, der hier nicht Genüge getan schien, hatte sich mit der ästhetischen Idee der *»Einheit in der Mannigfaltigkeit«* ausgebildet; es ist die Normerwartung des Klassischen. Die andere Erwartung, nicht zuletzt im Zuge der Konkretisationsgeschichte der *Lehrjahre* bestimmend geworden, maß Hervorbringungen in der Romankunst am Modell der *»organischen Ganzheit«* eines stufenweise sich vollendenden Glücks allseitiger Bildung und fand es in den *Wanderjahren* nicht bestätigt; es ist die Normerwartung der *»komplexen Prägnanz einer Person«* (D. Henrich).

Für die erste Erwartung ist die Geschichte der Textkritik der *Wanderjahre* charakteristisch. Selbst in den großen historisch-kritischen Editionen von der Weimarer bis zur Hamburger Ausgabe wurde vermeintlich Lesbarkeit des Textes dadurch hergestellt, daß bezeichnenderweise die sog. Aphorismensammlungen und die ihnen nachgestellten Gedichte *Vermächtnis* bzw. *Im ernsten Beinhaus war's* sowie die eingeklammerte Schlußbemerkung des Romans *»(Ist fortzusetzen.)«* ganz oder partiell getilgt worden sind. In diesem textgeschichtlichen Befund wird eine gewisse Folgerichtigkeit durchaus sichtbar, bringt man ihn nur mit einem Romanbegriff in Verbindung, in den der Dichtungsbegriff der »ästhetischen Epoche« eingegangen ist. Einer Auffassung von Roman-»Kunst« nämlich, die sich am ausgewogenen und zielgerichteten Erzählzusammenhang mit kausal motiviertem räumlichen und zeitlichen Nacheinander orientiert, mußten jene unepischen Elemente als den harmonischen Ausgleich von Teil und Ganzem störende, *»fremdartige Bestandteile«* (W. Creizenach) erscheinen. Einer solchen Auffassung konnte dann auch der im Titel der Fassung letzter Hand geleistete Verzicht auf das in der ersten Fassung noch verwendete Appellativ *»Ein Roman«* ein Hinweis darauf sein, daß der Autor selbst die *Wanderjahre* der Gattung Roman nicht mehr zuzurechnen schien.

Indes hat der *»Erzähler«* (der fingiert, im Grunde nur ein Herausgeber und Redaktor vorgefundener Papiere zu sein) in der ersten Leseranrede (Buch I Kap. 10) am Begriff Roman durchaus festgehalten, sich freilich von den Erwartungen des dem Geschichtlichen folgenden Lesers ironisch distanziert – in der kritischen Absicht, die von der Poetik der Handlung geleiteten Romankonventionen zu durchbrechen. Der *»Erzähler«* fällt an dieser Stelle in den Vortrag einer seiner Figuren ein und hindert sie am Vorlesen von *»Papieren«*, die als *»Didaktisches«* den Fluß des Geschehens zu stauen drohten: *»Unsere Freunde haben einen Roman in die Hand genommen, und wenn dieser hie und da schon mehr als billig didaktisch geworden, so finden wir doch geraten, die Geduld unserer Wohlwollenden nicht noch weiter auf die Probe zu stellen. Die Papiere, die uns vorliegen, gedenken wir an einem andern Orte abdrucken zu lassen und fahren diesmal im Geschichtlichen ohne weiteres fort, da wir selbst ungeduldig sind, das obwaltende Rätsel endlich aufgeklärt zu sehen.«* Die konziliante Ankündigung, er werde die Lesererwartung *»endlich«* erfüllen, dementiert der *»Erzähler«* freilich schon im nächsten Satz.

Solcher Verzicht auf Geschlossenheit und Zielstrebigkeit der Handlungsführung mußte die *Wanderjahre* als Roman fragwürdig erscheinen lassen. Bemühungen, sie gleichwohl unter die vom *»Erzähler«* beanspruchte Gattungsbestimmung zu subsumieren, machten entweder die Aufkündigung des normativen Romanbegriffs oder einen Eingriff in den Text notwendig. So hat man J. P. Eckermanns Gesprächsaufzeichnung vom 15. 5. 1831 willig aufgegriffen, um beispielsweise die beiden Spruchsammlungen, *Betrachtungen im Sinne der Wanderer* und *Aus Makariens Archiv*, aus dem Roman zu eliminieren: *»Den Gang des Romans sah man durch eine Menge rätselhafter Sprüche unterbrochen, deren Lösung nur von Männern vom Fach ... zu erwarten war, und die allen übrigen Lesern, zumal Leserinnen,*

sehr unbequem fallen mußten.« Eckermann stellte 1837 eine vermeintlich Goethes Intentionen treffende Version des Romans her. Sie diente – folgenreich – die der Weimarer Ausgabe als Vorbild.
Für die zweite Erwartung, die der romangeschichtlichen Bedeutung der *Wanderjahre* nicht gerecht wurde, ist die Interpretationsgeschichte charakteristisch. Mit ihr läßt sich belegen, wie zwingend die mit den *Lehrjahren* als Archetyp des Bildungsromans etablierten Ordnungsvorstellungen waren, so daß trotz vieler fruchtbarer Einzelerkenntnisse das *»Vorstellungsmodell einer Steigerung«* (H. Gidion) für die *Wanderjahre* im ganzen gültig blieb – sei dieses nun gefaßt als Entwicklung *»von der Novellen-Stufe zu der Roman-Stufe«*, indem *»Rahmengeschichte der Bereich derer«* sein soll, *»die zu Entsagung und Vergeistigung gelangt sind, die Novellen der Bereich derer, die noch davor stehen oder erst dazu kommen«* (E. Trunz); sei es, entsprechend der Aufteilung des Romans in drei Bücher, als Stufung gefaßt, in deren Verlauf Wilhelm Meister *»durch einige Urbilder humaner Lebensführung«* hindurchgeleitet und *»zur Reife seiner Lebensanschauung«* geführt wird, dann der *»Blick auf die Maßstäbe, die für die künftige Gesellschaft gültig sein sollen«*, gelenkt ist und schließlich *»die Welt des Wandererbundes«* als Welt der *»Verwirklichung«* in den Vordergrund rückt (A. Henkel). Gegen derartige Vorstellungen von einem zielgerichteten Erzählzusammenhang hat sich Goethe selbst gewandt, als er Versuche von J. F. ROCHLITZ, *»das Ganze systematisch konstruieren und analysieren zu wollen«*, eine *»alberne Idee«* nannte; denn *»das Buch gebe sich nur für ein Aggregat aus«* (Gespräch mit Kanzler F. v. MÜLLER am 18. 2. 1830). Diese nur beispielsweise angeführte Autorintention sollte nun auch gegen Inhaltsangaben in der Art von »Romanführern«, die insgeheim einen zielgerichteten und am Modell allseitiger und sich steigernder Bildung orientierten Geschehenszusammenhang nahelegen, gefeit machen: Die Wanderschaft Wilhelms und seines Sohns Felix, eine Folge von pädagogischen Stationen, wird von der *»Gemeinschaft der Entsagenden«* und deren Gebot des unablässigen Ortswechsels bestimmt. Wilhelm lernt an den Anschauungen und Schicksalen einer in Kontrasten angelegten Figurenwelt. Felix läßt er zur Ausbildung in der *»Pädagogischen Provinz«* zurück. Wilhelm selbst gibt schließlich sein ursprüngliches Ziel einer allseitigen Bildung auf, bekennt sich zur Ausübung eines einzigen gemeinnützigen Handwerks und läßt sich, nachdem er Befreiung vom Wandergelübde erhalten hat, zum Wundarzt ausbilden.
Sind derartige Perspektiven dem Text nicht angemessen, wird man sich nach anderen Orientierungshilfen für den Leser der *Wanderjahre* umsehen müssen. Eine solche ist in einer poetologischen Vorbemerkung zur eingeschalteten Novelle *Der Mann von fünfzig Jahren* (II, 3) angedeutet. In ihr wird das *»Gefallen«* des *»werten Publikums«*, *»sich stückweise unterhalten zu lassen«*, als Entsprechung zu einer Erzählhaltung gedeutet, die *»abgesondert scheinende Begebenheiten«* ihrem inneren Zusammenhang gemäß sich *»gegeneinanderbewegen«* (III, 14) läßt.
Abgesondert scheinende Stücke sind die im Roman wiederholt so genannten *»Bezirke«*:
– der topographisch streng eingefriedete und durch die erzähltechnische Klammer zweier Briefe Wilhelms an Natalie abgegrenzte Klosterbezirk St. Josephs des Zweiten (I, 2), in dem *»das Gebäude eigentlich die Bewohner gemacht hat«*: Bild eines ungefährdeten Lebens in der *»Nachfolge«* eines *»Musterbildes«*;
– der in der Mitte eines *»stillen Ortes«* (I, 4) gelegene Kohlenmeiler, dessen Deutung als *»Sinnbild«* einer Erziehungsanstalt Wilhelms Versessenheit auf *»vollkommene Bildung«* (thematischer Anschluß an die *Lehrjahre*) dämpft und ihn auf die selbstgestellte Aufgabe der Ausbildung in einem beschränkten Handwerk, einer *»nützlichen Kunst«* zurückweist;
– der Bezirk des aufgeklärten, philanthropischen Oheims (I, 5–7), in den über eine Staffel von Innenbezirken einzudringen den Wanderern Wilhelm und Felix nicht weniger beschwerlich ist als dem Leser; denn dieser gelangt nur über die eingesprengte Novelle *Die pilgernde Törin* (I, 5) und eine Suite von Briefen (I, 6) zu den Grundsätzen des Oheims (praxisorientierte *»allgemeine Menschlichkeit«*) und zur Lehre von der dreifachen Bedingtheit des Menschen (körperliche Leiden, *»ökonomische und sonst bürgerliche Beschränktheit«*, geistige und sittliche Verdüsterung): ein weltliches Gegenstück zur Pädagogischen Provinz, welches *»utopisch genug«* genannt wird und deshalb gegen den emphatischen Entwurf einer *»neuen Welt«* in Amerika zu *»bewegen«* ist;
– der durch die Erzählungen *Wer ist der Verräter?* (I, 8–9) und *Das nußbraune Mädchen* (I, 11) ausgesonderte erhabene Bezirk der Makarie (I, 10), dessen Geheimnis erst am Ende des Romans in Form des Spruch-Archivs preisgegeben wird;
– der dauerhafte Bezirk des alten Sammlers (I, 12), in dessen Sammlung von *»Gerätschaften«* jenes aus dem labyrinthischen Bezirk des Riesenschlosses geborgene Kästchen (I, 4) eingeht, welches so lange ungeöffnet bleiben soll, bis der Schlüssel zu ihm gefunden ist;
– der Bezirk der hermetisch abgeschlossenen Pädagogischen Provinz (II, 1–2; ein Erziehungssystem, dem Ideen aus PLATONS *Staat*, aber auch Gedanken aus dem Werk J. J. ROUSSEAUS und J. H. PESTALOZZIS zugrunde liegen und das sein reales Vorbild in der Erziehungsanstalt Ph. E. FELLENBERGS hat), ein Bezirk mit vielfach gestuften, der Musik, dem Spiel, der Gemeinschaft zugeordneten Bereichen des Äußeren und mit dem davon abgegrenzten *»besonderen Bezirk«*, dessen letztes Inneres, das *»Heiligtum des Schmerzes«*, verschlossen bleibt; diesem Bezirk ist zugeordnet das in dreifachem Stufengang der Belehrung (*»Zeichen«* – *»symbolischer Anklang«* – *»oberste Deutung«*) entfaltete trinitarische Thema: von den Gebärdengrüßen zu Stufen der Bildung, von der Ehrfurcht zu ihrer negativen Erscheinungsweise in der Furcht, von den

drei Religionen zu der einen, von den Artikeln des Credo zu den Bildergalerien – *»eine Art von Utopien«* also, von welcher der Romanfigur Lenardo in I, 11 noch scheint, *»als sei, unter dem Bilde der Wirklichkeit, eine Reihe von Ideen, Gedanken, Vorschlägen und Vorsätzen gemeint, die freilich zusammenhingen, aber in dem gewöhnlichen Laufe der Dinge wohl schwerlich zusammentreffen möchten«*;
– der durch die Erzählung *Der Mann von fünfzig Jahren* (II, 3–5) abgesonderte und in zwei Brieffolgen eingefaßte Bezirk des Großen Sees (II, 7) – Wiederbelebung des Mignon-Bereiches –, in dem Wilhelms Empfänglichkeit, mit des Malers *»Augen die Welt zu sehen«*, zu der eben erst brieflich fixierten Bitte um Befreiung vom Wandergelübde in ein kalkuliertes Widerspiel gebracht ist;
– der Bezirk der durch Zwischenrede abgetrennten und nach gattungstypologischen Gesichtspunkten streng geschiedenen Künstler-Regionen innerhalb der Pädagogischen Provinz (II, 8), aus der das Theater als eine Kunst, die *»eine müßige Menge«* voraussetze, ausgeschlossen ist: der platonische Rigorismus der *»Gesetze«*, welcher den Widerspruch des *»Erzählers«* herausfordert;
– der Bezirk der Auswanderer (III, 1), in dem – abgesprengt durch eine Folge von Briefen, nachgeholten Vorgeschichten (so Wilhelms Studien als Wundarzt), Tagebuchaufzeichnungen (Lenardos) und eingeschalteten *»Geschichten« (Die neue Melusine* und *Die gefährliche Wette)* – der Anführer der Auswanderer die Emigration nach Amerika aus den Wanderbewegungen in der Geschichte begreift, von denen er in der großen Wanderrede (III, 9) das utopische Projekt ableitet; *»gegen«* diese *»bewegt«* sich – durch die fragmentarische Erzählung *Nicht zu weit* und den Exkurs über die Grundsätze des Wandererbundes erneut vom Kontext abgelöst – die Beharrungsrede Odoards (III, 12), in welcher für das Kolonisationsprojekt in einer europäischen Provinz geworben wird;
– der Bezirk der Spinner und Weber (III, 5) sowie der Schönen-Guten (III, 13), dessen Idyllik von dem *»überhandnehmenden Maschinenwesen«* bedroht ist: Motivation vieler, sich der Auswanderer-Gesellschaft Lenardos und dem Handwerker-Bund Odoards anzuschließen;
– der Schloß-Bezirk des egoistischen Amtmannes (III, 16), der aus dem Handwerkerkreis einige der fähigsten Kräfte für eine geplante Möbelfabrik abwirbt: *»Gegenbewegung«* zu den Utopien des amerikanischen und europäischen Projekts.

Von diesem *»stückhaften Erzählen«*, welches mittels der Einschaltung der Spruchsammlungen und der schon genannten Gedichte eine nachdrückliche Unterstreichung erfährt, ist die Struktur der *Wanderjahre* bestimmt. Solches Erzählen wirkt sich nämlich auch auf die Figurengestaltung im Roman aus. Wenn beispielsweise der *»Erzähler«* im drittletzten Romankapitel mit der erstmaligen Aufnahme des Beinamens *»Meister«* an Wilhelms Identität erinnert, so macht er die Demontage seiner narrativen Bedeutung als Held nur um so entschiedener bewußt. Wilhelm ist als *»Charakter«* nicht festgelegt, er ist vielmehr Figur, die in den jeweiligen Bezirken aufgeht. Damit ist das Modell der in geschichtlicher Kontinuität sich entfaltenden Einheit der Person, die Norm der *»komplexen Prägnanz einer Person«* aufgelöst. Hierin wird die erzähltechnische Bewältigung einer Thematik vorbereitet, auf deren soziologische Relevanz G. Simmel hingewiesen hat. Er sah in den Figuren der *Wanderjahre* *»Träger bestimmter, durch ihren Inhalt festgelegter Funktionen«*. Auf die Frage Wilhelms, ob denn nicht *»eine vielseitige Bildung für vorteilhaft und notwendig«* zu halten sei, antwortet Montan (der Jarno der *Lehrjahre*): *»... es ist jetzo die Zeit der Einseitigkeiten; wohl dem, der es begreift, für sich und andere in diesem Sinne wirkt«* (I, 4). Wilhelm selbst erhält vom Wandergelübde Dispens, damit er zum Wundarzt und zum *»notwendigsten Glied in unserer Kette«* (I, 7) ausgebildet werden kann. In diese frühmoderne Problematik gehört auch, daß das Tagebuch Lenardos (III, 5; III, 13) eine *»Reiseerzählung«* protokolliert, die das Verknüpfungsprinzip des epischen Nacheinander an einer neuen Thematik neu erprobt. Dargestellt wird eine Reise, deren Route ebenso unumkehrbar ist wie der Prozeß der Verarbeitung eines Rohmaterials zur Ware (H. Gidion). Es ist kennzeichnend, daß eben hier die Beschreibung der Schweizer Baumwoll-Heimindustrie durch H. Meyer als fast unretuschierter, *»realer Zettel zu einem poetischen Einschlag«* (Goethe an Meyer am 3. 5. 1810) in die die Makrostruktur des Romans bestimmende Konstruktion des Nebeneinander eingegangen ist.

Sosehr der Roman auf das in der Thematik ebenso wie in der Struktur und werkimmanenten Erzählpoetik wirksame Neue angelegt zu sein scheint – aufgrund dessen hat 1936 H. Broch die *Wanderjahre* als *»den Grundstein ... des neuen Romans«* Joycescher Prägung behauptet –, man wird ihm doch erst dann in seiner Eigenart gerecht, wenn die sorgfältige Konturierung der *personae narrationis* in ihren *»Eigenheiten«* und *»Grillen«* als wichtiger Baustein im Bedeutungsaufbau des Werkes gesehen wird. Beispielsweise entzieht sich Montan der eben erst an Wilhelm ausgegebenen Maxime der *»Beschränkung«* und beansprucht für sich die als *»wunderlich«* geltende *»Eigenheit, mich nur um mein selbst willen zu verbrennen«* (I, 4). Die Eigenheiten des Oheim-Bezirks, dessen Bewohner der *»Gemeinschaft der Entsagenden«* fernbleiben, erscheinen dem *»Erzähler«* ebenso ausdrücklich der wörtlichen Wiederholung wert wie Makariens *»eigenes«* Verhältnis zu den Gestirnen, das *»bei den Ihrigen als Krankheit«* gelte, *»wodurch sie augenblicklich gehindert sei, an der Welt und ihren Interessen teilzunehmen«*. Solche Hinweise ließen sich reichlich vermehren. Sie vermöchten leicht den Gegensatz von personaler *»Eigenheit«* und funktioneller Figurenhaftigkeit als idelle Grundlage des Romans zu beglaubigen.

Dieser Gegensatz stellt indes keine Opposition mit konträren, unverträglichen Bestimmungen dar. Wenn etwa Montan als Summe aller Weisheit die Formel *»Denken und Tun, Tun und Denken«* aufstellt und erklärt: *»Beides muß wie Aus- und Einatmen sich im Leben ewig fort hin und wider bewegen«* (II, 9), so gibt er ein Gleichnis, das unmittelbar an Goethes eigenen *Entwurf einer Farbenlehre* anschließt: *»Ein graues Bild auf schwarzem Grunde erscheint viel heller, als dasselbe Bild auf weißem. Stellt man beide Fälle neben einander, so kann man sich kaum überzeugen, daß beide Bilder aus Einem Topf gefärbt seien. Wir glauben hier abermals die große Regsamkeit der Netzhaut zu bemerken und den stillen Widerspruch, den jedes Lebendige zu äußern gedrungen ist, wenn ihm irgend ein bestimmter Zustand dargeboten wird. So setzt das Einatmen schon das Ausatmen voraus und umgekehrt: so jede Systole ihre Diastole. Es ist die ewige Formel des Lebens…«* (§ 38 der 1. Abt.).

Nach dieser *»Formel des Lebens«* sind die in gleichnishafter Zuordnung verbundenen Bereiche Makariens und Montans als *»ätherische Dichtung«* und *»terrestrisches Märchen«* komplementäre Phänomene oder *»Korrelate«* (wie es in den *Betrachtungen im Sinne der Wanderer* Nr. 122 heißt); sie bedingen sich im Verhältnis zur *»Tat«*, der auszuweichen entweder *»Verflüchtigung«* oder *»Erstarrung«* bedeutet (III, 14). Aus dieser Formel verstehen sich die isolierten »Bezirke« als spannungsvolle Einheiten, welche der *»bewegliche«* Leser aufeinander zu beziehen lernen muß; aus ihr ergibt sich die *»belebende«* Wirkung der novellistischen Einschaltungen, wo der Roman *»mehr als billig didaktisch«* zu werden droht; in ihr ist die enge Verknüpfung von Rückbeziehungen auf den Mythos und utopischen Entwürfen und darin die Aufnahme der Frage nach geschichtlicher Kontinuität im Umbruch der Zeit begründet.

Ihr Fundierungszusammenhang dürfte dabei in einem Denken liegen, das in vielen Reflexionen vor allem der *Betrachtungen* um den Begriff der *»Analogie«* kreist (etwa Nr. 115). Es ermöglicht ein Schreiben in *»kosmozentrischer Unschuld«* (H. Blumenberg). Auch wenn es darin zweifellos vormodern ist, bleibt es als historischer Versuch interessant, Antworten zu finden auf die Frage nach den Bedingungen des menschlichen Selbstverständnisses im Horizont neuzeitlicher Naturerkenntnis (P. Böckmann u.a. im Hinblick auf das Brillen-Gleichnis in I, 10) und frühmoderner Gesellschaftsproblematik. Letztere ist dabei ebenso im Kontext des Leitmotivs vom *»Glied in der Kette«* zu sehen wie etwa auch in dem Thema *»Entsagung«* selbst, das als *»Resignieren«* und *»Tat«* nach M. WEBER auf den Zusammenhang von *»Askese«* und *»rationaler Lebensführung«* zurückzuführen wäre.

Ob aber hierin letztlich die Sinn tragende Ebene der *Wanderjahre* anzunehmen ist, scheint nach den Resultaten und Problemen der Beschreibungen und Deutungen des Romans im Zuge seiner Entdeckung vor ziemlich genau zwanzig Jahren eher ungewiß zu sein. Die Forschung, der die *Wanderjahre* nun *»als eine der avanciertesten Kunstleistungen Goethes«* gelten (H. R. Vaget), ist seither vielmehr bemüht, in immer neuen Versuchen Kohärenz und Botschaft des Textes zu bestimmen. Die Mittel und Verfahren des Bedeutungsaufbaus genießen dabei jetzt den Vorrang, nachdem zuvor in seiner Rezeptionsgeschichte das Interesse am *»Ideengehalt«* vorgeherrscht hatte: beispielsweise in der *»frühsozialistischen«* Deutung des Romans in der ersten Hälfte des 19. Jh.s durch H. G. HOTHO und K. A. VARNHAGEN VON ENSE, K. ROSENKRANZ und F. GREGOROVIUS, K. GRÜN, A. JUNG und H. HETTNER (vgl. K. F. Gille). Worin gegenüber solchem Verständnis nunmehr die Einheit des Textes garantiert sein könnte, ist indes umstritten. Liegt sie etwa darin, *»Vollständigkeit«* der dargestellten Realität mittels der Demonstration der »Totalität der schriftlichen Darstellungs- und Mitteilungsformen« zu erzielen (K.-D. Müller, u.a. im Rückgriff auf V. Neuhaus)? Relativiert *»des Dichters Skepsis«* aber nicht gerade diese Erfüllung des seit der Mitte des 18. Jh.s an den Roman herangetragenen Wahrscheinlichkeits- und Realitätspostulates durch die Errichtung einer *»bunteren Welt der Bilder«* im Subtext der mythologischen Anspielungen und Evokationen (H. Schlaffer)? Nach A. HENKEL deutete Goethe in den *Wanderjahren* *»nicht so sehr prognostisch, vielmehr utopisch auf eine unausweichliche asketische Kultur«*. Demgegenüber sieht in ihnen W. Voßkamp wiederum nicht nur *»die subjektzentrierte Utopie der allseitigen Bildung … zurückgenommen«*, sondern in unterschiedlicher Distanzierung auch die *»Präsentation von Utopiemodellen … ins ironische Zitieren einer (negativen) Utopie als Utopiekritik«* umgeschlagen. Sollte, wie E. BAHR nachzuweisen sucht, die Ironie durchgängiger Faktor der Textbildung, stellt sich in der Tat die Frage nach der verläßlichen Grundlage des Verstehens. Wäre somit *»der Roman als Leseexerzitium«* – und nur als dieses – intendiert? Welche Ebene könnte dem Leser danach die Garantie bieten, sich gleichzeitig aber *»vor willkürlichen Akten der Sinnkonstituierung zu hüten«* (H. R. Vaget)? Allen rezeptionsästhetischen und poststrukturalistischen Literaturkonzepten zum Trotz ist der Autor längst wiederentdeckt. Wie er im Verhältnis zu seinem Werk zu rekonstruieren ist, läßt sich mit einer Arbeit wie der von H. GIDION zeigen. T.V.

AUSGABEN: Stg./Tübingen 1821. – AlH, 21–23. – HA, 8 [Anm. E. Trunz]. – AA, 8 [Einf. G. Küntzel]. – Stg. 1982 [Komm. E. Bahr; RUB].

LITERATUR: M. Wundt, *G.s »Wilhelm Meister« und die Entwicklung des modernen Lebensideals*, Bln./Lpzg. 1913, S. 350 ff., S. 493 ff. – H. Broch, *James Joyce u. die Gegenwart* (1936) (in *Schriften zur Literatur*, Bd. 1, Hg. P.M. Lützeler, Ffm. 1975, S. 63–91). – D. Fischer-Hartmann, *G.s Altersroman*, Halle 1941. – P. Stöcklein, *Das Spätwerk Platons u. G.s* (in P. S., *Wege zum späten G.*, Hbg. 1949, S. 211–237). – W. Emrich, *Das Problem der Symbolinterpretation im Hinblick auf G.s »Wanderjahre«* (in DVLG, 26, 1952, S. 331–352; auch in W. E., *Protest u. Verheißung*, Ffm./Bonn 1960, S. 48–66). – A. Henkel, *Entsagung. Eine Studie zu*

G.s Altersroman, Tübingen 1954. – C. David, *G.s »Wanderjahre« als symbolische Dichtung* (in SuF, 8, 1956, S. 113–128). – W. Flitner, *G.s Erziehungsgedanken in »Wilhelm Meisters Wanderjahren«* (in Goethe, 22, 1960, S. 39–53). – M. Weber, *Gesammelte Aufsätze zur Religionssoziologie*, Bd. 1, Tübingen [5]1963, S. 202 f. – H. Reiss, *»Wilhelm Meisters Wanderjahre«. Der Weg von der ersten zur zweiten Fassung* (in DVLG, 39, 1965, S. 34–57). – E. Trunz, *Die »Wanderjahre« als »Hauptgeschäft« im Winterhalbjahr 1928/29* (1966; in *Studien zu G.s Alterswerken*, Hg. E. T., Ffm. 1971, S. 99–121). – V. Neuhaus, *Die Archivfiktion in »Wilhelm Meisters Wanderjahren«* (in Euph, 62, 1968, S. 13–27). – B. Peschken, *Entsagung in »Wilhelm Meisters Wanderjahren«*, Bonn 1968. – M. Karnick, *»Wilhelm Meisters Wanderjahre« oder die Kunst des Mittelbaren*, Mchn. 1968. – J. Strelka, *G.s »Wilhelm Meister« u. der Roman des 20. Jh.s* (in GQ, 41, 1968, S. 338–355). – H. Gidion, *Zur Darstellungsweise von G.s »Wilhelm Meisters Wanderjahren«*, Göttingen 1969. – P. Böckmann, *Voraussetzungen der zyklischen Erzählform in »Wilhelm Meisters Wanderjahren«* (in *Fs. D. W. Schuman*, Hg. A. R. Schmitt, Mchn. 1970). – E. Bahr, *Die Ironie im Spätwerk G.s: ». . . diese sehr ernsten Scherze . . .« Studien zum »West-östlichen Divan«, zu den »Wanderjahren« u. zu »Faust II«*, Bln. 1972, S. 88–130. – A. Klingenberg, *G.s Roman »Wilhelm Meisters Wanderjahre oder die Entsagenden«. Quellen u. Komposition*, Bln./Weimar 1972. – *G.s Wilhelm Meister. Zur Rezeptionsgeschichte der Lehr- und Wanderjahre*, Hg. K. F. Gille, Königstein/Ts. 1979. – K.-D. Müller, *Lenardos Tagebuch. Zum Romanbegriff in G.s »Wilhelm Meisters Wanderjahre«* (in DVLG, 53, 1979, S. 275–299). – S. Blessin, *Die Romane G.s*, Königstein/Ts. 1979. – H. Schlaffer, *Wilhelm Meister. Das Ende der Kunst u. die Wiederkehr des Mythos*, Stg. 1980. – A. Henkel, *»Wilhelm Meisters Wanderjahre«. Zeitkritik u. Prognose? Ein Vortrag* (in *G.-Erfahrungen. Studien u. Vorträge*, Stg. 1982, S. 117–135). – W. Voßkamp, *Utopie u. Utopiekritik in G.s Roman »Wilhelm Meisters Lehrjahre« u. »Wilhelm Meisters Wanderjahre«* (in *Utopieforschung. Interdisziplinäre Studien zur neuzeitlichen Utopie*, Hg. W. Voßkamp, Stg. 1982, Bd. 3, S. 227–249). – H. R. Vaget, *G. W. G.: »Wilhelm Meisters Wanderjahre« (1829)* (in *Romane u. Erzählungen zwischen Romantik u. Realismus. Neue Interpretationen*, Hg. P. M. Lützeler, Stg. 1983, S. 136–164). – E. Bahr, *»Wilhelm Meisters Wanderjahre oder Die Entsagenden« (1821/1829)* (in *G.s Erzählwerk. Interpretationen*, Hg. P. M. Lützeler u. J. E. McLeod, Stg. 1985, S. 363–395).

ZUR FARBENLEHRE

Naturwissenschaftliche Abhandlung von Johann Wolfgang von Goethe, erschienen in zwei Bänden 1810. – Die Italienreise von 1786 bis 1788, während der Goethe seine Beschäftigung mit dem organischen Entwicklungsgedanken in Kunst, Natur (*»Urpflanze«*) und Gesellschaft vertiefte, aktivierte auch sein Interesse für die Probleme der Farbgebung in der Malerei und die Wirkung der Farben auf den Menschen. Anfang 1790 prüfte er die von I. Newton nachgewiesene, unter bestimmten Versuchsanordnungen erfolgende Zerlegung des weißen Lichts in die Spektralfarben durch ein Prisma, wobei er dieses auf eine weiße Wand richtete und feststellen mußte – Kantenspektren entstehen dabei nur an den Rändern –, daß die Wand *»nach wie vor weiß blieb«*. Diese Erfahrung, von A. Schöne als geradezu religiös anmutendes Erweckungserlebnis charakterisiert, steht am Beginn von Goethes leidenschaftlicher Auseinandersetzung mit der Newtonschen Lehre und ihren Anhängern (*». . . und ich sprach wie durch einen Instinkt sogleich vor mich laut hin, daß die Newtonische Lehre falsch sei«*), die ihn bis an das Ende seines Lebens beschäftigte und ihn gegenüber J. P. Eckermann zu der Bemerkung führte, sein *»Bewußtsein der Superiorität«* resultiere nicht aus seinen poetischen Werken, sondern allein aus der Tatsache, daß er *»unter Millionen der einzige sei, der in diesem großen Naturgegenstande allein das Rechte wisse«*.

Bereits 1791 und 1792 erschienen die beiden *Beiträge zur Optik*, 1809 war die *Farbenlehre* vollendet, Goethes insgesamt umfangreichstes Werk. Der erste – *didaktische* – Teil enthält in den drei Unterabteilungen (*Physiologische, Physische, Chemische Farben*) die Darstellung und Erläuterung chromatischer Phänomene; der zweite – *polemische* – Teil – setzt sich mit den Darlegungen Newtons und seiner Theorie auseinander, so wie Goethe sie (miß)verstand. Der dritte – *historische* – Teil schließlich hat fragmentarischen Charakter und entwirft eine Wissenschaftsgeschichte von den Anfängen der *»Urzeit«* bis zur Gegenwart, da die *»Geschichte der Farbenlehre . . . nur in Gefolge der Geschichte aller Naturwissenschaften«* zu begreifen ist, die selbst aber wiederum *»mit der Geschichte der Philosophie, aber eben so auch mit der Geschichte des Lebens und des Charakters der Individuen, so wie der Völker«* zusammenhängt.

Goethe – und die ungewöhnliche Heftigkeit, mit der er gegen Newton zu Felde zieht, läßt dies erkennen – greift hier mehr als eine physikalische Theorie an, nämlich die Verfahrensweise der modernen Wissenschaft schlechthin. Seine Grundposition wird in seinen Betrachtungen über Kunst und Wissenschaft im historischen Teil der *Farbenlehre* deutlich; die Trennung des Subjekts und seiner Vermögen von dem zu untersuchenden Phänomen, die Eliminierung der – letztlich religiös begründeten – Vorstellung einer harmonischen, sinnlich unmittelbar erfahrbaren Entsprechung zwischen Mensch und Natur ist der eigentliche Vorwurf gegen Newton. Goethes Wissenschaftsverständnis fordert die Aktivierung aller menschlichen Vermögen, sinnliche Empfindung, Phantasie und *»Ahnung«* ebenso wie exakte Beobachtung und mathematisch-logisches Denken; die Natur erscheint hier als organische Einheit von Stoff und Geist, die Wahrheit liegt allein im Zusammenhang von Subjekt und Objekt (resultierend aus der Überzeugung, *»daß alles was innen ist auch außen sei und nur ein Zusammentreffen beider Wesenheiten als Wahrheit gelten dürfe«*), während Newton in seiner Theorie auf Isolierung, analytische Aufspaltung und Meßbarkeit des Gegenstandes, hier des Lichts, zielte und damit in den Augen Goethes die *»Natur auf die Folter spannte, um sie zu dem Bekenntnis dessen zu nötigen, was er* [der Forscher] *schon vorher bei sich festgesetzt hatte«*, somit einen Zirkelschluß beging. Der Dichter weigerte sich, die Ergebnisse einer Wissenschaft anzuerkennen, die offensichtlich von der Welt der unmittelbaren Erscheinungen abstrahierte, wie ihm auch alle Hilfsmittel, vom Fernglas bis zum Mikroskop, eher verfälschend denn erhellend dünkten. Die Welt der Phänomene ist ihm nicht subjektiv-trügerischer Schein einer dahinter verborgenen, nur abstrakt erkennbaren und formulierbaren Wahrheit; sie ist die Wahrheit selbst in ihrer sinnlich faßbaren Erscheinung. Im nicht weiter ableitbaren *»Urphänomen«* offenbart sich – und A. Schöne hat in seiner glänzenden Studie die religiöse Gebundenheit dieses Denkens nochmals deutlich gemacht – der Anschauung unmittelbar die wirkende Gesetzlichkeit des Seienden. Alle partiellen Phänomene eines bestimmten Erkenntnisfeldes auf das ihnen zugrunde liegende Urphänomen zurückzuführen, ist daher die Aufgabe, die sich Goethe als Naturwissenschaftler stellt, wobei die Auseinandersetzung über die Frage, wieweit das Sonnenlicht sich aus verschiedenen Farben zusammensetze, wie Newton zutreffend konstatiert hatte, oder als das *»reine weiße«* Phänomen zu verstehen sei, bei Goethe die Züge eines *»Glaubenskampfes«* (Schöne) annahm: *»Ich erkannte das Licht in seiner Reinheit und Wahrheit, und ich hielt es meines Amtes, dafür zu streiten.«*

Für Goethe findet die Entstehung der Farben im *»Trüben«* statt, im Zwischenbereich von Licht und Finsternis. Einfachste Beispiele dafür sind das Rot der durch abendliche Dunstschichten scheinenden Sonne und das Blau ferner, verschleierter Berge. In einer mit fast pedantischer Gewissenhaftigkeit entwickelten Stufenfolge von leicht nachprüfbaren prismatischen Versuchen entwickelt Goethe das seiner Ansicht nach in diesen Vorgängen waltende Gesetz, wobei ihm Weiß und Schwarz als Repräsentanten des Lichts und der Finsternis dienen und Parallelen zur alten Lehre der Manichäer nachweisbar sind (A. Schöne). Als erste Beobachtung ergibt sich, daß eine homogene weiße Fläche ebenso wie eine schwarze, durch das Prisma betrachtet, nur an den Rändern farbige Phänomene zeigt, in den Mischzonen von Helligkeit und Dunkelheit: Gelb und Rot erscheinen dort, wo das Licht überwiegt, Blau und Violett, wo Dunkelheit vorherrscht. Die Farben sind die *»Taten und Leiden des Lichts«* in seiner Auseinandersetzung mit der Finsternis (daneben sucht Goethe in dem Kapitel über die *»sinnlich-sittliche Wirkung der Farbe«* auch eine Systematisierung der ästhetisch-psychischen Wirkungen der verschiedenen Farben zu erreichen). Die Idee der Polarität, ein Ertrag der italienischen Reise, bleibt auch hier, wie schon vorher bei den morphologischen Studien, leitend. Das ihr zugehörige Moment der Steigerung ist erkennbar in der Intensivierung der Grundfarben Gelb und Blau zu Rot bzw. Violett, die durch eine Verdichtung der *»Trübe«* entsteht. Die Mischung der *»ursprünglichen«* Farben Gelb und Blau ergibt Grün, die ihrer Steigerungstöne Rot und Violett ergibt Purpur. So ordnen sich die Farben nach ihrer inneren Zusammengehörigkeit zu einem Kreis, in dem die *»aktiven«* Farben Gelb und Rot den *»passiven«* Blau und Violett gegenüberstehen und der sich in den beiden Mischfarben Grün und Purpur schließt. Goethe stieß hier auf das Phänomen der Komplementärfarben, womit das menschliche Auge auf farbige Eindrücke reagiert, während der Dichter hierin einen Aufweis der organischen Harmonie und Ganzheit zwischen Mensch und Natur erblickte, wie er es lyrisch auch in einem, der Einleitung zur *Farbenlehre* zugehörigen Gedicht formuliert: *»Wär' nicht das Auge sonnenhaft, / Wie könnten wir das Licht erblicken? / Lebt' nicht in uns des Gottes eigne Kraft, / Wie könnt' uns Göttliches entzücken?«*

Goethes Kampf gegen die moderne Naturwissenschaft, wie er ihn in seiner *Farbenlehre* unternahm, war vergebens. Heute gehört das Werk zu den vergessenen Texten Goethes, sieht man von der durch R. STEINER initiierten anthroposophischen Schule ab, die den darin formulierten Ergebnissen bis heute Gültigkeit zuspricht, was allerdings nur durch die – Goethes Anspruch zuwiderlaufende – Behauptung gelingt, der Dichter habe das Licht nicht als physikalisches Phänomen, sondern als *»geistige Entität«* betrachtet. Auch wenn Goethes Ahnung gegenüber den Auswirkungen der modernen Wissenschaft heute mitunter prophetisch klingt (*»das ist eben das größte Unheil der neuern Physik, daß man die Experimente gleichsam vom Menschen abgesondert hat und bloß in dem, was künstliche Instrumente zeigen, die Natur erkennen ... will«*, schreibt er am 22.6. 1808 an C. F. ZELTER), so gilt hinsichtlich der Grundlagen seines Weltbildes, was K. JASPERS in seiner Rede auf Goethe 1947 festhielt: *»Goethes Unverständnis und seine ahnungsvoll schaudernde Verwerfung gegenüber der eigentümlich modernen ... Denkungsart, aus der die Naturwissenschaft und Technik großen Stils ... hervorgegangen ist, das bannt ihn für uns heute in eine zwar wunderbar verschlossene, aber vergangene Welt.«* M.Pr.

AUSGABEN: Tübingen 1810, 2 Bde. – WA, II, 1–4. – Weimar, 1947 (in *Schriften zur Naturwissenschaft*, I, 4–7). – HA, 13–14 [Anm. D. Kuhn]. – AA, 16 [Einf. E. Beutler]. – Stg. 1977 (in *Schriften zur Naturwissenschaft*; Komm. M. Böhler; RUB).

LITERATUR: H. Glockner, *Das philosophische Problem in G.s »Farbenlehre«*, Heidelberg 1924. – G. Benn, *G. u. die Naturwissenschaft* (in G. B., *Nach dem Nihilismus*, Bln. 1932, S. 25–85; auch in G. B., *GW*, Bd. 1, Wiesbaden 31965, S. 162–200). – R. Matthaei, *Versuche zu G.s »Farbenlehre« mit einfachen Mitteln. Ein Aufriß der Farbenlehre*, Jena

1939. – W. Heisenberg, *Die G.sche u. die Newtonsche Farbenlehre im Lichte der modernen Physik* (in Geist der Zeit, 19, 1941, S. 261–275; auch in W. H. *Wandlungen in den Grundlagen der Naturwissenschaft*, Lpzg. [7]1947, S. 54–70). – R. Matthaei, *Über die Anfänge von G.s »Farbenlehre«* (in Goethe, 11, 1949, S. 249–262). – *G.s »Farbenlehre« u. ihre Bedeutung für seine Dichtung u. Weltanschauung* (ebd., 21, 1959, S. 70–93). – E. Buchwald, *Die Farbenlehre* (in E. B., *Naturschau mit G.*, Stg. 1960, S. 135–160). – D. Kuhn, *G.s Geschichte der Farbenlehre als Werk u. Form* (in DVLG, 1960, S. 356–377). – A. Bjerke, *Neue Beiträge zu G.s Farbenlehre*, Stg. 1963. – Ch. Gögelein, *Zu G.s Begriff von Wissenschaft auf dem Wege der Methodik seiner Farbstudien*, Mchn. 1972. – T. Fries, *Sprache der Optik oder Optik der Sprache: Präliminarien zu G.s »Farbenlehre«* (in T. F., *Die Wirklichkeit der Literatur*, Tübingen 1975, S. 47–89). – L. Wittgenstein, *Bemerkungen über die Farben*, Oxford 1977. – W. Abraham, *Bemerkungen zu G.s Farbenlehre im Lichte der Wahrnehmungspsychologie u. der kognitiven Psychologie. G. als Gast in einer fremden Wohnung* (in Euph, 77, 1983, S. 144–175). – W. Himstedt, *Anmerkungen zu G.s »Farbenlehre«* (in *J. W. G. Versuch einer Annäherung*, Hg. H. Böhme u. H.-J. Gamm, Darmstadt 1984, S. 145–154). – A. Schöne, *G.s Farbentheologie*, Mchn. 1987.

BRÜDER GRIMM

Jacob Ludwig Karl Grimm

* 4.1.1785 Hanau
† 20.9.1863 Berlin

Wilhelm Karl Grimm

* 14.2.1786 Hanau
† 16.12.1859 Berlin

LITERATUR ZU DEN AUTOREN:
B. Denhard, *Die Gebrüder J. u. W. G., ihr Leben u. Wirken*, Hanau 1860. – A. Duncker, *Die Brüder G.*, Kassel 1884. – C. Franke, *Die Brüder G. Ihr Leben u. Wirken*, Dresden/Lpzg. 1899. – H. Gerstner, *Die Brüder G. Ihr Leben u. Werk in Selbstzeugnissen, Briefen u. Aufzeichnungen*, Ebenhausen 1952. – W. Schoof, *W. G. Aus seinem Leben*, Bonn 1960. – *Brüder G. Gedenken. Gedenkschrift zur 100. Wiederkehr des Todestages von J. G.*, Hg. L. Denecke u. I.-M. Greverus, Marburg 1963. – M. Lemmer, *Die Brüder G.*, Lpzg. 1967. – H. Gerstner, *Die Brüder G.*, Gerabronn-Crailsheim 1970. – R. Michaelis-Jena, *The Brothers G.*, Ldn. 1970. – L. Denecke, *J. G. u. sein Bruder W.*, Stg. 1971. – H. Gerstner, *Brüder G. in Selbstzeugnissen u. Bilddokumenten*, Reinbek 1973 (rm). – U. Wyss, *Die wilde Philologie. J. G. u. der Historismus*, Mchn. 1979. – J. G. C. Wetzel, *Brüder G. Literatur der Welt in Bildern, Texten und Daten*, Salzburg 1983. – G. Seitz, *Die Brüder G. Leben, Werk, Zeit*, Mchn. 1984. – *Brüder G. Gedenken*, Hg. L. Denecke, Marburg 1985. – *Erzählen – Sammeln – Deuten*. Fs. zum 200. Geburtstag, Hg. Ch. Oberfeld, Marburg 1985. – H. Scurla, *Die Brüder G. Ein Lebensbild*, Hanau 1985. – *Die Brüder G. Dokumente ihres Lebens u. Wirkens*, Hg. D. Hennig u. B. Lauer, Kassel o. J. [1985]. – *Die Brüder G. in ihrer amtlichen und politischen Tätigkeit*, Hg. H.-B. Harder u. E. Kaufmann, Kassel o. J. [1985].

DEUTSCHE GRAMMATIK

Sprachwissenschaftliches Werk von Jacob GRIMM, erschienen in vier Bänden 1819–1837. – Als fünfbändiges Unternehmen war das Werk ursprünglich geplant, mit dessen Ausführung Jacob Grimm im Jahre 1816 begann; der Wissenschaftler kehrte in diesem Jahr in den Bibliotheksdienst in Kassel zurück und publizierte noch im gleichen Jahr den ersten Band seiner *Deutschen Sagen*. In der Vorrede zum ersten Band – die Kennzeichnung *deutsch* meint die heute als germanische Sprachen bezeichnete Sprachfamilie – rechtfertigt Grimm sein methodisches Vorgehen: Er wendet sich gegen die Sprachmeisterei und Sprachregelung des 18. Jh.s und will – durch den Vergleich der überlieferten Zeugnisse – die der Sprache innewohnende Tendenz und Gesetzlichkeit feststellen. Sein Sprachverständnis ist geprägt vom romantischen Bild der Sprache als eines Organismus, in dem sich, wie auch in den rechtlichen Setzungen oder in den sittlichen Verhältnissen, die Eigenheit eines Volkes ebenso wie seine Entwicklung abbildet. Die Sprache wird als eigengesetzliches Gebilde verstanden, dem nicht eine Logik etwa mathematisch-formaler Art von außen zuzuschreiben ist *(»Allgemeinlogischen begriffen bin ich in der grammatik feind«)*, sondern die in sich Gesetzmäßigkeiten schafft, die nur durch Beobachtung und Vergleich zu erkennen sind. In der Vorrede schreibt J. Grimm: *»Die Sprache gleich allem Natürlichen und Sittlichen ist ein unvermerktes, unbewußtes Geheimniß, welches sich in der Jugend einpflanzt und unsere Sprechwerkzeuge für die eigenthümlichen vaterländischen Töne, Biegungen, Wendungen, Härten und Weichen bestimmt.«* Grimm bezieht als einer der ersten, neben F. BOPP und R. K. RASK, ältere Sprachstufen in die Untersuchungen ein, wodurch er mit seiner historisch-vergleichenden Methode zum Begründer der historischen Sprachwissenschaft wird, die sich vom philosophisch-spekulativen Ansatz seiner grammatischen Vorgänger oder Zeitgenossen, wie im Falle W. v. HUMBOLDT, ebenso unterscheidet wie vom positivistisch-naturwissenschaftlichen Verfahren seiner Nachfolger, der Junggrammatiker (H. PAUL, W. BRAUNE), bei denen Sprache zum System ausnahmslos geltender Gesetze wird.

Grimms wissenschaftliche Methode bewährt sich in der Exaktheit seiner Etymologien, die sich grundsätzlich von dem spekulativen Verfahren seiner frühen Studien unterscheidet (*Grammatische Ansichten*, in ›Altdeutsche Wälder‹, 1, 1813). Die sorgfältige Beobachtung der Lautgesetze ermöglicht es, die Wörter auf ihre älteste Gestalt zurückzuführen; diese wird dann in ihre Bauelemente zerlegt, und erst der so gewonnene Wortkern darf als Faktor im Sprachvergleich eingesetzt werden.
Der erste Band behandelt die Flexion der Verben, 1822 um eine Lautlehre erweitert, Band 2 (1826) und Band 3 (1831) beschäftigen sich mit der Wortbildung, Band 4 (1837) behandelt die Syntax des einfachen Satzes. Grimm gelingen in diesem Werk, in dem er eine ungeheure Fülle von zum Teil aus handschriftlichen Quellen stammendem Material verarbeitet, eine Reihe bedeutsamer Erkenntnisse; er bestimmt den Unterschied von Ablaut (dem Wechsel des Wurzelvokals, etwa im nhd. *binde-band*) und Umlaut (Vokalveränderung durch Einfluß eines nachfolgenden *i* oder *j*), unterscheidet zwischen starker (mit Ablaut, etwa nhd. *graben -grub*) und schwacher (nhd. *lachen-lachte*) Flexion der Verben, sieht den scheinbaren Ablaut der ursprünglich reduplizierenden Verben und erkennt das Wesen der Präterito-Präsentien (Verben, die der Form nach Perfektbildungen sind, deren Bedeutung aber in der Zeitstufe der Gegenwart angesiedelt ist, etwa im ahd. ›ih weiz‹, »ich habe gesehen und weiß somit«). Hier formuliert er auch das Gesetz der Lautverschiebung, das sog. »Grimmsche Gesetz«, dessen Grundzüge vor ihm allerdings bereits der dänische Sprachforscher Rasmus K. Rask 1814 festgehalten hatte (*Undersøgelse om det gamle Nordiske eller Islandske Sprogs Oprindele*, publiziert 1818) und womit eine Reihe von Veränderungen des Konsonantensystems im Übergang vom Indoeuropäischen zum Germanischen (2000–1000 v. Chr.) gemeint sind, deren Auswirkungen auch bei der Entwicklung des Althochdeutschen aus dem Germanischen (vom 5. Jh. an) sich verfolgen lassen; dabei wandeln sich die Verschlußlaute des Indoeuropäischen zu Reibelauten im Germanischen (lat. *pater* zu gotisch *fadar*, ahd. *fater*; den Zusammenhang zwischen Sprachwandel und Wortakzent entdeckte 1875 Karl VERNER). Im Falle der zweiten, der ahd. Lautverschiebung läßt sich die geographische Grenze dieser Sprachveränderung noch heute im Dialekt feststellen, etwa im Falle der Scheidung von *apfel* und *appel*.
Jacob Grimm konnte sein Werk nicht zu Ende führen; die für den fünften Teil vorgesehene Syntax des zusammengesetzten Satzes entstand nicht, eine Kurzausgabe der *Deutschen Grammatik* wurde mit seiner Zustimmung von J. Eiselein vorgelegt (*J. G.s Grammatik der hochdt. Sprache unserer Zeit*, 1843). Von 1870 an unternahmen W. SCHERER, G. ROETHE und E. SCHROEDER eine Neubearbeitung des Werks, über das HEINE sagte: *»Der einzige Jacob Grimm hat für die Sprachwissenschaft mehr geleistet als die ganze französische Akademie seit Richelieu. Seine deutsche Grammatik ist ein kolossales Werk, ein gotischer Dom, worin alle germanischen Völker ihre Stimme erheben, wie Riesenchöre, jedes in seinem Dialekte.«* M.Pr.

AUSGABEN: Göttingen 1819 [Tl. 1]. – Göttingen ²1822 [Tl. 1 in 2 Büchern, rev. u. erw.]. – Göttingen 1826 [Tl. 2]. – Göttingen 1831 [Tl. 3]. – Göttingen 1837 [Tl. 4]. – Bln. 1870–1878 (Neuabdruck, Bearb. W. Scherer; Bd. 1 u. 2). – Gütersloh 1890–1898 (Neuabdruck, Bearb. G. Roethe u. E. Schröder, Bd. 3 u. 4). – Hildesheim 1967 (Repr. d. Ausg. 1870–1898).

LITERATUR: C. G. Andresen, *Register zu J. G.s »Deutsche Grammatik«*, Göttingen 1865. – W. Schoff, *J. G.s kleine Grammatik* (in Muttersprache, 1957, S. 412–419). – Ders., *J. G.s deutsche Grammatik in zeitgenössischer Beurteilung* (in ZfdPh, 72, 1963, S. 363–377). – B. Löther, *Philolog der Nation* (in Germ. Inst. Berlin 1965, S. 463–469). – E. Arndt, *Diachronie u. Synchronie in J. G.s »Deutscher Grammatik«. Ausnahme u. Regel in neuer Sicht* (ebd., S. 479–488). – W. Neumann, *Zum Sprachbegriff J. G.s* (in Zs. f. Phonetik, Sprachwissenschaft und Kommunikationsforschung, 38, 1985, S. 500–518). – N. R. Wolf, *J. G. – ein praetheoretischer Grammatiker?* (ebd., S. 544–550). – S. Sonderegger, *Die Brüder G. Philologie, historische Sprachwissenschaft u. Literaturgeschichte* (in *Die Brüder G. Dokumente ihres Lebens u. Wirkens*, Hg. D. Hennig u. B. Lauer, Kassel 1985, S. 43–61).

DEUTSCHE SAGEN

Sammlung von lokalen und geschichtlichen Sagen der Brüder Jacob und Wilhelm GRIMM, erschienen in zwei Teilen 1816 und 1818. – Das Werk ist das Ergebnis einer mehr als zehnjährigen Sammeltätigkeit, die maßgeblich durch den Kontakt der beiden Herausgeber mit Achim von ARNIM und Clemens BRENTANO beeinflußt wurde. Mit deren großer Volksliedersammlung, *Des Knaben Wunderhorn* (1805, 1808), an der sich auch die Brüder Grimm mit Hinweisen und Beiträgen beteiligten, setzt die romantische Phase poetisch-freier, modernisierender Wiederbelebung älterer Märchen und Sagen, die in den strengeren, objektiv sichtenden Editionen der Brüder Grimm ihre Fortsetzung fand; beide hatten auch bereits *Die beiden ältesten deutsche Gedichte aus dem 8. Jahrhundert: Das Lied von Hildebrand und Hadubrand und das Weissenbrunner [Wessobrunner] Gebet* (1812), den *Armen Heinrich von Hartmann von der Aue* (1815) sowie die *Lieder der alten Edda* (1815) herausgegeben. Von dem in den *Deutschen Sagen* gesammelten Material hatten die Brüder schon 1808 in Arnims ›Zeitung für Einsiedler‹ (Nr. 19/20) zwei Sagen – *Der Glockenguß zu Breslau, Der Glockenguß zu Attendorn* – veröffentlicht. Das abgeschlossene Werk bietet insgesamt 585 Sagen, die – wie im ersten Band, den *Ortssagen* – zum kleineren Teil von zeitgenössischen Herausgebern übernommen und umgearbeitet, zum größeren Teil selbst aus älteren und neueren Quellen exzerpiert oder mündlich in Erfahrung gebracht wurden; das berühmte, von Jacob Grimm 1815 in Wien publizierte *Zircular wegen Aufsammlung der Volkspoesie*, in dem zur Einsendung von Sagen (und auch von Märchen, Volksliedern, Schwänken, Sprichwörtern und Zeugnissen des Aberglaubens) aufgerufen wird, erbrachte allerdings nur wenig, rund 100 Texte der Sammlung gehen auf Überlieferung durch Freunde und Bekannte, darunter besonders die westfälische Familie von Haxthausen, zurück. Von den 363 Sagen des ersten Teils entlehnten die Autoren etwa 100, also etwa ein Sechstel der Gesamtmasse, zeitgenössischen Sammlungen, besonders den 1800 erschienenen *Volkssagen* von J. K. C. Nachtigal (1753–1819; Pseudonym Otmar, daher die *Otmarische Sammlung*) und den *Idyllen und Volkssagen* (1815) von J. R. Wyss (1782–1830). Die Harzsagen Otmars und die Alpensagen von Wyß gingen nahezu unverändert in die Sammlung ein. Daneben wurden noch die Werke von G. Büsching (1783–1829) – *Sammlung deutscher Volkslieder* (1807) – und F. L. von Dobeneck (1771–1810) – *Des Deutschen Mittelalters ... Heroensagen* (1815) – verwertet. Als ergiebigste Quellen neben den moderneren Sammelwerken erwiesen sich Kompendien des 17. Jh.s, vor allem der *Anthropodomus Plutonicus, das ist eine neue Weltbeschreibung* (1667/68) von Johann Prätorius (1630–1680), während die Arbeiten von J. K. A. Musäus (1735–1787) – *Volksmährchen der Deutschen* (1782–1786) und C. B. Naubert (1756 bis 1819) – *Neue Volksmährchen der Deutschen* (1789–1793) – wegen zu großer Freiheit der Bearbeitung wenig geschätzt wurden. Konnten sich die Herausgeber für den ersten Teil noch auf diese Vorarbeiten stützen, so ist der zweite Band – *Geschichtliche Sagen* – ausschließlich ihren eigenen Quellenstudien zu verdanken. Jacob Grimm exzerpierte während eines Aufenthaltes in Paris (1814) die Schriften des Goten Jordanes (6. Jh.), des Langobarden Paulus Diaconus (8. Jh.), des Franken Gregor von Tours (6. Jh.) und des Sachsen Widukind (10. Jh.), in Heidelberg (1817) die *Kaiserchronik* und mittelalterliche Legendensammlungen. Bei der stilistischen Redaktion von Vorlagen galt beiden Herausgebern die ältere Quelle stets als die wertvollere. Möglichste Treue der schriftlichen oder mündlichen Überlieferung gegenüber ließ sie auf alle *»unnötige Bräme und Stilverzierung«*, die häufig den ursprünglichen Sagenkern überwucherten, verzichten.

Die Aufteilung des Materials in Orts- und geschichtliche Sagen hängt eng mit der in der Vorrede zum ersten Band versuchten Abgrenzung des Begriffs der Sage zusammen. Was die im Unterschied zum mehr *»poetischen«* Märchen eher *»historische«* Sage auszeichne, sei die Besonderheit, *»daß sie an etwas Bekanntem und Bewußtem hafte, an einem Ort oder einem durch die Geschichte gesicherten Namen«*. Mit dem Märchen gemeinsam habe die Sage, im Gegensatz zur Geschichte, die Neigung, *»das sinnlich Natürliche und Begreifliche stets mit dem Unbegreiflichen* [zu] *mischen«*. Aus dieser Mischung von »Natürlichem« und »Übernatürlichem« gehe in der Regel eine solche *»Gewalt der Überraschung«* hervor, daß die *»überspannteste Kraft der aus sich bloß schöpfenden Einbildung«* dem Erfindungsreichtum von Sagen, Märchen und Legenden nicht gleichkomme. Die Bewunderung für diese Volksdichtung, die die Herausgeber, unter dem nachhaltigen Einfluß von Herders Idee der *»Volkspoesie«*, mit den jüngeren Romantikern teilten, verbindet sich, vor allem bei Jacob Grimm, mit dem keineswegs lediglich spekulativen Begriff eines unermüdlich schaffenden *»Volksgeistes«*. Er war überzeugt, daß in den ältesten Sagen *»die Taten und Geschichten gleichsam einen Laut von sich geben, welcher forthallen muß und das ganze Volk durchzieht, unwillkürlich und ohne Anstrengung, so treu, so rein, so unschuldig werden sie behalten, allein um ihrer selbst willen, ein gemeinsames teures Gut gebend, dessen ein jedweder teilhabe«* (*Gedanken wie sich die Sagen zur Poesie und Geschichte verhalten*, ›Zeitung für Einsiedler‹, 1808). So verstanden beide Herausgeber ihre Tätigkeit lediglich als ein *»leises Aufheben der Blätter und behutsames Wegbiegen der Zweige, um das Volk nicht zu stören«*. Der erste Band bietet lokal begrenzte Sagen oder regional verschieden ausgebildete und überlieferte Fassungen derselben Sagen, in denen der Mensch ausschließlich auf die geheimnisvollen, manchmal still, häufiger drohend oder rächend wirkenden Geschöpfe einer dämonisierten Natur (Hexen, Gespenster, Zwerge, Riesen, Nixen, Elfen, Kobolde, Elementar-, Wald- und Wassergeister) trifft. Der zweite Band erweitert den Begriff der Sage so, daß er sowohl einfache historische Tatbestände, in denen etwas Wunderbares, Unbegreifliches deutlich wird, als auch längere, novellenartige Chroniken umfassen kann, in denen die Grenzen zur von christlichen Vorstellungsbereichen beeinflußten Legende überschritten werden (z. B. Nr. 540, *Der Ritter mit dem Schwan*). Gerade diesem Teil der Sammlung verdanken Sagen wie die von Heinrich dem Löwen, vom Sängerkrieg auf der Wartburg, vom schlafenden Kaiser Barbarossa im Kyffhäuser, Lohengrin oder Tannhäuser ihre Volkstümlichkeit. Der Plan eines Anmerkungsbandes – wie bei den *Kinder- und Hausmärchen* – unterblieb wegen des unerwartet schlechten Absatzes der Sagensammlung; die religionskundliche Auswertung des Materials unternahm Jacob Grimm schließlich in seiner *Deutschen Mythologie*. H.H.H.

Ausgaben: Bln. 1816–1818, 2 Tle. – Bln. 1865. – Bln. 1905, Hg. R. Steig. – Lpzg. 1911, Hg. A. Stoll. – Mchn. 1911, Hg. H. Floerke, 2 Bde. – Bln. 1914, Hg. H. Schneider, 2 Bde. – Stg. 1961 (Hg. H. Gerstner, RUB). – Mchn. [5]1981 (Nach dem Text d. 3. Aufl. v. 1891, Nachwort L. Röhrich). – Mchn. 1984 (Auswahl, Hg. M. Frank; Heyne Tb).

LITERATUR: S. Aschner, *Die »Dt. Sagen« der Brüder G.*, Diss. Bln. 1909. – P. Böckmann, *Die Welt der Sage bei den Brüdern G.* (in GRM, 23, 1935, S. 81–104). – F. Erfurth, *Die »Dt. Sagen« der Brüder G.*, Diss. Münster 1938. – H.-F. Rosenfeld, *Zur Arbeitsweise der Brüder G. in den »Dt. Sagen«* (in Deutsches Jb. für Volkskunde, 4, 1958, S. 82–90). – E. Lichtenstein, *Herders Idee der Naturpoesie in der G.schen Hermeneutik der Volksdichtung* (in E. L., *Bildungsgeschichtl. Perspektiven*, Ratingen 1962, S. 130–147). – H. Rölleke, *Die Märchen- u. Sagensammlung der Brüder G.* (in *Die Brüder G. Dokumente ihres Lebens u. Wirkens*, Hg. v. D. Hennig u. B. Lauer, Kassel 1985, S. 101–111). – R. Schenda, *J. u. W. G.: »Dt. Sagen« Nr. 103, 298, 337, 340, 350, 357 u. 514. Bemerkungen zu den lit. Quellen von 7 Schweizer Sagen* (in Schweizerisches Archiv für Volkskunde, 81, 1985, S. 196–206).

DEUTSCHES WÖRTERBUCH

Etymologisches Wörterbuch der deutschen Sprache von Jacob und Wilhelm GRIMM, begonnen 1838; der erste Band erschien 1854, der 32. und letzte Band 1961. – Nach ihrer Entlassung als Professoren der Universität Göttingen, weil sie mit fünf weiteren Gelehrten 1837 gegen die Aufhebung der hannoverschen Verfassung durch König Ernst August protestiert hatten (»Göttinger Sieben«), lebten die Brüder Grimm ohne feste Tätigkeit und ohne Einkünfte in Kassel. In dieser Lage kam ihnen der Plan des Leipziger Verlegers Reimer, ein großes deutsches Wörterbuch zu schaffen, sehr gelegen: *»Wir haben uns in eine große, weite arbeit eingelassen, die uns auch äußerlich halt und stütze gewähren soll. Wir denken ein ausführliches deutsches wörterbuch von Luther an bis zu Goethe zu unternehmen ... Alle schriftsteller sollen dafür gründlich ausgezogen werden.«* (J. Grimm an Hupfeld, 28. 8. 1838). Das Werk sollte vor allem an die Stelle von J. Ch. ADELUNGS *Grammatisch-kritisches Wörterbuch der Hochdeutschen Mundart* (5 Bde., 1774 bis 1786, ²1793–1801) und J. H. CAMPES *Wörterbuch der Deutschen Sprache* (5 Bde., 1807–1811) treten und war ursprünglich auf fünf bis sieben Bände veranschlagt, aber die Arbeit weitete sich sofort ins Unübersehbare. Ein Jahr später ist das Unternehmen den Brüdern zuweilen schon eine Last: *»Noch jetzt kommen stunden genug, wo es mich gereut, daß wir uns auf ein so schweres werk eingelassen haben«* (J. Grimm an K. Lachmann, 26. 6. 1839); und fast zwanzig Jahre später, am 14. 4. 1858 schreibt J. Grimm an F. Ch. Dahlmann: *»Unterdessen auch haben sich manche andere und neue gegenstände vor mir aufgethan, deren behandlung mir weit näher zu herzen gienge als das wörterbuch, sie könnte ich erreichen, während das ende des wörterbuchs unnahbar steht. Hätte ich diese ganze schwierige lage vorausgesehen, ich würde damals mit händen und füßen das wörterbuch abgewehrt haben.«*

Anders als seine Vorgänger wollte J. Grimm, der Kopf des Unternehmens, nicht nur eine Bestandsaufnahme des deutschen Wortschatzes einschließlich der Lehn- und Fremdwörter geben, sondern auch dessen geschichtliche Entwicklung erfassen und diese durch Belege zumeist aus der deutschen Literatur veranschaulichen; die im Vorwort genannte zeitliche Spanne – *»von Luther an bis zu Goethe«* – wird bald aufgegeben und auch die älteren Sprachstufen finden Eingang in das Werk. Die Artikel sind einheitlich aufgebaut: Zunächst wird das Wort verzeichnet, dann die Bedeutung durch das lateinische Äquivalent angegeben. Definitionen fehlen meist oder erscheinen bei Fachbegriffen, berühmt geworden ist die (falsche) Erläuterung für *BLINDSCHLEICHE: »eine blinde giftige Schlange«*. Es folgt die etymologische Ableitung *(»Etymologie ist das salz oder die würze des wörterbuchs«)*, anschließend wird die Geschichte des Wortes in der althochdeutschen und mittelhochdeutschen Zeit umrissen. Der Hauptteil skizziert die neuhochdeutsche Entwicklung nach Form und Bedeutung anhand einer Fülle von Belegen, denn Jacob Grimm sah in der Veränderung des Wortschatzes ein Zeugnis für die nationale Geschichte und die sich entwickelnden Lebensformen der Menschen. Daher kennt das Wörterbuch, anders als seine Vorläufer, schon in den noch von den Brüdern Grimm betreuten Bänden kaum sprachregelnde Tendenzen, obgleich Jacob Grimm persönliche Urteile nicht scheut; *ABPRANGEN (»stolz abgehen«)* erscheint ihm als *»ein schönes Wort«*, während er zu dem aus der Napoleonischen Zeit überkommenen *ARMEE* vermerkt: *»ein mit dem feind überall vorgedrungnes, völlig entbehrliches wort, das unsere Sprache längst mit ›heer‹ und ›haufen‹ hätte zurückschlagen sollen«*. Das Ideal der Brüder war es, ein wissenschaftliches Werk zu schaffen, das dennoch zugleich dem einfachen Mann von Nutzen sein sollte: ein *»wörterbuch zum hausbedarf«*. Allerdings zweifelt Wilhelm Grimm schon bald, *»ob dem publikum ein in diesem sinne ausgearbeitetes, auf den bloß praktischen gebrauch nicht berechnetes werk behagen wird«* (An F. Blume, 22. 7. 1831).

Ein Publikumserfolg in diesem Sinne wurde das *Deutsche Wörterbuch* nicht, aber es geriet zu einem erstaunlichen Unikat in der Geschichte der deutschen Philologie. Von Anfang an tragen die Brüder das Material selbst zusammen, doch stehen ihnen eine Reihe von Mitarbeitern zur Seite, über 80 sind es schließlich, darunter G. FREYTAG, HOFFMANN VON FALLERSLEBEN, G. G. GERVINUS oder K. GOEDEKE, die ihre Belege an den Berliner Wohnsitz der Brüder sandten. J. Grimm schreibt in seiner Vorrede: *»Wie wenn tagelang feine, dichte flocken vom himmel niederfallen, ... werde ich von der masse aus allen ecken und ritzen auf mich andringender wörter gleichsam eingeschneit«*.

Es war bald absehbar, daß die Brüder das Werk nicht fertigstellen konnten. Jacob Grimm hatte die Buchstaben *A, B, C* und *E* übernommen und konnte den Buchstaben *F* noch bis zum Artikel *Frucht* beenden; Wilhelm Grimm, der nach Ansicht seines Bruders *»sehr hübsch und gewissenhaft, aber zu gelassen und zu langsam«* zu Werke ging (an

Gervinus, 5. 2. 1859), schloß kurz vor seinem Tod den Buchstaben *D* ab. Zeitlebens hatte es Jacob Grimm abgelehnt, eine Redaktion aufzubauen, wie es auch zwischen den Brüdern keine detaillierte Abstimmung über die Arbeit gab; über den von Wilhelm betreuten Band *D* vermerkt Jacob am 3. 3. 1855 an Hirzel: *»Das D wird nun anders sein als die vorausgehenden buchstaben und mancherlei darin mir nicht gefallen.«* In der Folgezeit änderte sich wenig am unkoordinierten Stil der Arbeit; K. Weigand und R. Hildebrandt führten den vierten, von Jacob Grimm noch begonnenen Band zu Ende, der 1878 erschien, die weiteren Bände fanden eine Reihe renommierter Bearbeiter, deren Arbeit aber keine gemeinsame redaktionelle Basis hatte, wie R. Meissner 1910 notierte: Nach dem Tode von Jacob Grimm wurde *»als oberster Grundsatz festgehalten: keiner sollte sich um den andern kümmern, jeder bekam die Arbeit des andern erst im fertigen Satz zu Gesicht. Mit der Ausführlichkeit in Darstellung und in Belegen, der Heranziehung der Mundarten, ... der Benutzung der mittelalterlichen Literatur oder der Literatur nach Goethe ... hielt es jeder wie er wollte. Man erweiterte allmählich den Plan des Wörterbuchs, aber ohne jede Gemeinsamkeit, so daß das Wörterbuch einen wunderlich chaotischen Charakter annahm«*. Damit sind die wesentlichen Kritikpunkte an dem Projekt bereits festgehalten, auch wenn allein angesichts der Fülle des Materials jeder Einwand sich wieder relativiert. Erst als 1906 das Wörterbuch, das mittlerweile als geradezu nationale Aufgabe auch staatliche Aufmerksamkeit gefunden hatte, in die Obhut der Deutschen Kommission der Berliner Akademie der Wissenschaften gelangte und 1908 eine Zentralsammelstelle in Göttingen eingerichtet wurde, entstand ein ausreichendes Belegarchiv; der von Jacob Grimm hinterlassene Zettelapparat erwies sich früh bereits als gänzlich unzureichend, wie M. Heyne im Vorwort zum sechsten Band notierte: *»dieser zettelapparat ... ist so lückenhaft, und zum theil auch so unzuverlässig, dasz die fortsetzer des Grimm'schen wörterbuches überwiegend ... darauf angewiesen sind, sich die belegstellen selbst herbeizuschaffen.«* Unter A. Hübner entstand 1930 eine Zentralredaktion in Berlin und auch die deutsche Teilung nach 1945 verhinderte den Fortgang der Arbeit nicht; Th. Frings und H. Neumann erreichten die weitere Zusammenarbeit der (Ost-)Berliner und Göttinger Arbeitsstelle des *Deutschen Wörterbuches*. Allerdings vermochte auch dies dem Wörterbuch seinen *»wunderlich chaotischen Charakter«* nicht gänzlich zu nehmen; die Arbeitsstellen bauen auf den Leistungen der Bearbeiter aus dem 19. Jh. auf. Bd. 5 *(GEFOPPE – GETREIBE)* und Bd. 6 etwa *(GETREIDE–GEWÖHNIG)* wurden von H. Wunderlich bearbeitet und erschienen 1897 und 1911, in Bd. 7 *(GEWÖHNLICH–GLEVE)* setzt die Arbeitsstelle die Bearbeitung Wunderlichs fort, der Band erscheint 1949, gefolgt von Bd. 8 *(GLIBBER–GRÄZIST)* 1958, während Bd. 9, als Abschluß des Buchstabens *G*, bereits 1935 von A. Hübner und H. Neumann in Verbindung mit der Arbeitsstelle des Deutschen Wörterbuches fertiggestellt worden war. Als weitere Bearbeiter erscheinen im Verlauf der über hundertjährigen Geschichte des Wörterbuchs u. a. M. Heyne (Bd. 10, *H–J*, 1877; Bd. 12, *L–M*, 1885; Bd. 14, *R–Schiefe*, 1893; er schuf auch noch die Grundlage für die Bde. 15–17), M. v. Lexer (Bd. 13, *N–Q*, 1889), L. Sütterlin, H. Teuchert, K. v. Bahder, R. Meissner oder A. Götze, um nur einige zu nennen. Uneinheitlich ist auch der Umfang der einzelnen Einträge; hatte Jacob Grimm Wert gelegt auf kurze, überschaubare Artikel, so erreicht bereits Hildebrands Eintrag zu *Geist* 118 Spalten; der längste Artikel (zu *stehen*) umfaßt schließlich 325 Spalten. Auch die Methodik des Wörterbuchs hatte früh bereits zu kritischen Stimmen geführt, auf die Jacob Grimm sehr gereizt reagierte *(»mag das wörterbuch den einbildungen ... dieser hämischen gesellen nicht entsprechen ...; das gab ihnen kein recht, ein vaterländisches werk ... zu verlästern«)*, aber die Vernachlässigung der Umgangssprache, der Sprachveränderungen in der Gegenwart und der Synonymik, was bereits 1894 H. Paul bemängelte, war von jeher ein kritischer Punkt in der Anlage des Wörterbuchs gewesen. Jacob Grimm wollte mit seinem Werk, wie er pathetisch erklärte, ein *»heiligthum der sprache gründen«*, sein Ideal war mit den Namen Luther und Goethe zu umreißen, und vor allem mit dem Tod Goethes ging auch für Jacob Grimm die Kunstepoche zu Ende; gegenüber der zeitgenössischen Literatur bewahrte sich Grimm ein heftiges Mißtrauen *(»Einen haufen bücher mit übelerfundenen titeln gibt es, die hausieren gehn ...«)* und wiederholt beschwört er die Sprachkunst der Vergangenheit; je weiter der Beobachter sich dahin bewege, *»desto schöner und vollkommener dünkt ihn die leibliche Gestalt der sprache, je näher ihrer jetzigen fassung er tritt, desto weher thut ihm jene macht und gewandtheit der form in abnahme und verfall zu finden«*. Die Gegenwartsliteratur findet so wenig Eingang in die von den Brüdern Grimm bearbeiteten Bände wie die sprachlichen Neuschöpfungen, die aus der technischen Entwicklung des 19. Jh.s resultieren.

Dieser Einwände ungeachtet erscheint das Wörterbuch mit seinen insgesamt 67 744 Spalten und geschätzten 400 000 Einträgen als einzigartiges Monument in der neueren Wissenschaftsgeschichte, sein Reprint 1984 wurde zu einem überraschenden Verlagserfolg. Seit 1965 erfolgt, wiederum durch die Göttinger und Ostberliner Arbeitsstellen, die Neubearbeitung der ältesten, von Jacob Grimm selbst redigierten Bände, der erste Band *(A–AFFRIKATA)* erschien 1983. Diese Neubearbeitung verzeichnet im Titel weiterhin die Namen von Jacob und Wilhelm Grimm. M.Pr.

Ausgaben: Lpzg. 1854–1961 (32 Bde.). – *Quellenverzeichnis zum »Deutschen Wörterbuch«*, Göttingen 1910 [erw. 1930]. – J. Grimm, *Vorreden zum »Deutschen Wörterbuch«*, Darmstadt 1961. – Lpzg. 1983 ff. (*»Deutsches Wörterbuch« von J. u. W. G. Neubearbeitung W. Braune. Hg. von der Akademie der Wissenschaften der DDR in Zusammenar-*

beit mit der Akademie der Wissenschaften zu Göttingen, Bd. 1, *A–AFFRIKATA* [1. Lfg. 1965]). – Mchn. 1984 (Fotomechan. Nachdr. der Erstausgabe, 33 Bde.; dtv). – Lpzg. 1984 (Nachdr. d. Erstausg., 33 Bde.).

LITERATUR: H. Paul, *Über die Aufgaben der wissenschaftlichen Lexikographie mit besonderer Rücksicht auf das deutsche Wörterbuch* (in Jb. der philos.-philol. u. hist. Classe der kgl. bayer. Akademie der Wissenschaften, 1894, S. 53–91). – R. Hofmann, *Zur Geschichte des DWbs* (in PJb, 136, 1909, S. 472–491). – R. Meißner, *Zur Geschichte des G.schen Wörterbuchs* (in PJb, 142, 1910, S. 62–80). – J. Lochner, *Die Tätigkeit der Zentralsammelstelle des Deutschen Wörterbuchs seit ihrer Gründung* (in Neue Jahrbücher für das Klassische Altertum, Geschichte u. dt. Lit., 16, 1913, S. 74–81). – P. Diepers, *Die Neuordnung des Deutschen Wörterbuchs der Brüder G.* (in Minerva-Zs., 6, 1930, S. 109–113). – A. Hübner, *Die Lage des Deutschen Wörterbuchs* (in AfdA, 49, 1930, S. 73–90). – B. Beckmann, *Das »Deutsche Wörterbuch« in Gegenwart u. Zukunft* (in Das Institut f. dt. Sprache u. Lit., Bln. 1954, S. 125–136). – A. Schirokauer, *Spätromantik im G.schen Wörterbuch* (in A. S., *Germanistische Studien*, Hbg. 1957, S. 200–212). – W. Schoof, *Die letzte Lieferung des G.schen Wörterbuchs – der Abschluß hundertjähriger Arbeit* (in WW, 11, 1960, S. 82–88). – W. Boehlich, *Ein Pyrrhussieg der Germanistik* (in Der Monat, H. 154, 1961, S. 38–53; dazu Erwiderung durch H. Neumann u. Th. Kochs ebd., H. 158, 1961, S. 54–61; Fortführung durch Boehlich ebd., H. 159, 1961, S. 80–85, durch Neumann/Kochs ebd., H. 161, 1962, S. 94–96). – M. Pfütze, *J. G., das »Deutsche Wörterbuch« u. die Nation. Bemerkungen zu einer politischen Entwicklung* (in WB, 8, 1962, S. 264–290). – W. Pfeifer, *Das »Deutsche Wörterbuch«* (in Deutsches Jb. für Volkskunde, 9, 1963, S. 190–213). – W. Betz, *Das neue »Deutsche Wörterbuch«. Konferenz über die 2. Auflage des »Grimm«* (in Zs. für dt. Wortforschung, 19, 1963, S. 180–186). – Th. Kochs, *Nationale Idee u. nationalistisches Denken im G.schen Wörterbuch* (in *Nationalismus in Germanistik u. Dichtung*. Dokumentation des Germanistentages in München vom 17.–22. Oktober 1966, Hg. B. v. Wiese u. R. Henß, Bln. 1967, S. 273–284). – A. Kirkness, *Geschichte des »Deutschen Wörterbuchs« 1838–1863. Dokumente zu den Lexikographen G. Mit einem Beitrag von L. Denecke*, Stg. 1980. – U. Pretzel, *Zur Geschichte des Deutschen Wörterbuchs* (in *Brüder G. Gedenken 1981*, Marburg 1981, Bd. 3, S. 216–248). – J. Bahr, *Grammatik im Deutschen Wörterbuch von J. u. W. G.* (in *Lexikographie u. Grammatik*. Akten des Essener Kolloquiums zur Grammatik im Wörterbuch, 28.–30. 6. 1984, Hg. H. Bergenholtz u. J. Mugdan, Tübingen 1985, S. 99–117). – W. Jens, *Des deutschen Geistes gewaltiges Vorratshaus. Geschichte u. Bedeutung des G.schen Wörterbuchs* (in FAZ, 20. 11. 1984). – J. Drews, *Großartig mißraten. G.s Wörterbuch – ein deutsches Schicksal* (in SZ, 22./23. 12. 1984). – B. Döring, *Zum Zusammenhang von Sprachgeschichte u. Geschichte der Gesellschaft bei J. Ch. Adelung u. J. G.* (in Zeitschrift für Germanistik, 5, 1984, S. 159–167). – H. Weber, *Denken, Sprache und Kommunikation – zum Bedeutungsbegriff im »G.schen Wörterbuch«* (in Universitas, 39, 1984, S. 1091–1100). – J. E. Härd, *Das alte u. das neue G.sche Wörterbuch* (in *Die Brüder G. Erbe u. Rezeption*. Stockholmer Symposium 1984, Hg. A. Stedje, Stockholm 1985, S. 83–91). – W. Neumann, *Zum Sprachbegriff J. G.s* (in Zeitschrift für Phonetik, Sprachwissenschaft u. Kommunikationsforschung, 38, 1985, S. 500–518). – K. Stackmann, *Über das Wörterbuch der Brüder G.* (in *J. u. W. G. Vorträge u. Ansprachen in den Veranst. d. Akad. d. Wiss. u. d. Georg-August-Univ. in Göttingen anlässl. der 200. Wiederkehr ihrer Geburtstage* ..., Göttingen 1986, S. 7–38).

KINDER- UND HAUSMÄRCHEN

Märchensammlung der Brüder Jacob und Wilhelm GRIMM, erschienen in zwei Teilen 1812 (mit 86 Märchen) und 1815 (mit 72 Märchen); ein dritter Band mit Varianten und Anmerkungen – der erste wissenschaftliche Beitrag zur Märchenforschung – folgte 1822. – Angeregt zu ihrer Märchensammlung wurden die Brüder Grimm durch Achim von ARNIM und Clemens BRENTANO, für deren Sammlung von Volksliedern in *Des Knaben Wunderhorn* (1805/08; ²1819) die Brüder von 1806 an Material sammelten und 1810 an Brentano übersandten, der dies allerdings nicht verwertete; die Manuskripte wurden erst im 20. Jh. gefunden und erlauben wichtige Rückschlüsse auf die Bearbeitung der Märchen durch die Brüder Grimm, die ihre Originalaufzeichnungen der mündlich überlieferten Märchen nicht aufbewahrten. Arnim und Brentano beabsichtigten zu dieser Zeit noch, die Liedersammlung durch *»alte mündlich überlieferte Sagen und Mährchen«* zu ergänzen, ein Vorhaben, das schließlich die Brüder Grimm ausführten. Von Anfang an aber steht ihre Sammlung damit, entgegen dem Eindruck, den die Brüder selbst in der Vorrede erwecken, in einem literarischen Zusammenhang, der nicht ohne Auswirkungen auf Auswahl und Form der publizierten Märchen blieb, wie in neueren Untersuchungen zu den *Kinder- und Hausmärchen* zunehmend betont wird. Nach eigenen Angaben sammelten die Brüder die Märchen nach dem Grundsatz, alles *»durch den Mund des Volkes«* Überlieferte *»so rein als möglich ... treu und genau mit aller Eigentümlichkeit selbst des Dialekts, ohne Zusatz und sogenannte Verschönerung wiederzugeben«*, denn beide waren der Überzeugung, daß *»in diesen Volksmärchen lauter urdeutscher Mythus, den man für verloren gehalten«*, sich bewahrt habe. In seinem Briefwechsel mit Arnim grenzt Jacob Grimm das »Volksmärchen« – für ihn Inbegriff und Urgestalt von Poesie schlechthin – vom romantischen »Kunstmärchen« ab. Beim Volksmärchen handle es sich um »Naturpoesie«, die aus einem irrationalen Schöpfungsakt der kollektiven Volksseele, einem *»Sichvonselbstmachen«* entstanden sei. Das romantische Kunstmärchen dagegen sei bloße »Kunstpoesie«, ein Produkt subjektiv-persönlichen *»Zubereitens«*; so übe die Poesie des Volksmärchens *»schon Rechte, wonach die spätere nur in Zeugnissen strebt«*. Die Volksmärchen zu sichern war das Anliegen der Brüder Grimm, nicht nur, weil *»diejenigen, die sie bewahren sollen, immer seltener«* wurden, sondern auch aus politischen Gründen; der *»herbste Schmerz«*, mit dem sie *»Deutschland in unwürdige Fesseln geschlagen«* sehen, veranlaßt sie zu dem Versuch, durch die Erforschung der nationalen Vergangenheit zugleich auch eine politische Utopie zu entwerfen: *»Man suchte nicht nur in der Vergangenheit einen Trost, auch die Hoffnung war natürlich, daß diese Richtung zu der Rückkehr einer andern Zeit etwas beitragen könne«* (W. Grimm).

Insgesamt trugen die Brüder 240 Märchen zusammen, die nach den Angaben von H. Rölleke auf rund 40 verschiedene Beiträger und 30 schriftliche Quellen zurückgehen, darunter J. PAULI (*Schimpf und Ernst*, 1522), Hans SACHS, Martin LUTHER sowie die pommerschen Märchen des Malers Philipp Otto RUNGE (*De Fischer un sine Fru, Machandelboom*). Auch wenn es in der Vorrede heißt, wonach die mündlich überlieferten Texte *»mit wenigen Ausnahmen«* hessischer Herkunft seien oder den *»Main- und Kinziggegenden in der Grafschaft Hanau, wo wir her sind«*, entstammen, so wurde doch ein Drittel der Märchen in Westfalen von den Schwestern von Droste-Hülshoff sowie der Familie von Haxthausen gesammelt und den Brüdern zugesandt. Als namentliche Beiträger tauchen daneben Dortchen Wild, Wilhelm Grimms spätere Frau auf (sie steuerte u. a. *Frau Holle, Die sechs Schwäne, Rumpelstilzchen, Der liebste Roland, Allerleirauh* bei), Jeanette und Marie Hassenpflug (u. a. *Brüderchen und Schwesterchen, Dornröschen*) sowie die »Märchenfrau« Dorothea Viehmann, in der Vorrede als *»Bäuerin aus dem nah bei Kassel gelegenen Dorfe Zwehrn«* vorgestellt, *»durch die wir einen ansehnlichen Theil der hier mitgetheilten, darum ächt hessischen Märchen ... erhalten haben«*; u. a. *Der getreue Johannes, Der Teufel mit den drei goldenen Haaren, Des Teufels rußiger Bruder, Doktor Allwissend*. Tatsächlich handelte es sich um die Frau eines Schneiders, die von hugenottischen Einwanderern abstammte und der französischen Sprache mächtig war, wodurch sich für H. Rölleke die oft diskutierten Bezüge zwischen den Märchen der Brüder Grimm und den Texten französischer Märchensammlungen (Ch. PERRAULT, Mme d'AULNOY) erklären, die bereits so bekannte Märchen wie *Aschenputtel, Rotkäppchen* oder *Der gestiefelte Kater* kennen; in den Vorreden der folgenden Ausgaben fehlt der Hinweis auf die *»ächt hessischen Märchen«*, was für Rölleke – die These ist nicht unumstritten – nur so zu erklären ist, *»daß die Brüder Grimm inzwischen diese Zusammenhänge erkannten«*, aber verschwiegen: *»Das Thema war wegen der nationalen Intentionen der Sammlung und der angeblichen Beweiskraft für ›lauter urdeutschen Mythus‹ heikel«*; bezeichnenderweise aber fehlt im Titel der Märchensammlung das Attribut »deutsch«, das ansonsten alle größeren Schriften der Brüder kennzeichnet. Die von Herman Grimm als Erzählerin angeführte Marie Müller (*»die alte Marie«*), Haushälterin der Familie Wild, kommt nach H. Rölleke als Überlieferin nicht in Frage. Vorwiegend also sind die Beiträger Frauen, und vorwiegend gehören sie zum adlig-bürgerlichen Mittelstand, wohl mit ein Grund für den Erfolg der Sammlung in den bürgerlichen Familien des 19. und 20. Jh.s. Unstrittig ist heute, daß sowohl Jacob wie Wilhelm Grimm durchaus eine Bearbeitung der mündlich überlieferten Texte vornahmen; sie ergänzten bruchstückhafte Überlieferungen, kompilierten verschiedene Versionen und glichen die Märchen stilistisch einander an; volkstümliche Doppelausdrücke (*»Speis und Trank«*), Diminutivformen (*Brüderchen und Schwesterchen*), Stabreimverbindungen (*»Haus und Hof«*), Sprichwörter und vor allem die Einführung der direkten Rede belebten, wie I. Bennung festgehalten hat, die Texte, die aus der Erzählform des Präsens in das Imperfekt gestellt wurden. Die bekannte Einleitungsformel *»Es war einmal ...«* steht dagegen nicht einmal der Hälfte der Grimmschen Märchen voran: *»Allen Märchenanfängen gemeinsam ist dagegen – und das gehört zur Eigenart dieser Erzählweise –, daß mit dem ersten Satz die Hauptperson oder eine für diese schicksalsträchtige Figur eingeführt und gekennzeichnet wird«* (B. Stolt). Teils wirkte hier der Glaube an verschollene Urfassungen fort, die es zu rekonstruieren galt, teils waren es Eingriffe aus pädagogischen Gründen; W. Grimm tilgte erotisch anzügliche Stellen und betonte den erbaulich-erzieherischen Charakter der Märchen, als die Sammlung zunehmend als Kinderbuch erfolgreich war. Er betreute von 1815 an die verschiedenen Auflagen, die sich anfänglich nur zögerlich verkauften und auch starke Kritik auf sich zogen; Brentano etwa bezeichnete die Sammlung gegenüber Arnim als *»lumpicht«* und *»sehr langweilig«*. Den eigentlichen Erfolg der Sammlung, die in der siebten Auflage als Ausgabe letzter Hand 211 Märchen enthielt, begründete die *Kleine Ausgabe* von 1825, in die 50 Märchen aufgenommen wurden, zu denen Ludwig Emil Grimm sieben Illustrationen schuf, wie überhaupt die Geschichte der *Kinder- und Hausmärchen* nicht zu denken ist ohne die zahlreichen Illustrationen, die dazu entstanden; heute ist die Märchensammlung der Brüder Grimm das am häufigsten übersetzte und wohl am weitesten verbreitete deutschsprachige Buch.

Die Brüder Grimm waren keineswegs die ersten Märchensammler. Neben Giovan F. STRAPAROLA (*La piacevoli notti*, 1550/53; *Ergötzliche Nächte*) und Giambattista BASILE (*Lo cunto de li cunti, ouero Lo tratteniemento de' peccerile, di Gian Alesio Abbattutis*, 1634/36; *Das Märchen aller Märchen, oder Unterhaltung der Kinder*, besser bekannt u. d. Titel *Pentamerone*) hatten bereits Charles Perrault (*Histoire ou Contes du Temps passé avec des Moralitez*, 1697) und Marie-Catherine d'Aulnoy (*Les illustres fées, contes galans*, 1698), in Deutschland J. K. A. MUSÄUS (*Volksmärchen der Deutschen*, 1782 bis 1786), Benedicte NEUBERT (*Neue Volksmärchen der Deutschen*, 1789–1793) oder Ludwig TIECK (*Volksmärchen*, 1798) Märchensammlungen publiziert. Aber es waren die Brüder Grimm, die *»den Stil des deutschen Buchmärchens recht eigentlich«* erst schufen (M. LÜTHI), dessen Deutung und typische Strukturmerkmale in der Märchenforschung bis heute kontrovers diskutiert wird. Bereits die Abgrenzung zu Fabeln, Legenden, Schwänken und Sagen ist fließend und zahlreiche Texte aus den *Kinder- und Hausmärchen* sind diesen Gattungen denn auch zuzuordnen. Der finnische Märchenforscher Antti Aarne hat 1910 als einer der ersten ein Typensystem der Märchen erstellt (1928 von Stith Thompson erweitert), an dessen Spitze die »eigentlichen« Märchen, die Zaubermärchen stehen *(Aschenbrödel, Dornröschen, Tischchendeckdich, Rumpelstilzchen)*, gefolgt von den Tiermärchen *(Bremer Stadtmusikanten)* und den Schwänken, ohne daß diese Typologie alle Nuancen des Märchens erfassen kann. Das Märchen hebt die Gesetze von Raum und Zeit auf zugunsten einer surreal-verzauberten Welt; Tiere können sprechen, Dinge ein Eigenleben entwickeln, ohne daß sich die Träger der Märchenhandlung darüber verwundern: *»Sage und Legende«*, so Wilhelm Grimm, fügen *»meist etwas Ungewöhnliches und Überraschendes, selbst das Übersinnliche geradezu und ernsthaft an das Gewöhnliche, Wohlbekannte und Gegenwärtige … das Märchen aber steht abseits der Welt in einem umfriedeten, ungestörten Platz.«* Dazu kommt, daß die Akteure im Märchen – deren Zahl stets begrenzt und überschaubar ist – ihre Handlungen und ihre Situation nicht reflektieren, insgesamt nicht als Individuen, sondern als Typen gezeichnet sind. Gestützt wird dies durch eine schematische Erzählstruktur: Märchen neigen zu zwei- oder dreiteiligen Handlungen, deren Ausgangspunkt meist eine Notlage (Armut, bevorstehender Tod) oder eine von außen, etwa durch einen König gestellte Aufgabe ist, die der gute Held durch unerwartet auftretende Helfer – auch in Tier- oder Dinggestalt – mit List und Tapferkeit löst, um sich dann seinen Lohn oder ein in Zukunft sorgenfreies Leben zu sichern. Damit verbunden ist die scharfe Scheidung der Figuren in gut und böse, die Betonung von Tabus und Verboten, von Rätseln und symbolischen Gesten. Dornröschen darf niemandem die Tür öffnen, Rotkäppchen nicht vom Weg abweichen, der abgedankte Soldat in *Des Teufels rußiger Bruder* darf sich weder waschen noch kämmen, während Rumpelstilzchen seine Macht verliert, als sein Name bekannt wird. Charakteristisch für das Märchen ist auch die Beschränkung darauf, was unmittelbar wichtig für die Handlung ist; Dorf, Stadt oder Natur, Menschen, Tiere oder Dinge erscheinen nur in jener Perspektive, in der sie für den Fortgang der Handlung wesentlich sind; alle Ausschmückungen oder mögliche Alternativen sind ausgeschaltet.

Es waren vor allen die Stereotypen der Märchen, die angesichts ihrer Beliebtheit beim Publikum eine Vielzahl von Wissenschaften anzogen, von der Germanistik über die Volkskunde bis hin zur Psychologie, wobei jedoch weiterhin grundlegende Fragen nicht eindeutig geklärt sind, ja eine historisch-kritische Ausgabe der Grimmschen Märchentexte bis heute nicht vorliegt, so daß bis heute die *Anmerkungen* von J. Bolte u. G. Polívka zu den *Kinder- und Hausmärchen* unverzichtbar sind. Bereits das Alter der Märchen ist unbestimmt; die Motive sind wohl älter als die Erzählungen, die in Europa vermutlich während des Mittelalters entstanden sind (M. Lüthi), außereuropäische Märchen wie die indischen lassen sich auf 1000 v. Chr. datieren. Teils werden die Märchen auf magisch-mythische Rituale von Naturvölkern zurückgeführt (in diesem Sinne bereits früh der Ethnologe B. K. MALINOWSKI) oder auf Spiegelungen anthropologischer Konstanten, auf Götter- und Naturvorstellungen (R. Steiner, E. Storck). Bereits zur Jahrhundertwende stellte F. v. d. Leyen Analogien zwischen Märchen und Traum fest, entsprechend den psychologischen Schulen werden die Märchen als Reaktion auf eine wunschversagende Realität (v. d. Leyen, G. Bittner) wie auf menschliche Reifungsvorgänge, zumeist der Pubertät (J. Bilz, B. Jöckel) oder als Ausgestaltung von Archetypen im Sinne C. G. Jungs (A. Gutter) gedeutet. Daneben stehen strukturalistische (V. Propp) und formalistische (M. Lüthi) Untersuchungen zur Erzählform der Märchen sowie literaturwissenschaftliche Ansätze (L. Röhrich, H. Brackert, A. Nitschke), und auch die Pädagogik hat sich immer wieder mit dem Phänomen der Grausamkeit (dagegen M. Lüthi: *»Nur die Handlung wird gegeben, das Seelische wird nicht dargestellt. Deshalb wirken auch die scheinbar grausamen Strafen nicht wirklich grausam … Unsere Volksmärchen kosten das Grausame nicht aus, sie sind in diesem Sinne gar nicht grausam.«*) und der Zeichnung einer heilen Welt im Märchen beschäftigt; insgesamt relativieren und ergänzen sich die verschiedenen, mittlerweile kaum mehr überschaubaren Interpretationsansätze gegenseitig: *»Mit einem Wort: Das Märchen ist lebendig, wohl nicht zuletzt, weil es wie kaum ein anderes Kunstwerk Wirklichkeit und Möglichkeit des Menschen in so einfachen wie zeitüberdauernden Figuren, Konstellationen, Motiven und Bildern vorstellt«* (H. Rölleke).

M.Pr.

AUSGABEN: Bln. 1812–1815, 2 Bde. – Bln. 1819–1822, 3 Bde. (erw. Neuausg.). – Bln. [7]1857 *(Ausgabe letzter Hand)*. – Lpzg. 1907–1909 (*Jubiläums-Ausgabe*, Hg. u. Einl. R. Riemann, 3 Bde.). – Jena 1912 (*Märchen der Weltliteratur*, Hg. F. v. d. Leyen, 2 Bde.; ern. Düsseldorf 1962). – Mchn. 1913 (Hg. u. Einl. F. Panzer, 2 Bde., vollst. Ausg. der Urfassg.; ern. Wiesbaden 1955, 1961). – Ffm. 1964 (*G.s Märchen in ursprünglicher Gestalt. Nach der Ölenberger Hs. von 1810*, Hg. u. Nachw. M. Lemmer). – Stg. 1980 (*Ausgabe letzter Hand mit den Originalanmerkungen der Brüder G. Mit einem Anhang sämtlicher, nicht in allen Auflagen veröffentlichter Märchen u. Herkunftsnachweisen*,

Hg. H. Rölleke, 3 Bde.; RUB). – Dortmund 1982 (*G.s Märchen. Die kleine Ausgabe aus dem Jahre 1825*, Nachw. H. Gerstner). – Köln 1982 (Nachdr. der 2. Aufl. von 1818, Hg. H. Rölleke). – Bonn 1983 (*Märchen aus dem Nachlaß der Brüder G.*, Hg. H. Rölleke). – Salzburg/Mchn. 1984 (*Märchen der Brüder G. Nach der Ölenberger Hs.*, Hg. H. Thurnher). – Mchn. 1984 (Hg. R. Rilz, 2 Bde.; dtv). – Ffm. 1985 (Nach der 3. Aufl. 1837, Hg. H. Rölleke). – Ffm. 1986 (Vorw. I. Weber-Kellermann; it).

LITERATUR: H. Grimm, *Die Brüder G. u. die Kinder- u. Hausmärchen* (in H. G., *Beiträge zur Deutschen Culturgeschichte*, Bln. 1897, S. 214–297). – A. Aarne u. S. Thompson, *The Types of the Folktale. A classification and bibliography*, Helsinki 1928 (²1961). – *Handwörterbuch des Deutschen Märchens*, Hg. L. Mackensen, 2 Bde., Bln./Lpzg. 1930–1940 (unvollendet). – K. Schmidt, *Die Entwicklung der G.schen »Kinder- und Hausmärchen« seit der Urhs.*, Halle 1932. – E. Probst, *Die deutschen Illustrationen der G.schen Märchen im 19. Jh.*, Coburg 1935. – W. Schoof, *Beiträge zur Stilentwicklung der G.schen Märchen* (in ZfdPh, 74, 1955, S. 424–433). – Ch. Bühler u. J. Bilz, *Das Märchen u. die Phantasie des Kindes*, Mchn. 1958. – W. Schoof, *Zur Entstehung der G.schen Märchen*, Hbg. 1959. – H. v. Beit, *Symbolik des Märchens*, 3 Bde., Bern 1960–1965. – H. Birkhan, *Die Verwandlung in der Volkserzählung. Eine Untersuchung der Märchen der Brüder G.*, Diss. Wien 1962. – *Anmerkungen zu den »Kinder- und Hausmärchen«*, Neubearb. J. Bolte, G. Polívka u. a., [Lpzg. 1913] Hildesheim ²1963, 5 Bde. – F. v. d. Leyen, *Das deutsche Märchen u. die Brüder G.*, Düsseldorf/Köln 1964. – A. Jolles, *Einfache Formen. Legende, Sage, Mythe, Rätsel, Spruch, Kasus, Memorabile, Märchen, Witz*, Tübingen ³1965. – W. A. Berendsohn, *Grundformen volkstümlicher Erzählkunst in den Kinder- u. Hausmärchen der Brüder G.*, Wiesbaden ²1968. – A. Gutter, *Märchen u. Märe. Psychologische Deutung u. pädagogische Wertung*, Solothurn 1968. – *Märchenforschung u. Tiefenpsychologie*, Hg. W. Laiblin (mit Beiträgen u. a. v. J. Bilz, G. Büttner, B. Jöckel), Darmstadt 1969. – H. Pongs, *Symbolsprache der G.schen Märchen* (in H. P., *Das Bild in der Dichtung*, Bd. 4, Marburg 1973, S. 44–118). – L. Röhrich, *Märchen und Wirklichkeit*, Wiesbaden ³1974. – H. Rölleke, *Die Urfassung der G.schen Märchensammlung von 1810. Eine Rekonstruktion ihres tatsächlichen Bestandes* (in Euph, 68, 1974, S. 331–336). – *Enzyklopädie des Märchens. Handwörterbuch zur historischen u. vergleichenden Erzählforschung*, Hg. K. Ranke, 12 Bde. (geplant), Bln. 1975 ff. – I. Bennung, *Das deutsche Märchen als Kinderliteratur*, Halle 1975. – V. Propp, *Morphologie des Märchens* (in *Morphologie des Märchens*, Hg. K. Eimermacher, Ffm. 1975, S. 9–153; stw). – H. Rölleke, *Die »stockhessischen« Märchen der »Alten Marie«. Das Ende eines Mythos um die frühesten KHM-Aufzeichnungen der Brüder G.* (in GRM, N. F. 25, 1975, S. 74–86). – A. Nitschke, *Soziale Ordnungen im Spiegel der Märchen*, 2 Bde., Stg. 1976/77. – E. Storck, *Alte u. neue Schöpfung in den Märchen der Brüder G.*, Bietigheim 1977. – M. Lüthi, *Märchen*, Stg. ⁷1980. – *»Und wenn sie nicht gestorben sind ...«. Perspektiven auf das Märchen*, Hg. H. Brackert, Ffm. 1980 (es). – U. Bastian, *Die »KHM« der Brüder G. in der literarisch-pädagogischen Diskussion des 19. u. 20. Jh.s*, Ffm. 1981. – J. Zipes, *Rotkäppchens Lust u. Leid. Biographie eines europäischen Märchens*, Köln 1982. – R. Geiger, *Märchenkunde. Mensch u. Schicksal im Spiegel der G.schen Märchen*, Stg. 1982. – K. Stiasny, *Was G.sche Märchen erzählen*, 2 Bde., Schaffhausen 1982–1983. – P. Dettmering, *Lebendes Bild oder »heftigste Bewegung«?* (in P. D., *Literatur, Psychoanalyse, Film*, Stg. 1984, S. 8–21). – W. Nissen, *Die Brüder G. u. ihre Märchen*, Göttingen 1984. – H. Rölleke, *Die Märchen der Brüder G. Eine Einführung*, Mchn. 1985. – Ders., *»Wo das Wünschen noch geholfen hat«. Gesammelte Aufsätze zu den »Kinder- und Hausmärchen« der Brüder G.*, Bonn 1985. – I. Spörk, *Studien zu ausgewählten Märchen der Brüder G.*, Königstein/Ts. 1985. – B. Stolt, *Textsortenstilistische Beobachtungen zur »Gattung G.«* (in *Die Brüder G. Erbe u. Rezeption*. Stockholmer Symposium 1984, Hg. A. Stedje, Stockholm 1985, S. 17–27).

WILHELM HAUFF

* 29.11.1802 Stuttgart
† 18.11.1827 Stuttgart

LITERATUR ZUM AUTOR:
J. Arnaudorff, *W. H.s Märchen u. Novellen. Quellenforschungen u. stilistische Untersuchungen*, Diss. Mchn. 1915. – A. Jaschek, *W. H. Stellung zwischen Romantik u. Realismus*, Diss. Ffm. 1957. – I. Otte, *Das Bild der Dichterpersönlichkeit W. H. ...*, Diss. Mchn. 1967. – R. S. Brown, *W. H.s Novellen: To What Extent Trivialliteratur?*, Diss. Univ. of Kansas 1971. – F. Sengle, *Biedermeierzeit*, Bd. 2, Stg. 1972. – A. B. I. Czygan, *W. H. The Writer and His Work as Seen Through His Correspondences*, Diss. Univ. of Wisconsin, Madison 1976. – G. Kozielek, *Das novellistische Schaffen W. H.s* (in Lenau-Almanach, 1976–1978, S. 19–28). – J. Horn, *Der Dichter u. die Lesewelt. W. H.s Werk als Epochenphänomen*, Diss. Bremen 1981. – F. Pfäfflin, *W. H. Der Verfasser des »Lichtenstein«. Chronik seines Lebens und Werkes*, Stg. 1981. – F. Martini, *W. H.* (in *Dt. Dichter der Romantik*, Hg. B. v. Wiese, Bln. ²1983, S. 532–562). – K. Rex, *Autor u. literarischer Markt. Zur Stellung W. H.s im literarischen Leben der zwanziger Jahre des 19. Jh.s*, Diss. Lpzg. 1985. – O. Hinz, *W. H.*, Reinbek 1989 (rm).

MÄRCHEN

Märchen von Wilhelm HAUFF, erschienen 1825–1828 in drei *Mährchen-Almanachen*. – Sind die übrigen Werke Hauffs heute weitgehend vergessen, so erleben seine *Märchen* weiterhin Neuauflagen. Beeinflußt von der Märchensammlung *Tausendundeine Nacht*, von den *Kinder- und Hausmärchen* (1812–1815) der Brüder GRIMM und den romantischen Kunstmärchen L. TIECKS und E. T. A. HOFFMANNS, gewinnen die Hauffschen Märchen doch ihr eigenes Gepräge: *»Sie sind insgesamt in einem leichtflüssigen, gefälligen, dabei zugleich volkstümlichen Stil abgefaßt, verweben nahtlos romantische und biedermeierliche Züge, weisen ... eine recht realistische Zeichnung des Milieus, der Gestalten und Begebnisse auf und verraten nicht zuletzt jene sympathische Unbekümmertheit, die den Verfasser als jugendlichen Autor ausweist.«*

Jeder Almanach enthält eine Rahmengeschichte (*Die Carawane; Der Scheikh von Alessandria und seine Sclaven; Das Wirtshaus im Spessart*), die als Bindeglied zwischen den einzelnen Märchen fungiert. Hauff wählte die Almanachform in der Absicht, den Märchen wieder eine größere Publizität und ideelle Verbindlichkeit zu sichern. Dies geht aus der allegorischen zeitkritischen Einleitung zum ersten Almanach, *Märchen als Almanach*, schlüssig hervor: »Märchen«, die älteste Tochter der »Königin Phantasie«, klagt der Mutter ihr Leid. Seit sich die Menschen »kluger Wächter« – gemeint sind offenbar einige besonders unduldsame Literaturkritiker – bedienten, sei sie nicht mehr so willkommen wie früher. Der »Mode« und ihren »windigen Gesellen« gebe man nun auf Erden den Vorzug. Die Mutter rät Märchen, sich an die Kinder zu wenden und deren Aufmerksamkeit mit Hilfe eines neuen, farbenfrohen Kleides zu erobern: dem »Gewand eines Almanach«. Die Wächter verspotten das malerisch aufgeputzte Phantasiegeschöpf, schlafen aber ein, als es bunte Bilder in die Luft steigen läßt. Ein freundlicher Mann gewährt Märchen Einlaß und weist ihm einen Platz bei den Kindern an. Auf diese Weise evoziert Hauff den für seine Erzählhaltung und die Wirkungsintensität des Erzählten bedeutsamen Eindruck, als würden die Almanachmärchen sich gleichsam selbst erzählen, als seien sie jene bunten Bilder, die Märchen in die Luft steigen läßt. Die sechs Märchen des ersten Almanachs (*Kalif Storch; Geschichte vom Gespensterschiff; Geschichte von der abgehauenen Hand; Die Errettung Fatmes; Geschichte von dem kleinen Muck; Märchen vom falschen Prinzen*) wurzeln im orientalischen Milieu: Kaufleute ziehen durch die Wüste und verbringen die Abende in geselliger Runde mit Geschichtenerzählen. In *Kalif Storch* lassen sich Chasid, der Kalif von Bagdad, und sein Großwesir Mansur auf ein riskantes Abenteuer ein: Sie schnupfen ein Zauberpulver, sagen die Zauberformel »Mutabor« – und verwandeln sich in Störche. Um ihre menschliche Gestalt wiederzuerlangen, dürfen sie auf keinen Fall lachen und müssen sich, indem sie das Zauberwort murmeln, dreimal gegen Osten verneigen. Ihr Gelächter über die plumpen Tanzschritte einer Störchin hat jedoch zur Folge, daß sie das Zauberwort vergessen und fortan als Störche umherirren. Erlöst werden sie erst durch die Hilfe einer als Nachteule verzauberten indischen Prinzessin, die ihnen unter der Bedingung, daß der Kalif sie heiratet, den Weg zum bösen Zauberer Kaschnur zeigt, dem sie das Zauberwort ablauschen. – Als grausiger Kontrast schließt sich die Geschichte vom *Gespensterschiff* an, und auch die *Geschichte vom kleinen Muck* trägt eher groteske als heitere Züge. Die Rahmenerzählung nimmt eine überraschende Wendung: Der geheimnisvolle Fremde, der die Anregung zum Erzählen gab, entpuppt sich als der berüchtigte Räuber Orbasan, der in einigen Märchen eine Rolle spielte, also Märchenfigur und Märchenerzähler zugleich ist. Damit gewinnt auch die Rahmenerzählung Märchencharakter.

Eine ähnlich überraschende Pointe weist die Rahmenerzählung des zweiten Almanachs auf. Vor vielen Jahren ist Kairam, der Sohn des Scheiks von Alessandria, von den Franken entführt worden. Ein Derwisch hat dem Vater prophezeit, sein Sohn werde einst am Jahrestag seiner Entführung heimkehren. Jahr für Jahr veranstaltet der Scheik aus diesem Grund ein großes Fest und gibt, weil er seinen Sohn in der Sklaverei wähnt, zwölf Sklaven die Freiheit. Diese bedanken sich mit Geschichtenerzählen. Als das Fest zum fünfzehnten Mal stattfindet, erzählt einer der Sklaven, ein schöner junger Mann, die *Geschichte Almansors*, die Geschichte einer Entführung. Am Schluß wird deutlich, daß Almansor mit dem Erzähler identisch ist und daß sich hinter beiden der verlorene Sohn des Scheiks verbirgt. – Außer vier, von Hauff selbst stammenden Märchen (*Zwerg Nase; Abner, der Jude; Der Affe als Mensch; Geschichte Almansors*) enthält der zweite Almanach auch Märchen anderer Autoren: *Der arme Stephan* von G. A. SCHÖLL, *Der gebackene Kopf* von J. MORIER sowie *Das Fest der Unterirdischen* und *Schneeweißchen und Rosenrot* von W. Grimm. *Zwerg Nase* und *Der Affe als Mensch* spielen in Deutschland und bezeugen die allmähliche Abkehr Hauffs von der orientalischen Märchenwelt und den Übergang zur Welt der Grimmschen Märchen, der im *Wirtshaus im Spessart* (mit einer Ausnahme) vollzogen wird. *Zwerg Nase* ist die Geschichte des kleinen Jakob, dessen Mutter auf dem Markt Gemüse und Kräuter feilbietet. Eines Tages schilt ein häßliches, boshaftes altes Weib mit langer Nase und Spinnenfingern die Ware *»schlechtes Zeug«*. Jakob belustigt vor allem die lange Nase. Zur Strafe versetzt ihn die Alte, als er sie in ihr wunderliches Haus begleitet, mit Hilfe eines seltenen Kräutleins in tiefen Schlaf. Als er wieder erwacht, läuft er nach Hause, wo man ihm mit Abscheu begegnet: Er hat sich in einen häßlichen Zwerg mit einer langen Nase verwandelt. Nun verdingt er sich als Küchenmeister bei einem Herzog, für den er eines Tages die »Pastete Souzeraine« zubereiten soll. Erst nach langem Suchen findet er das seltene Kräutlein »NiesmitLust«, eine

der Hauptzutaten. Er riecht daran – und erhält seine natürliche Gestalt zurück.
Von düsterer Spannung ist die Rahmenerzählung des dritten Almanachs, *Das Wirtshaus im Spessart*, erfüllt. Eine Gruppe von Reisenden verbringt die Nacht in einem Wirtshaus mitten im sagenumwobenen, von Räubern durchstreiften Spessart. Um die Angst vor den Räubern zu bannen – die Wirtsleute scheinen deren Komplicen zu sein –, erzählt man sich Geschichten *(Sage vom Hirschgulden; Das kalte Herz; Saids Schicksal; Die Höhle von Steenfoll)*.
Das kalte Herz ist ein Märchen aus dem Schwarzwald. Der arme Kohlenbrenner Peter Munk sehnt sich nach Reichtum und Ansehen. Das »Glasmännlein«, genannt Schatzhauser, gewährt ihm drei Wünsche. Statt Verstand und Klugheit wünscht sich der törichte Peter, ein flotter Tänzer zu sein, stets genauso viel Geld zu besitzen wie der »dicke Ezechiel«, den der mächtige Waldgeist »Holländer-Michel« reich gemacht hat, und Eigentümer der ertragreichsten Glashütte im ganzen Schwarzwald zu sein. Weil er jedoch Stammgast im Wirtshaus wird, geht es mit der Glashütte rasch bergab, und als der dicke Ezechiel sein ganzes Geld verspielt, ist Peter bettelarm. In seiner Verzweiflung fleht er den Holländer-Michel um Hilfe an. Dieser verspricht ihm Reichtum unter der Bedingung, daß er sein Herz hergibt und sich dafür ein steinernes einsetzen läßt. Mit dem Herz aus Stein ist Peter unempfindlich für menschliche Regungen geworden, führt ein Leben in Saus und Braus, verstößt seine alte Mutter und tötet seine junge Frau im Zorn, weil sie einen armen alten Mann mit Essen versorgte. Dieser, niemand anders als das Glasmännlein, zeigt ihm, wie er den Holländer-Michel überlisten und sein lebendiges Herz wiedererlangen kann. Obendrein gibt er dem Bußfertigen seine Frau und seine Mutter zurück. – Auch in der Rahmenerzählung wendet sich alles zum Guten: Dank der Unerschrockenheit des jungen Felix werden die Reisenden, die inzwischen Räubern in die Hände gefallen sind, befreit.
Hauffs *Märchen*, wie seine übrigen Werke *»auf paradoxe Weise zugleich eklektizistisch und unabhängig* (F. Martini), entziehen sich der präzisen Einordnung in eine literarische Stilrichtung. Wie für E. T. A. Hoffmann, dessen Theorie er dem Sinn nach in das Rahmengespräch zu der Märchensammlung *Der Scheikh von Alessandria* übernommen hat, liegt auch für Hauff der eigentümliche Reiz des Märchens in der *»Einmischung eines fabelhaften Zaubers in das gewöhnliche Menschenleben«*. Von Hoffmann lernte er die genaue und greifbare Beschreibung des Wunderbaren (dies zeigt sich im *Kalten Herz* beispielsweise in dem sinnverwirrenden Gestaltwechsel des Schatzhausers zwischen Eichhörnchen und Mensch, in den andern Metamorphosen der beiden Geister, in den aufgereihten pochenden Herzen von Michels Opfern und in Peters wirklichkeitsnahen Träumen). All dies dient, wie in neueren Studien hervorgehoben wird, nicht allein dem epigonalen Effekt, sondern ist durchaus auch Indiz für die wirtschaftlichen Veränderungen, die Ausbreitung der Geldwirtschaft, auf die mit den Verhaltensmustern der Feudalgesellschaft sowenig erfolgreich zu reagieren ist wie auf die Wirtschaftskrise, die durch die Massenprodukte der englischen Industrie 1825/26 in Deutschland ausgelöst wurde: *»Es geht um die Ablehnung, ja mehr, um die Angst vor der Versuchung des Geldes, vor der Verführung zu allzu raschem Gewinn«* (F. Martini), womit Hauffs Märchen, ohne ihre Atmosphäre auch nur im geringsten zu verlieren durchaus ein *»historisch-politisches«* (E. Schwarz) wie auch didaktisches Moment gewinnen. Deutlich wird dies auch in der Abwendung vom orientalischen Ambiente hin zu heimatlichen Schauplätzen und Stoffen, in der zunehmenden realistischeren Zeichnung des Umfelds und der Psychologisierung der Akteure, etwa in *Zwerg Nase, Das kalte Herz* oder *Das Wirtshaus im Spessart*. D.Ba.-KLL

Ausgaben: Stg. 1826 [recte 1825] (in Mährchen-Almanach auf das Jahr 1826 f. Söhne und Töchter gebildeter Stände, enth. *Die Caravane*); Stg. 1827 (in Mährchen-Almanach auf das Jahr 1828; enth. *Der Scheikh von Alessandria und seine Sclaven*); Stg. 1828 (in Mährchen-Almanach auf das Jahr 1828; enth. *Das Wirtshaus im Spessart*). – Stg. 1830 (in *SS*, Hg. G. Schwab, 36 Bde., 25–30). – Stg. 1846 (in *SW*, Hg. ders., 18 Bde., 10–13; 4. Gesamtausg.). – Bln. 1879 (in *Prosaische u. poetische Werke*, 12 Bde., 2 u. 3). – Lpzg./Wien o. J. [1891–1902] (in *Werke*, Hg. M. Mendheim, 4 Bde., 2–4; krit.). – Bln. 1908 (in *Werke*, Hg. u. Einl. M. Drescher, 6 Bde., 1; krit.). – Mchn./Lpzg. 1911 (in *Werke*, 2 Bde., 1; Ill. A. Kubin). – Mchn. 1962 (in *Werke*, Hg. G. Spiekerkötter, 3 Bde., 1). – Zürich 1969 (in *Märchen u. Novellen*; Ill. W. M. Busch). – Mchn. 1970 (in *SW*, 3 Bde., 2; Textred u. Anm. S. v. Steinsdorff u. U. Schweikert; Nachw. H. Koopmann). – Ffm. 1976, Hg. B. Zeller, 2 Bde. (m. Ill.; Insel Tb). – Stg. 1979 (*Die Geschichte vom kleinen Muck. Zwerg Nase*; Nachw. E. Ackermann; RUB). – Stg. 1986 (*Sämtl. Märchen*, Hg. u. Nachw. H. H. Ewers; m. den Ill. der Erstdrucke; RUB). – Mchn. 1986 (*Sämtl. Märchen*; Studienausg.; Goldm. Tb). – Bln./Weimar [12]1987 (in *Werke* 2 Bde., 2; Einl. R. Schlichting).

Literatur: J. Klosse, *W. H.s »Märchen« in ihrem Verhältnis zum Volksmärchen*, Diss. Breslau 1923. – H. Schulhof, *W. H.s Märchen* (in Euph., 29, 1928, S. 108–132). – L. Santucci, *W. H.s menschliches Märchen* (in L. S., *Das Kind sein Mythos u. sein Märchen*, Hannover 1964, S. 89–95). – E. Bloch, *Das Wirtshaus im Spessart* (in E. B., *Literarische Aufsätze*, Ffm. 1965, S. 79–83). – A. R. A. Fattah, *W. H. und »1001 Nacht«*, Diss. Lpzg. 1970. – M. Franke, *Steinherz u. Goldseele. Ein Symbol im Kontext* (in *Das kalte Herz. Texte der Romantik*, Ausw. u. Interpretation M. Franke, Ffm. 1978, S. 233–401). – S. Beckmann, *W. H. Seine Märchenalmanache als zyklische Kompositonen*, Bonn 1976. – V. Klotz, *W. H.* (in V. K. *Das europäische Kunstmärchen*, Stg. 1985, S. 208–222). – E. Schwarz,

W. H.: Der Zwerg Nase, Das kalte Herz u. a. Erzählungen (1826/27) (in *Romane u. Erzählungen zwischen Romantik u. Realismus*, Hg. P. M. Lützeler, Stg. 1983, S. 117–135).

JOHANN PETER HEBEL

* 10.5.1760 Basel
† 23.9.1826 Schwetzingen

SCHATZKÄSTLEIN DES RHEINISCHEN HAUSFREUNDES

Prosasammlung von Johann Peter HEBEL, erschienen 1811. – Diese umfangreiche Zusammenstellung von Kurzgeschichten, Anekdoten und Schwänken vereinigt nahezu alle Beiträge, die Hebel von 1803 bis 1811 zunächst als Mitarbeiter, dann als Herausgeber des Badischen Landkalenders ›Rheinländischer Hausfreund‹ verfaßte. Der Titel könnte auf idyllische Heimatkunst schließen lassen. Aber darüber reichen Hebels Texte, die teilweise volkstümliches Erzählgut verarbeiten, weit hinaus. Die zahlreichen Anspielungen auf historische Ereignisse und auf das Zeitgeschehen, die Schauplätze seiner Geschichten, die über ganz Europa verteilt sind, in der Türkei und in Amerika liegen, verleihen seinem »Lesebuch« Urbanität, Weltoffenheit und erweisen sich in eins damit als erzählerische Kunstgriffe: Macht die Einflechtung faktischer Begebenheiten die Erzählungen glaubwürdiger, so bewegt der bunte Wechsel der Orte die Phantasie des Lesers und verschafft jeder Geschichte eine spezifische, unverwechselbare Atmosphäre. Aus Hebels Erzählungen ließe sich ein perfekter Katalog der »Sünden«, Fehler und Wunderlichkeiten herstellen, die in zwischenmenschlichen Verhältnissen gedeihen, aber auch, parallel dazu, ein ansehnlicher Kalender entsprechender Tugenden: Stets schildert Hebel menschliche Schwächen in der Absicht, ihnen durch praktische Humanität abzuhelfen – darin tradiert er den optimistischen Besserungswillen aus dem Zeitalter der Aufklärung. Hochmut und Doppelzüngigkeit werden an Naivität, redlicher Gesinnung und Treue zuschanden; autoritäre Attitüden an kaltblütiger Courage *(Der Barbierjunge von Segringen, Wie man in den Wald schreit, also schreit es daraus)*, suspekte, im Umkreis der Besitzideologie und des Konkurrenzkampfs entwickelte Verhaltensweisen – Gewinnsucht, Geiz, die Neigung zum Übervorteilen und zum blinden Sparen – scheitern am Mutterwitz, an der Klugheit und an der Geistesgegenwart aufgeweckter einzelner *(Der falsche Edelstein, Die zwei Postillione, Der Wasserträger)*. Gerade diesen Tugenden gilt Hebels Sympathie; er bringt sie in Gestalt überraschender Einfälle oder intelligenter Überlistungen zur Geltung; das macht die Moral seiner Geschichten, das oft zweimalige *»Merke«* so unpedantisch und heiter *(Der silberne Löffel)*. Wie wenig diese Moral mit bürgerlicher Enge zu tun hat, zeigt Hebels unverhohlenes Vergnügen an den Streichen und Gaunereien des Heiners und des Zundel-Frieders – zwei Spitzbuben, deren Schlagfertigkeit und Scharfsinn ihn faszinieren (vgl. *Der Heiner und der Brassenheimer Müller; Wie der Zundel-Frieder eines Tages aus dem Zuchthaus entwich und glücklich über die Grenzen kam*). Indirekt bekundet sich darin Hebels Protest gegen öffentliche Scheinmoral, sein Widerspruchsgeist, der seine Geschichten so erfrischend unkonventionell macht, ihnen Beweglichkeit, entwaffnende Ungezwungenheit verleiht. Diese Qualitäten treten durch charakteristische Stilzüge unmittelbar hervor: durch die indirekten Reden und Widerreden, die er in den erzählten Vorgang einstreut, durch die Pointen, die er in Dialoge und Berichte einblendet – und zwar unauffällig und unaufdringlich, gleichsam aus dem Stegreif. Diese kunstvolle Absichtslosigkeit ist ein dominierendes Stilmittel Hebels; es bewährt sich gerade an solchen Erzählungen, deren Inhalt das Rührende streift; aus seiner Scheu vor dem Affekt, aus seiner Kunst der unpathetischen Anspielung gehen so ergreifende Meisterwerke wie *Unverhofftes Wiedersehen* hervor. Satirischer Schärfe enthält er sich; auch dort, wo ein gesellschaftskritischer Fingerzeig statthaft wäre, neigt er zum versöhnlichen Lächeln. So zeigt er denn gelegentlich ein gewisses Einverständnis mit dem Bestehenden, rät er seinen Lesern zum Ertragen fragwürdiger Verhältnisse, indem er soziale Unterschiede relativiert und in resignativer »Volksweisheit« entschärft *(Kannitverstan)*. Doch ist auch solcher »Trost« durchaus unsentimental, einbezogen in Hebels humoristisch gebrochenes Verhältnis zur Welt.

Wenn dieser Humor nie etwas distanziert Überlegenes an sich hat, sondern unbefangen wirkt und gleichsam gesättigt ist von Wirklichkeit, so mag das an der Volkssprache liegen, aus der Hebel mit Vorliebe schöpft: Ihre Redewendungen, plastischen Vergleiche und syntaktischen Eigentümlichkeiten geben seinem Stil jene Unmittelbarkeit und sinnliche Kraft, die GOETHES Rezension an ihm rühmte. Beispielhaft zeigt Hebels Prosa, *»daß neuere deutsche Prosa«*, nach einem Wort Walter BENJAMINS, *»eine höchst gespannte, höchst dialektische Auseinandersetzung zwischen zwei Polen ist. Einem konstanten und einem variablen: der erste ist das Deutsch der Lutherbibel und der zweite die Mundart. Wie sich bei Hebel beide durchdringen, das ist der Schlüssel seiner artistischen Meisterschaft.«* Daß man Hebels Namen vor allem mit einfachen Leserschichten und mit Schullesebüchern verbindet, ist Folge akademischen Bildungshochmuts. Er sieht an Hebels wahrhaft unauffälliger Kunst vorbei, die seiner eigenen anspruchsvollen Vorstellung vom idealen Volksschriftsteller gerecht wird: *»... so leicht alles hingegossen scheint, so gehört bekanntlich viel mehr dazu, etwas zu schreiben, dem man die Kunst und den Fleiß* *nicht ansieht, als etwas, dem man sie ansieht, und das in der nämlichen Form um den Beifall der Gebildeten zugleich und der Ungebildeten ringt.«* G.Sa.

AUSGABEN: Karlsruhe 1808–1811 (in Der Rheinländische Hausfreund oder: Neuer Kalender, mit lehrreichen Nachrichten und lustigen Erzählungen; Ausz.). – Tübingen 1811; [2]1818. – Bln./Stg. 1883 (in *Werke*, Hg. O. Behaghel, 2 Bde., 2). – Zürich 1943 (in *Werke*, Hg. W. Altwegg, 3 Bde., 2). – Basel/Stg. 1959 (in *Werke*, Hg. O. Kleiber, 3 Bde., 1958/1959, 2/3). – Mchn. 1961 (in *Poetische Werke*; Nachw. Th. Salfinger; Ill. C. Stauber, K. H. Schmolze u. L. Richter; ern. 1964). – Ffm. 1968 (in *Werke*, Hg. E. Meckel, Einl. R. Minder, 2 Bde., 1). – Karlsruhe 1968 (in *GA*, Hg. W. Zentner, 3 Bde., 1968–1972, 1/2).

LITERATUR: S. Löffler, *J. P. H. Wesen u. Wurzeln seiner dichterischen Welt*, Frauenfeld/Lpzg. 1944 (zugl. Diss. Zürich). – M. Heidegger, *H., der Hausfreund*, Pfullingen 1957. – E. Bloch, *H., Gotthelf u. bäurisches Tao* (in E. B., *Verfremdungen*, Bd. 1, Ffm. 1962, S. 186–210). – *Theodor Heuss, Carl J. Burckhardt, Wilhelm Hausenstein, Benno Reifenberg, Robert Minder, Werner Bergengruen, Martin Heidegger über J. P. H.*, Tübingen 1964. – *Hebeldank. Bekenntnis zum alemannischen Geist in 7 Reden beim »Schatzkästlein«*, Hg. H. Uhl, Freiburg i. B. 1964. – E. Bloch, *Nachwort zu H.s »Schatzkästlein«* (in *Literarische Aufsätze*, Ffm. 1965, S. 172–183; *Gesamtausgabe*, Bd. 9). – U. Däster, *J. P. H. Studien zu seinen Kalendergeschichten*, Aarau 1968. – W. Muschg. *Pamphlet u. Bekenntnis. Aufsätze u. Reden*, Hg. u. Ausw. P. A. Bloch u. E. Muschg-Zollikofer, Olten/Freiburg i. B. 1968, S. 74–81. – U. Däster, *J. P. H. Studien zu seinen Kalendergeschichten*, Aarau 1968. – G. Hirtsiefer, Ordnung u. Recht in der Dichtung J. P. H.s, Bonn 1968. – L. Wittmann, *J. P. H.s Spiegel der Welt. Interpretationen zu 53 Kalendergeschichten*, Ffm. 1969. – J. Knopf, *Geschichten zur Geschichte. Kritische Tradition des »Volkstümlichen« in den Kalendergeschichten H.s u. Brechts*, Stg. 1973. – W. Benjamin, *J. P. H. Zu seinem hundertsten Todestag* (in W. B., *GS*, Hg. R. Tiedemann u. H. Schweppenhäuser, Bd. 2, Ffm. 1976). – M. Stern, *Zeit, Augenblick u. Ewigkeit in J. P. H.s »Unverhofftem Wiedersehen«*, Lörrach 1976. – K. Oettinger, *»Der Rheinländische Hausfreund«. Zur Bedeutung der Titelfigur von J. P. H.s Kalender* (in Allmende, 3, 1983, S. 76–90). – A. v. Jüchen, *Das Tabu des Todes und der Sinn des Sterbens*, Stg. 1984. – K. Franz, *J. P. H.: »Kannitverstan«. Ein Mißverständnis u. seine Folgen*, Mchn. 1985. – A. Braunbehrens, *Anmerkungen zu H.s Texten* (in *J. P. H. Eine Wiederbegegnung zu seinem 225. Geburtstag*, Ausstellungskatalog, Karlsruhe 1985, S. 159–1973). – R. Faber, *»Der Erzähler« J. P. H.* (in *Walter Benjamin. Profane Erleuchtung u. rettende Kritik*, Hg. N. W. Bolz u. R. F., Würzburg [2]1985, S. 102–163).

FRIEDRICH HÖLDERLIN

eig. Johann Christian Friedrich Hölderlin

* 20.3.1770 Lauffen am Neckar
† 7.6.1843 Tübingen

LITERATUR ZUM AUTOR:
Bibliographie und Forschungsberichte:
A. v. Grolman, *Die gegenwärtige Lage der H.-Literatur. Eine Problem- u. Literaturschau. 1920–1925* (in DVLG, 4, 1926, S. 564–594). – F. Seebaß, *Neue H.-Literatur. Ein Forschungsbericht* (in GRM, 19, 1931, S. 26–46). – H. O. Burger, *Die Entwicklung des H.-Bildes seit 1933* (in DVLG, 18, 1940, S. 101–122). – H. O. Burger, *Die H.-Forschung der Jahre 1940–1955* (ebd., 30, 1956, S. 329–366). – A. Pellegrini, *H. Sein Bild in der Forschung*, Bln. 1965. – W. Müller-Seidel, *H.s Dichtung u. das Ereignis der Französischen Revolution. Zur Problemlage* (in H.-Jb., 17, 1971/72, S. 119–125). – *Internationale H.-Bibliographie* [IHB], Erste Ausgabe 1804–1982 bearb. v. M. Kohler, Stg. 1985. – S. Packalén, *Zum H.-Bild in der Bundesrepublik u. der DDR*, Diss. Uppsala 1986. – G. Mieth, *Neue H.-Literatur* (in Zs. für Germanistik, 8, Lpzg. 1987, H. 1).
Zeitschrift:
Iduna. Jb. der Hölderlin-Gesellschaft, Hg. F. Beißner u. P. Kluckhohn, Jg. 1, Tübingen 1944; fortgeführt als Hölderlin-Jb., Bd. 2 ff., Tübingen 1947 ff.
Biographien:
W. Waiblinger, *F. H.s Leben, Dichtung und Wahnsinn*, Tübingen 1827 (ern. Wurmlingen 1982, Hg. P. Bertaux. – Chr. Th. Schwab, *H.s Leben* (in *SW*, Bd. 2, Stg. 1846). – C. T. Litzmann, *F. H.s Leben. In Briefen von u. an H.*, Bln. 1890. – L. v. Pigenot, *H. Das Wesen u. die Schau. Ein Versuch*, Mchn. 1923. – R. Peacock, *H.*, Ldn. 1938. – W. Michel, *Das Leben F. H.s*, Bremen 1940; ern. Darmstadt 1963. – *H. zum 200. Geburtstag*, Hg. W. Volke, Stg. 1970 [Ausst.-Kat.]. – A. Beck u. P. Raabe, *H. Eine Chronik in Text u. Bild*, Ffm. 1970. – *H. Chronik seines Lebens mit ausgewählten Bildnissen*, Hg. A. Beck, Ffm. 1975 (Insel Tb). – F. Mieth, *F. H. Dichter der bürgerlich-demokratischen Revolution*, Bln./DDR 1978. – P. Bertaux, *F. H.*, Ffm. 1978; ern. Ffm. 1981 (st). – U. H. Petersen, *H. Wider die These vom edlen Simulanten*, Reinbek 1982. – D. Uffhausen, *»Weh! Närrisch machen sie mich.« H.s Internierung im Autenriethschen Klinikum (Tübingen 1806/07) als entscheidende Wende seines Lebens* (in H.-Jb., 24, 1984/85, S. 306–365). – M. Beese, *H.*, Lpzg. 1985.
Gesamtdarstellungen und Studien:
W. Dilthey, *F. H.* (in W. D., *Das Erlebnis u. die Dichtung. Lessing, Goethe, Novalis, H.*, Lpzg. 1906, S. 242–314; Göttingen [15]1970). – E. Cassirer, *H. u. der deutsche Idealismus* (in E. C., *Idee u. Gestalt. Goethe/Schiller/H./Kleist*, Bln. 1921). – W. Böhm,

H., 2 Bde., Halle/Saale 1928–1930. – P. Böckmann, *H. u. seine Götter*, Mchn. 1935. – R. Guardini, *H. Weltbild u. Frömmigkeit*, Mchn. 1939. – K. Hildebrandt, *H. Philosophie u. Dichtung*, Stg./Bln. 1939. – W. Michel, *H.s abendländische Wendung* (in W. M., *H.s Wiederkunft*, Wien 1943, S. 57–109). – J. Hoffmeister, *H. u. die Philosophie*, Lpzg. 1944. – E. Müller, *H. Studien zur Geschichte seines Geistes*, Stg./Bln. 1944. – L. Ryan, *H.s Lehre vom Wechsel der Töne*, Stg. 1960. – *H. Beiträge zu seinem Verständnis in unserem Jh.*, Hg. A. Kelletat, Tübingen 1961. – F. Beißner, *H. Reden u. Aufsätze*, Weimar 1961. – W. Binder, *H.s Namenssymbolik* (in H.-Jb., 12, 1961/62, S. 95–204). – U. Gaier, *Der gesetzliche Kalkül. H.s Dichtungslehre*, Tübingen 1962. – D. Henrich, *H. über Urteil u. Sein. Eine Studie zur Entstehungsgeschichte des Idealismus* (in H.-Jb., 14, 1965/66, S. 73–96). – R. Minder, *H. unter den Deutschen* (ebd., S. 1–19). – D. Lüders, *»Die Welt im verringerten Maßstab«. H-Studien*, Tübingen 1968. – P. Bertaux, *H. u. die Französische Revolution*, Ffm. 1969 (es). – E. Kloehn, *Zeit u. Zeitlichkeit im Werk H.s*, Kiel 1969. – R. Zuberbühler, *H.s Erneuerung der Sprache aus ihren mythologischen Ursprüngen*, Bln. 1969. – J. Schmidt, *Über H.*, Ffm. 1970 (es). – P. Szondi, *H.-Studien. Mit einem Traktat über philologische Erkenntnis*, Ffm 1970 (es). – M. Walser, *H. zu entsprechen*, Biberach a. d. Riß 1970 (ern. in *Der andere H. Materialien zum »Hölderlin«-Stück von Peter Weiss*, Hg. Th. Beckermann u. V. Canaris, Ffm. 1972, S. 101–124; st). – D. Henrich, *Hegel u. Hölderlin* (in D. H., *Hegel im Kontext*, Ffm. 1971, S. 9–40; es). – J. Scharfschwerdt, *Die pietistisch-kleinbürgerliche Interpretation der Französischen Revolution in H.s Briefen* (in Jb. der Dt. Schiller-Gs., 15, 1971, S. 174–230). – G. Buhr, *H.s Mythenbegriff. Eine Untersuchung zu den Fragmenten »Über Religionen« u. »Das Werden im Vergehen«*, Ffm. 1972. – G. Hempelmann, *Dichtung u. Denkverzicht. H. als Tragiker*, Hbg. 1972. – *H. ohne Mythos*, Hg. I. Riedel, Göttingen 1973. – R. B. Harrison, *H. and Greek Literature*, Oxford 1975. – G. Kurz, *Mittelbarkeit u. Vereinigung. Zum Verhältnis von Poesie, Reflexion u. Revolution bei H.*, Stg. 1975. – Chr. Prignitz, *F. H. Die Entwicklung seines politischen Denkens unter dem Einfluß der Französischen Revolution*, Hbg. 1976. – F. Strack, *Ästhetik u. Freiheit. H.s Idee von Schönheit, Sittlichkeit u. Geschichte in der Frühzeit*, Tübingen 1976. – H.-U. Hauschild, *Die idealistische Utopie. Untersuchungen zur Entwicklung des utopischen Denkens bei F. H.*, Bern/Ffm. 1977. – H. Bachmaier u. a., *H. Transzendentale Reflexion der Poesie*, Stg. 1979. – G. Thurmair, *Einfalt u. einfaches Leben. Der Motivbereich des Idyllischen im Werk F. H.s*, Mchn. 1980. – M. Heidegger, *Erläuterungen zu H.s Dichtung* (in M. H., *GA*, 1. Abt., Bd. 4, Ffm. 1981). – A. Beck, *H.s Weg zu Deutschland. Fragmente u. Thesen*, Stg. 1982. – C. M. Kalász, *H. Die poetische Kritik instrumenteller Vernunft*, Diss. Ffm. 1982. – A. Thomasberger, *Von der Poesie der Sprache. Gedanken zum mythologischen Charakter der Dichtung H.s*, Ffm. 1982. – M. Prill, *Bürgerliche Alltagswelt u. pietistisches Denken im Werk H.s. Zur Kritik des H.-Bildes von G. Lukács*, Tübingen 1983. – G. Jallet, *H.*, Paris 1985. – P. Unger, *F. H.*, Boston 1985. – S. Wackwitz, *F. H.*, Stg. 1985 (Slg. Metzler). – W. Dierauer, *H. u. der spekulative Pietismus Württembergs*, Diss. Zürich 1986. – Chr. Jamme, *»Ein ungelehrtes Buch«. Die philosophische Gemeinschaft zwischen H. u. Hegel in Frankfurt 1797–1800*, Bonn ²1986. – M. Behre, *»Des dunkeln Lichtes voll«. H.s Mythenkonzept Dionysos*, Mchn. 1987. – W. Binder, *H.-Studien*, Ffm. 1987. – D. Constantine, *H.*, Oxford 1988.

DAS LYRISCHE WERK von Friedrich Hölderlin.

Das lyrische Werk Hölderlins, das heute als ein Höhepunkt deutschsprachiger Dichtung gilt, war zu Lebzeiten des Autors kaum bekannt. Zwar erschienen vereinzelt Gedichte in zeitgenössischen Almanachen und Zeitschriften, zu denen sich Romantiker wie August Wilhelm Schlegel, Clemens Brentano oder Ludwig Uhland teilweise enthusiastisch äußerten, breitere Resonanz aber fanden sie nicht. Gustav Schwab und Ludwig Uhland gaben 1826 eine erste Sammlung von Gedichten heraus, 1846 versuchte Christoph Theodor Schwab erstmals, »Sämmtliche Werke« Hölderlins zu edieren. Historisch-kritische Ausgaben entstanden jedoch erst im 20. Jh. Die Grundlage für die Hölderlin-Renaissance nach 1900 bildete vor allem die von Norbert von Hellingrath begonnene, von Friedrich Seebass und Ludwig von Pigenot fortgeführte Werkausgabe in sechs Bänden (1913–1926). Da Hölderlins Lyrik meist nur handschriftlich überliefert ist und zudem zahlreiche Varianten und Entwürfe, vor allem zu den späten Hymnen vorliegen, bestand für jeden Herausgeber das Problem, zu entscheiden, in welchem Verhältnis die verschiedenen Varianten zueinander stehen und was als endgültige Textgestalt anzusehen ist. Die ersten Werkausgaben hielten die Textvarianten nur unvollständig fest. Daher begann 1943 unter Friedrich Beissner die Arbeit an der achtbändigen »Großen Stuttgarter Ausgabe« (STA), die erstmals sämtliche Textgestalten erfaßt und ihren Entstehungsprozeß dokumentiert. Das Ideal dieser Ausgabe ist es, aus der Vielzahl der Lesarten einen endgültigen Text zu gewinnen. Diese Absicht stieß bereits früh auf Skepsis, da man einige der von Beißner als Lesetext definierten Fassungen wiederum nur als eine von mehreren Versionen eines sich entwickelnden Textes ansah. Die 1975 von Dietrich E. Sattler begonnene »Frankfurter Ausgabe« macht daher das Faksimile des Originalmanuskripts zur Editionsgrundlage, einschließlich jener Vermerke und Korrekturen, die sich dort finden. Einen endgültigen Text bietet diese Edition nur, sofern die vom Dichter selbst stammende Reinschrift eines Gedichts überliefert ist.

Hölderlins lyrische Anfänge, die Jugendgedichte der Maulbronner Klosterzeit (1786–1788, gesammelt im sog. »Marbacher Quartheft«) stehen unter dem Eindruck der pietistisch geprägten Hymnik Klopstocks, auch wenn Anklänge an Schiller und zeitkritische Wendungen unter dem Einfluß Schubarts bereits aufzeigbar sind. In den Jahren am Tübinger Stift (1788–1793) faßt Hölderlin seine Begeisterung für die Französische Revolution in eine Reihe von Hymnen, in der Regel nach dem Vorbild der Schillerschen ›Ideenhymnik‹ mit gereimten, achtzeiligen Strophen im jambischen oder trochäischen Versmaß.

Von diesem ersten, relativ geschlossenen Werkkomplex heben sich die antiken Formen ab, denen sich Hölderlin im Verlauf seiner Auseinandersetzung mit Schiller zuwendet. Bereits während der Arbeit am Roman *Hyperion*, vor allem aber nach 1797 entsteht das Odenwerk, in dem sich Hölderlin, anders als Klopstock, auf alkäische und asklepiadeische Strophen beschränkt. Diese meist als mittlere Schaffensperiode bezeichnete Phase, in der sich der Dichter auch in anderen Metren wie Distichon, Blankvers und Hexameterrhythmus versucht, ist begleitet von philosophischen und ästhetischen Reflexionen *(Urteil und Sein; Über Religion; Über die Verfahrensweise des poetischen Geistes; Über den Unterschied der Dichtarten)*, die den theoretischen Grund für Hölderlins Spätwerk bilden. Im Zeitraum von 1800 bis 1806 entstehen schließlich jene großen Elegien und Hymnen, nach dem Vorbild Pindars in freien Rhythmen gehalten, die letztlich den Anstoß für die Wiederentdeckung Hölderlins im 20. Jh. gaben.

Die Schwierigkeiten, die Hölderlins Lyrik dem Leser heute bereitet, liegen nicht nur in ihrer teils auf antike, teils auf pietistisch-christliche Traditionen zurückweisenden Symbolik. Es ist vor allem der Anspruch des Autors, eine umfassende Sinngebung menschlicher Geschichte durch die Synthese politischer, philosophischer und religiöser Vorstellungen seiner Zeit zu geben, wodurch dieses Werk sich gegen moderne, säkularisierte Denkweisen sperrt. Zwar beeinflußte Hölderlin über Autoren wie Stefan George oder Rainer Maria Rilke die Literatur des 20. Jh.s, ebenso lassen sich Beziehungen zum Expressionismus nachweisen, aber die Auseinandersetzung mit dem Dichter, vor allem in der Literatur nach 1945 bei Autoren wie Stefan Hermlin, Peter Weiss, Peter Härtling oder Gerhard Wolf, konzentrierte sich doch immer wieder auf die Biographie Hölderlins, in dessen persönlichem Schicksal sich beispielhaft die Ohnmacht der Literatur und des Literaten gegenüber den Zeitläuften zu versinnbildlichen scheint. So behutsam Annäherungen dieser Art an den Autor sind, so gelingen sie doch nur unter Vernachlässigung der Zeitgebundenheit, die den Gehalt seines Werkes bestimmt und erst in jüngster Zeit von der Forschung differenziert analysiert wurde. Hinter scheinbar unverfänglichen Begriffen wie »Liebe« und »Schönheit«, »Harmonie« und »Freiheit« steht bei Hölderlin ein ästhetisches Programm, das in seiner Konsequenz wie in seinem Wirkungsanspruch in der deutschen Literatur wohl einzigartig ist. Die Arbeit daran begründet den Zusammenhang des lyrischen Werks, dessen Autor damit wesentlich als »philosophischer« Dichter zu sehen ist, als *»einer der originellsten und bedeutendsten Denker und Ästhetiker des deutschen Idealismus«* (P. Szondi). Nur unter Berücksichtigung dieses Hintergrunds kann vermieden werden, was Theodor W. Adorno 1965 in seiner Kritik der Hölderlin-Rezeption als die *»Beliebigkeit des marktgängigen Tiefsinns«* gebrandmarkt hatte und wozu die vorgeblich jedes konkreten Bezugs entbehrende Metaphorik dieser Lyrik einzuladen scheint, mit ihren Beschwörungen des Göttlichen, den Bildern der *»bleiernen Zeit«* und des *»goldenen Friedens«*, den unvermittelten Bezügen in den verrätselten Versen des Spätwerks. Dabei zielt Hölderlins Werk auf Vermittlung schlechthin, auf die Reflexion des Gegensätzlichen; Poesie und philosophische Reflexion fallen in eins: *»In dieser Verschränkung nimmt Hölderlins Dichtung eine einzigartige Position ein, mit der allenfalls manche romantische Dichtungen aus neuerer Zeit, die Dichtungen von Valéry und Beckett, von Kafka und Musil verglichen werden können, in denen Reflexion nicht nur als thematisches, sondern als strukturelles Element in die Dichtung eingeht. Es ist legitim zu sagen, daß Hölderlin darin, wie keiner seiner Epoche sonst, den Anfang der Moderne markiert...«* (G. Kurz).

Das Frühwerk und die Tübinger Hymnen

Sieht man von den lyrischen Anfängen ab, so thematisieren bereits die Tübinger Hymnen jenseits der alltäglichen Welt der Konflikte und Egoismen eine höhere Einheit alles Seienden, beschwören sie das Bild einer ursprünglichen, unzerstörbaren Harmonie der Welt, deren zukünftige Erneuerung die Aufhebung aller bestehenden Entfremdungen und Dissonanzen des Lebens bedeuten würde. Schon das erste Gedicht aus dieser Hymnengruppe, die *Hymne an die Göttin der Harmonie*, kündet davon: *»Meine Welt ist deiner Seele Spiegel, / Meine Welt, o Sohn! ist Harmonie, / Freue dich! Zum offenbaren Siegel / Meiner Liebe ich dich und sie.«* Dieser versöhnte Zusammenhang von Innenwelt und Außenwelt des Menschen, gestiftet durch einen Einheitsgrund, den Hölderlin hier noch als *»Göttin der Harmonie«*, später vor allem aber als *»göttliche Natur«* kennzeichnet, wird mit Begriffen wie »Liebe«, »Freiheit« und »Schönheit« besetzt und einer als völlig mangelhaft betrachteten Alltagswirklichkeit gegenübergestellt, die gemäß dieser höheren Ordnung zu revolutionieren ist. Hierzu sieht der junge Hölderlin seine eigene Generation berufen, die »Helden«, die sich gegen die politischen Unterdrücker wenden: *»Schon fühlen an der Freiheit Fahnen / Sich Jünglinge, wie Götter, gut und groß, / Und, ha! die stolzen Wüstlinge zu mahnen, / Bricht jede Kraft von Bann und Kette los« (Hymne an die Menschheit)*.

So wenig der angestrebte Sturz des Feudalsystems und die Begeisterung für die Französische Revolution verhehlt wird, so deutlich wird in diesen frühen Hymnen auch, daß Hölderlins politische Haltung wesentlich religiös bestimmt ist. Die jugendlichen Helden erscheinen ihm als eine Gemeinde von »Brüdern«, zwischen denen beispielhaft eine von »Liebe« bestimmte Lebensform waltet: *»Geister! Brüder! unser Bund erglühe / Von der Liebe göttlicher Magie.«* *(Hymne an die Göttin der Harmonie)*. Bereits im Fall der Tübinger Hymnen wie der in diesem Zeitraum entstehenden Gedichte *(Hymne an die Unsterblichkeit; Hymne an die Schönheit, Hymne an die Muse; Hymnus an den Genius Griechenlands, Hymne an die Freiheit; Männerjubel; An die Ruhe; An die Ehre; Lieder der Freundschaft; Dem Genius der Kühnheit)* geht die in den sechziger und siebziger Jahren aufgeworfene Frage, ob Hölderlin als jakobinischer oder als girondistischer Anhänger der Französischen Revolution zu deuten sei, völlig an den Bedingungen und Grenzen seines politischen Denkens vorbei. Für den Dichter äußert sich in der Revolution das Göttliche selbst, die Bedeutung der Umwälzungen in Frankreich liegt in ihrem Beispielcharakter. Hölderlin sieht darin primär den Auftakt zu einer letztlich geistigen Revolution, an deren Ende ein »Bund« steht, dessen Mitglieder sich in Liebe, im Bewußtsein der göttlich begründeten Harmonie der Welt, nicht gemäß den Gesetzen alltäglich-rationalen Kalküls aufeinander beziehen.

Die Oden und Elegien

Hölderlins frühe Lyrik führt den Verlust des allgemeinen Bewußtseins einer immer schon versöhnten Welt noch primär auf die Mangelhaftigkeit der menschlichen Psyche zurück, auf Egoismus und Machtstreben – ganz im Sinne von ROUSSEAUS Zivilisationskritik. Mit der Arbeit am Roman *Hyperion* (seit 1794), mit der Rezeption der Philosophie FICHTES und SPINOZAS entwickelt Hölderlin eine philosophische Begründung der *»Dissonanzen«* der Welt, die er schließlich zu jener Geschichtsphilosophie ausweitet, vor deren Hintergrund sein Odenwerk *(Die Liebe; Der Abschied; Dichterberuf; Chiron; Blödigkeit; Ganymed)* ebenso zu sehen ist wie seine ab 1800 entstehenden Elegien *(Menons Klagen um Diotima; Der Wanderer; Der Gang aufs Land; Stuttgart; Brot und Wein; Heimkunft)* und die späten Hymnen.
Rationales Denken, so erkennt Hölderlin mit Fichte, beruht immer auf der Entgegensetzung von Subjekt und Objekt. Es birgt damit Herrschaft, Dominanz des einen über den anderen in sich und ist zudem nicht in der Lage, das Absolute zu fassen, den jeder Subjekt-Objekt-Trennung vorausgehenden Einheitsgrund der Welt. Die Erfahrung des Absoluten kann daher nur in einer nicht-rationalen Weise erfolgen, in der Form unmittelbar-intuitiver Zuwendung zum anderen; diese Erfahrungsweise kennzeichnet Hölderlin mit dem Begriff der »Liebe«, in seinen theoretischen Schriften verwendet er dafür den philosophischen Terminus der *»intellectualen Anschauung«*. Vor dem Beginn rationaler Bezugnahme lebt für Hölderlin der Mensch, sowohl als Individum wie als Gattungswesen, in einem unentfremdeten Harmoniezustand, aus dem er notwendig ausbrechen muß, um ein Bewußtsein seiner selbst wie der Welt erlangen zu können: *»Am Tage, da die schöne Welt für uns / Begann, begann für uns die Dürftigkeit / Des Lebens und wir tauschten das Bewußtsein / Für unsere Reinigkeit und Freiheit ein«*, heißt es in der metrischen Fassung des *Hyperion*. Damit ist zugleich der Prozeß der Geschichte umrissen, die *»excentrische Bahn«* des Lebens, denn am Ende der Geschichte soll die bewußte Erneuerung jenes harmonischen Zustandes stehen, wie er vor Eintritt des Bewußtseins bestand. Die Erreichung dieser Utopie steht allerdings nicht im alleinigen Belieben des Menschen; sie bedeutet zugleich das Zu-Sich-Kommen des Absoluten, des Göttlichen, das der Endlichkeit bedarf, um sich in seiner Unendlichkeit zu erfahren und die Versöhnung aller Gegensätze zu realisieren: *»Es haben aber an eigner / Unsterblichkeit die Götter genug, und bedürfen / Die Himmlischen eines Dings, / So sinds Heroen und Menschen / und Sterbliche sonst. Denn weil / Die Seligsten nichts fühlen von selbst / Muß wohl, wenn solches zu sagen erlaubt ist, in der Götter Namen / Teilnehmend fühlen ein anderer ...«* *(Der Rhein)*.
Das »Göttliche« ist keiner institutionalisierten Religion zuzuordnen, auch wenn sich Bezüge zur Antike und zum Christentum, vor allem aber zum schwäbischen Pietismus finden lassen. Hölderlins »Götter« kann man eher als *»Prozeßkräfte«* (Martin WALSER) verstehen, die dem Menschen nicht als äußere Macht im orthodoxen Sinne gegenüberstehen, sondern an denen er unmittelbaren Anteil hat, die den Grund seiner Existenz darstellen: *»Aber es wohnet auch ein Gott in den Menschen, daß er Vergangenes / Und Zukünftiges sieht und wie vom Strom ins Gebirg hinauf an die / Quelle lustwandelt er durch Zeiten«* (*Palingenesie*; Fragment). Manifestiert sich aber das Göttliche in jedem Seienden – und der auf den Pietismus verweisende Begriff des »Gott in uns« findet sich bei Hölderlin wiederholt –, so ist damit die Lösung für die zentrale Frage des Dichters gegeben, wie nämlich die Welt als Einheit zu denken sei, ohne damit die Freiheit des Individuums aufgeben zu müssen: Freiheit hier im idealistischen Sinne verstanden als Freiheit von Fremdbestimmung. Denn bewegen die Subjekte sich im Bewußtsein dieser Einheit, eben im Medium der »Liebe«, zueinander, so erkennen sie im Gegenüber nichts als den Grund der eigenen Existenz, das »Göttliche«, und jede Bestimmung von außen ist damit letztlich vermittelbar mit dem »Gott in uns«, somit auf Selbstbestimmung rückführbar. *»Denn alles ist gut«*, heißt es lakonisch in der Hymne *Patmos*, eine Wendung, die von Theodor W. Adorno sarkastisch als *»trostlose Quintessenz des Idealismus«* kommentiert wurde.
Hölderlin kann jedoch mit diesem Ansatz nicht nur die Tradition der Vereinigungsphilosophie mit der Bewußtseinsphilosophie seiner Zeit verbinden, womit er auch entscheidenden Einfluß auf den jungen HEGEL ausübt, sondern auch das Schönheitsideal der deutschen Klassik mit seiner geschichtsphilosophischen Konzeption verknüpfen. Denn die erstrebte Utopie einer versöhnten Welt ist

nichts anderes als die Erinnerung an jene unentfremdete, von der Erkenntnis des allen gemeinsamen »Göttlichen« geprägte Lebensform, wie sie für Hölderlin im antiken Griechenland bereits einmal Wirklichkeit gewesen ist. Exemplarisch entwickelt der Dichter diese Vorstellung in dem Hexameter-Hymnus *Der Archipelagus*: *»... es wandelt in Nacht, es wohnt, wie im Orkus / Ohne Göttliches unser Geschlecht. Ans eigene Treiben / Sind sie geschmiedet allein, und sich in der tosenden Werkstatt / Höret jeglicher nur und viel arbeiten die Wilden / Mit gewaltigem Arm, rastlos, doch immer und immer / Unfruchtbar, wie die Furien, bleibt die Mühe der Armen. / Bis, erwacht vom ängstigen Traum, die Seele des Menschen / Aufgeht, jugendlich froh, und der Liebe segnender Othem / Wieder, wie vormals oft, bei Hellas blühenden Kindern, / Wehet in neuer Zeit und über freierer Stirne / Uns der Geist der Natur, der fernherwandelnde, wieder / Stilleweilend der Gott in goldnen Wolken erscheinet.«*

Das Spätwerk

Allerdings markiert das Jahr 1800, in dem dieser Hymnus erschien, einen Einschnitt in Hölderlins geschichtsphilosophischem Denken, wovon auch das unvollendete Trauerspiel *Der Tod des Empedokles* mit seinen drei Fassungen zeugt. Bis dahin hatte der Dichter die Französische Revolution als den vom »Göttlichen« initiierten Auftakt zu einer Erweckung der Völker gesehen, die unmittelbar bevorzustehen schien und worauf der Dichter als *»Erzieher des Volkes« (Hyperion)* die Menschen vorzubereiten habe. Die Herrschaft Napoleons setzte dieser Hoffnung ein Ende, Hölderlins Leben selbst war durch die erzwungene Trennung von Susette Gontard, der »Diotima« seiner Gedichte, gezeichnet. Gegen jede Enttäuschung hält der Dichter an seiner Erlösungshoffnung fest: *»Wo aber Gefahr ist, wächst das Rettende auch« (Patmos)*. Der Zeitpunkt dieser Rettung, die Wiederkehr des »Göttlichen«, jedoch hat sich ins Unbestimmte verschoben: *»Aber die größere Lust sparen dem Enkel wir auf«*, schließt die Elegie *Stuttgart*. Damit verändert sich das Bild vom »Göttlichen« ebenso wie die Rolle des Dichters, der davon zu künden hat. Schien sich das »Göttliche«, das als Vermittlungsinstanz zwischen allen Gegensätzen die Einigkeit der Welt stiftet, anfänglich dem Dichter zu offenbaren, so sieht er sich nun darin getäuscht. Das »Göttliche« verbirgt sich in der Geschichte, ein geheimes Maß, auch dies ein pietistisches Denkmotiv, bestimmt den Fortgang der Welt und den Zuwachs an Erkenntnis: *»Denn schonend rührt des Maßes allzeit kundig / Nur einen Augenblick die Wohnungen des Menschen / Ein Gott an« (Friedensfeier)*. Von diesen Momenten göttlicher Offenbarung hat der Dichter zu künden, nur daraus legitimiert sich für Hölderlin Kunst: *»Doch uns gebührt es, unter Gottes Gewittern, / Ihr Dichter! mit entblößtem Haupte zu stehen, des Vaters Strahl, ihn selbst, mit eigner Hand / Zu fassen und dem Volk ins Lied / Gehüllt die himmlische Gabe zu reichen« (Wie wenn am Feiertage ...)*. Allerdings kann der Dichter nicht mehr auf die unmittelbare Einlösung seines Wortes hoffen, er erscheint daher, je nach der Resonanz, die sein »Lied« findet, den Zeitgenossen als Prophet oder als »falscher Priester«: *»Und sag ich gleich, / Ich sei genaht, die Himmlischen zu schauen / Sie selbst, sie werfen mich tief unter die Lebenden / Den falschen Priester, ins Dunkel, daß ich / Das warnende Lied den Gelehrigen singe« (Wie wenn am Feiertage ...)*. Gott verbirgt sich in der Welt, die in ihrer emblematischen Struktur dem Dichter keine eindeutige Auslegung mehr erlaubt.

Die Elegien, vor allem aber die berühmten Hymnen des Spätwerks *(Friedensfeier; Wie wenn am Feiertage ...; Der Rhein; Die Wanderung; Der Einzige; Patmos; Andenken; Mnemosyne; Ihr sichergebaueten Alpen)* deuten in zunehmend verschlüsselter Weise Geschichte als Prozeß göttlicher Offenbarung und beschwören prophetische Gestalten und Heroen der Vergangenheit, in denen sich für Hölderlin Göttliches und Menschliches versöhnt hat, in denen Utopisches vorzeitig manifest geworden ist: historische Gestalten wie Barbarossa oder Konradin, antike Heroen wie Herakles oder Dionysos, vor allem aber Christus als Botengestalt für das Abendland. Dort, im Bereich des *»Vaterländischen«*, verortet Hölderlins Spätwerk die ersehnte Erneuerung der Welt, ohne daß diesen sogenannten *»Vaterländischen Gesängen«* eine nationalistische Bedeutung anhaftet, wie die Hölderlin-Rezeption vor 1945 zum Teil unterstellt hatte.

Hölderlin-Forschung

Insgesamt aber blieben die Utopiegehalte des Spätwerks ein stets kontrovers diskutierter Forschungsgegenstand, die Verbindung religiöser Motive der Antike und des Christentums, ihre Beziehung auf das revolutionäre und postrevolutionäre Zeitgeschehen führte immer wieder zu Versuchen, Hölderlins utopische Konzeption und deren Protagonisten historisch zu konkretisieren. So entbrannte nach der Entdeckung der Reinschrift der *Friedensfeier* 1954 eine Auseinandersetzung um die Frage, ob der *»Fürst des Fests«* als geschichtliche Figur (Napoleon) oder als bestimmte Gottheit (Christus, Dionysos) zu interpretieren sei. Der Streit blieb unentschieden, vor allem wohl deshalb, weil Hölderlins Götter und Heroen primär als Symbolfiguren für einen Geschichtsprozeß zu sehen sind, an dessen Ende die versöhnte, die herrschaftsfreie Welt steht, jenes »Fest«, das die Freiheit des einzelnen aufhebt in der Einigkeit aller: *»Die Gesetze aber, die unter Lebenden gelten, / Die schönausgleichenden, sie sind dann allgeltend /. Von der Erde bis hoch in den Himmel«* (*Friedensfeier*, 3. Fassung).

Die Vieldeutigkeit der chiliastischen Utopienentwürfe ist wohl dafür verantwortlich, daß Hölderlin im 20. Jh. von den verschiedensten ideologischen Strömungen als prophetischer Seher bemüht werden konnte. Hinzu kam die Faszination durch das persönliche Schicksal des Dichters, der seit 1807 als psychisch Kranker im sog. »Hölderlin-Turm« in Tübingen lebte. Auch aus dieser Zeit sind zahlreiche Gedichte erhalten, meist mit dem Phantasienamen »Scardanelli« unterzeichnet, inhaltlich oft von eigentümlicher Formelhaftigkeit, formal aber von *»merkwürdiger Makellosigkeit«* (F. Beißner). Sieht man von den Anstößen ab, die Friedrich NIETZSCHE gab, geht die Hölderlin-Renaissance im 20. Jh. wesentlich auf Wilhelm DILTHEY sowie auf Stefan George und seinen Kreis zurück. Verbunden war diese Rezeption jedoch von Anfang an mit einer Mystifizierung des Dichters; hatte ihn Dilthey bereits jeglicher Alltäglichkeit enthoben *(»Tief unter ihm lagen das gewöhnliche sinnliche Glück und jeder äußere Ehrgeiz«)*, so stilisierte ihn der zum George-Kreis gehörende Friedrich GUNDOLF 1911 zum *»reinsten Typus«* des *»Seherdichters«* in Deutschland. Dieser Topos des prophetischen Dichters, der seiner Zeit so weit voraus ist, daß er in ihr notwendig scheitern muß, wurde während des Dritten Reiches alsbald im politischen Sinne vulgarisiert. So konnte Hölderlin als Künder der »nationalsozialistischen Volksgemeinschaft« gelten, aber auch als jakobinischer Kritiker einer sich kapitalistisch organisierenden Gesellschaft, wie Georg LUKÁCS es 1934 in seinem Bemühen proklamierte, den Dichter vor einer faschistischen Verfälschung in Schutz zu nehmen.

Während nach 1945 die DDR-Forschung das Bild des revolutionären Dichters pflegte, kultivierte die westdeutsche Germanistik die Vorstellung vom apolitischen Ästhetiker. Im Umkreis der Tübinger Schule um Friedrich Beissner (Adolf BECK, Lawrence RYAN), die sich in philologisch-kritischer Weise um die Sicherung des Textbestandes bemühte, dominierten werkimmanente Interpretationsweisen, die Fragestellungen nach dem antiken (Paul BÖCKMANN, Wolfgang SCHADEWALDT) oder dem christlichen Gehalt (Romano GUARDINI) des Werks aufgriffen. Nachdem bereits Theodor W. Adorno die existentialistische Deutung Hölderlins durch HEIDEGGER im besonderen wie den restaurativen Zug der westdeutschen Hölderlin-Rezeption im allgemeinen angegriffen hatte, erreichte Pierre BERTAUX 1968 mit seiner These vom »Jakobiner« Hölderlin eine Neuorientierung der Forschung, ein Prozeß, der ähnlich wie in der Diskussion um die *Friedensfeier* in den fünfziger Jahren über die Grenzen der Germanistik hinaus Resonanz fand. Bei aller Problematik der Ausführungen von Bertaux ist es wohl letztlich seiner Initiative zu verdanken, daß heute die Bedeutung der Französischen Revolution für das Werk Hölderlins nicht mehr in Frage gestellt wird und ein unbefangener Blick auf die Bedingungen und Grenzen dieser Dichtung im gesellschaftlich-religiösen Kontext der Zeit möglich wurde. M.Pr.

AUSGABEN: *Gedichte*, Hg. G. Schwab u. L. Uhland, Stg. 1826; ²1843. – in *SW*, Hg. Chr. Th. Schwab, Stg./Tübingen 1843, 2 Bde. – *Gedichte* (in *SW*, Hg. F. Beißner, 8 Bde., Stg. 1943–1985, 1/2; *Große Stuttgarter Ausg.*). – Dass. (in *SW*, Hg. ders., 6 Bde., Stg. 1944–1962, 1/2; *Kleine Stuttgarter Ausg.*). – Dass., Stg. 1963 (Ausw. u. Nachw. K. Nussbächer; RUB). – in *Werke u. Briefe*, Hg. F. Beißner u. J. Schmidt, 3 Bde., Ffm. 1969, 1. – *Sämtl. Gedichte*, Hg. D. Lüders, Bad Homburg 1970, 2 Bde. – in *SW*, Hg. D. E. Sattler u. a., 20 Bde., Ffm. 1975 ff., 2–9 *(Frankfurter Ausg.)*. – F. H. *»Bevestigter Gesang«. Die neu zu entdeckende hymnische Spätdichtung bis 1806*, Hg. D. Uffhausen, Stg. 1989.

LITERATUR: K. Viëtor, *Die Lyrik H.s*, Ffm. 1921. – E. Lehmann, *H.s Lyrik*, Stg. 1922. – G. Zuntz, *Über H.s Pindar-Übersetzung*, Marburg 1928. – E. Lachmann, *H.s Hymnen*, Ffm. 1937. – B. Allemann, *H.s »Friedensfeier«*, Pfullingen 1955. – *Der Streit um den Frieden. Beiträge zur Auseinandersetzung um H.s »Friedensfeier«*, Hg. E. Lachmann, Nürnberg 1957. – M. Cornelissen, *H.s Ode »Chiron«*, Tübingen 1958. – F. Beißner, *Rückblick auf den Streit um H.s »Friedensfeier«* (in F. B., *H. Reden u. Aufsätze*, Weimar 1961, S. 167–191). – P. Böckmann, *Das »Späte« in H.s Spätlyrik* (in H.-Jb., 12, 1961/62, S. 205–221). – E. Staiger, *F. H.: Drei Oden: »Heidelberg«, »Natur und Kunst«, »Chiron«* (in E. S., *Meisterwerke deutscher Sprache aus dem 19. Jh.*, Zürich ⁴1961, S. 13–56). – J. P. Walser, *H.s »Archipelagus«*, Zürich/Freiburg i. B. 1962. – W. Kirchner, *H.s Entwurf »Die Völker schwiegen, schlummerten«* (in H.-Jb., 12. 1961/62, S. 42–67). – Th. W. Adorno, *Parataxis. Zur späten Lyrik H.s* (in Th. W. A., *Noten zur Literatur III*, Ffm. 1965, S. 156–209; BS). – F. Beißner, *Individualität in H.s Dichtung*, Winterthur 1965. – G. Mieth, *H.s Tübinger Hymnen. Wirklichkeit u. Dichtung*, Diss. Lpzg. 1965. – W. Binder, *H.s »Patmos«-Hymne* (in H.-Jb., 15, 1967/68, S. 92–127). – B. Böschenstein, *H.s Rheinhymne*, Zürich ²1968. – J. Schmidt, *H.s Elegie »Brod und Wein«. Die Entwicklung des hymnischen Stils in der elegischen Dichtung*, Bln. 1968. – W. Kudszus, *Sprachverlust u. Sinnwandel. Zur späten u. spätesten Lyrik H.s*, Stg. 1969. – J. Scharfschwerdt, *H.s Interpretation des »Contrat social« in der »Hymne an die Menschheit«* (in Jb. der Dt. Schiller-Ges., 14, 1970, S. 397–436). – J. Schmidt, *H.s letzte Hymnen. »Andenken« u. »Mnemosyne«*, Tübingen 1970. – W. Thürmer, *Zur poetischen Verfahrensweise der spätesten Lyrik H.s*, Marburg 1970. – J. Mahr *Mythos u. Politik in H.s Rheinhymne*, Mchn. 1972. – W. Binder, *Einführung in H.s Tübinger Hymnen* (in H.-Jb., 18, 1973/74, S. 1–19). – H. Ganzer, *H.s Ode »Chiron«*, Bln. 1976. – W. Groddeck, *Die Nacht. Überlegungen zur Lektüre der späten Gestalt von »Brod und Wein«* (in H.-Jb., 21, 1978/79, S. 206–224). – J. Schmidt, *H.s später Widerruf in den Oden »Chiron«, »Blödigkeit« u. »Ganymed«*, Tübingen 1978. – H. Hirblinger, *Widmungsgedichte u. Freundschaftsbund. H.s Lyrik im politischen u. sozialen Kontext seiner Zeit*, Gauting 1979. – M. A. Gelus, *H.'s »Mnemosyne«. An Interpretation*, Ann Arbor (Mich.)/Ldn. 1980. – A. Seifert, *Untersuchungen zu H.s Pindar-Rezeption*, Mchn. 1982. – S. Wackwitz, *Trauer u. Utopie um 1800. Studien zu H.s Elegienwerk*, Stg. 1982. – R. Zuberbühler, *Die Sprache des Herzens. H.s Widmungsdichtung*, Göttingen

1982. – *Wörterbuch zu F. H. Teil 1: Die Gedichte*, Bearb. M. Dannhauer u. a., Tübingen 1983. – *F. H. (Zuschreibung), »Hymne an die Heiterkeit«. Ein unbekanntes Lied ›Gesungen bei der Einweihung eines Gartenhauses das zur Aufschrift hat: SERENITY‹*, Hg. R. Breymayer, Tübingen 1985. – R. Nägele, *Text, Geschichte u. Subjektivität in H.s Dichtung: »Uneßbarer Schrift gleich«*, Stg. 1985. – P. W. Maloney, *H.s »Friedensfeier«. Rezeption u. Deutung*, Ffm. u. a. 1985. – M. Anderle, *Die Landschaft in den Gedichten H.s*, Bonn 1986. – D. Henrich, *Der Gang des Andenkens. Beobachtungen und Gedanken zu H.s Gedicht*, Stg. 1986.

HYPERION oder der Eremit in Griechenland

Roman von Friedrich Hölderlin, erschienen in zwei Bänden 1797–1799. – Bereits 1792 erwähnt Hölderlin gegenüber seinem Studienfreund R. Magenau das Romanprojekt, dessen erste Entwürfe jedoch nicht erhalten sind. In Waltershausen, wo Hölderlin als Hauslehrer bei Charlotte v. Kalb angestellt ist, entsteht 1794 das *Fragment von Hyperion*, das in Schillers Zeitschrift ›Neue Thalia‹ veröffentlicht wird. Schiller ist es auch, der in einem Schreiben vom 9. März 1795 den Verleger Johann Friedrich Cotta auf das Projekt aufmerksam macht: *»Er hat recht viel Genialisches und ich hoffe auch noch einigen Einfluß darauf zu haben.«* Gegen Zahlung von hundert Gulden nimmt Cotta im Sommer 1795 den Dichter unter Vertrag. Hölderlin hatte mittlerweile eine unter dem Einfluß der Philosophie J. G. Fichtes begonnene metrische Fassung des Stoffs wieder aufgegeben (Januar 1795) zugunsten eines erneuten Prosaentwurfs (*Hyperions Jugend*, 1795). Es folgt die im Winter 1795/96 abgeschlossene, vorletzte Fassung des Romans, die bereits als Druckvorlage an Cotta geht. Dieser empfiehlt eine Kürzung, woraus schließlich 1796 die endgültige Fassung entsteht. Im April 1797 erscheint der erste Band des Romans, erst im Herbst 1799 folgt der zweite Band. Ein Exemplar eignet der Autor Susette Gontard, seiner »Diotima«, zu mit der Widmung: *»Wem sonst als Dir.«*

Direkte Vorbilder für seinen Roman nennt Hölderlin nicht; neben J. J. Rousseaus Roman *Die neue Heloise* (1761–1764) und W. Heinses *Ardinghello* (1787) übte J. W. v. Goethes *Die Leiden des jungen Werthers* (1774) einigen Einfluß aus. Wie Werther schildert auch Hyperion sein Schicksal in einer Folge von Briefen (an einen Briefpartner namens Bellarmin), und während Goethe dieses Erzählprinzip dadurch mildert, daß ein fiktiver Herausgeber von Werthers Ende berichtet, schaltet Hölderlin im zweiten Band einen Briefwechsel zwischen Hyperion und Diotima ein. Sind jedoch Werthers Briefe charakterisiert durch ihre intensive Schilderung eines spontan erfahrenen Liebes- und Naturgefühls, so erzählt Hyperion sein Schicksal aus der Distanz. Der Roman setzt ein, nachdem Hyperion als ein in jeder Hinsicht Gescheiterter in seine Heimat Griechenland zurückkehrt. Im objektivierenden Nachvollzug seiner Erfahrungen und seines Lebensweges gewinnt Hyperion als handelnder und als reflektierender Mensch seine Identität. In der Beschreibung Griechenlands stützte sich Hölderlin, der das Land nie gesehen hat, auf die Übersetzungen zweier Reiseberichte, Richard Chandlers *Travels in Asia Minor, and Greece* (1775/76, dt. 1776/77) sowie die *Voyage pittoresque de la Grèce* (1782) des Grafen von Choiseul-Gouffier, in deutscher Übersetzung *(Reise des Grafen von Choiseul-Gouffier durch Griechenland)* bereits vor dem Original 1780 erschienen.

Hölderlins Roman entwickelt eine breit angelegte Reflexion über Bedingungen und Möglichkeiten revolutionären Handelns, ist somit nachhaltig vom Ereignis der Französischen Revolution geprägt, integriert aber diesen besonderen Aspekt in eine allgemeine Geschichts- und Lebensphilosophie, die in den philosophischen Diskurs seiner Zeit einzugreifen sucht. Durchkreuzt und überlagert werden diese Bezüge (vor allem zu Spinoza und Fichte) durch die Aufnahme pietistischen Gedankenguts, einer Strömung des württembergischen Protestantismus, weshalb ein philosophisch kaum gebildeter Mensch wie der Tübinger Schreinermeister Zimmer, in dessen Haus der Dichter von 1807 an lebte, rückblickend zu diesem komplexen Text bemerken konnte: *»Damals habe ich seinen Hipperion ... gelesen, der mir ungemein wohl gefiel.«*

Der Roman faßt den Lebenslauf sowohl des Individuums wie der gesamten Menschheit im Bild der *»excentrischen Bahn«*, wie es programmatisch in der vorletzten Fassung festgehalten ist: *»Wir durchlaufen alle eine excentrische Bahn, und es ist kein anderer Weg möglich von der Kindheit zur Vollendung. Die seelige Einigkeit, das Seyn, im einzigen Sinne des Wortes, ist für uns verloren, und wir mußten es verlieren, wenn wir es erstreben, erringen sollten.«* Der Grund für den Verlust ursprünglicher Harmonie, *»seeliger Einigkeit«*, wie sie jedem Kind anfänglich zu eigen ist, liegt in der notwendigen Ausbildung des je individuellen Bewußtseins, wodurch der Einzelne zwar das Wissen seiner selbst erhält, sich zugleich damit aber gesondert erfährt von allem anderen: *»denn würde das Göttliche in uns von keinem Widerstande beschränkt, so wüßten wir von nichts außer uns, und so auch von uns selbst nichts«*, wie es in der Vorrede zur vorletzten Fassung heißt. Selbstbewußtsein und Vereinzelung sind somit notwendig miteinander verbunden, und die Entgegensetzung von Subjekt und Objekt ist die Voraussetzung für die Entwicklung von Herrschaft. Zugleich aber gibt erst die Ausbildung des Selbstbewußtseins die Möglichkeit, die ursprüngliche Harmonie auf höherer, bewußter Ebene erneuern zu können. Dabei ist der tiefere Zusammenhang alles Seienden immer schon unterstellt; im *»Gott in uns«*, in der *»göttlichen Natur«* ist jenes *»Seyn, im einzigen Sinne des Worts«* zu fassen, das die innige Verwandtschaft aller Wesen stiftet: *»Es ist ein Gott in uns ... der lenkt, wie Wasserbäche, das Schiksaal, und alle Dinge sind sein Element.«* Ausdruck und Künder dieser inne-

ren, jenseits aller *»Dissonanzen«* und Konflikte immer schon bestehenden Harmonie der Welt ist dabei nichts anderes als die Schönheit: *»Es wird nur Eine Schönheit seyn; und Menschheit und Natur wird sich vereinen in Eine allumfassende Schönheit.«*
Indem Hyperion rückblickend sein Schicksal schildert, begreift er sein Leben im Bild dieser *»excentrischen Bahn«* als eine notwendig durch Konflikte bewegte Entwicklung, ausgehend von und hin zur *»seeligen Einigkeit«* allen Lebens. Der junge Hyperion, auf einer kleinen griechischen Insel aufwachsend, zieht in die Welt, *»um die Verfassungen und Meinungen und Sitten und Gebräuche«* der Völker zu *»prüfen«*. In Smyrna trifft er auf den gescheiterten Revolutionär Alabanda, mit dem er sich in schwärmerischen Betrachtungen über die zukünftige Gestaltung einer schönen und befreiten Gesellschaft ergeht, wogegen er das Alltagsleben seiner Zeit als häßlich und abstumpfend empfindet. Nichts anderes als die deutschen Verhältnisse des späten 18. Jh.s werden hier in griechischer Verkleidung beschrieben. An der Notwendigkeit, die politische Verfassung und damit die Herrschaft des Adels zu beseitigen, besteht für Hyperion wie für Alabanda kein Zweifel. Ihre Freundschaft zerbricht jedoch an der Frage, ob dies durch eine Revolution, wie es Alabanda mit einem *»Bund der Nemesis«* versucht, oder durch eine evolutionäre Erziehung des Volkes hin zu politischer Selbständigkeit geschehen solle.
Hyperion zieht sich nach dem Streit auf seine Heimatinsel zurück, um erst durch die Bekanntschaft mit Diotima seine Handlungsenergie zurückzugewinnen. Obgleich Diotima als *»schöne Seele«* in ursprünglicher Harmonie mit der Welt lebt, führt sie Hyperion auf einer Reise nach Athen erneut die Dringlichkeit politischen Handelns vor Augen und er entschließt sich, als *»Erzieher des Volkes«* zu wirken: *»Heilige Natur! du bist dieselbe in und außer mir. Es muß so schwer nicht seyn, was außer mir ist, zu vereinen mit dem Göttlichen in mir.«* Der Weg der Revolution wird scheinbar verworfen.
Zu Beginn des zweiten Bandes jedoch folgt Hyperion einem Aufruf Alabandas, sich am Freiheitskampf der Griechen gegen die türkischen Unterdrücker zu beteiligen, ein Verweis auf den griechischen Aufstand von 1770. Jetzt folgt Hyperion der Überzeugung Alabandas, nur durch Gewalt lasse sich die gesellschaftliche Utopie verwirklichen: *»Der neue Geisterbund kann in der Luft nicht leben, die heilige Theokratie des Schönen muß in einem Freistaat wohnen, und der will Plaz auf Erden haben und diesen Plaz erobern wir gewiß.«* Mit Hilfe des *»Bergvolkes«* sucht Hyperion nun sein *»Elysium«* zu verwirklichen. Als es zu Plünderungen durch seine Truppen kommt, gibt er seinen Plan auf – eine Absage an das Vorhaben einer gewaltsamen Veränderung der Verhältnisse ebenso wie eine Kritik am Verlauf der Französischen Revolution; der Name *»Bergvolk«* spielt auf die französischen Jakobiner, die man aufgrund der Lage ihres Klubs in Paris auch als »Montagnards«, als »Bergpartei« bezeichnete. Der Tod Alabandas und Diotimas verhindert Hyperions Versuch, sich mit den Freunden in eine private Idylle zu flüchten. Er verläßt Griechenland und wendet sich nach Deutschland, um dort, wie seine berühmte Scheltrede an die Deutschen dokumentiert, die Tristesse der bestehenden Lebensform in gesteigerter Weise zu erfahren: *»ich kann kein Volk mir denken, das zerrißner wäre, wie die Deutschen.«*
Gerade unter dem Eindruck völligen privaten wie politischen Scheiterns aber formuliert Hyperion abschließend seinen Glauben an die Sinnhaftigkeit seines Lebensweges, an das Bestehen eines unzerstörbaren harmonischen Zusammenhang alles Seienden, gestiftet durch die *»göttliche Natur«*, als deren *»Vertrauter«* er sich schließlich erfährt und durch die alle Konflikte ihre Aufhebung finden: *»Wie der Zwist der Liebenden sind die Dissonanzen der Welt. Versöhnung ist mitten im Streit und alles Getrennte findet sich wieder.«* Dieses letztlich religiös begründete Bewußtsein, dessen Fehlen in der Zeitkritik des Romans stets beklagt wird, sucht Hyperion im Volk wieder zu wecken. Darin sieht er seine zukünftige Aufgabe und Legitimation als Dichter. Keinesfalls zieht er sich in die private Einsamkeit oder in ein unpolitisches Dichtertum zurück, wie die Forschung die umstrittene Frage nach seinem weiteren Schicksal *(»So dacht ich. Nächstens mehr.«)* mitunter beantwortete. Vielmehr bleibt der aufklärerische Impetus, insbesondere in politischer Hinsicht, erhalten, mit der sich Hyperion zudem im Einklag mit der Bewegung der *»göttlichen Natur«* sieht; zwar weiß er sich mit seinen Zielen allein, aber, wie es am Ende des Romans heißt: *»du wirst richten, heilige Natur!«* Der Text läßt keinen Zweifel, wie dringlich eine Veränderung der Verhältnisse seiner Zeit ist, allerdings geht er über jedes konkrete politische Programm hinaus; seine Perspektive ist die Aufhebung aller Konflikte im Wissen um einen universalen Harmoniezusammenhang. Denn Hölderlin erstrebt, darin das Bildungsideal der Klassik aufgreifend, nicht nur eine ästhetische Erziehung des Menschen, an deren Ende Freiheit und Selbstbestimmung des Individuums mit dem Zusammenhang der Allgemeinheit sich herrschaftsfrei vermitteln lassen. Letztlich – und die Begegnung zwischen Diotima und Hyperion zeichnet dies nach *(»Ich starb, und wie ich erwachte, lag ich am Herzen des himmlichen Mädchens.«)* – wird eine Wiedergeburt der Menschen – ein pietistischer Topos – im Bewußtsein der *»göttlichen Natur«* anvisiert, wodurch jede Form von Entfremdung und Herrschaft aufgehoben ist: *»Unsere Seelen lebten nun immer freier und schöner zusammen, und alles in und um uns vereinigte sich zu goldenen Frieden. Es schien, als wäre die alte Welt gestorben und eine neue begönne mit uns, so geistig und kräftig und liebend und leicht war alles geworden, und wir und alle Wesen schwebten, seelig vereint, wie ein Chor von tausend unzertrennlichen Tönen, durch den unendlichen Aether.«* Die Problematik dieses Erziehungskonzeptes wird im Trauerspiel *Der Tod des Empedokles*, dessen Fassungen 1797–1800 entstehen, weiter verfolgt.

Die Dichte, in der sich poetische Sprache und geschichtsphilosophische Argumentation, Zeitkritik und religiöse Metaphorik verbinden, macht die Einzigartigkeit dieses Textes in der deutschen Literatur aus. Die Rezeption, die erst im 20. Jh. einsetzte, war lange Zeit von der literatur- und philosophiehistorischen Betrachtungsweise bestimmt, die einher ging mit einem hochstilisierten, bildungsbürgerlichen Bild des Dichters. Zwar hatte G. Lukács bereits 1934, gegen die faschistische Vereinnahmung Hölderlins, den Roman als jakobinischen Revolutionsroman gelesen und – auch wenn diese Deutung sich nicht halten läßt – auf den zeitkritischen Aspekt des Textes aufmerksam gemacht. Aber erst in den späten sechziger Jahren wurde das Augenmerk der Forschung zunehmend auf die von der Französischen Revolution geprägte politische Dimension des Romans gelenkt, wobei sich die Klischees des gescheiterten Revolutionärs Hölderlin nicht vermeiden ließen. In der neueren Forschung wurde auch deutlich, daß Hölderlins Intention – und darin liegt seine Zeitgebundenheit – nicht allein mit modernen, säkularisierten Kategorien zu fassen ist. Zwar formuliert er mit der Entgegensetzung einer stets mit Herrschaft verbundenen, rational-diskursiven Erkenntnisform und einer ganzheitlichen, im Medium der *»Liebe«* sich vollziehenden, intuitiv-spontanen Haltung wesentliche Grundzüge der heute noch vorfindlichen Rationalismus- und Aufklärungskritik vorweg. Seine bewußtseinsphilosophische Argumentation, mit der er nachhaltig auf den jungen Hegel einwirkte, ist jedoch wesentlich von einem religiösen Denken geprägt, dessen Voraussetzungen wohl in der Tradition des schwäbischen Pietismus zu suchen sind. Die intuitive Ganzheitsschau, wie sie bereits am Anfang des *Hyperion* vorgestellt wird (*»Eines zu sein mit Allem, was lebt! Mit diesem Wort legt die Tugend den zürnenden Harnisch, der Geist des Menschen den Zepter weg und alle Gedanken schwinden vor dem Bilde der ewigeinigen Welt«*) trägt bei Hölderlin alle Kennzeichen einer mystischen Gottesschau, wie sich auch die utopischen Bilder eines harmonischen Lebens in und mit der Natur reduzieren auf ein natürlich-kreatives, letztlich statisches Dasein (*»Zu seyn, zu leben, das ist genug, das ist die Ehre der Götter«*), das sich durchaus vermitteln läßt mit bürgerlichen Ordnungs- und Moralvorstellungen. M.Pr.

Ausgaben: Tübingen 1797–1799, 2 Bde. – Stg. 1957 (in *SW*, Hg. F. Beißner, 8 Bde., 1943–1985; 2; *Große Stuttgarter Ausg.*). – Stg. 1958 (in *SW*, 6 Bde., 1944–1962, 3; *Kleine Stuttgarter Ausgabe*). – Stg. 1965 (RUB). – Ffm. 1969 (in *Werke u. Briefe*, Hg. F. Beißner u. J. Schmidt, 3 Bde., 1). – Ffm. 1982 (in *SW*, Hg. D.E. Sattler u.a., 20 Bde., 1975 ff., 10 u. 11; *Frankfurter Ausg.*).

Vertonungen: Th. Fröhlich, *Hyperions Schicksalslied*, 1830 (für Singstimme u. Klavier). – J. Brahms, *Schicksalslied*, Bln. 1871 (für Chor u. Orchester). – W. Fortner, *Hyperions Schicksalslied*, Mainz 1940 (für tiefe Stimme mit Klavierbegleitung).

Literatur: F. Zinkernagel, *Die Entstehungsgeschichte von H.s »Hyperion«*, Straßburg 1907. – G. Lukács, *H.s »Hyperion«* (in Internationale Literatur, 6, 1935, S. 96–110; ern. in G. L., *Goethe u. seine Zeit*, Bln./DDR 1950, S. 171–199, ern. in ders., *Faust und Faustus. Vom Drama der Menschengattung zur Tragödie der modernen Kunst*, Reinbek 1967, S. 110–127; rororo). – K. Hildebrandt, *H.s u. Goethes Weltanschauung, dargestellt am »Hyperion« u. »Empedokles«* (in *H. Gedenkschrift zu seinem 100. Geburtstag*, Hg. P. Kluckhohn, Tübingen 1943, S. 134–173). – W. Killy, *Textkritischer Apparat zu H.s Hyperion*, Bln. 1951. – W. Schadewaldt, *Das Bild der exzentrischen Bahn bei H.* (in H.-Jb., 7, 1952, S. 1–16). – F. Beißner, *Über die Realien des Hyperion* (ebd., 9, 1954, S. 93–109). – L. Ryan, *H.s »Hyperion«. Exzentrische Bahn u. Dichterberuf*, Stg. 1965. – E. Radczun, *Zu H.s Roman »Hyperion oder der Eremit in Griechenland« – seine weltanschauliche u. poetische Bedeutung* (in *F. H. Beiträge zu seinem 200. Geburtstag*, Bln./DDR 1970, S. 5–27). – F. Aspetsberger, *Welteinheit u. epische Gestaltung. Studien zur Ichform von H.s Roman »Hyperion«*, Mchn. 1971. – Chr. Prignitz, *Die Bewältigung der Französischen Revolution in H.s »Hyperion«* (in FDH, 1975, S. 88–113). – F. Strack, *Auf der Suche nach dem verlorenen Erzähler. Zu Aufbau, Programm u. Stellenwert von H.s Romanfragment »Hyperions Jugend«* (in Euph, 69, 1975, S. 267–293). – G. Mayer, *H.s »Hyperion« – ein frühromant. Bildungsroman* (in H.-Jb., 19/20, 1975/77, S. 244 bis 266). – U. Gaier, *H.s »Hyperion«. Compendium, Roman, Rede*, (ebd., 21, 1978/79, S. 88–143). – M. Janz, *H.s Flamme – Zur Bildwerdung der Frau im »Hyperion«* (ebd., 22, 1980/81, S. 122–142). – H. Gaskill, *H.s »Hyperion«*, Durham 1984.

DER TOD DES EMPEDOKLES

Fragmente eines Trauerspiels von Friedrich Hölderlin, entstanden 1797–1800. – Von den drei Fassungen des Trauerspiels, die handschriftlich in Bruchstücken überliefert sind, trägt nur die zweite Fassung den Titel *Der Tod des Empedokles. Ein Trauerspiel in fünf Akten*. Der Plan zu diesem Werk über den antiken Philosophen Empedokles aus Akragas (heute Agrigent/Sizilien), der im 5. Jh. v. Chr. seinem Leben durch einen Sturz in den Ätna ein Ende setzte, geht zurück auf das Jahr 1797, als Hölderlin noch als Hauslehrer beim Bankier Jakob Friedrich Gontard in Frankfurt tätig war. Wieweit er mit der Ausführung des Projekts, dessen erste Fassung im zweiten Akt abbricht, bereits in dieser Zeit oder erst 1798 in Homburg begann, ist so wenig sicher wie der Beginn der Arbeit an der zweiten Fassung, von der Hölderlin am 4. 6. 1799 in Briefen an seinen Bruder Karl sowie an Chr. L. Neuffer spricht. Eine grundsätzliche Revision des gesamten Vorhabens stellt die dritte Fassung dar, die nicht vor September 1799 begonnen wurde und der als theoretische Reflexion der Text *Grund zum Empedokles* vorausgeht. In dieser letzten Fassung sind nur die drei ersten Auftritte des ersten Akts ausgeführt, vom Schlußchor liegt nur ein Entwurf vor; die Fortsetzung des Trauerspiels ist ebenfalls in einem Entwurf festgehalten. Im Frühjahr 1800 bricht die Arbeit ab. – Die Editionsgeschichte der Fragmente ist verwickelt; bereits die ersten Herausgeber der Werke Hölderlins, G. SCHWAB (1826) sowie Chr. Th. SCHWAB (1843), betrachteten die erste und die zweite Fassung des Trauerspiels als eine Einheit, wodurch beide Texte kontaminiert wurden. Erst B. LITZMANN (1896) unterschied die Fassungen korrekt, datierte sie jedoch falsch, und überschrieb die dritte Fassung mit dem Titel *Empedokles auf dem Aetna*, worin ihm F. ZINKERNAGEL (1914–1926) und L. v. PIGENOT (1913–1923) in ihren Ausgaben der Werke Hölderlins folgten. Eine zuverlässige, historisch-kritische Ausgabe der Fragmente liegt erst seit dem Erscheinen des vierten Bandes (1961) der *Großen Stuttgarter Ausgabe* (Hg. F. BEISSNER) vor.

Hauptquellen Hölderlins waren die von DIOGENES LAERTIUS im 3. Jh. n. Chr. gesammelten Lebensbeschreibungen antiker Philosophen; in einem Brief vom 24. 12. 1798 an I. v. SINCLAIR erwähnt Hölderlin diesen Text, der letztlich jedoch nur von marginaler Bedeutung ist – weder suchte Hölderlin ein historisches Drama zu verfassen noch war es ihm um die historisch getreue Vergegenwärtigung des antiken Philosophen zu tun. Vielmehr setzt der Autor jene geschichtsphilosophische Argumentation fort, wie sie bereits seinem Roman *Hyperion* (1797–1799) zugrundelag. Jenen Status, den der Held in diesem Roman am Schluß erreichen will – aufklärerischer Dichter seines Volkes, *»Erzieher des Volkes«* zu sein – hat Empedokles in den drei Fassungen des Trauerspiels immer schon erreicht. Er lebt, wie es eingangs der ersten Fassung heißt, *»In seiner eignen Welt«*, in der *»heiter sich die Geister künftger Thaten / In seiner Seele drängen, und die Welt, / Der Menschen gährend Leben und die größre / Natur um ihn erscheint – hier fühlt er, wie ein Gott / In seinen Elementen sich, und seine Lust / Ist himmlischer Gesang, dann tritt er auch / Heraus ins Volk, an Tagen, wo die Menge / Sich überbraust und eines Mächtigern / Der unentschlossene Tumult bedarf, / Da herrscht er dann, der herrliche Pilot…«* Der Harmonie, in der Empedokles mit der *»größren Natur«*, mit den geschichtlich wirksamen Kräften schlechthin lebt, steht sein negatives Bild des Volkes von Agrigent entgegen, dessen Leben von unmittelbaren Alltagsbedürfnissen beherrscht wird und das keinen Blick für jene höhere Ordnung des Lebens hat: *»Wo ihr euch jagt und äfft, wo ruhelos / Und irr und bang, wie unbegrabne Schatten / Ihr umeinander rennt, ein ärmliches / Gemeng in eurer Noth, ihr Gottverlaßnen ….«* Mit der Gottverlassenheit des Volkes ist zugleich aber dessen grundsätzliche Unmündigkeit bezeichnet, wodurch es nicht in der Lage ist, ein selbstbestimmtes Leben zu führen. Es anerkennt zwar Empedokles als Führer, jedoch vermag es dies nur in den tradierten Herrschaftsformen sich vorzustellen; Empedokles wird als *»Gott«*, als *»König«* vom Volk betrachtet, wogegen dieser erklärt: *»Diß ist die Zeit der Könige nicht mehr«*, und: *»Schämet euch, / Daß ihr noch einen wollt; ihr seid / Zu alt; zu eurer Väter Zeiten wärs / Ein Anderes gewesen. Euch ist nicht / Zu helfen, wenn ihr selber euch nicht helft«*. Das Volk von Agrigent versteht das Anliegen des Empedokles nicht, der im Ablauf der Geschichte die Zeit für die Aufhebung aller Herrschaftsbeziehungen, die umfassende Revolutionierung aller tradierten Verhältnisse gekommen sieht: *»So wagts! was ihr geerbt, was ihr erworben, / Was euch der Väter Mund erzählt, gelehrt, / Gesez und Brauch, der alten Götter Nahmen, / Vergeßt es kühn, und hebt, wie Neugeborene, / Die Augen auf zur göttlichen Natur…«*

Die beiden ersten Fassungen des Trauerspiels verschränken die Stellung des Empedokles mit zwei dramatisierenden Momenten. Aufgrund seiner Führungskraft im Volk gerät Empedokles in Konflikt mit den etablierten Herrschern Agrigents, allen voran dem Priester Hermokrates; er verbannt Empedokles schließlich aus der Stadt, worauf dieser zusammen mit seinem Schüler Pausanias auf den Ätna wandert und sich in den Krater stürzt. Zugleich aber, und die zweite Fassung strafft dies, ist mittlerweile von Empedokles selbst der *»heilge Zauber«* gewichen, der *»schöne Bund«* mit den *»Himmlischen«* zerstört. Sein Ziel war es, dem Volk ein Bewußtsein jener *»göttlichen Natur«* zu vermitteln, wodurch der – damit immer schon harmonische – Zusammenhang alles Seienden gestiftet wird; da das Volk für diesen Schritt noch nicht reif genug ist, tendiert diese Vermittlung entweder zu einer gewaltsamen, damit das Volk aber weiterhin bevormundenden Lösung, oder zur Etablierung einer erneuten Führergestalt, wodurch die alten Herrschaftsverhältnisse in veränderter Form ebenfalls wieder installiert werden. Der Priester Hermokrates weiß um dieses Dilemma, er sucht, wie es im *Grund zum Empedokles* heißt, *»die Probleme der Zeit auf andere, auf negativere Art zu lösen«*; indem er auf die Beibehaltung des *status quo* setzt, und er kann souverän die Notlage des Empedokles kommentieren, der schließlich jener Rolle, die das Volk ihm zuschreibt, nicht entfliehen kann: *»Und endlich nimmt der Durstige das Gift, / Der Arme, der mit seinem Sinne nicht / Zu bleiben weiß und Ähnliches nicht findet, / Er tröstet mit der rasenden / Anbetung sich, verblindet, wird, wie sie, / Die seelenlosen Aberglauben; / Die Kraft ist ihm entwichen.«* Der Erziehungsversuch des Aufklärers Empedokles endet in der Position der Herrschaft (*»ich allein / War Gott und sprachs im frechen Stolz heraus«*), der erneuten Fremdbestimmung des unmündigen Volkes und kollidiert damit mit dem eigentlichen Endzweck der Geschichte, die Selbstbestimmung eines jeden Seienden und den Zusammenhang allen Lebens zu vermitteln.

Letztlich, und dieser resignativ-affirmative Schluß prägte bereits den Roman *Hyperion* (*»Aber du wirst richten, heilige Natur!«*), ist dieses Befreiungswerk durch den einzelnen nicht zu leisten, sondern Werk des Geschichtsprozesses, der dieses positive Ende zum Ziel hat. Der *»Erzieher des Volkes«* kann nur darauf verweisen, ein Zeichen geben, und in diesem Sinne ist auch der Selbstmord des Empedokles zu deuten: *»Es sprechen, wenn ich ferne bin, statt meiner / Des Himmels Blumen, blühendes Gestirn / Und die der Erde tausendfach entkeimen, / Die göttlichgegenwärtige Natur / Bedarf der Rede nicht...«* Erneut treten pietistische Vorstellungsmuster hervor, wenn Hölderlin die kollektive Erneuerung im Bild einer zwar organischen, aber in Sprüngen sich vollziehenden Entwicklung faßt, die auf der Wiedergeburt des Individuums basiert: *»Oft schläft, wie edles Saamenkorn, / Das Herz der Sterblichen in todter Schale, / Bis ihre Zeit gekommen ist... / Bis sie des engen Treibens müde sind, / Und sich die Brust, in ihrer kalten Fremde, / Wie Niobe, gefangen, und der Geist / Sich kräftiger denn alle Sage fühlt, / Und seines Ursprungs eingedenk das Leben, / Lebendge Schöne, sucht, und gerne sich / Entfaltet' an der Gegenwart des Reinen,...« sie sind's! / Die langentbehrten, die lebendigen, / Die guten Götter.«* Was hier im Bild der *»Götter«* angesprochen wird, ist das Bewußtsein um jene göttliche Substanz, an dem, gefaßt im Bild des *»Gott in uns«* oder der *»göttlichen Natur«*, jedes Seiende Anteil hat. Die Erkenntnis des eigenen Ursprungs, eigener Göttlichkeit – und bei aller Säkularisierungstendenz neigt dieses Denken zur Sakralisierung des Individuums – eliminiert zugleich die Widersprüche des Lebens, denn insofern die Begegnung mit dem Gegenüber nicht von egoistisch-rationalem Kalkül, sondern von intuitiv-spontaner Zuwendung getragen ist, erfahren beide Subjekte im anderen die Bedingung der eigenen Existenz. Herrschaft und Entfremdung sind damit im gegenseitigen Wissen um jenes *»Eine, in sich unterschiedne«* aufgehoben. Ist dieser Prozeß jedoch wesentlich ein Werk der Geschichte selbst, bleibt als Aufgabe des Erziehers vor allem, das *»Volk«* auf dieses Ereignis vorzubereiten, eine erste Ahnung vom unendlichen Vermittlungszusammenhang alles Seienden zu geben; so definiert auch Empedokles auf dem Ätna sein Tun: *»Denn ich / Geselle das Fremde, / Das Unbekannte nennet mein Wort, / Und die Liebe der Lebenden trag' / Ich auf und nieder; was einem gebricht / Ich bring es vom andern und binde / Beseelend und wandle / Verjüngend die zögernde Welt / Und gleiche keinem und Allen.«* Mit der beginnenden Veränderung – und Hölderlin ist von diesem Zeitenwechsel überzeugt, das Ereignis der Französischen Revolution ist ihm nicht Abschluß, sondern Ankündigung eigentlicher, tieferer Umwälzungen – hat der Erzieher ausgedient; Er darf, und dies hält die dritte Fassung des Trauerspiels fest, der von den einzelnen zu leistenden Erweckungsprozeß nicht durch seine herausgehobene Stellung falsch geleitet werden: Damit nicht *»Der heilge Lebensgeist gefesselt bleibe / Vergessen über ihm, den Einzigen, / So lenkt er aus, der Abgott seiner Zeit, / Zerbricht, er selbst...«*.

Dennoch markiert die dritte Fassung die Wende zu Hölderlins Spätwerk; in den früheren Gedichten, im *Hyperion* wie in den ersten beiden Fassungen des Trauerspiels war die *»göttliche Natur«* stets mit dem Attribut der Liebe verbunden und, darin wohl die Endzeitvorstellungen schwäbischer Prediger wie J.A. Bengel oder F.Chr. Oetinger aufnehmend, das Vertrauen auf die bald erscheinende *»goldene Zeit«* unerschüttert. Nunmehr aber kommt der *»göttlichen Natur«* auch eine »zürnende« Kraft zu, und die Erneuerung der Welt ist ins Ungewisse vertagt: *»es hängt, ein ehern Gewölbe / der Himmel über uns, ... / ... es / spottet unser, mit ihren Geschenken, die Mutter / und alles ist Schein –.«* Die Geschichte hat ihr eigenes *Maas*, dessen die Menschen nicht kundig sind; der *»Erzieher des Volkes« »verräth«* notwendig damit, wie Hermokrates es bereits formulieren darf, Göttliches, sofern er vor der Zeit handelt: *»und leben soll, / Wie er, und vergehn wie er, in Weh und Thorheit jeder, / Der Göttliches verräth und allverkehrend / Verborgenherrschendes / In Menschenhände liefert! / Er muß hinab!«*

Es sind vor allem die späten Hymnen Hölderlins, die jene Neubestimmung der Dichterrolle und der Geschichte weiter, in zunehmend verrätselten Metaphern, ausformulieren. Wie kein anderer vereinigt der Autor hier erneut die philosophischen, ästhetischen und politischen Diskurse seiner Zeit. Und gegen alle negativen Erfahrungen, zu denen auch die Enttäuschung über den restaurativen Ausgang der Französischen Revolution am Ende des Jahrhunderts gehört, verteidigt er radikal die praktische Relevanz seines geschichtsphilosophischen Programms, das nichts weniger als die umfassende Sinndeutung des Lebens und seiner Antagonismen zur Grundlage hatte. Zwar wird die zweite Fassung von *Mnemosyne* die Drohung einer sinnentleerten, jedes Zusammenhangs entbehrenden Welt (*»Ein Zeichen sind wir, deutungslos, / Schmerzlos sind wird und haben fast / Die Sprache in der Fremde verloren.«*) formulieren, aber gerade die Schärfe der bestehenden Widersprüche, und diese Überzeugung resümiert Hölderlin immer wieder, nicht zuletzt in den berühmten Zeilen der *Patmos*-Hymne (*»Wo die Gefahr ist, wächst / Das Rettende auch.«*) deutet auf nichts anderes als auf die Vehemenz der zu erwartenden Zeitenwende. M.Pr.

AUSGABEN: Tübingen 1826 (in *Gedichte*, Hg. G. Schwab). – Stg. 1961 (in *SW*, Hg. F. Beißner, 8 Bde., 1943–1985, 4; *Große Stuttgarter Ausg.*). – Stg. 1962 (in *SW*, 6 Bde., 1944–1962, 4; *Kleine Stuttgarter Ausg.*). – Ffm. 1969 (in *Werke u. Briefe*, Hg. F. Beißner u. J. Schmidt, 3 Bde., 2). – Stg. 1973 (Hg. F. Beißner; RUB). – Ffm. 1985 (in *SW*, Hg. D. E. Sattler u. a., 20 Bde., 1975 ff., 12. u. 13).

VERFILMUNG: BRD 1987 (Regie: J.M. Straub).

LITERATUR: L. v. Pigenot, *H.'s »Grund zum Empedokles«. Studie zu den jüngeren Empedokles-Fragmenten*, Diss. Mchn. 1919. – P. Wagmann, *F. H.s Empedokles-Bruchstücke. Eine literar-historische Untersuchung*, Bern/Lpzg. 1939; Nachdr. Nendeln

1970. – K. Hildebrandt, *H. u. Goethes Weltanschauung, dargestellt am »Hyperion« u. »Empedokles«* (in *H. Gedenkschrift zu seinem 100. Todestag*, Hg. P. Kluckhohn, Tübingen 1943, S. 134–173). – W. Kranz, *Empedokles. Antike Gestalt u. romantische Neuschöpfung*, Zürich 1949. – R. Rüppel, *H.s »Tod des Empedokles« als Trauerspiel. Die Bühnenbearbeitungen u. ihre Erstaufführung nebst einer Bibliographie der Inszenierungen u. Kritiken seit 1916*, Diss. Ludwigshafen 1954. – A. Meetz, *Zu H.s Quellen für den »Empedokles«. Empedokles, Porphyrios, Muhammed asch-Scharastani, H.* (in Euph, 50, 1956, S. 388–404). – W. Schadewaldt, *Die Empedokles-Tragödie H.s* (in H.-Jb., 11, 1958–1960, S. 40–54). – F. Beißner, *H.s Trauerspiel »Der Tod des Empedokles« in seinen drei Fassungen* (in F. B., *H. Reden u. Aufsätze*, Weimar 1961, S. 67–91). – M. Kommerell, *H.s Empedokles-Dichtungen* [1940] (in *H. Beiträge zu seinem Verständnis in unserem Jh.*, Hg. A. Kelletat, Tübingen 1961, S. 205–226). – E. Staiger, *Der Opfertod von H.s Empedokles* (in H-Jb., 13, 1963/64, S. 1–20). – K. Petzold, *Zur Interpretation von H.s »Empedokles«-Fragmenten* (in WZLpzg, 12, 1963, S. 519–524). – U. Hölscher, *Empedokles u. H.*, Ffm. 1965. – M. Cornelissen, *Die Manes-Szene in H.s Trauerspiel »Der Tod des Empedokles«* (in H.-Jb., 14, 1965/66, S. 97–109). – H. Eckert, *H.s Trauerspiel »Der Tod des Empedokles« in der Entwicklung seiner Fragmente*, Winterthur 1969. – I. Hochmuth, *Empedokles in H.s Trauerspiel* (in Das Altertum, 17, 1971, S. 43–58). – Dies., *Menschenbild u. Menschheitsperspektive in H.s Trauerspielfragment »Der Tod des Empedokles«* (in WZJena, 21, 1972, S. 437–446). – J. Söring, *Die Dialektik der Rechtfertigung. Überlegungen zu H.s Empedokles-Projekt*, Ffm. 1973. – I. Hobson, *H. Our Contemporary: »Empedokles« and German Intellectuals of the 1970s* (in Journal of European Studies, 8, 1978, S. 258–273). – Chr. Prignitz, *Zeitgeschichtliche Hintergründe der »Empedokles«-Fragmente H.s* (in H.-Jb., 23, 1982/83, S. 229–257). – Chr. Jamme, *Liebe, Schicksal u. Tragik. Hegels »Geist des Christentums« u. H.s »Empedokles«* (in *»Frankfurt aber ist der Nabel dieser Erde...« Das Schicksal einer Generation der Goethezeit*, Hg. Chr. Jamme u. O. Pöggeler, Stg. 1983, S. 300–324). – J. Link, *Schillers »Don Carlos« u. H.s »Empedokles«. Dialektik der Aufklärung u. heroisch-politische Tragödie* (in J. L., *Elementare Literatur u. generative Diskursanalyse*, Mchn. 1983, S. 87–125). – B. v. Wiese, *H.s mythische Tragödie »Der Tod des Empedokles« und ihre Bedeutung im Rahmen seines Zeitalters* (in B. v. W., *Die dt. Tragödie von Lessing bis Hebbel*, Mchn. 1983, S. 371–400). – Chr. Prignitz, *H.s »Empedokles«: Die Vision einer erneuerten Gesellschaft u. ihre zeitgeschichtlichen Hintergründe*, Hbg. 1985.

E. T. A. HOFFMANN

eig. Ernst Theodor Amadeus Hoffmann
* 24.1.1776 Königsberg
† 25.6.1822 Berlin

LITERATUR ZUM AUTOR:

Bibliographien und Forschungsberichte:
G. Salomon, *E. T. A. H. Bibliographie*, Leipzig 21927; ern. Hildesheim 1983. – K. Kanzog, *Grundzüge der E. T. A. H.-Forschung seit 1945. Mit einer Bibliographie* (in Mitt. der E. T. A. H.-Ges., 9, 1962, S. 1–30). – Ders., *E. T. A. H.-Literatur 1962–1965. Eine Bibliographie* (ebd., 12, 1966, S. 33–38). – J. Voerster, *160 Jahre E. T. A. H.-Forschung. 1805–1965*. Stg. 1967. – K. Kanzog, *E. T. A. H.-Literatur 1966–1969. Eine Bibliographie* (in Mitt. der E. T. A. H.-Ges., 16, 1970, S. 28–40). – H. Steinecke, *Zur E. T. A. H.-Forschung* (in ZfdPh, 89, 1970, S. 222–234). – H. Prang, *Zehn Jahre E. T. A. H.-Forschung. E. T. A. H.-Literatur 1970–1980* (in Mitt. der E. T. A. H.-Ges., 27, 1981, S. 55–103).

Zeitschrift:
Mitteilungen der E. T. A. H.-Gesellschaft, Bamberg 1938–1943; 1958 ff.

Biographien:
G. Wittkop-Ménardeau, *E. T. A. H. in Selbstzeugnissen u. Bilddokumenten*, Reinbek 1966; 61979 (rm). – Dies., *E. T. A. H.s Leben u. Werk in Daten und Bildern*, Ffm. 1968. – W. Segebrecht, *E. T. A. H.* (in B. v. Wiese, *Dt. Dichter der Romantik*, Bln. 1971, S. 391–415). – U. Helmke, *E. T. A. H. Lebensbericht mit Bildern u. Dokumenten*, Kassel 1975. – K. Günzel, *E. T. A. H. Leben u. Werk in Briefen, Selbstzeugnissen u. Zeitdokumenten*, Bln./DDR 1976; ern. Düsseldorf 1979. – M. Schneider, *E. T. A. H. Biographie*, Paris 1979. – C. Wetzel, *E. T. A. H.*, Salzburg 1981. – R. Safranski, *E. T. A. H. Das Leben eines skeptischen Phantasten*, Mchn./Wien 1984; ern. Ffm. 1987. – M. Beese, *E. T. A. H.*, Lpzg. 1986. – E. Kleßmann, *E. T. A. H. oder die Tiefe zwischen Stern und Erde. Eine Biographie*, Stg. 1988.

Gesamtdarstellungen und Studien:
W. Segebrecht, *Autobiographie u. Dichtung im Werk E. T. A. H.s*, Mchn. 1967. – G. Allroggen, *E. T. A. H.s Kompositionen. Ein chronologisch-thematisches Verzeichnis seiner musikalischen Werke nebst einer Einführung in seinen musikalischen Stil*, Regensburg 1970. – P. v. Matt, *Die Augen der Automaten. E. T. A. H.s Imaginationslehre als Prinzip seiner Erzählkunst*, Tübingen 1971. – H. Daemmrich, *The Shattered Self. E. T. A. H.'s Tragic Vision*. Detroit 1973. – H. v. Müller, *Gesammelte Aufsätze über E. T. A. H.*, Hg. v. F. Schnapp, Hildesheim 1974. – S. Schumm, *Einsicht u. Darstellung. Untersuchung zum Kunstverständnis E. T. A. H.s*, Göppingen 1974. – P. Faesi, *Künstler u. Gesellschaft bei*

E. T. A. H., Diss. Basel 1975. – E. Riemer, *E. T. A. H. u. seine Illustratoren*, Hildesheim 1976; ern. 1978. – B. Röser, *Satire u. Humor bei E. T. A. H.*, Diss. Mchn. 1976. – *E. T. A. H. und seine Zeit*, Hg. I. Wirth, Bln. 1976. – ZfdPh, 95, 1976 [Sonderh. *E. T. A. H.*]. – JEGP, 75, 1976 [Sonderh. *E. T. A. H.*]. – *E. T. A. H.*, Hg. H. Prang, Darmstadt 1976 (WdF). – H. Eilert, *Theater in der Erzählkunst. Eine Studie zum Werk E. T. A. H.s*, Tübingen 1977. – A. Blomeyer, *E. T. A. H. als Jurist*, Bln./NY 1978. – T. Bourke, *Stilbruch als Stilmittel. Studien zur Literatur der Spät- u. Nachromantik. Mit bes. Berücksichtigung von E. T. A. H., Lord Byron u. Heinrich Heine*, Ffm. 1980. – F. Fühmann, *Fräulein Veronika Paulmann aus der Pirnaer Vorstadt oder Etwas über das Schauerliche bei E. T. A. H.*, Rostock 1979; ern. Hbg. 1980. – H.-U. Lindken, *E. T. A. H. Ein universaler Künstler*, Stg. 1980. – C. Magris, *Die andere Vernunft. E. T. A. H.*, Königstein/Ts. 1980. – *Zu E. T. A. H.*, Hg. S. P. Scher, Stg. 1981. – A. De Loecker, *Zwischen Atlantis u. Frankfurt. Märchendichtung u. Goldenes Zeitalter bei E. T. A. H.*, Ffm./Bern 1983. – H. Toggenburger, *Die späten Almanach-Erzählungen E. T. A. H.s*, Bern u. a. 1983. – K.-D. Dobat, *Musik als romantische Illusion. Eine Untersuchung zur Bedeutung der Musikvorstellung E. T. A. H.s für sein literarisches Werk*, Tübingen 1984. – R. Matzker, *Der nützliche Idiot. Wahnsinn u. Initiation bei Jean Paul und E. T. A. H.*, Ffm./Bern 1984. – C. M. Beardsley, *E. T. A. H.s Tierfiguren im Kontext der Romantik*, Bonn 1985. – L. H. Görgens, *Die Haustiere des Kapellmeisters. Untersuchungen zum Phantastischen im literarischen Werk E. T. A. H.s*, Tübingen 1985. – H.-S. Lee, *Die Bedeutung von Zeichen u. Malerei für die Erzählkunst E. T. A. H.s*, Ffm. u. a. 1985. – F. Auhuber, *In einem fernen dunklen Spiegel, E. T. A. H.s Poetisierung der Medizin*, Opladen 1986. – S. Dattenberger, *Kommunikationsstrukturen im poetischen Werk E. T. A. H.s*, Ffm. u. a. 1986. – M. Momberger, *Sonne u. Punsch. Die Dissemination der romantischen Kunstbegriffe bei E. T. A. H.*, Mchn. 1986. – B. Feldges u. U. Stadler, *E. T. A. H. Epoche – Werk – Wirkung*, Mchn. 1986. – G. Wellenberger, *Der Unernst des Unendlichen. Die Poetologie der Romantik u. ihre Umsetzung durch E. T. A. H.*, Diss. Marburg 1986. – G. Reuchlein, *Bürgerliche Gesellschaft, Psychiatrie u. Literatur. Zur Entwicklung der Wahnsinnsthematik in der dt. Literatur des späten 18. u. des frühen 19. Jahrhunderts*, Mchn. 1986. – G. R. Kaiser, *E. T. A. H.*, Stg. 1988.

DIE ELIXIERE DES TEUFELS.
Nachgelassene Papiere des Bruders Medardus eines Kapuziners. Herausgegeben von dem Verfasser der Fantasiestücke in Callots Manier

Roman von E. T. A. Hoffmann, in zwei Bänden erschienen 1815/16. – Zu den wichtigen literarischen Quellen, die Hoffmann für die Konzeption seines ersten Romans benutzte, gehören Matthew Gregory Lewis' Schauerroman *The Monk* und Karl Grosses Roman *Der Genius*. Daneben findet sich eine bunte Fülle von Motiven des Trivialromans des 18. Jh.s und des romantischen Schicksalsdramas wieder. Für den Rahmen der Handlung spielt zudem Hoffmanns Begegnung mit der Lehre der katholischen Kirche während seines Aufenthalts in Polen und in der Bamberger Zeit eine Rolle. Bei der Gestaltung der übersteigerten Wirklichkeitserfahrung und der traumatischen Erlebnisse seines Helden konnte der Autor auf seine Kenntnis der Werke zeitgenössischer Psychiatrie zurückgreifen. Es handelt sich, wie der Titel bereits ankündigt, um einen fiktiven Lebensbericht eines aus fluchbeladener Familie stammenden Mönchs, worin dieser seine verbrecherischen Taten und die Schuld, die er auf sich geladen hat, offenlegt. Die Abfassung dieser Autobiographie wurde ihm bei der Rückkehr ins Kloster als Bußübung auferlegt.

Der Mönch Medardus weckt durch den Genuß des Teufelselixiers, einer ihm anvertrauten Reliquie, sinnliche Begierden in sich. In seiner Eigenschaft als Beichtvater begegnet er einer Unbekannten, zu der er in verzehrender Leidenschaft entbrennt und die dem in der Kirche befindlichen Bildnis der hl. Rosalia vollkommen zu gleichen scheint. Von seinem Prior in geistlicher Mission nach Rom gesandt, bricht er sein Gelübde und stürzt sich in die abenteuerliche Irrfahrt des weltlichen Lebens, um die unbekannte Geliebte zu suchen. Unterwegs trifft er auf einen am Abhang Schlafenden, der auf seinen Zuruf hin in den Abgrund stürzt. Es war Viktorin, der heimliche Geliebte der Baronin Euphemie, der als Kapuziner verkleidet auf dem Weg zum Schloß war. Medardus tritt an seine Stelle und wird von Euphemie als ihr vermeintlicher Geliebter empfangen. Als sich der Mönch auch ihrer Stieftochter Aurelie, in der er die unbekannte Geliebte zu erkennen glaubt, in *»wahnsinniger Liebe«* bemächtigen will, ermordet er Euphemie, die ihn bedroht, und ersticht Aureliens Bruder Hermogen. Auf der Flucht aus dem Schloß gelangt er zu einem einsamen Forsthaus, in dem ihm ein wahnsinniger Mönch entgegentritt – sein Doppelgänger, der von nun an immer wieder seinen Weg kreuzt. Die nächste Station seiner Irrfahrt ist ein kleiner Fürstenhof, an dem er Aurelie wiedersieht. Sie erkennt in ihm, der hier in weltlicher Kleidung unter dem Namen Leonard auftritt, den Mörder ihres Bruders und ihrer Stiefmutter. Er wird verhaftet, doch sein Doppelgänger rettet ihn: Dieser gesteht statt seiner die Tat und wird ins Gefängnis geworfen. Medardus kehrt an den Hof zurück, und nun offenbart Aurelie ihm ihre Liebe, obwohl sie durch seine Ähnlichkeit mit dem von ihr verabscheuten und gefürchteten Mönch Medardus weiterhin geängstigt ist. Am Morgen seiner Vermählung mit ihr begegnet Medardus der Karren, auf dem sein Doppelgänger zur Hinrichtung gefahren wird, und in einem Anfall von Entsetzen schreit er Aurelie die Wahrheit ins Gesicht. Bei dem Versuch, die Braut zu töten, verwundet er sie schwer und flieht dann wie von Sinnen aus der Residenz. Nach tiefer Bewußtlosigkeit erwacht er in einem römischen Kloster. Dort beginnt nun für ihn die Zeit der Buße und Kasteiung. Er liest die Aufzeichnungen eines in seinem Heimatkloster wohlbekannten geheimnisvollen Malers, der ihm von Kindheit an immer wieder begegnet ist, und entdeckt, daß er und alle andern wichtigen Personen seines Lebens einem durch Mord, Ehebruch und Blutschande gezeichneten Geschlecht angehören, dessen Stammvater jener Maler Francesko ist. So erfährt er, daß Viktorin, Euphemie, Hermogen sowie Aurelie seine Stiefgeschwister sind und wie er selbst Ururenkel des *»alten Malers«*, der einst das Altarbild der hl. Rosalia in der Klosterkirche geschaffen hatte. Medardus kehrt in sein Heimatkloster zurück und wird am folgenden Tage Zeuge der Einkleidung Aurelies. Während der Zeremonie stürzt sein Doppelgänger, der dem Galgen entkommen ist, in die Kirche und ermordet Aurelie am Altar. Sterbend offenbart sie Medardus den Sinn ihrer Liebe, die »nichts gemein hat mit irdischer Lust« und so den Frevel sühnen kann. Medardus aber tritt, von der Sünde gereinigt, *»in die Reihe der Brüder ein, wie sonst«*, zeichnet sein Leben auf und stirbt am Jahrestag von Aurelies Ermordung, dem Tag der hl. Rosalia, in den Armen des Priors.

Der Fortgang der Fabel, die sich durch ein hohes Maß an Bildlichkeit auszeichnet, wird durch eine Anzahl rätselhafter und teilweise grotesk-komischer Episoden immer wieder unterbrochen. Dieser durch das Moment der Verzögerung spannungsreiche Handlungsaufbau, die Schilderung grausiger Ereignisse und die geheimnisvollen Familienbeziehungen sind charakteristische Bestandteile des Unterhaltungsromans, besonders des Schauerromans. Jedoch lassen sich *Die Elixiere des Teufels »nicht in die Grenzen einer bloßen Unterhaltungsliteratur einschränken«* (W. Müller-Seidel). Das Geheimnisvolle, das Unheimliche und Entsetzliche wird nicht nur um seines stofflichen Reizes willen geschildert, sondern die Handlung ordnet sich zum Lebensbericht, der zugleich Beichte ist. Der äußerst beschwerliche Weg, der den Helden zur Erkenntnis seiner selbst und seiner genealogischen Herkunft führt, wird hier aufgezeigt. Auf diesem Weg sind die Gefährdung und Zerstörung des Ichs, Bewußtlosigkeit und bis zum Wahnsinn führende Sinnesverwirrung Anzeichen von Identitätsauflösung, die ihre höchste Steigerung im Auftreten des Doppelgängers erreicht. Erst nach der Rückkehr ins Kloster findet Medardus zu seiner Identität zurück und durchbricht mit der Aufzeichnugn seiner Lebensgeschichte das *»geheimnisvolle Spiel des Schicksals«*. S.A.-S.L.

AUSGABEN: Bln. 1815/16, 2 Bde. – Mchn./Lpzg. 1908 (in *SW*, Hg. C. G. v. Maassen, 10 Bde., 1908–1928, 2; hist.-krit.). – Weimar 1924 (in *Dichtungen u. Schriften*, Hg. W. Harich, 15 Bde., 4). – Mchn. 1961; [5]1984, Hg. u. Nachw. W. Müller-Seidel [Anm. W. Kron]. – Ffm. 1967 (in *Werke*, Hg. H. Kraft u. M. Wacker, 4 Bde., 1). – Bln./Weimar 1976 (in *GW in Einzelausg.*, Bd. 2, Textrev. u. Anm. H. J. Kruse). – Zürich 1983 [Nachw. P. v. Matt]. – Ffm. 1985, Hg. W. Nehring.

VERFILMUNGEN: *Das Hexenlied*, Deutschland 1919 (Regie: E. Burg). – *Elixiere des Teufels*, Österreich 1920 (Regie: E. Loewe). – DDR/ČSSR 1973 (Regie: R. Kirsten). – BRD 1976 (Regie: M. Purzer).

LITERATUR: O. Schissel von Fleschenberg, *Novellenkomposition in E. T. A. H.s »Elixieren des Teufels«. Ein prinzipieller Versuch*, Halle 1910. – W. Horn, *Über das Komische im Schauerroman: E. T. A. H.s »Elixiere des Teufels« und ihre Beziehung zur englischen Literatur* (in ASSL, 78, 1923, 146, S. 153–163). – K. Negus, *The Family Tree in E. T. A. H.'s »Die Elixiere des Teufels«* (in PMLA, 73, 1958, S. 516–520). – J. R. Wendel, *E. T. A. H.'s »Die Elixiere des Teufels« and the Dependence on Matthew G. Lewis' »The Monk«*, Diss. Univ. of Connecticut 1966. – H. S. Daemmrich, *»The Devil's Elixirs«. Precursor of the Modern Psychological Novel* (in Papers on Language and Literature, 6, 1970, S. 374–386). – K. Cramer, *Bewußtseinsspaltung in E. T. A. H.s Roman »Die Elixiere des Teufels«* (in Mitt. der E. T. A. H.-Ges., 16, 1970, S. 8–18). – J. R. Hubbard, *The Myth of the Hero in E. T. A. H. The Christian Adventure of Medardus and the Musical Adventure of Kapellmeister Johannes Kreisler*, Diss. Univ. of Michigan 1971. – D. Raff, *Ich-Bewußtsein und Wirklichkeitsauffassung bei E. T. A. H. Eine Untersuchung der »Elixiere des Teufels« u. des »Kater Murr«*, Rottweil 1971. – R. Moering, *Musikalität u. Zwielicht. Zwei Formprinzipien in E. T. A. H.s »Elixieren des Teufels«* (in Jb. d. Wiener Goethe-Vereins, 75, 1971, S. 56–73). – S. Olson, *E. T. A. H.s »Die Elixiere des Teufels« als Schauerroman*, Diss. Univ. of California, Los Angeles 1973. – Ch. E. Passage, *E. T. A. H.'s »The Devils Elixirs: A Flawed Masterpiece* (in JEGPh, 75, 1976, S. 531–545). – E. Wright, *E. T. A. H. and the Rhetoric of Terror. Aspects of Language Used for the Evocation of Fear*, Ldn. 1978. – J. M. McGlathery, *Demon Love. E. T. A. H.'s »Elixiere des Teufels«* (in Colloquia Germanica, 12, 1979, S. 61–76). – Ch. Zehl-Romero, *M. G. Lewis' »The Monk« and E. T. A. H.'s »Die Elixiere des Teufels« – 2 Versions of the Gothic* (in Neoph, 63, 1979, S. 574–582). – W. Nehring, *E. T. A. H.: »Die Elixiere des Teufels«* (in *Romane u. Erzählungen der dt. Romantik*, Hg. P. M. Lützeler, Stg. 1981, S. 325–350).

DAS FRÄULEIN VON SCUDERI. Erzählung aus dem Zeitalter Ludwigs des Vierzehnten

Erzählung von E. T. A. HOFFMANN, erschienen 1819 und ein Jahr später in die Sammlung *Die Serapions-Brüder* aufgenommen. – Den Gesprächen der Serapionsbrüder sind die Quellen zu entnehmen, die Hoffmann für diese *»wahrhaft serapionistische«* Erzählung benutzte: Eine Anekdote aus

J. Ch. Wagenseils *Chronik von Nürnberg* (1697) liegt der Kriminalaffäre zugrunde, und der *Geschichte von dem venetianischen Schuster* entstammt das Urbild zu Cardillac, dem *»verruchtesten und zugleich unglücklichsten aller Menschen«*. Bei der Schilderung der Giftmordgeschichten stützte sich Hoffmann auf die damals bekannte Sammlung merkwürdiger Rechtsfälle *Causes célèbres et intéressantes* des Gayot de Pitaval. Die Erzählung setzt im Jahre 1680 ein, im Paris Ludwigs XIV.: Höflinge und reiche Edelleute, die bei Cardillac, dem berühmtesten Goldschmied der Stadt, köstliche Geschmeide haben anfertigen lassen, werden regelmäßig nachts, auf dem Weg zur Geliebten, des Schmucks beraubt und ermordet. Sorgfältigsten Fahndungen zum Trotz bleiben die Juwelenräuber unauffindbar. Der König, der von den besorgten Kavalieren um besondere Schutzmaßnahmen gebeten worden ist, fragt Mademoiselle de Scudéri, die bei Hof wegen ihrer anmutigen Verse und Romane beliebte alte Dame, um ihre Meinung. Sie erwidert mit einem Vers: *»Un amant qui craint les voleurs, n'est pas digne d'amour.« (»Ein Liebender, der die Diebe fürchtet, ist der Liebe nicht würdig.«)* Die scherzhaft gemeinte Äußerung, die die Verbrecher indirekt zu verteidigen scheint, verwickelt die arglose alte Dame in einen geheimnisvollen Kriminalfall. An demselben Abend nämlich wird ihr von einem völlig verstörten jungen Mann ein Kästchen überbracht, worin sie einen prachtvollen Halsschmuck und einen Zettel mit jenem von ihr geprägten Vers findet. Die kostbare Machart des Geschmeides deutet auf Meister Cardillac, der auch, später herbeigerufen, bekennt, daß dieser Schmuck vor kurzer Zeit auf unerklärliche Weise aus seiner Werkstatt verschwunden sei; doch er bittet Mademoiselle de Scudéri, ihn als Geschenk anzunehmen. Einige Zeit später erschreckt sie der unbekannte Überbringer der Schatulle durch ein Schreiben mit der flehentlichen Bitte, den Schmuck innerhalb von zwei Tagen Cardillac zurückzugeben. Sie versäumt die Frist und findet den Goldschmied, als sie verspätet bei seiner Werkstatt anlangt, ermordet. Sein Gehilfe Olivier Brusson wird der Tat verdächtigt. Als die nächtlichen Morde nach seiner Verhaftung plötzlich aufhören, sieht man in ihm auch den gesuchten Raubmörder. Brusson ist mit Madelon, der Tochter Cardillacs, verlobt, die, überzeugt von seiner Unschuld, Mademoiselle de Scudéri um Hilfe bittet. Ein umfassendes Geständnis Oliviers bringt endlich volle Aufklärung: Er fühlte sich, der zarten und empfindsamen Madelon zuliebe, verpflichtet, die grauenvolle Wahrheit zu verschweigen, daß deren Vater Cardillac selbst der Mörder seiner reichen Kunden war. Eine dunkle, dämonische Macht trieb den Goldschmied dazu, ein kostbares Geschmeide, woran er verbissen seine ganze Künstlerschaft gewandt hatte, nach dem Verkauf wieder an sich zu bringen, was ihm nur durch die Ermordung des neuen Besitzers möglich war. Als Olivier, zufällig Zeuge einer solchen Untat geworden, die Besessenheit Cardillacs, die jener mit der Überlassung des Geschmeides an die Scudéri überwunden zu haben glaubte, wieder aufflackern sah, schrieb er den warnenden Zettel, um die Dichterin nicht das nächste Opfer werden zu lassen. Doch auch ein königlicher Offizier namens de Miossens hat Cardillacs Geheimnis entdeckt: Als der Goldschmied ihm auflauerte und ihn überfiel, tötete er den Räuber in Notwehr. – Die Scudéri, von Oliviers Unschuld überzeugt, erwirkt beim König, daß dieser ihn von jedem Verdacht freispricht.

Hoffmann läßt die Handlung unvermittelt mit dem ersten Besuch Oliviers bei der Scudéri einsetzen, führt dann den Leser mit ungewöhnlicher erzählerischer Virtuosität hin zur Zentralfigur des Goldschmieds, der jedoch bis zur Aufklärung seiner Verbrechen in zwielichtigem Dunkel bleibt. Mit scharfer Charakterisierungskunst bereitet der Autor die Auflösung des kriminalistischen Rätsels vor, das psychologisch mit der problematischen Existenz eines künstlerischen Genies in einem grotesk häßlichen Körper begründet wird. Als ein Vererbungsphänomen, das auf ein Erlebnis seiner Mutter während der Schwangerschaft zurückgeht – sie verliebte sich in den blitzenden Halsschmuck eines Offiziers –, wird Cardillacs *»böser Stern«* motiviert.

Der Dichter greift in der Konfiguration Cardillac-Scudéri die Frage des Künstlertums selbst auf. Mit ihrer Einfühlungsgabe in die seelische Zwangslage Cardillacs verkörpert das Fräulein von Scudéri die verständnisvolle, humane Künstlerexistenz einer vergangenen Epoche. S.A.-KLL

Ausgaben: Ffm. 1819 (in Taschenbuch für das Jahr 1820 der Liebe und Freundschaft gewidmet). – Bln. 1820 (in *Die Serapions-Brüder*, Bd. 3). – Mchn./Lpzg. 1914 (in *SW*, Hg. C. G. v. Maassen, 10 Bde., 1908–1928, 7; hist.-krit.). – Weimar 1924 (in *Dichtungen u. Schriften*, Hg. W. Harich, 15 Bde., 2). – Köln 1958 [Ill. J. Hegenbarth]. – Mchn. 1963; [4]1979 (in *Die Serapions-Brüder*, Hg. u. Nachw. W. Müller-Seidel; Anm. W. Segebrecht). – Ffm. 1967 (in *Werke*, Hg. H. Kraft u. M. Wacker, 4 Bde., 2). – Bln./Weimar 1978 (in *GW in Einzelausg.*, Bd. 4/5; Textrev. u. Anm. H. J. Kruse). – Ffm. 1983 (in *Die Serapions-Brüder*, 4 Bde.; Nachw. H. Steinecke).

Dramatisierung: O. Ludwig u. J. K. Ratislav, *Das Fräulein v. Scuderi*, Wiesbaden o. J. [Bühnenms.].

Vertonung: P. Hindemith, *Cardillac* (Libretto: F. Lion; Oper; Urauff.: Dresden 1926; Neufassg.: Zürich 1952).

Verfilmungen: *Mademoiselle de Scudery*, Italien 1911 (Regie: M. Caserini). – *Der Besessene*, Deutschland 1917. – *Juwelen*, Österreich 1930 (Regie: H. Brückner). – BRD 1955 (Regie: E. York). – *Cardillac*, BRD 1968 (Regie: E. Reitz).

Literatur: R. Varnhagen v. Ense, *»Mlle. de Scudéry« von H.* (in *Rahel. Ein Buch des Andenkens für ihre*

Freunde, Hg. K.v. Ense, Bln. 1834, Tl. 3, S. 13–15). – T. Rosebrock, *Erl. zu E. T. A. H.s »Das Fräulein v. Scudery«*, Hollfeld 1958. – H. F. Weiss, *»The Labyrinth of Crime«. A Reinterpretation of E. T. A. H.'s »Das Fräulein von Scuderi«* (in GR, 51, 1976, S. 181–189). – M. Thalmann, *E. T. A. H.'s »Das Fräulein von Scuderi«* (in M. T., *Romantik in krit. Perspektive*, Hg. J. D. Zipes, Heidelberg 1976, S. 17–28). – K. D. Post, *Kriminalgeschichte als Heilsgeschichte. Zu E. T. A. H.s »Das Fräulein von Scuderi«* (in ZdfP, 95, 1976, S. 132–156). – K. Kanzog, *E. T. A. H.'s »Das Fräulein v. Scuderi« als Kriminalgeschichte* (in *E. T. A. H.*, Hg. H. Prang, Darmstadt 1976, S. 307–321). – H. Himmel, *Schuld und Sühne der Scuderi* (ebd., S. 215–236). – *E. T. A. H.: »Das Fräulein v. Scuderi«*, Hg. H. U. Lindken, Stg. 1978 (RUB). – Y. Holbecke, *The Relationship of Artist and Power: E. T. A. H.'s »Das Fräulein v. Scuderi«* (in Seminar, 16, 1980, S. 1–11). – P. Schneider, *Verbrechen, Künstlertum u. Wahnsinn – Untersuchung zur Figur des Cardillac in E. T. A. H.'s »Das Fräulein v. Scuderi«* (in Mitt. d. E. T. A. H.-Ges., 26, 1980, S. 34–50). – W. Psaar, *»Das Fräulein v. Scuderi«* (in *Dt. Novellen von Goethe bis Walser*, Hg. L. Lehmann, Bd. 1, Königstein/Ts. 1980, S. 77–104). – M. u. K. H. Fingerhut, *Zwischen Romantik u. Realismus. E. T. A. H.: »Das Fräulein v. Scuderi«*, Stg. 1980. – G. Gorski, *E. T. A. H. »Das Fräulein v. Scuderi« als Detektivgeschichte* (in Mitt. d. E. T. A. H.-Ges., 27, 1981, S. 1–15). – I. Köhler, *Erstes Auftreten H.s in Frankreich. Der Fall Latouche* (ebd., 28, 1982, S. 45–49). – T. A. Kovach, *Mythic Structure in E. T. A. H.'s »Das Fräulein v. Scuderi«: A Case-Study in »Romantic realism«* (in *Sprache u. Literatur*, Hg. G. P. Knapp u. a., Bern u. a. 1981, S. 121–127). – W. Wucherpfennig, *Die alte Dame und die Kriminalgeschichte der Seele. Überlegungen zu E. T. A. H.'s »Fräulein v. Scuderi«* (in Studia Germanica Gandensia, 8, 1986, S. 200–204).

DER GOLDNE TOPF. Ein Märchen aus der neuen Zeit

Erzählung von E. T. A. HOFFMANN, erschienen 1814 als dritter Band der *»Fantasiestücke in Callots Manier«*. – Im *Goldnen Topf* durchdringen sich die bürgerliche Alltagswelt und die märchenhafte Sphäre gegenseitig: Die Erzählung sollte, Hoffmanns Absicht entsprechend, *»feenhaft und wunderbar, aber keck ins gewöhnliche alltägliche Leben tretend und seine Gestalten ergreifend«* sein und die Duplizität des Seins dichterisch gestalten. Schon die Zeitgenossen sahen den *Goldnen Topf*, wie auch Hoffmann selbst, als das Hauptwerk seines dichterischen Schaffens an.

Der im Alltag ungeschickte Student Anselmus sitzt am Abend des Himmelfahrtstages am Elbufer in Dresden unter einem Holunderbusch und hängt seinen trüben Gedanken nach. Plötzlich bemerkt er *»drei in grünem Gold erglänzende Schlänglein«*, die mit menschlichen Stimmen verwirrende Worte singen und deren eine *»glühendes Verlangen«* in ihm entzündet. Zunächst mißtraut Anselmus seinen Sinnen und weiß nicht, *»ob er betrunken, wahnsinnig oder krank«* ist. Ein fröhlicher Abend in der nüchternen Gesellschaft des Konrektors Paulmann, dessen Tochter Veronika, die ein Auge auf Anselmus geworfen hat, und des Registrators Heerbrand vertreibt die *»Fantasmata«* – aber nur vorübergehend, wie sich bald herausstellt: Anselmus' Bekanntschaft mit dem Archivarius Lindhorst, für den er durch Heerbrands Vermittlung für ein paar Speziestaler arabische und koptische Manuskripte kopiert, führt ihn in ein Zauberreich, dessen exotische Wunder den Studenten zugleich ängstigen und beseligen. Von Lindhorst erfährt er, daß die drei Schlänglein dessen Töchter sind, in deren jüngste, Serpentina, er sich verliebt hat. Im Hause des Archivars, hinter dessen Fassade sich ein in *»magisches blendendes Licht«* getauchter Palastgarten verbirgt, sieht Anselmus Serpentina wieder, deren Gestalt vor seinem Blick rätselhaft zwischen Schlänglein und Mädchen changiert; dort sieht er auch zum erstenmal den glückbringenden goldnen Topf, Serpentinas Mitgift, in dessen *»strahlend poliertem Gold«* sich *»in schimmernden Reflexen allerlei Gestalten«*, darunter auch die des Studenten selbst, bewegen. Von der Geliebten erfährt er vom Doppelcharakter des Archivars: Hinter der Maske verberge sich ein Salamander, ein Elementargeist, der als Strafe für eine in mythischer Vorzeit begangene Untat sich jetzt den *»kleinlichsten Bedrängnissen des gemeinen Lebens unterwerfen«* müsse, bis seine drei Töchter mit drei Jünglingen vermählt seien, die wie Anselmus *»ein kindliches poetisches Gemüt«* besäßen. Anselmus schwört Serpentina ewige Liebe, doch ein *»feindliches Prinzip«* greift störend ein. Das Äpfelweib, das der mythischen Verbindung einer Runkelrübe mit der Feder eines Drachens entstammt, versucht den goldnen Topf zu rauben und setzt alles daran, um Anselmus' Vertrautwerden mit der Poesie zu verhindern. Ein Blick in ihren Metallspiegel, den sie in der *»Nacht des Äquinoktiums«* in Gegenwart der schaudernden Veronika und unter Assistenz grausiger akustischer und optischer Erscheinungen gegossen hat, wirft Anselmus zurück in die Nüchternheit des bürgerlichen Alltags und macht ihn glauben, er liebe die nur auf die soziale Stellung einer »Frau Hofrätin« bedachte Veronika. Sogleich verliert er sein allem Phantastischen aufgeschlossenes *»poetisches Gemüt«*: Der Palastgarten Lindhorsts erscheint ihm als armseliges Treibhaus, die Bibliothek, an deren *»azurblauen Wänden und goldbronzenen Stämmen dicker Palmbäume«* er sich einst nicht sattsehen konnte, als ein geschmackloser, in grellen und unnatürlichen Farben ausgestatteter Raum. Als er trotz Lindhorsts Warnung ein Manuskript mit Tinte bekleckst, wird eine Prophezeiung des alten Äpfelweibs wahr, und er fällt *»ins Kristall«*: Die Palmbäume in der Bibliothek verwandeln sich in feuerspeiende Riesenschlangen, und ihr Feuer erstarrt zu einer Kristallflasche, in der sich Anselmus als Gefangener wiederfindet. Jetzt erkennt er die erstickende Enge bürgerlichen Glücks – denn nichts anderes ist es, was ihm die Brust erdrücken will, während fünf andere *»Gefährten im Unglück«*, die gleich ihm in fünf Flaschen auf demselben »Repositorium« stehen, ihr Gefangensein gar nicht bemerken, sondern meinen, sich frei bewegen zu können und sich *»nie besser befunden«* zu haben. Anselmus entscheidet sich für Serpentina und wird mit ihr, nachdem das Äpfelweib in einer wild flammenden Schlacht von Lindhorst überwunden worden ist, in immerwährende Seligkeit nach Atlantis auf ein Rittergut entrückt, wo die im goldnen Topf erblühende Lilie ihr Glück beschützt und sich ihm *»der heilige Einklang aller Wesen als tiefstes Geheimnis der Natur offenbart«*. Veronika aber heiratet den zum Hofrat ernannten Heerbrand und sieht so ihre schönsten Träume in Erfüllung gehen. In einem abschließenden Zwiegespräch des Erzählers mit Lindhorst, der während dieser Unterhaltung zu seiner Lust und um *»der werten Gesellschaft«* des Dichters *»zu genießen«* in dem von ihm kredenzten Glas voll brennenden Arraks als Salamander auf und nieder steigt, deutet der Archivar Anselmus' Seligkeit als *»ein Leben in der Poesie«*. Der Erzähler beklagt, nicht in Atlantis weilen zu dürfen und den *»Armseligkeiten des bedürftigen Lebens«* ausgesetzt zu sein.

In seinem *Goldnen Topf* stellt Hoffmann der *»haltlosen«* Phantastik und der pseudo-orientalischen Kulisse in den *contes des fées* ein Gestaltungsprinzip entgegen, das seine Märchen von Wielands parodistischen Feenmärchen ebenso klar abhebt wie von den alogisch gereihten traumhaften Bildfolgen, in die Goethe und Novalis die gegenständliche Welt auflösen. Alltäglichen Menschen sollten, wie in *Tausendundeine Nacht, »tolle Zauberkappen«* übergeworfen werden, und eine *»Himmelsleiter«* müsse aus der wirklichen Welt so unmerklich in das *»fantastische Zauberreich«* führen, daß es nur als der schönere Teil des Lebens erscheine. Die »Wirklichkeit« des Märchengeschehens, durch seine Lokalisierung in Dresden, durch realistische Schauplätze, wie »Wohnzimmer«, »Elbbrücke«, »Linkesches Bad«, und Requisiten des bürgerlichen Alltags (Pfeife, Kaffeekanne, Punschterrine) glaubhaft gemacht, erweist sich als täuschende Nachahmung der Realität, gleichsam als Eisblume, die vor dem Hauch der poetischen Phantasie schmilzt und den Blick in die Tiefe freigibt, in Lindhorsts Palastgarten, in die Hexenküche des Äpfelweibs oder nach Atlantis.

Die teils hymnisch, teils ironisch distanziert vorgetragene Binnenerzählung, das *»Märchen im Märchen«*, von der mythischen Herkunft des Archivars ist Gotthilf Heinrich Schuberts *Ansichten von der Nachtseite der Naturwissenschaft* (1808) nachgebildet, in denen der Autor seine an Schelling orientierte Spekulation über die Naturgeschichte entwickelt, die er als eine durch den »Gedanken« verursachte Spaltung der ursprünglich heilen Welt in »Natur« und »Geist« beschreibt. KLL

Ausgaben: Bamberg 1814 (in *Fantasiestücke in Callots Manier*, Bd. 3). – Mchn./Lpzg. 1908 (in *SW*, Hg. C. G. v. Maassen, 10 Bde., 1908–1928, 1; hist.-krit.). – Ffm. 1924 [Nachw. R. v. Schaukal; bibliophile Ausg.]. – Weimar 1924 (in *Dichtungen u. Schriften*, Hg. W. Harich, 15 Bde., 3). – Lpzg. o. J. [ca. 1942] (RUB). – Mchn. 1960; [5]1979 (in *Fantasie- u. Nachtstücke*, Hg. u. Nachw. W. Müller-Seidel; Anm. W. Kron). – Zürich 1963 (in *Meistererzählungen*, Hg. J. Fietz). – Ffm. 1967 (in *Werke*, Hg. H. Kraft u. M. Wacker, 4 Bde., 1). – Ffm. u. a. 1973 [m. Faks. d. Skizzenbuches v. F. Fischer]. – Stg. 1974 [Nachw. K. Nußbächer]. – Bln./Weimar 1976 (in *GW in Einzelausg.*, Bd. 1; Textrev. u. Anm. H. J. Kruse). – Ffm. 1981, Hg. u. Nachw. J. Schmidt [m. Ill.].

Dramatisierung: E. Mayer, *Der goldne Topf* (Libretto: I. Zimmermann; Oper; Urauff.: Dresden, 20. 5. 1989, Musikfestspiele).

Literatur: H. Dahmen, *Studien zu E. T. A. H.s »Goldnem Topf«*, Diss. Marburg 1925. – P.-F. Scherber, *Bürger und Enthusiast als Lebensformen. Eine Studie zu E. T. A. H. u. seinem Märchen vom »Goldnen Topf«*, Diss. Erlangen 1925. – C. G. Jung, *Gestaltungen des Unbewußten*, Zürich 1950. – R. Mülher, *Liebestod u. Spiegelmythe in E. T. A. H.s Märchen »Der goldne Topf«* (in R. M., *Dichtung der Krise*, Wien 1951, S. 41–95). – K. Negus, *E. T. A. H.'s »Der goldne Topf«. Its Romantic Myth* (in GR, 34, 1959, S. 262–275). – J. M. McGlathery, *The Suicide Motif in E. T. A. H.'s »Der goldne Topf«* (in MDU, 58, 1966, S. 115–123). – O. F. Bollnow, *»Der goldne Topf« und die Naturphilosophie der Romantik. Bemerkungen zum Weltbild E. T. A. H.s* (in O. F. B., *Unruhe und Geborgenheit*, Stg. u. a. 1968, S. 207–226). – L. Pikulik, *Anselmus in der Flasche. Kontrast u. Illusion in E. T. A. H.s »Der goldne Topf«* (in Euph, 63, 1969, S. 341–370). – J. L. Miller, *Musical Structures in »Der goldne Topf«*, Diss. Univ. of Oregon 1972. – J. Reddick, *E. T. A. H.'s »Der goldne Topf« and Its »durchgehaltene Ironie«* (in MLR, 71, 1976, S. 577–594). – K. G. Just, *Die Blickführung in den Märchennovellen E. T. A. H.s* (in *E. T. A. H.*, Hg. H. Prang, Darmstadt 1976, S. 292–306). – J. M. McGlathery, *»Bald dein Fall ins Ehebett«? A New Reading of E. T. A. H.'s »Goldner Topf«* (in GR, 53, 1978, S. 106–114). – A. Jaffé, *Bilder u. Symbole aus E. T. A. H.s Märchen »Der goldne Topf«*, Hildesheim 1978. – G. vom Hofe, *E. T. A. H.s Zauberreich Atlantis. Zum Thema des dichterischen Enthusiasmus im »Goldnen Topf«* (in Text & Kontext, 8, 1980, S. 101–126). – W. Nehring, *E. T. A. H.s Erzählwerk: Ein Modell u. seine Variationen* (in *Zu E. T. A. H.*, Hg. St. P. Scher, Stg. 1981, S. 55–73). – *E. T. A. H.: »Der goldne Topf«*, Hg. P. W. Wührl, Stg. 1982 (RUB). – A. Harper u. N. Oliver, *What Really Happens to Anselmus? »Impermissible« and »Irrelevant« Questions About E. T. A. H.'s »Der goldne Topf«* (in New German Studies, 11, 1983, S. 113–122). – F. Fühmann, *Fräulein Veronika Paulmann aus der Pinauer Vorstadt oder Etwas über das Schauerliche bei E. T. A. H.*, Mchn. 1984. – B. Holländer, *Augen-*

blicke der Verwandlung in E. T. A. H.s Märchen »Der goldne Topf« (in *Augenblicke u. Zeitpunkt*, Hg. Ch. W. Thomsen u. H. Holländer, Darmstadt 1984, S. 325–331). – P. W. Wührl, *»Der goldne Topf«. Die Utopie einer ästhetischen Existenz*, Paderborn 1988.

LEBENS-ANSICHTEN DES KATERS MURR NEBST FRAGMENTARISCHER BIOGRAPHIE DES KAPELLMEISTERS JOHANNES KREISLER IN ZUFÄLLIGEN MAKULATURBLÄTTERN

Roman von E. T. A. HOFFMANN; der erste Band erschien 1819, der zweite 1821. – Der Roman besteht aus zwei deutlich voneinander abgesetzten Geschichten: der Lebensgeschichte des Katers Murr, die von ihm selbst erzählt und ausführlich mit Kommentaren und Reflexionen zur »Bildung aller Leser« versehen wird, sowie den Bruchstücken aus der Biographie des Kapellmeisters Johannes Kreisler, die Murr als Konzeptpapier verwandte und die der Setzer versehentlich mit abdruckte. Der Titel weist auf die arabeskenhafte Verschlungenheit von Murrs Autobiographie und Kreislers Lebensgeschichte als konstitutives Bauprinzip des Romans hin. Mit der Erfindung des schriftstellernden Katers setzt Hoffmann die Tradition der – oft satirischen – Tierdichtung fort; der *Gestiefelte Kater* Ludwig TIECKS wird von Murr selbst als Ahnherr genannt. Er hat jedoch im geliebten gleichnamigen Kater des Autors auch ein reales Urbild. Die Satire des Erzählers gilt weniger der Tierfigur, dem gravitätisch-eitlen, aber durchaus sympathischen Kater; sie orientiert sich vielmehr an den aus der Darstellung erwachsenden literar- und gesellschaftskritischen Momenten.

Murrs Autobiographie wird in chronologischer Ordnung und vollständig dem Leser mitgeteilt, jedoch immer wieder unvermittelt von der romantischen Künstlerbiographie unterbrochen, die hingegen zeitlich nicht geordnet und unvollständig ist. Laut Herausgeberfiktion ist dies darauf zurückzuführen, daß Murr nur einige Blätter davon in sein eigenes Manuskript eingefügt habe, so daß diese aus Versehen mit gebunden worden seien. Murr- und Kreisler-Teil sind durch zahlreiche inhaltliche Bezüge auf komplexe Art und Weise miteinander verschränkt.

Der Bericht Murrs über die *Monate der Jugend*, die *Lebenserfahrungen des Jünglings*, die *Lehrmonate* und die *Reiferen Monate des Mannes* wird zur kritischen Auseinandersetzung mit den zeitgenössischen Trivialisierungen der »Bildungsidee«. *»Wie man sich zum großen Kater bildet«*, soll in einem gebrauchsfertigen Rezept vermittelt werden. Dabei sind die gängigen Bauelemente, Motive und Sprachformen des »Bildungsromans« (vgl. vor allem *Wilhelm Meister*) parodistisch verwendet: Murr erlebt eine »bildende« Jugendfreundschaft mit dem Pudel Ponto, eine »persönlichkeitsformende« Liebe zur Katze Miesmies, macht seine Erfahrungen als »Burschenschaftler«, versucht in der »großen Welt« der Hunde zu reüssieren und zieht sich schließlich in das friedvollere Dasein eines *homme de lettres* zurück. Der Kater betreibt mit besonderem Nachdruck seine Entwicklung zum Schriftsteller, was Hoffmann hinreichend Gelegenheit zur kritischen und parodistischen Auseinandersetzung mit den verschiedenen literarischen Richtungen und kulturellen Bemühungen der zurückliegenden Jahrzehnte gibt. Darüber hinaus wird im enthüllenden Spiegelbild des sich selbstgewiß-naiv produzierenden Katers die zeitgenössische Gesellschaft in ihren Werten und sprachlichen Gepflogenheiten analysiert: Aus dem travestierten Bildungsroman wächst so der satirische Gesellschaftsroman.

Dem Spott auf die Bürgerwelt folgen im Kreisler-Teil die satirischen Angriffe auf die aristokratischen Gepflogenheiten am Hof des Duodezfürsten Irenäus. Das Geschehen um den Kapellmeister selbst führt jedoch über die Satire hinaus. Die Kreisler-Figur war Hoffmanns Lesern bereits hinlänglich bekannt, vor allem aus den dreizehn Stücken der *Kreisleriana*. Im Roman werden nun die Probleme des romantischen Künstlertums weiter verfolgt und präzisiert. Das komplexe Schicksal Kreislers entzieht sich im Gegensatz zur platten Existenz des Katers der eindeutigen literarischen Fixierung. (Hoffmann gestaltet hier – im Anschluß an Tendenzen bei STERNE und JEAN PAUL – bereits Erzählprobleme, wie sie in der Literatur der Moderne relevant werden.) Die verwirrend-bunten Handlungsmomente im Kreisler-Teil variieren und analysieren die dualistische Grundstruktur der Wirklichkeit, in die sich Kreisler gestellt sieht: Er schwankt zwischen der »reinen Liebe« zur musikbegeisterten Julia und der dämonischen Leidenschaft für die sinnliche Prinzessin Hedwiga. Er muß an der Person Julias erfahren, daß sich die »hohen Ideen« der Liebe und der Kunst in der Realität nie »rein« erhalten können: Julia ist einerseits ihrer intriganten Mutter, der Rätin Benzon, ausgeliefert, die sie aus Karrieregründen an den schwachsinnigen Prinzen Ignaz verheiraten will; andererseits verfolgt sie der Verlobte Hedwigas, Prinz Hektor, mit sinnlich-lüsternen Anträgen. Kreisler benutzt Ironie, Hohn und Sarkasmus als Maske und Waffe im Kontakt mit einer derart widersprüchlichen Welt. Auch im Kloster, beim Komponieren geistlicher Musik, findet er nicht die ersehnte Ruhe; in seinem Künstlertum bleibt er unausweichlich auf die Auseinandersetzung mit der Welt angewiesen. Erziehungsversuche seines Freundes Meister Abraham scheitern, und die eigenen schmerzlichen Anstrengungen, aus den Kreisen, in denen er rastlos »kreiselt«, freizukommen, bringen den Kapellmeister dem Wahnsinn nahe.

Die »Handlung« endet dort, wo sie begann – auch formal wird der Kreis zum *»symbolischen Diagramm«* für Kreislers Existenz (H. Singer). Ein fortführendes Moment ist dagegen im Humor des Erzählers zu suchen, der sich erst in der Verschränkung von Kater-Biographie und Kreisler-Geschichte entfaltet (W. Müller-Seidel). Daß Meister Abraham schließlich dem Kapellmeister seinen »hoffnungsvollen« Kater in Obhut gibt, damit er bei ihm die »höhere Bildung« lerne, deutet unter dem Aspekt der Bildungsmotivik darauf hin, daß im Miteinander der beiden – nur scheinbar völlig heterogenen – Teile des Romans dessen Einheit zu suchen ist. Sie wird in der humorvollen Spiegelung der Kreisler-Problematik im Kater-Bereich hergestellt. Diese erzählerische Struktur macht deutlich, daß die von Kreisler erstrebte Harmonie zwischen der Welt des Alltäglichen und der körperlichen Bedingtheiten einerseits und dem Bereich des Enthusiasmus und der freien Ideen andererseits in dem überlegenen Bewußtsein liegen könnte, das von der grundsätzlichen Unvereinbarkeit wie notwendiger Abhängigkeit beider Sphären weiß. Weder die Biedermannswelt Murrs noch die Extremforderungen des romantischen Künstlers gelten unbestritten. Wenn sich Kreislers anfängliche Abneigung gegen den Kater in eine gerechte Einschätzung der Möglichkeiten und Leistungen des »Tieres« wandelt, wenn er an Murr Gefallen findet und in den Kater-Torheiten die eigenen und die seiner Umwelt erkennt, wird sichtbar, wie in der neuen Pflegestelle wohl nicht nur der Kater »gebildet« werden soll, sondern auch Kreisler selbst, indem er aus seinen »Kreisen« heraus in ein höheres Bewußtsein der humoristischen Weltsicht findet. Im Sinne solcher Verweisungsmomente kann man zu Recht von einem in sich vollendeten Fragment sprechen.

Die Tageskritik reagierte reserviert auf den *Kater Murr*; man lobte insbesondere originelle Details und die skurrile Komposition des Romans. Seine Faszination illustrieren jedoch neben dem Fortsetzungsversuch Hermann Schiffs (*Nachlaß des Katers Murr*, 1826) die zahlreichen Anknüpfungen in der humoristischen und satirischen Literatur des 19. Jh.s, die sich vornehmlich an der Kater-Biographie orientieren (z. B. Immermann, *Münchhausen*; Heine, *Atta Troll*; Keller, *Spiegel, das Kätzchen*; Storm, *Bulemanns Haus*). Das unmittelbare Interesse des deutschen Publikums an Hoffmanns Roman erwachte erst nach der Jahrhundertwende, nachdem er in zahlreichen russischen, französischen, englischen und dänischen Übersetzungen schon zu einem Stück Weltliteratur geworden war.

J.Schö.-KLL

Ausgaben: Bln. 1820–1822 [recte 1819–1821], 2 Bde. – Mchn. 1928 (in *SW*, Hg. C. G. v. Maassen, 10 Bde., 1908–1928, 9/10; hist.-krit.). – Mchn. 1961; 51984, Hg. u. Nachw. W. Müller-Seidel [Anm. W. Kron]. – Ffm. 1967 (in *Werke*, Hg. H. Kraft u. M. Wacker, 4 Bde., 3). – Bln./Weimar 21984 (in *GW in Einzelausg.*, Bd. 6; Textrev. u. Anm. H. J. Kruse).

Literatur: F. Leppmann, *»Kater Murr« u. seine Sippe von der Romantik bis zu V. Scheffel u. G. Keller*, Mchn. 1908, S. 11–29. – H. Singer, *E. T. A. H. »Kater Murr«* (in *Der dt. Roman. Vom Barock bis zur Gegenwart*, Hg. B. v. Wiese, Bd. 1, Düsseldorf 1963, S. 301–328). – H. Loevenich, *Einheit u. Symbolik des »Kater Murr«. Zur Einführung in H.s Roman* (in Der Deutschunterricht, 16, 1964, S. 72–86). – K. Negus, *E. T. A. H.'s Other World. The Romantic Author and His ›New Mythology‹*, Philadelphia 1965, S. 158–167. – H. Meyer, *Zitierkunst in E. T. A. H.s »Kater Murr«* (in *Dt. Erzählkunst von Wieland bis Kafka*, Hg. J. Schillemeit, Ffm./Hbg. 1966, S. 179–195). – B. v. Wiese, *E. T. A. H.s Doppelroman »Kater Murr«. Die Phantasie des Humors* (in B. v. W., *Von Lessing bis Grabbe*, Düsseldorf 1968, S. 248–267). – J. Wolff, *Anm. zur Tiersymbolik in E. T. A. H.s Roman »Lebensansichten des Katers Murr ...«* (in AION, 12, 1969, S. 321–330). – R. S. Rosen, *E. T. A. H.s »Kater Murr«. Aufbauform u. Erzählsituation*, Bonn 1970. – J. R. Hubbard, *The Myth of the Hero in E. T. A. H. The Christian Adventure of Medardus and the Musical Adventure of Kapellmeister Johannes Kreisler*, Diss. Univ. of Michigan 1971. – D. Raff, *Ich-Bewußtsein und Wirklichkeitsauffassung bei E. T. A. H. Eine Untersuchung der »Elixiere des Teufels« und des »Kater Murr«*, Rottweil 1971. – N. Erné, *Neues vom Kater Murr* (in Mitt. der E. T. A. H.-Ges., 20, 1974, S. 76–81). – M. T. Jones, *H. and the Problem of Social Reality: A Study of Kater Murr* (in MDU, 69, 1977, S. 45–57). – M. Th. Krause, *An Analysis of E. T. A. H.'s Double Novel »Lebensansichten des Katers Murr ...«*, Diss. Univ. of Ohio 1980. – L. B. Jennings, *»Kater Murr« und »Kätzchen Spiegel«. H.'s and Kellers Uses of Felinity* (in Colloquia Germanica, 15, 1982, S. 66–72). – H. Steinecke, *E. T. A. H.s »Kater Murr«. Zur Modernität eines »romantischen« Romans* (in *Zu E. T. A. H.*, Hg. St. P. Scher, Stg. 1981, S. 142–155). – H. S. Daemmrich, *E. T. A. H.: »Kater Murr« (1820/22)* (in *Romane und Erzählungen zwischen Romantik u. Realismus*, Hg. P. M. Lützeler, Stg. 1983, S. 73–93). – R. Robertson, *Shakespearean Comedy and Romantic Psychology in H.'s »Kater Murr«* (in Studies in Romanticism, 24, 1985, S. 201–222). – P. W. Nutting, *Dissonant or Conciliatory Humour? Jean Paul's »Schmelzle« and H.'s »Kater Murr«* (in Neoph, 69, 1985, S. 414–420). – W. Keil, *Erzähltechnische Kunststücke in E. T. A. H.s Roman »Lebens-Ansichten des Katers Murr«* (in Mitt. der E. T. A. H.-Ges., 31, 1985, S. 40–52). – U. Schadwill, *Der dritte Teil des »Kater Murr«. Überlegungen zu seiner Rekonstruierbarkeit* (ebd., 34, 1988, S. 43–51).

MEISTER FLOH. Ein Märchen in sieben Abenteuern zweier Freunde

Erzählung von E. T. A. Hoffmann, erschienen 1822. – Der Autor nennt sein vielschichtiges Werk die *»phantastische Geburt eines humoristischen Schriftstellers«*. Ironisch verwendet er Erzählgut des romantischen Märchens und verschränkt auf komische, aber auch allegorische Weise die Welt der Blumenprinzessinnen und Edelprinzen mit der Alltagswelt Frankfurter Bürger. Dem scheinbar will-

kürlichen Zusammenhang liegt jedoch ein tieferer humoristischer Sinn zugrunde.
Im Mittelpunkt steht die Entwicklung des Helden Peregrinus Tyß von einer bemerkenswerten Kindheit über die Einkehr in die Welt des Wunderbaren zur Rückkehr in die verklärte bürgerliche Wirklichkeit. Meister Floh, die Titelfigur, hat vor allem die Aufgabe, Peregrinus auf den rechten Weg der Vernunft zu führen, bis dieser, durch die Liebe erlöst, seiner nicht mehr bedarf. Peregrinus Tyß, der für alles Phantastische empfängliche Kaufmannssohn, lebt noch als heiratsfähiger Dreißiger in der Idylle seiner Kindheitserinnerungen. Bei der wohltätigen Bescherung der armen Familie Lämmerhirt bricht an einem Weihnachtsabend eine Folge der *»wunderbarsten, tollsten Ereignisse«* über ihn herein. Die hübsche Dörtje Elverdink (alias Prinzessin Gamaheh), Nichte des Flohbändigers und Magiers Leuwenhoek, flüchtet sich zu Peregrinus und umgarnt ihn mit ihrer Liebe, um wieder in den Besitz von Meister Floh zu kommen, auf dessen belebende Stiche sie durch ein phantastisches Geschick angewiesen ist. Doch Meister Floh, erfreut, daß er der Abhängigkeit von Leuwenhoek durch Zufall entronnen ist, bittet Peregrinus um Schutz. Als Gegenleistung bietet er dem Weltfremden ein Gedankenmikroskop an, das ihm ermöglicht, die wahren Ideen seiner Mitmenschen zu erkennen. So gefeit, widersteht Peregrinus allen Intrigen und den Versuchungen, Meister Floh preiszugeben. Zudem erfährt er immer mehr vom wundersamen Zusammenhang seines eigenen Schicksals mit den Geschicken der Figuren aus dem Märchenreich Famagusta, opfert schließlich seine vermeintliche Liebe zu Dörtje dem Freund George Pepusch, der als Distel Zeherit ältere Ansprüche auf die Blumenprinzessin hat, und verliebt sich in Röschen, die gutbürgerliche Tochter des Buchbinders Lämmerhirt. In der Liebesbeziehung mit Röschen verzichtet Peregrinus auch auf das Gedankenmikroskop, denn hier gelten andere Gesetze des Erkennens. Was selbst dem gescheiten und liebenswerten Meister Floh verschlossen bleibt, eröffnet sich Peregrinus nun im lösenden Traum: Er selbst ist der Märchenkönig Sekakis; die magischen Kräfte des Talismans in seiner Brust sind durch seine Liebe geweckt, alle Gegenspieler werden unschädlich gemacht, George und Dörtje aber von allen Irrtümern, die ihr Leben verstörten, erlöst. Sie sterben als blühende Distel und Blumenprinzessin einen verklärten Liebestod. Meister Floh kündigt an, er müsse *»zurückkehren zu meinem Volk«*; Peregrinus hingegen lebt mit seinem Röschen in bürgerlicher Beschaulichkeit, und *»die wundersame Geschichte von dem Meister Floh nimmt ein fröhliches und erwünschtes Ende«*.
Bei allen Möglichkeiten der allegorischen Ausdeutung des *»tollsten, wunderlichsten aller Märchen«* gilt es, die humoristische »Grundharmonie« der Erzählung zu verstehen. Die Situationskomik eines Duells mit Kinderpistolen, die grotesken Personenbeschreibungen, die bizarren Erfindungen stehen im Dienste des erzählerischen Humors, der den Zusammenklang der *»Dissonanz der Erscheinungen«* stiftet. Zum rechten Erkennen dieser Einheit des Heterogenen sind alle Hauptfiguren aufgerufen. Leuwenhoek und sein Rivale, der Magier und Naturwissenschaftler Swammerdamm, die *»die Natur ... erforschen, ohne die Bedeutung ihres innersten Wesens zu ahnen«*, verfehlen, in ähnlicher Weise wie Professor Mosch Terpin in Hoffmanns *Klein Zaches genannt Zinnober*, die rechte Einsicht und verfallen damit der Gelehrtensatire. Dörtje und George ist die Erkenntnis ihrer präexistenten harmonischen Liebe durch Egoismus verstellt, sie können sich somit nicht aus eigener Kraft »erlösen«. Ähnlich sind Peregrinus' wohltätige Weihnachtsbescherungen Inszenierungen seiner zunächst vorherrschenden Eigenliebe. Erst seine Beschützerrolle gegenüber Meister Floh und dessen Gedankenmikroskop – dieses Gerät steht allegorisch für die unbestechliche Vernunft – erwecken in ihm das geforderte höhere Bewußtsein. Die letzte Erkenntnis und zugleich Lösung aller Verwicklungen folgt jedoch aus seinem liebenden Vertrauen zu Röschen.
Als humoristischen Schriftsteller, *»der die Gebilde des wirklichen Lebens nur in der Abstraction des Humors wie in einem Spiegel auffassend reflectirt«*, bezeichnete sich Hoffmann in seiner poetologisch bedeutsamen Erklärung zu den gerichtlichen Anschuldigungen des preußischen Polizeidirektors v. Kamptz, der in der sogenannten Knarrpanti-Episode des Märchens eine persönliche Satire auf sein Vorgehen in der Demagogenverfolgung sah. Der Text wurde von der Zensur gekürzt – trotz des Autors beredter Argumentation für die Autonomie des Kunstwerks: Der Geheime Hofrat Knarrpanti, der in absurd-komischer Weise Peregrinus Tyß *»gefährliche Liebesumtriebe«* unterstellt, entspringe, so beteuerte Hoffmann, ganz der dichterischen Phantasie und sei im Zusammenhang mit dem *»komischen Geist des Ganzen«* zu sehen. Erst im Jahre 1908 wurde die Knarrpanti-Episode wieder in den Text eingefügt. J.Schö.-KLL

AUSGABEN: Ffm. 1822 [zensiert]. – Bln. 1908, Hg. u. Nachw. H. v. Müller [vollst.]. – Bln./Lpzg. 1927 (in *Werke*, Hg. G. Ellinger, 15 Tle., 10). – Vaduz 1947 (in *Die Märchen*; Ill. A. Kubin). – Mchn. 1965; [3]1979 (in *Späte Werke*, Hg. u. Nachw. W. Müller-Seidel; Anm. W. Segebrecht). – Ffm. 1967 (in *Werke*, Hg. H. Kraft u. M. Wacker, 4 Bde., 4; Nachw. H. Mayer). – Stg. 1970 (RUB). – Ffm. 1981 [m. Ill.]. – Stg. 1981, Hg. W. Segebrecht.

LITERATUR: G. Ellinger, *Das Disziplinarverfahren gegen E. T. A. H.* (in DRs, 32, 1906, S. 79–103). – G. Fittbogen, *E. T. A. H.s Stellung zu den ›demagogischen‹ Umtrieben und ihrer Bekämpfung* (in PJb, 189, 1922, S. 79–92). – Ders., *Zu E. T. A. H.s »Meister Floh«* (ebd., 193, 1923, S. 213–220). – W. H. McClain, *E. T. A. H. as Psychological Realist. A Study of »Meister Floh«* (in MDU, 47, 1955, S. 65–80). – W. Segebrecht, *»Streiche« oder »Blikke«? Eine Konjektur zu E. T. A. H.s »Meister Floh«*

(in GRM, N. F. 19, 1969, S. 456–460). – Ch. M. Beardsley, *E. T. A. H. Die Gestalt des Meisters in seinen Märchen*, Bonn 1975. – M. Pavlyskyn, *Interpretation of Word as Act: The Debate on E. T. A. H.'s »Meister Floh«* (in Seminar, 17, 1981, S. 196–204). – G. Vitt-Maucher, *E. T. A. H.s »Meister Floh«: Überwindung des Inhalts durch die Sprache* (in Aurora, 42, 1982, S. 188–215). – A. de Loecker, *Zwischen Atlantis u. Frankfurt. Märchendichtung u. Goldenes Zeitalter bei E. T. A. H.*, Ffm./Bern 1983. – H. Sachse, *Gespräch über E. T. A. H.s Märchen »Meister Floh« und Goethes Gedicht »Das Tagebuch«* (in GJb, 101, 1984, S. 310–320). – M. S. Chon-Choe, *E. T. A. H.s Märchen »Meister Floh«*, Ffm. u. a. 1986.

NUSSKNACKER UND MAUSEKÖNIG

Phantastisches Märchen von E. T. A. Hoffmann, zuerst veröffentlicht 1816 im ersten Band der *Kinder-Mährchen* von K. W. Contessa, F. Baron de La Motte Fouqué und E. T. A. Hoffmann; 1819 in den ersten Band der *Serapions-Brüder* aufgenommen. – In dieser Sammlung erzählt Lothar das Märchen als bewußt heiteren Kontrapunkt zu der vorangestellten Erzählung *Die Bergwerke zu Falun*, deren *»trüben Ton«* die Geschichte von der Traumhochzeit Maries mit dem Nußknacker abmildert.

Das Märchen führt zunächst in die Alltagswirklichkeit einer Weihnachtsbescherung im Hause des Medizinalrates Stahlbaum. Für dessen Kinder Fritz und Marie hat der Pate Droßelmaier, ein ironisches Selbstporträt des Verfassers, das gewohnte mechanische Spielzeug gebastelt. Doch Fritz spielt lieber mit seinen Soldaten und Marie mit einem gar nicht hübschen Nußknacker, der aber so *»wehmütig freundlich«* dreinschaut, daß sie die kleine Figur recht lieb gewinnt und sich bis tief in die Nacht hinein mit ihr beschäftigt. Schlag zwölf werden die Spielsachen lebendig, eine Unzahl von Mäusen kriecht aus dem Fußboden; Marie bekommt es mit der Angst zu tun, stößt in eine Glasscheibe und verletzt sich schwer. Sie wird Augenzeugin einer grotesken Schlacht zwischen dem Heer des Mausekönigs und den Puppen sowie Spielsoldaten, die der Nußknacker befehligt. Als ihr Liebling der Übermacht der Mäuse zu erliegen droht, sinkt das Mädchen in Ohnmacht. An ihrem Krankenbett erzählt Droßelmaier das *»Märchen von der harten Nuß«*, das die Häßlichkeit der Nußknacker erklären soll. Der Mausekönig hatte einst die Prinzessin Pirlipat in ein Gnomwesen verwandelt, nur der Genuß des süßen Kerns der Nuß Krakatuk kann ihr die ursprüngliche Gestalt zurückgeben. Ein junger Mann, der sich noch nie rasiert und keine Stiefel getragen hat, muß die überharte Nuß mit seinen Zähnen knacken. Nach langer Suche findet der königliche Hofuhrmacher – es ist Droßelmaier selbst – in Nürnberg die goldene Nuß und in seinem Neffen den geeigneten Jüngling. Die Prinzessin erhält ihre Schönheit zurück, weigert sich aber, ihren Retter zu heiraten, da ihn die heimtückische Frau Mauserink plötzlich in einen häßlichen Krüppel verzaubert hat. – Allmählich wird Marie klar, daß »ihr« Nußknacker die undankbare Prinzessin erlöste und nun in ständiger Fehde mit dem Mausekönig lebt. Der wiederum fordert unter Todesdrohungen für ihren Schützling von Marie allnächtlich Zuckerwerk und Spielsachen. Schließlich hat der zum Alptraum gewordene Spuk ein Ende: Der Nußknacker ersticht den Mausekönig, und als Marie ihm erklärt, daß sie an der Stelle der Prinzessin auch den mißgestalteten Retter geheiratet hätte, steht der hübsche Neffe Droßelmaiers vor der Tür, bittet um die Hand des Mädchens und bietet ihr die Mitherrschaft auf dem Marzipanschloß im Zuckerbäckerreich an.

Alltagswelt und skurrile Märchenwelt, Desillusion des Wunderbaren und komische Phantastik, Kinderperspektive und ironische Überlegenheit durchdringen sich in diesem »Kindermärchen«, dessen Fabulierfreude und *»fantastischer Übermut«* zwar den Gegensatz zwischen bürgerlicher Realität und Phantasiewelt nicht so schroff artikuliert wie z. B. im *Goldnen Topf*, auf den Cyprian in der auf die Erzählung folgenden Diskussion mit Lothar anspielt. Doch eine »reine«, von aller Wirklichkeit befreite Märchenstimmung kommt auch hier nie zustande. Selbst das *»spaßhafte«* Nuß-Märchen steckt voller satirischer Bezüge, und für Marie bedeutet die Begegnung mit dem Wunderbaren auch Angst, Grauen und Krankheit. Die Serapionsbrüder weisen im Rahmengespräch selbst auf diese den Kinderverstand übersteigenden Bezüge hin wie auch auf die *»feinen Fäden, die sich durch das Ganze ziehen, und in seinen scheinbar völlig heterogenen Teilen zusammenhalten«*. Sie verknüpfen sich im Motiv der erlösenden Kraft altruistischer Menschlichkeit: In Mariens Neigung zum ungestalten Nußknacker und in dessen Gegenliebe, die schließlich beide das *»schöne blanke Reich«* der Poesie nahezu ungetrübt im Konditorwaren-Reich genießen läßt, erfährt das Motiv eine ironisch-heitere Relativierung, indem die romantische Erlösungsthematik in die bürgerliche Sphäre zurückgeführt wird. – Die unter dem Titel *Histoire d'un casse-noisette* 1845 erschienene französische Übersetzung des Märchens von Alexandre Dumas Père gab dieser als ein eigenes Werk aus. Pëtr I. Čajkovskij verdankte Hoffmann den Stoff zu seinem Ballett *Der Nußknacker* (1892).

J. Schö.-KLL

Ausgaben: Bln. 1816 (in *Kinder-Mährchen. Von K. W. Contessa, Friedrich Baron de la Motte Fouqué und E. T. A. H.*, 2 Bde., 1). – Bln. 1819 (in *Die Serapions-Brüder*, Bd. 1). – Bln./Lpzg. 1927 (in *Werke*, Hg. G. Ellinger, 15 Tle., 5). – Mchn. 1954. – Stg. 1958 (RUB). – Mchn. 1963; ⁴1979 (in *Die Serapions-Brüder*, Hg. u. Nachw. W. Müller-Seidel; Anm. W. Segebrecht). – Ffm. 1967 (in *Werke*, Hg. H. Kraft u. M. Wacker, 4 Bde., 2). – Bln./Weimar 1978 (in *GW in Einzelausg.*, Bd. 4/5; Textrev. u. Anm. H. J. Kruse). – Ffm. 1983 (in *Die Serapions-Brüder*, 4 Bde.; Nachw. H. Steinecke).

VERTONUNGEN: C. Reinecke, *Nußknacker und Mausekönig*, Lpzg. 1870. – P. I. Čajkovskij, *Der Nußknacker* (Ballett; Urauff. Petersburg 1892). – H. F. Schaub, *Nußknacker und Mausekönig* (Orchestersuite; Urauff. Bln. 1922).

LITERATUR: H. Todsen, *Über die Entwicklung des romantischen Kunstmärchens. Mit besonderer Berücksichtigung von Tieck und E. T. A. H.*, Diss. Mchn. 1906, S. 79–84. – H. v. Müller, *Die Märchen der Serapionsbrüder von E. T. A. H., Nachw.*, Bln. [2]1920, S. 312–332. – O. Reimann, *Das Märchen bei E. T. A. H.*, Diss. Mchn. 1926. – B. Tecchi, *Una fiaba di E. T. A. H. Schiaccianoci e il re dei topi* (in AION, 1, 1958, S. 13–26). – Ders., *Le fiabe di E. T. A. H.*, Florenz 1962. – K. G. Negus, *E. T. A. H.'s Other World. The Romantic Author and His New Mythology*, Philadelphia 1965. – G. Heintz, *Mechanik u. Phantasie. Zu E. T. A. H.s Märchen »Nußknacker und Mausekönig«* (in LWU, 7, 1974, S. 1–5). – R. J. Elardo, *E. T. A. H.'s »Nußknacker und Mausekönig«: The Mousequeen in the Tragedy of the Hero* (in GR, 55, 1980, S. 1–8).

DIE SERAPIONS-BRÜDER

Erzählzyklus in vier Bänden von E. T. A. HOFFMANN, erschienen 1819–1821. – Zu seinem dritten Erzählzyklus nach den *Fantasiestücken* (1814/15) und den *Nachtstücken* (1816/17) wurde Hoffmann durch den Berliner Verleger Reimer angeregt, der ihm im Februar 1818 eine Gesamtausgabe aller Erzählungen vorschlug, die bislang in Zeitschriften, Taschenbüchern und Almanachen verstreut erschienen waren. Bei der Zusammenstellung ganz unterschiedlicher Werke beschäftigte den Dichter von Anfang an die Frage ihrer sinnvollen Anordnung und Verknüpfung. So erkundigte er sich umgehend bei seinem Verleger, ob es *»gerathener«* sei, *»die Sachen unter dem simplen Titel: Erzählungen gehn zu lassen oder eine Einkleidung zu wählen nach Art des Tiekschen Phantasus«*. In der Rahmenhandlung, für die Hoffmann sich schließlich entschied, treffen sich vier, vom *Vierten Abschnitt* an sechs literarisch interessierte Freunde in regelmäßigen Abständen und lesen dabei aus eigenen Werken vor. Hoffmann verteilte die achtundzwanzig zwischen 1813 und 1821 entstandenen Erzählungen und Märchen, unter denen nur *Die Bergwerke zu Falun* (1819) und *Die Königsbraut* (1821) Erstveröffentlichungen waren, auf acht Zusammenkünfte der Freunde und ließ sie in vier Bänden mit dem Untertitel *Gesammelte Erzählungen und Mährchen. Herausgegeben von E. T. A. Hoffmann* erscheinen.
Trotz der ausdrücklichen Berufung auf TIECKS Erzählzyklus hatte Hoffmann bei der Abfassung seiner Rahmenhandlung im wesentlichen jene »Seraphinen-Abende« vor Augen, zu denen er sich in den Jahren 1814–1818 regelmäßig mit seinen Freunden FOUQUÉ, Hippel, HITZIG, Robert, Koreff, CHAMISSO und SALICE-CONTESSA getroffen hatte. So wurde der geplante Erzählzyklus zunächst auch unter dem Titel *Die Seraphinenbrüder* angekündigt. Die schließliche Änderung des Titels hatte ebenfalls einen biographischen Anlaß, und zwar die Rückkehr Chamissos von einer Weltreise am 14. November 1818, dem Tag des heiligen Serapion. In Zusammenhang mit diesem rein zufälligen Datum entwickelte Hoffmann eine dichterische Theorie, das sogenannte *»serapiontische Prinzip«*, welches so umfassend konzipiert war, daß es die heterogensten Erzähltypen miteinander verknüpfen konnte: das Märchen mit der historischen Erzählung, die Gespenstergeschichte mit dem Kriminalbericht und der Künstlernovelle.
Die vier Freunde Theodor, Lothar, Ottmar und Cyprian, die in manchen Zügen an Hoffmann, Fouqué, Hitzig und Chamisso erinnern, sehen sich nach langer Trennung wieder und klagen über die *»unbezwingliche Macht der Zeit«*, die die alte *»Gemütlichkeit«* unter ihnen nicht mehr aufkommen lasse. Um den Widersinn ihres Versuchs einer bruchlosen Anknüpfung an Vergangenes zu entlarven, berichtet Cyprian den Freunden von seinen Erlebnissen mit dem wahnsinnigen Grafen P***, dem er vor Jahren in Süddeutschland begegnet sei. Dieser hochbegabte, zu einflußreicher Stellung bestimmte Weltmann war plötzlich von der fixen Idee besessen, mit dem Märtyrer Serapion identisch zu sein, *»der unter dem Kaiser Dezius in die Thebaische Wüste floh und in Alexandrien den Märtyrertod litt«*. Jeder Gebundenheit an Zeit und Raum spottend, hatte er sich als »Priester Serapion« in eine einsame Waldgegend zurückgezogen, die er für die Thebaische Wüste hielt. Allen rationalen Argumenten, mit denen Cyprian den Grafen zur Einsicht zu bringen hoffte, war der vermeintliche Serapion mit der *»Konsequenz seiner Narrheit«* begegnet, indem er sich auf die Subjektivität aller Wahrnehmungen berief und die Wirklichkeit nur als Produkt des Geistes gelten lassen wollte: *»Viele haben ... gemeint, ich bilde mir nur ein, das vor mir im äußern Leben wirklich sich ereignen zu sehen was sich nur als Geburt meines Geistes, meiner Fantasie gestalte. Ich halte dies nun für eine der spitzfündigsten Albernheiten die es geben kann. Ist es nicht der Geist allein, der das was sich um uns her begibt in Raum und Zeit, zu erfassen vermag? ...* [und] *so hat sich das auch wirklich begeben was er dafür anerkennt.«* Diese Absage an die objektive Wirklichkeit hatte bei Serapion jedoch eine Konzentration auf die Bilder seiner Vorstellungskraft bewirkt, die ihn zum *»geistreichsten, mit der feurigsten Fantasie begabten Dichter«* machte, dessen *»Gestalten ... mit einem glühenden Leben«* hervortraten, *»daß man fortgerissen, bestrickt von magischer Gewalt wie im Traum daran glauben mußte, daß Serapion alles selbst wirklich von seinem Berge erschaut«*. – Cyprians Zuhörer erklären Serapions Wahnsinn für ein gesteigertes Dichtertum und beschließen am Tag ihres Zusammentreffens nach langer Trennung, am Tag des heiligen Serapion, ihren Freundesbund im Zeichen des Einsiedlers zu erneuern und sein *»wirkliches Schauen«* zum Grundgesetz ihrer Dichtungen zu erklären: *»Jeder prüfe wohl, ob er auch wirklich das geschaut, was er zu*

verkünden unternommen, ehe er es wagt laut damit zu werden ... Der Einsiedler Serapion sei unser Schutzpatron, er lasse seine Sehergabe über uns walten, seiner Regel wollen wir folgen als getreue Serapions-Brüder!«
Damit wird die *»Callotsche Manier«* der vorangegangenen Erzählzyklen, in denen ein *»reisender Enthusiast«* die Umwelt aus der Optik seiner *»aufgeregten Fantasie«* wiedergegeben hatte, durch das *»serapiontische Prinzip«* ersetzt, das Hoffmanns bewußtere Bindung an die Realität umschreibt. Denn wenn den Freunden auch Serapions Sehertum beispielhaft ist, so erkennen sie doch zugleich in der einseitigen Verabsolutierung von Geist und Phantasie auf Kosten der Wirklichkeit die Ursache seines Wahnsinns: *»Armer Serapion, worin bestand dein Wahnsinn anders, als daß irgendein feindlicher Stern dir die Erkenntnis der Duplizität geraubt hatte, von der allein unser irdisches Sein bedingt ist ... du ... statuiertest keine Außenwelt, du sahst den versteckten Hebel nicht, die auf dein Inneres einwirkende Kraft; und wenn du mit grauenhaftem Scharfsinn behauptetest, daß es nur der Geist sei, der sehe, höre, fühle, der Tat und Begebenheit fasse, und daß also auch sich wirklich das begeben was er dafür anerkenne, so vergaßest du, daß die Außenwelt den in den Körper gebannten Geist zu jenen Funktionen der Wahrnehmung zwingt nach Willkür.«* Das serapiontische Prinzip zielt somit auf einen Ausgleich von Phantasie und Wirklichkeit, auf die Harmonie von Geist und Körper, Innen- und Außenwelt. Wo dieses Gleichgewicht gestört ist, kommt es zu jenen Krankheiten des Geistes und der Seele, die in den Berichten und Erzählungen der Serapions-Brüder immer wieder thematisch werden: in der Darstellung von Sonderlingen *(Rat Krespel, Der Baron von B., Der Baron von R.)*, Magnetiseuren und ihren automatenhaften Geschöpfen *(Eine Spukgeschichte, Der unheimliche Gast, Die Automate)*, von Kranken (Antonie in *Rat Krespel, Zacharias Werner*) oder der Leidenschaft und dem Wahn Verfallenen *(Das Fräulein von Scuderi, Spielerglück, Geschichte vom Einsiedler Serapion, Der Artushof)*. So wird das an der Gestalt des wahnsinnigen Serapion entwickelte *»Mißverhältnis des innern Gemüts mit dem äußern Leben«* zu einem zentralen Thema des Zyklus. Serapions fixe Idee, die Wiederkehr von Vergangenem, verbindet ihn darüber hinaus mit den Gespenster- und Revenantgestalten des Zyklus *(Der unheimliche Gast, Die Brautwahl)*, sie begründet aber auch die Stoff- und Themenwahl vieler Erzählungen. Denn die Freunde beschließen, in ihren Beiträgen hauptsächlich auf bekannte Stoffe zurückzugreifen und diese neu zu gestalten, so daß nicht die Originalität der Erfindung, sondern die Ausführung, das *»wirkliche Schauen«* Serapions zum Kriterium ihrer Dichtungen erhoben wird. Sie beziehen sich auf Gemälde *(Die Fermate, Der Artushof, Doge und Dogaresse)*, auf alte Chroniken wie auf zeitgenössische Berichte *(Der Kampf der Sänger, Meister Martin der Küfner und seine Gesellen, Nachricht aus dem Leben eines bekannten Mannes, Die Brautwahl, Das Fräulein von Scuderi, Die Bergwerke zu Falun)*.
Bei dieser Art von Nachahmung der Kunst in der Kunst geht es indessen nicht um ein bruchloses Fortführen von Vergangenem, wie es Serapion in seinem Wahn, wie es die beiden Kantianer, die ein abgebrochenes Streitgespräch da wiederaufnehmen, wo sie vor zwanzig Jahren unterbrochen worden waren, wie es die Freunde zu Beginn ihres Zusammenseins selbst versucht hatten, sondern um echte Aneignung und Neugestaltung. In diesem Sinn werden von Hoffmann auch traditionelle epische Gattungen erneuert, wie die Novelle italienischen Stils *(Signor Formica)* oder das Märchen *(Nußknacker und Mausekönig, Das fremde Kind, Die Königsbraut)*.
Indem es Hoffmann gelingt, die disparatesten Erzählungen unter ein einziges künstlerisches Gesetz zu subsumieren, bewirkt die eher zufällig entstandene Rahmenhandlung eine erstaunliche *»Geschlossenheit des Zyklus«* (Walter Müller-Seidel). Zu dieser Geschlossenheit trägt neben den Ausführungen zum serapiontischen Prinzip auch die übrige Rahmenhandlung bei. Das gesellige Beisammensein der Freunde bestimmt mit seiner Forderung nach *»Gemütlichkeit«* zunächst die Anordnung der einzelnen Erzählungen, die das *»Schauerliche mit dem Heitern«* abwechseln und mehrere Zusammenkünfte mit einem Märchen schließen läßt, damit die Freunde in der *»frohesten«* und *»gemütlichsten Stimmung«* auseinandergehen können. Weiter leiten die verschiedenen Gespräche der Serapions-Brüder über Krankheit, Magnetismus, Somnambulismus und über die Nachtseiten der Natur, über Geselligkeit und Konversation, ihre Diskussionen über einzelne Dichter, über literarische Gattungen wie über allgemeine ästhetische Probleme zum jeweiligen Thema der folgenden Erzählung über. Das Gespräch selbst kann unversehens in Erzählung übergehen, wie andererseits einzelne Werke in Gesprächsform dargeboten werden *(Der Dichter und der Komponist, Alte und neue Kirchenmusik)*, so daß es zu immer neuen Verzahnungen von Rahmen und Erzählung kommt. Die Rahmenfiktion verschiedener Erzählerpersönlichkeiten rückt zudem die einzelnen Dichtungen in eine andere Distanz als die isolierte Veröffentlichung. Dieser Abstand zum Erzählten wird durch die anschließende kritische Beurteilung von seiten der Freunde noch verstärkt, deren Bemerkungen über die mutmaßliche Wirkung des Erzählten auf den zukünftigen Leser oder Hörer darüber hinaus Fragen einer modernen Wirkungsästhetik vorwegnehmen.
Mit seiner Entscheidung für die zyklische Form knüpfte Hoffmann bewußt an die Tradition großer Erzählzyklen an, die – von Boccaccio über Marguerite d'Angoulême bis zu Goethe und Tieck – mit dem Erzählten zugleich auch immer die Kunst des Erzählens und seine Bedingungen reflektiert und diese Fragen in die Struktur ihrer jeweiligen Werke integriert haben. H.Ei.

Ausgaben: Bln. 1819–1821, 4 Bde. (Bd. 1: *Geschichte vom Einsiedler Serapion, Rat Krespel, Die Fermate, Der Dichter und der Komponist, Der Artus-*

hof, Die Bergwerke zu Falun, Nußknacker und Mausekönig, Bd. 2: *Der Kampf der Sänger, Eine Spukgeschichte, Die Automate, Doge und Dogaresse, Alte und neue Kirchenmusik, Meister Martin, Das fremde Kind*. Bd. 3: *Die Brautwahl, Der unheimliche Gast, Das Fräulein von Scuderi, Spieler-Glück, Der Baron von B.*. Bd. 4: *Signor Formica, Zacharias Werner, Die Königsbraut*). – Bln./Lpzg. 1927 (in *Werke*, Hg. G. Ellinger, 15 Tle., 5–8). – Mchn. 1963; 41979, Hg. u. Nachw. W. Müller-Seidel. [Anm. W. Segebrecht]. –Ffm. 1967 (in *Werke*, Hg. H. Kraft u. M. Wacker, 4 Bde., 4/1 u. 4/2). – Bln./Weimar 1978 (in *GW in Einzelausg.*, Bd. 4; Textrev. u. Anm. H. J. Kruse). – Ffm. 1983, 4 Bde. [Nachw. H. Steinecke].

LITERATUR: L. Köhn, *Vieldeutige Welt. Studien zur Struktur der Erzählungen E. T. A. H.s und zur Entwicklung seines Werkes*, Tübingen 1966. – L. Börne, *Die Serapions-Brüder* (in *Große Verrisse*, Hg. H. Mayer, Ffm. 1967, S. 77–84). – I. Winter, *Untersuchungen zum serapiontischen Prinzip E. T. A. H.s*, Den Haag/Paris 1976 [zugl. Diss. New Jersey 1970]. – C. Grützmacher, *Wirklichkeit im Kunstwerk bei E. T. A. H.* (in C. G., *E. T. A. H.*, Bln./DDR 1981, S. 3–7). – W. Segebrecht, *Beamte, Künstler, Außenseiter. Analogien zwischen der juristischen u. dichterischen Praxis E. T. A. H.s* (in Imprimatur, 11, 1984, S. 295–307). – L. Pikulik, *E. T. A. H. als Erzähler. Ein Kommentar zu den »Serapions-Brüdern«*, Göttingen 1987.

WILHELM VON HUMBOLDT

* 22.6.1767 Potsdam
† 8.4.1835 Tegel / Berlin

LITERATUR ZUM AUTOR:
R. Haym, *W. v. H. Lebensbild u. Charakteristik*, Bln. 1856; Nachdr. Osnabrück 1956. – E. Spranger, *W. v. H. u. die Humanitätsidee*, Bln. 1909. – O. Harnack, *W. v. H.*, Bln. 1913. – A. Leitzmann, *W. v. H. Charakteristik u. Lebensbild*, Halle 1919. – P. Binswanger, *W. v. H.*, Frauenfeld 1937. – F. Schaffstein, *W. v. H. Ein Lebensbild*, Ffm. 1952. – C. Menze, *W. v. H.s Lehre u. Bild vom Menschen*, Ratingen 1956. – E. Kessel, *W. v. H. Idee u. Wirklichkeit*, Stg. 1967. – M. Henningsen, *W. v. H.* (in *Die Revolution des Geistes. Goethe, Kant, Fichte, Hegel, H.*, Hg. J. Gebhard, Mchn. 1968, S. 131–154). – J. Kawohl, *W. v. H. in der Kritik des 20. Jh.s*, Ratingen 1969. – J. H. Knoll, *W. v. H. Politik u. Bildung*, Heidelberg 1969. – P. Berglar, *W. v. H. in Selbstzeugnissen u. Bilddokumenten*, Reinbek 1970 (rm). – H. Scurla, *W. v. H. Werden u. Wirken*, Bln./DDR 1970. – R. A. Novak, *W. v. H. as a Literary Critic*, Bern 1972. – C. Menze, *Die Bildungsreform W. v. H.s*, Hannover 1975. – H. Rosenfeld, *W. v. H. – Bildung u. Technik. Zur Kritik eines Bildungsideals*, Ffm. 1982. – U. Hübner, *W. v. H. u. die Bildungspolitik: eine Untersuchung zum H.-Bild als Prolegomena zu einer Theorie der historischen Pädagogik*, Mchn. 1983. – *W. v. H.: Sein Leben u. Wirken, dargestellt in Briefen, Tagebüchern u. Dokumenten seiner Zeit*, Hg. R. Freese, Darmstadt 21984. – H. Scurla, *W. v. H. Reformator, Wissenschaftler, Philosoph*, Mchn. 1984 (Heyne Tb). – *Sprache, Mensch und Gesellschaft. Werk und Wirkungen von W. v. H. u. Jakob u. Wilhelm Grimm in Vergangenheit u. Gegenwart. Humboldt-Grimm-Konferenz Bln./DDR, 1985*, Hg. A. Spreu in Zusammenarbeit m. W. Bondzio, Bln./DDR 1986. – C. Menze, *W. v. H. u. die Französische Revolution* (in FDH, 1987, S. 158–193). – W. D. Otto, *Ästhetische Bildung. Studien zur Kunsttheorie W. v. H.s*, Ffm. u. a. 1987.

IDEEN ZU EINEM VERSUCH, DIE GRÄNZEN DER WIRKSAMKEIT DES STAATS ZU BESTIMMEN

Staatsphilosophischer Essay von Wilhelm von HUMBOLDT, entstanden 1792. – Die, wie der Autor in seinem Brief an G. FORSTER vom 1. 6. 1792 mitteilt, auf Anregung von Karl Theodor Freiherr v. DALBERG entstandene Untersuchung wurde 1792 in Auszügen in der ›Berliner Monatsschrift‹ und in F. SCHILLERS ›Neuer Thalia‹ veröffentlicht. Schwierigkeiten mit der preußischen Zensur und eigene Bedenken Humboldts, der 1791 aus dem preußischen Staatsdienst ausgeschieden war, führten dazu, daß das Werk nicht in Buchform erschien; es wurde fünfzehn Jahre nach Humboldts Tod aufgefunden und 1851 von Eduard CAUER herausgegeben. Humboldts Schrift ist der in sich widerspruchsvolle, vom Bildungsgedanken der deutschen Klassik geprägte Versuch, *»eine dem politischen Willen der Bürger entzogene politische Ordnung mit einem Menschenbild zu vereinbaren, das dem Individuum uneingeschränkte Autonomie zubilligt«* (W. D. Otto).

Im Mittelpunkt der Humboldtschen Argumentation steht der Begriff des Individuums, dessen Bildung hin zu einer harmonischen Entfaltung seiner Kräfte, zu umfassender Selbstbestimmung der Staat zu respektieren habe: *»Der wahre Zweck des Menschen«*, so heißt es eingangs der Schrift, *»ist die höchste und proportionierlichste Bildung seiner Kräfte zu einem Ganzen.«* Dies ist wesentlich eine Leistung des Individuums selbst – der, wie Humboldt in seinen weiteren Schriften es formuliert, in ihm *»tätigen Kraft«*, des *»Lebensprinzips der Individualität«* – und kann vom Staat nur insofern befördert werden, als er die Organisation des gesellschaftlichen Lebens nicht zu bevormunden sucht; auch nicht dahingehend, daß er in sozialer Weise seinen Bürgern Unterstützung gewährt. Denn dadurch, so Humboldt, erschlaffe der Tätigkeits- und Bildungstrieb der Menschen und geistige Verarmung sei die Folge, da staatliche Eingriffe immer die ursprüngliche Mannigfaltigkeit individueller Bestrebungen vereinheitlichen. Humboldt sieht deshalb die beste Erziehungsmethode in der Freiheit, die jedem Individuum dadurch, daß es auftretende Schwierigkeiten selbst zu überwinden hat, zu Stärke und Geschicklichkeit verhilft. So ergibt sich als ausschließliche Aufgabe des Staats, die Sicherheit der Bürger innerhalb des Gemeinwesens und nach außen hin zu gewährleisten, ein Gedanke, den schon Humboldts Lehrer Christian Wilhelm von DOHM vertreten hatte.

Nun hat der Staat schon des öfteren versucht, den Sicherheitsfaktor innerhalb der Gemeinschaft durch Einwirkung auf die Erziehung, die Religion und die allgemeinen Sitten zu erhöhen. Solche Maßnahmen lehnt Humboldt entschieden ab, da in der vom Staat gelenkten, vereinheitlichten Bildungspolitik der Mensch dem Bürger geopfert, die Denkfreiheit durch direkte Förderung einer bestimmten Religion eingeschränkt werde und eine systematisch angestrebte Hebung der Sittlichkeit insofern überflüssig sei, als der Mensch natürlicherweise viel eher zu wohltätigen als zu eigennützigen Handlungen veranlagt sei. – In seiner Erörterung der Sicherheit des Staats nach außen hin entwickelt Humboldt zwei Gesichtspunkte, die in der geschichtlichen Entwicklung der folgenden Jahrzehnte eine außerordentliche Rolle spielten, innerhalb seines eigenen Entwurfs jedoch episodisch, wenn nicht gar widersprüchlich wirken: die absolute, *»widerspruchslose Macht«* des Staats und, um diese im entscheidenden Fall verwirklichen zu können, die staatliche Einheit.

Humboldts Schrift ist im Zusammenhang mit der zeitgenössischen Diskussion über das Ereignis der Französischen Revolution zu sehen; so unbestritten bei den deutschen Intellektuellen die Notwendigkeit von umgreifenden Reformen war, so sehr mißtrauten sie der bloßen Veränderung durch staatliche Eingriffe; der Staat, so heißt es schließlich im *Ältesten Systemprogramm des deutschen Idealismus* aus der Mitte der neunziger Jahre (das in HEGELS Handschrift aufgefunden wurde, als dessen Verfasser aber auch SCHELLING oder HÖLDERLIN vermutet werden), ist etwas Mechanisches, ihm komme die Idee der Freiheit nicht zu: *»jeder Staat muß freie Menschen als mechanisches Räderwerk behandeln«*. Dieser Gedanke, der korrespondiert mit dem Bild der sich selbst regulierenden, naturnahen Gesellschaft autonomer Subjekte, wie er immer wieder die dichterischen Utopien der Zeit prägt, ist in Humboldts früher Schrift bereits ausgeführt, hat seine Entsprechungen in den Grundzügen aber auch in Schillers Werk *Briefe über die ästhetische Erziehung des Menschen* (1793). Die angestrebte Freizügigkeit und Selbständigkeit des einzelnen ist dabei nicht im modern-liberalen Sinne zu verstehen. Der Zusammenhang des Ganzen soll dabei stets gesichert bleiben; Humboldt entwickelt ein organisches Bild der Gesellschaft, die sich formt nach dem Bildungstrieb des Menschen selbst und im Staat lediglich eine Ordnungsinstanz für die Erhaltung individueller Sicherheit besitzt. Die Irrationalität, die politischen Entwürfen dieser Art zugeschrieben werden kann (M. HENNINGSEN), resultiert wesentlich jedoch aus den Abstraktionen des Menschenbildes, in dem Freiheit nur negativ als Freiheit von Fremdbestimmung gefaßt und Fragen der Existenzsicherung zurücktreten hinter dem Ideal eines – letztlich bürgerlichen – Bildungsgedankens, dem eine Berücksichtigung sozialer Probleme weitgehend fremd ist. In der Folgezeit wird Humboldt, später Diplomat und Reformer des preußischen Schulwesens, die Idealität seiner Jugendschrift den praktischen Notwendigkeiten unterordnen. KLL

AUSGABEN: Bln. 1792 (in Berliner Monatsschrift, Jan., Okt., Nov.; enth. *Ideen über Staatsverfassung, durch die neue Französische Konstitution veranlaßt; Über die Sorgfalt des Staates für die Sicherheit gegen auswärtige Feinde; Über die Sittenverbesserung durch Anstalten des Staates*). – Bln. 1792 (*Wie weit darf sich die Sorgfalt des Staates um das Wohl seiner Bürger erstrecken?*, in Neue Thalia, Bd. 2, 4). – Breslau 1851, Hg. E. Cauer [m. Einl.]. – Bln. 1903 (in *GS*, Hg. A. Leitzmann, 17 Bde., 1903–1936, 1; hist.-krit.; Nachdr. 1968). – Darmstadt 1960 (in *Werke*, Hg. A. Flitner u. K. Giel, 5 Bde., 1960–1981, 1). – Stg. 1967 (Nachw. R. Haerdter; RUB). – Ffm. 1970/71 (*Ideen über Staatsverfassung, durch die neue Französische Konstitution veranlaßt*, in *Studienausg.*, Hg. K. Müller-Vollmer, 2 Bde., 2; FiBü).

LITERATUR: O. Kittel, *W. v. H.s geschichtliche Weltanschauung im Lichte des klassischen Subjektivismus der Denker u. Dichter von Königsberg, Jena u. Weimar*, Lpzg. 1901. – S. A. Kähler, *W. v. H. und der Staat*, Mchn./Bln. 1927; ern. Göttingen 1963. – J. Reichl, *Die Staats- u. Volksidee W. v. H.s von den Freiheitskriegen bis zu seinem Austritt aus dem preußischen Ministerium*, Diss. Wien 1939. – O. Burchard, *Der Staatsbegriff W. v. H.s in seinen »Ideen ...«. Eine Untersuchung zum Problem Zwangsrechtsnormen u. Individualverantwortung*, Diss. Hbg. 1948. – J. Lekschan, *Zur Staatslehre W. v. H.s. Reflexionen über seine Schrift »Ideen ...«*, Bln./DDR 1981. – J. Lecoq-Gellersen, *Die politische Persönlichkeit W. v. H.s in der Geschichtsschreibung des dt. Bildungsbürgertums: historiographiegeschichtliche Studie zur Problematik des Intellektuellen in der Politik*, Ffm. u. a. 1985. – S. Battisti, *Freiheit u. Bindung: W. v. H.s »Ideen ...« u. das Subsidiaritätsprinzip*, Bln. 1987.

ÜBER DIE VERSCHIEDENHEIT DES MENSCHLICHEN SPRACHBAUES UND IHREN EINFLUSS AUF DIE GEISTIGE ENTWICKELUNG DES MENSCHENGESCHLECHTS

Sprachphilosophische Einleitung zu dem dreibändigen Werk *Über die Kawi-Sprache auf der Insel Java*

(1836–1839) von Wilhelm von HUMBOLDT, erschienen als Sonderdruck 1836. – In der modernen Bewußtseinsphilosophie von DESCARTES bis HEGEL hat die Sprache kaum Beachtung gefunden – KANTS *Kritik der reinen Vernunft* ist dafür ein schlagendes Beispiel. Es sind philosophische Außenseiter wie HAMANN und HERDER, die, ohne eine immer ausreichende philosophische Terminologie zur Verfügung zu haben, auf die Bedeutung der Sprache für das menschliche Selbstverständnis hinweisen. In vielfachem Austausch mit der Weimarer Klassik, vor allem die Gedanken Herders weiterführend, entfaltet Humboldt solche Hinweise. Entscheidend für seine früh begonnenen völkerphysiognomischen Studien ist die Reise nach Spanien (1801), wo er anhand des Baskischen den wechselseitigen Einfluß von Sprache und Geschichte eines Volkes studiert. Die folgenden Jahre in Rom (1802–1808) ermöglichen es ihm, seine vergleichenden Sprachstudien durch die das Verstehen begründende Interpersonalitätslehre (Ich-Du) zu vertiefen. Erst nach dem Abschied aus dem Staatsdienst (1819) findet Humboldt die Muße, seine sprachphilosophische Konzeption und sein Erfahrungsmaterial, das er durch neue Studien erweitert, in einer Reihe von Aufsätzen niederzulegen, die meist als Abhandlungen der Berliner Akademie erscheinen. Bemerkenswert sind vor allem *Über das vergleichende Sprachstudium in Beziehung auf die verschiedenen Epochen der Sprachentwicklung* (1820), *Über das Entstehen der grammatischen Formen, und ihren Einfluß auf die Ideenentwicklung* (1822), *Über den Dualis* (1827) und *Über die Verschiedenheiten des menschlichen Sprachbaues* (1827–1829). In den letzten Jahren vor seinem Tod arbeitet Humboldt an einem monumentalen Werk über die Kawi-Sprache, die Dichter- und Priestersprache Javas. Es erscheint postum in drei Bänden 1836–1839. Der erste Band (1836) enthält die Summe von Humboldts Sprachphilosophie.

Trotz der breiten empirischen Sprachforschungen ist Sprache für Humboldt nicht nur determinierter Gegenstand einzelwissenschaftlicher Untersuchung, sondern als tiefster Ausdruck der menschlichen Natur eine dynamische, spontane Größe; nicht nur *ergon*, sondern *energeia*: *»Man muß die Sprache nicht sowohl wie ein todtes Erzeugtes, sondern weit mehr wie eine Erzeugung ansehen …«*, sie ist nicht bloßer Bedeutungsträger, sondern steht in enger Wechselbeziehung mit der *»Innren Geistesthätigkeit«* und stellt in ausgezeichneter Weise die sich in freier *»Selbstthätigkeit«* und Gebundenheit vollziehende menschliche Existenz dar. Bedingt durch die antinomische Struktur des Menschen, der seine Freiheit nie anders als in Bindungen erfährt, ist als weiteres grundsätzliches Verfahrensmodell der Humboldtschen Abhandlung die ständige Dialektik von Wirkung und Rückwirkung, Spontaneität und Rezeptivität zu beobachten, wie sie etwa in dem *»Gesetz der Existenz des Menschen in der Welt«* zum Ausdruck kommt, *»daß er nichts aus sich hinauszusetzen vermag, das nicht augenblicklich zu einer auf ihn zurückwirkenden und sein ferneres Schaffen bedingenden Masse wird …«* Humboldt bezeichnet als Gegenstand seines Essays *»die Betrachtung des Zusammenhanges der Sprachverschiedenheit und Völkervertheilung mit der Erzeugung der menschlichen Geisteskraft, als einer sich nach und nach in wechselnden Graden und neuen Gestaltungen entwickelnden, insofern sich diese beiden Erscheinungen gegenseitig aufzuhellen vermögen …«* Einleitende Kapitel begründen den *»menschlichen Entwicklungsgang«* mit dem *»Zusammenwirken der Individuen und Nationen«* unter dem Einfluß der Sprache, die nicht empirisch, sondern aus der *»intellectuellen Eigenthümlichkeit«* des Menschen zu erklären ist. Darauf wendet sich Humboldt der Natur der Sprachen direkt zu. Grundsätzlich ist die Sprache als »Sprachlichkeit« von der einzelnen nationalen und individuellen Sprache zu unterscheiden. Sprache als solche ist untrennbar vom menschlichen Bewußtsein, das sich interpersonal entfaltet, wodurch Verstehen erst ermöglicht wird. Durch die unlösbare Verbindung von Bewußtsein und Sprache wird die Frage nach dem – empirisch gedachten – Ursprung von Sprache gegenstandslos. Die menschliche Geisteskraft drückt sich unter dem Impuls der *»inneren Sprachform«* in den Lauten aus. Die nach Sprachen unterschiedliche Intensität in der Durchdringung des lautlichen Stoffes durch die Idee ist der Hauptgrund für die Verschiedenheit der menschlichen Sprachen, wozu die verschiedene Lautphysiognomie und stets zu berücksichtigende historische Einflüsse u. a. als weitere Gründe kommen. Während der Vorgang der Lautformung durch den inneren Sprachsinn empirisch kaum zu beobachten ist, läßt sich die darauf folgende Rückwirkung der ausgebildeten Sprache auf die Geistestätigkeit des Menschen deutlich greifen. Entsprechend der Stufenfolge in der Durchdringung von Ideenform und Lautstoff – Humboldt spricht von *»Synthesis«* und *»Symbolisierung«* – ergibt sich als heuristisches und nur approximativ zu erreichendes Prinzip für die Sprachforschung die *»vollkommene Sprache«*, die Humboldt gegenüber den agglutinierenden Sprachen am ehesten in den flektierenden Sprachen, zumal im Sanskrit, verwirklicht sieht. Die weiterbildende Kraft einer Sprache ist abhängig von der *»Energie«* der *»Synthesis«* von Idee und Laut, die vornehmlich am Verb, den Konjunktionen und dem Relativpronomen ablesbar ist.

Humboldts Philosophie der Sprache gehört neben den sprachgeschichtlichen und -vergleichenden Untersuchungen Jacob GRIMMS und F. BOPPS zu jener klassisch-romantischen Auffassung, die in der Sprache kein bloßes System von Zeichen, vielmehr Ausdruck einer allgemeinen Sicht der Welt, einer *»Geisteseigentümlichkeit«* eines Volkes sieht: *»Die Sprache ist gleichsam die äußerliche Erscheinung des Geistes der Völker; ihre Sprache ist ihr Geist und ihr Geist ihre Sprache.«* Neben K. VOSSLER war im 20. Jh. vor allem Leo WEISGERBER mit seiner *»inhaltbezogenen Grammatik«* der Humboldtschen Sprachauffassung weiterhin verpflichtet, allerdings in idealistisch überhöhter Weise; daneben greift N. CHOMSKYS generative Transformationsgrammatik ebenfalls auf einen Gedanken Humboldts zurück, den der generativen, schöpferischen Kraft der Sprache, die aus einer begrenzten Menge von Regeln eine unbegrenzte Menge von Sätzen erzeugen kann. Auch Chomsky geht, darin Humboldt ebenfalls folgend, von der Angeborenheit menschlicher Sprachfähigkeit aus. Während allerdings für Humboldt hinter der sprachlichen Verschiedenheit etwa von Völkern stets eine Verschiedenheit im Denken selbst, in der Weltbetrachtung steht, nimmt Chomsky eine Universalität menschlichen Denkens an, dem in der Oberflächenstruktur der Sprache – und deshalb sind die einzelnen Sprachen übersetzbar – lediglich verschiedene Ausdrucksformen zukommen. V.Ho.-KLL

Ausgaben: Bln. 1836; Nachdr. Bonn/Mchn. 1960. – Bln. 1907 (in *GS*, Hg. A. Leitzmann, 17 Bde., 1903–1936, 6; hist.-krit.; Nachdr. 1968). – Darmstadt 1963 (in *Werke*, Hg. A. Flitner u. K. Giel, 5 Bde., 1960–1981, 3). – Stg. 1973 (in *Schriften zur Sprache*, Hg. u. Nachw. M. Böhler; RUB). – Mchn. 1985 (in *Über die Sprache. Ausgew. Schriften*, Hg. u. Nachw. J. Trabant; dtv).

Literatur: L. Weisgerber, *Das Problem der innern Sprachform u. seine Bedeutung für die deutsche Sprache* (in GRM, 14, 1926). – W. Lammers, *W. v. H.s Weg zur Sprachforschung 1785–1801*, Bln. 1936. – K. Ulmer, *Die Wandlungen des Sprachbildes von Herder zu Jakob Grimm* (in Lexis, 2, 1951, S. 263 ff.). – C. Menze, *Über den Zusammenhang von Sprache u. Bildung in der Sprachphilosophie W. v. H.s* (in Pädagogische Rundschau, 18, 1964, S. 768–785). – B. Liebrucks, *Sprache u. Bewußtsein*. Bd. 2: *Sprache: Von den Formen ›Sprachbau u. Weltansicht‹ über die Bewegungsgestalten ›innerer Charakter der Sprachen‹ u. ›Weltbegegnung‹ zur dialektischen Sprachbewegung bei W. v. H.*, Ffm. 1965. – H. Gipper, *W. v. H. als Begründer der modernen Sprachforschung* (in WW, 15, 1965, S. 1–19). – R. L. Brown, *W. v. H.'s Conception of Linguistic Relativity*, Den Haag, 1967. – K.-W. Eigenbrodt, *Der Terminus »Innere Sprachform« bei W. v. H. Versuch einer genetischen Erklärung*, Diss. Mainz 1968. – R. Graber Ross, *W. v. H.'s Philosophy of Language. The Genesis of Its Basic Concepts*, Diss. Stanford Univ. 1970. – H. H. Baumann, *Die generative Grammatik und W. v. H.* (in Poetica, 4, 1971, S. 1–12). – H. R. Olson, *W. v. H.'s Philosophy of Language*, Ann Arbor/Mich. 1979. – A. Reckermann, *Sprache u. Metaphysik. Zur Kritik der sprachlichen Vernunft bei Herder u. H.*, Mchn. 1979. – Th. Borsche, *Sprachansichten. Der Begriff der menschlichen Rede in der Sprachphilosophie W. v. H.s*, Stg. 1981. – G. Hassler, *Zur Auffassung der Sprache als eines organischen Ganzen bei W. v. H. und zu ihren Umdeutungen im 19. Jh.* (in Zs. f. Phonetik, Sprachwiss. u. Kommunikationsforschung, 38, 1985, S. 544–575). – J. Trabant, *Die Einbildungskraft u. die Sprache. Ausblick auf W. v. H.* (in NRs, 96, 1985, H. 3/4, S. 161–182). – *Sprache, Bewußtsein, Tätigkeit. Zur Sprachkonzeption W. v. H.s*, Hg. K. Welke, Bln./DDR 1986. – U. Buchholz, *Das Kawi-Werk W. v. H.s: Untersuchungen zur empirischen Sprachbeschreibung u. vergleichenden Grammatikographie*, Mchn. 1986. – J. Trabant, *Apeliotes oder der Sinn der Sprache: W. v. H.s Sprach-Bild*, Mchn. 1986. – M. Riedel, *Sprechen u. Hören. Zum dialektischen Grundverhältnis in H.s Sprachtheorie* (in Zs. f. philosophische Forschung, 40, 1986, S. 337–351). – W. Neumann, *W. v. H. Forschungspraxis u. gesellschaftliche Bedeutung einer Sprachtheorie* (in Zs. f. Phonetik, Sprachwiss. u. Kommunikationsforschung, 40, 1987, S. 217–232). – L. Jäger, *Die Sprachtheorie W. v. H.s* (in *Sprachtheorie*, Hg. R. Wimmer, Düsseldorf 1987, S. 175–190).

Jean Paul

eig. Johann Paul Friedrich Richter

* 21.3.1763 Wunsiedel
† 14.11.1825 Bayreuth

Literatur zum Autor:
Bibliographien und Forschungsberichte:
F. Martini, *J.-P.-Forschung und J.-P.-Literatur* (in DVLG, 14, 1936, S. 305–323). – E. Berend, *J.-P.-Bibliographie* [neu bearb. u. erg. v. J. Krogoll], Stg. 1963. – E. Fuhrmann, *J.-P.-Bibliographie 1963–1965* (in Jb. der J.-P.-Ges., 1, 1966, S. 163–179). – J. Krogoll, *Probleme u. Problematik der J.-P.-Forschung 1936–1967* (in FDH, 1968, S. 425–523). – R. Merwald, *J.-P.-Bibliographie 1966–1969* (in Jb. der J.-P.-Ges., 5, 1970, S. 185–219). – R.-R. Wuthenow, *»Der sentimentale J. P. ist tot«. Anmerkungen zu neuer J.-P.-Literatur* (in *J. P.*, Hg. H. L. Arnold, Stg. 1970, S. 125–136; Text + Kritik). – P. Krumme u. B. Lindner, *Absolute Dichtung u. Politik. Tendenzen der J.-P.-Forschung 1963–1969* (in *J. P.*, Hg. H. L. Arnold, Mchn. ³1983, S. 190–199; Text + Kritik). – E. Weigl, *Subjektivismus, Roman und Idylle. Anmerkungen zur J.-P.-Forschung 1968–1973* (ebd., S. 200–215). – H. Birus, *Neue kleine Bücherschau. Über die jüngste J.-P.-Forschung 1974–1982/Vita J. P./Kommentierte Auswahlbibliographie J. P.* (ebd., S. 216–305). – S. Müller, *J.-P.-Bibliographie 1970–1983* (in Jb. der J.-P.-Ges., 19, 1984, S. 137–198). – J. Golz, *J.-P.-Forschung 1970–1983 in der BRD. Anmerkungen zu ihren Tendenzen u. ihren Ergebnissen* (in WB, 33, 1987, S. 663–678).
Zeitschrift:
Jb. der J.-P.-Gesellschaft, Hg. K. Wölfel, Bd. 1, Bayreuth 1966; Bd. 2 ff., Mchn. 1967 ff.
Biographien:
R. O. Spazier, *J. P. Fr. Richter. Ein biographischer Commentar zu dessen Werken*, 5 Bde., Lpzg. 1833. –

P. Nerrlich, *J. P. Sein Leben u. seine Werke*, Bln. 1889. – J. Alt, *J. P.*, Mchn. 1925. – W. Harich, *J. P.*, Lpzg. 1925. – *J.-P.-Chronik. Daten zu Leben u. Werk*, Red. U. Schweikert u. a., Mchn. 1975. – R. Vollmann, *Das Tolle neben dem Schönen. J. P. Ein biographischer Essay*, Tübingen 1975; ern. Nördlingen 1988. – G. de Bruyn, *Das Leben des J. P. Fr. Richter*, Halle 1975; ern. Ffm. [2]1984 (FiTb). – H.-J. Ortheil, *J. P. mit Selbstzeugnissen und Bilddokumenten*, Reinbek 1984 (rm).
Gesamtdarstellungen und Studien:
E. Berend, *J. P.s Ästhetik*, Bln. 1909; Nachdr. Hildesheim 1978. – M. Kommerell, *J. P.*, Ffm. 1933; [5]1977 [rev.]. – *J. P.s Persönlichkeit in Berichten der Zeitgenossen*, Hg. E. Berend, Bln./Weimar 1956. – W. Harich, *J. P.s Kritik des philosophischen Egoismus*, Ffm. 1968. – U. Schweikert: *J. P.*, Stg. 1970 (Slg. Metzler). – W. Harich, *J. P.s Revolutionsdichtung. Versuch einer neuen Deutung seiner heroischen Romane*, Bln./DDR 1974; Reinbek 1974. – *J. P.*, Hg. U. Schweikert, Darmstadt 1974 (WdF). – W. Schmidt-Biggemann, *Maschine u. Teufel. J. P.s Jugendsatiren nach ihrer Modellgeschäfte*, Freiburg i. B./Mchn. 1975. – W. Proß, *J. P.s geschichtliche Stellung*, Tübingen 1975. – B. Lindner, *J. P. Scheiternde Aufklärung u. Autorenrolle*, Darmstadt 1976. – H. Vinçon, *J. P. Ein Klassiker? Bürgertum in der Opposition*, Gießen 1978. – *Sammlung der zeitgenössischen Rezensionen zu J. P.s Werken*, Hg. K. Wölfel, 4 Bde., Mchn. 1978–1988 (Jb. der J.-P.-Ges., 13; 16; 18; 23). – V. U. Müller, *Narrenfreiheit u. Selbstbehauptung. Spielräume des Humors im Werk J. P.s*, Stg. 1979. – J. Kiermeier, *Der Weise auf den Thron! Studien zum Platonismus J. P.s*, Stg. 1980 [Diss. Münster 1978]. – *J. P. im Urteil seiner Kritiker. Dokumente zur Wirkungsgeschichte J. P.s in Deutschland*, Hg. P. Sprengel, Mchn. 1980. – E. Weigl, *Aufklärung u. Skeptizismus. Untersuchung zu J. P.s Frühwerk*, Gießen 1980. – E. H. Rockwell, *Funktion u. Destruktion des Idyllen-Begriffs bei J. P.*, Ann Arbor/Mich. 1982 [zugl. Diss. Princeton Univ.]. – Chr. Sütterlin, *Wasser der Romantik. Eine Studie zu den Raum-Zeit-Bezügen bei J. P. und J. W. M. Turner*, Bern u. a. 1983. – P.-M. Oschatz, *J. P.scher Humor. Aufgezeigt an den Humoristen von den Jugendsatiren bis zum »Komet«*, Essen 1985. – A.-M. Bachmann, *Das Umschaffen der Wirklichkeit durch den »poetischen Geist«. Aspekte der Phantasie u. des Phantasierens in J. P.s Poesie u. Poetik*, Ffm. u. a. 1986 [zugl. Diss. Münster 1983]. – H. Birus, *Vergleichung. Goethes Einführung in die Schreibweise J. P.s*, Stg. 1986 [zugl. Hab. Schr. Göttingen]. – B. Allert, *Die Metapher u. ihre Krise. Zur Dynamik der »Bilderschrift« J. P.s*, Ffm. u. a. 1987. – A. Decke-Cornill, *Vernichtung u. Selbstbehauptung. Eine Untersuchung zur Selbstbewußtseinsproblematik bei J. P.*, Würzburg 1987 [zugl. Diss. Bln.]. – R. G. Eisenhauer, *Mythology of Souls. Philosophical Perspectives in the Novels of J. P.*, NY u. a. 1987. – A. Montadon, *J. P. romancier. L'étoile shandéenne*, Clermont-Ferrand 1987. – W. Nell, *Poetische u. historische Synthesis. J. P.s Kritik der höfischen Gesellschaft im poetologischen Kontext seiner Romane*, Ffm. 1987. – L-Wölfel, *J. P.-Studien*, Hg. B. Buschendorf, Ffm. 1989.

BLUMEN- FRUCHT- UND DORNENSTÜKKE ODER EHESTAND, TOD UND HOCHZEIT DES ARMENADVOKATEN F. ST. SIEBENKÄS IM REICHSMARKTFLECKEN KUHSCHNAPPEL

Humoristischer Roman mit Beigaben (u. a. *Rede des todten Christus*) von JEAN PAUL, erschienen 1796/97. – Als Lenette, die sich ihres Hochzeitsputzes wegen um einen Tag verspätet hat, mit zwei Haubenköpfen und in Begleitung des Schulrates Stiefel endlich in der möbliert gemieteten Stube ihres wartenden Bräutigams in Kuhschnappel eintrifft, ist die quälend-komische Konstellation dieser Ehe bereits gegeben: hier der sich und die Welt verspottende, an den *»Teufelspapieren«* (in Wahrheit ein satirisches Jugendwerk Jean Pauls, 1789) arbeitende Armenadvokat, der *»aus den Alten und seinem Humor eine unleugbare Verachtung gegen das Geld«* geschöpft hat – dort eine den Dingen des Alltags im Guten und Bösen verhaftete Hausfrau par excellence, die *»durch unverdroßne Feg- und Bürst-Arbeit seine dithyrambische Karthause so sauber, grade und glatt … wie eine Billardtafel«* herstellt, aber nicht einsieht, daß sie die Schriftstellerruhe ihres Gatten mit ihren Lappen gnadenlos zugrunde *»kartätscht«*. Die behenden Verführungskünste eines Everard Rosa von Meyern vermögen wohl dem Gleichgewicht des Siebenkäs, nicht aber der Naivität Lenettens etwas anzuhaben. Dem trockenen Biedersinn Stiefels neigt diese indes immer vertrauensseliger zu. Als jener in einem Zwist Partei ergreift, bricht der schwelende Ehekonflikt zum offenen Zerwürfnis auf: Siebenkäs und Lenette verkehren nur noch brieflich miteinander. Ihre wirtschaftliche Notlage geht indirekt auf einen skurrilen Scherz des Mannes zurück: Er hat während des Studiums mit seinem ihm zum Verwechseln ähnlichen Freunde Leibgeber den Namen getauscht. Sein geiziger Vormund Blaise hat dies zum Anlaß genommen, eine ihm zustehende Erbschaft zurückzuhalten. Leibgeber nun, der die *»Teufelspapiere«* an den Verleger gebracht hat, ruft seinen Freund nach Bayreuth. Hier erlebt dieser ersten Schriftstellerruhm und eine uneingestandene Neigung zu Herrn von Meyerns gefühlstiefer Verlobten Nathalie; beides erfüllt ihn mit neuem Leben. Er läßt sich von Leibgeber dazu bestimmen, einen Scheintod zu inszenieren, Lenette auf seinem *»Sterbebett«* dem *»Pelzstiefel«* anzuvertrauen, an Leibgebers Stelle unter erneutem Namenswechsel beim Grafen Vaduz als Inspektor anzutreten und durch eine geschickte Manipulation sowohl Lenette als Nathalie aus der Witwenkasse versorgen zu lassen. Leibgeber selbst wandert in das Ungewisse der Welt hinaus und als »Schoppe« in Jean Pauls *Titan* hinein. Am Grabe Lenettens aber finden Siebenkäs und Nathalie zueinander: *»O Gott! O du Engel – im*

Leben und Tode bleibst du bei mir. – Ewig, Firmian! sagte leiser Nathalie.«
Vergleicht man den fünfzehn Jahre vor GOETHES *Wahlverwandtschaften* entstandenen Roman etwa mit Johann Karl WEZELS Versuch *Hermann und Ulrike* (1780), so möchte man ihn den ersten realistisch-psychologischen Eheroman der deutschen Literatur nennen. Wie stets bei Jean Paul ist eine derartige Kategorisierung jedoch nur bedingt möglich. Wohl wandelt sich das Verhalten der Partner, nicht aber eigentlich ihr Verhältnis zueinander oder gar ihr Wesen. Dieses ist von vornherein in humoristisch typisierender Verschärfung festgelegt; die »Lagen«, in denen sich Siebenkäs und Lenette aufreiben, bleiben ihrem Kern nach beharrlich stets die gleichen. Das Geschehen ist bereits von allem Anfang an auf die Trennung hin konzipiert. In der Tat bildet der Scheintod des Siebenkäs – einen frühen satirischen Entwurf des Jahres 1789 *(Meine lebendige Begrabung)* aufgreifend – das *»Senfkorn«*, dem der Roman entwachsen ist (Brief vom 2. 6. 1796). Jean Paul selbst hat den *Siebenkäs* wie auch die *Flegeljahre* der »deutschen Schule« zugerechnet (*Vorschule*, § 72) und sie als Romane der »Ebene« von den »niederländischen« idyllischer Tiefe sowie den »italienischen« der Höhe abgesetzt. Stehen die *Flegeljahre* den Idyllen näher, so die Ehegeschichte den großen Romanen. Auch ihr Erzählgang, der die Erlebnissphären an verschiedene Ortschaften und soziologische Bereiche bindet (Kuhschnappel, Bayreuth, Vaduz), lehnt sich an die benachbarten großen Romane an. Schließlich deutet die Verbindung mit Nathalie, welche die Leiden des Helden ein für allemal beendet, an, daß das Schicksal an Siebenkäs – der *»an die reifen Spitzen der abgeblühten Disteln angespießet..., über deren Himmelblau und Honiggefäße er sonst geschwebet, blutig und hungrig und epileptisch um sich«* schlägt – *»wie am feinsten englischen Tuche jede kleine falsche Faser«* wegscheren und wegsengen wird, um ihn für eine höhere Sphäre vorzubereiten. In dieser Ausrichtung zeigt sich nicht minder eine Annäherung an die großen Romane, und sie weist auf die inneren Gründe, die den *Siebenkäs* eigentlich als »Fragment« erscheinen lassen. Der Zweifel an der Erlebbarkeit des Unendlichen, der sich hier – zwischen *Hesperus* und *Titan* – in scheinbar humoristischem Realismus ausdrückt, wird in einer Hoffnung auf die Zukunft wiederaufgehoben, die Jean Paul zu gestalten jedoch unterlassen hat. Eine von ihm in Ansätzen konzipierte Fortsetzung des Romans – Siebenkäs' Ehe mit Nathalie – hätte vermutlich nur eine Neuauflage der ersten Ehe ergeben können und hätte so den Zweifel an der Versöhnbarkeit von Wunsch/Phantasie und Wirklichkeit, von Unendlichkeit und Endlichkeit nur bestätigt. Ein unmittelbares literarisches Vorbild läßt sich für den *Siebenkäs* nicht nachweisen. Jean Paul nennt in den Vorarbeiten RICHARDSON und STERNE. Das ist aber nur sehr allgemein zu verstehen. Vereinzelte stoffliche Bezüge lassen sich zu SMOLLETTS *Peregrine Pickle* und einer Erzählung aus MUSÄUS' *Straußenfedern* herstellen. Umgekehrt scheint die Figur Leibgebers auf die Gestalt des Nachtwächters in den *Nachtwachen von Bonaventura* eingewirkt zu haben. Nachklänge solcher Einwirkung sind auch aus TIECKS *Des Lebens Überfluß* wie aus STIFTERS *Feldblumen* herauszuhören. – Die zeitgenössische Kritik nahm das Werk mit einer teilweise von moralischen Bedenken diktierten Zurückhaltung auf. Erst 1818 kam es zu einer Neuauflage, in die Jean Paul Materialien für die geplante Fortsetzung eingearbeitet hat. In dieser Gestalt – oft unter Kupierung der Beigaben – gehört der *Siebenkäs* zu den meistgedruckten Werken des Dichters. Davon zeugen auch Übersetzungen ins Englische bzw. Amerikanische, ins Französische, Italienische und Russische.
Nachdem die Forschung unter positivistischen Vorzeichen sich zunächst vor allem für Jean Pauls Fortsetzungspläne zum *Siebenkäs* (K. Freye) und für die Entstehungsgeschichte interessiert hatte (K. Schreinert), versuchte sie anschließend, in werkimmanenten Interpretationen, in Struktur- und Einzelanalysen sich dem Roman zu nähern. Vor allem Sprachfärbung, Sprachfeld und die Metaphorik standen hier als zu untersuchende Kategorien im Vordergrund (W. Rasch, W. Höllerer). Leibgeber, der erste vollgültige Humorist in Jean Pauls Werk, erfuhr gesondertes Interesse (B. Böschenstein, M. Durzak), und auch auf die *Rede des todten Christus* konzentrierte sich von W. REHMS wichtiger geistesgeschichtlich-theologischer Studie (1940) bis zu psychoanalytisch orientierten und motivierten Arbeiten (C. Pietzcker) der jüngsten Zeit die Forschung eher wie auf Brennpunkte (diese Arbeiten siehe unter *Rede des todten Christus*). Leider ist im Falle des *»Ersten Blumenstücks«* der Zusammenhang mit dem *Siebenkäs* zumeist völlig unterschlagen. Für die nach 1968 besonders Forderungen nach Untersuchung gesellschaftlicher und ideologischer Bedingungen von Literatur erfüllende Wissenschaft schien der *Siebenkäs* und seine Ehegeschichte dann überhaupt zu wenig spektakulär. Aus diesem seither andauernden relativen Abseits innerhalb der Jean-Paul-Forschung könnte der Roman heute aber gerade wieder über die Analyse der Ehe- und Geschlechterproblematik ansatzweise befreit werden. J.K.-J.K.D.

AUSGABEN: Bln. 1796/97, 3 Bde. – Bln. ²1818, 4 Bde. [erw.]. – Weimar 1928 (in *SW*, Hg. E. Berend, 1927–1964, Abt. 1, Bd. 6, Hg. K. Schreinert; hist.-krit.; Nachdr. Köln 1977). – Hbg. 1957, Hg. F. Burschell (RKl). – Mchn. 1959 (in *Werke*, Hg. N. Miller, 1959–1985, Abt. 1, Bd. 2, Hg. G. Lohmann; ⁴1987, Hg. N. Miller; korr.). – Stg. 1983, Hg. C. Pietzcker (RUB). – Mchn. 1986 [Nachw. W. Höllerer; Tb.]. – Ffm. 1987 (Nachw. H. Hesse; Insel Tb). – Stg. 1988, Hg. C. Pietzcker.

LITERATUR: *Die Studien zu J. P.s zweitem Eheroman*, Hg. K. Freye (in Euph, 15, 1908, S. 73–99). – K. Schreinert, *J. P.s »Siebenkäs«*, Weimar 1929. – H. A. Korff, *Siebenkäs u. Leibgeber als Typen* (in Hesperus, 5, 1953, S. 21–24). – W. Günther, *J. P.s*

»Siebenkäs«. Versuch einer Gesamtinterpretation, Diss. Ffm. 1955. – H. Dahler, *J. P.s »Siebenkäs«. Struktur und Gesamtbild*, Bern 1962. – W. Steuber, *Der Humorist bei J. P. Eine Analyse der Gestalt Leibgeber-Schoppe*, Diss. Bern 1963. – H. Gamper, *J. P.s »Siebenkäs«. Ein Beitrag zu einer Interpretation*, Winterthur 1967. – B. Böschenstein, *Leibgeber u. die Metapher der Hülle* (in B. B., *Studien zur Dichtung des Absoluten*, Zürich/Freiburg i. B. 1968, S. 45–50). – M. Durzak, *Siebenkäs u. Leibgeber. Die Personenkonstellation als Gestaltungsprinzip in J. P.s Roman »Siebenkäs«* (in Jb. der J.-P.-Ges., 5, 1970, S. 124–138). – G. Lindemann, *Fantaisie u. Phantasie. Zu einer Szene in J. P.s Roman »Siebenkäs«* (in *J. P.*, Hg. H. L. Arnold, Stg. 1970, S. 49–59; Mchn. ³1983, S. 65–76; Text + Kritik). – M. Anderle, *J. P.s »Leibgeber« zwischen Doppelgängertum u. Ich-Verlust* (in GQ, 49, 1976, S. 13–24). – H. G. Göpfert, *»Welcher Fürst könnte mir Arbeit verbieten?« Zur Publikationsgesch. der 2. Aufl. von J. P.s »Siebenkäs«* (in *Akten des V. Internat. Germanisten-Kongresses Cambridge 1975*, Hg. L. Forster u. H.-G. Roloff, Bern/Ffm. 1976, S. 29–35; auch in H. G. G., *Vom Autor zum Leser. Beiträge zur Geschichte des Buchwesens*, Mchn. 1977, S. 165–172; 228–230). – E. Kaufholz, J. P.: *Siebenkäs, éléments pour un roman en question* (in Romantisme, 20, 1978, S. 53–60). – G. Schulz, *J. P.s »Siebenkäs«* (in *Aspekte der Goethezeit. Fs. f. V. Lange*, Hg. St. A. Corngold u. a., Göttingen 1977, S. 215–230). – B. Guttmann, *»Siebenkäs«* (in B. G., *Das alte Ohr*, Ffm. 1979, S. 206–220). – U. Konitzer, *Über die »Blumen-, Frucht- u. Dornenstücke« des J. P.* (in *Klassiker heute. Zwischen Klassik u. Romantik*, Hg. H.-C. Kirsch, Ffm. 1980, S. 16–67). – M. L. Davies, *Die Authentizität der Erfahrung. J. P.s Gestalt Leibgeber-Schoppe* (in Aurora, 42, 1982, S. 111–129). – W. Zimmermann, *J. P.: »Siebenkäs«. Frauenbild u. Geschlechterkonstellation. Beitrag zu einer psychoanalyt. Interpretation*, Freiburg i. B. 1982.

FLEGELJAHRE. Eine Biographie

Roman in vier »Bändchen« von Jean Paul, erschienen 1804/05. – Die Entstehungsgeschichte des Romans ist ähnlich kompliziert wie die des *Titan*, mit der sie sich im übrigen zeitlich überschneidet. Erste Pläne zeichneten sich bereits 1795 ab, aber erst 1803 ging das Manuskript der ersten drei Bände an den Verleger. Jean Paul gab die Absicht, den Roman fortzuführen, bis zu seinem Tode nicht auf. Diese Tatsache wird man im Auge behalten müssen, wenn auch der vorläufige Abschluß dem Roman die fast paradigmatische Gestalt der »offenen Form« verliehen hat und dieses *»Offene und Unbestimmte«* als geradezu zum Wesen der *Flegeljahre* gehörig angesehen werden kann (H. Meyer).

Der Dichter fungiert in dieser fiktiven Biographie als vom Erblasser Van der Kabel testamentarisch gewünschter und vom Haßlauer Stadtrat eingesetzter Biograph des Universalerben. Als Honorar bezieht er für jedes Kapitel *»eine Nummer aus* [dem] *Kunst- und Naturalienkabinet«* des Verstorbenen, die zur jeweils abstrus irrelevanten oder symbolisch bedeutsamen Kapitelüberschrift wird. Als das Testament Van der Kabels eröffnet wird, fahren *»sieben lange Gesichtslängen«* wie *»Siebenschläfer«* auf. Der verstorbene Haßlauer *»Krösus«* hatte nicht nur ein erstrebenswertes Vermögen, sondern auch ein Herz *»voll Streiche und Fallstricke«*, und der zynische Inspektor Harprecht, der eingebildete Kirchenrat Glanz, der Hofagent Neupeter, der Hoffiskal Knol, der Buchhändler Pasvogel, der Frühprediger Flachs, der Maler Fitte, sie alle erben vorderhand – nichts. Nur das Kabelsche Haus soll dem, der eher als seine sechs *»Nebenbuhler eine oder ein paar Tränen«* über den dahingegangenen Onkel vergießt, zugeschlagen werden und fällt schließlich, nach mühevollen Anstrengungen, an den Ärmsten, an Flachs. Universalerbe ist ein allen unbekannter junger Kandidat der Rechte, Gottwalt Peter Harnisch, genannt Walt, aus Elterlein, ein *»blutarmer, grund-guter, herzlich-froher Mensch«*. Allein, da er ein *»etwas elastischer Poet«* sei, habe er einige *»Nüsse vorher aufzubeißen«*: Er soll den Lebensweg Van der Kabels *in nuce* noch einmal durchlaufen und für jeden Fehler, den er dabei macht, einen Teil seines Erbes an die sieben *»Präsumptiv-Erben«* verlieren. Je eine Woche soll er bei jedem von ihnen wohnen, soll bestimmten praktischen Tätigkeiten nachgehen und darf vor allem sittlich nicht straucheln. – Am Tage seines Notariatsexamens wird dem dichtenden Träumer Walt sein Glück eröffnet. Er bricht sogleich in die Residenz auf. Sein Zwillingsbruder Quod Deus Vult (kurz: Vult), der sich mit vierzehn Jahren in übermütig-trotziger Jugendlichkeit von Hause fortgestohlen und einem herumziehenden Virtuosen angeschlossen hatte, hält sich konzertierend in Haßlau auf. Er läuft unerkannt nach Elterlein und verfolgt dort von einem Apfelbaum vor dem väterlichen Schulzenhaus aus die mehr schlechte als rechte Prüfung Walts, dessen leidenschaftliche Begeisterung für die *»himmlische Dichtkunst«* und rührende Dankbarkeit für das Van der Kabelsche Vermächtnis. Vult richtet es so ein, daß er in einem Wirtshaus auf dem Wege nach Haßlau mit Walt zusammentrifft. In seliger Wiedersehensfreude bauen die beiden *»Ätherschlösser«*. Der gewitzte – oft bitter-witzige – Vult will dem Bruder behilflich sein, die diesem *»arglosen Singvogel, der besser oben fliegen als unten scharren könne«*, sehr befremdlichen Forderungen des Testaments zu erfüllen; so bald als möglich wollen sie zusammenziehen und gemeinsam – der Satiriker und der empfindsame Phantast – einen Roman verfassen: »Hoppelpoppel oder das Herz«. – Mit gutherzigem Ungeschick müht Walt sich durch seine testamentarischen Aufgaben. Daß er dabei Teil für Teil seines Erbes einbüßt, ficht seine menschenselige Einfalt nicht an. Über die Enttäuschung, die ihm seine um Freundschaft werbende Verehrung für den Grafen Klothar einträgt, hilft ihm die innige Neigung zu Wina, der Tochter General Zablockis, hinweg. In einem Konzert Vults hat er sie bereits aus der Ferne ins Herz geschlossen. Ein Auftrag, die erotischen Briefmemoiren Zablockis zu kopieren, bringt ihn der heimlich Geliebten näher, vollends eine ins Blaue hinein unternommene Reise, auf der er den General und seine Tochter trifft. Der Bruder hat ihn unterdessen, wie versprochen, beschützt und zweimal aus den gefährlichen Netzen der betörenden jungen Schauspielerin Jakobine gelöst. Er ist zu Walt gezogen und hat mit ihm an dem gemeinsamen Roman geschrieben. Da er jedoch selbst auch für Wina entbrannt ist, werden die Konflikte, die zwischen zwei so verschiedenen Menschen entstehen müssen und die durch Vults eifersüchtiges Liebesbedürfnis noch gesteigert werden, zur Qual. Auf einer Redoute als Walt maskiert, gewinnt Vult Wina das dem Bruder geltende *»Liebes-Ja«* ab und scheidet dann unbemerkt von ihm. Sein Flötenspiel und selige Erinnerungen wiegen den glücklichen Walt in Traum – *»noch aus der Gasse herauf hörte Walt entzückt die entfliehenden Töne reden, denn er merkte nicht, daß mit ihnen sein Bruder entfliehe«*. – Hier bricht der Roman ab.

Eine frühe Notiz in den Vorarbeiten zu den *Flegeljahren* bezeichnet als die *»Summa«* des Romans *»Poesie und Liebe im Kampf mit der Wirklichkeit«*. Jedoch: *»Der Kampf, der sich hier vollzieht ... ist primordial ein sprachlich-gestalthaftes Ereignis«* (H. Meyer). Im Geschehen des Romans wirken beide Bereiche nicht verändernd aufeinander ein, ihre Vereinigung ist nur scheinbar. Walt bleibt der »reine Tor«, der er von Anfang an ist; er wird nicht tüchtiger und auch nicht schlechter. Er steht am Ende als Sieger da, ein *»Fürst von Traumes Gnaden«* (M. Kommerell) – nicht weil seine Welt der Poesie und Liebe die Wirklichkeit erobert hätte, sondern weil diese innere Welt reicher ist als die äußere und stark genug, sich diese anzuverwandeln. Richtet man den Blick auf die hohen Ziele, die Jean Paul den schöpferischen Kräften Albanos im *Titan* steckte, so scheint in der »Innerlichkeit« dieses Sieges eine gewisse Resignation zu liegen, die wohl auch das Verhältnis der poetischen Welt des Dichters selbst zur Wirklichkeit bestimmte. Resignation spricht auch aus der schließlichen Trennung der Brüder. Die Vorarbeiten zeigen, daß die Gestalt Vults sich aus der ursprünglichen Konzeption Walts abgespalten hat, ähnlich wie im *Titan* die Roquairols aus der Albanos. Walt sollte die Wesenszüge beider in sich vereinen, und so spricht aus der Uneinigkeit der sich dennoch liebenden Brüder und aus ihrer Trennung die Hinnahme unlöslicher innerer Probleme.

Gehaltlich und sprachlich verbinden die *Flegeljahre* die humoristischen Züge der späten Idyllen mit den dithyrambischen der großen, in der Definition Jean Pauls *»hohen«* Romane und dem scharfen Witz der Satiren. Jean Paul hat in seiner *Vorschule der Ästhetik* diesen Mischtypus als *»deutsch«* bezeichnet und damit, ohne dies mit seinem sehr speziell gemeinten Terminus zu beabsichtigen, den geistesgeschichtlichen Ort seines Werkes angedeutet: den einer Station auf dem Wege zur Romantik. Nicht zufällig nimmt Walt mit seiner »Fahrt ins Blaue« die Reise von EICHENDORFFS Taugenichts voraus, ohne dessen Möglichkeiten jedoch zum märchenhaften Schluß – *»und es war alles, alles gut!«* Hatte Jean Paul den *Siebenkäs* – *»und die Leiden unsers Freundes waren vorüber«* – im Sinne des Märchens mit seiner formelhaften Schlußwendung noch gewaltsam vor dem Fragmentstatus gerettet, so kommen die *Flegeljahre* weder zu solch gewaltsamem Schluß noch überhaupt zum Abschluß. Der Roman behauptet seiner Anlage nach sein Fragment-Schicksal, für das Jean Paul in der *Vorschule der Aesthetik* selber Gründe anführt: *»Der Held im Roman der deutschen Schule, gleichsam die Mitte und als Mittler zweier Stände, so wie der Lagen, der Sprachen, der Begebenheiten, und als Charakter, welcher weder die Erhabenheit der Gestalten der italienischen Form noch die komische aber auch ernste Vertiefung der entgegengesetzten niederländischen annimmt, ein solcher Held muß dem Dichter nach zwei Richtungen hin die Mittel romantisch zu sein, verteuern, ja rauben, und wer es nicht einsehen will, setze sich nur hin und setze die Flegeljahre fort«* (§ 72).

Das Werk fand zunächst ein nur geringes Echo – eine Folge der Befremdung, die das Erscheinen des *Titan* (1800–1803) ausgelöst hatte. Einzelne – wie Karoline Herder oder Ludwig TIECK – erkannten seinen Reiz, aber erst später verschaffte Tieck dem Werk die angemessene und dann stetig sich verstärkende Resonanz. Einige der *»Streckverse«* (oder *»Polymeter«*) Walts, die zu dem Poetischsten gehören, was Jean Paul geschrieben hat, haben eine Welle von – überwiegend drittrangigen – Vertonungen ausgelöst. Bedeutsamer sind die Anregungen, die Robert Schumann für seine »Papillons« aus dem Werk zog. Literarisch hat der Roman unleugbar weitergewirkt, doch ist diese Wirkung aufgrund ihrer allgemeinen Natur im einzelnen nur sehr schwer zu verfolgen.

In der Geschichte der Jean-Paul-Forschung scheinen die *Flegeljahre* in etwa das Schicksal mit dem *Siebenkäs* zu teilen. Auch hier wurde eine Phase positivistischer Materialsichtung und -sicherung (K. Freye, E. Berend) abgelöst durch diverse Strukturanalysen, die in der grundlegenden und bis heute nicht überbotenen Arbeit von H. Meyer gipfeln. Diese Arbeit fand in der vorbildlichen werkimmanenten Interpretation von P. H. Neumann eine Fortführung, an die erst wieder – wohl auf Grund gewisser ideologischer Verdikte nach 1968 – die jüngste Forschung (P. Maurer) einen gewissen Anschluß herstellen konnte. Dort wird vor allem die Selbstbezüglichkeit der jean-paulschen Welt als ein wesentliches Merkmal des Textes der *Flegeljahre* herausgearbeitet, ein Merkmal, das im Werk der mittleren und späten Schaffensphase als eine potenzierte poetische Reflexivität mehr und mehr an Bedeutung gewinnt. Obwohl die *Flegeljahre* unter den großen Romanen Jean Pauls heute vermutlich das populärste Werk sind, markieren sie innerhalb des Forschungsspektrums paradoxerweise eher einen Randbereich als einen Schwerpunkt – *»An-*

laß genug für melancholische Reflexionen über den ›growth of knowledge‹ in den Geisteswissenschaften« (H. Birus). J.K.-J.K.D.

AUSGABEN: Tübingen 1804/05, 4 Bde. – Weimar 1934 (in *SW*, Hg. E. Berend, 1927–1964, Abt. 1, Bd. 10; hist.-krit.; Nachdr. Köln 1980). – Mchn. 1959 (in *Werke*, Hg. N. Miller, 1959–1985, Abt. 1, Bd. 2, Hg. G. Lohmann; 41987, Hg. N. Miller; korr.). – Mchn. 1979, Hg. u. Komm. N. Miller (Nachw. W. Höllerer; dtv). – Ffm. 1986 (Nachw. H. Meier; Insel Tb).

LITERATUR: K. Freye, *J. P.s »Flegeljahre«. Materialien u. Untersuchungen*, Bln. 1907 (Palaestra, 61; Nachdr. NY/Ldn. 1967). – W. Rasch, *Die Freundschaft bei J. P.*, Breslau/Oppeln 1929. – H. Jappe, *J. P.s »Flegeljahre«. Aus einer Darstellung der Freundschaft in seinem Werk und Wesen. Ein Beitrag zu einer Geschichte der Freundschaft im deutschen Geistesleben*, Diss. Köln 1930. – G. Voigt, *Die humoristische Figur bei J. P.*, Halle 1934. – E. Winkel, *Die epische Charaktergestaltung bei J. P. Der Held der »Flegeljahre«*, Hbg. 1940 (Dichtung, Wort und Sprache, 8). – H. Mielert, *J. P. u. der romantische Mensch* (in GRM, 28, 1940, S. 18–23). – A. Krüger, *Die humoristische Bauweise der »Flegeljahre«* (in Hesperus, 7, 1954, S. 18–23). – F. Henrich, *J. P.s »Hesperus« und »Flegeljahre«. Versuch einer morphologischen Einordnung auf dem Wege einer vergleichenden Zeitgestaltuntersuchung*, Diss. Bonn 1955. – B. Baumgärtner, *Sprachstruktur in J. P.s Roman »Flegeljahre«*, Diss. Erlangen 1959. – Th. Geissendoerfer, *Das Naturgefühl in den »Flegeljahren«* (in *Festgabe f. E. Berend*, Weimar 1959, S. 34–37). – H. Meyer, *J. P.s »Flegeljahre«* (in H. M., *Zarte Empirie*, Stg. 1963, S. 57–112). – G. Mayer, *Die humorgeprägte Struktur von J. P.s »Flegeljahren«* (in ZfdPh, 83, 1964, S. 409–426). – J. Schmeja, *Das Problem des Künstlers in J. P.s »Flegeljahren«*, Diss. Graz 1963. – P. H. Neumann, *J. P.s »Flegeljahre«*, Göttingen 1966 (Palaestra, 245). – H. Bosse, *Der offene Schluß der »Flegeljahre«* (in Jb. der J.-P.-Ges., 2, 1967, S. 73–84). – M.-L. Gansberg, *Welt-Verlachung und »das rechte Land«. Ein literatursoziologischer Beitrag zu J. P.s »Flegeljahren«* (in DVLG, 42, 1968, S. 373–398). – L. Tönz, *Das Wirtshaus »Zum Wirtshaus«. Zu einem Motiv in J. P.s »Flegeljahren«* (in Jb. der J.-P.-Ges., 5, 1970, S. 105–123). – G. Bacmeister, *»Hoppelpoppel oder das Herz« und seine Bedeutung im Gefüge der »Flegeljahre«* (in *Vergleichen u. Verändern. Fs. für Helmuth Motekat*, Hg. A. Goetze u. G. Pflaum, Mchn. 1970, S. 140–146). – P. Dettmering, *Der Roman von den Zwei Brüdern: J. P.s »Flegeljahre«* (in P. D., *Dichtung u. Psychoanalyse. II: Shakespeare, Goethe, J. P., Doderer*, Mchn. 1974, Ffm. 21978, S. 69–87). – R. L. Everett, *J. P.'s »Flegeljahre«: Aesthetic Biography and Novelistic Autobiography*, Diss. Cornell Univ. 1975. – J. C. Cortius Brandt, *Eine Seite J. P.* (in *Comparative Poetics. Poètique Comparative. Vergleichende Poetik. In Honour of Jan Kemerbeek Jr.*, Hg. D. W. Fokkema u. a., Amsterdam 1976, S. 199–214). – C. Kemper Columbus, *»Die Flegeljahre«, Papillons, Carnaval as Masques* (in Mosaic, 10, 1976, S. 69–89). – P. Maurer, *Wunsch u. Maske. Eine Untersuchung der Bild- und Motivstruktur von J. P.s »Flegeljahren«*, Göttingen 1981. – W. Wiethölter, *J. P.: »Flegeljahre«* (in *Romane u. Erzählungen der dt. Romantik*, Hg. P. M. Lützeler, Stg. 1981, S. 163–193). – L. R. Furst, *J. P.: »Flegeljahre«, 1804–5* (in L. R. F., *Fictions of Romantic Irony*, Cambridge/Mass. 1984, S. 121–157). – H. Kaiser, *Die Unvollendbarkeit des »Ganzen«. J. P.s »Flegeljahre« als Testament u. Fragment* (in Literatur f. Leser, 1987, S. 151–169).

HESPERUS ODER 45 HUNDSPOSTTAGE. Eine Biographie

Roman von JEAN PAUL, erschienen 1795. – Nach Beendigung seines ersten Romans, der *Unsichtbaren Loge* (1792), den Jean Paul nun als *»corpus vile«* (minderwertiges Werk) empfand, an dem er das *»Romanmachen«* nur gelernt habe, begann er noch im selben Jahr nach verschiedenen Entwürfen mit der Niederschrift des *Hesperus*, die ihn dann zwei Jahre beschäftigte.

Viktor, der im Hause des Pfarrers Eymann zu St. Lüne aufgewachsen ist, kehrt – inzwischen Arzt geworden – in den kleinen Badeort zurück, um seinen Vater, Lord Horion, am Star zu operieren. Bei dieser Gelegenheit blüht auch seine Jugendfreundschaft mit dem Pfarrerssohn Flamin wieder auf. Während der geheilte Lord nach England reist, um den fünften verschollenen Sohn des Fürsten Jenner von Flachsenfingen zu suchen – die anderen vier scheinen unauffindbar –, geht Viktor als Hofarzt an die Residenz, wohin sein Freund soeben vom Fürsten als Regierungsrat berufen worden ist. Die Freundschaft der Jünglinge wird bald durch beider Liebe zu der ätherischen Klotilde, der angeblichen Tochter Le Bauts, getrübt. Viktor bedrückt diese unglückliche Verkettung; dazu kommt, daß er von dem Lord vor dessen Abreise nach England erfahren hat, Flamin sei in Wahrheit einer der verschollenen Söhne Jenners und zugleich ein Bruder Klotildes. Der junge Arzt sucht Ablenkung in dem intriganten, für ihn verlockenden Leben am Hofe. Erst die Gewißheit, daß Klotilde seine Empfindungen erwidert, enthebt ihn weiterer Anfechtungen. Die Liebenden verleben in der idealischen Parklandschaft Maienthals bei ihrem gemeinsamen indischen Lehrer Emanuel Dahore vier selige Tage, bis sie durch die immer wilder auflodernde Eifersucht Flamins gestört werden. Dieser wird, als Viktor nun auch förmlich um die Geliebte wirbt, das blind-willige Opfer einer Verschwörergruppe um den Fürsten. Die Ereignisse überstürzen sich: Flamin läßt sich zu einem Duell mit Le Baut verleiten und wird unter dem Verdacht, seinen Gegner getötet zu haben (was er auch selbst glaubt), in Gewahrsam genommen. Viktor erfährt inzwischen von dem sterbenden Emanuel, daß er der Sohn des Pfarrers Eymann ist. Als Bürgerlicher meint er, nun der Geliebten entsagen zu müssen, ja er will sogar, um Flamin zu retten, sein eigenes Leben hingeben. Der aus England zurückgekehrte Lord klärt jedoch alle Mißverständnisse auf; er führt eine Versöhnung zwischen den Freunden herbei, und Viktor erhält Klotilde zur Frau. Auf der »Insel der Vereinigung« treffen am Ende alle Beteiligten zusammen. Drei Engländer entpuppen sich als die Söhne des Fürsten, und schließlich findet sich der Erzähler des Romans selbst als *»das fünfte so lange gesuchte Kind des Fürsten«* auf der Insel wieder. Lord Horion sucht im Tode Ruhe.

Jean Paul verbindet in seinem von STERNE, FIELDING und WIELAND nachweislich beeinflußten Roman die Trivialform der Intrigenerzählung mit der »hohen« Form des Entwicklungsromans. Organisationsprinzip des Romans ist die aus der Intrige hervorgehende Krise, in der sich das Wesen des Helden entfaltet. Nicht die äußeren Stationen eines wechselvollen Lebenswegs werden für seine Entwicklung wichtig, sondern die einzelnen aus Feindseligkeit und Verschwörung entstehenden Krisensituationen. Dabei entspringt die verwirrende, scheinbar zerfließende Vielfalt der oft grotesk anmutenden Ereignisse einem bewußten Formwillen; sie ist Spiegelung der inneren Wirrnisse des Helden, der, ein Weltschmerzler wie Werther und Roquairol *(Titan)*, dennoch ihren Weg in den Tod nicht zu gehen braucht, sondern gerettet werden kann. Ein *»Trostbuch für Weltschmerzler«* nennt H. A. KORFF den Roman, der – so geht aus Jean Pauls Vorrede von 1794 hervor – wie Hesperus, der Abendstern, den am Leben Leidenden und Verzweifelnden mild zu innerer Ruhe leuchten und vor den so Getrösteten als Morgenstern verheißungsvoll aufgehen soll.

Der »empfindsamen« Thematik des Romans entspricht eine Sprache von so schwelgender Gefühlsseligkeit, wie sie in dieser Intensität bei Jean Paul sonst nicht begegnet. Auch ihr ist wohl der geradezu sensationelle Erfolg des Werks zu verdanken; kein Roman hatte seit dem *Werther* (1774) eine vergleichbare Begeisterung hervorgerufen. Selbst GOETHE und SCHILLER waren von – wenngleich zurückhaltendem – Wohlwollen. Wieland las den *Hesperus* gleich dreimal hintereinander, HERDER sah sich, wenn er darin geblättert hatte, zwei Tage außerstande, seinen Geschäften nachzugehen, GLEIM urteilte: *»Dieser Richter schreibt alle Romanschreiber nieder.«* Im 19. Jh. zeigten sich vor allem HAUFF, der frühe HEBBEL, STIFTER und Gottfried KELLER durch den Roman beeinflußt, der auch Stefan GEORGE zu seiner *Lobrede auf Jean Paul* (1896) anregte, die neues Interesse für den damals kaum beachteten Dichter wachrufen sollte.

Die Wissenschaft dagegen scheint bis heute mit dem Lieblingsroman des ausgehenden 18. Jh.s gewisse Schwierigkeiten zu haben. Die ältere Schule (H. Bach) hat zwar wertvolle philologische Basisarbeit geleistet, indem sie versuchte, in die im Nachlaß erhaltenen vieltausendfachen Einzelnotizen Jean Pauls im Sinne von Plan und Entstehung Struktur und Ordnung zu bringen, aber da der *Hesperus* den Weg von der *Loge* zum *Titan* markiert, ist ihm Interesse immer mehr als Entwicklungsstation zugewachsen, Interesse eher als einem Ergänzungsband innerhalb der Hauptbände von Jean Pauls »poetischer Enzyklopädie«. Selbst für W. HARICH, dem das von Jean Paul im *Hesperus* bis zur Zerreißprobe getriebene Spannungsverhältnis zwischen einer radikal bürgerlich-republikanischen Haltung und der Feudalordnung im Sinne seiner These von den drei großen »Revolutionsdichtungen« am willkommensten zur interpretatorischen Aufarbeitung sein müßte, behandelt den *Hesperus* als eine »Stufe zum Parnaß«. Nicht anders geschieht dies bei Behandlung von *»Jean Pauls poetischem Republikanismus«* durch K. WÖLFEL oder von *»Jean Pauls Platonismus«* bei J. KIERMEIER. Zwar ergänzen sich viele Befunde dieser beiden Arbeiten und korrespondieren miteinander, machen offensichtlich, wie etwa auch das von Götz MÜLLER für die Erziehungs- und die Thronfolgeproblematik dargestellte, von L. S. MERCIER herrührende Motiv des *»Verborgenen Prinzen«*, wie zweifelhaft W. Harichs sozialgeschichtlich-marxistisch ausgerichtete Literaturbetrachtung ist, aber eine Studie, die auf der Basis des Textes all diese Fragen an dem *»Tragelaph von der ersten Sorte«* (Goethe an Schiller, 10. 6. 1795) eingehend behandelte, ersetzen sie keinesfalls. Die gehört vorerst noch zu den zahlreichen Desideraten der Jean-Paul-Forschung.

J.K.D.-KLL

AUSGABEN: Bln. 1795 [3 »Heftlein«]. – Bln. ²1798 [4 »Heftlein«; erw.]. – Bln. ³1819. – Weimar 1929 (in *SW*, Hg. E. Berend, 1927–1964, Abt. 1, Bd. 3/4, Hg. ders. u. H. Bach; hist.-krit.; Nachdr. Köln 1975). – Mchn. 1960 (in *Werke*, Hg. N. Miller, 1959–1985, Abt. 1, Bd. 1; ³1970). – Mchn. 1987, Hg. ders. [Nachw. W. Höllerer; Tb.].

LITERATUR: H. Bach, *J. P.s »Hesperus«*, Lpzg. 1929 (Palaestra, 166; Nachdr. NY/Ldn. 1970). – E. Jaloux, *Du rêve à la réalité*, Paris 1932, S. 103–141. – A. Béguin, *L'âme romantique et le rêve*, Marseille 1937; Paris ³1946 [Kapitel über *Hesperus*]. – H. Villiger, *Die Welt J. P.s, dargestellt an der Sprache des »Hesperus«*, Diss. Zürich 1949. – H. Buchmann, *Die Bildlichkeit in J. P.s »Schulmeisterlein Wuz«, »Die unsichtbare Loge«, »Hesperus«, »Titan«, »Flegeljahre«*, Diss. Köln 1953. – F. Henrich, *J. P.s »Hesperus« u. »Flegeljahre«. Versuch einer morphologischen Einordnung auf dem Wege einer vergleichenden Zeitgestaltuntersuchung*, Diss. Bonn 1955. – R. Wolf, *Studien zur Struktur von J. P.s »Hesperus«*, Diss. Münster 1959. – E. Steck, *J. P.s »Hesperus«*, Diss. Zürich 1968. – W. Harich, *J. P.s Revolutionsdichtung. Versuch einer neuen Deutung seiner heroischen Romane*, Reinbek 1974. – M. Walser, *Goethe hat ein Programm, J. P. eine Existenz. Über »Wilhelm Meister« u. »Hesperus«* (in *Literaturmagazin 2: Von Goethe lernen? Fragen der Klassikrezeption*, Hg. H. C. Buch, Reinbek 1974, S. 101–112). – R.-R. Wuthenow, *Geschichtsphilosophische Ansätze im »Hesperus«* (in Jb. der J.-P.-Ges., 10, 1975, S. 69–83). – K. Wölfel, *J. P. und der Poetische Repu-*

blikanismus. Über das Verhältnis von poetischer Form u. politischer Thematik im 18. Jh. (in Jb. der J.-P.-Ges., 11, 1976, S. 79–135; ern. in K. W., *J. P.-Studien*, Hg. B. Buschendorf, Ffm. 1989, S. 171–237). – D. Hedinger-Fröhner, *J. P. Der utopische Gehalt des »Hesperus«*, Bonn 1977. – J. Campe, *Utopie u. Schizophrenie – über J. P.s »Hesperus«* (in *Literatur ist Utopie*, Hg. G. Ueding, Ffm. 1978, S. 159–188). – Ders., *Der programmatische Roman. Von Wielands »Agathon« zu J. P.s »Hesperus«*, Bonn 1979. – V. Teichmann, *Das Bewußtsein des Erzählens beim Erzähler: J. P.s »Hesperus« u. Uwe Johnsons »Das dritte Buch über Achim«*, Diss. Karlsruhe 1979. – H. Verschuren, *Der »Hesperus« als Erfolgsroman. Ein Beitrag zur zeitgenössischen J.-P.-Rezeption* (in Jb. der J.-P.-Ges., 14, 1979, S. 51–78). – Ders., *J. P.s »Hesperus« u. das zeitgenössische Lesepublikum*, Assen 1980. – L. L. Zylmann, *The »Hesperus« of J. P. Aspects of India in His Fiction*, Diss. John Hopkins Univ. Baltimore 1982. – G. Müller, *Der verborgene Prinz. Variationen einer Fabel zwischen 1768 und 1820* (in Jb. der J.-P.-Ges., 17, 1982, S. 71–89). – K. M. Michel, *Zu stark für ein zu weiches Herz. Denkmal des unbekannten Lesers* (in *Bausteine zu einer Poetik der Moderne. Fs. f. Walter Höllerer*, Hg. N. Miller u. a., Mchn. 1987, S. 253–270).

LEBEN DES QUINTUS FIXLEIN, AUS FUNFZEHN ZETTELKÄSTEN GEZOGEN; NEBST EINEM MUSTHEIL UND EINIGEN JUS DE TABLETTE

Humoristische Idylle von JEAN PAUL, erschienen 1796. – Egidius Zebedäus Fixlein, Lehrer am Gymnasium von Flachsenfingen, verbringt, von seinem Pudel und einem seiner Quintaner begleitet, die Hundsferien in seinem Geburtsort Hukelum, wo seine Mutter in der Schloßgärtnerei beschäftigt ist. Seine Patin, die Frau Rittmeister von Aufhammer auf Schradek, verwendet sich für ihn, nachdem er sich an ihrem Krankenbett mit dem »Probeschuß« einer Vermahnpredigt qualifiziert hat, und verschafft ihm die Vokation auf das Konrektorat: Man hofft ja, Fixlein werde – wie alle Fixleins – mit 32 Jahren das Zeitliche segnen, so daß der Posten rasch wieder frei würde. Als seine Gönnerin stirbt, hinterläßt sie ihm nebst einem riesigen Bett ein großes Vermögen. Von seinem Glück und dem ungewohnten Wein berauscht, verlobt sich Fixlein auf der Stelle mit dem armen Edelfräulein Thienette. Nach dem Tod des Pfarrers wird er durch einen Kanzleiirrtum sogar als dessen Nachfolger auf die Pfarre von Hukelum berufen. Er fliegt nun *»gleichsam immer höher geschnellet auf einem Schwungbrete empor«* und nimmt alsbald *»unter einem Thronhimmel von Blütenträumen die Braut Christi in die eine Hand ... und seine eigne in die andre«*. Thienette genest eines Knaben, und bald schlingen sich Investitur und Taufe zu einer fröhlichen Festeskette. Dabei stellt sich das von der Mutter vertuschte wahre Alter Fixleins heraus: Für den verängstigten Pfarrer, der die ominöse Zahl schon überschritten glaubte, steigt damit *»in das helle glatte Meer, das ihn wiegend führte, schnaubend das Seeungeheuer des Todes aus dem vermoderten Abgrund herauf«* und treibt ihn wirklich in ein lebensgefährliches Fieber. Doch dem Erzähler, »Gevatter« Jean Paul, der sich ja auf die Phantasie der Menschen versteht, gelingt es, die hypochondrische *»Einbildung durch Einbildung«* zu kurieren. – Der vorangestellte *Mustheil für Mädchen* enthält zwei empfindsame kurze Erzählungen (*Der Tod eines Engels* und *Der Mond*); die angehängten fünf *Jus de tablette* (»Brühwürfel«) geben zumeist Materialien aus den Vorarbeiten zu der Idylle wieder (u. a. *Über die Magie der Einbildungskraft*; *Rektor Fälbel*).

Die humoristische Erzählung war von Jean Paul als Gegenstück zum vorangegangenen schwärmerisch-idealischen Roman *Hesperus* konzipiert. Zur Deutung gibt der Dichter selbst einen wichtigen Hinweis in der Vorrede (*Billett an meine Freunde*), wo er die (berühmt gewordenen) *»drei Wege, glücklicher (nicht glücklich) zu werden«*, darlegt: einen enthusiastisch-erhabenen der Vogelperspektive, einen komisch-idyllischen der Froschperspektive und einen humoristischen des Wechsels zwischen den beiden anderen. Fixlein soll als Beispiel für den zweiten dienen; sein Leben soll zeigen, *»daß man kleine sinnliche Freuden höher achten müsse als große, den Schlafrock höher als den Bratenrock ... Gelingt mir das: so erzieh' ich durch mein Buch der Nachwelt Männer, die sich an allem erquicken, an der Wärme ihrer Stuben und Schlafmützen«*.

Indem Jean Paul, der Parteigänger der Revolution, damit den Rückzug der deutschen Geister in die Pfarrhaus- und Provinzidylle ironisch preist und parodiert, verspottet er zugleich jene staatliche Verfassung, die nur den behäbigen Duodez-Epikureismus eines politisch entmündigten Winkelgelehrtentums zuließ. Es wirft ein bezeichnendes Licht auf die Willkür des deutschen Kleinstaatenabsolutismus, wenn der theologisch ausgebildete Held seine Berufung nur einer Namensverwechslung mit dem beim Landesherrn gut angeschriebenen Koch Füchslein zu verdanken hat. – Dennoch bleibt das Satirische in dem Werk, das wie kaum ein anderes das repräsentiert, was man als »humoristische Klassik« bezeichnen könnte, verglichen mit der frühen Idylle *Schulmeisterlein Wuz* (1793), mehr auf einzelne Stilelemente beschränkt: Übersprudelnd in seiner Witzmetaphorik und Sprachkomik, mengt es sich vor allem in Form von Einfällen, Interpolationen und Beilagen, die im Digressions- und Lexikalstil gehalten sind (vgl. die Aufführung der absonderlichen stubengelehrten »Werke« Fixleins, die u. a. eine »Druckfehler-Sammlung« und eine »Philologie auf statistisch-numerischer Basis« aufweisen) in das im übrigen durchaus empfindsam-phantastisch gestimmte Ganze. *»Die Teile müssen wirklich, aber das Ganze idealisch sein«*, mit diesem und ähnlichen Sätzen wird in *Magie der Einbildungskraft* nachträglich noch eine gewisse Verklärung des Idyllischen in dieser Idylle vorgenommen. Max KOMMERELL faßt den Unterschied zu Jean Pauls erster Idylle so zusammen: *»Die Beschränktheit ist nicht so bis zum Märchen getrieben und kann also mit den geschilderten Seelenerhebungen und auch mit der hier geringeren Selbstbespiegelung und -belächelung eher ins Reine gedacht werden.«* So stellt der Tod für Fixlein, obwohl er ihn nur in der Einbildung erfährt, eine weit ernstere Bedrohung seines idyllischen Friedens dar als für Wuz. Die den Aufbau der Erzählung kennzeichnende Ineinanderschlingung von Festes- und Todesmotiven unterstreicht den Einbruch der idealischen Phantasiewelt Jean Pauls in das idyllisch-prosaische Winkelglück Fixleins. Sowohl die Störung und Gefährdung der Idylle, ja gar die radikale Umgestaltung der Gattung, die die *»epische Darstellung des Vollglücks in der Beschränkung«* zu leisten hat, wird *»durch die beständige Gegenwart des Todes«* bis zu deren Verkehrung betrieben. Begann die Forschung der sechziger Jahre das durch Literaturgeschichte und Schulbuch tradierte Jean-Paul-Bild vom verklärenden Idylliker auf diese Weise aufzubrechen (R.-R. Wuthenow, J. Krogoll, J. Tismar), so versuchte die Forschung im Anschluß daran, Jean Pauls Idylle, seine Innerlichkeit als durch sein Leiden an der Gesellschaft bedingt zu erklären (P. Sprengel). Da diese Bedingungen, schlechte zumeist, durch das Werk keineswegs geleugnet werden, da der zweite Weg zum *»Vollglück«* durchaus als ein Weg der Notwendigkeit und nicht der Freiheit bestimmt ist – *»gebundene Menschen ... die im Fischkasten des Staates stille stehen und nicht schwimmen sollen, weil schon der ans Ufer lang gekettete Kasten oder Staat im Namen der Fische schwimmt«* –, wird das Individuum, das sich so ins eigentlich »falsche« Glück emanzipiert, von Jean Paul keinerlei unbilliger Lächerlichkeit preisgegeben. Dennoch zeigt die idyllische Gattung die Spannungen, der sie ausgesetzt ist, als einen Spiegel mit erheblichen Sprüngen. Der Preis, den das idyllische Subjekt nämlich zu zahlen hat, ist doppelt hoch: Es muß die Bedingungen seiner Innerlichkeit einerseits aushalten, andererseits diese bis zur Selbstbeschränktheit verdrängen, sich *»völlig unempfindlich für das Leiden an der Entfremdung«* (P. Sprengel) machen. R.M.-J.K.D.

Ausgaben: Bayreuth 1796. – Bayreuth [2]1801 [erw.]. – Weimar 1930 (in *SW*, Hg. E. Berend, 1927–1964, Abt. 1, Bd. 5; hist.-krit.; Nachdr. Köln 1977). – Mchn. 1962 (in *Werke*, Hg. N. Miller, 1959–1985, Abt. 1, Bd. 4). – Bln./DDR 1976, Hg. u. Nachw. G. de Bruyn. – Stg. 1979 (Nachw. R.-R. Wuthenow; RUB).

Literatur: S. M. Kreienbaum, *Die Idyllendichtung J. P.s*, Diss. Ffm. 1933. – O. Mann, *J. P. und die deutsche bürgerliche Idylle* (in DuV, 36, 1935, S. 262–271). – M. Thalmann, *J. P.s Schulmeister* (in MLN, 52, 1937, S. 341–347). – Th. Langenmaier, *Der junge J. P.* (in Hesperus, 2, 1951, S. 1–18). – H. Weidemann, *Die Komposition der Idyllen J. P.s*, Diss. Bln. 1953. – B. Cooper, *Comparison of »Quintus Fixlein« and »Sartor Resartus«* (in Transactions of the Wisconsin Academy of Sciences, Arts and Letters, 47, 1958, S. 253–272). – A. Krüger, *»Wuz« u. »Quintus Fixlein«. Eine vergleichende Betrachtung* (in Hesperus, 21, 1961, S. 38–45). – R. Minder, *Das Bild des Pfarrhauses in der deutschen Literatur von J. P. bis G. Benn* (in R. M., *Kultur u. Literatur in Deutschland u. Frankreich*, Ffm. 1962, S. 44–72; IB). – C. Girault, *Réalité et magie dans »Quintus Fixlein«* (in EG, 18, 1963, S. 26–45). – R.-R. Wuthenow, *Gefährdete Idylle* (in Jb. der J.-P.-Ges., 1, 1966, S. 79–94). – J. Krogoll, *Idylle u. Idyllik bei J. P. Eine Motivuntersuchung zur Rolle von Narrentum und Poesie im Werke des Dichters*, Hbg. 1972. – E. Bernardi, *Quintus Fixlein e l'idillo programmatico* (in *Annali della Facoltà di lingue e letterature straniere di Ca' Foscari*, Bd. 11, Brescia 1972, S. 327–341). – J. Tismar, *Gestörte Idyllen. Eine Studie zur Problematik der idyllischen Wunschvorstellungen am Beispiel von J. P., Adalbert Stifter, Robert Walser u. Thomas Bernhard*, Mchn. 1973. – K. Iwata, *»Kuvintusu Fikusurain« ni tsuite (Über »Quintus Fixlein«)* (in *Tōkyō toritsu daigaku jimbungakubu*. Jimbun gakuhō, 108, Tokio 1975, S. 31–44). – P. Sprengel, *Innerlichkeit. J. P. oder das Leiden an der Gesellschaft*, Mchn. 1977. – P. Jalabert, *Idylles jeanpauliennes. »Wutz«, »Fixlein«* (in Recherches Germaniques, 10, 1980, S. 65–76). – R. Campe, *Schreibstunden in J. P.s Idyllen* (in *Fugen. Deutsch-Französisches Jahrbuch für Text-Analytik*, Hg. M. Frank u. a., Olten/Freiburg i. B. 1980, S. 132–170). – W. Wiethölter, *Die krumme Linie. J. P.s humoristisches ABC* (in Jb. f. Internationale Germanistik, 18, 1986).

LEBEN DES VERGNÜGTEN SCHULMEISTERLEIN MARIA WUZ IN AUENTHAL. Eine Art Idylle

Erzählung von Jean Paul, erschienen 1793 als Anhang zur *Unsichtbaren Loge*. – Der kleine Wuz tritt nach glücklicher Kindheit in das Alumnat zu Scherau ein, dessen strenge Ordnung ihm willkommene Gelegenheit bietet, sich in der *»Wuzischen Kunst, stets fröhlich zu sein«*, zu üben. Den *»vielleicht durchdachtesten Paragraphen seiner Kunst«* arbeitet er als Sekundaner aus: Er erliegt den Reizen und dem roten Taschentuch der fünfzehnjährigen Justina. Nach dem Tode des Vaters bricht *»aus der zersprengten schwarzen Alumnus-Puppe ein bunter Schmetterling von Kantor ins Freie hinaus«*; und da Wuz so *»gescheit gewesen, daß er verliebt geblieben«*, kann er seine Justel nach *»elysischen Achtwochen«* auf *»Freuden-Meers Wogen«* in den Hafen der Ehe »einholen«. Nach genau 43 Jahren aber stürzt der Todesengel *»den blassen Leichenschleier«* auf das Angesicht des Schulmeisterleins, der nun den *»langen Traum des Lebens«* mit *»Entzückung«* vertauscht; *»immer lächelnder auseinander«* zieht sich der Mund des toten Wuz.

Die *»exzentrische«* Geschichte dieses liebenswürdig-beschränkten Sonderlings, *»dem der sinnliche

Freudendünger die höhere Sonne vergütet« (Brief an K. Ph. MORITZ vom 6. 7. 1792), bildet innerhalb von Jean Pauls Schaffen die Schwelle, über die er, aus der *»Essigfabrik«* der Jugendsatiren, zu seinen großen Romanen fand. Der Tod der Jugendfreunde A. L. v. Oerthel (1789) und J. B. Herrmann (1790) sowie die Vision des eigenen Todes am 15. 11. 1790 hatten ihn zur Einsicht geführt, er müsse *»die armen Menschen lieben ... die so bald mit ihrem bisgen Leben niedersinken«* (Tagebuch vom 15. 11. 1790). Im *Wuz* gewinnt dieser Vorsatz erste literarische Gestalt: Die schonungslose Typensatire (vgl. die Stücke *Freudel* und *Fälbel* im dritten Teil des *Quintus Fixlein*) wird zur heiter-schwermütigen Charakteridylle. Die Erzählung beschränkt sich darauf, das kauzige Wesen des Helden ohne alle satirischen Untertöne zu entfalten. Zu Unrecht hat man an Wuz philisterhafte Züge erkennen wollen; seine verspielte Phantastik nähert sich vielmehr bereits in bedenklichem Maße jener eigenmächtigen Subjektivität, welche die Narren des Spätwerks *(Fibel, Komet)* die Wirklichkeit verkennen und dadurch sich selbst gefährden läßt. Im *Wuz* jedoch zeigt sich erstmals Jean Pauls neue humoristische Haltung seinem Helden gegenüber, von dessen lächerlichen Schrulligkeiten er sich zwar ironisch distanziert, dessen komisches Glück er aber angesichts des alle Menschen gleichmachenden Todes gelten läßt: *»... so fühlt' ich unser aller Nichts und schwur, ein so unbedeutendes Leben zu verachten, zu verdienen und zu genießen.«* Der Erzähler hat mit Wuz zwar die Sehnsucht nach dem Glück in einer *»dürftigen«* Welt gemeinsam, die resignierende Einsicht hingegen, daß *»wir sie* [die Wuzische Freude] *nie so voll bekommen«*, trennt ihn von seinem »kindischen« Helden.

Literarhistorisch gesehen ist diese *»Art Idylle«* als eine Verbindung der sogenannten *Characters* – kurzer moral-satirischer Darstellungen eines Charaktertypus im Gefolge THEOPHRASTS, LA BRUYÈRES und der Moralischen Wochenschriften des 18. Jh.s – mit der *Idylle* zu betrachten. Dabei erweitert Jean Paul den Typus zur individuellen Figur, während die sozialkritischen Momente in der Schilderung des zeitgenössischen Landschulmeister-Milieus die raum- und zeitlose ländliche Idylle des 18. Jh.s (Ewald v. KLEIST, Salomon GESSNER) aktualisieren. Das Schulmeisterlein kann auf eine zahlreiche literarische Nachkommenschaft blicken. Sie beginnt bereits im Werk Jean Pauls selbst *(Fixlein, Flegeljahre, Fibel)* und setzt sich über das Biedermeier bis ins 20. Jh. fort (vgl. KELLER, RAABE, SEIDEL, RIEHL, STEINHAUSEN, Hans HOFFMANN, Carl BUSSE). Bei den Zeitgenossen dagegen fand der *Wuz* kaum Beachtung, sieht man von Karl Philipp Moritz ab, der die Idylle begeistert begrüßte. Eine Neuauflage erfolgte erst 1821/22 zusammen mit der *Unsichtbaren Loge*. Nach dem Tod des Dichters wurde der *Wuz* jedoch rasch zu einem seiner beliebtesten Werke. Eine Fülle von Einzelausgaben, Aufnahmen in Anthologien und Lesebüchern sowie Übertragungen ins Englische, Französische und Tschechische zeugen davon.

Jean Pauls *»Kunst des freudigen Lebens«* brachte ihn – ganz im Gegensatz zu seinem Lesepublikum – schon beim ambitioniert intellektuellen Publikum des 19. Jh.s in Verruf. NIETZSCHES Urteil über Jean Paul, daß er ein *»Unkraut«* auf den *»zarten Fruchtfeldern Schillers und Goethes«* sei, *»ein bequemer, guter Mensch, und doch ein Verhängnis – ein Verhängnis im Schlafrock«*, wollte nicht nur Jean Pauls so gänzlich unklassischen Stil treffen, sondern vor allem auch das aus dem *Schulmeisterlein Maria Wuz* und der Vorrede zum *Quintus Fixlein* abstrahierte Bild Jean Pauls als eines bedingt durch den Fanatismus aufklärerischen Vernunft-Tugend-Glückseligkeitsdenkens pathologischen Moralisten. Das Urteil hat nachhaltig gewirkt, und selbst das Interesse der Forschung wandte sich erst spät Jean Pauls Idyllen zu; den Einsatz dieses Interesses markiert eigentlich erst der Aufsatz von R.-R. WUTHENOW über die »Gefährdetheit« der Idylle bei Jean Paul. Ausgehend von den Idyllen versuchte J. KROGOLL gleichzeitig Idyllik als ein das Gesamtwerk des Dichters begleitendes Motiv herauszustellen, wobei die neuere Jean-Paul-Forschung im Umkreis dieser Untersuchung dann bestrebt war, auch die historischen Dimensionen, die gesellschaftlichen Bedingungen, aber auch psychoanalytische Fragen dieser »Art Idylle« wie der Idyllik Jean Pauls zu erörtern. Wie die trotzige Würde des vermeintlichen Philisters sich gegen Verachtung behauptet, so konnte die Gattung der Idylle und speziell die Geschichte von Maria Wuz ihren Rang wieder zurückerobern, *»weil sie eine Schlüsselstellung im Werk Jean Pauls einnimmt«* (H.-J. Ortheil). J.K.-J.K.D.

AUSGABEN: Bln. 1793 (in *Die unsichtbare Loge. Eine Biographie*, 2 Bde., 2). – Weimar 1927 (in *SW*, Hg. E. Berend, 1927–1964, Abt. 1, Bd. 1; hist.-krit.; Nachdr. Köln 1975). – Mchn. 1960 (in *Werke*, Hg. N. Miller, 1959–1985, Abt. 1, Bd. 1; ³1970). – Den Haag 1962, Hg. E. J. Engel. – Stg. 1977; zul. 1987 (m. Anm.; RUB). – Ffm. 1984 (Nachw. P. Bichsel; Insel Tb).

LITERATUR: H. Küpper, *J. P.s »Wuz«. Ein Beitrag zur literarhistorischen Würdigung des Dichters*, Halle 1928 (Hermea, 22; Nachdr. Walluf b. Wiesbaden 1972). – H. Buchmann, *Die Bildlichkeit in J. P.s »Schulmeisterlein Wuz«, »Die unsichtbare Loge«, »Hesperus«, »Titan«, »Flegeljahre«*, Diss. Köln 1953. – H. Weidemann, *Die Komposition der Idyllen J. P.s*, Diss. Bln. 1953. – S. Hallgren, *J. P. och hans genombrottsverk idyllen »Wuz«* (in *Goeteborgsstudier i litterarhistoria tillägnade Sverker Ek*, Göteborg 1954, S. 71–82). – A. Krüger, *»Wuz« u. »Quintus Fixlein«. Eine vergleichende Betrachtung* (in Hesperus, 21, 1961, S. 38–45). – R. Ayrault, *»Leben des vergnügten Schulmeisterlein Maria Wuz in Auenthal« ou Les débuts du poète J. P.* (in EG, 18, 1963, S. 3–12); dt.: *J. P. »Leben des vergnügten Schulmeisterlein Maria Wuz in Auenthal« oder Die Anfänge des Dichters J. P.* (in *Interpretationen*, Bd. 4, Hg. J. Schillemeit, Ffm. 1965, S. 75–86; FiBü). – R. R. Wuthenow, *Gefährdete Idylle* (in Jb. der J.-P.-Ges.,

1, 1966, S. 79–94). – J. Krogoll, *Idylle u. Idyllik bei J. P. Eine Motivuntersuchung zur Rolle von Narrentum u. Poesie im Werke des Dichters*, Hbg. 1972. – J. Tismar, *Gestörte Idyllen. Eine Studie zur Problematik der idyllischen Wunschvorstellungen am Beispiel von J. P., Adalbert Stifter, Robert Walser u. Thomas Bernhard*, Mchn. 1973. – K. Blake, *What the Narrator Learns in J. P.'s »Wutz«* (in GQ, 48, 1975, S. 52–65). – H.-J. Ortheil, *Idylle u. Reflexion. Zur Geschichtlichkeit von J. P.'s »Wutz«* (in LJb, 17, 1976, S. 83–97). – G.-L. Fink, *Der proteische Erzähler u. die Leserorientierung in J. P.'s »Leben des vergnügten Schulmeisterlein Maria Wuz«* (in *Bild u. Gedanke. Fs. für G. Baumann zum 60. Geburtstag*, Mchn. 1980, S. 271–287). – P. Jalabert, *Idylles jeanpauliennes. »Wutz«, »Fixlein«* (in Recherches Germaniques, 10, 1980, S. 65–76). – R. W. Hannah, *The Tortures of the Idyll: J. P.'s »Wutz« and the Loss of Presence* (in GR, 56, 1981, S. 121–127). – C. Pietzcker, *Narzißtisches Glück u. Todesphantasie in J. P.s »Leben des vergnügten Schulmeisterlein Maria Wutz in Auenthal«* (in *Literatur u. Psychoanalyse. Vorträge des Kolloquiums am 6. und 7. Oktober 1980*, Kopenhagen/Mchn. 1981, S. 30–52). – Ders., *»Mutter«, sagt' er zu seiner Frau, »... ich fress' mich aber noch vor Liebe, Mutter!«* (in Freiburger literaturpsychologische Gespräche, 2, 1982, S. 49–97). – B. Böschenstein, *Anmerkungen zur Metaphorik in J. P.s »Leben des vergnügten Schulmeisterlein Maria Wutz in Auenthal«. Elemente zu einem Kommentar* (in *Digressionen. Wege zur Aufklärung. Festgabe für P. Michelsen*, Heidelberg 1984, S. 149–161).

REDE DES TODTEN CHRISTUS VOM WELTGEBÄUDE HERAB DASS KEIN GOTT SEI

Traumdichtung von Jean Paul, erschienen 1796. – Die ersten Notizen zur späteren *Rede des todten Christus* datieren fast zehn Jahre vor der Konzeption des Romans *Blumen-, Frucht- und Dornenstükke oder Ehestand, Tod und Hochzeit des Armenadvokaten F. St. Siebenkäs im Reichsmarktflecken Kuhschnappel*, in den sie später als *Erstes Blumenstück* in ihrer endgültigen Fassung eingehen. Die Überschrift des ersten Entwurfes (1789) lautet: *Schilderung des Atheismus. Er predigt, es ist kein Gott.* Wenig später wird die paradoxe Anti-Predigt Shakespeare in den Mund gelegt unter dem Titel *Todtenpredigt Shakespear* und schließlich erweitert zu *Des todten Shakespear's Klage unter todten Zuhörern in der Kirche, daß kein Gott sei*; dieser Text ist dann der *Baierischen Kreuzerkomödie* als *Ernsthafter Zwischenakt* eingefügt. Da aber weder dieses Werk zum Druck kommt noch Herder für die *Klage* allein, die ihm Jean Paul mit zwei weiteren Aufsätzen im Herbst 1790 übersendet, die Druckvermittlung übernimmt, bleibt die Fassung ungedruckt. Erst 1795, als der Verleger K. Matzdorff Jean Paul um ein weiteres Werk für seinen Verlag bittet, plant der Dichter, unter dem Sammeltitel *Blumen-, Frucht- und Dornenstükke* neben anderen kleineren Dichtungen und Aufsätzen auch die umgearbeitete *Klage* von 1790 als *Rede des Engels beim Weltgebäude* zu veröffentlichen. Unter der Hand entwickelt sich jedoch das *Dornenstück*, d. i. der Roman der unglücklichen Ehe des Armenadvokaten Siebenkäs mit der kleinbürgerlich-beschränkten Lenette so stark, daß nur dem ersten Bändchen ein *Frucht-* und zwei *Blumenstükke* beigegeben werden. Der Titel des »Ersten Blumenstücks« lautet nun: *Rede des todten Christus vom Weltgebäude herab, daß kein Gott sei.* An dieser Abfolge von Titelformulierungen läßt sich die immer kühnere Gestaltung wie die stufenweise Ausweitung des Atheismus-Themas ablesen: Zuerst spricht der Atheismus selbst, dann Shakespeare als der erste Vertreter des neuzeitlichen tragischen Weltgefühls; es folgt als nächste Phase die Umwandlung der atheistischen Totenpredigt in die Predigt eines Toten an die Toten, wobei Shakespeare als Prediger von einem Engel abgelöst wird; schließlich verkündet in nicht mehr überbietbarer Steigerung der tote Christus selbst, *»daß kein Gott sei«*. Mit dieser Zuspitzung verbunden, weitet sich – ebenfalls an der Titelfolge ablesbar – der Schauplatz von einer spukhaften nächtlichen Totenversammlung in einer Friedhofskapelle zu der kosmischen Vision des auseinanderbrechenden Weltalls.

Jean Paul entschuldigt in einem *Vorbericht* die Kühnheit seiner Dichtung mit dem Hinweis auf das positive Ziel, echtes Glaubensgefühl durch die Darstellung dieser äußersten Negation alles Sinnvollen zu wecken. Er beharrt auf dem Recht, diese Negation wenigstens im Traum erleben und bis in äußerste Konsequenzen dann auch ästhetisch durchspielen zu dürfen. So ist die *Rede des todten Christus*, vergleichbar dem folgenden Blumenstück *Der Traum im Traum*, als Traumvision des Dichters konzipiert. Dieser ist in der Abendsonne eines Sommertages eingeschlafen und findet sich im Traum auf einem Friedhof elf Uhr nachts. Die Szene weitet sich sofort ins Kosmische: Unter einem *»ausgeleerten Nachthimmel«* und einem bedrohlich näherrückenden *»grauen schwülen Nebel«* erlebt der Träumende, wie die Schattenwelt des Kirchhofs und der Kirche in unaufhaltsame unverständliche Bewegung gerät. *»Zwei unaufhörliche Mistöne«* bringen die Kirche ins Schwanken, Unstimmigkeit ist überhaupt für die im Traum beschworene Anti-Welt bezeichnend, aus der die Sonne verbannt ist, in der es ein *»Augenlied«*, aber kein Auge mehr gibt, wo ein Zifferblatt existiert, das ohne Zahlen bleibt und sein eigener Zeiger ist. In diese dissonante, gleitende Welt *»sinkt eine hohe edle Gestalt mit einem unvergänglichen Schmerz aus der Höhe hernieder«*, und auf den Ruf der Toten *»Christus! ist kein Gott?«* antwortet diese: *»Es ist keiner.«* Christus schildert nun seine Suche nach Gott im Weltall, *»aber«* er mußte überall erfahren, *»es ist kein Gott«*. Nur *»die Ewigkeit lag auf dem Chaos und zernagte es und wiederkäuete sich«*. Auch den toten Kindern, die ihn bestürmen, muß er sagen: *»Wir sind alle Waisen, ich und ihr, wir sind ohne Vater.«* Nach diesen Worten bricht die Kirche auseinander, *»und das ganze Weltgebäude sinkt mit seiner Unermeßlichkeit«* an Christus und dem Dichter *»vorbei«*. In tragischer Vereinsamung und Größe hält Christus nunmehr vor dem *»Nichts«* und der *»leeren Unermeßlichkeit«* seine bittere Scheltrede auf das auseinandersinkende Weltgebäude herab. *»Starres, stummes Nichts! Kalte, ewige Notwendigkeit! Wahnsinniger Zufall!«* sind an die Stelle des ordnenden, liebenden Vaters getreten. Absolute Sinnlosigkeit herrscht, sie macht auch vor dem »todten Christus« nicht halt, der jedoch nicht die Macht hat, *»sein eigener Würgengel«* zu sein. Wie sich der Schauplatz am Anfang des Traums ausgeweitet hat, so wird er jetzt eingeengt, indem *»die Riesenschlange der Ewigkeit«* die auseinanderfallenden *»Welten«* zu der *»Gottesacker-Kirche«* wieder zusammendrückt und der Träumende nach dem Glockenschlag, der die letzte Stunde ankündigen soll, erwacht. Wie der Erwachende die milde Abendsonne wiederfindet, so gewinnt seine Seele in einem plötzlichen Aufschwung die Fähigkeit wieder, Gott anzubeten und im Vertrauen *»vor dem unendlichen Vater«* zu leben.

Jean Pauls Traumdichtung ist eine exemplarische Gestaltung des modernen europäischen Nihilismus-Erlebnisses, dem wohl PASCAL als einer der ersten Ausdruck verliehen hat. Seit ihm ist die Behauptung der Autonomie des eigenen Ichs, wie sie für Jean Paul durch ein Mißverständnis der Fichteschen Philosophie erneut aktuell wurde, mit der Erfahrung einer ins Unendliche entgleitenden Welt verbunden, die als sinnentleert empfunden wird. Ist bei Jean Paul wie bei Pascal oder später bei DOSTOEVSKIJ dieses Erlebnis noch religiös bzw. ästhetisch in einer positiven Gesamtschau gebunden, so wird schon in der Romantik und dann im Lauf des 19. Jh.s aus dem partiellen poetischen Nihilismus Jean Pauls ein die ganze Existenz ergreifender Nihilismus. GRILLPARZER, BÜCHNER, HEINE, GOTTHELF, KIERKEGAARD, MUSSET, FLAUBERT, BAUDELAIRE und NIETZSCHE haben diese Erfahrung mit ihren Zeitgenossen geteilt und in ihrem Werk gestaltet. Unter veränderten Perspektiven und Akzentuierungen klingt Jean Pauls große »Vernicht-Vision« selbst noch in jener Literatur des 20. Jh.s stets nach, die in phantastischen Untergangsvisionen – exemplarisch etwa für die apokalyptischen Endvisionen vor dem Ersten Weltkrieg KUBINS Roman *Die andere Seite* (1909) – das Ende der Welt poetisch zu gestalten versuchte. Wie ein roter Faden ist, von Kubin ausgehend, der ja auch als Illustrator Jean Paulscher Werke sich einen Namen machte, Jean Pauls Text eingewoben in die durch die geschichtlichen Ereignisse des 20. Jh.s intensivierte Apokalypse-Thematik der Literatur. Noch G. GRASS' *Rättin* (1986) umspielt zitatweise in einer »Rede vom Müllgebirge herab« Jean Pauls Traumdichtung, und C. AMERYS *Wallfahrer* (1986) scheinen in ihrer science-fiction-artigen Schlußvision, in der der Geschichte jegliches Gericht verweigert wird, des todten Christus Worte weiterzuspinnen: *»Euer kleines Leben ist der Seufzer der Natur oder nur sein Echo.«*

Sosehr man verstehen kann, daß Jean Pauls *Rede des todten Christus* aufgrund ihrer Bedeutung für die moderne Geistesgeschichte bald aus dem Romanganzen wieder herausgelöst und in verschiedenen Ausgaben und Übersetzungen (die erste französische Teilübersetzung regte Madame de STAËL an) verbreitet wurde, so wird doch jede eingehende literarische Würdigung den engen Zusammenhang der Rede mit dem Romangeschehen, insbesondere mit dem vorausgehenden Nacht- und Kirchhofgespräch und der folgenden Traumdichtung berücksichtigen müssen. Gerade darin jedoch ist besonders die jüngste, vor allem psychoanalytisch interessierte Forschung defizitär. V.Ho.-KLL

AUSGABEN: Bln. 1796 (in *Blumen-, Frucht- und Dornenstükke oder Ehestand, Tod und Hochzeit des Armenadvokaten F. St. Siebenkäs im Reichsmarktflekken Kuhschnappel*, 3 Bde., 1796/97, 1). – Weimar 1928 (in *SW*, Hg. E. Berend, 1927–1964, Abt. 1, Bd. 6, Hg. K. Schreinert; hist.-krit.; Nachdr. Köln 1977). – Mchn. 1959 (in *Werke*, Hg. N. Miller, 1959–1985, Abt. 1, Bd. 2, Hg. G. Lohmann; 41987, Hg. N. Miller; korr.). – Bayreuth 1986 (in *Des todten Shakespear's Klage. Rede des todten Christus*).

LITERATUR: V. Bachmann, *Die religiöse Gedankenwelt J. P.s*, Diss. Erlangen 1915. – E. W. List, *Religiöse Elemente in J. P.s Dichtung*, Diss. Lpzg. 1924. – K. Hamburger, *Das Todesproblem bei J. P.* (in DVLG, 7, 1929, S. 446–474). – G. Jacob, *Das Nichts und die Welt. Die metaphysische Frage bei J. P.* (in Logos, 21, 1932, S. 65–89). – A. Béguin, *Le songe de J. P. et Victor Hugo* (in RLC, 14, 1934, S. 703–713). – U. Gauhe, *J. P.s Traumdichtungen*, Bonn 1936, S. 44 u. ö. – H. U. v. Balthasar, *Apokalypse der deutschen Seele*, Bd. 1, Salzburg 1937, S. 531 ff. – W. Rehm, *J. P. – Dostojewski. Eine Studie zur dichterischen Gestaltung des Unglaubens*, Göttingen 1962. – H. Thiersch, *Die kosmischen Visionen J. P.s und die kosmischen Vorstellungen in der dt. Dichtung*, Diss. Göttingen 1963. – H. Wittenberg, *»Rede des toten Christus ...«. Ein Weg zu J. P.* (in DU, 16, 1964, S. 50–56). – J. W. Smeed, *J. P.'s Dreams*, Ldn. 1966. – B. Blume, *Jesus der Gottesleugner: Rilkes »Der Ölbaum-Garten« und J. P.s »Rede des toten Christus«* (in *Herkommen u. Erneuerung. Essays für O. Seidlin*, Hg. G. Gillespie u. E. Lohner, Tübingen 1976, S. 336–364; dass. in B. B., *Existenz u. Dichtung. Essays u. Aufsätze*, Ausw. v. E. Schwarz; Ffm. 1980, S. 112–148). – J. P. Vijn, *Carlyle and J. P. Their Spiritual Optics*, Amsterdam 1982. – C. Pietzcker, *Einführung in die Psychoanalyse des literarischen Kunstwerks. Am Beispiel von J. P.s »Rede des toten Christus«*, Würzburg 1983; 21985 [rev.]. – A. A. Kuzniar, *The Bounds of the Infinite. Self-Reflection in J. P.'s »Rede des todten Christus«* (in GQ, 57, 1984, S. 183–196).

TITAN

Roman von Jean Paul, erschienen 1800–1803 in vier Bänden, zusammen mit *Komischer Anhang zum Titan* (1800/01, zwei Bände). – Die ersten Aufzeichnungen Jean Pauls zu seinem *»Kardinal- und Kapitalroman«* (an Christian Otto, 15.9. 1795) datieren aus dem Jahr 1792. Volle zehn Jahre hat ihn das *»liebste und beste unter seinen Werken«* beschäftigt, dessen eigentliche Niederschrift in die Jahre zwischen 1797 und 1802 fällt. Aus den frühen Skizzen lassen sich einige Motive erkennen, die Tendenz und Form des Romans schließlich bestimmen.

Ursprünglich dachte Jean Paul an einen Erziehungsroman, dessen bürgerlicher Held ein *»gutes idealisches Genie in allem«* darstelle. Bei einer Erziehung in aufsteigender Linie sollte die Liebe der Hauptperson eine wichtige, aber nicht die zentrale Begebenheit des Romans sein. Entscheidend war Jean Pauls Änderung, nicht in der bürgerlichen, sondern *»auf dem kalten Montblanc der vornehmen«* Welt seine *»biographische Truppe«* spielen zu lassen (an Charlotte von Kalb, 5. 12. 1796). Dadurch verhinderte er, daß der ursprüngliche Erziehungsroman in einem Liebesroman endete. Als Handlung setzte er eine *»auf Kindesvertauschung beruhende geheimnisvolle genealogisch-dynastische Verwicklung«* (E. Berend) durch. Der bürgerliche Held wird zum *»heimlichen Prinzen«*. Der höfischen Gesellschaft entsprechend, sollte den ursprünglich vorgesehenen niederländischen (niederen) der italienische (hohe) Stil ersetzen, die komischen, räsonierenden, an L. Sterne orientierten rührenden Ausschweifungen sollten in den *Komischen Anhang zum Titan* verwiesen werden. Im ersten Bändchen des *Anhangs* sind in Form einer Zeitschriftenfolge einige satirische Digressionen Jean Pauls versammelt, während das zweite *Des Luftschiffers Giannozzo Seebuch* enthält. *»Ich lege viele meiner Urtheile einem über ganz Deutschland ... wegschiffenden Giannozzo, einem wilden Menschenverächter in den Mund, der blos in seinem Namen spricht«* (an Christian Otto, 23. 1. 1801). Trotz der Aussonderung der Digressionen in den *Komischen Anhang* wird der erhabene Grundton des *Titan* nicht konsequent durchgehalten. Daneben bestehen auch inhaltliche Korrespondenzen des Anhangs mit der Handlung des Romans selber.

Obwohl Jean Paul offensichtlich auf eine Einkleidung seiner philosophischen Urteile und Überzeugungen im Sinne traditioneller Roman- und Handlungsmuster wie schon in der *Unsichtbaren Loge* und im *Hesperus* nicht verzichten mochte, ist die These, die Fabel des *Titan* bedeute an sich nicht eben viel (E. Staiger), keinesfalls zutreffend. In einem Brief der Fürstin Eleonore an ihren Sohn Albano ist sie noch einmal für den Leser zusammengefaßt (142. Zykel): Im Duodezfürstentum Hohenfließ scheint ein gewünschter Thronfolger auszubleiben. Im benachbarten Kleinstaat Haarhaar hofft man nicht nur dank verwandtschaftlicher Beziehungen zu Hohenfließ auf eine Erweiterung des Besitzes, sondern trachtet, als dort doch noch ein Erbfolger, Luigi, geboren wird, diesen umzubringen. Doch das Herrscherpaar in Hohenfließ erhält Kenntnis von diesen Mordplänen. Als die Fürstin wieder vor der Geburt eines Kindes steht, vereinbart sie mit ihrer Freundin, der Gräfin Cesara, die vor ihr mit einer Tochter, Linda, niederkommt, im Fall der Geburt eines Sohnes die Kinder auszutauschen. Die Fürstin bringt aber Zwillinge, Albano und Julienne, zur Welt. Der Fürst entscheidet, Albano solle zwar als Sohn des Grafen Cesara, aber unter seinen Augen bei dem rechtschaffenen Bürger Wehrfritz erzogen werden. Der Graf verlangt als Lohn für das Abkommen, daß Albano und Linda ein Paar werden. Wenn auch das *»Schicksal des Helden von geheimnisvollen Unbekannten zu unbekannten Zielen gelenkt wird«* (E. Berend), so gelingt dieses Spiel hinsichtlich der Verheiratung Albanos nicht.

Drei Jahre seiner frühesten Kindheit verbringt Albano mit seiner angeblichen Zwillingsschwester Linda auf Isola bella. Bis zum siebzehnten Lebensjahr wächst er in Blumenbühl im Haus des Landschaftsdirektors Wehrfritz mit dessen Tochter Rabette auf. Für seine Bildung sorgen der Magister Wehmeier und der Exerzitienmeister Falterle. Als Vorbild wird Albano der Sohn des Ministers Froulay, Roquairol, vorgehalten, mit dem befreundet zu sein und dessen liebenswerte Schwester Liane kennenzulernen Albano sich wünscht. Als weitere Lehrmeister gesellen sich der Harmonist Dian (Landbaumeister), der Komikus Schoppe (Titularbibliothekar) und der Lektor Augusti hinzu. Mit Schoppe und Augusti verweilt Albano kurze Zeit noch auf Isola bella, bevor er zum ersten Mal in die Residenzstadt Pestitz auf die Akademie darf. Er lernt Luigi, Liane und schließlich auch Roquairol kennen. Roquairols Freundschaft erwirbt er im Tartarus, Lianens Liebe im Elysium des fürstlichen Gartens Lilar.

Der Hofprediger Spener klärt Liane über Albanos fürstliche Abkunft auf, und sie entsagt ihrer Liebe zu ihm. Roquairol verführt Albanos Pflegeschwester Rabette. Darüber kommt es zum Bruch der Freundschaft. Liane liegt im Sterben und bittet ihren Geliebten noch einmal zu sich. Nach ihrem Tod verfällt Albano in ein schweres Fieber, von dem ihn nur die Erscheinung Lianens in Gestalt der ihr ähnelnden Idoine befreit. Der Graf Cesara schickt Albano auf eine Kunstreise nach Rom. Auf Ischia trifft er mit Linda zusammen; er weiß nicht, daß sie seine angebliche Schwester sein soll. Der Plan einer Heirat Lindas mit Albano scheint dank der Liebe Lindas zu Albano aufzugehen. Da offenbart sich Julienne als die wirkliche Schwester Albanos. Albano kehrt nach Hohenfließ zurück. Dort kündigt Roquairol ein Theaterstück mit dem Titel »Der Trauerspieler« an.

Schon lang ist Roquairol in Linda verliebt, die seine Liebe nicht erwidert. In seinem Haß gegen Albano will er Linda betrügen und sich so für seine verschmähte Liebe rächen. Er ahmt in einem Schreiben an Linda Albanos Handschrift nach und bestellt Linda in den fürstlichen Park. Da Linda wegen einer Augenschwäche in der Nacht nichts sieht, Roquairol aber Albanos Stimme zu imitieren versteht, hofft er, Linda zu verführen. Es gelingt ihm alles nach Wunsch. In seinem »Trauerspieler« spielt Roquairol sein Leben und die letzte Szene mit Linda nach, um sich schließlich auf offener Bühne zu erschießen. Nach der Entdeckung ihres Irrtums reist Linda ab.

Luigi hatte die Thronfolge angetreten und sich mit der ältesten Fürstentochter Haarhaars vermählt. Schon seit der Geburt von schwächlicher Konstitution, stirbt er. Albano will nach Frankreich, um die französischen Revolutionäre zu unterstützen. Schoppe, der versucht, hinter die wahren genealogischen Verhältnisse zu kommen, wird ins Tollhaus gesteckt, fällt tatsächlich dem Wahnsinn anheim und stirbt beim Anblick seines Freundes und »Doppelgängers« Siebenkäs. Die tatsächlichen Verwandtschaftsverhältnisse werden Albano bekannt. Er verzichtet auf seine »Reise nach Frankreich« und übernimmt mit der Parole *»Freude am Throne, wo nur die geistige Anstrengung gilt«* (143. Zykel) die Regierung seines Kleinstaates. Idoine wird seine Braut. Mit einer Apotheose des Liebespaares und mit dem Appell an eine allgemeine Brüderlichkeit: *»wacht auf, meine Geschwister!«* endet Jean Pauls höfischer Gesellschaftsroman.

Als allgemeine Lehre des Romans dürfte zutreffen, daß *»der Versuch, das Leben als Mechanismus zu begreifen und demgemäß zu lenken, an der Gegenmacht des Herzens zerbricht«* (H. L. Markschies). Zwar wird Albano durch verschiedene Regiefiguren (Graf Cesara, seine Erzieher) geleitet, aber der Held emanzipiert sich von dem intriganten Zusammenhang und von seiner Passivität. Eine Schauerapparatur, Masken- und Attrappenwelt ist aufgeboten. Durch diese Fassade bricht Albano, während die meisten seiner Mitspieler einem fratzenhaften Titanismus verfallen. Gibt Albano ein Exempel recht bewahrter, so sein Gegenspieler Roquairol eines toter Innerlichkeit. Wird Schoppe das Opfer eines blinden philosophischen Egoismus, so Liane das einer selbstzerstörerischen Empfindsamkeit, während Linda an ihrem hohen Emanzipationsinteresse scheitert. Alle spielen Bewußtseinsrollen, ein Beweis für die individualistische Konzeption des Romans. Der Bürger begreift das gesellschaftliche bloß als ein theatralisches Leben.

Durchgängiges Thema des Romans in einem auch historisch spezifischeren Sinne ist die Kritik am »Titanismus«, an der *»allgemeinen Zuchtlosigkeit des Säkulums«* (an Friedrich H. Jacobi, 3. 12. 1798). Jean Pauls Versuch einer »Jahrhundertbiographie«, in der seine früheren Biographien gesteigert, zum erzählerischen Höhepunkt und zum krönenden philosophisch-weltanschaulichen Abschluß gebracht werden sollten, war als entschiedene Abrechnung mit den ästhetischen und philosophischen Entwürfen und Systemen seiner Zeit gedacht. Der *Titan* stellt sowohl eine scharfe Auseinandersetzung mit der Weimarer Klassik als auch mit den philosophisch subjektivistischen Systemen, mit Kants subjektivem Idealismus und insbesondere mit Fichtes solipsistischer Lehre dar. Die Auseinandersetzung mit Fichtes Philosophie konstituiert auch die meisten Korrespondenzen zwischen Roman und *Komischem Anhang*, besonders zwischen dem Komikus Schoppe und dem Luftschiffer Giannozzo.

Beim zeitgenössischen Publikum konnte Jean Pauls mit aktueller Problematik aufgeladener und auch in der Form konzentrierter Roman jedoch nicht annähernd an den Erfolg des *Hesperus* herankommen. Dennoch stellt der *Titan* – und darin ist sich die Forschung heute nach Abzug aller Streitigkeiten der Schulen und ihrer methodischen wie ideologischen Querelen einig – den Höhepunkt von Jean Pauls Schaffen dar. Hermann A. KORFFS Charakterisierung des Romans in seinem *Geist der Goethezeit* als *»die größte Kraftanstrengung der zweiten Generation«* hat den literarischen Stellenwert des *Titan* nach langandauernder Verkennung im Gefolge von Max KOMMERELLS genialischer Annäherung an Jean Pauls Hauptwerke auch für die Goetheschule festgeschrieben, und W. HARICHS Urteil, das den *Titan »den größten Roman deutscher Sprache«* nennt, hat endlich dem Werk auch im lange sich ablehnend verhaltenden gänzlich anderen ideologischen Lager Geltung verschafft.

Diese Anerkenntnis des hohen Stellenwerts vermochte jedoch nicht, geradezu diametral entgegengesetzte Interpretationen zu unterbinden. Der Roman mit seinem schillernden Titel *Títan – Titán*, in dem jeder Himmelsstürmer seine Hölle finden sollte und der eigentlich *»Anti-Titan«* heißen müßte (an Friedrich H. Jacobi, 14. 5. 1803), stand und steht – vermutlich weil Jean Paul sich mit ihm glänzend als der »aufgeklärte Romantiker« behauptet – im Zweifellicht radikaler Aufklärungspositionen einerseits sowie idealistischer und romantischer Verklärungen andererseits. W. Harichs 1974 erschienene große Ehrenrettungen der Jean Paulschen Staatsromane *Die Unsichtbare Loge*, *Hesperus* und *Titan* als Revolutionsdichtungen waren eben höchst widersprüchlich nicht nur eine Rettung vor vermeintlich idealistischen Verunklärungen, sondern genauso vor radikalen aufklärerischen Verurteilungen Jean Paulscher Schwärmerei aus Harichs eigener ideologisch-methodologischer Schule. Die Ehrenrettung offenbart sich aber als ein Salto mortale von einer extremen Wertung zur entgegengesetzten unter Aufrechterhaltung aller Widersprüche zur Autorintention, wie sie sich etwa in jener Briefstelle Jean Pauls an Emilie von Berlepsch ausdrückt: *»Ach möcht' es mein Titan so klar darstellen, als es in mir steht, daß die ganze idealische Welt nur vom innern, nicht vom äussern Menschen betreten und beschauet werden kan«* (23. 6. 1797).

Gegen diesen Entwurf einer idealischen Welt, die nur der innere Mensch betreten kann, versucht Harich und seine Schule, Jean Pauls zweifellos an der realen Welt und am äußeren Menschen Kritik übenden Roman ausschließlich als politisch-gesellschaftliches Manifest, als Hohes Lied auf die Fran-

zösische Revolution zu lesen. Dabei ist es eine hochgemute »Revolution von oben«, die Jean Paul in aufsteigender Linie in seinen drei heroischen Romanen vorführt und deren offensichtliches Konzept nicht einfach als Jean Paulsche Inkonsequenzen und als Kompromiß mit der Zeit wegdiskutiert werden sollte. Die Widersprüche, die eine radikal-aufklärerische Lesart des *Titan* nicht beseitigen kann und die eine idealistische nur unterschlug, daß Albano nämlich nicht in den Krieg auf seiten der Französischen Revolution zieht, sondern daß er sich als Fürst entpuppt mit uneingeschränkter *»Freude am Throne«* (143. Zykel) (wie vermutlich der Held der *Unsichtbaren Loge*, wie die Helden des *Hesperus*), vermag eine moderate romantische Lesart, die sich der aufklärerischen Herkunft Jean Pauls bewußt bleibt, sehr wohl zu lösen.
Die Verwandlung des bürgerlichen idealischen Helden in einen zukünftigen Fürsten transformiert zwar die kritische Tendenz des Romans. Statt der Satire auf das Bürgertum wird die Adelssatire vorrangig. Dahinter steht jedoch nicht primär die Forderung nach einer Veränderung der gesellschaftlichen Verhältnisse, sondern die nach einer Veränderung der Erziehung generell und der feudalen insbesondere. Was Jean Paul in der *Unsichtbaren Loge* mit Gustavs unterirdischer Erziehung als Modell, orientiert an Rousseaus Erziehungslehre, vermischt mit Platonischen Staatsauffassungen begann, wird im *Titan* konsequent zu Ende geführt. Die Jean Paulschen Helden, vor allem Albano, sind von allem Anfang an zum Thron bestimmt, und alle unterirdischen und heimlichen Erziehungsanstrengungen dienen dazu, an ihnen den Philosophenkönigsatz aus Platons *Politeia* zu demonstrieren, der in der Terminologie des ausgehenden 18. Jh.s lautet: *»Der Weise auf den Thron!«* (J. Kiermeier) Nach dieser Interpretation ist der *Titan* Jean Pauls nicht einfach das Hohe Lied der französischen Revolutionswirklichkeit, sondern ein aus Aufklärungsdenken entwickelter romantisch-utopischer Gegenentwurf zur konkreten französischen Freiheit.
Im harmonisierenden Schluß des Romans und der Auffassung einzelner Charaktere des *Titan* läßt sich, wie verschiedentlich nachgesagt, weniger eine Annäherung an den Weimarer Klassizismus (E. Berend, W. Höllerer, H. Widhammer) erkennen – dagegen steht allein schon Jean Pauls nach wie vor extremer Gleichnis- und Metaphernstil sowie die radikale Kritik klassisch-romantischer Ästhetikauffassungen –, sondern Jean Paul demonstriert damit seine an Platon ausgerichtete »Revolution von oben«. Der Schluß erweist sich keineswegs als ein vom geschlossenen Roman geforderter Kompromiß und wird mitnichten von der ästhetischen Konstruktion des Romans als schlecht utopischer denunziert. Das gleiche gilt für Charaktere wie Dian oder Albano. Der *Titan* ist nicht Abbild, sondern Antwort auf die Französische Revolution über ein drittes, sein Held nicht Jakobiner, sondern der Inbegriff des schon im Extrablatt der *Unsichtbaren Loge* entwickelten Platonisch eingefärbten Anti-Genies, in Jean Pauls Worten: *»der hohe Mensch«*. H.V.-J.K.D.

Ausgaben: Bln. 1800–1803, 4 Bde. – Bln. 1800/01 (*Komischer Anhang zum Titan*, 2 Bde.). – Weimar 1933 (in *SW*, Hg. E. Berend, 1927–1964, Abt. 1, Bd. 8/9; hist.-krit.; Nachdr. Köln 1978). – Mchn. 1961 (in *Werke*, Hg. N. Miller, 1959–1985, Abt. 1, Bd. 3; [3]1970). – Ffm. 1982 (Nachw. H. J. Schneider; Insel Tb). – Bln./Weimar 1986, Hg. J. Golz, 2 Bde.

Literatur: R. Rohde, *J. P.s »Titan«. Untersuchungen über Entstehung, Ideengehalt u. Form des Romans*, Bln. 1920 (Palaestra, 105; Nachdr. NY/Ldn. 1967). – L. Stern, *Untersuchungen zu J. P.s »Titan« mit besonderer Berücksichtigung seines Verhältnisses zu »Wilhelm Meisters Lehrjahren«*, Diss. Ffm. 1921. – M. Kommerell, *J. P.s Verhältnis zu Rousseau. Nach den Hauptromanen dargestellt*, Marburg 1924. – H. Koeppen, *Kunstgestalten bei J. P. und Raabe. Eine vergleichende Untersuchung des »Titan« u. der »Akten des Vogelsangs«*, Diss. Bonn 1931. – H. Hartmannshenn, *J. P.s »Titan« und die Romane Fr. H. Jacobis*, Diss. Marburg 1934. – H. Garte, *Kunstform Schauerroman. Eine morphologische Begriffsbestimmung des Sensationsromans im 18. Jh. von Walpoles »Castle of Otranto« bis J. P.s »Titan«*, Lpzg. 1935. – W. Kacowsky, *Richters »Titan« u. Goethes »Wilhelm Meister«. Stellung u. Einfluß*, Diss. Wien 1938. – E. Staiger, *J. P.: »Titan«. Vorstudien zu einer Auslegung* (in E. S., *Meisterwerke deutscher Sprache aus dem 19. Jh.*, Zürich/Bln. 1943, S. 57–99; [3]1957). – W. Rehm, *Roquairol. Eine Studie zur Geschichte des Bösen* (in W. R., *Begegnungen u. Probleme*, Bern 1957, S. 155–242). – H. L. Markschies, *Zur Form von J. P.s »Titan«* (in *Gestaltung. Umgestaltung. Fs. zum 75. Geburtstag von H. A. Korff*, Lpzg. 1957, S. 189–205). – G. Meier, *Zeit u. Augenblick. Das Problem der Welt im Werk J. P.s, dargestellt am »Titan«*, 2 Bde., Diss. Hamburg 1960. – H. Söhnlein, *Die Fabel des »Titan«. Ein Versuch zu ihrer Entschlüsselung* (in Hesperus, 1962, S. 32–43). – B. Böschenstein, *Antikes im »Titan«* (in B. B., *Studien zur Dichtung des Absoluten*, Zürich 1968, S. 51–58). – Ders., *Grundzüge von J. P.s dichterischem Verfahren dargestellt am »Titan«* (in Jb. der J.-P.-Ges., 3, 1968, S. 27–47). – H. Widhammer, *Satire u. Idylle in J. P.s »Titan«. Mit besonderer Berücksichtigung des Luftschiffers Giannozzo* (ebd., S. 69–105). – E. Engels, *Die Raumgestaltung bei J. P. Eine Untersuchung zum »Titan«*, Bonn 1969. – H. Bosse, *Theorie u. Praxis bei J. P. Paragraph 74 der »Vorschule der Ästhetik« und J. P.s erzählerische Technik, besonders im »Titan«*, Bonn 1970. – St. Moses, *Une affinité littéraire: le »Titan« de J. P. et le »Docteur Faustus« de Thomas Mann*, Paris 1972. – H. Schlaffer, *Epos und Roman. Tat und Bewußtsein. J. P.s »Titan«* (in H. S., *Der Bürger als Held*, Ffm. 1973, S. 15–50). – V. U. Müller, *Die Krise aufklärerischer Kritik u. die Suche nach Naivität. Eine Untersuchung zu J. P.s »Titan«* (in *Deutsches Bürgertum und literarische Intelligenz*

1750–1800, Hg. B. Lutz, Stg. 1974, S. 455–507). – G. Mauch, *Theatermetapher u. Theatermotiv in J. P.s »Titan«*, Göppingen 1974. – W. Harich, *J. P.s Revolutionsdichtung. Versuch einer neuen Deutung seiner heroischen Romane*, Reinbek 1974. – K. W. Littger, *Erzählungsspiel? Zu J. P.s »Titan«* (in ZfdPh, 95, 1976, S. 161–185). – J. Kiermeier, *Der Weise auf den Thron! Studien zum Platonismus J. P.s*, Stg. 1980. – P. Sprengel, *Zur Wirkungsgeschichte von J. P.s »Titan«* (in Jb. der J.-P.-Ges., 17, 1982, S. 11–30). – P. Dettmering, *Literatur als Selbstbefreiungsversuch. Zu J. P.s »Titan«* (in Psyche, 37, 1983, S. 254–268). – C. Sütterlin, *Wasser der Romantik. Eine Studie zu den Raum-Zeit-Bezügen bei J. P. und J. M. W. Turner*, Bern 1983. – K. Wölfel, *Die Unlust zu fabulieren. Über J. P.s Romanfabel, besonders im »Titan«* (in *Digressionen. Wege zur Aufklärung. Festgabe für P. Michelsen zum 60. Geburtstag*, Heidelberg 1984, S. 163–175; ern. in K. W., *J. P.-Studien*, Hg. B. Buschendorf, Ffm. 1989, S. 51–71). – W. Köpke, *J. P.s Auseinandersetzung mit Werther u. Wilhelm Meister im »Titan«* (in *Goethe im Kontext. Kunst u. Humanität, Naturwissenschaft u. Politik von der Aufklärung bis zur Restauration. Ein Symposion*, Hg. W. Wittkowski, Tübingen 1984, S. 69–88). – H. Retzlaff, *Die Rücknahme eines Leitbilds. Der hohe Mensch in J. P.s »Titan«* (in AION, 27, 1984, S. 31–57). – J. Fohrmann, *J. P.s »Titan«. Eine Lektüre* (in Jb. der J.-P.-Ges., 20, 1985, S. 7–32). – H. C. Koller, *Bilder, Bücher u. Theater. Zur Konstituierung des Subjekts in J. P.s »Titan«* (ebd., 21, 1986, S. 23–62).

DIE UNSICHTBARE LOGE. Eine Biographie

Roman von JEAN PAUL, erschienen 1793. – Nach seinen beiden umfangreichen satirisch-aphoristischen Werken, den *Grönländischen Prozessen* (1783) und der *Auswahl aus des Teufels Papieren* (1789), versuchte Jean Paul, die eher abstrakt-moralisierenden Exempel seines aufgeklärten Skeptizismus um den Mittelpunkt einer mit individuellen Zügen ausgestatteten Figur zu gruppieren, sie mit ihr zu verknüpfen. Er begann in jenem Ausmaß, in dem er seine ganz persönliche und sehr radikale Aufklärung (auf die die Jean-Paul-Forschung seit den späten sechziger Jahren große Anstrengungen verwandt hat: W. Harich, W. Schmidt-Biggemann, B. Lindner, W. Köpke, E. Weigl) *»unter dem Einfluß der Glaubensphilosophie Jacobis«* (E. Weigl) und seines Platonerlebnisses von 1785 (J. Kiermeier) philosophisch umzustrukturieren unternahm, eine genuin poetische Produktion, deren Verpflichtetheit auf philosophische und poetologische Reflexion nicht zuletzt in dem Umstand zu erkennen ist, daß der Erzähler Jean Paul stets auch die *»Unlust zu fabulieren«* (K. Wölfel) zum Gegenstand seines Erzählens macht.
Jean Pauls poetische Realisationen seiner philosophischen und poetologischen Recherchen zeitigen demgemäß kaum neue Erzählgenres, Gattungen und Handlungsmuster, sondern innovativ wird Jean Pauls poetische Produktion (von ihm mit Vorbildhaftigkeit bei L. STERNE erkannt) insofern, als jener Riß im Bewußtsein – *»ich bin ein Ich« (Selberlebensbeschreibung, Zweite Vorlesung)* – auch ein poetisch-poetologisches Selbstbewußtsein zeitigte, das sein Erzählen von allem Anfang an – darin steht er einzig da in klassisch-romantischer Epoche – modern macht und das er lebenslang übt, indem er Werk auf Werk zu seiner poetischen Enzyklopädie zusammenfügt, wobei jedes dieser in wuchernde Gleichnisse, Bilder, Vergleiche und Metaphern gekleideten Werke seiner Gattung nach nie mehr Erzählung, Idylle, Roman oder Biographie bleibt, sondern diese verweigernd immer zugleich Metaebene des jeweiligen Genres, der jeweiligen Gattung darstellt, von der Biographie zur »Text-Biographie« wird.
So stehen am Übergang von der metaphern- und reflexionsgesättigten Satirenzeit zum Erzählen und zum Roman durchaus konventionelle epische Muster bei gleichzeitiger *»höchster Textkomplexität«* (K. Wölfel). Es entsteht die Idylle *Leben des vergnügten Schulmeisterlein Maria Wuz in Auenthal*, und auch die ersten Pläne zu des Dichters Erziehungs- und Staatsroman *Die unsichtbare Loge* fallen ins Jahr 1791. Die fertige, aber wahrscheinlich noch unbetitelte Lebensbeschreibung sandte Jean Paul nach einer Überarbeitung am 7. Juni 1792 an Karl Philipp MORITZ, den Verfasser philosophisch-pädagogischer Romane. Moritz, der dem Werk zu einem Verleger verhalf, soll über Autor und Manuskript befunden haben: *»Das begreif ich nicht, der ist noch über Goethe, das ist ganz was Neues.«* Über den Titel *Die unsichtbare Loge* sagte Jean Paul in der *Vorrede zur zweiten Auflage* (1822): Er *»soll etwas aussprechen, was sich auf eine verborgne Gesellschaft bezieht, die aber freilich so lange im Verborgnen bleibt, bis ich den dritten oder Schlußband an den Tag oder in die Welt bringe.«* Die in seinen Briefen vielfach für den Roman stehende Bezeichnung *Mumien* brachte er als Nebentitel unter, der auf sein *»ägyptisches Predigen der Sterblichkeit«* hinweisen sollte. *Die unsichtbare Loge* blieb Fragment. Jean Paul hat kaum ernsthaft daran gedacht, die *»geborne Ruine«* zu vollenden; so äußerte er schon Anfang 1792, er habe *»jetzt etwas besseres im Kopf«* (an Christian Otto), nämlich den *Hesperus*.
Die Fabel des Romans konzentriert sich um den Lebenslauf des »romantischen Helden« Gustav. Es handelt sich dabei aber keineswegs um einen bloßen Erziehungsroman, vielmehr werden – unter Inanspruchnahme einer genealogischen Verwicklung – dessen Einzelheiten mit den Elementen des aufklärerischen Staatsromans verschmolzen. – Der Obristforstmeister von Knör will seine Tochter Ernestine nur unter der Bedingung einem Mann zur Frau geben, daß dieser sie im Schachspiel besiege. Demgegenüber verlangt ihre Mutter, daß Ernestine ihr erstes Kind acht Jahre lang unter der Erde, angeleitet von einem herrnhutischen Erzieher, aufwachsen lasse. Der Rittmeister von Falkenberg, der nichts so sehr wie Schach und Herrnhutismus haßt,

gewinnt dank eines von Ernestine provozierten »Zufalls« die Partie und die Hand Ernestines. Ihr erstes Kind wird, wie von der Mutter verlangt, von einem Genius acht Jahre lang einem unterirdischen Pädagogium unterworfen. Daraus entlassen, wird Gustav von Falkenberg, im Wald verirrt, von der ehemaligen Geliebten seines Vaters, der jetzigen Frau von Röper, aufgegriffen und wegen seiner Ähnlichkeit mit ihrem verschollenen Sohn Guido entführt und nach drei Tagen wieder ins väterliche Schloß geschickt. Falkenbergs verbringen die Winter in der Fürstenstadt Scheerau. Gustav wird mit dem fast gleichaltrigen Amandus bekannt und befreundet. Nach der herrnhutischen erhält er durch den Hofmeister Jean Paul eine musische Erziehung. Schließlich steckt man ihn, um ihm seine bisherige sentimentale Erziehung auszutreiben, ins Kadettenhaus zu Scheerau. Dort wird er unter der Regie des Höflings Herrn von Oefel in sämtlichen militärischen Disziplinen geschult. Nach dieser Ausbildung führt Oefel seinen Schützling am Hof des Fürsten von Scheerau ein. Hier trifft Gustav wieder auf Beata, die angebliche Schwester des verschollenen Guido, die ebenfalls den literarisch-musikalischen Unterricht Jean Pauls genossen hat. Amandus, Gustavs Rivale um die Gunst Beatas, wird von einer Krankheit hinweggerafft. Gustav lernt Ottomar, einen natürlichen Sohn des Fürsten, kennen. Immer stärker wird Gustav ins Hofleben hineingezogen. Während Beata den Fürsten abweist, erliegt Gustav den Verführungskünsten der Regentin Bouse. Gustav und Beata finden sich, nach einigen Verwicklungen, in dem traumhaften Ort Lilienbad. Der Roman bricht ab mit der Nachricht, daß Gustav im Gefängnis sitzt, da er mit einer angeblichen Verschwörergruppe, zu der auch Ottomar gehöre, ausgehoben wurde.

Aus drei verschiedenen Lokalitäten setzt sich der Ort der Handlung des Romans zusammen: aus der satirisch beschriebenen der Residenz, der idyllischen des Falkenbergschen Schlosses und der paradiesischen Lilienbads. Zusammengehalten werden die idyllischen, kritischen und utopischen Details durch Jean Pauls emphatische Beschreibung der Welt als Kerker und Labyrinth, für die, wie der »Vorredner« behauptet, die umständliche Art der Erzählung die einzig angemessene und interessante sei und in der sich von Schauplatz zu Schauplatz der Zögling Gustav allmählich vorantastet, nachdem er seine *»Auferstehung«* aus seiner *»Platos-Höhle«* (3.–5. Sektor) feiern konnte.

In Gustavs *»unterirdischem Pädagogium«* (3. Sektor) ist zwar nun keineswegs eine aufklärerische Tendenz *»in ihr gerades Gegenteil verkehrt«* (E. Berend), aber Rousseaus *Emile* doch insoweit romantisch-platonisch modifiziert und überhöht, daß man in Gustavs Erziehung und vor allem in der als *Extrablatt »Von hohen Menschen«* in den Roman gerückten Beschreibung des zum Thron bestimmten Platonischen Weisen Jean Pauls Verfahrensweise erblicken darf, wie er auch künftighin *»das Verhältnis von poetischer Form und politischer Thematik«* (K. Wölfel) zu lösen gedenkt. Während W. Harich glaubt, daß sich politische Praxis bei Jean Paul in von ihm erfundenen politischen Gesinnungsträgern als Romanfiguren und in der Romanfabel als Leitfaden für deutsche Jakobiner als wesentliche Substanz unmittelbar offenbart, schuf sich Jean Paul in Wirklichkeit ein komplexes Diskurssystem, ein Tertium comparationis, über das er prosaisch-politisch-gesellschaftliche Inhalte als poetisch reiche Gegenwelt vergegenständlicht. Das *Extrablatt* der *Unsichtbaren Loge* beschreibt dieses Vehikel zum Transport seiner poetisch-republikanischen Verfassungen, die natürlich einem *»pragmatischen Realitätsbewußtsein ebenso entzogen«* sind *»wie der Kontrolle politischer Vernunft«* (K. Wölfel), denn der »Republikaner« Jean Pauls ist zuallererst im Sinne Platonischer Erziehung *»Selbstregent«* eines *»besonnenen Lebens«*, das allein *»befähigt, selbst Regent zu sein, um zu erziehen«*, sowohl als »Knaben-Führer« wie als »Staaten-Lenker« (J. Kiermeier). *»Aber warum nehm' ich mein weißes Papier«*, hebt Jean Paul rhetorisch am Ende des *Extrablatts* der *Unsichtbaren Loge* in der Benennung seiner poetischen Folie an, *»und durchstech' es und bestreu' es mit Kohlenstaub oder Tintenpulver, um das Bild eines hohen Menschen hineinzustäuben; indeß vom Himmel herab das große, nie erblassende Gemälde herunterhängt, das Plato in seiner Republik vom tugendhaften Manne aus seinem Herzen auf die Leinwand trug«*.

Der *»hohe Mensch«* Jean Pauls und Platons »Revolution von oben«, wie sie die *Politeia* programmatisch entwirft, nicht aber die »Französische Revolution von unten« sind Korrespondenzpunkte und generieren Jean Pauls poetisch-platonischen Kosmos. *»Das Extrablatt der ›Loge‹ ist Entwurf und Programm dessen, was im ›Titan‹ am vollkommensten ausgeführt ist. Die Originale für die Schilderung ›solcher vom hohen menschlichen Adel‹ sind Sokrates und Platon«*, der geräumige Ort für die Darstellungen ihrer Aktivitäten – zumeist der introvertierten, sehr selten einer wirklich politischen Art – *»sind die drei heroischen Romane Jean Pauls«* (J. Kiermeier).

Zwar ist in ihnen scheinbar der Verzicht aufs Übermaß der Reflexion und der philosophischen Spekulation geleistet, aber naives Erzählen ist poetologisch-reflexiv konterkariert, unterlaufen durch die stilistisch keineswegs zugunsten des Erzählens aufgegebene Metaphern-, Bilder- und Gleichniswut der Satirenzeit. In den Versinnlichungen der Reflexion, den Metaphern (Jean Paul sieht in ihnen *»Brotverwandlungen des Geistes«*), gelingt es Jean Paul, ein philosophischer Dichter zu werden – analog zum Dichterphilosophen des Höhlengleichnisses –, der selbstironisch in seiner unvollendeten Autobiographie über sich sagen kann: *»In der künftigen Kulturgeschichte unsers Helden wird es zweifelhaft werden, ob er nicht vielleicht mehr der Philosophie als der Dichtung zugeboren war« (Zweite Vorlesung)*.

H.V.-J.K.D.

Ausgaben: Bln. 1793, 2 Bde. – Bln. [2]1822 *(Die unsichtbare Loge. Eine Lebensbeschreibung)*. – Weimar 1929 (in *SW*, Hg. E. Berend, 1927–1964,

Abt. 1, Bd. 2; hist.-krit.; Nachdr. Köln 1975). – Mchn. 1960 (in *Werke*, Hg. N. Miller, 1959–1985, Abt. 1, Bd. 1; ³1970). – Mchn. 1981, Hg. K. Pauler [Text d. Erstausg. v. 1793 m. d. Varianten d. Ausg. v. 1826; m. Erl., Anm. u. Register]. – Mchn. 1986, Hg. u. Nachw. N. Miller [Tb.].

LITERATUR: W. G. Heckmann, *Die beiden Fassungen von J. P.s »Unsichtbarer Loge«*, Gießen 1920. – M. Kommerell, *J. P.s Verhältnis zu Rousseau. Nach den Hauptromanen dargestellt*, Marburg 1924. – H. Buchmann, *Die Bildlichkeit in J. P.s »Schulmeisterlein Wuz«, »Die unsichtbare Loge«, »Hesperus«, »Titan«, »Flegeljahre«*, Diss. Köln 1953. – H. Kügler, *Kindheit u. Mündigkeit. Die Grundproblematik der Erziehung bei J. P., dargestellt an der »Levana«, der »Unsichtbaren Loge« u. dem »Titan«*, Diss. Freiburg i. B. 1954. – W. Harich, *J. P.s Revolutionsdichtung. Versuch einer neuen Deutung seiner heroischen Romane*, Reinbek 1974. – N. Tsuneyoshi, *Das Leser-Motiv in der »Unsichtbaren Loge«* (in Doitsu Bungaku ronshū, 8, Tokio 1975, S. 64–72). – W. Köpke, *J. P.s »Unsichtbare Loge«. Die Aufklärung des Lesers durch den »Anti-Roman«* (in Jb. der J.-P.-Ges., 10, 1975, S. 49–67). – N. Miller, *Ottomars Vernichtungsvision. Bemerkungen zum Verhältnis von Traumwelt u. Wirklichkeit bei J. P.* (ebd., S. 29–48). – P. D. Rowson, *The Role of the Practical Joke in J. P.'s »Die unsichtbare Loge«* (in Neoph, 60, 1976, S. 412–420). – Ders., *The Opening Scene of J. P.'s »Die unsichtbare Loge«* (in GLL, 31, 1977/78, S. 221–227). – M. Brion, *»La Loge invisible« de J. P.* (in M. B., *L'Allemagne romantique*, Bd. 3, *Le voyage initiatique*, Paris 1977, S. 111–144). – J. Kohnen, *Ottomar und der »Sterbegraf«* (in GRM, 29, 1979, S. 185–199). – J. Kiermeier, *Der Weise auf den Thron! Studien zum Platonismus J. P.s*, Stg. 1980. – W. Nell, *Der künstlich-fügende Traum. J. P.s Kritik der höfischen Gesellschaft im poetischen Kontext seiner Romane*, Diss. Mainz 1985. – W. Köpke, *Agathons u. Gustavs »Fall«: Wieland-Spuren in J. P.s »Unsichtbarer Loge«* (in Jb. der J.-P.-Ges., 21, 1986, S. 7–22).

VORSCHULE DER AESTHETIK, NEBST EINIGEN VORLESUNGEN IN LEIPZIG ÜBER DIE PARTEIEN DER ZEIT

Poetologisches Werk von JEAN PAUL, das nach des Autors eigenen Auskünften im ›Vaterblatt‹ in der Zeit vom 31. Oktober 1803 bis zum 16. Juli 1804 verfaßt wurde. Die beiden Abteilungen erschienen zur Michaelismesse des Jahres 1804, während der dritte Teil etwas später – doch ebenfalls noch 1804 – herauskam. Das Werk war erfolgreich und erlebte 1813 bei Cotta eine revidierte Auflage, die einige Ergänzungen aufweist, auch in der Bewertung der beiden literarischen Schulen, der »Alten« (»Nicolaiten«) und der »Jungen« (»Schlegeliten«), die Gewichte etwas zugunsten der Alten verschiebt, im ganzen aber, wie vor allem René WELLEK betont, eine Auffassung der Poesie entwickelt, die mit der Friedrich von SCHLEGELS im wesentlichen identisch ist. 1818 erschien ein unerlaubter Wiener Nachdruck. 1825 verfaßte Jean Paul die *Kleine Nachschule zur ästhetischen Vorschule*, die der Einteilung des ersten Werks folgt, insgesamt aber gegenüber der Phantasie eine gemessenere Haltung einnimmt. 1862 wurde in Paris eine französische Übersetzung *(Poétique ou Introduction à l'esthétique)* veröffentlicht.

Der Begriff »Vorschule« soll den propädeutischen Charakter des Werks zum Ausdruck bringen und ist nach Jean Pauls eigenen Angaben als *»Proscholium«* aufzufassen: *»Wollte ich denn in der Vorschule etwas anderes sein als ein ästhetischer Vorschulmeister, welcher die Kunstjünger leidlich einübt und schulet für die eigentlichen Geschmacklehrer selber?«* Freilich behandelt das Werk, das in der für Jean Paul typischen metaphorischen Sprache verfaßt, auch von seinem eigentümlichen Witz durchwoben ist, nicht so sehr die Gebiete der Ästhetik, sondern eher der Poetik, und zwar in lockerer, unsystematischer Folge. – Die erste Abteilung beschäftigt sich mit der Poesie überhaupt, der Phantasie, dem »Genie«, der Unterscheidung zwischen klassischer und romantischer Poesie und gipfelt in der Herausarbeitung des literarischen »Humors«, der *»humoristischen Poesie«*, zu deren Bestimmung Jean Paul zweifellos der berufene Autor war. – Wie die erste Abteilung durch die Wesensbestimmung des Humors ihre besondere Note erhält, ist die zweite Abteilung, die sich mit dem Witz, den literarischen Gattungen und dem Stil beschäftigt, durch die in ihr enthaltene Theorie des Romans ausgezeichnet – ebenfalls ein Thema, bei dem Jean Paul durch die theoretischen und historischen Ausführungen hindurch eine Darstellung seiner eigenen Dichternatur gibt. Die dritte Abteilung enthält drei in humoristischem Ton verfaßte Kollegs, eine *Miserikordia-Vorlesung für Stilistiker*, eine *Jubilate-Vorlesung für Poetiker* und eine *Kantate-Vorlesung über die poetische Poesie*, die in einem Preis HERDERS kulminiert und den höchsten Zweck der Poesie mit den Worten umreißt: *»Sie kann spielen, aber nur mit dem Irdischen, nicht mit dem Himmlischen. Sie soll die Wirklichkeit, die einen göttlichen Sinn haben muß, weder vernichten, noch wiederholen, sondern entziffern. Alles Himmlische wird erst durch Versetzung mit dem Wirklichen, wie der Regen des Himmels erst auf der Erde, für uns hell und labend.«*

In diesen Sätzen spiegelt sich die für Jean Paul charakteristische Auffassung des poetischen Schaffensprozesses, der weder in einer rein phantasiebetonten Verachtung der Wirklichkeit *(»poetische Nihilisten«)* noch in einer bloßen Nachahmung der Wirklichkeit *(»poetische Materialisten«)* zur Erfüllung kommt, sondern auf der innigen Durchdringung der beiden entgegenstehenden Elemente des Unendlichen und der Wirklichkeit beruhen soll, den Himmel auf die Erde herabzaubert oder die Erde zum Himmel verklärt. Die Kunst ist mit anderen Worten eine neue Erschaffung und Offenbarung der Wirklichkeit, ein dämonisches Wesen, das Genialität, göttliche Schöpferkraft des Geistes voraussetzt und in dieser Vereinigung des Himmlischen und Irdischen »Schönheit« hervorbringt, die ein Wunder, etwas »Wunderbares« darstellt: *»Wie das organische Reich das mechanische aufgreift, umgestaltet und beherrscht und knüpft, so übt die poetische Welt dieselbe Kraft an der wirklichen und das Geisterreich am Körperreich. Daher wundert uns in der Poesie kein Wunder, sondern es gibt da keines, ausgenommen die Gemeinheit.«* – Auf dieser Dialektik des Unendlichen und Endlichen beruht auch Jean Pauls Bestimmung des Humors, die ein besonderes Glanzstück des Werks darstellt. Humor ist nach einer berühmt gewordenen Formulierung *»das umgekehrte Erhabene«*, er setzt das Endliche wie in einem Hohlspiegel in den *»Kontrast mit der Idee«: »Wenn der Mensch, wie die alte Theologie tat, aus der überirdischen Welt auf die irdische herunterschauet: so zieht diese klein und eitel dahin; wenn er mit der kleinen, wie der Humor tut, die unendliche ausmisset und verknüpft: so entsteht jenes Lachen, worin noch ein Schmerz und eine Größe ist.«* In dieser Herausarbeitung literarischer Techniken, Gattungen, Kategorien und von poetischen Kräften und Typen liegt die Bedeutung des Werks.

TIECKS Vorwurf, der die Gegenstimme zum durchaus positiven Publikumsecho markiert, die *Vorschule* sei *»doch eigentlich nur Rechenschaft eines Handwerkers über seine Arbeiten, oder vielmehr ein Rezept, um darnach auch J. Paulsche Bücher zu schreiben«* (an Solger, 29. 7. 1816), ist sicher unzutreffend. Aber in ihm ist indirekt schon jene Gefahr ausgesprochen, der die interpretierende und kritische Wissenschaft allzu leicht erlag, indem sie die *Vorschule* als philosophisch-ästhetische Programmformulierung und als bequeme poetologische Elle an Jean Pauls Praxis legte, sie damit ausschließlich maß, kritisierte und ideologisiert verwarf oder rettete. Dabei wurde die *Vorschule* überanstrengt und die poetische Praxis zuzeiten verfehlt. Zwar hat die Forschung den Wert der *Vorschule* damit nach E. BERENDS bereits 1909 erschienener grundlegender Arbeit über Jean Pauls Ästhetik endgültig sanktioniert, aber noch in den sechziger Jahren klingt Tiecks Vorwurf im resümierenden Fazit als gebilligte literaturwissenschaftliche Praxis nach: *»Wichtiger noch als diese theoretische Grundlegung sind Einzelergebnisse der ›Vorschule‹, die sich auf die jeanpaulischen Romane beziehen. In den meisten Punkten gibt der Autor das Fazit seiner Praxis, in einigen jedoch so, daß er nicht das, was er zustande brachte, zur Maxime erhebt, sondern das, was er zustande bringen wollte. Zuweilen predigt er sich selbst die Gegenregeln seiner eigenen, aufschießenden Begabung«* (W. Höllerer). Obwohl die Jean-Paul-Forschung der siebziger Jahre dann das Thema des »politischen« Jean Paul aufgriff, das gerade über dem berühmten § 32 der Vorschule zum 200. Geburtstag des Dichters 1963 in der Kontroverse zwischen H. MAYER und W. KILLY aufbrach, blieb die *Vorschule der Aesthetik* dann außerhalb des Erkenntnisinteresses. Erst in jüngster Zeit zeichnet sich in Untersuchungen zentraler Kategorien der Jean Paulschen Ästhetik und Poetik (Witz, das Lächerliche, humoristische Dichtkunst, Phantasie) eine Rückkehr des Forschungsinteresses zur *Vorschule* ab (W. Wiethölter, V. U. Müller, E. Oehlenschläger). E.Be.-J.K.D.

AUSGABEN: Hbg. 1804, 3 Bde. – Stg./Tübingen ²1813 [erw.]. – Breslau 1825 (*Kleine Bücherschau. Gesammelte Vorreden und Rezensionen, nebst einer kleinen Nachschule zur ästhetischen Vorschule*, 2 Bde., 2). – Weimar 1935 (in *SW*, Hg. E. Berend, 1927–1964, Abt. 1, Bd. 11; hist.-krit.; Nachdr. Köln 1980). – Mchn. 1963 (in *Werke*, Hg. N. Miller, 1959–1985, Abt. 1, Bd. 5; ⁵1987; rev.).

LITERATUR: E. Berend, *J. P.s Ästhetik*, Bln. 1909; Nachdr. Hildesheim 1978. – K. Zimmermann, *J. P.s Ästhetik des Lächerlichen*, Diss. Lpzg. 1912. – R. Mund, *J. P. als Ästhetiker*, Diss. Köln 1921. – W. Schreiber, *J. P. und die Musik*, Diss. Lpzg. 1929. – T. Hauk, *J. P.s »Vorschule der Ästhetik« im Verhältnis zu Hamanns Kunstlehre*, Diss. Wien 1946. – G. Jäger, *J. P. und die Musik*, Diss. Tübingen 1952. – Th. Langenmaier, *J. P.s »Vorschule der Ästhetik«* (in Hesperus, 11, 1956, S. 7–19). – E. Behler, *Eine unbekannte Studie Friedrich Schlegels über J. P.s »Vorschule der Ästhetik«* (in NRs, 68, 1957, S. 647–653). – E. Endres, *J. P. Die Struktur seiner Einbildungskraft*, Zürich 1961. – K. Wölfel, *»Ein Echo, das sich selber in das Unendliche nachhallt«. Eine Betrachtung von J. P.s Poetik u. Poesie* (in Jb. der J.-P.-Ges., 1, 1966, S. 17–52). – G. Wilkending, *J. P.s Sprachauffassung in ihrem Verhältnis zu seiner Ästhetik*, Marburg 1968. – G. Möller[-Lindemann], *Phantasie u. Humor. Zum Verhältnis von Ästhetik u. Dichtung bei J. P.*, Diss. Göttingen 1968. – H. Bosse, *Theorie u. Praxis bei J. P. Paragraph 74 der »Vorschule der Ästhetik« und J. P.s erzählerische Technik, besonders im »Titan«*, Bonn 1970. – M. R. Hale, *J. P. Fr. Richter's »Vorschule der Ästhetik«: Fulcrum For Its Period*, Diss. Yale Univ. 1970. – U. Profitlich, *Zur Deutung der Humortheorie J. P.s, »Vorschule der Ästhetik« § 28 und § 31* (in ZfdPh, 89, 1970). – Ders., *»Humoristische Subjektivität«* (in Jb. der J.-P.-Ges., 6, 1971, S. 46–85). – E. M. Hembree, *Form u. Stil in der »Vorschule der Ästhetik«* ..., Diss. Rice Univ. 1977. – W. Wiethölter, *Witzige Illumination. Studien zur Ästhetik J. P.s*, Tübingen 1979. – V. U. Müller, *Narrenfreiheit u. Selbstbehauptung*, Stg. 1979. – E. Oehlenschläger, *Närrische Phantasie. Zum metaphorischen Prozeß bei J. P.*, Tübingen 1980. – G. Müller, *J. P.s Ästhetik u. Naturphilosophie*, Tübingen 1983. – B. Heumann, *Kunstprogrammatik im Spannungsfeld von Autorenintention u. Publikumserwartung*, Diss. Lpzg. 1987.

HEINRICH VON KLEIST

eig. Bernd Heinrich Wilhelm von Kleist
* 18.10.1777 Frankfurt/Oder
† 21.11.1811 am Wannsee bei Potsdam (heute Berlin)

LITERATUR ZUM AUTOR:

Bibliographien und Forschungsberichte:
G. Minde-Pouet, *K.-Bibliographie 1914–1937* (in Jb. der K.-Ges., 1921, S. 89–169; 1922, S. 112–163; 1923/24, S. 181–230; 1929/30, S. 60–193; 1933–1937, S. 186–263). – P. Kluckhohn, *K.-Forschung 1926–1943* (in DVLG, 21, 1943, S. 45–87; Referentenheft). – E. Rothe, *K.-Bibliographie 1945–1960* (in Jb. der Dt. Schiller-Ges., 5, 1961, S. 414–547). – H. Sembdner, *K.-Bibliographie 1803–1862. H. v. K.s Schriften in frühen Drucken u. Erstveröffentlichungen*, Stg. 1966. – M. Lefèvre, *K.-Forschung 1961–1967* (in Colloquia Germanica, 3, 1969, S. 1–86). – H. Schanze, *Index zu H. v. K.: Kleine Schriften*, Ffm./Bonn 1969. – K. Kanzog, *Edition u. Engagement. 150 Jahre Editionsgeschichte der Werke u. Briefe H. v. K.s*, 2 Bde., Bln./NY 1979. – P. Goldammer, *Neue Quellen, neue Rätsel »in Sachen K.« Versuch eines interimistischen Resumées* (in WB, 31, 1985, S. 2071–2088). – E. Ribbat, *Neue K.-Forschungen. Ein Zwischenbericht. Zu einigen Neuerscheinungen 1983/84* (in ZfdPh, 105, 1986, S. 283–292).

Zeitschriften:
Schriften der H.-v.-K.-Gesellschaft, 19 Bde., Bln. 1921–1937; Nachdr. Amsterdam 1970. – Jahresgabe der H. v. K.-Gesellschaft, Bln. 1962–1970, Hg. W. Müller-Seidel; Bln. 1971–1981, Hg. W. Schmidt. – K.-Jb., Hg. H. J. Kreutzer, Bln. 1980 ff.

Selbst- und Zeitzeugnisse:
Geschichte meiner Seele. Das Lebenszeugnis der Briefe, Hg. H. Sembdner, Ffm. 1977 (überarb.; Insel Tb). – *K.: Ein Lebensbild in Briefen u. zeitgenössischen Berichten*, Hg. K. Günzel, Bln./DDR 1984. – *Dokumente zu K.*, Hg. H. Sembdner, 2 Bde., Ffm. 1984; Bd. 1: *H. v. K.'s Lebensspuren. Dokumente und Berichte d. Zeitgenossen*; zuerst Bremen 1957; rev. u. erw.; Bd. 2: *H. v. K.'s Nachruhm*; zuerst Mchn. 1977; rev. u. erw.

Biographien:
G. Haupt, *Der Empörer. Das Leben H. v. K.s*, Bln. 1938. – B. v. Heiseler, *K.*, Stg. 1939. – J. Maass, *K. Die Fackel Preußens*, Bern/Mchn. 1957; ern. 1977 [u. d. T. *K. Die Geschichte seines Lebens*; überarb.]. – C. Hohoff, *H. v. K. in Selbstzeugnissen u. Bilddokumenten*, Hbg. 1958; zul. 1988 (rm). – K. Gerlach, *H. v. K. Sein Leben u. Schaffen in neuer Sicht*, Dortmund 1977. – K. Birkenhauer, *K.*, Tübingen 1977. – R. M. Loch, *H. v. K.: Leben u. Werk*, Lpzg. 1978. – E. Siebert, *K. Leben u. Werk im Bild*, Ffm. 1980 (InselTb). – P. Fischer, *H. v. K.*, Bln. 1982. – P. Goldammer, *H. v. K.*, Lpzg. ²1986 [rev.]. – H. D. Zimmermann, *K., die Liebe u. der Tod*, Ffm. 1989.

Gesamtdarstellungen und Studien:
E. Cassirer, *Idee u. Gestalt. Goethe, Schiller, Hölderlin, K.*, Bln. 1901; Nachdr. Bern 1971. – E. Kayka, *K. u. die Romantik. Ein Versuch*, Bln. 1906; Nachdr. Hildesheim 1977. – H. Meyer-Benfey, *Das Drama H. v. K.s*, Göttingen 1913. – F. Gundolf, *H. v. K.*, Bln. 1922. – W. Muschg, *K.*, Zürich 1923. – L. Marcuse, *Die Welt der Tragödie*, Bln. 1923; zul. Ffm. 1985 (FiTb). – G. Fricke, *Gefühl u. Schicksal bei H. v. K.*, Bln. 1929. – F. Ayrault, *H. v. K.*, Paris 1934; ern. Paris 1966. – M. Kommerell, *Geist u. Buchstabe der Dichtung. Goethe, K., Hölderlin*, Ffm. 1940. – F. Martini, *H. v. K. u. die geschichtliche Welt*, Bln. 1940; Nachdr. Nendeln 1969. – T. Kaiser, *Der Vergleich der verschiedenen Fassungen von K.s Dramen*, Bern/Lpzg. 1944; Nachdr. Nendeln 1970. – K. O. Conrady, *Die Erzählweise H. v. K.s Untersuchungen u. Interpretationen*, Diss. Münster 1953. – G. Lukács, *Die Tragödie H. v. K.s* (in G. L., *Deutsche Realisten des 19. Jh.s*, Bln. ⁴1953). – H. M. Wolff, *H. v. K. Die Geschichte seines Schaffens*, Bern 1954. – H. Prang, *Irrtum u. Mißverständnis in den Dichtungen H. v. K.s*, Erlangen 1955. – F. Koch, *H. v. K. Bewußtsein u. Wirklichkeit*, Stg. 1958. – W. Müller-Seidel, *Versehen u. Erkennen. Eine Studie über H. v. K.*, Köln/Graz 1961. – W. Silz, *H. v. K. Studies in His Works and Literary Characters*, Philadelphia 1961. – E. v. Reusner, *Satz, Gestalt u. Schicksal der Dichtungsstruktur K.s*, Bln. 1961. – E. L. Stahl, *H. v. K.s Dramas*, Oxford 1961. – H. H. Holz, *Macht u. Ohnmacht der Sprache. Untersuchungen zum Sprachverständnis u. Stil H. v. K.s*, Ffm. 1962. – H. Mayer, *H. v. K. Der geschichtliche Augenblick*, Pfullingen 1962. – *H. v. K. Vier Reden zu seinem Gedächtnis*, Hg. W. Müller-Seidel, Bln. 1962. – J. K.-H. Müller, *Die Rechts- u. Staatsauffassung H. v. K.s*, Bonn 1962. – H. Koopmann, *Das ›rätselhafte Faktum‹ u. seine Vorgeschichte. Zum analytischen Charakter der Novellen H. v. K.s* (in ZfdPh, 84, 1965, S. 508–550). – W. Emrich, *H. v. K. Selbstbewußtsein als Pflicht* (in W. E., *Geist u. Widergeist*, Ffm. 1965, S. 129–146). – M. Schaub, *H. v. K. und die Bühne*, Zürich 1966. – S. Streller, *Das dramatische Werk H. v. K.s*, Bln. 1966. – H. J. Weigand, *Das Vertrauen in K.s Erzählungen* (in H. J. W., *Fährten und Funde. Aufsätze zur dt. Literatur*, Hg. A. L. Willson, Bern/Mchn. 1967, S. 85–119). – H.-J. Kreutzer, *Die dichterische Entwicklung H. v. K.s. Untersuchungen zu seinen Briefen u. zu Chronologie u. Aufbau seiner Werke*, Bln. 1968 [zugl. Diss. Hbg. 1964]. – E. Hoffmeister, *Täuschung u. Wirklichkeit bei H. v. K.*, Bonn 1968. – H. Reske, *Traum u. Wirklichkeit im Werk H. v. K.s*, Stg. u. a. 1969. – D. Dethlefsen, *Zu Metrum u. Rhythmus des Blankverses in den Dramen H. v. K.s*, Mchn. 1970. – R. Zollitzsch, *Ich u. Welt im Drama K.s. Ein Beitrag zum Thema K. und die Gesellschaft*, Diss. Univ. of Massachusetts 1971 (vgl. Diss. Abstracts, 32, 1971/72, S. 2109A). – D. Skrotzki, *Die Gebärde des*

Errötens im Werk H. v. K.s, Marburg 1971. – M. Moering, *Witz u. Ironie in der Prosa H. v. K.s*, Mchn. 1972. – E. J. Flikkema, *The Function of the Death Motif in the Works of H. v. K.*, Diss. Michigan State Univ. 1972 (vgl. Diss. Abstracts, 33, 1972/73, S. 6354/55A). – R. Belgardt, *K.s Weg zur Wahrheit. Irrtum und Wahrheit als Denkformen und Strukturmöglichkeit* (in ZfdPh, 92, 1973, S. 161–184). – K. Düwel, *Das Bild von den »Knien des Herzens« bei H. v. K.* (in Euph, 68, 1974, S. 185–197). – J. Schmidt, *H. v. K. Studien zu seiner poetischen Verfahrensweise*, Hab.Schr. Tübingen 1974. – H. Sembdner, *In Sachen K. Beiträge zur Forschung*, Mchn. 1974; 21984 [erw.]. – R. Busch, *Imperialistische u. faschistische K.-Rezeption 1890–1945*, Ffm. 1974. – J. Spälti, *Interpretationen zu H. v. K.s Verhältnis zur Sprache*, Bern/Ffm. 1975. – P. Dettmering, *H. v. K. Zur Psychodynamik in seiner Dichtung*, Mchn. 1975; ern. Ffm. 1979. – H. W. Kraft, *Erhörtes u. Unerhörtes. Die Welt des Klanges bei H. v. K.*, Mchn. 1976. – U. Vohland, *Bürgerliche Emanzipation in H. v. K.s Dramen u. theoretischen Schriften*, Bern/Ffm. 1976. – *Schriftsteller über K. Eine Dokumentation*, Hg. P. Goldammer, Bln./Weimar 1976. – R. Michaelis, *H. v. K.*, Mchn. 1976 (dtv). – R. Labhardt, *Metapher u. Geschichte. K.s dramatische Metaphorik bis zur »Penthesilea« als Wiederspiegelung seiner geschichtlichen Position*, Kronberg/Ts. 1976. – D. Dyer, *The Stories of K.: A Critical Study*, NY 1977. – I. Graham, *H. v. K. Word into Flesh: A Poet's Quest for the Symbol*, Bln./NY 1977. – E. Scheibner, *Zu K.s politischen Ansichten zur Zeit der »Berliner Abendblätter«* (in WB, 23, 1977, H. 9, S. 144–170). – U. Gall, *Philosophie bei H. v. K. Untersuchungen zu Herkunft u. Bestimmung des philosophischen Gehalts seiner Schriften*, Bonn 1977. – R. Dürst, *Dichter zwischen Ursprung u. Endzeit. K.s Werk im Licht idealistischer Eschatologie*, Bern/Mchn. 21977 [erw.]. – *Werke K.s auf dem modernen Musiktheater*, Hg. K. Kanzog u. H.-J. Kreutzer, Bln. 1977 [m. Bibliogr.]. – *K. in der Dichtung*, Hg. u. Nachw. H. Sembdner, Ffm. 1977; 21985. – L. Hoverland, *H. v. K. und das Prinzip der Gestaltung*, Königstein/Ts. 1978. – P. Horn, *H. v. K.s Erzählungen. Eine Einf.*, Königstein/Ts. 1978. – B. Beckmann, *K.s Bewußtseinskritik. Eine Untersuchung der Erzählform seiner Novellen*, Bern/Ffm. 1978. – H. Schmidt, *H. v. K. Naturwiss. als Dichtungsprinzip*, Bern/Stg. 1978. – K. Mommsen, *K.s Kampf mit Goethe*, Ffm. 21979 [erw.]. – J. M. Ellis, *H. v. K. Studies in the Character and Meaning of His Writings*, Chapel Hill 1979. – M. Harman, *Literary Echoes: Franz Kafka and H. v. K.*, Diss. Yale Univ. 1980 (vgl. Diss. Abstracts, 41, 1980/81, S. 2131/32A). – A. I. Laurs, *Zum Thema der Rache u. der Gesellschaft bei H. v. K.*, Diss. Zürich 1980. – W. Wittkowski, *Weltdialektik u. Weltüberwindung. Zur Dramaturgie K.s* (in *Dt. Dramentheorien*, Hg. R. Grimm, Bd. 1, Wiesbaden 31980, S. 243–261). – P. Engsfeld, *Über die Folgen verdrängter Motive. Zur Kritik psychoanalytischer K.-Interpretationen*, Diss. Bremen 1980. – *Erzählstrukturen – Filmstrukturen. Erzählungen H. v. K.s und ihre filmische Realisation*, Hg. K. Kanzog, Bln. 1981 [Jahresgabe der H. v. K.-Ges.]. – *K.s Aktualität. Neue Aufsätze u. Essays 1966–1978*, Hg. W. Müller-Seidel, Darmstadt 1981 (WdF). – *K.s Dramen. Neue Interpretationen*, Hg. W. Hinderer, Stg. 1981. – J. Price, *Prescription and Proscription. Goethe, K. and the Theatre* (in GLL, 34, 1981, S. 273–284). – M. Carrière, *Für eine Literatur des Krieges. K.*, Ffm. 1981. – M. Robert, *Un Homme inexprimable. Essai sur l'œuvre de H. v. K.*, Paris 1981. – W. Hinderer, *Anläufe, sich von H. v. K. ein Bild zu machen* (in *Literarische Profile. Dt. Dichter von Grimmelshausen bis Brecht*, Hg. ders., Königstein/Ts. 1982, S. 115–131). – R. E. Glenny, *Private Worlds and Public Roles: The Manipulation of Reality in Works by H. v. K.*, Diss. Univ. of Indiana 1983 (vgl. Diss. Abstracts, 44, 1983/84, S. 763A). – G. M. Wickert, *Das verlorene, heroische Zeitalter. Held u. Volk in H. v. K.s Dramen*, Bern u. a. 1983. – H. E. Holthusen, *Einer dem auf Erden nicht zu helfen war* (in H. E. H., *Opus 19. Reden u. Widerreden aus 25 Jahren*, Mchn. 1983, S. 9–31). – E. Borchardt, *Mythische Strukturen im Werk H. v. K.s*, Diss. Univ. of California, Berkeley 1983 (vgl. Diss. Abstracts, 44, 1983/84, S. 2480A). – H. Aretz, *H. v. K. als Journalist*, Stg. 1983. – L. J. Dietrick, *Space, Spatial Experience and Myth in H. v. K.s Fiction*, Diss. Univ. of Toronto 1983 (vgl. Diss. Abstracts, 45, 1984/85, S. 532A). – H. Weidmann, *H. v. K.: Glück u. Aufbegehren. Eine Exposition des Redens*, Bonn 1984. – J. Marquardt, *Literarische Kommunikation u. Genreentscheidung. Zur Publizistik H. v. K.s*, Diss. Lpzg. 1984. – I. Stephan, *»Da werden Weiber zu Hyänen ...« Amazonen und Amazonenmythen bei Schiller u. K.* (in *Feministische Literaturwiss.*, Hg. dies. u. S. Weigel, Bln. 1984, S. 23–42). – H. F. Weiss, *Funde und Studien zu H. v. K.*, Tübingen 1984. – D. Harlos, *Die Gestaltung psychischer Konflikte einiger Frauengestalten im Werk H. v. K.s: »Alkmene«. »Die Marquise von O...«, »Penthesilea«, »Käthchen von Heilbronn«*, Ffm./Bern 1984. – L. Dietrick, *Prisons and Idylls. Studies on H. v. K.'s Fictional World*, Ffm. u. a. 1985. – B. Rieger, *Geschlechterrollen u. Familienstrukturen in den Erzählungen H. v. K.s*, Ffm. u. a. 1985. – Th. P. Quinn, *H. v. K. und die Frage nach Gott*, Diss. Univ. of California, Berkeley 1985. – D. Brüggemann, *Drei Mystifikationen H. v. K.s*, Bern u. a. 1985. – S. Dave, *In the Flow of the World. Genre and the Social in the Works of H. v. K.*, Diss. Univ. of Virginia 1985 (vgl. Diss. Abstracts, 47, 1986/87, S. 1737A). – W. Hettche, *H. v. K.s Lyrik*, Ffm. u. a. 1986. – E. Irlbeck, *Tragödien der Freiheit. Das Problem der Freiheit im dramatischen Werk H. v. K.s*, Ffm. u. a. 1986. – K. Ch. Scheffels, *Rückzug. Zur Negierung von Raum- u. Körperordnungen im Werk H. v. K.s*, Ffm. 1986. – *H. v. K. Die dramatische Verwirrung der Gefühle*, Hofgeismar 1986. – *H. v. K. Aufsätze u. Essays*, Hg. W. Müller-Seidel, Darmstadt 41987 (WdF). – R. Homann, *Selbstreflexion der Literatur. Studien zu Dramen von G. E. Lessing u. H. v. K.*, Mchn. 1987. – St. Zweig, *Drei Dichter ihres Lebens. Hölderlin, K., Nietzsche*, Ffm.

³1987 (FiTb). – E. Kittler, *Die Geburt des Partisanen aus dem Geist der Poesie. H. v. K. und die Strategie der Befreiungskriege*, Hg. G. Neumann, Freiburg i. B. 1987. – B. Fischer, *Ironische Metaphysik. Die Erzählungen H. v. K.s*, Mchn. 1988. – B. Schulte, *Unmittelbarkeit u. Vermittlung im Werk H. v. K.*, Göttingen 1988. – G. Gönner, *Von »zerspaltenen Herzen« u. der »gebrechlichen Einrichtung der Welt«. Versuch einer Phänomenologie d. Gewalt bei K.*, Stg. 1989. – J. Pfeiffer, *»Die zerbrochenen Bilder«. Gestörte Ordnungen im Werk H. v. K.s*, Würzburg 1989.

AMPHITRYON. Ein Lustspiel nach Molière

Lustspiel in drei Akten von Heinrich von KLEIST, als Buch erschienen 1807; Uraufführung: Berlin 1899, Neues Theater. – Der dem antiken Mythos entstammende Stoff – der Göttervater Zeus bzw. Jupiter besucht Alkmene, die Gattin des thebanischen Feldherrn Amphitryon, in dessen Gestalt und zeugt mit ihr den Halbgott Herakles – ist vielfach literarisch bearbeitet worden. Kleist bezieht sich – wie der Untertitel deutlich macht – auf MOLIÈRES Komödie *Amphitryon* (1668), die zum einen auf die einzig überlieferte antike Komödie, *Amphitruo* des PLAUTUS, zum anderen auf Jean de ROUTROUS *Les deux Sosies* (1636) zurückgeht. Es ist denkbar, daß Kleist auch Routrous Text gekannt hat; sehr wahrscheinlich ist, daß ihm Johann Daniel FALKS (1768–1826) satirische Bearbeitung des Molièreschen Stückes, *Amphitruon* (1804), vorlag. Kleist war mit Falk bekannt, und es wird vermutet, daß er von ihm zu seiner Fassung angeregt wurde.

Kleist folgt seiner Vorlage im Hinblick auf Handlung und Text im ganzen recht eng, nimmt jedoch auch entscheidende Nuancierungen und Veränderungen vor, die sein Lustspiel zu einem eigenständigen Werk machen. Formal verwendet Kleist nicht wie Molière hauptsächlich den Alexandriner, sondern den Blankvers (fünfhebige Jamben), das bevorzugte Versmaß der deutschen Klassik. Kleist erweitert die Handlung um 4 Szenen (II, 4–6, III, 11: Schlußszene), die einer Vertiefung des Konflikts zwischen Jupiter, Alkmene und Amphitryon dienen. Diese Veränderungen zeigen auch die Verlagerung des Schwerpunktes, die Kleist gegenüber der Molièreschen Komödie vornimmt: Molières Stück ist vor allem eine satirisch-burleske Gesellschaftskomödie, die Figuren denken und agieren in einem sozialen Umfeld, das ihre Rollen und auch ihr – in Frage gestelltes – Selbstverständnis prägt. Kleist stellt sein Lustspiel ganz auf die Problematik des Individuums in seiner Identitätskrise ab, die gesellschaftlichen Bezüge sind reduziert, die Figuren erscheinen weitgehend isoliert, auf sich selbst und – mehr noch – auf die Beziehung zum Du, zu ihrem Gegenüber angewiesen. Die Bewältigung der Identitätskrise wird bei Kleist zum zentralen Problem seiner Gestalten, die in Paarkonstellationen einander zugeordnet sind. Dabei spiegelt die Konstellation des Dienerpaares Sosias (Merkur) – Charis auf einer ironisierend possenhaften, komisch-burlesken Spielebene die Probleme des Fürstenpaares Amphitryon (Jupiter) – Alkmene, die auf einer eher tragischen Spielebene angesiedelt sind. Sosias und Charis versuchen, sich den verwirrenden Situationen anzupassen, sich in der verdrehten Welt zurechtzufinden. So bittet Sosias seinen Widersacher Merkur, der ihn mit Prügel eingeschüchtert hat: *»Nur habe die Gefälligkeit für mich, und sage mir, Da ich Sosias nicht bin, wer ich bin? Denn etwas, gibst du zu, muß ich doch sein.«* Sosias paßt sich schrittweise an, gibt aber letzten Endes sein Selbst nicht ganz auf, sondern versucht, einen Weg zu finden, der auch ihm sein Teil sichert *(»Werd ich so karg dir, so mißgünstig sein? Nimm ihn zur Hälfte, diesen Namen hin, Nimm ihn, den Plunder, willst dus, nimm ihn ganz. Und wärs der Name Kastor oder Pollux, was teilt ich gern nicht mir dir, Bruderherz?«)*. Doch auch in dieser äußeren Posse zeigt sich anklangsweise die eher tragische Tiefe der Identitätsproblematik, die die Handlung zwischen Jupiter, Amphitryon und Alkmene kennzeichnet.

Alkmene liebt mit der *»Goldwaage ihrer Empfindung«* Amphitryon, dessen Züge sie sogar beim Gebet in ihr Bild des Gottes hineinprojiziert: *»Ach ich Unsel'ge, wie verwirrst du mich./ Kann man auch Unwillkürliches verschulden?/ Soll ich zur weißen Wand des Marmors beten?/ Ich brauche Züge nun, um ihn zu denken.«* Alkmene ist in ihren Empfindungen auf die konkrete Wirklichkeit angewiesen und bleibt auch in ihrer Gottverehrung an diese Realität gebunden. Diese Gebundenheit nutzt Jupiter einerseits zu seinem amourösen Abenteuer, versucht sie aber andererseits aufzubrechen und Alkmene dazu zu zwingen *»ihn zu denken«*. Die zentrale fünfte Szene des zweiten Akts macht den Konflikt deutlich. Von Jupiter einem stufenweise gesteigerten regelrechten Verhör ausgesetzt (ähnlich wie das Käthchen von Heilbronn), gerät Alkmene in den Zwang, zwischen Geliebtem und Gemahl, Gott und Mensch zu unterscheiden. Ihrem liebenden und treuen Herzen ist es jedoch unmöglich, eine solche Unterscheidung zu treffen, wie sie ihr der auf seine Wirkung bedachte, eitle und eifersüchtige Jupiter suggerieren will. Sie erkennt zwar schließlich, daß offenbar ein anderer als Amphitryon bei ihr war, kann sich aber letztlich nicht von ihrer für wirklich gehaltenen Wahrnehmung lösen: *»Wenn du, der Gott, mich hier umschlungen hieltest/ Und jetzo sich Amphitryon mir zeigte,/ Ja – dann so traurig würd ich sein, und wünschen,/ Daß er der Gott mir wäre, und du Amphitryon mir bliebst, wie du es bist«* lautet ihre Antwort auf die inquisitorische Frage des verkleideten Gottes. Folgerichtig wählt Alkmene in der Schlußszene den Gott in der Amphitryon-Maske, da ihr dieser gegenwärtig ist, während der »wirkliche« Amphitryon für sie *»die erst nur vorgestellte, dann von außen hinzutretende Person«* bleibt. Ihr Gefühl bewährt sich somit subjektiv, indem es objektiv versagt (H. R. Jauß).

Auch Jupiter, der in seiner Allmacht einsame Gott, ist auf den Beweis seiner selbst durch ein Gegenüber angewiesen, er möchte *»sich selbst in einer Seele spiegeln,/ Sich aus der Träne des Entzückens widerstrahlen«*, was gelungen wäre, wenn Alkmene die Unterscheidung wirklich treffen könnte, dem Gott nicht nur Ehrfurcht entgegenbrächte, sondern eine Liebe, die *»am göttlichen Sein teilnimmt«* (L. Ryan). Während Amphitryon schließlich die Verrätselung seiner Identität zu bewältigen scheint, sich selbst auch in seinem Verhältnis zu Alkmene bewahrt, indem er erkennt, daß sie ihn nicht bewußt betrog, sondern der Gott tatsächlich *»Amphitryon ihr ist«*, bleibt Alkmenes Bewußtseinslage ambivalent, wie das berühmte abschließende *»Ach!«* signalisiert. Zugleich wird hierin die versöhnliche Lösung des Rätsels im Mythos, in der Prophezeiung der Geburt des Halbgottes Herakles, der die Differenz zwischen Göttlichem und Menschlichem aufhebt, in Frage gestellt.

Die Deutung des Stücks bleibt aufgrund dieser Zwiespältigkeit, der letztlich unaufgelösten Gegensätze schwierig. Hat man in der älteren Forschung versucht, die hier entfalteten Fragen um das Verhältnis des Einzelnen zum Allgemeinen, des Göttlichen zum Menschlichen, der Stellung des Menschen in der Geschichte als christliche Adaption des antiken Mythos zu deuten, oder gefühlsmetaphysisch die Figur der Alkmene hochstilisiert, so versuchen neuere Forschungsansätze die hier entfaltete Problematik unter Einbezug der zeitgenössischen Philosophie des Idealismus (Hegel) bewußtseinsphilosophisch zu interpretieren.

Von den modernen Adaptionen des Amphitryon-Stoffes sind vor allem J. Giraudoux' *Amphitryon 38* und P. Hacks' *Amphitryon* hervorzuheben. Wie Hacks löst Giraudoux in seiner Komödie die Identitätsproblematik, indem die Beteiligten sich von der Macht des Gottes nicht mehr einschüchtern lassen und eine Selbstbewußtheit zeigen, die den Kleistschen Figuren versagt bleibt. W.v.S.-B.Hel.

Ausgaben: Dresden 1807, Hg. A. H. Müller. – Lpzg. 21936–1938 (in *Werke*, Hg. E. Schmidt u. a., 7 Bde., 3; krit.). – Bln./DDR 1955 (in *GW*, Hg. u. Einl. H. Deiters; Textrev. u. Erl. P. Goldammer, 4 Bde., 1). – Bln./Weimar 1977 [enth. Th. Mann, *K.s »Amphitryon«*]. – Mchn. 61982 (in *SW*; Nachw. u. Anm. C. Grützmacher). – Mchn. 81985 (in *SW und Briefe*, Hg. H. Sembdner, 2 Bde., 1; rev. u. erw.; dass. auch dtv). – Ffm. 1986 (in *Werke und Briefe*, Hg. S. Streller, 4 Bde., 1; Insel Tb).

Literatur: H. Baudewitz, *K.s »Amphitryon«*, Halle 1930; Nachdr. Nendeln 1975. – F. Stoessl, *Wachstum u. Wandlung eines poetischen Stoffs* (in Trivium, 2, 1943, S. 93–117). – H. W. Nordmeyer, *K.s »Amphitryon«. Zur Deutung der Komödie* (in MDU, 38, 1946, S. 1–19; 165–176; 268–283; 349–359; 39, 1947, S. 89–125). – H. Jacobi, *»Amphitryon« in Deutschland u. Frankreich*, Diss. Zürich 1952. – P. Szondi, *»Amphitryon«. K.s Lustspiel nach Molière* (in Euph, 55, 1961, S. 249–259). – W. Müller-Seidel, *Die Vermischung des Komischen mit dem Tragischen in K.s Lustspiel »Amphitryon«* (in Jb. der Dt. Schiller-Ges., 5, 1961, S. 118–135). – G. Jancke, *Zum Problem des identischen Selbst in K.s Lustspiel »Amphitryon«* (in Colloquium Germanica, 3, 1969, S. 87–110). – L. Ryan, *»Amphitryon«. Doch ein Lustspielstoff!* (in *K. u. Frankreich*, Hg. W. Müller-Seidel, Bln. 1969, S. 83–121). – J. Aggeler, *Der Weg von K.s Alkmene*, Bern/Ffm. 1972. – P. Szondi, *Fünfmal »Amphitryon«. Plautus, Molière, K., Giraudoux, Kaiser* (in P. S., *Lektüren u. Lektionen*, Hg. J. Bollack u. a., Ffm. 1973, S. 153–184). – R. Clouser, *Sosias tritt mit einer Laterne auf: Messenger to Myth in K.'s »Amphitryon«* (in GR, 50, 1975, S. 275–293). – W. Wittkowski, *H. v. K.s »Amphitryon«. Materialien zur Rezeption u. Interpretation*, Bln./NY 1978. – K.-H. Wegener, *»Amphitryon« im Spiegel der K.-Literatur*, Ffm. u. a. 1979. – L. G. Schulze, *Alkmene's Ominous »Ach!«: On Bastards, Beautiful Souls and Spirit in H. v. K.* (in Studies in Romanticism, 19, 1980, S. 249–266). – H. Höller, *Der »Amphitryon« von Molière u. der von K. Eine sozialgeschichtliche Studie*, Heidelberg 1982. – *H. v. K. »Amphitryon«*, Hg. H. Bachmaier, Stg. 1983 (RUB). – A. Henkel, *Erwägungen zur Szene II,5 in K.s »Amphitryon«* (in A. H., *Der Zeiten Bildersaal. Studien u. Vorträge*, Stg. 1983, S. 107–123). – I. Scholz, *Variationen des Amphitryon-Themas in den Komödien von H. v. K. und Peter Hacks* (in Literatur für Leser, 1984, S. 75–85).

DIE ANEKDOTEN von Heinrich von Kleist.

»... in der Kunst kommt es überall auf die Form an, und alles was eine Gestalt hat, ist meine Sache.« Mit dieser Äußerung in einem Brief (an Heinrich Joseph von Collin) hat Kleist sein dichterisches und schriftstellerisches Schaffen, das neben den Dramen und Novellen auch Lyrik, essayistische Aufsätze zur Kunst- und Weltbetrachtung, Anekdoten und andere literarische Kleinformen, politische Schriften und journalistische Berichte umfaßt, selbst treffend umrissen. Kleist war keineswegs nur der Dichter »im Elfenbeinturm«, der sich der hohen Literatur (was im damaligen Verständnis vor allem die dramatische Dichtung meinte) widmete, auch wenn bis heute seine Dramen und Novellen den Schwerpunkt von Rezeption und Forschung bilden und seine Anekdoten, obwohl er neben Johann Peter Hebel als der Klassiker dieser literarischen Kleinform gilt, wenig Beachtung gefunden haben.

Der *»Dichter ohne Gesellschaft«* (K. O. Conrady) lebte nicht zurückgezogen und fern von der Welt, sondern war durchaus auch dem Kleinen, Unscheinbaren oder Tagesaktuellen zugewandt. So betätigte er sich im journalistischen Bereich, gab mit dem Staatswissenschaftler Adam Müller 1808/09 die Kunstzeitschrift ›Phöbus‹ heraus, die ein Diskussionsforum sein sollte und prinzipiell allen Richtungen offenstand. Im Rahmen seines politischen Engagements für die Befreiung von der napoleonischen Fremdherrschaft und eine liberale Erneuerung des verkrusteten preußischen und deutschen Staatsgefüges versuchte er, eine politische Zeitschrift mit dem Titel ›Germania‹ ins Leben zu rufen, um *»eine allgemeine, große und gewaltige Nationalerhebung zu bewirken«*, also konkret ins politische Zeitgeschehen einzugreifen. Nach dem Scheitern des ›Phöbus‹ und der ›Germania‹-Pläne bot sich mit den ›Berliner Abendblättern‹ für Kleist eine neue Möglichkeit, seine Intentionen zu verwirklichen. Die von ihm herausgegebenen ›Berliner Abendblätter‹ sollten als täglich erscheinendes Volksblatt (eine absolute Neuerung in der damaligen Zeitungslandschaft) die neuesten lokalen Nachrichten verbreiten, darüber hinaus *»nach allen erdenklichen Richtungen«* die *»Beförderung der Nationalsache«* betreiben und – zuallererst – der *»Unterhaltung aller Stände des Volks«* dienen. In diesen Zusammenhang müssen die Anekdoten Kleists gestellt werden, die ausnahmslos in den ›Berliner Abendblättern‹ erschienen und dem im 18. und frühen 19. Jh. weitverbreiteten Interesse an Neuen, Sensationellem, Kuriosem, Amüsantem und auch Schauerlichem entgegenkamen. Hinsichtlich der Stoffe und Gestaltungsformen gab es vielfältige Variationen, von der charakterisierenden Anekdote um die historische oder zeitgenössische Persönlichkeit bis zu pointierten Scherzen und kleinen Erzählungen sonderbarer Begebenheiten. Die zahlreichen Sammlungen von »Denkwürdigkeiten« und »Charakterzügen« enthielten eine Vielzahl verschiedenster, meist moraldidaktisch akzentuierter Anekdoten, und jede Zeitung, jeder Volkskalender druckte sie ab. Sie wurden vielfach aus anderen Publikationen übernommen oder nur geringfügig geändert und wanderten so von Blatt zu Blatt.

Auch Kleist hat die Vorlagen für seine Anekdoten oft anderen Zeitschriften entnommen, insbesondere dem ›Nürnberger Correspondenten von und für Deutschland‹, dem ›Museum des Wundervollen‹ und den Hamburger ›Gemeinnützigen Unterhaltungsblättern‹. Er hat diese Vorlagen jedoch entsprechend seiner Intention, Unterhaltung zu bieten und zugleich die Menschen *»mit Pfeilen, bald schärfer, bald leiser«* aus ihrer *»wunderlichen Schlafsucht«* aufzurütteln und ihnen *»Einsicht in alle Erbärmlichkeiten, Halbheiten, Unwahrhaftigkeiten und Gleisnereien«* zu vermitteln, redigiert, meist stark umgearbeitet, gekürzt oder erweitert.

Kleist erzählt die damals sehr beliebten Anekdoten um bekannte Persönlichkeiten, oft einen diese näher charakterisierenden privaten Zug darstellend, etwa wenn er den siegreichen Feldherrn und Kaiser Napoleon in einer Situation zeigt, in der er sich aufgrund des Mitleids mit seinen Soldaten der Tränen nicht enthalten kann (*Anekdote*, Berliner Abendblätter 14. 11. 1810), von dem Komponisten Bach in seiner hilflos komischen Trauer über den Tod seiner Frau berichtet (*Anekdote*, Berliner Abendblätter 24. 10. 1810) oder den geistreich-witzigen Dialog des Philosophen Diogenes über das doch so ernste Thema des Todes mit einem seiner Schüler wiedergibt (*Anekdote*, Berliner Abendblätter 6. 12. 1810). Wesentlich häufiger wählt Kleist jedoch Anekdoten um die »kleinen Leute«, die in einer besonderen Situation moralische Größe beweisen (*Mutterliebe, Sonderbarer Rechtsfall in England*), ihr Fehlverhalten büßen müssen (*Tagesbegebenheit*) oder aber in ihrer listigen Pfiffigkeit, ihrer naiven Leutseligkeit oder komischen Derbheit und ihrem schlagfertigen Mutterwitz exemplarisch Möglichkeiten vorführen, sich in einer von institutionalisierten Zwängen und widrigen Umständen bestimmten Welt zu behaupten (»Kapuziner«-*Anekdote*, »Baxer«-*Anekdote*, »Jonas«-*Anekdote*). Eine besondere Rolle spielen hier Kleists Anekdoten um einfache Soldaten, die durchaus nicht immer heldenhafte Tugenden repräsentieren, sondern mit ihrer Insubordination, ihrer menschlichen Schwäche oder Schläue zur Irritation der eingefahrenen Denk- und Verhaltensmuster beitragen (*Der verlegene Magistrat, Der Branntweinsäufer und die Berliner Glocken, Anekdote aus dem letzten Kriege*). In der bekannten *Anekdote aus dem letzten preußischen Kriege* führt Kleist allerdings jenen Typus des heldenhaften und draufgängerischen Soldaten vor, dessen Tapferkeit und todesverachtender Kampfeswille durch die Kontrastierung mit dem ängstlich aufgeregten Wirt noch besonders hervorgehoben wird. Dieser preußische Reiter repräsentiert jene Tugenden, die Kleist im Sinne seiner politischen Vorstellungen dem Publikum nahezubringen bemüht war, ebenso wie die Beispiele ausgerechnet der französischen Feinde (*Franzosen-Billigkeit; Französisches Exerzitium*), die Vaterlandsliebe, Tapferkeit, Fairneß und Todesverachtung als *»wert in Erz gegraben zu werden«* veranschaulichen und so dem preußischen Leser exemplarisch ins Bewußtsein bringen. Die ideologische Vereinnahmung gerade dieser Texte durch die spätere Rezeption, die Kleist hier (wie in seinen Dramen *Die Hermannsschlacht* und *Prinz von Homburg*) zum preußisch-deutschen Nationaldichter hochstilisiert oder aber als Reaktionär abqualifiziert hat, nimmt nicht wunder, wird aber den Texten keinesfalls gerecht, da sowohl der konkrete zeithistorische Bezug wie auch die spezifische Gestaltungsweise nicht außer acht gelassen werden dürfen.

Besonderen Reiz gewinnen die Anekdoten Kleists – insbesondere auch diejenigen um rätselhafte Naturerscheinungen und sonderbar unerklärliche Vorfälle des Alltagslebens (*Unwahrscheinliche Wahrhaftigkeiten, Wassermänner und Sirenen; Helgoländisches Gottesgericht; Griffel Gottes; Charité-Vorfall; Merkwürdige Prophezeiung; Mutwille des Himmels*) – durch die fast paradoxe Kluft zwischen der Unwahrscheinlichkeit und Ungeheuerlichkeit des Ereignisses und der nachdrücklich betonten faktischen Wahrheit. Kleists Anekdoten bewegen sich *»in einem schmalen Grenzgebiet, das den Alltag umsäumt, und wo das Seltsame, der wahre, aber unwahrscheinliche Einzelfall zuhause ist, wo das Alltägliche Risse zeigt. Die Kleistsche Anekdote deutet auf diese Risse hin, fordert den... Verstand des mit dem Alltag versöhnten Publikums heraus«* (A. M. Carpi). Ganz im Sinne des *prodesse et delectare* wird der Leser so mit amüsanten Anekdoten und kleinen Berichten von den Grenzfällen des Lebens nicht nur unterhalten, sondern zugleich tiefergehend auf ethisch-moralische Werte und existentielle Grundfragen hingewiesen. Dabei wird nicht in deutlich moraldidaktischer Absicht doziert, der Leser mit Hilfe ausführlicher Darstellungen und Erläuterungen – wie etwa bei J. P. Hebel – gleichsam an die Hand genommen, sondern es werden aus der offenbar objektiven Beobachterperspektive die Fakten sachlich, genau und detailliert von einem sich jeder deutlichen Stellungnahme oder Wertung enthaltenden Erzähler berichtet, der sich scheinbar ganz hinter seine Tatsachentreue zurückzieht und somit das Erzählte vollkommen glaubhaft zu machen sucht. Unterstrichen wird dies durch den sachlich nüchternen Berichtston, die oft an die Amtssprache erinnernden Formulierungen (*»behufs einer kriegsrechtlichen Beschlagnehmung« – Franzosen-Billigkeit; »ein großer toller Hund, der schon mehrere Menschen beschädigt hatte« – Mutterliebe)*, die den Eindruck erwecken, als ob es sich hier um Berichte eines neutralen Beobachters handele, der scheinbar alle Details unterschiedslos um der »unerhörten« Tatsachen willen wiedergibt. Auf diese Weise wird der Blick ganz auf das Geschehen selbst konzentriert. Das akribisch genaue Nachzeichnen der unscheinbarsten Nebensächlichkeiten, wie etwa der gestischen und mimischen Details, z. B. in der Anekdote *Franzosen-Billigkeit* (ein Vergleich mit Hebels Fassung, *Schlechter Lohn*, läßt die Charakteristika der jeweiligen Erzählweise sinnfällig werden), die Zeitstruktur und der oft zu beobachtende Tempuswechsel ins vergegenwärtigende Präsens führen mitten ins Geschehen, bewirken die *»Sprünge ins Jetzt«* (E. Bloch), die ja auch für die Novellen Kleists so kennzeichnend sind. Durch die präzise Wiedergabe des Vorfalls in allen seinen gleichzeitig und nacheinander folgenden Zügen verfolgt der Leser zugleich mit dem beobachtenden Erzähler die Ereignisse, die sich in szenischer Plastizität wie auf der Bühne präsentieren. Diese vergegenwärtigende Unmittelbarkeit wird auch und gerade in der Syntax konstituiert, die Gleichzeitigkeit und das komplexe Beziehungsgeflecht der Handlungsbestandteile spiegelt sich in den polysyndetisch geformten Sätzen, die den Vorgang so nachzeichnen, wie er ins Auge fällt und das Geschehen in seiner plastischen Totalität sinnfällig machen. Insbesondere in der Dialoggestaltung wird die Abfolge von Rede und Gegenrede, Frage und Antwort genau dem Verlauf eines tatsächlichen, szenisch dramatischen Gesprächs nachgebildet. Indem oft die die Redeanteile kennzeichnenden Zusätze (*»sagte er«; »sprach er«*) jeweils ganz nachgestellt oder erst nach den ersten Worten der jeweiligen Rede eingeschoben werden, wie beispielsweise in der *Anekdote aus dem letzten preußischen Kriege*, folgen die in wörtlicher Rede gegebenen Gesprächsteile jeweils unmittelbar aufeinander, was den Dialog als Abfolge von Aktion und Reaktion – verstärkt durch die häufige Verwendung der Aposiopese – sinnfällig macht. Die Beschreibung des Phänomenalen wird zur Darstellung eines inneren Vorgangs, ohne daß der Erzähler seine Beobachterposition, etwa durch den auktorialen Blick ins Innere der Figuren, verlassen hätte. Kleist hat diese Kunst der abbreviaturhaften und sozusagen atemlosen Darstellung zur Meisterschaft entfaltet und der Gattung ein später nicht mehr erreichtes Maß an Formvollendung verliehen. In seiner scheinbaren Nüchternheit und gleichzeitig bis an die Grenzen des Sagbaren reichenden Gedrängtheit kommt ihm am ehesten noch Franz KAFKA nahe, der Kleist sehr verehrte und nach den Berichten Max Brods die *Anekdote aus dem letzten preußischen Kriege »besonders gern«* und *»hinreißend«* vorlas. Schlaglichtartig wird ein kleiner Vorgang erhellt, der Leser fast unmerklich durch den spannenden Mitvollzug zur Reflexion angeregt. Auch die manches Mal gegebenen scheinbar lenkenden Andeutungen durch Titel, knappste summarische Wertungen oder eher beiläufige Kommentare des Erzählers regen vor allem dadurch zur Nachdenklichkeit an, daß sie immer wieder durch signalhafte Relativierungen in Frage gestellt werden. Deutlich wird hier Kleists sehr modern anmutende rezeptionsästhetische Auffassung, daß das Kunstwerk nicht abgehoben vom Rezipienten gesehen werden kann, denn *»nicht das, was dem Sinn nach dargestellt ist, sondern das, was das Gemüt, durch diese Wahrnehmung erregt, sich denkt, ist das Kunstwerk«* (Brief an Marie von Kleist, Juni 1807).

Eines ist fast allen Figuren der Anekdoten gemeinsam und offenbart sich als Notwendigkeit, auch in den Fällen menschlichen Fehlverhaltens oder rührender Hilflosigkeit: die bewußte oder auch unbewußte Einheit von Denken, Fühlen und Handeln, die ein gelassenes, entschlossenes und sicheres Verhalten aus diesem inneren Schwerpunkt und damit die Bewältigung der oft so brisanten Situation ermöglicht in einer Welt, die sich der menschlichen Erkenntnisfähigkeit entzieht und als prinzipiell widersprüchlich, uneindeutig und rätselhaft erscheint. In den Novellen und Dramen Kleists stellen sich diese Konfrontationen mit der sich verrätselnden Welt als schicksalhafte Einbrüche dar, die die im Mittelpunkt stehenden Figuren in tiefe Konflikte stürzen, deren Bewältigung oft nicht gelingt. Die Anekdoten hingegen führen immer wieder positives Agieren und Reagieren vor, oft mit konkret bestimmbarer Angabe des Schwerpunktes in bestimmten verinnerlichten Tugenden und auf amüsante Weise. So wird zwar auch hier die »Gebrechlichkeit« der Welt und des Menschen immer wieder thematisiert, jedoch zugleich auf die Möglichkeiten der Bewältigung hingedeutet und die Schwere oftmals in einem amüsiert heiteren Lachen aufgelöst. Auf diese Weise hat Kleist dieser einfachen Form eine spezifische Prägung verliehen und seine Auffassung von der besonderen Aufgabe des Dichters sinnfällig gemacht: »... *an jeden Gegenstand, sei er auch noch so scheinbar geringfügig, lassen sich interessante Gedanken anknüpfen, und das ist eben das Talent der Dichter, welche ebensowenig wie wir in Arkadien leben, aber das Arkadische oder überhaupt Interessante auch an dem Gemeinsten, das uns umgibt, heraus finden können.«* B.Hel.

AUSGABEN: Berlin 1810–1811 (in den Berliner Abendblättern). – Lpzg. 1925 (Nachw. G. Minde-Pouet; Faksimiledrucke lit. Seltenheiten, Bd. 2; ern. Stg. 1959, Nachw. u. Quellenregister H. Sembdner; mehrere Nachdr.). – Bln./DDR 1955 (in *GW*, Hg. u. Einl. H. Deiters; Textrev. u. Erl. P. Goldammer, 4 Bde., 3). – Reinbek 1964 (in *Über das Marionettentheater. Briefe, Kleine Schriften u. Anekdoten*, Essay u. Bibl. C. Grützmacher). – Mchn. 1978 (in *Sämtl. Erzählungen u. Anekdoten*, Hg., Erl. u. Nachw. H. Sembdner; zul. 81987; dtv). – Mchn. 61982 (in *SW*; Nachw. u. Anm. C. Grützmacher). – Mchn. 81985 (in *SW u. Briefe*, Hg. H. Sembdner, 2 Bde., 2; rev. u. erw.). – Mchn. 1988 (in *Sämtl. Erzählungen u. Anekdoten*, Nachw., Erl. u. Bibl. H. Schlaffer; Goldm. Tb). – Ffm. 1990 (in *SW u. Briefe*, Hg. I.-M. Barth u. a., 4 Bde., 3).

LITERATUR: H. Sembdner, *Die ›Berliner Abendblätter‹ H. v. K.s, ihre Quellen u. ihre Redaktion*, Bln. 1939 (Diss.; Nachdr. Amsterdam 1970). – F. Stählin, *K. als Meister der Anekdote* (in Zs. f. Deutschkunde, 55, 1941, S. 8–17). – H. Sembdner, *Eine wiederentdeckte Kleist-Anekdote* (in Euph, 43, 1950, S. 478–484). – Ders., *Neuentdeckte Schriften H. v. K.s* (ebd., 53, 1959, S. 175–194). – H. Geißner, *H. v. K.s »Anekdote aus dem letzten preußischen Kriege«* (in Deutschunterricht f. Ausländer, 9, 1959, S. 153–164). – E. Krause, *Die Position H. v. K.s im Zusammenhang mit einigen Problemen der Anekdote*, Diss. Rostock 1966. – E. F. Hoffmann, *Die Anekdote »Mutterliebe« als Modell Kleistschen Dichtens* (in MDU, 64, 1972, H. 3, S. 229–236). – H. D. Weber, *Zu H. v. K.s Kunst der Anekdote* (in Der Deutschunterricht, 30, 1978, S. 14–28). – A. M. Carpi, *K.s Anekdoten. Fabeln ohne Moral* (in Akten d. 6. Internat. Germanisten-Kongresses, 4, 1980, S. 399–404). – R. Kunze, *Die Souveränität des Kunstwerks* (in R. K., *Das weiße Gedicht. Essays*, Ffm. 1989, S. 9–39).

JERONIMO UND JOSEPHE. Eine Scene aus dem Erdbeben zu Chili vom Jahr 1647

Novelle von Heinrich von KLEIST, erschienen 10. bis 15. 9. 1807 in Cottas ›Morgenblatt für gebildete Stände‹, unter dem Titel *Das Erdbeben in Chili* in redigierter Fassung 1810 im ersten Band der *Erzählungen*. – Die Novelle ist die erste gedruckte und eine der frühesten Erzählungen Kleists überhaupt, die er wohl in seiner Königsberger Zeit (Mai 1805 bis August 1806) verfaßt hat.

Unvermittelt wird gleich mit dem ersten Satz der Novelle die doppelte Katastrophe des Einzelnen und der Gemeinschaft thematisch eingeführt. *»In St. Jago, der Hauptstadt des Königreichs Chili, stand gerade in dem Augenblicke der großen Erderschütterung vom Jahre 1647, bei welcher viele tausend Menschen ihren Untergang fanden, ein junger, auf ein Verbrechen angeklagter Spanier, namens Jeronimo Rugera, an einem Pfeiler des Gefängnisses, in welches man ihn eingesperrt hatte, und wollte sich erhenken.«* Darauf folgt die Vorgeschichte: Ein angesehener Edelmann hat Jeronimo, seinen Hauslehrer, wegen des allzu *»zärtlichen Einverständnisses«* mit seiner Tochter Josephe entlassen und das Mädchen zur Strafe in ein Karmeliterkloster gesteckt. Heimlich hat der Liebhaber die Verbindung wiederaufgenommen und *»in einer verschwiegenen Nacht den Klostergarten zum Schauplatz seines vollen Glückes gemacht«*. Bei der Fronleichnamsprozession wird Josephe von den einsetzenden Wehen auf den Stufen der Kathedrale überrascht. Kaum hat sie ihr Kind im Gefängnis geboren, wird den beiden jungen Menschen der Prozeß gemacht und die Mutter, trotz des Fürspruchs der Äbtissin, die sie liebgewonnen hat, zum Tode verurteilt.

Am Tage der Hinrichtung, als sich die ganze Stadt gaffend an den Fenstern drängt, *»um dem Schauspiel, das der göttlichen Rache gegeben wurde ... beizuwohnen«*, und als der verzweifelte Jeronimo seine Geliebte schon für verloren hält und sich erhängen will, bricht urplötzlich die *»zerstörende Gewalt der Natur«* über die Stadt herein. Das berstende Gefängnis gibt Jeronimo den Weg frei, und auf seiner Flucht vor stürzenden Häusern und sich öffnenden Straßen wird er Zeuge der grauenvollen Zerstörung (die der Dichter in einer atemlos gedrängten Reihe von »Hier«-Sätzen beschwört). Vor den Toren der Stadt dankt er Gott *»für seine wunderbare Errettung«*, freut sich selbstvergessen einen Augenblick lang *»des lieblichen Lebens voll bunter Erscheinungen«* und erinnert sich plötzlich wieder Josephes. Lange irrt er auf der Suche nach ihr herum und erblickt sie schließlich in einem einsamen Tal an einer Quelle mit ihrem Kind, das sie aus dem brennenden, hinter ihr zusammenstürzenden Kloster hatte retten können. Nun finden die Unglücklichen im Tal eine *»Seligkeit, als ob es das Tal von Eden gewesen wäre«*. Am Morgen werden sie von der mit Josephe befreundeten Familie des Don Fernando freundlich aufgenommen, so wie überall *»der menschliche Geist selbst wie eine schöne Blume aufzugehen«* schien, *»als ob die Gemüter seit dem fürchterlichen Schlage, der sie durchdröhnt hatte, alle versöhnt wären«*. In einer begeisterten Steigerung ihres Lebensgefühls drängt es nun auch die beiden Liebenden, *»ihr Antlitz vor dem Schöpfer in den Staub zu legen«*, und sie schließen sich trotz der bösen Ahnungen von Don Fernandos zurückbleibender Frau am Nachmittag den Menschen an, die zum Dankgottesdienst in die einzige unversehrte Kirche strömen. *»Niemals schlug aus einem christlichen Dom eine solche Flamme der Inbrunst gen Himmel.«* Doch der Prediger sieht im Erdbeben eine Strafe Gottes und überantwortet schließlich namentlich die Seelen der beiden Liebenden als der verwerflichsten Sünder *»allen Fürsten der Hölle«*. Die aufgeputschten Christen erkennen die beiden, und trotz des heldenhaften Muts, mit dem Don Fernando seine Freunde verteidigt, dringt *»die sa-*

tanische Rotte«, angestachelt von einem, der sich als Jeronimos Vater ausgibt (es vielleicht sogar ist), mit *»ungesättigter Mordlust«* ihnen nach. Beide und dazu, aufgrund einer Verwechslung, das Kind Don Fernandos, werden vom rasenden Mob erschlagen. Fernando nimmt sogleich das fremde Kind an Sohnes Statt zu sich; wenn er den Knaben später mit dem eigenen Sohn *»verglich, und wie er beide erworben hatte, so war es ihm fast, als müßt er sich freuen«*. Mit diesem vieldeutigen Satz endet eine in mancher Hinsicht rätselhafte Erzählung. Denn stärker noch als in anderen seiner Prosawerke tritt der Erzähler Kleist hier hinter das Geschehen zurück. Nur im scheinbar perspektivisch bedingten, dabei aber blitzartig die Situation erhellenden Wechsel sprachlicher Wendungen und im strukturellen Aufbau der Erzählung setzt der Dichter wiederholt Akzente, die seine innere Parteinahme deutlich offenbaren. Die Anmaßung einer göttlichen Richterrolle und ein engherziger religiöser Fanatismus stehen dem ungetrübten natürlichen Gefühl der in ihrem Herzen kindlich-unschuldigen Liebenden und dem kurzen paradiesischen Zustand der zu elementarer Menschlichkeit geläuterten Menge gegenüber. Die vom Dichter geträumte Insel der Seligkeit wird umrahmt von den Höllen am Beginn und Ende der Erzählung – eine sehr eigenartige, spannungsreiche Tektonik. Die zerstörerische Kraft der Natur am Anfang wird am Ende von der Wildheit der Menschen noch überboten.

Die Frage, ob eine unbegriffene Gottheit den eruptiven Untergang einer bisher gültigen Ordnung gewollt hat, bleibt in den einander widersprechenden Tatsachen unbewantwortet. Die häufigen »Als ob«-Sätze betonen diese ungelöste Frage, deren Undurchdringlichkeit den Menschen unweigerlich auf sich selbst verweist und so hervorhebt, daß zumindest die von Menschen ausgelösten Untaten mit Gott nichts zu tun haben. Wenn die rein Empfindenden in dieser Novelle auch tragisch an der von keiner eindeutigen Instanz abhängigen Wirklichkeit zerbrechen, so bleibt doch die momentan erfüllte irdische Glückseligkeit als positives Ideal, das schnell verschüttet, aber auch wiedergewonnen werden kann, in Don Fernandos Seelengröße und in dem angenommenen Kind als inneres Pfand und als sichtbare Spur erhalten. Kleist steht mit dieser Erzählung in der Tradition der philosophischen Auseinandersetzung um das Theodizeeproblem, die sich u. a. anläßlich des katastrophalen Erdbebens von Lissabon 1755, das in der Geschichte des 18. Jh.s ein Weltereignis darstellte, neu entspann. Die rationalistische Diskussion der Frage nach dem Dasein und Wesen Gottes und des Verhältnisses zwischen den seit W. Leibniz eingeführten Kategorien des natürlichen und moralischen Übels wurde vor allem zwischen J. J. Rousseau und Voltaire geführt. Auch I. Kant beschäftigte sich mit dem Phänomen des Erdbebens, allerdings hauptsächlich als einem natürlichen Übel, während er die metaphysischen und theologischen Deutungen zurückwies. Kleist hat vermutlich diese Diskussionen gekannt, und seine Erzählung zeigt am deutlichsten eine gewisse Nähe zu Voltaire in dem dialektischen Verhältnis von natürlichem und moralischem Übel. Wie in *Candide* folgt auch bei Kleist auf die Überwindung des natürlichen Übels (Erdbeben) der Untergang durch das moralische Übel (Inquisition bei Voltaire, Anprangerung durch den Prediger bei Kleist), während umgekehrt in theologischer Interpretation das natürliche eine Folge des moralischen Übels darstellt. Kleist ist jedoch weit davon entfernt, eine Lösung anzubieten und steht damit nicht in der Tradition der »contes moreaux« bzw. »contes philosophiques« im Frankreich des 18. Jh.s, auch wenn er seine Ausgabe der Erzählungen zunächst »Moralische Erzählungen« betiteln wollte. Wie in anderen Prosawerken auch, entfaltet Kleist in der Novelle *Das Erdbeben in Chili »nur in der ästhetischen Besonderung ein philosophisches Problemfeld, wobei die Bescheidung auf das ›nur‹ ihren geschichtlichen und bleibenden ästhetischen Rang ausmacht«* (H. Appelt u. D. Grathoff). K.E.-KLL

Ausgaben: Bln. 1807 (in Morgenblatt f. gebildete Stände, Nr. 217–221). – Bln. 1810 (*Das Erdbeben von Chili*, in *Erzählungen*, 2 Bde., 1810/11, 1). – Lpzg. [2]1936–1938 (in *Werke*, Hg. E. Schmidt u. a., 7 Bde., 6; krit.). – Bln./DDR 1955 (in *GW*, Hg. u. Einl. H. Deiters; Textrev. u. Erl. P. Goldammer, 4 Bde., 3). – Bln./DDR 1969 (in *Das Erdbeben von Chili u. a. Erzählungen*; Einl. J. Rudolph). – Mchn. [6]1982 (in *SW*; Nachw. u. Anm. C. Grützmacher). – Mchn. [8]1985 (in *SW u. Briefe*, Hg. H. Sembdner, 2 Bde., 2; rev. u. erw.; dass. auch dtv). – Ffm. 1986 (in *Werke u. Briefe*, Hg. S. Streller, 4 Bde., 2; Insel Tb). – Stg. zul. 1986, Hg. H. Appelt u. D. Grathoff (RUB). – Stg. zul. 1986 (in *Sämtl. Erzählungen*; Nachw. W. Müller-Seidel). – Ffm. 1990 (in *SW u. Briefe*, Hg. I.-M. Barth u. a., 4 Bde., 3).

Verfilmung: *Das Erdbeben in Chili*, BRD/Spanien 1974/75 (Regie: H. Sanders).

Literatur: K. O. Conrady, *K.s »Erdbeben von Chili«. Ein Interpretationsversuch* (in GRM, N.F.4, 1954, S. 185–195). – J. Klein, *K.s »Erdbeben in Chili«* (in Der Deutschunterricht, 8, 1956, H. 3, S. 5–11). – B. v. Wiese, *H. v. K. »Das Erdbeben in Chili«* (in B. v. W., *Die dt. Novelle von Goethe bis Kafka*, Bd. 2, Düsseldorf 1962, S. 53–70). – J. M. Ellis, *K.s »Das Erdbeben in Chili«* (in Publications of the English Goethe Society, 33, 1963, S. 10–55). – W. Gausewitz, *K.s »Erdbeben«* (in MDU, 55, 1963, S. 188–194). – J. Kunz, *Die Gestaltung des tragischen Geschehens in K.s »Erdbeben in Chili«* (in *Gratulatio. Fs. für Ch. Wegner*, Hg. H. Honeit u. M. Wegner, Hbg. 1963, S. 145–170). – P. Horn, *Anarchie u. Mobherrschaft in K.s »Erdbeben in Chili«* (in Acta Germanica, 7, 1972, S. 77–96). – I. Fitschen, *Antithetische Züge in K.s Erzählung »Das Erdbeben in Chili«* (ebd., 8, 1973, S. 43–58). – D. C. G. Lorenz, *Väter und Mütter in der Sozialstruktur von K.s »Erdbeben in Chili«* (in EG, 33, 1978, S. 263–288). – T. K. Thayer, *K.'s Don Fernando and »Das Erdbeben in Chili«* (in Colloquia Germanica, 11, 1978, S. 263–288). – Th. E. Bourke, *Vorsehung u. Katastrophe. Voltaires »Poème sur le Désastre de Lisbonne« und K.s »Erdbeben in Chili«* (in *Klassik u. Moderne. Die Weimarer Klassik als historisches Ereignis u. Herausforderung im kulturgeschichtlichen Prozeß*, Hg. K. Richter u. J. Schönert, Stg. 1983, S. 228–253). – R. A. Clouser, *Heroism in K.'s »Erdbeben in Chili«* (in GR, 58, 1983, S. 129–140). – *Positionen der Literaturwiss. – Acht Modellanalysen am Beispiel von K.s »Das Erdbeben in Chili«*, Hg. D. E. Wellbery, Mchn. 1985. – *H. v. K. »Das Erdbeben in Chili«*, Hg. H. Appelt u. D. Grathoff, Stg. 1986 (RUB).

DAS KÄTHCHEN VON HEILBRONN oder die Feuerprobe, ein großes historisches Ritterschauspiel

Drama in fünf Akten von Heinrich von KLEIST, entstanden 1807/08; Uraufführung: Wien, 17. 3. 1810, Theater an der Wien; erste Buchausgabe der umgearbeiteten Fassung 1810. – Anregungen zu dem Stoff empfing Kleist aus der englischen Volksballade *Childe Waters* (in G. A. BÜRGERS Nachdichtung *Graf Walther*), aus Chr. M. WIELANDS Erzählungen und G. H. SCHUBERTS Vorlesungen, *Ansichten von der Nachtseite der Naturwissenschaften*, die der Naturphilosoph im Winter 1807/08 in Dresden hielt (erschienen 1808) und in denen er sich auch mit dem Problem des Somnambulismus beschäftigte.

Ein von kaiserlichen Räten und Rittern gebildetes Femegericht muß den Grafen Friedrich Wetter vom Strahl von der Anklage des Heilbronner Waffenschmieds Theobald Friedeborn freisprechen, dessen fünfzehnjährige Tochter Käthchen (wegen ihrer Schönheit im Volksmund das Käthchen von Heilbronn genannt) mit teuflischer Zauberkunst an sich gefesselt zu haben. Der Graf hatte nicht verhindern können, daß ihm das Käthchen aus unergründlichem Drang auf Schritt und Tritt in blinder Ergebenheit gefolgt war und um keinen Preis mehr zu ihrem Vater hatte zurückkehren wollen. Ein von dem Grafen selbst vorgenommenes scharfes Kreuzverhör *(»Das nenn ich menschlich nicht verfahren«)* läßt die Unschuld des Mädchens klar werden, vertieft aber das Rätsel ihres Wesens. – Die Nachricht, daß der Rheingraf vom Stein, der Verlobte Kunigundes von Thurneck, ihm in deren Namen wegen strittiger Güter Fehde ansage, reißt den Grafen aus wehmütigen Gedanken über den Liebreiz Käthchens. Der Burggraf von Freiburg, ein früherer Verlobter Kunigundes, hat diese dem Rheingrafen entführt, um sich für die erlittene Abweisung zu rächen. Wetter, der die Gefesselte zufällig in einer Köhlerhütte findet, befreit sie, führt sie auf sein Schloß und beschließt, von ihrer Dankbarkeit und Verzichterklärung geblendet, ihr nicht nur den umstrittenen Besitz zu schenken, sondern sie auch zu heiraten, zumal auf sie, die dem sächsischen Kaiserhaus entstammt, ein Traum des Grafen in der Silvesternacht hinzudeuten scheint, in dem ein Engel ihm eine Kaiserstochter zur Frau verheißen hatte. – Käthchen hat inzwischen durch einen fehlgeleiteten Brief erfahren, daß der Rheingraf, um sich an Kunigunde zu rächen, zu einem Angriff auf die Burg Thurneck rüstet, wo gerade die Hochzeit vorbereitet wird. Die Schroffheit Wetters (die seine unwillkürliche Neigung nicht verdecken kann) hindert Käthchen daran, ihn rechtzeitig zu warnen. Die Burg geht in Flammen auf, und Käthchen, die von Kunigunde mit mörderischer Gleichgültigkeit in die Flammen geschickt wird, um angeblich ein Bild des Grafen, in Wahrheit aber ein Futteral mit der bewußten Schenkungsurkunde aus dem Feuer zu holen, entgeht, von einem Cherub beschützt, auf wunderbare Weise dem Feuertod und überreicht Kunigunde das verlangte Bild, das – gerechte Ironie eines eigenmächtigen Schicksals – zufällig nicht in dem gesuchten Futteral aufbewahrt war. Der Rheingraf wird in die Flucht geschlagen und von Wetter verfolgt. – Unter einem Holunderbusch vor dem Schloß Wetterstrahl, wo sie das nachträglich aus der Asche aufgelesene Futteral abgeben will, liegt Käthchen im Schlaf. Graf Wetter, der ihre Neigung, im Schlaf zu reden, kennt, spricht Käthchen an und erfragt von ihr, was ihr selbst nicht bewußt ist: In der Silvesternacht habe ihr geträumt, der Graf sei von einem Engel in ihre Schlafkammer geführt worden und habe sie als seine Braut begrüßt. So findet er in Käthchens Traum die Lösung seines eigenen Rätsels. – Vor aller Welt will Wetter nun bekennen, daß Käthchen die Tochter des Kaisers und ihm zur Frau bestimmt ist. Auch als Käthchens Vater ihn beim Kaiser verklagt, bleibt der Graf bei seiner Überzeugung und besiegt im Zweikampf, der als Gottesurteil den Streit entscheiden soll, seinen Kläger kampflos. Dieser Ausgang zwingt endlich den Kaiser, sich eines nächtlichen Abenteuers in Heilbronn zu erinnern und die Vaterschaft einzugestehen. Käthchens ehrenhafter Erhöhung folgt die schimpfliche Demaskierung Kunigundes. Käthchen hat sie (schon im 4. Akt) im Bade belauscht und unter blendend kunstvoller Verkleidung ein Scheusal entdeckt. Käthchen entgeht einem Giftanschlag Kunigundes, deren wahre Natur nun auch der Graf durchschaut. *»Giftmischerin«* ist sein letztes Wort, das er ihr nachschleudert, als sie, schon im Brautschmuck, ohnmächtig vor Wut zusehen muß, wie an ihrer Stelle das mit dem kaiserlichen Brautkleid angetane, aber noch immer unwissende und inmitten des plötzlichen Glanzes in Ohnmacht sinkende Käthchen als Katharina, Prinzessin von Schwaben, vom Grafen Wetter vom Strahl zur Hochzeit geführt wird.

Das *Käthchen von Heilbronn* nimmt in Kleists dramatischem Werk eine Sonderstellung ein, insofern er hier die märchenhaften Elemente der damals recht beliebten romantischen Ritterschauspiele aufgreift und sprachlich den Blankvers mit längeren Prosapassagen mischt. Seine Einheit erhält das Schauspiel durch das spannungsreiche Verhältnis zwischen den beiden Hauptgestalten, das sich erst am Ende in der Harmonie und im Glück ihres anfänglichen Traums in der Sylvesternacht löst. Die

Erfüllung des im Traum Versprochenen ist der einzigartigen Idealität Käthchens zu verdanken, durch die sie zu einer Präfiguration der Kleistschen Marionette wird (vgl. *Über das Marionettentheater*). Von allen dramatischen Gestalten Kleists unterscheidet sie sich dadurch, *»daß sie den übertragischen Zustand der Unschuld nicht verläßt. Sie ist damit wirklich als die reinste Verkörperung der Grazie zu betrachten; im Grund ist sie das schon mit märchenhaften Zügen ausgestattete Symbol einer vom Sündenfall unberührten Daseinsart«* (W. Müller-Seidel). Die Unbeirrtheit des Gefühls, das Festhalten an ihrem Traum und des Unbewußten ist der charakteristische Zug Käthchens, der sie von den Frauengestalten der Erzählungen (Marquise, Toni, Josephe) und der anderen Dramen Kleists (Eve, Alkmene, Penthesilea) unterscheidet. Insbesondere Penthesilea erscheint fast als Gegenpol des Käthchens: *»Denn wer das Käthchen liebt, dem kann die Penthesilea nicht ganz unbegreiflich sein, sie gehören ja wie das + und – der Algebra zusammen, und sind ein und dasselbe Wesen, nur unter entgegengesetzten Beziehungen gedacht«* (Kleist an H. v. Collin, 8. 12. 1808). Penthesilea ist unter diesen »Beziehungen« zum Scheitern verurteilt, da sie ihre ursprüngliche »Grazie«, d. h. die Einheit mit sich selbst und der Welt verliert und aus dem Widerspruch zwischen ihrer Liebe zu Achill und dem Gesetz des Amazonenstaates zu einem neuen Bewußtsein ihrer selbst erst um den Preis des Todes gelangt. Diesem Scheitern des Ideals eines seiner selbst bewußten Insichruhens steht die unbewußte Identität Käthchens gegenüber, der es zuletzt auch gelingt, die Wahrheit des Gefühls im Grafen freizusetzen und zugleich das Böse (Kunigunde) zum ohnmächtigen Hexenwesen zu entzaubern, so daß, ähnlich wie im Märchen, der Traum über die Wirklichkeit siegt. So zeigt sich in *Käthchen von Heilbronn* jenseits aller Zugeständnisse an den Zeitgeschmack (Ritterspiel, Femegericht, Traum- und Märchenelemente) doch auch wieder Kleists spezifische Verfahrensweise, mit seinen Figuren zu experimentieren im Hinblick auf die Frage nach der Identitätsfindung des Menschen in einer prinzipiell fragwürdigen Welt. Sie wird hier positiv beantwortet, allerdings in einem künstlichen, märchenhaften *»Laboratium der Bilder und Träume«* (G. Ueding) jenseits der Realität.

Die zeitgenössische Rezeption des Schauspiels war durchaus geteilt: der Ablehnung als *»wunderbares Gemisch aus Sinn und Unsinn«* eines hypochondrisch verstiegenen Dichters (Goethe) stand das Lob seiner *»Kühnheit«* (W. Grimm) gegenüber. Diese Zwiespältigkeit und die im Rahmen der damaligen Ästhetikdiskussion aufgeworfene Frage um das Romantisch-Mystische des Stücks haben auch die neuere Forschung lange Zeit bestimmt und zu einer überhöhenden Verklärung oder aber – vor allem aus der Sicht materialistischer Literaturbetrachtung – zu vehementen und polemischen Verdikten geführt. Erst allmählich weichen diese gegensätzlichen Beurteilungen einer differenzierten Sichtweise, die psychologische, literatursoziologische und literaturästhetische Aspekte in die Analyse einbezieht. W.v.S.-KLL

Ausgaben: Dresden 1808 (*Fragment aus dem Schauspiel Das Käthchen von Heilbronn oder die Feuerprobe*, in Phöbus, 1, H. 4/5). – Dresden 1808 (*Zweites Fragment des Schauspiels Das Käthchen von Heilbronn*, ebd., H. 9/10). – Bln. 1810. – Lpzg. [2]1936–1938 (in *Werke*, Hg. E. Schmidt u. a., 7 Bde., 5; krit.). – Bln./DDR 1955 (in *GW*, Hg. u. Einl. H. Deiters; Textrev. u. Anm. P. Goldammer, 4 Bde., 2). – Mchn. [6]1982 (in *SW*; Nachw. u. Anm. C. Grützmacher). – Mchn. [8]1985 (in *SW u. Briefe*, Hg. H. Sembdner, 2 Bde., 1; rev. u. erw.; dass. auch dtv). – Ffm. 1986 (in *Werke u. Briefe*, Hg. S. Streller, 4 Bde., 2; Insel Tb). – Stg. zul. 1987 (RUB). – Ffm. 1987 (in *SW u. Briefe*, Hg. I.-M. Barth u. a., 4 Bde., 2).

Vertonung: H. Pfitzner, 1905 (Bühnenmusik).

Literatur: F. Röbbeling, *K.s »Käthchen von Heilbronn«*, Halle 1913; Nachdr. Walluf 1973 [im Anh.: Abdr. der »Phöbus«-Fassung]. – R. Stolze, *K.s »Käthchen von Heilbronn« auf der dt. Bühne*, Bln. 1923. – E. Blaesing, *Ks. »Käthchen von Heilbronn«. Gestalt u. Gehalt*, Diss. Marburg 1945. – H. M. Wolff, *Käthchen von Heilbronn u. Kunigunde von Thurneck* (in Trivium, 9, 1951, S. 214–224). – H. J. Weigand, *Zu K.s »Käthchen von Heilbronn«* (in *Studia philologica et litteraria in honorem L. Spitzer*, Hg. A. G. Hatcher u. K. L. Selig, Bern 1958, S. 413–430). – H. Schwerte, *»Das Käthchen von Heilbronn«* (in DU, 13, 1961, H. 2, S. 5–26). – *Für u. wider »Käthchen von Heilbronn«* (in Theater der Zeit, 17, 1962, Nr. 3). – R. M. Browning, *K.'s »Käthchen« and the Monomyth* (in *Studies in the German Drama. Fs. in Honor of W. Silz*, Hg. D. H. Crosby u. a., Chapel Hill 1974, S. 115–123). – F. Martini, *»Das Käthchen von Heilbronn« – H. v. K.s drittes Lustspiel?* (in Jb. der Dt. Schiller-Ges., 20, 1976, S. 420–447). – H. Sembdner, *Das Detmolder »Käthchen von Heilbronn«. Eine unbekannte Bühnenfassung H. v. K.s*, Heidelberg 1981. – G. Ueding, *Zweideutige Bilderwelt: »Das Käthchen von Heilbronn«* (in *K.s Dramen. Neue Interpretationen*, Hg. W. Hinderer, Stg. 1981, S. 172–187). – *H. v. K. »Das Käthchen von Heilbronn oder Die Feuerprobe«*, Hg. D. Grathoff, Stg. 1977; zul. 1984 (RUB). – L. Gerrekens, *»Nun bist Du ein verschlossner Brief.« – Wirklichkeit u. Bildlichkeit in H. v. K.s »Käthchen von Heilbronn« u. »Familie Schroffenstein«*, Ffm. u. a. 1988.

DIE MARQUISE VON O...

Novelle von Heinrich von Kleist, erschienen in der Zeitschrift ›Phöbus‹ Februar 1808; Buchausgabe der überarbeiteten Fassung im ersten Band der *Erzählungen*, 1810. – Sinnfällig demonstriert der erste Satz in Kleists meisterhafter Erzählung seine dichterische Verfahrensweise: *»In M..., einer* *bedeutenden Stadt im oberen Italien, ließ die verwitwete Marquise von O…, eine Dame von vortrefflichem Ruf, und Mutter von mehreren wohlerzogenen Kindern, durch die Zeitungen bekannt machen: daß sie, ohne ihr Wissen, in andere Umstände gekommen sei, daß der Vater zu dem Kinde, das sie gebären würde, sich melden solle; und daß sie, aus Familienrücksichten, entschlossen wäre, ihn zu heiraten.«* Wiederholt setzt Kleist an den Erzählbeginn ein rätselhaftes Faktum, eingefaßt in die für ihn typische *»Struktur des Widerspruchs«* (W. Müller-Seidel): Daß eine verwitwete Dame »von vortrefflichem Ruf« auf unerklärliche Weise schwanger geworden ist, klingt ebenso paradox wie die Charakterisierung des Michael Kohlhaas als *»einer der rechtschaffensten zugleich und entsetzlichsten Menschen seiner Zeit«*. Nach Art des Kriminalromans, verwendet Kleist diese Stilfigur des Paradoxen zugleich als spannungssteigernden Kunstgriff: Um den Leser in Bann zu schlagen und seine Erwartung auf eine Lösung dramatisch zu steigern, stellt Kleist die befremdliche Annonce der Marquise an den Anfang und rollt dann erst deren Vorgeschichte auf.

Bei der Besetzung einer Zitadelle in Oberitalien bewahrt ein russischer Offizier die Tochter des Kommandanten, die verwitwete Marquise von O…, vor der Vergewaltigung durch russische Soldaten: *»Der Marquise schien er ein Engel des Himmels zu sein.«* Er führt sie in ein sicheres Gemach, *»wo sie auch völlig bewußtlos niedersank«*. Noch ehe die Marquise ihrem Beschützer, dem Grafen F., danken kann, zieht dieser weiter. Die Marquise fühlt sich alsbald von Unpäßlichkeiten befallen, die ihr – wie sie scherzhaft äußert – erscheinen, als ob sie *»in gesegneten Leibesumständen«* sei. Überraschend wird die Ankunft des Grafen F. gemeldet, der sich sogleich nach dem Befinden der Marquise erkundigt und ihr unvermittelt einen Heiratsantrag macht. Die Marquise, obgleich ursprünglich entschlossen, sich nicht wieder zu vermählen, läßt sich durch sein Bitten und Drängen ein bedingtes Versprechen abnötigen, das nach seiner Rückkehr eingelöst werden soll. Inzwischen zwingt der körperliche Zustand die Marquise, einen Arzt zu konsultieren. Er bestätigt ihr, daß sie schwanger sei. Aus der unmenschlichen Reaktion des Vaters – er weist die Marquise in rasendem Zorn aus dem Haus – erwächst in ihr der Stolz eines schuldfreien Bewußtseins: *»Durch diese schöne Anstrengung mit sich selbst bekannt gemacht, hob sie sich plötzlich, wie an ihrer eigenen Hand, aus der ganzen Tiefe, in welche das Schicksal sie herabgestürzt hatte, empor.«* Um ihrem ungeborenen Kind jeden *»Schandfleck in der bürgerlichen Gesellschaft«* zu ersparen, greift sie nach heftigen inneren Kämpfen zu jenem unerhörten Mittel, den Vater durch eine Annonce in den »Intelligenzblättern« ihrer Stadt ausfindig zu machen. In einer anonymen Antwort im Anzeigenblatt kündigt der Vater des Kindes einen Termin an, wann er sich im Hause des Kommandanten einfinden wolle. Wie der Leser ahnt, zeigt sich der Graf, der zunächst, nachdem er bei seiner Rückkehr von dem Geschehen erfahren hatte, seinen Heiratsantrag bei einem Besuch der Marquise wiederholt hatte, jedoch mit einem *»Ich will nichts wissen«* abgewiesen worden war. Aber der Enträtselung des ersten rätselhaften Faktums folgt ein zweites rätselhaftes Faktum. Die Marquise, mit ihren Eltern wieder versöhnt, weigert sich voller Abscheu, diesen Mann zu heiraten: *»… auf einen Lasterhaften war ich gefaßt, aber auf keinen – Teufel!«* Ihre Weigerung kann nur durch eine Sonderklausel, den Verzicht des Grafen auf alle Rechte eines Gatten, aufgehoben werden. Nach der Trauung bezieht der Graf eine eigene Wohnung und betritt viele Monate nicht das Haus des Kommandanten; zur Taufe des neugeborenen Sohnes überträgt er diesem und der Marquise sein gesamtes Vermögen. Da der Graf von da an merkt, *»daß ihm von allen Seiten, um der gebrechlichen Einrichtung der Welt willen, verziehen sei«*, beginnt er erneut um seine Gemahlin zu werben, und feiert, nach Verlauf eines Jahres, endlich die zweite, wirkliche Hochzeit. Kleist wartet mit der Enträtselung des zweiten rätselhaften Faktums bis zum letzten Satz: Vom Grafen danach gefragt, warum sie ihn einst als Teufel von sich gewiesen habe, antwortet die Marquise, *»er würde ihr damals nicht wie ein Teufel erschienen sein, wenn er ihr nicht, bei seiner ersten Erscheinung, wie ein Engel vorgekommen wäre«*.

Die Gefühlsverwirrung der Marquise äußert sich im Widerspruch des doppelten Versehens: Der Graf ist – als ihr Retter – weder ein Engel noch – als ihr Verführer – schlechthin ein Teufel. Vielmehr ist er – als Mensch – in ungelösten Spannungen gefangen, verstrickt in das unentflechtbare *»Ineinander des Göttlichen mit dem Gebrechlichen«* (W. Müller-Seidel). Der Krieg – Sinnbild der auseinandergebrochenen Ordnung der Welt – entbindet in ihm die Humanität des Beschützers wie den dämonischen Trieb des Verführers, aber auch eine außerordentliche Liebe. Sie überdauert noch den Tadel der bürgerlichen Gesellschaft, den die Marquise durch ihren stummen Protest fast bis zuletzt gegen den Grafen ausdrückt. Zwar zeichnet sich auch die Marquise dadurch aus, daß sie einem wahren Gefühl, der Liebe zu ihrem »unbürgerlichen« Kind, die unbedingte Treue hält – mag immer auch die Gesellschaft (in Gestalt der Eltern, vor allem des Vaters) ihr deswegen alle Sympathie entziehen. So hebt sie den ungeklärten Widerspruch zwischen dem Bewußtsein ihrer Unschuld und dem Faktum der Schwangerschaft in der Mutterliebe scheinbar heroisch auf. Die Klärung dieses Widerspruchs, die Enthüllung des Vaters, drängt die Marquise in einen zweiten, schärferen: in den Gegensatz zwischen ihrer Liebe als Mutter und ihrem Abscheu als Gattin. Sie ist, bei aller unkonventionellen Liebe zu dem unerwarteten Kind, ein Opfer gesellschaftlicher Konventionen, wenn ihre anfängliche distanzlose Verklärung des Grafen in eine unkontrollierte Verteufelung seines »ungesetzlichen« Fehltritts umschlägt. Indem aber der Graf, durch ein Äußerstes an Hingabe, sie aus dem Widerspruch zwischen Mutterliebe und Gattenhaß in die *»Einheit des Gefühls«* (W. Müller-Seidel) führt, wird sie sich auch ihrer ursprünglichen spontanen Liebe zu ihm bewußt: Ausdruck dieser Liebe war, in jener ersten Begegnung, ihre Ohnmacht – wie stets bei Kleist Metapher eines unbewußten, echten Gefühls. Erkennend, daß die Ambivalenz und Spannweite menschlicher Existenz sich jeder abstrakt-einseitigen Fixierung entziehen, befreit die Marquise ihr ursprüngliches, aus gesellschaftlichen Gründen verdrängtes Liebesgefühl. Auf einen Bewußtseinsakt dieser Art, auf die Erfahrung des authentischen Gefühls dank der Erkenntnis von Widersprüchen hat Kleist seine Figuren stets angelegt.

Der skizzierte innere Vorgang schlägt sich in Aufbau und Diktion der Erzählung nieder. Der dramatische Einsatz schafft sogleich eine Aufgipfelung, drängt auf eine Lösung und läßt episches Behagen nicht aufkommen. Kunstvoll spannt Kleist die jäh geweckte Erwartung des Lesers, indem er die atemberaubende Folge der Ereignisse in indirekten Reden spiegelt, die des Rätsels Lösung immer wieder verschweigen: So sehr entzieht sich der ungeheure Widerspruch konventioneller Mitteilung. Die Lösung des »äußeren Rätsels« (M. Kommerell), jene sprachlose Enthüllung der Vaterschaft, drängt die Spannung auf einen Kulminationspunkt und läßt sie dann doch nicht abklingen; dramatische Stauung des Erzählrhythmus kennzeichnet dementsprechend den bis ins Detail durchgeformten Stil Kleists. Zur Lösung des »inneren Rätsels« (M. Kommerell) der Marquise muß die Erzählung neu einsetzen: Ihre vielkritisierte Zweiteilung ist daher legitim, adäquater Ausdruck eines doppelten Widerspruchs, den erst der letzte Satz durch die Erkenntnis der Marquise endgültig aufhebt. – Das Motiv der Erzählung ist in der Weltliteratur weit verbreitet. Es wird angenommen, daß Kleist durch eine Anekdote in Michel de Montaignes *Essay über die Trunksucht* (1588) angeregt wurde. KLL

Ausgaben: Dresden 1808 (in Phöbus, H. 2). – Bln. 1810 (in *Erzählungen*, 2 Bde., 1810/11, 1). – Lpzg. [2]1936–1938 (in *Werke*, Hg. E. Schmidt u. a., 7 Bde., 6; krit.). – Bln./DDR 1955 (in *GW*, Hg. u. Einl. H. Deiters; Textrev. u. Erl. P. Goldammer, 4 Bde., 3). – Ffm. 1979, Hg. W. Berthel [m. Materialien zum Film u. Essay v. H. Politzer]. – Mchn. [6]1982 (in *SW*; Nachw. u. Anm. C. Grützmacher). – Mchn. [8]1985 (in *SW u. Briefe*, Hg. H. Sembdner, 2 Bde., 2; rev. u. erw.; dass. auch dtv). – Stg. zul. 1986 (in *Sämtl. Erzählungen*; Nachw. W. Müller-Seidel). – Ffm. 1986 (in *Werke u. Briefe*, Hg. S. Streller, 4 Bde., 3; Insel Tb). – Stg. zul. 1987 (RUB). – Basel/Ffm. 1989 (in *SW. Berliner K.-Ausg.*, Hg. R. Reuß u. P. Staengle, 1988 ff., Abt. 2, Bd. 2; hist.-krit.). – Ffm. 1990 (in *SW u. Briefe*, Hg. I.-M. Barth u. a. 4 Bde., 3).

Dramatisierung: H. Erbse, *Julietta* (Oper; Libretto: H. Erbse; Ffm. 1959).

Verfilmung: *Die Marquise von O...*, BRD/Frankreich 1975 (Regie: E. Rohmer).

Literatur: L. Bianchi, *Studien über K. 1: »Die Marquise von O...«*, Bologna 1920. – W. Müller-Seidel, *Die Struktur des Widerspruchs in K.s »Marquise von O...«*, (in DVLG, 28, 1954, S. 497–515). – A. Horodisch, *Eine unbekannte Quelle zu K.s »Die Marquise von O...«* (in Philobiblon, 7, 1963, S. 136–139). – H. F. Weiss, *Precarious Idylls. The Relationship Between Father and Daughter in H. v. K.'s »Die Marquise von O...«* (in MLN, 91, 1976, S. 538–542). – P. Horn, *Ichbildung und Ichbehauptung in K.s »Marquise von O...«* (in *Akten des V. Internationalen Germanistenkongresses*, Cambridge 1975, Bd. 3, Bern/Ffm. 1976, S. 232–240). – W. Djemtschenko, *Das Wesen des Tragischen in K.s »Die Marquise von O...«* (in Beiträge zur K.-Forschung, 1983, S. 39–49). – W. Krueger, *Rolle u. Rollenwechsel. Überlegungen zu K.s »Marquise von O...«* (in Acta Germanica, 17, 1984, S. 29–51). – J. H. Smith, *Dialogic Midwifery in K.'s »Marquise von O...«* (in PMLA, 100, 1985, S. 203–219).

MICHAEL KOHLHAAS. Aus einer alten Chronik

Erzählung von Heinrich von Kleist, erschienen 1810; einen Teil veröffentlichte Kleist schon 1808 in der von ihm und Adam Müller herausgegebenen Zeitschrift ›Phöbus‹ (darin sind alle Hinweise auf Sachsen als den Ort der Handlung getilgt). – Kleists unmittelbare Quelle war die *Diplomatische und curieuse Nachlese der Historie von Ober-Sachsen und angrentzenden Ländern* (1731) von Christian Schöttgen und Georg Christoph Kreysig, in der die »Nachricht von Hans Kohlhasen« aus dem *Microchronologicum* (ab 1595) des Peter Hafftiz mitgeteilt wird. Dem historischen Hans Kohlhasen, Kaufmann in Cölln an der Spree, wurden am 1. 10. 1532 auf Anordnung eines Junkers von Zaschwitz zwischen Wittenberg und Leipzig zwei Pferde gestohlen. Nach langem, erfolglosem Rechtsstreit veröffentlichte Kohlhase 1534 einen Fehdebrief, steckte Wittenberg in Brand und ließ sich auch durch einen Appell M. Luthers nicht von seinem Feldzug abbringen. Schließlich wurde er nach Berlin gelockt und dort am 22. 3. 1540 hingerichtet. Seine Pferde hatte man ihm vorher zurückgegeben. Seine Frau überlebte ihn um mehrere Jahre.

Kleist hält sich nur zum Teil an diese historischen Fakten. Mit einer Koppel Pferde in Sachsen unterwegs, wird der im Brandenburgischen ansässige Roßhändler Michael Kohlhaas bei der Burg des Junkers Wenzel von Tronka widerrechtlich aufgehalten: Unter dem Vorwand, er habe keinen Paß, nötigt der Burgvogt Kohlhaas auf Befehl seines Herren, zwei Rappen als Pfand zurückzulassen. In Dresden darüber belehrt, daß die Paßforderung völlig willkürlich gewesen sei, will Kohlhaas seine Rappen auf der Tronkenburg abholen, muß aber feststellen, daß die Tiere durch Feldarbeit und schlechte Unterbringung völlig heruntergekommen sind. Seine Beschwerde wird höhnisch abge-

wiesen. Seinen Knecht Herse, der gegen die mißbräuchliche Verwendung der Pferde protestiert hatte, findet er, von den Bedienten des Junkers übel zugerichtet, zu Hause vor. Kohlhaas verklagt den Junker beim Gericht in Dresden auf Wiederauffütterung der Rappen und Erstattung der Krankenkosten für Herse. Nahezu ein Jahr vergeht, ehe er erfährt, daß seine Klage aufgrund der Intrige zweier einflußreicher Verwandter des Junkers, Hinz und Kunz von Tronka, niedergeschlagen ist.
»Ein richtiges, mit der gebrechlichen Einrichtung der Welt schon bekanntes Gefühl« heißt Kohlhaas nichts unversucht zu lassen, um auf ordentlichem Wege Recht zu bekommen. Doch als es ihm weder mit Hilfe der Unterstützung eines befreundeten Stadthauptmanns noch des persönlichen Einsatzes seiner Frau Lisbeth – beim Versuch, dem Kurfürsten von Brandenburg eine Petition zu überreichen, wird sie von einem Wachsoldaten niedergestoßen – gelingt, Gerechtigkeit zu erlangen, und als seine Frau an den Folgen der Verletzung gestorben ist, zögert Kohlhaas nicht länger: Mit sieben Knechten überfällt er die Tronkenburg und äschert sie ein. Der Junker soll angeblich nach Wittenberg entflohen sein. Kohlhaas zieht mit seinem ständig anwachsenden Kriegshaufen vor die Stadt und verlangt die Auslieferung seines Feindes. Mehrmals fällt er brandschatzend in Wittenberg ein, um seiner Forderung Nachdruck zu verleihen. Seine Kampftaktik ist so unkonventionell und flexibel, daß es selbst einem 500 Mann starken Heer unter Führung Friedrichs von Meißen nicht gelingt, das Häuflein des, wie er sich pathetisch nennt, *»Statthalters Michaels, des Erzengels«*, zu besiegen. Während man in Dresden kopfscheu die nächsten Schritte berät, verfaßt Martin Luther einen flammenden Aufruhr an Kohlhaas, worin er ihn als einen Frevler wider Gott und die Obrigkeit anprangert. Es kommt zu einem heimlichen Gespräch zwischen dem Reformator und dem Mordbrenner, mit dem Ergebnis, daß Luther beim Kurfürsten von Sachsen eine Amnestie für Kohlhaas erwirkt. Sofort entläßt dieser seine Spießgesellen, begibt sich nach Dresden, wo nun endlich seiner Klage gegen den Junker stattgegeben werden soll. Beim Wiederaufrollen seines Falles ergeben sich unvorhergesehene Schwierigkeiten. Nach einer für die Tronkas schmachvollen Szene auf offenem Marktplatz triumphieren diese und ihre einflußreichen Freunde bei Hof erneut mit einer Reihe von Winkelzügen über das unbeirrbare Rechtsgefühl des Roßkamms: Er geht in eine Falle und wird in den Kerker geworfen. Zwar setzt der Kurfürst von Brandenburg, sein für ihn zuständiger Landesherr, seine Auslieferung durch, doch da der sächsische Hof inzwischen den Kaiser in Wien angerufen hat, erhält der Fall Kohlhaas auch für die Obrigkeit in Berlin die Bedeutung eines mit Strenge zu statuierenden Exempels. Obwohl zum allgemeinen Erstaunen der Kurfürst von Sachsen plötzlich alle Hebel in Bewegung setzt, um das Leben des Mannes zu retten, gegen den er wortbrüchig geworden ist, wird Kohlhaas zum Tode verurteilt.
Der Kurfürst hatte herausgefunden, daß Kohlhaas eine Kapsel bei sich trägt, in der sich ein für die Geschicke seines Hauses hochbedeutsamer Zettel befindet. (Einst hatte er sich in Begleitung des Kurfürsten von Brandenburg in einem Marktflecken von einer Zigeunerin weissagen lassen. Diese hatte ihre Prophezeiung jedoch vor ihm verheimlicht, auf einen Zettel geschrieben und ihm bedeutet, nur von dem Mann mit dem Federhut, den er dort vor dem Kircheneingang stehen sehe, könne er den Zettel einlösen. Bei dem Mann mit dem Federhut handelte es sich um niemand anderen als Kohlhaas, dem die Alte den Zettel mit der Bemerkung zusteckte, er werde ihm »dereinst das Leben retten«.) Als Kohlhaas zum Schafott geführt wird, erkennt er in der Menge den Kurfürsten, der sich verkleidet und inkognito in Berlin aufhält, tritt auf ihn zu und verschlingt, indem er den verhaßten Souverän unverwandt anblickt, den ominösen Zettel, nicht ohne ihn vorher gelesen zu haben. Dann läßt er sich widerstandslos enthaupten. Zuvor darf er noch seine wohlgenährten Rappen in Augenschein nehmen und zu seiner Genugtuung erfahren, daß seiner Klage gegen den Junker stattgegeben worden ist. Der Kurfürst von Brandenburg erweist dem rechtschaffenen Verbrecher nachträglich seine Reverenz: Er schlägt seine beiden kleinen Söhne zu Rittern und gibt sie auf eine Pagenschule.
Daß Kohlhaas zu Beginn als *»einer der rechtschaffensten zugleich und entsetzlichsten Menschen seiner Zeit«* apostrophiert wird, weist auf die paradoxe Thematik der Erzählung selbst hin, eine Paradoxie, die am Schluß, wenn Kohlhaas kurz vor seiner Hinrichtung die lang ersehnte Gerechtigkeit zuteil wird, besonders eklatant hervortritt. Kohlhaas lehnt sich erst auf, als er die Willkür nicht mehr nur als menschliche Schwäche, sondern als entschiedene Bosheit im einzelnen und im System begreifen muß. Erst das Zusammenspiel unterschiedlichster Faktoren erzwingt die Zuspitzung des Handlungsablaufs. Das verabsolutierte Rechtsgefühl des Kohlhaas ist von seiner strikten Wahrheitsliebe diktiert, aber diese Unbedingtheit führt zu Unrecht und Unmenschlichkeit. Nicht die das Recht gewissenlos manipulierenden hohen Herren bei Hofe trifft der Rachefeldzug des Kohlhaas, sondern das gemeine Volk. Kohlhaas versieht sich in der Wahl des rechten Landesherrn, und dieser von der Doppelstaatlichkeit bedingte Fehlgriff läßt sich im Verlauf des lawinenartig anschwellenden Unheils für ihn nicht mehr korrigieren.
Dennoch endet die Erzählung nicht ausschließlich im tragischen Scheitern des Michael Kohlhaas, sondern in einer Verklärung des Rechts, ähnlich wie im Prinz von Homburg. Der zugrunde liegende Rechtsbegriff ist ein vieldiskutierter Forschungsgegenstand. Man hat sowohl Anklänge an SCHILLER als auch an die zu Zeiten Kleists aktuellen Rechtskontroversen (SAVIGNY) festgestellt und vor allem auf seine Nähe zu Adam Müllers »gegensätzlicher« Rechtsauffassung hingewiesen, der ein Begriff des Rechts als im ständigen Streit der Parteien zu findender Konsens zugrunde liegt. Letztlich

bleibt die Frage offen, wie auch die Erzählung insgesamt in ihren Ambivalenzen und in ihrer Mehrdimensionalität nicht auf einen Aspekt reduzierbar ist. Die Einführung des Wunderbaren (präsent in der alten Zigeunerin) stellt das letzte Glied einer Kette von Horizontausweitungen des Inhalts dar, die in der privaten Sphäre beginnen und neben dem lokalpolitischen auch den theologischen und staatspolitischen Bereich einbeziehen. Die trotz der verwirrenden Detailfülle atemlose und denkbar geradlinige Ereignisfolge ist ganz auf das Ende ausgerichtet, die Erzählweise beschränkt sich auf die Darstellung des Wesentlichen, der sich als Chronist gebende Erzähler berichtet die »unerhörte Begebenheit« ohne weitergehende psychologische Deutungen oder Erörterungen des Problems. KLL

Ausgaben: Dresden 1808 (in Phöbus, 1, H. 6; Frgm.). – Mchn. 1810 (in *Erzählungen*, 2 Bde., 1810/11, 1). – Stg. 1885 (in *SW*, Hg. T. Zolling, 4 Bde., 4; hist.-krit.). – Lpzg. ²1936–1938 (in *Werke*, Hg. E. Schmidt u. a., 7 Bde., 6; krit.). – Bln./DDR 1955 (in *GW*, Hg. u. Einl. H. Deiters; Textrev. u. Erl. P. Goldammer, 4 Bde., 3). – Mchn. ⁶1982 (in *SW*; Nachw. u. Anm. C. Grützmacher). – Ffm. 1984, Hg. H. Fuchs u. D. Seiffert [m. Materialien]. – Mchn. ⁸1985 (in *SW u. Briefe*, Hg. H. Sembdner, 2 Bde., 2; rev. u. erw.; dass. auch dtv). – Ffm. 1986 (in *Werke u. Briefe*, Hg. S. Streller, 4 Bde., 3; Insel Tb). – Stg. zul. 1986 (in *Sämtl. Erzählungen*; Nachw. W. Müller-Seidel). – Stg. zul. 1988 (Nachw. B. Marquardt; RUB). – Basel/Ffm. 1989 (in *SW. Berliner K.-Ausg.*, Hg. R. Reuß u. Staengle, 1988 ff., Abt. 2, Bd. 1; hist.-krit.). – Ffm. 1990 (in *SW u. Briefe*, Hg. I.-M. Barth u. a., 4 Bde., 3).

Dramatisierungen: G. A. v. Maltitz, *Hans Kohlhas*, Trauerspiel, Bln. 1828. – K. R. Proelß, *Michael Kohlhaas*, Trauerspiel, Dresden 1863. – A. Bronnen, *Michael Kohlhaas* (Schauspiel; Urauff.; Frft./Oder, 5. 10. 1929). – W. Gilbricht, *Michael Kohlhaas* (Drama; Urauff.; Bln. 1936, Deutsches Theater).

Vertonung: P. v. Klenau, *Michael Kohlhaas* (Oper; Urauff.: Stg. 1933). – K. Kögler, *Michael Kolhaas* (Oper; Urauff.: Linz, 12. 3. 1989, Landestheater).

Verfilmung: *Michael Kohlhaas – der Rebell*, BRD 1969 (Regie: V. Schlöndorff).

Literatur: K. Wächter, *K.s »Michael Kohlhaas«, ein Beitrag zu seiner Entstehungsgeschichte*, Weimar 1922; Nachdr. Hildesheim 1978. – J. Körner, *Recht u. Pflicht. Eine Studie über K.s »Michael Kohlhaas« u. »Prinz von Homburg«*, Lpzg./Bln. 1926. – A. Schultze-Jahde, *Kohlhaas u.die Zigeunerin* (in Jb. der K.-Ges., 1933–1937, S. 108–135). – F. Heber, *»Michael Kohlhaas«. Versuch einer neuen Textinterpretation* (in WW, 1, 1950/51, S. 98–102). – C. E. Passage, *»Michael Kohlhaas«: Form Analysis* (in GR, 30, 1955, S. 181–197). – G. Fricke, *K.s »Michael Kohlhaas«* (in G. F., *Studien u. Interpretationen*, Ffm. 1956, S. 214–138). – B. v. Wiese, *H. v. K. »Michael Kohlhaas«* (in B. v. W., *Die dt. Novelle von Goethe bis Kafka*, Bd. 2, Düsseldorf 1956, S. 47–63). – J.-J. Anstett, *A propos de »Michael Kohlhaas«* (in EG, 14, 1959, S. 150–156). – P. Horwath, *»Michael Kohlhaas«. K.s Absicht in der Überarbeitung des Phöbus-Fragments* (in MDU, 57, 1965, S. 49–59). – E. Marson, *Justice and the Obsessed Character in »Michael Kohlhaas«, »Der Prozeß« and »L'Étranger«* (in Seminar, 2, 1966, S. 21–33). – J. M. Ellis, *Der Herr läßt regnen über Gerechte u. Ungerechte: K.s »Michael Kohlhaas«* (in MDU, 59, 1967, S. 35–40). – G. H. Hertling, *K.s »Michael Kohlhaas« u. Fontanes »Grete Minde«: Freiheit u. Fügung* (in GQ, 40, 1967, S. 24–40). – H. Lange, *Säkularisierte Bibelreminiszenzen in K.s »Michael Kohlhaas«* (in Kopenhagener germanist. Studien, 1, 1969, S. 213–336). – H. Tellenbach, *Die Aporie der wahnhaften Querulanz. Das Verfallen an die Pflicht zur Durchsetzung des Rechts in H. v. K.s »Michael Kohlhaas«* (in Colloquia Germanica, 7, 1973, S. 1–8). – P. Horn, *Was geht uns eigentlich der Gerechtigkeitsbegriff in K.s Erzählung »Michael Kohlhaas« an?* (in Acta Germanica, 8, 1973, S. 59–92). – L. Hoverland, *H. v. K.s »Michael Kohlhaas« jenseits der Gerechtigkeit* (in Colloquia Germanica, 1975, S. 269–290). – K. Neheimer, *Der Mann, der Michael Kohlhaas wurde*, Bln. 1979. – K. M. Bogdal, *H. v. K. »Michael Kohlhaas«*, Mchn. 1981. – H. Gallas, *Das Textbegehren des »Michael Kohlhaas«. Die Sprache des Unbewußten u. der Sinn der Literatur*, Reinbek 1981. – P. M. Lützeler, *H. v. K. »Michael Kohlhaas«* (in *Romane u. Erzählungen d. dt. Romantik*, Hg. ders., Stg. 1981, S. 213–239). – *H. v. K. »Michael Kohlhaas«*, Hg. G. Hagedorn, Stg. 1983 (RUB). – H. Sendler, *Über Michael Kohlhaas – damals und heute*, Bln./NY 1985. – F. Apel, *K.s »Kohlhaas«. Ein dt. Traum vom Recht auf Mordbrennerei*, Bln. 1987.

PENTHESILEA

Tragödie in Versen (24 Auftritte) von Heinrich von Kleist, erschienen 1808; Uraufführung: in einer bearbeiteten Fassung Berlin, Mai 1876, Königliches Schauspielhaus; zuvor 23. 4. 1876 Rezitation und pantomimische Aufführung einzelner Teile im Konzertsaal des Berliner Nationaltheaters. – In grauer Vorzeit fielen Äthiopierstämme in das Skytherland ein, töteten alle Männer und bemächtigten sich ihrer Frauen. Diese schworen blutige Rache, ermordeten in einer Nacht die Eindringlinge und gründeten einen Frauenstaat, der um seines Fortbestands willen von Zeit zu Zeit erwählte Jungfrauen aussendet, die aus einem von Mars bestimmten Volk eine Schar Männer erkämpfen und gefangen in das Amazonenreich bringen. Dort wird ein großes Liebesfest gefeiert, nach dessen Ende die Gefangenen wieder entlassen werden. – Während des Kriegs um Troja greifen nun die

Amazonen unter der Führung ihrer Königin Penthesilea in das Kampfgeschehen ein, ohne sich doch, zur Verwirrung der streitenden Völker, zu einer der beiden Parteien zu bekennen. Obwohl es nach dem Gesetz der Amazonen verboten ist, daß sich Jungfrauen bestimmte Männer auswählen, sucht Penthesilea im Schlachtgewühl immer wieder den Griechen Achilles, der in gleicher Weise von ihr angezogen scheint und sie im Kampf zu stellen strebt. Auch als der Zweck des Amazonenzugs erreicht, die erforderliche Schar von Jünglingen gefangen ist, gibt die Königin es nicht auf, sich den einen ersehnten Helden siegreich zu gewinnen. Immer wieder wendet sich das Schlachtenglück, bis es schließlich Achill gelingt, Penthesilea zu überwinden. Ihre Vertraute Prothoe überredet jedoch den Siegreichen, die in eine tiefe Ohnmacht Gesunkene bei ihrem Erwachen vorerst zu schonen und sie glauben zu machen, nicht er, sondern sie selbst sei der Sieger. Über solchem trügerischen Grund entfaltet sich der idyllische Zauber der Liebesszene des 15. Auftritts. Bald aber wird durch das Vordringen der Amazonen, die ihre Königin befreien wollen, Penthesilea ihre wahre Lage offenbart. In erneutem Kampfgewühl wird sie von Achill getrennt. Dieser fordert sie nun durch einen Herold noch einmal zum Zweikampf; doch will er sich ihr nur zum Scheine stellen und freiwillig unterliegen, da sie ja nur den lieben darf, den sie mit dem Schwert überwunden hat. Penthesilea verkennt indessen diese Absicht; in übersteigerter Haßliebe zieht sie mit allen Schrecken des Krieges Achill entgegen und stürzt sich, nachdem sie ihm einen Pfeil durch den Hals geschossen hat, mit einer Hundemeute auf ihn, um ihn zu zerfleischen. In den Kreis der von Abscheu und Mitleid bewegten Amazonen zurückgekehrt, stirbt sie dem Geliebten nach.

Thomas MANN hat einmal (in seinem Chamisso-Essay) das *»Überzarte«* und das *»Brutale«* als *»Komplementärbedürfnisse der reizsüchtigen romantischen Konstitution«* bezeichnet. Die gleichzeitige Tendenz zu elfenhafter Zartheit und exotischer Atrozität prägt kaum eine Dichtung so sehr wie Kleists *Penthesilea*. Die Titelgestalt wird im Drama selbst ständig durch extreme Gegensätze gekennzeichnet. Mit einer Leier vergleicht sie sich selbst, die im Zuge des Nachtwinds still für sich den Namen des Geliebten flüstert (9. Auftr.); und doch zerfleischt sie diesen am Ende mit ihren eigenen Zähnen: *»... Küsse, Bisse. / Das reimt sich, und wer recht von Herzen liebt, / Kann schon das eine für das andre greifen«* – so lautet Penthesileas hellsichtiger, ob seiner Paradoxie berühmter Kommentar. *»Halb Furie, halb Grazie«* nennt Achilles sie (21. Auftr.); und noch, nachdem das Entsetzliche geschehen ist, vergleicht die erste Priesterin sie mit einer Nachtigall. Der Gegensatz, den sie selbst verkörpert, reizt Penthesilea auch an Achilles: Der Gedanke zieht sie an, den *»Lieben, Wilden, Süßen, Schrecklichen«*, der Hektor zu Tode schleifte, mit Rosen zu bekränzen (15. Auftr.). – Was der junge Friedrich von SCHLEGEL in seiner Abhandlung *Über das Studium der griechischen Poesie* prophezeit hatte: daß die moderne Dichtung, die von der *»Kategorie des Interessanten«* geprägt sei, immer mehr zum Schockanten und Gräßlichen tendiere, scheint durch Kleists Schauspiel bestätigt zu werden. Es birgt bereits eine spätere Tendenz der Rezeption antiker Mythen in sich,die in ausdrücklichem Gegensatz zum klassischen Bild des Griechentums dessen wahres Wesen in Hysterie und lyrisch überglänzten, mit moderner seelischer Differenziertheit sich verbindenden Krudelitäten sucht (vgl. HOFMANNSTHALS *Elektra*). Freilich kann Kleist in vieler Hinsicht auf den antiken Mythos selbst zurückgreifen: auf den *Hippolytos* des Euripides zumal und dessen *Bacchen*. Die Wahnsinnstat der Agaue weist unverkennbar auf diejenige Penthesileas voraus. Die Vorbehalte Goethes gegenüber der *Penthesilea* sind nicht verwunderlich; hier wurde gewiß nicht ohne Absicht eine förmliche Gegenwelt zu seiner *Iphigenie* beschworen, in der gleichsam das Skythentum des Thoas und der von ihm humanisierte Diana-Kult ins Barbarisch-Blutige zurückverwandelt wurden (auch die Amazonen stammen ja von den Skythen ab und verehren die Diana). Kleist hat aber die archaische Wildheit seines Stoffes (auf den er durch HEDERICHS *Gründliches mythologisches Lexicon* aufmerksam wurde) auf unerhört kühne Weise psychologisch begründet: daß er dabei modernste psychopathologische Erkenntnisse vorwegnahm, ist von jeher bewundert worden. In der Verschränkung kriegerischer und erotischer Bilder scheint sich die Vorstellung der Liebe als eines Kampfes der Geschlechter, die Nähe von Eros und Geschlechtshaß auszudrücken. George STEINER hat geistreich bemerkt, das Stück sei, wie ein Schwerttanz aufgebaut: Der Grieche und die Amazone treten vor und weichen zurück in mörderischer Werbung. Ausdrücklich ist einmal bei Kleist davon die Rede, daß Penthesilea Achill im funkelnden Kriegsschmuck und voller Kampflust *»entgegen tanzt«* (7. Auftr.). Paradoxe Bilder dieser Art antizipieren Penthesileas tragische Situation, jenen unaufhebbaren Widerspruch zwischen der amazonischen Lebensordnung mit ihrer rituellen Erotik und der individuellen Liebe, aus dem die Königin, als sie sich jener beiden allein sinngebenden Lebensmächte gleichzeitig beraubt sieht, nur noch in das Chaos des Wahnsinns, der Rache als mänadisch rasender Selbstbehauptung stürzen kann.

»Tragik« als metaphysische Krise, als Riß im Sinngefüge der Welt ist dem Wort wie der Idee nach eine Entdeckung und Schöpfung des 19. Jh.s, die sich gern in dem mythischen Bild der Antinomie in der Götterwelt ausdrückt (vgl. z. B. auch GRILLPARZERS *Des Meeres und der Liebe Wellen*). Bei Kleist sind es Diana und Mars, in deren Gehorsam sich der Amazonenstaat stellt; dessen Gesetz will den namenlosen, für die rituellen Orgien bestimmten Geschlechtspartner, den Mars der Jungfrau in der Schlacht bestimmt. Aphrodite aber, zu der Penthesilea (im 9. Auftr.) aufseufzt, und der *»Gott der Liebe«*, der sie *»ereilt«* hat (15. Auftr.), geben ihr ein, den namentlich bekannten Helden zu wählen, zu suchen, zu lieben. Diese Antinomie wird ihr lange nicht bewußt, zumal da die sterbende Mutter ihr bereits in merkwürdiger Ausnahme von dem Gesetz Achill als von Mars bestimmten Partner verheißen hat. So kann sie im 15. Auftritt, dieser trügerisch idyllischen Insel innerhalb des reißenden Stromes der tragischen Vorgänge, das heilige Gesetz ihres Volkes mit der Bestimmung ihres Herzens versöhnt wähnen, da sie glaubt, sich Achilles mit dem Schwert erkämpft zu haben. Die große Liebesszene bildet eine Brücke des schönen Scheins über dem tragischen Abgrund der Welt, zwischen den beiden in Wirklichkeit nicht zu vereinenden Lebensmächten. Auch im *Prinzen von Homburg* wird in der Idylle des Schlußbildes eine solche Brücke des schönen Scheins geschlagen; aber sie bedeutet hier innerhalb des Kunstwerks die echte Aufhebung des tragischen Gegensatzes, das befreiende Ende, während in der *Penthesilea* die Brücke zerbricht und die Gestalten ins Bodenlose hinabstürzen. Der Moment, in dem die Königin erfahren muß, daß nicht sie, sondern Achill siegreich war, bedeutet das qualvolle Aufdämmern des Bewußtseins, daß ihre Liebe sie in eine tödliche Selbstentzweiung getrieben hat. Noch einmal sucht sie in den erschütternden Bittrufen am Ende des 15. Auftritts das Unvereinbare zu vereinen, den Geliebten in ihre Heimat zu locken, *»wo Dianas Tempel aus den Wipfeln ragt«*; doch dann bricht der Gegensatz offen hervor, treten die beiden Pole ihrer Existenz in vernichtende Spannung zueinander. Dem Achill ist sie entrissen; von den Ihren, die unter Aufopferung der ganzen Kriegsernte ihre Königin aus den Händen des Überwinders befreit haben, wird sie verstoßen, da sie die Befreiungstat nur beklagt und sich damit um ihrer Liebe willen in Gegensatz zum Amazonenstaat stellt. In diesem ausweglosen Moment wähnt sie sich nun auch noch in jener Liebe betrogen, in ihrem Heiligsten geschändet (ein typisch Kleistsches Motiv), als sie die Kampfesforderung Achills vernimmt, die in Wahrheit als freiwillige, liebende Unterwerfung gemeint ist. Der Sturm, der in ihrem Innern tobt, läßt sie Achills wahre Absicht verkennen; zu spät, erst nach der alles vernichtenden Tat durchschaut sie die wahren Zusammenhänge. Mit dieser Verknüpfung von tödlichem Versehen und einem Erkenntnisakt, der die Katastrophe transzendiert, greift Kleist auf ein Urthema tragischer Dichtung zurück, das er in seiner spezifischen Weise abhandelt. Die Welt ist antagonistisch gespalten, eine höhere sinnstiftende Einheit gibt es nicht, und der Mensch ist in einer solchen Welt auf sich selbst angewiesen, auf sein »innerstes Gefühl«, das ihn unfehlbar zu leiten vermag, wie etwa das Käthchen von Heilbronn, oder aber verstellt, verwirrt werden kann: *»Ach, wie gebrechlich ist der Mensch, ihr Götter!«*

Kleists Trauerspiel findet bis heute nur selten den Weg auf die Bühne – trotz seiner starken Spannung, welche vor allem durch die äußerste räumlich-zeitliche Konzentration des Geschehens bewirkt wird, das in seinen 24 Auftritten (ohne Akteinteilung und Unterbrechung der zeitlichen Kontinuität) wie ein Katarakt vorüberbraust. Doch bedeutet die Einheit des Schauplatzes eine weitgehende Verlegung der eigentlichen Aktion in die »verdeckte Handlung«, die durch Teichoskopie und andere traditionelle Berichtsformen reportiert wird. Dadurch scheint sich Penthesilea vom Theater zu entfernen – so hinreißend, so genuin dramatisch die elementar lodernde Sprache auch sein mag, die vollkommen dem äußeren und inneren Vorgang anverwandelt ist. Ein von daher einleuchtender Versuch war die Pariser Inszenierung des Filmregisseurs H. J. Syberberg (1981), der das ganze Schauspiel in einen Monolog Penthesileas verwandelt, auf die innere Bühne der Titelgestalt verlegt.

Ihre moderne tiefenpsychologische Dimension erreicht Kleists Sprache aber dadurch, daß sie nicht nur Ausdruck des unmittelbaren Gefühls ist (Penthesileas Liebe zu Achill), sondern unlösbar verschränkt damit auch Ausdruck des von der Umwelt festgelegten, die Wahrheit des Gefühls verstellenden Bewußtseins (Amazonentum). Das schwankende, doppelbödige Selbstverständnis der Heldin schlägt sich in Reden nieder, die, einer Einsicht Max Kommerells zufolge, abgestuft sind *»nach ihrer Treue oder Untreue gegen das Unbewußte ... Eine Szene der Penthesilea, die neunte, ist von dieser Abstufung so beherrscht, daß derselbe Mensch hier eigentlich zwei Sprachen spricht, eine Sprache, in der er seine Gefühle nach einer geprägten Denkform auslegt, eine andere, die nicht mehr von ihm gewählt, sondern ihm gegeben, die Ursprünglichkeit des Inneren aufschließt.«* – Es ist mehr als ein impressionistischer Einfall, wenn die Sprachgestalt dieses Dramas, die atemlose Folge ineinander verschlungener Dialoge als *»dionysische Verbalmusik«* (G. Blöcker) charakterisiert wurde: Zwei bedeutende Werke der Musikliteratur, Hugo Wolfs Tondichtung und Othmar Schoecks Oper, wurden durch den symphonischen Charakter dieser Dichtung Kleists angeregt, dem die Musik die *»Wurzel«* und *»algebraische Formel«* aller Künste war. D.Bo.

Ausgaben: Dresden 1808 (Organisches Frgm., in Phöbus, H. 1). – Tübingen/Dresden 1808; Faks. Ffm. 1967, 2 Bde. [Bd. 2 enth. Dokumentationen u. Zeugnisse, Hg. H. Sembdner]. – Stg. 1885 (in *SW*, Hg. T. Zolling, 4 Bde., 2; hist.-krit.). – Lpzg. 21936–1938 (in *Werke*, Hg. E. Schmidt u. a., 7 Bde., 4; krit.). – Bln./DDR 1955 (in *GW*, Hg. u. Einl. H. Deiters; Textrev. u. Erl. P. Goldammer, 4 Bde., 2). – Mchn. 61982 (in *SW*; Nachw. u. Anm. C. Grützmacher). – Bln./DDR 1983 [Nachw. Chr. Wolf]. – Mchn. 81985 (in *SW u. Briefe*, Hg. H. Sembdner, 2 Bde., 1; rev. u. erw.; dass. auch dtv). – Ffm. 1986 (in *Werke u. Briefe*, Hg. S. Streller, 4 Bde., 2; Insel Tb). – Stg. zul. 1987 (Nachw. E. Reusner; RUB). – Ffm. 1987 (in *SW u. Briefe*, Hg. I.-M. Barth u. a., 4 Bde., 2).

Vertonungen: H. Wolf, *Penthesilea*, 1883–1885 (Symphonische Dichtung). – O. Schoeck, *Penthesilea* (Oper; Urauff.: Dresden 8. 1. 1927, Staatsoper).

VERFILMUNG: *Heinrich Penthesilea von Kleist*, BRD 1983 (TV; Regie: H. Neuenfels).

LITERATUR: B. Schulze, *K.s »Penthesilea« oder Von der lebendigen Form der Dichtung*, Lpzg. 1912. – W. v. Einsiedel, *Die dramatische Charaktergestaltung bei H. v. K., besonders in seiner »Penthesilea«*, Bln. 1931; Nachdr. Nendeln 1967. – E. Blühm, *Die Wandlungen des K.bildes, vornehmlich aufgewiesen an der Auffassung der »Penthesilea«*, Diss. Greifswald 1951. – I. Kohrs, *Das Wesen des Tragischen im Drama H. v. K.s dargestellt an Interpretationen von »Penthesilea« u. »Prinz Friedrich von Homburg«*, Marburg 1951. – K. May, *K.s »Penthesilea«* (in K. M., *Form und Bedeutung*, Stg. 1957, S. 243–253). – G. Fricke, *K. »Penthesilea«* (in *Das dt. Drama vom Barock bis zur Gegenwart*, Hg. B. v. Wiese, Bd. 1, Düsseldorf 1958, S. 363–384). – D. Dyer, *The Imagery in K.'s »Penthesilea«* (in Publications of the English Goethe Society, 31, 1961, S. 1–23). – B. v. Wiese, *Tragische u. märchenhafte Existenz bei H. v. K.* (in B. v. W., *Die dt. Tragödie von Lessing bis Hebbel*, Hbg. [5]1961, S. 309–326). – F. Gundolf, *»Penthesilea«* (in F. G., *Dem lebendigen Geist*, Heidelberg/Darmstadt 1962, S. 239–259). – H. Turk, *Dramensprache als gesprochene Sprache. Untersuchungen zu K.s »Penthesilea«*, Bonn 1965. – H. Brown, *Penthesilea. Nightingale and Amazon* (in Oxford German Studies, 2, 1972/73, S. 24–33). – M. Durzak, *Das Gesetz der Athene u. das Gesetz der Tanais. Zur Funktion des Mythischen in K.s »Penthesilea«* (in FDH, 1973, S. 354–370). – H. M. Brown, *K. and the Tragic Ideal. A Study of »Penthesilea« and Its Relationship to K.'s Personal and Literary Development 1806–1808*, Bern/Ffm. 1977. – M. C. Wandruszka, *Kommunikationsstrukturen in K.s »Penthesilea«* (in AION, 20, 1977, Nr. 3, S. 129–152). – R. Raiser, *H. v. K.s »Penthesilea« – eine Uraufführung?* (in NDH, 29, 1982, S. 196–200). – G. A. Wells, *The Basis and the Effectiveness of the Tragic Outcome in K.'s »Penthesilea«* (in New German Studies, 11, 1983, S. 99–112). – W. Müller-Seidel, *K.s »Penthesilea« im Kontext der dt. Klassik* (in W. M.-S., *Die Geschichtlichkeit der dt. Klassik*, Stg. 1983, S. 209–230; 330–336). – R. Paulin, *K.'s Metamorphoses. Some Remarks on the Use of Mythology in »Penthesilea«* (in Oxford German Studies, 14, 1983, S. 35–53). – B. Belhalfaoni, *K.s »Penthesilea« in heilsgeschichtlicher Sicht. Eine Interpretation* (in EG, 40, 1985, S. 175–194). – I. Schneider, *Überlegungen zu »Heinrich Penthesilea von Kleist, Träumereien über eine Inszenierung«. Ein Film von H. Neuenfels* (in *Methodenprobleme der Analyse verfilmter Literatur*, Hg. J. Paech, Münster 1984, S. 147–160). – H. Gallas, *K.s »Penthesilea« und Lacans vier Diskurse* (in *Kontroversen, alte und neue, Akten des VII. Internat. Germanisten-Kongresses Göttingen 1985*, Hg. A. Schöne, Bd. 6, Göttingen 1986, S. 203–212). – J. Pfeiffer, *K.s »Penthesilea«. Eine Deutung unter den Aspekten von narzißtischer u. ödipaler Problematik* (ebd., S. 196–202). – B. Böschenstein, *Antike u. moderne Tragödie um 1800 in dreifacher Kontroverse: Goethes »Natürliche Tochter«, K.s »Penthesilea«, Hölderlins »Antigone«* (ebd., Bd. 8, S. 204–215). – J. Lefebvre, *Nécessité et limites d'une lecture psychanalytique de »Penthésilée«* (in Cahiers d'études germaniques, 10, 1986, S. 229–244).

PRINZ FRIEDRICH VON HOMBURG

Schauspiel in fünf Akten von Heinrich von KLEIST, entstanden 1809–1811; Uraufführung: Wien, 3. 10. 1821, Burgtheater, u. d. T. *Die Schlacht von Fehrbellin*. – Der nachtwandelnde Prinz von Homburg flicht sich im Schloßgarten von Fehrbellin einen Lorbeerkranz; der Kurfürst, der ihn mit der Hofgesellschaft beobachtet, nimmt ihm den Kranz aus der Hand, schlingt zum Scherz seine Halskette darum und reicht ihn seiner Nichte Natalie. Als der Prinz sich ihr leidenschaftlich zuwendet, ja sie als Braut anredet, weist der Kurfürst ihn schroff zurück, und die erschrockene Hofgesellschaft entweicht; nur ein Handschuh Natalies bleibt in den Händen des immer noch träumenden Prinzen zurück. – Als am nächsten Morgen der Feldmarschall seinen Offizieren den Plan der Schlacht gegen die Schweden erläutert, ist der Prinz geistesabwesend, denn er hat entdeckt, daß Prinzessin Natalie ihren Handschuh vermißt – denselben, den er nachtwandelnd von ihrer Hand gezogen hat. In der folgenden Schlacht stürzt er sich, durch jenes Traumerlebnis in das Hochgefühl versetzt, vom Glück zu Außerordentlichem berufen zu sein, mit der Reiterei voreilig in die Schlacht, obwohl ihm untersagt ist, in dem Kampf einzugreifen, bevor ihm durch einen Boten der Befehl dazu erteilt wurde. Gerade die Insubordination des Prinzen scheint aber wesentlich zum glänzenden Sieg Brandenburgs beizutragen. Der Kurfürst indessen läßt den »Sieger von Fehrbellin« vor ein Kriegsgericht stellen, das ihn zum Tode verurteilt. Als der Prinz erfährt, daß es dem Kurfürsten mit der Vollstreckung des Urteils ernst ist und er auf dem Wege zur Kurfürstin, die er um ihre Fürsprache bitten will, das für ihn bestimmte Grab sieht, verfällt er in solche Todesangst, daß er vor der Kurfürstin und Natalie nur noch um das nackte Leben fleht, ja sogar jeden Anspruch auf die Hand der Prinzessin (mit der er sich nach der Schlacht heimlich verlobt hat) aufgibt – ein Motiv, das an die Todesangst Claudios in SHAKESPEARES *Measure for Measure* gemahnt. – Erschüttert unternimmt Natalie einen letzten Versuch, das Leben des Geliebten zu retten; der Kurfürst ist auch zur Begnadigung bereit, vorausgesetzt, der Verurteilte selbst erklärt den Spruch des Kriegsgerichts für ungerecht. Als der Prinz jedoch ein Schreiben dieses Inhalts aus den Händen Natalies empfängt, erkennt er, selber zur Entscheidung aufgerufen, die Rechtmäßigkeit des Urteils an und verkündet vor dem versammelten Offizierskorps, das vom Kurfürsten die Begnadigung fordert, er sei bereit zu sterben. Diese Anerkennung des Gesetzes ermöglicht es nun dem Kurfürsten, Gnade vor Recht ergehen zu lassen. In der letzten Szene des

Dramas verwandelt er die Traumvision des Prinzen in Wirklichkeit: Ruhmeskranz, Fürstenkette und Braut werden ihm nun tatsächlich zuteil.
In Kleists Quelle, den *Mémoires pour servir à l'histoire de la Maison de Brandebourg* (1751) von König FRIEDRICH II. VON PREUSSEN, ist im Zusammenhang mit der Legende um den Prinzen von Homburg ein Ausspruch des Großen Kurfürsten überliefert, mit welchem er diesem seine Insubordination gnädig verzieh: *»Si je vous jugeois selon la rigueur des lois militaires, vous auriez mérité de perdre la vie.« (»Wenn ich Sie nach der Strenge des Militärgesetzes aburteilen würde, so hätten Sie den Tod verdient.«)* Kleist verwendet für die szenische Erläuterung dieses staatspolitischen Exempels eine Fülle von theatralisch äußerst wirksamen Situationen, die eine Verwandtschaft mit dem Urdrama des Gerichtsprozesses aufweisen (dessen Modell auch dem *Zerbrochnen Krug* und dem ersten Akt des *Käthchens von Heilbronn* zugrunde liegt): Verhörsituationen, Plädoyers, Rededuelle zwischen Anklage und Verteidigung (so zwischen dem Kurfürsten und dem Oberst Kottwitz, dem Fürsprecher Homburgs) usw. Die Spannung des Schauspiels resultiert wie in SCHILLERS *Maria Stuart* und anderen politischen Dramen der Weltliteratur aus der Ungewißheit, ob ein verhängtes Todesurteil tatsächlich vollstreckt wird oder nicht. Hier wie dort ist der Titel des Dramas mit dem Namen des »Angeklagten« identisch; dieser und der jeweilige oberste »Richter« (Elisabeth in *Maria Stuart*, der Kurfürst im *Prinz von Homburg*) sind die beiden Pole, zwischen denen die signifikante tragische Spannung besteht.
Bei dem »Fall« Homburg geht es um das Prinzip der Subordination: Der Prinz hat, wie der Kurfürst ihm vor der Schlacht mahnend vorhält, früher bereits zwei Siege verscherzt; trotz der Warnung, nicht auch den dritten durch Leichtsinn zu gefährden, mißachtet der Prinz den Schlachtbefehl. Der Kurfürst muß darauf bestehen, *»daß dem Gesetz Gehorsam sei«* (2, 9); dem Vaterland kann es nicht gleich gelten, *»ob Willkür darin, ob drin die Satzung herrsche«* (4, 1). Im Namen von *»Kriegszucht«* und *»Gehorsam«* gilt es nun, ein Exempel zu statuieren. Der Prinz nimmt das Todesurteil zunächst nicht ernst, hält es für eine bloße Formalität: *»Das Kriegsrecht mußte auf den Tod erkennen; / so lautet das Gesetz, nach dem es richtet«*; nachdem jedoch getan ist, *»was Pflicht erheischte«*, wird der Kurfürst, so wähnt Homburg, dem »Herzen« gehorchen und auf die Vollstreckung des Urteils verzichten (3, 1). Das geschieht ja in der Tat am Ende des Dramas, doch erst, nachdem der Prinz eine bedeutsame Wandlung vollzogen hat, die in seiner Anerkennung und »existentiellen« Erfahrung der Notwendigkeit des Gesetzes besteht. Der Wendepunkt ist jener Moment, da die Entscheidung über Gerechtigkeit und Ungerechtigkeit des Urteils in seine eigenen Hände gelegt, er also vom Kurfürsten zum Richter über sich selber ernannt wird; nun erst erkennt er, daß er sich schuldig gemacht hat und ist zur Sühne bereit. So wie er auf die erste Nachricht von der bevorstehenden Vollstreckung des Urteils hin und beim Anblick des für ihn bestimmten Grabes in Todesangst verfiel, so läßt er sich nun, ehe er dem Offizierskorps seine Entscheidung verkündet, *»das heilige Gesetz des Kriegs, / das ich verletzt im Angesicht des Heers, / durch einen freien Tod«* zu verherrlichen (5, 7), noch einmal den Kirchhof öffnen, um das Grabgewölbe zu sehen. Die Fassung, mit der er dem Tod jetzt begegnet (sie verbindet ihn mit Goethes Egmont, der einen ähnlichen Läuterungsprozeß durchmacht), hat ihren Grund in dem *»Triumph / ... über den verderblichsten / der Feind' in uns, den Trotz, den Übermut«*, wie er in dieser Szene zu den Offizieren sagt. Die religiösen Formeln, deren er sich hier bedient, deuten darauf hin, daß ihm das Gesetz, dem er sein Leben opfert, der Widerschein einer göttlichen Bestimmung ist. Die Selbstbezogenheit, die den Prinzen früher prägte, seine Ichverkrampfung hat sich zugleich mit der ihr entsprechenden Todesangst gelöst.
Diese Läuterung vollbringt aber im Ablauf des Schauspiels das Wunder der Auflösung der Tragödie in die Komödie. Die Schatten des tragischen Ernstes, die bis zum Ende des vierten Akts auf der Handlung lasteten, weichen im letzten Aufzug gelöster Heiterkeit; der Auftritt Kottwitzens läßt echt lustspielhafte Momente, märkischen Humor, aufkommen. Auch der Kurfürst verliert zunehmend seine Unerbittlichkeit, den tödlichen Ernst des Richters und nimmt Züge olympischer Heiterkeit an. Er scheint sich – ein typisches Komödienmotiv – als gleichsam allwissender Gott, als geheimer Regisseur des Geschehens zu verstehen, der dem Prinzen zu tief ins Herz gesehen hat, um nicht das in ihm verankerte, wenngleich verschüttete Rechtsgefühl zu kennen und zu wissen, wie er sich am Ende entscheiden, so aber auch die Begnadigung ermöglichen wird: Die Gnade setzt ja die unbedingte Anerkennung des Rechts durch den Prinzen voraus. – So scheint der *Prinz von Homburg* als staatspolitisches Drama zu enden; der »Fall« ist für alle Seiten, sowohl vom Standpunkt der Billigkeit als auch von dem des Rechts, befriedigend, rational einsichtig gelöst. Hier hakt jedoch der Skeptizismus der jüngeren Forschung ein, welche in Kleists Schauspiel weder mehr die Apologie preußischer Staatsvernunft noch den klassischen Ausgleich zwischen Staatsräson und Recht des Individuums noch auch das Drama der »Existenz« sehen will, als das es die Forschung lange gedeutet hat. Vielmehr sei es *»ein Stück aus Widersprüchen«* (H. Arntzen), welche die Handlung, die Charaktere wie die Aussage des Schauspiels präge und eine harmonisierende Deutung ausschließe.
Hinter der »Staatsaktion« des Dramas lagert eine andere Handlungsschicht, die auch stilistisch einen Kontrapunkt zur Nüchternheit des politischen Dramas setzt. Es ist die somnambule Welt des Prinzen, aus der dieser die Antriebe für sein Handeln in der Wirklichkeit empfängt. Mit vermeintlich nachtwandlerischer Sicherheit stürzt er sich unter Berufung auf die Ordre, die er vom »Herzen« empfangen hat, in die Schlacht. Dies Herz, das »Ge-

fühl«, wie es unverhüllt im Traum zutage trat, ist seit je Gegenstand divergierender wissenschaftlicher Auslegungen. Es wurde lange Zeit vielfach als subjektivistische Willkür kritisiert, von der sich der Prinz zur Anerkennung von Gesetz und Staat emporläutere. Noch G. FRICKE sprach in seinem bahnbrechenden Kleist-Buch (1926) in einem moralischen Sinn von der *»Selbstsucht des endlichen Ich«*, aber seine »existentielle« Deutung des Gefühls, das die Kleistschen Figuren so unverkennbar beseelt, sein Verständnis des Gefühls als dominierender Qualität der Existenz, als Organ der Welterfahrung, schuf zugleich die Möglichkeit, auch Homburgs unbewußtes, unwillkürliches Sein umzuwerten. So geht B. v. WIESE von einer durchaus positiven, verklärenden Sicht der Gefühls- und Traumsphäre des Prinzen aus: *»Dieser nachtwandlerische Prinz ist Marionette im Sinne des Käthchen«.* Über diese Alternativen: Schuld der Willkür und Schuldlosigkeit des Unwillkürlichen, sucht W. MÜLLER-SEIDEL hinauszugelangen, indem er den »reinen« Traum Käthchens, ihren märchenhaften Zustand der Unschuld abhebt vom *»Schein des Gefühls, das der inneren Wahrheit ermangelt«. »Die unwillkürliche Schuld ist das Ungeheuerliche, das hier der Erläuterung bedarf. Es gibt sie nicht nur im ›Prinzen von Homburg‹. ›Kann man auch Unwillkürliches verschulden?‹ fragt Alkmene, und es ist eine zentrale Frage in der Dichtung Kleists, die hier gestellt wird«.* Aber auch um den rein negativen »Schein des Gefühls« handelt es sich nicht mehr ausschließlich, sobald man sowohl auf den grundlegenden Unterschied wie auf die innere Verwandtschaft zwischen der Anfangsszene und dem schönen, versöhnten Schlußbild achtet. *»Denn am Ende«*, so führt Max KOMMERELL aus, *»ist die Welt und der Träumer so, wie sein Schlaf beide erschaffen hat... Der Schwärmer fand den Lorbeer, er bestand die Schlacht, er empfängt das doppelte Symbol der höchsten fürstlichen und weiblichen Gunst...«* Ins Zentrum scheint daher Kommerells paradoxe Formulierung zu treffen, daß der Prinz eingangs des Dramas zwar *»befremdlich hingedehnt ist in der Wollust der Selbstversunkenheit«*, ihm gleichwohl aber auch *»die Wahrheit des Selbst«* träumt. Es geht nur darum, diese anfänglich erträumte Wahrheit in einem Erkenntnisprozeß vom Schein der Selbstbezogenheit zu reinigen und das »verwirrte Gefühl« zu sich selbst zu befreien. Eben diesen Erkenntnisprozeß leistet der Prinz: *»Er reicht sich so heiter dem als gerecht begriffenen Gesetz dar, weil es ihm Mittel ist zu seiner Selbsterfüllung jenseits dieses und jeden Gesetzes.« »Das Geisterhafte«* – das Geisterhafte des Anfangs – *»hat sich mit der Wahrheit eines Menschen gesättigt, der vor dem Tode sich selber begriff«* (M. Kommerell) – gerade noch rechtzeitig sich selber begriff. Als der dramatische Held am Ende des Schauspiels die Verwirklichung der Vision des Anfangs nicht glauben will und fragt: *»Ist es ein Traum?«*, antwortet Kottwitz: *»Ein Traum, was sonst?«*

Kleists Beinahe-Tragödie schließt mit einem traumhaften Wunsch- und Hoffnungsbild; der Zauber der Schlußszene entfaltet sich über dem Ostinato des Totenmarsches, der hinter der Szene von Trommeln geschlagen wird. Der Prinz, dem schon *»dämmernd alles Leben«* untergegangen ist, der sich in sicherer Erwartung des Todes bereits vom Licht der Unsterblichkeit umflossen glaubt, sieht sich plötzlich in ein Diesseits zurückversetzt, das freilich kaum weniger überwirklich ist als das Jenseits, an dessen Grenze er zu stehen wähnte. Eine *»schwebend-stabilisierte Traum-Konstruktion«* (B. Strauß) über dem tragischen Abgrund der »gebrechlichen« Welt schließt Kleists letztes Drama. Hier knüpft der Versuch an, Kleists Schauspiel unter Einbezug der zeithistorischen und vor allem auch biographischen Aspekte als Vision des Dichters selbst zu sehen (so die Inszenierung Peter Steins in Berlin 1972): *»Der Traum des armen Heinrich Kleist vom glücklichen Prinzen Homburg, der, zart und mächtig, ... seine großen Sehnsüchte und Wunschbilder gegen die herrschenden engen Lebensbedingungen durchsetzt und schließlich, wie im Wunder, ihre paradiesische Erfüllung erlebt. Und gleichzeitig verwandelt sich die kalte, schwache, weil nur mehr formal funktionierende Staatsordnung in eine lebenskräftige, menschenwürdige, politische Gemeinschaft, in der der Außenseiter ... zum ersten Helden aufsteigt.«* (B. Strauß). D.Bo.-KLL

AUSGABEN: Bln. 1821 (in *Hinterlassene Schriften*, Hg. L. Tieck). – Lpzg. ²1936–1938 (in *Werke*, Hg., E. Schmidt u. a., 7 Bde., 5; krit.). – Bln./DDR 1955 (in *GW*, Hg. u. Einl. H. Deiters; Textrev. u. Erl. P. Goldammer, 4 Bde., 2). – Bln. 1964, Hg. R. Samuel u. D. Coverlid. – Mchn. ⁶1982 (in *SW*; Nachw. u. Anm. C. Grützmacher). – Mchn. ⁸1985 (in *SW u. Briefe*, Hg. H. Sembdner, 2 Bde., 1; rev. u. erw.; dass. auch dtv). – Ffm. 1986 (in *Werke u. Briefe*, Hg. S. Streller, 4 Bde., 2; Insel Tb). – Ffm. 1987 (in *SW u. Briefe*, Hg. I.-M. Barth u. a., 4 Bde., 2). – Stg. zul. 1988 (RUB).

VERTONUNGEN: P. Graener, *Der Prinz von Homburg*, Bln. 1935. – H. W. Henze, dass. (Oper; Libretto: I. Bachmann; Urauff.: Hbg. 1960).

LITERATUR: F. Hafner, *H. v. K.s »Prinz Friedrich von Homburg«*, Zürich 1952. – A. Schlagdenhaufen, *L'univers existentiel de K. dans »Le prince de Hombourg«*, Paris 1953. – E. G. Fürstenheim, *The Sources of K.'s »Prinz von Homburg«* (in GLL, N.F.8, 1954/55, S. 103–110). – G. Fricke, *K.s »Prinz von Homburg«. Versuch einer Interpretation* (in G.F., *Studien u. Interpretationen*, Ffm. 1956, S. 239–263). – W. Müller-Seidel, *K. »Prinz von Homburg«* (in *Das dt. Drama vom Barock bis zur Gegenwart*, Hg. B. v. Wiese, Bd. 1, Düsseldorf 1958, S. 358–404). – G. Mathieu, *The Struggle for a Man's Mind* (in GLL, N.F. 13, 1960, S. 169–177). – P. Salm, *›Confidence‹ and the ›Miraculous‹ in K.'s »Prinz von Homburg«* (in GQ, 34, 1961, S. 238–247). – W. Wittkowski, *Absolutes Gefühl u. absolute Kunst in K.s »Prinz von Homburg«* (in DU, 13, 1961, S. 27–71). – A. Henkel, *Traum u. Gesetz* *in K.s »Prinz von Homburg«* (in NRs, 73, 1962, S. 438–464). – M. Garyland, *K.'s »Prinz Friedrich von Homburg«. An Interpretation Through Word Pattern*, Den Haag/Paris 1968. – K. Schweizer, *H. v. K. »Prinz Friedrich von Homburg«. Interpretation*, Mchn. 1968. – H. Pongs, *K.s »Prinz Friedrich von Homburg«* (in H. P., *Das Bild in der Dichtung*, Bd. 3, Marburg 1969, S. 587–618). – H.-G. Thalheim, *K.s »Prinz Friedrich von Homburg«* (in H.-G. T., *Zur Literatur der Goethezeit*, Bln. 1969, S. 322–410). – H. Politzer, *K.s Trauerspiel vom Traum: »Prinz Friedrich von Homburg«* (in Euph, 64, 1970, S. 200–220; dass. in H. P., *Hatte Ödipus einen Ödipus-Komplex?*, Mchn. 1974, S. 156–181). – B. Strauß, *Traum* (in *Kleists Traum vom Prinzen Homburg*, Programmheft Schaubühne am Halleschen Ufer, Bln. 1972). – R. H. Wiegenstein, *Der Widerspruch des »Prinz Friedrich von Homburg«. Zu zwei Berliner Inszenierungen* (in Merkur, 27, 1973, S. 63–72). – H. Mayer, *Der »Prinz Friedrich von Homburg« als Denkspiel u. als Trauerspiel* (in H. M., *Vereinzelt Niederschläge*, Pfullingen 1973, S. 262–266). – F. Hackert, *K.s »Prinz Friedrich von Homburg« in der Nachkriegs-Interpretation 1947–1972* (in LiLi, 3, 1973, H. 12, S. 53–80). – G. Bauer, *Absicht, Wirksamkeit u. Kunst von K.s Dialog im Homburg* (in *Beiträge zur Poetik des Dramas*, Hg. W. Keller, Darmstadt 1976, S. 91–107). – E. Siebert, *H. v. K. und Prinz Louis Ferdinand v. Preußen. Neue Überlegungen zur Quellenfrage u. zur Rezeption des Prinzen v. Homburg* (in Jb. f. die Geschichte Mittel- u. Ostdeutschlands, 26, 1977, S. 146–160). – K. Kanzog, *H. v. K. »Prinz Friedrich von Homburg«. Texte, Kontexte, Kommentare*, Mchn./Wien 1977. – I.-M. Barth, *Die Überlieferung des Schauspiels »Prinz Friedrich von Homburg«. Das Heidelberger Ms. u. die Erstausgabe des Jahres 1821 durch L. Tieck*, Heidelberg 1978 [m. verkleinerter Wiedergabe d. Heidelberger Hs.]. – *H. v. K. »Prinz Friedrich von Homburg«*, Hg. F. Hackert, Stg. 1979; zul. 1985 (RUB). – R. Thum, *K.'s Ambivalent Portroyal of Absolutism in »Prinz Friedrich von Homburg«* (in GR, 56, 1981, S. 3–12). – Ch. M. Barrack, *Prince Friedrich: Hero or Victim* (ebd.). – R. Heine, *»Ein Traum, was sonst?« Zum Verhältnis von Traum u. Wirklichkeit in K.s »Prinz Friedrich von Homburg«* (in *Literaturwissenschaft und Geistesgeschichte. Fs. für R. Brinkmann*, Tübingen 1981, S. 283–313). – E. Swales, *Configurations of Irony: K.'s »Prinz Friedrich von Homburg«* (in DVLG, 56, 1982, S. 407–430). – H. Müller-Michaels, *Insubordination als Autonomie: H. v. K.s »Prinz Friedrich von Homburg«* (in *Deutsche Dramen. Interpretationen*, Hg. ders., Bd. 1, Königstein/Ts. 1981, S. 128–144). – R. Ibel, *H. v. K. »Prinz Friedrich von Homburg«*, Ffm. u. a. 1981. – E. Fischer-Lichte, *H. v. K. »Prinz Friedrich von Homburg«*, Ffm. u. a. 1985. – T. K. Thayer, *The Ascendancy of Fame in K.'s »Prinz Friedrich von Homburg«* (in LJb, 25, 1984, S. 155–187). – B. Leistner, *Dissonante Utopie. Zu H. v. K.s »Prinz von Homburg«* (in B. L., *Spielraum des Poetischen*, Bln./Weimar 1985, S. 142–190; 279–288). – M. Dybwad, *Ideologiebildung und Todestrieb bei H. v. K. Betrachtungen zum »Prinz von Homburg«*, Regensburg [2]1986.

ÜBER DAS MARIONETTENTHEATER

Aufsatz von Heinrich von Kleist, erschienen in vier Fortsetzungen in den ›Berliner Abendblättern‹ vom 12. bis 15. Dezember 1810. – Seit Beginn des 20. Jh.s hat die Abhandlung Kleists als ein *»von Verstand und Anmut glänzendes Stück Philosophie«* (H. von Hofmannsthal), als theoretische Darlegung *»von Wesen und Bedeutung seiner eigenen Dichtung«* (P. Böckmann) oder gar als *»eine Art von moderner Ästhetik«* (W. Müller-Seidel) jene Beachtung gefunden, die ihr zu Kleists Lebzeiten nahezu völlig versagt geblieben ist.

Geschrieben als Bericht über einen auf das Jahr 1801 datierten Dialog zwischen dem Erzähler und einem Tänzer der Oper, kann man im formalen Aufbau eine Einlösung jener Überlegungen sehen, die Kleist in seinem Aufsatz *Über die allmähliche Verfertigung der Gedanken beim Reden* (entstanden ca. 1805/06) anstellte: Die Gedanken werden nicht streng systematisch, sondern dialektisch aus der Dialogsituation entwickelt, begleitet von regieanweisungsähnlichen Angaben über Gestik und Mimik der Gesprächspartner, die die Unmittelbarkeit unterstreichen: *»Es werden ... alle Register aus der Psychologie der Gesprächsführung gezogen, und das gelingt um so eher in der für Kleist typischen, nämlich beiläufigen Weise, als das Gespräch sich formal streng im Rahmen einer höflichen Konversation unter gebildeten Menschen hält«* (B. Allemann). So gibt es Stockungen, nicht zu Ende geführte Einfälle, und selbst das Resümee aus den zunächst als *»Paradoxe«* empfundenen Darlegungen des Tänzers vollzieht der Erzähler noch *»ein wenig zerstreut«*.

Zentrales Thema der Schrift ist die Gefährdung von »Anmut« und »Grazie« durch das reflektierende Bewußtsein. In dieser Problematisierung des Bewußtseins steht der Aufsatz sicherlich unter dem Einfluß der idealistischen Philosophie (Kant, Schelling, Schiller) und den philosophisch-ästhetischen Reflexionen der Romantiker; seine Originalität bezieht er jedoch aus dem Bild der Marionette und ihrer neuartigen symbolischen Umdeutung. Sie ist nicht mehr Symbol für das Mechanisch-Determinierte als das eigentlich Unmenschliche. Auch geht ihre positive Bestimmung nicht darin auf, lediglich ein Korrektiv für allzu exaltierte Schauspielkunst zu sein. Die Marionette, deren Glieder als reine Pendel auf mechanische Weise nur dem Gesetz der Schwere gehorchen, wird vielmehr zum Gegenbild aller *»Ziererei«*, die immer dort erscheint, wo sich *»die Seele (vis motrix) in irgend einem anderen Punkte befindet, als in dem Schwerpunkt der Bewegung«* und somit die *»natürliche Grazie des Menschen«* zerstört. Zwei in den Bericht eingefügte Erzählungen – einmal die Wiederaufnahme des antiken Narziß-Mythos, zum anderen die Schilderung eines fechtenden Bären – werfen einiges Licht auf das Verständnis, das Kleist mit den

Begriffen »Anmut« und »Grazie« verbindet. Sie sind – im Gegensatz etwa zu Schillers Auffassung in seinem Aufsatz *Über Anmut und Würde* (1793) – nicht durch die moralische Kategorie der Sittlichkeit, sondern als unbewußtes naturgemäßes Tun des einzelnen bestimmt, zu dessen Repräsentanten die Marionette wird. Die Kleistsche Marionette hat in der Tat nur noch wenig gemein mit ihrem konkreten Vorbild von der Puppenbühne, sie wird zusehends zur mythischen, nicht ganz widerspruchsfreien Formel eines von keiner Reflexion verdorbenen Lebens vor dem »Sündenfall«.

Eine Rückkehr in dieses Paradies durch einfache Negation des Bewußtseins ist für Kleist jedoch ausgeschlossen; eine Versöhnung von Grazie und Bewußtsein wird nur dann möglich, *»wenn die Erkenntnis gleichsam durch ein Unendliches gegangen ist«*. Denn die Grazie erscheint am reinsten *»in demjenigen menschlichen Körperbau, der entweder gar keins oder ein unendliches Bewußtsein hat, d. h. in dem Gliedermann, oder in dem Gott«*. Dieser Gott, der neben der Marionette am anderen Ende der *»ringförmigen Welt«* steht, ist jedoch kaum an christlichen Gottesvorstellungen orientiert, so daß auch die Wiedergewinnung der Grazie nicht – wie geschehen – mit der christlichen Heilserwartung erklärt werden kann. Das »unendliche Bewußtsein« läßt sich wohl am ehesten verstehen als ein erweiterter Bewußtseinsstand, der das Wissen um die Unzulänglichkeit jedes vernunftmäßig-rationalen Erklärungsmusters einschließt und das jeweilige Selbst als Teil der größeren Ganzheit begreift.

Die Form, der mit Regieanweisungen durchsetzte fiktive Dialog, ist nicht nur als das Verständnis fördernde Einkleidung theoretischer Überlegungen zu sehen, sondern vielmehr als poetisch-poetologische Zwischenform, die Theorie und Dichtung vereint (ähnliche Versuche finden sich z. B. bei J. G. HERDER, A. W. SCHLEGEL). Es gelingt Kleist hier, den Gedankengang, den Erkenntnisprozeß, auch als lebendigen Vorgang sichtbar zu machen und damit das vorzuführen, was er selbst als den *»Kern der Poesie«* ansah: *»Denn das ist die Eigenschaft aller echten Form, daß der Geist augenblicklich und unmittelbar daraus hervortritt« (Brief eines Dichters an einen anderen)*. G.Wit.-KLL

AUSGABEN: Bln. 1810 (in Berliner Abendblätter, 12.–15. 12.). – Lpzg. ²1936–1938 (in *Werke*, Hg. E. Schmidt u. a., 7 Bde., 7; krit.). – Bln./DDR 1955 (in *GW*, Hg. u. Einl. H. Deiters; Textrev. u. Erl. P. Goldammer, 4 Bde., 3). – Reinbek 1964 (in *SW u. Briefe*; Essay C. Grützmacher). – Mchn. ⁶1982 (in *SW*; Nachw. u. Anm. ders.). – Mchn. ⁸1985 (in *SW u. Briefe*, Hg. H. Sembdner, 2 Bde., 2; rev. u. erw.; dass. auch dtv). – Ffm. 1986 (in *Werke u. Briefe*, Hg. S. Streller, 4 Bde., 3; Insel Tb). – Stg. zul. 1988 (RUB). – Ffm. 1990 (in *SW u. Briefe*, Hg. I.-M. Barth u. a., 4 Bde., 3).

LITERATUR: J. L. Schücking, *Die Marionette bei E. T. A. Hoffmann u. H. v. K.* (in Puppentheater, 1, 1923). – E. Lämmerzahl, *Der Sündenfall in der Philosophie des dt. Idealismus*, Bln. 1934 (NDF, 5, Abt.Phil., 3). – A. Rohrer, *Das Kleistsche Symbol der Marionette u. sein Zusammenhang mit dem Kleistschen Drama*, Diss. Münster 1948. – E. Dabcovich, *Die Marionette* (in Humanismus u. Technik, 1, 1953). – J. Kunz, *K.s Gespräch »über das Marionettentheater«* (in ZfdA, 85, 1954/55). – H. Eisenreich, *H. v. K.s »Über das Marionettentheater«* (in H. E., *Reaktionen*, Gütersloh 1964). – P. Böckmann, *K.s Aufsatz »Über das Marionettentheater«* (in P. B., *Formensprache*, Hbg. 1966). – *K.s Aufsatz »Über das Marionettentheater«. Studien u. Interpretationen*, Hg. H. Sembdner, Bln. 1967. – H. M. Brown, *K.'s »Über das Marionettentheater«. Schlüssel zum Werk or Feuilleton?* (in Oxford German Studies, 3, 1968, S. 114–125). – M. Durzak, *»Über das Marionettentheater« von H. v. K., Bemerkungen zur literarischen Form* (in FDH, 1969, S. 308–329). – A. Kathan, *Der Vorgang des Erkennens u. die Formen des Bewußtseins in K.s Gespräch »Über das Marionettentheater«* (in *Vergleichen und verändern. Fs. für H. Motekat*, Hg. A. Goetze u. G. Pflaum, Mchn. 1970). – W. Blum, *K.s Marionettentheater u. das Drahtpuppengleichnis bei Platon* (in ZRG, 23, 1971, S. 40–49). – R. Daunicht, *H. v. K.s Aufsatz »Über das Marionettentheater« als Satire betrachtet* (in Euph, 67, 1973, S. 306–322). – B. Allemann, *Sinn und Unsinn von K.s Gespräch »Über das Marionettentheater«* (in K.-Jb., 1981/82, S. 50–65). – A. Lixl, *Utopie in der Miniatur. H. v. K.s Aufsatz »Über das Marionettentheater«* (in GQ, 56, 1983, S. 257–272). – B. Keith-Smith, *H. v. K.'s »Über das Marionettentheater«. Coincidence of Opposites or Dialectal Structure?* (in New German Studies, 12, 1984, S. 175–199). – E. Heller, *Die Demolierung eines Marionettentheaters* (in E. H., *Im Zeitalter der Prosa. Literarische u. philosophische Essays*, Ffm. ²1984, S. 159–178).

DIE VERLOBUNG IN ST. DOMINGO

Erzählung von Heinrich von KLEIST, unter dem Titel *Die Verlobung* zunächst in Fortsetzungen vom 25. März bis 5. April 1811 erschienen in der Zeitschrift ›Der Freimüthige‹; Buchausgabe der überarbeiteten Fassung August 1811 im zweiten Band der *Erzählungen*. – Als Quellen für die Kenntnis des Aufstandes der Schwarzen (1803) in der französischen Kolonie St. Domingo (span. Bezeichnung für die Insel Haiti) könnten Kleist M. RAINSFORDS *Geschichte der Insel Hayti* (1806) und die *Geschichte der Neger-Empörung auf St. Domingo* (1805) von L. DUBROCA gedient haben.

Congo Hoango, *»ein fürchterlicher alter Neger«*, hat seinen Herrn, wiewohl dieser sich ihm sehr wohltätig erwiesen hatte, umgebracht und zieht mit einer Horde bewaffneter Neger raubend und mordend durch die Gegend. Im ursprünglichen Hauptgebäude der Pflanzung, das einsam an einer Landstraße liegt, bleiben zurück seine Gefährtin, die Mulattin Babekan, und ihre Tochter, die fünfzehnjährige Mestizin Toni. Die nahezu hellhäutige

Toni wird benutzt als Lockvogel für vorbeireisende Weiße, die auf der Flucht zum rettenden Hafen in dem einsamen Haus ein Asyl zu finden hoffen. Durch alle möglichen Liebenswürdigkeiten werden sie in dieser Täuschung bestärkt bis zur Rückkehr Congos, der sie *»in seiner unmenschlichen Rachsucht«* sofort tötet. – An die Tür dieses Hauses klopft spät eines Abends ein junger Schweizer, Gustav von der Ried, der mit der Familie seines Onkels, des Herrn Strömli, in Nachtmärschen den Hafen zu erreichen versucht. Toni zieht den halb Widerstrebenden und Mißtrauischen ins Haus, die beiden Frauen bewirten ihn und bieten ihm und seiner Familie für einige Tage Obdach an. – Während bereits zu Beginn der Novelle, in typisch Kleistscher Manier, der gesamte Handlungshintergrund mit Ort, Zeit und Umständen abgesteckt wird, bringt das abendliche Gespräch zwischen Gustav, Babekan und Toni zum Abschluß der Exposition ausführliche Informationen über die Lage der Schwarzen und Weißen auf der Insel und ihr Verhältnis zueinander. Der »äußere« Problemhorizont ist damit sichtbar gemacht, ebenso der »innere« durch eine genaue Charakterisierung der beiden Hauptfiguren Toni und Gustav.

Gustav wird zwar durch sein abstraktes Humanitätsideal dazu geführt, die Tyrannei der Weißen über die Schwarzen zu verurteilen, aus Abscheu über einige Exzesse lehnt er aber den Aufstand ab. Er klammert sich verzweifelt an die Unverletzbarkeit persönlicher Beziehungen, obwohl doch sie in Zeiten zusammenbrechender sozialer Ordnungen zuallererst tangiert werden. Und das, worauf diese Beziehung, im Kleistschen Kontext, beruhen müßte, ist er nicht imstande zu geben: absolutes Gefühl und unbedingtes Vertrauen in den anderen Menschen. Dieses absolute Gefühl wird verkörpert von der jungen Toni, einer der lieblichsten Mädchenfiguren, die Kleist geschaffen hat, und am ehesten dem Käthchen von Heilbronn vergleichbar. Sie als einzige macht in der Novelle eine Entwicklung durch, die während des abendlichen Gesprächs beginnt und mit sparsamen Seitenbemerkungen angedeutet wird – ein Vorgang, der übrigens als Paradebeispiel für Max Kommerells Bemerkung gelten kann, Kleist sei *»der Dichter, der mit den Mitteln der Sprache in Gebärden dichtet«*. Zunächst bewegt sich Toni wie eine anmutige Puppe, die willenlos den Anweisungen ihrer Mutter folgt, doch dann kommt der entscheidende Moment, wo sie »verwirrt« vor sich niedersieht. Ihre demütige Gebärde in der sehr reizvollen Fußwaschungsszene, allein mit Gustav, verrät noch nicht sicher, ob sie von Kunst oder Gefühl getragen wird. Schließlich aber legt sie sich *»nach einem flüchtigen, träumerischen Bedenken, unter einem überaus reizenden Erröten, das über ihr verbranntes Gesicht aufloderte, an seine Brust«*. Die Entwicklung erreicht ihren Höhepunkt nicht in der Liebesszene, die nur leise angedeutet wird, sondern in Tonis langem Weinen danach, ein Weinen, das synonym steht für die Ohnmacht, den Schlaf oder Traum anderer Figuren Kleists. Von diesem Punkt an handelt sie mit einer schlafwandlerischen Sicherheit. Bei ihrem Vorhaben, den Geliebten und seine Familie zu retten, hat sie nur noch gleichsam technische Probleme zu lösen, die sich ihr im Verlauf der weiteren Entwicklung stellen – eine Entwicklung, die aus einer Unmenge von Komplikationen und scheinbar retardierenden Momenten besteht, die aber, nachdem der innere Widerspruch »Vertrauen – Mißtrauen« gesetzt ist, unaufhaltsam und zwanghaft auf die Katastrophe zuläuft. Der Eindruck der Zwanghaftigkeit wird verstärkt durch eine Projektion und Spiegelung der kommenden Katastrophe in einer Episode, die Kleist mit größter kompositorischer Raffinesse in das Gespräch zwischen Gustav und Toni eingebaut hat. Gustav erzählt von seiner Braut Mariane in Straßburg, die eine wunderbare Ähnlichkeit mit Toni besaß. Als er vor das Revolutionstribunal gebracht werden sollte und unauffindbar war, schleppte man sie statt seiner auf die Guillotine. Im letzten Moment erreichte er den Richtplatz, doch sie rettete ihn, indem sie ihn verleugnete, und wurde selbst hingerichtet.

Congo kehrt unerwartet früh zurück, und Toni muß zur Rettung Gustavs Mittel ergreifen, die ihn an Verrat glauben lassen: Sie fesselt den Schlafenden ans Bett, vorgeblich, um das Vorhaben Congos zu unterstützen, und holt heimlich Gustavs Familie herbei. Im Durcheinander der Befreiungsszene erschießt der vor Wut rasende Gustav die vermeintliche Verräterin Toni, ihre letzten Worte sind zugleich der Schlüsselsatz der ganzen Novelle: *»Du hättest mir nicht mißtrauen sollen!«* Gustav bricht über ihrer Leiche zusammen und erschießt sich, der Rest der Familie kann sich retten.

Kleist hat in dieser Novelle mit einer Schärfe wie sonst nur in dem Drama *Die Familie Schroffenstein* die Antithese »Vertrauen gegen Mißtrauen« – »Gefühl gegen Erkenntnis« herausgestellt. Die äußere Welt ist bestimmt von Haß und blindwütiger Rache des Rassenkonfliktes, der Ablösung der alten Ungerechtigkeit durch eine neue; auf der Ebene des einzelnen von der Verstrickung in Verrat, Mißtrauen und tödlichem Irrtum. In einer solchen Welt des Schrecklichen können Liebe und Humanität nicht realisiert werden, bleiben vages Zeichen einer allerdings wenig tragfähigen Hoffnung auf Geborgenheit, die ihren utopischen Ausdruck in der Idylle des Schweizer Landgutes Strömlis am Schluß der Erzählung erhält. S.Schu.-KLL

Ausgaben: Bln. 1811 (u. d. T. *Die Verlobung*, in Der Freimüthige oder Berlinisches Unterhaltungsblatt f. gebildete, unbefangene Leser, Nr. 60–68). – Wien 1811 (in Der Sammler; Fassg. f. Körners Dramatisierung). – Bln. 1811 (in *Erzählungen*, 2 Bde., 1810/11, 2). – Lpzg. ²1936–1938 (in *Werke*, Hg. E. Schmidt u. a., 7 Bde., 6; krit.). – Bln./DDR 1955 (in *GW*, Hg. u. Einl. H. Deiters; Textrev. u. Erl. P. Goldammer, 4 Bde., 3). – Mchn. ⁶1982 (in *SW*; Nachw. u. Anm. C. Grützmacher). – Mchn. ⁸1985 (in *SW u. Briefe*, Hg. H. Sembdner, 2 Bde., 2; rev. u. erw.; dass. auch dtv). – Ffm. 1986 (in *Werke u. Briefe*, Hg. S. Streller, 4 Bde., 3; Insel

Tb). – Stg. zul. 1986 (in *Sämtl. Erzählungen*; Nachw. W. Müller-Seidel). – Stg. zul. 1986 (RUB). – Bln. 1988 (in *SW. Berliner K.-Ausg.*, Hg. R. Reuß u. P. Staengle, 1988 ff., Abt. 2, Bd. 4; hist.-krit.).

DRAMATISIERUNG: Th. Körner, *Toni*, 1812 (Oper; Urauff.: Mchn., 27. 11. 1963).

VERFILMUNG: *San Domingo*, BRD 1970 (Regie: H. J. Syberberg).

VERTONUNGEN: W. Zillig, 1960 (Oper). – W. Egle, *Die Verlobung in San Domingo* (Oper; Urauff. Mchn., 27. 11. 1963).

LITERATUR: G. Feierfeil, *»Die Verlobung in St. Domingo« von H. v. K. und Theodor Körners »Toni«*, Brauna 1892. – K. Günther, *Die Konzeption von K.s »Verlobung von St. Domingo«* (in Euph, 17, 1910, S. 69–95; 313–323). – O. Hahne, *Die Entstehung von K.s »Verlobung in St. Domingo«* (ebd., 33, 1921, S. 233–254). – J. Kunz, *K. – »Die Verlobung in St. Domingo«* (in Mitt. des Univ.bundes Marburg, 1960, S. 18–36). – W. Mieder, *Triadische Grundstruktur in H. v. K.s »Verlobung in St. Domingo«* (in Neoph, 58, 1974, S. 395–405). – P. Horn, *Hatte K. Rassenvorurteile? Eine kritische Auseinandersetzung mit der Literatur zur »Verlobung in St. Domingo«* (in MDU, 67, 1975, S. 117–128). – A. Wedekind, *K.'s »Novelle« in Translation and as a Basis for Opera and Drama*, Ffm./Bern u. a. 1983.

DER ZERBROCHNE KRUG

Lustspiel in einem Akt von Heinrich von KLEIST, entstanden 1803–1806; Uraufführung: Weimar, 2. 3. 1808, Hoftheater. – Die Anregung zu dieser Komödie erhielt der Dichter in der Schweiz: 1802 gelobte er im Scherz, zusammen mit L. WIELAND und H. ZSCHOKKE vor einem Kupferstich von Le Veau (La cruche cassée, nach einem verschollenen Gemälde von Debucourt), *»seine eigentümliche Ansicht«* (Zschokke) darüber schriftlich auszuführen. Kleist hat in der Vorrede zu seinem Stück selbst auf die Anregung durch das Bild hingewiesen, das er aus der Erinnerung beschreibt. Hier deutet er auch auf eine weitere Quelle, der er motivliche Anregungen entnahm: *Oidipus tyrannos (König Ödipus)* des SOPHOKLES, zu dem Kleists Lustspiel ein *»tragikomisches Gegenstück«* (H. Sembdner) bildet. 1803 wurden in Dresden die ersten drei Szenen niedergeschrieben, vorläufig fertiggestellt wurde die Komödie 1805 in Berlin, endgültig 1806 in Königsberg. Wie bei seinen anderen Dramen, hat Kleist auch keine Aufführung des *Zerbrochnen Krugs* auf der Bühne erlebt. Der Mißerfolg der Weimarer Uraufführung, der einzigen Inszenierung zu Kleists Lebzeiten, geht zu Lasten GOETHES, der die Bedeutung des Stückes kaum erkannt und den Einakter in drei Akte zerstückelt hatte, obwohl er eine *»rasch durchgeführte Handlung«* vermißte. Erst seit 1820 wurde der *Zerbrochne Krug* auf der Bühne heimisch. Schon bald gehörte die Rolle des Dorfrichters Adam zu den größten und begehrtesten Charakterrollen des deutschen Theaters.

Der zerbrochne Krug ist das Lustspiel vom Dorfrichter Adam, der sich gezwungen sieht, über seine eigene Verfehlung zu Gericht zu sitzen. In einem Dorf bei Utrecht trifft der Schreiber Licht diesen Richter morgens in der Gerichtsstube jämmerlich zugerichtet an, wofür Adam die fadenscheinigsten Erklärungen abgibt. Licht hat erfahren, daß der Gerichtsrat Walter, der auf Revisionsreise im Nachbardorf mit eisernem Besen gekehrt hat, bald eintreffen werde. Adam, der Licht erzählt, er habe geträumt, selbst angeklagt zu sein, hat Angst vor Walters Ankunft und dem anbrechenden Gerichtstag: Er kann kaum das Nötigste veranlassen – da ist Walter schon zur Stelle, um der Sitzung beizuwohnen; peinlich für den Dorfrichter, weil seine Perücke nicht aufzufinden ist und ihr Verlust ihn hinfort zu immer neuen, durchsichtigeren Lügen treibt. Die Personen, über die Adam nun zu Gericht sitzen soll, sind Frau Marthe Rull, ihre Tochter Eve, der Bauer Veit Tümpel und Ruprecht, dessen Sohn, den Frau Marthe beschuldigt, im Zimmer von Eve in der vorausgegangenen Nacht einen wertvollen Krug zerschlagen zu haben. Ruprecht, der mit Eve verlobt war, schimpft sie jetzt eine Metze, während Richter Adam noch vor der Verhandlung das Mädchen unter Hinweis auf ein Papier, das er bei sich trage, zu beeinflussen sucht.

Erst nach Walters wiederholten Ermahnungen beginnt der Richter mit dem Verhör, in dessen Verlauf er von Frau Marthe Rull eine umständliche und genaue Beschreibung des Kruges erhält (*»Hier grade auf dem Loch, wo jetzo nichts, / Sind die gesamten niederländischen Provinzen / Dem span'schen Philipp übergeben worden«*), schließlich den Bericht über die vergangene Nacht, in der ein Tumult sie in die Kammer der Tochter gelockt habe. Dort habe sie, inmitten der Scherben des Krugs, Ruprecht und die händeringende Eve angetroffen, die ihr geschworen habe, daß Ruprecht der Übeltäter sei. Doch die Tochter wehrt sich gegen die Behauptung, schwört im Gegenteil jetzt darauf, dies nicht geschworen zu haben. Das entspricht der Aussage Ruprechts: Er sei zwar bei Eve gewesen, habe dort aber einen anderen Mann vorgefunden, ihn in der Dunkelheit nicht erkannt und, als er durchs Fenster floh, ihm zweimal die herausgerissene Türklinke auf den Kopf geschlagen. Als er den Flüchtenden verfolgen wollte, habe dieser ihm eine Handvoll Sand in die Augen geworfen. Der Dorfrichter, der sich immer weniger wohl in seiner Haut fühlt und die Verhandlung rasch zu Ende bringen möchte, stößt auf den Widerspruch Walters, als er meint: *»Die Sache eignet gut sich zum Vergleich.«*

Adams Verhalten ist zu sonderbar, als daß es nicht längst den Argwohn des Gerichtsrats hervorgerufen hätte, der schließlich, als Adam dem Mädchen unzweideutig droht, er werde die Schuld dem Ruprecht oder dem Flickschuster Lebrecht – dessen Namen Ruprecht hatte fallen lassen – und keinem

Dritten in die Schuhe schieben, dem Richter klipp und klar erklärt, er habe *»zulängst hier auf dem Stuhl gesprochen«*. Doch da Eve den Namen dessen, der den Krug zerbrach, noch immer nicht nennt und behauptet, *»des Himmels wunderbare Fügung«* verschließe ihr *»den Mund in dieser Sache«*, beginnt die Verhandlung sich festzufahren. Da nennt Frau Marthe Rull als Zeugin die Muhme Brigitte. Inzwischen drängt Adam seinem Gast Speis und Trank auf und versucht mit den plumpesten Mitteln, den Gerichtsrat für sich einzunehmen und den Verdacht von sich abzulenken. Doch schon die Ankunft der Muhme entscheidet die Verhandlung: Sie bringt die Perücke des Richters mit, die im Spalier der Frau Marthe hing. Zudem hat Frau Brigitte Fußspuren im Schnee verfolgt, die zum Haus des Richters führten. Ihre Behauptung, der Klumpfuß des Teufels habe diese Spur hinterlassen, verfängt freilich nicht. So fällt dem völlig in die Enge getriebenen Adam nichts Besseres ein, als Ruprecht zu verurteilen, was, da Walter ihn wohlweislich gewähren läßt, zur Folge hat, daß Eve endlich das erlösende *»Der Richter Adam hat den Krug zerbrochen«* ausspricht. »Blitz-Hinketeufel« Adam flieht, Eve wirft sich Walter zu Füßen und fleht ihn an, Ruprecht vor der »Konskription« zu retten, denn der Richter habe sie durch ein – wie sich herausstellt, gefälschtes – Papier zu erpressen versucht: Ihr Verlobter solle nach Ostindien eingezogen werden, von wo *»von drei Männern einer nur«* zurückkehre. Um ein *»erlogenes Krankheitszeugnis«*, das Ruprecht vom Kriegsdienst befreie, auszufertigen, sei Adam in ihr Zimmer geschlichen, habe dort aber *»so Schändliches«* von ihr gefordert, *»daß es kein Mädchenmund wagt, auszusprechen«*. In der längeren ersten Fassung (»Variant«) klingt in der Schlußszene der Konflikt durch die die Erkenntnis verstellende Vertrauenskrise deutlicher an, die vor allem Eve zu bewältigen hat. Sofort suspendiert Walter den verlogenen Richter, setzt den Schreiber in dessen Rechte ein, will aber die härteste Strafe vermeiden, falls er die Kasse in Ordnung fände. Ruprecht und Eve versöhnen sich – Frau Marthe Rull aber wird sich an die nächste Instanz, nach Utrecht, wenden, damit auch dem Kruge »sein Recht« geschehe.

Kleists Lustspiel lebt aus seinen prallen Charakteren, an der Spitze der Dorfrichter, eine beinah tragische Figur – Ankläger und Angeklagter, Verfolger und Verfolgter, gerissen und doch erbärmlich: »Adam«, der mit aller Macht und Tücke »Eve« begehrt, dabei Lüge und Ungerechtigkeit nicht scheut und vom »Walter« der Gerechtigkeit entdeckt wird, der »Licht« an die Stelle des Dunkel verbreitenden Richters setzt. Große Interpreten der Rolle des Adam (von Jannings bis Qualtinger) haben schon immer die Tragik dieser Figur dargestellt. Doch derber Humor, Witz, eine üppige Erfindungskraft auch im scheinbar belanglosesten Detail und der versöhnliche Ausgang des Stücks verhindern, daß die Komödie in eine Tragödie umschlägt. – Symbolisch vielschichtig wie die Namen sind auch die Gegenstände: die Perücke, das Zeichen von Amt und Würde, das dem Richter im entscheidenden Augenblick fehlt, oder der Krug, der für Eves Jungfräulichkeit steht. Deshalb muß auch der Krug, als Eves Unschuld erwiesen ist, zum Schluß sein Recht bekommen. Der zerbrochene Krug kann aber auch weitergehend gedeutet werden als das Symbol der erschwerten Wahrheitsfindung, zu sehen, was *»wo jetzo nichts«* tatsächlich gewesen ist, oder als poetologisches Bild, indem hier aus dem »Nichts« erst und nur in der poetischen Erzählung die Geschichte repräsentiert werden kann oder unter geschichtstheoretischem Aspekt als Symbol für die Bedingtheit des Menschen in der Geschichte.

Zwei Absichten, die enthüllende Walters und die verbergende Adams, sind aufs engste verknüpft und schaffen, wiewohl das eigentliche Ereignis der Bühnenhandlung vorausgeht, eine starke Spannung. Auf Parallelen zum *König Ödipus* hat Kleist selbst hingewiesen; auch der Klumpfuß des Dorfrichters weist auf Sophokles hin (griech. *oidipos*; Schwellfuß). Aber während bei Sophokles der Dramenaufbau seine Entsprechung im analytischen Enthüllungswillen des Ödipus hat, unternimmt Adam ein gegenläufiges Spiel, das die Verwirrung der Tatbestände durch die Erfindung immer neuer entlastender Zusammenhänge zum Ziel hat. Das Spiel Adams und die analytische Bauform treten damit in einen ironischen Kontrast. Adam ist gesteigerte Spielfigur – eine Spielerfigur, die den Mitspielern ihre vorgebliche Integrität vorspielt. Auch Tartuffe oder Richard III. sind Spielerfiguren, aber während bei ihnen das Kalkül das Lügenspiel diktiert, wird Adam durch eine verzweifelte Spielfreude zu seinen phantastischen Einfällen inspiriert. Die Not des Augenblicks zwingt ihn dazu, die Lüge zu improvisieren; und im gleichen Maße, wie diese Improvisationen lawinenartig an Umfang gewinnen, findet er eine Art von Selbstsicherheit. Beflügelt von der eigenen Suggestionskraft, weitet er seine Variationen über die Wahrheit zu geradezu künstlerischen Gebilden aus. Jedoch läßt die poetische Ausweitung die Lüge als ein doppelsinniges Phänomen erscheinen: Sie macht die Täuschung durchsichtig und hebt sich als Lüge wieder auf. Adam findet zuweilen ein subjektives Gefallen an der Wahrheit, etwa wenn er Ruprechts Bericht vom Sandwurf voller Schadenfreude kommentiert: *»Verdammt! der traf!«*

Das zwingt zu einer besonderen Betrachtung der Dialogstruktur. Denn die Sprache Adams, die von seinem Bemühen um das Nicht-Aussprechen der Wahrheit geprägt ist, hat ein Aneinandervorbei-Reden zur Folge, das zum eigentlichen Vorgang des Dramas wird. Der Dialog wird – am deutlichsten im zweiten Auftritt – bestimmt von absichtlichem Mißverstehen, Stockungen, Unterbrechungen; Wortfetzen, die keine Verbindung zwischen den Partnern mehr herstellen, verselbständigen sich und gewinnen ihren Sinnzusammenhang erst wieder für das zuhörende Publikum. Denn über der Handlung bildet sich ein Bedeutungsfeld, das in Wortspielen und Schlüsselworten das wirkliche

Verhältnis der Personen zueinander zeigt und damit die Wahrheit blitzartig aufscheinen läßt. Hierin zeigt sich – in lustspielhafter Leichtigkeit – die *Die Familie Schroffenstein* bereits anklingende Problematisierung der Sprache als kommunikatives Grundelement, die Kleist in seinen folgenden Werken immer wieder aufgriff und auch poetologisch in seiner differenzierten Gestaltungsweise deutlich zu machen suchte. KLL

AUSGABEN: Dresden 1808 (in Phöbus, März; Frgm.). – Bln. 1811. – Lpzg. [2]1936–1938 (in *Werke*, Hg. E. Schmidt u. a., 7 Bde., 4; krit.). – Bln./DDR 1955 (in *GW*, Hg. u. Einl. H. Deiters; Textrev. u. Erl. P. Goldammer, 4 Bde., 1). – Ffm. 1976 (Ill. A. Menzel; Nachw. H. J. Piechotta; Insel Tb). – Wiesbaden 1978 [Einl. F. Dingelstedt; Ill. A. Menzel; Nachdr. d. Ausg. Bln. 1877]. – Mchn. [6]1982 (in *SW*; Nachw. u. Anm. C. Grützmacher). – Ffm. 1984, Hg. H. G. Bickert [m. Materialien]. – Mchn. [8]1985 (in *SW u. Briefe*, Hg. H. Sembdner, 2 Bde., 2; rev. u. erw.; dass. auch dtv). – Ffm. 1986 (in *Werke u. Briefe*, Hg. S. Streller, 4 Bde., 1; Insel Tb). – Stg. zul. 1987 (RUB).

VERTONUNG: F. Geißler, Lpzg. 1974 (Oper).

LITERATUR: R. F. Wilkie, *A New Source for K.'s »Der zerbrochne Krug«* (in GR, 23, 1948, S. 239–248). – I. A. Graham, *»The Broken Pitcher«. Hero of K.'s Comedy* (in MLQ, 16, 1955, S. 99–113). – J. O. Kehrli, *Wie »Der zerbrochne Krug« von H. v. K. entstanden ist*, Bern 1957. – H. J. Schrimpf, *K. »Der zerbrochne Krug«* (in *Das dt. Drama vom Barock bis zur Gegenwart*, Hg. B. v. Wiese, Bd. 1, Düsseldorf 1958, S. 339–362). – W. Schadewaldt, *»Der zerbrochne Krug« von H. v. K. u. Sophokles' »König Ödipus«* (in W. S., *Hellas u. Hesperiden*, Bd. 2, Zürich 1960; [2]1970, S. 330–340). – F. Martini, *K.s »Der Zerbrochne Krug«. Bauformen des Lustspiels* (in Jb. der Dt. Schiller-Ges., 9, 1965, S. 373–419; ern. in F. M., *Lustspiele – und das Lustspiel*, Stg. 1974, S. 150–197). – M. Schunicht, *H. v. K. »Der zerbrochne Krug«* (in ZfdPh, 84, 1965, S. 550–562). – H. Arntzen, *Die Komödie des Bewußtseins. K.s »Zerbrochner Krug« u. »Amphitryon«* (in H. A., *Die ernste Komödie*, Mchn. 1968, S. 178–245). – K. L. Schneider, *H. v. K.s Lustspiel »Der zerbrochne Krug«* (in *Das deutsche Lustspiel*, Hg. H. Steffen, Bd. 1, Göttingen 1968, S. 166–180). – E. Rösch, *Bett u. Richterstuhl. Gattungsgeschichtliche Überlegungen zu K.s Lustspiel »Der zerbrochne Krug«* (in *Kritische Bewahrung. Beiträge zur dt. Philologie. Fs. für W. Schröder*, Hg, E.-J. Schmidt, Bln. 1974, S. 434–475). – H. Delbrück, *K.s Weg zur Komödie. Untersuchungen zur Stellung des »Zerbrochnen Krugs« in einer Typologie des Lustspiels*, Tübingen 1974. – O. Seidlin, *What the Bell Tolls in K.'s »Der zerbrochne Krug«* (in DVLG, 51, 1977, S. 78–97; dt. in *Mythos und Mythologie in der Literatur des 19. Jh.s*, Hg. H. Koopmann, Ffm. 1979, S. 59–80). – R. Ibel, *H. v. K. »Der zerbrochne Krug«*, Ffm. u. a. [7]1983. – B. Leistner, *H. v. K.s »Der zerbrochne Krug«. Die tragische Aufhebung eines Lustspielvorgangs* (in WB, 30, 1984, S. 2028–2047). – A. Anton, *K.s »Der Zerbrochne Krug« im ›elucidario cabbalistico‹* (in FDH, 1984, S. 223–235). – H. C. Seeba, *»Overdragt der Nederlanden in 't jaar 1555«. Das historische Faktum u. das Loch im Bild der Geschichte bei K.* (in *Barocker Lust-Spiegel. Studium zur Literatur des Barock. Fs. für B. L. Spahr*, Hg. M. Bircher u. a., Amsterdam 1984, S. 409–443). – *»Der zerbrochne Krug«*, Hg. H. Sembdner, Stg. zul. 1988 (rev. u. erg.; RUB).

NOVALIS

d.i. Georg Philipp Friedrich Freiherr von Hardenberg

* 2.5.1772 Gut Oberwiederstett bei Mansfeld
† 25.3.1801 Weißenfels

LITERATUR ZUM AUTOR:
Biographien:
H. Ritter, *Der unbekannte N. F. v. H. im Spiegel seiner Dichtung*, Göttingen 1967. – G. Schulz, *N. in Selbstdarstellungen u. Bilddokumenten*, Reinbek 1969 u. ö. (rm). – *N.*, Hg. H.-J. Mähl, Mchn. 1976. – *N. Dokumente seines Lebens u. Sterbens*, Hg. H. Hesse u. K. Isenberg, Ffm. 1976 (erw.; m. Ill.; Insel Tb). – H. Ritter-Schaumburg, *N. und seine erste Braut. »Sie war die Seele meines Lebens«*, Stg. 1986. – H. Kurzke, *N.*, Mchn. 1988. – M. Seidel, *N. – Eine Biographie*, Mchn. 1988.
Gesamtdarstellungen und Studien:
W. Herzog, *Mystik u. Lyrik bei N.*, Stg. 1928. – W. Creydt, *Die Entwicklung F. v. H.s als Lyriker*, Bln. 1932. – H. Fauteck, *Die Sprachtheorie F. v. H.s*, Bln. 1940. – M. Besset, *N. et la pensée mystique*, Paris 1947. – L. Albrecht, *Der magische Idealismus in N.' Märchentheorie u. Märchendichtung*, Hbg. 1948. – W. Rehm, *Orpheus. Der Dichter u. die Toten. Selbstdeutung u. Totenkult bei N. – Hölderlin – Rilke*, Düsseldorf 1950. – Th. Haering, *N. als Philosoph*, Stg. 1954. – R. Meyer, *N. Das Christus-Erlebnis u. die neue Geistesoffenbarung*, Stg. 1954. – I. Strohschneider-Kohrs, *Die romantische Ironie in Theorie u. Gestaltung*, Tübingen 1960. – H. W. Kuhn, *Der Apokalyptiker u. die Politik. Studien zur Staatsphilosophie des N.*, Freiburg i. B. 1961. – H.-J. Mähl, *Die Idee des goldenen Zeitalters im Werke des N. Studien zur Wesensbestimmung der frühromantischen Utopie u. zu ihren ideengeschichtlichen Voraussetzungen*, Heidelberg 1965. – E. Heftrich, *N. Vom Logos der Poesie*, Ffm. 1969. – *N. Beiträge zu Werk u. Persönlichkeit F. v. H.s*, Hg. G. Schulz, Darmstadt 1970. – R. Faber, *N. Die Phantasie an*

die Macht, Stg. 1970. – U. Gaier, *Krumme Regel. N.' »Konstruktionslehre des schaffenden Geistes« u. ihre Tradition*, Tübingen 1970. – H. Link, *Abstraktion u. Poesie im Werk des N.*, Stg. u. a. 1971. – F. Hiebel, *N. Deutscher Dichter. Europäischer Denker. Christlicher Seher* Bern/Mchn. 21972 [überarb.; verm.]. – R. Samuel, *N. F. Freiherr v. H. Der handschriftliche Nachlaß des Dichters. Zur Geschichte des Nachlasses*, Hildesheim 1973 [Nachdr. d. Ausg. Bln. 1930]. – M. v. Miltitz, *N. Romantisches Denken zur Deutung unserer Zeit*, Fellbach 21973 [durchges.; Begleitwort R. Samuel]. – H. Hartmann, *Zur Aktualität der Raum-Zeit-Auffassung des N.*, Diss. Bonn 1973. – K. Ruder, *Zur Symboltheorie des N.*, Marburg 1974. – J. Hegener, *Die Poetisierung der Wissenschaften bei N. Dargestellt am Prozeß der Entwicklung von Welt u. Menschheit. Studien zum Problem enzyklopädischen Welterfahrens*, Diss. Bonn 1975. – R. Samuel, *Die poetische Staats- u. Geschichtsauffassung F. v. H.s (N.). Studien zur romantischen Geschichtsphilosophie*, Hildesheim 1975 [Nachdr. d. Ausg. Ffm. 1925]. – M. E. Schmid, *N. Dichter an der Grenze zum Absoluten*, Heidelberg 1976. – G. Wehr, *N. – Der Dichter u. Denker als Christuszeuge*, Schaffhausen 1976. – D. Schröder, *Fragmentpoetologie im 18. Jh. u. bei F. v. H. Untersuchungen zur vergleichenden Rekonstruktion der impliziten Poetologie von Aphorismus u. Fragment im ausgehenden 18. Jh.*, Diss. Kiel 1976. – K. Geppert, *Die Theorie der Bildung im Werk des N.*, Ffm. u. a. 1977. – Ch. Gallant, *Der Raum in N.' dichterischem Werk*, Bern/Ffm. 1978. – D. F. Mahoney, *Die Poetisierung der Natur bei N. Beweggründe, Gestaltung, Folgen*, Bonn 1980. – R. W. Hannah, *The Fichtean Dynamic of N.'s Poetics*, Bern. u. a. 1981. – J. Haslinger, *Die Ästhetik des N.*, Königstein/Ts. 1981. – F. Strack, *Im Schatten der Neugier. Christliche Tradition u. kritische Philosophie im Werk F. v. H.s*, Tübingen 1982. – K.-H. Fischer, *Wertform u. Dichtung: Grundzüge einer ideologiekritischen Literaturtheorie erläutert an Texten von N.*, Ffm./Bern 1982. – B. Senckel, *Individualität u. Totalität. Aspekte zu einer Anthropologie des N.*, Tübingen 1983. – B. Müller, *N.: Der Dichter als Mittler*, Bern. u. a. 1984. – H. Kurzke, *Romantik u. Konservativismus. Das »politische« Werk F. v. H.s (N.) im Horizont seiner Wirkungsgeschichte*, Mchn. 1983 – A. Grieshaber, *Natur, Mensch u. Krankheit bei N.*, Diss. Heidelberg 1983. – K. Hartmann, *Die freiheitliche Sprachauffassung des N.*, Bonn 1987. – H. W. Eckhardt, *»Wünsche und Begehrungen sind Flügel«. Die Genesis der Utopie bei N.*, Ffm. u. a. 1987.

DIE CHRISTENHEIT ODER EUROPA

Aufsatz von NOVALIS, entstanden 1799, vollständig erschienen 1826 in der vierten Auflage der von F. SCHLEGEL und L. TIECK edierten *Schriften*. – Der Aufsatz war zunächst bestimmt für die von Friedrich und August Wilhelm Schlegel herausgegebenen Zeitschrift ›Athenäum‹, fand aber, als Novalis den Text am 13. und 14. 11. 1799 in Jena vortrug, ein zwiespältiges Echo; der um seinen Rat angerufene GOETHE riet schließlich von einer Veröffentlichung ab. Tieck urteilte rückblickend, in der *Vorrede* zur fünften Auflage der *Schriften* von 1837, die wiederum nur Auszüge des Textes enthielt: *»Wir fanden die historische Ansicht zu schwach und ungenügend, die Folgerungen zu willkührlich, und die ganze Abhandlung schwach, so daß sehr leicht die Blößen von jedem Kundigen entdeckt werden konnten.«*

Es war vor allem das enthusiastische Lob des Katholizismus, wodurch diese geschichtsphilosophische Schrift irritierend auf den Kreis der Romantiker wirkte, während ihre Grundgedanken, auf den Schriften FICHTES und SCHLEIERMACHERS Abhandlung *Über die Religion* (1799) aufbauend, durchaus konform mit den romantischen Ansichten gehen. Novalis entwickelt die abendländische Geschichte als Heilsgeschichte, er liest sie, wie es in den *Fragmenten* heißt, als *»Evangelium«*, deren Ausgangspunkt das Mittelalter darstellt: *»Es waren schöne glänzende Zeiten, wo Europa ein christliches Land war, wo* Eine Christenheit *diesen menschlich gestalteten Weltteil bewohnte*; Ein *großes gemeinschaftliches Interesse verband die entlegensten Provinzen dieses weiten geistlichen Reichs.«* Diese Welt, deren Homogenität durch die gemeinsame Religion und die Weisheit der geistlichen Führer gestiftet wird, in der *»kindliches Zutrauen«* die Menschen erfüllte, muß bald jedoch der Suche nach rationaler Erkenntnis und dem Drang nach materiellem Reichtum weichen: *»Glauben und Liebe«* machen *»den derbern Früchten, Wissen und Haben, Platz«*. Auch die *»Geistlichkeit war stehngeblieben im Gefühl ihres Ansehns und ihrer Bequemlichkeit«*. Die Folgen, Religionsstreit und Reformation, sind ihrerseits der Grund dafür, daß die *»fremde irdische Wissenschaft in die Religionsangelegenheiten«* eindringen konnte. Das Wort Gottes wird, durch die Schuld LUTHERS und seiner Nachfolger, der trokkenen Buchstabengelehrsamkeit ausgeliefert; Gegenreformation, Szientismus, die Philosophie *»und ihre Mystagogen«* lösen einander in verhängnisvollem Wechsel ab. Der Rationalismus der Aufklärung tötete den Sinn für alles Geheimnisvolle und Wunderbare, und man war bestrebt, *»die Geschichte zu einem häuslichen und bürgerlichen Sitten- und Familiengemälde zu veredeln«*, dem jede religiöse Begründung fehlte. Diese Entwicklung mündet schließlich in die Umwälzungen der Französischen Revolution, für Novalis eine *»zweite Reformation«* und die Voraussetzung für eine erneute Wiederbelebung des Christentums: *»Wahrhafte Anarchie ist das Zeugungselement der Religion«*. Der Dichter schaut bereits die Zeichen einer *»neuen Zeit«*, in der mit dem *»Frieden ein neues höheres religiöses Leben«* beginnt *»und bald alles weltliche Interesse verschlingen wird«*. Die Geschichte, vom Autor im Bild einer *»Oszillation«*, eines *»Wechsel(s) entgegengesetzter Bewegungen«* zwischen Ideal und Realität gefaßt, wird am Ende allein durch die neue Kirche, deren Wesen *»ächte Freiheit«* ist, zu ihrem Frieden finden: *»Es ist unmöglich, daß weltliche Kräfte sich selbst ins*

Gleichgewicht setzen, ein drittes Element, das weltlich und überirdisch zugleich ist, kann allein diese Aufgabe lösen.« Es ist die frühromantische Philosophie selbst, die dieses Stadium herbeizuführen bemüht ist: *»eine neue Geschichte, eine neue Menschheit, die süßeste Umarmung einer jungen überraschten Kirche und eines liebenden Gottes, und das innige Empfängniß eines neuen Messias in ihren tausend Gliedern zugleich.«*

Der Text wurde immer wieder als dezidiert politische Aussage gelesen, als reaktionäre Rechtfertigung der Heiligen Allianz im frühen 19. Jh. wie als Botschaft einer schwärmerischen Utopie, auf die sich noch die Studentenbewegungen der sechziger Jahre des 20. Jh.s berufen hätten (R. Faber). Tatsächlich jedoch steht der Aufsatz in engem Zusammenhang mit *Glauben und Liebe* sowie den Prämissen jener mystisch-romantischen Philosophie seines *»magischen Idealismus«*, wie Novalis ihn in seinen *Fragmenten* zu entwickeln suchte, in denen er – philosphiegeschichtlich gesehen – den Ansatz Fichtes radikalisiert und womit er – unter literatursoziologischem Aspekt – sich einordnet in die Bemühungen des späten 18. und frühen 19. Jh.s, einer im zerfallen begriffenen Welt einen neuen Sinnzusammenhang zu geben. Allerdings verfolgt Novalis diese Gedanken nach der Ablehnung des Aufsatzes durch den Jenaer Romantikerkreis nicht weiter: *»Unter Verzicht auf die ehrgeizige Poetisierung der Politik, der Wissenschaften und der Religion wendet sich Novalis am Ende der Poesie zu – er schreibt einen Roman, statt die Welt zu verändern«* (H. Kurzke), den *Heinrich von Ofterdingen*. KLL

AUSGABEN: Bln. 1826 (in *Schriften*, Hg. F. Schlegel u. L. Tieck, 2 Bde., 2). – Bln. 1901 (in *Schriften*, Hg. E. Heilborn, 3 Bde., 2). – Heidelberg [2]1953 (in *Werke, Briefe, Dokumente*, Hg. E. Wasmuth, 4 Bde., 1953–1957, 1; zuerst Bln. 1943, in *Briefe u. Werke*). – Mchn. 1962 (in *Werke u. Briefe*, Hg. u. Nachw. A. Kelletat). – Darmstadt [3]1983 (in *Schriften*, Hg. P. Kluckhohn u. R. Samuel, 4 Bde. u. Materialien-Bd. u. Erg.-Bd., 1977–1988, 3; hist.-krit.; nach d. Hss. erg., erw. u. verb.; zuerst in *Schriften*, Lpzg. 1929). – Mchn. 1978 (in *Werke, Tagebücher u. Briefe*, Hg. H.-J. Mähl u. R. Samuel, 3 Bde., 1978–1987, 2; m. Komm.). – Mchn./Wien 1981 (in *Werke*, Hg. dies.; Komm. H.-J. Simm u. A. Jais). – Bln./Weimar 1983 (in *Werke*; Ausw. u. Einl. H.-D. Dahnke; Textrev. u. Komm. R. Walbinger). Stg. 1984 (in *Fragmente u. Studien. Die Christenheit oder Europa*, Hg. C. Paschek, RUB). – Mchn. [3]1987 (in *Werke*, Hg. u. Komm. G. Schulz; Studienausg.).

LITERATUR: E. Hederer, *F. v. H.s »Christenheit oder Europa«* Zeulenroda 1936. – W. Dirks, *Die Christenheit oder Europa. Die Vision des N.* (in FH, 6, 1951, S. 626–637). – R. Samuel, *Die Form von F. v. H.s Abhandlung »Die Christenheit oder Europa«* (in *Stoffe – Formen – Strukturen. Studien zur deutschen Literatur, Fs. für H.H. Borcherdt*, Hg. A. Fuchs u. H. Motekat, Mchn. 1962, S. 284–302). – W. Malsch, *Europa. Poetische Rede des N. Deutung der französischen Revolution u. Reflexion auf die Poesie in der Geschichte*, Stg. 1965. – B. Steinhäuser-Carvill, *»Die Christenheit oder Europa«: – Eine Predigt* (in Seminar, 12, 1976, Nr. 2, S. 73–88). – G. Heinrich, *Geschichtsphilosophische Positionen der Frühromantik*, Kronberg/Ts. 1977. – H. Timm, *Die heilige Revolution. Das religiöse Totalitätskonzept der Frühromantik. Schleiermacher – N. – Friedrich Schlegel*, Ffm. 1978. – E. Heller, *N.: »Die Christenheit oder Europa«* (in Merkur, 35, 1981, S. 1034–1044). – N. Saul, *N.' ›geistige Gegenwart‹ and his Essay »Die Christenheit oder Europa«* (in MLR, 77, 1982, S. 361–377). – W. Jens, *»Ein großes Friedensfest auf den rauchenden Walstätten«* (in W. J. u. H. Küng, *Dichtung u. Religion*, Mchn. 1985, S. 183–202). – H. Küng, *Religion im Spiegel romantischer Poesie* (ebd., S. 164–182).

FRAGMENTE

Naturwisschenschaftlich-philosophisch-aphoristische Schriften von NOVALIS. – Der Titel ist die gebräuchliche Sammelbezeichnung für die in zahlreichen Manuskriptkonvoluten, undatierten Einzelblättern und Heften überlieferte Masse von Notizen, Skizzen, Aufzeichnungen, Exzerpten und längeren ausgearbeiteten Studien, aus der Novalis selbst lediglich zwei umfangreichere Fragmentfolgen publizierte: *Blüthenstaub* (Mai 1798 im ersten Band der von Friedrich und August Wilhelm SCHLEGEL herausgegebenen Zeitschrift ›Athenäum‹) und *Glauben und Liebe oder Der König und die Königin* (Juli 1798 in der Zeitschrift ›Jahrbücher der Preußischen Monarchie unter der Regierung von Friedrich Wilhelm III.‹). Sie blieben, sieht man von verstreuten, unbedeutenden Jugendgedichten und der Prosafassung der *Hymnen an die Nacht* (›Athenäum‹, 1800) ab, die einzigen Veröffentlichungen zu Lebzeiten des Autors. Die erste, von Friedrich Schlegel und Ludwig TIECK veranstaltete zweibändige Gesamtausgabe seiner Schriften (1802) bot zunächst unter dem Titel *Vermischte Fragmente* 570 aphoristische Bruchstücke, die, ohne Berücksichtigung ihres Zusammenhangs und ihres Stellenwertes in den Notizheften und den geschlossenen Zyklen, in drei Hauptgruppen – I. *Zur Philosophie; II. Ästhetik und Literatur; III. Moralische Ansichten* – zusammengefaßt wurden. Diese Ausgabe wurde 1846 von Ernst v. BÜLOW um einen dritten Band vermehrt, der den bisherigen Bestand um weitere 610 Fragmente bereicherte. In welchem Ausmaß Fragen der Interpretation und des Textverständnisses von der Lösung textkritischer Probleme abhängig waren, erwies, neben einer sich am neugeordneten Handschriftenmaterial des Nachlasses orientierenden Ausgabe von Ernst HEILBORN (1901), die erste historisch-kritische Ausgabe, die 1929 von Paul KLUCKHOHN und Richard SAMUEL ediert wurde und eine Fülle noch unveröffentlichten Materials – zumal die naturwissenschaftlichen Studien – erschloß. Sie gibt zudem mit Hilfe von graphologischen Gutachten eine zuverlässige Chronologie der Schriften. Nachdem der 1930 versteigerte Novalis-Nachlaß 1960 nahezu vollständig im Freien Deutschen Hochstift in Frankfurt/Main versammelt werden konnte, machten die folgenden Auflagen der Ausgabe von 1929 (²1960 ff.; ³1977–1988) weitere Fragmente, Exzerpte und Pläne zugänglich, so daß nach mehr als hundertfünfzig Jahren Probleme wie das der Datierung, der Zuordnung zu bestimmten Fragmentkomplexen oder das der Echtheit (etwa gegenüber frei- oder umformulierten Exzerpten) als weitgehend gelöst bezeichnet werden dürfen. Diese Edition ersetzt darüber hinaus andere, ältere wie die von Ewald WASMUTH (1943, ²1953–1957), der, einer Notiz von Novalis in den *Philosophischen Studien* von 1795/96 folgend (*»Systematik. Enzyklopädik. Prophetik«)*, drei *»Stufen ... auf dem Weg zur Realisierung seines Werkes«* unterscheidet und die Gesamtmasse der Aufzeichnungen in Hinsicht auf die aus diesen drei Begriffen rekonstruierten *»originalen Pläne«* ordnet. Das Hauptergebnis der editorischen Bemühungen der letzten Jahrzehnte besteht in der Erkenntnis ihres inneren und äußeren Zusammenhangs und ihrer Systematik. *»Die durch Schlegel, Tieck und Bülow geschaffene Tradition vom ›fragmentarischen‹ Denker Novalis, die bis heute noch nicht überwunden ist, ist nicht länger haltbar.«* (R. Samuel)

»Es sind Bruchstücke des fortlaufenden Selbstgesprächs in mir – Senker«, schreibt Novalis am 26. 12. 1797 an F. Schlegel, um die Eigenart der dem Freund übersandten Studien zu kennzeichnen. *»Als Fragment erscheint das Unvollkommene noch am erträglichsten – und also ist diese Form der Mitteilung dem zu empfehlen, der noch nicht im Ganzen fertig ist – und doch einzelne Merckwürdige Ansichten zu geben hat.« (Teplitzer Fragmente) »Literarische Sämereien«* nennt im Schlußstück (Nr. 129) der Sammlung *Blüthenstaub* der Autor die von ihm vorgelegten Bruchstücke, unter denen sich ruhig manches *»taube Körnchen«* finden lassen möge, wenn nur einiges davon aufgehe.

Die *Fragmente* bilden das geniale, großangelegte Modell eines Denkprozesses, an dem sich Weltbild und Denkstruktur der frühromantischen Epoche exemplarisch studieren lassen. Als Entstehungszeit sind die Jahre 1795–1800 anzusehen. Innerhalb dieses Zeitraums werden von den Herausgebern dreizehn größere Gruppen unterschieden: *Frühe Prosaarbeiten* (Abt. I); *Philosophische Studien der Jahre 1795/96, Fichte-Studien* (Abt. II); *Philosophische Studien des Jahres 1797, Hemsterhuis- und Kant-Studien* (Abt. III); *Vermischte Bemerkungen und Blüthenstaub* (Abt. IV); *Glauben und Liebe* und *Politische Fragmente* (Abt. V); *Vorarbeiten zu verschiedenen Fragmentsammlungen* (*Logologische Fragmente, Poëticismen, Teplitzer Fragmente*, Abt. VI); *Dialogen und Monolog*, 1798/99 (?) (Abt. VII); *Freiberger naturwissenschaftliche Studien* (Abt. VIII); *Das allgemeine Brouillon*, 1798/99 (Abt. IX); *Randbemerkungen zu Friedrich Schlegels »Ideen«* (Abt. X); *Die Christenheit oder Europa* (Abt. XI); *Fragmente und Studien* 1799/1800 (Abt. XII) sowie *Technische Aufzeichnungen und Schriften aus der Berufstätigkeit* (Abt. XIII).

Inhaltlich bezeugen die *Fragmente* das breitgefächerte Interessengebiet des Autors, der sich mit Naturwissenschaften, Philosohie und Geisteswissenschaften, mit praktisch-technischen Problemen (Bergbau) ebenso beschäftigt, wie mit erkenntnistheoretischen und ästhetisch-künstlerischen Fragestellungen. *»Romantische Gelehrsamkeit – und romantische Geschicklichkeit – Kombinations- und Variationsfertigkeit« (Allgemeines Brouillon)* – diese kurze Notiz beleuchtet blitzartig die Sprunghaftigkeit dieses Geistes, der die von ihm ergriffenen Materialien und Stoffe mit dem *»Zauberstab der Analogie«* berührt, sich anverwandelt und umsetzt. Die Verfahrensweise des Novalis ist geprägt durch die Philosophie FICHTES, die der Autor von 1795 an, dem Jahr seiner heimlichen Verlobung mit der jungen Sophie von Kühn, studierte und auf einen *»magischen Idealismus«* hin radikalisierte, und deren Bedeutung auch nicht durch die Beschäftigung mit der Philosophie Franz HEMSTERHUIS' (im Jahr 1797) ernsthaft relativiert wurde. Hatte KANT zwischen dem Ding-an-sich und dem menschlichen Erkenntnisvermögen eine scheinbar unüberwindbare Barriere gelegt, so suchte Fichte die dem Ich entgegenstehende Realität als Produkt des Ichs selbst zu fassen; dieses kann sich seiner nur bewußt werden, wenn es sich selbst begrenzt und sich ein Nicht-Ich entgegensetzt. Die Natur ist somit Resultat ewiger transzendentaler Handlungen des Geistes, der darin sich vergegenständlicht hat und folglich – damit geht Novalis über Fichte hinaus – sich nicht allein als sich selbst setzendes Ich definiert, sondern eine dingliche Manifestation erhält. Die Natur stellt sich als *»versteinerte Zauberstadt«* dar, die durch die Magie des poetischen Wortes als Geistiges wieder sich offenbaren kann. Konnte Fichte den inneren Zusammenhang von Subjekt und Objekt, Ich und Natur einsichtig machen, so sucht Novalis ihn wiederzubeleben. Nichts anderes meint seine Forderung: *»Die Welt muß romantisiert werden. So findet man den urspr[ünglichen] Sinn wieder ... Indem ich dem Gemeinen einen hohen Sinn, dem Gewöhnlichen ein geheimnißvolles Ansehn, dem Bekannten die Würde des Unbekannten, dem Endlichen einen unendlichen Schein gebe so romantisire ich es ...«* Dieser *»Mysticismus«* führt zu *»mystische(n) Fragmenten«* in einer neuzuerfindenden *»Tropen- und Räthselsprache«*, die in paradoxen Verkürzungen und Entgegensetzungen die innere Gemeinsamkeit alles Seienden aufblitzen läßt; lakonisch notiert Novalis: *»Magie ist = Kunst, die Sinnenwelt willkührlich zu gebrauchen.«*

Daß Novalis damit auch ein politisches Programm verbindet, zeigt neben dem Fragment Nr. 122 (*»Naturwillkühr und Kunstzwang durchdringen sich, wenn man sie in Geist auflößt. Der Geist macht beydes flüssig. Der Geist ist jederzeit poëtisch. Der poëtische Staat ist der wahrhafte, vollkommene Staat.«)* vor allem der Text *Glauben und Liebe oder der König und die Königin*, entstanden Anfang 1798 anläßlich

der Hochzeit des preußischen Königs Friedrich Wilhelm II. mit Luise von Mecklenburg-Strelitz. Der Autor erweist sich hier als unbedingter Gegner der Französischen Revolution und als Anhänger des monarchistischen Systems, ohne dessen ständische Voraussetzung zu akzeptieren: *»Alle Menschen sollen thronfähig werden. Das Erziehungsmittel zu diesen fernen Zeiten ist ein König.«* Dieser figuriert in den Verfassungsgedanken des Novalis als Symbolfigur, basierend auf dem Glauben *»an einen höhergeborenen Menschen, auf der freiwilligen Annahme eines Idealmenschen«* und repräsentiert damit nicht die Staatsgewalt, sondern nimmt, gleichsam als Vermittler, das ersehnte Ideal einer homogenen Gesellschaft vorweg. Im *Allgemeinen Brouillon* heißt es: *»Mein Glauben und Liebe beruht auf Repraesentativen Glauben. So die Annahme – der ewige Friede ist schon da – Gott ist unter uns – hier ist Amerika oder Nirgends – das goldne Zeit-alter ist hier – wir sind Zauberer – wir sind moralisch und so fort.«*
Hier deuten sich – wie auch im geschichtsphilosophisch orientierten Aufsatz *Die Christenheit oder Europa* – die Umrisse einer politischen Romantik an, die bei Friedrich SCHLEGEL, Adam MÜLLER, Joseph GÖRRES oder Joseph von EICHENDORFF sich fortsetzt; angesichts der Tatsache, daß die zeitgenössische Gesellschaft sich zunehmend arbeitsteilig ausdifferenziert und ihr Zusammenhang sich auf den Konflikt prosaischer Interessen, seien sie wirtschaftlicher oder politischer Art, reduziert, erfolgt hier der späte Versuch einer Gegenbewegung, um in der Stilisierung einer höheren Gemeinsamkeit die philosophisch postulierte Verwandtschaft alles Seienden nochmals manifest werden zu lassen. Carl SCHMITT (*Politische Romantik*, 1919) hatte diese Bemühungen mit ihren ästhetisierenden, ins Unverbindlich-Symbolische abschweifenden Tendenzen einer vernichtenden Kritik unterzogen; Schwärmerei und Wirklichkeitsflucht sind zweifellos die Charakteristika der politischen Vorstellungen der Romantiker, obgleich gerade die Nichtanerkennung der Macht des Faktischen ihnen bei aller Konservativität einen unangepaßt-irritierenden Zug gibt. C.G.-KLL

AUSGABEN: Bln. 1802 (in *Schriften*, Hg. F. Schlegel u. L. Tieck, 2 Bde., 2; 51837; Bd. 3: 1846, Hg. E. v. Bülow; enth. weitere 610 Fragm.). – Bln. 1901 (in *Schriften*, Hg. E. Heilborn, 2 Bde., 2). – Heidelberg 21957 (in *Werke, Briefe, Dokumente*, Hg. E. Wasmuth, 4 Bde. 1953–1957, 2 u. 3; zuerst Bln. 1943, in *Briefe u. Werke*). – Mchn. 1962 (in *Werke u. Briefe*, Hg. u. Nachw. A. Kelletat). – Mchn. 1978 (in *Werke, Tagebücher u. Briefe*, Hg. H.-J. Mähl u. R. Samuel, 3 Bde., 1978–1987, 2; m. Komm.). – Mchn./Wien 1981 (in *Werke*, Hg. dies.; Komm. H.-J. Simm u. A. Jais). – Darmstadt 31981–1983 (in *Schriften*, Hg. P. Kluckhohn u. R. Samuel, 4 Bde. u. Materialien-Bd. u. Erg.-Bd., 1977–1988, 2 u. 3; hist.-krit.; nach d. Hss. erg., erw. u. verb.; zuerst in *Schriften*, Lpzg. 1929). – Bln./Weimar 1983 (in *Werke*; Ausw. u. Einl. H.-D. Dahnke; Textrev. u. Komm. R. Walbinger). – Stg. 1984 (in *Fragmente u. Studien. Die Christenheit oder Europa*, Hg. C. Paschek; RUB). – Mchn. 31987 (in *Werke*, Hg. u. Komm. G. Schulz; Studienausg.).

LITERATUR: A. Carlsson, *Die Fragmente des N.*, Basel 1939. – A. Nivelle, *Die Auffassung der Poesie in den Fragmenten des N.* (in Tijdschrift vor Levende Talen, 15, 1949, S. 138–155). – H. Kuhn, *Poetische Synthesis oder Ein kritischer Versuch über romantische Philosophie u. Poesie an N.' Fragmenten* (in Zs. f. philos. Forschung, 5, 1950/51, S. 161–178; 358–384). – J. Striedter, *Die Fragmente des N. als ›Präfigurationen‹ seiner Dichtung*, Diss. Heidelberg 1953; ern. Mchn. 1985. – I. Trosiener, *Der Wechselbezug von Einzelnem und Ganzem in den Fragmenten des N.*, Diss. Freiburg i. B. 1955. – P. Schroers, *N.' »Blütenstaub«. Schicksal einer Dichterhs.* (in Philobiblon, 4, 1960, S. 13–20). – J. Stieghahn, *Magisches Denken in den Fragmenten F. v. H.s*, Diss. Bln. 1962. – H.-J. Mähl, *N. u. Plotin. Untersuchungen zu einer neuen Edition u. Interpretation des »Allgemeinen Brouillon«* (in FDH, 1963, S. 139–250). – C. Grützmacher, *N. und Ph. O. Runge. Die Blume – Das Kind – Das Licht*, Mchn. 1964. – M. Dick, *Die Entwicklung des Gedankens der Poesie in den Fragmenten des N.*, Bonn 1967. – G. A. Smith, *The Romantic View of Science in N.'s Notes and Fragments*, Diss. Univ. of Texas, Austin 1970 (vgl. Diss. Abstracts, 31, 1970/71, S. 1813A). – G. Rommel, *Der Mensch als Universum. Die Verteidigung des Humanismus in den Studien u. Fragmenten F. v. H.s (N.)*, Diss. Lpzg. 1979.

GEISTLICHE LIEDER

Sammlung von fünfzehn Gedichten von NOVALIS, entstanden in den Jahren 1799/1800, zum Teil vor, zum Teil nach den *Hymnen an die Nacht*; postum erschienen 1801. – *»Die Christenheit muß wieder lebendig und wirksam werden und sich wieder eine sichtbare Kirche ohne Rücksicht auf Landesgrenzen bilden, die alle nach dem Überirdischen durstige Seelen in ihren Schoß aufnimmt und gern Vermittlerin der alten und neuen Welt wird.«* Diese Formulierung aus dem Schlußabschnitt seines Aufsatzes *Die Christenheit oder Europa* (1799) bezeichnet die Stellung der *Geistlichen Lieder* im Gesamtwerk des Dichters, die der neuen Gemeinde *»gereinigter Christen«* durch *»Erregung des heiligen Intuitionssinnes«* dazu verhelfen wollen, sich zu sammeln. Darüber hinaus entwarf Novalis den Plan eines neuen Gesangbuchs, in dem der Zyklus seinen Platz finden sollte. *»Einfach müssen Lieder und Predigten sein und doch hochpoetisch.«* Dieser Forderung entsprechend, die aus der Ablehnung allen moralisch-dogmatischen Charakters entsprang, wie Novalis ihn noch in den Liedern LAVATERS zu spüren glaubte, bedient sich der Dichter in den *Geistlichen Liedern* – mit Ausnahme des siebten, *Hymne* betitelten und in freien Rhythmen geschriebenen Gedichts – schlichter, volksliedähnlicher, vier-, sechs- und achtzeiliger

Strophenformen. Sie stehen der Tradition des protestantischen Kirchenlieds, vor allem pietistischer Prägung, in solchem Maße nahe, daß schon 1808 sechs der Lieder in das *Bergische Gesangbuch* aufgenommen wurden, durch Vermittlung SCHLEIERMACHERS wenig später auch in das *Berliner Gesangbuch* (und zwar Nr. 1: *Was wär ich ohne dich gewesen*, Nr. 3: *Wer einsam sitzt in seiner Kammer*, Nr. 4: *Unter tausend frohen Stunden*, Nr. 5: *Wenn ich ihn nur habe*, Nr. 6: *Wenn alle untreu werden* und Nr. 9: *Ich sage es jedem, daß er lebt*).
Einzig der in der Mitte des Zyklus stehenden reimlosen *Hymne*, die schon 1798, früher als alle anderen Gedichte, entstanden und den *Hymnen an die Nacht* und HÖLDERLINS späten Elegien verwandt ist, fehlt diese einfache Kunstlosigkeit. Sie umkreist das höchste sakrale Mysterium des Christentums, das des Abendmahls, und erneuert alte, mystisch-theosophische Vorstellungen wie die der *»Geistleiblichkeit«*, die nach Jakob BÖHME vor allem Novalis' Zeitgenosse Franz von BAADER in Schriften wie *Über die Eucharistie* und den *Fermenta cognitionis* wiederaufgriff. *»Wenige wissen / Das Geheimnis der Liebe, / Fühlen Unersättlichkeit / Und ewigen Durst.«* Die im Abendmahl vollzogene Annäherung und Vereinigung des Menschen mit Gott, Ziel aller Mystik, beruht auf dem Geheimnis der Transsubstantiation, dem *»Arcanum ... geistlich zu essen«* (Böhme), einem symbolischen Stofflichwerden des göttlichen Geistes. Eines der aus derselben Zeit (Juli/August 1798) stammenden *Teplitzer Fragmente* (Nr. 428) entwickelt dieselbe Vorstellung: *»In der Freundschaft ißt man in der Tat von seinem Freunde, oder lebt von ihm. Es ist ein echter Trope, den Körper für den Geist zu substituieren – und bei einem Gedächtnismahle eines Freundes in jedem Bissen und kühner übersinnlicher Einbildungskraft sein Fleisch, und in jedem Trunke sein Blut zu genießen.«* In der *Hymne* entspricht diesem Stofflichwerden des göttlichen Geistes und seiner künftigen universalen Materialisierung eine Vergeistigung alles *»Absolut Lebendigen«*, in dem er sich ausspricht, aller Natur im Liebesmahl: *»Einst ist alles Leib, / Ein Leib, / In himmlischem Blute / Schwimmt das selige Paar. – / O! daß das Weltmeer / Schon errötete, / Und in duftiges Fleisch / Aufquölle der Fels!«* Diese Verklärung auf Erden, die Gottwerdung des Menschen, vollzieht sich als Neu- und Wiedergeburt am *»Tisch der Sehnsucht«*, an dem der Mensch, im Zeichen versöhnender Liebe, zum Teil des göttlichen *»Weltorganismus«* wird.
Die Christus-Auffassung von Novalis ist in den *Geistlichen Liedern* eher vom Bild des auferstandenen als von dem des gekreuzigten, leidenden Heilands geprägt. Sie geht weniger aus einem der naivsinnlichen Phantasie gegenwärtigen Kanon von bildlichen Vorstellungen, wie ihn die pietistische Jesusfrömmigkeit kennt, hervor, als aus dem verinnerlichten, ruhigen Bewahren und Festhalten des Göttlichen in der eigenen Seele. Dem entspricht, daß jeder metaphorische Ausdruck nahezu vollkommen fehlt, was nur als Tendenz zur Reinigung und Entäußerung vor der Unmittelbarkeit der Erfahrung gedeutet werden kann. Wirklich ist Christus kaum als historisch konkrete, sondern beinahe überall als mystisch gegenwärtige Gestalt begriffen, als universaler Vermittler gottebenbildlichen Wesens, als *»Begriff der Wiedergeburt«*, als metaphysisch-objektive Macht im menschlichen Innern, die als höheres, gesteigertes Selbstbewußtsein empfunden und erlebt wird: *»Mit ihm erst bin ich Mensch geworden; / Das Schicksal wird verklärt durch ihn ... / Da kam ein Heiland, ein Befreier, / Ein Menschensohn, voll' Lieb und Macht; / Und hat ein allbelebend Feuer / in unserm Innern angefacht. / Nun sahn wir erst den Himmel offen / Als unser altes Vaterland, / Wir konnten glauben nun und hoffen, / Und fühlten uns mit Gott verwandt.«* (Nr. 1) Ein Lieblingsgedanke von Novalis, der auch in seinem Roman *Heinrich von Ofterdingen* ausgeführt wird, klingt im zweiten Lied an: Christus, als Symbol der Einheit von Mythos, Poesie und Religion, bedeutet die Wiederkehr des reinen poetischen Geistes auf Erden, der erst im erlösten Menschen sich zu voller Blüte entfaltet. *»Endlich kommt zur Erde nieder / Aller Himmel selges Kind, / Schaffend im Gesang weht wieder / Um die Erde Lebenswind ...«* In den beiden letzten Gedichten, Marienliedern von schlichter, frommer Zartheit, ist Christus in Kindesgestalt Symbol einer Liebe, die Wirklickeit gewordener Ausdruck göttlichen Lebens in der Welt ist. – Die *Geistlichen Lieder* wurden, abgesehen von den Melodien, die ihnen die regionalen Gesangbücher unterlegen, häufig vertont, das fünfte *(Wenn ich ihn nur habe)* allein mehr als zwanzigmal. H.H.H.

AUSGABEN: Tübingen 1802 [recte 1801] (in Musenalmanach auf das Jahr 1802, Hg. A. W. Schlegel u. L. Tieck; enth. Nr. 1–7). – Bln. 1802 (in *Schriften*, Hg. F. Schlegel u. L. Tieck, 2 Bde., 2; 51837). – Bln. 1901 (in *Schriften*, Hg. E. Heilborn, 2 Bde., 1). – Heidelberg 21953 (in *Werke, Briefe, Dokumente*, Hg. E. Wasmuth, 4 Bde., 1953–1957, 1; zuerst Bln. 1943, in *Briefe u. Werke*). – Mchn. 1962 (in *Werke u. Briefe*, Hg. u. Nachw. A. Kelletat). – Darmstadt 31977 (in *Schriften*, Hg. P. Kluckhohn u. R. Samuel, 4 Bde. u. Materialien-Bd. u. Erg.-Bd., 1977–1988, 1; hist.-krit.; nach d. Hss. erg., erw., u. verb.; zuerst in *Schriften*, Lpzg. 1929). – Mchn. 1978 (in *Werke, Tagebücher u. Briefe*, Hg. H.-J. Mähl u. R. Samuel, 3 Bde., 1978–1987, 1; m. Komm.). – Mchn./Wien 1981 (in *Werke*, Hg. dies.; Komm. H.-J. Simm u. A. Jais). – Bln./Weimar 1983 (in *Werke*; Ausw. u. Einl. H.-D. Dahnke; Textrev. u. Komm. R. Walbinger). – Mchn. 31987 (in *Werke*, Hg. u. Komm. G. Schulz; Studienausg.).

LITERATUR: H. Ritter, *Die »Geistlichen Lieder« des N. Ihre Darstellung u. Entstehung* (in Jb. der Dt. Schiller-Ges., 4, 1960, S. 308–342). – M. Seidel, *N. »Geistliche Lieder«*, Ffm. u. a. 1983.

HEINRICH VON OFTERDINGEN

Fragmentarischer Roman von NOVALIS, erschienen 1802. Vollendet sind der erste, *Die Erwartung* betitelte Teil und das Anfangskapitel des zweiten (*Die Erfüllung*), dessen geplante Weiterführung ein Konvolut handschriftlicher Notizen und ein von TIECK aus Gesprächen mit Novalis und aus dessen Nachlaß rekonstruierter Bericht über die Fortsetzung überschaubar machen.

Auf den Roman als poetische Gattung, der seinem Wesen nach eine *»Enzyklopädie des ganzen geistigen Lebens eines genialischen Individuums«* (F. v. Schlegel, *Kritische Fragmente*, Nr. 78) sein müsse und der allein imstande sei, die Idee des *»unendlichen Progresses«* (J. G. Fichte) vollkommen auszudrükken, den das Ich auf dem Wege zu einer höheren, einheitsstiftenden Totalität von Natur und Geist durchlaufe, richtete die romantische Literaturtheorie ihr Hauptinteresse – ein Interesse, das von GOETHES *Wilhelm Meisters Lehrjahre* (1795/96), dem so bewunderten Vorbild, nachhaltig beeinflußt wurde. Auch Novalis hatte das Goethesche Werk enthusiastisch begrüßt. Seine Begeisterung schwächte sich jedoch in dem Maße ab, wie der Plan zu einem eigenen Roman festere Umrisse annahm, bis er *Wilhelm Meisters Lehrjahre* schließlich als *»poetisierte bürgerliche und häusliche Geschichte«* verwarf und ihr den *Heinrich von Ofterdingen* – tief beeindruckt von Tiecks Roman *Franz Sternbalds Wanderungen* (1798) – entgegenzusetzen beschloß. Sein eigener »bürgerlicher« Roman sollte *»vielleicht Lehrjahre einer Nation enthalten«*, Jedoch: *»Das Wort Lehrjahre ist falsch, es drückt ein bestimmtes Wohin aus. Bei mir soll es aber nichts als Übergangsjahre von Unendlichen zum Endlichen bedeuten«* (Brief an Karoline v. Schlegel, 27. 2. 1799). Die ursprüngliche Konzeption eines Entwicklungs- und Bildungsromans verfestigte sich im Sommer 1799, als Novalis in spätmittelalterlichen Legendensammlungen – dem Leben *der Heiligen Elisabeth* und der *Düringischen Chronik* des Johannes ROTHE und der *Mansfeldischen Chronik des Cyriacus* SPANGENBERG – auf die historisch nicht belegbare Gestalt des zu den zwölf »Meistern« zählenden Minnesängers Heinrich von Ofterdingen stieß. Daneben lassen sich die Einflüsse von WIELANDS *Dschinnistan oder auserlesene Feen- und Geister-Märchen* (1786–1789) sowie von Goethes *Märchen* aus den *Unterhaltungen deutscher Ausgewanderten* (1795) nachweisen.

Der erste Teil des im christlich verklärten Hochmittelalter spielenden Romans – *Die Erwartung* – beschreibt die aus erster Berührung mit fremden Lebensbereichen gewonnenen »Welterfahrungen« des Helden, die ihn zum Dichter reifen lassen. Heinrich wächst als Sohn bürgerlicher Eltern im thüringischen Eisenach auf und wird vom Hofkaplan des Landgrafen auf den *»Lehrstand«* vorbereitet. Der Roman setzt mit einem Ereignis ein, das selbst im Dunkel bleibt: Ein fremder Reisender hat dem gerade zwanzigjährigen Heinrich von geheimnisvollen Fernen, von wunderbaren Schätzen und von einer Wunderblume erzählt: Diese *»Blaue Blume«* – ein tiefsinniges Symbol, das als Chiffre zarter, weltversponnener Sehnsucht zugleich *»Symbol des Erkennens«* (J. Hecker) ist – erscheint ihm im Traum als lockendes Ziel und wandelt sich zu einem *»blauen ausgebreiteten Kragen«*, in dem ein Mädchengesicht schwebt; Heinrich fühlt, daß dieser Traum *»in seine Seele wie ein weites Rad hineingreift und sie in mächtigem Schwunge forttreibt«*. Seine Mutter unternimmt mit dem Sohn und einigen befreundeten Kaufleuten eine Reise zu ihrem Vater nach Augsburg, um Heinrichs Melancholie zu vertreiben. Diese Reise eröffnet ihm das große Panorama der Welt und trägt zu dem *»leisen Bilden der inneren Kräfte«* bei, die den *»Geist der Poesie«* entfalten. Mit dem Wesen des Handels machen ihn die Reisegefährten vertraut, ein Aufenthalt auf einer fränkischen Ritterburg bringt ihm die kriegerische Welt der Kreuzzüge nahe, eine dort gefangengehaltene Morgenländerin, Zulima, entdeckt ihm ihr Leid und beschwört in Liedern und Beschreibungen die *»romantischen Schönheiten der fruchtbaren arabischen Gegenden«*, und ein alter böhmischer Bergmann weiht ihn in die Gefahren und geheimen Eigenheiten des Bergbaus ein, jenes *»ernsten Sinnbilds des menschlichen Lebens«*, und vermittelt Heinrich überdies die Bekanntschaft eines Einsiedlers, des Grafen von Hohenzollern, der ihn in das Wesen der geschichtlichen Welt einführt. Er deutet ihm die *»allmähliche Beruhigung der Natur«*, die sich langsam dem Menschen annähere und ihre bildenden und geselligen Kräfte hervorkehre. Bei ihm entdeckt Heinrich auch einige alte Chroniken, deren eine ihm sein *»Ebenbild in verschiedenen Lagen«* und vorausdeutend Gestalten aus seinem Traum zeigt. Alle diese Erlebnisse erwecken in ihm eine dunkle, bilderreiche Sehnsucht; *»die Blume seines Herzens ließ sich zuweilen wie ein Wetterleuchten in ihm sehen«*. In Augsburg angekommen, lernt er im heiteren Freundeskreis des Großvaters den Dichter Klingsohr und dessen anmutige Tochter Mathilde kennen, zu der er eine tiefe Zuneigung faßt. Klingsohr weiht ihn endlich in das Wesen des *»romantischen Morgenlandes«*, der Poesie, ein, deren wichtigste Provinz, die Liebe, ihm Mathilde erschließt. Träumend wird ihm bewußt, daß jenes Mädchengesicht, zu dem der Kelch der blauen Blume sich zusammenschloß, das Mathildes war; derselbe Traum kündigt ihm jedoch an, daß er sie verlieren, später aber erneut und für immer gewinnen werde. Den ersten Teil beschließt ein von Klingsohr erzähltes allegorisches Märchen von Eros und Fabel. *»Sonderbar, daß eine absolute, wunderbare Synthesis oft die Achse des Märchens – oder das Ziel desselben ist«* (*Das allgemeine Brouillon*, Nr. 990). Diese für die auf Vermittlung und universale Einheit aller Antinomien gerichtete Intention der romantisch-idealistischen Philosophie und Poetik bezeichnende Formulierung nimmt zugleich die geplante Weiterführung im zweiten Teil vorweg, der mit der Aufhebung der Grenzen von Realität und Traum selbst märchenhaft werden sollte.

Im Märchen von Eros und Fabel liegt das Astralreich Arcturs in Eis erstarrt und seine Tochter Freya (Friede) in ewigem Schlaf, seit der gewaltige Held Eisen (Krieg) sein Schwert in die Welt geschleudert hat und seine Gemahlin Sophie (Weisheit) zu den Menschen hinabgestiegen ist. Mutter und Vater (Herz und Sinn) haben den Knaben Eros (Liebe) gezeugt, während die kleine Fabel (Poesie) einem heimlichen Verhältnis des Vaters mit der Amme Ginnistan (Phantasie) entstammt. Ginnistan reist mit Eros zum Mond, ihrem Vater, und verführt Eros, während »zu Hause« der Schreiber (der nüchterne Verstand, die Aufklärung) die Herrschaft an sich reißt, die Mutter fesselt und auf einem Scheiterhaufen verbrennt. Nur die kleine Fabel entkommt in die Unterwelt und überlistet die Parzen. Sophie löst die Asche der geopferten Mutter in ihrer Wasserschale und gibt sie allen zu trinken, die daraufhin *»die freundliche Begrüßung der Mutter in ihrem Innern mit unsäglicher Freude«* vernehmen. Die fröhliche Fabel bricht endlich im Reiche Arcturs den Bann, bringt das Eis zum Schmelzen und führt ihren Milchbruder Eros der erwachenden Freya zu, die, mit ihm vereint, als Königin das neue goldene Zeitalter beherrscht.

Der zweite Teil – *Die Erfüllung* – wird von einem Prolog der Astralis eröffnet, die – ein geheimnisvoll-allegorisches Wesen – aus der *»ersten Umarmung Heinrichs und Mathildens«* als der neue *»siderische Mensch«* entstand. Mathilde ist, wie Heinrichs Traum es angedeutet hatte, gestorben; verzweifelt verläßt er Augsburg als Pilger und hört bald darauf die Stimme der Toten, die ihm als Begleiterin ein armes Hirtenmädchen, Cyane, die Tochter des Grafen von Hohenzollern, ankündigt. Diese führt den von Staunen Überwältigten zu einem alten Einsiedler und Arzt, Sylvester, der ihm die *»unmittelbare Sprache«* der Natur in Blumen und Pflanzen deutet und die Ankündigung des goldenen Zeitalters wiederholt, das dann anbrechen werde, *»wenn die Natur züchtig und sittlich geworden«* sei, wenn als *»Geist des Weltgedichts«* das Gewissen, jener *»eingeborene Mittler des Menschen«* zu einer jenseitigen Welt, herrsche.

Die Fortsetzung des Werks hat Novalis in zum Teil widersprüchlichen Notizen angedeutet, deren eine die wahrscheinliche Kapitelanordnung des zweiten Teils beschreibt: (I) *Das Gesicht* (später *Das Kloster oder Der Vorhof*), (II) *Heldenzeit*, (III) *Das Altertum*, (IV) *Das Morgenland*, (V) *Der Kaiser*, (VI) *Der Streit der Sänger* und (VII) *Die Verklärung*. Heinrich sollte nach dem Tod Mathildes zunächst ein Kloster besuchen, später in der Schweiz und in Italien *»in bürgerliche Händel«* verstrickt und selbst Feldherr werden und die Welt griechischer Mythologie und persischer Märchen in deren Ursprungsländern kennenlernen. Nach Deutschland an den Hof des Kaisers (Friedrichs II.?) zurückgekehrt, sollte er mit ihm Gespräche über Regierung und Kaisertum führen und an einem großen Fest *»aus lauter allegorischen Szenen zur Verherrlichung der Poesie«* teilnehmen, bei dem der Sängerkrieg auf der Wartburg zu einem Streit über *»formlose«* und *»förmliche«* Poesie (Natur- und Kunstpoesie) modifiziert werden sollte. *»Der Schluß* [Heinrichs Verklärung] *ist Übergang aus der wirklichen Welt in die geheime – Tod – letzter Traum und Erwachen. Überall muß hier schon das Überirdische durchschimmern – Das Märchenhafte.«* Heinrich pflückt die blaue Blume und erlebt zahllose Verwandlungen; die Figuren des ersten Teils und die des allegorischen Märchens kommen in vielfachen Umdeutungen wieder – *»das ganze Menschengeschlecht wird am Ende poetisch. Neue goldene Zeit.«*

Erhöhung und stufenweise Verklärung der Poesie war Novalis' Ziel im *Heinrich von Ofterdingen*. Bereits in der *Atlantis*-Legende des ersten Teils werden in der Beschreibung eines Gesangs zugleich alle Motive des ganzen Werkes zusammengefaßt: *»Er handelte von dem Ursprunge der Welt ... von der allmählichen Sympathie der Natur, von der uralten goldenen Zeit und ihren Beherrscherinnen, der Liebe und Poesie, von der Erscheinung des Hasses und der Barbarei und ihren Kämpfen mit jenen wohltätigen Göttinnen, und endlich von dem zukünftigen Triumph der letzteren ... der Wiederkehr eines ewigen goldenen Zeitalters.«* Poesie soll hier aus der alten, ungebrochenen Einheit von Sänger, Priester und Prophet hervorgehen, an der auch verschiedene späte Fragmente des Autors entschieden festhalten. Wenn sie aber auch hier als »Naturpoesie« erscheint, so legt doch gerade in der Unterredung Heinrichs mit Klingsohr, in dessen Poetik sich der immer noch starke Einfluß Goethes verrät, sein Lehrer Wert darauf, daß sie als *»strenge Kunst«* mit *»Besonnenheit«*, fern allem nur genießerischen Subjektivismus, bei geradezu ökonomisch-haushälterischer *»Bekanntschaft mit den Mitteln«* geübt werden müsse.

Novalis selbst stellt in einem seiner späten *Fragmente* (Nr. 104) einen Kanon jener Mittel auf, die sein »bürgerlicher« Roman erfordere: es sind *»eine gewisse Altertümlichkeit des Stils, eine richtige Stellung und Ordnung der Massen, eine leise Hindeutung auf Allegorie, eine gewisse Seltsamkeit, Andacht und Verwunderung, die durch die schreibart durchschimmert«*, zu denen noch eine fließende, verhaltene Musikalität der Sprache tritt. Abkömmling des klassischen Bildungsromans, wie ihn etwa Wielands *Agathon* oder Goethes *Wilhelm Meister* verkörpern, ist *Heinrich von Ofterdingen* in dem Sinne, daß sein Held sich zwar auch an verschiedenartigen Wirklichkeitsbereichen »ausbildet«, aber nicht nur an ihnen: »Bildung« wird bei Novalis zu einem welterlösenden »Innewerden« von etwas lange Vergessenem, das in Gestalt von Phantasie, Traum und Ahnung einen bedeutsamen Riß in den *»geheimnisvollen Vorhang«* legt, *»der mit tausend Falten in unser Inneres hereinfällt«* – ein langsamer Prozeß der Auffindung von Verschüttetem, den ein *Blütenstaub*-Fragment des Autors (Nr. 18) so ausdrückt: *»Nach Innen geht der geheimnisvolle Weg. In uns, oder nirgends ist die Ewigkeit mit ihren Welten, die Vergangenheit und Zukunft.«* H.H.H.

AUSGABEN: Bln. 1802 [Tl. 1]. – Bln. 1802 (in *Schriften*, Hg. F. Schlegel u. L. Tieck, 2 Bde.; 51837). – Bln. 1901 (in *Schriften*, Hg. E. Heilborn, 2 Bde., 1). – Heidelberg 21953 (in *Werke, Briefe, Dokumente*, Hg. E. Wasmuth, 4 Bde., 1; zuerst Bln. 1943, in *Briefe u. Werke*). – Mchn. 1962 (in *Werke u. Briefe*, Hg. u. Nachw. A. Kelletat). – Hbg. 1963 (m. Essay v. C. Grützmacher; RKl). – Ffm. 1963 (Nachw. A. Henkel; EC). – Darmstadt 31977 (in *Schriften*, Hg. P. Kluckhohn u. R. Samuel, 4 Bde. u. Materialien-Bd. u. Erg.-Bd., 1977–1988, 1; hist.-krit.; nach d. Hss. erg., erw. u. verb.; zuerst in *Schriften*, Lpzg. 1929). – Mchn. 1978 (in *Werke, Tagebücher u. Briefe*, Hg. H.-J. Mähl u. R. Samuel, 3 Bde., 1978–1987, 1; m. Komm.) – Stg. 1978 u. ö. (Textrev. u. Nachw. W. Frühwald; RUB). – Mchn./Wien 1981 (in *Werke*, Hg. H.-J. Mähl u. R. Samuel; Komm. H.-J. Simm u. A. Jais). – Ffm. 1982, Hg. J. Hörisch (m. zeitgenöss. Ill.; Insel Tb). – Bln./Weimar 1983 (in *Werke*; Ausw. u. Einl. H.-D. Dahnke; Textrev. u. Komm. R. Walbinger). – Bln./DDR 1986 (Nachw. H. Czechowski; Ill. D. Goltze).

LITERATUR: R. Haym, *»Heinrich von Ofterdingen«* (in R. H., *Die romantische Schule*, Bln. 1870; Darmstadt 1961; ern. in *Interpretationen. Deutsche Romane von Grimmelshausen bis Musil*, Hg. J. Schillemeit, Ffm. 1966, S. 118–135; FiBü). – T. Holländer, *Klingsohr, eine stoffgeschichtliche Untersuchung*, Diss. Wien 1927. – K. May, *Weltbild u. innere Form der Klassik u. Romantik in »Wilhelm Meister« u. »Heinrich von Ofterdingen«* (in *Romantik-Forschungen*, Halle 1929, S. 185–203; ern. in K. M., *Form u. Bedeutung*, Stg. 1957, S. 116–177). – J. Hecker, *Das Symbol der blauen Blume im Zusammenhang mit der Blumensymbolik der Romantik*, Jena 1931. – W. Korff, *Das Märchen als Urform der Poesie. Studien zum Klingsohr-Märchen des N.*, Diss. Erlangen 1941. – A. J. M. Bus, *Der Mythus der Musik in N.' »Heinrich von Ofterdingen«*, Diss. Amsterdam 1947. – P. Kluckhohn, *Neue Funde zu F. v. H.s Arbeit am »Heinrich von Ofterdingen«* (in DVLG, 32, 1958, S. 391–409). – H. Ritter, *Die Entstehung des »Heinrich von Ofterdingen«* (in Euph, 55, 1961, S. 163–195). – D. Löffler *»Heinrich von Ofterdingen« als romantischer Roman*, Diss. Lpzg. 1963. – R. Samuel, *N.' »Heinrich von Ofterdingen«* (in *Der deutsche Roman*, Hg. B. v. Wiese, Bd. 1, Düsseldorf 1963, S. 252–300). – H. Schanze, *Index zu N.' »Heinrich von Ofterdingen«*, Ffm./Bonn 1968. – J. Mahr, *Übergang zum Endlichen. Der Weg des Dichters in N.' »Heinrich von Ofterdingen«*, Mchn. 1970. O. S. Ehrensperger, *Die epische Struktur in N.' »Heinrich von Ofterdingen«. Eine Interpretation des Romans*, Winterthur 21971. – H.-J. Beck, *F. v. H. Oeconomie des Styls. Die »Wilhelm Meister«-Rezeption im »Heinrich von Ofterdingen«*, Bonn 1976. – F. A. Kittler, *Die Irrwege des Eros u. die »absolute Familie«. Psychoanalytischer u. diskursanalytischer Kommentar zu Klingsohrs Märchen in N.' »Heinrich von Ofterdingen«* (in *Psychoanalytische und psychopathologische Literaturinterpretation*, Hg. B. Urban u. W. Kudszus, Darmstadt 1981, S. 421 bis 470). – U. Stadler, *N.: »Heinrich von Ofterdingen« (1802)* (in *Romane u. Erzähl. der dt. Romantik. Neue Interpretationen*, Hg. P. M. Lützeler, Stg. 1981, S. 141–162). – *»Heinrich von Ofterdingen«*, Hg. U. Ritzenhoff, Stg. 1988 (RUB).

HYMNEN AN DIE NACHT

Gedichtzyklus von NOVALIS, erschienen 1800. – Hardenbergs sechs große *Hymnen an die Nacht* sind in zwei Fassungen überliefert, einer vorwiegend in Versen geschriebenen handschriftlichen und der vorwiegend in rhythmischer Prosa geschriebenen Druckfassung, deren handschriftliche Vorlage verloren ist, die aber mit Sicherheit von Novalis selbst stammt. Seit TIECK beschäftigt die mit den Problemen von Entstehung und Datierung eng verknüpfte Deutung der Hymnen ungezählte Forschergenerationen. Die alte Datierungskontroverse (1797 oder 1799) ist durch Heinz RITTERS Untersuchungen einer differenzierteren Einsicht gewichen: Demnach ist die dritte Hymne als »Urhymne« anzusprechen und in Zusammenhang mit Hardenbergs Erlebnis am Grab der Geliebten entstanden (Tagebuch, 13. Mai 1797); die frühen Hymnen, d. h. die Hymnen 1, 2, 4a und 5b, entstanden zwischen Herbst 1797 und Weihnachten 1798; die überlieferte Handschrift wurde im Dezember 1799/Januar 1800 geschrieben; die Athenäumsfassung an der Wende Januar/Februar 1800. Die beiden Fassungen der von Novalis ursprünglich mit *Die Nacht* überschriebenen Hymnen stehen also unter dem Eindruck des Jenaer Romantikertreffens (November 1799), das vom religiösen Enthusiasmus des Jahrhundertendes geprägt war. Diese Genese ermöglicht den Schluß, daß an den Hymnen die innere Entwicklung Hardenbergs vom Herbst 1797 bis weit in die *Ofterdingen*-Zeit hinein abzulesen ist, begünstigt aber auch die einer ganzheitlichen Interpretation noch immer entgegenstehende Fragmenttheorie, wonach besonders die sechste Hymne noch nicht die von Novalis intendierte Gestalt erhalten habe.

Die Feststellung der zahlreichen bisher nachgewiesenen literarischen Einflüsse auf die Bildsprache der Hymnen könnte dazu verführen, die Deutung im Nachweis solcher Einflüsse (YOUNG, HERDER, GOETHE, SCHILLER, HEMSTERHUIS, JEAN PAUL, SCHLEGEL und SCHLEIERMACHER) für erschöpft zu halten. Die Forschung hat sich jedoch von dem geistesgeschichtlichen Deutungstyp R. UNGERS wie auch von der durch P. KLUCKHOHN repräsentierten Erlebnisdeutung weiterentwickelt zu einer regen Diskussion biographischer, geistesgeschichtlicher und religiöser Elemente in der übergreifenden Gestalteinheit des Kunstwerks (SAMUEL, RITTER, ZIEGLER REHM, PFAFF, SCHULZ). Die auf M. KOMMERELLS ganzheitlicher Interpretation der Athenäumsfassung basierende Symboldeutung von H.-J. MÄHL ist bis heute die orientierende Deutungsperspektive.

Die erste Hymne setzt ein mit dem Preis des Lichts, das alles Naturhafte atmet: Anorganisches und Organisches, Beseeltes und Unbeseeltes, Stein, Pflanze und Tier, *»vor allem aber der herrliche Fremdling ... König der irdischen Natur«*. Durch die Bezeichnung als »Fremdling« wird der Mensch jedoch nicht dem Lichtreich zugeordnet, sondern der Nacht, in der – wie der zweite Gesang der ersten Hymne deutlich macht – die Sehnsucht der Kreatur nach dem Licht aufbricht. Der dritte Gesang verkündet dann in jähem Erkennen, was in der Sprache der beiden ersten Gesänge verborgen schlummerte, die Nacht als das Element allen Lebens. Damit sind die beiden die Hymnen beherrschenden Weltsymbole Hardenbergs bezeichnet: Licht und Dunkel, Tag und Nacht; ihnen entsprechen Diesseits und Jenseits, Leben und Tod. Das Nachtsymbol wird sogleich näher umschrieben und nach Kommerell, nicht allein als *»ein Inhalt des Begreifens (Welt oder innere Welt), sondern eine Form des Begreifens (Organ)«* charakterisiert: *»Himmlischer, als jene blitzenden Sterne, dünken uns die unendlichen Augen, die die Nacht in uns geöffnet.«* Ein mystischer Zirkel ist erschlossen, der mit alten mystischen Metaphern beschrieben wird: Erst die mystische Erkenntnis der Nacht erschließt das Organ, das es erlaubt, *»unbedürftig des Lichts ... die Tiefen eines liebenden Gemüts«* zu durchschauen. Der Zirkel führt von der Erkenntniserfahrung – der spezifisch idealistischen Komponente mystischen Unio-Verlangens – zurück zu ihrer Beschreibung und eröffnet darin die Möglichkeit zu ihrem erneuten und intensivierten Vollzug. Im Beiwort – jedes Beiwort ist für Novalis *»dichterisches Hauptwort«* – »liebend« erscheint das Ziel des mystischen Erkennens und zugleich die Kraft, die zu dieser Erkenntniserfahrung, der mystischen Brautnacht, führt. Erst die Nacht enthüllt das Bild der Geliebten, denn sie ist die *»liebliche Sonne der Nacht«*. In der sprachlichen Fügung, in der Genitivmetapher, sind Licht und Dunkel nicht mehr geschieden, sondern zum umfassenden Weltsymbol vereint, somit vorausdeutend auf die von Novalis gemeinte Einheit des neuen Menschen in einer neuen Welt. *»Zeitlos und raumlos«* nennt die zweite Hymne die Herrschaft der Nacht, und das dem Ablauf der Zeit unterworfene Licht ist jetzt das entweihende Element des Tags. Die dritte Hymne, die das Quellenerlebnis des Dichters am Grab der Geliebten gestaltet, bringt keine neue Entfaltung des inneren Geschehens, sondern künde vom Akt der Einweihung, von der *unio* mystisch-idealistischen Art selbst. Dem Autobiographisch-Erlebnishaften hat der Dichter dieses zentrale Erleben durch die Einbettung der Hymne in das Innere des Zyklus ferngerückt, und er hat damit zugleich den zeit- und raumlosen Ort dieses Geschehens verdeutlicht. Erst die vierte Hymne entfaltet die innere Handlung weiter und leitet über von der Innen- zur Außenperspektive, vom Mythos der Nacht zum Mythos der Geschichte vom Grab Sophiens zum Grab Christi. Wie das Grab der Geliebten Symbol ist für die Erkenntniserfahrung des Dichters, so ist das Grab Christi Symbol seiner mythischen Geschichtsprophetie. Auf dem *»Grenzgebürge der Welt«* dem spezifischen Ort des Dichters bei Novalis, auf jener Grenzscheide zwischen äußerer und innerer Welt, zwischen zerfallender Tages- und dämmernder Nachtwelt, wird für den Blick des Sängers das Grab der Geliebten zum Symbol dafür, daß die Idee der todestrunkenen Liebe die Welt geheimnisvoll zusammenhält. So bereitet die vierte Hymne nicht allein der fünften den Weg, sondern greift schon hinüber auf die Schlußhymne, wo der ganz nach innen gerichtete Blick des Dichters zurückkehrt in die undüstere Gegenwart, die Zeit vor der Wiedergeburt: *»Noch reiften sie nicht diese göttlichen Gedanken – Noch sind der Spuren unserer Offenbarung wenig.«*.

Der Perspektivenwechsel der fünften Hymne, die dadurch gesetzte Zäsur innerhalb des zyklischen Geschehens, ist von jeher das Problem, das die Forschung am meisten beschäftigt. In triadischem Schritt, Schillers Gedicht *Die Götter Griechenlandes* (1788) deutlich kontrastierend, singt die fünfte Hymne von der Entwicklung der Menschheit. Die heitere Welt der Antike, eine orphische Welt, ist hier das versunkene goldene Zeitalter, *»ein ewig buntes Fest der Himmelskinder und der Erdenbewohner rauschte das Leben, wie ein Frühling, durch die Jahrtausende hin«*. Dieser kindhafte Urzustand, die harmonische Einheit des Bewußtseins, wird zerstört durch den Einbruch der Erkenntnis vom Schrecken des Todes, der nur noch ästhetisch beschönigt werden kann. *»Doch unenträtselt blieb die ewige Nacht, / Das ernste Zeichen einer fernen Macht.«* So bricht die Zwischenzeit an, die Zeit der *»dürren Zahl und des strengen Maßes«*, der Novalis deutliche Züge der eigenen vom Licht des *»mathematischen Gehorsams«*, d.h. des Spätrationalismus, beherrschten Gegenwart verliehen hat. Dieses Licht ist nicht mehr Aufenthalt der Götter, die Nacht wird nun zum Schoß der Offenbarung: *»... ins tiefre Heiligtum, in des Gemüts höhern Raum zog mit ihren Mächten die Seele der Welt.«* Mit der Geburt Christi wird der Anbruch einer neuen Zeit verkündet, seine Auferstehung überwindet den Tod und errichtet das neue, goldene Reich im *»Tempel des himmlischen Todes«*. Dieses neugeborene goldene Zeitalter ist eine das Wissen um die Schrecken des Todes umgreifende und daher höhere und vollkommenere Stufe der Menschheitsentwicklung. An der Wiege Christi steht ein Sänger *»von ferner Küste, unter Hellas heiterm Himmel geboren«*; er bedeutet *»die symbolische Anwesenheit des Novalis in seiner Vision«* (M. Kommerell), in ihm verbinden sich das Grab Sophiens und das Grab Christi zum Symbol des Liebestodes. Es wird deutlich, daß der Triadenschritt der fünften Hymne keine historische Entwicklung der Weltzeit meint, sondern ebenfalls eine symbolische Funktion (H.-J. Mähl) hat. Die Hymnen erschließen sich durch die hervorgehobene Gestalt des Sängers als Mythos von der Überwindung des Todes in der durch die Liebe erweckten Poesie.

Die sechste, *Sehnsucht nach dem Tode* überschriebene Hymne ist in einer Vornotiz Hardenbergs als *»Aufruf«* gekennzeichnet; sie wendet sich von der Vision einer goldenen Zukunft zurück zur götterlosen Gegenwart. In ihr bricht die Sehnsucht nach der Vorzeit auf, die Sehnsucht aber ist der Gruß, den die toten Geliebten vom jenseitigen Ufer der Welt entgegensenden. Die sechste Hymne ist integraler Bestandteil des Zyklus, weil sie den Weg aus der Gefangenschaft der unerlösten Zeitlichkeit zu Wiedergeburt und zeitloser Erlösung zeigt; es ist ein Weg nach innen, in das Gemüt, die innere Welt, an dessen Ende der Traum des Todes steht. So werden die beiden prägenden Symbole von mystischer Erkenntniserfahrung und mythischer Geschichtsvision – Sophie und Christus – zum übergreifenden, todessehnsüchtigen Erlösungssymbol verschmolzen: *»Hinunter zu der süßen Braut. / Zu Jesus, dem Geliebten –«.*

Da nach Mähl alle Gestaltungstendenzen der Hymnen darauf zuführen, ein zeit- und raumloses Modell der neuen Zeit zu schaffen, wird der Zyklus selbst in seiner triadisch-symbolischen Einheit Gestaltsymbol der inneren Welt in ihrer Gesamtheit. In der Schlußhymne erfüllt sich das durch die Antithetik der beiden Teile (Hymnen 1–4: Hymne 5) bedrohte Formgesetz des Zyklus in Harmonie; die von Novalis gemeinte und verkündete neue Welt wird in der Gestalt der Dichtung damit präsent. Solche Poesie ist im Sinne Novalis' fähig, die Außenwelt zu beseelen und fortschreitend zu poetisieren. Es scheint, daß der Dichter dieser nicht nur verkündenden, sondern erlösenden Funktion der Poesie auch existentielle Bedeutung beigemessen hat. W.Fr.

AUSGABEN: Bln. 1800 (in Athenäum, Bd. 3). – Bln. 1901 (in *Schriften*, Hg. E. Heilborn, 2 Bde., 1). – Heidelberg ²1953 (in *Werke, Briefe, Dokumente*, Hg. E. Wasmuth, 4 Bde., 1953–1957, 1; zuerst Bln. 1943, in *Briefe u. Werke*). – Mchn. 1962 (in *Werke u. Briefe*, Hg. u. Nachw. A. Kelletat). – Darmstadt ³1977 (in *Schriften*, Hg. P. Kluckhohn u. R. Samuel, 4 Bde. u. Materialien-Bd. u. Erg.-Bd., 1977–1988, 1; hist.-krit.; nach d. Hss. erg., erw. u. verb.; zuerst in Schriften Lpzg. 1929). – Mchn. 1978 (in *Werke, Tagebücher u. Briefe*, Hg. H.-J. Mähl u. R. Samuel, 3 Bde., 1978–1987, 1; m. Komm.). – Mchn./Wien 1981 (in *Werke*, Hg. dies., Komm. H.-J. Simm u. A. Jais). – Bln./Weimar 1983 (in *Werke*; Ausw. u. Einl. H.-D. Dahnke; Textrev. u. Komm. R. Walbinger). – Kopenhagen 1983, Hg. B. Ekmann [Komm. Studien-Ausg.]. – Stg. 1984 (in *Gedichte. Die Lehrlinge zu Sais*, Hg. J. Mahr; RUB). – Mchn. ³1987 (in *Werke*, Hg. u. Komm. G. Schulz; Studienausg.).

LITERATUR: A. Ullner, *Entstehungsgeschichte von N.' »Hymnen an die Nacht«*, Diss. Ffm. 1926. – M. Kommerell, *N. »Hymnen an die Nacht«* (in ZfdPh, 70, 1947–1949, S. 396–417; 71, 1951/52, S. 256–276). – E. Biser, *Abstieg u. Auferstehung. Die geistige Welt in N.' »Hymnen an die Nacht«*, Heidelberg 1954. – H. Ritter, *Die Datierung der »Hymnen an die Nacht«* (in Euph, 52, 1958, S. 114–141). – U. Heukenkamp, *Das Programm einer Selbstbefreiung durch Poesie und Imagination in N.' »Hymnen an die Nacht«*, Diss. Bln. 1970. – H. Ritter, *N.' »Hymnen an die Nacht«. Ihre Deutung nach Inhalt u. Aufbau auf textkritischer Grundlage. Ihre Entstehung* Heidelberg ²1974 [erw.; m. dem Faks. der *Hymnen*-Hs.]. – P. Pfaff, *Geschichte u. Dichtung in den »Hymnen an die Nacht« des N.* (in Text & Kontext, 8, 1980, S. 88–106). – P. E. Gumpel, *The Structural Integrity of the Sixth of N. »Hymnen an die Nacht«* (in GR, 55, 1980, S. 41–54). – E. Biser, *Dichterisches Auferstehungszeugnis. Zur Frage der theologischen Relevanz von N.' »Hymnen an die Nacht«* (in Zeitwende, 52, 1981, S. 92–106). – G. Schulz, *»Mit den Menschen ändert die Welt sich«. F. v. H.s »5. Hymne an die Nacht«* (in *Gedichte u. Interpretationen 3*, Hg. W. Segebrecht, Stg. 1984; RUB).

FRIEDRICH VON SCHILLER

* 10.11.1759 Marbach
† 9.5.1805 Weimar

LITERATUR ZUM AUTOR:

Werkausgaben:

In den Bibliographien zu den einzelnen Beiträgen werden die wichtigsten Ausgaben von Schillers Werken mit den im folgenden genannten Abkürzungen zitiert:

SS – *Sämtliche Schriften. Historisch-kritische Ausgabe*, Hg. K. Goedeke u. a., 15 Bde., Stg. 1867–1876.

SA – *Sämtliche Werke. Säkular-Ausgabe in 16 Bdn.*, Hg. E. von der Hellen u. a., Stg./Bln. 1904/05.

SW – *Sämtliche Werke. Historisch-kritische Ausgabe in 20 Teilen*, Hg. O. Güntter, G. Witkowski u. a., Lpzg. 1910/11; ²1925.

NA – *Werke. Nationalausgabe*. Hg. J. Petersen, G. Fricke u. a., Weimar 1943 ff. [noch nicht vollendet].

HA – *Sämtliche Werke*, Hg. G. Fricke und H. G. Göpfert, 5 Bde., Mchn. 1958/59 u. ö. [Hanser-Ausg.].

WA – *Sämtliche Werke in 5 Bdn.*, Einf. B. v. Wiese, Anm. H. Koopmann, Mchn. 1990 [Winkler-Ausg.].

FA – *Werke und Briefe in 12 Bdn.*, Hg. O. Daun, K. H. Hilzinger, W. Hirdt u. a., Ffm. 1988 ff. [Frankfurter Ausg.].

Bibliographien:

H. Marcuse, *S.-Bibliogr.*, Bln. 1925 [Bibliogr. der Erstdrucke]. – W. Vulpius, *S.-Bibliogr. 1893–1958*, Weimar 1959. – P. Raabe u. I. Bode, *S.-Bibliogr. 1959–1961* (in Jb. der Dt. Schiller-Ges., 6, 1962,

S. 465–553). – I. Bode, *S.-Bibliogr. 1962–1965* (ebd., 10, 1966, S. 465–505). – I. Bode, *S.-Bibliogr. 1966–1969 u. Nachträge* (ebd., 14, 1970, S. 584–636; weitere Bibliogr. regelmäßig ebd.).
Zeitschriften:
Jb. der Dt. Schiller-Ges., 1 ff., Stg. 1957 ff.
Forschungsberichte:
B. v. Wiese, *S.-Forschung u. S.-Deutung von 1937–1953* (in DVLG, 27, 1953, S. 452–483). – W. Paulsen, *F. S. 1955–1959. Ein Literaturbericht* (in Jb. der Dt. Schiller-Ges., 6, 1962, S. 369–464). – W. Wittkowski, *F. S. 1962–1965. Ein Literaturbericht* (ebd., 10, 1969, S. 414–464). – W. Hoffmann u. B. Zeller, *Jahresbericht der Dt. Schiller-Ges. 1969/70* (ebd., 14, 1970, S. 674–690; weitere Forschungsberichte regelmäßig ebd.). – H. Koopmann, *S.-Forschung 1970–1980. Ein Bericht*, Marbach 1982. – R. Bärwinkel u. a., *S.-Bibliogr. 1975–1985*, Bln./Weimar 1989.
Biographien:
K. v. Wolzogen, *S.s Leben, verfaßt aus Erinnerungen der Familie, seinen eigenen Briefen u. den Nachrichten des Freundes Körner*, 2 Bde., Stg. 1830; ern. ebd. 1905. – R. Weltrich, *S. Geschichte seines Lebens u. Charakteristik seiner Werke*, Stg. 1899. – *S.s Persönlichkeit. Urtheile der Zeitgenossen u. Documente*, Hg. M. Hecker u. J. Petersen, 3 Bde., Weimar 1904–1909 [Nachdr. Hildesheim/NY 1976]. – F. Mehring, *S. Ein Lebensbild für deutsche Arbeiter* [1905] (in F. M., *GS*, Bd. 10, Bln. 1961, S. 91–241). – K. Berger, *S. Sein Leben u. seine Werke*, 2 Bde., Mchn. 1905–1908 [Nachdr. NY 1971]. – *S.s Gespräche. Berichte seiner Zeitgenossen über ihn*, Hg. J. Petersen, Lpzg. 1911. – W. H. Veit, *S.s Krankheit. Eine Studie über das Krankheitsgeschehen in S.s Leben u. über den natürlichen Todesausgang*, Naumburg ²1945. – G. v. Wilpert, *S.-Chronik. Sein Leben u. sein Schaffen*, Stg. 1958. – *S.s Gespräche*, Hg. D. Germann u. E. Haufe, Weimar 1967 (*National-Ausg.*, Bd. 42). – F. Burschell, *F. S. in Selbstzeugnissen u. Bilddokumenten*, Reinbek 1967 (rm). – *Andreas Streichers S.-Biographie*, Hg. H. Kraft, Mannheim u. a. 1974. – *S. Leben u. Werk in Daten u. Bildern*, Ausw. u. Erl. B. Zeller u. W. Scheffler, Ffm. 1977 (erw. u. d. T. *F. S. Eine Dokumentation in Bildern*, Marbach ²1979). – *S. Ständige Ausstellung des S.-Nationalmuseums u. des Dt. Literaturarchivs Marbach a. N.*, Ausstellung u. Kat. F. Pfäfflin in Zusammenarbeit mit E. Dambacher, Marbach/Mchn. 1980. – P. Lahnstein, *S.s Leben*, Mchn. 1981; ern. Ffm. 1984 (FiTb). – J. D. Simons, *F. S.*, Boston 1981. – E. Middell, *F. S.: Leben u. Werk*, Lpzg. ²1982. – B. v. Heiseler, *S.: Dichter, Idealist, Philosoph*, Mchn. 1983 (Heyne Tb). – L. Heiss, *Wider die Tyrannen! S.s Jugend, 1773–1782*, Mchn. 1984 (dtv). – K. H. Hucke, *Jene »Scheu vor allem Mercantilischen«. S.s »Arbeits- u. Finanzplan«*, Tübingen 1984.
Gesamtdarstellungen und Studien:
E. Belling, *Die Metrik S.s*, Bln. 1883 (ern. Lpzg. 1977). – L. Bellermann, *S.s Dramen*, Bln. 1891. – P. Böckmann, *S.s Geisteshaltung als Bedingung seines dramatischen Schaffens*, Darmstadt 1925 (ern. Darmstadt 1967). – G. Fricke, *Der religiöse Sinn der Klassik S.s*, Mchn. 1927 (Nachdr. Darmstadt 1968). – W. Spengler, *Das Drama S.s. Seine Genesis*, Lpzg. 1932. – H. Cysarz, *S.*, Halle 1934 (Nachdr. Tübingen/Darmstadt 1967). – G. Storz, *Das Drama F. S.s*, Ffm. 1938. – K. May, *F. S. Idee u. Wirklichkeit im Drama*, Göttingen 1948. – W. Müller-Seidel, *Das Pathetische u. Erhabene in S.s Jugenddramen*, Diss. Heidelberg 1949. – *S. in unserer Zeit. Beiträge zum S.-Jahr*, Hg. S.-Komitee, Weimar 1955. – *Wissenschaftliche Konferenz über das Schaffen F. S.s* (in WB, 5, 1959; Sonderh.). – G. Storz, *Der Dichter F. S.*, Stg. 1959; ⁴1968. – *S. Reden im Gedenkjahr 1959*, Hg. B. Zeller, Stg. 1961. – G. Kaiser, *Vergötterung u. Tod. Die thematische Einheit von S.s Werk*, Stg. 1967. – G. Lukács, *S.s Theorie der modernen Literatur* [1935] (in G. L., *Faust u. Faustus. Vom Drama der Menschengattung zur Tragödie der modernen Kunst*, Reinbek b. Hbg. 1967, S. 76–109). – E. Staiger, *F. S.*, Zürich 1967. – *F. S.*, Hg. B. Lecke, 2 Bde., Mchn. 1969. – H. Koopmann, *S.-Kommentar*, Einf. B. v. Wiese, 2 Bde., Mchn. 1969. – H. Rischbieter, *F. S.*, 2 Bde., Velber b. Hannover 1969 (ern. Mchn. 1976–1978; dtv). – K. L. Berghahn, *Formen der Dialogführung in S.s klassischen Dramen. Ein Beitrag zur Poetik des Dramas*, Münster 1970. – R. D. Miller, *S. and the Ideal of Freedom. A Study of S.'s Philosophical Works. With Chapters on Kant*, Oxford 1970. – *S. Zeitgenosse aller Epochen. Dokumente zur Wirkungsgeschichte S.s in Deutschland*, Hg. N. Oellers, Bd. 1 *(1782–1859)*, Ffm. 1970; Bd. 2 *(1860–1966)*, Ffm. 1976. – K. Berghahn, *»Das Pathetischerhabene«. S.s Dramentheorie* (in *Deutsche Dramentheorien I*, Hg. R. Grimm, Ffm. 1971, S. 214–244). – G. Sautermeister, *Idyllik u. Dramatik im Werk F. S.s. Zum geschichtlichen Ort seiner klassischen Dramen*, Stg. u. a. 1971. – G. Ueding, *S.s Rhetorik. Idealistische Wirkungsästhetik u. rhetorische Tradition*, Tübingen 1971. – *S. Zur Theorie u. Praxis seiner Dramen*, Hg. K. L. Berghahn u. R. Grimm, Darmstadt 1972. – D. Borchmeyer, *Tragödie u. Öffentlichkeit. S.s Dramaturgie im Zusammenhang seiner ästhetisch-politischen Theorie u. die rhetorische Tradition*, Mchn. 1973. – R.-P. Janz, *Autonomie u. soziale Funktion der Kunst. Studien zur Ästhetik von S. u. Novalis*, Stg. 1973. – I. Graham, *S.'s Drama. Talent and Integrity*, Ldn. 1974. – *F. S. Zur Geschichtlichkeit seines Werkes*, Hg. K. L. Berghahn, Kronberg/Ts. 1975. – H. Koopmann, *F. S.*, 2 Bde., Stg. ²1977 (Slg. Metzler). – H. A. Korff, *Geist der Goethezeit*, 4 Bde., Darmstadt ¹⁰1977. – G. Kaiser, *Von Arkadien nach Elysium. S.-Studien*, Göttingen 1978. – H. Kraft, *Um S. betrogen*, Pfulligen 1978. – U. Wertheim, *F. S.*, Lpzg. 1978 – B. v. Wiese, *F. S.*, Stg. ⁴1978 [zuerst 1959]. – G. Ruppelt, *S. im nationalsozialistischen Deutschland. Der Versuch einer Gleichschaltung*, Stg. 1979. – H. Falk, *Der Leitgedanke von der Vollkommenheit der Natur in S.s klassischem Werk*, Ffm. u. a. 1980. – A. Siekmann, *Drama u. sentimentalisches Bewußtsein. Zur klassischen Dramatik S.s*, Ffm. 1980. – R. Blesch, *Drama u. wirkungsästhetische Praxis. Zum Problem der ästheti-*

schen Vermittlung bei S., Ffm. 1981, *F. S. Kunst, Humanität u. Politik der späten Aufklärung*, Hg. W. Wittkowski, Tübingen 1982. – *S.s Dramen. Neue Interpretationen*, Hg. W. Hinderer, Stg. ²1983. – *Schau-Bühne. S.s Dramen 1945–1984*, Hg. H.-D. Mück, H. Grosse u. a., Marbach 1984 [Ausst.-Kat.]. – *Unser Commercium. Goethes u. S.s Literaturpolitik*, Hg. W. Barner u. a., Stg. 1984. – E. Leibfried, *S. Notizen zum heutigen Verständnis seiner Dramen*, Ffm. u. a. 1985. – J. Bolten, *F. S. Poesie, Reflexion und gesell. Selbstdeutung*, Mchn. 1985. – B. A. Soerensen, *S.s Jugenddrama und das familiale Wertsystem seiner Zeit*, Odense 1985. – K. L. Berghahn, *S. Ansichten eines Idealisten*, Ffm. 1986. – A. W. McCardle, *F. S. and Swabian Pietism*, NY u. a. 1986. – H. Mayer, *Versuche über S.*, Ffm. 1987. – *F. S. Angebot u. Diskurs. Zugänge, Dichtung, Zeitgenossenschaft*, Hg. H. Brandt, Bln./Weimar 1987. – H. Koopmann, *S. Eine Einführung*, Mchn./Zürich 1988. – J. Linder, *S.s Dramen. Bauprinzip u. Wirkungsstrategie*, Bonn 1989. – G. Ueding, *F. S.*, Mchn. 1990 (Autorenbücher).

DAS LYRISCHE WERK von Friedrich von SCHILLER

Der Lyriker Schiller hat nie den ungeteilten Beifall seiner Leser gefunden. Bereits die Zeitgenossen bestätigten die Selbsteinschätzung des Dichters: *»Das lyrische Fach [...] sehe ich eher für ein* Exilium, *als für eine* eroberte Provinz *an.«* (An KÖRNER, 25. 2. 1789) Und auch das rigorose Urteil: *»[...] gegen Göthen bin ich und bleib ich eben ein poetischer Lump«* (an Körner, 27. 6. 1796) entsprach der Ansicht einiger Kritiker, v. a. der Frühromantiker um die Brüder SCHLEGEL. Dennoch galten seine Gedichte auch immer schon als musterhaft, freilich nicht ihrer poetischen Qualität wegen, sondern weil sie sich als »zeittypisch« erkennen lassen: Die heftigen Produkte in der (anonym erschienenen) *Anthologie auf das Jahr 1782* erscheinen als Abschluß und Höhepunkt der Sturm und Drang-Lyrik, die wenigen Gedichte der »mittleren Periode« sind vom Geist der Spätaufklärung bestimmt und leiten – formal und inhaltlich – zu den großen Gedichten des letzten Jahrzehnts hin, die als »klassische Gedankenlyrik« kanonisiert wurden. Daneben erfreuten sich die weniger im Wettstreit als in Zusammenarbeit mit GOETHE entstandenen Balladen schon früh der Gunst eines breiten Publikums. Die zeitgenössischen Bewunderer des Lyrikers Schiller, die als Dichter zu Ansehen kommen wollten, versuchten sich nicht selten in bloßen Nachahmungen, die sich so schnell überlebten, wie sie entstanden waren; eine weithin überragende Ausnahme bildet HÖLDERLIN, dessen Originalität durch die Nähe zu Schiller weniger eingeengt als vielmehr entfaltet wurde. (Als Schiller sich nach anfänglicher Sympathie mit Hölderlin von ihm abwandte, geschah das auch mit der Begründung, dieser sei ihm sehr ähnlich: *»[...] ich fand in diesen Gedichten viel von meiner eigenen sonstigen Gestalt«*, heißt es im Brief an Goethe vom 30. Juni 1797.)

Die Popularität Schillers läßt sich nicht zuletzt an den zahlreichen Ausgaben seiner Werke, die vor allem im 19. Jh. erschienen, ablesen; die meisten von ihnen, angefangen mit den *Sämmtlichen Werken* in zwölf Bänden, die Schillers Freund Körner besorgte (Stuttgart und Tübingen 1812–1815), enthalten das zu Lebzeiten des Dichters erschienene lyrische Werk (fast) vollständig. Schiller selbst hat im Jahre 1800 eine Sammlung derjenigen Gedichte vorgelegt, die seinen poetischen Ansprüchen genügten. (Darunter befindet sich nur ein einziges Jugendgedicht, das auch noch umgeschrieben wurde.) Die meisten der zunächst »verworfenen« Gedichte fanden Aufnahme in einen zweiten Teil (1803), für dessen Herausgabe in erster Linie finanzielle Gründe sprachen, auch wenn die *Vorerinnerung* anderes geltend macht: *»[...] bei einer Sammlung von Gedichten, welche sich größtentheils schon in den Händen des Publicums befinden, konnte der poetische Werth nicht allein in Betrachtung kommen. Sie sind schon ein verjährtes Eigenthum des Lesers, der sich oft auch das unvollkommene nicht gern entreißen läßt [...].«*
In den beiden letzten Jahren seines Lebens bereitete Schiller eine *Prachtausgabe* seiner Gedichte vor, die in vier »Büchern« das »Bleibende« seiner lyrischen Produktion enthalten sollte, und zwar so, daß *»die Gedichte, welche in dem nehmlichen Geist geschrieben sind oder zu einer Klaße gehören auch in Einem Bande«* zusammengestellt würden (an CRUSIUS, 3. 4. 1803). Die erste Veröffentlichung der Gedichte nach dem von Schiller entworfenen Plan der *Prachtausgabe* erschien 1904 im ersten Band der *Säkular-Ausgabe* (SA), dann wieder 1983 im zweiten Band der *Nationalausgabe* (NA). – Neben den (etwa 10) wissenschaftlich anspruchsvollen »Studienausgaben« der Werke Schillers, die seit dem Ende des 19. Jh.s veröffentlicht wurden, nehmen zwei historisch-kritische Ausgaben einen besonderen Rang ein: Karl GOEDEKES *Schillers sämmtliche Schriften* (15 Bde., Stuttgart 1867–76; die Gedichte in den Bänden 1, 3, 4, 6 und 11) und die *Nationalausgabe* (begr. von Julius PETERSEN, fortgef. von Lieselotte BLUMENTHAL und Benno von WIESE, seit 1978 hg. von Norbert OELLERS und Siegfried SEIDEL, Weimar 1943 ff.; die Gedicht-Texte in den Bänden 1 und 2 I, die Apparate in den Bänden 2 II A und 2 II B). Da von den Gedichten Schillers nur wenige handschriftlich überliefert sind, treten weder bei der Textkonstituierung noch bei der Varianten-Verzeichnung erhebliche editionswissenschaftliche Probleme auf.

Die Lyrik des ersten Jahrzehnts

Als Schiller um 1780 mit seinen lyrischen Arbeiten begann, war er vielbelesen; in jugendlicher Begeisterung hatte er sich poetische Muster erkoren, denen er nachzueifern und die zu überbieten er bestrebt war: allen voran KLOPSTOCK, Albrecht von HALLER, Ewald von KLEIST und Christian Friedrich Daniel SCHUBART. Die genaue Kenntnis der Bibel, lateinischer Dichter (HORAZ, OVID), SHAKESPEARES, OSSIANS, J.-J. ROUSSEAUS, der Dichter des Göttinger Hains, WIELANDS, des jungen GOETHE sowie der Tagespoeten seiner näheren Umgebung (Karl Philipp CONZ, Johann Christoph Friedrich HAUG, Gotthold Friedrich STÄUDLIN u. a.) hat in den frühen Gedichten Schillers ihren deutlichen Niederschlag gefunden. Das gilt besonders in formaler, aber auch in sprachlicher und thematischer Hinsicht. Schillers Selbständigkeit (Originalität) war gering; daß sie dennoch vorgetäuscht werden konnte, hängt mit zwei Eigenschaften des Dichters zusammen, die auch seine dramatischen Jugendwerke auszeichnen: der Wille, sich durch heftige Sprachgebärden, durch (männliche) Kraft des Ausdrucks als »groß« zu erweisen, und die Fähigkeit, die »Gegenstände« seiner Dichtungen als ungemein aktuell (lebens- und wirklichkeitsnah) erscheinen zu lassen.

Die meisten – etwa 50 – der von Schiller in die *Anthologie auf das Jahr 1782*, die erste Sammlung seiner Lyrik, aufgenommenen Gedichte stammen von ihm; es sind durchweg Gelegenheitsgedichte – Antworten auf die als belanglos empfundenen Beiträge in der 1781 von G. F. STÄUDLIN herausgegebenen *Schwäbischen Blumenlese*. Schillers Gedichte, rasch hingeworfen, ordnungslos, vielfältig in Inhalt und Form, mit zahlreichen Entlehnungen bei seinen Lieblingsdichtern, wollten provozieren durch Satire, Polemik und witzig gemeinte Kritik. Die Themen Politik, Religion, Liebe und Tod werden in kurzen Epigrammen und langen Oden, als politische Tendenzlyrik und in schwärmerisch empfindsamen Liebesversen durcheinander behandelt; einiges ist allerdings nur als geschmacklos zu bezeichnen *(Bacchus im Triller; Vergleichung; Aktäon; Kastraten und Männer)*. Die vielleicht besten dieser Gedichte sind diejenigen, die erkennen lassen, daß sie vom Verfasser der *Räuber* geschrieben wurden: *Rousseau; Die Kindsmörderin; Die schlimmen Monarchen*; politische Gedichte also gegen unchristlichen Kirchenwahn, gegen die drakonische *Constitutio criminalis Carolina* aus dem Jahre 1532 (nach der die aus Furcht vor gesellschaftlicher Ächtung erfolgte Kindestötung lediger Mütter mit der Todesstrafe belegt wurde), schließlich gegen Fürstenwillkür und Fürstenverderbtheit: *»Zeig o Muse, wie mit Ruderslaven / Könige auf* einem *Polster schlafen, / Die* gelöschten *Blitze freundlich thun, / Wo nun nimmer ihre Launen foltern, / Nimmer die Theaterminotaure poltern, / Und – die Löwen ruhn.«* (*»Fürstenglük«*, im doppelten Wortsinn, gibt es nur im *»Gruftgewölbe«*.).

Schillers frühe Gedichte der Stuttgarter Zeit erwekken den Eindruck, als seien sie die Ergebnisse persönlicher Erlebnisse – auch wenn sie vom Tod sprechen. Erkennbar wird dies: Der Dichter behandelt sehr wohl die Probleme, die ihn betreffen (Liebe, Gewalt, Tod, Gott, Unsterblichkeit), aber eine kongruente Diesseits- und Jenseits-Vorstellung wird dabei nicht deutlich, viel weniger eine in sich schlüssige Geschichtsauffassung, am allerwenigsten eine Kunstansicht, die auf die Verarbeitung von Erfahrungen mit Kunst oder auf »aus sich« gewonnenen Prinzipien über ein ästhetisches »System« gegründet wäre. Schiller ist noch weit von der Einsicht entfernt, daß die Poesie (vor allem die Lyrik) mehr ist als die Behandlung eines beliebigen Themas in stilisierter Form und in (für poetisch gehaltener) »kräftiger« Sprache.

Es bedurfte gemehrter Lebenserfahrungen und eines gründlicheren Studiums der Geschichte und Kunst, um auch den *Lyriker* Schiller einen Schritt weiterzubringen. In den vermutlich am Ende der Mannheimer Zeit (1782–1785) entstandenen Gedichten *Freigeisterei der Leidenschaft* und *Resignation* werden dem Glauben der Väter Zweifel entgegengesetzt: daß der Konflikt zwischen Sinnenglück und Seelenfrieden lösbar sei und daß es, angesichts der Ungewißheit über ein Leben nach dem Tode, einen »Rechtsanspruch« der Pflicht gegenüber der Neigung gebe. *(»Genieße, wer nicht glauben kann. [...] / Was man von der Minute ausgeschlagen / gibt keine Ewigkeit zurück.«)* Metaphysik und Religion sind Schiller zum Problem geworden, das er nun mit Ernst vorstellt – in Versen, die der Dignität des Gedichteten (und des Dichters) entsprechen und gleichzeitig der Dichtung selbst zu ihrem eigenen Recht verhelfen sollen.

Aus Schillers Dresdener Zeit (1785–1787) stammen keine bemerkenswerten Gedichte. Über das in einer fröhlichen Runde hingeschriebene Lied *An die Freude* (aus dem 1823 Beethoven sechs Strophen im letzten Satz seiner 9. Symphonie vertonte) hat der Dichter später einsichtig geurteilt, es sei *»ein schlechtes Gedicht«*, das nur deshalb ein *»Volksgedicht«* habe werden können, *»weil es einem fehlerhaften Geschmack der Zeit«* entgegengekommen sei (an Körner, 21. 10. 1800).

Die großen Gedichte der ersten Weimarer Zeit (1787–1789), *Die Götter Griechenlandes* und *Die Künstler*, bedeuten einen erneuten (wenn auch nicht den wichtigsten) Fortschritt in der Entwicklung des Lyrikers Schiller. Es beginnt die geschichtsphilosophische Auseinandersetzung mit der griechischen Antike und damit die poetische Adaptation des Mythos, die selbst nur als mythisch angesehen werden will. Die Wendung gegen das Christentum (in *Die Götter Griechenlandes*) ist nicht anders als »ästhetisch« zu verstehen: Durch den Verlust der (gedachten) Einheit von Menschen und Göttern, Natur und Kultur, Denken und Handeln wird dem in nachchristlicher Zeit lebenden Künstler gleichsam seine Existenzbedingung genommen. Oder sollte es ihm möglich sein, sich mit der entzweiten Welt so zu beschäftigen, daß die Hoffnung auf eine bessere (wieder einheitliche) Welt über den Status einer abstrakten Utopie hinauskäme? Wie eine konkrete Utopie aussieht, will das – mit 481 Versen – längste Gedicht Schillers, *Die Künstler*, zeigen: Immer ist es die Kunst, besonders die Dichtung, die, unabhängig von dem jeweiligen Weltzustand, Wahrheit und Sittlichkeit befördert und damit den Fortschritt der Menschheit, also die Annäherung an einen glückseligen Endzustand bewirkt. *(»Der Menschheit Würde ist in eure Hand gegeben, / bewahret sie! / Sie sinkt mit euch! Mit euch wird die Gesunkene sich heben! / Der Dichtung heilige Magie/ dient einem weisen Welten-*

plane, / still lenke sie zum Ozeane / der großen Harmonie!«) Die Weltgeschichte wird nicht länger resignativ als das Weltgericht angesehen (vgl. *Resignation*, V. 95), sondern in die Obhut (und unter die Herrschaft) der Künstler überführt. – Die prosaische Ausführung seiner poetischen Idee von der (auch und gerade politisch wirksamen) Macht der Poesie hat Schiller, nachdem er sich aus dem *»freye[n] Meer der Erfindung«* ans *»Ufer der Philosophie«* begeben hatte (vgl. seinen Brief an A.W. Schlegel vom 29. 10. 1795), in seinen *Briefen über die ästhetische Erziehung des Menschen* nachgeliefert.

Die Lyrik des letzten Jahrzehnts

Die ersten sechs Jahre in Jena (1789–1795) hat Schiller nicht gedichtet; in dieser Zeit beschäftigte er sich mit historischen und philosophischen (ästhetischen) Arbeiten – wenn ihn sein Beruf (als Geschichtsprofessor) und seine Krankheiten nicht daran hinderten. Es waren nicht zuletzt finanzielle Gründe, die ihn 1794, nach der Entpflichtung von den Universitätsgeschäften, dazu bewogen, mit dem Tübinger Verleger Johann Friedrich COTTA einen Vertrag über die Herausgabe einer Zeitschrift (›Die Horen‹) und mit dem Neustrelitzer Verleger MICHAELIS einen Vertrag über die Herausgabe eines ›Musen-Almanachs‹ abzuschließen (dieser wurde nach dem ersten Jahrgang von COTTA übernommen). Die Zeitschrift erschien in den Jahren 1795–1797, der Almanach 1795–1799 (für die Jahre 1796–1800). Die eingegangenen Verpflichtungen nötigten Schiller zur literarischen, auch zur lyrischen Produktion. Also begann er 1795 aufs neue, Gedichte zu schreiben. (Dabei verfolgte er zunächst den Plan, die besseren Gedichte in den ›Horen‹ zu veröffentlichen; doch schon 1796 gab er diesen Plan auf, da der Almanach günstigere wirtschaftliche Perspektiven bot.) – Zwischen den Vertragsabschlüssen mit Cotta und Michaelis fand, im Sommer 1794, jene Begegnung Schillers mit Goethe statt, die im Leben beider Dichter Epoche gemacht hat, weil sie der Ausgangspunkt einer Freundschaft wurde, ohne die es vielleicht den »Klassiker« Goethe (freilich einen anderen), nicht aber den »Klassiker« Schiller hätte geben können. Wie sich der Einfluß Goethes auf den ein Jahrzehnt jüngeren Freund auswirkte, erhellt auch aus der Lyrik Schillers in seinem letzten Lebensjahrzehnt: vordergründig aus den 1796 gemeinsam verfaßten *Tabulae votivae* und *Xenien* und den 1797 entstandenen, gegenseitig »kontrollierten« Balladen; viel bemerkenswerter aber aus der Qualität der Schillerschen Lyrik in jener Zeit.

Es sei *»erstaunlich«*, schrieb Schiller am 21. März 1796 an W.v. HUMBOLDT, *»wieviel realistisches schon die zunehmenden Jahre mit sich bringen, wieviel der anhaltendere Umgang mit Göthen und das Studium der Alten [...] bey mir nach und nach entwickelt hat.«* In der Tat ist mit der so bezeichneten Entwicklung auch für die Lyrik Schillers ein grundsätzlicher Wandel verbunden; das gilt für die Wahl der Stoffe ebenso wie für die Behandlungsart, also für die poetische Form der Gedichte und für die durch sie vermittelte Tendenz der Welt-, Geschichts- und Kunstauffassung. Schillers »Realismus« hat nichts mit einer Hinwendung zu Erscheinungen der ihn umgebenden Welt zu tun und nichts mit einer Annäherung an eine »natürliche« Art des Vortrags; er hängt vielmehr mit seiner schon 1791 in der Rezension über *Gedichte von G.A. Bürger* geäußerten Überzeugung zusammen, daß es die vornehmste Aufgabe des Dichters sei, *»seine Individualität«* auszustellen, die er *»so sehr als möglich zu veredeln, zur reinsten herrlichsten Menschheit hinaufzuläutern«* habe. Der Dichter reflektiere sich also in seiner Dichtung; deren Qualität hängt demnach nicht zuletzt von seinem Persönlichkeits-»Befund« ab, von der Realität seiner Intellektualität und Moralität. Schiller blieb auch nach seiner Begegnung mit Goethe ein Verfechter der – allerdings modifizierten – Zweiweltenlehre KANTS: daß nicht die empirisch erfahrbaren Phänomene, sondern die sie bestimmenden Ideen, die nicht außerhalb des Menschen, sondern in ihm seien, das hauptsächliche Interesse aller denkenden Köpfe und damit auch der Dichter verdienten. (Noch sein letzter Brief an W.v. Humboldt, vom 2. April 1805, enthält den bezeichnenden Satz: *»Und am Ende sind wir ja beide Idealisten und würden uns schämen, uns nachsagen zu lassen, daß die Dinge uns formten und nicht wir die Dinge.«*) Der Weg, den der Lyriker (wie der Dramatiker) Schiller im letzten Jahrzehnt seines Lebens ging, führte ihn immer weiter fort von dem freien Spiel mit zufälligen Erfahrungen und Augenblickseinfällen, fort auch von der Beliebigkeit im Gebrauch poetischer Mittel; führte ihn hin zur Konzentration auf sein eigenes Denken, das zu ihrem Ausdruck der strengsten Form bedurfte, die in klassischen Mustern vorgegeben war. Welche Bedeutung der Vers für die Poesie hat, ging Schiller bei der Arbeit am *Wallenstein* auf: die Prosa sei *»bloß gut für den gewöhnlichen Hausverstand«*, während der Vers *»schlechterdings Beziehungen auf die Einbildungskraft«* fordere und sich notwendig *»über das gemeine«* erhebe (an Goethe, 24. 11. 1797).

W.v. Humboldt hat 1830 in der *Vorerinnerung* seines Briefwechsels mit Schiller dessen *»Intellectualität«* als seine *»besondere Eigenthümlichkeit«* hervorgehoben, zu dessen Ausbildung es *»erst eines Zeitraums bedurfte«*. Er hat gleichzeitig angedeutet, daß der Vorwurf, Schillers große Gedichte seien bloß »Gedankenlyrik«, ungerecht sei, weil des Dichters intensivste »Erlebnisse« an sein Denken, das ihm gleichsam zur Natur geworden war, geknüpft gewesen seien. Insofern sind Schillers philosophische Gedichte nicht weniger »Erlebnislyrik« als die Liebesgedichte des jungen Goethe.

Schillers Denken über Gott und die Welt, über die Geschichte und die Kunst hat sich in seinen Gedichten seit 1795 so niedergeschlagen: Die ersten Gedichte nach der poetischen Pause (*Poesie des Lebens* und *Die Macht des Gesanges*) setzen da an, wo das letzte Gedicht *(Die Künstler)* 1789 aufgehört hatte, nämlich bei dem Vermögen der Dichtung, über die Schönheit die Wahrheit zu vermitteln. Doch bald erweiterte sich Schillers Ideenkreis: Im Gedicht *Das Reich der Schatten* (später *Das Ideal und das Leben* genannt) wird der Versuch unternommen, das ästhetische Reich des schönen Scheins als in der Geschichte zu verwirklichendes Ziel darzustellen. *(»Aber dringt biß in der Schönheit Sphäre, / Und im Staube bleibt die Schwere / Mit dem Stoff, den sie beherrscht, zurück.«)* Die verlorene Einheit der Welt wird durch die Kunst wiederhergestellt; die Geschichte verläuft – wie die Kunst es bestimmt. Der Olymp, über (nicht außerhalb) der Welt, kehrt zu ihr zurück und macht aus ihr das ersehnte Elysium. Von einem jenseitigen Gott spricht Schiller nicht mehr; statt dessen: *»Nehmt die Gottheit auf in euren Willen, / Und sie steigt von ihrem Weltenthron.«* Da nur eine vollendete Kunst das Endliche mit dem Unendlichen in eins bringen kann, forderte Schiller von sich selbst das Unmögliche: Er wollte eine Idylle *(Die Vermählung des Herkules mit der Hebe)* schreiben, um *»das Ideal der Schönheit objektiv zu individualisieren«* (an Humboldt, 30. 11. 1795). Das unvermeidliche Scheitern des Plans zwang den Dichter, das Ideal der versöhnten Welt nicht länger poetisch zu verfolgen, und veranlaßte ihn zugleich, sich mit der dem Ideal entgegengesetzten Wirklichkeit, also der Geschichte, und der Funktion der Kunst in ihr neu auseinanderzusetzen. Die Gedichte, die sich mit dieser Thematik befassen, sind vorzugsweise im elegischen Versmaß (in Distichen) geschrieben; einige von ihnen können als die geglücktesten Gedichte Schillers angesehen werden.

Schon bevor der Idyllen-Plan aufkam, hatte Schiller in der *Elegie* (später *Der Spaziergang* genannt) ein beklemmendes Bild der Geschichte, insbesondere der Geschichte seiner Zeit entworfen, die durch Rohigkeit, Verheerung, Depravation gekennzeichnet sei. Keine Aussicht auf eine bessere Zukunft wird eröffnet, sondern der Blick auf eine bessere Vergangenheit gerichtet, aus der nicht alles geschwunden sei: *»Und die Sonne Homers, siehe! sie lächelt auch uns.«* Das 1798 entstandene Gedicht *Das Glück* kompensiert den Schmerz über die Glücklosigkeit der Gegenwart mit der Erinnerung an das längst vergangene, das vorhomerische Glück: *»Selig, welchen die Götter, die gnädigen vor der Geburt schon / Liebten, welchen als Kind Venus im Arme gewiegt, / Welchem Phöbus die Augen, die Lippen Hermes gelöset, / Und das Siegel der Macht Zeus auf die Stirne gedrückt!«* – *Nänie* schließlich, die letzte Elegie Schillers (1799?), ist die Klage der Klage über die Vergänglichkeit alles Irdischen, zu dem das Schöne gehört wie alles andere. Nur noch dieses kann die Kunst (die Dichtung) für sich in Anspruch nehmen: *»Auch ein Klagelied zu seyn im Mund der Geliebten ist herrlich, / Denn das Gemeine geht klanglos zum Orkus hinab.«* Schillers Dichtungen, die in seinen letzten Jahren entstanden, sind zum großen Teil höchst realistische Klagelieder über eine aus den Fugen geratene Welt; gegen die Resignation bot er allerdings noch einige, wenn auch schwache Argumente auf: *»Freiheit ist nur in dem Reich der Träume, / Und das Schöne blüht nur im Gesang.«* (*An* ***; 1801.).

Zu den populärsten Gedichten Schillers gehören die meisten seiner Balladen, die größtenteils 1797 in Zusammenarbeit mit GOETHE entstanden – als der *Musen-Almanach für das Jahr 1798* nach Beiträgen verlangte. Sie zeichnen sich fast ausnahmslos durch »spannende«, historisch beglaubigte Handlungen, durch eine effektvoll eingängige Sprache und eine Vielzahl von eindeutig moralisierenden Sentenzen aus, die schnell zu geflügelten Worten wurden. Die »Fabula docet«-Tendenz liegt in der Regel auch dann offen zutage, wenn sie nicht ausdrücklich formuliert wird: Der Mensch versuche den selbstlos Liebenden nicht *(Der Handschuh)*; *»Und der Mensch versuche die Götter nicht« (Der Taucher)*; Gott schützt den, der reinen Sinnes ist *(Der Gang nach dem Eisenhammer)*; *»Des Lebens ungemischte Freude / Ward keinem Irdischen zu Theil« (Der Ring des Polykrates)* etc. Die vielleicht beste, weil philosophisch anspruchsvollste und formal strengste Ballade hat Schiller gleichsam im Auftrag Goethes geschrieben, der den Stoff zunächst selbst behandeln wollte: *Die Kraniche des Ibycus* (1797). Hier geht es nicht, wie oft geglaubt wird, um die Entdeckung eines Mordes durch die Nemesis, die strafende Göttin der Gerechtigkeit, sondern um die Macht des Gesanges, der »konkreten« Poesie, die den Platz der Nemesis (als deren Sachwalterin?) eingenommen hat: Der Chor derer, die als Eumeniden auftreten, zwingt den Kranichzug herbei, bei dessen Erscheinen sich die Mörder verraten. Es ist die Dichtung, von der wunderbare Wirkungen ausgehen. – Anders als *Die Kraniche des Ibycus* gilt *Das Lied von der Glocke* (1799), das mehr als ein Jahrhundert lang das beliebteste aller Schillerschen Gedichte war, seit einigen Jahrzehnten nur noch als historisch interessant, weil es, obwohl formal so kunstvoll wie einfach, aufgrund seines Inhalts »veraltet« erscheint: es ist vor allem das Hohelied bürgerlicher Tugenden und Verhaltensmuster, deren Behauptung für den dritten Stand um 1800 lebenswichtig war. *(»Vom Mädchen reißt sich stolz der Knabe, / Er stürmt in's Leben wild hinaus [...].« »Lieblich in der Bräute Locken / Spielt der jungfräuliche Kranz [...].« »Der Mann muß hinaus / In's feindliche Leben [...].« »Und drinnen waltet / Die züchtige Hausfrau [...].«)*

Die Gedichte Schillers sind weniger Komplemente als Supplemente seiner wichtigeren poetischen Werke: seiner Dramen. Unabhängig von sprachlichen, formalen und kompositorischen Qualitäten im einzelnen kann im allgemeinen gelten: der »sentimentalische« Lyriker Schiller überzeugt am meisten, wenn er »moderne« Themen von dauernder Aktualität (besonders seine philosophisch gegründete Geschichts- und Kunstauffassung) mit traditionellen (»klassischen«) Formen verbindet. Bei der Suche nach der verlorenen Natur erweist sich die Erinnerung an den Ausdruck einer »naiven« (Natur-)Poesie als hilfreich.

Es kam nicht selten vor, daß Schiller seinem Beruf mißtraute, weil ihm die Unmöglichkeit, seine Gedanken und Gefühle durch ausgesprochene Worte adäquat zu ›übersetzen‹, nie fraglich war. Seine Zweifel an den dichterischen Möglichkeiten faßte er 1796 in dem Distichon *Sprache* zusammen: »*Warum kann der lebendige Geist dem Geist nicht erscheinen! /* Spricht *die Seele so spricht ach! schon die* Seele *nicht mehr.*«

Ansichten über Schillers Lyrik

Keine literarische Gattung ist gegenüber dem historischen »Fortschritt« so resistent wie die Lyrik; denn diese ist per definitionem weniger an Bedingungen der Zeiten gebunden als die epische und die dramatische Dichtung. Das bedeutet nicht, daß sich in der Lyrik-Forschung die Moden der Methoden nicht spiegelten: Es gab (und gibt) das hartnäckige Suchen nach »Erklärungen« für einzelne Gedichte, Strophen, Verse, Bilder; es gab den Versuch, als *»unerschöpflichen Brunnen«* der Lyrik Schillers die *»sprachlose Tiefe [...] des deutschen Wesens«* (H. Cysarz) zu bestimmen; es sollte durch genaue Analysen und Interpretationen *»die spezifische Struktur von Schillers Phantasie«* (B. v. Wiese) erkannt werden; auch galten einmal Schillers Gedichte als Ausdruck des Bemühens, sich *»die neue bourgeoise Wirklichkeit lyrisch anzueignen«* (E. Middell). Aber bestimmte methodologische Positionen können keinen wesentlichen Erkenntnisgewinn im Hinblick auf das »Verständnis« der »poetischsten« Poesie garantieren. Auch in vorwissenschaftlichen Zeiten gab es »stimmende« Gedicht-Interpretationen (ohne den Anspruch auf dauernde Gültigkeit). Zeitgenossen sind oft (unabhängig von wissenschaftlichem Anspruch und wissenschaftlicher Befähigung) verständigere Rezipienten und Beurteiler von Lyrikern als die Nachlebenden.

Die Forschung, die sich seit über hundert Jahren mit den Gedichten Schillers beschäftigt hat, muß sich also messen lassen an den Auslegungen derer, die vor ihr da waren. Natürlich gibt es den Wissenszuwachs im einzelnen: daß diese und jene *Xenien* von Schiller (und nicht von Goethe) stammen; daß *Die Kraniche des Ibycus* von Schillers Aristoteles-Studium geprägt sind; daß die Ballade *Der Gang nach dem Eisenhammer* nur zu »retten« ist, wenn sie als eines der seltenen Muster für Schillersche (ganz und gar unromantische) Ironie aufgefaßt wird etc. Aber damit wird die Annäherung an den Lyriker Schiller nur unwesentlich befördert; sie kompensiert nicht die wachsende Distanzierung, der wirkungsvoll nur durch eine Aktualisierung des Lyrikers Schiller zu begegnen ist, die nicht durch historistisches Interesse, sondern durch historisches Bewußtsein gesichert werden kann; und dies setzt die Kenntnis dessen voraus, was warum war und wert ist, in der Gegenwart weiterbedacht zu werden, um es für die Zukunft zu bewahren.

Über eine Kritik der Kritik wäre eine Hinwendung zur Lyrik Schillers immer möglich: über eine Kritik etwa der Hochpreisung, die Humboldt, oder der Geringschätzung, die F. Schlegel für angemessen hielten. Der Kenner Goethes wird dessen Urteile über seinen Freund mit Gewinn reflektieren: über ihre *»Zweyheit«* (an Schiller, 17. 5. 1797), die *»zarte Differenz«* zwischen ihnen (*Ueber Kunst und Alterthum* V, 2), über die Bemerkung, daß sich in Schillers Gedichten eine *»sonderbare Mischung von Anschauen und Abstractionen«* zeige (an Schiller, 6. 10. 1795), über seine grundsätzliche Ablehnung der Forderung, *»daß die Künste das Sittengesetz anerkennen und sich ihm unterordnen sollen. Das erste haben sie immer gethan [...]; thäten sie aber das zweyte, so wären sie verloren, und es wäre besser, daß man ihnen gleich einen Mühlstein an den Hals hinge und sie ersäufte, als daß man sie nach und nach ins Nützlich-Platte absterben ließe«* (an J. H. Meyer, 20. 6. 1796).

N.Oe.

AUSGABEN: *Anthologie auf das Jahr 1782*, Stg. 1782. – *Gedichte*, 2 Bde., Lpzg. 1800–1803; [2]1804/05. – SW, Hg. Chr. G. Körner, 12 Bde., Stg./Tübingen 1812–1815. – SS, 1 [1867, Hg. K. Goedeke]; 3 [1868, Hg. W. Vollmer]; 4 [1868, Hg. K. Goedeke]; 6 [1869, Hg. ders.]; 11 [1871, Hg. ders.]. – SA, 1/2 [Anm. E. v. d. Hellen]. – SW, 2/3 [Anm. O. Güntter]. – NA, 1 [1943, Hg. F. Beißner; Nachdr. 1968]; 2/I, II A u. II B [1983 ff., Hg. N. Oellers]. – HA, 1 [[8]1984]. – WA, 3. – FA, 1.

LITERATUR: M. W. Götzinger, *Deutsche Dichter*, 2 Tle., Lpzg. u. Zürich 1831–1832. – K. Hoffmeister, *S.s Leben, Geistesentwicklung und Werke*, 5 Bde., Stg. 1838–1842. – H. Viehoff, *S.s Gedichte*, 5 Bde., Stg. 1839–1841 ([7]1895 in 3 Bdn.). – H. Düntzer, *S.s lyrische Gedichte*, 3 Bde., Jena 1864–1865 ([3]Lpzg. 1888–1892 in 4 Bdn.). – E. Belling, *Die Metrik S.s*, Breslau 1883. – R. Weltrich, *F. S.*, Bd. 1, Stg. 1899. – F. Jonas, *Erläuterungen der Jugendgedichte S.s*, Bln. 1900. – K. Berger, *S.*, 2 Bde., Mchn. 1905–1909. – A. Leitzmann, *Die Quellen von S.s u. Goethes Balladen*, Bonn 1911. – W. H. Hudson, *S. and His Poetry*, Ldn. 1914. – E. Borkowsky, *Goethes u. S.s Lyrik*, Breslau 1923. – H. Cysarz, *S.*, Halle 1934. – R. Buchwald, *S.*, 2 Bde., Lpzg. 1937. – K. Berger, *Die Balladen S.s*, Bln. 1939. – B. v. Wiese, *F. S.*, Stg. 1959. – W. Keller, *Das Pathos in S.s Jugendlyrik*, Bln. 1964. – F. Berger, *»Die Künstler« von F. S.*, Zürich 1964. – J. M. Anderegg, *F. S.: »Der Spaziergang«*, St. Gallen 1964. – E. Staiger, *S.*, Zürich 1965. – M. Dyck, *Die Gedichte S.s. Figuren der Dynamik des Bildes*, Bern/Mchn. 1967. – E. Middell, *F. S.*, Lpzg. 1980. – G. Kaiser, *Geschichte der deutschen Lyrik von Goethe bis Heine*, 3 Tle., Ffm. 1988. – W. Riedel, *»Der Spaziergang«. Ästhetik der Landschaft und Geschichtsphilosophie der Natur bei S.*, Würzburg 1989.

DIE BRAUT VON MESSINA ODER DIE FEINDLICHEN BRÜDER. Ein Trauerspiel mit Chören

Drama in fünf Akten von Friedrich von SCHILLER, Uraufführung: Weimar, 19. 3. 1803, Hoftheater. – Die Entstehung des Dramas geht ins Frühjahr

1799 zurück, vielleicht auch bis in den Oktober 1797, als Schiller sich mit dem *König Ödipus* des Sophokles beschäftigte und gegenüber Goethe einen Dramenplan erwähnte, der den Titel *Die feindlichen Brüder* trug und vermutlich bereits eine erste Skizze des Stoffs der *Braut von Messina* darstellte. Schiller selbst bezeichnete sein Werk, das an die Bauform des griechischen Dramas anknüpft, als *»Versuch einer Tragödie in strenger Form«* (an W. v. Humboldt, 17. 2. 1803).

Das Stück spielt in Messina, wo sich, so Schiller, *»Christentum, griechische Mythologie und Mohamedanismus wirklich begegnet und vermischt haben«* (an Chr. G. Körner, 10. 3. 1803). Die beiden feindlichen Brüder Don Manuel und Don Cesar werden nach langem Streit durch ihre Mutter Isabella wieder miteinander versöhnt. Sie will ihnen ihre bis dahin verborgen gehaltene Schwester Beatrice zuführen, die auf Befehl des verstorbenen Vaters, des Fürsten von Messina, als Kind hätte getötet werden sollen, von der Mutter aber insgeheim einem Kloster zur Pflege übergeben worden war. Zwei scheinbar diametral entgegengesetzt deutbare Träume der Eltern – des Fürsten und Isabellas – hatten in Beatrice die Ursache zum Untergang des ganzen Geschlechts gesehen, aber auch den Grund dafür, daß die Herzen der Brüder sich in Liebe vereinen würden. Es stellt sich heraus, daß Don Manuel die ihm unbekannte Beatrice als seine zukünftige Frau auserkoren hat, aber auch Don Cesar, der sie beim Begräbnis seines Vaters (dem sie heimlich als Zuschauerin beigewohnt hatte) sah, ist in das Mädchen verliebt. Er tötet seinen Bruder Manuel, als er Beatrice in seinen Armen findet. Der entsetzten Mutter gelingt es sowenig wie der Schwester, Don Cesar vom Selbstmord, mit dem er seine Tat sühnen will, zurückzuhalten.

Schiller macht in diesem Drama bewußt den Versuch, antikes Theater zu aktualisieren. Die Handlung erinnert (in bestimmten Konstellationen der Personen zueinander z. T. bis ins Detail) an die *Phönizierinnen* des Euripides (Eteokles/Polyneikes – Manuel/Cesar), die Schiller teilweise übersetzt und 1789 in der ›Thalia‹ als Fragment veröffentlicht hatte, an den *Ödipus* des Sophokles (das ausgesetzte Kind Ödipus/Beatrice) und an die *Perser des* Aischylos (Atossa/Isabella). Wie die antiken Dramen endet das Stück mit dem Untergang des Geschlechtes. Formal zeigt sich der Rückgriff auf die Antike nicht nur im ursprünglichen Verzicht auf Akteinteilung (das Stück wurde erst später in fünf Aufzüge gegliedert), in der Verwendung des klassischen Tragödienverses, des fünffüßigen reimlosen Jambus (neben den hymnischen und odenartigen Versmaßen der zum Teil gereimten Chöre), nicht nur in der Übernahme des Chores, *»welcher einheimisch und ein lebendiges Gefäß der Tradition ist«* (Schillers Brief an Körner vom 10. 3. 1803), sondern auch im analytischen Aufbau (Sophokles: *König Ödipus*): das Geschehen auf der Bühne setzt erst in dem Augenblick ein, als die Mutter die beiden Brüder miteinander versöhnt hat. Der Handlungszusammenhang wird für den Zuschauer indirekt aus Berichten der Personen oder des Chores erschlossen. Die Funktion des Chores wird durch seine Aufgliederung in die Anhängerschaften der feindlichen Brüder seinem antiken Vorbild gegenüber stark variiert; auch greift er teilweise aktiv in das Geschehen auf der Bühne ein. Bei aller Analogie zur Antike war sich Schiller völlig darüber im klaren, daß eine Imitation des griechischen Dramas unmöglich sei. Aber die Antike verkörperte die Idealität einer Gattung, deren Funktion sich in der Neuzeit durchaus geändert hatte; nicht nur, daß die antike Vorstellung des Schicksals hinfällig geworden war, weshalb es sich in der *Braut von Messina* durch die Charaktere, nicht mehr von außen, kundtut. Das Theater, so Schiller in der Abhandlung *Über den Gebrauch des Chors in der Tragödie*, die der Buchausgabe des Stücks vorangestellt ist, ist ein *»Spiel«*, *»aber ein poetisches«*, und sein Zweck ist es, dem Menschen eine innerliche Freiheit zu geben, *»die sinnliche Welt, die sonst ... als eine blinde Macht auf uns drückt, in eine objektive Ferne zu rücken, in ein freies Werk unseres Geistes zu verwandeln und das Materielle durch Ideen zu beherrschen«*. Die ursprüngliche Naivität der griechischen Welt ist für die reflektierende Moderne verloren, und auch die Bauformen der griechischen Tragödie sind nur noch in diesem Sinne, als Mittel zur Poetisierung des Theaters, zu verwenden; während der Chor in der *»alten Tragödie mehr ein natürliches Organ«* gewesen war, wird er in der modernen Welt *»zu einem Kunstorgan«* und hilft, *»die Poesie hervorzubringen«*. Beim Publikum fand Schillers Versuch jedoch nur wenig Resonanz, und bis heute ist das Stück *»Schillers umstrittenstes Werk, und diese Feststellung schließt in der einschlägigen Forschung ein negativ-kritisches Werturteil ein«* (G. Kluge). G.W.-KLL

Ausgaben: Tübingen 1803. – SS, 14 [1870, Hg. W. Vollmer]. – SA, 7 [Anm. O. Walzel]. – SW, 7 [Anm. A. Leitzmann]. – NA, 10 [1980, Hg. S. Seidel]. HA, 2 [[7]1985]. – Stg. 1986 (RUB). – WA, 2.

Verfilmung: *Chamsin*, BRD 1970 (Regie: V. Harlan).

Literatur: H. Düntzer, *S.s »Braut von Messina«*, Lpzg. [2]1910. – K. Dieckmann, *»Die Braut von Messina« auf der Bühne u. im Wandel der Zeit*, Helsingfors 1935. – I. Appelbaum, *Goethes »Iphigenie« and S.s »Braut von Messina«* (in Publications of the English Goethe Society, 17, 1948, S. 43–73). – S. Atkins, *Gestalt als Gehalt in S.s »Braut von Messina«* (in DVLG, 33, 1959, S. 529–564). – T. C. van Stokkum, *Deutsche Klassik u. antike Tragödie. Zwei Studien. I: S.s »Braut von Messina«, ein gelungener Versuch der Neubelebung der antiken Tragödie?* (in Neoph, 43, 1959, S. 177–193). – B. v. Wiese, *Die Braut von Messina* (in B. v. W., *»Die deutsche Tragödie von Lessing bis Hebbel*, Hbg. [4]1958, S. 255–265). – H. Seidler, *S.s »Braut von Messina«* (in LJb, 1, 1960, S. 27–52). – F. Sengle, *»Die Braut von Messina«* (in DU, 12, 1960, H. 2, S. 72–89). – W. Schadewaldt, *Antikes u. Modernes in S.s »Braut von Messina«* (in Jb. der Dt. Schiller-Ges., 13, 1969, S. 286–307). – G. Kaiser, *Die Idee der Idylle in S.s »Braut von Messina«* (in WW, 21, 1971, S. 289–312). – W. Albrecht, *»Der freie Tod nur bricht die Kette des Geschicks«: »Die Braut von Messina«* (in *S. Das dramatische Werk in Einzelinterpretationen*, Hg. H.-D. Dahnke u. B. Leistner, Lpzg. 1982, S. 218–247). – G. Kluge, *Die Braut von Messina* (in *S. Dramen. Neue Interpretationen*, Hg. W. Hinderer, Stg. [2]1983, S. 242–270). – R.-P. Janz, *Antike u. Moderne in S.s »Braut von Messina«* (in *Unser Commercium. Goethes u. S.s Literaturpolitik*, Hg. W. Bauer u. a., Stg. 1984, S. 329–349). – F. M. Fowler, *Matters of Motivation: In defense of S.'s »Die Braut von Messina«* (in GLL, 39, 1985/86, S. 134–147). – J. Müller, *Choreographische Strategie. Zur Funktion der Chöre in S.s Tragödie »Die Braut von Messina«* (in *F. S. Angebot u. Diskurs*, Hg. H. Brandt, Bln./Weimar 1987, S. 431–487).

DOM KARLOS. INFANT VON SPANIEN

Drama in fünf Akten von Friedrich von Schiller, Uraufführung: Hamburg, 29. 8. 1787. – Die Anregung zu diesem Stoff verdankte Schiller wohl dem Mannheimer Theaterintendanten von Dalberg, demgegenüber der Autor in einem Brief schon am 15. 7. 1782 die mögliche Bearbeitung dieses *»Sujets«* ankündigt. Bis zum Frühjahr 1783 entsteht ein erster Entwurf *(Bauerbacher Entwurf)* dieses *»Familiengemäldes in einem fürstlichen Hause«*, das in der Anlage zunächst an *Kabale und Liebe* erinnert. Schillers Tätigkeit als Mannheimer Theaterdichter hemmte den weiteren Fortgang der Arbeit, die der Autor erst Mitte 1784 wieder aufnahm, wobei er den Text nunmehr in Verse setzte und mit dieser jambischen Fassung an die Form der klassischen Tragödie anschließt. Der erste Akt dieser Neufassung erschien in Bruchstücken 1785 im ersten Heft der ›Rheinischen Thalia‹ seines Leipzigers Verlegers Göschen, der zweite Akt folgte im zweiten und dritten Heft der Zeitschrift 1786, der dritte Akt bis zum neunten Auftritt im vierten Heft 1787. Die vollständige Fassung brachte die Buchfassung von 1787, gegenüber der ›Thalia‹-Fassung bereits gekürzt; sie hebt noch stärker die anfänglich kaum betonte Rolle des Marquis Posa hervor, der nicht mehr als bloßer Vermittler zwischen Don Carlos und seinem Vater erscheint, sondern dessen Gestalt und Schicksal selbst tragische Züge annimmt. Eine weitere gekürzte Ausgabe, nunmehr mit dem geänderten Titel *Don Karlos*, erschien 1801; dieser Text kam am 19. 6. 1802 in Weimar zur Uraufführung. Weitere autorisierte und gekürzte Versionen des Stücks, heute meist *Don Carlos* geschrieben, folgten 1802 und 1805, letztere mit dem Untertitel *Ein dramatisches Gedicht*.

Als Quellen dienten Schiller die *Vies des hommes illustres et grandes capitaines français et étrangers* (Tl. 4 und 5 der *Œuvre* von 1740) des Pierre de Bourdeille, Seigneur de Brantôme (1527–1614), J. de Ferreras *Allgemeine Historie von Spanien* (dt. 1754–1772), R. Watsons *Histoire de regne de Philippe II* (1777) und vor allem die *Histoire de Dom Carlos fils de Philippe II* (Amsterdam 1691, dt. 1784) des Abbé César-Vichard de Saint-Réal (1639–1692), der den historischen Hintergrund des Geschehens beschreibt: Don Carlos, Sohn des spanischen Königs Philipp II. (reg. 1556–1598), der in seiner Schwiegermutter offenbar die einzige ihm vertrauenswürdige Person sieht, wobei von einer Liebesbeziehung nichts bekannt ist, plant die Ermordung des von ihm gehaßten Vaters; das Vorhaben wird entdeckt, er stirbt 1568 im Gefängnis. Schiller ging mit den historischen Fakten allerdings sehr freizügig um, so daß eine historisch-vergleichende Analyse zum Verständnis des Dramas wenig beiträgt; als literarische Einflüsse nannte er selbst Shakespeares *Hamlet* und das Trauerspiel *Julius von Tarent* (1776) von J. A. Leisewitz.

Don Carlos, Kronprinz des spanischen Weltreichs, liebt seine jugendliche Stiefmutter, die Königin Elisabeth. Verschlossen gegen seine Umgebung, enthüllt er sein Geheimnis dem aus Brüssel zurückgekehrten Marquis von Posa, seinem Jugendfreund. Die Basis ihrer Freundschaft war das beiderseitige Verlangen, den unter Spaniens Herrschaft stehenden Niederlanden die Freiheit zu geben; um so mehr ist Posa irritiert über das Befinden von Don Carlos *(»Das ist / Der löwenkühne Jüngling nicht, zu dem / Ein unterdrücktes Heldenvolk mich sendet –«)*. Dennoch arrangiert er eine Unterredung zwischen Elisabeth und Carlos, in deren Verlauf dieser seine Neigung enthüllt, von der Königin aber zurückgewiesen und auf seine politische Bestimmung verwiesen wird: *»Elisabeth war Ihre erste Liebe. Ihre zweite sei Spanien!«* Das Verlangen des Kronprinzen, anstelle des *»Henkersknechts«* Herzog Alba das Kommando über die in die Niederlande entsandten spanischen Truppen zu erhalten, wird vom König jedoch abgelehnt; der dortige Aufruhr verlangt seines Erachtens eine harte Reaktion *(»Und Schrecken bändigt die Empörung nur«)*, für die sein Sohn zu weich ist, dem er zudem selbst Putsch-, ja sogar Mordpläne unterstellt: *»Und zugleich / Mein bestes Kriegsheer deiner Herrschbegierde? / Das Messer meinem Mörder?«* Der weitere Gang der Handlung wird nun durch eine Intrige der Prinzessin Eboli, einer Hofdame der Königin, vorangetrieben; sie ist heimlich in Don Carlos verliebt und sendet ihm ein anonymes Schreiben zu, worin dieser wiederum eine geheime Nachricht der Königin erblickt. Eine Konfrontation zwischen Don Carlos und der Prinzessin klärt das Mißverständnis, aber die Prinzessin weiß damit um die Neigung des Kronprinzen, dieser wiederum davon, daß sein Vater zu den Verehrern der Eboli zählt. Um ihre *»Schwäche«* zu rächen, weckt sie, in Verbindung mit Herzog Alba und Domingo, dem königlichen Beichtvater, beim König den Verdacht *»blutschändrischer Umarmung«* von (Stief-)Mutter und Sohn.

In der weiteren Entwicklung der Handlung gewinnt Posa eine zentrale Bedeutung. Er wird, am

Ende des dritten Akts, vom König beauftragt, ihm Sicherheit über die Behauptungen der Eboli zu verschaffen. Posa, der im Zusammentreffen mit dem König seine republikanische Gesinnung enthüllt und ihn drängt, die Niederlande von der spanischen Tyrannei zu befreien (*»Ein Federzug von dieser Hand, und neu / Erschaffen wird die Erde. Geben Sie / Gedankenfreiheit. –«*), verbindet diesen Auftrag mit seinen Plänen. Er will mit Don Carlos heimlich in die Niederlande reisen, entlarvt die Intrige der Eboli, verschafft sich einen Verhaftungsbefehl für Carlos, um diesen besser kontrollieren zu können, weiht diesen aber nicht in sein Vorhaben ein. Carlos vertraut sich erneut der Eboli an, und Posa kann die Situation nur noch klären, indem er die Prinzessin tötet oder sich selbst opfert. Er spielt dem König ein fingiertes Schreiben in die Hände, das ihn als Hochverräter ausweist; Carlos kommt frei, und noch kurz vor seiner Erschießung kann Posa ihm die wahren Hintergründe schildern. Er hat zugleich alles vorbereitet, damit Carlos in die Niederlande flüchten kann (*»Ich eile, mein bedrängtes Volk / Zu retten von Tyrannenhand. Madrid / Sieht nur als König oder nie mich wieder«*), auch die Königin ist nun eingeweiht, die zur Begünstigung der Flucht in Madrid einen Aufstand *»veranlaßt«* hat. Aber Herzog Alba entdeckt die Pläne, und der König übergibt seinen Sohn dem Großinquisitor: *»Kardinal! Ich habe / Das Meinige getan. Tun Sie das Ihre.«*

Don Carlos steht inhaltlich den Jugenddramen Schillers – *Die Räuber, Die Verschwörung des Fiesco zu Genua, Kabale und Liebe* – nahe, wenn sich auch bereits der Schritt zum historischen Drama der Klassik – *Wallenstein, Maria Stuart* – ankündigt; der Konflikt des Helden verbleibt nicht in einem moralisch-familiären Bereich, die rigide Gegensätzlichkeit von Gut und Böse wird aufgehoben in den Antagonismus zweier historischer Positionen. Vor allem die ältere Germanistik hat daher das Stück gern als *»Ideendrama«* (F. Strich, H. Cysarz, G. Fricke) gedeutet, eine Auffassung, der die neuere Forschung nicht mehr folgt; sie konstatiert einen Übergang von der Familiengeschichte zum politischen Staatsdrama, wenn man nicht überhaupt in der Behauptung der Freundschaft oder in der Familientragödie den Kern des dramatischen Geschehens erblickt: *»Die eigentliche Tragödie ist die des Zusammenbruchs der für das 18. Jh. entscheidenden Sozialordnung der Familie selbst in einem fürstlichen Haus«* (H. Koopmann). Schon die Zeitgenossen hatten dem Stück allerdings mangelnde Einheit vorgeworfen. In seinen *Zwölf Briefen über Don Karlos*, erschienen 1788 im Juli- und Dezemberheft von Wielands ›Teutschem Merkur‹, verteidigte Schiller sein Stück, vor allem die Figur des Marquis Posa, gegen die scharfen Rezensionen der Vorabdrucke in den ›Thalia‹-Heften.

KLL

Ausgaben: Mannheim 1785 (in Rheinische Thalia, H. 1; 1. Akt). – Lpzg. 1786/87 (in Thalia, 1, H. 1–4; H. 1: 1. Akt; H. 3: 2. Akt; H. 4: 3. Akt; unvollst.). – Lpzg. 1787. – Lpzg. 1801 (*Don Karlos Infant von Spanien*). – Hbg./Altona 1808 (*Dom Carlos Infant von Spanien*, für die Bühne bearb. vom Autor selbst, Hg. Albrecht). – Stg. 1880, Hg. W. Vollmer [Neudr. der Ausg. 1787]. – SS, 5/1 u. 2 [1869, Hg. H. Sauppe]. – SA, 4 [Anm. R. Weißenfels]. – SW, 5 [Anm. G. Witkowski]; 10 [Einl. C. Höfer]. – NA, 6 [1973, Hg. P. Böckmann u. G. Kluge]; 7/1 [1974, Hg. dies. u. L. Blumenthal]; 7/2 [1986; Hg. dies.]. – HA, 2 [⁷1985]. – Stg. 1987 (RUB). – FA, 3 [1989, Hg. G. Kluge]. – WA, 1.

Vertonung: G. Verdi, *Don Carlos*, 1867 (Oper; Libretto: J. Méry u. C. du Locle).

Verfilmungen: BRD 1957 (TV; Regie: F. Umgelter). – Österreich 1960 (Regie; A. Stöger, J. Gielen). – BRD 1963 (Regie: F. P. Wirth). – *Carlos*, BRD 1971 (Regie: H. W. Geissendörfer).

Literatur: K. Ehlers, *Die Bühnenbearbeitungen von S.s »Don Carlos« in Prosa*, Bln. 1923 (Nachdr. Nendeln 1967). – F. W. Lieder, *The Don Carlos Theme in Literature* (in Harvard Notes in Philology and Literature, 12, 1930, S. 1–73). – K. J. Burkart, *Die Bühnenbearbeitungen des »Don Carlos« von S. (Jambenfassung)*, Bruchsal 1933. – A. v. Gronicka, *F. S.'s Marquis Posa. A Character Study* (in GR, 26, 1951, S. 196–214). – G. Storz, *Die Struktur des »Don Carlos«* (in Jb. der Dt. Schiller-Ges., 4, 1960, S. 110–139). – Ders., *Der Bauerbacher Plan zum »Don Carlos«* (ebd., 8, 1964, S. 112–129). – R. Albrecht, *S.s dramatischer Jambus. Vers u. Prosa in den ersten Fassungen des »Don Karlos«*, Diss. Tübingen 1967. – G. Orton, *S. »Don Carlos«*, Ldn. 1967. – P. Schäublin, *Don Carlos u. die Königin. Ein Beitrag zur Interpretation von S.s »Don Carlos«* (in GRM, 23, 1973, S. 302–320). – B. Becker-Cantarino, *Die »Schwarze Legende«. Ideal u. Ideologie in S.s »Don Carlos«* (in FDH, 1975, S. 153–173). – A. G. Blunden, *Nature and Politics in S.'s »Don Carlos«* (in DVLG, 52, 1978, S. 241–256). – M. Beaujean, *Zweimal Prinzenerziehung: »Don Carlos« u. »Geisterseher«. S.s Reaktion auf Illuminaten u. Rosenkreuzer* (in Poetica, 10, 1978, S. 217–235). – *F. S. »Don Carlos«. Erläuterungen u. Dokumente*, Hg. K. Pörnbacher, Stg. 1982 u. ö. (RUB). – P. Böckmann, *Strukturprobleme in S.s »Don Karlos«*, Heidelberg 1982. – G. Kluge, *Um Eboli betrogen. Vom Auf- u. Abbau einer dramatischen Figur in S.s »Don Karlos«* (in *Genius huius loci. Dank an Leiva Petersen*, Hg. D. Kuhn u. B. Zeller, Wien u. a. 1982, S. 79–109). – R. Otto, *Familiengemälde u. Weltbürgerdrama: »Don Carlos«* (in *S. Das dramatische Werk in Einzelinterpretationen*, Hg. H.-D. Dahnke u. B. Leistner, Lpzg. 1982, S. 89–122). – H. Koopmann, *Don Karlos* (in *S.s Dramen. Neue Interpretationen*, Hg. W. Hinderer, Stg. ²1983, S. 87–108). – J. Link, *S.s »Don Carlos« u. Hölderlins »Empedokles«. Dialektik der Aufklärung u. heroisch-politische Tragödie* (in J. L., *Elementare Literatur u. generative Diskursanalyse*, Mchn. 1983, S. 87–126). – O. Seidlin, *S.s »Don*

Carlos« nach 200 Jahren (in Jb. der Dt. Schiller-Ges., 27, 1983, S. 477–492). – F. A. Kittler, *Carlos als Carlsschüler. Ein Familiengemälde in einem fürstlichen Hause* (in *Unser Commercium. Goethes u. S.s Literaturpolitik*, Hg. W. Barner u. a., Stg. 1984, S. 241–273). – K. K. Polheim, *Von der Einheit des »Don Karlos«* (in FDH, 1985, S. 64–100). – H.-G. Werner, *Struktur, Sprache, Ideologie. Poetische Vergegenwärtigung von Geschichte in S.s »Dom Karlos«* (in Zs. für Germanistik, 7, 1986, S. 133 bis 149). – K.-D. Müller, *Die Aufhebung des bürgerlichen Trauerspiels in S.s »Don Karlos«* (in *F. S. Angebot u. Diskurs*, Hg. H. Brandt, Bln./Weimar 1987, S. 218–234). – S. Kufner, *Utopie u. Verantwortung in S.s »Don Carlos«* (in *Verantwortung u. Utopie. Zur Literatur der Goethezeit. Ein Symposium*, Hg. W. Wittkowski, Tübingen 1988, S. 238–251). – W. Malsch, *Moral u. Politik in S.s »Don Karlos«* (ebd., S. 207–235).

DER GEISTERSEHER. Aus den Papieren des Grafen von O**

Romanfragment von Friedrich von SCHILLER, erschienen in mehreren Fortsetzungen Anfang 1787 bis Ende 1789 in der Zeitschrift ›Thalia‹. – Offensichtlich aus Mangel an Beiträgen für seine Zeitschrift ›Thalia‹ hatte Schiller 1786 mit der Arbeit an diesem Werk begonnen, das der Autor selbst aufgrund seiner Nähe zum Kolportageroman als *»Schmiererei«* bezeichnete; am 17. 3. 1788 schreibt er an KÖRNER: *»Der Geisterseher, den ich eben jetzt fortsetze, wird schlecht – schlecht, ich kann nicht helfen«*. Die Handlung ist weitgehend frei erfunden, Bezüge lassen sich allerdings herstellen zum zeitgenössischen Skandal um den Hochstapler und Geisterbeschwörer Alexander Graf Cagliostro (1743–1795), dessen Treiben 1787 durch die von Elisa von der RECKE verfaßte Schrift *Nachricht von des berühmten Cagliostro Aufenthalt in Mitau* aufgedeckt wurde, sowie zu einem Aufsatz des württembergischen Prinzen Friedrich Eugen 1788 in der ›Berlinischen Wochenschrift‹, in dem dieser den Verkehr mit Geistern für möglich hielt; auch der Verdacht, der Jesuitenorden betreibe die Konversion des Prinzen Friedrich Eugen zum Katholizismus und wirke damit auf protestantische Erbfolge in Württemberg ein, mag von Einfluß gewesen sein.

Der schwärmerische Prinz von **, Mitglied eines protestantischen Fürstenhauses, hält sich in Venedig, wie er glaubt, inkognito auf und macht dort die Bekanntschaft des Grafen von O**, der die unheimlichen Begebenheiten der nun folgenden Zeit aufzeichnet. Während eines abendlichen Spaziergangs auf dem Markusplatz werden beide Herren von einem maskierten Mann in armenischer Kleidung verfolgt, der schließlich die dunklen Worte hervorstößt: *»Wünschen Sie sich Glück, Prinz, um neun Uhr ist er gestorben«*, und spurlos verschwindet. Sechs Tage später erhält der Prinz die Nachricht, daß am nämlichen Abend um neun Uhr sein Vetter gestorben sei, der zwischen ihm und dem Thron seines alten und kränklichen Oheims stand. Im folgenden entwickelt sich eine unüberschaubare Intrige, in deren Mittelpunkt jener unheimliche Armenier zu stehen scheint, der den Tod des Thronfolgers vorausgesagt hat. Rätselhafte Vorkommnisse, die ihren Ursprung offenbar im Übersinnlichen haben, verwirren den Prinzen so, daß er einer Geisterbeschwörung durch einen sizilianischen Magier (der sich später selbst als Taschenspieler entlarvt) zustimmt. Die Séance wird jedoch gewaltsam durch das Erscheinen eines zweiten Geistes unterbrochen, der, wie der Sizilianer am nächsten Tag dem Prinzen gesteht, das Machwerk jenes Armeniers sein muß, der auch in sein Leben und das einer nahestehenden adligen Familie gespenstisch eingegriffen habe. Obgleich der Prinz zunächst all diese Vorgänge als Teil einer gegen ihn gerichteten Intrige durchschaut, deren Ziel er allerdings nicht erkennt, geht in seinem Wesen ein merkwürdiger Wandel vor. Er, der vorher ernst und zurückhaltend, bescheiden und haushälterisch war, stürzt sich in einen Trubel wilder Feste, tritt der anrüchigen Gesellschaft »Bucentauro« bei, *»die unter dem äußerlichen Schein einer edeln vernünftigen Geistesfreiheit die zügelloseste Lizenz der Meinungen wie der Sitten begünstigte«*, und macht hohe Spielschulden, die ihn, da das Fürstenhaus sich von ihm lossagt, schließlich den Kabalen des Marchese Civitella und seines Oheims, des Kardinals A***i, ausliefern. Graf von O**, der den Prinzen inzwischen verlassen mußte, erfährt dies aus Briefen des Barons von F***, eines Vertrauten des Prinzen, wie auch, daß dieser in Leidenschaft zu einer schönen Katholikin entbrannt sei. Das Romanfragment endet mit der auf einen Brief des Barons hin überstürzten Reise des Grafen von O** nach Venedig, wo er sich Aufschluß über das erhofft, was der Brief nur andeutet: der Prinz habe Civitella im Duell tödlich verletzt und werde von den Häschern des Kardinals gesucht; in einem Kloster halte er sich verborgen, verzweifelt über die rätselhafte Ermordung der Geliebten, die ihn noch auf dem Sterbebett vergebens zum Katholizismus zu bekehren versuchte. In Venedig angekommen, erfährt der Graf jedoch, daß der Marchese genesen, der Kardinal versöhnt sei: *»Erinnern Sie sich des Armeniers, der uns voriges Jahr so zu verwirren wußte? In seinen Armen finden Sie den Prinzen, der seit fünf Tagen – die erste Messe hörte.«*

Aus verschiedenen Hinweisen innerhalb der Erzählung ist zu entnehmen, daß das Ziel der Intrige nicht allein die Konversion des Prinzen zum Katholizismus und damit Roms Einflußnahme auf ein protestantisches Fürstenhaus ist, sondern ein Verbrechen, auf das der Prinz offensichtlich vorbereitet wird und das ihn wahrscheinlich auf einen Thron heben soll, auf den er keinen Anspruch hat. Das Thema der politischen Intrige, wie es auch in Schillers Dramen dominiert, steht also auch im Zentrum dieses Werks. Der Roman hatte, zum nicht geringen Unbehagen des Dichters, einen großen Erfolg beim Publikum; aber weniger dies dürfte ausschlaggebend für den Abbruch der Arbeit gewesen sein als vielmehr die Probleme einer weltanschaulichen Neuorientierung, die Schillers Auseinandersetzung mit Kant in dieser Zeit mit sich brachte. Das am Ende des Fragments stehende *Philosophische Gespräch* zwischen dem Prinzen und dem Baron von F*** ist auch als *»innerer Dialog des Dichters Schiller«* (U. Rainer) über Willkür und Planmäßigkeit der Geschichte zu lesen. In der zweiten und dritten Auflage der Buchausgabe kürzte Schiller dieses *Philosophische Gespräch* zunehmend ein, ohne sich zu einem Abschluß des Werks aufraffen zu können: *»Zur Vollendung des Geistersehers«*, so schreibt er noch am 26. 7. 1800 an den Verleger Friedrich Gottlieb Unger, *»fehlt mir leider die Stimmung gänzlich, ich wollte eben so gut einen ganz neuen Roman schreiben als diesen alten beendigen«*. Unter den Fortsetzungen des Werks ist die von Ernst Friedrich Follenius (1796) die bekannteste. KLL

Ausgaben: Lpzg. 1787–1789 (in Thalia, H. 4–8). – Lpzg. 1789 *(Der Geisterseher. Eine Geschichte aus den Memoires des Grafen von O***)*. – SS, 6 [1869, Hg. K. Goedeke]. – SA, 2 [Anm. R. Weißenfels]. – SW, 13 [Hg. G. Witkowski]. – NA, 16 [1954, Hg. H. H. Borcherdt]. – Ffm. 1976 (in *Der Geisterseher u. a. Erzählungen*, Einl. E. Staiger, Erl. M. Hoppe). – Bln./DDR 1984, Hg. J. Sparschuh. – HA, 5 [81989]. – WA, 3.

Bearbeitung: E. F. Follenius, *Der Geisterseher. Aus dem Memoiren des Grafen von O. Zweiter u. dritter Theil von X**Y**Z.*, Straßburg 1796. – Dass., Bln. 1922 [Einl. F. Runkel].

Verfilmung: BRD 1956 (TV; Regie: P. A. Horn).

Literatur: E. Weizmann, *Die Geisterbeschwörung in S.s »Geisterseher«* (in JbGG, 12, 1926, S. 174–193). – O. Einfalt, *S.s »Geisterseher«. Fortsetzungen, Nachahmungen u. Bearbeitungen im 18. u. 19. Jh.*, Diss. Wien 1940. – M. Baumgartner, *F. S.s »Geisterseher« u. seine Fortsetzungen*, Diss. Wien 1943. – W. Bußmann, *S.s »Geisterseher« u. seine Fortsetzer. Ein Beitrag zur Struktur des Geheimbundromans*, Diss. Göttingen 1961. – K. Negus, *The Allusions to S.'s »Geisterseher« in E. T. A. Hoffmann's »Das Majorat«* (in GQ, 32, 1961, S. 341–355). – F. Martini, *Erzählte Szene, stummes Spiel. Zum Siebenten Brief des Baron von F... in S.s »Geisterseher«* (in *Untersuchungen zur Literatur als Geschichte. Fs. f. B. v. Wiese*, Hg. V. J. Günther u. a., Bln. 1973, S. 36–60). – M. Beaujean, *Zweimal Prinzenerziehung: »Don Carlos« u. »Geisterseher«* (in Poetica, 10, 1978, S. 217–235). – U. Treder, *Wundermann oder Scharlatan? Die Figur Cagliostros bei S. u. Goethe* (in MDU, 79, 1987, S. 30–43).

GESCHICHTE DES ABFALLS DER VEREINIGTEN NIEDERLANDE VON DER SPANISCHEN REGIERUNG

Historisches Werk von Friedrich von Schiller, erster und einziger Teil erschienen 1788. – Aus den historischen Studien zum *Don Carlos* (seit 1783) und der Begeisterung über Robert Watsons *Histoire du regne de Philippe II, roi d'Espagne, traduite de l'anglois* (1777) erwuchs 1785 der Plan zu dem Werk über den Aufstand der Niederlande gegen die spanische Fremdherrschaft; die *»Gründung der niederländischen Freiheit«* schien dem Dichter des *Don Carlos* ein so bedeutsamer Vorgang, daß er nicht zuletzt deshalb das 16. Jh. zum *»glänzendsten«* der Weltgeschichte erklärte. Zunächst hatte Schiller nur beabsichtigt, den Gegenstand in einem Aufsatz zu behandeln, den er in einer von ihm selbst angeregten *Geschichte merkwürdiger Verschwörungen und Rebellionen aus mittleren und neueren Zeiten* mit Beiträgen anderer Verfasser 1787 veröffentlichen wollte. Aber ein immer umfangreicheres Quellenstudium, aus dem besonders Jan Wagenaars *Allgemeine Geschichte der vereinigten Niederlande* (3 Bde., 1756–1758) hervorzuheben ist, die ermunternde Zustimmung Wielands und nicht zuletzt die Aussicht auf die Jenaer Professur für Geschichte, von der sich Schiller eine Verbesserung seiner materiellen Lage erhoffte, bestimmten ihn, den geplanten Aufsatz zu einem abgerundeten Werk zu erweitern, das etwa sechs Bände umfassen sollte. Ende Oktober 1788 erschien der erste, eigentlich als Einleitung zu dem Gesamtwerk gedachte Band, dem Schiller trotz aller guten Vorsätze keine weiteren folgen ließ. Der zweiten Ausgabe, die überarbeitet, gekürzt (u. a. um die *Vorrede*) und nunmehr in vier statt in drei Bücher unterteilt 1801 erschien, fügte er zwei *Beilagen* an: *Prozeß und Hinrichtung der Grafen von Egmont und von Hoorne* und *Belagerung von Antwerpen durch den Prinzen von Parma in den Jahren 1584 und 1585.*

Das Werk beschreibt die politischen Ereignisse von der Einsetzung der Inquisition (1522) bis zur Abreise der Herzogin von Parma aus den Niederlanden (1567); eine breite Ausmalung der die eigentliche Revolution erst begründenden Epoche wird verbunden mit der Schilderung der Schicksale Oraniens und Egmonts, des Kardinals Granvella und des Geusenbundes. Vorbereitet wird diese eingehende Darstellung durch die Beschreibung der niederländischen Geschichte seit der römischen Besatzungszeit: *»Die Geschichte der Welt ist sich selbst gleich wie die Gesetze der Natur und einfach wie die Seele des Menschen. Dieselben Bedingungen bringen dieselben Erscheinungen zurück. Auf eben diesem Boden, wo jetzt die Niederländer ihrem spanischen Tyrannen die Spitze bieten, haben vor fünfzehnhundert Jahren ihre Stammväter, die Batavier und Belgen, mit ihrem römischen gerungen.«* Schiller ist darin der Geschichtsphilosophie des frühen 18. Jh.s verpflichtet, daß er eine Gesetzmäßigkeit in den historischen Abläufen zu erkennen glaubt; diese wiederum werden freilich häufig genug vom Zufall in

Gang gesetzt, eine Einsicht, der sich der Dramatiker Schiller nicht verschließen kann: *»Der Mensch verarbeitet, glättet und bildet den rohen Stein, den die Zeiten herbeitragen; ihm gehört der Augenblick und der Punkt, aber die Weltgeschichte rollt der Zufall.«* Er räumt allerdings ein, man könne angesichts historischer Fortschritte außer dem Zufall auch *»einem höhern Verstand«* Bewunderung zollen. Soziologische, geographische, kulturhistorische, kirchen- und wirtschaftsgeschichtliche Betrachtungen unterbauen die Darstellung der niederländischen Frühgeschichte und runden zugleich die Epochenbeschreibung; der Leser wird informiert über Bevölkerungsdichte und -struktur, über Eigentumsverhältnisse, Handelsstraßen, Umschlagplätze und -volumen, auch über die klimatischen Eigenheiten des Landes.

Die Prinzipien und Thesen von Schillers Geschichtsschreibung treten klar zutage in den eingestreuten allgemeinen Reflexionen und in der direkten, appellativen Anwendung des historisch Erfaßten auf die politische Gegenwart und Zukunft. Die Prinzipien lassen sich in drei Hauptpunkten zusammenfassen: 1. Die Höhe einer Kultur ist bedingt durch die Gunst der geographischen Lage, den bestimmten herausfordernden Charakter der physischen Umwelt und durch die freiheitlichen Zustände, die den Wettstreit der Einzelinteressen zum Wohl des Ganzen fördern. Die glänzenden Verhältnisse der Niederlande geben davon ebenso Zeugnis wie, umgekehrt, die triste Geistes- und Staatsverfassung der durch den Despotismus verkümmerten Spanier. 2. Das stärkste Hindernis für den Fortschritt der Vernunft und damit der Gesellschaft ist die Verweigerung der »Gedankenfreiheit«, die erzwungene Orthodoxie. Sie dient nur als Vorwand und Mittel zu rigoroser Machtpolitik und zur Konservierung der Tyrannei; das lehrt die Betrachtung der spanischen Inquisition. 3. Das Naturrecht legitimiert die Erhebung der Unterdrückten gegen ungerechte, die despotische Willkür sichernde Verträge. Die Bezeichnung »Rebell« wird darum für die niederländischen Revolutionäre zum Ehrentitel, der von Schiller sehr anschaulich charakterisierte Guerillakrieg gegen die gewaltige spanische Kriegsmaschinerie erscheint gerecht. – Diese Grundgedanken lehnen sich an ROUSSEAU und VOLTAIRE an, aber auch – wie vor allem die Berücksichtigung der Umwelteinflüsse auf die Entwicklung eines Volkes beweist – an Auffassungen HERDERS und WINCKELMANNS. Dadurch gewinnt das Werk seine Parteilichkeit und seinen geschichtspädagogischen Einschlag. In der zweiten Ausgabe von 1801 milderte Schiller aus Enttäuschung über den Verlauf der Französischen Revolution und wohl auch aus Rücksicht auf den Weimarer Hof die aktuelle Tendenz und strich einen Satz wie diesen: *»Die Kraft, womit das niederländische Volk handelte..., ist auch uns nicht versagt, wenn die Zeitläufte wiederkehren und ähnliche Anlässe uns zu ähnlichen Taten rufen.«*

Schillers erstes großes Geschichtswerk fand bei den Zeitgenossen allgemeinen Beifall; lediglich KÖRNER hielt die Arbeit daran für eine unzulässige Ablenkung von den dichterischen Aufgaben des Freundes. Dessen Verhältnis zur Historiographie war zwiespältig: Er glaubte einerseits, es liege nur an ihm, der bedeutendste Historiker seiner Zeit zu werden, andererseits empfand er die dramatische Kunst als seine eigentliche Berufung, so daß er sich – obwohl der Erfolg seines Werks und GOETHES Empfehlung ihm den Lehrstuhl in Jena eingetragen hatten – später nur noch der literarischen Arbeit widmete. Im 19. Jh., nachdem durch NIEBUHR und RANKE die objektiv-pragmatische Geschichtswissenschaft begründet worden war, kam Kritik an Schillers historischer Methode auf. Man übersah dabei freilich, daß es diesem bei all seiner Quellen- und Literaturkenntnis (er hatte u. a. CAESAR, TACITUS, COMINES, GROTIUS und die Akten über den Prozeß gegen Egmont und Hoorne studiert) zuallererst um die Darlegung der geschichtlichen Leitideen und die Auseinandersetzung des Einzelnen und der Gesellschaft mit schicksalhaften Mächten und politischer Willkür zu tun war.

Schillers eigentliche und auch für das 19. Jh. verpflichtende Leistung als Historiker ist jedoch die sprachliche Gestaltung des geschichtlichen Stoffes. Er ist der erste deutsche Geschichtsschreiber, der die Historiographie in den Rang einer Kunst erhob. Beispielhaft und gültig bleiben die scharfen Charakteristiken großer Persönlichkeiten und historischer Massenbewegungen. Der Epiker Schiller erreicht die höchste Meisterschaft in dem lakonischen, antithetischen Stil, in dem er etwa den Prozeß gegen Egmont und Hoorne oder die Belagerung Antwerpens beschreibt. Wie wichtig dem Dichter die künstlerische Form des Werks erschien, bezeugt ein Satz aus der *Vorrede* von 1788: *»Meine Absicht bei diesem Versuche ist mehr als erreicht, wenn er einen Teil des lesenden Publikums von der Möglichkeit überführt, daß eine Geschichte historisch treu geschrieben sein kann, ohne darum eine Geduldprobe für den Leser zu sein, und wenn er einem andern das Geständnis abgewinnt, daß die Geschichte von einer verwandten Kunst etwas borgen kann, ohne deswegen notwendig zum Roman zu werden.«* H.W.J.

AUSGABEN: Lpzg. 1788. – SS, 7 [1872, Hg. A. Ellissen]. – SA, 14 [Anm. R. Fester]. – SW, 14 [Anm. Th. Engert]. – NA, 17 [1970, Hg. K.-H. Hahn]. – HA, 4 [71988]. – WA, 4.

LITERATUR: E. F. Koßmann, *S.s »Geschichte der merkwürdigsten Rebellionen« u. »Abfall der Niederlande«. Studien zur Entstehungs- u. Druckgeschichte* (in Euph, 6, 1899, S. 511–536). – G. Funk, *S.s »Geschichte des Abfalls...«*, Lpzg. 1904. – G. Fricke, *S. u. die geschichtliche Welt* (in G. F., *Studien u. Interpretationen*, Ffm. 1956, S. 95–118). – Th. Schieder, *S. als Historiker* (in HZ, 190, 1960, S. 31–54). – G. Mann, *S. als Geschichtsschreiber* (in G. M., *Geschichte u. Geschichten*, Ffm. 1961, S. 63–84). – J. K. Menzies, *S., Historical Truth, and the Netherlands: The Genesis of S.'s Concept of History*, Diss. Berkeley 1981 (vgl. Diss. Abstracts, 42, 1981/82).

GESCHICHTE DES DREYSSIGJÄHRIGEN KRIEGS

Historisches Werk von Friedrich von SCHILLER, erschienen 1791–1973. – Auf Anregung des Verlegers Georg Joachim GÖSCHEN begann Schiller 1789 mit der Arbeit an seiner *Geschichte des dreyßigjährigen Kriegs*, deren Thema, sich an die kurz zuvor beendete *Geschichte des Abfalls der Vereinigten Niederlande* anschließend, seinen Interessen entgegenkam, zumal zwei wichtige Gestalten dieses Krieges, Gustav Adolf und Wallenstein, schon früher seine Aufmerksamkeit gefunden hatten. Die durch Krankheit mehrfach unterbrochene Arbeit, von vornherein freilich mit weniger Begeisterung begonnen als die an seinem ersten historischen Werk, wurde Schiller bald zu drückender Last und fand mit dem dritten Teil einen nur summarischen Abschluß.

Der Darstellung des Dreißigjährigen Krieges vom Prager Fenstersturz (23. 5. 1618) bis zum Westfälischen Frieden (24. 10. 1648) schickt Schiller eine Betrachtung der Wechselbeziehungen zwischen Glaubensbewegungen und Politik voraus, exemplifiziert an jenen religiösen und politischen Vorgängen des 16. Jh.s, die mit dem Augsburgischen Religionsfrieden (25. 9. 1555) ihren Anfang nahmen und schließlich zum Ausbruch des Krieges führten. Zweierlei stellt er dabei besonders heraus: daß gerade die kirchliche Trennung zu einer sonst kaum erreichbaren engeren Vereinigung von Staaten gleichen Glaubens führte und daß den protestantischen Fürsten eine durch ihre religiöse Überzeugung sich legitimiert fühlende Streitmacht aufs glücklichste zuwuchs, die auch zur Erlangung rein politischer Ziele ausgenutzt werden konnte. Ersteres führte dazu, daß Europa sich in *»diesem fürchterlichen Kriege ... zum ersten Mal als eine zusammenhängende Staatengesellschaft«* erkannte, letzteres zu dem paradoxen Sachverhalt: *»Was den Regenten bloß als Mittel zu ihrem Zweck wichtig war, war der Zweck ihrer Untertanen; was der Zweck der Regenten war, war den Untertanen das Mittel, den übrigen zu erreichen.«*

Unter den zahlreichen Quellen Schillers lieferte Michael Ignaz SCHMIDTS *Geschichte der Teutschen* (1785 ff.) die Grundlage. Für die Gestalt Wallensteins griff Schiller vor allem auf Jean-François SARASINS *Conspiration de Valstein* (1645; in der Übersetzung von F. W. RAMBACH), Christoph Gottlieb von MURRS *Beyträge zur Geschichte des dreyßigjährigen Krieges* (1790), Samuel von PUFENDORFS *Commentariorum de rebus Suecicis libri XXVI* (1686) und *Histoire de Suède* (1732) sowie auf Franz Christoph KHEVENHILLERS *Annales Ferdinandei* (Teil 10–12, 1724–1726) zurück. Die umfangreiche und gewissenhafte Quellenarbeit Schillers entsprang dem Streben nach historischer Treue und Unparteilichkeit, der die tendenziöse Darstellung im *Abfall der Niederlande* noch fernstand. Die Sympathie für den Protestantismus und die reichsfürstliche Freiheit ist zwar unverkennbar, doch werden diese Parteien nicht zu Vorbildern erhoben wie die niederländischen Rebellen in der früheren Schrift. Macht sich auch in der Überbewertung der religiösen Motive für die kriegerischen Handlungen, die wohl hauptsächlich auf die benutzten Quellen zurückzuführen ist, im ganzen eine gewisse Einseitigkeit bemerkbar – obgleich Schiller zu Beginn seines Werks die sich gegenseitig ausnutzenden Verfolger politischer und religiöser Ziele in einem gewissen Gleichgewicht darstellt –, so lassen doch der universalhistorische Aspekt, unter dem das Werk geschrieben ist, und die realpolitischen Einsichten den Fortschritt gegenüber dem noch teilweise vom Geschichtsdenken der Aufklärung geprägten *Abfall der Niederlande* erkennen.

Im Verlaufe der Arbeit am *Dreißigjährigen Krieg* verschiebt sich Schillers Interesse immer mehr von den Ereignissen auf die Charaktereigenschaften der Menschen, die sie auslösen, und unter ihnen wieder ist es neben Gustav Adolf vor allem Wallenstein, dessen vieldeutige Persönlichkeit Schiller zunehmend fasziniert. Mögen Uneinheitlichkeiten und Brüche in der Darstellung der zentralen Gestalten auch zum Teil ihre äußerliche Ursache in den widersprüchlichen Quellen haben, die sorgsam gegeneinander abzuwägen Schiller bei der Fülle des Stoffs und dem Zeitdruck, unter dem er arbeitete, nicht Gelegenheit hatte, so kommt andererseits in dem *»düsteren, in vielen Farben facettierten Konterfei«* Wallensteins (H. Koopmann) neben dem Historiker schon der Dichter Schiller zu Worte, der sich bereits zur Zeit seiner Arbeit am *Dreißigjährigen Krieg* mit Plänen zu seinem Drama *Wallenstein* trug. Die Tatsache, daß Wallenstein, dessen Verrat nie eindeutig bewiesen werden konnte, dem Historiker bis zuletzt rätselhaft bleiben mußte, gab gerade dem Dichter Anreiz, sich an dieser Gestalt zu versuchen, und es ist in diesem Zusammenhang bedeutsam, daß die dichterische Gestaltung nach Meinung späterer Historiker der Wahrheit näher kommt als die historische Darstellung.

Schillers *Geschichte des dreyßigjährigen Kriegs* wurde bei ihrem Erscheinen enthusiastisch gerühmt (so von Johannes von MÜLLER und Ludwig Thimoteus SPITTLER), und auch im 19. Jh. stand den scharfen Kritiken RANKES und GERVINUS' die Anerkennung großer Historiker, wie TREITSCHKES und DROYSENS, gegenüber. – Literarisch reicht das Werk, in dem die freie Variation der in den Quellen wiedergegebenen Reden und Gespräche, ihre dramatische Zuspitzung und szenische Abrundung zu den Höhepunkten Schillerscher Prosa zählen, an die großen Dramen heran und beruht *»wie diese auf der Gewißheit von ›des Fatums unsichtbarer Hand‹, von der ›richtenden Nemesis‹, die jenseits aller Vernunft das tragisch verstrickte Menschenwesen beherrscht«* (H. G. Göpfert). KLL

AUSGABEN: Lpzg. 1791 (1. Teil, Buch 1 u. 2, als Historischer Calender für Damen für das Jahr 1791; Ill. D. Chodowiecki); Lpzg. 1792 (Buch 3 [Anfang], ebd., 1792; Vorw. C. M. Wieland; Ill. J. Penzel); Lpzg. 1793 (Buch 3 [Schluß], 4 u. 5, ebd., 1793; Ill. J. Penzel). – Lpzg. 1793, 3 Bde. –

Lpzg. 1802, 2 Bde. – SS, 8 [1869, Hg. H. Oesterley]. – SA, 15 [Anm. R. Fester]. – SW, 15 [Anm. Th. Engert]. – NA, 18 [1976, Hg. K.-H. Hahn.] – Zürich 1985, Nachw. G. Mann [Nachdr. d. Erstausg., mit 48 Kupferstichen]. – HA, 4 [71988]. – WA, 4.

LITERATUR: E. Cosentius, *Zur Quellenfrage von S.s »Geschichte des dreyssigjährigen Kriegs«* (in ASSL, 104, 1900, S. 106; 106, 1901, S. 241–257). – G. Funk, *S.s »Geschichte des dreyssigjährigen Kriegs«*, Lpzg. 1905.– C. Krüger, *Eine Kritik über S.s »Geschichte des dreyssigjährigen Kriegs«* (in Euph, 23, 1921, S. 56–59). – R. Fischer, *S.s Gestaltung böhmischer Geschichte* (in ZDLG, 5, 1959, Sonderh., S. 196–208). – Th. Schieder, *S. als Historiker* (in HZ, 190, 1960, S. 83–103). – L. Sharpe, *S. and the Historical Character. Presentation and Interpretation in the Historiographical Works and in the Historical Dramas*, Oxford 1982.

DIE JUNGFRAU VON ORLEANS. Eine romantische Tragödie

Drama in fünf Akten von Friedrich von SCHILLER, Uraufführung: Leipzig, 11. 9. 1801. – Bereits kurz nach Abschluß seiner *Maria Stuart* im Juni 1800 begann Schiller mit der Arbeit an diesem Werk. Die Geschichte des lothringischen Bauernmädchens Johanna Thibaut (geb. um 1411), das im mehr als hundertjährigen Krieg zwischen Frankreich und England (1339–1453) die französischen Truppen 1429/30 von Sieg zu Sieg geführt hatte, dann in die Hand der Engländer gefallen und 1431 als Hexe verbrannt worden war, kannte er vermutlich aus SHAKESPEARES *Heinrich VI.*, gewiß aber aus PITAVALS *Causes célèbres et intéressantes, avec les jugemens qui les ont décidées*, 1734–1743 *(Berühmte und interessante Rechtsfälle mit den dazugehörigen Urteilen)*, zu dessen deutscher Ausgabe (1792–1795) er ein Vorwort geschrieben hatte. Zudem war er mit VOLTAIRES komischem Epos *La pucelle d'Orleans* (1762) vertraut, gegen dessen Deutung der historischen Jungfrau von Orleans er sich mit dem Gedicht *Das Mädchen von Orleans* wandte, das im Erstdruck 1801 den Titel *Voltaires Pucelle und die Jungfrau von Orleans* trug. – Schillers Hinwendung zu dem historischen Stoff erfolgte unter der Voraussetzung seiner poetischen Maxime, *»immer nur die allgemeine Situation, die Zeit und die Personen aus der Geschichte zu nehmen und alles übrige poetisch frei zu erfinden«* (Brief an Goethe, 20. 8. 1799). Damit ist von vornherein die Tragödie aus den engen Grenzen des Geschichtsdramas gerückt, sie konnte, wie Schiller glaubte, zu einer *»reinen Tragödie«* werden, in der die geschichtliche Welt noch mehr zurücktritt als in den vorangegangenen Dramen, so daß sie nur noch den Rahmen und die Staffage liefert für den Schicksalsweg einer Figur, in der die dramatischen Konflikte konzentriert werden.

Der Prolog des Stücks schildert die fast hoffnungslose Lage Frankreichs, Johannas göttliche Berufung und ihren Aufbruch aus der ländlichen idyllischen Heimat. In seinem Hoflager erreicht den über die Kriegslage verzweifelten König Karl VII. die Nachricht von einem überraschenden Sieg der Franzosen, den eine Jungfrau, *»schön zugleich und schrecklich anzusehen«*, herbeigeführt habe. Bald darauf erscheint Johanna am Hofe und offenbart ihren göttlichen Auftrag: den Feind zu vernichten und Karl VII. zur Krönung nach Reims zu führen. Mit dem Segen der Kirche versehen, stellt sie sich an die Spitze des Heeres, das sie von Sieg zu Sieg führt. Die Bewerbungen der tapfersten französischen Ritter um ihre Hand weist sie zurück: *»Berufen bin ich zu ganz anderm Werk,/ die reine Jungfrau nur kann es vollenden./ Ich bin die Kriegerin des höchsten Gottes,/ und keinem Manne kann ich Gattin sein.«* (3. Akt, 4. Auftr.) Damit ist die weitere dramatische Entwicklung vorbestimmt. Ein geheimnisvoller schwarzer Ritter fordert Johanna auf, nunmehr vom Kampf auf dem Schlachtfeld abzulassen; als sie erneut kämpfend gegen den Feind vorgeht, begegnet ihr der englische Feldherr Lionel. In plötzlicher Liebe zu ihm entbrannt, bringt sie es nicht über sich, ihn zu töten: *»Gebrochen hab' ich mein Gelübde.«* Der Abfall von ihrer Sendung führt eine jähe Wendung in Johannas Schicksalsweg herbei. Noch während der Krönung Karls VII., zugleich eine glanzvolle Siegesfeier über die Engländer, steht sie unter dem Eindruck der Begegnung, und als ihr Vater sie plötzlich vor allen Anwesenden beschuldigt, mit dem Teufel verbündet zu sein, vermag sie nicht zu reagieren. Ihr Schweigen wird als Eingeständnis ausgelegt, und sie wird verbannt. Johanna gerät in die Gefangenschaft Isabeaus, der mit den Engländern verbündeten Mutter Karls VII. Inbrünstige Gebete lösen jedoch ihre Fesseln, sie zieht erneut für Frankreich in die siegreiche Schlacht, wo sie tödlich verwundet wird und mit der Vision des himmlischen Reiches vor Augen stirbt: *»Kurz ist der Schmerz, und ewig ist die Freude.«*

Die Tragik des Stücks erwächst aus dem Konflikt der Menschlichkeit Johannas mit dem von ihr angenommenen Gebot, nicht menschlich zu sein; keinen Feind zu schonen und jeder irdischen Liebe zu entsagen. Indem sie einen Feind liebt und den schon Besiegten nicht tötet, verstößt sie gegen dieses Gebot und wird schuldig; die Übereinstimmung mit der Göttlichkeit wird der Humanität geopfert. Bis zu diesem Zeitpunkt hat Johanna gezeigt, daß sie ihre Mission erfüllen kann: Sie hat mitleidlos die Gegner getötet, sie hat mehrere Liebesanträge zurückgewiesen. Es überrascht, daß sie plötzlich einer Versuchung erliegt, die durch keine frühere Konfliktsituation vorbereitet ist und nicht recht motiviert scheint, auch wenn die vorangegangene Szene mit dem Schwarzen Ritter als Probe ihrer Gottverbundenheit verstanden werden kann. Doch liegt eben in ihrem tiefen Fall die Voraussetzung für ihre spätere Erhöhung, denn Johanna hatte so lange keinen Verdienst, wie sie mit dem göttlichen Willen eins war und keine ernsten Anfechtungen zu bestehen hatte; erst durch die Konfrontation mit ihrer Menschlichkeit wird es ihr möglich, Größe zu beweisen: sie muß sich nun aus eigener Kraft, *»von den Göttern desertiert«* (Schiller an Goethe, 3.4. 1801), aus den irdischen Verstrickungen lösen und zu einer Märtyrer- und Prophetenrolle erheben. Als Gefangene widersteht sie, eingedenk der göttlichen Forderung, der Werbung Lionels, und so kann ihr Tod als ein übertragischer Akt der Verklärung angesehen werden. Indem die Geschichte in die Legende übergeführt wird, das Wunder sichtbar erscheint und der Himmel seine *»goldnen Tore«* öffnet, wird das Drama zu einem romantischen *»Festspiel«* (B. v. Wiese), das den Sieg einer religiösen Idee über die Geschichtswirklichkeit feiert – diese freilich bleibt trotz allem Heilsversprechen tragisch.

Schillers Tragödie, die an der klassischen Bauform der fünf Akte festhält, verzichtet auf einen dramatischen äußeren Handlungsablauf; die nahtlose Verfugung rasch wechselnder Szenen, die *Wallenstein* und *Maria Stuart* auszeichnet, wird durch einen Zeitverlauf gebrochen, der sich dem der »Erzählung« nähert. *»Zwischen den Akten, ja zwischen den einzelnen Szenen bleiben freie Räume, die szenischen Vorgänge setzen jedesmal neu, zu einem beliebigen Zeitpunkt ein«* (G. Storz). Dieser epische Zug im Ablauf des Geschehens, die lose Verknüpfung relativ selbständiger Handlungsmomente, ist zumindest teilweise bedingt durch die geschichtsphilosophische Konzeption eines ursprünglichen Paradieses (davon spricht Vers 2898), seines Verlusts und seiner Wiedergewinnung in naher oder ferner Zukunft, die, in der klassisch-romantischen Epoche immer wieder entworfen, auch dem Lebensweg Johannas die Richtung weist.

Die erste Phase dieses nicht »linear« zu denkenden Dreischritts tritt gleich in der breit entfalteten, bewußt vor den Beginn des ersten Aktes gelegten Exposition deutlich hervor: Sie vergegenwärtigt die vorgeschichtliche, in der Auflösung begriffene Idylle, aus der Johanna auszieht, um über den Weg durch die Geschichte zuletzt in eine höhere, übergeschichtliche Idylle (in das neue Paradies) einzukehren, symbolisch versinnbildlicht durch ihre göttliche Schlußvision. Wie Schiller die streng klassische Einheit und Geschlossenheit der Handlung mit dem Prolog und dem zum Überirdischen hin offenen Schluß durchbricht, so handhabt er auch das Versschema, den für das klassische Drama typischen Blankvers, mit souveräner Freiheit. Die Darstellung der wechselnden Stimmungen, der inneren Spannungen, des Widerstreits von Göttlichem und Menschlichem, die Darstellung auch einer ins Allgemeine stilisierten Individualität erlaubt nicht nur, sondern fordert geradezu die formale Variation. Schiller führte jambische Trimeter in den Blankvers ein, und auch Reimpaare schmücken die Reden; Stanzen, die in Liedstrophen übergehen, markieren die Höhepunkte in Johannas Monologen. So erweitern epische und lyrisch-stimmungshaltige Formzüge das Dramatische im engeren Sinn, das überdies eine Tendenz zum Opernhaften hat: Breit ausgeführte Tableaus (der pomphafte Krönungszug), Theatereffekte visueller und akustischer Art (Blitze, ein Schwarzer Ritter, Donnerschläge), die dem Drama seine Bühnenwirksamkeit sichern, bilden ein sinnliches Gegengewicht zur Abstraktheit des inneren tragischen Vorgangs, der dem Zuschauer eine ungewöhnliche Intensität des gedanklichen Mitvollzugs abverlangt.

Das Stück war zu Lebzeiten Schillers einer seiner größten Theatererfolge, der Nachwelt dagegen erschien es bald schon – sieht man von nationalistisch inspirierten Vereinnahmungsversuchen ab – in seiner pathetischen Anlage, den romantisierenden Elementen und dem Gegensatz von Liebesverbot und dem Auftrag zu töten als *»ein befremdendes Drama«* (G. KAISER). Mit der Geschichte der historischen Johanna, die auf dem Scheiterhaufen endet, ist die Handlung kaum zu vermitteln; teils hat man das Stück daher allein als Ausdruck Schillerscher Spielfreude und -lust (G. STORZ, E. STAIGER) gedeutet, teils als zeitentrückte Demonstration der *»Fremdheit des Transzendenten inmitten einer eitlen, unreinen, herabziehenden Welt«* (B. v. WIESE), teils – so etwa W. BINDER, G. KAISER, H. IDE – auch als Realisierung der dramentheoretischen und philosophischen Reflexionen, die Schiller in seinen ästhetischen Schriften entwickelt hat *(Über naive und sentimentalische Dichtung; Über das Pathetische; Vom Erhabenen)*, oder, zumeist ausgehend vom Liebesverbot, als psychologische Fallstudie (T. F. SELLNER, D. B. RICHARDS), ohne daß sich letztlich ein Konsens in der Deutung der Tragödie feststellen ließe. Die Außenseiterstellung, die H. MAYER der Figur der Johanna zuschrieb *(»Johanna hatte alle Tabus ihrer Zeit verletzt: als Bauernmädchen; als Frau im Harnisch; als Jungfrau, die auf Ehe und Mutterschaft verzichtet; als gläubige Christin.«)*, ist in Schillers Drama nur ein Mittel, um den Kontrast zwischen Vernunft und Sinnlichkeit zu steigern. Zweifellos verweist der Rigorismus der Schillerschen Johanna auf Schillers Begriff des *»Erhabenen«*, wie er auch für seine *Maria Stuart* relevant ist; erhaben ist all das, was dem Menschen die Überlegenheit seiner moralisch-übersinnlichen Natur über seine beschränkende Sinnlichkeit demonstriert. Daß der Autor mit seiner Johanna zugleich auf VOLTAIRES despektierlichen Umgang mit dieser Figur reagiert, hat G. SAUDER nochmals betont und zugleich hervorgehoben, wie sehr das Stück die Dimension des Religiösen ins Ästhetische verwandelt, damit seine inneren Brüche überspielt und mit dem Versprechen auf Erlösung endet, ohne diese Wirklichkeit werden zu lassen: ein *»Ausdruck des festgehaltenen Anspruchs auf Erlösung unter Verzicht auf das christliche Angebot«*. Das Theater hat auf seine Weise auf die Befremdlichkeiten dieses Stücks reagiert: *Die Jungfrau von Orleans* gehört heute zu den selten gespielten Dramen Schillers, zudem liegen mit *Saint Joan* (1923) von George Bernard SHAW – der Schillers Werk rundweg als *»romantic nonsense«* bezeichnete, mit BRECHTS *Heilige Johanna der Schlachthöfe* (1932) sowie dem *Prozeß der Jeanne d'Arc* (1952) und mit ANOUILHS *L'alouette* (1953; dt. *Jeanne* *oder Die Lerche*) moderne Bearbeitungen vor.

N.Oe.-KLL

Ausgaben: Bln. 1801 (als Kalender auf das Jahr 1802). – SS, 13 [1870, Hg. W. Vollmer]. – SA, 6 [Anm. J. Petersen]. – SW, 7 [Anm. F. Muncker]. – NA, 9 [1948, Hg. B. v. Wiese u. L. Blumenthal]. – HA, 2 [⁷1985]. – Stg. 1987 (RUB). – WA, 2.

Vertonungen: G. Verdi, *Giovanna d'Arco* (Oper; Libretto: T. Solera; Urauff.: Mailand, 15. 2. 1845, Teatro alla Scala). – P. I. Čajkovskij, *Orleanskaja Djeva* (Oper; Libretto: P. I. Č.; Urauff.: Petersburg, 13./25. 2. 1881).

Verfilmung: DDR 1976 (TV; Regie: W.-D. Panse).

Literatur: G. Storz, *Jeanne d'Arc u. S. Eine Studie über das Verhältnis von Dichtung u. Wirklichkeit*, Freiburg i. B. 1947. – Ders., *S., »Jungfrau von Orleans«* (in *Das deutsche Drama. Vom Barock bis zur Gegenwart. Interpretationen*, Hg. B. v. Wiese, Düsseldorf 1958, S. 325–341). – J. R. Frey, *S.s Schwarzer Ritter* (in GQ, 32, 1959, Nr. 4, S. 302–315). – E. Braemer, *S.s romantische Tragödie »Die Jungfrau von Orleans«* (in E. Braemer u. U. Wertheim, *Studien zur deutschen Klassik*, Bln./DDR 1960, S. 215–296). – G. Storz, *Jeanne d'Arc in der europäischen Dichtung* (in Jb. der Dt. Schiller-Ges., 6, 1962, S. 107–148). – H. Ide, *Zur Problematik der S.-Interpretation. Überlegungen zur »Jungfrau von Orleans«* (in Jb. der Wittheit zu Bremen, 8, 1964, S. 41–91). – A. Gutmann, *S.s »Jungfrau von Orleans«. Das Wunderbare u. die Schuldfrage* (in ZfdPh, 88, 1969, S. 560–583). – F. M. Fowler, *Sight and Insight in S.'s »Die Jungfrau von Orleans«* (in MLR, 68, 1973, S. 367–379). – H. Mayer, *Außenseiter*, Ffm. 1975, S. 42–50. – D. B. Richards, *Mesmerism in »Die Jungfrau von Orleans«* (in PLMA, 91, 1976, Nr. 4, S. 856–870). – T. F. Sellner, *The Lionel-Scene in S.'s »Die Jungfrau von Orleans«: a Psychological Interpretation* (in GQ, 50, 1977, S. 264–282). – G. Kaiser, *Johannas Sendung. Eine These zur »Jungfrau von Orleans«* (in G. K., *Von Arkadien nach Elysium. S.-Studien*, Göttingen 1978, S. 104–136). – A. Gutmann, *Der bisher unterschätzte Einfluß von Voltaires »Pucelle« auf S.s »Jungfrau ...«* (in *Voltaire u. Deutschland*, Hg. P. Brockmaier u. a., Stg. 1979, S. 411–423). – J. Golz, *Der Traum von Harmonie: »Die Jungfrau von Orleans«* (in *S. Das dramatische Werk in Einzelinterpretationen*, Hg. H.-D. Dahnke u. B. Leistner, Lpzg. 1982, S. 193–217). – G. Sauder, *Die Jungfrau von Orleans* (in *S.s Dramen. Neue Interpretationen*, Hg. W. Hinderer, Stg. ²1983, S. 217–241). – I. Stephan, *Hexe oder Heilige? Zur Geschichte der Jeanne d'Arc u. ihrer literarischen Verarbeitung* (in *Die verborgene Frau. Sechs Beiträge zu einer feministischen Literaturwissenschaft*, Hg. dies. u. S. Weigel, Bln. 1983, S. 35–66). – F. S., *»Die Jungfrau ...«. Erläuterungen u. Dokumente*, Hg. W. Freese, U. Karthaus u. R. Fischetti, Stg. 1984; RUB). – N. Gabriel, *»Furchtbar und sanft«. Zum Trimeter in S.s »Jungfrau von Orleans«* (in Jb. der Dt. Schiller-Ges., 29, 1985, S. 193–217). – R. Harrison, *Heilige oder Hexe? S.s »Jungfrau von Orleans« im Lichte der biblischen u. griechischen Anspielungen* (ebd., 30, 1986, S. 265–305). – F. Oberkogler, *F. S.: »Die Jungfrau von Orleans«*, Schaffhausen 1986. – N. Oellers, *»Und bin ich strafbar, weil ich menschlich war?« Zu S.s Tragödie »Die Jungfrau von Orleans«* (in *F. S. Angebot u. Diskurs*, Hg. H. Brandt, Bln./Weimar 1987, S. 299–310). – S. Lange, *Geschichte u. Utopie in S.s »Die Jungfrau von Orleans«* (ebd., S. 311–319). – W. Hinck, *Die »große Helferin«. S. (»Jungfrau von Orleans«), Brecht, Hochhuth (»Die Hebamme«)* (in W. H., *Theater u. Hoffnung*, Ffm. 1988, S. 107–138; st).

KABALE UND LIEBE. Ein bürgerliches Trauerspiel

Drama in fünf Akten von Friedrich von Schiller, Uraufführung: 13. 4. 1784 durch die Großmannsche Schauspielergesellschaft in Frankfurt a. M. – Am 24. 9. 1782 floh Schiller zusammen mit Andreas Streicher aus dem Machtbereich des württembergischen Herzogs Karl Eugen; bereits zu diesem Zeitpunkt hatte der Autor den Plan zu seinem dritten Schauspiel, nach den *Räubern* und der *Verschwörung des Fiesco zu Genua*, gefaßt, dessen Fertigstellung er am 14. 1. 1783 an W. H. v. Dalberg meldet, den Direktor des Mannheimer Nationaltheaters. Bis in den Juli 1783 hinein jedoch überarbeitete Schiller das Stück, das zunächst den Titel *Luise Millerin* trug; auf Vorschlag von A. W. Iffland, Schauspieler und Theaterdichter in Mannheim, erfolgte die Umbenennung in *Kabale und Liebe*. Die zweifache Überarbeitung der Druckfassung (erschienen 1784 bei Schwan in Mannheim) für die Aufführung in Mannheim, die am 15. 4. 1784 erfolgte und den von Schiller nach dem Mißerfolg des *Fiesco* ersehnten Erfolg brachte, ist im sog. *Mannheimer Soufflierbuch* festgehalten.

Indem Schiller das Werk als *»bürgerliches Trauerspiel«* bezeichnete, ordnete er es einem Genre zu, dessen Anfang in Deutschland mit Lessings *Miss Sara Sampson* (1755) und dessen Ende mit Hebbels *Maria Magdalene* (1844) benannt werden kann und das sich bewußt von der heroischen Tragödie der Feudalzeit und ihrer Ständeklausel absetzt, somit wesentlich mit der Entfaltung bürgerlichen Selbstbewußtseins im 18. Jh. verbunden ist. Zusammen mit Lessings *Emilia Galotti* (1772) bedeutet Schillers *Kabale und Liebe* die Abkehr von der Anfangsphase des bürgerlichen Trauerspiels, in der empfindsames Gefühlsleben samt der Privatheit des bürgerlichen Lebensstils als Kennzeichen menschlichen Verhaltens schlechthin propagiert wurde. Seit *Emilia Galotti* erscheinen die Akteure dieser Trauerspiele als Angehörige von Ständen, zumeist Adel und Bürgertum, und die Schauspiele werden zu Foren des *»Ständekonflikts«* des 18. Jh.s. Auch das Personenverzeichnis von *Kabale und Liebe* gruppiert die Figuren nach ihrer Zugehörigkeit zu den Ständen; gleichwohl sind die weiteren Dimensionen des Werks – die der Religion und der *»unbedingten Liebe«* (H. Koopmann) – nicht zu übersehen, zumal sie bereits im ersten Auftreten der eigentlichen Hauptfigur, der Luise Millerin, angesprochen werden: *»Ich hab keine Andacht mehr, Vater – der Himmel und Ferdinand reißen an meiner blutenden Seele«* (I. Akt, 3. Szene).

Ferdinand, Major und Sohn des Präsidenten von Walter, eines hochgestellten Adligen *»am Hof eines deutschen Fürsten«*, stürzt mit seiner Liebe Luise, die Tochter des Musikus Miller, in einen tödlich endenden Konflikt. Für sie sind die Standesgrenzen von Gott gesetzt, deren Überschreitung erscheint ihr als Frevel, und von Anfang an steht Luises Liebe im immer wieder anklingenden Gegensatz zur göttlichen Ordnung der Welt und verweist auf eine Erfüllung nur im Jenseits: *»Ich entsag ihm für dieses Leben. Dann, Mutter – dann, wenn die Schranken des Unterschieds einstürzen – wenn von uns abspringen all die verhaßte Hülsen des Standes – Menschen nur Menschen sind – Ich bringe ja nichts mit als meine Unschuld, aber der Vater hat ja so oft gesagt, daß der Schmuck und die prächtigen Titel wohlfeil werden, wenn Gott kommt, und die Herzen im Preise steigen.«*

Sowohl der Vater Ferdinands wie auch der alte Miller lehnen eine Verbindung ihrer Kinder ab. Der Musikus Miller erweist sich dabei als ein in Standesdenken und konventioneller Moral befangener Kleinbürger, ein Patriarch in seiner Welt, während sich Ferdinands Vater, der Hofadlige, als despotischer, den korrumpierten Adel repräsentierender Intrigant enthüllt, der aus eigensüchtigen Interessen seinen Sohn mit der einflußreichen Lady Milford, der *»Favoritin des Fürsten«*, verheiraten will. Daß Ferdinand sich diesem Ansinnen verweigert, seinem Vater den Gehorsam aufkündigt und Luise zur Flucht mit ihm überreden will, vertieft nur deren religiös motivierten Konflikt. Seiner Sprachgewalt – das Pathos rhetorischer Fragen, übersteigerter Vergleiche und heftiger Exklamationen ist typisch für die Helden in Schillers Jugenddramen – begegnet Luise mit einem zunehmenden Verstummen, das ihre Gewissensnot anzeigt; ein Verhalten, das Ferdinand, fasziniert von seiner revolutionären, die Standesgegensätze aufhebenden Leidenschaft, als Mangel an Liebe mißdeutet.

Beide sind gleichermaßen in ihrem Denken befangen, und Ferdinands Verdacht wird scheinbar bestätigt durch die *»satanisch feine«* Intrige, die der Präsident und sein Sekretär Wurm spinnen. Der Musikus und seine Frau werden festgenommen. Vom Tod, so erklärt man Luise, könne sie ihre Eltern nur durch einen an den Hofmarschall von Kalb gerichteten Liebesbrief retten. Wurm verpflichtet sie zugleich unter Eid, den erzwungenen Brief als ein von ihr aus freiem Entschluß verfaßtes Schriftstück auszugeben. Diese »Kabale« führt zwingend die Katastrophe herbei: Ferdinand, dem man den Brief in die Hände spielt, wird von rachsüchtiger Verzweiflung übermannt; Luise, um der Eltern willen an Ferdinand schuldig geworden, hofft, im gemeinsamen Tod mit dem Geliebten sich vom Eid zu befreien und sterbend die Unschuld ihrer Liebe wiederherzustellen; dieses Vorhaben durchkreuzt der Vater, der ihr den Selbstmord als schuldhaften Bruch der Vaterbindung ins Bewußtsein ruft; den ironisch bitteren Anklagen Ferdinands hat sie nichts entgegenzusetzen als das Schweigen und die durch den Eid geforderte Lüge. Was immer sie unternimmt oder unterläßt, um ihre Reinheit zu bewahren – es schlägt gegen sie aus. Ihre Situation ist ausweglos tragisch; Handeln wie Nichthandeln führen zuletzt in die unabwendbare Schuld: *»Verbrecherin, wohin ich mich neige.«* Erst das tödliche Gift, das Ferdinand sich und Luise verabreicht, entbindet Luise der Verpflichtung gegenüber dem Eid und setzt sie in den Stand, die Wahrheit zu sagen, die Ferdinand, zu spät, von seiner Verblendung befreit. Sterbend wird Luise jener göttlichen Vergebung inne, die, konstitutives Motiv im bürgerlichen Trauerspiel, die Katastrophe transzendiert und eine ins reale Leben nicht mehr zurückwirkende Versöhnung stiftet. Ferdinand, dem Luise vergeben hat, vergibt, bewegt von ihrem Beispiel, am Ende noch seinem Vater.

Auch wenn das Pathos des Trauerspiels früh schon heftige Reaktionen bei Autoren wie K. Ph. Moritz *(»Mit welcher Stirn kann ein Mensch doch solchen Unsinn schreiben ...«)*, Grillparzer *(»das elendeste Machwerk«)* oder F. Hebbel, *(»grenzenlose Nichtigkeit«)* hervorrief, wurde es vor allem im 20. Jh. als vehemente Kritik des Feudalstaates gelesen; für E. Auerbach etwa war das Stück, in dem sich der Hofadel als einzige Versammlung von Opportunisten und Intriganten präsentiert, *»wie kaum ein anderes ein Dolchstoß in das Herz des Absolutismus«*. Vor allem die marxistische Literaturwissenschaft folgte dieser Sichtweise, die etwa in der Szene zwischen Kammerdiener und Lady Milford ihre Bestätigung findet, in der vom Verkauf von *»siebentausend Landeskindern«* als Soldaten nach Amerika berichtet wird. Gegen diese Deutung wandte sich in der Bundesrepublik der fünfziger und sechziger Jahre eine Lesart, die den zeitlosen Charakter des Dramas betonte und es als *»Tragödie menschlichen Handelns«* (W. Müller-Seidel) und des *»endlichen Menschen«* (W. Binder) schlechthin zu interpretieren suchte, dabei aber den Zeitbezug des Stücks völlig aus den Augen verlor.

Erst in jüngerer Zeit wurden die Schematismen dieser Ansätze aufgebrochen, teils durch religionsgeschichtliche, das Stück vor dem Hintergrund der Säkularisierungsbewegung analysierende Ansätze (K. S. Guthke), teils durch Bemühungen (A. Williams, R.-P. Janz, H. P. Hermann), hinter dem Liebes- und Gottesverständnis vor allem der Luise Millerin und ihrer Familie die normierte Lebenswelt des deutschen Kleinbürgertums zu entdecken. So sehr Ferdinand sich beengt sieht von den Konventionen des Hofes, so sehr wird Luise bestimmt von den Zwängen der sich entwickelnden Kleinfamilie, die mit ihren rigiden Forderungen nach sexueller »Reinheit«, Gehorsam gegenüber dem Vater und Befolgung der religiösen Gebote keineswegs eine nur positive Gegenwelt zu der des Adels darstellt und den Emanzipationsbemühungen Luises nicht weniger Hindernisse entgegenstellt, wie dies durch die höfische Sphäre bei Ferdinand der Fall ist; auch die Korruption des Hofadels findet eine Entsprechung im Verhalten des Musikus Miller, eines kleinbürgerlichen Patriarchen, der im Falle finanzieller Zuwendungen durchaus bereit ist, von seinen Prinzipien abzurücken. K. S. Guthke hat darauf aufmerksam gemacht, daß sowohl Luise wie auch Ferdinand schließlich durch ihren Tod die hergebrachte Ordnung bestätigen: *»Ferdinand und Luise haben sich gefunden – nicht im ›Himmel‹ des empfindsam säkularisierten Denkens (der vielmehr desavouiert bleibt), sondern in der gemeinsamen Anerkenntnis jenes Richtergottes, zu dem beide zurückgefunden haben.«* G.Sa.-KLL

Ausgaben: Mannheim 1784. – SS, 3 [1868, Hg. W. Vollmer]. – SA, 3 [Anm. E. Schmidt]. – SW, 4 [Anm. G. Witkowski]. – Bln. 1955, Hg. K. Tudyka [Faks. d. Erstausg. mit zeitgen. Rezensionen u. Auff.kritiken]. – NA, 5 [1957, Hg. H. O. Burger u. W. Höllerer]. – Mannheim 1963 (*Das Mannheimer Soufflierbuch*, Hg. H. Kraft). – Mannheim 1967, Hg. H. Kraft [krit. Ausg.]. – HA, 1 [[8]1987]. – FA, 2 [1988, Hg. G. Kluge]. – Stg. 1989 (RUB). – WA, 1.

Vertonung: G. Verdi, *Luisa Miller* (Oper; Libretto: S. Cammarano; Urauff.: Neapel, 8. 12. 1849, Teatro San Carlo).

Verfilmungen: Deutschland 1907. – *Louise Miller*, Frankreich 1911. – *Aschermittwoch. Ein Spiel von Kabale und Liebe*, Deutschland 1920 (Regie: O. Rippert). – *Luise Millerin*, Deutschland 1922 (Regie: C. Froelich). – DDR 1959 (Regie: M. Hellberg). – Österreich 1965 (TV; Regie: E. Neuberg). – BRD 1967 (TV; Regie: G. Klingenberg). – BRD 1980 (TV; Regie: H. Schirk). – DDR 1982 (TV; Regie: P. Drescher).

Literatur: E. Auerbach, *Musikus Miller* (in E. A., *Mimesis. Dargestellte Wirklichkeit in der abendländischen Literatur*, Bern 1946, S. 382–399; [3]1964). – F. Martini, *S.s »Kabale u. Liebe«. Bemerkungen zur Interpretation des »Bürgerlichen Trauerspiels«* (in DU, 4, 1952, H. 5, S. 18–39). – I. Appelbaum-Graham, *Passions and Possessions in S.'s »Kabale und Liebe«* (in GLL, 6, 1952/53, S. 12–20). – J. Müller, *S.s »Kabale und Liebe« als Höhepunkt seines Jugendwerks* (in J. M., *Wirklichkeit u. Klassik*, Bln./DDR 1955, S. 116–148). – W. Müller-Seidel, *Das stumme Drama der Luise Millerin* (in GJb, 17, 1955, S. 91–103). – W. Binder, *S.s Kabale und Liebe* (in *Das deutsche Drama. Vom Barock bis zur Gegenwart*, Hg. B. v. Wiese, Düsseldorf 1958, S. 248–268). – W. Malsch, *Der betrogene Deus iratus in S.s Drama »Luise Millerin«* (in *Collegium Philosophicum. Studien. Joachim Ritter zum 60. Geburtstag*, Hg. H. Lübbe u. a., Basel/Stg. 1965, S. 157–208). – R. R. Heitner, *»Luise Millerin« and the Shock Motiv in S.'s Early Dramas* (in GR, 41, 1966, S. 27–44). – H. Kraft, *Die dichterische Form der »Luise Millerin«* (in ZfdPh, 85, 1966, S. 7–21). – K. S. Guthke, *Das deutsche bürgerliche Trauerspiel*, Stg. 1972, S. 81–84. – R.-P. Janz, *S.s »Kabale und Liebe« als bürgerliches Trauerspiel* (in Jb. der Dt. Schiller-Ges., 20, 1976, S. 208–228). – *F. S. »Kabale und Liebe«. Erläuterungen u. Dokumente*, Hg. W. Schafarschik, Stg. 1980 u. ö. (RUB). – H.-D. Dahnke u. L. Vogel, *Die hohe Tragödie im bürgerlichen Trauerspiel: »Kabale und Liebe«* (in *S. Das dramatische Werk in Einzelinterpretationen*, Hg. H.-D. Dahnke u. B. Leistner, Lpzg. 1982, S. 64–88). – K. S. Guthke, *S.: Kabale und Liebe* (in *S.s Dramen. Neue Interpretationen*, Hg. W. Hinderer, Stg. [2]1983, S. 59–86). – H. P. Hermann, *Musikmeister Miller, die Emanzipation der Töchter und der dritte Ort der Liebenden. S.s bürgerliches Trauerspiel im 18. Jh.* (in Jb. der Dt. Schiller-Ges., 28, 1984, S. 223–247). – P. Michelsen, *Ordnung u. Eigensinn. Über S.s »Kabale und Liebe«* (in FDH, 1984, S. 198–222). – H. P. u. M. Hermann, *F. S. »Kabale und Liebe«*, Ffm. [2]1985. – H. Koopmann, *»Kabale und Liebe« als Drama der Aufklärung* (in *Verlorene Klassik? Ein Symposium*, Hg. W. Wittkowski, Tübingen 1986, S. 286–308). – B. Fischer, *»Kabale und Liebe«. Skepsis u. Melodrama in S.s bürgerlichem Trauerspiel*, Ffm. u. a. 1987.

MARIA STUART. Ein Trauerspiel

Drama in fünf Akten von Friedrich von Schiller, Uraufführung: Weimar, 14. 6. 1800, Hoftheater, erschienen 1801. – Das Schicksal der schottischen Königin (1542–1587, reg. seit 1562), die nach langer Gefangenschaft als Thronrivalin der Königin Elisabeth I. von England (1533–1603, reg. seit 1558) hingerichtet wurde, war bereits vor Schiller in zahlreichen Werken nachgezeichnet worden, wobei je nach Parteilage die Heldin als katholische Märtyrerin (Adrian de Roulers, *Stuarta Tragoedia*, 1593; Carlo Ruggiero, *La reina di Scotia*, 1604; Federico della Valle, *La reina di Scotia*, 1628; Joost van den Vondel, *Maria Stuart of gemartelde Majesteit*, 1640; Felix Lope de Vega Carpio, *Corona trágica, vida y muerte de la Serenissima Regina de Escocia, Maria Estuarda*, 1627) oder als schöne Verführerin (Antoine de Montchrestien, *L'Ecossoise ou Le desastre*, 1605) erscheint. Diese religiös fundierte Antithetik durchbrach erstmals John Banks (*The Island Queen or Mary Queen of Scots*, 1684), während M. Regnaults *Marie Stuart, reine d'Écosse* (1639) die dramatische Handlung über die Haupt- und Staatsaktion hinausführte durch die Erfindung eines zwischen den beiden Rivalinnen stehenden Mannes.
Schiller hatte bereits 1783 gegenüber dem Leipziger Verleger Christian Friedrich Weygand ein Drama über Maria Stuart angekündigt, aber erst 1799 beschäftigte er sich erneut damit, wobei er sich als historischer Quellen vor allem der *Geschichte von Schottland* (1759, dt. 1762) von W. Robertson, der *Histoire d'Angleterre* (1724) von P. Rapin

de Thoyras, David Humes *History of England* (1754–1761, dt. 1767–1771) sowie der *Geschichte der Königin Elisabeth von England* von J.W. Archenholz, erschienen im *Historischen Kalender für Damen auf das Jahr 1790*, bedient. Er habe, so Schiller am 17.3. 1799 nach der Beendigung des *Wallenstein* an Goethe, Stoffe von *»Soldaten, Helden und Herrschern … jetzt herzlich satt«*; und auch wenn *Maria Stuart* erneut ein Herrscherschicksal zum Gegenstand hat, so verschafft der Autor seiner Phantasie weitgehend *»Freiheit über die Geschichte«* (an Goethe, 19.7. 1799) und folgt seinen literarischen Vorläufern in der Behandlung dieses Stoffs: neben der Figur des Mortimer ist sowohl das Verhältnis zwischen Maria und Leicester sowie die Begegnung der beiden Königinnen erfunden.

Das Stück setzt ein, als die gefangene Maria Stuart, eine in Frankreich erzogene Katholikin, unter dem Vorwand, einen Anschlag auf die englische Königin Elisabeth unterstützt zu haben, zum Tode verurteilt wird (Okt. 1586). Maria war als (nicht überführte, aber vermutlich tatbeteiligte) Mörderin ihres Gatten vom schottischen Thron verjagt worden und hatte in England Zuflucht gesucht (1568), wo sie als – mit einem erbrechtlich umstrittenen, aber durchaus als legitim interpretierbaren Anspruch versehene – Rivalin schließlich von Elisabeth gefangengesetzt wurde. Der Neffe ihres Kerkermeisters, Mortimer (von Schiller als fiktive Gestalt in das Stück eingeführt), enthüllt sich als Gesandter von Marias Onkel, des Kardinals von Lothringen; er möchte Maria befreien, und sein Vorhaben erscheint nicht als ausweglos, da Elisabeth, um ihren guten Ruf zu schonen, das Willkürurteil nicht unterzeichnen will und Mortimer beauftragt, die Rivalin heimlich zu ermorden. Mortimer vertraut sich Leicester an, dem Günstling Elisabeths, der – enttäuscht von einer langen, vergeblichen Werbung um die Hand Elisabeths – an der Seite Marias ein neues Glück sucht. Durch Mortimers doppeltes Spiel weiß er Maria vorerst in Sicherheit und will dies nutzen: Ein Zusammentreffen zwischen Elisabeth und Maria (das Schiller erfunden hat) soll die englische Königin zu einem Gnadenakt bewegen. Doch auf den Hochmut Elisabeths reagiert Maria in der entscheidenden Unterredung mit schneidendem Hohn und schmäht die Rivalin als illegitimen Bastard. Ein Anschlag, der wenig später auf Elisabeth unternommen wird und das Volk in Aufruhr versetzt, liefert der Königin nunmehr den Vorwand, das Todesurteil zu unterzeichnen, ohne daß sie den Zeitpunkt des Vollzugs angibt. Leicester hat, um sich von allem Verdacht zu reinigen, dem Urteil zugestimmt und läßt es nun, im Einverständnis mit Elisabeths Berater Burleigh, vollstrekken; Mortimer hat sich, von Leicester verraten, selbst getötet. Die Hinrichtung Marias (historisches Datum: 8.2. 1587) erfolgt in dem Augenblick, da jene Aussagen, die einst den Vorwand für das Todesurteil bildeten, als Lüge enthüllt werden. Elisabeth beauftragt eine neue Untersuchung, insgeheim den Tod Marias schon ahnend. Als dies zur Gewißheit wird, wälzt sie alle Schuld auf Burleigh; Leicester dagegen flieht: *»Der Lord läßt sich / Entschuldigen, er ist zu Schiff nach Frankreich.«*

Schon seit der Uraufführung war die dramaturgische Perfektion gerühmt worden, mit der Schiller seine Tragödie einrichtete. Von Anfang an ist die Entscheidung über den Tod Marias gefallen, und doch nährt der Gang der Handlung fortlaufend die Illusion ihrer Rettung; am 18.6. 1799 entwickelt der Bühnenpraktiker Schiller diese Konzeption in aller Offenheit gegenüber Goethe: entscheidend sei, *»daß man die Catastrophe gleich in den ersten Scenen sieht, und indem die Handlung des Stücks sich davon wegzubewegen scheint, ihr immer näher und näher geführt wird. An der Furcht des Aristoteles fehlt es also nicht und das Mitleiden wird sich schon auch finden.«* Besonders die Entwicklung hin zur entscheidenden Szene des Dramas, der Begegnung von Maria und Elisabeth, verdeutlicht dieses Verfahren. Das dramatische Geschehen retardiert, sein Ausgang – Rettung oder Tod der Maria Stuart – erscheint plötzlich offen. Aber die Begegnung der beiden Frauen, auf die vor allem Leicester alle Hoffnung gesetzt hat, bringt Maria nicht ins Leben zurück, sondern führt im Gegenteil ihr Ende rascher herbei. Illusionserzeugende Verzögerung, Täuschung und dramatische Ironie zeichnen diese Szene aus, die Schiller in die Mitte seines Dramas gelegt hat, womit er dessen symmetrische Form betont, die ihr spannungsgeladenes Gleichmaß aus spiegelbildlichen Kontrasten gewinnt: Gehört der erste Akt ganz der zum Tod verurteilten Maria, so zeigt der zweite Elisabeth im Glanz der Werbung des französischen Königs; der dritte Akt führt die beiden Frauen zusammen und läßt sie sogleich wieder auseinandertreten – auf Elisabeths physischen Triumph über Maria durch die Unterzeichnung des Todesurteils im vierten Akt folgt im letzten Aufzug Marias menschlich-moralischer Triumph über Elisabeth.

Dieses Ende des Dramas kann als Ausdruck zeittypischen Glaubens an eine ausgleichende Kraft der Geschichte gedeutet werden. Mit Maria stirbt eine Mörderin, aber indem sie für etwas hingerichtet wird, was sie nicht begangen hat, richtet sie zugleich ihre Rivalin. Allerdings vollzieht sich Marias immer wieder hervorgehobene Läuterung zur *»schönen Seele«* erst im Angesicht des Todes; ertrug sie ihre Haft auch mit *»edler Fassung«*, als Buße für ihre Vergangenheit, so läßt sie in der Begegnung mit Elisabeth ihrem *»langverhaltenen Groll«* über die Gefangenschaft freien Lauf und bietet im Beisein Leicesters ein Äußerstes an Rachlust und Hohn auf. Ihrer durchaus ambivalenten Erscheinung verfällt auch Mortimer. Erst in einem erhabenen Willensakt angesichts des unaufschiebbaren Todes erhebt Maria sich zur *»schönen Seele«* im Schillerschen Sinn; die moralische *»Pflicht«*, etwa die verzeihende, versöhnliche Haltung gegenüber Elisabeth, ist kein Zwang, sondern *»Neigung«*. Die szenische Entfaltung von Kleinodien und Kostbarkeiten, Marias prächtiger Aufzug in der Todesstunde, der Akt der Beichte und der Kommunion – weswegen das Drama im frühen 19. Jh. oftmals von der

Zensur verboten wurde – spiegeln die paradiesische Koinzidenz von äußerer und innerer Schönheit; ein Akt der Selbstbefreiung, die Überwindung des Sinnlichen wird pathetisch-erhaben zelebriert: *»Was klagt ihr? Warum weint ihr? Freuen solltet / Ihr euch mit mir, daß meiner Leiden Ziel / Nun endlich naht, daß meine Bande fallen, / Mein Kerker aufgeht, und die frohe Seele sich / auf Engelsflügeln schwingt zur ewgen Freiheit.«* Daß dabei der Verweis auf die Riten des Katholizismus eine durchaus säkularisierte Bedeutung hat, wurde von den Interpreten des Stücks immer wieder hervorgehoben. Mortimer wird durch die ausgestellte, der Macht der Kirche untergeordnete Schönheit geblendet, Marias Befreiung dagegen vollzieht sich in der Innerlichkeit ihrer Seele, der Erlösungsanspruch der Religion wird der Kunst übertragen. G.Sa.-KLL

AUSGABEN: Tübingen 1801. – SS, 12 [1872, Hg. H. Oesterly]. – SA, 6 [Anm. J. Petersen]. – SW, 7 [Anm. A. Leitzmann]. – NA, 9 [1948, Hg. B.v. Wiese u. L. Blumenthal]. – HA, 2 [⁷1985]. – Stg. 1989 (RUB). – WA, 2.

VERTONUNGEN: D. M. G. Donizetti, *Buondelmonte (Maria Stuarda)* (Oper; Libretto: G. Bardari; Urauff.: Neapel, 19. 10. 1834, Teatro San Carlo). – G. Vierling, *Maria Stuart* (Ouvertüre, op. 14, Bln. 1856).

VERFILMUNGEN: USA 1913 (Produzent: Th. A. Edison). – Deutschland 1921 (Regie: R. Dworsky). – Deutschland 1927 (Regie: R. Fehér). – Österreich 1959 (Regie: A. Stöger u. L. Lindtberg). – BRD 1963 (TV; Regie: H. Lietzau).

LITERATUR: K. Kipka, *Maria Stuart im Drama der Weltliteratur, vornehmlich des 17. u. 18. Jh.s*, Lpzg. 1907. – G. Hildebrand, *S.s »Maria Stuart« im Verhältnis zu den historischen Quellen*, Strehlen 1909. – A. Beck, *F. S. »Maria Stuart«* (in *Das deutsche Drama vom Barock bis zur Gegenwart. Interpretationen*, Hg. B. v. Wiese, Bd. 1, Düsseldorf 1958, S. 305–321; ern. 1964). – R. Ayrault, *La figure de Mortimer dans »Maria Stuart« et la conception du drame historique chez S.* (in EG, 14, 1959, S. 313–324). – W. Witte, *S.'s »Maria Stuart« and Mary, Queen of Scots* (in *Stoffe. Formen. Strukturen. Studien zur Deutschen Literatur*, Hg. A. Fuchs u. H. Motekat, Mchn. 1962, S. 238–250). – G. Storz, *S.s »Maria Stuart«* (in *Interpretationen. Deutsche Dramen von Gryphius bis Brecht*, Hg. J. Schillemeit, Bd. 2, Ffm. 1965; FiBü). – R. Ibel, *»Maria Stuart«. Grundlagen u. Gedanken zum Verständnis des Dramas*, Ffm. ⁷1975. – *F. S., »Maria Stuart«. Erläuterungen u. Dokumente*, Hg. Chr. Grawe, Stg. 1978 u. ö. (RUB). – B. Leistner, *Leiden u. Läuterung: »Maria Stuart«* (in *S. Das dramatische Werk in Einzelinterpretationen*, Hg. H.-D. Dahnke u. B. Leistner, Lpzg. 1982, S. 167–192). – G. Sautermeister, *Maria Stuart* (in *S.s Dramen. Neue Interpretationen*, Hg. W. Hinderer, Stg. ²1983, S. 174–216). – H. Hartmann, *S.s »Maria Stuart«. Der Streit der Königinnen aus heutiger Sicht* (in Impulse, 8, 1985, S. 155–170). – P. Schäublin, *Der moralphilosophische Diskurs in S.s »Maria Stuart«* (in Sprachkunst, 17, 1986, S. 141–187). – M. G. Poulson, *The Queen's Encounter. The Mary Stuart Anachronism in Dramas by Diamante, Boursalt, S. and Donizetti*, Bern u. a. 1987. – F. van Ingen, *Macht u. Gewissen. S.s »Maria Stuart«* (in *Verantwortung u. Utopie. Zur Literatur der Goethezeit. Ein Symposium*, Hg. W. Wittkowski, Tübingen 1988, S. 238–251).

DIE RÄUBER. Ein Schauspiel

Schauspiel in fünf Akten von Friedrich von SCHILLER, anonym erschienen 1781; Uraufführung: Mannheim, 13. 1. 1782, Nationaltheater. – Schiller ließ sein erstes Stück – frühere dramatische Entwürfe *(Die Christen; Absalon; Der Student von Nassau; Cosmus von Medicis)* sind nicht erhalten – auf eigene Kosten drucken und anonym mit der fingierten Ortsangabe »Frankfurt und Leipzig« erscheinen. Auch wenn die Publikation nur geringen Absatz fand, übernahm der Mannheimer Theaterdirektor Wolfgang Heribert Frh. von DALBERG (1750–1806) das Werk für seine Bühne, wobei er es in ein Ritterstück verwandelte, das im ausgehenden Mittelalter spielte, und daneben von Schiller Kürzungen und Milderungen forderte, die durch das *Mannheimer Soufflierbuch* dokumentiert sind *(Die Räuber, Ein Trauerspiel)*. Für den Mannheimer Verleger Christian Friedrich SCHWAN (1733–1815) bearbeitete Schiller sein Stück erneut, wobei er allerdings die in der Bühnenfassung von ihm selbst, aber auch von Dalberg eigenmächtig vorgenommenen Eingriffe wieder rückgängig machte; diese Ausgabe erschien 1782 mit dem Untertitel *Ein Trauerspiel. Neue, für die Mannheimer Bühne verbesserte Auflage.* Eine weitere Ausgabe (ebenfalls 1782) durch den Mannheimer Verleger Tobias LÖFFLER, die als *»zwote Auflage«* an den Erstdruck textlich anschließt und die berühmte Titelvignette mit dem zum Sprung ansetzenden Löwen und der Aufschrift *»in Tirannos«* trug, dürfte von Schiller selbst, obgleich er ein kurzes Vorwort dazu schrieb, nicht legitimiert gewesen sein.

Ohnehin gründete sein Ruhm bei den Zeitgenossen auf der Bühnenaufführung; die Wirkung der Uraufführung – bei der Schiller selbst anwesend war, worauf er wegen unerlaubter Entfernung aus Stuttgart vom württembergischen Herzog mit 14 Tagen Arrest bestraft wurde – beschrieb ein Augenzeuge: *»Das Theater glich einem Irrenhause, rollende Augen, geballte Fäuste, stampfende Füße, heisere Aufschreie im Zuschauerraum! Fremde Menschen fielen einander schluchzend in die Arme, Frauen wankten, einer Ohnmacht nahe, zur Thüre. Es war eine allgemeine Auflösung wie im Chaos, aus deßen Nebeln eine neue Schöpfung hervorbricht!«* Die Anfänge zu dem Stück gehen wohl auf das Jahr 1777 zurück, als Quelle kommt vor allem Chr. F. D. SCHUBARTS Erzählung *Zur Geschichte des menschlichen Herzens* (1775) in Betracht, Schiller selbst hat auf *»den ehrwürdigen Räuber Roque aus dem Don Quixote«* sowie auf *»Plutarch«* aufmerksam gemacht, daneben wurde immer wieder auf Analogien zu historischen Räuberbanden verwiesen (G. Kraft) sowie auf Anklänge an GERSTENBERGS *Ugolino*, *Julius von Tarent* von LEISEWITZ, an GOETHES *Werther* und *Götz von Berlichingen* und auf den Einfluß SHAKESPEARES. Von Schillers immer wieder erwogenem Vorhaben, eine Fortsetzung der *Räuber* zu verfassen, sind lediglich fünf Skizzen erhalten, die ausführlichste trägt den Titel: *»Die Braut in Trauer oder zweiter Teil der Räuber* und läßt den Geist des verstorbenen Franz Moor auf der Bühne erscheinen.

Franz Moor, zweitgeborener Sohn des Grafen Maximilian von Moor, verkörpert wie keine andere Figur in Schillers Dramen den Zweifel an der bestehenden Ordnung der Welt, an einer das Walten Gottes offenbarenden Natur und an den Bindungskräften der Familie: *»Ich habe große Rechte, über die Natur ungehalten zu sein, und bei meiner Ehre! ich will sie geltend machen. – Warum bin ich nicht der erste aus Mutterleib gekrochen? Warum nicht der einzige? Warum mußte sie mir diese Bürde von Häßlichkeit aufladen? Gerade mir?… Wirklich, ich glaube, sie hat von allen Menschensorten das Scheußliche auf einen Haufen geworfen und mich daraus gebacken!«* Häßlich, von Geburt benachteiligt und von der Erbfolge des gräflichen Hauses Moor ausgeschlossen, kündigt Franz Moor seine Loyalität zur eigenen Familie auf, verwirft den Begriff der *»Blutliebe«*, diesen *»possierlichen Schluß von der Nachbarschaft der Leiber auf die Harmonie der Geister«* und verwirklicht mit kalter Rationalität – *»das Resultat eines aufgeklärten Denkens und liberalen Studiums«*, so Schiller in einer Selbstrezension des Stücks – den Plan, sich auf Kosten seines Vaters und seines älteren Bruders Karl, des Erstgeborenen, zum Herrn zu erheben: *»Frisch also! mutig ans Werk! – Ich will alles um mich her ausrotten, was mich einschränkt, daß ich nicht Herr bin.«* Um sein Ziel zu erreichen, setzt er jene Intrige ins Werk, mit der das Stück beginnt: er unterschlägt einen Brief seines Bruders Karl, Lieblingssohn des alten Moor, und ersetzt ihn durch den schriftlichen Bericht eines angeblichen Gewährsmannes, wonach der genialische ältere Bruder, einst ausgezeichnet durch Gestalt, Geist und Charakter, zu einem steckbrieflich gesuchten Räuber verkommen sei, *»nachdem er zuvor die Tochter eines reichen Bankiers… entjungfert und ihren Galan… im Duell auf den Tod verwundet«* habe. Wahr ist, daß Karl nach stürmischen, von Schulden und provozierenden Streichen gezeichneten Studentenjahren in Leipzig einen Brief an den Vater geschrieben hat, worin er sein Elend und seine Reue bekennt (Schiller variiert mit diesem Handlungszug das biblische Motiv des verlorenen Sohnes). Daß der Vater diese grobe Fälschung nicht in Zweifel zieht und die Antwort an Karl dessen Bruder Franz überläßt, weist ihn, wie Schiller in seiner Selbstrezension ausführt, als *»klagend und kindisch«* aus, *»mehr Betschwester als Christ«*. Im zweiten Auftritt des ersten Aufzugs stellt Schiller sogleich Karl vor, womit sich die antithetisch konstruierte Handlungsführung des Dramas sofort entfaltet – jener permanente, durch heftige Steigerungen und Katastrophen führenden Wechsel der Szenen um Franz und Karl, dem das Schauspiel seine effektvollen Kontraste wie sein forciertes Tempo verdankt.

Karl stellt sich in der enthusiastischen Manier des Sturm und Drang zunächst als freiheitsdürstender, von zeittypischem Abscheu (*»Mir ekelt vor diesem tintenklecksenden Säkulum, wenn ich in meinem Plutarch lese von großen Menschen«*) an den provinziellen deutschen Zuständen erfaßter Rebell dar, der aber zugleich geleitet ist von einer Idyllensehnsucht im Stile ROUSSEAUS, mit der er das väterliche Heim und die dort auf ihn wartende Braut Amalia verklärt: *»Im Schatten meiner väterlichen Haine, in den Armen meiner Amalia lockt mich ein edler Vergnügen. Schon die vorige Woche hab ich meinem Vater um Vergebung geschrieben, … und wo Aufrichtigkeit ist, ist auch Mitleid und Hilfe.«* Statt dessen erhält er einen unversöhnlichen Brief, den Franz angeblich auf Befehl des Vaters verfaßt hat. Auch Karl fällt der Intrige zum Opfer; die beiderseitige Blindheit enthüllt die Brüchigkeit ihrer vermeintlich von *»Blutliebe«* getragenen Beziehung. Von Anfang an behauptet die Familientragödie sich als eine beherrschende Dimension des Stücks, und die väterliche Zurückweisung bedeutet zugleich die Absage an die bürgerliche Ordnung der Welt. Karl bekennt sich zu seinem Dasein als Räuberhauptmann: *»Siehe, da fällts wie der Star von meinen Augen! was für ein Tor ich war, daß ich ins Käficht zurückwollte! – Mein Geist dürstet nach Taten, mein Atem nach Freiheit… Menschen haben Menschen vor mir verborgen, da ich an Menschheit appellierte, weg dann von mir Sympathie und menschliche Schonung! – Ich habe keinen Vater mehr, ich habe keine Liebe mehr, und Blut und Tod soll mich vergessen lehren, daß mir jemals etwas teuer war! Kommt, kommt!… es bleibt dabei, ich bin euer Hauptmann!«* Die Szene, in der dieser Entschluß fällt, ist typisch für die pathetischen Aufgipfelungen, denen das Drama ständig zutreibt. Heftige Gebärden, durch Ausrufe, Superlative und rhetorische Parallelismen charakterisierte Sprachgesten übersetzen unmittelbar die Affekte, die sich der Personen bemächtigt haben.

Mit seiner Bande tritt Karl in den böhmischen Wäldern als Rächer und Retter der Unterdrückten auf. Der junge Schiller läßt seine Helden in einer politischen, nicht mehr nur privaten Sphäre agieren, wobei die Opposition gegen die Gesellschaftsordnung stets auch den engeren Lebensbereich zerstört; die letztlich durch Gott gestiftete Ordnung der Welt findet ihre Entsprechung in der patriarchalisch strukturierten Familie, die Empörung gegen das Ganze bedeutet immer auch die Zerstörung der unmittelbaren Beziehungen, und Schillers Helden, die sich als Vollstrecker einer höheren sittlichen Ordnung verstehen, verstricken sich selbst in Schuld und wandeln sich zu tragischen Figuren, die als erhabene Verbrecher oder, wie in *Kabale und Liebe*, als mörderische Liebhaber erscheinen. Auch

Karl Moor als Räuberhauptmann muß sich mit Kumpanen verbinden, die nichts weiter sind als Räuber und Mörder (Spiegelberg), und er muß Taten vollbringen, die auch Unschuldige vernichten; um seinen Freund Roller vor dem Galgen zu retten, wird die Stadt in Flammen gesetzt, Kranke, Greise und Kinder kommen um. Vor allem dieses Erlebnis veranlaßt Karl Moor dazu, sein Räuberdasein aufgeben zu wollen *(»hier entsag ich dem frechen Plan, gehe, mich in irgendeine Kluft der Erde zu verkriechen«)* und – nachdem er knapp einer feindlichen Übermacht entkommen ist, er schließlich doch seiner Bande Treue geschworen hat und ihm in der Episode des Räubers Kosinsky sein eigenes Schicksal widergespiegelt wird – nochmals das väterliche Schloß und die geliebte Braut Amalia unerkannt aufzusuchen.

Dort hat inzwischen Franz Moor durch ein *»Originalwerk«* an kalkulierter Intrige den Vater in lähmende Verzweiflung und, wie er irrtümlich meint, in den Tod gestürzt. Einzig Amalia, die seine Werbung zurückweist und in Treue zu Karl hält, hat sich von ihm nicht blenden lassen. Die beiden letzten Akte führen die Brüder zusammen und erzwingen schließlich die Katastrophe. Zunächst errät Franz den verkleideten Bruder, ersinnt einen Mordplan, fürchtet bei hereinbrechender Nacht zusehends um das eigene Leben und gerät in eine Gewissensnot, die ihn nach dem Pastor Moser rufen läßt, um sich – ihn als Widerpart benutzend – nochmals seiner Sicht der Welt zu versichern: *»Es ist kein Gott! – (...) Du sollst mich mit allen Waffen widerlegen, die du in der Gewalt hast, aber ich blase sie weg mit dem Hauch meines Mundes.«* Die postulierte Autonomie der eigenen Individualität aber zerbricht an sich selbst, am Gedanken an den Tod und an den Zweifeln des eigenen Gewissens, das, gleichsam als Stellvertreter der göttlichen Instanz, den Richtspruch über die begangenen Verbrechen ankündigt: *»Jedem, auch dem Lasterhaftesten, ist gewissermaßen der Stempel des göttlichen Ebenbildes aufgedrückt«*, so Schiller in der Vorrede zu seinem Stück. Als Karls Räuber das Schloß stürmen, erdrosselt sich Franz von eigener Hand, aber auch Karl bringt der sittlich-religiösen Ordnung sein Opfer. Auf die noch ganz verrätselte erste Wiederbegegnung mit Amalia folgt, in einer Reihe weiterer Stationen, die Einsicht in die Intrigen des Bruders, die Entdeckung des Vaters in einem Hungerturm (eines der melodramatischen Versatzstücke der *Räuber* aus dem Bereich der Trivialliteratur), schließlich das für den Vater tödliche Bekenntnis des Räuberhandwerks, eingelagert in die ekstatische Erkennungsszene mit Amalia: *»Mörder! Teufel! Ich kann dich Engel nicht lassen.«* Amalias verzweifelter Wunsch zu sterben entsteht zugleich mit ihrer Einsicht in die tragische Schuld Karls, der durch einen Eid an die Räuberbande gekettet ist. Er muß die Geliebte töten, eine unüberbietbare Steigerung seiner Schuld, und beschließt, sich durch einen armen Tagelöhner, dem die auf Karl ausgesetzte Belohnung zu einer neuen Existenz verhelfen kann *(»... dem Mann kann geholfen werden«)*, der Justiz auszuliefern: *»O über mich Narren, der ich wähnete die Welt durch Greuel zu verschönern, und die Gesetze durch Gesetzlosigkeit aufrecht zu halten ... da steh ich am Rand eines entsetzlichen Lebens, und erfahre nun mit Zähneklappern und Heulen, daß ›zwei Menschen wie ich den ganzen Bau der sittlichen Welt zugrund richten würden‹«.*

Bis heute hat sich das Stück, von dem Schiller selbst sagte, es habe ihn *»Familie und Vaterland«* gekostet, auf dem Theater behauptet. Dabei wurde früh schon die mangelnde innere Verbindung von rebellischer Räubergeschichte und Familientragödie bemängelt, die in der Forschung denn auch zu entsprechenden Akzentuierungen führte. Während schon im 19. Jh., besonders bei den Kritikern des Jungen Deutschland, das Freiheitspathos des Stücks und seine Opposition gegen den herrschenden Absolutismus gerühmt wurde, was sich, mit entsprechenden Modifikationen, bis ins 20. Jh. hinein fortsetzte, löste demgegenüber die geistesgeschichtlich orientierte Fachwissenschaft jeden konkreten politischen Bezug in einer *»Tiefendimension des theologischen Konflikts«* (H. Schwerte) auf. Gelten im einen Fall die auffälligen Verweise auf den *»Bau der sittlichen Welt«* und das damit verbundene, religiös fundierte Weltbild als Indiz für die politische Rückständigkeit Deutschlands, von der sich auch die Vorreiter der bürgerlichen Emanzipation nicht gänzlich befreien konnten, so erscheint im anderen Falle die politische Realität nur als negativer Kontrast zu jener höheren Sphäre, in der Karl Moor seinen tragischen Konflikt zwischen den Zwängen der Endlichkeit und den Forderungen des Ideals ausficht. *»Man hätte drei Theaterstücke daraus machen können«*, bemerkte schon Schiller in seiner Selbstrezension des Stücks, das einerseits den tugendhaften politischen Verbrecher *(»Die gräßlichsten seiner Verbrechen sind weniger die Wirkung bösartiger Leidenschaften als des zerrütteten Systems der guten.«)* in der Manier des Sturm und Drang feiert, um ihn schließlich doch zugrunde gehen zu lassen und damit scheinbar die bestehenden Verhältnisse zu bestätigen, die in sich aber bereits problematisch geworden sind: Familie, Staat, Religion. Der Impuls der subjektiven Empörung, und darin unterscheidet sich das Stück vom frühen Sturm und Drang, relativiert sich abschließend durch die Anerkennung dessen, was als Moral und göttlich legitimierte Ordnung die Stabilität der Gesellschaft und des Staates garantiert; eben darin sieht Schiller, wie er auch in seinen theoretischen Schriften ausführt, eine der Aufgaben des Theaters. G.Sa.-KLL

AUSGABEN: Ffm./Lpzg. 1781; Nachdr. Ffm. 1967, Hg. u. Einl. H. Kraft u. H. Steinhagen, 2 Bde., Mannheim 1782. – SS, 2 [1867, Hg. W. Vollmer]. – SA, 3 [Hg. E. Schmidt]. – SW, 4 [Anm. E. Witkowski]; 10 [Einl. C. Höfer]. – NA, 3 [1953; ern. 1966, Hg. W. Stubenrauch]. – Stg. 1988 (RUB). – Mchn. 1980 [Faks. des Erstdrucks]. – HA, 1 [81987]. – WA, 1. – FA, 2 [1988, Hg. G. Kluge].

VERTONUNGEN: G. Verdi, *I Masnadieri* (Oper; Libretto: A. Maffei; Urauff.: Ldn. 22.7. 1847, Her Majesty's Theatre). – G. Klebe, *Die Räuber* (Oper; Libretto: G. K.; Urauff.: Düsseldorf, 3.6. 1957, Deutsche Oper am Rhein).

VERFILMUNGEN: Dtld. 1907 – Dtld. 1913. – *Tod oder Freiheit*, BRD 1977 (Regie: Wolf Gremm). – BRD 1959 (TV; Regie: F. Umgelter). – DDR 1967 (TV; Regie: G. Keil). – DDR 1982 (TV; Regie: C. Bleiweiß).

LITERATUR: W. Kullmann, *Die Bearbeitungen, Fortsetzungen u. Nachahmungen von S.s »Räubern«*, Bln. 1910. – E. Blochmann, *Das Motiv vom verlorenen Sohn in S.s Räuberdrama* (in DVLG, 25, 1951, S. 474–484). – H. Mayer, *S.s Vorreden zu den »Räubern«* [1955] (in H. M., *Von Lessing bis Th. Mann*, Pfullingen 1959, S. 134–154). – G. Kraft, *Historische Studien zu S.s Schauspiel »Die Räuber«. Über eine mitteldeutsch-fränkische Räuberbande des 18. Jh.s*, Weimar 1959. – H. Schwerte, *S.s »Räuber«* (in DU, 12, 1960, H. 2, S. 18–41). – *»Die Räuber«. Texte u. Zeugnisse zur Entstehungs- u. Wirkungsgeschichte*, Hg. u. Einl. H. Kraft u. H. Steinhagen, Ffm. 1967. – F. Martini, *Die feindlichen Brüder. Zum Problem des gesellschaftskritischen Dramas von J. A. Leisewitz, F. M. Klinger u. F. S.* (in Jb. der Dt. Schiller-Ges., 16, 1972, S. 208–265). – Ph. F. Veit, *Moritz Spiegelberg. Eine Charakterstudie zu S.s »Räuber«* (ebd., 17, 1973, S. 273–290). – M. Wakker, *S.s »Räuber« u. der Sturm und Drang. Stilkritische u. typologische Überprüfung eines Epochenbegriffs*, Göppingen 1973. – *Das Räuberbuch. Die Rolle der Literaturwissenschaft in der Ideologie des deutschen Bürgertums am Beispiel von S.s »Die Räuber«*, Ffm. 1974. – M. Mann, *Sturm-und-Drang-Drama. Studien u. Vorstudien zu S.s »Räubern«*, Bern/Mchn. 1974. – G. Kluge, *Zwischen Seelenmechanik u. Gefühlspathos. Umrisse zum Verständnis der Gestalt Amalias in »Die Räuber«* (in Jb. der Dt. Schiller-Ges., 20, 1976, S. 184–207). – J. Merkel, R. Steinlein, *S.s »Die Räuber«. Modellversuch bürgerlich-revolutionärer Umgestaltung des feudalistischen Deutschlands* (in *Der alte Kanon neu*, Hg. W. Raitz u. E. Schütz, Opladen 1976, S. 109–135). – D. Jöns, *Das Problem der Macht in S.s Dramen von den »Räubern« bis zum »Wallenstein«* (in *Deutsche Literatur zur Zeit der Klassik*, Hg. K. O. Conrady, Stg. 1977, S. 76–92). – O. F. Best, *Gerechtigkeit für Spiegelberg* (in Jb. der Dt. Schiller-Ges., 22, 1978, S. 277–302). – P. Michelsen, *Der Bruch mit der Vater-Welt. Studien zu S.s »Räubern«*, Heidelberg 1979. – R. Dreßler, *Erwin Piscators »Räuber«-Inszenierung von 1926* (in WB, 26, 1980, H. 5, S. 60–76). – H.-J. Schings, *S.s »Räuber«. Ein Experiment des Universalhasses* (in *F. S. Kunst, Humanität u. Politik in der späten Aufklärung*, Hg. W. Wittkowski, Tübingen 1982, S. 32–47). – J. Golz, *Der mäandrische Weg des Karl Moor: »Die Räuber«* (in *S. Das dramatische Werk in Einzelinterpretationen*, Hg. H.-D. Dahnke u. B. Leistner, Lpzg. 1982, S. 10–41). – *»Die Räuber«. Eine Bild-Dokumentation zur Entstehungs- u. Wirkungsgeschichte*, Hg. D. Maurer, Dortmund 1983. – K. R. Scherpe, *Die Räuber* (in *S.s Dramen. Neue Interpretationen*, Hg. W. Hinderer, Stg. ²1983, S. 9–36). – *F. S. »Die Räuber«. Erläuterungen u. Dokumente*, Hg. Chr. Grawe, Stg. 1984 (erg. Aufl.; RUB). – H. M. Ludwig, *F. S.: »Die Räuber«. Jugendprotest, politisches Lehrstück, philosophisches Welttheater*, Hollfeld/Ofr. 1984. – R. Koc, *Fathers and Sons. Ambivalence Doubled in S.'s »Räuber«* (in GR, 61, 1986, S. 91–104). – A. C. Leidner, *»Fremde Menschen fielen einander schluchzend in die Arme«. »Die Räuber« and the Communal Response* (in Goethe Yearbook, 3, 1986, S. 57–71). – R. Weimar, *Vom Leben in Texten. Zu S.s »Räubern«* (in Merkur, 42, 1988, S. 461–471).

ÜBER ANMUTH UND WÜRDE

Philosophische Schrift von Friedrich von SCHILLER, erschienen 1793 in Schillers Zeitschrift ›Neue Thalia‹. – Der Mangel an Beiträgen für seine Zeitschrift veranlaßte Schiller im Mai und Juni 1793 zur Abfassung dieser Abhandlung, die als erstes größeres Zeugnis seiner Auseinandersetzung mit KANTS Ästhetik gelten kann, die bereits im Briefwechsel mit Chr. G. KÖRNER sich vorbereitet hatte (*Kallias, oder Über die Schönheit*; Briefe an Körner aus dem Januar und Februar 1793). Bekanntlich finden nach Kant die apriorischen Ideen der Vernunft – der Begriff der Freiheit, die Ideen von Gott und Unsterblichkeit – keine Entsprechung in der Welt der Erscheinungen, sie kommen dem Menschen vor aller Erfahrung zu und können gerade darum Allgemeingültigkeit beanspruchen. Zugleich aber besteht für den Menschen als vernünftiges Wesen ein Interesse, wenn nicht einen Beweis, so doch einen *»Wink«* für die *»objektive Realität«* dieser Ideen zu finden, was nichts anderes als das Zusammenstimmen von Natur- und Freiheitsbegriff impliziert. Daß der Mensch diese Koinzidenz immer schon voraussetzt, zeigt Kant in seiner *Critik der Urtheilskraft* (1790); um eine zusammenhängende Erfahrung zu gewährleisten, muß eine Einheit der Natur angenommen werden, die im Bereich des Endlichen nicht zu beweisen ist. Es ist die reflektierende Urteilskraft, die das gegebene Besondere einem allgemeinen Prinzip unterwirft, das aber nicht dem Gegenstand selbst, sondern dem betrachtenden Subjekt entstammt; dies ist, als erkenntnisleitende Annahme, die Idee der *»Zweckmäßigkeit der Natur«*, deren Erfahrung – etwa im Aufweis des zweckmäßigen Baus eines Organismus – den Menschen *»erfreuet«*, da sie ihn auf die Einheit von Natur- und Freiheitsbegriff verweist; einen ähnlichen *»Wink«* gibt die Natur im Phänomen des *»Naturschönen«*, in dem die Natur für den Betrachter sich *»als Kunst«* darstellt, geformt nach *»gesetzmäßiger Anordnung und als Zweckmäßigkeit ohne Zweck«*, wobei aber auch hier das Subjekt eine Zuschreibung aus sich heraus trifft. Die zweckfreie Harmonie der Erkenntnisvermögen ruft letztlich den ästhetischen Eindruck, ein Geschmacksurteil, hervor, das nur in der Einbildung des Subjekts begründet und nicht ins Allgemeingültige ausweitbar ist. Damit entzieht Kant den Versuchen Schillers, die Kunst im allgemeinen und das Theater im besonderen als Mittel der *»Menschen- und Volksbildung« (Was kann eine gute stehende Schaubühne eigentlich wirken?)* letztlich die Legitimation; diese wieder zu gewinnen, ist die argumentative Perspektive der ästhetischen Schriften Schillers.

Eine Darstellung der Ideen der Vernunft in der empirischen Wirklichkeit ist nach Kant unmöglich, da zu diesen Ideen *»schlechterdings keine Anschauung angemessen gegeben werden kann«*. Lediglich in Form der Analogie ist eine indirekte Darstellung möglich, woraus Kants Bestimmung des Schönen resultiert: *»Das Schöne ist das Symbol des Sittlich-Guten«*. Diese Analogie verstärkt Schiller in seinen *Kallias*-Briefen in der berühmten Formulierung: *»Schönheit ist Freiheit in der Erscheinung«*. Freiheit, wie Kant sie im idealistischen Sinne formuliert, meint die Freiheit des Subjekts von Fremdbestimmung; eben jene Selbstbestimmung scheint für Schiller in der Autonomie des Kunstwerks auf, da es in seiner Harmonie keinem äußeren Zweck, sondern allein seinem inneren Gesetz zu folgen scheint. Hatte Kant das Schöne maßgeblich aus der Perspektive des betrachtenden Subjekts bestimmt, so ist es Schiller vor allem um die Eigenart des schönen Gegenstands selbst zu tun, der für ihn, und damit strapaziert er die Kantsche Begrifflichkeit, der eigentliche Grund der Erfahrung des Schönen ist.

Bereits der Anfang von *Über Anmut und Würde* umspielt diesen Gedanken. Als »Anmut« definiert Schiller Schönheit, die *»an ihrem Subjekte zufällig entstehen und ebenso aufhören kann«*, mit diesem somit nicht notwendig verbunden ist; erst durch einen weiteren Faktor gewinnt etwa eine Bewegung die Qualität des Anmutigen, dann nämlich, wenn sie *»Ausdruck moralischer Empfindungen«*, Ausdruck einer *»Seele«* ist: *»Anmut ist eine Schönheit, die nicht von der Natur gegeben, sondern von dem Subjekte selbst hervorgebracht wird.«* Von Anfang an sucht Schiller einen Schönheitsbegriff zu etablieren, der den Zusammenhang von Natur und Vernunft, von Sinnenwelt und moralischer Welt vermittelt: Schönheit ist ohne sinnliche Erscheinung nicht zu denken, zugleich dem sinnlichen Material nicht immer schon notwendig zugehörig, sondern nur, wenn es mit der Idee der Vernunft korrespondiert: *»Die Schönheit ist daher als die Bürgerin zweier Welten anzusehen, deren einer sie durch Geburt, der anderen durch Adoption angehört; sie empfängt ihre Existenz in der sinnlichen Natur und erlangt in der Vernunftwelt das Bürgerrecht.«*

Mit der Reflexion über *»die menschliche Bildung unter dem Regiment des Geistes«*, die wiederholt politische Herrschaftsformen zum Vergleich heranzieht, nähert sich Schiller dem Zentrum seiner Argumentation. Er deduziert drei mögliche Verhältnisse zwischen der Sinnen- und der Vernunftwelt des Menschen: Herrschaft der Sinne über die Vernunft (Ochlokratie), Herrschaft der Vernunft über die Sinne (Monarchie) und die Harmonie beider (liberale Regierung). In den beiden ersten Fällen übt jeweils eine Seite Gewalt über die andere aus, allein der dritte Zustand gibt die Voraussetzung, *»unter der die Schönheit des Spiels«* möglich ist: wenn Vernunft und Sinnlichkeit *»zusammenstimmen«*. Hatte Kant das Sittengesetz frei von jeder subjektiven Neigung formuliert, als *»moralische Gesetzgebung«* für die Gattung des Menschen, so simuliert das *»Schöne«* auch hier für Schiller eine mögliche Vermittlung; nicht die rationale Zustimmung zum Gebot der Pflicht, sondern das aus der Sittlichkeit des Charakters selbst kommende, selbstverständliche Handeln in diesem Sinne führt bei Schiller zur Schönheit des Ausdrucks im Handeln, ist das *»Siegel der vollendeten Menschheit«* und Zeichen einer *»schönen Seele«*, in der *»Sinnlichkeit und Vernunft, Pflicht und Neigung harmonieren, und Grazie ist ihr Ausdruck in der Erscheinung. Nur im Dienst einer schönen Seele kann die Natur zugleich Freiheit besitzen und ihre Form bewahren«*. Allerdings ist diese Haltung der *»schönen Seele«*, diese *»Charakterschönheit«*, ein Ideal, das der Mensch nie vollständig erreichen kann: die *»physischen Bedingungen seines Daseins selbst«* hindern ihn daran und zerstören die Harmonie zwischen Pflicht und Neigung. Widerstreiten Pflicht und Neigung, so geht die *»schöne Seele«* in eine *»erhabene«* über, wie dieser Konflikt ohnehin die Bewährungsprobe für den *»schönen Charakter«* ist, der seine Vernunft dann einsetzt, wenn die sinnliche Seite seiner Existenz ihre *»Vollmacht«* mißbrauchen will: *»die schöne Seele geht ins Heroische über und erhebt sich zur reinen Existenz. Beherrschung der Triebe durch die moralische Kraft ist ›Geistesfreiheit‹ und ›Würde‹ ist der Ausdruck in der Erscheinung«*.

Mit diesen zentralen Begriffen der Schillerschen Ästhetik ist zugleich das Kernstück seiner Dramentheorie umrissen und das Theater als *»moralische Anstalt«* vor dem Hintergrund der Philosophie Kants erneut etabliert. Zwar scheint Schiller dem Königsberger Philosophen darin zu folgen, daß *»die moralische Kraft im Menschen keiner Darstellung fähig«* ist, *»da das Übersinnliche nie versinnlicht werden kann«*; dennoch ist für ihn das Theater in der Lage, am Beispiele der *»schönen«* und der *»erhabenen«* Seele die moralische Kraft des Menschen *»durch sinnliche Zeichen dem Verstande«* mittelbar darzustellen. M.Pr.

AUSGABEN: Lpzg. 1793 (in Neue Thalia, 3, 2. Stück). – Lpzg. 1793. – Lpzg. 1800 (in *Kleinere prosaische Schriften*, Tl. 2). – SS, 10 [1871, Hg. R. Köhler]. – SA, 11 [Anm. O. Walzel]. – SW, 17 [Anm. C. Höfer]. – NA, 20/21 [1962/63, Hg. B. v. Wiese u. H. Koopmann]. – Stg. 1971, Hg. K. L. Berghahn (RUB). – HA, 5 [[8]1989]. – WA, 5.

LITERATUR: A. Wislicenus, *S.s »Über Anmut und Würde«*, Lpzg. 1909. – W. Rosalewski, *S.s Ästhetik im Verhältnis zur Kantischen*, Heidelberg 1912 (Nachdr. Nendeln 1973). – E. Cassirer, *Die Methodik des Idealismus in S.s philosophischen Schriften* (in

E. C., *Idee u. Gestalt*, Bln. 1921, S. 81–111; ern. Darmstadt 1975). – G. Baumecker, *S.s Schönheitslehre*, Heidelberg 1937. – D. Henrich, *Der Begriff des Schönen in S.s Ästhetik* (in ZphF, 11, 1957, S. 527–547). – J. M. Ellis, *S.s Kallias-Briefe and the Study of His Aesthetic Theory*, Den Haag/Paris 1969. – F. Heuer, *Darstellung der Freiheit. S.s transzendentale Frage nach der Kunst*, Köln 1970. – A. Wirth, *Das schwierige Schöne. Zu S.s Ästhetik. Auch eine Interpretation der Abhandlung »Über Matthisons Gedichte« (1794)*, Bonn 1975. – H. Nitschak, *Kritik der ästhetischen Wirklichkeitskonstitution. Eine Untersuchung zu den ästhetischen Schriften Kants u. S.s*, Ffm. 1976. – W. Strube, *S.s Kallias-Briefe oder über die Objektivität der Schönheit* (in LJb, 18, 1977, S. 115–131). – H. Petersen, *Semantische Untersuchungen zu S.s ästhetischer Terminologie. Zum Begriff der Notwendigkeit* (in Text und Kontext, 6, 1978, H. 1/2, S. 101–127). – H.-D. Dahnke, *Schönheit u. Wahrheit. Zum Thema Kunst u. Wahrheit in S.s Konzeptionsbildung am Ende der achtziger Jahre des 18. Jh.s* (in *Ansichten der deutschen Klassik*, Hg. H. Brandt u. M. Meyer, Bln. 1981, S. 84–116). – K. P. Wilcox, *Anmut und Würde. Die Dialektik der menschlichen Vollendung bei S.*, Bern u. a. 1981. – R. zur Lippe, *Naturbegriff, gesellschaftliche Wirklichkeit, Ästhetik bei S.* (in ders., *Autonomie als Selbstzerstörung*, Ffm. 1984, S. 154–177). – M. Lindner, *Zur philosophischen Leistung F. S.s* (in Dt. Zs. für Philosophie, 32, 1984). – G. Blum, *Der Begriff des Schönen in Kants u. S.s ästhetischen Schriften*, Fulda 1988.

ÜBER DIE ÄSTHETISCHE ERZIEHUNG DES MENSCHEN, IN EINER REIHE VON BRIEFEN

Philosophische Schrift in 27 Briefen von Friedrich von SCHILLER, entstanden 1793, erschienen 1795 in Schillers Zeitschrift ›Die Horen‹. – Anstoß für diese Reflexionen war eine Folge von Briefen, die Schiller 1793 an den dänischen Erbprinzen, Herzog Friedrich Christian von Holstein-Augustenburg, verfaßte, als Dankesbezeugung für ein dreijähriges Stipendium, das ihm dieser gewährt hatte. In überarbeiteter und erweiterter Form publizierte der Autor sie 1795 in den ›Horen‹. Der Prinz hatte Schiller *»die Freiheit des Vortrags«* zur Pflicht gemacht, und die Briefgattung kam einer nicht streng systematischen Reflexion entgegen. Die Briefe sind Schillers dritter Anlauf zu einer Bestimmung des Schönen in der Auseinandersetzung mit der Philosophie KANTS, wie sie bereits im Briefwechsel mit Chr. G. KÖRNER (*Kallias, oder Über die Schönheit*, Jan./Febr. 1793) aufscheint und vor allem Anlaß für die Schrift *Über Anmut und Würde* (1793; vgl. dort) darstellt, von Schiller selbst als *»eine Art von Vorläufer meiner Theorie des Schönen«* (an Körner, 20. 6. 1793) bezeichnet. Zugleich enthalten die Briefe *Über die ästhetische Erziehung* einen Ansatz, der vom Versuch einer Bestimmung des Schönen weiterführt zur Frage nach der Funktion der Kunst innerhalb der Kulturentwicklung der Menschheit allgemein und speziell in Schillers eigener historischer Situation nach den Erfahrungen der Französischen Revolution. Deshalb stellt Schiller seine Darlegungen von Anfang an in einen geschichts- und staatsphilosophischen Rahmen.

Schiller eröffnet seine Brieffolge mit einem antithetischen Entwurf des Menschen und seiner Entwicklung. Durch die Natur ist der Mensch als sinnliches Wesen in den *»Naturstaat«* geworfen, wodurch das destruktive Potential des Menschen, dessen *»natürlichen Charakter«* Schiller als *»selbstsüchtig und gewalttätig«* kennzeichnet, kontrolliert wird. Allerdings ist dieser Naturstaat für den Menschen als Vernunftwesen ein Instrument der Fremdbestimmung, er *»widerspricht ... dem moralischen Menschen«*, seinem Streben nach Selbstbestimmung und damit nach Freiheit: *»Auf diese Art entsteht und rechtfertigt sich der Versuch eines mündig gewordenen Volks, seinen Naturstaat in einen sittlichen umzuformen.«* Dies allerdings kann nur gelingen, wenn der Mensch in einem solchen Maße zum *»Menschen in der Idee sich veredelt«* hat, daß die zerstörerischen Kräfte des *»rohen Menschen«* gebändigt sind. Es ist das Ereignis der Französischen Revolution, das Schiller im fünften Brief als Schreckensszenario für diese Entwicklung anführt. Vor allem die *»niedern und zahlreichern Klassen«* in Frankreich waren es, die nach Auflösung der staatlichen Ordnung *»mit unlenksamer Wut zu ihrer tierischen Befriedigung«* eilten, wodurch der Zwangscharakter des feudalen Staates nachträglich eine Legitimation erfährt: *»Seine Auflösung enthält seine Rechtfertigung. Die losgebundene Gesellschaft, anstatt aufwärts in das organische Leben zu eilen, fällt in das Elementarreich zurück.«* Jedoch geben auch die *»zivilisierten Klassen«* und die *»verfeinerten Stände«* einen *»noch widrigern Anblick der Schlaffheit und einer Depravation des Charakters«*; anstelle von Solidarität herrscht *»Egoism«*, anstelle von Moral und Sitte *»Unglauben«*, und der *»Nutzen ist das große Idol der Zeit«*. Wesentliche Ursache für diesen Zustand ist für Schiller die Fortentwicklung der menschlichen Kultur, die durch wissenschaftlichen und administrativen Fortschritt zu Arbeitsteilung und Vereinzelung führte: *»Die Kultur selbst war es, welche der neuern Menschheit diese Wunde schlug. Sobald auf der einen Seite die erweiterte Erfahrung und das bestimmtere Denken eine schärfere Scheidung der Wissenschaften, auf der andern das verwickeltere Uhrwerk der Staaten eine strengere Absonderung der Stände und Geschäfte notwendig machte, so zerriß auch der innere Bund der menschlichen Natur, und ein verderblicher Streit entzweite ihre harmonischen Kräfte«* (6. Brief).

Angesichts dieser Situation ist eine revolutionäre Umgestaltung der Gesellschaft zum Scheitern verurteilt; erst wenn der Mensch die Harmonie seiner selbst wiedergefunden hat, ist eine politische Veränderung möglich: *»Totalität des Charakters muß also bei dem Volke gefunden werden, welches fähig und würdig sein soll, den Staat der Not mit dem Staat der Freiheit zu vertauschen.«* Diese Ganzheitlichkeit des

Menschen war einst Wirklichkeit gewesen bei den Griechen (*»Damals, bei jenem schönen Erwachen der Geisteskräfte, hatten die Sinne und der Geist noch kein strenge geschiedenes Eigentum ...«*), der Fortgang der menschlichen Kultur und die Ausbildung des Selbstbewußtseins aber ist darüber hinweggeschritten.

An diesem Punkt nun gewinnt Schillers Konzept einer *»ästhetischen Erziehung«* seinen Ansatzpunkt, wobei es sich an jene wendet, welche die Religion als Verhaltensanleitung nicht mehr benötigen, die aber weiterhin *»demjenigen ihre Arme öffnet, an dem die Schönheit verloren ist«*, somit dem *»rohen Menschen«*, gemeinhin ein Vertreter der *»niedern Klassen«*. Gefordert wird die Erziehung hin zur Wahrnehmung einer Kunst, die aus der Verbindung von Phantasie, des *»Möglichen«*, und der Vernunft, *»des Notwendigen«*, jenes *»Ideal«* des selbstbestimmten Menschen erzeugt, der in der Entfaltung seiner Anlagen und Fähigkeiten immer auch die Sache der Gesellschaft befördert; umgeben von solchen *»Symbolen des Vortrefflichen«* wird der Mensch allmählich erzogen, *»bis der Schein die Wirklichkeit und die Kunst die Natur überwindet«* und die Idee des Menschen Gestalt angenommen hat. Diesen utopischen Zustand bezeichnet Schiller als *»ästhetischen Staat«*, als *»Staat des schönen Scheins«*, der im Ansatz in kleinen, auserwählten Gruppen auch schon existiert: *»Dem Bedürfnis nach existiert er in jeder feingestimmten Seele, der Tat nach möchte man ihn wohl nur, wie die reine Kirche und die reine Republik, in einigen wenigen auserlesenen Zirkeln finden, wo ... eigne schöne Natur das Betragen lenkt, wo der Mensch durch die verwickeltsten Verhältnisse mit kühner Einfalt und ruhiger Unschuld geht und weder nötig hat, fremde Freiheit zu kränken, um die seinige zu behaupten, noch seine Würde wegzuwerfen, um Anmut zu zeigen.«*

Vor diesen utopischen Ausblick im letzten, dem 27. Brief setzt Schiller die an die Ausführungen von *Anmut und Würde* anschließende Bestimmung des Schönen (Briefe 11–15) sowie eine Typologie des Schönen anhand seiner verschiedenen Wirkungsweisen auf dem *»Schauplatz der Wirklichkeit«* (Briefe 16–22). Im Unterschied zum logischen Schein (Betrug) ist der ästhetische Schein, so die Ausführungen des vorletzten, 26. Briefes, als Spiel stets aufrichtig, da er *»sich von allem Anspruch auf Realität ausdrücklich lossagt«*. Dieses Reich des Schönen ist zugleich der Ort, an dem das Individuum mit der Gattung in Einklang stehen und in dem es sich ganz gemäß seiner eigenen Bestimmung entfalten kann: *»Denn, um es endlich auf einmal herauszusagen, der Mensch«*, so der berühmte Satz aus dem 15. Brief, *»spielt nur, wo er in voller Bedeutung des Worts Mensch ist, und er ist nur da ganz Mensch, wo er spielt«*.

Schiller hatte das in den Briefen entfaltete Konzept einer *»ästhetischen Erziehung«* als sein *»politisches Glaubensbekenntnis«* (an den Prinzen von Augustenburg, 20. 1. 1795) bezeichnet, und tatsächlich entwickelt er hier paradigmatisch die Grundzüge des klassisch-ästhetischen Erziehungsprogramms, das zugleich eine negative Antwort auf das Ereignis der Französischen Revolution ist. Wirkung hat seine Darlegung sowohl auf das Bildungsideal W. v. HUMBOLDTS, auf die Dichtung HÖLDERLINS wie auf die Kunstphilosophie HEGELS ausgeübt, aber auch noch – gelesen als Reflex auf die entfremdeten Verhältnisse der sich durchsetzenden bürgerlichen Welt – auf die Philosophie des Neomarxismus (G. LUKÁCS, H. MARCUSE) des 20. Jh.s, während die neuere Forschung zunehmend kritisch die soziologische wie ideologische Zeitgebundenheit dieser Bildungsästhetik hervorhebt. M.Pr.

AUSGABEN: Tübingen 1795 (in Die Horen, 1., 2. u. 6. Stück). – Lpzg. 1801 (in *Kleinere prosaische Schriften*, Tl. 3). – SS, 10 [1871, Hg. R. Köhler]. – SA, 12 [Anm. O. Walzel]. – SW, 18 [Anm. C. Höfer]. – NA, 20/21 [1962/63, Hg. B. v. Wiese u. H. Koopmann]. – Mchn. 1981, Hg. W. Düsing [m. Materialien u. Komm.]. – Stg. 1989, Nachw. K. Hamburger (RUB). – HA, 5 [[8]1989]. – WA, 5.

LITERATUR: W. Böhm, *S.s »Briefe über die ästhetische Erziehung«*, Halle 1927. – H. S. Reiss, *The Concept of the Aesthetic State in the Work of S. and Novalis* (in Publications of the English Goethe Society, 26, 1957, S. 26–51). – E. M. Wilkinson, *Zur Sprache u. Struktur der »Ästhetischen Briefe«* (in Akzente, 6, 1959, S. 389–418). – F. Bövversen, *S.s Begriff der ästhetischen Erziehung* (in Zs. f. Pädagogik, 10, 1964, S. 446–461). – C. L. Price, *W. v. Humboldt u. S.s »Briefe ...«* (in Jb. der Dt. Schiller-Ges., 11, 1967, S. 358–373). – L. Bornscheuer, *Zum ideologischen Problem des rhetorischen u. ästhetischen Scheins. Eine Skizze* (in Jb. für Internationale Germanistik, 9, 1977, H. 1, S. 8–26). – H.-H. Mettler, *Entfremdung u. Revolution. Brennpunkt des Klassischen. Studien zu S.s Briefen »Über die ästhet. Erz. ...« im Hinblick auf die Begegnung mit Goethe*, Bern 1977. – J. Scharfschwerdt, *Grundprobleme der Literatursoziologie*, Stg. 1977, S. 34–41. – E. M. Wilkinson, L. A. Willoughby, *S.s ästhetische Erziehung des Menschen. Eine Einführung*, Mchn. 1977. – H. Ewers, *Die schöne Individualität. Zur Genesis des bürgerlichen Kunstideals*, Stg. 1978. – H.-G. Pott, *Die schöne Freiheit. Eine Interpretation zu S.s Schrift »Über die ästhet. Erz. ...«*, Mchn. 1980. – P. Bürger, *Theorie der Avantgarde*, Ffm. 1981, S. 49–63 (es). – *S.s Briefe über die ästhet. Erz.*, Hg. J. Bolten, Ffm. 1984. – G. Ruck, *Rückwege aus der Entfremdung. Studien zur Entwicklung der deutschen humanistischen Bildungsphilosophie*, Mchn. 1984. – R. Riecke-Niklewski, *Die Metaphorik des Schönen. Eine kritische Lektüre der Versöhnung in S.s »Über die ästhet. Erz. ...«*, Tübingen 1986. – B. Bräutigam, *Kritik ästhetischer Versöhnung. Eine Problemvorgabe der Bildungsästhetik S.s* (in Jb. der Dt. Schiller-Ges., 31, 1987, S. 137–155). – K. Disselbeck, *Geschmack u. Kunst. Eine systemtheoretische Untersuchung zu S.s Briefen »Über die ästhet. Erz. ...«*, Opladen 1987. – U. Gaier, *Soziale Bildung gegen ästhetische Erziehung. Goethes Rahmen der »Unterhaltungen« als satirische Antithese zu S.s*

»Ästhetischen Briefen« I–IX (in *Poetische Autonomie? Zur Wechselwirkung von Dichtung u. Philosophie in der Epoche Goethes u. Hölderlins*, Hg. H. Bachmaier u. Th. Rentsch, Stg. 1987, S. 207 bis 272).

ÜBER NAIVE UND SENTIMENTALISCHE DICHTUNG

Philosophische Abhandlung von Friedrich von SCHILLER, veröffentlicht in drei Folgen 1795/96 in der Zeitschrift ›Die Horen‹, als geschlossener Text unter dem Gesamttitel erstmals erschienen 1800. – Mit diesem Text schließt Schiller seine Phase philosophischer Reflexion in Auseinandersetzung mit der Ästhetik KANTS ab; war es in *Über Anmut und Würde* um die Bestimmung des Schönen, in *Über die ästhetische Erziehung des Menschen* um die Funktion der Kunst im Rahmen einer ästhetischen Vervollkommnung des Menschen gegangen, so umreißt Schiller in *Über naive und sentimentalische Dichtung* Voraussetzungen und Eigenart moderner Kunst und gibt damit zugleich eine Standortbestimmung seines eigenen Schaffens in Auseinandersetzung mit der Kunst der Antike und dem Werk GOETHES.

Der Dichter der Moderne sieht sich einer Welt gegenüber, die in sich problematisch geworden ist; Natur und Mensch, Sinnlichkeit und Vernunft, Sein und Sollen haben sich getrennt, und das Gegebene hat jene Selbstverständlichkeit verloren, die es für den Menschen der Antike einst besessen hat. Dort war der Mensch noch eine *»ungeteilte sinnliche Einheit«*, ein *»harmonierendes Ganze(s)«*, wie es für den Menschen in der Gegenwart nicht mehr möglich ist: *»Die Übereinstimmung zwischen seinem Empfinden und Denken, die in dem ersten Zustande* wirklich *stattfand, existiert jetzt bloß* idealisch; *sie ist nicht mehr in ihm, sondern außer ihm, als ein Gedanke, der erst realisiert werden soll, nicht mehr als Tatsache seines Lebens.«* Für den Menschen der Antike drückte sich das *»Ganze seiner Natur«* somit vollständig in der Wirklichkeit aus, der Dichter konnte damit *»naiv«* diese Wirklichkeit nachahmen, während in der Moderne *»die Darstellung des Ideals den Dichter machen muß«*; beide stimmen darin überein, daß der Zweck der Poesie darin liegt, *»der Menschheit ihren möglichst vollständigen Ausdruck zu geben«*, aber eben dieser Ausdruck ist es, der sich grundlegend verändert hat. Die naiven Dichter *»rühren uns durch Natur, durch sinnliche Wahrheit, durch lebendige Gegenwart«*, die modernen, sentimentalischen dagegen *»durch Ideen«*, wobei die Erfahrung des »Naiven« bereits die Erfahrung der Moderne voraussetzt.

Die Kategorien des »Naiven« und »Sentimentalischen« verwendet Schiller allerdings nicht ausschließlich in einem historischen Sinne. Eine naive Haltung ist auch in der Moderne möglich; zwar wirkt sie dort als eine *»Kindlichkeit, wo sie nicht mehr erwartet wird«*, aber es ist vor allem das künstlerische Genie, das sich in »naiver« Weise, intuitiv und unmittelbar, zu seiner Wirklichkeit verhält. DANTE und TASSO, CERVANTES und SHAKESPEARE rechnet Schiller zu den Genies und damit zu den »naiven« Künstlern, aber auch GOETHE, der diese Zuschreibung eher reserviert aufnahm: ließ doch Schiller wenig Zweifel daran, daß diese Form künstlerischen Daseins in der Moderne latent anachronistisch ist: *»Dichter von dieser naiven Gattung sind in einem künstlichen Weltalter nicht so recht mehr an ihrer Stelle. Auch sind sie in demselben kaum mehr möglich, wenigstens auf keine andere Weise möglich, als daß sie in ihrem Zeitalter wild laufen und durch ein günstiges Geschick vor dem verstümmelnden Einfluß derselben geborgen werden«.* Den Zusammenhang der zerfallenden Wirklichkeit vermag letztlich nur der sentimentalische Dichter zu stiften, der im *»Ideal«* diese Versöhnung von Natur und Kunst, Sinnlichkeit und Vernunft antizipiert, als reflektierter Hinweis und ästhetische Realität zugleich. Je nach Akzentuierung unterteilt sich die sentimentalische Dichtung in die satirische, elegische und idyllische Dichtung; insbesondere der letztgenannten traut Schiller die Aufhebung der herrschenden Entfremdung des Menschen von sich und seiner Umwelt zu, indem sie die *»Hirtenunschuld auch in Subjekten der Kultur«* darstellt und so nicht zurück nach Arkadien strebt, sondern nach Elysium führt.

Während diese Dichtungstypologie ohne weitere Wirkung blieb, steht Schillers Unterscheidung des »Naiven« und »Sentimentalischen« mit am Anfang einer Theorie der sich selbst problematischen Moderne und ihrer Kunst und übte nachhaltigen Einfluß sowohl auf die Ästhetik der Romantiker wie auch auf die ästhetischen Reflexionen HÖLDERLINS und HEGELS aus. M.Pr.

AUSGABEN: Tübingen 1795/96 (in Die Horen, 1795, 11. u. 12. Stück; 1796, 1. Stück). – Lpzg. 1800 (in *Kleinere prosaische Schriften*, Tl. 2). – SS, 10 [1871, Hg. R. Köhler]. – SA, 11 [Anm. O. Walzel]. – SW, 17 [Anm. C. Höfer]. – NA, 20/21 [1962/63, Hg. B. v. Wiese u. H. Koopmann]. – HA, 5 [[8]1989]. – WA, 5. – Stg. 1989, Nachw. J. Beer (RUB). – WA, 5.

LITERATUR: H. Meng, *S.s Abhandlung »Über naive ...«. Prolegomena zu einer Typologie des Dichterischen*, Frauenfeld/Lpzg. 1936. – P. Weigand, *A Study of S.'s Essay »Über naive ...«, and a Consideration of its Influence in the 20th Century*, NY 1952. – M. Schütz, *Die problematische Seite des Sentimentalischen bei S.*, Diss. Freiburg 1954. – W. Binder, *Die Begriffe »naiv« u. »sentimentalisch« u. S.s Drama* (in Jb. der Dt. Schiller-Ges., 4, 1960, S. 140–157). – R. Brinkmann, *Romantische Dichtungstheorie in F. Schlegels Frühschriften u. S.s Begriffe des Naiven u. Sentimentalischen* (in DVLG, 32, 1958, S. 344–371). – J. Hermand, *S.s Abhandlung »Über naive ...« im Lichte der Popularphilosophie des 18. Jh.s* (in PMLA, 1964, S. 428–441). – H. R. Jauß, *Schlegels u. S.s Replik auf die »Querelle des anciens et des modernes«* (in H. R. J., *Literaturgeschichte als Provo-*

kation, Ffm. 1970, S. 67–106; es). – P. Szondi, *Das Naive ist das Sentimentalische. Zur Begriffsdialektik in S.s Abhandlung* (in Euph, 66, 1972, S. 174–206). – Ders., *Poetik u. Geschichtsphilosophie. Zu S.s Abhandlung »Über naive ...«* (in *Geschichte – Ereignis u. Erzählung*, Hg. R. Koselleck u. W.-D. Stempel, Mchn. 1973, S. 377–410). – D. Borchmeyer, *Über eine ästhetische Aporie in S.s Theorie der modernen Dichtung. Zu seinen »sentimentalischen Forderungen« an Goethes »Wilhelm Meister« u. »Faust«* (in Jb. der Dt. Schiller-Ges., 22, 1978, S. 303–354). – A. Gethmann-Siefert, *Idyll u. Utopie. Zur gesellschaftskritischen Funktion der Kunst in S.s Ästhetik* (in Jb. der Dt. Schiller-Ges., 24, 1980, S. 32–67). – U. Perone, *La totalità interrotta*, Milano 1982. – A. Meier, *Der Grieche, die Natur u. die Geschichte. Ein Motivzusammenhang in S.s Briefen »Über die ästhetische Erziehung« u. »Über naive ...«* (in Jb. der Dt. Schiller-Ges., 29, 1985, S. 113 bis 124). – W. Marx, *S.s »sentimentalische« Philosophie u. ihre »naiven« Komponenten* (ebd., 30, 1986, S. 251–264). – D. Satonski, *F. S.s Abhandlung »Über naive ...« u. der europäische Realismus des 19. Jh.s* (in *F. S. Angebot u. Diskurs*, Hg. H. Brandt, Bln./Weimar 1987, S. 117–127). – K. Barnaby, *A Poet's Intuition. S.'s Anticipation of C. G. Jungs Psychology in »Über naive ...«* (in *F. S. and the Drama of Human Existence*, Hg. A. Ugrinsky, NY 1988, S. 119–128). – U. Tschierske, *Vernunftkritik u. ästhetische Subjektivität. Studien zur Anthropologie F. S.s*, Tübingen 1988.

DIE VERSCHWÖRUNG DES FIESCO ZU GENUA

Tragödie in fünf Akten von Friedrich von SCHILLER, Uraufführung: Bonn, 20. 7. 1783, durch die kurkölnische Schauspieltruppe unter G. F. W. Großmann. – Schillers zweites Drama entstand innerhalb weniger Monate im Jahre 1782. Der Autor kannte die Geschichte des Genueser Aufständischen Giovanni Luigi de Fieschi, der in der Nacht vom 2. auf den 3. 1. 1547 erfolgreich gegen Genuas Herrscher Andrea Doria (1468–1560) putscht, dann aber von einer Schiffsplanke ins Wasser stürzt und ertrinkt, vermutlich aus der 1779 erschienenen Rousseau-Biographie von Helferich Peter STURZ *(Merkwürdigkeiten von Johann Jakob Rousseau)*; in seiner 1780 gedruckten medizinischen Dissertation *(Versuch über den Zusammenhang der tierischen Natur des Menschen mit seiner geistigen)* erwähnt Schiller bereits die Geschichte des Fiesco. Die weiteren Quellen nennt er in der Vorrede des Stücks: neben der 1665 erstmals erschienenen Darstellung des Kardinal de RETZ *(Histoire de la conjuration du comte Jean-Louis de Fiesque)*, der davon weitgehend abhängigen *Histoire de la République de Gènes* (1697) des Chavalier de MAILLY sowie der *Histoire des conjurations, conspirations et révolutions célèbres* (1754–1757, 8 Bde.) des François-Joaquin DU PORT DU TERTRE sind es Frantz Dominicus HÄBERLINS *Gründliche Historisch-Politische Nachricht von der Republik Genua* (1747) sowie die *Geschichte Karls V.* von dem schottischen Historiker William ROBERTSON, die 1779 in deutscher Übersetzung erschienen war. Bereits im Mai 1782 kündigte Schiller – dem der württembergische Herzog Karl Eugen nach dem Erfolg der *Räuber* jede dichterische Tätigkeit verboten hatte – gegenüber W. H. von DALBERG, dem Intendanten des Mannheimer Nationaltheaters, das Werk bis *»Mitte des Augusts«* an. Als Schiller am 22. 9. 1782 aus Stuttgart floh, war das Stück jedoch noch nicht ganz vollendet. Diese ursprüngliche Fassung des *Fiesco* ist nicht erhalten; sie wurde von Dalberg abgelehnt, und Schiller arbeitete daraufhin den Text um.

Das Stück spielt im Genua des Jahres 1547. Die beginnende Verschwörung der Nobili gegen die tyrannische Herrschaft des Dogen Andrea Doria und seines *»bäurisch-stolzen«* Neffen Gianettino, wie sie vor allem der *»verschworene Republikaner«* Verrina und andere *»Mißvergnügte«* planen, ist noch ohne Führergestalt. Man sucht Fiesco, den Grafen von Lavagna, zu gewinnen, der aus einer der alten Adelsfamilien der Stadt stammt und es scheinbar mit der Partei des Doria hält – sehr zum Unwillen seiner Frau Leonore, die sich von Dorias Schwester gedemütigt fühlt. Es ist besonders Gianettino Doria, gegen den sich die Rebellen wenden; er hat Verrinas Tochter Berta vergewaltigt und sucht auch Fiesco ermorden zu lassen, in dem er ein Hindernis seines Strebens nach der Alleinherrschaft sieht. Fiesco aber kann den gedungenen Mörder Muley Hassan, einen Mohren, für sich verpflichten und setzt sich an die Spitze der Verschwörer. Aber auch er hat ein monarchisches Staatsideal vor Augen, dessen Notwendigkeit er mittels einer Tierfabel veranschaulicht, die er zwölf Handwerkern vorträgt. Verrina jedoch ist entschlossen, in Fiesco keinen zweiten Tyrannen zu dulden und beschließt dessen Tod: *»Den Tyrannen wird Fiesco stürzen, das ist gewiß! Fiesco wird Genuas gefährlichster Tyrann werden, das ist gewisser!«* Vergebens bittet Leonore ihren Mann, seine ehrgeizigen Pläne aufzugeben; als der Aufstand losbricht, tötet Bourgognino, der Bräutigam Bertas, Gianettino Doria, aber Leonore hat sich dessen Scharlachrock übergeworfen und fällt durch die Hand Fiescos, der sie mit Gianettino verwechselt. Als er seine Tat erkennt, begreift er sie als Prüfung des Schicksals: *»Höret, Genueser – die Vorsehung, versteh ich ihren Wink, schlug mir diese Wunde nur, mein Herz für die nahe Größe zu prüfen.«* Er legt den herzoglichen Purpurmantel an; verzweifelt fordert ihn Verrina auf, diesem Zeichen der Macht zu entsagen. Als Fiesco sich weigert, stürzt ihn Verrina von einer Planke, die zu einer Galeere führt, ins Meer. Das Stück schließt mit Verrinas vieldeutigem Satz: *»Ich geh zum Andreas.«*

Auch in dieser umgearbeiteten Fassung akzeptierte Dalberg – und mit ihm sein Regisseur A. W. IFFLAND – das Stück nicht. Dem in Finanznöten stekkenden Autor gelang es, das leicht veränderte Manuskript an den Mannheimer Verleger Chr. F. SCHWAN zu verkaufen, der es 1783 publizierte; diese Ausgabe bildete die Grundlage für die wenig erfolgreiche Uraufführung des Stücks. Schiller bearbeitete schließlich das Drama ein zweites Mal, als er in Mannheim als Theaterdichter angestellt war; diese »Mannheimer Bühnenfassung« kam erstmals am 11. 1. 1784 zur (erneut glücklosen) Aufführung. In ihr erliegt Fiesco nicht mehr der Faszination der Macht, sondern wird zum überzeugten Republikaner und damit zu Genuas *»glücklichstem Bürger«*. Zwei Briefe an Chr. G. Körner, vom 3. 7. und 6. 9. 1785, bezeugen, daß Schiller eine weitere Überarbeitung des *Fiesco* plante. Eine Überlieferung existiert nicht, möglicherweise aber geht die sog. »Dresdner Fassung« des Stücks darauf zurück, die 1786 in Dresden und Leipzig aufgeführt wurde; mit ihrem tragischen Schluß – Fiesco wird von Verrina erdolcht, als er sich auf dem Markt von Genua zum Herzog ausrufen läßt – nähert sie sich erneut der ersten Fassung an. Diese Fassung wurde als *Theater-Fiesco* 1952 von H. H. Borcherdt ediert, der die von der Forschung immer wieder bestrittene These von Schillers Verfasserschaft vertreten hatte. Daneben existierten noch zu Lebzeiten Schillers mehrere Bearbeitungen von fremder Hand, darunter auch vom Berliner Theaterdichter C. Plümicke, die mit den verschiedensten Eingriffen dem Stück Bühnenwirksamkeit verleihen wollten und in der Gestaltung des Schlusses alle Möglichkeiten ausschöpften: *»Fiesco wurde ertränkt und erdolcht, er brachte sich selbst um oder blieb am Leben«* (L. Blumenthal), er fand sein Ende in Prosa oder Vers, an der Seite seiner Frau oder auch ohne sie.

Schiller hatte das Drama im Untertitel als *»republikanisches Trauerspiel«* gekennzeichnet. Tatsächlich handelt der Held des Stücks als Staatsperson in aller Öffentlichkeit, anders als die Hauptfiguren der *Räuber* oder von *Kabale und Liebe*. Dennoch ist, und R.-P. Janz hat diesen Gedanken nochmals betont, das Politische wie das Historische des Stücks nur ein für den Autor neuer dramatischer Spielraum, zumal die verschiedenen Schlüsse wie auch die *Vorrede* zeigen, daß es Schiller primär auf die Darstellung des eigentümlichen Charakters seines Helden ankam. Schon das Personenverzeichnis kündigt die innere Widersprüchlichkeit Fiescos *(»stolz mit Anstand – freundlich mit Majestät – höfisch-geschmeidig und ebenso tückisch«)* an: ein zwiegespaltener großer Mensch, darin Karl Moor in den *Räubern* vergleichbar, der sich – wie die meisten Helden der Schillerschen Dramen – gegen eine als unidealisch empfundene Welt empört und dabei über seinen eigenen Anspruch stürzt. Zugleich versucht sich Schiller mit dem *Fiesco* erstmals im Genre des historischen Dramas, das er mit *Don Carlos*, *Maria Stuart* und *Wallenstein* zu einem Höhepunkt führen wird. Die politische Dimension des Stücks stand dennoch immer wieder im Mittelpunkt des Forschungsinteresses, wobei weitgehend Einigkeit auch darüber besteht, daß ein Republikanismus im modernen Sinne keiner der Figuren zuzuordnen ist. Zwar kämpft Fiesco gegen den *»Tyrann«* Gianettino, wie dieser verwechselt aber auch er schließlich, zieht man die Begriffe Rousseaus heran, seinen individuell-besonderen Willen mit dem der Allgemeinheit, während Verrinas Haltung am Ende des Stücks als Preisgabe republikanischer Gesinnung erscheint, aber auch als Kapitulation – wenn er den Staatsstreich als *»Unzucht«* charakterisiert – vor den Rigorismen einer bürgerlichen Moral: *»Die private Tugend, welche die politische Handlung zu ersetzen sich anschickt, droht auch den Staatsstreich als Exempel einer unsittlichen Handlung mißzuverstehen«* (R.-P. Janz).

Andererseits ist nicht zu übersehen, daß Genua sich für das politische Denken des 18. Jh.s durchaus als aufgeklärte Republik präsentiert. Andrea Doria, der Doge, fungiert als *»ehrwürdiger Greis«* und verkörpert die Prinzipien der Republik, zu der auch der adlige Stand der Nobili gehört, aus deren Reihen die Senatoren gewählt werden; Andreas Verfehlung ist die *»gottlose Liebe«* zu seinem Neffen, aber als durch den Tod Gianettinos und Fiescos die Gefahr des Despotismus gebannt ist, können die republikanisch gesinnten Rebellen sich dem *status quo* wieder unterwerfen, auch Verrina, dessen Verhalten unter diesem Aspekt durchaus konsequent erscheint: *»Weil Andrea Doria jeder Cäsarismus fernliegt, weil er – trotz einer Herrschaftsform mit monarchischen Zügen – der Garant des Republikanismus ist, kann sich Verrina zu ihm bekennen«* (P. M. Lützeler). KLL

Ausgaben: Mannheim 1783. – SS, 3 [1868, Hg. W. Vollmer]. – SA, 3 [Anm. E. Schmidt]. – SW, 4 [Anm. G. Witkowski]; 10 [Einl. C. Höfer]. – *Theater-Fiesco. Die letzte neuaufgefundene Fassung der Verschwörung des Fiesco zu Genua*, Hg. H. H. Borcherdt, Weimar 1952. – NA, 4 [1983, Hg. E. u. H. Nahler]. – HA, 1 [[8]1987]. – WA, 1. – FA, 2 [1988, Hg. G. Kluge]. – Stg. 1988 (RUB).

Verfilmungen: DDR 1966 (TV; Regie: W.-D. Panse). – BRD 1975 (TV; Regie: F. P. Wirth).

Literatur: H. Düntzer, *S.s Fiesko*, Lpzg. 1877. – L. Blumenthal, *Aufführungen der »Verschwörung des Fiesko zu Genua« zu S.s Lebzeiten (1783–1805)* (in Goethe-Jb., 17, 1955, S. 60–90). – K. Wölfel, *Pathos u. Problem. Ein Beitrag zur Stilanalyse von S.s »Fiesco«* (in GRM, N. F. 7, 1957, S. 224–244). – F. L. Büttner, *S., die »Fiesko«-Aufführung Bondinis u. der sog. »Theater-Fiesko«* (in *Kleine Schriften der Ges. f. Theatergeschichte*, Bd. 20, 1964, S. 3–35). – U. Wertheim, *S.s »Fiesco« u. »Don Carlos«. Zu Problemen des historischen Stoffes*, Bln./Weimar 1967. – F. M. Fowler, *S.s »Fiesco« Re-examined* (in Goethe-Society, 40, 1969/70, S. 1–29). – W. Hinderer, *»Ein Augenblick Fürst hat das Mark des ganzen Daseins verschlungen.« Zum Problem der Person u. der Existenz in S.s »Die Verschwörung ...«* (in Jb. der Dt. Schiller-Ges., 14, 1970, S. 230–273). – Ch. Craig, *Fiesco's Fable. A Portrait in Political Demagoguery* (in MLN, 86, 1971, S. 393–399). – J. Müller, *Die Figur des Mohren im Fiesco-Stück* (in J. M., *Von S. bis Heine*, Halle 1972, S. 116–132). – R. H. Phelps, *S.s »Fiesco« – a Republican Tragedy?* (in PMLA, 89,

1974, S. 442–453). – P. M. Lützeler, *»Die große Linie zu einem Brutuskopfe«. Republikanismus u. Cäsarismus in S.s »Fiesco«* (in MDU, 70, 1978, S. 15–28). – W. Hecht, *Aufstieg u. Fall des Grafen von Lavagna: »Die Verschwörung des Fiesco zu Genua«* (in *S. Das dramatische Werk in Einzelinterpretationen*, Hg. H.-D. Dahnke u. B. Leistner, Lpzg. 1982, S. 42–63). – R.-P. Janz, *Die Verschwörung des Fiesco zu Genua* (in *S.s Dramen. Neue Interpretationen*, Hg. W. Hinderer, Stg. [2]1983, S. 37–57). – *F. S., »Die Verschwörung ...«. Erläuterungen u. Dokumente*, Hg. Chr. Grawe, Stg. 1985 (RUB). – A. Meier, *Des Zuschauers Seele am Zügel. Die ästhetische Vermittlung in S.s »Die Verschwörung ...«* (in Jb. der Dt. Schiller-Ges., 31, 1987, S. 117–136).

WALLENSTEIN. Ein dramatisches Gedicht

Tragödie in drei Teilen und einem Prolog von Friedrich von SCHILLER; Uraufführung: *Das Lager*, Weimar, 12. 10. 1798, Hoftheater; *Die Piccolomini* (fünf Akte), Weimar, 30. 1. 1799; *Wallensteins Tod* (fünf Akte; damals noch *Wallenstein* betitelt), Weimar, 20. 4. 1799; in Buchform erschienen 1800. – Die Trilogie leitet die klassische Schaffensphase des Dramatikers Schiller ein, die verbunden ist mit einer Kritik an den Jugenddramen einschließlich des *Don Carlos*, dessen idealistische Überhöhung der Autor in einem Brief an W. v. HUMBOLDT kritisiert: *»Wallenstein ist ein Character, der – als ächt realistisch – nur im Ganzen, aber nie im Einzelnen interessieren kann ... Er hat nichts Edles, er erscheint in keinem einzelnen LebensAkt groß; er hat wenig Würde u. dgl., ich hoffe aber nichtsdestoweniger auf rein realistischem Wege einen dramatisch großen Charakter in ihm aufzustellen, der ein ächtes Lebensprincip in sich hat. Vordem habe ich wie im Posa und Carlos die fehlende Wahrheit durch schöne Idealität zu ersetzen gesucht, hier im Wallenstein will ich es probieren, und durch die bloße Wahrheit für die fehlende Idealität (die sentimentalische nehmlich) entschädigen«* (21. 3. 1796). Mit dem Stoff hatte sich Schiller schon anläßlich seiner *Geschichte des Dreyssigjährigen Kriegs* (1790–1792) vertraut gemacht, an neueren Quellen sind besonders J. Chr. HERCHENHAHNS *Geschichte Albrechts von Wallenstein, des Friedländers* (1790/91) sowie Chr. G. v. MURRS *Beiträge zur Geschichte des dreißigjährigen Krieges* (1790) bedeutsam geworden. 1796 ließ sich Schiller ernsthaft auf die Gestaltung ein, die er im März 1799 abschloß; den Entschluß, die eigentliche Handlung in zwei selbständige Teile, *Die Piccolomini* und *Wallensteins Tod*, zu gliedern, faßte er erst während der Arbeit, die vor allem Anfang 1797 ins Stocken geriet, da das historische Geschehen sich nicht ohne weiteres der dramatischen Form fügte und der Dichter, anders als der Historiker, die Realität notwendig idealisieren mußte, ohne sie ins Subjektive zu verspielen. Der Autor, so Schiller am 4. 4. 1797 an GOETHE, *»möchte gern einen wirklichen Fall vollkommen nachahmen, und bedenkt nicht, daß eine poetische Darstellung mit der Wirklichkeit eben darum, weil sie absolut wahr ist, niemals coincidieren kann«*. So reichert Schiller das Geschehen um die erfundene Gestalt des Max Piccolomini an, verstärkt die symbolhaften Elemente des historischen Ablaufs, etwa den Aspekt der Astrologie, und läßt schließlich in der Hauptfigur selbst einen Charakter entstehen, der sich in seinem Handeln alle Möglichkeiten offenhalten will, bis die äußere Situation ihn schicksalhaft ereilt, wie bereits der Prolog ankündigt: *»Des Glückes abenteuerlicher Sohn, / Der, von der Zeiten Gunst emporgetragen, / Der Ehre höchste Staffeln rasch erstieg / Und, ungesättigt immer weiter strebend, / Der unbezähmten Ehrsucht Opfer fiel. / Von der Parteien Gunst und Haß verwirrt / Schwankt sein Charakterbild in der Geschichte; / Doch euren Augen soll ihn jetzt die Kunst, / Auch eurem Herzen menschlich näher bringen.«*

Im Prolog wirft Schiller einen Blick auf die Zeit, in der die Tragödie spielt. Aus dem *»finstern«* Hintergrund des Dreißigjährigen Krieges tritt die Person Wallensteins, *»des Glückes abenteuerlicher Sohn«*, bewundert und geschmäht hervor. Mit knappen Strichen und in der Reihung einzelner Szenen entwirft Schiller im ersten Teil der Trilogie *(Wallensteins Lager)* das Bild eines bunt zusammengewürfelten Heeres, das allein durch die Gestalt des Feldherrn gebunden wird. Er gilt als unbesiegbar, und der Aberglaube der Soldaten dichtet an seinem Charisma weiter, obgleich ihn freilich auch kritische Stimmen kommentieren, die in der erst spät eingefügten, altertümlichen Kapuzinerpredigt gebündelt und zur Anklage *(»Weiß doch niemand, an wen* der *glaubt!«)* gesteigert werden. Die kontroverse Parteinahme der Generäle Wallensteins klingt in den Knittelversen der Soldaten an, die zuletzt im Reiterlied von der Freiheit ihrem Selbstbewußtsein Ausdruck verschaffen.

Den volkstümlichen Knittelvers des *Lagers* ersetzt im zweiten Teil der Trilogie *(Die Piccolomini)* der Jambus als klassischer Tragödienvers. Wallenstein hat seine Heerführer und ihre Truppen nach Pilsen beordert und auch seine Gemahlin und Tochter dorthin kommen lassen. Eingefunden hat sich auch der kaiserliche Kriegsrat Questenberg, der gleich im zweiten Auftritt mit einigen Obersten – Illo, Buttler, Isolani – in Streit über Wallensteins Politik gerät, die aus der Sicht des Kaisers zu viele Eigenmächtigkeiten enthält; daß der Kaiser bereits die Absetzung Wallensteins plant, wissen nur Questenberg und Octavio Piccolomini, der – nach außen ein Freund Wallensteins – dessen Entmachtung vorbereiten und den Oberbefehl über das Heer erlangen soll. Für beide steht außer Zweifel, daß die Konzentration der Truppen vor Pilsen auf den *»nahen Ausbruch«* einer *»Empörung«* Wallensteins gegen den Kaiser hindeutet. Gegen ihre Kritik am Feldherrn wendet sich emphatisch der Sohn Octavios, Max Piccolomini. Als Begleiter Theklas, der Tochter Wallensteins, von einer Reise zurückgekehrt, die ihn durch vom Krieg nicht verwüstete Länder geführt hat, erhofft er sich von Wallenstein die Verwirklichung seiner Vision eines allgemeinen, über die alten Parteiungen hinausgehenden

europäischen Friedens, während Octavio die *»alten, engen Ordnungen«* der kaiserlichen Tradition beschwört.
Wallensteins erster Auftritt zeigt den angeblich so Mächtigen in unvermuteter Bedrängnis. Er ahnt, daß in Wien sein Sturz inszeniert wird und Questenberg mit dem Auftrag gekommen ist, sein Heer zu zersplittern und zu schwächen, wobei er selbst noch unschlüssig zu sein scheint, wie er darauf reagieren soll: *»Der Kaiser, es ist wahr, / Hat übel mich behandelt! – Wenn ich wollte, / Ich könnt' ihm recht viel Böses dafür tun. / Es macht mir Freude, meine Macht zu kennen.«* Einst hatte Wallenstein sich als kaiserlicher Feldherr bewährt, auf dem Regensburger Fürstentag aber ließ ihn der Kaiser, offenbar auf Druck der Reichsfürsten, schmählich fallen. Als ihm der Kaiser Jahre später in höchster Bedrängnis gegen die Schweden und ihre protestantischen Verbündeten erneut ein Kommando anvertraut, sind seine politischen Ziele nicht mehr in jedem Fall identisch mit denen des Kaisers: *»Seitdem es mir so schlecht bekam, / Dem Thron zu dienen, auf des Reiches Kosten, / Hab ich vom Reich ganz anders denken lernen. / Vom Kaiser freilich hab ich diesen Stab, / Doch führ ich jetzt ihn als des Reiches Feldherr, / Zur Wohlfahrt aller, zu des Ganzen Heil, / Und nicht mehr zur Vergrößerung des Einen!«* Die Reichspolitik Wallensteins scheint sich durch eine übergreifende, auf das »Reichsganze« gerichtete Perspektive auszuzeichnen, jedenfalls ist die von ihm intendierte *»Wohlfahrt aller«* mit der Idee eines allgemeinen Friedens verknüpft, wie auch Octavio Piccolomini zugesteht: *»Nichts will er, als dem Reich den Frieden schenken; / Und weil der Kaiser diesen Frieden haßt, / So will er ihn – er will ihn dazu zwingen! / Zufriedenstellen will er alle Teile, / Und zum Ersatz für seine Mühe Böhmen, / Das er schon innehat, für sich behalten.«* Der Kaiser freilich, Repräsentant der alten Ordnung, ist nicht willens, Wallensteins Friedenspläne zu billigen und ihm eine gesteigerte Machtfülle in Gestalt eines Königreiches Böhmen zuzugestehen. Wallenstein muß daher eine für den Kaiser unberechenbare Strategie verfolgen: er führt zum Schein Verhandlungen mit den Schweden, den *»Reichsfeinden«*, und deren Verbündeten, den Sachsen, um sich mit deren Hilfe Böhmen zu sichern, den Kaiser einzuschüchtern und damit beide Seiten gegeneinander auszuspielen. Aber Wallenstein erkennt auch die Verführung, die der Plan in sich birgt, tatsächlich mit dem Feind zusammenzugehen und damit die Chance auf die Eroberung der böhmischen Krone zu erhöhen. Der Gedanke des Verrats drängt sich dem Helden auf; auch wenn er vorgibt, damit nur zu spielen *(»in dem Gedanken bloß gefiel ich mir«)*, so wird sein Verhalten von den Vertretern der kaiserlichen Seite zunehmend als Hochverrat gedeutet, ein Verdacht, dessen Konsequenzen Wallenstein, wie er selbst weiß, nicht entrinnen kann: *»Jetzt werden sie, was planlos ist geschehn, / Weitsehend, planvoll mir zusammenknüpfen, / Und was der Zorn, und was der frohe Mut / Mich sprechen ließ im Überfluß des Herzens, / Zu künstlichem Gewebe mir vereinen, / Und eine Klage furchtbar draus bereiten, / Dagegen ich verstummen muß.«*
Von der Kränkung durch den Kaiser auf dem Regensburger Fürstentag bis zur Idee einer neuen Friedensordnung, von der Einbindung in ein gemeinschaftliches Interesse bis zur Verführung durch das Eigeninteresse zieht sich jene Entwicklung, die dem Drama seine Struktur verleiht. Wallenstein täuscht sich in seinem Blick auf das Geschehen nur einmal; als er von der Gefangennahme seines schwedischen Unterhändlers Sesin durch die Habsburger hört, erwartet er aus Wien die Anklage des Verrats. Ihm entgeht, daß Wien bereits gehandelt hat, indem es Octavio mit der Absetzung Wallensteins betraut hat. Dieser sieht in Wallenstein den Verräter, im Dialog mit seinem Sohn Max hält er unbeirrbar an seiner Ausdeutung der doppelsinnigen Äußerungen des Feldherrn fest – ein von politischer Taktik bestimmtes Verhalten, das den Protest seines Sohnes hervorruft: *»O! diese Staatskunst, / Wie verwünsch ich sie! / Ihr werdet ihn durch eure Staatskunst noch / Zu einem Schritte treiben – Ja, ihr könntet ihn, / Weil ihr ihn schuldig wollt, noch schuldig machen.«*
Wenn Wallenstein auf die Kunde von seiner Absetzung zunächst nur insoweit reagiert, als er sich – im vierten Akt der *Piccolomini* – der Loyalität seiner Generäle schriftlich versichern will, so hat dies einen sehr rätselhaften Grund: Das Zögern wird ihm durch seinen Sternenglauben nahegelegt. Handeln will er erst, wenn die günstige Sternenkonstellation eingetreten ist, in der Venus und Jupiter, seine *»Segenssterne«*, die feindlichen Sterne Saturn und Mars beherrschen. Symbolisieren Venus, *»die schöne Frau«*, und Jupiter, ein *»heitrer Mann mit einer Königsstirn«*, Schönheit und Freiheit, eine paradiesische Friedenswelt, so steht Saturn als *»grämlich finstrer Greis«* für die *»alten, engen Ordnungen«* und Mars für den Krieg. Die günstige Sternenkonstellation in der Geschichte wiederkehren zu lassen, könnte Wallensteins Intention sein, zumal die Königsattribute des Jupiter seinem Wunsch nach gesteigerter Macht entsprächen; zugleich aber offenbart sein Verhalten das Verlangen nach absoluter Berechenbarkeit des geschichtlichen Geschehens. Offensichtlich hat sich Wallenstein erst nach dem Regensburger Fürstentag den *»dunklen Künsten«* zugewandt: Die Sternenschau sollte ihn von jetzt an vor Eingriffen schützen, die seine Existenz gefährden. Weil der Feldherr die Geschichte als mythisch, als unberechenbares Verhängnis erfährt, antwortet er auf sie durch eine entsprechende Mythisierung.
Wallensteins Glaube an die Beherrschung der Geschichte wird im letzten Teil der Trilogie *(Wallensteins Tod)* durch zwei Vorgänge desillusioniert: durch die Gefangennahme seines schwedischen Unterhändlers Sesin und durch die Intrige Octavios. Die erwartete Sternenkonstellation ist eingetreten, der Feldherr zum Handeln bereit, da lähmt ihn die Nachricht, daß sein Unterhändler in der Gewalt des Kaisers ist. Dieser *»böse Zufall«* zwingt ihm ein neues Handeln auf, denn er weiß, daß Wien ihn

damit des Verrats anklagen und absetzen kann; um dem zu entgehen, muß er sich ernsthaft mit den Schweden verbünden und tatsächlich zum Reichsverräter werden: *»So hab ich / Mit eignem Netz verderblich mich umstrickt, / Und nur Gewalttat kann es reißend lösen.«* Die Diskrepanz zwischen Wallensteins Versuchen, im Vertrauen auf die Astrologie das Gesetz des Handelns wieder an sich zu reißen, und den tatsächlichen Geschehnissen bestimmt den weiteren Fortgang des Dramas. Dem Feldherrn enthüllen die Sterne ausgerechnet in Octavio den Freund; ihn zieht Wallenstein in die nunmehr beschlossenen Pläne des Verrats, während Octavio im Gegenzug die eigenen Generäle gegen ihn aufwiegelt. Als der *»Rache Stahl«* wählt Octavio durch einen ausgeklügelten Schachzug den Dragonerkommandeur Buttler. Wallenstein, bislang von unüberwindlichem Mißtrauen gegenüber Buttler beherrscht, fällt in der Situation wachsender Verlassenheit auf das Maskenspiel des unvermuteten »Freundes« herein; ironischerweise erscheint er als Werkzeug einer höheren Macht, von der Forschung von jeher und immer noch gerne als Walten der Nemesis gesehen, die sich auch kundtut, als Octavio, nachdem seine Intrige gegen Wallenstein erfolgreich war, die Beförderung zum Fürsten gleichzeitig mit der Nachricht vom Tod seines Sohnes Max ereilt.

Die Kunde vom Tod des jungen Piccolomini durchzieht leitmotivisch die letzten beiden Akte des dritten Teils. Er fällt im Kampf gegen jene Schweden, mit denen sein Feldherr sich verbünden will. Thekla, Wallensteins Tochter, hält ihm die Treue, indem sie sein Grab aufsucht, um dort zu sterben. Ihrem Nachruf auf das durch Max symbolisierte *»Schöne«* folgt der Erinnerungsmonolog Wallensteins, eine von der Trauer über den Untergang des Schönen und vom Schmerz der Schuld durchzogene Elegie. Am Ende rücken die drei Gestalten, die sich anfangs so nahe schienen, wieder zusammen. Max war für Wallenstein stets der *»Bringer irgend einer schönen Freude«*, Wallenstein umgekehrt für Max das Symbol einer neuen Zeit im Zeichen des Friedens: Was Max und Thekla auf ihrer idyllischen Friedensreise erfahren hatten, hofften sie durch sein politisches Handeln in der Geschichte wiederzufinden. Dementsprechend verständnislos stehen sie seinem politischen, vom Eigeninteresse mit bestimmten Kalkül gegenüber. Angesichts des Todes von Max blickt Wallenstein auf die Idee des Schönen zurück und mißt daran skeptisch sein künftiges Handeln, freilich nur für Augenblicke: In der Begegnung mit dem Jugendfreund Gordon wird er vom Mythos seiner Jugend – dem Glauben, Auserwählter des Schicksals zu sein – eingeholt, und der Untergang von Max erscheint ihm als Preis, den er zu zahlen hat, um erneut mit der Gunst des Schicksals *»steigen«* zu können: *»Der Neid / Des Schicksals ist gesättigt, es nimmt Leben / Für Leben an, und abgeleitet ist / Auf das geliebte reine Haupt der Blitz, / Der mich zerschmetternd sollte niederschlagen.«* In einer letzten Aufgipfelung der dramatischen Ironie wird auch diese Hoffnung dementiert: die Schergen Buttlers stehen schon bereit.

Das Stück, dessen Aufführung in Weimar ein überragender Erfolg für den Dramatiker war, hat sich bis heute auf dem Theater behauptet und fand wie kaum ein anderes Drama Schillers die Aufmerksamkeit der Fachwissenschaft. Die Fragestellungen der älteren Forschung, ob *»Tragödie der Nemesis«* (B. v. WIESE, C. HESELHAUS) oder *»Geschichtsdrama«* (W. DILTHEY), ob Tragödie des machtbesessenen Realisten (G. FRICKE, K. MAY) oder Darstellung der Läuterung zum Idealisten (H. SCHNEIDER), sind auch in den neueren Untersuchungen zur Trilogie weiterhin gegenwärtig (W. MÜLLER-SEIDEL, W. WITTKOWSKI). Daneben ist Schillers *Wallenstein* auch ein Kommentar zur Gegenwart des späten 18. Jh.s und dem dominierenden Ereignis der Französischen Revolution; der politischen Veränderung, und darin schließt die Trilogie an das klassische Bildungsprogramm an, wie Schiller es etwa in den Briefen *Über die ästhetische Erziehung des Menschen* entwickelt, muß die Veränderung des Bewußtseins vorausgehen: *»Diese Transzendierung der Geschichte ist von Schiller in der ›Wallenstein‹-Trilogie ebenso idealistisch wie realistisch gemeint: das Ziel der neuen politischen Ordnung, nämlich ›Freiheit zu geben durch Freiheit‹, ließ sich angesichts der realen historischen Verhältnisse nur im Vorschein des Ästhetischen andeuten, im Bereich der Liebe und des Schönen«* (W. Hinderer). G.Sa.-KLL

AUSGABEN: Tübingen 1800 [einzelnes bereits im ›Musenalmanach auf das Jahr 1789‹ bzw. 1799 in der ›Allgemeinen Zeitung‹, 1798 und 1799, und in der Zeitschrift ›Janus‹, 1800, vorveröffentlicht]. – SS, 12 [1872, Hg. H. Oesterley]. – SA, 5 [Anm. J. Minor]. – SW, 6 [Anm. A. Köster]. – NA, 4 [1984, Hg. J. Golz]. – HA, 2 [⁷1985]. – Ffm. 1984, Hg. H. Kraft, Nachw. O. Seidlin (Insel Tb). – Stg. 1987/88, 2 Bde. (RUB). – WA, 1.

VERFILMUNGEN: BRD 1962 (TV; Regie: F. P. Wirth). – DDR 1974 (Regie: W.-D. Panse u. P. Deutsch).

LITERATUR: *Die Hauptquellen zu S.s »Wallenstein«*, Hg. A. Leitzmann, Halle 1915. – H. A. Korff, *Geist der Goethezeit. 2. Teil: Klassik*, Lpzg. 1930, S. 238–263. – C. Heselhaus, *Die Nemesis-Tragödie* (in DU, 4, 1952, H. 5, S. 40–59). – W. Paulsen, *Goethes Kritik am »Wallenstein«. Zum Problem des Geschichtsdramas in der deutschen Klassik* (in DVLG, 28, 1954, S. 61–83). – A. Abusch, *S.s »Wallenstein«* (in Neue Deutsche Lit., 3, 1955, S. 78–96). – Th. Mann, *S.s »Wallenstein«* (in NRs, 66, 1955, S. 278–293). – K. May, *S.s »Wallenstein«* (in K. M., *Form u. Bedeutung*, Stg. 1957, S. 178–242). – K. S. Guthke, *Die Hamburger Bühnenfassung des »Wallenstein«* (in Jb. der Dt. Schiller-Ges., 2, 1958, S. 68–82). – Ders., *Die Sinnstruktur des »Wallenstein«* (in Neoph, 42, 1958, S. 109–127). – B. v. Wiese, *»Wallenstein«* (in *Das deutsche Drama vom Barock bis zur Gegenwart*, Hg.

B. v. Wiese, Bd. 1, Düsseldorf 1958, S. 269–304). – H. Singer, *Dem Fürsten Piccolomini* (in Euph, 53, 1959, S. 281–302). – C. Heselhaus, *Wallensteinisches Welttheater* (in DU, 12, 1960, H. 2, S. 42–71). – S. Streller, *Entwurf u. Gestaltung in S.s »Wallenstein«. Wandlungen in S.s Wallensteinbild* (in WB, 6, 1960, S. 221–239). – W. Wittkowski, *Octavio Piccolomini. Zur Schaffensweise des »Wallenstein«-Dichters* (in Jb. der Dt. Schiller-Ges., 5, 1961, S. 10–57). – R. Buchwald, *Schaffensstufen u. Einheit der »Wallenstein«-Dramen* (in R. B., *Das Vermächtnis der deutschen Klassiker*, Ffm. 1962, S. 242–265). – K. F. Blocher, *S.s »Wallenstein« als dramatisches Gedicht. Ein Beitrag zur Untersuchung der dichterischen Sprache*, Diss. Stg. 1963. – O. Seidlin, *»Wallenstein«: Sein u. Zeit* (in O. S., *Von Goethe zu Th. Mann*, Göttingen 1963, S. 120–135). – H. Hartmann, *S.s »Wallenstein«-Trilogie. Eine Analyse* (in WB, 11, 1965, S. 29–54). – H. Schwerte, *Simultaneität u. Differenz des Wortes in S.s »Wallenstein«* (in GRM, N. F. 15, 1965, S. 15–25). – *»Wallenstein«-Dokumente*, Hg. G. Storz, Reinbek 41967. – K. Partl, *F. S.s »Wallenstein« u. F. Grillparzers »König Ottokars Glück und Ende«. Eine vergleichende Interpretation auf geschichtlicher Grundlage*, Bonn 21969. – G. Kaiser, *»Wallensteins Lager«* (in Jb. der Dt. Schiller-Ges., 14, 1970, S. 323–346). – W. Müller-Seidel, *Die Idee des neuen Lebens. Eine Betrachtung über S.s »Wallenstein«* (in *The Discontinous Tradition. Studies in Honour of E. L. Stahl*, Ed. P. F. Ganz, Oxford 1971, S. 79–98). – J. Barnouw, *Das Problem der Aktion u. »Wallenstein«* (in Jb. der Dt. Schiller-Ges., 16, 1972, S. 330–408). – K. F. Gille, *Das astrologische Motiv in S.s »Wallenstein«* (in Amsterdamer Beiträge zur neueren Germanistik, 1, 1972, S. 103–118). – J. Neubauer, *The idea of history in S.s »Wallenstein«* (in Neoph, 56, 1972, S. 451–463). – B. Lange, *Die Sprache von S.s »Wallenstein«*, Bln./NY 1973. – H. Kraft, *Das Schicksalsdrama. Interpretation u. Kritik einer literarischen Reihe*, Tübingen 1974. – A. Glück, *S.s Wallenstein. Illusion u. Schicksal*, Mchn. 1976. – W. Müller-Seidel, *Episches im Theater der Klassik. Eine Betrachtung über S.s »Wallenstein«* (in Jb. der Dt. Schiller-Ges., 20, 1976, S. 338–386). – H. Reinhart, *S.s »Wallenstein« u. Aristoteles* (ebd., S. 278–337). – *F. S., »Wallenstein«. Erläuterungen u. Dokumente*, Hg. K. Rothmann, Stg. 1977 u. ö. (RUB). – *S.s »Wallenstein«*, Hg. F. Heuer u. W. Keller, Darmstadt 1977. – *»Wallenstein«. Geschichte u. Deutung*, Bln./DDR 21977. – K. Köhnke, *Max Piccolomini u. die Ethik des Herzens* (in Acta Germanica, 11, 1979, S. 97–112). – W. Hinderer, *Der Mensch in der Geschichte. Ein Versuch über S.s »Wallenstein«*, Königstein/Ts. 1980. – W. Wittkowski, *Theodizee oder Nemesistragödie? S.s »Wallenstein« zwischen Hegel u. politischer Ethik* (in FDH, 1980, S. 177–237). – H.-D. Dahnke, *Das politische Spiel und die Menschheitssache: »Wallenstein«* (in *S. Das dramatische Werk in Einzelinterpretationen*, Hg. H.-D. Dahnke u. B. Leistner, Lpzg. 1982, S. 122–166). – W. Hinderer, *»Wallenstein«* (in *S.s Dramen: Neue Interpretationen*, Hg. W. Hinderer, Stg. 21983, S. 126–173). – L. Hermadsson, *S., Gustav Adolf und die Nemesis* (in L. H., *Spätlese. Germanistische Aufsätze*, Stockholm 1986, S. 112–127). – U. Müller, *F. S., »Wallenstein«*, Stg. 1987. – D. Borchmeyer, *Macht und Melancholie. S.s »Wallenstein«*, Ffm. 1988. – M. Schmidt, *Die ästhetischen Kategorien S.s als Weg zum Verständnis und zur Vermittlung des »Wallenstein«*, Ffm. u. a. 1988.

WAS HEISST UND ZU WELCHEM ENDE STUDIERT MAN UNIVERSALGESCHICHTE?

Antrittsvorlesung von Friedrich von SCHILLER, erschienen 1789 in WIELANDS Zeitschrift ›Der Teutsche Merkur‹ und als Sonderdruck der akademischen Buchhandlung in Jena. – Am 21. Januar 1789 war Schiller u. a. auf Betreiben GOETHES und der Frau von Stein in Jena zum Professor der Geschichte ernannt worden. Am 26. Mai 1789 hielt er eine zweistündige Antrittsvorlesung über Universalgeschichte. Die Vorlesung vom 26. Mai beschäftigte sich ausführlich mit dem Unterschied zwischen dem »Brotgelehrten« und dem »philosophischen Kopf«; Schillers Absage an das *»unfruchtbare Einerlei der Schulbegriffe«* war jedoch nicht an seine professoralen Kollegen gerichtet, wenn es zum Teil auch so mißverstanden wurde, sondern an die Studenten. Der Hymnus auf den »philosophischen Geist« war andererseits in vielem nur Einleitung in das Problem der Universalgeschichte, das Schiller am folgenden Tage erörterte. Diese zweite Vorlesung ist ebenso vom weltbürgerlichen Optimismus des aufgeklärten 18. Jh.s wie vom Glauben an die fast unbeschränkten Möglichkeiten der Universalgeschichte getragen. Wenn den Universalhistoriker, so Schiller, auch vor allem nur das interessiert, was zur gegenwärtigen Vervollkommnung der Welt beigetragen hat, so vermag er die Bruchstücke des historischen Wissens doch *»zum System, zu einem vernunftmäßig zusammenhängenden Ganzen«* zu ordnen. Die Vorlesung gipfelt in der Feststellung: *»Unser menschliches Jahrhundert herbeizuführen haben sich – ohne es zu wissen oder zu erzielen – alle vorhergehenden Zeitalter angestrengt.«*
Schiller hat für seine Vorlesung einige universalhistorische Darstellungen ausgewertet: etwa August Ludwig von SCHLÖZERS *Vorstellung seiner Universalhistorie* (Göttingen/Gotha 1772), Edward GIBBONS *The History of the Decline and Fall of the Roman Empire* (London 1776 ff.) und HERDERS *Ideen zur Philosophie der Geschichte der Menschheit* (1784 ff.) sowie einige andere allgemeine historische Darstellungen. Streng historisch ist Schillers Vorlesung nicht angelegt; die geschichtsphilosophischen Momente überwiegen. H. Koo.

AUSGABEN: Weimar 1789 (in Der Teutsche Merkur, 1789, H. 4). – Jena 1789. – Lpzg. 1792 (in *Kleinere prosaische Schriften*, Tl. 1). – SS, 9 [1870, Hg. W. Müldener]. – SA, 13 [Anm. R. Fester]. –

SW, 16 [Anm. Th. Engert]. – NA, 17 [1970, Hg. K.-H. Hahn]. – HA, 4 [[7]1988]. – WA, 4.

LITERATUR: F. W. Kaufmann, *S.s Geschichtsphilosophie auf Grund seiner historischen Schriften* (in MDU, 32, 1940, S. 1–8). – K. Grossmann, *S.'s Philosophy of History in his Jena Lectures of 1789/90* (in PMLA, 69, 1954, S. 156–172). – R. Schneider, *S. Sendung u. Freiheit in der Geschichte* (in Hochland, 48, 1955/56, S. 12–23). – Th. Schieder, *S. als Historiker* (in HZ, 190, 1960, S. 31–54). – B. v. Wiese, *S. as Philosopher of History and as Historian* (in *S. Bicentenary Lectures*, Ldn. 1960, S. 83–103). – K.-H. Hahn, *S. u. die Geschichte* (in WB, 16, 1970, H. 1, S. 39–69). – Ders., *S.s Beitrag zur Theorie der Geschichtswissenschaft* (in *F. S. Angebot u. Diskurs*, Hg. H. Brandt, Bln./Weimar 1987, S. 78–91). – S. D. Martinson, *Filling in the Gaps. »The Problem of World-order« in F. S.'s Essay on Universal History* (in Eighteenth-Century Studies, 22, 1988/89, S. 24–46).

WAS KANN EINE GUTE STEHENDE SCHAUBÜHNE EIGENTLICH WIRKEN?

Theoretische Schrift von Friedrich von SCHILLER, erschienen 1785, ursprünglich als Antrittsrede *(Vom Wirken der Schaubühne auf das Volk)* gehalten am 26. 6. 1784 vor der Kurfürstlichen Deutschen Gesellschaft in Mannheim, deren Mitglied der Autor am 8. 1. 1784 geworden war; erneut in überarbeiteter Form unter dem Titel *Die Schaubühne als eine moralische Anstalt betrachtet* publiziert 1802. – Schillers Traktat, dessen rhetorische Intensität mit seinen Bildern, Vergleichen, kontrastierenden Begriffen und Superlativen vor dem Hintergrund der ursprünglichen Redesituation zu sehen ist, versucht zu umreißen, was ein *»stehendes«* Theater – eben jenes Nationaltheater, für dessen Errichtung sich schon LESSING eingesetzt hatte – an *»Menschen- und Volksbildung«* leisten könnte, unter welchen Bedingungen es als eine der *»ersten Anstalten des Staates«* zu gelten hätte. Neben Lessings *Hamburgischer Dramaturgie«* (1767–1769) sowie ROUSSEAUS *Lettre à M. d'Alembert sur les spectacles* (1758) kannte Schiller auch Louis Sébastian MERCIERS *Du théâtre ou Nouvel essai sur l'art dramatique* (1773) in der Übersetzung von H. L. WAGNER *(Neuer Versuch über die Schauspielkunst)*; mit seiner Abhandlung wendet er sich von der negativen Bestandsaufnahme der deutschen Theatersituation in *Über das gegenwärtige teutsche Theater* (1782) ab, in dem er diesem aufgrund einer fehlenden Bildung des Publikums wenig Chancen eingeräumt hatte (*»Bevor das Publikum für seine Bühne gebildet ist, dürfte wohl schwerlich die Bühne ihr Publikum bilden«*).

Es ist vor allem die stabilisierende Funktion für den Staat, worin das Theater seine Existenzberechtigung gewinnt. Während Gesetze nur Verbote – *»verneinende Pflichten«* – formulieren, kann das Theater der Religion zur Seite treten, die *»ihre Forderungen auf wirkliches Handeln«* ausdehnt; diese wirkt, und die Kunst folgt ihr darin, auf den Handlungsimpuls, auf das Gewissen des Menschen, sie *»setzt ihre Gerichtsbarkeit bis in die verborgensten Winkel des Herzens fort und verfolgt den Gedanken bis an die innerste Quelle«*. Eben dies vermag auch die Kunst; während aber die Religion nur auf die unteren Volksschichten, *»auf den sinnlichen Teil des Volks« »unfehlbar«* einwirkt, ist der eigentliche Adressat des Theaters das gebildete und aufgeklärte, bürgerliche Publikum, dem die biblisch-religiöse Bilderwelt nicht mehr genügt, nur als *»Gemälde der Phantasie«* erscheint. Anders als die Religion entwickelt das Theater ein Szenario, *»in dem Laster und Tugend, Glückseligkeit und Elend, Torheit und Weisheit in tausend Gemälden faßlich und wahr an den Menschen vorübergehen«*, in dem *»lebendige Gegenwart«* und *»Wahrheit«* sich offenbaren und somit *»die Bildung des Verstandes und des Herzens mit der edelsten Unterhaltung«* vereint wird; es wird zum *»Wegweiser durch das bürgerliche Leben«*.

In dieser Funktion, in Ergänzung zur Religion, wird das Theater zur Stätte göttlichen Gerichts, wie es vor allem Schillers Jugenddramen mit ihren Gestaltungen des sich selbst erhöhenden und zu Fall kommenden genialischen Individuums demonstrieren. Zugleich aber trägt die Bühne zur Aufklärung des Publikums bei, eine Aufgabe, die um so wichtiger ist, da die *»größere Masse des Volkes an Ketten des Vorurteils und der Meinung gefangenliegt, die seiner Glückseligkeit ewig entgegenarbeiten«*. Die Menschen aus der Unmündigkeit befreien – zum Anwalt dieser prinzipiellen Absicht des Zeitalters macht Schiller das Theater, erneut jedoch mit der auffälligen Kennzeichnung, daß es zunächst der *»bessere«* Teil des Volkes sei, der davon angesprochen werde und von dem aus eine neue Mündigkeit sich durch die ganze Gesellschaft verbreiten werde: *»Die Schaubühne ist der gemeinschaftliche Kanal, in welchen von dem denkenden bessern Teile des Volks das Licht der Weisheit herunterströmt und von da aus in milderen Strahlen durch den ganzen Staat sich verbreitet. Richtigere Begriffe, geläuterte Grundsätze, reine Gefühle fließen von hier durch alle Adern des Volks; der Nebel der Barbarei, des finstern Aberglaubens verschwindet, die Nacht weicht dem siegenden Licht.«* Als Beispiel für einen wirkungsvollen Aufklärungsprozeß zitiert Schiller mit einem Seitenblick auf Lessings *Nathan der Weise* die *»Duldung der Religion und Sekten«*, und im Geiste Lessings erhebt er die Schaubühne zum Modellfall einer künftigen besseren Erziehung: *»... hier könnten unsere Väter eigensinnigen Maximen entsagen, unsere Mütter vernünftiger lieben lernen.«*

Die Energie des Schillerschen Gedankens bezeugt sich darin, daß er komplementär zur *»Bildung der Sitten«* und zur *»Aufklärung des Verstandes«* die Sublimierung der Sinne und Leidenschaften intendiert. Ansatzweise ist in dieser Trias etwas von der Idee der Totalität enthalten, die der klassische Schiller in den Mittelpunkt seines Denkens rücken wird. Ihr liegt die Erfahrung zugrunde, daß die Menschen, die in spezialisierter Berufssphäre ihre

Fähigkeiten nur partiell entwickeln, in ihrer freien Zeit nach extremen Entschädigungen verlangen. Ausgleich im Sinne einer harmonischen Ausbildung aller Kräfte stiftet Schiller zufolge einzig die Kunst: *»Der Mann von Geschäften ist in Gefahr, ein Leben, das er dem Staat so großmütig hinopferte, mit dem unseligen Spleen abzubüßen – der Gelehrte, zum dumpfen Pedanten herabzusinken – der Pöbel zum Tier. Die Schaubühne ist die Stiftung, wo sich Vergnügen mit Unterricht, Ruhe mit Anstrengung, Kurzweil mit Bildung gattet, wo keine Kraft der Seele zum Nachteil der andern gespannt, kein Vergnügen auf Unkosten des Ganzen genossen wird.«* Dieser Vorstellung einer höheren Harmonie des Individuums gesellt Schiller den Entwurf einer Versöhnung der Gesellschaft zu. Denn der *»Nationalgeist eines Volks«*, den hervorzubringen der Nationalbühne zufällt, wird idealistisch als eine Synthese aufgefaßt, welche *»alle Stände und Klassen in sich vereinigt«*. Versöhnung aber, als Resultante verschiedener Theaterwirkungen jenseits der realen ökonomischen und politischen Gegensätze begriffen, ist nicht mehr legitime Utopie, sondern bloße Illusion – mag der Theatersaal noch so glänzend und berauschend sie vorwegnehmen: *»Und dann endlich – welch ein Triumph für dich, Natur – so oft zu Boden getretene, so oft wieder auferstehende Natur – wenn Menschen aus allen Kreisen und Zonen und Ständen, abgeworfen jede Fessel der Künstelei und der Mode, herausgerissen aus jedem Drange des Schicksals, durch eine allwebende Sympathie verbrüdert, in ein Geschlecht wieder aufgelöst, ihrer selbst und der Welt vergessen und ihrem himmlischen Ursprung sich nähern. Jeder einzelne genießt die Entzückungen aller, die verstärkt und verschönert aus hundert Augen auf ihn zurückfallen, und seine Brust gibt jetzt nur einer Empfindung Raum – es ist diese: ein Mensch zu sein.«*

In seinen Briefen *Über die ästhetische Erziehung des Menschen* entfaltet Schiller schließlich die Grundideen seiner Jugendschrift zu einem umgreifenden ästhetischen Erziehungskonzept, das repräsentativ für die utopische Zielsetzung der Weimarer Klassik steht. G.Sa.-KLL

Ausgaben: Mannheim 1785 (in Rheinische Thalia, H. 1). – Lpzg. 1802 (*Die Schaubühne als eine moralische Anstalt betrachtet*, in *Kleinere prosaische Schriften*, Bd. 4). – SS, 3 [1868, Hg. W. Vollmer]. – SA, 11 [Anm. O. Walzel]. – SW, 17 [Anm. C. Höfer]. – NA, 20/21 [1962, Hg. B. v. Wiese u. H. Koopmann]. – Stg. 1970 (in *Vom Pathetischen u. Erhabenen. Ausgew. Schriften zur Dramentheorie*, Hg. K. L. Berghahn; RUB). – HA, 5 [[8]1989]. – WA, 5.

Literatur: L. Mis, *S. Mercier, S. u. O. Ludwig* (in Euph, 29, 1928, S. 190–221). – W. Tappe, *Zwei Theaterschriften des jungen S. »Über das gegenwärtige teutsche Theater« u. »Die Schaubühne als moralische Anstalt betrachtet«* (in Der neue Weg, 59, 1930, H. 9, S. 175 f.). – G. Scholz, *Der Dramenstil des Sturm und Drang im Lichte der dramaturgischen Arbeiten des jungen S. Stuttgarter Aufsatz 1782 u. Mannheimer Rede 1784*, Diss. Rostock 1958. – J. Scharfschwerdt, *Grundprobleme der Literatursoziologie*, Stg. 1977, S. 34–41. – F. Dürrenmatt, *Das Theater als moralische Anstalt heute (Rede zur Verleihung des S.-Gedächtnispreises 1986)* (in Jb. der Dt. Schiller-Ges., 31, 1987, S. 156–162).

WILHELM TELL

Schauspiel in fünf Akten von Friedrich von Schiller, Uraufführung: Weimar, 17. 3. 1804, Hoftheater. – Schillers letztes vollendetes Drama entstand, wie der Dichter in seinem Tagebuch vermerkte, zwischen dem 25. 8. 1803 und dem 18. 2. 1804. Wieweit Goethe, der auch die erfolgreiche Uraufführung des Werkes leitete, den Dramatiker zu diesem Werk anregte oder sich Schiller durch das in Weimar umlaufende, *»grundlose Gerücht«*, er arbeite an diesem Stoff, dafür interessierte, ist nicht zu entscheiden. Allerdings dürfte die Tell-Sage im 18. Jh. zum allgemeinen Bildungsgut gehört haben; historischer Hintergrund ist der 1291 mit dem Zusammenschluß der drei Urkantone Uri, Schwyz und Unterwalden zu datierende Beginn des Schweizer Unabhängigkeitskampfes gegen Habsburg, wobei die legendenhaften Attribute – Tells Apfelschuß, Geßlerhut und Rütlischwur – nicht belegt sind, jedoch bereits früh in Schweizer Chroniken und Volksliedern erscheinen. Als Quelle diente Schiller vor allem das *Chronicon Helveticum* (Erstdruck 1734) des Aegidius Tschudi, dessen handschriftliche Fassung im 16. Jh. entstand, sowie Johannes Müllers *Geschichte schweizerischer Eidgenossenschaft* (1786/87); auch dürfte ihm das *Urner Tellenspiel* aus dem frühen 16. Jh. bekannt gewesen sein. Dennoch sind die historischen Fakten als solche für Schiller letztlich nur von marginaler Bedeutung; sein Drama handelt erneut – wie schon sein Erstling *Die Räuber* – von der Problematik des Selbsthelfers, der hier allerdings nicht außerhalb der Ordnung gerät, sondern vielmehr durch sein Eingreifen Geschichte als Heilsgeschichte offenbart. Der *Tell* ist damit das einzige Schauspiel Schillers, *»in welchem der utopische Gedanke seiner Geschichtsphilosophie und Ästhetik zum theatralischen Ereignis wird und nicht bloß als regulative Idee über den tragischen Ausgang triumphiert«* (G. Ueding).

In die Idylle der am Vierwaldstätter See spielenden Eröffnungsszene (*»Es lächelt der See, er ladet zum Bade, / Der Knabe schlief ein am grünen Gestade«*) bricht unvermittelt die politische Gewalt ein. Baumgarten, ein Schwyzer, ist auf der Flucht vor den kaiserlichen Reitern, da er den von den Habsburgern eingesetzten Burgvogt erschlagen hat, der sich an seiner Frau vergehen wollte. Wegen eines aufziehenden Gewitters sträubt Ruodi, der Fischer, sich gegen eine Überfahrt, als der Jäger Tell erscheint (*»Wer ist der Mann, der hier um Hilfe fleht?«*) und den Verfolgten über den See rudert; den Zurückbleibenden zerstören die zu spät kommenden berittenen Verfolger die Hütten und zerstreuen die Herden: *»Wann wird der Retter kommen diesem Lande?«* Die Fremdherrschaft der Österreicher provoziert die Notwehr der Schweizer, deren Existenz naiv-idyllisch war, nicht der verändernden Kraft der Geschichte ausgesetzt, sondern vom Kreislauf der Natur umfangen: *»Denn so wie ihre Alpen fort und fort / Dieselben Kräuter nähren, ihre Brunnen / Gleichförmig fließen, Wolken selbst und Winde / Den gleichen Strich unwandelbar befolgen, / So hat die alte Sitte vom Ahn / Zum Enkel unverändert fortbestanden.«* Dieses natürliche Gleichmaß des Lebens ist nunmehr zerstört, und dem Tell ist es aufgegeben, das Volk aus der verlorenen Idylle zu einer neuen zu führen, wobei er nicht von Anfang an dieser *»Retter«* ist, sondern dazu erst wird: Er, so Schiller, steht selbst *»ziemlich für sich in dem Stück, seine Sache ist eine Privatsache, und bleibt es, bis sie am Schluß mit der öffentlichen Sache zusammengreift«* (an Iffland, 5. 12. 1803). Zunächst mahnt Tell zu *»Geduld und Schweigen«*, Gewaltherrschaft vergleicht er mit Naturvorgängen, die von selbst wieder zur Ruhe finden. Als Stauffacher, ein Freund aus Schwyz, ihn zum gemeinsamen Handeln gegen die Österreicher auffordert, winkt Tell, ganz der Selbsthelfer, dem Planung und Kalkül fremd sind, ab: *»Doch was ihr tut, laßt mich aus eurem Rat, / Ich kann nicht lange prüfen oder wählen; / Bedürft ihr meiner zu bestimmter Tat, / Dann ruft den Tell, es soll an mir nicht fehlen.«*

Der Rütli-Schwur der Eidgenossen vollzieht sich ohne Tell: *»Wir wollen sein ein einzig Volk von Brüdern, / In keiner Not uns trennen und Gefahr.«* Die Tyrannenmacht soll kollektiv gebrochen werden, und diesem Entschluß hat sich jeder zu fügen: *»Bezähme jeder die gerechte Wut / Und spare für das Ganze seine Rache, / Denn Raub begeht am allgemeinen Gut, / Wer selbst sich hilft in seiner eigenen Sache.«* Ist damit auf politischer Seite die Differenz zu Tells Verhalten ausgedrückt, so demonstriert eine eingefügte Liebesszene diesen Unterschied auch im privaten Bereich. Berta von Bruneck befreit Ulrich von Rudenz, einen Parteigänger Österreichs, von seiner Verblendung und gewinnt den Adligen für die Sache seines Volks; dem privaten Glück ist das allgemeine Wohl vorgeordnet: *»Kämpfe / Fürs Vaterland, du kämpfst für deine Liebe!«* Aber auch Tell *(»Der Starke ist am mächtigsten allein«)* kann seine Autonomie nicht bewahren. Als er in Altdorf dem dort ausgestellten Hut des Reichsvogts Hermann Geßler die vorgeschriebene Ehrbezeugung nicht erweist, wird er festgenommen und in der berühmten Apfelschuß-Szene gezwungen, das Leben seines Kindes zu gefährden, um den Sohn und sich selbst zu retten. Da Tell nicht verhehlt, daß im Falle eines Fehlschusses sein zweiter Pfeil dem Reichsvogt gegolten hätte, läßt dieser ihn, obgleich ihm die Freiheit zugesichert wurde, verhaften. Bei der Fahrt über den stürmischen See kann Tell sich befreien; sein ganzes Streben aber gilt nun der Tötung des Reichsvogtes. Vor die Tat aber tritt jetzt die Reflexion; in einem Monolog bedenkt Tell sein Vorhaben, legitimiert es als Verteidigungshandlung, dessen Motive nicht in einer persönlichen Kränkung liegen, sondern in der Rettung der Allgemeinheit, die, wie Tell selbst, durch Geßlers Untaten jede Möglichkeit eines selbstbestimmten, mit sich und der Natur im Einklang sich befindlichen Lebens verloren hat: *»Ich lebte still und harmlos – Das Geschoß / War auf des Waldes Tiere gerichtet, / Meine Gedanken waren rein von Mord – / Du hast aus meinem Frieden mich heraus / Geschreckt, in gärend Drachengift hast du / Die Milch der frommen Denkart mir verwandelt (...)«* Die Haltung Tells wird am Ende des Stücks nochmals legitimiert in der Begegnung mit Johannes Parricida, dem Herzog von Schwaben, der aus *»Ehrsucht«*, aus subjektiven Gründen allein, zum Vater- und Kaisermörder in einem geworden ist und dem Tell mit der Einsicht in die Schuld zugleich die Möglichkeit der Erlösung aufzeigt.

Gewinnt Tell im dramatischen Prozeß die Möglichkeit der Reflexion und der dialogischen Rede, so erschließt sich den Eidgenossen die Dimension der individuellen Freiheit und der spontanen Tat. Die Apfelschuß-Szene macht ihren gemeinsamen Entschluß hinfällig, fordert sie zum situationsgerechten Handeln auf: *»Die Stunde dringt, und rascher Tat bedarf's – / Der Tell ward schon ein Opfer eures Säumens –«* Weil die Eidgenossen dem Drängen des adligen Rudenz nachgeben, verzichtet dieser auf seine Privilegien: *»Und frei erklär' ich alle meine Knechte.«* Aus der Solidarität, die sich bewährt hat in der Vertreibung der Unterdrücker und der Rettung Bertas, entspringt die Freiheit aller. Die neue Gemeinsamkeit ist zugleich so individuell geartet, daß die Eidgenossen akzeptieren, was sie zuvor unterbinden wollen: die Selbsthilfe, die verschwiegene Tat des einzelnen. Umgekehrt, und darin greift Tells *»Privatsache«* mit der *»öffentlichen Sache«* zusammen, gewinnt sein individuelles Handeln allgemeinen Charakter, wird Teil eines solidarischen Handelns.

Kein Kreislauf – Vertreibung aus und Rückkehr in die Idylle – wird beschrieben, sondern ein Modell auf die Bühne projiziert, in dem der einzelne und die Gesellschaft aus ihrem jeweiligen Absolutheitsanspruch heraustreten, sich gegenseitig relativieren und ergänzen und in eine neue, noch nie dagewesene harmonische Ordnung eintreten. Schiller hat diese Ordnung in seinen Briefen *Über die ästhetische Erziehung des Menschen* auch als *»ästhetischen Staat«* bezeichnet, worin die einzelnen Menschen *»bei der höchsten Universalisierung«* ihres *»Betragens«* zugleich ihre *»Eigentümlichkeit retten«*, Allgemeinheit und Individualität sich durchdringen, wie auch bereits Tell am Ende zu jener Idealgestalt emporwächst, die in der Ausbildung ihrer Fähigkeiten und Fertigkeiten nicht im Gegensatz zur Umwelt, sondern in Harmonie mit ihr lebt, *»ästhetische Totalität«* (F. Martini) gewinnt. Indem das Schauspiel diese Utopie demonstriert, erhält es jene märchenhaften Züge, die dem Stück im 19. Jh. einen anhaltenden Erfolg auf dem Theater garantierten, eine Inszenierung in der Gegenwart aber fast unmöglich machen. Max FRISCH hat mit seiner Erzählung *Wilhelm Tell für die Schule* (1971) eine moderne, unkonventionelle Bearbeitung des Stoffs vorgelegt. KLL

Ausgaben: Tübingen 1804. – SS, 14 [1872, Hg. H. Oesterley]. – SA, 7 [Anm. O. Walzel]. – SW, 8 [Anm. G. Witkowski]. – NA, 10 [1980, Hg. S. Seidel]. – HA, 2 [71985]. – Stg. 1989 (RUB). – WA, Bd. 2.

Bearbeitungen: M. Pichat, *Guillaume Tell*, Paris 1830. – C. A. Bernoulli, *Der Meisterschütze*, Jena 1915. – F. Chavannes, *Guillaume le fou*, Paris 1916.

Vertonungen: G. Rossini, *Guillaume Tell* (Oper; Libretto: V. J. Étienne de Jouy u. F. Bis; Urauff.: Paris, 3. 8. 1829, Opéra). – H. Huber, *Tell*, Winterthur 1881 (Symphonie). – J. Rieter, *Der Tell* (Oper; Libretto: M. Millenkovich-Morold; Urauff.: Wien, 3. 11. 1917, Volksoper).

Verfilmungen: England 1900 (Regie: W. Paul). – Frankreich 1903 (Regie: L. Nonguet). – Deutschland 1934 (Regie: H. Paul). – USA 1939 (Regie: F. Féher). – Italien 1948 (Regie: G. Pastina). – Österreich 1956 (Regie: A. Stöger u. J. Gielen). – *Flammende Berge*, Schweiz 1960 (Regie: M. Dickoff).

Literatur: G. Kettner, *Das Verhältnis des S.schen »Tell« zu den älteren Telldramen* (in Marbacher Schillerbuch, 3, 1909, S. 64–124). – *Die Quellen von S.s »Wilhelm Tell«*, Hg. A. Leitzmann, Bonn 1912. – H. G. Thalheim, *Notwendigkeit u. Rechtlichkeit der Selbsthilfe in S.s »Wilhelm Tell«* (in Goethe-Jb., N. F. 18, 1956, S. 216–257). – W. A. Berendsohn, *S.s »Wilhelm Tell« als Kunstwerk* (in Stockholm Studies in Modern Philology, N. S. 1, 1960, S. 5–78). – F. Martini, *»Wilhelm Tell«. Der ästhetische Staat u. der ästhetische Mensch* (in DU, 12, 1960, H. 2, S. 90–118). – E. Braemer, *»Wilhelm Tell«* (in E. B. u. U. Wertheim, *Studien zur deutschen Klassik*, Bln./DDR 1960, S. 297–330). – *Wilhelm Tell. Quellen, Dokumente, Rezensionen*, Hg. W. Kraft, Reinbek 1967. – *F. S., »Wilhelm Tell«. Erläuterungen u. Dokumente*, Hg. J. Schmidt, Stg. 1969 u. ö. (RUB). – L. Blumenthal, *Die verbrannte u. die gestohlene Handschrift von S.s »Wilhelm Tell«* (in Jb. der Dt. Schiller-Ges., 17, 1973, S. 21–63). – O. Seidlin, *Das Vorspiel zum »Wilhelm Tell«* (in *Untersuchungen zur Literatur als Geschichte. Fs. für B. v. Wiese*, Hg. V. J. Günther u. a., Bln. 1973, S. 112–128). – G. Kaiser, *Idylle u. Revolution. S.s »Wilhelm Tell«* (in *Deutsche Literatur u. Französische Revolution. Sieben Studien*, Göttingen 1974, S. 87–128). – G. Ruppelt, *Die Ausschaltung des »Wilhelm Tell«. Dokumente zum Verbot des Schauspiels in Deutschland 1941* (in Jb. der Dt. Schiller-Ges., 20, 1976, S. 402–419). – I. Fetscher, *Philister, Terrorist oder Reaktionär. S.s »Tell« u. seine linken Kritiker* (in *Literatur u. Kritik. Brentano, S., Kleist, Goethe*, Hg. W. Jens, Stg. 1980, S. 219–245). – H. Lippuner u. a., *S.s »Tell« – für die Schule neu gesehen*, Düsseldorf 1980. – K. Berthel, *Im Spiegel der Utopie: »Wilhelm Tell«* (in *S. Das dramatische Werk in Einzelinterpretationen*, Hg. H.-D. Dahnke u. B. Leistner, Lpzg. 1982, S. 248–267). – D. Borchmeyer, *Altes Recht u. Revolution – S.s »Wilhelm Tell«* (in *F. S. Kunst, Humanität, Politik in der späten Aufklärung*, Hg. W. Wittkowski, Tübingen 1982, S. 69–113). – *»Tell« u. die Schweiz – die Schweiz u. »Tell«. Ein Schulbeispiel für die Wirkkraft von S.s »Wilhelm Tell«*, Hg. H. Mettler u. H. Lippuner, Zürich 21983. – G. Ueding, *»Wilhelm Tell«* (in *S.s Dramen. Neue Interpretationen*, Hg. W. Hinderer, Stg. 21983, S. 271–293). – P. Utz, *Die ausgehöhlte Gasse. Stationen der Wirkungsgeschichte von S.s »Wilhelm Tell«*, Königstein/Ts. 1984. – H. Mettler, *F. S., »Wilhelm Tell«: das Drama der Freiheit*, Paderborn u. a. 1989.

AUGUST WILHELM VON SCHLEGEL

* 5.9.1767 Hannover
† 12.5.1845 Bonn

Literatur zum Autor:
O. Brandt, *A. W. S.: Der Romantiker u. die Politik*, Stg. 1919. – B. v. Brentano, *A. W. S.: Geschichte eines romantischen Geistes*, Stg. 21949; ern. Ffm. 1986, Nachw. H. Mayer. – *A. W. v. S.*, Beitr. v. E. Emigholz u. a., Bad Godesberg 1967. – R. W. Newton, *The Literary Theories of A. W. S.*, Paris/Den Haag 1972. – E. Lohner, *A. W. S.* (in *Deutsche Dichter der Romantik*, Hg. B. v. Wiese, Bln. 21983, S. 139–167). – H. Scholz, *Zur Herausbildung romantischer Kunstauffassung bei A. W. S. von 1789 bis 1804*, Diss. Bln. 1983. – M. Bachmann, *Klassisch (antik) u. romantisch (modern) bei A. W. S. u. J. G. Herder*, Diss. Lpzg. 1985. – M. Paulini, *A. W. S. u. die Vergleichende Literaturwissenschaft*, Ffm. u. a. 1985. – R. Schirmer, *A. W. S. u. seine Zeit. Ein Bonner Leben*, Bonn 1986.

GESCHICHTE DER DEUTSCHEN SPRACHE UND POESIE

Vorlesungen von August Wilhelm von Schlegel, gehalten an der Universität Bonn ab Wintersemester 1818/19; erschienen 1913. – Schon der erste Herausgeber der Werke Schlegels, Eduard Böcking, beabsichtigte 1852 eine Veröffentlichung des Vorlesungsmanuskripts und zog, da er sich als Jurist die nötigen germanistischen Kenntnisse nicht zutraute, Karl Simrock zur Unterstützung heran, doch kam es nicht zur Drucklegung. Erst im Jahre 1913 unternahm Josef Körner die Publikation des unübersichtlichen und marginalienreichen Manuskripts. Mit Recht bemerkt er in seiner Einleitung, daß diese Vorlesungen des späten Schlegel weder die Bedeutung der 1801–1804 in Berlin gehaltenen *Über schöne Literatur und Kunst* noch die des Kollegs *Über dramatische Kunst und Literatur* (1808 in Wien) erreichen, doch sind sie eine aufschlußreiche Quellenschrift für die Geschichte der deutschen Philologie. Schlegels Vorlesungen gehen zum Teil auf frühere Kollegs und Schriften zurück, vor allem jedoch auf Forschungsarbeiten der vorangegangenen fünfzehn Jahre, deren Ergebnisse in sieben Heften aufgezeichnet sind. Neben Notizen zur Heldensage und zu den *Nibelungen* (fünf Hefte) finden sich in je einem Heft sprachgeschichtliche Bemerkungen *(Etymologica)* und eine Sammlung verschiedenster Aufzeichnungen *(Miscellanea)*. Die Hefte enthalten außerdem zum Teil Ergänzungen Friedrich von SCHLEGELS.

Die Vorlesungen geben eine in sieben Zeitabschnitte gegliederte *»Übersicht der Geschichte unserer Sprache und Literatur von der ältesten Vorzeit an bis auf das gegenwärtige Menschenalter«*. Der Schwerpunkt liegt dabei auf sprachgeschichtlichen Details. Nach einem Lob der Redekunst als eines *»gesellschaftlichen Austauschs«* von Gedanken und Gefühlen folgt die Feststellung, daß die deutsche Sprache eine *»Ursprache«* sei, unendlich entwicklungsfähig und zur Zeit am *»echtesten und reinsten«* im Munde der Gebildeten und Gelehrten aufbewahrt. Am ausführlichsten ist die Darstellung der älteren Literatur bis zum Ausgang des Mittelalters. Die Germanen sind für Schlegel die Ureinwohner Deutschlands, zu nicht feststellbarer Zeit aus Asien, dem *»Ursitz des Menschengeschlechts«*, eingewandert. Ein *»Onomasticon Theotiscum«*, ein altdeutsches Namenbuch, müsse geschrieben werden, um in den Deutschen den Stolz auf das Eigene wachzuhalten. Die *Germania* des TACITUS wird als Quelle ausführlich benutzt. Die gotische Sprache ist nach Schlegel die *»Muttersprache«* der Deutschen; auf sie hat sich die etymologische Untersuchung der deutschen Stammesdialekte zu gründen. Das *Hildebrandslied* hält Schlegel nicht für heidnisch, an OTFRID tadelt er die *»Weitschweifigkeit«*. An den *Nibelungen*, die allein mit künstlerischer Einfühlung behandelt werden, rühmt Schlegel *»Tiefe und Konsequenz, individuelle Lebendigkeit in der Schilderung der Charaktere. Ihre Größe und eiserne gediegene Kraft«*. Er referiert über Handschriften und Ausgaben der Dichtung, lehnt modernisierte Bearbeitungen ab, weil sie den Rhythmus des Originals verfälschten, und empfiehlt die *Nibelungen* als Schullektüre. *»In fünfzig Jahren wird die Sprache der Nibelungen weniger veraltet sein als jetzt«*, das Gedicht wiege *»die ganze übrige Literatur des Mittelalters auf«*, die Schlegel daher auch zwar *in extenso*, aber ohne Begeisterung behandelt. Der *Parzival* ist zu *»idealisch und mystisch«*, ohne Leidenschaft; an den spätmittelalterlichen Versdichtungen werden die *»stillstehenden Beschreibungen«* getadelt, die vierhebigen Reimpaarverse als *»Dreschflegeltakte«* bezeichnet. Wärmere Worte findet Schlegel erst wieder für Jakob BÖHME, dessen Werk bei einer Übersetzung DANTES als Stilvorbild zu benutzen sei. Nach der Ritter- und der *»volksmäßigen«* Dichtung (Hans SACHS) gerät die Literatur bei WECKHERLIN und OPITZ in die Hände von Gelehrten. Nach kurzen Skizzen einiger Dichter schließt das Manuskript mit den lediglich notierten Namen VOSS, BÜRGER, STOLBERG, GOETHE, HERDER, Johannes von MÜLLER und SCHILLER.

Der Vorlesungstext ist nur am Beginn zum Vortrag ausgearbeitet, im weiteren Verlauf stichwortartig zusammengefaßt. Der Kritiker und geistreiche Ästhet der früheren Jahre ist dem Wissenschaftler gewichen, vor dessen schöngeistige Interessen sprachgeschichtliche und literarhistorische getreten sind. Dem Leser wird sich der scheinbar karge, an stofflichen Details allerdings reiche Text nur erschließen, wenn er ihn gleichsam als Destillat romantischer Literaturbetrachtung, vor allem der der jungen Brüder Schlegel, versteht. In der *Geschichte der deutschen Sprache und Poesie* haben sich Enthusiasmus und geistige Entdeckerfreude zu festgegründeten (wenn auch durch die Forschungen Karl LACHMANNS und Jacob Grimms weitgehend überholten) Überzeugungen abgeklärt. D.Ba.

AUSGABE: Bln. 1913, Hg. J. Körner (DLD, 147).

ÜBER DRAMATISCHE KUNST UND LITTERATUR

Vorlesungen von August Wilhelm von SCHLEGEL, gehalten in Wien 1808, erschienen in drei Bänden 1809–1811. – Das Werk August Wilhelm von Schlegels besteht, stärker noch als das seines Bruders Friedrich, vor allem aus Vorlesungen. Es waren die Romantiker, die diese Form als neues Mittel öffentlicher Darstellung benutzten. Zwischen 1801 und 1804 hatte August Wilhelm Schlegel in Berlin *Vorlesungen über Schöne Litteratur und Kunst* gehalten (1884 von Jakob MINOR ediert), daran schließen 1808 die Wiener Vorlesungen an. Teils bedingt durch die Napoleonischen Kriege, hielten sich im frühen 19. Jh. viele Geistesgrößen der Romantik in Wien auf (J. GENTZ, A. MÜLLER, Z. WERNER, F. SCHLEGEL und 1808 für einige Monate auch L. TIECK), wodurch die Hauptstadt des Habsburger Reiches zu einem Forum romantischer Poetik wurde.

Vor allem August Wilhelm von Schlegels Vorlesungen gelten als eines der zentralen Werke der Romantik, dessen *»Einfluß auf das geistige Europa gar nicht überschätzt werden kann«* (J. Körner). In Wien selbst hatte Schlegel insgesamt 15 Vorlesungen gehalten, die auch der ersten und zweiten Auflage der Druckfassung zugrunde lagen; der Autor selbst plante für die nicht mehr realisierte dritte Auflage wesentliche Erweiterungen, die in die von E. BÖKKUNG besorgte Ausgabe der *Sämtlichen Werke* eingingen, in der die *Vorlesungen* in 37 Abschnitte gegliedert sind. Nach einer systematischen Einleitung (1–3) folgt die Darstellung des griechischen Theaters (4–14, samt *Anhang über die szenische Anordnung des griechischen Schauspiels*), römische (15) und italienische (16) Bühne werden nur kurz gestreift. Ein zweiter Schwerpunkt liegt in der Auseinandersetzung mit der französischen Klassik (17–24), ein dritter in der der ausführlichen Interpretation der Werke SHAKESPEARES und der Darstellung des englischen Theaters (25–34), während sowohl CALDERÓN (35) wie der gesamte Verlauf der Geschichte des deutschen Dramas bis zur Gegenwart (36 und 37) nur mehr eine knappe Charakteristik erfahren.

Nach dem Leitsatz Friedrich Schlegels verfahrend (*»Die Wissenschaft der Kunst ist ihre Geschichte«*), geht es dem romantischen Kritiker um geschichtliches Verstehen als Ermöglichung und Modell ästhetischer Urteilsbildung. August Wilhelm Schlegel unterscheidet, darin den Gedanken HERDERS wie seines Bruders folgend, zwei Phasen der dramatischen Kunst. Die erste, *»klassische«* Phase erlebt ihren Höhepunkt im Drama der Griechen, deren Gestaltungsweise Schlegel als *»plastisch«* bezeichnet und die Vorbild für das epigonale Schauspiel der Römer, Italiener und Franzosen war. Dem steht das *»romantische«* Drama der christlichen Epoche gegenüber, wie es sich in Spanien im Werk Calderóns und in England vor allem im Werk Shakespeares manifestierte. Damit verbunden ist eine gänzlich unterschiedliche Form der Erfahrung des Wirklichen; während in der Welt der Griechen noch keine Trennung zwischen der *»Fantasie«* und *»dem Verstande, als der eigentlich entgegengesetzten Kraft, vorgefallen ist«*, dieser Welt somit eine noch unmittelbare Ganzheitlichkeit und Harmonie zu eigen ist, sie als Mythos erscheint, treten in der Neuzeit Empfindung und Reflexion auseinander, und es ist Aufgabe der Poesie, *»eine künstliche Herstellung jenes mythischen Zustandes, ein freywilliges und waches Träumen«*, wieder zu erreichen. Diese durchaus zeittypische Einteilung verbindet Schlegel mit seiner Konzeption des Tragischen, die von einer geradezu existentialistisch anmutenden Geworfenheit des modernen Menschen ausgeht (*»wie wir schwach und hülflos gegen den Andrang unermesslicher Naturkräfte und streitender Begierden an der Küste einer unbekannten Welt ausgeworfen werden, gleichsam bei der Geburt schon schiffbrüchig«*), um, durchaus in Anlehnung an KANTS Begriff des *»Erhabenen«* und seiner Fortführung bei SCHILLER, den Aufweis einer den Bedingungen des Endlichen entzogenen Welt zu einer der Aufgaben der Tragödie zu machen: *»und wenn die Betrachtung des Möglichen als lebendige Wirklichkeit aus dem Geiste heraustritt, wenn jene Stimmung die auffallendsten Beispiele von gewaltsamen Umwälzungen menschlicher Schicksale, vom Unterliegen des Willens dabei oder bewiesener Seelenstärke, in der Darstellung durchdringt und beseelt: dann entsteht tragische Poesie«*. Die *»plastische«* Vollendetheit der griechischen Kunst kann die Moderne, in der die Rationalität über die Empfindung triumphiert, nicht mehr originär hervorbringen; der Charakter des modernen Dramas ist *»pittoresk«*, fragmentarisch, es faßt die zahlreichen Facetten des modernen Lebens zusammen: *»Ist die gesammte alte Poesie und Kunst gleichsam ein rhythmischer Nomos, eine harmonische Verkündigung der auf immer festgestellten Gesetzgebung einer schön geordneten und die ewigen Urbilder der Dinge in sich abspiegelnden Welt«*, so ist die romantische Kunst *»der Ausdruck des geheimen Zuges zu dem immerfort nach neuen und wundervollen Geburten ringenden Chaos, welches unter der geordneten Schöpfung, ja in ihrem Schoosse sich verbirgt: der beseelende Geist der ursprünglichen Liebe schwebt hier von Neuem über den Wassern«*.

Ebenso wie etwa in Friedrich Schlegels *Gespräch über die Poesie* (1800) erscheint auch hier die Poesie in romantischer Weise als göttliches, die Welt beseelendes Wirkungsprinzip. Es sind neben den Dramen Calderóns besonders die Schauspiele Shakespeares, in denen die Poesie sich in dieser Weise offenbart und zwischen Empfindsamkeit und Rationalität, zwischen Phantasie und Wirklichkeit vermittelt; so wie Shakespeare *»die fruchtbarste kühnste Phantasie in das Reich der Natur hineinträgt, so trägt er auf der andern Seite die Natur in die jenseits des Wirklichen liegenden Regionen der Phantasie hinüber«*. Gegen die Kritiker Shakespeares nimmt Schlegel vehement Stellung, und auch den Verweis auf die Poetik des ARISTOTELES läßt er nicht gelten, da dessen Äußerungen zum Drama analytisch-rational angelegt sind und wenig Einfühlung in das Geheimnis des poetischen Geistes verraten.

Schlegels *Vorlesungen* provozierten in Wien, etwa durch den Aufklärer Joseph SCHREYVOGEL im ›Sonntagsblatt‹, heftige Entgegnungen, in der gedruckten Version gewannen sie aber rasch Popularität über Österreichs Grenzen hinaus. Hatte bis dahin die deutsche Literatur ihre Anregungen vor allem aus Frankreich und England erfahren, so setzte nun eine Gegenbewegung ein: *»In den Bemühungen der Frühromantik, besonders in den Vorlesungsreihen August Wilhelm Schlegels setzt die Rückwirkung und Auswirkung der deutschen Literatur der Goethezeit auf Europa, auch auf den Westen ein. Nun wird für einige Zeit die deutsche Literatur die anregende ...; auch ein neuer Romantikbegriff beginnt sich von hier aus gegenüber dem bisherigen der Aufklärungszeit durchzusetzen«* (H. Seidler).

E.Ri.-KLL

AUSGABEN: Heidelberg 1809–1811, 3 Bde. [[2]1817]. – Wien 1846 (in *SW*, Hg. E. Böcking, 12 Bde., 1846/47, 5 u. 6; Nachdr. Hildesheim 1971/72). – Bonn/Lpzg. 1923, 2 Bde., Hg. u. Einl. G. V. Amoretti. – Stg. 1966 (in *Kritische Schriften und Briefe*, Hg. E. Lohner, 7 Bde., 1962–1974, 5 u. 6).

LITERATUR: K. W. F. Solger, Rez. (in Jahrbücher der Literatur, 7, 1819, S. 80–155; ern. in K. W. F. S., *Erwin. Vier Gespräche über das Schöne u. die Kunst*, Nachdr. der Ausg. Bln. 1907 zus. mit Solgers Rez. von A. W. S.s *»Vorlesungen über dramatische Kunst u. Literatur«*, Hg. u. Nachw. W. Henckmann, Mchn. 1970). – J. Körner, *Die Botschaft der deutschen Romantik an Europa*, Augsburg 1929. – A. Besenbeck, *Kunstanschauung u. Kunstlehre A. W. S.s*, Bln. 1930. – M. Naumann, *A. W. S.s Theorien von Drama u. Theater*, Diss. Mchn. 1955. – H.-D. Dahnke, *A. W. S.s Berliner u. Wiener Vorlesungen u. ihre Stellung in der romantischen Literatur* (in WB, 14, 1968, S. 782–796). – H. Seidler, *A. W. S.s Vorlesungen über dramatische Kunst u. Literatur 1808* (in Jb. des Wiener Goethe-Vereins, 78, 1974, S. 54–75). – S. A. Reavis, *A. W. S.s Auffassung der Tragödie im Zusammenhang mit seiner Poetik*, Bern u. a. 1978. – A. Grosse-Brockhoff, *Das Konzept des Klassischen bei Friedrich u. A. W. S.*, Köln/Wien 1981.

FRIEDRICH VON SCHLEGEL

* 10.3.1772 Hannover
† 12.1.1829 Dresden

LITERATUR ZUM AUTOR:
Biographien:
C. Enders, *F. S. Die Quellen seines Wesens u. Werdens*, Lpzg. 1912. – E. Behler, *F. S. in Selbstzeugnissen u. Bilddokumenten*, Reinbek 1966 (rm). – H. Eichner, *F. S.*, NY 1970.
Gesamtdarstellungen und Studien:
R. Haym, *Die romantische Schule. Ein Beitrag zur Geschichte des deutschen Geistes*, Bln. 1870 [Nachdr. Darmstadt 1961]. – W. Glawe, *Die Religion F. S.s*, Bln. 1906. – J. Krüger, *F. S. Bekehrung zu Lessing*, Weimar 1913 [Nachdr. Nendeln 1976; Hildesheim 1983]. – W. Benjamin, *Der Begriff der Kunstkritik in der deutschen Romantik*, Bern 1920; ern. Ffm. 1973 (stw). – F. Imle, *F. S.s Entwicklung von Kant zum Katholizismus*, Paderborn 1927. – B. v. Wiese, *F. S. Ein Beitrag zur Geschichte der romantischen Konversionen*, Bln. 1927. – O. Mann, *Der junge F. S.*, Bln. 1932. – L. Winz, *F. S.s philosophische Entwicklung*, Bonn 1939. – J.-J. Anstet, *La pensée religieuse de F. S.*, Diss. Paris 1941. – E. J. Maier, *Die F. S.-Forschung. Geschichte u. Kritik*, Mchn. 1953. – E. Behler, *Der Stand der F. S. Forschung* (in Jb. d. Dt. Schillerges., 1, 1957). – K. K. Polheim, *Studien zu F. S.s poetischen Begriffen* (in DVLG, 35, 1960). – F. Finke, *Die Brüder S. als Literaturhistoriker*, Diss. Köln 1961. – E. Klin, *Die frühromantische Literaturtheorie F. S.s*, Breslau 1964. – K. K. Polheim, *Die Arabeske. Ansichten u. Ideen aus F. S.s Poetik*, Paderborn u. a. 1966. – H. Schanze, *Romantik u. Aufklärung. Untersuchungen zu F. S. u. Novalis*, Nürnberg 1966. – G. Ziegler, *F. S. als Zeitschriftenherausgeber. Eine Studie zum literarischen Leben der Goethezeit*, Diss. Bln. 1967. – W. Weiland, *Der junge F. S. oder die Revolution der Frühromantik*, Stg. u. a. 1968. – R. Belgardt, *Romantische Poesie. Begriff u. Bedeutung bei F. S.*, Den Haag/Paris 1969. – H. J. Heiner, *Das Ganzheitsdenken F. S.s. Wissenssoziologische Deutung einer Denkform*, Stg. 1971. – E. Huge, *Poesie u. Reflexion in der Ästhetik des frühen F. S.*, Stg. 1971. – B. Rank, *Romantische Poesie als religiöse Kunst. Studien zu ihrer Theorie bei F. S. u. Novalis*, Diss. Tübingen 1971. – F. N. Mennemeier, *F. S.s Poesiebegriff dargestellt anhand der literaturkritischen Schriften*, Mchn. 1971. – D. Weber, *F. S.s »Transzendentalpoesie«. Untersuchungen zum Funktionswandel der Literaturkritik im 18. Jh.*, Mchn. 1973. – V. Deubel, *Die F. S.-Forschung 1945–1972* (in DVLG, 47, 1973, Sonderh., S. 48–181). – R. Heine, *Transzendentalpoesie. Studien zu F. S., Novalis u. E. T. A. Hoffmann*, Bonn 1974. – K. Peter, *F. S.*, Stg. 1978 (Slg. Metzler). – H. Dierkes, *Literaturgeschichte als Kritik. Untersuchungen zu Theorie u. Praxis von F. S.s frühromantischer Literturgeschichtsschreibung*, Tübingen 1980. – E. Behler, *Klassische Ironie, Romantische Ironie, Tragische Ironie. Zum Ursprung dieser Begriffe*, Darmstadt [2]1981. – A. Grosse-Brockhoff, *Das Konzept des Klassischen bei Friedrich u. A. W. S.*, Köln/Wien 1981. – E. Behler, *F. S.* (in *Deutsche Dichter der Romantik*, Hg. B. v. Wiese, Bln. [2]1983, S. 197–223). – W. Michel, *Ästhetische Hermeneutik u. frühromantische Kritik. F. S.s fragmentarische Entwürfe, Charakteristiken u. Kritiken*, Göttingen 1982. – *F. S. u. die Kunsttheorie seiner Zeit*, Hg. H. Schanze, Darmstadt 1985 [m. Bibliogr.]. – B. Bräutigam, *Leben wie im Roman. Untersuchungen zum ästhetischen Imperativ im Frühwerk F. S.s*, Paderborn 1986. – M. Finlay, *The Romantic Irony of Semiotics. F. S. and the Crisis of Representation*, Bln./Amsterdam 1988.

ATHENÄUM-FRAGMENTE

Ästhetische und philosophische Aphorismen von Friedrich von SCHLEGEL, erschienen 1798 im zweiten Heft des ersten Bandes der Zeitschrift ›Athenäum‹. – Nachdem Schlegel 1797 seine nur kurze Tätigkeit als Redakteur für die Berliner Zeitschrift ›Lyceum der schönen Künste‹ aufgegeben hatte, da er sich mit dem Herausgeber J. F. REICHARDT überworfen hatte, gründete er zusammen mit seinem Bruder August Wilhelm SCHLEGEL ein Journal, das den Titel ›Athenäum‹ trug und neben eigenen Beiträgen nur solche Texte enthalten sollte, die *»für alle andren Journale zu gut«* sind, wie Friedrich Ende 1797 an den Bruder schrieb. Zwischen 1798 und 1800 erschien die Zeitschrift, für die schließlich u. a. NOVALIS *(Hymnen an die Nacht)*, SCHLEIERMACHER und Caroline SCHLEGEL schrieben, in drei Jahrgangsbänden zu je zwei Heften; damit ist der Beginn der Frühromantik anzusetzen, und Friedrich Schlegel etabliert sich als bedeutendster Kopf dieser neuen Bewegung. Neben dem Aufsatz *Über Goethe's Meister* und dem *Gespräch über die Poesie* sind es vor allem die *Fragmente*, die Schlegels Wortführerschaft unterstreichen; zwar wurden die im zweiten Heft des ersten ›Athenäum‹-Bandes ohne Angabe des Verfasser abgedruckten Texte als gemeinsames Werk von Friedrich und August Wilhelm Schlegel, Schleiermacher und Novalis konzipiert, doch ist die Mehrzahl der insgesamt 451 Fragmente aus seiner Feder nachweisbar.

Bereits im ›Lyceum‹ hatte Schlegel eine Reihe *Kritischer Fragmente* publiziert, mit denen er sich in der Tradition des französischen Aphoristikers Nicolas Chamfort (1741–1794) sah. Schlegel hielt den Ertrag seiner literarischen und philosophischen Lektüre in mehreren, erst im 20. Jh. edierten Notizbüchern *(Philosophische Lehrjahre; Literary Notebooks)* fest, die ihm als Grundlage für seine *Fragmente* dienten, in denen er im ›Athenäum‹ die Umrisse der romantischen Poetik skizzierte. *»Die romantische Poesie«*, so das berühmte Fragment 116, *»ist eine progressive Universalpoesie«*, die *»alle getrennten Gattungen der Poesie wieder zu vereinigen und die Poesie mit der Philosophie und Rhetorik in Berührung zu setzen«* sucht. Indem die Poesie sich mit allen Äußerungen und Manifestationen des Lebens verbindet, wird sie zu einem letztlich unabschließbaren *»Reflexionsmedium«* (W. Benjamin), zu einem Absoluten, das in allen seinen Setzungen immer unabgeschlossen, damit notwendig Fragment bleibt: *»Die romantische Dichtart ist noch im Werden; ja das ist ihr eigentliches Wesen, daß sie ewig nur werden, nie vollendet sein kann«.* Hatte Fichte *(»Die Französische Revolution, Fichtes* Wissenschaftslehre *und Goethes* Meister *sind die größten Tendenzen des Zeitalters«)* den Reflexionsakt immer an das Ich gebunden, geht Schlegel – und die späteren Romantiker werden ihm darin folgen – *»vom bloßen Sich-Selbst-Denken als Phänomen aus; es eignet allem, denn alles ist Selbst«* (W. Benjamin); die Poesie kann und soll diese Reflexion ins Unendliche forttreiben, sie *»immer wieder potenzieren und wie in einer Reihe von Spiegeln vervielfachen«.* Aus der Poesie entspringt Reflexion und diese konstituiert sich wiederum poetisch, so daß die Poesie nicht dem Bewußtsein zugehörig ist, sondern als Grund der Welt, die im *Gespräch über die Poesie* als *»Gedicht der Gottheit«* bezeichnet wird, eine mystische Verselbständigung erfährt, wie es im *Gespräch* auch heißt: *»Alle heiligen Spiele der Kunst sind nur ferne Nachbildungen von dem unendlichen Spiele der Welt, dem ewig sich selbst bildenden Kunstwerk«.*

Vor diesem Hintergrund entwickelt Schlegel in seinen *Fragmenten* die weitere Terminologie der frühromantischen Poetik. Die Kennzeichnungen der Poesie sind nichts anderes als Umschreibungen des Absoluten, und das Kunstwerk verweist wiederum darauf, wenn es Getrenntes miteinander verknüpft und kombiniert; dafür verwendet Schlegel den Begriff des *»Arabesken«* oder des *»Witzes«* (*»Witz ist unbedingt geselliger Geist, oder fragmentarische Genialität«)*, und sowenig die Poesie auf rational-diskursive Weise zu erschließen ist, sowenig ist diese Kombinatorik ein bewußter Akt, vielmehr ein intuitiv-spontaner: Dem Witz, so hieß es bereits in einem *Lyceum-Fragment*, kommt ein *»prophetisches Vermögen«* zu, er *»ist eine Explosion von gebundnem Geist«*, die Auflösung des am positiv Gegebenen sich orientierenden, des rationalen Denkens; im ›Lyceum‹ findet sich die bündige, ähnlich lautende Definition des Ironischen: *»Ironie ist die Form des Paradoxen. Paradox ist alles, was zugleich gut und groß ist«.* Die Ironie verweist auf das Wesen der Poesie als *»Reflexionsmedium«*, das *»Bewußtsein der ewigen Agilität, des unendlichen vollen Chaos«*, sie ist *»die freieste der Licenzen, denn durch sie setzt man sich über sich selbst weg«.*

Schlegels *Fragmente* mit ihrer Bestimmung der Poesie als *»romantische Universalpoesie«*, wofür der Autor auch den treffenden Ausdruck *»Transcendentalpoesie«* verwendet, standen von jeher im Mittelpunkt der Untersuchungen zur Poetik der Frühromantik; vor allem durch die Studien von H. Eichner, E. Behler und K. K. Polheim konnte auch die Systematik dieser ästhetischen Reflexionen erhellt werden. Die ohnehin schon mystifizierende Tendenz der *Athenäum-Fragmente* verstärkt sich, als Schlegel in den *Ideen*, einer weiteren, im dritten Band des ›Athenäum‹ veröffentlichten Fragmenten-Sammlung, den Begriff der Religion in den Mittelpunkt hebt: *»Die Religion ist die allbelebende Weltseele der Bildung«.* M.Pr.

Ausgaben: Berlin 1798 (in ›Athenäum‹, Bd. I, 2; Nachdr. Darmstadt 1970). – Paderborn 1967 (in *Kritische F.-S.-Ausgabe*, Hg. E. Behler unter Mitw. von J. J. Anstett, H. Eichner u. a., 35 Bde., 1958 ff., 2). – Mchn. 1970 (in *Schriften zur Literatur*, Hg. W. Rasch; ern. Mchn. 1972, dtv).

Literatur: F. Gundolf, *F. S.s romantische Schriften* (in FDH, 1927, S. 28–120). – E. Behler, *F. S.s Theorie der Universalpoesie* (in Jb. der Dt. Schiller-Ges., 1, 1957, S. 211–252). – F. Szondi, *F. S. und die romantische Ironie* (in Euph, 48, 1954, S. 397–411). – K. K. Polheim, *Studien zu F. S.s poetischen Begriffen* (in DVLG, 35, 1961, S. 363–398). – I. Strohschneider-Kohrs, *Die romantische Ironie* (in *Die deutsche Romantik*, Hg. H. Steffen, Göttingen 21967, S. 75–97). – F. N. Mennemeier, *Fragment u. Ironie beim jungen F. S. Versuch der Konstruktion einer nicht geschriebenen Theorie* (in Poetica, 2, 1968, S. 348–370). – A. Schlagdenhauffen, *Die Grundzüge des Athenäum* (in ZfdPh, 88, 1969, Sonderh., S. 19–41). – A. Nivelle, *Frühromantische Dichtungstheorie*, Berlin 1970. – J. Schillemeit, *Systematische Prinzipien in F. S.s Literaturtheorie* (in FDH, 1972, S. 137–176). – U. Klein, *Der Beitrag F. S.s zur Entwicklung der frühromantischen Kunstanschauung* (in WB, 20, 1974, S. 80–101). – R. Heine, *Transzendentalpoesie. Studien zu F. S., Novalis u. E. T. A. Hoffmann*, Bonn 1974. – K. Röttgers, *Fichtes Wirkung auf die Frühromantiker, am Beispiel F. S.s* (in DVLG, 51, 1977, S. 55–77). – D. E. Wellbery, *Rhetorik u. Literatur. Anmerkungen zur poetologischen Begriffsbildung bei F. S.* (in *Die Aktualität der Frühromantik*, Hg. E. Behler u. J. Hörisch, Paderborn u. a. 1987). – M. Finley, *The Romantic Irony of Semiotics. F. S. and the Crisis of Representation*, Bln./Amsterdam 1988.

GESCHICHTE DER ALTEN UND NEUEN LITTERATUR. Vorlesungen gehalten zu Wien im Jahre 1812

Darstellung der Literaturen der Welt von Friedrich von SCHLEGEL, erschienen 1815. – Das dem Fürsten Metternich gewidmete Werk entstand aus sechzehn im Jahre 1812 an der Universität Wien gehaltenen Vorlesungen. Ein großer Teil von Schlegels früheren Untersuchungen und theoretischen Studien zur Geschichte der Dichtung, zu Philosophie und Philologie, insbesondere zur griechischen Antike, zum Sanskrit und zur mittelalterlichen Kunst und Literatur, gingen in dieses *»große Gemälde von der Entwicklung des menschlichen Geistes«* ein. Der Begriff »Literatur« umfaßt hier alle Zeugnisse, in denen sich der Geist eines Volkes oder einer Epoche sprachlich manifestiert; Literatur ist der *»Inbegriff aller intellektuellen Fähigkeiten und Hervorbringungen einer Nation«*. Zu einer Geschichte der Literatur gehören daher *»alle jene Künste und Wissenschaften ... welche das Leben und den Menschen selbst zum Gegenstand haben«*.

Zu Beginn weist der Verfasser nachdrücklich auf den Schaden hin, der einer nur auf »Zwecke« gerichteten Gesellschaft dadurch erwächst, daß sie intellektuelles und praktisches Leben streng voneinander trennt, und er versucht zu zeigen, *»wie bedeutend eine nationale Geistesbildung oft auch in den Lauf der großen Weltbegebenheiten und in die Schicksale der Staaten eingreift«*. Er setzt den Gang des Geistes, *»sein allmähliches Emporsteigen, volles Aufblühen und dann wieder erfolgtes Sinken oder Verlöschen«*, in Parallele zu den gesellschaftlich-politischen Verhältnissen eines Volkes, zum Beispiel des griechischen und des römischen, und eines Zeitalters, zum Beispiel des heidnischen und des christlichen, indem er in chronologischer Folge die bedeutendsten Schriftsteller der großen europäischen Nationen charakterisiert. Eine umfassende Darstellung der Geistesbildung bei den Hebräern, Persern und Indern dient der Erhellung der verschiedenen Einflüsse, unter denen sich der Übergang von der Antike zur Neuzeit vollzog. Schlegel analysiert das *Alte Testament*, den *»Inbegriff der Geisteswerke«* der Hebräer, vergleicht die mosaische Überlieferung mit der Religionslehre der Perser und versucht einen ersten Gesamtüberblick über Kultur und Lebensgewohnheiten der Inder zu geben. Die Geschichte der Literatur des Mittelalters eröffnet er dann mit einer Studie über die epochale Wirkung und Bedeutung des *Neuen Testaments*, in dem er den Höhepunkt aller geistesgeschichtlichen Erscheinungen sieht: *»Durch dieses göttliche Licht von oben, welches das Evangelium in seiner Einfalt und Klarheit in die Welt gebracht hat, wird der künstlerische Verstand und philosophische Scharfsinn der Griechen, der praktische Weltverstand der Römer, und der prophetische Tiefsinn der Hebräer erst zu einem vollständigen Ganzen wahrhafter Erleuchtung und Einsicht für das Leben wie für die Wissenschaft vollendet und beschlossen.«* Schlegel gibt dann einen Überblick über die europäische Literatur und Philosophie vom Mittelalter bis zum Beginn des 19. Jh.s, wobei er versucht, die spezifische Geistesart der großen Nationen näher zu charakterisieren: Der Italiener zeichnet sich vor allem durch *»Kunstsinn und Fantasie«* aus, der Franzose durch *»Vernunft und Rhetorik«*, der Engländer durch *»kritischen Verstand und historische Darstellung«* und der Spanier durch *»mächtiges Nationalgefühl und lebendige Poesie«*; der deutsche Geist jedoch strebe zu den *»verborgenen Prinzipien des inneren Lebens«*, wo jene geistigen *»Elementarkräfte«* der europäischen Nationen romanischer Abstammung vereinigt seien. Die Vorlesungen zur Geschichte der Literatur schließen mit Schlegels Aufforderung, Glauben und Wissen wieder zu vereinen, damit *»jenes Eine Licht«* des Göttlichen in einer *»höheren geistigen Poesie der Wahrheit«* hervortrete.

Der Autor machte mit diesem Werk – wie mit der vorangegangenen *Geschichte der Poesie der Griechen und Römer* (1798) – als erster HERDERS Erkenntnis, daß zum Verständnis der Dichtung die Kenntnis der Geschichte ihres Werdens notwendig sei, in vollem Ausmaß für die Literaturgeschichte fruchtbar. Nach dem Vorbild der kunsthistorischen Schriften WINCKELMANNS tritt an die Stelle der kausalen Geschichtsauffassung die organische, die vor allem die verschiedenen Voraussetzungen, Verzweigungen und Wechselwirkungen innerhalb der geschichtlichen Entwicklung berücksichtigt. Außerdem gewinnt der von Herder vertretene historische Relativismus Bedeutung, der besagt, daß jedes Werk von Ort und Zeit seiner Entstehung abhängig und also einmalig ist. Auch der Gedanke, daß der Literatur im öffentlichen Leben eine praktische Mission zukomme – vielleicht das entscheidende Motiv, dem die *Geschichte* ihre Entstehung verdankt –, lag damals gewissermaßen in der Luft, besonders in Wien, wo Adam MÜLLER ähnliche Thesen vertrat, und in Italien, wo ALFIERI und FOSCOLO mit ihren Dichtungen in öffentliche Angelegenheiten eingriffen. Schlegel verknüpft diese Idee mit wesentlichen Motiven der historischen Ideologie seiner Pariser und Wiener Jahre, wie sie auch in den anderen Werken dieses Zeitraums, in der Zeitschrift ›Europa‹, in den *Ansichten und Ideen von der christlichen Kunst* und in seiner Lebens- und Geschichtsphilosophie zum Ausdruck kommen: die religiöse, geistige und nationale Spaltung Europas, der Katholizismus als Weg zu ihrer Überwindung, die altindische Kunst als Vorbild für die europäische Einigung, das Mittelalter als das Goldene Zeitalter christlich-abendländischer Geschichte. Besonders stark betont der Autor in diesem Werk, auf TACITUS fußend, die Rolle des germanischen Elements, des *»freien nordischen Geistes«*. Auch hier erscheint, wie in der ›Europa‹, das Christentum deutscher Prägung als die Idealform europäischen Geistes, der Schlegel denn auch am Ende seines Werkes die Aufgabe einer neuerlichen Einigung des Abendlandes zuschreiben möchte. So verbinden sich mit der Europa-Idee auf eigentümliche Weise die Keime einer nationalistischen Ideologie, die bis in die Gegenwart fortwirkte.

Die Widersprüchlichkeit der Schlegelschen Thesen, vor allem aber ihre Verquickung mit der Restaurationspolitik Metternichs, forderte den Widerspruch vieler liberaler Zeitgenossen heraus, so auch den HEINES, der die Vorzüge und Schwächen des Schlegelschen Historismus treffend in dem Urteil zusammenfaßte: *»Friedrich Schlegel übersieht hier die ganze Literatur von einem hohen Standpunkt aus, aber dieser hohe Standpunkt ist doch immer der Glockenturm einer katholischen Kirche«* (*Die romantische Schule*, II) Durch die Vermittlung Heines und Madame de STAËLS erlangte Schlegels Literaturgeschichte, die bei den deutschen Literaturwissenschaftlern zunächst wenig Anerkennung fand, vor allem in Frankreich und Italien starke Verbreitung. Verglichen mit den literaturgeschichtlichen Lehr- und Handbüchern der Zeit, die sich nahezu ausschließlich auf chronologische oder systematische Sammlung des Materials beschränken und eine genaue Kenntnis der literarischen Quellen vermissen lassen, beeindruckt dieses Werk durch seine *»einzigartige Universalität«* (H. Eichner). Seine geistesgeschichtliche und wissenschaftlich-methodische Bedeutung, die Beherrschung einer riesigen Stoffmenge und die Reduktion auf das Wesentliche und Gültige wurden erst von HAYM, DILTHEY, MINOR und WALZEL entsprechend gewürdigt.

KLL

AUSGABEN: Wien 1815, 2 Bde. – Wien 1822 (in *SW*, 10 Bde., 1822–1825, 1/2). – Wien 1846 (in *SW*, 15 Bde., 1/2). – Paderborn u. a. 1961 (in *Krit. F.-S.-Ausg.*, Hg. E. Behler unter Mitw. v. J. J. Anstett, H. Eichner u. a., 35 Bde., 1958 ff., 6).

LITERATUR: J. Baxa, *F. S.s Vorlesungen über die Geschichte der alten u. neuen Literatur (1812) im Urteile der Wiener Polizeihofstelle* (in Der Wächter, 8, 1927, S. 354–360). – B. Minssen, *Der ältere F. S. Untersuchungen auf Grund der Umarbeitungen der »Geschichte der alten und neuen Literatur« von 1822*, Diss. Breslau 1939.

GESPRÄCH ÜBER DIE POESIE

Ästhetische Schrift von Friedrich von SCHLEGEL, erschienen 1800. – Dieses bedeutende kunsttheoretische Werk der Frühromantik ist abgefaßt als Aufzeichnung eines Gesprächs unter Freunden (Amalia, Camilla, Antonio, Andrea, Lothario, Ludoviko und Markus), denen Karoline und August Wilhelm von SCHLEGEL, SCHELLING, FICHTE und SCHLEIERMACHER einige Züge geliehen haben. Die Weise, wie hier in geselliger Form Probleme der Kunst erörtert werden, ist kennzeichnend für das *»Symphilosophieren«* der frühromantischen Zirkel. Im Zentrum des Gesprächs steht der Versuch, die historischen Erscheinungsformen und die *»verborgene Wurzel und Quelle«* der Kunst und Poesie näher zu bestimmen. – Andrea eröffnet die Reihe von vier Gesprächsbeiträgen, an die sich jeweils eine lebhafte Diskussion anschließt, mit der Darstellung und Würdigung der *Epochen der Dichtkunst* von der Antike bis zu GOETHE. Er endet mit dem Postulat, daß man den *»hohen Geist«* der alten Dichtkunst wissenschaftlich erforschen und verlebendigen müsse, um – am Vorbild geschult – eine neue Poesie begründen zu können. Der Einfluß von Fichtes *Wissenschaftslehre* (1794) ist unverkennbar: *»Die Kunst ruht auf dem Wissen und die Wissenschaft der Kunst ist ihre Geschichte.«* Alle Gesprächspartner sind sich darin einig, daß das Ziel einer solchen historischen Auseinandersetzung eine *»Kunstschule der Poesie«* sein müßte; ob sich Poesie allerdings lehren und lernen lasse, erscheint ihnen fraglich. Im Gegensatz zu Andreas literaturgeschichtlichem Rückblick untersucht Ludoviko in seiner *Rede über die Mythologie und symbolische Anschauung* die Voraussetzungen für die Wiedergewinnung eines einheitlichen geistigen Mittelpunkts aller zukünftigen Kunst und Poesie. Er geht von der Feststellung aus, daß die Grundlage, auf welcher alle Kunst beruht, die Mythologie sei, und beklagt deren Fehlen in der modernen Dichtkunst. Einen bedeutenden Ansatzpunkt für eine solche neue *»symbolische Erkenntnis und Kunst«*, die im einzelnen auf die *»notwendigen Gesetze für den Gang des Ganzen«* gerichtet ist, sieht er im Idealismus, dem *»Geist jener intellektuellen Wiedergeburt«*, der alle Wissenschaft und Kunst ergreifen wird. Das Ziel wäre ein *»System der allumfassenden Einheit«*, wie es sich bereits in der *»wissenschaftlichen Phantasie«* der Naturphilosophie abzeichnet, aber erst in der Poesie ganz entfaltet und vollständig dargestellt werden könne: *»Poesie ist der wesentliche Anfang, der innere Kern und die Vollendung jener lebendigen Naturoffenbarung und Weltanschauung.«* In der anschließenden Diskussion wird die Einheit von Kunst und Wissenschaft durch eine neue Symbolik noch unterstrichen und die Aufgabe der Poesie als *»neue Offenbarung der Natur«* hervorgehoben. Gegen Amalias Vorwurf, JEAN PAULS Romane seien keine Romane, sondern nur ein *»buntes Allerlei von kränklichem Witz«* und außerdem sentimental, wendet sich Antonio in seinem *Brief über den Roman*. Er verteidigt das Arabeske und Groteske als *»ganz bestimmte und wesentliche Form oder Äußerungsart der Poesie«* und verweist dabei auf den *»genialischen Witz* bei ARIOST, CERVANTES, SHAKESPEARE, STERNE und DIDEROT. Das »Sentimentale« bestimmt Antonio im Gegensatz zu einer platten Gefühligkeit als *»geistiges Gefühl«*, als *»Geist der Liebe«*, der in der romantischen Dichtkunst überall *»unsichtbar sichtbar«* schweben müsse, indem er durch die Phantasie in der Arabeske, im Witz oder in der Ironie zur Darstellung gelangt. Mit der Verteidigung des Arabesken und Sentimentalen gibt Antonio zugleich eine nähere Bestimmung des »Romantischen« und des Romans. Bedeutete, der Ableitung des Wortes von »Roman« entsprechend, etwa noch bei Jean Paul »romantisch« lediglich soviel wie »aus einem Roman stammend«, »fiktiv«, »erfunden«, so betont Schlegel – unter dem Einfluß der *Fragmente* von NOVALIS – hier gerade, *»daß das Romantische nicht sowohl eine Gattung ist als ein Ele-*

ment der Poesie, das mehr oder minder herrschen und zurücktreten, aber nie ganz fehlen darf«. Zudem unterscheidet er in dieser Phase, der Zeit des ›Athenäum‹ (1798–1800), noch »romantisch« und »modern« am Beispiel von LESSINGS Drama *Emilia Galotti*, das modern, aber nicht romantisch sei, und findet gerade bei Shakespeare, Cervantes und in der italienischen Märchenpoesie romantische Elemente. Ein romantisches Buch ist nach Schlegel der Roman, den er sich als ein Gemisch von *»Erzählung, Gesang und anderen Formen«* und als ein *»verhülltes Selbstbekenntnis«* des Verfassers vorstellt. Der Roman soll dem Inhalt nach Bekenntnis und der Form nach Arabeske sein. In dem *Versuch über den verschiedenen Styl in Goethe's früheren und späteren Werken* beschäftigt sich Markus mit der künstlerischen Entwicklung des großen Vorbildes. Er unterscheidet drei Perioden in Goethes Schaffen: das Überwiegen des Subjektiven im *Götz von Berlichingen*, die objektive Ausführung im *Tasso* und die *»idealische Haltung«* in *Hermann und Dorothea*. Er kommt dann auf den *Wilhelm Meister*, die *»erschöpfende Quelle des künstlerischen Nachdenkens«*, zu sprechen. Dieses Werk, das sich durch die *»Verbindung des Klassischen und des Romantischen«* auszeichnet, ist in zweierlei Hinsicht bedeutsam: Es ist ein individuelles Werk und zugleich Vorbild für eine Gattung. Der Beitrag über Goethe endet mit der Aufforderung, sich dessen *»universelle Tendenz«* und *»progressive Maximen«* zu eigen zu machen; auf diese Weise könnte er *»der Stifter und das Haupt«* einer neuen Poesie sein, die Antike und Moderne umfassen müßte. Am Ende des Gesprächs verdeutlicht Lothario, daß Poesie als *»dichtende Phantasie«* letztlich immer auch göttliche Offenbarung sei.

Mit diesem programmatischen Werk erreicht die romantische Kunsttheorie einen ersten Höhepunkt. Es leitet eine Phase der deutschen Literatur ein, die August Wilhelm von Schlegel folgendermaßen kennzeichnete: *»Die Poesie der Alten war die des Besitzes, die unsrige ist die der Sehnsucht; jene steht fest auf dem Boden der Gegenwart, diese wiegt sich zwischen Erinnerung und Ahndung.«* S.E.

AUSGABEN: Bln. 1800 (in Athenäum, Bd. 3; Nachdr. Darmstadt 1960). – Wien 1846 (in *SW*, 15 Bde., 5). – Stg. 1968 (Nachw. H. Eichner, RUB). – Mchn. 1970 (in *Schriften zur Literatur*, Hg. W. Rasch; ern. Mchn. 1972, dtv). – Stg. 1978 (in *Kritische u. theoretische Schriften*, Hg. A. Huyssen; RUB).

LITERATUR: H. E. Hugo, *An Examination of F. S.s »Gespräch über die Poesie«* (in MDU, 40, 1948, S. 221–231). – H. Eichner, *F. S.'s Theory of Romantic Poetry* (in PMLA, 71, 1956, S. 1018–1041). – E. Behler, *F. S.s Theorie der Universalpoesie* (in Jb. d. Dt. Schillerges., 1, 1957, S. 211–252). – I. Strohschneider-Kohrs, *Die romantische Ironie in Theorie u. Gestaltung*, Tübingen 1960, S. 7–88. – H. Schanze, *F. S.s Theorie des Romans* (in *Deutsche Romantheorien*, Hg. R. Grimm, Ffm. [2]1974, S. 105–124). – E. Kühn, *Der Leser – Die Frauen. Resultate einer pragmatischen Lektüre von F. S.s »Gespräch über die Poesie«* (in Jb. d. Dt. Schillerges., 30, 1986, S. 306–338).

LUCINDE

Roman von Friedrich von SCHLEGEL, erschienen 1799 als erster Teil eines größer geplanten, Fragment gebliebenen Werks. – Das wegen seiner »Frivolität«, seiner »Enthüllungen« und seiner ungewöhnlichen Struktur damals vielgeschmähte Buch (in einem Zwischentitel *Bekenntnisse eines Ungeschickten* genannt) kann als die allegorisch-symbolische Umsetzung von Schlegels eigener Romantheorie gelten, wie sie in den *Athenäum-Fragmenten* und im *Brief über den Roman* zum Ausdruck kommt. Eine *»Theorie des Romans«*, heißt es dort, *»würde selbst ein Roman sein müssen«*. In diesem Sinn ist *Lucinde*, was Form und Gehalt anbelangt, ein ganz und gar modernes Buch, ein geistreicher Roman des Romans, der als Dithyrambus an die Unendlichkeit endet. An die Stelle der durchgängigen, in sich geschlossenen Handlung, der Entwicklung von Charakteren und Situationen ist die *»reizende Verwirrung«*, die *»künstlich geordnete«*, scheinbare romantisch-ironische Systemlosigkeit getreten, die »offene« Romanform, wie sie im 20. Jh. Verfeinerung und Vollendung erfuhr. Der Mittelteil des Werks, die *Lehrjahre der Männlichkeit*, wird von jeweils sechs, teils miteinander korrespondierenden Abschnitten flankiert. Diese heterogenen, aus Erzählung, Szene, Brief und Betrachtung bestehenden, in innerer und äußerer Perspektive und Tonlage wechselnden Einzelteile fügen sich harmonisch zu einem Ganzen und erfüllen damit Schlegels Postulat, wonach *»die romantische Poesie ... alle getrennten Gattungen der Poesie wieder ... vereinigen und die Poesie mit der Philosophie und Rhetorik in Berührung ... setzten«* will. Dem für die damalige Zeit unerhört kühnen, die klassische Romanform zertrümmernden Verfahren entspricht die Kühnheit der Wahl eines im Autobiographischen verankerten Stoffs. (In der Gestalt des Julius sah man den Verfasser, in jener der Lucinde Dorothea Veit, die ältere Tochter Moses MENDELSSOHNS und spätere Ehefrau Schlegels, die er 1797 im Salon der Henriette HERZ kennengelernt hatte.) Auch hierin folgt Schlegel den Gegebenheiten der eigenen Poetik, wonach *»das beste in den besten Romanen nichts anderes ist als ein mehr oder minder verhülltes Selbstbekenntnis des Verfassers, der Ertrag seiner Erfahrung, die Quintessenz seiner Eigentümlichkeit«*.

Vorgeschichte und Angelpunkt des vielschichtigen Romangeschehens bietet der Abschnitt *Lehrjahre der Männlichkeit*, der allegorisch vertieft und erweitert ist von den ihn umrahmenden Betrachtungen, die das Hauptthema durch poetologische Themen oder durch die Themen Liebe, Tod, Vaterschaft paraphrasieren. Ein Mann gibt in diesem Abschnitt seiner Ehepartnerin, mit der ihn eine himmelstürmende, Geist und Seele gleicherweise umfassende Liebe verbindet, Rechenschaft über seine Vergangenheit. Er hat eine Reihe von Abenteuern hinter sich, versuchte durch Verführung, Libertinage, Umgang mit einem *»beinah öffentlichen Mädchen«* und durch Männerfreundschaften der Langeweile und des Lebensüberdrusses Herr zu werden. In auswegloser Situation wird ihm das Erlebnis der Liebe zuteil. Auch wenn die Angebetete (in der man Caroline, die Braut und spätere Frau von Schlegels Bruder August Wilhelm sehen will) bereits vergeben ist und er verzichten muß, wird die *»Vergötterung seiner erhabenen Freundin für seinen Geist ein fester Mittelpunkt und Boden einer neuen Welt«*. Endgültigen Frieden, Freude und die totale Erfüllung findet er schließlich in seiner Liebe zu Lucinde.

»Aus dem zerrissenen Problematiker ist durch die romantische Ehe der harmonisch-klassische Mensch geworden« (H.A. Korff). In der übermütigen Beschwingtheit, mit der Julius auf seinen Weg von der tastenden Liebe zur erfüllten Ehe zurückblickt, finden der oft forciert hymnisierende Ton (einer eher apoetischen, fast abstrakt wissenschaftlichen Sprache), das überschwengliche Lob des Glücks als Versöhnung von Ich und All rechtfertigende Erklärung. Nicht dem Ideal der freien Liebe gilt der verherrlichende Elan, sondern dem die sinnlich-körperliche und die geistig-seelische Liebe als Einheit betrachtenden romantischen Eheideal, dem, im Gegensatz zum Manichäismus des 18. Jh.s das Liebeserleben ein religiöses Erleben ist. Die eheliche Liebe wird zur *»wunderbaren sinnreich bedeutenden Allegorie auf die Vollendung des Männlichen und Weiblichen zur vollen ganzen Menschheit«*. Wenn der Autor durch Julius das Glück preist, das jener in der Verbindung mit der einzigartigen Frau gefunden hat, so preist er damit zugleich die Ehe als Glücksgemeinschaft, als Mittel zur klassischen Selbstverwirklichung und Selbstvollendung in einem die Totalität des Seins umfassenden humanistischen Sinn.

Diese tiefste Absicht Schlegels ist im Verlauf des von anonymen Schmähschriften und gehässigen Rezensionen begleiteten literarischen Skandals, dem das Buch ausgesetzt war, nicht zur Geltung gekommen. Der einzige Zeitgenosse Schlegels, der seine Anschauungen begriff, billigte und verteidigte, war Friedrich SCHLEIERMACHER, dessen 1800 erschienene *Vertraute Briefe über Lucinde*, aus freundschaftlicher Verbundenheit entstanden, eine bis heute kaum übertroffene kongeniale Würdigung des Romans darstellen. O.F.B

AUSGABEN: Bln. 1799. – Stg. 1859. – Paderborn u.a. 1962 (in *Krit. F.-S.-Ausg.*, Hg. E. Behler unter Mitw. v. J.J. Anstett, H. Eichner u.a., 35 Bde., 1958 ff., 5).– Stg. 1963 (Hg. u. Nachw. K.K. Polheim). – Ffm. 1964 (mit *Vertraute Briefe über S.s »Lucinde«* v. F. Schleiermacher; IB). – Ffm. u.a. 1980 (Nachw. H. Beese, mit *Vertraute Briefe über S.s »Lucinde«* v. F. Schleiermacher; Ullst. Tb). – Ffm. 1985 (Nachw. W. Paulsen; Insel Tb).

LITERATUR: R. Haym, *F. S. u. »Lucinde«* (in PJb, 24, 1869, S. 261–295). – J. Rouge, *Erläuterungen zu S.s »Lucinde«*, Halle 1905. – W. Paulsen, *F. S.s »Lucinde« als Roman* (in GR, 21, 1946, S. 173–190). – J.J. Anstett, *»Lucinde« – eine Reflexion. Essai d'interprétation* (in EG, 3, 1948, S. 241–250). – O. Pöggeler, *Hegels Kritik der Romantik*, Bonn 1956. – E. Klein, *Das Problem der Emanzipation in S.s »Lucinde«* (in WB, 9, 1963, S. 76–99). – H. Bretschneider, *F. S.s Roman »Lucinde« u. die Emanzipation der Frau*, Diss. Bln. 1974. – M. Kay Flavell, *Women and individualism. A re-examination of S.'s »Lucinde« and Gutzkow's »Wally die Zweiflerin«* (in MLR, 70, 1975, S. 550–566). – J. Hibberd, *The idylls in F. S.s »Lucinde«* (in DVLG, 51, 1977, S. 222–246). – B. Bekker-Cantarino, *S.s »Lucinde«. Zum Frauenbild der Frühromantik* (in Colloquia Germanica, 10, 1976/77, S. 128–139). – G. Mattenklott, *Der Sehnsucht eine Form. Zum Ursprung des modernen Romans bei F. S., erl. an »Lucinde«* (in Literaturwiss. u. Sozialwiss., 8: *Zur Modernität der Romantik*, Hg. D. Bänsch, Stg. 1977, S. 143–166). – G. Dischner, *F. S.s »Lucinde« u. Materialien zu einer Theorie des Müßiggangs*, Hildesheim 1980. – E.-U. Pinkert, *Hegels »Lucinde«-Kritik u. ihre Aktualisierung in der Auseinandersetzung der Junghegelianer mit Romantik u. Jungem Deutschland* (in Text & Kontext, 9, 1981, S. 343–380). – E. Behler, *F. S.: »Lucinde«* (in *Romane u. Erzählungen der dt. Romantik*, Hg. P.M. Lützeler, Stg. 1981, S. 98–124). – S. Weigel, *Wider die romantische Mode. Zur ästhetischen Funktion des Weiblichen in F. S.s »Lucinde«* (in *Die verborgene Frau*, Hg. I. Stephan u. S.W., Bln. 1983, S. 67–82; ern. 1985). – E.-M. Schleuning, *Liebe in der bürgerlichen Epoche. Zur Genese u. Struktur eines alltäglichen Begriffs*, Diss. Ffm. 1984. – C. Holz-Steinmeyer, *F. S.s »Lucinde« als »neue Mythologie«. Geschichtsphilosophischer Versuch einer Rückgewinnung gesellschaftlicher Totalität durch das Individuum*, Ffm./Bern 1985. – S. Lange, *Zum Beispiel »Lucinde«. Das »Ewigweibliche« im Horizont der bürgerlichen Emanzipation* (in WB, 33, 1987, S. 616–631). – R.-P. Janz, *Romantische Kritik der Vernunft. F. S.s »Lucinde« u. Bonaventuras »Nachtwachen«* (in *Verantwortung u. Utopie*, Hg. W. Wittkowski, Tübingen 1988, S. 367–386).

PHILOSOPHISCHE VORLESUNGEN INSBESONDERE ÜBER PHILOSOPHIE DER SPRACHE UND DES WORTES

Vorlesungen von Friedrich von SCHLEGEL, geschrieben und vorgetragen in Dresden im Dezember 1828 und im Januar 1829, erschienen 1830. – In der Vorrede zu seiner *Philosophie der Geschichte* hatte Schlegel den Wunsch ausgedrückt, den beiden Werken seiner Spätphilosophie, der *Philosophie des Lebens* und der *Philosophie der Geschichte* bald ein drittes folgen zu lassen, welches dasselbe Thema, die *»vollständige Wiederherstellung des Bewußtseins«*, noch einmal aus einer neuen Perspektive an-

visierte. Diesen Gesichtspunkt umschrieb er als *»Wissenschaft des lebendigen Denkens, auch im Gebiete des Glaubens und der Natur... mit Anwendung auf die Philosophie der Sprache«*. Wie sehr Schlegel die Vorlesungszyklen seiner Spätzeit als Einheit auffaßte, geht auch aus der Tatsache hervor, daß diese letzte Kollegreihe in den handschriftlichen Entwürfen, auf Einladungskarten, in Briefen und privaten Äußerungen oft als Vorträge über die *Philosophie des Lebens* bezeichnet wurden.
Die Gelegenheit zur Ausführung des Projekts ergab sich, als Schlegel Ende Oktober 1828 zu privaten Geschäften nach Dresden reiste. Am 5. Dezember 1828 begann er die öffentlichen Vorlesungen im Hôtel de Pologne, die zweimal wöchentlich stattfanden und mit denen er ein breites, erlesenes Publikum, u. a. TIECK, RAUMER, CARUS wie auch Geistliche verschiedener Bekenntnisse, anzog. Die Aussagekraft dieser Vorlesungen wurde bei Zeitgenossen und nachfolgenden Kritikern durch den Umstand dramatisch erhöht, daß sie das letzte Wort Schlegels darstellen, eigentlich mitten in der Darstellung abbrechen und seine weiteren Ausführungen im dunkeln ließen. Am Abend des 11. Januar 1829 hatte Schlegel die zehnte Vorlesung auszuarbeiten begonnen, seine Ausführungen aber mitten im Satz über das *»ganz vollendete und vollkommene Verstehen«* unterbrochen. Kurz darauf erlitt er einen Schlaganfall, dem er noch in derselben Nacht erlag. Das unvollendete Manuskript wurde von der österreichischen Botschaft nach Wien geleitet und 1830 von Franz v. BUCHOLTZ veröffentlicht.
Sprachphilosophische Themen werden im Verlauf der Kollegs immer wieder aufgegriffen. In der sechsten Vorlesung behandelt Schlegel die Theorie der Silben und Buchstaben, und gegen Ende der zweiten Vorlesung berührt er das zentrale Thema des Ursprungs der Sprachen. Diesem ist fast die gesamte dritte Vorlesung gewidmet, die mit ihren ausführlichen Stellungnahmen zu HERDERS *Ältester Urkunde des Menschengeschlechts* (1774–1776) und anderen Hypothesen über die Entstehung der Sprachen als Schlegels bedeutendstes Wort zum romantischen Thema der »Ursprache« angesehen werden kann. Wie in den beiden vorhergehenden Vorlesungszyklen ist aber der zentrale Gegenstand der Darlegungen die *»Philosophie des Lebens«* im Sinne der *»Wiederherstellung des Bewußtseins«*. Nur weil das *»lebendige Denken und eine Wissenschaft dieses lebendigen Denkens sich nicht trennen läßt von der Philosophie der Sprache«*, konnte diese Vorlesungsfolge unter ihrem einprägsamen Titel vorgetragen werden. – Diese Kollegs heben sich von den vorhergehenden Vorlesungsreihen zunächst dadurch ab, daß in ihnen auf Themen der frühromantischen Bewegung, den Platonismus, die Dialektik von »Sehnsucht« und »Erinnerung«, vor allem aber auf die Theorie der Ironie (zweite Vorlesung) und die damit zusammenhängende Theorie des Witzes (sechste Vorlesung) Bezug genommen wird. Ferner scheint die wesentliche Intention dieses Werks im Vergleich mit der Philosophie des Lebens darin zu liegen, daß sich die philosophische Reflexion mehr auf den Menschen konzentriert, die Philosophie von der *»Gottesphilosophie«* zur Geisteswissenschaft transformiert wird, zu einer *»innern Erfahrungswissenschaft, die Naturwissenschaft, Geschichte, Sprachkunde – gern braucht«*. In diesem Zusammenhang verdient erwähnt zu werden, daß zahlreiche Zeitgenossen, wie SCHLEIERMACHER und J. v. HORMAYR, aus diesen Vorlesungen den Eindruck gewannen, daß Schlegel von seiner katholischen Vorstellungwelt abzurücken begann und einen überkonfessionellen Standpunkt suchte. Tieck schrieb darüber an August Wilhelm v. SCHLEGEL: *»Aber Genüge, wie Du wohl weißt, fand er in keiner Wissenschaft und keinem Kunstwerk, auch im Glauben, in seinem Christentum nicht. Er mußte auch hier etwas Unbegreifliches aufbauen.«* Insgesamt betrachtet, charakterisieren sich die Vorlesungen der Schlegelschen Spätzeit als Darstellung einer konservativ-christlichen Philosophie, womit sich ein Zusammenhang in den Altersprodukten dieses Denkers zeigt, der in der Periode des ›Athenäum‹ der Wortführer einer »progressiven« Geisteshaltung gewesen ist. E.Be.

AUSGABEN: Wien 1830, Hg. F. v. Bucholtz. – Wien 1846 (in *SW*, 15 Bde., 15). – Paderborn u. a. 1968 (in *Krit. F.-S.-Ausg.*, Hg. E. Behler unter Mitw. v. J. J. Anstett, H. Eichner u. a., 35 Bde., 1958 ff., 10).

LITERATUR: F. Kainz, *F. S.s Sprachphilosophie* (in ZfdGw, 3, 1941, S. 263–282). – G. Brenning, *Geist, Leben, Inneres. Studien zur Sprache u. zum Weltbild des älteren F. S.*, Diss. Bln. 1954. – H. Nüsse, *Die Sprachtheorie F. S.s*, Heidelberg 1962. – V. Verro, *Pensiero, linguaggio e dialogo nella »Philosophie der Sprache und des Wortes« de F. S.* (in *Hermeneutik u. Dialektik, Fs. H. G. Gadamer zum 70. Geburtstag*, Hg. R. Bubner, 1969, Bd. 2).

ÜBER DAS STUDIUM DER GRIECHISCHEN POESIE

Kunstphilosophische Abhandlung von Friedrich von SCHLEGEL, die 1797 als erster Teil des Werks *Die Griechen und Römer. Historische und kritische Versuche über das Klassische Alterthum* erschien. – Der Hauptteil der gewöhnlich als »Studiumsaufsatz« bezeichneten Arbeit war bereits 1795 beendet, die ersten zehn Bogen waren im Frühling 1796 gedruckt; der GOETHE gewidmete Teil erschien 1796 im zweiten Stück der Zeitschrift ›Deutschland‹ unter dem Titel *Göthe. Ein Fragment, von A. W. Schlegel* (das dritte Stück berichtigte die irrige Verfasserbezeichnung).
Obwohl der Titel die griechische Literatur akzentuiert, ist das eigentliche Thema der Abhandlung doch die moderne, gelegentlich auch als *»romantisch«* bezeichnete Epoche der europäischen Dichtung; genauer gesprochen geht es Schlegel darum, wie er am 27. Februar 1796 seinem Bruder August Wilhelm schreibt, das *»Verhältnis der Griechischen Bildung zur modernen«* zu bestimmen. Unter die-

sem Gesichtspunkt läßt sich der Studiumsaufsatz als das ursprüngliche Systemprogramm der romantischen Ästhetik bestimmen, die eine Vereinigung der Errungenschaften der klassischen und modernen Literatur anstrebte. Der Grundriß des Werkes ist in einem Brief an August Wilhelm von SCHLEGEL vom 27. Februar 1794 dargelegt, in dem Friedrich Schlegel sagt: *»Das Problem unsrer Poesie scheint mir die Vereinigung des Wesentlich-Modernen mit dem Wesentlich-Antiken; wenn ich hinzusetzte, daß Göthe, der erste einer ganz neuen Kunst-Periode, einen Anfang gemacht hat, sich diesem Ziele zu nähern, so wirst Du mich wohl verstehen.«* Tatsächlich gipfelt die Studie in einem bislang nicht gehörten Preis Goethes, von dem Schlegel in einem bekannten Ausspruch sagt: *»Göthens Poesie ist die Morgenröte echter Kunst und reiner Schönheit.«* Der Grund für diese Anerkennung liegt in der Überzeugung, daß Goethes Dichtung die bislang getrennten Eigenschaften des »Klassischen« und »Modernen« vereinigt, daß er, wie Schlegel in seinem späteren *Gespräch über die Poesie* (1800) sagt, die *»höchste Aufgabe aller Dichtkunst«*, nämlich *»die Harmonie des Klassischen und Romantischen«* verwirklicht und so eine *»neue Stufe der aesthetischen Bildung«* herbeigeführt hat. Schlegel beanspruchte mit dieser Untersuchung, *»dem Gange der ästhetischen Kultur auf die Spur gekommen zu sein, den Sinn der bisherigen Kunstgeschichte glücklich erraten und eine große Aussicht für die künftige gefunden zu haben«*. Die Hauptphasen in diesem *»Gange der aesthetischen Kultur«* bestehen in den Epochen der antiken und der modernen Literatur; letztere setzt mit dem Ausgang des Mittelalters ein. Damit wurde die Scheidung in klassische und romantische Dichtung vollzogen, die in den großen literaturhistorischen Werken der Zeit, wie in A. W. von SCHLEGELS *Geschichte der dramatischen Kunst und Literatur* (1808), aber auch noch in HEGELS *Vorlesungen über die Aesthetik* (1832) vorherrschend ist. Freilich fällt die Bewertung in dieser Abhandlung noch ganz zugunsten der Antike aus, die für Schlegel *»Schönheit an sich selbst«* verwirklichte und ihren Höhepunkt in der Tragödie des SOPHOKLES fand, in der *»die göttliche Trunkenheit des Dionysos, die tiefe Erfindsamkeit der Athene, und die leise Besonnenheit des Apollo gleichmäßig verschmolzen«* sind. Die moderne Literatur, die ihren Gipfel in SHAKESPEARE hat, charakterisiert sich demgegenüber durch ein *»totales Übergewicht des Charakteristischen, Individuellen und Interessanten«*, ferner durch *»das rastlose unersättliche Streben nach dem Neuen, Piquanten und Frappanten, bei dem dennoch die Sehnsucht unbefriedigt bleibt«*. Schlegel kondensierte diesen Gegensatz zwischen Antike und Moderne, Klassik und Romantik, in die Begriffe der *»objektiven«* und *»interessanten«* Poesie, die wegen ihrer Ähnlichkeit mit den von SCHILLER entwickelten Kategorien der *»naiven«* und *»sentimentalischen«* Dichtung zunächst den Verdacht erweckt haben, daß der Studiumsaufsatz unter dem Einfluß von Schillers Studie *Über naive und sentimentalische Dichtung* (1795) verfaßt wurde. Die neuere Forschung hat aber ermitteln können, daß Schlegels Abhandlung unabhängig von Schiller entstanden ist. In der nachträglich geschriebenen Vorrede äußert sich Schlegel selbst zu diesem Problem und sagt über *»Schillers Abhandlung über die sentimentalen Dichter«: »Hätte ich sie eher gelesen, als diese Schrift dem Druck übergeben war, so würde besonders der Abschnitt von dem Ursprunge, und der ursprünglichen Künstlichkeit der modernen Poesie ungleich weniger unvollkommen gewesen sein.«* D.Be.

AUSGABEN: Neustrelitz 1797 (in *Die Griechen u. Römer. Historische u. kritische Versuche über das Klassische Alterthum*, Bd. 1). – Wien 1846 (in *SW*, 15 Bde., 5). – Wien 1882 (in *F.S. 1794–1802. Seine prosaischen Jugendschriften*, Hg. J. Minor, 2 Bde., 1). – Godesberg 1947, Hg. u. Einl. P. Hankamer. – Mchn. 1970 (in *Schriften zur Literatur*, Hg. W. Rasch; ern. Mchn. 1972, dtv). – Paderborn u. a. 1979 (in *Krit. F.-S.-Ausg.*, Hg. E. Behler unter Mitw. v. J. J. Anstett, H. Eichner u. a., 35 Bde., 1958 ff., 1).

LITERATUR: J. Körner, *Romantiker u. Klassiker*, Bln. 1924. – O. Walzel, *Frühe Kunstschau F. S.s* (in O. W., *Romantisches*, Bonn 1934, S. 7–110). – H. Eichner, *The supposed Influence of Schiller's »Über naive und sentimentalische Dichtung« on F. S.'s »Über das Studium der griechischen Poesie«* (in GR, 30, 1955, S. 260–264). – W. Mettler, *Der junge F. S. u. die griechische Literatur. Ein Beitrag zum Problem der Historie*, Zürich 1955. – R. Belgardt, *»Romantische Poesie« in F. S.s Aufsatz »Über das Studium der griechischen Poesie«* (in GQ, 40, 1967, S. 165–185). – H. R. Jauß, *S.s u. Schillers Replik auf die »Querelle des anciens et des modernes«* (in H. R. J., *Literaturgeschichte als Provokation*, Ffm. 1970, S. 67–106; es). – B. Bräutigam, *Eine schöne Republik. F. S.s Republikanismus im Spiegel des »Studium«-Aufsatzes* (in Euph, 70, 1976, S. 315–339). – G. Oesterle, *Entwurf einer Monographie des ästhetisch Häßlichen. Die Geschichte einer ästhetischen Theorie von F. S.s »Studium«-Aufsatz bis zu K. Rosenkranz' »Ästhetik des Häßlichen« als Suche nach dem Ursprung der Moderne* (in Literaturwissenschaft u. Sozialwissenschaft 8: *Zur Modernität der Romantik*, Hg. D. Bänsch, Stg. 1977, S. 217–297). – I. Oesterle, *Der »glückliche Anstoß« ästhetischer Revolution. Ein Denk- u. Belegversuch zum Zusammenhang von politischer Formveränderung u. kultureller Revolution im »Studium«-Aufsatz F. S.s* (ebd., S. 167–216). – M. Brück, *Antikerezeption u. frühromantischer Poesiebegriff. Studien zur »Gräkomanie« F. S.s u. ihrer Vorgeschichte seit J. J. Winckelmann*, Diss. Konstanz 1981.

ÜBER DIE DIOTIMA

Studie von Friedrich von SCHLEGEL, erschienen 1795 in der ›Berlinischen Monatsschrift‹. Schlegel nahm diese Arbeit in sein Werk *Die Griechen und Römer* (1797) auf, wo es zusammen mit der Ab-

handlung *Über die Darstellung der Weiblichkeit in den Griechischen Dichtern* den zweiten Teil bildet. Eine stark revidierte Fassung wurde von Schlegel im vierten Band seiner *Sämmtlichen Werke* (1822) veröffentlicht und später im vierten Band der *Zweiten Original-Ausgabe* (1846) nachgedruckt.
Die Ursprünge dieser Studie gehen in das Jahr 1794 zurück, als Schlegel in Dresden den Vorarbeiten für eine umfassende Geschichte der griechischen Literatur oblag, mit welcher er den bereits von HERDER erhobenen Anspruch eines *»Winckelmanns der griechischen Poesie«* erfüllen wollte. Im Verlauf dieser Studien, die 1798 in der unvollendeten *Geschichte der Poesie der Griechen und Römer* Ausdruck fanden, veröffentlichte Schlegel in kritischen Zeitschriften der Epoche einige Abhandlungen zur klassischen Geisteswelt, die Gedanken des größeren Werkes vorwegnahmen. Alexander von HUMBOLDT schrieb 1833 rückblickend an VARNHAGEN über diese Abhandlungen: *»Ich habe die klassischen Studien Friedrich Schlegels fleißig studiert und mich überzeugt, daß viele Ansichten des Altertums, die die Neueren sich zuschreiben, in Aufsätzen von 1795 begraben liegen.«* Unter diesen Abhandlungen hat *Über die Diotima* eine besondere Note: Hinsichtlich der Literatur des klassischen Griechenlands wird die lyrische Poesie besonders hervorgehoben und es findet das später von der Romantik nachdrücklich betonte Thema der »Weiblichkeit« hier bereits einen ersten Ausdruck. Schlegel wollte mit dieser Arbeit seine spätere Schwägerin Caroline erfreuen und erblickte in der Darstellung, wie er seinem Bruder August Wilhelm am 6. März 1796 schrieb, ein Muster seines Stils: *»Wenn man vielerlei Gedanken, auch wohl Schriftsteller von ganz heterogenem Ton anführen muß, so wird das Ganze dadurch bunt. Die einzige Möglichkeit, dann noch eine schöne Einheit hineinzubringen, ist, daß man über das Ganze Urbanität – einen liberalen Ton, Festivität zu verbreiten weiß. Danach habe ich in der Diotima aus dunklem Gefühl gestrebt.«*
Der unmittelbare Ausgangspunkt der Studie besteht in der Frage, wer wohl die Diotima aus PLATONS *Symposion* gewesen sei, als deren Schüler sich SOKRATES bezeichnete. Diese *»antiquarische Kleinigkeit«* wird zum Anlaß, in einer gelehrten Untersuchung, *»aus den kleinsten Bruchstücken einer zerstückelten Statue«*, ein umfassendes *»Bild griechischer Weiblichkeit«* zu entwerfen, wobei Schlegel seine detaillierten Kenntnisse der alten Schriftsteller zur Anwendung bringt und der gewöhnlichen Meinung widerspricht, *»das gesittete Frauen bei den Griechen ohne Bildung, vom Umgange mit Männern ausgeschlossen, ja unterdrückt und verachtet waren«*. Unter den Frauen aber, die als kulturtragende Gestalten der griechischen Bildungswelt in Erscheinung treten, beanspruchen vor allem die lyrischen Dichterinnen sein Interesse, welche *»Lesbos zum schönsten Garten der Musik machten«* und nun gegen die allgemeinere, hauptsächlich von ROUSSEAU vertretene Auffassung angeführt werden, wonach *»die Weiber der ächten Begeisterung und hoher Kunst ganz unfähig seien«*. Insgesamt betrachtet, charakterisiert sich diese Studie als eine kulturgeschichtliche Abhandlung zur klassisch-griechischen Bildungswelt, die mit der Betonung des weiblichen Bildungselementes bereits zentrale Gedanken der romantischen Bewegung anklingen läßt. D.Be.

AUSGABEN: Bln. 1795 (in Berlinische Monatsschrift, 26, 1795, Juli Nr. 3, August Nr. 4). – Neustrelitz 1797 (in *Die Griechen u. Römer. Historische u. kritische Versuche über das Klassische Alterthum*, Bd. 1). – Wien 1846 (in *SW*, 15 Bde., 4). – Wien 1882 (in *F. S. 1794–1802. Seine prosaischen Jugendschriften*, Hg. J. Minor, 2 Bde., 1). – Paderborn u. a. 1979 (in *Krit. F.-S.-Ausg.*, Hg. E. Behler unter Mitw. v. J. J. Anstett, H. Eichner u. a., 35 Bde., 1958 ff., 1).

LITERATUR: O. Walzel, *Frühe Kunstschau F. S.s* (in O. W., *Romantisches*, Bonn 1934, S. 7–110). – W. Mettler, *Der junge F. S. u. die griechische Literatur. Ein Beitrag zum Problem der Historie*, Zürich 1955. – G. F. Lenaux, *A Critical Analysis of F. S.'s Grecian Era*, Diss. Univ. of Kansas 1972. – M. Brück, *Antikerezeption u. frühromantischer Poesiebegriff. Studien zur »Gräkomanie« F. S. u. ihrer Vorgeschichte seit J. J. Winckelmann*, Diss. Konstanz 1981.

LUDWIG TIECK

* 31.5.1773 Berlin
† 28.4.1853 Berlin

LITERATUR ZUM AUTOR:
Forschungsberichte:
M. Thalmann, *Hundert Jahre T.-Forschung* (in MDU, 45, 1953, S. 113–123). – R. Minder, *Das gewandelte T.-Bild* (in *Fs. für Klaus Ziegler*, Hg. E. Catholy u. W. Hellmann, Tübingen 1968, S. 181–204).
Biographien:
König der Romantik. Das Leben des Dichters L. T. in Briefen, Selbstzeugnissen u. Berichten, Hg. K. Günzel, Tübingen 1981. – R. Paulin, *L. T. A Literary Biography*, Oxford 1985 (dt.: *L. T. Eine literarische Biographie*, Mchn. 1988). – Vgl. *Catalogue de la Bibliothèque Célèbre de Monsieur L. T. qui sera vendu à Berlin le 10. Décembre 1849 et Jours Suivants* par MM. A. Asher & Comp., Bln. 1849; Nachdr. Wiesbaden 1970.
Gesamtdarstellungen und Studien:
B. Steiner, *T. u. die Volksbücher*, Bln. 1893. – L. Faerber, *Das Komische bei L. T.*, Diss. Gießen 1917. – M. Thalmann, *Probleme der Dämonie in L. T.s Schriften*, Weimar 1919; Nachdr. Hildesheim 1978. – M. Schaum, *Das Kunstgespräch in T.s*

Novellen, Diss. Gießen 1925. – E. Görke, *Der junge T. u. die Aufklärung*, Bln. 1926; Nachdr. Nendeln 1967. – E. Pfeiffer, *Shakespeare u. T.s Märchendramen*, Diss. Bonn 1932. – E. H. Zeydel, *L. T., the German Romanticist. A Critical Study*, Princeton/N.J. 1935. – R. Minder, *Un poète romantique allemand. L. T.*, Paris 1936. – A. Gottrau, *Die Zeit im Werk des jungen T.*, Diss. Zürich 1947. – C. Gneuss, *Der späte T. als Zeitkritiker*, Diss. Würzburg 1948; ern. Düsseldorf 1971. – J. Hienger, *Romantik u. Realismus im Spätwerk L. T.s*, Diss. Köln 1955. – M. Thalmann, *L. T., der romantische Weltmann aus Berlin*, Bern/Mchn. 1955. – H. Endrulat, *L. T.s Altersnovellistik u. das Problem der ästhetischen Subjektivität*, Diss. Münster 1957. – M. Thalmann, *L. T. »Der Heilige von Dresden«*, Bln. 1960. – J. Heinichen, *Das späte Novellenwerk L. T.s. Eine Untersuchung seiner Erzählweise*, Heidelberg 1963. – J. Trainer, *L. T. From Gothic to Romantic*, Den Haag 1964. – A. Schmidt, *›Funfzehn‹. Vom Wunderkind der Sinnlosigkeit* (in A. S., *Die Ritter vom Geist*, Karlsruhe 1965; zul. in A. S., *Dialoge 2*, Zürich 1990, S. 285–332; Bargfelder Ausgabe). – A. A. Mai, *Studien zu Wort u. Satz bei L. T.*, Mchn. 1967. – W. Arlic, *L. T. als Kritiker des Kunstlebens seiner Zeit*, Diss. Graz 1968. – A. Marelli, *L. T.s frühe Märchenspiele u. die Gozzische Manier. Eine vergleichende Studie*, Diss. Köln 1968. – R. Schröder, *Novelle u. Novellentheorie in der frühen Biedermeierzeit*, Diss. Tübingen 1970. – R. Stamm, *L. T.s späte Novellen. Grundlage u. Technik des Wunderbaren*, Stg. u. a. 1973. – A. Giese, *Die Phantasie bei L. T. Ihre Bedeutung für den Menschen u. sein Werk*, Diss. Hbg. 1973. – G. Brinker-Gabler, *T.s Bearbeitungen altdeutscher Literatur*, Diss. Köln 1973; ern. Göppingen 1980. – R. Hellge, *Motive u. Motivwiederholungen bei L. T.*, Göppingen 1974. – L. Bredella, C. Bürger u. R. Kreis, *Von der romantischen Gesellschaftskritik zur Bejahung des Imperialismus. T., Keller, Kipling*, Ffm. u. a. 1974. – *L. T.*, Hg. W. Segebrecht, Darmstadt 1976. – J. Lambert, *L. T. dans les lettres françaises. Aspects d'une résistance au romantisme allemand*, Louvain/Paris 1976. – J. P. Kern, *L. T.: Dichter einer Krise*, Heidelberg 1977. – J. Benay, *Le théâtre de L. T. Anticipation du théâtre épique de Bertholt Brecht*, Diss. Nancy 1977. – E. Ribbat, *L. T. Studien zur Konzeption u. Praxis romantischer Poesie*, Kronberg/Ts. 1978. – A. Corkhill, *The Motif of »Fate« in the Works of L. T.*, Stg. 1978. – P. G. Klussmann, *L. T.* (in *Dt. Dichter des 19. Jh.s*, Hg. B. v. Wiese, Bln. 1979, S. 15–52). – W. J. Lillyman, *Reality's Dark Dream. The Narrative fiction of L. T.*, Bln./NY 1979. – J. Brummack, *Satir. Dichtung. Studien zu F. Schlegel, T., Jean Paul u. Heine*, Mchn. 1979. – S. Fritz-Grandjean, *Das Frauenbild im Jugendwerk von L. T. als Mosaikstein zu seiner Weltanschauung*, Ffm./Bern 1980. – H. Hillman, *L. T.* (in *Dt. Dichter der Romantik*, Hg. B. v. Wiese, Bln. 1983, S. 114–138). – I. Kreuzer, *Märchenform u. individuelle Geschichte. Zu Text- u. Handlungsstrukturen in Werken L. T.s zwischen 1790 u. 1811*, Göttingen 1983. – B. Mühl, *Romantiktradition u. früher Realismus. Zum Verhältnis von Gattungspoetik u. literarischer Praxis in der Restaurationsepoche*, Ffm./Bern 1983. – P. Wesollek, *L. T. oder der Weltumsegler seines Innern. Anmerkungen zur Thematik des Wunderbaren in T.s Erzählwerk*, Wiesbaden 1984. – G. de Bruyn, *Die Geschwister Tieck* (in G. de B., *Lesefreuden. Über Bücher und Menschen*, Ffm. 1986, S. 149–180). – R. Paulin, *L. T.*, Stg. 1987 (Slg. Metzler). – A. Hölter, *L. T. Literaturgeschichte als Poesie*, Heidelberg 1989. – D. Ottmann, *Angrenzende Rede. Ambivalenzbildung u. Motonymisierung in L. T.s späten Novellen*, Tübingen 1990. – T. Ziegner, *L. T. ...*, Ffm. 1990.

DER BLONDE ECKBERT

Märchennovelle von Ludwig Tieck, erschienen 1797. – Die Erzählung repräsentiert den seltenen und jedenfalls späten Typ des »tragischen Märchens«, in dem der Held nicht mit Hilfe geheimnisvoller Mächte sein Glück sucht und findet, sondern den eigenen Dämonen verfällt. Bertha, die mit dem Ritter Eckbert auf einer Burg im Harz lebt, erzählt Walther, dem Freund ihres Mannes, die Geschichte ihrer Kindheit: Als kleines Mädchen, das seinen Eltern davonläuft, trifft sie in einer Waldhütte eine Alte, die dort mit einem sprechenden Vogel und einem Hündchen zusammenlebt. Bertha findet hier ein neues Zuhause, und oft, wenn die Alte für längere Zeit unterwegs ist, versorgt sie die Tiere und bewacht den Schmuck der Einsiedlerin. Eines Tages, als die Alte wieder einmal unterwegs ist, nimmt eine tiefe Sehnsucht nach der Welt von Bertha Besitz. Sie bindet das Hündchen in der Hütte an, nimmt Schmuck und Vogel mit sich fort und läuft davon. Der Vogel aber quält sie mit seinem melancholischen Lied *»Waldeinsamkeit / Wie liegst du weit ...«* so sehr, daß sie ihn schließlich erdrosselt. – Ein tiefes Grauen überkommt sie, als Walther beim Abschied den Namen des Hündchens erwähnt, auf den sie sich vergeblich zu besinnen versuchte. Eckbert und Bertha bereuen es nun, sich Walther offenbart zu haben, ihre Freundschaft zerbricht, Betha stirbt im Fieber, von Ängsten gepeinigt. Eckbert tötet Walther, dem er die Schuld am Tod seiner Frau gibt. Er lebt lange einsam auf seiner Burg, bis er sich einem jungen Ritter, Hugo, anschließt, in dem er aber plötzlich Walther wiedererkennt. Als er sich im Wald verirrt und einen Bauern nach dem Weg fragt, sieht er sich wiederum dem Ermordeten gegenüber. Einmal hörte er einen Vogel das Lied *Waldeinsamkeit* singen, eine gebeugte Alte kommt ihm entgegen und offenbart ihm, sie selbst habe sich in die Ritter Hugo und Walther verwandelt, und Bertha sei niemand anderes als seine Schwester gewesen. Darauf verfällt Eckbert dem Wahnsinn. – Es geht in diesem straff und – von der rückgreifenden Jugendgeschichte Berthas abgesehen – stetig und linear erzählten Märchen nicht um eine bestimmte Moral, in dem Sinn etwa, daß jedes Unrecht sich von selbst räche, sondern Thema ist der Verfolgungswahn, der dem schlechten Gewissen entspringt. Tieck verwandelt die *»subjektiven Angsthalluzinationen in Wirklichkeiten«* (H. A. Korff), er verrätselt die Umwelt. Gebannt von der unheimlichen Atmosphäre, in der diese Menschen, von ihren ihnen selbst unbegreiflichen Ängsten gequält, in einer dämonischen Natur leben, fragt sich der Leser, was denn die »wahre Welt« sei. Bertha stirbt, weil sie die qualvolle Erfahrung machen muß, daß ein Fremder die verborgensten Dinge ihres Lebens kennt; Eckbert wird wahnsinnig, weil die Gestalten um ihn her ihre Identität verlieren. Es gibt in diesem Märchen keine zuverlässige, durch Erfahrung verfügbar gewordene Wirklichkeit mehr. Man erlebt sie lediglich in der Gestalt, in der sie jene Gequälten erleben, und nimmt Teil an ihrem Schauder und Schrecken.

P.W.W.

AUSGABEN: Bln. 1797 (in *Volksmährchen*, Hg. P. Leberecht [d. i. L. Tieck], 3 Bde., 1). – Bln. 1812 (in *Phantasus*, 3 Bde., 1812–1816, 1). – Bln. 1828 (in *Schriften*, 28 Bde., 1828–1854, 4; Nachdr. 1966). – Mchn. 1964 (in *Werke*, Hg. u. Anm. M. Thalmann, 4 Bde., 1963–1966, 2). – Stg. 1952, Nachw. K. Nußbächer (RUB; ern. 1986). – Ffm. 1985 (in *Schriften*, 12 Bde., 1985 ff., 6, Hg. M. Frank; krit.).

LITERATUR: H. A. Korff, *Geist der Goethezeit*, Bd. 3, Lpzg. 1940, S. 488–491. – E. Staiger, *L. T. u. der Ursprung der dt. Romantik* (in NR, 71, 1960, H. 4, S. 596–622). – R. Immerwahr, *»Der blonde Eckbert« as a Poetic Confession* (in GQ, 34, 1961, S. 103–117). – K. Müller-Dyes, *Der Schauerroman und L. T. Über die dichterische Fiktion im »Blonden Eckbert« u. im »Runenberg«. Ein Beitrag zur Wechselbeziehung von Trivialität u. Dichtung*, Diss. Göttingen 1966. – R. W. Ewton, *Childhood Without End. T.'s »Der blonde Eckbert«* (in GQ, 46, 1973, S. 410–427). – T. Fries, *Ein romantisches Märchen: »Der blonde Eckbert« von L. T.* (in MLN, 88, 1973, S. 1180–1211). – C. Bürger, *»Der blonde Eckbert«. T.s romantischer Antikapitalismus* (in *Literatursoziologie*, Hg. J. Bark, Bd. 2, Stg. u. a. 1974, S. 139–158). – M. Swales, *Reading One's Life. An Analysis of T.'s »Der blonde Eckbert«* (in GLL, 29, 1975/76, S. 165–175). – H. Schlaffer, *Roman u. Märchen. Ein formtheoretischer Versuch über T.s »Blonden Eckbert«* (in *L. T.*, Hg. W. Segebrecht, Darmstadt 1976, S. 444–464). – *L. T.: »Der blonde Eckbert« / »Die Elfen«. Materialien zur romantischen Gesellschaftskritik*, Hg. C. Bürger, Ffm. u. a. 1974. – G. Vitt-Maucher, *Eckbert, der gescheiterte Romantiker? Eine Strukturanalyse* (in *Wege der Worte*, Hg. D. C. Riechel, Köln/Wien 1978, S. 332–346). – *L. T.: »Der blonde Eckbert«. Erläuterungen u. Dokumente*, Hg. H. Castein, Stg. 1986 (RUB). – M. Tatar, *Unholy Alliances. Narrative Ambiguity in T.'s »Der blonde Eckbert«* (in MLN, 102, 1987, S. 608–626). – W. Münz, *L. T.: »Der blonde Eckbert« / »Der Runenberg«* (in *Erzählungen u. Novellen des 19. Jh.s*, Bd. 1, Stg. 1988, S. 7–59; RUB).

FRANZ STERNBALDS WANDERUNGEN. Eine altdeutsche Geschichte

Roman von Ludwig TIECK, erschienen 1798. – Das Fragment gebliebene Werk steht in engem Zusammenhang mit den *Herzensergießungen eines kunstliebenden Klosterbruders* (1796), einer gemeinsamen Veröffentlichung Tiecks und Wilhelm Heinrich WACKENRODERS, deren eines Stück, *Brief eines jungen deutschen Malers in Rom an seinen Freund in Nürnberg*, den *Sternbald* deutlich vorwegnimmt. Romantische Kunstauffassung und romantisches Künstlertum sind Thema des Werks, das allgemein in die Reihe der an *Wilhelm Meister* anschließenden Entwicklungsromane gestellt wird. Zwar ist das Grundschema dieser Gattung – ein junger Mensch durchläuft während einer längeren Reise oder Wanderschaft verschiedene Bildungs- und Erlebnisbereiche – auch im *Sternbald* beibehalten, doch bewirken die empfangenen Eindrücke keine innere Entwicklung des Helden, der der unentschiedene, von Stimmungen abhängige Träumer bleibt, der er von Anfang an ist. Seine Bildungsreise konfrontiert ihn zusehends mit der eigenen Vergangenheit, mit dem Rätsel seiner Herkunft. Erotisches Ziel seiner Wanderungen ist das Wiederfinden seiner verlorenen Jugendgeliebten Marie. Die Suche nach Marie führt Sternbald über die wirkliche Welt hinaus und erscheint ihm zuweilen als Gefahr und Wahnsinn. Die Handlung besteht aus einer lockeren Folge einzelner Episoden, unterbrochen von eingeschobenen Erzählungen, Gedichten, *»die zum Teil Meisterwerke sind«* (Mme. de Staël), Kunstbetrachtungen, Landschaftsschilderungen, die zur Allegorie des Unendlichen erhoben werden, und der Beschreibung musikalischer Empfindungen als Ausdruck der unstillbaren Sehnsucht des Wanderers. Die Epoche, in der Tieck seinen Roman ansiedelt, dient als Atmosphäre schaffende Kulisse: das Mittelalter – für die Romantiker hauptsächlich das Nürnberg Dürers – wird Spiegelbild einer bestimmten Kunst- und Lebensanschauung, wie sie der romantischen Wunschvorstellung entsprach.

Der junge, verträumte und schwärmerische Maler Franz Sternbald verläßt seinen Meister Albrecht Dürer, um nach den Niederlanden zu Lucas van Leyden und nach Italien zu wandern. Ruhelos und schwankend zweifelt er zuweilen an seiner Berufung, ja an der Kunst selber. *»Mein Geist ist zu unstet, zu wankelmütig, zu schnell von jeder Neuheit ergriffen. Ich wollte gern alles leisten, darüber werde ich am Ende gar nichts tun können.«* Sternbald will das undarstellbare malen, er wünscht sich, *»ein Werk hinzuzaubern, das gleichsam ein Bild der Unendlichkeit ist«*. In Florestan, dem ebenfalls das Wandern Lebensinhalt und Selbstzweck geworden ist, trifft der grüblerisch-ernste Franz einen Freund voll sinnlicher Lebensfreude, mit dem er die Wanderschaft in den Süden fortsetzt. Italien – am Italienbild von HEINES *Ardhingello* ausgerichtet – erscheint ihm als eine der deutschen Kunstfrömmigkeit entgegengesetzte, in ihrer Sinnlichkeit berauschende Welt, die sich seinem schwärmerischen Blick in den leuchtenden Farben Tizians und Correggios zeigt. Dem deutschen Kunstideal beinahe abtrünnig, erfährt er vor dem »Jüngsten Gericht« Michelangelos eine Bekehrung, die ihn schließlich zum sittlichen Ernst der nordischen Kunst zurückführen sollte. Der unausgeführte Plan des Autors sah seine Rückkehr und gleichzeitige Läuterung vor, die symbolisch an Dürers Grab vollzogen werden sollte.

Die Urteile der Zeitgenossen über den Roman waren unterschiedlich. Während Friedrich SCHILLER sich im 418. Athenäums-Fragment begeistert äußerte, war GOETHES Urteil vernichtend: *»Es ist unglaublich, wie leer das artige Gefäß ist.« »Er vermißte da den rechten Gehalt, und das Künstlerische käme als eine falsche Tendenz heraus«*, berichtet Karoline SCHLEGEL (14. 10. 1798). E. T. A. HOFFMANN dagegen lobte *»dies wahre Künstlerbuch«*. Ästhetische Höhepunkte des Romans sind vor allem die Landschaftsschilderungen; hier wurden erstmals die Grundstrukturen des romantischen Kunstwollens, die Unendlichkeitssehnsucht, als deren allegorische Entsprechung die Landschaft gilt, dichterisch formuliert. Sein Einfluß auf die Malerei und Kunsttheorie der Romantik ist nicht zu unterschätzen. Für die Ausgabe im Rahmen der *Schriften* hat Tieck den *Sternbald*, besonders die ersten drei Bücher des Romans, umfassend bearbeitet, doch nicht vollendet: *»Oft hatte ich, in dieser langen Reihe von Jahren, die Feder wieder angesetzt, um das Buch fortzusetzen und zu beendigen, ich konnte aber immer jene Stimmung, die notwendig war, nicht wieder finden.«* C.G.-KLL

AUSGABEN: Bln. 1798, 2 Bde. – Bln. 1843 (in *Schriften*, 28 Bde., 1828–1854, 16; Nachdr. 1966). – Mchn. 1963 (in *Werke*, Hg. u. Anm. M. Thalmann, 4 Bde., 1963–1966, 1). – Mchn. 1965, Hg. dies. (Die Fundgrube, 4). – Stg. 1966, Hg. A. Anger (RUB).

LITERATUR: J. O. E. Donner, *Der Einfluß »Wilhelm Meisters« auf den Roman der Romantiker*, Bln. 1893, S. 34–64. – H. Roetteken, *Die Charaktere in T.s Roman »Franz Sternbalds Wanderungen«* (in ZvLg, 6, 1893, S. 188–242). – H. Neugebauer, *Das Genußproblem in T.s »Lovell« u. »Sternbald« u. in Schlegels »Lucinde«*, Diss. Wien 1927. – K. Brömel, *L. T.s Kunstanschauungen im »Sternbald«*, Diss. Lpzg. 1928. – A. Kamphausen, *»Franz Sternbalds Wanderungen«* (in Zs. des dt. Vereins für Kunstwiss., 3, 1936, S. 404–420). – K. Betzen, *Frühromantisches Lebensgefühl in L. T.s Roman »Franz Sternbalds Wanderungen«*, Diss. Tübingen 1959. – G. L. Fink, *L'ambiguité du message romantique dans »Franz Sternbalds Wanderungen« de L. T.* (in Recherches germaniques, 4, 1974, S. 16–70). – J. L. Hibberd, *The Idylls in T.'s »Sternbald«* (in FMLS, 12, 1976, S. 236–249). – E. Mornin, *Art and Alienation in T.'s »Franz Sternbalds Wanderungen«* (in MLN, 94, 1979, S. 510–523). – Ders., *T.'s Revision of »Franz Sternbalds Wanderungen«* (in Seminar, 15, 1979, S. 79–96). – E. Ribbat, *L. T.: »Franz Sternbalds Wanderungen«* (in *Romane u. Erzählungen der dt. Romantik*, Hg. P. M. Lützeler, Stg. 1981, S. 58–74). – H. Markert, *Wirklichkeitsdarstellung u. Wirklichkeitsbewältigung in L. T.s frühen Romanen »Die Geschichte des Herrn William Lovell« u. »Franz Sternbalds Wanderungen. Eine altdeutsche Geschichte«*, Diss. Bln. 1981. – E. Menthen, *»... denn er selbst war hier anders.« Zum Problem des Identitätsverlusts in L. T.s »Sternbald«-Roman* (in Jb. der dt. Schiller-Ges., 30, 1986, S. 383–403).

DER GESTIEFELTE KATER. Ein Kindermährchen in drey Akten mit Zwischenspielen, einem Prologe und Epiloge

Märchen von Ludwig TIECK, erschienen 1797; Uraufführung: Berlin, 20. 4. 1844, Kgl. Schauspielhaus. – Der Stoff wurde der Erzählung *Le chat botté* aus dem berühmten Märchenbuch *Contes de ma mère l'Oye* (1697) von Charles PERRAULT entnommen. Das Stück ist eine *»hochaktuelle Satire«*, deren *»einziger Inhalt ein mißglückender Theaterabend ist, der halb scheiternde Versuch einer fiktiven Theatergruppe, das Märchenstück eines fiktiven Autors vor einem fiktiven Publikum aufzuführen«* (H. Kreuzer).

Der Inhalt des als Spiel im Spiel aufgeführten Märchenstücks ist im wesentlichen der des fünfzehn Jahre später durch die Brüder GRIMM bekannt gewordenen Kindermärchens, das ebenfalls auf den *Chat botté* Perraults zurückgeht. Gottlieb, dem jüngsten von drei Brüdern, scheint nach dem Tode des Vaters das geringste Erbe zuzufallen: der Kater Hinze. Doch verspricht ihm dieser, ihm zu seinem Glück, ja sogar zu einem Königreich zu verhelfen, wenn er ihm nur ein Paar Stiefel anmessen ließe. Gottlieb opfert dafür sein letztes Geld, und dem also gestiefelten Kater gelingt es tatsächlich, seinem Besitzer mit großem Geschick und durch viele kluge Streiche nicht nur das Land des bösen Nachbarkönigs in die Hand zu spielen, sondern ihm als angeblichem Grafen von Carabas auch die Gunst des guten Landesherrn und dessen so schöner wie schöngeistiger Tochter zu gewinnen.

Die Aufführung dieses Märchens geht nun aber keineswegs glatt vonstatten. Das Publikum spart nicht mit Zwischenbemerkungen und meldet während der zum Teil recht unwahrscheinlichen Vorgänge auf der Bühne Bedenken an: Das Stück biete einem keinen *»festen Standpunkt«*, und man könne unmöglich in eine *»vernünftige Illusion«* hineinkommen. Der Dichter muß auf der Bühne erscheinen, um die Wogen der Empörung zu glätten, was aber erst dem hinzugerufenen »Besänftiger« des Königs mit seinem Glockenspiel und einem Arsenal tanzender Bären und anderer possierlicher Tiere und durch die Einlage eines ganz unprogrammgemäßen »Balletts« gelingt. Zu Beginn des dritten Akts hebt sich der Vorhang zu früh, so daß der Dichter im Gespräch mit dem Maschinisten auf der Bühne überrascht wird. Nun muß der Hanswurst vortreten und das befremdete Publikum erneut beruhigen, was er dazu benutzt, sich zur Empörung des Dichters über die Kargheit seiner Rolle zu beklagen. Im Epilog schließlich stellt sich der Dichter noch einmal dem unbefriedigten und kritischen Publikum, woraufhin *»aus dem Parterre mit verdorbenen Birnen und Äpfeln und zusammengerolltem Papier nach ihm geworfen«* wird (Regieanweisung), bis er sich endgültig zurückzieht. – Zu den beiden einander überschneidenden Spielebenen des Märchens und des Theaterabends gesellt sich als dritte die Wirklichkeit des Dichters Tieck selbst; so, wenn bei einer Disputation am Königshof der Hofgelehrte Leander behauptet, in dem *»neuerlich erschienenen Stück: Der gestiefelte Kater«* sei *»das Publikum gut ... gezeichnet«*, und darauf das Publikum empört ruft: *»Es kommt ja kein Publikum in dem Stück vor.«*

Dieses In- und Durcheinander der Wirklichkeitsbereiche, das dauernde »Aus-der-Rolle-Fallen« der agierenden Personen, dient der satirischen Absicht Tiecks, dessen Stück sich vornehmlich gegen die Mißstände des zeitgenössischen Theaterbetriebs und die Borniertheit eines auf seine Bildung pochenden Publikums wendet, das sich für die Rührstücke IFFLANDS und KOTZEBUES begeistert und aufwendigen Dekorationen mehr Aufmerksamkeit schenkt als dem Geschehen auf der Bühne. So wird am Ende des *Gestiefelten Katers* die im Verlauf des Stückes mehrfach zitierte Kulisse zum Finale der *Zauberflöte* heruntergelassen, die den größten Beifall erntet, während das Stück ausgepfiffen wird. – Zu den polemischen Ausfällen gegen das Theater kommen außerdem satirische Anspielungen auf die zeitgenössische Trivialliteratur (den empfindsamen und den Gespensterroman) und politische Seitenhiebe gegen die Französische Revolution, die Kleinstaaterei und vor allem, in der Gestalt des Königs, gegen die Dummheit und Borniertheit der Fürsten.

Tieck fand die Vertauschung der Spielebenen schon in Komödien des Dänen Ludvig HOLBERG, vor allem in *Ulysses af Ithacia eller En Tydsk Comoedie, 1725 (Ulysses von Ithacia oder Eine deutsche Komödie)*. Darüber hinaus macht sich der Einfluß der phantastischen Märchenkomödien Carlo GOZZIS und der Fastnachtsspiele von Hans SACHS und GOETHE bemerkbar. Ein Vorläufer des *Gestiefelten Katers* ist der 1795 entworfene Schwank *Hanswurst als Emigrant*, in dem der von GOTTSCHED geächtete Hanswurst wieder eingesetzt wird. Inhaltlich und stilistisch aufs engste mit dem *Gestiefelten Kater* verbunden ist die zum Teil gleichzeitig entstandene, aber erst 1799 vollendete Märchenkomödie *Prinz Zerbino*.

Das Stück hat literarisch überaus stark gewirkt, und so sind nicht nur E. T. A. HOFFMANNS Kater Murr und SCHEFFELS Hidigeigei Nachfahren des Katers Hinze, auch zahlreiche spätere Dramen, wie BRENTANOS *Gustav Wasa*, GRABBES *Scherz, Satire, Ironie und tiefere Bedeutung* oder PLATENS *Romantischer Ödipus*, zeigen sich von Tiecks Lustspiel beeinflußt.

So nahe Tiecks *Gestiefelter Kater* seiner Anlage nach auch dem antiillusionistischen Theater des 20. Jh.s steht – eine Tatsache, der er seine gelegentliche Wiederaufnahme in den Spielplan moderner Bühnen verdankt –, ist er doch durch einen grundsätzlichen Unterschied von dem *»im extremsten Sinne ›offenen‹ Schauspiel«* (H. Kreuzer) geschieden: Tiecks Illusionsdurchbrechung ist auf fiktive Zuschauer bezogen und ist so Gegenstand seines Stückes – die des »offenen« Schauspiels wendet sich an das reale Publikum und wird damit zum Prinzip der Aufführung selbst. Verbunden sind jedoch beide Spielarten durch die Tradition des alten Improvisationstheaters, das sie auf unterschiedliche Weise neu zu beleben versuchen. KLL

AUSGABEN: Bln. 1797 (in *Volksmärchen*, Hg. P. Leberecht, 3 Bde., 2). – Bln. 1812 (in *Phantasus*, 3 Bde., 1812–1816, 2; erw.). – Bln. 1828 (in *Schriften*, 28 Bde., 1828–1854, 5; Nachdr. 1966). – Lpzg. 1892 (in *Werke*, Hg. G. L. Klee, 3 Bde., 1). – Stg. 1964, Hg. H. Kreuzer (RUB). – Mchn. 1964 (in *Werke*, Hg. u. Anm. M. Thalmann, 4 Bde., 1963–1966, 2). – Ffm. 1985 (in *Schriften*, 12 Bde., 1985 ff., 6, Hg. M. Frank; krit.).

LITERATUR: J. Wolf, *Les allusions politiques dans le ›Chat botté« de L. T.* (in RGerm, 5, 1908, S. 158–201). – G. Brodnitz, *Der junge T. u. seine Märchenkomödien*, Mchn. 1912. – M. Kurz, *L. T.s und H. Laubes Stellung zur Schauspielkunst*, Diss. Mchn. 1951. – R. M. Immerwahr, *The Esthetic Intent of T.'s Fantastic Comedy*, Saint Louis 1953. – I. Strohschneider-Kohrs, *Die romantische Ironie in Theorie und Gestaltung*, Tübingen 1960, S. 283–319. – H. G. Beyer, *L. T.s Theatersatire »Der gestiefelte Kater« u. ihre Stellung in der Literatur- und Theatergeschichte*, Diss. Mchn. 1960. – H. Kreuzer, *T.s »Gestiefelter Kater«* (in DU, 15, 1963, H. 6, S. 33–44). – K. Pestalozzi, *T.: »Der gestiefelte Kater«* (in *Die dt. Komödie*, Hg. W. Hinck, Düsseldorf 1977, S. 110–126; 376–379). – W. Biesterfeld, *»Spaziergang auf dem Dach der dramatischen Kunst«. L. T.: »Der gestiefelte Kater«* (in *Dt. Komödien*, Hg. W. Freund, Mchn. 1988, S. 54–64).

DER JUNGE TISCHLERMEISTER.
Novelle in sieben Abschnitten

Erzählung von Ludwig TIECK, in zwei Bänden erschienen 1836. – Tieck hat mit der Ausarbeitung des vermutlich erst um die Jahreswende 1835/36 fertiggestellten Werks bereits im Jahre 1811 begonnen. Im Vorwort zum ersten Band schreibt Tieck, der Plan zu seiner Novelle sei *»schon im Frühjahr 1795«* entstanden und sei einer seiner *»frühesten Entwürfe«*. Es ist freilich wahrscheinlicher, daß hier – wie U. SCHWEIKERT vermutet – *»wenigstens teilsweise eine Mystifikation vorliegt und Tieck den Entwurf ... auf 1795 vordatiert hat, um den Einfluß von Goethes 1796 erschienenen ›Wilhelm Meisters*

Lehrjahren‹ chronologisch auszuschließen. Handlungsführung, Figurenkonstellation, Theatromanie und Bildungsidee des ›jungen Tischlermeisters‹ setzen aber ganz offensichtlich die Kenntnis von Goethes Roman voraus.« Auch die Bezeichnung dieses umfangreichen Textes als *»Novelle«* soll offenbar Distanz zum Paradigma aller Bildungsromane signalisieren, obgleich *Der junge Tischlermeister* eindeutig zu diesem Typus gerechnet werden muß, den er voraussetzt und zugleich transformiert. Erst im Jahre 1811 will Tieck mit der *»Ausarbeitung«* seines Entwurfs begonnen haben. Die Druckgeschichte reicht – Tiecks Worten zufolge – bis in das Jahr 1819 zurück. Im Oktober 1831 hörte Karl IMMERMANN Tieck aus den Aushängebögen des Romans vorlesen: *»Es ist eine Phantasie über deutsches Handwerk in seiner besten Gestalt«* (K. Immermann, Brief an M. BEER vom 13. 1. 1832).

Die Handlung der ersten sechs von sieben Abschnitten der Großnovelle schildert ungefähr acht Wochen im Leben Wilhelm Leonhards, des dreißigjährigen Tischlermeisters. In dieser Zeit, um 1805, unternimmt Leonhard eine (Bildungs-)Reise durch das *»schöne Buch«* seiner Jugend und erreicht das Ziel aller Bildungsromane, nämlich die *»harmonische Ausbildung seiner Kräfte«*. Es gelingt ihm, die widersprüchlichen Elemente seines Wesens miteinander zu versöhnen und sich in die ihm zugedachten sozialen Funktionen zu finden.

Zu Beginn des Romans ist Leonhard seit 18 Monaten mit Friederike verheiratet, doch die Ehe ist, nicht von *»Leidenschaft für einander«* erfüllt, bislang kinderlos geblieben. Zum Ehemann fehlt Leonhard noch die *»richtige Mimik«*, seine *»éducation érotique«* verlief offensichtlich unbefriedigend: Er ist als junger Mann zwar *»allerhand Versuchungen«* ausgesetzt gewesen, blieb jedoch *»halsstarrig«* und entzog sich den *»Nachstellungen«* der *»Weiber und Mädchen«*. Seit zwölf oder dreizehn Jahren trägt er das Bildnis seiner platonischen Jugendliebe Kunigunde bei sich und hofft, ihr eines Tages erneut zu begegnen.

Allzugern läßt sich Leonhard von seinem adligen Jugendfreund Friedrich Elsheim zu einer Reise auf dessen Schloß *»an der fränkischen Grenze«* verführen. Auf ihrer abwechslungsreichen Fahrt diskutieren Leonhard und Elsheim Konzepte für einen geglückten Lebensweg. Zum persönlichen Lebensglück zählen sie notwendig Kunst, Bildung, Vernunft und soziale Integration. Glücklich ist, so wird hier postuliert, wer extreme Gegensätze in sich aufheben bzw. harmonisch versöhnen kann und sowohl Rationales als auch Irrationales zu integrieren vermag: *»Ich glaube«*, sagt Leonhard im zweiten Abschnitt, *»daß alle, oder doch die meisten Menschen aus Widersprüchen zusammengesetzt sind; diese nun auf gelinde, gewissermaßen kunstreiche Art zu lösen, ist die Aufgabe des Lebens. Gewaltsame Leidenschaften, erschreckendes Unglück, tolle Ausschweifung, sind wohl sehr oft Mangel an Geschick und Kunstsinn zu nennen.«* Sein Tischlerberuf selbst wird als eine Synthese von Kunst und Handwerk interpretiert: Der Künstler wird aus seiner Außenseiterstellung gelöst und sozial verankert, das bloß Notwendige, Vernünftige des Handwerks wird mit einer *»Zugabe von Schönheit«* erhöht.

Das Gelingen oder Scheitern des Lebensweges der Figuren wird in dieser Novelle in erster Linie an Liebe und Erotik demonstriert. Liebe gilt als höchster Wert, an ihr zu scheitern bedeutet Tragik. Freilich sind weder Leonhard noch Baron Elsheim zu Beginn ihrer Reise *»glücklich«* zu nennen. Baron Elsheim wird von seiner Familie zur Heirat mit Albertine Fernow gedrängt, mit der er weitläufig verwandt ist. Doch Elsheim muß zunächst erotische Erfahrungen sammeln und Umwege machen, bevor er seine definitive Partnerwahl treffen kann.

Auf Elsheims Schloß wollen Wilhelm und Elsheim ihrer alten Theaterleidenschaft frönen und Stücke inszenieren. Eine Laienspielgruppe, bestehend aus den Bewohnern des Schlosses, einigen Freunden und Nachbarn sowie Wilhelm und Elsheim, führt zwei Stücke von Shakespeare (*Wie es Euch gefällt* und *Was Ihr wollt*) sowie Goethes *Götz von Berlichingen* auf. Das Rollenspiel dient zugleich auch der eigenen Rollenerprobung, spielerisch erhält man über sich und andere Gewißheit. Dabei gerät Wilhelm in die Fänge der erotisch aggressiven, koketten Charlotte Fleming. Bevor es jedoch zum Äußersten kommen kann, bricht Wilhelm seinen Aufenthalt im Schloß ab und verfolgt seine weiteren Reiseziele. Er begegnet seiner Jugendliebe Kunigunde wieder, die jedoch schon nach wenigen Wochen an einem schweren Leiden stirbt. Wilhelm kehrt zu Friederike zurück und entwickelt sich erst jetzt, nach überstandenen Abenteuern, zum glücklichen Ehemann, dessen Ehe bald auch mit eigenen Kindern gesegnet ist. Wie im siebten – zugleich dem letzten – Abschnitt der Novelle erzählt wird, hat auch Elsheim, der als oberflächlich, hochmütig und leichtsinnig dargestellt worden war, eine *»Wandlung ins Solidere«* (J. Minor) erfahren, er hat Albertine Fernow geheiratet und ist glücklicher Ehemann und verantwortungsbewußter Vater geworden.

Die zahlreichen Verstöße gegen die Moralvorstellungen, vor allem Wilhelm Leonhards temporärer Ausbruch aus der Ehe mit Friederike, haben Tieck schwere Vorwürfe der Zeitgenossen eingetragen. Tieck hat diese Kritik überzeugend zurückgewiesen: *»Ich wollte ja andeuten, daß er* [Leonhard] *sich selbst jetzt erst versteht, daß nach dieser Abschweifung von der konventionellen Moral seine Ehe nun erst eine wirkliche wird, daß die Eheleute sich nun viel inniger lieben können als vormals... Alle diese Menschen sind gut und nach meinem Gefühl moralisch. Giebt es aber etwa diese Seelengeheimnisse gar nicht? Oder sollen sie, wenn sich ihr Dasein nicht ableugnen läßt, gar nicht geschildert werden?«* (Tieck an Wilhelmine HALLWACHS, Brief vom 5. 8. 1838).

Indem Tieck die geltenden Auffassungen der Zeit über Liebe, Sexualität und gesellschaftliche Integration im Rahmen des weiterentwickelten Bildungsromans diskutierte, schuf er nicht nur eines der wichtigsten Werke seiner eigenen späten Schaffensperiode, sondern auch der ausgehenden Goethezeit. Dabei dürfte die lange Entstehungszeit des Textes mit dazu beigetragen haben, daß *Der junge Tischlermeister* auch *»diachron«* (M. Schwering) zu einem wichtigen Zeugnis des literarischen Wandels am Ende der Goethezeit geworden ist. Wesentliche Aspekte dieses Strukturwandels kommen in den zeitgenössischen Rezeptionszeugnissen zum Ausdruck. So schreibt der Rezensent der ›Jahrbücher für wissenschaftliche Kritik‹ sinngemäß, daß Tieck die *»Annäherung der Stände, die sich in der Bildung vollzieht«*, idealisiert habe und in seiner *»Ausnahmefigur«* des jungen Tischlermeisters der allgemeinen materiellen und geistigen Entwicklung weit vorausgegriffen habe. L.Ha.

AUSGABEN: Bln. 1836, 2 Bde. – Bln. 1854 (in *Schriften*, 28 Bde., 1828–1854, 28; Nachdr. 1966). – Potsdam 1943, Hg. A. Gerz (Der Zauberspiegel, 21). – Mchn. 1966 (in *Werke*, Hg. u. Anm. M. Thalmann, 4 Bde., 1963–1966, 4). – Ffm. 1988 (in *Schriften*, 12 Bde., 1985 ff., 11, Hg. U. Schweikert; krit.).

LITERATUR: R. Brandmeyer, *Biedermeierroman u. Krise der ständischen Ordnung*, Tübingen 1982. – B. Mühl, *Romantiktradition u. früher Realismus. Zum Verhältnis von Gattungspoetik u. literarischer Praxis in der Restaurationsepoche (T. – Immermann)*, Ffm./Bern 1983. – U. Köster, *Literatur u. Gesellschaft in Deutschland 1830–1848*, Stg. 1984. – M. Schwering, *Epochenwandel im spätromantischen Roman. Untersuchungen zu Eichendorff, T. u. Immermann*, Köln/Wien 1985.

PHANTASUS

Sammlung von dreizehn Märchen, Erzählungen, Schauspielen und Novellen in drei Bänden von Ludwig TIECK, erschienen 1812–1816. – Auf dem Höhepunkt der Romantik beginnt Tieck seine für die Entwicklung der romantischen Poesie repräsentativen Dichtungen zu sammeln. Nach dem Vorbild von BOCCACCIOS *Decamerone* konzipiert er eine selbständige, dialogisch strukturierte Rahmennovelle, um den Leser in Form eines »kleinen Romans« in die frühromantische Kunst- und Weltanschauung einzuführen. Ein geselliger Kreis romantisch gesinnter und empfindender Freunde, bestehend aus den Damen Clara, Emilie, Auguste, Rosalie und den Herren Manfred, Friedrich, Theodor, Lothar, Anton, Ernst und Willibald, trifft sich auf Reisen, auf Landgütern, bei Tisch. Die Gesprächsthemen sind vielfältig; sie reichen von der altdeutschen Vergangenheit über Freundschaft, Liebe, Landschaft, Gärten, Erziehung, kulinarische Genüsse bis zu Literatur, Theater und Ästhetik. Die sieben Herren, die sich in den Vortrag der *Phantasus*-Werke teilen, personifizieren *»verschiedene Stimmungen des Autors selbst, im Ernst und Scherz, im Schwärmerischen und Humoristischen bis zum Pedantischen hinab«*. Der ursprüngliche Plan, sieben Rezitatoren siebenmal ein Drama oder eine Geschichte, also insgesamt 49 Werke vorlesen zu lassen, blieb unausgeführt.

Dem ersten, dem »Märchen-Band«, steht das Titel-Gedicht *Phantasus* (1811) voran. Im Traum erscheint dem verzweifelten Poeten der Knabe Phantasus, eine allegorische Gestalt, die ihm das Auge öffnet fürs romantische Märchenland. Ernst formuliert in den programmatischen Rahmengesprächen einen Grundzug der romantischen Ästhetik: *»Wir träumen ja auch nur die Natur, und möchten diesen Traum ausdeuten; auf dieselbe Weise entfernt und nahe ist uns die Schönheit, und so wahrsagen wir auch aus dem Heiligthum unsers Innern wie aus der Welt des Traumes heraus.«* Die Freunde feiern GOETHE, SCHILLER, JACOBI, JEAN PAUL, die Brüder SCHLEGEL und NOVALIS als Vorläufer und Künder der romantischen Poesie. Der spöttische Theodor meint, daß die Dichter *»aus witziger Willkür mit der Wirklichkeit spielen und die Geburten der Dunkelheit als das Rechte und Wahre anerkennen wollen«*. Die zum Vortrag gelangenden Märchen aus dem *»Gebiet der Räthsel und Wunder«* mischen willkürlich das Liebliche mit dem Schrecklichen, das Kindliche mit dem Seltsamen. Romantische Märchen entstehen, *»indem wir die ungeheure Leere, das furchtbare Chaos mit Gestalten bevölkern und kunstmäßig den unerfreulichen Raum schmücken; diese Gebilde aber können dann freilich nicht den Charakter ihres Erzeugers verläugnen«*.

Von den frühen Märchen, die der Autor in seine Sammlung aufgenommen hat, bilden *Der blonde Eckbert* (1797; vgl. dort), *Der getreue Eckart und der Tannenhäuser* (1799) und *Der Runenberg* (1804; vgl. dort) eine Gruppe für sich, deren gemeinsames Kennzeichen es ist, *»daß im Schrecklichen eine gewisse Lieblichkeit wohnen könne, die dem Reiz des Grauenhaften eine Art von Rührung und Wehmuth beigeselle«*. Unbegreifliche Angstzustände quälen die Helden in einer rätselhaften Umwelt, Halluzinationen, die aus den Abgründen der Seele und den Tiefen der Erinnerung aufsteigen und in einer dämonischen Natur bedrohliche Gestalt annehmen. Im Eckbert-Märchen gipfeln die Motive von Schuld, Angst, Entfremdung, Inzest und Identitätsverlust in Wahnsinn und Mord. Das Doppelmärchen *Der getreue Eckart und der Tannenhäuser* erzählt zum einen von der unwandelbaren Treue des Ritters Eckart zu seinem Herzog, die auch den magischen Lockungen im Venusberg standhält, zum anderen die 400 Jahre später spielende Geschichte vom Tannhäuser, dem Traum und Wahnsinn die Bilder von unglücklicher Liebe, Mord am Nebenbuhler, Teufelspakt und Abstieg in den Venusberg vorgaukeln: Der Abstieg in den Berg symbolisiert den Abstieg in die Seele. Als der Freund Tannhäusers Erzählung in den Bereich der Einbildung verweist, setzt dieser das Imaginierte in die Tat um. Sage und Fiktion verdichten sich zu Spiegelbildern der menschlichen Seele. Auch im *Runenberg* trägt das Wunderbare Züge des Schreckens und Grauens und verwandelt die Natur in eine dämonische Seelenlandschaft. – Eine zweite Gruppe besteht aus Neuschöpfungen: *Liebeszauber, Die El-*

fen und *Der Pokal* (alle 1812). Im *Liebeszauber* verzerrt sich die Wirklickeit zur grauenhaften Fratze, zu einem aus Wahnsinn, krankhaften Phantasmagorien, Lebensekel und Todessehnsucht komponierten Gespenstertanz. In *Die Elfen* verschmilzt das alltägliche mit der romantischen Phantasiewelt der Elfen und Elementargeister. Der zweiteilige *Pokal* erzählt spiegelbildlich das Schicksal zweier Liebender, die sich in der Jugend auf den Orakelspruch eines Zauberpokals hin verloren haben, um sich im Alter wiederzufinden, eine *»schauerliche Geistergeschichte«* mit versöhnlich resignativem Schluß. Inmitten dieser Märchenerzählungen findet sich die 1797 entstandene *Wundersame Liebesgeschichte der schönen Magelone und des Grafen Peter aus der Provence*, ein Volksbuchstoff, den Tieck dem Prosaroman von Veit Warbeck (1535) entlehnt. Er schmilzt moderne Gefühlsweisen in den Stoff ein, verdichtet die Atmosphäre und romantisiert den Stimmungs- und Naturraum; er will *»die alte Geschichte mit neuem Lichte bekleiden«*. Neben dem Erzählton verändert er geringfügig auch den Inhalt. Ein leichter Schatten fällt auf die Treue des Ritters, das Wiedersehen spielt sich in einer Schäferhütte ab. Daß die Geschichte, wie in der Rahmenhandlung kritisch bemerkt wird, *»zu freigeisterisch und ungläubig«* sei, macht gerade ihren besondern Reiz aus.

Den Dramenband eröffnen Reflexionen über das Problem, Novellen zu Dramen umzuformen, die mehr sind als nur *»dialogisierte Novellen«*: *»Damit Erzählung oder Sage Schauspiel werde, muß ein neues Element hinzu treten, welches das Ganze allseitig durchdringt und im Mittelpunkt des Gedichtes seine Beglaubigung findet: dazu Individualität und scheinbare Willkür, zugleich eine Aufopferung alles dessen, was die Novelle reizend macht.«* Als Vorbilder für seine Dramentechnik nennt Tieck Gozzi, Aristophanes, Holberg, Fletcher und Ben Jonson. Der poetische Scherz *Leben und Tod des kleinen Rothkäppchens* (1800) eröffnet den zweiten Band mit dem Versuch, *»ein Mährchen von der höchsten Albernheit, mit welchem die Wärterinnen fast zuerst die Kinder zu fürchten machen, in einer Tragödie darzustellen«*. In der phantastischen Manier Gozzis durchdringen sich Wunderbares und Komisches, Kindliches und Schreckliches. Frei nach Perraults *La barbe bleue* in den *Contes de ma mère l'Oye* (1697) ist *Ritter Blaubart* (1797) gestaltet. Auch in diesem »Ammenmärchen« verschmelzen Scherz und Ernst zur Groteske. Die Komödie *Der gestiefelte Kater* (1797; vgl. dort) nach Perraults *Le chat botté*, eine Satire auf den zeitgenössischen Theater- und Literaturbetrieb, gehört zu Tiecks erfolgreichsten Stücken und wird zuweilen noch heute aufgeführt. Die antiillusionistischen, als Triebkräfte der Satire wirkenden Formelemente der wechselnden Wirklichkeitsbereiche und Spielebenen, die Technik des Theaters im Theater und das permanente Aus-der-Rolle-Fallen zerstören die Fiktion des Märchenspiels total. Eine ähnliche Position in Tiecks dramatischem Schaffen nimmt *Die verkehrte Welt* (1799) ein. Eine satirische Absage an Schillers Wiederbelebung der antiken Schicksalsidee stellt das eigens für den *Phantasus* geschriebene Drama *Leben und Thaten des kleinen Thomas, gen. Däumchen* (1812) dar, das recht willkürlich den alten Märchenstoff mit der Artussage verknüpft.

Den dritten und letzten Band nimmt zur Gänze das zweiteilige Märchenlustspiel *Fortunat* (1815/16; vgl. dort) ein, das stofflich auf das Volksbuch *Fortunatus* aus der zweiten Hälfte des 15. Jahrhunderts zurückgeht. Um beide Teile voneinander abzuheben, läßt Tieck sie an zwei Tagen von zwei Personen vorlesen. Der erste Teil erzählt Fortunats Aufstieg zu Macht, Ansehen und Reichtum mit Hilfe eines Glücksbeutels, den er umsichtig zu nutzen weiß; der zweite Teil zeigt das glücklose Leben und Sterben seiner Söhne Ampedo und Andalosia, die das anvertraute Erbe leichtsinnig verschleudern. Tieck hebt den scharfen Kontrast zwischen beiden Teilen besonders hervor, die mit verkehrter Symmetrie den in den Rahmengesprächen formulierten Protest gegen das klassische Schicksalsdrama in die Formenwelt des romantischen Dramas übersetzen und den fatalistischen Schicksalsbegriff durch die harmonische Ergänzung von Glück und Verdienst ersetzen. M.Ke.

Ausgaben: Bln. 1812–1816, 3 Bde.; ern. 1844/45. – Bln. 1828 (in *Schriften*, 28 Bde., 1828–1854, 4/5; Nachdr. 1966). – Lpzg. 1892 (in *Werke*, Hg. G. L. Klee, 3 Bde., 2). – Bln. 1911, Hg. K. G. Wendriner, 3 Bde. – Mchn. 1964 (in *Werke*, Hg. u. Anm. M. Thalmann, 4 Bde., 1963–1966, 2). – Ffm. 1985 (in *Schriften*, 12 Bde., 1985 ff., 6, Hg. M. Frank; krit.).

Literatur: R. Haym, *Die romantische Schule. Ein Beitrag zur Geschichte des deutschen Geistes*, Bln. 1870. – K. Brodnitz, *Der junge T. u. seine Märchenkomödien*, Mchn. 1912. – T. Hertel, *Über T.s »Getreuer Eckart« und »Tannhäuser«*, Diss. Marburg 1917. – K. Peuker, *Drei Märchennovellen aus T.s »Phantasus« als Einführung in die Romantik* (in Pädagog. Provinz, 12, 1958, S. 191–199). – H. Scheuer, *L. T.s »Die schöne Magelone«. Ein Vergleich mit dem Volksbuch* (in *MA-Rezeption II*, Hg. J. Kühnel u. a., Göppingen 1982, S. 473–491). – D. A. Hunsberger, *Aspects of the Fantastic and the Marvelous in Selected Tales from L. T.'s »Phantasus, Erster Theil«*, Diss. Ohio State Univ. 1983. – J. E. Barry, *The Problem of Identity in L. T.'s Tales from the »Phantasus«, a Psychoanalytic Interpretation*, Diss. State Univ. of NY, Buffalo 1984.

PRINZ ZERBINO oder die Reise nach dem guten Geschmack, gewissermaßen eine Fortsetzung des gestiefelten Katers

»Ein deutsches Lustspiel« in sechs Akten von Ludwig Tieck, erschienen 1799. – In diesem allzu breit geratenen Lustspiel variiert Tieck ein Lieblingsthe-

ma der romantischen Theatersatire: die literarische Polemik gegen die erstarrte Aufklärung und den von ihren Anhängern hartnäckig verteidigten Kunstgeschmack.
Kronprinz Zerbino leidet an einer seltsamen Krankheit, einer Art Geistesschwäche mit allen Symptomen antirationalistischen Wahnsinns, der von unmäßiger Lebenswut herrührt. Im imaginären Marionettenstaat König Gottliebs aber herrscht die Aufklärung; selbst der zum Hofrat avancierte Narr glaubt, *»daß die Aufklärung der Menschheit ungemein nützlich sei«*. Die ärztliche Kunst versagt vor Zerbinos phantastischer Tollheit. Während der senile König mit Bleisoldaten spielt, berät die »Gelehrte Gesellschaft zur Beförderung der Aufklärung«, wie dem epidemisch um sich greifenden poetischen Wahnsinn beizukommen sei. Der tiefsinnige Zauberer Polykomikus eilt herbei und verordnet dem kranken Prinzen als Kur die »Reise zum guten Geschmack«. Aber Zerbino und sein Begleiter Nestor suchen vergebens nach dem kuriosen Reiseziel. Sie treffen auf eine allegorische Schmiede, wo das Werkzeug gefertigt wird, mit dem das Feld der Wissenschaften gepflügt und nach der Wahrheit gegraben werden soll. In einer allegorischen Mühle sehen sie, wie all die großen Werke und Tugenden in einen Trog geschüttet und kleingemahlen werden. Der Müller sammelt im Archiv der Zeit und des guten Geschmacks die größte Kleie und schönste Grütze. Veit Weber und Christian Heinrich Spieß, die ungekrönten Häupter der zeitgenössischen Trivialliteratur, sind zu Handwerksgesellen degradiert. Endlich erreichen die Reisenden den Garten der Poesie, wo das romantische Märchenland in betörendem Glanz schillert. Nestor fühlt sich schon als Märtyrer der Aufklärung und schlägt das Ansinnen der romantischen Muse aus, den Kranken doch in den Garten zu führen. Nacheinander erscheinen die Ahnen der Romantik: Dante, Ariost, Gozzi, Petrarca, Tasso, Böhme, Cervantes, Hans Sachs, Goethe und Shakespeare – vergeblich: In greifbarer Nähe des guten Geschmacks entschließt sich der Prinz zur Rückkehr in die väterliche Residenz, wo die Aufklärung in schönster Blüte steht. Aber das Theaterspielen behagt Zerbino nicht mehr, er fällt aus der Rolle und kurbelt mit Hilfe der Maschinerie das Stück einfach zurück, Szene um Szene. Der Autor läßt sich in eine Schlägerei mit seinem Titelhelden ein, Leser, Setzer und Kritiker protestieren. Der unterlegene Prinz muß weiterspielen und in die Residenz zurückkehren. Zwar hat er den guten Geschmack verfehlt, aber er ist nun kuriert und hat ein hohes Maß an Bildung erworben. Das Zeitalter jedoch ist der Satire nicht günstig, und der mutwillige Zerbino wandert für Monate ins Gefängnis, bis eine aufklärerische Kommission ihn wegen erwiesener Vernunft freispricht. Auf die Frage, was er von der Poesie halte, erwidert er lapidar: *»Daß sie eine Narrheit ist.«*
Die poetische Narrheit verweist Tieck in Nebenhandlungen wie die Liebesgeschichte zwischen Cleon und Lila, Helikanus und Cleora, romantisch illuminierte Verspassagen, die scharf mit den satirischen Prosaszenen kontrastieren. Vers und Prosa lösen einander ab wie Romantik und Aufklärung. Der formbewußte Autor nutzt souverän die formalen Möglichkeiten der Sprache. Er parodiert die Allegorie und macht sie ironisch zum Vehikel der romantischen Theatersatire. Im Gegensatz zu Stükken wie *Der gestiefelte Kater* (1797) und *Die verkehrte Welt* (1799) setzt er die Technik des Spiels im Spiel sparsamer ein und verzichtet auf das mitspielende Publikum. Die Illusion bleibt gewahrt bis zu dem Punkt, wo der Darsteller des Zerbino aus der Rolle fällt und das Theater als Theater parodiert. Die Schwäche des Stücks liegt in seiner Länge und Figurenfülle: Die Satire verliert dadurch an Vehemenz und Wirkung. M.Ke.

AUSGABEN: Lpzg./Jena 1799. – Jena 1799 (in *Romantische Dichtungen*, 2 Bde., 1799/1800, 1). – Bln. 1828 (in *Schriften*, 28 Bde., 1828–1854, 10; Nachdr. 1966).

LITERATUR: R. Haym, *Die romantische Schule. Ein Beitrag zur Geschichte des deutschen Geistes*, Bln. 1870. – K. Brodnitz, *Der junge T. u. seine Märchenkomödien*, Mchn. 1912. – L. Färber, *Das Komische bei L. T.*, Diss. Mainz 1917. – E. Pfeiffer, *Shakespeare u. T.s Märchendramen*, Diss. Bonn 1932. – H. W. Hewett-Thayer, *T.'s Revision of His Satirical Comedies* (in GR, 12, 1937, S. 160–163). – R. M. Immerwahr, *The Esthetic Intent of T.'s Fantastic Comedy*, St. Louis 1953. – H. G. Beyer, *L. T.s Theatersatire »Der gestiefelte Kater« u. ihre Stellung in der Literatur- u. Theatergeschichte*, Diss. Mchn. 1960. – H. Kreuzer, *T.s »Gestiefelter Kater«* (in DU, 15, 1963, H. 6, S. 33–44).

VOLKSMÄHRCHEN

Märchensammlung von Ludwig TIECK, erschienen 1797 mit der Fiktion »herausgegeben von Peter Lebrecht«. – Das Erscheinen der *Volksmährchen*, schon 1795 als *»wunderbare und abentheuerliche Geschichten«* im zweiten Teil des teilweise noch aufklärerischen Intentionen verpflichteten *Peter Lebrecht*-Romans angekündigt und mit diesem durch den fiktiven Herausgeber-Namen, wohl im Interesse des Verlegers Carl August Nicolai, einen äußerlichen Zusammenhang wahrend, markiert den Beginn der eigentlich romantischen Dichtung Tiecks und gibt in vielem entscheidende Anstöße der romantischen Dichtung überhaupt. Hier bekundet sich ein erstes starkes Echo auf die Streitschrift HERDERS für die Volkspoesie, der sie – *»mit Treue aufgenommen, mit Helle angeschaut, mit Fruchtbarkeit bearbeitet«* – nicht in nationaler, sondern literarischer Begeisterung als eine *»Fundgrube für den Dichter«* bezeichnet (*Von Ähnlichkeit der mittleren englischen und deutschen Dichtkunst*, 1777). Der orientalische Zauber- und Geisterapparat, dessen sich Tieck für frühe Märchenversuche bedient hatte, wird von deutsch-mittelalterlichen Stoffen verdrängt wozu Göttinger Studien und Anregungen WACKENRODERS Anstoß gegeben hatten. In zeitlicher Nachbarschaft zu den ironisch-aufklärerischen *Volksmärchen der Deutschen* (1782–1786) von MUSÄUS und zu GOETHES *Märchen* (1795) entstanden, war das Genre »Volksmärchen« für Tieck ein charakteristisches Medium, womit er einerseits das literaturpolitische Ziel verfolgte, die sensationslüsterne Unterhaltungsliteratur zu verdrängen, andererseits sein Programm einer Einbürgerung des Wunderbaren und einer Romantisierung des Gewöhnlichen, das er im Aufsatz *Shakspeare's Behandlung des Wunderbaren* (1793) entwickelt hatte, praktisch realisierte. Ironische Spiegelung der zeitgenössischen Gesellschaft und ihres Kunstverständnisses ist ein thematischer Grundzug.

In die Sammlung nahm Tieck recht Verschiedenartiges auf: Die Umarbeitung eines eigenen Werks, des Dramas *Karl von Berneck* (vgl. dort), ein Fremdkörper im ganzen Sammelwerk, steht neben neuer artistischer Schöpfung (*Der blonde Eckbert*, vgl. dort) und der prosaischen, lyrischen oder dramatischen Bearbeitung von Stoffen oder Erzählungen (*Ritter Blaubart, Der Gestiefelte Kater*, vgl. dort) sowie Volksbuchbearbeitungen. Nicht mit der Pietät vor dem Alt-Überlieferten, von der sich die Brüder GRIMM und GÖRRES bei ihren Märchen und Volksbuchsammlungen leiten ließen, sondern mit der Lust am Scherzhaft-Übertriebenen geht Tieck an die Stoffe heran. Waren die *Volksmärchen* Schöpfungen aus einer neuen poetischen Stimmung, die die melancholische Zerrissenheit von Tiecks früherer Schaffensperiode ablöste, so sieht er bei der Anrede an den »einsamen« oder »kranken« Leser in der Naivität der »altfränkischen Bilder« – den *»sonderbaren Genuß«* gewährt, *»Dein Jahrhundert und die Gegenstände um Dich her aus dem Gedächtnisse zu verlieren«*.

Der Ritter Blaubart. Ein Ammenmärchen in vier Akten, geschrieben 1796 und für den *Phantasus* im Sinne theatralischer Wirkung umgearbeitet, eröffnet die Sammlung. In der schlichten Dramatisierung des von PERRAULT in den *Contes de ma mère l'Oye* erzählten Märchenstoffes geht es um den kaltblütigen Frauenmörder Peter Berner und seine Frau Agnes, die, während er in den Krieg gezogen ist, neugierig das ihr verbotene siebente Zimmer des Schlosses öffnet und grausige Entdeckungen macht. Mit knapper Not entgeht sie dem blutdürstigen Zorn ihres zurückgekehrten Gemahls, der selbst dem Dolch zum Opfer fällt. Vielfältige episodische Szenen sind um die Haupthandlung gruppiert, innerhalb deren der Dialog wesentliches Kunstmittel bleibt. Nuancierte Psychologie und holzschnitthafte Typik, burleske Komik und differenzierte Stimmungsmalerei kontrastieren reizvoll; die Anlehnung an SHAKESPEARE und an GOZZI ist spürbar. Die satirischen Anspielungen auf geistesgeschichtliche Aktualitäten (z. B. FICHTES Transzendentalphilosophie) verbinden sich mit der Intention, die Gattung des Ritterstücks überhaupt zu parodieren, und mit der spielerisch-marionettenhaften Auffassung des eigentlich recht düsteren Stoffes.

An den Volksbüchern rühmte Tieck, daß sie *»mehr wahre Empfindung«* hätten und *»ungleich reiner und besser geschrieben«* seien *»als jene beliebten Modebücher«*. Ohne eigentlich parodistische Laune verstärkt Tieck bei seiner Bearbeitung der drei in die Sammlung aufgenommenen Volksbücher deren ironische oder sentimentale Elemente. *Die Geschichte von den Heymons Kindern in zwanzig altfränkischen Bildern*, die Tieck im Anschluß an den *Ritter Blaubart* und den *Blonden Eckbert* nacherzählt, gewinnt in seiner treuherzig-einfachen Wiedergabe – nach A. W. v. SCHLEGELS Wort – den Charakter einer »Heldenkomödie«. Flüchtig arbeitend, kürzt Tieck erheblich, im ganzen vorteilhaft, zeigt aber bei seinen Erweiterungen, insbesondere was die Stimmungsschilderung und psychische Analyse angeht, daß die Überlieferung von den männlich-wilden Kämpfen zwischen Karl dem Großen und den Söhnen des Ritters Heymon von Dordone wie dem treuen Pferd Bayart hier nur noch Material eines sentimentalisch gesinnten Redaktors ist.

Nachdem Tieck im zweiten Band der *Volksmährchen* den *Gestiefelten Kater* und die *Wundersame Liebesgeschichte der schönen Magelone und des Grafen Peter aus der Provence* (vgl. den Sammelartikel *Die schöne Magelone*) vorgestellt hatte, bringt er am Schluß die Improvisation *Ein Prolog*. Diese lustigen »Scherben« nach Art der durch Goethes Schwankdichtungen widerbelebten Versschmiedemanier machen die bei Publikum und Personal einsetzenden Vorbereitungen zu einer Theateraufführung zum Thema einer kleinen Dialogposse, deren Witz sich aus der Karikierung der Zuschauer und ihrer Erwartungen wie der Ironisierung der Transzendentalphilosophie Fichtes, nicht zuletzt auch aus der penetranten Reimerei ergibt.

Im dritten Band folgt nach dem Trauerspiel *Karl von Berneck* die *Denkwürdige Geschichtschronik der Schildbürger in zwanzig lesenswürdigen Kapiteln*. Die freie Bearbeitung der Vorlage berichtet von vertriebenen griechischen Staatsmännern und Philosophen, die, wie Tieck gegen die Allegoriensucht gerichtet erklärt, wirklich gelebt haben und die wohlüberlegt den Entschluß fassen, Narren darzustellen: Das Rathaus ist aus bedachten Gründen ohne Fenster gebaut, aber, als der Mangel allzu fühlbar ist, versucht man mit Säcken Licht hineinzutragen. Das Kapitel *Von der Verfassung, der Religion der Philosophie der Schildbürger: Zustand der Künste und Sitten* mit seinen vielen Skurrilitäten steckt voller Anspielungen auf Zeitverhältnisse. Nachdem schließlich der ganze Staat wegen Verdachts auf revolutionäre Gesinnung im Gefängnis sitzt, beschließt man, alle Gesetze aufzuheben und die Tugend zum einzigen Maßstab zu machen. Doch der Besuch des benachbarten Königs zeigt, daß statt prätendierter Weisheit die Sucht nach Geld wenigstens einen der Mitbürger beherrscht. Vor auswärtiger Bedrohung zerstreuen sich schließlich die Schildbürger in alle Welt. Unter der

Maske des Geschichtsschreibers macht Tieck nach eigenem Zeugnis zum Kern seiner Aufklärungssatire *»das Hereinziehen einiger ganz moderner Thorheiten, die Anspielungen auf unser gesunkenes Theater, und dergleichen«*. Vor allem die rationalistische Literaturauffassung der Zeit führt, als geistige Mode der Schildbürger-Gesellschaft dargestellt, zu lächerlichen Konsequenzen. Ebenso parodiert Tieck das Rezensionswesen und die Unduldsamkeit der aufklärerischen Toleranzprediger; aber auch die leicht wiederzuerkennenden Publikumslieblinge IFFLAND und KOTZEBUE bleiben nicht verschont. Wenn Tieck im Einleitungskapitel noch einmal die Qualitäten der alten Volksbücher im Gegensatz zu der abgeschmackten moralischen Aufklärungsliteratur beschwört, formuliert er damit sein neues poetisches Programm. Obgleich Nicolai die Chronik noch edierte – er soll sie erst nach dem Druck gelesen haben –, war diese doch ein Anlaß für den Bruch zwischen dem der Aufklärung verpflichteten Verleger und dem romantischen Dichter. Der Eklat hat zumindest den vorzeitigen Abschluß der auf mehrere Bände angelegten *Volksmärchen* verursacht.
Die *Volksmährchen* wurden als *»Unwissenheit und Aberwitz«* (so die ›Jenaische Allgemeine Literatur-Zeitung‹, 1797, S. 565) von einem Teil der Tageskritik abgelehnt. Aber es fehlte auch – nach Köpkes Mitteilung – nicht an Beifall, wenngleich der von Nicolai erwartete große Erfolg ausblieb. A. W. v. Schlegel widmete der Sammlung eine eingehende und anerkennende Rezension, in der er besonders *Ritter Blaubart* und *Der blonde Eckbert* würdigt und schon auf die Bedeutung Goethes und Shakespeares für Tieck aufmerksam macht (in ›Athenäum‹, 1798). Inhalte und Formen, mit denen Tieck hier erstmalig experimentierte, sollte er in seinen romantischen Komödien- und Märchendichtungen weiterentwickeln. Mit Tieck beginnt auch, was im Heidelberger Kreis, bei ARNIM und GÖRRES sich als Interesse für die Volksbücher geltend macht. G.O.

AUSGABE: Bln. 1797, 3 Bde.

LITERATUR: R. Benz, *Märchen-Dichtung der Romantiker. Mit einer Vorgeschichte*, Gotha 1908. – H. A. Korff, *Geist der Goethezeit*, Bd. 3, Lpzg. 1940, S. 454–494; [7]1966. – P. G. Klussmann, *Die Zweideutigkeit des Wirklichen in L. T.s Märchennovellen* (in ZfdPh, 83, 1964, S. 426–452). – V. Klotz, *L. T.* (in V. K., *Das europäische Kunstmärchen*, Stg. 1985, S. 149–161). – S. Stickney-Bailey, *T.'s »Märchen« and the Enlightenment. The Influence of Wieland and Musäus*, Diss. Univ. of Massachusetts 1985.

WILHELM HEINRICH WACKENRODER

* 13.7.1773 Berlin
† 13.2.1798 Berlin

HERZENSERGIESSUNGEN EINES KUNSTLIEBENDEN KLOSTERBRUDERS

Sammlung erzählender und kunsttheoretischer Schriften von Wilhelm Heinrich WACKENRODER und Ludwig TIECK (1773–1853), anonym erschienen 1796. – Der Anteil Tiecks an dieser Publikation ist von geringer Bedeutung, da er sich, wie die *Nachschrift* am Schluß des ersten Teils seines Romans *Franz Sternbalds Wanderungen* (1798) erweist, neben der äußerlichen Überarbeitung des Bandes auf lediglich vier (unwesentliche) der insgesamt achtzehn Stücke beschränkt (und zwar die Vorrede *An den Leser dieser Blätter, Sehnsucht nach Italien, Brief des jungen Florentinischen Malers Antonio an seinen Freund Jacobo in Rom* und *Brief eines jungen deutschen Malers in Rom an seinen Freund in Nürnberg*). – Diese kleine Veröffentlichung, die zusammen mit den 1799 postum von Tieck herausgegebenen *Phantasien über die Kunst für Freunde der Kunst* und einem umfangreichen Briefwechsel mit Tieck das Gesamtwerk Wackenroders ausmacht, kann als erstes und im eigentlichen Sinne initiatorisches literarisches Dokument der deutschen Frühromantik bezeichnet werden. Der überwiegende Teil der kurzen Erzählungen des Bandes bietet nach Art der Viten legendärer Heiliger stilisierte Malerbiographien (Dürer, Raffael, Leonardo da Vinci, Michelangelo, Piero di Cosimo), die sich eng, teilweise sogar wörtlich, an Giorgio VASARIS *Vite de' più eccelenti architetti, pittori e scultori* (1550) und Joachim von SANDRARTS *Teutsche Academie der edlen Bau-, Bild- und Mahlerey-Künste* (1675–1679) anschließen – Autoren, deren einfachen, unprätentiösen Chronistenstil Wackenroder mit Hilfe der Fiktion eines kunstbegeisterten Mönchs als Erzähler wiederzubeleben versucht. Daneben finden sich drei theoretische Aufsätze *(Von zwei wunderbaren Sprachen und deren geheimnisvoller Kraft; Einige Worte über Allgemeinheit, Toleranz und Menschenliebe in der Kunst; Wie und auf welche Weise man die Werke der großen Künstler der Erde eigentlich betrachten und zum Wohl seiner Seele gebrauchen müsse)* und, als Abschluß, eine kaum verhüllte autobiographische Erzählung – *Das merkwürdige musikalische Leben des Tonkünstlers Joseph Berglinger* –, die insofern den Rahmen der historischen »Malerchronik« sprengt, als sie sich einer problematischen Künstlerexistenz zuwendet, die als Modell für nahezu alle späteren romantischen Künstlererzählungen, zumal die Tiecks und E. T. A. HOFFMANNS, stehen darf.

»Die Kunst ist über dem Menschen: wir können die herrlichen Werke ihrer Geweiheten nur bewundern und verehren, und, zur Auflösung und Reinigung aller unserer Gefühle, unser ganzes Gemüt vor ihnen auftun.« Diese Formulierung Wackenroders rückt Kunst in unmittelbare Nähe zur Religion; Kunst wird sogar selbst Religion und nimmt deren Stelle ein, wo die Kraft des Wortes, die lediglich zur Bezeichnung *»irdischer Dinge«* ausreicht, versagen muß. *»Das Unsichtbare, das über uns schwebt«*, vermag allein die Kunst, als Mittlerin der *»göttlichen Flamme«*, herabzuziehen *»in unser Gemüt«*. Folgerichtig setzt Wackenroder, darin HAMANN nicht unähnlich, allen echten Kunstgenuß dem Gebet gleich und behält ihn den seltenen *»Momenten der verklärten Anschauung«* vor. Das Geheimnis der Schönheit ist weder in Worten aufzulösen noch in einem durchdachten Regelkanon, der zwar die mechanisch-technische Dimension eines Kunstwerks erfassen mag, nicht aber den beseelenden, enthusiastischen *»Kunstgeist«*, in dem sich das Transzendente durch das Medium der großen Künstlerpersönlichkeit unverhüllt zeigt. Dieser Auffassung von Kunst als ursprüngliche Offenbarung entspricht auch die eigentümliche, hinnehmende Passivität sowohl des Kunstgenusses, der eine *»stille und ruhige Fassung des Gemüts«* erfordert, als auch der schöpferischen Produktivität. Dieses Ideal schlichter Kunstfrömmigkeit findet Wackenroder vor allem in der italienischen Malerei der Renaissance und in der deutschen Kunst des 15. und 16. Jh.s verwirklicht – eine Perspektive, der die spätere Romantik auf dem Wege, der sie zur Entdeckung älterer Kunstepochen führte, entscheidende Impulse verdankt.

Wie sehr diese Kunstauffassung aber schon bei Wackenroder selbst fragwürdig wird, zeigt neben den *Phantasien über die Kunst* vor allem die abschließende Musiker-Erzählung. Berglinger hat von Jugend auf unter der nicht zu überbrückenden Diskrepanz zwischen seinem *»angebornen ätherischen Enthusiasmus«* und dem *»niedrigen Elend dieser Erde«* gelitten. Jede Flucht aus der Wirklichkeit in die *»dämmernden Irrgänge poetischer Empfindung«* enthüllt sich als kurzer, schnell verfliegender Rausch. Als er aber *»hinter den Vorhang«* tritt, sich die *»mühselige Mechanik«* der musikalischen Kunstgrammatik mit Erfolg, wenn auch widerstrebend zu eigen macht und, als Kapellmeister einer fürstlichen Residenz, der Kunstfeindlichkeit seiner Umwelt direkt ausgesetzt ist, verschärft sich der Widerspruch von Realität und sie überfliegender Einbildungskraft bis zum unauflösbaren, offenen Konflikt. Das *»doppelte Wesen von Geist und Leib«*, an dem alle romantischen Künstlerfiguren scheitern, läßt ihn, nach der Komposition einer großen Passionsmusik, an einer Nervenschwäche sterben.

Die magische, suggestiv-flüchtige und illusionistische Seite aller Kunst, die diese Erzählung bereits unüberhörbar andeutet, tritt in den *Phantasien* immer unverhüllter hervor, und zwar so stark, daß Wackenroder schließlich mit an E. T. A. Hoffmann erinnernden Formulierungen von der *»furchtbaren, orakelmäßig-zweideutigen Dunkelheit«* der Musik und von der Kunst als *»lieblichem Spielwerk«* spricht, über das *»die Engel im ferngerückten Himmel«* mitleidig lächeln.

Die erstaunliche Wirkung der *Herzensergießungen*, deren Dürer-Kapitel Tieck in den Kunstgesprächen seines *Sternbald*-Romans weiter ausführte, bekräftigt nichts besser als die gereizte, sarkastische Reaktion GOETHES, der sich dem *»klosterbruderisierenden, sternbaldisierenden Unwesen«* der jüngeren Romantikergeneration entschieden widersetzte: *»Es* [das Büchlein] *bezog sich auf Kunst und wollte die Frömmigkeit als alleiniges Fundament derselben festsetzen. Von dieser Nachricht waren wir wenig gerührt; denn wie sollte auch eine Schlußfolge gelten, eine Schlußfolge wie diese: einige Mönche waren Künstler, deshalb sollen alle Künstler Mönche sein!«* (*Annalen*, 1802). Ungeachtet dieser ironischen Ablehnung beeinflußte Wackenroders Schrift vor allem die 1809 in Wien gegründete und seit 1810 in Rom wirkende romantische Malervereinigung der »Nazarener« (Friedrich Overbeck, Peter von Cornelius, Schnorr von Carolsfeld, Wilhelm Schadow u. a.). H.H.H.

AUSGABEN: Bln. 1797 [recte 1796]. – Bln. 1814 (*Phantasien über die Kunst von einem kunstliebenden Klosterbruder*, Hg. L. Tieck; zus. m. *Phantasien über die Kunst für Freunde der Kunst*). – Jena 1910 (in *Werke u. Briefe*, Hg. F. von der Leyen, 2 Bde., 1). – Lpzg. 1921, Hg. O. Walzel. – Bln. 1938 (in *Werke u. Briefe*). – Oxford 1948, Hg. A. Gillies [m. Bibliogr.]. – Mchn. 1949, Hg. H. H. Borcherdt. – Stg. 1955 (Nachw. R. Benz; RUB). – Heidelberg 1967 (in *Werke und Briefe*, Hg. L. Schneider). – Reinbek 1968 (in *SS*). – Lpzg. 1981, Hg. E. Rietzschel. – Mchn. 1984 (in *Werke u. Briefe*, Hg. G. Heinrich).

LITERATUR: R. Wenzel, *W.s Weltanschauung*, Diss. Münster 1925. – B. Tecchi, *W. H. W.*, Florenz 1927 (dt.: *W. H. W.*, Bad Homburg 1962). – G. Fricke, *W.s Religion der Kunst* (in *Fs. f. P. Kluckhohn u. H. Schneider*, Tübingen 1948, S. 345–371). – H. A. Korff, *Geist der Goethezeit*, Bd. 3, Lpzg. [2]1949, S. 58–69; [7]1966. – L. Zametzer, *Der Unendlichkeitsbegriff in der Kunstauffassung der Frühromantik bei F. Schlegel u. W. H. W.*, Diss. Mchn. 1955. – H. Apfelstedt, *Selbsterziehung u. Selbstbildung in der deutschen Frühromantik. F. Schlegel, Novalis, W., Tieck*, Diss. Mchn. 1958. – D. Hammer, *Die Bedeutung der vergangenen Zeit im Werk W.s. Unter Berücksichtigung der Beiträge Tiecks*, Diss. Ffm. 1960. – M. Brion, *L'Allemagne romantique. Kleist, Brentano, W., Tieck, C. v. Günderode*, Paris 1962, S. 171–228. – H. Lippuner, *W., Tieck u. die bildende Kunst*, Zürich 1965. – D. B. Sanford, *W. and Tieck. The Aesthetic Breakdown of the Klosterbruder Ideal*, Diss. Univ. of Minnesota 1966. – P. F. Proskauer, *The Phenomenon of Alienation in the Work of K. P. Moritz, W. H. W. and in »Nachtwachen des Bonaventura«*, Diss. Columbia Univ. 1966. – E. Hertrich, *»J. Berglinger«. Eine Studie zu W.s*

Musiker-Dichtung, Bln. 1969. – R. Kahnt, *Die Bedeutung der bildenden Kunst u. der Musik bei W. H. W.*, Marburg 1969. – M. Frey, *Der Künstler u. sein Werk bei W. H. W. und E. T. A. Hoffmann*, Bern 1970. – C. Franke, *P. O. Runge u. die Kunstansichten W.s u. Tiecks*, Marburg 1974. – R. Wiekker, *Kunstkritik bei W. Zu Polemik u. Methode des Klosterbruders in den »Herzensergießungen«* (in Text & Kontext, 4, 1976, H. 1, S. 41–94). – M. Bollacher, *W.s Kunst-Religion. Überlegungen zur Genesis der frühromantischen Kunstanschauung* (in GRM, 30, 1980, S. 377–394). – H. Lambrecht, *Kommunikationsästhetische Fragestellungen im Schaffen W. H. W.s, ein Beitrag zur Ästhetik der dt. Frühromantik*, Diss. Potsdam 1980. – H. J. Dill, *Lyriker ohne Lyrik. Konsequenzen der Sprachskepsis bei W.* (in ZfdPh, 100, 1981, S. 560–575). – M. Bollacher, *W. H. W.: »Herzensergießungen eines kunstliebenden Klosterbruders«* (in *Romane u. Erzählungen der deutschen Romantik*, Hg. P. M. Lützeler, Stg. 1981, S. 34–57). – Ders., *W. u. die Kunstauffassung der frühen Romantik*, Darmstadt 1983. – S. Sudhoff, *W. H. W.* (in *Deutsche Dichter der Romantik*, Hg. B. v. Wiese, Bln. 1983, S. 88–113). – J. Ellis, *»Joseph Berglinger« in Perspective. A Contribution to the Understanding of the Problematic Modern Artist in W./Tieck's »Herzensergießungen eines kunstliebenden Klosterbruders«*, Bern/Ffm. 1985. – R. Littlejohns, *W.-Studien. Gesammelte Aufsätze zur Biographie u. Rezeption eines Romantikers*, Ffm. 1987.

Anonym

Nachtwachen von Bonaventura

Romantischer Roman, anonym erschienen 1804 im ›Journal von neuen deutschen Original Romanen‹ des Verlegers F. Dienemann. – Wie kaum ein anderer Text der neueren deutschen Literaturgeschichte zogen die *Nachtwachen* das spekulative Interesse der Germanistik auf sich, nachdem die Zeitgenossen ursprünglich kaum Notiz von ihm genommen hatten. R. Haym allerdings erhob in seiner Abhandlung über *Die Romantische Schule* (1870) den Roman – wobei diese Gattungsbezeichnung angesichts des Konglomerats von Episoden, Reflexionen und lyrischen Einschüben durchaus problematisch ist – zu einer der *»geistreichsten Produktionen der Romantik«*, die ihr Faszinosum in der Folgezeit vor allem durch die ungeklärte Verfasserfrage gewann.

Als Verfasser galten neben F. W. Schelling, der unter dem Pseudonym »Bonaventura« einige Gedichte im ›Musenalmanach für 1802‹ veröffentlicht hatte, die Romantiker Brentano, Arnim, F. v. Schlegel, E. T. A. Hoffmann sowie F. G. Wetzel, B. J. Erhard, I. F. Arnold und G. H. Schubert. Erst in jüngster Zeit schlossen J. Schillemeit und H. Fleig aufgrund zahlreicher Indizien auf Ernst August Klingemann (1777–1831) als Verfasser der *Nachtwachen*; dieser war in der ersten Dekade des 19. Jh.s mit konventionellen, teils auch trivialen Dramen bekannt geworden und hatte 1813 die Direktion des Braunschweiger Theaters übernommen, das sich während seiner Amtszeit – u. a. fand dort 1829 die erste öffentliche Aufführung von Goethes *Faust* statt – zu einer der wichtigsten deutschen Bühnen entwickelte. Ihre wohl endgültige Bestätigung fand diese These durch R. Haag, die in der Autographensammlung von P. A. Diederichs (1804–1874) in der Universitätsbibliothek Amsterdam eine von fremder Hand erstellte Werkliste Klingemanns auffand, die dieser von eigener Hand ergänzt hatte mit dem Eintrag *»Nachtwachen von Bonaventura, Penig Dienemann 1804«*. Daß Klingemann ansonsten zeitlebens Stillschweigen über seine Verfasserschaft wahrte, hängt wohl mit dem zeit- und kirchenkritischen Charakter des Textes zusammen, womit der Autor später vermutlich nicht mehr in Verbindung gebracht werden wollte.

Der Protagonist des Werks, Nachtwächter und satirischer Poet zugleich, der als Findelkind nach seinem Fundort den Namen Kreuzgang erhalten hat, entfaltet in einer Folge von sechzehn *»Nachtwachen«*, während deren er in *»dieser kalt prosaischen Zeit«* mit Pike und Horn sein *»ehrliches Handwerk«* ausübt und die Stunden abruft, seine Vexierbilder des *»allgemeinen Irrenhauses«* einer an kalter Vernünftigkeit erkrankten Welt, in der die mechanischen *»Larven«* derart überhandgenommen haben, daß sie *»aus ihren eigenen Mitteln alle Fächer und sogar die Poesie besetzen können«*. Der alte literarische Topos des vernünftigen Narren, dem es von seiner Umwelt erlaubt wird, ihre Tollheiten und Schwächen zu geißeln, weil sie ihn zur völligen Wirkungslosigkeit neutralisiert hat, wird hier gesteigert zum Bild des sich existentiell bedroht fühlenden und an seiner *»absoluten Verworrenheit«* leidenden Menschen, der sich ausschließlich als ein *»mit Vorsatz widersinnig gestimmtes Saitenspiel«* erfährt: *»Eins ist nur möglich: entweder stehen die Menschen verkehrt, oder ich. Wenn die Stimmenmehrheit hier entscheiden soll, so bin ich rein verloren.«* Als roter Faden zieht sich durch die *»Fels- und Waldstücke«* seiner aggressiv-satirischen Nachtbelustigungen Kreuzgangs eigene chaotische Lebensgeschichte: In der Schusterwerkstatt seines Ziehvaters erlernt er zunächst dessen Handwerk, bevor er erste *»poetische Flugblätter«* – z. B. eine Leichenrede anläßlich einer Kindstaufe – herausgibt, wird seiner Pamphlete wegen inhaftiert und macht sich dann als Bänkelsänger durch *»Mordgeschichten«* und *»kleine episodische Ergötzlichkeiten«* so viele Feinde, daß ein Injuriengerichtshof ihn ins Irrenhaus einweisen läßt. Dort verlebt er seinen einzigen *»Wonnemonat«* in der Liebe zu einer ehemaligen Schauspielerin, die, als er mit ihr an einem Hoftheater als Hamlet und Ophelia auftritt, wahnsinnig wird und sich aus der gespielten Rolle nicht mehr *»herausstudieren«* kann. Sie stirbt nach der Geburt eines toten Kindes, während sich Kreuzgang, aus dem Irrenhaus wieder unter die *»Vernünftigen«* verstoßen, an ein Marionettentheater verdingt, dessen Puppenbestand jedoch aufgrund eines Zensuredikts, das *»alle Satire im Staat ohne Ausnahme«* verbietet, konfisziert wird. So entschließt er sich, einen eben vakanten Nachtwächterposten anzunehmen, in dessen Ausübung er nun seiner *»Vorliebe für die Tollheit«* vollends die Zügel schießen läßt, indem er etwa *»in der letzten Stunde des Säkulums«* sich einfallen läßt, durch einen *»falschen jüngsten Tages-Lärm«* seine Mitbürger in panische Weltuntergangs-Verwirrung zu stürzen. Die Erfahrung der ständigen Zerrissenheit, seines Widerspruchs in sich selbst – *»Ein paar Male jagte man mich aus Kirchen, weil ich dort lachte, und ebensooft aus Freudenhäusern, weil ich drin beten wollte«* – läßt ihn annehmen, er sei vom Teufel mit einer eben kanonisierten Heiligen erschaffen worden – eine Vermutung, die fast zutreffend ist: Seine Mutter gibt sich ihm während eines Streifzuges auf dem Kirchhof als zigeunerhaftes, wahrsagendes *»braunes Böhmerweib«* zu erkennen und zeigt ihm das Grab seines Vaters, eines Alchimisten, dem, als er Kreuzgang mit ihr zeugte, der Teufel beigestanden habe.

Am Schluß des Werkes steht als groteske Überhöhung des nahezu alle Nachtwachen durchziehenden Vanitas-Pathos die absolute Negation: *»Und* *der Widerhall im Gebeinhaus ruft zum letzten Male – Nichts!«*

Wenn auch das Werk den frühromantischen Umkreis, dem es entstammt, keineswegs verleugnet – es zeigen sich gedankliche Einflüsse sowohl von Fichte und Schelling wie auch von Novalis –, so ist doch die nächtlich-lemurenhafte Dimension, in der es angesiedelt ist, nicht im geringsten mit der *»mondbeglänzter Zaubernächte«* bei Tieck oder Eichendorff vergleichbar. Die satirischen Partien der *Nachtwachen* verweisen ebenso wie der gebrochene, mit Einschüben durchsetzte Erzählfluß eher auf Jean Paul und dessen bizarre Metaphorik, daneben ist der Einfluß Shakespeares unübersehbar. Die neuere Forschung hatte lange Zeit, gestützt auch auf die vermutete Verfasserschaft eines Clemens Brentano oder E. T. A. Hoffmann, den Text ungeachtet seiner zahlreichen auffälligen trivialen Passagen zu den bedeutenden Zeugnissen der Romantik gezählt und ihn als Bekenntnis zum Nihilismus oder als *»ein eminent gesellschaftskritisches Werk auf der Schwelle von Früh- und Hochromantik«* (G. Hoffmeister) begriffen. Entsprechend stark war der Widerstand gegen die These von der Verfasserschaft Klingemanns, wodurch in der Fachwissenschaft – *»Die Bonaventuraforschung bildet keinen Ruhmestitel der deutschen Literaturwissenschaft«*, hatte 1909 schon F. Schultz feststellen müssen – die Bedeutung der *Nachtwachen* wohl dauerhaft relativiert wird, wie W. Paulsen in seiner Rezension (›The Germanic Review‹, 49, 1974) der Arbeit von J. Schillemeit schon früh voraussah: *»Wenn Klingemann wirklich der Autor der ›Nachtwachen‹ wäre, was jetzt zum mindestens wahrscheinlich gemacht worden ist, müßte man sie als ein ziemlich unverbindliches Exerzitium in prosaischer Theatralik und Pathetik übelster Art nehmen.«*

KLL

Ausgaben: Penig/Sachsen 1805 [recte 1804] (in Journal von neuen deutschen Original Romanen, 3, 7. Lfg.). – Lindau/Lpzg. 1877, Hg. A. Meissner. – Bln. 1904, Hg. H. Michel (DLD, 133). – Lpzg. 1909, Hg. F. Schultz; ern. 1919. – Lpzg. 1930, Hg. A. Müller (DL, Reihe Romantik, 16). – Heidelberg 1955, Hg. A. v. Grolman. – Stg. 1964, Hg. u. Nachw. W. Paulsen (RUB). – Hbg. 1969, Hg. R. Brinkmann [m. Ill.]. – Ffm. 1974 (*A. Klingemann, Die Nachtwachen von Bonaventura*, Hg. J. Schillemeit; Ill. L. Corinth; Insel Tb). – Nördlingen 1987.

Vertonung: G. Malipiero, *Die Verwandlungen des Bonaventura* (Uraufführung: Rom 1966).

Literatur: F. Schultz, *Der Verfasser der »Nachtwachen von Bonaventura«. Untersuchungen zur deutschen Romantik*, Bln. 1909. – K. Hofmann, *Zur Verfasserfrage der »Nachtwachen von Bonaventura«*, Diss. Prag 1921. – O. Sölle-Nipperdey, *Untersuchungen zur Struktur der »Nachtwachen von Bonaventura«*, Göttingen 1959. – R. Brinkmann, *»Nachtwachen von Bonaventura«. Kehrseite der Frühromantik?*, Pfullingen 1966. – J. Schillemeit, *Bonaventura. Der Verfasser der »Nachtwachen«*, Mchn. 1973. – D. Wickmann, *Zum Bonaventura-Problem. Eine mathematisch-statistische Überprüfung der Klingemann-Hypothese* (in Lili, 4, 1975, S. 13–29). – G. Hoffmeister, *Bonaventura: »Nachtwachen« (1804/05)* (in *Romane und Erzählungen der deutschen Romantik. Neue Interpretationen*, Hg. P. M. Lützeler, Stg. 1981, S. 194–212). – W. Pfannkuche, *Idealismus u. Nihilismus in den »Nachtwachen« von Bonaventura*, Ffm. u. a. 1983. – K. Habersetzer, *Bonaventura aus Prag und der Verfasser der »Nachtwachen«* (in Euph, 77, 1983, S. 470–482). – A. Mielke, *Zeitgenosse Bonaventura*, Stg. 1984. – H. Fleig, *Literarischer Vampirismus. Klingemanns »Nachtwachen von Bonaventura«*, Tübingen 1985. – P. Kohl, *Der freie Spielraum im Nichts. Eine kritische Betrachtung der »Nachtwachen« von Bonaventura*, Ffm. u. a. 1986. – F. Loquai, *Der Nachtwächter im Irrenhaus* (in Internationales Archiv für Sozialgeschichte der deutschen Literatur, 12, 1987, S. 134–155). – R. Haag, *Noch einmal: Der Verfasser der »Nachtwachen von Bonaventura«* (in Euph, 81, 1987, S. 286-297). – G. Hoffmeister, *Bonaventura: »Nachtwachen«* (in *Interpretationen. Erzählungen und Novellen des 19. Jh.s*, Bd. 1, Stg. 1988, S. 61–96). – J. J. Eckardt, *Angriff, Rückzug u. Zuversicht. Satirisches Erzählen bei Bonaventura, Jean Paul, E. T. A. Hoffmann*, Bern u. a. 1989. – J. Katritzky, *Shakespeare in den »Nachtwachen von Bonaventura«* (in Shakespeare-Jb., 125, 1989, S. 103–115). – M. Pötsch, *Bonaventura (August Klingemann)* (in *Deutsche Dichter*, Hg. G. E. Grimm u. F. R. Max, Stg. 1989, Bd. 5: *Romantik, Biedermeier u. Vormärz*, S. 121–132).

Die Verfasser der Beiträge

A.Ge.	Dr. Anneliese Gerecke
A.Hd.	Dr. Alexander Hildebrand
A.J.	Dr. Albrecht Juergens
A.Kos.	Albrecht Koschorke
A.Roe.	Anke Roeder
A.Sch.	Dr. Arthur Scherle
A.V.	Anne Vogt M.A.
B.B.	Bastian Brant
B.Hel.	Brigitte Hellmann
C.Cob.	Dr. Christoph Cobet
C.G.	Dr. Curt Grützmacher
C.Gu.	Cordelia Gundolf
C.P.	Christine Privat
C.P.S.	Claus P. Schmid
C.St.	Christoph Stoll
D.Ba.	Dr. Dieter Baacke
D.Bar.	Dieter Barber
D.Be.	Dr. Diane Behler
D.Bo.	Prof. Dr. Dieter Borchmeyer
D.P.	Prof. Dr. Dietmar Peil
E.Be.	Prof. Dr. Ernst Behler
E.Bo.	Dr. Eske Bockelmann
E.Fi.	Prof. Dr. Ernst Fischer
E.H.H.	Dr. Elisabeth Höpker-Herberg
E.H.P.	Prof. Dr. Eberhard H. Pältz
E.Ke.	Edith Kempf
E.N.	Dr. Eckehart Nölle
E.Pi.	Dr. Ewa Pietrzak
E.Ri.	Dr. Ernst Ribbat
E.Schl.	Erdmuthe Schlottke
F.S.	Dr. Friedrich Springorum
G.He.	Gisela Hesse
G.N.	Dr. Guido Noulian
G.O.	Dr. Gert Oberembt
G.Sa.	Prof. Dr. Gert Sautermeister
G.Schi.	Dr. Gerhard Schindele
G.Ue.	Dr. Gisela Uellenberg
G.W.	Dr. Gotthart Wunberg
G.Wit.	Gunther Witting
H.B.	Prof. Dr. Helmut Brackert
H.Ba.	Dr. Helmut Bachmaier
H.D.S.	Dr. Horst D. Schlosser
H.Ei.	Dr. Heide Eilert
H.Frü.	Dr. Hella Frühmorgen
H.G.O.	Heinz Georg Ortmanns
H.H.H.	Hans H. Henschen
H.Ka.	Heide Kalmbach
H.Koo.	Prof. Dr. Helmut Koopmann
H.L.	Harald Landry
H.S.B.	Dr. Hansgeorg Schmidt-Bergmann
H.St.	Dr. Horst Steinmetz
H.V.	Dr. Hartmut Vinçon
H.Vö.	Dr. Herfried Vögel
H.W.J.	Prof. Dr. Hans-W. Jäger
I.F.W.	Ingo F. Walther
J.Bum.	Prof. Dr. Joachim Bumke
J.Dr.	Prof. Dr. Jörg Drews
J.K.	Johannes Krogoll
J.K.D.	Dr. Joseph Kiermeier-Debre
J.Schö.	Prof. Dr. Jörg Schönert
J.T.	Dr. Josef Tewes
K.Hab.	Dr. Klaus Haberkamm
K.E.	Dr. Klaus Ensslen
KLL	Redaktion Kindlers Literatur Lexikon
K.P.	Klaus Podak
K.Re.	Dr. Karl Reichert
L.Ha.	Dr. Lutz Hagestedt
L.R.	Prof. Dr. Dr. Lieselotte Richter
M.Be.	Dr. Marianne Bernhard
M.Br.	Prof. Dr. Manfred Brauneck
M.Fru.	Michael Fruth
M.Ke.	Manfred Kluge
M.May.	Dr. Mathias Mayer
M.Pf.	Prof. Dr. Manfred Pfister
M.Pr.	Dr. Meinhard Prill
M.Schi.	Dr. Michael Schilling
M.Schm.	Dr. Michael Schmidt
M.Wün.	Prof. Dr. Marianne Wünsch
M.Ze.	Dr. Michaela Zelzer
N.Oe.	Prof. Dr. Norbert Oellers
O.F.B.	Prof. Dr. Otto F. Best
P.J.B.	Dr. Peter J. Brenner
P.St.	Dr. Peter Strohschneider
P.W.W.	Dr. Paul W. Wührl
R.E.	Dr. Rolf Eckart
R.M.	Richard Mellein M.A.
R.Sch.	Dr. Rolf Schröder
S.A.	Sabine Awiszus
S.E.	Dr. Steffen Ewig
S.L.	Dr. Sabine Laußmann
S.Ri.	Susanne Rick M.A.
S.Schu.	Sabine Schultz
S.v.G.	Sibylle von Gültlingen
T.V.	Prof. Dr. Theodor Verweyen
U.A.	Ute Arnold
U.S.	Uta Smail
V.Ho.	Prof. Dr. Volker Hoffmann
W.Fl.	Dr. Walter Flemmer
W.Fr.	Prof. Dr. Wolfgang Frühwald
W.F.S.	Dr. Wilfried F. Schoeller
W.Hn.	Dr. Winfried Hellmann
W.L.	Dr. Wolfgang Lindow
W.Schm.	Dr. Walter Schmitz
W.V.	Prof. Dr. Werner Vordtriede
W.Vo.	Prof. Dr. Wilhelm Voßkamp
W.v.S.	Werner von Stegmann
Y.G.M.	Dr. York-Gothart Mix

Abkürzungsverzeichnis

AA Johann Wolfgang v. Goethe, *Gedenkausgabe der Werke, Briefe und Gespräche. 28. August 1949,* Hg. E. Beutler, 24 Bde., Zürich/Stuttgart 1948–1954 (Artemis-Ausgabe)
ABAW Abhandlungen der Bayer. Akademie der Wissenschaften
ADAW Abhandlungen der Deutschen Akademie der Wissenschaften
ADB *Allgemeine Deutsche Biographie,* Hg. Historische Commission bei der kgl. Akademie der Wissenschaften, 56 Bde., Leipzig 1875–1912
AfdA Anzeiger für deutsches Altertum und deutsche Literatur
AFNF Arkiv för Nordisk Filologi
AGG Abhandlungen der Gesellschaft Wissenschaften in Göttingen
AGPh Archiv für Geschichte der Philosophie
AlH Ausgabe letzter Hand
APAW Abhandlungen der Preußischen Akademie der Wissenschaften
ARG Archiv für Reformationsgeschichte
ASSL Archiv für das Studium der neuen Sprachen (und Literaturen)
ATB Altdeutsche Textbibliothek
AWA Anzeiger der philologisch-historischen Klasse der Akademie der Wissenschaften in Wien
BdtLw Beiträge zur deutschen Literaturwissenschaft
Beitr. Beiträge zur Geschichte der deutschen Literatur; seit 1955: Beitr. (Tübingen); Beitr. (Halle)
BLV Bibliothek des litterarischen Vereins in Stuttgart
BS Bibliothek Suhrkamp
CL Comparative Literature
DA Deutsches Archiv für Geschichte (Erforschung) des Mittelalters
DD Das Deutsche Drama. Zeitschrift für Freunde dramatischer Kunst
De Boor H. de Boor u. R. Newald, *Geschichte der deutschen Literatur von den Anfängen bis zur Gegenwart* München 1949 ff.
detebe Diogenes Taschenbuch
DL Deutsche Literatur. Sammlung literarischer Kunst- und Kulturdenkmäler in Entwicklungsreihen
DLD Deutsche Literaturdenkmale des 18. und 19. Jahrhunderts in Neudrucken
DLz Deutsche Literaturzeitung für Kritik der internationalen Wissenschaft
DNL Deutsche National Literatur
DPhA *Deutsche Philologie im Aufriß,* Hg. W. Stammler, 3 Bde., Berlin² 1957–1962
dtv Deutscher Taschenbuch Verlag
DRs Deutsche Rundschau
DTM Deutsche Texte des Mittelalters
DU Der Deutschunterricht
DuV Dichtung und Volkstum
DUZ Deutsche Universitäts-Zeitung
DVLG (DVjS) Deutsche Vierteljahrsschrift für Literaturwissenschaft und Geistesgeschichte
EC Exempla Classica
EG Études Germaniques
Ehrismann G. Ehrismann, *Geschichte der deutschen Literatur bis zum Ausgang des Mittelalters,* 4 Bde., München 1918–1935
es Edition Suhrkamp
Euph Euphorion. Zeitschrift für Literaturgeschichte
FAZ Frankfurter Allgemeine Zeitung für Deutschland
FDH Jahrbuch des Freien Deutschen Hochstifts
FH Frankfurter Hefte
FiBü Fischer Bücherei
FRs Frankfurter Rundschau
GGA Göttingische Gelehrte Anzeigen
GGT Goldmanns Gelbe Taschenbücher
GJb Goethe-Jahrbuch
GK Goethe-Kalender
GLL German Life and Letters
Goethe Goethe. Vierteljahresschrift der Goethe-Gesellschaft
Goldm.Tb Goldmann Taschenbuch
GQ The German Quarterly
GR The Germanic Review
GRM Germanisch-Romanische Monatsschrift
HA Johann Wolfgang v. Goethe, *Werke,* Hg. E. Trunz, 14 Bde., Hamburg 1948–1960 (Hamburger Ausgabe)
HZ Historische Zeitschrift
IB Insel Bücherei
JbGG Jahrbuch der Goethe-Gesellschaft
JbNd Jahrbuch des Vereins für niederdeutsche Sprachforschung
JC Johann Wolfgang v. Goethe, *Sämtliche Werke,* Hg. E. v. d. Hellen, 40 Bde., Stuttgart 1902–1912 (Jubiläums-Ausgabe, Cotta)
JEGPh The Journal of English and Germanic Philology
KLG Kritisches Lexikon zur deutschsprachigen Gegenwartsliteratur
KTA Kröners Taschenausgabe
LangMod Les Langues Modernes
LE Das literarische Echo. Halbmonatsschrift für Literaturfreunde
LdtG *Lexikon der deutschsprachigen Gegenwartsliteratur,* Hg. H. Wiesner u. S. Cramer, Mchn. 1987
LiLi Zeitschrift für Literaturwissenschaft und Linguistik
LJb Literaturwissenschaftliches Jahrbuch der Görres-Gesellschaft
LLD Lateinische Literaturdenkmäler des XV. und XVI. Jahrhunderts
LM *Lexikon des Mittelalters,* Mchn. 1980 ff.
LWU Literatur in Wissenschaft und Unterricht
MA Le Moyen-Age, Revue d'Histoire et de Philologie
Manitius M. Manitius, *Geschichte der lateinischen Literatur des Mittelalters,* 3 Bde., Mchn. 1911–1931
MdF Mercure de France
MDU Monatshefte für deutschen Unterricht, deutsche Sprache und Literatur
MGH Monumenta Germaniae Historica
MIÖG Mitteilungen des Instituts für Österreichische Geschichtsforschung
MLN Modern Language Notes
MLQ Modern Language Quarterly
MLR The Modern Language Review
MLS Modern Language Studies

NAG Nachrichten von der Akademie der Wissenschaften zu Göttingen
NDB *Neue Deutsche Biographie,*
Hg. Historische Kommission bei der Bayerischen Akademie der Wissenschaften, Berlin 1951 ff.
NDF Neue Deutsche Forschung
NDH Neue deutsche Hefte.
Beiträge zur europäischen Gegenwart
NdJb Niederdeutsches Jahrbuch
NdL Neudrucke deutscher Literaturwerke (des 16. und 17. Jahrhunderts)
Neoph Neophilologus. Driemaandeliks tijdschrift voor de wetenschappelike beoefening van levende vreemde talen en van haar letterkunde
NGG Nachrichten von der Gesellschaft der Wissenschaften in Göttingen
NHJb Neue Heidelberger Jahrbücher
NJb Neue Jahrbücher für Philologie und Pädagogik
NLit Die Neue Literatur
NNRF La Nouvelle Nouvelle Revue Française
NphM Neuphilologische Mitteilungen
NQ Notes and Queries for Readers and Writers, Collectors and Librarians
NRs Die Neue Rundschau
NSRs Neue Schweizer Rundschau
NZZ Neue Zürcher Zeitung
OL Orbis Litterarum. Revue internationale d'études littéraires
Phil Philologus. Zeitschrift für das klassische Altertum
PhJb Philosophisches Jahrbuch.
Auf Veranlassung und Unterstützung der Görresgesellschaft
PJb Preußische Jahrbücher
PMLA Publications of the Modern Language Association of America
PQ The Philological Quarterly.
A Journal Devoted to Scholarly Investigation in the Classical and Modern Languages and Literatures
QFgV Quellen und Forschungen zur Sprach- und Culturgeschichte der Germanischen Völker
RF Romanische Forschungen. Vierteljahrsschrift für romanische Sprachen und Literaturen
rde Rowohlts deutsche Enzyklopädie
RGA; RGA² *Reallexikon der germanischen Altertumskunde,* Hg. J. Hoops, 4 Bde., Straßburg 1911–1919; 2. Aufl., Hg. H. Jankuhn u. a., Bln. 1968 ff.
RGerm Revue Germanique. Allemagne – Angleterre États Unis – Pays-Bas – Scandinavie
RGG *Die Religion in Geschichte und Gegenwart. Handwörterbuch für Theologie und Religionswissenschaft,* Hg. K. Galling u. H. Frh. von Campenhausen, 6 Bde., Tübingen³ 1957–1962
RJb Romanistisches Jahrbuch
RKl Rowohlts Klassiker
RL P. Merker u. W Stammler, *Reallexikon der deutschen Literaturgeschichte,* 4 Bde., Berlin 1925–1931, 1958² ff., Hg. W. Kohlschmidt u. W. Mohr
RLC Revue de la littérature Comparée
rm Rowohlts Monographien
rororo Rowohlts Rotations Romane
RUB Reclams Universal Bibliothek
SAWH Sitzungsberichte der Heidelberger Akademie der Wissenschaften
SBAW Sitzungsberichte der (Kgl.) Bayerischen Akademie der Wissenschaften
SchwRs Schweizer(ische) Rundschau
SG Sammlung Göschen
SL Die Schöne Literatur
SLu Sammlung Luchterhand
SPAW Sitzungsberichte der (Kgl.) Preußischen Akademie der Wissenschaften
st Suhrkamp Taschenbuch
Staiger E. Staiger, *Goethe,* 3 Bde., Zürich 1952–1959
StPh Studies in Philology
StvLg Studien zur vergleichenden Literaturgeschichte
stw Suhrkamp Taschenbuch Wissenschaft
SuF Sinn und Form. Beiträge zur Literatur
SWAW Sitzungsberichte der Wiener Akademie der Wissenschaften
SZ Süddeutsche Zeitung
Tb. Taschenbuch
Ullst.Tb. Ullstein Taschenbuch
VL; VL² *Die deutsche Literatur des Mittelalters. Verfasserlexikon,* Hg. W. Stammler u. K. Langosch, 5 Bde., Bln./Lpzg. 1933–1955. 2. Aufl., Hg. K. Ruh u. a., Bln./NY 1977 ff.
WA Johann Wolfgang v. Goethe, *Werke,* hg. im Auftrag der Großherzogin Sophie von Weimar, 4 Abt., 133 Bde., Weimar 1887–1912 (Weimarer Ausgabe)
WB Weimarer Beiträge
WdL Die Welt der Literatur
WM Westermanns (illustrierte deutsche) Monatshefte
WW Wirkendes Wort. Deutsches Sprachschaffen in Lehre und Leben
ZBLG Züricher Beiträge zur deutschen Literatur- und Geistesgeschichte
ZDLG Zeitschrift für deutsche Literaturgeschichte
ZfÄsth Zeitschrift für Ästhetik und allgemeine Kunstwissenschaft
ZfdA Zeitschrift für Deutsches Altertum (und Literatur)
ZfdGw Zeitschrift für deutsche Geisteswissenschaft
ZfdPh Zeitschrift für deutsche Philologie
ZfdU Zeitschrift für den Deutschen Unterricht
ZfÖG Zeitschrift für die österreichischen Gymnasien
ZRG Zeitschrift für Religions- und Geistesgeschichte
ZsTh Zeitschrift für systematische Theologie
ZvLg Zeitschrift für vergleichende Literaturgeschichte

Register der Autoren und Werke